MW00783678

DICTIONNAIRE
HÉBREU-FRANÇAIS

PARIS, IMPRIMERIE DE CHARLES JOUAUST,
338, RUE SAINT-HONORÉ.

DICTIONNAIRE

HÉBREU-FRANÇAIS

CONTENANT

1° La Nomenclature et la Traduction de tous les Mots hébreux et chaldéens contenus dans la Bible et dans le Rituel des Prières journalières;
2° L'Explication, suivant les Commentaires les plus accrédités, des Passages bibliques présentant quelque difficulté;
3° L'Indication des Racines des Substantifs et les Inflexions des Noms au pluriel ou accompagnés de suffixes;
4° Toutes les Voix usitées des Verbes et l'indication sommaire des Temps et des Modes des Verbes irréguliers;
5° Un Supplément donnant, avec de courtes Notices, tous les Noms propres mentionnés dans le Traité d'Aboth.

PAR

M. N. PH. SANDER, PROFESSEUR

et

M. I. TRENEL, DIRECTEUR DE L'ÉCOLE CENTRALE RABBINIQUE

Publié par les soins de la Société Israélite des Livres Religieux et Moraux

---

PARIS
AU BUREAU DES ARCHIVES ISRAÉLITES
RUE DES QUATRE-FILS, 16.

—

1859

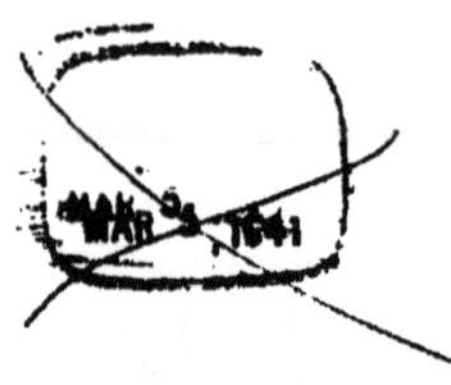

AVANT-PROPOS

Chargés par la *Société des livres moraux et religieux* de la rédaction d'un dictionnaire hébreu-français à l'usage des écoles israélites, nous nous sommes efforcés, dans la composition de ce travail, de ne point sortir des limites qui nous ont été tracées. D'après le plan et le programme arrêtés d'avance, nous n'avions pas à faire une œuvre savante et originale; les vues ambitieuses et séduisantes d'invention et de découverte nous étaient complétement interdites. La nouveauté en matière de lexicographie, et surtout de lexicographie hébraïque, si elle est parfois vérité, souvent n'est que paradoxe ou pure hypothèse. Plus d'une fois aussi ce qui a été donné comme nouveauté s'est trouvé n'être en définitive que la rencontre plus ou moins fortuite d'explications anciennes peu connues ou entièrement inédites. Nous avions, quant à nous, nos auteurs à reproduire et nos guides à suivre. Ces guides, ce sont nos exégètes et nos grammairiens les plus autorisés : R. Jona (Ibn-Ganach), R. Salomon ben-Isaac (Yarchi), Ibn-Ezra, R. Salomon Parchon, R. David Kimchi, R. Levi ben-Gerson ; les versions les plus accréditées, Onkelos, Jonathan ben-Ouziel, les Septante, quelquefois aussi la Vulgate et Luther, et, parmi les auteurs et traducteurs modernes, Mendelsohn, Wessely, Ben-Zoew, et surtout Gesenius.

Le système de l'ordre alphabétique des mots et non des racines est celui que nous avons dû adopter. Pour cette partie de notre travail nous n'avions qu'à imiter et à reproduire Gesenius, qui a vulgarisé ce mode de vocabulaire le plus commode et le plus conforme à nos habitudes scolaires, mais non pas le plus rationnel ni le mieux approprié au génie des langues orientales.

Aux mots hébreux et chaldéens composant le lexique des saintes Écritures nous avons joint les mots hébreux et chaldéens de nos Rituels et du Traité Aboth. Ce nouveau travail a été jugé nécessaire dans un dictionnaire principalement destiné à la jeunesse israélite. La langue des docteurs de la grande Synagogue, ainsi que celle de nos plus anciens rabbins, dans leur enseignement moral, ne s'éloigne pas essentiellement de celle de la Bible. Tous ces mots sont marqués d'un astérisque qui les précède.

D'après ce qui a été dit plus haut, on comprend que, si nous n'avons usé qu'avec réserve des travaux des exégètes les plus récents, c'est que nous avions une tradition à respecter, une autorité à faire prévaloir, celle des célèbres commentateurs que la Synagogue est accoutumée à vénérer. Non pas qu'il y ait pour l'israélite des commentateurs qui s'imposent, une traduction dont il ne lui soit pas permis de s'écarter. En dehors des mots et des versets dont l'explication importe au point de vue doctrinal et dont le sens est fixé par le Talmud (mots et passages qui se trouvent presque en totalité dans le Pentateuque), la piété la plus timorée conserve à l'égard de l'interprétation des saintes Écritures la plus entière indépendance. Elle met sa joie et sa gloire à chercher dans les textes sacrés et à y trouver l'expression d'idées et de sentiments que l'on n'y avait pas encore découverts, à creuser à son tour ce sol fécond et qui ne saurait être épuisé, pour en tirer des trésors cachés à tous les regards. Mais, dans un travail comme le nôtre, toute interprétation douteuse, toute conjecture paradoxale, toute explication trop aventurée, devait être soigneusement écartée. Notre tâche, nous le répétons, consistait à reproduire les opinions des écrivains autorisés dont les recherches et les découvertes sont devenues le patrimoine du judaïsme.

Il n'y a donc pas, dans ce dictionnaire, une seule explication, soit de mot, soit de verset, qui n'ait pour elle l'autorité de l'un des noms précités. Entre les diverses interprétations qui nous étaient proposées, nous avons choisi celle qui nous paraissait la plus plausible, et, quand plusieurs interprétations semblaient avoir le même caractère de vraisemblance, nous avons cru devoir les reproduire les unes et les autres malgré ou plutôt à cause de leur divergence.

Un dictionnaire complet doit donner les diverses acceptions des mots, les significations les plus tranchées comme celles qui ne se distinguent que par les plus délicates nuances, le sens ordinaire et fréquent comme l'emploi le plus éloigné et le plus rare. Sans craindre de tomber dans la prolixité et la redondance, nous avons laissé à cette partie essentielle de notre travail l'étendue qui lui appartient. — Pour justifier nos définitions, nous ne nous sommes pas bornés à la simple indication des textes. Les sens et les significations attribués aux mots ont tous à leur appui un ou plusieurs versets traduits. — Ce travail de traduction et de commentaire ne sera pas sans utilité, surtout aux jeunes étudiants. On nous rendra la justice de reconnaître que nous n'avons ni évité ni tourné les difficultés.

Certes, nous ne prétendons pas avoir pu dissiper tous les doutes, éclaircir toutes les obscurités, et indiquer une solution satisfaisante aux problèmes qu'offre souvent le texte de la Bible. Nous ne nions pas l'avoir tenté jusqu'à un certain point, en nous appliquant à citer les passages les plus difficiles, et sur lesquels s'est particulièrement exercée la sagacité des commentateurs.

Nous avons été sobres d'explications grammaticales. Un lexique doit être l'auxiliaire de la grammaire ; il ne saurait la remplacer ni en rendre l'étude inutile.

Les soins les plus minutieux ont été apportés à l'exécution typographique de ce volume. La *Société des livres moraux et religieux* n'a rien voulu épargner pour rendre cet ouvrage digne d'elle-même et de l'élite des israélites français qu'elle représente. Le vénérable président de la Société, M. le grand rabbin Ulmann, après avoir pris connaissance du manuscrit et avoir exercé sur le travail des auteurs l'influence de ses conseils et de ses savantes observations, s'est imposé encore la pénible tâche de lire et de réviser toutes les feuilles imprimées. Cet ouvrage a ainsi obtenu le concours le plus efficace ainsi que la plus haute sanction qui pouvait lui être donnée. — En outre, M. le grand rabbin du Consistoire central a joint à ce dictionnaire un appendice consacré à des notices biographiques sur les docteurs cités dans le Traité Aboth.

Ce dictionnaire, le premier en son genre qui ait paru en France (1), sera accueilli, nous l'espérons, avec bienveillance par tous les amis de la littérature sacrée. Une œuvre consciencieuse est rarement une œuvre inutile. Notre vœu le plus cher serait accompli si cet ouvrage pouvait contribuer à réveiller en France, et surtout parmi nos coreligionnaires, l'étude des saintes Écritures. La vie dans le judaïsme, c'est la science de la parole divine, le goût des choses saintes, l'inspiration religieuse puisée à sa seule et vraie source. Là est notre gloire dans le passé, là aussi sera pour nous l'honneur de l'avenir.

(1) Le Vocabulaire de feu M. Marchand Ennery, œuvre de la jeunesse du digne et vénéré grand rabbin du Consistoire central, a rendu dans son temps les meilleurs services dans nos écoles ; mais c'était un ouvrage purement élémentaire. Il n'existe plus en librairie.

TABLE DES PRINCIPALES ABRÉVIATIONS

accusat.	accusatif
adj.	adjectif
adv.	adverbe
adverbial.	adverbialement
Agg.	Aggée
aph.	aphal
apoc.	apocope
art.	article
c.-à-d.	c'est-à-dire
Cant.	Cantique des Cantiques
chald.	chaldéen
cheth.	chethib
Chr.	Chronique
collect.	collectif, collectivement
compar.	comparatif
conj.	conjonction
const.	état construit
corresp.	correspondant
Dan.	Daniel
dat.	datif
Deut.	Deutéronome
dir.	direct
Eccl.	Ecclésiaste
emphat.	emphatique
Esdr.	Esdras
Esth.	Esther
etc.	et cetera
ex.	exemple
exact.	exactement.
Exod.	Exode
Ez.	Ezéchiel
f. fém.	féminin
fig.	figuré, figurément
fut.	futur
Gen.	Genèse
gén.	génitif
Hab.	Habacuc
hébr.	hébreu
hiph.	hiphil
hithp.	hithpael
hoph.	hophal
impér.	impératif
indir.	indirect
inf.	infinitif
intrans.	intransitif
interj.	interjection
Is.	Isaïe
Jér.	Jérémie
Jon.	Jonas
Jos.	Josué
Jug.	Juges
Lament.	Lamentations
Lév. Lévit.	Lévitique
litt.	littéralement
m.	masculin
Mal.	Malachie
métaph.	métaphore
Mich.	Michée
n. pr.	nom propre
Nah.	Nahum
Néh.	Néhémie
niph.	niphal
Nomb.	Nombres
Obad.	Obadia
ord.	ordinal
p.	pour
parag.	paragogique
part.	participe
pass.	passif
patron.	patronymique
pers.	personne, personnel
pi.	piel
pil.	pilel
pilp.	pilpel
pl. plur.	pluriel
poét.	poétiquement
poa.	poal
pou.	poual
prép.	préposition
pron.	pronom
Prov.	Proverbes
qu.	quelqu'un
q. ch.	quelque chose
rac.	racine
rég.	régime
relat.	relatif
Rit.	Rituel
Sam.	Samuel
signif.	signification
sing.	singulier
Soph.	Sophonie
subst.	substantif
suff.	suffixe
trans.	transitif
un.	unique
v.	voyez

DICTIONNAIRE HÉBREU-FRANÇAIS

א

א Aleph. Le nom *Aleph* vient soit de אֶלֶף *taureau*, cette lettre représentant dans l'alphabet phénicien une grossière tête de taureau; soit de אַלּוּף *chef*, maître, lettre principale, première lettre. Comme chiffre א marque l'unité, א̈ vaut mille.

א se permute: — 1° Avec les lettres gutturales ה' ע'. Exemple: אָמוֹן p. הָמוֹן foule; הֵיךְ p. אֵיךְ comment; תָּאַב p. תָּעַב avoir en horreur. — 2° Avec les lettres quiescentes ה' ו' י'. Ex.: קָרָא p. קָרָה arriver par accident; רֵים p. רְאֵם réem; נְאוֹת p. נְווֹת demeures.

א au commencement des mots est quelquefois ajouté à la racine pour adoucir la prononciation. Ex.: אָרוּשׁ p. דוּשׁ battre du blé; ou pour former le substantif, comme אֲבַטִּיחִים des melons; אַכְזָב trompeur; אֶגְרוֹף poing. Quelquefois א est retranché au commencement des mots. Ex.: נַחְנוּ p. אֲנַחְנוּ nous; הָסוּרִים Eccl. 4. 14, p. הָאֲסוּרִים les prisonniers.

א prosthétique. Ex.: אֶזְרֹעִי Job 31. 22, p. זְרוֹעִי mon bras.

אַב Nom du cinquième mois de l'année lunaire (corresp. à juillet-août).

אָב *m.* (const. אֲבִי, quelquefois אַב, avec suff. אָבִי, אֲבִיכֶם; *plur.* אָבוֹת, const. אֲבוֹת). 1° Père, aïeul, ancêtre: כַּבֵּד אֶת־אָבִיךָ Exod. 20. 12, honore ton père; אֱלֹהֵי אַבְרָהָם אָבִיךָ Gen. 28. 13, le Dieu d'Abraham ton père, c.-à-d. ton aïeul; אֲבֹתֵינוּ חָטְאוּ Lament. 5. 7, nos ancêtres ont péché. — 2° Patriarche, père d'une race, d'une classe d'hommes ayant le même genre de vie, la même profession: אֲבִי־מוֹאָב Gen. 19. 37, le père de Moab; אֲבִי יֹשֵׁב אֹהֶל Gen. 4. 20, le père, le premier, de ceux qui demeurent sous des tentes; אֲבִי כָּל־תֹּפֵשׂ כִּנּוֹר Gen. 4. 21, le père de tous ceux qui jouent de la harpe, c.-à-d. l'inventeur de la musique. — Protecteur: אֲבִי־עַד Is. 9. 5, protecteur durable, éternel; אָבִי יִבָּחֵן אִיּוֹב Job 34. 36, mon père, puisse Job être éprouvé! Selon d'autres, de אָבָה je veux, je désire, que Job soit éprouvé. — 3° Maître, chef, titre d'honneur donné à un pontife, à un prophète, à un grand personnage: וּמִי אֲבִיהֶם I Sam. 10. 12, qui est leur père? c.-à-d. qui est le maître de ces prophètes? וֶהְיֵה־לִי לְאָב וּלְכֹהֵן Jug. 17. 10, sers-moi de père (de ministre) et de pontife; אָבִי רֶכֶב יִשְׂרָאֵל II Rois 2. 12, mon père, char d'Israel. — 4° Conseiller, ministre, prince, grand: וַיְשִׂימֵנִי לְאָב לְפַרְעֹה Gen. 45. 8, il m'a établi le père de Pharaon, son ministre; אֲבִי קִרְיַת יְעָרִים I Chr. 2. 50, prince de Kiriath Jearim; וְהָיְתָה יַד־יְיָ בָּכֶם וּבַאֲבֹתֵיכֶם I Sam. 12. 15, la main de Dieu sera sur vous et sur vos grands; בֵּית אָב famille, dernière subdivision de la tribu après celle de מִשְׁפָּחָה: רָאשֵׁי בֵּית אֲבֹתָם Nomb. 7. 2, les chefs de leurs familles; de même אָבוֹת: רָאשֵׁי אֲבוֹת Exod. 6. 25, les chefs de famille; *אָבוֹת les patriarches Abraham, Isaac et Jacob; זוֹכֵר חַסְדֵי אָבוֹת Rituel, se souvenant de la piété des patriarches; פִּרְקֵי אָבוֹת traité d'Aboth, traité des pères, c.-à-d. des anciens docteurs; titre d'un traité de la Mischna, inséré aussi dans le Rituel.

אַב chald. *m.* (avec suff. אֲבוּךְ, אֲבִי, אֲבוּהִי; *pl.* אֲבָהָן). Même signification : אֱלָהּ אֲבָהָתִי Dan. 2. 23, Dieu de mes pères.

אֵב *m.* Verdure : עֹדֶנּוּ בְאִבּוֹ לֹא יִקָּטֵף Job 8. 12, lorsqu'il est encore vert et qu'il n'est point cueilli; לִרְאוֹת בְּאִבֵּי הַנָּחַל Cant. 6. 11, pour voir l'herbe tendre de la plaine (rac. אָבַב).

אֵב chald. *f.* (avec suff. אִנְבֵּהּ, avec נ intercalé). Fruit : וְאִנְבֵּהּ שַׂגִּיא Dan. 4. 9, et les fruits en étaient gros.

אֲבַגְתָא *n. pr. m.* Eunuque du roi Assuérus, Esth. 1. 10.

אָבַד (*fut.* יֹאבַד et יֹאבֵד) 1° Se perdre, être perdu, s'égarer, errer, avec לְ, מִן, et sans régime : וְאָבַד הָעֹשֶׁר הַהוּא Eccl. 5. 13, cette richesse se perd; וְלָאֲתֹנוֹת הָאֹבְדוֹת לְךָ I Sam. 9. 20, quant aux ânesses perdues pour toi, que tu as perdues; לְכָל־אֲבֵדַת אָחִיךָ אֲשֶׁר־תֹּאבַד מִמֶּנּוּ Deut. 22. 3, pour tout objet que ton frère aura perdu; יֹאבַד לֵב־הַמֶּלֶךְ Jér. 4. 9, le cœur du roi sera perdu, c.-à-d. il aura perdu tout courage; גּוֹי אֹבַד עֵצוֹת הֵמָּה Deut. 32. 28, ils sont un peuple perdu quant aux conseils, pour qui tout conseil est inutile; כְּשֶׂה אֹבֵד Ps. 119. 176, comme une brebis égarée; וְתֹאבְדוּ דֶרֶךְ Ps. 2. 12, vous vous égareriez dans votre chemin; וְדֶרֶךְ רְשָׁעִים תֹּאבֵד Ps. 1. 6, la voie des méchants se perd ou mène à la perte; אֲרַמִּי אֹבֵד אָבִי Deut. 26. 5, mon père était un Araméen errant, nomade. — 2° Cesser d'être, disparaître, mourir, périr; וְאָבַד כָּל־חָזוֹן Ez. 12. 22, et toute prophétie cessera; לֹא־תֹאבַד תּוֹרָה מִכֹּהֵן Jér. 18. 18, la loi ne cessera pas d'être enseignée par le pontife; הַצַּדִּיק אָבָד Is. 57. 1, le juste meurt; וְכַאֲשֶׁר אָבַדְתִּי אָבָדְתִּי Esth. 4. 16, et si je dois périr que je périsse. — *Part.* אוֹבֵד malheureux : תְּנוּ־שֵׁכָר לְאוֹבֵד Prov. 31. 6, offrez de la liqueur forte au malheureux.

Pi. Perdre, faire perdre, dissiper, faire cesser, détruire : וְעֵת לְאַבֵּד Eccl. 3. 6, il est un temps pour perdre; יְאַבֶּד־הוֹן Prov. 29. 3, il dissipera sa fortune; וְאִבַּד מִמֶּנָּה קוֹל גָּדוֹל Jér. 51. 55, il y fait cesser ce grand tumulte; וִיאַבֵּד אֶת־לֵב מַתָּנָה Eccl. 7. 7, le don (corrupteur) fait disparaître le cœur; וְשַׁלְוַת כְּסִילִים תְּאַבְּדֵם Prov. 1. 32, la tranquillité des sots cause leur ruine; וָאַבֶּדְךָ כְּרוּב הַסֹּכֵךְ Ez. 28. 16, je t'ai anéanti, ô chérubin protecteur! (p. וָאֲאַבֶּדְךָ); לְאַבֵּד נְפָשׁוֹת Ez. 22. 27, pour faire périr des âmes; לַהֲרֹג וּלְאַבֵּד Esth. 3. 13, de tuer et d'exterminer.

Hiph. Même signif. que *Piel* : וְהַאֲבַדְתִּי מֵהֶם קוֹל שָׂשׂוֹן Jér. 25. 10, je ferai cesser au milieu d'eux tout cri de joie; אֹבִידָה עִיר Jér. 46. 8, je détruirai la ville (p. אַאֲבִידָה); וְהֶאֱבִיד שָׂרִיד מֵעִיר Nomb. 24. 19, il fera mourir tout ce qui reste de la ville.

אֲבַד chald. (*fut.* יֵאבַד). Même signif.: יֵאבַדוּ מֵאַרְעָא Jér. 10. 11, qu'ils disparaissent de la terre. *Aph.* הוֹבֵד (ה p. א) : וַאֲמַר לְהוֹבָדָה Dan. 2. 12, il ordonna de faire périr. *Hoph.* (forme hébr.) הוּבַד : וְהוּבַד גִּשְׁמַהּ Dan. 7. 11, et que son corps fût détruit.

אֹבֵד *adj.* employé substantivement. Destruction, malheur : וְאַחֲרִיתוֹ עֲדֵי אֹבֵד Nomb. 24. 20, et sa fin vers la destruction

אֲבֵדָה *f.* Perte, objet perdu : אוֹ־מָצָא אֲבֵדָה Lév. 5. 22, ou s'il a trouvé un objet perdu.

אֲבַדֹּה Prov. 27. 20, *chethib*, pour אֲבַדּוֹן.

אֲבַדּוֹן 1° Destruction, anéantissement : אֲבַדּוֹן וָמָוֶת Job 28. 22, la destruction et la mort. — 2° Enfer, synonyme de שְׁאוֹל : אֱמוּנָתְךָ בָּאֲבַדּוֹן Ps. 88. 12, ta fidélité (est-elle célébrée) dans les enfers? וְאֵין כְּסוּת לָאֲבַדּוֹן Job 26. 6, et l'enfer n'a pas de voile.

אַבְדָן *m.* Destruction : הֶרֶג וְאַבְדָן Esth. 9. 5, carnage et destruction.

אָבְדַן *m.* (const. אָבְדַן). Même signif.: בְּאָבְדַן מוֹלַדְתִּי Esth. 8. 6, la destruction de ma race.

אָבָה (v. אָוָה, יָאַב et אָהַב) Vouloir, consentir, acquiescer, avec le *rég. dir.*: וְתוֹכַחְתִּי לֹא אֲבִיתֶם Prov. 1. 25, vous n'avez point voulu de ma morale. Suivi de l'*infinitif* avec ou sans לְ : לֹא אָבָה יַבְּמִי Deut. 25. 7, il ne veut pas m'épouser; וְלֹא אֲבִיתֶם לַעֲלֹת Deut. 1. 26, vous n'avez pas voulu monter; לֹא־אָבוּ לַעֲצָתִי Prov. 1. 30, ils n'ont point acquiescé à mon conseil. Sans *régime* : אַל־תֹּבֵא Prov. 1. 10, tu ne seras pas consentant; וְלֹא־יֹאבֶה כִּי תַרְבֶּה־שֹׁחַד Prov. 6. 35, il ne consentira pas (à s'apaiser), même si tu lui offres beaucoup de présents; אִם־תֹּאבוּ וּשְׁמַעְתֶּם Is. 1. 19, si vous êtes consentants et si vous obéissez. Avec le *rég. indirect* de la personne, être d'accord avec quelqu'un, lui témoigner de la bonne volonté, de la soumission, synonyme de שָׁמַע לְ : לֹא־תֹאבֶה לוֹ Deut. 13. 9, tu ne seras pas d'accord avec lui; וְיִשְׂרָאֵל לֹא־אָבָה לִי Ps. 81. 12, Israel n'a plus consenti à m'obéir.

אֵבֶה *m.* Ex. unique : אֳנִיּוֹת אֵבֶה Job 9. 26, barques légères de roseaux, de papyrus (v. גֹּמֶא).

אֲבוֹי Exclamation. Exemple unique : לְמִי אוֹי לְמִי אֲבוֹי Prov. 23. 29, qui dit ah ! qui dit hélas ! Selon d'autres, synonyme de אֶבְיוֹן : pour qui les soupirs ? pour qui la pauvreté ?

אֵבוּס *m.* (*plur.* אֲבוּסִים, avec suff. אֲבוּסֶךָ) : אֵבוּס בְּעָלָיו Is. 1. 3, la crèche de ses maîtres; בְּאֵין אֲלָפִים אֵבוּס בָּר Prov. 14. 4, faute de bestiaux la crèche est nette, c.-à-d. vide.

אִבְחָה *f.* Ex. unique : אִבְחַת־חָרֶב Ez. 21. 20, la menace du glaive, le glaive menaçant; selon d'autres : le carnage du glaive, comme טִבְחָה.

אֲבַטִּיחִים *m. plur.* Melons. Ex. unique, Nomb. 11. 5.

אֲבִי *n. pr. f.*, pour אֲבִיָּה mère du roi Hiskia, II Rois 18. 2.

אֲבִיאֵל (dont Dieu est le père). *n. pr.* Abiel, grand-père de Saül, I Sam. 9. 1.

אֲבִיאָסָף (chef de la réunion), fils de Korah, Exod. 6. 24.

אָבִיב *m.* Épi mûr : הַשְּׂעֹרָה אָבִיב Exod. 9. 31, l'orge avait ses épis mûrs; אָבִיב קָלוּי בָּאֵשׁ Lév. 2. 14, du blé rôti au feu; בְּחֹדֶשׁ הָאָבִיב Exod. 13. 4, au mois de la maturité des épis. Ce mois, appelé plus tard נִיסָן, correspond à mars-avril.

אֲבִיגַיִל et אֲבִיגַל (dont le père est joyeux) 1° Femme de Nabal et ensuite de David, I Sam. 25. 3. — 2° Sœur de David, I Chr. 2. 16.

אֲבִידָן *n. pr. m.* Nomb. 1. 11.

אֲבִידָע *n. pr. m.* Gen. 25. 4.

אֲבִיָּה (dont le père est Dieu) *n. pr.* 1° de plusieurs hommes, I Sam. 8. 2, I Rois 14. 1, Néh. 10. 8; — 2° d'une femme, I Chr. 2. 24.

אֲבִיָּהוּ *n. pr. m.* Roi de Juda, fils et successeur de Roboam, II Chr. 14. 21. Il est appelé aussi אֲבִיָּם I Rois 14. 31.

אֲבִיהוּא (lui, c-à-d. Dieu, est son père) *n. pr. m.* Un des fils d'Aaron, Lév. 10. 1.

אֲבִיהוּד (père de la majesté) *n. pr. m.* Petit-fils de Benjamin, I Chr. 8. 3.

אֲבִיהַיִל *n. pr. f.* 1° Abihayil, femme de Roboam, II Chr. 11. 18. — 2° Abihayil, femme d'Abisur, I Chr. 2. 29 (d'autres lisent אֲבִיחַיִל).

אֶבְיוֹן (de אָבָה) *adj.* 1° Pauvre, nécessiteux, plus fort que עָנִי Deut. 15. 7. — 2° Malheureux, affligé : וַאֲנִי עָנִי וְאֶבְיוֹן Ps. 40. 18, et moi je suis malheureux et affligé.

אֲבִיּוֹנָה (de אָבָה) Ex. unique. Nom d'un fruit, câpres : וְתָפֵר הָאֲבִיּוֹנָה Eccl. 12. 5, le fruit qui excite l'appétit est sans effet; selon d'autres : la concupiscence s'en va.

אֲבִיחַיִל (père de la force) *n. pr. m.* 1° Nomb. 3. 35. — 2° Père d'Esther, Esth. 2. 15.

אֲבִיטוּב (père de la bonté) *n. pr. m.* I Chr. 8. 11.

אֲבִיטַל (dont la rosée est le père)

n. pr. Femme de David, II Sam. 3. 4.

אֲבִיָּם (v. אֲבִיָּהוּ).

אֲבִימָאֵל (père de Mael) *n. pr. m.* Gen. 10. 28.

אֲבִימֶלֶךְ (père du roi, ou roi père, bienfaiteur) *n. pr. m.* 1° de plusieurs rois philistins, Gen. 20. 2. — 2° Fils de Gédéon, Jug. 9. 1.

אֲבִינָדָב (père du généreux) *n. pr.* 1° Abinadab, frère de David, I Sam. 16. 8. — 2° Fils de Saül, I Sam. 31. 2.

אֲבִינֹעַם (père de l'agrément) *n. pr. m.* Jug. 4. 6.

אֲבִינֵר (père de la lumière) I Sam. 14. 50 (v. אַבְנֵר).

אֶבְיָסָף et אֲבִיאָסָף *n. pr.* I Chr. 6. 8.

אֲבִיעֶזֶר (père du secours) *n. pr. m.* Jos. 17. 2 : אֲבִי הָעֶזְרִי Jug. 6. 11, de la famille d'Abiézer. Par abréviation אִיעֶזֶר et *patron.* אִיעֶזְרִי Nomb. 26. 30.

אֲבִיעַלְבוֹן *n. pr. m.* II Sam. 23. 31. Il est appelé aussi אֲבִיאֵל I Chr. 11. 32.

אֲבִיר constr. seul usité, *m.* Le fort, le protecteur, le héros : אֲבִיר יַעֲקֹב Gen. 49. 24, le fort de Jacob, c.-à-d. Dieu.

אַבִּיר *adj.* employé *subst.* 1° Fort; se dit des hommes et des animaux : vaillant soldat, taureau gras, cheval fougueux : סִלָּה כָל־אַבִּירַי Lament. 1. 15, il a abattu tous mes vaillants hommes; וּפָרִים עִם־אַבִּירִים Is. 34. 7, des taureaux jeunes avec des taureaux gras et forts; מִצְהֲלוֹת אַבִּירָיו Jér. 8. 16, le hennissement de ses chevaux fougueux. — 2° Puissant, grand, chef, tyran : וּמָשַׁךְ אַבִּירִים בְּכֹחוֹ Job 24. 22, il entraîne les puissants par sa force; לֶחֶם אַבִּירִים אָכַל אִישׁ Ps. 78. 25, chacun mangea de la nourriture des grands, c.-à-d. la manne; אַבִּיר הָרֹעִים I Sam. 21. 8, le chef de bergers; וְיָסִירוּ אַבִּיר לֹא בְיָד Job 34. 20, ils renversent le tyran sans effort; וְאוֹרִיד כַּאבִּיר יוֹשְׁבִים Is. 10. 13, comme un tyran j'ai abattu ceux qui étaient assis (sur le trône), p. כְּאַבִּיר (v. כַּבִּיר). Avec לֵב homme au cœur vaillant, endurci : אֶשְׁתּוֹלְלוּ אַבִּירֵי לֵב Ps. 76. 6, les hommes vaillants sont dépouillés; שִׁמְעוּ אֵלַי אַבִּירֵי לֵב Is. 46. 12, écoutez-moi, vous dont le cœur est endurci.

אֲבִירָם (père de l'élévation) *n. pr. m.* 1° Abiram, fils d'Eliah, Nomb. 16. 1. — 2° Abiram, fils de Hiel, I Rois 16. 34.

אֲבִישַׁג (père de l'erreur) *n. pr. f.* Abisag de Sunam, concubine de David, I Rois 1. 3.

אֲבִישׁוּעַ (père du salut) *n. pr. m.* 1° I Chr. 8. 4. — 2° Esdr. 7. 5.

אֲבִישׁוּר (père du chant) *n. pr. m.* I Chr. 2. 28.

אֲבִישַׁי (père du présent) *n. pr. m.* Fils de la sœur de David, un de ses généraux, frère de Joab, I Sam. 26. 6. Il est aussi appelé אַבְשַׁי II Sam. 10. 10.

אֲבִישָׁלוֹם (père de la paix) *n. pr. m.* Beau-père de Roboam, I Rois 15. 2.

אֶבְיָתָר (père de l'abondance) *n. pr. m.* Grand pontife sous David, I Sam. 22. 20.

אָבַךְ (v. אָבַק, בּוּךְ). *Kal* inusité. *Hithp.* Se gonfler. Ex. unique : וַיִּתְאַבְּכוּ גֵּאוּת עָשָׁן Is. 9. 17, et ils (les buissons) laissent échapper des colonnes de fumée; *littér.* ils s'élèvent en fumée, ou des tourbillons de fumée s'élèveront.

אָבַל (*fut.* יֶאֱבַל) Être en deuil, être désolé, avoir péri : אָבַל עָלָיו עַמּוֹ Osée 10. 5, son peuple est en deuil d'elle (de l'idole); וְנַפְשׁוֹ עָלָיו תֶּאֱבָל Job 14. 22, son âme en lui se désole. — Des choses inanimées : אָבַל תִּירוֹשׁ Is. 24. 7, le vin est perdu; עַל־כֵּן תֶּאֱבַל הָאָרֶץ Osée 4. 3, c'est pourquoi la terre est en deuil.

Hiph. Causer un deuil, en ordonner un : בְּיוֹם רִדְתּוֹ שְׁאוֹלָה הֶאֱבַלְתִּי Ez. 31. 15, le jour où il est descendu dans le scheol j'ai ordonné un deuil. — Dévaster, désoler : וַיַּאֲבֶל־חֵל וְחוֹמָה Lament. 2. 8, il a dévasté remparts et murailles.

Hithp. Être en deuil, être désolé, avec אֶל et עַל : וַיִּתְאַבֵּל עַל־בְּנוֹ יָמִים רַבִּים Gen. 37. 34, il pleura son fils longtemps; עַד־מָתַי אַתָּה מִתְאַבֵּל אֶל־שָׁאוּל I Sam. 16. 1, jusqu'à quand pleurerastu Saül? הִתְאַבְּלִי־נָא II Sam. 14. 2, feins d'être en deuil.

I אָבֵל *adj.* (de אָבַל, const. אֲבֵל; *plur.* const. אֲבֵלֵי). Désolé, dévasté : אָבֵל וַחֲפוּי רֹאשׁ Esth. 6. 12, désolé et ayant la tête voilée; דַּרְכֵי צִיּוֹן אֲבֵלוֹת Lament. 1. 4, les chemins de Sion sont désolés; כַּאֲבֶל־אֵם Ps. 35. 14, comme en deuil d'une mère; לַאֲבֵלֵי צִיּוֹן Is. 61. 3, à ceux qui portent le deuil de Sion.

II אָבֵל *m.* 1° Plaine, lieu couvert de gazon : וְעַד אָבֵל הַגְּדוֹלָה I Sam. 6. 18, jusqu'à la grande plaine. — 2° Ville dans le nord de la Palestine, II Sam. 20. 18. Ce mot entre dans la composition d'un grand nombre de noms de villes. Il reste à l'état absolu.

אָבֵל בֵּית מַעֲכָה (plaine de Beth-Macha) *n. pr.* Ville du nord de la Palestine, II Sam. 20. 15. Appelée aussi אָבֵל (v. II אָבֵל).

אָבֵל הַשִּׁטִּים (plaine des acacias) Ville dans la vallée de Moab, Nomb. 33. 49. Appelée aussi simplement שִׁטִּים Nomb. 25. 1.

אָבֵל כְּרָמִים (plaine des vignes) Village appartenant aux Ammonites, Jug. 11. 33.

אָבֵל מְחוֹלָה (plaine de la danse) Ville de la tribu d'Issachar, lieu de naissance du prophète Élisée, I Rois 19. 16.

אָבֵל מַיִם (plaine au bord de la rivière) Ville au pied du Liban, II Chr. 16. 4.

אָבֵל מִצְרַיִם (deuil des Égyptiens) [p. אֵבֶל] Grange près du Jourdain; elle prit ce nom des funérailles de Jacob, Gen. 50. 11.

אֵבֶל *m.* (de אָבַל, avec suff. אֶבְלִי). Deuil, affliction, gémissement : יִקְרְבוּ יְמֵי אֵבֶל אָבִי Gen. 27. 41, lorsque les jours du deuil de mon père (c.-à-d. sa mort) seront venus; וְשַׂמְתִּיהָ כְּאֵבֶל יָחִיד Amos 8. 10, je la rendrai (la terre) semblable à une mère en deuil pour un fils unique, c.-à-d. elle sera désolée comme une mère qui pleure son fils unique; וְאֵבֶל כִּבְנוֹת יַעֲנָה Mich. 1. 8, un gémissement comme celui des autruches; עָשָׂה אֵבֶל faire deuil (avec ל) en l'honneur de quelqu'un; וַיַּעַשׂ לְאָבִיו אֵבֶל Gen. 50. 10, il fit en l'honneur de son père un deuil (de sept jours).

אֹבֶל (v. אוּבַל).

אֲבָל 1° *adv.* Oui, certainement : אֲבָל אֲשֵׁמִים אֲנַחְנוּ Gen. 42. 21, sûrement nous sommes punis. — 2° *conj.* Mais, cependant : אֲבָל חֲרָדָה גְדֹלָה Dan. 10. 7, mais une grande terreur (les assaillit).

אֶבֶן *f.* (de בָּנָה, avec suff. אַבְנוֹ; *plur.* אֲבָנִים, const. אַבְנֵי). 1° Pierre, objet de pierre : וְהָאֶבֶן הַזֹּאת Gen. 28. 22, et cette pierre (dont j'ai fait un monument); וּבָעֵצִים וּבָאֲבָנִים Exod. 7. 19, dans des vases de bois et dans des vases de pierre; *métaph.*: לֵב הָאֶבֶן Ez. 11. 19, un cœur de pierre; וְהוּא הָיָה לְאָבֶן I Sam. 25. 37, il devint semblable à une pierre. — 2° Pierre précieuse, corps solide : אַבְנֵי־שֹׁהַם וְאַבְנֵי מִלֻּאִים Exod. 25. 7, des pierres d'onyx et des pierres précieuses pour être enchâssées; וְאֶבֶן בָּרָד Is. 30. 30, et la grêle; אַבְנֵי אֶלְגָּבִישׁ Ez. 13. 11, grêlons; כְּאַבְנֵי־גִר Is. 27. 9, pierre calcaire; אֶבֶן מַעֲמָסָה Zach. 12. 3, pierre lourde; וְאֶבֶן יָצוּק נְחוּשָׁה Job 28. 2, et la pierre (le minerai) se fond en cuivre. — 3° Poids (primitivement on ne pesait qu'avec des pierres) : אֶבֶן וָאָבֶן Deut. 25. 13, deux sortes de poids; בְּאֶבֶן הַמֶּלֶךְ II Sam. 14. 26, au poids royal; אֶבֶן הָעֹפֶרֶת Zach. 5. 8, poids de plomb, plomb, niveau; וְרָאוּ אֶת־הָאֶבֶן הַבְּדִיל בְּיַד זְרֻבָּבֶל Zach. 4. 10, ils virent le plomb dans la main de Zerubabel; וְאַבְנֵי־בֹהוּ Is. 34. 11, le niveau du chaos. — 4° Rocher, protecteur : רֹעֶה אֶבֶן יִשְׂרָאֵל Gen. 49. 24, ô pasteur, rocher d'Israel! תִּשְׁתַּפֵּכְנָה אַבְנֵי־קֹדֶשׁ Lament. 4. 1, elles sont renversées, les pierres saintes, c.-à-d. les pontifes et les grands; בְּתוֹךְ אַבְנֵי־אֵשׁ הִתְהַלָּכְתָּ Ez. 28. 14, tu as marché au milieu des pierres de feu, c.-à-d. des anges; אֶבֶן בֹּחַן (v. בֹּחַן).

אֶבֶן הָאָזֶל (pierre du départ) Endroit où eut lieu l'entrevue entre Jonathan et David, lorsque celui-ci s'enfuit devant Saül, I Sam. 20. 19.

אֶבֶן הָעֵזֶר (pierre de secours) Nom du monument élevé par Samuel près de Mizpa, I Sam. 7. 12.

אֶבֶן chald. (p. אַבְנָא) : הִתְגְּזֶרֶת אֶבֶן Dan. 2. 34, une pierre s'est détachée.

אֲבָנָא (p. אֲמָנָא) II Rois 5. 12.

אַבְנָא chald. *f.* Même signif. que אֶבֶן hébr., Dan. 2. 35, la pierre.

אֹבֶן (comme אֶבֶן, de בָּנָה, usité seulement au *duel* אָבְנַיִם les deux pierres) 1° Tour de potier, composé apparemment de deux meules de pierre : עֹשֶׂה מְלָאכָה עַל־הָאָבְנָיִם Jér. 18. 3, il préparait de l'ouvrage sur sa roue. — 2° Siége sur lequel les femmes étaient assises au moment de l'enfantement : וּרְאִיתֶן עַל־הָאָבְנָיִם Exod. 1. 16, vous regarderez sur le siége.

אַבְנֵט *m.* Ceinture, principal. celle des pontifes : וּבְאַבְנֵט בַּד יַחְגֹּר Lévit. 16. 4, il sera ceint d'une ceinture de lin (en chald. אֶמְוּנְדָא, סֶרֶד).

אַבְנֵר et אֲבִינֵר (père de la lumière) *n. pr.* Abner, général de l'armée de Saül, I Sam. 14. 51.

אָבַס Nourrir, engraisser ; *part. passif* אָבוּס seul usité : מִשּׁוֹר אָבוּס Prov. 15. 17, qu'un bœuf engraissé ; וּבַרְבֻּרִים אֲבוּסִים I Rois 5. 3, et des oies engraissées.

אֲבַעְבֻּעֹת *pl. f.* Fistules, ulcères : שְׁחִין אֲבַעְבֻּעֹת Exod. 9. 10, des fistules, des ulcères enflammées.

אֶבֶץ *n. pr.* Ebez, ville de la tribu d'Issachar, Jos. 19. 20.

אִבְצָן (éclatant) *n. pr.* Ibzan, juge qui succéda à Jephté, Jug. 12. 8.

אָבַק *Kal* inusité. Soulever de la poussière en luttant, lutter.

Niph. Lutter : וַיֵּאָבֵק אִישׁ עִמּוֹ Gen. 32. 25, quelqu'un lutta avec lui ; בְּהֵאָבְקוֹ עִמּוֹ même verset, en luttant avec lui.

**Hithp.* Se rouler dans la poussière : וֶהֱוֵי מִתְאַבֵּק בַּעֲפַר רַגְלֵיהֶם Aboth 1. 3, roule-toi dans la poussière de leurs pieds, c.-à-d. vénère-les (v. חָבַב).

אָבָק *m.* (const. אֲבַק). Poussière très fine : וּפִרְחָם כָּאָבָק יַעֲלֶה Is. 5. 24, et leur fleur se dissipera comme la poussière ; וְעָנָן אֲבַק רַגְלָיו Nah. 1. 3, et les nuages sont la poussière de ses pieds.

אֲבָקָה *f.* (const. אַבְקַת). Poudre aromatique : אַבְקַת רוֹכֵל Cant. 3. 6, poudre du marchand de parfums.

אָבַר *Kal* inusité. *Hiph.* S'élever dans les airs, étendre les pennes : הֲמִבִּינָתְךָ יַאֲבֶר־נֵץ Job 39. 26, est-ce par un effet de ta sagesse que l'épervier s'élève dans les airs ? (V. בָּרַר *Hiph.*)

אֵבֶר *m.* 1° Penne, aile : אֵבֶר כַּיּוֹנָה Ps. 55. 7, des ailes comme à la colombe ; יַעֲלוּ אֵבֶר כַּנְּשָׁרִים Is. 40. 31, ils pousseront des ailes (voleront) comme les aigles. — *2° Membre : אֵבָרִים שֶׁפִּלַּגְתָּ בָּנוּ Rituel, les membres que tu as disposés en nous.

אֶבְרָה *f.* Penne, aile : וְאֶבְרוֹתֶיהָ בִּירַקְרַק חָרוּץ Ps. 68. 14, et ses ailes ont l'éclat de l'or ; בְּאֶבְרָתוֹ יָסֶךְ לָךְ Ps. 91. 4, il te couvrira de son aile.

אַבְרָהָם *m.* Abraham, primitivement appelé אַבְרָם (père élevé), nom que Dieu changea en celui d'Abraham, en lui disant : אַב־הֲמוֹן גּוֹיִם נְתַתִּיךָ Gen. 17. 5, je ferai de toi le chef d'une multitude de nations.

אַבְרֵךְ Ex. unique : וַיִּקְרְאוּ לְפָנָיו אַבְרֵךְ Gen. 41. 43, on cria devant lui : Qu'on s'agenouille ! *Hiph.*, de בָּרַךְ (p. הַבְרֵךְ). Selon d'autres, de אַב père, conseiller, et de רַךְ en chald. roi, conseiller du roi. Il est à présumer que le mot est égyptien.

אַבְשַׁי (v. אֲבִישַׁי).

אַבְשָׁלוֹם (v. אֲבִישָׁלוֹם). Absalon, fils de David, II Sam. 13. 1.

אָגֵא *n. pr. m.* Père d'un des généraux de David, II Sam. 23. 11.

אֲגַג Nom de plusieurs rois des Amalécites ; peut-être est-ce un titre commun à tous leurs rois, comme אֲבִימֶלֶךְ, פַּרְעֹה.

אֲגָגִי *adj*. De la race d'Agag, Esth. 3. 1.

אֲגֻדָּה *f*. 1° Lien, bandelette : אֲגֻדּוֹת מוֹטָה Is. 58. 6, les liens du joug. — 2° Objet lié, paquet, faisceau : אֲגֻדַּת אֵזוֹב Exod. 12. 22, un bouquet d'hysope. — 3° Faisceau d'hommes, troupe, bande : וַיִּהְיוּ לַאֲגֻדָּה אֶחָת II Sam. 2. 25, ils formèrent une troupe. — 4° Union, ordre, harmonie : וַאֲגֻדָּתוֹ עַל־אֶרֶץ יְסָדָהּ Amos 9. 6, il a établi sur la terre son harmonie, ou : les ordres divers des êtres animés.

אֱגוֹז *m*. Noix. Ex. unique : גִּנַּת אֱגוֹז Cant. 6. 11, le jardin de noyers.

אָגוּר (celui qui est réuni *aux sages*) *n. pr*. Agour, fils de Yaké, sage auquel le 30e chapitre des Proverbes est attribué. C'est peut-être un nom symbolique, comme קֹהֶלֶת (v. יָקֶה).

אֲגוֹרָה *f*. Petite monnaie (de אָגַר), peut-être comme גֵּרָה la vingtième partie du sicle : לַאֲגוֹרַת כֶּסֶף I Sam. 2. 36, pour une agora d'argent.

אֶגֶל *m*. Goutte (d'eau). Ex. unique : אֶגְלֵי־טָל Job. 38. 28, les gouttes de rosée.

אֶגְלַיִם (gouttes, ou les deux réservoirs) Nom d'un endroit dans le pays de Moab, Is. 15. 8.

אֲגַם (*pl*. אֲגַמִּים, const. irrégulièrement formé אַגְמֵי) 1° Marais, étang : יָשֵׂם מִדְבָּר לַאֲגַם־מַיִם Ps. 107. 35, il fait du désert un étang ; וְאַגְמֵי־מָיִם Is. 14. 23, et les marais. — 2° Jonc, roseau, hautes herbes qui poussent dans les marais : וְאֶת־הָאֲגַמִּים שָׂרְפוּ בָאֵשׁ Jér. 51. 32, ils mirent le feu aux roseaux ; selon d'autres : aux forteresses, c.-à-d. aux roseaux qui poussent dans les fossés des villes fortes et en défendent l'entrée (v. גֹּמֶא).

אָגֵם *adj*. Attristé. Ex. unique : אַגְמֵי־נָפֶשׁ Is. 19. 10, ayant l'âme attristée (pour עַגְמֵי).

אַגְמֹן 1° Roseau, jonc : הֲלָכֹף כְּאַגְמֹן רֹאשׁוֹ Is. 58. 5, est-ce de courber sa tête comme un roseau ? הֲתָשִׂים אַגְמֹן בְּאַפּוֹ Job 40. 26, passeras-tu un roseau dans ses narines ? כִּפָּה וְאַגְמוֹן Is. 9. 13, le palmier et le jonc, le fort et le faible. — 2° Cuve ardente : כְּדוּד נָפוּחַ וְאַגְמֹן Job 41. 12, comme une chaudière bouillante et une cuve ardente. Selon d'autres : marais d'où s'exhale de la vapeur.

אַגָּן *m*. (*pl*. אַגָּנוֹת). Bassin, coupe : אַגַּן הַסַּהַר Cant. 7. 3, coupe de la rondeur (pour coupe ronde) ; וַיָּשֶׂם בָּאַגָּנֹת Exod. 24. 6, il le mit dans des bassins.

אֲגַף (*plur*. אֲגַפִּים, seul usité, v. גַּף) Aile, aile d'une armée, armée : אַתָּה וְכָל־אֲגַפֶּיךָ Ez. 39. 4, toi et toutes tes armées ; וְכָל־אֲגַפָּיו אֱזֶרֶה Ez. 12. 14, je disperserai toutes ses armées (v. כָּנָף) ; וְאֵת כָּל־מִבְרָחָיו בְּכָל־אֲגַפָּיו Ez. 17. 21, et tous ses fugitifs dans toutes ses armées ; selon d'autres : dans toutes ses villes (אֲגַף dans le Talmud signifiant seuil, porte).

אָגַר (v. גָּרַר) Assembler, amasser : recueillir (des fruits, du blé) : וְיַיִן לֹא־תִשְׁתֶּה וְלֹא תֶאֱגֹר Deut. 28. 39, tu ne boiras pas du vin et tu n'en recueilleras point ; אָגְרָה בַקָּצִיר מַאֲכָלָהּ Prov. 6. 8, elle amasse en été sa nourriture.

אִגְּרָא et אִגַּרְתָּא chald. Lettre, hébr. אִגֶּרֶת : כְּתַבוּ אִגְּרָה חֲדָה Esdr. 4. 8, ils écrivirent une lettre.

* אַגְרָא *f*. Récompense : לְפוּם צַעֲרָא אַגְרָא Aboth 5. 23, la récompense sera selon la peine.

אֶגְרֹף *m*. (rac. גָּרַף). Poing : בְּאֶגְרֹף רֶשַׁע Is. 58. 4, avec un poing criminel.

אֲגַרְטָל *m*. Bassin. Ex. unique : אֲגַרְטְלֵי זָהָב Esdr. 1. 9, (trente) bassins d'or. D'après le Talmud, ce mot est composé de אָגַר recueillir, et de טָלֶה agneau, vase dans lequel on recueille le sang de l'agneau.

אִגֶּרֶת *f*. (*plur*. אִגְּרוֹת, de אָגַר). Objet roulé, lettre, édit : וְאִגֶּרֶת פְּתוּחָה בְּיָדוֹ Néh. 6. 5, il avait à la main une lettre ouverte ; עַל־כָּל־דִּבְרֵי הָאִגֶּרֶת Esth. 9. 26, à cause de la teneur de cet édit.

אֵד *m*. Vapeur, nuage : וְאֵד יַעֲלֶה מִן־

הָאָרֶץ Gen. 2. 6, une vapeur montait de la terre ; יָזֹקּוּ מָטָר לְאֵדוֹ Job 36. 27, la pluie coule de son nuage.

אוֹדוֹת (v. אוֹדוֹת).

אָדַב *Kal* inusité (v. דָּאַב). *Hiph.* Attrister, faire languir : וּלַאֲדִיב אֶת־נַפְשֶׁךָ I Sam. 2. 33, et pour attrister ton âme (pour וּלְהַאֲדִיב).

אַדְבְּאֵל *n. pr.* Adbeël, fils d'Ismael, Gen. 25. 13.

אֲדַד *n. pr.* Adad, Iduméen, I Rois 11. 17, appelé aussi הֲדַד (vers. 14).

אִדּוֹ *n. pr. m.* Esdr. 8. 17.

אָדוֹן *m.* (de דּוּן juger, gouverner; const. אֲדוֹן; *plur.* אֲדוֹנִים, const. אֲדוֹנֵי). Maître, seigneur : אַל־תַּלְשֵׁן עֶבֶד אֶל־אֲדֹנָו Prov. 30. 10, ne calomnie pas l'esclave auprès de son maître ; בְּעָלוּנוּ אֲדֹנִים זוּלָתֶךָ Is. 26. 13, d'autres maîtres que toi ont dominé sur nous ; הָאָדֹן יְיָ Exod. 23. 17, le Seigneur, l'Éternel ; וַאדֹנִי זָקֵן Gen. 18. 12, mon maître est âgé, c.-à-d. mon époux (v. בַּעַל). Ce mot affecte volontiers le pluriel emphatique : בְּיַד אֲדֹנִים קָשֶׁה Is. 19. 4, au pouvoir d'un maître cruel ; אֲדֹנָי se dit seulement de Dieu, et אֲדֹנִי des hommes (v. שַׁדַּי).

אֲדוֹרַיִם (double demeure) *n. pr.* d'une ville de la tribu de Juda, II Chr. 11. 9.

אֲדוֹרָם (v. אֲדֹנִירָם).

אֱדַיִן chald. *adv.* Alors, ensuite ; en hébr. אָז : בֵּאדַיִן aussitôt, Dan. 2. 14 ; וּמִן־אֱדַיִן Esdr. 5. 16, et depuis lors.

אַדִּיר *subst.* et *adj.* (de אָדַר). 1° Puissant, formidable, majestueux : מְלָכִים אַדִּירִים Ps. 136. 18, des rois puissants ; בְּמַיִם אַדִּירִים Exod. 15. 10, dans les eaux impétueuses ; שָׁם אַדִּיר יְיָ לָנוּ Is. 33. 21, là Dieu se montrera formidable pour nous ; מָה־אַדִּיר שִׁמְךָ Ps. 8. 2, que ton nom est majestueux ; וְהַלְּבָנוֹן בְּאַדִּיר יִפּוֹל Is. 10. 34, le Liban tombera sous la main d'un roi puissant ou sous les coups d'une puissante cognée. — 2° Grand personnage, homme considéré, chef, dominateur : וְאֶת־הָאַדִּירִים II Chr. 23. 20, et les grands officiers ; יִזְכֹּר אַדִּירָיו Nah. 2. 6, il se souvient de ses vaillants hommes ; בְּסֵפֶל אַדִּירִים Jug. 5. 25, dans un vase dont se servent les grands, un vase magnifique ; וְאַדִּירֵי כָּל־חֶפְצִי־בָם Ps. 16. 3, et les grands (c.-à-d. les hommes vénérés, pieux), tout mon amour est pour eux ; אַדִּירֵי הַצֹּאן Jér. 25. 34, les maîtres des troupeaux, les bergers ; וְהָיָה אַדִּירוֹ מִמֶּנּוּ Jér. 30. 21, son dominateur sortira de son sein.

אֲדַלְיָא *n. pr.* Adaliah, fils de Haman, Esth. 9. 8.

אָדַם Être rouge : אָדְמוּ עֶצֶם מִפְּנִינִים Lament. 4. 7, ils avaient le teint plus vermeil que les perles.

Pou. (usité seulement au *part.*). Être teint en rouge : וְעֹרֹת אֵילִם מְאָדָּמִים Exod. 25. 5, et des peaux de béliers teintes en rouge ; מָגֵן גִּבֹּרֵיהוּ מְאָדָּם Nah. 2. 4, le bouclier de ses héros est teint en rouge.

Hiph. Devenir rouge : אִם־יַאְדִּימוּ כַתּוֹלָע Is. 1. 18, fussent-ils devenus rouges comme écarlate.

Hithp. Paraître rouge : אַל־תֵּרֶא יַיִן כִּי יִתְאַדָּם Prov. 23. 31, ne regarde pas comme le vin brille d'un éclat rouge.

אָדָם *m.* (de אֲדָמָה). 1° Homme, un homme : אֶמְחֶה אֶת־הָאָדָם Gen. 6. 7, je veux détruire l'homme, le genre humain ; אָדָם כִּי־יַקְרִיב מִכֶּם קָרְבָּן Lév. 1. 2, un homme d'entre vous (quiconque d'entre vous) qui offrira un sacrifice. — 2° Adam, nom du premier homme, aussi avec l'*art.* הָאָדָם l'homme, le seul homme existant alors (de même de חַוָּה Ève, הָאִשָּׁה la femme), בֶּן־הָאָדָם et *poét.* בֶּן־אָדָם fils de l'homme, mortel : לֹא אִישׁ אֵל וִיכַזֵּב וּבֶן־אָדָם וְיִתְנֶחָם Nomb. 23. 19, Dieu n'est point un homme pour qu'il mente, ni un mortel pour qu'il se repente ; בֶּן־אָדָם Ez. 2. 1, fils de l'homme, nom que Dieu donne souvent au prophète Ezéchiel ; וּבְיִשְׂרָאֵל וּבָאָדָם Jér. 32. 20, aux yeux d'Israel et aux autres hommes. *Opposé à* אִישׁ il signifie une classe inférieure, un homme vil : גַּם־בְּנֵי אָדָם גַּם־

בְּנֵי־אִישׁ Ps. 49. 3, les petits et les grands. אָדָם seul a quelquefois le même sens, un homme ordinaire, le vulgaire, le méchant : וְהָיִיתִי כְּאַחַד הָאָדָם Jug. 16. 7, je deviendrais un homme ordinaire ; לָמָּה תִשְׁמַע אֶת־דִּבְרֵי אָדָם I Sam. 24. 10, pourquoi écoutes-tu les paroles des méchants ? וְהֵמָּה כְּאָדָם עָבְרוּ בְרִית Osée 6. 7, et eux (les prophètes), comme le vulgaire, ils transgressent ma loi. On emploie d'ordinaire אִישׁ pour désigner le sexe masculin ; אָדָם n'est *opposé* qu'une seule fois à אִשָּׁה Eccl. 7. 28 ; וְאֶבְיוֹנֵי אָדָם Is. 29. 19, et les pauvres parmi les hommes (pour les pauvres) ; זֹבְחֵי אָדָם Osée 13. 2, les offrants parmi les hommes, les hommes qui offrent des sacrifices.

אָדָם *n. pr.* d'une ville, Jos. 3. 16.

אָדֹם *adj.* (*f.* אֲדֻמָּה ; v. דָּם). Rouge : פָּרָה אֲדֻמָּה Nomb. 19. 2, vache rousse ; הַמַּיִם אֲדֻמִּים כַּדָּם II Rois 3. 22, l'eau était rouge comme du sang ; דּוֹדִי צַח וְאָדוֹם Cant. 5. 10. mon bien-aimé est blanc et rose. *Subst.* : מַדּוּעַ אָדֹם לִלְבוּשֶׁךָ Is. 63. 2, pourquoi ce rouge à ton vêtement ? v. à לְ, p. 311 ; מִן־הָאָדֹם הָאָדֹם הַזֶּה Gen. 25. 30, de ce mets rouge.

אֱדוֹם *n. pr. m.* (de אָדָם). 1° Édom, nom donné à Esaü, Gen. 36. 1. — 2° Nom des descendants d'Esaü, les Idoméens ou Edomites, Nomb. 20. 21, souvent בְּנֵי אֱדוֹם. — 3° Édom, l'Idumée ; dans ce cas, il est féminin : וְהָיְתָה אֱדוֹם לְשַׁמָּה Jér. 49. 17. Édom deviendra une terre dévastée.

אֹדֶם (de אָדַם) Pierre précieuse d'un rouge éclatant, une des douze pierres qui ornaient le pectoral du grand prêtre, Exod. 28. 17.

אֲדַמְדָּם *adj.* (*f.* אֲדַמְדֶּמֶת, *pl.* אֲדַמְדַּמּוֹת). Rouge, rougeâtre : בַהֶרֶת לְבָנָה אֲדַמְדָּמֶת Lévit. 13. 19, une pustule blanche tournant au rouge.

אֲדָמָה *f.* (const. אַדְמַת, *plur.* אֲדָמוֹת). 1° Terre, de terre : רֹמֵשׂ עַל־הָאֲדָמָה Gen. 7. 8, rampant sur la terre ; מִזְבַּח אֲדָמָה Exod. 20. 24, (tu me feras) un autel de terre. — 2° La terre, le monde : עַל־פְּנֵי הָאֲדָמָה Gen. 6. 1, sur la surface de la terre. — 3° Pays, contrée : וַהֲשִׁבֹתִיךָ אֶל־הָאֲדָמָה הַזֹּאת Gen. 28. 15, je te ramènerai dans ce pays ; אַדְמַת נֵכָר Ps. 137. 4, terre étrangère ; אַדְמַת יְיָ Is. 14. 2, la terre de l'Éternel, la Palestine. — 4° Champ, campagne, terre cultivée : עֹבֵד אַדְמָתוֹ Prov. 12. 11, celui qui cultive son champ ; וַיָּחֶל נֹחַ אִישׁ הָאֲדָמָה Gen. 9. 20, Noé devint cultivateur ; כִּי־אֹהֵב אֲדָמָה הָיָה II Chr. 26. 10, car il aimait l'agriculture ; קָרְאוּ בִשְׁמוֹתָם עֲלֵי אֲדָמוֹת Ps. 49. 12, ils appellent les terres de leurs noms.

אֲדָמָה (terre) *n. pr.* Ville de la tribu de Nephthali, Jos. 19. 36.

אַדְמָה (la rougeur) *n. pr.* Ville dans le voisinage de Sodome, Gen. 10. 19.

אַדְמוֹנִי et **אַדְמֹנִי** *adj.* Roux, rose, teint frais : וַיֵּצֵא הָרִאשׁוֹן אַדְמוֹנִי כֻּלּוֹ Gen. 25. 25, le premier sortit entièrement roux ; וְהוּא אַדְמוֹנִי I Sam. 16. 12, il était rose.

אֲדֹמִי *adj.* (*f.* אֲדֹמִית). Édomite, Iduméen : לֹא־תְתַעֵב אֲדֹמִי Deut. 23. 8, tu ne mépriseras pas l'Iduméen.

אֲדָמִי *n. pr.* d'une ville de Nephthali, Jos. 19. 33.

אַדְמָתָא (terrestre) *n. pr.* d'un grand à la cour de Perse, Esth. 1. 14.

אַדָּן et **אַדּוֹן** *n. pr. m.* Esd. 2. 59, Néh. 7. 61.

אֶדֶן *m.* (*plur.* אֲדָנִים, const. אַדְנֵי). 1° Piédestal, base, socle : שְׁנֵי אֲדָנִים Exod. 26. 19, deux bases (sous chaque planche) ; עַל־אַדְנֵי־פָז Cant. 5. 15, sur des socles d'or. — 2° Fondement : עַל־מָה אֲדָנֶיהָ הָטְבָּעוּ Job 38. 6, sur quoi ses fondements sont-ils affermis ?

אֲדֹנָי (v. אָדוֹן).

אֲדֹנִי Mon seigneur ; entre dans la composition d'un grand nombre de noms propres.

אֲדֹנִי־בֶזֶק (seigneur de Bozek) Nom ou titre d'un roi chananéen, Jug. 1. 5.

אֲדֹנִיָּהוּ (dont Dieu est le maître) *n. pr.* 1° Fils de David, I Rois 1. 8. (אֲדֹנִיָּה, vers. 5). — 2° Divers personnages, II Chr. 17. 8 ; Néh. 10. 17.

אֲדֹנִי־צֶדֶק (prince de l'équité) *n. pr.* d'un roi chananéen, Jos. 10. 1.

אֲדֹנִיקָם (le seigneur assiste) *n. pr. m.* Esdr. 2. 13.

אֲדֹנִירָם (le maître élevé) *n. pr. m.*, préposé des impôts depuis David jusqu'à Roboam, I Rois 4. 6. Par contraction il est appelé אֲדֹרָם II Sam. 20. 24, et הֲדֹרָם II Chr. 10. 18.

אָדַר *Kal* inusité. *Niph.* Se signaler, se montrer magnifique : יְמִינְךָ יְיָ נֶאְדָּרִי בַּכֹּחַ Exod. 15. 6, ta droite, ô Seigneur! se signale par la force ; נֶאְדָּר בַּקֹּדֶשׁ Exod. 15. 11, magnifique de sainteté.

Hiph. Glorifier, rendre magnifique : יַגְדִּיל תּוֹרָה וְיַאְדִּיר Is. 42. 21, il a rendu la loi grande, il l'a rendue glorieuse.

אֲדָר Nom du douzième mois de l'année, correspondant à février-mars, Esth. 3. 7.

אֲדָר chald. Même signif. Esdr. 6. 15.

אַדָּר (v. חֲצַר אַדָּר).

אֶדֶר *m.* Magnificence, éclat : מִמּוּל שַׂלְמָה אֶדֶר תַּפְשִׁטוּן Mich. 2. 8, du vêtement vous dépouillez la magnificence (v. מוּל) ; אֶדֶר הַיְקָר Zach. 11. 13, (la magnificence de la valeur) le prix magnifique (dont j'ai été estimé par eux) (v. יְקָר). Selon d'autres, manteau, comme אַדֶּרֶת.

אִדַּר chald. Aire : מִן־אִדְּרֵי־קַיִט Dan. 2. 35, (ce qui sort) des aires pendant l'été.

אֲדַרְגָּזְרַיָּא chald. *pl.* Grands juges (de אֲדַר, magnifique, grand, et גְּזַר décider), Dan. 3. 2.

אַדְרַזְדָּא chald. *adv.* Exactement : יִתְעֲבֵד אַדְרַזְדָּא Esdr. 7. 23, (qu'il) sera fait exactement.

אֲדַרְכֹּן et דַּרְכְּמוֹן (dans le Talmud דַּרְכּוֹן) Darique, ancienne monnaie persane, Esdr. 8. 27.

אַדְרַמֶּלֶךְ (roi majestueux) *n. pr.* 1° Divinité des Separvimes à laquelle ils offraient des sacrifices humains, II Rois 17. 31. — 2° Fils et meurtrier du roi assyrien Sancherib, Is. 37. 38.

אֶדְרָע chald (pour דְּרָע). Bras, puissance : בְּאֶדְרָע וְחָיִל Esdr. 4. 23, avec violence et par force.

אֶדְרֶעִי (puissant) *n. pr.* 1° Capitale du pays de Bason, donnée par Moïse à la tribu de Menassé, Nomb. 21. 33. — 2° Ville de la tribu de Nephthali, Jos. 19. 37.

אַדֶּרֶת 1° *Adj. f.* (de אַדִּיר). Majestueuse, magnifique : לִהְיוֹת לְגֶפֶן אַדָּרֶת Ez. 17. 8, pour devenir une vigne magnifique. — 2° *Subst.* Magnificence, grandeur : כִּי שֻׁדְּדָה אַדַּרְתָּם Zach. 11. 3, car leur magnificence a été détruite. —3° Vêtement vaste, ample ; manteau : אַדֶּרֶת שִׁנְעָר Jos. 7. 21, un manteau de Schinear ; כְּאַדֶּרֶת שֵׂעָר Gen. 25. 25, comme un manteau de poils ou chargé de poils.

אָדַשׁ (v. דּוּשׁ) Battre le blé. Ex. unique : אָדוֹשׁ יְדוּשֶׁנּוּ Is. 28. 28, il battra, brisera (le blé).

אָהֵב et אָהַב (*fut.* יֶאֱהַב et יֶאֱהָב, 1re *pers.* אֹהַב et אֶאֱהַב, *inf.* אֱהֹב, *plus fréq* אַהֲבָה, v. אָוָה, תָּאַב) 1° Désirer : אֹהֲבֵי תְּשׁוּעָתֶךָ Ps. 40. 17, qui mettent leur attente en ton secours. — 2° Aimer, chérir : אֶהֱבוּ אֶת־יְיָ Ps. 31. 24, aimez l'Éternel ; אֲנִי אֹהֲבַי אֵהָב Prov. 8. 17, je chéris ceux qui m'aiment. Quelquefois avec לְ, une fois avec בְּ : וְאָהַבְתָּ לְרֵעֲךָ כָּמוֹךָ Lévit. 19. 18, tu aimeras ton prochain comme toi-même ; וּמִי־אֹהֵב בֶּהָמוֹן לֹא תְבוּאָה Eccl. 5. 9, celui qui aime les richesses (ne se rassasie pas) de revenus. *Part.* אֹהֵב Ami, plus intime que : רֵעַ וְיֵשׁ אֹהֵב דָּבֵק מֵאָח Prov. 18. 24, il est des amis plus intimes que des frères. *Inf.* לְאַהֲבָה Deut. 19. 9, d'aimer : בְּאַהֲבָתוֹ אֹתוֹ כְּנַפְשׁוֹ I Sam. 18. 3, en l'aimant autant que lui-même ; מֵאַהֲבַת יְיָ אֶתְכֶם Deut. 7. 8, parce que l'Éternel vous aime.

Niph. Être aimé, être digne d'être aimé : הַנֶּאֱהָבִים וְהַנְּעִימִם II Sam. 1. 23, si aimables et si gracieux.

Pi. Aimer fortement : עַד־מָתַי פְּתָיִם תְּאֵהֲבוּ פֶתִי Prov. 1. 22, jusqu'à quand ô insensés! aimerez-vous la sottise? *Part.* מְאַהֵב Amant : וְרִדְּפָה אֶת־מְאַהֲבֶיהָ Osée 2. 9, elle poursuivra ses amants.

אַהַב *m.* (usité seulement au *plur.* אֲהָבִים). Amours : אַיֶּלֶת אֲהָבִים Prov. 5. 19, biche d'amours; אֶפְרַיִם הִתְנוּ אֲהָבִים Osée 8. 9, Ephraïm paye d'infâmes amours, c.-à-d. des alliances étrangères.

אֹהַב ou אֹהֶב (*pl.* אֳהָבִים) 1° Amour, volupté : נִתְעַלְּסָה בָּאֳהָבִים Prov. 7. 18, délectons-nous de voluptés. — 2° וַיִּהְיוּ שִׁקּוּצִים כְּאָהֳבָם Osée 9. 10, ils sont devenus abominables comme l'objet de leur amour (les idoles).

אַהֲבָה *f.* Amour, amitié : עַזָּה כַמָּוֶת אַהֲבָה Cant. 8. 6, l'amour est violent comme la mort; נִפְלְאַתָה אַהֲבָתְךָ לִי מֵאַהֲבַת נָשִׁים II Sam. 1. 26, ton amitié m'était plus précieuse que l'amour des femmes. Comme *infinitif* (v. dans אָהַב).

אֹהַד *n. pr.* Ohad, fils de Siméon, Gen. 46. 10.

אֲהָהּ (v. הָהּ) Ah! hélas! malheur! אֲהָהּ אֲדֹנָי יֱהוִה Jug. 6. 22, ah! Éternel mon Dieu! אֲהָהּ לַיּוֹם Joel 1. 15, malheur pour le jour!

אֵהוּד *n. pr.* 1° Ehud, fils de Gera, juge, Jug. 3. 15. — 2° Ehud, fils de Bilhan, I Chr. 7. 10.

אַהֲוָא *n. pr. m.* Fleuve entre Jérusalem et Babylone sur les bords duquel Esdras campa avec les émigrants : עַל־הַנָּהָר אַהֲוָא Esdr. 8. 21, près du fleuve Ahava; הַנָּהָר הַבָּא אֶל־אַהֲוָא 8. 15, une rivière qui se jette dans l'Ahava, ou qui se dirige vers la contrée ou la ville appelée Ahava.

אֱהִי (v. אַיֵּה) Où? אֱהִי מַלְכְּךָ אֵפוֹא Osée 13. 10, où est-il ton roi? אֱהִי דְבָרֶיךָ מָוֶת אֱהִי קָטָבְךָ שְׁאוֹל Osée 13. 14, où est ta peste, ô mort? où ta destruction, ô abîme? Selon d'autres : je serai la peste qui te fera mourir, je serai la destruction qui te fera descendre dans l'abîme (*fut.* de הָיָה).

אֶהְיֶה Un des noms de Dieu : אֶהְיֶה שְׁלָחַנִי אֲלֵיכֶם Exod. 3. 14, Ehyé (l'Être éternel) m'a envoyé auprès de vous (1re *pers.* du *fut.* de הָיָה).

אָהַל (*fut.* יֶאֱהַל) Dresser des tentes, voyager en demeurant sous des tentes : וַיֶּאֱהַל עַד־סְדֹם Gen. 13. 12, il dressa des tentes jusqu'à Sodome.

Pi. : וְלֹא־יַהֵל שָׁם עֲרָבִי Is. 13. 20, l'Arabe ne dressera plus sa tente (יַהֵל pour יְאַהֵל).

Hiph. Répandre de la lumière, briller : הֵן עַד־יָרֵחַ וְלֹא יַאֲהִיל Job 25. 5, voici la lune même, elle ne brille pas avec éclat, ou elle ne restera pas sous sa tente (v. הָלַל).

אֹהֶל *m.* (avec suff. אָהֳלִי, אָהָלְךָ, אָהֳלֹה, avec ה parag.; *plur.* אֹהָלִים et אֳהָלִים, const. אָהֳלֵי, avec suff. אֹהָלָיו). 1° Tente : יֹשֵׁב אֹהֶל וּמִקְנֶה Gen. 4. 20, demeurant sous des tentes et ayant des troupeaux; אֹהֶל מוֹעֵד tente d'assignation; אֹהֶל הָעֵדוּת tente de témoignage, le tabernacle (v. מוֹעֵד); une fois הָאֹהֱלָה I Rois 1. 39. — 2° Demeure, maison : וַיֵּלְכוּ לְאָהֳלֵיהֶם I Rois 8. 66, ils retournèrent à leurs demeures; לְאֹהָלֶיךָ יִשְׂרָאֵל I Rois 12. 16, à tes tentes, ô Israel! בְּאֹהֶל דָּוִד Is. 16. 5, dans la maison de David; בְּאֹהֶל בֵּיתִי Ps. 132. 3, dans ma maison; אֹהֶל מִשְׁכְּנוֹת Job 21. 28, demeure. — 3° Temple de Jérusalem : רֹחַב הָאֹהֶל Ez. 41. 1, la largeur du temple.

אֹהֶל *n. pr.* Ohel, fils de Zorobabel, I Chr. 3. 20.

אָהֳלָה (elle a sa tente ou son temple) Nom symbolique donné à Samarie représentée sous l'image d'une prostituée, Ez. 23. 4.

אָהֳלִיאָב (tente du père) *n. pr.* Ohaliab, fils d'Ahisamach, Exod. 31. 6.

אָהֳלִיבָה (ma tente est en elle). Nom symbolique donné à Jérusalem représentée sous l'image d'une prostituée, Ez. 23. 4.

אָהֳלִיבָמָה (ma tente de la hauteur) *n. pr.* Ohalibama, femme d'Esaü, Gen. 36. 2.

אֲהָלִים et אֲהָלוֹת *pl.* Aloès, arbre et

bois de ce nom : כַּאֲהָלִים נָטַע יְיָ Nomb. 24. 6, comme des aloès que Dieu a plantés ; מֹר־וַאֲהָלוֹת Ps. 45. 9, myrrhe et aloès.

אַהֲרֹן Aaron, frère de Moïse, premier grand pontife : בְּנֵי אַהֲרֹן Jos. 21. 4, les fils d'Aaron ; בֵּית אַהֲרֹן Ps. 115. 10, la maison d'Aaron, les pontifes.

אוֹ *conj.* 1° Ou : וְאִישׁ אוֹ אִשָּׁה Lévit. 13. 29, un homme ou une femme ; אוֹ רָאָה אוֹ יָדָע Lévit. 5. 1, soit qu'il l'ait vu, soit qu'il l'ait su. — 2° Si : אוֹ נוֹדַע Exod. 21. 36, s'il était notoire (que c'est un bœuf, etc.). — 3° *Rarem.* et : אוֹ־אָז יִכָּנַע לְבָבָם Lévit. 26. 41, et alors leur cœur s'humiliera. *Par exception*, אוֹ נָשִׂישׂ Ez. 21. 15, comment nous réjouirions-nous ?

אֵו Prov. 31. 4, *cheth.* p. *keri* אֵי (v. אֵי).

אוּאֵל *n. pr. m.* Esdr. 10. 34.

אוֹב *m.* (*pl.* אוֹבוֹת). 1° Nécromancien, devin, python, nécromancie : וְהָיָה כְּאוֹב מֵאֶרֶץ קוֹלֵךְ Is. 29. 4, ta voix sortira de la terre comme celle d'un devin ; בַּעֲלַת־אוֹב I Sam. 28. 7, une pythonisse. — 2° Outre. Ex. unique : כְּאֹבוֹת חֲדָשִׁים Job 32. 19, comme des outres neuves ou contenant du vin nouveau.

אֹבֹת (outre) *n. pr.* Endroit où les Israélites ont campé dans le désert, Nomb. 21. 10.

אוֹבִיל *n. pr.* Aubil, gardien des chameaux de David, I Chr. 27. 30.

אוּבָל *m.* (v. יוּבַל). Fleuve, torrent : אוּבַל אוּלָי fleuve Aulaï, Dan. 8. 2 ; 3. 6.

אוּד *m.* (*pl.* אוּדִים). Tison : כְּאוּד מֻצָּל מִשְּׂרֵפָה Amos 4. 11, comme un tison sauvé d'un embrasement.

אוֹדוֹת Causes, sujets ; se construit avec עַל : עַל אוֹדוֹתַי וְעַל־אוֹדוֹתֶיךָ Jos. 14. 6, au sujet de moi et au sujet de toi ; אַל־אוֹדוֹת הָרָעָה הַגְּדוֹלָה הַזֹּאת מֵאַחֶרֶת אֲשֶׁר־עָשִׂיתָ עִמִּי לְשַׁלְּחֵנִי II Sam. 13, 16, ne deviens pas, en me renvoyant, cause d'un crime plus grand que celui que tu as commis envers moi. Ou אַל pour עַל à cause de.

I אָוָה (*Kal* inusité, v. אָבָה) Vouloir, désirer.

Niph. Être désirable, agréable ; être beau, convenir : מַה־נָּאווּ עַל־הֶהָרִים Is. 52. 7, qu'ils sont beaux sur la montagne (les pieds de celui qui annonce le salut) ; שְׁחוֹרָה אֲנִי וְנָאוָה Cant. 1. 5, je suis noire et belle ; לַיְשָׁרִים נָאוָה תְהִלָּה Ps. 33. 1, la louange (de Dieu) sied aux hommes de bien ; לְבֵיתְךָ נַאֲוָה־קֹדֶשׁ Ps. 93. 5, la sainteté convient à ta demeure, ou : ta sainte maison doit être désirée, aimée (v. נָאוָה).

Pi. Désirer fortement : כִּי־תְאַוֶּה נַפְשְׁךָ Deut. 12. 20, car ton âme désirera ; נַפְשִׁי אִוִּיתִךָ בַּלַּיְלָה Is. 26. 9, je t'ai désiré en mon âme pendant la nuit, mon âme t'a désiré. Il se construit toujours avec נֶפֶשׁ *excepté*, Ps. 132. 13, 14.

Hithp. הִתְאַוָּה, *fut. apoc.* יִתְאָו : וְלֹא תִתְאַוֶּה בֵּית רֵעֶךָ Deut. 5. 21, tu ne désireras pas la maison de ton prochain ; הִתְאַוּוּ תַאֲוָה Nomb. 11. 4, ils conçurent des désirs, désiraient avec ardeur. Avec לְ : אַל־תִּתְאָו לְמַטְעַמּוֹתָיו Prov. 23. 3, ne désire pas ses mets exquis ; sans régime : וַיִּתְאָו דָּוִיד I Chr. 11. 17, David éprouva un désir, un besoin.

II אָוָה (*Kal* inusité, v. תָּוָה) Marquer.

Hithp. : וְהִתְאַוִּיתֶם לָכֶם לִגְבוּל קֵדְמָה Nomb. 34. 10, vous vous tracerez comme limites d'Orient ; תְּתָאוּ לָכֶם 34. 7, vous tracerez, vous mesurerez, les limites [pour תִּתְאַוּוּ] (v. תָּאָה II).

אַוָּה *f.* Désir, fougue : בְּכָל־אַוַּת נַפְשׁוֹ Deut. 18. 6, dans tout le désir de son âme ; בְּאַוַּת נַפְשָׁהּ Jér. 2. 24, dans sa fougue ; sans נֶפֶשׁ Osée 10. 10 (v. I אָוָה).

אוּזַי *n. pr. m.* Néh. 3. 25.

אוּזָל *n. pr.* Ouzal, fils de Joktan, Gen. 10. 27.

אֱוִי (désir) *n. pr.* Evi, roi madianite, Nomb. 31. 8.

אוֹי *interj.* (v. הוֹי). Hélas ! ah ! malheur ! אוֹי־לְךָ מוֹאָב Nomb. 21. 29, malheur à toi, Moab ! cri de douleur et de menace.

אוֹיָה Même signif. : אוֹיָה־לִי Ps. 120. 5, malheur à moi.

אֱוִיל *adj.* et *subst.* Sot, fou, stupide : אִישׁ אֱוִיל Prov. 29. 9, un sot ; אֱוִיל הַנָּבִיא Osée 9.7, le prophète est fou ; כִּי אֱוִיל עַמִּי Jér. 4. 21, mon peuple est stupide, impie. Plus fréquemm. *subst.* : וֶאֱוִילִים לֹא יִתְעוּ Is. 35. 8, les sots ne s'égareront plus.

אֱוִילִי Même signif. (י paragog, ou comme נָכְרִי). Ex. unique : כְּלִי רֹעֶה אֱוִלִי Zach. 11. 15, la houlette d'un pasteur insensé.

אֱוִיל מְרֹדַךְ (sot Merodach) *n. pr.* Evil Merodach, roi de Babylone, II Rois 25. 27.

אוּל *m. Douteux.* 1° וּבָרִיא אוּלָם Ps. 73. 4, leur force est saine, ou leur corps est gras, fort ; selon d'autres : il est robuste comme un portique (v. אוּלָם).— 2° וְאֵת אוּלֵי הָאָרֶץ *cheth.* p. אֵילֵי II Rois 24. 15, les grands du pays (v. אַיִל).

אוּלַי *adv.* (de אוֹ et לִי p. לֹא, v. לוּלֵי). Peut-être, et si, sinon : אוּלַי יְמֻשֵּׁנִי אָבִי Gen. 27. 12, peut-être mon père me touchera-t-il ; אוּלַי יַעֲשֶׂה Osée 8. 7, et s'il en produisait ; אוּלַי נָטְתָה מִפָּנַי Nomb. 22. 33, si elle ne s'était point détournée devant moi. La première acception est la plus générale.

אוּלַי *n. pr.* Fleuve qui se jette dans l'Euphrate, Dan. 8. 2.

אוּלָם et אֻלָם (*plur.* אֵלַמִּים, const. אֵלַמֵּי) Voûte, galerie, vestibule, portique : אוּלָם הָעַמּוּדִים I Rois 7. 6, la galerie aux colonnes ; וְאוּלָם הַכִּסֵּא 7. 7, le portique du trône ; אֻלָם הַמִּשְׁפָּט 7. 7, le portique de la justice, du tribunal. Il désigne particulièrement le vestibule du temple de Jérusalem.

אוּלָם *adv.* d'opposition. Mais, au contraire : אוּלָם שְׁלַח־נָא יָדְךָ Job 2.5, mais étends ta main. Plus souvent וְאוּלָם.

אוּלָם *n. pr. m.* 1° I Chr. 7. 16. — 2° 8. 39.

אִוֶּלֶת *f.* (de אֱוִיל). Folie, légèreté : אִוֶּלֶת כְּסִילִים אִוֶּלֶת Prov. 14. 24, la folie des insensés (reste toujours) folie ; אֱלֹהִים אַתָּה יָדַעְתָּ לְאִוַּלְתִּי Ps. 69. 6, mon Dieu, tu connais ma légèreté.

אוֹמָר (qui parle) *n. pr.* Aumar, fils d'Oliphaz, Gen. 36. 11.

און (ou אָנַן) *Kal* inusité.

Hithpa. Se plaindre, murmurer : מַה־יִּתְאוֹנֵן אָדָם חָי Lam. 3. 39, de quoi l'homme se plaint-il pendant sa vie ? וַיְהִי הָעָם כְּמִתְאֹנְנִים Nomb. 11.1, le peuple était comme murmurant, ou comme cherchant des prétextes (v. אָנָה, תֹּאֲנָה).

I אָוֶן et אוֹן (avec suff. אוֹנִי, אוֹנָם, *plur.* אוֹנִים) 1° Vanité, fausseté, mensonge, iniquité, idolâtrie : הֵן כֻּלָּם אָוֶן Is. 41. 29, tous ils ne sont que vanité ; דִּבְרֵי־פִיו אָוֶן וּמִרְמָה Ps. 36. 4, les paroles de sa bouche ne sont que fausseté et tromperie ; שְׂפַת־אָוֶן Prov. 17. 4, lèvres mensongères ; לֹא־אוּכַל אָוֶן וַעֲצָרָה Is. 1. 13, je ne puis supporter (ensemble) iniquité et solennité ; אַנְשֵׁי, מְתֵי, פֹּעֲלֵי אָוֶן hommes, artisans d'iniquité : אוֹנִים Prov. 11. 7, méchants, hommes iniques ; וְאָוֶן וּתְרָפִים הַפְצַר I Sam. 15. 23, l'opiniâtreté, c'est idolâtrie et culte des Théraphim ; בֵּית אָוֶן Osée 10. 5, maison de l'idolâtrie, nom donné à בֵּית אֵל, appelé aussi אָוֶן 10.8 ; מִבִּקְעַת־אָוֶן Amos 1. 5, de la plaine de l'idolâtrie, nom donné à Damas.

2° Peine, douleur, affliction, deuil, synonyme de עָמָל : בֶּן־אוֹנִי Gen. 35.18, fils de ma douleur ; כְּלֶחֶם אוֹנִים Osée 9. 4, comme le pain des affligés, le festin de deuil ; לֹא־אָכַלְתִּי בְאֹנִי מִמֶּנּוּ Deut. 26. 14, je n'en ai point mangé dans mon deuil ; וּבֵית אֵל יִהְיֶה לְאָוֶן Amos 5. 5, et Beth-El sera réduit à l'affliction ou au néant ; תַּחַת אָוֶן רָאִיתִי אָהֳלֵי כוּשָׁן Hab. 3. 7, au-dessous de la misère, du néant, j'ai vu les tentes des Éthiopiens, c.-à-d. dans la plus profonde misère ; selon d'autres : à cause des péchés (commis par Israel), j'ai vu (dans la Terre-Sainte) les tentes des Éthiopiens.

II אָוֶן ou אוֹן *m.* Force, vigueur, richesse, fortune : וּבְאוֹנוֹ שָׂרָה אֶת־אֱלֹהִים Osée 12. 4, dans sa force (dans la force de l'âge), il lutta avec un être divin ; וּלְאֵין אוֹנִים עָצְמָה יַרְבֶּה Is. 40. 29, il augmente la force de ceux qui sont sans vigueur; וְרֵאשִׁית אוֹנִי Gen. 49. 3, prémices de ma force, mon premier-né; (de même) יְהִי־רָעֵב אֹנוֹ Job 18. 12, son fils sera affamé; מָצָאתִי אוֹן לִי Osée 12. 9, je me suis amassé de la fortune (v. הוֹן).

אוֹן *n. pr. m.* Aun, fils de Peles, Nomb. 16. 1.

אוֹן et **אֹן** *n. pr.* Ville d'Égypte, Héliopolis, Gen. 41. 50, appelé אָוֶן Ez. 30. 17.

אָוֶן (v. אוֹן).

אוֹנוֹ (fort) *n. pr.* Ville de la tribu de Benjamin, Esdr. 2. 33.

אוֹנִיּוֹת *f. plur.* Vaisseaux, II Chr. 8. 18, *cheth. keri* אֳנִיּוֹת.

אוֹנָם *n. pr.* 1° Onam, fils de Sobal, Gen. 36. 23. — 2° Onam, fils de Jérahmiël, I Chr. 2. 26.

אוֹנָן *n. pr.* Onan, fils de Juda, Gen. 38. 9.

אוּפָז (v. פָּז) *n. pr.* d'un pays inconnu d'où les Israélites tiraient l'or, Jér. 10. 9.

אוֹפִיר et **אוֹפִר** Ophir, contrée où Salomon envoya des vaisseaux pour y prendre une grande quantité d'or, de pierres précieuses, et du bois rare, I Rois 9. 28.

אוֹפָן *m.* (const. אוֹפַן, *plur.* אוֹפַנִּים). Roue: וַיָּשֶׁב עֲלֵיהֶם אוֹפָן Prov. 20. 26, il fait passer la roue sur eux. — 2° Le nom d'une catégorie d'anges: וְהָאוֹפַנִּים Rituel, les Ophanims; אוֹפֶן signifie aussi: genre, manière.

אוּץ Se hâter, presser, être étroit: וְלֹא־אָץ לָבוֹא Jos. 10. 13, il ne se hâta pas de se coucher; וְהַנֹּגְשִׂים אָצִים Exod. 5. 13, les intendants les pressèrent, devinrent pressants; כִּי־אָץ לְךָ הַר־אֶפְרָיִם Jos. 17. 15, la montagne d'Ephraïm est trop étroite pour toi; לֹא־אַצְתִּי מֵרֹעֶה אַחֲרֶיךָ Jér. 17. 16, je n'ai point insisté pour être ton pasteur; selon d'autres: je n'ai point refusé d'être pasteur à ta suite (v. נָחַץ, לָחַץ; v. le même exemple à מִן 12).

Hiph. Presser, insister, s'efforcer: אַל־תָּאִיצוּ לְנַחֲמֵנִי Is. 22. 4, ne vous efforcez pas de me consoler; וַיָּאִיצוּ הַמַּלְאָכִים בְּלוֹט Gen. 19. 15, les anges insistèrent auprès de Lot, le pressèrent.

אוֹצָר *m.* (const. אוֹצַר, *plur.* אוֹצָרוֹת, v. אָצַר). Magasin, grenier, trésor: וְאֹצְרוֹת מַאֲכָל וְשֶׁמֶן וָיָיִן II Chr. 11. 11, des magasins de vivres, d'huile et de vin; נָשַׁמּוּ אֹצָרוֹת Joel 1. 17, les greniers ont été détruits; רַבַּת אוֹצָרֹת Jér. 51. 13, (ville riche) en trésors. Se dit souvent du trésor royal et du trésor du temple; aussi לְבֵית הָאוֹצָר Néh. 10. 39, à la maison du trésor. *Métaph.*: אוֹצָרוֹ הַטּוֹב אֶת־הַשָּׁמַיִם Deut. 28. 12, (Dieu t'ouvrira) son bon trésor, le ciel; הֲבָאתָ אֶל־אֹצְרוֹת שָׁלֶג Job 38. 22, es-tu entré dans les trésors de la neige?

אוֹר *trans.* et *intrans.* Devenir clair, s'éclaircir, briller, éclairer: וְלַיְלָה אוֹר בַּעֲדֵנִי Ps. 139. 11, la nuit devient lumineuse autour de moi; הַבֹּקֶר אוֹר Gen. 44. 3, le jour paraît, devient clair; כִּי אֹרוּ עֵינַי I Sam. 14. 29, car mes yeux se sont éclaircis; קוּמִי אוֹרִי Is. 60. 1, lève-toi, brille; הוֹלֵךְ וָאוֹר Prov. 4. 18, allant, éclairant.

Niph. (נָאוֹר, *fut.* יֵאוֹר). Être éclairé, faire jour, être brillant: לֵאוֹר בְּאוֹר הַחַיִּים Job 33. 30, pour être éclairé par la lumière des vivants; וַיֵּאֹר לָהֶם בְּחֶבְרוֹן II Sam. 2. 32, le jour leur parut à Hébron; נָאוֹר אַתָּה Ps. 76. 5, tu es éclatant, majestueux; suivant d'autres: tu détruis (v. נָאַר).

Hiph. intrans. et *transitif.* 1° Être éclairé, répandre la clarté, éclairer: וְהָאָרֶץ הֵאִירָה מִכְּבֹדוֹ Ez. 43. 2, la terre était éclairée par sa gloire; לְהָאִיר עַל־הָאָרֶץ Gen. 1. 15, pour répandre la clarté sur la terre; הֵאִירוּ בְרָקָיו תֵּבֵל Ps. 97. 4, sa foudre éclaire l'univers; וַיָּאֶר אֶת־הַלָּיְלָה Exod. 14. 20, il éclaira la nuit; selon d'autres, sens opposé: il rendit la nuit plus obscure (dans le Talmud אוֹר signifie quelquefois nuit). Avec פָּנִים: éclairer sa face en faveur de quelqu'un, être favorable, bienveillant; se dit principalement de la Divinité: יָאֵר יְיָ פָּנָיו אֵלֶיךָ Nomb. 6. 25, que l'Éternel éclaire sa face en ta faveur. Se construit avec בְּ, אֶת, עַל, אֶל (v. בָּהִיר), sans פָּנִים : וַיָּאֶר לָנוּ Ps. 118. 27, il nous sera favorable; avec עַיִן, éclairer les yeux de quelqu'un, le rappeler à la vie, le ranimer, le rendre intelligent : הָאִירָה עֵינַי פֶּן־אִישַׁן הַמָּוֶת Ps. 13. 4, rends la clarté à mes yeux, afin que je ne m'endorme pas du sommeil de la mort; מֵאִיר עֵינֵי שְׁנֵיהֶם יְיָ Prov. 29. 13, Dieu éclaire les yeux à tous les deux, les ranime; מְאִירַת עֵינָיִם Ps. 19. 9, elle éclaire les yeux, elle rend intelligent; *sans régime* : יָאִיר Ps. 119. 130, éclaire, brille (v. פֵּתַח).

2° Allumer, brûler : וְלֹא־תָאִירוּ מִזְבְּחִי חִנָּם Mal. 1. 10, pour que vous n'allumiez pas vainement (le feu de) mon autel; נָשִׁים בָּאוֹת מְאִירוֹת אוֹתָהּ Is. 27. 11, des femmes viennent et le brûlent; suivant d'autres : le cueillent (v. אָרָה et אוֹר).

אוֹר *m.* (*fém.*, Job 36. 32). 1° Lumière, soleil, matin, éclat : יְהִי אוֹר וַיְהִי־אוֹר Gen. 1. 3, que la lumière soit, et la lumière fut; *métaph.* : וּנְתַתִּיךָ לְאוֹר גּוֹיִם Is. 49. 6, je ferai de toi la lumière des nations; וְאוֹר חָשַׁךְ בַּעֲרִיפֶיהָ Is. 5. 30, le soleil est obscurci par les nuages; מִן־הָאוֹר עַד־מַחֲצִית הַיּוֹם Néh. 8. 3, depuis le matin jusqu'au milieu du jour; לְאוֹר חִצֶּיךָ Hab. 3. 11, (ils marcheront) à l'éclat de tes flèches. — 2° *Métaph.* Sérénité, bonheur : וְאוֹר פָּנַי לֹא יַפִּילוּן Job 29. 24, ils ne troublèrent pas la sérénité de mon visage; אוֹר פָּנִים signifie aussi faveur, bienveillance : אוֹר פָּנֶיךָ יְיָ Ps. 4. 7, la lumière de ta face, ô Éternel! בְּאוֹר־פְּנֵי־מֶלֶךְ חַיִּים Prov. 16. 15, dans l'éclat du visage du roi il y a vie, c.-à-d. un regard favorable du roi donne la vie; אוֹר זָרֻעַ לַצַּדִּיק Ps. 97. 11, le bonheur est ensemencé pour le juste. — 3° Herbe, pluie (ce dernier sens douteux) : כְּחֹם צַח עֲלֵי־אוֹר Is. 18. 4, comme une chaleur pure sur l'herbe; יָפִיץ עֲנַן אוֹרוֹ Job 37. 11, il fait fondre, ou il répand, le nuage qu'il a chargé de sa pluie (v. אוֹרָה). *Plur.* אוֹרִים, pour מְאוֹרוֹת luminaires. Exemple unique : לְעֹשֵׂה אוֹרִים גְּדֹלִים Ps. 136. 7, à celui qui a fait les grands luminaires.

אוּר *m.* 1° Flamme, feu : בְּאוּר אֶשְׁכֶם Is. 50. 11, à la flamme de votre feu; רָאִיתִי אוּר Is. 44. 16, j'ai vu le feu. — 2° Plaine : בָּאֻרִים כַּבְּדוּ יְיָ Is. 24. 15, dans les plaines, honorez l'Éternel; בְּאוּר כַּשְׂדִּים Gen. 11. 28, dans la plaine des Chaldéens; selon d'autres : nom de la ville où Abraham est né.

אוּר *n. pr.* I Chr. 11. 33.

אוֹרָה *f.* 1° Lumière, bonheur : כַּחֲשֵׁיכָה כָּאוֹרָה Ps. 139. 12, l'obscurité est comme la lumière; לַיְּהוּדִים הָיְתָה אוֹרָה Esth. 8. 16, il y eut fête pour les Juifs. — 2° *Plur.* Herbes : טַל אוֹרֹת Is. 26. 19, la rosée qui tombe sur l'herbe, et אֹרֹת II Rois 4. 39.

אוּרִים Les Ourims : אֶת־הָאוּרִים וְאֶת־הַתֻּמִּים Lév. 8. 8, les Ourim et Thoumim, révélation et vérité, ou lumière et droit, nom d'un objet que portait le grand-prêtre dans le pectoral, et qu'il consultait comme oracle; en quoi cet objet consistait est inconnu. הָאוּרִים seul, Nomb. 27. 21.

אֻרְוֹת *f. plur.* Crèches ou étables : וַעֲדָרִים לָאֲוֵרוֹת II Chr. 32. 28, et des étables pour les troupeaux (v. אֻרְוָה hébr.).

אוּרִי *n. pr.* 1° Uri, fils de Hur, Exod. 31. 2. — 2° Esdr. 10. 24. — 3° I Rois 4. 19.

אוּרִיאֵל (flamme de Dieu) *n. pr. m.* 1° I Chr. 6. 9. — 2° II Chr. 13. 2.

אוּרִיָּה (flamme de Dieu) *n. pr.* 1° Uriah, époux de Bathseba, II Sam. 11. 3. — 2° Pontife sous Achas, Is. 8. 2.

אוּרִיָּהוּ (flamme de Dieu) *n. pr.* Prophète tué par l'ordre de Joakim, Jér. 26. 20.

* אוֹרָיְתָא Loi : כָּל־מַן דְּעָסְקִין בְּאוֹרָיְתָא Rituel, tous ceux qui s'occupent de la loi, qui l'étudient.

אוֹת *m.* et *f.* (*plur.* אוֹתוֹת). 1° Signe, symbole, souvenir, enseigne, preuve, miracle : וְהָיוּ לְאֹתֹת וּלְמוֹעֲדִים Gen. 1. 14, ils serviront de signes et d'époques, de signes pour les époques; וְהָיְתָה לְאוֹת בְּרִית

Gen. 17. 11, ce sera le signe de l'alliance; לְאוֹת עוֹלָם Is. 55. 13, un souvenir éternel; בְּאֹתֹת לְבֵית אֲבֹתָם Nomb. 2. 2, sous les enseignes de leur tribus, différent de דֶּגֶל drapeau de trois tribus réunies; וְזֶה־לְּךָ הָאוֹת Exod. 3. 12, ceci te servira de signe, de preuve; בְּאֹתֹת וּבְמוֹפְתִים Deut. 4. 34, par des miracles et des prodiges (v. מוֹפֵת). — 2° Lettre de l'alphabet: אוֹת אֶחָד Aboth, une lettre.

אות (*fut.* יֵאוֹת, נֵאוֹת) Convenir, être d'accord avec quelqu'un (v. יָאָה).

אוֹת et **אֹת** seulement avec suff. comme אוֹתָם אֹתִי *pron.* (v. אֵת).

אָז *adv.* Alors. Souvent le *futur* qui suit cet *adverbe* est mis pour le *passé*: אָז יָשִׁיר־מֹשֶׁה Exod. 15. 1, alors Moïse chanta; plus rarement le *passé* pour le *futur*: אָז נִבְהֲלוּ אַלּוּפֵי אֱדוֹם Exod. 15. 15, alors les princes d'Edom seront épouvantés. מֵאָז Depuis, depuis longtemps, de tout temps: וּמֵאָז בָּאתִי אֶל־פַּרְעֹה Exod. 5. 23, depuis que je suis venu chez Pharaon; מֵאָז וְעַתָּה II Sam. 15. 34, depuis longtemps et maintenant; נָכוֹן כִּסְאֲךָ מֵאָז Ps. 93. 2, ton trône est établi de toute éternité. אֲזַי avec י parag.: אֲזַי הַמַּיִם שְׁטָפוּנוּ Ps. 124. 4, alors les eaux nous auraient submergées; יָדַעְתָּ כִּי־אָז תִּוָּלֵד Job 38. 21, savais-tu alors que tu devais naître? transposition pour כִּי אָז. מִן־אָז Ex. unique: וּמִן־אָז חָדַלְנוּ Jér. 44. 18, depuis que nous avons cessé.

אֲזָא chald. (*part. pass.* אֵזֵא, *inf.* מֵזֵא, avec suff. מֵזְיֵהּ). Brûler, chauffer: וְאָמַר לְמֵזֵא לְאַתּוּנָא Dan. 3. 19, 22, il ordonna de chauffer la fournaise.

אֶזְבַּי *n. pr. m.* I Chr. 11. 37.

אֲזַד chald. S'en aller: מִלְּתָא מִנִּי אַזְדָּא Dan. 2. 5, 8, *littér.* la chose s'en est allée de moi, j'ai oublié la chose (ou j'ai ordonné cela), v. אֲזַל.

אֵזוֹב *m.* Hysope: תְּחַטְּאֵנִי בְאֵזוֹב Ps. 51. 9, purifie-moi avec de l'hysope. Il servait à asperger.

אֵזוֹר *m.* Ceinture, corde: וְהָיָה צֶדֶק אֵזוֹר מָתְנָיו Is. 11. 5, la justice sera la ceinture de ses reins; וַיֶּאְסֹר אֵזוֹר בְּמָתְנֵיהֶם Job 12. 18, il attache une corde autour de leurs reins (v. אָזַר).

אֲזַי (v. אָז).

אַזְכָּרָה *f.* Offrande qui fait souvenir, la partie de l'oblation brûlée sur l'autel, offrande d'encens: וְהִקְטִיר הַכֹּהֵן אֶת־אַזְכָּרָתָהּ הַמִּזְבֵּחָה Lév. 2. 2, le pontife offrira sur l'autel ce qui fait souvenir, ou l'encens; וְהָיְתָה לַלֶּחֶם לְאַזְכָּרָה 24. 7, ce sera l'offrande d'encens de ce pain (v. זָכַר, א pour ה, formatif du *Hiph.*)

אָזַל 1° S'en aller, se précipiter: וְאֹזֵל לוֹ אָז יִתְהַלָּל Prov. 20. 14, lorsqu'il s'en va, alors il se félicite. — 2° מַה־תֵּזְלִי מְאֹד לְשַׁנּוֹת אֶת־דַּרְכֵּךְ Jér. 2. 36, que t'empresses-tu tant pour changer ta voie? תֵּזְלִי pour תֶּאֶזְלִי; suivant d'autres: que tu t'abaisses, de זול; כִּי יִרְאֶה כִּי־אָזְלַת יָד Deut. 32. 36, lorsqu'il verra que la force est épuisée.

Pou. part.: וְדָן וְיָוָן מְאוּזָּל Ez. 27. 19, Dan et Javan voyageant, allant d'un endroit à l'autre; selon d'autres: Dan et Javan (fournissent ton marché) de tissus. Peut-être אוזל est-il le nom d'une ville ou d'une province.

אֲזַל chald. Aller, s'en aller: אֲזַלוּ בִבְהִילוּ לִירוּשְׁלֶם Esdr. 4. 23, ils allèrent en grande hâte à Jérusalem.

אֶזֶל (départ) v. אֶבֶן *n. pr.*

אזן *Kal* inusité.

Pi. אִזֵּן Peser, examiner: וְאִזֵּן וְחִקֵּר Eccl. 12. 9, il examina et il rechercha.

Hiph. Prêter l'oreille, être attentif, entendre, écouter, exaucer, obéir; avec le régime direct, avec לְ, avec אֶל, עַל, עַד, et sans régime: הַאְזֵנָּה אִמְרָתִי Gen. 4. 23, prêtez l'oreille à ma parole; אָזִין עַד־תְּבוּנֹתֵיכֶם Job 32. 11, j'étais attentif à vos raisonnements; אָזְנַיִם לָהֶם וְלֹא יַאֲזִינוּ Ps. 135. 17, ils ont des oreilles, et ils n'entendent pas; שֶׁקֶר מֵזִין עַל־לְשׁוֹן הַוֹּת Prov. 17. 4, le mensonge écoute la langue méchante; מֵזִין et אָזִין pour מַאֲזִין et: הַאֲזִינָה תְּפִלָּתִי Ps. 17. 1, exauce ma prière; וְהַאֲזַנְתָּ לְמִצְוֹתָיו Exod. 15. 26, si tu obéis à ses commandements.

אָזֵן *m.* Instrument ou arme. Ex. unique : וְיָתֵד תִּהְיֶה לְךָ עַל־אֲזֵנֶךָ Deut. 23. 14, tu auras une bêche parmi tes instruments, ou armes.

אֹזֶן *f.* (*duel* אָזְנַיִם). Oreille : אֹזֶן שָׁמְעָה וַתְּאַשְּׁרֵנִי Job 29. 11, l'oreille qui m'écoutait m'estimait heureux ; וַיְדַבֵּר אֶת־כָּל־הַדְּבָרִים הָאֵלֶּה בְּאָזְנֵיהֶם Gen. 20. 8, il dit toutes ces paroles à leurs oreilles, c.-à-d. en leur présence ; וְשִׂים בְּאָזְנֵי יְהוֹשֻׁעַ Exod. 17. 14, ordonne à Josué.

אֻזֵּן שֶׁאֱרָה *n. pr.* d'un village, I Chr. 7. 24, Uzzen, bâti par Seëra, fille d'Ephraïm.

אַזְנוֹת תָּבוֹר (oreilles ou pointes de Tabor) Ville de Nephthali, Jos. 19. 34.

אָזְנִי (oreille du Seigneur) *n. pr.* Fils de Gad, Nomb. 26. 16.

אֲזַנְיָה *n. pr. m.* Néh. 10. 10.

אֲזִקִּים *m. pl.* (pour זִקִּים). Chaînes : וְהוּא־אָסוּר בָּאזִקִּים Jér. 40. 1, il était lié avec des chaînes.

אָזַר (*fut.* יֶאְזוֹר, v. אָסַר) Ceindre, se ceindre : וְאַתָּה תֶּאְזוֹר מָתְנֶיךָ Jér. 1. 17, et toi, ceins tes reins, c.-à-d. arme-toi ; אָזְרוּ חָיִל I Sam. 2. 4, ils se ceignent de force ; כְּפִי כֻתָּנְתִּי יַאַזְרֵנִי Job 30. 18, il me serre comme le bord de ma tunique (me serre le cou).

Niph. Être ceint : נֶאְזָר בִּגְבוּרָה Ps. 65. 7, il est ceint de force.

Pi. Ceindre, entourer, fortifier : וַתְּאַזְּרֵנִי חַיִל Ps. 18. 40, tu m'as ceint de force ; וַתְּאַזְּרֵנִי שִׂמְחָה Ps. 30. 12, tu m'as entouré de joie (וַתַּזְרֵנִי II Sam. 22. 40, pour וַתְּאַזְּרֵנִי) ; אֲאַזֶּרְךָ וְלֹא יְדַעְתָּנִי Is. 45. 5, je t'avais fortifié, et tu ne me connaissais pas. *Part.* : מְאַזְּרֵי זִיקוֹת Is. 50. 11, ceints, armés, de brandons.

Hithp. Se ceindre, s'armer : עֹז הִתְאַזָּר Ps. 93. 1, il s'est ceint de force ; הִתְאַזְּרוּ וָחֹתּוּ Is. 8. 9, armez-vous et tremblez.

אֶזְרוֹעַ *f.* (de זְרוֹעַ avec א prosthét.). Bras : וּבְאֶזְרוֹעַ נְטוּיָה Jér. 32. 21, et par le bras étendu.

אֶזְרָח *m.* 1° Indigène : הָאֶזְרָח וְהַגֵּר Lév. 16. 29, l'indigène et l'étranger. — 2° Arbre qui n'a pas été transplanté : כְּאֶזְרָח רַעֲנָן Ps. 37. 35, comme un arbre verdoyant.

אֶזְרָחִי *n. patron.* De la famille de אֶזְרָח I Rois 5. 11.

I אָח *m.* (const. אֲחִי, avec suff. אָחִיךָ, אֲחִיכֶם, *pl.* אַחִים, const. אֲחֵי, avec suff. אַחַי, אַחֶיךָ, אַחָיו, אֲחֵיכֶם). Frère, parent, concitoyen, allié, ami, prochain : וּלְרִבְקָה אָח Gen. 24. 29, Rébecca avait un frère ; הֲכִי־אָחִי אַתָּה Gen. 29. 15 ; est-ce parce que tu es mon parent ? וּמִן־בְּנֵי בִנְיָמִן אֲחֵי שָׁאוּל I Chr. 12. 29, et des Benjamites, frères de Saül, c.-à-d. de la même tribu que lui ; וְעָשָׂה אָח מֵאַחַד מֵאֵלֶּה Ez. 18. 10, qui commet contre son frère une de ces choses (v. II אָח) ; אַחַי בָּגְדוּ Job 6. 15, mes amis sont devenus perfides. Précédé de אִישׁ l'un l'autre : וַיֹּאמְרוּ אִישׁ אֶל־אָחִיו II Rois 7. 6, ils se dirent l'un à l'autre. Aussi des choses inanimées : וּפְנֵיהֶם אִישׁ אֶל־אָחִיו Ex. 25. 20, leur face (celle des chérubins) sera l'une vis-à-vis de l'autre. *Métaph.* : אָח הוּא לְבַעַל מַשְׁחִית Prov. 18. 9, il est un frère du destructeur, c.-à-d. une cause de ruine.

II אָח (*fém.* אָחוֹת) Un. Ex. unique : וְעָשָׂה אָח Ez. 18. 10, il commet une de ces choses. Selon d'autres, v. I אָח.

III אָח *interj.* Hélas ! malheur ! וֶאֱמָר־אָח אֶל כָּל־תּוֹעֲבוֹת רָעוֹת Ez. 6. 11, et dis : Malheur ! à cause de toutes ces criminelles abominations.

IV אָח *f.* Atre, foyer : וְאֶת־הָאָח לְפָנָיו מְבֹעָרֶת Jér. 36. 22, et l'âtre devant lui était allumé.

אַח chald. (avec suff. אָחִיךְ). Frère.

אֹחַ (*plur.* אֹחִים seul usité) Hiboux : וּמָלְאוּ בָתֵּיהֶם אֹחִים Is. 13. 21, leurs maisons seront remplies de hiboux.

אַחְאָב (frère du père) *n. pr.* Achab, roi d'Israel, I Rois 16. 28.

אַחְבָּן *n. pr. m.* I Chr. 2. 29.

אָחַד Unir, s'associer : בִּקְהָלָם אַל־תֵּחַד כְּבֹדִי Gen. 49. 6, que mon honneur ne s'associe pas à leur conciliabule ; selon d'autres, de la racine יָחַד.

Hithp. Ex. unique : הִתְאַחֲדִי Ez. 21. 21, tourne-toi vers un côté, ou : assemble tes forces.

אֶחָד *nom de nombre* et *adj.* (const. אַחַד, *f.* אַחַת pour אַחֶדֶת ; selon d'autres, de II אָחָה). 1° Un, premier, quelque : יוֹם אֶחָד Gen. 1. 5, un jour ; בְּאֶחָד לַחֹדֶשׁ Gen. 8. 5, le premier du mois ; כְּאַחַד מִמֶּנּוּ Gen. 3. 22, comme quelqu'un d'entre nous. — 2° Seul, unique, unanime, immuable : אֶחָד הָיָה אַבְרָהָם Ez. 33. 24, Abraham était seul (de sa race) ; יְיָ אֶחָד Deut. 6. 4, l'Éternel est unique ; קוֹל אֶחָד Exod. 24. 3, d'une voix unanime ; וְהוּא בְאֶחָד Job 23. 13, il est immuable. אֶחָד *répété*, l'un l'autre : מִזֶּה אֶחָד וּמִזֶּה אֶחָד Exod. 17. 12, l'un d'un côté, l'autre de l'autre côté ; שֵׁם הָאֶחָד — וְשֵׁם הָאֶחָד Exod. 18. 3, 4, le nom de l'un, le nom de l'autre.

Avec les *prépositions*. בְּאֶחָת Une fois, tout à coup : יִפּוֹל בְּאֶחָת Prov. 28. 18, il tombera soudainement ; לְאַחַד אֶחָד Is. 27. 12, אַחַת לְאַחַת Eccl. 7. 27, l'un après l'autre, petit à petit. — כְּאֶחָד Comme un seul, unanimement, ensemble : כָּל־הַקָּהָל כְּאֶחָד Esdr. 2. 64, toute l'assemblée unanimement ; יִרְעוּ כְאֶחָד Is. 65. 25, (le loup et l'agneau) paîtront ensemble.

Plur. אֲחָדִים Les mêmes, quelques : וּדְבָרִים אֲחָדִים Gen. 11. 1, et les mêmes paroles ; כְּיָמִים אֲחָדִים Gen. 29. 20, comme quelques jours, un petit nombre de jours ; וְהָיוּ לַאֲחָדִים בְּיָדֶךָ Ez. 37. 17, ils seront unis en ta main.

* אַחְדוּת *f.* Unité : וְגַם אֵין סוֹף לְאַחְדוּתוֹ Rit., il n'y a point de limite à son unité.

אָחוּ *m.* Herbe, marécage, prairie : יִשְׂגֶּה־אָחוּ בְלִי־מָיִם Job 8. 11, l'herbe pousse-t-elle sans eau ? וַתִּרְעֶינָה בָּאָחוּ Gen. 41. 18, elles paissaient dans la prairie ; כִּי הוּא בֵּין אַחִים יַפְרִיא Osée 13. 16, car il fleurit dans les prairies ; אַחִים pour אֲחוּיִם, ou de אָח frère (v. le même exemple à פָּרָא).

אֵחוּד *n. pr.* I Chr. 8. 6.

אַחְוָה *f.* Démonstration, argument. Ex. unique : וְאַחֲוָתִי בְּאָזְנֵיכֶם Job 13. 17, et que ma démonstration (pénètre) dans vos oreilles (v. חָוָה).

אַחֲוָה *f.* Fraternité, amitié : לְהָפֵר אֶת־הָאַחֲוָה Zach. 11. 14, pour détruire l'amitié.

אֲחוֹחַ *n. pr. m.* I Chr. 8. 4.

אַחֲוָיָה chald. *f.* Explication : וְאַחֲוָיַת אֲחִידָן Dan. 5. 12, et l'explication d'énigmes (v. חֲוָה).

אֲחוּמַי *n. pr. m.* I Chr. 4. 2.

אָחוֹר *m.* (*pl.* אֲחוֹרִים). 1° Derrière, occident, avenir : וְרָאִיתָ אֶת־אֲחֹרָי Exod. 33. 23, tu me verras de derrière ; אֲחֹרֵי הַמִּשְׁכָּן Exod. 26. 12, le derrière du tabernacle ; וּפְלִשְׁתִּים מֵאָחוֹר Is. 9. 11, et les Philistins du côté de l'occident ; וְאָחוֹר וְלֹא־אָבִין לוֹ Job 23. 8, si je vais à l'occident, je ne le vois plus ; הַגִּידוּ הָאֹתִיּוֹת לְאָחוֹר Is. 41. 23, annoncez ce qui arrivera dans l'avenir. — 2° *Adv.* En arrière : וַיִּפֹּל רֹכְבוֹ אָחוֹר Gen. 49. 17, et son cavalier tombe en arrière ; וְחָכָם בְּאָחוֹר יְשַׁבְּחֶנָּה Prov. 29. 11, mais le sage le refoule en arrière, ou : le calme dans son intérieur (cœur).

אָחוֹת *f.* (*pl.* אֲחָיוֹת). Sœur, parente ; femme d'une même tribu, d'un même pays ; alliée, amie : כָּל־אֶחָיו וְכָל־אַחְיֹתָיו Job 42. 11, tous ses frères et toutes ses sœurs (pour parents et parentes) ; כָּזְבִּי בַת־נְשִׂיא מִדְיָן אֲחֹתָם Nomb. 25. 18, Cozbi, fille du prince de Midian, leur sœur, leur compatriote ; לִבַּבְתִּנִי אֲחֹתִי כַלָּה Cant. 4. 9, tu m'as enlevé le cœur, ma bien-aimée, ma fiancée. Précédé de אִשָּׁה l'une l'autre : אִשָּׁה אֶל־אֲחֹתָהּ Exod. 26. 3, l'une dans l'autre.

אָחַז (*fut.* יֹאחֵז, *rarement* יֶאֱחֹז) Se construit avec le *rég. direct* et avec בְּ. 1° Saisir, tenir, se tenir, soutenir, prendre : וַיֹּאחֲזוּ אוֹתוֹ Jug. 12. 6, ils le saisirent ; חִיל אָחַז יֹשְׁבֵי פְּלָשֶׁת Exod. 15. 14, la terreur saisit les habitants de la Palestine ; אֲחֻזֵי חֶרֶב Cant. 3. 8, tenant le glaive ; וְיֹאחֵז צַדִּיק דַּרְכּוֹ Job 17. 9, le juste se tient dans sa voie, il y reste ferme ; אָחוּז בְּחַבְלֵי־בוּץ Esth. 1. 6, soutenus par des cordes de byssus ;

אֶחֱזוּ־לָנוּ שׁוּעָלִים Cant. 2. 15, prenez pour nous des renards; אָחֻז אֶחָד מִן־הַחֲמִשִּׁים Nomb. 31. 30, un désigné (pris par le sort) entre cinquante.

2° Fermer, couvrir, enchevêtrer: יָגִיפוּ הַדְּלָתוֹת וֶאֱחֹזוּ Néh. 7. 3, ils fermeront les portes, et vous les fermerez à verrous; וַיֶּאֱחֹז אֶת־הַבַּיִת בַּעֲצֵי אֲרָזִים I Rois 6. 10, il couvrit la maison de bois de cèdre; לְבִלְתִּי אֲחֹז בְּקִירוֹת הַבָּיִת 6. 6, pour ne point être enchevêtré, emboîté, dans les murs de la maison.

Niph. 1° Être pris: נֶאֱחַז בַּסְּבַךְ Gen. 22. 13, il était pris dans un buisson. — 2° Prendre possession, s'établir: וְנֹאחֲזוּ בְתֹכְכֶם Nomb. 32. 30, qu'ils s'établissent au milieu de vous.

Pi. Fermer, couvrir: מְאַחֵז פְּנֵי־כִסֵּה Job 26. 9, il ferme, il couvre, la surface du trône.

Hoph. Être enchâssé: מָאֳחָזִים II Chr. 9. 18, (six degrés et un marche-pied d'or) étaient enchâssés dans le trône.

אָחָז (possesseur) *n. pr.* 1° Achas, roi de Juda, II Rois 16. 1. — 2° I Chr. 8. 35.

אֲחֻזָּה *f.* 1° Propriété, possession: אֲחֻזַּת־קֶבֶר Gen. 23. 4, une propriété de sépulture; וִהְיוּ לָכֶם לַאֲחֻזָּה Lév. 25. 45, ils (les esclaves) seront votre possession. — 2° Une bande, une troupe: וַאֲחֻזַּת מֵרֵעֵהוּ Gen. 26. 26, et une troupe de ses amis. Selon d'autres, *n. pr.*, Achusath, l'un de ses amis, de ses compagnons.

אַחְזַי *n. pr. m.* Néh. 11. 13.

אֲחַזְיָה et אֲחַזְיָהוּ (possession de Dieu) 1° Ahasia, fils d'Ahab, roi d'Israel, I Rois 22. 40. — 2° Ahasia, fils de Joram, roi de Juda, II Rois 8. 24.

אֲחֻזָּם (leur bien) *n. pr. m.* I Ch. 4. 6.

אֲחֻזַּת (possession) *n. pr.* Gen. 26. 26 (v. אֲחֻזָּה 2°).

אֵחִי *n. pr.* Ehi, fils de Benjamin, Gen. 46. 21.

אֲחֹחִי *patron.* de אֲחוֹחַ II Sam. 23. 9, 28.

אֲחִי *n. pr. m.* 1° I Chr. 5. 15; 2° 7. 34.

אֲחִיאָם *n. pr. m.* II Sam. 23. 33.

אֲחִידָה chald. Énigme (חִידָה hébr.): וְאַחֲוָיַת אֲחִידָן Dan. 5. 12, et l'explication des énigmes.

אֲחִיָּה (ami de Dieu) *n. pr.* 1° Ahiyah, fils d'Ahitub, pontife, I Sam. 14. 3. — 2° Ahiyah, Silonite, prophète sous Jarobeam, I Rois 11. 29. — 3° Plusieurs autres, Rois et Néh.

אֲחִיהוּד *n. pr. m.* Nomb. 34. 27.

אַחְיוֹ *n. pr. m.* 1° II Sam. 6. 3. — 2° I Chr. 8. 14. — 3° 8. 31.

אֲחִיטוּב (bon frère) *n. pr. m.* 1° I Sam. 14. 3. — 2° II Sam. 8. 17.

אֲחִילוּד (frère de celui qui est né) *n. pr. m.* II Sam. 8. 16.

אַחִים (v. אָח).

אֲחִימוֹת (frère de la mort) *n. pr. m.* I Chr. 6. 10.

אֲחִימֶלֶךְ (frère du roi) *n. pr.* 1° Ahimélech, fils d'Ahitub, prêtre, I Sam. 22. 9. — 2° Ahimélech, fils d'Ebyathar, pontife, II Sam. 8. 17.

אֲחִימַן *n. pr. m.* 1° Nomb. 13. 22, Ahiman, un des fils d'Enak. — 2° I Chr. 9. 17.

אֲחִימַעַץ *n. pr. m.* 1° I Sam. 14. 50. 2° Fils du prêtre Zadok, II Sam. 15. 27.

אַחְיָן *n. pr. m.* I Chr. 7. 19.

אֲחִינָדָב (frère généreux) *n. pr. m.* I Rois 4. 14.

אֲחִינֹעַם (alliée à la grâce) *n. pr.* 1° Ahinoam, femme de Saül, I Sam. 14. 50. — 2° Ahinoham, femme de David, I Sam. 27. 3.

אֲחִיסָמָךְ (frère de l'appui) *n. pr. m.* Exod. 31. 6.

אֲחִיעֶזֶר (frère du secours) *n. pr.* 1° Ahiéser, fils d'Amisadaï, chef de la tribu de Dan, Nomb. 1. 12. — 2° I Chr. 12. 3.

אֲחִיקָם (frère élevé) *n. pr. m.* II Rois 25. 22.

אֲחִירָם (frère élevé) *n. pr.* Ahiram, fils de Benjamin, Nomb. 26. 38.

אֲחִירַע *n. pr.* Ahira, fils d'Enan,

chef de la tribu de Nephthali, Nomb. 1. 15.

אֲחִישַׁחַר (frère du matin) *n. pr.* I Chr. 7. 10.

אֲחִישָׁר (frère du chant) *n. pr.* I Rois 4. 6.

אֲחִיתֹפֶל (frère de la sottise) Ministre de David, complice d'Absalon, II Sam. 15. 12.

אַחְלָב *n. pr.* d'une ville. Jug. 1. 31.

אַחֲלַי *interj.* Plût au Ciel : אַחֲלַי יִכֹּנוּ דְרָכָי Ps. 119. 5, plût au Ciel que mes voies fussent réglées ; אַחֲלֵי II Rois 5. 3.

אַחְלַי *n. pr. m.* I Chr. 2. 31.

אַחְלָמָה *f.* Nom d'une pierre précieuse, l'améthyste, Exod. 28. 19.

אַחְמְתָא chald. *n. pr.* Ahmetha, capitale de la Médie, Esdr. 6. 2.

אֲחַסְבַּי *n. pr. m.* II Sam. 23. 34.

אָחַר *Kal.* Tarder. Ex. unique : וָאֵחַר עַד־עָתָּה Gen. 32. 5, j'y ai séjourné jusqu'à maintenant.

Pi. אִחַר, *fut.* יְאַחֵר *trans.* et *intrans.* Tarder, différer, s'attarder, arrêter : וְלֹא־אֵחַר הַנַּעַר Gen. 34. 19, le jeune homme ne tarda pas ; מַדּוּעַ אֶחֱרוּ פַּעֲמֵי Jug. 5. 28, pourquoi les pas (c.-à-d. le passage de ses chariots) tardent-ils tant ? לֹא תְאַחֵר לְשַׁלְּמוֹ Deut. 23. 22, tu ne différeras pas de t'en acquitter ; לַמְאַחֲרִים עַל־הַיָּיִן Prov. 23. 30, à ceux qui s'attardent auprès du vin ; אַל־תְּאַחֲרוּ אֹתִי Gen. 24. 56, ne m'arrêtez pas, ne me retenez pas.

Hiph. : וַיּוֹחֶר מִן־הַמּוֹעֵד (*keri*) II Sam. 20. 5, il tarda au delà du temps (qu'il lui avait fixé). V. יָחַר.

אַחֵר *adj.* (*f.* אַחֶרֶת, *pl.* אֲחֵרִים. אֲחֵרוֹת). Autre, étranger, suivant : חֲלוֹם אַחֵר Gen. 37. 9, un autre songe ; בַּשָּׁנָה הָאַחֶרֶת Gen. 17. 21, dans l'année suivante ; אֱלֹהִים אֲחֵרִים Deut. 11. 16, des dieux étrangers. Et seul : אַחֵר מָהָרוּ Ps. 16. 4, ils s'empressent auprès des idoles, ou : ils leur offrent des présents (v. מָהַר).

אַחַר *prép.* et *adv.* 1° Après : אַחַר הַמַּבּוּל Gen. 9. 28, après le déluge ; וַיֵּלֶךְ יוֹסֵף אַחַר אֶחָיו Gen. 37. 17, Joseph alla après ses frères. — 2° Derrière, ensuite : אַחַר הָרֵחָיִם Exod. 11. 5, derrière le moulin ; וְהִנֵּה־אַיִל אַחַר Gen. 22. 13, et voici un bélier derrière (lui) ; וְאַחַר יָבֹא אֶל־הַמַּחֲנֶה Nomb. 19. 7, et ensuite il entrera dans le camp ; אַחַר כֵּן, *plus souvent* אַחֲרֵי כֵן, après cela, ensuite. — 3° *Conj.* Après que : אַחַר דִּבֶּר יְיָ Job 42. 7, après que Dieu eut dit ces paroles. *Souvent* avec אֲשֶׁר : אַחַר אֲשֶׁר הֻכְּתָה הָעִיר Ez. 40. 1, après que la ville avait été frappée.

Plur. אַחֲרֵי, avec suff. אַחֲרַי, אַחֲרֶיהָ. 1° *Subst.* (*a* Le derrière : וַיַּכֵּהוּ אַבְנֵר בְּאַחֲרֵי הַחֲנִית II Sam. 2. 23, Abner le frappa avec le derrière de la lance, c.-à-d. avec le bois. (*b* Les descendants : וְאַחֲרֵיהֶם Ps. 49. 14, et leurs descendants. — 2° *Prép.*, *adv.*, *conj.* Après, ensuite, après que, puisque : אַחֲרֵי הוֹדִיעַ אֱלֹהִים אוֹתְךָ Gen. 41. 39, puisque Dieu t'a fait connaître (tout cela) ; מוֹכִיחַ אָדָם אַחֲרַי חֵן יִמְצָא Prov. 28. 23, celui qui fait de la morale aux hommes trouvera grâce ensuite auprès d'eux ; selon d'autres, אַחֲרַי : celui qui fait de la morale aux hommes après moi, à mon exemple. מֵאַחֲרֵי De derrière, d'auprès, derrière : מֵאַחֲרֵי דָוִד II Sam. 20. 2, (tous les Israélites se retirèrent) d'auprès de David, l'abandonnèrent ; וּכְעָמִיר מֵאַחֲרֵי הַקּוֹצֵר Jér. 9. 21, et comme une gerbe derrière le moissonneur ; עַל אַחֲרֵי, אֶל אַחֲרֵי derrière.

אַחֲרוֹן *adj.* (*f.* אַחֲרוֹנָה). Dernier : אֲנִי רִאשׁוֹן וַאֲנִי אַחֲרוֹן Is. 44. 6, je suis le premier et je suis le dernier ; לְדוֹר אַחֲרוֹן Ps. 48. 14, à la postérité ; לְיוֹם אַחֲרוֹן Prov. 31. 25, de l'avenir ; הַיָּם הָאַחֲרוֹן Deut. 11. 24, la mer d'Occident, la mer Méditerranée. *Plur.* אַחֲרוֹנִים les descendants : עַל־יוֹמוֹ נָשַׁמּוּ אַחֲרֹנִים Job 18. 20, la postérité sera épouvantée de son sort ; לָאַחֲרוֹנָה, בָּאַחֲרוֹנָה à la fin, dans la suite ; מָרָה תִהְיֶה בָּאַחֲרוֹנָה II Sam. 2. 26, ce sera amer dans la suite.

אַחְרַח *n. pr. m.* I Chr. 8. 1.

אֲחַרְחֵל *n. pr. m.* I Chr. 4. 8.

אָחֳרִי chald. *adj.* (p. אָחֳרֵיתָא). Autre : מַלְכוּ אָחֳרִי Dan. 2. 39, un autre royaume.

אֲחָרֵי chald. *prép.* Après : אַחֲרֵי דְנָה Dan. 2. 29, après cela, après ce temps.

אַחֲרִין chald. *adv.* Avec עַד : Dan. 4. 5, jusqu'à la fin, en dernier lieu.

אַחֲרִית *f.* Fin, suite, extrémité, avenir (récompense), postérité, reste : וְעַד אַחֲרִית שָׁנָה Deut. 11. 12, (du commencement) jusqu'à la fin de l'année ; בְּאַחֲרִית הַיָּמִים Is. 2. 2, dans la suite des temps; בְּאַחֲרִית יָם Ps. 139. 9, à l'extrémité de la mer ou du couchant; כִּי אִם־יֵשׁ אַחֲרִית Prov. 23. 18, il est un avenir, une récompense ; וְאַחֲרִיתָם בַּחֶרֶב אֶהֱרֹג Amos 9. 1, et leur postérité, je la détruirai par le glaive; וְאַחֲרִיתֵךְ Ez. 23. 25, et ce qui reste de toi (ton peuple).

אַחֲרִית chald. Même signif.

אָחֳרָן chald. *adj.* Un autre : וְאָחֳרָן לָא אִיתַי Dan. 2. 11, et il n'en existe pas d'autre.

אֲחֹרַנִּית *adv.* En arrière : וַיֵּלְכוּ אֲחֹרַנִּית Gen. 9. 23, ils marchèrent en arrière, à reculons ; וְאַתָּה הֲסִבֹּתָ אֶת־לִבָּם אֲחֹרַנִּית I Rois 18. 37, tu as tourné leur cœur en arrière, tu as changé leurs sentiments.

אֲחַשְׁדַּרְפְּנִים persan *m.* Les satrapes, Esth. 3. 12.

אֲחַשְׁדַּרְפְּנִין chald. Les satrapes : אֲחַשְׁדַּרְפְּנַיָּא Dan. 3. 2.

אֲחַשְׁוֵרוֹשׁ *n. pr.* Ahasvéros, Assuérus, roi de Perse, Esth. 1. 1; אֲחַשְׁרֹשׁ (*cheth.*) Esth. 10. 1.

אֲחַשְׁתָּרִי *n. pr. m.* I Chr. 4. 6.

אֲחַשְׁתְּרָנִים persan *m. pl.* Dromadaires, Esth. 8. 10.

אַחַת (v. אֶחָד).

אַט (*pl.* אִטִּים) 1° Sorciers : וְדָרְשׁוּ אֶל־הָאֱלִילִים וְאֶל־הָאִטִּים Is. 19. 3, ils consulteront leurs idoles et leurs sorciers. — 2° *Adv.* Lentement, doucement : וַיְהַלֵּךְ אַט I Rois 21. 27, il marcha lentement; וְאַט אֵלָיו אוֹכִיל Osée 11. 4, et doucement je lui ai donné de la nourriture, ou וְאַט (de נָטָה) : je lui ai présenté de quoi manger. *Plus fréq.* לְאַט, לְאַט : אֶתְנָהֲלָה לְאִטִּי Gen. 33. 14, je suivrai doucement ; לְאַט־לִי לַנַּעַר II Sam. 18. 5, (agis) doucement à l'égard du jeune homme. *Adj.* : וְדָבָר לָאַט עִמָּךְ Job 15. 11, et la parole était douce à ton égard. Selon d'autres, de לָאַט.

אָטָד *m.* Épines, buisson d'épines : וַיֹּאמְרוּ כָל־הָעֵצִים אֶל־הָאָטָד Jug. 9. 14, tous les arbres dirent au buisson.

אָטָד *n. pr. m.* : בְּגֹרֶן הָאָטָד Gen. 50. 11, dans la grange d'Atad.

אֵטוּן *m.* Fil, tissu : אֵטוּן מִצְרָיִם Prov. 7. 16, tissu d'Égypte.

אָטַם Fermer, boucher : אֹטֵם שְׂפָתָיו נָבוֹן Prov. 17. 28, tel qui ferme ses lèvres paraît intelligent ; אֹטֵם אָזְנוֹ Is. 33. 15, celui qui se bouche l'oreille; חַלּוֹנֵי שְׁקֻפִים אֲטֻמִים I Rois 6. 4, Ez. 41. 16, des croisées voûtées et bouchées, c.-à-d. grillées. *Hiph.* : כְּמוֹ־פֶתֶן חֵרֵשׁ יַאְטֵם אָזְנוֹ Ps. 58. 5, comme la sourde vipère qui se bouche l'oreille.

אָטַר Fermer. Ex. unique : וְאַל־תֶּאְטַר עָלַי בְּאֵר פִּיהָ Ps. 69. 16, et que le puits ne ferme pas son ouverture sur moi (v. אָצַר, עָצַר).

אָטֵר (lié ou muet) *n. pr. m.* 1° Esdr. 2. 16. — 2° 2. 42.

אִטֵּר *adj.* Lié, serré : אִישׁ אִטֵּר יַד־יְמִינוֹ Jug. 3. 15, un homme lié, empêché, de sa main droite, c.-à-d. un gaucher.

אֵי, **אַיֵּה** et **אֵי** *adv.* Où : אֵי הֶבֶל אָחִיךָ Gen. 4. 9, où est Abel ton frère? אַיֵּה הָאֲנָשִׁים Gen. 19. 5, où sont les hommes? Avec suff. : אַיֶּכָּה Gen. 3. 9, où es-tu? וְאַיּוֹ Exod. 2. 20, où est-il? אַיָּם Is. 19. 12, où sont-ils? אֵי זֶה Lequel, quel : אֵי זֶה יִכְשַׁר Eccl. 11. 6, lequel réussira, poussera? אֵי מִזֶּה D'où, de quel : אֵי מִזֶּה תָּבוֹא II Sam. 1. 3, d'où viens-tu? וְאֵי־מִזֶּה עָם Jon. 1. 8, et de quel peuple? אֵי לָזֹאת אֶסְלַח־לָךְ Jér. 5. 7, comment, ou par quelle raison, puis-je te pardonner cela?

אֵי (*keri*, comme אֵין) Point : וּלְרוֹזְנִים אֵי שֵׁכָר Prov. 31. 4, et pour les princes point de liqueur forte; selon d'autres : aux princes (il ne sied pas de demander) où est la liqueur forte (v. IV אֵי).

I אִי *m.* (*pl.* אִיִּים, par *except.* אִיִּן Ez. 26. 18). Terre bordée par la mer, côte, île : יֹשְׁבֵי אִי Is. 23. 6, habitants de la côte, des rivages ; אִי כַפְתּוֹר Jér. 47. 4, île de Caphtor; הָאִיִּים הָרְחֹקִים Is. 66. 19, les îles ou rivages lointains. *Rarement* terre ferme, contrée : וְשַׂמְתִּי נְהָרוֹת לָאִיִּים Is. 42. 15, je changerai leurs fleuves en terre ferme ; ישֵׁב הָאִי הַזֶּה Is. 20. 6, l'habitant de cette contrée.

II אִי (*pl.* אִיִּים seul usité) Des animaux hurleurs : וְעָנָה אִיִּים בְּאַלְמְנוֹתָיו Is. 13. 22, les hiboux (ou les chacals) mugiront dans ses palais (v. אַיָּה).

III אִי *interj.* (pour אוֹי). Malheur : אִי־לָךְ אֶרֶץ Eccl. 10. 16, malheur à toi, pays ! וְאִי לוֹ Eccl. 4. 10, malheur à lui ! Autre version וְאִילוֹ.

IV אִי *adv.* Point : יְמַלֵּט אִי־נָקִי Job 22. 30, il sauve (même) celui qui n'est point innocent; selon d'autres : l'innocent sauve (toute) une contrée (v. I אִי); וַתִּקְרָא לַנַּעַר אִי כָבוֹד I Sam. 4. 21, elle appela l'enfant : point de gloire, la gloire n'est plus ; selon d'autres : où est la gloire ?

אִי־כָבוֹד *n. pr.* I Sam. 4. 21 (v. IV אִי).

אָיַב Haïr : וְאָיַבְתִּי אֶת־אֹיְבֶיךָ Exod. 23. 22, je haïrai ceux qui te haïssent. *Part.* אֹיֵב, *f.* אֹיֶבֶת haïssant ; *subst.* adversaire, ennemi : וַיְהִי שָׁאוּל אֹיֵב אֶת־דָּוִד I Sam. 18. 29, Saül haïssait David, était son ennemi ; אַל־תִּשְׂמְחִי אֹיַבְתִּי לִי Mich. 7. 8, ne te réjouis pas, toi, mon ennemie.

אֵיבָה *f.* Haine : וְאֵיבָה אָשִׁית Gen. 3. 15, j'établirai une haine (rac. אָיַב).

אֵיד *m.* Malheur, misère, ruine : יְקַדְּמוּנִי בְיוֹם־אֵידִי Ps. 18. 19, ils m'obsèdent au jour de mon malheur ; וְאֵיד נָכוֹן לְצַלְעוֹ Job 18. 12, et la misère sera prête à son côté (v. צֶלַע); הֲלֹא־אֵיד לְעַוָּל Job 31. 3, la ruine n'est-elle pas pour l'homme inique? אָרְחוֹת אֵידָם Job 30. 12, les voies de leur malheur (pour voies funestes).

אַיָּה *f.* Autour, oiseau de proie : וְלֹא שְׁזָפַתּוּ עֵין אַיָּה Job 28. 7, l'œil de l'autour ne l'a jamais aperçu.

אַיָּה *n. pr. m.* 1° Gen. 36. 24. — 2° II Sam. 21. 8.

אַיֵּה *adv.* Où (v. אַי).

אִיּוֹב (haï) *n. pr. m.* Job ; en dehors du livre de Job, il n'est fait mention de Job que dans Ez. 14. 14, 20.

אִיזֶבֶל *n. pr.* Izébel, femme d'Achab, fille d'un roi sidonien, I Rois 16. 31.

אֵיזֶה ou אֵי־זֶה *adv.* Où ? (de אֵי et זֶה) : אֵי־זֶה הַדֶּרֶךְ Job 38. 19, où est la voie ? (V. vers. 24.)

אֵיךְ *adv.* et *interj.* Comment ? ah ! comme ! וְאֵיךְ אָמַרְתָּ Gen. 26. 9, et comment (pourquoi) as-tu dit ? *Affirm.* : אֵיךְ יִפֹּל דָּבָר Ruth. 3. 18, comment la chose se décidera ; אֵיךְ הָיוּ לְשַׁמָּה כְרָגַע Ps. 73. 19, ah ! comme ils ont été dévastés en un instant (abrév. de אֵיכָה) !

אֵיכָה *adv.*, plus fréq. *interj.* Comment ? ah ! comme ! אֵיכָה אֶשָּׂא לְבַדִּי Deut. 1. 12, comment pourrai-je porter seul ? *Affirm.* : אֵיכָה יַעַבְדוּ הַגּוֹיִם הָאֵלֶּה Deut. 12. 30, de même que ces nations servent (leurs dieux) ; אֵיכָה יָשְׁבָה בָדָד Lam. 1. 1, ah ! comme elle est assise solitaire ! אֵיכָה תִרְעֶה Cant. 1. 7, où tu mènes paître ton troupeau ? אֵיכֹה p. אֵיכָה II Rois 6. 13, où ?

אֵיכָכָה (forme redoublée de אֵיכָה, ou comp. de אֵי et כָּכָה) Comment : אֵיכָכָה אוּכַל וְרָאִיתִי Esth. 8. 6, comment pourrai-je voir ?

אַיָּל *m.* (*pl.* אַיָּלִים). Cerf : כְּאַיָּל תַּעֲרֹג עַל־אֲפִיקֵי־מָיִם Ps. 42. 2, comme le cerf soupire après les sources d'eau. Le *verbe* au *fém.* par *except.* (v. אַיָּלָה).

אַיִל *m.* (*pl.* אֵילִים et אֵלִים). 1° Bélier : וְאַיִל מְשֻׁלָּשׁ Gen. 15. 9, et un bélier âgé de trois ans. — 2° *Terme d'archit.* : וַיָּמָד אֵיל־הַפָּתַח Ez. 41. 3, il mesura le jambage de la porte.

אֱיָל *m.* Force. Ex. unique : כְּגֶבֶר אֵין־אֱיָל Ps. 88. 5, comme un homme sans force (v. אֱיָל).

אַיִל *m. pl.* אֵילִים 1° Hommes puissants, grands : אֵילֵי מוֹאָב Exod. 15. 15, les puissants de Moab. — 2° Arbres puissants, chênes ou térébinthes: כִּי יֵבֹשׁוּ מֵאֵילִים Is. 1. 29, car ils seront honteux à cause des chênes (que vous aimiez). Le *sing.* n'existe que dans le *n. pr.* אֵיל פָּארָן Gen. 14. 6, plaine ou chêne de Paran.

אַיָּלָה *f.* (de אַיָּל, *plur.* אַיָּלוֹת, const. אַיְּלוֹת). Biche: מְשַׁוֶּה רַגְלַי כָּאַיָּלוֹת II Sam. 22. 34, il rend mes pieds semblables à ceux des biches; נַפְתָּלִי אַיָּלָה שְׁלֻחָה Gen. 49. 21, Nephthali est une biche lancée, ou un chêne élancé.

אַיָּלוֹן *n. pr.* 1° Ville de la tribu de Dan, Jos. 19. 42. — 2° Ville de la tribu de Zabulon, Jug. 12. 12.

אֵילוֹן *n. pr.* 1° D'une ville de la tribu de Dan, Jos. 19. 43. — 2° Elon Hétéen, Gen. 26. 34. — 3° Fils de Zabulon, Gen. 46. 14. — 4° Elon, juge, Jug. 12. 12.

אֵילוֹת *n. pr.* (v. אֵילַת).

אֱיָלוּת *f.* (de אֱיָל). Force: אֱיָלוּתִי לְעֶזְרָתִי חוּשָׁה Ps. 22. 20, ma force (Dieu), viens avec hâte à mon secours.

אֵילָם *terme d'archit.* (*pl.* אֵילַמִּים et אֵילַמּוֹת). La corniche, le fronton, Ez. 40. 16, 22, 26.

אֵילִם et אֵילִמָה *n. pr.* Endroit où campèrent les Israélites en sortant de l'Égypte, Exod. 15. 27 (où il y avait 12 fontaines et 70 palmiers, v. אַיִל), 16. 1.

אִילָן chald. *m.* Arbre: אִילָן בְּגוֹא אַרְעָא Dan. 4. 7, un arbre au milieu de la terre (v. אֵלוֹן).

אֵילַת et אֵילוֹת *n. pr.* Elath ou Eloth, ville des Iduméens conquise par David, Deut. 2. 8, I Rois 9. 26.

אַיֶּלֶת *f.* (v. אַיָּלָה). Biche: אַיֶּלֶת אֲהָבִים Prov. 5. 19, biche d'amour; אַיֶּלֶת הַשַּׁחַר Ps. 22. 1, biche de l'aurore. Nom d'un instrument ou d'un chant.

אָיֹם *adj.* (*f.* אֲיֻמָּה). Terrible, épouvantable: אָיֹם וְנוֹרָא הוּא Hab. 1. 7, il est terrible et effroyable; אֲיֻמָּה כַּנִּדְגָּלוֹת Cant. 6. 4, terrible comme des bandes armées.

אֵימָה *f.* Terreur, épouvante, frayeur: וְהִנֵּה אֵימָה חֲשֵׁכָה גְדֹלָה Gen. 15. 12, et voici une terreur et une profonde obscurité; אֵימַת מֶלֶךְ Prov. 20. 2, la terreur du roi, c.-à-d. la terreur que le roi inspire; אֵמָתִי Job 33. 7, ma terreur, la terreur que j'inspire. Avec ה parag. אֵימָתָה Exod. 15. 16. — *Plur.* אֵימוֹת et אֵמִים 1° Terreurs, objets épouvantables, idoles: וְאֵימוֹת מָוֶת Ps. 55. 5, et les terreurs de la mort; נָשָׂאתִי אֵמֶיךָ Ps. 88. 16, je porte tes terreurs; וּבָאֵימִים יִתְהֹלָלוּ Jér. 50. 38, ils se rendent insensés par leur idoles. — 2° *N. pr.*: הָאֵמִים — יָשְׁבוּ בָהּ Deut. 2. 10, les Éméens (ou les géants) y demeuraient.

* אֵימָתַי Quand, Aboth.

אַיִן (const. אֵין) 1° *Subst.* Un rien, le néant: וְחֶלְדִּי כְאַיִן נֶגְדֶּךָ Ps. 39. 6, mon existence est comme un rien devant toi; הַנּוֹתֵן רוֹזְנִים לְאָיִן Is. 40. 23, qui change les princes en néant. — 2° *Adv.* avec suff. אֵינְךָ, אֵינֶנִּי. Point, ne pas, non (comme לֹא, avec cette différence que לֹא se met devant le *passé* et le *fut.*, et אֵין presque toujours devant le *part.* et les *subst.*); avec אֵין on sous-entend un temps du verbe être: הַיֶּלֶד אֵינֶנּוּ Gen. 37. 30, l'enfant n'y est plus; וְאֵינָם Lament. 5. 7, et ils ne sont plus; אֵין יוֹסֵף בַּבּוֹר Gen. 37. 29, Joseph n'était plus dans la citerne; וְאִם־אַיִן מֵתָה אָנֹכִי Gen. 30. 1, sinon que je meure. אֵין לִי il n'est pas à moi, pour: je n'ai pas; suivi de l'*inf.* avec לְ: il n'est pas permis de: אֵין לָבוֹא Esth. 4. 2, il n'est pas permis de venir; אֵין אִישׁ Gen. 31. 50, personne; אֵין—דָּבָר Exod. 5. 11; אֵין מְאוּמָה I Rois 18. 43, rien. — 3° Sans: אֵין מִסְפָּר Gen. 41. 49, sans nombre, innombrable. בְּאֵין Lorsqu'il n'y avait point, sans: בְּאֵין־תְּהֹמוֹת Prov. 8. 24, lorsqu'il n'y avait point d'abîmes; בְּאֵין חוֹמָה Ez. 38. 11, sans muraille. כְּאַיִן Comme rien, pour rien, il s'en fallait de peu: כְּאַיִן שֻׁפְּכוּ אֲשֻׁרָי Ps. 73. 2, encore un peu, et mes pas eussent été renversés. לְאֵין A celui qui n'a pas: לְאֵין כֹּחַ II Chr. 14. 10, à celui qui est sans force. מֵאֵין Il n'y a pas: מֵאֵין מַיִם Is. 50. 2, faute d'eau; מֵאֵין כָּמוֹךָ Jér. 10. 6, il n'y en a pas comme toi; מֵאֵין יוֹשֵׁב Is. 5. 9, sans habitant; מֵאֵין כָּמֹהוּ Jér. 30. 7, il n'y en aura pas eu de semblable. — 4° *Adv.* Où, מֵאַיִן d'où ; מֵאַיִן יָבֹא עֶזְרִי Ps. 121. 1, d'où me viendra le secours?

אִין (pour הַאֵין) Ex. unique : וְאִין יֶשׁ־פֹּה תַחַת־יָדְךָ I Sam. 21. 9, n'y a-t-il pas là sous ta main?

אִיעֶזֶר (v. אֲבִיעֶזֶר).

* אִיסוּר Défense, chose défendue : וְלֹא בְּאִיסוּר Rituel, et non avec des choses défendues (v. אָסַר).

אֵיפָה *f.* (rarement אֵפָה). Mesure de capacité : אֵיפָה וְאֵיפָה Prov. 20. 10, deux sortes de mesures ; אֵיפָה שְׁלֵמָה וָצֶדֶק Deut. 25. 15, une mesure parfaite et juste.

אֵיפֹה *adv.* Où : אֵיפֹה הָיִיתָ Job 38. 4, où étais-tu (lorsque j'ai jeté les fondements de la terre)? Par *except.*, comment : אֵיפֹה הָאֲנָשִׁים Jug. 8. 18, comment, ou ; qui étaient les hommes (que vous avez tués)?

אֵיפוֹא Donc, ainsi : עֲשֵׂה זֹאת אֵיפוֹא בְּנִי Prov. 6. 3, fais donc ceci, mon fils (v. אֵפוֹא).

* אִיָּר Nom du 2° mois de l'année lunaire, correspondant à avril-mai.

אִישׁ *m.* (*pl.* אִישִׁים, plus génér. אֲנָשִׁים, const. אַנְשֵׁי et בְּנֵי אִישׁ). Homme, un homme, époux, mâle : אַשְׁרֵי־אִישׁ יָרֵא אֶת־יְיָ Ps. 112. 1, heureux l'homme qui craint Dieu ; וַתִּתֵּן גַּם־לְאִישָׁהּ Gen. 3. 6, elle en donna aussi à son époux ; אִישׁ וְאִשְׁתּוֹ Gen. 7. 2, mâle et femelle. *Quelquefois* (principal. au *plur.*) homme distingué, courageux : הֲלוֹא־אִישׁ אַתָּה I Sam. 26. 15, n'es-tu pas un vaillant homme? הִתְחַזְּקוּ וִהְיוּ לַאֲנָשִׁים I Sam. 4. 9, prenez courage et soyez des hommes. אִישׁ *opposé à* אָדָם, grand ; *opposé à la Divinité*, faible mortel : אֲלֵיכֶם אִישִׁים אֶקְרָא וְקוֹלִי אֶל־בְּנֵי אָדָם Prov. 8. 4, je vous appelle, vous grands, et ma voix (s'adresse aussi) aux fils de l'homme, aux petits ; וְנָפַל אַשּׁוּר בְּחֶרֶב לֹא־אִישׁ Is. 31. 8, Aschur tombera par le glaive de celui qui n'est pas un faible mortel ; אַנְשֵׁי דָוִד I Sam. 23. 3, les gens de David, ses compagnons ; אִישׁ הָאֱלֹהִים Deut. 33. 1, serviteur de Dieu ; וְלֶחֶם אֲנָשִׁים לֹא תֹאכֵל Ez. 24. 17, tu ne mangeras pas le pain des parents, le repas envoyé par les parents à celui qui pleurait un mort ; אִישׁ יִשְׂרָאֵל Jug. 7. 14, un Israélite ; *plus fréq.* *collectif*, les Israélites, Jos. 9. 7. Joint à un autre *subst.*, celui-ci lui sert de *qualificatif* : אִישׁ מִלְחָמָה guerrier ; אִישׁ אָוֶן un homme inique ; אִישׁ דָּמִים un homme sanguinaire ; אִישׁ חֵמָה un homme colère. Avec אָח et רֵעַ l'un, l'autre (v. אָח et רֵעַ) : אִישׁ בְּאִישׁ Is. 3. 5, l'un contre l'autre. אִישׁ Chacun, quelque : אִישׁ חֲלֹמוֹ Gen. 40. 5, chacun son songe ; אִישׁ־בִּתְרוֹ Gen. 15. 10, chaque morceau ; de même כָּל־אִישׁ, אִישׁ אִישׁ, אִישׁ וָאִישׁ (v. אִשָּׁה, אֵשֶׁשׁ et אֱנוֹשׁ).

אִישׁ־בֹּשֶׁת *n. pr.* Fils de Saül, II Sam. 2. 8.

אִישׁ הוֹד *n. pr. m.* I Chr. 7. 18.

אִישׁוֹן *m.* (diminutif de אִישׁ). Petit homme ; la prunelle, parce qu'on s'y voit en petit : כְּאִישׁוֹן עֵינוֹ Deut. 32. 10, comme la prunelle de son œil ; כְּאִישׁוֹן בַּת־עָיִן Ps. 17. 8, comme la prunelle, fille de l'œil ; et le milieu : בְּאִישׁוֹן לַיְלָה Prov. 7. 9, au milieu, c.-à-d. dans l'obscurité de la nuit ; בֶּאֱישׁוּן חֹשֶׁךְ (*keri* בֶּאֱשׁוּן) Prov. 20. 20, au milieu des ténèbres, dans d'épaisses ténèbres.

אִישַׁי *n. pr. m.* I Chr. 2. 13.

* אִיתוֹן *m.* Entrée. Ex. unique : וְשַׁעַר הָאִיתוֹן (*keri*) Ez. 40. 15, la porte de l'entrée (v. אָתָה).

אִיתַי chald. (de אִית, hébr. יֵשׁ). Il est, il y a : אִיתַי גְּבַר בְּמַלְכוּתָךְ Dan. 5. 12, il y a un homme dans ton royaume ; אִיתַי לִי il est à moi, j'ai, je possède (v. Esdr. 4. 16). Si le sujet est un *pron.*, il s'ajoute à אִיתַי comme suffixe : אִיתָךְ tu es, אִיתוֹהִי il est, אִיתַנָא nous sommes, אִיתֵיכוֹן vous êtes.

אִיתִיאֵל (Dieu est avec moi) *n. pr.* Prov. 30. 1.

אִיתָמָר (contrée de palmiers) *n. pr.* Ithamar, fils d'Aaron, Exod. 6. 23.

אֵיתָן *adj.* et *subst.* (rarement אֵתָן). Fort, solide, dur ; force, impétuosité : וַתֵּשֶׁב בְּאֵיתָן קַשְׁתּוֹ Gen. 49. 24, son arc reste fort, *littér*. est assis dans la force; אֵיתָן מוֹשָׁבֶךָ Nomb. 24. 21, ta demeure est solide; de même נְוֵה אֵיתָן Jér. 49. 19, demeure solide; גּוֹי אֵיתָן Jér. 5. 15, peuple fort, puissant; נַחַל אֵיתָן Deut. 21. 4, un champ dur, aride; וְדֶרֶךְ בֹּגְדִים אֵיתָן Prov. 13. 15, le chemin des perfides est dur, difficile; נַהֲרוֹת אֵיתָן Ps. 74. 15, des fleuves impétueux; selon d'autres: des fleuves qui coulent toujours; וַיָּשָׁב הַיָּם — לְאֵיתָנוֹ Exod. 14. 27, la mer reprit son impétuosité. *Plur*. Les puissants, les grands: וְאֵיתָנִים יְסַלֵּף Job 12. 19, il renverse les puissants; בְּיֶרַח הָאֵתָנִים I Rois 8. 2, du mois d'Ethanim, le septième mois de l'année, correspondant à septembre-octobre; וְיִזְכֹּר בְּרִית אֵיתָנִים Rit., il se souviendra de son alliance avec les patriarches.

אֵיתָן *n. pr. m.* I Rois 5. 11, Ps. 89. 1.

אַךְ *conj.* et *adv.* 1° Certes, oui, mais: אַךְ־פְּרִי לַצַּדִּיק Ps. 58. 12, certes il est une récompense pour le juste; אַךְ טָרֹף טֹרָף Gen. 44. 28, oui, sans doute, il a été déchiré; אַךְ לֹא בַת־אִמִּי Gen. 20. 12, (elle était ma sœur, fille de mon père) mais pas fille de ma mère. — 2° Seulement, rien que, à peine: אַךְ הַפַּעַם Exod. 10. 17, seulement cette fois encore; אַךְ הֶבֶל Ps. 39. 12, rien que vanité; אַךְ שָׂמֵחַ Deut. 16. 15, rien que joyeux, entièrement joyeux; אַךְ יָצֹא יָצָא יַעֲקֹב Gen. 27. 30, à peine Jacob était-il sorti.

אַכַּד *n. pr.* Ville bâtie par Nemrod, Gen. 10. 10.

אַכְזָב *adj.* (rac. כָּזַב). Trompeur, perfide: הָיוֹ תִהְיֶה לִּי כְּמוֹ אַכְזָב Jér. 15. 18, tu es pour moi comme une source trompeuse (נַחַל *sous-entendu*); בָּתֵּי אַכְזִיב לְאַכְזָב לְמַלְכֵי יִשְׂרָאֵל Mich. 1. 14, (je rendrai) les maisons d'Achsib perfides envers les rois d'Israel (ou semblables à une source trompeuse).

אַכְזִיב *n. pr.* 1° Ville de la tribu de Juda, Jos. 15. 44. — 2° Ville de la tribu d'Aser, Jos. 19. 29.

אַכְזָר et אַכְזָרִי *adj.* Hardi, cruel, barbare, violent: לֹא־אַכְזָר כִּי יְעוּרֶנּוּ Job 41. 2, il n'est pas si intrépide qu'il le réveille; אַכְזָרִי הֵמָּה Jér. 50. 42, ils sont cruels; בַּת־עַמִּי לְאַכְזָר Lam. 4. 3, la fille de mon peuple est devenue barbare; וְרֹאשׁ פְּתָנִים אַכְזָר Deut. 32. 33, et le poison violent, mortel, des basilics.

אַכְזְרִיּוּת *f.* Cruauté, violence: אַכְזְרִיּוּת חֵמָה Prov. 27. 4, la violence de la colère.

אֲכִילָה *f.* Nourriture: וַיֵּלֶךְ בְּכֹחַ הָאֲכִילָה הַהִיא I Rois 19. 8, il marcha fortifié par cette nourriture (v. אָכַל).

אָכִישׁ *n. pr.* Roi philistin, 1 Sam. 21. 11.

אָכַל Manger, goûter, jouir, dévorer, consumer, détruire; avec l'*acc.*, avec בְּ, avec מִן, *rarem.* avec לְ: וְאָכַלְתָּ וְשָׂבָעְתָּ Deut. 11. 15, tu mangeras et tu seras rassasié; וְלֹא אָכַל בַּטּוֹבָה Job 21. 25, il n'a goûté aucun bien; וְיֹאכְלוּ מִפְּרִי דַרְכָּם Prov. 1. 31, ils jouiront du fruit de leur voie; הֲלָנֶצַח תֹּאכַל חֶרֶב II Sam. 2. 26, le glaive dévorera-t-il toujours? וְאֵשׁ אָכְלָה אָהֳלֵי־שֹׁחַד Job 15. 34, le feu consumera les tentes de celui qui reçoit des dons corrupteurs; וְאָכַלְתָּ אֶת־כָּל־הָעַמִּים Deut. 7. 16, tu détruiras tous les peuples; אָכַל לֶחֶם manger du pain, pour goûter de la nourriture, faire un repas, et Amos 7. 12, vivre; וְאָכְלוּ אֶת־שֹׁפְטֵיהֶם Osée 7. 7, ils tuent leurs juges; וְאֹכֵל אֶת־בְּשָׂרוֹ Eccl. 4. 5, il dévore sa chair, c.-à-d. se consume, se ronge; *métaph.*: כִּי־יוּכְלוּ אַתִּיקִים מֵהֵנָּה Ez. 42. 5, car les colonnes en mangèrent une partie, c.-à-d. prirent de leur place (יוּכְלוּ pour יֹאכְלוּ).

Niph. Être mangé, pouvoir être mangé, être consumé: אֲשֶׁר לֹא־תֵאָכַלְנָה Jér. 29. 17, (des figues) qui ne sont point mangées (tant elles sont mauvaises); הַחַיָּה הַנֶּאֱכֶלֶת Lév. 11. 47, un animal qui peut être mangé, c.-à-d. dont il est permis de se nourrir (v. Zach. 9. 4).

Pi. Dévorer, consumer: תְּאָכְלֵהוּ אֵשׁ Job 20. 26, le feu le dévorera (p. תְּאַכְּלֵהוּ).

Pou. Être consumé, être dévoré: וְהַסְּנֶה אֵינֶנּוּ אֻכָּל Exod. 3. 2, le buisson n'était pas consumé; חֶרֶב תְּאֻכְּלוּ Is. 1. 20, vous serez dévorés par le glaive.

Hiph. הֶאֱכִיל (*fut.* יַאֲכִיל, *inf.* הַאֲכִיל).

Faire manger, donner à manger, nourrir, faire jouir, dévorer : אֶת־הַלֶּחֶם אֲשֶׁר הֶאֱכַלְתִּי אֶתְכֶם בַּמִּדְבָּר Exod. 16. 32, le pain que je vous ai fait manger dans le désert ; וְהַאֲכַלְתִּיךָ נַחֲלַת יַעֲקֹב אָבִיךָ Is. 58. 14, je te ferai jouir de l'héritage de Jacob ton père ; לְהָכִיל Ez. 21. 33, (pour לְהַאֲכִיל) pour dévorer ; אוֹכִיל Osée 11. 4, je (leur) ai donné de la nourriture (pour אַאֲכִיל).

אֲכַל chald. (*fut.* יֵאכֻל). Même signif. *Métaph.*: וַאֲכַלוּ קַרְצֵיהוֹן דִּי יְהוּדָיֵא Dan. 3. 8, ils mangèrent les morceaux de la chair des Juifs, c.-à-d. ils les calomnièrent (v. קְרַץ).

אֹכֶל *m.* Nourriture, manger, provision, proie : וְאֶת־כָּל־אָכְלָם Gen. 14. 11, et toute leur nourriture ; לְעֵת הָאֹכֶל Ruth 2. 14, au temps du manger ; וְיִקְבְּצוּ אֶת־כָּל־אֹכֶל Gen. 41. 35, ils assembleront toutes les provisions ; כְּנֶשֶׁר יָטוּשׂ עֲלֵי־אֹכֶל Job 9. 26, comme un aigle qui fond sur sa proie.

אֻכָל *n. pr. m.* Prov. 30. 1.

אָכְלָה *f.* Nourriture : לָכֶם יִהְיֶה לְאָכְלָה Gen. 1. 29, (cela) sera votre nourriture.

אָכֵן *adv.* et *conj.* Vraiment, certes, mais, cependant : אָכֵן יֵשׁ יְיָ בַּמָּקוֹם הַזֶּה Gen. 28. 16, certes Dieu est en cet endroit ; אָכֵן שָׁמַעְתָּ קוֹל Ps. 31. 23, mais tu as entendu ma voix (suppliante) ; אָכֵן רוּחַ־הִיא בֶאֱנוֹשׁ Job 32. 8, cependant c'est l'esprit dans l'homme.

אָכַף Forcer. Ex. unique : כִּי־אָכַף עָלָיו פִּיהוּ Prov. 16. 26, car sa bouche le force (au travail).

אֶכֶף *m.* Poids. Ex. unique : וְאַכְפִּי עָלֶיךָ לֹא־יִכְבָּד Job 33. 7, mon poids ne pèsera pas trop sur toi ; selon d'autres : ma main, comme כַּפִּי.

אִכָּר *m.* Cultivateur, laboureur : אִכָּר וְצִמְדּוֹ Jér. 51. 23, le laboureur et sa paire de bœufs ; *pl.* אִכָּרִים (v. כַּר).

אַכְשָׁף *n. pr.* d'une ville de la tribu d'Aser, Jos. 19. 25.

אַל *particule négat.* (v. לֹא). Ne point, ne pas : אַל־תִּירָא אַבְרָם Gen. 15. 1, Abram, ne crains point ; אַל־נָא תְהִי מְרִיבָה Gen. 13. 8, qu'il n'y ait point de querelle. Le verbe qui suit est presque toujours au *futur;* quelquefois le verbe faire, agir, est *sous-entendu* : אַל בָּנָי I Sam. 2. 24, (n'agissez) point ainsi, mes fils ; אַל־נָא אֲדֹנָי Gen. 19. 18, non, mon Seigneur, je te supplie (n'agis point ainsi). *Subst.*: וְיָשֵׂם לְאַל מִלָּתִי Job 24. 25, et qui réduira ma parole à rien, à néant? וְדֶרֶךְ נְתִיבָה אַל־מָוֶת Prov. 12. 28, et (dans) le chemin frayé (n'est) point la mort, ou : est l'immortalité.

אַל chald. Même signif.

אֵל (*pl.* אֵלִים) Force, pouvoir, héros, Dieu. Cette dernière acception est la plus générale : יֶשׁ־לְאֵל יָדִי Gen. 31. 29, ma main a le pouvoir (de vous faire du mal) ; אֵל גִּבּוֹר Is. 9. 5, héros puissant ; וְאֶתְּנֵהוּ בְּיַד אֵל גּוֹיִם Ez. 31. 11, je les livrerai dans la main du puissant, du héros des nations, c.-à-d. de Nebuchadonozor ; לְאֵל עֶלְיוֹן Gen. 14. 18, au Dieu suprême ; זֶה אֵלִי Exod. 15. 2, il est mon Dieu ; אַרְזֵי־אֵל Ps. 80. 11, des cèdres de Dieu, c.-à-d. les plus hauts ; כְּהַרְרֵי־אֵל Ps. 36. 7, comme les montagnes de Dieu, très élevées ; בְּנֵי אֵלִים Ps. 29. 1, fils des dieux, grands, princes ; לְאֵל אַחֵר Exod. 34. 14, et אֵל זָר Ps. 81. 10, un dieu étranger, une idole.

אֵל *pron.* Ceux-ci : לָאֲנָשִׁים הָאֵל Gen. 19. 8, à ces hommes ; אֵל נוּלְּדוּ לְהָרָפָא I Chr. 20. 8, ceux-ci naquirent à Rapha (v. אֵלֶּה).

אֶל *prép.* (presque toujours suivi d'un *makkeph*, constr. poét. אֱלֵי, avec suff. אֵלַי, אֵלֶיךָ, אֵלָיו, אֵלֶיהָ, אֲלֵיכֶם, אֲלֵיהֶם, *excep.* אֲלֵהֶם Ez. 31. 14, *poét.* אֵלֵימוֹ Ps. 2. 5). 1° Après les *verbes* qui indiquent le mouvement, la direction, soit du corps, soit de l'esprit : à, vers, dans, en, sur, contre : וַיְבִאֶהָ אֶל־הָאָדָם Gen. 2. 22, il l'amena à Adam ; וַיַּסֵּב חִזְקִיָּהוּ פָּנָיו אֶל־הַקִּיר וַיִּתְפַּלֵּל אֶל־יְיָ Is. 38. 2, Ezéchias tourna sa face vers le mur et invoqua Dieu ; וּבָאתָ אֶל־הַתֵּבָה Gen. 6. 18, tu viendras dans l'arche ; צִפִּינוּ אֶל־גּוֹי Lam. 4. 17, nous avons mis notre espoir en un peuple ; וַיִּקַּח אֶת־הַפְּלִשְׁתִּי אֶל־מַחֲנֵהוּ I Sam.

17. 49, il frappa le Philistin au front; וַיָּקָם קַיִן אֶל־הֶבֶל אָחִיו Gen. 4. 8, Caïn se leva contre son frère Abel; הִנְנִי אֵלֶיךָ זָדוֹן Jér. 50. 31, me voici contre toi criminel. — 2° Après les *verbes* qui n'indiquent pas le mouvement: à, sur, en, dans, parmi, avec, jusqu'à, près de, de, au sujet de, d'après: הֵם יֹשְׁבִים אֶל־הַשֻּׁלְחָן I Rois 13. 20, ils étaient assis à la table; מִן־הַקָּצָה אֶל־הַקָּצֶה Exod. 26. 28, d'une extrémité à l'autre; מִיּוֹם אֶל־יוֹם Nomb. 30. 15, d'un jour à l'autre; וּפְלִשְׁתִּים עֹמְדִים אֶל־הָהָר I Sam. 17. 3, les Philistins étaient placés sur la montagne; וַיִּתְעַצֵּב אֶל־לִבּוֹ Gen. 6. 6, il fut attristé en son cœur; וְאֶל־כֶּלְיְךָ לֹא־תִתֵּן Deut. 23. 25, tu n'en mettras pas dans ton sac; נֶחְבָּא אֶל־הַכֵּלִים I Sam. 10. 22, il était caché près des bagages; נִשָּׂא לְבָבֵנוּ אֶל־כַּפַּיִם Lam. 3. 41, élevons notre cœur avec nos mains; נָגַע אֶל־הַשָּׁמַיִם מִשְׁפָּטָהּ Jér. 51. 9, sa condamnation a touché jusqu'aux cieux, c.-à-d. a été grande; אַל־תִּשְׂמַח יִשְׂרָאֵל אֶל־גִּיל Osée 9. 1, ne te réjouis pas, Israel, jusqu'à l'allégresse; קִבְרוּ אֹתִי אֶל־אֲבֹתָי Gen. 49. 29, enterrez-moi près de mes pères; וַיֹּאמֶר אַבְרָהָם אֶל־שָׂרָה Gen. 20. 2, Abraham dit de Sara (elle est ma sœur); אֶל־פִּי יְיָ Jos. 15. 13, d'après l'ordre de Dieu. אֶל précède quelquefois d'autres prépositions sans rien ajouter au sens: אֶל אַחֲרַי derrière moi; אֶל תַּחַת sous; אֶל נֹכַח en face; אֶל מִבֵּית à l'intérieur; אֶל מִחוּץ au dehors; אֶל בֵּין entre.

אֵלָא *n. pr. m.* I Rois 4. 18.

* אֶלָּא Seulement: אֶלָּא אַתָּה Rituel, que toi seulement.

אֶלְגָּבִישׁ *m.* Grêle; toujours précédé de אֶבֶן Ez. 13. 11, 13.

אַלְגּוּמִּים Bois de corail (v. אַלְמֻגִּים).

אֶלְדָּד (celui que Dieu aime) *n. pr. m.* Nomb. 11. 26.

אֶלְדָּעָה *n. pr. m.* Gen. 25. 4, Eldaah, fils de Midian.

אָלָה *intrans.* (de אֵל). 1° Jurer, maudire: אָלֹה וְכַחֵשׁ Osée 4. 2, jurer (faussement) et mentir; וְאַתְּ אָלִית Jug. 17. 2, tu as maudit, tu as fait des imprécations. — 2° Gémir: אֱלִי כִּבְתוּלָה Joel 1. 8, gémis comme une vierge.

Hiph. Faire prêter un serment, adjurer: לְהַאֲלֹתוֹ I Rois 8. 31, pour le faire jurer; וַיֹּאֶל שָׁאוּל אֶת־הָעָם I Sam. 14. 24, Saül adjura le peuple. וַיֹּאֶל *fut. apoc.* ויאלה (pour וַיַּאֲלֶה).

אָלָה *f.* (*pl.* אָלוֹת). 1° Serment, imprécation, malédiction: תְּהִי נָא אָלָה בֵּינוֹתֵינוּ Gen. 26. 28, qu'il y ait un serment entre nous; אָלָה פִּיהוּ מָלֵא Ps. 10. 7, sa bouche est pleine de malédictions; לִשְׁאֹל בְּאָלָה נַפְשׁוֹ Job 31. 30, pour demander sa mort par des imprécations. — 2° Synonyme de בְּרִית Alliance, chose jurée, promise: לְעָבְרְךָ בִּבְרִית יְיָ אֱלֹהֶיךָ וּבְאָלָתוֹ Deut. 29. 11, pour te faire entrer dans l'alliance de l'Éternel ton Dieu et dans son pacte. אָלָתִי Mon serment, serment qui m'a été prêté: תִּנָּקֶה מֵאָלָתִי Gen. 24. 41, tu serais dégagé de la promesse que tu m'as faite; וּבָאִים בְּאָלָה Néh. 10. 30, ils prêtèrent serment; וַיָּבֵא אֹתוֹ בְּאָלָה Ez. 17. 13, il lui fit prêter serment.

אַלָּה *f.* (v. אַלּוֹן). Chêne. Ex. unique: תַּחַת הָאַלָּה Jos. 24. 26, sous le chêne.

אֵלָה *f.* Térébinthe ou chêne: תַּחַת הָאֵלָה Gen. 35. 4, sous le térébinthe (v. אַיִל).

אֱלָהּ chald. אֱלָהָא (*pl.* אֱלָהִין, héb. אֱלוֹהַּ). Dieu, Divinité: לָא אִיתַי אֱלָהּ אָחֳרָן Dan. 3. 29, il n'y a point d'autre Dieu; וְשַׁבַּחוּ לֵאלָהֵי דַּהֲבָא וְכַסְפָּא Dan. 5. 4, ils glorifiaient des dieux d'or et d'argent; לְבַר־אֱלָהִין Dan. 3. 25, à un fils de Dieu, à un ange.

אֵלֶּה *pron. démonst. pl.* (de זֶה, v. אֵל). Ceux-ci, celles-ci; ceux-là, celles-là.

אֱלֹהִים (v. אֱלוֹהַּ).

אֲלוּ chald. Voici: וַאֲלוּ צְלֵם חַד שַׂגִּיא Dan. 2. 31, et voici une grande statue.

אִלּוּ *conj.* Si: וְאִלּוּ לַעֲבָדִים וְלִשְׁפָחוֹת נִמְכַּרְנוּ Esth. 7. 4, et si nous avions été vendus comme esclaves et comme servantes.

אֱלוֹהַּ *m.* Dieu, Divinité: וַיִּטֹּשׁ אֱלוֹהַּ עָשָׂהוּ Deut. 32. 15, il abandonne le Dieu qui l'a créé; אֱלוֹהַּ נֵכָר Dan. 11. 39.

un dieu étranger. Usité principalement en poésie, pour désigner le vrai Dieu, avec suff.: זוּ כֹחוֹ לֵאלֹהוֹ Hab. 1. 11, sa force, il l'attribue à son Dieu (v. אֵל).

Pl. אֱלֹהִים, const. אֱלֹהֵי, avec suff. אֱלֹהַי, אֱלֹהֶיךָ. 1° Dieu (renfermant toutes les forces, tous les attributs), dieux, juges, anges: אֱלֹהִים קְדֹשִׁים הוּא Jos. 24. 19, il est un Dieu saint; אֱלֹהֵי מִצְרַיִם Exod. 12. 12, les divinités de l'Égypte; אֲשֶׁר יַרְשִׁיעֻן אֱלֹהִים Exod. 22. 8, celui que les juges condamneront; אֲנִי אָמַרְתִּי אֱלֹהִים אַתֶּם Ps. 82. 6, j'avais dit: Vous êtes des anges. Avec l'*art.*: הָאֱלֹהִים le Dieu, le vrai Dieu; כִּי יְיָ הוּא הָאֱלֹהִים Deut. 4. 35, car l'Éternel est le (vrai) Dieu; בֶּן אֱלֹהִים (*pl.* בְּנֵי הָאֱלֹהִים comme בְּנֵי אֵלִים) Gen. 6. 2, Job 1. 6, fils de Dieu, les anges; אִישׁ הָאֱלֹהִים Deut. 33. 1, l'homme divin, titre donné à Moïse; Néh. 12. 24, à David; I Sam. 2. 27, il désigne prophète en général; Jug. 13. 6, ange. — 2° *adj.* Divin, grand, excellent: נְשִׂיא אֱלֹהִים Gen. 23. 6, un grand prince; הַר אֱלֹהִים montagne de Dieu, c.-à-d. très fertile ou très élevée; פֶּלֶג אֱלֹהִים Ps. 65. 10, ruisseau bienfaisant.

אֱלוּל *m.* Le sixième mois de l'année, corresp. à août-septembre, Néh. 6. 15.

אֱלוּל *cheth.*, Jér. 14. 14 (*keri* אֱלִיל). Vanité, sottise.

אֵלוֹן Plaine: בְּאֵלֹנֵי מַמְרֵא Gen. 13. 18, dans les plaines de Mamré; אֵלוֹן מְעוֹנְנִים Jug. 9. 37, la plaine des magiciens. Suivant d'autres: chênes (v. אַלּוֹן).

אַלּוֹן *m.* Chêne: אַלּוֹן בָּכוּת Gen. 35. 8, chêne des pleurs.

אֵלוֹן *n. pr. m.* I Chr. 4. 37.

אַלּוּף *m* 1° Ami, conseiller, maître, prince: אַל־תִּבְטְחוּ בְּאַלּוּף Mich. 7. 5, ne mettez pas votre confiance en votre ami; אַלּוּפִי וּמְיֻדָּעִי Ps. 55. 14, mon conseiller et mon ami; אַלּוּף נְעֻרַי אָתָּה Jér. 3. 4, tu es le maître de ma jeunesse; אַלּוּף תֵּימָן Gen. 36. 15, prince Themon. — 2° Taureau: אַלּוּפֵינוּ מְסֻבָּלִים Ps. 144. 14, nos taureaux sont chargés de graisse; כְּכֶבֶשׂ אַלּוּף Jér. 11. 19, comme l'agneau et le taureau (pour וְאַלּוּף); selon d'autres: comme un agneau apprivoisé, rendu docile (v. אֶלֶף et אַלֻּף).

אָלוּשׁ *n. pr.* Station dans le désert, Nomb. 33. 13.

אֶלְזָבָד (présent de Dieu) *n. pr. m.* I Chr. 26. 7.

אלח *Kal* inusité. Corrompre, pervertir. *Niph.* Être corrompu, être perverti: יַחְדָּו נֶאֱלָחוּ Ps. 14. 3, ensemble ils sont pervertis.

אֶלְחָנָן (grâce de Dieu) *n. pr. m.* II Sam. 23. 24.

אֱלִיאָב (dont Dieu est le père) *n. pr. m.* 1° Eliab, fils de Helon, chef de la tribu de Zabulon, Nomb. 1. 9. — 2° Frère de David, I Sam. 16. 6. — 3° I Chr. 16. 5.

אֱלִיאֵל (Dieu est ma force) *n. pr. m.* 1° I Chr. 11. 46. — 2° 5. 24. — 3° 8. 20.

אֱלִיאָתָה (Dieu lui est venu) *n. pr. m.* I Chr. 25. 4.

אֱלִידָד (Dieu l'aime) *n. pr.* Elidad, fils de Chislon, chef de Benjamin, Nomb. 34. 21.

אֶלְיָדָע (Dieu le connaît) *n. pr. m.* 1° Fils de David, II Sam. 5. 15. — 2° I Rois 11. 23.

אַלְיָה *f.* Queue: חֶלְבּוֹ הָאַלְיָה תְמִימָה Lév. 3. 9, sa graisse (savoir) la queue entière, ou: la graisse de la brebis et la queue entière.

אֵלִיָּה et אֵלִיָּהוּ (dont l'Éternel est le Dieu) *n. pr.* 1° Élie le prophète, I Rois 17. 1. — 2° I Chr. 8. 27. — 3° Esdr. 10. 21.

אֱלִיהוּ (dont il est le Dieu) *n. pr. m.* I Chr. 26. 7.

אֱלִיהוּא *n. pr.* 1° Élihou, fils de Barachel, ami de Job, Job 32. 2. — 2° I Sam. 1. 1.

אֶלְיְהוֹעֵינַי (mes yeux sont dirigés vers Dieu) *n. pr. m.* Esdr. 8. 4.

אֶלְיוֹעֵינַי *n. pr. m.* Même signif. I Chr. 3. 23, et plusieurs autres.

אֶלְיַחְבָּא (Dieu le cache) *n. pr. m.* II Sam. 23. 32.

אֱלִיחֹרֶף *n. pr. m.* I Rois 4. 3.

אֱלִיל *m.* Vanité, néant, idolâtrie, idole : כָּל־אֱלֹהֵי הָעַמִּים אֱלִילִים Ps. 96. 5, tous les dieux des nations sont des vanités, des idoles ; רֹפְאֵי אֱלִל כֻּלְּכֶם Job 13. 4, vous êtes tous des médecins de néant, inutiles ; וְקֶסֶם וֶאֱלִיל Jér. 14. 14, et divination et idolâtrie.

אֱלִימֶלֶךְ (Dieu est son roi) *n. pr. m.* beau-père de Ruth, Ruth 1. 2.

אִלֵּין et אִלֵּן chald. *pron. pl.* Ceux-ci, Dan. 2. 44, 6. 7.

אֶלְיָסָף (Dieu l'augmente) *n. pr. m.* 1° Eliasaph, fils de Deouel, chef de Gad, Nomb. 1. 14. — 2° Fils de Lael, 3. 24.

אֱלִיעֶזֶר (Dieu est son secours) *n. pr.* 1° Éliézer, serviteur d'Abraham, Gen. 15. 2.—2° Fils de Moïse, Exod. 18. 4. Et plusieurs autres.

אֱלִיעָם *n. pr. m.* 1° Eliam, père de Bathseba, II Sam. 11. 3. — 2° 23. 34.

אֱלִיפַז *n. pr.* 1° Eliphaz, fils d'Esaü, Gen. 36. 4. — 2° Eliphaz, ami de Job, Job 2. 11.

אֱלִיפָל (que Dieu juge) *n. pr. m.* I Chr. 11. 35.

אֱלִיפְלֵהוּ (que Dieu distingue) *n. pr. m.* I Chr. 15. 18.

אֱלִיפֶלֶט (Dieu est son refuge) *n. pr. m.* 1° I Chr. 3. 6. — 2° II Sam. 23. 34.

אֱלִיצוּר (Dieu est son rocher) *n. pr. m.* Élizur, fils de Sedéur, chef de la tribu de Ruben, Nomb. 1. 5.

אֱלִיצָפָן (Dieu le protége) *n. pr. m.* 1° Nomb. 3. 30. — 2° 34. 25.

אֱלִיקָא *n. pr. m.* II Sam. 23. 25.

אֶלְיָקִים (que Dieu relève) *n. pr. m.* 1° II Rois 18. 18. — 2° Eliakim, fils du roi Josias (v. יְהוֹיָקִים). — 3° Eliakim, prêtre, Néh. 12. 41.

אֱלִישֶׁבַע (dont le serment est Dieu) *n. pr.* Elisaba, fille d'Aminadab, femme d'Aaron, Exod. 6. 23.

אֱלִישָׁה *n. pr.* 1° Elisa, fils de Javan, Gen. 10. 4. — 2° D'une province près de la mer, Ez. 27. 7.

אֱלִישׁוּעַ (Dieu est son secours) *n. pr.* Fils de David, II Sam. 5. 15.

אֶלְיָשִׁיב (Dieu le récompensera) *n. pr. m.* I Chr. 3. 24, et plusieurs autres.

אֱלִישָׁמָע (Dieu l'exauce) *n. pr. m.* 1° Elisama, fils d'Amihud, chef d'Ephraïm, Nomb. 1. 10. — 2° Plusieurs autres.

אֱלִישָׁע (Dieu est son salut) *n. pr.* Le prophète Élisée, II Rois 2. 1.

אֱלִישָׁפָט (Dieu le juge) *n. pr. m.* II Chr. 23. 1.

אֱלִיָּתָה *n. pr.* Le même que אֱלִיאָתָה.

אִלֵּךְ chald. *pron.* Ceux-ci, Dan. 3. 12.

אַלְלַי *interj.* Malheur! toujours avec לִי Job 10. 15, malheur à moi!

אלם *Kal* inusité. *Niph.* Être ou devenir muet, se taire : נֶאֱלָמָה Is. 53. 7, elle se tait ; תֵּאָלַמְנָה שִׂפְתֵי־שָׁקֶר Ps. 31. 19, qu'elles deviennent muettes ces lèvres mensongères.

Pi. Lier : אֲנַחְנוּ מְאַלְּמִים אֲלֻמִּים Gen. 37. 7, nous étions à lier des gerbes.

אֵלֶם *adj.* Muet : הַאֻמְנָם אֵלֶם צֶדֶק תְּדַבֵּרוּן Ps. 58. 2, la justice selon laquelle vous devriez parler est-elle muette? Selon d'autres, pour אֵלִים : vous hommes forts, ou : bien que vous parliez fortement de justice ; selon d'autres : hommes assemblés, de אלם *Pi.*, liés, unis ; עַל־יוֹנַת אֵלֶם רְחֹקִים Ps. 56. 1, sur la colombe muette au milieu des étrangers, nom d'un air ; selon d'autres : sur l'oppression des forts dans l'exil.

אִלֵּם *adj.* Muet : מִי־יָשׂוּם אִלֵּם Exod. 4. 11, qui rend muet ; כְּלָבִים אִלְּמִים Is. 56. 10, chiens muets.

אֻלָם (pour אוּלָם) Mais, Job 17. 10.

אַלְמֻגִּים *m. pl.* Bois rare, I Rois 10, 11 ; par *transpos.*, אַלְגּוּמִּים II Chr. 2. 7, bois de corail.

אַלְמוֹדָד *n. pr. m.* Almodad, fils de Joktan, Gen. 10. 26.

אֲלֻמָּה *f.* Gerbe : אֲלֻמִּים Gen. 37. 7, des

gerbes; נֹשֵׂא אֲלֻמֹּתָיו Ps. 126. 6, celui qui porte ses gerbes.

• אִלְמָלֵא (pour אִם לֹא) אִלּוּ Aboth, s'il n'y avait point.

אַלַּמֶּלֶךְ n. pr. Ville de la tribu d'Aser, Jos. 19. 26.

אַלְמָן m. Veuf: לֹא־אַלְמָן יִשְׂרָאֵל — מֵאֱלֹהָיו Jér. 51. 5, Israel n'est point veuf de son Dieu (Dieu ne l'a point abandonné).

אַלְמֹן m. Veuvage: שְׁכוֹל וְאַלְמֹן Is. 47. 9, privation d'enfants et veuvage.

I אַלְמָנָה f. Veuve: וְהָיוּ נְשֵׁיכֶם אַלְמָנוֹת Exod. 22. 23, et vos femmes deviendront veuves; אַלְמְנוּת חַיּוּת II Sam. 20. 3, veuves du vivant de leurs maris; métaph., d'un état sans gouvernement: לֹא אֵשֵׁב אַלְמָנָה Is. 47. 8, je ne serai point veuve, c.-à-d. sans roi.

II אַלְמְנוֹת f. pl. (pour אַרְמְנוֹת). Palais: בְּאַלְמְנוֹתָיו Is. 13. 22, dans ses palais; וַיֵּדַע אַלְמְנוֹתָיו Ez. 19. 7, il connut ses palais, ou: ses veuves (v. יָדַע).

אַלְמָנוּת f. Veuvage: בִּגְדֵי אַלְמְנוּתָהּ Gen. 38. 14, les vêtements de son veuvage; métaph.: וְחֶרְפַּת אַלְמְנוּתַיִךְ Is. 54. 4, la honte de ton veuvage, c.-à-d. de ton exil.

אַלְמֹנִי m. Un tel, un certain; toujours avec פְּלֹנִי: שְׁבָה־פֹּה פְּלֹנִי אַלְמֹנִי Ruth. 4. 1, viens ici toi un tel; אֶל־מְקוֹם פְּלֹנִי אַלְמוֹנִי I Sam. 21. 3, vers un certain endroit.

אֵלֶּן (v. אִלֵּין) Ceux-ci.

אֶלְנַעַם (Dieu sa grâce) n. pr. m. I Chr. 11. 46.

אֶלְנָתָן (que Dieu a donné) n. pr. m. II Rois 24. 8.

אֶלָּסָר n. pr. d'une province, Gen. 14. 1.

אֶלְעָד n. pr. m. I Chr. 7. 21.

אֶלְעָדָה (que Dieu revêt) n. pr. m. I Chr. 7. 20.

אֶלְעוּזַי (Dieu est l'objet de ma louange) n. pr. m. I Chr. 12. 5.

אֶלְעָזָר (que Dieu protége) n. pr. m. 1° Elazar, grand pontife, fils d'Aaron, Exod. 6. 23. — 2° Plusieurs autres.

אֶלְעָלֵא et אֶלְעָלֵה n. pr. Ville de la tribu de Ruben, Nomb. 32. 3.

אֶלְעָשָׂה (que Dieu a créé) n. pr. m. 1° I Chr. 2. 39. — 2° Jér. 29. 3.

אָלַף Apprendre, s'accoutumer: פֶּן־תֶּאֱלַף אֹרְחֹתָו Prov. 22. 25, pour que tu ne t'habitues pas à ses voies.

Pi. Enseigner, instruire: וַאֲאַלֶּפְךָ חָכְמָה Job 33, 33, et je t'enseignerai la sagesse; יְאַלֵּף עֲוֹנְךָ פִיךָ Job 15. 5, ton iniquité instruit ta bouche, ou: ta bouche enseigne, proclame, ton iniquité; מַלְּפֵנוּ מִבַּהֲמוֹת אָרֶץ Job 35. 11, il nous instruit par les animaux de la terre (מַלְּפֵנוּ pour מְאַלְּפֵנוּ).

Hiph. Produire des milliers: צֹאונֵנוּ מַאֲלִיפוֹת Ps. 144. 13, nos brebis en produisent des milliers (v. אֶלֶף).

אֶלֶף m. 1° Gros bétail (*plur.* seul usité): שְׁגַר אֲלָפֶיךָ Deut. 28. 5, la portée de ton bétail; צֹנֶה וַאֲלָפִים כֻּלָּם Ps. 8. 8, tout le menu et le gros bétail (v. אַלּוּף). — 2° *Nom de nomb.* Mille: בְּאַלְפֵי אֵילִים Mich. 6. 7, à des miliers de béliers; אַלְפַּיִם deux mille; שֵׁשֶׁת אֲלָפִים six mille; מֵאָה אֶלֶף cent mille. — 3° *M.* Groupe d'hommes, famille: רָאשֵׁי אַלְפֵי יִשְׂרָאֵל הֵם Nomb. 1. 16, ce sont les chefs des familles d'Israel; אַלְפִּי הַדַּל בִּמְנַשֶּׁה Jug. 6. 15, ma famille est la plus pauvre de celles de Manassé; צָעִיר לִהְיוֹת בְּאַלְפֵי יְהוּדָה Mich. 5. 1, trop faible pour être (compté) parmi les familles de Juda. — 4° *N. pr.* Ville de la tribu de Benjamin, Jos. 18. 28.

אֲלַף et אֶלֶף chald. Mille, Dan. 5. 1.

אֶלְפָּלֶט n. pr. m. I Chr. 14. 5.

אֶלְפַּעַל (œuvre de Dieu) n. pr. m. I Chr. 8. 11.

אָלַץ *Kal* inusité. *Pi.* Ex. unique: וַתְּאַלְצֵהוּ Jug. 16. 16, elle le tourmentait, l'importunait (v. אוּץ).

אֶלְצָפָן n. pr. Exod. 6. 22, le même que אֱלִיצָפָן 1°.

אַלְקוּם Ex. unique: וּמֶלֶךְ אַלְקוּם עִמּוֹ Prov. 30. 31, et un roi auquel rien ou personne ne résiste; comp. de אַל et קוּם; selon d'autres: et un roi entouré de son peuple (v. יָקוּם).

אֶלְקָנָה (que Dieu a créé) *n. pr. m.* 1° Exod. 6, 24. — 2° Père de Samuel, I Sam. 1. 1. — 3° Plusieurs autres.

אֶלְקֹשִׁי *nom patron.* Le prophète Nahum d'Elkosch, Elcès, ou l'Elkosite, Nah. 1. 1.

אֶלְתּוֹלַד (v. תּוֹלַד).

אֶלְתְּקֵא et אֶלְתְּקֵה *n. pr.* Ville de la tribu de Dan, Jos. 19. 43, 21. 23.

אֶלְתְּקֹן *n. pr.* Ville de la tribu de Juda, Jos. 15. 59.

אֵם *f.* (avec suff. אִמִּי, *plur.* אִמּוֹת). 1° Mère, aïeule, bienfaitrice : וְהִוא הָיְתָה אֵם כָּל־חָי Gen. 3. 20, elle fut la mère de tout ce qui vit; שַׁקַּמְתִּי אֵם בְּיִשְׂרָאֵל Jug. 5. 7, jusqu'à ce que je me sois levée, moi, mère en Israel. — 2° Capitale, ville principale : עִיר וְאֵם בְּיִשְׂרָאֵל II Sam. 20. 19, une ville, une mère, une ville principale, en Israel; אֵם הַדֶּרֶךְ Ez. 21. 26, mère du chemin, endroit où la route se bifurque.

אִם *conj.* et *adv* 1° Si, quand même, quoique, ou : אִם־בְּחֻקֹּתַי תֵּלֵכוּ Lév. 26. 3, si vous suivez mes commandements; אִם־יִתֶּן־לִי בָלָק Nomb. 22. 18, quand même Balak me donnerait; אִם־שְׁלֵמִים וְכֵן רַבִּים Nah. 1. 12, quoiqu'ils soient puissants et nombreux.

אִם *répété* : Ou, ou; soit, ou : אִם־בְּהֵמָה אִם־אִישׁ Exod. 19. 13, que ce soit un animal ou un homme; אִם־בְּמֶרֶד וְאִם־בְּמַעַל Jos. 22. 22, si c'est par rébellion ou par désobéissance; יִשְׂרָאֵל אִם־תִּשְׁמַע־לִי Ps. 81. 9, Israel, ah! si tu voulais m'écouter!

2° Quand, lorsque, certes, mais : כְּעוֹלֵלֹת אִם־כָּלָה בָצִיר Is. 24. 13, comme des grappes quand la vendange est terminée; וְאִם־יִהְיֶה הַיֹּבֵל Nomb. 36. 4, et lorsque viendra le jubilé; עַד אִם — עַד אֲשֶׁר אִם jusqu'à ce que (v. עַד אִם); אִם־לַלֵּצִים הוּא־יָלִיץ Prov. 3. 34, certes, il se raille des railleurs.

3° *Négat.* Non, ne pas (formule de serment) : אִם־לְדָוִד אֲכַזֵּב Ps. 89. 36, je ne manquerai point de fidélité à David; אִם־יִרְאוּ אֶת־הָאָרֶץ Nomb. 14. 23, ils ne verront pas le pays, *sous-entendu* je jure. *Simple négat.* : מָגֵן אִם־יֵרָאֶה וָרֹמַח Jug. 5. 8, on ne voyait ni bouclier ni lance; וְאִם־נֵזֶר לְדוֹר וָדוֹר Prov. 27. 24, et la couronne n'est pas pour toutes les générations.

4° *Interrog.* Si, est-ce que? אִם־אֶחְיֶה מֵחֳלִי זֶה II Rois 1. 2, (allez demander) si je relèverai de cette maladie; אִם־כֹּחַ אֲבָנִים כֹּחִי Job 6. 12, est-ce que ma force est comme celle des pierres? Quelquefois avec הַ : הַאִם אֵין עֶזְרָתִי בִי Job. 6. 13, est-ce qu'il n'y a plus de secours pour moi en moi-même? Après une *interrogation*, ou : הֲלָנוּ אַתָּה אִם־לְצָרֵינוּ Jos. 5. 13, es-tu pour nous ou pour nos ennemis? הַהִצְלִיחַ יְיָ דַּרְכּוֹ אִם־לֹא Gen. 24. 21, (pour savoir) si Dieu a fait prospérer sa voie ou non.

* אָמַד Estimer : וְאַל תַּרְבֶּה לְעַשֵּׂר אֻמָּדוֹת Aboth, ne donne pas souvent la dîme par estimation.

אָמָה *f.* (*pl.* אֲמָהוֹת). Servante : וַתִּשְׁלַח אֶת־אֲמָתָהּ Exod. 2. 5, elle envoya sa servante; selon d'autres : elle étendit son bras (v. אַמָּה); לֹא־תִשְׁכַּח אֶת־אֲמָתֶךָ, I Sam. 1. 11, n'oublie pas ta servante (ne m'oublie pas), v. עֶבֶד; בֶּן־אֲמָתְךָ Exod. 23. 12, le fils de ta servante, ton esclave.

אַמָּה *f.* 1° Coudée, mesure : וְאַרְבַּע אַמּוֹת רָחְבָּהּ בְּאַמַּת־אִישׁ Deut. 3. 11, sa largeur était de quatre coudées d'après la coudée (ordinaire) d'un homme; אַמָּתַיִם deux coudées; שָׁלֹשׁ אַמּוֹת trois coudées, ou אַרְבַּע בָּאַמָּה quatre coudées; *fig.* : בָּא קִצֵּךְ אַמַּת בִּצְעֵךְ Jér. 51. 13, ta fin est venue, la mesure de tes rapines (est pleine). — 2° Colonne, fondement. Ex. unique : וַיָּנֻעוּ אַמּוֹת הַסִּפִּים Is 6. 4, les colonnes des seuils furent ébranlées; מֶתֶג הָאַמָּה II Sam. 8. 1 (v. מֶתֶג).

אַמָּה *n. pr.* d'une colline sur le chemin de Guébon, II Sam. 2. 24.

אַמָּה chald. (*pl.* אַמִּין). Coudée, Dan. 3. 1.

אֵמָה *f.* Terreur (v. אֵימָה).

אֻמָּה *f* (*pl.* seul usité). Peuple,

tribu (v. לְאֹם): רָאשֵׁי אֻמּוֹת Nomb. 25. 15, chef des tribus; שַׁבְּחוּהוּ כָּל־הָאֻמִּים Ps. 117. 1, peuples, louez-le tous.

אֻמָּה chald. (*pl.* אֻמַּיָּא et אֻמִּין). Même signif., Dan. 3. 4, 7, Esdr. 4. 10.

I **אָמוֹן** *m.* Pupille : וָאֶהְיֶה אֶצְלוֹ אָמוֹן Prov. 8. 30, j'étais auprès de lui sa pupille, j'étais élevée auprès de lui. Selon d'autres : j'étais artisan, architecte, auprès de lui (v. אָמַן, אֹמֵן).

II **אָמוֹן** (pour הָמוֹן) Foule, multitude, Jér. 52. 15; peut-être aussi 46. 25: אָמוֹן מִנֹּא multitude de No.

III **אָמוֹן** *n. pr. m.* 1° Amon, roi de Juda, fils de Manassé, II Rois 21. 18. — 2° Divinité égyptienne, Jér. 46. 25 (v. II אָמוֹן et נֹא־אָמוֹן). — 3° Plusieurs personnages, I Rois 22. 26, Néh. 7. 59.

אֵמוּן et **אֵמֻן** *m.* (*pl.* אֱמוּנִים). Fidélité, foi : בָּנִים לֹא־אֵמֻן בָּם Deut 32. 20, des enfants en qui il n'y a point de fidélité; עֵד — צִיר — אִישׁ אֱמוּנִים Prov. 20. 6, 13. 17, 14. 5, un homme, un messager, un témoin de fidélité, sur qui on peut compter (v. אָמֵן).

אֱמוּנָה *f.* (*pl.* אֱמוּנוֹת). Fermeté, constance, fidélité, vérité, probité (loyauté) : וַיְהִי יָדָיו אֱמוּנָה Exod. 17. 12, ses mains gardèrent la fermeté, restèrent fermes; וְצַדִּיק בֶּאֱמוּנָתוֹ יִחְיֶה Hab. 2. 4, et le juste vit par sa constance; אֵל אֱמוּנָה Deut. 32. 4, un Dieu fidèle; אָבְדָה הָאֱמוּנָה Jér. 7. 28, la vérité est perdue; אֱמוּנָתְךָ עַד־שְׁחָקִים Ps. 36. 6, ta vérité éclate jusque dans les nuées; אִישׁ אֱמוּנוֹת Prov. 28. 20, un homme de probité.

אָמוֹץ (fort, vaillant), *n. pr.* Amos, père du prophète Isaïe, Is. 1. 1.

* **אִמּוּץ** *m.* Dureté, violence : בְּאִמּוּץ הַלֵּב Rituel, par la dureté du cœur (v. אָמֵץ).

אָמִי *n. pr. m.* Esdr. 2. 57.

אֵמִים (v. אֵימִים).

אֲמִינוֹן (pour אַמְנוֹן) *n. pr.* Fils de David, II Sam. 13. 20.

אַמִּיץ *adj.* Fort, puissant: אִם־לְכֹחַ אַמִּיץ הִנֵּה Job 9. 19, s'il s'agit de force, voici, il est tout puissant. Le plus souvent suivi de כֹּחַ Is. 40. 26 (v. אָמֵץ).

אָמִיר *m.* Sommet : בְּרֹאשׁ אָמִיר Is. 17. 6, à la pointe du sommet (de l'arbre); כַּעֲזוּבַת הַחֹרֶשׁ וְהָאָמִיר Is. 17. 9, comme l'abandon de la forêt et du sommet (de la colline). Selon d'autres : branche, arbre.

אמל Être abattu, languir; *Kal* seulement au *part.*: מָה אֲמֻלָה לִבָּתֵךְ Ez. 16. 30, comme ton cœur est languissant.

Pou. אֻמְלַל Être fané, flétri; être abattu, languir, être désolé : אֻמְלַל בָּשָׁן וְכַרְמֶל וּפֶרַח לְבָנוֹן אֻמְלָל Nah. 1. 4, Basan et Carmel sont flétris, et les fleurs du Liban se fanent; אֻמְלְלוּ מְרוֹם עַם־הָאָרֶץ Is. 24. 4, ils sont abattus les chefs du peuple de ce pays; וְאֻמְלַל כָּל־יוֹשֵׁב בָּהּ Osée 4. 3, tous ceux qui l'habitent sont désolés.

אֻמְלָל *adj.* Faible, impuissant: הַיְּהוּדִים הָאֲמֵלָלִים Néh. 3. 34, ces Juifs affaiblis.

אֲמָם *n. pr.* Ville de la tribu de Juda, Jos. 15. 26.

אמן 1° Élever : הָאֱמֻנִים עֲלֵי תוֹלָע Lam. 4. 5, ceux qui étaient élevés sur du pourpre. *Part. act.* אֹמֵן (*f.* אֹמֶנֶת) Celui ou celle qui élève, qui a soin d'un enfant : כַּאֲשֶׁר יִשָּׂא הָאֹמֵן אֶת־הַיֹּנֵק Nomb. 11. 12, comme le nourricier porte l'enfant; וַתְּהִי־לוֹ לְאֹמֶנֶת Ruth 4. 16, elle (Noémi) devint sa garde (elle prit soin de l'enfant de Ruth). — 2° Être fidèle, *part. passif* אָמוּן, *pl.* אֱמוּנִים les fidèles : אֱמוּנִים נֹצֵר יְיָ Ps. 31. 24, Dieu protège ceux qui sont fidèles; אָנֹכִי שְׁלֻמֵי אֱמוּנֵי יִשְׂרָאֵל II Sam. 20. 19, je suis parmi les paisibles et fidèles en Israel.

Niph. Être porté, élevé; être solide, ferme; être stable, être durable: וּבְנֹתַיִךְ עַל־צַד תֵּאָמַנָה Is. 60. 4, et tes filles seront portées (ou élevées) sur le bras, c.-à-d. avec soin, tendrement; וּתְקַעְתִּיו יָתֵד בְּמָקוֹם נֶאֱמָן Is. 22. 23, le clou enfoncé dans un endroit solide; וְנֶאְמַן בֵּיתְךָ II Sam. 7. 16, et ta maison sera stable; מַכּוֹת גְּדֹלֹת וְנֶאֱמָנוֹת וָחֳלָיִם רָעִים וְנֶאֱמָנִים Deut. 28. 59, des plaies grandes et opiniâtres, des maladies dangereuses et persévérantes, incurables. — 2° Être fidèle, être confiant : בְּכָל־בֵּיתִי נֶאֱמָן הוּא Nomb. 12. 7, il est fidèle dans toute ma maison ; כִּי לֹא תֵאָמֵנוּ Is. 7. 9, car vous n'avez pas de confiance, de foi ; selon d'autres : vous n'aurez point de stabilité ; מֵסִיר שָׂפָה לְנֶאֱמָנִים Job 12. 20, il ôte la parole à ceux qui ont confiance ; selon d'autres : à ceux qui savent parler (de נְאֻם) ; וְלֹא נֶאֶמְנָה אֶת־אֵל רוּחוֹ Ps. 78. 8, son esprit n'a pas été confiant en Dieu. — 3° Être vérifié, se réaliser : וְיֵאָמְנוּ דִבְרֵיכֶם Gen. 42. 20, vos paroles seront reconnues vraies ; יֵאָמֶן נָא דְּבָרְךָ I Rois 8. 26, puisse ta promesse se réaliser.

Hiph. הֶאֱמִין Avoir confiance, être assuré, croire ; quelquefois sans régime, le plus souvent suivi de בְּ, לְ, ou de כִּי : וְהֶאֱמִן בַּיי Gen. 15. 6, il eut confiance en Dieu ; וְלֹא תַאֲמִין בְּחַיֶּיךָ Deut. 28. 66, tu ne seras pas sûr de ta vie ; פֶּתִי יַאֲמִין לְכָל־דָּבָר Prov. 14. 15, le sot croit à toute parole ; וְלֹא יַאֲמִין כִּי־קוֹל שׁוֹפָר Job 39. 24, il ne croit point que c'est le son de la trompette ; selon d'autres : il ne reste pas immobile, car (il entend) la trompette ; comme au *Niph.*

II אָמַן *Hiph.* Aller à droite. Ex. unique : כִּי תַאֲמִינוּ Is 30. 21, lorsque vous voudrez aller à droite. אָמַן p. יָמַן.

אָמַן chald. Aph. הֵימִן avec בְּ Avoir confiance : דִּי הֵימִן בֵּאלָהֵהּ Dan. 6. 24, parce qu'il avait mis sa confiance en Dieu. *Part. pass.* Ce qui est certain, vrai : וּמְהֵימַן פִּשְׁרֵהּ Dan. 2. 45, et son interprétation est vraie.

אָמָן *m.* Artisan : מַעֲשֵׂה יְדֵי אָמָּן Cant. 7. 2, œuvre des mains de l'artisan.

אָמֵן. 1° *adj.* Vrai : בֵּאלֹהֵי אָמֵן Is. 65. 16, par le vrai Dieu. — 2° *adv.* d'affirmation. Certainement, ainsi soit-il, amen : אָמֵן כֵּן יַעֲשֶׂה יי Jér. 28. 6, amen, puisse Dieu agir ainsi ; וְאָמַר כָּל־הָעָם אָמֵן tout le peuple répondra amen A la fin de plusieurs psaumes : אָמֵן וְאָמֵן.

אֹמֶן *m.* Fidélité, vérité. Ex. unique : אֱמוּנָה אֹמֶן Is. 25. 1, (tes desseins s'accomplissent) avec fidélité, avec vérité.

אֲמָנָה *f.* 1° Alliance : כֹּרְתִים אֲמָנָה אֲנַחְנוּ Néh. 10. 1, nous contractons une alliance. — 2° Salaire : וַאֲמָנָה עַל־הַמְשֹׁרְרִים Néh. 11. 23, et un salaire fixe pour les chantres, ou : une surveillance devait être exercée sur les chantres. — 3° *n. pr.* d'un fleuve, II Rois 5. 12. — 4° *n. pr.* d'une montagne, Cant. 4. 8.

אֹמְנָה *f.* Linteau. Ex. unique : וְאֶת־הָאֹמְנוֹת אֲשֶׁר צִפָּה חִזְקִיָּה II Rois 18. 16, et les linteaux qu'Ézéchias avait couverts (d'or).

אָמְנָה 1° *f.* Éducation, tutelle : כַּאֲשֶׁר הָיְתָה בְאָמְנָה אִתּוֹ Esth. 2. 20, comme lorsqu'elle était sous sa tutelle. — 2° *adv.* En vérité : וְגַם־אָמְנָה אֲחֹתִי Gen. 20. 12, aussi en vérité (elle est) ma sœur.

אַמְנוֹן (fidèle) *n. pr.*, fils aîné de David, II Sam. 3. 2.

אָמְנָם *adv.* Sûrement, certes, en vérité : אָמְנָם יָדַעְתִּי כִי־כֵן Job 9. 2, certes, je sais qu'il en est ainsi ; אָמְנָם יי Is. 37. 18, il est vrai, ô Éternel ! אָמְנָם כִּי Job 12. 2, il est sûr, il est vrai que (v. אָמֵן).

אֻמְנָם *adv.* Même sign., toujours avec une interrogat. : הַאַף אֻמְנָם Gen. 18. 13, est-ce qu'en vérité ? הַאֻמְנָם לֹא אוּכַל כַּבְּדֶךָ Nomb. 22. 37, est-ce qu'en vérité je ne puis pas t'honorer ?

אָמַץ (*fut.* יֶאֱמַץ) Être fort, être courageux, vaincre : כִּי אָמְצוּ מִמֶּנִּי Ps. 142. 7, car ils sont plus forts que moi ; חֲזַק וֶאֱמָץ Jos. 1. 7, sois ferme et courageux ; וַיֶּאֶמְצוּ בְּנֵי יְהוּדָה II Chr. 13. 18, les enfants de Juda vainquirent.

Pi. Affermir, fortifier, inspirer du courage, soutenir, consolider, avec לֵב endurcir : וּבִרְכַּיִם כֹּרְעוֹת תְּאַמֵּץ Job 4. 4, tu as affermi les genoux chancelants ; בֶּן־אָדָם אִמַּצְתָּ לָּךְ Ps. 80. 18, l'homme que tu as fortifié pour toi (que tu t'es choisi) ; אֲאַמִּצְכֶם בְּמוֹ־פִי Job 16. 5, je vous encouragerais par mes paroles ; וַיְאַמְּצֻהוּ II Chr. 24. 13, ils consolidèrent (la maison de Dieu) ; לֹא תְאַמֵּץ אֶת־לְבָבְךָ Deut. 15. 7, tu n'endurciras pas ton cœur; וַיְאַמֶּץ־לוֹ בַּעֲצֵי־יָעַר Is. 44. 14, il s'est choisi un bois fort parmi les arbres de la forêt, ou: il affermit, élève, etc.

Hiph. S'affermir: וְיַאֲמֵץ לִבֶּךָ Ps. 27. 14, et que ton cœur s'affermisse.

Hithp. 1° S'empresser vivement, être fermement résolu: הִתְאַמֵּץ לַעֲלוֹת בַּמֶּרְכָּבָה I Rois 12. 18, il s'empressa de monter dans son char; כִּי־מִתְאַמֶּצֶת הִיא Ruth 1. 18, qu'elle était fermement résolue.— 2° Vaincre: וַיִּתְאַמְּצוּ עַל־רְחַבְעָם II Chr. 13. 7, ils vainquirent Roboam (v. מְאַמֵּץ).

אָמֹץ *adj.* Brun. Ex. unique: סוּסִים בְּרֻדִּים אֲמֻצִּים Zach. 6. 3, 7, des chevaux tachetés et bruns (v. חָמוּץ). Selon d'autres: vigoureux, de אָמֵץ.

אֹמֶץ *m.* Force: וּטְהָר־יָדַיִם יֹסִיף אֹמֶץ Job 17. 9, et celui dont les mains sont pures augmentera de force.

אַמְצָה *f.* Force, soutien: אַמְצָה לִי יֹשְׁבֵי יְרוּשָׁלַםִ Zach. 12. 5, les habitants de Jérusalem seront pour moi un soutien.

אַמְצִי (mon fort) *n. pr. m.* I Chr. 6. 31.

אֲמַצְיָה (Dieu est sa force) *n. pr.* 1° Amasia fils de Joas, roi de Juda, II Rois 12. 22; אֲמַצְיָהוּ 14. 1. — 2° Amasia prêtre, Amos 7. 10. — 3° Plusieurs autres.

אָמַר (*fut.* יֹאמַר, וַיֹּאמֶר et וַיֹּאמַר, *inf.* לֵאמֹר, בֶּאֱמֹר, כֶּאֱמֹר, אֱמֹר) Dire, parler, ordonner; quelquefois penser. La personne à laquelle ou dont on parle prend אֶל et לְ. *Part.* וְהָאָמוּר qui est dit, qui est appelé, Mich. 2. 7: וַיֹּאמֶר קַיִן אֶל־הֶבֶל Gen. 4. 8, Caïn dit à Abel; כֹּה אָמַר יְיָ ainsi a parlé l'Éternel; הַלְהָרְגֵנִי אַתָּה אֹמֵר Exod. 2. 14, penses-tu me tuer? אִמְרוּ בִלְבַבְכֶם Ps. 4. 5, pensez en votre cœur; אָמַר לְהָבִיא Esth. 1. 17, il ordonna d'amener; וַיֹּאמֶר הַמֶּלֶךְ וַיַּעֲשׂוּ II Chr. 24. 8, le roi ordonna et ils firent (ou que l'on fit). Avec le rég. dir.: וְלֶחֶם אָמַר לוֹ I Rois 11. 18, il ordonna de la nourriture pour lui, il lui fournit la nourriture.

Niph. Être dit, être appelé: יֵאָמֵר לְיַעֲקֹב Nomb. 23. 23, il sera dit à Jacob; אֲשֶׁר נֶאֱמַר Dan. 8. 26, (et la vision) qui t'a été dite, communiquée; קָדוֹשׁ יֵאָמֶר לוֹ Is. 4. 3, il sera appelé saint; יֵאָמֵר *impers.*, on dit, il est dit; עַל־כֵּן יֵאָמַר Gen. 10. 9, c'est pourquoi on dit.

Hiph. Faire qu'un autre dise: אֶת־יְיָ הֶאֱמַרְתָּ tu as fait dire (promettre) à Dieu; וַיְיָ הֶאֱמִירְךָ Deut. 26. 17, 18, et l'Éternel t'a fait promettre. Suivant d'autres: glorifier ou choisir (v. *Hithp.*).

Hithp. S'enorgueillir. Ex. unique: יִתְאַמְּרוּ כָּל־פֹּעֲלֵי אָוֶן Ps. 94. 4, tous les artisans d'iniquités s'enorgueillissent.

אֲמַר chald. (*fut.* יֵאמַר, *inf.* מֵאמַר, מֵמַר). Dire, ordonner: רֵאשׁ מִלִּין אֲמַר Dan. 7. 1, il en dit les principaux points; אֲמַר לְנַסָּכָה לֵהּ Dan. 2. 46, il ordonna de lui offrir, etc.

אֵמֶר *m.* (avec suff. אִמְרִי, *plur.* אֲמָרִים c. אִמְרֵי). Parole, ordre: אִמְרֵי אֱמֶת Prov. 22. 21, les paroles de vérité; אִמְרֵי־אֵל Nomb. 24. 16, paroles, ordres de Dieu; וְנַחֲלַת אִמְרוֹ מֵאֵל Job 20. 29, et l'héritage que lui aura été ordonné, assigné par Dieu, ou: אִמְרוֹ pour les paroles, discours de lui (l'impie).

אִמַּר chald. *m.* (*pl.* אִמְּרִין). Agneau: אִמְּרִין אַרְבַּע מְאָה Esdr. 6. 17, quatre cents agneaux.

אִמֵּר *n. pr. m.* Jér. 20. 1.

אֹמֶר *m.* Langage, parole, cantique, ordre, dessein: אֵין־אֹמֶר וְאֵין דְּבָרִים Ps. 19. 4, ce n'est pas un langage, ce ne sont pas des paroles; גָּמַר אֹמֶר Ps. 77. 9, l'ordre est-il arrêté (pour toutes les générations)? וְתִגְזַר־אֹמֶר וְיָקָם לָךְ Job 22. 28, et, lorsque tu as arrêté un dessein, il s'accomplit (v. דָּבָר).

אִמְרָה *f.* (*pl.* אִמֲרוֹת). Parole: שְׁמַע אִמְרָתִי Ps. 17. 6, écoute ma parole; אִמֲרוֹת יְיָ אֲמָרוֹת טְהֹרוֹת Ps. 12. 7, les paroles de Dieu sont des paroles pures.

אֶמְרָה *f.* Parole: בִּצַּע אֶמְרָתוֹ Lament. 2. 17, il a accompli sa parole.

אֱמֹרִי *n. coll.* Les Amorrhéens, peuplade de Chanaan, Gen. 14. 13.

אִמְרִי (éloquent) *n. pr. m.* I Ch. 9. 4.

אֲמַרְיָה et אֲמַרְיָהוּ (promis de Dieu) *n. pr.* de plusieurs, Chr., Esdr., Néh., Soph.

אַמְרָפֶל *n. pr.* Amraphel, roi de Senear, Gen. 14. 1.

אֶמֶשׁ *adv.* et *sub.* Hier, la nuit passée, nuit : רָאִיתִי אֶמֶשׁ II Rois 9. 26, j'ai vu hier ; אֶמֶשׁ אָמַר אֵלַי Gen. 31. 29, la nuit passée il m'a dit ; אֶמֶשׁ שׁוֹאָה וּמְשׁוֹאָה Job 30. 3, nuit de la destruction et de la désolation.

אֱמֶת *f.* (p. אֱמֶת de אֱמֶנֶת). Vérité, fidélité, probité, sûreté : הַדְרִיכֵנִי בַאֲמִתֶּךָ Ps. 25. 5, fais-moi marcher dans ta vérité ; אֱמֶת קְנֵה Prov. 23. 23, achète la vérité ; וְעָשִׂיתָ עִמָּדִי חֶסֶד וֶאֱמֶת Gen. 47. 29, et si tu veux exercer envers moi grâce et fidélité ; דִּבְרֵי שָׁלוֹם וֶאֱמֶת Esth. 9. 30, paroles de paix et de fidélité, d'amitié ; אַנְשֵׁי אֱמֶת Exod. 18. 21, des hommes (d'intégrité) intègres ; כִּי יִהְיֶה שָׁלוֹם וֶאֱמֶת בְּיָמָי Is. 39. 8, car il y aura en mes jours paix et sûreté ; אוֹת אֱמֶת Jos. 2. 12, un signe sûr, certain.

אַמְתַּחַת *f.* (*pl.* const. אַמְתְּחוֹת). Sac : וְהִנֵּה בְאַמְתַּחְתִּי Gen. 42. 28, le voici dans mon sac.

אֲמִתַּי (sincère) *n. pr.*, père du prophète Jonas, Jon. 1. 1.

אֵימְתָנִי chald. *fém.* : וְאֵימְתָנִי Dan. 7. 7, (une bête) forte, ou épouvantable.

אָן et אָנָה (de אַיִן) *adv.* Où ? מֵאַיִן plus fréq. מֵאָנָה d'où ; עַד אָנָה , עַד אָן jusqu'à quand ? אָן הֲלַכְתֶּם I Sam. 10. 14, où allez-vous ? וַאֲנִי אָנָה אֲנִי־בָא Gen. 37. 30, et moi où irai-je ? אָנָה וָאָנָה ici et là ; וְלֹא־תֵצֵא מִשָּׁם אָנֶה וָאָנָה I Rois 2. 36, tu ne sortiras pas de là (pour aller) ni d'un côté ni de l'autre.

אֹן (v. אוֹן) *n. pr.*

אֲנָא chald. pl. fréq. אֲנָה *pron.* Moi : אֲנָה יָדַע Dan. 2. 8, je sais.

אָנָּא *interj.* Ah ! je te supplie, de grâce : אָנָּא חָטָא הָעָם הַזֶּה Exod. 32. 31, ah ! ce peuple a commis un grand crime. Plus général. suivi de l'*impér.* ou du *fut.* : אָנָּא שָׂא נָא Gen. 50. 17, de grâce, pardonne (le crime de tes frères). Quelquefois אָנָּה p. אָנָּא.

אֵנֶב chald. Fruit (v. אֵב).

I אָנָה Gémir : וְאָנוּ וְאָבְלוּ פְּתָחֶיהָ Is. 3. 26, ses portes gémiront et seront en deuil (v. אוֹן).

II אָנָה *Kal* inusité. *Pi.* אִנָּה Faire arriver, amener : וְהָאֱלֹהִים אִנָּה לְיָדוֹ Exod. 21. 13, entre la main duquel Dieu l'a amené, l'a fait tomber. *Pou.* Être amené, survenir, arriver : לֹא־תְאֻנֶּה אֵלֶיךָ רָעָה Ps. 91. 10, aucun malheur ne t'arrivera ; לֹא־יְאֻנֶּה לַצַּדִּיק כָּל־אָוֶן Prov. 12. 21, aucun malheur ne survient au juste.

Hithp. Chercher une occasion : מִתְאַנֶּה הוּא לִי II Rois 5. 7, il cherche un prétexte, une occasion contre moi pour me nuire.

אָנָה *adv.* Où ? (v. אָן).

אֲנָה chald. Moi (v. אֲנָא).

אָנָּה *interj.* De grâce (v. אָנָּא).

אֲנוּ Nous, Jér. 42. 6 (*Keri* אֲנַחְנוּ).

אִנּוּן *m.*, אִנִּין *f.*, chald. Eux, ces : דִּי מַלְכַיָּא אִנּוּן Dan. 2. 44, de ces rois.

אֱנוֹשׁ *m.* L'homme (rarement un homme), le vulgaire, le mortel, le méchant ; plus poét. que אָדָם : מָה־אֱנוֹשׁ כִּי־תִזְכְּרֶנּוּ Ps. 8. 5, qu'est-ce que l'homme pour mériter que tu te souviennes de lui ? וְאַתָּה אֱנוֹשׁ כְּעֶרְכִּי Ps. 55. 14, mais toi un homme dont j'avais fait mon égal ; בְּחֶרֶט אֱנוֹשׁ Is. 8. 1, avec un burin du vulgaire, avec un burin ordinaire, c.-à-d. (écris) en caractères connus ; יֵדְעוּ גוֹיִם אֱנוֹשׁ הֵמָּה Ps. 9. 21, que les peuples sachent qu'ils ne sont que des mortels ; כִּי־שְׁאָפַנִי אֱנוֹשׁ Ps. 56. 2, l'homme, le méchant, veut me dévorer. *Plur.* אֲנָשִׁים const. אַנְשֵׁי (v. אִישׁ).

אֱנוֹשׁ *n. pr.* Enos, fils de Seth, petit-fils d'Adam, Gen. 4. 26.

אָנַח *Kal* inusité (v. אנק). *Niph.* Gémir, soupirer, avec מִן ou עַל : וַיֵּאָנְחוּ בְנֵי־יִשְׂרָאֵל מִן־הָעֲבֹדָה Exod. 2. 23, les enfants d'Israel gémirent à cause du travail ;

שָׁמְעוּ כִּי נֶאֱנָחָה אָנִי Lament. 1. 21, ils ont entendu que je soupire.

אֲנָחָה *f.* (*pl.* אַנְחוֹת). Gémissement, soupir : רַבּוֹת אַנְחֹתַי Lament. 1. 22, nombreux sont mes soupirs.

אֲנַחְנוּ *pron. pers. pl.* 1re pers. Nous. Quelquefois נַחְנוּ.

אֲנַחְנָא et אֲנַחְנָה chald. Nous.

אֲנִי et avec pause אָנִי *pron. pers.* Je, moi, comme אָנֹכִי. Quelquefois, je suis : אֲנִי יְיָ je suis l'Éternel.

אֳנִי *m.* et *f.* Des vaisseaux, une flotte : אֳנִי חִירָם I Rois 10. 11, la flotte de Hiram; אֳנִי־שַׁיִט Is. 33. 21, vaisseaux à rames (v. אֳנִיָּה).

אֲנִיָּה *f.* Gémissement : וְהָיְתָה תַאֲנִיָּה וַאֲנִיָּה Is. 29. 2, il y aura soupir et gémissement (v. אָנָה).

אֳנִיָּה *f.* Vaisseau ; *plur.* אֳנִיּוֹת : אֳנִיָּה בָּאָה תַרְשִׁישׁ Jon. 1. 3, un vaisseau qui allait à Tarsis.

אֲנִיעָם (gémissement du peuple) *n. pr. m.*, I Chr. 7. 19.

אֲנָךְ *m.* Plomb, sonde : עַל־חוֹמַת אֲנָךְ וּבְיָדוֹ אֲנָךְ Amos 7. 7, (le Seigneur était debout) sur un mur tiré au cordeau, et dans sa main (il tenait) une sonde ; הִנְנִי שָׂם אֲנָךְ vers. 8, voici je mets la sonde (dans mon peuple), c.-à-d. je le jugerai avec sévérité.

אָנֹכִי *pron. pers.* Je, moi.

אָנֶן (v. אוֹן).

אָנַס Forcer, contraindre : אֵין אֹנֵס Esth. 1. 8, nul ne forçait (à boire).

* אֹנֶס Rituel, *m.* : בְּאֹנֶס וּבְרָצוֹן par contrainte ou de plein gré.

אֲנַס chald. : וְכָל רָז לָא־אָנֵס לָךְ Dan. 4. 6, qu'aucun secret ne te fait violence, ne te coûte de peines pour le pénétrer.

אָנַף *fut.* יֶאֱנַף (souffler, aspirer, v. אַף de là) S'irriter, se fâcher ; avec בְּ contre quelqu'un : אָנַפְתָּ בִּי Is. 12. 1, tu as été irrité contre moi.

Hithp. Même sens. גַּם־בִּי הִתְאַנַּף יְיָ Deut. 1. 37, aussi contre moi l'Éternel s'irrita.

אֲנַף chald. (*pl.* seul usité אַנְפִּין). Visage, face ; נְפַל עַל אַנְפּוֹהִי Dan. 2. 46, il se jeta sur sa face (v. אַפַּיִם héb.).

אֲנָפָה *f.*, nom d'un oiseau impur, le héron ou le perroquet, Lévit. 11. 19.

אָנַק *fut.* יֶאֱנֹק (v. אָנָה, חָנַק, עָנַק et נָאַק) Gémir, pousser des plaintes, soupirer : וּבְכָל אַרְצָהּ יֶאֱנֹק חָלָל Jér. 51. 52, et dans tout le pays les blessés gémiront.

Niph. Même sens : הֵאָנֵק דֹּם Ez. 24. 17, gémis en silence.

אֲנָקָה *f.* const. אֶנְקַת. 1° Gémissement, soupir : בְּכִי וַאֲנָקָה Mal. 2. 13, pleurs et gémissements.—2° Nom d'un animal impur : וְהָאֲנָקָה Lévit. 11. 30, le hérisson ou une espèce de lézard.

אָנַשׁ Être souffrant, être incurable, douloureux : וָאָנוּשָׁה Ps. 69. 21, et je suis souffrant, (selon d'autres, de נוּשׁ) ; וּמַכָּתִי אֲנוּשָׁה et ma plaie est douloureuse; אָנוּשׁ חִצִּי Job 34. 6, ma flèche, c.-à-d. ma plaie, est incurable ; עָקֹב הַלֵּב מִכֹּל וְאָנֻשׁ הוּא Jér. 17. 9, le cœur est perverti plus que toutes choses, et il est malade, c.-à-d. méchant. *Métaph.* יוֹם אָנוּשׁ Jér. 17. 16, jour malheureux.

Niph. וַיֵּאָנַשׁ II Sam. 12. 15, et il tomba malade.

אֱנָשׁ chald. Homme : כְּבַר אֱנָשׁ Dan. 7. 13, comme un fils de l'homme, un mortel ; *pl.* אֲנָשִׁים 4. 14.

אַנְתָּה et אַנְתְּ chald., *pron. pers.* Tu, toi.

אָסָא *n. pr.* Asa, fils d'Abiam, roi de Juda, I Rois 15. 8.

אָסוּךְ *m.* Vase, pot : אָסוּךְ שָׁמֶן II Rois 4. 2, un pot d'huile.

אָסוֹן *m.* Accident, malheur : וְלֹא יִהְיֶה אָסוֹן Exod. 21. 22, sans qu'il y ait eu d'accident, c.-à-d. de mort ; וּקְרָאָהוּ אָסוֹן Gen. 48. 38, si un malheur lui arrivait.

אֵסוּר *plur.* אֲסוּרִים Liens, chaînes : אֲסוּרִים יָדֶיהָ Eccl. 7. 26, ses mains sont des chaînes ; בֵּית הָאֵסוּר Jér. 37. 15, prison (rac. אָסַר).

אֱסוּר chald. Chaîne : וּבֶאֱסוּר דִּי פַרְזֶל Dan. 4. 12, et avec une chaîne de fer.

אָסִיף *m.* Récolte, temps de la récólte : חַג הָאָסִיף Exod. 34. 22, fête de la récolte (rac. אָסַף).

אָסִיר *m.* Prisonnier : יַחַד אֲסִירִים שַׁאֲנָנוּ Job 3. 18, ceux qui étaient enchaînés jouissent ensemble du repos ; מוֹצִיא אֲסִירִים Ps. 68. 7, il délivre les prisonniers (rac. אָסַר).

אַסִּיר Même signif. תַּחַת אַסִּיר Is. 10. 4, sous le prisonnier.

אַסִּיר *n. pr.*, fils de Koreh, Exod. 6. 24.

אֲסָמִים *m. pl.* Greniers, celliers : וְיִמָּלְאוּ אֲסָמֶיךָ שָׂבָע Prov. 3. 10, tes greniers regorgeront d'abondance.

אַסְנָה *n. pr. m.*, Esdr. 2. 50.

אָסְנַפַּר *n. pr.* d'un roi ou satrape assyrien, Esdr. 4. 10.

אָסְנַת *n. pr. f.* Asnath, fille de Putiphera prêtre d'Héliopolis, femme de Joseph, Gen. 41. 45.

אָסַף (*fut.* יֶאֱסֹף, *pl* יַאַסְפוּ) 1° Amasser, assembler, rassembler, accueillir : וַיַּאַסְפוּ אֶת־הַשְּׂלָו Nomb. 11. 32, ils amassèrent les cailles ; וְאָסַפְתָּ אֶת־תְּבוּאָתָהּ Exod. 23. 10, tu recueilleras les fruits ; וְאָסַפְתָּ אֶת־זִקְנֵי יִשְׂרָאֵל Exod. 3. 16, tu assembleras les anciens d'Israel ; וַיֶּאֱסֹף אֹתָם אֶל־מִשְׁמָר Gen. 42. 17, il les mit ensemble en prison ; וַאֲסַפְתּוֹ אֶל־תּוֹךְ בֵּיתֶךָ Deut. 22. 2, tu l'accueilleras dans ta maison ; יֶאֱסֹף אֹתוֹ מִצָּרַעְתּוֹ II Rois 5. 3, il l'accueillera de sa lèpre, c.-à-d. le fera rentrer dans la société des hommes en le guérissant. — 2° Retirer, ôter, faire disparaître, tuer : וַיֶּאֱסֹף רַגְלָיו אֶל־הַמִּטָּה Gen. 49. 33, il retira ses pieds dans le lit ; אֱסֹף יָדֶךָ I Sam. 14. 19, retire ta main ; אָסַף אֱלֹהִים אֶת־חֶרְפָּתִי Gen. 30. 23, Dieu a ôté ma honte ; אִסְפִּי מֵאֶרֶץ כִּנְעָתֵךְ Jér. 10. 17, ôte de la terre ta marchandise ; אָסֹף אָסֵף כֹּל Soph. 1. 2, je ferai tout disparaître (de la terre), le *fut.* אָסֵף *Hiph.* de סוּף ; אֲסֻפֵי רָעָב Ez. 34. 29, des hommes morts de faim ; וְאָסַפְתָּה נַפְשְׁךָ Jug. 18. 25, tu causeras ta mort, tu t'ôteras la vie. — 3° כְּבוֹד יְיָ יַאַסְפֶךָ Is. 58. 8, la gloire de Dieu marchera derrière toi, fermera ta marche (v. *Pi.* 2°), ou : t'accueillera.

Niph. 1° S'assembler, être accueilli : עַד אֲשֶׁר יֵאָסְפוּ כָל־הָעֲדָרִים Gen. 29. 8, jusqu'à ce que tous les troupeaux soient assemblés ; עַד־הֵאָסֵף מִרְיָם Nomb. 12. 15, jusqu'à ce que Miriam fût accueillie (reçue dans le camp, après la guérison de sa lèpre) ; נֶאֱסָף אֶל־עַמּוֹ Gen. 49. 29 ; אֶל־אֲבוֹתָיו Jug. 2. 10, être réuni à son peuple, auprès de ses pères, c.-à-d. mourir. Et seul : וְאַהֲרֹן יֵאָסֵף Nomb. 20. 26, et Aaron sera réuni (à ses pères). — 2° Se retirer, disparaître, cesser, périr : תִּזְרַח הַשֶּׁמֶשׁ יֵאָסֵפוּן Ps. 104. 22, le soleil luit, ils se retirent ; הֵאָסְפִי אֶל־תַּעְרֵךְ Jér. 47. 6, (glaive,) retire-toi dans ton fourreau ; וִירֵחֵךְ לֹא יֵאָסֵף Is. 60. 20, ta lune ne cessera pas d'éclairer ; וְנֶאֶסְפָה שִׂמְחָה וָגִיל Jér. 48. 33, la joie et l'allégresse cessent ; וְגַם־דְּגֵי הַיָּם יֵאָסֵפוּ Osée 4. 3, et les poissons de la mer périront aussi. — 3° Être enseveli : לֹא יֵאָסְפוּ Jér. 8. 2, ils ne seront point ensevelis ; עָשִׁיר יִשְׁכַּב וְלֹא יֵאָסֵף Job 27. 19, riche il se couche (devient malade) et n'est point enseveli, ou : il ne meurt pas (riche).

Pi. 1° Amasser, accueillir : מְאַסְפָיו יֹאכְלֻהוּ Is. 62. 9, ceux qui l'amassent le mangeront ; וְאֵין אִישׁ מְאַסֵּף אוֹתָם הַבָּיְתָה Jug. 19. 16, personne ne les accueillait dans sa maison. — 2° Former l'arrière-garde : מְאַסֵּף לְכָל־הַמַּחֲנוֹת Nomb. 10. 25, formant l'arrière-garde de tous les camps ; וּמְאַסִּפְכֶם אֱלֹהֵי יִשְׂרָאֵל Is. 52. 13, et le Dieu d'Israel marchera derrière vous.

Pou. Être amassé, être assemblé : וְאֻסַּף שְׁלַלְכֶם Is. 33. 4, votre butin sera amassé.

Hiph. Détruire, anéantir : פֶּן־אֹסִפְךָ עִמּוֹ I Sam. 15. 6, pour que je ne te détruise pas avec lui (p. אַאַסִּפְךָ).

Hithp. S'assembler : בְּהִתְאַסֵּף רָאשֵׁי עָם Deut. 33. 5, les chefs du peuple s'étant assemblés.

אָסָף (celui qui assemble) *n. pr.* 1° Lévite du temps de David, auteur de plusieurs psaumes. Ses descendants

בְּנֵי אָסָף existaient encore au temps d'Esdra et de Néhémie. — 2° Is. 36. 3.— 3° Néh. 2. 8.

אָסֹף (*pl.* seul usité אֲסֻפִּים): בֵּית הָאֲסֻפִּים I Chr. 26. 15, 17, magasin, lieu dans la partie extérieure du temple où l'on mettait les provisions; אֲסֻפֵּי הַשְּׁעָרִים Néh. 12. 25, les magasins des portes. Selon d'autres: seuils des portes (p. סִפֵּי).

אֹסֶף *m.* Action d'amasser, récolte: אֹסֶף בְּלִי יָבוֹא Is. 32. 10, la récolte ne vient point; אֹסֶף הֶחָסִיל Is. 33. 4, comme on amasse les sauterelles. *Plur.* כְּאָסְפֵּי־קַיִץ Mich. 7. 1, comme les récoltes de l'été.

אֲסֵפָה *f.* Assemblée, réunion. Ex. unique: וְאֻסְּפוּ אֲסֵפָה Is. 24. 22, ils sont assemblés en une seule réunion, c.-à-d. tous ensemble.

אֲסֻפּוֹת *f. pl.* Ex. unique: בַּעֲלֵי אֲסֻפּוֹת Eccl. 12. 11, hommes (membres) des assemblées (de sages).

אֲסֻפִּים (v. אָסֹף).

אֲסַפְסֻף *m.* Ramassis de gens, populace. Ex. unique: וְהָאסַפְסֻף אֲשֶׁר בְּקִרְבּוֹ Nomb. 11. 4, la plèbe qui était dans son sein.

אָסְפַּרְנָא chald., *adv.* Avec zèle, soigneusement: אָסְפַּרְנָא מִתְעַבְדָא Esdr. 5. 8, (et ce travail) est fait avec soin.

אַסְפָּתָא *n. pr.* persan, fils de Haman, Esth. 9. 7.

אָסַר 1° Lier, attacher, mettre des chaînes, emprisonner, enfermer, atteler, seller (v. אָזַר): אֹסְרִי לַגֶּפֶן עִירֹה Gen. 49. 10, il attachera son âne à la vigne; אִם־אָסוֹר יַאַסְרוּנִי בַּעֲבֹתִים חֲדָשִׁים Jug. 16. 11, si on me lie avec des cordes neuves; וַיֶּאֱסֹר אֹתוֹ Gen. 42. 24, on lui mit des chaînes; וַיַּאַסְרֵהוּ בֵּית כֶּלֶא II Rois 17. 4, on l'enferma dans la prison; אָסוּר Gen. 40. 3, emprisonné, enfermé; בֵּית הָסוּרִים Eccl. 4. 14, la prison (p. הָאֲסוּרִים); וַאֲסַרְתֶּם אֶת־הַפָּרוֹת בָּעֲגָלָה I Sam. 6. 7, attelez les vaches à la voiture; אִסְרוּ הַסּוּסִים Jér. 46. 4, attelez les chevaux; אֱסֹר I Rois 18. 44, attelle, sans régime. — 2° אָסַר הַמִּלְחָמָה I Rois 20. 14, engager le combat. Avec עַל נֶפֶשׁ s'engager, se lier, s'interdire quelque chose: כֹּל אֲשֶׁר אָסְרָה עַל נַפְשָׁהּ Nomb. 30. 10, toute chose qu'elle s'est interdite, qu'elle s'est engagée à ne point faire.

Niph. Être lié, être enchaîné: בַּמֶּה תֵּאָסֵר Jug. 16. 10, par quoi peux-tu être lié? וְאַתֶּם הֵאָסְרוּ Gen. 42. 16, et vous, vous serez enchaînés, emprisonnés.

Pou. Être fait prisonnier: אֻסְּרוּ יַחְדָּיו Is. 22. 3, ils ont été faits prisonniers ensemble.

אִסָּר et אֱסָר Vœu d'abstinence, opposé à נֵדֶר vœu d'action: נְדָרֶיהָ וֶאֱסָרֶהָ Nomb. 30. 5, son vœu ou son engagement; לֶאְסֹר אִסָּר עַל נַפְשׁוֹ 30. 3, pour se lier par un engagement (s'interdire une jouissance).

אֱסָר *m.* chald. Défense, prohibition: וּלְתַקָּפָה אֱסָר Dan. 6. 8, et de faire une défense sévère.

אֵסַר־חַדּוֹן *n pr.*, roi des Assyriens, fils et successeur de Sanchérib, Is. 37. 38.

אֶסְתֵּר *n. pr.* Esther (mot persan, signifie: étoile; son nom hébreu est הֲדַסָּה myrthe), épouse d'Ahaswéros roi de Perse, Esth. 2. 7.

אָע et אָעָא chald. Bois: וְאָע מִתְּשָׂם בְּכֻתְלַיָּא Esdr. 5. 8, la charpente se pose dans la muraille.

I אַף *conj.* Aussi, même, et aussi, et pourtant: אַף־אֲנִי אֶעֱשֶׂה־זֹּאת לָכֶם Lévit. 26. 16, moi aussi j'agirai ainsi avec vous; אַף לֹא הֲבִיאֹתָנוּ Nomb. 16. 14, tu ne nous a même pas conduits; מַשְׁפִּיל אַף־מְרוֹמֵם I Sam. 2. 7, il abaisse et aussi il élève; אַף־זָנַחְתָּ Ps. 44. 10, et pourtant tu (nous) as repoussés. Avec ה interrogatif: הַאַף תִּסְפֶּה Gen. 18. 23, voudrais-tu même détruire? אַף־גַּם־זֹאת Lév. 26. 44, et même alors, néanmoins. אַף répété, et, et même: אַף בַּל נִטָּעוּ אַף בַּל־זֹרָעוּ אַף בַּל־שֹׁרֵשׁ בָּאָרֶץ גִּזְעָם Is. 40. 23, ils n'ont été ni plantés, ni semés, et leur tronc n'a même point jeté de racines dans la terre. אַף כִּי 1° A plus forte raison: אַף כִּי־אֲנָשִׁים רְשָׁעִים II Sam.

4. 11, combien plus ces hommes méchants; אַף כִּי־נִתְעָב וְנֶאֱלָח Job 15. 16, combien plus cet être corrompu et perverti. De même אַף seul: אַף שֹׁכְנֵי בָתֵּי־חֹמֶר Job 4. 19, combien plus ces habitants de maisons de limon. — 2° Bien que, quoique: אַף כִּי־תֹאמַר Job 35. 14, quoique tu dises; אַף כִּי־אָמַר אֱלֹהִים Gen. 3. 1, quoique Dieu ait dit, ou bien: est-ce que Dieu a dit?

• אַף עַל־פִּי Quoique, Aboth.

אַף chald. Même, aussi, Dan. 6. 23.

II אַף (rac. אָנַף avec suff. אַפִּי) 1° Nez: אַף לָהֶם וְלֹא יְרִיחוּן Ps. 115. 6, ils ont un nez, et ils ne sentent point. — 2° Colère, fureur: וְחָרָה אַף־יְיָ בָּכֶם Deut. 11. 17, la colère de l'Éternel s'allumera contre contre vous; בַּעַל אַף Prov. 22. 24, un homme colère; עַל אַף אֹיְבַי Ps. 138. 7, (tu étendras ta main) contre la fureur de mes ennemis. Selon d'autres: p. אַף עַל aussi contre mes ennemis.

Duel אַפַּיִם 1° Narines: וַיִּפַּח בְּאַפָּיו נִשְׁמַת חַיִּים Gen. 2. 7, il souffla dans ses narines un souffle de vie. — 2° Colère: וְלֹא בְאַפַּיִם וְלֹא בְמִלְחָמָה Dan. 11. 20, ni par la colère, ni par la guerre. De là: אֶרֶךְ אַפַּיִם Prov. 14. 29, lent à s'irriter, patient; קְצַר־אַפַּיִם Prov. 14. 17, irascible. — 3° Visage: בְּזֵעַת אַפֶּיךָ Gen. 3. 19, à la sueur de ton visage; וַיִּשְׁתַּחוּ אַפַּיִם אָרְצָה Gen. 19. 1, il se prosterna la face contre terre; לְאַפֵּי דָוִד I Sam. 25. 23, devant David, comme לִפְנֵי; מָנָה אַחַת אַפָּיִם I Sam. 1. 5, (à Hanna il donna) une part (comme) pour deux personnes; selon d'autres: un beau morceau à cause du chagrin (de Hanna); ou: avec chagrin, tristesse, de ce qu'elle était stérile.

אָפַד Se revêtir (de l'éphod): וַיֶּאְפֹּד לוֹ בּוֹ Lév. 8. 8, il l'en revêtit.

אֵפֹד *n. pr. m.* Nomb. 34. 23.

אֲפֻדָּה *f.* Éphod, vêtement du pontife; vêtement, ornement: וְחֵשֶׁב אֲפֻדָּתוֹ Exod. 28. 8, la ceinture de son éphod; אֲפֻדַּת מַסֵּכַת זְהָבֶךָ Is. 30. 22, les ornements de vos idoles d'or. Selon d'autres: lame d'or qui recouvre les statues.

אַפֶּדֶן Palais: אָהֳלֵי אַפַּדְנוֹ Dan. 11. 45, les tentes de son palais.

אָפָה (*fut.* יֹאפֶה) Cuire (au four): אֵת אֲשֶׁר־תֹּאפוּ אֵפוּ Exod. 16. 23, vous cuirez ce que vous voudrez faire cuire; וַתֹּאפֵהוּ I Sam. 28. 24, p. וַתֹּאפֶה, *part.* אֹפֶה boulanger; שַׂר הָאֹפִים Gen. 40. 1, le chef des panetiers.

Niph. Être cuit: לֹא תֵאָפֶה חָמֵץ Lév. 6. 10, (l'oblation) ne sera pas cuite avec du levain.

אֵפוֹ et אֵיפוֹא *adv.* et *conj.* Ainsi, donc: אִם־לֹא אֵפוֹ Job 9. 24, s'il n'en est point ainsi; עֲשֵׂה־זֹאת אֵפוֹא בְּנִי Prov. 6. 3, agis donc ainsi, mon fils; מִי־אֵפוֹא הוּא Gen. 27. 33, qui est-ce donc?

אֵפוֹד 1° Ephod, vêtement des pontifes: וְעָשׂוּ אֶת־הָאֵפֹד זָהָב Exod. 28. 4, 5, ils feront l'éphod d'or, (d'hyacinthe, de pourpre, etc.) David porta un éphod de lin dans une solennité religieuse, II Sam. 16. 14. — 2° Idole: וַיִּקְחוּ אֶת־פֶּסֶל הָאֵפוֹד Jug. 18. 18, ils prirent l'image sculptée de l'éphod.

אֵפוֹד *n. pr. m.* Nomb. 34. 23.

אֲפִיחַ *n. pr. m.* I Sam. 9. 1.

• אֲפִילוּ Même, quand même, Aboth.

אָפִיל *adj.* Tardif, ce qui tarde à mûrir: כִּי אֲפִילֹת הֵנָּה Exod. 9. 32, parce qu'ils étaient tardifs.

אַפַּיִם *n. pr. m.* I Chr. 2. 30.

אָפִיק 1° *adj.* Fort, puissant: וּמְזִיחַ אֲפִיקִים רִפָּה Job 12. 21, il délie la ceinture des puissants; אֲפִיקֵי מָגִנִּים Job 41. 7, les puissants boucliers. — 2° *Subst.* Torrent, lit d'une rivière: כַּאֲפִיק נְחָלִים יַעֲבֹרוּ Job 6. 15, ils passent comme le torrent des vallées; וְכָל־אֲפִיקֵי יְהוּדָה יֵלְכוּ מָיִם Joel 4. 18, et de toutes les sources de Juda coulera l'eau; וְעָלָה עַל־כָּל־אֲפִיקָיו Is. 8. 7, il sortira partout de son lit, ou: il passera sur tous ses canaux. — 3° Champ, vallée: וּרְעִיתִים אֶל־הָרֵי יִשְׂרָאֵל בָּאֲפִיקִים Ez. 34. 13, je les ferai paître sur les montagnes d'Israel et dans les vallées (traversées par des rivières). —

4° Barre, tuyau : עֲצָמָיו אֲפִיקֵי נְחוּשָׁה Job. 40. 18, ses os sont des tuyaux d'airain.

אָפִיק *n. pr.* (v. אֲפֵק).

אֶפִּיקוֹרוֹס* *m.* Épicurien, athée, Aboth.

אָפֵל *adj.* Sombre: וְאָפֵל וְלֹא־נֹגַהּ לוֹ Amos 5. 20, il est sombre et sans clarté.

אֹפֶל *m.* Obscurité : וַיָּבֹא אֹפֶל Job 30. 26, et l'obscurité est survenue ; לִירוֹת בְּמוֹ־אֹפֶל Ps. 11. 2, pour tirer dans l'obscurité, c.-à-d. en embuscade.

אֲפֵלָה *f.* Obscurité, épaisses ténèbres: חֹשֶׁךְ־אֲפֵלָה Exod. 10. 22, obscurité profonde ; בָּאֲפֵלוֹת נְהַלֵּךְ Is. 59. 9, nous marchons dans d'épaisses ténèbres.

אֶפְלָל (juge) *n. pr. m.* I Chr. 2. 37.

אֹפֶן *m.* Ex. unique : דָּבָר דָּבֻר עַל־אָפְנָיו Prov. 25. 11, une parole dite en son temps, bien à propos. Selon d'autres : roues (v. אוֹפָן), parole dite sur ses roues, c.-à-d. dans l'ornière, à sa place, convenablement.

אָפֵס *intr.* Cesser, être épuisé : הֶאָפֵס לָנֶצַח חַסְדּוֹ Ps. 77. 9, sa grâce a-t-elle cessé pour toujours? כִּי אָפֵס כָּסֶף Gen. 47. 15, car l'argent est épuisé (v. פָּסַס).

אֶפֶס 1° *subst.* Fin, terme, extrémité: אַפְסֵי אָרֶץ Ps. 2. 8, les extrémités de la terre, les pays les plus éloignés. *Duel* מֵי אָפְסָיִם Ez. 47. 3, eau des extrémités qui couvre seulement les chevilles des pieds. — 2° *adv.* de négat. Point, rien, sans : עַד אֶפֶס מָקוֹם Is. 5. 8, jusqu'à ce qu'il n'y ait plus de place; וְאֶפֶס עָצוּר וְעָזוּב Deut. 32. 36, il n'y a plus de retraite ni de forteresse. אֶפֶס עוֹד ou אַפְסִי עוֹד, comme אֵין עוֹד point d'autre : הַאֶפֶס עוֹד אִישׁ לְבֵית שָׁאוּל II Sam. 9. 3, n'y a-t-il plus personne de la maison de Saül? אֲנִי וְאַפְסִי עוֹד Is. 47. 8, moi, et point d'autre ; וּכְאֶפֶס אַנְשֵׁי מִלְחַמְתֶּךָ Is. 41. 12, tes hommes de guerre seront comme rien ; מֵאֶפֶס וָתֹהוּ Is. 40. 17, comme (ou moins que) le néant et le vide ; בְּאֶפֶס Is. 52. 4, pour rien, sans motif ; בְּאֶפֶס עֵצִים Prov. 26. 20, sans bois ; בְּאֶפֶס תִּקְוָה Job 7. 6, sans espoir. — 3° *conj.* et *adv.* Mais, seulement, cependant : אֶפֶס קָצֵהוּ תִרְאֶה Nomb. 23, 13, mais tu verras une partie seulement ; אֶפֶס כִּי־עַז הָעָם Nomb. 13. 28, cependant le peuple est fort.

אֶפֶס דַּמִּים *n. pr.*, endroit de la tribu de Juda, I Sam. 17. 1 ; פַּס דַּמִּים I Chr. 11. 13.

אֶפַע Rien, néant. Ex. unique : וּפָעָלְכֶם מֵאָפַע Is. 41. 24, et votre œuvre n'est que néant (p. מֵאֶפֶס). Selon d'autres : votre œuvre est comme celle de la vipère (v. אֶפְעֶה).

אֶפְעֶה *m.* et *f.* Vipère, aspic : אֶפְעֶה וְשָׂרָף מְעוֹפֵף Is. 30. 6, la vipère et le serpent volant (rac. פָּעָה).

אָפַף Environner : אֲפָפוּנִי חֶבְלֵי־מָוֶת Ps. 18. 5, les liens de la mort m'environnent ; avec עַל : כִּי אָפְפוּ־עָלַי רָעוֹת Ps. 40. 13, car des maux m'environnent.

אָפַק *Kal* inusité. *Hithp.* Se faire violence, se contenir : וָאֶתְאַפַּק וָאַעֲלֶה הָעֹלָה I Sam. 13. 12, je me fis violence (je m'enhardis à agir contre la loi) et j'offris l'holocauste ; וְלֹא־יָכֹל יוֹסֵף לְהִתְאַפֵּק Gen. 45. 1, Joseph ne put plus se contenir ; הַעַל־אֵלֶּה תִתְאַפַּק Is. 64. 11, après tout cela te contiendras-tu encore, c.-à-d. empêcheras-tu ta miséricorde d'agir? וְרַחֲמֶיךָ אֵלַי הִתְאַפָּקוּ Is. 63. 15, ta pitié pour moi se contient, ne s'étend plus sur moi.

אֲפֵק (forteresse) *n. pr.* de différentes villes. 1° Jos. 13. 4. — 2° I Rois 20. 26. — 3° I Sam. 4. 1. La première est aussi appelée אֲפִיק Jug. 1. 31.

אֲפֵקָה (forteresse) *n. pr.*, ville de la tribu de Juda, Jos. 15. 53.

אֵפֶר *m.* Cendre : וְאָנֹכִי עָפָר וָאֵפֶר Gen. 8. 27, et je ne suis que poussière et que cendre ; מִשְׁלֵי אֵפֶר Job 13. 12, proverbes de cendre, vaines maximes ; רֹעֶה אֵפֶר Is. 44. 20, il se repait de cendre, s'occupe de choses vaines.

אֲפֵר *m.* Voile : וַיִּתְחַפֵּשׂ בָּאֲפֵר עַל־עֵינָיו I Rois 20. 38, il se déguisa par un voile (qu'il mit) sur les yeux (v. פְּאֵר). D'autres traduisent: cendre, comme אֵפֶר.

אֶפְרֹחַ *m*. Le petit d'un oiseau : וְהָאֵם רֹבֶצֶת עַל הָאֶפְרֹחִים Deut. 22. 6, et la mère est assise sur ses petits (rac. פָּרַח).

אַפִּרְיוֹן Litière, sopha. Ex. unique : Cant. 3. 9.

אֶפְרַיִם *n. pr*. Ephraïm, fils de Joseph, souche de la tribu de ce nom, Gen. 46. 20 (v. אֶפְרָתִי).

אֲפָרְסָיֵא chald., *n. pr*. d'un peuple, les Apharséens, Esdr. 4. 9.

אֲפַרְסְכָיֵא et אֲפַרְסַתְכָיֵא chald., *n. pr*. de deux peuplades, Esdr. 5. 6, 4. 9.

אֶפְרָת et אֶפְרָתָה *n. pr*. 1° Ville appelée aussi Beth-lehem, Gen. 48. 7, et Beth-lehem-ephratha, Mich. 5. 1. — 2° Pour Ephraïm, Ps. 132. 6. — 3° Ephrath, femme de Chaleb, I Chr. 2. 19. אֶפְרָתִי 1° Habitant de la ville d'Ephrath, Ephratéen, Ruth 1. 2. — 2° De la tribu d'Ephraïm, Ephraïmite, I Sam. 1. 1.

* אֶפְשָׁר Possible : אִי אֶפְשָׁר Rituel, il serait impossible.

אַפְּתֹם chald. Ex. unique : אַפְּתֹם מַלְכִים תְּהַנְזִק Esdr. 4. 13, *adv*. enfin cela portera préjudice aux rois. Selon d'autres : *subst*. le trésor des rois en souffrira.

אֶצְבּוֹן *n. pr. m*. 1° Gen. 46. 16. — 2° I Chr. 7. 7.

אֶצְבַּע *f*. (*plur*. אֶצְבָּעוֹת). Doigt : אֶצְבָּעוֹ הַיְמָנִית Lév. 14. 16, le doigt de sa main droite. *Métaph*. אֶצְבַּע אֱלֹהִים הִוא Exod. 8. 15, c'est le doigt de Dieu (le pouvoir de Dieu se manifeste); comme mesure : וְעָבְיוֹ אַרְבַּע אֶצְבָּעוֹת Jér. 52. 21, l'épaisseur était de quatre doigts; doigts de pied, II Sam. 21. 20.

אֶצְבַּע chald. Même signif.

אָצִיל *adj*. Homme distingué, noble : וְאֶל־אֲצִילֵי בְּנֵי יִשְׂרָאֵל Exod. 24. 11, et aux Israélites nobles, distingués ; וּמֵאֲצִילֶיהָ קְרָאתִיךָ Is. 41. 9, et je t'ai choisi parmi les nobles (de la terre). Selon d'autres : je t'ai appelé de tous les côtés, des extrémités de la terre, comme אֵצֶל côté.

אַצִּיל et אַצִּילָה (*plur*. ־ים et ־וֹת) Aisselle : תַּחַת אַצִּלוֹת יָדֶיךָ Jér. 38. 12, sous les aisselles de tes bras ; עַל כָּל אַצִּילֵי יָדַי Ez. 13. 18, sur toutes les aisselles de mes bras (p. épaules) ; שֵׁשׁ אַמּוֹת אַצִּילָה Ez. 41. 8, six coudées jusque sous l'aisselle, c.-à-d. longues comme le bras. Selon d'autres : six grandes coudées (v. אָצִיל).

אָצַל Mettre de côté, réserver. Avec מִן prendre, ôter, refuser (v אֵצֶל) : הֲלֹא־אָצַלְתָּ לִּי בְּרָכָה Gen. 27. 36, n'est-ce pas que tu m'as réservé une bénédiction ? וְאָצַלְתִּי מִן־הָרוּחַ אֲשֶׁר עָלֶיךָ Nomb. 11. 17, j'ôterai de l'esprit qui est sur toi ; לֹא אָצַלְתִּי מֵהֶם Eccl. 2. 10, je ne leur ai rien refusé. *Niph*. עַל־כֵּן נֶאֱצַל Ez. 42. 6, c'est pourquoi on ôta de la largeur, on rétrécit (les chambres supérieures). *Hiph*. וַיָּאצֶל מִן־הָרוּחַ אֲשֶׁר עָלָיו Nomb. 11. 25, il prit de l'esprit qui était en lui (Moïse).

אָצֵל (noble) *n. pr. m*. 1° Fils de Simri, I Chr. 8. 37. 2° Un endroit près de Jérusalem, Zach. 14. 15.

אֵצֶל (avec suff. אֶצְלִי) 1° *m*. Côté : מֵאֵצֶל הָאוּלָם Ez. 40. 7, du côté du vestibule ; קָם מֵאֵצֶל הַנֶּגֶב I Sam. 20. 41, il se leva du côté du midi. — 2° *prép*. A côté, près de : אֵצֶל הַמִּזְבֵּחַ Lév. 1. 16, près de l'autel.

אֲצַלְיָהוּ *n. pr. m*. II Chr. 34. 8.

אֹצֶם *n. pr. m*. I Chr. 2. 15.

אֶצְעָדָה *f*. Bracelet : וְאֶצְעָדָה אֲשֶׁר עַל־זְרֹעוֹ II Sam. 1. 10, et les bracelets de son bras.

אָצַר Amasser, accumuler (v. צָבַר) : וַאֲשֶׁר אָצְרוּ אֲבֹתֶיךָ II Rois 20. 17, et ce que tes pères ont amassé ; הָאוֹצְרִים חָמָס וָשֹׁד בְּאַרְמְנוֹתֵיהֶם Amos 3. 10, ceux qui accumulent des trésors de violence et de rapine dans leurs palais. *Niph*. Être amassé : לֹא יֵאָצֵר וְלֹא יֵחָסֵן Is. 23. 18, il ne sera point amassé ni mis en réserve. *Hiph*. Confier le soin du trésor : וָאוֹצְרָה עַל אוֹצָרוֹת Néh. 13. 13, j'établis pour avoir soin des greniers (v. אוֹצָר).

אֵצֶר (trésor) *n. pr. m*. Gen. 36. 21.

אֶקְדָּח *m*. Ex. unique : אַבְנֵי אֶקְדָּח Is. 54. 12, des pierres précieuses, qui jettent un vif éclat; des escarboucles (v. קָדַח).

אַקּוֹ *m.* Nom d'un animal, chèvre-cerf ou bouc sauvage, Deut. 14. 5.

אר (v. אוֹר et יְאֹר).

אֲרָא *n. pr. m.* I Chr. 17. 38.

אֶרְאֵל Ex. unique: אֶרְאֶלָּם צָעֲקוּ חוּצָה Is. 33. 7, leurs héros gémissent dans les rues. D'après le Talmud: catégorie d'anges. Selon d'autres: ils gémissent sur leur autel (ou sur Jérusalem, v. אֲרִיאֵל). Selon d'autres: contracté de אֵרָאֶה לָהֶם, je leur ferai voir (des malheurs) qui les feront gémir.

אַרְאֵלִי *n. pr. m.*, Gen. 46. 16; n. patro., Nomb. 26. 17.

אָרַב (*fut.* יֶאֱרֹב) Dresser un piége, guetter, épier, se mettre en embuscade. Avec לְ, עַל, בְּ, le régime direct et sans rég.: וְאָרַב לוֹ Deut. 19. 11, il le guettait; דִּבְרֵי רְשָׁעִים אֱרָב־דָּם Prov. 12. 6, les paroles des méchants sont: Epie le sang, c.-à-d. elles tendent à verser le sang; וַיֶּאֶרְבוּ עַל־שְׁכֶם Jug. 9. 34, (quatre bandes) se mirent en embuscade contre Sichem. *Part.* אוֹרֵב celui qui guette; *collect.* armée placée en embuscade: וְהָאוֹרֵב קָם מְהֵרָה מִמְּקוֹמוֹ Jos. 8. 14, la troupe placée en embuscade quitta promptement le lieu où elle était; הָאוֹרֵב הֵחִישׁוּ Jug. 20. 37, l'embuscade arriva promptement. *Pi. part.* מְאָרֵב, *pl.* מְאָרְבִים Jug. 9. 25, des gens qui sont en embuscade. Avec עַל II Chr. 20. 22.

Hiph. וַיָּרֶב בַּנָּחַל I Sam. 15. 5, il se mit en embuscade dans la plaine, p. וַיַּאֲרֵב ou de רִיב il combattit.

אֲרָב (embuscade) *n. pr.*, ville dans les montagnes de Juda, Jos. 15. 52; patron. אַרְבִּי II Sam. 23. 35.

אֶרֶב *m.* Embuscade, tannière, endroit où les animaux se mettent en embuscade: יֵשְׁבוּ בַסֻּכָּה לְמוֹ־אָרֶב Job 38. 40, ils se tiennent dans le buisson en embuscade; וַתָּבוֹא חַיָּה בְמוֹ־אָרֶב Job 37. 8, la bête rentre dans la tannière.

אֹרֶב *m.* Piége: וּבְקִרְבּוֹ יָשִׂים אָרְבּוֹ Jér. 9. 17, dans son intérieur il lui dresse un piége.

אַרְבְּאֵל (v. בֵּית אַרְבֵּאל).

אַרְבֶּה *m.* Sauterelle: לֹא נִשְׁאַר אַרְבֶּה אֶחָד Exod. 10. 19, il ne resta pas une seule sauterelle.

אָרְבָּה *f.* Piége. Ex. unique: וְהִשְׁפִּיל גַּאֲוָתוֹ עִם אָרְבּוֹת יָדָיו Is. 25. 11, il abaissera son orgueil en même temps que les piéges de ses mains. Selon d'autres: les aisselles de ses bras, c.-à-d. sa force; ou: Dieu humiliera par la force de ses bras l'orgueil (de Moab).

אֲרֻבָּה *f.* 1° Fenêtre, ouverture, écluse (du ciel) וְחָשְׁכוּ הָרֹאוֹת בָּאֲרֻבּוֹת Eccl. 12. 3, et que les yeux qui regardent à travers les fenêtres s'obscurcissent; וְהִנֵּה יְיָ עֹשֶׂה אֲרֻבּוֹת בַּשָּׁמַיִם II Rois 7. 19, quand Dieu ferait des écluses dans le ciel; וַאֲרֻבֹּת הַשָּׁמַיִם נִפְתָּחוּ Gen. 7. 11, les cataractes du ciel s'ouvrirent.—2° Cheminée: וּכְעָשָׁן מֵאֲרֻבָּה Osée 13. 3, et comme la fumée (qui s'échappe) de la cheminée. — 3° Colombier: וְכַיּוֹנִים אֶל־אֲרֻבֹּתֵיהֶם Is. 60. 8, et comme les pigeons dans leur colombier.

אֲרֻבּוֹת *n. pr.* d'une ville, I Rois 4. 10.

אַרְבַּע *f.* (אַרְבַּעַת, אַרְבָּעָה *m.*) *n. de nomb.* Quatre, quelquefois quatrième, p. רְבִיעִי: עַל אַרְבַּעַת רִבְעֵיהֶם Ez. 1. 8, à leurs quatre côtés; בִּשְׁנַת אַרְבַּע לְדָרְיָוֶשׁ Zach. 7. 1, dans la quatrième année du règne de Darius. Avec suff.: לְאַרְבַּעְתָּם Ez. 1. 8, pour eux quatre. *Duel* אַרְבַּעְתָּיִם II Sam. 12. 6, au quadruple. *Plur.* אַרְבָּעִים quarante; אַרְבָּעִים יוֹם Gen. 8. 6, quarante jours.

אַרְבַּע *n. pr. m.* Arba, un géant, Jos. 14. 15.

אַרְבַּע et **אַרְבְּעָה** chald. Quatre, Dan. 3. 5.

אָרַג Tresser, tisser. *Part.* אֹרֵג, *fém.* אֹרְגָה tisserand (v. שָׂרַג): אִם־תַּאַרְגִי אֶת־שֶׁבַע מַחְלְפוֹת רֹאשִׁי Jug. 16. 13, si tu tresses les sept boucles de mes cheveux; הַנָּשִׁים אֹרְגוֹת שָׁם בָּתִּים II Rois 23. 7, les femmes avaient tressé en ce lieu des tentes; וְקוּרֵי עַכָּבִישׁ יֶאֱרֹגוּ Is. 59. 5, ils tissent des toiles d'araignée; מַעֲשֵׂה אֹרֵג Exod. 28. 32, ouvrage du tisserand.

אֶרֶג Tissu, navette: וַיִּסַּע אֶת־הַיְתַד הָאֶרֶג Jug. 16. 14, il arracha le pieu du tissu ou du tisserand; יָמַי קַלּוּ מִנִּי־אָרֶג Job 7. 6, mes jours passent plus vite que la navette des tisserands.

אַרְגֹּב n. pr. d'une province en Basan, au delà du Jourdain, Deut. 3. 4.

אַרְגְּוָן m. (v. אַרְגָּמָן): בָּאַרְגְּוָן II Chr. 2. 6, en pourpre.

אַרְגְּוָנָא chald. Même signif.: אַרְגְּוָנָא יִלְבַּשׁ Dan. 5. 7, il se vêtira de pourpre.

אַרְגָּז m. Coffre, boîte: תָּשִׂימוּ בָאַרְגַּז I Sam. 6. 8, vous (le) mettrez dans le coffre.

אַרְגָּמָן m. Pourpre: בֶּגֶד אַרְגָּמָן Nomb. 4. 13, un drap de pourpre; וְאַרְגָּמָן Exod. 25. 4, et de la pourpre.

אַרְדְּ et אַרְדְּ n. pr. m. Ard, fils de Benjamin, Gen. 46. 21, Nomb. 26. 40.

אַרְדּוֹן n. pr. m. I Chr. 2. 18.

אָרָה Cueillir, arracher: אָרִיתִי מוֹרִי עִם־בְּשָׂמִי Cant. 5. 1, j'ai cueilli ma myrrhe avec mes aromates; וְאָרוּהָ כָּל־עֹבְרֵי דָרֶךְ Ps. 80. 13, tous les passants en arrachent (des fruits de la vigne).

אֲרוּ chald. Voici (comme אֲלוּ, héb. ou: voyez! רְאוּ transposé): וַאֲרוּ חֵיוָה אָחֳרִי Dan. 7. 5, et voici un autre animal.

אֲרוֹד n. pr. m. Nomb. 26. 27. אֲרוֹדִי Gen. 46. 16.

אַרְוָד n. pr. Aradus, ville phénicienne, Ez. 27. 8. אַרְוָדִי Gen. 10. 18, n. patro.

אֻרְוָה f. (pl. אֻרָוֹת const. אֻרְוֹת et אֻרְווֹת). Crèche, et probablement attelage: וְאֻרָוֹת לְכָל־בְּהֵמָה II Chr. 32. 29, des crèches pour le bétail; אֻרְוֹת סוּסִים I Rois 5. 6; אֻרְווֹת סוּסִים II Chr. 9. 25, attelages de chevaux.

אָרוּז Ex. unique: וּבְאֲרָזִים בְּמַרְכֻלְתֵּךְ Ez. 27. 24, et des bois de cèdre, ou: des meubles de cèdre étaient ton commerce (v. מַרְכֹּלֶת).

אֲרוּכָה et אֲרֻכָה f. Bandage, guérison, salut: אַעֲלֶה אֲרֻכָה לָךְ Jér. 30. 17, je t'appliquerai un bandage, je te guérirai; וַאֲרֻכָתְךָ מְהֵרָה תִצְמָח Is. 58. 8, ta guérison, ton salut, arrivera vite; עָלְתָה אֲרוּכָה לְחֹמוֹת יְרוּשָׁלַםִ Néh. 4. 1, la réparation des murs de Jérusalem avançait; וַתַּעַל אֲרוּכָה לַמְּלָאכָה בְּיָדָם II Chr. 24. 13, le travail de la réparation (des murs) réussissait, avançait sous leurs mains.

אֲרוּמָה n. pr. d'une ville près de Sichem, II Rois 23. 26.

אֲרוֹמִים II Rois 16. 6. Cheth. אֲדוֹמִים Keri, des Iduméens.

אָרוֹן m. et f. Boîte, coffre, arche, cercueil: אֲרוֹן אֶחָד II Rois 12. 10, (Jehojada, le pontife, prit,) une boîte; אֲרוֹן אֱלֹהִים I Sam 3. 3, l'arche de Dieu; אֲרוֹן הַבְּרִית Jos. 3. 6, arche d'alliance; אֲרוֹן הָעֵדוּת Exod. 25. 22, arche de témoignage: différents noms donnés à l'arche sainte dans laquelle les tables de la loi étaient renfermées. וַיִּישֶׂם בָּאָרוֹן Gen. 50. 26, on mit Joseph dans un cercueil.

אֲרַוְנָה n. pr. (v. אָרְנָן)

• אֲרוּסָה f. Fiancée, Rituel (v. אָרַשׂ).

אֶרֶז m. (plur. אֲרָזִים). Cèdre, bois de cèdre: כְּאֶרֶז בַּלְּבָנוֹן Ps. 92. 13, comme le cèdre sur le Liban; הַכֹּל אֶרֶז I Rois 6. 18, tout était de bois de cèdre.

אַרְזָה f. de אֶרֶז (comme עֵצָה de עֵץ) De cèdre, lambris, parquet de cèdre: כִּי אַרְזָה עֵרָה Soph. 2. 14, car la boiserie de cèdre est mise à nue, est arrachée.

אָרַח Marcher, cheminer, voyager: וְאָרַח לְחֶבְרָה Job 34. 8, il marche en société (avec des artisans d'iniquité). Part. אֹרֵחַ Voyageur, passager, étranger: כְּאֹרֵחַ נָטָה לָלוּן Jér. 14. 8, comme un voyageur qui entre pour passer la nuit; מְלוֹן אֹרְחִים Jér. 9. 1, gîte des passagers.

אָרַח (passager) n. pr. m. Esdr. 2. 5.

אֹרַח m. et f. (pl. אֳרָחוֹת, const. אָרְחוֹת, avec suff. אָרְחֹתָם et אֹרְחֹתָם). 1° Chemin, voie, conduite, destinée: אָרְחוֹת יַמִּים Ps. 8. 9, les sentiers de la mer; אֹרַח חַיִּים Ps. 16. 11, le chemin de la vie; נֵלְכָה בְּאֹרְחֹתָיו Is. 2. 3, marchons dans ses voies; אָרְחוֹת מִשְׁפָּט Prov. 2. 8, les voies de la justice; וּבָאֹרַח אִישׁ יַמְצִאֶנּוּ

Job 34. 11, Dieu fait arriver à l'homme selon sa conduite ; אֹרַח מַעֲשֵׂהוּ Gen. 18. 11, (Sara n'avait plus) les ordinaires des femmes ; מִן אָרְחוֹת כָּל שׂוֹבְחֵי אֵל Job 8. 13, telle est la destinée de ceux qui oublient Dieu. — 2° Voyageur, caravane : וּלְהֵי לָאֹרַח אֶפְתָּח Job. 31. 32, j'ouvrais mes portes au voyageur ; אָרְחוֹת תֵּמָא Job 6. 19, les caravanes de Théma.

אֹרְחָה *f.* Caravane : אֹרְחַת יִשְׁמְעֵאלִים Gen. 37. 25, une caravane d'Ismaélites ; אֹרְחוֹת דְּדָנִים Is. 21. 13, les caravanes de Dédanims.

אֹרַח chald. : אָרְחָתֵהּ Dan. 4. 34, ses voies ; אָרְחָתָךְ 5. 23, tes voies.

אֲרֻחָה *f.* Portion de nourriture, entretien : אֲרֻחַת יָרָק Prov. 15. 17, une portion de légume ; וַאֲרֻחָתוֹ אֲרֻחַת תָּמִיד Jér. 52. 34, et son entretien, un entretien régulier lui fut donné).

אֲרִי *m.* (*plur.* אֲרָיִים et אֲרָיוֹת). Lion : וּבְאֵרִי יִתְנַשָּׂא Nomb. 23. 24, il s'élèvera comme le lion ; וּשְׁנֵים אֲרָיוֹת I Rois 10. 19, deux lions ; שְׁנֵים עָשָׂר אֲרָיִים I Rois 10. 20, douze lions.

אֲרִיאֵל (lion de Dieu ou lion fort) Héros, Jérusalem, autel : הִכָּה שְׁנֵי II Sam. 23. 20, il a défait les deux héros de Moab ; הוֹי אֲרִיאֵל קִרְיַת חָנָה דָוִד Is. 29. 1, ah ! Ariel, Ariel, cité dans laquelle David a campé ; Jérusalem, appelée ainsi, soit ville de l'autel, du temple, soit ville des héros ; וְהָאֲרִיאֵל שְׁתֵּים עֶשְׂרֵה אֹרֶךְ Ez. 43. 16, l'autel avait douze coudées de longueur (v. הַרְאֵל).

אֲרִיאֵל *n. pr. m.* Esdr. 8. 16.

אֲרִידַי *n. pr. m.* Aridaï, fils de Haman, Esth. 9. 9.

אֲרִידָתָא *n. pr. m.* Aridatha, fils de Haman, Esth. 9. 8.

אַרְיֵה *m.* (אֲרִי avec ה parag.). Lion : וְאַרְיֵה כַּבָּקָר יֹאכַל תֶּבֶן Is. 11. 8, le lion comme le bœuf mangera la paille ; וַיִּקְרָא אַרְיֵה Is. 21. 8, il cria comme un lion.

אַרְיֵה chald. Lion, *plur.* אַרְיָוָן et אַרְיָוָתָא Dan. 6. 8, dans la fosse aux lions.

אַרְיֵה *plur.* אֲרָיוֹת (v. אֲרִי).

אַרְיוֹךְ *n. pr. m.* 1° Arioch, roi d'Ellasar, Gen. 14. 1. — 2° Arioch, chef des gardes du roi Nabuchodonozor, Dan. 2. 14.

אֲרִיסַי *n. pr. m.* Arissaï, fils de Haman, Esth. 9. 9.

אָרַךְ intrans. Être, devenir long, se prolonger, s'étendre : וַיְהִי כִּי אָרְכוּ לוֹ שָׁם Gen. 26. 8, lorsque les jours se prolongeaient pour lui en cet endroit, c.-à-d. après y avoir séjourné longtemps ; יַאַרְכוּ הַיָּמִים Ez. 12. 22, le temps se prolonge (il se passe de longs jours) ; וַתֶּאֱרַכְנָה פֹארֹתָיו Ez. 31. 5, ses branches s'étendent.

Hiph. 1° trans. Rendre long, prolonger, allonger, persister, retarder : הַאֲרִיכִי מֵיתָרָיִךְ Is. 54. 2, allonge tes cordages ; הֶאֱרִיכוּ לְמַעֲנִיתָם Ps. 129. 3, ils ont creusé de longs sillons ; תַּאֲרִיכוּ לָשׁוֹן Is. 57. 4, (contre qui) allongez-vous la langue, parlez-vous avec orgueil ? וְהַאֲרַכְתִּי אֶת יָמֶיךָ I Rois 3. 14, je prolongerai tes jours. Fréquem. avec יָמִים vivre longtemps : לֹא תַאֲרִיכֻן יָמִים עָלֶיהָ Deut. 4. 26, vous n'y vivrez pas longtemps ; רָשָׁע מַאֲרִיךְ בְּרָעָתוֹ Eccl. 7. 15, le méchant persiste dans, ou : vit longtemps par sa méchanceté ; אַאֲרִיךְ אַפִּי Is. 48. 9, je retarderai ma colère, j'agirai avec longanimité. Sans אַף : וּמַאֲרִיךְ לוֹ Eccl. 8. 12, et qu'il retarde pour lui (sa colère), qu'il est indulgent pour lui. Avec נֶפֶשׁ être patient : כִּי תַאֲרִיכוּ נַפְשִׁי Job 6. 11, pour que je sois patient. — 2° intrans. Être long, se prolonger (du temps), rester longtemps : וַיַּאֲרִכוּ הַבַּדִּים I Rois 8. 8, les bâtons étaient longs ; לְמַעַן יַאֲרִיכֻן יָמֶיךָ Deut. 5. 16, afin que tes jours se prolongent (que tu vives longtemps) ; וּבְהַאֲרִיךְ הֶעָנָן עַל הַמִּשְׁכָּן Nomb. 9, 22, quand la nuée restait longtemps sur le tabernacle.

אֲרַךְ chald. (*part.* אֲרִיךְ). Convenir : לֹא אֲרִיךְ לָנָא לְמֶחֱזֵא Esdr. 4. 14, et il ne nous convient pas de voir.

אָרֹךְ *adj.* Long : אָרֹךְ הָאֵבֶר Ez. 17. 3,

(un aigle qui a) de longues pennes ; אֶרֶךְ רוּחַ Eccl. 7. 8 ; et plus fréquemment אֶרֶךְ אַפַּיִם Exod. 34. 6, patient, clément, (ayant) de la longanimité.

אָרֹךְ f. אֲרֻכָּה adj. Long : אֲרֻכָּה הִיא Jér. 29. 28, l'exil sera long ; אֲרֻכָּה מֵאֶרֶץ מִדָּהּ Job 11. 9, sa mesure est plus longue que la terre ; וַתְּהִי הַמִּלְחָמָה אֲרֻכָּה II Sam. 3. 1, la guerre fut longue.

אֶרֶךְ n. pr. d'une ville en Babylonie, Gen. 10. 10 ; selon les Targ., Édesse.

אֹרֶךְ m. Longueur : לְאָרְכָּהּ וּלְרָחְבָּהּ Gen. 13. 17, dans sa longeur et sa largeur ; אֹרֶךְ יָמִים Ps. 21. 5, longue vie ; לְאֹרֶךְ יָמִים Ps. 23. 6, pour de longues années, ma vie durant ; אֹרֶךְ אַפַּיִם Prov. 25, 15, patience, longanimité.

אַרְכָּה chald., f. Longueur, durée : הֵן תֶּהֱוֵא אַרְכָה לִשְׁלֵוְתָךְ Dan. 4. 24, peut-être la durée sera-t-elle accordée à ton bonheur.

אֲרֻכָה (v. אֲרוּכָה).

אַרְכֻבָה chald. ; f. (א prosth., רְכוּב transp. de בְּרַךְ). Genou : וְאַרְכֻבָּתֵהּ דָּא לְדָא נָקְשָׁן Dan. 5. 6, et ses genoux s'entre-choquèrent.

אַרְכְּוָיֵא plur, nom patron. de la ville de אֶרֶךְ, Esdr. 4. 9.

אַרְכִּי nom patron. de אֶרֶךְ, II Sam. 15. 32.

אֲרָם const. אֲרַם n. pr. 1° Aram, fils de Sem, Gen. 10. 22. — 2° La Syrie, un Syrien ; quelquefois la Mésopotamie, Nomb. 23. 7. Plus généralement appelée אֲרַם נַהֲרַיִם Gen. 24. 10, la Syrie entre les deux fleuves, le Tigre et l'Euphrate ; et פַּדַּן אֲרָם Gen. 25. 20, la plaine de la Syrie. — 3° Aram, fils de Kemuel, Gen. 22. 21.

אַרְמוֹן m. (plur. const. אַרְמְנוֹת). Palais (rac. רוּם) : כִּי־אַרְמוֹן נֻטָּשׁ Is. 32. 14, car le palais est abandonné ; וְאָכְלָה אַרְמְנוֹתֶיהָ Amos 1. 7, il en dévorera les palais ; אַרְמוֹן בֵּית הַמֶּלֶךְ I Rois 16. 18, forteresse, citadelle du palais royal.

אֲרָמִית (f. אֲרָמִית) adj. adverbial. En araméen, en langue araméenne : דַּבֶּר־נָא אֶל עֲבָדֶיךָ אֲרָמִית Is. 36. 11, parle donc à tes serviteurs en araméen (chaldéen ou syrien).

אֲרַמִּי m. (f. אֲרַמִּית, plur. אֲרַמִּים). Araméen, Syrien, Mésopotamien : נַעֲמָן הָאֲרַמִּי הַזֶּה II Rois 5. 20, ce Syrien ; בְּתוּאֵל הָאֲרַמִּי Gen. 25. 20, Betuel de Mésopotamie.

אַרְמֹנִי n. pr., fils de Saül, II Sam. 21. 8.

אֲרָן n. pr. m. Gen. 36. 28.

אֹרֶן m., nom d'une espèce d'arbre : נָטַע אֹרֶן Is. 44. 14, il planta un pin ou un frêne (?).

אֹרֶן n. pr. m. I Chr. 2. 25.

אַרְנֶבֶת f. Lièvre, Lév. 11. 6, Deut. 14. 7.

אַרְנוֹן n. pr. d'une rivière et d'une vallée formant la frontière entre Moab et le pays des Amorrhéens, Nomb. 21, 13.

אַרְנָן n. pr. m. I Chr. 3. 21.

אָרְנָן ou אֲרַוְנָה n. pr. d'un Jébuséen de qui David acheta l'aire pour y dresser un autel et où Salomon fit bâtir le temple, I Chr. 21. 15, II Sam. 24. 16.

אֲרַנְיָה II Sam. 24. 18 (cheth. p. אֲרַוְנָה).

אֲרַע et emph. אַרְעָא chald. 1° m. Terre (hébr. אֶרֶץ) : וּמְלָאת כָּל־אַרְעָא Dan. 2. 35, et elle remplissait toute la terre. — 2° Suivi de מִן adv. Au-dessous de : אֲרַע מִנָּךְ Dan. 2. 39, inférieur à toi.

אַרְעִית f. chald., Partie inférieure, le fond : וְלָא מְטוֹ לְאַרְעִית גֻּבָּא Dan. 6. 25, ils n'étaient pas encore arrivés au fond de la fosse.

אַרְפָּד n. pr., ville et contrée dans la Syrie, II Rois 18. 34.

אַרְפַּכְשַׁד n. pr. Arpachsad, fils de Sem, Gen. 10. 22.

אֶרֶץ f., quelquefois m. Terre, continent, pays, champ : וְאֵת הָאָרֶץ Gen. 1. 1, et la terre ; fig. p. les habitants de la terre : כָּל־הָאָרֶץ Gen. 11. 1, selon l'usage de toute la terre ; שִׂיחַ לָאָרֶץ Job 12. 8, parle à la terre, c.-à-d. à ce qui rampe sur la terre ; וַיִּקְרָא אֱלֹהִים לַיַּבָּשָׁה אֶרֶץ

Gen. 1. 10, Dieu appela ce qui était sec, aride, terre; אֶרֶץ מִצְרַיִם וְאֶרֶץ כְּנַעַן Gen. 47. 13, le pays d'Égypte et le pays de Canaan; בְּמֵיטַב הָאָרֶץ Gen. 47. 6, dans la meilleure partie du pays; אַרְצִי, אַרְצְךָ mon, ton pays; ma, ta patrie; כֹּל יֹשְׁבֵי הָאָרֶץ Joel 1. 2, tous les habitants du pays, de la Terre-Sainte; אֶרֶץ אַרְבַּע מֵאוֹת שֶׁקֶל־כֶּסֶף Gen. 23. 15, un champ, une terre de quatre cents sicles d'argent. Fig. pour lieu caché : רֻקַּמְתִּי בְּתַחְתִּיּוֹת אָרֶץ Ps. 139. 15, j'ai été formé dans les profondeurs de la terre, c.-à-d. dans le sein maternel. *Plur.* אֲרָצוֹת Pays, souvent pays étrangers (opposés à la Palestine) : וּמֵאֲרָצוֹת קִבְּצָם Ps. 107. 2, il les a réunis (en les délivrant) des pays étrangers; אֱלֹהֵי הָאֲרָצוֹת II Rois 18. 35, les dieux des pays étrangers.

אַרְצָא *n. pr. m.* I Rois 16. 9.

אַרְקָא chald., p. אֶרֶץ Terre : אֱלָהַיָּא דִּי־שְׁמַיָּא וְאַרְקָא לָא עֲבַדוּ Jér. 10. 11, des dieux qui n'ont point créé les cieux et la terre.

אָרַר Maudire (*fut.* יָאֹר, *impér.* אָרָה, *plur.* אֹרוּ) : אֹרְרֶיךָ אָרוּר Gen. 27. 29, que chacun de ceux qui te maudissent soit maudit; אֹרְרֵי־יוֹם Job 3. 8, qui maudissent le jour, leur sort, c.-à-d. les malheureux.

Niph. passif. Être maudit. *Part.* : בַּמְּאֵרָה אַתֶּם נֵאָרִים Mal. 3. 9, vous êtes maudits par une malédiction; selon d'autres, vous êtes détruits (de נָאַר).

Pi. אֵרַר *part.* מְאָרֵר Maudire, apporter la malédiction : אֲשֶׁר אֵרְרָהּ יְיָ Gen. 5. 29, (la terre) que Dieu a maudite; הַמַּיִם הַמְאָרְרִים Nomb. 5. 22, les eaux qui amènent la malédiction.

Hoph. passif Être maudit : וַאֲשֶׁר תָּאֹר יוּאָר Nomb. 22. 6, celui que tu maudiras sera maudit.

אֲרָרָט *n. pr.* d'une province de l'Arménie, Jér. 51. 27; la montagne Ararat dans cette province où s'est reposée l'arche de Noé, Gen. 8. 4.

אֲרָרִי nom patron., II Sam. 33. 23; הָאֲרָרִי d'Arar ou le montagnard (pour הַהֲרָרִי).

אָרַשׂ (v. עָרַשׂ) *Kal* inusité. *Pi.* אֵרַשׂ fiancer : אֲשֶׁר אֵרַשׂ אִשָּׁה Deut. 20. 7, (quelqu'un) qui ait fiancé une femme ; וְאֵרַשְׂתִּיךְ לִי Osée 2. 21, 22, je te fiance à moi.

Pou. Être fiancé : בְּתוּלָה אֲשֶׁר לֹא־אֹרָשָׂה Exod. 22. 15, une vierge qui n'était point fiancée. *Part.* מְאֹרָשָׂה Deut. 22. 23.

אֲרֶשֶׁת *f.* Ex. unique : וַאֲרֶשֶׁת שְׂפָתָיו Ps. 21. 3, et la parole; selon d'autres : le désir, la demande de ses lèvres.

אַרְתַּחְשַׁשְׁתָּא, אַרְתַּחְשַׁשְׂתָּא, אַרְתַּחְשַׁסְתָּא *n. pr.* de plusieurs rois des Perses. 1° Artaxerxès, probablement le faux Smerdis, ou Cambyse, Esdr. 4. 7. — 2° Artaxerxès Longue-Main. Sous son règne, Esdras ramène une colonie juive à Jérusalem, Esdr. 7. 1.

אֲשַׂרְאֵל *n. pr. m.* (que Dieu a lié par un serment). I Chr. 4. 16.

אַשְׂרִיאֵל *n. pr. m.*, Nomb. 26. 31 ; nom patron. אַשְׂרִיאֵלִי.

אֵשׁ (avec suff. אִשִּׁי, אֶשְׁכֶם) *f.*, quelquefois *m.* Feu, éclat : לְכוּ בְּאוּר אֶשְׁכֶם Is. 50. 11, marchez à la lumière de votre feu. *Métaph.* אֵשׁ אֱלֹהִים Job 1. 16, feu de Dieu, la foudre ; כִּי־אֵשׁ יָצְאָה מֵחֶשְׁבּוֹן Nomb. 21. 28, car un feu est sorti de Hesbon, c.-à-d. la guerre ; אַבְנֵי אֵשׁ Ez. 28. 14, pierre de feu, c.-à-d. des anges ou des rois; selon d'autres : pierres brillantes ; אֵשׁ אָכְלָה נְאוֹת מִדְבָּר Joel 1. 19, le feu (le soleil) dévore les pâturages du désert ; בְּאֵשׁ פְּלָדוֹת Nah. 2. 4, par l'éclat de l'acier (v. פְּלָדָה).

אֶשָּׁא chald. Même signif. : לִיקֵדַת אֶשָּׁא Dan. 7. 11, au brûlement du feu, au feu pour être brûlé (v. יְקֵדָא).

אִשׁ Il y a, il est (v. יֵשׁ) : אִם אִשׁ לְהֵמִין וּלְהַשְׂמִיל II Sam. 14. 19, il n'y a à se tourner ni à droite ni à gauche ; עוֹד הַאִשׁ בֵּית רָשָׁע Mich. 6. 10, la maison du méchant est-elle encore ? ou : y a-t-il encore dans sa maison (un trésor, etc.) ?

אַשְׁבֵּל *n. pr. m.* Asbel, fils de Benjamin, Gen. 46. 21 ; nom patron. אַשְׁבֵּלִי Nomb. 26. 28.

אֶשְׁבָּן *n. pr. m.* Gen. 36. 26.

אַשְׁבֵּעַ *n. pr. m.* (je jure). I Chr. 4. 21.

אֶשְׁבַּעַל *n. pr.* Esbaal, fils de Saül, I Chr. 8. 33.

אֶשֶׁד *m.* Ex. unique : וְאֶשֶׁד הַנְּחָלִים Nomb. 21. 15, le cours des torrents. Selon d'autres : les plaines dans lesquelles débordent les torrents.

אֲשֵׁדָה *f.* Revers, bas d'une montagne, plaine dans laquelle se précipitent les eaux des montagnes : אַשְׁדֹּת הַפִּסְגָּה Deut. 3. 17, le bas, le pied du Pisga ; הַשְּׁפֵלָה וְהָאֲשֵׁדוֹת Jos. 10. 40, la plaine et les revers des montagnes.

אַשְׁדּוֹד *n. pr.* Asdod, une des cinq villes principales des Philistins, Jos. 11. 22 ; אַשְׁדּוֹדִי *fém.* אַשְׁדּוֹדִית d'Asdod, Néh. 13. 23.

אִשָּׁה *f.* (de אִישׁ ou pour אֱנֹשָׁה *f.* de אֱנוֹשׁ), const. אֵשֶׁת, quelquef. absolu ; avec suff. אִשְׁתִּי, אִשְׁתְּךָ ; except. אֶשְׁתְּךָ Ps. 128. 3 ; *plur.* נָשִׁים const. נְשֵׁי (אִשּׁוֹת Ez. 23. 44). 1° Femme, femelle, épouse : לְזֹאת יִקָּרֵא אִשָּׁה Gen. 2. 23, celle-ci sera appelée femme ; נֵפֶל אֵשֶׁת Ps. 58. 9, (comme) l'avorton d'une femme ; selon d'autres : (comme) un avorton (et comme) une taupe ; אִישׁ וְאִשְׁתּוֹ Gen. 7. 28, le mâle et sa femelle ; הוּא וְאִשְׁתּוֹ Gen. 13. 1, lui (Abram) et sa femme, son épouse ; *fig.* pour homme lâche, mou ; עַמֵּךְ נָשִׁים Nah. 3. 13, ton peuple, tes citoyens, sont devenus (comme) des femmes ; וְאִשָּׁה בְכָל־אֵלֶּה לֹא מָצָאתִי Eccl. 7. 28, de toutes les femmes je n'en ai point trouvé une parfaite ; אֵשֶׁת אִישׁ Lév. 20. 10, femme mariée ; אֵשֶׁת חֵן Prov. 11. 16, femme gracieuse ; אֵשֶׁת־חַיִל Prov. 31. 10, femme forte, pieuse ; אֵשֶׁת מִדְיָנִים Prov. 27. 15, femme querelleuse ; אִשָּׁה אַלְמָנָה I Rois 7. 14, veuve ; אִשָּׁה נְבִיאָה Jug. 4. 4, prophétesse. — 2° Chacune, avec אֲחוֹת ou רְעוּת l'une, l'autre : וְשָׁאֲלָה אִשָּׁה מִשְּׁכֶנְתָּהּ Exod. 3. 22, chacune emprunta à sa voisine ; מְשֻׁלָּבֹת אִשָּׁה אֶל־אֲחֹתָהּ Exod. 26. 17, attachées l'une à l'autre ; וְאִשָּׁה רְעוּתָהּ קִינָה Jér. 9. 19, (enseignez-vous) les unes aux autres des complaintes.

אִשֶּׁה (const. אִשֵּׁה, *plur.* const. אִשֵּׁי, de אֵשׁ feu) *m.* Offrande, sacrifice consumé par le feu : אִשֵּׁה רֵיחַ נִיחוֹחַ Lév. 1, 9, offrande d'une agréable odeur ; אִשֶּׁה לַיי Exod. 29. 41, offrande à l'Éternel ; אִשֵּׁי יי Lév. 2. 3, sacrifices consumés par le feu en l'honneur de Dieu (d'une offrande non brûlée, seulement Lév. 24. 9).

אֲשׁוּיָה (v. אֲשִׁיָּה).

אֱשׁוּן *m. keri* (v. אִישׁוֹן).

אֲשׁוּר (*pl.* אֲשֻׁרִים) *f.* 1° Pas, démarche (rac. אָשַׁר) : תָּמֹךְ אֲשֻׁרַי Ps. 17. 5, tu soutiens mes pas ; אֲשֻׁרוֹ Prov. 15. 14, son pas. — 2° Espèce de cèdre : קַרְשֵׁךְ עָשׂוּ שֵׁן בַּת־אֲשֻׁרִים Ez. 27. 6, ils ont fait tes ais (ou ton gouvernail) d'ivoire enchassé dans du bois de cèdre ; ou, un seul mot, בִּתְאַשֻּׁרִים (v. תְּאַשּׁוּר).

אַשּׁוּר 1° *f.* Pas, démarche : אַשֻּׁרֵנוּ עַתָּה סְבָבוּנוּ Ps. 17. 11, maintenant ils entourent nos pas de tous les côtés ; selon d'autres : ceux qui nous estimaient heureux nous assiégent maintenant (v. אָשַׁר) ; אִם תִּטֶּה אַשֻּׁרִי Job 31. 7, si mon pas s'est détourné (du chemin). — 2° *n. pr.* Assyrie : אֶרֶץ אַשּׁוּר Is. 7. 18, le pays d'Assur. Nom patron. וּבָא אַשּׁוּר בְּמִצְרַיִם Is. 19. 23, l'Assyrien viendra en Égypte. Après la destruction de l'empire d'Assyrie, on désigne par ce nom, outre les anciennes provinces de cet empire, Babylone et quelquefois la Perse.

אַשּׁוּרִם *n. pr.*, fils de Dedan. Gen. 25. 3.

אַשְׁחוּר (noir) *n. pr. m.* I Chr. 2. 24.

אָשְׁיָה Ex. unique : נָפְלוּ אָשְׁיוֹתֶיהָ Jér. 50. 15, ses fondements, ses piliers, sont renversés ; *cheth.* אָשְׁוִיתֶיהָ (v. אָשִׁישׁ).

אֻשַּׁיָּא chald., seulement *plur.* Fondement, base : יְהַב אֻשַּׁיָּא Esdr. 5. 16, il posa les fondements.

אֲשִׁימָא *n. pr.* Asima, une idole des habitants de Hamath, II Rois 17. 30.

אֲשִׁירָה (v. אֲשֵׁרָה).

אֲשִׁישׁ *m. pl.* Ex. unique : אֲשִׁישֵׁי קִיר חֲרֶשֶׂת Is. 16. 7, les fondements, ou : les forts, les braves de Kir-Hareseth (v. אָשַׁשׁ).

אֲשִׁישָׁה *f.* Gâteau. Selon d'autres : cruche, bouteille : אֲשִׁישָׁה אֶחָת II Sam. 6. 19. *Plur.* אֲשִׁישׁוֹת Cant. 2. 5, et אֲשִׁישֵׁי עֲנָבִים Osée 3. 1, les gâteaux de raisin ou les bouteilles de vin.

אֶשֶׁךְ *m.* Testicule : מְרוֹחַ אָשֶׁךְ Lév. 21. 20, qui a les testicules écrasés (v. מְרוֹחַ).

אֶשְׁכֹּל *m.* (*plur.* אֶשְׁכֹּלוֹת et אַשְׁכְּלוֹת). Grappe : הִבְשִׁילוּ אַשְׁכְּלֹתֶיהָ עֲנָבִים Gen. 40, 10, ses grappes avaient des raisins mûrs; אֶשְׁכֹּל הַכֹּפֶר Cant. 1. 14, une grappe de raisin de Cypre ; אֵין אֶשְׁכּוֹל Mich. 7. 1, il n'y a point une seule grappe (à manger).

אֶשְׁכֹּל *n. pr.* 1° Eschol, allié d'Abraham, Gen. 14. 13. — 2° La vallée d'Eschol, Nomb. 13. 23.

אַשְׁכְּנַז *n. pr.* Aschenaz, fils de Gomer, souche d'un peuple de l'Asie, Gen. 10. 3. (Les Juifs modernes désignent par ce nom l'Allemagne.)

אֶשְׁכָּר *m.* Présent : אֶשְׁכָּר יַקְרִיבוּ Ps. 72. 10, ils offriront des présents.

אֶשֶׁל *m.* Espèce d'arbre, tamaris : וַיִּטַּע אֶשֶׁל Gen. 21. 33, il planta un tamaris ; selon d'autres, collectif : des arbres, un bois, I Sam. 22. 6.

אָשַׁם et **אָשֵׁם** (*fut.* יֶאְשַׁם) 1° Se rendre coupable, se reconnaître coupable : וְאָשְׁמָה הַנֶּפֶשׁ הַהִוא Nomb. 5. 6, et cette personne se sera rendue coupable ; אָשֹׁם אָשַׁם לַיָי Lév. 5. 19, il s'est rendu coupable envers l'Eternel. La chose par laquelle on s'est rendu coupable se met avec לְ et בְּ : כִּי יֶאְשַׁם לְאַחַת מֵאֵלֶּה Lév. 5. 5, lorsqu'il se sera rendu coupable par l'une de ces choses ; וַיֶּאְשַׁם בַּבַּעַל Osée 13. 1, il s'est rendu coupable en adorant Baal ; עַד אֲשֶׁר־יֶאְשְׁמוּ Osée 5. 14, jusqu'à ce qu'ils se soient reconnus coupables. — 2° Être puni : וְשֹׂנְאֵי צַדִּיק יֶאְשָׁמוּ Ps. 34. 22, les ennemis du juste seront punis ; כָּל־אֹכְלָיו יֶאְשָׁמוּ Jér. 2. 3, tous ceux qui l'ont dévoré seront punis. — 3° Être dévasté (v. שָׁמֵם, יָשַׁם) : וְיֶאְשְׁמוּ מִזְבְּחוֹתֵיכֶם Ez. 6. 6, et vos autels seront dévastés, abandonnés.

Niph. גַּם־עֶדְרֵי הַצֹּאן נֶאְשָׁמוּ Joel 1. 18, les troupeaux de brebis seront aussi détruits.

Hiph. הַאֲשִׁימֵם אֱלֹהִים Ps. 5. 11, Dieu, punis-les, frappe-les.

אָשָׁם *m.* 1° Faute, péché : כִּי אַרְצָם מָלְאָה אָשָׁם Jér. 51. 5, quoique leur pays soit rempli de péché. — 2° Ce qui est acquis par un délit, mal acquis : וְהֵשִׁיב אֶת־אֲשָׁמוֹ בְּרֹאשׁוֹ Nomb. 5. 7, il rendra le montant du délit, le prix entier de l'objet mal acquis. — 3° Sacrifice de péché : וְהֵבִיא אֶת־אֲשָׁמוֹ לַיָי Lév. 5. 6, il offrira à l'Eternel un sacrifice de péché, (différent de חַטָּאת sacrifice d'expiation; les péchés pour lesquels on offre un אָשָׁם, v. Lév. chap. 5. 14-19 ; Nomb. 6.)

אָשֵׁם *adj.* Coupable, celui qui doit offrir un sacrifice de péché : אֲבָל אֲשֵׁמִים אֲנַחְנוּ Gen. 42. 21, mais nous sommes coupables ; כְּאָשֵׁם II Sam. 14. 13, comme un coupable ; וַאֲשֵׁמִים אֵיל־צֹאן Esdr. 10, 19, ceux qui avaient à offrir un sacrifice de péché (promirent) un bélier.

אַשְׁמָה *f.* 1° *Inf.* du verbe אָשַׁם : לְאַשְׁמָה בָהּ Lév. 5, 26, pour se rendre coupable par elle. — 2° Péché, faute, aveu d'une faute : וְאַשְׁמוֹתַי מִמְּךָ לֹא־נִכְחָדוּ Ps. 69. 6, mes péchés ne te sont point cachés ; לְאַשְׁמַת יְיָ עָלֵינוּ II Chr. 28. 13, pour nous faire commettre une faute contre Dieu ; בְּיוֹם אַשְׁמָתוֹ Lév. 5. 24, le jour de l'aveu de sa faute, ou : le jour qu'il offrira le sacrifice de péché.

אַשְׁמַנִּים *plur. m.* Ex. unique : בָּאַשְׁמַנִּים כַּמֵּתִים Is. 59. 10, (nous errons) dans les ténèbres comme des morts, ou (de שָׁמֵם) dans les lieux désolés ; selon d'autres : (de שָׁמֵן) dans de grasses campagnes, ou : parmi les gras, les vivants.

אַשְׁמוּרָה, **אַשְׁמֹרֶת** (const. אַשְׁמֹרֶת, *pl.*

אַשְׁמֻרוֹת, de שָׁמַר). Veille; la nuit était divisée en trois veilles : לְרֹאשׁ אַשְׁמֻרוֹת Lament. 2. 19, au commencement des veilles, première veille; ראשׁ הָאַשְׁמֹרֶת הַתִּיכוֹנָה Jug. 7. 19, le commencement de la veille du milieu; אַשְׁמֹרֶת הַבֹּקֶר Exod. 14. 24, veille du matin, la dernière.

אֶשְׁנָב *m*. Barreaux d'une fenêtre, treillis : בְּעַד אֶשְׁנַבִּי נִשְׁקָפְתִּי Prov. 7. 6, je regardais à travers mon treillis.

אַשְׁנָה *n. pr*. de deux villes de la tribu de Juda, Jos. 15. 33, 43.

אֶשְׁעָן *n pr*. d'une ville de la tribu de Juda, Jos. 15. 52.

אַשָּׁף *m*. hébr. et chald. Mage, magicien ou astrologue; *plur*. hébr. אַשָּׁפִים Dan. 1, 20; *plur*. chald. אָשְׁפִין 2. 27; אָשְׁפַיָּא Dan 4. 4.

אַשְׁפָּה *f*. Carquois : עָלָיו תִּרְנֶה אַשְׁפָּה Job 39. 23, près de lui retentit le carquois (v. רָנָה); בְּנֵי אַשְׁפָּתוֹ Lament. 3. 13, fils du carquois, flèches.

אַשְׁפְּנַז chald., *n. pr*. du chef des eunuques de Nabuchodonozor, Dan. 1. 3.

אֶשְׁפָּר *m*. וְאֶשְׁפָּר אֶחָד II Sam. 6. 19; une mesure, ou un morceau, une portion; I Chr. 16. 3 (de סָפַר compter, mesurer, ou de שָׁבַר briser) Selon d'autres : un morceau de viande rôtie (de אֵשׁ feu, et פַּר taureau).

אַשְׁפֹּת *m*. (*plur*. אַשְׁפַּתּוֹת). Fumier (rac. שָׁפַת): מֵאַשְׁפֹּת יָרִים אֶבְיוֹן Ps. 113. 7, du fumier il relève le malheureux; שַׁעַר הָאַשְׁפֹּת Néh. 2. 13, porte du fumier, et שַׁעַר הָאַשְׁפּוֹת 3. 13, une des portes de Jérusalem.

אַשְׁקְלוֹן *n. pr*. Ascalon, ville des Philistins, Jug. 1. 18. אֶשְׁקְלוֹנִי Jos. 13. 3. Ascalonite.

אָשַׁר Marcher, se guider : וְאִשְׁרוּ בְּדֶרֶךְ בִּינָה Prov. 9. 6, marchez dans le chemin de l'intelligence.

Pi. trans. et *intrans*. 1° Guider (dans le droit chemin) (v. יָשַׁר), diriger, conduire, marcher : אַשְּׁרוּ חָמוֹץ Is. 1. 17, guidez, ramenez dans le droit chemin l'oppresseur, ou fortifiez l'opprimé; וְאַשֵּׁר בַּדֶּרֶךְ לִבֶּךָ Prov. 23. 19, dirige (bien) ton cœur dans ce chemin; מְאַשְּׁרֵי הָעָם־הַזֶּה Is. 9. 15, ceux qui conduisent ce peuple. — 2° Estimer heureux : אִשְּׁרוּנִי בָּנוֹת Gen. 30. 13, les femmes m'estimeront heureuse; מְאַשְּׁרִים זֵדִים Mal. 3. 15, (nous) estimons heureux les superbes.

Pou. אֻשַּׁר *pass*. du *Pi*. 1° וּמְאֻשָּׁרָיו Is. 9. 15, et ceux (d'entre le peuple) qui sont conduits. — 2° יְאֻשַּׁר בָּאָרֶץ Ps. 41. 3, il sera estimé ou rendu heureux sur la terre.

אָשֵׁר (heureux) *n. pr*. 1° Aser, fils de Jacob et de Zilpa, Gen. 30. 13. La tribu de ce nom habitait le nord de la Palestine. אָשֵׁרִי *nom patr*., Jug. 1. 32. — 2° Ville près de Sichem, Jos. 17. 7.

אֲשֶׁר 1° *Pronom rel. sing*. et *plur*. Qui, que; lesquels, lesquelles; celui qui : הַבַּיִת אֲשֶׁר־בָּעִיר Lév. 25. 30, la maison qui est dans la ville; הָאֲנָשִׁים אֲשֶׁר־שָׁלַח מֹשֶׁה Nomb. 13. 15, les hommes que Moïse avait envoyés; וַאֲשֶׁר תָּאֹר Nomb. 22. 6, celui que tu maudiras. לַאֲשֶׁר à celui qui; מֵאֲשֶׁר de celui qui; אֶל אֲשֶׁר à l'endroit que, où; אֲשֶׁר שָׁם où; אֲשֶׁר מִשָּׁם d'où; אֲשֶׁר שָׁמָּה là où : אֲשֶׁר־הָיָה שָׁם אָהֳלֹה Gen. 13. 3, à l'endroit où était sa tente. אֲשֶׁר לוֹ auquel; אֲשֶׁר אוֹתָם lesquels; אֲשֶׁר בּוֹ dans lequel; אֲשֶׁר מִמֶּנּוּ duquel, dont; אֲשֶׁר לְ qui est à; se met souvent à la place du génitif pour éviter un double état construit : שַׂר־צָבָא אֲשֶׁר לְשָׁאוּל II Sam. 2. 8, chef de l'armée de Saül; שִׁיר הַשִּׁירִים אֲשֶׁר לִשְׁלֹמֹה Cant. 1. 1, Cantique des Cantiques de Salomon.

2° *Conj*. et *adv*. Que, afin que, parce que, si, et, où, lorsque, oui, certes : שָׁמַעְנוּ אֵת אֲשֶׁר־הוֹבִישׁ יְיָ Jos. 2. 10, nous avons appris que Dieu sécha (les eaux); אֲשֶׁר יִיטַב לְךָ Deut. 4. 40, afin que tu sois heureux; אֲשֶׁר־עָשְׂתָה מִפְלֶצֶת I Rois 15. 13, parce qu'elle fit une idole; אֲשֶׁר נָשִׂיא יֶחֱטָא Lév. 4. 22, si un prince pèche; עָוֹן אֲשֶׁר־חֵטְא Osée 12. 9, iniquité et crime; טוֹב אֲשֶׁר־יָפֶה Eccl. 5. 17, ce qui est bon et beau; הָאָרֶץ אֲשֶׁר שְׁלַחְתָּנוּ Nomb. 13. 27, le pays où tu nous as envoyés; אֲשֶׁר שָׁמַעְתִּי בְּקוֹל יְיָ I Sam. 15.

20, certes j'ai obéi à la voix du Seigneur; אֲשֶׁר פָּצְתָה הָאָרֶץ אֶת־פִּיהָ Deut. 11. 6, lorsque la terre s'entr'ouvrit.

בַּאֲשֶׁר Où, là où, parce que: בַּאֲשֶׁר תָּמוּתִי Ruth 1. 17, où tu mourras; בַּאֲשֶׁר כָּרַע Jug. 5. 27, là où il s'est agenouillé; בַּאֲשֶׁר יְיָ אִתּוֹ Gen. 39. 23, parce que Dieu était avec lui; בַּאֲשֶׁר לְמִי Jonas 1. 8, à cause de qui? — כַּאֲשֶׁר Comme celui qui, comme, parce que, lorsque, si: כַּאֲשֶׁר אֲבֵלִים יְנַחֵם Job 29. 25, comme celui qui console les affligés; כַּאֲשֶׁר תֹּאמְרוּ אֵלַי Gen. 34. 12, comme vous me le direz; כַּאֲשֶׁר מְרִיתֶם פִּי Nomb. 27. 14, parce que vous avez été rebelles à mes ordres; כַּאֲשֶׁר קָרַב Exod. 32. 19, lorsqu'il s'approcha; כַּאֲשֶׁר שָׁכֹלְתִּי Gen. 43. 14, si je dois être privé d'enfants. — לַאֲשֶׁר A celui qui, à ce qui: לַאֲשֶׁר עַל־בֵּיתוֹ Gen. 43. 16, à celui qui était à la tête de sa maison; לַאֲשֶׁר אֲנִי מְצַוָּה אֹתָךְ Gen. 27. 8, en ce que je t'ordonne. — מֵאֲשֶׁר De celui qui, d'où, parce que, que *comparatif*: לְבַד מֵאֲשֶׁר Esth. 4. 11, à l'exception de celui (auquel le roi tend le sceptre); מֵאֲשֶׁר תִּמְצָאוּ Exod. 5. 11, d'où vous en trouverez; מֵאֲשֶׁר יָקַרְתָּ בְעֵינַי Is. 43. 4, parce que tu es cher à mes yeux; אֵין טוֹב מֵאֲשֶׁר יִשְׂמַח הָאָדָם בְּמַעֲשָׂיו Eccl. 3. 22, rien n'est meilleur pour l'homme que de se réjouir de son travail.

אֶשֶׁר *m*. Bonheur; *plur*. seul usité, const. אַשְׁרֵי (les félicités de); *interj*., heureux celui qui! אַשְׁרֵי אָדָם בֹּטֵחַ בָּךְ Ps. 84, 13, heureux l'homme qui met sa confiance en toi! אַשְׁרֶיךָ יִשְׂרָאֵל Deut. 33. 29, que tu es heureux, ô Israel! אַשְׁרָיו Prov. 14. 21, il est heureux (v. אָשַׁר).

אשר *m*. Bonheur: בְּאָשְׁרִי Gen. 30. 13, (Léa dit:) pour mon bonheur (v. אָשַׁר).

אֲשַׂרְאֵלָה *n. pr. m.* I Chr. 25. 2. Le même, vers. 14, יְשַׂרְאֵלָה.

אֲשֵׁרָה, rarement אֲשֵׁירָה (*plur*. אֲשֵׁרִים et אֲשֵׁרוֹת) Divinité syrienne, appelée aussi עַשְׁתֹּרֶת; bois ou arbre consacré: לַבַּעַל וְלָאֲשֵׁרָה II Rois 23. 4, à Baal et à Aschera, ou: au bois consacré; וַאֲשֵׁירֵהֶם תְּגַדֵּעוּן Deut. 7. 5, abattez leurs bois; וַיַּעַשׂ אֲשֵׁרוֹת II Chr. 33. 3, il fit des Ascheroth, ou: il planta des bocages.

אֻשַּׁרְנָא chald. *m*. Muraille: וְאֻשַּׁרְנָא דְנָה לְשַׁכְלָלָה Esdr. 5. 3, et d'achever ce mur.

אָשַׁשׁ *Kal* inusité. *Hithp*. Ex. unique: זִכְרוּ־זֹאת וְהִתְאשָׁשׁוּ Is. 46. 8, souvenez-vous de ceci et prenez courage, soyez forts (v. אָשִׁישׁ), ou de אִישׁ soyez hommes. Selon d'autres, de אֵשׁ et rougissez.

אֵשֶׁת Femme; selon quelques-uns (une fois), taupe: Ps. 58. 9 (v. אִשָּׁה).

אֶשְׁתָּאוֹל *n. pr.*, ville dans la tribu de Juda, Jos. 15. 33.

אֶשְׁתַּדּוּר chald. Rébellion: וְאֶשְׁתַּדּוּר עָבְדִין בְּגַוַּהּ Esdr. 4. 15, et on y excitait des rébellions.

אֶשְׁתּוֹן *n. pr. m.* I Chr. 4. 11.

אֶשְׁתַּם Jér. 6. 29, מֵאֶשְׁתַּם עֹפָרֶת *cheth.* מֵאֵשׁ תַּם *keri* en deux mots, le plomb est consumé par le feu.

אֶשְׁתְּמֹה et אֶשְׁתְּמוֹעַ Ville lévitique dans la tribu de Juda, Jos. 15. 50, 21. 14.

אָת chald., le même que אוֹת hébr.: אָתַיָּא Dan. 3. 32, les signes, prodiges; אָתוֹהִי 3. 33, ses signes; אָתִין 6. 28, les prodiges.

אַתְּ *cheth*. Tu, toi (v. אַתָּה).

אַתְּ et אַתִּ *pr. pers.*, 2e *pers. sing. fém*. Tu, toi (v. אַתָּה *m.*); rarem. *masc*.

I אֵת avec *makkeph* אֶת (avec suff. אֹתִי, אֹתְךָ, אֹתָךְ, אֹתוֹ, אֹתָהּ, אֹתָנוּ, אֶתְכֶם, rarement אֹתְכֶם, אֹתָם, אֹתָן, rarement אֶתְהֶם ou אֹתְהֶם). — 1° *Pron. pers.* et *démonst*. Le, lui, lui-même; moi, moi-même; celui même: חַי יְיָ אֶת אֲשֶׁר עָשָׂה־לָנוּ אֶת־הַנֶּפֶשׁ הַזֹּאת Jér. 38. 16, par la vie de l'Eternel, celui-là même qui nous a créé cette âme; וְאֵין־אֶתְכֶם אֵלַי Agg. 2. 17, et vous-même vous ne vous tournez pas vers moi; אֲשֶׁר הָיוּ רֹעִים אוֹתָם Ez. 34. 2, qui se gardent eux-mêmes. — 2° Particule qui précède le régime direct. Il marque l'accusatif, se place devant les subst. avec l'article, ou sans article à l'état construit, ou s'ils ont un suffixe; aussi devant les noms propres: אֵת הַשָּׁמַיִם

וְאֵת הָאָרֶץ Gen. 1. 1, (Dieu créa) les cieux et la terre ; וַיְצַו בֹּעַז אֶת־נְעָרָיו Ruth 2. 15, Booz ordonna à ses serviteurs ; לִבְלֹעַ אֶת־יוֹנָה Jon. 2. 1, pour engloutir Jonas.

II אֵת avec *makkeph* אֶת (avec suff. אִתִּי, אִתְּךָ, אִתּוֹ, אִתְּכֶם). *Prép.* Auprès, près, sur, outre, dans, avec : וַיֵּשְׁבוּ אִתּוֹ Job 2. 13, ils étaient assis auprès de lui ; אֲשֶׁר אֶת־אֵילוֹת I Rois 9. 26, qui est près d'Eloth ; אֲשֶׁר־הָיָה מִקְנְךָ אִתִּי Gen. 30. 29, (tu sais) ce que tes troupeaux sont devenus près de moi, c.-à-d. entre mes mains ; יָאֵר פָּנָיו אִתָּנוּ Ps. 67. 2, qu'il éclaire sa face sur nous ; וְהַקְטֵיר אִתּוֹ I Rois 9. 25, il brûle de l'encens sur lui (l'autel) ; אֵת כָּל־עֲבֹדָתָם Exod. 1. 14, outre tous leurs travaux ; אֵת כָּל־הַמְּקוֹמוֹת הָאֵלֶּה I Sam. 7. 16, (il jugea Israel) dans tous ses endroits ; וְאִתָּנוּ תֵּשֵׁבוּ Gen. 34. 10, vous demeurerez avec nous ; הָיָה רֹעֶה אֶת־אֶחָיו Gen. 37. 2, il gardait les troupeaux avec ses frères ; אֶת־הָאֱלֹהִים Gen. 5. 24, (Henoch marchait) avec Dieu, selon Dieu. — מֵאֵת De, de chez, de la part de : מֵאֵת יְיָ Jos. 11. 20, de Dieu ; מֵאִתּוֹ Gen. 8. 8, d'auprès de lui ; מֵאֵת בְּנֵי יִשְׂרָאֵל Exod. 29. 28, de la part des Israélites ; כְּצֵאתִי אֶת־הָעִיר Exod. 9. 29, quand je serai sorti de la ville.

III אֵת (avec suff. אִתּוֹ ; *plur.* אִתִּים et אֵתִים) *m.* Pioche, faux ou hoyau, soc : וְאֶת־אִתּוֹ I Sam. 13. 20, et sa pioche ; וְכִתְּתוּ חַרְבוֹתָם לְאִתִּים Is. 2. 4, et ils forgeront de leurs épées des pioches, des faux ou des socs.

אֶתְבַּעַל (avec Baal) *n. pr.* Ethbaal, roi de Sidon, I Rois 16. 31.

אָתָה et אָתָא (*plur.* אָתָיוּ, *fut.* יֶאֱתֶה, תֶּאֱתֶה, וַיֵּתֵא, et apoc. וַיֵּאת, *plur.* יֶאֱתָיוּ, *impér.* אֵתָיוּ). Venir, arriver, survenir, s'en aller, passer ; rég. indir. avec לְ et עַד : אָתָנוּ לָךְ Jér. 3. 22, nous venons à toi ; עָדֶיךָ תֵּאתֶה Mich. 4. 8, elle viendra à toi ; קָרְבוּ וַיֶּאֱתָיוּן Is. 41. 5, ils approchent et ils arrivent ; פַּחַד פָּחַדְתִּי וַיֶּאֱתָיֵנִי Job 3. 25, ce que j'ai craint m'est survenu, m'est arrivé ; שְׁנוֹת מִסְפָּר יֶאֱתָיוּ Job 16. 22, le petit nombre de mes années s'en va, passe. *Part.* אֹתִיּוֹת les choses qui arrivent, l'avenir : הָאֹתִיּוֹת שְׁאָלוּנִי Is. 45. 11, ils me demandent les choses futures.

Hiph. הֵתָיוּ p. הֵאֱתָיוּ Apporter : הֵתָיוּ מָיִם Is. 21. 14, apportez de l'eau.

אֲתָה chald. Venir : עַד דִּי־אֲתָה Dan. 7. 22, jusqu'à ce que vienne. *Inf.* מֵתֵא.

Aph. הַיְתִי, *inf.* הַיְתָיָה Apporter, amener : אֲמַר לְהַיְתָיָה לְשַׁדְרַךְ Dan. 3. 13, il ordonna d'amener Sadrach. *Passif* הֵיתִי Être apporté, amené. 3ᵉ *pers. sing. fém.* הֵיתָיַת, *plur.* הֵיתָיוּ : הֵיתָיוּ קֳדָם מַלְכָּא Dan. 3. 13, ils furent amenés devant le roi.

אַתָּה *pron. pers. m.* Toi, *fém.* אַתְּ ; quelquefois de toi, à toi (quelquefois אַתְּ *cheth.*) : יָלֹקּוּ הַכְּלָבִים אֶת־דָּמְךָ גַּם־אָתָּה I Rois 21. 19, les chiens lécheront aussi ton sang ; הוֹדַעְתִּיךָ הַיּוֹם אַף־אָתָּה Prov. 22. 19, je te le ferai savoir à toi aussi.

אָתוֹן *f.* Anesse : בְּנִי אֲתֹנוֹ Gen. 49. 11, le fils, le petit de son ânesse ; *pl.* אֲתֹנֹת Gen. 12. 16.

אַתּוּן chald. *m.* et *f.* Fournaise : יִתְרְמֵא לְגוֹא־אַתּוּן Dan. 3. 6, il sera jeté dans une fournaise.

אַתּוּק Ez. 41. 15, *cheth.* p. אַתִּיק Colonne.

אַתִּי p. אַתְּ Toi, *fém.* sept fois *cheth.*

אִתַּי *n. pr. m.* 1° II Sam. 15. 19. — 2° II Sam. 23. 29.

אַתִּיק *m.* Colonne, portique : וְהָאַתִּיקִים סָבִיב Ez. 41. 16, et les colonnes autour.

אַתֶּם *pron. pers.* 2ᵉ *pers. plur. masc.* Vous.

אֵתָם *n. pr.* d'une ville à la frontière de l'Egypte, Nomb. 33. 6 ; de là le désert d'Etham, 33. 8.

אֶתְמוֹל et אִתְמוֹל, une fois אֶתְמוּל (v. תְּמוֹל) *adv.* Hier, temps passé : כְּיוֹם אֶתְמוֹל Ps. 90. 4, comme la journée d'hier ; כִּי־עָרוּךְ מֵאֶתְמוּל תָּפְתֶּה Is. 30. 33, car Tophté est préparé depuis longtemps (v. תָּפְתֶּה) ; וְאֶתְמוּל עַמִּי לְאוֹיֵב יְקוֹמֵם Mich. 2. 8, depuis longtemps mon peuple se lève, se révolte, comme un ennemi ; selon d'autres, composé de

וְאֶת־עַמִּי contre mon peuple il se lève, etc. (v. קוּם *Pi.*).

אִתָּן p. אִיתָן.

אַתֵּן *pron. pers.* 2° *pers. pl. f.* Vous,

אַתֵּנָה et **אַתֵּנָּה** Vous, p. אַתֵּן Gen. 31. 6, Ez. 13. 20.

אֶתְנָה *f.* Don, prix impur : אֶתְנָה הֵמָּה לִי Osée 2. 14, ils m'appartiennent comme un don (v. אֶתְנַן).

אֶתְנִי (mon présent) *n. pr. m.* I Chr. 6. 26.

אֶתְנַן et **אֶתְנָן** (avec suff. אֶתְנַנֵּךְ) Don, prix de prostitution (de תָּנָן, תְּנָן, rac. תָּנָה, א prosth.) : לְקַלֵּס אֶתְנָן Ez. 16. 31, pour estimer le salaire (v. קָלַס) ; אֶתְנַן זוֹנָה Deut. 23. 19, salaire de prostituée, *fig.* prix de l'idolâtrie ; וְכָל־אֶתְנַנֶּיהָ Mich. 1. 7, et tous ses dons de prostitution, d'idolâtrie ; וְשָׁבָה לְאֶתְנַנָּה Is. 23. 17, elle retournera à ses richesses impures.

אֶתְנָן *n. pr. m.* I Chr. 4. 7.

אֲתַר *m.* chald. Lieu, endroit : אֲתַר דִּי Esdr. 6. 3, lieu où (v. בָּאתַר).

אֲתָרִים (lieux) *n. pr. m.* d'une ville dans la Palestine : דֶּרֶךְ הָאֲתָרִים Nomb. 21. 1, chemin vers Atharim, ou le chemin des explorateurs, p. הַתָּרִים.

ב

ב Beth בַּיִת, de בַּיִת maison. Deuxième lettre de l'alphabet ; son nom dérive de sa forme. Comme chiffre ב signifie 2 ; ב̈ 2,000. Cette lettre se permutte avec les lettres פ, מ. Exemple : בָּזַר p. פָּזַר répandre ; מְרִיא p. בְּרִיא gras (v. מ et פ).

בְּ (avec suff. בִּי ; בְּךָ rarement בְּכָה, בָּךְ ,בּוֹ ,בָּהּ ,בָּנוּ ,בָּכֶם ,בָּכֶן ,בָּהֶם ,בָּם ,בָּהֶן) *f.* *prépos.* 1° Dans : בְּבֵיתִי וּבְחוֹמֹתַי Is. 56. 5, dans ma maison et dans (l'enceinte de) mes murailles ; בַּשָּׁנָה הַהִיא Jug. 10. 8, dans cette année ; בְּרֵאשִׁית Gen. 1. 1, (dans le) au commencement. Entre, parmi : בַּגּוֹיִם Lament. 1. 3, entre les nations ; בַּקֹּשְׁרִים II Sam. 15. 31, parmi les conjurés. En : בְּשָׁלוֹם en paix. Sur : בַּסּוּסִים Is. 66. 20, sur des chevaux. Par, d'après, selon, à la manière de : בְּיִצְחָק Gen. 21. 12, par Isaac ; בַּעֲצַת רְשָׁעִים Ps. 1. 1, dans, ou d'après le conseil des méchants ; בְּאַנְשֵׁי־אָוֶן Job 34. 36, à la manières des hommes iniques.

2° Près, auprès, à : בָּעַיִן I Sam. 29, 1, près de la source ; בַּשָּׁמַיִם Prov. 30. 19, au ciel ; חֹדֶשׁ בְּחֹדֶשׁ I Chr. 27. 1, שָׁנָה בְּשָׁנָה Lév. 25. 53, chaque mois, chaque année, littér. l'année près de l'année. Avec : בַּכֹּחַ Ps. 29. 4, avec force ; בְּחִפָּזוֹן Exod. 12. 11, avec hâte ; בְּכָל־זֹאת Is. 9. 11, avec, malgré tout cela. Par, pour, de, contre : בָּרָעָב Lament. 2. 19, par la famine ; נֶפֶשׁ בְּנֶפֶשׁ Deut. 19. 21, vie pour vie ; בַּקֳּדָשִׁים לֹא יֹאכַל Lév. 22. 4, il ne mangera pas des choses saintes ; יָדוֹ בַכֹּל Gen. 16. 12, sa main sera contre tous. A cause de, au sujet de : בַּחֲמִשָּׁה Gen. 18. 28, à cause de ces cinq ; בְּבַעַל פְּעוֹר Deut. 4. 3, au sujet de Baal Peor. Après : בְּשָׁבֻעֹתֵיכֶם Nomb. 28. 26, après vos (sept) semaines ; בְּאֵל שַׁדָּי Exod. 6. 3, comme Dieu puissant, ou sous (mon nom de) Dieu puissant. Quelquefois בְּ est superflu : בְּטֶרֶם avant que (v. טֶרֶם) ; בְּבֵין חָצִיר Is. 44, 4, parmi les herbes.

בְּ ajouté à l'infinitif se traduit par : en, lorsque, après que, bien que, parce que, à cause de.

בְּ chald., comme בְּ hébreu.

בִּאָה *f.* Entrée : סֶמֶל הַקִּנְאָה הַזֶּה בַּבִּאָה Ez. 8. 5, cette idole de la jalousie était à l'entrée (rac. בּוֹא).

בְּאִישׁ chald. *adj.* Méchant, criminel : קִרְיְתָא מָרָדְתָּא וּבִאישְׁתָּא Esdr. 4. 12, (ils reconstruisent) cette ville rebelle et criminelle (v. בְּאֵשׁ).

בָּאַר *Kal* inusité (v. בּוּר, בָּרַר). *Pi.* בֵּאֵר Graver distinctement, expliquer : וּבָאֵר עַל־הַלֻּחוֹת Hab. 2. 2, marque (le) distinctement sur les tablettes ;

בֵּאֵר אֶת־הַתּוֹרָה הַזֹּאת Deut. 1. 5, il expliqua cette loi.

בְּאֵר *f.* (*plur.* בְּאֵרוֹת, constr. בְּאֵרוֹת). Puits, fosse : חָפַרְתִּי אֶת־הַבְּאֵר הַזֹּאת Gen. 21. 30, j'ai creusé ce puits ; בְּאֵר שַׁחַת Ps. 55. 24, fosse de destruction.

בְּאֵר (puits) *n. pr.* 1° d'une station dans le désert, Nomb. 21. 16. — 2° D'une ville en Palestine, Jug. 9. 21.

בְּאֵר אֵלִים (puits des puissants) *n. pr.* d'une ville dans le pays de Moab, Is. 15. 8.

בְּאֵר לַחַי רֹאִי (puits du vivant qui a vu [Dieu]) Nom donné au puits près duquel un ange est apparu à Agar, Gen. 16. 13, 14.

בְּאֵר שֶׁבַע (puits du serment) *n. pr.*, ville de la tribu de Siméon, à l'extrémité méridionale de la Palestine, Gen. 21. 31, Jos. 19. 2.

בְּאֵרָא (puits) *n. pr. m.* I Chr. 7. 37.

בְּאֵרָה (puits) *n. pr. m.* I Chr. 5. 6.

בְּאֵרוֹת (puits) *n. pr.*, ville dans la tribu de Benjamin, Jos. 18. 25 ; בְּאֵרֹתִי II Sam. 4. 2, et בֵּרֹתִי I Chr. 11. 39, de Beeroth.

בְּאֵרוֹת בְּנֵי־יַעֲקָן (puits des fils de Jaakan) *n. pr.* d'une station dans le désert, Deut. 10. 6, et בְּנֵי יַעֲקָן Nomb. 33. 31.

בֹּאר Citerne : לַחְצֹב לָהֶם בֹּארוֹת Jér. 2. 13, pour se creuser des citernes ; et plusieurs fois *chethib*, pour בּוֹר.

בְּאֵרִי *n. pr. m.* 1° Gen. 26. 34. — 2° Père du prophète Hoséa, Osée 1. 1.

בָּאַשׁ (*fut.* יִבְאַשׁ) Sentir mauvais, se corrompre : וּבָאַשׁ הַיְאֹר Exod. 7. 18, et le fleuve répandra une mauvaise odeur ; וַיִּבְאַשׁ Exod. 16. 20, (et la manne) se corrompit.

Niph., *métaph.* Se mettre en mauvaise odeur, se faire haïr, se rendre odieux : נִבְאַשׁ יִשְׂרָאֵל בַּפְּלִשְׁתִּים I Sam. 13. 4, Israel s'était fait haïr par les Philistins ; נִבְאַשְׁתָּ אֶת־אָבִיךָ II Sam. 16. 21, tu t'es rendu odieux à ton père (ou : tu as deshonoré ton père).

Hiph. 1° *trans.* Gâter l'odeur, faire sentir mauvais, rendre odieux : זְבוּבֵי מָוֶת יַבְאִישׁ יַבִּיעַ שֶׁמֶן רוֹקֵחַ Eccl. 10. 1, quelques mouches mortes gâtent la bonne odeur de l'huile du parfumeur et la font fermenter ; לְהַבְאִישֵׁנִי בְּיֹשֵׁב הָאָרֶץ Gen. 34. 30, en me rendant odieux à l'habitant du pays. — 2° *intrans.* Sentir mauvais, se corrompre, être haï, odieux : וְלֹא הִבְאִישׁ Exod. 16. 24, (la manne) ne se corrompit point ; הַבְאֵשׁ הִבְאִישׁ בְּעַמּוֹ I Sam. 27. 12, il sera haï par son peuple.

Hithp. Se rendre odieux : הִתְבָּאֲשׁוּ עִם־דָּוִיד I Chr. 19. 6, ils s'étaient rendus odieux à David.

בְּאֵשׁ chald. Être mauvais, affliger, chagriner : שַׂגִּיא בְּאֵשׁ עֲלוֹהִי Dan. 6. 15, cela le chagrina vivement.

בְּאֹשׁ *m.* Mauvaise odeur, infection, Amos 4. 10 ; avec suff. : וְתַעַל בָּאְשׁוֹ Joel 2. 20, sa mauvaise odeur se répandra.

בָּאְשָׁה *f.* La mauvaise herbe, l'ivraie, Job 31. 40.

בְּאֻשִׁים *plur.* Mauvais raisins, lambruches : וַיַּעַשׂ בְּאֻשִׁים Is. 5. 2, il a produit des lambruches.

בָּאתַר plus généralement בָּתַר chald., *prép.* Après : בָּאתַר דְּנָה Dan. 7. 6, après cela.

* בָּב emph. בָּבָא chald. Porte, puis tribunal ; en hébr. שַׁעַר : וּלְדַיָּנֵי דִּי בָבָא Rituel, et aux juges du tribunal.

בָּבָה *f.* Prunelle : בְּבָבַת עֵינוֹ Zach. 2. 12, à la prunelle de son œil (comme בַּת עַיִן).

בֵּבַי *n. pr. m.* Esdr. 2. 11.

בָּבֶל (confusion, v. Gen. 11. 10) *n. pr.* Babel, Babylone, la capitale de la Babylonie, Gen. 10. 10 ; la Babylonie, Ps. 137. 1. Sous l'empire des Perses, le titre de roi de Babylone est souvent donné aux rois des Perses, Esdr. 5. 13, Néh. 13. 6.

בָּבְלִי chald. Babylonien ; *plur.* בָּבְלָיֵא Esdr. 4. 9.

בַּג *m.* Nourriture : וּנְתַתִּיךָ לְבַג לַגּוֹיִם Ez. 25. 7, *chethib*, je te donnerai en pâture aux nations. (*Keri* לְבַז en pillage, v. פַּתְבַּג.)

בָּגַד (*fut.* יִבְגֹּד, une fois יִבְגֹּוד) Tromper, trahir ; être infidèle, perfide. Se construit avec בְּ, quelquefois sans régime, rarement avec le régime direct et avec מִן : בְּבִגְדוֹ־בָהּ Exod. 21. 8, l'ayant trahie, abandonnée ; כָּל רֵעֶיהָ בָּגְדוּ בָהּ Lament. 1. 2, tous ceux qui l'aimaient lui sont devenus infidèles ; בָּגְדָה אִשָּׁה מֵרֵעָהּ Jér. 3, 20, (comme) une femme qui trahit son amant ; אַחַי בָּגְדוּ כְמוֹ־נָחַל Job 6. 15, mes frères sont devenus traîtres, se sont éloignés de moi comme un torrent ; בֹּגֵדָה יְהוּדָה אֲחוֹתָהּ Jér. 3. 8, Juda, sa sœur perfide ; הַבּוֹגֵד בּוֹגֵד Is. 21. 2, le perfide trahit, ou : l'oppresseur exerce sa violence ; הַיַּיִן בּוֹגֵד Hab. 2. 5, le vin, l'homme pris de vin et perfide, ou : qui agit avec violence.

בֶּגֶד *m.* (une fois *fém.* ; *plur.* בְּגָדִים, une fois בְּגָדוֹת, const. בִּגְדֵי). 1° Vêtement, couverture : בִּגְדֵי־קֹדֶשׁ Exod. 28. 2, des vêtements saints (pontificaux) ; וּפָרְשׂוּ בֶּגֶד Nomb. 4. 6, ils étendront une couverture ; כָּל־בִּגְדֹתֶיךָ Ps. 45. 9, tous tes vêtements.

2° Perfidie, infidélité, trahison : שָׁלוּ כָּל־בֹּגְדֵי בָגֶד Jér. 12. 1, (pourquoi) ceux qui commettent des trahisons vivent-ils en paix ? וּבֶגֶד בּוֹגְדִים בָּגָדוּ Is. 24. 16, et les perfides font la trahison, mettent le comble à la trahison, à la perfidie.

בֹּגְדוֹת *pl. f.* Ex. unique : אַנְשֵׁי בֹּגְדוֹת Soph. 3. 4, des hommes de trahison, des hommes perfides.

בָּגוֹדָה *adj. f.* : בָּגוֹדָה אֲחוֹתָהּ יְהוּדָה Jér. 3. 7, 10, Juda, sa sœur perfide.

בִּגְוַי *n. pr.* m. Esdr, 2. 2.

בִּגְלַל *prép.* A cause de (v. גָּלָל).

בִּגְתָא *n. pr. m.* Esth. 1. 10.

בִּגְתָן *n. pr.* Esth. 2. 21 : בִּגְתָנָא 6. 2.

I בַּד *m.* Partie : בַּד בְּבַד יִהְיֶה Exod. 30. 34, il sera d'une partie comme de l'autre, tout sera de même poids, en portions égales (rac. בָּדַד). Avec לְ, לְבַד *adv.* A part, seulement ; מִשְׁפָּחוֹת מִשְׁפָּחוֹת לְבָד Zach. 12. 12, chaque famille à part ; לְבַד־בְּךָ נַזְכִּיר שְׁמֶךָ Is. 26. 13, nous nous souvenons seulement de toi, de ton nom. Avec suff. : לְבַדִּי, לְבַדְּךָ moi, toi, seul : אָנֹכִי לְבַדִּי Nomb. 11. 14, moi seul ; אַתָּה — לְבַדֶּךָ Exod. 18. 14, toi seul ; יַעֲקֹב לְבַדּוֹ Gen. 32. 25, Jacob seul. Suivi de מִן *prép.* Sans, outre : לְבַד מִטָּף Exod. 12. 37, sans les enfants ; לְבַד מִנִּדְרֵיכֶם Nomb. 29. 39, outre les offrandes de vos vœux ; une fois avec עַל : לְבַד עַל־כָּל־הִתְנַדֵּב Esdr. 1. 6, outre tout ce qu'ils offrirent volontairement. מִלְּבַד Même signif. : מִלְּבַד נְשֵׁי בְנֵי־יַעֲקֹב Gen. 46. 26, sans les femmes des fils de Jacob.

II בַּד *m.* Lin blanc : מִכְנְסֵי־בָד Exod. 28. 42, des caleçons de lin blanc ; *plur.* בַּדִּים vêtement de lin : לָבוּשׁ בַּדִּים Dan. 10. 5, vêtu de lin.

III בַּד (*plur.* seul. usité) Bâtons, fortes branches de l'arbre, membres du corps : בַּדֵּי עֲצֵי שִׁטִּים Exod. 25. 13, des bâtons de bois d'acacia ; וַתַּעַשׂ בַּדִּים Ez. 17. 6, elle (la vigne) produisit, porta de fortes branches ; יֹאכַל בַּדֵּי עוֹרוֹ Job 18. 13, il dévorera les membres de son corps ; selon d'autres, ses enfants ; בַּדֵּי שְׁאֹל תֵּרַדְנָה Job 17. 16, ses membres descendront dans la tombe, ou : (les espérances) descendront (בַּדֵּי *prép.* p. בְּדֵי, v. דַּי) dans la tombe, v. שְׁאוֹל ; וְכִלְּתָה בַדָּיו Osée 11. 6, elle détruira ses branches, c.-à-d. les villages ; selon d'autres : ses héros, princes.

IV בַּד (*plur.* בַּדִּים seul usité) Mensonges, vanteries, devins, de בָּדָא : לֹא־כֵן בַּדָּיו Is. 16. 6, ses mensonges sont vains, insensés ; selon d'autres : l'injustice de ses princes, de ses héros ; לֹא־אַחֲרִישׁ בַּדָּיו Job 41. 4, je ne me tairai pas sur ses vanteries, ou : sur la puissance de ses membres (du leviathan) ; חֶרֶב אֶל־הַבַּדִּים Jér. 50. 36, guerre contre les (devins) menteurs ; מֵפֵר אֹתוֹת בַּדִּים Is. 44. 25, rendant vains les signes des devins trompeurs.

בָּדָא Inventer : מִלִּבְּךָ אַתָּה בוֹדְאָם Néh.

6.8, tu les inventes de ton cœur; אֲשֶׁר־בָּדָא מִלִּבּוֹ I Rois 12, 33, (le mois) qu'il avait inventé, choisi à sa fantaisie.

בָּדַד (usité seulement au *part.* בּוֹדֵד). Être seul, isolé : כְּצִפּוֹר בּוֹדֵד עַל־גָּג Ps. 102. 8, comme un oiseau qui est seul sur un toit; וְאֵין בּוֹדֵד בְּמוֹעָדָיו Is. 14. 31, nul ne restera à l'écart au temps désigné, ou : entre ses troupes (v. מוֹעֵד).

בָּדָד *adj*. Seul, isolé, solitaire, désert : יְיָ בָּדָד יַנְחֶנּוּ Deut. 32. 12, l'Éternel seul le conduira; בָּדָד יֵשֵׁב Lév. 13. 46, il demeurera seul, à l'écart; עִיר בְּצוּרָה בָּדָד Is. 27. 10, la ville forte est déserte; שֹׁכְנִי לְבָדָד Mich. 7. 14, demeurant isolé, seul.

בְּדַד *n. pr. m.* Gen. 36. 35.

בַּדֵּי (v. דַּי).

בֵּדְיָה *n. pr. m.* Esdr. 10. 35.

בְּדִיל *m.* Étain, Nomb. 31. 22; *plur.* וְאָסִירָה כָּל־בְּדִילָיִךְ Is. 1. 25, j'ôterai tout ton étain (mêlé aux métaux précieux); אֶבֶן הַבְּדִיל Zach. 4. 10, pierre d'étain, le niveau (v. אֶבֶן).

בָּדַל *Kal* inusité. *Niph.* 1° Se séparer, s'éloigner; avec מִן : וְהִבָּדְלוּ מֵעַמֵּי הָאָרֶץ Esdr. 10. 11, séparez-vous des peuples du pays; הִבָּדְלוּ מִתּוֹךְ הָעֵדָה הַזֹּאת Nomb. 16. 21, éloignez-vous de cette assemblée. Avec אֶל, s'éloigner pour aller vers : נִבְדְּלוּ אֶל־דָּוִיד I Chr. 12. 8, ils se retirèrent pour se rendre auprès de David. — 2° Être séparé, distingué, choisi, sans régime et avec לְ : וַיִּבָּדְלוּ עֶזְרָא הַכֹּהֵן Esdr. 10. 16, le pontife Esra (et des chefs de famille) furent choisis; וַיִּבָּדֵל אַהֲרֹן I Chr. 23. 13, Aaron fut choisi. Avec מִן en mauvaise part, être exclu : וְהוּא יִבָּדֵל מִקְּהַל הַגּוֹלָה Esdr. 10. 8, il sera exclu, chassé de l'assemblée de ceux qui revenaient de la captivité.

Hiph. 1° Séparer, faire une séparation, arracher; וְהִבְדִּילָה הַפָּרֹכֶת לָכֶם Exod. 26. 33, le voile vous séparera (le saint du saint des saints); וִיהִי מַבְדִּיל בֵּין מַיִם לָמָיִם Gen. 1. 6, qu'il serve de séparation entre les eaux et les eaux; לֹא יַבְדִּיל Lév. 1. 17, il ne l'arrachera pas (l'aile). — 2° Savoir distinguer, discerner : לְהַבְדִּיל בֵּין הַטָּמֵא וּבֵין הַטָּהֹר Lév. 11. 47, pour savoir distinguer entre ce qui est impur et ce qui est pur; אֲשֶׁר־הִבְדַּלְתִּי לָכֶם Lév. 20. 25, que je vous ai fait discerner (comme étant impur). — 3° Séparer, choisir; ou, en mauvaise part, exclure, avec מִן, מֵעַל : וָאַבְדִּל אֶתְכֶם מִן־הָעַמִּים Lév. 20. 26, je vous ai séparés des autres peuples (pour être à moi); הִבְדִּיל יְיָ אֶת־שֵׁבֶט הַלֵּוִי Deut. 10. 8, l'Éternel a choisi la tribu de Lévi; הַבְדֵּל יַבְדִּילַנִי יְיָ מֵעַל עַמּוֹ Is. 56. 3, l'Éternel m'exclut de son peuple.

בָּדָל *m.* Morceau, bout : בְּדַל־אֹזֶן Amos 3. 12, le bout de l'oreille.

בְּדֹלַח *m.* Selon les uns, nom d'une perle ou d'une pierre précieuse (v. Gen. 2. 12, où il est mentionné entre l'or et l'onyx); selon les autres, bdellium (v. Nomb. 11. 7, où la manne lui est comparée pour la couleur).

בְּדָן *n. pr.* 1° Bedan, un des juges, nommé seulement I Sam. 12. 11; on l'explique comme בֶּן־דָּן descendant de Dan, le juge Samson (v. Jug. 13). — 2° I Chr. 7. 17.

בָּדַק Réparer un édifice : לִבְדּוֹק וּלְחַזֵּק הַבָּיִת II Chr. 34. 10, pour réparer et consolider le temple. (Dans la Mischna, examiner, inspecter.)

בֶּדֶק *m.* Ce qui a besoin de réparation, fissure, crevasse : וְהֵם יְחַזְּקוּ אֶת־בֶּדֶק הַבַּיִת II Rois 12. 6, et ils répareront les ruines de la maison; d'un vaisseau, Ez. 27. 9, 27.

בִּדְקַר (l'homme qui perce) *n. pr.* Bedkar, capitaine des gardes du roi Jehu, II Rois 9. 25.

בְּדַר chald. (hébr. פָּזַר, בָּזַר) *Pa.* : וּבַדַּרוּ אִנְבֵּהּ Dan. 4. 11, et répandez-en les fruits.

בֹּהוּ *m.* Le vide (toujours avec תֹּהוּ) : וְהָאָרֶץ הָיְתָה תֹהוּ וָבֹהוּ Gen. 1. 2, la terre était informe et vide, nue; אַבְנֵי־בֹהוּ Is. 34. 11, le niveau du vide (pour la rendre vide, la détruire).

בַּהַט *m.* Porphyre ou marbre rouge, Esth. 1. 6.

בְּהִילוּ chald. Promptitude, hâte : אֲזַלוּ בִבְהִילוּ לִירוּשְׁלֶם Esdr. 4. 23, ils allèrent à la hâte à Jérusalem.

בָּהִיר adj. Clair, brillant : בָּהִיר הוּא בַּשְּׁחָקִים Job 37. 21, il brille derrière les nuages (v. בָּהַר).

בָּהַל *Kal* inusité. *Niph.* 1° Être effrayé, épouvanté, troublé ; trembler : וַתֵּרֶא כִּי־נִבְהַל מְאֹד I Sam. 28. 21, elle vit qu'il était extrêmement effrayé ; תִּגַּע עָדֶיךָ וַתִּבָּהֵל Job 4. 5, le malheur t'a touché et tu es dans le trouble ; וִידֵי עַם־הָאָרֶץ תִּבָּהַלְנָה Ez. 7. 27, et les mains du peuple trembleront. — 2° Se hâter, être prompt, arriver soudainement : נִבְהָל לַהוֹן אִישׁ רַע עָיִן Prov. 28. 22, l'homme envieux a hâte d'acquérir de la fortune ; אַל־תִּבָּהֵל מִפָּנָיו תֵּלֵךְ Eccl. 8. 3, ne sois pas prompt à te retirer devant lui, ne le quitte pas avec précipitation ; כִּי כָלָה אַךְ־נִבְהָלָה יַעֲשֶׂה Soph. 1. 18, car il fera une extermination soudaine.

Pi. 1° Effrayer, troubler : וִיבַהֶלְךָ פַּחַד פִּתְאֹם Job 22. 10, et une frayeur soudaine te troublera ; וּבְסוּפָתְךָ תְבַהֲלֵם Ps. 83. 16, tu les effrayes par ta tempête. — 2° Se hâter, agir avec précipitation, avec לְ et עַל : וַיְבַהֵל — לָתֵת לָהּ Esth. 2. 9, il se hâta de lui donner ; אַל־תְּבַהֵל עַל־פִּיךָ Eccl. 5. 1, ne laisse pas ta bouche être prompte (à parler).

Pou. pass. Être prompt, être pressé. *Part.* : יָצְאוּ מְבֹהָלִים Esth. 8. 14, ils sortirent pressés, avec précipitation ; נַחֲלָה מְבֹהֶלֶת Prov. 20. 21, un bien acquis promptement, trop précipitamment.

Hiph. 1° וְשַׁדַּי הִבְהִילָנִי Job 23. 16, le Tout-Puissant m'épouvante. — 2° Se hâter : וַיַּבְהִלוּ לְהָבִיא אֶת־הָמָן Esth. 6. 14, ils se hâtèrent d'amener Haman. — 3° Chasser promptement : וַיַּבְהִלוּהוּ מִשָּׁם II Chr. 26. 20, ils le chassèrent promptement de cet endroit.

בְּהַל chald. *Pa.* Effrayer : וְחֶזְוֵי רֵאשִׁי יְבַהֲלֻנַּנִי Dan. 4. 2, et les fantômes, visions de ma tête, m'épouvantèrent. *Ithpa. passif.* Être effrayé : שַׂגִּיא מִתְבָּהַל Dan. 5. 9, il fut extrêmement effrayé. *Ithpe. inf.* הִתְבְּהָלָה, employé comme substantif, précipitation : בְּהִתְבְּהָלָה הַנְעֵל לְדָנִיֵּאל Dan. 2. 25, il fit entrer Daniel avec précipitation (v. בְּהִילוּ).

בֶּהָלָה *f.* Terreur, destruction : וְהִפְקַדְתִּי עֲלֵיכֶם בֶּהָלָה Lév. 26. 16, j'enverrai sur vous la terreur ; וְלֹא יֵלְדוּ לַבֶּהָלָה Is. 65. 23, ils n'engendreront point pour la destruction ; וּשְׁנוֹתָם בַּבֶּהָלָה Ps. 78. 33, (il fit passer) leurs années dans les terreurs, ou : avec rapidité ; *plur.* בֶּהָלוֹת Jér. 15. 8.

בְּהֵמָה *f.* (const. בֶּהֱמַת, avec suff. בְּהֶמְתְּךָ). Bête, nom génér. de tous les quadrupèdes ; principalement gros bétail, animal domestique : בְּהֵמָה וָרֶמֶשׂ וְחַיְתוֹ־אֶרֶץ Gen. 1. 24, les animaux domestiques, les reptiles et les bêtes sauvages ; מִקְנֵנוּ וְכָל־בְּהֶמְתֵּנוּ Nomb. 32. 26, nos troupeaux (de menu bétail) et tout notre gros bétail. Dans la poésie, bête sauvage : וְשֶׁן־בְּהֵמוֹת אֲשַׁלַּח־בָּם Deut. 32. 24, j'exciterai contre eux la dent des animaux sauvages ; et plus généralement dans ce sens avec יַעַר, הַשָּׂדֶה, שָׂדַי, הָאָרֶץ, animaux de la terre, des champs, de la forêt.

בְּהֵמוֹת *m.* : הִנֵּה־נָא בְהֵמוֹת אֲשֶׁר־עָשִׂיתִי Job 40. 15, voici le Behemoth que j'ai créé, un grand animal (éléphant ou rhinocéros).

בֹּהֶן *m.*, avec יָד pouce, avec רֶגֶל orteil, Exod. 29. 20 ; *plur.* בְּהֹנוֹת Jug. 1. 6, 7.

בֹּהַן (pouce) *n. pr.* Bohan, fils de Ruben ; d'après lui, אֶבֶן בֹּהַן Jos. 15. 6, nom d'un endroit.

בֹּהַק *m.* Ex. unique : בֹּהַק הוּא Lév. 13. 39, c'est une éruption de taches blanches sur la peau (mais qui n'est pas la lèpre).

בַּהֶרֶת *f.* (*plur.* בֶּהָרוֹת). Tache sur la peau : בֶּהָרֹת לְבָנֹת Lév. 13. 38, des taches blanches.

בּוֹא (*prét.* בָּא, בָּאָה *f.* בָּאתָ et בָּאת tu es venue ; בָּאוּ p. בָּאוּ I Sam. 25. 8 ; *inf.* בֹּא, בּוֹא avec suff. בֹּאֲךָ et בּוֹאֲךָ, *fut.* יָבוֹא, וַיָּבֹא Deut. 33. 16, תָּבוֹאתָה elle viendra). — 1° Entrer, opposé à יָצָא ; se construit avec בְּ, אֶל, לְ, ה local :

ובאת אל־התבה Gen. 6. 18, tu entreras dans l'arche; וגדודי מואב יבאו בארץ בא שנה II Rois 13. 20, des bandes de Moabites entrèrent dans le pays à l'entrée de l'année; selon d'autres, pour בה en cette année; avec l'*acc.*: באו שעריו Ps. 100. 4, entrez dans ses portes; בכל באי שער־עירו Gen. 23. 18, en présence de tous ceux qui étaient entrés dans les portes de sa ville; באי השבת II Rois 11. 9, ceux qui entrent en semaine (en fonction pendant une semaine); בוא אל אשה cohabiter, épouser: בוא אליה Gen. 30. 3, cohabite avec elle; quelquefois avec על: יבמה יבא עליה Deut. 25. 5, son beau-frère l'épousera; du soleil, se concher: ויהי השמש באה Gen. 15. 17, le soleil se couchait; avec אל אבותיו entrer auprès de ses pères, mourir: ואתה תבוא אל־אבותיך Gen. 15. 15, toi, tu mourras (en paix); משקל הזהב אשר־בא לשלמה I Rois 10. 14, le poids de l'or qui arriva, rentra à Salomon; avec ב pénétrer, se mêler, être admis: ותבא בי רוח Ez. 2. 2, l'esprit pénétra en moi; לבלתי־בוא בגוים האלה Jos. 23. 7, pour ne point te mêler parmi ces nations; לא־יבא לו בקהל יי Deut. 23. 3, il ne sera point admis dans l'assemblée de Dieu; יצא ובא sortir et entrer; manière d'agir, de se conduire: וטוב בעיני צאתך ובאך אתי במחנה I Sam. 29. 6, ta conduite dans le camp me plait; avec לפני העם sortir et entrer devant le peuple, être à sa tête, le diriger, le gouverner: כי־הוא יוצא ובא לפניהם I Sam. 18. 16, car il marchait à leur tête; sans prép.: לא־אוכל עוד לצאת ולבוא Deut. 31. 2, je ne puis plus (vous) diriger; בא בימים Gen. 24. 1, (Abraham) était avancé en jours; בוא במשפט entrer en jugement.

2° Venir, arriver (opposé à הלך s'en aller), survenir, surprendre, assaillir, s'accomplir, *absol.* et avec אל, על, ל, עד, ב, ou l'*acc.*: בא בשכרו Exod. 22. 14, cela est venu (au travail) pour son prix, c.-à-d. (on n'en est pas responsable) parce qu'on en a payé le prix, la location; על־יום־טוב בנו (p. באנו) I Sam. 25. 8, nous sommes venus en un jour de joie; אל־תבואני רגל גאוה Ps. 36. 12, que le pied de l'homme orgueilleux ne vienne pas jusqu'à moi; ואנכי מעשיהם ומחשבתיהם באה Is. 66. 18, quant à moi, leurs œuvres et leurs pensées sont venues (jusqu'à moi); selon d'autres: באה est séparé, je (connais) leurs œuvres et leurs pensées; il est venu (le temps), etc.; כל־זאת באתנו Ps. 44. 18, tout cela nous est survenu; בשלום שודד יבואנו Job 15. 21, au sein de la paix (il craint que) le dévastateur ne l'assaillisse; בהם תבואתך טובה Job 22. 21, par eux le bonheur te visitera; ובא האות והמופת Deut. 13. 2, lors même que le signe et le prodige s'accompliraient; ועץ חיים תאוה באה Prov. 13. 12, un désir qui s'accomplit est un arbre de vie; ויבא סגנים Is. 41. 25, il marchera sur, il foulera aux pieds les princes; בוא בשם venir avec son nom, c.-à-d. être mentionné ou inscrit nominativement: אלה הבאים בשמות I Chr. 4. 38, ceux dont les noms sont rapportés, mentionnés; אבוא בגברות אדני Ps. 71. 16, je vais pénétrer dans, je vais raconter les merveilles de mon Dieu; avec עד et אל atteindre, égaler: ועד־השלשה לא־בא II Sam. 23. 19, il n'égala pas les trois (vers. 23: ואל). *Inf.* לבא, עד לבא pour venir à; termes de géographie, jusque, vers: לבא חמת Nomb. 13. 21, jusqu'à Hamath; מלבוא חמת I Rois 8. 65, depuis Hamath; de même עד־בואך עזה Jug. 6. 4, (jusqu'à ton arrivée à) jusqu'à Azah; באכה צער Gen. 13. 10, jusqu'à Zoar; ויצחק בא מבוא באר Gen. 24. 62, Isaac vint du puits, exact. revint d'une course au puits.

3° Aller: אנה אני־בא Gen. 37. 30, où vais-je aller? (que vais-je devenir?); האחיכם יבאו למלחמה Nomb. 32. 6, vos frères iront-ils à la guerre? ועם נעלמים לא אבוא Ps. 26. 4, je ne vais pas avec les hommes dissimulés, c.-à-d. je fuis leur société.

Hiph. (הביא, הבאת, הבאתי et הביאתי avec suff.; *fut.* יביא, יבא, *inf.* הביא, להביא et לביא). 1° Faire entrer, amener, mettre, faire pénétrer dans: הביא אל־

תָּבִיא Gen. 6. 19, tu feras entrer dans l'arche ; וַיָּבִיאוּ אֶת־לוֹט אֲלֵיהֶם Gen. 19.10, ils firent rentrer Loth auprès d'eux ; וַיָּבֵא יָדוֹ בְּחֵיקוֹ Exod. 4. 6, il mit sa main dans son sein ; הֵבִיא בְּכִלְיוֹתָי Lament. 3. 13, il a fait pénétrer (ses flèches) dans mes reins ; וְהֵבֵאתָ II Sam. 9. 10, tu feras rentrer (les blés) ; וּשְׁלֹשִׁים בָּנוֹת הֵבִיא לְבָנָיו Jug. 12. 9, il amena, c.-à-d. fit épouser à ses (trente) fils trente filles (étrangères) ; וְהֵבֵאתִי הַשֶּׁמֶשׁ בַּצָּהֳרָיִם Amos. 8. 9, je ferai que le soleil se couchera en plein midi ; אֲשֶׁר יוֹצִיאֵם וַאֲשֶׁר יְבִיאֵם Nomb. 27. 17, qui les conduira et les dirigera.

2° Faire venir, faire arriver, laisser s'accomplir, apporter, offrir (un sacrifice) : לֹא־הֵבִיאָה אֶסְתֵּר Esth. 5. 12, Esther n'a fait venir (n'a invité) ; אַף־אֲבִיאֶנָּה Is. 46. 11, et je l'accomplirai ; וְהָבִיאוּ אֶת־אֲחִיכֶם הַקָּטֹן אֵלַי Gen. 42. 34, amenez-moi votre plus jeune frère ; וְהֶבֶל הֵבִיא גַם־הוּא Gen. 4. 4, Abel offrit lui aussi ; avec עַל : וְהֵבֵאתִי עֲלֵיכֶם חֶרֶב Lév. 26. 25, je ferai venir sur vous le glaive (vengeur) ; וְנָבִא לְבַב חָכְמָה Ps.90.12, et nous acquerrons un cœur sage, ou : nous appliquerons notre cœur à la sagesse.

3° Faire aller, conduire : לַאֲשֶׁר הֵבִיא אֱלוֹהַּ בְּיָדוֹ Job 12. 6, à celui qui conduit son dieu par la main (l'idolâtre), ou : à qui Dieu a mis dans la main (la richesse) ; כְּמֵבִיא לְמָעְלָה Ps. 74. 5, comme celui qui lève (une hache).

Hoph. passif du *Hiph.* : הוּבְאוּ בֵּית יוֹסֵף Gen. 43. 18, ils furent amenés dans la maison de Joseph ; הֻבָאתָה הֵנָּה Ez. 40. 4, tu as été amené ici ; אֲשֶׁר הֻבָאת לָךְ Gen. 33. 11, (accepte le présent) qui t'est offert ; וְהוּבָא אֶת־בַּדָּיו בַּטַּבָּעֹת Exod. 27. 7, les bâtons seront mis dans les anneaux.

בּוּז (v. בָּזָה, *fut.* יָבוּז) Mépriser, dédaigner ; avec לְ, rarement avec le rég. direct : בָּז לְרֵעֵהוּ Prov. 11. 12, qui méprise son prochain ; מִי בַז לְיוֹם קְטַנּוֹת Zach. 4. 10, qui méprise le jour de petites choses (des événements peu importants), p. בָּז ; לֹא יָבוּזוּ לַגַּנָּב Prov. 6. 30, on ne méprise pas le voleur (lorsque, etc.).

בּוּז *m.* Mépris : שָׂבַעְנוּ בוּז Ps. 123. 3, nous sommes rassasiés de mépris.

בּוּז *n. pr.* 1° Buz, fils de Nahor, Gen. 22. 21. — 2° Nom d'une peuplade et d'une province de l'Arabie, Jér. 25. 23. — 3° D'un homme, I Chr. 5. 14.

בּוּזָה *f.* : הָיִינוּ בוּזָה Néh. 3. 36, nous sommes devenus un objet de mépris.

בּוּזִי 1° *n. pr.* Buzi, père d'Ézéchiel, Ez. 1. 3. — 2° De Buz, Job 32. 2.

בַּוַּי *n. pr. m.* Néh. 3. 18.

בּוּךְ *Kal* inusité. *Niph.* Être embarrassé, égaré ; être dans la consternation : נְבֻכִים הֵם בָּאָרֶץ Exod. 14. 3, ils sont égarés dans le pays ; וְהָעִיר שׁוּשַׁן נָבוֹכָה Esth. 3. 15, la ville de Suse était dans la consternation ; נָבֹכוּ עֶדְרֵי בָקָר Joel 1. 18, les troupeaux sont dans la consternation

בּוּל *m.* 1° Fruit, production : כִּי בוּל הָרִים יִשְׂאוּ־לוֹ Job 40. 20, les montagnes lui fournissent la nourriture ; לְבוּל עֵץ Is. 44. 19, à un morceau de bois, ou à une branche d'arbre. — 2° יֶרַח בּוּל I Rois 6. 38, mois de boul, nom du huitième mois de l'année, correspondant à octobre-novembre, des pluies qui tombent alors (v. יָבַל, מַבּוּל), appelé aussi מַרְחֶשְׁוָן.

בּוּן v. בִּין (dans plusieurs dérivés).

בּוּנָה (sagesse) *n. pr. m.* I Chr. 2. 25.

בּוּנִי *n. pr. m.* Néh. 11. 15.

בּוּס (*fut.* יָבוּס et יְבוּס, *part.* בּוֹסִים) Fouler aux pieds, écraser (les ennemis), mépriser : בּוֹסִים בְּטִיט חוּצוֹת Zach. 10. 5, foulant aux pieds la boue des rues ; יָבוּס צָרֵינוּ Ps. 60. 14, il foulera aux pieds nos ennemis ; נֶפֶשׁ שְׂבֵעָה תָּבוּס נֹפֶת Prov. 27. 7, une âme rassasiée méprise le miel, comme תָּבוּס ou foule aux pieds.

Pil. בּוֹסֵס Fouler aux pieds : בּוֹסְסוּ מִקְדָּשֶׁךָ Is. 63. 18, ils foulent aux pieds ton sanctuaire, le souillent, le profanent.

Hoph. passif כְּפֶגֶר מוּבָס Is. 14. 19, comme un cadavre foulé aux pieds. *Hithp.* מִתְבּוֹסֶסֶת בְּדָמָיִךְ Ez. 16. 6, étant foulé aux pieds, ou te roulant dans ton sang.

בּוּץ *m.* Byssus, lin blanc et fin :

חֲבְלֵי־בוּץ Esth. 1. 6, des cordons de lin fin.

בּוֹצֵץ *n. pr.* d'un rocher près de Gabaa, I Sam. 14. 4.

בוק Vider, dépeupler (v. בָּקַק).

בּוּקָה *f.* בּוּקָה וּמְבוּקָה Nahum 2. 11, (Ninive est) un endroit vide, une solitude.

בּוֹקֵר *m.* כִּי־בוֹקֵר אָנֹכִי Amos 7. 14, je ne suis qu'un berger, propr. bouvier, de בָּקָר.

בּוּר Ex. unique : וְלָבוּר אֶת־כָּל־זֶה Eccl. 9. 1, et d'examiner tout cela, ou pour בֹּר *inf.*, de בָּרַר.

בּוֹר *m.* (*plur.* בֹּרוֹת, v. בְּאֵר). Fosse, citerne, prison, tombe : וְהִכָּה אֶת־הָאֲרִי בְּתוֹךְ הַבּוֹר I Chr. 11. 22, il frappa le lion dans une fosse ; וּבֹרֹת חֲצוּבִים Deut. 6. 11, et des citernes creusées (construites); וַיְרִיצֻהוּ מִן־הַבּוֹר Gen. 41. 14, on se hâta de le sortir de la prison ; בְּבֵית הַבּוֹר Exod. 12. 29, dans la prison ; יוֹרְדֵי בוֹר Ps. 28. 1, ceux qui descendent dans la tombe ; אַבְנֵי־בוֹר Is. 14. 19, les pierres de la tombe, c.-à-d. la tombe de pierres, ou : le fond de la tombe.

* בּוּר *m.* Ignorant : וְאֵין בּוּר יְרֵא חֵטְא Aboth, l'ignorant ne craint pas le péché.

בּוֹשׁ (*prét.* בֹּשְׁתִּי, *fut.* יֵבוֹשׁ) 1° Avoir honte, être honteux, être confondu, déçu : כִּי בֹשְׁתִּי לִשְׁאוֹל Esdr. 8. 22, car j'avais honte de demander (au roi) ; כָּל־עֹזְבֶיךָ יֵבֹשׁוּ Jér. 17. 13, tous ceux qui t'ont abandonné seront confondus ; גַּם מִמִּצְרַיִם תֵּבֹשִׁי כַּאֲשֶׁר בֹּשְׁתְּ מֵאַשּׁוּר Jér. 2. 36, tu seras confondue, déçue du côté de l'Égypte, comme tu l'as été du côté de l'Assyrie (être honteux pour avoir vainement espéré) ; עַד־בּוֹשׁ Jug. 3. 25, II Rois 2. 17, (faire une chose) jusqu'à en être honteux, impatient, c.-à-d. longtemps (v. *Pi.*). — 2° *De la nature inanimée.* Dessécher : וְיֵבוֹשׁ מְקוֹרוֹ Osée 13. 15, sa source desséchera, tarira, ou plutôt de יָבֵשׁ.

Pil. בּוֹשֵׁשׁ Tarder : כִּי־בֹשֵׁשׁ מֹשֶׁה לָרֶדֶת Exod. 32. 1, que Moïse tardait à descendre. (Jug. 5. 28.)

Hiph. causat. du *Kal.* Rendre honteux, couvrir de confusion, faire honte : וּמְשַׂנְאֵינוּ הֱבִישׁוֹתָ Ps. 44. 8, tu couvres de honte nos ennemis ; וְנַעַר מְשֻׁלָּח מֵבִישׁ אִמּוֹ Prov. 29. 15, un enfant abandonné à lui-même fait honte à sa mère. *Part.* מֵבִישׁ, מְבִישָׁה Éhonté, méchant, sot ; opposé à מַשְׂכִּיל Prov. 10. 5 (v. II יָבֵשׁ).

Hithp. הִתְבֹּשֵׁשׁ : וְלֹא יִתְבֹּשָׁשׁוּ Gen. 2. 25, et ils n'étaient point honteux.

בּוּשָׁה *f.* Honte, confusion, mépris : תְּכַסְּךָ בוּשָׁה Obad. 10, la honte te couvrira ; הֶעֱטִיתָ עָלָיו בּוּשָׁה Ps. 89. 46, tu l'as enveloppé de mépris.

בּוּת chald. וּבָת טְוָת Dan. 6. 19, il passa la nuit à jeun.

בַּז *m.* (rac. בָּזַז). Butin, proie, pillage : יֶתֶר הַבָּז Nomb. 31. 32, le reste du butin ; יִהְיוּ לָבַז Nomb. 14. 3, ils deviendront un butin, une proie : לָבַז אֶתֵּן Jér. 15. 13, j'abandonnerai au pillage.

* בָּז *adj.* Dédaigneux : אַל תְּהִי בָז לְכָל אָדָם Aboth 4. 3, ne méprise personne.

בָּזָא Ex. unique : בָּזְאוּ נְהָרִים אַרְצוֹ Is. 18. 2, 7, des fleuves ont dévasté, ravagé son pays (pour בָּזְזוּ), ou : des fleuves traversent son pays.

בָּזָה Mépriser, dédaigner ; se constr. avec l'acc. avec לְ et עַל : כִּי־דְבַר־יְיָ בָּזָה Nomb. 15. 31, car il a méprisé la parole de l'Éternel ; וַיִּבֶז בְּעֵינָיו Esth. 3. 6, il parut méprisable à ses yeux, il le dédaigna (de se venger, etc.) (v. בּוּז).

Niph. Être méprisé : נִבְזֶה וַחֲדַל אִישִׁים Is. 53. 3, méprisé et abandonné des hommes.

Hiph. Avilir : לְהַבְזוֹת בַּעְלֵיהֶן בְּעֵינֵיהֶן Esth. 1. 17, pour avilir leurs maris à leurs yeux.

בָּזֹה *adj. verb.* לִבְזֹה־נֶפֶשׁ Is. 49. 7, à celui qui est méprisé des hommes.

בִּזָּה *f.* (rac. בָּזַז). Butin, dépouille : וּבַבִּזָּה לֹא שָׁלְחוּ אֶת־יָדָם Esth. 9. 10, ils ne mirent pas la main au butin.

* בִּזּוּי *m.* Mépris, Rituel.

בָּזַז (*plur.* בָּזְזוּ, בַּזּוֹנוּ et בָּזוּם, *fut.* יָבֹז, *inf.* בֹּז) Piller, sans rég. et avec l'acc. :

לוֹ בָּזְזוּ אִישׁ Nomb. 31. 53, (les soldats) pillèrent chacun pour son compte; וַיָּבֹזּוּ הָעִיר Gen. 34. 27, ils pillèrent la ville.

Niph. (*inf.* הִבּוֹז, *fut.* יִבּוֹז). Être pillé : וְנָבֹזּוּ אַרְמְנוֹתָיִךְ Amos 3. 11, tes palais seront pillés.

Pou. יְבֻזּוּ Jér. 50. 37, ils seront pillés.

בִּזָּיוֹן *m.* (rac. בָּזָה). Mépris : וּכְדַי בִּזָּיוֹן וָקָצֶף Esth. 1.18, et assez de mépris et de chagrin.

בִּזְיוֹתְיָה *n. pr.* d'une ville dans la tribu de Juda, Jos. 15. 28.

בָּזָק *m.* Ex. unique : כְּמַרְאֵה הַבָּזָק Ez. 1. 14, comme l'éclat de la foudre (v. בָּרָק).

בֶּזֶק *n. pr.* d'une ville chananéenne, Jug. 1. 4, I Sam. 11. 8.

בָּזַר (v. פָּזַר) Répandre, distribuer : לָהֶם יִבְזוֹר Dan. 11. 24, il leur distribuera.

Pi. בִּזַּר עַמִּים Ps. 68. 31, il disperse des nations.

בִּזְּתָא *n. pr. m.* Esth. 1. 10.

בָּחוֹן *adj.* Fort : בָּחוֹן נְתַתִּיךָ בְעַמִּי מִבְצָר Jér. 6. 27, je t'ai placé dans mon peuple comme une solide forteresse, ou comme explorateur (v. בַּחוּן, בָּחַן et le même exemple à מִבְצָר).

בַּחוּן *m.* Ex. unique : הֵקִימוּ בַחוּנָיו Is. 23.13, on y avait élevé des tours, des donjons (pour observer, v. בָּחַן).

בָּחוּר *m.* (*plur.* בַּחוּרִים, בַּחוּרֵי). Jeune homme : שְׂמַח בָּחוּר בְּיַלְדוּתֶיךָ Eccl. 11. 9, jeune homme, réjouis-toi dans ta jeunesse; homme non marié, célibataire, Ruth. 3. 10, Deut. 32. 25.

בְּחוּרוֹת *f. pl.* Jeunesse : בִּימֵי בְחוּרוֹתֶיךָ Eccl. 11. 9, aux jours de ta jeunesse.

בַּחִין Is. 23. 13. בַּחִינָיו *cheth.*, v. בַּחוּן (*keri*).

בָּחִיר *adj.* (rac. בָּחַר). Élu, bien-aimé : שָׁאוּל בְּחִיר יְיָ II Sam. 21. 6, Saül, l'élu de l'Éternel; יִשְׂרָאֵל בְּחִירִי Is. 45. 4, Israel mon élu; des hommes pieux, des prophètes, du Messie, Ps. 105. 43, Is. 42. 1.

בָּחַל Ex. unique : וְגַם־נַפְשָׁם בָּחֲלָה בִי Zach. 11. 8, et leur âme aussi est dégoûtée de moi (de mon culte). *Pou.* מְבֻחֶלֶת *cheth.* p. *keri*, מְבֹהֶלֶת Prov. 20. 21 (v. בָּהַל *Pou.*).

בָּחַן (*fut.* יִבְחַן). Éprouver, distinguer, tenter, examiner, sonder : וּבְחַנְתִּים כִּבְחֹן אֶת־הַזָּהָב Zach. 13. 9, je les éprouverai comme l'on éprouve l'or; בֹּחֵן כְּלָיוֹת וָלֵב Jér. 11. 20, il sonde les reins et le cœur; הֲלֹא־אֹזֶן מִלִּין תִּבְחָן Job 12. 11, l'oreille ne distingue, ne juge-t-elle pas les paroles? בָּחֲנוּ אֱלֹהִים Mal. 3. 15, ils ont tenté Dieu.

Niph. passif : בְּזֹאת תִּבָּחֵנוּ Gen. 42.15, par cela vous serez éprouvés.

* *Hiph.* לְהַבְחִין בֵּין יוֹם וּבֵין לַיְלָה Rituel, pour distinguer entre le jour et la nuit.

בַּחַן *m.* Ex. unique : עֹפֶל וָבַחַן Is. 32. 14, tour et forteresse, ou donjon (v. בַּחוּן).

בֹּחַן *m.* Épreuve : כִּי בֹחַן Ez. 21. 18, car ce sera une épreuve; אֶבֶן בֹּחַן Is. 28. 16, une pierre d'épreuve (éprouvée).

בָּחַר (*fut.* יִבְחַר) Choisir, élire, aimer, désirer; se construit avec l'acc., avec בְּ, avec לְ, rarement avec עַל : כִּי־יַעֲקֹב בָּחַר לוֹ יָהּ Ps. 135. 4, l'Éternel s'est choisi Jacob; avec מִן préférer : בָּחַרְתִּי הִסְתּוֹפֵף בְּבֵית אֱלֹהַי מִדּוּר Ps. 84. 11, je préfère être sur le seuil de la maison de mon Dieu que d'habiter (les tentes des méchants); כִּי־בֹחֵר אַתָּה לְבֶן־יִשַׁי I Sam. 20. 30, car tu aimes le fils d'Isaï; וּבָחַר עוֹד בִּירוּשָׁלָםִ Zach. 1. 17, il aimera de nouveau Jérusalem; בְּכֹל אֲשֶׁר־יִבְחַר אֲדֹנִי הַמֶּלֶךְ II Sam. 15. 15, tout ce que mon seigneur le roi désirera; וְכֹל אֲשֶׁר־תִּבְחַר עָלַי II Sam. 19. 39, et tout ce que tu désireras sera à ma charge; בְּחַרְתִּיךָ בְּכוּר עֹנִי Is. 48. 10, je t'ai choisi, ou : je t'ai éprouvé (comme בְּחַנְתִּיךָ) dans la fournaise, ou : dans le creuset de la misère.

Niph. passif. וְנִבְחַר מָוֶת מֵחַיִּים Jér. 8. 3, la mort sera préférable à la vie; *part.* נִבְחָר précieux, agréable, *absol.* et avec מִן : כֶּסֶף נִבְחָר לְשׁוֹן צַדִּיק Prov. 10. 20, la langue du juste est un argent précieux; נִבְחָר לַיי מִזָּבַח Prov. 21. 3, (pratiquer la justice) est plus agréable à Dieu que les sacrifices.

Pou. cheth. מִי אֲשֶׁר יְבֻחַר Eccl. 9. 4, celui qui est choisi (d'entre les vivants); *keri* יְחֻבַּר qui est associé (aux vivants).

בְּחֻרִים *m. pl.* מִבְּחֻרָיו Nomb. 11. 28, entre les jeunes hommes qui servaient Moïse, comme בִּבְחֻרָיו, ou : depuis sa jeunesse (v. בְּחוּרוֹת).

בַּחֻרִים *n. pr.*, village dans la tribu de Benjamin, II Sam. 3. 16.

בַּחֲרוּמִי *n. patron.* I Chr. 11. 33. Par transp. בַּרְחֻמִי II Sam. 23. 31.

בָּטָא et **בָּטָה** *Kal* יֵשׁ בּוֹטֶה כְּמַדְקְרוֹת חָרֶב Prov. 12. 18, tel profère des paroles téméraires (qui font comme) des blessures d'épée. *Pi.* (plus usité), même sens, accompagné de בִּשְׂפָתַיִם avec tes lèvres : לְבַטֵּא בִשְׂפָתַיִם Lév. 5. 4, en proférant, prononçant de ses lèvres des paroles irréfléchies.

• **בִּטּוּי** *m.* בִּטּוּי שְׂפָתַיִם Rituel, la parole téméraire des lèvres.

בָּטַח 1° Avoir confiance, mettre sa confiance en quelqu'un, avec בְּ, אֶל, עַל et לְ : בִּטְחוּ בַיָי Is. 26. 4, ayez confiance en Dieu ; le *datif* ajouté : אַל־תִּבְטְחוּ לָכֶם אֶל־דִּבְרֵי הַשֶּׁקֶר Jér. 7. 4, ne mettez pas votre confiance en des paroles mensongères. בָּטוּחַ *part. pass.* ou *adj.*, ayant confiance, Is. 26. 3, Ps. 112. 7. — 2° Être rassuré, tranquille, sans crainte, *absol.* : אֶבְטַח וְלֹא אֶפְחָד Is. 12. 2, je suis rassuré et je ne crains point ; שֹׁקֵט וּבֹטֵחַ Jug. 18. 7, paisible et tranquille ; יִבְטַח כִּי־יָגִיחַ יַרְדֵּן אֶל־פִּיהוּ Job 40. 23, il est inébranlable, le Jourdain sortirait-il, déborderait-il jusqu'à sa gueule ; quelquefois aussi, être léger, imprudent : כְּסִיל מִתְעַבֵּר וּבוֹטֵחַ Prov. 14. 16, le sot s'irrite, ou : est arrogant, et plein d'une confiance téméraire.

Hiph. causat. du *Kal*, inspirer de la confiance, remplir de confiance, rassurer, avec אֶל et עַל : הִבְטַחְתָּ אֶת־הָעָם הַזֶּה עַל־שָׁקֶר Jér. 28. 15, tu as rassuré ce peuple par le mensonge ; מַבְטִיחִי עַל־שְׁדֵי אִמִּי Ps. 22. 10, tu m'as rassuré, c.-à-d. tu as eu soin de ma nourriture en me mettant sur les mamelles de ma mère, ou : tu m'as fait espérer dès le temps que je suçais, etc.

בֶּטַח 1° *m.* Confiance, sécurité : הַשְׁקֵט וָבֶטַח Is. 32. 17, tranquillité et sécurité. — 2° *adv.* בֶּטַח et לָבֶטַח Avec sécurité, confiance, paisiblement, hardiment, sans crainte : וִישַׁבְתֶּם־בֶּטַח Deut. 12. 10, vous y demeurerez en sécurité ; יִשְׁכֹּן לָבֶטַח עָלָיו Deut. 33. 12, il y demeurera paisiblement ; וַיָּבֹאוּ עַל־הָעִיר בֶּטַח Gen. 34. 25, ils entrèrent résolument dans la ville ; וְהַמַּחֲנֶה הָיָה בֶטַח Jug. 8. 11, le camp était sans crainte.

בֶּטַח *n. pr.* d'une ville, II Sam. 3. 8, appelée aussi טִבְחַת I Chr. 18. 8.

בִּטְחָה *f.* בְּהַשְׁקֵט וּבְבִטְחָה Is. 30. 15, dans la tranquillité et la confiance, l'espérance.

בִּטָּחוֹן *m.* Sécurité, espérance : מָה הַבִּטָּחוֹן הַזֶּה Is. 36. 4, quelle est cette confiance ? יֵשׁ בִּטָּחוֹן Eccl. 9. 4, il y a de l'espérance.

בַּטֻּחוֹת *plur. f.* Même signif. וּבַטֻּחוֹת לְמַרְגִּיזֵי אֵל Job 12. 6, et la sécurité pour ceux qui irritent Dieu.

בָּטֵל Cesser de travailler, chômer, rester oisif : וּבָטְלוּ הַטֹּחֲנוֹת Eccl. 12. 3, celles (les dents) qui broient chôment (v. טָחַן) ; * אִם בָּטַלְתָּ מִדִּבְרֵי תוֹרָה Aboth 4. 12, si tu cessesde t'occuper de l'étude de la loi. *Niph.* לְהִבָּטֵל מִמֶּנָּה Aboth, de l'abandonner. * Annuler, détruire : בַּטֵּל מַחְשְׁבוֹת שׂוֹנְאֵינוּ Rituel, détruis les projets de nos ennemis ; בַּטֵּל מֵעָלֵינוּ כָּל גְּזֵרוֹת קָשׁוֹת Rituel, détourne de nous tout arrêt cruel ; בַּטֵּל רְצוֹנְךָ מִפְּנֵי רְצוֹנוֹ Aboth, annule ta volonté devant la sienne.

בְּטֵל chald. Être interrompu . בְּטֵלַת עֲבִידַת בֵּית־אֱלָהָא Esdr. 4. 24, la construction de la maison de Dieu fut interrompue. *Pa.* Interrompre, empêcher : וּבַטִּלוּ הִמּוֹ Esdr. 4. 23, et ils les empêchèrent (par force).

• **בַּטָּלָה** Chose vaine, inutile : לְבַטָּלָה pour rien, inutilement.

בְּטֵלִים m. plur. Des obstacles, des empêchements, Aboth.

בֶּטֶן f. Ventre, corps, entrailles, sein, intérieur de l'homme, cœur, pensée: וְאֶת־בִּטְנֵךְ צָבָה Nomb. 5. 21, et ton ventre enflé; וַתִּרְגַּז בִּטְנִי Hab. 3. 16, et mon corps tremble; פְּרִי־בִטְנְךָ Deut. 7. 13, le fruit de tes entrailles (tes enfants); בַּבֶּטֶן Osée 12. 4, dans le sein maternel; מִבֶּטֶן שְׁאוֹל Jonas 2. 3, du sein, du fond de l'abîme; וּבִטְנָם תָּכִין מִרְמָה Job 15. 35, leur cœur prépare la tromperie; חַדְרֵי־בָטֶן Prov. 18. 8, dans l'intérieur du cœur. — 2° Terme d'architecture: מִלְּעֻמַּת הַבֶּטֶן I Rois 7. 20, près du ventre, de la partie saillante de la colonne.

בֶּטֶן n. pr. d'une ville dans la tribu d'Aser, Jos. 19. 25.

בָּטְנִים m. pl. Pistaches: בָּטְנִים וּשְׁקֵדִים Gen. 43. 11, des pistaches et des amandes.

בְּטֹנִים n. pr., village dans la tribu de Gad, Jos. 13. 26.

בִּי interj. De grâce! pardon! je supplie, ou plur. nous supplions: בִּי אֲדֹנִי Gen. 43. 20, de grâce, ou: je vous supplie, mon Seigneur!

בִּין (prét. בַּנְתָּ et בִּינֹתִי, fut. יָבִין, inf. בִּין) se constr. avec l'accusat. avec בְּ, לְ, אֶל, עַל, et sans rég. — 1° Apercevoir, voir, regarder, distinguer, remarquer, considérer, prendre garde, faire attention à: וָאָבִינָה בָרָעָה Néh. 13. 7, j'aperçus le mal (qu'il avait fait); וְיַחֲלֹף וְלֹא־אָבִין לוֹ Job 9. 11, il passe et je ne le vois plus; וָאָבִינָה בָעָם וּבַכֹּהֲנִים Esdr. 8. 15, et je regardais (de tous les côtés), je cherchais parmi le peuple et les prêtres; אָבִינָה בַבָּנִים Prov. 7. 7, je remarquai parmi les fils; בִּין תָּבִין אֶת־אֲשֶׁר לְפָנֶיךָ Prov. 23. 2, considère bien ce qui est devant toi; וְלֹא יָבִין אֱלֹהֵי יַעֲקֹב Ps. 94. 7, le Dieu de Jacob n'y prend pas garde, ne le voit pas; לֹא יָבִינוּ אֶל־פְּעֻלֹּת יְיָ Ps. 28. 5, ils ne font pas attention aux œuvres de Dieu; וּבִין בַּדָּבָר Dan. 9. 23, prête attention à cette chose. Des choses inanimées: בְּטֶרֶם יָבִינוּ סִירֹתֵיכֶם אָטָד Ps. 58. 10, avant que vos pots aient remarqué, senti (la chaleur) des épines; selon d'autres: avant que vos épines soient devenues un buisson.

2° Comprendre, savoir, connaître, avoir l'intelligence, être intelligent: וַאֲנִי שָׁמַעְתִּי וְלֹא אָבִין Dan. 12. 8, j'entendais, mais je ne comprenais pas; בִּינֹתִי בַּסְּפָרִים Dan. 9. 2, je savais, ou: j'eus l'intelligence par la lecture des livres; בַּנְתָּה לְרֵעִי Ps. 139. 2, tu as compris, découvert ma pensée; אָדָם בִּיקָר וְלֹא יָבִין Ps. 49. 21, l'homme qui est en honneur et qui n'a pas d'intelligence. *Part. plur.* בָּנִים: אָבְדָה עֵצָה מִבָּנִים Jér. 49. 7, le conseil a disparu des hommes intelligents, ou: *pl.* de בֵּן de leurs enfants. D'autres ne rangent sous *Kal* que ce *part.* בָּנִים et בַּנְתָּה Ps. 139, 2; toutes les autres formes sous *Hiph.* (v. *pl. b. Hiph.*).

Niph. Être intelligent, sage: כִּי נְבֻנוֹתִי Is. 10. 13, car je suis intelligent. *Part.* נָבוֹן, נְבֹנִים hommes intelligents, sages, habiles: נְבוֹן דָּבָר I Sam. 16. 18, habile à parler, éloquent; נְבוֹן לָחַשׁ Is. 3. 3, habile, initié à la science mystique (v. לַחַשׁ).

Pil. יְסֹבְבֶנְהוּ יְבוֹנְנֵהוּ Deut. 32. 10, il l'entoura, il veilla sur lui (selon d'autres, il l'instruisit).

Hiph. הֵבִין (*fut.* יָבִין) Faire comprendre, expliquer, instruire, enseigner, rendre sage, distinguer, apprendre: הָבֵן לְהַלָּז אֶת־הַמַּרְאֶה Dan. 8. 16, explique à celui-ci la vision; הַמְּבִינִים אֶת־הָעָם Néh. 8. 9, qui instruisirent le peuple; דֶּרֶךְ־פִּקּוּדֶיךָ הֲבִינֵנִי Ps. 119, 27, enseigne-moi la voie de tes commandements; וְנִשְׁמַת שַׁדַּי תְּבִינֵם Job 32. 8, c'est le souffle du Tout-Puissant qui les rend intelligents; לְהָבִין בֵּין־טוֹב לְרָע I Rois 3. 9, pour distinguer entre le bien et le mal; הָבִין שְׁמוּעָה Is. 28. 19, apprendre la nouvelle. *Part.* מֵבִין Intelligent, instruit; versé dans les saintes Écritures: אִישׁ־מֵבִין I Chr. 27. 32, un homme instruit.

Hithp. Les mêmes significations que *Kal* : וָאֶתְבּוֹנֵן אֵלָיו בַּבֹּקֶר I Rois 3. 21, je le considérai le matin ; אֶתְבּוֹנָן Ps. 119. 100, je deviens intelligent, je m'instruis. Se construit comme le *Kal* et quelquefois avec עַד.

בַּיִן (avec suff. בֵּינִי, בֵּינְךָ, בֵּינוֹ et בֵּינָיו ; בֵּינֵיהֶם et בֵּינֹתָם, בֵּינֵיכֶם ; בֵּינוֹתֵינוּ et בֵּינֵינוּ) 1° Milieu, intervalle, duel. Ex. unique : אִישׁ הַבֵּנַיִם I Sam. 17. 4, 23, l'homme du milieu, Goliath, qui se tenait dans l'intervalle qui séparait les deux camps. De là 2° préposition.

1° Entre : בֵּין אַחִים Prov. 6.19, entre des frères. Répété : בֵּינִי וּבֵינֶיךָ Gen. 16. 5, (Dieu jugera) entre moi et toi. בֵּין־לְבֵין : בֵּינֵכֶם לְבֵין אֱלֹהֵיכֶם Is. 59. 2, entre vous et votre Dieu ; בֵּין מַיִם לָמָיִם Gen 1. 6, entre les eaux et les eaux. בֵּין־לְ : בֵּין הָאוּלָם וְלַמִּזְבֵּחַ Joel 2.17, entre le vestibule et l'autel. On sous-entend souvent le mot *la différence* : הַאֵדַע בֵּין־טוֹב לְרָע II Sam. 19. 36, est-ce que je sais (la différence) entre le bien et le mal ? וּרְאִיתֶם בֵּין צַדִּיק לְרָשָׁע Mal. 3. 18, vous verrez (la différence) entre le juste et le méchant. בֵּין וּבֵין ou בֵּין־לְ signifie quelquefois l'un ou l'autre : בֵּין רַב לְאֵין כֹּחַ II Chr. 14. 10, (de secourir) le fort ou le faible ; בֵּין טוֹב וּבֵין רָע Lév. 27. 12, qu'il soit bon ou mauvais.

2° Dans, dans l'intérieur de, dans l'espace de : בֵּין שׁוּרֹתָם Job. 24, 11, entre leurs murs ; בֵּין הַנְּתִיבוֹת Prov. 26. 13, dans les rues ; בֵּין עֲשָׂרָה יָמִים Néh. 5. 18, dans l'espace de dix jours. Avec d'autres prépositions : אֶל־בֵּינוֹת, אֶל־בֵּין Ez. 10. 2, 31. 10, entre ; עַל־בֵּין Ez. 19. 11, jusque entre ; מִבֵּין Ps. 104. 12, d'entre. Par euphém. : מִבֵּין רַגְלָיו Gen. 49. 10, (ce qui vient) d'entre ses pieds, sa postérité ; מִבֵּינוֹת לַכְּרֻבִים Ez. 10. 2, entre les chérubins ; בְּבֵין Is. 44. 4, parmi.

בֵּין chald. Même signif. que בֵּין hébr.

בִּינָה *f.* (const. בִּינַת, *plur.* בִּינוֹת). Intelligence, jugement, connaissance : וּבִינָה לוֹ בַּמַּרְאֶה Dan. 10. 1, il eut l'intelligence de cette vision ; לָשׁוֹן אֵין בִּינָה Is. 33. 19, langue inintelligible (v. לָעַג *Niph.*) ; לֹא עַם־בִּינוֹת הוּא Is. 27. 11, c'est un peuple sans jugement ; וְאֶל־בִּינָתְךָ אַל־תִּשָּׁעֵן Prov. 3. 5, ne t'appuie pas sur ton propre esprit ; הַגֵּד אִם־יָדַעְתָּ בִינָה Job 38. 4, dis-le, si tu as cette connaissance ; יֹדְעֵי בִינָה לָעִתִּים I Chr. 12. 32, qui sont instruits des événements du temps (de בִּין distinguer, reconnaître).

בִּינָה chald. Même signif.

* בֵּינוֹנִי *adj. fém.* בֵּינוֹנִית entre les deux, moyen, médiocre.

בֵּיצָה *f.* (*plur.* בֵּיצִים seul usité). Œuf : בֵּיצִים עֲזֻבוֹת Is. 10. 14, des œufs abandonnés (const. בֵּיצֵי).

בַּיִר *keri*. Citerne, Jér. 6.7, pour בּוֹר *cheth.*

בִּירָה *f.* Château-fort, citadelle, palais, capitale : שַׂר הַבִּירָה Néh. 7. 2, chef de la citadelle ; לֹא לְאָדָם הַבִּירָה I Chr. 29. 1, ce palais, ce temple, n'est pas pour un homme ; שׁוּשַׁן הַבִּירָה Esth. 1. 5, Suse, la capitale.

בִּירָה chald. Même signif. בְּבִירְתָא Esdr. 6. 2, dans la capitale.

בִּירָנִית *f.* (*pl.* seul usité). Citadelle : וַיִּבֶן בִּירָנִיּוֹת בִּירָנִיּוֹת II Chr. 17. 12, il construisit des citadelles en Judée.

* בִּישִׁין chald. *adj. pl.* Mauvais : כָּל מַרְעִין בִּישִׁין Rituel, toutes les mauvaises maladies (v. בָּאַשׁ).

* בַּיְשָׁן *m.* Homme timide, Aboth.

בַּיִת *m.* (const. בֵּית ; *plur.* בָּתִּים, de בָּנָה bâtir). 1° Maison, demeure (des hommes et des animaux) : כִּי תִבְנֶה בַּיִת חָדָשׁ Deut. 22. 8, lorsque tu bâtiras une maison nouvelle ; גַּם־צִפּוֹר מָצְאָה בַיִת Ps. 84. 4, l'oiseau aussi trouve une demeure, un nid ; בָּנָה כָעָשׁ בֵּיתוֹ Job 27. 18, il bâtit sa demeure comme le ver ; בֶּן־בַּיִת Gen. 15. 3, יְלִיד בַּיִת Gen. 17. 27, esclave né dans la maison de son maître ; *métaph.* בֵּית עוֹלָמוֹ Eccl. 12. 5, sa maison éternelle, sa tombe ; אִישׁ בְּבֵיתוֹ Is. 14. 18, (tous reposent) chacun dans sa demeure, dans sa tombe ; בָּתֵּי־חֹמֶר Job 4. 19, maisons de limon, c.-à-d. les corps humains ; אֲשֶׁר עַל־הַבָּיִת Is. 22. 15, chef de la maison, intendant ; בַּיִת fréq.

p. בְּבֵית dans la maison : הֲיֵשׁ בֵּית־אָבִיךָ Gen. 24. 23, y a-t-il dans la maison de ton père? Avec le ה local : בֵּיתָה יוֹסֵף Gen. 43. 17, dans la maison de Joseph; de là בַּיְתָה Exod. 28. 26, à l'intérieur; מִבַּיִת Gen. 6. 14, à l'intérieur, dedans (opposé à מִחוּץ).

2° Tente, palais, temple, partie d'une maison, salle, chambre : הַנָּשִׁים אֹרְגוֹת שָׁם בָּתִּים II Rois 23. 7, les femmes y avaient tissé des tentes; בֵּית־הָאֱלֹהִים Jug. 18. 31, maison de Dieu, la tente d'assignation; בֵּית פַּרְעֹה Gen. 12. 15, palais de Pharaon; בֵּית יַעַר הַלְּבָנוֹן I Rois 7. 2, le palais du bois du Liban; בֵּית יְיָ I Rois 6. 35, le temple de Dieu; בֵּית מִשְׁתֵּה הַיַּיִן Esth. 7. 8, salle du festin; בָּתֵּי הַקְּדֵשִׁים II Rois 23. 7, les salles des prostitués.

3° Lieu, endroit, réceptacle, réservoir : בֵּית־קִבְרוֹת אֲבוֹתַי Néh. 2. 3, lieu de sépulture de mes pères; בֵּית נְתִיבוֹת Prov. 8. 2, endroit où les chemins se croisent, carrefour, ou : dans les sentiers; וּבָתֵּי הַנֶּפֶשׁ Is. 3. 20, boîtes de parfums (que les femmes portaient sur le cœur); בָּתִּים לַבְּרִיחִים Exod. 26. 29, בָּתִּים לַבַּדִּים Exod. 37. 14, réceptacles aux barres, aux bâtons (pour y passer les barres, etc.); כְּבֵית סָאתַיִם I Rois 18. 32, (pouvant contenir) deux seahs; בֵּית צְלָעוֹת Ez. 41. 9, l'espace pour les chambres; בֵּית אֲבָנִים Job 8. 17, terrain pierreux.

4° Famille, postérité, gens d'une maison, serviteurs; אַתָּה וְכָל־בֵּיתְךָ Gen. 7. 1, toi et toute ta famille; אִישׁ וּבֵיתוֹ בָּאוּ Exod. 1. 1, ils y arrivèrent chacun avec sa famille; בֵּית לֵוִי Exod. 2. 1, maison de Lévi, postérité de Lévi; בֵּית פַּרְעֹה Gen. 50. 4, (Joseph dit aux) serviteurs de Pharaon. בֵּית אָב Maison du père, famille, la plus petite subdivision de la tribu (moins que מִשְׁפָּחָה) : לְמִשְׁפְּחֹתָם לְבֵית אֲבֹתָם Nomb. 1. 2, d'après leurs familles et leurs maisons; de même אָבוֹת seul (v. אָב). בָּנָה בַּיִת, עָשָׂה בַּיִת Bâtir, fonder une maison, c.-à-d. former une famille, avoir de la postérité. Avec ל Donner de la postérité à quelqu'un : אֲשֶׁר בָּנוּ שְׁתֵּיהֶם אֶת־בֵּית יִשְׂרָאֵל Ruth 4. 11, qui fondèrent elles deux (Léa et Rachel) la maison d'Israel; בַּיִת אֶבְנֶה־לָּךְ II Sam. 7. 27, je te donnerai de la postérité; וַיַּעַשׂ לָהֶם בָּתִּים Exod. 1. 21, il leur donna de la postérité; selon d'autres : il leur donna de grands biens. La maison et ce qu'elle contient, la fortune, les biens : בֶּן־מֶשֶׁק בֵּיתִי Gen. 15. 2, l'intendant de ma maison, de mes biens.

בֵּית אָוֶן (maison d'idolatrie) *n. pr.*, ville dans la tribu de Benjamin, à l'Orient de Bethel, Jos. 7. 2, 18. 12.

בֵּית אֵל (maison de Dieu) *n. pr.* Bethel, appelé aussi לוּז Jos. 18. 13, ville située sur une montagne, où se trouvait le tabernacle, Jug. 20. 25, (בֵּית אָוֶן lorsque cette ville était devenue le siége du culte idolâtre, v. אָוֶן); בֵּית הָאֱלִי I Rois 16. 34, de Bethel.

בֵּית הָאֵצֶל *n. pr.*, ville dans la Judée ou la Samarie, Mich. 1. 11.

בֵּית אַרְבֵאל *n. pr.* d'une ville, Osée 10. 14.

בֵּית בַּעַל מְעוֹן *n. pr.*, ville dans la tribu de Ruben, Jos. 13. 17; aussi בַּעַל מְעוֹן Nomb. 32. 38, et בֵּית מְעוֹן Jér. 48. 23.

בֵּית בִּרְאִי *n. pr.*, ville dans la tribu de Siméon, I Chr. 4. 31 (la maison de ma création).

בֵּית בָּרָה Ville près du Jourdain, Jug. 7. 24.

בֵּית־גָּדֵר (maison de la haie) *n. pr.* d'une ville, I Chr. 2. 51.

בֵּית הַגִּלְגָּל *n. pr.*, ville entre Jéricho et le Jourdain (v. גִּלְגָּל), Néh. 12. 29.

בֵּית גָּמוּל (maison de l'adulte) *n. pr.*, ville de Moab, Jér. 48. 23.

בֵּית דִּבְלָתַיִם *n. pr.*, ville de Moab, Jér. 48. 22 (v. דִּבְלָתַיִם).

בֵּית דָּגוֹן *n. pr.* 1° Ville dans la tribu de Juda, Jos. 15. 41. — 2° Dans la tribu d'Aser, Jos. 19. 27.

בֵּית הָרָם et בֵּית הָרָן (maison de la montagne) *n. pr.*, ville de la tribu de Gad, Nomb. 32. 36, Jos. 13. 27.

בֵּית חָגְלָה *n. pr.*, ville de la tribu de Benjamin, Jos. 15. 6.

בֵּית־חָנָן (maison de la grâce) *n. pr.* d'une ville, I Rois 4. 9.

בֵּית חוֹרוֹן *n. pr.*, deux villes de la tribu d'Ephraïm, Jos. 16. 5, I Rois 9. 17; l'une au nord : Beth-Horan עֶלְיוֹן Jos. 16. 5, la haute; l'autre תַּחְתּוֹן Jos. 16. 3, la basse.

בֵּית הַיְשִׁמוֹת (maison du désert) *n. pr.*, ville de la tribu de Ruben, Nomb. 33. 49.

בֵּית כָּר (maison de l'agneau) *n. pr.*, ville aux limites de Juda servant de citadelle aux Philistins, I Sam. 7. 11.

בֵּית הַכֶּרֶם (maison de la vigne) *n. pr.*, ville de la tribu de Juda, Jér. 6. 1.

בֵּית לְבָאוֹת (maison des lions) *n. pr.*, ville de la tribu de Siméon, Jos. 19. 6.

בֵּית לֶחֶם (maison du pain) *n. pr.* Bethlehem. 1° Ville de la tribu de Juda; aussi אֶפְרָתָה Gen. 35. 19; Bethlehem Jehuda, Ruth 1. 1; Bethlehem Ephratha, Miché 5. 1. — 2° Ville de la tribu de Zaboulon, Jos. 19. 15; בֵּית הַלַּחְמִי I Sam. 16. 18, de Bethlehem.

בֵּית לְעַפְרָה *n. pr.*, ville de la tribu de Benjamin, Mich. 1. 10 (v. עָפְרָה).

בֵּית מִלֹּא (v. מִלּוֹא).

בֵּית מְעוֹן (v. בֵּית בַּעַל מְעוֹן).

בֵּית מַעֲכָה *n. pr.*, ville au bas du Hermon, II Sam. 20. 14 (v. מַעֲכָה).

בֵּית־הַמַּרְכָּבוֹת (maison des chars) *n. pr.*, ville de la tribu de Siméon, Jos. 19. 5, I Chr. 4. 31.

בֵּית נִמְרָה *n. pr.*, ville de la tribu de Gad, Nomb. 32. 36; aussi נִמְרָה Nomb. 32. 3; מֵי נִמְרִים Is. 15. 6, les eaux de Nimrim.

בֵּית עֶדֶן (maison de délices) *n. pr.*, ville syrienne sur le Liban, Amos 1. 5.

בֵּית־עַזְמָוֶת et עַזְמָוֶת *n. pr.*, ville de la tribu de Juda ou Benjamin, Néh. 7. 28, 12. 29.

בֵּית הָעֵמֶק (maison de la plaine) *n. pr.*, ville de la tribu d'Aser, Jos. 19. 27.

בֵּית־עֲנוֹת (maison de l'écho) *n. pr.*, ville de la tribu de Juda, Jos. 15. 59.

בֵּית־עֲנָת *n. pr.*, ville de la tribu de Nephthali, Jug. 1. 33.

בֵּית־עֵקֶד הָרֹעִים (lieu de réunion des pasteurs) *n. pr.*, endroit près de Samarie, II Rois 10. 12; et בֵּית־עֵקֶד verset 14.

בֵּית הָעֲרָבָה (maison du désert) *n. pr.*, ville aux limites de Juda et de Benjamin, Jos. 15. 6, et sans בֵּית 18. 18.

בֵּית פֶּלֶט (maison de refuge) *n. pr.*, ville de la tribu de Juda, Jos. 15. 27.

בֵּית פְּעוֹר *n. p.*, ville de Moab, donnée à Ruben, Deut. 3. 29, Jos. 13. 20.

בֵּית פַּצֵּץ (maison de la dispersion) *n. pr.*, ville de la tribu d'Issachar, Jos. 19. 21.

בֵּית־צוּר (maison du rocher) *n. pr.*, ville forte de la tribu de Juda, Jos. 15. 58.

בֵּית־רְחוֹב (maison de la rue) *n. pr*, ville de la tribu d'Aser, Jug. 18. 28; aussi רְחוֹב Jos. 19. 28.

בֵּית־שְׁאָן et בֵּית שָׁן (maison du repos) *n. pr.*, ville de la tribu de Manassé, I Sam. 31. 10, Jos. 17. 11.

בֵּית הַשִּׁטָּה (maison d'acacias) *n. pr.*, ville près du Jourdain, Jug. 7. 22.

בֵּית שֶׁמֶשׁ (maison du soleil) *n. pr.* 1° Ville appartenant aux Lévites, Jos 21. 16, pour : les habitants de Beth Semes, I Sam. 6. 13, בֵּית־הַשִּׁמְשִׁי de Beth Semes, 6. 14, 18. — 2° Ville de la tribu de Nephthali, Jos. 19. 38. — 3° Ville de la tribu d'Issachar, Jos. 19. 22. — 4° Héliopolis en Égypte. Jér. 43. 13.

בֵּית־הַתַּפּוּחַ (maison du pommier) *n. pr.*, ville de la tribu de Juda, Jos. 15. 53.

בַּיִת chald. בַּיְתָה, בַּיְתָא. Maison : בֵּית גִּנְזַיָּא Esdr. 5. 17, maison du trésor; בֵּית סִפְרַיָּא Esdr. 6. 1, archives; *plur.* בָּתִּין.

בִּיתָן *m.* Palais, const. : גִּנַּת בִּיתַן הַמֶּלֶךְ Esth. 1. 5, le jardin du palais du roi.

בָּכָא *m.* 1° בְּעֵמֶק הַבָּכָא Ps. 84. 7, *n. pr.*, dans la vallée des larmes, probablement une vallée triste et stérile, ou : vallée des mûriers, comme 2° *plur.* בְּכָאִים nom d'un arbre, mûriers : בְּרָאשֵׁי הַבְּכָאִים II Sam. 5. 24, au sommet des mûriers ; selon d'autres : poiriers, ou un arbre résineux (v. בָּכָה).

בָּכָה (*fut.* יִבְכֶּה, וַיֵּבְךְּ) Répandre des larmes, pleurer : בָּכוֹ תִבְכֶּה בַּלַּיְלָה Lam. 1. 2, elle pleure pendant la nuit ; avec אֶת, אֶל, עַל et לְ, *actif*, pleurer quelqu'un, le plaindre ; avec עַל, quelquefois pleurer sur quelqu'un, entre ses bras, à son cou : וַיֵּבְךְּ עָלָיו Gen. 50. 1, il pleura sur lui, c.-à-d. à son cou ; pleurer contre ou auprès de quelqu'un : יִבְכּוּ עָלַי Nomb. 11. 13, ils pleurent (crient) contre moi (v. Jug. 14. 16).

Pi. Pleurer quelqu'un, avec l'*acc.* : Ez. 8. 14 ; avec עַל : רָחֵל מְבַכָּה עַל־בָּנֶיהָ Jér. 31. 15, Rachel qui pleure ses enfants.

בֶּכֶה *m.* Des pleurs : כִּי־בָכוּ הָעָם הַרְבֵּה בֶכֶה Esdr. 10. 1, car le peuple versa beaucoup de larmes.

בְּכוֹר *m.* (*plur.* בְּכוֹרִים const. בְּכוֹרֵי, *fém. plur.* בְּכוֹרוֹת). Premier-né : כָּל־בְּכוֹר Exod. 11. 5, chaque fils premier-né ; בְּכוֹרֵי בְקָרֵינוּ Néh. 10. 37, les premiers-nés de notre bétail ; מִבְּכֹרוֹת צֹאנוֹ Gen. 4. 4, des premiers-nés de ses brebis ; selon d'autres : des meilleurs. *Métaph.* Le premier, le meilleur de son genre, le préféré : אַף־אָנִי בְּכוֹר אֶתְּנֵהוּ Ps. 89. 28, et moi je l'établirai mon premier-né, mon préféré ; בְּכוֹרֵי דַלִּים Is. 14. 30, les premiers-nés des pauvres, c.-à-d. les plus pauvres, les plus malheureux ; בְּכוֹר מָוֶת Job 18. 13, le premier-né de la mort, c.-à-d. une mort cruelle.

בְּכוֹרָה et בְּכֹרָה *f.* Primogéniture, aînesse : מִשְׁפַּט הַבְּכֹרָה Deut. 21. 17, et seul בְּכֹרָה Gen. 25. 31-34, droit d'aînesse ; הַבְּכוֹר כִּבְכֹרָתוֹ Gen. 43. 33, l'aîné, selon le rang que lui donne son âge.

בִּכּוּרָה (בִּכּוּרָה Is. 28. 4) *f.* Fruit mûr avant les autres, fruit précoce : כְּבִכּוּרָה בִתְאֵנָה Osée 9. 10, comme les premiers fruits d'un figuier.

בַּכּוּרָה *f.* Précoce : כִּתְאֵנֵי הַבַּכֻּרוֹת Jér. 24. 2, comme les figues précoces.

בִּכּוּרִים et בִּכֻּרִים *plur. m.* Prémices, les premiers fruits des arbres et des champs, fruits précoces ; בִּכּוּרֵי כָּל־אֲשֶׁר בְּאַרְצָם Nomb. 18. 13, les prémices de tous les fruits de leur pays ; יְמֵי בִּכּוּרֵי עֲנָבִים Nomb. 13. 20, le temps où les premiers raisins mûrissent ; רֵאשִׁית בִּכּוּרֵי אַדְמָתְךָ Exod. 23. 19, les prémices des fruits précoces de ta terre ; לֶחֶם הַבִּכּוּרִים Lév. 23. 20, pain des prémices, fait avec le blé nouveau, offert au temple à la fête des semaines ; וּבְיוֹם הַבִּכּוּרִים Nomb. 28. 26, et au jour, à la fête des prémices, à la Pentecôte (rac. בָּכַר).

בְּכוֹרַת (aînesse) *n. pr. m.* I Sam. 9. 1.

בָּכוּת *f.* Pleurs : אַלּוֹן בָּכוּת Gen. 35. 8, le chêne des pleurs (rac. בָּכָה).

בְּכִי *m.* (avec pause בֶּכִי, avec suff. בִּכְיִי, rac. בָּכָה) Action de pleurer, de se lamenter ; pleurs, larmes : מִנְעִי קוֹלֵךְ מִבֶּכִי Jér. 31. 16, empêche ta voix de pousser des gémissements ; וַיִּבְכּוּ בְּכִי גָדוֹל Jug. 21. 2, ils fondirent en larmes ; בְּכִי תַמְרוּרִים Jér. 31. 15, des larmes amères ; שָׁמַע יְיָ קוֹל בִּכְיִי Ps. 6. 9, Dieu a entendu la voix de mes larmes, plaintes. *Métaph.* Gouttes : מִבְּכִי נְהָרוֹת חִבֵּשׁ Job 28. 11, il empêche les fleuves de laisser couler des gouttes, de s'écouler, de filtrer.

בֹּכִים (les pleureurs) *n. pr.* d'un endroit, Jug. 2. 1.

בְּכִירָה *adj. f.* (*m.* בְּכוֹר). L'aînée : שֵׁם הַבְּכִירָה I Sam. 14. 49, le nom de l'aînée.

בְּכִית *f.* Pleurs, deuil (rac. בָּכָה) : יְמֵי בְכִיתוֹ Gen. 50. 4, les jours, le temps de son deuil.

בָּכַר *Kal* inusité (mûrir, arriver, naître le premier). *Pi.* 1° לָחֳדָשָׁיו יְבַכֵּר Ez. 47. 12, tous les mois il portera de nouveaux fruits. — 2° לֹא יוּכַל לְבַכֵּר אֶת־בֶּן־הָאֲהוּבָה Deut. 21. 16, il ne pourra reconnaître comme son aîné le fils de celle qu'il aime, c.-à-d. lui donner les droits du premier-né.

Pou. אַךְ־בְּכוֹר אֲשֶׁר יְבֻכַּר לַיְיָ Lév. 27. 26, mais le premier-né qui, en sa qualité de premier-né, appartient à l'Éternel.

Hiph. צָרָה כְּמַבְכִּירָה Jér. 4. 31, des douleurs comme celles d'une femme qui enfante pour la première fois.

בֵּכֶר *m.* Ex. unique : בִּכְרֵי מִדְיָן Is. 60. 6, des dromadaires, ou : jeunes chameaux de Midian.

בֶּכֶר *n. pr. m.* 1° Becher, fils de Benjamin, Gen. 46. 21. — 2° Becher, fils d'Éphraïm, Nomb. 26. 35 ; *n. patr.* בַּכְרִי.

בִּכְרָה *f.* : בִּכְרָה קַלָּה Jér. 2. 23, un jeune chameau femelle et agile (v. *m.* בֵּכֶר).

בֹּכְרוּ *n. pr. m.* I Chr. 8. 38.

בִּכְרִי *n. pr. m.* II Sam. 20. 1.

בַּל 1° Rien, point (v. בְּלִי) : צְרַפְתַּנִי בַל־תִּמְצָא Ps. 17. 3, tu m'as éprouvé et tu n'as rien trouvé (rien de mal) ; וְלִבּוֹ בַּל־עִמָּךְ Prov. 23. 7, mais son cœur ne sera point avec toi ; אַף בַּל־נִטָּעוּ אַף בַּל־זֹרָעוּ Is. 40. 24, ils ne sont pas encore plantés, ils ne sont pas encore semés, c.-à-d. ils sont à peine plantés, à peine semés. — 2° *conj.* Pour que ne : בַּל־יָקֻמוּ Is. 14. 21, pour qu'ils ne se lèvent pas (Ps. 10. 18) ; בַּל קְרוֹב אֵלֶיךָ Ps. 32. 9, pour qu'il n'approche de toi (qu'il ne te blesse), ou : autrement il n'approchera pas de toi, ne t'obéira pas.

בָּל chald., *m.* : שָׂם בָּל לְשֵׁיזָבוּתֵהּ Dan. 6. 15, il prit à cœur, il dirigea son esprit, il résolut de délivrer (Daniel) (v. לֵב).

בֵּל (contracté de בְּעֵל, בַּעַל le puissant) *n. pr.* d'une des principales divinités des Babyloniens, Bel, Jér. 50. 2, Is. 46. 1. Ce mot entre dans la composition de plusieurs noms propres babyloniens.

בְּלָא chald. *Pa.* : וּלְקַדִּישֵׁי עֶלְיוֹנִין יְבַלֵּא Dan. 7. 25, il opprimera, tourmentera, les saints du Très-Haut (v. בָּלָה *Pi.*).

בַּלְאֲדָן (Bel est son maître) *n. pr.* du père de Berodach-Baladan, roi des Babyloniens, II Rois 20. 12.

בָּלַג *Kal* inusité. *Hiph.* 1° *intrans.* Reprendre des forces, se remettre, s'épanouir : וְאַבְלִיגָה מְּעָט Job. 10. 20, pour que je reprenne mes esprits, que je respire un peu (Ps. 39. 14). — 2° *trans.* Fortifier, consoler : הַמַּבְלִיג שֹׁד עַל־עָז Amos 5. 9, il fortifie la dévastation ou le dévastateur contre le puissant (*part.* v. מַבְלִיגִית).

בִּלְגָּה *n. pr. m.*, Néh. 12. 5 ; בִּלְגַּי Néh. 10. 9.

בִּלְדַּד *n. pr. m.*, un des amis de Job, Bildad de Suah, Job 2. 11.

בָּלָה S'user par le temps, par l'âge ; vieillir, dépérir, tomber en décomposition, en pourriture. Des vêtements : שַׂלְמוֹתֵינוּ וּנְעָלֵינוּ בָּלוּ Jos. 9. 13, nos vêtements et nos chaussures se sont usés ; שִׂמְלָתְךָ לֹא בָלְתָה מֵעָלֶיךָ Deut. 8. 4, tes vêtements ne sont point tombés de toi, ne se sont point déchirés sur toi. De l'homme : אַחֲרֵי בְלֹתִי Gen. 18. 12, après que je suis devenue vieille ; בָּלוּ עֲצָמַי Ps. 32. 3, mes os ont vieilli, dépéri ; וְהוּא כְּרָקָב יִבְלֶה Job 13. 28, et lui (l'homme) tombe en décomposition, est consumé vite comme une chose pourrie. *Métaph.* וְהָאָרֶץ כַּבֶּגֶד תִּבְלֶה Is. 51. 6, la terre s'en ira comme un vêtement usé.

Pi. trans. Faire vieillir, faire dépérir, user, consumer : בִּלָּה בְשָׂרִי Lam. 3. 4, il fait dépérir, il déchire ma chair ; וְצוּרָם לְבַלּוֹת Ps. 49. 15, leur face, beauté, s'évanouira, sera détruite (dans l'enfer) ; יְבַלּוּ בַטּוֹב יְמֵיהֶם Job 21. 13, ils usent, c.-à-d. ils passent, leurs jours dans les plaisirs ; וּמַעֲשֵׂה יְדֵיהֶם יְבַלּוּ בְחִירָי Is. 65. 22, mes élus useront eux-mêmes les œuvres de leurs mains, c.-à-d. ils en jouiront longtemps ; וְלֹא־יוֹסִיפוּ בְנֵי־עַוְלָה לְבַלֹּתוֹ I Chr. 17. 9, les méchants ne le détruiront, ou : ne l'humilieront plus.

בָּלֶה *adj.* (*f.* בָּלָה, *plur.* בָּלִים, *f.* בָּלוֹת). Usé, vieux : שַׂקִּים בָּלִים Jos. 9. 4, des sacs usés ; וָאֹמַר לַבָּלָה נִאוּפִים Ez. 23. 43, je dis (alors) de cette femme qui a vieilli dans la débauche.

כָּלָה *n. pr.* d'une ville dans la tribu de Siméon, Jos. 19. 3 (v. בִּלְהָה).

כָּלָה *Pi.*, *chethib* וּמְבַלְהִים אוֹתָם Esdr. 4. 4, et les effrayaient, les troublaient dans leur travail (p. מְבַהֲלִים *keri*) ; de là בַּלָּהָה.

בַּלָּהָה *f.* (*plur.* בַּלָּהוֹת, const. בַּלְהוֹת). Terreur, épouvante : לְעֵת עֶרֶב וְהִנֵּה בַלָּהָה Is. 17 14, au soir et voici, il y aura terreur ; בַּלְהוֹת צַלְמָוֶת Job 24. 17, les frayeurs des ténèbres de la mort ; בַּלָּהוֹת אֶתְּנֵךְ וְאֵינֵךְ Ez. 26. 21, je ferai de toi un objet d'épouvante, et tu ne seras plus ; selon d'autres : je te réduirai au néant (de הָיָה, דָּאַה et בַּל).

בִּלְהָה *n pr.* 1° Balhah, servante de Rachel, qu'elle donna pour femme à Jacob, mère de Dan et de Nephthali, Gen. 30. 3. — 2° Nom d'un endroit dans la tribu de Siméon, I Chr. 4. 29, appelé aussi בָּלָה Jos. 19. 3.

בִּלְהָן *n. pr. m.* 1° Gen. 36. 27. — 2° I Chr. 7. 10.

בְּלוֹ chald., *m.* Un genre d'impôt, la taille : מִנְדָּה בְלוֹ וַהֲלָךְ Esdr. 4. 13, (ils ne payeront plus) ni tributs, ni impôts, taille, ni dons, ou : péage.

בְּלוֹאִים *m. pl.* (rac. בָּלָה). Ce qui est vieux, usé : בְּלוֹאֵי הַסְּחָבוֹת Jér. 38. 12, des morceaux d'étoffes usés et déchirés, verset 11 בְּלוֹי pour בְּלוֹאֵי.

בֵּלְטְשַׁאצַּר Nom chaldéen de Daniel, Dan. 1. 7.

בְּלִי (de בַּל, avec י paragog.) 1° *m.* Destruction, corruption : חָשַׁקְתָּ נַפְשִׁי מִשַּׁחַת בְּלִי Is. 38. 17, tu as tiré avec amour mon âme de la fosse de la corruption. — 2° *adv.* Point, ne pas ; *prép.*, sans : בְּלִי מָשִׁיחַ בַּשָּׁמֶן II Sam. 1. 21, (comme s')il n'eût point été sacré de l'huile sainte ; אֹסֶף בְּלִי יָבוֹא Is. 32. 10, la moisson ne reviendra plus ; מֻרְדָּף בְּלִי חָשָׂךְ Is. 14 6, persécution sans relâche (v. מֻרְדָּף) ; בְּנֵי בְלִי־שֵׁם Job 30. 8, des hommes sans nom, sans considération.

Avec des prépositions : בִּבְלִי־דַעַת Deut. 4. 42, sans le savoir, par imprudence ; לִבְלִי־חֹק Is. 5. 14, sans mesure ; מִבְּלִי point, parce qu'il n'y a plus, faute de, sans que : מִבְּלִי־לוֹ Job 18. 15, qui n'est point à lui, qu'il a quittée ; מִבְּלִי־דָעַת Is. 5. 13, parce qu'il n'a point eu d'intelligence ; הֲמִבְּלִי אֵין־קְבָרִים בְּמִצְרַיִם Exod. 14. 11, est-ce parce qu'il n'y a plus de tombes en Égypte ? מִבְּלִי יֹשֵׁב Jér. 2. 15, de sorte qu'il n'y a plus d'habitants ; מִבְּלִי אֲשֶׁר לֹא־יִמְצָא הָאָדָם Eccl. 3. 11, sans que l'homme puisse trouver (double négation) ; עַד־בְּלִי יָרֵחַ Ps. 72. 7, jusqu'à ce qu'il n'y ait plus de lune ; עַל־בְּלִי הִגִּיד לוֹ Gen. 31. 20, parce qu'il ne lui avait pas dit.

בְּלִיל *m.* Fourrage (mélange d'orge et d'avoine, v. בָּלַל) : אִם יִגְעֶה־שּׁוֹר עַל־בְּלִילוֹ Job 6. 5, le bœuf mugit-il lorsqu'il est près de son fourrage ?

בְּלִימָה *f.* Néant : תֹּלֶה אֶרֶץ עַל־בְּלִימָה Job 26. 7, il suspend la terre sur le néant (de בְּלִי־מָה sans rien).

בְּלִיַּעַל (de בְּלִי sans, יַעַל profit, utilité, v. יָעַל, ou de עֹל sans joug) Méchanceté, perversité ; aussi destruction, dévastation : אִישׁ הַבְּלִיַּעַל הַזֶּה I Sam. 25. 25, cet homme méchant ; אַנְשֵׁי בְנֵי־בְלִיַּעַל Jug. 19. 22, des hommes pervers ; בַּת־בְּלִיָּעַל I Sam. 1. 16, une femme pervertie ; עֵד בְּלִיַּעַל Prov. 19. 28, un témoin injuste, faux ; דְּבַר־בְּלִיָּעַל Ps. 101. 3, une chose injuste, iniquité ; נַחֲלֵי בְלִיַּעַל Ps. 18. 5, torrents dévastateurs ; דְּבַר־בְּלִיַּעַל יָצוּק בּוֹ Ps. 41. 9, une chose (maladie) dangereuse, ou le malheur s'est répandu sur lui (v. le même exemple à יָצַק) ; הַאֹמֵר לְמֶלֶךְ בְּלִיָּעַל Job 34. 18, dit-on à un roi : Tu es un méchant, un destructeur ? לֹא יוֹסִיף עוֹד לַעֲבָור־בָּךְ בְּלִיַּעַל Nah. 2. 1, le destructeur ne passera plus au milieu de toi.

בָּלַל (*fut.* יָבֹל) 1° Mêler, confondre, mélanger, arroser : כִּי־שָׁם בָּלַל יְיָ שְׂפַת כָּל־הָאָרֶץ Gen. 11. 9, car là l'Éternel confondit le langage de toute la terre ; נָבְלָה Gen. 11. 7, p. נָבֹלָּה confondons ; *part. pass.* : סֹלֶת בְּלוּלָה בַשֶּׁמֶן Lév. 2. 5, de la fleur de farine mélangée (pétrie) avec de l'huile; בַּלֹּתִי בְּשֶׁמֶן רַעֲנָן Ps. 92. 11, j'ai été arrosé (oint) avec de l'huile fraîche. — 2° Ex. unique : וַיָּבֶל לַחֲמוֹרִים Jug. 19. 21, il donne du fourrage aux ânes (de בְּלִיל fourrage).

Hithp. Se mêler : אֶפְרַיִם בָּעַמִּים הוּא יִתְבּוֹלָל Osée 7. 8, Ephraïm se mêle aux peuples.

בָּלַם Serrer, brider. Ex. unique : בְּמֶתֶג־וָרֶסֶן עֶדְיוֹ לִבְלוֹם Ps. 32. 9, il faut serrer la bouche (du cheval) avec le mors et le frein.

בָּלַס Ex. unique : וּבוֹלֵס שִׁקְמִים Amos 7. 14, et cueillant des figues, ou des fruits des sycomores; selon d'autres : comme בָּלַל, les mêlant avec d'autres choses (pour en nourrir mes troupeaux).

בָּלַע Avaler, engloutir, dévorer : בְּעוֹדָהּ בְּכַפּוֹ יִבְלָעֶנָּה Is. 28. 4, à peine l'a-t-il dans sa main qu'il l'avale (le mange avec avidité); וַתִּבְלַעְנָה הַשִּׁבֳּלִים הַדַּקּוֹת Gen. 41. 7, les épis ténus dévorèrent; וּבָלְעָה אֹתָם Nomb. 16. 30, (la terre) les engloutit; עַד־בִּלְעִי רֻקִּי Job 7. 19, (tu ne me donnes pas de relâche) pour avaler ma salive, c.-à-d. pour respirer un instant. *Métaph.* בְּלָעַנִי כַּתַּנִּין Jér. 51. 34, il m'a englouti comme un dragon.

Niph. נִבְלַע יִשְׂרָאֵל Osée 8. 8, Israel a été dévoré, détruit; נִבְלְעוּ מִן־הַיַּיִן Is. 28. 7, ils sont abattus, absorbés par le vin.

Pi. 1° Engloutir, dévorer; plus généralement détruire, anéantir : וּפִי רְשָׁעִים יְבַלַּע־אָוֶן Prov. 19. 28, la bouche des méchants dévore l'iniquité; בְּבַלַּע רָשָׁע צַדִּיק מִמֶּנּוּ Hab. 1. 13, lorsque le méchant dévore celui qui est plus juste que lui; בִּלַּע יְיָ Lam. 2. 2, l'Eternel a détruit (sans pitié); בִּלַּע הַמָּוֶת לָנֶצַח Is. 25. 8, il anéantira à jamais la mort. — 2° Couvrir, envelopper : כְּבַלַּע אֶת־הַקֹּדֶשׁ Nomb. 4. 20, tandis qu'on enveloppe les choses saintes.

Pou., passif de Piel. Être détruit, anéanti; périr : וּמְאֻשָּׁרָיו מְבֻלָּעִים Is. 9. 15, et ceux qui se laissent diriger par lui seront détruits; avec לְ : פֶּן־יְבֻלַּע לַמֶּלֶךְ II Sam. 17. 16, pour que la ruine ne soit préparée au roi, pour qu'il ne périsse; אִם־אָמַר אִישׁ כִּי יְבֻלָּע Job 37. 20, si quelqu'un pensait une chose pareille, il périrait; selon d'autres : quelqu'un dirait-il cela, comme si c'était une chose cachée, un secret pour lui?

Hithp. וְכָל־חָכְמָתָם תִּתְבַּלָּע Ps. 107. 27, et toute leur sagesse s'est évanouie, est anéantie.

בֶּלַע *m.* 1° Absorption : וְהֹצֵאתִי אֶת־בִּלְעוֹ מִפִּיו Jér. 51. 44, je ferai sortir de sa bouche ce qu'il a absorbé. — 2° אָהַבְתָּ כָל־דִּבְרֵי־בָלַע Ps. 52. 6, tu aimes toutes les paroles de destruction, qui tendent à la ruine, ou : les paroles de ruse (de בִּלַּע *Pi.*, envelopper, cacher).

בֶּלַע *n. pr.* 1° Ville près de Sodome, appelée plus tard צֹעַר Gen. 14. 2. — 2° Bela, fils de Beor, roi d'Édom, Gen. 36. 32. — 3° Bela, fils de Benjamin, Gen. 46. 21; *nom patron.* בַּלְעִי Nomb. 26. 38. — 4° I Chr. 5. 8.

בִּלְעֲדֵי (comp. de בַּל non, עֲדֵי, עַד, vers), toujours avec מִן. מִבַּלְעֲדֵי *prép.* Sans, outre, hormis : הֲמִבַּלְעֲדֵי יְיָ עָלִיתִי Is. 36. 10, est-ce sans (l'ordre de) Dieu que je suis entré (dans ce pays)? מִבַּלְעֲדֵי מִזְבַּח יְיָ Jos. 22. 19, outre l'autel de l'Éternel; מִי אֱלוֹהַּ מִבַּלְעֲדֵי יְיָ Ps. 18. 32, qui est Dieu, sinon l'Éternel?

בִּלְעָדֵי (avec suff. בִּלְעָדַי, בִּלְעָדֶיךָ) Même signif. : אֶפֶס בִּלְעָדָי Is. 45. 6, hors moi il n'y a rien; בִּלְעֲדֵי אֶחֱזֶה אַתָּה הֹרֵנִי Job 34. 32, outre ce que je vois, c.-à-d. même ce que je ne vois pas, enseigne-le-moi; בִּלְעָדַי Gen. 14. 24, rien pour moi; Gen. 41. 16, ce n'est pas moi, loin de moi d'y prétendre; וּבִלְעָדֶיךָ Gen. 41. 44, et sans ton ordre.

בִּלְעָם (sans peuple, étranger) *n. pr.* 1° Balaam, fils de Beor de Pethor; ses prophéties, Nomb. 22-24. — 2° Nom d'un endroit dans la tribu de Manassé, au delà du Jourdain, I Chr. 6. 55.

בָּלַק Dévaster, ravager : בּוֹקֵק הָאָרֶץ וּ

וּבוֹלְקָהּ Is. 24. 1, il rend le pays désert et le dévaste, dépouille.

Pou., *passif*: בּוּקָה וּמְבוּקָה וּמְבֻלָּקָה Nah. 2. 11, elle (Ninive) est pillée, dévastée, ravagée.

בָּלָק (dévastateur), *n. pr.* Balak, roi des Moabites, Nomb. 22. 2.

בֵּלְשַׁאצַּר et בֵּלְאשַׁצַּר *n. pr.* Baltassar, dernier roi des Chaldéens, Dan. 5. 1, 7. 1.

בִּלְשָׁן (orateur) *n. pr. m.* Esdr. 2. 2.

בִּלְתִּי (avec suff. בִּלְתֶּךָ, בִּלְתִּי) *adv.* et *prép.* Point, sans, sans que, hors: בִּלְתִּי טָהוֹר הוּא I Sam. 20. 26, il n'est point pur; מַכַּת בִּלְתִּי סָרָה Is. 14. 6, des coups sans répit; בִּלְתִּי אֲחִיכֶם אִתְּכֶם Gen. 43. 3, sans que votre frère soit avec vous; וּמוֹשִׁיעַ אַיִן בִּלְתִּי Osée 13. 4, de sauveur, il n'y en a point hors moi; בִּלְתִּי אִם Gen. 47. 18, si ce n'est. Avec les prépositions: לְבִלְתִּי רוּם־לְבָבוֹ Deut. 17. 20, de ne point élever son cœur; לְבִלְתִּי לְהַעֲבִיר II Rois 23. 10, de ne point faire passer (sacrifier à Molech); לְבִלְתִּי־שָׁבוּ אִישׁ Jér. 23. 14, afin que personne ne se convertisse (de ses crimes); וּלְבִלְתִּי רָאוּ Ez. 13. 3, et sans qu'ils aient des visions; מִבִּלְתִּי שָׂבְעָתֵךְ Ez. 16. 28, parce que tu ne te rassasies pas; עַד־בִּלְתִּי שָׁמַיִם Job 14. 12, jusqu'à ce qu'il n'y ait plus de ciel, c.-à-d. jamais.

בָּמָה *f.* (*plur.* בָּמוֹת, const. בָּמוֹת, בָּמוֹתֵי et בָּמֳתֵי avec suff. בָּמוֹתֵיךָ, בָּמוֹתֵי). 1° Hauteur, colline, montagne: עַל־בָּמוֹתֶיךָ חָלָל II Sam. 1. 19, il a été tué sur tes montagnes; וּבָמוֹת עוֹלָם Ez. 36. 2, et ces hauteurs éternelles; וְעַל בָּמוֹתַי יַעֲמִידֵנִי Ps. 18. 34, il m'a placé sur mes collines, c.-à-d. dans des lieux élevés et fortifiés; עַל־בָּמוֹתֵימוֹ תִדְרֹךְ Deut. 33. 29, tu foules ses hauteurs sous tes pieds, c.-à-d. tu domines le pays de l'ennemi; בָּמֳתֵי עָב Is. 14. 14, les hauteurs des nuées; בָּמֳתֵי־יָם Job 9. 8, les hauteurs de la mer, c.-à-d. les nuées, les vagues les plus élevées.

2° Hauts lieux où des sacrifices étaient offerts à Dieu, avant, et contrairement à la loi, même après la construction du temple; plus général., lieu consacré au culte impie des idoles: זֶבַח הַיּוֹם לָעָם בַּבָּמָה I Sam. 9. 12, le peuple offre aujourd'hui des sacrifices sur le haut lieu; רַק הַבָּמוֹת לֹא־סָרוּ II Rois 12. 4, seulement ils n'avaient pas ôté les hauts lieux; בָּתֵּי הַבָּמוֹת I Rois 13. 32, les temples des hauts lieux; בָּמָה est mis pour בֵּית הַבָּמָה temple ou autel: אָז יִבְנֶה שְׁלֹמֹה בָּמָה I Rois 11. 7, alors Salomon construisit un temple de haut lieu; בָּמוֹת טְלֻאוֹת Ez. 16. 16, des hauteurs ou des autels couverts d'étoffes variées, bariolées (ces temples n'étaient souvent que des tentes). — 3° Sépulcre: וּבְפִגְרֵי מַלְכֵיהֶם בָּמוֹתָם Ez. 43. 7, et par les cadavres de leurs rois (dans) leurs sépulcres.

בִּמְהָל *n. pr. m.* I Chr. 7. 33.

בְּמוֹ (v. מוֹ).

בָּמוֹת (hauteur) *n. pr.* d'une ville dans Moab, Nomb. 21. 19; appelée aussi בָּמוֹת בַּעַל Nomb. 22. 41.

בֵּן (rac. בָּנָה, const. בֶּן, quelquefois בִּן, une fois בְּנִי Gen. 49. 11, et בְּנוֹ Nomb. 24. 3, avec suff. בְּנוֹ, בִּנְךָ; *plur.* בָּנִים, const. בְּנֵי) 1° Fils, quelquefois petit-fils; jeune homme, garçon: יִצְחָק בֶּן־אַבְרָהָם Gen. 25. 19, Isaac, fils d'Abraham; אוֹ־בֵן יִגָּח אוֹ־בַת יִגָּח Exod. 21. 31, s'il frappe un garçon ou une fille; לָבָן בֶּן־נָחוֹר Gen. 29. 5, Laban, fils (petit-fils) de Nahor; אָבִינָה בַבָּנִים Prov. 7. 7, j'ai remarqué parmi les jeunes gens; de même des animaux: בֶּן־יוֹנָה Lév. 12, 6, le petit d'une colombe; לִבְנֵי עֹרֵב Ps. 147. 9, aux jeunes corbeaux; בֶּן־בָּקָר jeune taureau; des plantes: בֵּן פֹּרָת Gen. 49. 22, branche d'un arbre fécond; וְעַל־בֵּן אִמַּצְתָּה לָּךְ Ps. 80. 16, et sur la branche que tu as consolidée pour toi; בְּנֵי אָבִיךָ Gen. 49. 8, les fils de ton père, tes frères.

Plur. Enfants, descendants; avec le nom d'un patriarche, peuple, nation: הָבָה־לִּי בָנִים Gen. 30. 1, donne-moi des enfants; בְּנֵי יִשְׂרָאֵל les Israélites; בְּנֵי עַמּוֹן les Ammonites; de même לִבְנֵי הַיְּוָנִים Joel 4. 6, aux Grecs. — 2° Soumis, obéissant comme un fils; serviteur, disciple; ou aimé comme un fils, le bien-aimé, l'élu; עַבְדְּךָ וּבִנְךָ אָנִי II Rois 16. 7, je suis ton serviteur et ton fils, je te suis dévoué comme à un père; מִבְּנֵי הַנְּבִיאִים I Rois 20. 35, (un) des disciples des prophètes; וּמִמִּצְרַיִם קָרָאתִי לִבְנִי Osée 11. 1, et de l'Égypte je t'ai désigné pour mon fils (élu). Suivi d'un nom de ville, habitant de: בְּנֵי צִיּוֹן habitants de Sion.

בֶּן בַּיִת Fils de la maison, esclave né dans la maison du maître: וְאֵילִים בְּנֵי־בָשָׁן Deut. 32. 14, et des béliers de Basan; בֶּן־מָוֶת I Sam. 20. 31, בִּן הַכּוֹת Deut. 25. 2, le fils de la mort, qui a mérité la mort, qui a mérité d'être frappé; suivi d'un mot qui désigne le temps, âgé de: בֶּן שָׁנָה âgé d'un an; בִּן־לַיְלָה Jon. 4. 10, âgé d'une nuit; suivi d'un qualificatif, בֶּן est synonyme de אִישׁ: בֶּן בְּלִיַּעַל un méchant, בֵּן חָכָם un sage, בֶּן חַיִל un vaillant homme; בְּנֵי־עֹנִי, בְּנֵי אֶבְיוֹן Prov. 31. 5, Ps. 72. 4, les pauvres; בֶּן־קָשֶׁת Job 41. 20, fils de l'arc, flèche; בֶּן־שָׁחַר Is. 14. 12, fils de l'aurore, l'étoile du matin; בְּנֵי רֶשֶׁף Job 5. 7, les oiseaux, ou: les étincelles (v. רֶשֶׁף); וּבֶן־גָּרְנִי Is. 21. 10, et le fils de mon aire, la paille; בְּנֵי הָאֱלֹהִים Job 1. 6, les enfants de Dieu, les anges.

בֵּן chald. Même sign., employé seulement au pluriel: בְּנֵי, בְּנִין (v. בַּר sing., fils).

בֵּן n. pr. m. I Chr. 15. 18. Les autres noms propres composés avec בֶּן sont:

בֶּן־אוֹנִי (enfant de ma douleur) Nom de Benjamin, que lui donna Rachel en mourant des douleurs de l'enfantement, Gen. 35. 18.

בֶּן־הֲדַד n. pr. m., porté par trois rois de Damas et de Syrie. 1° I Rois 15. 18. — 2° I Rois 20. 1. — 3° II Rois 13. 3.

בֶּן־חַיִל (vaillant guerrier) n. pr. m., II Chr. 17. 7.

בֶּן־חָנָן (fils du gracieux) n. pr. m., I Chr. 4. 20.

בִּן־יָמִין n. pr. m.: אִישׁ מִבִּן־יָמִין pour בִּנְיָמִין, un homme de la tribu de Benjamin, I Sam. 9. 1.

בְּנָא chald. (v. בְּנָה).

בָּנָה (fut. יִבְנֶה, fut. apoc. וַיִּבֶן) Bâtir, construire, fonder, former, reconstruire: בָּנֹה בָנִיתִי בֵּית זְבֻל לָךְ I Rois 8. 13, je t'ai bâti cette maison qui te servira de demeure; בִּבְנוֹתַיִךְ גַּבֵּךְ Ez. 16. 31, en construisant tes hauts lieux; וַיִּבֶן אֶת־נִינְוֵה Gen. 10. 11, il fonda Ninive; וַיִּבֶן יְיָ אֱלֹהִים אֶת־הַצֵּלָע — לְאִשָּׁה Gen. 2. 22, l'Éternel Dieu forma de la côte (qu'il avait prise d'Adam) une femme; וּבָנוּ עָרִים נְשַׁמּוֹת Amos 9. 14, ils reconstruiront des villes désertes. Avec בְּ travailler à, aider à construire: וּבָנוּ בְּהֵיכַל Zach. 6. 15, ils travailleront à la construction du temple; quelquefois recouvrir: וַיִּבֶן אֶת־קִירוֹת הַבַּיִת I Rois 6. 15, il recouvrit les murs du temple, (à l'intérieur, d'ais de cèdre). Avec עַל bâtir autour, enfermer: בָּנָה עָלַי Lam. 3. 5, il a bâti autour de moi (me tient enfermé); וּבָנָה עָלֶיהָ Eccl. 9. 14, il bâtit (des citadelles) autour de la ville; métaph. וּבָנִיתִי אֶתְכֶם וְלֹא אֶהֱרֹס Jér. 42. 10, je vous édifierai et je ne vous renverserai pas (je vous donnerai un bonheur durable); בָּנָה בַיִת donner de la postérité; אֲשֶׁר לֹא־יִבְנֶה אֶת־בֵּית אָחִיו Deut. 25. 9, qui ne relève pas la maison de son frère, ne lui donne pas de postérité (v. בַּיִת).

Niph., *passif du Kal.* Être rebâti; *métaph.* (des hommes), être rétabli, redevenir heureux: וְנִבְנוּ בְּתוֹךְ עַמִּי Jér. 12. 16, ils seront rétablis au milieu de mon peuple; אִם תָּשׁוּב עַד־שַׁדַּי תִּבָּנֶה Job 22. 23, si tu reviens à Dieu, tu seras heureux; אוּלַי אִבָּנֶה מִמֶּנָּה Gen. 16. 2, peut-être aurai-je de la postérité par elle.

בְּנָא, בְּנָה chald. Bâtir, *part. passé* בְּנֵה, *inf.* מִבְנָא et מִבְנְיָה: בַּיְתָא דְנָא לְמִבְנְיָה Esdr. 5. 9, de construire ce temple.

Hithp., *pass.*: וְהוּא מִתְבְּנֵא אֶבֶן גְּלָל Esdr. 5. 8, qu'elle soit construite avec de grosses pierres.

בַּנּוּי *n. pr. m.* Néh. 7. 15, et plusieurs autres.

בָּנוֹת *plur.* de בַּת.

בָּנִי (bâti) *n. pr. m.* II Sam. 23. 36, et plusieurs autres.

בֻּנִּי *n. pr. m.* Néh. 9. 4.

בְּנֵי־בְרַק *n. pr.* d'une ville de la tribu de Dan, Jos. 19. 45.

בְּנֵי יַעֲקָן (v. בְּאֵרוֹת) *n. pr.*, station dans le désert, Nomb. 33. 31.

בְּנָיָה (bâti par Dieu) *n. pr. m.* I Chr. 4. 36, et plusieurs autres.

בִּנְיָה *fém.* Édifice, bâtiment : וְהַבִּנְיָה וְקִירוֹתֶיהָ Ez. 41. 13, l'édifice et ses murs.

בְּנָיָהוּ *n. pr. m.* II Sam. 8. 18, et plusieurs autres.

בֵּנַיִם (v. בֵּין).

בִּנְיָמִין (fils de ma droite, c.-à-d. mon fils bien-aimé (v. יָמִין), mon bonheur) *n. pr.* Benjamin, dernier fils de Jacob, patriarche de la tribu de ce nom, Gen. 35. 18. La tribu de Benjamin forma, avec celle de Juda, le royaume de Juda; *n. patr.* בֶּן־יְמִינִי et יְמִינִי.

בִּנְיָמִן *n. pr. m.* Esdr. 10. 32.

בִּנְיָן *m.* 1° Édifice : וְקִיר הַבִּנְיָן Ez. 41. 12, et le mur de cet édifice. — 2° Muraille : רֹחַב הַבִּנְיָן Ez. 40. 5, la largeur de la muraille.

בִּנְיָנָא chald. Bâtiment, Esdr. 5. 4.

בְּנִינוּ (notre fils) *n. pr. m.* Néh. 10. 14.

בְּנַס chald. S'irriter : מַלְכָּא בְּנַס Dan. 2. 12, le roi s'irrita; selon d'autres, בְּ *prép.* et נַס *subst.*, le roi était en colère, fureur.

בִּנְעָא et בִּנְעָה *n. pr. m.* I Chr. 8. 37, 9. 43.

בְּסוֹדְיָה (dans le secret de Dieu) *n. pr. m.* Néh. 3. 6.

בֵּסַי *n. pr. m.* Esdr. 2. 49.

בָּסָס (v. בּוּס).

בֹּסֶר et בֹּסֶר *collect.* Fruits non mûrs, aigres; raisins verts : וּבֹסֶר גֹּמֵל Is. 18. 5, et le fruit vert qui commence à mûrir; יַחְמֹס כַּגֶּפֶן בִּסְרוֹ Job 15. 33, il rejettera, comme la vigne, ses raisins aigres, encore verts.

בְּעָא chald. (v. בְּעָה).

בְּעַד et בַּעַד (avec suff. בַּעֲדִי et בַּעֲדֵנִי, בַּעֲדָם, בַּעַדְכֶם, בַּעֲדֵיכֶם et בַּעֲדֵנוּ, בַּעֲדוֹ, בַּעֲדֵךְ) 1° Autour : גָּדַר בַּעֲדִי Lam. 3. 7, il a fait une haie autour de moi; וְלַיְלָה אוֹר בַּעֲדֵנִי Ps. 139. 11, et la nuit est lumineuse autour de moi; יָגֵן יְיָ בְּעַד יוֹשֵׁב יְרוּשָׁלַםִ Zach. 12. 8, l'Éternel protégera les habitants de Jérusalem; בְּעַד הַלַּהַב Jug. 3. 22, autour de la lame. — 2° Pour, à cause de, en faveur de : עוֹר בְּעַד־עוֹר Job 2. 4, peau pour peau; בְּעַד־אִשָּׁה זוֹנָה Prov. 6. 26, à cause d'une femme prostituée; הַעְתִּירוּ בַּעֲדִי Exod. 8. 24, priez pour moi; יְיָ יִגְמֹר בַּעֲדִי Ps. 138. 8, Dieu l'achèvera en ma faveur; יְכַפֵּר בְּעַד II Chr. 30. 18, (Dieu) leur pardonnera (p. בַּעֲדָם, v. כִּפֵּר). — 3° Au travers, au milieu, parmi, par, derrière : וּבְעַד הַשֶּׁלַח יִפֹּלוּ Joel 2. 8, et ils tomberont au travers des épées; לֹא־תַגִּישׁ וְתַקְדִּים בַּעֲדֵינוּ הָרָעָה Amos 9. 10, le malheur ne s'approchera pas et ne viendra pas au milieu de nous, ou : ne nous surprendra pas; עֹפֶל וָבַחַן הָיָה בְעַד מְעָרוֹת Is. 32. 14, les tours et forteresses seront parmi les, du nombre des cavernes, c.-à-d. changées en cavernes; בְּעַד הַחַלּוֹן Gen. 26. 8, par la fenêtre; בְּעַד הַשְּׂבָכָה II Rois 1. 2, par la grille, la fenêtre; וַיִּסְגֹּר דַּלְתוֹת הָעֲלִיָּה בַּעֲדוֹ Jug. 3. 24 (Ehud) ferma les portes de la chambre derrière lui, ou sur (Eglou); הַבְעַד עֲרָפֶל יִשְׁפּוֹט Job 22. 13, jugerait-il derrière, ou : à travers l'obscurité? בְּעַד יַד הַשַּׁעַר I Sam. 4. 18, près (du côté) de la porte; *fig.* סָגַר — בְּעַד רֶחֶם fermer le sein, rendre stérile; מִבַּעַד לְצַמָּתֵךְ Cant. 4. 1, derrière ton voile (v. צַמָּה).

בָּעָה 1° מַיִם תִּבְעֶה־אֵשׁ Is. 64. 1, (comme) le feu fait bouillonner l'eau. — 2° (comme le chald. בְּעָא) אִם־תִּבְעָיוּן בְּעָיוּ Is. 21. 12, si vous voulez prier (ou : chercher), priez (cherchez).

Niph. 1° נִבְעֶה בְּחוֹמָה נִשְׂגָּבָה Is. 30. 13, (une partie qui menace ruine) et qui forme une saillie dans une haute muraille, ou : brèche ouverte dans une, etc. — 2° נִבְעוּ מַצְפֻּנָיו Obad 1. 6, ses trésors sont recherchés, ou découverts.

בְּעָה et בְּעָא chald. 1° Chercher : וּבְעוֹ דָּנִיֵּאל Dan. 2. 13, on chercha Daniel. — 2° Prier, avec מִן, קֳדָם, מִן קֳדָם : וּבְעָא מִן־מַלְכָּא Dan. 2. 16, il pria le roi ; בָּעֵא בָּעוּתֵהּ Dan. 6. 14, il fait sa prière.

בָּעוּ f. chald. Demande, prière : דִּי כָל־דִּי־יִבְעֵא בָעוּ Dan. 6. 8, quiconque adressera une demande ; בָּעוּתֵהּ Dan. 6. 14, sa prière.

בְּעוֹר n. pr. m. 1° Père de Balaam, Nomb. 22. 5. — 2° Beor, père de Bela, roi iduméen, Gen. 36. 32.

בִּעוּתִים m. pl. Terreurs : בִּעוּתֵי אֱלוֹהַּ Job 6. 4, les terreurs divines, qui viennent de Dieu (rac. בָּעַת).

בֹּעַז n. pr. m. 1° Booz, qui a épousé Ruth, Ruth 2. 1. — 2° Nom d'une colonne placée devant le temple, à gauche, I Rois 7. 21.

בָּעַט Fouler aux pieds, regimber : וַיִּשְׁמַן יְשֻׁרוּן וַיִּבְעָט Deut. 32. 15, Ieschouroun est devenu gras et il regimba, c.-à-d. se révolta ; לָמָּה תִבְעֲטוּ בְּזִבְחִי I Sam. 2. 29, pourquoi foulez-vous aux pieds, pourquoi méprisez-vous, mes sacrifices ?

בְּעִי m. Prière (rac. בָּעָה). Ex. unique: אַךְ לֹא־בְעִי יִשְׁלַח־יָד Job 30. 24, la prière est en vain, (quand Dieu) étend sa main ; selon d'autres : (Dieu) n'étendra pas la main vers la tombe (בְּ prép., עִי ruine, tombe).

בְּעִיר m., collect. Bétail, aussi bête de somme : טַעֲנוּ אֶת־בְּעִירְכֶם Gen. 45. 17, chargez vos bêtes (rac. בָּעַר).

בָּעַל (fut. יִבְעַל) Dominer, posséder, épouser, cohabiter : בְּעָלוּנוּ אֲדֹנִים זוּלָתֶךָ Is. 26. 13, d'autres maîtres que toi ont dominé sur nous ; avec לְ : אֲשֶׁר־בָּעֲלוּ לְמוֹאָב I Chr. 4. 22, qui avaient pris possession de, ou qui dominaient dans Moab ; כִּי־יִבְעַל בָּחוּר בְּתוּלָה יִבְעָלוּךְ בָּנָיִךְ Is. 62. 5, comme le jeune homme épouse la vierge, ainsi tes fils t'épouseront (demeureront avec, en toi) ; כִּי־יִקַּח אִישׁ אִשָּׁה וּבְעָלָהּ Deut. 24. 1, lorsqu'un homme épouse une femme et cohabite avec elle. Part. בֹּעֲלַיִךְ Is. 54. 5, plur. emph., ton maître ou ton époux ; part. pass. בְּעוּלָה et בְּעֻלַת בַּעַל femme mariée ; métaph. וּלְאַרְצֵךְ בְּעוּלָה Is. 62. 4, et ton pays (sera appelé) épouse, c.-à-d. terre habitée ; avec בְּ : וְאָנֹכִי בָּעַלְתִּי בָם Jér. 31. 32, tandis que moi je les avais épousés, je m'étais attaché à eux ; selon d'autres : je les ai méprisés, rejetés (v. Jér. 3. 14).

Niph. Être épousé, être pris pour femme : métaph. וְאַרְצֵךְ תִּבָּעֵל Is. 62. 4, ton pays sera épousé, rempli d'habitants.

I בַּעַל m. (avec suff. בַּעְלִי, בַּעְלָהּ, plur. בְּעָלִים, const. בַּעֲלֵי ; בְּעָלָיו et בְּעָלֶיהָ ses maîtres, et sing. son maître). Maître, possesseur, époux : בַּעֲלֵי גוֹיִם Is. 16. 8, les maîtres des nations ; בַּעַל הַבַּיִת Jug. 19. 23, chef de la maison ; בַּעַל הַשּׁוֹר Exod. 21. 28, le propriétaire du bœuf ; בְּעָלָיו Exod. 22. 14, son maître ; לֹא יִטַּמָּא בַּעַל בְּעַמָּיו Lév. 21. 4, maître, chef de la nation, il ne se rendra pas impur ; selon d'autres : pour בְּבַעַל même pour un chef, un grand ; וַתִּסְפֹּד עַל־בַּעְלָהּ II Sam. 11. 26, elle pleura son époux ; בַּעַל אִשָּׁה Exod. 21. 3, un homme marié ; בַּעַל נְעוּרֶיהָ Joel 1. 8, l'époux de sa jeunesse. Suivi d'un nom de ville, habitant de, comme אַנְשֵׁי, בְּנֵי : בַּעֲלֵי־יְרִיחוֹ Jos. 24. 11, les habitants de Jéricho ; בַּעֲלֵי הָעִיר Jug. 9. 51, les habitants de la ville. Suivi d'un qualificatif (subst. ou adj.), il est employé dans diverses acceptions, comme בֵּן et אִישׁ : בַּעַל הַחֲלֹמוֹת Gen. 37. 19, l'homme aux rêves, rêveur ; בַּעֲלֵי הַפָּרָשִׁים II Sam. 1. 6, cavaliers ; בַּעֲלֵי חִצִּים Gen. 49. 23, archers ; בַּעַל דְּבָרִים Exod. 24. 14, celui qui a une affaire, un procès ; בַּעַל כָּנָף Prov. 1. 17, oiseau ; בַּעַל פִּיפִיּוֹת Is. 41. 15, (un chariot) avec beaucoup de dents de fer ; בַּעֲלֵי בְרִית Gen. 14. 13, les alliés ; בַּעַל אָף Prov. 22. 24, homme violent ; בַּעַל נֶפֶשׁ Prov. 23. 2, qui est maître de son âme, de ses passions ; אַל־תִּמְנַע־טוֹב מִבְּעָלָיו Prov. 3. 27, ne refuse pas le bienfait à ceux à qui il appartient, aux pauvres, ou: n'empêche pas le bien du bienfaiteur; * בַּעַל דִּין Aboth 1. 7, plaideur.

II בַּעַל (maître) Baal, divinité phénicienne; avec l'*art.*: הַבַּעַל Jug. 6.25. *Plur.* בְּעָלִים Jug. 2. 11, statues de Baal. Les peuples qui l'adoraient ont ajouté au nom principal divers qualificatifs: בַּעַל בְּרִית Jug. 8. 33, Baal de l'alliance (v. זְבוּב et פְּעוֹר). Ce mot entre dans la composition d'un grand nombre de noms de villes.

בַּעַל *n. pr.* 1° D'une ville, I Chr. 4. 33. — 2° D'un homme, I Chr. 5. 5.

בַּעַל גָּד *n. pr.*, ville au pied du mont Hermon, Jos. 11. 17.

בַּעַל הָמוֹן *n. pr.*, ville, Cant. 8. 11.

בַּעַל חָנָן (maître de la grâce) *n. pr.* 1° D'un roi d'Édom, Gen. 36. 38. — 2° I Chr. 27. 28.

בַּעַל חָצוֹר *n. pr.*, ville à la limite d'Éphraïm, II Sam. 13. 23.

בַּעַל חֶרְמוֹן *n. pr.*, ville près du Hermon, Jug. 3. 3.

בַּעַל מְעוֹן (lieu d'habitation) *n. pr.*, ville de la tribu de Ruben, Nomb. 32. 38.

בַּעַל־פְּרָצִים (ville des brèches, de l'éruption) *n. pr.*, lieu où David remporta une grande victoire sur les Philistins, II Sam. 5. 20.

בַּעַל צְפוֹן *n. pr.* d'une ville égyptienne près de la mer Rouge, Exod. 14. 2.

בַּעַל שָׁלִשָׁה *n. pr.* d'une ville, II Rois 4. 42.

בַּעַל תָּמָר (lieu des dattes) *n. pr.* d'une ville, Jug. 20. 33.

בַּעֲלֵי יְהוּדָה *n. pr.* d'une ville, II Sam. 6. 2; aussi בַּעֲלָה et קִרְיַת יְעָרִים Jos. 15. 9.

בְּעֵל chald. *m.* Homme (v. I בַּעַל), Esdr. 4. 8 (v. טְעֵם).

בַּעֲלָה *f.* (de בַּעַל). Maîtresse: בַּעֲלַת הַבַּיִת I Rois 17. 17, la maîtresse de la maison; בַּעֲלַת־אוֹב I Sam. 28. 7, pythonisse; בַּעֲלַת כְּשָׁפִים Nah. 3. 4, une magicienne.

בַּעֲלָה *n. pr.* d'une ville. 1° Jos. 15. 9 (v. בַּעֲלֵי יְהוּדָה). — 2° Jos. 15. 29, dans Juda.

בְּעָלוֹת *n. pr.* d'une ville de la tribu de Juda, Jos. 15. 24.

בְּעֶלְיָדָע *n. pr.*, fils de David, I Chr. 14. 7, appelé aussi אֶלְיָדָע II Sam. 5. 16.

בְּעַלְיָה *n. pr. m.* I Chr. 12. 5.

בַּעֲלִיס *n. pr.* d'un roi des Ammonites, Jér. 40. 14.

בַּעֲלָת *n. pr.* d'une ville de la tribu de Dan, Jos. 19. 44.

בַּעֲלַת־בְּאֵר (lieu du puits) *n. pr.* d'une ville aux limites de Siméon, Jos. 19. 8.

בְּעֹן *n. pr.* d'une ville, Nomb. 32. 3.

בַּעֲנָא *n. pr. m.* 1° I Rois 4. 12. — 2° 4. 16. — 3° Néh. 3. 4.

בַּעֲנָה *n. pr. m.* 1° II Sam. 4. 2. — 2° 23. 29. — 3° Esdr. 2. 2.

בָּעַר (*fut.* יִבְעַר) 1° *trans.* et *intrans.* Brûler, consumer, dévorer; être embrasé, se consumer, être allumé, s'allumer; se construit avec le rég. dir., et plus génér. avec בְּ: כְּנַחַל גָּפְרִית בֹּעֲרָה בָּהּ Is. 30. 33, comme un torrent de soufre qui l'embrase; כְּאֵשׁ תִּבְעַר־יָעַר Ps. 83. 15, comme le feu consume la forêt; וַתִּבְעַר־בָּם אֵשׁ יְיָ Nomb. 11. 1, le feu de l'Éternel les dévora; הַסְּנֶה בֹּעֵר בָּאֵשׁ Exod. 3. 2, le buisson était embrasé par le feu; מַדּוּעַ לֹא־יִבְעַר הַסְּנֶה Exod. 3. 3, pourquoi le buisson ne se consume point; כְּמוֹ תַנּוּר בֹּעֵרָה מֵאֹפֶה Osée 7. 4, comme un four qui a été allumé par le boulanger; גֶּחָלִים בָּעֲרוּ מִמֶּנּוּ Ps. 18. 9, des charbons en ont été allumés. *Métaph.* s'enflammer (de colère), briller: כִּי־יִבְעַר כִּמְעַט אַפּוֹ Ps. 2. 12, car sa colère s'enflammera bientôt; וִישׁוּעָתָהּ כְּלַפִּיד יִבְעָר Is. 62. 1, et (jusqu'à ce que) son salut brille comme une torche.

2° Être stupide, insensé (v. בַּעַר): וּבְאַחַת יִבְעֲרוּ וְיִכְסָלוּ Jér. 10. 8, et soudainement (ou tous ensemble) ils deviennent stupides et insensés; selon d'autres: avec le même (bois) ils font du feu et ils font leurs sottises (idoles). *Part.* בֹּעֲרִים בָּעָם Ps. 94. 8, vous les plus stupides parmi la multitude.

Niph. Être, devenir stupide : נִבְעַר כָּל־אָדָם מִדַּעַת Jér. 10. 14, tous ces hommes sont stupides, malgré leur science, ou : par leur art ; עֵצָה נִבְעָרָה Is. 19. 11, (leur) conseil est (ou est devenu) stupide, fou.

Pi. בִּעֵר (*fut.* יְבַעֵר, *inf.* בַּעֵר et בָּעֵר) 1° Brûler, allumer : לְבַעֵר עַל־מִזְבַּח יְיָ Néh. 10. 35, pour brûler sur l'autel de Dieu ; וְהָיָה לְאָדָם לְבָעֵר Is. 44. 15, il sert à l'homme pour brûler ; לֹא־תְבַעֲרוּ אֵשׁ Exod. 35. 3, vous n'allumerez point de feu.

2° Ôter, mettre de côté, faire disparaître, exterminer : בִּעַרְתִּי הַקֹּדֶשׁ מִן־הַבַּיִת Deut. 26. 13, j'ai ôté de la maison ce qui est consacré ; וְלֹא־בִעַרְתִּי מִמֶּנּוּ בְּטָמֵא Deut. 26. 14, je n'en ai point mis à part étant impur ; וּנְבַעֲרָה רָעָה מִיִּשְׂרָאֵל Jug. 20. 13, nous ferons disparaître le mal du milieu d'Israel ; souvent וּבִעַרְתָּ הָרָע מִקִּרְבֶּךָ tu ôteras le mal du milieu de toi (lorsqu'un supplice est ordonné) ; וּבִעַרְתִּי אַחֲרֵי בֵית־יָרָבְעָם כַּאֲשֶׁר יְבַעֵר הַגָּלָל I Rois 14. 10, et je nettoierai la maison de Jéroboam comme on ôte l'immondice, c.-à-d. je l'exterminerai ; כִּי־אִם יִהְיֶה לְבָעֵר קָיִן Nomb. 24. 22, si Kayin est pourchassé, banni ; וְשָׁבָה וְהָיְתָה לְבָעֵר Is. 6. 13, il sera de nouveau détruit ; רוּחַ בָּעֵר Is. 4. 4, un esprit qui extermine ou qui embrase.

3° Paître, ravager, avec בְּ : וּבִעֵר בִּשְׂדֵה אַחֵר Exod. 22. 4, et il paît dans le champ d'un autre, avec le rég. dir. ; בִּעַרְתֶּם הַכֶּרֶם Is. 3. 14, vous avez ravagé la vigne ; וְהָיָה לְבָעֵר Is. 5. 5, elle sera ravagée.

Pou. Être allumé : וְאֶת־הָאָח לְפָנָיו מְבֹעָרֶת Jér. 36. 22, et l'âtre devant lui était allumé.

Hiph. 1° Allumer, brûler, faire consumer ; הַמַּבְעִר אֶת־הַבְּעֵרָה Exod. 22. 5, celui qui allume l'incendie ; וְהִבְעַרְתִּי בֶעָשָׁן רִכְבָּהּ Nah. 2. 14, je ferai consumer son char par la fumée. — 2° Faire disparaître, exterminer, avec אַחֲרֵי : הִנְנִי מַבְעִיר אַחֲרֵי בַעְשָׁא וְאַחֲרֵי בֵיתוֹ I Rois 16. 3, j'exterminerai ce qui reste de Baasa et de sa famille. — 3° Faire paître, ravager : כִּי יַבְעֶר־אִישׁ שָׂדֶה אוֹ־כֶרֶם Exod. 22. 4, lorsque quelqu'un ravage un champ ou une vigne.

בַּעַר Stupide : אִישׁ־בַּעַר Ps. 92. 7, l'homme stupide ; כְּסִיל וָבַעַר Ps. 49. 11, le sot et l'homme stupide (v. בָּעַר 2°).

בַּעֲרָא *n. pr.* Baara, femme de Saharayim, I Chr. 8. 8.

בְּעֵרָה *f.* Incendie, Exod. 22. 5 (v. בָּעַר *Hiph.* 1°).

בַּעֲשֵׂיָה *n. pr. m.* I Chr. 6. 25.

בַּעְשָׁא *n. pr.* Baasa, roi d'Israel, successeur de Nadab ; il détruisit la maison de Jéroboam, I Rois 15. 27-29.

בְּעֶשְׁתְּרָה (p. בֵּית עַשְׁתְּרָה) *n. pr.* d'une ville de la tribu de Manassé, Jos. 21. 27 ; appelée עַשְׁתָּרוֹת I Chr. 6. 56.

בָּעַת *Kal* inusité. *Niph.* נִבְעַת Être effrayé, s'épouvanter : וּבְבֹאוֹ נִבְעַתִּי Dan. 8. 17, à son arrivée je fus épouvanté ; וְהָמָן נִבְעַת מִלִּפְנֵי הַמֶּלֶךְ Esth. 7. 6, Haman fut terrifié devant le roi.

Pi. בִּעֵת (*fut.* יְבַעֵת) Effrayer, épouvanter, inquiéter, agiter : פַּלָּצוּת בִּעֲתָתְנִי Is. 21. 4, un frémissement m'épouvante, je suis saisi de terreur ; וּבִעֲתַתּוּ רוּחַ־רָעָה I Sam. 16. 14, un mauvais esprit l'agita, ou l'assaillit.

בְּעָתָה *f.* Terreur : וְהִנֵּה בְעָתָה Jér. 8. 15, et il n'y a que terreur (rac. בָּעַת).

בֹּץ *m.* : הָטְבְּעוּ בַבֹּץ רַגְלֶךָ Jér. 38. 22, lorsque tes pieds ont été enfoncés dans un bourbier, engagés dans la boue.

בִּצָּה *f.* Marais : הֲיִגְאֶה־גֹּמֶא בְּלֹא בִצָּה Job 8. 11, le jonc pousserait-il sans marais ? *Plur.* בִּצֹּאתָיו Ez. 47. 11, pour בִּצּוֹתָיו ses marais.

בֵּצַי *n. pr. m.* Esdr. 2. 17.

בָּצִיר *m.* 1° Vendange : וּבָצִיר יַשִּׂיג אֶת־זָרַע Lév. 26. 5, la vendange durera jusqu'à l'époque des semailles. — 2° *adj.* יָרַד יַעַר הַבָּצִיר Zach. 11. 2, la forêt qui était forte, haute, inaccessible, a été coupée, comme בָּצוּר *cheth.* (v. בָּצַר).

בְּצַלְאֵל (sous l'ombre de Dieu) *n. pr. m.* 1° Exod. 31. 2. — 2° Esdr. 10. 30.

בַּצְלוּת *n. pr. m.* Esdr. 2. 52.

בְּצָלִים *m. pl* Les oignons, Nomb. 11. 5.

בָּצַע (*fut.* יִבְצַע) 1° *trans.* Couper, briser : וּבְצַעַם בְּרֹאשׁ כֻּלָּם Amos 9. 1, brise-les (les chapiteaux des colonnes pour qu'ils tombent) sur la tête de tous. בְּצָעַם *impér.*, pour בְּצָעֵם. *intrans.* Être blessé (v. בֶּצַע) : לֹא יִבְצָעוּ Joel 2. 8, ils ne sont point blessés. — 2° Ravir, dérober; plus génér., rechercher des gains illicites, amasser avec avidité, être cupide : וּבֹצֵעַ בֵּרֵךְ נִאֵץ יְיָ Ps. 10. 3, le ravisseur, l'avare, qui s'enrichit, s'estime heureux et irrite l'Éternel, ou : blasphème et irrite, etc. (v. בָּרַךְ); בֹּצֵעַ בָּצַע Prov. 1. 19, et fréq. celui qui recherche un gain illicite, qui est cupide, avare; מַה־תִּקְוַת חָנֵף כִּי יִבְצָע Job 27. 8, quel est l'espoir de l'hypocrite, quoiqu'il amasse du bien avec avidité ?

Pi. 1° Couper, retrancher, arracher : מִדַּלָּה יְבַצְּעֵנִי Is. 38. 12, il m'arrache de la trame (de ma vie), v. דַּלָּה; יַתֵּר יָדוֹ וִיבַצְּעֵנִי Job 6. 9, qu'il étende sa main et qu'il me retranche de cette vie. — 2° Ravir, extorquer : וַתְּבַצְּעִי רֵעַיִךְ בַּעֹשֶׁק Ez. 22. 12, tu as extorqué le bien de ton prochain par la violence. — 3° Accomplir, achever : בִּצַּע אֶמְרָתוֹ Lam. 2. 17, il a accompli sa parole; וְהָיָה כִּי־יְבַצַּע אֲדֹנָי אֶת־כָּל־מַעֲשֵׂהוּ Is. 10. 12, lorsque Dieu aura accompli toutes ses œuvres; וְיָדָיו תְּבַצַּעְנָה Zach. 4. 9, et ses mains l'achèveront (le temple).

בֶּצַע *m.* (avec suff. בִּצְעָךְ). Proie, butin, gain illicite, profit, intérêt : וְהַחֲרַמְתִּי לַיְיָ בִּצְעָם Mich. 4. 13, je consacrerai à l'Éternel leurs biens (ravis aux autres); בֶּצַע כֶּסֶף לֹא לָקָחוּ Jug. 5. 19, ils n'emportèrent point de butin d'argent; שֹׂנְאֵי בָצַע Exode 18. 21, ceux qui sont ennemis du gain illicite; מַה־בֶּצַע Gen. 37. 26, quel profit y a-t-il (pour nous)? אִישׁ לְבִצְעוֹ Is. 56. 11, chacun cherche ses intérêts.

בָּצֵק S'enfler, se gonfler : וְרַגְלְךָ לֹא בָצֵקָה Deut. 8. 4, ton pied n'a point été enflé (Néh. 9. 21). De là

בָּצֵק *m.* Pâte : בְּצֵקוֹ Exod. 12. 34, sa pâte.

בָּצְקַת *n. pr.*, ville dans Juda, Jos. 15. 39.

בָּצַר 1° Couper (principal. des raisins), vendanger : וְאֶת־עִנְּבֵי נְזִירֶךָ לֹא תִבְצֹר Lév. 25. 5, tu ne couperas, recueilleras pas les raisins de tes vignes non taillées; כִּי תִבְצֹר כַּרְמְךָ Deut. 24. 21, lorsque tu vendangeras ta vigne; *métaph.* יִבְצֹר רוּחַ נְגִידִים Ps. 76. 13, il abat l'esprit (orgueilleux), ou : il retranche la vie des princes. *Part.* בּוֹצֵר vendangeur. — 2° Fortifier, rendre inaccessible. *Part.* בָּצוּר seul usité, fortifié, fort : עָרִים גְּדֹלֹת וּבְצוּרֹת Deut. 1. 28, des villes grandes et fortes; חוֹמָה בְצוּרָה Is. 2. 15, forte muraille; *métaph.* וְאַגִּידָה לְּךָ גְּדֹלוֹת וּבְצֻרוֹת Jér. 33. 3, je te dirai des choses grandes et inaccessibles (à l'esprit), c.-à-d. cachées, ou prodigieuses.

Niph. Être inaccessible, être impossible : לֹא־יִבָּצֵר מֵהֶם Gen. 11. 6, (rien de ce qu'ils ont médité de faire) ne leur sera impossible, ou : ne sera négligé par eux; וְלֹא־יִבָּצֵר מִמְּךָ מְזִמָּה Job 42. 2, aucun projet n'est trop difficile pour toi, ou : aucune pensée ne te manque.

Pi. Fortifier : לְבַצֵּר הַחוֹמָה Is. 22. 10, pour fortifier la muraille; וְכִי תְבַצֵּר מְרוֹם עֻזָּהּ Jér. 51. 53, dût-elle (Babylone) fortifier encore sa formidable hauteur.

בֶּצֶר et **בְּצַר** (*plur.* בְּצָרִים) *m.* Matière précieuse, or ou argent : וְשִׁית־עַל־עָפָר בָּצֶר Job 22. 24, il répand de l'or sur la terre, ou : jette l'or sur la poussière; לֹא בְצָר Job 36. 19, non point l'or; וְהָיָה שַׁדַּי בְּצָרֶיךָ Job 22. 25, que le Tout-Puissant soit ton or.

בֶּצֶר *n. pr.* 1° D'une ville lévitique dans la tribu de Ruben, Deut. 4. 43. — 2° D'un homme, I Chr. 7. 37.

בָּצְרָה *f.* Bergerie : כְּצֹאן בָּצְרָה Mich. 2. 12, comme un troupeau dans une bergerie ; selon d'autres, *n pr.* d'une ville, riche en troupeaux.

בָּצְרָה (forteresse) *n. pr.* d'une grande ville iduméenne, Is. 34. 6, 63. 1 ; une fois comme ville de Moab, Jér. 48. 24.

בִּצָּרוֹן *m.* : שׁוּבוּ לְבִצָּרוֹן Zach. 9. 12, retournez à la place forte (v. בצר 2°).

בַּצֹּרֶת *f.* Sécheresse : וּבִשְׁנַת בַּצֹּרֶת Jér. 17. 8, dans une année de sécheresse.

בַּצָּרוֹת *f. pl.* עַל־דִּבְרֵי הַבַּצָּרוֹת Jér. 14. 1, à cause de (touchant) la sécheresse (mais בַּצָּרָה Ps. 9. 10, 10. 1, est composé de צָרָה et ב *prép.*).

בַּקְבּוּק *n. pr. m.* Esdr. 2. 51.

בַּקְבֻּק *m.* : בַּקְבֻּק דְּבַשׁ I Rois 14. 3, (un vase) une cruche de miel.

בַּקְבֻּקְיָה (dévastation de Dieu) *n. pr. m.* Néh. 11. 17.

בַּקְבַּקַּר *n. pr. m.* I Chr. 9. 15.

בֻּקִּי *n. pr. m.* 1° Nomb. 34. 22. — 2° I Chr. 5. 31.

בֻּקִּיָּהוּ *n. pr. m.* I Chr. 25. 4.

בָּקִיעַ *m.* (*plur.* seul usité). Crevasse, brèche : וְהַבַּיִת הַקָּטֹן בְּקִעִים Amos 6. 11, (il ruinera) la petite maison par des crevasses, des brèches ; וְאֵת בְּקִיעֵי עִיר־דָּוִד Is. 22. 9, les brèches de la ville de David (rac. בָּקַע).

בָּקַע (*fut.* יִבְקַע) 1° Fendre, percer, faire jaillir, déchirer : בּוֹקֵעַ עֵצִים Eccl. 10. 9, qui fend le bois ; בָּקַע יָם Ps. 78. 13, il fendit la mer ; עַל־בִּקְעָם הָרוֹת הַגִּלְעָד Amos 1. 13, parce qu'ils ont fendu le ventre des femmes enceintes de Galaad (ou : percé les montagnes) ; וּבָקַעְתָּ לָהֶם כָּל־כָּתֵף Ez. 29. 7, tu leur as fendu, déchiré, toute l'épaule ; אַתָּה בָקַעְתָּ מַעְיָן וָנָחַל Ps. 74. 15, tu as fait jaillir des sources et des torrents. — Fendre des œufs, éclore ; וּבָקְעָה וְדָגְרָה בְצִלָּהּ Is. 34. 15, elle les fera éclore, et elle rassemblera (ses petits) à l'ombre (de ses ailes). Avec בְּ percer dans, pénétrer : וַיִּבְקְעוּ שְׁלֹשֶׁת הַגִּבֹּרִים בְּמַחֲנֵה פְלִשְׁתִּים II Sam. 23. 16, les trois héros pénétrèrent dans le camp des Philistins.

2° Battre en brèche, conquérir : וַיֹּאמֶר לְבִקְעָם אֵלָיו II Chr. 32. 1, il résolut de les conquérir.

Niph. 1° Se fendre, s'entr'ouvrir ; être rompu, brisé, ébranlé ; percer, jaillir : וַתִּבָּקַע הָאֲדָמָה Nomb. 16. 31, la terre s'entr'ouvrit ; וַתִּבָּקַע הָאָרֶץ בְּקוֹלָם I Rois 1. 40, et la terre s'ébranla par leurs cris ; וְכֻלָּם נִבְקָעוּ II Chr. 25. 12, et ils furent tous écrasés, brisés ; אָז יִבָּקַע כַּשַּׁחַר אוֹרֶךָ Is. 58. 8, alors ta lumière percera comme l'aurore ; כִּי־נִבְקְעוּ בַמִּדְבָּר מַיִם Is. 35. 6, car des sources perceront, jailliront, dans le désert ; וְהַזּוּרֶה תִּבָּקַע אֶפְעֶה Is. 59. 5, si on l'écrase, il en sort un aspic. — 2° Être conquis, être pris : וְנֹא תִּהְיֶה לְהִבָּקֵעַ Ez. 30. 16, No sera conquis ; וַתִּבָּקַע הָעִיר Jér. 52. 7, la ville fut battue en brèche, conquise.

Pi. 1° comme *Kal.* : וַיְבַקַּע עֲצֵי עֹלָה Gen. 22. 3, il fendit le bois pour l'holocauste ; וְהָרֹתֵיהֶם תְּבַקֵּעַ II Rois 8. 12, tu fendras le ventre de leurs femmes enceintes ; בַּצּוּרוֹת יְאֹרִים בִּקֵּעַ Job 28. 10, il fait jaillir des ruisseaux en fendant les rocs ; בֵּיצֵי צִפְעוֹנִי בִּקֵּעוּ Is. 59. 5, ils font éclore des œufs d'aspics ; חַיַּת הַשָּׂדֶה תְּבַקְּעֵם Osée 13. 8, les bêtes féroces les déchireront. — 2° (du vent) Faire éclater, faire souffler avec impétuosité : וּבִקַּעְתִּי רוּחַ־סְעָרוֹת Ez. 13. 13, je ferai éclater une tempête ; וְרוּחַ סְעָרוֹת תְּבַקֵּעַ vers. 11, et une tempête éclatera.

Pou. 1° Être fendu, être rompu : וְהָרִיּוֹתָיו יְבֻקָּעוּ Osée 14. 1, et ses femmes enceintes auront le ventre fendu ; בָּלִים וּמְבֻקָּעִים Jos. 9. 4, (des outres) usées et rompues, ou fendues. — 2° Être battu en brèche, être conquis : עִיר מְבֻקָּעָה Ez. 26. 10, une ville prise, conquise.

Hiph. 1° Conquérir un pays : וְנַבְקִעֶנָּה אֵלֵינוּ Is. 7. 6, et conquérons-nous-la (la Judée). — 2° Avec אֶל : לְהַבְקִיעַ אֶל־מֶלֶךְ אֱדוֹם II Rois 3. 26, pour percer, se faire passage jusqu'au roi d'Édom.

Hoph. הָבְקְעָה הָעִיר Jér. 39. 2, la brèche de la ville fut faite.

Hithp. וְהָעֲמָקִים יִתְבַּקָּעוּ Mich. 1. 4, les vallées s'entr'ouvriront ; תְּהֹמוֹת הִתְבַּקָּעוּ

Jos. 9. 13, et voici elles (les outres) sont fendues.

בֶּקַע *m*, (de בָּקַע fendre, une moitié). Beka, la moitié d'un sicle, Esdr. 38, 26 (v. שֶׁקֶל).

בִּקְעָה *f.* (*plur.* בְּקָעוֹת). Plaine, vallée : וַיִּמְצְאוּ בִקְעָה Gen. 11, 2, ils trouvèrent une plaine ou vallée.

בִּקְעָא chald. *f.* Vallée, const., Dan. 3. 1.

בָּקַק Vider, faire le vide, dépeupler, dépouiller, piller : הִנֵּה יְיָ בּוֹקֵק הָאָרֶץ Is. 24. 1, l'Éternel rendra le pays vide, désert ; כִּי בְקָקוּם בֹּקְקִים Nah. 2. 3, car les pillards les pillent ; *intrans.* גֶּפֶן בּוֹקֵק יִשְׂרָאֵל Osée 10. 1, Israel est une vigne vide, sans sève ; *métaph.* וּבַקֹּתִי אֶת־עֲצַת יְהוּדָה Jér. 19. 7, je ruinerai, renverserai, les desseins de Juda (je rendrai Juda vide de conseil).

Niph. (de בָּקַק ou de בּוּק), *pass.* du *Kal* : הִבּוֹק תִּבּוֹק הָאָרֶץ Is. 24. 3, le pays sera dépeuplé ; *métaph.* וְנָבְקָה רוּחַ־מִצְרַיִם בְּקִרְבּוֹ Is. 19. 3, l'esprit de l'Égypte sera renversé dans son sein (l'Égypte n'aura plus d'intelligence) ; נָבֹקָה p. נָבְקָה.

Pi. וִיבֹקְקוּ אֶת־אַרְצָהּ Jér. 51. 2, ils ravageront, videront, son pays.

בָּקַר Garder des troupeaux ; de là בּוֹקֵר berger. *Pi.* Rechercher soigneusement, examiner, inspecter, passer en revue, avoir soin, avec לְ : לֹא־יְבַקֵּר הַכֹּהֵן לַשֵּׂעָר הַצָּהֹב Lév. 13. 36, le prêtre n'aura point à examiner si le poil est devenu jaune. — Avec בֵּין : לֹא יְבַקֵּר בֵּין־טוֹב לָרַע Lév. 27. 33, il ne recherchera pas s'il est bon ou mauvais (il ne distinguera pas entre le bon et le mauvais) ; וּלְבַקֵּר בְּהֵיכָלוֹ Ps. 27, 4, et de contempler son temple, ou d'y étudier ; selon d'autres : de בֹּקֶר d'y aller tous les matins ; וּבִקַּרְתִּים Ez. 34. 11, et אֲבַקֵּר אֶת־צֹאנִי vers. 12, je visiterai, je passerai en revue, mon troupeau ; וּמִזְבַּח הַנְּחֹשֶׁת יִהְיֶה־לִּי לְבַקֵּר II Rois 16. 15, quant à l'autel d'airain, c'est à moi à en avoir soin, à m'en occuper, ou : je le visiterai, j'y sacrifierai de temps en temps ; וְאַחַר נְדָרִים לְבַקֵּר Prov. 20. 25, et après avoir fait des vœux de s'en occuper (de réfléchir après coup sur l'engagement qu'on a pris).

בְּקַר chald. *Pa.* בַּקַּר chercher, rechercher, visiter : דִּי יְבַקַּר בִּסְפַר דָּכְרָנַיָּא Esdr. 4. 15, que l'on fasse des recherches dans les livres d'histoire ; לְבַקָּרָא עַל־יְהוּד וְלִירוּשְׁלֶם Esdr. 7. 14, d'inspecter, de visiter, la Judée et Jérusalem. *Ithpa. passif.* יִתְבַּקַּר בְּבֵית גִּנְזַיָּא Esdr. 5. 17, qu'il soit fait des recherches dans le palais du trésor.

בָּקָר *m.* (*f.* Job 1. 14). 1° Bœuf : בָּקָר שְׁנַיִם Nomb. 7. 17, deux bœufs ; שְׁנֵי עָשָׂר בָּקָר 7. 3, douze bœufs ; au *pl.* בַּבְּקָרִים Amos 6. 12, avec des bœufs. — 2° *collect.* Gros bétail : צֹאן־וּבָקָר Gen. 13. 5, des troupeaux de menu et de gros bétail ; בֶּן־בָּקָר, פַּר בֶּן־בָּקָר jeune taureau ; עֵגֶל בֶּן־בָּקָר veau ; בָּקָר עָלוֹת Gen. 33. 13, des vaches qui allaitent.

בֹּקֶר *m.* (*pl.* בְּקָרִים). 1° Matin (de בָּקַר distinguer, v. aussi בָּכַר) : כּוֹכְבֵי בֹקֶר Job 38. 7, les étoiles du matin, du jour ; בַּבֹּקֶר Gen. 19. 27, le matin, de bonne heure. De même בֹּקֶר seul : בֹּקֶר תִּשְׁמַע קוֹלִי Ps. 5. 4, dès le matin tu entends ma voix ; לַבֹּקֶר Deut. 16. 4, jusqu'au matin ; בַּבֹּקֶר בַּבֹּקֶר Exod. 30. 7, לַבֹּקֶר לַבֹּקֶר I Chr. 9. 27, לַבְּקָרִים Is. 33. 2, לִבְקָרִים Job 7. 18, chaque matin ; יוּמַת עַד־הַבֹּקֶר Jug. 6. 31, qu'il meure jusqu'au matin, c.-à-d. avant le lendemain matin. — 2° *adv.* (synon. de מָחָר). Demain, bientôt : וּבֹקֶר וּרְאִיתֶם Exod. 16. 7, demain vous verrez ; בֹּקֶר וְיֹדַע יְיָ Nomb. 16. 5, demain Dieu fera connaître ; שַׂבְּעֵנוּ בַבֹּקֶר חַסְדֶּךָ Ps. 90. 14, rassasie-nous de ta miséricorde dès le matin, bientôt, ou : dans ce matin de salut ; וַיִּרְדּוּ בָם יְשָׁרִים לַבֹּקֶר Ps. 49. 15, les justes les domineront bientôt.

בַּקָּרָה *f.* כְּבַקָּרַת רֹעֶה עֶדְרוֹ Ez. 34. 12, comme le soin, la sollicitude, du berger pour son troupeau (v. בָּקַר *Pi.*).

בִּקֹּרֶת *f.* בִּקֹּרֶת תִּהְיֶה Lév. 19. 20, le supplice du fouet aura lieu (de בָּקָר une lanière de peau de bœuf servant de fouet); selon d'autres : une instruction, enquête, aura lieu.

בָּקַשׁ *Kal* inusité. *Pi.* בִּקֵּשׁ 1° Chercher, rechercher, désirer, vouloir ; se construit avec l'*acc.* avec לְ et sans rég. : בִּקֶּשׁ־לֵץ חָכְמָה Prov. 14. 6, le moqueur cherche la sagesse (et il ne la trouve point) ; כִּי־תְבַקֵּשׁ לַעֲוֹנִי Job 10. 6, si tu recherches mes péchés ; וּבִקַּשְׁתֶּם גַּם־כְּהֻנָּה Nomb. 16. 10, vous désirez même le pontificat ; וַיְבַקֵּשׁ הֲמִיתוֹ Exod. 4. 24, il voulut le tuer ; avec לוֹ : בִּקֵּשׁ יְיָ לוֹ אִישׁ כִּלְבָבוֹ I Sam. 13. 14, l'Éternel s'est choisi un homme selon son cœur. בִּקֵּשׁ פָּנִים Rechercher la face d'un homme, vouloir le voir, s'attirer sa faveur : וְכָל־הָאָרֶץ מְבַקְשִׁים אֶת־פְּנֵי שְׁלֹמֹה I Rois 10. 24, toute la terre voulut voir Salomon ; רַבִּים מְבַקְשִׁים פְּנֵי־מוֹשֵׁל Prov. 29. 26, plusieurs recherchent le regard, la faveur, du dominateur. — De Dieu : בַּקְּשׁוּ פָנָיו תָּמִיד Ps. 105. 4, cherchez sa face, invoquez-le sans cesse ; לְךָ אָמַר לִבִּי בַּקְּשׁוּ פָנָי אֶת־פָּנֶיךָ יְיָ אֲבַקֵּשׁ Ps. 27. 8, mon cœur dit au sujet de toi (ou de ta part) : Invoquez-moi ; Seigneur, je cherche ta face ; וַיְבַקֵּשׁ דָּוִד אֶת־פְּנֵי יְיָ II Sam. 21. 1, David interrogea l'Éternel, ou : pria Dieu. Sans פָּנִים : מְבַקְשֵׁי יְיָ Ps. 105. 3, ceux qui recherchent l'Éternel, qui l'invoquent. Avec רָעָה vouloir le malheur, le préjudice de quelqu'un : וְלֹא מְבַקֵּשׁ רָעָתוֹ Nomb. 35. 23, et il ne cherchait pas à lui faire du mal ; הַמְבַקְשִׁים אֶת־נַפְשֶׁךָ Exod. 4. 19, ceux qui voulaient t'ôter la vie. Sens opposé : וִישָׁרִים יְבַקְשׁוּ נַפְשׁוֹ Prov. 29. 10, et les justes cherchent à lui conserver la vie (ou ils attentent à la vie de l'ennemi de l'homme simple). — 2° Demander, exiger : וְזַרְעוֹ מְבַקֶּשׁ־לָחֶם Ps. 37. 25, et ses enfants demander (mendier) du pain. Plus fréq. avec מִן et מִיַּד : וּלְבַקֵּשׁ מֵאֵל אָכְלָם Ps. 104. 21, pour demander à Dieu leur nourriture ; מִי־בִקֵּשׁ זֹאת מִיֶּדְכֶם Is. 1. 12, qui exige cela de vous ; וְדָמוֹ מִיָּדְךָ אֲבַקֵּשׁ Ez. 3. 18, je te redemanderai son sang, je vengerai sa mort sur toi ; יְיָ הוּא יְבַקֵּשׁ Jos. 22. 23, l'Éternel s'en vengera, en demandera compte. — Avec מִן, מִלְּפָנָיו prier, supplier : וַנְּבַקְשָׁה מֵאֱלֹהֵינוּ עַל־זֹאת Esdr. 8. 23, et nous invoquâmes Dieu à ce sujet ; וּלְבַקֵּשׁ מִלְּפָנָיו עַל־עַמָּהּ Esth. 4. 8, et de le supplier en faveur de son peuple ; לְבַקֵּשׁ עַל־נַפְשׁוֹ Esth. 7. 7, pour supplier (Esther) de lui sauver la vie. (Le *dages* dans la 2ᵉ lettre radicale ayant un *schwa* manque souvent.)

Pou. pass. Être cherché, être recherché, examiné : יְבֻקַּשׁ אֶת־עֲוֹן יִשְׂרָאֵל Jér. 50. 20, les péchés d'Israel seront recherchés ; וּתְבֻקְשִׁי Ez. 26. 21, tu seras cherché ; וַיְבֻקַּשׁ הַדָּבָר Esth. 2. 23, la chose fut examinée.

בַּקָּשָׁה *f.* Prière, demande : בַּקָּשָׁתִי Esth. 5. 7, ma prière.

I בַּר *m.* (avec suff. בְּרִי), *poét.* Fils, comme en chald. : מַה־בְּרִי וּמַה־בַּר־בִּטְנִי Prov. 31. 2, quoi ! (que dire ? ou : qu'as-tu fait ?) mon fils ! quoi ! fils de mes entrailles ; נַשְּׁקוּ־בַר Ps. 2. 12, embrassez le fils, c.-à-d. le roi ; selon d'autres : la pureté (v. II בַּר) (rac. בָּרָא ou בָּרָה).

II בַּר *adj.* (*f.* בָּרָה, rac. בָּרַר). 1° Choisi, élu, préféré : בָּרָה הִיא לְיוֹלַדְתָּהּ Cant. 6. 9, elle est la préférée de sa mère. — 2° Pur, serein, sans tache ; בָּרָה כַּחַמָּה Cant. 6. 10, sans tache comme le soleil ; fréq. sens moral : בַּר־לֵבָב Ps. 24. 4, ayant le cœur pur ; מִצְוַת יְיָ בָּרָה Ps. 19. 9, les commandements de l'Éternel sont purs. — 3° Vide : בְּאֵין אֲלָפִים אֵבוּס בָּר Prov. 14. 4, sans bestiaux la crèche est vide ; selon d'autres : sans bestiaux, point de grains dans les crèches, אֵין sous-entendu (v. III בַּר).

III בַּר et בָּר *m.* Blé, grains : לִשְׁבֹּר בָּר Gen. 42. 3, pour acheter du blé ; principal. des blés rentrés dans les granges, battus et vannés (v. בָּרַר) ; quelquefois des blés en épis : פִּסַּת־בַּר Ps. 72. 16, abondance de blé (v. פִּסָּה) ; וַעֲמָקִים יַעַטְפוּ־בָר Ps. 65. 14, les vallées se revêtent d'épis. — 2° Campagne : יִרְבּוּ בַבָּר Job 39. 4, ils se fortifient dans la campagne (v. בְּרָא chald.).

בַּר chald. *m.* Fils : בְּרֵהּ Dan. 5. 22,

son fils; בַּר־אֱלָהִין Dan. 3. 25, un fils de Dieu, un ange.

בֹּר m. (rac. בָּרַר). 1° Pureté, innocence: כְּבֹרִי לְנֶגֶד עֵינָיו II Sam. 22. 26, selon ma pureté, selon que j'étais pur à ses yeux; plus fréq. avec יָדַיִם ou כַּפַּיִם: כְּבֹר יָדַי Ps. 18. 21, suivant mon innocence; וְנִמְלַט בְּבֹר כַּפֶּיךָ Job 22. 30, il (le coupable) sera sauvé par la pureté de tes mains. — 2° Comme בֹּרִית, ce qui sert à purifier, savon, soude: וַהֲזִכּוֹתִי בְּבוֹר כַּפָּי Job 9. 30, j'ai nettoyé mes mains avec du savon. Il servait aussi à la décomposition des métaux: וְאֶצְרֹף כַּבֹּר סִגָיִךְ Is. 1. 25, j'épurerai ton écume comme par la soude.

בָּרָא Créer (tirer du néant), faire naître, produire: בָּרָא אֱלֹהִים אֵת הַשָּׁמַיִם וְאֵת הָאָרֶץ Gen. 1. 1, (au commencement) Dieu créa le ciel et la terre; בְּיוֹם בְּרֹא אֱלֹהִים אָדָם Gen. 5. 1, le jour où Dieu créa l'homme; לֵב טָהוֹר בְּרָא־לִי אֱלֹהִים Ps. 51. 12, ô Dieu, crée, fais naître en moi un cœur pur; הִנְנִי בוֹרֵא אֶת־יְרוּשָׁלַםִ גִּילָה Is. 65. 18, voici, je fais naître en Jérusalem l'allégresse; exact.: je crée Jérusalem (j'en fais) une ville d'allégresse.

Niph. Être créé, être né: בְּיוֹם הִבָּרְאָם Gen. 5. 2, le jour où ils furent créés; בִּמְקוֹם אֲשֶׁר־נִבְרֵאת Ez. 21. 35, dans l'endroit où tu es née.

Pi. בֵּרֵא 1° Couper, abattre, défricher: וּבֵרֵאתָ לְךָ שָׁם Jos. 17. 15, tu couperas là (le bois, pour y demeurer); וּבֵרֵאתוֹ vers. 18, tu l'abattras (la forêt); וּבָרֵא אוֹתְהֶן בְּחַרְבוֹתָם Ez. 23. 47, qu'ils les abattent, percent de leurs glaives. — 2° (v. בָּרָה) Choisir: וְיָד בָּרֵא בְּרֹאשׁ דֶּרֶךְ עִיר בָּרֵא Ez. 21. 24, choisis une place, choisis-la à l'entrée du chemin qui conduit à la ville; selon d'autres: (comme signif. 1°) ouvre-toi un endroit, etc.

Hiph. Engraisser: לְהַבְרִיאֲכֶם מֵרֵאשִׁית I Sam. 2. 29, pour vous engraisser des prémices (des offrandes de mon peuple d'Israel).

בָּרָא chald. m. Campagne: חֵיוַת בָּרָא Dan. 2. 38, les animaux des champs.

בְּרֹאדַךְ בַּלְאֲדָן n. pr. Berodach Baladan, roi des Babyloniens, II Rois 20. 12, appelé aussi מְרֹאדַךְ בַּלְאֲדָן Is. 39. 1.

בְּרָאיָה (que Dieu a créé) n. pr. m. I Chr. 8. 21.

בַּרְבֻּרִים m. pl. Ex. unique: וּבַרְבֻּרִים אֲבוּסִים I Rois 5. 3, et de la volaille engraissée; des oies, selon quelques commentateurs.

בָּרַד Grêler: וּבָרַד בְּרֶדֶת הַיָּעַר Is. 32. 19, il grêlera quand la forêt tombera, c.-à-d. la forêt tombera sous la grêle (בְּרֶדֶת *inf.* de יָרַד); selon d'autres: la grêle tombera dans la forêt (בְּרֶדֶת *subst.*, la grêle, comme בָּרָד, et בָּרַד *verbe*, grêler).

בָּרָד m. Grêle: בָּרָד כָּבֵד מְאֹד Exod. 9, 18, une très forte grêle.

בָּרֹד (*plur.* בְּרֻדִּים) *adj.*: וּבְרֻדִּים Gen. 31. 10, (des brebis) qui avaient des taches blanches comme de la grêle; סוּסִים בְּרֻדִּים Zach. 6. 3, des chevaux avec des taches blanches; selon d'autres, *simplement*: tachetés.

בֶּרֶד n. pr. d'une ville, Gen. 16. 14.

בֶּרֶד n. pr. m. I Chr. 7. 20.

בְּרֶדֶת Grêle (douteux), Is. 32. 19. (Selon d'autres, *inf.* de יָרַד, v. בָּרַד.)

בָּרָה 1° Manger (v. בָּרָא *Hiph.*): וְלֹא־בָרָה אִתָּם לָחֶם II Sam. 12. 17, il ne mangea point avec eux; וְאֶבְרֶה מִיָּדָהּ II Sam. 13. 6, pour que je mange ce que sa main m'offrira. 2° Choisir (v. בָּרַר): בְּרוּ־לָכֶם אִישׁ I Sam. 17. 8, choisissez-vous un homme.

Pi. הָיוּ לְבָרוֹת לָמוֹ Lam. 4. 10, ils (leurs enfants) leur servent de nourriture (*inf.* ou *subst.*).

Hiph. לְהַבְרוֹת אֶת־דָּוִד לֶחֶם II Sam. 3. 35, pour faire prendre à David de la nourriture; וְתַבְרֵנִי לֶחֶם II Sam. 13. 5, qu'elle me donne à manger.

בָּרוּךְ (béni) n. pr. m. 1° Baruch, ami de Jérémie, Jér. 32. 16. — 2° Néh. 3. 20. — 3° Néh. 11. 5.

בְּרֹמִים m. pl. Ex. unique: וּבְגִנְזֵי בְּרֹמִים Ez. 27. 24, et avec des caisses pleines d'étoffes riches, précieuses.

בְּרוֹשׁ *m.* 1° Cyprès ou sapin : תַּחַת הַנַּעֲצוּץ יַעֲלֶה בְרוֹשׁ Is. 55. 13, à la place du buisson s'élèvera le cyprès ; מִבְחַר בְּרֹשָׁיו Is. 37. 24, les plus beaux de ses cyprès. — 2° Instrument de musique fait de bois de cyprès ; בְּכֹל עֲצֵי בְרוֹשִׁים II Sam. 6. 5, avec toutes sortes d'instruments de musique. — 3° Bois de la lance, p. lance : וְהַבְּרֹשִׁים הָרְעָלוּ Nah. 2. 4, et les lances s'agitent (v. רָעַל).

בְּרוֹת Ex. unique : בְּרוֹתִים Cant. 1. 17, (nos lambris sont) de cyprès.

בָּרוּת *f.* Nourriture : וַיִּתְּנוּ בְּבָרוּתִי רֹאשׁ Ps. 69. 22, pour nourriture ils m'ont donné du fiel (v. בָּרָה 1°).

בֵּרוֹתָה Ez. 47. 16, et בֵּרֹתַי II Sam. 8. 8, *n. pr.* d'une ville.

בִּרְזָוִת *n. pr.* I Chr. 7. 31 (בִּרְזַיִת *keri*).

בַּרְזֶל *m.* Fer, chaînes de fer, instrument de fer : בְּכֶסֶף בַּרְזֶל Ez. 27. 12, en argent, en fer ; בְּשֵׁבֶט בַּרְזֶל Ps. 2. 9, avec une verge de fer ; אֲסִירֵי עֳנִי וּבַרְזֶל Ps. 107. 10, des captifs dans la misère, et chargés de fers ; בַּרְזֶל בָּאָה נַפְשׁוֹ Ps. 105. 18, son corps fut chargé de chaînes ; יִמָּלֵא בַרְזֶל II Sam. 23. 7, il se couvre de fer (d'une armure) ; וְאֶת־הַבַּרְזֶל נָפַל אֶל־הַמָּיִם II Rois 6. 5, le fer, la hache, tomba dans l'eau.

בַּרְזִלַּי (de fer) *n. pr. m.* 1° II Sam. 17. 27. — 2° Esdr. 2. 61.

בָּרַח 1° Fuir, s'enfuir : וַיִּבְרַח הוּא וְכָל־אֲשֶׁר־לוֹ Gen. 31. 21, il s'enfuit avec tous les siens ; בְּרַח־לְךָ Gen. 27. 43, fuis. Fuir devant quelqu'un, avec מִן, מִפְּנֵי, מִלִּפְנֵי, quelquefois avec מֵאֵת, מִיַּד ; s'enfuir d'un endroit, avec מִן ; s'enfuir dans, vers un endroit, avec אֶל, לְ, ou le régime direct : וַיִּבְרַח אַחֲרֵי דָוִד I Sam. 22. 20, il s'enfuit auprès de David. — 2° Traverser (d'une barre) : לִבְרֹחַ בְּתוֹךְ הַקְּרָשִׁים Exod. 36. 33, (pour que la barre) courût entre, traversât les ais (d'une extrémité à l'autre).

Hiph. 1° Faire fuir, chasser : וַיַּבְרִיחוּ אֶת־כָּל־הָעֲמָקִים I Chr. 12. 15, ils mirent en fuite tous les habitants des vallées ; לֹא־יַבְרִיחֶנּוּ בֶן־קָשֶׁת Job 41. 20, la flèche ne le fait point fuir ; וָאַבְרִיחֵהוּ מֵעָלָי Néh. 13. 28, je le chassais de ma présence. — 2° Traverser : מַבְרִחַ מִן־הַקָּצֶה אֶל־הַקָּצֶה Exod. 26. 28, (la barre) traversait d'une extrémité à l'autre.

בָּרִחַ (v. בְּרִיחַ).

בְּרִי *m.* Pureté : אַף־בְּרִי Job. 37. 11, même (dans) la pureté de l'air (v. le même exemple à בָּרָה et à רִי).

בֵּרִי *n. pr. m.* I Chr. 7. 36.

בָּרִיא (v. בָּרָא *Hiph.*) *adj.* Gras, engraissé : וְעֶגְלוֹן אִישׁ בָּרִיא מְאֹד Jug. 3. 17, Églon était un homme extrêmement gras ; וּבְרִיאֹת בָּשָׂר Gen. 41. 2, (et sept vaches) grasses de chair ; בְּרִיאוֹת 41. 5, (des épis) pleins ; וּמַאֲכָלוֹ בְּרִאָה Hab. 1. 16, sa nourriture est grasse, exquise ; *fém.* הַבְּרִיאָה Zach. 11. 16, d'une bête engraissée ; הַבְּרִיאָה תִּזְבָּחוּ Ez. 34. 3, vous tuez les bêtes engraissées.

בְּרִיאָה *f.* (rac. בָּרָא) : וְאִם־בְּרִיאָה יִבְרָא יְיָ Nomb. 16. 30, si Dieu crée une (nouvelle) création, c.-à-d. s'il fait une chose nouvelle, inouïe ; selon d'autres, de בָּרָא *Pi.*, s'il fait une destruction, une catastrophe terrible.

בִּרְיָה *f.* 1° Nourriture, mets : וְתַעַשׂ לְעֵינַי אֶת־הַבִּרְיָה II Sam. 13. 5, qu'elle prépare devant moi ce mets (v. בָּרָה 1°). — 2° *adj.* שֶׂה בִרְיָה Ez. 34. 20, une brebis grasse (v. בָּרִיא).

* בְּרִיָּה *pl.* בְּרִיּוֹת. Créature, homme : אֱלוֹהַּ כָּל־בְּרִיּוֹת Rituel, Dieu de tous les êtres.

בָּרִיחַ et בָּרִחַ *m.* : וְהוֹרַדְתִּי בָרִיחִים כֻּלָּם Is. 43. 14, j'ai abattu tous les fuyards, ou : ces verroux, comme בְּרִיחַ (selon d'autres, je les ai conduits tous dans des vaisseaux poussés par le vent, de רוּחַ) ; לִוְיָתָן נָחָשׁ בָּרִחַ Is. 27. 1, Léviathan, serpent qui fuit, alerte, ou serpent immense.

בָּרִיחַ *n. pr. m.* I Chr. 3. 22.

בְּרִיחַ *m.* 1° Barre, verrou : בְרִיחִם עֲצֵי שִׁטִּים Exod. 26. 26, des barres de bois d'acacias ; דְּלָתַיִם וּבְרִיחַ Deut. 3. 5, (ayant) portes et verroux ; הָאָרֶץ בְּרִחֶיהָ בַעֲדִי לְעוֹלָם Jon. 2. 7, la terre (a fermé) ses barrières sur moi à jamais. — 2° *Métaph.* (v. III בַּר). Protecteur, soutien : בְּרִיחֶהָ עַד־צֹעַר Is. 15. 5, ses chefs (fuient) ; selon d'autres : ses fuyards (vont) jusqu'à Zoar (v. בָּרִיחַ).

בְּרִיעָה (malheur, v. I Chr. 7. 23) *n. pr. m.* 1° Gen. 46. 17 ; בְּרִיעִי *nom patron.*, Nomb. 26. 44. — 2° I Chr. 7. 23. — 3° Plusieurs autres.

בְּרִית *f.* (de בָּרָה ou בָּרָא couper). Alliance, pacte, accord, contrat. Entre des nations : וְעַתָּה כִּרְתוּ־לָנוּ בְרִית Jos. 9. 6, maintenant contractez avec nous une alliance ; entre amis : וַיִּכְרֹת יְהוֹנָתָן וְדָוִד בְּרִית I Sam. 18. 3, Jonathan et David firent un pacte ; entre l'homme et la femme : וְהִיא חֲבֶרְתְּךָ וְאֵשֶׁת בְּרִיתֶךָ Mal. 2. 14, elle est ta compagne et l'épouse liée à toi par un contrat ; princip. de l'alliance de Dieu avec les patriarches et le peuple d'Israel : וְלֹא יִשְׁכַּח אֶת־בְּרִית אֲבֹתֶיךָ Deut. 4. 31, il n'oubliera pas l'alliance contractée avec tes ancêtres (de même בְּרִית רִאשֹׁנִים Lév. 26. 45). Les alliés, אַנְשֵׁי, בַּעֲלֵי בְּרִית ; contracter une alliance : כָּרַת, הֵקִים, נָתַן־בְּרִית, שׂוּם, בּוֹא, עָבַר בִּבְרִית ; rompre une alliance : הֵפֵר, שִׁקֵּר בְּ, עָזַב, חִלֵּל־בְּרִית — אֶרֶץ הַבְּרִית Ez. 30. 5, la Palestine ; מַלְאַךְ הַבְּרִית Mal. 3. 1, messager de l'alliance, Messie ; סֵפֶר, אֲרוֹן, לֻחוֹת הַבְּרִית livre, arche, tables de l'alliance, contenant la loi divine ; quelquefois concr. pour signe de l'alliance, circoncision : וְהָיְתָה בְרִיתִי בִּבְשַׂרְכֶם Gen. 17. 13, mon alliance sera (marquée) dans votre chair ; plus complet, vers. 2 : אוֹת בְּרִית signe de l'alliance ; וְאֶתֶּנְךָ לִבְרִית עָם Is. 42. 6, je ferai de toi le représentant de mon alliance avec le peuple ; בְּרִית קֹדֶשׁ Dan. 11. 28, sainte alliance, p. peuple de la sainte alliance.

בֹּרִית *f.* (rac. בָּרַר). Lessive, soude, potasse, alcali (végétal) : וְתַרְבִּי־לָךְ בֹּרִית Jér. 2. 22, et si tu emploies une grande quantité de soude (pour te purifier) ; וּכְבֹרִית מְכַבְּסִים Mal. 3. 2, comme la lessive des blanchisseurs.

בָּרַךְ (*fut.* יִבְרַךְ) 1° S'agenouiller : וַיִּבְרַךְ עַל־בִּרְכָּיו II Chr. 6. 13, il se mit à genoux ; נִבְרְכָה לִפְנֵי־יְיָ Ps. 95. 6, agenouillons-nous devant l'Éternel. — 2° Louer, bénir, employé seulement au *part. pass.* (peut-être aussi l'*inf.* בָּרוֹךְ Jos. 24. 10, et לְבָרְכוֹ plusieurs fois, mais plus probablement du *Pi.*) : בָּרוּךְ יְיָ אֱלֹהֵי אֲדֹנִי אַבְרָהָם Gen. 24. 27, loué soit l'Éternel, le Dieu d'Abraham mon maître ; בָּרוּךְ בְּנִי לַיְיָ Jug. 17. 2, que mon fils soit béni de l'Éternel ; *fém.* בְּרוּכָה אַתְּ לַיְיָ Ruth 3. 10, puisse le Seigneur te combler de ses bénédictions ; formule de congratulation et de bénédiction ; וּבָרוּךְ טַעְמֵךְ וּבְרוּכָה אָתְּ I Sam. 25. 33, béni soit ton bon jugement et sois bénie toi-même ; *plur.* בְּרוּכִים אַתֶּם לַיְיָ Ps. 115. 15, soyez bénis devant l'Éternel.

Niph. Être béni, se bénir : וְנִבְרְכוּ בְךָ Gen. 12. 3, par ou en toi seront bénies (toutes les familles de la terre).

Pi. בֵּרַךְ 1° Louer, exalter, invoquer (Dieu), bénir : בָּרְכוּ יְיָ מַלְאָכָיו Ps. 103. 20, vous, ses messagers, louez l'Éternel ; בָּרְכִי נַפְשִׁי אֶת־יְיָ Ps. 103. 1, mon âme, exalte le Seigneur ; מְבָרֵךְ אָוֶן Is. 66. 3, il invoque des idoles ; וּלְבָרֵךְ בְּשֵׁם יְיָ Deut. 21. 5, pour invoquer Dieu ou pour bénir en son nom ; (des hommes) louer, saluer, adresser des félicitations, des souhaits : מְבָרֵךְ רֵעֵהוּ בְּקוֹל גָּדוֹל Prov. 27. 14, celui qui loue son ami à haute voix ; כִּי תִמְצָא־אִישׁ לֹא תְבָרְכֶנּוּ II Rois 4. 29, si tu rencontres quelqu'un, ne le salue point.

2° Bénir, donner sa bénédiction, combler de bénédictions, de bienfaits ; prononcer des formules de bénédiction... Se dit des bénédictions de Dieu, d'un père, des pontifes, d'un prophète : וַיְבָרֶךְ אֹתָם אֱלֹהִים Gen. 1. 22, Dieu les bénit ; בַּעֲבוּר תְּבָרֶכְךָ נַפְשִׁי Gen. 27. 5, afin que mon âme te bénisse ; וְזֹאת הַבְּרָכָה אֲשֶׁר בֵּרַךְ מֹשֶׁה Deut. 33. 1, voici la bénédiction que Moïse donna (au peuple) ; כִּי־הוּא יְבָרֵךְ הַזֶּבַח I Sam. 9. 13, c'est lui qui bénit le sacrifice. Avec לְ : וַיְבָרְכוּ הָעָם לְכֹל הָאֲנָשִׁים Néh. 11. 2, le peuple bénit tous les hommes (qui s'offrirent volontairement à aller demeurer à Jérusalem). Avec deux rég. dir. : אֲשֶׁר בֵּרֲכוֹ יְיָ

אֱלֹהֶיךָ Deut. 15. 14, (les bienfaits) que Dieu t'a accordés. Avec בְּ : וַיהוָה בֵּרַךְ אֶת־אַבְרָהָם בַּכֹּל Gen. 24. 1, l'Éternel combla Abraham de toutes sortes de bienfaits. Des choses inanimées : וּבֵרַךְ אֶת־לַחְמְךָ Exod. 23. 25, il bénira ton pain (et ton eau).

3° (sens opposé) Maudire, offenser, blasphémer : בֵּרַכְתָּ אֱלֹהִים וָמֶלֶךְ I Rois 21. 10, tu as blasphémé contre Dieu et le roi ; אוּלַי חָטְאוּ בָנַי וּבֵרֲכוּ אֱלֹהִים Job 1. 5, peut-être mes fils ont-ils péché et ont-ils offensé Dieu ; בָּרֵךְ אֱלֹהִים וָמֻת Job 2. 9, blasphème contre Dieu (selon d'autres, loue Dieu) et meurs ; וּבֹצֵעַ בֵּרֵךְ Ps. 10. 3, celui qui poursuit des gains illicites blasphème, ou s'en félicite (v. בָּצַע).

Pou. בֹּרַךְ Être loué, être béni : מְבֹרָכָיו Ps. 37. 22, ceux qui sont bénis (de Dieu) ; טוֹב־עַיִן הוּא יְבֹרָךְ Prov. 22. 9, l'homme généreux est loué, ou sera béni.

Hiph. (v. *Kal* 1°). Faire ployer les genoux : וַיַּבְרֵךְ הַגְּמַלִּים Gen. 24. 11, il fit ployer les genoux aux chameaux (les fit reposer).

Hithp. Se bénir, être béni, vouloir être béni, s'estimer heureux, se féliciter, se glorifier. Avec בְּ : וְהִתְבָּרְכוּ בְזַרְעֲךָ כֹּל גּוֹיֵי הָאָרֶץ Gen. 22. 18, tous les peuples de la terre se béniront par ta postérité, souhaitant une bénédiction pareille ; וְהִתְבָּרְכוּ בוֹ גּוֹיִם Jér. 4. 2, les peuples s'estimeront heureux par lui (Dieu) ; הַמִּתְבָּרֵךְ בָּאָרֶץ יִתְבָּרֵךְ בֵּאלֹהֵי אָמֵן Is. 65. 16, celui qui voudra être béni sur la terre voudra être béni par le Dieu de vérité ; וְהִתְבָּרֵךְ בִּלְבָבוֹ Deut. 29. 18, il se glorifiera en son cœur.

בְּרַךְ chald. 1° S'agenouiller : הוּא בָּרֵךְ עַל־בִּרְכוֹהִי Dan. 6. 11, (trois fois par jour) il se mit à genoux. — 2° Bénir : בְּרִיךְ אֱלָהֲהוֹן Dan. 3. 28, béni soit leur Dieu. *Pa.* בָּרֵךְ Louer, exalter (Dieu), avec לְ : בָּרֵךְ לֶאֱלָהּ שְׁמַיָּא Dan. 2. 19, il adressa des louanges au Dieu du ciel.

בֶּרֶךְ *f.* Genou : כִּי־לִי תִּכְרַע כָּל־בֶּרֶךְ Is. 45. 23, tout genou fléchira devant moi. *Duel* et *plur.* בִּרְכַּיִם : וְכָל־בִּרְכַּיִם תֵּלַכְנָה מָּיִם Ez. 7. 17, et tous les genoux se fondront en eau (seront sans force) ; וְתֵלֵד עַל־בִּרְכַּי Gen. 30. 3, pour qu'elle enfante sur mes genoux (pour que je reçoive son enfant sur mon sein).

בְּרַךְ chald. Genou : בִּרְכוֹהִי Dan. 6. 11, ses genoux.

בָּרַכְאֵל (béni de Dieu) *n. pr. m.* Job 32. 2.

בְּרָכָה *f.* (const. בִּרְכַּת, *pl.* בְּרָכוֹת, const. בִּרְכוֹת). 1° Bénédiction, paroles de bénédiction, bienfaits, faveurs (du ciel), objet de bénédiction : וְהֵבֵאתִי עָלַי קְלָלָה וְלֹא בְרָכָה Gen. 27. 12, je m'attirerais une malédiction, et non pas une bénédiction ; בִּרְכַּת אֹבֵד עָלַי תָּבֹא Job 29. 13, le malheureux me comblait de bénédictions ; בִּרְכַּת יְיָ הִיא תַעֲשִׁיר Prov. 10. 22, la bénédiction de Dieu enrichit ; בִּרְכֹת שָׁמַיִם Gen. 49. 25, les bénédictions, les bienfaits du ciel ; אֶת־בִּרְכַּת אַבְרָהָם Gen. 28. 4, la bénédiction, c.-à-d. les faveurs promises à Abraham ; וֶהְיֵה בְּרָכָה Gen. 12. 2, sois un objet de bénédiction ; תְּשִׁיתֵהוּ בְרָכוֹת לָעַד Ps. 21. 7, tu fais de lui un objet de bénédictions à jamais. — 2° Présent, don : קַח־נָא אֶת־בִּרְכָתִי Gen. 33. 11, accepte mon présent ; הִנֵּה לָכֶם בְּרָכָה מִשְּׁלַל אֹיְבֵי יְיָ I Sam. 30. 26, voici un présent, pour vous, du butin des ennemis de Dieu ; נֶפֶשׁ־בְּרָכָה תְדֻשָּׁן Prov. 11. 25, qui a l'âme généreuse sera engraissé, prospérera. — 3° Paix : עֲשׂוּ אִתִּי בְרָכָה II Rois 18. 31, faites la paix avec moi.

בְּרֵכָה *f.* Réservoir, piscine : בְּרֵכַת גִּבְעוֹן II Sam. 2. 13, la piscine de Gabaon ; עָשִׂיתִי לִי בְּרֵכוֹת מָיִם Eccl. 2. 6, je me suis fait des réservoirs. A Jérusalem, il y avait deux réservoirs alimentés par la source de Siloah, l'une appelée la haute piscine הַבְּרֵכָה הָעֶלְיוֹנָה II Rois 18. 17 ; הַיְשָׁנָה l'ancienne, Is. 22. 11 ; הַמֶּלֶךְ du roi, Néh. 2. 14 ; הַשֶּׁלַח Néh. 3. 15 ; l'autre appelée הַבְּרֵכָה הַתַּחְתּוֹנָה Is. 22. 9, la basse piscine.

בֶּרֶכְיָה (que Dieu bénit) *n. pr. m.* 1° Néh. 3. 4. — 2° I Chr. 3. 20. — 3° Plusieurs autres.

בֶּרֶכְיָהוּ *n. pr. m.* 1° Berechyahu, père du prophète Zacharie, Zach. 1. 7 (בֶּרֶכְיָה vers. 1). — 2° Plusieurs autres.

בְּרַם chald. *adv.* Mais, cependant, Dan. 2. 28, 4. 12; Esdr. 5. 13.

בֶּרַע *n. pr. m.* Béra, roi de Sodome, Gen. 14. 2.

בַּרְנֵעַ (v. קָדֵשׁ *n. pr.*).

בָּרַק Faire briller des éclairs : בְּרוֹק בָּרָק Ps. 144. 6, fais briller les éclairs.

בָּרָק *m.* Éclair, foudre : וַיְהִי קֹלֹת וּבְרָקִים Exod. 19. 16, il y eut du tonnerre et des éclairs. *Métaph.*, d'une arme : לְמַעַן הֱיֵה־לָהּ בָּרָק מֹרָטָּה Ez. 21. 15, elle est polie pour qu'elle ait de l'éclat ; אִם־שַׁנּוֹתִי בְּרַק חַרְבִּי Deut. 32. 41, si j'aiguise mon glaive brillant comme l'éclair, ou foudroyant, mot à mot : l'éclat de mon glaive. De même בָּרָק seul : וּבָרָק מִמְּרֹרָתוֹ Job 20. 25, et l'épée foudroyante, brillante, (est tirée) de son fiel.

בָּרָק *n. pr.* Barak, fils d'Abinoam, chef de l'armée, Jug. 4. 6.

בַּרְקוֹס *n. pr. m.* Esdr. 2. 53.

בַּרְקָנִים *m. pl.* Espèce d'épines ou de ronces, Jug. 8. 7, 16.

בָּרֶקֶת Exod. 28. 17, et בָּרְקַת Ez. 28. 13, une des douze pierres précieuses qui ornaient le rational du grand-prêtre (émeraude ?).

בָּרַר 1° Séparer, trier, choisir : וּבָרוֹתִי מִכֶּם Ez. 20. 38, je séparerai de vous (les rebelles) ; צֹאן שֵׁשׁ־בְּרֻרוֹת Néh. 5. 18, six brebis choisies ; וּשְׁאָר הַבְּרוּרִים I Chr. 16. 41, les autres hommes choisis (pour cela). — 2° Purifier, épurer, sens physique et sens moral. *Part. pass.* בָּרוּר : וַיְשִׂימֵנִי לְחֵץ בָּרוּר Is. 49. 2, il fait de moi une flèche brillante, c.-à-d. aiguisée, dont la rouille est enlevée ; שָׂפָה בְרוּרָה Soph. 3. 9, une lèvre pure ; *adv.* וְדַעַת שְׂפָתַי בָּרוּר מִלֵּלוּ Job 33. 3, mes lèvres expriment une science pure, littér. la science de mes lèvres est de parler purement — 3° Éprouver, examiner : לְבָרָם הָאֱלֹהִים Eccl. 3. 18, que Dieu les éprouve, ou les choisit (v. בּוּר et בָּרָה).

Niph. Se purifier : הִבָּרוּ נֹשְׂאֵי כְּלֵי יְיָ Is. 52. 11, purifiez-vous, vous qui portez les vases de l'Éternel. *Part.* נָבָר celui qui est pur : עִם־נָבָר תִּתְבָּרָר Ps. 18. 27, avec celui qui est pur tu te montres pur (bon).

Pi. וּלְבָרֵר Dan. 11. 35, et pour purifier.

Hiph. comme *Pi.* Du blé : לוֹא לִזְרוֹת וְלוֹא לְהָבַר Jér. 4. 11, ni pour vanner ni pour purger ; d'une flèche : הָבֵרוּ הַחִצִּים Jér. 51. 11, ôtez la rouille des flèches, c.-à-d. aiguisez-les (selon d'autres, de אֵבֶר p. הַאֲבִרוּ donnez des ailes aux flèches).

Hithp. Se purifier, se montrer pur, bon : יִתְבָּרְרוּ וְיִתְלַבְּנוּ Dan. 12. 10, ils se purifieront et ils se rendront blancs ; תִּתְבָּרָר Ps. 18. 27 (v. *Niph.*) ; תִּתָּבָר II Sam. 22. 27, p. תִּתְבָּרָר.

בִּרְשַׁע (fils de la méchanceté) *n. pr.* Birsa, roi de Gomorrhe, Gen. 14. 2.

בְּשׂוֹר *n. pr.* d'une rivière, I Sam. 30. 9.

בְּשׂוֹרָה (v. בְּשׂרָה)

בֹּשֶׂם ou בֶּשֶׂם *m.* Baume, aromate : אָרִיתִי מוֹרִי עִם־בְּשָׂמִי Cant. 5. 1, j'ai cueilli ma myrrhe et mes aromates, ou mes baumes.

בֶּשֶׂם et בֹּשֶׂם *m.* (*plur.* בְּשָׂמִים). 1° Baume, herbe odoriférante, aromate, épice : עֲרוּגַת הַבֹּשֶׂם Cant. 5. 13, un parterre de plantes aromatiques ; וּבְשָׂמִים הַרְבֵּה מְאֹד I Rois 10. 10, une grande quantité d'aromates ; בְּרֹאשׁ כָּל־בֹּשֶׂם Ez. 27. 22, avec les meilleures épices. — 2° Arome, parfum ; קִנְּמָן־בֶּשֶׂם cinnamone, cannelle aromatique ; קְנֵה־בֹשֶׂם Exod. 30. 23, canne aromatique ; יִזְּלוּ בְשָׂמָיו Cant. 4. 16, et que ses parfums en découlent, se répandent.

בָּשְׂמַת (celle qui embaume) *n. pr. f.* 1° Basemath, femme d'Esaü, Gen. 26. 34. — 2° Fille de Salomon, I Rois 4. 15.

בָּשַׂר *Kal* inusité. *Pi.* בִּשֵּׂר Annoncer, publier, porter un message ; plus généralement apporter un bon message, une bonne nouvelle : בִּשַּׂרְתִּי צֶדֶק בְּקָהָל רָב Ps. 40. 10, j'ai annoncé la justice dans une grande assemblée ; וּתְהִלֹּת יְיָ יְבַשֵּׂרוּ Is. 60. 6, ils publieront les louanges de Dieu ; וְהַיּוֹם הַזֶּה לֹא תְבַשֵּׂר II Sam. 18. 20, aujourd'hui tu n'iras point porter le message ; וְטוֹב תְּבַשֵּׂר I Rois 1. 42, tu apportes un heureux message ; אֲשֶׁר בִּשַּׂר אֶת־אָבִי Jér. 20. 15, qui a apporté à mon père l'heureuse nouvelle ; *part.* מְבַשֵּׂר messager, celui qui annonce une bonne nouvelle : הַמְבַשֵּׂר I Sam. 4. 17, le messager (ici, porteur d'une mauvaise nouvelle) ; וְהוּא־הָיָה כִמְבַשֵּׂר בְּעֵינָיו II Sam. 4. 10, à ses propres yeux il était, il croyait être, le messager d'une bonne nouvelle ; הַמְבַשְּׂרוֹת צָבָא רָב Ps. 68. 12, (des paroles) qui annoncent la victoire à la grande armée, ou : le nombre de celles qui apportent de bonnes nouvelles est grand ; מְבַשֶּׂרֶת צִיּוֹן Is. 40. 9, celle qui annonce la bonne nouvelle à Sion, ou : Sion qui est l'heureuse messagère.

Hithp. יִתְבַּשֵּׂר אֲדֹנִי הַמֶּלֶךְ II Sam. 18. 31, que mon seigneur et roi se fasse annoncer, qu'il écoute, une heureuse nouvelle.

בָּשָׂר *m.* 1° Chair, viande : וּבָשָׂר מִבְּשָׂרִי Gen. 2. 23, et la chair de ma chair ; אָכֹל בָּשָׂר וְשָׁתוֹת יָיִן Is. 22. 13, manger de la chair et boire du vin ; מִי־יִתֵּן מִבְּשָׂרוֹ Job 31. 31, qui (nous) donnera de sa chair ; דָּבְקָה עַצְמִי לִבְשָׂרִי Ps. 102. 6, mes os sont attachés à ma chair (c.-à-d. ils collent à ma peau). — 2° Corps : אַף־בְּשָׂרִי יִשְׁכֹּן לָבֶטַח Ps. 16. 9, mon corps aussi reposera en paix ; יְגִעַת בָּשָׂר Eccl. 12. 12, fatigue du corps ; לִמְשׁוֹךְ בַּיַּיִן אֶת־בְּשָׂרִי Eccl. 2. 3, de fortifier mon corps par le vin. — 3° *collec.* כָּל־בָּשָׂר Toute chair, toutes les créatures, tous les hommes : קֵץ כָּל־בָּשָׂר בָּא לְפָנַי Gen. 6. 13, la destruction de toute chair a été résolue par moi ; נֹתֵן לֶחֶם לְכָל־בָּשָׂר Ps. 136. 25, il donne la nourriture à toutes les créatures ; כִּי־הִשְׁחִית כָּל־בָּשָׂר אֶת־דַּרְכּוֹ Gen. 6. 12, car tous les hommes avaient corrompu leurs voies, leur conduite ; souvent בָּשָׂר signifie mortel, homme faible, impuissant : מַה־יַּעֲשֶׂה בָשָׂר לִי Ps. 56. 5, (je ne crains rien) que peut me faire la chair, l'homme ? הַעֵינֵי בָשָׂר לָךְ Job 10. 4, as-tu les yeux de la chair (de l'homme) ? וְסוּסֵיהֶם בָּשָׂר וְלֹא־רוּחַ Is. 31. 3, leurs chevaux ne sont que chair, et non pas esprit. — 4° Parent, proche : עַצְמִי וּבְשָׂרִי אָתָּה Gen. 29. 14, tu es mon os et ma chair (mon parent) ; אָחִינוּ בְשָׂרֵנוּ הוּא Gen. 37. 27, il est notre frère, notre chair ; sens plus général : prochain ; וּמִבְּשָׂרְךָ לֹא תִתְעַלָּם Is. 58. 7, ne te dérobe pas à ton frère, ne néglige pas ton prochain (pauvre, malheureux, v. שְׁאֵר). — 5° Les parties sexuelles, de l'homme : בְּשָׂרוֹ Lév. 15. 2, בְּשָׂרָם Ez. 23. 20 ; de la femme : בְּשָׂרָהּ Lév. 15. 9.

בְּשַׂר chald. (v. בָּשָׂר héb.). Chair : אֲכֻלִי בְּשַׂר שַׂגִּיא Dan. 7. 5, dévore beaucoup de chair ; עִם־בִּשְׂרָא Dan. 2. 11, (les dieux qui ne demeurent pas) au milieu des hommes.

בְּשֹׂרָה et בְּשׂוֹרָה *f.* (rac. בָּשַׂר). 1° Nouvelle, message : לֹא אִישׁ בְּשֹׂרָה אַתָּה הַיּוֹם הַזֶּה II Sam. 18. 20, aujourd'hui ce ne sera pas toi qui apporteras le message ; וְאֶל־בְּשׂוֹרָה טוֹבָה יָבוֹא 18. 27, il vient annoncer une bonne nouvelle. — 2° Prix du message : וּלְכָה אֵין־בְּשׂוֹרָה מֹצֵאת II Sam. 18. 22, il n'y aura pas pour toi de récompense pour le message (v. מָצָא) ; אֲשֶׁר לְתִתִּי־לוֹ בְּשֹׂרָה II Sam. 4. 10, lui à qui j'aurais dû donner une récompense pour le message.

בָּשַׁל 1° Cuire : גַּם־בָּשְׁלוּ עֲצָמֶיהָ בְּתוֹכָהּ Ez. 24. 5, et que ses os cuisent dans elle. — 2° Mûrir : כִּי בָשַׁל קָצִיר Joel 4. 13, car la moisson est mûre.

Pi. לֹא־תְבַשֵּׁל גְּדִי בַּחֲלֵב אִמּוֹ Ex. 23. 19, tu ne feras pas cuire le chevreau dans le lait de sa mère ; בִּשְּׁלָם I Rois 19. 21, il fit cuire pour eux.

Pou. pass. מְבֻשָּׁל בַּמָּיִם Exod. 12. 9, cuit dans l'eau.

Hiph. Mûrir : הִבְשִׁילוּ אַשְׁכְּלֹתֶיהָ עֲנָבִים Gen. 40. 10, ses grappes mûrissaient des raisins (avaient des raisins mûrs);

בָּשֵׁל *adj.* (*fém.* בְּשֵׁלָה). Ce qui est cuit : הַזְּרֹעַ בְּשֵׁלָה Nomb. 6. 19, l'épaule cuite ; בָּשֵׁל Exod. 12. 9, ce qui est cuit.

בִּשְׁלָם (p. בֶּן־שָׁלֹם fils de la paix) *n. pr. m.* Esdr. 4. 7.

בָּשָׁן *n. pr.* Basan, province au delà du Jourdain, célèbre par ses forêts et ses gras pâturages (v. Nomb., chap. 21 et 32).

בָּשְׁנָה (rac. בּוֹשׁ) *f.* Honte : בָּשְׁנָה אֶפְרַיִם יִקָּח Osée 10. 6, Ephraïm sera couvert de honte.

בָּשַׁס Ex. unique : יַעַן בּוֹשַׁסְכֶם עַל־דָּל Amos 5. 11, puisque vous foulez à vos pieds le pauvre (v. בּוּס).

בֹּשֶׁת *f.* (rac. בּוֹשׁ, avec suff. בָּשְׁתִּי). 1° Honte, confusion : שֹׂנְאֶיךָ יִלְבְּשׁוּ־בֹשֶׁת Job 8. 22, tes ennemis seront revêtus (couverts) de honte ; נִשְׁכְּבָה בְּבָשְׁתֵּנוּ Jér. 3. 25, nous sommes couchés (nous demeurons) dans notre honte ; fréq. avec פָּנִים : וּבֹשֶׁת פָּנַי כִּסָּתְנִי Ps. 44. 16, la confusion de mon visage me couvre, p. la confusion me couvre le visage ; עֶרְיָה־בֹשֶׁת Mich. 1. 11, dans la nudité et la honte ; selon d'autres : les parties honteuses découvertes. — 2° Honte, idole, culte honteux : וַיִּנָּזְרוּ לַבֹּשֶׁת Osée 9. 10, ils se consacrent aux idoles ; וְהַבֹּשֶׁת אָכְלָה אֶת־יְגִיעַ אֲבוֹתֵינוּ Jér. 3. 24, le culte honteux des idoles a dévoré les biens de nos pères.

I בַּת *f.* (p. בֶּנֶת, *fém.* de בֵּן, rac. בָּנָה ; avec suff. בִּתִּי, *plur.* בָּנוֹת). 1° Fille, jeune fille, petite fille, postérité (féminine), femme : בַּת־מִי אַתְּ Gen. 24. 23, de qui es-tu la fille ? לְקָחָהּ מָרְדֳּכַי לוֹ לְבַת Esth. 2. 7, Mardochée l'adopta pour fille ; כֵּן רַעְיָתִי בֵּין הַבָּנוֹת Cant. 2. 2, telle est ma bien-aimée entre les jeunes filles. *Métaph.* jeune branche d'un arbre : בָּנוֹת צָעֲדָה עֲלֵי־שׁוּר Gen. 49. 22, ses branches s'étendront au delà du mur ; אִשְּׁרוּנִי בָּנוֹת Gen. 30. 13, les femmes m'estiment heureuse ; בְּנוֹת הָאָדָם Gen. 6. 2, les filles de l'homme, les femmes ; מִבְּנוֹת כְּנָעַן Gen. 36. 2, d'entre les filles de Canaan, Canaanites ; בְּנוֹת יִשְׂרָאֵל II Sam. 1. 24, filles d'Israel, femmes israélites. — Adepte, adoratrice d'une idole : וּבָעַל בַּת־אֵל נֵכָר Mal. 2. 11, il épouse celle qui adore un dieu étranger. Suivi d'un nom de ville ou de pays, habitante de : בְּנוֹת צִיּוֹן Is. 3. 16, les femmes de Sion ; בְּנוֹת יְרוּשָׁלָםִ Cant. 1. 5, ô filles de Jérusalem.

2° En poésie, בַּת *collec.*, les habitants d'une ville, d'un pays ; fréq. la personnification d'une ville, d'une contrée, d'une nation ; quelquefois avec le mot בְּתוּלָה : בָּזָה לְךָ לָעֲגָה לְךָ בְּתוּלַת בַּת־צִיּוֹן אַחֲרֶיךָ רֹאשׁ הֵנִיעָה בַּת יְרוּשָׁלָםִ Is. 37. 22, la vierge, fille de Sion, t'a raillé, la fille de Jérusalem a secoué la tête derrière toi, c.-à-d. les habitants de Sion, de Jérusalem ; עַל־שֶׁבֶר בַּת־עַמִּי Lament. 2. 11, à cause de la ruine de mon peuple ; בַּת־בָּבֶל Ps. 137. 8, Babylone ; בְּתוּלַת בַּת־מִצְרָיִם Jér. 46. 11, vierge fille d'Égypte, p. l'Égypte. — 3° Village, dépendance d'une ville : בְּחֶשְׁבּוֹן וּבְכָל־בְּנֹתֶיהָ Nomb. 21. 25, dans Hesbon et les villages qui en dépendent ; עֶקְרוֹן וּבְנֹתֶיהָ Jos. 15. 45, Ekron et ses villages — 4° Suivi d'un nom de nombre, âgée de : בַּת־תִּשְׁעִים שָׁנָה Gen. 17. 17, âgée de quatre-vingt dix ans. Suivi d'un qualificatif, il a diverses acceptions : בְּנוֹת הַשִּׁיר Eccl. 12. 4, filles du chant, chanteuses (ou oiseaux qui chantent) ; בַּת־עֵינֶךָ Lament. 2. 18, la fille de ton œil, ta prunelle (v. בָּבָה).

II בַּת *m.* et *f.* (*plur.* בַּתִּים). Mesure de capacité, contenant autant que l'épha : הָאֵיפָה וְהַבַּת תֹּכֶן אֶחָד יִהְיֶה Ez. 45. 11, que l'épha et le bath soient d'une égale mesure. Mais le bath est pour les liquides, tandis que l'épha est la mesure des matières solides ; un bath contient dix עֹמֶר, et dix bath font un חֹמֶר.

בַּת chald. Bath, mesure : בַּתִּין מְאָה Esdr. 7. 22, cent bath.

בַּת־רַבִּים (fille de la multitude) *n. pr.* d'une porte de ville, Cant. 7. 5.

בַּת־שֶׁבַע (fille du serment) *n. pr.* Bathseba, femme d'Uria et plus tard de David, mère de Salomon, II Sam. 11. 3.

בָּתָה *f.* : וַאֲשִׁיתֵהוּ בָתָה Is. 5. 6, j'en ferai un lieu désert, inculte.

בַּתָּה *f.* Dévastation, ruine : וּבָאוּ וְנָחוּ כֻלָּם בְּנַחֲלֵי הַבַּתּוֹת Is. 7. 19, ils se reposeront tous dans des plaines dévastées.

בְּתוּאֵל *n. pr.* 1° Béthuel, père de Laban et de Rébecca, Gen. 22. 22. — 2° Béthuel, une ville, I Chr. 4. 30; applée aussi בְּתוּל Jos. 19. 4.

בְּתוּלָה *f.* Vierge, jeune fille : בְּתוּלָה וְאִישׁ לֹא יְדָעָהּ Gen. 24. 16, une vierge, aucun homme ne l'ayant touchée ; הַבְּתוּלֹת הַיָּפוֹת Amos 8. 13, les belles jeunes filles; rarement jeune femme : אֱלִי כִּבְתוּלָה חֲגֻרַת־שַׂק עַל־בַּעַל נְעוּרֶיהָ Joel 1. 8, gémis comme une jeune femme qui se revêt d'un sac pour (pleurer) l'époux de sa jeunesse, peut-être son jeune fiancé; fréq. avant des noms de ville et de pays comme personnification d'une ville ou d'une nation (v בַּת) : נָפְלָה לֹא־תוֹסִיף קוּם בְּתוּלַת יִשְׂרָאֵל Amos 5. 2, elle tombe sans pouvoir se relever, la vierge d'Israel, p. le peuple d'Israel.

בְּתוּלִים *m. pl.* 1° Virginité : וְהוּא אִשָּׁה בִבְתוּלֶיהָ יִקָּח Lév. 21. 13, il épousera une femme vierge ; וְאֶבְכֶּה עַל־בְּתוּלַי Jug. 11. 37, afin que je pleure ma virginité. — 2° Marque de virginité : וְאֵלֶּה בְּתוּלֵי בִתִּי Deut. 22. 17, et voici les preuves de la virginité de ma fille.

בִּתְיָה *n. pr. f.* I Chr. 4. 18.

בָּתִּים Des maisons (v. בַּיִת).

בָּתַק *Kal* inusité. *Pi.* : וּבִתְּקוּךְ בְּחַרְבוֹתָם Ez. 16. 40, ils te perceront, ou ils t'abattront, avec leurs glaives.

בָּתַר Couper, diviser : וְאֶת־הַצִּפֹּר לֹא בָתָר Gen. 15. 10, il ne découpa pas l'oiseau. *Pi.* : וַיְבַתֵּר אֹתָם בַּתָּוֶךְ Gen. 15. 10, il les découpa, divisa par le milieu.

בֶּתֶר *m.* (avec suff. בִּתְרוֹ). Morceau, partie : אִישׁ־בִּתְרוֹ Gen. 15. 10, chaque morceau, chaque partie, des animaux coupés ; בְּתָרָיו Jér. 34. 18, ses morceaux ou parties. — 2° *n. pr.* : הָרֵי בָתֶר Cant. 2. 17, les montagnes de Bether.

בָּתַר chald., *prépos.* Derrière : וּבָתְרָךְ Dan. 2. 39, et après toi (s'élèvera).

בִּתְרוֹן *n. pr.* Betheron, défilé près du Jourdain, II Sam. 2. 29.

ג

ג Guimel, גִּימֶל. Troisième lettre de l'alphabet. Le nom vient de la forme, qui représentait le long cou du chameau (גָּמָל). ג vaut 3, ג̇ 3,000. Cette lettre se permute avec כ et ק. Exemples : סָגַר et סָכַר fermer, boucher ; רָגַל et רָכַל calomnier ; מָזַג de מָסַךְ mêler ; יָצַג et יָצַק *Hiph.*, placer ; גָּבִיעַ et קֻבַּעַת coupe.

גֵּא (rac. גָּאָה) *adj.* Fier, orgueilleux : גֵּא מְאֹד Is. 16. 6, il est extrêmement orgueilleux.

גָּאָה (*fut.* יִגְאֶה) 1° S'élever, monter, croître : וְיִגְאֶה כַּשַּׁחַל תְּצוּדֵנִי Job 10. 16, si elle (ma tête) s'élevait, tu me poursuivrais comme un lion (sa proie), ou : (ma misère) augmente et tu me poursuis, etc. ; כִּי־גָאוּ הַמַּיִם Ez. 47. 5, car les eaux avaient monté, s'étaient enflées ; הֲיִגְאֶה־גֹּמֶא בְּלֹא בִצָּה Job 8. 11, le jonc croîtrait-il sans marais ? — 2° *poét.* Être élevé, majestueux : כִּי־גָאֹה גָּאָה Exod. 15. 1, car il s'est élevé hautement, avec majesté.

* *Hithph.* הִתְגָּאָה Rituel, il s'élève majestueusement.

גֵּאָה *f.* Orgueil : גֵּאָה וְגָאוֹן Prov. 8. 13, orgueil et fierté.

גֵּאֶה (*plur.* גֵּאִים) *adj.* Haut, élevé, hautain, orgueilleux, superbe : עַל כָּל־גֵּאֶה וָרָם Is. 2. 12, sur tous ceux qui sont élevés et grands ; וּרְאֵה כָל־גֵּאֶה Job 40. 11, regarde tous ces hautains, superbes ; בֵּית גֵּאִים יִסַּח יְיָ Prov. 15. 25, l'Éternel renversera la maison des orgueilleux.

גְּאוּאֵל (grandeur de Dieu) *n. pr. m.* Nomb. 13. 15.

גַּאֲוָה *f.* 1° Gloire, majesté, magnificence ; וַאֲשֶׁר־חֶרֶב גַּאֲוָתֶךָ Deut. 33. 29, et qui est le glaive de ta gloire ; וּבְגַאֲוָתוֹ שְׁחָקִים Deut. 33. 26, et dans sa majesté (il est au-dessus) des nuées ; גַּאֲוָה אֲפִיקֵי מָגִנִּים Job 41. 7, sa majesté (se montre dans) ses puissants boucliers, ou pour גֵּוָה son corps est couvert de, etc. ; עַל־יִשְׂרָאֵל גַּאֲוָתוֹ Ps. 68. 35, sa magnificence éclate dans Israel. — 2° Fréq. fierté, orgueil, emportement : וְהִשְׁפִּיל גַּאֲוָתוֹ Is. 25. 11, il abaissera son orgueil ; יִרְעֲשׁוּ־הָרִים בְּגַאֲוָתוֹ Ps. 46. 4, les montagnes tremblent par son emportement (de la mer).

גְּאוּלִים *m. pl.* Délivrance : וּשְׁנַת גְּאוּלַי בָּאָה Is. 63. 4, l'année de ma délivrance (que j'opérerai) est venue, ou *part. pass.* de גָּאַל : de ceux qui seront délivrés par moi.

גָּאוֹן (rac. גָּאָה) 1° Gloire, majesté, grandeur, magnificence, ornement : וּבְרֹב גְּאוֹנְךָ Exod. 15. 7, par la grandeur de ta gloire ; וּמֵהֲדַר גְּאֹנוֹ Is. 2. 10, devant l'éclat de sa majesté ; בְּקוֹל גְּאוֹנוֹ Job 37. 4, avec sa voix majestueuse (celle du tonnerre) ; לְגָאוֹן וּלְתִפְאֶרֶת Is. 4. 2, un objet de grandeur, de gloire et de beauté ; עֲדֵה־נָא גָאוֹן וָגֹבַהּ Job 40. 10, revêts-toi de magnificence et de grandeur ; וּצְבִי עֶדְיוֹ לְגָאוֹן שָׂמָהוּ Ez. 7. 20, et sa parure délicieuse, dont il avait fait un ornement, une gloire ; גְּאוֹן יַעֲקֹב Ps. 47. 5, l'orgueil, la gloire de Jacob (la Palestine) ; נִשְׁבַּע יְיָ בִּגְאוֹן יַעֲקֹב Amos 8. 7, l'Éternel a juré par la gloire de Jacob, c.-à-d. par lui-même ou par le temple. — 2° Orgueil, fierté : לִפְנֵי־שֶׁבֶר גָּאוֹן Prov. 16. 17, avant la ruine, l'orgueil ; בְּיוֹם גְּאוֹנָיִךְ Ez. 16. 56, au temps de ta fierté ; בִּגְאוֹן גַּלֶּיךָ Job 38. 11, avec l'orgueil de tes flots ; מִגְּאוֹן הַיַּרְדֵּן Jér. 49. 19, de l'orgueil du Jourdain, son impétuosité ; selon d'autres : de ses rives superbes.

גֵּאוּת *f.* 1° Ce qui s'élève, ce qui monte. Ex. unique : גֵּאוּת עָשָׁן Is. 9. 17, des tourbillons, des colonnes de fumée (v. אָבַךְ). — 2° Grandeur, majesté, magnificence : גֵּאוּת לָבֵשׁ Ps. 93. 1, il se revêt de majesté ; עֲטֶרֶת גֵּאוּת Is. 28. 1, la couronne de magnificence, p. couronne magnifique ; כִּי גֵאוּת עָשָׂה Is. 12. 5, car il fait des choses magnifiques. — 3° Orgueil, fierté : פִּימוֹ דִּבְּרוּ בְגֵאוּת Ps. 17. 10, leur bouche parla avec orgueil ; אַתָּה מוֹשֵׁל בְּגֵאוּת הַיָּם Ps. 89. 10, tu domines sur l'impétuosité de la mer.

גַּאֲיוֹנִים *m. pl.* (rac. גָּאָה) *adj.* Orgueilleux : הַבּוּז לִגְאֵיוֹנִים Ps. 123. 4, le mépris des orgueilleux ; *keri*, deux mots : לִגְאֵי יוֹנִים des orgueilleux oppresseurs (v. יָנָה).

גֵּאָיוֹת *f. pl.* Les vallées (v. גַּיְא).

I **גָּאַל** 1° Racheter (un bien de famille, un objet consacré, un esclave) ; fréq. délivrer, affranchir : וְגָאַל אֵת מִמְכַּר אָחִיו Lév. 25. 25, il rachètera le bien que son frère a vendu ; גְּאַל־לְךָ אַתָּה אֶת־גְּאֻלָּתִי Ruth 4. 6, rachète, toi, ce que j'ai le droit de racheter ; jouis, toi, de mon droit de rachat ; וְאִם־הַמַּקְדִּישׁ יִגְאַל אֶת־בֵּיתוֹ Lév. 27. 15, si celui qui a consacré sa maison veut la racheter ; אֶחָד מֵאֶחָיו יִגְאָלֶנּוּ Lév. 25. 48, un de ses frères le rachètera (celui qui s'est vendu comme esclave) ; גָּאַל יְיָ עַבְדּוֹ יַעֲקֹב Is. 48. 20, l'Éternel a délivré son serviteur Jacob. Avec מִן et מִיַּד : הַגֹּאֵל אֹתִי מִכָּל־רָע Gen. 48. 16, qui m'a délivré de tout mal ; וַיִּגְאָלֵם מִיַּד אוֹיֵב Ps. 106. 10, il les a délivrés de la main de l'ennemi.

Part. גֹּאֵל Parent, celui qui a le droit de rachat : גֹּאֲלוֹ הַקָּרֹב אֵלָיו Lév. 25. 25, son parent le plus proche ; מִגֹּאֲלֵנוּ הוּא Ruth 2. 20, il est de nos parents ; גֹּאֵל הַדָּם le vengeur du sang, le parent le plus proche de celui qui a été tué : גֹּאֵל הַדָּם הוּא יָמִית אֶת־הָרֹצֵחַ Nomb. 35. 19, le vengeur du sang tuera l'homicide ; de même sans דָּם : לְמִקְלָט מִגֹּאֵל Nomb. 35. 12, (pour que ces villes servent) de refuge contre le vengeur ; גֹּאֲלִי חָי Job 19. 25, mon libérateur, ou : celui qui défend ma cause, est vivant. — 2° Épouser la veuve d'un parent :

אִם־יִנְאָלֵךְ טוֹב יִגְאָל Ruth 3. 13, s'il veut
t'épouser, c'est bien, qu'il t'épouse.

Niph. Être racheté, se racheter :
וְאִם־לֹא יִגְאָל וּבְאֵלָה Lév. 25. 54, s'il n'est
point racheté de cette manière ; אוֹ־הִשִּׂיגָה
יָדוֹ וְנִגְאָל Lév. 25. 49, ou, s'il en a les
moyens, il se rachètera lui-même.

II גָּאַל Souiller : יִגְאָלֻהוּ חֹשֶׁךְ וְצַלְמָוֶת Job
3. 5, que l'obscurité et l'ombre de la
mort le souillent (ce jour) ; selon d'autres, de ' I גָּאַל : qu'elles le réclament,
redemandent.

Niph. נִגְאַל et נָגֹאֲלוּ Être souillé : נְגֹאֲלוּ
בַדָּם Lament. 4. 14, ils sont souillés de
sang ; מֹרְאָה וְנִגְאָלָה Soph. 3. 1, ville
rebelle et souillée (de péchés).

Pi. Souiller, profaner : בַּמֶּה גֵאַלְנוּךָ
Mal. 1. 7, par quoi t'avons-nous souillé,
profané ?

Pou. 1° לֶחֶם מְגֹאָל Mal. 1. 7, un pain
impur. — 2° Être déclaré impur, être
rejeté : וַיְגֹאֲלוּ מִן־הַכְּהֻנָּה Esdr. 2. 62, ils
furent rejetés du sacerdoce.

Hiph. Souiller : וְכָל־מַלְבּוּשַׁי אֶגְאָלְתִּי Is.
63. 3, j'ai souillé tous mes vêtements,
p. הִגְאַלְתִּי.

Hithp. Se souiller, se rendre impur :
אֲשֶׁר לֹא־יִתְגָּאַל בְּפַת־בַּג הַמֶּלֶךְ Dan. 1. 8,
qu'il ne se souillerait pas en mangeant
les mets du roi.

גֹּאַל m. Avilissement, souillure :
גֹּאֳלֵי הַכְּהֻנָּה Néh. 13. 29, les souillures, l'avilissement du sacerdoce.

גְּאֻלָּה f. 1° Rachat, droit de rachat,
prix du rachat : עַל־הַגְּאֻלָּה וְעַל־הַתְּמוּרָה
Ruth 4. 7, (lorsqu'il s'agissait) de rachat et d'échange ; וּגְאֻלָּה תִּתְּנוּ לָאָרֶץ Lév.
25. 24, vous accorderez le droit de
rachat pour les terres ; לְךָ הַגְּאֻלָּה Jér.
32. 8, c'est à toi à exercer le droit de
rachat ; plus compl. מִשְׁפַּט הַגְּאֻלָּה vers. 7 ;
כְּמִסְפַּר שְׁנֵי יָשִׁיב אֶת־גְּאֻלָּתוֹ Lév. 25. 52, à
proportion des années il rendra le prix
du rachat. — 2° Parenté : מִקְרֹב גְּאֻלָּתְךָ
Ez. 11. 15, tes parents. — 3° Délivrance, affranchissement, Aboth.

גַּב m. (avec suff. גַּבִּי, *plur.* גַּבִּים et
גַּבּוֹת). 1° Dos : וְגַבֹּתָם Ez. 10. 12, et
leur dos ; וְזֶה גַּב רֹתְבֹתָיו Ez. 43. 13, ceci

était le dos de l'autel, c.-à-d. la superficie ; בְּגַבֵּי גַּבֵּי מָגִנָּיו Job 15. 26, avec le
dos épais de ses boucliers. — 2° Hau-
teur, haut lieu, monument : וַתִּבְנִי־לָךְ גַּב
Ez. 16. 24, tu te construis un haut lieu
(parall. רָמָה) ; בִּבְנוֹתַיִךְ גַּבֵּךְ vers. 31, en
construisant tes hauts lieux, tes autels,
ou : tes maisons de fornication, tes
maisons infâmes ; לְגַבֵּי־חֹמֶר גַּבֵּיכֶם Job
13. 12, vos monuments sont des monuments de limon, ou : vos pensées
profondes, sublimes, ne sont que des
arguments vains, frivoles ; d'autres traduisent : vos corps. — 3° Jante (d'une
roue) : וְגַבֵּיהֶן וְגֹבַהּ לָהֶם Ez. 1. 18, leurs
jantes étaient d'une hauteur (ef-
frayante) ; וְגַבֹּתָם מְלֵאֹת עֵינַיִם même vers.,
leurs jantes étaient remplies d'yeux,
ou leurs corps. — 4° Avec עַיִן sourcil :
וְאֵת גַּבֹּת עֵינָיו Lév. 14. 9, et ses sour-
cils.

גַּב chald. Dos ; de là גַּב עַל sur, dessus : עַל־גַּבַּיהּ Dan. 7. 6, (elle avait) sur
son dos, ou au-dessus de soi ; עֵלָּה עַל
גַּבֵּירִין Aboth, monte au-dessus d'eux,
c.-à-d. les surpasse.

גַּב *m. pl.* גֹּבִים ou גֵבִים II Rois 25. 12,
cheth. des laboureurs.

I גֵּב *m.* Planche : וַיָּסְפֹּן אֶת־הַבַּיִת גֵּבִים
I Rois 6. 9, il recouvrit le temple de
planches ; selon d'autres : le plafond
de dessous, inférieur.

II גֵּב *m.* Citerne, puits : בֹּאוּ עַל־גֵּבִים Jér.
14. 3, ils viennent près des citernes,
des puits ; גֵּבִים II Rois 3. 16, des
fosses.

III גֵּב *m.* (v. גּוֹב). Sauterelle : כְּגֵבִים
שֹׁקֵק Is. 33. 4, on se jettera dessus
comme se précipitent des sauterelles
(v. גָּבָה).

גֹּב et גֻּבָּא chald. Fosse : לְגֹב אַרְיָוָתָא
Dan. 6. 8, dans la fosse aux lions, plus
souvent גֻּבָּא.

גֵּבֶא *m.* Puits, fosse : וְלַחֲשׁוֹף מַיִם מִגֶּבֶא
Is. 30. 14, et pour puiser de l'eau dans
une fosse, un puits ; בָּאשָׁיו וּגְבָאָיו Ez.
47. 11, ses marais et ses fosses.

גֹּבַאי Les collecteurs, les receveurs :

וְהַגַּבָּאִים מַחֲזִירִין תָּדִיר Aboth, les receveurs reviennent constamment.

גָּבַהּ (*fut.* יִגְבַּהּ, *inf.* גְּבֹהַּ et גָּבְהָה) 1° Être haut, élevé, grand : גָּבְהָא קֹמָתוֹ Ez. 31. 5 (p. גָּבְהָה), sa hauteur était (plus) élevée que, dépassait (celle des autres arbres) ; וְשׁוּר שְׁחָקִים גָּבְהוּ מִמֶּךָּ Job 35. 5, considère les nuées qui sont élevées au-dessus de toi ; וַיִּגְבַּהּ מִכָּל־הָעָם I Sam. 10. 23, il fut plus grand que tout le peuple (de toute la tête). Sens moral : וַיִּגְבַּהּ יְיָ צְבָאוֹת בַּמִּשְׁפָּט Is. 5. 16, l'Éternel Zebaoth sera grand par la justice. — 2° Être fier, s'enorgueillir : אַל־תִּגְבָּהוּ Jér. 13. 15, (écoutez, prêtez l'oreille) ne soyez point orgueilleux ; וַתִּגְבְּהֶינָה Ez. 16. 50, elles s'enorgueillirent (p. וַתִּגְבַּהְנָה). Fréq. avec לֵב : לֹא־גָבַהּ לִבִּי Ps. 131. 1, mon cœur ne s'est point enorgueilli, enflé d'orgueil ; לִפְנֵי־שֶׁבֶר יִגְבַּהּ לֶב־אִישׁ Prov. 18. 12, avant la catastrophe le cœur de l'homme s'enorgueillit. En bonne part : וַיִּגְבַּהּ לִבּוֹ בְּדַרְכֵי יְיָ II Chr. 17. 6, son cœur s'éleva dans la voie de Dieu, c.-à-d. fut plein de zèle pour le service de Dieu.

Hiph. trans. Élever, rendre haut : הִגְבַּהְתִּי עֵץ שָׁפָל Ez. 17. 24, j'ai élevé l'arbre qui était petit, bas ; כִּי־תַגְבִּיהַּ כַּנֶּשֶׁר קִנֶּךָ Jér. 49. 16, quoique tu élèves ton nid comme l'aigle ; מַגְבִּיהַּ פִּתְחוֹ Prov. 17. 19, celui qui élève, rend haute, l'entrée de sa maison ; אִם־עַל־פִּיךָ יַגְבִּיהַּ נָשֶׁר Job 39. 27, est-ce par ton ordre que l'aigle s'élève (dans les airs) ? אוֹ הַגְבֵּהַּ לְמָעְלָה Is. 7. 11, ou élève ta demande jusqu'en haut, c.-à-d. demande qu'un signe paraisse au ciel ; הַמַּגְבִּיהִי לָשָׁבֶת Ps. 113. 5, qui demeure si haut, dont la demeure est si élevée ; יַגְבִּיהוּ עוּף Job 5. 7, ils élèvent leur vol, ils volent haut.

גָּבֵהַּ toujours const. *adj.* Élevé, orgueilleux : גְּבַהּ־עֵינַיִם Ps. 101. 5, גְּבַהּ רוּחַ Eccl. 7. 8, גְּבַהּ־לֵב Prov. 16. 5, dont le regard, l'esprit, le cœur, est élevé, orgueilleux.

גָּבֹהַּ *adj.* (const. גְּבֹהַּ, *fém.* גְּבֹהָה). 1° Haut, élevé : גָּבֹהַּ מִכָּל־הָעָם I Sam. 9. 2, plus haut que tout le peuple ; עַל כָּל־גִּבְעָה גְבֹהָה I Rois 14. 23, sur toute colline élevée ; *subst.* גְּבֹהַּ קוֹמָתוֹ I Sam. 16. 7, l'élévation de sa stature. — 2° Orgueilleux : וְעֵינֵי גְבֹהִים תִּשְׁפַּלְנָה Is. 5. 15, les yeux des orgueilleux seront abaissés ; אַל־תַּרְבּוּ תְדַבְּרוּ גְּבֹהָה גְבֹהָה I Sam. 2. 3, ne dites pas tant de choses, de paroles orgueilleuses.

גֹּבַהּ *m.* (avec suff. גָּבְהוֹ). 1° Hauteur : כְּגֹבַהּ אֲרָזִים גָּבְהוֹ Amos 2. 9, sa hauteur est comme celle des cèdres ; *plur.* גָּבְהֵי שָׁמַיִם Job 11. 8, la hauteur des cieux. — 2° Majesté, magnificence : עֲדֵה־נָא גָאוֹן וָגֹבַהּ Job 40. 10, revêts-toi de majesté et de magnificence. — 3° Fierté, insolence : גָּבְהוֹ וְגַאֲוָתוֹ Jér. 48. 29, son orgueil, son insolence et sa fierté ; de même avec אַף et רוּחַ : רָשָׁע כְּגֹבַהּ אַפּוֹ בַּל־יִדְרֹשׁ Ps. 10. 4, le méchant avec l'insolence (qui paraît) sur son visage ne s'inquiète de rien ; וְלִפְנֵי כִשָּׁלוֹן גֹּבַהּ רוּחַ Prov. 16. 18, l'orgueil précède la chute.

גַּבְהוּת Orgueil : וְשַׁח גַּבְהוּת הָאָדָם Is. 2. 17, l'orgueil de l'homme sera abaissé.

גְּבוּל et **גְּבֻל** 1° Frontière, limite, borne, bord, rebord : וְנִשְׁעַן לִגְבוּל מוֹאָב Nomb. 21. 15, il touche à la frontière de Moab ; לֹא תַסִּיג גְּבוּל רֵעֲךָ Deut. 19. 14, tu ne reculeras pas la borne (du champ) de ton prochain ; וְהַגְּבוּל סָבִיב אוֹתָהּ Ez. 43. 17, le bord tout autour ; וּגְבוּלָהּ אֶל־שְׂפָתָהּ Ez. 43. 13, et le rebord à l'extrémité. — 2° (Ce qui est entre les limites,) territoire, étendue d'un pays d'une extrémité à l'autre : אָנֹכִי נֹגֵף אֶת־כָּל־גְּבוּלְךָ Exod. 7. 27, je frapperai tout ton territoire. Fréq. *plur.* : בִּגְבוּלָיִךְ Is. 60. 18, dans tes terres, ton pays.

גְּבוּלָה *f.* (*plur.* גְּבוּלוֹת et גְּבֻלוֹת). 1° Limite, borne : גְּבֻלוֹת יַשִּׂיגוּ Job 24. 2, ils reculent les bornes (des champs) ; וְכֻסֶּמֶת גְּבֻלָתוֹ Is. 28. 25, (il sème) de l'épautre dans ses limites (à la place qui lui convient) ; יַצֵּב גְּבֻלֹת עַמִּים Deut. 32. 8, il fixa les limites des peuples.

גִּבּוֹר et **גִּבֹּר** *adj.* et *subst.* 1° Fort, puissant, vaillant ; héros, guerrier :

גִּבּוֹר צַיִד Gén. 10. 9, un fort chasseur; הוּא הֵחֵל לִהְיוֹת גִּבֹּר בָּאָרֶץ Gen. 10. 8, il commença à être puissant sur la terre, il fut le premier héros; גִּבּוֹרִים לִשְׁתּוֹת יָיִן Is. 5. 22, vaillants à boire du vin; וְהָאִישׁ הָיָה גִּבּוֹר חַיִל II Rois 5. 1, il était un vaillant guerrier; כֹּל גִּבּוֹרֵי הַחַיִל Jos. 1. 14, tous les guerriers. *Quelquefois* puissant par la fortune, riche: כָּל־גִּבּוֹרֵי הַחַיִל II Rois 15. 20, (Manahem leva l'argent sur) tous les hommes puissants et riches; וַאֲחֵיהֶם גִּבֹּרֵי חַיִל Néh. 11. 14, leurs frères, tous hommes puissants, ou zélés. — 2° Chef d'armée, chef: אֵלֶּה שְׁמוֹת הַגִּבֹּרִים אֲשֶׁר לְדָוִד II Sam. 23. 8, voici les noms des chefs des armées de David; גִּבּוֹרֵי הַשְּׁעָרִים I Chr. 9. 26, les chefs de ceux qui gardent les portes. — 3° En mauvaise part, homme violent: מַה־תִּתְהַלֵּל בְּרָעָה הַגִּבּוֹר Ps. 52. 3, que te glorifies-tu de ta méchanceté, homme violent? גִּבּוֹר תָּמִים II Sam. 22. 26, l'homme pur, parfait, comme גֶּבֶר, גְּבַר.

גְּבוּרָה *f.* 1° Force (corporelle), pouvoir, puissance, courage, valeur: וְאִם בִּגְבוּרֹת שְׁמוֹנִים שָׁנָה Ps. 90. 10, les ans (de notre vie sont) pour les plus robustes, ou: si le nombre en est fort, de quatre-vingts; בִּגְבוּרָה וְלֹא בַשְּׁתִי Eccl. 10. 17, pour la force, pour se fortifier, et non pas pour (le plaisir) de boire; מֹשֵׁל בִּגְבוּרָתוֹ עוֹלָם Ps. 66. 7, par sa puissance il domine l'univers; מִי יְמַלֵּל גְּבוּרוֹת יְיָ Ps. 106. 2, qui peut raconter les œuvres puissantes de Dieu? וּגְבוּרָתוֹ אֲשֶׁר עָשָׂה I Rois 16. 27, les actes de valeur qu'il accomplit (les combats qu'il livra); וּגְבוּרָתֵךְ בַּמִּלְחָמָה Is. 3. 25, ta force, p. tes hommes forts, tes guerriers, (périront) dans la guerre. — 2° Victoire: אֵין קוֹל עֲנוֹת גְּבוּרָה Exod. 32. 18, ce n'est point le bruit des cris de la victoire.

גְּבוּרְתָּא chald. *f.* Puissance: דִּי חָכְמְתָא וּגְבוּרְתָא דִּי־לֵהּ הִיא Dan. 2. 20, à qui appartiennent la sagesse et la puissance.

גִּבֵּחַ *adj.*: גִּבֵּחַ הוּא Lév. 13. 41, il a le devant de la tête chauve, il est chauve par-devant; opposé à קֵרֵחַ chauve par derrière.

גַּבַּחַת *f.* Endroit chauve, le devant de la tête sans cheveux, front dégarni: בַקָּרַחַת אוֹ בַגַּבַּחַת Lév. 13. 42, sur le haut ou sur le devant de la tête sans cheveux. De même d'une étoffe qui a perdu son poil: בְּקָרַחְתּוֹ אוֹ בְגַבַּחְתּוֹ vers. 55, à l'envers ou à l'endroit; selon d'autres, à la corde ou au poil.

גַּבַּי *n. pr. m.* Néh. 11. 8.

גֵּבִים *n. pr.* d'une petite ville dans le voisinage de Jérusalem, Is. 10. 31.

גְּבִינָה *f.* Lait caillé, fromage: וְכַגְּבִינָה תַּקְפִּיאֵנִי Job 10. 10, tu m'as fait épaissir, coaguler, comme le lait caillé, comme le fromage.

גָּבִיעַ *m.* 1° Coupe: וְאֶת־גְּבִיעִי גְּבִיעַ הַכֶּסֶף Gen. 44. 2, et ma coupe, ma coupe d'argent; גְּבִעִים מְלֵאִים יַיִן Jér. 35. 5, des coupes pleines de vin. — 2° Ornement en forme de coupe: גְּבִיעֶיהָ Exod. 25. 31, ses coupes (du chandelier dans le tabernacle).

גְּבִיר *m.* Maître, dominateur: הֱוֵה גְבִיר לְאַחֶיךָ Gen. 27. 29, sois le dominateur de tes frères.

גְּבִירָה *f.* Maîtresse, reine; se dit aussi de la mère d'un roi: אֲחוֹת תַּחְפְּנֵיס הַגְּבִירָה I Rois 11. 19, la sœur de la reine Thachpenès; וַיְסִרֶהָ מִגְּבִירָה I Rois 15. 13, il lui enleva l'autorité de reine (à Maacha, sa mère) (v. גְּבֶרֶת).

גָּבִישׁ *m.* Une pierre précieuse, ou: cristal: רָאמוֹת וְגָבִישׁ לֹא יִזָּכֵר Job 28. 18, (auprès d'elle) on ne songe plus au corail et au cristal (v. אֶלְגָּבִישׁ et רָאמוֹת).

גָּבַל Limiter, former une frontière, fixer une limite: וְהַיַּרְדֵּן יִגְבֹּל־אֹתוֹ Jos. 18. 20, le Jourdain forme sa frontière (du côté de l'Orient); אֲשֶׁר גָּבְלוּ רִאשֹׁנִים Deut. 19. 14, (tu ne reculeras pas la borne de ton prochain) que tes ancêtres ont fixée, placée; avec בְּ confiner: וְגַם־חֲמָת תִּגְבָּל־בָּהּ Zach. 9. 2, Hamath aussi touchera ses frontières, ou: aussi (sur) Hamath, qui confine avec elle.

Hiph. הַגְבֵּל אֶת־הָהָר Exod. 19. 23, mets des limites autour de la montagne.

גְּבַל *n. pr.* d'une ville phénicienne, Ez. 27. 9; הַגִּבְלִים I Rois 5. 32, des hommes de Gabal; selon d'autres: des tailleurs de pierre, de גָּבַל limiter, mesurer exactement; וְהָאָרֶץ הַגִּבְלִי Jos. 13, 5, et le pays des Gablites.

גְּבָל *n. pr.* Province au sud de la mer Morte, Ps. 83. 8.

גְּבֻל (v. גְּבוּל).

גְּבֻלִים (v. גָּבַל).

גַּבְלֻת *f.*: שַׁרְשֹׁת גַּבְלֻת Exod. 28. 22, des chaînes tressées, enlacées comme des cordes, ou des chaînes terminant le pectoral, c.-à-d. attachées au bout.

גִּבֵּן *m.* Bossu: אוֹ־גִבֵּן Lév. 21. 20, ou s'il est bossu.

גַּבְנֻנִּים *m. pl.*: הַר ... הָרִים גַּבְנֻנִּים Ps. 68. 16, 17, montagnes... montagnes formées de beaucoup de collines; selon d'autres, de גַּב montagne élevée.

גֶּבַע *n. pr.* d'une ville lévitique dans la tribu de Benjamin, Jos. 18. 24, appelée aussi גֶּבַע בִּנְיָמִן Jug. 20. 10.

גִּבְעָא *n. pr. m.* I Chr. 2. 49.

גִּבְעָה *f.* (*plur.* גְּבָעוֹת). 1° Colline: רֹאשׁ הַגִּבְעָה Exod. 17. 9, le sommet de la colline; גִּבְעַת הָעֲרָלוֹת Jos. 5. 3, colline des prépuces, lieu où les Israélites furent circoncis par Josué. — 2° Dans la composition des noms propres de plusieurs villes situées sur des hauteurs: גִּבְעַת בִּנְיָמִין I Sam. 13. 2; appelée aussi גִּבְעַת שָׁאוּל 11. 4; גִּבְעַת הָאֱלֹהִים I Sam. 10. 5; הַגִּבְעָה Osée 5. 8, et גִּבְעָתָה I Sam. 10. 26, Gebaa, appart. à la tribu de Benjamin; גִּבְעָה Jos. 15. 57, à la tribu de Juda; גִּבְעַת פִּינְחָס Jos. 24. 33, à la tribu d'Ephraïm.

גִּבְעוֹן *n. pr.*, ville de la tribu de Benjamin, Jos. 18. 25; גִּבְעֹנִים II Sam. 21. 1, les habitants de Guibéon.

גִּבְעֹל *m.* Tige. Ex. unique: וְהַפִּשְׁתָּה גִּבְעֹל Exod. 9. 31, le lin avait des tiges, s'élevait en tiges.

גִּבְעַת *n. pr.* d'une ville de la tribu de Benjamin, Jos. 18. 28.

גָּבַר (*fut.* יִגְבַּר) 1° Être fort, puissant; vaincre: גָּבַר חַסְדּוֹ עַל־יְרֵאָיו Ps. 103. 11, sa grâce est puissante en faveur de ceux qui le craignent; יְהוּדָה גָּבַר בְּאֶחָיו I Chr. 5. 4, Juda a été puissant parmi ses frères; כִּי גָבַר אוֹיֵב Lament. 1. 16, car l'ennemi est devenu puissant, ou a vaincu; מֵאֲרָיוֹת גָּבֵרוּ II Sam. 1. 23, ils étaient plus forts que des lions; כִּי־גָבְרוּ עָלֵינוּ הָאֲנָשִׁים II Sam. 11. 23, parce que ces hommes ont eu le dessus, quelques avantages sur nous; בִּרְכֹת אָבִיךָ גָּבְרוּ עַל־בִּרְכֹת הוֹרַי Gen. 49. 26, les bénédictions de ton père (de moi) surpassent celles de mes ancêtres; לֹא בְכֹחַ יִגְבַּר־אִישׁ I Sam. 2. 9, ce n'est pas par la force que l'homme est vainqueur. — 2° Augmenter de force, croître: וַיִּגְבְּרוּ הַמַּיִם Gen. 7. 18, les eaux crurent; גַּם־גָּבְרוּ חָיִל Job 21. 7, et ils augmentent de force, ou de richesses.

Pi. Rendre fort: וְגִבַּרְתִּים בַּיהוָה Zach. 10. 12, je les rendrai forts dans l'Éternel; וַחֲיָלִים יְגַבֵּר Eccl. 10. 10, il faut qu'il augmente les forces, qu'il emploie toutes ses forces.

Hiph. Rendre fort, confirmer, triompher: וְהִגְבִּיר בְּרִית לָרַבִּים Dan. 9. 27, il confirmera l'alliance, ou: il contracte une solide alliance avec un grand nombre; לִלְשֹׁנֵנוּ נַגְבִּיר Ps. 12. 5, nous triompherons par notre langue.

Hithp. 1° Se montrer fort, braver, s'enorgueillir, grossir: עַל־אֹיְבָיו יִתְגַּבָּר Is. 42. 13, il se montre fort contre ses ennemis; וְאֶל־שַׁדַּי יִתְגַּבָּר Job 15. 25, et il brave le Tout-Puissant; כִּי יִתְגַּבָּרוּ Job 36. 9, parce qu'ils sont violents, ou: enflés d'orgueil; * מַעְיָן הַמִּתְגַּבֵּר Aboth, une source qui grossit.

גֶּבֶר *m.* (*pl.* גְּבָרִים, v. אִישׁ). 1° Homme, mâle, mari: גֶּבֶר לֹא־יִצְלַח בְּיָמָיו Jér. 22. 30, un homme à qui rien ne réussira tant qu'il vivra; הֹרָה גָבֶר Job 3. 3, un homme a été conçu (un enfant mâle); חֲמַת־גָּבֶר Prov. 6. 34, la fureur du mari. Guerrier: אֱזָר־נָא כְגֶבֶר חֲלָצֶיךָ Job 38. 3, ceins tes reins comme un homme ferme, ou comme un guerrier. *Plur.* לַגְּבָרִים Jos. 7. 14, homme par homme. — 2° Chacun : גֶּבֶר בִּמְסִלָּתוֹ יֵלֵכוּן Joel 2. 8, chacun (chaque sauterelle) suit sa voie.

גֶּבֶר *n. pr. m.* I Rois 4. 19.

גְּבַר *m.* Homme : גְּבַר תָּמִים Ps. 18. 26, homme pur (forme chald.).

גְּבַר *m.* chald. Homme: גְּבַר מִן־בְּנֵי גָלוּתָא Dan. 2. 25, un homme d'entre les captifs; *plur.* גֻּבְרִין 3. 8; גֻּבְרַיָּא 6. 6.

גִּבָּר *n. pr.* d'une ville, Esdr. 2. 20.

גִּבָּר *m.* chald. Héros, guerrier : גִּבָּרֵי־חַיִל Dan. 3. 2, les vaillants guerriers (c. גִּבּוֹר hébr.).

גַּבְרִיאֵל (homme de Dieu) *n. pr.* L'ange Gabriel, Dan. 8. 16.

גְּבֶרֶת *f.* (avec suff. גְּבִרְתִּי). Maîtresse : שָׂרַי גְּבִרְתִּי Gen. 16. 8, Saraï ma maîtresse; גְּבִרְתָּהּ Prov. 30. 23, sa maîtresse; לְעוֹלָם אֶהְיֶה גְבָרֶת Is. 47. 7, je serai toujours la maîtresse (dominatrice); גְּבֶרֶת מַמְלָכוֹת 47. 5, la maîtresse des royaumes.

גִּבְּתוֹן *n. pr.*, ville de la tribu de Dan. Jos. 19. 44.

גָּג *m.* (const. גַּג, avec suff. גַּגּוֹ; *plur.* גַּגּוֹת). Toit : כַּחֲצִיר גַּגּוֹת Ps. 129. 6, comme l'herbe qui croît sur les toits; אֶת־גַּגּוֹ Exod. 30. 3, son toit (le dessus de l'autel).

I גַּד *m.* Coriandre : וְהַמָּן כִּזְרַע־גַּד הוּא Nomb. 11. 7, la manne était comme la graine de coriandre.

II גַּד (c. גָּד bonheur) *n. pr.* Gad, une idole; la fortune, comme גָּד, ou la même que בֵּל.

גָּד *m.* Bonheur. Ex. unique : בְּגָד Gen. 30. 11, avec bonheur. *Keri* בָּא גָד le bonheur est venu.

גָּד *n. pr.* 1° Gad, fils de Jacob, Gen. 30. 11; לַגָּדִי Deut. 3. 12, à la tribu de Gad. — 2° Gad, prophète du temps de David, I Sam. 22. 5.

גְּדָבְרַיָּא *m. pl.* chald. Les trésoriers, intendants, Dan. 3. 2, 3 (v. גִּזְבָּר).

גֻּדְגֹּדָה *n. pr.* d'une station dans le désert, Deut. 10. 7, appelée aussi חֹר הַגִּדְגָּד Nomb. 33. 32.

גָּדַד (v. גוּד) S'associer, se réunir en bandes : יָגוֹדּוּ עַל־נֶפֶשׁ צַדִּיק Ps. 94. 21, ils se réunissent en bandes (ils conspirent) contre la vie du juste.

Hithp. 1° Comme *Kal.* עַתָּה תִּתְגֹּדְדִי Mich. 4. 14, maintenant tu te réunis par bandes; יִתְגּוֹדָדוּ Jér. 5. 7, ils se réunissent. — 2° Se faire des incisions (en signe de deuil, ou comme pratique idolâtre) : וַיִּתְגֹּדְדוּ כְּמִשְׁפָּטָם I Rois 18. 28, ils se firent des incisions suivant leur usage.

גְּדַד chald. Couper : גֹּדּוּ אִילָנָא Dan. 4. 11, coupez, abattez l'arbre.

גְּדָה (v. חָצַר).

גָּדָה ou גִּדָּה (*plur.* const. seul usité גִּדוֹת) Rives, bords d'un fleuve : עַל־כָּל־גְּדוֹתָיו Jos. 3. 15, (le Jourdain regorgeait) par-dessus touss es bords; גִּדְיוֹתָיו I Chr. 12. 15, *cheth.* p. גְּדוֹתָיו.

גְּדוּד *m.* (*plur.* ־ים et ־וֹת). 1° Incision (sur la peau), sillon : עַל כָּל־יָדַיִם גְּדֻדֹת Jér. 48. 37, des incisions sur toutes les mains; נַחֵת גְּדוּדֶיהָ Ps. 65. 11, égalises-en les sillons. — 2° Bande armée, troupe légère, se livrant au pillage et faisant des invasions dans les pays voisins : גָּד גְּדוּד יְגוּדֶנּוּ Gen. 49. 19, Gad, des bandes armées s'uniront contre lui, feront une invasion dans son pays, ou: des troupes s'uniront, se formeront dans son sein (pour faire la guerre) (v. גוּד); הַאֶרְדֹּף אַחֲרֵי הַגְּדוּד־הַזֶּה I Sam. 30. 8, poursuivrai-je cette troupe? וַאֲרָם יָצְאוּ גְדוּדִים II Rois 5. 2, les Syriens sortirent en maraudeurs; וּכְחַכֵּי אִישׁ גְּדוּדִים Osée 6. 9, comme l'attente des bandits (qui épient) un homme; בְּנֵי הַגְּדוּד II Chr. 25. 13, les bandes, troupes. *Poét.* בַּת־גְּדוּד Mich. 4. 14, fille de la bande, p. bande de pillards. *Métaph.* יַחַד יָבֹאוּ גְדוּדָיו Job 19. 12, ses troupes viennent ensemble (les maux que Dieu envoie).

גָּדוֹל et גָּדֹל (const. גְּדוֹל, גְּדֹל, quelquefois גְּדָל) *adj.* 1° Grand, considérable, considéré, nombreux, important:

הַיָּם הַגָּדוֹל Nomb. 34. 6, la grande mer; מִסְפֵּד גָּדוֹל Gen. 50. 10, un grand deuil; חֲשֵׁכָה גְדֹלָה Gen. 15. 12, une grande (profonde) obscurité; עוֹד הַיּוֹם גָּדוֹל Gen. 29. 7, le jour est encore grand (long), ou : il fait encore grand jour; זְבָחִים גְּדוֹלִים Néh. 12. 43, de nombreux sacrifices; קְטַנָּה אוֹ גְדוֹלָה Nomb. 22. 18, une chose petite ou grande, importante; וּגְדָל־כֹּחַ Nah. 1. 3, grand par la force; גְּדֹל הָעֵצָה Jér. 32. 19, grand par le conseil. *Subst.* בִּגְדֹל זְרוֹעֲךָ Exod. 15. 16, par la grandeur, puissance, de ton bras. *Plur.* עֹשֶׂה גְדֹלוֹת Ps. 106. 21, qui a fait de grandes choses, des merveilles; לֹא־הִלַּכְתִּי בִּגְדֹלוֹת Ps. 131. 1, je n'ai point cherché à pénétrer des choses grandes (et au-dessus de moi). — Grand (par l'âge), aîné : אֲחִי יֶפֶת הַגָּדוֹל Gen. 10. 21, (Sem) frère de Japheth, l'aîné (douteux si Sem était l'aîné ou Japheth?). Grand, considéré : אֵינֶנּוּ גָדוֹל בַּבַּיִת הַזֶּה מִמֶּנִּי Gen. 39. 9, nul n'est plus considéré que moi dans cette maison; אִשָּׁה גְדוֹלָה II Rois 4. 8, une femme considérée; אִישׁ גָּדוֹל לִפְנֵי אֲדֹנָיו II Rois 5. 1, un homme puissant auprès de son maître; הַכֹּהֵן הַגָּדוֹל Zach. 3. 1, le grand pontife; הַמֶּלֶךְ הַגָּדוֹל II Rois 18. 19, le grand roi, titre des rois d'Assyrie; *plur.* גְּדֹלִים les grands : מִטַּעַם הַמֶּלֶךְ וּגְדֹלָיו Jon. 3. 7, par l'ordre du roi et de ses grands, ou princes. — 2° Orgueilleux, impie : לָשׁוֹן מְדַבֶּרֶת גְּדֹלוֹת Ps. 12. 4, une langue proférant des paroles orgueilleuses, impies.

גְּדוּלָּה, גְּדוּלָה et גְּדֻלָּה *f.* 1° Grande action, merveille : עָשִׂיתָ אֵת כָּל־הַגְּדוּלָּה הַזֹּאת II Sam. 7. 21, tu as fait toutes ces grandes choses; וּגְדֻלָּתְךָ אֲסַפְּרֶנָּה Ps. 145. 6, je raconterai tes merveilles. — 2° Grandeur, puissance, majesté, gloire : לְךָ יְיָ הַגְּדֻלָּה I Chr. 29. 11, à toi Éternel (appartient) la grandeur, la majesté; תִּפְאֶרֶת גְּדוּלָּתוֹ Esth. 1. 4, la magnificence de sa puissance (du roi); תֶּרֶב גְּדֻלָּתִי Ps. 71. 21, tu augmenteras ma gloire.

גִּדּוּף (*plur.* seul usité). Moquerie, insulte (rac. גָּדַף) : וְיִשְׂרָאֵל לְגִדּוּפִים Is. 43. 28, (j'ai livré) Israel aux insultes; וּמִגִּדֻּפֹתָם אַל־תֵּחָתּוּ Is. 51. 7, ne vous laissez point épouvanter par leurs insultes.

גְּדוּפָה *f.* Opprobre : וְהָיְתָה חֶרְפָּה וּגְדוּפָה Ez. 5. 15, elle sera un sujet de honte et d'opprobre.

גְּדוֹר (haie, mur) *n. pr.* 1° D'une ville dans les montagnes de Juda, Jos. 15. 58. — 2° D'un homme, I Chr. 8. 31.

גְּדוֹת *plur.* (v. גָּדָה).

גָּדִי *n. pr. m.* II Rois 15. 14 (v. גָּד *n. pr.*).

גַּדִּי *n. pr. m.* Nomb. 13. 11.

גְּדִי *m.* Chevreau : כְּשַׁסַּע הַגְּדִי Jug. 14. 6, comme on déchirerait un chevreau; שְׁלֹשָׁה גְדָיִים I Sam. 10. 3, trois chevreaux; fréq. avec עִזִּים : שְׁנֵי גְּדָיֵי עִזִּים Gen. 27. 9, deux chevreaux.

גַּדִּיאֵל *n. pr. m.* Nomb. 13. 10.

גְּדִיָּה *f.* (v. גְּדִי) : וּרְעִי אֶת־גְּדִיֹּתַיִךְ Cant. 1. 8, et mène paître tes chevreaux, ou : tes jeunes chèvres.

גָּדִישׁ *m.* 1° Gerbes entassées : וְנֶאֱכַל גָּדִישׁ Exod. 22. 5, et si un tas de gerbes est consumé. — 2° Monument de sépulture (fait en forme de monceaux de gerbes) : וְעַל־גָּדִישׁ יִשְׁקוֹד Job 21. 32, il court vers sa tombe, ou il y repose; selon d'autres : il repose près des gerbes.

גְּדוֹתָיו (v. גָּדָה).

גָּדַל (*fut.* יִגְדַּל) 1° Être grand, grandir, être élevé : כִּי־גָדַל שֵׁלָה Gen. 38. 11, que Selah était devenu grand; וַיִּגְדְּלוּ הַנְּעָרִים Gen. 25. 28, les jeunes gens grandirent; הַיְלָדִים אֲשֶׁר גָּדְלוּ אִתּוֹ I Rois 12. 8, les jeunes gens qui avaient grandi avec lui, c'est-à-dire qui avaient été élevés avec lui; כִּי מִנְּעוּרַי גְּדֵלַנִי כְאָב Job 31. 18, car depuis ma jeunesse il a grandi à mes côtés comme près d'un père (גְּדֵלַנִי, comme גְּדֵלַנִי), je l'ai élevé. — 2° Être, devenir grand, puissant, considéré, riche : יְיָ אֱלֹהַי גָּדַלְתָּ מְּאֹד Ps. 104. 1, Éternel, mon Dieu, combien tu es grand! מַה־גָּדְלוּ מַעֲשֶׂיךָ Ps. 92. 6, que tes œuvres sont grandes; רַק הַכִּסֵּא אֶגְדַּל מִמֶּךָּ Gen. 41. 40, je ne serai plus grand que toi que par le trône (je n'aurai de plus que toi que le trône) ; וַיִּגְדַּל הָאִישׁ Gen. 26. 13, cet homme devint grand (riche). — 3° Être exalté, glorifié : וְיִגְדַּל שִׁמְךָ II Sam. 7. 26, ton nom sera exalté ; יִגְדַּל יְיָ Ps. 35. 27, que l'Éternel soit glorifié ; וְדֶלְךָ נַמְשִׁי חַיִּים חַזֶּה בְּעֵינֶי I Sam. 26. 24, (comme) ton âme a été aujourd'hui chère, précieuse à mes yeux.

Pi. גִּדֵּל (Is. 49. 21, גִּדַּל) 1° Faire grandir, faire pousser, faire croître, élever (des enfants) : גַּדֵּל פֶּרַע שְׂעַר רֹאשׁוֹ Nomb. 6. 5, (il doit) laisser croître les cheveux de sa tête ; וְגֶשֶׁם יְגַדֵּל Is. 44. 14, la pluie le fait croître (l'arbre) ; בָּנִים גִּדַּלְתִּי Is. 1. 2, j'ai élevé des fils ; גִּדֵּלָה Is. 51. 18, de tous les enfants qu'elle a élevés. — 2° Rendre grand, puissant, considéré : וְאֵת כָּל־אֲשֶׁר גִּדְּלוֹ וַמְלֶךְ Esth. 5. 11, et combien le roi l'avait rendu grand ; חַיּוֹם חַזֶּה אָחֵל גַּדֶּלְךָ Jos. 3. 7, aujourd'hui je commencerai à te relever (aux yeux de tout Israël).— 3° Exalter, louer, glorifier : וַאֲגַדְּלֶנּוּ בְּתוֹדָה Ps. 69. 31, je l'exalterai par des actions de grâces ; גַּדְּלוּ לַיְיָ אִתִּי Ps. 34. 4, exaltez avec moi l'Éternel.

Pou. מְגֻדָּלִים Ps. 144. 12, (nos fils) qui poussent, croissent.

Hiph. 1° Agrandir, rendre grand, faire quelque chose de grand : הִגְדַּלְתִּי מַעֲשָׂי Eccl. 2. 4, j'ai fait de grands travaux ; וַתַּגְדֵּל חַסְדְּךָ Gén. 19. 19, tu as rendue grande la grâce (que tu m'as accordée), (tu m'as accordé cette grâce signalée) ; מַגְדִּיל יְשׁוּעוֹת מַלְכּוֹ Ps. 18. 51, il accorde un grand secours à son roi ; רְאוּ אֵת אֲשֶׁר־הִגְדִּיל עִמָּכֶם I Sam. 12. 24, voyez les grandes choses qu'il fit pour vous. Avec un infinitif : עַד־הִגְדִּיל יְיָ לַעֲשׂוֹת Joel 2. 21, car Dieu a fait de grandes choses ; עַד־דָּוִד הִגְדִּיל I Sam. 20. 41, sous-entendu לִבְכּוֹת, (ils pleurèrent tous deux) jusqu'à ce que David pleura plus fort. — 2° Devenir grand, puissant : וּצְפִיר הָעִזִּים הִגְדִּיל עַד־מְאֹד Dan. 8. 8, le bouc devint extrêmement grand ; וְעָשָׂה וְהִגְדִּיל בְּרֹצוֹ Dan. 8. 4, il fit selon sa volonté et il devint puissant.—Avec פֶּה parler avec orgueil, agir avec orgueil ;

avec עַל s'élever contre quelqu'un : וְאַל־תַּגְדֵּל פִּיךָ בְּיוֹם צָרָה Obad. 12, tu ne parleras point avec orgueil au jour du malheur ; וַיַּגְדִּלוּ עַל־עָם Soph. 2. 10, ils se sont élevés avec insolence sur le peuple (de l'Éternel) ; הַמַּגְדִּילִים עָלָי Ps. 35. 26, ceux qui me traitent avec hauteur ; עָלַי הִגְדִּילוּ Ps. 38. 17, ils s'élèvent contre moi ; עַל־יְיָ הִגְדִּיל Jér. 48. 26, il s'est élevé contre Dieu. *Transit.* Lever : הִגְדִּיל עָלַי עָקֵב Ps. 41. 10, il lève le talon contre moi.

Hithp. 1° Se montrer grand : וְהִתְגַּדִּלְתִּי Ez. 38. 23, je me montrerai grand (je ferai voir ma grandeur). — 2° S'élever avec orgueil, s'enorgueillir, avec עַל : וְיִתְגַּדֵּל עַל־כָּל־אֵל Dan. 11. 36, il s'élèvera avec arrogance contre tout dieu ; אִם־יִתְגַּדֵּל הַמַּשּׂוֹר Is. 10. 15, la scie s'enorgueillit-elle, se soulève-t-elle (contre celui qui l'emploie)?

גָּדֵל *part.* ou *adj. verbal* (de גָּדַל). *m.* Ce qui est, devient grand : וְהַנַּעַר שְׁמוּאֵל הֹלֵךְ וְגָדֵל I Sam. 2. 26, le jeune Samuel allait grandissant ; וַיֵּלֶךְ הָלוֹךְ וְגָדֵל Gen. 26. 13, il allait s'enrichissant ; גִּדְלֵי בָשָׂר Ez. 16. 26, (qui ont) de grands corps.

גִּדֵּל *n. pr. m.* Esdr. 2. 47.

גֹּדֶל *m.* (avec suff. גָּדְלוֹ, une fois גָּדְלוֹ): 1° Grandeur, magnificence, gloire, honneur : כְּגֹדֶל זְרוֹעֲךָ Ps. 79. 11, selon la grandeur (puissance) de ton bras ; אֶל־מִי דָמִיתָ בְּגָדְלֶךָ Ez. 31. 2, à qui ressembles-tu dans ta magnificence ? הָבוּ גֹדֶל לֵאלֹהֵינוּ Deut. 32. 3, rendez gloire à notre Dieu. — 2° Avec לֵבָב orgueil, fierté : גֹּדֶל לְבַב מֶלֶךְ־אַשּׁוּר Is. 10. 12, l'orgueil du roi d'Assyrie.

גָּדֵל (v. גָּדוֹל).

גִּדְלָה (v. גְּדִילָה).

גְּדַלְיָה et גְּדַלְיָהוּ (que Dieu élève) *n. pr.* 1° Gedalyah, fils d'Ahikam, israélite, nommé par Nabuchodonozor gouverneur de la Judée, II Rois 25. 22, Jér. 40. 5. — 2° Esdr. 10. 18. — 3° Jér. 38. 1.

גְּדִלִים *m. pl.* 1° גְּדִלִים תַּעֲשֶׂה־לָּךְ Deut. 22. 12, tu feras des fils tressés (des cordons, des franges aux quatre coins de ton vêtement). — 2° גְּדִלִים I Rois 7. 17, des guirlandes, festons (ornement d'architecture).

גִּדַּלְתִּי n. pr. m. I Ch. 25. 4.

גָּדַע Abattre, couper, briser : וְרָמֵי הַקּוֹמָה גְּדֻעִים Is. 10. 33, et les hautes branches seront abattues ; כָּל־זָקָן גְּרוּעָה Is. 15. 2, toute barbe sera coupée ; וְגָדַעְתִּי אֶת־זְרֹעֲךָ I Sam. 2. 31, je couperai ton bras, c.-à-d. je détruirai ta force ; גָּדַע בָּחֳרִי־אַף כֹּל קֶרֶן יִשְׂרָאֵל Lament. 2. 3, il a brisé dans sa colère la corne d'Israel (sa force).

Niph. Être abattu, renversé ; être coupé, être brisé : נִגְדַּעְתָּ לָאָרֶץ Is. 14. 12, tu as été renversé à terre ; נִגְדַּע הַיּוֹם שֵׁבֶט אֶחָד Jug. 21. 6, aujourd'hui une tribu a été coupée, retranchée (d'Israel) ; וְנִגְדְּעוּ חַמָּנֵיכֶם Ez. 6. 6, vos statues du soleil seront brisées.

Pi. Abattre, briser : וּבְרִיחֵי בַרְזֶל גִּדֵּעַ Ps. 107. 16, il a brisé les verrous de fer ; וַאֲשֵׁירֵהֶם תְּגַדֵּעוּן Deut. 7. 5, vous abattrez leurs statues, ou leurs bois.

Pou. Être abattu : שִׁקְמִים גֻּדָּעוּ Is. 9. 10, les sycomores ont été abattus.

גִּדְעוֹן (qui abat) n. pr. Gédéon, juge, Jug. 6. 11.

גִּדְעֹם n. pr. d'un endroit de la tribu de Benjamin, Jug. 20. 45.

גִּדְעֹנִי n. pr. m. Nomb. 1. 11.

גָּדַף *Kal* inusité. *Pi.* גִּדֵּף Outrager, blasphémer : אֶת־מִי חֵרַפְתָּ וְגִדַּפְתָּ Is. 37. 23, qui as-tu insulté et outragé ? אֶת־יְיָ הוּא מְגַדֵּף Nomb. 15. 30, (en agissant ainsi) il blasphème, il outrage le Seigneur.

גָּדַר Entourer d'une haie, d'un mur ; élever un mur, une haie : וְגָדַרְתִּי אֶת־גְּדֵרָהּ Osée 2. 8, j'élèverai un mur devant elle. *Part.* גֹּדֵר maçon : גֹּדֵר פֶּרֶץ Is. 58. 12, réparant, refermant les brèches ; וְלַגֹּדְרִים II Rois 12. 13, et aux maçons ; *métaph.* וַתִּגְדְּרוּ גָדֵר עַל־בֵּית יִשְׂרָאֵל Ez. 13. 5, vous (n')avez (point) entouré d'une haie, ou : d'un mur, la maison d'Israel (vous ne la protégez point). Sens opposé : גָּדַר בַּעֲדִי וְלֹא אֵצֵא Lament. 3. 7, il a élevé un mur autour de moi, je ne puis sortir ; אָרְחִי גָּדַר Job 19. 8, il entoure mon chemin d'une haie (et je ne puis plus passer).

גָּדֵר deux fois גֶּדֶר constr., *f.* et *m.* 1° Mur, haie d'enceinte : לִבְנוֹת גְּדֵרָיִךְ Mich. 7. 11, pour rebâtir tes murs ; גָּדֵר הַדְּחוּיָה Ps. 62. 4, une haie renversée ; וְגֶדֶר אֲבָנָיו Prov. 24. 31, sa muraille de pierre. — 2° Endroit entouré de murailles, sûr : וְלָתֶת־לָנוּ גָדֵר Esdr. 9. 9, et de nous donner une retraite sûre (en Judée).

גֶּדֶר n. pr. Guéder, une ville canaanéenne, Jos. 12. 13.

גְּדֵרָה *f.* Mur, haie : פָּרַצְתָּ כָל־גְּדֵרֹתָיו Ps. 89. 41, tu as abattu toutes ses murailles ; הַחוֹנִים בַּגְּדֵרוֹת Nah. 3. 17, (les sauterelles) qui campent, s'arrêtent, sur les haies. Avec צֹאן parc, étable : גִּדְרֹת צֹאן נִבְנֶה Nomb. 32. 16, nous construirons des parcs, ou des étables, pour notre bétail ; וְיֹשְׁבֵי נְטָעִים וּגְדֵרָה I Chr. 4. 23, et qui demeuraient près des plantations et des parcs, ou : dans des haies, c.-à-d. dans les champs.

גְּדֵרָה n. pr. (avec l'*article*) d'une ville de la tribu de Juda, Jos. 15. 36 ; גְּדֵרָתִי de Guederah, I Ch. 12. 4.

גְּדֵרוֹת n. pr. d'une ville de la tribu de Juda, Jos. 15. 41 ; avec l'*art.*, II Chr. 28. 18.

גְּדֵרֹתַיִם (deux parcs) n. pr. d'une ville de la tribu de Juda, Jos. 15. 36.

גְּדֵרִי De Guéder, I Chr. 27. 28.

גְּדֶרֶת *f.* (v. גְּדֵרָה), Ez. 42. 12, mur ou estrade, v. l'exemple à הָגִין.

גֵּה *pron.* p. זֶה. Ex. unique : גֵּה גְבוּל Ez. 47. 13, ce (sont) les bornes, limites.

גָּהָה (v. הָגָה) Éloigner, écarter le mal, guérir : וְלֹא־יִגְהֶה מִכֶּם מָזוֹר Osée 5. 13, il ne vous guérira pas de votre mal (v. le même ex. à מָזוֹר).

גֵּהָה *f.* Guérison, remède. Ex. uniq. : לֵב שָׂמֵחַ יֵיטִב גֵּהָה Prov. 17. 22, un cœur joyeux rend bonne, facilite, la guérison, ou fait du bien (comme) un remède.

גָּהַר Se pencher, se courber, s'étendre : וַיִּגְהַר אַרְצָה I Rois 18. 42, il se courba, pencha à terre ; וַיִּגְהַר עָלָיו II Rois 4. 34, il s'étendit (de tout son corps) sur lui.

גַּו m. (avec suff. גֵּוִי, גֵּוָם). Dos, corps (v. גֵּו et גַּב) : וְאֹתִי הִשְׁלַכְתָּ אַחֲרֵי גַוֶּךָ I Rois 14. 9, tu m'as jeté derrière ton dos, ou ton corps (derrière toi, tu m'as négligé, oublié).

גַּו chald. (const. גּוֹ et גּוֹא). L'intérieur ; avec des *prépos.* : בְּגוֹ et בְּגוֹא au milieu, dans : וְכִדְנָה כְּתִיב בְּגַוֵּהּ Esdr. 5. 7, et ainsi il était écrit dans (la lettre) ; בְּגַוַּהּ 4. 15, בְּגַוַּהּ 6. 2, dans elle ; לְגוֹא־אַתּוּן Dan. 3. 6, dans une fournaise ; מִן־גּוֹא נוּרָא Dan. 3. 26, (ils sortirent) du milieu du feu.

גֵּו m. (avec suff. גֵּוִי, גֵּוְךָ). 1° Dos : גֵּוִי נָתַתִּי לְמַכִּים Is. 50. 6, j'ai présenté mon dos à ceux qui frappaient ; הִשְׁלַכְתָּ אַחֲרֵי גֵוְךָ כָּל־חֲטָאָי Is. 38. 17, tu as jeté derrière ton dos (derrière toi) tous mes péchés (tu les as pardonnés). — 2° Milieu : מִן־גֵּו יְגֹרָשׁוּ Job 30. 5, ils sont chassés du milieu des hommes (v. גַּו).

גּוֹא (v. גַּו chald.).

גּוֹב Sauterelle : כְּגוֹב גֹּבָי Nah. 3. 17, comme des sauterelles sur des sauterelles, ou : comme les plus grandes d'entre les sauterelles ; גֹּבָי *pl.* p. גֹּבִים : יוֹצֵר גֹּבַי Amos 7. 1, il créa, produisit, des sauterelles.

גּוֹב (fossé) *n. pr.* Gob, endroit où David livra une bataille aux Philistins, II Sam. 21. 18.

גּוֹבַי (v. גּוֹב).

גּוֹג *n. pr.* 1° Gog, prince de Magog (v. Ez., chap. 38 et 39). — 2° I Chr. 5. 4.

גּוּד Se réunir (par bandes), v. גָּדַד : גָּד גְּדוּד יְגוּדֶנּוּ וְהוּא יָגֻד עָקֵב Gen. 49. 19, Gad, des bandes armées s'uniront contre lui, feront une invasion chez lui, mais lui fera une invasion sur leurs pas, en les poursuivant à son tour ; selon d'autres : des troupes s'uniront, se formeront dans son sein (pour faire la guerre), et il sera réuni en revenant sur ses pas, il reviendra de la guerre sans avoir perdu du monde ; לַעֲלוֹת לְעַם יְגוּדֶנּוּ Hab. 3. 16, lorsqu'il montera vers un peuple qui réunit ses troupes contre lui.

I גֵּוָה *f.* Corps : שָׁלַף וַיֵּצֵא מִגֵּוָה Job 20. 25, il tire (la flèche), et elle perce le corps (v. גְּוִיָּה) ; selon d'autres, fourreau : il tire et sort l'arme du fourreau.

II גֵּוָה *f.* (p. גַּאֲוָה). 1° Élévation : כִּי־הִשְׁפִּילוּ וַתֹּאמֶר גֵּוָה Job 22. 29, à celui qu'ils ont humilié, ou : quand ils sont humiliés, tu dis : Élévation, courage. — 2° Orgueil : מִפְּנֵי גֵוָה Jér. 13. 17, sur (votre) orgueil ; וְגֵוָה מִגֶּבֶר יְכַסֶּה Job 33. 17, et il cachera l'orgueil de l'homme, ou : il éloignera, délivrera, l'homme de l'orgueil.

גֵּוָה chald. Orgueil : וְדִי מַהְלְכִין בְּגֵוָה Dan. 4. 34, (il peut abaisser) ceux qui se conduisent avec orgueil.

גּוּז 1° Passer, disparaître : כִּי־גָז חִישׁ Ps. 90. 10, car elle (la vie) passe vite, ou : (le fil de la vie) est vite coupé (v. גָּזַז). — 2° Faire sortir, faire venir : מִמְּעֵי אִמִּי אַתָּה גוֹזִי Ps. 71. 6, *part.* ou *adj.*, tu m'as fait sortir du sein de ma mère, ou : dès le sein de ma mère tu es mon bienfaiteur ; וַיָּגָז שַׂלְוִים מִן־הַיָּם Nomb. 11. 31, il fit venir des cailles du côté de la mer.

גּוֹזִי *adj.* (v. גּוּז).

גּוֹזָל *m.* Jeune oiseau : עַל־גּוֹזָלָיו יְרַחֵף Deut. 32. 11, il (l'aigle) plane sur ses petits. Plus général., jeune colombe : וְתֹר וְגוֹזָל Gen. 15. 9, une tourterelle et une jeune colombe.

גּוֹזָן *n. pr.* Gozan, province dans la Mésopotamie appartenant aux Assyriens, II Rois 17. 6, 19. 12.

גּוֹחַ (v. גִּיחַ).

גּוֹי *m.* (avec suff. גּוֹיִי, *plur.* גּוֹיִם ; deux fois *cheth.* גֹּיִים, const. גּוֹיֵי). Peuple, nation : הֲמוֹן גּוֹיִם Gen. 17. 4, une multitude de nations ; לִשְׂמֹחַ בְּשִׂמְחַת גּוֹיֶךָ Ps. 106. 5, pour (me) réjouir de la joie de ton peuple ; גּוֹיִי Soph. 2. 9, mon peuple ; הֲגוֹי גַּם־צַדִּיק תַּהֲרֹג Gen. 20. 4, feras-tu mourir aussi un peuple juste ? p. des hommes justes, innocents. — Bande d'animaux, essaim d'insectes: כָל־חַיְתוֹ־גוֹי Soph. 2. 14, tous les animaux par bandes; גוֹי עָלָה עַל־אַרְצִי Joel 1. 6, un peuple est venu fondre sur mon pays (une quantité d'insectes); *plur.* גוֹיִם fréq., peuples étrangers, ennemis, barbares, païens: הַיְּהוּדִים הַנִּמְכָּרִים לַגּוֹיִם Néh. 5. 8, (nous avons racheté) les juifs vendus aux étrangers; יֵדְעוּ גוֹיִם Ps. 9. 21, que ces barbares apprennent; וְאֶתֶּנְךָ לִבְרִית עָם לְאוֹר גּוֹיִם Is. 42. 6, je ferai de toi l'alliance du peuple (de Dieu), la lumière des (autres) nations; הַרְנִינוּ גוֹיִם עַמּוֹ Deut. 32. 43, nations, glorifiez son peuple; וְתִדְעָל מֶלֶךְ גּוֹיִם Gen. 14. 1, Thideal, roi des nations, ou *n. pr.*, roi de Goyim.

גְּוִיָּה *f.* 1° Corps: בִּלְתִּי אִם־גְּוִיָּתֵנוּ Gen. 47. 18, (il ne nous reste rien) que notre corps; וְעַל־גְּוִיֹּתֵינוּ מֹשְׁלִים וּבִבְהֶמְתֵּנוּ Néh. 9. 37, ils dominent sur nos corps et sur notre bétail. — 2° Corps mort, cadavre: אֶת־גְּוִיַּת שָׁאוּל וְאֵת גְּוִיֹּת בָּנָיו I Sam. 31. 12, le corps (mort) de Saül et les corps (morts) de ses fils; מַפֶּלֶת הָאַרְיֵה Jug. 14. 8, dans le cadavre du lion (v. I גְּוִיָּה).

גּוֹל (v. גִּיל).

גּוֹלָה rarement גֹּלָה, *f.* (rac. גָּלָה). 1° Émigration, captivité, exil: עַד־הַגֹּלָה I Chr. 5. 22, (ils restèrent en ces lieux) jusqu'à l'exil (jusqu'à ce qu'ils furent exilés); כִּכְלֵי גוֹלָה Ez. 12. 7, comme les effets de quelqu'un qui part; וּבַגּוֹלָה לֹא הָלָךְ Jér. 48. 11, il n'est pas allé en exil; בְּנֵי הַגּוֹלָה les exilés, aussi ceux qui étaient revenus de l'exil: כִּי־בְנֵי הַגּוֹלָה בּוֹנִים הֵיכָל לַיי Esdr. 4. 1, que ceux qui étaient revenus de l'exil construisaient un temple à l'Eternel. — 2° Sens concr. Les exilés, les captifs: וְלֵךְ בֹּא אֶל־הַגּוֹלָה Ez. 3. 11, va auprès de ceux qui ont été emmenés captifs; מִקְּהַל הַגּוֹלָה Esdr. 10. 8, de l'assemblée de ceux qui étaient revenus de la captivité.

גּוֹלָם (v. גֹּלֶם).

גּוֹלָן *n. pr.* Golan, ville dans Basan, Deut. 4. 43, donnée aux Lévites, Jos. 21. 27 (*cheth.* גֹּלָן).

גּוּמָּץ *m.* Fosse. Ex. unique: חֹפֵר גּוּמָּץ בּוֹ יִפּוֹל Eccl. 10. 8, celui qui creuse une fosse y tombera.

גּוּנִי *n. pr.* 1° Gouni, fils de Nephthali, Gen. 46. 24. — 2° I Chr. 5. 15.

* גּוּס Élever, gonfler, s'enorgueillir: גַּס רוּחַ Aboth, orgueilleux. *Hiph.* וְלֹא מֵגִיס לִבּוֹ Aboth, il ne gonfle pas son cœur, ne s'enorgueillit pas.

גָּוַע (*fut.* יִגְוַע) Expirer, périr: וַיִּגְוַע וַיָּמָת Gen. 25. 8, il expira et il mourut, c.-à-d. il mourut d'une mort douce; וְהוּא אִישׁ אֶחָד לֹא גָוַע בַּעֲוֹנוֹ Jos. 22. 20, il n'a pas péri seul par son péché.

גּוּף Ex. unique: *Hiph.* יָגִיפוּ הַדְּלָתוֹת וֶאֱחֹזוּ Néh. 7. 3, ils fermeront les portes, et vous les fermerez à verrous, ou avec des barres.

* גּוּף *m.* Corps: אֵינוֹ גוּף Rituel, il n'est point un corps.

גּוּפָה *f.* Corps mort, cadavre: אֶת־גּוּפַת שָׁאוּל וְאֵת גּוּפֹת בָּנָיו I Chr. 10. 12, le corps de Saül et de ses enfants.

גּוּר 1° Demeurer, séjourner, habiter comme étranger; se constr. avec בְּ, עִם, אֵת, et *poét.* avec le rég. dir.: עִם־לָבָן גַּרְתִּי Gen. 32. 5, j'ai demeuré chez Laban; גּוּר בָּאָרֶץ הַזֹּאת Gen. 26. 3, séjourne dans ce pays; יָגוּרוּ בָךְ נִדָּחַי מוֹאָב Is. 16. 4, mes fugitifs habiteront au milieu de toi, Moab; כִּי־גַרְתִּי מֶשֶׁךְ Ps. 120, 5, que j'ai demeuré à Mesech (v. מֶשֶׁךְ); מִי יָגוּר לָנוּ אֵשׁ אוֹכֵלָה Is. 33. 14, qui de nous peut demeurer près de ce feu dévorant? Des animaux: וְגָר זְאֵב עִם־כֶּבֶשׂ Is. 11. 6, le loup demeurera avec l'agneau. *Part.* גָּר: הַגֵּר הַגָּר בְּתוֹכְכֶם Lév. 17. 12, l'étranger qui demeure parmi vous; וּמִגָּרַת בֵּיתָהּ Exod. 3. 22, de celle qui demeure dans sa maison (sa voisine); פָּרַץ נַחַל מֵעִם־גָּר Job 28. 4, le fleuve déborde, s'élance de l'endroit où il séjourne (de son lit); גָּרִים יֹאכֵלוּ Is. 5. 17, ceux qui viennent y demeurer (des étrangers) s'en nourriront.

2° Comme יָגֹר craindre, avoir peur, trembler; avec מִן, מִפְּנֵי et le rég. dir.: מִשֵּׂתוֹ יָגוּרוּ אֵלִים Job 41. 17, s'il s'élève, les forts sont saisis de crainte; לֹא תָגוּרוּ

מִפְּנֵי־אִישׁ Deut. 1. 17, ne craignez personne; לוּלֵי כַּעַס אוֹיֵב אָגוּר Deut. 32. 27, si je n'appréhendais point la fureur de l'ennemi.

3° Comme אָגַר s'assembler, se réunir (pour un complot) : יָגוּרוּ עָלַי עַזִּים Ps. 59. 4, les forts s'assemblent contre moi; הֵן גּוֹר יָגוּר אֶפֶס מֵאוֹתִי Is. 54. 15, on s'assemblera, complotera, contre toi, mais sans moi (ce ne sera pas par mon ordre); מִי־גָר אִתָּךְ עָלַיִךְ יִפּוֹל Is. 54. 15, celui qui complote contre toi tombera dans ton pouvoir, ou : sur ta terre, ou : se soumettra à toi; *trans.* יָגוּרוּ מִלְחָמוֹת Ps. 140. 3, ils multiplient les combats, ils s'assemblent pour faire la guerre, ou : ils excitent les combats (v. גָּרָה).

Hithp. 1° Demeurer, séjourner : אֲשֶׁר־אֲנִי מִתְגּוֹרֵר עִמָּהּ I Rois 17. 20, chez laquelle je demeure comme hôte. — 2° S'assembler : עַל־דָּגָן וְתִירוֹשׁ יִתְגּוֹרָרוּ Osée 7. 14, il s'assemblent pour avoir du blé et du vin; סַעַר מִתְגּוֹרֵר Jér. 30. 23, une tempête qui s'amasse, ou qui continue, qui dure.

גּוּר et גֻּר (v. גּוֹר) *m.* Jeune lion : כְּגוֹרֵי אֲרָיוֹת Jér. 51. 38, comme de jeunes lions; אַרְיֵה טֹרֵף בְּדֵי גֹרוֹתָיו Nah. 2. 13, le lion déchire pour les besoins de ses petits.

גּוֹר *m.* Animal jeune; princip. jeune lion qui suit encore sa mère : רִבְּתָה גוּרֶיהָ Ez. 19. 2, elle (la lionne) a élevé ses petits; plus complét. גּוּר אַרְיֵה יְהוּדָה Gen. 49. 9, Juda est un jeune lion; הֵינִיקוּ גּוּרֵיהֶן Lament. 4. 3, elles (les bêtes sauvages) allaitent leurs petits.

גּוּר *n. pr.* Gour, endroit près de Jebleam, II Rois 9. 27.

גּוּר־בַּעַל (demeure de Baal) *n. pr.* d'une ville dans l'Arabie, II Chr. 26. 7.

גּוֹרָל *m.* (*plur.* גּוֹרָלוֹת). 1° Sort, manière de décider par le sort : גּוֹרָל אֶחָד לַיְיָ וְגוֹרָל אֶחָד לַעֲזָאזֵל Lév. 16. 8, un sort pour l'Éternel et un sort pour Azazel, c.-à-d. un sort destinera le bouc qui sera immolé à Dieu, et l'autre le bouc qui sera envoyé à Azazel, le bouc émissaire; וְיָרִיתִי לָכֶם גּוֹרָל Jos. 18. 6, je jetterai le sort pour vous; וְאֶל־עַמִּי יַדּוּ גוֹרָל Joel 4. 3, ils jettent le sort au sujet de mon peuple, ils se le partagent au sort. Avec עַל Ps. 22. 19. — נָתַן, הִטִּיל, הִפִּיל, הִשְׁלִיךְ־גּוֹרָל jeter le sort; אֲשֶׁר עָלָה עָלָיו הַגּוֹרָל Lév. 16. 9, (le bouc) que le sort aura désigné (pour être immolé à Dieu). — 2° Sort, destinée, et ce qui est donné par le sort, la part, l'héritage, le bien : אַתָּה תּוֹמִיךְ גּוֹרָלִי Ps. 16. 5, tu soutiens ma destinée, ou ce qui m'est échu par le destin; עֲלֵה אִתִּי בְגוֹרָלִי Jug. 1. 3, viens avec moi dans le pays qui m'est échu par le sort; וְתַעֲמֹד לְגֹרָלְךָ Dan. 12. 13, tu te tiendras dans ton héritage, ou : tu jouiras de ta destinée; גּוֹרָלְךָ תַּפִּיל בְּתוֹכֵנוּ Prov. 1. 14, tu jetteras ton sort au milieu de nous (tu partageras notre destinée).

גּוּשׁ *m.* Morceau (de terre) : רִמָּה וְגוּשׁ עָפָר Job 7. 5, (ma chair est couverte) de vers et de mottes de terre.

גֵּז *m.* (rac. גָּזַז). 1° Tonte, toison : גֵּז צֹאנְךָ Deut. 18. 4, la toison de tes brebis. — 2° Toison des champs, herbe coupée : כְּמָטָר עַל־גֵּז Ps. 72. 6, comme la pluie sur l'herbe coupée; גִּזֵּי הַמֶּלֶךְ Amos 7. 1, la coupe pour le roi (l'herbe repoussait après qu'elle avait été coupée pour le roi, v. לֶקֶשׁ).

גִּזְבָּר *m.* Trésorier : מִתְרְדָת הַגִּזְבָּר Esdr. 1. 8, Mithredath, le chef du trésor du roi des Perses.

גִּזַבְרַיָּא chald. *m. pl.* Les trésoriers, Esdr. 7. 21.

גִּזָּה *f.* (rac. גָּזַז, v. גֵּז). Toison : אֶל־הַגִּזָּה לְבַדָּהּ Jug. 6. 39, à la toison seule; גִּזַּת הַצֶּמֶר 6. 37, la toison de laine.

גָּזַז (*fut.* יָגֹז) Tondre, couper : לִגְזֹז אֶת־צֹאנוֹ Gen. 31. 19, pour tondre ses brebis; גֹּזְזִים לָךְ I Sam. 25. 7, ils tondent pour toi (ses brebis); וַיָּגָז אֶת־רֹאשׁוֹ Job 1. 20, il coupa les cheveux de sa tête (signe de deuil); גָּזִּי נִזְרֵךְ Jér. 7. 29, coupe tes cheveux. *Niph. métaph.* Être détruit : וְכֵן נָגֹזּוּ וְעָבָר Nah. 1. 12, ils seront coupés, détruits, et ce sera passé.

גָּזֵז (celui qui tond) *n. pr. m.* I Chr. 2. 46.

גָּזִית (rac. גָּזַז ou גזה) Action de tailler (les pierres), la taille : לֹא־תִבְנֶה אֶתְהֶן גָּזִית Exod. 20. 25, tu ne bâtiras pas, elles (les pierres) étant de taille, c.-à-d. tu ne bâtiras pas (l'autel) avec des pierres taillées ; אַבְנֵי גָזִית I Rois 5. 31, pierres de taille.

גָּזַל (*fut.* יִגְזֹל) Arracher, prendre de force, enlever, s'approprier injustement, dérober, voler, opprimer : גֹּזְלֵי עוֹרָם מֵעֲלֵיהֶם Mich. 3. 2, ils leur arrachent la peau ; וַיִּגְזֹל אֶת־הַחֲנִית מִיַּד הַמִּצְרִי II Sam. 23. 21, il arracha la lance de la main de l'Égyptien ; אֲשֶׁר גָּזְלוּ עַבְדֵי אֲבִימֶלֶךְ Gen. 21. 25, (les puits) que les serviteurs d'Abimelech avaient pris de force ; פֶּן־תִּגְזֹל אֶת־בְּנוֹתֶיךָ מֵעִמִּי Gen. 31. 31, que tu ne voulusses peut-être me reprendre de force tes filles ; הַמְּחֹלְלוֹת אֲשֶׁר גָּזָלוּ Jug. 21. 23, des danseuses qu'ils avaient enlevées ; וְלִגְזֹל מִשְׁפַּט עֲנִיֵּי עַמִּי Is. 10. 2, de faire violence au droit des pauvres de mon peuple ; *métaph.* צִיָּה גַם־חֹם יִגְזְלוּ מֵימֵי־שֶׁלֶג Job 24. 19, (comme) la sécheresse et la chaleur dérobent les eaux de la neige (absorbent la neige fondue) ; גּוֹזֵל אָבִיו וְאִמּוֹ Prov. 28. 24, qui vole, dérobe, son père et sa mère.

Niph. Être dérobé, enlevé : וְנִגְזְלָה שְׁנָתָם Prov. 4. 16, le sommeil leur est enlevé (ils ne dorment pas).

גָּזֵל *m.* (const. גֶּזֶל). Vol, rapine, rapt : וְגָזְלוּ גָּזֵל Ez. 22. 29, et ils ont commis des vols, des rapines ; וְגֵזֶל מִשְׁפָּט וָצֶדֶק Eccl. 5. 7, la violation du droit et de la justice.

גְּזֵלָה *f.* (const. גְּזֵלַת). Vol, objet volé : גְּזֵלַת הֶעָנִי בְּבָתֵּיכֶם Is. 3. 14, le bien ravi aux pauvres est dans vos maisons ; גְּזֵלוֹת גָּזָל Ez. 18. 12, il a commis des vols, des rapines.

גָּזָם *m.* Espèce de sauterelle, ou chenille : יֶתֶר הַגָּזָם אָכַל הָאַרְבֶּה Joel 1. 4, ce que la chenille avait laissé, la sauterelle l'a mangé.

גַּזָּם *n. pr. m.* Esdr. 2. 48.

גִּזוֹנִי *n. pr.* de la ville de Guiso ou de Guison, I Chr. 11. 34.

גֶּזַע *m.* Souche, tronc : וּבֶעָפָר יָמוּת גִּזְעוֹ Job 14. 8, et (quand) sa souche meurt dans la terre ; וְיָצָא חֹטֶר מִגֵּזַע יִשָׁי Is. 11. 1, il sortira un rejeton du tronc d'Isaïe.

גָּזַר (*fut.* יִגְזֹר et יִגְזַר) 1° Couper, diviser, enlever : גִּזְרוּ אֶת־הַיֶּלֶד I Rois 3. 25, coupez l'enfant (en deux) ; וַיִּגְזְרוּ הָעֵצִים II Rois 6. 4, ils coupèrent du bois ; לְגֹזֵר יַם־סוּף Ps. 136. 13, à celui qui a divisé la mer Rouge ; וַיִּגְזֹר עַל־יָמִין Is. 9. 19, il enlève, il prend à droite. — 2° *Intrans.* Être enlevé : גָּזַר מִמִּכְלָה צֹאן Hab. 3. 17, les brebis sont enlevées des étables, des bergeries. — 3° Décider, arrêter : וְתִגְזַר־אֹמֶר Job 22. 28, et lorsque tu arrêtes un dessein.

Niph. 1° Être coupé, retranché, rejeté, détruit, anéanti : נִגְזַר מֵאֶרֶץ חַיִּים Is. 53. 8, il a été retranché de la terre des vivants ; וְהֵמָּה מִיָּדְךָ נִגְזָרוּ Ps. 88. 6, ils ont été par ta main arrachés (d'entre les vivants) ; כִּי נִגְזַר מִבֵּית יי II Chr. 26. 21, car il a été rejeté (exclu) de la maison de Dieu ; אָמַרְתִּי נִגְזָרְתִּי Lament. 3. 54, je pensais : Je suis détruit, perdu ; נִגְזַרְנוּ לָנוּ Ez. 37. 11, nous sommes perdus. — 2° Être décidé, arrêté : וְאֵת אֲשֶׁר־נִגְזַר עָלֶיהָ Esth. 2. 1, et ce qui avait été décidé au sujet d'elle (la peine à laquelle elle avait été condamnée).

גְּזַר chal. Décider. *Part. plur.* גָּזְרִין Dan. 2. 27, (ceux qui décident, jugent, de l'avenir) les augures ; וְגָזְרַיָּא Dan. 4. 4, et les augures.

Hithp. עַד דִּי הִתְגְּזֶרֶת אֶבֶן Dan. 2. 34, jusqu'à ce qu'une pierre se détachât (v. גָּזַר hébr.).

גֶּזֶר *m.* Morceau : בֵּין הַגְּזָרִים הָאֵלֶּה Gen. 15. 17, entre ces morceaux ; *métaph.* לְגֹזֵר יַם־סוּף לִגְזָרִים Ps. 136. 13, à celui qui a divisé la mer Rouge en deux parties.

• גְּזַר *m.* Arrêt, décision : גְּזַר דִּינֵנוּ Rituel, l'arrêt dans notre cause, notre sentence.

גֶּזֶר *n. pr.* d'une ville lévitique de la tribu d'Éphraïm, Jos. 21. 21.

גְּזֵרָה *f.* 1° אֶל־אֶרֶץ גְּזֵרָה Lév. 16. 22, dans un pays désert (exact. de nudité, sans habitants ni végétation). — *2° Arrêt, décision : כָּל־גְּזֵרוֹת קָשׁוֹת Rituel, tous les arrêts durs, sévères.

גְּזֵרָה chald. *f.* Arrêt : וּגְזֵרַת עִלָּאָה הִיא Dan. 4. 21, c'est l'arrêt, la sentence, du Très-Haut.

גִּזְרָה *f.* 1° Figure, forme : סַפִּיר גִּזְרָתָם Lament. 4. 7, leur figure était comme le saphir. — 2° Une partie du temple séparée (ou : dont la façade se détachait, s'élevait au-dessus) du reste de l'édifice, Ez. chap. 41.

גִּזְרִי *n. pr.* d'un peuple voisin des Philistins, I Sam. 27. 8 (*cheth.* גִּרְזִי).

גָּחוֹן *m.* Ventre (des animaux rampants) : עַל־גְּחֹנְךָ תֵלֵךְ Gen. 3. 14, tu ramperas sur ton ventre.

גֵּחֲזִי et גֵּיחֲזִי *n. pr.* Guehazi, serviteur du prophète Élisée, II Rois 4. 45.

גַּחֶלֶת *f.* (*plur.* גֶּחָלִים, גַּחֲלֵי). Charbon ardent : אֵין־גַּחֶלֶת לַחְמָם Is. 47.14, ce ne sont point des charbons pour s'y chauffer ; גֶּחָלִים אַתָּה חֹתֶה עַל־רֹאשׁוֹ Prov. 25. 22, tu amasses des charbons ardents sur sa tête, c'est-à-dire tu éveilles en lui des chagrins, des remords ; וְכִבּוּ אֶת־גַּחַלְתִּי II Sam. 14. 7, ils veulent éteindre le charbon, tison, qui me reste (tuer le seul fils que j'ai encore).

גַּחַם *n. pr.* Gaham, fils de Nahor, Gen. 22. 24.

גַּחַר *n. pr. m.* Esdr. 2. 47.

גַּי et גַּיְא *m.* et *f.* (rarement גֵּיא, גֵּי, const. גֵּיא et גֵּי; *plur.* גֵּאָיוֹת, une fois גֵּיאוֹת). Plaine, vallée, vallon : כָּל־גֶּיא יִנָּשֵׂא Is. 40. 4, toute plaine sera élevée; וַנֵּשֶׁב בַּגָּיְא Deut. 3. 29, nous demeurâmes dans la vallée ; גֵּיא־הָרַי et גֵּי־הָרִים Zach. 14. 5, vallée entre les montagnes ; וְגֵיא־שְׁמָנִים Is. 28. 1, vallée fertile ; וְגֵאָיוֹתֶיךָ Ez. 35. 8, et tes vallons ; וְלַגֵּאָיוֹת Ez. 6. 3, et aux vallées ; הַגַּיְא Nomb. 21. 20, la vallée, ou *n. pr.* d'un lieu dans le pays de Moab ; גֵּיא בֶן־הִנֹּם Jér. 7. 32, גֵּי־הִנֹּם Jos. 15. 8, et בַּגַּיְא Jér. 2. 23, vallée près de Jérusalem, où dans les temps d'impiété on sacrifiait à Moloch ; גֵּיא־מֶלַח II Sam. 8. 13, vallée du sel, près de la mer Morte.

גִּיד *m.* 1° Nerf : גִּיד הַנָּשֶׁה Gen. 32. 32, nerf ou tendon (sur la concavité de la hanche des bêtes) ; גִּידֵי פַחֲדָיו Job 40. 17, les nerfs de ses testicules ; גִּידִים Ez. 37. 6, des nerfs. — 2° Barre : וְגִיד בַּרְזֶל עָרְפֶּךָ Is. 48. 4, ta nuque est une barre de fer.

גִּיחַ ou גּוּחַ (*fut.* יָגִיחַ) 1° Sortir, déborder ; *trans.* faire sortir, tirer dehors : בְּגִיחוֹ מֵרֶחֶם יֵצֵא Job 38. 8, lorsque, s'élançant, elle (la mer) sortit comme du sein (d'une mère) ; כִּי־יָגִיחַ יַרְדֵּן Job 40. 23, le Jourdain déborderait-il ? וַתָּגַח בְּנַהֲרוֹתֶיךָ Ez. 32. 2, tu débordais avec tes fleuves ; כִּי־אַתָּה גֹחִי מִבָּטֶן Ps. 22. 10, tu m'as fait sortir du sein (maternel). — 2° Gémir (en enfantant) : וָגֹחִי בַּת־צִיּוֹן Mich. 4. 10, et gémis, fille de Sion (comme une femme qui enfante).

Hiph. Sortir, s'élancer : וְאֹרֵב יִשְׂרָאֵל מֵגִיחַ מִמְּקֹמוֹ Jug. 20. 33, et les Israélites en embuscade sortirent, s'élancèrent, de la place (où ils se tenaient).

גִּיחַ ou גּוּחַ chald. *Aph.* : מְגִיחָן לְיַמָּא רַבָּא Dan. 7. 2, (les quatre vents) s'élancèrent sur la grande mer, ou agitaient la mer, ou luttaient l'un contre l'autre sur la mer.

גִּיחוֹן *n. pr.* 1° Guihon, source près de Jérusalem, I Rois 1. 33. — 2° Guihon, un des quatre fleuves qui sortaient du jardin d'Éden, Gen. 2. 13 ; il coule autour du pays de (כּוּשׁ) l'Éthiopie. On présume que c'est le Nil.

גִּיל et גּוּל Se réjouir : גִּילִי מְאֹד בַּת־צִיּוֹן Zach. 9. 9, réjouis-toi extrêmement, fille de Sion. Avec ב : וְגַלְתִּי בִירוּשָׁלַםִ Is. 65. 19, je me réjouirais dans (ou au sujet de) Jérusalem ; וְנַפְשִׁי תָּגִיל בַּיי Ps. 35. 9, mon âme se réjouit en Dieu. Avec עַל : יָגִיל עָלַיִךְ Soph. 3. 17, il se réjouit au sujet de toi. — Sens opposé :

Craindre, trembler : וּכְמָרָיו עָלָיו יָגִילוּ Osée 10. 5, et ses prêtres tremblent à son sujet (au sujet de l'idole), ou : les prêtres (de cette idole) qui en faisaient leur joie (seront dans les larmes); וְגִילוּ בִּרְעָדָה Ps. 2. 11, réjouissez-vous (en Dieu) avec tremblement.

גִּיל *m.* 1° Joie, allégresse : הַשְּׂמֵחִים אֱלֵי־גִיל Job 3. 22, qui se réjouissent jusqu'à l'allégresse; אַל־תִּשְׂמַח יִשְׂרָאֵל אֶל־גִּיל Osée 9. 1, Israel, ne te réjouis pas jusqu'à l'allégresse (comme les autres peuples). — 2° Génération, âge : הַיְלָדִים אֲשֶׁר כְּגִילְכֶם Dan. 1. 19, les jeunes gens de votre âge.

גִּילָה et גִּילַת *f.* Joie, allégresse : וְתָגֵל אַף גִּילַת Is. 35. 2, elle sera réjouie, (ne sentira) que l'allégresse, Is. 65. 18.

גִּילֹנִי De la ville de Guiloh, II Sam. 15. 12 (v. גִּלֹה).

גִּינַת *n. pr. m.* I Rois 16. 21.

גִּיר ou גִּר *m.* Chaux : כְּאַבְנֵי־גִר Is. 27. 9, comme des pierres de chaux (calcaires).

גִּיר ou גִּירָא chald. : עַל־גִּירָא דִּי־כְתַל הֵיכְלָא Dan. 5. 5, sur la chaux du mur du palais.

גֵּיר *m.* (v. גֵּר). Étranger : כָּל־הָאֲנָשִׁים הַגֵּירִים II Chr. 2. 16, tous les étrangers.

גֵּישָׁן *n. pr. m.* I Chr. 2. 47.

גַּל *m.* (rac. גָּלַל; *plur.* גַּלִּים). 1° Monceau (de pierres), ruines : עֵד הַגַּל הַזֶּה Gen. 31. 52, ce monceau (de pierres) est témoin; גַּל־אֲבָנִים גָּדוֹל Jos. 7. 26, un grand monceau de pierres; שַׂמְתָּ מֵעִיר לַגָּל Is. 25. 2, tu as fait de la ville un monceau de pierres, des ruines; וְהָיְתָה בָבֶל לְגַלִּים Jér. 51. 37, Babel sera réduite en ruines. — 2° Source : גַּל נָעוּל Cant. 4. 12, une source fermée (inabordable); *pl.* vagues, flots : בְּשׂוֹא גַלָּיו Ps. 89. 10, lorsque ses flots s'élèvent.

גֹּל Vase, ex. unique : וְגֻלָּהּ עַל־רֹאשָׁהּ Zach. 4. 2, et son vase (à l'huile) audessus de lui, ou p. גֻּלָּתָהּ, ou simplement pour גֻּלָּה un vase, et *mappik* euphonique (v. גֻּלָּה).

גְּלָא (v. גְּלָה).

גַּלָּב *m.* Barbier : תַּעַר הַגַּלָּבִים Ez. 5. 1, un rasoir des barbiers.

גִּלְבֹּעַ *n. pr.* Guilboa, montagne de la tribu d'Issachar; Saül et ses fils y trouvèrent la mort, I Sam. 28. 31.

גַּלְגַּל *m.* (*pl.* גַּלְגַּלִּים). 1° Roue : רֶכֶב וְגַלְגַּל Ez. 23. 24, (avec) char et roue; וְגַלְגִּלָּיו כַּסּוּפָה Is. 5. 28, et ses roues sont comme une tempête; roue pour puiser de l'eau : וְנָרֹץ הַגַּלְגַּל אֶל־הַבּוֹר Eccl. 12. 6, et (avant) que la roue se rompe sur le puits. — 2° Tourbillon, poussière soulevée par un tourbillon : קוֹל רַעַמְךָ בַּגַּלְגַּל Ps. 77. 19, la voix de ton tonnerre dans le tourbillon (la tempête), ou : sous la voûte céleste; לָהֶם קוֹרָא הַגַּלְגַּל Ez. 10. 13, on (une voix) les appelait (les roues) tourbillon, ou les appela par leur nom de roue; אֱלֹהַי שִׁיתֵמוֹ כַגַּלְגַּל Ps. 83. 14, mon Dieu, rend-les semblables à un tourbillon de poussière, ou comme une roue qui tourne sans cesse, ou comme de la boue (v. גָּלָל); וּכְגַלְגַּל לִפְנֵי סוּפָה Is. 17. 13, comme un tourbillon de poussière devant une tempête.

גַּלְגַּל chald. Roue : גַּלְגִּלּוֹהִי נוּר דָּלִק Dan. 7. 9, ses roues un feu ardent.

גִּלְגַּל *m.* Roue : גִּלְגַּל עֶגְלָתוֹ Is. 28. 28, la roue de son chariot.

גִּלְגָּל et הַגִּלְגָּל (roue, cercle) *n. pr.* Guilgal (Galgala), ville entre Jéricho et le Jourdain, Jos. 4. 19. Appelée aussi בֵּית הַגִּלְגָּל Néh. 12. 29.

גֻּלְגֹּלֶת *f.* Crâne, tête : הַגֻּלְגֹּלֶת II Rois 9. 35, le crâne; וְאֶת־גֻּלְגָּלְתּוֹ I Chr. 10. 10, sa tête, ou son crâne; עֹמֶר לַגֻּלְגֹּלֶת Exod. 16. 16, un omer par tête (par personne); כָּל־זָכָר לְגֻלְגְּלֹתָם Nomb. 1. 2, tous les mâles par têtes.

גֶּלֶד *m.* Peau de l'homme : עֲלֵי גִלְדִּי Job 16. 15, sur ma peau.

גָּלָה (*fut.* יִגְלֶה, *apoc.* יִגֶל) *intrans.* Se découvrir, apparaître; *trans.* couvrir, découvrir, révéler, faire connaître: נִגְלָה חָצִיר Prov. 27. 25, l'herbe apparaît; כִּי אִם־גָּלָה סוֹדוֹ Amos 3. 7, s'il n'a révélé son secret (aux prophètes); סֵפֶר הַגָּלוּי הַזֶּה Jér. 32. 14, ce contrat ouvert, non scellé ; גָּלוּי לְכָל־הָעַמִּים Esth. 8. 13, il fut publié, on fit connaitre à tous les peuples. Avec אֹזֶן ouvrir l'oreille, apprendre : וַיי גָּלָה אֶת־אֹזֶן שְׁמוּאֵל I Sam. 9. 15, l'Éternel avait révélé à Samuel ; אֶגְלֶה אָזְנְךָ Ruth 4. 4. je veux te le faire savoir ; וַיִּגֶל אָזְנָם לַמּוּסָר Job 36. 10, il leur ouvre l'oreille à la morale.

2° Émigrer, être emmené en captivité, être exilé, banni : עַתָּה יִגְלוּ בְּרֹאשׁ גֹּלִים Amos 6.7, maintenant ils seront menés en captivité à la tête des exilés ; עַד־יוֹם גְּלוֹת הָאָרֶץ Jug. 18. 30, jusqu'au jour que les habitants du pays furent emmenés captifs. De l'exil volotaire : וְגַם־גֹּלֶה אַתָּה לִמְקוֹמֶךָ II Sam. 15. 19, tu t'es exilé ici, (retourne) vers ta demeure. Des choses inanimées : Disparaitre, être enlevé : גָּלָה כָבוֹד מִיִּשְׂרָאֵל I Sam. 4. 21, la gloire a disparu d'Israel ; גָּלָה מְשׂוֹשׂ הָאָרֶץ Is. 24.11, la joie est bannie de ce pays ; יִגֶל יְבוּל בֵּיתוֹ Job 20. 28, les fruits, richesses, de sa maison, seront enlevés.

Niph. 1° Être à découvert, à nu ; se découvrir, se montrer, apparaitre, se révéler, être annoncé : וְנִגְלָה יְסֹדוֹ Ez. 13. 14, et ses fondements seront à découvert, paraitront ; כְּהִגָּלוֹת נִגְלוֹת אַחַד הָרֵקִים II Sam. 6. 20, (deux infinitifs) comme peut se découvrir ou se montrer un des plus vils, frivoles ; וְנִגְלֵינוּ אֲלֵיהֶם I Sam. 14.8, nous serons aperçus par eux ; הֲנִגְלוּ לְךָ שַׁעֲרֵי־מָוֶת Job 38. 17, les portes do la mort t'ont-elles été ouvertes ? שָׁם נִגְלוּ אֵלָיו הָאֱלֹהִים Gen. 35. 7, là Dieu s'était révélé à lui ; וְנִגְלָה כְּבוֹד יי Is. 40. 5, la gloire de Dieu se manifestera ; תִּגָּלֶה רָעָתוֹ Prov. 26. 26, sa méchanceté sera découverte ; מֵאֶרֶץ כִּתִּים נִגְלָה־לָמוֹ Is. 23. 1, cela leur a été annoncé du pays de Chittim.

2° *Passif du Kal* 2 : דּוֹרִי נִסַּע וְנִגְלָה מִנִּי Is. 38. 12, le temps (de ma vie) est rompu, et s'exile, s'éloigne de moi.

Pi. גִּלָּה, *fut.* יְגַלֶּה, וַיְגַל. 1° Découvrir, ôter la couverture, ouvrir : וְגִלִּית מַרְגְּלֹתָיו Ruth 3. 4, tu découvriras (la couverture) du côté des pieds ; כִּי מֵאִתִּי גִּלִּית Is. 57. 8, tu t'es découverte (en t'éloignant) de moi. גִּלָּה עֶרְוַת אִשָּׁה Cohabiter : עֶרְוַת אֵשֶׁת־אָחִיךָ לֹא תְגַלֵּה Lév. 18. 16, tu ne découvriras pas la nudité de la femme de ton frère ; עֶרְוַת דֹּדוֹ גִּלָּה Lév. 20. 20, il a découvert la nudité de son oncle, c.-à-d. il l'a déshonoré en séduisant sa femme, en souillant sa couche ; וַיְגַל יי אֶת־עֵינֵי בִלְעָם Nomb. 22. 31, Dieu ouvrit les yeux de Balaam, lui fit voir ce que l'œil de l'homme ne voit pas d'ordinaire ; גְּלוּי עֵינָיִם Nomb. 24. 4, qui a les yeux ouverts, le voyant, le prophète.

2° Découvrir, faire connaitre ce qui est caché, dévoiler, révéler, manifester : גִּלֵּיתִי אֶת־מִסְתָּרָיו Jér. 49. 10, j'ai découvert ses secrets, ou sa retraite ; וְסוֹד אַחֵר אַל־תְּגָל Prov. 25. 9, ne découvre pas le secret d'autrui ; גִּלָּה צִדְקָתוֹ Ps. 98. 2, il a manifesté sa justice ; וְלֹא־גִלּוּ עַל עֲוֹנֵךְ Lam. 2. 14, ils n'ont pas découvert (ce qui couvrait) ton iniquité, ils ne t'ont pas montré, présenté, ton iniquité ; גִּלָּה עַל־חַטֹּאתָיִךְ Lam. 4. 22, il a découvert tes péchés.

Pou. וְהֻצַּב גֻּלְּתָה Nah. 2. 8, Houtzab sera amené en captivité, ou sera mis à nu, souillé (v. הֻצַּב).

Hiph. (הִגְלָה et הֶגְלָה, *fut.* יַגְלֶה, וַיֶּגֶל). Mener en captivité : וַיַּגְלֵם אַשּׁוּרָה II Rois 15. 29, il les mena en captivité en Assyrie.

Hoph. passif : הָגְלָת יְהוּדָה כֻּלָּהּ Jér. 13. 19, Juda tout entier sera mené en captivité ; הָגְלָה et הָגְלְתָה Esth. 2. 6, qui a été emmené, emmenée, en captivité.

Hithp. 1° Se découvrir, se mettre à nu : וַיִּתְגַּל בְּתוֹךְ אָהֳלֹה Gen. 9. 21, il se découvrit dans sa tente. — 2° Découvrir, faire connaitre : בְּהִתְגַּלּוֹת לִבּוֹ Prov. 18. 2, quand sa pensée se découvre, s'exprime.

גְּלָה et גְּלָא chald. Révéler, manifester : הוּא גָּלֵא עַמִּיקָתָא וּמְסַתְּרָתָא Dan. 2. 22, il révèle les choses profondes et cachées.

Aph. Mener en captivité, exiler : וְעַמָּה הַגְלִי לְבָבֶל Esdr. 5. 12, et il mena le peuple en exil à Babylone.

גִּלֹה *n. pr.* d'une ville dans les montagnes de Juda, Jos. 15. 51.

גלה (v. גּוֹלָה).

גֻּלָּה *f.* (rac. גָּלַל). 1° Source : גֻּלֹּת מָיִם Jos. 15. 19, des sources d'eau (v. גַּל 2°). — 2° Cruche, coupe, vase : מִימִין הַגֻּלָּה Zach. 4. 3, à droite de la cruche (à l'huile); וְתָרֻץ גֻּלַּת הַזָּהָב Eccl. 12. 6, (avant que) la coupe d'or se casse. — 3° *Terme d'architecture* : וְגֻלֹּת הַכֹּתָרֹת I Rois 7. 41, et les coupes ou boules aux chapiteaux.

* גָּלוּי *m.* Ce qui est ouvert, public : בְּגָלוּי Rituel, en public, publiquement.

* גִּלּוּי Action de découvrir : גִּלּוּי עֲרָיוֹת découverte de la nudité (des parents), l'inceste.

גִּלּוּלִים *m. plur.* (rac. גָּלַל, bloc rond, ou v. גָּלָל, immondice, abomination). Idoles : וְהִפַּלְתִּי חַלְלֵיכֶם לִפְנֵי גִּלּוּלֵיכֶם Ez. 6. 4, je ferai tomber vos cadavres devant vos idoles; אֶת־שִׁקּוּצֵיהֶם וְאֵת גִּלֻּלֵיהֶם Deut. 29. 16, leurs horreurs et leurs abominations, c.-à-d. leurs idoles.

גְּלוֹם (rac. גָּלַם) *m.* Manteau : בִּגְלוֹמֵי תְכֵלֶת Ez. 27. 24, avec des manteaux d'hyacinthe.

גָּלוֹן *n. pr.* (v. גּוֹלָן).

גָּלוּת *f.* (גָּלֻת Obad. 20, rac. גָּלָה). 1° Émigration, exil, captivité : לְגָלוּתֵנוּ Ez. 33. 21, (la douzième année) de notre captivité. — 2° *Collect.* Les exilés : לְכָל גָּלוּת יְהוּדָה אֲשֶׁר בְּבָבֶל Jér. 29. 22, à tous les exilés de Juda qui sont à Babylone; וְגָלוּתִי יְשַׁלֵּחַ Is. 45. 13, il renverra libres mes exilés.

גָּלוּת *emph.* גָּלוּתָא chald. *f.* Exil : בְּנֵי גָלוּתָא Dan. 2. 25, Esdr. 6. 16, les exilés; * רֵישׁ גָּלוּתָא Rituel, les chefs de l'exil. Le titre de Resch Gualoutha était celui du représentant des juifs à la cour des derniers rois de Perse et de leurs successeurs les khalifs.

גָּלַח *Kal* inusité. *Pi.* Raser, se raser : וְגִלְּחָה אֶת־רֹאשָׁהּ Deut. 21. 12, elle rasera sa tête; וַיְגַלַּח Gen. 41. 14, il se rasa; *métaph.* יְגַלַּח יְיָ בְּתַעַר Is. 7. 20, l'Éternel rasera avec le rasoir, il dévastera tout.

Pou. passif : מְגֻלְּחֵי זָקָן Jér. 41. 5, ayant la barbe coupée (exact. rasés de barbe); אִם־גֻּלַּחְתִּי Jug. 16. 17, si j'étais rasé (si l'on me rasait la tête).

Hithp. וְהִתְגַּלָּח Lév. 13. 33, il se rasera, ou sera rasé. Avec l'accusatif : אַחַר הִתְגַּלְּחוֹ אֶת־נִזְרוֹ Nomb. 6. 19, après qu'il se sera coupé ses cheveux de Nazaréen.

גִּלָּיוֹן *m.* 1° Plaque polie, table (pour inscrire, graver) : קַח־לְךָ גִּלָּיוֹן גָּדוֹל Is. 8. 1, prends une grande table (et écris-y); selon d'autres, un rouleau, livre. — 2° *Plur.* : וְהַגִּלְיֹנִים Is. 3. 23, les miroirs; selon d'autres, des vêtements d'une étoffe fine, transparente (qui laissent voir le corps, de גָּלָה).

גָּלִיל (rac. גָּלַל) 1° *adj.* Ce qui est rond, tournant : שְׁנֵי צְלָעִים הַדֶּלֶת הָאַחַת גְּלִילִים I Rois 6. 34, les deux battants d'une des portes étaient tournants, tournaient facilement, ou étaient ornés de choses rondes. — 2° *m.* Anneau : גְּלִילֵי זָהָב Cant. 5. 14, des anneaux d'or. — 3° Cercle, district, province : גְּלִיל הַגּוֹיִם Is. 8. 23, le district des païens; plus généralement : הַגָּלִיל Jos. 20. 7, I Rois 9. 11, la Galilée, district de vingt villes de la tribu de Nephthali.

גְּלִילָה *f.* (v. גָּלִיל 3°). District, cercle, contrée : כָּל־גְּלִילוֹת הַפְּלִשְׁתִּים Jos. 13. 2, tous les districts, tout le pays, des Philistins; גְּלִילוֹת הַיַּרְדֵּן Jos. 22. 10, les environs du Jourdain.

גַּלִּים (sources) *n. pr.*, ville de la tribu de Benjamin, I Sam. 25. 44.

גָּלְיָת et גָּלְיַת *n. pr.* Goliath, géant philistin, tué par David, I Sam. 17. 4, 23.

גָּלַל (*sing.* גַּלּוֹתִי, *plur.* גַּלּוּ, *impér.* גּוֹל et גֹּל, une fois גַּל Ps. 119. 22) Être rond (v. les dérivés : tourner, rouler) : גֹּלּוּ אֲבָנִים גְּדֹלוֹת Jos. 10. 18, roulez de grandes pierres; גַּלּוֹתִי אֶת־חֶרְפַּת מִצְרַיִם מֵעֲלֵיכֶם Jos. 5. 9, j'ai roulé de dessus vous, c.-à-d. j'ai ôté de vous, la honte de l'Egypte; גּוֹל עַל־יְיָ דַּרְכֶּךָ Ps. 37. 5, confie à Dieu ta voie, recommande-lui ta vie; sans *rég.* : גֹּל אֶל־יְיָ יְפַלְּטֵהוּ Ps.

22. 9 ; *adj.*: lui qui se confie en Dieu ; ou *impér.* 3e *pers.*: qu'il mette sa confiance en Dieu, Dieu le sauvera ; ou *infinitif* : se confier à Dieu (cela) le sauvera.

Niph. 1° Être roulé : וְנָגֹלּוּ כַסֵּפֶר הַשָּׁמָיִם Is. 34. 4, les cieux seront roulés comme un livre. — 2° Rouler, se précipiter, fondre : וְיִגַּל כַּמַּיִם מִשְׁפָּט Amos 5. 24, le jugement fondra (sur vous) comme l'eau (comme un torrent).

Poual. Être roulé, être vautré : וְשִׂמְלָה מְגוֹלָלָה בְדָמִים Is. 9. 4, le vêtement roulé dans le sang.

Pilp. Faire rouler : וְגִלְגַּלְתִּיךָ מִן־הַסְּלָעִים Jér. 51. 25, je te ferai rouler du haut des rochers.

Hiph. וַיָּגֶל אֶת־הָאֶבֶן Gen. 29. 10, il roula (enleva) la pierre (de dessus le puits).

Hithp. Rouler, se précipiter : מִתְגֹּלֵל בַּדָּם II Sam. 20. 12, roulant dans son sang ; לְהִתְגֹּלֵל עָלֵינוּ Gen. 43. 18, pour se précipiter sur nous, pour nous accabler.

Hithpalp. תַּחַת שֹׁאָה הִתְגַּלְגָּלוּ Job. 30. 14, sous la tempête, ou dans ma désolation, ils se précipitent sur moi.

גָּלָל *m.* (rac. גָּלַל). 1° Objet rond, excrément : כַּאֲשֶׁר יְבַעֵר הַגָּלָל I Rois 14. 10, comme on ôte l'immondice, la fiente. — 2° Ce qui tourne autour, ce qui a du rapport avec ; seulement avec בְּ, בִּגְלַל en rapport à, en faveur de, à cause de : בִּגְלָלֶךָ Gen. 30. 27, à cause de toi ; בִּגְלַל הַדָּבָר הַזֶּה Deut. 15. 10, à cause de cette chose, pour cela ; בִּגְלַלְכֶם Deut. 1. 37, à cause de vous.

גָּלָל *n. pr. m.* 1° I Chr. 9. 15. — 2° Néh. 11. 17.

גְּלָל chald. *m.* Objet qui doit être roulé, c.-à-d. lourd, pesant : אֶבֶן גְּלָל Esdr. 5. 8, des pierres lourdes, grandes.

גֵּלֶל *m.* (rac. גָּלַל ; *pl.* גְּלָלִים, const. גֶּלְלֵי). Fiente, excrément : כְּגֶלְלוֹ לָנֶצַח יֹאבֵד Job 20. 7, comme son excrément il sera rejeté, il périra à jamais ; וּלְחֻמָם כַּגְּלָלִים Soph. 1. 17, et leur corps (sera rejeté) comme la fiente, la boue.

גִּלֲלַי *n. pr. m.* Néh. 12. 36.

גָּלַם Plier : וַיִּקַּח אֵלִיָּהוּ אֶת־אַדַּרְתּוֹ וַיִּגְלֹם II Rois 2. 8, Elie prit son manteau et le plia.

גֹּלֶם *m.* 1° Matière informe, fœtus : גָּלְמִי רָאוּ עֵינֶיךָ Ps. 139. 16, tes yeux ont vu ma masse informe (lorsque je n'étais qu'une matière informe). — 2° גֹּלֶם Aboth, homme sans intelligence, stupide.

גַּלְמוּד *adj.* Solitaire, abandonné : וַאֲנִי שְׁכוּלָה וְגַלְמוּדָה Is. 49. 21, je suis privée d'enfants et seule, abandonnée ; הַלַּיְלָה הַהוּא יְהִי גַלְמוּד Job 3. 7, que cette nuit soit déserte, dans la solitude ; בְּחֶסֶר וּבְכָפָן גַּלְמוּד Job 30. 3, avec la pauvreté et la faim ils étaient abandonnés, ou : ils étaient maigres, secs, de misère et de faim.

גָּלַע *Kal* inusité. *Hithp.* Se mêler d'une chose, s'engager : וְכָל־אֱוִיל יִתְגַּלָּע Prov. 20. 3, mais chaque sot se mêle (de la querelle) ; בְּכָל־תּוּשִׁיָּה יִתְגַּלָּע Prov. 18. 1, il se mêle de tout ce qui est sage, sensé, c.-à-d. se donne l'air d'aimer la sagesse ; selon d'autres, il s'irrite contre tout ce qui est sage ; וְלִפְנֵי הִתְגַּלַּע הָרִיב Prov. 17. 14, avant que la querelle s'engage.

גִּלְעָד *n. pr. m.* 1° Gelad, fils de Machir ; *nom patron.* גִּלְעָדִי Jug. 11. 1. — 2° Galaad, province au delà du Jourdain, Nomb. 32. 26, dans laquelle se trouvaient une ville et une montagne de ce nom, Gen. 31. 21, Osée 6. 8.

גַּלְעֵד *n. pr.* d'un monument de pierres élevé par Jacob (monceau de témoignage), Gen. 31. 44-48.

גָּלַשׁ Ex. unique : שֶׁגָּלְשׁוּ מֵהַר גִּלְעָד Cant. 4. 1, 6. 5, (comme un troupeau de chèvres) qui descendent de la montagne de Galaad ; selon d'autres, qui sont vues, qu'on aperçoit, de la montagne.

גַּם *conj.* 1° Comme אַף Aussi, même, pourtant : וַיַּעַשׂ גַּם־הוּא מַטְעַמִּים Gen. 27. 31, il prépara lui aussi un mets délicieux ; גַּם בִּשְׂחוֹק יִכְאַב־לֵב Prov. 14. 13, même quand on rit, le cœur souffre ;

גַּם לֹא־יָכְלוּ לִי Ps. 129. 2, pourtant ils ne m'ont point vaincu. Quelquefois mis par surabondance : וַיֶּאֱהַב גַּם־אֶת־רָחֵל מִלֵּאָה Gen. 29. 30, il aimait Rachel encore plus que Léa; גַּם אֶת־הַטּוֹב נְקַבֵּל Job 2. 10, nous accepterions le bien! Pour donner plus d'énergie à l'expression : רְאֵה גַּם רְאֵה I Sam. 24. 12, vois, vois donc! וְכִעֲסַתָּה צָרָתָהּ גַּם־כַּעַס I Sam. 1. 6, sa rivale lui causa chagrin sur chagrin. גַּם — גַּם Et, et aussi, comme, de même que, ainsi que : גַּם־תֶּבֶן גַּם־מִסְפּוֹא רַב עִמָּנוּ Gen. 24. 25, nous avons de la paille et du fourrage en abondance; גַּם־אֲנַחְנוּ גַּם אֲשֶׁר־נִמְצָא הַגָּבִיעַ בְּיָדוֹ Gen. 44. 16, et nous et aussi celui entre les mains de qui la coupe a été trouvée; גַּם־תְּמוֹל גַּם־הַיּוֹם Exod. 5. 14, hier comme aujourd'hui; לָמָה אֶשְׁכַּל גַּם־שְׁנֵיכֶם Gen. 27. 45, pourquoi serai-je privé (en un jour) de vous tous les deux? גַּם כִּי־תַרְבּוּ תְפִלָּה Is. 1. 15, quand même vous multiplieriez vos prières; גַּם־אֵלֶּה תִשְׁכַּחְנָה Is. 49. 15, quand même celles-ci oublieraient.

גָּמָא *Kal* inusité. *Pi.* Boire, humer : יְגַמֶּא־אֶרֶץ Job 39. 24, (le cheval) hume la terre, c.-à-d. dans sa course rapide il semble dévorer la terre; selon d'autres, il enfonce la terre (en piaffant).

Hiph. Faire boire : הַגְמִיאִינִי נָא מְעַט־מַיִם Gen. 24. 17, donne-moi à boire un peu de l'eau (qui est dans ta cruche).

גֹּמֶא *m.* Roseau, papyrus, écorce de papyrus : הֲיִגְאֶה־גֹּמֶא Job 8. 11, le jonc pousserait-il (sans marais)? תֵּבַת גֹּמֶא Exod. 2. 3, une caisse ou boîte de jonc, de papyrus; וּבִכְלֵי־גֹמֶא Is. 18. 2, et sur des vaisseaux de papyrus.

גֹּמֶד *m.* Nom d'une mesure de longueur : גֹּמֶד אָרְכָּהּ Jug. 3. 16, sa longueur était d'un gomed, coudée ou empan.

גַּמָּדִים *m. plur.* Ex. unique : וְגַמָּדִים בְּמִגְדְּלוֹתַיִךְ הָיוּ Ez. 27. 11, les guerriers étaient dans tes tours; selon d'autres, nains, pygmées, de גֹּמֶד, hommes de courte taille.

גָּמוּל (sevré) *n. pr. m.* I Chr. 24. 17.

גְּמוּל *m.* (rac. גָּמַל). 1° Action, œuvre (bonne ou mauvaise) : שִׁלֵּם־הֵשִׁיב גְּמוּל payer, rendre, (selon) les œuvres, selon le mérite; וְאִם־כִּגְמוּל יָדָיו עֲשִׂיתֶם לוֹ Jug. 9. 16, et si vous lui avez fait selon ses œuvres, selon son mérite; גְּמוּל יָדָיו יֵעָשֶׂה לוֹ Is. 3. 11, il lui sera fait selon ses œuvres, ses crimes. — 2° Récompense, bienfait : גְּמוּל אֱלֹהִים Is. 35. 4, la récompense de Dieu; וְאַל תִּשְׁכְּחִי כָּל־גְּמוּלָיו Ps. 103. 2, n'oublie pas tous ses bienfaits.

גְּמוּלָה *f.* Même signif.: כְּעַל גְּמֻלוֹת Is. 59. 18, selon les œuvres, les mérites; וְלָמָּה יִגְמְלֵנִי הַמֶּלֶךְ הַגְּמוּלָה הַזֹּאת II Sam. 19. 37, pourquoi le roi m'accorderait-il une telle récompense?

גִּמְזוֹ *n. pr.* d'une ville de la tribu de Juda, II Chr. 28. 18.

* **גִּמַטְרִיאוֹת** *f. plur.* Géométrie : תְּקוּפוֹת וְגִמַטְרִיאוֹת Aboth 3. 19, les calculs des révolutions célestes et la géométrie.

* **גְּמִילוּת** *f.* Pratique, exercice : גְּמִילוּת חֲסָדִים Rituel, la pratique des bonnes œuvres, la charité, la bienfaisance.

I **גָּמַל** (*fut.* יִגְמֹל) 1° Faire du bien ou du mal, causer du bien ou du mal à quelqu'un; avec l'accusat. : אַתָּה גְּמַלְתַּנִי הַטּוֹבָה וַאֲנִי גְּמַלְתִּיךָ הָרָעָה I Sam. 24. 18, tu m'as fait du bien, et moi je t'ai fait du mal. Avec לְ : גָּמְלוּ לָהֶם רָעָה Is. 3. 9, ils s'attirent le mal à eux-mêmes (par leurs actions). Fréq. sans טוֹבָה faire du bien, combler de bienfaits : גֹּמֵל נַפְשׁוֹ אִישׁ חָסֶד Prov. 11. 17, l'homme pieux fait, attire, du bien à son âme. Avec עַל : כִּי גָמַל עָלָי Ps. 13. 6, car il m'a comblé de bienfaits; גְּמֹל עַל־עַבְדְּךָ Ps. 119. 17, accorde des bienfaits à ton serviteur. — 2° Rendre la pareille, récompenser, punir; avec l'accus., avec עַל et לְ : יִגְמְלֵנִי יְיָ כְּצִדְקִי Ps. 18. 21, Dieu me rendra, récompensera, selon ma droiture; וְהִנֵּה־הֵם גֹּמְלִים עָלֵינוּ II Chr. 20. 11, et voici comment ils nous récompensent (ils rendent le mal pour le bien); וְלֹא כַעֲוֹנֹתֵינוּ גָּמַל עָלֵינוּ Ps. 103. 10, il ne nous a pas punis suivant nos péchés; הַלַיְיָ תִּגְמְלוּ־זֹאת Deut.

32. 6, est-ce ainsi ainsi que vous récompensez Dieu, c.-à-d. que vous montrez votre reconnaissance pour ses bienfaits?

II גָּמַל 1° Sevrer (un enfant) : עַד־גְּמָלָהּ אֹתוֹ I Sam. 1. 23, jusqu'à ce qu'elle l'eût sevré; *part.* גָּמוּל Is. 11. 8, l'enfant sevré. — 2° Mûrir, arriver à maturité : וַיִּגְמֹל שְׁקֵדִים Nomb. 17. 23, il avait mûri, produit, des amandes, produit des amandes mûres; וּבֹסֶר גֹּמֵל Is. 18. 5, et le raisin vert mûrissant, qui commence à mûrir.

Niph. Être sevré : וַיִּגְדַּל הַיֶּלֶד וַיִּגָּמַל Gen. 21. 8, l'enfant grandit et il fut sevré.

גָּמָל *m.* et *f.* (*plur.* גְּמַלִּים). Chameau (mâle et femelle) : עֲשָׂרָה גְמַלִּים Gen. 24. 10, dix chameaux; גְּמַלִּים מֵינִיקוֹת Gen. 32. 15, des femelles de chameaux qui allaitaient (leurs petits).

גְּמַלִּי (qui garde les chameaux) *n. pr. m.* Nomb. 13. 12.

גַּמְלִיאֵל (récompense de Dieu) *n. pr.* Gamliel, chef de la tribu de Manassé, Nomb. 1. 10.

גָּמַר (*fut.* יִגְמֹר) 1° Accomplir, achever : לָאֵל גֹּמֵר עָלָי Ps. 57. 3, (j'invoque) le Dieu qui accomplit (sa faveur) pour moi, ou qui achève, défend, ma cause; יְיָ יִגְמֹר בַּעֲדִי Ps. 138. 8, l'Éternel achèvera, défendra, ma cause, ou achèvera en ma faveur (ce qu'il a commencé).— 2° Cesser, finir, n'être plus : יִגְמָר־נָא רַע רְשָׁעִים Ps. 7. 10, que la perversité des méchants cesse; גָּמַר אֹמֶר לְדֹר וָדֹר Ps. 77. 9, sa parole a-t-elle fini, cessé, pour toutes les générations? כִּי־גָמַר חָסִיד Ps. 12. 2, car il n'y a plus d'hommes pieux.

גְּמַר chald. *part. passif* : גְּמִיר Esdr. 7. 12. se rapporte à Esdras, docteur accompli, savant; selon d'autres, (le roi à Esdras et à) tous les autres; d'autres traduisent : (paix) parfaite, salut!

גֹּמֶר *n. pr.* 1° Gomer, fils de Japheth, Gen. 10. 2. — 2° Gomer, un peuple au Nord, Ez. 38. 6. — 3° Gomer, femme du prophète Osée, Osée. 1. 3.

גְּמַרְיָה (que Dieu a rendu parfait) *n. pr. m.* Jér. 29. 3.

גְּמַרְיָהוּ *n. pr. m.* Jér. 36. 10.

גַּן *m.* et *f.* (rac. גָּנַן, avec suff. גַּנִּי; *plur.* גַּנִּים). Jardin : וַיִּטַּע יְיָ אֱלֹהִים גַּן־בְּעֵדֶן Gen. 2. 8, l'Éternel Dieu planta un jardin dans le pays d'Eden; כְּגַן־יְיָ Gen. 13. 10, comme le jardin de l'Éternel (l'Eden); כְּגַן הַיָּרָק Deut. 11. 10, comme un jardin potager.

גָּנַב (*fut.* יִגְנֹב) Voler, dérober, enlever : לֹא תִגְנֹב Exod. 20. 14, tu ne voleras pas; לָמָּה גָנַבְתָּ אֶת־אֱלֹהָי Gen. 31. 30, pourquoi as-tu dérobé mes dieux? וּכְמֹץ גְּנָבַתּוּ סוּפָה Job 21. 18, comme la menue paille que le tourbillon emporte; מַדּוּעַ גְּנָבוּךָ אַחֵינוּ II Sam. 19. 42, pourquoi nos frères t'ont-ils enlevé? *part. passif* avec י paragog. : גְּנֻבְתִי יוֹם Gen. 31. 39, celle qui m'a été enlevée pendant le jour; וַתִּגְנֹב אֹתִי Gen. 31. 27, tu m'as trompé, ou tu t'es dérobé à moi; וַיִּגְנֹב יַעֲקֹב אֶת־לֵב לָבָן Gen. 31. 20, Jacob vola le cœur de Laban, c.-à-d. il trompa Laban.

Niph. Être volé : וְאִם־גָּנֹב יִגָּנֵב מֵעִמּוֹ Exod. 22. 11, mais s'il lui est volé?

Pi., comme *Kal* : מְגַנְּבֵי דְבָרַי Jér. 23. 30, qui dérobent mes paroles (les uns aux autres); וַיְגַנֵּב אַבְשָׁלוֹם אֶת־לֵב אַנְשֵׁי יִשְׂרָאֵל II Sam. 15. 6, Absalon gagna le cœur de tous les gens d'Israel (il s'insinua auprès d'eux en les trompant).

Pou. passif : כִּי־גֻנֹּב גֻּנַּבְתִּי Gen. 40. 15, car j'ai été enlevé; וְאֵלַי דָּבָר יְגֻנָּב Job 4. 12, une parole m'a été dite à la dérobée.

Hithp. : וַיִּתְגַּנֵּב הָעָם בַּיּוֹם הַהוּא לָבוֹא הָעִיר II Sam. 19. 4, le peuple en ce jour entra furtivement à la ville.

גַּנָּב *m.* Voleur : כְּבֹשֶׁת גַּנָּב Jér. 2. 26, comme le voleur est confus; גַּנָּבִים Obad 5, des voleurs.

גְּנֵבָה *f.* Vol, objet volé : הַגְּנֵבָה Exod. 22. 3, la chose volée; בִּגְנֵבָתוֹ 22. 2, pour son vol.

גְּנֻבַת *n. pr. m.* I Rois 11. 20.

גַּנָּה *f.* (v. גַּן ; *plur.* גַּנּוֹת). Jardin : וּכְגַנָּה אֲשֶׁר־מַיִם אֵין לָהּ Is. 1. 30, comme un jardin qui n'a point d'eau ; כְּגַנֹּת עֲלֵי נָהָר Nomb. 24. 6, comme des jardins près d'un fleuve.

גִּנָּה *f.* (const. גִּנַּת). Jardin : גִּנַּת אֱגוֹז Cant. 6. 11, le jardin des noyers ; גִּנַּת בִּיתַן הַמֶּלֶךְ Esth. 1. 5, le jardin du palais du roi.

גְּנָזִים *m. pl.* (const. גִּנְזֵי). 1° Trésors : גִּנְזֵי הַמֶּלֶךְ Esth. 3. 9, les trésors du roi.— 2° Boîte, caisse : וּבְגִנְזֵי בְּרֹמִים Ez. 27. 24, et avec des caisses pleines d'étoffes riches.

גִּנְזִין chald. *plur.* Trésors : בְּבֵית גִּנְזַיָּא Esdr. 5. 17, dans la maison du trésor.

גַּנְזַךְ *m.* : וְגַנְזַכָּיו I Chr. 28. 11, et les chambres du trésor (du temple).

גָּנַן Protéger, secourir ; avec עַל : וְגַנּוֹתִי עַל־הָעִיר הַזֹּאת Is. 37. 35, je protégerai cette ville ; *inf.* sans régime : גָּנוֹן וְהִצִּיל Is. 31. 5, protéger et sauver.

Hiph. Protéger : כֵּן יָגֵן יְיָ צְבָאוֹת עַל־יְרוּשָׁלִָם Is. 31. 5, ainsi l'Éternel Zebaoth protégera, secourra, Jérusalem ; avec בְּעַד : יָגֵן יְיָ בְּעַד יוֹשֵׁב יְרוּשָׁלִַם Zach. 12. 8, l'Éternel protégera les habitants de Jérusalem.

גִּנְּתוֹן (jardinier) *n. pr. m.* Néh. 10. 7, appelé aussi גִּנְּתוֹי Néh. 12. 4.

גָּעָה Mugir, beugler : הָלְכוּ הָלֹךְ וְגָעוֹ I Sam. 6. 12, allant mugissant : אִם יִגְעֶה־שּׁוֹר Job 6. 5, le bœuf mugit-il (près de son fourrage) ?

גֹּעָה *n. pr.* d'un endroit près de Jérusalem, Jér. 31. 39, גֹּעָתָה vers Goah.

גָּעַל Repousser, rejeter avec horreur, avoir en horreur, en abomination : וְגָעֲלָה נַפְשִׁי אֶתְכֶם Lév. 26. 30, mon âme vous aura en horreur ; avec בְּ : אִם־בְּצִיּוֹן גָּעֲלָה נַפְשֶׁךָ Jér. 14. 19, ou si ton âme a Sion en abomination ; גֹּעֶלֶת אִישָׁהּ וּבָנֶיהָ Ez. 16. 45, (une femme) qui repousse avec horreur son époux et ses enfants.

Niph. pass. שָׁם נִגְעַל מָגֵן גִּבּוֹרִים II Sam. 1. 21, là a été rejeté, répudié, le bouclier des héros.

Hiph. שׁוֹרוֹ עִבַּר וְלֹא יַגְעִל Job 21. 10, son taureau (couvre) la vache, et il ne rejette pas la semence en dehors, sans féconder ; selon d'autres : sa vache conçoit et ne rejette, n'avorte pas.

גַּעַל *n. pr. m.* Jug. 9. 26.

גֹּעַל *m.* Répugnance, dégoût : בְּגֹעַל נַפְשֵׁךְ Ez. 16. 5, par le dégoût que ton corps inspirait, ou : étant un objet de dégoût et d'horreur à toi-même.

גָּעַר Réprimander, menacer ; avec בְּ et l'*acc.* : וַיִּגְעַר־בּוֹ אָבִיו Gen. 37. 10, son père le réprimanda ; גָּעַרְתָּ גוֹיִם Ps. 9. 6, tu as réprimandé (châtié) les nations ; יִגְעַר יְיָ בְּךָ הַשָּׂטָן Zach. 3. 2, l'Éternel te réprimande, ô Satan ! il te menace, te dompte ; וְגָעַרְתִּי לָכֶם בָּאֹכֵל Mal. 3. 11, je réprimanderai en votre faveur le dévastateur, c.-à-d. j'empêcherai les insectes de dévorer vos fruits ; הִנְנִי גֹעֵר לָכֶם אֶת־הַזֶּרַע Mal. 2. 3, je réprimanderai à cause de vous la semence (pour l'empêcher de produire), ou : je la détruirai ; וַיִּגְעַר בְּיַם־סוּף וַיֶּחֱרָב Ps. 106. 9, il réprimanda, menaça, la mer Rouge, et elle sécha.

גְּעָרָה *f.* Réprimande, menace : וְלֵץ לֹא־שָׁמַע גְּעָרָה Prov. 13. 1, le moqueur n'écoute pas la réprimande ; מִפְּנֵי גַּעֲרַת אֶחָד Is. 30. 17, (vous fuyez au nombre de mille) devant la menace d'un seul ; מִן־גַּעֲרָתְךָ יְנוּסוּן Ps. 104. 7, (les flots) fuient devant tes menaces.

גָּעַשׁ Être ému, secoué : וַתִּגְעַשׁ וַתִּרְעַשׁ הָאָרֶץ Ps. 18. 8, la terre est émue, secouée, elle tremble.

Pou. יְגֹעֲשׁוּ עָם Job 34. 20, des peuples chancellent (et périssent).

Hithpa. וַתִּתְגָּעַשׁ וַתִּרְעַשׁ הָאָרֶץ (*keri* וַיִּתְגָּעַשׁ) II Sam. 22. 8, la terre est secouée, elle tremble ; כַּנְּהָרוֹת יִתְגֹּעֲשׁוּ מֵימָיו Jér. 46. 7, ses eaux sont agitées comme des torrents.

Hithpo. Être agité, chanceler : וְהִתְגֹּעֲשׁוּ וְהִתְהֹלָלוּ Jér. 25. 16, ils chancelleront, ils seront hors d'eux-mêmes (comme des fous).

גַּעַשׁ *n. pr.* d'une montagne de la tribu d'Éphraïm, Jos. 24. 30 : נַחֲלֵי גָעַשׁ

II Sam. 23. 30, plaines de Gaas, au bas de cette montagne.

גַּעְתָּם *n. pr. m.* Gaetham, fils d'Éliphas, Gen. 36. 11.

גַּף *m.* 1° (comme גַּב) Dos, sommet : עַל־גַּפֵּי מְרֹמֵי קָרֶת Prov. 9. 3, sur le sommet des hauteurs de la ville. — 2° (comme גּוּף) Corps, personne : אִם־בְּגַפּוֹ יָבֹא Exod. 21. 3, s'il est venu seul, de sa personne, c.-à-d. sans femme ni enfants.

גַּף *f.* chald. (*plur.* גַּפִּין). Aile : וְגַפִּין דִּי־נְשַׁר לַהּ Dan. 7. 4, elle avait des ailes d'aigle (v. אֲגַף).

גֶּפֶן *m.* et *f.* (avec suff. גַּפְנִי, *pl.* גְּפָנִים). Vigne, cep de vigne : גֶּפֶן בּוֹקֵק יִשְׂרָאֵל Osée 10. 1, Israel est une vigne vide, sans sève ; וְהִנֵּה גֶפֶן לְפָנָי Gen. 40. 9, et voici, il y avait un cep de vigne devant moi ; plus complet : מִגֶּפֶן הַיַּיִן Nomb. 6. 4, (ce qui vient) du cep de vigne ; גֶּפֶן שָׂדֶה II Rois 4. 39, vigne de champ, vigne sauvage.

גֹּפֶר *m.* Nom d'un arbre résineux, ou d'une espèce de cèdre : תֵּבַת עֲצֵי־גֹפֶר Gen. 6. 14, une arche de bois de Gopher (l'arche de Noé).

גָּפְרִית *f.* Soufre : נַחַל גָּפְרִית Is. 30. 33, un torrent de soufre.

גָּר *m.*, גָּרָה *fém.*, *part.* de גּוּר Habitant, demeurant.

גֵּר *m.* (rac. גּוּר, avec suff. גֵּרְךָ). Habitant d'un pays qui n'est pas sa patrie, étranger : הָאֶזְרָח וְהַגֵּר Lév. 16. 29, l'indigène et l'étranger (qui demeure parmi vous) ; quelquefois avec תּוֹשָׁב : לְגֵר תּוֹשָׁב עִמָּךְ Lév. 25. 47, à un étranger qui est établi chez toi, dans ton pays ; כִּי־גֵרִים הֱיִיתֶם בְּאֶרֶץ מִצְרָיִם Deut. 10. 19, car vous avez été étrangers dans le pays d'Égypte ; כִּי־גֵרִים אֲנַחְנוּ לְפָנֶיךָ I Chr. 29. 15, car nous sommes (comme) des étrangers devant toi, nous ne sommes que des passagers devant Dieu.

גֵּר (v. עִיר).

גֵּו (v. גּוּ).

גֵּרָא *n. pr.* Gera, fils de Benjamin, Gen. 46. 21.

גָּרָב *m.* Gale sèche : des hommes, Lév. 21. 20 ; des bêtes, Lév. 22. 22.

גָּרֵב *n. pr.* 1° D'un homme, II Sam. 23. 38. — 2° D'une colline près de Jérusalem, Jér. 31. 39.

גַּרְגַּר *m.* (*plur.* גַּרְגְּרִים). Grain d'un fruit, baie : כִּשְׁנַיִם שְׁלֹשָׁה גַּרְגְּרִים Is. 17. 6, deux ou trois baies (olives).

גַּרְגְּרוֹת *f. pl.* Cou : וַעֲנָקִים לְגַרְגְּרֹתֶיךָ Prov. 1. 9, et une parure, un riche collier, pour ton cou.

גִּרְגָּשִׁי *n. pr.* Girgasi, fils de Chanaan, Gen. 10. 16, souche d'un peuple chananéen, les Gergeséens, Gen. 15. 21.

גָּרַד *Kal* inusité. Gratter. *Hithp.* Se gratter : לְהִתְגָּרֵד בּוֹ Job 2. 8, pour se gratter avec cela.

גָּרָה *Kal* inusité. *Pi.* Exciter, toujours avec מָדוֹן querelle : אִישׁ חֵמָה יְגָרֶה מָדוֹן Prov. 15. 18, l'homme colère excite des querelles.

Hithp. 1° S'exciter, s'irriter ; avec בְּ : וְשֹׁמְרֵי תוֹרָה יִתְגָּרוּ בָם Prov. 28. 4, ceux qui observent la loi s'irritent contre eux. — 2° S'engager dans un combat, attaquer, combattre : אַל־תִּתְגָּרוּ בָם Deut. 2. 5, ne les attaquez pas ; כִּי בְךָ הִתְגָּרִית Jér. 50. 24, car tu as lutté, tu t'es révoltée, contre le Seigneur ; וְאַל־תִּתְגָּר בָּם Deut. 2. 9, tu ne t'engageras pas dans un combat avec eux ; יִתְגָּרֶה לַמִּלְחָמָה Dan. 11. 25, il engagera un combat ; de même : וְלֹא יִתְגָּרֶה בָרְאשָׁה II Rois 14. 10, pourquoi veux-tu t'engager dans une malheureuse entreprise, t'exposer au malheur ? וְהִתְגָּרָה Dan. 11. 10, il poussera le combat, il avancera en combattant, jusqu'à la forteresse.

גֵּרָה *f.* (rac. גֵּרַר). 1° Rumination, toujours avec הֶעֱלָה : מַעֲלַת גֵּרָה הִוא Lév. 11. 4, il est ruminant ; une fois avec גֵּרָה : וְהוּא גֵרָה לֹא־יִגָּר vers. 7, il ne rumine point.

2° Guera, petite pièce de monnaie, la vingtième partie du sicle : עֶשְׂרִים גֵּרָה הַשֶּׁקֶל Exod. 30. 13, le sicle est de vingt guera (v. אֲגוֹרָה).

גָּרוֹן *m.* (const. גְּרוֹן). Gorge, gosier; cou : קְרָא בְגָרוֹן Is. 58. 1, cris de la gorge (à haute voix) ; קֶבֶר־פָּתוּחַ גְּרוֹנָם Ps. 5. 10, leur gosier est un sépulcre ouvert ; נְטוּיוֹת גָּרוֹן Is. 3. 16, (les filles de Sion marchent) le cou tendu (la tête haute, fièrement).

גֵּרוּת *f.* Habitation, séjour passager (v. גּוּר) : וַיֵּשְׁבוּ בְּגֵרוּת כִּמְהָם Jér. 41. 17, ils restèrent dans l'auberge à Chimham ; selon d'autres, dans l'habitation de Chimham.

גָּרַז *Kal* inusité. *Niph.* (comme נִגְזַר). Être coupé, être retranché : נִגְרַזְתִּי מִנֶּגֶד עֵינֶיךָ Ps. 31. 23, je suis retranché, rejeté, de devant tes yeux.

גִּרְזִי ou גִּזְרִי *n. pr.* d'une peuplade voisine des Philistins, I Sam. 27. 8 (*keri* גִּזְרִי).

גְּרִזִים *n. pr.* d'une montagne, la montagne de Garizim, dans le pays d'Ephraïm, en face du mont Ebal, Deut. 11. 29.

גַּרְזֶן *m.* (rac. גָּרַז). Hache, cognée : לִנְדֹּחַ עָלָיו גַּרְזֶן Deut. 20. 19, pour pousser, mettre la hache, la cognée à (la forêt).

גֹּרָל (v. גּוֹרָל).

גָּרַם (v. גֶּרֶם) : לֹא גָרְמוּ לַבֹּקֶר Soph. 3. 3, ils ne gardent, ne laissent point même les os jusqu'au lendemain matin.

Pi. Briser, ronger les os : וְעַצְמֹתֵיהֶם יְגָרֵם Nomb. 24. 8, il brisera leurs os ; *métaph.* וְאֶת־חֲרָשֶׂיהָ תְּגָרֵמִי Ez. 23. 34, et tu briseras de tes dents les morceaux (de cette coupe), ou : tu les rongeras, c.-à-d. tu sécheras les plus petites gouttes qui y resteront.

* גָּרַם Causer, exciter : גּוֹרֵם רָעָה Aboth, causant du mal, du malheur.

גֶּרֶם *m.* 1° Os : גְּרָמָיו כִּמְטִיל בַּרְזֶל Job 40. 18, ses os sont comme des barres de fer ; חֲמֹר גָּרֶם Gen. 49. 14, un âne aux os forts, un âne robuste. — 2° Substance, la chose même (v. עֶצֶם) : אֶל־גֶּרֶם הַמַּעֲלוֹת II Rois 9. 13, sur les degrés mêmes ; selon d'autres, sur le plus haut des degrés.

גְּרַם chald. Os : וְכָל־גַּרְמֵיהוֹן הַדִּקוּ Dan. 6. 25, et ils leur brisèrent tous les os.

גַּרְמִי (osseux) *n. pr. m.* I Chr. 4. 19.

גֹּרֶן *m.* (avec suff. גָּרְנִי ; *plur.* גֳּרָנוֹת, const. גָּרְנוֹת). Aire, grange : וּמָלְאוּ הַגֳּרָנוֹת בָּר Joel 2. 24, les granges sont remplies de blé ; *métaph.* וּבֶן־גָּרְנִי Is. 21. 10, fils de mon aire, la paille (peuple brisé comme la paille, opprimé ; v. le même exemple à מְדֻשָׁה). — Pour le blé qui est dans la grange : גֹּרֶן וָיֶקֶב לֹא יִרְעֵם Osée 9. 2, la grange et le pressoir ne les nourriront pas ; בְּגֹרֶן I Rois 22. 10, II Chr. 18. 9, dans une grange ; selon d'autres, dans une place (à l'entrée de la ville).

גָּרַס Être brisé : גָּרְסָה נַפְשִׁי Ps. 119. 20, mon âme est brisée (languissante).

Hiph. Rompre, broyer : וַיַּגְרֵס בֶּחָצָץ שִׁנָּי Lament. 3. 16, il a brisé mes dents par des cailloux.

גָּרַע (v. גָּדַע) Oter, diminuer, retrancher, couper, retirer : וְכָל־זָקָן גְּרֻעָה Jér. 48, 37, toute barbe sera coupée, rasée ; לֹא־יִגְרַע מִצַּדִּיק עֵינָיו Job 36. 7, il ne retirera pas ses yeux du juste ; וְגַם־אֲנִי אֶגְרַע Ez. 5. 11, moi aussi je retirerai de vous (mes yeux) ; selon d'autres : je vous diminuerai, je vous réduirai à rien ; אַל־תִּגְרַע דָּבָר Jér. 26. 2, n'en retranche pas un mot ; וְלֹא תִגְרַע מִמֶּנּוּ Deut. 13. 1, tu n'en retrancheras rien ; וְתִגְרַע שִׂיחָה לִפְנֵי־אֵל Job 15. 4, tu diminues, tu arrêtes, la prière devant Dieu ; וְתִגְרַע אֵלֶיךָ חָכְמָה Job 15. 8, la sagesse auprès de toi est-elle si peu de chose ? ou : as-tu attiré à toi seul la sagesse ? selon d'autres : et cependant la sagesse te manque.

Niph. Être retranché, être diminué, être moindre, être inférieur : לָמָּה יִגָּרַע שֵׁם־אָבִינוּ Nomb. 27. 4, pourquoi le nom de notre père serait-il retranché (de sa famille) ? quelquefois *unipers.* : וּמִגּוֹרַל נַחֲלָתֵנוּ יִגָּרֵעַ Nomb. 36. 3, il sera retranché de la part de nos possessions ; אֵין נִגְרָע מֵעֲבֹדַתְכֶם דָּבָר Exod. 5. 11, rien ne sera diminué de votre travail ; לְמָּה נִגָּרַע Nomb. 9. 7, pourquoi serions-nous inférieurs (aux autres)? ou : pourquoi sommes-nous privés (d'offrir, etc.)?

Pi. Diminuer, rendre fin : כִּי יְגָרַע נִטְפֵי־מָיִם Job 36. 27, car il diminue, rend fines, les gouttes d'eau ; selon d'autres : il attire, amasse, les gouttes d'eau.

גָּרַף Entraîner : נַחַל קִישׁוֹן גְּרָפָם Jug. 5. 21, le fleuve de Cison les a entraînés, emportés.

גָּרַר (*fut.* יָגֹר, יָגֹר, יְגוֹרֵם) 1° Tirer, attirer, emporter : יְגֹרֵהוּ בְחֶרְמוֹ Hab. 1. 15, il l'attire dans son filet : שֹׁד־רְשָׁעִים יְגוֹרֵם Prov. 21. 7, la rapine ou la violence des méchants les emportera. — 2° Attirer en haut (les aliments), c.-à-d. ruminer : וְהוּא גֵּרָה לֹא־יִגָּר Lév. 11. 7, mais il ne rumine pas (ou forme *Niph.*).

Pou. Être scié : מְגֹרָרוֹת בַּמְּגֵרָה I Rois 7. 9, (les pierres) avaient été sciées avec une scie.

גְּרָר *n. pr.* Guerar, ville des Philistins, Gen. 20. 1 : נַחַל־גְּרָר Gen. 26. 17, la vallée de Guerar.

גֶּרֶשׂ *m.* Objet broyé, princip. des grains : גֶּרֶשׂ כַּרְמֶל Lév. 2. 14, des grains broyés, sortant d'épis pleins ; מִגִּרְשָׂהּ vers. 16, de ses grains broyés.

גָּרַשׁ Chasser, répudier, rejeter : הִנְנִי גֹרֵשׁ מִפָּנֶיךָ אֶת־הָאֱמֹרִי Exod. 34. 11, je chasserai devant vous les Amorrhéens ; וְאִשָּׁה גְּרוּשָׁה מֵאִישָׁהּ Lév. 21. 7, une femme répudiée par son mari ; וַיִּגְרְשׁוּ מֵימָיו רֶפֶשׁ וָטִיט Is. 57. 20, ses eaux rejettent sur le rivage la vase et la boue.

Niph. 1° Être chassé, rejeté : נִגְרַשְׁתִּי מִנֶּגֶד עֵינֶיךָ Jon. 2. 5, je suis chassé, rejeté, de devant tes yeux. — 2° Être agité (des flots que le vent soulève et chasse) : וְהָרְשָׁעִים כַּיָּם נִגְרָשׁ Is. 57. 20, les méchants sont comme une mer agitée ; וְנִגְרְשָׁה וְנִשְׁקְעָה כִּיאוֹר מִצְרָיִם Amos 8. 8, il sera agité et submergé comme par le fleuve de l'Égypte.

Pi. Chasser : גֵּרַשְׁתָּ אֹתִי הַיּוֹם Gen. 4. 14, tu m'as chassé aujourd'hui (de la surface de la terre) ; גָּרֵשׁ הָאָמָה הַזֹּאת Gen. 21. 10, chasse cette servante.

גֶּרֶשׁ *m.* Ce qui est poussé dehors, ce qui est produit : גֶּרֶשׁ יְרָחִים Deut. 33. 14, le produit des mois (les fruits que chaque mois produit).

גְּרֻשָׁה *f.* Expulsion, action de chasser quelqu'un de ses biens : הָרִימוּ גְרֻשֹׁתֵיכֶם מֵעַל עַמִּי Ez. 45. 9, faites cesser, épargnez, vos exactions à mon peuple, ou vos tributs, impôts.

גֵּרְשׁוֹן *n. pr.* Gerson, fils de Lévi, Gen. 46. 11 ; *n. patron.* גֵּרְשֻׁנִּי Nomb. 3. 23.

גֵּרְשֹׁם (étranger en ces lieux) *n. pr.* Gersom, fils de Moïse, Exod. 2. 22.

גְּשׁוּר *n. pr.* Gessur, province de la Syrie, II Sam. 15. 8.

גְּשׁוּרִי *n. pr.* 1° D'une peuplade qui habitait les vallées au bas du mont Hermon, Deut. 3. 14. — 2° D'une peuplade dans le voisinage des Philistins, Jos. 13. 2.

גָּשַׁם *Kal* inusité. *Hiph.* (v. גֶּשֶׁם) Faire pleuvoir : הֲיֵשׁ בְּהַבְלֵי הַגּוֹיִם מַגְשִׁמִים Jér. 14. 22, y a-t-il parmi les faux dieux des nations qui fassent tomber la pluie?

גֶּשֶׁם *m.* (*plur.* גְּשָׁמִים, const. גִּשְׁמֵי). Pluie (plus forte que מָטָר) : הַגֶּשֶׁם וְהַשֶּׁלֶג Is. 55. 10, la pluie et la neige ; גֶּשֶׁם מָטָר Job 37. 6, מְטַר־גֶּשֶׁם Zach. 10. 1, pluie forte, abondante ; וְנָתַתִּי גִשְׁמֵיכֶם בְּעִתָּם Lév. 26. 4, je ferai tomber vos pluies en leur temps (propres à chaque saison).

גֶּשֶׁם *n. pr. m.* Néh. 2. 19 ; גַּשְׁמוּ Néh. 6. 6.

גְּשֵׁם chald. (avec suff. גִּשְׁמֵהּ, גִּשְׁמְהוֹן). Corps : וּמִטַּל שְׁמַיָּא גִּשְׁמֵהּ יִצְטַבַּע Dan. 4. 30, son corps fut trempé de la rosée du ciel.

גֹּשֶׁם *m.* Pluie : לֹא גֻשְׁמָהּ בְּיוֹם זָעַם Ez. 22. 24, elle n'aura point sa pluie au jour de la colère (ou *Pou.*, de גָּשַׁם, elle ne sera pas arrosée de pluie).

גֹּשֶׁן *n. pr.* 1° Gessen, province de l'Égypte, dans laquelle demeurèrent les Israélites depuis Jacob jusqu'à leur délivrance, Gen. 45. 10. — 2° Ville et contrée dans les montagnes de Juda, Jos. 10. 41, 15. 51.

גִּשְׁפָּא *n. pr. m.* Néh. 11. 21.

גָּשַׁשׁ *Kal* inusité. *Pi.* גִּשֵּׁשׁ tâtonner, marcher en tâtonnant : נְגַשְׁשָׁה כַעִוְרִים קִיר Is. 59. 10, nous allons comme des aveugles en tâtonnant le long du mur.

גַּת *f.* (*pl.* גִּתּוֹת). Pressoir : כְּדֹרֵךְ בְּגַת Is. 63, 2, comme (les habits) d'un homme qui foule le vin dans un pressoir.

גַּת *n. pr.* Une des cinq villes principales des Philistins, I Sam. 6. 17; הַגִּתִּי de Gath, II Sam. 6. 10.

גַּת חֵפֶר avec ה local גִּתָּה חֵפֶר (pressoir creusé) *n. pr.* d'une ville de la tribu de Zabulon, Jos. 19. 13.

גִּתַּיִם (deux pressoirs) *n pr.* d'une ville de la tribu de Benjamin, Néh. 11. 33.

גִּתִּית Nom d'un instrument de musique (en forme de cuve), Ps. 8. 1, 81. 1; peut-être de גַּת, psaume composé à Gath.

גֶּתֶר *n. pr.* Gether, fils d'Aram, Gen. 10. 23.

גַּת־רִמּוֹן (pressoir de grenades) *n. pr.* d'une ville de la tribu de Dan, Jos. 19. 45.

ד

ד Daleth. דָּלֶת, de דֶּלֶת porte. Quatrième lettre de l'alphabet; son nom lui vient de son ancienne forme. Comme chiffre ד signifie 4, ד̈ 4,000. Cette lettre se permute avec ז, ט et ר. Exemple : דָּעַךְ et זָעַךְ éteindre; דּוּר cercle; טוּר rangée; דְּעוּאֵל et רְעוּאֵל *n. pr.*; דְּדָנִים et רוֹדָנִים *n. pr.*

דָּא chald. (hébr. זֶה et זֹאת) *pronom démonstratif fém.* Cette, celle-ci, cela : דָּא לְדָא Dan. 5. 6, celle-ci à celle-là (un genou heurtait l'autre); הֲלָא דָא־הִיא בָּבֶל רַבְּתָא Dan. 4. 27, n'est-ce pas là cette grande Babylone?

דָּאַב Souffrir, languir, se consumer (v. אָדַב) : וְלֹא־יוֹסִיפוּ לְדַאֲבָה עוֹד Jér. 31. 12, ils ne continueront plus à souffrir (ils ne souffriront plus); וְכָל־נֶפֶשׁ דָּאֲבָה מִלֵּאתִי Jér. 31. 25, j'ai rassasié toute âme langnissante; עֵינִי דָאֲבָה מִנִּי־עֹנִי Ps. 88.10, mes yeux se consument à cause de ma misère (selon d'autres, fondent en larmes, v. דּוּב).

Hiph. Causat. du *Kal* : וּמְדִיבֹת נָפֶשׁ Lév. 26. 16, qui feront souffrir votre âme (pour מַדְאִיבֹת, ou *Hiph.* de דּוּב).

דְּאָבָה *f.* Angoisse, terreur : וּלְפָנָיו תָּדוּץ דְּאָבָה Job 41.14, la terreur saute, court, devant lui (v. le même exemple à דּוּץ).

דְּאָבוֹן *m.* Souffrance : וְדַאֲבוֹן נָפֶשׁ Deut. 28. 65, et la souffrance, la tristesse de l'âme.

דָּאג *m.* (v. דָּג). Poisson : מְבִיאִים דָּאג Néh. 13. 16, (qui) apportaient des poissons.

דָּאַג Craindre, être inquiet, être en peine; avec et sans rég. : אֲנִי דֹאֵג אֶת־הַיְּהוּדִים Jér. 38. 19, je crains les Juifs (je crains qu'ils ne me maltraitent); וּבִשְׁנַת בַּצֹּרֶת לֹא יִדְאָג Jér. 17. 8, dans une année de sécheresse il n'est point inquiet; אֶדְאַג מֵחַטָּאתִי Ps. 38. 19, je suis inquiet à cause de mes péchés; וְדָאַג לָנוּ I Sam. 9. 5, (de peur) qu'il ne soit en peine de nous.

דֹּאֵג (craignant) *n. pr.* Doeg, Iduméen au service de Saül, I Sam. 21. 8 (דּוֹיֵג *chethib*, I Sam. 22. 18).

דְּאָגָה *f.* Crainte, inquiétude, souci : לַחְמָם בִּדְאָגָה יֹאכֵלוּ Ez. 12. 19, ils mangeront leur pain dans la crainte; דְּאָגָה בְלֶב־אִישׁ יַשְׁחֶנָּה Prov. 12. 25, l'inquiétude dans le cœur de l'homme l'abat.

דָּאָה Voler : כַּאֲשֶׁר יִדְאֶה הַנָּשֶׁר Deut.

28. 49, comme l'aigle vole; וַיֵּדֶא עַל־כַּנְפֵי־רוּחַ Ps. 18. 11, il vole, plane, sur les ailes du vent.

דָּאָה m. Oiseau de proie, Lév. 11. 14; vautour? milan? (Deut. 14.13, on lit רָאָה).

דֹּאר n. pr. (v. דּוֹר n. pr.).

דֹּב et דּוֹב m. et f. Ours, ourse: וּבָא הָאֲרִי וְאֶת־הַדּוֹב I Sam. 17. 34, il venait un lion ou un ours; דֹּב שַׁכּוּל Prov. 17. 12, une ourse à qui on a ravi ses petits; שְׁתַּיִם דֻּבִּים II Rois 2. 24, deux ourses.

דֹּב chald. Ours, Dan. 7. 5.

דֹּבֶא m. Force, vigueur. Ex. unique: וּכְיָמֶיךָ דָּבְאֶךָ Deut. 33. 25, et comme tes jours sera ta force, elle durera autant que ta vie; selon d'autres, comme ta jeunesse sera ta vieillesse (v. דָּאַב languir).

דָּבַב Faire parler: דּוֹבֵב שִׂפְתֵי יְשֵׁנִים Cant. 7. 10, (le vin) qui fait parler les lèvres de ceux qui dorment, ou qui glisse doucement sur les lèvres etc.

דִּבָּה f. (rac. דָּבַב). Propos; fréquem. mauvais propos, médisance, mauvaise réputation: וַיָּבֵא יוֹסֵף אֶת־דִּבָּתָם רָעָה אֶל־אֲבִיהֶם Gen. 37. 2, Joseph rapporta leurs mauvais propos à leur père; כִּי שָׁמַעְתִּי דִּבַּת רַבִּים Ps. 31. 14, car j'ai entendu les discours injurieux (les outrages) de plusieurs; וְדִבָּתְךָ לֹא תָשׁוּב Prov. 25. 10, et tes mauvais propos ne reviendront pas, c.-à-d. tu ne peux plus les retirer, rétracter, ou ta mauvaise réputation (résultat de tes mauvais propos) restera, ne s'effacera pas. — הוֹצִיא דִבָּה Répandre des calomnies, décrier: לְהוֹצִיא דִבָּה עַל־הָאָרֶץ Nomb. 14. 36, en décriant le pays comme mauvais; וּמוֹצִיא דִבָּה הוּא כְסִיל Prov. 10. 18, et celui qui calomnie est un sot.

דִּבּוּר m. Parole: בְּדִבּוּר אֶחָד Rit., en une seule parole, un seul commandement.

דְּבוֹרָה f. (pl. דְּבֹרִים). Abeille: וְלַדְּבוֹרָה אֲשֶׁר בְּאֶרֶץ אַשּׁוּר Is. 7. 18, et à l'abeille qui est dans le pays d'Assur; עֲדַת דְּבֹרִים Jug. 14. 8, un essaim d'abeilles.

דְּבוֹרָה n. pr. Deborah, prophétesse et juge, Jug. 4. 4.

דְּבַח chald. Sacrifier (hébr. זָבַח): אֲתַר דִּי־דָבְחִין דִּבְחִין Esdr. 6. 3, lieu où l'on sacrifiait des hosties.

דְּבַח (plur. דִּבְחִין) chald. Sacrifice, hostie, Esdr. 6. 3.

דִּבְיוֹנִים m. pl. Fiente de colombes: וְרֹבַע הַקַּב דִּבְיוֹנִים keri, II Rois 6. 25, le quart d'une mesure de fiente de pigeon (cheth. חֲרֵייוֹנִים).

דְּבִיר m. (de דָּבַר l'endroit de la parole, de l'oracle). L'intérieur du temple, appelé aussi קֹדֶשׁ הַקֳּדָשִׁים le Saint des Saints: סָבִיב לַהֵיכָל וְלַדְּבִיר I Rois 6. 5, autour du temple et du sanctuaire.

דְּבִיר n. pr. d'une ville de la tribu de Juda, Jug. 1. 11 (v. קִרְיָה).

דְּבֵלָה f. (const. דְּבֶלֶת, plur. דְּבֵלִים). Une masse serrée, entassée; spéc. de figues, gâteau de figues sèches: פֶּלַח דְּבֵלָה I Sam. 30. 12, un morceau d'un gâteau de figues; וּמָאתַיִם דְּבֵלִים I Sam. 25. 18, deux cents gâteaux de figues sèches; plus compl. דְּבֶלֶת תְּאֵנִים II Rois 20. 7, un gâteau de figues.

דִּבְלָה n. pr. d'une ville, Ez. 6. 14.

דִּבְלָתַיִם (deux gâteaux) n. pr. d'une ville dans Moab, Nomb. 33. 46; appelée aussi בֵּית דִּבְלָתַיִם Jér. 48. 22.

דָּבַק et דָּבֵק (fut. יִדְבַּק, inf. דָּבְקָה) 1° Être attaché, rester attaché, collé; avec אֶל, לְ et בְּ: כַּאֲשֶׁר יִדְבַּק הָאֵזוֹר אֶל־מָתְנֵי אִישׁ Jér. 13. 11, comme la ceinture est attachée autour des reins d'un homme; וּלְשׁוֹנָם לְחִכָּם דָּבֵקָה Job 29. 10, leur langue était comme attachée à leur palais (par crainte); וְלֹא־יִדְבַּק בְּיָדְךָ מְאוּמָה Deut. 13. 18, qu'il ne reste rien attaché à ta main, tu ne prendras rien (de ce qui doit être détruit); מַפְּלֵי בְשָׂרוֹ דָבֵקוּ Job 41. 15, les parties pendantes de sa chair sont (cependant) fortement attachées. — 2° S'attacher, se joindre à quelqu'un: עִם־הַנְּעָרִים אֲשֶׁר־לִי תִּדְבָּקִין Ruth 2. 21, tu te joindras à mes serviteurs; וַתִּדְבַּק בְּנַעֲרוֹת בֹּעַז 2. 23, elle se joignit aux servantes de Booz. — S'attacher à quelqu'un, lui être fidèle, l'aimer; avec בְּ et אַחֲרֵי : וְדָבַק בְּאִשְׁתּוֹ Gen. 2. 24, il s'attachera à sa femme; וְאַתֶּם הַדְּבֵקִים בַּיָי Deut. 4. 4, mais vous qui vous êtes attachés à l'Éternel (votre Dieu); דָּבְקוּ בְמַלְכָּם II Sam. 20. 2, (mais les hommes de Juda) restaient fidèles à leur roi; דָּבְקָה נַפְשִׁי אַחֲרֶיךָ Ps. 63. 9, mon âme s'est attachée après toi, à te suivre.— 3° Atteindre, poursuivre (synon. de הִשִּׂיג) : פֶּן־תִּדְבָּקַנִי הָרָעָה Gen. 19. 19, de peur que le malheur ne m'atteigne. Avec אַחֲרֵי : שָׁם יִדְבַּק אַחֲרֵיכֶם Jér. 42.16, là (la faim) vous atteindra.

Pi. וְדַבֵּק לִבֵּנוּ בְּמִצְוֹתֶיךָ Rituel, attache notre cœur à tes commandements.

Pou. וּרְגָבִים יְדֻבָּקוּ Job 38.38, et lorsque les mottes de la terre étaient solidement jointes ensemble (s'attachaient entre elles); אִישׁ־בְּאָחִיהוּ יְדֻבָּקוּ Job 41.9, l'un est fortement attaché à l'autre.

Hiph. 1° Attacher : וּלְשׁוֹנְךָ אַדְבִּיק אֶל־חִכֶּךָ Ez. 3. 26, j'attacherai ta langue à ton palais; כֵּן הִדְבַּקְתִּי אֵלַי אֶת־כָּל־בֵּית יִשְׂרָאֵל Jér. 13. 11, ainsi j'avais attaché à moi toute la maison d'Israel.—2° Atteindre, joindre, poursuivre; avec le rég. dir. et avec אַחֲרֵי : הָרֶכֶב וּבַעֲלֵי הַפָּרָשִׁים הִדְבִּיקֻהוּ II Sam. 1. 6, les chars et les cavaliers le poursuivaient, ou l'avaient atteint; וַיַּדְבְּקוּ גַם־הֵמָּה אַחֲרֵיהֶם I Sam. 14.22, eux aussi les poursuivirent (יַדְבִּיקוּ p. יַדְבְּקוּ); וַיַּדְבֵּק אֹתוֹ Gen. 31. 23, il l'atteignit, le joignit.

Hoph. passif : וּלְשׁוֹנִי מֻדְבָּק מַלְקוֹחָי Ps. 22. 16, et ma langue est attachée (est comme collée) à mon palais.

דְּבַק chald. Attacher : וְלָא־לֶהֱוֺן דָּבְקִין דְּנָה עִם־דְּנָה Dan. 2. 43, et ils ne demeureront point attachés l'un à l'autre.

דָּבֵק *adj. verb.* Attaché : וְיֵשׁ אֹהֵב דָּבֵק מֵאָח Prov. 18. 24, il y a tel ami plus attaché qu'un frère; דְּבֵקָה לִכְנַף הַכְּרוּב הָאַחֵר II Chr. 3. 12, attachée à l'aile de l'autre chérubin.

דֶּבֶק *m.* Jointure, soudure : אֹמֵר לַדֶּבֶק טוֹב הוּא Is. 41. 7, il dit de la soudure : Elle est bonne; *pl.* בֵּין הַדְּבָקִים וּבֵין הַשִּׁרְיָן I Rois 22. 34, entre les jointures de la cuirasse; selon d'autres, entre l'épaule et la cuirasse.

I דָּבַר Parler, dire; *part.* : וְאֵין־דֹּבֵר אֵלָיו דָּבָר Job 2. 13, nul ne lui dit aucune parole; כֵּן בְּנוֹת צְלָפְחָד דֹּבְרֹת Nomb. 27. 7, les filles de Selophhad parlent bien, c.-à-d. elles ont raison; דָּבָר דָּבֻר עַל־אָפְנָיו Prov. 25. 11, une parole dite à sa place; *inf.* לְמַעַן תִּצְדַּק בְּדָבְרֶךָ Ps. 51. 6, afin que tu sois reconnu juste dans ton dire, dans ce que tu as dit.

Niph. S'entretenir : אָז נִדְבְּרוּ יִרְאֵי יְיָ Mal. 3. 16, alors les hommes qui craignent Dieu s'entretiendront entre eux. Avec בְּ : הַנִּדְבָּרִים בְּךָ Ez. 33. 30, qui s'entretiennent de toi; בִּי נִדְבָּרוּ Ps. 119. 23, ils s'entretiennent de moi, ils parlent contre moi; מַה־נִּדְבַּרְנוּ עָלֶיךָ Mal. 3. 13, qu'avons-nous dit contre toi?

Pi. (דִּבֶּר, avec pause דִּבֵּר, *fut.* יְדַבֵּר). Parler, dire; absol. et avec rég. : כִּי יְיָ דִּבֵּר Is. 1. 2, car l'Éternel a parlé; כֹּל אֲשֶׁר־דִּבֶּר יְיָ Exod. 24. 7, tout ce que l'Éternel a dit. La personne à laquelle on parle se construit avec אֶל, לְ, עִם, אֵת, עַל et בְּ; la personne ou la chose au sujet de laquelle on parle se met à l'acc. ou avec בְּ, quelquefois avec עַל et אֶל.— וְהִנֵּה הַגֹּאֵל עֹבֵר אֲשֶׁר דִּבֶּר־בֹּעַז Ruth. 4. 1, et voici le parent dont Booz avait parlé qui passait; הָעִיר אֲשֶׁר דִּבַּרְתָּ Gen. 19. 21, la ville dont tu as parlé; וַאֲדַבֵּר אֹתָךְ Ez. 2. 1, je parlerai avec toi; וַאֲנִי אֲדַבֵּר בְּךָ אֶל־אָבִי I Sam. 19. 3, je parlerai de toi à mon père; לְדַבֶּר־לוֹ עַל־אֲדֹנִיָּהוּ I Rois 2. 19, pour lui parler au sujet d'Adoniahou; וּכְדַבְּרוֹ עִמִּי Dan. 10. 19, et lorsqu'il me parlait.

Fréquemment avec בְּ Parler contre quelqu'un, en dire du mal : וַתְּדַבֵּר מִרְיָם וְאַהֲרֹן בְּמֹשֶׁה Nomb. 12. 1, Miriam et Aaron parlèrent contre Moïse; וַיְדַבְּרוּ בֵּאלֹהִים Ps. 78. 19, ils parlèrent contre Dieu. Quelquefois avec בְּ Parler par quelqu'un, par l'entremise, l'organe de quelqu'un : הֲרַק אַךְ־בְּמֹשֶׁה דִּבֶּר יְיָ הֲלֹא גַּם־בָּנוּ דִבֵּר Nomb. 12. 2, est-ce seulement par Moïse que Dieu a parlé? n'a-t-il pas aussi parlé par nous (ou —

à Moïse — aussi à nous)? רוּחַ יְיָ דִּבֶּר־בִּי II Sam. 23. 2, l'esprit de Dieu parle par moi, ou en moi. — דִּבֶּר־עִם לִבּוֹ, בְּלִבּוֹ, אֶל לִבּוֹ, עַל לִבּוֹ, Se dire à soi-même, penser: טֶרֶם אֲכַלֶּה לְדַבֵּר אֶל־לִבִּי Gen. 24. 45, je n'avais pas encore achevé de me parler à moi-même; וְחַנָּה הִיא מְדַבֶּרֶת עַל־לִבָּהּ I Sam. 1. 13, Hanna parlait dans son cœur; דִּבַּרְתִּי אֲנִי עִם־לִבִּי Eccl. 1. 16, je pensais en moi-même; וְדִבַּרְתִּי בְלִבִּי Eccl. 2. 15, je me dis en moi-même. דִּבֶּר־עַל לֵב אִישׁ Parler au cœur de quelqu'un, lui dire de bonnes paroles, le consoler: וַיְדַבֵּר עַל־לֵב הַנַּעֲרָ Gen. 34. 3, il parla au cœur de la jeune fille (il la consola par de bonnes paroles); וַיְדַבֵּר עַל־לִבָּם Gen. 50. 21, il leur parla avec douceur, avec bonté.

דִּבֶּר טוֹב, טוֹבָה עַל Annoncer, promettre, du bien à quelqu'un: כִּי־יְיָ דִּבֶּר־טוֹב עַל־יִשְׂרָאֵל Nomb. 10. 29, car l'Eternel a promis de donner de grands biens à Israel; כְּכֹל אֲשֶׁר־דִּבֶּר אֶת־הַטּוֹבָה עָלֶיךָ I Sam. 25. 30, tout le bien, ainsi qu'il t'a promis; אֲשֶׁר דִּבֶּר־טוֹב עַל־הַמֶּלֶךְ Esth. 7. 9, (Mardochée) qui avait parlé pour le bien, le salut du roi; הָרָעָה אֲשֶׁר־דִּבֶּר עֲלֵיהֶם Jér. 26. 19, (il se repentit du) mal qu'il avait résolu sur eux (pour les affliger). דִּבֶּר טֹבוֹת אֶת, אֶל Parler à quelqu'un avec bonté: וַיְדַבֵּר אִתּוֹ טֹבוֹת II Rois 25. 28, il lui parla avec bonté; כִּי־יְדַבְּרוּ אֵלֶיךָ טוֹבוֹת Jér. 12. 6, lors même qu'ils te parlent avec bonté; בְּפִיו שָׁלוֹם אֶת־רֵעֵהוּ יְדַבֵּר Jér. 9. 7, (chacun) parle de paix, a la paix dans la bouche, en parlant à son prochain; יְדַבֵּר שָׁלוֹם אֶל־עַמּוֹ Ps. 85. 9, il annonce la paix, le bonheur, à son peuple; אֲדַבְּרָה־נָּא שָׁלוֹם בָּךְ Ps. 122. 8, je prononce la paix sur toi, je te souhaite la paix, כִּי לֹא שָׁלוֹם יְדַבֵּרוּ Ps. 35. 20, ils ne parlent pas de paix, ils n'ont pas des paroles de paix.

2° Faire parler, promettre, ordonner, réciter, chanter: וַיִּשְׁלַח דָּוִד וַיְדַבֵּר בַּאֲבִיגַיִל I Sam. 25. 39, David envoya et fit parler à Abigaïl (la fit demander en mariage); אֲשֶׁר דִּבֶּר לָתֵת לַאֲבֹתֶיךָ Deut. 19. 8, (le pays) qu'il avait promis à tes pères de te donner; וְעָשִׂיתָ כֹּל אֲשֶׁר אֲדַבֵּר Exod. 23. 22, si tu fais tout ce que je t'ordonne; דַּבְּרִי־שִׁיר Jug. 5. 12, chante un cantique; אֲשֶׁר דִּבֶּר לַיְיָ אֶת־דִּבְרֵי הַשִּׁירָה הַזֹּאת Ps. 18. 1, qui a prononcé, chanté, en l'honneur de l'Eternel, les paroles de ce cantique.

Pou. passif. נִכְבָּדוֹת מְדֻבָּר בָּךְ Ps. 87. 3, des choses glorieuses ont été dites de toi; בַּיּוֹם שֶׁיְּדֻבַּר בָּהּ Cant. 8. 8, au jour où il sera parlé d'elle (qu'on la demandera en mariage).

Hithp. Parler. *Part.* מִתְדַּבֵּר p. מִדַּבֵּר seul usité: הַקּוֹל מִדַּבֵּר אֵלָיו Nomb. 7. 89, la voix qui lui parlait; וּמִדַּבֵּר הַמֶּלֶךְ הַדָּבָר הַזֶּה II Sam. 14. 13, (pourquoi) le roi dit-il une chose pareille? ou *Pi.*, comme יַעַן דַּבֵּר que le roi ne dise pas.

II דָּבַר *Kal* inusité. *Pi.* Détruire, exterminer: וַתְּדַבֵּר אֶת־כָּל־זֶרַע הַמַּמְלָכָה II Chr. 22. 10, elle extermina toute la race royale; de même, selon quelques-uns: יְדַבֵּר אֵלֵימוֹ בְאַפּוֹ Ps. 2. 5, dans sa colère il détruira leurs puissants (v. אַיִל); mais le vrai sens est: il leur parlera, אֵלֵימוֹ p. אֲלֵיהֶם.

Hiph. Assujettir, soumettre: וַיַּדְבֵּר עַמִּים תַּחְתָּי Ps. 18. 48, et qui m'assujettit des peuples.

דָּבָר *m.* (const. דְּבַר, *plur.* דְּבָרִים). 1° Parole, mot, promesse, ordre, commandement, sentence, oracle, conseil, nouvelle: וּדְבָרִים אֲחָדִים Gen. 11. 1, et les mêmes paroles; וְלֹא־עָנוּ אֹתוֹ דָּבָר II Rois 18. 36, ils ne lui répondirent pas un seul mot; הֲלוֹא דָּבָר הוּא I Sam. 17. 29, ce n'est qu'une parole, c.-à-d. je n'ai fait que parler; וּנְבוֹן דָּבָר I Sam. 16. 18, habile dans (ses) paroles; וַיָּקֶם יְיָ אֶת־דְּבָרוֹ I Rois 8. 20, l'Eternel a accompli sa parole, sa promesse; דְּבַר־מַלְכוּת Esth. 1. 19, un ordre du roi; עֲשֶׂרֶת הַדְּבָרִים Exod. 34. 28, les dix commandements; דִּבְרֵי קֹהֶלֶת Eccl. 1. 1, sentences de Koheleth; הֲנַעֲשֶׂה אֶת־דְּבָרוֹ II Sam. 17. 6, suivrons-nous son conseil? וַהֲשִׁבֵנִי דָּבָר Gen. 37. 14, et tu me rapporteras des nouvelles (de tes frères). Quelquefois devant un autre substantif: ce qui est à dire d'une chose, au sujet de, à l'égard de : דְּבַר גְּבוּרוֹת Job 41. 4, (ni) ce qui est à dire au sujet de sa force ; וְזֶה דְּבַר הַשְּׁמִטָּה Deut. 15. 2, voici ce qui concerne l'année de relâche ; וְזֶה דְּבַר הָרֹצֵחַ Deut. 19. 4, voici (la loi) à l'égard de l'homicide.

2° Chose, quelque chose, événement, fait, action, rien : יַעַן אֲשֶׁר עָשִׂיתָ אֶת־הַדָּבָר הַזֶּה Gen. 22. 16, puisque tu as fait cette chose ; דָּבָר גָּדוֹל אוֹ דָּבָר קָטֹן I Sam. 20. 2, une chose grande ou petite ; הֲיִפָּלֵא מֵיְיָ דָּבָר Gen. 18. 14, y a-t-il rien de trop difficile à Dieu ? אַחַר הַדְּבָרִים הָאֵלֶּה Gen. 15. 1, après ces choses, ces événements ; דִּבְרֵי הַיָּמִים I Chr. 27. 24, événements des jours (écrits et réunis en livre), histoires, chroniques, fastes ; וְיֶתֶר דִּבְרֵי שְׁלֹמֹה I Rois 11. 41, et le reste des actions de Salomon ; וְאֵין דָּבָר I Sam. 20. 21, et ce n'est rien, il n'y a rien à craindre ; וְדָבָר אֵין־לָהֶם עִם־אָדָם Jug. 18. 7, ils n'avaient rien, ils n'avaient de rapports avec personne ; כָּל־דָּבָר Nomb. 31. 23, toute chose, tout ce qui ; דְּבַר־יוֹם בְּיוֹמוֹ Exod. 5. 13, (achevez) la tâche du jour, ce jour même ; אֶת־דִּבְרֵי הָאֲתֹנוֹת I Sam. 10. 2, (ton père ne pense plus) à l'affaire des ânesses, aux ânesses qui avaient été perdues ; דִּבְרֵי עֲוֹנֹת Ps. 65. 4, les iniquités (דִּבְרֵי par surabondance).

3° Cause, motif : וְזֶה הַדָּבָר אֲשֶׁר־מָל יְהוֹשֻׁעַ Jos. 5. 4, et voici la cause pourquoi Josué a circoncis. עַל־דִּבְרֵי, עַל־דְּבַר À cause de, parce que : עַל־דְּבַר שָׂרַי Gen. 12. 18, à cause de Sara ; עַל־דְּבַר אֲשֶׁר לֹא־קִדְּמוּ אֶתְכֶם Deut. 23. 5, parce qu'ils ne sont point venus au-devant de vous ; עַל־דִּבְרֵיכֶם Deut. 4. 21, à cause de vous.

4° Différend, affaire en litige : כִּי־יִהְיֶה לָהֶם דָּבָר Exod. 18. 16, lorsqu'ils ont quelque différend ensemble ; עַל־כָּל־דְּבַר־פֶּשַׁע 22. 8, en toute affaire où il s'agit de fraude ; מִי־בַעַל דְּבָרִים 24. 14, quiconque aura des différends, des contestations.

דֶּבֶר *m.* Peste : דֶּבֶר כָּבֵד מְאֹד Exod. 9. 3, une très forte peste ; *plur.* דְּבָרֶיךָ Osée 13. 14, tes pestes, tes plaies.

דֹּבֶר *m.* (v. מִדְבָּר). Lieu où l'on conduit les bestiaux, parc, pâturage : כְּעֵדֶר בְּתוֹךְ הַדָּבְרוֹ Mich. 2. 12, comme le troupeau dans son parc ; וְרָעוּ כְבָשִׂים כְּדָבְרָם Is. 5. 17, les agneaux paîtront comme dans leur pâturage, ou selon leur habitude, comme à l'ordinaire.

דַּבָּרָה *f.* (*plur.* דַּבְּרוֹת). Parole, doctrine. Ex. unique : יִשָּׂא מִדַּבְּרֹתֶיךָ Deut. 33. 3, il recevra ta doctrine, ou il s'instruira de tes paroles.

דִּבְרָה *f.* 1° Manière : עַל־דִּבְרָתִי מַלְכִּי־צֶדֶק Ps. 110. 4, à la manière de Malchisedech, י parag. (v. Gen. 14. 18) ; selon d'autres : parce que (tu es) un roi qui aime la justice. — 2° Parole, cause, comme דָּבָר : וְאֶל־אֱלֹהִים אָשִׂים דִּבְרָתִי Job 5. 8, j'adresse ma parole à Dieu, ou j'expose ma cause devant Dieu ; עַל־דִּבְרַת בְּנֵי הָאָדָם Eccl. 3. 18, à cause, au sujet, des hommes ; עַל־דִּבְרַת שֶׁלֹּא יִמְצָא הָאָדָם Eccl. 7. 14, parce que l'homme ne trouve point, ou afin qu'il ne trouve, etc. ; *plur.* דִּבְרוֹת paroles : דִּבְרוֹת קָדְשְׁךָ Rituel, et tes saintes paroles.

דִּבְרָה chald. Cause : עַל־דִּבְרַת דִּי Dan. 2. 30, à cause de, afin que.

דֹּבְרוֹת *f. pl.* Radeaux : וַאֲנִי אֲשִׂימֵם דֹּבְרוֹת בַּיָּם I Rois 5. 23, et j'en ferai des radeaux sur mer.

דְּבַשׁ *m.* (avec suf. דִּבְשִׁי). Miel : מְעַט דְּבַשׁ I Sam. 14. 43, un peu de miel. Les fruits sucrés : וּדְבַשׁ II Chr. 31. 5, (les prémices) du miel, c.-à-d. des fruits doux, des dattes ; miel des raisins, c.-à-d. du moût qu'on épaissit en en faisant cuire une partie, Gen. 43. 11, Ez. 27. 17.

דַּבֶּשֶׁת *f.* Bosse de chameau : וְעַל־דַּבֶּשֶׁת גְּמַלִּים Is. 30. 6, et sur la bosse des chameaux.

דַּבֶּשֶׁת *n. pr.* d'une ville, Jos. 19. 11.

דָּג *m.* (*plur.* דָּגִים, const. דְּגֵי). Poisson : דְּגֵי הַיָּם Nomb. 11. 22, les poissons de la mer.

דָּגָה *f.* (const. דְּגַת). Poisson : מִמְּעֵי הַדָּגָה Jon. 2. 2, des entrailles du poisson ; *collect.* דְּגַת־יְאֹרֶיךָ Ez. 29. 4, les poissons de tes fleuves.

דָּגָה Se multiplier (comme les poissons) : וְיִדְגּוּ לָרֹב Gen. 48. 16, et qu'ils se multiplient considérablement.

דָּגוֹן (poisson) *n. pr.* d'une idole des Philistins, I Sam. 5. 4. (Sa forme était moitié homme, moitié poisson.)

דָּגַל (v. דֶּגֶל) Déployer l'étendard, se distinguer, se signaler : וּבְשֵׁם אֱלֹהֵינוּ נִדְגֹּל Ps. 20. 6, au nom de notre Dieu, nous déploierons l'étendard. *Part. passif.* דָּגוּל מֵרְבָבָה Cant. 5. 10, il se distingue entre dix mille (il s'élève au-dessus d'eux). *Niph.* Être pourvu d'un drapeau : אֲיֻמָּה כַּנִּדְגָּלוֹת Cant. 6. 4, terrible comme (des troupes) pourvues de drapeaux, c.-à-d. armées, rangées en bataille.

דֶּגֶל *m.* (avec suff. דִּגְלוֹ, *plur.* דְּגָלִים, const. דִּגְלֵי). Drapeau, bannière, étendard : דֶּגֶל מַחֲנֵה יְהוּדָה Nomb. 2. 3, le drapeau du camp de Juda ; וְדִגְלוֹ עָלַי אַהֲבָה Cant. 2. 4, et sa bannière qu'il déploie au-dessus de moi est (celle) de l'amour.

דָּגָן *m.* (const. דְּגַן). Blé : וְאָסַפְתָּ דְגָנֶךָ Deut. 11. 14, tu recueilleras ton blé ; אַיֵּה דָּגָן וָיָיִן Lament. 2. 12, où est le blé (le pain) et le vin ?

דָּגַר Couver, assembler (les petits) : קֹרֵא דָגַר וְלֹא יָלָד Jér. 17. 11, (comme) la perdrix couve (des œufs) qu'elle n'a pas pondus ; וְדָגְרָה בְצִלָּהּ Is. 34. 15, et elle rassemblera (ses petits) à l'ombre (de ses ailes).

דַּד *plur.*, const. דַּדֵּי seul usité. Mamelles, sein : דַּדֶּיהָ יְרַוֻּךָ בְכָל־עֵת Prov. 5. 19, que son sein, ses charmes, t'enivrent en tout temps (que son amour te suffise) ; דַּדַּיִךְ Ez. 23. 21, tes mamelles, ton sein.

דָּדָה *Kal* inusité. *Hithp.* הִתַּדָּה p. הִתְדַּדָּה Marcher lentement : אֶדַּדֵּם עַד־בֵּית אֱלֹהִים Ps. 42. 5, je marche lentement, c.-à-d. avec recueillement, devant ou avec eux, jusqu'à la maison de Dieu (ם comme עִמָּם) ; אֶדַּדֶּה כָל־שְׁנוֹתַי Is. 38. 15, je marcherai lentement, c.-à-d. avec contrition, tristesse, toutes les années de ma vie.

דְּדָן *n. pr.* 1° Dedan, fils de Raama, Gen. 10. 7, souche d'un peuple habitant près du golfe Persique, Ez. 27. 15. — 2° Dedan, petit-fils d'Abraham et de Ketura, souche d'un peuple de l'Arabie, Gen. 25. 3, Jér. 25. 23 ; דְּדָנֶה Ez. 25. 13 ; *plur.* דְּדָנִים Is. 21. 13.

דֹּדָנִים *n. pr.* Dodanim, fils de Javan, souche d'un peuple, Gen. 10. 4.

דְּהַב *m.* chald. (héb. זָהָב). Or : צְלֵם דִּי־דְהַב Dan. 3. 1, une image d'or ; דַּהֲבָא vers. 5. 7.

דַּהֲיֵא (*cheth.* דֶּהָוֵא) *m. pl.* Les Diéveens, peuple dont une colonie habitait la Samarie, Esdr. 4. 9.

דָּהַם *Kal* inusité. *Niph.* Être étonné, stupéfait : כְּאִישׁ נִדְהָם Jér. 14. 9, comme un homme stupéfait, interdit.

דָּהַר Galoper, trotter : וְסוּס דֹּהֵר Nah. 3. 2, des coursiers qui galopent, battent des pieds.

דַּהֲרָה *f.* Battement des pieds du cheval, galop, course impétueuse : מִדַּהֲרוֹת דַּהֲרוֹת אַבִּירָיו Jug. 5. 22, par la course impétueuse, le galop de ses guerriers, ou de ses chevaux vigoureux.

דּוּב (v. דֹּב).

דוּב *Hiph.* Faire souffrir (v. דָּאַב *Hiph.*).

דּוּג ou דִּיג Pêcher (de דָּג) : וְדִיגוּם Jér. 16. 16, ils les pêcheront. *Hiph.* p. וְהֵדִיגוּם.

דַּוָּג *m.* Pêcheur : דַּוָּגִים Ez. 47. 10, des pêcheurs.

דּוּגָה *f.* Pêche ou poisson : בְּסִירוֹת דּוּגָה Amos 4. 2, avec l'hameçon de la pêche, ou (avec lequel on prend) le poisson.

דּוֹד *m.* (avec suff. דּוֹדוֹ, *plur.* דּוֹדִים). 1° Ami, amant, bien-aimé : שִׁירַת דּוֹדִי Is. 5. 1, le cantique de mon ami ; אֲנִי לְדוֹדִי וְדוֹדִי לִי Cant. 6. 3, je suis à mon bien-aimé, et mon bien-aimé est à moi. — 2° Oncle, frère du père ; *une fois* cousin : לִבְנֵי דֹדֵיהֶן Nomb. 36. 11, aux fils de leurs oncles ; דּוֹד שָׁאוּל I Sam.

10. 15, l'oncle de Saül; חֲנַמְאֵל דֹּדִי Jér. 32. 12, Hanamel, mon cousin (v. vers. 9). — 3° Amour, plaisir (seulem. au *plur.*); טוֹבִים דֹּדֶיךָ מִיָּיִן Cant. 1. 2, ton amour est meilleur que le vin; נִרְוֶה דֹדִים Prov. 7. 18, enivrons-nous de plaisirs, d'amour.

דּוּד *m.* (*plur.* דּוּדִים et דְּוָדִים). 1° Pot, chaudron: אוֹ בַדּוּד I Sam. 2. 14, ou dans le pot, ou le chaudron; בַּסִּירוֹת וּבַדְּוָדִים II Chr. 35. 13, dans des pots et dans des chaudrons. — 2° Panier: הַדּוּד אֶחָד תְּאֵנִים Jér. 24. 2, dans un panier il y avait (d'excellentes) figues; כַּפָּיו מִדּוּד תַּעֲבֹרְנָה Ps. 81. 7, ses mains étaient débarrassées du panier ou du pot, c.-à-d. il n'était plus assujetti à des travaux vils.

דָּוִד dans les livres postérieurs **דָּוִיד** (ami) *n. pr.* David, deuxième roi d'Israel: עִיר דָּוִד I Rois 3. 1, la ville de David, Sion; בֵּית דָּוִד Is. 7. 13, la maison de David, la famille royale de Juda; עַבְדִּי דָוִד Ez. 34. 23-24, 37. 24, mon serviteur David, le Messie (qui sera descendant de David).

דּוֹדָה (*fém.* de דּוֹד) Tante, sœur du père, femme de l'oncle: יוֹכֶבֶד דֹּדָתוֹ Exod. 6. 20, Jochebed sa tante, la sœur de son père; דֹּדָתְךָ הִוא Lév. 18. 14, elle est ta tante (la femme de ton oncle).

דּוּדָאִים *m. pl.* (const. דּוּדָאֵי). 1° Paniers (v. דּוּד 2°): שְׁנֵי דּוּדָאֵי תְאֵנִים Jér. 24. 1, deux paniers pleins de figues. — 2° Nom d'une plante, mandragores: הַדּוּדָאִים נָתְנוּ־רֵיחַ Cant. 7. 14, les mandragores ont répandu leur odeur.

דָּוָה Souffrir, être malade, spécialement de la souffrance menstruelle des femmes: כִּימֵי נִדַּת דְּוֹתָהּ Lév. 12. 2, comme aux jours de l'impureté de sa maladie (où elle est séparée, impure, à cause de sa maladie); דְּוֹת *inf.* ou *subst.*

דָּוֶה *adj.* (*fém.* דָּוָה). Languissant, souffrant, malade, affligé, triste: וְהַדָּוָה בְּנִדָּתָהּ Lév. 15. 33, celle qui est souffrante de son impureté menstruelle; תִּזְרֵם כְּמוֹ דָוָה Is. 30. 22, tu les rejetteras comme (le linge souillé) d'une femme qui a ses mois; עַל־זֶה הָיָה דָוֶה לִבֵּנוּ Lam. 5. 17, c'est pourquoi notre cœur est malade, triste; כָּל־הַיּוֹם דָּוָה Lament. 1. 13, (il m'a rendue) triste, affligée, pendant tout le jour.

דּוּחַ *Kal* inusité. *Hiph.* הֵדִיחַ 1° Repousser, chasser: הֱדִיחָנִי Jér. 51. 34, il m'a chassé, repoussé. — 2° Laver, nettoyer: שָׁם יָדִיחוּ אֶת־הָעֹלָה Ez. 40. 38, c'était là qu'ils lavaient les holocaustes; וְאֶת־דְּמֵי יְרוּשָׁלַםִ יָדִיחַ מִקִּרְבָּהּ Is. 4. 4, et (après qu')il aura lavé Jérusalem du sang qui est au milieu d'elle.

דְּוַי *m.* (rac. דָּוָה). Maladie, douleur: עַל־עֶרֶשׂ דְּוָי Ps. 41. 4, sur son lit de douleur; הֵמָּה כִּדְוֵי לַחְמִי Job 6. 7, (ce que je refusais de toucher) est devenu ma nourriture dans ma douleur, ou comme une nourriture après laquelle je languis.

דַּוָּי *adj.* Malade, souffrant: וְלִבִּי דַוָּי Lament. 1. 22, mon cœur est souffrant; וְכָל־לֵבָב דַּוָּי Is. 1. 5, tout cœur est malade.

דָּוִיד (v. דָּוִד *n. pr.*).

דּוּךְ Piler, broyer: אוֹ דָכוּ בַּמְּדֹכָה Nomb. 11, 8, où ils pilaient (la manne) dans un mortier.

* **דּוּכָן** *m.* Pupitre, estrade, Rituel.

דּוּכִיפַת *f.* Nom d'un oiseau impur, Lév. 11. 19 (huppe ou coq de bruyère?).

דּוּמָה *f.* (rac. דּוּם). Silence; *poét.* lieu où règne le silence, la tombe: יֹרְדֵי דוּמָה Ps. 115. 17, ceux qui descendent où règne le silence (dans le sépulcre); כִּמְעַט שָׁכְנָה דוּמָה נַפְשִׁי Ps. 94. 17, mon âme reposerait presque dans le silence (de la tombe).

דּוּמָה *n. pr.* 1° Dumah, fils d'Ismael, Gen. 25. 14. — 2° Tribu et contrée dans l'Arabie, Is. 21. 11.

דּוּמִיָּה *f.* (rac. דּוּם ou דָּמָה). 1° *Subst.* Silence, repos: נֶאֱלַמְתִּי דוּמִיָּה Ps. 39. 3, je me suis tu, (j'ai gardé) le silence; וְלַיְלָה וְלֹא־דוּמִיָּה לִי Ps. 22. 3, même pendant la nuit, il n'y a pas de silence pour moi (je ne me tais pas), ou il n'y a pas de repos pour moi.—2° *Adj*. Silencieux, tranquille, confiant: אַל־אֱלֹהִים דּוּמִיָּה נַפְשִׁי Ps. 62. 2, mon âme est tranquille en Dieu (elle espère en lui); לְךָ דֻמִיָּה תְהִלָּה Ps. 65. 2, à toi (convient) une louange silencieuse, (tu es au-dessus des louanges), ou les louanges t'attendent (à Sion).

דּוּמָם *adj*. Silencieux, muet: שְׁבִי דוּמָם Is. 47. 5, reste assise en silence, silencieuse; לְאֶבֶן דּוּמָם Hab. 2. 19, à la pierre muette.

דּוּמֶשֶׂק pour דַּמֶּשֶׂק *n. pr*. Damas, II Rois 16. 10.

דּוּן ou דִּין Juger, rendre justice, punir: דָּן דִּין־עָנִי וְאֶבְיוֹן Jér. 22. 16, il jugeait, défendait, la cause du pauvre et de l'indigent; דָּנַנִּי אֱלֹהִים Gen. 30. 6, Dieu m'a rendu justice; דָּן אָנֹכִי Gen. 15. 14, (la nation qu'ils serviront) je la punirai; לֹא־יָדוֹן רוּחִי בָאָדָם לְעֹלָם Gen. 6. 3, mon esprit ne luttera pas toujours dans l'homme (contre ses passions); selon d'autres: ne restera ou ne règnera pas toujours dans l'homme.

Niph. נָדוֹן Être en contestation, se disputer: וַיְהִי כָל־הָעָם נָדוֹן II Sam. 19. 10, tout le peuple était en contestation, en dispute.

Hiph. (*fut*. יָדִין, *inf*. דִּין p. הָדִין). 1° Gouverner, régir: יְיָ יָדִין אַפְסֵי־אָרֶץ I Sam. 2. 10, l'Éternel gouvernera, ou jugera, les extrémités de la terre; וְגַם־אַתָּה תָּדִין אֶת־בֵּיתִי Zach. 3. 7, tu régiras, gouverneras, aussi ma maison (mon temple). — 2° Juger, rendre justice, faire rendre justice, venger, punir: דָּן יָדִין עַמּוֹ Gen. 49. 16, Dan jugera son peuple; יְיָ יָדִין עַמִּים Ps. 7. 9, l'Éternel jugera les peuples; וְדִין עָנִי וְאֶבְיוֹן Prov. 31. 9, rends justice au pauvre et à l'indigent; וּבִגְבוּרָתְךָ תְדִינֵנִי Ps. 54. 3, et par ta force fais-moi rendre justice, défends ma cause; כִּי־בָם יָדִין עַמִּים Job 36. 31, par eux (les nuages) il punit les nations. De même avec בְּ: יָדִין בַּגּוֹיִם Ps. 110. 6, il juge, punit, les nations. — Avec עִם Se disputer: וְלֹא־יוּכַל לָדִין עִם שֶׁהַתַּקִּיף מִמֶּנּוּ Eccl. 6. 10, il ne peut entrer en contestation avec celui qui est plus fort que lui.

דִּין chald. Juger: דִּי־לֶהֱוֹן דָּאְנִין לְכָל־עַמָּא Esdr. 7. 25, qui doivent juger tout le peuple.

דִּין Justice, jugement: לְמַעַן תֵּדְעוּן שַׁדִּין Job 19. 29, *keri* (*cheth*. שַׁדּוּן), afin que vous sachiez qu'il y a un jugement, ou un juge.

דּוֹנַג et דֹּנַג *m*. Cire: כַּדּוֹנַג נָמַסּוּ Ps. 97. 5, (les montagnes) se fondent comme la cire.

דּוּץ Danser, se réjouir: וּלְפָנָיו תָּדוּץ דְּאָבָה Job. 41. 14, (litt.) devant lui se réjouit la terreur, c.-à-d. la terreur se change en joie pour lui; selon d'autres: devant lui saute, court, la terreur, il répand la terreur.

דּוּק chald. Se briser, être broyé (v. דָּקַק): בֵּאדַיִן דָּקוּ כַחֲדָה Dan. 2. 35, alors se brisèrent en même temps (le fer, etc.).

דּוּר Demeurer: מִדּוּר בְּאָהֳלֵי־רֶשַׁע Ps. 84. 11, que de demeurer dans les tentes de la méchanceté; *trans*. וְגַם דּוּר הָעֲצָמִים תַּחְתֶּיהָ Ez. 24. 5, range aussi les os sous elle (la marmite); selon d'autres: fais brûler les os (v. מְדוּרָה).

דּוּר chald. Demeurer, habiter. *Part*.: דִּי־דָאְרִין בְּכָל־אַרְעָא Dan. 3. 31, 6. 26 (*keri* דָּיְרִין), qui habitent toute la terre.

דּוּר *m*. 1° Cercle: וְחָנִיתִי כַדּוּר עָלָיִךְ Is. 29. 3, je camperai comme en cercle autour de toi. — 2° Balle: כַּדּוּר Is. 22. 18, comme une balle (v. les deux ex. à כַּדּוּר).

דּוֹר et דֹּר *m*. 1° Génération, race, contemporains, temps, durée de la vie: עַד־תֹּם כָּל־הַדּוֹר Nomb. 32. 13, jusqu'à ce que toute cette génération fût éteinte; דּוֹר עִקֵּשׁ Deut. 32. 5, une race pervertie; דּוֹרִי נִסַּע Is. 38. 12, le temps, la durée de ma vie est finie; selon d'autres, ma demeure est arrachée; וְאֶת־דּוֹרוֹ Is. 53. 8, et ses contemporains (v. à שׂוּחַ); דֹּר וָדֹר de génération en génération, pendant de longs siècles, toujours;

שְׁנוֹתָיו כְּמוֹ־דֹר וָדֹר Ps. 61. 7, ses années auront la durée de plusieurs générations, ou : les années de sa race dureront toujours ; בְּכָל־דּוֹר וָדֹר Ps. 145. 13, dans tous les siècles, toutes les générations ; שְׁנוֹת דֹּר־וָדֹר Deut. 32. 7, les années des siècles passés, des générations passées ; de même לְדֹר וָדֹר, לְדֹר דֹּר, עַד־דֹּר וָדֹר, מִדֹּר דֹּר à jamais, toujours.

Plur. דּוֹרִים et דּוֹרוֹת ; le premier n'est employé qu'avec דּוֹר les siècles, l'éternité : בְּדוֹר דּוֹרִים שְׁנוֹתֶיךָ Ps. 102. 25, tes années s'étendent dans l'éternité ; דּוֹרוֹת est plus généralem. employé : בְּדֹרֹתָיו Gen. 6. 9, dans son temps, au milieu des hommes de son temps. Fréq. les générations à venir, la postérité : חֻקַּת עוֹלָם לְדֹרֹתֵיכֶם Lév. 3. 17, une loi éternelle pour toutes vos générations. — 2° Demeure, séjour : עַד־דּוֹר אֲבוֹתָיו Ps. 49. 20, jusqu'à la demeure de ses pères, c.-à-d. jusqu'à la tombe.

דּוֹר et דֹּאר (demeure) *n. pr.* d'une contrée et d'une ville près du mont Carmel, Jos. 17. 11, 12. 23 (v. נָפָה).

דּוּרָא chald. *n. pr.* d'une plaine dans la Babylonie, Dan. 3. 1.

דּוּשׁ ou דִּישׁ (*fut.* יָדוּשׁ) Écraser, fouler, briser, battre le blé : בְּאַף תָּדוּשׁ גּוֹיִם Hab. 3. 12, dans ta colère tu brises les nations ; קוּמִי וָדוֹשִׁי בַת־צִיּוֹן Mich. 4. 13, lève-toi et foule (écrase-les), fille de Sion ; וְחַיַּת הַשָּׂדֶה תְּדוּשֶׁהָ Job. 39. 15, les animaux des champs la foulent aux pieds ; עַל־דּוּשָׁם בַּחֲרֻצוֹת הַבַּרְזֶל אֶת־הַגִּלְעָד Amos 1. 3, parce qu'ils ont foulé Galaad avec des chariots de fer ; וְדַשְׁתִּי אֶת־בְּשַׂרְכֶם Jug. 8. 7, je déchirerai votre chair ; וְאָרְנָן דָּשׁ חִטִּים I Chr. 21. 20, Ornan battait du froment ; אֹהַבְתִּי לָדוּשׁ Osée 10. 11, (une génisse) qui aime à fouler le blé (י אֹהַבְתִּי parag.) ; de même כְּעֶגְלָה דָשָׁא Jér. 50. 11, comme une génisse qui foule le blé (et qui peut manger tant qu'elle veut) ; selon d'autres, de דֶּשֶׁא, qui paît l'herbe (v. אָדַשׁ).

Niph. pass. וְנָדוֹשׁ מוֹאָב תַּחְתָּיו Is. 25. 10, et Moab sera écrasé sous lui ; כְּהִדּוּשׁ מַתְבֵּן 25. 10, comme la paille est brisée, écrasée.

Hiph. לֹא־תַחְסֹם שׁוֹר בְּדִישׁוֹ Deut. 25. 4, tu ne fermeras, lieras, pas la bouche du bœuf lorsqu'il foule le blé ; דִּישׁ *inf.* p. הָדִישׁ ou *subst.*, l'action de fouler le blé.

Hoph. passif : לֹא בֶחָרוּץ יוּדַשׁ קֶצַח Is. 28. 27, ce n'est point avec une herse pointue que s'écrase la nielle ou l'aneth.

דּוּשׁ chald. Fouler aux pieds : וּתְדוּשִׁנַּהּ Dan. 7. 23, il la foulera aux pieds.

דָּחָה Pousser, repousser (chasser), renverser : דַּחֹה דְחִיתַנִי לִנְפֹּל Ps. 118. 13, tu m'as poussé pour me faire tomber ; וּמַלְאַךְ יְיָ דּוֹחֶה Ps. 35. 5, et qu'un ange de l'Éternel les pousse, les chasse, devant lui ; אֲשֶׁר חָשְׁבוּ לִדְחוֹת פְּעָמָי Ps. 140. 5, qui ont résolu de faire glisser mes pieds, de me faire tomber ; גָּדֵר הַדְּחוּיָה Ps. 62. 4, une haie renversée.

Niph. passif : Être poussé, être chassé, exilé : בְּרָעָתוֹ יִדָּחֶה רָשָׁע Prov. 14. 32, le méchant sera rejeté dans sa malice, il tombera par sa propre faute ; יִדַּחוּ וְנָפְלוּ בָהּ Jér. 23. 12, ils seront poussés et ils tomberont (sur ce chemin, p. יִדָּחוּ) ; נִדְחֵי יִשְׂרָאֵל יְכַנֵּס Ps. 147. 2, il rassemblera les dispersés, les exilés d'Israel ; selon d'autres, p. נִדְּחֵי de נָדַח.

Pou. דֹּחוּ וְלֹא־יָכְלוּ קוּם Ps. 36. 13, ils ont été renversés et ils ne pourront plus se relever.

דַּחֲוָא *f.* chald. Table, nourriture : וְדַחֲוָן לָא־הַנְעֵל קָדָמוֹהִי Dan. 6. 19, il ne fit pas apporter de mets devant lui ; selon d'autres : des instruments de musique.

דְּחִי avec pause דֶּחִי, *m.* (rac. דָּחָה). Action de trébucher, chute : רַגְלַי מִדֶּחִי Ps. 56. 14, (tu as préservé) mes pieds de la chute.

דְּחַל chald. Trembler, craindre : וְדָחֲלִין מִן־קֳדָמוֹהִי Dan. 5. 19, ils tremblaient devant lui. *Part. pass.* דְּחִיל Terrible : וְרֵוֵהּ דְּחִיל Dan. 2. 31, et son aspect est effroyable.

Pa. דַּחֵל Effrayer : וִידַחֲלִנַּנִי Dan. 4. 2, et il m'a effrayé.

דֹּחַן *m.* Nom d'une plante, millet, Ez. 4. 9.

דָּחַף Presser, hâter. *Part. pass.*: הָרָצִים יָצְאוּ דְחוּפִים Esth. 3. 15, les courriers partirent pressés, en grande hâte. *Niph.* Se hâter : וְהָמָן נִדְחַף אֶל־בֵּיתוֹ Esth. 6. 12, Haman courut à sa maison ; וְגַם־הוּא נִדְחַף לָצֵאת II Chr. 26. 20, et lui aussi se hâta de sortir.

דָּחַק Presser, opprimer : וְאִישׁ אָחִיו לֹא יִדְחָקוּן Joel 2. 8, ils ne se presseront pas l'un l'autre; וְדֹחֲקֵיהֶם Jug. 2. 18, et (de) leurs oppresseurs.

• **דֹּחַק** *m.* Besoin, embarras, Aboth.

דַּי (const. דֵּי, avec suff. דַּיֶּךָּ, דַּיָּם) Suffisance, ce qui suffit, ce qui est assez ; puis *adv.*, assez, suffisamment : עַד־בְּלִי־דָי Mal. 3. 10, jusqu'à ce qu'il n'y aura plus assez (de place pour la contenir) ; selon d'autres : jusqu'au delà de la suffisance, en trop grande abondance ; וְדֵי חֲלֵב עִזִּים Prov. 27. 27, suffisamment de lait de chèvre ; וְאִם־לֹא תַגִּיעַ יָדוֹ דֵּי שֶׂה Lév. 5. 7, s'il ne possède pas assez (pour offrir) un agneau ; אֱכֹל דַּיֶּךָּ Prov. 25. 16, manges-en selon tes besoins, ce qui te suffit ; וְהַמְּלָאכָה הָיְתָה דַיָּם Exod. 36.7, les choses faites, ou les dons, étaient suffisants pour eux ; וּכְדַי בִּזָּיוֹן וָקָצֶף Esth. 1. 18, assez de mépris et de chagrin, de dispute ; כְּדֵי גְאֻלָּתוֹ Lév. 25. 26, assez pour le prix de son rachat ; כְּדֵי בָנוּ Néh. 5. 8, suffisamment pour nous, autant que nous pouvions.

Avec les *prép.* כְּדֵי Selon : כְּדֵי רִשְׁעָתוֹ Deut. 25. 2, selon son injustice, son crime ; מִדֵּי aussi souvent que, chaque fois que : מִדֵּי צֵאתָם I Sam. 18. 30, chaque fois qu'ils sortaient ; מִדֵּי אֲדַבֵּר Jér. 20. 8, aussi souvent que je parle ; מִדֵּי־בֹא הַמֶּלֶךְ I Rois 14. 28, toutes les fois que le roi entrait (dans le temple) ; בְּדֵי pour les besoins, pour : בְּדֵי גֹרֹתָיו Nah. 2. 13, pour les besoins de ses lionceaux ; בְּדֵי־אֵשׁ Hab. 2. 13, pour le feu, pour ne servir qu'au feu ; בְּדֵי־רִיק 2. 13, pour rien, inutilement, en vain. —Souvent דֵּי n'ajoute rien au sens des prépositions auxquelles il s'ajoute : כְּדֵי־אַרְבֶּה לָרֹב Jug. 6. 5, comme les sauterelles par la quantité (aussi nombreux que des sauterelles) ; בְּדֵי שֹׁפָר Job 39. 25, par le cor, au son du cor ; מִדֵּי שָׁנָה בְּשָׁנָה I Sam. 7. 16, d'année en année (chaque année) ; מִדֵּי־חֹדֶשׁ בְּחָדְשׁוֹ Is. 66. 23, de mois en mois, chaque mois (v. מִדֵּי).

דִּי chald. (v. אֲשֶׁר hébr.). 1° *Pron. relatif.* Qui, que, lequel, laquelle, lesquels : מָה־דִי לֶהֱוֵא Dan. 2. 29, ce qui arrivera ; וּמִלְּתָא דִי־מַלְכָּא שָׁאֵל 2. 11, (la chose) que le roi demande ; דִּי מְדָרְהוֹן 2. 11, (les dieux) dont la demeure. — Il marque souvent le *génitif* : נְהַר דִּי־נוּר 7. 10, un fleuve de feu ; שְׁמֵהּ דִּי־אֱלָהָא Dan. 2. 20, le nom de Dieu. Par surabondance : דִּי־חָכְמְתָא וּגְבוּרְתָא דִּי־לֵהּ הִיא 2. 20, car la sagesse et la puissance sont à lui.

2° *Conj.* Que, de ce que, parce que : דִּי כָל־אֱנָשׁ Dan. 5. 7, que chaque homme (quiconque) ; דִּי־יְהַבְתְּ לִי Dan. 2. 23, (je te rends grâce) de ce que tu m'as donné (la sagesse) ; דִּי רוּחַ־אֱלָהִין קַדִּישִׁין בָּךְ Dan. 4. 15, parce que l'esprit des dieux saints est en toi. Fortifiant, avec le discours direct : דִּי־הַשְׁכַּחַת גְּבַר 2. 25, (il lui parla ainsi :) J'ai trouvé un homme. Avec les *prép.* כְּדִי Lorsque, dès que : כְּדִי שָׁמְעִין Dan. 3. 7, dès que (les peuples) entendirent. מִן־דִּי Dès le moment : מִן־דִּי תִנְדַּע 4. 23, dès le moment que tu auras reconnu ; כָּל־קֳבֵל דִּי (v. קֳבֵל).

דִּי זָהָב (où est l'or) *n. pr.* d'un endroit dans le désert de Sinaï, Deut. 1. 1.

דִּיבוֹן *n. pr.* 1° D'une ville dans Moab, Nomb. 32. 34 ; bâtie par Gad, de là aussi Dibon-Gad, 33. 45 ; appelée aussi דִּימוֹן Is. 15. 9. — 2° D'une ville de la tribu de Juda, Néh. 11. 25 ; appelée aussi דִּימוֹנָה Jos. 15. 22.

דִּיג (v. דּוּג).

דַּיָּג *m.* Pêcheur : וְאָנוּ הַדַּיָּגִים Is. 19. 8,

les pêcheurs gémiront; לַדַּיָּגִים Jér. 16. 16, *keri* (*cheth*. לְדַוָּגִים) aux pêcheurs.

דַּיָּה *f.* Nom d'un oiseau, milan ou vautour, oiseau impur, Deut. 14. 13; oiseau de proie habitant les ruines, Is. 34. 15; *plur.* דַּיּוֹת.

דְּיוֹ *m.* Encre. Ex. unique : בַּדְּיוֹ Jér. 36. 18, avec de l'encre.

דִּימוֹן et דִּימוֹנָה (v. דִּיבוֹן).

דִּין (v. דּוּן héb. et chald.).

דֵּין *pron.* (v. דֵּן).

דִּין *m.* Jugement, droit, cause, querelle, dispute : מִשָּׁמַיִם הִשְׁמַעְתָּ דִּין Ps. 76. 9, du haut du ciel tu as fait entendre un jugement; כִּסֵּא־דִין Prov. 20. 8, le trône du jugement (le siége du juge); בֵּין־דִּין לְדִין Deut. 17. 8, entre la cause, le droit (de l'un), et la cause (de l'autre); דִּין יָתוֹם Jér. 5. 28, le droit de l'orphelin; עָשָׂה דִּין, דָּן דִּין rendre justice, défendre la cause de quelqu'un; כָּל־יֹדְעֵי דָּת וָדִין Esth. 1. 13, tous ceux qui connaissent les lois et le droit; וְיִשְׁבֹּת דִּין וְקָלוֹן Prov. 22. 10, et les disputes et les outrages cesseront; * בֵּית דִּין Rit., tribunal; בַּעַל דִּין Aboth, plaideur.

דִּין chald. *m.* 1° Jugement, tribunal, droit, justice : דִּינָא יְתִב Dan. 7. 10, les juges siégent, on juge; וְאֹרְחָתֵהּ דִּין 4.34, et ses voies sont la justice, sont justes; וְדִינָא יְהִב 7. 22, et (jusqu'à ce que) justice fût rendue. — 2° Punition, condamnation : דִּינָה לֶהֱוֵא מִתְעֲבֵד מִנֵּהּ Esdr. 7. 26, qu'un jugement soit rendu à son égard, qu'on prononce une condamnation contre lui.

דִּינָה (la juste) *n. pr.* Dinah, fille de Jacob, Gen. 30. 21.

דִּינָיֵא *m. pl.* chald. *n. pr.* d'un peuple assyrien qui fut transplanté en Samarie, Esdr. 4. 9.

דַּיָּן *m.* Juge, défenseur : וְהָיָה יְיָ לְדַיָּן I Sam. 24. 16, que l'Éternel soit (notre) juge; וְדַיַּן אַלְמָנוֹת Ps. 68. 6, et le défenseur des veuves.

דַּיָּן chald. *m.* Juge : וְדַיָּנִין Esdr. 7. 25, et des juges, des défenseurs.

* דִּינָר Une pièce de monnaie : דִּינְרֵי זָהָב Aboth, des dinars d'or.

דִּיפַת *n. pr.* Diphath, fils de Gomer, I Chr. 1. 6. (רִיפַת Gen. 10. 3.)

* דִּיצָה *f.* (v. דּוּץ). Joie, allégresse, Rituel.

דָּיֵק *m.* Retranchement, tour de siége. *Collect.*: וַיִּבְנוּ עָלֶיהָ דָּיֵק סָבִיב II Rois 25. 1, ils élevèrent des retranchements, ou ils bâtirent des forts tout autour (de la ville); וְנָתַן עָלַיִךְ דָּיֵק Ez. 26. 8, il t'environnera de forts, de tours.

* דִּירָה *f.* Demeure : דִּירַת סֻכָּה Rituel, la demeure sous une tente.

דִּישׁ (v. דּוּשׁ).

דַּיִשׁ *m.* (rac. דּוּשׁ). Battage, époque où l'on bat le blé : וְהִשִּׂיג לָכֶם דַּיִשׁ אֶת־בָּצִיר Lév. 26. 5, l'époque où vous battrez le blé atteindra la vendange, durera jusqu'à la vendange.

דִּישֹׁן *m.* Nom d'une bête, Deut. 14. 5, espèce de chèvre ou gazelle?

דִּישָׁן, דִּישֹׁן, דִּשֹׁן et דִּישׁוֹן *n. pr.* 1° Dison, fils de Seïr, Gen. 36. 21, 30, I Chr. 1. 38. — 2° Dison, fils d'Anah, Gen. 36. 25, I Chr. 1. 41.

דַּךְ (rac. דָּכָה) *adj.* Opprimé, malheureux, humilié : מִשְׂגָּב לַדָּךְ Ps. 9. 10, un refuge pour l'opprimé; אַל־יָשֹׁב דַּךְ נִכְלָם Ps. 74. 21, que l'affligé, le malheureux, ne s'en retourne pas confus; לְשׁוֹן־שֶׁקֶר יִשְׂנָא דַכָּיו Prov. 26. 28, la langue mensongère (le menteur) hait ceux qu'elle a humiliés (litt. ses humiliés); selon d'autres: le menteur hait ceux qui l'humilient, le punissent.

דָּךְ chald. *pron.* Ce, celui-ci; *fém.* דָּךְ celle-ci : בֵּית־אֱלָהָא דָךְ Esdr. 5. 17, cette maison de Dieu; קִרְיְתָא דָךְ Esdr. 4. 15, cette ville.

דָּכָא *Kal* inusité. *Pi.* דִּכָּא Réduire en poussière, briser, fouler (aux pieds), opprimer : וְיֹאֵל אֱלוֹהַּ וִידַכְּאֵנִי Job. 6. 9, ah! si Dieu voulait me réduire en poussière, me détruire; וִידַכֵּא עוֹשֵׁק Ps. 72. 4, il écrase l'oppresseur; דִּכָּא לָאָרֶץ חַיָּתִי Ps. 143. 3, il foule à terre mon existence, ou : il a humilié ma vie jusqu'à terre (דִּכָּא p. דִּכֵּא); לְדַכֵּא תַּחַת רַגְלָיו Lament. 3. 34, pour fouler sous ses pieds ; מַלָּכֶם תְּדַכְּאוּ עַמִּי Is. 3. 15, pourquoi opprimez-vous mon peuple ? וַיהוָה חָפֵץ דַּכְּאוֹ Is. 53. 10, l'Éternel a voulu le briser ; וּתְדַכְּאוּנַנִי בְמִלִּים Job 19. 2, et (combien de temps encore) voulez-vous me briser par vos discours ?

Niph. Être contrit, humilié : וּלְהַחֲיוֹת לֵב נִדְכָּאִים Is. 57. 15, de ranimer le cœur de ceux qui sont humiliés, contrits.

Pou. Être brisé, être écrasé, être abattu, humilié : מְדֻכָּא מֵעֲוֹנֹתֵינוּ Is. 53. 5, il est brisé par nos iniquités ; וּזְרֹעוֹת יְתֹמִים יְדֻכָּא Job 22. 9, les bras des orphelins sont brisés ; לֹא דֻכְּאוּ Jér. 44. 10, ils ne sont pas humiliés (jusqu'à ce jour).

Hithp. (יִתְדַּכָּא p. יִתְדַּכְּאוּ). Être écrasé, opprimé : וְהָפַךְ לַיְלָה וְיִדַּכָּאוּ Job 34. 25, il tourne (sur eux) la nuit, les couvre de nuit, d'obscurité, et ils seront écrasés ; וְיִדַּכְּאוּ בַשַּׁעַר Job 5. 4, ils seront foulés aux pieds, ou opprimés à la porte de la ville (devant le tribunal).

דַּכָּא 1° *m*. Humiliation, abaissement : תָּשֵׁב אֱנוֹשׁ עַד־דַּכָּא Ps. 90. 3, tu réduis l'homme à l'abaissement, l'humiliation ; selon d'autres : tu fais rentrer l'homme dans la poussière. — 2° *adj*. Humble, contrit : וְאֶת־דַּכָּא וּשְׁפַל־רוּחַ Is. 57. 15, et avec celui qui est contrit et dont l'esprit est abattu, brisé ; דַּכְּאֵי־רוּחַ Ps. 34. 19, ceux dont l'esprit est humilié, abattu.

דָּכָה (v. דָּכָא) Écraser, ou se courber : יִדְכֶּה יָשֹׁחַ Ps. 10. 10, il écrase, abat (le pauvre) ; ou il se courbe, se baisse (se montre humble pour mieux surprendre sa proie).

Niph. Être brisé, humilié : נְפוּגוֹתִי וְנִדְכֵּיתִי עַד־מְאֹד Ps. 38. 9, je suis tout brisé ; לֵב־נִשְׁבָּר וְנִדְכֶּה 51. 19, un cœur brisé et humilié.

Pi. Briser : תָּגֵלְנָה עֲצָמוֹת דִּכִּיתָ Ps. 51. 10, que mes os que tu as brisés soient dans l'allégresse.

דַּכָּה *f*. Action d'écraser, broiement : פְּצוּעַ־דַּכָּה Deut. 23. 2, un homme mutilé par le broiement, c.-à-d. dont les testicules ont été écrasés, broyés.

דֳּכִי *m*. Brisement des flots : יִשְׂאוּ נְהָרוֹת דָּכְיָם Ps. 93. 3, les fleuves ont élevé leurs flots bruyants.

דִּכֵּן chald. *pron*. Ce, celui (v. דֵּךְ) : וְקַרְנָא דִכֵּן Dan. 7. 20, et cette corne.

דְּכַר chald. *m*. Bélier : דִּכְרִין Esdr. 6. 9, 17, des béliers.

דִּכְרוֹן (דִּכְרוֹנָה) chald. *m*. Souvenir, mémoire : וְכֵן־כְּתִיב בְּגַוַּהּ דִּכְרוֹנָה Esdr. 6. 2, ceci s'y trouvait écrit, un souvenir (fait qui mérite d'être rappelé), ou : il était écrit dans ce livre, cette chronique.

דָּכְרָן chald. *m*. Souvenir : בִּסְפַר דָּכְרָנַיָּא Esdr. 4. 15, dans le livre des souvenirs, la chronique.

I **דַּל** *m*. (pour דֶּלֶת). Porte : דַּל שְׂפָתָי Ps. 141. 3, la porte de mes lèvres, les lèvres, qui s'ouvrent et se ferment comme une porte ; selon d'autres : la lèvre supérieure.

II **דַּל** *adj*. (*plur*. דַּלִּים). Pauvre, maigre, faible : וְאִם־דַּל הוּא Lév. 14. 21, que s'il est pauvre ; דַּלּוֹת Gen. 41. 19, (des vaches) chétives ; מַדּוּעַ אַתָּה כָּכָה דַּל II Sam. 13. 4, d'où viens que tu maigris ainsi ? אַלְפִּי הַדַּל בִּמְנַשֶּׁה Jug. 6. 15, ma famille est la plus pauvre, la moins considérable, de celles de Manassé ; וּבֵית שָׁאוּל הֹלְכִים וְדַלִּים II Sam. 3. 1, mais la maison de Saül allait s'affaiblissant.

דָּלַג Sauter : כָּל־הַדּוֹלֵג עַל־הַמִּפְתָּן Soph. 1. 9, tous ceux qui sautent par dessus le seuil (v. à מִפְתָּן).

Pi. Sauter, franchir : אָז יְדַלֵּג כָּאַיָּל פִּסֵּחַ Is. 35. 6, alors le boiteux sautera comme le cerf ; אֲדַלֶּג־שׁוּר Ps. 18. 30, je franchis les murailles. *Part*. מְדַלֵּג עַל־הֶהָרִים Cant. 2. 8, sautant sur les montagnes.

דָּלָה Tirer en haut, tirer, puiser de l'eau : וְגַם־דָּלֹה דָלָה לָנוּ Exod. 2. 19, il a même puisé de l'eau pour nous ; וְאִישׁ תְּבוּנָה יִדְלֶנָּה Prov. 20. 5, (le conseil est dans le cœur de l'homme comme une eau profonde,) mais l'homme intelligent l'en tirera, l'y puisera.

Pi. כִּי דִלִּיתָנִי Ps. 30. 2. parce que tu m'as élevé, relevé ; דַּלְיוּ שֹׁקַיִם מִפִּסֵּחַ Prov. 26. 7, ôtez les jambes aux boiteux (car elles ne lui servent pas), ou : דַּלְיוּ (pour דָּלְלוּ, de דָּלַל) les jambes du boiteux sont pendantes, faibles.

דַּלָּה *f.* (rac. דָּלַל). Chose mince, pendante. 1° Fil, trame : מִדַּלָּה יְבַצְּעֵנִי Is. 38. 12, il m'arrache de la trame (de ma vie); selon d'autres : il m'achèvera par cette maladie (v. 3°). — 2° Cheveux, boucle de cheveux : וְדַלַּת רֹאשֵׁךְ Cant. 7. 6, et les cheveux de ta tête. —3° Pauvreté, infériorité ; *sens concr.*, classe pauvre, basse classe : דַּלַּת עַם־הָאָרֶץ II Rois 24. 14, les plus pauvres, la basse classe du peuple ; *plur.* וּמִדַּלּוֹת הָאָרֶץ Jér. 52. 16, et des plus pauvres du pays.

• דַּלּוּת *f.* Pauvreté : דַּלּוּת מַעֲשִׂים Rituel, la pauvreté (de nos) œuvres.

דָּלַח Troubler (l'eau) : וַתִּדְלַח־מַיִם בְּרַגְלֶיךָ Ez. 32. 2, tu troublais les eaux avec tes pieds.

דְּלִי *m.* (rac. דָּלָה). Seau (pour puiser de l'eau) : כְּמַר מִדְּלִי Is. 40. 15, comme une goutte d'eau (qui tombe) d'un seau.

דְּלִי *m.* Seau : יִזַּל מַיִם מִדָּלְיָו Nomb. 24. 7, l'eau coulera de ses seaux.

דְּלָיָה *n. pr. m.* Néh. 6. 10.

דְּלָיָהוּ *n. pr. m.* Jér. 36. 12.

דְּלִילָה *n. pr.* Dalila, femme de Samson, Jug. 16. 4.

דָּלִיּוֹת *f. pl.* Branches : וְרָעוּ דָּלִיּוֹתָיו Jér. 11. 16, ses branches se rompent.

דָּלַל 1° Être pauvre, faible, misérable : כִּי דַלּוֹנוּ מְאֹד Ps. 79. 8, car nous sommes dans une extrême misère. — 2° Se dessécher, tarir, se consumer : דָּלְלוּ וְחָרְבוּ יְאֹרֵי מָצוֹר Is. 19. 6, les rivières de l'Égypte tariront et deviendront sèches (v. מָצוֹר *n. pr.*) ; דַּלּוּ מֵאֱנוֹשׁ נָעוּ Job 28. 4, (les eaux) tarissent, et s'éloignent des hommes ; selon d'autres : (les mineurs) sont plus malheureux, plus misérables, que les (autres) hommes qui errent (sur la terre) ; דַּלּוּ עֵינַי לַמָּרוֹם Is. 38. 14, mes yeux se lèvent vers le ciel (exact., se consument à force de regarder le ciel).

Niph. Devenir pauvre, faible : וַיִּדַּל יִשְׂרָאֵל מְאֹד Jug. 6. 6, Israel devint extrêmement malheureux ; יִדַּל כְּבוֹד יַעֲקֹב Is. 17. 4, la gloire de Jacob s'affaiblira, s'évanouira.

דִּלְעָן *n. pr.* d'une ville de la tribu de Juda, Jos. 15. 38.

דָּלַף Dégoutter, tomber des gouttes, répandre des larmes : יִדְלֹף הַבָּיִת Eccl. 10. 18, la pluie tombera dans la maison ; litt., la maison dégouttera ; דָּלְפָה עֵינִי Job 16. 20, mon œil pleure, répand des larmes ; *métaph.* דָּלְפָה נַפְשִׁי Ps. 119. 28, mon âme répand des larmes, se fond. –

דֶּלֶף *m.* Gouttière : וְדֶלֶף טֹרֵד Prov. 19. 13, et (comme) une gouttière qui coule toujours.

דַּלְפוֹן *n. pr.* Dalphon, fils de Haman, Esth. 9. 7.

דָּלַק (*fut.* יִדְלַק) 1° Brûler : וְדָלְקוּ בָהֶם Obad, 18, ils les embraseront, brûleront ; שְׂפָתַיִם דֹּלְקִים Prov. 26. 23, des lèvres brûlantes (qui expriment une amitié chaude). — 2° Poursuivre avec ardeur, persécuter ; avec אַחֲרֵי et le rég. dir. : כִּי דָלַקְתָּ אַחֲרָי Gen. 31. 36, pour que tu me poursuives ; בְּגַאֲוַת רָשָׁע יִדְלַק עָנִי Ps. 10. 2, le méchant dans son orgueil poursuit le pauvre ; עַל־הֶהָרִים דְּלָקֻנוּ Lament. 4. 19, ils nous ont poursuivis sur les montagnes ; חִצָּיו לְדֹלְקִים יִפְעָל Ps. 7. 14, il prépare ses flèches contre les persécuteurs ; selon d'autres : il rend ses flèches ardentes.

Hiph. 1° Allumer : הַדְלֵק הָאֵשׁ Ez. 24. 10, allume le feu. — 2° Échauffer : יַיִן יַדְלִיקֵם Is. 5. 11, le vin les échauffe.

דְּלַק chald. Brûler : נוּר דָּלִק Dan. 7. 9, un feu brûlant.

דַּלֶּקֶת *f.* Fièvre chaude : וּבַדַּלֶּקֶת Deut. 28. 22, et d'une fièvre chaude, ou inflammatoire.

דֶּלֶת *f.* Porte : הַדֶּלֶת תִּסּוֹב עַל צִירָהּ Prov. 26. 14, (comme) la porte tourne sur ses gonds ; בְּדַלְתּוֹ II Rois 12. 10, dans la porte, le couvercle (du coffre) ; דְּלָתְךָ Is. 26. 20, ta porte ; *métaph.* וְאִם־דֶּלֶת הִיא Cant. 8. 9, si elle est une porte, c.-à-d. si elle est facilement accessible. *Duel* דְּלָתַיִם, const. דַּלְתֵי, *plur.* דְּלָתוֹת, const. דַּלְתוֹת portes, battants des portes : וְאֵת פֶּתַח הַדְּבִיר עָשָׂה דַּלְתוֹת עֲצֵי־שָׁמֶן I Rois 6. 31, à l'entrée du sanctuaire il fit des portes de bois d'olivier ; וּשְׁתַּיִם דְּלָתוֹת לַדְּלָתוֹת Ez. 41. 24, et chaque porte avait deux battants.

Métaph. דַּלְתֵי בִטְנִי Job 3. 10, les portes, l'ouverture, du sein de ma mère ; דַּלְתֵי פָנָיו 41. 6, les portes de son visage, sa bouche ; דַּלְתוֹת הָעַמִּים Ez. 26. 2, les portes des peuples, Jérusalem, qui était fréquentée par tous les peuples. — 2° Pages, tablettes d'un livre : שָׁלֹשׁ דְּלָתוֹת וְאַרְבָּעָה Jér. 36. 23, (lorsque Jehoudi eut lu) trois ou quatre pages.

I **דָּם** *m.* (const. דַּם, avec suff. דָּמִי, דִּמְכֶם). 1° Sang (v. אָדַם être rouge) : אֶרֶץ אַל־תְּכַסִּי דָמִי Job 16. 18, terre, ne couvre pas mon sang ; לֶאֱכֹל עַל־הַדָּם I Sam. 14. 33, de manger (la chair) avec le sang ; וַיִּשְׁפְּכוּ דָם נָקִי Ps. 106. 38, ils répandirent le sang innocent ; וְדָם נָקִי יַרְשִׁיעוּ Ps. 94. 21, ils condamnent le sang innocent, p. l'innocent ; וַהֲסִרֹתִי דָמָיו מִפִּיו Zach. 9. 7, j'ôterai de sa bouche son sang, c.-à-d. ses victimes sanglantes ; וְדַם־עֵנָב Deut. 32. 14, et le sang du raisin, le vin rouge.

2° Sang répandu, meurtre, crime d'homicide : וְדָמָיו עָלָיו יִטּוֹשׁ Osée 12. 15, il rejettera sur lui le sang que (Éphraïm) a répandu ; דָּם יֵחָשֵׁב לָאִישׁ הַהוּא Lév. 17. 4, ce sera imputé à cet homme comme un homicide ; אֵין לוֹ דָּם Nomb. 35. 27, il ne sera point regardé, ou puni, comme un homicide ; וְהוֹרַדְתָּ אֶת־שֵׂיבָתוֹ בְּדָם שְׁאוֹל I Rois 2. 9, tu feras descendre sa vieillesse dans le Schéol par une mort sanglante ; אִם־לֹא דָם שָׂנֵאתָ וְדָם יִרְדֲּפֶךָ Ez. 35. 6, n'as-tu pas haï, craint, le meurtre ? et le meurtrier te poursuivra ; selon d'autres : n'as-tu pas haï ton sang, tes prochains ? aussi ton sang te poursuivra.

Plur. דָּמִים (const. דְּמֵי) : קוֹל דְּמֵי אָחִיךָ Gen. 4. 10, la voix du sang de ton frère ; אִישׁ־דָּמִים Ps. 5. 7, homme sanguinaire ; בֵּית הַדָּמִים II Sam. 21. 1, la maison de sang, la famille qui a commis des meurtres ; אֵין לוֹ דָּמִים Exod. 22. 1, il n'est point puni comme un meurtrier ; דְּמֵיהֶם בָּם Lév. 20. 11, leur sang retombera sur eux, ils seront punis de mort.

II **דָּם** ou **דַּם** (rac. דָּמָה) Ressemblance : כְּדָמְךָ Ez. 19. 10, à ta ressemblance, de même que toi ; selon d'autres : dans ton sang, forte, vigoureuse comme toi.

I **דָּמָה** Ressembler, être semblable, comparable ; avec אֶל et לְ : לֹא־דָמָה אֵלָיו בְּיָפְיוֹ Ez. 31. 8, (aucun arbre) ne lui était comparable en beauté ; דָּמְתָה לְתָמָר Cant. 7. 8, (la taille) est semblable à un palmier ; וּדְמֵה־לְךָ לִצְבִי Cant. 8. 14, et sois semblable à un cerf (le pronom pléonasme).

Niph. Être semblable, devenir semblable : כְּפִיר גּוֹיִם נִדְמֵיתָ Ez. 32. 2, tu as été semblable à un lion à l'égard des nations ; נִמְשַׁל כַּבְּהֵמוֹת נִדְמוּ Ps. 49. 13, ils sont comparables aux bêtes, ils leur sont devenus tout à fait semblables ; selon d'autres, de II דָּמָה : et ils périssent comme elles ; וְתַמְשִׁלוּנִי וְנִדְמֶה Is. 46. 5, (à qui) me comparerez-vous (pour dire) que je lui sois semblable ? ou *fut.* du *Kal*, que nous nous soyons semblables.

Pi. 1° Comparer, faire des comparaisons, dire des paraboles, avec אֶל et avec לְ : וְאֶל־מִי תְּדַמְּיוּן אֵל Is. 40. 18, à qui comparerez-vous Dieu ? מָה אֲדַמֶּה־לָּךְ Lament. 2. 13, que puis-je trouver pour le comparer à toi ? וּבְיַד הַנְּבִיאִים אֲדַמֶּה Osée 12. 11, et par les prophètes j'ai fait dire des paraboles. — 2° S'imaginer, penser, avoir l'intention, résoudre : אַל־תְּדַמִּי בְנַפְשֵׁךְ Esth. 4. 13, ne t'imagine pas en toi-même ; דִּמִּיתָ הֱיוֹת־אֶהְיֶה כָמוֹךָ Ps. 50. 21, tu t'es imaginé que je serais comme toi; דִּמִּינוּ אֱלֹהִים חַסְדֶּךָ Ps. 48. 10, nous pensons à ta grâce, ô Dieu! ou : nous nous représentons ta grâce; selon d'autres : nous mettons notre attente dans ta grâce; אֹתִי דִּמּוּ לַהֲרֹג Jug. 20. 5, ils ont eu l'intention de me tuer; כַּאֲשֶׁר דִּמִּיתִי Is. 14. 24, comme j'ai résolu; וַאֲשֶׁר דִּמָּה־לָנוּ II Sam. 21. 5, et qui a formé de mauvais desseins contre nous, qui a médité notre perte.

Hithp. Se comparer, être semblable : אֶדַּמֶּה לְעֶלְיוֹן Is. 14. 14, je serai semblable au Dieu suprême (p. אֶתְדַּמֶּה).

II דָּמָה 1° Cesser, s'arrêter (v. דָּמַם et דּוּם) : עֵינִי נִגְּרָה וְלֹא תִדְמֶה Lament. 3. 49, mon œil coule, verse des larmes, et il ne s'arrête pas; וְאַל־תִּדְמֶינָה Jér. 14. 17, ils ne cessent point. — 2° *Trans.* Faire cesser, faire périr, détruire : וְדָמִיתִי אִמֶּךָ Osée 4. 5, je ferai périr ta mère, ta nation, ou je détruirai ta patrie; דָּמִיתִי בַּת־צִיּוֹן Jér. 6. 2, j'ai fait périr la fille de Sion (la belle et la délicate); selon d'autres, I דָּמָה j'avais comparé la fille de Sion (à une femme belle, etc.).

Niph. Disparaître, être détruit, être exterminé : נִדְמֹה נִדְמָה מֶלֶךְ יִשְׂרָאֵל Osée 10. 15, le roi d'Israel sera exterminé; אוֹי־לִי כִּי־נִדְמֵיתִי Is. 6. 5, malheur à moi, je vais périr; נִדְמָה כָּל־עַם כְּנַעַן Soph. 1. 11, tout le peuple de Chanaan sera détruit; נִדְמֶה שֹׁמְרוֹן מַלְכָּהּ Osée 10. 7, le roi de Samarie disparaîtra, sera détruit.

דְּמָה chald. Ressembler : דָּמֵה לְבַר־אֱלָהִין Dan. 3. 25, (la figure du quatrième) ressemble à un fils de Dieu (à un ange).

דֻּמָה *f.* Destruction; concr., ce qui est détruit : מִי כְצוֹר כְּדֻמָה בְּתוֹךְ הַיָּם Ez. 27. 32, qui (quelle ville) est comme Tyr, comme elle qui est détruite au milieu de la mer; selon d'autres : comme cette ville silencieuse, déserte.

דְּמוּת *f.* (rac. I דָּמָה). Similitude, ressemblance, image, forme, modèle : כִּדְמוּתֵנוּ Gen. 1. 26, à notre ressemblance; וּדְמוּת בְּקָרִים II Chr. 4. 3, et des figures de bœufs : וּמַה־דְּמוּת תַּעַרְכוּ־לוֹ Is. 40. 18, quelle image lui comparerez-vous? וּדְמוּת אֶחָד לְאַרְבַּעְתָּן Ez. 1. 16, toutes les quatre avaient la même forme. — Souvent dans des visions, apparence, quelque chose qui ressemble à : דְּמוּת כִּסֵּא Ez. 1. 26, une espèce de trône, quelque chose comme un trône; דְּמוּת הַמִּזְבֵּחַ II Rois 16. 10, (il lui envoya) le modèle de l'autel. כִּדְמוּת *adv.* Comme, semblable à : כִּדְמוּת חֲמַת־נָחָשׁ Ps. 58. 5, comme le venin du serpent. De même דְּמוּת : דְּמוּת עַם־רָב Is. 13. 4, comme (le bruit) d'un peuple nombreux.

דְּמִי *m.* Anéantissement, retranchement : בִּדְמִי יָמַי Is. 38. 10, (averti) du retranchement de mes jours; selon d'autres : au milieu du repos de mes jours, dans les meilleures années de ma vie.

דֳּמִי *m.* Silence, repos : אַל־דֳּמִי לָכֶם Is. 62. 6, ne gardez point le silence, ne vous taisez point; אֱלֹהִים אַל־דֳּמִי־לָךְ Ps. 83. 2, Dieu! ne reste point en repos, c.-à-d. ne sois pas indifférent à nos souffrances, viens à notre secours.

דִּמְיוֹן *m.* Ressemblance, image : דִּמְיֹנוֹ כְּאַרְיֵה Ps. 17. 12, semblable à un lion; litt., son image, son aspect, est comme celui d'un lion.

דָּמַם (דַּמּוּ, *impér.* et *inf.* דֹּם, *fut.* יִדֹּם, *plur.* יִדְּמוּ, forme irrégulière) Se taire, garder le silence, être muet, immobile, stupéfait (d'étonnement ou de crainte); s'arrêter, se tenir tranquille : וַיִּדֹּם אַהֲרֹן Lév. 10. 3, et Aaron se tut; הֵאָנֵק דֹּם Ez. 24. 17, gémis en silence; יִדְּמוּ לִשְׁאוֹל Ps. 31. 18, qu'ils soient réduits au silence dans le Schéol; יִדְּמוּ כָּאָבֶן Exod. 15. 16, ils deviennent muets, immobiles, comme la pierre; דּוֹם לַיהוָה Ps. 37. 7, sois soumis à Dieu, ou mets ton espoir en Dieu; וְיִדְּמוּ לְמוֹ עֲצָתִי Job 29. 21, ils écoutaient mon conseil en silence, ils espéraient tout de mon conseil; דֹּמּוּ עַד־הַגִּיעֵנוּ אֲלֵיכֶם I Sam. 14. 9, arrêtez-vous jusqu'à ce que nous soyons arrivés jusqu'à vous; שֶׁמֶשׁ בְּגִבְעוֹן דּוֹם

Jos. 10. 12, soleil, arrête-toi sur Gabaon; וְנַעֲלֹם לֹא־אֶבָא פֶתַח Job 31. 34, pour que je me fusse tenu tranquille et que je n'eusse osé franchir le seuil de ma maison; הֵרָגְעִי וָדֹמִּי Jér. 47. 6, arrête-toi (glaive du Seigneur) et reste tranquille, ne frappe plus.

Niph. Être réduit au silence, être anéanti, détruit, dévasté; périr: וְנָדַמּוּ נְאוֹת הַשָּׁלוֹם Jér. 25. 37, les habitations où régnait la paix seront dévastées; גַּם־מַדְמֵן תִּדֹּמִּי Jér. 48. 2, toi aussi, Madmen, tu seras détruite; אַל־תִּדַּמּוּ בַּעֲוֺנָהּ Jér. 51. 6, de peur que vous ne périssiez par son iniquité; וּרְשָׁעִים בַּחֹשֶׁךְ יִדָּמּוּ I Sam. 2. 9, les méchants périront dans les ténèbres; וְנִדְּמָה־שָּׁם Jér. 8. 14, (p. וְנִדְּמָה) pour que nous périssions là, ou: et demeurons-y en silence, en tristesse.

Poe. Faire taire, apaiser: וְדוֹמַמְתִּי נַפְשִׁי Ps. 131. 2, (si) je (n')ai (pas) apaisé mon âme.

Hiph. יְיָ אֱלֹהֵינוּ הֲדִמָּנוּ Jér. 8. 14, l'Éternel notre Dieu nous a réduits au silence, ou nous a anéantis.

דְּמָמָה *f.* Silence, calme, léger souffle, léger murmure: יָקֵם סְעָרָה לִדְמָמָה Ps. 107. 29, il arrête la tempête (et la change) en un vent doux; קוֹל דְּמָמָה דַקָּה I Rois 19. 12, la voix, le son, d'un murmure faible, doux; de même דְּמָמָה וָקוֹל אֶשְׁמָע Job 4. 16, j'entendis un murmure doux, une faible voix.

דֹּמֶן *m.* Fumier: הָיוּ דֹמֶן לָאֲדָמָה Ps. 83. 11, ils sont devenus du fumier pour la terre.

דִּמְנָה *n. pr.* d'une ville de la tribu de Zabulon, Jos. 21. 35.

דָּמַע Répandre des larmes: וְדָמֹעַ תִּדְמַע Jér. 13. 17, (mon œil) répandra des larmes.

דֶּמַע *m.* Larmes, gouttes; *métaph.* les liqueurs, le vin et l'huile, qui coulent en gouttes du pressoir: מְלֵאָתְךָ וְדִמְעֲךָ Exod. 22. 28, (les prémices et les dîmes) de ton blé mûr et de tes liqueurs.

דִּמְעָה *f.* Larmes, pleurs: וְתֵרַד עֵינִי דִּמְעָה Jér. 13. 17, mon œil répandra des larmes; *plur.* כָּלוּ בַדְּמָעוֹת עֵינַי Lam. 2. 11, mes yeux sont consumés par des larmes.

דַּמֶּשֶׂק *n. pr.* Damas, capitale de la Syrie, Gen. 14. 15; (Éliezer) de Damas, Gen. 15. 2.

דְּמֶשֶׁק *m.* Coin. Ex. unique: וּבִדְמֶשֶׁק עָרֶשׂ Amos 3. 12, et dans le coin d'un lit; selon d'autres, p. בְּדַמֶּשֶׂק à Damas, sur des lits, ou ב sur des lits de Damas.

דָּן (juge) *n. pr.* 1° Dan, fils de Jacob, patriarche de la tribu de ce nom, Gen. 30. 6. — 2° D'une ville au nord de la Palestine, Jos. 19. 47 (v. לֶשֶׁם).

דָּנָה יַעַן *n. pr.* d'une ville, II Sam. 24. 6.

דֵּן chald., emph. דְּנָה *pron. démonst.* (héb. זֶה). Celui-ci, celui-là, cela: רָזָא דְנָה Dan. 2. 18, ce secret; כִּדְנָה comme cela, de cette manière, ainsi: וְכִדְנָה כְּתִיב בְּגַוֵּהּ Esdr. 5. 7, et ainsi était écrit dans (la lettre); מִלָּה כִדְנָה Dan. 2. 10, une telle parole, ou une chose pareille; עַל־דְּנָה Dan. 3. 16, à cause de cela; אַחֲרֵי דְנָה Dan. 2. 29, après cela, après ce temps.

דַּנָּה *n. pr.* d'une ville de la tribu de Juda, Jos. 15. 49.

דִּנְהָבָה *n. pr.* d'une ville des Iduméens, Gen. 36. 32.

דָּנִיֵּאל (Dieu est juge) *n. pr.* Le prophète Daniel, qui vivait à Babylone, Dan. 4. 5; דָּנִאֵל Ez. 14. 14.

דֵּעַ *m.* (rac. יָדַע, *pl.* דֵּעִים). Connaissance, science, pensée: תְּמִים דֵּעִים Job 37. 16, celui dont la science est parfaite; אֲחַוֶּה דֵעִי אַף־אָנִי Job 32. 17, moi aussi, je veux annoncer mon avis, dire ma pensée; אֶשָּׂא דֵעִי לְמֵרָחוֹק Job 36. 3, je veux élever ma pensée vers celui qui est dans l'éloignement (vers Dieu), ou: je veux reprendre ma connaissance, doctrine, de bien loin.

דֵּעָה *f.* (*inf.* de יָדַע). Connaissance, science, pensée: דֵּעָה וְהַשְׂכֵּיל Jér. 3. 15, (avec) connaissance et intelligence; תְּמִים דֵּעוֹת עִמָּךְ Job 36. 4, (celui) dont la science est parfaite est avec toi, ou:

(un homme) dont les connaissances sont vraies, ou dont les pensées sont pures, sincères, te parle; דֵּעָה אֶת־יְיָ Is. 11. 9, (la terre est remplie) de la connaissance de Dieu; * אַרְבַּע מִדּוֹת בְּדֵעוֹת Aboth, il y a quatre espèces de caractères.

דְּעָה *subst.* Connaissance : כֵּן דְּעָה חָכְמָה לְנַפְשֶׁךָ Prov. 24. 14, telle est pour ton âme la connaissance de la sagesse, ou *impér.* de יָדַע (ה parag.) ainsi, apprends la sagesse.

דְּעוּאֵל *n. pr. m.* Nomb. 1. 14; רְעוּאֵל 2. 14.

דָּעַךְ S'éteindre, se consumer : וְנֵר רְשָׁעִים יִדְעָךְ Prov. 13. 9, mais la lumière des méchants s'éteindra; דָּעֲכוּ כַּפִּשְׁתָּה כָבוּ Is. 43. 17, ils se consument, ils s'éteignent, comme la mèche (d'une lampe).

Niph. Se tarir (des eaux): נִדְעֲכוּ מִמְּקוֹמָם Job 6. 17, elles tarissent dans leur lit.

Pou. Consumer, détruire : דֹּעֲכוּ כְּאֵשׁ קוֹצִים Ps. 118. 12, ils ont été éteints comme un feu d'épines.

דַּעַת *f.* et *m.* (*inf.* de יָדַע). Connaissance, science, intelligence, sagesse, prudence, réflexion : וְאֵין־דַּעַת אֱלֹהִים בָּאָרֶץ Osée 4. 1, et (parce qu')il n'y a point de connaissance de Dieu dans ce pays. Quelquefois הַדַּעַת *pour* la connaissance de Dieu: הַדַּעַת מָאַסְתָּ Osée 4. 6, tu as rejeté la connaissance (de Dieu); וְתִרְבֶּה הַדָּעַת Dan. 12. 4, la connaissance (de Dieu) se multipliera; מִבְּלִי־דָעַת Is. 5. 13, parce qu'il n'a point eu d'intelligence; וְדַעַת לְנַפְשְׁךָ יִנְעָם Prov. 2. 10, et (si) la science fait les délices de ton âme; כָּל־עָרוּם יַעֲשֶׂה בְדָעַת Prov. 13. 16, tout homme prudent agit avec réflexion.

בִּבְלִי־דַעַת Sans intention, sans le savoir, sans réflexion, sans intelligence: כִּי בִבְלִי־דַעַת הִכָּה אֶת־רֵעֵהוּ Jos. 20. 5, car il a tué le prochain sans le savoir, sans intention; בִּבְלִי־דַעַת מִלִּין יַכְבִּר Job 35. 16, il se répand en paroles sans réflexion, qui n'ont pas de sens.—Comme *inf.* avec rég. dir. : הַדַּעַת אֹתִי Jér. 22. 16, (n'était-ce pas) parce qu'il a eu la connaissance de moi, parce qu'il m'a connu?

דֳּפִי *m.* Mépris, déshonneur : בְּבֶן־אִמְּךָ תִּתֶּן־דֹּפִי Ps. 50. 20, tu répands le déshonneur sur le fils de ta mère; selon d'autres, comme דִּבָּה : tu répands des calomnies; * דִּבַּרְנוּ דוֹפִי Rituel, nous avons publié des calomnies.

דָּפַק Frapper, pousser, presser (pour marcher vite): קוֹל דּוֹדִי דוֹפֵק Cant. 5. 2, (j'entends) la voix de mon bien-aimé, il frappe (à ma porte); וּדְפָקוּם יוֹם אֶחָד Gen. 33. 13, si on les pressait, si on les faisait trop marcher pendant un seul jour.

Hithp. Frapper : מִתְדַּפְּקִים עַל־הַדָּלֶת Jug. 19. 22, frappant à la porte.

דָּפְקָה *n. pr.* d'une station dans le désert, Nomb. 33. 12.

דַּק *adj. fém.* דַּקָּה (rac. דָּקַק) 1° Pulvérisé, fin, mince, ténu, maigre, léger: כְּאָבָק דַּק Is. 29. 5, comme une poussière très fine; קְטֹרֶת סַמִּים דַּקָּה Lév. 16. 12, de l'encens d'aromates pulvérisé; שֵׂעָר צָהֹב דָּק Lév. 13. 30, un poil tirant sur le jaune et mince, fin; הַשִּׁבֳּלִים הַדַּקּוֹת Gen. 41. 7, les épis minces, ténus; וְדַקּוֹת בָּשָׂר Gen. 41. 3, et maigres de chair; דְּמָמָה דַקָּה I Rois 19. 12, un léger souffle; דַּק מְחֻסְפָּס Exod. 16. 14, (la manne était) fine comme les grains de gelée blanche, ou *subst.* une matière fine, etc.; הֵן אִיִּים כַּדַּק יִטּוֹל Is. 40. 15, il enlève les îles comme un grain de poussière. — 2° Petit : אוֹ־דַק Lév. 21. 20, ou un homme très petit de taille, un nain; selon d'autres, lié à בְּעֵינוֹ un homme qui a l'œil malade, ou qui est chassieux.

דֹּק *m.* (rac. דָּקַק). Ténuité; concr., objet mince, fin : הַנּוֹטֶה כַדֹּק שָׁמַיִם Is. 40. 22, qui a étendu les cieux comme une toile, ou comme un voile fin, clair.

* **דִּקְדּוּק** *m.* Examen, étude approfondie, Aboth.

דִּקְלָה *n. pr.* Dikla, fils de Joktan, Gen. 10. 27, souche d'un peuple de l'Arabie.

דָּקַק (*prét.* דַּק, *fut.* יָדֹק) 1° Écraser, broyer, réduire en poussière : תָּדוּשׁ הָרִים וְתָדֹק Is. 41. 15, tu fouleras les montagnes et tu les briseras, ou réduiras en poussière; לֹא יְדֻקֶּנּוּ Is. 28. 28, ils ne le brisent, ne le broient pas. — 2° Être écrasé, être réduit en poudre : עַד אֲשֶׁר־דַּק לְעָפָר Deut. 9. 21, jusqu'à ce qu'il fût broyé, fin comme la poussière; עַד אֲשֶׁר־דָּק Exod. 32. 20, jusqu'à ce qu'il fût réduit en poudre.

Hiph. (הֵדַק, *inf.* הָדֵק et הָדַק) comme *Kal* : הֵדַק לְעָפָר II Rois 23. 15, il (les) réduisit en poussière; וַהֲדִקּוֹת עַמִּים רַבִּים Mich. 4. 13, et tu briseras de nombreux peuples; אֲדִקֵּם II Sam. 22. 43, je les écraserai. — *Inf.* employé *adverb.* : וְשָׁחַקְתָּ מִמֶּנָּה הָדֵק Exod. 30. 36, tu en broieras finement, en poudre; וְהַפְּסִלִים כִּתַּת לְהֵדַק II Chr. 34. 7, il brisa les idoles et les réduisit en poussière.

Hoph. Être écrasé, battu : לֶחֶם יוּדָק Is. 28. 28, le blé dont on fait le pain est brisé, écrasé.

דְּקַק chald. Briser, écraser : דָּקוּ כַּחֲדָה Dan. 2. 35, (le fer, l'argile, etc.) se brisèrent ensemble (p. דַּקּוּ).

Aph. הַדֵּק (3° *pers.*, *fém.* הַדֶּקֶת, *fut.* תַּדִּק, *part.* מַדִּק, *fém.* מַדְּקָה) : וְהַדֶּקֶת הִמּוֹן Dan. 2. 34, et elle les écrasa.

דָּקַר Percer : וַיִּדְקֹר אֶת־שְׁנֵיהֶם Nomb. 25. 8, il perça tous les deux (avec une lance); וְדָקְרֵנִי בָהּ I Sam. 31. 4, et percemoi avec (ton épée).

Niph. Être percé, tué : כָּל־הַנִּמְצָא יִדָּקֵר Is. 13. 15, quiconque sera trouvé sera tué.

Pou. אֲנָשִׁים מְדֻקָּרִים Jér. 37. 10, des hommes percés de coups; שֶׁהֵם יָזוּבוּ מְדֻקָּרִים Lament. 4. 9, car ceux-là sont morts percés (par l'épée); selon d'autres : ceux-ci sont morts exténués de faim.

דֶּקֶר (trou) *n. pr.* I Rois 4. 9.

דַּר *m.* (douteux). Espèce de marbre ou de pierre fine, Esth. 1. 16.

דָּר chald. *m.* (héb. דּוֹר). Génération : עִם־דָּר וְדָר Dan. 3. 33, dans toutes les générations.

דֹּר (v. דּוֹר).

דְּרָאוֹן *m.* Honte, opprobre : לְדִרְאוֹן עוֹלָם Dan. 12. 2, à une honte éternelle.

דֵּרָאוֹן *m.* Objet de dégoût, d'horreur : וְהָיוּ דֵרָאוֹן לְכָל־בָּשָׂר Is. 66. 24, ils seront un objet d'horreur, de dégoût, pour toutes les créatures.

דָּרְבָן Aiguillon : דִּבְרֵי חֲכָמִים כַּדָּרְבֹנוֹת Eccl. 12. 11, les paroles des sages sont comme des aiguillons.

דָּרְבָן *m.* Aiguillon : וּלְהַצִּיב הַדָּרְבָן I Sam. 13. 21, pour fixer l'aiguillon, ou pour l'aiguiser.

דַּרְדַּע *n. pr.* I Rois 4. 31. דָּרַע I Chr. 2. 6.

דַּרְדַּר *m.* Ronce, chardon : וְקוֹץ וְדַרְדַּר Gen. 3. 18, des épines et des ronces.

דָּרוֹם *m.* Sud, côté méridional : הוֹלֵךְ אֶל־דָּרוֹם Eccl. 1. 6, (le soleil ou le vent) tourne vers le sud; *poét.* pour vent du sud : בְּהַשְׁקִט אֶרֶץ מִדָּרוֹם Job 37. 17, lorsque la terre est en repos, est épargnée des vents du sud; selon d'autres : lorsque la terre est calme par le vent du midi, qui souffle.

דְּרוֹר *m.* 1° Liberté, affranchissement : וּקְרָאתֶם דְּרוֹר Lév. 25. 10, vous publierez la liberté; שְׁנַת הַדְּרוֹר Ez. 46. 17, l'année de l'affranchissement, le jubilé. — 2° Oiseau libre, qui vole en pleine liberté, hirondelle : וּדְרוֹר קֵן לָהּ Ps. 84. 4, et l'hirondelle a son nid. — 3° Écoulement libre (de la myrrhe) : מָר־דְּרוֹר Exod. 30. 23, de la myrrhe qui coule d'elle-même (la meilleure).

דָּרְיָוֶשׁ *n. pr.* Darius. Il est fait mention dans la Bible de trois rois de ce nom : 1° Darius, roi des Mèdes, oncle et prédécesseur de Cyrus (Cyaxares II), Dan. 6. 1; 2° Darius, fils d'Hystaspes, roi des Perses, Esdr. 4. 5; 3° Darius Nothus, Néh. 12. 22.

דְּרִיוֹשׁ (v. דָּרַשׁ *Pi.*).

דָּרַךְ (*fut.* יִדְרֹךְ) Fouler, marcher (sur

quelque chose), presser, écraser, bander. Avec עַל, בְּ et le rég. dir. : עַל־שַׁחַל וָפֶתֶן תִּדְרֹךְ Ps. 91. 13, tu marcheras sur le lion et l'aspic; אֶת־הָאָרֶץ אֲשֶׁר דָּרַךְ־בָּהּ Deut. 1. 36, le pays qu'il a foulé, où il a marché; דָּרַכְתָּ בַיָּם סוּסֶיךָ Hab. 3. 15, tu foulas la mer avec tes coursiers, ou tu fis marcher tes coursiers dans la mer; וְכִי יִדְרֹךְ בְּאַרְמְנֹתֵינוּ Mich. 5. 4, et s'il entre dans nos palais; אֲשֶׁר דָּרְכוּ מְתֵי־אָוֶן Job 22. 15, (le sentier) que les hommes iniques ont foulé; גַּת דָּרַךְ Lam. 1. 15, il a foulé le pressoir; כְּדֹרֵךְ בְּגַת Is. 63. 2, comme (les habits) d'un homme qui foule le vin dans un pressoir; יַיִן בַּיְקָבִים לֹא־יִדְרֹךְ הַדֹּרֵךְ Is. 16. 10, le fouleur ne foulera plus le vin dans les pressoirs; et seul; וַיִּבְצְרוּ אֶת־כַּרְמֵיהֶם וַיִּדְרְכוּ Jug. 9. 27, ils vendangèrent leurs vignes et pressèrent (les raisins); אַתָּה תִדְרֹךְ־זַיִת Mich. 6. 15, tu presseras les olives. *Métaph.* וְאֶדְרְכֵם בְּאַפִּי Is. 63. 3, je les ai écrasés dans ma colère (les ennemis); תִּדְרְכִי נַפְשִׁי עֹז Jug. 5. 21, ô mon âme! foule aux pieds (les corps) des forts, ou marche avec force, en triomphe. דָּרַךְ קַשְׁתּוֹ Lament. 2. 4, il a tendu son arc; וְכָל־קַשְּׁתֹתָיו דְּרֻכוֹת Is. 5. 28, et tous ses arcs sont bandés; דָּרְכוּ חִצָּם Ps. 64. 4, ils dressent leurs flèches, ou ils bandent leur arc pour tirer les flèches; דָּרַךְ כּוֹכָב מִיַּעֲקֹב Nomb. 24. 17, une étoile sortira de Jacob.

Hiph. 1° Faire marcher, conduire, diriger : יַדְרֵךְ עֲנָוִים בַּמִּשְׁפָּט Ps. 25. 9, il conduira les humbles dans la justice (dans le sentier de la justice); הַדְרִיכֵנִי בַאֲמִתֶּךָ 25. 5, conduis-moi selon ta vérité; מְנוּחָה הִדְרִיכֻהוּ Jug. 20. 43, ils le firent sortir de son lieu de repos, de son camp; ou : ils l'atteignirent à l'endroit où il se croyait en repos, en sûreté.

2° Comme *Kal.* Fouler, marcher, dresser : כְּגֹרֶן עֵת הִדְרִיכָהּ Jér. 51. 33, comme l'aire, au temps où on la foule, c.-à-d. où on y bat le blé; לֹא־הִדְרִיכוּהוּ בְנֵי־שָׁחַץ Job 28. 8, les fiers animaux, les jeunes lions, n'ont jamais foulé (ce sentier); וְהִדְרִיךְ בַּנְּעָלִים Is. 11. 15, il fait qu'on peut y passer avec des souliers, à pied; וַיַּדְרְכוּ אֶת־לְשׁוֹנָם Jér. 9. 2, ils tendent leur langue (comme un arc).

דֶּרֶךְ *m.* et *f.* (*duel* דְּרָכַיִם, *pl.* דְּרָכִים, const. דַּרְכֵי). 1° Chemin, route, voie : נָחָשׁ עֲלֵי־דֶרֶךְ Gen. 49. 17, un serpent dans le chemin; דֶּרֶךְ הַמֶּלֶךְ Nomb. 20. 17, la route royale, la grande route; זֶה הַדֶּרֶךְ לְכוּ בוֹ Is. 30. 21, voici la voie que vous suivrez; אָנֹכִי הֹלֵךְ בְּדֶרֶךְ כָּל־הָאָרֶץ I Rois 2. 2, je marche dans la voie de tout le monde, c.-à-d. je vais mourir; הָלַךְ בְּדֶרֶךְ Prov. 7. 19, il est en voyage; וְכִי־דֶרֶךְ לוֹ I Rois 18. 27, il est en voyage; לַעֲשׂוֹת דַּרְכּוֹ Jug. 17. 8, pour continuer ensuite sa route; דֶּרֶךְ עֵץ הַחַיִּים Gen. 3. 24, le chemin qui conduit à l'arbre de vie. — דֶּרֶךְ יוֹם Le chemin qu'on fait en un jour, une journée de chemin : כְּדֶרֶךְ יוֹם Nomb. 11. 31, ou un espace aussi grand qu'un chemin qu'on fait en un jour; דֶּרֶךְ שְׁלֹשֶׁת יָמִים Gen. 30. 36, l'espace de trois journées de chemin.

2° Voie dans laquelle on marche; manière d'agir, de se conduire; conduite, action, œuvres, coutume, manière, usage : דֶּרֶךְ צַדִּיקִים וְדֶרֶךְ רְשָׁעִים Ps. 1. 6, (Dieu connaît) la voie (conduite) des justes et la voie des méchants (mène à la perte); בְּרֹב דַּרְכֵּךְ יָגַעַתְּ Is. 57. 10, par le grand nombre de tes voies (de tes dérèglements) tu t'es fatiguée; וְיֹאכְלוּ מִפְּרִי דַרְכָּם Prov. 1. 31, ils jouiront du fruit de leur voie (de leurs actions); רֵאשִׁית דַּרְכּוֹ Prov. 8. 22, (je suis) la première pensée de sa voie, de sa création; הוּא רֵאשִׁית דַּרְכֵי־אֵל Job 40. 19, il est la première des œuvres de Dieu; כְּדֶרֶךְ כָּל־הָאָרֶץ Gen. 19. 31, selon la coutume de toute la terre; בְּדֶרֶךְ מִצְרָיִם Is. 10. 26, à la manière de l'Égypte (comme il le fit en Égypte); אֶת־דַּרְכֵי עַמִּי Jér. 12. 16, (s'ils apprennent) les voies de mon peuple (ses usages); הוֹדִעֵנִי נָא אֶת־דְּרָכֶךָ Exod. 33. 13, fais-moi connaître ta voie, la voie de ta providence, de ta bonté; וְדַעַת דְּרָכַי יֶחְפָּצוּן Is. 58. 2, ils veulent connaître mes voies, ma volonté. De même de l'homme : מֵעֲשׂוֹת דְּרָכֶיךָ Is. 58. 13, en ne faisant pas selon tes volontés, tes inclinations, ou en ne t'occupant pas de tes affaires; דֶּרֶךְ בְּאֵר־שָׁבַע Amos 8. 14, la voie de Beerseba, c.-à-d. le culte qu'on pratique à Beerseba; וּרְאֵה אִם־דֶּרֶךְ עֹצֶב בִּי וּנְחֵנִי בְּדֶרֶךְ עוֹלָם Ps. 139. 24, vois s'il y a en moi la voie de l'idolâtrie, si j'adore les idoles, et conduis-moi dans la voie de l'éternité, dans la religion qui mène à l'éternité; selon d'autres : si je suis une voie qui mène à la peine, la tristesse, si mes actions méritent un châtiment; גּוֹל עַל־יְיָ דַּרְכֶּךָ Ps. 37. 5, confie ta voie à Dieu, recommande-lui ta vie; לְגֶבֶר אֲשֶׁר־דַּרְכּוֹ נִסְתָּרָה Job 3. 23, à un homme dont la route, ou la destinée, est inconnue; דֶּרֶךְ נָשִׁים Gen. 31. 35, les ordinaires des femmes; * דֶּרֶךְ אֶרֶץ Aboth, usage du monde, politesse, civilité.

דַּרְכְּמוֹן *m.* Une monnaie d'or des anciens Perses, darique : דַּרְכְּמוֹנִים אֶלֶף Néh. 7. 70, mille dariques (v. אֲדַרְכֹּן).

דַּרְמֶשֶׂק *n. pr.*, pour דַּמֶּשֶׂק Damas, I Chr. 18. 5, 6.

דְּרָע chald. (héb. זְרוֹעַ). Bras : וּדְרָעוֹהִי דִּי כְסַף Dan. 2. 32, et ses bras étaient d'argent.

דָּרַע *n. pr. m.* I Chr. 2. 6.

דַּרְקוֹן *n. pr. m.* Esdr. 2. 56.

דָּרַשׁ (*fut.* יִדְרֹשׁ) 1° Chercher, rechercher, s'enquérir, s'occuper, avoir souci de, avoir soin : וְאֵת שְׂעִיר הַחַטָּאת דָּרֹשׁ דָּרַשׁ מֹשֶׁה Lév. 10. 16, Moïse chercha le bouc d'expiation; וְלָךְ יִקָּרֵא דְרוּשָׁה Is. 62. 12, et toi on t'appellera (ville) recherchée. Avec לְ : וּלְחַטָּאתִי תִדְרוֹשׁ Job 10. 6, et que tu recherches mes fautes. Avec אַחַר : וְאַחַר כָּל־יָרוֹק יִדְרוֹשׁ Job 39. 8, et il cherche tous les herbages verts.

דָּרַשׁ יְיָ Chercher Dieu, lui adresser sa prière, avoir recours à lui, lui demander du secours, l'implorer : דָּרַשְׁתִּי אֶת־יְיָ Ps. 34. 5, j'ai imploré l'Éternel. Avec אֶל et לְ : אוּלָם אֲנִי אֶדְרֹשׁ אֶל־אֵל Job 5. 8, (mais) moi j'ai recours à Dieu; לִדְרֹשׁ לֵאלֹהָיו II Chr. 31. 21, de rechercher son Dieu. — Rechercher un endroit, le visiter : וְאַל־תִּדְרְשׁוּ בֵּית־אֵל Amos 5. 5, ne recherchez pas, n'allez pas à Béthel; לְשִׁכְנוֹ תִדְרְשׁוּ Deut. 12. 5, vous visiterez (l'endroit) où est sa demeure; שֹׁפֵט וְדֹרֵשׁ מִשְׁפָּט Is. 16. 5, un juge qui cherche la justice, qui s'enquiert de la justice; אֶרֶץ אֲשֶׁר־יְיָ אֱלֹהֶיךָ דֹּרֵשׁ אֹתָהּ Deut. 11. 12, un pays dont l'Éternel ton Dieu a soin; אֵין דּוֹרֵשׁ לְנַפְשִׁי Ps. 142. 5, nul n'a souci de ma vie; אָמַר בְּלִבּוֹ לֹא תִדְרֹשׁ Ps. 10. 13, (le méchant) dit en son cœur que tu ne t'enquérais de rien, ou que tu ne punissais pas; לֹא־תִדְרֹשׁ שְׁלֹמָם וְטֹבָתָם Deut. 23. 7, tu ne chercheras point à leur procurer la paix ni le bien-être; דֹּרֵשׁ טוֹב לְעַמּוֹ Esth. 10. 3, cherchant à faire le bien, le bonheur, de son peuple; וְדֹרְשֵׁי רָעָתִי Ps. 38. 13, ceux qui veulent mon malheur.

2° Interroger, s'informer, consulter, sonder; avec le rég. dir., avec אֶל, לְ, et בְּ, aussi avec מֵעִם : וְדָרַשְׁתָּ הֵיטֵב Deut. 17. 4, et si tu t'en es informé exactement; לִדְרֹשׁ הַמּוֹפֵת II Chr. 32. 31, pour s'informer du prodige; וַיִּדְרֹשׁ לָאִשָּׁה II Sam. 11. 3, il envoya savoir qui était cette femme; וַיִּדְרֹשׁ יְחִזְקִיָּהוּ עַל־הַכֹּהֲנִים II Chr. 31. 9, Ézéchias interrogea les prêtres; כָּל־לְבָבוֹת דּוֹרֵשׁ יְיָ I Chr. 28. 9, l'Éternel sonde tous les cœurs; וַתֵּלֶךְ לִדְרֹשׁ אֶת־יְיָ Gen. 25. 22, elle alla consulter l'Éternel; דִּרְשׁוּ אֶל־הָאֹבוֹת Is. 8. 19, consultez les devins; וּבָא אֶל־הַנָּבִיא לִדְרָשׁ־לוֹ בִי Ez. 14. 7, s'il vient auprès du prophète pour me consulter par son entremise; וְאֶדְרְשָׁה־בָּהּ I Sam. 28. 7, je veux la consulter; בָּאָה לִדְרֹשׁ דָּבָר מֵעִמְּךָ I Rois 14. 5, elle vient te consulter; וְדָרַשְׁתָּ אֶת־יְיָ מֵאוֹתוֹ II Rois 8. 8, tu consulteras Dieu par lui.

3° Demander, réclamer, redemander, demander vengeance; avec le rég. dir., avec מִן, מֵעִם : עַד דְּרֹשׁ אָחִיךָ אֹתוֹ Deut. 22. 2, jusqu'à ce que ton frère le réclame; וְדָרְשׁוּ מֵחָרְבוֹתֵיהֶם Ps. 109. 10, qu'ils demandent leur pain, qu'ils mendient, loin des ruines de leurs demeures; וּמָה־יְיָ דּוֹרֵשׁ מִמְּךָ Mich. 6. 8, et qu'est-ce que l'Éternel te demande, exige de toi? וְדָרַשְׁתִּי אֶת־צֹאנִי מִיָּדָם Ez.

34. 10, je redemanderai, je reprendrai, mon troupeau d'entre leurs mains; אָנֹכִי אֶדְרֹשׁ מֵעִמּוֹ Deut. 18. 19, c'est moi qui lui en demanderai compte. — Avec נֶפֶשׁ, דָּם Réclamer, venger le sang, la vie, de quelqu'un: וְאַךְ אֶת־דִּמְכֶם לְנַפְשֹׁתֵיכֶם אֶדְרֹשׁ Gen. 9. 5, je vengerai le sang de votre vie, le sang qui vous anime; אֶדְרֹשׁ אֶת־נֶפֶשׁ הָאָדָם 9. 5, je réclamerai, vengerai, la vie de l'homme; דֹרֵשׁ דָּמִים Ps. 9. 13, celui qui venge le sang (innocent).

Niph. Être recherché, redemandé; se laisser rechercher, se laisser fléchir par quelqu'un, l'exaucer: בִּשְׁנַת הָאַרְבָּעִים לְמַלְכוּת דָּוִיד נִדְרָשׁוּ I. Chr. 26. 31, dans la quarantième année du règne de David ils furent inspectés, ou on en fit le dénombrement; נִדְרַשְׁתִּי לְלוֹא שָׁאָלוּ Is. 65. 1, je me suis fait rechercher, je suis venu au secours de ceux qui ne m'ont pas demandé; עוֹד זֹאת אִדָּרֵשׁ לְבֵית־יִשְׂרָאֵל Ez. 36. 37, en cela encore je me laisserai fléchir par la maison d'Israel; הַאִדָּרֹשׁ אִדָּרֵשׁ לָהֶם Ez. 14. 3, me laisserai-je fléchir par eux? les exaucerai-je (אִדָּרֹשׁ *inf.* pour הִדָּרֵשׁ)? וְגַם־דָּמוֹ הִנֵּה נִדְרָשׁ Gen. 42. 22, et aussi son sang est redemandé.

Pi. לִדְרוֹשׁ הַדָּבָר Esdr. 10. 17 (p. לִדְרֹשׁ), pour examiner l'affaire.

דָּשָׁא Verdir, fleurir: דָּשְׁאוּ נְאוֹת מִדְבָּר Joel 2. 22, les prairies du désert reverdissent.

Hiph. Produire de la verdure: תַּדְשֵׁא הָאָרֶץ דֶּשֶׁא Gen. 1. 11, que la terre produise de la verdure.

דֶּשֶׁא *m.* Plante, herbe verte, tendre: כִּשְׂעִירִם עֲלֵי־דֶשֶׁא Deut. 32. 2, comme des ondées sur la verdure; וּכְיֶרֶק דֶּשֶׁא Ps. 37. 2, comme la verdure des plantes, des herbes, comme des herbes vertes.

דָּשֵׁן Devenir gras, s'engraisser: וְאָכַל וְשָׂבַע וְדָשֵׁן Deut. 31. 20, il mangera, se rassasiera, et deviendra gras.

Pi. 1° Rendre gras, engraisser, oindre: שְׁמוּעָה טוֹבָה תְּדַשֶּׁן־עָצֶם Prov. 15. 30, une bonne nouvelle engraisse les os, c.-à-d. fortifie, ranime, l'homme; דִּשַּׁנְתָּ בַשֶּׁמֶן רֹאשִׁי Ps. 23. 5, tu as oint ma tête avec de l'huile; וְעוֹלָתְךָ יְדַשְּׁנֶה Ps. 20. 4 (ה parag.), il considérera ton holocauste comme gras, c.-à-d. il l'accueillera avec faveur; selon d'autres, de דֶּשֶׁן cendre: il le fera réduire en cendre par le feu sacré. — 2° De דֶּשֶׁן cendre. Purger de cendre: וְדִשְּׁנוּ אֶת־הַמִּזְבֵּחַ Nomb. 4. 13, ils ôteront la cendre de l'autel; לְדַשְּׁנוֹ Exod. 27. 3, pour recevoir la cendre (qu'on ôte de l'autel).

Pou. Être engraissé, être fumé, être abondamment rassasié, satisfait: וַעֲפָרָם מֵחֵלֶב יְדֻשָּׁן Is. 34. 7, (et leur terre) sera fumée de graisse; וְנֶפֶשׁ חָרֻצִים תְּדֻשָּׁן Prov. 13. 4, mais l'âme des hommes laborieux, actifs, sera satisfaite; וּבוֹטֵחַ עַל־יְיָ יְדֻשָּׁן Prov. 28. 25, celui qui espère en Dieu sera rassasié, prospérera.

Hothp. הֻדַּשְּׁנָה מֵחֵלֶב Is. 34. 6, (le glaive) s'est engraissé, est couvert de la graisse (de tout ce qu'il a tué), p. הִתְדַּשְּׁנָה.

דָּשֵׁן *adj.* Gras, plein de sève: וְהָיָה דָשֵׁן וְשָׁמֵן Is. 30. 23, et (le pain) sera gras, c.-à-d. excellent et abondant, ou nourrissant; דְּשֵׁנִים וְרַעֲנַנִּים יִהְיוּ Ps. 92. 15, ils seront pleins de sève et florissants. — 2° Riche, puissant: כָּל־דִּשְׁנֵי־אֶרֶץ Ps. 22. 30, tous les riches, les heureux de la terre.

דֶּשֶׁן *m.* (avec suff. דִּשְׁנִי). 1° Graisse, suc, nourriture abondante, abondance, fertilité: וְרִוֵּיתִי נֶפֶשׁ הַכֹּהֲנִים דָּשֶׁן Jér. 31. 14, je rassasierai d'abondance l'âme des prêtres (ou ils seront satisfaits en voyant la graisse des sacrifices); הֶחֳדַלְתִּי אֶת־דִּשְׁנִי Jug. 9. 9, est-ce que j'abandonnerai mon suc, mon huile? וְנַחַת שֻׁלְחָנְךָ מָלֵא דָשֶׁן Job 36. 16, et ce qui est mis sur ta table, les mets, seront abondants et gras, délicieux; וּמַעְגָּלֶיךָ יִרְעֲפוּן דָּשֶׁן Ps. 65. 12, et les chemins par où tu passes regorgent de graisse, sont remplis d'abondance, sont fertiles. — 2° Cendre (de chair consumée, distinct de אֵפֶר qui signifie aussi cendre de bois consumé): שֶׁפֶךְ הַדֶּשֶׁן Lév. 4. 12, lieu où l'on dépose la cendre ; וְכָל־הָעֵמֶק הַפְּגָרִים וְהַדֶּשֶׁן Jér. 31. 40, toute la vallée des cadavres et de la cendre.

דָּת *f.* (*pl.* const. דָּתֵי). Loi, usage, ordre, édit : כָּל־יֹדְעֵי דָּת וָדִין Esth. 1. 13, tous ceux qui connaissent les lois et le droit ; וְדָתֵיהֶם שֹׁנוֹת מִכָּל־עָם Esth. 3. 8, et leurs usages diffèrent de ceux de tous les peuples ; וְהַשְּׁתִיָּה כַדָּת Esth. 1. 8, on buvait suivant l'ordre (de ne forcer personne à boire) ; לְהִנָּתֵן דָּת Esth. 3. 14, qu'un édit soit publié ; מִימִינוֹ אֵשׁ דָּת לָמוֹ Deut. 33. 2, à sa droite, un feu régulier, permanent, pour eux, pour les guider ; ou : la loi donnée au milieu du feu, des flammes ; selon d'autres : une loi de feu.

דָּת chald. *f.* Loi, religion, édit, décret : דָּתָא דִּי־אֱלָהּ Esdr. 7. 12, la loi de Dieu ; לְהַשְׁנָיָה זִמְנִין וְדָת Dan. 7. 25, qu'il pourra changer les temps et les lois, ou la religion ; וְדָתָא נֶפְקַת Dan. 2. 13, et l'édit fut publié ; הֲדָה־הִיא דָתְכוֹן Dan. 2. 9, l'arrêt qui vous condamnera sera le même pour vous tous.

דִּתְאָה *emph.* דִּתְאָא chald. (comme דֶּשֶׁא héb.). Verdure, herbe : בְּדִתְאָא דִּי בָרָא Dan. 4. 12, dans l'herbe des champs.

דְּתָבְרַיָּא chald. *m. pl.* Les jurisconsultes, juges ou conseillers, Dan. 3. 2.

דֹּתָן et דֹּתַיִן *n. pr.* d'une ville au nord de Samarie, Gen. 37. 17.

דָּתָן *n. pr.* Dathan, un de ceux qui se sont révoltés avec Coré, Nomb. 16. 1.

ה

ה Hé, הֵא. Cinquième lettre de l'alphabet. Comme chiffre ה signifie cinq, ה̈ cinq mille. Son guttural, il tient le milieu entre א et ח. Il se permute avec א. Exemple : אָמוֹן et הָמוֹן foule ; הוֹן et אוֹן fortune ; plusieurs fois א au lieu de ה pour former le *Hiphil* ou le *Hithpael*.

הַ, הָ, הֶ, se trouvent devant les noms et pronoms, rarement devant les verbes. — 1° Comme article définitif : הַמַּיִם l'eau, הָאִישׁ l'homme, הָאָרֶץ la terre, הֶחָכָם le sage. — 2° Comme pronom démonstratif : הַיּוֹם ce jour, aujourd'hui ; הַפַּעַם cette fois. — 3° Comme pronom relatif : הֶהָלְכוּא אִתּוֹ Jos. 10. 24, qui avaient marché avec lui.

(ה article ou pronom prend ordinairement un *pathach* et est suivi d'un *dages* fort ; devant les lettres qui ne prennent pas le *dages*, le *pathach* se change en *kamez* devant א : הָאָרֶץ, הָאָדוֹן ; aussi devant ר : הָרֶגֶל ; souvent devant ע et ח : הָעָם, הָהָר ; devant ח il prend *ségol* : הֶחָג, הֶחָזוֹן, et quelquefois devant ה dans des mots de plusieurs syllabes : הֶהָמוֹן, הֶהָרִים.)

הֲ, הַ, הֶ, *adverbe interrogatif*. Dans une question simple : הֲשַׂמְתָּ לִבְּךָ עַל־עַבְדִּי אִיּוֹב Job 1. 8, as-tu tourné ton esprit vers mon serviteur Job ? הֲטֶרֶם תֵּדַע Exod. 10. 7, ne sais-tu pas encore ? — Quand on attend une réponse négative : הֲשֹׁמֵר אָחִי אָנֹכִי Gen. 9. 9, suis-je le gardien de mon frère ? (je ne le suis pas) ; אִם־יָמוּת גֶּבֶר הֲיִחְיֶה Job 14. 14, quand l'homme est mort, peut-il revivre ? — Ou quand on s'attend à une réponse affirmative : הֲבֵן יַקִּיר לִי אֶפְרַיִם Jér. 31. 20, Éphraïm n'est-il pas mon fils chéri ? Le ה interrogatif a rarement *pathach* : הַאַף תִּסְפֶּה Gen. 18. 23, voudrais-tu même détruire ? הַלְּבֶן מֵאָה־שָׁנָה Gen. 17. 17, est-ce qu'(un enfant sera né) à un homme de cent ans ? הָ avant les gutturaux : הֶחָזָק? הֶאָנֹכִי?

ה, comme enclitique exprime le plus fréquemment la direction : אַרְצָה vers la terre ; הָהָרָה vers la montagne ; מִצְרַיְמָה

Gen. 43. 17, (il les fit entrer) dans la maison.

הָא chald., *interj.* Vois! certes! הָא־אֲנָה חָזֵה Dan. 3. 25, certes je vois!

הָא hébr. et chald., *interj.* Voici: הֵא־לָכֶם זֶרַע Gen. 47. 23, voici pour vous de la semence; הָא־כְדִי פַרְזְלָא Dan. 2. 43, certes! de même que le fer, etc.

הֶאָח *interj.* Cri de joie ou de triomphe: אַף־יָחֹם וְיֹאמַר הֶאָח Is. 44. 16, aussi il se chauffe, et il dit: Bon! הָאֹמְרִים לִי הֶאָח הֶאָח Ps. 40. 16, qui disent à mon égard: Ah! c'est bien! (qui se réjouissent de mon malheur).

הַב *impér.* du verbe יָהַב donner.

* **הַבְדָּלָה** *f.* Séparation. On appelle ainsi une prière et cérémonie que l'on fait à la sortie du sabbat.

הָבָה *adv.* (v. יָהַב).

הַבְהָבִים *m. pl.* Offrandes: זִבְחֵי הַבְהָבַי Osée 8. 13, les sacrifices mes offrandes, c.-à-d. qu'ils m'offrent (v. יָהַב); selon d'autres: qu'ils brûlent en mon honneur les holocaustes.

הָבַל (*fut.* יֶהְבַּל) 1° Souffler; de là הֶבֶל le souffle. — 2° Être vain comme un souffle qui passe, agir vainement, sottement: וַיֵּלְכוּ אַחֲרֵי הַהֶבֶל וַיֶּהְבָּלוּ II Rois 17. 15, Jér. 2. 5, ils ont suivi la vanité (les idoles) et ils sont devenus vains, ou ils ont agi vainement. Parler frivolement, dire des choses vaines: וְלָמָּה־זֶּה הֶבֶל תֶּהְבָּלוּ Job 27. 12, pourquoi tenez-vous de vains discours? Avoir une espérance vaine: וּבְגָזֵל אַל־תֶּהְבָּלוּ Ps. 62. 11, ne placez pas une vaine espérance dans la rapine.

Hiph. Séduire par des paroles fausses: מַהְבִּלִים הֵמָּה אֶתְכֶם Jér. 23. 16, (les prophètes) vous séduisent par leurs paroles fausses.

הֶבֶל *m.* (const. הֲבֵל, avec suff. הֶבְלִי, plur. הֲבָלִים, const. הַבְלֵי). 1° Souffle: יִקַּח הָבֶל Ps. 57. 13, un souffle les enlève. — 2° Ce qui est passager, vague, vain, vanité: כִּי־הֶבֶל יָמָי Job 7. 16, mes jours sont un souffle, un néant; הֲבֵל הֲבָלִים הַכֹּל הָבֶל Eccl. 1. 2, vanité des vanités, tout est vanité; אֶל־עֶזְרָתֵנוּ הָבֶל Lament. 4. 17, (dans l'attente) d'un vain secours qui nous sauverait. — 3° Vapeur, brouillard: כִּי־בַהֶבֶל בָּא Eccl. 6. 4, car il est venu entouré de brouillard, dans les ténèbres; ou il est venu en vain, sans but. — 4° Les idoles et leur culte: מְשַׁמְּרִים הַבְלֵי־שָׁוְא Jon. 2. 9, qui adorent les fausses idoles. Il s'emploie aussi comme adverbe: וּמִצְרַיִם הֶבֶל וָרִיק יַעְזֹרוּ Is. 30. 7, le secours de l'Égypte sera en vain et inutile.

הֶבֶל *n. pr.* Abel, second fils d'Adam, Gen. 4. 2.

הֲבֵל Vanité (v. הֶבֶל).

הָבְנִים *m. pl.* (v. אֶבֶן): וְהָבְנִים Ez. 27. 15, et des bois durs, de l'ébène; selon d'autres, le nom d'un oiseau: et des paons.

הָבַר Partager, couper. Ex. unique: הֹבְרֵי שָׁמַיִם Is. 47. 13, ceux qui analysent, étudient, le ciel, pour tirer l'horoscope, les augures; d'autres le font dériver de בָּהַר qui observent le ciel quand il est pur, serein.

הֵגָא *n. pr.* d'un eunuque à la cour de Perse, Esth. 2. 3; הֵגַי 2. 8.

I **הָגָה** (*fut.* יֶהְגֶּה) 1° Murmurer, gémir, rugir, mugir: אֶהְגֶּה כַּיּוֹנָה Is. 38. 14, je gémis comme la colombe; תֶּהְגּוּ אַךְ־נְכָאִים Is. 16. 7, vous gémirez, vous les affligés; כַּאֲשֶׁר יֶהְגֶּה הָאַרְיֵה Is. 31. 4, comme le lion rugit. — 2° Parler, chanter, célébrer: פִּי־צַדִּיק יֶהְגֶּה חָכְמָה Ps. 37. 30, la bouche du juste dit, publie, la sagesse; לֹא־יֶהְגּוּ בִּגְרוֹנָם Ps. 115. 7, ils ne parlent pas, ne rendent aucun son par leur gosier; וּלְשׁוֹנִי תֶּהְגֶּה צִדְקֶךָ Ps. 35. 28, ma langue célèbre ta justice. — 3° Parler en soi-même, méditer: וְהָגִיתָ בּוֹ יוֹמָם וָלַיְלָה Jos. 1. 8, tu l'étudieras jour et nuit; לֵב צַדִּיק יֶהְגֶּה Prov. 15. 28, le cœur du juste médite (pour répondre).

Po. inf. הֹגוֹ: וְהֹגוֹ מִלֵּב דִּבְרֵי־שָׁקֶר Is. 59. 13, et notre cœur a médité des mensonges, ou II הָגָה nous avons fait sortir les mensonges de notre cœur, c.-à-d. nous les y avons puisés.

Hiph. part. הַמַּהְגִּים Is. 8. 19, les magiciens qui murmurent, qui parlent tout bas.

II הָגָה (v. II יָגָה *Hiph.*) Séparer, éloigner : הָגוֹ סִיגִים מִכָּסֶף Prov. 25. 4, ôter l'alliage de l'argent; éloigner : הָגָה בְּרוּחוֹ הַקָּשָׁה Is. 27. 8, il les a éloignés, ou abattus, par son vent impétueux ; selon d'autres, il a parlé dans son esprit sévère, irrité (de I הָגָה).

הֶגֶה *m.* 1° Bruit : וְהֶגֶה מִפִּיו יֵצֵא Job 37. 2, et le bruit qui sort de sa bouche (le tonnerre). — 2° Plainte, soupir : קִנִים וָהֶגֶה Ez. 2. 10, des lamentations et des plaintes, des soupirs. — 3° Son, parole : כִּלִּינוּ שָׁנֵינוּ כְמוֹ־הֶגֶה Ps. 90. 9, nous dissipons nos années comme un son, une parole.

הָגוּת *f.* Pensée, méditation : וְהָגוּת לִבִּי תְבוּנוֹת Ps. 49. 4, et les paroles sages que mon cœur a méditées ; *littér.* et la méditation de mon cœur qui est de la raison.

הֵגַי *n. pr.* (v. הֵגֶא).

הָגִיג *m.* Pensée, agitation du cœur : בַּהֲגִיגִי תִבְעַר־אֵשׁ Ps. 39. 4, le feu s'embrase dans ma pensée, de l'agitation de mon esprit ; בִּינָה הֲגִיגִי Ps. 5. 2, écoute mes paroles (pensées).

הִגָּיוֹן *m.* (const. הֶגְיוֹן). 1° Son, chant : עֲלֵי הִגָּיוֹן בְּכִנּוֹר Ps. 92. 4, aux sons de la harpe ; הִגָּיוֹן Ps. 9. 17, higgayon, terme de musique ; selon d'autres : c'est un sujet de méditation, ou dont nous devons nous entretenir (v. הָגָה). — 2° Pensée, machinations : שִׂפְתֵי קָמַי וְהֶגְיוֹנָם Lam. 3. 62, les paroles de mes ennemis et leurs machinations.

הָגִין *adj.* Commode, convenable (Talmud, הָגוּן, digne, apte) : הַדֶּרֶךְ אֶל־פְּנֵי הַגִּזְרָה הַגִּינָה Ez. 42. 12, le chemin devant le beau mur, ou l'estrade commode, ou l'estrade sur laquelle les lévites chantaient (de נָגַן) ; selon d'autres, l'*adj.* se rapporte à דֶּרֶךְ le chemin droit, direct, devant le mur.

הָגָר *n. pr.* Agar, servante de Sara, mère d'Ismaël, Gen. 16. 1.

הַגְרִי *n. pr.* Mebhar, fils de Hagri, I Chr. 11. 38. *Plur.*, nom d'un peuple : וְהַגְרִים Ps. 83. 7, et הַהַגְרִאִים I Chr. 5. 10, les Hagaréniens, les descendants d'Agar, habitants d'une contrée sur le golfe persique.

הֵד *m.* (v. הֵידָד). Exclamation de joie : וְלֹא־הֵד הָרִים Ez. 7. 7, et non de l'allégresse dans les montagnes.

הַדָּבְרִין chald., *m. plur.* : וְהַדָּבְרֵי מַלְכָּא Dan. 3. 27, les grands conseillers du roi (v. le verbe דָּבַר conduire, régir).

הֲדַד *n. pr.* Hadad, fils de Bedad, roi iduméen (aussi le nom d'une divinité syrienne), Gen. 36. 35.

הֲדַדְעֶזֶר (Hadad est son secours) *n. pr.* Hadadéser, roi de Sobah en Syrie, II Sam. 8. 3 ; chap. 10, et I Chr. 19, on lit aussi הֲדַרְעֶזֶר.

הֲדַדְרִמּוֹן *n. pr.* d'une ville dans la plaine de Megiddon, Zach. 12. 11 ; d'après le Tharg., le nom d'un homme.

הָדָה (de יַד la main, v. יָדָה) Prendre, tendre la main vers une chose : גָּמוּל יָדוֹ הָדָה Is. 11. 8, l'enfant sevré tend sa main.

הֹדּוּ *n. pr.* d'un pays, les Indes, Esth. 1. 1 (pour הִנְדּוּ).

הֲדוֹרָם *n. pr.* Hadoram, fils de Joktan, Gen. 10. 27, souche d'une peuplade arabe.

הִדַּי *n. pr. m.* II Sam. 23. 30. Le même est appelé חוּרַי I Chr. 11. 32.

הָדַךְ Fouler, écraser des pieds (v. דָּכָא, דָּכָה) : וַהֲדֹךְ רְשָׁעִים תַּחְתָּם Job 40. 7, écrase les impies à la place même qu'ils occupent.

הַדָּם chald. *m.* Morceau, pièce : הַדָּמִין תִּתְעַבְדוּן Dan. 2. 5, vous serez mis en pièces.

הֲדֹם *m.*, toujours suivi de רַגְלַיִם : Marchepied : וְהָאָרֶץ הֲדֹם רַגְלָי Is. 66. 1, et la terre est mon marchepied ; עַד־אָשִׁית אֹיְבֶיךָ הֲדֹם לְרַגְלֶיךָ Ps. 110. 1, jusqu'à ce que j'aurai réduit tes ennemis à servir d'escabeau pour tes pieds. Souvent le marchepied de Dieu signifie le temple ou l'arche sainte : וְלֹא־זָכַר הֲדֹם־רַגְלָיו בְּיוֹם אַפּוֹ Lam. 2. 1, il ne s'est pas souvenu de son marchepied au jour de sa colère, c.-à-d. il ne s'est pas souvenu du temple ou de l'arche sainte.

הֲדַס *m.* (*plur.* הֲדַסִּים). Le myrte : עֲלֵי הֲדַס Néh. 8. 15, et des feuilles de myrte; וְהוּא עֹמֵד בֵּין הַהֲדַסִּים Zach. 1. 8, il se tenait parmi des myrtes.

הֲדַסָּה *n. pr.* (myrte). Nom antérieur d'Esther, Esth. 2. 7.

הָדַף (*fut.* יֶהְדֹּף) 1° Pousser, heurter : יַעַן בְּצַד וּבְכָתֵף תֶּהְדֹּפוּ Ez. 34. 21, parce que vous poussez du côté et de l'épaule. — 2° Renverser : כִּי יְיָ הֲדָפוֹ Jér. 46. 15, car Dieu l'a renversé. — 3° Repousser, détruire : וְהַוַּת רְשָׁעִים יֶהְדֹּף Prov. 10. 3, il détruira les desseins ou les désirs des méchants. — 4° Chasser : הוּא יֶהְדָּפֵם מִפְּנֵיכֶם Jos. 23. 5, il les chassera devant vous.

הָדַר 1° Être élevé : וַהֲדוּרִים אֲיַשֵּׁר Is. 45. 2, j'aplanirai les lieux élevés, les chemins raboteux. — 2° Briller : זֶה הָדוּר בִּלְבוּשׁוֹ Is. 63. 1, qui est si brillant, magnifique, dans son vêtement. — 3° *Trans.* Orner, respecter : וְהָדַרְתָּ פְּנֵי זָקֵן Lév. 19. 32, tu respecteras la figure du vieillard.

Niph. Être respecté : פְּנֵי זְקֵנִים לֹא נֶהְדָּרוּ Lam. 5. 12, les visages des vieillards n'ont pas été respectés.

Pi. *לְהַדֵּר לְבָרֵךְ Rituel, de glorifier, de bénir.

Hithp. אַל־תִּתְהַדַּר לִפְנֵי־מֶלֶךְ Prov. 25. 6, ne te glorifie pas, ne t'élève pas, devant le roi.

הֲדַר chald. *Pa.* הַדַּר Respecter, glorifier : וּלְחַי עָלְמָא שַׁבְּחֵת וְהַדְּרֵת Dan. 4. 31, celui qui vit éternellement, je le louai, je le glorifiai; *וְיִתְהַדַּר *Hithp.*, et qu'il soit glorifié, Rituel.

הָדָר *m.* Éclat, ornement, gloire : הוֹדְךָ וַהֲדָרֶךָ Ps. 45. 4, ta majesté et ta gloire ; וַהֲדַר זְקֵנִים שֵׂיבָה Prov. 20. 29, et les cheveux blancs sont l'ornement des vieillards ; פְּרִי עֵץ הָדָר Lév. 23. 40, le fruit du bel arbre, le cédrat (אֶתְרוֹג); הוֹד וְהָדָר לָבָשְׁתָּ Ps. 104. 1, tu as revêtu la majesté et la gloire, la splendeur ; הָדָר הוּא לְכָל־חֲסִידָיו Ps. 149. 9, c'est une gloire, un honneur, pour tous ses pieux adorateurs ; בְּהַדְרֵי־קֹדֶשׁ Ps. 110. 3, avec un saint ornement.

הֲדַר *m.* Ornement : הֲדַר מַלְכוּת Dan. 11. 20, l'ornement du royaume, c.-à-d. sa meilleure partie ; selon d'autres, les tributs du royaume.

הֲדָרָה *f.* (const. הַדְרַת). Ornement, honneur : בְּרָב־עָם הַדְרַת־מֶלֶךְ Prov. 14. 28, la multitude du peuple est l'ornement, l'honneur, du roi ; בְּהַדְרַת־קֹדֶשׁ Ps. 29. 2, avec une pompe sainte, solennelle, ou dans son sanctuaire magnifique.

הֲדַרְעֶזֶר *n. pr.* (v. הֲדַדְעֶזֶר).

הָהּ *interj.* Hélas ! הָהּ לַיּוֹם Ez. 30. 2, malheur à ce jour (v. אֲהָהּ) !

הוֹ *interj.* (v. הוֹי) : וּבְכָל־חוּצוֹת יֹאמְרוּ הוֹ־הוֹ Amos 5. 16, et dans toutes les rues on criera : Malheur ! malheur !

הוּא *pron. person.* et quelquefois *démonst.*, 3° *pers. sing. masc.* Il, lui, ce, celui, lui-même ; se met quelquefois aussi pour le *fém.* הִיא elle, dans le Pentat. (Gen. 20. 5, 38. 25) ; très rarement dans les autres livres. — הוּא וַעֲבָדָיו Gen. 14. 15, lui-même et ses serviteurs ; לָכֵן יִתֵּן אֲדֹנָי הוּא לָכֶם אוֹת Is. 7. 14, c'est pourquoi Dieu lui-même vous donnera un signe ; souvent il signifie, tout seul, Dieu : הַהוּא אָמַר וְלֹא יַעֲשֶׂה Nomb. 23. 19, lui, Dieu, dirait-il une chose, et ne la ferait pas ? כִּי אֲנִי אֲנִי הוּא Deut. 32. 39, car moi seul je suis lui, l'être par excellence ; כִּי־אֲנִי הוּא Is. 43. 10, que je suis le créateur. Celui, ce : הוּא הַסֹּבֵב אֵת כָּל־אֶרֶץ הַחֲוִילָה Gen. 2. 11, c'est celui qui coule tout autour du pays de Havila ; הָאִישׁ הַהוּא Job 1. 1, cet homme ; לַמָּקוֹם הַהוּא Gen. 21. 31, cet endroit ; בַּיּוֹם הַהוּא ce jour, s'emploie souvent chez les prophètes pour le temps futur promis : וְנִשְׂגַּב יְיָ לְבַדּוֹ בַּיּוֹם הַהוּא Is. 2. 11, et l'Éternel seul sera grand ce jour-là; הוּא précédant le nom: הוּא הַמֶּלֶךְ אָחָז II Chr. 28. 22, ce roi Achaz; הוּא אֲחַשְׁוֵרוֹשׁ Esth. 1. 1, cet Assuérus. Il remplace souvent ou plutôt renferme le verbe subst. הָיָה être: כִּי נָבִיא הוּא Gen. 1. 11, car il est prophète; הוּא אֲדֹנִי Gen. 24. 65, c'est mon maître; בֶּלַע הִיא־צֹעַר Gen. 14. 8, Bela, qui est (aujourd'hui) Zoar.

הוא chald. *pron.* Il, lui (v. הוּא héb.).

הֲוָא chald. (v. הֲוָה).

הוֹד *m.* 1° Majesté. De Dieu, souvent suivi de הָדָר: הוֹד־וְהָדָר לְפָנָיו Ps. 96. 6, la majesté et la gloire sont devant lui; d'un roi: וַיִּתֵּן עָלָיו הוֹד מַלְכוּת I Chr. 29. 25, il lui donna (à Salomon) la majesté royale; וְהִשְׁמִיעַ יְיָ אֶת־הוֹד קוֹלוֹ Is. 30. 30, le Seigneur fera entendre sa voix majestueuse. — 2° Force, vigueur, beauté: וְהוֹדִי נֶהְפַּךְ עָלַי Dan. 10. 8, la couleur vive de mon visage fut changée, je pâlissais de frayeur; וִיהִי כַזַּיִת הוֹדוֹ Osée 14. 7, sa vigueur sera comme celle de l'olivier; הוֹד נַחְרוֹ Job 39. 20, son hennissement vigoureux, ou le souffle si fier de ses narines. — 3° וְהוּא־יִשָּׂא הוֹד Zach. 6. 13, il portera les insignes royaux.

הוֹד *n. pr. m.* I Chr. 7. 37.

* הוֹדָאָה *f.*: וְהוֹדָאוֹת Rituel, et des actions de grâces.

הוֹדַוְיָה *n. pr. m.* (הוֹדוּ יָהּ louez Dieu). 1° I Chr. 5. 24. — 2° 9. 7. — 3° Esdr. 2. 40.

הוֹדַוְיָהוּ *n. pr. m.* I Chr. 3. 24.

הוֹדְיָה (la gloire de Dieu) *n. pr.* Néh. 7. 43.

הוֹדִיָּה *n. pr.* de plusieurs Lévites. Néh. 8. 7, 9. 5.

* הוֹדָיָה *f.* Action de grâces, Rituel (v. הוֹדָאָה).

הָוָה (*part.* הֹוֶה, *impér.* הֱוֵה et הֱוִי, *fut.* יְהוּא) Vivre (v. חָיָה, הָיָה), exister, être (v. הָיָה): וְאַתָּה הֹוֶה לָהֶם לְמֶלֶךְ Néh. 6. 6, et que tu veux être leur roi; כִּי מֶה־הֹוֶה לָאָדָם בְּכָל־עֲמָלוֹ Eccl. 2. 22, car qu'est-ce qui revient à l'homme de tout son travail? הֱוֵה גְבִיר לְאַחֶיךָ Gen. 27. 29, sois le maître de tes frères; הֱוִי־סֵתֶר לָמוֹ Is. 16. 4, sois-leur un refuge; מְקוֹם שֶׁיִּפּוֹל הָעֵץ שָׁם יְהוּא Eccl. 11. 3, l'endroit où tombe l'arbre, là il restera; כִּי לַשֶּׁלֶג יֹאמַר הֱוֵא־אָרֶץ Job 37. 6 (p. בְּאָרֶץ), il dit à la neige: Sois sur la terre; selon d'autres: tombe, descends, sur la terre; * הֱוֵי שְׁפַל רוּחַ Aboth, sois humble; * הֱווּ כַעֲבָדִים Aboth, soyez comme des serviteurs, etc.; *verbe auxil.*: * הֱוֵי מְחַשֵּׁב Aboth, et compte, calcule. — Aspirer à une chose, désirer (v. אָוָה); de là הַוָּה désir.

הֲוָה et הֲוָא chald. (*fut.* יֶהֱוֵה et יֶהֱוֵא). Être: תֶּהֱוֵא תַקִּיפָה Dan. 2. 40, (le quatrième royaume) sera fort; quelquefois les lettres pronominales du futur sont remplacés par לְ: דִּי לֶהֱוֺן Dan. 6. 2, pour qu'ils soient; מַתְּנָתָךְ לָךְ לֶהֶוְיָן Dan. 5. 17, que les présents soient à toi, garde tes présents pour toi. Il est souvent joint à un autre verbe comme auxiliaire: יְדִיעַ לֶהֱוֵא לְמַלְכָּא Esdr. 4. 12, qu'il soit connu au roi, que le roi sache; חָזֵה הֲוֵית Dan. 7. 2, 4, j'ai vu.

הַוָּה *f.* (v. הָוָה, *plur.* הַוּוֹת). 1° Désir: וְהַוַּת רְשָׁעִים יֶהְדֹּף Prov. 10. 3, il détruira le désir, le dessein, des méchants; הַוַּת נַפְשׁוֹ Mich. 7. 3, le désir, la passion, de son âme. — 2° Ruine, malheur, mort: עַד־יַעֲבֹר הַוּוֹת Ps. 57. 2, jusqu'à ce que le malheur (la calamité) soit passé; לוּ שָׁקוֹל יִשָּׁקֵל כַּעְשִׂי וְהַיָּתִי Job 6. 2, si mon chagrin et mes maux, mes souffrances, étaient pesés; מִדֶּבֶר הַוּוֹת Ps. 91. 3, de la peste destructive, des ravages de la peste. — 3° Méchanceté malice: וּבְהַוַּת בֹּגְדִים יִלָּכֵדוּ Prov. 11. 6, les perfides sont pris dans leur malice.

הֹוָה *f.* Malheur: הֹוָה עַל־הֹוָה תָּבוֹא Ez. 7. 26, malheur viendra après malheur.

הוֹהָם *n. pr.* Hoham, roi d'Hébron, Jos. 10. 3.

הוֹי *interj.* De menace: הוֹי גּוֹי חֹטֵא Is. 1. 4, malheur à la nation pécheresse; de plainte: וַיִּסְפְּדוּ עָלָיו הוֹי אָחִי I Rois 13. 30, ils le pleurèrent (en disant:) hélas! mon frère; d'exhortation: הוֹי כָּל־צָמֵא לְכוּ לַמַּיִם Is. 55. 1, allons ! vous tous qui avez soif, allez vers l'eau.

הוּךְ chald. (*inf.* מְהָךְ, *fut.* יְהָךְ) Aller : עַד־שַׁעְמָא לְדָרְיָוֶשׁ יְהָךְ Esdr. 5. 5, jusqu'à ce que l'affaire se présentera devant Darius, qu'elle lui sera rapportée ; לִמְהָךְ לִירוּשְׁלֶם עִמָּךְ יְהָךְ Esdr. 7. 13, (ceux qui veulent) aller à Jérusalem iront avec toi.

הוֹלֵלָה *f.* (rac. הָלַל ; הוֹלֵלוֹת, forme *plur.*, peut-être aussi *sing.*, comme חָכְמוֹת p. חָכְמָה). Sottise, folie : וְהוֹלֵלוֹת בִּלְבָבָם Eccl. 9. 13, et la folie, des pensées folles, sont dans leur cœur.

הוֹלֵלוּת *f.* Folie : הוֹלֵלוּת רָעָה Eccl. 10. 3, une folie pernicieuse.

הוֹלֵם (v. הָלַם).

הוּם ou הִים Émouvoir, agiter, troubler (v. הָמָה, הָמַם) : וְהָמָם מְהוּמָה גְדֹלָה Deut. 7. 23, il les troublera par une grande terreur, consternation ; de là תְּהוֹם la mer agitée, l'abîme.

Niph. Être agité : וַתֵּהֹם כָּל־הָעִיר עֲלֵיהֶן Ruth 1. 19, toute la ville fut agitée à cause d'elles ; וַתֵּהֹם הַקִּרְיָה I Rois 1. 45, la ville était agitée. Selon d'autres, le *Niph.* est de la rac. הָמַם.

Hiph. Faire du bruit, se lamenter : תְּהִימֶנָה מֵאָדָם Mich. 2. 12, (les villes) seront bruyantes par la quantité d'hommes qui s'y trouveront ; אָרִיד בְּשִׂיחִי וְאָהִימָה Ps. 55. 3, je crie dans mes prières et je me lamente (v. רוּד).

הוֹמָם (trouble) *n. pr. m.* I Chr. 1. 39. Le même est nommé הֵימָם Gen. 36. 22.

הוּן ou הִין Être léger, traiter légèrement ; de là *Hiph.*, agir légèrement, témérairement : וַתָּהִינוּ לַעֲלֹת הָהָרָה Deut. 1. 41, vous avez agi témérairement (d'avoir voulu) monter sur la montagne ; selon d'autres, vouloir, être prêt à (v. הֵן) : vous étiez prêts à monter, etc.

הוֹן *m.* (*plur.* הוֹנִים). Fortune, richesse, valeur, prix d'une chose : אֶת־כָּל־הוֹן בֵּיתוֹ יִתֵּן Prov. 6. 31, il donnera toute la fortune de sa maison ; תִּמְכֹּר־עַמְּךָ בְלֹא־הוֹן Ps. 44. 13, tu vends ton peuple sans prix, pour rien ; בְּרֹב הוֹנַיִךְ Ez. 27. 33, par la quantité de tes richesses. — 2° *Adv.* Assez : אַרְבַּע לֹא־אָמְרוּ הוֹן Prov. 30. 15, quatre ne disent pas : Assez.

* הוֹנָאָה *f.* (rac. יָנָה). Tromperie : רֵעַ בְּהוֹנָאָה Rituel, en trompant, surfaisant, le prochain.

הוֹרִי *m. pl.* (rac. הָרָה) : Pères, ancêtres : בִּרְכֹת הוֹרַי Gen. 49. 26, les bénédictions de mes ancêtres, que mes ancêtres m'ont données.

* הוֹרָאָה *f.* Instruction, Aboth.

הוֹשָׁמָע *n. pr. m.* I Chr. 3. 18.

הוֹשֵׁעַ (salut) *n. pr. m.* 1° Nom antérieur de Josué, successeur de Moïse, Nomb. 13. 16. — 2° Osée, fils d'Ela, roi d'Israel, II Rois 15. 30, 17. 1. — 3° Osée, fils de Béeri, prophète, Osée 1. 1.

הוֹשַׁעְיָה (Dieu son secours) *n. pr. m.* Néh. 12. 34.

הָזָה Dormir. Ex. unique : הֹזִים Is. 56. 10, ils dorment, ou ils parlent en rêvant.

הִי *m.* Gémissement, ou *interj.*, hélas ! קִינִים וָהֶגֶה וָהִי Ez. 2. 10, des lamentations, des plaintes et des gémissements.

הִיא *pron. person.* 3° *pers. fém. sing.* Elle, aussi varié dans son emploi que le *masc.* הוּא il, lui (v. הוּא) ; dans plusieurs passages il est écrit הִוא, et on lit הִיא, nommément où il a un sens neutre, cela : וְהִיא עָוֹן פְּלִילִים (*keri* וְהוּא) Job 31. 11, et cela est un crime (du ressort) des juges, que les juges doivent punir ; עָמָל הִיא בְעֵינָי Ps. 73. 16, (*keri* הוּא) c'était une difficulté à mes yeux ; בָּעֵת הַהִיא Mich. 3. 4, dans ce temps ; אֲשֶׁר־הִיא לָכֶם לְאָכְלָה Lév. 11. 39, qui est pour vous à manger, qu'il vous est permis de manger.

הִיא chald. Elle : וְהִיא תְּקוּם לְעָלְמַיָּא Dan. 2. 44, mais elle subsistera éternellement ; הִיא שְׁנַת־שֵׁת Esdr. 6. 15, qui est la sixième année.

חִידֹת *pl. f.* (rac. חִידָה). Chants, cantiques ou chœurs : עַל־חִידֹתָי Néh. 12. 8, (présidaient) aux chants.

הֵידָד *m.* Cri de joie : הֵידָד הִשְׁבַּתִּי Is. 16. 10, j'ai fait taire le cri de joie ; הֵידָד כְּדֹרְכִים יַעֲנֶה Jér. 25. 30, il poussera des cris de joie comme ceux qui foulent le vin.

הָיָה (*fut.* יִהְיֶה *apoc.* יְהִי, וַיְהִי, *inf.* הֱיוֹת, *const.* הֱיוֹת, une fois חֱיֵה (Ez. 21. 10), נִהְיָה לִהְיוֹת; *part. fém.* הוֹיָה (Exod. 9. 3), *v.* הָוָה, et chald. הֲוָה. 1° Être, exister, le verbe substantif : וְהַנָּחָשׁ הָיָה עָרוּם Gen. 3. 1, et le serpent était rusé; לֹא־טוֹב הֱיוֹת הָאָדָם לְבַדּוֹ Gen. 2. 18, il n'est pas bon que l'homme soit seul. — לֹא־יִהְיֶה לְךָ Il est à moi, j'ai : לֹא־יִהְיֶה לְךָ אֱלֹהִים אֲחֵרִים Exod. 20. 3, (il ne sera pas à toi) tu n'auras pas d'autres dieux ; בָּךְ יִהְיוּ Is. 45. 14, ils seront à toi, tu les auras ; וְאַתֶּם לֹא־תִהְיוּ לִי Osée 1. 9, je ne serai pas à vous, je ne serai pas votre Dieu ; לְמַעַן הֱיוֹת־לָהּ מָרָק Ez. 21. 15, pour qu'elle eût de l'éclat. — Servir de : הֱיֵה אַתָּה לָעָם מוּל הָאֱלֹהִים Exod. 4. 16, il te sera comme une bouche et tu lui seras comme un Dieu, il te servira de bouche et toi tu l'inspireras, comme un Dieu : הָיִיתָ לִּי לְבֶן־חָיִל I Sam. 18. 17, sois à moi, c.-à-d. montre-toi à moi, comme un homme vaillant. — Suivi d'un infinitif avec : Être près de, être sur le point : וַיְהִי הַשֶּׁמֶשׁ לָבוֹא Gen. 15. 12, lorsque le soleil se couchait ; וַיְהִי הַשַּׁעַר לִסְגּוֹר Jos. 2. 5, au moment de fermer la porte (de la ville). — הָיָה עִם Être avec quelqu'un, être de son parti : לֹא הָיוּ עִם־אֲדֹנִיָּהוּ I Rois 1. 8, ils n'étaient point avec, ou pour, Adonias. — הָיָה עִם Cohabiter : לִשְׁכַּב אֶצְלָהּ לִהְיוֹת עִמָּהּ Gen. 39. 10, (mais il ne l'écouta) ni pour dormir auprès d'elle, ni pour être avec elle ; הֲאַחִיךָ אַמְנוֹן הָיָה עִמָּךְ II Sam. 13. 20, est-ce que ton frère Amnon a cohabité avec toi ? Il sert aussi d'auxiliaire, avec le participe d'un autre verbe : וַיְהִי בֹנֶה עִיר Gen. 4. 17, (p. וַיִּבֶן) il bâtit une ville ; הַבָּקָר הָיוּ חֹרְשׁוֹת Job 1. 14, les bœufs labouraient ; וּבְנֵיהֶם

תִּהְיוּ לֹשֵׁט בַּמִּדְבָּר Nomb. 14. 33, vos fils seront errants dans le désert.

2° Se faire, devenir, naître, arriver : יְהִי אוֹר וַיְהִי־אוֹר Gen. 1. 3, que la lumière soit, et la lumière fut ; וַיְהִי כָל־אֵלֶּה Is. 66. 2, tout cela est devenu, s'est formé (par ma main) ; וַתְּהִי נְצִיב מֶלַח Gen. 19. 26, elle devint une statue de sel. Suivi de לְ : וַיְהִי לְנָחָשׁ Exod. 4. 3, (la verge) devint un serpent ; לֹא יָדַעְנוּ מֶה־הָיָה לוֹ Exod. 32. 1, nous ne savons pas ce qui lui est arrivé ; שִׂמְחַת עוֹלָם תִּהְיֶה לָהֶם Is. 61. 7, une joie éternelle leur arrivera (ils jouiront d'une joie, etc.). D'une femme, תִּהְיֶה לְאִישׁ se donner à un homme : וְלֹא תִהְיִי לְאִישׁ Osée 3. 3, tu n'appartiendras à aucun homme. הָיָה כְ Être comme, devenir pareil à : וְהָיָה כַצַּדִּיק כָּרָשָׁע Gen. 18. 25, qu'il arrivera la même chose au juste comme à l'impie ; *litt.* que le juste sera ainsi que l'impie ; וְהָיָה כָעָם כַּכֹּהֵן כַּעֶבֶד כַּאֲדֹנָיו Is. 24. 2, le prêtre sera comme le peuple, le maître comme l'esclave, la servante comme sa maîtresse. Dans les livres historiques, souvent וַיְהִי il arriva, de même que dans les prophètes וְהָיָה il arrivera.

Niph. נִהְיָה 1° La même signification que *Kal* 2° : הֲנִהְיָה כַּדָּבָר הַגָּדוֹל הַזֶּה Deut. 4. 32, si un aussi grand événement est jamais arrivé ; הַיּוֹם הַזֶּה נִהְיֵיתָ לְּעָם Deut. 27. 9, ce jour tu es devenu une nation ; תַּאֲוָה נִהְיָה תֶעֱרַב לְנָפֶשׁ Prov. 13. 19, un souhait réalisé, accompli, est doux à l'âme ; הִנֵּה בָאָה וְנִהְיָתָה Ez. 21. 12, certes cela arrivera, s'accomplira.

2° Passer, se dissiper, défaillir : וּשְׁנָתוֹ נִהְיְתָה עָלָיו Dan. 2. 1, et son sommeil avait passé, il ne pouvait plus dormir ; selon d'autres : son sommeil, son rêve, lui pesait ; וַאֲנִי נִרְדַּמְתִּי נֶחֱרֵיתִי 8. 27, et moi, Daniel, j'étais défaillant, épuisé, languissant et malade.

הַיָּה Perte, malheur (deux fois *keri* p. הֹוָה), Job 6. 2, 30. 13 (*v.* הַוָּה).

אֵיךְ Comment ? (p. אֵיךְ) : הֵיךְ יוּכַל עֶבֶד

אֲדֹנִי זֶה Dan. 10. 17, et comment peut le serviteur de mon Seigneur? הֵיךְ אָבִיא אֵלַי I Ch. 13. 12, comment ferai-je venir chez moi (l'arche de Dieu)?

הֵיכָל *m.* et *f.* (rac. הָכַל, ou de quatre lettres הֵיכָל, *plur.* הֵיכָלוֹת, const. הֵיכְלֵי). Palais, temple : וְהִיא בְּהֵיכְלֵי מֶלֶךְ Prov. 30. 28, et elle est dans les palais des rois ; וַיִּבֶן הֵיכָלוֹת Osée 8. 14, il a bâti des palais ; spécialement le temple à Jérusalem : וְהֵיכָל תִּוָּסֵד Is. 44. 28, (qui dit :) et le temple sera fondé (ou 2° *pers. masc.* : ô temple ! tu seras fondé) ; מֵהֵיכַל קָדְשׁוֹ Mich. 1. 2, de son saint temple (p. le ciel).

הֵיכַל et הֵיכְלָא chald. Palais, temple : הֵיכַל מַלְכוּתָא Dan. 4. 26, le palais royal ; מִן־הֵיכְלָא דִּי בִירוּשְׁלֶם Dan. 5. 2, du temple à Jérusalem.

הֵילֵל *m.* (de הָלַל être clair, briller). Étoile brillante, הֵילֵל בֶּן־שָׁחַר Is. 14. 12, étoile du matin, Vénus.

הִים (v. הוּם).

הֵימָן *n. pr.* 1° Heman, fils de Serah, I Chr. 2. 6. — 2° Heman, fils de Joel, 6. 18.

הִין *m.* Nom d'une mesure pour les liquides, contenant douze לֹג log, et un log six œufs : שְׁלִשִׁית הַהִין Nomb. 15. 6, la troisième partie du hin.

הָכִי (v. פִּי).

הָכַר Étonner, étourdir : לֹא־תֵבֹשׁוּ תַּהְכְּרוּ־לִי Job 19. 3 (*Kal* ou *Hiph.* p. תַּהְכִּירוּ), vous ne rougissez pas de m'étourdir (de m'accabler), ou de me railler impudemment ; selon d'autres, de vous conduire comme des étrangers envers moi (v. נָכַר).

הַכָּרָה *f.* (rac. נָכַר). Action de faire connaître, indication, expression : הַכָּרַת פְּנֵיהֶם עָנְתָה בָּם Is. 3. 9, l'expression de leur visage témoigne contre eux ; selon d'autres, (de הָכַר) l'impudence de leur visage, de leurs traits, etc.

הָלָא Éloigner, repousser. *Niph.* : וְהַנַּהֲלָאָה לְגוֹי עָצוּם Mich. 4. 7, je ferai une nation puissante de celle qui était éloignée, repoussée. De là :

הָלְאָה *adv.* 1° De lieu. Au loin, plus loin : גֶּשׁ־הָלְאָה Gen. 19. 9, va plus loin, éloigne-toi ; וְחָלַפְתָּ מִשָּׁם וָהָלְאָה I Sam. 10. 3, tu iras de là plus loin ; מֵהָלְאָה לְדַמָּשֶׂק Amos 5. 27, au delà de Damas. — 2° De temps : וּמִיּוֹם הַשְּׁמִינִי וָהָלְאָה Lév. 22. 27, mais le huitième jour et après.

* הַלְוָאָה *f.* Prêt, emprunt, Rituel.

* הַלְוָיָה Accompagnement (v. לָוָה).

הִלּוּלִים *m. pl.* (rac. הָלַל). Joie, fête : וַיַּעֲשׂוּ הִלּוּלִים Jug. 9. 27, ils se livrèrent à la joie, ils firent des fêtes : קֹדֶשׁ הִלּוּלִים לַיי Lév. 19. 24, (tout le fruit sera) consacré, (on célébrera) des fêtes à la gloire de l'Éternel.

הַלָּזוּ ,הַלָּזֶה ,הַלָּז *pron.* Celui, celle : אֲשֶׁר מֵעֵבֶר הַלָּז I Sam. 14. 1, qui est de ce côté-là ; מָה הַצִּיּוּן הַלָּז II Rois 23. 17, quel est ce tombeau ? מִי־הָאִישׁ הַלָּזֶה Gen. 24. 65, qui est cet homme ? הָאָרֶץ הַלֵּזוּ הַנְּשַׁמָּה Ez. 36. 35, cette terre déserte.

הָלִיךְ ou הֲלִיךְ *m.* (rac. הָלַךְ). Pas, marche : בִּרְחֹץ הֲלִיכַי בְּחֵמָה Job 29. 6, lorsque mes pas (mes pieds) se baignaient dans la crème.

הֲלִיכָה *f.* (*plur.* הֲלִיכוֹת). 1° Marche : יִכָּשְׁלוּ בַּהֲלִיכָתָם Nah. 2. 6, ils trébucheront dans leur marche, course ; הֲלִיכוֹת אֵלִי Ps. 68. 25, les pas, l'entrée, de mon Dieu. — 2° Chemin, direction : הֲלִיכוֹת עוֹלָם לוֹ Hab. 3. 6, les chemins qui existaient de tout temps (s'affaissent) devant lui ; ou la direction du monde, ou tout ce qui se passe dans le monde, vient de lui. — 3° Troupe de voyageurs, caravane : הֲלִיכוֹת שְׁבָא Job. 6. 19, les caravanes qui marchent vers Saba.

הָלַךְ et יָלַךְ (*fut.* יֵלֵךְ ,וַיֵּלֶךְ, aussi יַהֲלֹךְ, תִּהֲלַךְ ; *impér.* לֵךְ ,לְכָה ; *fém.* לְכִי ,לֵכְנָה ; *inf.* הָלוֹךְ, const. לֶכֶת, avec suff. לֶכְתִּי, *part.* הֹלֵךְ) 1° Aller, marcher, voyager ; se dit même des choses inanimées : וַתֵּלֶךְ הַתֵּבָה עַל־פְּנֵי הַמָּיִם Gen. 7. 18, et l'arche flottait sur la surface des eaux ; וַיֵּלֶךְ שְׁמוֹ עַד־לְבוֹא מִצְרַיִם II Chr. 26. 8, sa renommée allait jusqu'en Égypte ;

אֶגְּרֹתֵיהֶם הֹלְכֹות עַל־טֹובִיָּה Néh. 6. 17, leurs lettres arrivaient à Tobie. L'endroit vers où l'on va est précédé de אֶל : לֶךְ־נָא אִתִּי אֶל־מָקֹום אַחֵר Nomb. 23. 13, viens avec moi à un autre endroit ; de לְ : וַיְהֹונָתָן הָלַךְ לְבֵיתֹו I Sam. 23. 18, et Jonathan retourna chez lui ; de עַל : וַאֲנִי הֹולֵךְ עַל אֲשֶׁר־אֲנִי הֹולֵךְ II Sam. 15. 20, et je vais vers où je vais sans savoir où ; avec בְּ aller dans, entrer : וַיֵּרָא וַיָּקָם מַדְבְּרָ I Rois 19. 4, il entra dans le désert ; וְנַפְשָׁם בִּשְׁבִי הָלָכָה Is. 46. 2, eux-mêmes sont allés dans la captivité ; אִם־בְּחֻקֹּתַי תֵּלֵכוּ Lév. 26. 3, si vous marchez selon mes lois, si vous les suivez ; בְּשָׁלֹום וּבְמִישֹׁור הָלַךְ אִתִּי Mal. 2. 6, il a marché avec moi dans la paix et la droiture ; avec le rég. dir. כִּי־אֲנִיֹּות : לַמֶּלֶךְ הֹלְכֹות תַּרְשִׁישׁ II Chr. 9. 21, les vaisseaux du roi vont à Tharsis. — Avec l'acc. Aller à travers, traverser : וַנֵּלֶךְ אֵת כָּל־הַמִּדְבָּר Deut. 1.19, nous traversâmes tout le désert ; לְאֹורֹו אֵלֶךְ חֹשֶׁךְ Job 29. 3, à sa lumière j'allais à travers les ténèbres. הָלַךְ עִם Avoir du commerce avec, fréquenter : וְלָלֶכֶת עִם־אַנְשֵׁי־ רֶשַׁע Job 34. 8, et de fréquenter les impies. הָלַךְ אַחֲרֵי Aller après, suivre : וַיֵּלֶךְ יֹוסֵף אַחַר אֶחָיו Gen. 37. 17, Joseph alla après ses frères ; וְאַחֲרֵי לֹא־יֹועִלוּ הָלְכוּ Jér. 2. 8, ils ont suivi (des idoles) qui ne peuvent secourir. — Marcher ; au *fig.*, se conduire, vivre : הֹלֵךְ תְּמִים Ps. 15. 2, qui vit dans la simplicité ; הֹלֵךְ רוּחַ Mich. 2. 11, (un homme) qui poursuit le vent, c.-à-d. qui s'occupe de choses vaines et fausses ; הֹולֵךְ רָכִיל Prov. 11. 13, qui va médisant, le médisant.

2° Partir, s'en aller : רוּחַ הֹולֵךְ וְלֹא יָשׁוּב Ps. 78. 39, un vent qui passe, et qui ne revient pas ; לֶךְ־לְךָ מֵאַרְצְךָ Gen. 12. 1, va-t-en, sors de ton pays ; הָלַךְ לֹו Cant. 2. 11, (la pluie) est passée, a cessé. Mourir : בְּטֶרֶם אֵלֵךְ וְאֵינֶנִּי Ps. 39. 14, avant que je meure et que je ne sois plus.

3° De l'eau, couler : מֵי הַשִּׁלֹחַ הַהֹלְכִים לְאַט Is. 8. 5, les eaux de Siloah qui coulent doucement.

1° Continuer, augmenter ; l'*inf.* הָלֹוךְ et le *part.* d'un autre verbe : וַיֵּלֶךְ הָלֹוךְ וְגָדֵל Gen. 26.13, il continuait de grandir, il devint de plus en plus grand, riche ; ou le *part.* הֹלֵךְ avec un autre *part.* : וְהַנַּעַר שְׁמוּאֵל הֹלֵךְ וְגָדֵל וָטֹוב I Sam. 2. 26, et l'enfant Samuel croissait de plus en plus et était agréable (à Dieu et aux hommes), ou : à mesure qu'il grandit il devint agréable, etc. — הָלַךְ à l'*impér.*, avec un autre verbe : לְכוּ־נָא וְנִוָּכְחָה Is. 1.18, venez, que nous discutions ; לְכוּ וְנִמְכְּרֶנּוּ Gen. 37. 27, allons, vendons-le.

Niph. נֶחֱלָךְ : כְּצֵל מִנְטֹותֹו נֶחֱלָכְתִּי Ps. 109. 23, comme l'ombre qui s'abaisse, je disparais, je passe.

Pi. הִלֵּךְ Les mêmes significations que le *Kal* : כָּל־הַיֹּום קֹדֵר הִלָּכְתִּי Ps. 38. 7, toute la journée je marche morne, triste ; בְּחֻקֹּותַי יְהַלֵּךְ Ez. 18. 9, il suit mes lois ; וּבָא־כִמְהַלֵּךְ רֵאשֶׁךָ Prov. 6. 11, et ta pauvreté viendra comme un voyageur, un hôte, qu'on n'attend pas, ou comme un rôdeur, vagabond.

Hiph. הֹולִיךְ (de יָלַךְ) Conduire : אֲשֶׁר הֹולִיכְךָ יְיָ Deut. 8.2, (le chemin) par où l'Éternel t'a conduit ; *part.* : וְנָתַתִּי לְךָ מַהְלְכִים Zach. 3. 7, je te donnerai des guides (v. מַהֲלָךְ) ; הֵילִיכִי אֶת־הַיֶּלֶד הַזֶּה Exod.2.9, emporte cet enfant ; יֹולִיכֵם יְיָ Ps. 125. 5, Dieu les enlèvera, perdra ; וְנַהֲרֹותָם כַּשֶּׁמֶן אֹולִיךְ Ez. 32. 14, je ferai couler leurs fleuves comme l'huile ; וַיֹּולֶךְ יְיָ אֶת־הַיָּם Exod. 14. 21, Dieu chassa la mer (par un vent violent).

Hithp. הִתְהַלֵּךְ Se promener : וַיִּתְהַלֵּךְ עַל־גַּג בֵּית־הַמֶּלֶךְ II Sam. 11. 3, il se promenait sur la terrasse du palais royal. Se conduire, vivre : וְהִתְהַלַּכְתִּי בַּאֲמִתֶּךָ Ps. 26. 3, je me suis conduit selon ta vérité ; אֲשֶׁר הִתְהַלְּכוּ אֲבֹתַי לְפָנָיו Gen. 48. 15, (Dieu) devant qui mes pères ont marché, selon la volonté de qui ils ont vécu.

הֲלַךְ chald. *Pa.* Aller, se promener : מְהַלֵּךְ הֲוָה Dan. 4. 26, il allait, se promenait. *Aph.* מְהַלְּכִין בְּגֹוא־נוּרָא Dan. 3. 25, se promenant au milieu du feu.

הֵלֶךְ *m.* 1° Voyageur : וַיָּבֹא הֵלֶךְ לְאִישׁ הֶעָשִׁיר II Sam. 12. 4, un voyageur, un étranger, vint chez l'homme riche. — 2° Découlement (v. הָלַךְ 3°) : הֵלֶךְ דְּבַשׁ I Sam. 14. 26, du miel qui découlait.

הֲלָךְ *m.* chald. Péage : וַהֲלָךְ לָא יִנְתְּנוּן Esdr. 4. 13, ils ne payeront pas le droit de passage, droit de péage.

* **הֲלָכָה** *f.* (const. הִלְכַת). Règle, loi, Aboth.

הָלַל 1° Briller, luire : בְּהִלּוֹ נֵרוֹ עֲלֵי רֹאשִׁי Job 29. 3, lorsque sa lampe luisait sur ma tête. — 2° Vouloir briller, se vanter, extravaguer : אָמַרְתִּי לַהוֹלְלִים אַל־תָּהֹלּוּ Ps. 75. 5, j'ai dit aux insensés : N'extravaguez pas ; ou aux superbes qui se vantaient : Ne vous vantez pas.

Pi. Louer, célébrer : שֶׁבַע בַּיּוֹם הִלַּלְתִּיךָ 119. 164, sept fois chaque jour je te loue ; הַלְלוּ־יָהּ (alleluia) louez l'Éternel ; בֵּאלֹהִים אֲהַלֵּל Ps. 56. 5, je me glorifie en Dieu de sa promesse.

Pou. Être célébré : מְהֻלָּל אֶקְרָא יְיָ Ps. 18. 4, je m'écrie : Que Dieu soit loué ! וּבְתוּלֹתָיו לֹא הוּלָּלוּ Ps. 78. 63, et ses vierges ne furent pas célébrées (par des chants de noces), ne furent pas mariées.

Poe. : כִּי הָעֹשֶׁק יְהוֹלֵל חָכָם Eccl. 7. 7, la violence rend insensé le sage, lui trouble l'esprit.

Poal, passif : מְהוֹלָלַי בִּי נִשְׁבָּעוּ Ps. 102. 9, mes railleurs, mes ennemis, jurent par moi, par mes malheurs ; לִשְׂחוֹק אָמַרְתִּי מְהוֹלָל Eccl. 2. 2, au rire (ou à celui qui riait) j'ai dit : Tu es insensé, ou : Tu es une folie.

Hiph. 1° Faire briller : לֹא יָהֵלּוּ אוֹרָם Is. 13. 10, elles ne feront point briller leur lumière ; תָּהֶל אוֹר Job 41. 10, (son éternument) fait briller la lumière, jette du feu. — 2° Briller : אִם־אֶרְאֶה אוֹר כִּי יָהֵל Job 31. 26, si, en voyant la lumière (le soleil) qui luit, (mon cœur, etc.).

Hithp. Etre loué, se louer : אִשָּׁה יִרְאַת־יְיָ הִיא תִתְהַלָּל Prov. 31. 30, la femme qui craint Dieu, c'est elle qui sera louée ; מַה־תִּתְהַלֵּל בְּרָעָה הַגִּבּוֹר Ps. 52. 3, que te glorifies-tu de ta malice, ô homme puissant ?

Hithpo. Agir follement, se montrer comme fou, faire l'insensé : עֲלוּ הַסּוּסִים וְהִתְהֹלְלוּ הָרֶכֶב Jér. 46. 9, montez les chevaux, et courez follement dans les chars ; וַיִּתְהֹלֵל בְּיָדָם I Sam. 21. 14, il faisait l'insensé devant eux.

* **הַלֵּל** *m.* Louange, nom collectif des Psaumes 113–118, qu'on récite les jours de fête, etc.

הִלֵּל *n. pr. m.* Jug. 12. 13.

* **הַלָּלוּ** *pron.* Ces : הַנֵּרוֹת הַלָּלוּ Rituel, ces lumières.

הָלַם Frapper, briser, se briser : אָז הָלְמוּ עִקְּבֵי־סוּס Jug. 5. 22, alors se sont rompues les cornes des pieds des chevaux ; וְהָלְמָה סִיסְרָא Jug. 5. 26, et elle frappa Sisara ; וַיֵּלֶךְ וַהֲלֹם I Sam. 14. 16, la foule allait et se brisait, se dispersait ; אֶת־הוֹלֶם פָּעַם Is. 41. 7, celui qui bat l'enclume (הוֹלֵם *part.* p. הוֹלֵם, ou *subst.* forme פּוֹעֵל) ; הֲלוּמֵי יָיִן Is. 28. 1, frappés par le vin, ivres.

הֲלֹם *adv. de lieu.* Ici : אַל־תִּקְרַב הֲלֹם Exod. 3. 5, n'approche pas d'ici ; כִּי הֲבִיאֹתַנִי עַד־הֲלֹם II Sam. 7. 18, pour que tu m'aies conduit jusqu'ici, c.-à-d. élevé à cet état où je me trouve ; הֲגַם הֲלֹם רָאִיתִי Gen. 16. 13, n'ai-je pas vu ici ?

הֶלֶם *n. pr. m.* I Chr. 7. 35.

הַלְמוּת *f.* (rac. הָלַם). Marteau : לְהַלְמוּת עֲמֵלִים Jug. 5. 26, vers le marteau des ouvriers.

הָם *n. pr.* d'une contrée habitée par les Zuzims, Gen. 14. 5.

הֵם et **הֵמָּה** *pron. pers.* 3° *pers. plur. masc.* Ils, eux ; quelquefois pour le *fém.* : וְהֵמָּה בָּאוּ בֵּית לֶחֶם Ruth 1. 22, et elles arrivèrent à Bethlehem ; il renferme le verbe subst. : הֵמָּה הַגִּבֹּרִים Gen. 6. 4, ce sont les héros.

הֵם *m.* Force, richesse : לֹא־מֵהֶם וְלֹא מֵהֲמוֹנָם וְלֹא מֶהֱמֵהֶם Ez. 7. 11, il ne restera rien ni d'eux, ni de leur foule, peuple, ni de leur force ou richesse ; selon d'autres : ni de leurs enfants ; ou הֲמֵהֶם

n'est que le pronom הֵם redoublé, ni d'aucun d'eux, ni d'un seul d'entre eux tous.

הַמְּדָתָא (v. מְדָתָא).

הָמָה (*fut.* יֶהֱמֶה *onomat.*) 1° Murmurer, bourdonner, rugir : נֶהֱמֶה כַדֻּבִּים כֻּלָּנוּ Is. 59.11, nous rugissons tous comme des ours ; יֶהֱמוּ כַכָּלֶב Ps. 59.7, ils aboieront comme des chiens ; עֶרֶב וָבֹקֶר וְצָהֳרַיִם אָשִׂיחָה וְאֶהֱמֶה Ps. 55.18, le soir, le matin et à midi, je médite et je soupire ; הֹמִיּוֹת Prov. 1.21, les endroits bruyants, les rues. — Des instruments : כַּכִּנּוֹר יֶהֱמוּ Is. 16.11, (mes entrailles) retentissent comme une harpe ; כַּחֲלִלִים יֶהֱמֶה Jér. 48. 36, (mon cœur) pousse des sons comme une flûte. — De l'eau : יֶהֱמוּ יֶחְמְרוּ מֵימָיו Ps. 46. 4, ses flots mugiront, se troubleront. — D'une foule : הָמוּ גוֹיִם Ps. 46.7, les peuples frémiront ; כִּי־הִנֵּה אוֹיְבֶיךָ יֶהֱמָיוּן Ps. 83. 3, car voilà que tes ennemis frémissent ou triomphent ; לֵץ הַיַּיִן הֹמֶה שֵׁכָר Prov. 20. 1, le vin est railleur, la boisson forte est bruyante.

2° De l'agitation de l'âme : être frappé, touché : מַה־תִּשְׁתּוֹחֲחִי נַפְשִׁי וַתֶּהֱמִי עָלָי Ps. 42. 6, pourquoi es-tu abattue, ô mon âme, et agitée en moi? * יֶהֱמוּ רַחֲמֶיךָ Rituel, que ta miséricorde soit touchée. — 3° D'une femme perdue : הֹמִיָּה הִיא Prov. 7.11, elle est bruyante, causeuse.

הֵמָּה Ils (v. הֵם).

הִמּוֹ et הִמּוֹן chald. *pron. pers. plur.* 3e *pers.* Eux, ils : וְהוֹתֵב הִמּוֹ בְּקִרְיָה Esdr. 4.10, et il les a fait demeurer dans les villes ; וְהַדֵּקֶת הִמּוֹן Dan. 2. 34, et elle les a mis en pièces.

הָמוֹן *m.* (const. הֲמוֹן, rac. הָמַן ou הָמָה). 1° Bruit, tumulte : הֲמוֹן הַגָּשֶׁם I Rois 18. 41, le bruit de la pluie. — Des chanteurs : וְהִשְׁבַּתִּי הֲמוֹן שִׁירָיִךְ Ez. 26. 13, je ferai taire le bruit de tes chants. — De la foule : יִשְׂחַק לַהֲמוֹן קִרְיָה Job 39.7, il rit du bruit, du tumulte, de la ville. וְהֶהָמוֹן אֲשֶׁר בְּמַחֲנֵה פְלִשְׁתִּים I Sam. 14.19, et le bruit tumultueux dans le camp des Philistins. — 2° La foule même : קוֹל הָמוֹן בֶּהָרִים Is. 13. 4, le bruit de la foule dans les montagnes ; אַב־הֲמוֹן גּוֹיִם נְתַתִּיךָ Gen. 17. 5, je t'ai destiné (pour être) le père d'une multitude de nations. — 3° Richesse, argent : וּמִי־אֹהֵב בֶּהָמוֹן Eccl. 5. 9, et celui qui aime l'argent. — 4° Agitation, mouvement de l'âme : הֲמוֹן מֵעֶיךָ Is. 63. 15, l'émotion de tes entrailles, ta miséricorde. — Une fois *fém.* : הָמוֹן רַבָּה Job 31. 34, une grande foule.

הִמּוֹן (v. הִמּוֹ).

הֲמוֹנָה *n. pr.* que donne le prophète dans sa vision à une ville qui sera dans la vallée, où aura lieu un grand carnage des troupes de Gog, Ez. 39.11-16.

הֶמְיָה *f.* Bruit, son : הֶמְיַת נְבָלֶיךָ Is. 14.11, les sons de tes instruments de musique.

הֲמֻלָּה et הֲמוּלָּה *f.* Paroles, cris, agitation : קוֹל הֲמֻלָּה כְּקוֹל מַחֲנֶה Ez. 1.24, le bruit de leurs paroles était comme le bruit d'un camp ; selon d'autres : le bruit d'une multitude agitée et comme le bruit, etc. ; לְקוֹל הֲמוּלָּה גְדֹלָה Jér. 11. 16, au bruit de hauts cris, ou d'une forte agitation.

הָמַם (*fut.* יָהֹם) Troubler, mettre en mouvement, en agitation. 1° Pousser : וְהָמַם גִּלְגַּל עֶגְלָתוֹ Is. 28. 28, il pousse la roue de son chariot. — 2° Confondre, mettre en fuite : שְׁלַח חִצֶּיךָ וּתְהֻמֵּם Ps. 144. 6, envoie tes flèches et mets-les en fuite, ou en désordre ; כִּי־אֱלֹהִים הֲמָמָם בְּכָל־צָרָה II Chr. 15. 6, car Dieu les trouble par toutes sortes de calamités. — 3° Détruire, tuer : לְהֻמָּם וּלְאַבְּדָם Esth. 9.24, de les tuer et de les exterminer ; לְהֻמָּם מִקֶּרֶב הַמַּחֲנֶה Deut. 2.15, pour les faire périr du milieu du camp.

הָמַן Être nombreux (v. הָמוֹן) : יַעַן הֲמָנְכֶם מִן־הַגּוֹיִם Ez. 5.7, parce que vous êtes plus nombreux que les peuples (qui vous entourent), ou parce que vous multipliez (vos péchés), parce que vous surpassez en impiété les peuples, etc. ; selon d'autres : parce que vous vous agitez, vous vous révoltez (v. הָמָה).

הָמָן *n. pr.* Haman (Aman), fameux

par sa haine contre les Juifs (v. le livre d'Esther).

הַמְנִיךְ *m.* chald. Collier : וְהַמוֹנְכָא דִּי־דַהֲבָא Dan. 5.7 (*cheth.*), un collier d'or.

הֲמָסִים *m. pl.* Paille sèche : כִּקְדֹחַ אֵשׁ הֲמָסִים Is. 64. 1, comme le feu brûle la paille sèche, les rameaux ; selon d'autres, de מָסַס le feu qui fait fondre toutes choses : ou comme le feu brûle, dissout, les choses qui fondent, les métaux, etc.

I הֵן *pr. pers.* 3ᵉ *pers. pl. fém.* Elles ; ordinairement הֵנָּה. הֵן ne se trouve que joint aux prépositions ב, כ, ל, מ : אֲשֶׁר עָבַדְתִּי אֹתְךָ בָּהֵן Gen. 30. 26, pour lesquelles je t'ai servi ; וַתַּשְׁחִתִי מֵהֵן : מֵהֵן בְּכָל־דְּרָכַיִךְ Ez. 16. 47, tu as dégénéré plus qu'elles dans toutes tes actions ; כָּהֵן : וְלֹא יַעֲשֶׂה כָּהֵן Ez. 18. 14, et il ne fera pas comme elles, ne les imitera pas ; לָהֵן : הֲלָהֵן תְּשַׂבֵּרְנָה Ruth 1.13, (où il remplace le *masc.* הֵם) voudriez-vous attendre après eux (attendre qu'ils fussent grands).

II הֵן avec *makkeph* הֶן 1° *Adv.* ou *interj.* Voici que, certes : הֵן הָאָדָם הָיָה כְּאַחַד מִמֶּנּוּ Gen. 3. 22, voici que l'homme est devenu comme l'un de nous ; הֶן־אֵל לֹא יִמְאַס־תָּם Job 8. 19, certes Dieu ne repousse pas l'innocent. — 2° Si *interrogatif* : הֵן נִזְבַּח — וְלֹא יִסְקְלֻנוּ Exod. 8. 22, est-ce qu'ils ne nous lapideront pas si nous immolons, etc. ? הֵן הָיְתָה כָּזֹאת Jér. 2. 10, si une chose pareille est arrivée ? — 3° Si *condit.* : הֵן אֶעֱצֹר הַשָּׁמַיִם II Chr. 7. 13, s'il arrive que je ferme le ciel ; הֵן יְשַׁלַּח אִישׁ אֶת־אִשְׁתּוֹ Jér. 3. 1, si un homme répudie sa femme.

הֵן chald. Les mêmes significations que II הֵן hébr. : הֵן אִיתַי אֱלָהַנָא Dan. 3. 17, certes il y a notre Dieu (qui pourra) ; הֵן עַל־מַלְכָּא טָב Esdr. 5. 17, s'il plaît au roi.

* הֲנָאָה *f.* Jouissance, profit : בִּשְׁעַת הֲנָאָתָן Aboth, quand c'est leur profit.

* הָנָה Jouir : לֵהָנוֹת בָּהֶם בְּנֵי אָדָם Rituel, pour que les hommes en jouissent.

הֵנָּה *pr. pers.* 3ᵉ *pers. fém. pl.* Elles (v. I הֵן) : לֹא־רָאִיתִי כָהֵנָּה Gen. 41. 19, je n'en ai pas vu comme elles (les pareilles) ; renfermant le verbe être : כִּי טֹבֹת הֵנָּה Gen. 6. 2, qu'elles étaient belles ; avec les prép. : לַחֲטֹא בָהֵנָּה Lév. 5. 22, (une des choses) par lesquelles (l'homme) pèche ; וְאֹסִפָה לְּךָ כָּהֵנָּה וְכָהֵנָּה II Sam. 12. 8, j'ajouterai pour toi encore beaucoup d'autres choses, tant et tant.

2° *Adv.* Ici : כִּי־מְכַרְתֶּם אֹתִי הֵנָּה Gen. 45. 5, de ce que vous m'avez vendu ici (c.-à-d. à des gens qui m'ont amené ici) ; לָנוּס הֵנָּה וָהֵנָּה Jos. 8. 20, pour fuir çà et là, d'un côté ou d'un autre ; מִמְּךָ וָהֵנָּה I Sam. 20. 21, en deçà de toi. *Adv. de temps* ; כִּי לֹא־שָׁלֵם עֲוֹן הָאֱמֹרִי עַד־הֵנָּה Gen. 15. 16, car la mesure des péchés des Amorrhéens n'est pas encore remplie ; דִּבַּרְתִּי עַד־הֵנָּה I Sam. 1. 16, j'ai parlé jusqu'à présent.

הִנֵּה rarement הִנֶּה, formé de II הֵן et ה parag. Voici, voilà, allez ! Il montre, désigne, les personnes, les choses, les endroits et les actions qui sont proches ou qu'on fait ressortir : הִנֵּה אִשְׁתְּךָ Gen. 12. 19, voici ta femme ; הִנֵּה בָאֹהֶל 18. 9, la voilà dans la tente ; הִנֵּה נָתַתִּי לָכֶם 1. 29, voici que je vous ai donné ; הִנֵּה בָּרְכוּ אֶת־יְיָ Ps. 134. 1, allez ! louez l'Éternel. Il se lie aux suffixes qui remplacent le pron. pers. : הִנְנִי עֲנוּ בִי I Sam. 12. 3, me voici, déclarez contre moi ; הִנֶּנִּי מִי אַתָּה Gen. 27. 18, me voici, qui es-tu ? הִנֵּנִי הִנֵּנִי Is. 65. 1, me voici ; הִנְּךָ מֵת Gen. 20. 3, certes tu mourras ; הִנָּךְ הָרָה Gen. 16. 11, te voilà enceinte ; וְהִנּוֹ נִצָּב Nomb. 23. 17, et il était là debout ; וְיֹאמְרוּ לְךָ הִנֵּנוּ Job 38. 35, vous diront-ils : Nous voici ? וְהִנְּכֶם הַיּוֹם Deut. 1. 10, et vous voici aujourd'hui (nombreux, etc.) ; וְעַתָּה הִנְנוּ בְיָדֶךָ Jos. 9. 25, et maintenant nous voici dans ton pouvoir.

הֲנָחָה *f.* (rac. נוּחַ). Repos, exemption, remise : וַהֲנָחָה לַמְּדִינוֹת עָשָׂה Esth. 2. 18, il accorda aux provinces une remise (d'impôts).

הִנֹּם *n. pr.* d'une vallée (v. גַּי).

הֵנַע *n. pr.* d'une ville en Mésopotamie, II Rois 18. 34.

הָסָה Reposer. *Kal* inusité. *Pi.* Se taire : הַס כָּל־בָּשָׂר מִפְּנֵי יְיָ Zach. 2. 17, que toute chair se taise devant le Seigneur ; וְאָמַר הָס Amos 6. 10, il dira : Silence ! הַסּוּ כִּי־הַיּוֹם קָדֹשׁ Néh. 8. 11, taisez-vous, calmez-vous, parce que ce jour est saint.

Hiph. Faire taire : וַיַּהַס כָּלֵב אֶת־הָעָם Nomb. 13. 30, Chaleb fit taire, calma, le peuple.

הֲפוּגָה *f.* (rac. פוג) : מֵאֵין הֲפֻגוֹת Lam. 3. 49, sans relâche ou sans soulagement, consolation.

הָפַךְ (*fut.* יַהֲפֹךְ) 1° Tourner : הֲפֹךְ יָדְךָ I Rois 22. 34, tourne ta main, tourne bride ; הָפַךְ יִשְׂרָאֵל עֹרֶף Jos. 7. 8, Israel a tourné le dos, a pris la fuite. — 2° Retourner, détruire : לְבִלְתִּי הָפְכִּי אֶת־הָעִיר Gen. 19. 21, que je ne détruirai pas la ville. Avec בְּ : הָפַכְתִּי בָכֶם Amos 4. 11, j'ai détruit une partie d'entre vous, jai fait une destruction au milieu de vous. — 3° Changer : הָפַךְ לִבָּם לִשְׂנֹא עַמּוֹ Ps. 105. 25, il a changé leur sentiment pour haïr son peuple ; וְהָפַכְתִּי אֶבְלָם לְשָׂשׂוֹן Jér. 31. 13, je changerai leur tristesse en joie. *Intrans.* : וּשְׂעָרָה לֹא־הָפַךְ לָבָן Lév. 13. 4, et le poil n'a point changé (pour devenir) blanc. — 4° Pervertir : וַהֲפַכְתֶּם אֶת־דִּבְרֵי אֱלֹהִים חַיִּים Jér. 23. 36, vous avez perverti les paroles du Dieu vivant ; הַפְכְּכֶם Is. 29. 16, que vous êtes pervertis ! selon d'autres, (il m'est facile) de vous changer (comme le potier manie l'argile).

Niph. Se tourner, se changer, passer d'un état à l'autre : נֶהְפַּךְ אֶל־הָרוֹדֵף Jos. 8. 20, ils se tournèrent vers ceux qui les poursuivaient ; וְנֶהְפָּךְ בִּלְשׁוֹנוֹ Prov. 17. 20, celui dont la langue est versatile ou perverse ; וְנַהֲפוֹךְ הוּא Esth. 9. 1, mais la chose s'est tournée, c.-à-d. c'est le contraire qui arriva ; נַחֲלָתֵנוּ נֶהֶפְכָה לְזָרִים Lam. 5. 2, notre héritage a passé à des étrangers ; נֶהֶפְכוּ עָלֶיהָ צִרֶיהָ I Sam. 4. 19, elle fut surprise, assaillie, par ses douleurs ; *littér.* ses douleurs se sont tournées vers elle ; וַיֵּהָפֵךְ לְבַב פַּרְעֹה וַעֲבָדָיו אֶל־הָעָם Exod. 14. 5, le cœur de Pharaon et de ses serviteurs fut changé à l'égard de ce peuple. — 2° Être renversé, détruit : עוֹד אַרְבָּעִים יוֹם וְנִינְוֵה נֶהְפָּכֶת Jon. 3. 4, encore quarante jours, et Ninive sera détruite.

Hoph. הָהְפַּךְ עָלַי בַּלָּהוֹת Job 30. 15, la terreur s'est tournée contre moi.

Hithp. Se tourner, changer : וְחֶרֶב הַמִּתְהַפֶּכֶת Gen. 3. 24, l'épée qui tourne toujours, qui s'agite, une épée flamboyante ; selon d'autres, à deux tranchants ; מִתְהַפֵּךְ בְּמַחֲנֵה מִדְיָן Jug. 7. 13, qui roulait dans le camp des Madianites ; תִּתְהַפֵּךְ כְּחֹמֶר חוֹתָם Job 38. 14, (la terre) change comme l'argile peut changer d'empreintes.

הֵפֶךְ et הֶפֶךְ *m.* Le contraire : וַיְהִי־בָךְ הֵפֶךְ מִן־הַנָּשִׁים Ez. 16. 34, il t'est arrivé le contraire qu'aux autres femmes ; וַתְּהִי לְהֶפֶךְ 16. 34, et tu as été, ou tu as fait, le contraire.

הֲפֵכָה *f.* Destruction : מִתּוֹךְ הַהֲפֵכָה Gen. 19. 29, d'au milieu de la destruction.

הֲפַכְפַּךְ *adj.* : הֲפַכְפַּךְ דֶּרֶךְ אִישׁ וָזָר Prov. 21. 8, la voie de l'homme est tortueuse et étrange (v. וָזָר).

* הֶפְסֵד *m.* La perte : הֶפְסֵד מִצְוָה Aboth, la perte d'une bonne action ; יָצָא הֶפְסֵדוֹ בִּשְׂכָרוֹ Aboth, sa perte se compense avec son profit.

הֻצַּב *n. pr.* d'une idole, ou de la reine de Ninive, Nah. 2. 8 ; selon d'autres, *Hoph.* de נָצַב : et il est décidé (que le peuple de Ninive ira en captivité).

הַצָּלָה *f.* (rac. נָצַל). Délivrance : רֶוַח וְהַצָּלָה יַעֲמוֹד לַיְּהוּדִים Esth. 4. 14, le secours et la délivrance arriveront aux Juifs.

* הַצְלָחָה *f.* (rac. צָלַח). Prospérité : בְּרָכָה וְהַצְלָחָה Rituel, la bénédiction et la prospérité.

הֹצֶן *m.* Arme : וּבָאוּ עָלַיִךְ הֹצֶן Ez. 23. 24 (p. בְּהֹצֶן), ils viendront contre toi (avec) des armes (de guerre).

הַר *m.* (avec l'*art.* הָהָר, *plur.* הָרִים, const. הָרֵי, v. הָרָה). Mont, montagne :

וַיַּעְתֵּק מִשָּׁם הָהָרָה Gen. 12. 8, il partit de là vers la montagne ; une fois : וְהַנִּשְׁאָרִים הֶרָה נָּסוּ 14. 10, et ceux qui échappèrent s'enfuirent vers la montagne; pays montagneux, הַר יְהוּדָה, הַר אֶפְרַיִם pays montagneux appartenant à la tribu de Juda, d'Éphraïm; הַר הָאֱלֹהִים Exod. 3. 1, la montagne de Dieu, la montagne de Sinaï; הַר־יְיָ Is. 2. 3, Ps. 24. 2, Sion, appelé aussi הַר קָדְשׁוֹ, הַר קָדְשִׁי etc., sa montagne sainte; aussi הַר בֵּית־יְיָ Is. 2. 2, la montagne du temple du Seigneur; הִנְנִי אֵלֶיךָ הַר הַמַּשְׁחִית Jér. 51. 25, je viens contre toi, montagne (forteresse) destructrice, dévastatrice, Babylone. Une fois *fém.* (selon Kimchi): שְׁמָמָה תִהְיֶה הַר־שֵׂעִיר Ez. 35. 15, la montagne de Seïr sera ruinée; הָרֵי בְשָׂמִים Cant. 8. 14, les montagnes des aromates.

הֹר הָהָר *n. pr.* de deux monts : le premier, à la frontière du pays d'Edom, Nomb. 20. 22; le deuxième, au nord du Liban, 34. 7, 8.

הָרָא *n. pr.* d'une contrée, probabl. la grande Médie, I Chr. 5. 26.

הַרְאֵל (montagne de Dieu). Nom d'un autel dans le temple (l'autel des holocaustes?) ; וְהַהַרְאֵל אַרְבַּע אַמּוֹת Ez. 43. 15, et l'autel était de quatre coudées (v. אֲרִיאֵל).

הַרְבֵּה Beaucoup (v. רָבָה *Hiph.*).

הָרַג (*fut.* יַהֲרֹג) Tuer, assassiner, abattre : les hommes : מַאֲשֶׁר הָרְגוּ בְנֵי יִשְׂרָאֵל בֶּחָרֶב Jos. 10. 11, que ceux que les enfants d'Israel avaient passés au fil de l'épée; וַיָּקָם קַיִן אֶל־הֶבֶל אָחִיו וַיַּהַרְגֵהוּ Gen. 4. 8, Caïn se leva contre son frère Abel et le tua; כִּי לֶאֱוִיל יַהֲרָג־כָּעַשׂ Job 5. 2, la colère fait mourir l'insensé; les bêtes : וְהָרַג אֶת־הַתַּנִּין אֲשֶׁר בַּיָּם Is. 27. 1, il fera mourir l'énorme poisson qui est dans la mer; les plantes : יַהֲרֹג בַּבָּרָד גַּפְנָם Ps. 78. 47, il abat, perd, leur vigne par la grêle ; avec בְּ : וַיַּהֲרֹג בְּמִשְׁמַנֵּיהֶם Ps. 78. 31, il tua plusieurs entre les plus forts d'eux.

Niph. Être tué : וּבְנוֹתֶיהָ אֲשֶׁר בַּשָּׂדֶה בַּחֶרֶב תֵּהָרַגְנָה Ez. 26. 6, et (les habitants de) ses villages qui sont dans la campagne seront passés au fil de l'épée; בֵּהָרֵג הֶרֶג בְּתוֹכֵךְ (pour בְּהֵהָרֵג) 26. 15, quand aura lieu le carnage au milieu de toi (de la ville de Tyr).

Pou. : אִם־כְּהֶרֶג הֲרֻגָיו הֹרָג Is. 27. 7, est-ce qu'il (Israel) a été frappé, tué, dans un carnage pareil (à celui qui a frappé ses ennemis) tués à cause de lui? כִּי־עָלֶיךָ הֹרַגְנוּ כָל־הַיּוֹם Ps. 44. 23, car nous sommes égorgés chaque jour à cause de toi (parce que nous te restons fidèles).

הֶרֶג *m.* Meurtre, carnage : בְּיוֹם הֶרֶג רָב Is. 30. 25, au jour d'un grand carnage; מַכַּת־חֶרֶב וְהֶרֶג וְאַבְדָן Esth. 9. 5, tuerie et carnage et destruction, extermination.

הֲרֵגָה *f.* Carnage, boucherie : לְיוֹם הֲרֵגָה Jér. 12. 3, pour le jour du carnage; רְעֵה אֶת־צֹאן הַהֲרֵגָה Zach. 11. 4, mène paître ces brebis (destinées) à la boucherie.

הָרָה Concevoir, être enceinte : וַתַּהַר וַתֵּלֶד אֶת־קַיִן Gen. 4. 1, elle conçut et enfanta Caïn; וַתַּהַר אֶת־מִרְיָם I Chr. 4. 17 (comme וַתֵּלֶד), elle enfanta Miriam; avec לְ : וַתַּהַר לוֹ 38. 18, elle conçut de lui, de Juda. *Part. fém.* הוֹרָה Mère : הוֹבִישָׁה הוֹרָתָם Osée 2. 7, celle qui les a conçus (leur mère) s'est déshonorée; et *masc.* : בִּרְכֹת הוֹרַי Gen. 49. 26, les bénédictions de mes pères. — 2° Concevoir par l'esprit, méditer : וְהָרָה עָמָל וְיָלַד שָׁקֶר Ps. 7. 15, et il a conçu le péché et enfanté le mensonge; *inf.* הָרוֹ : הָרוֹ עָמָל Is. 59. 4, et הֹרוֹ 59. 13.

Pou. pass. : וְהַלַּיְלָה אָמַר הֹרָה גָבֶר Job 3. 3, et la nuit dans laquelle on a dit : Un homme a été conçu.

הָרָה *adj. fém.* Enceinte : לְאִישׁ אֲשֶׁר־אֵלֶּה לּוֹ אָנֹכִי הָרָה Gen. 38. 25, je suis enceinte par l'œuvre de l'homme, à qui appartiennent ces choses; וְרַחְמָהּ הֲרַת עוֹלָם Jér. 20. 17, et que la grossesse de son sein durât éternellement, c.-à-d. qu'elle ne m'enfantât jamais. *Pl.* הָרוֹת : וְהָרֹתֵיהֶם תְּבַקֵּעַ II Rois 8. 12, et tu fendras le sein de leurs femmes enceintes;

selon d'autres (p. הָרֵיהֶם): tu perceras leurs montagnes, leurs forteresses sur les montagnes; הָרוֹת הַגִּלְעָד Amos 1. 13, des femmes enceintes de Galaad (ou p. הָרִים les montagnes, v. בָּקַע).

* הִרְהוּר m.: בְּהִרְהוּר הַלֵּב Rituel, par les passions du cœur.

הַרְהֹר chald. m. Pensée: וְהַרְהֹרִין עַל־מִשְׁכְּבִי Dan. 4. 2, et les pensées (que j'avais) étant dans mon lit.

הֵרוֹן m. (de הָרָה). La grossesse: עִצְּבוֹנֵךְ וְהֵרֹנֵךְ Gen. 3. 16, ta douleur et ta grossesse.

* הֲרֵי Certes, vois! Aboth.

הָרִיּוֹת pl. f. (v. הָרָה adj.): וְהָרִיּוֹתָיו יְבֻקָּעוּ Osée 14. 1, et les femmes enceintes (de Samarie) auront leur sein fendu.

הֵרָיוֹן m. Grossesse: וַיִּתֵּן יְיָ לָהּ הֵרָיוֹן Ruth 4. 13, et Dieu lui fit la grâce de devenir enceinte; littér. Dieu lui accorda une grossesse.

הֲרִיסָה f. (de הָרַס). La chose renversée, ruine: וַהֲרִיסֹתָיו אָקִים Amos 9. 11, je relèverai ses ruines, ou je rebâtirai ses maisons renversées.

הֲרִיסוּת f. Destruction: וְאֶרֶץ הֲרִסֻתֵךְ Is. 49. 19, et ton pays de destruction, plein de ruines.

הֹרָם n. pr. Horam, roi de Geser, Jos. 10. 33.

הָרֻם n. pr. m. I Chr. 4. 8.

הַרְמוֹן m. (p. אַרְמוֹן). Palais, citadelle: וְהִשְׁלַכְתֶּנָה הַהַרְמוֹנָה Amos 4. 3, et vous serez jetées dans la citadelle; selon d'autres, n. pr., dans le pays de Harmon (de l'Arménie?).

הָרָן n. pr. m. 1° Haran, frère d'Abraham, Gen. 11. 26. — 2° I Chr. 23. 9.

הָרַס (fut. יַהֲרֹס et יֶהֱרֹס) 1° Renverser, démolir: הָרַס בְּעֶבְרָתוֹ Lament. 2. 2, il a renversé dans sa fureur; הֵן יַהֲרוֹס וְלֹא יִבָּנֶה Job 12. 14, s'il démolit (un édifice), il ne sera pas rebâti; הֲרָס־שִׁנֵּימוֹ בְּפִימוֹ Ps. 58. 7, brise leurs dents dans la bouche; וּמִמַּעֲמָדְךָ יֶהֶרְסֶךָ Is. 22. 19, il t'arrachera de ton poste (de tes fonctions). — 2° Faire irruption; אַל־יֶהֶרְסוּ לַעֲלֹת אֶל־יְיָ Exod. 19. 24, qu'ils ne fassent pas irruption pour monter là où est l'Éternel.

Niph.: כִּי הַשָּׁתוֹת יֵהָרֵסוּן Ps. 11. 3, car même les fondements sont renversés, ou: tout est renversé jusqu'aux fondements; וְנֶהֶרְסוּ הֶהָרִים Ez. 38. 20, les montagnes seront renversées.

Pi.: כִּי הָרֵס תְּהָרְסֵם Exod. 23. 23, mais tu les détruiras entièrement; מְהָרְסַיִךְ וּמַחֲרִיבַיִךְ Is. 49. 17, tes destructeurs et tes dévastateurs.

הֶרֶס m. Destruction: עִיר הַהֶרֶס Is. 19. 18, la ville de la destruction, ou (p. הַחֶרֶס) ville de soleil, Héliopolis en Égypte.

הֲרָרִי m. (v. הַר). Montagne, habitant de la montagne: הֲרָרִי בַּשָּׂדֶה Jér. 17. 3, Israel, toi qui habites les montagnes (pour y adorer les idoles), tout ce qui est dans le champ, etc.; selon d'autres: ma montagne, Sion, au milieu de la campagne; שַׁמָּה הַהֲרָרִי II Sam. 23. 33, Semma le montagnard; plur.: וּמֵהֲרָרֶיהָ תַּחְצֹב נְחֹשֶׁת Deut. 8. 9, et de ses montagnes tu tailleras (tireras) l'airain; הַרְרֵי־עַד Hab. 3. 6, les montagnes éternelles.

* הַשְׁחָתָה f. Destruction, ruine: הַשְׁחָתַת עוֹלָם Rituel, la ruine du monde.

הַשְׂכֵּל Intelligence (v. שָׂכַל).

הָשֵׁם n. pr. m. I Chr. 11. 34.

הַשְׁמָעוּת f. (de l'inf. Hiph. de שָׁמַע). L'action de faire entendre: לְהַשְׁמָעוּת אָזְנָיִם Ez. 24. 26, pour le faire entendre aux oreilles, pour annoncer les nouvelles.

הִתּוּךְ m. (rac. נָתַךְ). Action de fondre, fusion: כְּהִתּוּךְ כֶּסֶף Ez. 22. 22, comme l'argent est fondu.

הֲתָךְ n. pr. d'un Perse, Esth. 4. 5.

הָתַל Kal inusité. Pi. Railler, se moquer, tromper: וַאֲבִיכֶן הֵתֶל בִּי Gen. 31. 7, votre père s'est joué de moi, m'a trompé; אַל־יֹסֵף פַּרְעֹה הָתֵל Exod. 8, 25, mais que Pharaon ne trompe plus; fut.: וְאִישׁ בְּרֵעֵהוּ יְהָתֵלּוּ Jér. 9. 4, l'un trompe l'autre; et וַיְהַתֵּל בָּהֶם אֵלִיָּהוּ I Rois 18. 27, et Elie les railla.

Pou.: לֵב הוּתַל הִטָּהוּ Is. 44. 20, le cœur trompé l'a égaré.

הֲתֻלִּים *m. pl.* Moqueries, tromperies: אִם־לֹא הֲתֻלִים עִמָּדִי Job 17. 2, si ceux qui sont autour de moi ne me disaient pas des choses trompeuses, des consolations vaines.

• הֶתֵּר Permission, une chose permise, non défendue, Rituel.

הָתַת Se ruer, se jeter sur quelqu'un: עַד־אָנָה תְּהוֹתְתוּ עַל־אִישׁ Ps. 62. 4, jusqu'à quand vous jetterez-vous tous ensemble sur un homme? selon d'autres: calomnierez-vous, ou formerez-vous des intrigues, contre un homme?

ו

ו Waw, וָו sixième lettre de l'alphabet. Sa forme répond à son nom, crochet. Comme chiffre il signifie 6. Il se permute avec ב, comme רְבָבָה et רִבּוֹא myriade; בַּת־שֶׁבַע et בַּת־שׁוּעַ *n. pr.*; avec י: יָלַד et וָלָד enfanter; חָיָה et חָוָה vivre; הָוָה et הָיָה être; avec ב: גַּב et גֵּו dos; avec ה: פֹּה et פוֹ ici ou là; avec א (v. א).

וּ (וּ devant *schewa* et devant les lettres פ, מ, ב; וָ souvent devant des monosyllabes ou devant des syllabes qui ont la נְגִינָה; וִ devant י muet; וְ, וֶ, et וַ, devant אֱ, אֶ et אֲ). *Conj.* 1° Et, soit pour lier les mots d'une phrase: אֵת הַשָּׁמַיִם וְאֵת הָאָרֶץ Gen. 1. 1, le ciel et la terre; soit pour lier les phrases entre elles: וְהָאָרֶץ הָיְתָה Gen. 1. 2, et la terre était. Pour lier 3 ou 4 noms ou verbes, ou plus, on donne le ו soit à chacun d'eux (v. Deut. 14. 26), soit au 3e et aux suivants (v. Gen. 13. 2, II Rois 23. 5), soit même au 2e, et non pas au 3e: וַיֵּלְכוּ אֱלִיפַז — וּבִלְדַּד — צֹפַר Job 42. 9, Eliphaz et Baldad (et) Zophar allèrent (v. Ps. 45. 9). — 2° *Explicatif*: וַיִּקְבְּרֻהוּ בָרָמָה וּבְעִירוֹ I Sam. 28. 3, et ils l'enterrèrent dans Ramah, à savoir dans sa ville (natale); וָאַעֲלֶה בְּאֹשׁ מַחֲנֵיכֶם וּבְאַפְּכֶם Amos 4. 10, j'ai fait monter la puanteur (des morts) de votre camp (à savoir, ou jusqu')à vos narines. — 3° *Augmentatif*: וּבְשֶׁבַע לֹא־יִגַּע בְּךָ רָע Job 5. 19, (dans six calamités il te sauve) aussi, et même dans sept le mal ne te touche pas. — 4° *Relatif*, remplaçant le pronom ou la prép. exprimés dans la phrase qui précède: וְלֹא יָרְאוּ אֱלֹהִים Ps. 55. 20, et qui ne craignent pas Dieu; מֵאֵל אָבִיךָ וְיַעְזְרֶךָּ וְאֵת שַׁדַּי וִיבָרְכֶךָּ Gen. 49. 25, du Dieu de ton père qui t'aidera et du Tout-Puissant qui te bénira. — 5° Alors: עֶרֶב וִידַעְתֶּם Exod. 16. 6, au soir (alors) vous saurez; כָּל־אִישׁ זֹבֵחַ זֶבַח וּבָא נַעַר הַכֹּהֵן I Sam. 2. 13, quiconque présentait un sacrifice, alors arriva le serviteur du prêtre. — 6° *Comparatif*: הֲלֹא־אֹזֶן מִלִּין תִּבְחָן וְחֵךְ אֹכֶל יִטְעַם־לוֹ Job 12. 11, l'oreille ne doit-elle pas juger des paroles comme le palais goûte les mets? — 7° Mais, quoique: וּמֵעֵץ הַדַּעַת Gen. 2. 17, mais de l'arbre de la science (du bien et du mal); וְאֶת־בְּרִיתִי אָקִים אֶת־יִצְחָק Gen. 17. 21, mais je conclurai mon alliance avec Isaac; וְאָנֹכִי עָפָר וָאֵפֶר Gen. 18. 27, quoique je ne sois que poussière et que cendre. — 8° Ou: וּמְקַלֵּל אָבִיו וְאִמּוֹ Exod. 21. 17, celui qui maudit son père ou sa mère. — 9° Car: וְשָׁוְא תְּשׁוּעַת אָדָם Ps. 60. 13, car le secours de l'homme est vain. — 10° Cependant: וְאוֹתִי יוֹם יוֹם יִדְרֹשׁוּן Is. 58. 2, cependant ils me cherchent chaque jour; donc: וּדְעוּ Ps. 4. 4, sachez donc. — 11° Pour que: לֹא אִישׁ אֵל וִיכַזֵּב Nomb. 23. 19, Dieu n'est point un homme pour qu'il mente. — 12° Quand: וְצָמִית Ruth 2. 9, quand tu auras soif. — 13° וְלָךְ אַגִּיד Jug. 14. 16, comment te le dirai-je à toi?

וָו הַהִפּוּךְ est le ו qui change le futur en prétérit, comme וַיֹּאמֶר il dit, וַיִּקְרָא il appela, וַיַּעַשׂ il fit; et le וְ, qui fait du prétérit un futur : וְנָתַתָּ tu donneras ; וְעָשִׂיתָ tu feras.

* וַדַּאי *adj.* Certain : אָשָׁם וַדַּאי un sacrifice pour un péché certain, qu'on est sûr d'avoir commis.

* וִדּוּי Aveu, confession : בְּוִדּוּי פֶּה Rituel, par l'aveu de la bouche, c.-à-d. une confession en paroles, mais qui n'est pas sincère.

וְדָן *n. pr.* d'une contrée d'Arabie, Wedan, Ez. 27. 19 ; d'autres traduisent : et Dan.

וָהֵב (signification douteuse) *n. pr.* d'un endroit : אֶת־וָהֵב בְּסוּפָה Nomb. 21. 14, Waheb dans Supha, province de Moab ; selon d'autres : וָהֵב comme יָהַב ce que Dieu a donné (à son peuple, ce qu'il a fait pour lui) dans la mer Rouge.

וָו *m.* (*plur.* וָוִים, const. וָוֵי). Clou, crochet : וָוֵיהֶם זָהָב Exod. 26. 32, leurs crochets d'or.

וָזָר *adj.* Coupable : אִישׁ וָזָר Prov. 21. 8, le criminel. Cependant presque tous les commentaires l'expliquent comme וְזָר *adj.*, se rapportant à דַּרְכּוֹ la conduite de l'homme est étrange.

וַיְזָתָא *n. pr.* du plus jeune fils de Haman, Esth. 9. 9.

וָלָד *m.* Enfant (v. יָלַד) : אֵין לָהּ וָלָד Gen. 11. 30, elle n'avait pas d'enfant.

וָלָד *m.* Enfant : לֹא־הָיָה לָהּ וָלָד II Sam. 6. 23 (*cheth.* יֶלֶד), elle n'avait plus d'enfants (depuis ce jour).

וַנְיָה *n. pr. m.* Esdr. 10. 36.

* וַעַד *m.* Réunion : יְהִי בֵיתְךָ בֵּית וַעַד לַחֲכָמִים Aboth, que ta maison soit une maison de réunion pour les savants.

* וְעִידָה *f.* Réunion, rendez-vous : בִּוְעִידַת זְנוּת Rituel, par le rendez-vous pour commettre fornication.

וָפְסִי *n. pr. m.* Nomb. 13. 14.

וַשְׁנִי *n. pr.* Wasni, fils de Samuel, I Chr. 6. 13 (le même est appelé יוֹאֵל I Sam. 8. 2).

וַשְׁתִּי *n. pr.* (la belle?). Wasthi, femme d'Assuérus, reine de Perse, Esth. 1. 9.

ז

ז Zayin. זַיִן septième lettre de l'alphabet, signifie comme chiffre 7. Sa forme répond à son nom : arme, hache. Il se permute avec ד, ח, ט, ס, צ, שׁ ; exemples : זָבַח, טָבַח et chald. דְּבַח immoler ; זוּר et סוּר céder, reculer ; עָלַז et עָלַס triompher ; זָעַק et צָעַק crier ; זָהָב or, et צָהֹב couleur d'or, jaune ; רָגַז et רָגַשׁ trembler ; avec ר : בָּזָק et בָּרָק éclair.

זְאֵב *m.* Loup : וְגָר זְאֵב עִם־כֶּבֶשׂ Is. 11. 6, le loup habitera avec l'agneau ; זְאֵבֵי עֶרֶב Soph. 3. 3, les loups du soir, qui sortent le soir pour surprendre la proie.

זְאֵב *n. pr.* Zéeb, un prince des Madianites, Jug. 7 25.

זֹאת *pron. démonst. fém. sing.* Celle, celle-ci, cela (v. le *masc.* זֶה celui-ci).

זָבַד Donner, gratifier : זְבָדַנִי אֱלֹהִים אֹתִי זֵבֶד טוֹב Gen. 30. 20, Dieu m'a fait un don excellent.

זֶבֶד *m.* Don (v. זָבַד).

זָבָד (don) *n. pr.* 1° I Chr. 1. 36. — 2° 7. 21. — 3° 11. 41. — 4° II Chr. 24. 26.

זַבְדִּי *n. pr.* 1° Jos. 7. 1. — 2° I Chr. 8. 19. — 3° 27. 27. — 4° Néh. 11. 17.

זַבְדִּיאֵל (don de Dieu) *n. pr.* Zabdiel, fils de Hagdolim, ou fils d'un des grands, Néh. 11. 14.

זְבַדְיָה *n. pr.* de plusieurs hommes, I Chr. et Esdr.

זְבַדְיָהוּ *n. pr.* 1° I Chr. 26. 2. — 2° II Chr. 17. 8. — 3° 19. 11.

זְבוּב *m.* Mouche : זְבוּבֵי מָוֶת Eccl. 10. 1, des mouches mortes, ou qui donnent la mort, des mouches venimeuses ;

בַּעַל זְבוּב II Rois 1. 2, le Dieu des mouches, Béelzebub, divinité adorée chez les Ekronites.

זַכּוּר (le donné) *n. pr.* I Rois 4. 5.

זַבּוּד (le donné) *n. pr.* Esdr. 8. 14.

זְבוּדָה (la donnée) *n. pr.* Zebouda, mère du roi Yehoyakim, II Rois 23. 36.

זְבוּל et **זְבֻל** *m.* Demeure : בָּנֹה בָנִיתִי בֵּית זְבֻל לָךְ I Rois 8. 13, j'ai bâti une maison qui sera ta demeure ; שֶׁמֶשׁ יָרֵחַ עָמַד זְבֻלָה Hab. 3. 11 (ה parag.), le soleil, la lune, s'arrêtèrent dans leur demeure ; מִזְּבֻל לוֹ Ps. 49. 15, (ils iront à l'enfer) chacun de sa demeure, ou (dans l'enfer) qui sera leur demeure.

זְבוּלֻן , **זְבוּלוּן** et **זְבֻלוּן** (de זָבַל habiter) *n. pr.* Zaboulon, fils de Jacob et de Léa, Gen. 30. 20, souche de la tribu de ce nom ; *n. patron.* זְבוּלֹנִי Nomb. 26. 27.

זָבַח Immoler, égorger, sacrifier : וַתִּזְבָּחֵהוּ I Sam. 28. 24, elle le tua (le veau) ; עַל־זִבְחִי אֲשֶׁר אֲנִי זֹבֵחַ לָכֶם Ez. 39. 17, au repas (que je prépare des victimes) que j'égorge pour vous ; *spécial.* offrir des sacrifices à Dieu : וְזָבַחְנוּ לַיי אֱלֹהֵינוּ Exod. 8. 23, et nous sacrifierons au Seigneur notre Dieu ; aussi avec לִפְנֵי : זֹבְחִים זֶבַח לִפְנֵי יְיָ I Rois 8. 62, (le roi et tout Israel) présentèrent des sacrifices devant l'Éternel.

Pi. Sacrifier souvent, avoir coutume de sacrifier : זִבַּח אָמוֹן וַיַּעַבְדֵם II Chr. 33. 22, Amon sacrifiait (aux idoles) et les adorait ; לָהֶם אֲזַבֵּחַ וְיַעְזְרוּנִי 28. 23, je veux leur sacrifier (aux idoles), et elles m'assisteront.

זֶבַח *m.* (avec suff. זִבְחִי, *plur.* זְבָחִים, const. זִבְחֵי). Victime, sacrifice : זִבְחֵי־רִיב Prov. 17. 1, (une maison pleine) de victimes, de bêtes égorgées pour le repas, avec des disputes (et où l'on se querelle) ; זְבָחִים שְׁלָמִים Exod. 24. 5, des hosties pacifiques, des sacrifices de remerciement ; זֶבַח הַיָּמִים I Sam. 1. 21, le sacrifice annuel ; זֶבַח מִשְׁפָּחָה 20. 29, un sacrifice offert par une famille. Le *plur.* une forme *fém.* : וַיֵּבֹשׁוּ מִזִּבְחוֹתָם Osée 4. 19, pour qu'ils soient couverts de honte à cause de leurs sacrifices (offerts aux idoles).

זֶבַח *n. pr.* Zebach, roi des Madianites, Jug. 8. 5, Ps. 83. 12.

זַבַּי *n. pr. m.* Esdr. 10. 28.

זְבִינָא (acheté) *n. pr. m.* Esdr. 10. 43.

זָבַל Habiter, demeurer : הַפַּעַם יִזְבְּלֵנִי אִישִׁי Gen. 30. 20, cette fois, c.-à-d. dès maintenant, mon mari demeurera toujours avec ou auprès de moi.

זְבַן chald. Acheter, gagner : דִּי עִדָּנָא אַנְתּוּן זָבְנִין Dan. 2. 8, que vous voulez gagner du temps.

זָג *m.* Peau du raisin : מֵחַרְצַנִּים וְעַד־זָג Nomb. 6. 4, depuis les pépins jusqu'à la peau (du raisin).

זֵד *adj.* (rac. זוד). Téméraire, orgueilleux, superbe ; aussi *subst.*, orgueil : זֵד יָהִיר לֵץ שְׁמוֹ Prov. 21. 24, l'orgueilleux, le présomptueux, moqueur est son nom ; וְהִשְׁבַּתִּי גְּאוֹן זֵדִים Is. 13. 11, je dompterai l'orgueil des superbes ; גַּם מִזֵּדִים חֲשֹׂךְ עַבְדֶּךָ Ps. 19. 14, préserve ton serviteur aussi des péchés d'orgueil (ou de péchés volontaires) ; selon d'autres : tiens loin ton serviteur de la compagnie des orgueilleux.

זָדוֹן *m.* (const. זְדוֹן, rac. זוד). Orgueil, arrogance : בָּא זָדוֹן וַיָּבֹא קָלוֹן Prov. 11. 2, lorsque vient l'arrogance, vient aussi la honte, l'ignominie ; אֲנִי יָדַעְתִּי אֶת־זְדֹנְךָ I Sam. 17. 28, je connais ton orgueil ; *concr.* l'orgueilleux ; וְכָשַׁל זָדוֹן וְנָפַל Jér. 50. 32, et le superbe (le roi de Babylone) trébuchera et tombera ; ' בְּזָדוֹן Rituel, par témérité, (un péché commis) volontairement, avec intention.

זֶה (*fém.* זֹאת, *plur.* אֵלֶּה) 1° *pron. démonst.* Celui-ci, celle-ci : זֶה יְנַחֲמֵנוּ Gen. 5. 29, celui-ci nous consolera ; הֲזֹאת נָעֳמִי Ruth 1. 19, celle-ci est-ce bien Noémi ? לְזֹאת יִקָּרֵא אִשָּׁה Gen. 2. 23, celle-ci sera appelée femme ; כִּי עָשִׂיתָ זֹּאת Gen. 3. 14, parce que tu as fait cela. Avec le *subst.* : הַיּוֹם הַזֶּה ce jour, הַדָּבָר הַזֶּה cette chose ; devant le *subst.* et sans *art.*, il renferme le *verbe subst.* être : זֶה הַיּוֹם c'est le jour ; זֶה הַדָּבָר c'est la parole, ou c'est la chose. *Emph.*: זֶה סִינַי Jug. 5. 5, ce Sinaï ! כִּי זֶה אֱלֹהִים אֱלֹהֵינוּ Ps. 48. 15, que ce Dieu est notre Dieu ! *Méprisant* : מַה־יֹּשִׁעֵנוּ זֶה I Sam. 10. 27, comment pourra nous sauver celui-là ? הִנֵּה בַּעַל הַחֲלֹמוֹת הַלָּזֶה בָּא Gen. 37. 19, voici cet homme aux rêves qui arrive ! Avec le *pron. interrog.*: מִי הוּא זֶה Esth. 7. 5, qui est-ce ? מַה־זֶּה Gen. 27. 20, qu'est-ce ? comment cela ? לָמָּה זֶּה Gen. 18. 13, pourquoi donc ? מַה־זֹּאת עָשִׂית Gen. 3. 13, qu'as-tu fait, ou pourquoi as-tu fait cela ? זֶה אֶל־זֶה Is. 6. 3, l'un à l'autre.

2° *Pron. relat.* Qui, lequel : שְׁמַע לְאָבִיךָ זֶה יְלָדֶךָ Prov. 23. 22, écoute ton père, qui t'a engendré ; הַר־צִיּוֹן זֶה שָׁכַנְתָּ בּוֹ Ps. 74. 2, la montagne de Sion, sur laquelle tu résidais.

3° *Adverbial.*, du lieu : שְׁבוּ נָא בָזֶה Nomb. 22. 19, restez donc ici (à cet endroit) ; מִזֶּה Gen. 37. 17, d'ici ; מִזֶּה וּמִזֶּה לָאָרוֹן Jos. 8. 33, des deux côtés de l'arche ; du temps : זֶה פַעֲמַיִם Gen. 27, 36, déjà deux fois ; זֶה כַּמֶּה שָׁנִים Zach. 7. 3, déjà tant d'années ; זֶה־לִּי עֶשְׂרִים שָׁנָה Gen. 31. 41, il y a maintenant vingt ans que je suis (dans ta maison) ; קוֹל דּוֹדִי הִנֵּה־זֶה בָּא Cant. 2. 8, (j'entends) la voix de mon ami, le voici qui vient ; כָּזֹה וְכָזֶה תֹּאכַל הֶחָרֶב II Sam. 11. 25, c'est ainsi que l'épée dévore, ou : l'épée dévore tantôt celui-ci, tantôt celui-là ; כָּזֹאת וְכָזֹאת דִּבְּרָה הַנַּעֲרָה II Rois 5. 4, ainsi et ainsi a parlé, telle et telle choses a dit, la jeune fille.

זוֹ *pron. démonst. fém. sing.* (v. זֶה). Celle-ci, celle : וְלֹא־זֹה הָעִיר II Rois 6. 19, et celle-ci n'est pas la ville ; גַּם־זֹה רָאִיתִי חָכְמָה Eccl. 9. 13, j'ai vu aussi cette sagesse, ou : j'ai considéré la sagesse de cette manière, sous un autre point de vue.

זֶה (p. שֶׂה) Agneau : וְנָשָׂא זֶה מֵהָעֵדֶר I Sam. 17. 34, (*cheth.*) il emporta un agneau du troupeau.

זָהָב *m.* (const. זְהַב, une fois וּזְהַב Gen. 2. 12). 1° Or : זָהָב וָכֶסֶף Exod. 25. 3, de l'or et de l'argent ; aussi pour שֶׁקֶל זָהָב sicle d'or : עֲשָׂרָה זָהָב מִשְׁקָלָם Gen. 24. 22, leur poids était de dix sicles d'or. — 2° *Au fig.*, de la pureté de l'air : מִצָּפוֹן זָהָב יֶאֱתֶה Job 37. 22, du nord vient l'or (l'air pur, ou le vent frais, qui rend le ciel clair, serein) ; כּוֹס־זָהָב בָּבֶל Jér. 51. 7, Babylone est une coupe remplie de vin d'or, c.-à-d. clair, excellent (ou une coupe d'or) ; הַמְרִיקִים מֵעֲלֵיהֶם הַזָּהָב Zach. 4. 12, qui font couler d'elles l'huile (claire comme de l'or).

זָהַם *Kal* inusité. *Pi.* Donner du dégoût : וְזִהֲמַתּוּ חַיָּתוֹ לָחֶם Job 33. 20, et le pain même lui donne du dégoût, (*exact.* son âme, ou l'état dans lequel son âme se trouve, lui inspire du dégoût pour le pain).

זַהַם (dégoût) *n. pr. m.* II Chr. 11. 19.

זָהַר Briller, éclairer. *Kal* inusité. *Hiph.* 1° Instruire, enseigner, avertir, détourner : וְהִזְהַרְתָּה אֶתְהֶם Exod. 18. 20, tu leur enseigneras ; לְהַזְהִיר רָשָׁע מִדַּרְכּוֹ הָרְשָׁעָה Ez. 3. 18, pour avertir, détourner le criminel de sa voie coupable ; וְהִזְהַרְתָּ אוֹתָם מִמֶּנִּי 3. 17, tu les avertiras pour moi, en mon nom. — 2° *Intrans.* Briller : וְהַמַּשְׂכִּלִים יַזְהִרוּ Dan. 12. 3, mais les intelligents brilleront.

Niph. Être averti, instruit, se laisser avertir : חָיוֹ יִחְיֶה כִּי נִזְהָר Ez. 3. 21, il vivra, car il s'est laissé avertir, il a écouté l'avertissement ; גַּם־עַבְדְּךָ נִזְהָר בָּהֶם Ps. 19. 12, aussi ton serviteur est averti, instruit, par eux ; בְּנִי הִזָּהֵר Eccl. 12. 12, mon fils, laisse-toi avertir, écoute cet avertissement.

זְהַר chald. Avertir. *Part. pass.*: וּזְהִירִין הֱווֹ Esdr. 4. 22, et soyez avertis, prenez garde ; * הֱוֵי זָהִיר Aboth, observe, fais attention à.

זֹהַר *m.* Éclat : כְּזֹהַר הָרָקִיעַ Dan. 12. 3, comme l'éclat du firmament.

זִו *m.* Éclat, floraison, nom d'un mois : בְּחֹדֶשׁ זִו I Rois 6. 1, dans le mois de ziw (mois de floraison d'arbres et de plantes), le mois de אִיָּר, qui correspond à avril-mai.

זוֹ et זוּ *pron. démonst.* et *relat.*, pour זֶה et זֹאת : הַדּוֹר זוּ Ps. 12. 8, cette génération ; וְעֵדֹתִי זוֹ אֲלַמְּדֵם Ps. 132. 12, et ma loi que je leur enseignerai ; aussi *plur.* : מִפְּנֵי רְשָׁעִים זוּ שַׁדּוּנִי Ps. 17. 9, des méchants qui me font violence.

זוּב Couler : וַיָּזוּבוּ מַיִם Ps. 78. 20, et l'eau coulait ; de l'écoulement périodique des femmes : וְאִשָּׁה כִּי־תִהְיֶה זָבָה Lév. 15. 19, et une femme qui aura le flux menstruel ; et en général : וְאִשָּׁה כִּי־יָזוּב זוֹב דָּמָהּ Lév. 15. 25, une femme qui aura (hors le temps ordinaire) comme un flux menstruel ; aussi d'un homme : אִישׁ אִישׁ כִּי יִהְיֶה זָב מִבְּשָׂרוֹ 15. 2, tout homme qui souffrira de la gonorrhée ; זָב עִמְקֵךְ Jér. 49. 4, ta vallée est inondée (du sang des morts) ; שֶׁהֵם יָזוּבוּ מְדֻקָּרִים Lam. 4. 9, car ceux-là sont morts (leur sang a coulé) percés par l'épée ; selon d'autres : ceux-ci sont morts exténués (de faim) ; אֶרֶץ זָבַת חָלָב וּדְבָשׁ Exod. 3. 8, une terre abondante en lait et en miel.

זוֹב *m.* Écoulement, la gonorrhée simple ; avec suff. : זוֹבוֹ Lév. 15. 1, 33 ; de la femme : זוֹב דָּמָהּ 15. 25, et זוֹבָהּ 15. 26, ses ordinaires, ou flux pareil au flux menstruel.

זוּד Agir avec malice, pécher, se révolter : כִּי בַדָּבָר אֲשֶׁר זָדוּ עֲלֵיהֶם Exod. 18. 11, car la chose, c.-à-d. l'élément, par lequel ils ont péché, s'est précipité sur eux, ou : (Dieu a puni les Égyptiens) parce qu'ils ont agi criminellement contre eux (les Israélites) ; כִּי אֶל־יְיָ זָדָה Jér. 50. 29, parce qu'elle s'est élevée, révoltée, contre le Seigneur.

Hiph. 1° Faire cuire : וַיָּזֶד יַעֲקֹב נָזִיד Gen. 25. 29, Jacob fit cuire un mets ; selon d'autres, le *verbe* et le *subst.* de la rac. נָזַד et וַיָּזֶד pour וַיַּזֵּד. — 2° Les mêmes significations qu'au *Kal* : כִּי הֵזִידוּ עֲלֵיהֶם Néh. 9. 10, qu'ils ont agi avec malice, ou avec orgueil, contre eux ; וְכִי־יָזִד אִישׁ עַל־רֵעֵהוּ Exod. 21. 14, si quelqu'un commet un crime affreux contre son prochain, ou s'il prémédite un crime, etc.

* מֵזִיד Qui commet un péché volontairement, et בְּמֵזִיד (commettre un péché) avec intention, de dessein prémédité.

זוּד chald. Agir avec insolence. *Aph. inf.* הֲזָדָה : וְרוּחֵהּ תִּקְפַת לַהֲזָדָה Dan. 5. 20, et que son esprit s'affermit dans son arrogance, *littér.* à agir effrontément, avec insolence.

זוּז inusité. S'agiter, se mouvoir (v. זִיז) : * אֵין מְזִיזִין אוֹתוֹ מִמְּקוֹמוֹ Aboth, ils ne le remuent pas de sa place.

זוּזִים *n. pr.* d'un peuple habitant un pays voisin de la Palestine. Gen. 14. 5.

זוֹחֵת *n. pr. m.* I Chr. 4. 20.

זָוִית *f.* Coin (*plur.* seul usité) : כְּזָוִיּוֹת מִזְבֵּחַ Zach. 9. 15, comme les coins, les cornes, de l'autel ; בְּנוֹתֵינוּ כְזָוִיֹּת מְחֻטָּבוֹת Ps. 144. 12, nos filles sont comme les colonnes angulaires sculptées, ornées.

זוּל (v. זָלַל) Répandre, prodiguer, mépriser : הַזָּלִים זָהָב מִכִּיס Is. 46. 6, qui tirent ou qui prodiguent l'or de la bourse.

Hithp. Mépriser, insulter : כָּל־מְכַבְּדֶיהָ הִזִּילוּהָ Lament. 1. 8, tous ceux qui l'honoraient l'ont méprisée, insultée (p. הֵזִילוּהָ).

זוּלַת *prép.* (avec suff. זוּלָתִי, זוּלָתְךָ). Outre, hors, excepté, seulement : זוּלַת דַּלַּת עַם־הָאָרֶץ II Rois 24. 14, excepté les plus pauvres du peuple ; אֵין זוּלָתִי Is. 45. 21, aucun (Dieu) outre moi ; aussi זוּלָתִי pour זוּלַת : זוּלָתִי כָּלֵב בֶּן־יְפֻנֶּה Deut. 1. 36, excepté Caleb, fils de Yephoné ; זוּלָתִי שְׁתַּיִם־אֲנַחְנוּ I Rois 3. 18, nous deux seulement.

זוּן Nourrir : רָחָב הַזּוֹנָה Jos. 6. 25, Rahab l'hôtesse (d'autres traduisent : courtisane, de זָנָה) ; * הַזָּן אֶת־הָעוֹלָם כֻּלּוֹ Rituel, qui nourrit le monde entier. *Hoph.* סוּסִים מוּזָנִים Jér. 5. 8, *cheth.*, des chevaux bien nourris, gras (v. יָזַן).

זוּן chald. Nourrir. *Ithp.* וּמִנֵּהּ יִתְּזִין כָּל־בִּשְׂרָא Dan. 4. 9, et de lui se nourrissent toutes les créatures.

זוֹנָה *f.* (rac. זָנָה) : וַיִּתְּנוּ הַיֶּלֶד בַּזּוֹנָה Joel 4. 3, ils ont donné l'enfant pour prix d'une prostituée (v. זון).

זוע Se remuer, bouger, trembler : וְלֹא־זָע מִמֶּנּוּ Esth. 5. 9, et il ne se remuait pas de sa place, ne bougeait pas pour lui ; בַּיּוֹם שֶׁיָּזֻעוּ שֹׁמְרֵי הַבַּיִת Eccl. 12. 3, le jour où les gardiens de la maison tremblent.

Pilp. וְיִקְצוּ מְזַעְזְעֶיךָ Hab. 2. 7, ceux qui te tourmentent, tes oppresseurs, s'éveilleront.

זוע chald. Trembler, craindre. *Part.*: הֲווֹ זָאֲעִין Dan. 5. 19, (*keri* זָיְעִין) ils tremblaient ; *וּמִמֶּנָּה לֹא תָזוּעַ Aboth, ne t'en éloigne pas (ne t'écarte pas de ces maximes).

זְוָעָה *f.* Agitation, terreur : וּנְתַתִּים לְזַוְעָה לְכֹל מַמְלְכוֹת הָאָרֶץ Jér. 15. 4, (*keri* זַעֲוָה) je les ferai errer, je les disperserai, dans tous les royaumes de la terre ; ou : je ferai qu'ils soient un objet d'agitation, d'horreur, pour tous les royaumes, etc. ; וְהָיָה רַק־זְוָעָה Is. 28. 19, il n'y aura que tremblement, que terreur.

I זור Presser, fouler, écraser du pied : וַיָּזַר אֶת־הַגִּזָּה Jug. 6. 38, il pressa la toison ; וַתִּשְׁכַּח כִּי־רֶגֶל תְּזוּרֶהָ Job 39. 15, et elle oublie qu'un pied pourra les écraser ; *intrans.*: לֹא־זֹרוּ וְלֹא חֻבָּשׁוּ Is. 1. 6, (*prét.* forme *Pao.* ou *Pou.*, p. זוֹרְרוּ) (les plaies) ne sont pas pressées ni bandées, pansées ; *part. pass.*: וְהַזּוּרֶה תִּבָּקַע אֶפְעֶה Is. 59. 5, exact., et si (l'œuf) est écrasé, si on l'écrase, il en sort un aspic.

Pi. וַיְזוֹרֵר הַנַּעַר II Rois 4. 35, et l'enfant éternua.

II זור (v. סור) Se détourner, s'éloigner; être, devenir, étranger : וְיֹדְעַי אַךְ־זָרוּ מִמֶּנִּי Job 19. 13, et mes amis se sont éloignés de moi, se conduisent envers moi comme des étrangers ; זֹרוּ רְשָׁעִים מֵרָחֶם Ps. 58. 4, les impies se sont détournés (du droit chemin) dès le sein de leurs mères (*Kal*, forme *Pao.* ou *Pou.*). Être contraire, répugner : רוּחִי זָרָה לְאִשְׁתִּי Job 19. 17, mon haleine répugne à ma femme. *Part.* ou *adj.* זָר Étranger, barbare : זָרִים אֹכְלִים אֹתָהּ Is. 1. 7, les étrangers la dévorent ; וְשִׁלַּחְתִּי לְבָבֶל זָרִים וְזֵרוּהָ Jér. 51. 2, j'enverrai contre Babylone des barbares qui la pilleront, *exact.* qui la traiteront comme un pays étranger, ennemi ; selon d'autres (de זָרָה), des vanniers qui la vanneront ; לְאֵל זָר Ps. 44. 21, à un dieu étranger, à une idole adorée des autres peuples ; אִשָּׁה זָרָה Prov. 2. 16, une femme dégénérée, prostituée ; אֵשׁ זָרָה Lév. 10. 1, du feu profane ; פִּי זָרוֹת Prov. 22. 14, la bouche des étrangères ou des prostituées ; עֵינֶיךָ יִרְאוּ זָרוֹת Prov. 23. 33, tes yeux verront des choses étranges.

Niph. נָזֹרוּ אָחוֹר Is. 1. 4, (le même que *Kal*) ils sont retournés en arrière (se sont éloignés de Dieu).

Hoph. part.: מוּזָר הָיִיתִי לְאֶחָי Ps. 69. 9, je suis devenu comme un étranger à mes frères.

זחח S'écarter, se séparer. *Kal* inusité. *Niph.*: וְלֹא־יִזַּח הַחֹשֶׁן Exod. 28. 28, que le pectoral ne soit séparé (de l'éphod).

זחל 1° Ramper : זֹחֲלֵי עָפָר Deut. 32. 24, qui rampent dans la poussière, les serpents. — 2° Craindre : עַל־כֵּן זָחַלְתִּי וָאִירָא Job 32. 6, c'est pourquoi j'ai craint, je n'ai pas osé (dire ma pensée).

זֹחֶלֶת *n. pr.* d'un rocher près de Jérusalem : אֶבֶן הַזֹּחֶלֶת I Rois. 1. 9, pierre des eaux qui coulent, ou des serpents ; *Tharg.*, rocher d'où on domine la contrée.

זֵידוֹן *adj. m.* (rac. זוד). Irrité, impétueux : הַמַּיִם הַזֵּידוֹנִים Ps. 124. 5, les eaux enflées, les flots impétueux.

זִיו chald. *m.* Eclat, sérénité : וְזִיוֵהּ יַתִּיר Dan. 2. 31, et dont l'éclat prodigieux ; וְזִיוֹהִי שָׁנַיִן עֲלוֹהִי 5. 9, et la sérénité de sa figure changea, il changea de couleur, pâlit.

זִיז *m.* 1° Comme זִיו Éclat : וְהִתְעַנַּגְתֶּם מִזִּיז כְּבוֹדָהּ Is. 66. 11, pour que vous soyez réjouis de l'éclat ou de l'abondance de sa gloire. — 2° De זוז ce qui se meut. Bête, animal : וְזִיז שָׂדַי עִמָּדִי

Ps. 50. 11, et les bêtes des champs sont à moi, ou me sont connues.

זִיזָא (éclat) *n. pr. m.* 1° I Chr. 4. 37. — 2° II Chr. 11. 20.

זִיזָה (éclat) *n. pr. m.* I Chr. 23. 11. Le même est appelé זִינָא, vers. 10.

זִינָא *n. pr.* (v. זִיזָה).

* זִיעַ *m.* Émotion : קָל זִיעַ סַגִּיא Rit., le bruit d'une grande agitation, émotion.

זִיעַ (émotion) *n. pr. m.* I Chr. 5. 13.

זִיף *n. pr.* 1° Ziph, ville de la tribu de Juda, Jos. 15. 15, près du désert du même nom : בְּמִדְבַּר־זִיף I Sam. 23. 14. הַזִּפִים 26. 1, les habitants de Ziph. — 2° Ziph, fils de Jehallelel, I Chr. 4. 16.

זִיפָה *n. pr. m.* I Chr. 4. 16.

זִיקוֹת *f. pl.* (v. זִקִּים). Étincelles, flammes, brandons : מְאַזְּרֵי זִיקוֹת Is. 50, 11, vous qui lancez des flammes, des brandons, ou qui êtes armés de brandons (v. אָזַר).

זַיִת *m.* (const. זֵית, *pl.* זֵיתִים). 1° Olivier : וַיֹּאמְרוּ לַזַּיִת Jug. 9. 9, les arbres dirent à l'olivier. — 2° Olive : אַתָּה תִדְרֹךְ־זַיִת Mich. 6. 15, tu fouleras les olives. — הַר הַזֵּיתִים Zach. 14. 4, la montagne des Oliviers, dans le voisinage de Jérusalem.

זֵיתָן (olivier) *n. pr. m.* I Chr. 7. 10.

זַךְ et זָךְ (*fém.* זַכָּה) *adj.* Clair, pur : שֶׁמֶן זַיִת זָךְ Exod. 27. 20, de l'huile d'olives pure, claire ; וּלְבֹנָה זַכָּה 30. 34, de l'encens pur ; au *fig.* : וּתְפִלָּתִי זַכָּה Job 16. 17, et ma prière était pure ; אִם־זַךְ וְיָשָׁר אָתָּה Job 8. 6, si tu deviens pur et sincère, droit.

* זַכַּאי ou זַכָּאִי Juste, innocent : יִהְיוּ בְעֵינֶיךָ כְּזַכָּאִין Aboth, tu les regarderas comme des justes, des innocents.

זָכָה (v. זָכַךְ) Être pur, au sens moral : וּמַה־יִּזְכֶּה יְלוּד אִשָּׁה Job 25. 4, et comment (l'homme) qui est né d'une femme paraîtrait-il, serait-il, pur ? תִּזְכֶּה בְשָׁפְטֶךָ Ps. 51. 6 (pour que) tu sois pur dans ton jugement ; וְנִזְכֶּה כֻלָּנוּ מְהֵרָה לְאוֹרוֹ * Rituel, et que nous nous réjouissions bientôt de sa lumière.

Pi. Purifier : זִכִּיתִי לִבִּי Prov. 20. 9, j'ai purifié mon cœur ; בַּמֶּה יְזַכֶּה־נַּעַר אֶת־אָרְחוֹ Ps. 119, 9, comment le jeune homme conservera-t-il pur son chemin, ses mœurs ?

Hithp. רַחֲצוּ הִזַּכּוּ pour הִתְזַכּוּ Is. 1. 16, lavez-vous, purifiez-vous.

זָכוּ chald. *f.* Pureté, innocence, mérite : זָכוּ הִשְׁתְּכַחַת לִי Dan. 6. 23, (parce que) l'innocence ou le mérite a été trouvé en moi.

* זְכוּת Même signif. : זְכוּת וּמִישׁוֹר לִפְנֵי כִסְאוֹ Rituel, le mérite et la droiture se tiennent devant son trône ; כָּתְבֵנוּ בְּסֵפֶר זְכֻיּוֹת inscris-nous dans le livre des mérites ; לְכַף זְכוּת Aboth, (juger quelqu'un) en bien, favorablement.

זְכוּכִית *f.* Verre ou cristal (rac. זָכַךְ) : לֹא־יַעַרְכֶנָּה זָהָב וּזְכוֹכִית Job 28. 17, on ne lui égalera ni l'or ni le verre (ou le cristal).

זָכוּר *m.* (v. זָכָר). Le mâle : יֵרָאֶה כָּל־זְכוּרְךָ Exod. 23. 17, tous les mâles d'entre toi se présenteront.

זַכּוּר (souvenir) *n. pr. m.* 1° Nomb. 13. 4. — 2° I Chr. 4. 26. — Et plusieurs autres.

זַכַּי (pur) *n. pr. m.* Esdr. 2. 9.

זָכַךְ (v. זָכָה) Être pur : זַכּוּ נְזִירֶיהָ מִשֶּׁלֶג Lament. 4. 7, ses princes (ou nazaréens, consacrés à Dieu) étaient plus blancs, plus purs, que la neige ; au *fig.* : וְשָׁמַיִם לֹא־זַכּוּ בְעֵינָיו Job. 15. 15, les cieux ne sont pas purs devant ses yeux.

Hiph. : וַהֲזִכּוֹתִי בְּבוֹר כַּפָּי Job 9. 30, et que j'aurais nettoyé mes mains avec du savon.

זָכַר (*fut.* יִזְכּוֹר) Penser, se souvenir, mentionner. Avec l'*acc.* : וַיִּזְכֹּר אֱלֹהִים אֶת־נֹחַ Gen. 8. 1, Dieu se souvint de Noé ; זָכַרְנוּ אֶת־הַדָּגָה Nomb. 11. 5, nous nous souvenons des poissons ; יְיָ זְכָרָנוּ Ps. 115. 12, l'Éternel s'est souvenu de nous ; avec לְ : זְכֹר לַעֲבָדֶיךָ Deut. 9. 27, souviens-toi de tes serviteurs ; avec בְּ : וְלֹא יִזְכְּרוּ־בוֹ Jér. 3. 16, on n'y pensera plus ; *absol.* : זְכֹר כִּי־רוּחַ חַיָּי Job 7. 7, considère que ma vie n'est qu'un souffle; זָכַרְתִּי בַלַּיְלָה שִׁמְךָ יְיָ Ps. 119. 55, j'ai mentionné dans la nuit ton nom, ô Éternel! זָכְרָה־לִּי אֱלֹהַי לְטוֹבָה Néh. 5. 19, souviens-toi, mon Dieu, en ma faveur (de tout ce que j'ai fait pour ce peuple); לֹא זָכְרָה אַחֲרִיתָהּ Lament. 1. 9, elle n'a pas réfléchi sur sa fin.

Niph. 1° Être rappelé: וְנִזְכַּרְתֶּם לִפְנֵי יְיָ Nomb. 10. 9, l'Éternel se souviendra de vous; *littér.* vous serez rappelés devant l'Éternel, vous serez présents à son souvenir; וְהַיָּמִים הָאֵלֶּה נִזְכָּרִים וְנַעֲשִׂים Esth. 9. 28, et ces jours resteront dans le souvenir et seront célébrés, etc.

2° De זָכָר Être né mâle. Ex. unique: וְכָל־מִקְנְךָ תִּזָּכָר Exod. 34. 19, et tout ton bétail né mâle, chaque animal mâle.

Hiph. 1° Faire souvenir, rappeler: וְהִזְכַּרְתַּנִי אֶל־פַּרְעֹה Gen. 40. 14, fais mention de moi, parle pour moi à Pharaon; וְהוּא־מַזְכִּיר עָוֺן Ez. 21. 28, mais il rappellera le souvenir de leur iniquité; לְדָוִד לְהַזְכִּיר Ps. 78. 1, 70. 1, (psaume) de David, comme souvenir, pour rappeler un fait, un événement; וּבֵאלֹהֵי יִשְׂרָאֵל יַזְכִּירוּ Is. 48. 1, et qui invoquent le Dieu d'Israel; הַמַּזְכִּיר I Rois 4. 2, le chancelier, l'historiographe. — 2° Se rappeler au souvenir par des offrandes: מַזְכִּיר לְבֹנָה Is. 66. 3, qui fait sentir, qui brûle, de l'encens; de même que וְהָיְתָה לַלֶּחֶם לְאַזְכָּרָה Lév. 24. 7, (l'encens) ajouté à ce pain sera l'offrande de souvenir, c.-à-d. la partie de l'oblation brûlée sur l'autel.

זָכָר *m.* (*plur.* זְכָרִים). Ce qui est de sexe masculin, mâle; des hommes: זָכָר וּנְקֵבָה בָּרָא אֹתָם Gen. 1. 27, il les créa mâle et femelle; des animaux: שֶׂה תָמִים זָכָר Exod. 12. 5, un agneau sans défaut, un mâle.

זֵכֶר et זֶכֶר *m.* (avec suff. זִכְרִי). Souvenir, nom: אָבַד זִכְרָם Ps. 9. 7, leur souvenir a disparu; וְהוֹדוּ לְזֵכֶר קָדְשׁוֹ Ps. 30. 5, et louez sa mémoire sainte, ou son saint nom; כִּי אֵין בַּמָּוֶת זִכְרֶךָ 6. 6, car dans la mort il n'y a plus un souvenir de toi, on ne peut plus se souvenir de toi, ou on ne peut plus te glorifier.

זִכָּרוֹן et זִכְרוֹן *m.* (*pl.* זִכְרוֹנִים et זִכְרוֹנוֹת). Souvenir: אֵין זִכְרוֹן לָרִאשֹׁנִים Eccl. 1. 11, il n'y a pas de souvenir, on ne se souvient pas, des choses passées; אַבְנֵי זִכָּרוֹן Exod. 28. 12, 39. 7, les pierres de souvenir (en faveur d'Israel), des pierres attachées aux ornements du grand-prêtre, et sur lesquelles étaient gravés les noms des douze tribus; סֵפֶר הַזִּכְרֹנוֹת Esth. 6. 1, le livre des choses mémorables, les annales.

זִכְרִי *n. pr. m.* Zichri, fils d'Ishar, Exod. 6. 21. — 2° De plusieurs autres, Chr. et Néh.

זְכַרְיָה (dont Dieu se souvient) *n. pr.* 1° Le prophète Zacharie, fils de Berechya, Zach. 1. 1, 7. — 2° Zacharie, fils de Jehoyada, prophète, II Chr. 24. 20.

זְכַרְיָהוּ (même signif.) *n. pr.* 1° Zacharias, fils de Jéroboam, roi d'Israel, II Rois 15. 8. — 2° D'un grand seigneur, Zacharyahou, fils de Yeberachyahou, Is. 8. 2; selon d'autres, le prophète זְכַרְיָה. — 3° Zacharie, prophète du temps du roi Ozias, II Chr. 26. 5.

זֻלּוּת *f.* (rac. זָלַל). Honte, bassesse: כְּרֻם זֻלּוּת לִבְנֵי אָדָם Ps. 12. 9, lorsque la bassesse s'élève entre les hommes, ou lorsque (les méchants) s'élèvent, c'est une honte pour les hommes; selon d'autres: comme (le ver) la sangsue suce le sang des hommes (v. זָלַל 1° et רָעֵה).

זַלְזַלִּים *m. pl.* Branches (de vigne): וְכָרַת הַזַּלְזַלִּים בַּמַּזְמֵרוֹת Is. 18. 5, il coupera les branches des vignes avec des serpettes.

זִלְזוּל * *m.* Mépris: בְּזִלְזוּל הוֹרִים וּמוֹרִים Rituel, par le mépris pour nos parents et nos professeurs.

זָלַל 1° Faire excès, être gourmand: זוֹלֵל וְסֹבֵא Deut. 21. 20, (il est) gourmand et ivrogne; בְּזֹלְלֵי בָשָׂר לָמוֹ Prov. 23. 20, de ceux qui dévorent de la viande, qui en mangent avec excès.— 2° *Intrans.* Être vil, abject: וְאִם־תּוֹצִיא יָקָר מִזּוֹלֵל Jér. 15. 19, si tu sais distinguer ce qui est précieux de ce qui est vil; כִּי הָיִיתִי זוֹלֵלָה Lam. 1. 11, comme je suis avilie.

Niph.: הָרִים נָזֹלּוּ Is. 64. 2, [plutôt *Kal*, de זָלַל] (devant toi) les montagnes tremblent (v. נָזַל).

זַלְעָפָה et **זִלְעָפָה** *f.* Ardeur, violence, horreur: זַלְעֲפוֹת רָעָב Lament. 5. 10; l'ardeur de la faim, la faim extrême; וְרוּחַ זִלְעָפוֹת Ps. 11. 6, et un vent brûlant ou impétueux; זַלְעָפָה אֲחָזַתְנִי Ps. 119. 53, la colère s'empare de moi, ou je suis saisi d'horreur.

זִלְפָּה *n. pr.* Silpa, servante de Léa, qu'elle donna pour femme à Jacob, mère de Gad et d'Aser, Gen. 30. 9-13.

זִמָּה *f.* (rac. זָמַם). 1° Pensée: זִמֹּתַי נִתְּקוּ Job 17. 11, mes pensées sont renversées; *exact.* le fil de mes pensées est rompu. — 2° Mauvaise pensée, malice: אַף כִּי־בְזִמָּה יְבִיאֶנּוּ Prov. 21. 27, combien plus lorsqu'il l'offre avec malice, dans une mauvaise intention. — 3° Injustice, crime: אֲשֶׁר־בִּידֵיהֶם זִמָּה Ps. 26. 10, dans leurs mains est l'injustice, l'iniquité; *spécial.* débauche, inceste: זִמָּה הִוא Lév. 18. 17, c'est un crime, un inceste.

זִמָּה *n. pr.* Zima, fils de Gerson, I Chr. 6. 5.

זְמוֹרָה *f.* (rac. זָמַר). 1° Branche de vigne: וַיִּכְרְתוּ מִשָּׁם זְמוֹרָה Nomb. 13. 23, là ils coupèrent une branche de vigne. — 2° Jeune branche en général: וּזְמֹרַת זָר תִּזְרָעֶנּוּ Is. 17. 10, et tu as planté (une branche) un rejeton étranger; וּזְמֹרֵיהֶם שִׁחֵתוּ Nah. 2. 3, et ils ont détruit leurs rejetons; selon d'autres: ce qu'ils avaient de meilleur, de plus précieux (v. זִמְרָה); וְהִנָּם שֹׁלְחִים אֶת־הַזְּמוֹרָה אֶל־אַפָּם Ez. 8. 17, et ils approchent le rameau de leurs narines (allusion à un usage des Perses idolâtres); selon d'autres: ils offrent la mauvaise odeur de leur encens, l'odeur qui répugne à mon nez (אַפָּם pour אַפִּי).

זַמְזֻמִּים *m. pl.* (peuples bruyants), *n. pr.* d'un peuple de géants, voisin des Ammonites, Deut. 2. 20.

זָמִיר *m.* Action de tailler ou de chanter (v. I et II זָמַר): עֵת הַזָּמִיר הִגִּיעַ Cant. 2. 12, le temps du chant (des oiseaux) est venu; selon d'autres, le temps de tailler les arbres; זְמִיר עָרִיצִים יַעֲנֶה Is. 25. 5, (la coupe) la ruine humiliera les hommes violents, ou: il (Dieu) étouffera le chant des hommes violents, puissants.

זְמִירָה *f.* (seulem. *pl.* זְמִירוֹת). Chant: נֹתֵן זְמִרוֹת בַּלָּיְלָה Job 35. 10, qui inspire des cantiques pendant la nuit; זְמִרוֹת הָיוּ־לִי חֻקֶּיךָ Ps. 119. 54, tes lois sont des chants, des cantiques, pour moi.

זְמִירָה *n. pr. m.*, I Chr. 7. 8.

זָמַם (*prét.* זָמַמְתִּי et זַמֹּתִי, *fut.* יָזֹם, *plur.* יָזֹמּוּ). Penser, méditer, former des projets, bons et mauvais: זֹמֵם רָשָׁע לַצַּדִּיק Ps. 37. 12, le méchant forme des desseins contre le juste; עַל כִּי־דִבַּרְתִּי זַמֹּתִי Jér. 4. 28, parce que j'ai parlé, que j'ai résolu; de même: זַמֹּתִי בַּל־יַעֲבָר־פִּי Ps. 17, 3, (tu n'as pas trouvé) que j'ai pensé ce qui n'a pas passé par ma bouche, que ma pensée était autre que ma parole (ou זַמֹּתִי *subst.*, ma pensée).

זָמָם *m.* Dessein: זְמָמוֹ אַל־תָּפֵק Ps. 140. 9, n'accomplis pas ses mauvais desseins.

זָמַן *Kal* inusité. Préparer, fixer. *Pou. part.*: לְעִתִּים מְזֻמָּנִים Esdr. 10. 14, et בְּעִתִּים מְזֻמָּנוֹת Néh. 13. 31, aux, dans les, temps fixés, marqués.

זְמָן *m.* (*plur.* זְמַנִּים). Temps: לַכֹּל זְמָן Eccl. 3. 1, à chaque chose un temps; בִּזְמַנֵּיהֶם Esth. 9. 31, (de célébrer ces jours de Purim) dans leurs temps, chaque année à la même époque, Fête: מְקַדֵּשׁ יִשְׂרָאֵל וְהַזְּמַנִּים qui sanctifie Israel et les fêtes.

זְמַן chald. (comme זְמָן héb.). *Hithp.*: הִזְדְּמִנְתּוּן לְמֵאמַר Dan. 2. 9, (*keri*; הִזְמִנְתּוּן *cheth. Aphel*) vous vous êtes préparés, vous êtes convenus de dire.

זְמָן et **זִמָן** (*emph.* זִמְנָא, *plur.* זִמְנִין) chald. *m.* 1° Temps, fête : בֵּהּ זִמְנָא Dan. 3. 7, 8, à ce moment ; עַד־זְמַן וְעִדָּן 7. 12, jusqu'au temps et à l'heure ; לְהַשְׁנָיָה זִמְנִין וְדָת 7. 25, de changer les fêtes et la loi. — 2° Fois : וְזִמְנִין תְּלָתָה 6. 11, trois fois (chaque jour).

I **זָמַר** Tailler : וְכַרְמְךָ לֹא תִזְמֹר Lév. 25. 4, et tu ne tailleras pas ta vigne.

Niph. : לֹא יִזָּמֵר Is. 5. 6, (la vigne) ne sera pas taillée.

II **זָמַר** 1° Chanter (parler en paroles coupées, comptées et mesurées ?). *Pi.* : אֲזַמֵּר לַיְיָ Jug. 5. 3, je chanterai en l'honneur de l'Éternel ; זַמְּרוּ לְמַלְכֵּנוּ Ps. 47. 7, chantez à la gloire de notre roi ; avec l'*acc.* : אֲזַמְּרָה שִׁמְךָ Ps. 9. 3, je chanterai ton nom, à la gloire de ton nom. — 2° Chanter sur un instrument, jouer : בְּנֵבֶל עָשׂוֹר זַמְּרוּ־לוֹ Ps. 33. 2, jouez en son honneur sur l'instrument à dix cordes.

זְמָר chald. *m.* Chant, musique : וְכֹל זְנֵי זְמָרָא Dan. 3. 5, et des chants, des concerts, de toute sorte (de musiciens, d'instruments).

זַמָּר chald. *m.* : זַמָּרַיָּא Esdr. 7. 24, des chantres.

זֶמֶר *m.* Nom d'un des animaux purs : וָזָמֶר Deut. 14. 5, et la girafe (?).

זִמְרָה *f.* 1° Chant : שְׂאוּ־זִמְרָה Ps. 81. 3, entonnez le chant. — 2° Musique : וְזִמְרַת נְבָלֶיךָ לֹא אֶשְׁמָע Amos 5. 23, et la musique de tes psaltérions ou de tes luths, je ne veux pas l'entendre. — 3° Ce que l'on chante, célèbre, en général ce qui est le meilleur : קְחוּ מִזִּמְרַת הָאָרֶץ Gen. 43. 11, prenez des choses les meilleures, des meilleurs produits du pays.

זִמְרִי (l'homme chanté, célèbre) *n. pr.* 1° Zimri, roi d'Israel, I Rois 16. 9, 10. — 2° Zimri, fils de Salu, un des chefs de la tribu de Siméon, Nomb. 25. 14. — 3° I Chr. 2. 6. — 4° 8. 36. — וְאֵת כָּל־מַלְכֵי זִמְרִי Jér. 25. 25, et tous les rois de Zimri, des Zamareniens (?), descendants de זִמְרָן (?).

זִמְרָן *n. pr.* Zamran, fils d'Abraham et de Ketoura, Gen. 25. 2.

זִמְרָת *f.* Chant (v. זִמְרָה) : עָזִּי וְזִמְרָת יָהּ Exod. 15. 2, Ps. 118. 14, Is. 12. 2, Dieu est ma force (ou ma gloire) et le sujet de mon chant (p. וְזִמְרָתִי).

זַן *m.* Espèce, sorte : מְפִיקִים מִזַּן אֶל־זַן Ps. 144. 13, (les greniers) regorgent de toutes sortes de (produits) ; selon d'autres, זַן comme מָזוֹן, nourriture, provision (v. זון) ; *plur.* זְנִים II Chr. 16. 14, toute sorte de parfums.

זַן chald. *m.* Sorte : וְכֹל זְנֵי זְמָרָא Dan. 3. 5, 7, et toute sorte d'instruments ou de musiciens.

זָנָב *m.* Queue : וֶאֱחֹז בִּזְנָבוֹ Exod. 4. 4, et saisis le serpent par sa queue ; *au fig.*, bout : מִשְּׁנֵי זַנְבוֹת הָאוּדִים Is. 7. 4, devant (ces) deux bouts de tison ; aussi objet vil, méprisé : וּנְתָנְךָ יְיָ לְרֹאשׁ וְלֹא לְזָנָב Deut. 28. 13, Dieu fera de toi la tête, et non la queue, des nations (tu commanderas aux autres nations).

זִנֵּב (dénom. de זָנָב) Seulem. *Pi.* Attaquer, tuer la queue de l'armée, l'arrière-garde : וַיְזַנֵּב בְּךָ כָּל־הַנֶּחֱשָׁלִים אַחֲרֶיךָ Deut. 25. 18, qui tua l'arrière-garde de ton armée, tous les faibles qui marchaient les derniers ; וְזִנַּבְתֶּם אוֹתָם Jos. 10. 19, attaquez-les par derrière.

זָנָה (*fut.* יִזְנֶה, *apoc.* וַיִּזֶן) Commettre le péché de fornication, commettre un adultère ; avec l'*acc.* : וְאַתְּ זָנִית רֵעִים רַבִּים Jér. 3. 1, et tu t'es corrompue avec beaucoup d'amants ; avec בְּ : וַתִּזְנִי־בָם Ez. 16. 17, tu t'es prostituée à eux ; avec אֶל : וַתִּזְנִי אֶל־בְּנֵי־מִצְרַיִם Ez. 16. 26, tu t'es prostituée aux enfants de l'Égypte ; *part.* זוֹנָה une femme de mauvaise vie : וַיַּחְשְׁבֶהָ לְזוֹנָה Gen. 38. 15, il la prit pour une prostituée ; *au fig.*, être infidèle à Dieu, adorer les idoles, suivre les coutumes des idolâtres, être superstitieux : וְזָנָה אַחֲרֵי אֱלֹהֵי נֵכַר־הָאָרֶץ Deut. 31. 16, et il se prostituera aux dieux des autres peuples du pays ; בִּזְנוֹתֵךְ אַחֲרֵי גוֹיִם Ez. 23. 30, parce que tu t'es prostituée, en imitant les peuples ; לִזְנוֹת אַחֲרֵיהֶם Lév. 20. 6, en se prostituant à eux (aux magiciens et aux devins), en leur ajoutant foi. — Aussi des relations des peuples entre eux : וְזָנְתָה אֶת־כָּל־מַמְלְכוֹת הָאָרֶץ Is. 23. 17, Tyr rentrera en relation avec tous les royaumes de la terre.

La personne à qui on devient infidèle est précédée de מִן : הִצְמַתָּה כָּל־זוֹנֶה מִמֶּךָּ Ps. 73. 27, tu anéantis tous ceux qui te deviennent infidèles ; de מֵאַחֲרֵי : כִּי־זָנֹה תִזְנֶה הָאָרֶץ מֵאַחֲרֵי יְיָ Osée 1. 2, car le pays se prostitue en abandonnant l'Éternel ; de מִתַּחַת : וַיִּזְנוּ מִתַּחַת אֱלֹהֵיהֶם Osée 4. 12, ils se sont prostitués en quittant leur Dieu ; aussi de מֵעַל Osée 9. 1.

Pou. passif : וְאַחֲרַיִךְ לֹא זוּנָּה Ez. 16. 34, on n'a pas couru après toi pour te courtiser.

Hiph. 1° Séduire, pousser à la prostitution : וְהִזְנוּ אֶת־בָּנֶיךָ Exod. 34. 16, elles séduiront tes fils à (l'adoration des idoles) ; אַל־תְּחַלֵּל אֶת־בִּתְּךָ לְהַזְנוֹתָהּ Lév. 19. 29, ne profane pas ta fille en la livrant à la prostitution. — 2° *Intrans.*, comme *Kal* : עַתָּה הִזְנֵיתָ אֶפְרָיִם Osée 5. 3, tu es tombé en fornication, Ephraïm.

זָנוֹחַ *n. pr.* de deux villes appartenant à la tribu de Juda. Jos. 15. 34, 56.

זְנוּנִים *m. pl.* (de זָנָה, le 2° נ au lieu du ה pour former le *subst.*, v. זְנוּת). Fornication, adultère, idolâtrie : זָנְתָה הָרָה לִזְנוּנִים Gen. 38. 24, elle a conçu en commettant fornication ; אֵשֶׁת זְנוּנִים וְיַלְדֵי זְנוּנִים Osée 1. 2, une femme adultère et des enfants nés d'adultère ; עַד־זְנוּנֵי אִיזֶבֶל אִמְּךָ II Rois 9. 22, tant que dureront les fornications, l'idolâtrie, de Jezabel ta mère.

זְנוּת *f.* (*plur.* זְנוּתִים). Même signif. que זְנוּנִים : בִּזְנוּתַיִךְ וּבְרָעָתֵךְ Jér. 3. 2, par tes fornications et par ta méchanceté ; וְנָשְׂאוּ אֶת־זְנוּתֵיכֶם Nomb. 14. 33, ils porteront la peine de vos infidélités.

זֹנוֹת *pl. f.* : וְהַזֹּנוֹת רָחָצוּ I Rois 22. 38, ils lavèrent les armes.

זָנַח (*fut.* יִזְנַח). 1° Abandonner, rejeter : זָנַח יִשְׂרָאֵל טוֹב Osée 8. 3, Israel a rejeté l'être bon par excellence, Dieu ; אַף־זָנַחְתָּ וַתַּכְלִימֵנוּ Ps. 44. 10, et tu nous as repoussés et couverts de honte ; וַתִּזְנַח מִשָּׁלוֹם נַפְשִׁי Lament. 3. 17, tu as refusé la paix, le salut, à mon âme ; ou 3° *pers. fém.* : mon âme est privée de paix (la paix en est bannie).

Hiph. : וְאִם־תַּעַזְבֶנּוּ יַזְנִיחֲךָ לָעַד I Chr. 28. 9, si tu l'abandonnes, il te rejettera pour jamais ; וְאֵת כָּל־הַכֵּלִים אֲשֶׁר הִזְנִיחַ הַמֶּלֶךְ II Chr. 29. 19, et tous les vases, ustensiles, du temple, qu'avait souillés, profanés, le roi Achaz ; וְהֶאֶזְנִיחוּ נְהָרוֹת Is. 19. 6, (forme héb. par ה, et chald. par א) les rivières tariront, ou deviendront fétides.

זַנִּים *m. pl.* : בְּשָׂמִים וּזְנִים II Chr. 16. 14, des aromes et des parfums, ou des aromes de toute sorte (v. זַן).

זָנַק *Kal* inusité. *Pi.* Sauter, s'élancer : יְזַנֵּק מִן־הַבָּשָׁן Deut. 33. 22, (Dan est comme un jeune lion) qui saute, s'élance de Basan ; c.-à-d. : Dan se répandra de Basan, s'étendra de Basan bien loin.

זֵעָה *f.* Sueur : בְּזֵעַת אַפֶּיךָ תֹּאכַל לֶחֶם Gen. 3. 19, à la sueur de ton visage, tu mangeras du pain.

זַעֲוָה *f.* (v. זְוָעָה). Terreur : וְהָיִיתָ לְזַעֲוָה Deut. 28. 25, tu seras un objet de terreur ; וְנָתֹן אֶתְהֶן לְזַעֲוָה וְלָבַז Ez. 23. 46, et je les livrerai à la terreur (aux cruautés) et au pillage.

זַעֲוָן *n. pr. m.* Gen. 36. 27.

זְעֵיר *m.* Peu. *Adv.* Un peu : כַּתַּר־לִי זְעֵיר וַאֲחַוֶּךָּ Job 36. 2, écoute-moi un peu, et je te dirai, je te prouverai ; זְעֵיר שָׁם זְעֵיר שָׁם Is. 28. 10, (il faut les instruire) un peu ici, un peu là.

זְעֵיר chald. *adj.* Petit : קֶרֶן אָחֳרִי זְעֵירָה Dan. 7. 8, une autre corne petite ; * רַבְרְבַיָּא עִם זְעֵרַיָּא Rituel, les grands et les petits.

זָעַךְ (v. דָּעַךְ) Éteindre. *Kal* inusité : * זוֹעֲכִים אַף בְּלַחַשׁ Rituel, ils éteignent la colère par leur prière.

Niph.: יָמַי נִזְעָכוּ Job 17. 1, mes jours s'évanouissent, sont abrégés.

זָעַם (*fut.* יִזְעֹם et יִזְעַם) 1° Être irrité, être en colère; faire sentir la colère: וְהָעָם אֲשֶׁר־זָעַם יְיָ Mal. 1. 4, et le peuple contre qui l'Éternel est en colère; אֶת־יְרוּשָׁלַםִ וְאֵת עָרֵי יְהוּדָה אֲשֶׁר זָעַמְתָּה Zach. 1. 12, Jérusalem et les villes de Juda, auxquelles tu as fait sentir ta colère. *Part. pass.*: זְעוּם יְיָ יִפָּול שָׁם Prov. 22. 14, celui qui est réprouvé de Dieu y tombera; וּזְעוּמָה Mich. 6. 10, (la mesure fausse) et réprouvée, abominable. —2° Maudire: וּמָה אֶזְעֹם לֹא זָעַם יְיָ Nomb. 23. 8, comment maudirais-je celui que Dieu n'a pas maudit?

Niph. : וּפָנִים נִזְעָמִים Prov. 25. 23, et un visage de colère, ou visage triste, de mauvaise humeur.

זַעַם *m.* Colère, rage: שְׁפָךְ־עֲלֵיהֶם זַעְמֶךָ Ps. 69. 25, répands sur eux ta colère; עַד־כָּלָה זַעַם Dan. 11. 36, jusqu'à ce que la colère de Dieu soit satisfaite, que la peine par lui infligée soit subie; מִזַּעַם לְשׁוֹנָם Osée 7. 16, à cause de la rage de leur langue, de leurs discours téméraires.

זָעַף 1° Être irrité, enrager: וְעַל־יְיָ יִזְעַף לִבּוֹ Prov. 19. 3, son cœur s'irrite contre Dieu; וּבְזַעְפּוֹ עִם־הַכֹּהֲנִים II Chr. 26. 19, et en invectivant contre les prêtres. — 2° Être triste, abattu: וְהִנָּם זֹעֲפִים Gen. 40. 6, et ils étaient tristes; פְּנֵיכֶם זֹעֲפִים מִן־הַיְלָדִים Dan. 1. 10, (s'il voit) vos visages plus tristes, plus maigres, que ceux des autres jeunes gens.

זָעֵף *adj.* Indigné, irrité: סַר וְזָעֵף I Rois 20. 43, triste et irrité, indigné.

זַעַף *m.* Colère, rage: כִּי־בְזַעַף עִמּוֹ II Chr. 16. 10, car il était en colère contre lui; וַיַּעֲמֹד הַיָּם מִזַּעְפּוֹ Jon. 1. 15, alors la mer s'apaisa de sa fureur.

זָעַק (*fut.* יִזְעַק, *impér.* זְעַק, *inf.* זְעֹק, v. צָעַק) Crier (de douleur), invoquer, implorer; avec לְ: לִי יִזְעָקוּ Osée 8. 2, ils m'invoquent; avec אֶל: אֵלֶיךָ זָעֲקוּ וְנִמְלָטוּ Ps. 22. 6, ils ont crié vers toi, et ils ont été délivrés; avec l'*acc.*: וָאֶזְעַק אֶתְכֶם Jug. 12. 2, et je vous ai appelés au secours. — La cause pour laquelle on crie est mise avec לְ, עַל ou מִלִּפְנֵי: לִבִּי לְמוֹאָב יִזְעָק Is. 15. 5, mon cœur gémit pour Moab; מַה־תִּזְעַק עַל־שִׁבְרֵךְ Jér. 30. 15, pourquoi cries-tu sur ton malheur, ta perte? וּזְעַקְתֶּם בַּיּוֹם הַהוּא מִלִּפְנֵי מַלְכְּכֶם I Sam. 8. 18, et vous crierez ce jour-là à cause de (contre) votre roi.

Niph. Être convoqué, s'assembler: וַיִּזָּעֲקוּ אִישׁ־יִשְׂרָאֵל Jug. 18. 22, et les hommes s'assemblèrent; וַיִּזָּעֲקוּ כָּל־הָעָם אֲשֶׁר בָּעִיר Jos. 8. 16, et tous ceux qui étaient dans la ville furent convoqués, ou s'assemblèrent.

Hiph. Appeler, crier, gémir, assembler: מֵרֹב עֲשׁוּקִים יַזְעִיקוּ Job 35. 9, ils gémissent à cause de tant d'oppressions (ou d'oppresseurs); וַיַּזְעֵק אֹתִי וַיְדַבֵּר אֵלַי Zach. 6. 8, il m'appela et me dit; וַיַּזְעֵק סִיסְרָא אֶת־כָּל־רִכְבּוֹ Jug. 4. 13, alors Sisara fit assembler tous ses chars.

זְעַק chald. Crier: בְּקָל עֲצִיב זְעִק Dan. 6. 21, il cria d'une voix plaintive.

זַעַק *m.* Cri: חָנוֹן יָחְנְךָ לְקוֹל זַעֲקֶךָ Is. 30. 19, il sera miséricordieux envers toi (lorsqu'il entendra) la voix de ta plainte.

זְעָקָה *f.* Cri, plainte, supplication: וְאַל־יְהִי מָקוֹם לְזַעֲקָתִי Job 16. 18, et qu'il n'y ait pas assez de place, d'espace, pour ma plainte, ou: que ma plainte ne soit pas arrêtée par l'espace, qu'elle monte droit au ciel; זַעֲקַת סְדֹם וַעֲמֹרָה כִּי־רָבָּה Gen. 18. 20, le cri contre Sodome et Gomorrhe est très fort.

זִפְרֹן *n. pr.* d'une ville dans le nord de la Palestine, Nomb. 34. 9.

זֶפֶת *f.* Poix: וַתַּחְמְרָה בַחֵמָר וּבַזָּפֶת Exod. 2. 3, elle l'enduisit de bitume et de poix; לְזֶפֶת בֹּעֵרָה Is. 34. 9, comme une poix brûlante.

זִקִּים *m. pl.* 1° Flammes, brandons: הַיֹּרֶה זִקִּים Prov. 26. 18, qui lance des flammes. — 2° Chaînes, fers: לֶאְסֹר

מַלְכֵיהֶם בְּזִקִּים Ps. 149. 8, pour lier leurs rois avec des chaînes.

זָקָן *m.* et *f.* Menton, barbe : וַתֹּחֶז יַד־יְמִין יוֹאָב בִּזְקַן עֲמָשָׂא II Sam. 20. 9, Joab prit de sa main droite le menton d'Amasa ; עַד־יְצַמַּח זְקַנְכֶם 10. 5, jusqu'à ce que votre barbe soit crue ; וְכָל־זָקָן גְּרֻעָה Jér. 48. 37, et toute barbe sera rasée.

זָקֵן (*fut.* יִזְקַן) Être vieux, devenir vieux : וַיְהִי כִּי־זָקֵן יִצְחָק Gen. 27. 1, Isaac étant devenu vieux ; וַאֲנִי זָקַנְתִּי וָשַׂבְתִּי I Sam. 12. 2, et moi je suis vieux et tout blanc.

Hiph. : גַּם כִּי־יַזְקִין לֹא־יָסוּר מִמֶּנָּה Prov. 22. 6, même quand il vieillira il ne s'en éloignera pas ; aussi des plantes : אִם־יַזְקִין בָּאָרֶץ שָׁרְשׁוֹ Job 14. 8, quand sa racine vieillit dans la terre.

זָקֵן (const. זְקַן, *pl.* זְקֵנִים, const. זִקְנֵי) *subst.* et *adj.* Vieux, vieillard, ancien : וְאַבְרָהָם זָקֵן Gen. 24. 1, Abraham était vieux ; זְקַן בֵּיתוֹ 24. 2, le plus ancien (serviteur) de sa maison ; זִקְנֵי יִשְׂרָאֵל Exod. 3. 16, les anciens d'Israel ; זְקֵנִים וּזְקֵנוֹת Zach. 8. 4, des vieillards et de vieilles femmes.

זֹקֶן *m.* Vieillesse : וְעֵינֵי יִשְׂרָאֵל כָּבְדוּ מִזֹּקֶן Gen. 48. 10, et les yeux d'Israel s'étaient obscurcis à cause de sa vieillesse.

זִקְנָה *f.* Vieillesse : אַל־תַּשְׁלִיכֵנִי לְעֵת זִקְנָה Ps. 71. 9, ne me rejette point dans le temps de la vieillesse, quand je serai devenu vieux ; וְעַד־זִקְנָה אֲנִי הוּא Is. 46. 4, et jusqu'à votre vieillesse je suis le même (qui vous protége), ou : je suis, j'existerai, jusqu'à l'éternité.

זְקֻנִים *m. pl.* Vieillesse : בֶן־זְקֻנִים הוּא לוֹ Gen. 37. 3, il était le fils de sa vieillesse (qu'il a eu étant déjà vieux).

זָקַף Redresser, relever : יְיָ זֹקֵף כְּפוּפִים Ps. 146. 8, l'Éternel redresse ceux qui sont courbés.

זְקַף chald. Dresser : וּזְקִיף יִתְמְחֵא עֲלוֹהִי Esdr. 6. 11, (ce morceau de bois) sera dressé, planté en terre, (et que l'homme) y soit attaché.

זָקַק 1° Lier étroitement ; de là זִקִּים les chaînes. — 2° Fondre : וּמָקוֹם לַזָּהָב יָזֹקּוּ Job 28. 1, et un endroit (d'où on tire) l'or, qu'on fond, qu'on affine. — 3° Couler : יָזֹקּוּ מָטָר לְאֵדוֹ Job 36. 27, la pluie coule de son nuage.

Pi. Affiner, épurer : וְזִקַּק אֹתָם Mal. 3. 3, il les épurera.

Pou. passif : מְזֻקָּק שִׁבְעָתָיִם Ps. 12. 7, épuré sept fois.

זָר Étranger (v. II זוּר).

זֵר *m.* Ce qui entoure une chose, bord, couronne : זֵר זָהָב Exod. 25. 11, 24, une couronne, bordure, d'or (pour orner l'arche sainte et la table dans le tabernacle).

זָרָא (rac. זוּר ou זָרָה) Dégoût : וְהָיָה לָכֶם לְזָרָא Nomb. 11. 20, et (jusqu'à ce) qu'elle soit un objet de dégoût pour vous, que vous vous en dégoûtiez.

זָרַב *Kal* inusité. *Pou.* : בְּעֵת יְזֹרְבוּ נִצְמָתוּ Job 6. 17 ; selon les uns, זָרַב comme צָרַב : (les fleuves) quand ils sont réchauffés par le soleil, en été, ils tarissent ; selon les autres : quand ils sont froids, en hiver, ils gèlent, leurs eaux se condensent.

זְרֻבָּבֶל *n. pr.* Zorobabel, un de ceux qui ont ramené les Juifs de Babylone dans leur pays, Esdr. 2. 2, 3. 2.

זֶרֶד *n. pr.* d'une vallée, Nomb. 21. 12, et d'un torrent dans cette vallée, Deut. 2. 13, 14, près des frontières des Moabites.

זָרָה Jeter, répandre, vanner, disperser : וְאֶת־הָאֵשׁ זְרֵה־הָלְאָה Nomb. 17. 2, et qu'il jette le feu loin (de l'autel) ; וַיִּזֶר עַל־פְּנֵי הַמַּיִם Exod. 32. 20, il le répandit sur l'eau ; לוֹא לִזְרוֹת וְלוֹא לְהָבַר Jér. 4. 11, ni pour vanner, ni pour purger le blé ; וָאֶזְרֵם בְּמִזְרֶה בְּשַׁעֲרֵי הָאָרֶץ Jér. 15. 7, et je les ai vannés avec le van (je les ai dispersés) vers toutes les portes (les villes) de la terre.

Niph. : וַיִּזָּרוּ בָּאֲרָצוֹת Ez. 36. 19, ils ont été dispersés dans les pays.

Pi. 1° Répandre, disperser : וְזֵרִיתִי אֶת־עַצְמוֹתֵיכֶם Ez. 6. 5, je répandrai vos os; לְכָל־רוּחַ אֱזָרֶה 5. 12, je disperserai dans tous les vents. — 2° Pénétrer, connaître : אָרְחִי וְרִבְעִי זֵרִיתָ Ps. 139. 3, tu connais mon aller et mon coucher, c.-à-d. tu me connais, tu me pénètres, soit que je marche ou que je repose; selon d'autres, entourer (v. זֵר) : tu entoures, tu protéges, etc.

Pou.: אֲשֶׁר־זֹרֶה בָרַחַת וּבַמִּזְרֶה Is. 30. 24, qui est vanné par la pelle et le van; יְזֹרֶה עַל־נָוֵהוּ גָפְרִית Job 18. 15, le soufre sera répandu sur sa demeure; מְזֹרָה הָרָשֶׁת Prov. 1. 17, le filet est jeté, tendu.

זְרוֹעַ *f.*, rarem. *m.* (*plur.* ־ים et ־וֹת). 1° Bras : וּזְרֹעוֹ שִׁבֳּלִים יִקְצוֹר Is. 17. 5, et dont le bras coupe les épis; des animaux, l'épaule : הַזְּרֹעַ Deut. 18. 3, l'épaule (de la victime); וּבִזְרוֹעַ נְטוּיָה Deut. 4. 34, et avec le bras étendu (prêt au combat). — 2° Force : עִמּוֹ זְרוֹעַ בָּשָׂר II Chr. 32. 8, avec lui (n'est que) la force de l'homme; וַיָּפֹזּוּ זְרֹעֵי יָדָיו Gen. 49. 24, les forces de ses mains augmentèrent (ou furent agiles). — 3° Violence : וְאִישׁ זְרוֹעַ לוֹ הָאָרֶץ Job 22. 8, l'homme puissant, violent, à lui la terre; כִּי זְרוֹעוֹת רְשָׁעִים תִּשָּׁבַרְנָה Ps. 37. 17, car les bras (la violence) des méchants seront brisés; וּזְרֹעוֹת הַשֶּׁטֶף Dan. 11. 22, les armées qui arrivent comme un flot.

זֵרוּעַ *m.* (du *Pi.* de זָרַע). Ce qui a été semé, semence : עַל־כָּל־זֶרַע זֵרוּעַ Lév. 11. 37, toute graine semée : וּכְגַנָּה זֵרוּעֶיהָ תַצְמִיחַ Is. 61. 11, et comme un jardin fait pousser ses semences, ce qu'on y a planté.

זְרוֹת *adj. f. pl.* (v. II זור *part.*).

זַרְזִיף *m.* Action d'arroser, de féconder : כִּרְבִיבִים זַרְזִיף אָרֶץ Ps. 72. 6, comme des averses qui arrosent, ou fécondent, la terre; selon d'autres, *subst.*, averse, ondée, synonyme de רְבִיבִים : les averses, les ondées, (qui tombent) sur la terre.

זַרְזִיר Fort ou agile : זַרְזִיר מָתְנַיִם Prov. 30. 31, le fort ou l'agile de cuisses, nom d'un animal ou d'un oiseau : lévrier, zèbre, gazelle, cerf, ou le sansonnet (?).

זָרַח (*fut.* יִזְרַח). Luire, briller, rayonner, paraître : וְזָרַח בַּחֹשֶׁךְ אוֹרֶךָ Is. 58. 10, ta lumière brillera dans les ténèbres; שֶׁמֶשׁ זָרְחָה וְנוֹדַד Nah. 3. 17, dès que le soleil brille, est levé, ils s'en vont; וּכְבוֹד יְיָ עָלַיִךְ זָרָח Is. 60. 1, et la gloire du Seigneur rayonne sur toi; וְהַצָּרַעַת זָרְחָה בְמִצְחוֹ II Chr. 26. 19, et la lèpre parut sur son front.

Hiph. Faire briller : אֱלֹהִים יַזְרִיחַ שִׁמְשׁוֹ Rituel, Dieu fera briller son soleil.

זֶרַח *m.* Action de briller, de rayonner : וּמְלָכִים לְנֹגַהּ זַרְחֵךְ Is. 60. 3, et les rois (marcheront) à l'éclat de tes rayons, de ta lumière.

זֶרַח *n. pr.* 1° Zerah, fils de Juda et de Thamar, Gen. 38. 30, Nomb. 26. 20. — 2° Fils de Reouel, 36. 13. — 3° Fils de Siméon, Nomb. 26. 13. — 4° Fils de Gerson, I Chr. 6. 6. — 5° Zerah l'Éthiopien, II Chr. 14. 8.

זַרְחִי *nom patron.* de זֶרַח Nomb. 26. 13, 20.

זְרַחְיָה *n. pr. m.* 1° I Chr. 5. 32. — 2° Esdr. 8. 4.

זָרַם Couler, inonder, emporter : זְרַמְתָּם שֵׁנָה יִהְיוּ Ps. 90. 5, tu les emportes comme un torrent, ils sont comme un sommeil, s'évanouissent comme un rêve.

Pi. ou *Pou.*: זֹרְמוּ מַיִם עָבוֹת Ps. 77. 18, les nuées ont versé de l'eau par torrents.

זֶרֶם *m.* Pluie forte, averse : כְּזֶרֶם מַיִם כַּבִּירִים Is. 28. 2, comme l'inondation causée par un déluge d'eau; כְּזֶרֶם בָּרָד 28. 2, comme une pluie mêlée de grêle; כְּזֶרֶם קִיר 25. 4, comme une pluie d'orage (à renverser) les murs; (des comment. expliquent dans le même sens כְּמַהְפֵּכַת זָרִים Is. 1. 7, comme la destruction causée par une tempête, au lieu de : destruction faite par des étrangers, barbares; v. זָר).

זִרְמָה *f.* Semence, sperme : וְזִרְמַת סוּסִים

זִרְמָתָם Ez. 23. 20, et leur semence est comme la semence des chevaux, leurs passions sont bestiales.

זָרַע (*fut.* יִזְרַע) Répandre, disperser, semer, planter : וָאֶזְרָעֵם בָּעַמִּים Zach. 10. 9, je les répandrai parmi les peuples ; זָרְעוּ חִטִּים Jér. 12. 13, ils ont semé du froment ; וּזְרַעְתֶּם אֶת־הָאֲדָמָה Gen. 47, 23, ensemencez la terre ; כָּל־עֵשֶׂב זֹרֵעַ זֶרַע 1. 29, chaque herbe qui porte en elle la graine ; *au fig.* : וְזֹרֵעַ צְדָקָה Prov. 11. 18, celui qui sème la justice ; אוֹר זָרֻעַ לַצַּדִּיק Ps. 97. 11, la lumière (félicité) est semée pour le juste, c.-à-d. attend le juste ; וּזְמֹרַת זָר תִּזְרָעֶנּוּ Is. 17. 10, et tu y as planté un rejeton étranger.

Niph. : וְנֶעֱבַדְתֶּם וְנִזְרַעְתֶּם Ez. 36. 9, vous serez labourées et ensemencées ; לֹא־יִזָּרַע מִשִּׁמְךָ עוֹד Nah. 1. 14, il ne restera plus désormais aucun souvenir de ton nom, ou : aucun de tes enfants ne portera plus ton nom, tes titres ; וְנִזְרְעָה זָרַע Nomb. 5. 28, et elle concevra, elle aura des enfants.

Pou. : אַף בַּל־זֹרָעוּ Is. 40. 24, et ils n'ont pas été semés.

Hiph. : עֵשֶׂב מַזְרִיעַ זֶרַע Gen. 1. 11, de l'herbe qui porte, produit, la graine ; אִשָּׁה כִּי תַזְרִיעַ Lév. 12. 1, une femme qui conçoit.

זֶרַע *m.* (avec suff. זַרְעִי, *plur.* avec suff. זַרְעֵיכֶם). Semence, graine, récolte, enfant, race, peuple : אֲשֶׁר זַרְעוֹ־בוֹ Gen. 1. 11, en qui se trouve sa graine ; הֵא־לָכֶם זֶרַע 47. 23, voici pour vous de la semence ; וְזַרְעֵיכֶם וְכַרְמֵיכֶם יַעְשֹׂר I Sam. 8. 15, et de vos récoltes et de vos vignes il prendra la dîme ; וּבֵין זַרְעֲךָ וּבֵין זַרְעָהּ Gen. 3. 15, entre tes enfants et sa race ; זֶרַע זַרְעֲךָ Is. 59. 21, tes petits-fils ; une fois const. זֶרַע : כִּזְרַע־גַּד הוּא Nomb. 11. 7, (la manne) était comme la graine de coriandre ; כָּל־זֶרַע יִשְׂרָאֵל Ps. 22. 24, tout le peuple d'Israel.

זְרַע chald. Même signif. que זֶרַע : בִּזְרַע אֲנָשָׁא Dan. 2. 43, avec la semence, le sang humain.

זֵרֹעִים *m. pl.* Légumes : וְיִתְּנוּ־לָנוּ מִן־הַזֵּרֹעִים Dan. 1. 12, qu'on nous donne des légumes.

זֵרְעֹנִים *m. pl.* Légumes : וְנֹתֵן לָהֶם זֵרְעֹנִים Dan. 1. 16, et il leur donna des légumes.

זָרַק (*fut.* יִזְרֹק) Jeter, verser, asperger : וּזְרָקוֹ מֹשֶׁה הַשָּׁמַיְמָה Exod. 9. 8, et que Moïse la jette vers le ciel ; וְזָרַקְתִּי עֲלֵיכֶם מַיִם טְהוֹרִים Ez. 36. 25, je verserai sur vous de l'eau pure ; וַחֲצִי הַדָּם זָרַק עַל־הַמִּזְבֵּחַ Exod. 24. 6, et de la moitié du sang il aspergea l'autel ; *intrans.* גַּם־שֵׂיבָה זָרְקָה בּוֹ Osée 7. 9, même la vieillesse est tombée sur lui, ses cheveux sont devenus tout blancs.

Pou. : כִּי מֵי נִדָּה לֹא־זֹרַק עָלָיו Nomb. 19. 13, car l'eau de lustration n'a pas été aspergée sur lui.

זֶרֶשׁ *n. pr.* de la femme de Haman, Esth. 6. 13.

זֶרֶת *f.* Empan : זֶרֶת אָרְכּוֹ וְזֶרֶת רָחְבּוֹ Exod. 28. 16, il aura un empan en longueur, et un empan en largeur ; וְשָׁמַיִם בַּזֶּרֶת תִּכֵּן Is. 40. 12, qui a mesuré le ciel avec l'empan?

זַתּוּא *n. pr. m.* Esdr. 2. 8, Néh. 7. 13.

זֵתָם *n. pr. m.* I Chr. 23. 8.

זֵתַר *n. pr.* Sethar, un des sept eunuques du roi Assuérus, Esth. 1. 10.

ח

ח Heth (hheth). חֵית huitième lettre de l'alphabet. Comme chiffre, ח signifie 8. Son guttural, il se permute avec ה (v. ה), avec ע, עֵץ et חַיִץ (v. חַיִץ); mais aussi avec les palatales. Exemples : חוּל et גִּיל trembler, craindre ; גָּבַל limiter, חָבַל lier, et כֶּבֶל chaîne ; גָּדַד (v. *Hiph.* 2°) et חָדַד aiguiser, גָּדַר et חָדַר entourer, חָבַשׁ lier, et כָּבַשׁ vaincre ; חָפַר creuser, et קָבַר enterrer ; קָצַב et חָצַב couper, tailler.

חֹב *m.* Endroit caché, sein, intérieur (v. חָבָא et חָבָה): לִטְמוֹן בְּחֻבִּי עֲוֹנִי Job 31. 33, si j'ai caché mon iniquité dans mon sein ; selon d'autres : par mon amour (v. חָבַב), si j'ai aimé l'iniquité au point de la cacher.

חָבָא Cacher. *Kal* inusité. *Niph.* Se cacher : כִּי נֶחְבָּא Jug. 9. 5, car il s'était caché ; הִנֵּה־הוּא נֶחְבָּא אֶל־הַכֵּלִים I Sam. 10. 22, *part.*, à l'heure qu'il est, il est caché auprès du bagage ; רָאוּנִי נְעָרִים וְנֶחְבָּאוּ Job 29. 8, quand les jeunes gens me voyaient, ils se cachaient, s'éloignaient par respect ; נֶחְבְּאִים בַּמְּעָרָה Jos. 10. 17, cachés dans la caverne. Suivi d'un *inf.* : לָמָּה נַחְבֵּאתָ לִבְרֹחַ Gen. 31. 27, pourquoi t'es-tu enfui secrètement ? *littér.* pourquoi t'es-tu caché pour fuir ?

Pou. : יַחַד חֻבְּאוּ עֲנִיֵּי־אָרֶץ Job 24. 4, tous ensemble ils sont forcés de se cacher, les pauvres du pays ; עֲנֵוֵי אָרֶץ (*cheth.*) les humbles du pays.

Hiph. Cacher, *au fig.* protéger : הֶחְבִּאָתָה הֶחְבִּיאָה אֶת־הַמַּלְאָכִים Jos. 6. 25, et 17, elle avait caché les messagers ; בְּצֵל יָדוֹ הֶחְבִּיאָנִי Is. 49. 2, sous l'ombre de sa main il m'a protégé.

Hoph. : וּבְבָתֵּי כְלָאִים הָחְבָּאוּ Is. 42. 22, et ils ont été renfermés dans des prisons.

Hithp. : וַיִּתְחַבֵּא הָאָדָם וְאִשְׁתּוֹ Gen. 3. 8, Adam et sa femme se cachèrent ; כָּאֶבֶן מַיִם יִתְחַבָּאוּ Job 38. 30, les eaux se cachent et (se durcissent) comme une pierre ; quand il gèle, la surface de l'eau devient dure et compacte, et on ne voit plus les eaux dessous.

חָבַב Aimer : אַף חֹבֵב עַמִּים Deut. 33. 3, aussi il aime les peuples (les tribus d'Israel).

חֹבָב (l'aimé) *n. pr.* Un des noms du beau-père de Moïse, Nomb. 10. 29.

חָבָה (v. חָבָא) Se cacher : חֲבִי כִמְעַט־רֶגַע Is. 26. 20, tiens-toi caché pour peu d'instants.

Niph. : לְהֵחָבֵה בַשָּׂדֶה II Rois 7. 12, pour se cacher, se mettre en embuscade, dans la campagne.

* חִבָּה *f.* Amour (v. חָבַב) : חִבָּה יְתֵרָה Aboth, un amour particulier.

חֲבוּלָה chald. *f.* Violation, crime : חֲבוּלָה לָא עַבְדֵת Dan. 6. 23, je n'ai commis aucun crime.

חָבוֹר *n. pr.* Habor, contrée en Assyrie, II Rois 17. 6, 18. 11 ; selon d'autres, un fleuve, le même que כְּבָר Chaboras, et ils traduisent : Chaboras (fleuve de Gozan).

חַבּוּרָה et חֲבוּרָה *f.* Meurtrissure, blessure : חַבּוּרָה תַּחַת חַבּוּרָה Exod. 21. 25, meurtrissure pour meurtrissure ; וּבַחֲבֻרָתוֹ נִרְפָּא־לָנוּ Is. 53. 5, et par sa blessure nous avons été guéris.

* חֲבוּרְתָא *f.* : חֲבוּרְתָא קַדִּישְׁתָא Rituel, la sainte assemblée.

חָבַט (*fut.* יַחְבֹּט) Secouer, battre : כִּי תַחְבֹּט זֵיתְךָ Deut. 24. 20, quand tu secoueras ton olivier (pour faire tomber les fruits) ; חֹבֵט חִטִּים Jug. 6. 11, battant le froment.

Niph. passif : כִּי בַמַּטֶּה יֵחָבֶט קֶצַח Is. 28. 27, mais l'aneth ou la vesce (?) est battu (se bat) avec un bâton, une baguette.

* חָבִיב *adj.* Cher, aimé : חָבִיב אָדָם Aboth, l'homme est aimé (de Dieu) ; חֲבִיבִין יִשְׂרָאֵל Aboth, Israel est cher, aimé (de Dieu).

חֲבַיָּה (protégé de Dieu) *n. pr. m.* Esdr. 2. 61.

חֶבְיוֹן *m.* (rac. חָבָה). Secret, ou ce qui cache, renferme : וְשָׁם חֶבְיוֹן עֻזֹּה Hab. 3. 4, et là était (l'arche sainte), qui renfermait (la loi, manifestation) de sa toute-puissance ; ou : là (se montrait) sa toute-puissance, (qui avait été jusque alors) un secret (pour les hommes).

I חָבַל (*fut.* יַחְבֹּל et יַחֲבֹל) Tordre, tordre des cordes ; de là חֶבֶל corde (v. חֶבֶל et חֹבֵל). — 2° Lier, forcer quelqu'un par des gages, le forcer à payer en lui enlevant des gages : חֲבֹל לֹא חָבָל Ez. 18. 16, il ne retient pas le gage (à son débiteur) ; לֹא־יַחֲבֹל רֵחַיִם וָרָכֶב Deut. 24. 6, on ne doit pas prendre pour gage le moulin à bras, ni les meules, ou : ni la meule de dessous (gisante), ni celle de dessus (courante), v. רֵחַיִם ; וְעַל־עָנִי יַחְבֹּלוּ Job 24. 9, et ce qui est sur le pauvre, ses habits, ils les prennent en gage.

Pi. Se tordre, éprouver des douleurs vives, *spécial.* les douleurs de l'enfantement, enfanter : שָׁמָּה חִבְּלַתְךָ אִמֶּךָ Cant. 8. 5, là ta mère t'a enfanté (dans des douleurs); *au fig.* : הִנֵּה יְחַבֶּל־אָוֶן Ps. 7. 15, il enfante ou conçoit le méfait, l'iniquité.

II חָבַל Blesser, offenser, mal agir : חֲבֹל חָבַלְנוּ לָךְ Néh. 1. 7, nous t'avons offensé, nous avons violé tes lois; לֹא אֶחְבֹּל Job 34. 31, je ne pécherai plus.

Niph. Se nuire, se perdre : בָּז לְדָבָר יֵחָבֶל לוֹ Prov. 13. 13, celui qui méprise la parole (de celui qui l'avertit) se perd, ou se nuit à lui-même.

Pi. Ruiner, détruire : מְחַבְּלִים כְּרָמִים Cant. 2. 15, qui détruisent les vignes; וְחִבֵּל אֶת־מַעֲשֵׂה יָדֶיךָ Eccl. 5. 5, (pourquoi veux-tu mériter que Dieu) détruise les ouvrages de tes mains?

Pou. : רוּחִי חֻבָּלָה Job 17. 1, mon esprit est brisé; וְחֻבַּל עֹל מִפְּנֵי־שָׁמֶן Is. 10. 27, et le joug sera brisé devant celui qui est oint (v. מִפְּנֵי, פָּנִים, *b*).

חֲבַל chald. *Pa.* Blesser, ruiner : וְלָא חַבְּלוּנִי Dan. 6. 23, ils ne m'ont pas blessé, ne m'ont pas fait de mal ; לְחַבָּלָה בֵּית־אֱלָהָא דֵךְ Esdr. 6. 12, pour ruiner cette maison de Dieu.

Ithpa. דִּי לְעָלְמִין לָא תִתְחַבַּל Dan. 2. 44, (un royaume) qui ne sera jamais détruit.

חֵבֶל *m.* (*plur.* חֲבָלִים, const. חֶבְלֵי, rac. I חָבַל, v. *Pi.*). Douleur : חֶבְלֵי יוֹלֵדָה Osée 13. 13, les douleurs d'une femme qui accouche ; בְּבֹא־לָךְ חֲבָלִים Jér. 22. 23, quand les douleurs t'attaqueront.

חֶבֶל *m.* (une fois *fém.*, Soph. 2. 6; *plur.* חֲבָלִים, const. חַבְלֵי et חֶבְלֵי, rac. I חָבַל). 1° Corde, câble : וַתּוֹרִדֵם בַּחֶבֶל Jos. 2. 15, elle les fit descendre par une corde; חֶבֶל הַכֶּסֶף Eccl. 12. 6, le cordon d'argent.— 2° Cordeau : וְאַדְמָתְךָ בַּחֶבֶל תְּחֻלָּק Amos 7. 17, ton sol sera partagé au cordeau. — 3° Ce qui a été mesuré au cordeau, le champ, la part même : גּוֹרָל אֶחָד וְחֶבֶל אֶחָד Jos. 17. 14, un seul lot, une seule part; חֲבָלִים נָפְלוּ־לִי בַּנְּעִמִים Ps. 16. 6, (une part) un héritage m'est échu dans une contrée délicieuse. — 4° Pays, contrée en général : כָּל־חֶבֶל אַרְגֹּב Deut. 3. 4, tout le pays d'Argob ; חֶבֶל הַיָּם Soph. 2. 5, 6, la contrée près de la mer, la côte. — 5° Chaîne, piége : וּבְחַבְלֵי חַטָּאתוֹ Prov. 5. 22, (le méchant est lié) par les chaînes de ses péchés; טָמוּן בָּאָרֶץ חַבְלוֹ Job 18. 10, le piége (qui lui est préparé) est caché sous la terre. — 6° Troupe : חֶבֶל נְבִאִים I Sam. 10. 5, une troupe de prophètes. - 7° (de I חָבַל 2°) Gage : וּבְעַד נָכְרִיָּה חַבְלֵהוּ Prov. 27. 13, et pour une étrangère (prends-lui) son gage. — 8° וְחֶבֶל נִמְרָץ Mich. 2. 10, et la douleur sera forte, ou : la ruine sera complète.

חֲבֹל *m.* Gage : חֲבֹל לֹא יָשִׁיב Ez. 18. 12, il ne rend point le gage

חֲבֹלָה *f.* Gage : חֲבֹלָתוֹ חוֹב יָשִׁיב Ez. 18. 7, il rend le gage (qu'on lui a donné) pour sa créance.

חֲבָל chald. *m.* Lésion, blessure : וַחֲבָל לָא־אִיתַי בְּהוֹן Dan. 3. 25, aucune lésion n'est en eux, ils n'ont aucun mal.

חֲבָלָא chald. *m.* Dommage : לְמָה יִשְׂגֵּא חֲבָלָא Esdr. 4. 22, pour que le dommage ne devienne pas plus fort.

חִבֵּל *m.* Mât (parce qu'on y attache les cordes, v. חֶבֶל). Ex. unique : וּכְשֹׁכֵב בְּרֹאשׁ חִבֵּל Prov. 23. 34, comme un homme qui dormirait au haut d'un mât; selon d'autres, חִבֵּל comme חֶבֶל câble : comme un homme couché à l'extrémité du câble de l'ancre, c.-à-d. dans la mer même (comme dans le premier hémistiche בְּלֶב־יָם); ou חִבֵּל vaisseau : בְּרֹאשׁ חִבֵּל au bout du vaisseau.

חֹבֵל *m.* (v. חֶבֶל) Pilote : רַב הַחֹבֵל Jon. 1. 6, le maître pilote; הֵמָּה חֹבְלָיִךְ Ez. 27. 8, ils étaient tes pilotes.

חֲבָלִים *m. pl.* (v. II חֲבָל). Destructeurs : וּלְאַחַד קָרָאתִי חֹבְלִים Zach. 11. 7, et l'un je l'ai appelé : les destructeurs, ou la destruction.

חֲבַצֶּלֶת *f.* Le nom d'une fleur : אֲנִי חֲבַצֶּלֶת הַשָּׁרוֹן Cant. 2. 1, je suis un lis ou une rose de Saron (v. Is. 35. 1).

חֲבַצִּנְיָה *n. pr. m.* Jér. 35. 3.

חָבַק (*inf.* חֲבֹק) Entrelacer, embrasser : עֵת לַחֲבוֹק Eccl. 3. 5, (il est) un temps pour embrasser ; הַכְּסִיל חֹבֵק אֶת־יָדָיו Eccl. 4. 5, l'insensé met ses mains l'une dans l'autre (reste dans l'inertie).

Pi. : חִבְּקוּ־צוּר Job 24. 8, ils embrassent le rocher, ils se mettent à couvert sous les rochers ; וַיְחַבֶּק־לוֹ Gen. 29. 13, il l'embrassa ; כִּי תְחַבְּקֶנָּה Prov. 4. 8, si tu l'embrasses, si tu t'attaches à elle.

חִבֻּק *m.* Action d'entrelacer : מְעַט חִבֻּק יָדַיִם Prov. 6. 10, 24. 33, mettre un peu les mains l'une dans l'autre (un peu de paresse).

חֲבַקּוּק *n. pr.* Le prophète Habacuc, Hab. 1. 1, 3. 1.

חָבַר (comme חָבַל lier) 1° *Intrans.* Être lié, attaché ; s'assembler : שְׁתֵּי כְתֵפֹת חֹבְרֹת יִהְיֶה־לּוֹ Exod. 28. 7, à (l'éphod) seront attachées deux bandes qui passeront sur les épaules ; כָּל־אֵלֶּה חָבְרוּ Gen. 14. 3, tous ces (rois) s'assemblèrent ; חֲבוּר עֲצַבִּים אֶפְרָיִם Osée 4. 17, Ephraïm est attaché aux idoles. — 2° Conjurer les esprits, enchanter : וְחֹבֵר חָבֶר Deut. 18. 11, qui conjure les esprits, ou les animaux de toute espèce, pour faire le sortilége ; חוֹבֵר חֲבָרִים Ps. 58. 6, qui fait des enchantements, des sortiléges.

Pi. Joindre, lier, associer : וְחִבַּרְתָּ אֶת־חֲמֵשׁ הַיְרִיעֹת Exod. 26. 9, tu joindras les cinq rideaux ensemble ; וַיְחַבְּרֵהוּ עִמּוֹ II Chr. 20. 36, il fit une alliance avec lui, *littér.* se l'associa.

Pou. : כְּעִיר שֶׁחֻבְּרָה־לָּהּ יַחְדָּו Ps. 122. 3, comme une ville dont (toutes les parties) sont bien liées entre elles, ou : avec laquelle (les villes environnantes) sont liées, ou : une ville qui réunit tout en elle ; une fois חָבַר : הַיְחָבְרְךָ כִּסֵּא הַוּוֹת Ps. 94. 20, le trône de l'iniquité peut-il être associé ou comparé à toi ?

Hiph. : אַחְבִּירָה עֲלֵיכֶם בְּמִלִּים Job 16. 4, je voudrais me lier avec vous par des paroles, ou me lier avec des paroles, m'armer de paroles contre vous ; * לְהַמְשִׁיל לוֹ לְהַחְבִּירָה Rituel, qu'on puisse comparer à lui, lui associer.

Hithp. S'associer, faire alliance : כְּהִתְחַבֶּרְךָ עִם־אֲחַזְיָהוּ II Chr. 20. 37, parce que tu as fait alliance avec Ahazia ; אֶתְחַבַּר יְהוֹשָׁפָט 20. 35, Josaphat se lia, fit alliance (א pour ה).

חַבָּר *m.* Associé : יִכְרוּ עָלָיו חַבָּרִים Job 40. 25, les pêcheurs associés s'en régaleront-ils ? ou : les marchands associés l'achèteront-ils ? (V. le même ex. à II כָּרָה.)

חָבֵר *subst.* et *adj.* Associé, ami : חָבֵר הוּא לְאִישׁ מַשְׁחִית Prov. 28. 24, il est le compagnon d'un brigand, c.-à-d. il est malfaiteur comme lui ; *fém.* חֲבֶרֶת : וְהִיא חֲבֶרְתְּךָ Mal. 2. 14, elle est cependant ta compagne ; *plur.* חֲבֵרִים : וְלִבְנֵי יִשְׂרָאֵל חֲבֵרָיו Ez. 37. 16, et pour les enfants d'Israel ses alliés, ses amis.

חֲבַר chald. *m.* Compagnon, camarade : דָּנִיֵּאל וְחַבְרוֹהִי Dan. 2. 13, Daniel et ses camarades.

חֶבֶר *m.* 1° Association, ligue : חֶבֶר כֹּהֲנִים Osée 6. 9, la bande des prêtres ; וּבֵית חָבֶר Prov. 21. 9, et (dans) une maison commune. — 2° Enchantement, sortilége : וְחֹבֵר חָבֶר Deut. 18. 11, qui fait du sortilége (v. חָבַר) ; חֲבָרַיִךְ Is. 47. 9, tes enchantements, ou tes enchanteurs.

חֶבֶר *n. pr.* 1° Heber, fils de Beriah, Gen. 46. 17. — 2° Heber le Cinéen, Jug. 4. 11. — 3° I Chr. 8. 17. — 4° 4. 18.

חֲבַרְבֻּרוֹת *f. pl.* Taches, raies variées : וְנָמֵר חֲבַרְבֻּרֹתָיו Jér. 13. 23, la panthère ou le tigre (peut-il changer) ses taches (ses raies) de diverses couleurs ?

חַבְרָה chald. *f.* Compagne, autre : וְחֶזְוַהּ רַב מִן־חַבְרָתַהּ Dan. 7. 20, et elle paraissait plus grande que les autres (bêtes).

חֶבְרָה *f.* Société, liaison : וְאָרַח לְחֶבְרָה עִם־פֹּעֲלֵי אָוֶן Job 34. 8, il marche en société avec ceux qui commettent l'iniquité, il s'associe à eux.

חֶבְרוֹן *n. pr.* 1° Hébron, ville de la tribu de Juda, appelée d'abord קִרְיַת אַרְבַּע Jug. 1. 10, résidence de David pendant plusieurs années, II Sam. 5. 5. — 2° Hébron, fils de Kehath, Exod. 6. 18 ; *nom patron.* חֶבְרוֹנִי Nomb. 3. 27. — 3° I Chr. 2. 42.

חֶבְרִי *nom patron.* de חֶבֶר 1°, Nomb. 26. 45.

חֲבֶרֶת *f.* Compagne (v. חָבֵר).

חֹבֶרֶת *f.* Jonction, assemblage, attache : הַחֹבֶרֶת הַשֵּׁנִית Exod. 26. 10, l'autre attache, les autres cinq rideaux attachés les uns aux autres.

חָבַשׁ (*fut.* יַחֲבֹשׁ et יֶחְבֹּשׁ) 1° Lier, fixer, attacher, tourner, panser, guérir : וְחָבַשְׁתָּ לָהֶם מִגְבָּעֹת Exod. 29. 9, tu leur mettras des mitres sur la tête, *exact.* tu leur attacheras des mitres ; סוּף חָבוּשׁ לְרֹאשִׁי Jon. 2. 6, l'algue est tournée autour de ma tête ; כִּי הוּא יַכְאִיב וְיֶחְבָּשׁ Job 5. 18, car il blesse et il panse ; לֹא־אֶהְיֶה חֹבֵשׁ Is. 3. 7, je ne suis pas le médecin, je ne saurais panser ; selon d'autres : je ne serai pas le juge, le maître. — 2° Dompter, régner : הַאַף שׂוֹנֵא מִשְׁפָּט יַחֲבוֹשׁ Job 34. 17, celui qui hait la justice doit-il régner ? ou : (Dieu) guérira-t-il, absoudra-t-il, l'ennemi de la justice ? — 3° Seller : חִבְשׁוּ־לִי הַחֲמוֹר I Rois, 13. 13, sellez-moi mon âne.

Pi. Panser, lier, empêcher : וּמְחַבֵּשׁ לְעַצְּבוֹתָם Ps. 147. 3, il panse leurs plaies ; מִבְּכִי נְהָרוֹת חִבֵּשׁ Job 28. 11, il lie, empêche les fleuves de s'écouler, de filtrer.

Pou. : וְהִנֵּה לֹא־חֻבָּשָׁה Ez. 30. 21, et vois ! il (le bras) n'a pas été pansé.

חֲבִתִּים *m. pl.* Poêle : מַעֲשֵׂה הַחֲבִתִּים I Chr. 9. 31, les oblations qu'on faisait frire dans la poêle.

חָג et **חַג** *m.* (rac. חָגַג, const. חַג, *plur.* חַגִּים). Fête, la victime destinée au sacrifice de fête : חַג לַיְיָ מָחָר Exod. 32. 5, demain sera la fête de l'Éternel, en son honneur ; וּבַחַגִּים וּבַמּוֹעֲדִים Ez. 46. 11, et aux jours de fêtes et de solennités. — חֵלֶב־חַגִּי Exod. 23. 18, la graisse de mon sacrifice, de l'animal sacrifié le jour de ma fête ; אִסְרוּ־חַג בַּעֲבֹתִים Ps. 118. 27, attachez la bête, le sacrifice de fête, avec des cordes.

חָגָּא *f.* Effroi, terreur (de חָגַג chanceler) : וְהָיְתָה אַדְמַת יְהוּדָה לְמִצְרַיִם לְחָגָּא Is. 19. 17, la terre de Juda deviendra l'effroi, la terreur, de l'Égypte.

חָגָב *m.* Espèce de sauterelle : וְאֶת־הֶחָגָב Lév. 11. 22, et la sauterelle ; וַנְּהִי בְעֵינֵינוּ כַּחֲגָבִים Nomb. 13. 33, et nous étions à nos yeux, nous paraissions à nous-mêmes, comme des sauterelles.

חָגָב *n. pr. m.* Esdr. 2. 45.

חֲגָבָה *n. pr. m.* Esdr. 2. 44 ; חֲגָבָא Néh. 7. 48.

חָגַג 1° Tourner en cercle (v. חוּג), danser : אֹכְלִים וְשֹׁתִים וְחֹגְגִים I Sam. 30. 16, mangeant, buvant et dansant ; chanceler : יָחוֹגּוּ וְיָנוּעוּ כַּשִּׁכּוֹר Ps. 107. 27, ils chancellent, sont agités, comme un homme ivre. — 2° Fêter, célébrer une fête : וְחַגֹּתֶם אֹתוֹ חַג לַיְיָ Exod. 12. 14, vous le célébrerez comme une fête à la gloire de l'Éternel ; וְיָחֹגּוּ לִי בַּמִּדְבָּר Exod. 5. 1, pour qu'ils me célèbrent une fête dans le désert ; הָמוֹן חוֹגֵג Ps. 42. 5, une multitude célébrant une fête ; חָגִּי יְהוּדָה חַגַּיִךְ Nah. 2. 1, célèbre, ô Juda ! tes fêtes.

חֲגָוִים *m. pl.* (rac. חָגָה ou חוּג). Creux et cimes (d'un rocher) : יוֹנָתִי בְּחַגְוֵי הַסֶּלַע Cant. 2. 14, ma colombe (retirée) dans les creux du rocher ; שֹׁכַנְתְּ בְּחַגְוֵי הַסֶּלַע Jér. 49. 16, toi qui habites sur les cimes des rochers.

חָגוּר *adj.* (rac. חָגַר). Qui est ceint : חֲגוֹרֵי אֵזוֹר בְּמָתְנֵיהֶם Ez. 23. 15, ceints d'une ceinture sur leurs reins.

חֲגוֹר *m.* Ceinture : וַחֲגוֹר נָתְנָה לַכְּנַעֲנִי Prov. 31. 24, elle donne la ceinture au marchand, ou elle lui vend des ceintures ; וְעַד־חֲגֹרוֹ I Sam, 18. 4, et même sa ceinture, ou son baudrier.

חֲגוֹרָה *f.* Ceinture, tablier : וְתַחַת חֲגוֹרָה נִקְפָּה Is. 3. 24, et au lieu d'une ceinture (elles porteront) une corde (de captives), ou : sous la ceinture elles auront des plaies (v. נִקְפָּה) ; וַיַּעֲשׂוּ לָהֶם חֲגֹרֹת Gen. 3. 7, ils se firent des tabliers.

חַגַּי (le fêté, le solennel ?) *n. pr.* Le prophète Aggée, Agg. 1. 1.

חַגִּי *n. pr.* Haggi, fils de Gad, Nomb. 26. 15 ; *nom patron.*, idem.

* חֲגִיגָה *f.* Célébration : חֲגִיגַת הָרֶגֶל célébration de la fête.

חַגִּיָּה (fête de Dieu) *n. pr. m.* I Chr. 6. 15.

חַגִּית *n. pr.* Haggith, femme de David, mère d'Adoniah, II Sam. 3. 3.

חָגְלָה (perdrix ?) *n. pr.* Haglah, fille de Selophad, Nomb. 26. 33.

חָגַר (*fut.* יַחְגֹּר) Ceindre ; avec un double accusatif : וְחָגַרְתָּ אֹתָם אַבְנֵט Exod. 29. 9, tu les ceindras de ceintures ; וַיַּחְגֹּר דָּוִד אֶת־חַרְבּוֹ I Sam. 17. 39, David se mit l'épée au côté ; חֲגֻרַת־שַׂק Joel 1. 8, (une jeune fille) revêtue d'un sac ; avec בְּ : חָגְרָה בְעוֹז מָתְנֶיהָ Prov. 31. 17, elle ceint ses reins de force ; וְגִיל גְּבָעוֹת תַּחְגֹּרְנָה Ps. 65. 13, et l'allégresse entourera les collines de tous côtés, *littér.* les collines se ceindront d'allégresse ; אַל־יִתְהַלֵּל חֹגֵר כִּמְפַתֵּחַ I Rois 20. 11, que celui qui ceint les armes ne se vante comme celui qui les ôte, c.-à-d. qu'on ne se vante avant le combat comme après avoir vaincu ; שְׁאֵרִית חֵמֹת תַּחְגֹּר Ps. 76. 11, tu t'armeras de colère contre les autres, les ennemis qui nous restent encore, ou : tu lieras, dompteras, la fureur des autres. (V. חָרַג.)

חַד *m.*, חֲדָא et חֲדָה *f.* chald. Un, une ; *adj. numér.*, aussi *art. indéf.* : צְלֵם חַד Dan. 2. 31, une image ; בִּשְׁנַת חֲדָה לְכוֹרֶשׁ מַלְכָּא Esdr. 5. 13, dans la première année du règne de Cyrus ; חַד־שִׁבְעָה עַל דִּי חֲזֵה לְמֵזְיֵהּ Dan. 3. 19, sept fois plus qu'on n'avait coutume de la chauffer ; כַּחֲדָה Dan. 2. 35, *adv.*, ensemble.

חַד héb. Un (pour אֶחָד). Ex. unique : וְדִבֶּר־חַד אֶת־אַחַד Ez. 33. 30, et l'un dit à l'autre.

חַד *adj.* (*fém.* חַדָּה, rac. חָדַד). Aigu, tranchant : קַח־לְךָ חֶרֶב חַדָּה Ez. 5. 1, prends un glaive tranchant ; חַדָּה כְּחֶרֶב פִּיּוֹת Prov. 5. 4, aiguë comme une épée à deux tranchants.

חָדַד 1° Aiguiser (v. גָּדַד) : בַּרְזֶל בְּבַרְזֶל יָחַד וְאִישׁ יַחַד פְּנֵי־רֵעֵהוּ Prov. 27. 17, (יָחַד *fut Kal* de חָדַד p. יָחֹד, et יַחַד de la rac. יָחַד, ou *Hiph.* de חָדַד forme irrég.) comme le fer s'aiguise par le fer, ainsi l'homme aiguise, éclaire, la vue de son ami (ou : est irrité par le regard de l'autre). — 2° Être prompt, ou être féroce : וְחַדּוּ מִזְּאֵבֵי עֶרֶב Hab. 1. 8, ils sont plus vites, ou plus féroces, que les loups du soir, qui sortent le soir après la proie.

Hoph. : חֶרֶב הוּחַדָּה Ez. 21. 14, l'épée est aiguisée.

חֲדַד (qui a la vue forte) *n. pr.* Hadad, fils d'Ismaël, Gen. 25. 15.

חָדָה (*fut. apoc.* יִחַדְּ) Se réjouir : וַיִּחַדְּ יִתְרוֹ Exod. 18. 9, Jethro se réjouit ; אַל־יִחַדְּ בִּימֵי שָׁנָה Job 3. 6, qu'elle ne se réjouisse pas entre les jours de l'année (selon d'autres, de יָחַד : qu'elle ne soit pas comptée, unie, aux autres jours).

Pi. Réjouir : תְּחַדֵּהוּ בְשִׂמְחָה Ps. 21. 7, tu le ranimes par la joie, tu le remplis de joie.

חִדּוּד *m.* (rac. חָדַד). Pointe, objet pointu : חַדּוּדֵי חָרֶשׂ Job 41. 22, des morceaux d'argile pointus (v. חֶרֶשׂ).

חֶדְוָה *f.* (rac. חָדָה). Joie : כִּי־חֶדְוַת יְיָ הִיא מָעֻזְּכֶם Néh. 8. 10, que la joie de l'Éternel soit votre force, votre bouclier ; aussi chald. בְּחֶדְוָה avec joie, Esdr. 6. 16.

חָדִיד *n. pr.* d'une ville de la tribu de Benjamin, Hadid, Esdr. 2. 33, Néh. 11. 34.

חֲדִין chald. *pl.* Poitrine : חֲדוֹהִי וּדְרָעוֹהִי דִּי כְסַף Dan. 2. 32, sa poitrine et ses bras étaient d'argent.

חָדַל et חָדֵל (*fut.* יֶחְדַּל) Cesser, manquer, négliger, laisser, c.-à-d. ne pas faire : וַיַּחְדְּלוּ לִבְנֹת הָעִיר Gen. 11. 8, ils cessèrent de bâtir la ville ; direct. avec l'*inf.* : חִדְלוּ הָרֵעַ Is. 1. 16, cessez de faire le mal ; *absol.* : וּרְעֵבִים חָדֵלּוּ I Sam. 2. 5, et ceux qui avaient faim ont cessé (de travailler, ayant tout en abondance) ; כִּי לֹא־יֶחְדַּל אֶבְיוֹן מִקֶּרֶב הָאָרֶץ Deut. 15. 11, car il y aura toujours des pauvres dans le pays ; *littér.* car le pauvre ne cessera pas, ne manquera pas, dans le pays. Suivi de מִן et d'un *inf.* : וְחָדַלְתָּ מֵעֲזֹב לוֹ Exod. 23. 5, voudrais-tu négliger de l'aider ? ou : garde-toi de l'abandonner (v. עָזַב) ; חֲדַל מִמֶּנּוּ Exod. 14. 12, n'insiste pas auprès de nous ; הַאֵלֵךְ — אִם־אֶחְדָּל I Rois 22. 6, dois-je aller... ou dois-je le laisser, ne pas aller ? הֶחֳדַלְתִּי אֶת־דִּשְׁנִי Jug. 9. 9, est-ce que j'abandonnerai mon huile ?

חָדֵל *adj.* 1° Qui cesse d'exister, périssable : אֵדְעָה מֶה־חָדֵל אָנִי Ps. 39. 5, afin que je sache combien je suis périssable, ou combien de temps je serai encore habitant de ce monde (v. חֶלֶד). — 2° Qui manque de faire une chose, négligent : הַשֹּׁמֵעַ יִשְׁמָע וְהֶחָדֵל יֶחְדָּל Ez. 3. 27, que celui qui veut écouter écoute, et que le négligent manque d'écouter, qu'il n'écoute pas. — 3° Abandonné : וַחֲדַל אִישִׁים Is. 53. 3, abandonné des hommes (ou : un homme que tout le monde fuit).

חֶדֶל *m.* (où tout est passager) Monde : עִם־יוֹשְׁבֵי חָדֶל Is. 38. 11, (je ne serai plus) avec les habitants du monde (v. חֶלֶד et חָדֵל 1°) ; selon d'autres, au contraire, l'endroit où la vie cesse, la tombe : (je serai) avec ceux qui habitent la tombe, l'enfer.

חַדְלַי (l'oisif) *n. pr. m.* II Chr. 28. 12.

חֵדֶק et חֶדֶק Une espèce d'épine : כִּמְשֻׂכַת חָדֶק Prov. 15. 19, comme une haie d'épines ; טוֹבָם כְּחֵדֶק Mich. 7. 4, le meilleur d'entre eux est comme une ronce.

חִדֶּקֶל *n. pr.* d'un fleuve, Hiddekel, le Tigre, Gen. 2. 14, Dan. 10 4.

חָדַר (v. גָּדַר) Entourer : חֶרֶב — הַחֹדֶרֶת לָהֶם Ez. 21. 19, l'épée qui les assiége, ou qui les poursuivra jusque dans leurs chambres (v. חֶדֶר), qui les guette (dans une cachette), ou qui les effraye (comme חֲרָדָה, v. חָרַד).

חֶדֶר *m.* (const. חֲדַר, suff. חֶדְרוֹ, *plur.* חֲדָרִים, const. חַדְרֵי). 1° Chambre : וַיָּבֹא הַחַדְרָה Gen. 43. 30, Joseph se retira dans une chambre ; בַּחֲדַר מִשְׁכָּבוֹ II Sam. 4. 7, dans sa chambre à coucher. — 2° *Au fig.* : וְחַדְרֵי תֵמָן Job 9. 9, et les chambre du sud, les régions les plus éloignées du midi, et les étoiles qu'on y découvre ; חַדְרֵי־מָוֶת Prov. 7. 27, le séjour de la mort, la tombe, ou les profondeurs de l'enfer ; חַדְרֵי־בָטֶן Prov. 18. 8, (jusqu'au) fond des entrailles.

חַדְרָךְ *n. pr.* Hadrach, contrée et ville près de Damas, Zach. 9. 1.

חָדַשׁ *Kal* inusité. *Pi.* Renouveler, restaurer : וּנְחַדֵּשׁ שָׁם הַמְּלוּכָה I Sam. 11. 14, et renouvelons-y l'élection du roi ; תְּחַדֵּשׁ עֵדֶיךָ נֶגְדִּי Job 10. 17, tu renouvelles tes témoins, tu produis de nouveaux témoins contre moi ; וְחִדְּשׁוּ עָרֵי חֹרֶב Is. 61. 4, ils restaurent, rétablissent, les villes qui avaient été dévastées, abandonnées.

Hithp. : תִּתְחַדֵּשׁ כַּנֶּשֶׁר נְעוּרָיְכִי Ps. 103, 5, ta jeunesse se renouvelle comme l'aigle (renouvelle ses plumes).

חָדָשׁ *adj.* (*fém.* חֲדָשָׁה). Neuf, nouveau : בַּיִת־חָדָשׁ Deut. 20. 5, une maison neuve ; אִשָּׁה חֲדָשָׁה 24. 5, une nouvelle femme (nouvellement, récemment mariée) ; וְיָשָׁן מִפְּנֵי חָדָשׁ תּוֹצִיאוּ Lév. 26. 10, et vous retirerez le vieux (fruit, blé) pour faire place au nouveau ; וְאֵין כָּל־חָדָשׁ תַּחַת הַשָּׁמֶשׁ Eccl. 1. 9, il n'y a rien de nouveau sous le soleil ; וַחֲדָשׁוֹת אֲנִי מַגִּיד Is. 42. 9, je prédis des choses nouvelles, inouïes, qui n'étaient pas encore arrivées.

חֹדֶשׁ *m.* (*plur.* חֳדָשִׁים). 1° Nouvelle lune, premier jour du mois : מָחָר חֹדֶשׁ I Sam. 20. 18, c'est demain le premier du mois ; לֹא־חֹדֶשׁ וְלֹא שַׁבָּת II Rois 4. 23, ce n'est ni un premier jour du mois, ni un jour de sabbat. — 2° Mois : וּבַחֹדֶשׁ הַשֵּׁנִי Gen. 8. 14, et le second mois; חֹדֶשׁ יָמִים Nomb. 11. 20, l'espace d'un mois; מִדֵּי־חֹדֶשׁ בְּחָדְשׁוֹ Is. 66. 23, de mois en mois, tous les mois.

חֹדֶשׁ *n. pr.* Hodes, femme de Soharaïm, I Chr. 8. 9.

חָדְשִׁי *n. pr.* Hodsi, une contrée ou une ville (nouvellement bâtie), II Sam. 24. 6.

חֲדַת chald. *adj.* (v. חָדָשׁ héb.). Neuf: וְנִדְבָּךְ דִּי־אָע חֲדַת Esdr. 6. 4, une rangée ou un mur de bois tout neuf.

חָוָא (v. חָוָה).

חוב Être coupable. *Kal* inusité : *שֶׁמָּא תָחוּבוּ חוֹבַת גָּלוּת Aboth, vous pourriez vous rendre coupables, et (mériter) la peine de l'exil. *Pi.* Rendre coupable : וְחִיַּבְתֶּם אֶת־רֹאשִׁי לַמֶּלֶךְ Dan. 1. 10, vous serez cause que le roi me fera couper la tête, *littér.* vous rendrez ma tête coupable (aux yeux) du roi; *אֲנַחְנוּ חַיָּבִין Rituel, nous sommes obligés, nous devons.

חוֹב *m.* Dette ou créance : חֲבֹלָתוֹ חוֹב יָשִׁיב Ez. 18. 7, il rend le gage qu'on lui a donné pour sa créance, ou pour une dette.

*חוֹבָה *f.* 1° Devoir : חוֹבַת כָּל־הַיְצוּרִים Rituel, le devoir de toutes les créatures, de tous les hommes. — 2° Faute, la punition qu'on s'attire par une faute : חוֹבַת גָּלוּת Aboth, la punition de l'exil.

חוֹבָה *n. pr.* d'une ville près de Damas, Gen. 14. 15.

חוג Circonscrire, compasser : חֹק חָג עַל־פְּנֵי־מָיִם Job 26. 10, il a circonscrit, il a tracé tout autour, une limite à la surface des eaux.

חוּג *m.* Cercle : בְּחוּקוֹ חוּג עַל־פְּנֵי תְהוֹם Prov. 8. 27, lorsqu'il renferma l'abîme comme dans un cercle, *littér.* lorsqu'il traça un cercle sur la surface de l'abîme; וְחוּג שָׁמַיִם יִתְהַלָּךְ Job 22. 14, et il se promène dans le cercle, le circuit, du ciel, ou au-dessus de la voûte céleste; הַיֹּשֵׁב עַל־חוּג הָאָרֶץ Is. 40. 22, lui qui réside au-dessus du globe de la terre.

חוּד (*fut.* יָחוּד, v. חַד aigu) Proposer des choses subtiles, des énigmes : חוּד חִידָה Ez. 17. 2, propose une énigme; אָחוּדָה־נָּא לָכֶם חִידָה Jug. 14. 12, je vais vous proposer une énigme.

חָוָה *Kal* inusité. Vivre (v. חָיָה). *Pi.* Annoncer, raconter, communiquer; avec le rég. dir. : אֲחַוְּךָ שְׁמַע־לִי Job 15. 17, je vais te dire, écoute-moi; אֲחַוֶּה דֵעִי אַף־אָנִי 32. 10, moi aussi je vais annoncer mon avis, dire ma pensée; avec לְ : וְלַיְלָה לְּלַיְלָה יְחַוֶּה־דָּעַת Ps. 19. 3, et une nuit révèle, communique, cette connaissance à une autre nuit.

חֲוָה chald. *Kal* inusité. *Pa.* חַוִּי Indiquer : וְאָחֳרָן לָא אִיתַי דִּי יְחַוִּנַּהּ Dan. 2. 11, il n'est personne qui puisse l'indiquer; וּפִשְׁרָא לְמַלְכָּא אֲחַוֵּא 2. 24, et je dirai au roi la signification (de son rêve). *Aph.* Dire, indiquer : וּפִשְׁרָא לְהַחֲוָיָה לְמַלְכָּא 2, 16, pour dire au roi l'interprétation; וְהֵן חֶלְמָא וּפִשְׁרֵהּ תְּהַחֲוֹן 2. 6, mais si vous me dites mon songe et son interprétation.

חַוָּה *n. pr.* (de חָיָה, חָוָה vivre). Eve, la première femme, la mère de tous les vivants, Gen. 3. 20.

חוֹזָי (prophète) *n. pr.* : הִנָּם כְּתוּבִים עַל דִּבְרֵי חוֹזָי II Chr. 33. 19, tout cela est écrit dans le livre de Hozaï, ou, pour חוֹזִים, le livre des prophètes.

חוֹחַ *m.* 1° Épine, ronce : תַּחַת חִטָּה יֵצֵא חוֹחַ Job 31. 40, que des ronces poussent (pour moi) au lieu de froment; כְּשׁוֹשַׁנָּה בֵּין הַחוֹחִים Cant. 2. 2, comme la rose entre les épines; aussi וּבַחֲוָחִים I Sam. 13. 6, et dans les buissons d'épines; selon d'autres : dans des citadelles. — 2° Crochet, hameçon (v. חָח) : וּבְחוֹחַ תִּקֹּב לֶחֱיוֹ Job 40. 26, est-ce que tu lui perceras la mâchoire avec un hameçon, ou avec un crochet? — 3° Chaîne : וַיִּלְכְּדוּ אֶת־מְנַשֶּׁה בַּחֹחִים II Chr. 33. 11, et ils emmenèrent Manassé captif dans des chaînes.

חוּט chald. Lier. *Aph.* : יְהוֹדוּ יָתְהוֹן ...,

Esdr. 4. 12, et ils lient, joignent, les fondements entre eux, ou mieux : ils les construisent à l'aide de la corde (ligne); v. חוט héb.

חוט *m.* Fil, filet : וַיְנַתְּקֵם מֵעַל זְרֹעֹתָיו כַּחוּט Jug. 16. 12, il rompit (les cordes qui liaient) ses bras comme (on romprait) un filet ; אִם־מִחוּט וְעַד שְׂרוֹךְ־נַעַל Gen. 14. 23, ni un fil, ni un cordon de soulier, c.-à-d. pas la plus petite chose ; אֶת־תִּקְוַת חוּט הַשָּׁנִי הַזֶּה Jos. 2.18, cette corde de fil d'écarlate.

חִוִּי *n. pr.* d'un peuple, les Hévéens, qui habitaient au pied du mont Hermon; Jos. 11. 3.

חֲוִילָה *n. pr.* 1° Hawila, fils de Chus, Gen. 10. 7. — 2° Hawila, fils de Joktan, descendant de Sem, 10. 29. — 3° Hawila, une contrée : כָּל־אֶרֶץ הַחֲוִילָה אֲשֶׁר־שָׁם הַזָּהָב Gen. 2. 11, tout le pays de Hawila, où se trouve l'or (les Indes?). —4° Pays des Ismaélites : וַיִּשְׁכְּנוּ מֵחֲוִילָה עַד־שׁוּר Gen. 25. 18, ils habitaient le pays depuis Hawila jusqu'à Sur (qui regarde l'Égypte).

חוּל (*fut.* יָחוּל, *apoc.* יָחֵל, יָחֹל, וַיָּחֶל) 1° Être lancé, jeté; tomber : וְחָלָה חֶרֶב בְּעָרָיו Osée 11. 6, l'épée sera levée contre ses villes; עַל רֹאשׁ רְשָׁעִים יָחוּל Jér. 23. 19, l'orage tombera, éclatera, sur la tête des impies; יָחֻלוּ עַל־רֹאשׁ יוֹאָב II Sam. 3. 29, que (le sang d'Abner) retombe sur la tête de Joab.

2° Se tordre de douleur, d'angoisse, surtout des douleurs d'enfantement; puis, en général, trembler : לֹא־חַלְתִּי וְלֹא־יָלַדְתִּי Is. 23. 4, je n'ai pas eu de douleurs, et je n'ai pas enfanté; חוּל תָּחוּל סִין Ez. 30. 16, Sin (Péluse?) sera dans les douleurs comme une femme qui accouche; קוֹל כְּחוֹלָה שָׁמַעְתִּי Jér. 4. 31, j'entends la voix comme d'une femme qui est en travail; כִּי־חָלָה לְטוֹב Mich. 1. 12, car elle tremble pour son bonheur, ou : elle est désolée à cause de son bonheur (évanoui), v. 3°; וְחָלוּ מִפָּנֶיךָ Deut. 2. 25, et ils trembleront devant toi; מִלִּפְנֵי אָדוֹן חוּלִי אָרֶץ Ps. 114. 7, devant l'Éternel qui fait trembler la terre, ou *impér.* : devant l'Éternel, tremble, ô terre! וַיָּחֶל מְאֹד מֵהַמּוֹרִים I Sam. 31. 3, (Saül) avait bien peur des archers (selon d'autres, וַיָּחֶל forme *Hiph.*).

3° Attendre : וַיָּחֶל עוֹד שִׁבְעַת יָמִים אֲחֵרִים Gen. 8. 10, il attendit encore sept autres jours; כִּי־חָלָה לְטוֹב Mich. 1. 12, selon quelques-uns : car elle avait attendu, espéré, le bien (v. 1°).

Hiph. 1° Craindre, trembler : אִם מִפָּנַי לֹא תָחִילוּ Jér. 5. 22, ne tremblez-vous pas devant moi? — 2° Enfanter : וּלְאִשָּׁה מַה־תְּחִילִין Is. 45. 10, et (qui dit) à la femme (à sa mère) : Pourquoi enfantez-vous? (V. *Kal* 2°.) — 3° Faire trembler: קוֹל יְיָ יָחִיל מִדְבָּר Ps. 29. 8, la voix de l'Éternel fait trembler le désert; יָחִילוּ דְרָכָיו בְּכָל־עֵת Ps. 10. 5, les voies (de l'impie) font trembler (les bons, les faibles) en tout temps; selon d'autres : ses voies prospèrent, réussissent. — 4° Espérer, attendre : וַיָּחִילוּ עַד־בּוֹשׁ Jug. 3. 25, ils attendirent longtemps; עַל־כֵּן לֹא־יָחִיל טוּבוֹ Job 20. 21, c'est pourquoi il n'espère pas son bonheur (ou : son bonheur ne durera pas).

Hoph. Être enfanté, naître : הֲיוּחַל אֶרֶץ בְּיוֹם אֶחָד Is. 66. 8, est-ce que les enfants de la terre, ou d'un pays, sont nés en un seul jour?

Pil. חוֹלֵל 1° Enfanter, créer : חֹלֵל אַיָּלוֹת תִּשְׁמֹר Job 39. 1, observes-tu, quand les biches enfantent? וְאֶל־שָׂרָה תְּחוֹלֶלְכֶם Is. 51. 2, et sur Sara qui vous a enfantés; וַתְּחוֹלֵל אֶרֶץ וְתֵבֵל Ps. 90. 2, (avant que) tu eusses créé la terre et l'univers. — 2° Attendre, espérer : וּתְחוֹלֵל לוֹ Job 35. 14, et espère en lui.

Poul. Être enfanté : וְלִפְנֵי גְבָעוֹת חוֹלָלְתָּ Job 15. 7, as-tu été enfanté, créé, avant les collines? הֵן־בְּעָווֹן חוֹלָלְתִּי Ps. 51. 7, j'ai été engendré dans l'iniquité.

Hithp. : 1° (v. *Kal* 1°) וְסַעַר מִתְחוֹלֵל Jér. 23. 19, une tempête qui se roule, qui tombe, éclate. — 2° (v. *Kal* 2°) כָּל־יְמֵי רָשָׁע הוּא מִתְחוֹלֵל Job 15. 20, l'impie se tourmente, est dans la terreur, tous les jours de sa vie. — 3° (v. *Kal* 3°) דּוֹם לַייָ וְהִתְחוֹלֵל לוֹ Ps. 37. 7, sois soumis à l'Éternel et espère en lui.

Hithpalp.: וַתִּתְחַלְחַל הַמַּלְכָּה מְאֹד Esth. 4. 4, la reine fut très affligée.

חוֹל *m.* Sable : וַיִּטְמְנֵהוּ בַּחוֹל Exod. 2. 12, il le cacha dans le sable ; וְשַׂמְתִּי אֶת־זַרְעֲךָ כְּחוֹל הַיָּם Gen. 32. 13, je multiplierai tes enfants comme le sable de la mer (I Rois 5. 9, v. רֹחַב).

חוֹל *m.* Nom d'un oiseau : וְכַחוֹל אַרְבֶּה יָמִים Job 29. 18, et je multiplierai mes jours comme le phénix ; selon d'autres, comme le sable ; quelques-uns lisent וְכַחוֹל.

חוּל *n. pr.* Hul, fils d'Aram, Gen. 10. 23.

• חוּלְקָא *f.* Part, portion : חוּלְקָא טָבָא Rituel, une bonne part.

חוּם *adj.* (rac. חָמַם). Ce qui est de couleur foncée, noir : וְכָל־שֶׂה־חוּם Gen. 30. 32, et chaque agneau noir.

חוֹמָה *f.* (*plur.* חוֹמוֹת, *duel* חוֹמֹתַיִם). Mur : וְהַמַּיִם לָהֶם חוֹמָה Exod. 14. 22, les eaux étaient pour eux comme un mur; עַד הַחוֹמָה הָרְחָבָה Néh. 3. 8, jusqu'au mur large ; וּלְחֹמוֹת נְחֹשֶׁת Jér. 1. 18, et comme un mur d'airain ; בֵּין הַחֹמֹתַיִם Is. 22. 11, Jér. 39. 4, entre les deux murs (de Jérusalem) ; *au fig.*: אִם־חוֹמָה הִיא Cant. 8. 9, si elle est un mur, c.-à-d. si elle est chaste, inaccessible à la séduction.

• חוֹמֶר (v. חֹמֶר *adj.*).

חוּס (*fut.* אָחוּס, יָחוּס et יָחֹס, וַתָּחָס) Épargner, protéger, avoir pitié de : אַתָּה חַסְתָּ עַל־הַקִּיקָיוֹן Jon. 4. 10, tu aurais épargné (ou tu regrettes) la plante (v. קִיקָיוֹן) ; וַאֲנִי לֹא אָחוּס עַל־נִינְוֵה 4. 11, et je n'épargnerais pas Ninive ? יָחֹס עַל־דַּל וְאֶבְיוֹן Ps. 72. 13, il a pitié du pauvre et de l'indigent; souvent accompagné de עַיִן œil : לֹא תָחוֹס עֵינֶךָ Deut. 25. 12, que ton œil ne la regarde pas avec compassion, châtie-la sans pitié ; וְלֹא־תָחוֹס עֵינִי Ez. 5. 11, et je n'aurai pas pitié.

חוֹף et חֹף *m.* Côte, rivage : זְבוּלֻן לְחוֹף יַמִּים יִשְׁכֹּן Gen. 49. 13, Zabulon habitera la côte des mers ; וּבְחוֹף הַיָּם Deut. 1. 7, et vers la côte de la mer.

חוּפָם *n. pr.* Hupam, fils de Benjamin ; *n. patron*, חוּפָמִי Nomb. 26. 39 (חֻפִּים Gen. 46. 21).

חוּץ *m.* (*plur.* חוּצוֹת). 1° Côté extérieur, le dehors ; opposé à la maison, la rue : שׁוֹטְטוּ בְּחוּצוֹת יְרוּשָׁלַםִ Jér. 5. 1, parcourez les rues de Jérusalem ; וְכַחוּץ לַעֹבְרִים Is. 51. 23, et comme la rue pour les passants ; opposé à la ville, champ, campagne : וְשֹׁלֵחַ מַיִם עַל־פְּנֵי חוּצוֹת Job 5. 10, qui répand l'eau sur les campagnes.

2° *Adv.*: מוֹלֶדֶת חוּץ Lév. 18. 9, (une femme) née hors la maison, c.-à-d. qui est fille de ta mère, mais pas de ton père (v. מוֹלֶדֶת) ; בַּחוּץ תַּעֲמֹד Deut. 24. 11, tu te tiendras dehors ; aussi הַחוּצָה : הַחוּצָה אֶל־הָעָיִן Gen. 24. 29, dehors près de la fontaine ; לָמָּה תַעֲמֹד בַּחוּץ 24. 31, pourquoi restes-tu dehors ? יֵצֵא לַחוּץ Ps. 41. 7, il va dehors, il sort ; מִחוּץ לָעִיר Gen. 24. 11, hors de la ville ; מִבַּיִת וּמִחוּץ 6. 14, dedans et dehors ; אֶל־מִחוּץ לַמַּחֲנֶה Deut. 23. 11, hors du camp ; חוּץ מִמֶּנִּי Eccl. 2. 25, hors moi, c.-à-d. si ce n'est moi.

חָוַר Devenir blanc, pâlir : וְלֹא עַתָּה פָּנָיו יֶחֱוָרוּ Is. 29. 22, et dorénavant son visage ne pâlira plus ; *Tharg.*, ne changera pas.

I חוּר *adj.* (v. חָוַר). Blanc : חוּר כַּרְפַּס וּתְכֵלֶת Esth. 1. 6, (des rideaux) de couleur blanche, verte et bleue céleste ; בִּלְבוּשׁ מַלְכוּת תְּכֵלֶת וָחוּר 8. 15, en costume royale, bleu céleste et blanc.

II חוּר et חֹר *m.* Trou : חֻר פָּתֶן Is. 11. 8, le trou où se tient l'aspic ; הָפֵחַ בַּחוּרִים כֻּלָּם Is. 42. 22, ils sont tous pris, entourés de piéges dans les cavernes (où ils s'étaient réfugiés) ; d'autres expliquent בַּחוּרִים, de בָּחוּר, tous les jeunes gens ont été pris.

חוּר *n. pr.* 1° Hur, un des rois de Madian, Nomb. 31. 8. — 2° Hur, Exod. 17. 10. — 3° Hur, fils de Chaleb, 1 Chr. 2. 19. — Et plusieurs autres.

חוֹר *m.* (v. II חוּר). Trou, cavité, antre: וַיִּקֹּב חֹר בְּדַלְתּוֹ II Rois 12. 10, il perça un trou dans le couvercle (du coffre) ; וְעֵינָיו תִּמַּקְנָה בְחֹרֵיהֶן Zach. 14. 12, ses yeux pourriront dans leurs cavités ;

וַיְמַלֵּא־טֶרֶף חֹרָיו Nah. 2. 13, le lion remplit son antre de proie.

חוֹרָי m. pl. (pour חוֹרִים) : וְאֹרְגִים חוֹרָי Is. 19. 9, selon les uns, comme I חוּר, ceux qui tissent des étoffes blanches; selon les autres, de חוֹר trou, ceux qui font des filets (pour prendre les poissons).

חוֹרִים pl. m. Les nobles : אַשְׁרֵיךְ אֶרֶץ שֶׁמַּלְכֵּךְ בֶּן־חוֹרִים Eccl. 10. 17, tu es heureux, ô pays! si ton roi est d'une race noble, illustre : חֹרֶיהָ וְאֵין־שָׁם מְלוּכָה יִקְרָאוּ Is. 34. 12, ses grands n'y sont pas pour proclamer le règne, ou : ses grands qui n'ont pas voulu reconnaître un règne (seront anéantis).

• חוֹרִין Libre : בֶּן חוֹרִין Aboth, un homme libre, noble : וְלֹא אַתָּה בֶן חוֹרִין Aboth, et tu n'es pas libre (de t'en débarrasser).

חִוָּר chald. adj. Blanc : לְבוּשֵׁהּ כִּתְלַג חִוָּר Dan. 7. 9, son vêtement était blanc comme la neige.

חוּרִי n. pr. m. I Chr. 5. 14.

חוּרַי n. pr. I Chr. 11. 32 (v. חִדַּי).

חוּרָם n. pr. 1° Hiram, roi de Tyr, II Chr. 2. 2; חִירָם II Sam. 5. 11. — 2° Hiram, ouvrier artiste de Tyr, II Chr. 4. 11, et I Rois 7. 14. — 3° Hiram, fils de Bela, I Chr. 8. 5.

חַוְרָן (contrée de cavernes) n. pr. d'une contrée. Hauran ou Auran, Ez. 47. 16, 18.

חוּשׁ (fut. יָחוּשׁ) Hâter, se hâter, agir promptement : חוּשָׁה אַל־תַּעֲמֹד I Sam. 20. 38, hâte-toi, ne t'arrête pas; וְחָשׁ עֲתִדֹת לָמוֹ Deut. 32. 35, l'avenir, le sort, qui les attend, s'avance; avec un inf. : כְּנֶשֶׁר חָשׁ לֶאֱכוֹל Hab. 1. 8, comme un aigle qui se hâte à dévorer; חוּשָׁה לְעֶזְרָתִי Ps. 38. 22, Hâte-toi à mon secours, de me secourir; וַתַּחַשׁ עַל־מִרְמָה רַגְלִי (p. וַתָּחַשׁ) Job 31. 5, si mon pied s'est hâté, a couru, pour tromper; וַאֲנַחְנוּ נֵחָלֵץ חֻשִׁים Nomb. 32. 17, part. pass. ou adj., nous nous armerons (en nous hâtant) promptement; וּבַעֲבוּר חוּשִׁי בִי Job 20. 2, et parce que j'ai hâte (de répondre); exact. parce que l'empressement est en moi (ou : parce qu'il y a en moi du sentiment, de l'agitation); מִי יֹאכַל וּמִי יָחוּשׁ Eccl. 2. 25, qui mangera et qui se hâtera de jouir, qui courra après les jouissances?

Hiph. Accélérer, intrans. comme Kal : אֲנִי יְיָ בְּעִתָּהּ אֲחִישֶׁנָּה Is. 60. 22, moi l'Éternel, quand le temps en sera venu, je l'accélérerai, je l'accomplirai vite; וְהָאֹרֵב הֵחִישׁוּ Jug. 20. 37, ceux qui étaient en embuscade s'avancèrent vite, arrivèrent promptement; הַמַּאֲמִין לֹא יָחִישׁ Is. 28. 16, le croyant ne sera pas pressé, attendra avec confiance.

חוּשָׁה (hâte) n. pr. d'un homme ou d'un endroit; de là הַחֻשָׁתִי II Sam. 21. 18, Sebechi le Husathi.

חוּשַׁי n. pr. Husaï, ami de David, II Sam. 16. 16.

חוּשִׁים n. pr. 1° Husim, fils de Dan, Gen. 46. 23. — 2° Husim, fils de Aher, I Chr. 7. 12. — 3° Husim, femme de Saharayim, 8. 8, 11.

חַוּוֹת f. pl. (rac. חָוָה, v. חַוָּה 7°). Villages : וַיִּלְכֹּד אֶת־חַוֹּתֵיהֶם Nomb. 32. 41, il s'empara de leurs villages; חַוּוֹת יָאִיר (idem) les villages de Yaïr.

חוֹתָם m. (rac. חָתַם). Cachet, anneau qui sert à cacheter : חֹתָמְךָ Gen. 38. 18, ton anneau; פִּתּוּחֵי חוֹתָם Exod. 28. 21, comme on grave les cachets; שִׂימֵנִי כַחוֹתָם עַל־לִבֶּךָ Cant. 8. 6, mets-moi comme un sceau, anneau, sur ton cœur.

חוֹתָם n. pr. m. 1° I Chr. 7. 32. — 2° 11. 44.

חֲזָאֵל (qui voit Dieu) n. pr. Hazael, roi de Syrie, I Rois 19. 15; בֵּית חֲזָאֵל Amos 1. 4, la maison de Hazael, sa famille, ou Damas.

חָזָה (fut. יֶחֱזֶה, apoc. יַחַז) Voir, regarder, avoir des visions, prophétiser, choisir : וַיֶּחֱזוּ אֶת־הָאֱלֹהִים Exod. 24. 11, ils voyaient Dieu; אֲנִי בְּצֶדֶק אֶחֱזֶה פָנֶיךָ Ps. 17. 15, moi, dans ma piété, je verrai ton visage, c.-à-d. Dieu me sera gracieux; הַדָּבָר אֲשֶׁר חָזָה יְשַׁעְיָהוּ Is. 2. 1, la chose, ou la parole, qu'avait vue Isaïe, sa vision prophétique; aussi avec ב : וְתַחַז בְּצִיּוֹן עֵינֵינוּ Mich. 4. 11, que nos yeux se repaissent des malheurs de Sion; וְאַתָּה תֶחֱזֶה מִכָּל־הָעָם Exod. 18. 21, tu choisiras entre tout le peuple; avec apparition de la 3ᵉ lettre rad. י pour ה : בַּל־יֶחֱזָיוּן Is. 26. 11, mais ils ne voient pas.

חֲזָה et חֲזָא chal. Voir : וּמַלְכָּא חָזֵה Dan. 5. 5, et le roi voyait; *inf.* : לָא־אֲרִיךְ לַנָא לְמֶחֱזֵא Esdr. 5. 14, il ne nous convient pas de voir.

חָזֶה *m.* (const. חֲזֵה, *plur.* חָזוֹת). La poitrine (des animaux) : וְלָקַחְתָּ אֶת־הֶחָזֶה Exod. 29. 26, tu prendras la poitrine (du bélier); אֵת חֲזֵה הַתְּנוּפָה 29. 27, la poitrine qu'on élève ou qu'on agite (rite pour consacrer les offrandes, v. תְּנוּפָה); וְאֵת הֶחָזוֹת Lév. 9. 21, et les poitrines.

חֹזֶה *m.* (rac. חָזָה). 1° Prophète : גָּד הַחֹזֶה I Chr. 29. 29, (et dans le livre) du prophète Gad. — 2° Traité, alliance : וְעִם־שְׁאוֹל עָשִׂינוּ חֹזֶה Is. 28. 15, nous avons fait un traité, contracté une alliance, avec le schéol (l'enfer).

חֲזוֹ *n. pr.* Hazo, fils de Nahor, Gen. 22. 22.

חֵזוּ chald. *m.* (*emph.* חֶזְוָא, *plur.* חֶזְוִין). Vision : חֶלְמָךְ וְחֶזְוֵי רֵאשָׁךְ Dan. 2. 28, ton songe et les visions de ta tête, de ton esprit. — Figure, apparition : וְחֶזְוַהּ רַב 7. 20, et elle était plus grande (que les autres); *littér.* et son apparence, son aspect, etc.

חָזוֹן *m.* (rac. חָזָה). Vision, apparition : חָזוֹן נִרְאָה אֵלַי Dan. 8. 1, une vision m'apparut; אֵין חָזוֹן נִפְרָץ I Sam. 3. 1, la prophétie n'était pas révélée, ou n'était pas répandue, était rare; חֲזוֹן יְשַׁעְיָהוּ Is. 1. 1, prophétie d'Isaïe.

חָזוֹת *f.* Prophétie : וּבַחֲזוֹת יֶעְדּוֹ הַחֹזֶה II Chr. 9. 29, et dans les prophéties du prophète Jedo.

חֲזוֹת chald. *f.* : וַחֲזוֹתֵהּ לְסוֹף כָּל־אַרְעָא Dan. 4. 8, et il paraissait s'étendre jusqu'à l'extrémité du monde; *exact.* son aspect s'étendait, etc.; selon d'autres : ses branches s'étendaient.

חָזוּת *f.* (rac. חָזָה). 1° Vision : חָזוּת קָשָׁה הֻגַּד־לִי Is. 21. 2, une prophétie dure, épouvantable, m'a été révélée. — 2° Alliance : וְחָזוּתְכֶם אֶת־שְׁאוֹל Is. 28. 18, et votre alliance avec l'enfer (v. חֹזֶה). — 3° Apparence : וְהַצָּפִיר קֶרֶן חָזוּת בֵּין עֵינָיו Dan. 8. 5, et le bouc avait entre les yeux une corne très grande; *littér.* une corne d'apparence; selon d'autres, une corne en plusieurs branches.

חֲזִיאֵל (vision de Dieu) *n. pr. m.* I Chr. 23. 9.

חֲזָיָה *n. pr. m.* Néh. 11. 5.

חֶזְיוֹן (vision) *n. pr. m.* I Rois 15. 18.

חִזָּיוֹן *m.* (const. חֶזְיוֹן, *plur.* חֶזְיֹנוֹת). Vision, fantôme, révélation : כְּחֶזְיוֹן לָיְלָה Job 20. 8, comme une vision nocturne; וּמֵחֶזְיֹנוֹת תְּבַעֲתַנִּי 7. 14, et tu m'effrayes par tes fantômes; מַשָּׂא גֵּיא חִזָּיוֹן Is. 22. 1, prophétie contre la vallée de vision, de révélation, Jérusalem.

חֲזִיז *m.* Éclair : יְיָ עֹשֶׂה חֲזִיזִים Zach. 10. 1, Dieu qui fait les éclairs (de חָזָה voir); selon d'autres, qui forme les nuages; וְדֶרֶךְ לַחֲזִיז קֹלוֹת Job 28. 26, et (il a marqué) une voie à l'éclair qui précède le tonnerre.

חֲזִיר *m.* Porc, pourceau, sanglier : וְאֶת הַחֲזִיר Lév. 11. 7, le pourceau; חֲזִיר מִיָּעַר Ps. 80. 14, le sanglier de la forêt.

חֵזִיר *n. pr. m.* I Chr. 24. 15, Néh. 10. 21.

חָזַק (*fut.* יֶחֱזַק) 1° *Intrans.* Être et devenir fort, être ferme, vaillant; être dur : וַיְהִי כִּי־חָזַק יִשְׂרָאֵל Jug. 1. 28, lorsqu'Israel fut devenu fort; יֶחֶזְקוּ מִמְּךָ II Sam. 10. 11, (si les Ammonites) sont plus forts que toi; avec עַל : וַיֶּחֱזַק עֲלֵיהֶם II Chr. 27. 5, il était plus fort qu'eux, il les vainquit; חֲזַק וֶאֱמָץ Deut. 31. 23, sois ferme et courageux; כַּאֲשֶׁר חָזְקָה הַמַּמְלָכָה בְּיָדוֹ II Rois 14. 5, lorsque le règne fut affermi dans sa main; וַיֶּחֱזַק לֵב פַּרְעֹה Exod. 7. 13, le cœur de Pharaon s'endurcit; רַק חֲזַק לְבִלְתִּי אֲכֹל הַדָּם Deut. 12. 23, seulement garde-toi de manger du sang (*littér*. sois ferme en cela, de ne pas manger, etc.).

2° *Trans*. Fortifier, soutenir : לחבשה לחזקה Ez. 30. 21, pour le panser et lui rendre sa force ; ולא חזקו II Chr. 28. 20, (et il ne le fortifia pas) loin de l'aider, de le soutenir. — 3° Presser, insister : ותחזק מצרים על־העם Exod. 12. 33, les Égyptiens pressaient le peuple (de quitter leur pays). — Avec l'*acc*. : חזקתני ותוכל Jér. 20. 7, tu l'as emporté sur moi, tu m'as convaincu et tu as prévalu. — 4° ויחזק ראשו באלה II Sam. 18. 9, sa tête resta attachée aux branches du térébinthe, s'embarrassa dans les branches, etc. (v. *Hiph*.).

Pi. Rendre fort, fortifier, encourager, rendre dur, attacher : ואבנטך אחזקנו Is. 22. 21, je lui attacherai ta ceinture ; כי־חזק בריחי שעריך Ps. 147. 13, car il a fortifié les verrous de tes portes ; והם יחזקו את־בדק הבית II Rois 12. 6, et ils répareront les ruines, les parties endommagées, du temple ; אשר־חזקו את־ידיו Jug. 9. 24, qui ont fortifié ses mains, qui l'ont encouragé ; חזקו פניהם מסלע Jér. 5. 3, ils ont rendu leur visage, leur front, plus dur que le rocher ; c.-à-d. leur arrogance, ou leur opiniâtreté, est excessive.

Hiph. 1° Tenir ferme, prendre, saisir : והחזיקי את־ידך בו Gen. 21. 18, attache ta main à lui, tiens-le par la main ; avec ל : והחזיק לו II Sam. 15. 5, il le saisit ; avec על : יחזק עליו צמים Job 18. 9, le brigand, ou le filet, l'arrêtera (v. צמים) ; avec l'*acc*. : החזק מגן וצנה Ps. 35. 2, prends le bouclier et l'armure (ou la targe). — 2° Persister dans, s'attacher, se lier : עדך מחזיק בתמתך Job 2. 9, tu persistes encore dans ton innocence ; מחזיקים על־אחיהם Néh. 10. 30, ils se lièrent avec leurs frères. — 3° Rendre fort, vigoureux ; soutenir : החזק מלחמתך אל־העיר II Sam. 11. 25, attaque la ville vigoureusement, *littér*. rends vigoureux ton combat contre la ville ; והחזקת בו Lév. 25. 25, soutiens-le, viens à son secours. — 4° *Intrans*. Être, devenir fort : כי החזיק עד־למעלה II Chr. 26. 8, car il était devenu très puissant ; ועם ידעי אלהיו יחזקו Dan. 11. 32, mais le peuple qui connaît son Dieu sera fort. — 5° Contenir : מחזיק בתים II Chr. 4. 5, contenant (3000) bath (mesures). — 6° אל תחזיק טובה לעצמך Aboth, ne t'en fais pas un mérite, ne t'en glorifie pas.

Hithp. 1° Se rendre fort, s'animer de courage : ויתחזק ישראל Gen. 48. 2, Israel se rendit fort, reprit ses forces ; התחזק יהוידע II Chr. 23. 1, Jehoyada s'anima de courage ; חזק ונתחזק II Sam. 10. 12, sois ferme et soyons courageux. — 2° Aider, soutenir : ואבנר היה מתחזק בבית שאול II Sam. 3. 6, Abner soutenait la maison de Saül.

חָזָק *adj*. (*fém*. חזקה). Fort, puissant : החזק הוא הרפה Nomb. 13. 18, s'il est fort ou faible ; חזקי־מצח Ez. 3. 7, (ils sont) opiniâtres, *littér*. ils sont durs de front ; בחזק יבוא Is. 40. 10, (Dieu) viendra avec sa main forte, ou, *subst*., dans sa force, sa puissance.

חָזֵק *adj*. Fort, puissant : ויהי קול השופר הולך וחזק מאד Exod. 19. 19, le son de la trompette devenait de plus en plus fort (v. הלך 4°) ; ודוד הלך וחזק II Sam. 3. 1, David devenait de plus en plus puissant.

חֵזֶק *m*. Force, secours : ארחמך יי חזקי Ps. 18. 2, je t'aime, Éternel, toi qui es ma force.

חֹזֶק *m*. Force : בחזק יד Exod. 13. 3, 14, par la force de sa main ; הלא בחזקנו Amos 6. 13, n'est-ce pas par notre force ?

חֶזְקָה *f*. (comme l'*inf*. de חזק). Action de devenir fort, puissant : וכחזקתו גבה לבו II Chr. 26. 16, mais, quand il fut devenu puissant, son cœur s'éleva d'orgueil ; בחזקת היד Is. 8. 11, dans la force de la vision, quand j'étais agité par l'esprit prophétique (v. יד 2°) ; וכחזקתו בעשרו Dan. 11. 2, et lorsqu'il sera devenu puissant par ses richesses.

חָזְקָה *f*. 1° Violence, force : ואם־לא לקחתי בחזקה I Sam. 2. 16, sinon, j'en prendrai par force ; וַיְרִיבוּן אִתּוֹ בְּחָזְקָה Jug. 8. 1, ils le querellèrent violemment. — 2° Restauration, réparation : וּלְכֹל אֲשֶׁר־יֵצֵא עַל־הַבַּיִת לְחָזְקָה II Rois 12. 13, et pour tout ce qui sera dépensé pour la restauration du temple.

חִזְקִי (le vigoureux) *n. pr. m.* I Chr. 8. 17.

חִזְקִיָּה et חִזְקִיָּהוּ (la force de Dieu) *n. pr.* 1° Ezéchias, fils d'Achaz, roi de Juda, II Rois 18. 1 ; aussi יְחִזְקִיָּה Osée 1. 1, et יְחִזְקִיָּהוּ Is. 1. 1.—2° Ezéchias, un des aïeux du prophète Sophonie, Soph. 1. 1. — 3° I Chr. 3. 23. — 4° Néh. 7. 21.

*חָזַר Rendre, retourner, ramener: הַחֲזִיר שָׁלוֹם Aboth, rendre le salut; וְהַחֲזִירֵנוּ בִּתְשׁוּבָה שְׁלֵמָה לְפָנֶיךָ Rituel, et ramène-nous vers toi par une pénitence parfaite.

חָח *m.* (avec suff. חַחִי, *plur.* חַחִים). 1° Crochet ou cercle qu'on met aux narines des animaux (v. חוֹחַ) : וְשַׂמְתִּי חַחִי בְּאַפֶּךָ Is. 37. 29, je te mettrai un cercle aux narines; וְנָתַתִּי חַחִים בִּלְחָיֶיךָ Ez. 29. 4, je mettrai des crochets à tes mâchoires. — 2° Boucle d'oreille : חָח וָנֶזֶם Exod. 35. 22, des boucles d'oreilles et des anneaux qu'on portait au nez.

חָטָא (*fut.* יֶחֱטָא) Manquer, pécher : וְאָץ בְּרַגְלַיִם חוֹטֵא Prov. 19. 2, et celui qui va trop vite fera de faux pas, tombera; וְחֹטְאִי חֹמֵס נַפְשׁוֹ Prov. 8. 36, mais celui qui me manque (qui ne me trouve pas) se fait du tort à lui-même; ou וְחֹטְאִי celui qui pèche contre moi; וּפָקַדְתָּ נָוְךָ וְלֹא תֶחֱטָא Job 5. 24, et, si tu comptes ton troupeau, (aucune pièce de bétail) n'y manquera ; חֵטְא חָטְאָה יְרוּשָׁלַםִ Lament. 1. 8, Jérusalem a commis un grand péché ; avec לְ : מֵחֲטוֹ־לִי Gen. 20. 6, (י pour א) de pécher contre moi ; avec עַל : הֲלוֹא עַל־אֵלֶּה חָטָא־שְׁלֹמֹה Néh. 13. 26, Salomon n'a-t-il pas péché par cela, n'est-ce pas en cela que consiste son péché? avec בּ : אַל־תֶּחֶטְאוּ בַיֶּלֶד Gen. 42. 22, ne commettez pas de crime sur l'enfant, ne vous rendez pas coupables, en le maltraitant; חַטָּאתוֹ אֲשֶׁר חָטָא בָּהּ Lév. 4. 23, le péché qu'il aura commis (*exact.* par lequel il a transgressé la loi).

Pi. 1° Prendre la faute sur soi, l'expier : אָנֹכִי אֲחַטֶּנָּה Gen. 31. 39, j'ai dû prendre la faute sur moi, l'expier, payer le dommage. — 2° Offrir un sacrifice comme expiation d'un péché : הַכֹּהֵן הַמְחַטֵּא אֹתָהּ Lév. 6. 19, le prêtre qui offre l'hostie pour le péché ; וַיִּשְׁחָטֵהוּ וַיְחַטְּאֵהוּ Lév. 9. 15, il l'égorgea et l'offrit comme sacrifice expiatoire (v. חַטָּאת). — 3° Enlever le péché, purifier : וְחִטְּאוֹ בַּיּוֹם הַשְּׁבִיעִי Nomb. 19. 19, il le purifiera (du péché) le septième jour; וְחִטֵּאתָ עַל־הַמִּזְבֵּחַ Exod. 29. 36, tu purifieras l'autel.

Hiph. 1° Manquer (v. *Kal*) : קֹלֵעַ בָּאֶבֶן אֶל־הַשַּׂעֲרָה וְלֹא יַחֲטִא Jug. 20. 16, (chacun) pouvait lancer avec la fronde une pierre sur un cheveu sans manquer. — 2° Faire pécher, séduire : אֲשֶׁר־הֶחֱטִיא אֶת־יִשְׂרָאֵל II Rois 3. 3, qui avait fait pécher Israel ; לְמַעַן הַחֲטִי אֶת־יְהוּדָה Jér. 32. 35, pour porter Juda au péché. — 3° מַחֲטִיאֵי אָדָם בְּדָבָר Is. 29. 21, qui condamnent les hommes par leurs paroles, ou (sens 2°) ils portent les hommes au péché.

Hithp. (v. *Pi.* 3°) : הוּא יִתְחַטָּא־בוֹ Nomb. 19. 12, il se purifiera avec cette eau ; תִּתְחַטְּאוּ בַּיּוֹם הַשְּׁלִישִׁי Nomb. 31. 19, vous vous purifierez le troisième jour; מִשְּׁבָרִים יִתְחַטָּאוּ Job 41. 17, par la terreur qu'ils éprouvent, ils se purifient, font pénitence, de leurs péchés; selon d'autres : ils manquent leur chemin, ils errent, sans savoir où ils vont (v. *Kal*).

חֵטְא *m.* (suff. חֶטְאִי, *plur.* חֲטָאִים, const. חֲטָאֵי). Péché, crime : בְּכָל־חֵטְא אֲשֶׁר יֶחֱטָא Deut. 19. 15, quel que soit le crime qu'il ait commis ; חַטָּאֵי יָרָבְעָם II Rois 10. 29, les péchés de Jéroboam.

חַטָּא *m. adj.* Pécheur, criminel, coupable : רָעִים וְחַטָּאִים לַיהוָה Gen. 13. 13, (les habitants de Sodome) étaient méchants et pécheurs, criminels, devant Dieu ; וְהָיִיתִי אֲנִי וּבְנִי שְׁלֹמֹה חַטָּאִים I Rois 1. 21, que nous serons traités comme coupables, moi et mon fils Salomon ; ou : que nous serons frustrés de nos droits, exclus du trône.

חֲטָאָה *f.* Péché : חֲטָאָה גְדֹלָה Gen. 20. 9, un grand péché.

חַטָּאָה *f.* 1° Péché : וָפֶשַׁע וְחַטָּאָה Exod. 34. 7, et le crime et le péché ; וְכַעֲבוֹת הָעֲגָלָה חַטָּאָה Is. 5. 18, et qui (tirent après eux) le péché comme avec des traits de chariot, ou qui s'attirent la punition, etc. — 2° *Adj. fém.* de חַטָּא : בַּמַּמְלָכָה הַחַטָּאָה Amos 9. 8, sur le royaume pécheur, qui s'adonne au péché.

חַטָּאת *f.* (const. חַטַּאת, *plur.* חַטָּאוֹת). 1° Péché : מִכָּל־חַטֹּאות יָרָבְעָם II Rois 13. 11, de tous les péchés de Jéroboam. — 2° L'objet du péché : וְאֶת־חַטַּאתְכֶם אֲשֶׁר־עֲשִׂיתֶם אֶת־הָעֵגֶל Deut. 9. 21, et votre œuvre criminelle, que vous avez faite, à savoir le veau. — 3° Le châtiment du péché : זֹאת תִּהְיֶה חַטַּאת מִצְרָיִם Zach. 14. 19, tel sera le châtiment de l'Egypte. — 4° Sacrifice expiatoire : זֹאת תּוֹרַת הַחַטָּאת Lév. 6. 18, ceci est la loi touchant l'hostie pour le péché ; וּשְׂעִיר־עִזִּים אֶחָד לְחַטָּת Nomb. 15. 24, et un jeune bouc comme sacrifice expiatoire ; מֵי חַטָּאת Nomb. 8. 7, de l'eau d'expiation.

חָטַב 1° Couper, abattre : מֵחֹטֵב עֵצֶיךָ Deut. 29. 10, depuis celui qui coupe le bois (pour toi) ; וְלֹא יַחְטְבוּ מִן־הַיְּעָרִים Ez. 39. 10, et ils n'en couperont point dans les forêts (v. חָצַב et קָצַב). — 2° Inciser, rayer, varier les couleurs, broder : חֲטֻבוֹת אֵטוּן מִצְרָיִם Prov. 7. 16, (des couvertures) brodées de fil d'Egypte, ou חֲטֻבוֹת (le lit est orné) de sculptures, et (les tapis, couvertures,) sont d'un tissu d'Egypte.

Pou. passif : בְּנוֹתֵינוּ כְזָוִיֹּת מְחֻטָּבוֹת תַּבְנִית הֵיכָל Ps. 144. 12, nos filles sont comme des colonnes sculptées, ornées, aux coins d'un temple ou d'un palais.

חִטָּה *f.* (*plur.* חִטִּים). Froment : אֶרֶץ חִטָּה וּשְׂעֹרָה Deut. 8. 8, une terre qui produit du froment et de l'orge ; מֵחֵלֶב חִטָּה Ps. 81. 17, (de la graisse) de la fleur du froment ; קְצִיר־חִטִּים Gen. 30. 14, (pendant) la récolte du froment (lorsqu'on sciait le froment) ; וְאָרְנָן דָּשׁ חִטִּים I Chr. 21. 20, et Ornan battait le froment ; Ez. 4. 9, חִטִּין.

חַטּוּשׁ *n. pr. m.* 1° I Chr. 3. 22. — 2° Néh. 3. 10. — 3° Néh. 10. 5.

חֲטָי chald. *m.* Péché : וַחֲטָיָךְ בְּצִדְקָה פְרֻק Dan. 4. 24, rachète tes péchés par la bienfaisance.

חֲטִיטָא *n. pr. m.* Esdr. 2. 42.

חַטִּיל *n. pr. m.* Esdr. 2. 57.

חֲטִיפָא *n. pr. m.* Esdr. 2. 54.

חָטַם (de חוֹטֶם, qui, comme אַף, signifie nez et colère) Retenir sa colère : וּתְהִלָּתִי אֶחֱטָם־לָךְ Is. 48. 9, et, pour ma gloire, je retiendrai mon courroux contre toi (je confirmerai ma gloire à ton égard, *Tharg.*).

חָטַף (*fut.* יַחְטֹף). Voler, enlever, arracher par force : וַחֲטַפְתֶּם לָכֶם Jug. 21. 21, et enlevez, emparez-vous (chacun d'une femme) ; יַחְטֹף עָנִי בְּמָשְׁכוֹ בְרִשְׁתּוֹ Ps. 10. 9, il prend, enlève, le pauvre, et ferme son filet.

חֹטֶר *m.* Verge, bâton, rejeton : וְיָצָא חֹטֶר מִגֵּזַע יִשָׁי Is. 11. 1, il sortira un rejeton du tronc d'Isaïe ; בְּפִי־אֱוִיל חֹטֶר גַּאֲוָה Prov. 14. 3, dans la bouche du sot est le bâton pour son orgueil, c.-à-d. il parle sans réfléchir et s'attire des châtiments, ou : sa bouche, sa langue, est une verge d'orgueil.

חַי (const. חֵי, *fém.* חַיָּה, *plur.* חַיִּים, *fém.* חַיּוֹת, de la rac. חָיָה) 1° *Adj.* 1° Vivant : הַעוֹד אֲבִיכֶם חַי Gen. 43. 7, votre père est-il encore (vivant) en vie ? אֵם כָּל־חָי Gen. 3. 20, la mère de tous les vivants, de tous les hommes ; וַיִּשָּׁבַע בְּחֵי הָעוֹלָם Dan. 12. 7, il jura par celui qui vit éternellement ; חַי־יְיָ aussi vrai que Dieu vit, par Dieu l'Éternel ! חַיִּים כֻּלְּכֶם הַיּוֹם Deut. 4. 4, (mais) vous avez tous été conservés en vie jusqu'aujourd'hui. — 2° Fort, vaillant : בֶּן־אִישׁ חַי II Sam. 23. 20, (*keri* חַיִל) le fils d'un homme vaillant ; כֹּה לֶחָי I Sam. 25. 6, sois ainsi (comme tu l'es à présent) bien portant, heureux, ou (puisses-tu prospérer) ainsi pour la vie, pour tout le temps que tu auras à vivre. — 3° Revivant, renaissant: כָּעֵת חַיָּה Gen. 18. 10, quand ce temps revivra, c.-à-d. dans une année. — 4° Cru, vif: בָּשָׂר חָי I Sam. 2. 15, de la viande crue; Lév. 13. 15; de la chair vive, Lév. 13. 14; מַיִם חַיִּים Gen. 26. 19, de l'eau vive; כְּמוֹ־חַי Ps. 58. 10, (des épines) fraîches, vivaces, ou (la viande étant encore) crue (v. le commencement du verset à בִּין).

2° *Subst.* 1° La vie: וְעֵץ הַחַיִּים Gen. 2. 9, et l'arbre de vie; רוּחַ חַיִּים 7. 15, un souffle de vie. — 2° Vivres, nourriture: וְחַיִּים לְנַעֲרוֹתֶיךָ Prov. 27. 27, et une nourriture pour tes servantes.

חַי chald. (*emph.* חַיָּא, *plur.* חַיִּין). 1° *Adj.* Vivant: מִן־כָּל־חַיַּיָּא Dan. 2. 30, plus que tous les vivants, tous les hommes; וּלְחַי עָלְמָא שַׁבְּחֵת 4. 31, je glorifiais celui qui vit dans l'éternité. — 2° *Plur.* חַיִּין La vie: וְאַרְכָה בְחַיִּין יְהִיבַת לְהוֹן 7. 12, et une prolongation de vie leur fut donnée.

חִיאֵל (Dieu vit) *n. pr. m.* I Rois 16. 34.

• חָיֵב (v. חוב).

חִידָה *f.* (rac. חוּד). 1° Artifice, intrigue: וּמֵבִין חִידוֹת Dan. 8. 23, et habile dans les artifices. — 2° Énigme: וְלֹא יָכְלוּ לְהַגִּיד הַחִידָה Jug. 14. 14, ils ne purent pas expliquer l'énigme. — 3° Sentence: דִּבְרֵי חֲכָמִים וְחִידֹתָם Prov. 1. 6, les paroles des sages et leurs sentences.

חָיָה (*inf.* חָיֹה et חֲיוֹת, avec suff. חֲיוֹתָם, avec *prép.* לִחְיוֹת, *impér.* avec ו וֶחְיֵה, *fut.* יִחְיֶה, *apoc.* יְחִי, וַיְחִי) 1° Exister, vivre: לֹא אָמוּת כִּי־אֶחְיֶה Ps. 118. 16, je ne mourrai point, mais je vivrai; וְחָיִיתָ וְרָבִיתָ Deut. 30. 16, pour que tu vives, et que tu augmentes; יְחִי לְבַבְכֶם לָעַד Ps. 22. 27, votre cœur vivra éternellement. —Rester en vie, survivre: חָיוּ מִן־הָאֲנָשִׁים הָהֵם Nomb. 14. 38, (il n'y eut que Josué et Chaleb) qui survécurent de ces hommes; וְחָיְתָה נַפְשִׁי Gen. 12. 13, et que mon âme vive, que je reste en vie. — 2° Revivre: אֲנִי מֵבִיא בָכֶם רוּחַ וִחְיִיתֶם Ez. 37. 5, j'enverrai un esprit en vous, et vous revivrez. — 3° Guérir: עַד חֲיוֹתָם Jos. 5. 8, jusqu'à ce qu'ils fussent guéris; אִם־אֶחְיֶה מֵחֳלִי זֶה II Rois 1. 2, si je pourrai relever de cette maladie.

Pi. Laisser vivre, conserver, ranimer: וְנִשְׁמַת שַׁדַּי תְּחַיֵּנִי Job 33. 4, et le souffle du Tout-Puissant me ranime; הַחִיִּיתֶם כָּל־נְקֵבָה Nomb. 31. 15, vous avez laissé en vie toutes les femmes; בְּקֶרֶב שָׁנִים חַיֵּיהוּ Hab. 3. 2, ranime (ton peuple) au milieu des années (de sa souffrance); selon d'autres: suscite, accomplis, (ton œuvre) au milieu des temps; לְחַיּוֹת זֶרַע Gen. 7. 3, pour conserver la race. — Restaurer, réparer: הַיְחַיּוּ אֶת־הָאֲבָנִים Néh. 3. 34, vont-ils restaurer les pierres (les ruines)? וְיוֹאָב יְחַיֶּה אֶת־שְׁאָר הָעִיר I Chr. 11. 8, et Joab fit réparer le reste de la ville.

Hiph. הֶחֱיָה Les mêmes significations que le *Pi.*: הֶחֱיָה יְיָ אוֹתִי Jos. 14. 10, Dieu m'a conservé la vie; הֶחֱיִתָנוּ Gen. 47. 25, tu nous as sauvé la vie; הֶחֱיָה יְהוֹשֻׁעַ Jos. 6. 25, Josué laissa en vie, épargna; הַאֱלֹהִים אָנִי לְהָמִית וּלְהַחֲיוֹת II Rois 5. 7, suis-je un Dieu, pour pouvoir tuer et faire revivre?

חֲיָה et חֲיָא chald. Vivre: מַלְכָּא לְעָלְמִין חֱיִי Dan. 2. 4, ô roi, que tu vives à jamais! *Aph. part.* מַחֵא: וְדִי־הֲוָה צָבֵא הֲוָה מַחֵא Dan. 5. 19, il laissait vivre, il conservait, ceux qu'il voulait.

חַיָּה *f.* (const. חַיַּת, aussi חַיְתוֹ). 1° Bête, animal: כָּל־הַחַיָּה Gen. 8. 17, tous les animaux; זֹאת הַחַיָּה אֲשֶׁר תֹּאכְלוּ Lév. 11. 2, ce sont les animaux dont il vous est permis de manger. — 2° Les quadrupèdes, *opposé à* oiseaux: צֵיד חַיָּה אוֹ־עוֹף Lév. 17. 13, du gibier, soit une bête, soit un oiseau. — 3° Les bêtes sauvages, *opposé à* animaux domestiques: אֶת־חַיַּת הָאָרֶץ לְמִינָהּ וְאֶת־הַבְּהֵמָה לְמִינָהּ Gen. 1. 25, (Dieu fit) les bêtes sauvages de la terre selon leurs espèces, et le bétail (les animaux domestiques) selon ses espèces; חַיַּת הַשָּׂדֶה Exod. 23. 11, les bêtes des champs; חַיָּה רָעָה Gen. 37. 20, une bête sauvage. — 4° Les hommes réunis, commune, peuple : וְחַיַּת פְּלִשְׁתִּים II Sam. 23. 13, et l'armée des Philistins ; חַיָּתְךָ יָשְׁבוּ־בָהּ Ps. 68. 11, ton peuple y demeurait. — 5° (comme חַיִּים) La vie, aussi l'âme ; וְחַיָּתוֹ בָּאוֹר תִּרְאֶה Job 33. 28, et sa vie, ou son âme, jouit de la lumière ; דִּכָּא לָאָרֶץ חַיָּתִי Ps. 143. 4, il a humilié ma vie jusqu'à terre. — 6° Force : חַיַּת יָדֵךְ מָצָאת Is. 57. 10, tu as trouvé la vigueur, la force, dans ta main, ou : la nourriture par le travail de ta main (v. חַי 3°). — 7° Village : לַחַיָּה II Sam. 23. 11, (les Philistins s'assemblèrent) près d'un village (v. חַוָּה); selon d'autres : en une troupe (v. 5°).

חֵיוָא chald. *f.* (*emph.* חֵיוְתָא, חֵיוָתָא). Animal, bête : וְעִם־חֵיוְתָא חֲלָקֵהּ Dan. 4. 12, et qu'il ait sa part (aux herbes de la terre) avec les bêtes ; וְאַרְבַּע חֵיוָן רַבְרְבָן 7. 3, quatre grandes bêtes.

חַיּוּת *f.* La vie : אַלְמְנוּת חַיּוּת II Sam. 20. 3, (comme) des veuves pendant la vie (de leurs maris, qui vivent toujours séparées d'eux).

חָיוֹת *f. pl.* (rac. חָיָה) *adj.* Vives : כִּי־חָיוֹת הֵנָּה Exod. 1. 19, car elles sont vives, vigoureuses ; selon d'autres : elles sont habiles, elles savent accoucher sans l'aide d'une sage-femme.

חָיֵי (v. חָיָה) Vivre : כָּל־יְמֵי אָדָם אֲשֶׁר־חַי Gen. 5. 5, tous les jours d'Adam qu'il vécut ; וְאָכַל וָחַי לְעֹלָם 3. 22, (de peur) qu'il (n'en) mange et (ne) vive éternellement ; וְאִם־בַּת הִוא וָחָיָה Exod. 1. 16, mais, si c'est une fille, qu'elle vive.

חַיִל (*m.* const. חֵיל, avec suff. חֵילִי, *plur.* חֲיָלִים) 1° Force, puissance : הָאֵל הַמְאַזְּרֵנִי חָיִל Ps. 18. 33, Dieu qui me ceint, m'entoure, de force ; וְיִשְׂרָאֵל עֹשֶׂה חָיִל Nomb. 24. 18, et Israel exerce sa force, se montre vaillant; *Tharg.*: acquiert des richesses (v. plus bas). — 2° Armée : מַרְכְּבֹת פַּרְעֹה וְחֵילוֹ Exod. 15. 4, les chariots de Pharaon et son armée ; שַׂר־הַחַיִל II Sam. 24. 2, le chef de l'armée ; כָּל־בְּנֵי־חָיִל Deut. 3. 18, tous les hommes solides, tous les soldats. — 3° Richesse : כְּחֵיל תְּמוּרָתוֹ Job 20. 18, quelque grande que soit la richesse obtenue par son trafic, ou : de même que sa richesse, qu'il faut qu'il rende, qu'il restitue ; עָשָׂה לִי אֶת־הַחַיִל הַזֶּה Deut. 8. 17, (ma force et ma puissance) m'ont procuré toutes ces richesses ; וַעֲשֵׂה־חַיִל בְּאֶפְרָתָה Ruth. 4. 11, et puisses-tu gagner des richesses dans Ephrath. — 4° Vertu, probité : אַנְשֵׁי־חַיִל Exod. 18. 21, des hommes probes ; אֵשֶׁת־חַיִל מִי יִמְצָא Prov. 31. 10, qui trouvera une femme forte, vertueuse ? — 5° Fruit : תְּאֵנָה וָגֶפֶן נָתְנוּ חֵילָם Joel 2. 22, le figuier et la vigne donnent (leur force) leurs fruits.

חַיִל chald. *m.* 1° Force : וְכָרוֹזָא קָרֵא בְחַיִל Dan. 3. 4, et le héraut criait avec force, à haute voix. — 2° Armée : וּלְגֻבְרִין גִּבָּרֵי־חַיִל דִּי בְחֵילֵהּ Dan. 3. 20, les soldats vaillants qui étaient dans son armée.

חֵיל et חֵל *m.* (v. חַיִל). 1° Armée : בְּחֵיל כָּבֵד II Rois 18. 17, avec une armée nombreuse ; וְגָלֻת הַחֵל־הַזֶּה Obad. 20, et les transférés de cette armée ; וְנָפַל בַּעֲצוּמָיו חֵל־כָּאִים Ps. 10. 10, une foule d'hommes affligés tombe par sa force, sa violence (v. כָּאָה) [*cheth.* חֵלְכָאִים en un mot, v. חֵלְכָה]. — 2° Mur d'une ville, rempart, boulevard : חוֹמוֹת וָחֵל Is. 26. 1, muraille et boulevard ; יְהִי־שָׁלוֹם בְּחֵילֵךְ Ps. 122. 7, que la paix soit dans tes murs.

חִיל *m.* et חִילָה *f.* 1° Douleur (v. חוּל) : חִיל כַּיּוֹלֵדָה Jér. 6. 24, une douleur comme celle d'une femme qui accouche ; וַאֲסַלְּדָה בְחִילָה Job 6. 10, et je pourrais sauter, triompher, quelque forte que soit ma douleur; ou : (je brûle) je suis consumé par la douleur (v. סָלַד). — 2° Peur : חִיל אָחַז יֹשְׁבֵי פְּלָשֶׁת Exod. 15. 14, l'épouvante s'empare des habitants de la Palestine.

חֵילָה *f.* (v. חֵיל 2°). Rempart : שִׁיתוּ לִבְּכֶם לְחֵילָה Ps. 48. 14, dirigez, tournez, votre esprit vers le rempart ; d'autres lisent לְחֵילָהּ avec *Mappik*, sur son rempart : alors ce sera חֵיל avec suff.

חִילָם *n. pr.* d'une ville près de l'Euphrate (bataille de David et d'Hadadeser), II Sam. 10. 16; aussi חֵלָאם 10. 17.

חִילֵן *n. pr.* d'une ville appartenant aux prêtres, I Chr. 6. 43.

חִין *m.* Beauté (v. חֵן) : וְחִין עֶרְכּוֹ Job 41. 4, et la beauté de son combat, ou (se rapportant au Léviathan) la beauté de sa structure.

חַיִץ *m.* (de חוּץ) : וְהוּא בֹּנֶה חַיִץ Ez. 13. 10, et il bâtissait une muraille.

חִיצוֹן *adj. m.* (*f.* חִיצוֹנָה). Extérieur : הֶחָצֵר הַחִיצוֹנָה Ez. 10. 5, le parvis extérieur ; לַמְּלָאכָה הַחִיצוֹנָה I Chr. 26. 29, aux travaux du dehors, qui se faisaient en dehors de la ville ; וְלַחִיצוֹן I Rois 6. 29, 30, et au dehors.

חֵיק *m.* (rarem. חֵק). Sein, ventre : שָׂאֵהוּ בְחֵיקֶךָ Nomb. 11. 12, porte-les dans (sur) ton sein ; אֵשֶׁת חֵיקֶךָ Deut. 13. 7, la femme que tu portes dans ton sein, que tu chéris ; בַּחֵיק יוּטַל אֶת־הַגּוֹרָל Prov. 16. 33, les billets du sort sont jetés dans le giron, ou dans le pan d'une robe ; וְהָשֵׁב לִשְׁכֵנֵינוּ שִׁבְעָתַיִם אֶל־חֵיקָם Ps. 79. 12, rends dans le sein de nos voisins, c.-à-d. fais retomber sur eux, sept fois plus (de honte) ; כָּלוּ כִלְיֹתַי בְּחֵקִי Job 19. 27, (c'est dans cette espérance que) mes entrailles languissent dans mon corps (sein) ; חֵיק הָרֶכֶב I Rois 22. 35, le fond de la voiture ; וְחֵיק Ez. 43. 13, l'enfoncement (de l'autel) ; selon d'autres : le milieu, ou la base ; וְשֹׁחַד בַּחֵק Prov. 21. 14, un don qu'on reçoit en secret.

חִירָה *n. pr.* Hira, ami de Juda, Gen. 38. 12.

חִירָם *n. pr.* (v. חוּרָם).

חִישׁ *subst.* Vitesse. Ou *adv.* Vite : כִּי־גָז חִישׁ Ps. 90. 10, car (notre vie) passe vite, ou avec vitesse (v. חוּשׁ et גוז).

חִישָׁה Ps. 71. 12, *cheth.*, *impér.* de חוּשׁ, pour חוּשָׁה *keri* (v. חוּשׁ).

חֵךְ *m.* (avec suff. חִכִּי, rac. חָכַךְ ou חָנַךְ). Palais, bouche : וְחֵךְ אֹכֶל יִטְעַם־לוֹ Job 12. 11, comme le palais goûte les mets ; כִּי־אֱמֶת יֶהְגֶּה חִכִּי Prov. 8. 7, car ma bouche dit, publie, la vérité ; וְלֹא־נָתַתִּי לַחֲטֹא חִכִּי Job 31. 30, je n'ai pas permis à mon palais, à ma langue, de pécher.

חָכָה Attendre, espérer : אַשְׁרֵי כָּל־חוֹכֵי לוֹ Is. 30. 18, heureux tous ceux qui espèrent en lui. *Pi.* : הַמְחַכִּים לַמָּוֶת וְאֵינֶנּוּ Job 3. 21, qui attendent la mort, et la mort ne vient point ; וְחִכִּיתִי לַיְיָ Is. 8. 17, j'attendrai l'Éternel, j'espère en lui ; וְלָכֵן יְחַכֶּה יְיָ לַחֲנַנְכֶם Is. 30. 18, c'est pourquoi le Seigneur attend (le terme de vos adversités) pour vous faire miséricorde ; ou, *sens trans.* : Dieu vous fait espérer qu'il vous fera miséricorde ; וֶאֱלִיהוּ חִכָּה אֶת־אִיּוֹב Job 32. 4, Elihou attendait que Job (eût cessé de parler), c.-à-d. il l'écouta sans encore lui répondre ; וּכְחַכֵּי Osée 6. 9, *inf.* pour חַכֵּה, et comme l'attente (des bandits, etc.).

חַכָּה *m.* Hameçon (ce qui s'attache au palais des poissons, v. חֵךְ) : כָּל־מַשְׁלִיכֵי בַיְאוֹר חַכָּה Is. 19. 8, tous ceux qui jettent l'hameçon dans le fleuve (les pêcheurs) ; כֻּלֹּה בְּחַכָּה הֵעֲלָה Hab. 1. 15, il les fait tous monter, il les tire tous de l'eau, avec l'hameçon.

חֲכִילָה *n. pr.* d'une colline, Hachila, près du désert de Ziph, I Sam. 23. 19.

חַכִּים chald. *adj.* Sage : יָהֵב חָכְמְתָא לְחַכִּימִין Dan. 2. 21, (c'est lui) qui donne la sagesse aux sages ; כֹּל חַכִּימֵי מַלְכָּא Dan. 5. 8, tous les sages, les augures, du roi.

חֲכַלְיָה *n. pr. m.* Néh. 10. 2.

חַכְלִילִי *adj.* Rouge : חַכְלִילִי עֵינַיִם מִיָּיִן Gen. 49. 12, ses yeux sont rouges, ou obscurcis par le vin (promesse de Jacob à Juda, de l'abondance de vin dans son pays).

חַכְלִלוּת *f.* Rougeur : חַכְלִלוּת עֵינָיִם Prov. 23. 29, la rougeur, l'obscurcissement, des yeux.

חָכַם (*fut.* יֶחְכַּם) Être sage, devenir sage : אִם־חָכַמְתָּ חָכַמְתָּ לָּךְ Prov. 9. 12, si tu es sage, tu es sage pour toi-même ; חֲכַם בְּנִי 27. 11, deviens sage, mon fils ; וַיֶּחְכַּם מִכָּל־הָאָדָם I Rois 4. 31, il était plus sage que tous les hommes.

Pi. Rendre sage, instruire : וּזְקֵנָיו יְחַכֵּם Ps. 105. 22, et afin qu'il apprît la sagesse à ses anciens, à ses conseillers ; וּמֵעוֹף הַשָּׁמַיִם יְחַכְּמֵנוּ Job 35. 11, et qui nous rend plus sages que les oiseaux du ciel.

Pou. passif : חֲכָמִים מְחֻכָּמִים Prov. 30. 24, des sages instruits, d'une sagesse profonde ; חוֹבֵר חֲבָרִים מְחֻכָּם Ps. 58. 6, l'enchanteur très habile.

Hiph. : מַחְכִּימַת פֶּתִי Ps. 19. 8, elle rend sage le sot, le simple.

Hithp. : 1° וְאַל־תִּתְחַכַּם יוֹתֵר Eccl. 7. 16, ne tâche pas à devenir trop sage. — 2° הָבָה נִתְחַכְּמָה לוֹ Exod. 1. 10, allons, usons d'habileté, de ruse, contre lui.

חָכָם (const. חֲכַם, *pl.* חֲכָמִים, *f.* חֲכָמָה, *plur.* חֲכָמוֹת) *adj.* Prudent, sage, habile, expérimenté : וַחֲכַם חֲרָשִׁים Is. 3. 3, l'habile artisan ; selon d'autres : le sage qu'on écoute en silence, ou l'habile magicien ; עַם־חָכָם וְנָבוֹן Deut. 4. 6, un peuple sage et intelligent ; לֹכֵד חֲכָמִים בְּעָרְמָם Job 5. 13, il surprend les habiles dans leur propre ruse ; אֵפוֹא חֲכָמֶיךָ Is. 19. 12, où sont donc tes sages ? לַחֲכָמִים וְלַמְכַשְּׁפִים Exod. 7. 11, (Pharaon fit venir) les sages, c.-à-d. les augures ou les astrologues et les enchanteurs. Job nomme Dieu חֲכַם לֵבָב Job 9. 4, sage d'esprit.

חָכְמָה *f.* Sagesse, prudence, art, adresse : חָכְמוֹת בַּחוּץ תָּרֹנָּה Prov. 1. 20, la sagesse crie dans les rues ; וְהַשְׂכֵּל בְּכָל־סֵפֶר וְחָכְמָה Dan. 1. 17, et l'intelligence de tous les livres et de toutes les sciences, ou de la sagesse ; וּבְלֵב כָּל־חֲכַם־לֵב נָתַתִּי חָכְמָה Exod. 31. 6, et dans l'esprit de tous les artisans habiles j'ai mis l'art, l'intelligence ; פִּי יְדַבֵּר חָכְמוֹת Ps. 49. 4, ma bouche publiera la sagesse, ou dira des paroles de sagesse.

חָכְמָה chald. *f.* Sagesse : דִּי חָכְמְתָא וּגְבוּרְתָא דִּי־לֵהּ הִיא Dan. 2. 20, car la sagesse et la puissance sont à lui.

חַכְמֹנִי (le sage) *n. pr. m.* I Chr. 11. 11.

חָכְמוֹת et חַכְמוֹת *f.* Sagesse (v. חָכְמָה) : חָכְמוֹת בָּנְתָה בֵיתָהּ Prov. 9. 1, la sagesse s'est bâti une maison ; חַכְמוֹת נָשִׁים 14. 1, la sagesse des femmes ; mais il est plus probable que dans les deux endroits ce soit le pluriel de חֲכָמָה, ou חַכְמוֹת נָשִׁים les femmes sages (v. חָכָם, חֲכָמָה).

חֵל (v. חֵיל).

חֹל *m.* (rac. חָלַל). La chose profane : וּלְהַבְדִּיל בֵּין הַקֹּדֶשׁ וּבֵין הַחֹל Lév. 10. 10, et que vous puissiez discerner entre ce qui est saint ou profane ; אֵין־לֶחֶם חֹל אֶל־תַּחַת יָדִי I Sam. 21. 5, je n'ai point de pain profane sous la main (dont chacun pourrait manger indistinctement).

חֶלְאָה *f.* (rac. חָלָא). Écume ou rouille : סִיר אֲשֶׁר חֶלְאָתָה בָהּ וְחֶלְאָתָהּ לֹא יָצְאָה מִמֶּנָּה Ez. 24. 6, une marmite à laquelle il y a de l'écume, de la rouille, et dont la rouille ou l'écume n'est pas sortie ; allusion à Jérusalem et aux crimes qui s'y commettaient.

חֶלְאָה *n. pr.* Halaa, femme d'Assur, I Chr. 4. 5.

חֳלָאִים (v. חֳלִי).

חָלָב *m.* (const. חֲלֵב, suff. חֲלָבִי). Lait : וּלְבֶן־שִׁנַּיִם מֵחָלָב Gen. 49. 12, et les dents blanches par le lait, qu'on boira en abondance (ou : plus blanches que le lait) ; וְהֵמָּה יִשְׁתּוּ חֲלָבֵךְ Ez. 25. 4, et ils boiront ton lait ; וְיָנַקְתְּ חֲלֵב גּוֹיִם Is. 60. 16, tu suceras le lait des nations, tu auras leurs richesses.

חֵלֶב *m.* (suff. חֶלְבּוֹ, *plur.* חֲלָבִים, const. חֶלְבֵי). 1° La graisse : כָּל־חֵלֶב וְכָל־דָּם לֹא תֹאכֵלוּ Lév. 3. 17, vous ne mangerez ni graisse (la partie appelée suif), ni sang ; הֻדַּשְׁנָה מֵחֵלֶב Is. 34. 6, (le glaive) s'est engraissé, est couvert, de la graisse (de tout ce qu'il a tué) ; מִבְּכֹרוֹת צֹאנוֹ וּמֵחֶלְבֵהֶן Gen. 4. 4, des premiers-nés de son troupeau, et des plus gras. — 2° *Au fig.* Le meilleur : וְאִכְלוּ אֶת־חֵלֶב הָאָרֶץ Gen. 45. 18, et mangez la graisse du pays, ce qu'il y a de meilleur; כֹּל חֵלֶב יִצְהָר Nomb. 18. 12, ce qu'il y aura de meilleur en huile; חֶלְבָּמוֹ סָגְרוּ Ps. 17. 10, ils ferment leurs entrailles, leur cœur.

חֵלֶב *n. pr.* Heleb, fils de Baana, II Sam. 23. 29 (חֵלֶד I Chr. 11. 30, et חֶלְדַּי 27. 15).

חֶלְבָּה *n. pr.* d'une ville de la tribu d'Aser, Jug. 1. 31.

חֶלְבּוֹן *n. pr.* d'une ville de la Syrie: בְּיֵין חֶלְבּוֹן Ez. 27. 18, avec du vin de Helban, Alep? selon d'autres, *adj.*, du vin blanc (de חָלָב), ou du vin excellent (de חֵלֶב).

חֶלְבְּנָה *f.* Galbanum: וְחֶלְבְּנָה Exod. 30. 34, du galbanum, un des aromates dont était composé l'encens.

חֶלֶד *m.* 1° Le temps de la vie, la vie: וְחֶלְדִּי כְאַיִן נֶגְדֶּךָ Ps. 39. 6, et le temps de ma vie est comme un néant devant toi; אֲנִי מֶה־חָלֶד Ps. 89. 48, que je suis passager, combien ma vie est courte; וּמִצָּהֳרַיִם יָקוּם חָלֶד Job 11. 17, ta vie se lèvera, brillera, plus (que le soleil) à midi; מִמְתִים מֵחֶלֶד Ps. 17. 14, (sauve-moi) des gens du temps, c.-à-d. qui s'attachent à la vie, aux choses terrestres. — 2° Monde, terre: כָּל־יֹשְׁבֵי חָלֶד Ps. 49. 2, tous les habitants de la terre.

חֹלֶד *m.* La taupe, Lév. 11. 29; selon d'autres, la belette.

חֵלֶד *n. pr.* (v. חֵלֶב *n. pr.*).

חֻלְדָּה *n. pr.* Holda, femme de Sellum, prophétesse, II Rois 22. 14.

חֶלְדַּי (le mondain) *n. pr. m.* 1° I Chr. 27. 15. — 2° Zach. 6. 10.

חָלָה (*fut.* יֶחֱלֶא, א p. ה, *apoc.* יָחַל) Être, devenir faible, malade: וְחָלִיתִי וְהָיִיתִי כְּאַחַד הָאָדָם Jug. 16. 7, je deviendrai faible et je serai comme un autre homme; עַל־כֵּן לֹא חָלִית Is. 57. 10, c'est pourquoi tu n'es pas devenue faible, fatiguée; וֶאֱלִישָׁע חָלָה אֶת־חָלְיוֹ II Rois 13. 14, or, Élisée était malade de la maladie (dont il mourut); חָלָה אֶת־רַגְלָיו I Rois 15. 23, il était malade des pieds, il avait les pieds malades; וַיָּחַל II Rois 1. 2, il en fut malade; וַיֶּחֱלֶא אָסָא II Chr. 16. 12, Asa tomba malade; חוֹלַת אַהֲבָה אָנִי Cant. 2. 5, je suis malade d'amour; הִכּוּנִי בַל־חָלִיתִי Prov. 23. 35, ils m'ont battu, je ne l'ai point senti, *exact.* je n'ai pas éprouvé de douleur; וְאֵין־חֹלֶה מִכֶּם עָלַי I Sam. 22. 8, personne d'entre vous ne s'afflige à cause de moi, de mes malheurs.

Niph. Se fatiguer, tomber malade, s'affliger: נֶחֱלוּ לֹא יוֹעִילוּ Jér. 12. 13, ils se sont fatigués, et ils n'en tireront aucun fruit; וְנֶחֱלֵיתִי Dan. 8. 27, et je fus malade; *part.*: מַכָּה נַחְלָה מְאֹד Jér. 14. 17, une plaie très douloureuse, très grave; וְלֹא נֶחְלוּ עַל־שֵׁבֶר יוֹסֵף Amos 6. 6, ils ne s'affligent pas de la blessure de Joseph.

Pi. 1° Blesser, rendre malade: אֲשֶׁר־חִלָּה יְיָ בָּהּ Deut. 29. 21, (les plaies et les douleurs) dont l'Éternel l'aura frappé, affligé; וָאֹמַר חַלּוֹתִי הִיא Ps. 77. 11, et j'ai dit: Ceci m'a rendu faible; ou, de prier (v. 2°): Telle est ma prière.

2° Exciter la compassion, toucher quelqu'un par ses prières, prier, implorer; toujours suivi de פָּנִים: וַיְחַל מֹשֶׁה אֶת־פְּנֵי יְיָ Exod. 32. 11, Moïse pria, implora, l'Éternel; וּפְנֵי יְיָ לֹא חִלִּיתִי I Sam. 13. 12, je n'ai point imploré l'Éternel; רַבִּים יְחַלּוּ פְנֵי־נָדִיב Prov. 19. 6, beaucoup honorent, flattent, l'homme puissant; פָּנַיִךְ יְחַלּוּ עֲשִׁירֵי עָם Ps. 45. 13, les riches du peuple te salueront, t'honoreront.

Pou.: גַּם־אַתָּה חֻלֵּיתָ כָמוֹנוּ Is. 14. 10, toi aussi tu es devenu faible comme nous.

Hiph. Rendre faible, affaiblir, affliger: וַיְיָ חָפֵץ דַּכְּאוֹ הֶחֱלִי (p. הֶחֱלָה) Is. 53. 10, l'Éternel a voulu le briser, c'est pourquoi il l'a rendu faible; וְגַם־אֲנִי הֶחֱלֵיתִי הַכּוֹתֶךָ Mich. 6. 13, et moi aussi je t'ai affaibli en te frappant; *part.*: מַחֲלָה לֵב Prov. 13. 12, afflige le cœur.

Hoph. passif: כִּי הָחֳלֵיתִי I Rois 22. 34, car je suis blessé.

Hithp. Se rendre malade, vouloir paraître malade: וַיֹּאמֶר לְאַמְנוֹן לְהִתְחַלּוֹת

II Sam. 13. 2, et Amnon se tourmenta au point de se rendre malade ; וַיִּשְׁכַּב אַמְנוֹן וַיִּתְחָל 13. 6, et Amnon se mit au lit et fit le malade.

חַלָּה *f.* (rac. חָלַל). Pain, gâteau : הַחַלָּה הָאֶחָת Lév. 24. 5, chaque gâteau ; שְׁתֵּים עֶשְׂרֵה חַלּוֹת 24. 5, douze pains, ou gâteaux ; aussi חַלַּת לֶחֶם אַחַת II Sam. 6. 19, un pain en forme de gâteau ; רֵאשִׁית עֲרִסֹתֵכֶם חַלָּה תָּרִימוּ תְרוּמָה Nomb. 15. 20, pour prémices de votre pâte, vous séparerez un gâteau comme offrande. On appelle aussi חַלָּה le morceau de pâte qu'on enlève quand on fait son pain et qu'on brûle.

• חָלוּל *m.* (*pl.* חֲלוּלִים). Trou, cavité.

• חִלּוּל *m.* : חִלּוּל הַשֵּׁם profanation du nom de Dieu, blasphème.

חֲלוֹם *m.* (*plur.* חֲלוֹמוֹת). Songe, rêve : בַּחֲלוֹם הַלָּיְלָה Gen. 20. 3, dans un songe, pendant la nuit ; בַּעַל הַחֲלֹמוֹת הַלָּזֶה 37. 20, cet homme aux songes.

חַלּוֹן *m.* et *f.* (*plur.* חַלּוֹנִים et חַלּוֹנוֹת, rac. חָלַל). Fenêtre : בְּעַד הַחַלּוֹן Jos. 2. 15, à travers la fenêtre ; בְּעַד הַחַלּוֹנִים יָבֹאוּ Joel 2. 9, ils entreront par les fenêtres ; וְחַלּוֹנוֹת אֲטֻמוֹת Ez. 40. 16, et des fenêtres en biais, c.-à-d. larges en dehors, étroites en dedans ; d'autres traduisent : des fenêtres grillées. חַלּוֹנָי p. חַלּוֹנִים Jér. 22. 14.

חֹלוֹן *n. pr.* 1° Holon, une ville de la tribu de Juda, Jos. 15. 51. — 2° Holon, ville dans Moab, Jér. 48. 21.

חֲלוֹף *m.* (de חָלַף) : כָּל־בְּנֵי חֲלוֹף Prov. 31. 8, tous les enfants de l'abandon, les orphelins (de la mort, donc : tous les hommes; ou : de dissimulation, les trompeurs).

• חִלּוּף L'opposé, le contraire : וְחִלּוּפֵיהֶן Aboth, et le contraire, l'opposé, de ces choses.

• חִלּוּץ *m.* Dégagement ou force (v. חָלַץ I et II) : חַיִּים שֶׁל חִלּוּץ עֲצָמוֹת Rituel, une vie de force, de santé parfaite ; et חִלּוּץ עֲצָמִים Rituel, l'état de l'âme dégagée du corps, ou : qui jouit de la béatitude.

חֲלוּשָׁה *f.* (rac. חָלַשׁ). Défaite : קוֹל עֲנוֹת חֲלוּשָׁה Exod. 32. 18, le bruit des cris d'une défaite.

חֲלַח *n. pr.* Halah, une province assyrienne, une des contrées où Salmanasar a transféré les Israélites, II Rois 17. 6, 18. 11.

חַלְחוּל *n. pr.* d'une ville de la tribu de Juda, Jos. 15. 58.

חַלְחָלָה *f.* (rac. חוּל). Douleur, terreur : עַל־כֵּן מָלְאוּ מָתְנַי חַלְחָלָה Is. 21. 3, c'est pourquoi mes reins sont (remplis) saisis de douleur ; וְהָיְתָה חַלְחָלָה בָהֶם כְּיוֹם מִצְרַיִם Ez. 30. 9, et il y aura une terreur parmi eux comme au jour de l'Égypte.

חָלַט Ex. unique : וַיַּחְלְטוּ הֲמִמֶּנּוּ I Rois 20. 33, (*Hiph.* p. וַיַּחְלִיטוּ) ils le firent déclarer, assurer (que les paroles « Ben Hadad est mon frère » ont été dites) par lui ; d'autres expliquent comme s'il y avait וַיַּחְלְטוּהָ מִמֶּנּוּ ils l'arrachèrent de sa bouche, saisirent vite sa parole (v. חָלַץ).

חֲלִי *m.* (*plur.* חֲלָאִים). Parure, bijou : וַחֲלִי־כָתֶם Prov. 25. 12, et un bijou d'or fin ; כְּמוֹ חֲלָאִים Cant. 7. 2, comme des bijoux.

חֲלִי *n. pr.* d'une ville de la tribu d'Aser, Jos. 19. 24.

חֳלִי *m.* (dans une pause חֹלִי, suff. חָלְיוֹ, *plur.* חֳלָיִים, rac. חָלָה). 1° Maladie : כָּל־חֹלִי Deut. 7. 15, chaque maladie ; וָחֳלָיִם רָעִים וְנֶאֱמָנִים Deut. 28. 59, des maladies malignes, dangereuses et persévérantes. — 2° Peine, chagrin : וְכָעַס הַרְבֵּה וְחָלְיוֹ וָקָצֶף Eccl. 5. 16, il s'est beaucoup chagriné, il a eu des peines et de la colère. — 3° Mal, misère : זֶה הֶבֶל וָחֳלִי רָע הוּא Eccl. 6. 2, ceci est de la vanité et un mal bien grand, une grande misère.

חֶלְיָה *f.* (v. חֲלִי). Bijou : וַתַּעַד נִזְמָהּ וְחֶלְיָתָהּ Osée 2. 15, lorsqu'elle se parait de ses pendants d'oreilles, ou des anneaux qu'elle portait au nez, et de ses bijoux.

חָלִיל *m.* (de חָלַל). Flûte : כַּהוֹלֵךְ בֶּחָלִיל Is. 30. 29, comme celui qui va au son de la flûte (ou du chalumeau, du haut-

-bois); מְחַלְּלִים בַּחֲלִלִים I Rois 1. 40, (et des gens) qui jouaient des flûtes.

חָלִילָה (rac. חָלַל) Ce qui est profane, à repousser, à éloigner; de là, *exclam.*, qu'il soit loin! חָלִלָה לְּךָ מֵעֲשׂת כַּדָּבָר הַזֶּה Gen. 18. 25, qu'il soit loin de toi de faire une chose pareille; חָלִילָה לִּי אִם־אַצְדִּיק אֶתְכֶם Job 27. 5, Dieu me garde de vous croire justes, ou de vous approuver; חָלִילָה לִּי מֵיְיָ מִתִּתִּי I Rois 21. 3, loin de moi, que Dieu me garde, de donner, etc.; חָלִילָה לָּנוּ מִמֶּנּוּ Jos. 22. 29, loin de nous ce (crime), que Dieu nous en préserve.

חֲלִיפָה *f.* (rac. חָלַף). Rechange, changement: וּשְׁלֹשִׁים חֲלִפֹת בְּגָדִים Jug. 14. 12, et trente habits de rechange, trente habits divers pour pouvoir changer d'habit; וַיִּתֵּן הַחֲלִיפוֹת לְמַגִּידֵי הַחִידָה 14. 19, il donna ces divers habits à ceux qui avaient expliqué l'énigme; עַד־בּוֹא חֲלִיפָתִי Job 14. 14, jusqu'à ce qu'arrive le changement de mon état, ou ma mort; חֲלִיפוֹת וְצָבָא עִמִּי Job 10. 17, je suis assiégé d'une armée de maux qui se relèvent, succèdent les uns aux autres; *adv.*: חֲלִיפוֹת I Rois 5. 28, tour à tour, alternativement.

חֲלִיצָה *f.* (rac. חָלַץ). Ce qu'on enlève à un mort, les habits, les armes: וְקַח־לְךָ אֶת־חֲלִצָתוֹ II Sam. 2. 21, et prends ses dépouilles, ses armes; וַיִּקַּח אֶת־חֲלִיצוֹתָם Jug. 14. 19, il prit les vêtements qu'il leur avait ôtés.

On nomme חֲלִיצָה la cérémonie qui a lieu entre la veuve d'un homme mort sans avoir laissé d'enfants et le frère du défunt, faute de quoi elle ne pourrait pas se remarier (v. Deut., chap. 25. 5 à 10).

חֵלְכָה, חֵלֶךְ *adj.* Pauvre, malheureux: עֵינָיו לְחֵלְכָה יִצְפֹּנוּ Ps. 10. 8, ses yeux épient le pauvre (d'autres expliquent: ton peuple, de חַיִל); עָלֶיךָ יַעֲזֹב חֵלְכָה 10. 14, c'est à toi que le malheureux s'abandonne; חֵלְכָּאִים 10. 10, (*cheth.*) les malheureux (v. חַיִל).

חָלַל 1° Creuser, percer, blesser (de là חָלָל, חָלִיל, חַלּוֹן, מְחִלָּה); *intrans.*: וְלִבִּי חָלַל בְּקִרְבִּי Ps. 109. 22, et mon cœur est blessé au dedans de moi. — 2° Danser: לָחוּל בַּמְּחֹלוֹת Jug. 21. 21, pour danser en rang, ou: les danses accoutumées.

Pi. Blesser, tuer: בְּיַד מְחַלְלֶיךָ Ez. 28. 9, sous la main de ceux qui te tuent. — 2° De חָלִיל Jouer de la flûte: מְחַלְּלִים בַּחֲלִלִים I Rois 1. 40, (et des gens) qui jouaient des flûtes. — 3° Danser: מִן־הַמְּחֹלְלוֹת אֲשֶׁר גָּזָלוּ Jug. 21. 23, des danseuses qu'ils avaient enlevées (forme *Poal*). — 4° Délier, violer, profaner: חִלֵּל בְּרִיתוֹ Ps. 55. 21, il a violé son alliance; אַל־תְּחַלֵּל אֶת־בִּתְּךָ Lév. 19. 29, ne profane pas ta fille; אֶת־קֹדֶשׁ יְיָ חִלֵּל Lév. 19. 8, il a profané le sacrifice saint de l'Éternel; מְחַלְלֶיהָ Exod. 31. 14, celui qui le violera (le sabbat); וְחִלְּלוּ יִפְעָתֶךָ Ez. 28. 7, ils souilleront ta beauté, ton éclat; לְחַלֵּל גְּאוֹן כָּל־צְבִי Is. 23. 9, pour flétrir l'orgueil de toute gloire (de cette ville superbe).

Poa. 1° Blesser: מְחוֹלֶלֶת תַּנִּין Is. 51. 9, qui blesse le dragon. — 2° *Pass.*: וְהוּא מְחֹלָל מִפְּשָׁעֵנוּ Is. 53. 5, et il est blessé, affligé, à cause de nos méfaits.

Pou. 1° Être blessé, tué: מְחֻלְּלֵי חֶרֶב Ez. 32. 26, frappés par le glaive. — 2° Être profané: שְׁמִי הַגָּדוֹל הַמְחֻלָּל בַּגּוֹיִם Ez. 36. 23, mon grand nom qui a été profané parmi les nations.

Niph. (נִחַל, *inf.* הֵחַל, *fut.* יֵחַל, תֵּחַל). Être profané, se profaner: מִקְדָּשִׁי כִּי־נִחָל Ez. 25. 3, (contre) mon sanctuaire, lorsqu'il a été profané; לְהֵחַלּוֹ Lév. 21. 4, en se profanant; וּבַת אִישׁ כֹּהֵן כִּי תֵחֵל לִזְנוֹת 21. 9, et la fille d'un prêtre qui se souille par la fornication.

Hiph. 1° Profaner, laisser profaner: לֹא יַחֵל דְּבָרוֹ Nomb. 30. 3, il ne doit pas profaner, violer, sa parole; וְלֹא־אַחֵל אֶת־שֵׁם־קָדְשִׁי עוֹד Ez. 39. 7, et je ne laisserai plus profaner mon saint nom. — 2° Commencer: הַיּוֹם הַחִלֹּתִי I Sam. 22. 15, est-ce d'aujourd'hui que j'ai commencé? הוּא הֵחֵל לִהְיוֹת גִּבֹּר Gen. 10. 8, il commença à être un héros, c.-à-d. il fut le premier héros; aussi *direct.* avec un autre *inf.*: אָחֵל תֵּת פַּחְדְּךָ Deut.

2. 25 (aujourd'hui) je commencerai à jeter la terreur (de tes armes dans tous les peuples); de là תְּחִלָּה.

Hoph.: אָז הוּחַל לִקְרֹא בְּשֵׁם יְיָ Gen. 4, 26, alors (il fut commencé) on commença d'invoquer le nom de l'Éternel.

חָלָל *adj.* (const. חֲלַל, *fém.* חֲלָלָה, *plur.* חֲלָלִים, const. חַלְלֵי). 1° Frappé, blessé, tué: טוֹבִים הָיוּ חַלְלֵי־חֶרֶב מֵחַלְלֵי רָעָב Lament. 4. 9, ceux qui ont été tués par l'épée ont été plus heureux que ceux qui sont morts par la famine; וְאֶל־מַכְאוֹב חֲלָלֶיךָ יְסַפֵּרוּ Ps. 69. 27, et ils s'entretiennent de la douleur de ceux que tu as blessés. — 2° Profane: וְאַתָּה חָלָל רָשָׁע Ez. 21. 30, et toi, profane, impie (ou: toi qui as mérité la mort, v. 1°); וַחֲלָלָה Lév. 21. 7, 14, une femme profanée (issue du mariage d'un prêtre avec une des femmes qui lui sont défendues, v. Lév., chap. 21).

חָלַם (*fut.* יַחֲלֹם). 1° Rêver: חֲלוֹם חָלַמְתִּי Gen. 41. 15, j'ai eu un songe; כַּאֲשֶׁר יַחֲלֹם הָרָעֵב Is. 29. 8, et comme songera un homme qui a faim; חֹלֵם חֲלוֹם Deut. 13. 2, un rêveur de songes, un faux prophète. — 2° Devenir fort, vigoureux: יַחְלְמוּ בְנֵיהֶם יִרְבּוּ בַבָּר Job 39. 4, leurs petits deviennent vigoureux et se fortifient dans la campagne.

Hiph. 1° Faire rêver: אֲשֶׁר אַתֶּם מַחְלְמִים (p. מַחֲלִימִים) Jér. 29. 8, que vous faites rêver, les rêves que vous provoquez. — 2° Fortifier: וְתַחֲלִימֵנִי וְהַחֲיֵנִי Is. 38. 16, fortifie-moi et fais-moi guérir, ou vivre.

חֲלֵם chald.: אֱמַר חֶלְמָא לְעַבְדָךְ Dan. 2. 4, dis le songe à tes serviteurs.

חַלָּמוּת *f.* Ex. unique: בְּרִיר חַלָּמוּת Job 6. 6, (y a-t-il un goût) dans le jus blanc de l'œuf? (חָלַם comme חָלַב, v. חֶלְבּוֹן), ou רִיר dans le jus (le blanc qui entoure), חַלָּמוּת le jaune de l'œuf; d'autres traduisent: dans le jus du pourpier, ou: dans la salive d'un homme fort, sain (v. חָלַם 2°).

חַלָּמִישׁ *m.* Pierre dure, roc: בַּחַלָּמִישׁ שָׁלַח יָדוֹ Job 28. 9, il met la main aux rochers; מִצּוּר הַחַלָּמִישׁ Deut. 8. 15, מֵחַלְמִישׁ צוּר 32. 13, du plus dur rocher.

חָלַף (*fut.* יַחֲלֹף) 1° Passer, s'en aller, se répandre: הַגֶּשֶׁם חָלַף הָלַךְ לוֹ Cant. 2. 11, (la pluie) est passée, a cessé; וְרוּחַ עַל־פָּנַי יַחֲלֹף Job 4. 15, et un esprit passa devant mon visage; וְחָלַפְתָּ מִשָּׁם I Sam. 10. 3, tu t'en iras de là; וְחָלַף בִּיהוּדָה Is. 8. 8, (le fleuve) se répandra dans le pays de Juda. — 2° Passer d'un état à l'autre, changer; des plantes: verdir, reverdir: בַּבֹּקֶר כֶּחָצִיר יַחֲלֹף Ps. 90. 5, le matin il est comme une herbe qui reverdit, qui pousse; בַּבֹּקֶר יָצִיץ וְחָלָף 90. 6, le matin il fleurit et verdit, ou, *sens* 1°: comme une herbe qui passe, se fane,—le matin il fleurit, puis il passe; אָז חָלַף רוּחַ Hab. 1. 11, alors son esprit changera (son orgueil augmentera). — 3° *Actif.* Faire passer à travers, enfoncer, faire passer, détruire: וְחָלְפָה רַקָּתוֹ Jug. 5. 26, elle lui enfonça la tempe (elle lui enfonça le clou dans la tempe); וְהָאֱלִילִים כָּלִיל יַחֲלֹף Is. 2. 18, les idoles, il les détruira toutes; חָלְפוּ חֹק Is. 24. 5, ils ont changé, violé, les ordonnances, commandements.

Pi. Changer: וַיְחַלֵּף שִׂמְלֹתָיו Gen. 41. 14, Joseph changea d'habits.

Hiph. Changer, renouveler: וְהַחֲלִיפוּ שִׂמְלֹתֵיכֶם Gen. 35. 2, et changez de vêtements; לֹא יַחֲלִיפֶנּוּ Lév. 27. 10, il ne doit pas le changer; וַאֲרָזִים נַחֲלִיף Is. 9. 9, nous mettrons des cèdres à la place (des sycomores), ou: nous ferons pousser des cèdres (v. *Kal* 2°); וְקוֹיֵ יְיָ יַחֲלִיפוּ כֹחַ Is. 40. 31, mais ceux qui espèrent en Dieu prendront de nouvelles forces, *exact.* renouvelleront leur force. — *Intrans.*: וְעוֹד יַחֲלִיף Job 14. 7, l'arbre reverdira encore.

חֲלַף chald. Passer, se passer: וְשִׁבְעָה עִדָּנִין יַחְלְפוּן עֲלוֹהִי Dan. 4. 13, et sept temps se passeront sur lui.

חֵלֶף Changement; *prépos.*, en place de, pour: חֵלֶף עֲבֹדַתְכֶם Nomb. 18. 31, en récompense pour votre service.

חֵלֶף *n. pr.* d'une ville de la tribu de Nephthali, Jos. 19. 33.

I חָלַץ (*fut.* יַחֲלֹץ). Se séparer, se retirer : חָלַץ מֵהֶם Osée 5. 6, (Dieu) s'est retiré d'eux. — Sortir, découvrir : גַּם־תַּנִּין חָלְצוּ שַׁד Lament. 4. 3, même les bêtes farouches, les monstres marins, sortent, découvrent, leurs mamelles (pour allaiter leurs petits). — Oter, arracher : וְחָלְצָה נַעֲלוֹ Deut. 25. 9, elle lui ôtera son soulier (du pied).

Pi. 1° Arracher : וְחִלְּצוּ אֶת־הָאֲבָנִים Lév. 14. 40, ils arracheront les pierres (*inf.* חַלֵּץ 14. 43). — 2° Arracher d'un danger, sauver : חַלְּצָה נַפְשִׁי Ps. 6. 5, délivre mon âme ; יְחַלְּצֵנִי כִּי־חָפֵץ בִּי II Sam. 22. 20, il me délivre, parce que je lui ai plu ; וָאֲחַלְּצָה צוֹרְרִי רֵיקָם Ps. 7. 5, au contraire, j'ai délivré celui qui me persécutait sans motif (ou וָאֲחַלְּצָה si j'ai dépouillé, v. חֲלִיצָה).

Niph. Être délivré : צַדִּיק מִצָּרָה נֶחֱלָץ Prov. 11. 8, le juste est délivré du danger ; לְמַעַן יֵחָלְצוּן יְדִידֶיךָ Ps. 108. 8, afin que ceux que tu aimes soient délivrés.

II חָלַץ Ceindre, entourer les reins d'armes, armer, équiper : כָּל־חָלוּץ Nomb. 32. 21, chaque homme armé ; aussi כָּל־חֲלוּץ צָבָא 32. 27, tous armés, équipés pour l'armée, pour la guerre.

Niph. S'armer : הֵחָלְצוּ מֵאִתְּכֶם אֲנָשִׁים לַצָּבָא Nomb. 31. 3, que des hommes d'entre vous s'arment pour combattre ; וַאֲנַחְנוּ נֵחָלֵץ 32. 17, et nous nous armerons.

Hiph. : וְעַצְמֹתֶיךָ יַחֲלִיץ Is. 58. 11, il armera, engraissera, ou fortifiera, (tes os) ton corps ; selon d'autres : il sauvera, protégera, ton corps (v. I חָלַץ *Pi.* 2°) ; ° תַּחֲלִיצֵנוּ Rituel, et fortifie-nous, ou délivre-nous.

חֲלָצַיִם *m. duel.* Les reins (v. II חָלַץ) : וּמְלָכִים מֵחֲלָצֶיךָ יֵצֵאוּ Gen. 35. 11, et des rois sortiront de tes reins, descendront de toi ; אֱזָר־נָא כְגֶבֶר חֲלָצֶיךָ Job 38. 3, ceins tes reins comme un homme, prépare-toi à la lutte.

חֶלֶץ et חֵלֶץ *n. pr. m.* 1° Chr. 2. 39. — 2° II Sam. 23. 26, I Chr. 11. 27.

I חָלַק (*fut.* יַחֲלֹק). 1° Partager, accorder, donner : וַיְחַלְּקוּ אֶת־הָאָרֶץ Jos. 14. 5, ils partagèrent le pays ; אֲשֶׁר חָלַק יְיָ אֱלֹהֶיךָ אֹתָם Deut. 4. 19, que le Seigneur ton Dieu a partagés, donnés, qu'il a créés (pour le service de tous les peuples) ; וּבְתוֹךְ אַחִים יַחֲלֹק נַחֲלָה Prov. 17. 2, et entre les frères il partagera l'héritage, il aura la même part que chacun d'eux ; וְלֹא־חָלַק לָהּ בַּבִּינָה Job 39. 17, il ne lui a rien donné en fait d'intelligence ; כִּי־חָלַק אָחָז אֶת־בֵּית יְיָ II Chr. 28. 21, Achaz partagea, ou pilla, (tout ce qu'il y avait dans) le temple. — 2° *Intrans.* Être divisé : חָלַק לִבָּם Osée 10. 2, leur cœur est divisé, ou s'est séparé de Dieu.

Niph. Être partagé, se partager : לָאֵלֶּה תֵּחָלֵק הָאָרֶץ Nomb. 26. 53, le pays sera partagé entre ceux-là ; אֵי־זֶה הַדֶּרֶךְ יֵחָלֶק אוֹר Job 38. 24, quelle est la voie où la lumière se partage ; וַיֵּחָלֵק עֲלֵיהֶם לַיְלָה Gen. 14. 15, il se divisa, c.-à-d. (Abraham) divisa sa troupe, pour tomber sur eux (les ennemis), pendant la nuit.

Pi. : 1° וְלָעֶרֶב יְחַלֵּק שָׁלָל Gen. 49. 27, et le soir il partage la proie ; וַיְחַלֵּק לְכָל־הָעָם II Sam. 6. 19, et il distribua à tout le peuple ; וַיְחַלְּקוּ לָהֶם אֶת־הָאָרֶץ I Rois 18. 6, ils partagèrent le pays entre eux. — 2° Disperser : אֲחַלְּקֵם בְּיַעֲקֹב Gen. 49. 7, je les diviserai dans Jacob ; פְּנֵי יְיָ חִלְּקָם Lament. 4. 16, (la face) la colère de l'Éternel les a dispersés.

Pou. passif : אָז חֻלַּק עַד־שָׁלָל Is. 33. 23, alors le butin et les dépouilles seront partagés ; וְאַדְמָתְךָ בַּחֶבֶל תְּחֻלָּק Amos 7. 17, ton sol sera partagé au cordeau.

Hithp. : וְהִתְחַלְּקוּ אֹתָהּ לְשִׁבְעָה חֲלָקִים Jos. 18. 5, ils doivent se la partager en sept parts.

II חָלַק Être doux, poli : חָלְקוּ מַחְמָאֹת פִּיו Ps. 55. 22, les paroles de sa bouche sont plus douces que la crème ; selon d'autres, le מ de מַחְמָאֹת appartient au mot : les paroles de sa bouche, délicates comme la crème, sont douces.

Hiph. Dire des paroles douces, flatter : אֲמָרֶיהָ הֶחֱלִיקָה Prov. 2. 16, qui adoucit ses paroles, qui flatte ; לְשׁוֹנָם יַחֲלִיקוּן Ps. 5. 10, ils flattent avec leur langue, *exact.* ils rendent douce leur langue ; גֶּבֶר מַחֲלִיק עַל־רֵעֵהוּ Prov. 29. 5, l'homme qui flatte son prochain ; מַחֲלִיק פַּטִּישׁ Is. 41. 7, celui qui polit avec le marteau ; לַחֲלִק מִשָּׁם בְּתוֹךְ הָעָם Jér. 37. 12, pour se glisser, s'échapper, de là, du milieu du peuple ; ou : pour diviser, partager, son bien (de I חָלַק).

חָלָק *adj.* (de II חָלַק). Lisse, uni, doux, flatteur : וְאָנֹכִי אִישׁ חָלָק Gen. 27. 11, je suis un homme qui a la peau lisse, je n'ai point de poil ; הָהָר הֶחָלָק Jos. 11. 17, la montagne unie, chauve, sans arbres (ou montagne coupée, de I חָלַק) ; וְחָלָק מִשֶּׁמֶן חִכָּהּ Prov. 5. 3, et son palais est plus doux que l'huile, ses paroles sont douces, insinuantes ; וּמִקְסַם חָלָק Ez. 12. 24, (ni) divination trompeuse.

חֲלָק chald. *m.* Part : חֲלָק בַּעֲבַר נַהֲרָא Esdr. 4. 16, (tu perdras) la part, les terres que tu possèdes, au delà du fleuve ; חֲלָקֵהּ בַּעֲשַׂב אַרְעָא Dan. 4. 12, (il aura) sa part aux herbes de la terre.

I חֵלֶק *m.* (avec suff. חֶלְקִי, *plur.* חֲלָקִים, const. חֶלְקֵי). Part, partage (de I חָלַק) : וְחֵלֶק הָאֲנָשִׁים Gen. 14. 24, et la part des hommes (qui m'ont suivi) ; בְּחֵלֶק יִזְרְעֶאל II Rois 9. 10, dans le champ de Jezrehel ; כִּי חֵלֶק יְיָ עַמּוֹ Deut. 32. 9, car son peuple (Israel) est la part que l'Éternel a choisie ; וְזֶה־הָיָה חֶלְקִי מִכָּל־עֲמָלִי Eccl. 2. 10, et ceci était le partage, le fruit, de toute ma peine ; חֵלֶק אֱלוֹהַּ Job 31. 2, le sort destiné à l'homme par Dieu.

II חֵלֶק *m.* (de II חָלַק). Chose, pierre polie ; politesse, flatterie : בְּחַלְּקֵי־נַחַל חֶלְקֵךְ Is. 57. 6, ton partage est, c.-à-d. tu t'es attachée aux pierres polies de la vallée, ou du torrent ; בְּחֵלֶק שְׂפָתֶיהָ תַּדִּיחֶנּוּ Prov. 7. 21, elle le séduit par la politesse de ses lèvres, par ses paroles flatteuses ; לְחֵלֶק יַגִּיד רֵעִים Job 17. 5, il dit des flatteries à ses compagnons ; ou, de I חָלַק : il promet une part du butin à ses amis.

חֵלֶק *n. pr.* Helek, fils de Gilead ; *n. patron.* חֶלְקִי Nomb. 26. 30.

חַלָּק *adj.* Uni, poli : חֲמִשָּׁה חַלֻּקֵי אֲבָנִים I Sam. 17. 40, cinq pierres polies (II חָלַק).

I חֶלְקָה *f.* Part, portion (v. I חָלַק) : חֶלְקַת הַשָּׂדֶה Gen. 33. 19, une partie du champ ; חֶלְקַת יוֹאָב II Sam. 14. 30, le partage, le champ, de Joab ; כִּי־שָׁם חֶלְקַת מְחֹקֵק סָפוּן Deut. 33. 21, car là est la part qui lui est réservée par le législateur, ou : là sera (le champ) la tombe cachée, ignorée, du législateur (de Moïse).

II חֶלְקָה *f.* (v. II חָלַק). L'état de ce qui est lisse, glissant, poli, flatteur : חֶלְקַת צַוָּארָיו Gen. 27. 16, son cou lisse, sans poil ; בַּחֲלָקוֹת תָּשִׁית לָמוֹ Ps. 73. 18, tu les places sur des chemins glissants ; מֵחֶלְקַת לָשׁוֹן נָכְרִיָּה Prov. 6. 24, de la langue douce, flatteuse, de l'étrangère ; דַּבְּרוּ־לָנוּ חֲלָקוֹת Is. 30. 10, dites-nous des choses qui flattent.

חֲלֻקָּה *f.* Division, répartition : וּכְחֲלֻקַּת בֵּית־אָב II Chr. 35. 5, et selon la division, répartition, des familles.

חֲלַקּוֹת *f. pl.* Flatteries : יַחֲנִיף בַּחֲלַקּוֹת Dan. 11. 32, il séduira par des flatteries.

חַלְקָי *n. pr. m.* Néh. 12. 15.

חִלְקִיָּה et חִלְקִיָּהוּ *n. pr.* 1° Helkias, le grand prêtre sous le règne de Josias, II Rois 22. 8. — 2° Helkias, père du prophète Jérémie, Jér. 1. 1.—3° II Rois 18. 18. — 4° Plusieurs autres : Chr., Jér., Néh.

חֲלַקְלַקּוֹת *pl. f.* 1° Des endroits glissants : יְהִי־דַרְכָּם חֹשֶׁךְ וַחֲלַקְלַקּוֹת Ps. 35. 6, que leur chemin soit ténébreux et glissant, *littér.* plein de ténèbres et d'endroits glissants. — 2° Flatteries, artifice : בַּחֲלַקְלַקּוֹת Dan. 11. 21, 34, par des flatteries, par artifice.

חֶלְקַת *n. pr.* d'une ville de la tribu d'Aser, Jos. 19. 25.

חָלַשׁ 1° *Intrans.* Devenir faible : וְגֶבֶר יָמוּת וַיֶּחֱלָשׁ Job 14. 10, mais l'homme meurt après s'être affaibli, après une grande prostration. — 2° *Trans.* Affaiblir, vaincre : וַיַּחֲלֹשׁ יְהוֹשֻׁעַ אֶת־עֲמָלֵק Exod. 17. 13, Josué affaiblit, défit, Amalek (et son peuple); חוֹלֵשׁ עַל־גּוֹיִם Is. 14. 12, toi qui fus vainqueur des nations.

חַלָּשׁ *adj.* Faible : הַחַלָּשׁ יֹאמַר גִּבּוֹר אָנִי Joel 4. 10, le faible dira: Je suis fort.

חָם *m.* (toujours avec suff.). Beau-père (d'une femme), père de son mari: הִנֵּה חָמִיךְ עֹלֶה תִמְנָתָה Gen. 38. 13, vois, ton beau-père va à Thimnah ; חָמִיהָ 38. 25, son beau-père.

חַם et **חָם** *adj.* (rac. חָמַם). Chaud : זֶה לַחְמֵנוּ חָם Jos. 9. 12. voilà notre pain (nous le prîmes) tout chaud ; אֲשֶׁר־בְּגָדֶיךָ חַמִּים Job 37. 17, que, ou pourquoi, tes vêtements sont chauds.

חָם *n. pr.* 1° Cham, fils de Noé, Gen. 10. 1. — 2° D'un pays : אֶרֶץ חָם la terre de Cham, Ps. 105. 23, 106. 22, parall. avec l'Égypte.

חֹם *m.* (rac. חָמַם). Chaleur, le chaud: וְקֹר וָחֹם Gen. 8. 22, et le froid et le chaud ; aussi *adj.*: לֶחֶם חֹם I Sam. 21. 7, du pain chaud.

חֵמָא *f.*: בְּחֵמָא גְדֹלָה Dan. 11. 44, dans une grande fureur (v. חֵמָה).

חֲמָא et **חֱמָא** chald. *f.* Colère, fureur : בִּרְגַז וַחֲמָא Dan. 3. 13, plein de colère et fureur; הִתְמְלִי חֱמָא 3. 19, (Nabuchodonosor) fut rempli de colère.

חֶמְאָה *f.* Crème, beurre : וַיִּקַּח חֶמְאָה וְחָלָב Gen. 18. 8, il chercha du beurre et du lait; נַהֲרֵי נַחֲלֵי דְבַשׁ וְחֶמְאָה Job 20. 17, des torrents, des ruisseaux, de miel et de crème.

חָמַד (*fut.* יַחְמֹד et יֶחְמֹד) 1° Désirer, convoiter : וְחָמְדוּ שָׂדוֹת וְגָזָלוּ Mich. 2. 2, ils ont convoité des champs, et les ont pris avec violence; לֹא תַחְמֹד Exod. 20. 17, tu ne convoiteras pas (la maison de ton prochain) ; וְנֶחְמְדֵהוּ Is. 53. 2, pour que nous le désirions. — 2° Se plaire à quelque chose, y trouver du plaisir : הָהָר חָמַד אֱלֹהִים לְשִׁבְתּוֹ Ps. 68. 17, la montagne où il a plu à Dieu d'habiter; חָמַד רָשָׁע Prov. 12. 12, le méchant trouve du plaisir, son plaisir est, etc. *Part.* ou *subst.* חָמוּד Ce qui est désiré, agréable, précieux : — בִּגְדֵי עֵשָׂו הַחֲמֻדֹת Gen. 27. 15, les plus beaux habits, les habits précieux d'Esaü ; בַּחֲמוּדוֹ לֹא יְמַלֵּט Job 20. 20, il ne se sauvera pas par ce qu'il a de plus précieux, ou il ne sauvera rien de ce qu'il a de plus précieux ; חֲמוּדוֹת כַּזָּהָב Esdr. 8. 27, précieux comme de l'or ; וַתֶּמֶס כָּעָשׁ חֲמוּדוֹ Ps. 39. 12, tu consumes ce qu'il aime, ou sa beauté, comme un ver (qui ronge); וַחֲמוּדֵיהֶם בַּל־יוֹעִילוּ Is. 44. 9, et leurs délices, leurs idoles ne leur serviront de rien.

Niph.: נֶחְמָד לְמַרְאֶה Gen. 2. 9, (des arbres) agréables à la vue ; הַנֶּחֱמָדִים מִזָּהָב Ps. 19. 11, qui sont plus précieux que l'or.

Pi. Se plaire à (v. *Kal* 2°) : בְּצִלּוֹ חִמַּדְתִּי וְיָשַׁבְתִּי Cant. 2. 3, à son ombre j'ai reposé avec délices.

חֶמֶד *m.* Agrément, beauté : בַּחוּרֵי חֶמֶד Ez. 23. 6, de jeunes gens beaux, séduisants ; כַּרְמֵי־חֶמֶד נְטַעְתֶּם Amos 5. 11, vous avez planté d'excellentes vignes.

חֶמְדָּה *f.* Désir, joie, délice : אֶרֶץ חֶמְדָּה Jér. 3. 19, une terre de délice ; וּלְמִי כָּל־חֶמְדַּת יִשְׂרָאֵל I Sam. 9. 20, et à qui est tout ce qu'il y a de précieux dans Israel ? חֶמְדַּת נָשִׁים Dan. 11. 37, l'amour des femmes, ou délice des femmes, nom d'une divinité adorée surtout des femmes (?) ; וַיֵּלֶךְ בְּלֹא חֶמְדָּה II Chr. 21. 20, (le roi Joram) s'en alla, mourut, sans regrets, sans avoir été regretté de personne (ou : après avoir vécu sans joie).

חֲמֻדוֹת et **חֲמוּדוֹת** *f. pl.* État de ce qui est agréable, précieux, délicat : כִּי חֲמוּדוֹת אָתָּה Dan. 9. 23, car tu es un homme aimé (de Dieu), ou un homme d'un caractère excellent; וּבַחֲמֻדוֹת 11. 38, et avec des choses précieuses ; וּבְכֹל חֲמֻדוֹת מִצְרָיִם 11. 43, et de toutes les choses précieuses de l'Égypte ;

לֶחֶם חֲמֻדוֹת 10. 3, du pain agréable au goût, ou des mets délicats.

חֶמְדָּן (le doux) *n. pr.* Hemdan, fils de Disan, Gen. 36. 26. חַמְרָן I Chr. 1. 41.

חַמָּה *f.* (rac. חָמַם). 1° Chaleur : וְאֵין נִסְתָּר מֵחַמָּתוֹ Ps. 19. 7, rien ne se cache, ne se dérobe, à sa chaleur. — 2° Le soleil : בְּלֹא חַמָּה Job 30. 28, sans soleil ; וְהָיָה אוֹר־הַלְּבָנָה כְּאוֹר הַחַמָּה Is. 30. 26, la lumière de la lune deviendra comme la lumière du soleil.

I חֵמָה *f.* (rac. חָמַם, const. חֲמַת). Colère, fureur : עַד אֲשֶׁר־תָּשׁוּב חֲמַת אָחִיךָ Gen. 27. 44, jusqu'à ce que la fureur de ton frère s'apaise ; כּוֹס חֲמָתוֹ Is. 51. 17, le calice de sa colère ; חֲמַת זֹחֲלֵי עָפָר Deut. 32. 24, la fureur, le venin, des bêtes qui rampent dans la poussière (des reptiles) ; חֲמַת־נָחָשׁ Ps. 58. 5, fureur, venin, du serpent (v. חֵמָה).

II חֵמָה *f.* (pour חֶמְאָה). Crème : בִּרְחֹץ הֲלִיכַי בְּחֵמָה Job 29. 6, lorsque mes pieds se baignaient dans la crème.

חַמּוּאֵל *n. pr. m.* I Chr. 4. 26.

חָמוּד (v. חָמַד *part.*)

חֲמוּטַל *n. pr.* Hamoutal, fille de Jérémie, femme du roi Josias, II Rois 23. 31, 24. 18.

חָמוּל *n. pr.* Hamul, fils de Perès, Gen. 46. 21 ; *n. patron.* חָמוּלִי Nomb. 26. 21.

חַמּוֹן *n. pr.* 1° Hamon, ville de la tribu d'Aser, Jos. 19. 28.—2° Hamon, ville de la tribu de Nephthali, I Chr. 6. 61.

חָמוֹץ *m.* (rac. חָמֵץ). L'opprimé, ou l'oppresseur : אַשְּׁרוּ חָמוֹץ Is. 1. 17, fortifiez, assistez, l'opprimé; ou : ramenez dans le droit chemin, dans la bonne voie, l'homme violent, l'oppresseur.

חַמּוּק *m.* (rac. חָמַק). Jointure, ou contour : חַמּוּקֵי יְרֵכַיִךְ Cant. 7. 2, les jointures, ou les contours, de tes hanches (v. חָמַק).

חֲמוֹר, חֲמֹר *m* 1° Ane : יִשָּׂשכָר חֲמֹר גָּרֶם Gen. 49. 14, Isaachar est comme un âne robuste (aux os forts) ; וְכָל־פֶּטֶר חֲמֹר Exod. 13. 13, tout premier-né de l'âne. — 2° (v. חֹמֶר) Tas, foule : בִּלְחִי הַחֲמוֹר חֲמוֹר חֲמֹרָתָיִם Jug. 15. 16, avec la mâchoire de l'âne (j'ai tué) un tas, un groupe, deux groupes.

חֲמוֹר *n. pr.* Hemor, père de Sichem, Gen. 33. 19.

חֲמוֹרָה *f.* Tas, foule, groupe ; *duel* חֲמֹרָתָיִם (v. חֲמוֹר 2°).

חָמוֹת *f.* Belle-mère (v. חָם) : כֹּל אֲשֶׁר־עָשִׂית אֶת־חֲמוֹתֵךְ Ruth, 2. 11, tout ce que tu as fait à l'égard de ta belle-mère (de la mère de ton mari).

חֹמֶט *m.* Un des animaux impurs, Lév. 11. 30, espèce de lézard ou de limace (?).

חָמִיץ *adj.* Salé : בְּלִיל חָמִיץ יֹאכֵלוּ Is. 30. 24, ils mangeront une pâture salée ; selon d'autres, du fourrage pur ou fort, gras.

חֲמִשִׁי et חֲמִישִׁי *m.* (*fém.* חֲמִישִׁית) *nomb. ord.* Le, la cinquième : יוֹם חֲמִישִׁי Gen. 1. 23, le cinquième jour ; חֲמִישִׁית Gen. 47. 24, la cinquième partie (un de cinq).

חָמַל (*fut.* יַחְמֹל, *inf.* חֶמְלָה) Épargner, ménager, avoir pitié : וַתַּחְמֹל עָלָיו Exod. 2. 6, elle eut pitié de (l'enfant) ; לְחֻמְלָה עָלָיִךְ Ez. 16. 5, pour avoir pitié de toi ; אַל־תַּחְמְלוּ אֶל־חֵץ Jér. 50. 14, n'épargnez point les flèches ; וָאֶחְמֹל עַל־שֵׁם קָדְשִׁי Ez. 36. 21, mais j'ai voulu épargner mon saint nom, sauver l'honneur de mon saint nom. Avec l'*accus.* : * חֶמְלָה גְדוֹלָה חָמַלְתָּ עָלֵינוּ Rituel, tu as eu de nous une grande compassion.

חֶמְלָה *f.* Compassion, miséricorde : בְּחֶמְלַת יְיָ עָלָיו Gen. 19. 16, par la miséricorde de l'Éternel pour lui ; בְּאַהֲבָתוֹ וּבְחֶמְלָתוֹ הוּא גְאָלָם Is. 63. 9, dans son amour et dans sa clémence il les a rachetés.

חָמַם (*fut.* יָחֹם, וַיֵּחַם) Être chaud, se chauffer (v. יָחַם) : וְחַם הַשֶּׁמֶשׁ Exod. 16. 21, et lorsque le soleil était chaud, que la chaleur du soleil était venue ; חַמּוֹתִי רָאִיתִי אוּר Is. 44. 16, j'ai chaud, j'ai vu, senti, le feu; אַף־יָחֹם 44. 16, aussi (en même temps) il se chauffe. *Inf.*: כְּחֹם הַיּוֹם Gen. 18. 1, lorsque le jour était chaud, dans la plus grande chaleur du jour; autre *inf.*: אֵין־גַּחֶלֶת לַחְמָם Is. 47. 14, ce ne sont pas des charbons, auxquels on puisse se chauffer; *impers.* וְחַם לָהֶם Eccl. 4. 11, alors (il leur est chaud) ils ont chaud; *au fig.* חַם־לִבִּי בְּקִרְבִּי Ps. 39. 4, mon cœur était brûlant dans moi.

Niph.: וּלְאֶחָד אֵיךְ יֵחָם Eccl. 4. 11, mais un homme seul comment aura-t-il chaud? comment s'échauffera-t-il? כֻּלָּם יֵחַמּוּ Osée 7. 7, tous sont brûlants, ont des passions ardentes (ou ces deux *futurs* sont une 2ᵉ forme du *Kal*). *Part.*: הַנֵּחָמִים בָּאֵלִים Is. 57. 5, vous qui êtes enflammés de passions impures sous les arbres, ou pour les idoles (*plur.* de אַיִל ou de אֵל).

Pi.: וְעַל־עָפָר תְּחַמֵּם Job 39. 14, et elle fait réchauffer ses œufs dans la poussière, le sable.

Hithp.: וּמִגֵּז כְּבָשַׂי יִתְחַמָּם Job 31. 20, et il s'est réchauffé avec la toison de mes brebis.

חַמָּן *m.* (seul. *pl.*, rac. חָמַם, v. חַמָּה soleil). Images, ou statues, consacrées au soleil: וְהִכְרַתִּי אֶת־חַמָּנֵיכֶם Lév. 26. 30, je ruinerai vos statues consacrées au soleil; וְהַחַמָּנִים — גִּדֵּעַ II Chr. 34. 4, et il fit abattre les statues du soleil.

חָמַס (*fut.* יַחְמֹס) Faire violence, nuire, violer, détruire, rejeter: וְחֹטְאִי חֹמֵס נַפְשׁוֹ Prov. 8. 36, mais celui qui me manque (qui ne me trouve pas) se nuit à lui-même; וּמְזִמּוֹת עָלַי תַּחְמֹסוּ Job 21. 27, et les jugements injustes dont vous m'accablez, ou: la malice avec laquelle vous m'accusez de violence, d'injustice; כֹּהֲנֶיהָ חָמְסוּ תוֹרָתִי Ez. 22. 26 (les prêtres) ont violé ma loi; וַיַּחְמֹס כַּגַּן שֻׂכּוֹ Lament. 2. 6, il a détruit sa tente comme un jardin, comme on arrache les plantes, les arbres, d'un jardin; ou: il a renversé sa demeure, Sion, (כְּסֻכַּת גַּן) comme une cabane dans un jardin; יַחְמֹס כַּגֶּפֶן בִּסְרוֹ Job 15. 33, il rejettera, comme la vigne, ses raisins aigres, encore verts.

Niph: נֶחְמְסוּ עֲקֵבָיִךְ Jér. 13. 24, tes talons, tes pieds, ont été violemment dépouillés.

חָמָס *m.* (suff. חֲמָסִי, *plur.* חֲמָסִים). Violence, injustice, vol: כִּי־מָלְאָה הָאָרֶץ חָמָס Gen. 6. 13, car la terre est remplie de violence, d'iniquité; כְּלֵי חָמָס 49. 5, des armes de la violence; מֵאִישׁ חָמָס Ps. 18. 49, et מֵאִישׁ חֲמָסִים 140. 2, (délivre-moi) d'un homme violent; עֵד חָמָס Exod. 23. 1, un témoin audacieux, c.-à-d. faux.

— Les pronoms possessifs ajoutés comme suff. indiquent celui qui fait et celui qui souffre l'injustice: חֲמַס יְדֵיכֶם Ps. 58. 3, la violence de vos mains; וְעַל קָדְקֳדוֹ חֲמָסוֹ יֵרֵד Ps. 7. 17, et son injustice descendra, retournera, sur sa tête, sur lui-même; חֲמָסִי עָלֶיךָ Gen. 16. 5, ma violence, la violence que je souffre, vient par toi, à cause de toi; מֵחֲמַס אָחִיךָ יַעֲקֹב Obad 10, pour l'injustice faite à ton frère Jacob; הָאוֹצְרִים חָמָס וָשֹׁד Amos 3. 10, qui amassent, accumulent, des trésors de violence et de rapine (dans leurs palais).

חָמֵץ (*fut.* יֶחְמַץ, *inf.* חֻמְצָה) 1° Être acerbe, aigre, salé (de là חָמִיץ et חֹמֶץ); de la pâte: fermenter, lever: כִּי לֹא חָמֵץ Exod. 12. 39, car (la pâte) n'était pas levée; טֶרֶם יֶחְמָץ 12. 34, avant qu'elle fût levée; מִלּוּשׁ בָּצֵק עַד־חֻמְצָתוֹ Osée 7. 4, depuis le pétrissage de la pâte jusqu'à sa fermentation. — 2° Être d'une couleur forte, vive: חֲמוּץ בְּגָדִים Is. 63. 1, *part. pass.*, (rouge de vêtements) avec des habits rouges (de sang, ou: des habits de pourpre). — 3° *Au fig.* Être violent (v. חָמַס); מִכַּף מְעַוֵּל וְחוֹמֵץ Ps. 71. 4, de la main de l'homme injuste et violent.

Hithp.: כִּי יִתְחַמֵּץ לְבָבִי Ps. 73. 21, car mon cœur fermentait, était rempli de colère, d'amertume.

חָמֵץ *subst.* et *adj. m.* 1° Pain fermenté: כָּל־אֹכֵל חָמֵץ Exod. 12. 15, quiconque mangera du pain fermenté (avec du levain); חָמֵץ תֵּאָפֶינָה Lév. 23. 17, *adj.*, (les pains) seront cuits, fermentés, avec du levain. — 2° Violence (v. חָמָס): וְקַטֵּר מֵחָמֵץ תּוֹדָה Amos 4. 5, et (faites) s'envoler en fumée, c.-à-d. offrir vos sacrifices d'actions de grâces provenant de violence, ou présentés avec colère (v. חָמֵץ *verbe*, 3°), ou מֵחָמֵץ de pain fermenté (ce qui était défendu).

חֹמֶץ *m.* Vinaigre : חֹמֶץ יַיִן וְחֹמֶץ שֵׁכָר Nomb. 6. 3, du vinaigre de vin et du vinaigre fait d'un autre breuvage fort; כַּחֹמֶץ לַשִּׁנַּיִם Prov. 10. 26, comme le vinaigre (est nuisible) aux dents.

חָמַק Se retirer, s'en aller : וְדוֹדִי חָמַק עָבָר Cant. 5. 6, mais mon ami s'était retiré, avait disparu, et avait passé ailleurs.

Hithp.: עַד־מָתַי תִּתְחַמָּקִין Jér. 31. 22, jusqu'à quand seras-tu errante, vagabonde?

חָמַר 1° Être trouble, se troubler : יֶהֱמוּ יֶחְמְרוּ מֵימָיו Ps. 46. 4, ses flots mugiront, se troubleront (v. חֵמָר), ou : ses flots s'élèveront, écumeront (v. חֹמֶר 2°); וְיַיִן חָמַר מָלֵא מֶסֶךְ Ps. 75. 9, et le vin est trouble, plein de liqueurs mêlées; selon d'autres : le vin est fort, ou rouge. — 2° *Trans.* (de חֵמָר bitume). Enduire : וַתַּחְמְרָה בַחֵמָר וּבַזָּפֶת Exod. 2. 3, elle l'enduisit de bitume et de poix.

Poalal : מֵעַי חֳמַרְמָרוּ Lament. 1. 20, mes entrailles sont agitées, émues, ou enflammées; פָּנַי חֳמַרְמְרָה מִנִּי־בֶכִי Job. 16. 16, j'ai le visage enflammé, ou bouffi, à force de pleurer.

חֵמָר *m.* Bitume : בַּחֵמָר Exod. 2. 3, avec du bitume; וְהַחֵמָר הָיָה לָהֶם לַחֹמֶר Gen. 11. 3, et le bitume leur servit de ciment (v. חֹמֶר 1°) : בֶּאֱרֹת חֵמָר 14. 10, des puits de bitume.

חֶמֶר *m.* Vin : וְדַם־עֵנָב תִּשְׁתֶּה־חָמֶר Deut. 32. 14, tu boiras le vin le plus pur, et fort rouge (v. דָּם); כֶּרֶם חֶמֶר Is. 27. 2, la vigne qui porte le vin.

חֲמַר et חַמְרָא chald. *m.* Vin : חֲמַר וּמְשַׁח Esdr. 6. 9, le vin et l'huile; חַמְרָא שָׁתֵה Dan. 5. 1, il but le vin.

חֹמֶר *m.* 1° Argile, ciment, boue : אֲנַחְנוּ הַחֹמֶר Is. 64. 7, nous sommes l'argile; תִּתְהַפֵּךְ כְּחֹמֶר חוֹתָם Job 38. 14, elle change comme l'argile peut changer d'empreintes; לַחֹמֶר Gen. 11. 3, ciment, (comme) de ciment (v. חֵמָר); כְּחֹמֶר חוּצוֹת Is. 10. 6, comme la boue des rues. — 2° Tas, amas : וַיִּצְבְּרוּ אֹתָם חֳמָרִם חֳמָרִם Exod. 8. 10, on les amassa en beaucoup de monceaux; חֹמֶר מַיִם רַבִּים Hab. 3. 15, (au travers) de la masse, du mur des eaux puissantes, allusion au passage de la mer Rouge, ou (sens 1°) : au travers de la fange, etc. — 3° Nom d'une mesure : עֲשֶׂרֶת הַבַּתִּים חֹמֶר Ez. 45. 14, dix bath font un chomer (soit pour mesurer le fruit, soit pour les liquides); v. Ez., chap. 45.

* חָמוּר (*fém.* חֲמוּרָה) Grave, important; opposé à קַל : וֶהֱוֵי זָהִיר בְּמִצְוָה קַלָּה כְּבַחֲמוּרָה Aboth, et observe un commandement, une loi de peu d'importance, aussi scrupuleusement qu'une autre plus grave, plus essentielle. קַל וָחֹמֶר Conclure de mineur à majeur, du léger au grave; à plus forte raison : עָפָר אֲנִי בְּחַיַּי קַל וָחֹמֶר בְּמִיתָתִי Rituel, je suis poussière pendant ma vie, bien plus après ma mort.

חַמְרָן *n. pr.* I Chr. 1. 41 (v. חֶמְדָּן).

I חָמַשׁ Armer (seul. le *part. pass.*) : וַחֲמֻשִׁים עָלוּ בְנֵי־יִשְׂרָאֵל Exod. 13. 18, et les enfants d'Israel sortirent (armés) en armes (de l'Égypte), Jos. 1. 14, Jug. 7. 11. (V. חֹמֶשׁ 1°, l'aine, endroit à peu près où on ceint l'épée?)

II חָמַשׁ (de חָמֵשׁ cinq) *Kal* inusité. *Pi.* Lever la cinquième partie : וְחִמֵּשׁ אֶת־אֶרֶץ מִצְרַיִם Gen. 41. 34, il lèvera la cinquième partie des fruits de l'Égypte (v. II חֹמֶשׁ).

חָמֵשׁ (const. חֲמֵשׁ *f.* et חֲמִשָּׁה, חֲמֵשֶׁת *m.*) Cinq : חֲמִשָּׁה אֲנָשִׁים Gen. 47. 2, cinq hommes; חָמֵשׁ יָדוֹת 43. 34, cinq fois autant; חָמֵשׁ עָרִים Is. 19. 18, cinq villes. Cinquante : וַיִּשְׁלַח אֵלָיו שַׂר חֲמִשִּׁים חֲמִשִּׁים

וַחֲמִשָּׁיו II Rois 1. 9, et il lui envoya un chef de cinquante hommes, avec les cinquante soldats (qui étaient sous ce chef); וְאֶת־חֲמִשֶּׁיךָ 1. 12, et les cinquante hommes.

I חֹמֶשׁ *m*. Aine : וַיַּכֵּהוּ אַבְנֵר בְּאַחֲרֵי הַחֲנִית אֶל־הַחֹמֶשׁ II Sam. 2. 23, Abner le frappa avec la pointe inférieure de la lance dans l'aine (v. חָמֵשׁ 1°); Talmud, dans la cinquième côte (de חָמֵשׁ), II Sam. 3. 27, 4. 6, 20. 10.

II חֹמֶשׁ *m*. La cinquième partie : לְפַרְעֹה לַחֹמֶשׁ Gen. 47. 26, à Pharaon, au roi appartient la cinquième partie, un de cinq (des produits de la terre).

חֲמִשִּׁי (v. חֲמִישִׁי).

חֲמִשִּׁים Cinquante (v. חָמֵשׁ).

חֵמֶת *m*. Vaisseau, outre : וַיִּכְלוּ הַמַּיִם מִן־הַחֵמֶת Gen. 21. 15, et l'eau, qui était dans le vaisseau, fut consumée, manqua; const. וְחֵמַת מַיִם 21. 14, et un vaisseau plein d'eau ; aussi, selon quelques commentateurs, חֲמַת מִיָּיִן Osée 7. 5, (ils sont malades) grâce à l'outre pleine de vin (mais selon les autres, par la chaleur, la fureur du vin, v. חֵמָה); de même מְסַפֵּחַ חֲמָתְךָ Hab. 2. 15, toi qui (lui) présentes, verses ton outre (pour l'enivrer), ou : qui lui jettes ton venin (ta colère).

חֲמָת (forteresse, bourg, de חוֹמָה mur) *n. pr*. d'une ville en Syrie : Hamath ou Emath, Nomb. 13. 21 ; חֲמַת רַבָּה Amos 6. 2, Emath la grande ville ; חֲמַת צוֹבָה II Chr. 8. 3, Emath Zoba ; וְאֶת־הַחֲמָתִי Gen. 10. 18, le Hamathi, fils de Chanaan.

חֵן *m*. (rac. חָנַן). Grâce, faveur, les grâces d'une femme : וְנֹחַ מָצָא חֵן בְּעֵינֵי יְיָ Gen. 6. 8, mais Noé trouva grâce (aux yeux de) devant l'Éternel ; וַתְּהִי אֶסְתֵּר נֹשֵׂאת חֵן Esth. 2. 15, et Esther gagna la faveur (de tous ceux qui la voyaient); וַיִּתֵּן חִנּוֹ בְּעֵינֵי שַׂר בֵּית־הַסֹּהַר Gen. 39. 21, il lui concilia la faveur du gouverneur de la prison ; וְיַעֲלַת־חֵן Prov. 5. 19, et un chamois (femelle) ou une chevrette très agréable, pour : une femme belle, gracieuse ; אֶבֶן־חֵן 17. 8, une pierre précieuse ; שֶׁקֶר הַחֵן 31. 30, la grâce est trompeuse.

חֵן *n. pr*. Hen, fils de Sophonie, Zach. 6. 14.

חֵנָדָד *n. pr. m*. Néh. 3. 18.

חָנָה (*fut*. יַחֲנֶה, *apoc*. וַיִּחַן) Décliner, s'asseoir, s'installer, demeurer, dresser la tente, camper : הִנֵּה חֲנוֹת הַיּוֹם Jug. 19. 9, voici le déclin du jour ; וַיִּחַן בְּנַחַל־גְּרָר Gen. 26. 17, il campa dans la vallée de Guerar ; קִרְיַת חָנָה דָוִד Is. 29. 1, ville où David a habité, ou dans laquelle il a campé ; וַיַּחֲנוּ בַּמִּדְבָּר Exod. 19. 2, ils campèrent, ils dressèrent leurs tentes, dans le désert ; וּבַחֲנֹת הַמִּשְׁכָּן Nomb. 1. 51, et lorsque le tabernacle doit être dressé ; avec עַל : וַחֲנֵה עַל־הָעִיר II Sam. 12. 28, et assiége la ville ; avec l'*acc*. חֹנָךְ Ps. 53. 6, ton assiégeant, celui qui t'assiége.

חַנָּה (grâce) *n. pr*. Hanna, mère de Samuel, I Sam. 1. 2.

חֲנוֹךְ (initié ou initiant) *n. pr*. 1° Henoch, fils de Caïn; aussi une ville qui portait son nom, Gen. 4. 17. — 2° Henoch, fils de Jared, Gen. 5. 18. — 3° Henoch, fils de Ruben, Gen. 46. 9. — 4° Henoch, fils de Midian, חֲנֹךְ Gen. 25. 4 ; *nom patron*. חֲנֹכִי Nomb. 26. 5.

חָנוּן (gracieux) *n. pr*. 1° Hanon, roi des Ammonites, II Sam. 10. 1. — 2° Néh. 3. 30. — 3° Néh. 3. 13.

חַנּוּן *adj*. (rac. חָנַן). Gracieux, clément : אֵל רַחוּם וְחַנּוּן Exod. 34. 6, Dieu miséricordieux et clément ; חַנּוּן וְרַחוּם וְצַדִּיק Ps. 112. 4, (Dieu est) clément, miséricordieux et juste.

חָנוּת *f*. Tente, boutique : כִּי בָא יִרְמְיָהוּ אֶל־בֵּית הַבּוֹר וְאֶל־הַחֲנֻיוֹת Jér. 37. 16, lorsque Jérémie fut venu dans la prison, qui était en dedans des boutiques (selon les autres : et dans les cachots) ; * הַחֲנוּת פְּתוּחָה Aboth, (la boutique) le marché est ouvert. De là

* חֶנְוָנִי Aboth, celui qui tient boutique, marchand, mercier.

חָנַט 1° Rendre doux, aromatique : הַתְּאֵנָה חָנְטָה פַגֶּיהָ Cant. 2. 13, le figuier adoucit, remplit d'arome, ses figues qui ne sont pas encore tout à fait mûres, ou : le figuier a poussé ses premières figues. — 2° Embaumer : לַחֲנֹט אֶת־אָבִיו Gen. 50. 2, d'embaumer son père ; וַיַּחַנְטוּ אֹתוֹ 50. 26, ils l'embaumèrent.

חֲנֻטִים *m. pl.* (rac. חָנַט). Embaumement : יְמֵי הַחֲנֻטִים Gen. 50. 3, les jours employés à l'embaumement.

חִנְטִין chald. *m. pl.* Froment : וְעַד־חִנְטִין כֹּרִין מְאָה Esdr. 7. 22, du froment cent (chaurs) mesures.

חַנִּיאֵל (la grâce de Dieu) *n. pr.* 1° Hanniel, fils d'Ephod, chef de la tribu de Manassé, Nomb. 34. 23. — 2° I Chr. 7. 39.

חָנִיךְ *m.* (rac. חָנַךְ). Qui est initié, expérimenté, éprouvé : וַיָּרֶק אֶת־חֲנִיכָיו Gen. 14. 14, il arma ses gens les plus aguerris, les plus braves.

חֲנִינָה *f.* (rac. חָנַן). Grâce : אֲשֶׁר לֹא־אֶתֵּן לָכֶם חֲנִינָה Jér. 16. 13, de sorte que je ne vous accorderai pas de grâce, de repos.

חֲנִית *f.* (rac. חָנָה). Lance : וְהַחֲנִית בְּיַד־שָׁאוּל I Sam. 18. 11, et Saül avait la lance à la main ; וַתֵּצֵא הַחֲנִית מֵאַחֲרָיו II Sam. 2. 23, et la lance lui sortit par derrière, c.-à-d. le perça ; *plur.* הַחֲנִיתִים II Chr. 23. 9, les lances, et וַחֲנִיתוֹתֵיהֶם Is. 2. 4, et leurs lances.

חָנַךְ 1° Initier, instruire : חֲנֹךְ לַנַּעַר עַל־פִּי דַרְכּוֹ Prov. 22. 6, instruis, habitue, l'enfant selon sa manière, d'après ce qu'il sera capable d'apprendre et de pratiquer, ou : dans sa voie, ses manières, pour qu'il sache se conduire. — 2° Inaugurer : אֲשֶׁר בָּנָה בַיִת־חָדָשׁ וְלֹא חֲנָכוֹ Deut. 20. 5, (quelqu'un) qui ait bâti une maison neuve et qui n'y ait pas encore logé ; וַיַּחְנְכוּ אֶת־בֵּית יְיָ I Rois 8. 63, et ils inaugurèrent, dédièrent, le temple de l'Éternel.

חֲנֻכָּה *f.* (rac. חָנַךְ). Inauguration, dédicace : לַחֲנֻכַּת הַמִּזְבֵּחַ Nomb. 7. 11, pour la dédicace de l'autel ; aussi les dons et sacrifices offerts pour la dédicace : וַיַּקְרִיבוּ הַנְּשִׂאִים אֵת חֲנֻכַּת הַמִּזְבֵּחַ 7. 10, les princes offrirent leurs dons pour la dédicace de l'autel ; חֲנֻכַּת הַבַּיִת Ps. 30. 1, la dédicace du temple, ou : l'inauguration du palais (de David).

***חֲנֻכָּה** La fête qu'on célèbre en mémoire des victoires des Macchabées, et des miracles lors de la dédicace du temple faite par eux ; elle commence le 25 du mois de kislew et dure huit jours.

חֲנֻכָּה chald. *f.* Même signification : לְמֵתֵא לַחֲנֻכַּת צַלְמָא Dan. 3. 2, de venir à l'inauguration de la statue ; חֲנֻכַּת בֵּית־אֱלָהָא דְנָה Esdr. 6. 16, la dédicace de ce temple.

חִנָּם *adv.* (rac. חָנַן, formé de חֵן et de ם désinence *adverbiale* comme רֵיקָם יוֹמָם). 1° Par grâce, par faveur, c.-à-d. gratis : וַעֲבַדְתַּנִי חִנָּם Gen. 29. 15, tu me servirais gratuitement, sans salaire ? יֵצֵא לַחָפְשִׁי חִנָּם Exod. 21. 2, il sortira libre gratis (sans rançon). — 2° En vain, sans raison : נִצְפְּנָה לְנָקִי חִנָּם Prov. 1. 11, tendons des piéges en secret à l'innocent, sans raison (sans qu'il nous ait fait du mal) ; לֹא אֶל־חִנָּם דִּבַּרְתִּי Ez. 6. 10, je n'ai pas parlé en vain ; דְּמֵי חִנָּם I Rois 2. 31, le sang innocent (que Joab a répandu).

חֲנַמְאֵל *n. pr.* Hanameel, fils de Sellum, Jér. 32. 7.

חֲנָמַל Gelée, frimas : וְשִׁקְמוֹתָם בַּחֲנָמַל Ps. 78. 47, (il perd) leurs sycomores, ou figuiers, par la gelée, le frimas (selon d'autres : une espèce de sauterelle, ou la fourmi).

חָנַן (*fut.* יָחֹן et יֶחֱנַן avec suff. יְחָנֵּנִי et יְחֻנְּכֶם, *inf.* חָנוֹן const. חֲנַן et חַנּוֹת) Faire grâce, épargner, compatir, accorder : וְחַנֹּתִי אֶת־אֲשֶׁר אָחֹן Exod. 33. 19, je ferai grâce à qui je ferai grâce (à qui je voudrai) ; זְקֵנִים לֹא־חָנָנוּ Lament. 4. 16, ils n'ont pas épargné les vieillards ; חוֹנֵן אֶבְיוֹן Prov. 14. 31, qui a compassion du pauvre ; חָנֵּנִי Ps. 4. 2, fais-moi grâce ; הַיְלָדִים אֲשֶׁר־חָנַן אֱלֹהִים אֶת־עַבְדֶּךָ Gen. 33. 5, les enfants que Dieu a accordés, donnés, à ton serviteur; וְתוֹרָתְךָ חָנֵּנִי Ps. 119. 29, et accorde-moi ta loi, accorde-moi la grâce de me faire aimer et suivre ta loi; וְחַנֹּתִי לִבְנֵי בִטְנִי Job 19. 17, et à ceux que j'aime, les enfants qui sont sortis de moi; selon d'autres: וְחַנֹּתִי *inf.*, et mon amour, mes caresses, (répugnent) à mes enfants; לַחֲנַנְכֶם Is. 30. 18, pour vous faire miséricorde; הֲשָׁכַח חַנּוֹת אֵל Ps. 77. 10, Dieu a-t-il oublié de faire grâce? חָנֻּנִי Job 19. 21, ayez pitié de moi? חָנּוּנוּ אוֹתָם Jug. 21. 22, faites-leur grâce à cause de nous, ou: accordez-les-nous (ces femmes).

Niph.: מַה־נֵּחַנְתְּ בְּבֹא־לָךְ חֲבָלִים Jér. 22. 23, que tu seras digne de pitié, lorsque tu seras attaquée par des douleurs! ou: seras-tu encore gracieuse, belle, lorsque, etc.?

Pi. Faire grâce, rendre doux, gracieux: כִּי־עֵת לְחֶנְנָהּ (p. לְחָנְנָהּ) Ps. 102. 14, car il est temps de lui faire grâce, d'avoir pitié d'elle (Sion); כִּי־יְחַנֵּן קוֹלוֹ אַל־תַּאֲמֶן־בּוֹ Prov. 26. 25, quoiqu'il rende sa voix douce, gracieuse, ou suppliante (v. *Hithp.*), ne te fie pas à lui. (Selon Kimchi, חָנֵּנִי est également l'*impér.* du *Pi.*, v. *Kal.*)

Po.: וּמְחוֹנֵן עֲנָוִים אַשְׁרָיו (עֲנִיִּים *cheth.*) Prov. 14. 21, mais qui a compassion des humbles, ou qui est charitable aux pauvres, sera bien heureux; וְאֶת־עֲפָרָהּ יְחֹנֵנוּ Ps. 102. 15, et ils ont compassion de sa poussière, ou: ils aiment la poussière, la terre de Sion.

Hoph. Être gracié, trouver grâce: יֻחַן רָשָׁע בַּל־לָמַד צֶדֶק Is. 26. 10, l'impie est-il gracié, trouve-t-il grâce? il n'apprend cependant pas la justice, ou: l'impie mérite-t-il la grâce, lui qui n'a pas appris à être juste? לֹא־יֻחַן בְּעֵינָיו רֵעֵהוּ Prov. 21. 10, son prochain ne trouvera pas grâce devant lui.

Hithp. Implorer la grâce, la miséricorde; suivi de לְ: אֶתְחַנֶּן־לוֹ Job 19. 16, je le prie; לְהִתְחַנֶּן־לוֹ Esth. 4. 8, de l'implorer; de אֶל: וָאֶתְחַנַּן אֶל־יְיָ Deut. 3. 23, j'implorai l'Éternel; בְּהִתְחַנְנוֹ אֵלֵינוּ Gen. 42. 21, lorsqu'il nous implorait; de לִפְנֵי: דְּבָרַי אֵלֶּה אֲשֶׁר הִתְחַנַּנְתִּי לִפְנֵי יְיָ I Rois 8. 59, ces paroles de supplication que j'ai adressées à l'Éternel.

חֲנַן chald. (*inf.* מִחַן). Être miséricordieux, charitable: וַעֲוָיָתָךְ בְּמִחַן עֲנָיִן Dan. 4. 24, (rachète) tes iniquités en exerçant la miséricorde, la charité, envers les pauvres.

Ithpa. (v. חֲנַן *Hithp.*): מְצַלֵּא וּמִתְחַנַּן קֳדָם אֱלָהֵהּ 6. 12, il priait et implorait son Dieu.

חָנָן *n. pr.* Hanan, fils de Maacha, I Chr. 11. 43. Et plusieurs autres, Esdr., Néh.

חֲנַנְאֵל *n. pr.* d'une tour: מִגְדַּל חֲנַנְאֵל la tour d'Hananéel à Jérusalem, Jér. 31. 38.

חֲנָנִי *n. pr.* 1° Hanani, père du prophète Jéhu, I Rois 16. 1. — 2° Hanani, frère de Néhémias, Néh. 1. 2.

חֲנַנְיָה (aimé de Dieu) *n. pr.* 1° Hananiah, fils d'Azur, faux prophète, Jér. 28. 1. — 2° Hananias, ami de Daniel, nommé en chaldéen Sidrach, Dan. 1. 6, 7.

חָנֵס *n. pr.* Hanes, une ville en Égypte (chez les Grecs Héracléopolis), Is. 30. 4.

חָנֵף (*fut.* יֶחֱנַף) 1° Se souiller, se corrompre: וַתֶּחֱנַף הָאָרֶץ בַּדָּמִים Ps. 106. 38, et le pays se souilla par le sang versé, les meurtres; כִּי־גַם־נָבִיא גַם־כֹּהֵן חָנֵפוּ Jér. 23. 11, car même le prophète et le prêtre se sont corrompus. — 2° *Trans.*: corrompre, souiller: וַתֶּחֱנַף אֶת־הָאָרֶץ Jér. 3. 9, elle a corrompu, souillé, tout le pays.

Hiph. Rendre impur, souiller, corrompre, séduire: וְלֹא־תַחֲנִיפוּ אֶת־הָאָרֶץ Nomb. 35. 33, vous ne devez pas souiller la terre; יַחֲנִיף בַּחֲלַקּוֹת Dan. 11. 32, il séduira par des flatteries.

חָנֵף *adj.* Impie, hypocrite: כֻּלּוֹ חָנֵף וּמֵרַע Is. 9. 16, tous sont impies et méchants; כִּי־לֹא לְפָנָיו חָנֵף יָבוֹא Job 13. 16, car aucun hypocrite n'osera paraître devant lui.

חֹנֶף *m.* Impiété, hypocrisie: לַעֲשׂוֹת

חֹנֶף Is. 32. 6, pour faire de l'hypocrisie, commettre des impiétés.

חֲנֻפָּה *f.* Hypocrisie, corruption : יָצְאָה חֲנֻפָּה Jér. 23. 15, la corruption s'est répandue.

חנק *Kal* inusité. *Niph.* S'étrangler : וַיֵּחָנַק II Sam. 17. 23, il s'étrangla.

Pi. Étrangler, égorger ; וּמְחַנֵּק לְלִבְאֹתָיו Nah. 2. 13, le lion étrangle, égorge (des bêtes), pour en nourrir ses lionnes.

*חֶנֶק *m.* Strangulation, Rituel.

חַנָּתֹן *n. pr.* Hanathon, ville de la tribu de Zabulon, Jos. 19. 14.

חסד *Kal* inusité. *Pi.* Imputer à honte, insulter : פֶּן־יְחַסֶּדְךָ שֹׁמֵעַ Prov. 25. 10, pour que celui qui l'entend ne vous insulte, ne t'en fasse des reproches (v. חֶסֶד 2°).

Hithp. Se montrer bon, miséricordieux : עִם־חָסִיד תִּתְחַסָּד Ps. 18. 26, II Sam. 22. 26, envers l'homme bon, tu te montres bon, miséricordieux (v. חֶסֶד 1°).

חֶסֶד *m.* (suff. חַסְדִּי). 1° Amour, bonté, faveur, grâce, miséricorde, piété : וְעָשִׂיתָ עִמָּדִי חֶסֶד וֶאֱמֶת Gen. 47. 29, que tu exerceras à mon égard la bonté et la fidélité ; זֶה חַסְדְּךָ אֶת־רֵעֶךָ II Sam. 16. 17, est-ce là ton amour pour ton ami ? וַיֵּט אֵלָיו חָסֶד Gen. 39. 21, (Dieu) lui concilia la faveur (fit que Joseph fut aimé) ; מַה־יָּקָר חַסְדְּךָ אֱלֹהִים Ps. 36. 8, ô Dieu ! que ta grâce est précieuse ! *Plur.* : אַיֵּה חֲסָדֶיךָ הָרִאשֹׁנִים Ps. 89. 50, où sont tes anciennes miséricordes ? וְאַנְשֵׁי־חֶסֶד Is. 57. 1, et les hommes de piété ; וְכָל־חַסְדּוֹ כְּצִיץ הַשָּׂדֶה Is. 40. 6, et même toute sa bonté, ou toute sa force, ou sa beauté, est (passagère) comme la fleur des champs.

2° *L'opposé du premier.* Honte, crime : חֶסֶד הוּא Lév. 20. 17, c'est une honte, un crime ; וְחֶסֶד לְאֻמִּים חַטָּאת Prov. 14. 34, la honte, la perte des nations, est le péché ; selon d'autres, *sens* 1° : la miséricorde, la charité, qu'exercent les peuples, est une expiation (pour leurs péchés).

חֶסֶד *n. pr. m.* I Rois 4. 10.

חֲסַדְיָה (aimé de Dieu) *n. pr. m.* I Chr. 3. 20.

חָסָה (*fém.* חָסְיָה, *plur.* חָסוּ et חָסָיוּ, *fut.* יֶחְסֶה et יַחְסֶה, *plur.* יֶחֱסוּ et יֶחֱסָיוּן) Se réfugier, reposer, espérer en, avoir confiance : חֲסוּ בְצִלִּי Jug. 9. 15, reposez sous mon ombrage ; בְּצֵל כְּנָפֶיךָ יֶחֱסָיוּן Ps. 36. 8, ils se réfugient sous l'ombre de tes ailes ; וְחָסוּ בְּשֵׁם יְיָ Soph. 3. 12, ils espéreront au nom du Seigneur ; וְחֹסֶה בְמוֹתוֹ צַדִּיק Prov. 14. 32, le juste espère encore en mourant, à l'heure de la mort.

חֹסָה (refuge) *n. pr.* Hosa, descendant de Merari, I Chr. 26. 10.

חָסֹן *adj.* (rac. חָסַן). Fort, puissant ; וְחָסֹן הוּא כָּאַלּוֹנִים Amos 2. 9, qui était fort comme des chênes ; וְהָיָה הֶחָסֹן לִנְעֹרֶת Is. 1. 31, le puissant sera comme de l'étoupe sèche.

חָסוּת *f.* (rac. חָסָה). Refuge, confiance : וְהֶחָסוּת בְּצֵל־מִצְרַיִם לִכְלִמָּה Is. 30. 3, et le refuge sous l'ombre de l'Égypte, votre confiance dans sa protection, sera votre honte, votre confusion.

חָסִיד *adj.* (rac. חָסַד). Bon, miséricordieux, pieux : מִגּוֹי לֹא־חָסִיד Ps. 43. 1, contre une nation qui n'est pas bonne ; וְחָסִיד בְּכָל־מַעֲשָׂיו Ps. 145. 17, Dieu est miséricordieux, ou saint, dans toutes ses œuvres ; וְלֹא־יַעֲזֹב אֶת־חֲסִידָיו Ps. 37. 28, il n'abandonnera pas ses saints, ses pieux adorateurs.

חֲסִידָה *f.* Cigogne : כְּכַנְפֵי הַחֲסִידָה Zach. 5. 9, comme les ailes d'une cigogne.

חָסִיל *m.* (v. חָסַל). Espèce de sauterelle : וְאֻסַּף שְׁלַלְכֶם אֹסֶף הֶחָסִיל Is. 33. 4, vos dépouilles seront amassées comme on amasse des sauterelles ; ensemble avec אַרְבֶּה : אַרְבֶּה חָסִיל כִּי יִהְיֶה I Rois 8. 37, quand il viendra l'une, ou l'autre, espèce de sauterelles.

חָסִין *adj.* (rac. חָסַן). Puissant : מִי־כָמוֹךָ חֲסִין יָהּ Ps. 89. 9, qui est semblable à toi, Dieu puissant.

חַסִּיר chald. *adj.* (v. חָסֵר héb., manquer). Manquant : וְהִשְׁתְּכַחַתְּ חַסִּיר Dan. 5. 27, (tu as été pesé dans la balance) et tu as été trouvé manquant de poids, c.-à-d. trop léger.

חָסַל Dévorer : כִּי יַחְסְלֶנּוּ הָאַרְבֶּה Deut. 28. 38, parce que les sauterelles le dévoreront.

חָסַם Fermer, boucher : לֹא־תַחְסֹם שׁוֹר בְּדִישׁוֹ Deut. 25. 4, tu ne fermeras, lieras pas, la bouche du bœuf, pendant qu'il foule le blé (dans l'aire) ; וְחֹסֶמֶת הִיא אֶת־הָעֹבְרִים Ez. 39. 11, elle (la vallée, par l'odeur infecte des cadavres) fera que les passants se boucheront les narines, ou : (par la quantité des cadavres) elle arrêtera les passants.

חָסַן *Kal* inusité (être fort, puissant). *Niph.* Être réservé, mis en réserve : לֹא יֵאָצֵר וְלֹא יֵחָסֵן Is. 23. 18, il ne sera point amassé (mis dans un trésor), ni mis en réserve.

חֲסַן chald. *Aph.* Posséder : וְיַחְסְנוּן מַלְכוּתָא Dan. 7. 18, et ils posséderont l'empire ; וּמַלְכוּתָא הֶחֱסִנוּ קַדִּישִׁין 7. 22, et les saints entrèrent en possession de l'empire ou du royaume.

חֲסַן chald. *m.* (*emph.* חִסְנָא). Force, puissance : חִסְנָא וְתָקְפָּא Dan. 2. 37, la puissance et la force ; בִּתְקַף חִסְנִי 4. 27, dans la force, la grandeur, de ma puissance.

חֹסֶן *m.* Richesse, trésor : כִּי לֹא לְעוֹלָם חֹסֶן Prov. 27. 24, car la richesse n'est pas éternelle, ne dure pas toujours ; חֹסֶן וִיקָר יִקָּחוּ Ez. 22. 25, ils prennent la richesse et les choses précieuses ; חֹסֶן יְשׁוּעֹת Is. 33. 6, un trésor de salut, un grand salut.

חָסַף Écailler, éplucher (v. חָשַׂף). Ex. unique, *part. pass.* du *Pi.* avec redoublement de la 2ᵉ lettre radicale, ou racine de quatre lettres : דַּק מְחֻסְפָּס Exod. 16. 14, quelque chose de fin, menu, et comme écaillé, épluché ; selon d'autres : et de forme ronde.

חֲסַף chald. *m.* Argile : וּמִנְּהֵין דִּי חֲסַף Dan. 2. 33, et en partie d'argile (2. 34, חַסְפָּא).

חָסֵר (*fut.* יֶחְסַר, *plur.* יַחְסְרוּ) Être privé, manquer de quelque chose, diminuer, manquer : לֹא־תֶחְסַר כֹּל בָּהּ Deut. 8. 9, tu ne manqueras de rien dans ce pays ; וְדֹרְשֵׁי יְיָ לֹא־יַחְסְרוּ כָל־טוֹב Ps. 34. 11, mais ceux qui cherchent l'Éternel ne seront privés d'aucun bien ; יְיָ רֹעִי לֹא אֶחְסָר 23. 1, Dieu est mon pasteur, je ne manquerai de rien, je ne souffrirai pas de privation ; וַיַּחְסְרוּ הַמָּיִם Gen. 8. 3, les eaux diminuèrent ; הָיוּ הָלוֹךְ וְחָסוֹר 8. 5, (les eaux) allaient en diminuant ; וְצַפַּחַת הַשֶּׁמֶן לֹא חָסֵר I Rois 17. 16, l'huile du vase ne diminua point ; וְשֶׁמֶן עַל־רֹאשְׁךָ אַל־יֶחְסָר Eccl. 9. 8, que l'huile sur ta tête ne manque point, ne néglige pas de te parfumer la tête ; אַל־יֶחְסַר הַמָּזֶג Cant. 7. 3, où le vin ne manque pas.

Pi. Faire manquer, priver : וַתְּחַסְּרֵהוּ מְּעַט מֵאֱלֹהִים Ps. 8. 6, tu as fait qu'il ne lui manque que peu pour être un dieu ; וּמְחַסֵּר אֶת־נַפְשִׁי מִטּוֹבָה Eccl. 4. 8, et (pourquoi) me priver moi-même du bien, des jouissances ?

Hiph. : וְהַמַּמְעִיט לֹא הֶחְסִיר Exod. 16. 18, celui qui avait amassé peu n'avait pas de manque en sa mesure, n'en avait pas moins. *Trans.* : וּמַשְׁקֶה צָמֵא יַחְסִיר Is. 32. 6, et il prive de boisson celui qui a soif.

חָסֵר *adj.* (v. חָסֵר *verbe*). Manquant, étant privé de : כִּי מָה־אַתָּה חָסֵר עִמִּי I Rois 11. 22, qu'est-ce qui te manque ? de quoi manques-tu chez moi ? וְאֵינֶנּוּ חָסֵר לְנַפְשׁוֹ מִכֹּל אֲשֶׁר־יִתְאַוֶּה Eccl. 6. 2, et à qui rien ne manque (pour son âme) de tout ce qu'il désire ; וַחֲסַר־לָחֶם II Sam. 3. 29, et qui manque de pain ; חֲסַר־לֵב Prov. 6. 32, qui est dépourvu de sens. *Subst.* : בַּחֲסַר־לֵב 10. 21, par manque de cœur, de sens.

חֶסֶר *m.* Privation, pauvreté : וְלֹא־יֵדַע כִּי־חֶסֶר יְבֹאֶנּוּ Prov. 28. 22, il ne sait pas que la pauvreté l'atteindra ; בְּחֶסֶר וּבְכָפָן Job 30. 3, avec la pauvreté et la faim.

חֹסֶר *m.* Manque, disette : וּבְחֹסֶר כֹּל Deut. 28. 48, dans le manque, le besoin, de toutes choses ; וְחֹסֶר לֶחֶם Amos 4. 6, et une disette de pain.

חַסְרָה (privation) *n. pr. m.* II Chr. 34. 32.

חָסְרוֹן *adj.* Ce qui est défectueux, fautif, ou dépourvu de sens : וְחֶסְרוֹן לֹא־יוּכַל לְהִמָּנוֹת Eccl. 1. 15, et ce qui est défectueux, fautif, ne peut pas être compté ; ou : ce qui manque ne compte pas ; ou : le nombre des insensés est infini.

חַף *adj.* (rac. חָפַף). Pur : חַף אָנֹכִי Job 33. 9, je suis pur, innocent.

חָפָא Cacher. *Pi.* Nier, contester : וַיְחַפְּאוּ בְנֵי־יִשְׂרָאֵל דְּבָרִים אֲשֶׁר לֹא־כֵן עַל־יי II Rois 17. 9, les enfants d'Israel ont, contre la vérité, contesté des choses à Dieu, c.-à-d. lui ont contesté la connaissance des hommes et de leurs actions ; selon les autres : ils firent en secret des choses contre Dieu, ou : ils dirent des choses offensantes contre Dieu. En tous cas, c'est le même que חָפָה, sinon ce verbe même (v. חָפָה).

חָפָה Couvrir, envelopper : וְחָפוּ רֹאשָׁם Jér. 14. 3, ils ont couvert leurs têtes (dans leur honte, leur douleur) ; אָבֵל וַחֲפוּי רֹאשׁ Esth. 6. 12, affligé, et la tête couverte ; וּפְנֵי הָמָן חָפוּ 7. 8, et ils couvrirent le visage à Aman (signe de disgrâce), ou *intrans.*: son visage était couvert, triste. *Niph. pass.*: נֶחְפָּה בַכֶּסֶף Ps. 68. 14, couvert d'argent.

Pi.: חִפָּה עֲצֵי בְרוֹשִׁים II Chr. 3. 5, il fit couvrir de bois de sapin ; וַיְחַף אֶת־הַבַּיִת 3. 7, il fit couvrir la maison ; וַיְחַפֵּהוּ זָהָב טוֹב 3. 8, il le couvrit d'or pur (וַיְחַפְּאוּ II Rois 17. 9, v. חָפָא).

חֻפָּה *f.* (rac. חָפַף). Couverture, toit, dais : עַל־כָּל־כָּבוֹד חֻפָּה Is. 4. 5, sur toute la splendeur, sur toutes ces choses magnifiques, sera une couverture ; veillera la protection de Dieu ; וְהוּא כְּחָתָן יֹצֵא מֵחֻפָּתוֹ Ps. 19. 6, il est comme un époux qui sort de sa chambre nuptiale. — * La cérémonie du mariage, les épousailles : מְקַדֵּשׁ יִשְׂרָאֵל עַל יְדֵי חֻפָּה וְקִדּוּשִׁין qui sanctifie Israel par les épousailles et les fiançailles.

חֻפָּה *n. pr. m.* I Chr. 24. 13.

חָפַז (*fut.* יַחְפּוֹז) Se hâter (surtout par peur), fuir ; aussi craindre : בְּחָפְזָהּ לָנוּס II Sam. 4. 4, comme elle se hâtait de fuir ; אֲנִי אָמַרְתִּי בְחָפְזִי Ps. 116. 11, j'ai dit dans ma précipitation, ou dans ma fuite ; בְּחָפְזָם II Rois 7. 15, dans leur fuite ; הֵן יַעֲשֹׁק נָהָר לֹא יַחְפּוֹז Job 40. 23, il engloutira, absorbera, un fleuve sans se hâter, tranquillement, sans rien craindre ; אַל־תִּירְאוּ וְאַל־תַּחְפְּזוּ Deut. 20. 3, ne craignez pas et ne vous effrayez pas, ou ne fuyez pas.

Niph. (même sens) : נֶחְפָּז לָלֶכֶת מִפְּנֵי שָׁאוּל I Sam. 23. 26, (David) se hâtait de s'en aller, de fuir, craignant Saül ; נִבְהֲלוּ נֶחְפָּזוּ Ps. 84. 6, ils se sont troublés et ont fui ; מִן־קוֹל רַעַמְךָ יֵחָפֵזוּן 104, 7, et à la voix de ton tonnerre ils s'effrayent.

חִפָּזוֹן *m.* Précipitation, fuite : כִּי בְחִפָּזוֹן יָצָאתָ Deut. 16. 3, car tu es sorti (de l'Égypte) avec précipitation ; כִּי לֹא בְחִפָּזוֹן תֵּצֵאוּ Is. 52. 12, vous ne sortirez pas en tumulte, avec précipitation.

חֻפִּים (protection) *n. pr.* 1° Hupim, fils de Benjamin, Gen. 46. 21. — 2° I Chr. 7. 12.

חֹפֶן *m.* Poing ; de là מְלֹא חָפְנוֹ le poing plein, une poignée ; *duel* : מְלֹא חָפְנַיִם Eccl. 4. 6, que plein les deux mains ; מְלֹא חָפְנֵיכֶם Exod. 9. 8, plein vos mains ; וּמַלֵּא חָפְנֶיךָ גַחֲלֵי־אֵשׁ Ez. 10. 2, et remplis tes mains des charbons de feu (qui sont, etc.).

חָפְנִי *n. pr.* Hophni, fils du prêtre Éli, I Sam. 1. 3.

חָפַף (v. חָפָה) Couvrir, protéger : חֹפֵף עָלָיו כָּל־הַיּוֹם Deut. 33. 12, il plane sur lui, il le protége tout le jour.

חָפֵץ (*fut.* יַחְפֹּץ et יֶחְפַּץ) 1° Vouloir, désirer, aimer : עַד שֶׁתֶּחְפָּץ Cant. 2. 7, jusqu'à ce qu'elle veuille ; לוּ חָפֵץ יי לַהֲמִיתֵנוּ Jug. 13. 23, si l'Éternel voulait nous faire mourir ; וְאִם־לֹא יַחְפֹּץ הָאִישׁ לָקַחַת Deut. 25. 7, mais si l'homme ne veut pas épouser (sa belle-sœur). — Lié direct. à l'*inf.* : וְהוֹכֵחַ אֶל־אֵל אֶחְפָּץ Job 13. 3, et je désire discuter avec Dieu ; avec ב : כִּי חָפֵץ בְּבַת־יַעֲקֹב Gen. 34. 19, car il aimait la fille de Jacob ;

אִם־חָפֵץ בָּנוּ יְיָ Nomb. 14. 8, si Dieu nous est favorable, nous aime; aussi avec l'*acc.* כִּי־חָפֵץ חֶסֶד הוּא Mich. 7. 18, car il aime la miséricorde.

2° יַחְפֹּץ זְנָבוֹ כְמוֹ־אָרֶז Job 40. 17, sa queue se raidit comme un cèdre, ou: il remue, tourne vite, sa queue forte, grande comme un cèdre (pour יָחִישׁ, v. חוּשׁ).

חָפֵץ *adj. verbal.* Voulant, désirant: אִם־חָפֵץ אַתָּה I Rois 21. 6, si tu le veux; אֲשֶׁר אַתֶּם חֲפֵצִים Mal. 3. 1, (le messager de l'alliance) que vous désirez; וּבְנֶפֶשׁ חֲפֵצָה I Chr. 28. 9, et avec une âme zélée, une pleine volonté.

חֵפֶץ *m.* (avec suff. חֶפְצִי, *pl.* חֲפָצִים). 1° Désir, affection, plaisir: אִם־אֶמְנַע מֵחֵפֶץ דַּלִּים Job 31. 16, ai-je refusé aux pauvres leur désir, ce qu'ils demandaient? בְּתוֹרַת יְיָ חֶפְצוֹ Ps. 1. 2, (mais) qui met son plaisir, toute son affection, dans la loi du Seigneur. — 2° La chose désirée, précieuse: וְכָל־חֲפָצֶיךָ לֹא יִשְׁווּ־בָהּ Prov. 3. 15, et tout ce que tu as de précieux ne peut pas lui être comparé; לְאַבְנֵי־חֵפֶץ Is. 54. 12, en des pierres précieuses; דְּרוּשִׁים לְכָל־חֶפְצֵיהֶם Ps. 111. 2, (elles sont) recherchées, méditées, (par ceux qui y trouvent) tous leurs désirs, ou tout ce qu'il y a de plus précieux pour eux; selon d'autres, *adj.*: (par tous ceux) qui les désirent. — 3° Chose, affaire, objet: וְעֵת לְכָל־חֵפֶץ Eccl. 3. 1, et un temps à chaque affaire; וְחֵפֶץ יְיָ בְּיָדוֹ יִצְלָח Is. 53. 10, la (chose) cause, ou la volonté de Dieu, réussira dans sa main; מִמְּצוֹא חֶפְצְךָ Is. 58. 13, de ne pas t'occuper de tes affaires.

חֶפְצִי־בָהּ (mon plaisir en elle) *n. pr.* Haphsi-bah, mère du roi Manassé, II Rois 21. 1.

I **חָפַר** (*fut.* יַחְפֹּר) 1° Creuser: כִּי חָפַרְתִּי אֶת־הַבְּאֵר הַזֹּאת Gen. 21. 30, que j'ai creusé ce puits; חֹפֵר גּוּמָּץ בּוֹ יִפּוֹל Eccl. 10. 8, celui qui creuse une fosse y tombera; du pied du cheval: יַחְפְּרוּ בָעֵמֶק Job 39. 21, les pieds du cheval creusent la terre. — 2° Approfondir, explorer, rechercher, reconnaître: מִשָּׁם חָפַר אֹכֶל Job 39. 29, de là elle contemple, ou guette, sa pâture; לַחְפֹּר אֶת־הָאָרֶץ Jos. 2. 2, pour reconnaître le pays; וַיַּחְפְּרֻהוּ מִמַּטְמוֹנִים Job 3. 21, et qui creusent après elle, c.-à-d. qui recherchent (la mort), plus qu'on ne creuse après des trésors.

II **חָפֵר** (*fut.* יֶחְפַּר) Rougir de honte: יֵבֹשׁוּ וְיַחְפְּרוּ יַחְדָּו Ps. 35. 26, qu'ils soient confondus, et qu'ils rougissent tous; וְחָפְרָה הַלְּבָנָה Is. 24. 23, la lune rougira; וּפְנֵיהֶם אַל־יֶחְפָּרוּ Ps. 34. 6, et leur visage ne sera point couvert de honte; וְתַחְפְּרוּ מֵהַגַּנּוֹת Is. 1. 29, vous rougirez des jardins que vous avez choisis.

Hiph. 1° *Intrans.* comme *Kal*: כִּי־לֹא תַחְפִּירִי Is. 54. 4, car tu n'auras pas à rougir; הֶחְפִּיר לְבָנוֹן 33. 9, le Liban rougit. — 2° *Act.* Confondre: בֵּן מֵבִישׁ וּמַחְפִּיר Prov. 19. 26, un fils infâme et déshonorant.

חֵפֶר *n. pr.* 1° D'une ville, Hepher, Jos. 12. 17. — 2° Hepher, fils de Gelead, Nomb. 26. 32, *n. patron.* חֶפְרִי. — 3° De plusieurs hommes, I Chr. 11. 36, 4. 6.

חֲפָרַיִם (deux puits) *n. pr.* Hapharayim, ville de la tribu d'Issachar, Jos. 19. 19.

חָפְרַע *n. pr.* Phraon Hophra, roi d'Égypte, Jér. 44. 30.

חֲפַרְפָּרָה *f.* Nom d'un animal ou d'un oiseau: לַחְפֹּר פֵּרוֹת Is. 2. 20, aux (images) des taupes, de חָפַר animal qui creuse; selon d'autres: d'un oiseau qui ronge les fruits (de חָפַר et פֵּרוֹת).

חָפַשׂ Rechercher, fouiller, méditer: חֹפֵשׂ כָּל־חַדְרֵי־בָטֶן Prov. 20. 27, qui recherche, fouille, dans le fond des entrailles, du cœur; וְכַמַּטְמוֹנִים תַּחְפְּשֶׂנָּה 2. 4, et si tu la recherches comme (on cherche) des trésors cachés; יַחְפְּשׂוּ עוֹלֹת Ps. 64. 7, ils cherchent, méditent, des crimes, des méchancetés (contre moi).

Niph. Être fouillé: אֵיךְ נֶחְפְּשׂוּ עֵשָׂו Obad. 6, comme Esaü, c.-à-d. tout ce qui lui appartenait a été fouillé.

Pi. Chercher, fouiller : וַיְחַפֵּשׂ וְלֹא מָצָא Gen. 31. 35, il chercha, mais ne trouva point; וְחִפְּשׂוּ אֶת־בֵּיתְךָ I Rois 20. 6, ils fouilleront dans ta maison; וַיְחַפֵּשׂ רוּחִי Ps. 77. 7, et mon esprit cherche, médite.

Pou. Être médité, se faire chercher, se cacher : תַּמְנוּ חֵפֶשׂ מְחֻפָּשׂ Ps. 64. 7, ils ont terminé, achevé, la méditation (le projet) qui a été bien méditée (v. תָּמַם); וּבְקוּם רְשָׁעִים יְחֻפַּשׂ אָדָם Prov. 28. 12, quand les méchants s'élèvent, l'homme se cache, ou : on cherche les hommes, on les poursuit, ou : on fouille leurs biens (v. *Niph.*).

Hithp. (v. *Pou.*). Se cacher, se déguiser : וַיִּתְחַפֵּשׂ בָּאֲפֵר עַל־עֵינָיו I Rois 20. 38, il se déguisa, se rendit méconnaissable, (en mettant) un voile sur ses yeux; וַיִּתְחַפֵּשׂ מֶלֶךְ יִשְׂרָאֵל 22. 30, le roi d'Israel se déguisa; יִתְחַפֵּשׂ לְבוּשִׁי Job 30. 18, mon habit (ou ma peau) change.

חֵפֶשׂ *m.* Méditation, projet. Ps. 64. 7. (V. à חָפַשׂ *Pou.*)

חָפַשׁ Être débarrassé des chaînes, être libre. *Kal* inusité. *Pou.* Être affranchi : כִּי־לֹא חֻפָּשָׁה Lév. 19. 20, parce qu'elle n'avait pas été affranchie.

חֹפֶשׁ *m.* Noblesse, magnificence : בְּבִגְדֵי־חֹפֶשׁ לְרִכְבָּה Ez. 27. 20, avec des étoffes, ou vêtements, magnifiques (dignes d'un homme libre, noble), pour monter à cheval (v. חָפַשׁ et רִכְבָּה).

חָפְשִׁי *adj.* (de חָפַשׁ). Libre, affranchi : וְעֶבֶד חָפְשִׁי מֵאֲדֹנָיו Job 3. 19, et (là) l'esclave est libre, affranchi (de la domination) de son maître; הָעִבְרִי וְהָעִבְרִיָּה חָפְשִׁים Jér. 34, 9, (qu'on renvoyât) libre (son esclave ou sa servante) qui étaient du peuple hébreu; תְּשַׁלְּחֶנּוּ חָפְשִׁי Deut. 15. 12, tu le renverras libre; aussi יְשַׁלְּחֶנּוּ לַחָפְשִׁי Exod. 21. 26, 27, renvoyer en liberté, affranchir; וְאֵת בֵּית אָבִיו יַעֲשֶׂה חָפְשִׁי I Sam. 17. 25, il rendra la maison de son père exempte de tribut, ou noble; בַּמֵּתִים חָפְשִׁי Ps. 88. 6, entre les morts, libre, exempt, de tourments et de soucis.

חֻפְשָׁה *f.* Liberté : חֻפְשָׁה לֹא נִתַּן־לָהּ Lév. 19. 20, à qui la liberté n'a pas été accordée.

חָפְשִׁית *f.* Isolement, ou affranchissement : בֵּית הַחָפְשִׁית II Rois 15. 5, II Chr. 26. 21, une maison écartée, isolée, ou : maison où le roi s'est affranchi du poids du gouvernement.

חֵץ *m.* (avec suff. חִצִּי, *plur.* חִצִּים, rac. חָצַץ). Dard, flèche, trait, éclair : כְּחִצִּים בְּיַד־גִּבּוֹר Ps. 127. 4, comme des flèches dans la main d'un héros; בַּעֲלֵי חִצִּים Gen. 49. 23, des hommes armés de dards; לְאוֹר חִצֶּיךָ Hab. 3. 11, à la lueur de tes flèches, de tes éclairs. Plaie : אָנוּשׁ חִצִּי Job 34. 6, ma plaie est douloureuse, ou incurable; וְחֵץ חֲנִיתוֹ I Sam. 17. 7, la hampe de sa lance, pour עֵץ, comme le *keri*.

חָצַב et **חָצֵב** (*fut* יַחְצֹב) Creuser, tailler, fendre, frapper : וּבֹרֹת חֲצוּבִים אֲשֶׁר לֹא־חָצַבְתָּ Deut. 6. 11, et des citernes creusées, que tu n'as pas creusées; וְגַם־יֶקֶב חָצֵב בּוֹ Is. 5. 2, il y (tailla), fit aussi un pressoir; וּלְחֹצְבֵי הָאֶבֶן II Rois 12. 13, et pour les tailleurs de pierres; קוֹל־יְיָ חֹצֵב לַהֲבוֹת אֵשׁ Ps. 29. 7, la voix de l'Éternel produit les flammes de feu (comme le fer qui frappe sur la pierre), ou divise les flammes, c.-à-d. lance des éclairs; חָצַבְתִּי בַּנְּבִיאִים Osée 6. 5, je les ai frappés, tués, par les prophètes, c.-à-d. je leur ai fait prédire leur ruine par les prophètes; selon d'autres : j'ai fatigué, tué, les prophètes (par la quantité des prophéties).

Niph. Être gravé : לָעַד בַּצּוּר יֵחָצְבוּן Job 19. 24, qu'elles soient gravées pour toujours sur la pierre.

Pou. : הַבִּיטוּ אֶל־צוּר חֻצַּבְתֶּם Is. 51. 1, tournez vos yeux vers la roche d'où vous avez été taillés, formés.

Hiph. Frapper : הֲלוֹא אַתְּ־הִיא הַמַּחְצֶבֶת רַהַב Is. 51. 9, n'est-ce pas toi qui as frappé, brisé, le superbe (l'Égypte)?

חָצָה (*fut.* יֶחֱצֶה, *apoc.* וַיַּחַץ, v. חָצַץ) Couper, diviser, partager en deux : אֲשֶׁר חָצָה מֹשֶׁה Nomb. 31. 42, ce que Moïse avait séparé, mis à part; וְחָצִיתָ

אֶת־הַמַּלְקוֹחַ 31. 27, partage le butin en deux parts ; עַד־צַוָּאר יֶחֱצֶה Is. 30. 28, (un torrent) qui va à l'homme jusqu'au cou (*exact.* qui le divise, qui en atteint la moitié); לֹא־יֶחֱצוּ יְמֵיהֶם Ps. 55. 24, ils n'arriveront pas à la moitié de leurs jours ; וַיֶּחֱצֵם לִשְׁלֹשָׁה רָאשִׁים Jug. 9. 43, il les divisa en trois bandes.

Niph. : וַיֵּחָצוּ הֵנָּה וָהֵנָּה II Rois 2. 14, elles se partagèrent d'un côté et d'un autre ; וְתֵחָץ Dan. 11. 4, (le royaume) sera partagé.

חֲצוֹצְרָה (v. חֲצֹצְרָה).

חָצוֹר *n. pr.* (village, canton). 1° Hasor, ville de Nephthali, II Rois 15. 29. — 2° Hasor, ville de Benjamin, Néh. 11. 33. — 3° Hasor, contrée dans l'Arabie, Jér. 49. 28, 30.

חֲצוֹת *f.* const. (rac. חָצָה). La moitié, le milieu : כַּחֲצֹת הַלַּיְלָה Exod. 11. 4, sur le minuit; חֲצוֹת־לַיְלָה Ps. 119. 62, au milieu de la nuit.

חֲצִי et חֵצִי *m.* (avec suff. חֶצְיוֹ, rac. חָצָה). 1° Milieu : בַּחֲצִי הַלַּיְלָה Jug. 16. 3, au milieu de la nuit. — 2° Un demi, la moitié : אַמָּתַיִם וָחֵצִי Exod. 25. 10, deux coudées et demie ; וּתְנוּ אֶת־הַחֲצִי לְאַחַת I Rois 3. 25, et donnez-en la moitié à l'une ; חֶצְיֵנוּ II Sam. 18. 3, notre moitié, la moitié de nous.

חֵצִי *m.* (rac. חָצַץ, v. חֵץ). Flèche : וְהוּא־הֵרָה הַחֵצִי I Sam. 20. 36, il tira la flèche.

חֲצִי הַמְּנֻחוֹת (le milieu des places de repos) *n. pr.* : הָרֹאֶה חֲצִי הַמְּנֻחוֹת I Chr. 2. 52, (deux fils de Sobal nommés) Haroeh et Hasi Hammenouhoth (d'autres expliquent: Sobal qui voyait, qui possédait, ou gouvernait, la moitié du pays, ou de la ville de Menouhoth, soit même Jérusalem); *n. patr.* חֲצִי הַמְּנַחְתִּי vers. 55.

I חָצִיר *m.* (v. חָצֵר). Cour : חֲצִיר לִבְנוֹת יַעֲנָה Is. 34. 13, (elle deviendra) la cour (retraite) des autruches (ou : l'herbe, pâturage, v. II חָצִיר) ; חָצִיר לְקָנֶה וָגֹמֶא 35. 7, une cour, place, où poussent les roseaux et les joncs.

II חָצִיר *m.* 1° Herbe : מַצְמִיחַ חָצִיר לַבְּהֵמָה Ps. 104. 14, il fait croître l'herbe, le foin, pour les bêtes ; וְלִפְנֵי כָל־חָצִיר יִיבָשׁ Job 8. 12, et il sèche plus tôt que toutes les herbes. — 2° וְאֶת־הֶחָצִיר Nomb. 11. 5, et les poireaux.

חֹצֶן et חֵצֶן 1° Sein : וְהֵבִיאוּ בָנַיִךְ בְּחֹצֶן Is. 49. 22, ils apporteront tes fils sur le sein, entre leurs bras; וְחִצְנוֹ מְעַמֵּר Ps. 129. 7, (dont ne remplit pas) son sein, celui qui lie les gerbes. — 2° Le sein d'un habit, poche ou pan : גַּם־חָצְנִי נָעַרְתִּי Néh. 5. 13, je secouai aussi la poche, ou le pan, de mon habit.

חֲצַף chald. Être sévère, cruel. *Aph. part.* : עַל־מָה דָתָא מְהַחְצְפָה Dan. 2. 15, pourquoi la sentence est-elle si cruelle? מִלַּת מַלְכָּא מַחְצְפָה 3. 22, le commandement du roi était pressant, sévère.

חָצַץ Couper, partager, diviser (v. גָּזַז, קָצַץ), être divisé. *Part.* : וַיֵּצֵא חֹצֵץ כֻּלּוֹ Prov. 30. 27, (les sauterelles) sortent, marchent divisées, c.-à-d. par bandes, ou: elles marchent toutes ensemble, en coupant, dévorant, (les plantes, les herbes).

Pi. : מִקּוֹל מְחַצְצִים Jug. 5. 11, par la voix, le cri, de ceux qui partagent le butin ; ou de חֵץ, ceux qui tirent des flèches.

Pou. : וּמִסְפַּר חֳדָשָׁיו חֻצָּצוּ Job 21. 21, si le nombre de ses mois est terminé, ou coupé, abrégé.

חָצָץ *m.* 1° Parcelle, petite pierre : יִמָּלֵא־פִיהוּ חָצָץ Prov. 20. 17, sa bouche sera pleine de gravier ; וַיַּגְרֵס בֶּחָצָץ שִׁנָּי Lament. 3. 16, il a brisé mes dents avec du gravier, des cailloux. — 2° Flèche, éclair : אַף־חֲצָצֶיךָ יִתְהַלָּכוּ Ps. 77. 18, aussi tes flèches, tes éclairs volent en tout sens.

חַצְצוֹן־תָּמָר et חַצֲצֹן־תָּמָר (coupure de palmiers) *n. pr.* Hasason Thamar, ville de la tribu de Juda ; appelée aussi עֵין גֶּדִי Gen. 14. 7, II Chr. 20. 2.

חֲצֹצְרָה et חֲצוֹצְרָה *f.* Trompette : שְׁתֵּי חֲצוֹצְרֹת כֶּסֶף Nomb. 10. 2, deux trompettes d'argent ; חֲצֹצְרָה בָּרָמָה Osée 5. 8, (faites retentir) la trompette à Ramah.

חָצַר (v. חֲצֹצְרָה) Sonner de la trompette; *part.* du *Pi.*: לַמְחַצְּרִים וְלַמְשֹׁרְרִים II Chr. 5. 13, à ceux qui sonnaient de la trompette et ceux qui chantaient; *part.* du *Hiph.*: מַחְצְרִים בַּחֲצֹצְרוֹת I Chr. 15. 24, (les prêtres) qui sonnaient des trompettes; II Chr. 5. 12, on lit מַחְצְרִרים.

חָצֵר *m.* et *f.* (const. חֲצַר, avec suff. חֲצֵרִי, *plur.* חֲצֵרִים, const. חַצְרֵי et חֲצֵרוֹת, const. חַצְרוֹת). Cour: מִי בֶחָצֵר Esth. 6. 4, qui est dans la cour? הֶחָצֵר הַפְּנִימִית Ez. 10. 3, le parvis intérieur; הֶחָצֵר הַחִיצֹנָה 10. 5, le parvis extérieur; בֶּחָצֵר הָעֶלְיוֹן Jér. 36. 10, dans le vestibule supérieur; רְמֹס חֲצֵרָי Is. 1. 12, fouler mes parvis; מִן־הַבָּתִּים מִן הַחֲצֵרֹת Exod. 8. 9, dans les maisons, dans les cours ou les villages; הֶעָרִים וְחַצְרֵיהֶן Jos. 13. 23, les villes et leurs villages.

Avec חֲצַר sont formés les noms propres de plusieurs villes et villages: חֲצַר־אַדָּר Nomb. 34. 4, ville de la tribu de Juda; אַדָּר seul, Jos. 15. 3; חֲצַר־סוּסָה Jos. 19. 5, et חֲצַר סוּסִים I Chr. 4. 31, (cour des chevaux) ville de la tribu de Siméon; חֲצַר עֵינוֹן Ez. 47. 17, et חֲצַר עֵינָן Nomb. 34. 9, (cour des fontaines) dans le nord de la Palestine; חֲצַר שׁוּעָל Jos. 19. 3, I Chr. 4. 28, (cour du renard) appartenant à la tribu de Siméon; חֲצַר גַּדָּה Jos. 15. 27, appartenant à la tribu de Juda.

חָצֵר הַתִּיכוֹן (cour du milieu) Ez. 47, 16; *plur.* חֲצֵרוֹת Nomb. 11. 35, station dans le désert.

חֶצְרוֹן *n. pr.* 1° Hesron, fils de Ruben, Gen. 46. 9. — 2° Hesron, fils de Peres, Gen. 46. 12; *n. patron.* חֶצְרֹנִי Nomb. 26. 6.

חֶצְרַי *n. pr.* (*keri* חֶצְרוֹ). Hesro du Carmel, II Sam. 23. 35.

חֲצַרְמָוֶת (cour de la mort) *n. pr.* Hazarmaveth, fils de Joktan, Gen. 10. 26; puis nom d'une contrée d'Arabie.

חֵק (v. חֵיק).

חֹק *m.* (dev. *makk.* חָק, avec suff. חֻקִּי et חָקְךָ, *plur.* חֻקִּים, const. חֻקֵּי et חוּקֵי, rac. חָקַק). Ce qui est écrit, gravé, décrété. 1° Tâche: מַדּוּעַ לֹא כִלִּיתֶם חָקְכֶם Exod. 5. 14, pourquoi n'avez-vous pas achevé votre tâche? וְחֹק לְנַעֲרֹתֶיהָ Prov. 31. 15, (elle donne) l'ouvrage, la tâche, à ses servantes; לֶחֶם חֻקִּי Prov. 30. 8, la nourriture qui me convient, qui m'est nécessaire pour vivre. — 2° Terme, limite: חֹק חָג עַל־פְּנֵי־מָיִם Job 26. 10, il a tracé tout autour (comme au compas) une limite à la surface des eaux; לִבְלִי־חֹק Is. 5. 14, sans limite, jusqu'à l'infini; תָּשִׁית לִי חֹק Job 14. 13, que tu me marques un terme, un temps. — 3° Usage, loi, droit: שְׁמַע אֶל־הַחֻקִּים Deut. 4. 1, écoute les lois; אֲסַפְּרָה אֶל־חֹק Prov. 2. 7, je veux raconter selon l'ordre, le décret (de Dieu); וַתְּהִי־חֹק בְּיִשְׂרָאֵל Jug. 11. 39, cela est devenu une coutume en Israel; וְהָיָה לְאַהֲרֹן וּלְבָנָיו לְחָק־עוֹלָם Exod. 29. 28, et cela sera pour Aaron et ses enfants un droit éternel.

חָקָה *Kal* inusité. *Pou.* Être gravé, sculpté (v. חָקַק): מְיֻשָּׁר עַל־הַמְּחֻקֶּה I Rois 6. 35, s'adaptant, s'ajustant, sur ce qui était sculpté; מְחֻקֶּה עַל־הַקִּיר Ez. 8. 10, gravé, ou peint, sur la muraille.

Hithp.: עַל־שָׁרְשֵׁי רַגְלַי תִּתְחַקֶּה Job 13. 27, autour des racines de mes pieds tu fais des marques, c.-à-d. tu observes mes pas, ou: tu leur traces une limite qu'ils ne pourraient franchir.

חֻקָּה *f.* (même signif. que חֹק). Loi, coutume, droit: חֻקַּת עוֹלָם Exod. 27. 21, une loi éternelle; הֲיָדַעְתָּ חֻקּוֹת שָׁמָיִם Job 38. 33, connais-tu les lois du ciel? וַיֵּלְכוּ בְּחֻקּוֹת הַגּוֹיִם II Rois 17. 8, ils suivaient les coutumes des nations; וְהָיְתָה לָהֶם כְּהֻנָּה לְחֻקַּת עוֹלָם Exod. 29. 9, le sacerdoce sera pour eux un droit éternel ou par une loi éternelle.

חֲקוּפָא *n. pr. m.* Néh. 7. 53.

חָקַק 1° Tailler, graver, écrire: חֹקְקִי בַסֶּלַע מִשְׁכָּן לוֹ Is. 22. 16, *part.* p. חֹקֵק, qui se taille dans le rocher une demeure, un lieu de repos; וְעַל־סֵפֶר חֻקָּהּ Is. 30. 8, *impér.* p. חֲקוֹק אוֹתָהּ, grave, écris-le sur un livre; וְחַקּוֹתָ עָלֶיהָ עִיר

Ez. 4. 1, et trace dessus une ville; חֲקֻקִים בַּשָּׁשַׁר Ez. 23. 14, (des images) peintes avec des couleurs rouges. — 2° Ordonner, décréter : הוֹי הַחֹקְקִים חִקְקֵי־אָוֶן Is. 10. 1, malheur à ceux qui décrètent des lois d'iniquité ; בְּחוּקוֹ מוֹסְדֵי אָרֶץ Prov. 8. 29, lorsqu'il fixa, posa, les fondements de la terre (8. 27, on lit l'*inf.* בְּחוּקוֹ); לִבִּי לְחוֹקְקֵי יִשְׂרָאֵל Jug. 5. 9, mon cœur appartient aux chefs, aux juges d'Israel.

Pou.: וְיִשְׁכַּח מְחֻקָּק Prov. 31. 5, et qu'il oublie la loi, ce qui a été décrété.

Hoph.: מִי־יִתֵּן בַּסֵּפֶר וְיֻחָקוּ Job 19. 23, (qui me donnera) ô que mes paroles soient tracées dans un livre!

Poel : מְחֹקֵק Deut. 33. 21, le législateur, Moïse ; יְיָ מְחֹקְקֵנוּ Is. 33. 22, l'Éternel est notre législateur ; יְהוּדָה מְחֹקְקִי Ps. 60. 9, Juda est mon sceptre, ou mon législateur, celui qui gouvernera mon peuple ; וּמְחֹקֵק מִבֵּין רַגְלָיו Gen. 49. 10, et le sceptre (ne sera pas ôté) d'entre ses pieds, ou : le législateur sera toujours de sa postérité, de la tribu de Juda.

חִקְקֵי *m. pl.* const. 1° חִקְקֵי־אָוֶן Is. 10. 1, des lois d'iniquité (v חָקַק 2°). — 2° חִקְקֵי־לֵב Jug. 5. 15, (le même que חִקְרֵי־לֵב 5. 16) les pensées, méditations, ou résolutions du cœur.

חָקַר (*fut.* יַחְקֹר) Rechercher, examiner, reconnaître, goûter, sonder, éprouver : וְדָרַשְׁתָּ וְחָקַרְתָּ Deut. 13. 15, quand tu auras recherché, examiné : לְכוּ חִקְרוּ אֶת־הָאָרֶץ Jug. 18. 2, allez, reconnaissez le pays ; לַחְקוֹר מִמְסָךְ Prov. 23. 30, pour goûter, savourer, le vin ; הֱכִינָהּ וְגַם־חֲקָרָהּ Job 28. 27, il a préparé la sagesse et l'a sondée ; חָקְרֵנִי אֵל Ps. 139. 23, sonde-moi, éprouve-moi, ô Dieu !

Pi. Rechercher, étudier : וְאִזֵּן וְחִקֵּר Eccl. 12. 9, il examinait et recherchait, étudiait.

Niph.: וְיֵחָקְרוּ מוֹסְדֵי־אֶרֶץ Jér. 31. 37, si les fondements de la terre peuvent être sondés ; לֹא נֶחְקַר מִשְׁקַל הַנְּחֹשֶׁת I Rois 7. 47, le poids de l'airain ne pouvait pas être reconnu.

חֵקֶר *m.* (v. חָקַר). Recherche, reconnaissance, méditation, fond : וְלֵב מְלָכִים אֵין חֵקֶר Prov. 25. 3, et le cœur des rois ne peut pas être sondé, est impénétrable ; עֹשֶׂה גְדֹלוֹת וְאֵין חֵקֶר Job 5. 9, qui fait des choses grandes et impénétrables ; מִסְפַּר שָׁנָיו וְלֹא־חֵקֶר Job 36. 26, ses années sont innombrables ; חִקְרֵי־לֵב Jug. 5. 16, les méditations du cœur ; וּבְחֵקֶר תְּהוֹם Job 38. 16, et au fond de la mer ; הַחֵקֶר אֱלוֹהַּ תִּמְצָא Job 11. 7, prétends-tu trouver, pénétrer, les secrets de Dieu?

חֹר Noble (v. חוֹרִים).

חֹר Trou (v. II חוֹר).

חֹר הַגִּדְגָּד *n. pr.* (v. גֻּדְגֹּדָה).

חֲרָאִים *m. pl.* Excréments : לֶאֱכֹל אֶת חוֹרֵיהֶם Is. 36. 12, [*keri* צוֹאָתָם] (réduits) à manger leurs excréments.

חָרֵב et חָרַב 1° Être, devenir sec : חָרְבוּ פְּנֵי הָאֲדָמָה Gen. 8. 13, la surface de la terre s'était séchée ; וְנָהָר יֶחֱרַב וְיָבֵשׁ Is. 19. 5, et le fleuve deviendra sec et aride ; הָאֹמֵר לַצּוּלָה חֳרָבִי 44. 27, qui dit à l'abîme : Sois à sec. — 2° Être désolé, dévasté, détruit : וְהָעִיר הַזֹּאת תֶּחֱרַב Jér. 26. 9, et cette ville sera détruite ; וּמִקְדְּשֵׁי יִשְׂרָאֵל יֶחֱרָבוּ Amos 7. 9, et les sanctuaires d'Israel seront déserts, ou renversés ; וְהַגּוֹיִם חָרֹב יֶחֱרָבוּ Is. 60. 12, et les nations seront ruinées, périront ; וְשַׂעֲרוּ חָרְבוּ מְאֹד Jér. 2. 12, soyez effrayés, soyez inconsolables. — 3° *Trans.* Détruire, exterminer : חֲרֹב וְהַחֲרֵם אַחֲרֵיהֶם Jér. 50. 21, détruis, tue, leurs enfants ; חִרְבוּ כָּל־פָּרֶיהָ 50. 27, exterminez tous ses taureaux, les hommes forts, vaillants.

Niph. Être dévasté, désert, se détruire, se battre : עִיר נֶחֱרֶבֶת Ez. 26. 19, une ville déserte ; עָרִים נֶחֱרָבוֹת 30. 7, des villes désertes ; נֶחֶרְבוּ הַמְּלָכִים II Rois 3. 23, les rois se sont battus l'un contre l'autre.

Pou. Être sec, sécher : אֲשֶׁר לֹא־חֹרָבוּ Jug. 16. 7, (des cordes) qui ne sont pas encore sèches, des cordes fraîches.

Hiph. 1° Rendre sec, faire tarir : וְכָל־הַנְּהָרוֹת הֶחֱרִיב Nah. 1. 4, il fait tarir tous les fleuves ; וְאַחְרִב בְּכַף־פְּעָמַי Is. 37. 25, et je sécherai par le talon des pieds de mes gens (toutes les rivières). — 2° Dévaster : וַאֲשֶׁר מַחֲרִיב אַרְצֵנוּ Jug. 16. 24, celui qui dévaste notre pays ; הֶחֱרִיבוּ מַלְכֵי אַשּׁוּר II Rois 19. 17, les rois des Assyriens ont détruit (les nations).

Hoph. passif : עָרִים מָחֳרָבוֹת Ez. 29. 12, des villes détruites ; אִמָּלְאָה הָחֳרָבָה Ez. 26. 2, je serai remplie, car elle a été détruite, dévastée.

חֲרַב chald. *Hoph.* Être dévasté, ruiné : עַל־דְּנָה קִרְיְתָא דָךְ הָחָרְבַת Esdr. 4. 15, c'est pourquoi cette ville a été ruinée.

חָרֵב *adj.* (*fém.* חֲרֵבָה). 1° Sec : וְכָל־מִנְחָה בְלוּלָה־בַשֶּׁמֶן וַחֲרֵבָה Lév. 7. 10, tout sacrifice de farine, soit mêlée avec l'huile, soit sèche ; טוֹב פַּת חֲרֵבָה Prov. 17. 1, mieux vaut du pain sec. — 2° Désert : חָרֵב הוּא מֵאֵין אָדָם Jér. 33. 10, (ce lieu) est désert, il n'y a plus d'hommes ; יְרוּשָׁלַ͏ִם חֲרֵבָה Néh. 2. 17, Jérusalem est déserte ; הֶעָרִים הֶחֳרֵבוֹת Ez. 36. 38, et הֶחֳרָבוֹת 36. 33, les villes désertes, dévastées.

חֹרֶב *f.* 1° Sécheresse : וּבַחֹרֶב Deut. 28. 22, et par la sécheresse. — 2° Glaive, épée ; הִכָּה לְפִי־חָרֶב faire passer au fil de l'épée ; חֶרֶב חַדָּה Ez. 5. 1, un glaive tranchant. Aussi, en général, instrument tranchant, couteau, ciseau, etc. : חַרְבוֹת צֻרִים Jos. 5. 2, des couteaux de pierre, ou des couteaux tranchants ; כִּי חַרְבְּךָ הֵנַפְתָּ עָלֶיהָ Exod. 20. 25, car tu as passé dessus, tu y as employé ton fer, ton ciseau ; וּמִגְדְּלֹתַיִךְ יִתֹּץ בְּחַרְבוֹתָיו Ez. 26. 9, et il démolira tes tours avec ses haches.

חֹרֵב (colline aride ou déserte) *n. pr.* Le mont Horeb : חֹרֵבָה Exod. 3. 1, vers l'Horeb.

חֹרֶב *m.* 1° Sécheresse, chaleur : יְהִי־נָא חֹרֶב אֶל־הַגִּזָּה Jug. 6. 39, que la sécheresse se répande sur la toison (seule) ; בַיּוֹם אֲכָלַנִי חֹרֶב Gen. 31. 40, pendant le jour la chaleur me consumait, m'accablait. — 2° Dévastation : עָרֵי חֹרֶב Is. 61. 4, les villes dévastées.

חָרְבָּה *f.* (v. חָרֵב 2°) (*plur.* חֳרָבוֹת, const. חָרְבוֹת). Désolation, dévastation, ruine : וְעָרֵיכֶם יִהְיוּ חָרְבָּה Lév. 26. 33, vos villes seront comme un désert ; וְאֶתְּנֵךְ לְחָרְבָּה וּלְחֶרְפָּה Ez. 5. 14, je ferai de toi un désert et un objet de honte ; הַבֹּנִים חֳרָבוֹת לָמוֹ Job 3. 14, qui se bâtissent des ruines, c.-à-d. des édifices qui se changent bientôt en ruines, ou qui bâtissent sur des ruines ; וְחָרְבוֹת מֵחִים Is. 5. 17, et (des étrangers se nourriront) dans les lieux abandonnés par les gras, les riches. (V. le même exemple à מֵחַ.)

חָרָבָה *f.* Sécheresse, terre sèche : וַיָּשֶׂם אֶת־הַיָּם לֶחָרָבָה Exod. 14. 21, il changea la mer en une terre sèche ; מִכֹּל אֲשֶׁר בֶּחָרָבָה Gen. 7. 22, de tout ce qui vivait sur la terre ferme, non pas dans l'eau ; *plur.* בֶּחֳרָבוֹת Is. 48. 21, (ils n'ont point souffert la soif) dans la sécheresse, dans les endroits arides, ou dans les déserts (v. חָרְבָּה).

חַרְבֹנִים *m. pl.* (const. חַרְבֹנֵי). Les chaleurs (v. חֹרֶב) : בְּחַרְבֹנֵי קַיִץ Ps. 32. 4, (comme) dans les chaleurs de l'été.

חַרְבוֹנָה *n. pr.* Harbona, un des eunuques du roi Assuérus, Esth. 1. 10.

חָרַג Trembler, avoir peur : וְיַחְרְגוּ מִמִּסְגְּרוֹתֵיהֶם Ps. 18. 46, ils trembleront de peur dans leurs châteaux, ou : ils en sortiront, ils fuiront en tremblant ; II Sam. 22. 46, on lit וַיַּחְגְּרוּ dans la phrase analogue.

חַרְגֹּל *m.* Une espèce de sauterelle, Lév. 11. 22.

חָרַד (*fut.* יֶחֱרַד) 1° Trembler, s'effrayer : וְחָרַד וּפָחַד Is. 9. 16, (l'Égypte) tremblera, sera dans l'épouvante ; וַיֶּחֱרַד יִצְחָק חֲרָדָה גְּדֹלָה Gen. 27. 33, Isaac fut saisi d'une grande frayeur ; אַף־לְזֹאת יֶחֱרַד לִבִּי Job 37. 1, c'est pour cela que mon cœur est saisi d'effroi ; וַיֶּחֶרְדוּ אִישׁ אֶל־אָחִיו לֵאמֹר Gen. 42. 28, en tremblant ils disaient entre eux. — 2° Arriver, accourir vite : וְיֶחֶרְדוּ בָנִים מִיָּם Osée 11. 10, et (les fils) les hommes viendront avec empressement du côté de la mer, ou de l'ouest; וַיֶּחֶרְדוּ זִקְנֵי הָעִיר לִקְרָאתוֹ I Sam. 16. 4, et les anciens de la ville s'empressèrent d'aller au-devant de lui; וְכָל־הָעָם חָרְדוּ אַחֲרָיו I Sam. 13. 7, et tout le peuple s'empressait de le suivre.

Hiph. Troubler, inquiéter, effrayer : וְכָל־הַמַּחֲנֶה הֶחֱרִיד Jug. 8. 12, il mit toute l'armée en désordre, en déroute ; וְהַחֲרַדְתִּי אֹתוֹ II Sam. 17. 2, je l'effrayerai; וְאֵין מַחֲרִיד Lév. 26. 6, et il n'y aura personne qui (vous) inquiétera, troublera.

חָרֵד *adj.* (v. חָרַד). 1° Timide, craintif, inquiet : מִי־יָרֵא וְחָרֵד Jug. 7. 3, celui qui craint, qui est timide, qui manque de cœur : כִּי־הָיָה לִבּוֹ חָרֵד עַל אֲרוֹן הָאֱלֹהִים I Sam. 4. 13, car son cœur était inquiet pour l'arche de Dieu. — 2° Révérant, pieux : וְחָרֵד עַל־דְּבָרִי Is. 66. 2, et celui qui tremble devant ma parole, qui l'écoute religieusement; avec אֶל vers. 5 : וְהַחֲרֵדִים בְּמִצְוַת אֱלֹהֵינוּ Esdr. 10. 3, qui révèrent les commandements de notre Dieu.

חֲרָדָה *f.* (const. חֶרְדַּת, *plur.* חֲרָדוֹת), 1° Frayeur, peur : חֲרָדָה גְּדֹלָה Gen. 27. 33, une grande frayeur : חֶרְדַּת אָדָם יִתֵּן מוֹקֵשׁ Prov. 29. 25, la peur des hommes leur tend des piéges. — 2° Empressement, soin : הִנֵּה חָרַדְתְּ אֵלֵינוּ אֶת־כָּל־הַחֲרָדָה הַזֹּאת II Rois 4. 13, tu as montré pour nous tout cet empressement, tous ces soins (v. חָרַד 2°).

חֲרָדָה *n. pr.* d'un endroit, Harada, Nomb. 33. 24.

חָרָה (*fut.* יֶחֱרֶה, *apoc.* יִחַר) Brûler, s'enflammer, *spécialement* de colère ; se fâcher, être irrité : וַיִּחַר־אַף יַעֲקֹב בְּרָחֵל Gen. 30. 2, la colère de Jacob s'alluma contre Rachel ; בַּחֲרוֹת אַפָּם בָּנוּ Ps. 124. 3, lorsque leur fureur s'est allumée contre nous ; avec אֶל : וַיִּחַר־אַף בָּלָק אֶל־בִּלְעָם Nomb. 24. 10, Balac se mit en colère contre Balaam ; avec עַל : עַל־הָרֹעִים חָרָה אַפִּי Zach. 10. 3, contre les bergers ma fureur s'est allumée ; sans אַף : וַיִּחַר לְיַעֲקֹב Gen. 31. 36, Jacob fut irrité ; וְלָמָּה זֶּה חָרָה לְךָ II Sam. 19. 43, pourquoi te fâches-tu donc? aussi avec בְּעֵינֵי : אַל־יִחַר בְּעֵינֵי אֲדֹנִי Gen. 31. 35, que (la colère) ne s'allume pas dans les yeux de mon Seigneur, que mon Seigneur ne se fâche pas ; הֲבִנְהָרִים חָרָה יְיָ Hab. 3. 8, est-ce contre les fleuves que Dieu est irrité?

Niph. : בְּנֵי אִמִּי נִחֲרוּ־בִי Cant. 1. 6, les fils de ma mère se sont irrités contre moi ; כֹּל הַנֶּחֱרִים בָּךְ Is. 41. 11, tous ceux qui s'enflammaient, s'irritaient, contre toi.

Hiph. Enflammer, faire avec ardeur, avec zèle : וַיַּחַר עָלַי אַפּוֹ Job 19. 11, il enflamma sa colère contre moi ; אַחֲרָיו הֶחֱרָה הֶחֱזִיק בָּרוּךְ Néh. 3. 20, après lui, Baruch travailla avec zèle, *littér.* Baruch s'appliqua avec ardeur, et travailla, édifia, etc.

Tiph. Rivaliser: וְאֵיךְ תְּתַחֲרֶה אֶת־הַסּוּסִים Jér. 12. 5, comment veux-tu rivaliser avec les chevaux (courir aussi vite qu'eux)? כִּי אַתָּה מְתַחֲרֶה בָאָרֶז Jér. 22. 15, parce que tu rivalises avec un cèdre, (que tu te compares à Josias), ou : tu veux briller par des palais de cèdres. (Le ה de *Hiph.* s'est changé en ת, ou peut-être d'une racine תָּחַר.)

Hithp. S'irriter, s'indigner : אַל־תִּתְחַר בַּמְּרֵעִים Ps. 37. 1, ne t'irrite pas contre les méchants ; אַל־תִּתְחַר בְּמַצְלִיחַ דַּרְכּוֹ 37. 7, ne t'irrite pas contre celui qui est heureux dans sa voie, ou : ne lui porte pas envie.

חֲרוֹד (terreur) *n. pr.* : עֵין חֲרֹד Jug. 7. 1, la fontaine Harod ; הַחֲרֹדִי II Sam. 23. 25, de Harod.

חֲרוּזִים *m. pl.* Collier, fil de perles : צַוָּארֵךְ בַּחֲרוּזִים Cant. 1. 10, ton cou avec des fils de perles ou de diamants.

חָרוּל *m.* Épine, ronce : תַּחַת חָרוּל יְסֻפָּחוּ Job 30. 7, ils sont rassemblés sous les ronces ; כָּסּוּ פָנָיו חֲרֻלִּים Prov. 24. 31, les épines, orties, en couvraient toute la surface.

חָרוֹן *m.* (rac. חָרָה, const. חֲרוֹן, *plur.* חֲרוֹנִים). Ardeur, chaleur, *spéc.* de la colère : כְּמוֹ־חָרוֹן יִשְׂעָרֶנּוּ Ps. 58. 10, comme le feu, ou comme la fureur, il l'engloutira; וּבַחֲרוֹנוֹ יְבַהֲלֵמוֹ Ps. 2. 5, et dans sa fureur il les effrayera; *pl.*: עָלַי עָבְרוּ חֲרוֹנֶיךָ Ps. 88. 17, (les flots) de ta colère ont passé sur moi; avec אַף: חֲרוֹן אַף־יְיָ Nomb. 25. 4, la colère, fureur, de l'Éternel.

חָרוּץ *subst.* et *adj.* (du *part pass.* de חָרַץ), 1° Ce qui est creusé, fossé: וְנִבְנְתָה רְחוֹב וְחָרוּץ Dan. 9. 25, et la place sera rebâtie et le fossé (sera percé).

2° Ce qui est aigu, ce qui coupe: כִּי לֹא בֶחָרוּץ יוּדַשׁ קֶצַח Is. 28. 27, car ce n'est pas avec une herse pointue, (un chariot avec des pointes), que l'aneth (ou la vesce) est foulé; לְמוֹרַג חָרוּץ Is. 41. 15, (je te rendrai) comme un chariot pointu, tranchant; *plur.*: בַּחֲרֻצוֹת הַבַּרְזֶל Amos 1. 3, avec des chariots (des pointes) de fer.

3° Décision, jugement: בְּעֵמֶק הֶחָרוּץ Joel 4. 14, dans la vallée du jugement, du châtiment.

4° Or: וּמֵחָרוּץ תְּבוּאָתָהּ Prov. 3. 14, et le fruit qu'on en tire (est plus excellent) que l'or; וְדַעַת מֵחָרוּץ נִבְחָר 8. 10, la connaissance est préférable à l'or.

5° Laborieux, actif: מַחְשְׁבוֹת חָרוּץ אַךְ־לְמוֹתָר Prov. 21. 5, les pensées de l'homme laborieux (tendent, conduisent) à l'abondance; *plur.*: וְנֶפֶשׁ חָרֻצִים תְּדֻשָּׁן Prov. 13. 4, mais l'âme des hommes laborieux, actifs, sera satisfaite; aussi וְיַד חָרוּצִים תַּעֲשִׁיר 10. 4, la main des laborieux, actifs, rend riche.

חָרוּץ *n. pr.* Harus de Jeteba, grand-père du roi Amon, II Rois 21. 19.

חֵרוּת Liberté, délivrance: זְמַן חֵרוּתֵנוּ Rituel, temps de notre délivrance.

חַרְחֻר *m.* (rac. חָרַר). Inflammation: וּבַחַרְחֻר Deut. 28. 22, et avec inflammation, fièvre brûlante.

חַרְחוּר *n. pr* Esdr. 2. 51.

חֶרֶט *m.* 1° Moule: וַיָּצַר אֹתוֹ בַּחֶרֶט Exod. 32. 4, il le (forma), jeta en moule; selon d'autres, il le grava, perfectionna au burin. — 2° Sac, poche: בִּשְׁנֵי חֲרִטִים II Rois 5. 23, dans deux sacs; וְהַחֲרִיטִים Is. 3. 22, et les poches ou les bourses. — 3° Style, crayon: וּכְתֹב עָלָיו בְּחֶרֶט אֱנוֹשׁ Is. 8. 1, et écris dessus avec un crayon humain, c.-à-d. en des caractères connus, faciles à lire.

חַרְטֹם *m.* (*plur.* חַרְטֻמִּים). Qui sait lire ou écrire les hiéroglyphes, *en génér.* devin, astrologue: כָּל־חַרְטֻמֵּי מִצְרַיִם Gen. 41. 8, tous les devins d'Égypte; כָּל־הַחַרְטֻמִּים Dan. 1. 20, tous les devins, astrologues.

חַרְטֻמִּין chald. *plur.* les devins, Dan. 2, 27, 5. 11; חַרְטֻמַיָּא 4. 4.

חֳרִי *m.* (rac. חָרָה) toujours avec אַף. Colère forte: מֶה חֳרִי הָאַף הַגָּדוֹל הַזֶּה Deut. 29. 23, pourquoi cette colère si forte, si violente? וַיֵּצֵא מֵעִם־פַּרְעֹה בָּחֳרִי־אָף Exod. 11. 8, et il se retira de devant Pharaon dans une grande colère.

חֹרִי *m.* Exemple unique: סַלֵּי חֹרִי Gen. 40. 16, des corbeilles de pain blanc (v. I חור blanc), ou, de II חור trou: des paniers à claire-voie.

חֹרִי *n. pr.* 1° D'un peuple, les Horréens, dans la montagne de Seïr, Gen. 14. 6. — 2° Hori, fils de Lotau, Gen. 36. 22. — 3° Hori, père de Saphet, Nomb. 13. 5.

חִרְיוֹנִים *pl.* (*chethib*, v. חֲרָאִים et יוֹנָה). II Rois 6. 25, fiente de pigeon (*keri* דִּבְיוֹנִים).

חֲרִטִים *plur.* (v. חֶרֶט).

חָרִיף (automne) *n. pr. m.* Néh. 7. 24.

חָרִיץ *m.* 1° Morceau, tranche: עֲשֶׂרֶת חֲרִיצֵי הֶחָלָב I Sam. 17. 18, dix fromages, ou tranches de fromage mou. — 2° Pointe, chose pointue: וּבַחֲרִצֵי הַבַּרְזֶל II Sam. 12. 31, et sous des pointes de fer, ou sous des chariots avec des pointes de fer (v. חָרוּץ 2°).

חָרִישׁ *m.* (rac. חָרַשׁ). Labourage: וְלַחֲרֹשׁ חֲרִישׁוֹ I Sam. 8. 12, et pour faire son labourage, pour labourer ses champs; l'époque du labourage: בֶּחָרִישׁ וּבַקָּצִיר תִּשְׁבֹּת Exod. 34. 21, au temps du labourage et de la moisson tu te reposeras le septième jour.

חֲרִישִׁית *adj. f.* (rac. חָרַשׁ). Calme : רוּחַ קָדִים חֲרִישִׁית Jonas 4. 8, un vent de l'est calme, chaud.

חָרַךְ Brûler, rôtir : לֹא־יַחֲרֹךְ רְמִיָּה צֵידוֹ Prov. 12. 27, l'homme indolent ne fait pas rôtir son gibier (car faute de précaution il le perd avant); ou : רְמִיָּה trompeur et יַחֲרֹךְ saisir, attraper : le trompeur n'attrapera pas son gibier, ne jouira pas du gain illicite qu'il poursuit.

חֲרַךְ chald. Brûler. *Ithpa.* être brûlé : וּשְׂעַר רֵאשְׁהוֹן לָא הִתְחָרַךְ Dan. 3. 27, et pas un cheveu de leur tête n'a été brûlé.

חֲרַכִּים *plur. m.* Grillage, barreaux : מֵצִיץ מִן־הַחֲרַכִּים Cant. 2. 9, regardant de derrière les barreaux (des fenêtres).

חָרַם *Kal* inusité. *Hiph.* 1° Se défendre la jouissance d'une chose en la sacrifiant; consacrer : כָּל־חֵרֶם אֲשֶׁר יַחֲרִם אִישׁ לַיי Lév. 27. 28, chaque objet consacré que l'homme dévouera à l'Éternel; וְהַחֲרַמְתִּי לַיי בִּצְעָם Mich. 4. 13, je consacrerai à l'Éternel leurs biens. — 2° Détruire, extirper : וַנַּחֲרֵם אֶת־כָּל־עִיר Deut. 2. 34, nous exterminâmes (les habitants) de toutes les villes; הֶחֱרִים לְפִי־חָרֶב I Sam. 15. 8, il fit passer au fil de l'épée; וְהֶחֱרִים יי אֵת לְשׁוֹן יָם־מִצְרַיִם Is. 11. 15, Dieu détruira la langue de la mer d'Égypte, c.-à-d. il mettra le golfe à sec.

Hoph. passif : יָחֳרַם כָּל־רְכוּשׁוֹ Esdr. 10. 8, tout son bien sera consacré, confisqué; זֹבֵחַ לָאֱלֹהִים יָחֳרָם Exod. 22. 19, qui sacrifie à d'autres dieux sera tué.

חֳרֵם *n. pr.* Harem, ville de la tribu de Nephthali, Jos. 19. 38.

חָרִם *n. pr. m.* Esdr. 2. 32.

חָרֻם *adj.* : אוֹ חָרֻם Lév. 21. 18, ou un homme qui a le nez trop petit, ou un nez qui s'efface à son origine, entre les yeux.

חֵרֶם *m.* ou חֶרֶם (avec suff. חֶרְמִי, *plur.* חֲרָמִים). 1° Filet, lacs : יְגֹרֵהוּ בְחֶרְמוֹ Hab. 1. 15, il l'attire dans son filet; מִשְׁטַח חֲרָמִים Ez. 26. 5, un lieu qui sert à étendre, à sécher, les rets; *au fig.* : וַחֲרָמִים לִבָּהּ Eccl. 7. 26, le cœur de la femme est un rets (rempli de séduction). — 2° Destruction : וְחֵרֶם לֹא יִהְיֶה־עוֹד Zach. 14. 11, il n'y aura plus de destruction; אִישׁ־חֶרְמִי I Rois 20, 42, un homme que je tenais dans mes filets, ou : un homme digne de mort (v. חֵרֶם 2°). — 3° (v. חֵרֶם 1°) La chose consacrée : כָּל־חֵרֶם בְּיִשְׂרָאֵל Nomb. 18. 14, tout ce qu'on consacre en anathème dans Israel; כָּל־חֵרֶם אֲשֶׁר יַחֲרִם Lév. 27. 28, chaque objet consacré que l'homme dévouera à l'Éternel.

חָרְמָה (destruction) *n. pr.* Horma, ville chananéenne, appelée auparavant צְפַת, Jug. 1. 17, appart. plus tard à Siméon, Jos. 19. 4.

חֶרְמוֹן *n. pr.* L'Hermon, montagne, prolongement de l'Anti-Liban, Jos. 11. 3; *au plur.* חֶרְמוֹנִים Ps. 42. 7.

חֶרְמֵשׁ *m.* Faucille : מֵהָחֵל חֶרְמֵשׁ בַּקָּמָה Deut. 16. 9, depuis le jour qu'on commence à mettre la faucille dans le blé.

חָרָן *n. pr.* 1° D'une ville en Mésopotamie, Haran, Gen. 11. 31. — 2° Haran, fils de Caleb, I Chr. 2. 46.

חֹרֹנַיִם (deux cavernes) *n. pr.* Horonaïm, ville de Moab, Is. 15. 5.

חַרְנֶפֶר *n. pr. m.* I Chr. 7. 36.

I חֶרֶס *m.* Une maladie de peau : וּבֶחָרֶס Deut. 28. 27, et avec la gale sèche.

II חֶרֶס *m.* Le soleil : הָאֹמֵר לַחֶרֶס וְלֹא יִזְרָח Job 9. 7, qui commande au soleil, et le soleil ne se lève point; בְּטֶרֶם יָבֹא הַחַרְסָה Jug. 14. 18, avant que le soleil fût couché; עִיר הַהֶרֶס Is. 19. 18 (v. הֶרֶס).

חַרְסוּת *n. pr.* : שַׁעַר הַחַרְסוּת (*keri* הַחַרְסִית) Jér. 19. 2, nom d'une des portes de Jérusalem, de חֶרֶשׂ argile, poterie, ou, selon le *cheth.*, de חֶרֶס soleil, la porte de l'Orient.

חָרַף (*fut.* יֶחֱרַף) 1° (de חֹרֶף) Hiverner : וְכָל־בֶּהֱמַת הָאָרֶץ עָלָיו תֶּחֱרָף Is. 18. 6, et toutes les bêtes de la terre y passeront l'hiver. — 2° Reprocher, injurier, insulter, blasphémer : וְחֶרְפּוֹת חוֹרְפֶיךָ נָפְלוּ

עָלָי Ps. 69. 10, et les outrages de ceux qui t'insultent sont tombés sur moi ; וְאֶעֱנֶה חֹרְפִי דָבָר 119. 42, et je répondrai à celui qui m'insulte ; לֹא־יֶחֱרַף לְבָבִי מִיָּמָי Job 27. 6, mon cœur ne reproche rien à aucun de mes jours, ne se repent d'aucun, ou *intrans.*: ne rougit, ne sent pas de honte toute ma vie.

Pi. 1° (comme *Kal* 2°) : חֵרַפְתִּי אֶת־מַעַרְכוֹת יִשְׂרָאֵל I Sam. 17. 10, j'ai insulté, défié, les rangs de l'armée d'Israel ; אֶת־מִי חֵרַפְתָּ וְגִדַּפְתָּ Is. 37. 23, qui as-tu blasphémé, insulté et outragé ? — 2° Mépriser la vie, exposer sa vie : עַם חֵרֵף נַפְשׁוֹ לָמוּת Jug. 5. 18, un peuple qui expose sa vie à mourir, qui s'expose hardiment à la mort.

Niph. Être livré, exposé ; d'une femme, être fiancée (v. *Pi*. 2°) : שִׁפְחָה נֶחֱרֶפֶת לְאִישׁ Lév. 19. 20, une esclave promise, fiancée, à un homme.

חָרֵף *n. pr. m.* I Chr. 2. 51.

חֹרֶף *m*. 1° Hiver ; וְקַיִץ וָחֹרֶף Gen. 8. 22, et l'été et l'hiver ; בֵּית־הַחֹרֶף Amos 3. 15, la maison d'hiver ; מֵחֹרֶף עָצֵל לֹא יַחֲרֹשׁ Prov. 20. 4, à cause du froid (d'hiver), le paresseux ne laboure pas. —2° Jeunesse, âge florissant : בִּימֵי חָרְפִּי Job 29. 4, (comme j'étais) aux jours de ma jeunesse, ou d'un âge florissant.

חֶרְפָּה *f*. Honte, opprobre, insulte : חֶרְפַּת נָבָל אַל־תְּשִׂימֵנִי Ps. 39. 9, ne fais pas que je devienne un objet de raillerie, d'insulte, à l'insensé, ou à l'homme vil ; וְחֶרְפַּת עַמִּי תִּשָּׂאוּ Mich. 6. 16, et vous porterez l'opprobre de mon peuple ; וְחֶרְפַּת אַלְמְנוּתַיִךְ Is. 54. 4, et l'opprobre de ton veuvage ; חֶרְפַּת אָדָם Ps. 22. 7, l'opprobre des hommes ; תֵּרָאֶה חֶרְפָּתֵךְ Is. 47. 3, ta honte sera vue (les parties honteuses).

חָרַץ (*fut.* יֶחֱרַץ) 1° Couper, creuser, inciser (v. חָרַשׁ, חָרַת) : אוֹ־חָרוּץ Lév. 22. 22, ou (une bête) blessée, mutilée (de là חָרוּץ *adj*. 1°, 2° et חָרִיץ). —2° Rendre pointu ; de la langue, remuer : לֹא יֶחֱרַץ־כֶּלֶב לְשֹׁנוֹ Exod. 11. 7, aucun chien n'aboiera, ne remuera sa langue ; לֹא־חָרַץ לִבְנֵי יִשְׂרָאֵל לְאִישׁ אֶת־לְשֹׁנוֹ Jos. 10. 21, nul ne remua sa langue contre un des enfants d'Israel, n'osa l'insulter. — 3° Se remuer, s'empresser : אָז תֶּחֱרָץ II Sam. 5. 24, alors tu t'empresseras (de là חָרוּץ 5°). — 4° Trancher, décider : אַתָּה חָרָצְתָּ I Rois 20. 40, tu l'as décidé, prononcé ; אִם־חֲרוּצִים יָמָיו Job 14. 5, si ses jours sont arrêtés, comptés; כִּלָּיוֹן חָרוּץ Is. 10. 22, la ruine est décrétée.

Niph. Être décidé, décrété (v. *Kal* 4°) : כִּי כָלָה וְנֶחֱרָצָה Is. 10. 23, car une ruine bien arrêtée, une ruine, une destruction, décidée, décrétée ; נֶחֱרֶצֶת שֹׁמֵמוֹת Dan. 9. 26, les dévastations sont décrétées.

חֲרַץ chald. Rein, les reins : וְקִטְרֵי חַרְצֵהּ מִשְׁתָּרַיִן Dan. 5. 6, et les jointures de ses reins se relâchèrent.

חַרְצֻב 1° Lien, chaîne : פַּתֵּחַ חַרְצֻבּוֹת רֶשַׁע Is. 58. 6, rompre les chaînes de l'impiété. — 2° Douleur : כִּי אֵין חַרְצֻבּוֹת לְמוֹתָם Ps. 73. 4, car il n'y a pas de douleurs dans leur mort, leur mort est sans douleurs, ou : ils ne se soucient, ne s'inquiètent pas, de la mort.

חַרְצַן *m. pl.* : חַרְצַנִּים Nomb. 6. 4, les pepins du raisin.

חָרַק (*fut.* יַחֲרֹק, toujours avec שֵׁן). Grincer les dents (de colère, de malice): חָרֹק עָלַי שִׁנֵּימוֹ Ps. 35. 16, ils ont grincé les dents contre moi ; וַיַּחַרְקוּ־שֵׁן Lam. 2. 16, ils ont grincé les dents ; aussi avec בְּ : חָרַק עָלַי בְּשִׁנָּיו Job 16. 9, il a grincé les dents contre moi.

חָרַר Brûler (v. חָרָה, חָרַךְ) : וְחָרָה נְחֻשְׁתָּהּ Ez. 24. 11, afin que son airain se brûle, devienne tout rouge ; וְעַצְמִי־חָרָה מִנִּי־חֹרֶב Job 30. 30, et mes os sont brûlés, desséchés par l'ardeur, le feu (qui me consume) ; חָרוּ יֹשְׁבֵי אֶרֶץ Is. 24. 6, les habitants de la terre brûlent, périssent.

Niph.: נָחַר מַפֻּחַ Jér. 6. 29, le soufflet brûle, est tout rouge; aussi נִחַר גְּרוֹנִי Ps. 69. 4, ma gorge est desséchée, enrouée (à force de crier); וְהָעֲצָמוֹת יֵחָרוּ Ez. 24. 10, et les os seront brûlés.

Pi. (avec redoub. du ח) : לְחַרְחַר־רִיב Prov. 26. 21, pour allumer, exciter, la dispute.

חֲרֵרִים *m. pl.* Sécheresse, endroit aride, brûlé par le soleil : וְשָׁכַן חֲרֵרִים בַּמִּדְבָּר Jér. 17. 6, il habitera les lieux arides, dans le désert.

חֶרֶשׂ *m.* Vase ou morceau de terre, d'argile : יָבֵשׁ כַּחֶרֶשׂ כֹּחִי Ps. 22. 16, ma force est desséchée comme l'argile (cuite au feu); וּכְלִי־חֶרֶשׂ Lév. 6. 21, et un vaisseau de terre; כֶּסֶף סִיגִים מְצֻפֶּה עַל־חָרֶשׂ Prov. 26. 23, un vase de terre couvert d'écume d'argent; וְאֶת־חֲרָשֶׂיהָ Ez. 23. 34, et les morceaux (de cette coupe de terre); תַּחְתָּיו חַדּוּדֵי חָרֶשׂ Job 41. 21, sous lui les morceaux d'argile pointus; selon d'autres, les pierres brillantes comme le soleil, les diamants (v. II חֶרֶס).

I חָרַשׁ 1° Graver : חֲרוּשָׁה עַל־לוּחַ לִבָּם Jér. 17. 1, gravé sur la table de leur cœur. — 2° Labourer : הַבָּקָר הָיוּ חֹרְשׁוֹת Job 1. 14, lorsque les bœufs labouraient; לֹא־תַחֲרֹשׁ בְּשׁוֹר־וּבַחֲמֹר יַחְדָּו Deut. 22. 10, tu ne laboureras pas avec un bœuf et un âne attelés ensemble; עַל־גַּבִּי חָרְשׁוּ חֹרְשִׁים Ps. 129. 3, ils ont tracé des sillons sur mon dos comme des laboureurs qui labourent, c.-à-d. ils m'ont accablé de coups, ou ils m'ont fait porter le joug; חֹרְשֵׁי אָוֶן Job 4. 8, qui travaillent à faire (qui labourent) l'iniquité. — 3° Travailler, forger : חֹרֵשׁ נְחֹשֶׁת I Rois 7. 14, qui forge le cuivre (v. חָרָשׁ); לֹטֵשׁ כָּל־חֹרֵשׁ נְחֹשֶׁת וּבַרְזֶל Gen. 4. 22, aiguisant tout ce qui forge le cuivre et le fer, c.-à-d. fabriquant les outils, ou travaillant avec le marteau, ou chef, premier de tous ceux qui forgent, etc. — 4° Forger, travailler avec la pensée, méditer : חֹרֵשׁ רָע Prov. 6. 14, il médite le mal; חֹרְשֵׁי טוֹב 14. 22, qui méditent le bien; אַל־תַּחֲרֹשׁ עַל־רֵעֲךָ רָעָה 3. 29, ne médite point de mal contre ton ami, ou ton prochain.

Niph. Être labouré : צִיּוֹן שָׂדֶה תֵחָרֵשׁ Jér. 26. 18, Sion sera labouré comme un champ.

Hiph. (v. *Kal* 4°) : כִּי עָלָיו שָׁאוּל מַחֲרִישׁ הָרָעָה I Sam. 23. 9, que Saül méditait sa perte (de David).

II חָרַשׁ (*fut.* יֶחֱרַשׁ) 1° Être sourd (v. חֵרֵשׁ) : אָזְנֵיהֶם תֶּחֱרַשְׁנָה Mich. 7. 16, leurs oreilles deviendront sourdes. — 2° Faire le sourd, ne pas répondre, se taire : רָאִיתָה יְיָ אַל־תֶּחֱרַשׁ Ps. 35. 22, tu l'as vu, Seigneur, ne garde pas le silence; אַל־תֶּחֱרַשׁ מִמֶּנִּי 28. 1, ne te détourne pas de moi en silence, c.-à-d. exauce-moi.

Hiph. 1° Être sourd : וַיְהִי כְּמַחֲרִישׁ I Sam. 10. 27, il faisait semblant d'être sourd, de ne les entendre pas. — 2° Se taire : וְהֶחֱרִשׁ יַעֲקֹב עַד־בֹּאָם Gen. 34. 5, Jacob se tut, ne parla de rien, jusqu'à ce qu'ils fussent revenus; וְאִם־הַחֲרֵשׁ יַחֲרִישׁ לָהּ אִישָׁהּ Nomb. 30. 15, mais si son mari se tait envers elle, s'il n'en dit rien; avec מִן : הַחֲרִישׁוּ מִמֶּנִּי Job 13. 13, écoutez-moi en silence; avec אֶל : הַחֲרִישׁוּ אֵלַי אִיִּים Is. 41. 1, écoutez-moi en silence, vous, les îles. — 3° *Trans.* Taire : לֹא אַחֲרִישׁ בַּדָּיו Job 41. 3, je ne me tairai point sur ses vanteries, ou sur la puissance de ses membres (du Léviathan); בַּדֶּיךָ מְתִים יַחֲרִישׁוּ 11. 3, les hommes taisent tes mensonges, ou : tes mensonges doivent-ils réduire les hommes au silence; אַל־תַּחֲרֵשׁ מִמֶּנּוּ מִזְּעֹק אֶל־יְיָ I Sam. 7. 8, ne cesse point de crier pour nous au Seigneur.

Hithp. : וַיִּתְחָרְשׁוּ כָל־הַלַּיְלָה Jug. 16. 2, ils se tenaient en silence, ils restaient silencieux, tranquilles, toute la nuit.

חָרָשׁ *m.* (const. חָרַשׁ, *plur.* חָרָשִׁים, const. חָרָשֵׁי, v. I חָרַשׁ 3°). Travailleur, artisan : חָרַשׁ אֶבֶן Exod. 28. 11, lapidaire; מַעֲשֵׂה יְדֵי חָרָשׁ Deut. 27. 15, l'ouvrage des mains d'un artisan; חָרַשׁ בַּרְזֶל Is. 44. 12, un forgeron; חָרַשׁ עֵצִים 44. 13, le sculpteur en bois; חָרָשֵׁי מַשְׁחִית Ez. 21. 36, qui forgent la ruine, la perte (v. מַסְגֵּר).

חֵרֵשׁ *m. adj.* (v II חָרַשׁ 1°). Sourd : לֹא־תְקַלֵּל חֵרֵשׁ Lév. 19. 14, tu ne maudiras pas un sourd; *plur.* : וְאָזְנֵי חֵרְשִׁים תִּפָּתַחְנָה Is. 35. 5, et les oreilles des sourds seront ouvertes.

חָרָשׁ *m.* 1° (v. חָרַשׁ). Ouvrier, charpentier : גֵּיא חֲרָשִׁים כִּי חֲרָשִׁים הָיוּ I Chr. 4. 14, la vallée des ouvriers, ou des charpentiers, car ils étaient des charpentiers. — 2° וַחֲכַם חֲרָשִׁים Is. 3. 3, et celui qui est habile dans la magie, ou le plus habile des ouvriers; selon d'autres : le sage que tous écoutent en silence.

חֶרֶשׁ *adv.* (v. II חָרַשׁ 2°). Silencieusement, secrètement, Jos. 2. 1.

חֶרֶשׁ *n. pr. m.* I Chr. 9. 15.

חֵרֵשׁ *m.* (v. I חָרַשׁ 3°).

חֹרֶשׁ *m.* Bois, forêt, feuillage : וְחֹרֶשׁ מֵצַל Ez. 31. 3, avec un feuillage touffu; כַּעֲזוּבַת הַחֹרֶשׁ וְהָאָמִיר Is. 17. 9, comme un bois et une cime abandonnés, déserts; selon d'autres : comme les branches et le sommet d'un arbre, etc.; בַּחֹרְשָׁה I Sam. 23. 15, dans une forêt; וּבֶחֳרָשִׁים II Chr. 27. 4, et dans les bois.

חַרְשָׁא *n. pr. m.* 1° Esdr. 2. 52. — 2° Néh. 7. 54.

חֲרֹשֶׁת *f.* (v. חָרַשׁ 3°). Travail, fabrication : וּבַחֲרֹשֶׁת אֶבֶן — וּבַחֲרֹשֶׁת עֵץ Exod. 31. 5, et pour la taille des pierres, et pour le travail en bois. — חֲרֹשֶׁת הַגּוֹיִם Jug. 4. 2, *n. pr.* d'une ville.

חָרַת (v. I חָרַשׁ 1°) Graver : חָרוּת עַל־הַלֻּחֹת Exod. 32. 16, (l'Écriture était) gravée sur les tables.

חֶרֶת (v. חֹרֶשׁ) *n. pr.* d'une forêt : יַעַר חָרֶת I Sam. 22. 5, la forêt de Hareth.

חֲשׂוּפָא *n. pr. m.* Esdr. 2. 43.

חָשִׂיף *m.* (rac. חָשַׂף). Petit troupeau : כִּשְׁנֵי חֲשִׂפֵי עִזִּים I Rois 20. 27, comme deux petits troupeaux de chèvres.

חָשַׂךְ (*fut.* יַחְשֹׂךְ) Empêcher, retenir, arrêter, sauver, épargner, réserver : כִּי־חָשַׂךְ יוֹאָב אֶת־הָעָם II Sam. 18. 16, car Joab empêcha l'armée de poursuivre; וְחוֹשֵׂךְ שְׂפָתָיו Prov. 10. 19, qui retient ses lèvres, qui est retenu dans ses discours; גַּם־אֲנִי לֹא אֶחֱשָׂךְ־פִּי Job 7. 11, et moi aussi je ne retiendrai pas ma bouche, ma langue; קְרָא בְגָרוֹן אַל־תַּחְשֹׂךְ Is. 58. 1, crie à haute voix, ne l'arrête pas. Avec מִן : וָאֶחְשֹׂךְ גַּם־אָנֹכִי אוֹתְךָ מֵחֲטוֹ־לִי Gen. 20. 6, c'est pour cela que je t'ai empêché, préservé, de pécher contre moi; וְלֹא־חָשַׂךְ מִמֶּנִּי מְאוּמָה 39. 9, et il ne m'a rien retenu, m'a tout confié; לֹא־חָשַׂךְ מִמָּוֶת נַפְשָׁם Ps. 78. 50, et il n'a pas sauvé leur âme de la mort; חוֹשֵׂךְ שִׁבְטוֹ שׂוֹנֵא בְנוֹ Prov. 13. 24, celui qui épargne sa verge hait son fils; אֲשֶׁר־חָשַׂכְתִּי לְעֶת־צָר Job 38. 23, que j'ai réservés pour le temps (où je punirai) l'ennemi.

Niph. Être empêché, être réservé : לֹא־יֵחָשֵׂךְ כְּאֵבִי Job 16. 6, ma douleur ne sera pas empêchée, apaisée; לְיוֹם אֵיד יֵחָשֶׂךְ רָע 21. 30, (que) le méchant est réservé pour le jour du malheur.

חָשַׂף (*fut.* יֶחְשֹׂף) 1° Dépouiller un arbre de l'écorce : חָשֹׂף חֲשָׂפָהּ Joel 1. 7, il a dépouillé (le figuier) de son écorce, des feuilles; וַיֶּחֱשֹׂף יְעָרוֹת Ps. 29. 9, elle dépouille les forêts. — 2° Découvrir, mettre à nu : חֶשְׂפִּי־שׁוֹבֶל Is. 47. 2, découvre ta jambe, ou relève la queue de ta robe; חָשַׂף יְיָ אֶת־זְרוֹעַ קָדְשׁוֹ Is. 52. 10, Dieu a déployé, a fait voir, son bras saint. — 3° Prendre, puiser : וְלַחְשֹׂף מַיִם מִגֶּבֶא Is. 30. 14, et pour puiser de l'eau dans une fosse, un puits; לַחְשֹׂף חֲמִשִּׁים פּוּרָה Agg. 2. 16, pour puiser cinquante mesures, vaisseaux (de vin, v. פּוּרָה).

חָשַׁב (*fut.* יַחְשֹׁב) Penser, méditer, inventer, croire, prendre pour, estimer, compter, imputer : וְאַתֶּם חֲשַׁבְתֶּם עָלַי רָעָה אֱלֹהִים חֲשָׁבָהּ לְטֹבָה Gen. 50. 20, quoique vous ayez médité du mal contre moi, Dieu l'a pensé pour le bien, a changé le mal en bien; לַחְשֹׁב מַחֲשָׁבֹת Exod 31. 4, pour inventer des choses, des œuvres, ingénieuses; מַעֲשֵׂה חֹשֵׁב 26. 1, ouvrage d'un artiste; כִּי־עָלַי חָשְׁבוּ מַחֲשָׁבוֹת Jér. 11. 19, qu'ils ont médité de mauvais desseins contre moi; avec אֶל : וּמַחְשְׁבוֹתָיו אֲשֶׁר חָשַׁב אֶל־אֶרֶץ כַּשְׂדִּים Jér. 50. 45, et les desseins qu'il a formés contre le pays des Chaldéens; avec לְ : וַיַּחְשְׁבֶהָ לְזוֹנָה Gen. 38. 15, il la prit pour une femme de mauvaise vie; וְתַחְשְׁבֵנִי לְאוֹיֵב לָךְ Job 13. 24, (pourquoi) me crois-tu ton ennemi ? אֲשֶׁר־כֶּסֶף לֹא יַחְשֹׁבוּ Is. 13. 17, qui n'estiment pas l'argent ; וְלֹא חֲשַׁבְנֻהוּ 53. 3, et nous ne l'avons pas estimé, nous n'en avons fait aucune estime ; לֹא יַחְשֹׁב יְיָ לוֹ עָוֹן Ps. 32. 2, à qui Dieu n'impute aucun péché ; וַיַּחְשְׁבֶהָ לּוֹ צְדָקָה Gen. 15. 6, il lui compta (sa foi) comme piété, pour un mérite.

Niph. Être regardé (comme), être estimé : חָכָם יֵחָשֵׁב Prov. 17. 28 (même l'insensé qui se tait) est regardé comme (passe pour) sage : מַדּוּעַ נֶחְשַׁבְנוּ כַבְּהֵמָה Job 18. 2, pourquoi sommes-nous regardés comme la bête ? אֵין כֶּסֶף לֹא נֶחְשָׁב I Rois 10. 21, l'argent ne fut (nullement) estimé, on n'en faisait aucun cas ; בַּמֶּה נֶחְשָׁב הוּא Is. 2. 22, quelle valeur a-t-il ? quel cas peut-on en faire ? *littér.* à quoi, à combien, serait-il estimé ? דָּם יֵחָשֵׁב לָאִישׁ הַהוּא Lév. 17. 4, il sera imputé à cet homme comme un meurtre ; וַתֵּחָשֶׁב לוֹ לִצְדָקָה Ps. 106. 31, et (ce zèle) lui fut compté pour une action de justice, pour un mérite.

Pi. 1° Même sens que *Kal* : וָאֲחַשְּׁבָה לָדַעַת זֹאת Ps. 73. 16, et si je pensais de reconnaître cela ; לֵב אָדָם יְחַשֵּׁב דַּרְכּוֹ Prov. 16. 9, le cœur de l'homme réfléchit sur sa voie ; וְאֵלַי יְחַשְּׁבוּ־רָע Osée 7. 15, ils n'ont pour moi que des pensées de malice, ou : ils m'imputent le mal ; וְהָאֳנִיָּה חִשְּׁבָה לְהִשָּׁבֵר Jon. 1. 4, le vaisseau (pensa) fut sur le point d'être brisé. — 2° Compter, calculer : וְחִשַּׁב עִם־קֹנֵהוּ Lév. 25. 50, il comptera avec son maître (*exact.* son acheteur) ; וְלֹא יְחַשְּׁבוּ אֶת־הָאֲנָשִׁים II Rois 12. 16, on ne redemandait point compte aux hommes (qui, etc.).

Hithp. : וּבַגּוֹיִם לֹא יִתְחַשָּׁב Nomb. 23. 9, il ne se laisse pas compter entre les nations, il ne sera pas du même rang que les autres peuples.

חֲשַׁב chald. Estimer, regarder comme : וְכָל־דָּאְרֵי אַרְעָא כְּלָה חֲשִׁיבִין Dan. 4. 32, tous les habitants de la terre sont estimés comme un néant.

חֵשֶׁב *m.* Ceinture faisant partie de l'ornement du grand prêtre : וַיֶּאְפֹּד אֹתוֹ בְּחֵשֶׁב הָאֵפֹד Lév. 8. 7, et il le serra avec la ceinture de l'éphod.

חֲשַׁבְדָּנָה *n. pr. m.* Néh. 8. 4.

חֲשֻׁבָה *n. pr. m.* I Chr. 3. 20.

חֶשְׁבּוֹן *m.* (v. חָשַׁב). Imagination, invention, calcul, aussi sagesse, intelligence : וּבַקֵּשׁ חָכְמָה וְחֶשְׁבּוֹן Eccl. 7. 25, et pour chercher la sagesse et le calcul (les raisons des choses ou le rapport des choses entre elles) ; אַחַת לְאַחַת לִמְצֹא חֶשְׁבּוֹן 7. 27, (il faut) une chose et une autre chose pour trouver une raison, une idée, ou un calcul (on n'apprend que par la comparaison des choses).

חֶשְׁבּוֹן *n. pr.* Hesebon, ville qui appartenait à Sihon, roi des Amorrhéens, Nomb. 21. 26 ; בְּרֵכוֹת בְּחֶשְׁבּוֹן Cant. 7. 5, les piscines de Hesebon. Elle appartenait plus tard à la tribu de Ruben, Jos. 13. 17.

חִשָּׁבוֹן *m.* 1° Combinaison, invention : וְהֵמָּה בִקְשׁוּ חִשְּׁבֹנוֹת רַבִּים Eccl. 7. 29, mais ils (les hommes) cherchent une foule de combinaisons, d'inventions. — 2° וַיַּעַשׂ בִּירוּשָׁלַםִ חִשְּׁבֹנוֹת II Chr. 26. 15, il fit faire dans Jérusalem des ouvrages artistement faits, des machines de guerre.

חֲשַׁבְיָה, חֲשַׁבְיָהוּ (estimé de Dieu) *n. pr. m.* de plusieurs hommes, Chr., Esdr., Néh.

חֲשַׁבְנָה *n. pr. m.* Néh. 10. 26.

חֲשַׁבְנְיָה *n. pr. m.* 1° Néh. 3. 10. — 2° Néh. 9. 5.

חָשָׁה (*fut.* יֶחֱשֶׁה) Être tranquille, silencieux, se taire : עֵת לַחֲשׁוֹת Eccl. 3. 7, (il est) un temps de se taire ; וַיֶּחֱשׁוּ גַּלֵּיהֶם Ps. 107. 29, et les flots de la mer se taisent, se calment ; לְמַעַן צִיּוֹן לֹא אֶחֱשֶׁה Is. 62. 1, je ne me tairai point, je ne resterai pas inactif en faveur de Sion ; פֶּן־תֶּחֱשֶׁה מִמֶּנִּי Ps. 28. 1, car si tu te détournes de moi en silence.

Hiph. 1° Même sens que *Kal* : הֶחֱשֵׁיתִי מֵעוֹלָם Is. 42. 14, je me suis tu de tout temps ; וְאַתֶּם מַחְשִׁים Jug. 18. 9, et vous restez tranquilles, inactifs. —

2° *Transit.* Faire taire : וְהַלְוִיִּם מַחְשִׁים לְכָל־הָעָם Néh. 8. 11, et les lévites faisaient faire silence à tout le peuple.

חֲשׁוּב *n. pr. m.* 1° I Chr. 9. 14. — 2° Néh. 3. 11.

חֲשׁוֹךְ chald. Ténèbres : יָדַע מָה בַחֲשׁוֹכָא Dan. 2. 22, il connaît ce qui est dans les ténèbres.

חֲשׁוּקִים (v. חֲשֻׁקִים).

חֲשַׁח chald. Être nécessaire, avoir besoin : וּמָה חַשְׁחָן Esdr. 6. 9, et ce qui est nécessaire; לָא־חַשְׁחִין אֲנַחְנָא—לַהֲתָבוּתָךְ Dan. 3. 16, nous n'avons pas besoin de te répondre, etc.

חַשְׁחוּת *f.* chald. Besoin, ce qui est nécessaire : וּשְׁאָר חַשְׁחוּת בֵּית אֱלָהָךְ Esdr. 7. 20, et (le reste qui est nécessaire) tout ce qu'il faut encore pour la maison de ton Dieu (v. חֲשַׁח).

חֲשֵׁיכָה (v. חֲשֵׁכָה).

חֻשִׁים *n. pr.* (v. חוּשִׁים 1° et שׁוּחָם).

חָשַׁךְ (*fut.* יֶחְשַׁךְ) Être ou devenir sombre, obscur : חָשַׁךְ הַשֶּׁמֶשׁ בְּצֵאתוֹ Is. 13. 10, le soleil à son lever est sombre, couvert de ténèbres; וַתֶּחְשַׁךְ הָאָרֶץ Exod. 10. 15, et la terre était dans l'obscurité, c.-à-d. on ne la voyait pas; עַל־אֵלֶּה חָשְׁכוּ עֵינֵינוּ Lam. 5. 17, à cause de cela nos yeux ont été couverts de ténèbres.

Hiph. 1° *Intransitif*, comme *Kal* : בְּטֶרֶם יַחְשִׁךְ Jér. 13. 16, avant qu'il fasse sombre. — 2° *Trans.* Rendre sombre, obscurcir : וְיוֹם לַיְלָה הֶחְשִׁיךְ Amos 5. 8, et qui change le jour en une nuit obscure; וְהַחֲשַׁכְתִּי לָאָרֶץ בְּיוֹם אוֹר Amos 8. 9, et j'enverrai des ténèbres sur la terre en plein jour; מִי זֶה מַחְשִׁיךְ עֵצָה Job 38. 2, qui est celui qui obscurcit mon conseil, ma pensée (par des paroles sans intelligence); גַּם־חֹשֶׁךְ לֹא־יַחְשִׁיךְ מִמֶּךָ Ps. 139. 12, même les ténèbres ne sont pas obscures pour toi, ou n'obscurcissent, ne cachent rien à ton regard.

חָשֹׁךְ *adj. pl.* : לִפְנֵי חֲשֻׁכִּים Prov. 22. 29, devant les gens obscurs, de basse origine.

חֹשֶׁךְ *m.* Obscurité, ténèbres : וְחֹשֶׁךְ עַל־פְּנֵי תְהוֹם Gen. 1. 2, les ténèbres couvraient la face de l'abîme; הֲיִוָּדַע בַּחֹשֶׁךְ פִּלְאֶךָ Ps. 88. 13, tes merveilles seront-elles connues dans les ténèbres (de la mort)? אוֹצְרוֹת חֹשֶׁךְ Is. 45. 3, des trésors de l'obscurité, c.-à-d. cachés; *au fig.* יְיָ אֱלֹהַי יַגִּיהַּ חָשְׁכִּי Ps. 18. 29, l'Éternel mon Dieu éclairera mes ténèbres; יְמֵי הַחֹשֶׁךְ Eccl. 11. 8, les jours des ténèbres, de la mort; גַּם כָּל־יָמָיו בַּחֹשֶׁךְ יֹאכֵל Eccl. 5. 16, tous les jours de sa vie il a mangé dans les ténèbres, la misère.

חֲשֵׁכָה et חֲשֵׁיכָה *f.* Obscurité, ténèbres : כַּחֲשֵׁיכָה כָּאוֹרָה Ps. 139. 12, les ténèbres comme la lumière; חֲשֵׁכָה גְדֹלָה Gen. 15. 12, une obscurité profonde; const. חֶשְׁכַת־מַיִם Ps. 18. 12, l'obscurité des eaux, les eaux ténébreuses (des nuées); *plur.* אֲשֶׁר הָלַךְ חֲשֵׁכִים Is. 50. 10, qui marche dans les ténèbres.

חָשְׁכָה *f.* Obscurité : וְחָשְׁכָה לָכֶם מִקְּסֹם Mich. 3. 6, il y aura pour vous obscurité, de sorte que vous ne pourrez prophétiser, deviner; selon d'autres, *verbe*, 3° *pers. fém.* de חָשַׁךְ, il sera obscur.

חָשַׁל (v. חָלַשׁ et כָּשַׁל) *Kal* inusité. *Niph.* Être fatigué, faible : כָּל־הַנֶּחֱשָׁלִים אַחֲרֶיךָ Deut. 25. 18, tous les faibles d'entre toi, qui marchaient les derniers.

חֲשַׁל chald. Rendre faible, mince, plat : מְהַדֵּק וְחָשֵׁל כֹּלָּא Dan. 2. 40, (le fer) qui brise et qui aplatit tout.

חַשְׁמַל (douteux) *m.* : כְּעֵין הַחַשְׁמַל מִתּוֹךְ הָאֵשׁ Ez. 1. 4, comme l'éclat d'un métal brillant au milieu du feu; selon d'autres : un métal composé d'or et d'airain (de נְחֹשֶׁת cuivre, et מַלְלָא chald. or?); selon d'autres : lumière, rayon; (*Thalmud* : un être de feu qui parle, qui loue le Créateur, de אֵשׁ et מָלַל parler). 8. 2, on lit הַחַשְׁמַלָה.

חָשֻׁם *n. pr. m.* Esd. 2. 19.

חֶשְׁמוֹן *n. pr.* Hesmon, ville appartenant à la tribu de Juda, Jos. 15. 27.

חַשְׁמוֹנָאִי *n. pr.* : מַתִּתְיָהוּ בֶּן־יוֹחָנָן כֹּהֵן גָּדוֹל

חַשְׁמוֹנָאִי Rituel, Mattithyas, fils de Johanan, grand prêtre, Asmonéen (v. חַשְׁמַן).

חַשְׁמוֹנָה *n. pr.* d'une station dans le désert. Hasmona, Nomb. 33. 29.

חַשְׁמַן *m.* Noble, prince : יֶאֱתָיוּ חַשְׁמַנִּים מִנִּי מִצְרָיִם Ps. 68. 32, des nobles, ou des princes, viendront de l'Égypte.

חֹשֶׁן *m.* Rational, une des pièces de l'ornement du grand prêtre, qu'il portait sur la poitrine ; le rational était orné de douze pierres précieuses, et contenait les Ourim et Thoumim ; de là : חֹשֶׁן מִשְׁפָּט Exod. 28. 15, le rational du jugement (v. אוּרִים).

חָשַׁק Attacher, lier, s'attacher, aimer, avoir envie : שְׁכֶם בְּנִי חָשְׁקָה נַפְשׁוֹ בְּבִתְּכֶם Gen. 34. 8, l'âme de mon fils Sichem est très attachée à votre fille ; חָשַׁק יְיָ בָּכֶם Deut. 7. 7, Dieu s'est attaché à vous ; וְאַתָּה חָשַׁקְתָּ נַפְשִׁי מִשַּׁחַת בְּלִי Is. 38. 17, mais tu as tiré avec amour mon âme de la fosse de la corruption ; אֲשֶׁר חָשַׁק לִבְנוֹת I Rois 9. 19, (tout ce) qu'il avait envie de bâtir.

Pi. Attacher, lier : וְחִשַּׁק אֹתָם Exod. 38. 28, et il lia (les colonnes par des lames d'argent). *Pou.* : מְחֻשָּׁקִים כֶּסֶף 27. 17, (les colonnes) étaient liées par des lames d'argent.

חֵשֶׁק *m.* Désir, délices : וְאֵת כָּל־חֵשֶׁק שְׁלֹמֹה I Rois 9. 1, et tous les désirs de Salomon, tout ce qu'il souhaitait faire ; אֵת נֶשֶׁף חִשְׁקִי Is. 21. 4, la nuit de mes délices.

חֲשֻׁקִים ou חֲשׁוּקִים *m. pl.* (v. חָשַׁק). Ce qui lie, les liens : וַחֲשֻׁקֵיהֶם כָּסֶף Exod. 27. 10, et les bâtons, lames, pour lier les colonnes, ou : leurs cercles, ornements, seront d'argent.

חִשֻּׁקִים *m. pl.* Les rayons d'une roue : וְחִשֻּׁקֵיהֶם וְחִשֻּׁרֵיהֶם הַכֹּל מוּצָק I Rois 7. 33, et les rayons et les moyeux de ces roues étaient tous jetés en fonte, (parce que les rayons lient le moyeu avec le cercle).

חַשְׁרָה *f.* Assemblage, amas : const. חַשְׁרַת־מַיִם II Sam. 22. 12, un amas d'eaux, les nuages épais.

חִשֻּׁרִים *m. pl.* Les moyeux des roues (v. à חִשֻּׁקִים).

חֲשַׁשׁ *m.* Foin, chaume (v. קַשׁ) : וַחֲשַׁשׁ לֶהָבָה יִרְפֶּה Is. 5. 24, et (comme) le chaume est dévoré par la flamme, ou *verbe trans.*, comme la flamme dévore le chaume ; תַּהֲרוּ חֲשַׁשׁ תֵּלְדוּ קַשׁ 33. 11, vous concevrez du foin, vous n'enfanterez que du chaume, des pailles.

חַת *m.* 1° *Adj.* (rac. חָתַת). Effrayé, consterné : הֵמָּה חַתִּים נְסֹגִים אָחוֹר Jér. 46. 5, ils sont effrayés, ils reculent (ou *part.* de חָתַת).—2° *Subst. m.* Peur, terreur : הֶעָשׂוּ לִבְלִי־חָת Job 41. 25, celui qui a été créé sans peur, pour ne rien craindre ; וְחִתְּכֶם Gen. 9. 2, et votre terreur, c.-à-d. la terreur que vous inspirez.

חֵת (terreur) *n. pr.* Heth, fils de Chanaan, Gen. 10. 15 ; בְּנֵי חֵת 23. 3, les fils de Heth ; הַחִתִּי 15. 20, les Hétéens, et מַלְכֵי הַחִתִּים II Rois 7. 6, les rois des Hétéens.

חָתָה (*fut.* יַחְתֶּה) Prendre, saisir : לַחְתּוֹת אֵשׁ מִיָּקוּד Is. 30. 14, pour enlever du feu d'un foyer ; הֲיַחְתֶּה אִישׁ אֵשׁ בְּחֵיקוֹ Prov. 6. 27, un homme peut-il prendre le feu dans son sein (sans que ses vêtements brûlent) ? כִּי גֶחָלִים אַתָּה חֹתֶה עַל־רֹאשׁוֹ Prov. 25. 22, car tu amasses ainsi des charbons de feu sur sa tête, *exact.* tu prends des charbons pour les (mettre) sur sa tête ; יַחְתְּךָ וְיִסָּחֲךָ מֵאֹהֶל Ps. 52. 7, il te saisira et t'arrachera de ta tente.

חִתָּה *f.* (rac. חָתַת). Terreur : וַיְהִי חִתַּת אֱלֹהִים עַל־הֶעָרִים Gen. 35. 5, une terreur de Dieu saisit toutes les villes.

חִתּוּל *m.* (rac. חָתַל). Bande sur une plaie : לָשׂוּם חִתּוּל Ez. 30. 21, (on n'a pas) mis une bande pour lier la plaie.

חַתְחַת *m.* (rac. חָתַת). Terreur : וְחַתְחַתִּים בַּדֶּרֶךְ Eccl. 12. 5, et les terreurs, les défaillances, pendant leur route.

חִתִּי *n. pr.* (v. חֵת).

חִתִּית *f.* (rac. חָתַת). Frayeur : כִּי־חִתִּית גִּבּוֹרִים בְּאֶרֶץ חַיִּים Ez. 32. 27, car ces héros étaient une terreur dans la terre de la vie ; אֲשֶׁר־נָתְנוּ חִתִּיתָם לְכָל־יוֹשְׁבֶיהָ Ez. 26. 17, qui ont répandu la terreur parmi tous les habitants.

חָתַךְ Couper, trancher ; *au fig.* décider. *Kal* inusité. *Niph. pass.*: נֶחְתַּךְ עַל־עַמְּךָ Dan. 9. 24, il (un temps de soixante et dix semaines) a été fixé, décidé, pour ton peuple.

חָתַל *Kal* inusité. *Pou.* et *Hoph.* Être enveloppé : וְהָחְתֵּל לֹא חֻתָּלְתְּ Ez. 16. 4, tu n'as pas été enveloppée de langes.

חֲתֻלָּה *f.* (v. חָתַל). Enveloppe : וַעֲרָפֶל חֲתֻלָּתוֹ Job 38. 9, et que je l'enveloppais de brouillard, d'obscurité, *littér.* (lorsque je faisais) du brouillard son enveloppe.

חֶתְלֹן *n. pr.* Hethalon, ville en Syrie, Ez. 47. 15.

חָתַם (*fut.* יַחְתֹּם) Cacheter, sceller : וָאֶכְתֹּב בַּסֵּפֶר וָאֶחְתֹּם Jér. 32. 10, je l'écrivis dans une lettre, j'écrivis un contrat, je le cachetai ; וְחִתְמוּ בְּטַבַּעַת הַמֶּלֶךְ Esth. 8. 8, et scellez de l'anneau du roi ; חֲתוֹם תּוֹרָה בְּלִמֻּדָי Is. 8. 16, tiens ma loi scellée parmi mes disciples (ne l'enseigne pas aux autres) ; וּבְעַד כּוֹכָבִים יַחְתֹּם Job 9. 7, et il tient les étoiles enfermées comme sous le sceau ; מַעְיָן חָתוּם Cant. 4. 12, une fontaine scellée, fermée ; וְלַחְתֹּם חָזוֹן וְנָבִיא Dan. 9. 24, pour sceller vision et prophéties, pour qu'elles soient accomplies.

Niph.: וְנֶחְתָּם בְּטַבַּעַת הַמֶּלֶךְ Esth. 3. 12, וְנַחְתּוֹם 8. 8, et il fut scellé de l'anneau du roi.

Pi.: יוֹמָם חִתְּמוּ־לָמוֹ Job 24. 16, pendant le jour ils se renferment, se cachent, ou (ils pénètrent la nuit dans les maisons) qu'ils ont scellées, marquées, pendant le jour.

Hiph.: אוֹ־הֶחְתִּים בְּשָׂרוֹ מִזּוֹבוֹ Lév. 15. 3, ou si sa chair est fermée par la gonorrhée dont il souffre.

חֲתַם chald. Sceller : וְחַתְמַהּ מַלְכָּא Dan. 6. 18, et le roi la scella.

חֹתָם (v. חוֹתָם).

חֹתֶמֶת *f.* Cachet : הַכֶּר־נָא לְמִי הַחֹתֶמֶת Gen. 38. 25, reconnais donc à qui est cet anneau, ce cachet.

חָתַן Lier, marier ; de là חֹתֵן, beau-père, père de l'épouse : חֹתֵן מֹשֶׁה Exod. 18. 1, (Jethro), beau-père de Moïse ; חֹתַנְתּוֹ sa belle-mère, la mère de son épouse, Deut. 27. 23.

Hithp. S'allier, en mariant ses enfants : וְהִתְחַתְּנוּ אֹתָנוּ Gen. 34. 9, alliez-vous avec nous (par le mariage de nos enfants) ; avec ב : וְעַתָּה הִתְחַתֵּן בַּמֶּלֶךְ I Sam. 18. 22, maintenant fais alliance avec le roi, deviens son gendre ; avec ל : וַיִּתְחַתֵּן לְאַחְאָב II Chr. 18. 1, et il contracta alliance avec Achab.

חָתָן *m.* 1° Gendre : עֹד מִי־לְךָ פֹה חָתָן וּבָנֶיךָ Gen. 19. 12, est-ce que tu as encore ici un gendre, des fils ? שִׁמְשׁוֹן חֲתַן הַתִּמְנִי Jug. 15. 6, Samson, gendre d'un homme de Thamnatha. — 2° Fiancé, époux : וְהוּא כְּחָתָן יֹצֵא מֵחֻפָּתוֹ Ps. 19. 6, il est comme un époux qui sort de sa chambre nuptiale ; וּמְשׂוֹשׂ חָתָן עַל־כַּלָּה Is. 62. 5, et comme le fiancé se réjouit de sa fiancée ; חֲתַן־דָּמִים אַתָּה לִי Exod. 4. 25, tu m'es un fiancé de sang. Sephora appelle son fils, qu'elle vient de circoncire : fiancé de sang, ou parce que Moïse a manqué de perdre la vie à cause de son enfant, qu'il avait négligé de circoncire ; selon d'autres : ces paroles de Sephora s'adressent à Moïse.

חֲתֻנָּה *f.* Noces : בְּיוֹם חֲתֻנָּתוֹ Cant. 3. 11, le jour de ses noces.

חָתַף (v. חָטַף) Enlever : הֵן יַחְתֹּף מִי יְשִׁיבֶנּוּ Job 9. 12, s'il enlève, qui le lui ferait rendre.

חֶתֶף *m.* Proie : אַף־הִיא כְּחֶתֶף תֶּאֱרֹב Prov. 23. 28, elle guette comme (on guette) une proie, ou, pour אִישׁ חֶתֶף, comme un brigand.

חָתַר (*fut.* יַחְתֹּר) Briser, percer : חֲתָר־נָא בַקִּיר וָאֶחְתֹּר בַּקִּיר Ez. 8. 8, perce la muraille, et lorsque j'eus percé la muraille ; אִם־יַחְתְּרוּ בִשְׁאוֹל Amos 9. 2, quand ils pénétreraient jusque dans le scheol (jusqu'aux enfers) ; avec l'*acc.* יָחְתַּר

בְּחֹשֶׁךְ בָּתִּים Job 24. 16, il perce les maisons, c.-à-d. il y entre par effraction, dans les ténèbres ; וַיַּחְתְּרוּ הָאֲנָשִׁים לְהָשִׁיב אֶל־הַיַּבָּשָׁה Jon. 1. 13, et les hommes ramaient (fendaient les flots) pour ramener le vaisseau au rivage, ou : ils s'efforçaient de ramener, etc.

חָתַת (*part.* חַת, חַתִּים) Briser, effrayer. *Kal intrans.* Avoir peur, être effrayé, être brisé : חַתּוּ לֹא־עָנוּ עוֹד Job 32. 15, ils sont effrayés, intimidés, ils ne répondent plus ; וְחַתּוּ וָבֹשׁוּ Is. 20. 5, ils ont peur, et ils sont confondus, ils rougissent de honte ; הֹבִישׁ בֵּל חַת מְרֹדָךְ Jér. 50. 2, Bel est confondu, Mérodach est brisé, vaincu ; קֶשֶׁת גִּבֹּרִים חַתִּים I Sam. 2. 4, les forts et leurs arcs se brisent.

Niph. (נִחַת, *fut.* יֵחַת, *plur.* יֵחַתּוּ) : יֵחַת אֶפְרַיִם מֵעָם Is. 7. 8, Éphraïm sera brisé et ne sera plus un peuple ; וְצִדְקָתִי לֹא תֵחָת Is. 51. 6, et ma justice ne sera pas brisée, interrompue ; אַל־תִּירָא וְאַל־תֵּחָת Deut. 1. 21, ne crains pas, ne sois pas épouvanté, découragé ; וּמִפְּנֵי שְׁמִי נִחַת הוּא Mal. 2. 5, il tremble devant mon nom, il craint, vénère, mon nom.

Pi. Effrayer : וְחִתַּתַּנִי בַחֲלֹמוֹת Job 7. 14, tu m'effrayeras par des songes ; חִתְּתָה קַשְּׁתוֹתָם Jér. 51. 56, leurs arcs ont été brisés (*pass.* p. חֻתְּתָה), ou : Babylone a brisé leurs arcs (par ses péchés).

Hiph. (הֵחַת, הַחִתֹּתִי, *fut.* יָחֵת) : הַחִתֹּתָ כְּיוֹם מִדְיָן Is. 9. 3, tu l'as brisé comme à la journée de Madian ; פֶּן־אֲחִתְּךָ לִפְנֵיהֶם Jér. 1. 17, autrement je te ferai trembler, ou : je te confondrai devant eux ; וְהַחְתַּתִּי אֶת־עֵילָם 49. 37, je ferai trembler Elam ; וְשֹׁד בְּהֵמוֹת יְחִיתַן Hab. 2. 17, pour יְחִתֵּן, le ravages des bêtes, des ennemis, les effrayent, ou briseront les ennemis eux-mêmes, retomberont sur eux.

חֲתַת *m.* Terreur, angoisse : תִּרְאוּ חֲתַת Job 6. 21, vous voyez mon angoisse, mon malheur.

חֲתַת *n. pr. m.* I Chr. 4. 13.

ט

ט Teth, טֵית neuvième lettre de l'alphabet, signifie comme chiffre 9 ; son nom signifierait serpent, ce qui serait en rapport avec sa forme. Il se permute avec les sifflants ז, צ. Exemples : זָבַח et טָבַח tuer, abattre, זָהַר, טָהַר, et צָהַר être pur, clair, briller, נָטַר et נָצַר garder, צֵל ombre, et טָלַל couvrir ; טְפַר chald. et צִפֹּרֶן ongle ; avec ח : חָטַף et חָתַף prendre, voler ; טָעָה et תָּעָה errer, il remplace quelquefois le ת du *Hithphael* ; avec ד : הדור cercle, et טור rangée.

טְאֵב chald. Être joyeux (v. טוֹב) : מַלְכָּא שַׂגִּיא טְאֵב עֲלוֹהִי Dan. 6. 24, le roi fut très joyeux, transporté de joie.

טֵאטֵא (rac. טוא ou טָאָה) Ex. unique : וְטֵאטֵאתִיהָ בְּמַטְאֲטֵא הַשְׁמֵד Is. 14. 23, je la balayerai avec le balai de l'extermination, qui ne laissera rien.

טָב chald. *adj.* (v. טוֹב). Bon : דְּהַב טָב Dan. 2. 32, de l'or pur ; הֵן עַל־מַלְכָּא טָב Esdr. 5. 17, s'il paraît bon, convenable au roi, s'il lui plaît.

טָבְאֵל (Dieu est bon) *n. pr.* 1° בֶּן־טָבְאַל Is. 7. 6, le fils de Tabéel, à qui les ennemis du roi Achaz voulurent donner son trône. — 2° Tabéel, conseiller du roi de Perse, Esdr. 4. 7.

טְבוּלִים *m. pl.* Turbans teints (de טָבַל tremper) : סְרוּחֵי טְבוּלִים בְּרָאשֵׁיהֶם Ez. 23. 15, des turbans de différentes couleurs et pendants (v. סָרַח) sur leurs têtes.

טַבּוּר *m.* Endroit élevé, aussi milieu, centre (centre du corps, nombril) : יֹרְדִים מֵעִם טַבּוּר הָאָרֶץ Jug. 9. 37, (un peuple) qui descend de la hauteur de la terre, de la montagne : יֹשְׁבֵי עַל־טַבּוּר הָאָרֶץ Ez. 38. 12, qui habitent le pays qui est au milieu du monde.

טָבַח (v. זָבַח) Immoler, tuer le bétail: שׁוֹרְךָ טָבוּחַ לְעֵינֶיךָ Deut. 28. 31, ton bœuf sera immolé devant tes yeux; וּטְבָחוֹ אוֹ מְכָרוֹ Exod. 21. 37, et qu'il le tue, ou qu'il le vende; טָבְחָה טִבְחָהּ Prov. 9. 2, elle a immolé sa bête (pour le festin). —Tuer un homme: טָבַחְתָּ לֹא חָמָלְתָּ Lam. 2. 21, tu as tué, et tu n'as pas eu pitié (sans pitié); לִטְבוֹחַ יִשְׁרֵי־דָרֶךְ Ps. 37. 14, pour égorger ceux qui marchent dans le chemin droit, dont la conduite est irréprochable.

טַבָּח *m.* (*fém.* טַבָּחָה, v. טָבַח). Celui, celle, qui tue. 1° Boucher, aussi cuisinier: וַיָּרֶם הַטַּבָּח אֶת־הַשּׁוֹק I Sam. 9. 24, le cuisinier prit l'épaule; לְרַקָּחוֹת וּלְטַבָּחוֹת I Sam. 8. 13, (il fera de vos filles) des parfumeuses, des cuisinières. — 2° Bourreau, satellite, garde d'un prince: שַׂר הַטַּבָּחִים Gen. 39. 1, et רַב־טַבָּחִים II Rois 25. 8, chef des gardes.

טַבָּח chald. *m.* (v. טַבָּח héb. 2°). Garde: רַב־טַבָּחַיָּא דִּי מַלְכָּא Dan. 2. 14, le chef des gardes du roi.

טֶבַח *m.* 1° Action d'immoler, immolation: כַּשֶּׂה לַטֶּבַח יוּבָל Is. 53. 7, comme un agneau qui est conduit pour être égorgé; כְּשׁוֹר אֶל־טֶבַח יָבֹא Prov. 7. 22, comme un bœuf qui va (qu'on mène) pour être égorgé. — 2° La bête qu'on égorge, repas, festin; טָבְחָה טִבְחָהּ Prov. 9. 2, elle a immolé sa bête, elle a préparé son festin; וּטְבֹחַ טֶבַח וְהָכֵן Gen. 43. 16, et de tuer (des bêtes) pour le festin, et de le préparer.

טֶבַח *n. pr.* Tebach, fils de Nahor, Gen. 22. 24.

טִבְחָה *f.* (Même signif. que טֶבַח). 1° נֶחְשַׁבְנוּ כְּצֹאן טִבְחָה Ps. 44. 23, nous sommes regardés comme des brebis destinées à la boucherie.—2° וְאֶת טִבְחָתִי אֲשֶׁר טָבַחְתִּי I Sam. 25. 11, et mon bétail que j'ai égorgé.

טִבְחַת *n. pr.* Tebhath, une ville en Syrie, I Chr. 18. 8 (v. בֶּטַח *n. pr.*).

טָבַל (*fut.* יִטְבֹּל) Mouiller, humecter, tremper, plonger: וַיִּטְבְּלוּ אֶת־הַכֻּתֹּנֶת בַּדָּם Gen. 37. 31, ils trempèrent la robe dans le sang; וְטָבַלְתְּ פִּתֵּךְ בַּחֹמֶץ Ruth 2. 14, et tu tremperas ton pain dans le vinaigre; אָז בַּשַּׁחַת תִּטְבְּלֵנִי Job 9. 31, alors tu me plongeras dans une fosse bourbeuse. Sans rég.: וּטְבַלְתֶּם בַּדָּם Exod. 12. 22, vous (le) tremperez dans le sang; וַיֵּרֶד וַיִּטְבֹּל בַּיַּרְדֵּן II Rois 5. 14, il descendit et plongea, se lava, dans le Jourdain.

Niph.: נִטְבְּלוּ בִּקְצֵה הַמָּיִם Jos. 3. 15, (et les pieds des prêtres) furent mouillés au bord de l'eau.

טְבַלְיָהוּ *n. pr. m.* I Chr. 26. 11.

טָבַע 1° Imprimer, graver; de là טַבַּעַת et מַטְבֵּעַ médaille. — 2° *Intrans.* Tomber, s'enfoncer: טָבְעוּ גוֹיִם בְּשַׁחַת עָשׂוּ Ps. 9. 16, les peuples sont tombés dans la fosse qu'ils avaient faite (pour m'y faire périr); וַיִּטְבַּע יִרְמְיָהוּ בַּטִּיט Jér. 38. 6, et Jérémie s'enfonça dans la boue (de la fosse); טָבְעוּ בָאָרֶץ שְׁעָרֶיהָ Lam. 2. 9, ses portes sont enfoncées sous la terre; וַתִּטְבַּע הָאֶבֶן בְּמִצְחוֹ I Sam. 17. 49, la pierre s'enfonça, pénétra, dans son front.

Pou.: טֻבְּעוּ בְיַם־סוּף Exod. 15. 4, ils ont été enfoncés, noyés, dans la mer Rouge.

Hoph.: הָטְבְּעוּ בַבֹּץ רַגְלֶךָ Jér. 38. 22, lorsque tes pieds ont été engagés dans la boue; עַל־מָה אֲדָנֶיהָ הָטְבָּעוּ Job 38. 6, sur quoi les bases de la terre ont-elles été fichées, affermies.

טַבַּעַת *f.* (*plur.* טַבָּעוֹת, const. טַבְּעוֹת). 1° (v. טָבַע 1°) Anneau gravé, qui sert à cacheter; וַיָּסַר פַּרְעֹה אֶת־טַבַּעְתּוֹ Gen. 41. 42, Pharaon ôta son anneau (de sa main); וְנֶחְתָּם בְּטַבַּעַת הַמֶּלֶךְ Esth. 3. 12, et scellé de l'anneau du roi.—2° Bague, anneau en gén.: חָח וָנֶזֶם וְטַבַּעַת Exod. 35. 22, des boucles d'oreilles, des anneaux qu'ils portaient au nez, et des bagues; וְיָצַקְתָּ לּוֹ אַרְבַּע טַבְּעֹת זָהָב Exod. 25. 12, tu fondras pour l'arche quatre anneaux d'or.

טַבָּעוֹת *n. pr. m.* Esdr. 2. 43.

טַבְרִמֹּן (qui plaît à Remmon, idole syrienne) *n. pr.* Tabremmon, père de Benhadad, roi de Syrie, I Rois 15. 18.

טַבָּת *n. pr.* Tabbath, ville de la tribu d'Ephraïm, Jug. 7. 22.

טֵבֵת Nom du dixième mois de l'année lunaire : חֹדֶשׁ טֵבֵת Esth. 2. 16, le mois de tebeth (correspondant à décembre-janvier.)

טָהוֹר *adj.* (const. טְהוֹר, aussi טָהֹר). Propre, pur : צָנִיף טָהוֹר Zach. 3. 5, une tiare propre, éclatante ; זָהָב טָהוֹר Exod. 25. 11, de l'or pur, sans alliage ; הַשֻּׁלְחָן הַטָּהֹר Lév. 24. 6, la table pure (d'or pur) ; טָהוֹר הוּא Lév. 13. 17, il est pur, *opposé à* impur, lépreux ; הַבְּהֵמָה הַטְּהוֹרָה Gen. 7. 2, l'animal pur, *opposé à* immonde ; וּטְהָר־יָדַיִם Job 17. 9, celui qui a les mains pures, qui est probe, loyal ; אִמְרוֹת יְיָ אֲמָרוֹת טְהֹרוֹת Ps. 12. 7, les paroles du Seigneur sont des paroles pures ; *subst.* אֹהֵב טְהָר־לֵב Prov. 22. 11, celui qui aime la pureté du cœur.

טָהֵר (*fut.* יִטְהַר) Briller (v. טֹהַר et זֹהַר, צֹהַר) Être pur, être purifié : הֲלֹא־אֶרְחַץ בָּהֶם וְטָהָרְתִּי II Rois 5. 12, ne puis-je me laver dans ces fleuves et devenir pur (guérir de la lèpre)? רְחַץ וּטְהָר 5. 13, lave-toi, et tu seras net (guéri de la lèpre) ; וּבָא הַשֶּׁמֶשׁ וְטָהֵר Lév. 22. 7, quand le soleil sera couché il (l'homme impur) redeviendra pur ; וְטָהֲרָה מִמְּקֹר דָּמֶיהָ 12, 7, et elle sera purifiée du flux de son sang (des suites de sa couche) ; au moral : אִם־מֵעֹשֵׂהוּ יִטְהַר גָּבֶר Job 4. 17, l'homme sera-t-il plus pur que son créateur? טָהַרְתִּי מֵחַטָּאתִי Prov. 20. 9, je suis purifié de mon péché.

Pi. (טִהַר *fut.* יְטַהֵר) Purifier, épurer, déclarer pur : וְטִהֲרוּ הָאָרֶץ Ez. 39. 16, ils purifieront le pays ; וְטִהַרְתִּי אוֹתָם 37, 23, je les purifierai (d'idolâtrie) ; טִהַרְנוּ אֶת־כָּל־בֵּית יְיָ II Chr. 29, 18, nous avons nettoyé toute la maison du Seigneur (des choses impures) ; וּמְטַהֵר כֶּסֶף Mal. 3. 3, et en épurant l'argent ; לְטַהֲרוֹ אוֹ לְטַמְּאוֹ Lév. 13. 59, pour le déclarer pur ou impur ; וּמֵחַטָּאתִי טַהֲרֵנִי Ps. 51. 4, et purifie-moi de mon péché.

Pou. pass. : אַתְּ אֶרֶץ לֹא מְטֹהָרָה הִיא Ez. 22. 24, tu es une terre non purifiée.

Hithp. Se purifier : וְהִטַּהֲרוּ Gen. 35. 2, purifiez-vous ; אֶת הָאִישׁ הַמִּטַּהֵר Lévit. 14. 11, l'homme qui se purifie ; וַיִּטַּהֲרוּ הַכֹּהֲנִים Néh. 12. 30, et les prêtres se purifièrent.

טֹהַר *m.* 1° Éclat, clarté : וּכְעֶצֶם הַשָּׁמַיִם לָטֹהַר Exod. 24. 10, et ressemblant en clarté à la face du ciel, ou au ciel même. — 2° Pureté, purification : יְמֵי טָהֳרָהּ Lév. 12. 4, 6, les jours de sa purification.

טְהָר *m.* : הִשְׁבַּתָּ מִטְּהָרוֹ Ps. 89. 45, tu as détruit son éclat (v. טֹהַר 1°) ; selon d'autres : le *subst.* est מִטְהָר pureté, éclat, ou : le lieu le plus pur, le temple : tu as détruit le temple qu'il avait bâti.

טָהֳרָה *f.* Pureté, purification : אַחֲרֵי טָהֳרָתוֹ Lév. 13. 35, après avoir été déclaré, jugé pur ; בְּיוֹם טָהֳרָתוֹ Lév. 14. 2, au jour de sa purification ; וְלֹא כְּטָהֳרַת הַקֹּדֶשׁ II Chr. 30. 19, quoique (sans purification) sans s'être purifié pour le sacrifice saint (la pâque).

טָהֳרַת *f.* (Même signif.) : וְעַל־טָהֳרַת לְכָל־קֹדֶשׁ I Chr. 23. 28, et pour la purification de tout ce qui est saint.

טוֹב Être bon, bien, agréable, beau, gai : כִּי־טוֹב לוֹ עִמָּךְ Deut. 15. 16, parce qu'il lui va bien, qu'il se plaît chez toi ; כִּי־טוֹב לָנוּ בְּמִצְרָיִם Nomb. 11. 18, car nous étions bien en Égypte ; וְטוֹב לָךְ Deut. 19. 13, afin que tu sois heureux ; וְנִגֵּן בְּיָדוֹ וְטוֹב לָךְ I Sam. 16. 16, il jouera (la harpe) de sa main et tu seras soulagé ; כִּי טוֹב בְּעֵינֵי יְיָ Nomb. 24. 1, qu'il est agréable aux yeux de Dieu ; qu'il lui plaît ; aussi avec עַל : אִם־עַל־הַמֶּלֶךְ טוֹב Esth. 3. 9, s'il plaît au roi ; avec לְ : הֲטוֹב לְךָ Job 10. 3, cela peut-il te plaire, te convenir? מַה־טֹּבוּ אֹהָלֶיךָ יַעֲקֹב Nomb. 24. 5, que tes tentes sont belles, ô Jacob! מַה־טֹּבוּ דֹדַיִךְ מִיַּיִן Cant. 4. 10, tes mamelles ou tes caresses sont plus agréables que le vin ; כְּטוֹב לֵב־אַמְנוֹן בַּיַּיִן II Sam. 13. 28, quand l'esprit d'Amnon sera gai par le vin.

Hiph. : הֱטִיבֹתָ כִּי הָיָה עִם־לְבָבֶךָ I Rois 8. 18, tu as bien fait d'avoir eu cette intention. (Les formes הֵיטִיב ou הֵטִיב sont de יָטַב.)

טוֹב *adj.* (*fém.* טוֹבָה). Bon, pur, bien, heureux, agréable, beau, gai, joyeux : אֶרֶץ טוֹבָה Exod. 3. 8, un bon pays ; וְכָל־עֵץ טוֹב II Rois 3. 19, et tous les bons arbres, qui portent fruit ; וּזֲהַב הָאָרֶץ הַהִוא טוֹב Gen. 2. 12, et l'or de ce pays est pur ; הוֹי הָאֹמְרִים לָרַע טוֹב וְלַטּוֹב רָע Is. 5. 20, malheur à ceux qui disent que le mal est bien, et que le bien est mal ; טוֹב־עַיִן Prov. 22. 9, bon, charitable, *opposé* à רַע־עַיִן jaloux, envieux ; וְטוֹב לֹא־יִהְיֶה לָרָשָׁע Eccl. 8. 13, le méchant ne sera pas heureux ; לְטוֹב לָנוּ Deut. 6. 24, pour que nous soyons heureux ; עֲשִׂי־לָהּ הַטּוֹב בְּעֵינָיִךְ Gen. 16. 6, uses-en envers elle comme il te plaira, *littér.* fais-lui ce qui paraît bon à tes yeux ; avec לִפְנֵי : לְאָדָם שֶׁטּוֹב לְפָנָיו Eccl. 2. 26, à l'homme qui lui est agréable ; וַתֵּרֶא אֹתוֹ כִּי־טוֹב הוּא Exod. 2. 2, et voyant qu'il était beau ; גְּדֹלִים וְטוֹבִים Is. 5. 9, (des maisons) grandes et belles ; כַּשֶּׁמֶן הַטּוֹב Ps. 133. 2, comme l'huile excellente ; וְקָנֶה הַטּוֹב Jér. 6. 20, et la canne odorante ; וַנִּהְיֶה טוֹבִים Jér. 44. 17, nous étions heureux ; כִּי־טוֹב חַסְדֶּךָ Ps. 69. 17, car ta miséricorde est extrême ; בְּלֶב־טוֹב Eccl. 9. 7, le cœur joyeux, avec plaisir, joie ; וְיוֹם טוֹב Esth. 9. 19, et un jour de fête. — *Adv.* Bien : אִם־יִגְאָלֵךְ טוֹב Ruth. 3. 13, s'il veut t'épouser c'est bien (à la bonne heure !). — *Subst.* Le bien, bonheur : לֹא־תָשׁוּב עֵינִי לִרְאוֹת טוֹב Job 7. 7, mon œil ne verra plus le bien, le bonheur.

טוֹב *n. pr.* d'une contrée : בְּאֶרֶץ טוֹב Jug. 11. 3, dans le pays de Tob ; וְאִישׁ טוֹב II Sam. 10. 6, et les hommes de Tob.

טוֹב אֲדוֹנִיָּה *n. pr. m.* II Chr. 17. 8.

טוּב *m.* (v. טוֹב *adj.*). Bonté, beauté, bonheur, les biens, la meilleure part : טוּב טַעַם Ps. 119. 66, (la bonté de la raison), la raison juste, l'esprit sain ; בְּטוּב־יְיָ Ps. 27. 13, la bonté, la grâce, de l'Éternel ; טוּב צַוָּארָהּ Osée 10. 11, la beauté de son cou, son cou superbe ; אֲנִי אַעֲבִיר כָּל־טוּבִי עַל־פָּנֶיךָ Exod. 33. 19, je ferai passer devant toi toute ma bonté (majesté) ; הֵן לֹא בְיָדָם טוּבָם Job 21. 16, leur bonheur n'est pas dans leur pouvoir ; בְּטוּב צַדִּיקִים תַּעֲלֹץ קִרְיָה Prov. 11. 10, le bonheur des justes remplit la ville de joie ; מִטּוּב לֵב Is. 65. 14, dans la joie, le contentement, de leur cœur ; טוּב הָאָרֶץ תֹּאכֵלוּ Is. 1. 19, vous aurez à manger les meilleurs fruits de la terre ; וְאֶתְּנָה לָכֶם אֶת־טוּב אֶרֶץ מִצְרַיִם Gen. 45. 18, je vous donnerai les meilleures choses de l'Égypte (ou la meilleure partie) ; וְכָל־טוּב אֲדֹנָיו בְּיָדוֹ Gen. 24. 10, et portant avec lui (une partie) de toutes les choses précieuses de son maître.

טוֹבָה *f.* (v. טוּב). Bonté, le bien, félicité : כָּל־הַטּוֹבָה אֲשֶׁר־עָשָׂה יְיָ Exod. 18. 9, tout le bien que Dieu avait fait (à Israel) ; עִטַּרְתָּ שְׁנַת טוֹבָתֶךָ Ps. 65. 12, tu couronnes l'année avec ta bonté, par tous les biens dont tu la combles ; טוֹבָתִי בַּל־עָלֶיךָ 16. 2, mon bonheur ne vient que de toi ; לִרְאוֹת בְּטוֹבַת בְּחִירֶיךָ 106. 5, pour (voir) jouir de la félicité de tes élus ; בִּרְבוֹת הַטּוֹבָה רַבּוּ אוֹכְלֶיהָ Eccl. 5. 10, avec l'accroissement des biens augmente le nombre de ceux qui les mangent ; זָכְרָה־לִּי אֱלֹהַי לְטוֹבָה Néh. 5. 19, souviens-toi de moi, mon Dieu, en bien, pour mon bien ; עֲשֵׂה־עִמִּי אוֹת לְטוֹבָה Ps. 86. 17, fais paraître quelque signe (de ta bonté) en ma faveur.

טוֹבִיָּה et **טוֹבִיָּהוּ** (agréable à Dieu) *n. pr.* 1° Tobie, Ammonite, Néh. 2. 10. — 2° Les fils de Tobie, 7. 62. — 3° Tobie, Zach. 6. 10.

טָוָה Filer : בְּיָדֶיהָ טָווּ Exod. 35. 25, les femmes filaient de leurs propres mains ; טָווּ אֶת־הָעִזִּים 35. 26, elles filaient des poils de chèvre.

טוּחַ Crépir, couvrir, revêtir : וְטָח אֶת־הַבָּיִת Lév. 14. 42, et qu'on crépisse de nouveau (les murailles) de la maison ; לָטוּחַ קִירוֹת הַבָּתִּים I Chr. 29. 4, pour en revêtir les murailles des maisons ; וְהִנָּם טָחִים אֹתוֹ תָּפֵל Ez. 13. 10, mais ils ont enduit la muraille légèrement, d'un crépi léger, ou qui n'est pas mêlé de paille ; כִּי טַח מֵרְאוֹת עֵינֵיהֶם Is. 44. 18, car il (Dieu) a couvert, fermé, leurs yeux, qu'ils ne voient pas.

Niph. passif : וְאַחֲרֵי הִטּוֹחַ Lév. 14. 43, et après avoir été crépie; avec l'*acc.* אַחֲרֵי הִטּוֹחַ אֶת־הַבָּיִת 14. 48, après que la maison aura été crépie, enduite de nouveau.

טוֹטָפֹת *pl. f.* Bandeaux, fronteau : וְהָיוּ לְטוֹטָפֹת בֵּין עֵינֵיכֶם Deut. 11. 18, (ces paroles) seront (écrites sur) des fronteaux entre vos yeux. On portait toute la journée, et on porte encore, en faisant sa prière du matin, des étuis, attachés au front et au bras gauche, qui contiennent chacun les quatre passages du Pentateuque : Exod. 13. 1 à 10, 13. 11 à 16, Deut. 6. 4 à 9, 11. 13 à 21, écrits sur parchemin (v. תְּפִלִּין).

טול *Kal* inusité. *Hiph.* Jeter : וַיָּטֶל שָׁאוּל אֶת־הַחֲנִית I Sam. 18. 11, Saül jeta, poussa, la lance (contre David); וְהֵטַלְתִּי אֶתְכֶם מֵעַל הָאָרֶץ הַזֹּאת Jér. 16. 13, je vous jetterai hors de ce pays; וַיְיָ הֵטִיל רוּחַ־גְּדוֹלָה אֶל־הַיָּם Jon. 1. 4, et Dieu envoya un vent impétueux sur la mer; * וַיָּטִילוּ אֶת־עַמְּךָ יִשְׂרָאֵל לֶחָרֶב Rituel, ils ont jeté sous l'épée, ils ont massacré, ton peuple Israel.

Hoph. Être renversé, être jeté, rejeté : כִּי־יִפֹּל לֹא יוּטָל Ps. 37. 24, lors même qu'il tombera, il ne sera pas brisé, ruiné, ou rejeté, abandonné; הֲגַם אֶל־מַרְאָיו יֻטָל Job 41. 1, à sa vue seule on est renversé (de frayeur); בַּחֵיק יוּטַל אֶת־הַגּוֹרָל Prov. 16. 33, les billets du sort sont jetés dans le giron ou dans le pan d'une robe : מַדּוּעַ הוּטְלוּ הוּא וְזַרְעוֹ Jér. 22. 28, pourquoi a-t-il été rejeté, lui et ses enfants?

Pilp. Rejeter, transporter : הִנֵּה יְיָ מְטַלְטֶלְךָ Is. 22. 17, vois! Dieu te rejette, te transporte d'ici (v. טַלְטֵלָה).

* טוף Noyer : עַל דְּאַטֵּפְתְּ אַטְפוּךְ וְסוֹף מְטִיפַיִךְ יְטוּפוּן Aboth, parce que tu as noyé, on t'a noyé, et à la fin on noiera ceux qui t'avaient noyé.

טוּר *m.* 1° Muraille : וְטוּר סָבִיב בָּהֶם Ez. 46. 23, et un parapet les entourait. — 2° Rang, rangée : שְׁלֹשָׁה טוּרֵי גָזִית I Rois 6. 36, trois rangées, assises, de pierres taillées; אַרְבָּעָה טוּרֵי אָבֶן Exod. 39. 10, quatre rangs de pierres (précieuses).

טוּר chald. *m.* (v. צוּר hébr.). Mont, rocher : הֲוָת לְטוּר רַב Dan. 2. 35, devint une grande montagne; דִּי מִטּוּרָא אִתְגְּזֶרֶת אֶבֶן 2. 45, une pierre s'est détachée de la montagne.

טוּשׂ Voler impétueusement, fondre : כְּנֶשֶׁר יָטוּשׂ עֲלֵי־אֹכֶל Job 9. 26, comme un aigle qui fond sur sa proie.

טְוָת *adv.* A jeûn : וּבָת טְוָת Dan. 6. 19, et se coucha, ou passa la nuit à jeûn.

טָחָה *Kal* inusité. *Pi.* Tendre, tirer l'arc : הַרְחֵק כִּמְטַחֲוֵי קֶשֶׁת Gen. 21. 16, loin comme les tireurs d'arc (sont éloignés du but en tirant), ou מְטַחֲוֵי *subst.* trait, loin d'un trait d'arc.

טְחוֹן *m.* (v. טָחַן). Moulin, meule : בַּחוּרִים טְחוֹן נָשָׂאוּ Lament. 5. 13, les jeunes gens portaient la meule (ou *inf.* pour לִטְחוֹן, ils employèrent les jeunes gens à moudre, à tourner la meule).

טְחוֹרִים *m. pl.* וּבַטְּחֹרִים (*keri*) Deut. 28. 27, et par des tumeurs à l'anus; וַיִּשָּׂתְרוּ לָהֶם טְחֹרִים I Sam. 5. 9, et des tumeurs se formaient à leurs intestins (à l'anus) [v. עֲפֹל]; טְחֹרֵי הַזָּהָב I Sam. 6. 17, des images d'or, qui représentaient cette maladie.

טֻחוֹת *pl. f.* Les reins (v. טוּחַ, couverts de graisse), comme לֵב et כְּלָיוֹת l'intérieur de l'homme, siége de l'âme, de l'intelligence : הֵן־אֱמֶת חָפַצְתָּ בַטֻּחוֹת Ps. 51. 8, puisque tu aimes la vérité dans (les reins), l'intérieur des hommes; מִי־שָׁת בַּטֻּחוֹת חָכְמָה Job 38. 36, qui a mis la sagesse dans le cœur de l'homme?

טָחַן (*fut.* יִטְחַן) Écraser, moudre : וַיִּטְחַן עַד אֲשֶׁר־דָּק Exod. 32. 20, et l'écrasa jusqu'à ce qu'il fût réduit en poudre; וְטָחֲנוּ בָרֵחַיִם Nomb. 11. 8, ils la broyaient sous la meule; וַיְהִי טוֹחֵן בְּבֵית הָאֲסִירִים Jug. 16. 21, et il tourna la meule dans la prison; וְטַחֲנִי קָמַח Is. 47. 2, et fais moudre la farine; *au fig.* וּפְנֵי עֲנִיִּים תִּטְחָנוּ Is. 3. 15, (pourquoi) meurtrissez-vous le visage des pauvres, les opprimez-vous? תִּטְחַן לְאַחֵר אִשְׁתִּי Job 31. 10, que ma femme moule pour un autre, c.-à-d. qu'elle soit sa servante, ou, selon d'autres, sa concubine; וּבָטְלוּ הַטֹּחֲנוֹת Eccl. 12. 3, et lorsque les meunières chômeront (ou les dents qui broient les aliments, les molaires).

טַחֲנָה *f.* (rac. טָחַן). Moulin : בִּשְׁפַל קוֹל הַטַּחֲנָה Eccl. 12. 4, quand le bruit du moulin, ou la voix de la meunière, baisse, diminue.

טִיחַ *m.* (rac. טוּחַ). Enduit : אַיֵּה הַטִּיחַ אֲשֶׁר טַחְתֶּם Ez. 13. 12, où est l'enduit dont vous l'avez enduite?

טִיט *m.* 1° Argile : וּכְמוֹ יוֹצֵר יִרְמָס־טִיט Is. 41. 25, et comme le potier foule l'argile; בֹּאִי בַטִּיט Nah. 3. 14, entre dans l'argile (pétris-la). — 2° Boue : הַצִּילֵנִי מִטִּיט וְאַל־אֶטְבָּעָה Ps. 69. 15, retire-moi de la boue, afin que je n'y demeure pas enfoncé; וַיִּגְרְשׁוּ מֵימָיו רֶפֶשׁ וָטִיט Is. 57. 20, et ses eaux jettent sur le rivage la vase et la boue.

טִין chald. *m.* (v. טִיט héb. 1°). Glaise : בַּחֲסַף טִינָא Dan. 2. 41, avec l'argile et la terre glaiseuse.

טִירָה *f.* (v. טוּר 1°). 1° Muraille : וּמְבַשְּׁלוֹת עָשׂוּי מִתַּחַת הַטִּירוֹת Ez. 46. 23, et des foyers étaient bâtis au pied de ces murailles. — 2° Ce qui est entouré de murs, château : תְּהִי־טִירָתָם נְשַׁמָּה Ps. 69. 26, que leur château devienne désert; טִירַת כָּסֶף Cant. 8. 9, une tour, ou un palais d'argent; בְּחַצְרֵיהֶם וּבְטִירֹתָם Gen. 25. 16, dans leurs cours et leurs châteaux, ou : dans leurs villes ouvertes et leurs villes entourées de murs.

טַל *m.* (avec suff. טַלִּי, rac. טָלַל). La rosée : מִטַּל הַשָּׁמַיִם Gen. 27. 28, de la rosée du ciel; תִּזַּל כַּטַּל אִמְרָתִי Deut. 32. 2, que mes paroles coulent comme la rosée; כִּי טַל אוֹרֹת טַלֶּךָ Is. 26. 19, car ta rosée est une rosée de lumière, ou : comme la rosée qui tombe sur les plantes, de אוֹרָה.

טַל chald. *m.* Rosée : וּבְטַל שְׁמַיָּא יִצְטַבַּע Dan. 4. 12, qu'il soit mouillé de la rosée du ciel.

טָלָא 1° Avoir des taches, être tacheté : כָּל־שֶׂה נָקֹד וְטָלוּא Gen. 30. 32, tous les agneaux qui ont de petites ou de grandes taches; הָעִזִּים הַנְּקֻדּוֹת וְהַטְּלֻאֹת 30. 35, les chèvres qui ont de petites ou de grandes taches. — 2° Être de diverses couleurs : וַתַּעֲשִׂי־לָךְ בָּמוֹת טְלֻאוֹת Ez. 16. 16, tu te faisais des hauteurs (ou des autels) que tu couvrais d'étoffes variées, bariolées.

Pou. Être rapiéceté : וּנְעָלוֹת בָּלוֹת וּמְטֻלָּאוֹת Jos. 9. 5, et de vieux souliers rapiécetés.

טְלָאִים *m. pl.* Agneaux : בִּזְרֹעוֹ יְקַבֵּץ טְלָאִים Is. 40. 11, avec son bras il rassemblera les agneaux; וַיִּפְקְדֵם בַּטְּלָאִים I Sam. 15. 4, Saül les compta d'après les agneaux de pâque qu'ils avaient avec eux; selon d'autres, *n. pr.* : il les compta à Telaïm.

טָלֶה *m.* (const. טְלֵה). Agneau : טְלֵה חָלָב אֶחָד I Sam. 7. 9, un agneau de lait (qui tetait encore; זְאֵב וְטָלֶה יִרְעוּ כְאֶחָד Is. 65. 25, le loup et l'agneau iront paître ensemble.

טַלְטֵלָה *f.* (rac. טוּל). Rejet, action de rejeter : הִנֵּה יְיָ מְטַלְטֶלְךָ טַלְטֵלָה גָּבֶר Is. 22. 17, Dieu te rejette du rejet d'un homme, c.-à-d. violemment; ou גָּבֶר *vocatif* : Dieu te lancera, te jettera au loin, ô homme (qui te crois si fort)! D'autres traduisent : Dieu te fera transporter d'ici, comme on transporte un coq.

טַלִּית* Manteau, vêtement; spécialement celui qu'on porte en faisant la prière du matin, et aux quatre pans duquel pendent des franges (צִיצִת, v. Nomb. 15. 38, 39).

טלל *Kal* inusité. *Pi.* Couvrir d'un toit : הוּא יִבְנֶנּוּ וִיטַלְלֶנּוּ Néh. 3. 15, il bâtit la porte et la couvrit d'un toit.

טלל chald. *Aph.* (v. טְלַל). Se mettre à l'ombre : תְּחוֹתוֹהִי תַּטְלֵל חֵיוַת בָּרָא Dan. 4. 9, les bêtes de la campagne se couvrent, s'abritent sous son ombre (v. צָלַל).

טֶלֶם *n. pr.* Telem, ville de la tribu de Juda, Jos. 15. 24.

טַלְמֹן *n. pr. m.* Esdr. 2. 42.

טָמֵא (*inf.* טָמְאָה, *fut.* יִטְמָא) Être impur, immonde : לְטָמְאָה־בָהּ Lév. 15. 32, et qui devient impur par cela ; וַתִּטְמָא הָאָרֶץ 18. 25, le pays est devenu impur, corrompu ; וְטָמְאָה שִׁבְעַת יָמִים 12. 2, elle sera impure pendant sept jours.

Niph. Se rendre impur, se souiller : אִם־נִטְמְאָה Nomb. 5. 27, si elle a été souillée (par l'adultère) ; כִּי בְכָל־אֵלֶּה נִטְמְאוּ הַגּוֹיִם Lév. 18. 24, car c'est par tous ces vices que se sont souillés les peuples ; אַתֶּם נִטְמְאִים לְכָל־גִּלּוּלֵיכֶם Ez. 20. 31, vous vous souillez par toutes vos idoles.

Pi., *trans.* Souiller, profaner, déshonorer, déclarer impur : בְּטַמְּאָם אֶת־מִשְׁכָּנִי Lév. 15. 31, s'ils souillent ma demeure, mon tabernacle ; טִמְּאוּ אֶת־הֵיכַל קָדְשֶׁךָ Ps. 79. 1, ils ont profané ton saint temple ; כִּי טִמֵּא אֶת־דִּינָה בִתּוֹ Gen. 34. 5, qu'il a déshonoré sa fille Dinah ; וְאֶת־אֵשֶׁת רֵעֵהוּ לֹא טִמֵּא Ez. 18. 6, s'il ne déshonore pas la femme de son prochain ; וְטִמְּאוֹ הַכֹּהֵן Lév. 13. 8, le prêtre le déclarera impur ; לְטַהֲרוֹ אוֹ לְטַמְּאוֹ 13. 59, pour le déclarer pur ou impur ; וְאֶת־הַבָּמוֹת—טִמֵּא הַמֶּלֶךְ II Rois 23. 13, le roi profana (ou fit détruire) les hauts lieux.

Pou. pass. : הִנֵּה נַפְשִׁי לֹא מְטֻמָּאָה Ez. 4. 14, mon âme n'a pas été souillée.

Hithp. Se souiller, se rendre impur : וְלֹא תִטַּמְּאוּ בָּהֶם Lév. 11. 43, ne vous souillez pas par ces animaux ; avec לְ : וּלְאֵלֶּה תִּטַּמָּאוּ 11. 24, et par ceux-ci vous vous rendrez impurs.

Hothp. : אַחֲרֵי אֲשֶׁר הֻטַּמָּאָה Deut. 24. 4, après qu'elle a été souillée.

טָמֵא *adj.* (*fém.* טְמֵאָה). Impur, immonde : בְּהֵמָה טְמֵאָה, דָּבָר טָמֵא Lév. 5. 2, une chose impure, une bête immonde ; טְמֵאִים הֵם 11. 35, ils sont impurs ; אִישׁ טְמֵא־שְׂפָתַיִם אָנֹכִי Is. 6. 5, je suis un homme dont les lèvres sont impures ; טְמֵאַת הַשֵּׁם Ez. 22. 5, impure, infâme de réputation.

טָמְאָה *f.* Impureté : בַּעֲבוּר טָמְאָה תְּחַבֵּל Mich. 2. 10, pour son impureté elle sera dans les douleurs ; le pays sera détruit, ruiné, parce qu'il a été corrompu (v. I et II חָבַל).

טֻמְאָה *f.* Impureté, chose impure : וְטֻמְאָתוֹ עָלָיו Lév. 22. 3, pendant qu'il est impur, *exact.* son impureté étant sur lui ; וְאַל־תֹּאכְלִי כָּל־טֻמְאָה Jug. 13. 7, et ne mange rien d'impur ; *plur.* מִטֻּמְאֹת Lév. 16. 16, des impuretés.

טָמָה *Kal* inusité. *Niph.* Être impur (v. טָמֵא) : וְנִטְמֵתֶם בָּם Lév. 11. 43, de peur que vous ne soyez impurs par ces choses ; נִטְמִינוּ בְּעֵינֵיכֶם Job 18. 3, (pourquoi) sommes-nous comme impurs à vos yeux, c.-à-d. méprisés par vous ; selon d'autres, comme אָטַם, être bouché, et ils traduisent : Lév., de peur de vous abrutir ; et Job, pourquoi passons-nous pour des brutes à vos yeux ?

טָמַן Cacher, enfouir, réserver : וַתִּטְמְנֵם Jos. 2. 6, elle les cacha ; וַיִּטְמֹן אֹתָם יַעֲקֹב Gen. 35. 4, Jacob les cacha ; וַיִּטְמְנֵהוּ בַּחוֹל Exod. 2. 12, il le cacha (l'enterra) dans le sable ; טָמְנוּ פַח לִי Ps. 142. 4, ils m'ont tendu un piége en secret ; טָמוּן בָּאָרֶץ חַבְלוֹ Job 18. 10, le piége (qui lui est préparé) est caché sous la terre ; כָּל־חֹשֶׁךְ טָמוּן לִצְפוּנָיו Job 20. 26, toutes les ténèbres (les calamités) sont réservées à ses trésors ; טָמַן עָצֵל יָדוֹ בַּצַּלַּחַת Prov. 19. 24, le paresseux a caché sa main dans un plat (il l'y a portée, mais il ne la porte pas à sa bouche), ou : il a caché sa main dans son sein.

Niph. Se cacher : וְהִטָּמֵן בֶּעָפָר Is. 2. 10, et cache-toi dans la poussière.

Hiph. Cacher : וַיֵּלְכוּ וַיַּטְמִנוּ II Rois 7. 8, et ils s'en allèrent, et les cachèrent. * וּלְהַטְמִינֵי Rituel, et à conserver les mets chauds.

טֶנֶא *m.* Panier : וְשַׂמְתָּ בַטֶּנֶא Deut. 26. 2, tu les placeras dans un panier.

* **טִנּוּף** *m.* Souillure : טַהֵר טִנּוּף מַעֲשַׂי Rituel, purifie la souillure de mes actions (v. טָנַף).

טָנַף *Kal* inusité. *Pi.* Salir : אֵיכָכָה אֲטַנְּפֵם Cant. 5. 3, comment pourrais-je les salir ?

טָעָה (v. תָּעָה) *Kal* inusité. *Hiph.* Égarer, séduire : הִטְעוּ אֶת־עַמִּי Ez. 13. 10, (parce qu')ils ont séduit mon peuple.

טָעַם Goûter, trouver du goût, manger, sentir, apprécier : וְחֵךְ אֹכֶל יִטְעַם־לוֹ Job 12. 11, (comme) le palais qui goûte les mets ; וְלֹא־טָעַם כָּל־הָעָם לָחֶם I Sam. 14. 24, et tout le peuple ne prit pas de nourriture, s'abstint de manger ; אִם־יִטְעַם עַבְדְּךָ אֶת־אֲשֶׁר אֹכַל II Sam. 19. 36, ton serviteur peut-il trouver du goût à ce qu'il mange ; טָעֲמָה כִּי־טוֹב סַחְרָהּ Prov. 31. 18, elle a senti, elle s'est aperçue, que son trafic est bon ; טַעֲמוּ וּרְאוּ כִּי־טוֹב יְיָ Ps. 34. 9, appréciez et voyez combien l'Éternel est bon.

טְעֵם chald. *Pa.* Faire goûter, donner à manger : עִשְׂבָּא כְתוֹרִין יְטַעֲמוּנֵּהּ Dan. 5. 21, on lui fit manger de l'herbe comme aux bœufs.

טַעַם *m.* (v. טָעַם). 1° Goût : וְהָיָה טַעְמוֹ כְּטַעַם לְשַׁד הַשָּׁמֶן Nomb. 11. 8, et (la manne) avait le goût d'un pain pétri avec de l'huile, ou comme du gras de l'huile ; עָמַד טַעְמוֹ בּוֹ Jér. 48. 11, son goût lui est demeuré. — 2° Sens, raison : וְטַעַם זְקֵנִים יִקָּח Job 12. 20, il ôte la raison aux vieillards ; אִשָּׁה יָפָה וְסָרַת טָעַם Prov. 11. 22, une belle femme, sans esprit, insensée ; בְּשַׁנּוֹתוֹ אֶת־טַעְמוֹ Ps. 34. 1, lorsqu'il déguisa sa raison, lorsqu'il contrefit l'insensé ; מְשִׁיבֵי טָעַם Prov. 26. 16, ceux qui répondent, conseillent sagement, sensément. — 3° Décision, ordre : מִטַּעַם הַמֶּלֶךְ וּגְדֹלָיו Jon. 3. 7, par ordre du roi et de ses grands. * On appelle טְעָמִים les signes massorétiques.

טְעֵם chald. (v. טַעַם héb. 3°). Ordre, commandement : מִן־טַעַם אֱלָהּ יִשְׂרָאֵל Esdr. 6. 14, par le commandement du Dieu d'Israel.

טְעֵם chald. *m.* 1° Goût : בִּטְעֵם חַמְרָא Dan. 5. 2, (Baltasar ordonna) dans le goût, la saveur, du vin ; déjà plein de vin. — 2° Sens, raison : דָּנִיֵּאל הֲתִיב עֵטָא וּטְעֵם Dan. 2. 14, Daniel répondit avec prudence, réflexion et raison ; יָהֲבִין לְהוֹן טַעְמָא 6. 3, afin qu'ils leur rendissent compte ; לָא־שָׂמוּ עֲלָיךְ מַלְכָּא טְעֵם 3. 12, ils n'ont pas dirigé leur esprit sur toi, ô roi ! (ils ne t'obéissent pas). — 3° Ordre : וּמִנִּי שִׂים טְעֵם Esdr. 4. 19, et de moi est parti l'ordre ; מַן־שָׂם לְכֹם טְעֵם 5. 9, qui vous a donné l'ordre ; רְחוּם בְּעֵל־טְעֵם 4. 8, Rehum, le conseiller (qui donne des ordres.

טָעַן Charger : טַעֲנוּ אֶת־בְּעִירְכֶם Gen. 45. 17, chargez vos bêtes, ou : piquez-les, pour les faire marcher.

Pou. Être percé : מְטֹעֲנֵי חָרֶב Is. 14. 19, ceux qui ont été percés, frappés par l'épée.

טַף *m.* (avec suff. טַפְּכֶם, rac. טָפַף). Les enfants : וְאֶת־כָּל־טַפָּם Gen. 34. 29, et tous leurs petits enfants ; בָּחוּר וּבְתוּלָה וְטַף Ez. 9. 6, jeunes hommes, vierges et enfants ; הַגְּבָרִים לְבַד מִטָּף Exod. 12. 37, les hommes sans (compter) les enfants ; לְפִי הַטָּף Gen. 47. 12, selon le nombre des enfants.

• **טִפָּה** *f.* Une goutte, Aboth.

טָפַח *Kal* inusité. *Pi.* 1° Étendre : וִימִינִי טִפְּחָה שָׁמָיִם Is. 48. 13, et ma droite a étendu les cieux. — 2° Soigner : אֲשֶׁר־טִפַּחְתִּי וְרִבִּיתִי Lament. 2. 22, ceux que j'ai soignés (emmaillottés) et que j'ai élevés.

טֶפַח *m.* 1° Espèce de mesure, un palme, la largeur de quatre doigts de la main ; וְעָבְיוֹ טֶפַח II Chr. 4. 5, et son épaisseur était d'un palme ; הִנֵּה טְפָחוֹת נָתַתָּה יָמַי Ps. 39. 6, vois ! tu as donné à mes jours la mesure des palmes, c.-à-d. tu les as rendus très courts. — 2° *Terme d'archit.* : וּמִמַּסַּד עַד־הַטְּפָחוֹת I Rois 7. 9, depuis les fondements jusqu'au haut des murs, ou : jusqu'aux corbeaux.

טֹפַח *m.* Un palme : וַיַּעַשׂ לוֹ מִסְגֶּרֶת טֹפַח Exod. 37. 12, il fit autour (de la table) une bande, bordure, haute de quatre doigts.

טִפֻּחִים *m. pl.* Action de soigner, d'emmaillotter : עֹלֲלֵי טִפֻּחִים Lament. 2. 20, de petits enfants, objet de leurs tendres soins (qu'elles emmaillottaient); v. טָפַח 2°.

טָפַל Attacher, imputer, ajouter : טָפְלוּ עָלַי שֶׁקֶר זֵדִים Ps. 119. 69, les superbes! ils forgent, fabriquent, des mensonges contre moi, ils m'imputent faussement de mauvaises actions; אַתֶּם טֹפְלֵי־שָׁקֶר Job 13. 4, vous imputez faussement, vous fabriquez des mensonges; וַתִּטְפֹּל עַל־עֲוֹנִי 14. 17, tu as ajouté à mes péchés, tu m'en imputes plus que je n'ai commis.

טַפְלָא Petits enfants (v. טַף) : טַפְלָא וּנְשַׁיָּא Rituel, les petits enfants et les femmes.

טִפְסַר *m.* Prince, capitaine, chef : פִּקְדוּ עָלֶיהָ טִפְסָר Jér. 51. 27, nommez contre elle un prince, un capitaine; *plur.* וְטַפְסְרַיִךְ Nah. 3. 17, et tes chefs.

טָפַף Dandiner, avoir une marche affectée : הָלוֹךְ וְטָפוֹף תֵּלַכְנָה Is. 3. 16, elles marchent à petits pas, d'une marche affectée, en dandinant (v. טַף) à la manière des enfants.

טְפַר chald. *m.* (*plur.* טִפְרִין, v. צִפֹּרֶן). Ongle : וְטִפְרוֹהִי כְצִפְּרִין Dan. 4. 30, et les ongles (de Nabuchodonosor) devinrent comme les griffes des oiseaux; וְטִפְרַיהּ דִּי־נְחָשׁ 7. 19, et les ongles (de la bête) étaient de cuivre.

טָפַשׁ Être gras; *au fig.* être sot, stupide : טָפַשׁ כַּחֵלֶב לִבָּם Ps. 119. 70, leur cœur est gras comme la graisse, c.-à-d. matériel, stupide.

טִפְשׁוּת *f.* Sottise, naïveté : טִפְשׁוּת פֶּה les sottises, les naïvetés de la bouche (טִפֵּשׁ un sot).

טָפַת (goutte, perle) *n. pr.* Taphath, fille de Salomon, I Rois 4. 11.

טָרַד Continuer, agir sans interruption : וְדֶלֶף טֹרֵד Prov. 19. 13, et (comme) une gouttière qui coule sans cesse; אִישׁ טָרוּד un homme occupé, affairé.

טְרַד chald. Chasser, repousser : וּמִן־אֲנָשָׁא טְרִיד Dan. 4. 30, il fut repoussé d'entre les hommes; וּמִן־אֲנָשָׁא לָךְ טָרְדִין 4. 29, et on te chassera de la compagnie des hommes.

טְרוֹם *cheth.* pour טֶרֶם Ruth 3. 14, avant que.

טָרַח *Kal* inusité. *Hiph.* Charger : אַף־בְּרִי יַטְרִיחַ עָב Job 37. 11, il charge le nuage même dans la pureté de l'air, ou : la pureté de l'air pèse sur les nuages, les dissipe; ou : il le charge de pluie, de fécondité (v. רִי).

טֹרַח *m.* Charge, peine : הָיוּ עָלַי לָטֹרַח Is. 1. 14, elles me sont devenues à charge; טָרְחֲכֶם וּמַשַּׂאֲכֶם Deut. 1. 12, (comment porterais-je seul) le poids et le fardeau de toutes vos affaires?

טָרִי (*f.* טְרִיָּה) *adj.* Frais, humide : לְחִי־חֲמוֹר טְרִיָּה Jug. 15. 15, une mâchoire d'âne (fraîche) pas encore desséchée; וּמַכָּה טְרִיָּה Is. 1. 6, et une plaie humide, saignante, ou : une plaie récente.

טֶרֶם *adv.* Avant, avant que, pas encore, souvent avec les *prép.* בְּ et מִ : בְּטֶרֶם הָרִים יֻלָּדוּ Ps. 90. 2, avant que les montagnes eussent été créées; בְּטֶרֶם תָּחִיל יָלָדָה Is. 66. 7, avant d'être en travail, elle a enfanté; avec l'*infinitif* : בְּטֶרֶם לֶדֶת חֹק Soph. 2. 2, avant que le jugement soit enfanté, prononcé; avec לֹא : בְּטֶרֶם לֹא־יָבוֹא עֲלֵיכֶם 2. 2, avant que (le jour de la colère de Dieu) éclate contre vous; מִטֶּרֶם שׂוּם־אֶבֶן אֶל־אֶבֶן Agg. 2. 15, avant qu'une pierre eût été placée sur une autre (pour bâtir le temple); וּשְׁמוּאֵל טֶרֶם יָדַע אֶת־יְיָ I Sam. 3. 7, Samuel ne connaissait pas (la voix) de Dieu, ou sa manière de se révéler aux prophètes; avec le *futur* : וְטֶרֶם יִגָּלֶה אֵלָיו דְּבַר־יְיָ 3. 7, et la parole de Dieu ne lui avait pas encore été révélée; טֶרֶם יַעֲבֹרוּ Jos. 3. 1, avant de passer (le Jourdain).

טָרַף (*fut.* יִטְרֹף, une fois יִטְרַף) Déchirer, ravir, mettre en pièces : בִּנְיָמִין זְאֵב יִטְרָף Gen. 49. 27, Benjamin sera un loup ravissant; וְטָרַף זְרוֹעַ אַף־קָדְקֹד Deut. 33. 20, il déchire le bras et la tête; וַיִּטְרֹף לָעַד אַפּוֹ Amos 1. 11, dans sa colère il est toujours prêt à déchirer; *littér.* : sa colère déchire toujours; פֶּן־אֶטְרֹף וְאֵין מַצִּיל Ps. 50. 22, autrement je ruinerai (je déchirerai comme une bête sauvage), et personne ne vous délivrera.

Niph. Être déchiré : אִם־טָרֹף יִטָּרֵף Exod. 22. 12, s'il a été déchiré par une bête ; כָּל־הַיּוֹצֵא מֵהֵנָּה יִטָּרֵף Jér. 5. 6, tous ceux qui sortent de ces villes seront déchirés.

Pou. Être dévoré : טָרֹף טֹרַף יוֹסֵף Gen. 37. 33, Joseph a été dévoré.

Hiph. Donner de la nourriture, nourrir : הַטְרִיפֵנִי לֶחֶם חֻקִּי Prov. 30. 8, donne-moi la nourriture qui m'est nécessaire pour vivre.

טָרָף *adj.* (v. טָרַף). Arraché : עֲלֵה־זַיִת טָרָף בְּפִיהָ Gen. 8. 11, portant dans son bec une feuille d'olivier arrachée (selon d'autres : une feuille fraîche, verte).

טֶרֶף *m.* 1° Feuille : כָּל־טַרְפֵּי צִמְחָהּ Ez. 17. 9, toutes les feuilles de sa végétation, de ses rejetons. — 2° Proie : הֲתָצוּד לְלָבִיא טָרֶף Job. 38. 39, prendras-tu la proie pour la lionne ? מִטֶּרֶף בְּנִי עָלִיתָ Gen. 49. 9, mon fils, tu es monté avec la proie (*exact.* : de la proie, c.-à-d. de la chasse) ; מֵהַרְרֵי־טָרֶף Ps. 76. 5, plus que les, (ou du haut des) montagnes de proie, où il y a des animaux ou des brigands qui vivent de proie. — 3° Nourriture (v. טָרַף *Hiph.*) : וִיהִי טֶרֶף בְּבֵיתִי Mal. 3. 10, et qu'il y ait de la nourriture dans ma maison ; וַתִּתֵּן טֶרֶף לְבֵיתָהּ Prov. 31. 15, et elle donne, partage, la nourriture à sa maison.

טְרֵפָה *f.* (ce qui est déchiré) ; *spécial.* du bétail déchiré par des bêtes sauvages : טְרֵפָה לֹא־הֵבֵאתִי אֵלֶיךָ Gen. 31. 39, je ne t'ai pas rapporté, ou : je n'ai pas porté en compte le bétail déchiré par les bêtes sauvages ; נְבֵלָה וּטְרֵפָה לֹא יֹאכַל Lév. 22. 8, il ne doit pas manger d'une bête morte d'elle-même, ou déchirée par une autre bête. Plus tard on nomme par extension * טְרֵפָה toute bête tuée autrement que de la manière prescrite, ou quand elle était malade.

טַרְפְּלָיֵא chald., les Terphaléens, un des peuples transférés d'Assyrie en Samarie, Esdr. 4. 9.

* **טְרַקְלִין** L'intérieur d'une maison, d'un palais, *opposé à* vestibule : כְּדֵי שֶׁתִּכָּנֵס לַטְּרַקְלִין Aboth, pour pouvoir entrer dans l'intérieur du palais.

י

י Yod, יוּד ou יוֹד dixième lettre de l'alphabet. Signifie comme chiffre 10. Il se permute avec א. Exemples : יוֹצֵר trésorier, et אוֹצָר trésor ; יָחִיד et אֶחָד un, unique ; יָלַל (*Hiph.*) gémir ; אַלְלַי hélas! malheur ! Avec ה : יָדָה et הָדָה tendre, jeter ; יָלַךְ et הָלַךְ aller ; avec ו, v. ו et les verbes פֵּא יוּד נָחֵי. Avec ת : יָאַב et תָּאַב désirer, souhaiter.

יָאַב Désirer, aimer (v. תָּאַב) : כִּי לְמִצְוֹתֶיךָ יָאָבְתִּי Ps. 119. 131, parce que je désirais, j'aimais, tes commandements.

יָאָה Convenir, appartenir : כִּי לְךָ יָאָתָה Jér. 10. 7, car à toi convient, appartient (le règne, la gloire) ; selon Kimchi, de la racine נָאָה.

יְאוֹר (v. יְאֹר).

יַאֲזַנְיָה (exaucé de Dieu) *n. pr. m.* 1° Jér. 35. 3. — 2° Ez. 11. 1.

יַאֲזַנְיָהוּ *n pr. m.* 1° II Rois 25. 23 ; יְזַנְיָהוּ Jér. 40. 8. — 2° Ez. 8. 11.

יָאִיר (l'illuminé de Dieu) *n. pr. m.* 1° Jaïr, fils de Manassé, Nomb. 32. 41. — 2° Jaïr de Galaad, juge dans Israel, Jug. 10. 3. — 3° Jaïr, père de Mardochée, Esth. 2. 5. *Patron.* יָאִירִי II Sam. 20. 26.

I **יָאַל** (*Kal* inusité). *Niph.* Être sot, fou, agir follement : אֲשֶׁר נוֹאַלְנוּ וַאֲשֶׁר חָטָאנוּ Nomb. 12. 11, ce en quoi nous avons agi follement, et que nous avons péché ; נוֹאָלוּ Jér. 5. 4, ils sont insensés ; נוֹאֲלוּ שָׂרֵי צֹעַן Is. 19. 13, les princes de Tanis sont devenus insensés ; וְחֶרֶב אֶל־הַבַּדִּים

וְנֹאָלוּ Jér. 50. 36, l'épée est tirée contre les devins imposteurs, et ils deviendront, paraîtront, des insensés.

II יָאַל (*Kal* inusité). *Hiph.* 1° Commencer, entreprendre, essayer, se décider, consentir: הוֹאִיל מֹשֶׁה בֵּאֵר אֶת־הַתּוֹרָה Deut. 1. 5, Moïse commença à expliquer la loi; *exact.* il commença, il expliqua, etc.; הִנֵּה־נָא הוֹאַלְתִּי לְדַבֵּר Gen. 18. 27, puisque j'ai osé parler; וַיּוֹאֶל הַלֵּוִי לָשֶׁבֶת אֶת־הָאִישׁ Jug. 17. 11, le lévite se décida à demeurer chez l'homme; הוֹאֶל־נָא וְלִין 19. 6, consens, je te prie, à rester la nuit; וַיֹּאֶל לָלֶכֶת I Sam. 17. 39, il essaya de marcher; וְיֹאֵל אֱלוֹהַּ Job 6. 9, si Dieu voulait, qu'il plaise à Dieu.— 2° וַיֹּאֶל שָׁאוּל אֶת־הָעָם I Sam. 14. 24, Saül avait adjuré le peuple (de אָלָה serment) (ou *Hiph.* de אָלָה pour וַיַּאֲלֶה, v. אָלָה verbe).

יְאֹר et יְאוֹר *m.* Fleuve, presque exclusivement le Nil: כָּל־הַבֵּן הַיִּלּוֹד הַיְאֹרָה תַּשְׁלִיכֻהוּ Exod. 1. 22, tous les enfants mâles qui naîtront, jetez-les dans le fleuve; וְהַדָּגָה אֲשֶׁר־בַּיְאֹר תָּמוּת 7. 18, les poissons dans le fleuve (le Nil) mourront; אֶחָד הֵנָּה לִשְׂפַת הַיְאֹר Dan. 12. 5, l'un était en deçà sur le bord du fleuve; וְעָלְתָה כָאֹר כֻּלָּהּ Amos 8. 8 (pour כַּיְאֹר), elle sera tout inondée comme d'un fleuve; le *plur.* יְאֹרִים ruisseaux, canaux: בַּצּוּרוֹת יְאֹרִים בִּקֵּעַ Job 28. 10, il ouvre passage aux ruisseaux dans les rocs, ou il les fait jaillir en fendant les rocs; עַל־נַהֲרֹתָם עַל־יְאֹרֵיהֶם Exod. 7. 19, sur ses fleuves et sur ses ruisseaux.

יָאַשׁ (*Kal* inusité). *Niph.* Abandonner, se désister, renoncer, désespérer, être en vain: וְנוֹאַשׁ מִמֶּנִּי שָׁאוּל לְבַקְשֵׁנִי I Sam. 27. 1, afin que Saül se désiste de me poursuivre, de me chercher; וּלְרוּחַ אִמְרֵי נֹאָשׁ Job 6. 26, et vous parlez en l'air des paroles désespérantes ou inutiles, ou vous jetez au vent, vous méprisez, les paroles d'un homme qui se désespère; לֹא אָמַרְתְּ נוֹאָשׁ Is. 57. 10, tu n'as pas dit: C'est en vain (j'y renonce); וַתֹּאמְרִי נוֹאָשׁ Jér. 2. 25, mais tu as dit: C'est en vain, je n'espère rien de toi.

Pi.: לְיַאֵשׁ אֶת־לִבִּי Eccl. 2. 20, de détourner mon cœur (de toutes les peines), de ne plus y penser.

* *Hithp.*: וְאַל תִּתְיָאֵשׁ מִן הַפּוּרְעָנוּת Aboth, ne te soustrais pas, ou n'imagine pas d'échapper au châtiment, à la punition d'un forfait.

יֹאשִׁיָּה *n. pr. m.* Zach. 6. 10.

יֹאשִׁיָּהוּ *n. pr. m.* Josias, roi de Juda, restaurateur du vrai culte, II Rois, chap. 22 et 23.

יָאַת Convenir, appartenir, consentir (v. יָאָה): אַךְ־בְּזֹאת יֵאֹתוּ לָנוּ הָאֲנָשִׁים Gen. 34. 22, seulement sous cette condition ces hommes seront à nous, ou feront ce que nous désirons; וַיֵּאֹתוּ הַכֹּהֲנִים II Rois 12. 9, et les prêtres consentirent, convinrent.

יְאַתְרַי *n. pr. m.* I Chr. 6. 6.

יָבַב (*Kal* inusité). *Pi.* S'écrier: וַתְּיַבֵּב אֵם סִיסְרָא Jug. 5. 28, la mère de Sisara dit, s'écria; selon d'autres: regarda, chercha des yeux (v. נִיב et תָּבָה).

יְבוּל *m.* (rac. יָבַל). Produit, production, fruit: וְנָתְנָה הָאָרֶץ יְבוּלָהּ Lév. 26. 4, la terre donnera ses produits; וַתֹּאכַל אֶרֶץ וִיבֻלָהּ Deut. 32. 22, il dévorera la terre et ses produits; וְאֵין יְבוּל בַּגְּפָנִים Hab. 3. 17, les vignes ne porteront plus de fruits; יִגֶל יְבוּל בֵּיתוֹ Job 20. 28, les produits (les richesses) qui sont dans sa maison seront enlevés, ou: les gens de sa maison, ses enfants, seront chassés, exilés.

יְבוּס et יְבוּסִי *n. pr.* Jebus, ancien nom de Jérusalem, Jug. 19. 10; עִיר־הַיְבוּסִי הַזֹּאת 19. 11, cette ville de Jebusi; וְעֶקְרוֹן כִּיבוּסִי Zach. 9. 7, et Akaron sera comme Jérusalem.

יְבוּסִי *n. pr.* Jebusi, fils de Chanaan, Gen. 10. 16, et nom de peuple, les Jebuséens qui habitaient les montagnes, Nomb. 13. 30.

יִבְחָר (l'élu) *n. pr.* Jebahar, fils de David, II Sam. 5. 15.

יָבִין (l'intelligent) *n. pr.* 1° Jabin,

roi de Hasor, Jos. 11. 1. — 2° Jabin, roi des Chananéens (qui régna dans Hasor), Jug. 4. 2.

יָבִישׁ (v. יָבֵשׁ).

יָבַל Couler, flotter (*Kal* inusité). *Hiph.* Amener, apporter, offrir : מִי יוֹבִלֵנִי עִיר מָצוֹר Ps. 60. 11, qui est-ce qui me conduira jusque dans la ville fortifiée? יֹבִלוּהָ רַגְלֶיהָ Is. 23.7, ses pieds la portent au loin, c.-à-d. ses habitants vont dans les pays étrangers; לְךָ יוֹבִילוּ מְלָכִים שָׁי Ps. 68. 30, les rois t'offriront des présents; יוֹבִלוּן מִנְחָתִי Soph. 3. 10, ils m'apporteront des présents.

Hoph. Être amené, conduit, offert, porté : לִרְקָמוֹת תּוּבַל לַמֶּלֶךְ Ps. 45. 15, en habits brodés elle est amenée au roi; כַּשֶּׂה לַטֶּבַח יוּבָל Is. 53. 7, comme un agneau qui est conduit pour être égorgé; יוּבַל־שַׁי Is. 18. 7, un présent sera offert; וְשֶׁמֶן לְמִצְרַיִם יוּבָל Osée 12. 2, et de l'huile est apportée (offerte en cadeau) en Égypte; מִבֶּטֶן לַקֶּבֶר אוּבָל Job 10. 19, je n'aurais fait que passer du sein de ma mère dans le tombeau; *exact.* j'aurais été porté, etc.

יְבַל chald. *Aph.* Apporter, faire transporter : וְהֵיבֵל הִמּוֹ לְהֵיכְלָא דִּי בָבֶל Esdr. 5. 14, et qu'il avait fait transporter au temple de Babylone.

יָבָל *m.* (v. יָבַל). Fleuve, ruisseau: כַּעֲרָבִים עַל־יִבְלֵי־מָיִם Is. 44. 4, comme les saules plantés sur les ruisseaux; פְּלָגִים יִבְלֵי־מָיִם 30. 25, des ruisseaux, des eaux courantes.

יָבָל *n. pr.* Jabal, fils de Lamech, Gen. 4. 20.

יִבְלְעָם (qui consume le peuple) *n. pr.* Jebléam, ville de la tribu de Manassé, Jos. 17. 11.

יַבֶּלֶת (v. יָבַל) *adj.* Suppurant : אוֹ־יַבֶּלֶת Lév. 22. 22, ou (une bête) qui a des plaies qui suppurent, ou des pustules.

יָבַם (*Kal* inusité). *Pi.* Remplir les devoirs de beau-frère envers sa belle-sœur, la veuve de son frère qui n'a pas laissé d'enfants, et l'épouser : בֹּא אֶל־אֵשֶׁת אָחִיךָ וְיַבֵּם אֹתָהּ Gen. 38. 8, approche de la femme de ton frère, et épouse-la ; לֹא אָבָה יַבְּמִי Deut. 25, 7, il ne veut pas m'épouser (remplir ses devoirs de beau-frère); v. יָבָם.

יָבָם *m.* Beau-frère, en rapport de la veuve de son frère : מֵאֵן יְבָמִי Deut. 25. 7, le frère de mon mari refuse.

יְבֶמֶת *f.* (v. יָבָם). Belle-sœur : יְבִמְתּוֹ Deut. 25. 9, sa belle-sœur, la veuve de son frère; יְבִמְתֵּךְ Ruth 1. 15, 16, ta belle-sœur, la veuve de ton beau-frère, du frère de ton mari.

יַבְנְאֵל (que Dieu a fait bâtir) *n. pr.* 1° D'une ville de Juda, Jebnéel, Jos. 15.11. — 2° D'une ville de Nephthali, 19. 33.

יַבְנֶה *n. pr.* Jabneh, une ville des Philistins, II Chr. 26. 6.

יִבְנְיָה (que Dieu édifie) *n. pr. m.* I Chr. 9. 8.

יִבְנִיָּה (Même signif.) *n. pr. m.* I Chr. 9. 8.

יַבֹּק *n. pr.* d'un torrent près du mont Galaad : מַעֲבַר יַבֹּק Gen. 32. 23, le gué du Jabbok.

יְבֶרֶכְיָהוּ (béni de Dieu) *n. pr. m.* Is. 8. 2.

יִבְשָׂם (l'agréable) *n. pr. m.* I Chr. 7. 2.

I יָבֵשׁ (*fut.* יִיבַשׁ et יֵבוֹשׁ, *plur.* יָבְשׁוּ, *inf.* יְבֹשֶׁת et יָבוֹשׁ) Être ou devenir sec, aride : יָבְשָׁה הָאָרֶץ Gen. 8. 14, la terre fut sèche; עַד־יְבֹשֶׁת הַמַּיִם מֵעַל הָאָרֶץ 8. 7, jusqu'à ce que les eaux qui étaient sur la terre fussent séchées; יָבֵשׁ חָצִיר Is. 15. 6, l'herbe se séchera, se fanera; זְרֹעוֹ יָבוֹשׁ תִּיבָשׁ Zach. 11. 17, son bras deviendra sec, exténué; וְיֵבוֹשׁ מְקוֹרוֹ Osée 13. 15, sa source tarira.

Pi. Rendre sec, dessécher : וְרוּחַ נְכֵאָה תְּיַבֶּשׁ־גָּרֶם Prov. 17. 22, un esprit triste dessèche les os; גּוֹעֵר בַּיָּם וַיַּבְּשֵׁהוּ Nah. 1. 4, pour וַיְיַבְּשֵׁהוּ (ou *fut.* du *Hiph.*), il menace la mer et la dessèche.

Hiph. 1° *Trans.*: אֲשֶׁר־הוֹבִישׁ יְיָ אֶת־מֵי יַם־סוּף Jos. 2. 10, que Dieu a séché les eaux de la mer Rouge; הוֹבַשְׁתִּי עֵץ לָח

Ez. 17. 24, j'ai séché l'arbre vert. — 2° *Intrans.*: הוֹבִישׁ תִּירוֹשׁ Joel 1. 10, la vigne est desséchée, le vin est perdu (v. II יָבֵשׁ).

II יָבֵשׁ (v. בּוֹשׁ) Avoir honte : לֹא־עַתָּה יֵבוֹשׁ יַעֲקֹב Is. 29. 22, Jacob ne sera plus confondu ; גַּם־בּוֹשׁ לֹא־יֵבוֹשׁוּ Jér. 6. 15, mais ils ne sentent pas la honte, ils ne rougissent même pas.

Hiph. 1° Rendre honteux, couvrir de honte : הֹבַשְׁתָּ הַיּוֹם אֶת־פְּנֵי כָל־עֲבָדֶיךָ II Sam. 19. 6, tu as aujourd'hui couvert de honte la face de tous tes serviteurs. — 2° *Intrans.* comme *Kal* : הֹבִישׁוּ בֵּית יִשְׂרָאֵל Jér. 2. 26, la maison d'Israel est confuse, couverte de confusion ; הֹבִישׁ כָּל־צוֹרֵף מִפָּסֶל 10. 14, chaque sculpteur est confus de l'image (qu'il a faite) ; הֹבִישׁ מוֹאָב 48. 20, Moab est confus, c.-à-d. détruit ; הֹבִישׁ שָׂשׂוֹן מִן־בְּנֵי אָדָם Joel 1. 12, la joie est troublée, perdue, entre les hommes ; הֹבִישָׁה הוֹרָתָם Osée 2. 7, leur mère s'est déshonorée.

יָבֵשׁ *adj.* (*fém.* יְבֵשָׁה). Sec, aride : עֵץ יָבֵשׁ Ez. 17. 24, un arbre sec ; נַפְשֵׁנוּ יְבֵשָׁה Nomb. 11. 6, notre âme est dans la langueur ; הָעֲצָמוֹת הַיְבֵשׁוֹת Ez. 37. 4, os secs.

יָבֵשׁ et יָבֵישׁ *n. pr.* 1° Jabes, ville en Galaad, I Sam. 11. 1, Jug. 21. 8. — 2° Jabes, père de Sellum, II Rois 15. 10.

יַבָּשָׁה *f.* Le sec, la terre : וְתֵרָאֶה הַיַּבָּשָׁה Gen. 1. 9, et que l'élément sec, la terre, paraisse ; הָפַךְ יָם לְיַבָּשָׁה Ps. 66. 6, il a changé la mer en une terre sèche ; בַּיַּבָּשָׁה Exod. 14. 22, à sec, à pied sec, ou sur un sol sec.

יַבֶּשֶׁת *f.* (Même signif.) : וְיַבֶּשֶׁת יָדָיו יָצָרוּ Ps. 95. 5, et ses mains ont formé le sec, la terre.

יַבֶּשְׁתָּא chald. *f.* (Même signif.) : לָא־אִיתַי אֱנָשׁ עַל־יַבֶּשְׁתָּא Dan. 2. 10, il n'y a point d'homme sur la terre (qui, etc.).

יִגְאָל *n. pr.* 1° Jegal, fils de Joseph, Nomb. 13. 7. — 2° I Chr. 3. 22. — 3° Jegal, fils de Nathan, II Sam. 23. 36.

יָגַב Labourer : *part.* וּלְיֹגְבִים II Rois 25. 12, et comme laboureurs.

יָגֵב *m.* Champ : וַיִּתֵּן לָהֶם כְּרָמִים וִיגֵבִים Jér. 39. 10, il leur donna des vignes et des champs.

יָגְבְּהָה et יָגְבֳּהָה (endroit élevé) *n. pr.* Jagba, une ville de la tribu de Gad, Nomb. 32. 35.

יִגְדַּלְיָהוּ (que Dieu rend grand) *n. pr. m.* Jér. 35. 4.

יָגָה Se tourmenter (v. יָגַע), être triste, affligé (*Kal* inusité). *Niph. part.* נוּגָה : בְּתוּלֹתֶיהָ נוּגוֹת Lament. 1. 4, ses vierges sont dans la douleur, sont affligées ; נוּגֵי מִמּוֹעֵד Soph. 3. 18, ceux qui s'affligent (d'être écartés) des fêtes, des réunions solennelles.

Pi. Affliger : וַיַּגֶּה בְּנֵי־אִישׁ Lament. 3. 33, (pour וַיְּיַגֶּה) [ce n'est pas volontiers] qu'il afflige les enfants des hommes (ou *fut.* du *Hiph*).

Hiph. : כִּי־יְיָ הוֹגָה Lament. 1. 5, car l'Éternel l'a affligée ; וְשַׂמְתִּיהָ בְּיַד מוֹגַיִךְ Is. 51. 23, je la mettrai dans la main de ceux qui te tourmentent, t'affligent ; עַד־אָנָה תּוֹגְיוּן נַפְשִׁי Job 19. 2, jusqu'à quand affligerez-vous mon âme ? — 2° Éloigner, ôter (v. II הָגָה) : בַּאֲשֶׁר הֹגָה מִן־הַמְסִלָּה II Sam. 20. 13, lorsqu'on l'eut ôté du chemin.

יָגוֹן *m.* Chagrin, douleur : וְהוֹרַדְתֶּם אֶת־שֵׂיבָתִי בְּיָגוֹן שְׁאוֹלָה Gen. 42. 38, vous ferez descendre (ma vieillesse) ma tête grise, avec douleur, chagrin, dans le schéol ; וְנָסוּ יָגוֹן וַאֲנָחָה Is. 35. 10, et le chagrin et les gémissements fuiront, en seront bannis ; וְשִׂמַּחְתִּים מִיגוֹנָם Jér. 31. 13, je les réjouirai après leur affliction.

יָגוּר (résidence) *n. pr.* Jagur, une ville de Juda, Jos. 15. 21.

יָגִיעַ *adj.* (rac. יָגַע). Fatigué : יְגִיעֵי כֹחַ Job 3. 17, les fatigués, ceux dont les forces sont épuisées.

יְגִיעַ *m.* (rac. יָגַע). 1° Travail, effort : יְגִיעַ כַּפַּי Gen. 31. 42, le travail de mes mains ; וְתַעֲזֹב אֵלָיו יְגִיעֶךָ Job 39. 11, lui abandonneras-, confieras-tu, ton travail.—2° Le produit du travail, l'œuvre, le bien, la richesse : כִּי תִמְאַס יְגִיעַ כַּפֶּיךָ Job 10. 3, que tu me rejettes, moi, l'ouvrage de tes mains; יְגִיעַ מִצְרַיִם Is. 45. 14, les produits de l'Égypte ; אֶת־יְגִיעַ אֲבוֹתֵינוּ Jér. 3. 24, les biens de nos pères.

יְגִיעָה *f.* Fatigue : וְלַהַג הַרְבֵּה יְגִעַת בָּשָׂר Eccl. 12. 12, beaucoup méditer, ou prêcher, est une fatigue pour le corps.

יָגְלִי (l'exilé) *n. pr. m.* Nomb. 24. 22.

יָגַע (*fut.* יִיגַע, v. יָגֵה) Travailler, se fatiguer, s'appliquer, se lasser : לָמָּה־זֶּה הֶבֶל אִיגָע Job 9. 29, pourquoi donc travaillerais-je en vain? avec לְ : אַל־תִּיגַע לְהַעֲשִׁיר Prov. 23. 4, ne te fatigue point à t'enrichir ; avec בְּ : אֶרֶץ אֲשֶׁר לֹא־יָגַעְתָּ בָּהּ Jos. 24. 13, une terre dont tu ne t'es pas fatigué, qui ne t'a pas coûté de peine, de travail ; בַּאֲשֶׁר יָגַעַתְּ מִנְּעוּרָיִךְ Is. 47. 12, auxquels tu t'es appliquée dès ta jeunesse ; avec l'*acc.* : כֵּן הָיוּ־לָךְ אֲשֶׁר יָגָעַתְּ 47. 15, ainsi seront pour toi ceux que tu as consultés, fréquentés, avec tant de zèle ; יָגַעְתִּי בְּאַנְחָתִי Jér. 45. 3, je me suis lassé dans mes gémissements, à force de gémir ; כִּי־יָגַעְתָּ בִּי יִשְׂרָאֵל Is. 43. 22, tu t'es lassé de moi, Israel (ou : sous-entendu לֹא, tu ne t'es pas appliqué à moi, à me plaire).

Pi. Fatiguer : אַל־תְּיַגַּע שָׁמָּה אֶת־כָּל־הָעָם Jos. 7. 3, ne fatigue pas, n'y conduis pas tout le peuple ; עֲמַל הַכְּסִילִים תְּיַגְּעֶנּוּ Eccl. 10. 15, le travail des insensés les accable.

Hiph. : הוֹגַעְתַּנִי בַּעֲוֹנֹתֶיךָ Is. 43. 24, tu m'as lassé par tes iniquités ; הוֹגַעְתֶּם יְיָ בְּדִבְרֵיכֶם Mal. 2. 17, vous avez fatigué, irrité, l'Éternel, par vos discours.

יָגָע *m.* (v. יָגַע). Le produit du travail, le gain : מֵשִׁיב יָגָע וְלֹא יִבְלָע Job 20. 18, il rend le gain, ce qu'il a obtenu par son travail, et (ne l'engloutit pas) n'en jouit pas.

יָגֵעַ *adj.* (v. יָגִיעַ). Fatigué, las : וְאַתָּה עָיֵף וְיָגֵעַ Deut. 25. 18, tu étais faible et fatigué ; כָּל־הַדְּבָרִים יְגֵעִים Eccl. 1. 8, toutes les choses (ou les paroles) sont faibles, sans force, ou difficiles.

יְגַר chald. *m.* Tas, monceau : יְגַר שָׂהֲדוּתָא Gen. 31. 47, monceau (tas de pierres) du témoignage.

יָגֹר (v. גּוּר 2°) Craindre : יָגֹרְתִּי כָל־עַצְּבֹתָי Job 9. 28, je tremble de toutes les douleurs qui m'attendent ; אֲשֶׁר יָגֹרְתָּ מִפְּנֵיהֶם Deut. 28. 60, et dont tu as été effrayé ; *part.* ou *adj.* וּבְיַד אֲשֶׁר־אַתָּה יָגוֹר מִפְּנֵיהֶם Jér. 22. 25, (je te livrerai) entre les mains de ceux que tu crains.

יָד *des deux genres* (const. יַד, avec suff. יָדִי, יֶדְכֶם, *plur.* יָדַיִם, const. יְדֵי, *pl. f.* יָדוֹת). 1° La main : וַיִּתֶּן־יָד Gen. 38. 28, il passa la main ; וַיִּשְׁלַח יָדוֹ 8. 9, il étendit sa main ; d'un animal : שְׂמָמִית בְּיָדַיִם תְּתַפֵּשׂ Prov. 30. 28, le lézard qui se soutient sur ses mains ; selon d'autres : le singe qui saisit tout avec ses mains, ou l'araignée qui file avec ses pattes ; כִּי גַם־יָדָם עִם־דָּוִד I Sam. 22. 17, car leur main aussi est avec David (ils sont d'intelligence avec lui) ; לִהְיוֹת יָדָיו אִתּוֹ II Rois 15. 19, (pour que ses mains fussent avec lui) afin qu'il le secourût ; avec בְּ : וְיָדֵנוּ אַל־תְּהִי־בוֹ Gen. 37. 27, (mais notre main ne sera pas sur lui) n'allons pas lui faire du mal, le tuer de notre propre main ; הִנֵּה יַד־יְיָ הוֹיָה בְּמִקְנְךָ Exod. 9. 3, la main de Dieu s'étendra sur ton bétail (il frappera ton bétail ; יַד־יְיָ הָיְתָה־בָּם לְרָעָה Jug. 2. 15, la main de Dieu était contre eux pour le mal (pour les châtier) ; וְנָתַתִּי אֶת־יָדִי בְּמִצְרָיִם Exod. 7. 4, j'étendrai ma main sur l'Égypte (je la punirai) ; כִּי־יָצְאָה בִי יַד־יְיָ Ruth 1. 13, car la main du Seigneur s'est appesantie sur moi ; כִּי־תָנוּחַ יַד־יְיָ בָּהָר הַזֶּה Is. 25. 10, car la main de l'Éternel s'appesantira sur cette montagne en frappant Moab ; ou en bien : sa main se reposera, etc. ; גַּם בִּיהוּדָה הָיְתָה יַד הָאֱלֹהִים II Chr. 30. 12, aussi sur Juda agissait la main du Seigneur (pour le diriger vers le bien) ; avec עַל : כְּיַד־יְיָ אֱלֹהָיו עָלָיו Esdr. 7. 6, comme la main de l'Éternel son Dieu était sur lui (comme Dieu le lui avait ordonné, ou : l'avait inspiré) ; וְאָשִׁיבָה יָדִי עָלַיִךְ Is. 1. 25, je tournerai ma main vers toi, pour te secourir ; mais en mal : וַהֲשִׁיבוֹתִי יָדִי עַל־עֶקְרוֹן Amos 1. 8, j'appesantirai ma main sur Accaron ; avec אֶל : וְהָיְתָה יָדִי אֶל־הַנְּבִאִים Ez. 13. 9, ma main sera contre les prophètes.

2° Force, puissance : וַתְּהִי עָלָיו שָׁם יַד־יְיָ Ez. 1. 3, et là la main, la puissance de l'esprit divin agit sur lui ; וְיַד יְיָ הָיְתָה אֶל־אֵלִיָּהוּ I Rois 18. 46, et la main de l'Éternel (l'esprit prophétique) vint sur Élie ; וַתִּפֹּל עָלַי שָׁם יַד אֲדֹנָי Ez. 8. 1, la main (l'esprit) de Dieu tomba sur moi ; מִפְּנֵי יָדְךָ בָּדָד יָשַׁבְתִּי Jér. 15. 17, devant ta puissance (la prophétie que tu m'as inspirée) je suis resté solitaire (triste) ; אָמַר יְיָ אֵלַי כְּחֶזְקַת הַיָּד Is. 8. 11, Dieu m'a dit dans la force de la vision. — Coup, plaie : יָדִי כָּבְדָה עַל־אַנְחָתִי Job 23. 2, (la force qui m'a frappé) ma plaie est au-dessus, est plus forte que mes gémissements ; יָדִי לַיְלָה נִגְּרָה Ps. 77. 3, ma plaie coule, saigne, pendant la nuit ; selon d'autres : ma main est tendue vers toi (v. נָגַר) ; וּבְאֶפֶס יָד יִשָּׁבֵר Dan. 8. 25, et sans aucune force, sans la main de l'homme, il sera brisé ; יָד לְיָד לֹא־יִנָּקֶה רָע Prov. 11. 21, la main (la punition de Dieu) contre la main (la violence de l'homme) le méchant ne restera point impuni ; selon d'autres : les méchants, quoiqu'ils se donnent la main, c.-à-d. qu'ils se liguent ensemble, ne resteront pas impunis ; Gsenius : de génération en génération. — וְשִׂימוּ יָד עַל־פֶּה Job 21. 5, mettez la main sur la bouche (silence !) ; וַתָּשֶׂם יָדָהּ עַל־רֹאשָׁהּ II Sam. 13. 19, elle mit sa main sur sa tête (geste de deuil, de tristesse) ; וַיִּתְּנוּ יָדָם Esdr. 10. 19, ils donnèrent leur main (ils promirent) ; מִצְרַיִם נָתַנּוּ יָד Lament. 5. 6, nous avons donné la main à l'Égypte, nous lui avons fait notre soumission, ou : nous lui avons tendu la main pour avoir du pain, ou du secours ; תְּנוּ־יָד לַיְיָ II Chr. 30. 8, (donnez la main) jurez foi à l'Éternel.

3° Avec des *prépositions*, בְּיָדִי dans ma main, avec ou sur moi : אִישׁ שׁוֹרוֹ בְיָדוֹ I Sam. 14. 34, chacun amenant son bœuf ; וְאֵין בְּיָדוֹ מְאוּמָה Eccl. 5. 13, il n'a pas dans sa main (il ne possède pas) la plus petite chose ; בְּיַד par : דִּבֶּר יְיָ בְּיַד־יְשַׁעְיָהוּ Is. 20. 2, Dieu parla par Isaïe ; בְּיַד־מֹשֶׁה Nomb. 15. 23, par Moïse ; וַיִּתְהֹלֵל בְּיָדָם I Sam. 21. 14, il faisait l'insensé devant eux ; יָדַע כִּי־נָכוֹן בְּיָדוֹ יוֹם חֹשֶׁךְ Job 15. 23, il sait que le jour des ténèbres est préparé, prêt (sous sa main), est imminent ; בֵּין יָדֶיךָ Zach. 13. 6, au milieu de tes mains, ou entre tes bras, c.-à-d. sur la poitrine ; כְּיַד הַמֶּלֶךְ Esth. 1. 7, selon le pouvoir, la magnificence du roi ; מִיַּד de la main, du pouvoir ; souvent simplement, de : מִיַּד כָּל־חַיָּה Gen. 9. 5, de tous les animaux ; מִי־בִקֵּשׁ זֹאת מִיֶּדְכֶם Is. 1. 12, qui a demandé cela de vous ? יְיָ אֲשֶׁר הִצִּלַנִי מִיַּד הָאֲרִי וּמִיַּד הַדֹּב I Sam. 17. 37, l'Éternel qui m'a délivré (des griffes du lion et des pattes de l'ours), [délivré du lion et de l'ours] ; מִידֵי חָרֶב Job 5. 20, (il te sauvera) de l'épée ; עַל יְדֵי ou עַל יַד par : עַל־יְדֵי־חָרֶב Ps. 63. 11, par l'épée ; עַל־יַד מִתְרְדָת Esdr. 1. 8, par Mithridath ; aussi sous la conduite, la surveillance : עַל יְדֵי אֲבִיהֶם I Chr. 25. 3, sous la conduite de leur père ; עַל יְדֵי דָוִיד II Chr. 23. 18, sous les ordres de David ; ' לֹא לִידֵי חֵטְא וְלֹא לִידֵי נִסָּיוֹן (ne nous laisse pas venir) jusqu'au péché, ni jusqu'à la tentation.

4° *Plur.* יָדוֹת mains : *au fig.* שְׁתֵּי יָדוֹת לַקֶּרֶשׁ הָאֶחָד Ex. 26. 17, deux tenons à chaque ais ; וִידוֹת הָאוֹפַנִּים I Rois 7. 32, et les essieux des roues ; וְיָדֹת מִזֶּה וּמִזֶּה I Rois 10. 19 (le trône) avait des bras, un à chaque côté.

5° Côté : עַל־יַד הַיְאֹר Exod. 2. 5, sur le bord du fleuve ; לְיַד־אָבִי I Sam. 19. 3, à côté de mon père ; בְּעַד יַד הַשַּׁעַר I Sam. 4. 18, du côté (près) de la porte ; אֶל־יַד הַשַּׁעַר II Sam. 18. 4, près de la porte ; וְאֵלֶּה אֲשֶׁר הֶעֱמִיד דָּוִיד עַל־יְדֵי־שִׁיר I Chr. 6. 16, voici ceux que David plaça au chant ; וּרְחַב יָדָיִם Ps. 104. 25, vaste de tous côtés ; וְהָאָרֶץ הִנֵּה רַחֲבַת־יָדַיִם Gen. 34. 21, et ce pays est bien étendu, spacieux, dans tous les sens, en longueur et en largeur ; קַרְנַיִם מִיָּדוֹ לוֹ Hab. 3. 4, des rayons brillent à son côté, ou lui sont donnés de la main de Dieu (v. קֶרֶן).

6° Endroit : וְיָד תִּהְיֶה לְךָ מִחוּץ לַמַּחֲנֶה Deut. 23. 13, tu auras un lieu hors du camp (où, etc.); אִישׁ עַל־יָדוֹ Nomb. 2. 17, chacun en sa place; יָד חָזִית Is. 57. 8, tu as choisi l'endroit, ou à chaque endroit, où tu les as vus; וְלֹא־הָיָה בָהֶם יָדַיִם לָנוּס Jos. 8. 20, ils n'eurent pas d'espace pour fuir (ni d'un côté ni de l'autre), ou ils n'eurent pas la force, le pouvoir, de fuir (v. 2°).

7° Part, portion : וְאַרְבַּע הַיָּדֹת יִהְיֶה לָכֶם Gen. 47. 24, et les quatre parts seront pour vous; חָמֵשׁ יָדוֹת 43. 34, cinq parts, c.-à-d. cinq fois autant; וַיִּמְצָאֵם עֶשֶׂר יָדוֹת עַל־כָּל־הַחַרְטֻמִּים Dan. 1. 20, il trouva en eux dix fois plus (de sagesse, de lumières) que dans tous les devins.

8° Monument : וְהִנֵּה מַצִּיב לוֹ יָד I Sam. 15. 12, et il s'érige un monument, un arc de triomphe; וַיִּקָּרֵא לָהּ יַד אַבְשָׁלוֹם II Sam. 18. 18, et on l'appelle monument d'Absalon; וְנָתַתִּי לָהֶם—יָד וָשֵׁם Is. 56. 5, je leur donnerai (dans ma maison et dans l'enceinte de mes murailles) un monument, ou une place et un nom.

יַד chald. (*emph.* יְדָא, avec suff. יְדָךְ, יְדֵהּ, יְדוֹהִי, *plur.* יְדַיִן, v. יָד héb.). Main : דִּי יַד־אֱנָשׁ Dan. 5. 5, de la main d'un homme; וּמַצְלַח בִּידְהֹם Esdr. 5. 8, et (ce travail) réussit entre leur main; מִן־יַד אַרְיָוָתָא Dan. 6. 28, des griffes, ou du pouvoir, des lions.

יְדָא chald. (v. יָדָה héb.) *Aph.* Confesser, louer, rendre grâces : מְהוֹדֵא וּמְשַׁבַּח אֲנָה Dan. 2. 23, je (te) rends grâces et je (te) bénis; וּמוֹדֵא קֳדָם אֱלָהֵהּ 6. 11, et il rendait grâces à son Dieu.

יִדְאֲלָה *n. pr.* Jedala, ville de la tribu de Zabulon, Jos. 19. 15.

יִדְבָּשׁ (le doux) *n. pr. m.* I Chr. 4. 3.

יָדַד Jeter : יַדּוּ גוֹרָל Joel 4. 3, Nah. 3. 10, ils ont jeté le sort (v. יָדָה).

יָדָה Jeter (v. יָדָה et יָדַד) : יְדוּ אֵלֶיהָ Jér. 50. 14, jetez, tirez, sur elle (les flèches).

Pi. וַיַּדּוּ־אֶבֶן בִּי Lam. 3. 53 (p. וַיְיַדּוּ), ils ont lancé des pierres contre moi, ou : ils ont roulé une pierre sur moi (sur ma tombe); לְיַדּוֹת אֶת־קַרְנוֹת הַגּוֹיִם Zach. 2. 4, pour abattre les cornes, la puissance des nations.

Hiph. (הוֹדָה, *fut.* יוֹדֶה) 1° Se prosterner, louer, rendre grâces : הַפַּעַם אוֹדֶה אֶת־יְיָ Gen. 29. 35, cette fois je louerai l'Éternel; יוֹדוּךָ אַחֶיךָ 49. 8, tes frères te loueront, te rendront hommage; avec לְ : הוֹדִינוּ לְּךָ אֱלֹהִים Ps. 75. 2, nous te louons, ô Dieu! הוֹדוּ לַיְיָ כִּי־טוֹב 106. 1, louez l'Éternel, car il est bon; לְהוֹדוֹת לְשֵׁם קָדְשֶׁךָ 106. 47, pour rendre gloire à ton saint nom. — 2° Avouer, confesser : וּמוֹדֶה וְעֹזֵב יְרֻחָם Prov. 28. 13, mais qui confesse et abandonne (ses péchés) obtient miséricorde; אוֹדֶה עֲלֵי פְשָׁעַי לַיְיָ Ps. 32. 5, je veux confesser mes méfaits à Dieu.

Hithp. הִתְוַדָּה Louer, confesser : וּמִתְוַדִּים לַיְיָ II Chr. 30. 22, et en louant Dieu : וְהִתְוַדּוּ אֶת־חַטָּאתָם Nomb. 5. 7, ils confesseront leur péché; וּמִתְוַדֶּה עַל־חַטֹּאות בְּנֵי־יִשְׂרָאֵל Néh. 1. 6, et je confesse les péchés des enfants d'Israel.

יָדוֹ (l'amant) *n. pr. m.* 1° I Chr. 27. 21. — 2° Esdr. 10. 42.

יָדוֹן (juge) *n. pr. m.* Néh. 3. 7.

יַדּוּעַ (connu) *n. pr. m.* 1° Néh. 10. 22. — 2° 12. 22.

יְדוּתוּן, **יְדֻתוּן** et **יְדִיתוּן** (louant) *n. pr.* Se trouve à la tête de plusieurs psaumes (39, 62, 77), soit qu'Idithun en fût l'auteur ou qu'il les ait mis en musique; Idithun, prophète du roi, II Chr. 35. 15. Idithun, chantre, musicien, I Chr. 16. 41, 42.

יַדַּי *n. pr.* (*keri* p. יַדּוֹ) Esdr. 10. 42.

יָדִיד, ou **יְדִיד** *m.* (const. יְדִיד) 1° *Subst.* ami, bien-aimé : אָשִׁירָה נָּא לִידִידִי Is. 5. 1, je chanterai maintenant de mon ami; יְדִיד יְיָ Deut. 33. 12, (Benjamin) le bien-aimé de l'Éternel; יְדִידֶיךָ Ps. 60. 7, tes bien-aimés, ceux que tu aimes. — 2° *Adj.* Aimable, agréable, doux : מַה־יְּדִידוֹת מִשְׁכְּנוֹתֶיךָ Ps. 84. 2, que tes demeures, tabernacles, sont aimables;

שִׁיר יְדִידֹת Ps. 45. 1, cantique d'amour (cantique doux).

יְדִידָה (la bien-aimée) *n. pr.* Iedida, mère du roi Osias, II Rois 22. 1.

יְדִידוּת *f.* Délices, objet bien-aimé : יְדִדוּת נַפְשִׁי Jér. 12. 7, les délices de mon âme, l'objet de mon amour.

יְדִידְיָה (l'aimé de Dieu) *n. pr.* donné à Salomon par le prophète Nathan, II Sam. 12. 25.

יְדָיָה *n. pr. m.* 1° I Chr. 4. 37. — 2° Néh. 3. 10.

יְדִיעֲאֵל (connu de Dieu) *n. pr.* Jediaël, fils de Benjamin, I Chr. 7. 6.

יְדִיתוּן (v. יְדוּתוּן).

יִדְלָף *n. pr.* Jedlaph, fils de Nahor, Gen. 22. 22.

יָדַע (*fut.* יֵדַע, *inf.* יָדוֹעַ, const. דַּעַת, לָדַעַת) 1° Sentir, apercevoir, reconnaître : וְלֹא־יָדַע בְּשִׁכְבָהּ וּבְקוּמָהּ Gen. 19. 33, il ne sentit pas qu'elle se coucha ni qu'elle se leva ; אָז יָדַע מָנוֹחַ Jug. 13. 21, alors Manoah reconnut ; וְיָדַעְתָּ עִם־לְבָבֶךָ Deut. 8. 5, et tu reconnaîtras dans ton cœur ; בַּמָּה אֵדַע Gen. 15. 8, par quoi puis-je connaître ? בְּזֹאת תֵּדַע Exod. 7. 17, à ceci tu connaîtras.

2° Savoir, apprendre, connaître, faire la connaissance : לְדֵעָה מַה־יֵּעָשֶׂה לוֹ Exod. 2. 4, pour apprendre (voir) ce qui lui arriverait ; וַיֵּדַע אֵת אֲשֶׁר־עָשָׂה לוֹ בְּנוֹ הַקָּטָן Gen. 9. 24, il apprit comment son fils cadet s'était conduit à son égard ; כִּי־אֵינֶנּוּ יֹדֵעַ מַה־שֶּׁיִּהְיֶה Eccl. 8. 7, car il ne sait pas ce qui sera, arrivera ; יְשַׁלֵּם אֵלָיו וְיֵדָע Job 21. 19, (Dieu) punira le père lui-même, et celui-ci comprendra (pourquoi ce châtiment) ; מִיּוֹם דַּעְתִּי אֶתְכֶם Deut. 9. 24, depuis le jour que j'ai commencé à vous connaître ; וְיָדְעוּ אֶת־הָאָרֶץ Nomb. 14. 31, et ils connaîtront cette terre. — וְהָאָדָם יָדַע אֶת־חַוָּה אִשְׁתּוֹ Gen. 4. 1, Adam connut Ève sa femme (cohabita avec elle) ; de même וַיֵּדַע אָדָם עוֹד אֶת־אִשְׁתּוֹ 4. 25, Adam connut encore sa femme ; dans le même sens : הוֹצִיאֵם אֵלֵינוּ וְנֵדְעָה אֹתָם 19. 5, fais-les sortir vers nous, afin que nous les connaissions ; il se dit aussi de la femme : אֲשֶׁר לֹא־יָדְעוּ אִישׁ 19. 8, qui n'ont pas encore connu d'homme (qui sont encore vierges) ; וַיֵּדַע אַלְמְנוֹתָיו Ez. 19. 7, il connut ses veuves, leur fit violence (selon d'autres : il détruisit, ravagea, leurs châteaux, pour אַרְמְנוֹתָיו, v. *Hiph.* 2°). *Part.* : וִידֻעַי Job 19. 13, mes connaissances, mes amis ; אֲנָשִׁים חֲכָמִים וִידֻעִים Deut. 1. 15, des hommes sages et connus, considérés ; וִידוּעַ חֹלִי Is 53. 3, familier avec la maladie, un homme habitué à souffrir ; avec l'*inf.* לֹא־יָדַעְתִּי דַּבֵּר Jér. 1. 6, je ne sais pas parler ; אֲשֶׁר לֹא־יָדַע לְהִזָּהֵר עוֹד Eccl. 4. 13, qui ne sait plus profiter des conseils, des avertissements ; suivi d'un *fut.* : לֹא יָדַעְתִּי אֲכַנֶּה Job 32. 22, je ne sais pas flatter ; suivi d'un *part.* : אִישׁ יֹדֵעַ מְנַגֵּן בַּכִּנּוֹר I Sam. 16. 16, un homme qui sache toucher la harpe ; מִי יוֹדֵעַ II Sam. 12. 22 ; וּמִי יוֹדֵעַ אִם Esth. 4. 14, qui sait ? il se peut que.

3° Prévoir, pressentir : תְּבוֹאֵהוּ שׁוֹאָה לֹא יֵדָע Ps. 35. 8, que la ruine le surprenne sans qu'il s'en doute, d'une manière imprévue ; הַמַּעְתִּיק הָרִים וְלֹא יָדָעוּ Job 9. 5, lui qui transporte les montagnes, sans qu'on le prévoie (soudainement).

4° Soigner, cultiver, choisir, adorer : וְלֹא־יָדַע אִתּוֹ מְאוּמָה Gen. 39. 6, il ne s'occupa de rien, (se reposant) sur lui (sur Joseph) ; יָדֹעַ תֵּדַע פְּנֵי צֹאנֶךָ Prov. 27. 23, occupe-toi avec soin de l'état de tes brebis ; מָה־אָדָם וַתֵּדָעֵהוּ Ps. 144. 3, qu'est-ce que l'homme, pour que tu penses à lui ? כִּי יְדַעְתִּיו Gen. 18. 19, car je l'ai choisi ; וַיֵּדַע אֱלֹהִים Exod. 2. 25, Dieu les reconnut, choisit (pour son peuple), ou eut pitié d'eux ; וְאִם־לֹא אֵדָעָה Gen. 18. 21, sinon j'aurai pitié, ou je saurai que faire ; אֱלֹהַי יְדַעֲנוּךָ יִשְׂרָאֵל Osée 8. 2, Dieu, nous t'adorons, nous, le peuple d'Israel ; יוֹדְעֵי שְׁמֶךָ Ps. 9. 11, ceux qui connaissent, qui adorent ton nom.

יֹדְעִים Les savants, sages ; le même que חֲכָמִים Job 34. 2 ; וְגַם לֹא לַיֹּדְעִים חֵן Eccl. 9. 11, la faveur n'est pas pour les hommes instruits, les hommes de talent.

Niph. נודע Être connu, reconnu, aperçu : נודע ביהודה אלהים Ps. 76. 2, Dieu a été reconnu en Juda ; אכן נודע הדבר Exod. 2. 14, vraiment la chose est connue, découverte ; אל־תודעי לאיש Ruth. 3. 3, que tu ne sois aperçue de cet homme ; ולא נודע כי־באו אל־קרבנה Gen. 41. 21, il ne fut pas aperçu (il ne parut pas) qu'elles fussent entrées dans leurs entrailles ; ושמי יי לא נודעתי להם Exod. 6. 3, mais avec mon nom, l'Éternel, je ne me suis pas fait connaître à eux. — Reconnaître ses fautes, les expier : ומעקש דרכיו יודע Prov. 10. 9, qui a une conduite tortueuse l'expiera, sera puni (ou sera découvert, connu pour tel) ; ואחרי הודעי Jér. 31. 19, et après que j'ai été corrigé (que je suis devenu sage par expérience).

Pi. Faire savoir, indiquer : ידעת השחר מקומו Job 38. 12, as-tu montré, indiqué, sa place à l'aurore ?

Pou. passif, part. : ופחד למידעי Ps. 31. 12, (je suis devenu) un sujet de frayeur pour mes connaissances ; מידעת זאת בכל־הארץ Is. 12. 5, c'est connu, manifeste, dans toute la terre (*cheth.* ou מודעת *keri*, *Hoph.*).

Po. : ואת־הנערים יודעתי I Sam. 21. 3, j'ai indiqué à mes gens (tel et tel lieu).

Hiph. 1° Faire savoir : אחרי הודיע אלהים אותך את־כל־זאת Gen. 41. 39, puisque Dieu t'a fait savoir toutes ces choses ; ואת־משפטי הודעתי אותם Ez. 20. 11, et je leur ai fait connaître mes ordonnances, mes lois ; pour menacer : ונודיעה אתכם דבר I Sam. 14. 12, (montez ici) et nous vous ferons voir quelque chose ; avec le *dat.* : והודעת להם את־הדרך Exod. 18. 20, tu leur feras connaître la voie. — 2° Instruire, corriger, punir : ואשאלך והודיעני Job 38. 3, je t'interrogerai et tu m'instruiras ; הודע לצדיק Prov. 9. 9, enseigne le juste ; וידע בהם את אנשי סכות Jug. 8. 16, il châtia avec elles (les épines) les habitants de Soccoth ; למנות ימינו כן הודע Ps. 90. 12, d'après le nombre de nos jours, corrige-nous, que nos peines soient en rapport avec la courte durée de notre vie ; selon d'autres : apprends-nous à compter nos jours, à penser à la mort ; וגבה ממרחק יידע Ps. 138. 6, (forme irrég., ou du *Hiph.* ou du *Kal*) et il punit l'orgueilleux de loin, du haut du ciel ; selon d'autres : Dieu qui est élevé sait, ou fait savoir, de loin toutes les choses.

Hoph. : הודע אליו חטאתו Lév. 4. 23, quand son péché lui est révélé, qu'on le lui fait connaître (v. *Pou.*).

Hithp. בהתודע יוסף אל־אחיו Gen. 45. 1, lorsque Joseph se fit connaître à ses frères ; במראה אליו אתודע Nomb. 12. 6, dans une vision je me révélerai à lui.

ידע chald. (*fut.* ינדע) Même signif. que ידע hébr. : מן־יציב ידע אנה Dan. 2. 8, vraiment je m'aperçois ; ורעיוני לבבך תנדע 2. 30, et que tu saches, comprennes, les pensées de ton cœur ; ודניאל כדי ידע 6. 11, et lorsque Daniel apprit ; ידיע להוא למלכא Esdr. 4. 12, qu'il soit connu au roi, que le roi sache.

Aph. הודע, *fut.* יהודע, *part.* מהודע : והודע למלכא Dan. 2. 28, et il a fait savoir au roi ; ופשרה להודעתני 5. 15, et pour me faire connaître l'explication, l'interprétation (de cette écriture).

ידע (le savant) *n. pr. m.* I Chr. 2. 28.

ידעיה (connu de Dieu) *n. pr. m.* I Chr. 9. 10.

ידעני *m.* (*plur.* ידענים). Celui qui sait, qui prétend savoir l'avenir, le devin : אל־תפנו אל־האבת ואל־הידענים Lév. 19. 31, ne vous tournez pas vers (ne consultez pas) les magiciens, ou nécromanciens (v. אוב), ni les devins ; ואיש או־אשה כי־יהיה בהם אוב או ידעני Lév 20. 27, s'il se trouve parmi eux un homme ou une femme qui soit magicien ou devin ; selon d'autres : un homme ou une femme, en qui réside un esprit de magie, de nécromancie ou de divination.

יה Un des noms de Dieu, abréviation de יהוה : הללו־יה fréquemment dans les psaumes, louez Dieu (alleluia) ; עזי וזמרת יה Exod. 15. 2, Dieu est ma forcé et le sujet de mon chant; בְּיָהּ שְׁמוֹ Ps. 68. 5, (louez-le) par son nom de יָהּ; (יָהּ et יָהוּ se trouvent souvent à la fin des noms propres, comme אֵלִיָּהוּ et אֵלִיָּה, יִרְמְיָהוּ et יִרְמְיָה).

יָהַב Poser, donner: הַשְׁלֵךְ עַל־יְיָ יְהָבְךָ Ps. 55. 23, abandonne à Dieu ton sort (אֲשֶׁר יָהַב לְךָ ce qu'il t'a donné, destiné); selon d'autres, *subst.* charge, fardeau: décharge-toi sur Dieu de ton fardeau, de tes soucis; *impér.* הַב הַב Prov. 30. 15, donne, donne; הָבִי הַמִּטְפַּחַת אֲשֶׁר־עָלַיִךְ Ruth, 3. 15, donne le manteau que tu as sur toi; הָבוּ לָכֶם עֵצָה II Sam. 16. 20, donnez-vous des conseils (consultez ensemble); הָבוּ אֶת־אוּרִיָּה 11. 15, placez Uria (à l'endroit où, etc.); אָהֲבוּ הֵבוּ קָלוֹן מָגִנֶּיהָ Osée 4. 18, ses protecteurs, ses chefs, aimaient à dire: donnez-(nous des présents), ce qui est une honte קָלוֹן, c.-à-d. leurs magistrats se laissaient corrompre, ou: leurs princes aimaient et s'attiraient, se préparaient l'ignominie.

הָבָה *adv.* ou *interj.*: הָבָה־נָּא אָבוֹא אֵלַיִךְ Gen. 38. 16, (donne ta permission) permets, je te prie, que je m'approche de toi; הָבָה נֵרְדָה 11. 7, allons! descendons; הָבָה נִתְחַכְּמָה לוֹ Exod. 1. 9, eh bien! allons! usons de ruse contre lui.

יְהַב chald. (*impér.* הַב, *part. act.* יָהֵב, *pass.* יְהִיב, *prét. pass.* יְהִיבַת, יְהִיבוּ). Donner, poser, livrer: יְהַב־לָךְ Dan. 2. 37, il t'a donné; וִיהַבוּ גֶשְׁמְהוֹן 3. 28, qui ont livré, abandonné, leurs corps; וִיהִיבַת לִיקֵדַת אֶשָּׁא 7. 11, qu'il avait été livré au feu; יְהַב אֻשַּׁיָּא דִּי־בֵית אֱלָהָא Esdr. 5. 16, il posa, jeta, les fondements du temple.

Ithpe.: וּלְבַב חֵיוָא יִתְיְהִב לֵהּ Dan. 4. 13, et un cœur de bête lui sera donné; וְיִתְיַהֲבוּן בִּידֵהּ 7. 25, et ils seront livrés entre ses mains.

יָהַד (de יְהוּדָה ou יְהוּדִי) seulem. *Hithp.*: וְרַבִּים מֵעַמֵּי הָאָרֶץ מִתְיַהֲדִים Esth. 8. 17, et plusieurs des autres nations se firent juifs, embrassèrent la religion des juifs.

יָהְדַּי *n. pr. m.* I Chr. 2. 47.

יֵהוּא *n. pr.* 1° Jehu, fils de Josaphat, roi d'Israel, II Rois, chap. 9 et 10. — 2° Jehu, fils de Hanani, prophète, I Rois 16. 1, II Chr. 19. 2.

יְהוֹאָחָז (Dieu le soutient) *n. pr.* 1° Joachaz, fils de Jehu, roi d'Israel, II Rois 13. 1. — 2° Joachas, fils de Josias, roi de Juda, II Rois 23. 31.

יְהוֹאָשׁ *n. pr.* 1° Joas, fils d'Ahazias, roi du Juda, II Rois 12. 1, 14. 13, (יוֹאָשׁ 11. 2). — 2° Joas, fils de Joachaz, roi d'Israel, 13. 10 (aussi יוֹאָשׁ 13. 9).

יְהוּד chald. (v. יְהוּדָה) Le pays de Juda: מִן־בְּנֵי גָלוּתָא דִּי יְהוּד Dan. 2. 25, d'entre les captifs de Juda; דִּי־אֲזַלְנָא לִיהוּד מְדִינְתָּא Esdr. 5. 8, que nous sommes allés dans la province de Judée.

יְהוּדָה (louange à Dieu) *n. pr.* 1° Juda, quatrième fils de Jacob, Gen. 29. 35: לְמַטֵּה יְהוּדָה Nomb. 7. 12, de la tribu de Juda; אַדְמַת יְהוּדָה Is. 19. 17, la terre de Juda; בְּעִיר יְהוּדָה II Chr. 25. 28, dans la ville de Juda (Jérusalem). — 2° Après le partage du royaume, Juda était le royaume composé de cette tribu, de Benjamin et des fractions de plusieurs autres tribus, la capitale était Jérusalem; le reste de la nation s'appelait Israel: פַּחַת יְהוּדָה Aggée 1. 14, chef, gouverneur, de Juda; *fém.* הָיְתָה יְהוּדָה לְקָדְשׁוֹ Ps. 114. 2, (le pays) de Juda devint son sanctuaire; *masc.* וִיהוּדָה נָפָל Is. 3. 8, et Juda (le peuple de Juda?) tombe.

יְהוּדִי (*plur.* יְהוּדִים et יְהוּדִיִּים [*cheth.*] *fém.* יְהוּדִיָּה et יְהוּדִית) 1° Citoyen du royaume de Juda; וַיְנַשֵּׁל אֶת־הַיְהוּדִים מֵאֵילוֹת II Rois 16. 6, il chassa les Judaens (ceux de Juda) d'Éloth. — 2° Juif (Même signif. que עִבְרִי): לְעֵינֵי כָּל־הַיְּהוּדִים Jér. 32. 12, aux yeux de tous les juifs. — 3° יְהוּדִית *adv.* En hébreu, en langue hébraïque: וְאַל־תְּדַבֵּר עִמָּנוּ יְהוּדִית II Rois 18. 26, mais ne nous parle pas en langue judaïque, en hébreu.

יְהוּדִי *n. pr. m.* Jér. 36. 14.

יְהוּדָי chald. : אִיתַי גֻּבְרִין יְהוּדָאִין Dan. 3. 12, il y a là des hommes, des juifs ; עַל יְהוּדָיֵא דִּי בִיהוּד וּבִירוּשְׁלֶם Esdr. 5. 1, aux juifs qui étaient en Judée et dans Jérusalem.

יְהוּדִית *n. pr.* Judith, fille de Beéri, femme d'Esaü, Gen. 26. 34.

יְהוָֹה Le nom le plus sublime, le plus saint, de Dieu ; de הָיָה être, l'Être par excellence, composé des trois temps : הָיָה, הוֶֹה, יִהְיֶה il fut, il est, il sera ; les juifs ne prononcent jamais ce nom à cause de sa sainteté, et on ne connaît pas sa vraie prononciation ; car ses voyelles sont celles de אֲדֹנָי Seigneur, qu'on lit toujours à la place ; avec les prépositions on écrit לַיהוָֹה, בַּיהוָֹה, מֵיהוָֹה, כַּיהוָֹה, et on lit לַאדֹנָי, בַּאדֹנָי, מֵאֲדֹנָי, כַּאדֹנָי ; quand אֲדֹנָי se trouve à côté, on donne à יהוה les voyelles de אֱלֹהִים, on écrit : אֲדֹנָי יֱהוִֹה et on lit אֲדֹנָי אֱלֹהִים. (On écrit aussi à la place de יְהוָֹה : יְיָ, ou ה׳, ou הַשֵּׁם le nom.)

יְהוֹזָבָד (donné de Dieu) *n. pr. m.* 1° I Chr. 26. 4. — 2° II Rois 12. 22. — 3° II Chr. 17. 18.

יְהוֹחָנָן (gracié de Dieu) *n. pr.* Johanan, chef d'armée sous Josaphat, II Chr. 17. 15.

יְהוֹיָדָע (aimé de Dieu) *n. pr.* Jehoïada, pontife, II Rois 11. 7.

יְהוֹיָכִין (installé de Dieu) *n. pr.* Jehoyachin, fils de Jehoyakim, roi de Juda, II Rois 24. 8 ; le même s'appelle יוֹיָכִין Ez. 1. 2 ; יְכָנְיָה Esth. 2. 6, et כָּנְיָהוּ Jér. 24. 1.

יְהוֹיָקִים (élevé de Dieu) *n. pr.* Jehoyakim, roi de Juda, appelé avant Eliakim, fils de Josias, II Rois 23. 34.

יְהוֹיָרִיב et יוֹיָרִיב (que Dieu défend) *n. pr.* Jehoyarib, prêtre, I Chr. 9. 10, Esdr. 8. 16.

יְהוּכַל (puissant) *n. pr. m.* Jér. 37. 3, (יוּכַל 38. 1).

יְהוֹנָדָב et יוֹנָדָב (que Dieu inspire) *n. pr.* 1° Jonadab, fils de Rechab, II Rois 10. 15, Jér. 36. 6. — Jonadab, fils de Semea, II Sam. 13. 3.

יְהוֹנָתָן et יוֹנָתָן (Dieudonné) *n. pr.* 1° Jonathan, fils de Saül, ami de David, I Sam. 13. 6. — 2° Jonathan, fils d'Ebiathar, II Sam. 15. 27.

יְהוֹסֵף (il augmentera) p. יוֹסֵף *n. pr.* : עֵדוּת בִּיהוֹסֵף שָׂמוֹ Ps. 81. 6, il l'a institué pour être un souvenir, un monument, dans Joseph (la nation de Joseph).

יְהוֹעַדָּה (orné de Dieu) *n. pr. m.* I Chr. 8. 36.

יְהוֹעַדָּן *n. pr.* Joadan, mère d'Amasias, roi de Juda, II Rois 14. 2.

יְהוֹצָדָק (Dieu est juste envers lui) *n. pr.* Josaddak, père de Josué, pontife, Agg. 1. 1.

יְהוֹרָם et יוֹרָם (Dieu est élevé) *n. pr.* 1° Joram, fils d'Achab, roi d'Israel, II Rois 3. 1. — 2° Joram, fils de Josaphat, roi de Juda, II Rois 8. 16.

יְהוֹשֶׁבַע (Dieu est son serment) *n. pr.* Josabeth, fille du roi Joram, femme du pontife Joyada, II Rois 11. 2. (יְהוֹשַׁבְעַת II Chr. 22. 11.)

יְהוֹשׁוּעַ et יְהוֹשֻׁעַ (Dieu est son aide) *n. pr.* 1° Josué, fils de Nun, successeur de Moïse, Jos. 1. 1 ; aussi הוֹשֵׁעַ Nomb. 13. 16, et יֵשׁוּעַ Néh. 8. 17. — 2° Josué, fils de Josaddak, grand prêtre, Agg. 1. 1. — 3° Josué de Bethsames, I Sam. 6. 14. — 4° Josué, chef de la ville, II Rois 23. 8.

יְהוֹשָׁפָט (Dieu le juge) *n. pr.* 1° Josaphat, fils d'Asa, roi de Juda, I Rois 22. 41. — 2° Josaphat, fils d'Ahilud, chancelier sous David, II Sam. 8. 16. — 3° I Rois 4. 17. — 4° II Rois 9. 2.

יָהִיר *adj.* Fier, présomptueux : זֵד יָהִיר לֵץ שְׁמוֹ Prov. 21. 24, l'orgueilleux, le présomptueux, moqueur est son nom ; גֶּבֶר יָהִיר וְלֹא יִנְוֶה Hab. 2. 5, l'homme fier ne restera pas dans sa demeure, son palais, c.-à-d. il périra.

יְהַלֶּלְאֵל (qui loue Dieu) *n. pr. m.* 1° II Chr. 29. 12. — 2° I Chr. 4. 16.

יַהֲלֹם *m.* Une des douze pierres qui

ornaient le rational du grand prêtre (diamant, le jaspe?), Exod. 28. 18, Ez. 28. 13.

יַהַץ et יַהְצָה *n. pr.* Jahas, ville dans Moab, qui appartenait plus tard à la tribu de Ruben, Nomb. 21. 23, Jos. 13. 18.

יוֹאָב (Dieu est son père) *n. pr.* Joab, général de l'armée sous David, II Sam. 2. 24.

יוֹאָח (Dieu est son ami, aide) *n. pr.* 1° Joahé, fils d'Asaph, chancelier sous le roi Ézéchias, II Rois 18. 18. — 2° Joahé, fils de Joachaz, chancelier sous Josias, II Chr. 34. 8.

יוֹאָחָז *n. pr.*, le même que יְהוֹאָחָז.

יוֹאֵל (son Dieu est l'Éternel) *n. pr.* 1° Joel, fils de Pethuël, prophète, Joel 1. 1. — 2° Joel, fils aîné de Samuel, I Sam. 8. 2. — 3° I Chr. 6. 21.

יוֹאָשׁ (v. יְהוֹאָשׁ) *n. pr.* Joas, père de Gédéon, Jug. 6. 11.

יוֹב *n. pr.* Job, fils d'Issachar, Gen. 46. 13.

יוֹבָב *n. pr.* Jobab, fils de Joktan, souche d'un peuple arabe, Gen. 10. 29.

יוֹבֵל et יֹבֵל *m.* (*plur.* יוֹבְלִים). 1° Selon les uns, bélier; selon les autres, mot imitatif exprimant le bruit, un son de guerre et de triomphe: שִׁבְעָה שׁוֹפְרוֹת הַיּוֹבְלִים Jos. 6. 4, sept trompettes (formées) de cornes de bélier, ou: qui donnent des sons bruyants, retentissants (coupés); בְּקֶרֶן הַיּוֹבֵל 6. 5, avec la corne du bélier, qui servait de trompette, de cor. — 2° Pour la trompette même: בִּמְשֹׁךְ הַיֹּבֵל Exod. 19. 13, quand le cor, la trompette, sonnera d'une manière continue. — 3° L'année du jubilé, parce qu'elle est annoncée au peuple aux sons de trompettes; בִּשְׁנַת הַיּוֹבֵל Lév. 25. 13, dans l'année du jubilé; et seul: כִּי יוֹבֵל הִוא 12, c'est le jubilé. Le jubilé se célébrait de cinquante ans en cinquante ans; défense de cultiver et de récolter, retour des propriétés vendues aux premiers possesseurs, affranchissement de tous les esclaves. Dans ce sens, יוֹבֵל est des *deux genres.*

יוּבָל (joueur de cor) *n. pr.* Jubal, fils de Lamech, inventeur de la harpe, Gen. 4. 21.

יוּבַל *m.* Ruisseau: וְעַל־יוּבַל יְשַׁלַּח שָׁרָשָׁיו Jér. 17. 8, qui étend ses racines vers le ruisseau.

יוֹזָבָד (gratifié de Dieu) *n. pr.* 1° II Chr. 31. 13. — 2° Esdr. 8. 33. — 3° Esdr. 10. 22.

יוֹזָכָר (Dieu se souvient de lui) *n. pr. m.* II Rois 12. 22.

יוֹחָא (que Dieu ranime) *n. pr. m.* 1° I Chr. 8. 16. — 2° 11. 45.

יוֹחָנָן (gracié de Dieu) *n. pr.* 1° Johanan, I Chr. 12. 4, et 2° Johanan. 12. 12, deux guerriers. — 3° Johanan, fils du roi Josias, 3. 15.

יוֹיָדָע (aimé de Dieu) *n. pr. m.* Néh. 3. 6.

יוֹיָכִין (v. יְהוֹיָכִין).

יוֹיָקִים (que Dieu élève) *n. pr. m.* Néh. 12. 10.

יוֹיָרִיב (que Dieu défend) *n. pr. m.* Néh. 11. 5.

יוֹכֶבֶד (Dieu est sa gloire) *n. pr.* Jochabed, femme d'Amram, mère de Moïse, Exod. 6. 20.

יוּכַל (v. יְהוּכַל).

יוֹם *m.* (avec suff. יוֹמִי, יוֹמְךָ, *duel* יוֹמַיִם, *plur.* יָמִים, const. יְמֵי et יְמוֹת). Jour, temps. 1° Jour, *opposé à* la nuit: וַיִּקְרָא אֱלֹהִים לָאוֹר יוֹם Gen. 1. 5, Dieu donna à la lumière le nom de jour (et aux ténèbres le nom de nuit); וַיְהִי הַגֶּשֶׁם עַל־הָאָרֶץ אַרְבָּעִים יוֹם וְאַרְבָּעִים לָיְלָה 7. 12, et la pluie tomba sur la terre pendant quarante jours et quarante nuits.

2° Jour, y compris la nuit: וַיְהִי־עֶרֶב וַיְהִי־בֹקֶר יוֹם אֶחָד Gen. 1. 5, il fut soir, il fut matin, un jour, du soir et du matin se fit le premier jour; שָׁמוֹר אֶת־יוֹם הַשַּׁבָּת לְקַדְּשׁוֹ Deut. 5. 12, observe le jour du sabbat, et sanctifie-le; יוֹם יוֹם Gen. 39. 10, יוֹם וָיוֹם Esth. 3. 4, ou וּבְכָל־יוֹם וָיוֹם 2. 11, יוֹם בְּיוֹם Néh. 8. 18, et לְיוֹם בְּיוֹם II Chr. 24. 11, jour par jour, journellement; יוֹם מַלְכֵּנוּ Osée 7. 5, le jour de notre roi, jour de son avénement; יְמֵי הַבְּעָלִים 2. 15, les jours, les fêtes de Baal; יוֹם יִזְרְעֶאל 2. 2, le jour du bonheur, de la gloire, de Jizréel (v. יִזְרְעֶאל); en mauvaise part: וְאַל־תֵּרֶא בְיוֹם־אָחִיךָ Obad. 12, tu ne te réjouiras pas du jour de ton frère, du jour de son affliction; עַל־יוֹמוֹ נָשַׁמּוּ אַחֲרֹנִים Job 18. 20, ceux qui viendront après lui seront étonnés de son jour, c.-à-d. de son malheur, de sa ruine; לַעֲמֹד בַּמִּלְחָמָה בְּיוֹם יְיָ Ez. 13. 5, pour tenir ferme dans le combat au jour de l'Éternel, quand il punit ceux qui l'ont mérité.

3° Temps, surtout le *plur.* יָמִים: וָאֶתְאַבְּלָה יָמִים Néh. 1. 4, et j'étais dans le deuil, j'étais triste pendant quelque temps; וַיִּהְיוּ יָמִים בְּמִשְׁמָר Gen. 40. 4, ils étaient depuis quelque temps en prison; בִּימֵי אַבְרָהָם 26. 1, au temps d'Abraham; בִּימֵי דָוִד II Sam. 21. 1, du temps de David; כָּל־הַיָּמִים Deut. 4. 42, pour tous les temps, pour toujours; כָּל־הַיּוֹם הִתְאַוָּה תַאֲוָה Prov. 21. 26, toute la journée, c.-à-d. constamment il a des souhaits; חֶסֶד אֵל כָּל־הַיּוֹם Ps. 52. 3, la bonté de Dieu (se montre) toujours; עֹד כָּל־יְמֵי הָאָרֶץ Gen. 8. 22, dorénavant tant que la terre durera; זְכֹר יְמוֹת עוֹלָם Deut. 32. 7, pense aux siècles anciens, aux temps passés. — Avec l'*art.* et des *prépos.*: הַיּוֹם ce jour, aujourd'hui; גֵּרַשְׁתָּ אֹתִי הַיּוֹם Gen. 4. 14, tu m'as chassé aujourd'hui; וַיְהִי הַיּוֹם I Sam. 1. 4, or il fut le jour (un jour que); וַיְהִי הַיּוֹם וַיָּבֹאוּ בְּנֵי הָאֱלֹהִים Job 1. 6, or, un jour les enfants de Dieu se présentèrent; בְּיוֹם dans le jour que, lorsque, quand: בְּיוֹם אֲכָלְךָ מִמֶּנּוּ Gen. 2. 17, au même temps, le jour même que tu en mangeras; בְּיוֹם עֲשׂוֹת יְיָ 2. 4, lorsque Dieu créa; בַּיּוֹם le même jour, de suite: אֱוִיל בַּיּוֹם יִוָּדַע כַּעְסוֹ Prov. 12. 16, l'insensé, sa colère se montre à l'instant; הַיְכַלּוּ בַיּוֹם Néh. 3: 34, achèveront-ils leur ouvrage en un même jour, de suite? אֲשֶׁר־בָּא בַיּוֹם אֵלָי Jug. 13. 10, l'homme qui était venu vers moi, ce jour-là, dernièrement; כְּהַיּוֹם הַזֶּה, כְּהַיּוֹם, כַּיּוֹם, ce jour, ce temps, à présent: מִכְרָה כַיּוֹם Gen. 25. 31, vends-moi aujourd'hui, maintenant; לֹא־תָצוּמוּ כַיּוֹם Is. 58. 4, ne jeûnez plus comme vous avez fait jusqu'à cette heure; הָשִׁיבוּ נָא לָהֶם כְּהַיּוֹם Néh. 5. 11, rendez-leur aujourd'hui même, de suite; וַתַּעַשׂ־לְךָ שֵׁם כְּהַיּוֹם הַזֶּה Néh. 9. 10, tu t'es fait un grand nom, (tu as fait éclater ta gloire) comme tu as fait aujourd'hui, ou tel qu'il est encore aujourd'hui; מִיּוֹם depuis le jour, depuis le temps: *duel* אַךְ אִם־יוֹם אוֹ יוֹמַיִם יַעֲמֹד Exod. 21. 21, mais s'il survit un ou deux jours.

4° *quelquefois* année: יָמִים אוֹ־יוֹמַיִם אוֹ־חֹדֶשׁ אוֹ־יָמִים Nomb. 9. 22, deux jours ou un mois ou une année; זֶבַח הַיָּמִים I Sam. 2. 19, le sacrifice annuel; מִיָּמִים יָמִימָה 2. 19, d'année en année; וּכְעֵת צֵאת הַקֵּץ לְיָמִים שְׁנַיִם II Chr. 21. 19, et au bout de deux ans (*exact.* quand arriva la fin de deux ans).

יוֹם et **יוֹמָא** chald. *m.* Jour: יוֹם בְּיוֹם Esdr. 6. 9, jour par jour; וְזִמְנִין תְּלָתָה בְיוֹמָא Dan. 6. 11, et trois fois chaque jour; *plur.* מִן־יוֹמָת עָלְמָא Esdr. 4. 19, depuis les temps passés, depuis des siècles; וּבִימֵי אַרְתַּחְשַׁשְׂתָּא 4. 7, et du temps d'Artaxerxès; עַד דִּי־אֲתָה עַתִּיק יוֹמַיָּא Dan. 7. 22, jusqu'à ce que parut l'Ancien des jours (Dieu).

יוֹמָם *adv.* (v. יוֹם). Pendant le jour: יוֹמָם וָלַיְלָה Lév. 8. 35, jour et nuit; יוֹמָם יְצַוֶּה יְיָ חַסְדּוֹ Ps. 42. 9, durant le jour, Dieu envoie sa grâce, sa miséricorde, *exact.* il commande à sa miséricorde (de se montrer). Comme *subst.*: בְּיוֹמָם Néh. 9. 19, dans le jour; צָרֵי יוֹמָם Ez. 30. 16, les ennemis (qui attaquent) en plein jour, ou: tous les jours.

יָוָן *n. pr.* 1° Javan, fils de Japhet, Gen. 10. 2. — 2° מֶלֶךְ יָוָן Dan. 8. 21, le roi des Grecs (Alexandre); *n. patr.* לִבְנֵי הַיְּוָנִים Joel 3. 6, aux fils des Grecs; יָוָן Ez. 27. 13, nom d'une ville, ou l'Ionie, la Grèce; מַלְכוּת יָוָן Rituel, le règne des Grecs.

יָוֵן *m.* (const. יְוַן). Boue, limon: טָבַעְתִּי בִּיוֵן מְצוּלָה Ps. 69. 3, je suis enfoncé dans une boue profonde (*exact.*

la boue de l'abîme ; מִטִּיט הַיָּוֵן 40, 3, de la boue bourbeuse.

יוֹנָדָב n. pr. (v. יְהוֹנָדָב).

יוֹנָה f. (plur. יוֹנִים). Colombe : וַיְשַׁלַּח אֶת־הַיּוֹנָה Gen. 8. 8, il envoya une colombe ; וְכַיּוֹנִים אֶל־אֲרֻבֹּתֵיהֶם Is. 60. 8, et comme les colombes (qui volent) vers leurs colombiers ; בְּנֵי־יוֹנָה Lév. 5. 7, les petits de la colombe, jeunes colombes ; יוֹנָתִי Cant. 5. 2, ma colombe ; ma bien-aimée ; עֵינַיִךְ יוֹנִים 4. 1, et עֵינָיו כְּיוֹנִים 5. 12, tes (ses) yeux sont comme les yeux des colombes. יוֹנַת אֵלֶם (v. אֵלֶם).

יוֹנָה n. pr. Jonas, fils d'Amithaï, prophète, Jon. 1. 1.

יְוָנִי (v. יָוָן).

יוֹנֵק m. et יוֹנֶקֶת f. (v. יָנַק part. nourrisson). Rameau, arbrisseau : וַיַּעַל כַּיּוֹנֵק לְפָנָיו Is. 53. 2, il s'éleva devant lui comme un arbrisseau ; וְיוֹנַקְתּוֹ לֹא תֶחְדָּל Job 14. 7, et son rejeton ne cesse, ne périt pas, ses branches poussent toujours de nouveau ; יֵלְכוּ יוֹנְקוֹתָיו Osée 14. 7, ses branches s'étendront.

יוֹנָתָן n. pr. m. (v. יְהוֹנָתָן). 1° I Chr. 2. 32. — 2° Jér. 40. 8.

יוֹסֵף n. pr. 1° Joseph, fils de Jacob (de אָסַף : Dieu a enlevé mon opprobre ; et de יָסַף : Dieu m'ajoutera, me donnera, encore un fils), Gen. 30. 23, 24 ; וּבֵית יוֹסֵף Jos. 18. 5, et la maison de Joseph, et בְּנֵי יוֹסֵף 17. 16, les enfants de Joseph, les deux tribus : Ephraïm et Manassé, puis pour tout le royaume d'Israel, *opposé à* celui de Juda ; Ps. 78. 67, Ez. 37. 16-19. Aussi pour toute la nation d'Israel : אוּלַי יֶחֱנַן יְיָ — שְׁאֵרִית יוֹסֵף Amos 5. 15, peut-être Dieu aura-t-il compassion des restes de Joseph. — 2° Joseph, fils d'Asaph, I Chr. 25. 9. — 3° Joseph, prêtre, Néh. 12. 14. — 4° Esdr. 10. 42.

יוֹסִפְיָה (que Dieu augmente) n. pr. m. Esdr. 8. 10.

יוֹעֵאלָה (l'utile, ou Dieu l'aide) n. pr. m. I Ch. 12. 7.

יוֹעֵד (Dieu son témoin) n. pr. m. Néh. 11. 7.

יוֹעֶזֶר (Dieu son secours) n. pr. m. I Chr. 12. 6.

יוֹעָשׁ (v. יוֹאָשׁ) n. pr. m. I Chr. 27. 28.

יוֹצָדָק (v. יְהוֹצָדָק).

יוֹצֵר m. (v. יָצַר part., celui qui forme, qui crée). 1° Potier : בַּקְבֻּק יוֹצֵר חָרֶשׂ Jér. 19. 1, une bouteille, cruche, de terre faite par un potier ; כִּכְלִי יוֹצֵר תְּנַפְּצֵם Ps. 2. 9, tu les briseras comme un vase fait par le potier. — 2° Pour אוֹצָר trésorier : הַשְׁלִיכֵהוּ אֶל־הַיּוֹצֵר Zach. 11. 13, allez le jeter au trésorier ; selon d'autres : dans (la maison) du créateur (le temple).

יוֹקִים n. pr. m. I Chr. 4. 22.

יוֹרֶה m. (part. de יָרָה). Ce qui arrose, la pluie de la première saison : יוֹרֶה וּמַלְקוֹשׁ Deut. 11. 14, la première pluie et la dernière pluie, c.-à-d. la pluie de la première et de l'arrière-saison ; הַנֹּתֵן גֶּשֶׁם וְיוֹרֶה וּמַלְקוֹשׁ בְּעִתּוֹ Jér. 5. 24, qui donne la pluie en son temps, les premières et les dernières pluies ; selon quelques-uns, aussi יוֹרֶא Prov. 11. 25 (v. l'exemple à רָוָה Hiph.)

יוֹרָה n. pr. m. Esdr. 2. 18.

יוֹרַי (que Dieu instruit) n. pr. m. I Chr. 5. 13.

יוֹרָם (Dieu est élevé) n. pr. Joram, fils de Thoé, roi de Hamath, II Sam. 8. 10. (הֲדוֹרָם I Chr. 18. 10.)

יוּשַׁב חֶסֶד (à qui on rend hommage) n. pr. m. I Chr. 3. 20.

יוֹשִׁבְיָה (Dieu le place) n. pr. m. I Chr. 4. 35.

יוֹשָׁה n. pr. m. I Chr. 4. 34.

יוֹשַׁוְיָה (Dieu l'élève) n. pr. m. I Chr. 11. 46.

יוֹתָם (Dieu est intègre) n. pr. 1° Jotham, fils de Gédéon, Jug. 5. 5. — 2° Jotham, roi de Juda, fils d'Osias, II Rois 15. 32.

יוֹתֵר et יֹתֵר (part. de יָתַר). 1° Ce qui reste, le restant, le profit, avantage : וְאֶת־הַיּוֹתֵר הֶחֱרַמְנוּ I Sam. 15. 15, et nous avons tué tout le reste ; מַה־יּוֹתֵר לֶחָכָם מִן־הַכְּסִיל Eccl. 6. 8, quel est l'avantage du sage, qu'a-t-il de plus que l'insensé? — 2° *Adv*. Plus, davantage, outre : וְלָמָּה חָכַמְתִּי אֲנִי אָז יוֹתֵר Eccl. 2. 15, à quoi bon, que me servira d'avoir été plus sage? וְיֹתֵר מֵהֵמָּה בְּנִי הִזָּהֵר Eccl. 12. 12, et plus que cela, ou : en outre, mon fils, sois averti ; יוֹתֵר מִמֶּנִּי Esth. 6. 6, outre qu'à moi ; וְיֹתֵר שֶׁהָיָה קֹהֶלֶת חָכָם Eccl. 12. 9, et outre que l'Ecclésiaste fut un sage (il enseigna encore le peuple).

יוֹתֶרֶת *f*. (ce qui pend par-dessus), *spécial*. avec כָּבֵד : הַיֹּתֶרֶת עַל־הַכָּבֵד Exod. 29. 13, ou יֹתֶרֶת הַכָּבֵד 22, הַיֹּתֶרֶת מִן־הַכָּבֵד Lév. 9. 10, la partie de graisse, la membrane qui enveloppe le foie, ou le diaphragme.

יְזִיאֵל *n. pr. m.* I Chr. 12. 3.

יִזִּיָּה *n. pr. m.* Esdr. 10. 25.

יָזִיז *n. pr. m.* I Chr. 27. 31.

יִזְלִיאָה *n. pr. m.* I Chr. 8. 18.

יָזַם Penser, méditer (v. זָמַם) : כֹּל אֲשֶׁר יָזְמוּ לַעֲשׂוֹת Gen. 11. 6, tout ce qu'ils ont médité, qu'ils ont dessein de faire.

יָזַן Armer : סוּסִים מְיֻזָּנִים (*keri*) Jér. 5. 8, des chevaux bien bâtis (armés d'organes génitaux très forts, *cheth*., v. à זון *Hoph*.).

יְזַנְיָה (v. יַאֲזַנְיָה).

יֶזַע *m*. (v. זֵעָה). Sueur : לֹא יַחְגְּרוּ בַּיָּזַע Ez. 44. 18, ils ne se ceindront point étant en sueur, ou avec ce qui excite la sueur, ou à l'endroit où l'on transpire facilement.

יִזְרָח *n patron* : הַיִּזְרָח I Chr. 27. 8, de la famille (ou de la ville) de Jezrah.

יִזְרַחְיָה (Dieu l'éclaire) *n. pr. m.* 1° I Chr. 7 3. — 2° Néh. 12. 42.

יִזְרְעֶאל et יִזְרְעֵאל (planté de Dieu) *n. pr*. 1° Ville de la tribu d'Issachar, Jos. 19. 18 ; דְּמֵי יִזְרְעֶאל Osée 1. 4, le sang de Jizréel (que Jéhu y a versé) ; בְּעֵמֶק יִזְרְעֶאל Jos. 17. 16, dans la vallée de Jizréel ; כִּי גָדוֹל יוֹם יִזְרְעֶאל Osée 2. 2, car grand sera le jour de Jizréel (la catastrophe qui aura lieu en cet endroit) ; selon d'autres : יִזְרְעֶאל est un nom donné à Israel, quand ils sont dans la captivité, de זָרַע disperser : le jour du bonheur d'Israel sera grand ; de même וְהֵם יַעֲנוּ אֶת־יִזְרְעֶאל 2. 24, et ceux-ci exauceront Jizréel (l'endroit, ou la nation d'Israel) ; הַיִּזְרְעֵאלִי I Rois 21. 1, הַיִּזְרְעֵאלִית *fém*., I Sam. 27. 3, de Jizréel. — 2° Ville de la tribu de Juda, Jos. 15. 56. — 3° Jizréel, fils du prophète Osée, Os. 1. 4. — 4° Jizréel, fils d'Étam, I Chr. 4. 3.

יָחַד (*fut*. יֵחַד) Être uni, s'unir : בִּקְהָלָם אַל־תֵּחַד כְּבֹדִי Gen. 49. 6, que ma gloire (ou mon âme) ne s'unisse, ne s'associe à leurs conciliabules ; לֹא־תֵחַד אִתָּם Is. 14. 20, tu ne seras pas réuni à eux, ou comme un d'eux (v. אֶחָד et חָדָה).

Pi. : יַחֵד לְבָבִי Ps. 86. 11, réunis mon cœur (les affections de mon cœur) ; הַמְיַחֲדִים שְׁמוֹ עֶרֶב וָבֹקֶר Rituel, qui prononcent, publient, l'unité de son nom matin et soir (v. אֶחָד).

יַחַד 1° *Subs. m.* Unité, concorde : יִהְיֶה־לִּי עֲלֵיכֶם לֵבָב לְיָחַד I Chr. 12. 17, mon cœur sera avec vous pour la concorde (je ferai alliance avec vous). — 2° *Adv*. Ensemble, en même temps : וְלֹא נִשְׁאֲרוּ־בָם שְׁנַיִם יָחַד I Sam. 11. 11, sans qu'il en demeurât seulement deux ensemble ; en même temps : וַיִּפְּלוּ שְׁבַעְתָּיִם יָחַד II Sam. 21. 9, tous les sept moururent en même temps ; יִגְוַע כָּל־בָּשָׂר יָחַד Job 34. 15, toute chair périrait en même temps ; יַחַד שִׁבְטֵי יִשְׂרָאֵל Deut. 33. 5, les tribus d'Israel toutes ensemble ; sans *subst*. : יַחַד עָלַי יִתְמַלָּאוּן Job 16. 10, tous ensemble ils se sont assemblés contre moi (v. מָלֵא *Hithp*.) ; יַחַד לֹא יְרוֹמֵם Osée 11. 7, ensemble ils n'élèvent leurs cœurs, c.-à-d. personne n'élève son cœur (vers celui que les prophètes invoquent). — Tout, entièrement : יָדֶיךָ עִצְּבוּנִי וַיַּעֲשׂוּנִי יַחַד סָבִיב Job 10. 8, tes mains m'ont formé, m'ont façonné, entièrement, tout autour, elles ont arrangé toutes les parties de mon corps ; יַחַד אָנֹכִי Ps. 141. 10, moi je suis seul ou intact ; selon d'autres,

יַחַד se lie avec ce qui précède : ils tomberont dans le filet tous ensemble.

יַחְדָּיו et יַחְדָּו adv. (v. יַחַד) Ensemble, en même temps : וְלֹא יָכְלוּ לָשֶׁבֶת יַחְדָּו Gen. 13. 6, ils ne pouvaient pas subsister ensemble : וְיַחְדָּו יִהְיוּ תַמִּים אֶל־רֹאשׁוֹ Exod. 36. 29, et les deux (ais) se joignaient ensemble en haut ; בְּשָׁלוֹם יַחְדָּו אֶשְׁכְּבָה וְאִישָׁן Ps. 4. 9, en paix je me couche et je m'endors en même temps, c.-à-d. de suite, ou sans peur avec eux, au milieu d'eux ; tous : יַחְדָּו נֶאֱלָחוּ Ps. 14. 3, tous ensemble se sont corrompus, sont pervertis ; כִּי יַחְדָּו בֹּקֶר לָמוֹ צַלְמָוֶת Job 24. 17, car le matin est pour eux tous comme l'ombre de la mort ; l'un contre l'autre : כִּי־יִנָּצוּ אֲנָשִׁים יַחְדָּו Deut. 25. 11, quand des hommes ont ensemble un démêlé, qu'ils se querellent l'un l'autre ; יַחְדָּיו Jér. 46. 12, 21, 49. 3.

יַחְדּוֹ (l'allié) n. pr. m. I Chr. 5. 14.

יַחְדִּיאֵל (réjoui par Dieu) n. pr. m. I Chr. 5. 24.

יֶחְדְּיָהוּ (réjoui par Dieu) n. pr. m. 1° I Chr. 24. 20. — 2° 27. 30.

יַחֲוָאֵל (Dieu le conserve en vie) n. pr. m. I Chr. 29. 14.

* יִחוּד m. Unité, Rituel (v. à יָחִיד).

יַחֲזִיאֵל (qui contemple Dieu) n. pr. m. I Chr. 6. 16, et plusieurs autres.

יַחְזְיָה (qui contemple Dieu) n. pr. m. Esdr. 10. 15.

יְחֶזְקֵאל (Dieu le fortifiera) n. pr. Jehezkéel, fils de Busi, le prophète Ezéchiel, Ez. 1. 3.

יְחִזְקִיָּה (v. חִזְקִיָּה).

יְחִזְקִיָּהוּ n. pr. m. II Chr. 28. 12.

יַחְזֵרָה (Dieu le ranime) n. pr. m. I Ch. 9. 12.

יְחִיאֵל (Dieu le conserve en vie) n. pr. Jehiel, fils du roi Josaphat, II Chr. 21. 2, et plusieurs autres ; n. patron. יְחִיאֵלִי I Chr. 26. 21.

יָחִיד m. (fém. יְחִידָה, rac. יָחַד). adj. Seul, unique : אֶת־בִּנְךָ אֶת־יְחִידְךָ Gen. 22. 2, ton fils unique ; כִּי יָחִיד לִפְנֵי אִמִּי Prov. 4. 3, (j'étais) le fils chéri et unique de ma mère ; וְרַק הִיא יְחִידָה Jug. 11. 34, elle était fille unique ; כִּי־יָחִיד וְעָנִי אָנִי Ps. 25. 16, car je suis seul (abandonné) et dans l'affliction ; אֱלֹהִים מוֹשִׁיב יְחִידִים בַּיְתָה Ps. 68. 7, Dieu conduit dans la maison ceux qui étaient seuls, abandonnés, c.-à-d. les entoure d'une famille, ou : il réunit ceux qui étaient dispersés. יָחִיד de Dieu ; * וְאֵין יָחִיד כְּיִחוּדוֹ Rituel, il n'y a pas d'unité semblable à son unité (exact. il n'y a pas d'Être unique, semblable, etc.)

יְחִידָה subst. f. La vie, l'âme : מִיַּד־כֶּלֶב יְחִידָתִי Ps. 22. 21, (délivre) mon âme, ma vie, de la puissance du chien (des barbares).

יָחִיל adj. m. (rac. יָחַל). Attendant, espérant : טוֹב וְיָחִיל וְדוּמָם לִתְשׁוּעַת יְיָ Lament. 3. 24, il est bon (d'être) espérant et attendant en silence le secours de l'Éternel (d'espérer et d'attendre, etc.).

יָחַל Attendre, espérer (v. חול 3°) : Kal inusité. Pi. 1° Espérer : מַה־כֹּחִי כִּי אֲיַחֵל Job 6. 11, quelle est ma force pour que j'espère (pour pouvoir espérer) ; avec ל : וְיִחֲלוּ כַמָּטָר לִי Job 29. 23, ils m'attendaient, me souhaitaient, comme (on attend) la pluie ; וַאֲיַחֲלָה לְאוֹר 30. 26, j'espérais la lumière ; avec אֶל : יַחֵל יִשְׂרָאֵל אֶל־יְיָ Ps. 130. 7, espère Israel en Dieu ; וְאֶל־זְרֹעִי יְיַחֵלוּן Is. 51. 5, ils attendent mon bras. — 2° Faire espérer : עַל אֲשֶׁר יִחַלְתָּנִי Ps. 119. 49, (la promesse) qui a été mon espérance (littér. en laquelle tu m'as fait espérer) ; וְיִחֲלוּ לְקַיֵּם דָּבָר Ez. 13. 6, ils faisaient espérer, ils assuraient que leur parole (prophétie) s'accomplira.

Niph. (נוֹחַל, fut. יִיָּחֵל) : וַיִּיָּחֶל עוֹד שִׁבְעַת יָמִים Gen. 8. 12, il attendit encore sept (autres) jours ; וַתֵּרֶא כִּי נוֹחֲלָה Ez. 19. 5, lorsque (la mère) vit qu'elle attendait toujours, c.-à-d. qu'elle a été déçue de ses espérances (ou : de חָלָה, qu'elle était sans force, impuissante).

Hiph. : שִׁבְעַת יָמִים תּוֹחֵל I Sam. 10. 8, tu attendras pendant sept jours ; לְאַ־כֵן

אוֹחִילָה לְפָנֶיךָ II Sam. 18. 14, je ne veux pas attendre ainsi (oisif) devant toi, ou attendre que tu agisses (je veux agir moi-même); הוֹחַלְתִּי לְדִבְרֵיכֶם Job 32. 11, j'ai attendu en écoutant vos paroles (je les ai écoutées jusqu'à la fin); הוֹחִילִי לֵאלֹהִים Ps. 42. 6, espère en Dieu.

יַחְלְאֵל (qui espère en Dieu) *n. pr.* Jahléel, fils de Zabulon, Gen. 46. 14; *n. patron.* יַחְלְאֵלִי Nomb. 26. 26.

יָחַם (même signif. que חָמַם) Être chaud, se réchauffer: וְלֹא יִחַם לוֹ I Rois 1. 1, et il ne pouvait se réchauffer, rien ne pouvait lui tenir chaud; כִּי יֵחַם לְבָבוֹ Deut. 19. 6, car son cœur est chaud, il est en colère; וַיֶּחֱמוּ הַצֹּאן Gen. 30. 39, (pour וַיֵּחַמוּ) les brebis furent en chaleur (conçurent); וַיֵּחַמְנָה 30. 38, et pour qu'elles conçussent.

Pi.: בְּעֵת יַחֵם הַצֹּאן Gen. 31. 10, au temps où les brebis entrent en chaleur (conçoivent); לְיַחְמֵנָּה בַּמַּקְלוֹת 30. 41, afin qu'elles conçussent en regardant les branches; aussi de la femme: וּבְחֵטְא יֶחֱמַתְנִי אִמִּי Ps. 51. 7, et ma mère m'a conçu dans le péché (*Niph.* v. חָמַם).

יַחְמוּר *m.* (rac. חָמַר). Nom d'un des animaux qu'il est permis de manger, Deut. 14. 5, espèce de cerf à peau rougeâtre, le daim (?).

יַחְמַי (que Dieu protége) *n. pr. m.* I Chr. 7. 2.

יָחֵף *adj.* Qui a les pieds nus: וְהוּא הוֹלֵךְ יָחֵף II Sam. 15. 30, il allait nu-pieds; הָלֹךְ עָרוֹם וְיָחֵף Is. 20. 2, allant tout nu et nu-pieds; מִנְעִי רַגְלֵךְ מִיָּחֵף Jér. 2. 25, empêche que ton pied ne marche tout nu.

יַחְצְאֵל (à qui Dieu donne sa part) *n. pr.* Jahziel, fils de Nephthali, Nomb. 46. 21; יַחֲצִיאֵל I Chr. 7. 13; *n. patr.* יַחְצְאֵלִי Nomb. 26. 26.

יָחַר Tarder (v. אָחַר): וַיִּיחַר מִן הַמּוֹעֵד II Sam. 20. 5, (*keri* וַיּוֹחֶר) mais il tarda au delà du temps (que le roi lui avait marqué).

יַחַשׂ *m.* Dénombrement des ancêtres, généalogie: וָאֶמְצָא סֵפֶר הַיַּחַשׂ Néh. 7. 5, et je trouvai un livre, un registre généalogique; de là le *verbe*:

יָחַשׂ (seulement *Hithp.*): כֻּלָּם הִתְיַחְשׂוּ I Chr. 5. 17, tous ceux-ci se firent inscrire sur le registre de famille (furent recensés): כְּתָבָם הַמִּתְיַחְשִׂים Esdr. 2. 62, (ceux-ci cherchèrent) l'écrit de leur généalogie; וְלֹא לְהִתְיַחֵשׂ לַבְּכֹרָה I Chr. 5. 1, mais non pas pour être enregistré comme l'aîné (Joseph n'eut cependant pas tous les droits attachés à l'aînesse); הִתְיַחְשָׂם לַכֹּל 7. 5, le dénombrement d'eux tous; לְהִתְיַחֵשׂ II Chr. 12. 15, concernant la généalogie, ou rapportées avec soin (comme sur un arbre généalogique).

יַחַת *n. pr. m.* I Chr. 4. 2.

יָטַב (v. טוֹב) seulem. au *fut.* יִיטַב et יֵטַב (une fois תֵּיטְבִי). 1° Être bon: הֲתֵיטְבִי מִנֹּא אָמוֹן Nah. 3. 8, serais-tu meilleure que No la grande, la populeuse, Alexandrie ou Thèbes en Égypte (?); לְמַעַן יִיטַב־לִי Gen. 12. 13, pour qu'il m'arrive du bien (que je sois traité avec bonté); כַּאֲשֶׁר יִיטַב לָךְ 40. 14, quand tu seras heureux. — 2° Paraître bon, plaire: וַיִּיטְבוּ דִבְרֵיהֶם 34. 18, leurs paroles plurent; וַתִּיטַב הַנַּעֲרָה בְעֵינָיו Esth. 2. 9, la jeune fille lui plut; וַיִּיטַב הַדָּבָר לִפְנֵי הָמָן 5. 14, ce conseil plut à Haman; avec לְ: וְתִיטַב לַיהוָה מִשּׁוֹר פָּר Ps. 69. 32, et cela sera plus agréable à Dieu que (le sacrifice) d'un jeune taureau. — 3° Avec לֵב Être content, joyeux: וַיִּיטַב לִבּוֹ Ruth 3. 7, il était content, gai; כִּי־בְרֹעַ פָּנִים יִיטַב לֵב Eccl. 7. 3, car avec la tristesse, le souci sur le visage, le cœur est content (l'esprit est calme, serein).

Hiph. (הֵיטִיב *fut.* יֵיטִיב). 1° Bien faire: הֵיטִיבוּ כָּל־אֲשֶׁר דִּבֵּרוּ Deut. 5. 25, ils ont bien parlé dans tout ce qu'ils ont dit; הֵיטַבְתָּ לִרְאוֹת Jér. 1. 12, tu as bien vu; אִישׁ מֵיטִיב לְנַגֵּן I Sam. 16. 17, un homme qui joue bien (de la harpe); sans לְ: הֵיטִיבִי נַגֵּן Is. 23. 16, joue bien (des instruments); l'*inf.* הֵיטֵב sert souvent d'*adv.*: וְשָׁאַלְתָּ הֵיטֵב Deut. 13. 15, et après que tu auras bien interrogé;

בָּאֵר הֵיטֵב Deut. 27. 8, (tu écriras) distinctement et bien, (nettement); מַה־תֵּיטִבִי דַּרְכֵּךְ Jér. 2. 33, pourquoi te parer, t'embellir, ou te justifier, *littér.* pourquoi redresses-tu ta voie, ou justifies-tu ta conduite? גַּם־אַתֶּם תּוּכְלוּ לְהֵיטִיב 13. 23, (alors) vous pourriez aussi bien faire, bien vous conduire. — 2° Faire du bien à quelqu'un : וּלְאַבְרָם הֵיטִיב Gen. 12. 16, et il fit du bien à Abram ; וַיֵּיטֶב אֱלֹהִים לַמְיַלְּדֹת Exod. 1. 20, Dieu combla de biens ces sages-femmes ; avec l'*acc.*: לְהֵיטִבְךָ Deut. 8. 16, pour te faire du bien ; וְאַלְמָנָה לֹא יְיֵטִיב (p. יֵיטִב) Job 24. 21, et il ne fait point de bien à la veuve ; avec עִם : הֵיטֵב אֵיטִיב עִמָּךְ Gen. 32. 13, je te comblerai de biens. — 3° Avec לֵב Se régaler, se divertir : הֵמָּה מֵיטִיבִים אֶת־לִבָּם Jug. 19. 22, pendant qu'ils se régalaient. — 4° Arranger, accommoder : בְּהֵיטִיבוֹ אֶת־הַנֵּרֹת Exod. 30. 7, lorsqu'il accommodera les lampes ; וַתֵּיטֶב אֶת־רֹאשָׁהּ II Rois 9. 30, elle s'arrangea, se para la tête. — 5° Comme *Kal* 1° et 2° : הֲלוֹא דְבָרַי יֵיטִיבוּ Mich. 2. 7, certes mes paroles sont bonnes, favorables ; כִּי־יֵיטִב אֶל אָבִי I Sam. 20. 13, s'il plaît à mon père.

יְטַב chald. (même signif.) : וּמָה דִי עֲלָךְ וְעַל אֶחָיךְ יִיטַב Esdr. 7. 18, et ce qui te plaira à toi et à tes frères.

יָטְבָה (bonne ville) *n. pr.* d'un endroit, II Rois 19. 21.

יָטְבָתָה (bonne ville) *n. pr.* d'un endroit dans le désert, Jetebatha, où il y a beaucoup de torrents, Deut. 10. 7.

יֻטָּה et יוּטָּה (l'inclinée) *n. pr.* Jutta, ville de la tribu de Juda, Jos. 15. 55, 21. 16.

יְטוּר *n. pr.* 1° Jetur, fils d'Ismael, Gen. 25. 15. — 2° Ses descendants, les Ithuréens, I Chr. 5. 19.

יַיִן *m.* (const. יֵין, avec suff. יֵינִי). Vin : הֱבִיאַנִי אֶל־בֵּית הַיָּיִן Cant. 2. 4, il m'a conduite dans la maison du vin (du festin), ou dans le cellier (ou : le temple où on offre du vin en libations); בֵּית מִשְׁתֵּה הַיַּיִן Esth. 7. 8, la maison, la salle du festin ; אַשְׁקְךָ מִיַּיִן הָרֶקַח Cant. 8. 2, et je te ferai boire du vin mêlé de parfums (יֵין quoique const.); יִשְׁתּוּ יֵין נְסִיכָם Deut. 32. 38, (et qui) buvaient le vin de leurs libations ; וַיִּיקֶץ נֹחַ מִיֵּינוֹ Gen. 9. 24, Noé s'éveilla de son vin (de son ivresse); הָסִירִי אֶת־יֵינֵךְ מֵעָלָיִךְ I Sam. 1. 14, tâche de revenir de ton ivresse.

יָכַח (*Kal* inusité). *Hiph.* Exposer, justifier, prouver, convaincre, reprendre, reprocher, punir : אַךְ־דְּרָכַי אֶל־פָּנָיו אוֹכִיחַ Job 13. 15, seulement j'expliquerai, je défendrai ma conduite devant lui ; וְתוֹכִיחוּ עָלַי חֶרְפָּתִי 19. 5, et si vous exposez contre moi mon humiliation, si vous voulez prouver ma honte, prouver que je suis coupable ; וְהִנֵּה אֵין לְאִיּוֹב מוֹכִיחַ 32. 12, aucun (d'entre vous) ne peut convaincre Job ; avec ל : הוֹכַח לְחָכָם וְיֶאֱהָבֶךָּ Prov. 9. 8, reprends le sage et il t'aimera ; sans régime : שָׂנְאוּ בַשַּׁעַר מוֹכִיחַ Amos 5. 10, ils ont haï celui qui les reprenait, moralisait, dans les assemblées ; וְהוֹכִחַ אַבְרָהָם אֶת־אֲבִימֶלֶךְ Gen. 21. 25, et Abraham fit des reproches à Abimelech ; הוֹכֵחַ יוֹכִיחַ אֶתְכֶם Job 13. 10, il vous le reprochera sévèrement, il vous condamnera ; אַשְׁרֵי אֱנוֹשׁ יוֹכִחֶנּוּ אֱלוֹהַּ Job 5. 17, heureux l'homme que Dieu punit, corrige ; אַל־בְּאַפְּךָ תוֹכִיחֵנִי Ps. 6. 2, ne me punis pas dans ta colère. — Juger : וְלֹא־לְמִשְׁמַע אָזְנָיו יוֹכִיחַ Is. 11. 3, il ne jugera pas sur ce que ses oreilles entendent, sur un ouï-dire ; וְהוֹכִיחַ לְעַמִּים רַבִּים 2. 4, il prononcera le jugement de beaucoup de nations ; וְיוֹכִיחוּ בֵּין שְׁנֵינוּ Gen. 31. 37, qu'ils soient juges entre nous deux. — Discuter : וְהוֹכֵחַ אֶל־אֵל אֶחְפָּץ Job 13. 3, et je désire discuter avec Dieu ; וְיוֹכַח לְגֶבֶר עִם־אֱלוֹהַּ 16. 21, l'homme peut-il discuter avec Dieu? ou : si l'homme pouvait se justifier devant Dieu. — Destiner : אֹתָהּ הֹכַחְתָּ לְעַבְדְּךָ לְיִצְחָק Gen. 24. 14, (que cette fille soit) celle que tu as destinée à ton serviteur Isaac ; הִיא הָאִשָּׁה אֲשֶׁר־הֹכִיחַ יְיָ 24. 44, c'est la femme que Dieu a destinée au (fils de mon maître).

Hoph. Être puni, châtié : וְהוּכַח בְמַכְאוֹב עַל־מִשְׁכָּבוֹ Job 33. 18, et il est châtié par la douleur (qu'il souffre) dans son lit.

Niph. 1° Comme *Hiph.*: שָׁם יָשָׁר נוֹכָח עִמּוֹ Job 23. 7, alors (il verra) qu'un homme juste plaide (se justifie) devant lui. — 2° *Passif* : וְאֵת כֹּל וְנֹכָחַת Gen. 20. 16, ou ce sont encore les paroles d'Abimelech à Sara : et devant tous les autres tu seras justifiée, ou de Moïse : mais malgré tout cela elle (Sara) a été punie ; d'autres l'expliquent comme נֹכַח : tu peux te présenter (sans crainte) devant tous.—3° Discuter : לְכוּ־נָא וְנִוָּכְחָה Is. 1. 18, venez ! que nous discutions ! *exact.* entrons ensemble en discussion.

Hithp.: וְעִם־יִשְׂרָאֵל יִתְוַכָּח Mich. 6. 2, et il veut entrer en discussion avec Israel.

יְכִילְיָה (Dieu se montre puissant à elle) *n. pr.* Jechelie, mère du roi Ozias, II Chr. 26. 3; *cheth.* יְכָלְיָה, et II Rois 15. 2, יְכָלְיָהוּ.

יָכִין (Dieu le soutient) *n. pr.* 1° Jachin, fils de Siméon ; *n. patron.* יָכִינִי Nomb. 26. 12. — 2° Nom que Salomon donna à la colonne placée à droite dans le vestibule du temple ; que le temple soit solide, qu'il dure (?), I Rois 7. 21.

יָכֹל (rarem. יָכוֹל, *fut.* יוּכַל, *inf.* יְכוֹל et יְכֹלֶת) 1° Pouvoir, souffrir, supporter, avoir la permission : *absol.* וְלֹא יָכֹלוּ Exod. 8. 14, mais ils ne purent pas ; suivi de l'*acc.* : כִּי־כֹל תּוּכָל Job 42. 2, que tu peux toutes choses ; du *gérond.*: וְלֹא יָכְלוּ לָשֶׁבֶת יַחְדָּו Gen. 13. 6, ils ne pouvaient pas subsister ensemble ; וְלֹא־יָכְלוּ אֶחָיו לַעֲנוֹת אֹתוֹ 45. 3, mais ses frères ne purent lui répondre ; de l'*inf.*: וְיָכָלְתָּ עֲמֹד Exod. 18. 23, alors tu pourras suffire, le supporter ; d'un autre temps : אֵיכָכָה אוּכַל וְרָאִיתִי Esth. 8. 6, comment pourrais-je voir ? לֹא־אוּכַל אָוֶן וַעֲצָרָה Is. 1. 13, je ne supporte pas l'iniquité (dans votre cœur) et votre assemblée (pour m'adorer) ; אֹתוֹ לֹא אוּכָל Ps. 101. 5, je ne souffrirai pas un tel homme, je ne souffrirai pas sa société ; de même : וְתַחַת אַרְבַּע לֹא־תוּכַל שְׂאֵת Prov. 30. 21, et (sous) contre les quatre elle (la terre) ne pourrait tenir, elle ne pourrait les supporter ; עַד־מָתַי לֹא יוּכְלוּ נִקָּיֹן Osée 8. 5, jusqu'à quand ne pourront-ils (se décider) à l'innocence, devenir innocents, purs ? כִּי לֹא יוּכְלוּן הַמִּצְרִים לֶאֱכֹל Gen. 43. 32, car il n'est pas permis aux Égyptiens de manger (avec les Hébreux) ; לֹא־תוּכַל לֶאֱכֹל Deut. 12. 17, tu ne pourras (il t'est défendu de) manger (dans les villes, etc.).

2° Prévaloir, vaincre : וַיָּשַׂר אֶל־מַלְאָךְ וַיֻּכָל Osée 12. 5, et il lutta contre l'ange et prévalut ; חֲזַקְתַּנִי וַתּוּכָל Jér. 20. 7, tu l'as emporté sur moi, et tu as prévalu ; avec לְ : וַיַּרְא כִּי לֹא יָכֹל לוֹ Gen. 32. 26, et voyant qu'il ne pouvait le vaincre ; avec l'*acc.*: פֶּן־יֹאמַר אֹיְבִי יְכָלְתִּיו Ps. 13. 5, de peur que mon ennemi ne dise : je l'ai vaincu ; לֹא־אוּכַל לָהּ Ps. 139. 5, Je ne pourrai y atteindre (à cette science).

• יָכוֹל Aboth, il se pourrait, on pourrait croire.

יְכִל et יָכִל chald. (*fut.* יִכֻּל et יוּכַל). Même signif. que יָכֹל héb.: דִּי יְכֵלְתָּ לְמִגְלֵא רָזָא דְנָה Dan. 2. 47, puisque tu as pu découvrir ce mystère ; יָכִל לְהַשְׁפָּלָה 4. 34, qui peut humilier ; וְיָכְלָה לְהוֹן 7. 21, et elle avait l'avantage sur eux.

יְכָלְיָה (v. יְכִילְיָה).

יְכָנְיָה (v. יְהוֹיָכִין).

יָלַד (*prem. pers.* יָלַדְתִּי, avec suff. יְלִדְתִּיךָ, *inf.* יָלֹד, const. לֶדֶת, לָדֶת, une fois לֵת, *fut.* יֵלֵד, *part.* יֹלֵד, יוֹלֶדֶת et יֹלַדְתְּ). 1° De la mère, enfanter : וַתֵּלֶד אֶת־קַיִן Gen. 4. 1, (Eve) enfanta Caïn ; לֹא יָלְדָה לוֹ 16. 1, (Sara) ne lui avait point (enfanté) donné d'enfants ; בְּלֶדֶת־הָגָר אֶת־יִשְׁמָעֵאל 16. 16, lorsque Agar enfanta Ismael ; וַתֵּלַדְןָ הַצֹּאן 30. 39, et les brebis eurent des petits ; קֹרֵא דָגַר וְלֹא יָלָד Jér. 17. 11, comme la perdrix couve (des œufs) qu'elle n'a pas pondus ; וּמֶמֶר לְיוֹלַדְתּוֹ Prov. 17. 25, (l'enfant insensé est) la douleur de celle qui l'a enfanté, de sa mère ; *au fig.*: הָרָה עָמָל

וְיָלֹד אָוֶן Job 15. 35, concevoir le mal, la ruine, et enfanter le crime; תֵּלְדוּ קַשׁ Is. 33. 11, vous n'enfanterez que de la paille; מַה־יֵּלֶד יוֹם Prov. 27. 1, ce que le jour enfantera, produira (ce qui arrivera); בְּטֶרֶם לֶדֶת חֹק Soph. 2. 2, avant l'enfantement du jugement; *pass.*: avant que le jugement soit enfanté, prononcé; ou *act.*: avant que le jugement enfante (le jour, etc.).

2° Du père, engendrer: וְכוּשׁ יָלַד אֶת־נִמְרֹד Gen. 10. 8, et Chus engendra Nemrod; צוּר יְלָדְךָ תֶּשִׁי Deut. 32. 18, tu oublies, abandonnes, (le roc) Dieu qui t'a créé; וְלָאֶבֶן אַתְּ יְלִדְתָּנִי Jér. 2. 27, (ils disent) à la pierre (leur idole de pierre): Tu m'as créé; אֲנִי הַיּוֹם יְלִדְתִּיךָ Ps. 2. 7, moi (Dieu) je t'ai engendré aujourd'hui (dès ce jour je t'aimerai comme un père, ou: aujourd'hui je t'ai créé roi). *Part. pass.*: הַיִּלּוֹד הַחַי I Rois 3. 26, (celui qui vient de naître) l'enfant vivant; אָדָם יְלוּד אִשָּׁה Job 14. 1, l'homme né de la femme; הָרָה לָלַת I Sam. 4. 19, elle était grosse et près d'accoucher (v. יָלַל).

Niph. Naître (נוֹלַד *fut.* יִוָּלֵד): שְׁנֵי־בָנֶיךָ הַנּוֹלָדִים לְךָ Gen. 48. 5, tes deux fils qui te sont nés, que tu as eus (en Égypte); וְאֵלֶּה נוּלְּדוּ־לוֹ (pour נוֹלְדוּ) I Chr. 3. 5, et ceux-ci lui naquirent, il eut ses enfants (à Jérusalem); souvent le sujet avec אֶת: וַיִּוָּלֵד לַחֲנוֹךְ אֶת־עִירָד Gen. 4. 18, Irad fut né à Henoch (Henoch engendra Irad); וַיִּוָּלֵד לְאַהֲרֹן אֶת־נָדָב Nomb. 26. 60, Aaron eut pour fils Nadab (Abihu, etc.); הַלְּבֶן מֵאָה־שָׁנָה יִוָּלֵד Gen. 17. 17, est-ce qu'à un homme de cent ans il serait né un enfant?

Pi. יִלֵּד Aider à accoucher: בְּיַלֶּדְכֶן אֶת־הָעִבְרִיּוֹת Exod. 1. 16, quand vous accoucherez les femmes des Hébreux; *part. f.* הַמְיַלֶּדֶת Gen. 35. 17, la sage-femme; *plur.* לַמְיַלְּדֹת Exod. 1. 15, aux sages-femmes.

Pou. (יֻלַּד et יוּלַּד) Naître: וּבְנֵי יוֹסֵף אֲשֶׁר־יֻלַּד־לוֹ Gen. 46. 27, et les fils de Joseph qui lui étaient nés (en Égypte); וּלְשֵׁם יֻלַּד גַּם־הוּא 10. 21, et à Sem aussi étaient nés (des enfants); יֻלְּדוּ עַל־בִּרְכֵּי יוֹסֵף Gen 50. 23, (les fils de Machir) furent élevés sur les genoux de Joseph; בְּטֶרֶם הָרִים יֻלָּדוּ Ps. 90. 2, avant que les montagnes eussent été créées.

Hiph. הוֹלִיד 1° Engendrer (v. *Kal* 2°): אַחֲרֵי הוֹלִידוֹ אֶת־שֵׁת Gen. 5. 4, après qu'il eut engendré Seth; וַיּוֹלֶד בָּנִים וּבָנוֹת 5. 18, il engendra des fils et des filles; *au fig.*: וְהוֹלֵיד אָוֶן Is. 59. 4, et enfanter le crime; הוֹלִיד אֶת־עֲזוּבָה אִשָּׁה I Chr. 2. 18, (Caleb fils de Hesrou) engendra avec sa femme Azuba, ou *trans.* il la rendit enceinte. — 2° Comme *Pi.*: הַאֲנִי אַשְׁבִּיר וְלֹא אוֹלִיד Is. 66. 9, irai-je ouvrir le sein de la mère, sans l'accoucher; c.-à-d. commencerai-je une œuvre sans l'achever? ou dans le sens 1°: n'engendrerai-je pas moi-même? comme la suite: אִם־אֲנִי הַמּוֹלִיד וְעָצַרְתִּי moi qui donne la fécondité, irai-je fermer le sein, empêcher l'accouchement? וְהוֹלִידָהּ 55. 10, (la pluie) féconde la terre; מִי־הוֹלִיד אֶגְלֵי־טָל Job 38. 28, qui a créé, produit, les gouttes de la rosée.

Hoph. (*inf.* הוּלֶּדֶת) Naître: יוֹם הֻלֶּדֶת אֶת־פַּרְעֹה Gen. 40. 20, le jour, l'anniversaire, de la naissance de Pharaon; בְּיוֹם הוּלֶּדֶת אוֹתָךְ Ez. 16. 4, au jour de ta naissance, lorsque tu es venue au monde.

Hithph.: וַיִּתְיַלְדוּ עַל־מִשְׁפְּחֹתָם Nomb. 1. 18, ils firent connaître, ils déclarèrent, leur naissance, c.-à-d. ils se firent enregistrer selon leurs familles (le même que הִתְיַחֵשׂ, v. יָחַשׂ).

יֶלֶד *m.* (*pl.* יְלָדִים, const. יַלְדֵי et יִלְדֵי). 1° Qui vient de naître, enfant: וַתְּחַיֶּיןָ אֶת־הַיְלָדִים Exod. 1. 17, elles conservèrent les enfants (mâles); לֹא־הָיָה לָהּ יָלֶד (*cheth.*) II Sam. 6. 23, elle n'avait pas d'enfants. — 2° Garçon, jeune homme: וְיֶלֶד לְחַבֻּרָתִי Gen. 4. 23, (et j'ai tué) un jeune homme pour ma plaie, mon malheur, ou par le coup que je lui ai donné; הַיֶּלֶד אֵינֶנּוּ Gen. 37. 30, le jeune homme n'y est pas; וַיִּוָּעַץ אֶת־הַיְלָדִים I Rois 12. 8, il consulta les jeunes gens (*opposé à* זְקֵנִים); יִלְדֵי־פֶשַׁע Is. 57. 4, des enfants du crime, de la trahison (perfides) ; aussi des animaux : יַחְדָּו יִרְבְּצוּ יַלְדֵיהֶן Is. 11, 7, leurs petits coucheront, se reposeront, les uns avec les autres.

יַלְדָּה *f.* Jeune fille : קַח־לִי אֶת־הַיַּלְדָּה הַזֹּאת לְאִשָּׁה Gen. 34. 4, donne-moi cette jeune fille pour femme ; יְלָדִים וִילָדוֹת Zach. 8. 5, des garçons et des jeunes filles.

יַלְדוּת *f.* Enfance, jeunesse : שְׂמַח בָּחוּר בְּיַלְדוּתֶךָ Eccl. 11. 9, réjouis-toi, jeune homme, de, ou dans, ta jeunesse ; כִּי־הַיַּלְדוּת וְהַשַּׁחֲרוּת הָבֶל 11. 10, car l'enfance et l'adolescence ne sont que vanité ; לְךָ טַל יַלְדֻתֶךָ Ps. 110. 3, tu conserveras la rosée, c.-à-d. la séve, la force, de ta jeunesse, ou : ta jeunesse était pure comme la rosée.

יִלּוֹד *adj. verb.* Né (comme יָלוּד) : כָּל־הַבֵּן הַיִּלּוֹד Exod. 1. 22, chaque fils nouveau-né ; וְאֵלֶּה שְׁמוֹת הַיִּלֹּדִים לוֹ בִּירוּשָׁלָםִ II Sam. 5. 14, voici le nom des fils qui lui furent nés à Jérusalem.

יָלוֹן (qui passe la nuit, qui s'arrête) *n. pr.* I Chr. 4. 17.

יָלִיד *subst.* et *adj. m.* (const. יְלִיד, *pl.* יְלִידֵי). 1° Né : יְלִידֵי בֵיתוֹ Gen. 14. 14, ses serviteurs nés dans sa maison ; יְלִיד בָּיִת וּמִקְנַת־כֶּסֶף 17. 12, les esclaves nés dans la maison (du maître), ou achetés par lui. — 2° Fils : יְלִידֵי הָעֲנָק Nomb. 13. 22, fils d'Enac ; אֲשֶׁר בִּילִידֵי הָרָפָה II Sam. 21. 16, qui était (un) des enfants de Rapha.

יָלַךְ Aller, marcher. Les temps formés de יָלַךְ sont : *Kal : fut.* יֵלֵךְ et יֵלְכָה, *impér.* לֵךְ, לְכָה et לְךָ *pl.* לְכוּ ; *Hiph.* : הוֹלִיךְ *fut.* יוֹלִיךְ, וַיּוֹלֶךְ, *impér.* הֵילִיכִי. (V. les exemples à הָלַךְ.)

יָלַל *Kal* inusité, si ce n'est הָרָה לָלַת I Sam. 4. 19, selon quelques-uns pour לָלֶדֶת, elle était grosse, près de crier (par les douleurs de l'enfantement) ; mais c'est plutôt l'*inf.* de יָלַד près d'accoucher.

Hiph. (הֵילִיל, *fut.* יְהֵילִיל et יְיֵלִיל, *impér.* הֵילִיל). Gémir, pousser des hurlements, se lamenter : הֵילִילוּ כִּי קָרוֹב יוֹם יְיָ Is. 13. 6, poussez des hurlements ; parce que le jour de l'Éternel est proche ; לָכֵן יְיֵלִיל מוֹאָב 16. 7, c'est pourquoi Moab gémira, hurlera ; הֵילִילוּ הָרֹעִים וְזַעֲקוּ Jér. 25. 34, hurlez, pasteurs, et criez ; וְהֵילִילוּ שִׁירוֹת הֵיכָל Amos 8. 3, les chants du palais (ou les cantiques du temple) seront changés en hurlements, gémissements ; *une fois* des cris de joie : מֹשְׁלָו יְהֵילִילוּ Is. 52. 5, ceux qui le dominent poussent des cris de joie, ou *trans.* : lui font pousser des hurlements.

יְלֵל *m.* Hurlement : יְלֵל יְשִׁמֹן Deut. 32. 10, le hurlement du désert (poussé par les bêtes sauvages qui s'y trouvent), ou *au fig.* du sifflement des vents.

יְלָלָה *f.* (const. יִלְלַת). Plainte, gémissement : עַד־אֶגְלַיִם יִלְלָתָהּ Is. 15. 8, sa plainte (retentit) jusqu'à Eglaïm ; וִילְלַת אַדִּירֵי הַצֹּאן Jér. 25. 36, et les hurlements de ceux qui conduisent le troupeau.

יָלַע Parler témérairement : מוֹקֵשׁ אָדָם יָלַע קֹדֶשׁ Prov. 20. 25, c'est un piége pour l'homme de dire sans réflexion : Sacré ! ceci sera sacré ! c.-à-d. de faire des vœux sans savoir s'il est en état de les tenir (v. le même exemple à לוּעַ).

יַלֶּפֶת *f.* Une maladie de peau ; chez l'homme : la gratelle ou dartre, Lévit. 21. 20 ; chez l'animal : le farcin, Lév. 22. 22.

יָלַף * Apprendre : וּדְלָא יַלִּיף Aboth, et celui qui n'apprend pas.

יֶלֶק *m.* Une espèce de sauterelle ou hanneton : יֶלֶק פָּשַׁט וַיָּעֹף Nah. 3. 16, (comme) la sauterelle, ou un hanneton, qui ouvre ses ailes et s'envole (v. פָּשַׁט) ; וְיֶתֶר הָאַרְבֶּה אָכַל הַיָּלֶק Joel 1. 4, et ce que la sauterelle avait laissé, le hanneton l'a mangé.

יַלְקוּט *m.* (rac. לָקַט). Poche, sac : וּבַיַּלְקוּט I Sam. 17. 40, et dans la poche, ou sa panetière.

יָם *m.* (const. יָם et יַם, avec suff. יַמָּהּ, *plur.* יַמִּים). 1° La mer : כַּמַּיִם לַיָּם מְכַסִּים Is. 11. 9, comme les eaux couvrent (le fond) de la mer ; הֲיָם־אָנִי אִם־תַּנִּין Job

7. 12, suis-je une mer ou un monstre marin? כִּי־הוּא עַל־יַמִּים יְסָדָהּ Ps. 24. 2, car c'est lui qui a fondé la terre au-dessus des mers; יָם־כִּנֶּרֶת Nomb. 34. 11, la mer de Genereth (lac de Genesareth); יָם הַמֶּלַח 34. 12, la mer salée; יָם הָעֲרָבָה Deut. 4. 49, la mer du désert, et הַיָּם הַקַּדְמֹנִי Joël 2. 20, la mer d'Orient, la mer Morte; יַם סוּף Exod. 15. 4, la mer Rouge; יַם־מִצְרַיִם Is. 11. 15, la mer d'Égypte; הַיָּם הַגָּדוֹל Nomb. 34. 6, et הַיָּם הָאַחֲרוֹן Deut. 11. 24, la mer Méditerranée. (Aussi quelquefois d'un grand fleuve: du Nil, Nah. 3. 8; de l'Euphrate, Is. 27. 1, Jér. 51. 36; וְאַתָּה כַּתַּנִּים בַּיַּמִּים Ez. 32. 2, (Pharaon) tu étais comme un dragon, ou comme un crocodile dans les mers, les bras du Nil; mais dans tous ces endroits on peut aussi laisser au mot יָם son sens premier de mer.) — 2° La mer Méditerranée étant à l'ouest de la Palestine, יָם est aussi l'ouest, l'occident; רוּחַ־יָם Exod. 10. 19, un vent d'ouest; לִפְאַת־יָם 27. 12, du côté de l'occident; יָמָּה וָקֵדְמָה Gen. 28. 14, vers l'occident et vers l'orient; מִיָּם 12. 8, (Bethel) à l'occident; מִיָּם לָעִיר Jos. 8. 12, à l'occident de cette ville. — 3° יָם הַנְּחֹשֶׁת La mer de cuivre, l'endroit au temple où les prêtres se baignaient, II Rois 25. 13, I Chr. 18. 8.

יָם chald. (*emphat.*: יַמָּא). La mer: לְיַמָּא רַבָּא Dan. 7. 2, sur la grande mer (v. à גִּיחַ chald.).

יְמוּאֵל (jour de Dieu) *n. pr.* Jemuel, fils de Siméon, Gen. 46. 10. Le même, נְמוּאֵל Nomb. 26. 12.

יְמוֹת et יָמִים (v. יוֹם).

יֵמִם *m. pl.*: אֲשֶׁר מָצָא אֶת־הַיֵּמִם בַּמִּדְבָּר Gen. 36. 24, selon les uns: (c'est cet Ana) qui, étant dans le désert, a inventé, a le premier fait produire des mulets (en accouplant les chevaux avec les ânesses); selon les autres: qui a découvert des eaux chaudes, thermales (par analogie avec חַמִּים); selon d'autres: qui a rencontré les Emim (les géants, comme אֵמִים Gen. 14. 5).

יְמִימָה (colombe?) *n. pr.* Jemima, fille de Job, Job 42. 14.

יָמִין *subst. m.* Le côté droit, et *adj.* droit: שׁוֹק הַיָּמִין Lév. 7. 32, la cuisse ou l'épaule droite; עֵין יָמִין I Sam. 11. 2, l'œil droit; וַיִּשְׁלַח יִשְׂרָאֵל אֶת־יְמִינוֹ Gen. 48. 14, Israel (Jacob) étendit sa (main) droite; בְּיַד יְמִינִי Ps. 73. 23, ma main droite; עַל־יָמִין פִּרְחַח יָקוּמוּ Job 30. 12, à ma droite s'élève la couvée, c.-à-d. la jeunesse, ou la populace s'élève avec insolence contre moi; מִיָּמִין I Rois 7. 39, à droite; אֶל יָמִין I Sam. 23. 24, מִימִין Gen. 48. 13, לַיָּמִין Néh. 12. 31, tous: à droite, au côté droit, d'un homme ou d'une chose; עַל־הַיָּמִין II Sam. 2. 19, אֶל הַיָּמִין Ez. 1. 10, הַיָּמִין Gen. 13. 9, et יָמִין Nomb. 20. 17, vers le côté droit; כִּי־יַעֲמֹד לִימִין אֶבְיוֹן Ps. 109. 31, car il se tient à la droite du pauvre (le soutient, le protége); שֵׁב לִימִינִי 110. 1, assois à mon côté droit (comme un ami), ou: attends le secours de ma main droite; תְּהִי־יָדְךָ עַל־אִישׁ יְמִינֶךָ Ps. 80. 18, étends ta main sur l'homme de ta droite (que tu aimes, que tu protéges); וִימִינָם יְמִין שָׁקֶר 144. 11, et leur droite est une droite pleine de mensonge, c.-à-d. leur appui, leur secours, est trompeur; ou bien: leur serment (en élevant la main droite) est un parjure; יְמִין הָעִיר II Sam. 24. 5, à droite de la ville (au midi); מִימִין הַיְשִׁימוֹן I Sam. 23. 19, au midi du désert; צָפוֹן וְיָמִין Ps. 89. 13, le nord et le midi (יָמִין pour יַד יָמִין est tantôt *m.*, tantôt *f.*).

יָמִין *n. pr.* Jamin, fils de Siméon, Gen. 46. 10; *nom patron.* יָמִינִי Nomb. 26. 12.

יְמָנִי 1° *Adj.* comme יָמִין: עַל צִדְּךָ הַיְמָנִי (*cheth.*) Ez. 4. 6, sur ton côté droit; הַיְמָנִי II Chr. 3. 17, la (colonne) droite. — 2° *Nom patr.* pour בֶּן־יְמִינִי: אִישׁ יְמִינִי I Sam. 9. 1, Esth. 2. 5, un homme de la tribu de Benjamin.

יִמְלָא et יִמְלָה *n. pr.* Jemla, père du prophète Michée, I Rois 22. 8, II Chr. 18. 7.

יַמְלֵךְ (le régnant) *n. pr.* Jemlech, un des chefs de la tribu de Siméon, I Chr. 4. 34.

יָמַן (v. אָמַן) *Kal* inusité. *Hiph.* הֵימִין de יָמִין. 1° Aller, se tourner vers le côté droit : אִם־הַשְּׂמֹאל וְאֵימִנָה Gen. 13. 9, si (tu vas) à gauche, j'irai à droite; הִתְאַחֲדִי הֵימִנִי Ez. 21. 21, recueille-toi, ou décide-toi pour l'un des deux; frappe à droite (ou à gauche); *Targg.* הֵימִינִי frappe au sud. — 2° Se servir de la main droite : מַיְמִינִים וּמַשְׂמִאלִים בָּאֲבָנִים I Chr. 12. 2, qui lançaient des pierres de la main droite et de la main gauche.

יִמְנָה *n. pr.* Jemna, fils d'Aser, Gen. 46. 17.

יְמָנִי *m.*, יְמָנִית *f. adj.* (le même que יָמִין). Droit, droite : בֹּהֶן יָדָם הַיְמָנִית Exod. 29. 20, le pouce de leur main droite; שֵׁם הַיְמָנִי (*keri*) II Chr. 3. 17, le nom de la colonne droite (qui était à droite).

יִמְנָע (que Dieu retient, conserve) *n. pr. m.* I Chr. 7. 35.

יָמַר *Kal* inusité. *Hiph.* Changer : הַהֵימִיר גּוֹי אֱלֹהִים Jér. 2. 11, une nation a-t-elle jamais changé ses dieux? (ou pour הֵמִיר, rac. מוּר).

Hithp.: וּבִכְבוֹדָם תִּתְיַמָּרוּ Is. 61. 6, et vous leur serez substitués en gloire, vous aurez leur gloire, ou leur richesse; selon d'autres, comme תִּתְאַמָּרוּ : et par leur grandeur vous serez glorifiés, elle servira à votre gloire (v. אָמַר *Hithp.*).

יִמְרָה (le désobéissant) *n. pr. m.* I Chr. 7. 36.

יָמַשׁ (v. מָשַׁשׁ). *Hiph.*: וַהֲיִמִשֵׁנִי (*cheth.*) Jug. 16. 26, laisse-moi toucher (les colonnes).

יָנָה (*fut.* יִינֶה, *part. fém.* יוֹנָה) Agir avec violence, opprimer : הָעִיר הַיּוֹנָה Soph. 3. 1, ville furieuse, qui opprime, ou : insensée, stupide, comme une colombe (v. יוֹנָה); חֶרֶב הַיּוֹנָה Jér. 46. 16, l'épée qui opprime, qui ravage tout; חֲרוֹן הַיּוֹנָה 25. 38, sous-entendu חֶרֶב la fureur de l'épée qui opprime, qui ravage (d'autres l'expliquent de יוֹנָה colombe : l'épée insensée; ou de יַיִן vin : l'épée énivrée); נִינָם יָחַד Ps. 74. 8, nous allons les opprimer, les ruiner tous ensemble.

Hiph. (הוֹנָה, *fut.* יוֹנֶה). Opprimer, tromper, surfaire : וְגֵר לֹא־תוֹנֶה Exod. 22. 20, tu n'offenseras, ou tu ne maltraiteras pas, l'étranger; וְלֹא תוֹנוּ אִישׁ אֶת־עֲמִיתוֹ Lév. 25. 17, ne vous trompez pas, ne vous surfaites pas l'un à l'autre; וְאִישׁ לֹא יוֹנֶה Ez. 18. 7, qui ne surfait à personne, ou : qui n'opprime personne; וְהַאֲכַלְתִּי אֶת־מוֹנַיִךְ אֶת־בְּשָׂרָם Is. 49. 26, je ferai manger à vos oppresseurs leur propre chair; לְהוֹנֹתָם מֵאֲחֻזָּתָם Ez. 46. 18, pour les déposséder de leur héritage, le leur prendre de force.

יָנוֹחַ (repos) *n. pr.* Janoah, ville aux confins d'Ephraïm et de Manassé, II Rois 15. 29; Jos. 16. 7, יָנוֹחָה.

יָנִים (sommeil) et יָנוּם *keri* (fuite) *n. pr.* d'une ville de la tribu de Juda, Jos. 15. 53.

יָנַח *Kal* inusité. *Hiph.* (הִנִּיחַ, *fut.* יַנִּיחַ, *part.* מַנִּיחַ). Placer, mettre, déposer, laisser : וַיַּנִּחֵהוּ בְגַן־עֵדֶן Gen. 2. 15, il le plaça dans le jardin d'Eden; אֵצֶל עַצְמֹתָיו הַנִּיחוּ אֶת־עַצְמֹתָי I Rois 13. 31, mettez mes os à côté de ses os; הַנִּיחוּ לָכֶם לְמִשְׁמֶרֶת Exod. 16. 23, réservez-le, gardez-le (pour demain matin); וַיַּנַּח לִפְנֵי יְיָ I Sam. 10. 25, il le déposa devant l'Éternel; וְהִנִּיחָם עַל־אַדְמָתָם Is. 14. 1, il les replacera sur leur terre; וַיַּנִּיחֻהוּ בַּמִּשְׁמָר Lév. 24. 12, on le mit en prison; הִנִּיחַ לָאָרֶץ בְּיָד Is. 28. 2, il jettera (ces eaux), il les fera tomber sur la terre avec force; הַנִּיחָה לִּי Exod. 32. 10, laisse-moi (n'insiste pas auprès de moi); אֵינֶנּוּ מַנִּיחַ לוֹ לִישׁוֹן Eccl. 5. 11, (la satiété) ne le laisse pas dormir; לֹא־הִנִּיחַ לְאִישׁ לְעָשְׁקָם I Chr. 16. 21, il ne laissa (ne permit à) personne de les opprimer; וַתַּנַּח בִּגְדוֹ אֶצְלָהּ Gen. 39. 16, elle garda près d'elle le manteau (de Joseph); selon d'autres tous ces verbes sont de la racine נוּחַ d'une 2e forme du *Hiph.*

Hoph.: וְהֻנִּיחָה שָׁם עַל־מְכֻנָתָהּ Zach. 5. 11, et qu'il y soit placé sur sa base; מְקוֹם הַמֻּנָּח Ez. 41. 11, et seul מֻנָּח vers. 9, endroit, espace, laissé libre, où on n'a pas bâti (cour).

יְנִיקָה *f.* (rac. יָנַק). Jeune branche : אֵת רֹאשׁ יְנִיקוֹתָיו קָטָף Ez. 17. 4, il coupa la plus élevée de ses branches naissantes.

יָנַק (*fut.* יִינַק) Sucer, teter : וּמַה־שָּׁדַיִם כִּי אִינָק Job 3. 12, et pourquoi les mamelles (me furent-elles approchées) afin que je tetasse? יוֹנֵק שְׁדֵי אִמִּי Cant. 8. 1, qui suce le sein de ma mère (mon frère); וְיָנַקְתְּ חֲלֵב גּוֹיִם Is. 60. 16, tu suceras le lait des nations, tu auras leurs richesses; רֹאשׁ־פְּתָנִים יִינָק Job 20. 16, il sucera le venin des aspics; כִּי שֶׁפַע יַמִּים יִינָקוּ Deut. 33. 19, ils succront (comme le lait) l'abondance des mers (ils s'enrichiront par la pêche ou la navigation).

Hiph. Faire teter, donner à teter : לְהֵינִיק אֶת־בְּנִי I Rois 3. 21, pour donner à teter à mon fils; גְּמַלִּים מֵינִיקוֹת Gen. 32. 16, (trente) femelles de chameaux qui allaitaient (leurs petits); אִשָּׁה מֵינֶקֶת Exod. 2. 7, une femme qui nourrit; וְשָׂרוֹתֵיהֶם מֵינִיקֹתַיִךְ Is. 49. 23, et leurs princesses seront tes nourrices; וַיֵּנִקֵהוּ דְבַשׁ מִסֶּלַע Deut. 32. 13, il lui fit sucer le miel de la pierre.

יַנְשׁוּף (une fois יַנְשׁוֹף) *m.* Un des oiseaux impurs, Lév. 11. 17; oiseau de nuit, hibou ou butor, ibis? וְיַנְשׁוֹף וְעֹרֵב יִשְׁכְּנוּ־בָהּ Is. 34. 11, et le hibou (?) et le corbeau y établiront leur demeure.

יָסַד Fonder, établir : בְּיָסְדוֹ זֶה הַבַּיִת בְּעֵינֵיהֶם Esdr. 3. 12, voyant poser les fondements de ce temple, *littér.* quand ce temple se fonda devant leurs yeux; וִיסַדְתִּיךְ בַּסַּפִּירִים Is. 54. 11, et je te fonderai avec des saphirs (tes fondements seront de saphirs); תֵּבֵל וּמְלֹאָהּ אַתָּה יְסַדְתָּם Ps. 89. 12, tu as fondé le monde et tout ce qu'il renferme; הֵחֵלּוּ הָעֲרֵמוֹת לִיסוֹד II Chr. 31. 7, ils commencèrent à fonder, à faire ces monceaux; כִּי לְעוֹלָם יְסַדְתָּם Ps. 119. 152, car tu les as établics (tes lois) pour l'éternité; לְהוֹכִיחַ יְסַדְתּוֹ Hab. 1. 12, tu l'as établi, envoyé, pour châtier.

Niph. 1° *Pass.* Être fondé : לְמִן־הַיּוֹם הִוָּסְדָה Exod. 9. 18, depuis que (l'Égypte) est fondée; וְהֵיכָל תִּוָּסֵד Is. 44. 28, et (qui dit au) temple : Tu seras fondé. — 2° Se consulter, s'asseoir pour délibérer : וְרוֹזְנִים נוֹסְדוּ־יָחַד Ps. 2. 2, et les princes se consultent (conspirent) ensemble; בְּהִוָּסְדָם יַחַד עָלַי 31. 14, quand ils s'assemblent, se consultent, contre moi.

Pi. 1° Fonder (comme *Kal*) : בִּבְכֹרוֹ יְיַסְּדֶנָּה Jos. 6. 26, il la fondera avec (la perte, la mort) de son premier-né, c.-à-d. que son premier-né meure lorsqu'il jettera les fondements (de la ville); יְדֵי זְרֻבָּבֶל יִסְּדוּ הַבַּיִת הַזֶּה Zach. 4. 9, les mains de Zorobabel ont fondé cette maison; הִנְנִי יִסַּד בְּצִיּוֹן אָבֶן Is. 28. 16, (pour אֲשֶׁר יִסַּד) je suis celui qui a mis pour fonder Sion une pierre (selon Kimchi, *adj.* : je suis le fondateur); יִסַּדְתָּ עֹז Ps. 8. 3, tu as fondé une puissance, une gloire. — 2° Ordonner, décréter : הֵמָּה יִסַּד דָּוִיד I Chr. 9. 22, David les a établis par son ordre; כִּי־כֵן יִסַּד הַמֶּלֶךְ Esth. 1. 8, car le roi l'avait ainsi ordonné.

Pou. pass., part. : וּמְיֻסָּד אֲבָנִים יְקָרוֹת I Rois 7. 10, et c'était fondé sur (les fondements étaient) de belles pierres grandes; וְהֵיכַל יְיָ לֹא יֻסָּד Esdr. 3. 6, quoique le temple de Dieu ne fût pas fondé (qu'on n'en eût pas encore jeté les fondements); יֻסַּד בֵּית יְיָ I Rois 6. 37, le temple fut fondé.

Hoph. inf. : עַל הוּסַד בֵּית־יְיָ Esdr. 3. 11, parce que le temple fut fondé (que ses fondements étaient posés); מוּסָד מוּסָּד Is. 28. 16, (le premier, *subst.*; le deuxième, *part.*) un fondement ferme, solide.

יִסַּד *adj.* (v. *Pi.* 1° de יָסַד).

יְסֻד *m.* Fondation, commencement : הוּא יְסֻד הַמַּעֲלָה מִבָּבֶל Esdr. 7. 9, (le premier du mois) était le commencement du voyage, du cortége qui venait de Babylone (il partit le premier du mois), ou הוּא יָסַד c'était la décision (de partir ce jour, v. יָסַד *Niph.* 2°).

יְסוֹד *m.* Fondement : יְסוֹד הַמִּזְבֵּחַ Exod. 29. 12, les fondements, le pied, de l'autel ; עָרוֹת יְסוֹד Hab. 3. 13, en découvrant les fondements ; *plur.* וִיסֹדֶיהָ אֲגַלֶּה I Mich. 1. 6, et je découvrirai ses fondements ; et יְסוֹדֹתֶיהָ Lament. 4. 11, les fondements (de Sion).

יְסוּדָה *f.* Fondements : יְסוּדָתוֹ בְּהַרְרֵי קֹדֶשׁ Ps. 87. 1, les fondements (du temple) sont, ou la demeure (de l'Éternel) est, sur les saintes montagnes ; d'autres expliquent : son fondement, le sujet de ce chant, sont les montagnes saintes (Sion).

יִסּוֹר *m.* (rac. יָסַר, v. מוּסָר). Morale, ou moraliste, censeur : הֲרֹב עִם־שַׁדַּי יִסּוֹר Job 40. 2, disputer contre le Tout-Puissant, est-ce une chose juste, morale ? ou : celui qui enseigne, critique les autres, entrera-t-il aussi en discussion avec le Tout-Puissant ? ou *fut. Kal* de יָסַר : celui qui dispute contre Dieu sera-t-il instruit, entendra-t-il la raison ? (V. יָסַר.)

יָסוּר *m. adj. verb.* (rac. סוּר). Celui qui se retire, l'infidèle : יְסוּרַי בָּאָרֶץ יִכָּתֵבוּ Jér. 17. 13, (*cheth*, וְסוּרַי *keri*) *plur.* pour סוּרִים, ceux qui se retirent (de toi), ou avec suff. : qui se retirent de moi, qui me sont infidèles, seront destinés pour la terre, *littér.* seront écrits sur la terre (leur empire ne sera que de ce monde, ils ne seront comptés que comme des brutes ; *Targg.* : ils iront à l'enfer).

יִסּוּרִים *m. pl.* Douleurs, souffrances : אֲבָל לֹא עַל יְדֵי יִסּוּרִים Rituel, mais non par des souffrances.

יָסַךְ Verser : עַל־בְּשַׂר אָדָם לֹא יִיסָךְ Exod. 30. 32, (on) ne la versera pas sur la chair de l'homme, ou pour יוּסַךְ, *pass.* de סוּךְ elle (l'huile) ne doit pas être versée (v. סוּךְ et נָסַךְ).

יִסְכָּה *n. pr.* Jescha, fille de Haran, Gen. 11. 29.

יִסְמַכְיָהוּ (que Dieu appuie) *n. pr. m.* II Chr. 31. 13.

יָסַף (*Kal* seulem. le *prét.* יָסַף, *part.* יוֹסֵף. *Hiph. prét.* הוֹסִיף, *fut.* יוֹסִיף, יוֹסֵף, avec ו, וַיֹּסֶף, *inf.* הוֹסִיף, *part.* מוֹסִיף) Ajouter, augmenter, répéter, continuer, faire plus, davantage : וְאֶת־חֲמִישִׁתוֹ יוֹסֵף עָלָיו Lév. 5. 16, et il ajoutera pardessus une cinquième partie ; יָסַפְתָּ עַל־הַשְּׁמוּעָה אֲשֶׁר שָׁמָעְתִּי II Chr. 9. 6, tu ajoutes au bruit que j'ai entendu (tu surpasses ta renommée) ; לֹא־תֹסֵף עָלָיו וְלֹא תִגְרַע מִמֶּנּוּ Deut. 13. 1, tu n'y ajouteras et tu n'en ôteras rien ; יֹסֵף יְיָ עֲלֵיכֶם Ps. 115. 14, que l'Éternel augmente pour vous (les biens ou ses bénédictions) ; וַתּוֹסֶף אֶל־תַּזְנוּתֶיהָ Ez. 23. 14, elle a encore augmenté les excès de sa fornication ; יָסַפְתָּ לַגּוֹי Is. 26. 15, tu as augmenté (tes faveurs) à cette nation ; לְהוֹסִיף לָכֶם תְּבוּאָתוֹ Lév. 19. 25, pour augmenter, c.-à-d. pour que j'augmente ses fruits en votre faveur ; וְרָעָב אֹסֵף עֲלֵיכֶם Ez. 5. 16, et j'augmenterai la famine sur vous (je vous accablerai par la famine). Avec un autre *verbe*, continuer à, répéter une action, la faire plus, plus souvent : וַתֹּסֶף לָלֶדֶת Gen. 4. 2, elle enfanta de nouveau ; וַיֹּסֶף שַׁלַּח 8. 10, il envoya encore une fois ; וַיֹּסֶף עוֹד לְדַבֵּר 18. 29, il continua de parler ; וַיֹּסֶף אַבְרָהָם וַיִּקַּח אִשָּׁה 25. 1, et Abraham épousa encore une autre femme ; וְלֹא־יָסְפָה שׁוּב־אֵלָיו עוֹד 8. 12, elle ne revint plus à lui ; קוֹל גָּדוֹל וְלֹא יָסָף Deut. 5. 22, d'une voix forte, et il ne continua pas (de parler), ou : de parler de cette voix ; וַיּוֹסִפוּ עוֹד שְׂנֹא אֹתוֹ Gen. 37. 5, ils le haïssaient encore davantage ; וַיֹּאסֶף שָׁאוּל לֵרֹא I Sam. 18. 29, Saül craignait (David) encore plus ; הִנְנִי יוֹסִף לְהַפְלִיא Is. 29. 14, je ferai encore plus de merveilles (dans ce peuple) ; כֹּה יַעֲשֶׂה יְיָ לִי וְכֹה יֹסִיף Ruth 1. 17, que Dieu me fasse ainsi, qu'il y ajoute ainsi, c.-à-d. qu'il me punisse sévèrement, qu'il me traite dans toute sa rigueur ; וַיִּתְנַבְּאוּ וְלֹא יָסָפוּ Nomb. 11. 25, ils prophétisèrent, mais ne continuèrent pas (ils ne l'ont fait que ce jour-là ; *Targg.* traduit en sens opposé : ils n'ont pas cessé, ils ont continué toujours d'être prophètes).

Niph. Se joindre, être ajouté : וְנוֹסַף גַּם־הוּא עַל־שֹׂנְאֵינוּ Exod. 1. 10, (de peur qu'il ne se joigne à nos ennemis : וְנוֹסְפָה נַחֲלָתָן Nomb. 36. 4, et leur partage sera ajouté ; יֵשׁ מְפַזֵּר וְנוֹסָף עוֹד Prov. 11. 24, tel donne, prodigue, et est encore augmenté (et devient plus riche) ; כִּי־אָשִׁית עַל־דִּימוֹן נוֹסָפוֹת Is. 15. 9, car j'enverrai sur Dimon des augmentations, un surcroît (de sang, de malheur) ; selon d'autres, נוֹסָפוֹת *part.* de סָפָה, réunir, rassembler : j'enverrai des armées contre Dimon.

יְסַף chald. *Hoph.* Être ajouté : וּרְבוּ יַתִּירָה הוּסְפַת־לִי Dan. 4. 33, et une grande puissance me fut ajoutée, je devins plus grand que jamais.

יָסַר Reprendre, instruire, corriger (rarement *Kal*) : *part.* הֲיֹסֵר גּוֹיִם Ps. 94. 10, celui qui corrige, châtie les nations ; יֹסֵר לֵץ Prov. 9. 7, qui reprend le moqueur ; *fut.* בְּאַוָּתִי וְאֶסֳּרֵם Osée 10. 10, pour ma joie, ma satisfaction, je les punirai.

Pi. (יִסֵּר, *fut.* יְיַסֵּר, *inf.* יַסֵּר et יַסְּרָה). 1° Corriger en frappant, châtier : וְיִסְּרוּ אֹתוֹ Deut. 22. 18, et ils lui feront souffrir la peine du fouet ; אָבִי יִסַּר אֶתְכֶם בַּשּׁוֹטִים וַאֲנִי אֲיַסֵּר אֶתְכֶם I Rois 12. 11, mon père vous a châtiés avec des verges, et moi je vous châtierai (avec des verges de fer qu'on nomme scorpions) ; יַסֵּר בִּנְךָ Prov. 29. 17, corrige ton fils ; וְיִסַּרְתִּי אֶתְכֶם אַף־אָנִי Lév. 26. 28, alors moi aussi je vous châtierai ; יַסֹּר יִסְּרַנִּי יָהּ Ps. 118. 18, l'Éternel m'a châtié sévèrement. — 2° Corriger par des paroles, avertir, exhorter, instruire : הִנֵּה יִסַּרְתָּ רַבִּים Job 4. 3, tu as instruit plusieurs ; יִסְּרוּנִי כִלְיוֹתָי Ps. 16. 7, (mes reins) mon cœur m'avertit (d'adorer Dieu) ; וְיִסְּרֵנִי מִלֶּכֶת Is. 8. 11, il m'avertit afin que je ne marchasse point (dans la voie de ce peuple), ou וְיִסְּרֵנִי *fut.* du *Kal*, le *dagesch* remplaçant le י de la racine ; כַּאֲשֶׁר יְיַסֵּר אִישׁ אֶת־בְּנוֹ יְיָ אֱלֹהֶיךָ מְיַסְּרֶךָּ Deut. 8. 5, (que) l'Éternel ton Dieu t'instruit, t'élève, comme un homme instruit, élève, son fils ; וְיִסְּרוֹ לַמִּשְׁפָּט Is. 28. 26, (Dieu) l'a élevé, instruit, selon la loi, la justice, ou il (le laboureur) l'a arrangé selon la bonne manière (comme il faut) ; אֲשֶׁר־יִסְּרַתּוּ אִמּוֹ Prov. 31. 1, (sentences) par lesquelles sa mère l'a instruit ; וַאֲנִי יִסַּרְתִּי חִזַּקְתִּי זְרוֹעֹתָם Osée 7. 15, soit que je les aie châtiés, ou que j'aie fortifié leurs bras (j'ai tendu et fortifié leurs bras, Kimchi).

Niph. pass. : הִוָּסְרוּ שֹׁפְטֵי אָרֶץ Ps. 2. 10, soyez avertis, instruisez-vous, vous qui jugez la terre ; הִוָּסְרִי יְרוּשָׁלִַם Jér. 6. 8, corrige-toi, Jérusalem ; בִּדְבָרִים לֹא־יִוָּסֶר עָבֶד Prov. 29. 19, l'esclave ne sera pas corrigé par des paroles.

Hiph. : אַיְסִרֵם כְּשֵׁמַע לַעֲדָתָם Osée 7. 12, je les punirai, comme (les prophètes) l'ont fait entendre à leur assemblée (les ont avertis) ; וְנִוַּסְּרוּ כָּל־הַנָּשִׁים Ez. 23. 48, (forme moitié *Niph.*, moitié *Hithp.*) toutes les femmes seront instruites, averties.

יָע *m.* (rac. יָעָה). Pelle : וְאֶת־הַיָּעִים Exod. 38. 3, et les pelles pour enlever les cendres de l'autel.

יַעְבֵּץ *n. pr. m.* 1° Jabès, nommé ainsi par sa mère, de עֹצֶב né avec douleur, I Chr. 4. 9. — 2° Nom d'une ville, 2. 55.

יָעַד (*fut.* וַיִּיעַד) Indiquer, fixer : הַמּוֹעֵד אֲשֶׁר יְעָדוֹ II Sam. 20. 5, le temps qu'il lui avait marqué, fixé ; וּמִי יְעָדָהּ Mich. 6. 9, et qui l'a décrétée (la punition). — 2° Destiner pour femme : וְאִם־לִבְנוֹ יִיעָדֶנָּה Exod. 21. 9, s'il la destine, s'il la fait épouser, à son fils ; אֲשֶׁר־לֹא יְעָדָהּ 8, (*keri* לוֹ) à qui elle était destinée (qui se l'était destinée).

Niph. נוֹעַד Fixer un endroit pour s'y rencontrer, s'y rendre : וְנוֹעַדְתִּי לְךָ שָׁם Exod. 25. 22, je me rendrai là vers toi, je serai présent pour toi à cet endroit ; אֲשֶׁר אִוָּעֵד לָכֶם שָׁמָּה 29. 42, où je me rendrai, où je me manifesterai à vous ; וְנוֹעֲדוּ אֵלֶיךָ כָּל־הָעֵדָה Nomb. 10. 3, tout le peuple s'assemblera près de toi ; נִוָּעֵד אֶל־בֵּית הָאֱלֹהִים Néh. 6. 10, rendons-nous ensemble dans la maison de Dieu ; וַיִּוָּעֲדוּ יַחְדָּו Job 2. 11, ils convinrent ensemble, se donnèrent jour ; הַנּוֹעָדִים עָלָי Nomb. 14. 35, qui se sont (assemblés) soulevés contre moi.

Hiph. Fixer le temps et le lieu pour venir, citer devant le juge : וְאִם־לְמִשְׁפָּט מִי יוֹעִידֵנִי Job 9. 19, s'il s'agit de justice, qui me fera comparaître? qui me citera? (selon d'autres, qui témoignera pour moi, en ma faveur? v. עוד); כִּי מִי כָמוֹנִי וּמִי יוֹעִדֶנִּי Jér. 49. 19, qui est semblable à moi? qui me fixera un temps pour le combat? qui me provoquera?

Pou. pass.: מוּעָדִים לִפְנֵי הֵיכַל Jér. 24. 1, (deux paniers) placés devant le temple; אָנָה פָּנַיִךְ מֻעָדוֹת Ez. 21. 21, vers où ta face (ton tranchant) est fixée, tournée.

יֶעְדּוֹ *keri* (*cheth.* יֶעְדִּי) *n. pr.* Jeddo, prophète, II Chr. 9. 29.

יָעָה Enlever, emporter : וְיָעָה בָרָד מַחְסֵה כָזָב Is. 28. 17, la grêle emportera le refuge du mensonge.

יְעוּאֵל et יְעִיאֵל *n. pr.* 1° Jehiel, chef, I Chr. 5. 7. — 2° Jehiel, père de Guebeon, ou fondateur de la ville de Guebeon, I Chr. 9. 35. — 3° Jehiel, secrétaire du roi Ozias, II Chr. 26. 11.

יָעוּץ (conseiller) *n. pr. m.* I Chr. 8. 10.

יְעוֹרִים *m. pl.* Forêts : וְיָשְׁנוּ בַּיְעוֹרִים *cheth.*, בַּיְעָרִים *keri*, Ez. 34. 25, ils dormiront (paisiblement) dans les forêts (v. יַעַר).

יְעוּשׁ *n. pr.* 1° Le prince Jéhus, fils d'Esaü, Gen. 36. 18. — 2° Jéhus, fils du roi Rehabam, II Chr. 11. 19.

יָעַז seulement *part.* du *Niph.*: אֶת־עַם נוֹעָז Is. 33. 19, ce peuple barbare, impudent (v. לָעַז), ou ce peuple fort, téméraire, comme עַז, de עָזַז.

יַעֲזִיאֵל *n. pr. m.* I Chr. 15. 18, vers. 20, עֲזִיאֵל.

יַעֲזִיָּהוּ *n. pr. m.* I Chr. 24. 26, 27.

יַעְזֵר et יַעְזֵיר (que Dieu aide) *n. pr.* Jazer, ville de la tribu de Gad, Nomb. 32. 35; יָם יַעְזֵר Jér. 48. 32, la mer de Jazer.

יָעַט (même signif. que עָטָה) Habiller, revêtir : מְעִיל צְדָקָה יְעָטָנִי Is. 61. 10, il m'a revêtu du manteau de la justice.

יְעַט chald. (v. יָעַץ héb.) Conseiller : *part.* וְשִׁבְעַת יָעֲטֹהִי Esdr. 7. 14, ses sept conseillers.

Ithp. Se consulter : אִתְיָעַטוּ כֹּל סָרְכֵי מַלְכוּתָא Dan. 6. 8, tous les princes du royaume se sont consultés (sont d'avis).

יָעִיר (habitant de la forêt, ou : que Dieu anime, éveille) *n. pr.* Jaïr, père d'Elchanan, I Chr. 20, 5; II Sam. 21. 19, on lit Elchanan, fils de יַעְרֵי־אֹרְגִים Jaaré-Orgim (forêt des tisserands).

יַעְכָּן (l'affligé) *n. pr.* Jachan, descendant de Gad, I Chr. 5. 13.

יָעַל *Kal* inusité. Monter, grimper; de là יַעֲלָה, יָעֵל. *Hiph.* הוֹעִיל 1° Être utile, profiter à quelqu'un : לֹא־יוֹעִיל הוֹן בְּיוֹם עֶבְרָה Prov. 11. 4, la richesse ne sert de rien au jour de la colère; הֶבֶל וְאֵין־בָּם מוֹעִיל Jér. 16. 19, (du néant) des dieux qui ne sont d'aucune utilité, qui ne peuvent pas aider; וְהוֹעֵיל לֹא־יוֹעִילוּ לָעָם־הַזֶּה Jér. 23. 32, et ils ne seront d'aucune utilité pour ce peuple; aussi avec l'*acc.*: וְלֹא יוֹעִילוּךְ Is. 57. 12, (tes œuvres) ne te serviront de rien.

2° Profiter d'une chose : וּמַה־נּוֹעִיל כִּי נִפְגַּע־בּוֹ Job 21. 15, quel est notre profit, si nous l'implorons? מָה אֹעִיל מֵחַטָּאתִי 35. 3, quel en est mon profit plus que de mon péché (que si j'avais péché)? לְהַוָּתִי יֹעִילוּ 30. 13, ils ont profité (se sont réjouis) de mon malheur; ou dans le sens 1° : ils ont aidé, contribué, à ma perte.

יָעֵל *m.* (*pl.* יְעֵלִים). Chamois, chèvre sauvage : יַעֲלֵי־סָלַע Job 39. 1, les chèvres sauvages (qui habitent dans) les rochers; הָרִים הַגְּבֹהִים לַיְּעֵלִים Ps. 104. 18, les hautes montagnes (servent de retraite) aux chamois.

יָעֵל *n. pr.* Jael, femme de Héber, Kinéen, Jug. 4. 17; בִּימֵי יָעֵל 5. 6, aux temps de Jael, la même, ou le nom d'un juge ou chef avant Debora.

יַעֲלָה *f.* Chevrette, chamois femelle : וְיַעֲלַת־חֵן Prov. 5. 19, (et comme) une chevrette agréable.

יַעֲלָה *n. pr. m.* Esdr. 2. 56.

יַעְלָם *n. pr.* Jaalam, fils d'Ésaü, Gen. 36. 5.

יַעַן (rac. עָנָה). 1° *Prép*. A cause de : יַעַן כָּל־תּוֹעֲבֹתַיִךְ Ez. 5. 9, à cause de toutes tes abominations ; יַעַן מֶה Agg. 1. 9, à cause de quoi ? יַעַן בֵּיתִי 1. 9, à cause de ma maison ; יַעַן הִתְרַגֶּזְךָ אֵלַי Is. 37. 29, à cause de ta fureur contre moi.

2° *Conj*. Parce que, puisque : יַעַן לֹא־הֶאֱמַנְתֶּם בִּי Nomb. 20. 12, parce que vous n'avez pas cru en moi ; יַעַן אֲשֶׁר עָשִׂיתָ אֶת־הַדָּבָר הַזֶּה Gen. 22. 16, puisque tu as fait cette action ; יַעַן כִּי־מְאַסְתֶּם Nomb. 11. 20, parce que vous avez rejeté (l'Éternel) ; avec le *fut*. : יַעַן אֲשֶׁר לֹא־יִרְאֶה Ez. 12. 12, afin qu'il ne voie pas. — *Repété* : יַעַן וּבְיַעַן בְּמִשְׁפָּטַי מָאָסוּ Lév. 26. 43, justement parce qu'ils ont rejeté mes ordonnances (et méprisé mes lois) ; Ez. 36. 3, יַעַן בְּיַעַן.

יַעֲנָה *f*. La femelle de l'autruche ; toujours avec בַּת : וְאֵת בַּת הַיַּעֲנָה Lév. 11. 16, et l'autruche (un des oiseaux impurs) ; *pl*. וְשָׁכְנוּ שָׁם בְּנוֹת יַעֲנָה Is. 13. 21, les autruches y habiteront.

יַעְנַי *n. pr*. Jaanaï, descendant de Gad, I Chr. 5. 12.

יְעֵנִים *m. pl*. Autruches : כַּיְעֵנִים בַּמִּדְבָּר Lam. 4. 3, comme des autruches dans le désert.

יָעֵף (*fut*. וַיִּיעַף) Être las, fatigué : וְיִעֲפוּ נְעָרִים וְיִגָעוּ Is. 40. 30, les jeunes gens se lassent et sont fatigués, épuisés ; וּלְאֻמִּים בְּדֵי־רִיק יִעָפוּ Hab. 2. 13, et les nations se fatigueront pour rien (leurs efforts seront en vain) ; כָּל־מְבַקְשֶׁיהָ לֹא יִיעָפוּ Jér. 2. 24, tous ceux qui la cherchent ne se fatigueront pas (la trouveront bien vite.

Hoph. (comme עוּף). Voler : מֻעָף בִּיעָף Dan. 9. 21, (Gabriel vola vers moi) d'un vol (tout d'un coup), ou vola avec effort ; selon d'autres, entouré d'éclat, de יָפַע briller.

יָעֵף *adj*. (v. יָעַף). Las : נֹתֵן לַיָּעֵף כֹּחַ Is. 40. 29, il donne de la force à celui qui est las, fatigué ; לָעוּת אֶת־יָעֵף דָּבָר 50. 4, pour fortifier par la parole celui qui est abattu ; לִשְׁתּוֹת הַיָּעֵף II Sam. 16. 2, pour que le fatigué, celui qui est altéré, puisse boire.

יְעָף *m*. Vol ou éclat (v. יָעַף *Hoph*.).

יָעַץ (*fut*. יִיעַץ) Conseiller, être d'avis, résoudre, décider, méditer, prédire : כִּי יָעַצְתִּי II Sam. 17. 11, mais je conseille, moi, mon avis est ; כָּזֹאת וְכָזֹאת יָעַץ אֲחִיתֹפֶל vers. 15, telle et telle chose a conseillé Achithophel, voici le conseil qu'il a donné ; כִּי־יְיָ צְבָאוֹת יָעָץ וּמִי יָפֵר Is. 14. 27, car Dieu Zebaoth a résolu, et qui l'annulera, qui s'y opposera ; suivi du *dat*. : מַה־יָּעַצְתָּ לְלֹא חָכְמָה Job 26. 3, quel conseil as-tu donné à celui qui est dépourvu de sagesse ? de l'*acc*. : אִיעָצְךָ Exod. 18. 19, je veux te donner un conseil ; אִיעָצֵךְ נָא עֵצָה I Rois 1. 12, laisse-moi te donner un conseil ; *part*. יוֹעֵץ un conseiller ; וּתְשׁוּעָה בְּרֹב יוֹעֵץ Prov. 24. 6, le salut ou la victoire (se trouve) où il y a beaucoup de conseillers ; וַאֲחִיתֹפֶל יוֹעֵץ לַמֶּלֶךְ I Chr. 27. 33, et Achithophel était conseiller du roi ; עִם־מְלָכִים וְיֹעֲצֵי אָרֶץ Job 3. 14, avec des rois et des conseillers (des princes) de la terre ; avec עַל : יַעַן כִּי־יָעַץ עָלֶיךָ אֲרָם רָעָה Is. 7. 5, parce qu'Aram (la Syrie) a médité le mal contre toi ; avec אֶל : אֲשֶׁר יָעַץ אֶל־אֱדוֹם Jér. 49. 20, ce que (Dieu) a décidé contre Edom ; אִיעֲצָה עָלֶיךָ עֵינִי Ps. 32. 8, (pour בְּעֵינִי) je te conseillerai, je te surveillerai avec mon œil (ma providence veillera sur toi) ; עֻצוּ עֵצָה Is. 8. 10, formez des desseins, et seul עֻצוּ Jug. 19. 30, donnez un conseil (inutile d'admettre pour cet impératif une seconde racine עוּץ) ; אִיעָצְךָ אֲשֶׁר יַעֲשֶׂה הָעָם Nomb. 24. 14, je veux te prédire ce que fera ce peuple, ou : je veux te donner un conseil à propos de ce que fera ce peuple.

Niph. Se consulter, délibérer, tenir conseil : וְאֶת־נוֹעָצִים חָכְמָה Prov. 13. 10, mais chez ceux qui se consultent, qui réfléchissent, il y a de la sagesse ; אֶת־מִי נוֹעָץ Is. 40. 14, avec qui s'est-il consulté ? וְשֹׁמְרֵי נַפְשִׁי נוֹעֲצוּ יַחְדָּו Ps. 71. 10, et ceux qui m'observent, m'épient, ont délibéré ensemble; וַיִּוָּעַץ דָּוִיד עִם־שָׂרֵי I Chr. 13. 1, David tint conseil avec les chefs (sur mille et sur cent); וַיִּוָּעַץ אֶל־עֲבָדָיו לֵאמֹר II Rois 6. 8, et il tint conseil avec ses serviteurs (officiers), puis il dit (ou : il décréta, ordonna à ses serviteurs); אֵיךְ אַתֶּם נוֹעָצִים I Rois 12. 6, comment conseillez-vous? que décidez-vous après délibération?

Hithph. וְיִתְיָעֲצוּ עַל־צְפוּנֶיךָ Ps. 83. 4, et ils délibèrent (conspirent) contre ceux que tu protéges?

יַעֲקֹב (qui tient le talon, qui supplante) *n. pr.* Jacob, fils d'Isaac, patriarche; nommé aussi יִשְׂרָאֵל : אֲחַלְּקֵם בְּיַעֲקֹב Gen. 49. 7, je les diviserai dans Jacob (la terre des Israélites); בֵּית יַעֲקֹב Is. 2. 5, maison de Jacob (le peuple d'Israel).

יַעֲקֹבָה (qui supplante) *n. pr. m.* I Chr. 4. 36.

יַעֲקָן *n. pr.* Jaakan, fils d'Eser, I Chr. 1. 42.

יַעַר *m.* (*pl.* יְעָרִים et יְעָרוֹת). 1° Forêt: יַעַר וְכָל־עֵץ בּוֹ Is. 44. 23, la forêt et tous ses arbres; עֲלֵה לְךָ הַיַּעְרָה Jos. 17. 15, monte à la forêt; בֵּית הַיַּעַר Is. 22. 8, et בֵּית יַעַר הַלְּבָנוֹן I Rois 7. 2, 10. 17, la maison dans ou de la forêt du Liban, palais que fit bâtir Salomon, pour y habiter pendant l'été, ou pour servir d'arsenal; וְשַׂמְתִּים לְיַעַר Osée 2. 14, je les changerai en une forêt, c.-à-d. ils ne serviront qu'aux bêtes sauvages; *au fig.*: וְנִקַּף סִבְכֵי הַיַּעַר בַּבַּרְזֶל Is. 10. 34, (le bois le plus épais) les armées vaillantes seront abattues par le fer; וְיָשְׁנוּ בַּיְּעָרִים (*keri*) Ez. 34. 25, ils dormiront (paisiblement) dans les forêts; וַיֶּחֱשֹׂף יְעָרוֹת Ps. 29. 9, elle éclaircit, dépouille, les forêts. — 2° (Séjour des abeilles, où elles déposent leur miel? puis) Miel, rayon: אָכַלְתִּי יַעְרִי עִם־דִּבְשִׁי Cant. 5. 1, j'ai mangé le rayon avec mon miel; בְּיַעְרַת הַדְּבָשׁ I Sam. 14. 27, dans un rayon de miel. — 3° מְצָאנוּהָ בִּשְׂדֵי־יָעַר Ps. 132. 6, nous l'avons trouvée dans le champ de Jaar (Benjamin, comparé au lion de la forêt), ou dans un pays plein de bois.

יַעְרָה (habitant du bois) *n. pr.* Jaara, fils d'Achaz, I Chr. 9. 42.

יַעְרָה (const. יַעְרַת) Rayon de miel (v. יַעַר 2°).

יַעֲרֵי אֹרְגִים *n. pr.* (v. יָעִיר).

יַעֲרֶשְׁיָה *n. pr. m.* I Chr. 8. 27.

יַעֲשׂוֹ *cheth.*, יַעֲשַׂי *keri*, *n. pr. m.* Esdr. 10. 37.

יַעֲשִׂיאֵל (que Dieu crée) *n. pr.* Jaasiel, fils d'Abner, I Chr. 27. 21.

יִפְדְיָה (que Dieu délivre) *n. pr. m.* I Chr. 8. 25.

יָפָה (*fut.* יִיפֶה, וַיִּיף, v. יָפַע briller) Être beau: מַה־יָּפִית Cant. 7. 7, que tu es belle! מַה־יָּפוּ פְעָמַיִךְ 7. 2, que tes pas sont beaux (quelle belle démarche)! וַתִּיפִי בִּמְאֹד מְאֹד Ez. 16. 13, et tu étais bien belle; d'un arbre: וַיִּיף בְּגָדְלוֹ Ez. 31. 7, il était beau dans sa grandeur (était haut et magnifique); avec répét. de יפ: יָפְיָפִיתָ מִבְּנֵי אָדָם Ps. 45. 3, tu es plus beau que tous les hommes.

Pi. Rendre beau, embellir: בְּכֶסֶף וּבְזָהָב יְיַפֵּהוּ Jér. 10. 4, il l'embellit avec de l'argent et de l'or.

Hithp.: לַשָּׁוְא תִּתְיַפִּי Jér. 4. 30, c'est en vain que tu t'embellis, que tu te pares.

יָפֶה *adj.* (const. יְפֵה, *m.* יָפָה, const. יְפַת, *plur.* יָפוֹת *fém.*). Beau, belle: כִּי־יָפָה הִוא מְאֹד Gen. 12. 14, qu'elle était très belle; וּכְאַבְשָׁלוֹם לֹא־הָיָה אִישׁ־יָפֶה II Sam. 14. 25, il n'y avait point d'homme aussi beau qu'Absalon; עִם־יְפֵה מַרְאֶה I Sam. 17. 42, et beau de figure (fort beau); וַיְהִי יוֹסֵף יְפֵה־תֹאַר וִיפֵה מַרְאֶה Gen. 39. 7, Joseph était beau de figure (de taille) et beau de visage (ou : beau et agréable); des animaux: שֶׁבַע פָּרוֹת יְפוֹת מַרְאֶה Gen. 41. 2, sept vaches fort belles; יְפֵה נוֹף Ps. 48. 3, (le mont Sion est) un beau paysage, ou un beau climat, ou une belle branche (v. נוֹף); יְפֵה קוֹל Ez. 33. 32, un homme qui a une belle voix; אֶת־הַכֹּל עָשָׂה יָפֶה

בְּעִתּוֹ Eccl. 3. 11, tout ce qu'il a fait est beau, (bon) en son temps.

יְפֵה־פִיָּה *adj. f.* (forme redoublée de יָפֶה). Belle : עֶגְלָה יְפֵה־פִיָּה מִצְרָיִם Jér. 46. 20, l'Égypte est comme une génisse, fort belle.

יָפוֹ (la beauté) *n. pr.* d'une ville près de la mer, appartenant à la tribu de Dan, Joppé (aujourd'hui Jafa), Jon. 1. 3, Jos. 19. 46 ; יָם יָפוֹא Esdr. 3. 7, la mer de Joppé.

יָפַח (*Kal* inusité, v. פּוּחַ, נָפַח souffler, respirer) *Hithp.* Soupirer : תִּתְיַפֵּחַ תְּפָרֵשׂ כַּפֶּיהָ Jér. 4. 31, elle soupire (gémit), elle étend ses mains.

יָפֵחַ *adj.* Respirant, désirant ardemment : וִיפֵחַ חָמָס Ps. 27. 12, et qui respire la violence ; וְיָפֵחַ לַקֵּץ Hab. 2. 3, et (l'accomplissement de la vision) soupire, se hâte, vers la fin, le terme ; selon d'autres : (la vision) parle de la fin, de ce qui arrivera à la fin (ou יָפֵחַ, *fut.* du *Hiph.* de פּוּחַ).

יֳפִי et יְפִי *m.* (rac. יָפָה). Éclat, beauté : יְפִי חָכְמָתֶךָ Ez. 28. 7, l'éclat de ta sagesse ; מֶלֶךְ בְּיָפְיוֹ תֶּחֱזֶינָה עֵינֶיךָ Is. 33. 17, les yeux verront le roi dans sa splendeur ; מִצִּיּוֹן מִכְלַל־יֹפִי Ps. 50. 2, de Sion, la perfection de la beauté ; וְיִתְאָו הַמֶּלֶךְ יָפְיֵךְ Ps. 45. 12, et le roi désirera, convoitera, ta beauté (concevra de l'amour pour ta beauté).

יָפִיעַ (la brillante) *n. pr.* 1° Japhia, ville de la tribu de Zabulon, Jos. 19. 12. — 2° Japhia, roi de Lachis, Jos. 10. 3. — 3° Japhia, fils du roi David, II Sam. 5. 15,

יַפְלֵט (Dieu le sauve) *n. pr.* Japhlet, fils de Heber, I Chr. 7. 32 ; *n. patron.* יַפְלֵטִי Jos. 16. 3.

יְפֻנֶּה *n. pr.* 1° Jephunné, père de Chaleb, Nomb. 13. 6. — 2° Jephunné, fils de Jether, I Chr. 7. 38.

יָפַע (*Kal* inusité, briller, v. יָפָה) *Hiph.* הוֹפִיעַ. 1° Faire briller : וְהוֹפִיעַ אוֹר עֲנָנוֹ Job 37. 15, (sais-tu comment) il fait briller la lumière de ses nuées (à travers les nuées) ? — 2° Paraître, briller, rayonner : הוֹפִיעַ מֵהַר פָּארָן Deut. 33. 2, Dieu brillait (se révélait dans sa majesté) du haut du mont Pharan ; יֹשֵׁב הַכְּרוּבִים הוֹפִיעָה Ps. 80. 2, toi qui es assis sur les chérubins, apparais, manifeste-toi ; וְעַל־עֲצַת רְשָׁעִים הוֹפָעְתָּ Job 10. 3, (peut-il te plaire) de briller sur les conseils des impies (de favoriser leurs desseins), *exact.* que tu brilles, etc. ? וַתֹּפַע כְּמוֹ־אֹפֶל Job 10. 22, (une terre où) il brille comme les ténèbres, où le jour est comme la nuit, où il y a une nuit perpétuelle.

יִפְעָה *f.* Splendeur, beauté : וְחִלְּלוּ יִפְעָתֶךָ Ez. 28. 7, ils souilleront ta beauté, ta splendeur.

יֶפֶת (qui se répand au loin) *n. pr.* Japhet, fils de Noé, Gen. 5. 32, 9. 27.

יִפְתָּח *n. pr.* Jephtha, ville de la tribu de Juda, Jos. 15. 43. — 2° Jephté, fils de Gelead, juge d'Israel, Jug. 11. 1.

יִפְתַּח־אֵל (espace de Dieu) *n. pr.* d'une vallée dans le pays de Zabulon et d'Aser, Jos. 19. 14, 27.

יָצָא (*fut.* יֵצֵא, *impér.* צֵא, avec ה parag. צְאָה, *pl. f.* צֶאנָה, *inf.* יְצֹא, const. צֵאת. *part.* יֹצֵא, *f.* יֹצֵאת et יוֹצֵאת) Sortir : צֵא מִן־הַתֵּבָה Gen. 8. 15, sors de l'arche ; מִבֶּטֶן יָצָאתִי Job. 3. 11, (quand) je suis sorti du sein (de ma mère) ; avec l'*acc.* : הֵם יָצְאוּ אֶת־הָעִיר Gen. 44. 4, lorsqu'ils furent sortis de la ville ; הַיֹּצֵא הַשָּׂדֶה שָׁנָה שָׁנָה Deut. 14. 22, (les fruits) qui sortent, naissent du champ chaque année ; בָּנַי יְצָאֻנִי Jér. 10. 20, mes enfants sont sortis de moi, c.-à-d. m'ont abandonné ; הָעִיר הַיֹּצֵאת אֶלֶף Amos 5. 3, la ville d'où sortent mille hommes ; avec ב : וַאֲשֶׁר יֵצְאוּ בוֹ Jér. 17. 19, (la porte) par laquelle ils sortent ; וָאֵצְאָה בְשַׁעַר־הַגַּיְא Néh. 2. 13, je sortis par la porte de la vallée ; לֹא יֵצֵא בַּצָּבָא Deut. 24. 5, il ne sortira pas avec l'armée (il n'ira point à la guerre) ; וְיָצָא לְפָנֵינוּ I Sam. 8. 20, il sortira devant nous, marchera à notre tête ; וְיָצָאתִי אַחֲרָיו I Sam. 17. 35, je courus après cette bête ; שְׂמַח זְבוּלֻן בְּצֵאתֶךָ Deut. 33. 18, réjouis-toi, Zabulon, dans ta sortie (pour la guerre ou pour des entreprises commerciales); יֵצֵא לַחָפְשִׁי Exod. 21. 2, l'esclave sortira libre (de chez son maître); וְיָצְאָה חִנָּם 21. 11, elle sortira de la servitude, elle est libre, gratis (sans se racheter); יְרֵא אֱלֹהִים יֵצֵא אֶת־כֻּלָּם Eccl. 7. 18, celui qui craint Dieu sort, se retire bien, de tout cela; הַשֶּׁמֶשׁ יָצָא עַל־הָאָרֶץ Gen. 19. 23, le soleil se leva sur la terre; צֵאת הַכּוֹכָבִים Néh. 4. 15, quand les étoiles paraissent; עֲיָנֹת וּתְהֹמֹת יֹצְאִים Deut. 8. 7, (où) des sources et des lacs coulent, jaillissent; וְיָצָא הַגְּבוּל Jos. 15. 11, la frontière s'étend; יֵצֵא מִשְׁפָּט מְעֻקָּל Hab. 1. 4, on rend des jugements corrompus, pervers, *littér.* la justice sort courbée, tortueuse; בְּצֵאת הַשָּׁנָה Exod. 23. 16, quand l'année finit; יָצָא הֶפְסֵדוֹ בִּשְׂכָרוֹ Aboth, la perte et le profit, le défaut et la qualité, se compensent; יָצָא יְדֵי חוֹבָתוֹ accomplir un devoir, surtout religieux.

Hiph. Faire sortir : הוֹצִיא אֶתְכֶם מֵאֶרֶץ מִצְרָיִם Exod, 16. 6, (que c'est Dieu) qui vous a fait sortir (vous a tirés) de l'Égypte; הוֹצִיא לֶחֶם וָיָיִן Gen. 14. 18, Malchisedek apporta, leur offrit, du pain et du vin; וַיּוֹצִאָהּ מֵחֵיקוֹ Exod. 4. 7, il retira (sa main) de son sein; וַיּוֹצֵא הָעֶבֶד כְּלֵי־כֶסֶף Gen. 24. 53, le serviteur (Éliézer) tira (présenta) des vases d'argent; וַתּוֹצֵא הָאָרֶץ דֶּשֶׁא Gen. 1. 12, la terre produisit de l'herbe verte; וַיֹּצֵא מְנַחֵם אֶת־הַכֶּסֶף עַל־יִשְׂרָאֵל II Rois 15. 20, Manahem leva cet argent dans Israel; לְהוֹצִיא דִבָּה עַל־הָאָרֶץ Nomb. 14. 36, en répandant de mauvais bruits de ce pays, en le décriant comme mauvais; מִשְׁפָּט לַגּוֹיִם יוֹצִיא Is. 42. 1, il annoncera la justice, la loi, aux nations; וּמוֹצִיא כְלִי Is. 54. 16, (l'ouvrier) qui fabrique l'instrument; וְאִם־תּוֹצִיא יָקָר מִזּוֹלֵל Jér. 15. 19, et si tu sépares, si tu sais distinguer, ce qui est précieux de ce qui est vil; הַיְצֵא אִתָּךְ (*keri*) Gen. 8. 17, (pour הוֹצֵא) fais sortir avec toi; וַיּוֹצִיאֻהוּ II Rois 12. 12, on employa, dépensa (cet argent).

Hoph. pass.: הִוא מוּצֵאת Gen. 38. 25, elle fut conduite dehors (au supplice); וְהִיא מֵעַמִּים הוּצָאָה Ez. 38. 8, et elle a été retirée, ramenée, d'entre les nations.

יְצָא chald. (*Kal* inusité. *Schaph*, v. שֵׁיצִיא). Achever, finir : וְשֵׁיצִיא בַּיְתָה דְנָה Esdr. 6. 15, et on acheva ce temple.

יָצַב *Kal* inusité. *Niph.*, *Hiph.* et *Hoph.* formés de נָצַב, v. ce verbe. (Kimchi classe toutes les formes sous יָצַב.)

Hithp. הִתְיַצֵּב se placer, se présenter, se tenir : וַיִּתְיַצְּבוּ בְּתַחְתִּית הָהָר Exod. 19. 17, ils se placèrent au pied de la montagne; וַיִּתְיַצֵּב מַלְאַךְ יְיָ בַּדֶּרֶךְ Nomb. 22. 22, un ange de l'Éternel se plaça dans le chemin; וְהִתְיַצֵּב לִפְנֵי פַרְעֹה Exod. 8. 16, et présente-toi devant Pharaon; לְהִתְיַצֵּב עַל־יְיָ Job 1. 6, pour se présenter devant l'Éternel; יִתְיַצְּבוּ מַלְכֵי אֶרֶץ Ps. 2. 2, les rois de la terre s'élèvent (contre l'Éternel); מִי יִתְיַצֵּב לִפְנֵי בְּנֵי עֲנָק Deut. 9. 2, qui peut subsister devant les fils d'Anac (qui peut leur résister); וְאֵין עִמְּךָ לְהִתְיַצֵּב II Chr. 20. 6, nul ne peut te résister; וַתֵּתַצַּב אֲחֹתוֹ Exod. 2. 4, (pour וַתִּתְיַצֵּב) et sa sœur se tint ou se plaça.

יְצַב chald. *Pa.* Apprendre, savoir, la vérité : אֱדַיִן צְבִית לְיַצָּבָא Dan. 7. 19, j'eus ensuite le désir d'apprendre, de savoir, la vérité.

יָצַג ou נָצַג *Kal* inusité. *Hiph.* הִצִּיג Placer, présenter, mettre : וְהִצַּגְתִּיו לְפָנֶיךָ Gen. 43. 9, (si) je (ne) le place devant toi; וַיַּצִּגֵם לִפְנֵי פַרְעֹה 47. 2, et il les présenta à Pharaon; הִצִּיגַנִי כְּלִי רִיק Jér. 51. 34, il m'a placée là (m'a rendue) comme un vase vide; וַיַּצֵּג אֶת־הַמַּקְלוֹת Gen. 30. 38, il posa les branches, bâtons; הַצֵּג עַל־הָאָרֶץ Deut. 28. 56, (qui n'a pas essayé de) poser (son pied) sur la terre; וְהַצִּיגוּ בַשַּׁעַר מִשְׁפָּט Amos 5. 15, relevez la justice dans la porte (faites-la régner dans vos tribunaux); אָנֹכִי מַצִּיג אֶת־גִּזַּת הַצֶּמֶר Jug. 6. 37, je mets la toison (dans l'aire); אַצִּיגָה־נָּא עִמְּךָ Gen. 33. 15, je veux placer, laisser (quelques-uns de mes gens), auprès de toi.

Hoph. Être laissé, demeurer : רַק צֹאנְכֶם וּבְקַרְכֶם יֻצָּג Exod. 10. 24, mais vos troupeaux de menu et de gros bétail demeureront ici.

יִצְהָר *m.* (rac. צָהַר). Huile : כֹּל חֵלֶב יִצְהָר Nomb. 18. 12, ce qu'il y aura de meilleur en huile ; אֶרֶץ זֵית יִצְהָר וּדְבַשׁ II Rois 18. 32, une terre d'oliviers, d'huile et de miel, ou זֵית יִצְהָר d'olives dont on tire l'huile ; אֵלֶּה שְׁנֵי בְנֵי־הַיִּצְהָר Zach. 4. 14, ce sont les deux fils de l'huile (les deux oints, le roi et le grand prêtre).

יִצְהָר *n. pr.* Jezhar, fils de Kahath, Exod. 6.18 ; *n. patr.* יִצְהָרִי Nomb. 3. 27.

יָצוּעַ *m.* (rac. יָצַע). 1° Lit : אִם־זְכַרְתִּיךָ עַל־יְצוּעָי Ps. 63. 7, quand sur mon lit je me souviens de toi ; אִם־אֶעֱלֶה עַל־עֶרֶשׂ יְצוּעָי 132. 3, que je ne monterai sur mon lit, *exact.* sur le lit (préparé pour être) ma couche. — 2° Étage : וַיִּבֶן אֶת־הַיָּצוּעַ I Rois 6. 10, il bâtit l'étage au-dessus (ou : une galerie autour) de tout l'édifice ; *fém.* הַיָּצוּעַ הַתַּחְתֹּנָה 6. 6, l'étage d'en bas (le *keri* partout יָצִיעַ).

יִצְחָק (il rit, raille) *n. pr.* Isaac, fils d'Abram, patriarche, Gen. 17. 17, 21. 5 ; Jér. 33. 26 : יִשְׂחָק. בֵּית יִשְׂחָק Amos 7. 16, la maison d'Isaac (le peuple d'Israel).

יִצְחַר (*keri* צֹחַר) *n. pr. m.* I Chr. 4. 7.

יָצִיא *adj. verb.* (rac. יָצָא). Sorti : וּמִיצִיאֵי מֵעָיו II Chr. 32. 21, et de ceux qui étaient sortis de ses entrailles (de ses enfants).

יַצִּיב chald. *adj.* (v. יְצַב). Sûr, vrai : יַצִּיבָא מִלְּתָא Dan. 6. 13, cette chose (cela) est sûre ; וְיַצִּיב חֶלְמָא 2. 45, le songe est véritable ; מִן־יַצִּיב 2. 8, certes ; אֱמֶת וְיַצִּיב Rituel, (cette parole est) vraie et sûre.

יָצִיעַ (*keri*) Étage (v. יָצוּעַ).

יָצַע (*Kal* inusité) *Hiph.* Placer dessous, étendre pour servir de lit : וְשַׂק וָאֵפֶר יַצִּיעַ Is. 58. 5, et qu'il étende sous lui le sac et la cendre (qu'il se couche dessus) ; וְאַצִּיעָה שְּׁאוֹל Ps. 139. 8, si je fais de l'enfer mon lit (si j'y repose).

Hoph. pass. : תַּחְתֶּיךָ יֻצַּע רִמָּה Is. 14. 11, les vers sont placés comme un lit sous toi (les vers forment ton lit) ; שַׂק וָאֵפֶר יֻצַּע לָרַבִּים Esth. 4. 3, le sac et la cendre étaient étendus comme un lit pour beaucoup, beaucoup se couchèrent sur le sac, etc. (ou יֻצַּע, dans cette phrase, est *prét.* du *Pou.* et le י lettre radicale.

יָצַק (*fut.* יִצֹק, *plur.* יִצְקוּ, *impér* צַק et יְצֹק, *inf.* צֶקֶת) 1° Verser, répandre : וַיִּצֹק שֶׁמֶן עַל־רֹאשָׁהּ Gen. 28. 18, il répandit de l'huile sur le haut (de la pierre) ; וְיָצַק עָלֶיהָ שֶׁמֶן Lév. 2. 1, il répandra de l'huile dessus ; וְיָצַקְתְּ עַל כָּל־הַכֵּלִים הָאֵלֶּה II Rois 4. 4, tu verseras dans tous ces vases ; צַק לָעָם וְיֹאכֵלוּ II Rois 4. 41, verse (dans les plats), sers-le au peuple, pour qu'ils mangent ; צָקוּן לַחַשׁ Is. 26. 16, (ils ont épanché) ils t'ont adressé leur humble prière. — 2° Fondre : וְיָצַקְתָּ לּוֹ אַרְבַּע טַבְּעֹת זָהָב Exod. 25. 12, et tu fondras (pour l'arche) quatre anneaux d'or ; לָצֶקֶת אֵת אַדְנֵי הַקֹּדֶשׁ 38. 27, pour fondre les bases (des colonnes) du sanctuaire ; *part. pass.* יָצוּק fondu : יְצֻקִים בִּיצֻקָתוֹ I Rois 7. 24, (les ornements) étaient fondus dans sa fonte (en une seule pièce avec la mer) ; dur : לִבּוֹ יָצוּק כְּמוֹ־אָבֶן Job 41. 15, son cœur est dur comme la pierre ; יָצוּק עָלָיו 41. 14, (tout) est dur, solide, en lui ; *au fig.* : דְּבַר־בְּלִיַּעַל יָצוּק בּוֹ Ps. 41. 9, un dessein injuste, infâme, est arrêté en lui, ou : le malheur s'est répandu sur lui (dans ce sens ce sont les paroles de l'ennemi). — 3° *Intrans.* Couler, devenir dur : וַתִּצֶק דַּם־הַמַּכָּה I Rois 22. 35, le sang de la plaie coulait ; בְּצֶקֶת עָפָר לַמּוּצָק Job 38. 38, lorsque la poussière, ou la boue, se durcit comme une fonte, comme l'airain.

Hiph. 1° Verser : וְהִיא מוּצֶקֶת *keri* (מֵיצֶקֶת *cheth*), II Rois 4. 5, et elle versait. — 2° *Une autre forme*, placer, poser : וַיַּצִּקֻם לִפְנֵי יְיָ Jos. 7. 23, et les placèrent, déposèrent, devant l'Éternel ; וַיַּצִּקוּ אֶת־אֲרוֹן הָאֱלֹהִים II Sam. 15. 24, et ils posèrent l'arche de Dieu.

Hoph. 1° Être versé : אֲשֶׁר־יוּצַק עַל־רֹאשׁוֹ Lév. 21. 10, sur la tête duquel (l'huile d'onction) a été répandue ; הוּצַק חֵן בְּשְׂפְתוֹתֶיךָ Ps. 45. 3, la grâce est versée, répandue, sur tes lèvres. — Être fondu : הַכֹּל מוּצָק I Rois 7. 33, tout (était) jeté en fonte ; כִּרְאִי מוּצָק Job 37. 18, comme un miroir de fonte (d'airain); *au fig.*: וְהָיִיתָ מֻצָּק וְלֹא תִירָא Job 11. 15, et tu seras stable, ferme, et tu n'auras rien à craindre (v. II צוק).

יְצֻקָה *f.* La fonte : בִּיצֻקָתוֹ I Rois 7. 24, dans sa fonte (v. le même exemple à יָצַק 2°).

I יָצַר (*fut.* וַיִּיצֶר et וַיִּצֶר) 1° Fabriquer, former, créer : הָאָדָם אֲשֶׁר יָצָר Gen. 2. 8, l'homme qu'il avait formé ; וַיִּיצֶר יְיָ אֱלֹהִים אֶת־הָאָדָם 2. 7, l'Éternel, Dieu, forma l'homme ; יֹצְרֵי־פֶסֶל Is. 44. 9, ceux qui fabriquent les idoles ; יֹצֵר עַיִן Ps. 94. 9, celui qui fait l'œil (Dieu) ; קַיִץ וָחֹרֶף אַתָּה יְצַרְתָּם 74. 17, l'été et l'hiver tu les as créés, établis ; יוֹצֵר אוֹר וּבוֹרֵא חֹשֶׁךְ Is. 45. 7, qui forme la lumière et qui crée les ténèbres (v. יֵצֶר *subst.*) ; וְיֹצֶרְךָ יִשְׂרָאֵל Is. 43. 1, (Dieu) qui t'a formé, ô Israel ! — 2° Créer pour, destiner à : יְצַרְתִּיךָ עֶבֶד־לִי Is. 44. 21, je t'ai formé pour être mon serviteur ; וְאֶצָּרְךָ וְאֶתֶּנְךָ לִבְרִית עָם 42. 6, je t'ai formé (destiné), je t'ai établi, pour être le représentant, ou l'auteur, de mon alliance avec le peuple (ou de l'alliance des peuples ; d'autres traduisent וְאֶצָּרְךָ : je t'ai conservé, de נָצַר. — 3° Former dans l'esprit, projeter : מִימֵי קֶדֶם וִיצַרְתִּיהָ 37. 26, depuis le temps le plus reculé je l'avais projeté, ordonné ; יָצַרְתִּי אַף אֶעֱשֶׂנָּה 46. 11, j'en ai formé le dessein, et je l'accomplirai ; avec עַל : הִנֵּה אָנֹכִי יוֹצֵר עֲלֵיכֶם רָעָה Jér. 18. 11, je projette contre vous (je vous prépare) des maux, ou dans le sens 1° : je crée des maux nouveaux contre vous.

Niph. : לְפָנַי לֹא־נוֹצַר אֵל Is. 43. 10, avant moi aucun Dieu n'a été formé ; *mieux* : avant moi, avant que j'aie créé, il n'y avait rien de créé par un Dieu.

Pou. : יָמִים יֻצָּרוּ Ps. 139. 16, les jours sont destinés, fixés, à l'homme dès sa naissance (v. *Kal* 3°) ; selon d'autres, יֻצָּרוּ a pour sujet כֻּלָּם qui précède : tous mes membres qui devaient être formés (יָמִים) dans la suite de plusieurs jours (étaient écrits dans ton livre).

Hoph. : כָּל־כְּלִי יוּצַר עָלַיִךְ Is. 54. 17, toute arme qui a été préparée, ou forgée, contre toi.

II יָצַר (le même que צוּר et צָרַר, mais *intrans.*) Être étroit, resserré, embarrassé, effrayé, tourmenté : בְּלֶכְתְּךָ לֹא־יֵצַר צַעֲדֶךָ Prov. 4. 12, lorsque tu marcheras (dans ce sentier) tes pas ne seront pas resserrés ; כִּי עַתָּה תֵּצְרִי מִיּוֹשֵׁב Is. 49. 19, car alors tu seras à l'étroit par la quantité des habitants ; *impers.* : וַיֵּצֶר לָהֶם מְאֹד Jug. 2. 15, ils étaient très embarrassés (dans une grande détresse) ; בִּמְלֹאות סִפְקוֹ יֵצֶר לוֹ Job 20. 22, malgré l'abondance de ses biens, il sera en peine, ou il tombera dans la nécessité ; וַיִּירָא יַעֲקֹב מְאֹד וַיֵּצֶר לוֹ Gen. 32. 8, Jacob eut une grande peur, et il eut le cœur serré (fut effrayé) ; aussi forme *fém.* : וַתֵּצֶר לְדָוִד מְאֹד I Sam. 30. 6, David fut très effrayé, ou affligé ; וַיֵּצֶר לְאַמְנוֹן II Sam. 13. 2, Amnon était tourmenté (par sa passion).

יֵצֶר *m.* (rac. I יָצַר). 1° Formation : כִּי־הוּא יָדַע יִצְרֵנוּ Ps. 103. 14, parce qu'il connaît notre formation (il sait comment et de quoi nous sommes formés, il connaît notre nature). — 2° La chose formée, l'ouvrage : וְיֵצֶר אָמַר לְיֹצְרוֹ Is. 29. 16, (comme si) l'ouvrage disait de l'ouvrier, ou si un vase d'argile disait du potier ; כִּי בָטַח יֹצֵר יִצְרוֹ עָלָיו Hab. 2. 18, l'ouvrier de l'ouvrage (de l'idole) espère cependant en lui (en son ouvrage). — 3° Pensée, méditation, dessein (v. I יָצַר 3°) : כִּי יֵצֶר לֵב הָאָדָם רַע מִנְּעֻרָיו Gen. 8. 21, car les pensées (les penchants) du cœur de l'homme sont portées au mal dès sa jeunesse ; וְכָל־יֵצֶר מַחְשְׁבֹת לִבּוֹ רַק רַע 6. 5, et que tous les desseins et toutes les pensées de son cœur n'étaient que méchanceté ; יֵצֶר סָמוּךְ תִּצֹּר Is. 26. 3, l'esprit ferme (qui a confiance en toi), tu le préserveras.

יֵצֶר *n. pr.* Jezer, fils de Nephthali,

Gen. **46**. **24**; *nom patron.*, יִצְרִי Nomb. **26**. **49**.

יְצֻרִים *pl. m.* (ce qui est formé). Les membres du corps ou les traits : וִיצֻרַי כַּצֵּל כֻּלָּם Job. **17**. **7**, et mes membres, ou mes traits, sont tous comme l'ombre (qui disparaît).

יָצַת Enflammer, embraser, et *intr.* brûler, s'embraser : וַתִּצַּת בְּסִבְכֵי הַיַּעַר Is. **9**. **17**, elle s'embrasera, brûlera, dans l'épaisseur de la forêt; ou *trans.*: elle embrasera la forêt; בָּאֵשׁ יִצַּתּוּ **33**. **12**, ils seront consumés par le feu; וּבְנֹתֶיהָ בָּאֵשׁ תִּצַּתְנָה Jér. **49**. **2**, et ses filles (les villes qui en dépendent) seront consumées par le feu.

Niph. נִצַּת (même signif.) : וּשְׁעָרֶיהָ נִצְּתוּ בָאֵשׁ Néh. **1**. **3**, et ses portes ont été consumées par le feu; עָרָיו נִצְּתָה מִבְּלִי יֹשֵׁב Jér. **2**. **15**, ses villes ont été brûlées, personne n'y demeure (*Targ.*: ses villes sont désertes); נִצְּתָה כַמִּדְבָּר **9**. **11**, elle est brûlée (ou désolée) comme un désert; וְנִצְּתָה חֲמָתִי בַּמָּקוֹם הַזֶּה II Rois **22**. **17**, ma colère s'allumera contre ce lieu.

Hiph. Allumer, incendier : הִצִּיתוּ מִשְׁכְּנֹתֶיהָ Jér. **51**. **30**, ils ont incendié ses maisons : לָמָּה הִצִּיתוּ עֲבָדֶיךָ אֶת־הַחֶלְקָה אֲשֶׁר־לִי בָּאֵשׁ II Sam. **14**. **31**, pourquoi tes gens ont-ils mis le feu à mon champ? לְכוּ וְהַצִּיתוּהָ בָאֵשׁ **14**. **20**, allez et mettez-y le feu; וַיַּצֶּת־אֵשׁ בְּצִיּוֹן Lament. **4**. **11**, il a allumé un feu dans Sion; הִנְנִי מַצִּית־בְּךָ אֵשׁ Ez. **21**. **3**, j'allume un feu dans toi; avec עַל : הִצִּית אֵשׁ עָלֶיהָ Jér. **11**. **16**, il a allumé un feu (autour de cet arbre).

יֶקֶב *m.* Cuve, pressoir : וְהֵשִׁיקוּ הַיְקָבִים תִּירוֹשׁ וְיִצְהָר Joel **2**. **24**, les pressoirs regorgeront de vin et d'huile; וְתִירוֹשׁ יְקָבֶיךָ יִפְרֹצוּ Prov. **3**. **10**, et tes pressoirs déborderont, regorgeront de vin; יְקָבִים דָּרְכוּ Job **24**. **11**, ils ont foulé les cuves, ou : le vin dans les pressoirs.

יְקַבְצְאֵל (ce que Dieu rassemble) *n. pr.* Jekabséel, ville de la tribu de Juda, Néh. **11**. **25**, קַבְצְאֵל Jos. **15**. **21**.

יָקַד (*fut.* יֵקַד et וַיּוּקַד) Brûler : אֵשׁ יֹקֶדֶת כָּל־הַיּוֹם Is. **65**. **5**, un feu qui brûle toujours; וְתַחַת כְּבֹדוֹ יֵקַד יְקֹד **10**. **16**, et sous (cette armée) qui est sa gloire s'allumera un embrasement, un incendie; וַתִּיקַד עַד־שְׁאוֹל תַּחְתִּית Deut. **32**. **22**, il brûle jusqu'au fond du schéol.

Hoph. Être allumé, brûler : וְאֵשׁ הַמִּזְבֵּחַ תּוּקַד בּוֹ Lév. **6**. **2**, le feu de l'autel sera allumé (brûlera) dessus, y sera toujours entretenu; כִּי־אֵשׁ קְדַחְתֶּם בְּאַפִּי עַד־עוֹלָם תּוּקָד Jér. **17**. **4**, vous avez allumé ma colère comme un feu qui brûlera éternellement, *exact.* vous avez allumé un feu dans ma colère.

יְקַד chald. Brûler, *part. fém.* יָקִדְתָּא et יָקִידְתָּא brûlant : אַתּוּן נוּרָא יָקִדְתָּא Dan. **3**. **6**, une fournaise pleine d'un feu ardent.

יְקֵדָא chald. *f.* Brûlement, action de brûler : וִיהִיבַת לִיקֵדַת אֶשָּׁא Dan. **7**. **11**, et qu'il avait été livré au feu pour être brûlé, *exact.* au brûlement par le feu.

יָקְדְעָם (incendie du peuple) *n. pr.* Jokdeam, ville de la tribu de Juda, Jos. **15**. **56**.

יָקֶה *n. pr.* Agour, fils de Yaké, Prov. **30**. **1**, un sage, contemporain de Salomon; selon d'autres, un nom que Salomon se donne à lui-même : Agour, qui assemble; Yaké, qui répand les vérités, la sagesse.

יְקָהָה *f.* (seulement const. יִקְּהַת). Obéissance, selon les uns; assemblée, société, selon les autres : וְלוֹ יִקְּהַת עַמִּים Gen. **49**. **10**, et lui (Juda, aura) l'obéissance des peuples, les autres tribus lui obéiront, ou : les peuples s'assembleront autour de lui; וְתָבוּז לִיקֲּהַת־אֵם Prov. **30**. **17**, et qui méprise l'obéissance due à sa mère, ou la société de sa mère.

יָקוּד *m.* Foyer : לַחְתּוֹת אֵשׁ מִיָּקוּד Is. **30**. **14**, pour enlever du feu d'un foyer (proprem. *part. pass.*: ce qui est allumé).

יְקוֹד et יְקֹד Embrasement, incendie : יֵקַד יְקֹד כִּיקוֹד אֵשׁ Is. **10**. **16**, un embrasement s'allumera comme un incendie.

יָקוֹט *m*. Néant : אֲשֶׁר־יָקוֹט כִּסְלוֹ Job 8. 14, son espérance est un néant, un rien; ou *fut*. de קוּט: son espérance sera coupée, s'évanouira (v. קוּט).

יְקוּם *m*. Ce qui existe, un être : כָּל־הַיְקוּם אֲשֶׁר עָשִׂיתִי Gen. 7. 4, tous les êtres (toutes les créatures) que j'ai faits; וְאֵת כָּל־הַיְקוּם אֲשֶׁר בְּרַגְלֵיהֶם Deut. 11. 6, et tous les êtres qui les suivaient.

יָקוֹשׁ et יָקוּשׁ *m*. (*pl*. יְקוּשִׁים, rac. יָקשׁ). qui tend des filets, l'oiseleur : פַּח יָקוֹשׁ Osée 9. 8, le filet d'un oiseleur ; וּכְצִפּוֹר מִיַּד יָקוּשׁ Prov. 6. 5, et comme un oiseau (qui fuit) d'entre les mains de l'oiseleur.

יְקוּתִיאֵל *n. pr. m*. I Chr. 4. 13.

יָקְטָן (le petit) *n. pr*. Joktan, fils de Héber, Gen. 10. 25, souche de plusieurs peuples de l'Arabie.

יָקִים (Dieu l'élève) *n. pr*. 1° I Chr. 8. 19. — 2° 24. 12.

יַקִּיר *adj*. (rac. יָקַר). Cher : הֲבֵן יַקִּיר לִי אֶפְרַיִם Jér. 31. 20, Ephraïm n'est-il pas mon fils chéri?

יַקִּיר chald. *adj*. 1° Difficile : וּמִלְּתָא דִי־מַלְכָּא שָׁאֵל יַקִּירָה Dan. 2. 11, et ce que le roi demande est difficile. — 2° Glorieux, puissant : אָסְנַפַּר רַבָּא וְיַקִּירָא Esdr. 4. 10, le grand et glorieux, noble, Asenaphar.

יְקַמְיָה *n. pr*. 1° I Chr. 2. 41. — 2° 3. 18.

יְקַמְעָם *n. pr. m*. I Chr. 23. 19.

יָקְמְעָם *n. pr*. Jokméam, ville dans le pays d'Ephraïm, appartenant aux Lévites, I Chr. 6. 63 ; Jos. 21. 22, on lit à la place : קִבְצַיִם.

יָקְנְעָם (possession du peuple) *n. pr*. Joknéam, ville de la tribu de Zabulon, Jos. 19. 11.

יָקַע (seulem. au *fut*.) 1° Se luxer : וַתֵּקַע כַּף־יֶרֶךְ יַעֲקֹב Gen. 32. 26, et l'os de la cuisse (ou l'ischion) de Jacob se luxa. — 2° S'éloigner, se détacher : פֶּן־תֵּקַע נַפְשִׁי מִמֵּךְ Jér. 6. 8, de peur que mon cœur ne s'éloigne de toi ; וַתֵּקַע נַפְשִׁי מֵעָלֶיהָ Ez. 23. 18, mon esprit, ou mon cœur, s'est retiré d'elle; selon d'autres, le *Kal* de la racine קָעַע ou נָקַע.

Hiph. Attacher à des potences, pendre (faire disloquer les membres) : וְהוֹקַע אוֹתָם Nomb. 25. 4, et pends-les ; וַיֹּקִיעֻם בָּהָר II Sam. 21. 9, ils les pendirent sur la montagne.

Hoph. Être pendu : עַצְמוֹת הַמּוּקָעִים II Sam. 21. 13, les os de ceux qui avaient été pendus.

יָקַף (v. נָקַף).

יָקַץ (seulem. *fut*. יִיקַץ, וַיִּיקַץ, et וַיִּקֶץ) S'éveiller : וַיִּיקֶץ נֹחַ Gen. 9. 24, Noé s'éveilla ; וַיִּיקַץ יַעֲקֹב מִשְּׁנָתוֹ 28. 16, Jacob s'éveilla (de) après son sommeil ; וְיִקְצוּ מְזַעְזְעֶיךָ Hab. 2. 7, tes oppresseurs s'éveilleront (le *prét*. הֵקִיץ, *Hiph*. de קִיץ).

יָקַר (*fut*. יִיקַר, וַיִּיקַר, et יֵקַר) Être cher, précieux, célèbre : וְיֵקַר פִּדְיוֹן נַפְשָׁם Ps. 49. 9, le rachat de leur âme serait trop cher ; וַיִּיקַר שְׁמוֹ מְאֹד I Sam. 18. 30, et son nom devint très célèbre ; יָקְרָה נַפְשִׁי בְּעֵינֶיךָ I Sam. 26. 21, (puisque) ma vie a été précieuse devant tes yeux (que tu as épargné ma vie) ; אֲשֶׁר יָקַרְתִּי מֵעֲלֵיהֶם Zach. 11. 13, (ce prix) que j'ai été cru digne (que j'ai été estimé) par eux, ou : (ce beau manteau, allusion au temple) que j'ai cru trop précieux pour eux, ou : que je leur ai ôté, enlevé (v. *Hiph*.) ; מֵאֲשֶׁר יָקַרְתָּ בְעֵינַי Is. 43. 4, parce que tu es précieux à mes yeux ; וְלִי מַה־יָּקְרוּ רֵעֶיךָ אֵל Ps. 139. 17, que ceux que tu aimes (tes amis, les justes) me sont chers ! selon d'autres : que tes pensées sont pour moi difficiles, impénétrables (v. יַקִּיר chald. 1° et II רֵעַ 2°).

Hiph. Rendre rare : אוֹקִיר אֱנוֹשׁ מִפָּז Is. 13. 12, je rendrai l'homme plus rare que l'or, ou comme *Kal* : plus précieux, c.-à-d. on préférera son sang à sa rançon, ou : j'aime l'homme (bon et juste) plus que l'or ; הֹקַר רַגְלְךָ מִבֵּית רֵעֶךָ Prov. 25. 17, mets ton pied rarement dans la maison de ton prochain (n'y va pas souvent), ou : retire ton pied de la maison, etc.

יָקָר *adj. m.* (*fém.* יְקָרָה). Précieux, noble, cher, magnifique, rare : וְאֶבֶן יְקָרָה I Rois 10. 2, et des pierres précieuses, des diamants ; אֶבֶן יְקָרָה II Chr. 3. 6, pierre précieuse, par exemple : le marbre ; כָּל־אֵלֶּה אֲבָנִים יְקָרֹת I Rois 7. 9, tout cela (était construit de) pierres belles, massives ; מַה־יָּקָר חַסְדְּךָ אֱלֹהִים Ps. 36. 8, que ta miséricorde est précieuse, ô Dieu ! בְּנֵי צִיּוֹן הַיְקָרִים Lament. 4. 2, les fils de Sion, si précieux, si nobles ; בְּנוֹת מְלָכִים בְּיִקְּרוֹתֶיךָ Ps. 45. 10, (pour בִּיקָרוֹתֶיךָ) des filles de rois sont parmi celles qui te sont chères (tes bien-aimées), ou *subst.*: servent à ton éclat ; וְיָרֵחַ יָקָר הֹלֵךְ Job 31. 26, et la lune lorsqu'elle avance dans sa majesté, dans toute sa clarté ; פִּנַּת יִקְרַת Is. 28. 16, une pierre angulaire magnifique ; יְקַר־רוּחַ Prov. 17. 27, *keri*, (l'homme intelligent) est réservé à montrer son esprit ; יָקָר מֵחָכְמָה מִכָּבוֹד סִכְלוּת מְעָט Eccl. 10. 1, un peu de folie est plus grave que (l'emporte sur) la sagesse et la gloire, (l'homme sage même se perd par une folie, imprudence même légère), ou (ainsi) la folie (perd ou déshonore), יָקָר l'homme qui était honoré, admiré, pour sa sagesse.

יְקָר *m.* 1° Beauté, magnificence, choses précieuses : וְאֶת־כָּל־יְקָרָהּ Jér. 20. 5, et tout ce que (cette ville) a de précieux ; וּכְלִי יְקָר Prov. 20. 15, un vase de luxe (précieux) ; וְכָל־יְקָר רָאֲתָה עֵינוֹ Job 28. 10, et son œil a vu tout ce qu'il y a de rare, de précieux ; וְאֹיְבֵי יְיָ כִּיקַר כָּרִים Ps. 37. 20, et les ennemis du Seigneur (seront consumés) comme le plus précieux (la graisse) des agneaux (qui s'en va en fumée sur l'autel), ou (disparaîtront) comme la beauté des champs, comme l'herbe ; וְאֶת־יְקָר תִּפְאֶרֶת גְּדוּלָּתוֹ Esth. 1. 4, et la magnificence, la majesté de sa puissance ; אֶדֶר הַיְקָר Zach. 11. 13, le manteau de prix ; selon d'autres : le prix magnifique.

2° Honneur, hommage, dignité : אָדָם בִּיקָר וְלֹא יָבִין Ps. 49. 21, un homme dans les dignités et qui n'a pas d'intelligence ; וְכָל־הַנָּשִׁים יִתְּנוּ יְקָר לְבַעְלֵיהֶן Esth. 1. 20, et toutes les femmes rendront honneur, hommage, à leurs maris ; לֹא־יִהְיֶה אוֹר יְקָרוֹת וְקִפָּאוֹן Zach. 14. 6, il n'y aura pas une lumière de clarté ni de nuage, il ne fera ni très clair ni très sombre ; selon d'autres : il n'y aura pas de lumière, il n'y aura que froid et gelée (v. קֹר), ou יְקָרוֹת pesanteur, lourdeur.

יְקָר chald. *m.* Choses précieuses, honneurs : וִיקָר שַׂגִּיא תְּקַבְּלוּן Dan. 2. 16, vous recevrez beaucoup de choses précieuses, ou : vous arriverez à de grands honneurs ; וְלִיקָר הַדְרִי 4. 27, et à l'honneur de ma gloire.

יָקֹשׁ (v. קוּשׁ et נָקַשׁ) Tendre, dresser un piége : יָקֹשְׁתִּי לָךְ Jér. 50. 24, je t'ai tendu un piége ; פַּח יָקְשׁוּ לִי Ps. 141. 9, le piége qu'ils m'ont dressé ; מִפַּח יוֹקְשִׁים 124. 7, du filet des oiseleurs (le *fut.* יְקֹשׁוּן est de קוּשׁ).

Niph. Être pris dans un filet, tomber dans un piége : וְנוֹקְשׁוּ וְנִלְכָּדוּ Is. 8. 15, ils tomberont dans le filet, ils y seront pris ; נוֹקַשְׁתָּ בְאִמְרֵי־פִיךָ Prov. 6. 2, tu t'es mis dans le filet (tu t'es engagé) par les promesses de ta bouche ; פֶּן תִּוָּקֵשׁ בּוֹ Deut. 7. 25, afin que tu ne sois pris (séduit) par ces choses.

Pou.: יוּקָשִׁים בְּנֵי הָאָדָם Eccl. 9. 12, pour מְיֻקָּשִׁים (ou *adj.*) les hommes sont pris, surpris (par le malheur).

יָקְשָׁן (oiseleur) *n. pr.* Joksan, fils d'Abraham et de Ketourah, Gen. 25. 3.

יָקְתְאֵל *n. pr.* 1° Joktheel, ville de la tribu de Juda, Jos. 15. 38. — 2° Forteresse que le roi Amasias avait prise sur les Iduméens, et à qui il donna le nom de Joktheel (subjugée par Dieu ?), II Rois 14. 7.

יָרֵא (*pl.* יְרֵאתֶם et יְרֵאתֶם, *fut.* יִירָא et יִרָא, *impér.* יְרָא, *pl.* יְראוּ, *inf.* יְרֹא ; avec ל: לְיִרְאָה et לִרְאֹ) Avoir peur, craindre : *absol.* וָאִירָא Gen. 3. 10, et j'ai eu peur ; כִּי יָרֵאָה 18. 15, car elle avait peur ; אַל־תִּירָא אַבְרָם 15. 1, ne crains point, Abram ; suivi de l'*acc.*: אַל־תִּירְאוּ אֶת־עַם

הָאָרֶץ Nomb. 14. 9, ne craignez point le peuple de ce pays; אֲדַבְּרָה וְלֹא אִירָאֶנּוּ Job 9. 35, (alors) je parlerais et je ne le craindrais (appréhenderais) pas; de מִן ou מִפְּנֵי : וְלֹא־תִירְאוּן מֵהֶם Deut. 1. 29, et ne les craignez point; כִּי יְרֵאתֶם מִפְּנֵי הָאֵשׁ 5. 5, car vous fûtes effrayés par ce feu, ou vous appréhendâtes ce feu; וַנִּירָא מְאֹד לְנַפְשֹׁתֵינוּ מִפְּנֵיכֶם Jos. 9. 24, nous craignions de perdre la vie par vous; לֹא־תִירָא לְבֵיתָהּ מִשָּׁלֶג Prov. 31. 21, elle ne craint point la neige (le froid) pour sa maison; d'un *inf.* : אַל־תִּירָא מֵרְדָה מִצְרַיְמָה Gen. 46. 3, ne crains point, n'aie pas peur d'aller en Égypte; כִּי יָרֵא לָשֶׁבֶת בְּצוֹעַר 19. 30, car il eut peur de demeurer à Zoar (Segor); craindre par respect, révérer: אִישׁ אִמּוֹ וְאָבִיו תִּירָאוּ Lév. 19. 3, que chacun de vous respecte, révère, sa mère et son père; וַיִּרְאוּ אֹתוֹ כַּאֲשֶׁר יָרְאוּ אֶת־מֹשֶׁה Jos. 4. 14, ils respectaient (Josué) comme ils avaient respecté Moïse; וּמִקְדָּשִׁי תִּירָאוּ Lév. 19. 30, et révérez mon sanctuaire; יָרֵא הָעָם אֶת־הַשְּׁבֻעָה I Sam. 14. 26, le peuple respectait (ou craignait) le serment; וַיִּירְאוּ הָעָם אֶת־יְיָ Exod. 14. 31, le peuple craignit l'Éternel; יְרָא אֶת־יְיָ Prov. 3. 7, crains l'Éternel (sois pieux)? הַחִנָּם יָרֵא אִיּוֹב אֱלֹהִים Job 1. 9, est-ce en vain que Job craint Dieu (qu'il est pieux); אֲשֶׁר אֵינֶנּוּ יָרֵא מִלִּפְנֵי אֱלֹהִים Eccl. 8. 13, parce qu'il n'a pas craint Dieu; אָז תִּרְאִי וְנָהַרְתְּ Is. 60. 5, alors tu auras peur (que ce bonheur ne soit pas réel), ou : tu trembleras de joie, et tu seras rayonnante; d'autres traduisent : alors tu verras (comme תִּרְאִי).

Niph. (נוֹרָא *fut.* יִוָּרֵא) : לְמַעַן תִּוָּרֵא Ps. 130. 4, afin que tu sois révéré; le *part.* נוֹרָא ce qui est craint, révéré, terrible, effroyable : הַמִּדְבָּר הַגָּדוֹל וְהַנּוֹרָא הַהוּא Deut. 1. 19, ce grand et effroyable désert; כִּי־גָדוֹל יוֹם־יְיָ וְנוֹרָא מְאֹד Joel 2. 11, car le jour de l'Éternel est grand et redoutable; מַה־נּוֹרָא הַמָּקוֹם הַזֶּה Gen. 28. 17, que ce lieu est terrible (saint); הַקֶּרַח הַנּוֹרָא Ez. 1. 22, le cristal terrible (d'une clarté qui éblouit); מַה־נּוֹרָא מַעֲשֶׂיךָ Ps. 66. 3, que tes ouvrages sont admirables! נוֹרָא תְהִלֹּת Exod. 15. 11, (Dieu est) terrible pour les louanges (on ne le loue qu'en tremblant, sachant qu'il est au-dessus de nos louanges); וְתוֹרְךָ נוֹרָאוֹת יְמִינֶךָ Ps. 45. 5, ta main droite t'apprendra à faire des choses terribles (prodigieuses); אֶת־הַגְּדֹלֹת וְאֶת הַנּוֹרָאֹת הָאֵלֶּה Deut. 10. 21, ces choses grandes et merveilleuses; מֵאֶרֶץ נוֹרָאָה Is. 21. 1, d'une terre affreuse (ou : éloignée, barbare); אוֹדְךָ עַל כִּי נוֹרָאוֹת נִפְלֵיתִי Ps. 139, 14, je te louerai parce que je suis distingué par des merveilles, je suis créé d'une manière merveilleuse.

Pi. Effrayer, intimider : כִּי יֵרְאֻנִי הָעָם II Sam. 14. 15, car le peuple m'effraya, m'intimida; לְיָרְאָם וּלְבַהֲלָם II Chr. 32. 18, pour effrayer et épouvanter (le peuple); אֲשֶׁר הָיוּ מְיָרְאִים אוֹתִי Néh. 6. 14, parce qu'ils ont voulu me donner de la terreur.

יָרֵא (const. יְרֵא, *fém.* יְרֵאָה, const. יִרְאַת) *adj. verb.* Craignant, révérant, timide. Avec les *pron. pers.* il forme un *présent* : כִּי־יָרֵא אָנֹכִי אֹתוֹ Gen. 32. 12, car je le crains; הִנֵּה אֲנַחְנוּ פֹה בִּיהוּדָה יְרֵאִים I Sam. 23. 3, ici en Judée nous sommes dans la crainte; כִּי־יְרֵא אֱלֹהִים אַתָּה Gen. 22. 12, que tu crains Dieu, que tu es pieux; יִרְאֵי יְיָ הַלְלוּהוּ Ps. 22. 24, vous qui craignez l'Éternel, louez-le; מִי־הָאִישׁ הַיָּרֵא Deut. 20. 8, y a-t-il un homme qui soit timide, peureux?

יִרְאָה *f.* (v. יָרֵא *inf.*). Peur, crainte, respect, vénération : וַיִּירְאוּ הָאֲנָשִׁים יִרְאָה גְדוֹלָה Jon. 1. 10, ces hommes furent saisis d'une grande crainte. Le *pron. poss.* désigne la personne qui craint : הֲלֹא יִרְאָתְךָ כִּסְלָתֶךָ Job 4. 6, ta crainte de Dieu n'était-elle pas ton soutien? ou n'était donc que folie (v. כִּסְלָה); ou celui que l'on craint : הַיּוֹם הַזֶּה אָחֵל תֵּת פַּחְדְּךָ וְיִרְאָתְךָ Deut. 2. 25, aujourd'hui je commencerai à jeter la terreur et la crainte (de toi) de tes armes (dans tous les peuples); יִרְאַת יְיָ רֵאשִׁית דָּעַת Prov. 1. 6, la crainte de Dieu est le commencement, le principe, de (toute) connaissance.

יִרְאוֹן *n. pr.* Jeron, ville de la tribu de Nephthali, Jos. 19. 38.

יִרְאִיָּה (Dieu le regarde) *n. pr. m.* Jér. 37. 13.

יָרֵב *n. pr.*: מֶלֶךְ יָרֵב Osée 5. 13, 10. 6, le roi Jareb ou le roi de Jareb ; selon d'autres, יָרֵב le *fut.*, de רִיב un roi ennemi, ou bien aussi : un roi qui défendra Juda (v. רִיב).

יְרֻבַּעַל *n. pr.* Jerubbaal, nom donné au juge Gédéon (que Baal lutte contre lui, qu'il se venge de lui), Jug. 6. 32.

יָרָבְעָם (qui augmente la nation) *n. pr.* 1° Jarobeam, fils de Nebat, premier roi des dix tribus, I Rois 12. 2. — 2° Jarobeam, fils de Joas, roi d'Israel, II Rois 14. 23.

יָרַד (*fut.* יֵרֵד, וַיֵּרֶד, avec une pause וַיֵּרַד, *impér.* רֵד, רְדָה, *inf.* יְרֹד, const. רֶדֶת, רִדְתִּי, une fois רְדָה) 1° Descendre : בְּרֶדֶת מֹשֶׁה מֵהַר סִינַי Exod. 34. 29, lorsque Moïse descendit de la montagne de Sinaï ; וַתֵּרֶד הָעַיְנָה Gen. 24. 16, elle descendit à la fontaine ; וְיָרַד הַגְּבוּל נַחַל קָנָה Jos. 17. 9, la frontière descendait à la vallée de Cana (des roseaux ?) ; יוֹרְדֵי הַיָּם בָּאֳנִיּוֹת Ps. 107. 23, ceux qui descendent (naviguent) sur mer dans les navires ; וְיָרְדוּ מֵאָנִיּוֹתֵיהֶם Ez. 27. 29, ils descendront de leurs vaisseaux ; וַיֵּרְדוּ אֵלָיו II Rois 6. 18, ils descendirent vers lui (fondirent sur lui) ; וַיֵּרֶד אַבְרָם מִצְרַיְמָה Gen. 12. 10, Abram descendit en Égypte (venant d'un pays plus élevé) ; דּוֹדִי יָרַד לְגַנּוֹ Cant. 6. 2, mon bien-aimé est descendu dans son jardin ; sans *prép.* : יֵרְדוּ שְׁאוֹל חַיִּים Ps. 55. 16, qu'ils descendent tout vivants dans le scheol ; כְּיוֹרְדֵי בוֹר Prov. 1. 12, comme ceux qui descendent dans la tombe ; הַנַּחַל הַיֹּרֵד מִן־הָהָר Deut. 9. 21, le torrent qui se précipite de la montagne ; יֵרֵד כְּמָטָר עַל־גֵּז Ps. 72. 6, il descendra comme la pluie (qui tombe) sur l'herbe coupée ; וְהַיּוֹם רַד מְאֹד Jug. 19. 11, et le jour baissait (finissait) ; עֵינִי עֵינִי יֹרְדָה מַּיִם Lament. 1. 16, mon œil fond en eau, pleure, ou *trans.* : répand des larmes ; כֻּלֹּה יְיֵלִיל יֹרֵד בַּבֶּכִי Is. 15. 3, tous gémissent, fondent en larmes.

2° Tomber, déchoir, périr, être ruiné : וְיָרְדוּ רְאֵמִים עִמָּם Is. 34. 7, les buffles (ou les licornes) seront immolés avec eux ; וְאַתָּה תֵרֵד מַטָּה מָּטָּה Deut. 28. 43, mais toi tu descendras (décherras) toujours plus bas ; עַד רֶדֶת חֹמֹתֶיךָ 28. 52, jusqu'à ce que tes murailles tomberont ; כִּי יָרַד יַעַר Zach. 11. 2, car la forêt a été coupée ; עַד רִדְתָּהּ Deut. 20. 20, jusqu'à ce que la ville soit tombée.

וְיָרַדְתִּי עַל־הֶהָרִים Jug. 11. 37, que je descende d'ici (pour aller) sur les montagnes ; מִנִּי מָכִיר יָרְדוּ מְחֹקְקִים Jug. 5. 14, des législateurs, des chefs, sont descendus, issus de Machir, ou : même les chefs de Machir sont descendus (pour faire la guerre) ; קָרְבַּן עוֹלֶה וְיוֹרֵד Rituel, un sacrifice (qui monte et descend) qui varie selon la fortune de celui qui l'offre.

Hiph. הוֹרִיד Faire descendre : הוֹרִדֻהוּ אֵלָי Gen. 44. 21, faites-le descendre vers moi (amenez-le moi) ; וְהוֹרַדְתֶּם אֶת־אָבִי 45. 13, amenez mon père ici ; הוֹרֵד אוֹתָם אֶל־הַמַּיִם Jug. 7. 4, fais-les descendre près de l'eau ; וַתּוֹרִדֵם בַּחֶבֶל Jos. 2. 15, elle les fit descendre par une corde ; מוֹרִיד שְׁאוֹל וַיָּעַל I Sam. 2. 6, il fait descendre dans l'enfer et il en retire ; בְּאַף עַמִּים הוֹרֵד אֱלֹהִים Ps. 56. 8, dans ta colère, ô Dieu ! tu abattras, humilieras, ces peuples ; וְאוֹרִיד כַּאבִּיר יוֹשְׁבִים Is. 10. 13, j'ai précipité ceux qui demeuraient dans des palais fortifiés, ou qui étaient solidement établis ; ou pour כְּאַבִּיר : comme un héros, un conquérant, j'ai fait descendre (du trône) ceux qui l'occupaient. — *Des choses*, apporter : וְהוֹרִידוּ לָאִישׁ מִנְחָה Gen. 43. 11, et apportez (en y descendant) un présent à cet homme ; descendre, *trans.* ôter : וַתֹּרֶד כַּדָּהּ עַל־יָדָהּ Gen. 24. 18, elle descendit sa cruche sur sa main, c.-à-d. l'ôta de dessus l'épaule et la tint sur ou à la main ; יוֹרִידוּ אֹתוֹ הַלְוִיִּם Nomb. 1. 51, les Lévites descendront, détendront (le tabernacle); וַיּוֹרֶד לָכֶם גֶּשֶׁם Joel 2. 23, il a fait descendre sur vous la pluie; וַיֹּרֶד עֹז מִבְטֶחָה Prov. 21. 22, il détruit la force, ou le fort, la citadelle (où elle mettait) sa confiance.

Hoph. pass.: וְיוֹסֵף הוּרַד מִצְרָיְמָה Gen. 39. 1, Joseph fut mené en Égypte; וְהוּרַד הַמִּשְׁכָּן Nomb. 10. 17, et après que le tabernacle eut été détendu; אַךְ אֶל־שְׁאוֹל תּוּרָד Is. 14. 15, cependant tu as été précipité dans l'enfer.

יֶרֶד (descendu) *n. pr.* 1° Jared, fils de Mahlaléel, Gen. 5. 15. — 2° Jared, père de Gedor, I Chr. 4. 18.

יַרְדֵּן (qui descend, qui coule) *n. pr.* Le Jourdain, fleuve principal de la Palestine: מֵאֶרֶץ יַרְדֵּן Ps. 42. 7, du pays près du Jourdain; כִּי־יָגִיחַ יַרְדֵּן אֶל־פִּיהוּ Job 40. 23, même quand le Jourdain (un Jourdain, un fleuve) déborderait, lui ferait couler ses eaux dans la gueule.

יָרָה (*fut.* יִירֶה, *inf.* יְרֹה, יְרוֹת, une fois יְרוֹא, *impér.* יְרֵה) 1° Jeter, lancer, tirer: יָרָה בַיָּם Exod. 15. 4, il a jeté dans la mer; וְיָרִיתִי לָכֶם גּוֹרָל Jos. 18. 6, et je jetterai au sort pour vous (pour vos partages); וְהוּא־יָרָה הַחֵצִי I Sam. 20. 36, il tira la flèche; לִירוֹת בְּמוֹ־אֹפֶל Ps. 11. 2, pour tirer dans l'obscurité (en embuscade); הַמּוֹרִים I Chr. 10. 3, les archers; וַנִּירָם אָבַד חֶשְׁבּוֹן עַד־דִּיבֹן Nomb. 21. 30, nous les avons abattus, défaits, Hesbon et Dibon sont perdus; ou וַנִּירָם *subst.*: et leur puissance, leur grandeur, est ruinée depuis Hesbon jusqu'à Dibon (v. נִיר); כְּמַלְקוֹשׁ יוֹרֶה אָרֶץ Osée 6. 3, comme la pluie de l'automne qui se jette sur (qui arrose) la terre; ou pour וְיוֹרֶה: comme la pluie de l'arrière-saison et de la première saison, de l'automne et du printemps (viennent), sur la terre (v. יוֹרֶה). — 2° Jeter les fondements, poser, ériger: מִי־יָרָה אֶבֶן פִּנָּתָהּ Job 38. 6, qui a posé sa pierre angulaire; הַמַּצֵּבָה אֲשֶׁר יָרִיתִי Gen. 31. 51, ce monument que j'ai érigé.

Niph.: אוֹ יָרֹה יִיָּרֶה Exod. 19. 13, ou il sera percé de flèches.

Hiph. (הוֹרָה, *fut.* יוֹרֶה) 1° (comme *Kal*) Jeter, tirer: הֹרָנִי לַחֹמֶר Job 30. 19, il m'a jeté dans la boue; וַאֲנִי שְׁלֹשֶׁת הַחִצִּים צִדָּה אוֹרֶה I Sam. 20. 20, je tirerai trois flèches de ce côté (dans cette direction); וַיֹּאמֶר אֱלִישָׁע יְרֵה וַיּוֹר II Rois 13. 17, Elisée dit: Tire, et il tira; וַיֹּרְאוּ הַמּוֹרְאִים אֶל עֲבָדֶיךָ II Sam. 11. 24, (pour וַיֹּרוּ הַמּוֹרִים) les archers ont lancé leurs traits contre tes serviteurs; de là יוֹרֶה et מוֹרֶה ce qui jette les gouttes, ce qui arrose, la pluie de la première saison, du printemps. — 2° (étendre la main) Indiquer, montrer: לְהוֹרֹת לְפָנָיו גֹּשְׁנָה Gen. 46. 28, pour indiquer (à Joseph) le chemin de Gessen, afin qu'il vînt audevant de Jacob, ou pour que Joseph indiquât, assignât (des terres) à Jacob; וַיּוֹרֵהוּ יי עֵץ Exod. 15. 25, Dieu lui montra (un certain) bois; מֹרֶה בְּאֶצְבְּעֹתָיו Prov. 6. 13, il montre, il fait des signes, avec les doigts. — 3° Apprendre, instruire: וּלְהוֹרֹת נָתַן בְּלִבּוֹ Exod. 35. 34, il lui a mis dans le cœur l'art d'instruire (les autres); suivi de l'*acc.*: הוֹרוּנִי וַאֲנִי אַחֲרִישׁ Job 6. 24, instruisez-moi et je me tairai; de l'*acc.* de la chose: וְנָבִיא מוֹרֶה־שֶּׁקֶר Is. 9. 14, le prophète qui enseigne le mensonge; du double *acc.*: הוֹרֵנִי יי דַּרְכֶּךָ Ps. 27. 11, instruis-moi, ô Éternel! de ta voie (tes lois); de ב: וְאוֹרְךָ בְּדֶרֶךְ־זוּ תֵלֵךְ Ps. 32. 8, et je t'enseignerai la voie dans laquelle tu dois marcher; de אֶל: כִּי תוֹרֵם אֶל־הַדֶּרֶךְ הַטּוֹבָה II Chr. 6. 27, tu leur enseigneras la bonne voie; de מ: וְיֹרֵנוּ מִדְּרָכָיו Is. 2. 3, il nous enseignera ses voies (ou ellipse: quelques-unes de ses voies); du *dat.* de la pers.: וְיֹרֶה צֶדֶק לָכֶם Osée 10. 12, et qu'il vous enseigne la justice; selon d'autres: qu'il fasse pleuvoir sur vous la justice (v. 1°).

יָרָה (v. יָרֵא) S'épouvanter: אַל־תִּפְחֲדוּ וְאַל־תִּרְהוּ Is. 44. 8, ne craignez point et ne vous épouvantez point, ou de la rac. רָהָה.

יְרוּאֵל *n. pr.* d'un désert, Jeruel, II Chr. 20. 16.

יָרוֹחַ (la lune) *n. pr. m.* I Chr. 5. 14.

יָרוֹק *m.* La verdure (v. יֶרֶק) : וְאַחַר כָּל־יָרוֹק יִדְרוֹשׁ Job 39. 8, et il cherche tout ce qui est vert, tous les herbages verts.

יְרוּשָׁא et יְרוּשָׁה (la possession) *n. pr.* Jerusa, fille de Sadoc, mère de Jotham, roi de Juda, II Rois 15. 33.

יְרוּשָׁלַיִם (plus souvent יְרוּשָׁלַםִ, chald. יְרוּשְׁלֶם et יְרוּשְׁלֶם, la possession de la paix comme יְרוּשׁ־שָׁלֵם ; selon Gsenius, ירו le peuple ou la maison, l'habitation, de la paix) *n. pr.* Jérusalem, capitale de la Palestine, Jos. 10. 1, 5; aussi שָׁלֵם Gen. 14. 18 ; וַיְהִי בְשָׁלֵם סֻכּוֹ Ps. 76. 3, son tabernacle (son temple) est à Salem, Jérusalem (la ville de la paix).

יָרֵחַ *m.* La lune : וַיִּדֹּם הַשֶּׁמֶשׁ וְיָרֵחַ עָמָד Jos. 10. 13, et le soleil et la lune s'arrêtèrent ; וְלִפְנֵי יָרֵחַ Ps. 72. 5, et en face de la lune, c.-à-d. tant que la lune subsistera ; וִירֵחֵךְ לֹא יֵאָסֵף Is. 60. 20, et ta lune ne se retirera pas, ne cessera pas d'éclairer.

יֶרַח *m.* (*pl.* יְרָחִים, const. יַרְחֵי, de יָרֵחַ). Mois : שְׁלֹשָׁה יְרָחִים Exod. 2. 2, pendant trois mois ; גֶּרֶשׁ יְרָחִים Deut. 33. 14, les fruits des mois, que chaque mois produit ; יַרְחֵי־שָׁוְא Job 7. 3, des mois de déception, de malheur ; מִי־יִתְּנֵנִי כְיַרְחֵי־קֶדֶם 29. 2, qui m'accordera d'être comme j'ai été dans les mois passés, autrefois ?

יֶרַח *n. pr.* Jareh, fils de Joktan, souche d'un peuple arabe, Gen. 10. 26.

יְרַח chald. *m.* Mois : יוֹם תְּלָתָה לִירַח אֲדָר Esdr. 6. 15, le troisième jour du mois d'Adar.

יְרִיחוֹ, יְרֵחוֹ et יְרִיחֹה (ou de יָרֵחַ ville de la lune, ou de רֵיחַ ville de parfums) *n. pr.* La ville de Jéricho, appartenant à la tribu de Benjamin, Jos. 18. 21.

יְרֹחָם (aimé) *n. pr.* 1° Jéroham, fils d'Elihu, I Sam. 1. 1. — 2° Plusieurs autres, I, II Chr., Néh.

יְרַחְמְאֵל (que Dieu aime) *n. pr. m.* 1° I Chr. 2. 9. — 2° 24. 29. — 3° Jérahmeel, fils de Jehoyakim, roi de Juda, Jér. 36. 26 ; *nom patron.* יְרַחְמְאֵלִי I Sam. 26. 10.

יַרְחָע *n. pr.* Jereḥa, esclave égyptien, I Chr. 2. 34.

יָרַט 1° Être tortueux, pervers ou périlleux : כִּי־יָרַט הַדֶּרֶךְ לְנֶגְדִּי Nomb. 22. 32, car ta voie est tortueuse, ou périlleuse devant moi, c.-à-d. à mes yeux. — 2° Précipiter, livrer : וְעַל־יְדֵי רְשָׁעִים יִרְטֵנִי Job 16. 11, il me précipite, me livre entre les mains des impies (ce dernier peut aussi être le *fut.* d'une racine רָטָה).

יְרִיאֵל *n. pr. m.* I Chr. 7. 2.

יָרִיב *m.* (rac. רִיב). Adversaire, ennemi : רִיבָה יְיָ אֶת־יְרִיבַי Ps. 35. 1, lutte, ô Éternel ! défends ma cause contre mes adversaires ; וְאֶת־יְרִיבֵךְ אָנֹכִי אָרִיב Is. 49. 25, je lutterai contre tes adversaires.

יָרִיב *n. pr.* 1° Jarib, fils de Siméon, I Chr. 4. 24 ; le même est appelé יָכִין, Nomb. 26. 12. — 2° Jarib, un chef, Esdr. 8. 16.

יְרִיבַי (combattant) *n. pr. m.* I Chr. 11. 46.

יְרִיָּה et יְרִיָּהוּ *n. pr. m.* I Chr. 23. 19.

יְרִיחוֹ (v. יְרֵחוֹ)

יְרִימוֹת (v. יְרֵמוֹת).

יְרִימוֹת (hauteur) *n. pr. m.* I Chr. 7. 8.

יְרִיעָה *f.* (rac. יָרַע). Rideau, tapis : וְאֶת־הַמִּשְׁכָּן תַּעֲשֶׂה עֶשֶׂר יְרִיעֹת Exod. 26. 1, tu feras le tabernacle de dix rideaux, c.-à-d. il y aura dix rideaux faisant partie du tabernacle ; כִּירִיעוֹת שְׁלֹמֹה Cant. 1. 5, comme les tapis ou les pavillons de Salomon ; נוֹטֶה שָׁמַיִם כַּיְרִיעָה Ps. 104. 2, qui étend le ciel comme un tapis, ou comme une tente.

יְרִיעוֹת *n. pr.* Jerioth, femme ou fille de Chaleb, I Chr. 2. 18.

יָרֵךְ *f.* (const. יֶרֶךְ, avec *pron.* יְרֵכִי, *duel* יְרֵכַיִם). 1° Cuisse, hanche : יֶרֶךְ יַעֲקֹב Gen. 32. 33, la hanche de Jacob ; מִמָּתְנַיִם וְעַד־יְרֵכַיִם יִהְיוּ Exod. 28. 42, (des caleçons) qui descendront depuis les reins jusqu'(au bas) des cuisses ; שִׂימוּ אִישׁ־חַרְבּוֹ עַל־יְרֵכוֹ Exod. 32. 27, que chacun mette son épée sur sa hanche (à son côté); סָפַקְתִּי עַל־יָרֵךְ Jér. 31. 19, j'ai frappé ma cuisse ou ma hanche (de douleur, de désespoir); שִׂים־נָא יָדְךָ תַּחַת יְרֵכִי Gen. 47. 29, mets ta main sous ma cuisse, c.-à-d. jure-moi; כָּל־נֶפֶשׁ יֹצְאֵי יֶרֶךְ־יַעֲקֹב Exod. 1. 5, toutes les personnes sorties de la hanche de Jacob, c.-à-d. ses descendants; des animaux : יָרֵךְ וְכָתֵף Ez. 24. 4, la cuisse et l'épaule; *au fig.* des choses inanimées : יְרֵכָהּ וְקָנָהּ Exod. 25. 31, le pied et la tige du chandelier dans le temple; עַל יֶרֶךְ הַמִּשְׁכָּן צָפֹנָה Exod. 40. 22, עַל יֶרֶךְ הַמִּזְבֵּחַ צָפֹנָה Lév. 1. 11, du côté septentrional du tabernacle, — de l'autel.

יַרְכָה *f.* (*duel* יַרְכָתַיִם, const. יַרְכְּתֵי). Côté, côté postérieur, extrême; côté intérieur, fond : וְיַרְכָתוֹ עַל־צִידֹן Gen. 49. 13, et son côté (extrême), sa frontière, s'étendra vers Sidon; וּלְיַרְכְּתֵי הַמִּשְׁכָּן יָמָּה Exod. 26. 22, et pour le côté postérieur du tabernacle, vers l'occident; מִיַּרְכְּתֵי הַבַּיִת I Rois 6. 16, au côté postérieur, au fond du temple; בְּיַרְכְּתֵי בֵיתֶךָ Ps. 128. 3, dans l'intérieur de ta maison; ou, se rapportant à la vigne : (appuyée) sur le mur de ta maison; יַרְכְּתֵי הַסְּפִינָה Jon. 1. 5, le fond du navire; בְּיַרְכְּתֵי הַמְּעָרָה I Sam. 24. 4, dans le fond de la caverne; יַרְכְּתֵי־בוֹר Is. 14. 15, le plus profond des abîmes; יַרְכְּתֵי לְבָנוֹן Is. 37. 24, la partie la plus profonde, la plus impénétrable, du Liban; בְּיַרְכְּתֵי צָפוֹן Is. 14. 13, au côté de l'aquilon, ou dans la contrée extrême du nord; מִיַּרְכְּתֵי־אָרֶץ Jér. 6. 22, des extrémités de la terre.

יַרְכָה chald. *f.* Cuisse : וְיַרְכָתֵהּ דִּי נְחָשׁ Dan. 2. 32, et les cuisses (de l'image) étaient d'airain.

יַרְמוּת (l'élevée) *n. pr.* Jarmuth, ville de la tribu de Juda, Jos. 15. 35.

יְרֵמוֹת et יְרִימוֹת (l'élevé) *n. pr.* de plusieurs hommes, I Chr. 8. 14, 23. 23, 24. 30; Esdr. 10. 26, 10. 29.

יְרֵמַי (qui habite les hauteurs) *n. pr. m.* Esdr. 10. 33.

יִרְמְיָה et יִרְמְיָהוּ (élevé par Dieu) *n. pr.* 1° Le prophète Jérémie, fils de Helkias, Jér. 1. 1. — 2° Jérémie, guerrier, I Chr. 12. 13. — 3° Jérémie, beau-père du roi Joachaz, II Rois 23. 31. — 4° Plusieurs autres : I Chr. 5. 24, 12. 4; Néh. 12. 1.

יָרַע (seulement au *fut.* יֵרַע) Être mal (les autres formes sont de רוּעַ ou de רָעַע) : וַיֵּרַע לְמֹשֶׁה בַּעֲבוּרָם Ps. 106. 32, et il arriva du mal à Moïse, Moïse fut puni à cause d'eux; אַל־יֵרַע בְּעֵינֶיךָ Gen. 21. 12, qu'il ne paraisse mal à tes yeux (ne le trouve pas mal, dur); וַיֵּרַע בְּעֵינֵי יְיָ אֲשֶׁר עָשָׂה Gen. 38. 10, ce qu'il faisait déplut à l'Éternel; וַיֵּרַע לִי מְאֹד Néh. 13. 8, cela me déplut extrêmement; וַיֵּרַע לָהֶם רָעָה גְדֹלָה Néh. 2. 10, ils étaient excessivement fâchés; וְלֹא־יֵרַע לְבָבְךָ בְּתִתְּךָ לוֹ Deut. 15. 10, et qu'il ne soit pas pénible à ton cœur de lui donner (donne-lui sans regret, de bon cœur); תֵּרַע עֵינוֹ בְאָחִיו Deut. 28. 54, il regardera de mauvais œil, avec jalousie, son frère (et refusera de lui donner, etc.); מַדּוּעַ לֹא־יֵרְעוּ פָנַי Néh. 2. 3, pourquoi mon visage ne serait-il pas triste, abattu? וְלָמֶה יֵרַע לְבָבֵךְ I Sam. 1. 8, pourquoi ton cœur s'afflige-t-il? יֵרַע שָׂרִיד בְּאָהֳלוֹ Job 20. 26, celui qui restera encore dans sa tente sera affligé; une fois au *prét.* : נַפְשׁוֹ יָרְעָה לוֹ Is. 15. 4, son âme est triste, affligée, ou effrayée (v. רָעַע, רוּעַ et יָרֵא).

יִרְפְּאֵל (rétabli par Dieu) *n. pr.* d'une ville de la tribu de Benjamin, Jerpéel, Jos. 18. 27.

יָרַק Cracher : וְאָבִיהָ יָרֹק יָרַק בְּפָנֶיהָ Nomb. 12. 14, si son père lui avait craché au visage (s'il avait été en colère contre elle); וְיָרְקָה בְּפָנָיו Deut. 25. 9, elle crachera (à terre) devant lui (v. רָקַק 2°).

יָרָק *m. adj.* Vert, frais; *subst.* herbe verte, légume : כְּגַן הַיָּרָק Deut. 11. 10, comme un jardin vert (de verdure), jardin potager; לְגַן־יָרָק I Rois 21. 2, (pour qu'elle me serve) de jardin potager; אֲרֻחַת יָרָק Prov. 15. 17, un plat ou une portion d'herbes, de légumes.

יֶרֶק *m.* La verdure : כָּל־יֶרֶק עֵשֶׂב Gen. 1. 30, toutes sortes d'herbes vertes; וּכְיֶרֶק דֶּשֶׁא Ps. 37. 2, et comme la verdure des herbes, comme les herbes vertes; וְלֹא־נוֹתַר כָּל־יֶרֶק בָּעֵץ Exod. 10. 15, il ne resta rien de vert (aucune verdure) sur les arbres; יֶרֶק לֹא הָיָה Is. 15. 6, il n'y a point d'herbe, de verdure.

יָרָק *m.* Même signif. : וִירַק דֶּשֶׁא Is. 37. 27, et l'herbe verte.

יֵרָקוֹן *m.* 1° Une maladie des grains, la nielle, la rouille : יֵרָקוֹן — כִּי יִהְיֶה I Rois 8. 37, lorsqu'il y aura la nielle et la rouille (dans les grains) [v. Deut. 28. 22, où quelques-uns traduisent יֵרָקוֹן : la jaunisse). — 2° La couleur jaune ou blême du visage : וְנֶהֶפְכוּ כָל־פָּנִים לְיֵרָקוֹן Jér. 30. 6, (pourquoi) tous les visages sont-ils changés en jaune (devenus tout jaunes?).

יְרַקְרַק *adj.* Verdâtre, jaunâtre : וְהָיָה הַנֶּגַע יְרַקְרַק Lév. 13. 49, si la lèpre est verdâtre, selon d'autres : d'un vert foncé; שְׁקַעֲרוּרֹת יְרַקְרַקֹּת 14. 37, de petits creux verdâtres; *subst.* : בִּירַקְרַק חָרוּץ Ps. 68. 14, (dont les ailes) ont (la couleur jaune) l'éclat de l'or.

יָרַשׁ et יָרֵשׁ (*fut.* יִירַשׁ, *impér.* רַשׁ, רֵשׁ et רָשׁ; יְרָשָׁה Deut. 33. 23, *inf.* רֶשֶׁת avec suff. רִשְׁתּוֹ) 1° Prendre, saisir, s'emparer, prendre possession, posséder, hériter : אַתֶּם תִּירְשׁוּ אֶת־אַדְמָתָם Lév. 20. 24, vous posséderez leur terre; וְיָרְשׁוּ גַם־הֵם אֶת־הָאָרֶץ Deut. 3. 20, et (jusqu'à ce) qu'ils possèdent, eux aussi, la terre; כִּי לֹא בְחַרְבָּם יָרְשׁוּ־אָרֶץ Ps. 44. 4, car ce n'a point été par leur épée qu'ils se sont emparés de cette terre; נִירְשָׁה־לָּנוּ אֵת נְאוֹת אֱלֹהִים 83. 13, allons nous emparer des habitations, du sanctuaire de Dieu; וְזַרְעוֹ יִירַשׁ אָרֶץ Ps. 25. 13, et sa race possédera la terre; לְמַעַן יִירְשׁוּ בְּנֵי יִשְׂרָאֵל אִישׁ נַחֲלַת אֲבֹתָיו Nomb. 36. 8, pour que chacun des enfants d'Israel hérite de la propriété de ses pères; וְהִנֵּה בֶן־בֵּיתִי יוֹרֵשׁ אֹתִי Gen. 15. 3, ainsi celui qui est né dans ma maison (mon esclave) héritera de moi, sera mon héritier; *part.* : seul יוֹרֵשׁ Jér. 49. 1, un héritier. — 2° Expulser quelqu'un, le chasser de sa possession pour s'en emparer : וּבְנֵי עֵשָׂו יִירָשׁוּם Deut. 2. 12, les enfants d'Ésaü les avaient chassés; לָרֶשֶׁת גּוֹיִם 9. 1, pour chasser de leurs terres des nations; וְשִׁפְחָה כִּי־תִירַשׁ גְּבִרְתָּהּ Prov. 30. 23, et une servante qui chasse (supplante) sa maîtresse.

Niph. pass. du *Kal* 2°. Être chassé de ses possessions; en génér. être réduit à la misère : פֶּן־תִּוָּרֵשׁ Gen. 45. 11, de peur que tu ne sois réduit à la misère (ou que tu ne périsses); וּפֶן־אִוָּרֵשׁ וְגָנַבְתִּי Prov. 30. 9, de peur que je ne tombe dans la misère et que je ne vole (v. רוּשׁ).

Pi. 1° Consumer, ronger : יְיָרֵשׁ הַצְּלָצַל Deut. 28. 42, les insectes, ou les sauterelles, rongeront, consumeront (les arbres et les fruits). V. צְלָצַל. — 2° Rendre pauvre, dépouiller : הַלְיָרְשֵׁנוּ קְרָאתֶם לָנוּ Jug. 14. 15, est-ce que vous nous avez conviés pour nous dépouiller (à moins que ce ne soit une autre forme de l'*inf.* du *Kal*)?

Hiph. הוֹרִישׁ 1° Faire entrer en possession : אֵת אֲשֶׁר יוֹרִישְׁךָ כְּמוֹשׁ Jug. 11. 24, ce que Chamos (ton Dieu) te fait posséder (te donne); וְתוֹרִישֵׁנִי עֲוֹנוֹת נְעוּרָי Job 13. 26, et que tu me comptes, m'imputes, les péchés de ma jeunesse; וְהוֹרַשְׁתֶּם לִבְנֵיכֶם Esdr. 9. 12, et pour que vous les laissiez en héritage à vos enfants. — 2° Comme *Kal* 1° : וְזַרְעוֹ יוֹרִשֶׁנָּה Nomb. 14. 24, et ses descendants la posséderont; וְהוֹרַשְׁתֶּם אֶת־הָעִיר Jos. 8. 7, et emparez-vous de la ville, ou expulsez les habitants de la ville; וַיֹּרֶשׁ אֶת־הָהָר Jug. 1. 19, il occupa la montagne. — 3° Comme *Kal* 2°. Déposséder, chasser, ruiner, détruire : כִּי־אוֹרִישׁ גּוֹיִם מִפָּנֶיךָ Exod. 34. 24, car je chasserai les nations de devant toi; וְהוֹרַשְׁתֶּם אֶת־כָּל־יֹשְׁבֵי הָאָרֶץ Nomb. 33. 52, chassez tous les habitants du pays (devant vous); d'autres traduisent : exterminez; מִבִּטְנוֹ יֹרִשֶׁנּוּ אֵל Job 20. 15, Dieu (expulsera) arrachera de ses entrailles (les biens qu'il a dévorés); יְיָ מוֹרִישׁ וּמַעֲשִׁיר I Sam. 2. 7,

Dieu rend pauvre et rend riche (v. *Niph.*); אַכֶּנּוּ בַדֶּבֶר וְאוֹרִשֶׁנּוּ Nomb. 14. 12, je les frapperai de peste et je les exterminerai.

יְרֵשָׁה *f.* Conquête, possession : וְהָיָה יְרֵשָׁה שֵׂעִיר אֹיְבָיו Nomb. 24. 18, Seïr deviendra la possession de ses ennemis.

יְרֻשָּׁה *f.* Possession, héritage : כִּי־יְרֻשָּׁה לְעֵשָׂו נָתַתִּי Deut. 2. 5, car j'ai donné (le mont Seïr) pour possession à Esaü ; נָתַתָּ יְרֻשַּׁת יִרְאֵי שְׁמֶךָ Ps. 61. 6, tu as donné un héritage à ceux qui craignent ton nom (*mieux* : tu m'as donné l'héritage, le bien, que tu réserves à tous ceux qui craignent ton nom).

יִשְׂחָק (v יִצְחָק).

יְשִׂימְאֵל (que Dieu fait, crée) *n. pr. m.* I Chr. 4. 36.

יָשַׂם (v. שׂוּם) Poser, placer : וָאָשִׂימָה Jug. 12. 3, *cheth.*, je mettrai ; וַיִּישֶׂם בָּאָרוֹן Gen. 50. 26, on le mit dans un cercueil (v. שׂוּם *Hoph.*).

יִשְׂרָאֵל *n. pr.* Israel, nom donné à Jacob ; de שָׂרָה et אֵל, il a lutté contre un être divin, un ange, Gen. 32. 29 ; passé à ses descendants, le peuple d'Israel ; וַאֲפִיצֵם בְּיִשְׂרָאֵל Gen. 49. 7, je les disperserai dans Israel ; אֶרֶץ יִשְׂרָאֵל I Sam. 13. 19, la terre d'Israel, la Palestine ; מַלְכֵי יִשְׂרָאֵל les rois d'Israel, ceux des dix tribus après la division du royaume, *opposé à* מַלְכֵי יְהוּדָה qui régnaient sur Juda et Benjamin ; après l'exil de Babylone, Israel est redevenu le nom de toute la nation, sans distinction de tribu, II Chr. 12. 1, 23. 2. — Nom de peuple : הַיִּשְׂרְאֵלִי II Sam. 17. 25, (Jethra) d'Israel, ou l'Israélite ; הָאִשָּׁה הַיִּשְׂרְאֵלִית Lév. 24. 11, la femme israélite.

יִשָּׂשכָר (Dieu a récompensé) *n. pr.* Issachar, cinquième fils de Jacob et de Léa, Gen. 30. 18 ; le second ש n'est pas prononcé.

יֵשׁ Suivi de *makkeph*, souvent יֶשׁ־. 1° *Subst.* La chose, le bien : לְהַנְחִיל אֹהֲבַי יֵשׁ Prov. 8. 21, pour accorder du bien, de la richesse, à ceux qui m'aiment. — 2° Il remplace le *verbe subst.* être, il est, il y a, *opposé à* אַיִן, אֵין, il n'est pas ; יֵשׁ יְיָ בַּמָּקוֹם הַזֶּה Gen. 28. 16, l'Éternel est en ce lieu-ci ; הֲיֵשׁ אֶת־לְבָבְךָ יָשָׁר II Rois 10. 15, y a-t-il de la sincérité dans ton cœur ? (as-tu le cœur bien disposé à mon égard ?) ; וַיֹּאמֶר יְהוֹנָדָב יֵשׁ וָיֵשׁ 10. 15, Jonadab répondit : Certes, il y a (que oui) ; suivi d'un *plur.* : יֶשׁ־אֶת־עֲבָדֶיךָ חֲמִשִּׁים אֲנָשִׁים II Rois 2. 16, il y a entre tes serviteurs cinquante hommes ; יֵשׁ עִמְּךָ מִלְחָמוֹת II Chr. 16. 9, il y aura des guerres contre toi ; וְיֵשׁ אֲשֶׁר אֹמְרִים Néh. 5. 2, il y en avait qui disaient ; וְיֵשׁ אֲשֶׁר יִהְיֶה הֶעָנָן Nomb. 9. 20, (il y avait des temps, c.-à-d.) quelquefois la nuée restait ; יֶשׁ־לִי Gen. 33. 9, il est à moi, j'ai ; הֲיֵשׁ לָכֶם אָח Gen. 43. 7, avez-vous un frère ? וְכָל־יֶשׁ־לוֹ 39. 4, et tout ce qu'il avait ; avec un *part.* : יֵשׁ מְפַזֵּר Prov. 11. 24, il y en a qui prodiguent, qui donnent (tel donne) ; אִם־יֵשׁ עֹשֶׂה מִשְׁפָּט Jér. 5. 1, s'il y en a un qui agisse selon la justice ; avec le *pron. pers.* : אִם־יֶשְׁךָ מוֹשִׁיעַ Jug. 6. 36, si tu sauves ; אִם־יֶשְׁכֶם עֹשִׂים Gen. 24. 49, si vous faites ; אֲשֶׁר יֶשְׁנוֹ פֹּה Deut. 29. 14, celui qui est ici.

יָשַׁב (*fut.* יֵשֵׁב, *inf.* יָשׁוֹב, const. שֶׁבֶת, *impér.* שֵׁב, שְׁבָה) 1° S'asseoir, être assis : קוּם־נָא שְׁבָה Gen. 27. 19, lève-toi et mets-toi sur ton séant ; יָשַׁבְתָּ לְכִסֵּא Ps. 9. 5, tu t'es assis sur le trône ; וַיֵּשְׁבוּ אִתּוֹ לָאָרֶץ Job 2. 13, ils demeurèrent avec lui assis sur la terre ; וַתֵּשֶׁב לָהּ Gen, 21. 16, elle s'assit ; avec ב : וְלוֹט יֹשֵׁב בְּשַׁעַר־סְדֹם Gen. 19. 1, Loth était assis à la porte de Sodome ; avec עַל : וּשְׁלֹמֹה יָשַׁב עַל־כִּסֵּא דָּוִד אָבִיו I Rois 2. 12, et Salomon était assis sur (occupa) le trône de David, son père ; וַיֵּשֶׁב הַמֶּלֶךְ עַל הַלֶּחֶם לֶאֱכוֹל I Sam. 20. 24, (*keri* אֶל) le roi se mit au repas (à table) pour manger ; sans *prépos.* : יֹשֵׁב הַכְּרוּבִים Ps. 80. 2, (toi) qui es assis sur les chérubins, sur un trône porté par les chérubins ; כִּי שָׁמָּה יָשְׁבוּ כִסְאוֹת Ps. 122. 5, car là ils étaient assis sur des trônes ;

selon d'autres : des trônes étaient placés ; וְאַתָּה קָדוֹשׁ יוֹשֵׁב תְּהִלּוֹת יִשְׂרָאֵל 22. 4, et tu es le saint, tu résides entre les louanges d'Israel, ou יוֹשֵׁב tu résides, tu règnes éternellement, toi qui es la gloire, l'objet des louanges d'Israel ; יֹשֵׁב בְּמִסְתָּרִים 17. 12, (le jeune lion) qui est assis (guette) dans des lieux cachés. — 2° Habiter, demeurer, rester : אַבְרָם יָשַׁב בְּאֶרֶץ־כְּנָעַן Gen. 13. 12, Abram demeura dans la terre de Chanaan ; וַתֵּשְׁבוּ בְקָדֵשׁ יָמִים רַבִּים Deut. 1. 46, vous demeurâtes longtemps à Kadès ; אָנֹכִי אֵשֵׁב עַד־שׁוּבֶךָ Jug. 6. 18, je resterai jusqu'à ton retour ; יֹשְׁבִים בְּגֶבַע בִּנְיָמִן I Sam. 13. 16, (Saül et ses soldats) occupaient, ou étaient campés à, Geba-Benjamin ; עַל־מָה אֲנַחְנוּ יֹשְׁבִים Jér. 8. 14, pourquoi demeurons-nous assis, c.-à-d. oisifs, inactifs ? וְעִם־רְשָׁעִים לֹא אֵשֵׁב Ps. 26. 4, et je ne m'asseyerai point avec les impies (je ne les fréquenterai pas) ; יֹשֵׁב אֹהֶל וּמִקְנֶה Gen. 4. 20, qui demeure dans une tente (et auprès) d'un troupeau, c.-à-d. qui est pasteur. — 3° Être habité : לֹא־תֵשֵׁב לָנֶצַח Is. 13. 20, (Babylone) ne sera plus jamais habitée (ou *actif* : elle ne durera pas) ; אֶרֶץ מְלֵחָה וְלֹא תֵשֵׁב Jér. 17. 6, une terre (salée) stérile, et qui ne peut pas être habitée, inhabitable.

Niph. Être habité : אֶרֶץ נוֹשָׁבֶת Exod. 16. 35, un pays habité ; נוֹשֶׁבֶת מִיַּמִּים Ez. 26. 17, (ville) habitée par les mers, c.-à-d. par ceux qui y venaient de toutes les mers ; d'autres traduisent, comme *Kal*, ville située dans la mer.

Pi. יִשֵּׁב Placer, établir : וְיִשְּׁבוּ טִירוֹתֵיהֶם בָּךְ Ez. 25. 4, ils érigeront leurs palais chez toi, c.-à-d. sur ta terre ; selon d'autres, ils y établiront les parcs de leurs troupeaux.

Hiph. הוֹשִׁיב. 1° Faire asseoir, placer : לְהוֹשִׁיב עִם־נְדִיבִים I Sam. 2. 8, pour (le) faire asseoir entre les nobles ; וְהוֹשִׁיבוּ אֶת־נָבוֹת בְּרֹאשׁ הָעָם I Rois 21. 9, et placez Naboth à la tête (ou : entre les premiers) du peuple. — 2° Faire habiter : מוֹשִׁיב יְחִידִים בַּיְתָה Ps. 68. 7, (Dieu) fait habiter, conduit dans la maison, ceux qui étaient abandonnés, c.-à-d. il les entoure d'une famille (v. le même exemple à יָחִיד) ; מוֹשִׁיבִי עֲקֶרֶת הַבַּיִת 113. 9, il fait habiter celle qui était stérile dans une famille, c.-à-d. il lui donne une famille, des enfants ; avec בּ : בְּמֵיטַב הָאָרֶץ הוֹשֵׁב אֶת־אָבִיךָ Gen. 47. 6, fais demeurer ton père dans la meilleure contrée du pays. — 3° Faire demeurer avec soi, épouser : וַתֹּשִׁיבוּ נָשִׁים נָכְרִיּוֹת Esdr. 10. 10, vous avez épousé des femmes étrangères. — 4° Établir des habitants dans un pays, peupler : וְהוֹשַׁבְתִּי אֶת־הֶעָרִים Ez. 36. 33, lorsque j'aurai repeuplé les villes ; וְעָרִים נְשַׁמּוֹת יוֹשִׁיבוּ Is. 54. 3, ils peupleront les villes désertes.

Hoph. 1° Être établi : וְהוּשַׁבְתֶּם לְבַדְּכֶם בְּקֶרֶב הָאָרֶץ Is. 5. 8, et qu'on vous aura laissé seuls habiter sur la terre. — 2° Être habité : הָאֹמֵר לִירוּשָׁלַםִ תּוּשָׁב 44. 26, qui dit de Jérusalem : Elle sera habitée.

* *Hithp*. : וּמִתְיַשֵּׁב לִבּוֹ בְּתַלְמוּדוֹ Aboth, un homme dont l'esprit se repose dans son étude, qui étudie avec calme, avec réflexion.

יֹשֵׁב בַּשֶּׁבֶת (qui demeure en repos) *n. pr.* : יֹשֵׁב בַּשֶּׁבֶת תַּחְכְּמֹנִי רֹאשׁ הַשָּׁלִשִׁי II Sam. 23. 8, Joseb Basebeth, fils de Thahchemoni, le premier des trois héros ; selon d'autres, le nom du tribun était Adino (*qui suit*), qui était assis dans le conseil de la sagesse, et qui était le chef des commandants ; d'autres enfin rapportent יֹשֵׁב בַּשֶּׁבֶת à David (voici les noms des plus vaillants hommes de David) assis en séance (royale), Thahchemoni, le premier des trois.

יֶשֶׁבְאָב (siége du père) *n. pr. m.* I Chr. 24. 13.

יִשְׁבָּח (qui loue) *n. pr. m.* I Chr. 4. 17.

יָשֻׁבִי לֶחֶם *n. pr.* Jasubi Lahem, fils de Sela, I Chr. 4. 22 ; d'autres le rapportent à ceux qui précèdent : qui retournèrent à Lehem (pour Bethlehem).

יִשְׁבִּי בְנֹב (il demeure à Nob) *n. pr.*

Jesbi Benob, de la race de Rapha, II Sam. 21. 16 (*keri* יִשְׁבִּי).

יָשָׁבְעָם (qui réside dans, ou à la tête du peuple) *n. pr.* 1° Jasabeam, fils de Hacamoni, chef des commandants, I Chr. 11. 11 (le même qui, II Sam. 23. 8, porte le nom de יֹשֵׁב בַּשֶּׁבֶת). — 2° I Chr. 27. 2.

יִשְׁבָּק (qui abandonne) *n. pr.* Jesbak, fils d'Abraham et de Ketura, Gen. 25. 2.

יָשְׁבְּקָשָׁה *n. pr. m.* I Chr. 25. 4.

יָשָׁה Inusité, rac. de יֵשׁ et de תּוּשִׁיָּה.

יָשׁוּב (qui revient) *n. pr.* 1° Jasub, fils d'Issachar, Nomb. 26. 24. — 2° Jasub, fils de Bani, Esdr. 10. 29; *nom patron.*, יָשֻׁבִי Nomb. 26. 24.

יִשְׁוָה (égal) *n. pr.* Jeswah, fils d'Aser, Gen. 46. 17.

יִשְׁוִי (égal) *n. pr.* 1° Jeswi, fils d'Aser, Gen. 46. 17. — 2° Jeswi, fils de Saül, I Sam. 14. 49.

יְשׁוֹחָיָה (que Dieu courbe) *n. pr. m.* I Chr. 4. 36.

יֵשׁוּעַ *n. pr.* 1° Josué (v. יְהוֹשֻׁעַ), Néh. 8. 17. — 2° Jesua, fils de Jozadak, prêtre, Esdr. 3. 3.—Et plusieurs autres (Chr., Esdr. et Néh.).

יְשׁוּעָה *f.* (rac. יָשַׁע, avec ה parag. יְשׁוּעָתָה): Secours, délivrance, salut, victoire: וּרְאוּ אֶת־יְשׁוּעַת יי Exod. 14. 13, et voyez le secours (qui nous viendra) de Dieu; וּכְעָב עָבְרָה יְשֻׁעָתִי Job 30. 15, mon bonheur (salut) a passé comme un nuage; אֲשֶׁר עָשָׂה הַיְשׁוּעָה הַגְּדוֹלָה הַזֹּאת I Sam. 14. 45, qui a remporté cette grande victoire; יְשׁוּעָה יָשִׁית חוֹמוֹת וָחֵל Is. 26. 1, il défend, protége, les murs et le boulevard, ou: le secours qu'il envoie est comme une muraille et un boulevard; יְשׁוּעֹת בַּל־נַעֲשֶׂה־אָרֶץ 26, 18, (la promesse) du secours ne s'est pas encore accomplie sur la terre; ou: nous n'avons pas produit, apporté, le secours, la délivrance sur la terre.

יֶשַׁח *m.* (rac. יָשַׁח). Honte, confusion: וְיֶשְׁחֲךָ בְּקִרְבֶּךָ Mich. 6. 14, et la confusion sera au milieu de toi; ou *fut.* de שָׁחָה pour יִשְׁחֶה: il te courbera, te confondra, dans ton cœur. *Targg.*: (ce que tu mangeras) produira une maladie dans tes entrailles.

יָשַׁט seulem. *Hiph.* Étendre, tendre: לְבַד מֵאֲשֶׁר יוֹשִׁיט־לוֹ הַמֶּלֶךְ Esth. 4. 11, excepté celui vers lequel le roi étend (son sceptre); וַיּוֹשֶׁט הַמֶּלֶךְ 5. 2, et le roi étendit (son sceptre) vers Esther.

יִשַׁי (le vivant, le fort) *n. pr.* Isaï ou Jessé, père de David, בֶּן־יִשַׁי fils d'Isaï, pour: David, I Sam. 20. 27: וְיָצָא חֹטֶר מִגֵּזַע יִשָׁי Is. 11. 1, il sortira un rejeton du tronc d'Isaï (le messie sera un descendant de David).

יְשִׁיבָה *f.* École, séminaire, Aboth.

יְשִׁיָּה (Dieu le fait devenir vieux) *n. pr. m.* 1° I Chr. 7. 3. — 2° Esdr. 10. 31.

יִשִּׁיָּהוּ (même signif.) *n. pr. m.* I Chr. 12. 6.

יְשִׁימוֹן *m.* (rac. יָשַׁם, v. שָׁמֵם). Solitude, désert; יְלֵל יְשִׁמֹן Deut. 32. 10, le hurlement (l'horreur) du désert; בִּישִׁימוֹן דָּרֶךְ Ps. 107. 4, dans la solitude du chemin (dans un chemin désert).

יְשִׁימוֹת *pl. f.* Désolation, ruine: יַשִּׁימָוֶת עָלֵימוֹ Ps. 55. 16, *cheth.*, la ruine sur eux (*keri* יַשִּׁי מָוֶת, de נָשָׁא, que la mort les surprenne); בֵּית הַיְשִׁמוֹת Jos. 13. 20, *n. pr.* d'une ville appartenant à la tribu de Ruben.

יָשִׁישׁ *m.* (rac. יָשַׁשׁ, v. יֵשׁ, dont l'existence se prolonge). Vieillard: בִּישִׁישִׁים חָכְמָה Job 12. 12, la sagesse est dans les vieillards; גַּם־שָׂב גַּם־יָשִׁישׁ בָּנוּ 15. 10, des hommes aux cheveux blancs, des vieillards, sont aussi parmi nous; II Chr. 36. 17, וְיָשֵׁשׁ.

יְשִׁישַׁי (vieillard ou fils de vieillard) *n. pr. m.* I Chr. 5. 14.

יָשַׁם (seulem. *fut.*, même signif. que שָׁמֵם) Être désert, dévasté: וְהָאֲדָמָה לֹא תֵשָׁם Gen. 47. 19, et que la terre ne demeure déserte, en friche; וַתֵּשַׁם אֶרֶץ Ez. 19. 7, et la terre fut désolée (épouvantée); וְהַבָּמוֹת תִּישַׁמְנָה Ez. 6. 6, les hauts lieux seront déserts, détruits.

יִשְׁמָא n. pr. m. I Chr. 4. 3.

יִשְׁמָעֵאל (Dieu a exaucé) n. pr. 1° Ismael, fils d'Abraham et d'Agar, souche de beaucoup de peuples arabes; *n. patron.* יִשְׁמְעֵאלִי, Ismaélite, I Chr. 2. 17. — 2° Ismael, fils de Nathanias, assassin de Gedalias, Jér. 40 et 41. — 3° Plusieurs autres, Chr. et Esdr.

יִשְׁמַעְיָה (Dieu l'exauce) *n. pr. m.* I Chr. 12. 4.

יִשְׁמַעְיָהוּ (même signif.) *n. pr. m.* I Chr. 27. 19.

יִשְׁמְרַי (Dieu le garde) *n. pr. m.* I Chr. 8. 18.

יָשֵׁן et יָשַׁן (*fut.* יִישַׁן, *inf.* יְשׁוֹן, לִישׁוֹן) Être las, s'endormir, dormir : יָשַׁנְתִּי אָז יָנוּחַ לִי Job 3. 13, je dormirais, je serais en repos; וַיִּישָׁן וַיַּחֲלֹם שֵׁנִית Gen. 41. 5, il se rendormit et il eut un second songe; וְיָשְׁנוּ שְׁנַת־עוֹלָם וְלֹא יָקִיצוּ Jér. 51. 39, afin qu'ils dorment d'un sommeil éternel, et qu'ils ne se réveillent plus; עוּרָה לָמָּה תִישַׁן אֲדֹנָי Ps. 44. 24, réveille-toi, ô Seigneur! pourquoi dors-tu? (n'agis-tu pas?).

Niph. Perdre sa sève, être vieux, invétéré : וַאֲכַלְתֶּם יָשָׁן נוֹשָׁן Lév. 26. 10, vous mangerez du blé vieux. יָשָׁן *adj.* Récolté l'année précédente; נוֹשָׁן *part.* récolté depuis plus d'une année : צָרַעַת נוֹשֶׁנֶת הִוא 13. 11, c'est une lèpre très invétérée; וְנוֹשַׁנְתֶּם בָּאָרֶץ Deut. 4. 25, et que vous aurez demeuré depuis longtemps dans le pays.

יָשָׁן *m. adj.* (*fém.* יְשָׁנָה). Vieux (v. יָשַׁן *Niph.*) : תֹּאכְלוּ יָשָׁן Lév. 25. 22, vous mangerez les anciens fruits, ceux de l'année précédente; חֲדָשִׁים גַּם־יְשָׁנִים Cant. 7. 14, (les fruits) nouveaux et anciens; שַׁעַר הַיְשָׁנָה Néh. 3. 6, la vieille porte.

יָשֵׁן *m. part.* et *adj.* (*pl.* const. יְשֵׁנֵי, *fém.* יְשֵׁנָה, v. יָשַׁן). Dormant : שָׁאוּל שֹׁכֵב יָשֵׁן בַּמַּעְגָּל I Sam. 26. 7, Saül étant couché, dormant dans le camp (ou derrière la barricade de chariots); וַיִּקַץ כְּיָשֵׁן אֲדֹנָי Ps. 78. 65, alors le Seigneur se réveilla comme s'il avait dormi (comme quelqu'un qui s'éveille d'un profond sommeil); וַאֲמָתְךָ יְשֵׁנָה I Rois 3. 20, et (moi) ta servante, j'étais dormant (je dormais).

יָשֵׁן *n. pr. m.* II Sam. 23. 32.

יְשָׁנָה (la vieille, l'ancienne) *n. pr.* Jesana, ville de la tribu de Juda, II Chr. 13. 19.

יָשַׁע (*Kal* inusité, v. שׁוּעַ) *Hiph.* (הוֹשִׁיעַ, *fut.* יוֹשִׁיעַ, aussi יְהוֹשִׁיעַ, *apoc.* יוֹשַׁע). Aider, sauver, délivrer : הוֹשִׁיעֵנִי מִכָּל־רֹדְפַי Ps. 7. 2, sauve-moi de mes persécuteurs; וּמִכָּל־צָרוֹתָיו הוֹשִׁיעוֹ 34. 7, il l'a sauvé de toutes ses souffrances, afflictions; וַיּוֹשִׁיעוּם מִיַּד שֹׁסֵיהֶם Jug. 2. 16, ils les délivrèrent des mains de leurs pillards, c.-à-d. de leurs oppresseurs qui les dépouillaient; וְהוֹשַׁעְתָּ אֶת־יִשְׂרָאֵל מִכַּף מִדְיָן 6. 14, tu délivreras Israel de la puissance des Madianites; אֵל לֹא יוֹשִׁיעַ Is. 45. 20, un dieu qui ne peut sauver; וַיָּקָם מֹשֶׁה וַיּוֹשִׁעָן Exod. 2. 17, Moïse se leva et les aida, les défendit; avec לְ : וְהוֹשִׁיעָה לָּנוּ Jos. 10. 6, viens à notre secours; וְהוֹשַׁעְתִּי לְצֹאנִי Ez. 34. 22, je viendrai au secours de mes brebis. — לְהוֹשִׁיעַ אֶתְכֶם Deut. 20. 4, pour vous assister (vous faire vaincre vos ennemis); יָדִי הוֹשִׁיעָה לִּי Jug. 7. 2, ma main m'a aidé (je ne dois la victoire qu'à mes propres forces); וְהוֹשֵׁעַ יָדְךָ לָךְ I Sam. 25. 26, (Dieu a empêché) ta main de t'aider (de te venger toi-même).

Niph. pass. : וְנוֹשַׁעְתֶּם מֵאֹיְבֵיכֶם Nomb. 10. 9, vous serez délivrés de vos ennemis; אֵין הַמֶּלֶךְ נוֹשָׁע בְּרָב־חָיִל Ps. 33. 16, le roi n'est pas sauvé (n'est pas victorieux) par le grand nombre de ses troupes; יִשְׂרָאֵל נוֹשַׁע בַּיָי Is. 45. 17, Israel est sauvé par l'Éternel; וְנִוָּשֵׁעָה Ps. 80. 8, et nous serons sauvés.

יֶשַׁע et יֵשַׁע *m.* (avec suff. יִשְׁעִי, יִשְׁעֲךָ). Délivrance, secours, bonheur, salut : אַרְאֶנּוּ בְּיֵשַׁע אֱלֹהִים Ps. 50. 23, je lui montrerai le salut de Dieu; יָצָאתָ לְיֵשַׁע עַמֶּךָ Hab. 3. 13, tu es sorti (pour venir) au secours de ton peuple; avec l'*acc.*

comme un *verbe* : לְהוֹשִׁיעַ אֶת־מְשִׁיחֶךָ 3. 13, au secours de celui que tu as oint ; אֱלֹהֵי יִשְׁעִי Ps. 18. 47, Dieu de mon salut ; וְקֹדְרִים שָׂגְבוּ יֶשַׁע Job 5. 11, et ceux qui étaient tristes, abattus, s'élèveront dans le bonheur, ou par le secours (de Dieu) ; וְכֹהֲנֶיהָ אַלְבִּישׁ יֶשַׁע Ps. 132. 16, je revêtirai ses prêtres (comme d'un habit) de salut, de triomphe ; בִּגְדֵי־יֶשַׁע Is. 61. 10, (il m'a revêtu) des vêtements de salut.

יִשְׁעִי (vainqueur) *n. pr. m.* I Chr. 2. 3. — 2° 5. 24. — 3° 4. 20.

יְשַׁעְיָה *n. pr. m.* 1° I Chr. 3. 21. — 2° Esdr. 8. 7. — 3° 8. 19. — 4° Néh. 11. 7.

יְשַׁעְיָהוּ (salut de Dieu) *n. pr.* 1° Jesaias, fils d'Amos, le prophète Isaï, Is. 1. 1. — 2° I Chr. 25. 3. — 3° 26. 25.

יָשְׁפֵה et יָשְׁפָה Une des pierres qui ornaient le pectoral du grand prêtre (le jaspe? le béryl?), Exod. 28. 20, Ez. 28. 13.

יִשְׁפָּה (le chauve?) *n. pr. m.* I Chr. 8. 16.

יִשְׁפָּן *n. pr. m.* I Chr. 8. 22.

יָשַׁר (*fut.* יִישַׁר, une fois יָשַׁר, v. אָשַׁר) 1° Être droit, marcher droit : וַיִּשַּׁרְנָה הַפָּרוֹת בַּדֶּרֶךְ I Sam. 6. 12, les vaches marchèrent tout droit dans le chemin (sans se détourner), elles prirent le chemin droit ; יָשַׁר בְּעֵינַי il est droit, bon à mes yeux, c.-à-d. il me convient, il me plaît ; כַּאֲשֶׁר יָשַׁר בְּעֵינֵי הַיּוֹצֵר לַעֲשׂוֹת Jér. 18. 4, comme il plut au potier de (le) faire ; כִּי־הִיא יָשְׁרָה בְעֵינָי Jug. 14. 3, car elle m'a plu ; אוּלַי יִישַׁר בְּעֵינֵי הָאֱלֹהִים Nomb. 23. 27, peut-être plaira-t-il à Dieu. — 2° Être calme : לֹא־יָשְׁרָה נַפְשׁוֹ בּוֹ Hab. 2. 4, son âme n'est pas calme, tranquille en lui, ou elle n'est pas droite.

Pi. 1° Faire, rendre droit : הַמְיַשְּׁרִים אֹרְחוֹתָם Prov. 9. 15, qui vont droit leur chemin, ou dans une voie droite ; וְאִישׁ תְּבוּנָה יְיַשֶּׁר־לָכֶת 15. 21, l'homme intelligent règle tous ses pas, marche dans la bonne voie ; צִדְקַת תָּמִים תְּיַשֵּׁר דַּרְכּוֹ 11. 5, la justice de l'homme simple rendra sa voie droite (heureuse) ; וַיְיַשְּׁרֵם לְמַטָּה־ מַעְרָבָה II Chr. 32. 30, il dirigea (les eaux), les fit couler droitement sous terre, vers l'occident ; תַּחַת כָּל־הַשָּׁמַיִם יִשְׁרֵהוּ Job 37. 3, il dirige (le tonnerre) sous tout le ciel ; וְכָל־דְּרָכָיו אֲיַשֵּׁר Is. 45. 13, et j'aplanirai tous les chemins devant lui. — 2° Trouver droit, juste : כָּל־פִּקּוּדֵי כֹל יִשָּׁרְתִּי Ps. 119. 128, tous les commandements (de Dieu) je les trouve tous justes.

Pou. part. passif : מְיֻשָּׁר עַל־הַמְּחֻקֶּה I Rois 6. 35, (de l'or) ajusté sur ce qui était sculpté (sur les sculptures).

Hiph. הֵישִׁיר et הוֹשִׁיר : הַיְשַׁר לְפָנַי דַּרְכֶּךָ (*keri* הַיְשַׁר) Ps. 5. 9, aplanis devant moi le chemin qui conduit à toi ; וְעַפְעַפֶּיךָ יַיְשִׁירוּ נֶגְדֶּךָ Prov. 4. 25, et que tes paupières prennent un chemin droit devant toi, qu'elles regardent droit, ou : que tes regards se dirigent vers le chemin droit.

יָשָׁר *m. adj.* (*pl.* יְשָׁרִים, const. יִשְׁרֵי, *fém.* יְשָׁרָה, *plur.* יְשָׁרוֹת). Droit, juste, agréable, égal (uni) ; *subst.* équité : וְרַגְלֵיהֶם רֶגֶל יְשָׁרָה Ez. 1. 7, et leurs pieds étaient droits ; וְיָשָׁר הֶעֱוֵיתִי Job 33. 27, j'ai été pervers, *exact.* j'ai rendu courbé ce qui était droit ; הַיָּשָׁר בְּעֵינֵי יְיָ Deut. 12. 25, ce qui est juste, agréable, aux yeux du Seigneur ; אִישׁ תָּם וְיָשָׁר Job 1. 8, un homme simple et droit (probe) ; יִשְׁרֵי־לֵב Ps. 7. 11, les hommes au cœur droit ; סֵפֶר הַיָּשָׁר II Sam. 1. 18, le livre du juste (pour des justes), ou : livre de la valeur, livre qui célèbre les hommes intègres ou les héros ; selon d'autres : le livre du juste, de Moïse, le Pentateuque ; עֲשׂוּיִם בֶּאֱמֶת וְיָשָׁר Ps. 111. 8, ils sont faits selon la vérité et l'équité, la justice ; de Dieu : צַדִּיק וְיָשָׁר הוּא Deut. 32. 4, il est juste et droit, rempli de droiture ; בְּדֶרֶךְ יָשָׁר Jér. 31. 9, par un chemin bien égal ; וִישָׁרִים עִמּוֹ Dan. 11. 17, et les braves sont avec lui, ou : il montre la bonne foi, il annonce la réconciliation, la paix.

יֵשֶׁר (probité) *n. pr.* Jesser, fils de Chaleb, I Chr. 2. 18.

יֹשֶׁר *m.* Droiture, probité, charité: אָרְחוֹת יֹשֶׁר Prov. 2. 13, les voies de la droiture; וְחוֹשֵׂךְ מִיֹּשֶׁר 11. 24, qui se retire de la charité (qui ne l'exerce pas); selon d'autres: qui épargne plus qu'il n'est juste (outre mesure); לְהַגִּיד לְאָדָם יָשְׁרוֹ Job 33. 23, pour présenter, pour dire à l'homme son devoir; וּבְיֹשֶׁר לְבָבְךָ Deut. 9. 5, (ni) par la droiture de ton cœur.

יְשַׂרְאֵלָה (droit devant Dieu) *n. pr. m.* I Chr. 25. 14.

יְשָׁרָה ou **יִשְׁרָה** *f.* Droiture: וּבְיִשְׁרַת לֵבָב I Rois 3. 6, et dans la droiture du cœur.

יְשֻׁרוּן *n. pr.* Jessurun, nom que les poëtes donnent au peuple d'Israel, Deut. 32. 15, Is. 44. 2. On le fait dériver soit de יִשְׂרָאֵל, soit de יָשָׁר, le peuple juste, pieux; soit de אָשַׁר, le peuple aimé, ou heureux.

יָשֵׁשׁ Vieillard (v. יָשִׁישׁ).

יַת chald. (v. I אֵת héb.) Indique l'*acc.* Avec le *pron.*: דִּי מַנִּיתָ יָתְהוֹן Dan. 3. 12, (ces hommes) que tu as placés (à la tête des affaires); *יְבָרֵךְ יָתְהוֹן Rituel, (que le roi de l'univers) les bénisse.

יְתִב chald. (v. יָשַׁב héb.). S'asseoir, habiter: וְעַתִּיק יוֹמִין יְתִב Dan. 7. 9, et que l'Ancien des jours s'assit; דִּי יָתְבִין בְּשָׁמְרָיִן Esdr. 4. 17, qui habitaient la Samarie. *Aph.*: וְהוֹתֵב הִמּוֹ בְּקִרְיָה דִּי שָׁמְרָיִן Esdr. 4. 10, et qu'il a fait demeurer dans les villes de Samarie.

יָתֵד *m.* (const. יְתַד, *pl.* יְתֵדוֹת, const. יִתְדוֹת). Clou, cheville: יָדָהּ לַיָּתֵד תִּשְׁלַחְנָה Jug. 5. 26, elle étendit la main vers le clou; אִם־יִקְחוּ מִמֶּנּוּ יָתֵד Ez. 15. 3, peut-on prendre (de ce bois de quoi faire) une cheville? אֶת־יִתְדֹת הַמִּשְׁכָּן Exod. 35. 18, les pieux du tabernacle, fichés en terre pour tenir les rideaux; הַיְתַד הָאֶרֶג Jug. 16. 14, le pieu, ou le clou, du tisserand; וְיָתֵד תִּהְיֶה לְךָ Deut. 23. 14, et tu dois avoir une bêche; *au fig.*: וְלָתֶת־לָנוּ יָתֵד בִּמְקוֹם קָדְשׁוֹ Esdr. 9. 8, pour nous donner (un pieu) un établissement solide dans son lieu saint (v. Is. 22. 23); מִמֶּנּוּ פִנָּה מִמֶּנּוּ יָתֵד Zach. 10. 4, de lui viendra la pierre angulaire (le roi), de lui le pieu (le prince, celui qui commande; *Targg.*: le Messie).

יָתוֹם *m.* Orphelin: כָּל־אַלְמָנָה וְיָתוֹם לֹא תְעַנּוּן Exod. 22. 21, vous n'opprimerez, vous n'affligerez, aucune veuve ni aucun orphelin; יְתוֹמִים הָיִינוּ וְאֵין אָב Lam. 5. 3, nous sommes devenus (comme) des orphelins, qui n'ont plus de père.

יְתוּר *m.* Exploration: יְתוּר הָרִים מִרְעֵהוּ Job 39. 8, l'exploration des montagnes, c.-à-d. ce qu'il y découvre, est son pâturage (de תּוּר), ou: l'abondance, la riche végétation des montagnes (de יָתַר); mais c'est bien plutôt le futur du verbe תּוּר: il explore les montagnes, pour y trouver ses pâturages.

יַתִּיר (la belle, la grande) *n. pr.* Jathir, ville de Juda, habitée par les prêtres, Jos. 21. 14.

יַתִּיר chald. *adj.* Extraordinaire, supérieur, excellent: וְזִיוֵהּ יַתִּיר Dan. 2. 31, et dont l'éclat était extraordinaire; רוּחַ יַתִּירָא 5. 12, un esprit excellent, supérieur; וְחָכְמָה יַתִּירָה 5. 14, et une sagesse extraordinaire. — 2° *Adv.* Extrêmement: וְאַתּוּנָא אֵזֵה יַתִּירָה Dan. 3. 22, et comme la fournaise était extrêmement embrasée; וְתַקִּיפָא יַתִּירָה 7. 7, extrêmement forte.

יִתְלָה (endroit élevé) *n. pr.* Jethlah, ville de la tribu de Dan, Jos. 19. 42.

יִתְמָה (isolement) *n. pr. m.* I Chr. 46. 11.

יְתַנִיאֵל (que Dieu donne) *n. pr. m.* I Chr. 26. 2.

יִתְנָן (donné) *n. pr.* Jethnan, ville de la tribu de Juda, Jos. 15. 23.

יָתַר (*Kal* inusité, excepté le *part.*, v. יוֹתֵר) *Hiph.* 1° Faire avoir (donner) l'abondance à quelqu'un: וְהוֹתִרְךָ יְיָ לְטוֹבָה Deut. 28. 11, l'Éternel te donnera l'abondance de toutes sortes de biens; וְהוֹתִירְךָ יְיָ אֱלֹהֶיךָ בְּכֹל מַעֲשֵׂה יָדֶךָ 30. 9, l'Éternel ton Dieu te donnera l'abondance dans tous les travaux de tes mains (dans tout ce que tu entreprendras). — 2° Faire rester, conserver, épargner: אֲשֶׁר הוֹתִיר הַבָּרָד Exod. 10.15, (les fruits) que la grêle a laissés (épargnés); וְלֹא־תוֹתִירוּ מִמֶּנּוּ עַד־בֹּקֶר 12. 10, faites qu'il n'en reste rien jusqu'au matin; הוֹתֵר בְּנֵי תְמוּתָה Ps. 79. 11, conserve, épargne, les fils de la mort (destinés à mourir), ou: les fils de ceux qui sont morts (pour toi, qui sont morts martyrs). — 3° Avoir un avantage: אַל־תּוֹתַר Gen. 49. 4, tu n'auras point d'avantage, de prééminence (sur tes frères); si ce n'est le *Pou.* pour תּוּתַר: tu ne seras pas avantagé.

Niph. Rester, demeurer: וְלֹא־נוֹתַר כָּל־יֶרֶק Exod. 10. 15, il ne resta rien de vert; וַיִּוָּתֵר יַעֲקֹב לְבַדּוֹ Gen. 32. 25, Jacob demeura seul (là) (fut laissé seul); *part.* נוֹתָר le restant, l'autre: וְאֶת־שְׁמוֹת הַשִּׁשָּׁה הַנּוֹתָרִים Exod. 28. 10, et les noms des six autres (tribus); צֹאן לָבָן הַנּוֹתָרֹת Gen. 30. 36, les autres troupeaux de Laban; וְשָׂרַפְתָּ אֶת־הַנּוֹתָר בָּאֵשׁ Exod. 29. 34, tu brûleras au feu les restes; וַאֲנִי נוֹתַרְתִּי שָׁם אֵצֶל מַלְכֵי פָרָס Dan. 10 13, et j'avais l'avantage, j'étais victorieux, auprès des rois des Perses; d'autres traduisent: je demeurais là, près, etc.

יֶתֶר *adj.* Supérieur, meilleur: יָתֵר מֵרֵעֵהוּ צַדִּיק Prov. 12. 26, le juste est meilleur, ou plus heureux, que le reste des hommes; selon d'autres: le juste profite, apprend de son prochain, de son ami; * חֶמְלָה גְדוֹלָה וִיתֵרָה Rituel, une compassion grande et profitable, ou excessive.

יֶתֶר *m.* 1° Corde: יְתָרִים לַחִים Jug. 16. 7, des cordes encore humides (fraîches); כּוֹנְנוּ חִצָּם עַל־יֶתֶר Ps. 11. 2, ils ont dirigé, ou préparé, leur flèche sur la corde; כִּי־יִתְרִי פִתַּח Job 30. 11, car il a ôté mon frein, par lequel je les avais domptés, ou: il a fait relâcher la corde de mon arc, il m'a affaibli; נִסַּע יִתְרָם בָּם Job 4. 21, leur corde s'est déchirée, leur force s'est brisée; selon d'autres: leur reste, ceux qui étaient restés de leur race sont emportés (v. 2°).

2° Le restant, le reste: וְכֹל יֶתֶר הָעָם Jug. 7. 6, mais tout le reste du peuple; וְיֶתֶר דִּבְרֵי שְׁלֹמֹה I Rois 11. 41, tout le reste des actions (de l'histoire) de Salomon; וְיֶתֶר הָאַרְבֶּה Joel 1. 14, le reste de la sauterelle, c.-à-d. ce qu'elle avait laissé.

3° Abondance: וְיִתְרָם אָכְלָה אֵשׁ Job 22. 19, et le feu a dévoré leur abondance.

4° Supériorité, préférence: יֶתֶר שְׂאֵת וְיֶתֶר עָז Gen. 49. 3, (tu devais avoir) la préférence en dignité, la préférence en puissance (être prêtre et roi); selon d'autres, *adj.*: tu devais être le préféré, etc. (le sens est le même); לֹא־נָאוָה לְנָבָל שְׂפַת יֶתֶר Prov. 17. 7, (le langage de la noblesse) les paroles nobles, graves, ne conviennent pas au vil, à l'insensé.

5° *Adv.*: וַתִּגְדַּל־יֶתֶר Dan. 8. 9, elle s'agrandit extrêmement; וּמְשַׁלֵּם עַל־יֶתֶר עֹשֵׂה גַאֲוָה Ps. 31. 24, il rend abondamment ce qu'il mérite à l'orgueilleux, ou *subst.*: il punit l'arrogance du superbe.

יֶתֶר *n. pr.* 1° Jether, fils de Gédéon, Jug. 8. 20. — 2° Jether, pour יִתְרוֹ, beau-père de Moïse, Exod. 4. 18. — 3° Plusieurs autres, Chr., Rois, Esdr. — *Nom patron.* יִתְרִי II Sam. 23. 28.

יִתְרָה *f.* Épargne, richesse, trésor (v. יֶתֶר): יִתְרָה עָשָׂה Is. 15. 7, l'épargne qu'il a faite, le trésor qu'il a amassé; יִתְרַת עָשָׂה אָבָדוּ Jér. 48. 36, le bien, le trésor amassé, est perdu (p. אָבְדָה).

יִתְרוֹ *n. pr.* Jethro, beau-père de Moïse, Exod. 3. 1, 4. 18.

יִתְרוֹן *m.* Avantage, profit, préférence: מַה־יִּתְרוֹן לָאָדָם בְּכָל־עֲמָלוֹ Eccl. 1. 3, quel avantage, profit, revient à l'homme de tout son travail? וְאֵין יִתְרוֹן תַּחַת הַשָּׁמֶשׁ 2. 11, il n'y a pas de profit, de bonheur, sous le soleil; שֶׁיֵּשׁ יִתְרוֹן לַחָכְמָה מִן־הַסִּכְלוּת 2. 13, que la sagesse a l'avantage sur la folie, qu'elle lui est préférable (comme la lumière l'est aux ténèbres).

יִתְרְעָם (abondance du peuple) *n. pr.* Jethream, fils du roi David, II Sam. 3. 3.

יְתֵת *n. pr.* Le prince Jetheth, descendant d'Esaü, Gen. 36. 40.

כ

כ ך Caph, כַּף onzième lettre de l'alphabet, signifie comme chiffre : 20 (v. כַּף le creux de la main, aussi la main). Son palatal, כ se permute avec ג. Ex.: גִּבּוֹר et כַּבִּיר grand, fort; כָּנַס amasser, et גִּנְזִים, const. גִּנְזֵי, des trésors; כֹּפֶר poix (v. גֹּפֶר et גָּפְרִית); רָכַל et רָגַל calomnier; avec י, יָשַׁר et כָּשֵׁר être bon, juste; avec ח (v. ח); avec ק, כּוֹבַע et קוֹבַע casque.

כְּ (ou devant les monosyllabes et devant les pronoms souvent כָּ) Particule d'un usage très fréquent; il exprime : 1° Une ressemblance, conformité en rapport de la grandeur, figure, du temps, sort, etc.; ainsi, comme: כָּכֶם כַּגֵּר יִהְיֶה Nomb. 15. 15, comme vous, ainsi sera l'étranger (il aura le même droit que vous); וְהָיָה כָעָם כַּכֹּהֵן Osée 4. 9, il arrivera au prêtre (de la même manière) qu'au peuple; כָּמוֹנִי כָמוֹךָ כְּעַמִּי כְּעַמֶּךָ I Rois 22. 4, moi, comme toi, mon peuple comme ton peuple (moi et mon peuple nous ferons ce que tu feras, toi et ton peuple); כָמוֹךָ כְּפַרְעֹה Gen. 44. 18, tu es comme Pharaon (aussi puissant que lui); כְּכֹחִי אָז וּכְכֹחִי עָתָּה Jos. 14. 11, je suis aussi vigoureux que j'étais alors, *littér*. comme ma vigueur (était) alors, telle ma vigueur (est) à présent; aussi כ et כֵּן : וּכְפָרָשִׁים כֵּן יְרוּצוּן Joel 2. 4, et comme des cavaliers (ainsi) ils courront; כ — וכ : וְלֹא־תִהְיֶה כָרִאשֹׁנָה וְכָאַחֲרֹנָה Dan. 11. 29, mais il ne sera pas la dernière fois comme la première fois; כְּנֶפֶשׁ הָאָב וּכְנֶפֶשׁ הַבֵּן לִי־הֵנָּה Ez. 18. 4, l'âme du père comme l'âme du fils est à moi; כ seul : וִהְיִיתֶם כֵּאלֹהִים Gen. 3. 5, vous serez comme Dieu; וְהָיָה כְּעֵץ Ps. 1. 3, il sera comme un arbre; כְּאַחַת עָרֵי הַמַּמְלָכָה Jos. 10. 2, (grande) comme une des villes royales, c.-à-d. comme même la plus grande; וְכִסְאוֹ כַשֶּׁמֶשׁ נֶגְדִּי Ps. 89. 37, et son trône sera devant moi comme le soleil (tant que le soleil existera, ou sera resplendissant comme le soleil); כְּמַרְאֵה אָדָם Dan. 10. 18, (quelque chose, une apparition) comme une figure humaine; הֲנִהְיָה כַּדָּבָר הַגָּדוֹל הַזֶּה Deut. 4. 32, si rien d'aussi grand, un aussi grand événement, est jamais arrivé; מִי־שָׁמַע כָּזֹאת מִי רָאָה כָּאֵלֶּה Is. 66. 8, qui a entendu une telle chose, qui a vu rien de semblable à ces choses-là? וַיְדַבֵּר אֲלֵיהֶם כָּזֹאת Jug. 8. 8, il leur dit la même chose; כָּזֹה וְכָזֶה Jug. 18. 4, ainsi et ainsi, de telle et telle façon.

2° Après, d'après, à, de, selon : כִּדְמוּתֵנוּ Gen. 1. 26, à notre ressemblance; כְּשֵׁם בְּנוֹ חֲנוֹךְ 4. 17, (il appela la ville d'après le) du nom de son fils Henoch; כַּמִּשְׁפָּט הַזֶּה Jos. 6. 15, selon (dans) le même ordre; כִּדְבַר־יְיָ II Rois 1. 17, selon la parole de l'Éternel; אִישׁ כִּלְבָבוֹ I Sam. 13. 14, (Dieu a choisi) un homme selon son cœur (qui lui plait). — 3° Comment, c.-à-d. de quelle manière : כַּעֲצָמִים בְּבֶטֶן הַמְּלֵאָה Eccl. 11. 5, de quelle manière (les os) le corps de l'enfant (se forme) dans les entrailles d'une femme grosse (à moins que כ ne répète le commencement du verset : et de même que tu ignores la formation du corps, etc.); dans tous ces cas, les grammairiens le nomment כַּף הַדִּמְיוֹן Caph qui exprime la ressemblance. — 4° כַּף הַשִּׁיעוּר Caph de l'estimation, environ, à peu près : כְּאַרְבַּע מֵאוֹת אִישׁ I Rois 22. 6, environ quatre cents hommes; כְּדֶרֶךְ יוֹם Nomb. 11. 31, à peu près une journée de chemin; כְּעֶשֶׂר שָׁנִים Ruth 1. 4, environ dix ans; כַּחֲצֹת הַלַּיְלָה Exod. 11. 4, vers le milieu de la nuit (sur le minuit). — 5° כַּף הָעֶצֶם, הַקִּיּוּם Caph de la réalité, de l'intensité, exprime une espèce de *superlatif*: très, le plus, au plus haut degré : כְּאִישׁ אֱמֶת Néh. 7. 2, (car il était) comme un homme fidèle, c.-à-d. aussi fidèle que possible; וַיְהִי הָעָם כְּמִתְאֹנְנִים Nomb. 11. 1, et le peuple était (se conduisait) comme ceux qui se plaignent peuvent le faire (le peuple murmurait beaucoup); כִּמְעַט Prov. 10. 20, (le cœur des méchants) vaut fort peu, est de nul prix, est très vil; שָׂרִיד כִּמְעָט Is. 1. 9, un très petit reste; בַּבַּיִת כַּמָּוֶת Lament. 1. 20, au dedans c'est comme la mort, ou : la mort fait des ravages tant qu'elle peut (ou *transposé*, pour כַּמָּוֶת בַּבַּיִת [l'épée tue au dehors] comme la mort, la peste, au dedans); כַּיּוֹם, כְּהַיּוֹם ce même jour, ce même temps, à présent (v. יוֹם).

6° Devant l'*inf.*, comme, comme si, dès que, lorsque, si : כֶּאֱכֹל קַשׁ לְשׁוֹן אֵשׁ Is. 5. 24, comme (une langue de feu) la flamme consume la paille; כְּהָנִיף שֵׁבֶט אֶת־מְרִימָיו Is. 10. 15, comme si le bâton secouait ceux qui le lèvent; כַּהֲרִימִי קוֹלִי Gen. 39. 18, comme ou dès que j'ai élevé ma voix; וַיְהִי כְּבוֹא אֲרוֹן הָאֱלֹהִים I Sam. 5. 10, et lorsque l'arche de Dieu fut venue (à Accaron); כְּבֹאִי אֶל־עַבְדְּךָ אָבִי Gen. 44. 30, et si j'arrive chez mon père, ton serviteur; aussi devant des *subst* et des *part.* : כְּהָכִין מַלְכוּת רְחַבְעָם וּכְחֶזְקָתוֹ II Chr. 12. 1, lorsque le royaume de Roboam eut été établi, consolidé, et lorsqu'il fut devenu fort; כְּשֵׁמַע צֹר Is. 23. 5, lorsque (arrivera) le bruit de Tyr; וַיְהִי כְּמֵשִׁיב יָדוֹ Gen. 38. 29, et lorsqu'il retira sa main; כְּשֶׁ le même que כַּאֲשֶׁר : כְּשֶׁהָיָה Eccl. 12. 7, comme elle avait été; כְּשֶׁבָּא 5. 14, tel qu'il était venu (v. כַּאֲשֶׁר).

כּ manque quelquefois et est sous-entendu, ex. : נֶזֶם זָהָב Prov. 11. 22, pour כְּנֶזֶם, comme un anneau d'or; il se trouve aussi sans signification précise : כְּנֶגְדּוֹ Gen. 2. 20, qui lui fut semblable (v. נֶגֶד); כָּאֵלֶּה Lév. 10. 19, pour הָאֵלֶּה. ces choses, ces accidents.

כְּ chald. Même significat. : כְּבַר שְׁנִין שִׁתִּין וְתַרְתֵּין Dan. 6. 1, lorsqu'il avait soixante et deux ans; כִּדְנָה ainsi, de la sorte, כְּדִי comme כַּאֲשֶׁר héb. (v. כַּאֲשֶׁר et דִּי).

כָּאַב ou כָּאֵב (*fut.* יִכְאַב) Avoir des douleurs, souffrir : בִּהְיוֹתָם כֹּאֲבִים Gen. 34. 25, lorsqu'ils souffraient beaucoup (que leur douleur était violente); גַּם־בִּשְׂחוֹק יִכְאַב־לֵב Prov. 14. 13, même en riant (quand on rit) le cœur souffre; וַאֲנִי עָנִי וְכוֹאֵב Ps. 69. 30, je suis pauvre et dans la douleur (triste); בְּשָׂרוֹ עָלָיו יִכְאָב Job 14. 22, sa chair, son corps (pendant qu'il vivra), sera dans la douleur, ou : son corps tombera en putréfaction (v. *Hiph.* 2°).

Hiph. 1° Donner, causer la douleur, blesser : כִּי הוּא יַכְאִיב וְיֶחְבָּשׁ Job 5. 18, car il (donne la douleur) blesse et il guérit, panse; וְקוֹץ מַכְאִב Ez. 28. 24, une épine qui cause de la douleur; avec l'*acc.* : וַאֲנִי לֹא הִכְאַבְתִּיו Ez. 13. 22, lorsque je ne l'avais point attristé, affligé. — 2° Ruiner, perdre : וְכֹל הַחֶלְקָה הַטּוֹבָה תַּכְאִבוּ בָּאֲבָנִים II Rois 3. 19, vous ruinerez par des pierres (en les couvrant de pierres) tous les champs fertiles.

כְּאֵב *m.* Douleur, souffrance : גָדַל הַכְּאֵב מְאֹד Job 2. 13, la douleur était excessive; וְאַתֶּם תִּצְעֲקוּ מִכְּאֵב לֵב Is. 65. 14, mais vous crierez dans la souffrance, l'affliction, de votre cœur.

כָּאָה (*Kal* inusité) *Hiph.* Décourager, affliger : יַעַן הַכְאוֹת לֵב־צַדִּיק שֶׁקֶר Ez. 13. 22, parce que vous avez affligé le cœur du juste par des mensonges.

Niph. : וְנִכְאֵה לֵבָב Ps. 109. 16, et dont le cœur est brisé de douleur; וְנִכְאָה וְשָׁב Dan. 11. 30, il sera abattu (découragé), il retournera; נִכְּאוּ מִן־הָאָרֶץ Job 30. 8, ils sont plus bas que la terre, ils sont vils, méprisables; d'autres traduisent : ils seront chassés, repoussés de la terre, ou du pays, de la racine נָכָה ou נָכָא.

כָּאָה *adj.* Affligé : חֵל־כָּאִים Ps. 10. 10, *keri*, une foule d'hommes affligés (v. חֵלְכָה et חַיִל).

* כְּאִלּוּ Comme si : כְּאִלּוּ אָכְלוּ מִשֻּׁלְחָנוֹ שֶׁל־מָקוֹם Aboth, comme s'ils mangeaient à la table de Dieu (comme si Dieu était présent à leur repas).

* כָּאן Ici, מִכָּאן c'est de là, c'est pour-

quoi : מִכָּאן אָמְרוּ חֲכָמִים Aboth, c'est pourquoi nos sages ont dit.

כָּאַר Selon quelques-uns, *verbe* : כָּאֲרוּ יָדַי וְרַגְלָי Ps. 22. 17, (pour כָּארוּ) ils ont enchaîné (ou percé, v. I כָּרָה) mes pieds et mes mains ; mais, selon presque tous les commentateurs, la phrase commence par הִקִּיפוּנִי qui précède : ils m'ont entouré, lié les pieds et les mains, כָּאֲרִי comme un lion (avec la force, la rage d'un lion).

כַּאֲשֶׁר (chald. כְּדִי) *pron.*, v. à אֲשֶׁר. *Particule*: Comme, suivant, autant que, parce que, autant, comme si, lorsque, quand, si : וְאֶתְּנָה כַּאֲשֶׁר תֹּאמְרוּ אֵלָי Gen. 34. 12, et je donnerai comme, c.-à-d. autant que, vous me direz (de donner) ; כַּאֲשֶׁר יָגִילוּ Is. 9. 2, comme on se réjouit ; כַּאֲשֶׁר הָיָה עִם־אֲבֹתֵינוּ I Rois 8. 57, comme il a été avec nos pères ; כַּאֲשֶׁר הֵרֵעוּ מַעַלְלֵיהֶם Mich. 3. 4, parce qu'ils ont commis de mauvaises actions ; souvent כֵּן y répond : כַּאֲשֶׁר יַחֲנוּ כֵּן יִסָּעוּ Nomb. 2. 17, comme ils campent, ainsi (dans le même ordre) ils doivent partir ; וְכַאֲשֶׁר יְעַנּוּ אֹתוֹ כֵּן יִרְבֶּה Exod. 1. 12, mais autant (plus) ils l'opprimaient, autant (plus) il augmentait en nombre ; כַּאֲשֶׁר לֹא־הָיִיתִי אֶהְיֶה Job 10. 19, j'aurais été comme si je n'avais pas été ; וַיְהִי כַּאֲשֶׁר קָרַב אֶל־הַמַּחֲנֶה Exod. 32. 19, et il arriva, lorsqu'il se fut approché du camp ; כַּאֲשֶׁר אָמְרוּ I Sam. 8. 6, quand ils disaient ; וְכַאֲשֶׁר אָבַדְתִּי אָבָדְתִּי Esth. 4. 16, et si je dois périr, que je périsse ; כַּאֲשֶׁר תִּדֹּר נֶדֶר Eccl. 5. 3, si tu fais un vœu.

כָּבֵד et כָּבַד (*fut.* יִכְבַּד) 1° Être lourd, pesant, accablant : מֵחוֹל יַמִּים יִכְבָּד Job 6. 3, il serait plus lourd que les sables des mers ; וְכָבַד עָלֶיהָ פִּשְׁעָהּ Is. 24. 20, son iniquité pèsera sur elle, l'accablera par son poids ; כִּי־כָבְדָה הָעֲבֹדָה Néh. 5. 18, car le service, ou le travail (qui pesait sur ce peuple), était lourd ; וְלֹא נִכְבַּד עָלֶיךָ II Sam. 13. 25, pour que nous ne t'incommodions pas ; כָּבְדָה מְאֹד יַד הָאֱלֹהִים שָׁם I Sam. 5. 11, la main de Dieu y pesait fortement (affligeait cette ville) ; aussi avec אֶל : וַתִּכְבַּד יַד־יְיָ אֶל־הָאַשְׁדּוֹדִים 5. 6, la main de Dieu s'appesantit sur les habitants d'Asdod ; יָדִי כָּבְדָה עַל־אַנְחָתִי Job 23. 2, ma plaie (v. יָד) est plus forte que (est au-dessus de) mes gémissements. — Des sens : וְעֵינֵי יִשְׂרָאֵל כָּבְדוּ מִזֹּקֶן Gen. 48. 10, et les yeux d'Israel étaient devenus lourds (s'étaient obscurcis) par la vieillesse ; וְלֹא־כָבְדָה אָזְנוֹ מִשְּׁמוֹעַ Is. 59. 1, son oreille n'est pas devenue dure pour ne plus écouter ; וַיִּכְבַּד לֵב פַּרְעֹה Exod. 9. 7, le cœur de Pharaon s'endurcit. — 2° Être fort, vif : וְחַטָּאתָם כִּי כָבְדָה מְאֹד Gen. 18. 20, et leur péché est très fort (à son comble) ; וְהַמִּלְחָמָה כָּבֵדָה Jug. 20, 34, et le combat était vif. — 3° Être grand, nombreux, respecté : יִכְבְּדוּ בָנָיו Job 14. 21, que ses enfants soient nombreux, ou respectés, puissants ; וַתִּכְבְּדִי מְאֹד Ez. 27. 25, et tu es devenue très riche, ou respectée ; יִכְבַּד יְיָ Is. 66. 5, que l'Éternel se glorifie (qu'il montre sa gloire).

Pi. (v. *Kal* 1°) *Trans.* Endurcir : וְלָמָּה תְכַבְּדוּ אֶת־לְבַבְכֶם כַּאֲשֶׁר כִּבְּדוּ I Sam. 6. 6, pourquoi endurcissez-vous votre cœur, comme (l'Égypte et Pharaon) ont endurci (leurs cœurs) ? — 2° (v. *Kal* 3°) Honorer, glorifier, rendre gloire : וְכִבַּדְנוּךָ Jug. 13. 17, afin que nous puissions t'honorer ; כִּי־מְכַבְּדַי אֲכַבֵּד I Sam. 2. 30, car je glorifierai ceux qui m'honorent ; avec לְ : וִיכַבְּדוּ לִשְׁמֶךָ Ps. 86. 9, elles rendront gloire à ton nom ; avec le double *acc.* : וּזְבָחֶיךָ לֹא כִבַּדְתָּנִי Is. 43. 23, tu ne m'as point glorifié par tes sacrifices.

Pou. pass. : Être glorifié, honoré : לִקְדוֹשׁ יְיָ מְכֻבָּד Is. 58. 13, (si tu appelles) le saint jour de Dieu (le sabbat) le jour glorifié ; וְשׁוֹמֵר תּוֹכַחַת יְכֻבָּד Prov. 13. 18, qui reçoit bien la répréhension, la remontrance, sera honoré.

Hiph. 1° Rendre lourd, pesant : אָבִיךָ הִכְבִּיד אֶת־עֻלֵּנוּ I Rois 12. 10, ton père a rendu notre joug très pesant ; הִכְבִּיד נְחָשְׁתִּי Lament. 3. 7, il a appesanti mes chaînes ; הִכְבִּידוּ עַל־הָעָם Néh. 5. 15, ils ont accablé le peuple. — 2° Rendre dur, endurcir : וְאָזְנָיו הַכְבֵּד Is. 6. 10, rends ses oreilles dures (sourdes); וַיַּכְבֵּד לִבּוֹ Exod. 9. 34, il endurcit son cœur. — 3° Honorer, fortifier, augmenter : וְהִכְבַּדְתִּים Jér. 30. 19, je les augmenterai (ou : je les enrichirai, je leur donnerai de la gloire); וּנְשָׂאֲךָ לִבְּךָ לְהַכְבִּיד II Chr. 25. 19, et ton cœur t'a poussé à te glorifier (ton cœur s'est enflé d'orgueil), ou à augmenter, ou à continuer la guerre.

Niph. 1° Être chargé : מַעְיָנוֹת נִכְבַּדֵּי־מָיִם Prov. 8. 24, des fontaines chargées, remplies d'eau. — 2° Être honoré : וְהוּא נִכְבָּד מִכֹּל בֵּית אָבִיו Gen. 34. 19, il était honoré de tous (ou plus que tous) dans la maison de son père; הַשֵּׁם הַנִּכְבָּד וְהַנּוֹרָא הַזֶּה Deut. 28. 58, ce nom glorifié et terrible (le nom de Dieu); נִכְבָּדוֹת מְדֻבָּר בָּךְ Ps. 87. 3, des choses glorieuses ont été dites de toi; וְעַל־פְּנֵי כָל־הָעָם אֶכָּבֵד Lév. 10. 3, et devant tout le peuple je veux être glorifié; וְאִכָּבְדָה בְּפַרְעֹה Exod. 14. 4, je serai glorifié dans Pharaon (et dans toute son armée), c.-à-d. par le sort que je leur prépare; יוֹם הִכָּבְדִי Ez. 39. 13, le jour où je montre ma gloire; נִכְבַּדֵּי־אָרֶץ Is. 23. 8, 9, les riches, les grands de la terre.

Hithp. 1° Se multiplier : הִתְכַּבְּדִי כָּאַרְבֶּה Nah. 3. 15, quoique tu te sois multipliée, assemblée, comme les sauterelles. — 2° Se glorifier : מִמִּתְכַּבֵּד Prov. 12. 9, que l'homme qui se glorifie, qui fait le glorieux, le grand.

כָּבֵד *adj.* (const. כְּבַד). 1° Lourd : זָקֵן הָאִישׁ וְכָבֵד I Sam. 4. 18, l'homme était vieux et lourd; וְכַעַס אֱוִיל כָּבֵד מִשְּׁנֵיהֶם Prov. 27. 3, mais la colère de l'insensé est plus lourde (pèse plus) que l'une et l'autre (que la pierre et le sable). — 2° Nombreux, grand, riche, puissant; בְּחַיִל כָּבֵד I Rois 10. 2, avec une foule (suite) nombreuse; בְּחֵיל כָּבֵד Is. 36. 2, avec une grande armée; וְאַבְרָם כָּבֵד מְאֹד Gen. 13. 2, Abram était fort riche; עַמְּךָ הַכָּבֵד הַזֶּה I Rois 3. 9, ton peuple, ce peuple si puissant, ou si nombreux. — 3° Pesant, insupportable, difficile : כָּבֵד הָרָעָב Gen. 12. 10, la famine était pesante (grande); כְּמַשָּׂא כָבֵד Ps. 38. 5, (les péchés me pèsent) comme un fardeau insupportable; כָבֵד מִמְּךָ הַדָּבָר Exod. 18. 18, cette chose est trop difficile pour toi (au-dessus de tes forces); וְכִבְדֵי לָשׁוֹן Ez. 3. 5, ceux dont le langage est difficile (inintelligible); כְּבַד־פֶּה וּכְבַד לָשׁוֹן אָנֹכִי Exod. 4. 10, j'ai la bouche difficile et la langue lourde, embarrassée (je parle difficilement).

כָּבֵד *m.* Le foie : רָאָה בַּכָּבֵד Ez. 21. 26, il a examiné, consulté, le foie (des bêtes mortes); נִשְׁפַּךְ לָאָרֶץ כְּבֵדִי Lament. 2. 11, mon foie s'est répandu par terre (*hyperb.* de la plaie du foie, c.-à-d. de la douleur de l'âme).

כָּבֵד *adj.* Lourd, chargé (v. כָּבֵד) : עַם כֶּבֶד עָוֺן Is. 1. 4, peuple chargé d'iniquité.

כֹּבֶד *m.* 1° Pesanteur, poids : כֹּבֶד אֶבֶן Prov. 27. 13, le poids de la pierre; וְכֹבֶד מַשָּׂאָה Is. 30. 27, et le fardeau (de cette colère) sera lourd, on ne pourra soutenir le poids de cette colère, ou : la violence du feu, de la flamme de la colère (v. מַשָּׂאָה). — 2° Foule, multitude : וְכֹבֶד פָּגֶר Nah. 3. 3, et une multitude de cadavres. — 3° Gravité, ardeur : כֹּבֶד מִלְחָמָה Is. 21. 15, l'ardeur, la gravité de la guerre, ou de la bataille.

כְּבֵדֻת *f.* Difficulté : וַיְנַהֲגֵהוּ בִּכְבֵדֻת Exod. 14. 25, il fit qu'on les conduisait avec difficulté, il rendit leur marche difficile.

כָּבָה S'éteindre : לֹא תִכְבֶּה Lév. 6. 5, 6, (le feu sur l'autel) ne doit pas s'éteindre, qu'on ne le laisse jamais éteindre; וְנֵר אֱלֹהִים טֶרֶם יִכְבֶּה I Sam. 3. 3, avant que la lampe (qui brûlait dans la maison) de Dieu, dans le temple, fût éteinte; selon d'autres : la lumière de Dieu, la révélation divine aux prophètes, n'avait pas encore cessé; וְלֹא תִכְבֶּה II Rois 22. 17, (ma colère) ne s'éteindra pas; דָּעֲכוּ כַּפִּשְׁתָּה כָבוּ Is. 43. 17, ils se consument, ils s'éteignent, comme la mèche (d'une lampe).

Pi. Éteindre : וְאֵין מְכַבֶּה Is. 1. 31, il n'y aura personne pour éteindre; וְלֹא

וְלֹא תְכַבֶּה אֶת־נֵר יִשְׂרָאֵל II Sam. 21. 17, de peur que tu n'éteignes la lumière d'Israel (de peur que toi, David, tu ne périsses); וְכִבּוּ אֶת־גַּחַלְתִּי II Sam. 14. 7, ils veulent éteindre le seul tison (qui me reste), ils veulent tuer le seul fils que j'aie encore.

כָּבוֹד *m.* Honneur, gloire, hommage, noblesse : וְכָבוֹד וְהָדָר תְּעַטְּרֵהוּ Ps. 8. 6, tu le couronnes d'honneur et d'éclat; גָּלָה כָבוֹד מִיִּשְׂרָאֵל I Sam. 4. 21, la gloire a disparu d'Israel; כְּבוֹד־אֵל Ps. 19. 2, la gloire de Dieu; הָבוּ לַיי׳ כָּבוֹד וָעֹז 96. 7, offrez à l'Éternel hommage et (célébrez) sa puissance; וּכְבוֹדוֹ מְתֵי רָעָב Is. 5. 13, et sa noblesse (les plus nobles d'Israel) meure de faim; מֶלֶךְ הַכָּבוֹד Ps. 24. 7, le roi de la gloire (Dieu); כְּבוֹד הַלְּבָנוֹן Is. 35. 2, la gloire du Liban (ses forêts; selon d'autres : le temple); כְּבוֹד־יי׳ Exod. 24. 16, la gloire, la majesté de Dieu. — 2° Richesse : לֹא־יֵרֵד אַחֲרָיו כְּבוֹדוֹ Ps. 49. 18, sa richesse ne descendra point (dans la tombe) avec lui; כְּבוֹד גּוֹיִם Is. 66. 12, la richesse des nations. — 3° Esprit, âme : וַיָּגֶל כְּבוֹדִי Ps. 16. 9, mon âme est dans l'allégresse; בִּקְהָלָם אַל־תֵּחַד כְּבֹדִי Gen. 49. 6, que ma gloire, ou que mon âme, ne s'associe à leurs conciliabules (כָּבוֹד serait ici par exception *fém.*, ou il faudrait prendre תֵּחַד pour la 2ᵉ *pers.* : mon âme ne t'associe pas); לְמַעַן יְזַמֶּרְךָ כָבוֹד Ps. 30. 13, afin que mon âme chante tes louanges (selon d'autres : afin que les nobles de la terre te louent, v. 1°).

כְּבוּדָּה *f. adj.* 1° Ce qui est lourd, incommode : וְאֶת־הַכְּבוּדָּה לִפְנֵיהֶם Jug. 18. 21, (ils placèrent) devant eux toutes les choses lourdes, incommodes (d'autres traduisent : ce qu'ils avaient de plus précieux). — 2° Magnifique, resplendissant : מִטָּה כְבוּדָּה Ez. 23. 41, un lit magnifique; כָּל־כְּבוּדָּה בַת־מֶלֶךְ פְּנִימָה Ps. 45. 14, toute brillante, resplendissante, est la fille du roi dans l'intérieur (du palais).

כָּבוּל *n. pr.* 1° אֶרֶץ כָּבוּל le pays de Chabul (ou de כֶּבֶל chaîne, où le pied s'enchaîne, s'embourbe, ou de גְּבוּל pays situé sur la limite, frontière), nom que donna le roi Hiram aux vingt villes que Salomon lui avait données, I Rois 9. 13. — 2° כָּבוּל Chabul, *n. pr.* d'une ville de la tribu d'Aser, Jos. 19. 27.

כַּבּוֹן *n. pr.* Chabon, ville de la tribu de Juda, Jos. 15. 40.

כַּבִּיר *adj.* Grand, riche, puissant; *adv.* fortement, beaucoup : מַיִם כַּבִּירִים Is. 17. 12, de grandes eaux; כַּבִּיר מֵאָבִיךָ יָמִים Job 15. 10, plus riche d'années, plus âgé que ton père; וְכִי־כַבִּיר מָצְאָה יָדִי 31. 25, et de ce que ma main a trouvé, amassé, beaucoup de biens; לֹא כַבִּיר Is. 16. 14, pas beaucoup; הֶן־אֵל כַּבִּיר Job 36. 5, certes, Dieu est puissant; וְאוֹרִיד כַּאַבִּיר יוֹשְׁבִים (*keri* כְּבִּיר) Is. 10. 13, j'ai précipité ceux qui demeuraient fortement, qui étaient solidement établis, ou : beaucoup d'habitants.

כְּבִיר *m.* (rac. כָּבַר). Couverture, ou coussin : כְּבִיר הָעִזִּים I Sam. 19. 13, 16, un coussin, ou une couverture tissée de poils de chèvre; *Targg.* : une outre de peau de chèvre.

כֶּבֶל *m.* Chaîne : עִנּוּ בַכֶּבֶל רַגְלָיו (*keri* רַגְלוֹ) Ps. 105. 18, ils lui mirent la chaîne aux pieds, *littér.* ils tourmentaient, ou froissaient, ses pieds avec la chaîne; בְּכַבְלֵי בַרְזֶל 149. 8, avec des chaînes de fer.

כָּבַס (*Kal*, seulement le *part.* כּוֹבֵס) Celui qui lave, qui foule les habits : שְׂדֵה כוֹבֵס Is. 7. 3, le champ du foulon.

Pi. Laver, purifier : כִּבֵּס בַּיַּיִן לְבֻשׁוֹ Gen. 49. 11, il lavera son habit dans le vin (tant le vin sera abondant, ou bien : ses habits seront beaux, de couleurs vives, teints en pourpre); וַיְכַבְּסוּ שִׂמְלֹתָם Exod. 19. 14, ils lavèrent leurs vêtements; *part.* מְכַבְּסִים Mal. 3. 2, les laveurs, foulons; *au fig.* : כַּבְּסֵנִי מֵעֲוֹנִי Ps. 51. 4, lave-moi de mon iniquité; כַּבְּסִי מֵרָעָה לִבֵּךְ Jér. 4. 14, purifie ton cœur de sa corruption, méchanceté.

Pou. passif : וְכֻבַּס שֵׁנִית Lév. 13. 58, il sera lavé une seconde fois.

Hothph. passif : אַחֲרֵי הֻכַּבֵּס אֶת־הַנֶּגַע

Lév. 13. 55, (pour הֻכַּבֵּס) après que la lèpre (c.-à-d. l'endroit qui en est infecté) aura été lavée.

כָּבַר (*Kal* inusité) *Hiph*. Multiplier : מִלִּין יַכְבִּר Job 35. 16, il fait beaucoup de paroles, il se répand en paroles ; מַכְבִּיר *part*. ou *subst*., abondance : יִתֶּן־אֹכֶל לְמַכְבִּיר Job 36. 31, il donne la nourriture en abondance, abondamment, *adverbial*. comme לָרֹב (Jarchi : il donne la nourriture à celui qui a besoin de beaucoup, qui a une famille nombreuse).

כְּבָר *adv*. Déjà, depuis longtemps : מַה־שֶּׁהָיָה כְּבָר הוּא Eccl. 3. 15, ce qui a été avait été depuis longtemps ; selon d'autres : ce qui a été depuis longtemps est encore ; שֶׁכְּבָר מֵתוּ 4. 2, qui sont morts depuis longtemps, ou : de ce qu'ils sont déjà morts ; בְּשֶׁכְּבָר הַיָּמִים הַבָּאִים הַכֹּל נִשְׁכָּח 2. 16, ce qui a été depuis longtemps et ce qui sera dans les temps à venir, tout sera oublié, ou : ce qui a déjà été sera oublié dans les temps à venir ; d'autres traduisent בְּשֶׁכְּבָר certes, puisque dans l'avenir tout sera oublié.

כְּבָר *n. pr*. נְהַר כְּבָר Ez. 1. 3, le fleuve de Chobar, Chaboras, en Mésopotamie (v. חָבוֹר).

כְּבָרָה *f*. Crible : כַּאֲשֶׁר יִנּוֹעַ בַּכְּבָרָה Amos 9. 9, comme on remue (le blé) dans le crible ou le van.

כִּבְרָה (seul. const. כִּבְרַת) Une certaine distance de chemin : כִּבְרַת־הָאָרֶץ Gen. 35. 16, et כִּבְרַת־אֶרֶץ 48. 7, II Rois 5. 19, un espace de chemin, une lieue ? (Kimchi explique : כְּ comme, ou environ בִּרַת אֶרֶץ un espace de chemin qu'on fait entre un repas et l'autre, de בָּרָה manger).

כֶּבֶשׂ *m*. Agneau : כֶּבֶשׂ־אֶחָד בֶּן־שְׁנָתוֹ Nomb. 7. 15, un agneau d'un an ; כְּבָשִׂים — חֲמִשָּׁה 7. 17, cinq agneaux.

כַּבְשָׂה et כִּבְשָׂה *fém*. Jeune brebis, agneau femelle : כִּבְשָׂה אַחַת קְטַנָּה II Sam. 12. 3, une petite brebis jeune ; וְכַבְשָׂה אַחַת בַּת־שְׁנָתָהּ Lév. 14. 10, une brebis d'un an ; *plur*. כְּבָשׂוֹת Gen. 21. 29, const. שֶׁבַע כִּבְשֹׂת הַצֹּאן 21. 28, sept jeunes brebis.

כָּבַשׁ (*fut*. יִכְבּוֹשׁ) Assujettir, réduire, vaincre : וְכָבְשׁוּ אַבְנֵי־קֶלַע Zach. 9. 15, ils assujettiront (leurs ennemis) avec les pierres de leurs frondes, ou : ils vaincront les frondeurs (pour אַנְשֵׁי אַבְנֵי), ou : ils éviteront facilement les pierres de la fronde ; יִכְבּוֹשׁ עֲוֹנֹתֵינוּ Mich. 7. 19, il détruira, effacera, nos iniquités (en les pardonnant) ; וּמִלְאוּ אֶת־הָאָרֶץ וְכִבְשֻׁהָ Gen. 1. 28, et remplissez la terre et vous l'assujettissez ; וַיִּכְבְּשׁוּם לַעֲבָדִים Jér. 34. 11, et les forcèrent à être esclaves, les réduisirent à la servitude ; לִכְבּוֹשׁ אֶת־הַמַּלְכָּה Esth. 7. 8, pour faire violence à la reine.

Niph. pass. : וְנִכְבְּשָׁה הָאָרֶץ Nomb. 32. 22, 29, après que le pays aura été assujetti ; וְיֵשׁ מִבְּנֹתֵינוּ נִכְבָּשׁוֹת Néh. 5. 5, et plusieurs de nos filles sont déjà réduites à la servitude.

Pi. Subjuguer, vaincre : מִכָּל־הַגּוֹיִם אֲשֶׁר כִּבֵּשׁ II Sam. 8. 11, (pris) sur toutes les nations qu'il avait vaincues.

כֶּבֶשׁ *m*. marchepied (escalier) : וְכֶבֶשׁ בַּזָּהָב II Chr. 9. 18, et un marchepied d'or.

כִּבְשָׁן *m*. Fournaise, four : כְּקִיטֹר הַכִּבְשָׁן Gen. 19. 28, et כְּעֶשֶׁן הַכִּבְשָׁן Exod. 19. 18, comme la fumée d'une fournaise.

כַּד *f*. Cruche : וְכַדָּהּ עַל־שִׁכְמָהּ Gen. 24. 15, (portant) sa cruche sur son épaule ; וְתִשָּׁבֶר כַּד עַל־הַמַּבּוּעַ Eccl. 12. 6, (avant que) la cruche se brise sur la fontaine (v. מַבּוּעַ) ; כַּד הַקֶּמַח I Rois 17. 16, le pot de farine (la farine dans le pot) ; וְכַדִּים רֵיקִים Jug. 7. 16, des cruches ou des pots vides.

כְּדַאי * Digne : אֵינִי כְּדַאי Rituel, je n'étais pas digne (d'être créé).

כְּדִבָה chald. *f. adj*. Trompeuse : וּמִלָּה כִדְבָה Dan. 2. 9, et des paroles trompeuses, mensongères.

כְּדֵי 1° Selon, en rapport : כְּדֵי רִשְׁעָתוֹ Deut. 25. 2, selon son crime ; כְּדֵי גְאֻלָּתוֹ Lév. 25. 26, en rapport du rachat, autant qu'il faut pour racheter (v. דַּי).

— 2° Afin que, pour que : *כְּדֵי שֶׁיַּעֲשֶׂה רְצוֹנְךָ Aboth, pour qu'il fasse ta volonté.

כָּדִי et כְּדֵי (v. דַּי, דֵּי).

כַּדְכֹּד ou כַּדְכֹּד *m.* Nom d'une pierre précieuse et brillante, rubis ou escarboucle (?) : וְשַׂמְתִּי כַּדְכֹּד שִׁמְשֹׁתַיִךְ Is. 54. 12, je ferai tes fenêtres de pierres précieuses.

כַּדּוּר *m.* Cercle, sphère, balle : וְחָנִיתִי כַדּוּר עָלָיִךְ Is. 29. 3, et je camperai en cercle autour de toi ; כַּדּוּר אֶל־אֶרֶץ רַחֲבַת יָדָיִם 22. 18, une balle (qu'on jette) dans un champ vaste, large, ou : (il te jettera comme) une balle (et tu iras) dans un pays vaste de tous côtés ; selon d'autres, le *subst.* est seulement דּוּר cercle, balle, et כְּ *particule* comme (v. דּוּר).

כְּדָרְלָעֹמֶר *n. pr.* Chodorlaomer, roi des Elamites, Gen. 14. 1.

כֹּה *adv.* 1° Ainsi, de cette manière : כֹּה תֹאמְרוּן Gen. 32. 5, vous parlerez de cette manière (à Esaü) ; כֹּה אָמַר יְיָ Jér. 2. 2, ainsi a dit l'Éternel ; וַיֹּאמֶר זֶה בְּכֹה וְזֶה אֹמֵר בְּכֹה I Rois 22. 20, l'un dit de cette manière, l'autre dit d'une autre manière (l'un dit une chose, l'autre une autre). — 2° *Adv. de lieu.* Ici, là : שִׂים כֹּה Gen. 31. 37, mets-le ici (fais-le voir ici) ; הִתְיַצֵּב כֹּה II Sam. 18. 30, place-toi là : כְּדֶרֶךְ יוֹם כֹּה וּכְדֶרֶךְ יוֹם כֹּה Nomb. 11. 31, environ l'espace d'une journée de chemin ici (d'un côté) et d'une journée de chemin là (de l'autre côté) ; נֵלְכָה עַד־כֹּה Gen. 22. 5, nous irons jusque-là ; וַיִּפֶן כֹּה וָכֹה Exod. 2. 12, il se tourna çà et là (de tous côtés). — 3° *Adv. de temps.* À présent : לֹא־שָׁמַעְתָּ עַד־כֹּה Exod. 7. 16, tu n'as pas écouté (obéi) jusqu'à présent ; עַד־כֹּה וְעַד־כֹּה I Rois 18. 45, (pendant que l'une et l'autre chose se passaient) pendant ce temps, cependant. — 4° Tant, tellement : עַד אֲשֶׁר־עַד־כֹּה בֵּרְכַנִי יְיָ Jos. 17. 14, au point que Dieu m'a béni, à être aussi nombreux (comme tu vois).

כָּה chald. (Même signif. que כֹּה héb.) : עַד־כָּה סוֹפָא דִי־מִלְּתָא Dan. 7. 28, (jusque-là) ce fut là la fin du discours.

כָּהָה (*fut.* יִכְהֶה, *apoc.* וַתֵּכַהּ) S'affaiblir, se lasser ; (de la vue) être trouble, baisser, s'obscurcir : לֹא יִכְהֶה וְלֹא יָרוּץ Is. 42. 4, il ne se lassera pas et il ne s'affaissera pas (ou : il ne sera pas brisé, ou : il ne sera pas précipité, v. רוּץ et רָצַץ) ; לֹא־כָהֲתָה עֵינוֹ Deut. 34. 7, son œil n'était pas trouble (sa vue ne baissa point) ; וַתִּכְהֶיןָ עֵינָיו מֵרְאֹת Gen. 27. 1, ses yeux étaient troubles, de telle sorte qu'il ne pouvait plus voir ; וְעֵין יְמִינוֹ כָּהֹה תִכְהֶה Zach. 11. 17, et son œil droit s'obscurcira entièrement (ne verra plus du tout) ; וַתֵּכַהּ מִכַּעַשׂ עֵינִי Job 17. 7, mon œil s'obscurcit par le chagrin.

Pi. כִּהָה et כֵּהָה 1° Devenir faible, pâle, faiblir : וְהִנֵּה כֵּהָה הַנֶּגַע Lév. 13. 6, et si la lèpre est devenue pâle (d'autres traduisent comme *Kal* : si la lèpre est devenue trouble, plus obscure) ; וְכִהֲתָה כָל־רוּחַ Ez. 21. 12, chaque esprit, courage, faiblira. — 2° *Trans.* Retenir, empêcher : וְלֹא כִהָה בָּם I Sam. 3. 13, et parce qu'il ne les a pas empêchés, ou blâmés. (Plusieurs grammairiens n'admettent pour le *Pi.* que la forme כִּהָה ; כֵּהָה, selon eux, est partout *adjectif.*)

כֵּהֶה *adj. f.* Faible : וּפִשְׁתָּה כֵהָה Is. 42. 3, et une mèche qui brûle faiblement, qui est près de s'éteindre ; וְעֵינָיו הֵחֵלּוּ כֵהוֹת I Sam. 3. 2, et ses yeux avaient commencé (d'être) faibles, troubles ; בֶּהָרֹת כֵּהוֹת לְבָנֹת Lév. 13. 39, des taches pâles et blanches (d'un blanc pâle) ; selon d'autres : d'un blanc obscur (v. כֵּהָה *Pi.*) ; רוּחַ כֵּהָה Is. 61. 3, un esprit triste, affligé.

כֵּהָה *f.* Soulagement : אֵין־כֵּהָה לְשִׁבְרֶךָ Nah. 3. 19, il n'y a point de soulagement, de remède, à ta blessure ; selon d'autres : pas d'affliction, personne ne s'affligera de ton malheur.

כְּהַל chald. Pouvoir, être capable de : הַאִיתָךְ כָּהֵל לְהוֹדָעֻתַנִי Dan. 2. 26, es-tu capable de me faire connaître ? וְאַנְתְּ כָּהֵל 4. 15, mais toi, tu le peux ; וְלָא־כָהֲלִין כְּתָבָא לְמִקְרֵא 5. 8, ils ne purent lire cette écriture.

כָּהַן (*Kal* inusité) *Pi.* Devenir prêtre,

exercer les fonctions du sacerdoce : וַיְכַהֵן אֶלְעָזָר בְּנוֹ תַּחְתָּיו Deut. 10. 6, son fils Éléazar devint prêtre à sa place (succéda à son père dans le pontificat); וְכִהֲנוּ־לִי Exod. 28. 41, pour qu'ils exercent les fonctions de mon sacerdoce, *littér.* pour qu'ils me servent comme prêtres ; וְאֶמְאָסְאךָ מִכַּהֵן לִי Osée 4. 6, ainsi je te rejette, je ne souffre pas que tu exerces mon sacerdoce. — 2° Orner, parer (à la manière des prêtres) : כֶּחָתָן יְכַהֵן פְּאֵר Is. 61. 10, comme un époux augmente, orne sa parure ou sa couronne, ou comme un époux qui se pare de sa couronne ; *Targg.*: comme un époux et comme un prêtre dans ses ornements.

כֹּהֵן *m.* 1° Serviteur de Dieu, prêtre : וְהוּא כֹהֵן לְאֵל עֶלְיוֹן Gen. 14. 18, et il était prêtre du Dieu Très-Haut ; כֹּהֵן אֹן 41. 45, prêtre d'On (Héliopolis) ; וּלְכֹהֵן מִדְיָן Exod. 2. 16, le prêtre de Madian avait (sept filles) ; הַכֹּהֵן הַגָּדֹל Nomb. 35. 25, et כֹּהֵן הָרֹאשׁ II Chr. 19. 11, le grand prêtre, pontife ; aussi הַכֹּהֵן הַמָּשִׁיחַ Lév. 4. 3, 5, le prêtre oint (le pontife). — 2° Chef, prince : אַתָּה־כֹהֵן לְעוֹלָם Ps. 110, 4, tu es le chef, le prince éternel (d'Israel) ; וּבְנֵי דָוִד כֹּהֲנִים הָיוּ II Sam. 8. 18, les enfants de David étaient chefs, conseillers, ministres ; הָיָה כֹהֵן לְדָוִד II Sam. 20. 26, (Jaïr) était chef sous David (d'autres cependant traduisent à tous les endroits כֹּהֵן par prêtre).

כָּהֵן chald. (*emph.* כָּהֲנָא). Prêtre : עַמָּא וְכָהֲנַיָּא Esdr. 7. 16, le peuple et les prêtres.

כְּהֻנָּה *f.* Sacerdoce, fonction, service de prêtre : וְהָיְתָה לָהֶם כְּהֻנָּה לְחֻקַּת עוֹלָם Exod. 29. 9, le sacerdoce sera pour eux un droit éternel (v. חֻקָּה) ; בְּרִית כְּהֻנַּת עוֹלָם Nomb. 25. 13, le pacte d'un sacerdoce éternel (le sacerdoce éternel lui est assuré par un pacte, une alliance).

כַּו chald. *m.* Fenêtre : וְכַוִּין Dan. 6. 11, et les fenêtres.

כּוּב *n. pr.* Chub, un pays près d'Égypte, Ez. 30. 5.

כּוֹבַע *m.* Casque : מָגֵן וְכוֹבַע תִּלּוּ־בָךְ Ez. 27. 10, ils ont suspendu dans toi (Tyr) leurs boucliers et leurs casques ; וְכוֹבַע נְחֹשֶׁת I Sam. 17. 5, et un casque d'airain ; וְכוֹבַע יְשׁוּעָה Is. 59. 17, le casque du salut ; וְהִתְיַצְּבוּ בְּכוֹבָעִים Jér. 46. 4, montez (à cheval) le casque en tête, *exact.* avec vos casques ; selon d'autres : mettez vos casques (v. קוֹבַע).

כָּוָה (*Kal* inusité) *Niph.* Être brûlé : וְרַגְלָיו לֹא תִכָּוֶינָה Prov. 6. 28, et que ses pieds ne soient pas brûlés (sans se brûler les pieds) ; כִּי־תֵלֵךְ בְּמוֹ־אֵשׁ לֹא תִכָּוֶה Is. 43. 2, lorsque tu marcheras dans le feu, tu ne seras pas brûlé.

כּוֹחַ Force (v. כֹּחַ).

כְּוִיָּה *f.* (rac. כָּוָה). Brûlure : כְּוִיָּה תַּחַת כְּוִיָּה Exod. 21. 25, brûlure pour brûlure.

כּוֹכָב *m.* Étoile : וְאַחַד עָשָׂר כּוֹכָבִים Gen. 37. 9, et onze étoiles ; דָּרַךְ כּוֹכָב מִיַּעֲקֹב Nomb. 24. 17, une étoile sortira de Jacob, un grand roi, ou : une bonne étoile (le bonheur) se lèvera dans Jacob.

כּוּל Mesurer : וְכָל בַּשָּׁלִשׁ עֲפַר הָאָרֶץ Is. 40. 12, qui a mesuré avec une grande mesure (mesure triple) la poussière, c.-à-d. la masse de la terre ; selon d'autres : בַּשָּׁלִשׁ avec les trois doigts (du pouce au doigt du milieu).

Pilp. כִּלְכֵּל 1° Saisir, contenir : הַשָּׁמַיִם וּשְׁמֵי הַשָּׁמַיִם לֹא יְכַלְכְּלוּךָ I Rois 8. 27, les cieux et les cieux des cieux ne peuvent te contenir. — 2° Soutenir, supporter : וּמִי מְכַלְכֵּל אֶת־יוֹם בּוֹאוֹ Mal. 3. 2, et qui soutiendra le jour de son arrivée (avénement) ; רוּחַ אִישׁ יְכַלְכֵּל מַחֲלֵהוּ Prov. 18. 14, l'esprit de l'homme supporte sa faiblesse (le soutient dans sa maladie) ; וְנִלְאֵיתִי כַּלְכֵּל Jér. 20. 9, j'étais trop faible pour le supporter (ou : je m'efforçais en vain de le supporter). — 3° Mesurer, régler : יְכַלְכֵּל דְּבָרָיו בְּמִשְׁפָּט Ps. 112. 5, il règle ses paroles selon la justice, ou il règle ses affaires avec discernement (convenablement). — 4° Soutenir, nourrir : וְכִלְכַּלְתִּי אֹתְךָ שָׁם Gen. 45. 11, et je te nourrirai là ; וְכִלְכְּלוּ אֶת־הַמֶּלֶךְ

וְאֶת־בֵּיתוֹ I Rois 4. 7, ils nourrissaient le roi et sa maison (ils avaient soin de sa table); avec le double *acc.*: וָאֲכַלְכְּלֵם לֶחֶם וָמָיִם I Rois 18. 13, et que je les nourris de pain et d'eau; הַשְׁלֵךְ עַל־יְיָ יְהָבְךָ וְהוּא יְכַלְכְּלֶךָ Ps. 55. 23, abandonne à Dieu ton sort, il aura soin de toi, il te nourrira; selon d'autres: décharge-toi sur Dieu (de) ton fardeau, il te soutiendra, te soulagera.

Pou. passif. Être nourri, être pourvu de vivres: וּבְנֵי יִשְׂרָאֵל הָתְפָּקְדוּ וְכָלְכְּלוּ I Rois 20. 27, et les enfants d'Israel furent passés en revue et pourvus de vivres; selon d'autres: ils étaient au complet (v. כָּלַל *Pou.*).

Hiph. 1° Contenir: אַלְפַּיִם בַּת יָכִיל I Rois 7. 26, il contenait deux mille baths; מִרְבָּה לְהָכִיל Ez. 23. 32, (cette coupe) contient beaucoup, *exact.* elle est vaste à pouvoir contenir; selon d'autres: ce sera trop pour toi à supporter, tu ne pourras pas le supporter (v. 2°). — 2° Soutenir, supporter: נִלְאֵיתִי הָכִיל Jér. 6. 11, je suis trop faible pour la supporter (ou pour contenir la colère); וְלֹא־יָכִלוּ גוֹיִם זַעְמוֹ Jér. 10. 10, les nations ne peuvent soutenir sa colère; וּמִי יְכִילֶנּוּ Joel 2. 11, et qui pourrait le soutenir? לְהָכִיל לְמַעַן בָּרָק Ez. 21. 33, (l'épée aiguisée) pour soutenir le combat, le carnage, et pour briller comme l'éclair, ou לְהָכִיל pour לְהַאֲכִיל *Hiph.*, de אָכַל pour dévorer, tuer.

כּוּמָז *m.* Un bijou en or, de forme ronde; selon quelques-uns: un bracelet; selon Jarchi: un bijou que les femmes portaient à un endroit caché de leur corps, Exod. 35. 22, Nomb. 31. 50.

כּוּן (*Kal* inusité) Peut-être וַיְכֻנֶנּוּ בָּרֶחֶם אֶחָד (le *dagesh* irrégulier ou *Pil.* pour וַיְכוֹנְנֵנוּ) Job 31. 15, (ne) nous a-t-il (pas) formés également dans le sein (de nos mères), ou: dans un sein pareil? selon d'autres: אֶחָד le même Dieu ne nous a-t-il pas formés, etc.?

Pilp. Placer, ériger, établir, affermir, fonder, créer: כּוֹנֵן לַמִּשְׁפָּט כִּסְאוֹ Ps. 9. 8, il a placé, préparé, son trône pour le jugement; וְכֹנַנְתִּי אֶת־כִּסֵּא מַמְלַכְתּוֹ II Sam. 7. 13, j'établirai (pour jamais) le trône de son royaume; וּתְכוֹנֵן צַדִּיק Ps. 7. 10, tu affermiras le juste; כּוֹנֵן אֲשֻׁרָי 40, 3, il a assuré (affermi) mes pas; וּמַעֲשֵׂה יָדֵינוּ כּוֹנְנֵהוּ 90, 17, dirige, affermis, ou fais prospérer, l'œuvre de nos mains; אַתָּה כּוֹנַנְתָּ מֵישָׁרִים 99. 4, tu as établi, affermi, la droiture; וַיְכוֹנְנוּ עִיר מוֹשָׁב 107. 36, ils ont fondé une ville pour y demeurer; וְכוֹנֵן קִרְיָה Hab. 2, 12, et qui fonde une ville; וְעַל־נְהָרוֹת יְכוֹנְנֶהָ Ps. 24. 2, et il a établi, fondé (la terre), au-dessus des fleuves; הוּא עָשְׂךָ וַיְכֹנְנֶךָ Deut. 32. 6, il t'a fait et il t'a créé (ou affermi); יָרֵחַ וְכוֹכָבִים אֲשֶׁר כּוֹנָנְתָּה Ps. 8. 4, la lune et les étoiles que tu as créées, établies.

2° Diriger, préparer, se disposer: קַשְׁתּוֹ דָרַךְ וַיְכוֹנְנֶהָ Ps. 7. 13, il a tendu son arc et le dirige (il vise); כּוֹנְנוּ חִצָּם עַל־יֶתֶר 11. 2, ils ont dirigé ou préparé leur flèche sur la corde; תְּכוֹנֵן עַל־פְּנֵיהֶם 21. 13, tu vises (avec ton arc) à leur face; וְכוֹנֵן לְחֵקֶר אֲבוֹתָם Job 8. 8, et dispose-toi (dirige ton attention) à consulter leurs pères; כַּאֲשֶׁר כּוֹנֵן לְהַשְׁחִית Is. 51. 13, quand il se dispose à (te) perdre.

Poul.: בְּיוֹם הִבָּרַאֲךָ כּוֹנָנוּ Ez. 28. 13, ils ont été préparés le jour auquel tu as été créé.

Hiph. (Les mêmes significations que *Pilp.*): בָּרְחוֹב אָכִין מוֹשָׁבִי Job 29. 7, (lorsque) je plaçais, j'érigeais, mon siége dans la place publique; יְיָ בַּשָּׁמַיִם הֵכִין כִּסְאוֹ Ps. 103. 19, l'Éternel a placé son trône dans le ciel; עַד־עוֹלָם אָכִין זַרְעֶךָ 89. 5, j'affermirai pour jamais ta race; תָּכִין לִבָּם 10. 17, tu affermis, rassures, leur cœur; כִּי־הֱכִינוֹ יְיָ לְמֶלֶךְ II Sam. 5. 12, que Dieu l'a confirmé roi (sur Israel); אֲשֶׁר הֵכִין Jos. 4. 4, (les hommes) qu'il avait (destinés) choisis pour cela; וַיָּכִינוּ הַמִּזְבֵּחַ Esdr. 3. 3, ils érigèrent l'autel; מֵכִין הָרִים בְּכֹחוֹ Ps. 65. 7, il forme, ou affermit, les montagnes par sa puissance; מֵכִין תֵּבֵל Jér. 10. 12, il prépare, ou crée, le monde; וַהֲכִינֹתָה אֶת־פָּנֶיךָ אֵלֶיהָ Ez. 4. 3, et tourne, dirige, ton visage vers elle; כִּי הֵכִין דְּרָכָיו II Chr. 27. 6, il avait dirigé, réglé, ses voies (sa conduite en la présence de Dieu); כִּי לֹא הֵכִין לִבּוֹ לִדְרוֹשׁ אֶת־יְיָ II Chr. 12. 14, il ne dirigea pas son cœur à chercher le Seigneur; וַהֲכִינוֹתִי לִבְנוֹת I Chr. 28. 2, je m'étais proposé de bâtir, ou : j'ai préparé tout ce qui est nécessaire pour bâtir; לְכוּ־נָא הָכִינוּ עוֹד וּדְעוּ I Sam. 23. 22, allez, je vous prie, faites vos dispositions (faites diligence) pour apprendre; לֹא־הֵכִינוּ לְבָבָם לֵאלֹהֵי אֲבֹתֵיהֶם II Chr. 20. 33, ils n'avaient pas tourné leurs cœurs vers le Dieu de leurs pères; וּטְבֹחַ טֶבַח וְהָכֵן Gen. 43. 16, et de tuer (des bêtes) pour le festin et de le préparer; וְלֹא יָכִין לְדַבֵּר כֵּן Jug. 12. 6, il ne pouvait pas prononcer de cette manière, ou bien prononcer.

Hoph. passif: וְהוּכַן בַּחֶסֶד כִּסֵּא Is. 16. 5, un trône sera fondé sur la miséricorde; לַמֶּלֶךְ הוּכָן 30. 34, (le bûcher, v. תָּפְתֶּה) est préparé pour le roi; וְהֻכַן הַסֹּכֵךְ Nah. 2. 6, et l'abri (les machines qui mettent à couvert) est préparé; סוּס מוּכָן לְיוֹם מִלְחָמָה Prov. 21. 31, le cheval est équipé, préparé, pour le jour du combat.

Niph. 1° *Passif* du *Pi.* et du *Hiph.*: נָכוֹן יִהְיֶה הַר בֵּית־יְיָ Is. 2. 2, (dans les derniers temps) la montagne sur laquelle se bâtira la maison de Dieu sera fondée (sur le sommet des monts); שָׁדַיִם נָכֹנוּ Ez. 16. 7, (les mamelles) ton sein était formé; אֲשֶׁר הַבַּיִת נָכוֹן עֲלֵיהֶם Jug. 16. 26, (les colonnes) sur lesquelles la maison est fondée, appuyée; לֹא־יִכּוֹן לְנֶגֶד עֵינָי Ps. 101. 7, (qui dit des mensonges) ne sera pas affermi (ne prospérera pas) devant mes yeux; עַד־נְכוֹן הַיּוֹם Prov. 4. 18, jusqu'au jour parfait (midi); וְהָיוּ נְכֹנִים Exod. 19. 11, qu'ils soient préparés (prêts); הִכֹּן וְהָכֵן לְךָ Ez. 38. 7, prépare, dispose-toi; נָכוֹנוּ לַלֵּצִים שְׁפָטִים Prov. 19. 29, les punitions sont préparées pour (attendent) les moqueurs. — 2° Être juste, convenable, sincère, ferme, rassuré; לֹא נָכוֹן לַעֲשׂוֹת כֵּן Exod. 8. 22, il n'est pas juste, convenable, d'agir ainsi; כִּי לֹא דִבַּרְתֶּם אֵלַי נְכוֹנָה Job 42. 8, car vous ne m'avez pas parlé justement, sincèrement (comme Job); כִּי אֵין בְּפִיהוּ נְכוֹנָה Ps. 5. 10, car il n'y a pas dans leur bouche une parole vraie, sincère; וְרוּחַ נָכוֹן Ps. 51. 12, et un esprit fort, ferme; כִּי־נָכוֹן הַדָּבָר מֵעִם הָאֱלֹהִים Gen. 41. 32, que c'est une chose que Dieu a fermement décidée; נָכוֹן לִבִּי Ps. 57. 8, mon cœur est rassuré; אֶל־נָכוֹן I Sam. 26. 4, *adv.*, avec certitude, certainement.

Hithph.: וּבִתְבוּנָה יִתְכּוֹנָן Prov. 24. 3, (la maison) est affermie, consolidée, par la raison, prudence: תִּבָּנֶה וְתִכּוֹנֵן עִיר סִיחוֹן Nomb. 21. 27, que la ville de Sihon soit élevée et bâtie, fondée; בְּלִי־עָוֹן יְרֻצוּן וְיִכּוֹנָנוּ Ps. 59. 5, sans que je leur eusse fait aucun mal, ils accourent et se préparent, s'arment (contre moi).

כּוּן *n. pr.* Chun, une ville phénicienne, I Chr. 18. 8, appelée בֵּרֹתַי Beroth, II Sam. 8. 8.

כַּוָּן *m.* (de כּוּן préparer). Gâteau offert en sacrifice: לַעֲשׂוֹת כַּוָּנִים לִמְלֶכֶת הַשָּׁמַיִם Jér. 7. 18, pour faire des gâteaux à la reine du ciel (la lune ou Vénus), ou à l'œuvre du ciel, c.-à-d. aux astres; עָשִׂינוּ לָהּ כַּוָּנִים לְהַעֲצִבָה 44. 19, nous lui avons fait des gâteaux pour l'honorer, ou la réjouir, (ou pour présenter son image, v. עָצַב); *Targg.* traduit, aux deux endroits, כַּוָּנִים par : des vêtements (aux idoles qui représentaient la lune, etc.).

כּוֹס *f.* (*plur.* כֹּסוֹת). 1° Coupe : וְכוֹס פַּרְעֹה בְּיָדִי Gen. 40. 11, et j'avais dans ma main la coupe de Pharaon; וּמִכֹּסוֹ תִשְׁתֶּה II Sam. 12. 3, elle buvait de sa coupe; גְּבִעִים מְלֵאִים יַיִן וְכֹסוֹת Jér. 35. 5, des bocaux pleins de vin, et des coupes, ou גָּבִיעַ et כּוֹס tous deux : coupe, mais de forme différente; כּוֹס־יְשׁוּעוֹת אֶשָּׂא Ps. 116. 13, je prendrai la coupe du salut, c.-à-d. je ferai des libations de grâces pour la protection que Dieu m'a accordée; כּוֹס הַתַּרְעֵלָה Is. 51. 17, la coupe du tremblement, des vertiges; aussi seul : הַכּוֹס Jér. 49. 12, le calice d'amertume, d'affliction ; גַּם־עָלַיִךְ תַּעֲבָר־כּוֹס Lament. 4. 21, la coupe d'affliction viendra à toi aussi. — 2° Sort, destin : מְנָת כּוֹסָם Ps. 11. 6, la part de leur sort (leur partage et leur sort) ; יְיָ מְנָת־חֶלְקִי וְכוֹסִי 16. 5, Dieu est la part de mon héritage et mon sort (la portion qui m'est destinée). — 3° Nom d'un oiseau immonde : וְאֶת־הַכּוֹס Lév. 11. 17, le hibou ; selon d'autres : l'onocrotale ou le pélican (dont l'œsophage forme une espèce de sac, כִּיס) ; הָיִיתִי כְּכוֹס חֳרָבוֹת Ps. 102. 7, je suis comme le hibou ou le pélican dans les ruines, ou les lieux déserts.

כּוּר *m*. Fourneau, creuset, pour fondre les métaux : כְּהִתּוּךְ כֶּסֶף בְּתוֹךְ כּוּר Ez. 22. 22, comme l'argent est fondu (au milieu) dans le fourneau ; וְכוּר לַזָּהָב Prov. 17. 3, et (comme) le creuset pour (éprouver) l'or ; בְּחַרְתִּיךָ בְּכוּר עֹנִי Is. 48. 10, je t'ai choisi (ou éprouvé, pour בְּחַנְתִּיךָ) dans la fournaise de la misère (du malheur) ; מִכּוּר הַבַּרְזֶל מִמִּצְרָיִם Deut. 4. 20, (Dieu t'a tiré) du fourneau de fer, de l'Égypte.

כּוּר עָשָׁן (fourneau fumant) *n. pr.* d'une ville, I Sam. 30. 30, Chor Asan.

כּוֹר (v. כֹּר).

כּוּשׁ *n. pr.* 1° Chus, fils de Ham, Gen. 10. 7. — 2° L'Éthiopie, Ps. 68. 32 ; תִּרְהָקָה מֶלֶךְ־כּוּשׁ II Rois 19. 9, Tharaca, roi d'Éthiopie. — 3° כּוּשׁ בֶּן־יְמִינִי Ps. 7. 1, Chus, de la tribu de Benjamin ; selon plusieurs commentateurs : Saül, le roi, fils de קִישׁ, ou : l'homme à l'âme noire, perfide envers David (v. כּוּשִׁי).

כּוּשִׁי *m*. (*fém*. כּוּשִׁית, *plur*. כּוּשִׁים et כֻּשִׁיִּים). Éthiopien, nègre : הֲיַהֲפֹךְ כּוּשִׁי עוֹרוֹ Jér. 13. 23, un Éthiopien (nègre) peut-il changer sa peau ? עֶבֶד־מֶלֶךְ הַכּוּשִׁי 38. 7, un esclave du roi, un Éthiopien, ou : un Éthiopien nommé Ebed Melech ; כּוּשִׁים II Chr. 21. 16, les Éthiopiens ; הֲלוֹא כִבְנֵי כֻשִׁיִּים אַתֶּם לִי Amos 9. 7, est-ce que vous n'êtes pas pour moi comme les enfants des Éthiopiens ? c.-à-d. ceux-ci sont mes enfants aussi bien que vous, ou : vous m'appartenez comme les nègres qui sont esclaves, ou : vous êtes pervers, incorrigibles, comme les nègres restent noirs (v. plus haut, Jér. 13. 23) ; אִשָּׁה כֻשִׁית Nomb. 12. 1, une Éthiopienne.

כּוּשִׁי *n. pr.* Chusi, père du prophète Sophonie, Soph. 1. 1.

כּוּשָׁן (v. כּוּשׁ 2°). Éthiopien : אָהֳלֵי כוּשָׁן Hab. 3. 7, les tentes des Éthiopiens.

כּוּשַׁן רִשְׁעָתַיִם *n. pr.* Chusan Rasathaïm, roi de Mésopotamie, Jug. 3. 8. (Chusan, deux fois coupable envers Israel.)

כּוֹשָׁרָה *f*. (rac. כָּשֵׁר). Chaîne : מוֹצִיא אֲסִירִים בַּכּוֹשָׁרוֹת Ps. 68. 7, il fait sortir (délivre) ceux qui étaient liés dans les chaînes (v. קֶשֶׁר) ; selon d'autres : en temps convenable, ou : (pour être) en liberté, dans la prospérité (comme אֹשֶׁר).

כּוּת *n. pr.* d'un pays : אַנְשֵׁי־כוּת II Rois 17. 30, les Cuthéens, que le roi des Assyriens fit venir en Samarie, pour remplacer les Juifs transférés dans l'Assyrie ; 17. 24, כּוּתָה.

כּוֹתֶרֶת (v. כֹּתֶרֶת).

כָּזַב *Kal*. seulement *part*. : כָּל־הָאָדָם כֹּזֵב Ps. 116. 11, tout homme est menteur.

Pi. Mentir, tromper : אִם־אֲכַזֵּב Job 6. 28, (voyez) si je mens ; עֵד אֱמוּנִים לֹא יְכַזֵּב Prov. 14. 5, le témoin de la vérité (fidèle) ne ment jamais, même quand il n'est pas devant le tribunal, même sur des choses indifférentes ; suivi de ל : וּבִלְשׁוֹנָם יְכַזְּבוּ־לוֹ Ps. 78. 36, et avec leur langue ils lui mentaient (leurs louanges mêmes n'étaient pas sincères) ; de ב : אַל־תְּכַזֵּב בְּשִׁפְחָתֶךָ II Rois 4. 16, ne trompe pas ta servante ; אֲשֶׁר לֹא־יְכַזְּבוּ מֵימָיו Is. 58. 11, (une source) dont les eaux ne trompent pas (ne manquent, ne sèchent jamais.

Hiph. : מִי יַכְזִיבֵנִי Job 24. 25, qui me convaincra de mensonge ?

Niph., *passif* du *Hiph*. : הֵן־תֹּחַלְתּוֹ נִכְזָבָה Job 41. 1, certes, son espérance (de prendre le léviathan) a été trouvée mensongère (était trompeuse); פֶּן־יוֹכִיחַ בְּךָ וְנִכְזָבְתָּ Prov. 30. 6, de peur qu'il ne t'en reprenne (ou : qu'il ne te punisse) et que tu ne sois convaincu de mensonge.

כָּזָב *m.* Mensonge, tromperie, idole : תְּבַקְשׁוּ כָזָב Ps. 4. 3, (jusqu'à quand) chercherez-vous le mensonge ? יָפִיחַ כְּזָבִים Prov. 6. 19, un homme qui dit des mensonges ; וּדְבַר־כָּזָב 30. 8, et une parole de mensonge ; וַיַּתְעוּם כִּזְבֵיהֶם Amos 2. 4, leurs idoles les ont trompés, séduits ; וְקֶסֶם כָּזָב Ez. 13. 6, une divination, prophétie fausse.

כֹּזֵבָא *n. pr.* d'un endroit : וְאַנְשֵׁי כֹזֵבָא I Chr. 4. 22, et les habitants de Chozeba.

כָּזְבִּי (la trompeuse) *n. pr.* Cozbi, fille de Sur, prince madianite, Nomb. 25. 15.

כְּזִיב *n. pr.* d'un endroit, Chazib, Gen. 38. 5.

כֹּחַ *m.* (כֹּחוֹ Dan. 11. 6, avec suff. כֹּחִי). Force, puissance, capacité, richesse : בַּמֶּה כֹּחֲךָ גָדוֹל Jug. 16. 6, par quoi vient (ou : en quoi consiste) ta force si grande? לְלֹא־כֹחַ Job 26. 2, à (l'homme) sans force (faible) ; גִּבֹּרֵי כֹחַ Ps. 103. 20, (les anges) puissants de force (puissants et forts) ; כֹּחַ אֲדֹנָי Nomb. 14. 17, la puissance de Dieu ; כֹּחִי Gen. 49. 3, (fils) de ma force (engendré dans la force de ma jeunesse) ; כֹּחָהּ 4. 12, la force de la terre, ses fruits ; וַאֲשֶׁר כֹּחַ בָּהֶם Dan. 1. 4, et qui eussent la capacité (pour servir à la cour) ; וּמִכֹּחֲכֶם שִׁחֲדוּ בַעֲדִי Job 6. 22, et avec votre bien (richesse) gagnez (les juges), faites-leur des présents, en ma faveur.

כֹּחַ *m.* Nom d'un animal immonde, Lév. 11. 30, espèce de lézard (?).

כָּחַד (*Kal* inusité) *Pi.* (כִּחֵד *fut.* יְכַחֵד) Nier, renier, cacher : לֹא כִחֵדוּ Is. 3. 9, ils ne l'ont pas caché ; כִּי־לֹא כִחַדְתִּי אִמְרֵי קָדוֹשׁ Job 6. 10, que je n'ai pas renié (violé) les ordres du Saint (de Dieu) ; וְלֹא כִחֲדוּ מֵאֲבוֹתָם 15. 18, et ils ne cachent point (ce qu'ils ont appris) de leurs pères ; אַל־תְּכַחֵד מִמֶּנִּי Jos. 7. 19, ne me (le) cache pas ; אַל־תְּכַחֵד מִמֶּנִּי דָּבָר Jér. 38. 14, ne me cache rien.

Hiph. 1° Cacher : יַכְחִידֶנָּה תַּחַת לְשׁוֹנוֹ Job 20. 12, il le cache sous sa langue. — 2° Enlever, exterminer : וְהִכְחַדְתִּיו Exod. 23. 23, quand je les exterminerai ; וָאַכְחִד אֶת־שְׁלֹשֶׁת הָרֹעִים Zach. 11. 8, j'ai fait mourir trois pasteurs (chefs) ; וַיַּכְחֵד כָּל־גִּבּוֹר חַיִל II Chr. 32. 21, il extermina tous les héros.

Niph. 1° *Passif* du *Pi.* : וְכָל־דָּבָר לֹא־יִכָּחֵד II Sam. 18. 13, rien ne sera caché (au roi) ; מִמְּךָ לֹא־נִכְחָדוּ Ps. 69. 6, (mes péchés) ne te sont point cachés. — 2° *Pass.* du *Hiph.* 2° : וְאֵיפֹה יְשָׁרִים נִכְחָדוּ Job 4. 7, et où y a-t-il eu des hommes droits, justes, qui aient été exterminés ? עָרִים נִכְחָדוֹת 15. 28, des villes désolées ; וַתִּכָּחֵד מִן־הָאָרֶץ Exod. 9. 15, tu aurais été anéanti de dessus la terre.

כָּחַל Farder : כָּחַלְתְּ עֵינַיִךְ Ez. 23. 40, tu as fardé tes yeux (tes paupières).

כָּחַשׁ Diminuer, maigrir : וּבְשָׂרִי כָּחַשׁ מִשָּׁמֶן Ps. 109. 24, et (ma chair) mon corps maigrit, (n'a pas) de graisse.

Pi. Nier, mentir, renoncer, tromper manquer, dissimuler : וַתְּכַחֵשׁ שָׂרָה Gen. 18. 15, et Sara nia ; וְגַם כִּחֲשׁוּ Jos. 7. 11, et ils ont menti ; avec ב : וְכִחֵשׁ בַּעֲמִיתוֹ Lév. 5. 21, qu'il nie à son prochain (le dépôt qu'il avait reçu de lui) ; וְכִחֶשׁ בּוֹ Job 8. 18, (le lieu où la plante était) la reniera, renoncera ; וְכַחֵשׁ בַּיי Is. 59. 13, et renier Dieu ; avec ל : כִּחֵשׁ לוֹ I Rois 13. 18, il lui dit un mensonge ; וְתִירוֹשׁ יְכַחֶשׁ בָּהּ Osée 9. 2, et le vin trompera son attente, c.-à-d. manquera ; כִּחֵשׁ מַעֲשֵׂה־זַיִת Hab. 3. 17, le fruit de l'olivier manquera ; בְּנֵי נֵכָר יְכַחֲשׁוּ־לִי Ps. 18. 45, les enfants étrangers ont dissimulé à mon égard (de peur de moi) ; בְּרֹב עֻזְּךָ יְכַחֲשׁוּ לְךָ אֹיְבֶיךָ 66. 3, par la grandeur de ta puissance tes ennemis te flatteront (dissimuleront leur haine).

Niph. : וְיִכָּחֲשׁוּ אֹיְבֶיךָ לָךְ Deut. 33. 29, tes ennemis te flatteront, te rendront hommage ; selon d'autres : ils te mentiront, ou te renieront, refuseront de te reconnaître.

Hithp. : בְּנֵי נֵכָר יִתְכַּחֲשׁוּ־לִי II Sam. 22. 45, les enfants étrangers me flattent, se soumettent à moi.

כַּחַשׁ *m.* 1° (v. כָּחַשׁ *Kal*) Maigreur : וַיָּקָם בִּי כַחֲשִׁי Job 16. 8, ma maigreur (faiblesse) s'élève, témoigne, contre moi, ou (v. *Pi.*) : mon adversaire, ou calomniateur. — 2° Mensonge, tromperie : סְבָבֻנִי בְכַחַשׁ אֶפְרַיִם Osée 12. 1, Ephraïm m'entoure avec des paroles trompeuses, avec des mensonges ; וּבְכַחֲשֵׁיהֶם שָׂרִים Osée 7. 3, avec leurs mensonges, tromperies, (ils réjouissent) les princes.

כֶּחָשׁ *adj.* Menteur : בָּנִים כֶּחָשִׁים Is. 9. 30, des enfants menteurs.

כִּי *m.* (rac. כָּוָה, v. כְּוִיָּה) : כִּי־תַחַת יֹפִי Is. 3. 24, brûlure, flétrissure au lieu de beauté ; selon d'autres : כִּי *particule*, avec son sens ordinaire, car (tout cela leur arrive) pour la beauté (dont elles étaient si fières, pour leur coquetterie).

כִּי 1° *Pronom relatif*, comme אֲשֶׁר : כִּי מִמֶּנָּה לֻקָּחְתָּ Gen. 3. 19, (de la terre) d'où tu as été tiré, ou : car tu as été tiré d'elle (v. plus bas) ; כִּי הֲרָגוֹ קָיִן 4. 25, (Abel) que Caïn a tué ; וְאֵשֶׁת נְעוּרִים כִּי תִמָּאֵס Is. 54. 6, et (comme) une femme (qu'on avait épousée) dans sa jeunesse, et que l'on a repoussée, ou répudiée, depuis (et que l'on reprend).

2° *Conj.* Que : וַיַּרְא אֱלֹהִים כִּי־טוֹב Gen. 1. 10, Dieu vit que (cela) était bon ; יָדַעְתִּי כִּי־כֵן Job 9. 2, je sais que cela est ainsi ; שָׁמַע כִּי נָסַע מִלָּכִישׁ Is. 37. 8, il avait appris que (le roi) était parti de Lachis ; הֲטוֹב לְךָ כִּי־תַעֲשֹׁק Job 10. 3, te convient-il que tu m'accables (de m'accabler) ? De là הֲכִי est-ce que ? : הֲכִי־אָמַרְתִּי Job 6. 22, est-ce que j'ai dit ? הֲכִי יֶשׁ־עוֹד II Sam. 9. 1, est-ce qu'il y a encore (un) ? ou fortifiant, n'est-ce pas que ? certes, avec raison : מִן־הַשְּׁלֹשָׁה הֲכִי נִכְבָּד II Sam. 23. 19, certes, c'était le plus estimé d'entre les trois ; הֲכִי קָרָא שְׁמוֹ יַעֲקֹב Gen. 27. 36, c'est avec raison qu'il a été appelé Jacob (celui qui supplante), ou : est-ce que, parce qu'il a été appelé, etc. ? הֲכִי־אָחִי אַתָּה 29. 15, est-ce que, parce que tu es mon frère ? (v. plus bas) ; הִנֵּה כִּי־כֵן Ps. 128. 4, certes, c'est ainsi que (sera béni) ; הֲלוֹא כִּי־מְשָׁחֲךָ יְיָ I Sam. 10. 1, n'est-il pas que ? certes, Dieu t'a oint, t'a sacré (pour prince) ; après les formules de serment : חַי־יְיָ כִּי בְנֵי־מָוֶת אַתֶּם I Sam. 26. 16, je jure par l'Éternel que vous méritez la mort ; חַי־אָנִי נְאֻם יְיָ כִּי כֻלָּם Is. 49. 18, par mon existence (je jure par moi-même), dit l'Éternel, que tous ceux-ci, etc. ; כֹּה־יַעֲשֶׂה אֱלֹהִים וְכֹה יוֹסִיף כִּי I Sam. 14. 44, que Dieu me fasse ainsi, et qu'il y ajoute (qu'il me punisse sévèrement) si (tu ne meurs).

3° Pour que : מַה־כֹּחִי כִּי אֲיַחֵל Job 6. 11, quelle est ma force pour que j'espère, pour pouvoir espérer encore ? מִי אָנֹכִי כִּי אֵלֵךְ אֶל־פַּרְעֹה Exod. 3. 11, qui suis-je, pour que j'aille (pour pouvoir aller) vers Pharaon ?

4° Lorsque, quand : כִּי נַעַר יִשְׂרָאֵל Osée 11. 1, lorsqu'Israel était jeune ; וְכִי־יֹאמְרוּ אֲלֵיכֶם Is. 8. 19, et lorsqu'ils vous diront ; souvent וַיְהִי כִּי il arriva lorsque, ou quand.

5° Si : כִּי־אָמַרְתִּי Job 7. 13, si je dis (en moi-même) ; וְכִי־יִרְבֶּה מִמְּךָ הַדֶּרֶךְ Deut. 14. 24, mais si le chemin est trop long, trop loin pour toi ; כִּי תִקְנֶה עֶבֶד עִבְרִי Exod. 21. 2, si tu achètes un esclave hébreu.

6° Alors : כִּי־עַתָּה יָעִיר עָלֶיךָ Job 8. 6, alors (ou certes) à l'instant il veillera sur toi ; כִּי לֹא תֵאָמֵנוּ Is. 7. 9, (si vous n'avez point la foi) [alors] vous ne durerez pas, vous n'aurez point de stabilité (v. אָמַן *Niph.*).

7° Parce que, puisque : כִּי עָשִׂיתָ זֹּאת Gen. 3. 14, parce que tu as fait cela ; כִּי נָטַל עָלָיו Lament. 3. 28, parce que Dieu a mis ce joug sur lui ; כִּי תֵדָע Job 38. 5, *ironiq.* puisque tu le sais (ou : si tu le sais) ; כִּי־אֱלֹהִים הוּא I Rois 18. 27, puisqu'il (Baal) est un dieu.

8° Car : כִּי־יָחִיד וְעָנִי אָנִי Ps. 25. 16, car je suis seul et (pauvre) dans l'affliction ; כִּי־אָבִי וְאִמִּי עֲזָבוּנִי 27. 10, car mon père et ma mère m'ont abandonné ; כִּי אִשְּׁרוּנִי בָּנוֹת Gen. 30. 13, car les femmes m'estimeront, m'appelleront heureuse.

9° Mais, que non, au contraire : כִּי אֶל־אַרְצִי — תֵּלֵךְ Gen. 24. 4, mais tu iras dans mon pays ; לֹא כִּי בָרְחוֹב נָלִין 19. 2, non, mais nous passerons la nuit dans la rue ; כִּי מִנְּעוּרַי גְּדֵלַנִי כְאָב Job 31. 17, au contraire, depuis ma jeunesse (l'orphelin) a grandi à mes côtés comme près d'un père, je l'ai élevé comme un père ; כִּי הֶעֱלִתִיךָ מֵאֶרֶץ מִצְרַיִם Mich. 6. 3, (quel mal t'ai-je fait ?) au contraire, je t'ai fait sortir de l'Égypte.

10° Cependant, quoique : כִּי לֹא לָנֶצַח אָדוֹשׁ יְדוּשֶׁנּוּ Is. 28. 28, cependant on ne le bat, brise pas fortement, ou on ne le brise pas toujours ; כִּי קָרוֹב הוּא Exod. 13. 17, (ce chemin) était cependant proche (quoique le plus court), ou : parce qu'il était proche (v. 7°) ; כִּי עַם־קְשֵׁה־עֹרֶף הוּא Exod. 34. 9, quoique ce peuple soit opiniâtre, inflexible ; כִּי חָזָק הוּא Jos. 17. 18, quoiqu'il soit fort, quelque fort qu'il soit ; כִּי־עַל־כֵּן comme עַל־כֵּן־כִּי c'est pour cela que, parce que (v. כֵּן).

כִּי אִם 1° Que si (chaque particule dans son sens naturel) : כִּי אִם־יָדֹעַ אֵדַע I Sam. 20. 9, que si je reconnais (que mon père médite ta perte) ; כִּי אִם־מְמִתִים אַתֶּם אֹתִי Jér. 26. 15, (sachez) que, si vous me faites mourir. — 2° Puisque : כִּי אִם־תַּם הַכֶּסֶף Gen. 47. 18, que, puisque l'argent manque (que, n'ayant plus d'argent). — 3° Car si : כִּי אִם־אֵינְךָ מְשַׁלֵּחַ Exod. 8. 17, car, si tu ne laisses pas partir (mon peuple) ; כִּי אִם־שָׁנִים הַרְבֵּה Eccl. 11. 8, car, si (un homme vit) beaucoup d'années. — 4° Mais si, mais : כִּי אִם בְּתוֹרַת יְיָ חֶפְצוֹ Ps. 1. 2, mais s'il (mais qui) met toute son affection dans la loi du Seigneur ; כִּי אִם־יִשְׂרָאֵל Gen. 32. 28, (ton nom ne sera plus Jacob) mais Israel ; כִּי אִם־מֶלֶךְ יִהְיֶה עָלֵינוּ I Sam. 8. 19, (non) mais un roi (sera) régnera sur nous. — 5° Seulement quand, excepté, sinon : כִּי אִם־בֵּרַכְתָּנִי Gen. 32. 27, (je ne te laisserai pas) excepté quand tu m'auras béni (que tu ne m'aies béni) ; כִּי אִם־הֱסִירְךָ II Sam. 5. 6, que tu n'aies fait sortir ; כִּי אִם־אוֹתָךְ Gen. 39. 9, toi seule exceptée ; כִּי אִם אֶת־אֲשֶׁר יֹאמַר הֵגַי Esth. 2. 15, excepté ce que disait Hegée (ce qu'il demandait pour elle) ; מִי עִוֵּר כִּי אִם־עַבְדִּי Is. 42. 19, qui est aveugle, sinon mon serviteur ? — 6° Seulement : כִּי אִם־זְכַרְתַּנִי אִתְּךָ Gen. 40. 14, seulement, souviens-toi de moi. — 7° Après les formules de serment (v. כִּי 2°) : חַי־יְיָ כִּי־אִם־רַצְתִּי אַחֲרָיו II Rois 5. 20, par Dieu l'Éternel, je courrai après lui ; כִּי אִם־מִלֵּאתִיךְ Jér. 51. 14, (Dieu a juré par lui-même, disant) je jure que je ferai fondre sur toi (des hommes). — 8° Car, certes : כִּי אִם־יֵשׁ אַחֲרִית Prov. 23. 18, certes, il est un avenir, ou : car alors il y aura une récompense (pour toi) ; כִּי אִם־פָּנָיו אֶשָּׂא Job 42. 8, car je le regarde avec faveur (ce n'est que par égard pour lui que, etc.).

כִּיד *m.* Ruine, malheur : יִרְאוּ עֵינָו כִּידוֹ Job 21. 20, ses yeux verront sa ruine (son malheur).

כִּידוֹר *m.* Étincelle : כִּידוֹדֵי אֵשׁ יִתְמַלָּטוּ Job 41. 11, des étincelles de feu en partent, jaillissent.

כִּידוֹן *m.* Dard, javelot : לַהַב חֲנִית וְכִידוֹן Job 39. 23, l'éclat, ou le fer, des lances et des javelots ; וְיִשְׂחַק לְרַעַשׁ כִּידוֹן Job 41. 21, il se rit du (tremblement) sifflement du dard ; נְטֵה בַּכִּידוֹן אֲשֶׁר־בְּיָדְךָ Jos. 8. 18, étends la lance (selon d'autres : le bouclier) que tu as à la main ; וְכִידוֹן נְחֹשֶׁת בֵּין כְּתֵפָיו I Sam. 17. 6, une lance (ou un bouclier) d'airain (qu'il tenait ou portait) entre ses épaules ; גֹּרֶן כִּידֹן I Chr. 13. 9, l'aire de Chidon, *n. pr.* d'un endroit près de Jérusalem.

כִּידוֹר *m.* Bataille ou armée : כְּמֶלֶךְ עָתִיד לַכִּידוֹר Job 15. 24, comme un roi qui s'arme, se prépare, pour la bataille, ou : prêt à se mettre (à la tête) de l'armée.

כִּיּוּן *n. pr.* d'une idole : וְאֵת כִּיּוּן צַלְמֵיכֶם כּוֹכַב אֱלֹהֵיכֶם Amos 5. 26, et Chiyun (Saturne) votre idole ; l'astre, votre dieu ; selon d'autres : l'image de vos idoles (v. כַּוָּן).

כִּיּוֹר et כִּיֹּר *m.* (*pl.* כִּיּוֹרִים et כִּיּוֹרוֹת). 1° כְּכִיּוֹר אֵשׁ Zach. 12. 6, comme un bassin plein de feu ; selon d'autres : comme un tison de feu. — 2° Bassin à se laver : וְעָשִׂיתָ כִּיּוֹר נְחֹשֶׁת Exod. 30. 18, tu feras un bassin de cuivre (pour s'y laver) ; וְהִכָּה בַכִּיּוֹר I Sam. 2. 14, il enfonça (la fourchette) dans le bassin (dans lequel on lavait la viande) ; d'autres traduisent : dans la chaudière ; כִּי־עָשָׂה שְׁלֹמֹה כִּיּוֹר נְחֹשֶׁת II Chr. 6. 13, car Salomon avait fait faire une estrade d'airain (en forme de bassin ?), ou : le bassin lui servait ce jour-là d'estrade, de chaire.

כִּילַי et כֵּלַי *m.* (de נָכַל). Le méchant, le trompeur ; ou (de כול mesurer) l'avare (selon d'autres, de מִי לִי qui dit : C'est à moi) ; וּלְכִילַי לֹא יֵאָמֵר שׁוֹעַ Is. 32. 5, et au méchant, au trompeur, on ne donnera plus le nom de grand, de noble, ou : à l'avare on ne donnera plus le nom de généreux ; וְכֵלַי כֵּלָיו רָעִים 32. 7, et le trompeur, ses armes sont malignes, ou : l'avare, ses moyens (sa conduite) sont injustes.

כֵּילַפּוֹת *f. pl.* Hache, marteau : בְּכַשִּׁיל וְכֵילַפֹּת יַהֲלֹמוּן Ps. 74. 6, ils brisent, renversent, avec la cognée et la hache, ou : les marteaux.

כִּימָה *f.* Groupe d'étoiles, les Pléiades : עֹשֶׂה עָשׁ כְּסִיל וְכִימָה Job 9. 9, qui a créé les étoiles de l'Ourse, de l'Orion et des Pléiades ; הַתְקַשֵּׁר מַעֲדַנּוֹת כִּימָה 38. 31, as-tu joint les liens des Pléiades, ou : as-tu créé l'influence des Pléiades sur les fruits doux, qui les font mûrir, se nouer ?

כִּיס *m.* 1° Bourse, pour y mettre de l'argent : כִּיס אֶחָד יִהְיֶה לְכֻלָּנוּ Prov. 1. 14, nous n'aurons tous qu'une même bourse ; הַזָּלִים זָהָב מִכִּיס Is. 46. 6, qui tirent, ou qui prodiguent l'or de (leur) bourse. — 2° Sac : לֹא־יִהְיֶה לְךָ בְּכִיסְךָ אֶבֶן וָאָבֶן Deut. 25. 13, tu n'auras point dans ton sac deux sortes de poids.

כִּירַיִם *m.*, *duel* : וְכִירַיִם Lév. 11. 35, et des foyers (des fourneaux de cuisine) ; selon d'autres : des marmites à couvercle.

כִּישׁוֹר *m.* Fuseau ou quenouille : יָדֶיהָ שִׁלְּחָה בַכִּישׁוֹר Prov. 31. 19, elle a porté sa main à la quenouille.

* כָּךְ Ainsi (v. כָּכָה).

כָּכָה Ainsi, de cette manière : וְכָכָה תֹּאכְלוּ אֹתוֹ Exod. 12. 11, vous le mangerez de cette manière ; כָּכָה תַּעֲשֶׂה לַלְוִיִּם Nomb. 8. 26, c'est ainsi que tu en useras envers les Lévites (tu régleras ainsi leur service) [v. אֵיכָכָה].

כִּכָּר *f.* (const. כִּכַּר, *plur.* כִּכָּרִים, const. כִּכְּרֵי sens 3°, et כִּכָּרוֹת const. כִּכְּרוֹת, *duel* כִּכָּרַיִם sens 2°, v. כִּרֵר). 1° Cercle, circonférence : וּמִן־הַכִּכָּר סְבִיבוֹת יְרוּשָׁלַםִ Néh 12. 28, et (du cercle autour) des environs de Jérusalem ; בְּעָרֵי הַכִּכָּר Gen. 13. 12, dans les villes aux environs, ou dans la plaine du Jourdain ; אַל־תַּעֲמֹד בְּכָל־הַכִּכָּר 19. 17, et ne t'arrête point dans tous les pays d'alentour. — 2° Avec לֶחֶם, un gâteau de pain, pain rond, miche : וְכִכַּר לֶחֶם אַחַת Exod. 29. 23, et un pain rond ; שְׁלֹשֶׁת כִּכְּרוֹת לֶחֶם I Sam. 10. 3, trois gâteaux (miches) de pain ; וְכִכַּר־לָחֶם 2. 36, et pour un morceau de pain. — 3° Un poids, talent de trois mille sicles (v. Exod. 38. 25, 26) : מְאַת כִּכַּר הַכֶּסֶף Exod. 38. 27, les cent talents d'argent ; וּמִשְׁקָלָהּ כִּכַּר זָהָב II Sam. 12. 30, et le poids (de la couronne) était un talent d'or ; כִּכָּרַיִם כֶּסֶף II Rois 5. 23, deux talents d'argent ; וּבַרְזֶל מֵאָה־אֶלֶף כִּכָּרִים I Chr. 29. 7, et cent mille talents de fer.

כַּכַּר chald. (*pl.* כַּכְּרִין). Même signif. que כִּכָּר héb. 3° : עַד־כְּסַף כַּכְּרִין מְאָה Esdr. 7. 22, jusqu'à cent talents d'argent.

כֹּל (avec *makk.* כָּל, rac. כָּלַל) 1° Avec un *subst.* au *sing.*, entier, entière ; tout, toute : כָּל־הָאָרֶץ Gen. 9. 19, toute la terre ; כָּל־הָעָם 19. 4, tout le peuple ;

כָּל־הָאַיִל Exod. 29. 18, le bélier tout entier ; בְּכָל־לְבָבְךָ וּבְכָל־נַפְשְׁךָ Deut. 4. 29, de tout ton cœur et de toute ton âme ; avec le *pron. pers.*: פְּלֶשֶׁת כֻּלֵּךְ Is. 14. 29, Pleseth, toi tout entière ; כִּי־עָלִית כֻּלָּךְ לַגַּגּוֹת 22. 1, que tu montes tout entière (en foule) sur les toits ; כֻּלּוֹ כְּאַדֶּרֶת שֵׂעָר Gen. 25. 25, lui tout entier (tout son corps) était comme un manteau de poils. — Il se place souvent après le *subst.* en forme de *gén.*: חָזוּת הַכֹּל Is. 29. 11, toute vision, ou : la vision de tous les prophètes ; יִשְׂרָאֵל כֻּלֹּה II Sam. 2. 9, tout Israel ; מִצְרַיִם כֻּלָּהּ Ez. 29. 2, toute l'Égypte.

2° Avec un *plur.*, tous, toutes : כָּל־הַגּוֹיִם Is. 2. 2, toutes les nations ; כָּל־הַלֵּילוֹת 21. 8, toutes les nuits ; כָּל־יֹשְׁבֵי תֵבֵל 18. 3, tous les habitants du monde. — Avec le *pron. pers.*: כֻּלָּנוּ Gen. 42. 11, nous tous ; כֻּלְּכֶם Deut. 1. 22, vous tous ; כֻּלָּם Is. 10. 10, eux tous ; כֻלָּנָה Gen. 42. 36, (toutes ces choses) tous mes maux ; et לְכֻלָּהְנָה I Rois 7. 37, pour elles toutes. — Suivi de אֲשֶׁר : כֹּל אֲשֶׁר נִשְׁמַת־רוּחַ חַיִּים בְּאַפָּיו Gen. 7. 22, tous (les êtres) qui avaient le souffle de la vie dans leur nez (qui respiraient) ; כָּל־אֲשֶׁר יֶשׁ־לוֹ 39. 5, tout ce qu'il avait. — Devant un *collectif*, même au *sing.* : כָּל־הַחַיָּה Gen. 8. 1, tous les animaux ; כְּכָל־הָאָדָם Jug. 16. 17, comme tous les hommes.

3° Chaque (tout) : וְכָל־פֶּה Is. 9. 16, et chaque bouche ; כָּל־בַּיִת 24. 10, chaque maison ; בְּכָל־שָׁנָה וְשָׁנָה Esth. 9. 21, chaque année (tous les ans) ; וּבְכָל־יוֹם וָיוֹם 2. 11, et chaque jour. (Dans ces locutions, les *subst.* ne prennent pas d'*art.*)

4° *Absolu*, tout, toutes les choses : עֹשֶׂה כֹּל Is. 44. 24, (moi l'Éternel) qui fais tout (toutes choses) ; יָדוֹ בַכֹּל וְיַד כֹּל בּוֹ Gen. 16. 12, sa main (sera levée) contre tous, et la main de tous contre lui ; הַכֹּל כַּאֲשֶׁר לַכֹּל Eccl. 9. 2, à tous (il arrive) comme à tous (tous ont le même sort), ou : tout est destiné, arrêté, ce qui doit arriver à chacun ; הַכֹּל הָבֶל 1. 2, tout est vanité.

5° Quelque, quelconque : לְקַיֵּם כָּל־דָּבָר Ruth 4. 7, pour confirmer, valider, quelque chose (une chose quelconque) ; כָּל־כְּלִי Nomb. 35. 22, une chose, un outil quelconque ; avec une *nég.*, nul, aucun : כָּל־מְלָאכָה לֹא־יֵעָשֶׂה Exod. 12. 16, aucun travail ne sera fait ; לֹא־יְאֻנֶּה לַצַּדִּיק כָּל־אָוֶן Prov. 12. 21, aucun malheur, aucune adversité, n'arrive au juste, ou aucune iniquité, c.-à-d. il n'en commet pas ; וְאֵין כָּל־חָדָשׁ Eccl. 1. 9, rien n'est nouveau (sous le soleil).

6° Toutes sortes de : וְכָל־מֶכֶר Néh. 13. 16, et toutes sortes de choses à vendre (de marchandises) ; וְכֹל אֶבֶן יְקָרָה I Chr. 29. 2, et toutes sortes de pierres précieuses.

7° *Adv.* Entièrement, rien que : כָּל־הֶבֶל כָּל־אָדָם Ps. 39. 6, tout homme n'est rien que vanité ; כָּל־עֻמַּת שֶׁבָּא כֵּן יֵלֵךְ Eccl. 5. 15, absolument comme il est venu, il s'en retournera ; כִּי־כָל־עוֹד נִשְׁמָתִי בִי Job 27. 3, car pendant, (tout le temps que) tant que mon âme sera en moi.

כֹּל avec *makk.* כָּל, chald., les mêmes significations que כֹּל héb.: וְכֹל כְּסַף וּדְהַב Esdr. 7. 16, et tout l'or et l'argent ; כָּל־מֶלֶךְ וְעַם 6. 12, chaque roi et chaque peuple ; וְכֹל שִׁלְטֹנֵי מְדִינָתָא Dan. 3. 2, tous les gouverneurs de province ; בְּכָלְּהוֹן 2. 38, sur eux tous ; כֹּלָּא 2. 40, tout ; וּמָזוֹן לְכֹלָּא־בֵהּ 4. 9, et de la nourriture pour tous était sur (cet arbre) ; דִּי כָל־דִּי־יִבְעֵא בָעוּ 6. 8, que quiconque adressera une demande ; *adv.*: כָּל־קֳבֵל דִּי 2. 10, justement pour cela, c'est pourquoi ; כָּל־קֳבֵל דִּי־חֲזַיְתָ 2. 45, tout comme que tu as vu, ou : puisque tu as vu.

כָּלָא Renfermer, retenir, empêcher, fermer, refuser : אֲשֶׁר כְּלָאוֹ צִדְקִיָּהוּ Jér. 32. 3, car Sédécias l'avait renfermé (fait mettre en prison) ; הָיָה כָלוּא 32. 2, (le prophète Jérémie) était renfermé (emprisonné) ; כָּלֻא וְלֹא אֵצֵא Ps. 88. 9, (je suis) renfermé, et je ne peux pas (en) sortir ; אֲדֹנִי מֹשֶׁה כְּלָאֵם Nomb. 11. 28, Moïse, mon seigneur, empêche-les, défends-leur (de prophétiser) ; לִכְלוֹא אֶת־הָרוּחַ Eccl. 8. 8, pour retenir l'âme ; שְׂפָתַי לֹא אֶכְלָא Ps. 40. 10, je ne ferme pas mes lèvres ; avec מִן : אֲשֶׁר כְּלִתִנִי הַיּוֹם הַזֶּה מִבּוֹא בְדָמִים I Sam. 25. 33, de ce que tu m'as empêché ce jour de répandre le sang (ou rac. כָּלָה) ; מִכָּל־אֹרַח רָע כָּלִאתִי רַגְלָי Ps. 119. 101, j'ai retiré (détourné) mes pieds de toute voie mauvaise ; כָּלְאוּ שָׁמַיִם מִטָּל וְהָאָרֶץ כָּלְאָה יְבוּלָהּ Agg. 1. 10, les cieux renferment, retiennent, leur rosée, et la terre retient ses produits, ou *intrans.* : les cieux sont fermés (pour pouvoir vous donner) et ne peuvent vous donner leur rosée, et la terre ses produits ; אֶת־קִבְרוֹ לֹא־יִכְלֶה מִמְּךָ Gen. 23. 6, (nul d'entre nous) ne te refusera son tombeau (pour y enterrer ta femme) [pour יִכְלָא ou de la rac. כָּלָה].

Niph. : וַיִּכָּלֵא הַגֶּשֶׁם Gen. 8. 2, et les pluies furent arrêtées ; וַיִּכָּלֵא הָעָם מֵהָבִיא Exod. 36. 6, et le peuple fut empêché d'en apporter encore.

Pi. : לְכַלֵּא הַפֶּשַׁע Dan. 9. 24, pour empêcher, arrêter, le péché (ou, pour לְכַלֵּה, pour abolir, effacer, le péché).

כֶּלֶא *m.* (presque toujours avec בֵּית). La maison dans laquelle on est renfermé, la prison : וְשִׁנָּה אֵת בִּגְדֵי כִלְאוֹ Jér. 52. 33, il lui fit changer les vêtements (qu'il avait portés dans) sa prison ; וַיַּאַסְרֵהוּ בֵּית כֶּלֶא II Rois 17. 4, il le renferma dans une prison ; *plur.* : וּבְבָתֵּי כְלָאִים Is. 42. 22, et dans des prisons.

כִּלְאָב *n. pr.* Chilab, fils du roi David, II Sam. 3. 3.

כִּלְאַיִם *m.*, *duel.* Deux choses séparées, différentes l'une de l'autre : שָׂדְךָ לֹא־תִזְרַע כִּלְאָיִם Lév. 19. 19, tu ne sèmeras pas ton champ de semence différente ; de même des animaux : בְּהֶמְתְּךָ לֹא־תַרְבִּיעַ כִּלְאַיִם 19. 19, tu n'accoupleras pas ton bétail en mêlant deux espèces différentes (tu ne feras pas couvrir une bête par celle d'une autre espèce).

כָּלֵב *n. pr.* 1° Chaleb, fils de Jephuné ; *n. patron*, כָּלִבִּי I Sam. 25. 3. — 2° Chaleb, fils de Hezron, I Chr. 2. 18. — 3° Chaleb, fils de Hur, 2. 50.

כֶּלֶב *m.* (*plur.* כְּלָבִים, const. כַּלְבֵי). Chien : לֹא יֶחֱרַץ־כֶּלֶב לְשֹׁנוֹ Exod 11. 7, aucun chien ne remuera sa langue, n'aboiera ; כִּי סְבָבוּנִי כְּלָבִים Ps. 22. 17, car des chiens (les ennemis barbares) m'ont environné ; הַכֶּלֶב הַמֵּת אֲשֶׁר כָּמוֹנִי II Sam. 9. 8, un chien mort (un homme vil) tel que moi ; aussi : הֲרֹאשׁ כֶּלֶב אָנֹכִי II Sam. 3. 8, suis-je donc une tête de chien (un homme vil), ou : suis-je le chef des chiens ? ne suis-je pas un des chefs de la nation ? וּמְחִיר כֶּלֶב Deut. 23. 19, un animal échangé contre un chien ; selon d'autres : le prix du chien, un animal donné pour récompense à un homme qui se prostitue.

כָּלָה (*fut.* יִכְלֶה et יִכֶל, וַתֵּכֶל, *inf.* כְּלוֹת, בִּכְלוֹת, v. כָּלָא et כָּלַל). 1° Être fait, achevé, prêt, résolu, passé, fini : וַתֵּכֶל כָּל־עֲבֹדַת מִשְׁכַּן Exod. 39. 32, tout l'ouvrage du tabernacle fut achevé ; כִּי־כָלְתָה הָרָעָה מֵעִמּוֹ I Sam. 20. 7, que le mal est prêt, bien résolu, de sa part ; כִּי־כָלְתָה אֵלָיו הָרָעָה מֵאֵת הַמֶּלֶךְ Esth. 7. 7, que (le mal) sa perte était résolue de la part du roi ; וַתִּכְלֶינָה שֶׁבַע שְׁנֵי הַשָּׂבָע Gen. 41. 53, les sept années de la fertilité étaient passées ; אִם־כָּלָה בָצִיר Is. 24. 13, quand la vendange est faite, finie ; וְכָלָה זַעַם 10. 25, la colère finira, cessera ; וְשֵׁבֶט עֶבְרָתוֹ יִכְלֶה Prov. 22. 8, et la verge de sa colère (la punition pour sa colère) est prête, ou : elle sera brisée, il ne pourra plus s'en servir, exercer sa fureur.

2° Disparaître, manquer, être consumé, périr, languir : וַיִּכְלוּ הַמַּיִם מִן־הַחֵמֶת Gen. 21. 15, l'eau qui était dans le vaisseau manqua ; כַּד הַקֶּמַח לֹא כָלָתָה I Rois 17. 16, dans le pot, la farine ne manqua point ; וּבַחֶרֶב וּבָרָעָב יִכְלוּ Jér. 16. 4, ils seront consumés par l'épée et par la famine ; מִתִּגְרַת יָדְךָ אֲנִי כָלִיתִי Ps. 39. 11, je péris par l'attaque (le châtiment) de ta main ; כָּלוּ בַדְּמָעוֹת עֵינַי Lament. 2. 11, mes yeux sont consumés (se sont affaiblis) à force de verser des larmes ; כָּלְתָה נַפְשִׁי Ps. 84. 3, et רוּחִי 143. 7, mon âme est tombée en défaillance, languit; כִּכְלוֹת כֹּחִי אַל־תַּעַזְבֵנִי 71. 9, quand ma force disparaît, ne m'abandonne pas.

Pi. כִּלָּה 1° *Trans.* du *Kal* 1°. Terminer, achever : וַיְכַל אֱלֹהִים Gen. 2. 2, Dieu eut achevé, terminé (tout son ouvrage); וְאֶל־אַמָּה תְּכַלֶּנָּה מִלְמַעְלָה 6. 16, tu achèveras l'arche, tu la bâtiras de manière qu'elle ne sera large en haut que d'une coudée; כִּלָּה רָעָה Prov. 16. 30, il a résolu le mal; טֶרֶם כִּלָּה לְדַבֵּר Gen. 24. 15, il n'avait pas achevé de parler; בְּיוֹם כַּלּוֹת מֹשֶׁה לְהָקִים Nomb. 7. 1, le jour que Moïse eut achevé d'ériger (le tabernacle). — 2° *Trans.* du *Kal* 2°. Consumer, exterminer : וְכִלָּה סְעִפֶיהָ Is. 27. 10, il consumera les feuilles, ou : les herbes qui s'y trouvent; כֹּחִי כִלֵּיתִי 49. 4, j'ai consumé ma force; אָנֹכִי מְכַלֶּה אוֹתָם Jér. 14. 12, je veux les exterminer; עַד־כַּלֵּה II Rois 13. 17, et עַד־לְכַלֵּה II Chr. 31. 1, jusqu'à l'extermination, jusqu'à la destruction entière; מְכַלּוֹת עֵינַיִם Lév. 26. 16, (des maladies) qui consument, affaiblissent, les yeux; וַיְכַל־בַּהֶבֶל יְמֵיהֶם Ps. 78. 33, il fit leurs jours s'évanouir (se consumer) dans la vanité, c.-à-d. dans des peines, des marches pénibles, sans arriver à leur but.

Pou.: כָּלּוּ תְפִלּוֹת דָּוִד בֶּן־יִשָׁי Ps. 72. 20, (ici) finissent les prières de David, fils de Jessé; וַיְכֻלּוּ הַשָּׁמַיִם וְהָאָרֶץ Gen. 2. 1, le ciel et la terre furent achevés.

כָּלֶה *adj.* (seulem. *f. pl.*). Languissant : וְכָלוֹת אֲלֵיהֶם Deut. 28. 32, (tes yeux) languiront après eux (v. כָּלָה *verbe* 2°).

כָּלָה *f.* 1° Achèvement; de là *adv.*, entièrement, en totalité : וְלֹא לְהַשְׁחִית לְכָלָה II Chr. 12. 12, pour ne pas exterminer entièrement; כְּשַׁלְּחוֹ כָּלָה גָּרֵשׁ יְגָרֵשׁ אֶתְכֶם Exod. 11. 1, quand il vous laissera aller (il vous chassera), il vous pressera de partir tous ensemble. — 2° Extermination, anéantissement : כִּי אֶעֱשֶׂה כָלָה Jér. 30. 11, car je ferai une extermination (j'exterminerai tous les peuples); לֹא־עֲשִׂיתָם כָּלָה Néh. 9. 31, tu ne les as pas exterminés; כָּלָה יַעֲשֶׂה מְקוֹמָהּ Nah. 1. 8, il fera une destruction de son emplacement, il anéantira le lieu où était cette ville; הַכְּצַעֲקָתָהּ — עָשׂוּ כָּלָה Gen. 18. 21, s'ils ont fait comme l'annonce le cri (qui est venu jusqu'à moi) — extermination; selon d'autres, dans le sens 1° : s'ils ont fait entièrement, pleinement, comme l'annonce le cri, etc.

כַּלָּה *f.* (de כָּלַל couronner). 1° Fiancée : כַּלָּה קִשֻּׁרֶיהָ Jér. 2. 32, une fiancée (oublie-t-elle) sa ceinture (v. קִשֻּׁרִים); קוֹל חָתָן וְקוֹל כַּלָּה 7. 34, la voix (le chant) de l'époux et la voix de l'épouse. — 2° Belle-fille, bru : לְתָמָר כַּלָּתוֹ Gen. 38. 11, à Thamar, sa belle-fille; וּשְׁתֵּי כַלֹּתֶיהָ עִמָּהּ Ruth 1. 7, et ses deux belles-filles (étaient) avec elle.

כְּלוּא *m.* (v. כֶּלֶא). Prison : בֵּית הַכְּלוּא Jér. 37. 4 et 52. 31, la prison; aux deux endroits, le *cheth.* est הַכְּלִיא.

כְּלוּב *m.* (ce qui est tressé). 1° Panier : כְּלוּב קָיִץ Amos 8. 1, un panier plein de fruits d'été. — 2° Cage : כִּכְלוּב מָלֵא עוֹף Jér. 5. 27, comme une cage (un trébuchet) pleine d'oiseaux.

כְּלוּב *n. pr. m.* I Chr. 4. 11. — 2° 27. 26.

כְּלוּהַי et *keri* כְּלוּהוּ *n. pr. m.* Esdr. 10. 35.

כְּלוּלֹת *f. pl.* (de כַּלָּה). L'état d'une femme qui est fiancée : אַהֲבַת כְּלוּלֹתָיִךְ Jér. 2. 2, l'amour pendant ton état de fiancée (pendant que tu étais fiancée).

כֶּלַח *m.* Solidité, vigueur : עָלֵימוֹ אָבַד כָּלַח Job 30. 2, dont la force, la vigueur, est perdue; selon d'autres (v. 2°) : leur vieillesse est perdue, ils ne peuvent pas atteindre la vieillesse; ou : la vieillesse, le temps, est perdu pour eux; malgré leur âge ils sont sans expérience. — 2° Vieillesse : תָּבוֹא בְכֶלַח אֱלֵי־קָבֶר Jos. 5. 26, tu entreras vieux (dans une vieillesse vigoureuse, sans infirmités) dans la tombe.

כֶּלַח *n. pr.* d'une ville ou province d'Assyrie, Chaleh, Gen. 10. 11.

כְּלִי *m.* (pause כֶּלִי, *plur.* כֵּלִים, const.

כְּלִי). De כָּלָה, une chose faite, fabriquée, préparée. 1° Meuble, vase, des effets : כִּי־מִשַּׁשְׁתָּ אֶת־כָּל־כֵּלַי Gen. 31. 37, tu as fouillé tous mes meubles ; וְעֵינְכֶם אַל־תָּחוֹס עַל־כְּלֵיכֶם 45. 20, (que votre œil ne regrette) n'ayez pas de regret à cause de vos meubles, de tout ce qui est dans vos maisons ; כְּלֵי־כֶסֶף וּכְלֵי זָהָב Exod. 3. 22, des vases d'argent et d'or ; כְּלֵי בֵית־יְיָ Jér. 27. 16, les vases de la maison de Dieu ; נֹשְׂאֵי כְּלֵי יְיָ Is. 52. 11, (vous Lévites) qui portez les vases de l'Éternel (de son temple), ou : Israel qui porte les armes de Dieu, ou sa loi ; כְּלֵי גוֹלָה עֲשִׂי לָךְ Jér. 46. 19, prépare-toi des effets pour l'exil ; כִּכְלִי יוֹצֵר Ps. 2. 9, comme le vase d'un potier. — 2° Habit, vêtement : כְּלִי־גֶבֶר Deut. 22. 5, un habit d'homme ; וְכַכַּלָּה תַּעְדֶּה כֵלֶיהָ Is. 61. 10, et comme une épouse qui se pare de ses vêtements, ou : de ses bijoux ; וּכְלֵי הַבָּקָר II Sam. 24. 22, et les jougs de bœufs. — 3° Vaisseau pour naviguer : וּבִכְלֵי־גֹמֶא Is. 18. 2, et sur des vaisseaux de jonc. — 4° Instrument : כְּלֵי־שִׁיר Amos 6. 5, des instruments de musique ; בִכְלִי־נֶבֶל Ps. 71. 22, sur l'instrument : nebel (psaltérion?) ; וּכְלֵי זַעְמוֹ Is. 13. 5, et les instruments de sa fureur. — 5° Arme : כְּלֵי חָמָס Gen. 49. 5, des armes de la violence : שָׂא־נָא כֵלֶיךָ Gen. 27. 3, prends, je te prie, tes armes ; כְּלֵי מִלְחָמָה Jug. 18. 11, armes de guerre ; כְּלֵי־מָוֶת Ps. 7. 14, des armes meurtrières ; נֹשֵׂא כֵלָיו I Sam. 14. 1, 6, celui qui portait ses armes, son écuyer ; בֵּית כֵּלָיו Is. 39. 2, son arsenal, ou son garde-meuble (v. 1°).

כְּלִי (v. כִּילַי).

כְּלִיא (v. כְּלוּא).

כְּלָיָה * (v. כִּלָּיוֹן) Extermination : רָעָב שֶׁל כְּלָיָה Aboth, une famine meurtrière, qui extermine tout.

כִּלְיָה *f.* (seulem. *plur.* כְּלָיוֹת, const. כִּלְיוֹת, rac. כָּלָה). Les reins : וְאֵת שְׁתֵּי הַכְּלָיֹת Exod. 29. 13, et les deux reins ; כִּלְיוֹת אֵילִים Is. 34. 6, les reins des béliers ; *au fig.* : חֵלֶב כִּלְיוֹת חִטָּה Deut. 32. 14, la graisse de reins du froment, c.-à-d. le meilleur, la fleur du froment ; בֹּחֵן כְּלָיוֹת וָלֵב Jér. 11. 20, Dieu qui sonde les reins (siége des passions) et le cœur ; כָּלוּ כִלְיֹתַי בְּחֵקִי Job 19. 27, mes reins, mes entrailles, languissent dans mon corps (v. חֵיק).

כִּלָּיוֹן *m.* 1° Extermination : כִּלָּיוֹן חָרוּץ Is. 10. 22, l'extermination, la ruine, est décrétée. — 2° וְכִלְיוֹן עֵינַיִם Deut. 28. 65, et affaiblissement des yeux (des yeux languissants), v. כָּלָה.

כִּלְיוֹן *n. pr.* Chelion, fils d'Elimelech, Ruth 1. 2.

כָּלִיל *adj.* (const. כְּלִיל, *fém.* const. כְּלִילַת). 1° Parfait : וּכְלִיל יֹפִי Ez. 28. 12, et parfait en beauté ; כְּלִילַת יֹפִי Lament. 2. 15, (cette ville) d'une beauté parfaite ; כִּי כָּלִיל הוּא בַּהֲדָרִי Ez. 16. 14, car ta beauté était parfaite par la parure (que j'avais mise sur toi). — 2° Tout, entier, comme *subst.* : כְּלִיל־הָעִיר Jug. 20. 40, le tout de la ville, la ville tout entière ; selon d'autres : la ruine, c.-à-d. l'incendie, la fumée de la ville ; כְּלִיל תְּכֵלֶת Exod. 39, 22, le tout, toute la robe, était de laine bleue, ou d'hyacinthe. — 3° Un sacrifice qu'on brûle entièrement, holocauste : וְכָלִיל עַל־מִזְבְּחֶךָ Deut. 33. 10, (ils mettent) l'holocauste sur ton autel ; עוֹלָה וְכָלִיל Ps. 51. 21, holocauste continuel (de tous les jours) et holocauste extraordinaire. — 4° *Adv.* Entièrement, tout à fait : וְהָאֱלִילִים כָּלִיל יַחֲלֹף Is. 2. 18, les idoles, il les détruira toutes, ou entièrement ; כָּלִיל תָּקְטָר Lév. 6. 15, elle s'en ira en fumée (brûlera) entièrement (sur l'autel).

כַּלְכֹּל *n. pr.* Chalcol, fils de Serah, I Chr. 2. 6.

כַּלְכָּלָה * Nourriture (v. כּוּל, *Pi.* כִּלְכֵּל).

כָּלַל Rendre parfait : כָּלְלוּ יָפְיֵךְ Ez. 27. 4, (כִּלְלוּ vers. 11) ils ont achevé ta beauté, ils l'ont rendue parfaite. — 2° Orner, couronner ; de là כַּלָּה fiancée.

Pou. : הָתְפָּקְדוּ וְכָלְכְּלוּ I Rois 20. 27, (les enfants d'Israel) furent passés en revue, et ils étaient au complet, aucun ne manquait (v. le même ex. à כּוּל *Pou.*).

כְּלַל chald. *Schaph.* שַׁכְלֵל. Finir, achever : בְּנָהִי וְשַׁכְלְלֵהּ Esdr. 5. 11, il l'a bâti et achevé ; וְאֻשַּׁרְנָא דְנָה לְשַׁכְלָלָה 5. 9, et de rétablir, d'achever ces murailles ; *passif* : וְשׁוּרַיָּ אשתכללו 4. 13, (*keri* וְשׁוּרַיָּא שַׁכְלִלוּ) lorsque les murailles seront achevées.

כְּלָל *n. pr. m.* Esdr. 10. 30.

כָּלַם (*Kal* inusité) *Hiph.* Outrager, gronder, faire de la peine : כִּי הִכְלִמוֹ אָבִיו I Sam. 20. 34, parce que son père l'avait outragé, ou grondé ; לֹא הֶכְלַמְנוּם 25. 7, nous ne leur avons fait aucun mal, aucune peine ; וְאֵין־מַכְלִים דָּבָר Jug. 18. 7, personne ne (les) inquiéta, ne leur fit injure ; בְּהַכְלִים אֹתְךָ רֵעֶךָ Prov. 25. 8, lorsque ton prochain t'aura couvert de honte ; אַף־זָנַחְתָּ וַתַּכְלִימֵנוּ Ps. 44. 10, tu nous as repoussés et couverts de honte, de confusion.

Hoph. : וְלֹא הָכְלַמְנוּ I Sam. 25. 15, nous n'avons pas été offensés ; בֹּשׁוּ וְהָכְלְמוּ Jér. 14. 3, ils ont été confus et déçus de leur espérance.

Niph. : כִּי־הָיוּ הָאֲנָשִׁים נִכְלָמִים מְאֹד II Sam. 10. 5, car ces hommes étaient très affligés de l'outrage qu'on leur avait fait ; בֹּשְׁתִּי וְגַם־נִכְלַמְתִּי Jér. 31. 19, j'ai été confus et j'ai rougi de honte ; וְיִכָּלְמוּ מֵעֲוֹנוֹתֵיהֶם Ez. 43. 10, afin qu'ils rougissent de leurs iniquités ; אַל־יִכָּלְמוּ בִי מְבַקְשֶׁיךָ Ps. 69. 7, pour que ceux qui te cherchent ne soient point confondus par moi, c.-à-d. par ce qui m'arrive.

כִּלְמַד *n. pr.* Chelmad, nom d'une ville ou d'un pays, Ez. 27. 23.

כְּלִמָּה *f.* Honte, confusion, opprobre : כִּסְּתָה כְלִמָּה פָנָי Ps. 69. 8, la confusion a couvert mon visage ; יִלְבְּשׁוּ־בֹשֶׁת וּכְלִמָּה 35. 26, qu'ils soient (vêtus) couverts de honte et d'opprobre ; לֹא יִסַּג כְּלִמּוֹת Mich. 2. 6, pour qu'il ne s'attire pas des opprobres (car celui qui viendrait les avertir serait insulté par eux).

כְּלִמּוּת *f.* Honte : וּכְלִמּוּת עוֹלָם Jér. 23. 40, et une honte éternelle.

כַּלְנֵה et כַּלְנֶה *n. pr.* Chalneh, une ville d'Assyrie, Gen. 10. 10, Amos 6. 2, (Is. 10. 9, כַּלְנוֹ) Ctésiphon (?).

* כְּלַפֵּי *prépos.* Vers : מַטֵּה כְּלַפֵּי חֶסֶד penche vers la miséricorde.

כָּמַהּ Languir : כָּמַהּ לְךָ בְשָׂרִי Ps. 63. 2, ma chair languit, soupire, après toi.

* כַּמָּה Combien (v. מָה) : עַל אַחַת כַּמָּה וְכַמָּה Aboth, combien d'autant plus, à plus forte raison.

כְּמָה (v. מָה chald.).

כִּמְהָם (le soupirant, languissant) *n. pr.* 1° Chimham, fils de Berzellaï, II Sam. 19. 38 ; כִּמְהָן 19. 41. — 2° Nom d'un endroit, Jér. 41. 17 ; selon d'autres, là aussi le nom d'un homme (v. גֵּרוּת).

כְּמוֹ *prép.* Les mêmes significations que כְּ : אֲסַפְּרָה כְמוֹ Ps. 73. 15, (si je disais) je veux parler ainsi (comme les impies); avec le *pronom* : כָּמוֹנִי כָמוֹךָ I Rois 22. 4, (ainsi) moi comme toi (je ferai ce que tu feras); כְּמוֹךָ כְמוֹהֶם Jug. 8. 18, (comme toi ainsi eux) ils étaient comme toi ; כְּמוֹ־אֵלֶּה Job 12. 3, des choses, ou des paroles, pareilles ; כְּמוֹ־אָבֶן Exod. 15. 16, comme une pierre ; וּכְמוֹ הַשַּׁחַר עָלָה Gen. 19. 15, et lorsque le matin (le jour) se leva (à la pointe du jour); כְּמוֹ יָלַדְנוּ רוּחַ Is. 26. 18, et lorsque nous avons enfanté, c'était du vent, ou : nous avons enfanté כְּמוֹ רוּחַ comme du vent (rien que du vent).

כְּמוֹשׁ *n. pr.* d'une divinité adorée chez les Moabites et les Amorrhéens, Chamos, Jug. 11. 24 ; לִכְמוֹשׁ שִׁקֻּץ מוֹאָב I Rois 11. 7, à Chamos, idole des Moabites, Nomb. 21. 29. Moab est nommé עַם כְּמוֹשׁ peuple de Chamos.

כַּמֹּן *m.* Cumin : וְכַמֹּן בַּשָּׁבֶט Is. 28. 27, et le cumin (est battu) avec un fléau, un bâton.

כָּמַס Cacher : *part. pass.* הֲלֹא־הוּא כָּמֻס עִמָּדִי Deut. 32. 34, tout cela n'est-il pas caché chez moi, conservé, renfermé, dans ma pensée ?

כָּמַר (*Kal* inusité, brûler, v. חָמַר) *Niph.* Être brûlé, noir : עוֹרֵנוּ כְּתַנּוּר

נִכְמָרוּ Lament. 5. 10, notre peau est brûlée, noircie comme un four (par la faim); *au fig.*: נִכְמְרוּ רַחֲמֶיהָ עַל־בְּנָהּ I Rois 3. 26, ses entrailles furent émues de tendresse (*exact.* s'enflammèrent) pour son fils ; כִּי־נִכְמְרוּ רַחֲמָיו אֶל־אָחִיו Gen. 43. 30, parce que ses entrailles avaient été émues, son amour s'était enflammé, pour son frère.

כְּמָרִים *m. pl.* Les prêtres idolâtres, parce qu'ils portaient des habits noirs (v. כָּמַר): וְהִשְׁבִּית אֶת־הַכְּמָרִים II Rois 23. 5, il destitua, chassa, les prêtres des idoles ; וּכְמָרָיו עָלָיו יָגִילוּ Osée 10. 5, et les prêtres de cette idole, qui en faisaient leur joie (seront dans les larmes). V. le même exemple à גִּיל.

כִּמְרִירִים *m. pl.*: יְבַעֲתֻהוּ כִּמְרִירֵי יוֹם Job 3. 5, que tout ce qui noircit le jour, les vapeurs ou les éclipses, l'effrayent ou le rendent effroyable (v. כָּמַר); selon d'autres, כּ est préfixe (v. כּ 5°): les amertumes, les calamités des jours (v. מְרִירִי).

כֵּן (rac. כּוּן) 1° *Adj.* Droit, loyal, sincère : כֵּנִים אֲנַחְנוּ Gen. 42. 11, nous sommes droits, sincères ; לֹא־כֵן בַּדָּיו Is. 16. 6, ses mensonges (ou ses pensées) ne sont pas droits, sont vains, insensés (v. IV בַּד). — 2° *Adv.* *a*) Bien : לֹא־כֵן אֲנַחְנוּ עֹשִׂים II Rois 7. 9, nous ne faisons pas bien ; כֵּן דִּבַּרְתָּ Exod. 10. 29, tu as bien dit (tu as dit comme je vais faire); אֲשֶׁר כֵּן־עָשׂוּ Eccl. 8. 10, (les justes) qui ont bien agi (qui ont fait le bien); *b*) ainsi, de cette manière : כֶּן־הִיא Job 5. 27, c'est ainsi ; כְּדִבְרֵיכֶם כֶּן־הוּא Jos. 2. 21, qu'il soit fait comme vous le dites, *exact.* selon vos paroles, ainsi il sera (fait); וַיְהִי־כֵן Gen. 1. 7, et cela se fit ainsi ; לֹא־יֵעָשֶׂה כֵן בִּמְקוֹמֵנוּ Gen. 29. 26, il ne se fait pas de cette manière (ceci n'est pas l'usage) dans notre ville ; וְגַם־שָׁאוּל אָבִי יֹדֵעַ כֵּן I Sam. 23. 17, et mon père Saül aussi sait ainsi (sait qu'il est ainsi); כֵּן תַּעֲשֶׂה כַּאֲשֶׁר דִּבַּרְתָּ Gen. 18. 5, fais ainsi comme tu as dit ; aussi sans le כ de comparaison : וְיִשָּׂשכָר כֵּן בָּרָק Jug. 5. 15, et Issachar ainsi que Barak, ou : Issachar (toute la tribu) suivait Barak (de même que ses chefs suivaient Deborah); כִּי־גָבְהוּ שָׁמַיִם מֵאָרֶץ כֵּן Is. 55. 9, mais (autant que) les cieux sont élevés au-dessus de la terre (de la même manière), autant (mes voies sont élevées au-dessus de vos voies) ; לֹא־כֵן אָנֹכִי עִמָּדִי Job 9. 35, je ne suis pas ainsi en moi-même, je ne suis pas tel qu'on me croit ; לֹא־בָא כֵן עֲצֵי אַלְמֻגִּים I Rois 10. 12, il n'est jamais arrivé de cette sorte de bois de sandal, ou de corail (un bois aussi beau) ; אִם־שְׁלֵמִים וְכֵן רַבִּים Nah. 1. 12, (quoi qu'ils soient forts et en aussi grand nombre) quelque forts et nombreux qu'ils soient; *c*) autant, en si grand nombre ; כֵּן אַרְבֶּה כָּמֹהוּ Exod. 10. 14, un si grand nombre de sauterelles ; וְלֹא־מָצְאוּ לָהֶם כֵּן Jug. 21. 14, mais ils n'ont pas trouvé autant (de femmes qu'ils auraient voulu), ou : de cette manière ; *d*) *adv. de temps* : כֵּן יִמְלְאוּ יְמֵי מְרוּקֵיהֶן Esth. 2. 12, autant duraient, ou alors finissaient, les jours de leurs onctions ; קָרְאוּ לָהֶם כֵּן הָלְכוּ מִפְּנֵיהֶם Osée 11. 2, (autant de fois) plus (les prophètes) les ont appelés, (autant de fois) plus ils se sont éloignés d'eux ; כְּבֹאֲכֶם הָעִיר כֵּן תִּמְצְאוּן אֹתוֹ I Sam. 9. 13, dès que vous entrerez dans la ville (aussitôt) vous le trouverez ; הֵמָּה רָאוּ כֵּן תָּמָהוּ Ps. 48. 6, ils le virent, et aussitôt (à l'instant) ils furent consternés ; *e*) comme, de même que : כֵּן אָהֲבוּ לָנוּעַ Jér. 14. 10, de même qu'ils ont aimé à errer, etc. (de même Dieu rappellera leurs iniquités dans son souvenir).

Avec des *prépos.* : אַחֲרֵי־כֵן et אַחַר כֵּן après cela, ensuite ; בְּכֵן alors, וּבְכֵן אָבוֹא Esth. 4. 16, alors j'irai ; וּבְכֵן רָאִיתִי Eccl. 8. 10, j'ai vu alors ; — לָכֵן à cause de cela, c'est pourquoi : וְלָכֵן נִשְׁבַּעְתִּי I Sam. 3. 14, c'est pourquoi j'ai juré ; לָכֵן אָמַרְתִּי Job 32. 10, c'est pourquoi je dis ; לָכֵן כָּל־הֹרֵג קַיִן Gen. 4. 15, c'est pourquoi (pour t'ôter cette crainte) quiconque tuera Caïn, ou לָכֵן certes, vraiment, quiconque, etc. — Répondant à יַעַן : יַעַן כִּי מָאַס — וְלָכֵן הִנֵּה אֲדֹנָי

Is. 8. 6, 7, parce que (ce peuple) a rejeté, etc., pour cela le Seigneur (fera monter vers lui, etc.). — Les prophètes l'emploient souvent quand ils passent des menaces aux consolations et aux promesses : לָכֵן כֹּה־אָמַר אֲדֹנָי Is. 10. 24, malgré cela, ainsi parle le Seigneur (ne crains point); לָכֵן הִנֵּה־יָמִים בָּאִים Jér. 16. 14, cependant le temps viendra (qu'on ne dira plus, etc.); עַל־כֵּן le même que לָכֵן : עַל־כֵּן יַעֲזָב־אִישׁ Gen. 2. 24, c'est pourquoi l'homme quittera (son père et sa mère); עַל־כֵּן חָרָה אַף־יְיָ Is. 5. 25, c'est pour cela que la colère de l'Éternel s'est allumée; עַל־כֵּן לֹא־יָקֻמוּ רְשָׁעִים Ps. 1. 5, c'est pourquoi les impies ne subsisteront pas au jugement (au jour du jugement); כִּי־עַל־כֵּן parce que : כִּי־עַל־כֵּן עֲבַרְתֶּם Gen. 18. 5, parce que vous êtes venus; כִּי־עַל־כֵּן לֹא־נְתַתִּיהָ 38. 26, parce que je ne l'ai pas donnée pour épouse; עַד־כֵּן jusqu'à présent : עַד־כֵּן לֹא הִגַּדְתִּי Néh. 2. 16, je ne l'avais pas dit (jusqu'à présent) jusqu'alors.

כֵּן *m.* (avec suff. כַּנִּי, rac. כון ou כָּנַן). 1° Place, charge : וַהֲשִׁיבְךָ עַל־כַּנֶּךָ Gen. 40. 13, il te rétablira dans ta charge; וְעָמַד עַל־כַּנּוֹ נִבְזֶה Dan. 11. 21, un homme méprisé viendra à (prendra) sa place. — 2° Base : כִּיּוֹר נְחֹשֶׁת וְכַנּוֹ נְחֹשֶׁת Exod. 30. 18, un bassin d'airain (pour s'y laver) et sa base d'airain; מַעֲשֵׂה־כֵן I Rois 7. 31, dans (ou d'après) le travail de la base (comme la base d'une colonne); בַּל־יְחַזְּקוּ כֵן־תָּרְנָם Is. 33. 23, ils (les cordages, ou les matelots) ne pourront plus affermir, soutenir, la base, le pied de leur mât; selon d'autres, *adv.*: bien soutenir (v. כֵּן *adv.*).

כָּנָה (*Kal* inusité) *Pi.* Nommer, qualifier quelqu'un d'un nom qui plaît, qui flatte : וּבְשֵׁם יִשְׂרָאֵל יְכַנֶּה Is. 44. 5, il se qualifiera (il se fera gloire) du nom d'Israel; אֲכַנְּךָ וְלֹא יְדַעְתָּנִי 45. 4, je t'ai nommé, désigné, et tu ne m'as pas connu; וְאֶל־אָדָם לֹא אֲכַנֶּה Job 32. 21, je ne donnerai point à l'homme (des noms) des qualifications glorieuses (je ne le flatterai pas).

כַּנֵּה *n. pr.* d'une ville, Channeh, Ez. 27. 23.

כַּנָּה *f.* Rejeton : וְכַנָּה אֲשֶׁר־נָטְעָה יְמִינֶךָ Ps. 80. 16, et le rejeton, ou l'arbrisseau, que ta droite a planté; selon d'autres, *impér.* de la rac. כָּנַן : et protége, ou fortifie, (la vigne, גֶּפֶן) que ta droite a plantée.

כְּנָוֹת *pl.* Ceux qui portent le même titre, collègues : וּשְׁאָר כְּנָוֺתָו (*keri* כְּנָוֺתָיו) Esdr. 4. 7, et les autres qui avaient les mêmes noms, c.-à-d. titres; qui étaient du même conseil; ou : ses autres amis (v. כָּנָה. — *Sing.* כְּנָת?).

כִּנּוֹר *m.* (*pl.* כִּנֹּרִים et כִּנֹּרוֹת). Un instrument à cordes, la harpe ou la guitare : אֲבִי כָּל־תֹּפֵשׂ כִּנּוֹר Gen. 4. 21, le père (le premier) de tous les joueurs de harpe; תָּלִינוּ כִּנֹּרוֹתֵינוּ Ps. 137. 2, nous avons suspendu nos harpes.

כְּנָוָת chald. *pl.* Collègues (v. כְּנָוֹת héb.): וְשִׁמְשַׁי סָפְרָא וּכְנָוָתְהוֹן Esdr. 4. 23, (Béhum) et Samsaï, secrétaire et leurs collègues, ou amis; וּכְנָוָתֵהּ אֲפַרְסְכָיֵא 5. 6, et ses collègues, ou ses conseillers, les Apharsachéens.

כָּנְיָהוּ *n. pr.* Jechonias, fils de Joakim, roi de Juda, Jér. 22. 24; le même que יְהוֹיָכִין.

כִּנִּים *pl.* De la vermine, des poux; selon d'autres, des moucherons : כִּנִּים בְּכָל־גְּבוּלָם Ps. 105. 31, et la vermine (se répandit) dans tout leur pays (*sing.* כִּנָּה *f. Thalm.*).

כִּנָּם *f.* Même signif. : *collect.* וַתְּהִי הַכִּנָּם בָּאָדָם וּבַבְּהֵמָה Exod. 8. 13, et les moucherons, ou les poux, couvraient les hommes et les bêtes.

כְּנֵמָא chald. *adv.* Ainsi, de cette manière (comme כְּמַאֲמַר comme il est dit avant, ou après): כְּנֵמָא אֲמַרְנָא לְהֹם Esdr. 5. 4, nous leur répondîmes ainsi; וּכְנֵמָא פִתְגָמָא הֲתִיבוּנָא 5. 11, ils nous ont répondu de cette manière, en ces termes.

כָּנַן (v. כַּנָּה).

כְּנָנִי (protecteur) *n. pr. m.* Néh. 9. 4.

כְּנַנְיָהוּ (que Dieu protége) *n. pr. m.* II Chr. 31. 12.

כְּנַנְיָהוּ *n. pr. m.* I Chr. 15. 22.

כָּנַס Ramasser, amasser, assembler: וְעֵת כְּנוֹס אֲבָנִים Eccl. 3. 5, et un temps de ramasser les pierres; כָּנַסְתִּי לִי גַּם־כֶּסֶף וְזָהָב 2. 8, j'ai amassé aussi de l'argent et de l'or; כֹּנֵס כַּנֵּד מֵי הַיָּם Ps. 33. 7, il rassemble les eaux de la mer comme un monceau, ou comme un mur; לֵךְ כְּנוֹס אֶת־כָּל־הַיְּהוּדִים Esth. 4. 16, va, assemble tous les Juifs (qui sont à Suze).

Pi. Le même que *Kal*: וְכִנַּסְתִּי אֶתְכֶם Ez. 22. 21, je vous rassemblerai; נִדְחֵי יִשְׂרָאֵל יְכַנֵּס Ps. 147. 2, il rassemblera ceux d'Israël qui sont dispersés, en exil.

Hithph.: וְהַמַּסֵּכָה צָרָה כְּהִתְכַּנֵּס Is. 28. 20, et la couverture sera trop étroite lorsqu'on voudra se rassembler dessous (elle ne pourra en couvrir deux); d'autres traduisent: trop courte pour s'en envelopper.

Niph.: * כְּדֵי שֶׁתִּכָּנֵס לַטְּרַקְלִין Aboth, pour que tu sois reçu, que tu puisses entrer, dans l'intérieur du palais.

* כְּנֶסֶת et כְּנֵסִיָּה *f.* Réunion, assemblée: אַנְשֵׁי כְּנֶסֶת הַגְּדוֹלָה Aboth, les hommes de la grande assemblée (du grand synode); בֵּית הַכְּנֶסֶת la maison où on s'assemble pour prier, la synagogue.

כָּנַע (*Kal* inusité, s'incliner, être humble). *Niph.* Être humilié, vaincu, s'humilier: וַתִּכָּנַע מוֹאָב בַּיּוֹם הַהוּא Jug. 3. 30, Moab fut humilié (vaincu) ce jour-là; וַיִּכָּנְעוּ הַפְּלִשְׁתִּים I Sam. 7. 13, les Philistins furent vaincus; כִּי־נִכְנַע אַחְאָב מִלְּפָנָי I Rois, 21. 29, qu'Achab s'est humilié devant moi.

Hiph. Confondre, humilier, vaincre: רְאֵה כָל גֵּאֶה הַכְנִיעֵהוּ Job 40. 12, jette les yeux sur chaque orgueilleux, et humilie-le; וַיַּכְנַע בֶּעָמָל לִבָּם Ps. 107. 12, il a humilié leur cœur (esprit) par des travaux pénibles; וַיַּכְנִיעֵם II Sam. 8. 1, (David) humilia, vainquit (les Philistins); וַתַּכְנַע לִפְנֵיהֶם Néh. 9. 24, tu as humilié (les Chananéens) devant eux.

כִּנְעָה *f.* (douteux): אִסְפִּי מֵאֶרֶץ כִּנְעָתֵךְ Jér. 10. 17, retire de la terre ton humiliation, c.-à-d. (toi Babylone) tu n'humilieras plus les autres nations; selon d'autres: (toi Jérusalem) ramasse tes effets, ou tes marchandises (v. כְּנַעֲנִי).

כְּנַעַן *n. pr.* 1° Chanaan, fils de Ham, souche des Chananéens, Gen. 9. 18. — 2° Le pays de Chanaan: כֹּל יֹשְׁבֵי כְנָעַן Exod. 15. 15, tous les habitants de Chanaan; aussi בְּאֶרֶץ־כְּנָעַן Gen. 13. 12, dans la terre de Chanaan; et le peuple: כְּנַעַן בְּיָדוֹ Osée 12. 8, Chanaan (a) dans sa main (une balance trompeuse); aussi les Phéniciens, Is. 23. 11; aussi Chanaan, terre des Philistins, Soph. 2. 5. — שְׂפַת כְּנַעַן Is. 19. 18, la langue chananéenne, c.-à-d. la langue hébraïque. — 3° Marchand: כִּנְעָנֶיהָ נִכְבַּדֵּי־אָרֶץ Is. 23. 8, les marchands (de Tyr) étaient les hommes les plus considérés du monde.

כְּנַעֲנָה *n. pr. m.* 1° I Chr. 7. 10. — 2° II Chr. 18. 10.

כְּנַעֲנִי (*f.* כְּנַעֲנִית, *pl.* כְּנַעֲנִים). 1° Chananéen: מִבְּנוֹת הַכְּנַעֲנִי Gen. 24. 3, (aucune) des filles du peuple chananéen; אֶרֶץ הַכְּנַעֲנִי Exod. 3. 17, le pays des Chananéens; אִישׁ כְּנַעֲנִי Gen. 38. 2, un homme chananéen. — 2° Marchand: יֶחֱצוּהוּ בֵּין כְּנַעֲנִים Job 40. 30, les marchands se la partageront-ils? וְלֹא־יִהְיֶה כְנַעֲנִי עוֹד Zach. 14. 21, il n'y aura plus de marchand (dans la maison de l'Éternel).

כָּנַף *Niph.* Se cacher ou s'éloigner: וְלֹא־יִכָּנֵף עוֹד מוֹרֶיךָ Is. 30. 20, tes docteurs (prophètes) ne se cacheront plus (ils pourront enseigner publiquement), ou: Dieu qui t'enseigne ne se cachera plus, ou: il ne disparaîtra plus, ne s'éloignera plus de devant toi; selon d'autres, מוֹרֶיךָ: la pluie ne disparaîtra, ne te manquera plus (v. מוֹרֶה).

כָּנָף *f.* (const. כְּנַף, avec suff. כְּנָפִי, *duel* כְּנָפַיִם, const. כַּנְפֵי, *pl.* const. כַּנְפוֹת). 1° Aile: כָּל־בַּעַל כָּנָף Prov. 1. 17, tous ceux qui ont des ailes (tous les oiseaux); וּבַעַל הַכְּנָפַיִם Eccl. 10. 20, l'être avec deux ailes (l'oiseau); כָּנָף אֶל־כָּנָף I Rois 6. 27, une aile près de l'autre; כַּנְפֵי־רוּחַ Ps. 18. 11, les ailes du vent; כַנְפֵי־שָׁחַר 139. 9, les ailes de l'aurore; *au fig.*: pour secours et protection; בְּצֵל כְּנָפֶיךָ תַּסְתִּירֵנִי Ps. 17, 8, couvre-moi sous l'ombre de tes ailes; אֲשֶׁר־בָּאת לַחֲסוֹת תַּחַת־כְּנָפָיו Ruth, 2. 12, sous les ailes duquel tu es venue te réfugier; מֻטּוֹת כְּנָפָיו Is. 8. 8, l'étendue des ailes (de l'armée). — 2° Bord, bout: כְּנַף־הַמְּעִיל I Sam. 24. 5, le bord de sa casaque; עַל־כַּנְפֵי בִגְדֵיהֶם Nomb. 15. 38, aux bouts, coins, de leurs vêtements; aussi seul: בִּכְנַף אִישׁ יְהוּדִי Zach. 8. 23, (ils saisiront) un Juif par le pan de son habit; וְלֹא יְגַלֶּה כְּנַף אָבִיו Deut. 23. 1, et il ne découvrira point le bord de la couverture de son père, c.-à-d. ne souillera point sa couche nuptiale; וּפָרַשְׂתָּ כְנָפֶךָ עַל־אֲמָתְךָ Ruth 3. 9, étends tes ailes (ou ta couverture) sur ta servante, c.-à-d. partage ton lit avec elle, épouse-la; מִכְּנַף הָאָרֶץ Is. 24. 16, du bord, de l'extrémité, de la terre; אַרְבַּע כַּנְפוֹת הָאָרֶץ Ez. 7. 2, les quatre coins du pays; וְעַל כְּנַף שִׁקּוּצִים מְשֹׁמֵם Dan. 9. 27, et il sera désolé à cause de l'étendue des abominations, ou: à cause des idoles sur le haut, le sommet du temple; selon d'autres, עַל כְּנַף comme עַל יַד: par la faute de ceux qui font des choses abominables, la nation sera désolée, sera dans le malheur. — 3° Oiseau: כֹּל צִפּוֹר כָּל־כָּנָף Gen. 7. 14, tous les oiseaux, tout ce qui vole dans l'air.

כִּנֶּרֶת *n. pr.* d'une ville appartenant à la tribu de Nephthali, Jos. 19. 35; de là יָם־כִּנֶּרֶת Nomb. 34. 11, la mer de Cénéreth (כִּנְּרוֹת I Rois 15. 20, et כִּנְרוֹת Jos. 11. 2).

כְּנַשׁ chald. (v. כָּנַס héb.). Assembler: שְׁלַח לְמִכְנַשׁ Dan. 3. 2, (le roi) envoya un ordre pour assembler (les satrapes). *Ithp.*: בֵּאדַיִן מִתְכַּנְּשִׁין Dan. 3. 3, alors (les satrapes) s'assemblèrent.

כֵּס *m.* Trône (pour כִּסֵּא): כִּי־יָד עַל־כֵּס יָהּ Exod. 17. 16, car la main sur le trône de Dieu, c.-à-d. Dieu a juré par son trône.

כֶּסֶא et כֶּסֶה *m.*: לְיוֹם הַכֶּסֶא יָבֹא בֵיתוֹ Prov. 7. 20, il ne reviendra à sa maison qu'à la fête (à la nouvelle lune, de כָּסָה couvrir, cacher; selon les autres: à la pleine lune); בַּכֶּסֶה לְיוֹם חַגֵּנוּ Ps. 81. 4, à la nouvelle lune, jour de notre fête; d'autres traduisent aux deux endroits: le jour, l'époque fixe.

כִּסֵּא et כִּסֵּה *m.* (avec suff. כִּסְאִי, *pl.* כִּסְאוֹת). Trône, siége: הַיֹּשֵׁב עַל־כִּסְאוֹ Exod. 11. 5, qui sera assis sur son trône; כִּסֵּא מַמְלַכְתּוֹ II Sam. 7. 13, le trône de son royaume; כִּסֵּא יְיָ Jér. 3. 17, (Jérusalem) le trône de l'Éternel; יָשְׁבוּ כִסְאוֹת לְמִשְׁפָּט Ps. 122. 5, (là) sont établis les tribunaux pour le jugement; וְעֵלִי הַכֹּהֵן יֹשֵׁב עַל־הַכִּסֵּא I Sam. 1. 9, et Éli, le grand prêtre, était assis sur son siége.

כַּשְׂדָּי chald. (v. כַּשְׂדִּי). Chaldéen: נְבוּכַדְנֶצַּר מֶלֶךְ־בָּבֶל כַּסְדָּיָא Esdr. 5. 12, Nebuchadnezar, roi de Babylone, Chaldéen.

כָּסָה Cacher, couvrir. *Kal* seulement *part.*: וְכֹסֶה קָלוֹן עָרוּם Prov. 12. 16, mais l'homme prudent cache l'injure (qu'il reçoit; כֹּסֶה דָּעַת 12. 23, (l'homme prudent) cache sa science; et *part. pass.*: כְּסוּי חֲטָאָה Ps. 32. 1, l'homme couvert en fait de péchés, c.-à-d. dont le péché est couvert, pardonné.

Pi. Couvrir, pardonner, cacher: וְכִסָּה אֶת־עֵין הָאָרֶץ Exod. 10. 5, (les sauterelles) couvriront la surface de la terre; וַתְּכַס עֲלֵיהֶם הָאָרֶץ Nomb. 16. 33, la terre les couvrit, enveloppa; avec לְ: כַּמַּיִם לַיָּם מְכַסִּים Is. 11. 9, comme les eaux couvrent le fond de la mer; וְכִסָּהוּ בֶּעָפָר Lév. 17, 13, et il couvrira (le sang) de terre; avec un double *acc.*: וְעֵרֹם יְכַסֶּה־בָּגֶד Ez. 18. 7, et s'il couvre de vêtements celui qui était nu; la personne avec עַל et la chose avec בְּ: וַתְּכַס עָלֵינוּ בְצַלְמָוֶת Ps. 44. 20, tu nous as couverts de l'ombre de la mort; la personne avec עַל et la chose à l'*acc.*: לְכַסּוֹת עָלָיו עָפָר Ez. 24. 7, pour le couvrir de terre (où il aurait été couvert de terre); כִּסִּיתָ כָל־חַטָּאתָם Ps. 85. 3, tu as couvert (pardonné) tous leurs péchés; אֵלֶיךָ כִסִּתִי 143. 9, à toi, je (les découvre, à toi je découvre) ce que je cache (aux hommes); d'autres l'expliquent comme חָסִיתִי: j'espère, j'ai confiance, en toi; אִם־כִּסִּיתִי כְאָדָם פְּשָׁעָי Job 31. 33, si j'ai caché mon péché comme les hommes (font d'ordinaire), ou : comme Adam (l'a fait); וּמִפָּנַי כִּסָּה־אֹפֶל 23. 17, et (parce qu')il n'a pas caché l'obscurité à mon visage (qu'il ne m'a pas préservé de tant de malheurs); וְלֹא־תְכַסֶּה עָלָיו Deut. 13. 9, ne le couvre pas, ne cherche pas à cacher son crime.

Pou. passif: כֻּסּוּ הָרִים צִלָּהּ Ps. 80. 11, les montagnes ont été couvertes de son ombre: וְהַזְּקֵנִים מְכֻסִּים בַּשַּׂקִּים I Chr. 21. 16, et les anciens couverts de cilices; וַיְכֻסּוּ כָּל־הֶהָרִים Gen. 7. 19, et toutes les montagnes furent couvertes.

Niph. Même signif.: בַּהֲמוֹן גַּלָּיו נִכְסָתָה Jér. 51. 42, elle (Babylone) a été couverte par la quantité des flots (de la mer); לְבִלְתִּי הִכָּסוֹת Ez. 24. 8, pour que (le sang) ne soit pas couvert.

Hithp. Se couvrir: וְלֹא יִתְכַּסּוּ בְּמַעֲשֵׂיהֶם Is. 59. 6, et ils ne pourront se couvrir, s'envelopper, de leur travail, de ce qu'ils ont fait; וַתִּקַּח הַצָּעִיף וַתִּתְכָּס Gen. 24. 65, elle prit son voile et se couvrit; וְיִתְכַּסּוּ שַׂקִּים Jon. 3. 8, qu'ils se couvrent de sacs.

כֶּסֶה (v. כֶּסֶא).

כְּסוּחָה *f. adj.* (rac. כָּסַח). Coupée, mutilée : וַתְּהִי נִבְלָתָם כַּסּוּחָה בְּקֶרֶב חוּצוֹת Is. 5. 25, leurs corps étaient coupés, mutilés; selon d'autres, כְּ comme סוּחָה ordure : leurs corps gisaient comme de l'ordure au milieu des rues.

כָּסוּי *m.* (rac. כָּסָה). Couverture : כְּסוּי עוֹר תַּחַשׁ Nomb. 4. 6, une couverture de peau de tachasch (v. תַּחַשׁ).

כְּסוּת *f.* Couverture, vêtement : כִּי הִיא כְסוּתוֹ לְבַדָּהּ Exod. 22. 26, car c'est sa seule couverture, la seule chose qui le couvre; וְאֵין כְּסוּת בַּקָּרָה Job 24. 7, et ils n'ont pas de couverture (de quoi se couvrir) pendant le froid; הִנֵּה הוּא־לָךְ כְּסוּת עֵינַיִם לְכֹל אֲשֶׁר אִתָּךְ Gen. 20. 16, vois, ceci (les mille pièces d'argent) sera pour toi une couverture sur les yeux, c.-à-d. un cadeau d'indemnité, de réconciliation, pour tout ce qu'on t'a fait, ou : ceci est un voile sur les yeux devant tout ceux qui seront avec toi (ils ne pourront plus te calomnier); d'autres expliquent : achète avec cet argent un voile, ou un habit, qui flatte les yeux, qui soit très beau; כְּסוּתְךָ אֲשֶׁר תְּכַסֶּה־בָּהּ Deut. 22. 12, (de) ton vêtement, dont tu te couvriras.

כָּסַח Couper, renverser : שְׂרֻפָה בָאֵשׁ כְּסוּחָה Ps. 80. 17, elle a été brûlée par le feu, et coupée; קוֹצִים כְּסוּחִים Is. 33. 12, des épines coupées.

כְּסִיל *m.* 1° Sot, fou, insensé; souvent l'idée d'impiété s'y ajoute : וְשַׁלְוַת כְּסִילִים תְּאַבְּדֵם Prov. 1. 32, et la prospérité ou l'insouciance des insensés les perdra; וְהַכְּסִיל בַּחֹשֶׁךְ הוֹלֵךְ Eccl. 2. 14, mais le fou (*opposé à* חָכָם) marche dans les ténèbres; וְתוֹעֲבַת כְּסִילִים סוּר מֵרָע Prov. 13. 19, l'horreur des sots, insensés, est d'éviter, de fuire, le mal.

2° Nom d'une étoile, l'Orion (chald. נְפִילָא le géant) : עֹשֶׂה עָשׁ כְּסִיל וְכִימָה Job 9. 9, qui a créé les étoiles de l'Ourse, de l'Orion et des Pléiades; אוֹ־מֹשְׁכוֹת כְּסִיל תְּפַתֵּחַ Job 38. 31, où peux-tu dissoudre, ouvrir, les liens de l'Orion? כִּי־כוֹכְבֵי הַשָּׁמַיִם וּכְסִילֵיהֶם Is. 13. 10, les étoiles du ciel et ses Orions, c.-à-d. les étoiles grandes, brillantes, comme l'Orion, ou : l'Orion et les étoiles qui se groupent autour de lui.

כְּסִיל *n. pr.* Chesil, une ville de la tribu de Juda, Jos. 15. 30.

כְּסִילוּת *f.* Folie : אֵשֶׁת כְּסִילוּת Prov. 9. 13, la femme de la folie, la femme folle, insensée.

כָּסַל Être, devenir insensé : וּבְאַחַת יִבְעֲרוּ וְיִכְסָלוּ Jér. 10. 8, et soudainement, ou tous ensemble (ou, par une chose : l'idolâtrie), ils deviennent stupides et insensés (v. בָּעַר 2°).

I כֶּסֶל *m.* 1° Folie : וְלָדַעַת רֶשַׁע כֶּסֶל Eccl. 7. 25, et de connaître la malice de la folie (des insensés), ou : la malice et la folie ; זֶה דַרְכָּם כֶּסֶל לָמוֹ Ps. 49. 14, telle est leur conduite, la folie (est) en eux. — 2° Confiance, espérance : וְיָשִׂימוּ בֵאלֹהִים כִּסְלָם Ps. 78. 7, afin qu'ils mettent leur espérance en Dieu ; אֲשֶׁר־יָקוֹט כִּסְלוֹ Job 8. 14, son espérance sera coupée, s'évanouira (v. יָקוֹט et קוּט).

II כֶּסֶל *m.* (*pl.* כְּסָלִים). Flanc : וַיַּעַשׂ פִּימָה עֲלֵי־כָסֶל Job. 15. 27, et il est devenu gros et gras, *littér.* il a eu de la graisse sur le flanc ; אֲשֶׁר עַל־הַכְּסָלִים Lév. 3. 4, (la graisse) qui couvre les flancs ; כִּי־כְסָלַי מָלְאוּ נִקְלֶה Ps. 38. 8, car mes entrailles sont pleines d'un mal brûlant, ou mes flancs sont couverts de plaies dégouttantes (v. I קָלָה).

כִּסְלָה *f.* Même signif. que I כֶּסֶל : הֲלֹא יִרְאָתְךָ כִּסְלָתֶךָ Job. 4. 6, ta crainte de Dieu n'était donc que confiance, espérance (elle s'évanouit dès que ton espérance est déçue, v. I כֶּסֶל 2°), ou : ta crainte de Dieu n'était que ta folie, elle n'était donc pas réelle, sincère ? וְאַל־יָשׁוּבוּ לְכִסְלָה Ps. 85. 9, mais (ou : afin) qu'ils ne retournent pas à leur folie (péché).

כִּסְלֵו *m.* Nom du neuvième mois : לַחֹדֶשׁ הַתְּשִׁעִי בְּכִסְלֵו Zach. 7. 1, (le quatrième jour) du neuvième mois, qui est le mois de chislew, correspondant à novembre-décembre.

כְּסָלוֹן (espérance) *n. pr.* d'un endroit aux frontières de Juda, Cheslon ; nommé aussi הַר־יְעָרִים Jos. 15. 10.

כִּסְלוֹן *n. pr.* Elidad, fils de Cheslon, Nomb. 34. 21.

כְּסֻלּוֹת *n. pr.* d'une ville appartenant à la tribu d'Issachar, Casuloth, Jos. 19. 18.

כִּסְלוֹת־תָּבוֹר *n. pr.* d'une ville de la tribu de Zabulon, au pied du mont Thabor, Jos. 19. 12.

כַּסְלֻחִים *pl.*, *n. pr.* d'un peuple d'origine égyptienne, les Casluhim, Gen. 10. 14 (les Colchiens ?).

כָּסַם Ex. unique : כָּסוֹם יִכְסְמוּ אֶת־רָאשֵׁיהֶם Ez. 44. 20, ils couperont leurs cheveux (de temps en temps), c.-à-d. ils les égaliseront (ne les laisseront pas toujours croître).

כֻּסֶּמֶת *f.* Une sorte de blé, épautre : וְהַחִטָּה וְהַכֻּסֶּמֶת לֹא נֻכּוּ Exod. 9. 32, mais le froment et l'épautre ne furent pas gâtés ; *plur.* וְכֻסְּמִים Ez. 4. 9, et de l'épautre.

כָּסַס Compter : תָּכֹסּוּ עַל־הַשֶּׂה Exod. 12. 4, vous compterez (d'après le nombre des personnes) pour (prendre part) à l'agneau.

כָּסַף Désirer, languir après quelque chose : לְמַעֲשֵׂה יָדֶיךָ תִכְסֹף Job 14. 15, tu languiras après l'ouvrage de tes mains, tu lui seras favorable ; כְּאַרְיֵה יִכְסוֹף לִטְרוֹף Ps. 17. 12, comme un lion qui brûle du désir de dévorer.

Niph. : נִכְסְפָה וְגַם־כָּלְתָה נַפְשִׁי Ps. 84. 3, mon âme languit et désire ardemment, *exact.* et se consume du désir ; כִּי־נִכְסֹף נִכְסַפְתָּה לְבֵית אָבִיךָ Gen. 31. 30, parce que tu languissais après la maison de ton père ; הַגּוֹי לֹא נִכְסָף Soph. 2. 1, peuple sans désir (pour le bien), ou : non désiré qui n'est pas aimé ; selon d'autres : peuple qui ne rougit pas (sans honte).

כֶּסֶף *m.* 1° Argent (le métal) : כְּלֵי־כֶסֶף Gen. 24. 53, des vases d'argent ; אַרְבַּע מֵאוֹת שֶׁקֶל־כֶּסֶף Gen. 23. 15, quatre cents sicles d'argent ; souvent שֶׁקֶל sous-entendu : אֶלֶף כֶּסֶף 20. 16, mille sicles, ou pièces d'argent ; בַּחֲמִשָּׁה עָשָׂר כָּסֶף Osée 3. 2, pour quinze pièces d'argent. — 2° Argent (la monnaie) : נֶשֶׁךְ כֶּסֶף Deut. 23. 20, un intérêt en argent ; כִּי כַסְפּוֹ הוּא Exod. 21. 21, car c'est son argent (il les a achetés de son argent) ; *plur.* כַּסְפֵּיהֶם Gen. 42. 25, leur argent, l'argent que chacun d'eux avait donné.

כְּסַף et *emph.* כַּסְפָּא chald. *m.* Argent : כְּסַף וּדְהַב Esdr. 7. 15, l'argent et l'or ; לְמָאנֵי דַּהֲבָא וְכַסְפָּא Dan. 5. 2, les vases d'or et d'argent ; תִּקְנֵא בְּכַסְפָּא דְנָה Esdr. 7. 17, tu achèteras de cet argent.

כָּסִפְיָא *n. pr.* d'un endroit sur le chemin de Babylone à Jérusalem, Casiphia, Esdr. 8. 17.

כֶּסֶת *f.* (rac. כָּסָה). Coussinet; seulement *plur.*: הוֹי לִמְתַפְּרוֹת כְּסָתוֹת Ez. 13. 18, malheur à celles qui préparent (tressent) des coussinets (oreillers) (pour faire de la sorcellerie); הִנְנִי אֶל־כִּסְּתוֹתֵיכֶנָה 13. 20, je viens à (je détruirai) vos coussinets.

כְּעַל Comme il convient, selon: כְּעַל גְּמֻלוֹת כְּעַל יְשַׁלֵּם Is. 59. 18, comme il convient à (selon) leurs œuvres, dans la même mesure il payera, punira; כְּעַל כֹּל אֲשֶׁר־גְּמָלָנוּ יְיָ 63. 7, selon toutes (les grâces) que Dieu nous a faites (v. עַל).

כְּעַן chald. *adv.* Dans ce moment, à présent: וּכְעַן הוֹדַעְתַּנִי Dan. 2. 23, et qu'à présent tu m'as fait connaître, savoir; כְּעַן אֲנָה נְבוּכַדְנֶצַּר מְשַׁבַּח 4. 34, maintenant moi, Nebucadnezar, je loue (le roi du ciel); וְעַד־כְּעַן Esdr. 5. 16, et jusqu'à présent.

כְּעֶנֶת chald. *adv.* Et ainsi de suite, et cætera: וּשְׁאָר עֲבַר־נַהֲרָה וּכְעֶנֶת Esdr. 4. 10, et (dans) les autres endroits au delà du fleuve, et cætera; גְּמִיר וּכְעֶנֶת 7. 12, (à Esdras, docteur de la loi), très savant, et ainsi de suite; aussi שְׁלָם וּכְעֶת 4. 17, (pour כְּעֶנֶת) le salut et cætera; d'autres traduisent partout par salut (compliment au commencement de la lettre): 4. 17, la paix et le salut; selon d'autres, c'est le nom d'un endroit: 4. 10, (dans) les autres endroits au delà du fleuve et (dans) Caeneth; 7. 12, (le roi écrit à Esdras) le savant et à Caeneth (la lettre fut envoyée à Caeneth); 4. 17, (à tous ceux au delà du fleuve) salut, et à Caeneth (aussi salut).

כָּעַס (*fut.* יִכְעַס) Être découragé, avoir de la peine; être, ou se mettre, en colère: וְכָעַס הַרְבֵּה Eccl. 5. 16, il a eu beaucoup de peine; אַל־תְּבַהֵל בְּרוּחֲךָ לִכְעוֹס Eccl. 7. 9, ne sois point prompt dans ton esprit à te mettre en colère; וְשָׁקַטְתִּי וְלֹא אֶכְעַס עוֹד Ez. 16. 42, je serai apaisé, je ne serai plus en colère; וַיִּכְעַס אָסָא אֶל־הָרֹאֶה II Chr. 16. 10, Asa était en colère contre le prophète.

Pi. Irriter: וְכִעֲסַתָּה צָרָתָהּ I Sam. 1. 6, et sa rivale l'affligeait, l'offensait; כִּעֲסוּנִי בְּהַבְלֵיהֶם Deut. 32. 21, ils m'ont irrité, offensé, par leurs idoles.

Hiph. Affliger, offenser, irriter: כֵּן תַּכְעִסֶנָּה I Sam. 1. 7, autant de fois elle l'affligea; כִּי הִכְעִיסוּ לְנֶגֶד הַבּוֹנִים Néh. 3. 37, parce qu'ils ont offensé ceux qui bâtissaient, ou: ils (nous) ont offensés en présence des maçons; בְּתוֹעֵבֹת יַכְעִיסֻהוּ Deut. 32. 16, ils l'ont irrité par des abominations; אֶל־הַכַּעַס אֲשֶׁר הִכְעַסְתָּ I Rois 21. 22, par (ma) colère que tu as irritée, ou: à cause de l'offense que tu m'a faite.

כַּעַס *m.* Chagrin, affliction, colère: בְּרֹב חָכְמָה רָב־כָּעַס Eccl. 1. 18, avec beaucoup de science il y a beaucoup de chagrin; וָכַעַס עִנְיָנוֹ 2. 23, son existence est l'affliction, le chagrin; כַּעַס לְאָבִיו בֵּן כְּסִיל Prov. 17. 25, le fils insensé est le chagrin de son père; וְהָפֵר כַּעַסְךָ עִמָּנוּ Ps. 85. 5, et détourne ta colère de nous; *plur.*: עַל כָּל־הַכְּעָסִים אֲשֶׁר הִכְעִיסוֹ מְנַשֶּׁה II Rois 23. 26, à cause de toute la colère que Manassé avait excitée (ou: des offenses par lesquelles Manassé l'avait irrité).

כַּעַשׂ *m.*: כִּי לֶאֱוִיל יַהֲרָג־כָּעַשׂ Job 5. 2, la colère, l'emportement, fait mourir l'insensé; וְתֶרֶב כַּעַשְׂךָ עִמָּדִי 10. 17, tu augmentes ta colère, tu multiplies les effets de ta colère contre moi.

כַּף *f.* (avec suff. כַּפִּי, *duel* כַּפַּיִם, *plur.* כַּפּוֹת, rac. כָּפַף, ce qui est plié, courbé ou creux). 1° Le creux, la paume de la main: וְכַפּוֹת יָדָי Dan. 10. 10, et (sur) les paumes de mes mains; אֲשֶׁר עַל־כַּף הַכֹּהֵן Lév. 14. 18, (l'huile) qui est dans le creux de la main du prêtre. — 2° La main, comme יָד: יְגִיעַ כַּפֶּיךָ כִּי תֹאכֵל Ps. 128. 2, quand tu mangeras le fruit du travail de tes mains; וְהַךְ כַּף אֶל־כָּף Ez. 21. 19, frappe main contre main (tes mains l'une contre l'autre); וַיַּכּוּ־כָף

אֹיְבֵינוּ I Sam. 4. 3, et que (l'arche) nous sauve de la main (du pouvoir) de nos ennemis; וָאָשִׂימָה נַפְשִׁי בְכַפִּי Jug. 12. 3, (j'ai mis ma vie dans ma main) j'ai exposé ma vie; וּבְכַפַּי דָּבַק מְאוּם Job 31. 7, et si une souillure s'est attachée à mes mains (si j'ai commis quelque crime); עַל־כַּפַּיִם כִּסָּה־אוֹר 36. 32, il cache la lumière avec ses (deux) mains, ou : à cause des (actions) des mains, des crimes des hommes; selon d'autres : il cache la lumière avec des nuages; de même וְשַׂכֹּתִי כַפִּי עָלֶיךָ Exod. 33. 22, et je te couvrirai de ma main, ou de mon nuage; נִשָּׂא לְבָבֵנוּ אֶל־כַּפָּיִם Lament. 3. 41, élevons (au ciel) nos cœurs et nos mains; selon d'autres : élevons nos cœurs vers les nuages, vers le ciel. — 3° La patte des animaux : וְכֹל הוֹלֵךְ עַל־כַּפָּיו Lév. 11. 27, tous (les quadrupèdes) qui marchent sur des pattes (qui ressemblent à des mains). — 4° כַּף רֶגֶל la plante du pied : מִדְרַךְ כַּף־רָגֶל Deut. 2. 5, l'endroit que foule une plante de pied (un pied de terre); כַּפּוֹת רַגְלֵי הַכֹּהֲנִים Jos. 3. 13, la plante des pieds des prêtres; מָנוֹחַ לְכַף־רַגְלָהּ Gen. 8. 9, (la colombe ne trouva pas) d'endroit où poser (la plante de son pied) sa patte. — 5° כַּף הַיָּרֵךְ Gen. 32. 33, la concavité de la hanche, ou l'ischion. — 6° Un vase creux, une coupe ou cuiller : כַּפּוֹת זָהָב שְׁתֵּים־עֶשְׂרֵה Nomb. 7. 84, douze petits vases d'or. — 7° כַּף הַקָּלַע I Sam. 25. 29, le creux de la fronde. — 8° כַּפּוֹת הַמַּנְעוּל Cant. 5. 5, les boutons du verrou à l'aide desquels on l'ouvre et ferme. — 9° כַּפֹּת תְּמָרִים Lév. 23. 40, des branches de palmier (qui se plient). — 10° * כַּף מֹאזְנַיִם Aboth, plateau d'une balance. — 11° * וּמַכְרִיעוֹ לְכַף זְכוּת Aboth, il le juge dans la balance de l'innocence, c.-à-d. en bien, favorablement.

כֵּף *m.* Rocher, pointe de rocher; seulem. *plur.*: וּבַכֵּפִים עָלוּ Jér. 4. 29, ils montent sur les pointes des rochers; חֹרֵי עָפָר וְכֵפִים Job 30. 6, (ils habitaient) dans les trous (cavernes) de la terre et dans les rochers.

כָּפָה Dompter, éteindre : מַתָּן בַּסֵּתֶר יִכְפֶּה־אָף Prov. 21. 14, un présent donné en secret (dompte) éteint la colère (aussi : la charité secrète éteint la colère de Dieu); * בְּכַפַּת שֹׁחַד Rituel, en prenant, ou en donnant, des présents pour corrompre, ou pour se laisser corrompre.

כִּפָּה *f.* (v. כַּף 9°). Branche de palmier : כִּפָּה וְאַגְמוֹן Is. 9. 13, la branche du palmier et le jonc (l'homme grand, fort, et le faible, humble); וְכִפָּתוֹ לֹא רַעֲנָנָה Job 15. 32, et sa branche ne verdira pas.

כְּפוֹר *m.* 1° Coupe ou bassin : וְלִכְפוֹרֵי הַזָּהָב — וְלִכְפוֹרֵי הַכֶּסֶף I Chr. 28. 17, et pour les coupes d'or — et pour les coupes d'argent, ou pour les bassins, etc., le même que מִזְרָק.

2° La gelée blanche, frimas : דַּק כַּכְּפֹר עַל־הָאָרֶץ Exod. 16. 14, (la manne) était fine comme les grains de frimas (de gelée blanche) sur la terre; כְּפוֹר כָּאֵפֶר יְפַזֵּר Ps. 147. 16, il répand la gelée blanche comme la cendre.

כָּפִיס *m.* Ex. unique : וְכָפִיס מֵעֵץ יַעֲנֶנָּה Hab. 2. 11, et le chevron ou la moise de la charpente le criera, ou répondra; selon d'autres : le nœud dans le bois, dans la poutre, ou : un bout, coin de la poutre.

כְּפִיר *m.* 1° Un jeune lion, déjà vigoureux, courant après la proie : וַתַּעַל אֶחָד מִגֻּרֶיהָ כְּפִיר הָיָה Ez. 19. 3, elle a élevé un de ses lionceaux qui est devenu un jeune lion fort; וְכִכְפִיר יֹשֵׁב בְּמִסְתָּרִים Ps. 17. 12, et comme un jeune lion qui habite les lieux cachés; aussi כְּפִיר אֲרָיוֹת Jug. 14. 5, un jeune d'entre les lions; *au fig.* : מִכְּפִירִים יְחִידָתִי Ps. 35. 17, (sauve) mon âme des jeunes lions (de mes ennemis cruels); כְּפִיר גּוֹיִם נִדְמֵיתָ Ez. 32. 2, tu as été semblable à un lion à l'égard des nations (tu as été la plus forte, la plus terrible, entre les nations); וְסֹחֲרֵי תַרְשִׁישׁ וְכָל־כְּפִירֶיהָ 38. 13, et les marchands de Tharsis et ses jeunes lions (les grands, les puissants).

— 2° Village : וְנִוָּעֲדָה יַחְדָּו בַּכְּפִירִים Néh. 6. 2, réunissons-nous dans (un des) villages (v. כָּפָר); selon d'autres, *n. pr.* : à l'endroit nommé Chephirim.

כְּפִירָה *n. pr.* d'une ville des Hevéens, Jos. 9. 17, appartenant plus tard à la tribu de Benjamin ; 18. 26, Caphira.

כָּפַל Replier, doubler : וְכָפַלְתָּ אֶת־הַיְרִיעָה הַשִּׁשִּׁית Exod. 26. 9, tu mettras double (tu plieras en deux) le sixième rideau ou tapis ; *part. pass.* : רָבוּעַ יִהְיֶה כָּפוּל 28. 16, (le rationnel) sera carré et double.

Niph. : וְתִכָּפֵל חֶרֶב שְׁלִישִׁתָה Ez. 21. 19, et que cette épée soit tirée, qu'elle tue une seconde et une troisième fois ; selon d'autres, שְׁלִישִׁתָה *adj.* : cette grande épée, cette épée terrible, apparaîtra une seconde fois.

כֶּפֶל *m.* Chose double, le double : בְּכֶפֶל רִסְנוֹ מִי יָבוֹא Job 41. 5, qui viendrait (conduire, diriger, ce monstre) par sa gueule pourvue d'une double rangée de dents ; *duel* כִּי־כִפְלַיִם לְתוּשִׁיָּה 11. 6, car la sagesse de Dieu est double, c.-à-d. impénétrable, ou infinie ; כִּפְלַיִם בְּכָל־חַטֹּאתֶיהָ Is. 40. 2, (elle a reçu) des châtiments doubles pour tous ses péchés.

כָּפַן Languir : כָּפְנָה שָׁרָשֶׁיהָ עָלָיו Ez. 17. 7, (cette vigne) étendit languissamment ses racines vers (cet aigle).

כָּפָן *m.* Faim, famine : לְשֹׁד וּלְכָפָן תִּשְׂחָק Job 5. 22, tu peux rire au milieu de la désolation et de la famine, ou : de la pénurie, de la pauvreté ; בְּחֶסֶר וּבְכָפָן גַּלְמוּד 30. 3, avec la pauvreté et la faim ils étaient abandonnés de tout le monde ; selon d'autres : ils étaient maigres, secs, de misère et de faim.

כָּפַף Plier, courber : כָּפַף נַפְשִׁי Ps. 57. 7, (chacun d'eux) a courbé, humilié, mon âme ; ou, *intrans.* : mon âme s'est courbée ; *inf.* : הֲלָכֹף כְּאַגְמֹן רֹאשׁוֹ Is. 58. 5, est-ce de courber sa tête comme un jonc ? וְזוֹקֵף לְכָל־הַכְּפוּפִים Ps. 145. 14, et il redresse tous ceux qui sont courbés.

Niph. : אִכַּף לֵאלֹהֵי מָרוֹם Mich. 6. 6, (de quelle manière) dois-je me courber, m'humilier, devant le Dieu très haut ?

כָּפַר Couvrir. *Kal* une fois : וְכָפַרְתָּ אֹתָהּ מִבַּיִת וּמִחוּץ Gen. 6. 14, tu couvriras, enduiras, (l'arche) dedans et dehors (de poix).

Pi. כִּפֶּר, *fut.* יְכַפֵּר. 1° Couvrir le péché, pardonner ; avec l'*acc.* : פְּשָׁעֵינוּ אַתָּה תְכַפְּרֵם Ps. 65. 4, nos péchés, tu nous les pardonneras ; וְהוּא רַחוּם יְכַפֵּר עָוֺן 78. 38, mais lui, le miséricordieux, il pardonne le péché ; suivi de עַל : וְכַפֵּר עַל־חַטֹּאתֵינוּ 79. 9, pardonne-nous nos péchés ; de לְ : כַּפֵּר לְעַמְּךָ יִשְׂרָאֵל Deut. 21. 8, pardonne à ton peuple Israel ; בְּכַפְּרִי־לָךְ לְכָל־אֲשֶׁר עָשִׂית Ez. 16. 63, quand je te pardonnerai tout ce que tu as fait ; de בְּעַד : יי הַטּוֹב יְכַפֵּר בְּעַד II Chr. 30. 18, l'Éternel, qui est bon, pardonnera (pour בְּעַדָם) à ceux (qui avaient mangé la pâque sans s'être sanctifiés). — 2° Expier, purifier : וְכִפַּרְתֶּם אֶת־הַבָּיִת Ez. 45. 20, vous purifierez (ainsi) le temple ; וְכִפֶּר עָלָיו הַכֹּהֵן Lév. 5. 26, le prêtre offrira pour lui la victime d'expiation, ou : le prêtre l'absoudra ; אוּלַי אֲכַפְּרָה בְּעַד חַטַּאתְכֶם Exod. 32. 30, peut-être que j'obtienne le pardon de votre crime ; avec מִן : וְכִפֶּר עָלָיו הַכֹּהֵן מֵחַטָּאתוֹ Lév. 4. 26, le prêtre le purifiera (l'absoudra) de sa faute ; לְכַפֵּר עַל־נַפְשֹׁתֵיכֶם Exod. 30. 15, pour racheter vos personnes, ou : pour servir d'expiation à vos âmes ; לְכַפֵּר בְּעַד בֵּית־יִשְׂרָאֵל Ez. 45. 17, pour être l'expiation de la maison d'Israel ; וְאֶת־הַמִּזְבֵּחַ יְכַפֵּר Lév. 16. 33, il purifiera aussi l'autel. — 3° Couvrir, écarter, la colère ; apaiser : אֲכַפְּרָה פָנָיו בַּמִּנְחָה Gen. 32. 21, je l'apaiserai par le présent ; וְאִישׁ חָכָם יְכַפְּרֶנָּה Prov. 16. 14, mais l'homme sage l'apaisera ; לֹא תוּכְלִי כַּפְּרָהּ Is. 47. 11, (une calamité) que tu ne pourras adoucir, détourner, par des expiations.

Pou. 1° *Passif du Pi.* 1° : וְחַטָּאתְךָ תְּכֻפָּר Is. 6. 7, et ton péché sera pardonné ; אִם־יְכֻפַּר הֶעָוֺן הַזֶּה לָכֶם 22. 14, cette iniquité ne vous sera pas pardonnée (v. אִם 3°). — 2° *Passif du Pi.* 2° : אֲשֶׁר כֻּפַּר בָּהֶם Exod. 29. 33, (ceux) par qui l'expiation a été présentée, ou : les choses qui ont fait absoudre, qui ont servi d'expiation ; וְלָאָרֶץ לֹא־יְכֻפַּר Nomb. 35. 33, la terre ne sera purifiée (que, etc.). — 3° וְכֻפַּר בְּרִיתְכֶם אֶת־מָוֶת Is. 28. 18, votre alliance avec la mort sera écartée, rompue.

Hithp. : אִם־יִתְכַּפֵּר עֲוֹן בֵּית־עֵלִי I Sam. 3. 14, l'iniquité de la maison d'Éli ne sera pas pardonnée.

Hithp. et *Niph.* : וְנִכַּפֵּר לָהֶם הַדָּם Deut. 21. 8 (pour נִתְכַּפֵּר), le crime du meurtre sera expié pour eux (ne tombera pas sur eux).

כָּפָר *m.* (ce qui couvre, protége, les habitants). Village : נָלִינָה בַּכְּפָרִים Cant. 7. 12, demeurons dans les villages ; בֶּעָרִים וּבַכְּפָרִים I Chr. 27. 25, dans les villes et dans les villages. De là

כְּפַר הָעַמּוֹנִי (village des Ammonites) *n. pr.* Chephar Haamoni, ville de la tribu de Benjamin, Jos. 18. 24.

כֹּפֶר *m.* (v. כָּפָר). 1° Village : וְעַד כֹּפֶר הַפְּרָזִי I Sam. 6. 18, jusqu'au village ouvert (sans mur). — 2° (v. גֹּפֶר) Poix : וְכָפַרְתָּ אֹתָהּ — בַּכֹּפֶר Gen. 6. 14, tu enduiras (l'arche) de poix. — 3° אֶשְׁכֹּל הַכֹּפֶר Cant. 1. 14, une grappe de raisin de cypre, ou : une fleur de palmier ; כְּפָרִים עִם־נְרָדִים 4. 13, des fruits ou des fleurs de cypre et du nard. — 4° Expiation, rachat, prix : אִם־כֹּפֶר יוּשַׁת עָלָיו Exod. 21. 30, si un rachat lui est imposé, si on le taxe à une somme d'argent ; וְנָתְנוּ אִישׁ כֹּפֶר נַפְשׁוֹ 30. 12, chacun donnera quelque chose comme un prix de son âme (quelque chose pour se racheter) ; וּמִיַּד־מִי לָקַחְתִּי כֹפֶר I Sam. 12. 3, et de la main de qui ai-je accepté une expiation, c.-à-d. de l'argent, pour l'épargner s'il était coupable ? נָתַתִּי כָפְרְךָ מִצְרַיִם Is. 43. 3, j'ai donné l'Égypte pour ton rachat (j'ai livré l'Égypte pour te racheter).

כַּפָּרָה *f.* Expiation, pardon : זְמַן כַּפָּרָה temps d'expiation ; כַּפָּרַת עָוֹן le pardon des péchés.

כִּפֻּרִים *m. pl.* Expiation : חַטַּאת הַכִּפֻּרִים Exod. 30. 10, l'hostie de l'expiation (offerte pour le péché) ; כֶּסֶף הַכִּפֻּרִים 30. 16, l'argent de l'expiation (de leur rachat) ; יוֹם כִּפֻּרִים Lév. 23. 28, et יוֹם הַכִּפֻּרִים 2. 7, le jour de l'expiation, le jour du pardon, fête et jeûne solennel au dix du mois de Tisri.

כַּפֹּרֶת *f.* Couvercle, mais seulement la table d'or, qui était au-dessus de l'arche, et couverte en partie des ailes des chérubins, le propitiatoire : וְעָשִׂיתָ כַפֹּרֶת זָהָב טָהוֹר Exod. 25. 17, tu feras le propitiatoire d'or pur ; וּבֵית הַכַּפֹּרֶת I Chr. 28. 11, et la chambre du propitiatoire (du sanctuaire).

כָּפַשׁ *Hiph.* Ex. unique : הִכְפִּישַׁנִי בָּאֵפֶר Lament. 3. 16, il m'a pressé, ou renversé, dans les cendres (v. כָּבַשׁ), ou il m'a humilié ; selon d'autres : il m'a couvert (ou nourri) de cendres.

כְּפַת chald. Lier, mettre aux fers ; *pass.* : בֵּאדַיִן גֻּבְרַיָּא אִלֵּךְ כְּפִתוּ Dan. 3. 21, ensuite les trois hommes furent liés.

Pael : רְמֵינָא לְגוֹא־נוּרָא מְכַפְּתִין Dan. 3. 24, (n')avons-nous (pas) jeté (trois hommes) liés au milieu du feu ? לְכַפָּתָה 3. 20, (il ordonne) de lier.

כַּפְתּוֹר *m.* 1° Le linteau au-dessus de la porte, le chapiteau de la colonne ; הַךְ הַכַּפְתּוֹר Amos 9. 1, frappe le linteau ; בְּכַפְתֹּרֶיהָ יָלִינוּ Soph. 2. 14, (des oiseaux) habiteront sous ses chapiteaux, ou : sous le faîte de ses maisons. — 2° Un ornement au chandelier dans le temple en forme de pommes ou petites sphères ; כַּפְתֹּרֶיהָ וּפְרָחֶיהָ מִמֶּנָּה יִהְיוּ Exod. 25. 31, les pommes et les fleurs (du chandelier) seront de la même pièce que lui.

כַּפְתּוֹר *n. pr.* d'une contrée : וּפְלִשְׁתִּיִּים מִכַּפְתּוֹר Amos 9. 7, (n'ai-je point tiré) les Philistins de Caphtor (de la Cappadoce, ou de Chypre, ou de l'île de Crète) ? אִי כַפְתּוֹר Jér. 47. 4, l'île de Caphtor ; פְּלִשְׁתִּים וְאֶת־כַּפְתֹּרִים Gen. 10. 14, les Philistins et les Caphtorins.

כַּר *m.* (*plur.* כָּרִים). 1° Agneau gras : חֵלֶב כָּרִים Deut. 32. 14, la graisse des agneaux (gras); וְאֹכְלִים כָּרִים מִצֹּאן Amos 6. 4, (vous qui) mangez les agneaux gras, les plus excellents; וְעַל־הַכָּרִים וְעַל־כָּל־הַטּוֹב I Sam. 15. 9, (Saül épargna) les agneaux gras et toutes les bonnes choses; וְאֹיְבֵי יְיָ כִּיקַר כָּרִים Ps. 37. 20, et les ennemis du Seigneur (seront consumés) comme le meilleur (la graisse) des agneaux, ou : disparaîtront comme la beauté des champs, des pâturages, comme l'herbe (v. 2° et יָקָר).

2° Pâturage : כַּר נִרְחָב Is. 30. 23, (ton bétail paîtra) dans de vastes, grands, pâturages; לָבְשׁוּ כָרִים הַצֹּאן Ps. 65. 14, les pâturages se couvrent (se remplissent) de troupeaux; selon d'autres : les béliers couvrent les brebis.

3° Bélier de fer, une machine de guerre pour renverser les murs : וְשִׂים־עָלֶיהָ כָרִים סָבִיב Ez. 4. 2, et fais approcher les béliers de (cette ville), dresse contre elle des machines de guerre tout autour; לָשׂוּם כָּרִים עַל־שְׁעָרִים 21. 27, pour dresser les machines de guerre contre les portes de la ville; selon d'autres, כָּרִים aux deux endroits *signifie* officiers, chefs des troupes : placer les chefs contre la ville, contre les portes (v. 4°).

4° Chef, officier : לַכָּרִי II Rois 11. 4, et וְאֶת הַכָּרִי vers. 19 (*pl.* pour כָּרִים, ou *sing. collect.*), les chefs ou les braves; עַל הַכָּרִי וְעַל־הַפְּלֵתִי II Sam. 20. 23 (*cheth.* הַכְּרֵתִי *keri*), (Banaiah commandait) les braves, ou les archers et les frondeurs; selon d'autres : deux races en Israel, les Céréthiens et les Phéléthiens.

5° שִׁלְחוּ־כַר Is. 16. 1, envoyez le dromadaire (l'animal qui excelle dans la course); selon d'autres : envoyez les agneaux (votre tribut à celui qui règne sur votre pays, à votre suzerain).

6° בְּכַר הַגָּמָל Gen. 31. 34, sous la selle, le bât, d'un chameau.

כֹּר *m.* Nom d'une mesure des choses sèches aussi bien que des liquides : שְׁלֹשִׁים כֹּר סֹלֶת I Rois 5. 2, trente mesures de fleur de farine; וְעֶשְׂרִים כֹּר שֶׁמֶן 5. 25, vingt mesures d'huile (un chor contient 10 baths ou éphas, il est le même qu'un חֹמֶר, v. Ez. 45. 14).

כְּרָא chald. *Ithph.* : אֶתְכְּרִיַּת רוּחִי Dan. 7. 15, mon esprit se troubla, fut saisi d'épouvante.

כִּרְבֵּל (rac. כָּבַל). Revêtir. *Part. pass.* : וְדָוִיד מְכֻרְבָּל בִּמְעִיל בּוּץ I Chr. 15. 27, David fut revêtu d'une robe de fin lin.

כַּרְבְּלָא *f.* chald. Manteau ou tiare : וְכַרְבְּלָתְהוֹן וּלְבֻשֵׁיהוֹן Dan. 3. 21, et (avec) leurs manteaux et leurs autres vêtements; selon d'autres : leurs tiares.

I כָּרָה Creuser : וַיִּכְרוּ־שָׁם עַבְדֵי־יִצְחָק בְּאֵר Gen. 26. 25, et les serviteurs d'Isaac y creusèrent un puits; בְּקִבְרִי אֲשֶׁר כָּרִיתִי לִי 50. 5, dans mon sépulcre que je me suis creusé, préparé; selon d'autres : que je me suis acheté (v. II כָּרָה); *au fig.* tendre un piége, poursuivre : כָּרוּ לְפָנַי שִׁיחָה Ps. 57. 7, ils ont creusé une fosse devant moi (pour me faire tomber dedans); אִישׁ בְּלִיַּעַל כֹּרֶה רָעָה Prov. 16. 27, l'homme méchant, pervers, (creuse) prépare le mal; וְתִכְרוּ עַל־רֵיעֲכֶם Job 6. 27, vous creusez autour de votre ami, (vous lui tendez des piéges); אָזְנַיִם כָּרִיתָ לִּי Ps. 40. 7, tu m'as creusé, ouvert, les oreilles (pour que je puisse bien entendre et obéir).

Niph. passif : עַד יִכָּרֶה לָרָשָׁע שָׁחַת Ps. 94. 13, tandis que la fosse est creusée pour le méchant.

II כָּרָה 1° Acheter : וְגַם־מַיִם תִּכְרוּ מֵאִתָּם Deut. 2. 6, vous achèterez d'eux aussi l'eau; וָאֶכְּרֶהָ לִּי Osée 3. 2, je l'ai achetée.

2° Préparer, donner, un repas : וַיִּכְרֶה לָהֶם כֵּרָה גְדוֹלָה II Rois 6. 23, (le roi) leur fit préparer, servir, un grand repas; יִכְרוּ עָלָיו חַבָּרִים Job 40. 30, les pêcheurs associés s'en régaleront-ils? ou feront-ils festin à cause de sa prise? ou : les marchands associés l'achèteront-ils? (v. 1°); d'autres expliquent : les pêcheurs le prendront-ils dans des filets, des piéges? (V. I כָּרָה.)

כְּרָה ou כְּרוֹת *f.* Ce qui est creusé, puits : נְוֹת כְּרֹת רֹעִים Soph. 2. 6, la demeure, le lieu des puits, des citernes, pour les pâtres, ou des demeures creusées, c.-à-d. souterraines (de I כָּרָה), ou : un lieu de nourriture (un sol labourable) [de II כָּרָה 2°].

כֵּרָה *f.* Repas : כֵּרָה גְדוֹלָה II Rois 6. 23, un grand repas (de II כָּרָה 2°).

כְּרוּב *m.* (*plur.* כְּרוּבִים). Chérubin, ange, être symbolique dont la forme est composée de celles de l'homme, du taureau, du lion et de l'aigle, ces trois animaux symboles de force et d'intelligence (v. Ez. chap. 1 et 10). Les chérubins gardaient le paradis terrestre après que l'homme en eut été chassé (Gen. 3. 24); ils portent le trône de Dieu : וַיִּרְכַּב עַל־כְּרוּב וַיָּעֹף II Sam. 22. 12, il monte sur le chérubin et il prend son vol; יֹשֵׁב הַכְּרֻבִים I Sam. 4. 4, Dieu assis sur les chérubins : dans le sanctuaire du tabernacle il y avait deux statues d'or et dans celui du temple de Salomon deux statues de bois couvert d'or, qui figuraient des chérubins, mais qui avaient des visages d'enfants (v. Exod. chap. 25 et I Rois, chap. 6); אַתְּ־כְּרוּב Ez. 28. 14, toi (roi de Tyr) tu étais comme un chérubin.

כְּרוּב *n. pr.* Esdr. 2. 59.

כָּרוֹז *m.* chald. Héraut : וְכָרוֹזָא קָרֵא בְחָיִל Dan. 3. 4, et le héraut criait avec force, à haute voix.

כְּרַז chald. *Aph.* Crier, proclamer : וְהַכְרִזוּ עֲלוֹהִי Dan. 5. 29, et on cria, proclama, au sujet de (Daniel); * וּמַכְרֶזֶת וְאוֹמֶרֶת Aboth, (une voix) qui publie (crie) et dit.

* כֹּרַח Dépit : עַל כָּרְחֲךָ en dépit de toi, malgré toi.

כָּרִי (v. כַּר 4°).

כְּרִית *n. pr.* : נַחַל כְּרִית I Rois 17. 3, le torrent de Carith, au bord duquel le prophète Élie séjournait.

כְּרִיתוּת et כְּרִיתֻת *f.* (rac. כָּרַת). Séparation entre les époux, divorce : וְכָתַב לָהּ סֵפֶר כְּרִיתֻת Deut. 24. 1, il lui écrira une lettre de divorce; אֵי זֶה סֵפֶר כְּרִיתוּת אִמְּכֶם Is. 50. 1, où est l'écrit de divorce (écrit) à votre mère? aussi *plur.* סֵפֶר כְּרִיתֻתֶיהָ Jér. 3. 8, son écrit de divorce.

כַּרְכֹּב *m.* : כַּרְכֹּב הַמִּזְבֵּחַ Exod. 27. 5, le contour de l'autel, un bord qui entourait l'autel au milieu de sa hauteur; תַּחַת כַּרְכֻּבּוֹ 38. 4, (on fit une grille d'airain) sous le bord, contour, de l'autel.

כַּרְכֹּם *m.* Safran : נֵרְדְּ וְכַרְכֹּם Cant. 4. 14, le nard et le safran.

כַּרְכְּמִישׁ *n. pr.* d'une ville sur l'Euphrate, Charcamis (*lat.* Cercusium?), Is. 10. 9, Jér. 46. 2.

כַּרְכַּס *n. pr.* Charchas, eunuque du roi Assuérus, Esth. 1. 10.

· כִּרְכֵּר *Part.* מְכַרְכֵּר (v. כָּרַר).

כִּרְכָּרוֹת *f. pl.* Ex. unique : וּבַכִּרְכָּרוֹת Is. 66. 20, (ils viendront à Jérusalem) sur des animaux qui courent vite, des dromadaires, forme redoublée de כַּר (v. כַּר 5°); selon d'autres : sur des chariots; selon d'autres : et avec des chants, de la musique (v. כָּרַר).

כֶּרֶם *m.* (*fém.* Is. 27. 2, 3, avec suff. כַּרְמִי, *pl.* כְּרָמִים, const. כַּרְמֵי). Un champ bien cultivé, un verger bien planté, mais surtout vigne, vignoble : כֶּרֶם זָיִת Jug. 15. 5, les plants d'oliviers, d'autres expliquent comme וָזָיִת les vignes et les oliviers; דֶּרֶךְ כְּרָמִים Job 24. 18, le chemin qui conduit aux vignes, aux jardins, à la terre cultivée; כֶּרֶם חֶמֶר Is. 27. 2, la vigne qui porte le vin; les prophètes, par parabole, donnent souvent au peuple d'Israel le nom de vigne : שִׁירַת דּוֹדִי לְכַרְמוֹ Is. 5. 1, le cantique de mon ami pour sa vigne (Israel); בֵּינִי וּבֵין כַּרְמִי 5. 3, (soyez juges) entre moi et ma vigne; *pl.* : וּכְרָמֵינוּ סְמָדַר Cant. 2. 15, et nos vignes sont en fleur.

כֹּרֵם *m.* Vigneron : הֵילִילוּ כֹּרְמִים Joel 1. 11, gémissez, ô vignerons! אִכָּרֵיכֶם וְכֹרְמֵיכֶם Is. 61. 5, vos laboureurs et vos vignerons.

כַּרְמִי (vigneron) *n. pr.* 1° Charmi, fils de Ruben, Gen. 46. 9, *patron.* כַּרְמִי

Nomb. 26. 6. — 2° Carmi, fils de Zabdi, Jos. 7. 1.

כַּרְמִיל *m.* Une couleur rouge, écarlate ou cramoisi : וּבְבוּץ וּבְכַרְמִיל II Chr. 2. 13, (il travaille) en fin lin et en écarlate ; וְאַרְגְּוָן וְכַרְמִיל 3. 14, (des fils) couleur de pourpre et d'écarlate ou de cramoisi (v. שָׁנִי).

כַּרְמֶל *m.* (Même sens que כֶּרֶם.) 1° Champ ou jardin bien cultivé : וָאָבִיא אֶתְכֶם אֶל־אֶרֶץ הַכַּרְמֶל Jér. 2. 7, je vous ai conduits dans une terre qui ressemble à un jardin, une terre de délices ; וּכְבוֹד יַעְרוֹ וְכַרְמִלּוֹ Is. 10. 18, la gloire de sa forêt et de ses champs fertiles ; וְהָיָה מִדְבָּר לַכַּרְמֶל וְהַכַּרְמֶל לַיַּעַר יֵחָשֵׁב 32. 15, le désert sera changé en un champ de fruits et d'arbres, et ce champ ressemblera à une forêt (tant ses arbres seront forts et hauts) ; יַעַר כַּרְמִלּוֹ II Rois 19. 23, sa forêt fertile, délicieuse, les plus beaux arbres du Liban. — 2° Fruit du champ et du jardin (de רַךְ, מָלֵא), fruit tendre, nouveau et plein, bon : וְכַרְמֶל בְּצִקְלֹנוֹ II Rois 4. 42, (l'homme apporta) aussi des épis frais, du froment nouveau, dans sa besace ; וְקָלִי וְכַרְמֶל Lév. 23. 14, du grain grillé, desséché, et des épis nouveaux ; גֶּרֶשׂ כַּרְמֶל 2. 14, des grains brisés, broyés, sortant d'épis pleins et tendres.

3° *n. pr.* d'une montagne, d'un cap très fertile dans la tribu d'Aser ; רֹאשׁ הַכַּרְמֶל Amos 1. 2, le haut du Carmel : הַר הַכַּרְמֶל I Rois 18. 19, 20, le mont Carmel ; רֹאשֵׁךְ עָלַיִךְ כַּכַּרְמֶל Cant. 7. 6, ta tête (sur toi) est comme le Carmel (riche de cheveux comme le Carmel est riche de feuilles ou d'arbres), ou : ta tête repose sur toi majestueusement ; selon d'autres : ta tête rouge brillante comme l'écarlate (le même que כַּרְמִיל). — 4° *n. pr.* d'une ville de la tribu de Juda sur la mer morte, Jos. 15. 55 : כַּרְמְלִי I Sam. 30. 5, *fém.* כַּרְמְלִית 27. 3, (un homme, une femme) de la ville de Carmel.

כְּרָן *n. pr.* Cheran, fils de Dison, Gen. 36. 26.

כָּרְסֵא chald. (v. כִּסֵּא hébr.). Trône : כָּרְסֵא מַלְכוּתֵהּ Dan. 5. 20, le trône de son royaume ; דִּי כָרְסָוָן רְמִיו 7. 9, que l'on plaça des trônes ; כָּרְסְיֵהּ même verset, son trône.

כִּרְסֵם Ex. unique *Pi.* : יְכַרְסְמֶנָּה חֲזִיר מִיָּעַר Ps. 80. 14, le sanglier de la forêt la foule, fouille (v. רָמַס), ou : la ronge, coupe (v. כָּסַם).

כָּרַע Fléchir, se mettre à genoux, s'agenouiller, se prosterner, s'affaisser : לִי תִּכְרַע כָּל־בֶּרֶךְ Is. 45. 23, tout genou fléchira devant moi ; וְכֹל אֲשֶׁר־יִכְרַע עַל־בִּרְכָּיו Jug. 7. 5, et tous ceux qui mettront les genoux en terre ; כֹּרְעִים וּמִשְׁתַּחֲוִים לְהָמָן Esth. 3. 2, (tous les serviteurs du roi) fléchissaient le genou et se prosternaient devant Aman ; avec לִפְנֵי : לְפָנָיו יִכְרְעוּ כָּל־יוֹרְדֵי עָפָר Ps. 22. 30, devant lui se prosternent tous ceux qui descendent dans la terre ; כָּרַע רָבַץ כְּאַרְיֵה Gen. 49. 9, il s'est mis sur les genoux (s'est couché), s'est étendu comme un lion ; הֵמָּה כָּרְעוּ וְנָפָלוּ Ps. 20. 9, ils se sont affaissés (ont été abattus) et ils sont tombés ; וּבִרְכַּיִם כֹּרְעוֹת תְּאַמֵּץ Job 4. 4, tu as affermi les genoux tremblants, chancelants ; וַיִּכְרַע בְּרִכְבּוֹ II Rois 9. 24, et il s'affaissa (tomba mort) dans son chariot ; וַתִּכְרַע וַתֵּלֶד I Sam. 4. 19, elle tomba à genoux par les douleurs et accoucha, ou : se mit à genoux pour accoucher plus facilement, et accoucha ; תִּכְרַעְנָה יַלְדֵיהֶן תְּפַלַּחְנָה Job 39. 3, (les biches) se courbent, se mettent à genoux, pour faire sortir leurs faons (de leur sein) ; וַיִּכְרְעוּ אַפַּיִם אַרְצָה II Chr. 7. 3, ils se prosternèrent la face contre terre ; וְעָלֶיהָ יִכְרְעוּן אֲחֵרִין Job 31. 10, et que des étrangers la déshonorent (ma femme) ; בִּלְתִּי כָרַע תַּחַת אַסִּיר Is. 10. 4, sans moi, c.-à-d. abandonnés par moi, ils seront courbés entre les captifs ; selon d'autres : (ne pourra être sauvé) que celui qui se courbe, se cache, entre les prisonniers.

Hiph. Faire fléchir, abattre : תַּכְרִיעַ קָמַי תַּחְתָּי Ps. 18. 40, tu abats mes ennemis, tu les fais plier sous moi ;

וּבַחוּרֵי יִשְׂרָאֵל הִכְרִיעַ Ps. 78. 31, il fit tomber, il renversa, l'élite ou la jeunesse d'Israel; בִּתִּי הַכְרֵעַ הִכְרַעְתִּנִי Jug. 11. 35, ma fille, tu m'as chagriné, affligé. * Fléchir, faire pencher la balance: וּמַכְרִיעוֹ לְכַף זְכוּת Aboth, il fait pencher pour lui la balance de l'innocence, il le juge en bien; מַכְרִיעַ אֶת־כֻּלָּם Aboth, il l'emporte sur eux tous; וְיַכְרִיעַ בֵּינֵיהֶם Rituel, il juge entre eux, c.-à-d. il les met d'accord, les concilie.

כְּרָעַיִם duel. *f.* Les pieds des animaux, à partir des genoux (v. כֶּרַע): וְהַקֶּרֶב וְהַכְּרָעַיִם Lév. 1. 13, les intestins et les pieds; רֹאשׁוֹ עַל־כְּרָעָיו Exod. 12. 9, la tête et les pieds (de l'agneau de Pâque); שְׁתֵּי כְרָעַיִם Amos 3. 12, les deux cuisses (d'une brebis); אֲשֶׁר־לֹא (*keri* לוֹ) כְּרָעַיִם מִמַּעַל לְרַגְלָיו Lév. 11. 21, (les insectes ailés) et qui ont deux pieds au-dessus des autres, ou deux pieds plus longs (pour sauter).

כַּרְפַּס *m.* Nom d'une couleur: חוּר כַּרְפַּס Esth. 1. 6, (des rideaux) de couleur blanche et verte, ou jaune.

כָּרַר (*Kal* inusité. *Pi.* avec כ répété כִּרְכֵּר.) Sauter, danser: וְדָוִד מְכַרְכֵּר בְּכָל־עֹז II Sam. 6. 15, et David dansa de toute sa force (devant l'arche); מְפַזֵּז וּמְכַרְכֵּר 6. 16, sautant et dansant.

כָּרֵשׂ *m.* Ventre: מִלָּא כְרֵשׂוֹ מֵעֲדָנָי Jér. 51. 34, (Nebucadnessar) a rempli son ventre de ce que j'avais de plus délicieux.

כֹּרֶשׁ *n. pr.* Cyrus, roi de Perse, Esdr. 1. 1, qui a fait retourner les Juifs dans leur pays et rebâtir le temple à Jérusalem; הָאֹמֵר לְכוֹרֶשׁ רֹעִי Is. 44. 28, qui dit de Cyrus: Il est mon pasteur (le pasteur de mon peuple, et il accomplira ma volonté en tout).

כַּרְשְׁנָא *n. pr.* d'un seigneur perse à la cour d'Assuérus, Charsena, Esth. 1. 4.

כָּרַת Couper, abattre, exterminer; וַיִּכְרֹת אֶת־כְּנַף־הַמְּעִיל I Sam. 24. 5, il coupa le bord de la casaque (de Saül); וַיִּכְרְתוּ מִשָּׁם זְמוֹרָה Nomb. 13. 23, et là ils coupèrent une branche de vigne; וַיִּכְרָת־בָּהּ אֶת־רֹאשׁוֹ I Sam. 17. 51, David coupa la tête de Goliath avec l'épée de ce dernier; לִכְרֹת הָעֵץ Deut. 19. 5, pour couper du bois ou un arbre; לֹא־יַעֲלֶה הַכֹּרֵת עָלֵינוּ Is. 14. 8, (les arbres disent:) il ne vient plus personne qui nous abatte; כָּרְתוּ יַעְרָהּ Jér. 46. 23, ils abattront sa forêt; לַכֹּרְתִים הָעֵצִים II Chr. 2. 9, à ceux qui coupent les arbres; וּכְרוּת שָׁפְכָה Deut. 23. 2, et un homme dont l'organe génital est coupé, un eunuque. Seul וְכָרוּת Lév. 22. 24, un animal dont les organes génitaux sont coupés; וְנִכְרְתֶנּוּ מֵאֶרֶץ חַיִּים Jér. 11. 19, exterminons-le de la terre des vivants.—Très souvent כָּרַת בְּרִית couper une alliance (*percutere fœdus*), des victimes qu'on sacrifiait ou qu'on abattait en faisant, contractant, une alliance: כָּרַת יְיָ אֶת־אַבְרָם בְּרִית Gen. 15. 18, l'Éternel fit alliance avec Abram; אֶת־בְּרִית יְיָ אֱלֹהֵיכֶם אֲשֶׁר כָּרַת עִמָּכֶם Deut. 4. 23, l'alliance que l'Éternel votre Dieu a faite avec vous. Suivi de ל imposer l'alliance, dicter la loi: וַיִּכְרֹת לָהֶם בְּרִית II Rois 11. 4, il leur imposa une alliance; בְּרִית כָּרַתִּי לְעֵינָי Job 31. 1, j'ai fait un pacte avec mes yeux, je leur ai fait cette loi; וְאֶכְרְתָה לָכֶם בְּרִית עוֹלָם Is. 55. 3, je ferai avec vous une alliance éternelle (si vous écoutez ma voix); — ou le plus faible la demande avec soumission; כְּרָת־לָנוּ בְרִית וְנַעַבְדֶךָּ I Sam. 11. 1, reçois-nous en alliance, et nous te serons assujettis; וְעַתָּה נִכְרָת־בְּרִית לֵאלֹהֵינוּ Esdr. 10. 3, faisons alliance avec notre Dieu (promettons, jurons-lui, de chasser toutes ces femmes, etc.). — אֶת־הַדָּבָר אֲשֶׁר כָּרַתִּי אִתְּכֶם Agg. 2. 5, le pacte que j'ai fait avec vous; אֲנַחְנוּ כֹּרְתִים אֲמָנָה Néh. 10. 1, nous contractons une alliance. Sans régime: בְּזֹאת אֶכְרֹת לָכֶם I Sam. 11. 2, à cette condition, je veux traiter avec vous; וַתִּכְרָת־לָךְ מֵהֶם Is. 57. 8, et tu as lié à toi par un pacte (plusieurs) d'entre eux.

Niph. passif. Être coupé, expulsé, exterminé, périr, manquer: אִם־יִכָּרֵת וְעוֹד יַחֲלִיף Job 14. 7, si (l'arbre) est coupé, il reverdira encore (il pourra se renouveler); וְיֶתֶר הָעָם לֹא יִכָּרֵת מִן־הָעִיר Zach. 14. 2, et le reste du peuple ne sera point chassé de la ville; וְלֹא־יִכָּרֵת כָּל־בָּשָׂר עוֹד Gen. 9. 11, et désormais toute chaire ne périra plus (par les eaux du déluge); כִּי מְרֵעִים יִכָּרֵתוּן Ps. 37. 9, car les méchants seront exterminés; וְנִכְרְתָה הַנֶּפֶשׁ הַהִוא מֵעַמֶּיהָ Gen. 17. 14, cette âme (personne) sera exterminée du milieu de son peuple; לֹא־יִכָּרֵת לְךָ אִישׁ מֵעַל כִּסֵּא יִשְׂרָאֵל I Rois 2. 4, tu auras toujours quelqu'un de tes descendants assis sur le trône d'Israel, *exactement* tu ne manqueras pas d'un homme qui soit assis, etc.; לֹא־יִכָּרֵת אִישׁ מִלְּפָנַי מַעֲלֶה עוֹלָה Jér. 33. 18, (entre les prêtres et les lévites) il ne manquera pas d'un homme qui offre (ou digne d'offrir) des holocaustes; וְלֹא־יִכָּרֵת שֵׁם־הַמֵּת מֵעִם אֶחָיו Ruth 4. 10, pour que le nom du défunt ne s'éteigne pas parmi ses frères; וְתִקְוָתְךָ לֹא תִכָּרֵת Prov. 23. 18, et ton espérance ne sera point (coupée), déçue; מֵי הַיַּרְדֵּן יִכָּרֵתוּן Jos. 3. 13, les eaux du Jourdain se sépareront; טֶרֶם יִכָּרֵת Nomb. 11. 33, (la viande) n'était pas encore mangée entièrement, ils n'avaient pas achevé de la manger.

Pou.: וְהָאֲשֵׁרָה אֲשֶׁר־עָלָיו כֹּרָתָה Jug. 6. 28, le bois autour (de l'autel) était coupé; לֹא־כָרַּת שָׁרֵּךְ Ez. 16. 4, ton nombril n'a pas été coupé (coupé et lié).

Hiph. Exterminer, ruiner, retirer: וְהִכְרַתִּי אֹתָהּ מִקֶּרֶב עַמָּהּ Lév. 17. 10, je l'exterminerai du milieu de son peuple; הִכְרַתִּי גוֹיִם Soph. 3. 6, j'ai exterminé des peuples; וְהִכְרַתִּי אֶת־חַמָּנֵיכֶם Lév. 26. 30, je ruinerai, briserai, vos statues consacrées au soleil; וְלֹא־תַכְרִית אֶת־חַסְדְּךָ מֵעִם בֵּיתִי I Sam. 20. 15, et que tu ne retireras pas ta bonté envers ma maison.

Hoph.: הָכְרַת מִנְחָה וָנֶסֶךְ מִבֵּית יְיָ Joel 1. 9, les oblations et les libations sont (retirées) bannies de la maison de l'Éternel, c.-à-d. on n'en offre plus.

* כָּרֵת Rituel, extinction, extermination.

כְּרֻתוֹת *f. plur.* Des poutres ou des planches taillées: וְטוּר כְּרֻתֹת אֲרָזִים I Rois 6. 36, et une assise de planches ou de poutres de bois de cèdre; וּכְרֻתוֹת אֲרָזִים 7. 2, des poutres de bois de cèdre.

כְּרֵתִי (de כָּרַת couper, tuer) 1° Nom collectif d'une espèce de garde, de satellites des rois: וְהַכְּרֵתִי וְהַפְּלֵתִי II Sam. 8. 18, les satellites, les archers et les frondeurs; selon d'autres, les noms de deux races en Israel: les Céréthiens et les Phéléthiens (v. aussi כָּרִי à כַּר 4°); וְהַכְּרֵתִי וְהַפְּלֵתִי וְכָל־הַגִּבֹּרִים 20. 7, et les Céréthiens et les Phéléthiens, et tous les hommes vaillants. — 2° Nom de peuple, les Philistins, descendant en partie de Crète: גּוֹי כְּרֵתִים Soph. 2. 5, peuple des Crétois, des Philistins; selon d'autres: peuple perdu ou qui a mérité d'être exterminé; נֶגֶב הַכְּרֵתִי I Sam. 30. 14, (vers) la partie méridionale des Philistins ou des Crétois.

כֶּשֶׂב *m.* et כִּשְׂבָּה *f.* (transposé de כֶּבֶשׂ et כִּבְשָׂה). Agneau: אִם־כֶּשֶׂב הוּא־מַקְרִיב Lév. 3. 7, s'il offre un agneau; נְקֵבָה מִן־הַצֹּאן כִּשְׂבָּה 5. 6, une femelle du troupeau, une jeune brebis.

כֶּשֶׂד *n. pr.* Chesed, fils de Nahor, frère d'Abraham, Gen. 22. 22 (peut-être souche des כַּשְׂדִּים Chaldéens).

כַּשְׂדִּים *pl.* 1° Les Chaldéens: וְכַשְׂדִּים בָּאֳנִיּוֹת רִנָּתָם Is. 43. 14, et les Chaldéens qui se sauvèrent dans des vaisseaux en jetant des cris, ou qui mettaient leur confiance dans les vaisseaux; בְּיַד הַכַּשְׂדִּים וּבְיַד נְבוּכַדְרֶאצַּר מֶלֶךְ־בָּבֶל Jér. 32. 28, (je livrerai la ville) dans la main des Chaldéens et celle de Nebucadnezar, roi de Babylone. — 2° Le pays des Chaldéens: אֶרֶץ כַּשְׂדִּים Jér. 24. 5, la Chaldée, et וְהָיְתָה כַשְׂדִּים לְשָׁלָל 50. 10, la Chaldée deviendra une proie; בַּת־כַּשְׂדִּים Is. 47. 1, fille de Casdim, les Chaldéens; בְּאוּר כַּשְׂדִּים Gen. 11. 28, dans Ur, ville des Chaldéens, ou dans la plaine des Chaldéens. — 3° Astrologues: וַיְדַבְּרוּ הַכַּשְׂדִּים לַמֶּלֶךְ אֲרָמִית Dan. 2. 4, les astrologues parlèrent au roi en langue chaldéenne ou syriaque.

כַּשְׂדָּי chald. (*emph.* כַּשְׂדָּאָה, *pl.* כַּשְׂדָּאִין

et כַּשְׂדָּיֵא). Même signif. que כַּשְׂדִּים hébr.: גֻּבְרִין כַּשְׂדָּאִין Dan. 3. 8, des hommes, des Chaldéens ; עֲנוֹ כַשְׂדָּיֵא קֳדָם־מַלְכָּא (אֲ — *keri*) 2. 10, les astrologues répondirent au roi.

כָּשָׂה Ex. unique : כָּשִׂיתָ Deut. 32. 15, tu étais couvert de graisse (v. כָּסָה), tu avais de l'embonpoint, c.-à-d. tu es devenu puissant, riche.

כַּשִּׁיל *m.* (v. כָּשַׁל *Pi.*). Cognée : בְּכַשִּׁיל וְכֵילַפּוֹת יַהֲלֹמוּן Ps. 74. 6, ils brisent, renversent, avec la cognée et la hache, ou les marteaux.

כָּשַׁל (*fut.* יִכְשׁוֹל) Trébucher, s'affaiblir, se fatiguer, être renversé : הֵמָּה כָשְׁלוּ וְנָפָלוּ Ps. 27. 2, ils ont trébuché et sont tombés ; וְכָשַׁל עוֹזֵר Is. 31. 3, le protecteur sera renversé, trébuchera ; וְכָשַׁל זָדוֹן וְנָפַל Jér. 50. 32, le superbe trébuchera et tombera ; בִּרְכַּי כָּשְׁלוּ מִצּוֹם Ps. 109. 24, mes genoux fléchissent, s'affaiblissent, par le jeûne ; כָּשַׁל כֹּחַ הַסַּבָּל Néh. 4. 4, la force de ceux qui portent la charge s'affaiblit, se fatigue. *Part.*: וְאֵין בִּשְׁבָטָיו כּוֹשֵׁל Ps. 105. 37, il n'y avait pas de faible, d'infirme, dans leurs tribus ; וְכָשְׁלוּ אִישׁ־בְּאָחִיו Lév. 26. 37, ils tomberont chacun sur leurs frères, dans leur fuite précipitée ils se renverseront ou s'attaqueront les uns les autres ; וְכָשְׁלוּ בִּגְוִיָּתָם Nah. 3. 3, ils trébucheront les uns sur les cadavres des autres.

Niph. Même signif. que *Kal* : וְנִכְשָׁלִים אָזְרוּ חָיִל I Sam. 2. 4, ceux qui chancelaient, les faibles, se ceignent de force (seront entourés, remplis, de force) ; וְאִם־תָּרוּץ לֹא תִכָּשֵׁל Prov. 4. 12, et lorsque tu courras, tu ne trébucheras pas ; לֹא־יִכָּשֶׁל בָּהּ Ez. 33. 12, (l'impie) ne trébuchera pas par son impiété, c.-à-d. il ne sera pas puni (s'il se convertit).

Pi.: וְגוֹיֵךְ לֹא תְכַשְּׁלִי־עוֹד Ez. 36. 14, (*cheth.*), tu ne ruineras ou ne dévoreras plus ton peuple, (*keri* תְשַׁכְּלִי) tu ne feras pas mourir.

Hiph. Affaiblir, faire tomber : הִכְשִׁיל כֹּחִי Lament. 1. 14, il a affaibli, paralysé, ma force ; אִם־לֹא יַכְשִׁילוּ Prov. 4. 16, (les méchants ne dorment pas) s'ils n'ont pas fait tomber, s'ils n'ont pas fait de mal aux autres ; וַיַּכְשִׁלוּם בְּדַרְכֵיהֶם Jér. 18. 15, ils les ont fait trébucher dans leur voie, ils ont séduit les autres, les ont entraîné dans leur mauvaise voie ; הִכְשַׁלְתֶּם רַבִּים בַּתּוֹרָה Mal. 2. 8, vous avez fait tomber beaucoup qui étaient dans la voie de la loi, c.-à-d. vous les avez séduits à violer la loi ; וַיַּכְשִׁילֻהוּ עָלֵימוֹ לְשׁוֹנָם Ps. 64. 9, et leur langue (malicieuse contre les autres) les fera tomber, (retournera contre) eux-mêmes.

Hoph.: וְיִהְיוּ מֻכְשָׁלִים לְפָנֶיךָ Jér. 18. 23, qu'ils soient précipités, renversés, devant toi.

כִּשָּׁלוֹן *m.* Chute : וְלִפְנֵי כִשָּׁלוֹן גֹּבַהּ רוּחַ Prov. 16. 18, avant la chute l'orgueil, l'orgueil précède la chute.

• כְּשֵׁם suivi de שֶׁ : comme, de même que.

כָּשַׁף *Kal* inusité. *Pi.* S'adonner à l'art de la magie, de la sorcellerie : וְכִשֵּׁף II Chr. 33. 6, et il s'adonna à la magie ; *part.*: וּמְכַשֵּׁף Deut. 18. 10, ou un sorcier, qui opère des maléfices ; מְכַשֵּׁפָה לֹא תְחַיֶּה Exod. 22. 18, tu ne laisseras pas vivre, tu puniras de mort, la sorcière (celle qui use de sortiléges, qui opère des maléfices) ; לַחֲכָמִים וְלַמְכַשְּׁפִים Exod. 7. 11, (Pharaon fit venir) les sages et les magiciens.

כֶּשֶׁף *m.* Enchantement, sortilége ; seulement *plur.* : וּכְשָׁפֶיהָ הָרַבִּים II Rois 9. 22, et ses nombreux enchantements ; וְהִכְרַתִּי כְשָׁפִים מִיָּדֶךָ Mich. 5. 11, j'extirperai de ton pouvoir les enchantements, sortiléges, ou : je détruirai tout ce (qui est entre tes mains) qui te sert aux enchantements, sortiléges ; בַּעֲלַת כְּשָׁפִים Nah. 3. 4, maîtresse en enchantements.

כַּשָּׁף *m.* (v. כִּשֵּׁף, מְכַשֵּׁף). Magicien : וְאֶל־כַּשָּׁפֵיכֶם Jér. 27. 9, (n'écoutez — ni) vos magiciens.

כָּשֵׁר (*fut.* יִכְשַׁר) Être bon, plaire, réussir : אֵי זֶה יִכְשַׁר הֲזֶה אוֹ־זֶה Eccl. 11. 6, (car tu ne sais pas) lequel (des deux) réussira, poussera, celui-ci ou celui-là.

Hiph. infinitif : וְיִתְרוֹן הַכְשֵׁיר חָכְמָה Eccl. 10. 10, et la préférence, c.-à-d. le meilleur moyen de bien faire, ou de réussir, est la sagesse, ou : la sagesse a l'avantage de rendre l'homme bon ; וּמַכְשַׁרְתּוֹ לִהְיוֹת צַדִּיק Aboth, (l'étude de la loi sainte) rend l'homme apte, le prépare, à devenir juste, vertueux (v. יָשַׁר).

כָּשֵׁר *adj.* : וְכָשֵׁר הַדָּבָר לִפְנֵי הַמֶּלֶךְ Esth. 8. 5, et si cela est bon, juste devant le roi, si cela lui plaît.

כִּשְׁרוֹן *m.* 1° Droiture ou talent, aptitude : בְּחָכְמָה וּבְדַעַת וּבְכִשְׁרוֹן Eccl. 2. 21, avec sagesse, et connaissance, et droiture, ou : aptitude ; כָּל־כִּשְׁרוֹן הַמַּעֲשֶׂה Eccl. 4. 4, tout l'effort du travail, toute l'industrie. — 2° Profit : וּמַה־כִּשְׁרוֹן לִבְעָלֶיהָ 5. 10, quel est le profit, l'avantage, pour le possesseur (de ce bien) ?

כָּתַב (*fut.* יִכְתֹּב). Écrire avec l'*acc.* : וַיִּכְתֹּב דָּוִד סֵפֶר II Sam. 11. 14, David écrivit une lettre ; וְאֶכְתֹּב עַל־הַלֻּחֹת אֶת־הַדְּבָרִים Deut. 10. 2, j'écrirai sur ces tables les paroles ; וְכָתַבְתָּ אֵלֶיהָ אֵת כָּל־הַדְּבָרִים Jér. 36. 2, et tu écriras (dans ce livre) toutes les paroles ; וְכָתוּב אֵלֶיהָ Ez. 2. 10, et sur ce (rouleau) étaient écrites des (plaintes) ; aussi : כָּתוּב בַּתּוֹרָה Néh. 8. 14, écrit dans la loi ; יִכְתֹּב יָדוֹ לַיהוָה Is. 44. 5, il écrira de sa main (pour בְּיָדוֹ) : Je suis à l'Éternel. — La personne à qui on écrit avec אֶל : אֶל־יוֹאָב II Sam. 11. 14, (David écrivit) à Joab ; avec עַל : עַל־אֶפְרַיִם וּמְנַשֶּׁה II Chr. 30. 1, (Ézéchias écrivit) aux tribus d'Éphraïm et de Manassé ; כְּכָל־הַכָּתוּב עָלֵינוּ II Rois 22. 13, selon tout ce qui nous a été prescrit ; אֶכְתָּב־לוֹ רֻבֵּי תוֹרָתִי Osée 8. 12, je lui avais prescrit une quantité (d'ordonnances) ou les principales ordonnances de ma loi ; וַיִּכְתֹּב אֵלָיו אֶת־שָׂרֵי סֻכּוֹת Jug. 8. 14, (le jeune homme) lui écrivit, c.-à-d. mit pour lui par écrit, les noms des principaux de Souccoth ; לִכְתֹּב אֶת־הָאָרֶץ Jos. 18. 8, faire la description du pays ; בִּכְתוֹב עַמִּים Ps. 87. 6, (Dieu) en faisant la liste, la description, des peuples ; כָּל־הַכָּתוּב לַחַיִּים Is. 4. 3, tous ceux qui sont inscrits pour la vie (*Targg.*, pour la vie éternelle) ; הִנֵּה כְתוּבָה לְפָנָי Is. 65. 6, c'est écrit devant moi, c.-à-d. c'est résolu, décidé ; selon d'autres : (leur péché) est écrit devant moi ; כִּי־תִכְתֹּב עָלַי מְרֹרוֹת Job 13. 26, pour que tu écrives, décrètes, contre moi des arrêts sévères.

Niph. passif : וְיִכָּתֵב בְּדָתֵי פָרַס־וּמָדַי Esth. 1. 19, et qu'il soit écrit dans les lois des Perses et des Mèdes ; וְיִכָּתְבוּן מִלָּי Job 19. 23, (qui m'accordera) que mes paroles soient écrites ; וְעִם צַדִּיקִים אַל־יִכָּתֵבוּ Ps. 69. 29, et qu'ils ne soient point écrits (que leurs noms ne soient point inscrits) avec les justes.

Pi. : וּמְכַתְּבִים עָמָל כִּתֵּבוּ Is. 10. 1, et (malheur) à ceux qui écrivent des lois ou des jugements injustes, des lois d'oppression ; selon d'autres : à ceux qui font écrire, qui dictent à ceux qui écrivent, etc.

כְּתָב *m.* Écrit, lettre, écriture, livre : פַּתְשֶׁגֶן הַכְּתָב Esth. 3. 14, une copie de la lettre ; וַיֹּאמֶר חוּרָם — בִּכְתָב II Chr. 2. 10, Hiram (roi de Tyr) répondit dans, ou par une lettre ; כְּתָב אֲשֶׁר־נִכְתָּב בְּשֵׁם־הַמֶּלֶךְ Esth. 8. 8, un écrit fait au nom du roi ; כִּכְתָבָם Esth. 9. 27, comme (il est ordonné) dans leur écrit, ou : de réciter chaque année l'histoire contenue dans leur écrit ; אֶל־מְדִינָה וּמְדִינָה כִּכְתָבָהּ Esth. 1. 22, à chaque province selon son écriture (celle qu'on écrivait et qu'on savait lire) ; בִּכְתָב אֱמֶת Dan. 10. 21, dans le livre de la vérité.

כְּתָב *m.* chald. 1° Écriture : וְלָא־כָהֲלִין כְּתָבָא לְמִקְרֵא Dan. 5. 8, ils ne purent lire l'écriture ; דִּי־כְתָבָה דְנָה יִקְרוֹן 5. 15, pour qu'ils lussent cette écriture. — 2° Prescription : כִּכְתָב סְפַר מֹשֶׁה Esdr. 6. 18, selon la prescription du livre de Moïse ; דִּי־לָא כְתָב 7. 22, (et du sel) sans prescription, c.-à-d. dont la quantité n'est pas écrite, fixée.

כְּתַב chald. Écrire : דָּרְיָוֶשׁ מַלְכָּא כְּתַב Dan. 6. 26, le roi Darius écrivit ; דִּי נִכְתֻּב שֻׁם־גֻּבְרַיָּא Esdr. 5. 10, pour que nous écrivions les noms des hommes (qui étaient à leur tête).

כְּתֹבֶת *f.* Écriture : וּכְתֹבֶת קַעֲקַע Lév. 19. 28, une écriture de piqûre, gravure, c.-à-d. des figures ou caractères imprimés, gravés, sur le corps.

כִּתִּים et כִּתִּיִּים *n. pr.* 1° Chithim, fils de Javan, Gen. 10. 4.—2° Le nom d'un pays : מֵאֶרֶץ כִּתִּים Is. 23. 1, de la terre de Cethim, une colonie dans l'île de Chypre. — 3° En général les îles dans la Méditerranée : אִיֵּי כִתִּיִּים Jér. 2. 10, les îles de Cethim; וּבָאוּ בוֹ צִיִּים כִּתִּים Dan. 11. 30, des vaisseaux viendront contre lui de Cethim; selon d'autres : כִּתִּים les Romains viendront sur des vaisseaux.

כָּתִית *m.* (rac. כָּתַת). Ce qui est pilé au mortier : שֶׁמֶן זַיִת זָךְ כָּתִית Exod. 27. 20, de l'huile pure d'olives pilées au mortier (meilleure que celle des olives pressées, foulées).

כֹּתֶל *m.* Mur : הִנֵּה־זֶה עוֹמֵד אַחַר כָּתְלֵנוּ Cant. 2. 9, le voici qui se tient derrière notre mur.

כְּתַל *m.* chald. Mur, muraille : כְּתַל הֵיכְלָא Dan. 5. 5, la muraille du palais (de la salle du roi); *plur.*: בְּכֻתְלַיָּא Esdr. 5. 8, dans les murs.

כִּתְלִישׁ *n. pr.* Chithlis, ville de la tribu de Juda, Jos. 15. 40.

כָּתַם *Niph.* Être marqué : נִכְתָּם עֲוֹנֵךְ לְפָנַי Jér. 2. 22, ton iniquité reste marquée devant moi, c.-à-d. ne sera pas effacée (v. * כֶּתֶם).

כֶּתֶם *m.* Or : בְּכֶתֶם אוֹפִיר Job 28. 16, pour l'or d'Ophir; רֹאשׁוֹ כֶּתֶם פָּז Cant. 5. 10, sa tête est comme de l'or très pur; וְלַכֶּתֶם אָמַרְתִּי מִבְטַחִי Job 31. 24, et si j'ai dit à l'or le plus pur : Tu es ma confiance, ma consolation; d'autres le traduisent partout par perle, ou par bijou, trésor.

* כֶּתֶם *m.* Tache, souillure : וְהַלְבֵּן כְּתָמִים Rituel, rends les taches blanches, lave les souillures de nos péchés.

כֻּתֹּנֶת et const. כְּתֹנֶת *f.* (avec suff. כֻּתָּנְתִּי, *pl.* כֻּתֳּנוֹת, const. כָּתְנוֹת, avec suff. כָּתְנֹתָם). Habit, tunique, robe : כָּתְנוֹת עוֹר Gen. 3. 21, des habits de peaux; כְּתֹנֶת־בַּד Lév. 16. 4, une tunique de lin que portaient les prêtres; כְּתֹנֶת פַּסִּים Gen. 37. 3, une robe de plusieurs couleurs (v. פַּס); פָּשַׁטְתִּי אֶת־כֻּתָּנְתִּי Cant. 5. 3, (l'épouse dit) je me suis dépouillée de ma robe.

כָּתֵף *f.* (const. כֶּתֶף, duel avec suff. כְּתֵפַי, *plur.* כְּתֵפוֹת, const. כִּתְפוֹת). 1° Épaule : יִשָּׂאֻהוּ עַל־כָּתֵף Is. 46. 7, ils le portent sur l'épaule; בַּכָּתֵף יִשָּׂאוּ Nomb. 7. 9, ils porteront (leurs charges) sur les épaules; כֶּתֶף עֲיָרִים Is. 30. 6, le dos des chameaux, ou : des ânes; וַיִּתְּנוּ כָתֵף סוֹרֶרֶת Néh. 9. 29, ils ont présenté une épaule rebelle, ils ne voulaient pas porter (ton joug), se soumettre. — 2° Des choses inanimées, côté : כֶּתֶף הַבַּיִת הַיְמָנִית I Rois 6. 8, le côté droit de la maison; עַל־כֶּתֶף יָם־כִּנֶּרֶת Nomb. 34. 11, (du côté du) jusque vers le lac de Cénéreth; אֶל־כֶּתֶף עֶקְרוֹן Jos. 15. 11, vers le côté d'Accaron; וּבֵין כְּתֵפָיו שָׁכֵן Deut. 33. 12, et (Dieu) repose entre les épaules (de Benjamin), c.-à-d. le temple sera bâti au milieu ou sur les hauteurs de son pays; וְעָפוּ בְכָתֵף פְּלִשְׁתִּים Is. 11. 14, ils voleront sur les épaules des Philistins (ils feront une invasion dans leur terre); d'autres traduisent : בְּכָתֵף d'une épaule, c.-à-d. tous ensemble, comme שְׁכֶם אֶחָד (v. שְׁכֶם). — 3° שְׁתֵּי כְתֵפֹת חֹבְרֹת יִהְיֶה־לּוֹ Exod. 28. 7, à (l'éphod du grand-prêtre) seront attachées deux bandes qui passeront sur les épaules (des bretelles).— 4° וְכִתְפוֹת הַשַּׁעַר Ez. 41. 2, les murs aux deux côtés de la porte; כִּתְפוֹת הָאוּלָם 41. 26, les deux côtés du vestibule.— 5° וְאַרְבַּע כְּתֵפוֹת אֶל אַרְבַּע פִּנּוֹת I Rois 7. 34, et les quatre consoles aux quatre angles (de chaque socle).

כָּתַר *Kal* inusité. *Pi.* 1° Entourer, cerner : כִּתְּרוּ אֶת־בִּנְיָמִן Jug. 20. 43, (les ennemis) cernèrent Benjamin (les Benjamites); אַבִּירֵי בָשָׁן כִּתְּרוּנִי Ps. 22. 13, les taureaux gras, forts, ou les puissants de Basan, m'ont entouré, assiégé. — 2° Attendre : כַּתַּר־לִי זְעֵיר וַאֲחַוֶּךָּ Job 36. 2, attends un peu, reste un peu auprès de moi (ou : écoute-moi un peu), et je te le prouverai, démontrerai.

Hiph. Entourer : כִּי רָשָׁע מַכְתִּיר אֶת־הַצַּדִּיק Hab. 1. 4, car le méchant cerne le juste, le tient assiégé; en bonne part : בִּי יַכְתִּרוּ צַדִּיקִים Ps. 142. 8, les justes m'environneront, ou : se couronneront, c.-à-d. ils triompheront à cause de moi, de ma délivrance; וַעֲרוּמִים יַכְתִּרוּ דָעַת Prov. 14. 18, les hommes habiles se pareront de la science comme d'une couronne (v. כֶּתֶר).

כֶּתֶר *m.* Couronne, diadème : בְּכֶתֶר מַלְכוּת Esth. 1. 11, avec le diadème royal; שְׁלֹשָׁה כְתָרִים הֵם * Aboth, il y a trois couronnes différentes.

כֹּתֶרֶת (*plur.* כֹּתָרוֹת *f.*) Ce qui couronne la colonne, chapiteau : וְכֹתָרֹת עַל־שְׁנֵי הָעַמּוּדִים I Rois 7. 20, et les chapiteaux qui étaient au haut des deux colonnes; לַכֹּתֶרֶת הָאֶחָת 7. 17, pour l'un des chapiteaux.

כָּתַשׁ Piler, broyer : אִם־תִּכְתּוֹשׁ אֶת־הָאֱוִיל בַּמַּכְתֵּשׁ Prov. 27. 22, quand tu pilerais l'insensé, le sot, dans un mortier (v. כָּתַת).

כָּתַת (*fut.* יִכֹּת) 1° Frapper, forger : כֹּתּוּ אִתֵּיכֶם לַחֲרָבוֹת Joel 4. 10, forgez des épées de vos faux, ou : des socs de vos charrues. — 2° Briser, casser : כָּתוּת לֹא יַחְמֹל Is. 30. 14, briser, casser sans pitié, ménagement; *part. pass.* : וְכָתוּת Lév. 22. 24, un animal dont les organes génitaux sont brisés, écrasés; וָאֶכֹּת אֹתוֹ טָחוֹן הֵיטֵב Deut. 9. 21, je le rompis, je le broyai bien; וְכַתּוֹתִי מִפָּנָיו צָרָיו Ps. 89. 24, je briserai, j'exterminerai, ses ennemis devant lui.

Pi. 1° Forger : וְכִתְּתוּ חַרְבוֹתָם לְאִתִּים Is. 2. 4, ils forgeront de leurs épées des faux. — 2° Briser : וְכִתַּת נְחַשׁ הַנְּחֹשֶׁת II Rois 18. 4, il brisa, fit mettre en pièces, le serpent d'airain; וְכִתְּתוּ אֶת־הָאָרֶץ Zach. 11. 6, ils ravageront le pays.

Pou. : וְכֻתְּתוּ גוֹי־בְּגוֹי II Chr. 15. 6, un peuple fut poussé ou brisé contre un autre (tous les peuples se faisaient la guerre les uns aux autres).

Hiph. Défaire l'ennemi : וַיַּכְּתוּם עַד־הַחָרְמָה Nomb. 14. 45, ils les taillèrent en pièces (les poursuivant) jusqu'à Horma; וַיַּכְּתוּ אֶתְכֶם Deut. 1. 44, ils vous taillèrent en pièces, vous défirent.

Hoph. pass. : וְכָל־פְּסִילֶיהָ יֻכַּתּוּ Mich. 1. 7, toutes les images (de ses idoles) seront brisées; מִבֹּקֶר לָעֶרֶב יֻכַּתּוּ Job 4. 20, du matin au soir (les hommes) sont brisés, exterminés.

ל

ל Lamed, לָמֶד douzième lettre de l'alphabet, signifie comme chiffre : 30. Son nom signifierait de même que מַלְמָד aiguillon, une espèce de fouet pour conduire les bœufs, et il y aurait eu une ressemblance entre cet instrument et l'ancienne forme de cette lettre. Consonne liquide, ל se permute avec ר. Exemples : מַזָּלוֹת et מַזָּרוֹת les étoiles, ou : les signes du zodiaque; אַרְמְנוֹת et אַלְמְנוֹת Is. 13. 22, palais, châteaux; מִפְלָשׂ et מִפְרָשׂ étendue, tension; אֲרוּ et אֲלוּ chald. *interj*, voici que! Avec נ, ex.: לָחַץ et נָחַץ presser, être pressant; לִשְׁכָּה et נִשְׁכָּה chambre; לַיִל nuit, לוּן passer la nuit; comme linguale avec ד, ex.: רָעַד et רָעַל trembler, être agité; אֲזַד et אֲזַל chald., s'éloigner, s'en aller.

On trouve ל comme redoublement d'une autre lettre radicale, ex.: זָעַם enrager, et זַלְעָפָה violence, ardeur; et comme finale dans beaucoup de mots de quatre lettres; plusieurs de ces mots sont des diminutifs, comme : כַּרְמֶל champ, jardin, diminut. de כֶּרֶם; גִּבְעֹל tige, de גָּבִיעַ calice; קַרְסֹל articulation, cheville du pied, de קֶרֶס crochet ou anneau.

לְ Avec des suffixes forme le *dat.* du *pron. pers.*: לִי à moi, לְךָ (לְכָה) à toi, לָךְ à toi *fém.*; לוֹ à lui, לָהּ à elle, לָנוּ à nous, לָכֶם à vous, לָכֶן à vous *fém.*; לָהֶם (לָמוֹ) à eux, לָהֶן et לָהֵן à elles; לְ exprime comme אֶל, dont il est l'abréviation, l'idée du mouvement, mais avec beaucoup plus de variations; il exprime: 1° la direction vers quelqu'un ou quelque chose, קָרַב לְ comme קָרַב אֶל s'approcher de quelqu'un: בָּאוּ־לָךְ Is. 60. 4, ils viennent vers toi; וְהָמָן בָּא לֶחָצֵר Esth. 6. 4, Haman était venu dans la cour; שׁוּב—לְ, הָלַךְ, אָזַל, יָרַד, בָּרַח, נוּס, revenir, aller, descendre, courir, fuir à ou vers; הָלַךְ לוֹ s'en aller (v. הָלַךְ); aussi avec les *verbes* הֶאֱזִין, שָׁמַע, חִכָּה, קִוָּה, כָּלָה, הִקְשִׁיב, attendre, espérer, écouter, obéir, languir, où לְ indique toujours une direction, propension, de l'âme, de l'esprit, vers un homme ou une chose.

2° לְ se joint aux particules qui marquent une direction, un mouvement, dans l'espace: לְאָחוֹר en arrière (aussi à l'avenir), לְפָנִים en avant (aussi auparavant), לְמַעְלָה en haut, לְמַטָּה en bas, לִקְרַאת au devant; quand la direction va jusqu'à un point extrême: לְשָׂבְעָה, לְשִׁכָּרוֹן, comme עַד, jusqu'à la satiété, jusqu'à l'ivresse; בֵּין־לְ comme בֵּין וּבֵין, entre et (entre): בֵּין מַיִם לָמָיִם Gen. 1. 6, entre les eaux et les eaux; בֵּין־דָּם לְדָם בֵּין־דִּין לְדִין Deut. 17. 8, entre le sang et le sang, entre la cause (de l'un) et la cause (de l'autre), v. בֵּין.

3° לְ marque le but et l'usage, ou quand quelqu'un ou une chose passe d'un état à un autre, ou se transforme: שֶׁמֶן לַמָּאֹר Exod. 25. 6, de l'huile pour l'éclairage; לָאֵפֹד וְלַחֹשֶׁן 25. 7, (des pierres) pour (orner) l'éphod et le rational; לַיְלָה לְיוֹם יָשִׂימוּ Job 17. 12, ils ont changé la nuit en jour; נֶהְפַּךְ לְאֵבֶל מְחֹלֵנוּ Lament. 5. 15, notre danse, ou notre concert, est changée en deuil; וַיִּמְשְׁחוּ אֶת־דָּוִד לְמֶלֶךְ II Sam. 5. 3; et ils sacrèrent David roi (sur Israel); וַיְהִי הָאָדָם לְנֶפֶשׁ חַיָּה Gen. 2. 7, l'homme devint un être vivant et animé; même sans *verbe*: בַּת־עַמִּי לְאַכְזָר Lament. 4. 3, la fille de mon peuple (s'est changée) en une cruelle.

4° לְ sert à former le *datif* après un grand nombre de *verbes*: נָתַן לְ, הֵבִיא, מָחַל, נָשָׂא, שָׁלַח, יָעַץ, אָמַר, etc., donner, apporter, rendre, pardonner, envoyer, conseiller, dire à quelqu'un; יֶשׁ־לִי ou הָיָה לִי il est à moi, c.-à-d. j'ai, je possède; אֵין לִי je n'ai pas; בֵּן לְיִשַׁי I Sam. 16. 18, un fils (qui est à Isaï) d'Isaï; הַצֹּפִים לְשָׁאוּל I Sam. 14. 16, les sentinelles de Saül; aussi le *datif* de la cause: לְזֹאת יֶחֱרַד לִבִּי Job 37. 1, pour cela mon cœur est saisi d'effroi; וְנַעְתַּר לָהֶם Is. 19. 22, il est touché par eux, par leurs prières, il les exauce; קְרוּאָה־לָהּ Esth. 5. 12, invité chez elle, ou par elle; הָרָה לְאִישׁ être enceinte des œuvres d'un homme; לְ indique l'auteur: מִזְמוֹר לְדָוִד Ps. 3. 1, psaume de David; même sans *nominatif*: לְדָוִד Ps. 25. 1, de David (David en est l'auteur); יוֹם לַיְיָ Is. 2. 12, le jour de l'Éternel (le jour où sa justice s'exercera); מִשְׁפָּט לֵאלֹהֵי יַעֲקֹב Ps. 81. 5, une loi donnée par le Dieu de Jacob; לַיְיָ הַיְשׁוּעָה 3. 9, de Dieu (vient) la victoire; שֵׁמַע שְׁלֹמֹה לְשֵׁם יְיָ I Rois 10. 1, la réputation de Salomon qui lui était faite, préparée par Dieu ou par tout ce qu'il faisait à la gloire de Dieu; לְ indique aussi l'instrument: הִכָּה לְפִי חֶרֶב passer au fil de l'épée; לֹא־יִרְאֶה לַעַיִן Ez. 12. 12, qu'il ne voie pas de ses yeux, comme בְּעַיִן; לִלְשֹׁנֵנוּ נַגְבִּיר Ps. 12. 5, nous serons forts, puissants, par notre langue, comme בִּלְשֹׁנֵנוּ.

5° לְ marque le *génitif*, quand plusieurs *génitifs* se suivent: דִּבְרֵי הַיָּמִים לְמַלְכֵי יִשְׂרָאֵל I Rois 15. 31, les annales des rois d'Israel; מִקֵּץ עֶשֶׂר שָׁנִים לְשֶׁבֶת אַבְרָם Gen. 16. 3, après dix ans de séjour que fit Abram. — Après des noms de nombre: בְּאֶחָד לַחֹדֶשׁ Gen. 8. 5, le premier du mois; לְחַיֵּי־נֹחַ Gen. 7. 11, (l'année six cents) de la vie de Noé; לְאַחַת לָהֶם Ez. 1. 6, à une d'elles. — Pour indiquer la matière: כָּל־כֵּלִים לַזָּהָב וְלַכֶּסֶף

Esdr. 1. 11, tous les vases d'or et d'argent; לַפִּשְׁתִּים וְלַצָּמֶר Lév. 13. 48, (étoffe) de lin ou de laine. — Certains *adv.* se changent en *prépos.* par ל: סָבִיב *adv.*, tout autour; סָבִיב לַמִּשְׁכָּן וְלַמִּזְבֵּחַ Exod. 40. 33, autour du tabernacle et de l'autel, *prépos.*; מִתַּחַת *adv.*, en dessous, מִתַּחַת לְ au-dessous de, מֵעַל לְ au-dessus de.

6° On trouve ל aussi devant le régime direct d'un *verbe trans.*: וַיִּקַּח רַב־טַבָּחִים לְיִרְמְיָהוּ Jér. 40. 2, le chef des gardes prit Jérémie à part; הָאֹכְלִים לְמַעֲדַנִּים Lament. 4. 5, ceux qui se nourrissaient de mets délicats; לֶאֱוִיל יַהֲרָג־כָּעַשׂ Job 5. 2, la colère fait mourir l'insensé.

7° ל signifie aussi: ce qui concerne, en fait de, en: לְעֹשֶׁר וּלְחָכְמָה I Rois 10. 23, (Salomon surpassa tous les rois) en richesses et en sagesse; לְיָמִים Job 32. 4, (ils étaient plus avancés que lui) en jours, en âge; כִּדְבַשׁ לְמָתוֹק Ez. 3. 3, comme le miel en douceur, doux comme le miel; אֲשֶׁר חָלַם לָהֶם Gen. 42. 9, (les songes) qu'il avait eus à leur sujet; וּלְשָׂרִים לְמִשְׁפָּט יָשֹׂרוּ Is. 32. 1, et quant aux princes, ils régneront selon la justice; לִקְדוֹשִׁים Ps. 16. 3, à l'égard des saints (qui sont sur la terre) ou pour l'amour des saints; dans le même sens: אִמְרִי־לִי אָחִי הוּא Gen. 20. 13, dis de moi, à l'égard de moi: Il est mon frère; רַבִּים אֹמְרִים לְנַפְשִׁי Ps. 3. 2, beaucoup disent de mon âme; כִּי מַלְאָכָיו יְצַוֶּה־לָּךְ 91. 11, car il a donné ses ordres à ses anges en ta faveur; אַל־יַעַלְצוּ אֹיְבַי לִי 25. 2, que mes ennemis ne triomphent de moi.

8° A cause de, pour: לִבִּי לְמוֹאָב יִזְעָק Is. 15. 5, mon cœur gémit pour Moab; לְרֶכֶב וּלְפָרָשִׁים Is. 36. 9, (tu mets ta confiance dans l'Égypte) à cause de ses chariots et de sa cavalerie; לוּלֵי יְיָ שֶׁהָיָה לָנוּ Ps. 124. 1, si l'Éternel n'avait été pour nous; אֱלֹהִים לִי 56. 10. Dieu est pour, ou avec moi; יְיָ יִלָּחֵם לָכֶם Exod. 14. 14, l'Éternel combattra pour vous.

9° Selon, comme si: לְמִינוֹ Gen. 1. 11, selon son espèce; אִישׁ לִלְשֹׁנוֹ 10. 5, chacun selon sa langue; לְצֶדֶק יִמְלָךְ־מֶלֶךְ Is. 32. 1, le roi régnera selon la justice; הִקְשִׁיחַ בָּנֶיהָ לְּלֹא־לָהּ Job 39. 16, (l'autruche) est dure, cruelle, envers ses petits, comme s'ils n'étaient point à elle; אֶפְרַיִם כַּאֲשֶׁר־רָאִיתִי לְצוֹר Osée 9. 13, Ephraïm, je l'ai vu comme une autre Tyr.

10° L'endroit ou la proximité où l'on se trouve, לְיָמִין à la droite: אִישׁ לְפֶתַח אָהֳלוֹ Nomb. 11. 10, chacun à l'entrée de sa tente; לְיַד־שְׁעָרִים לְפִי־קָרֶת Prov. 8. 3, à côté des portes, à l'entrée de la ville; לְחוֹף יַמִּים Gen. 49. 13, (Zabulon habitera) la côte des mers.

11° Quelquefois, pour indiquer l'incident du temps: וְלַבֹּקֶר Ps. 30. 6, et le matin; וְלָעֶרֶב Gen. 49. 27, et le soir; לְעֵת בּוֹא הַשֶּׁמֶשׁ Jos. 10. 27, lorsque le soleil se couchait; לִשְׁלֹשֶׁת הַיָּמִים Esdr. 10. 8, dans l'espace de trois jours; אַחַת לְשָׁלֹשׁ שָׁנִים I Rois 10. 22, une fois tous les trois ans; לְיָמִים עוֹד שִׁבְעָה Gen. 7, 4, sept jours encore (après sept jours); לִשְׁנָתַיִם יָמִים II Sam. 13. 23, deux ans après.

12° L'état, la condition: לְבַד, לְבָדָד, dans l'isolement, seul; לָבֶטַח en sûreté, ou sécurité; לָחֳלִי Is. 1. 5, à l'état de maladie, langueur, c.-à-d. malade; לִרְקָמוֹת Ps. 45. 15, dans, ou avec, des vêtements richement brodés.

ל est superflu comme dans מַדּוּעַ אָדֹם לִלְבוּשֶׁךָ Is. 63. 2, pourquoi ton vêtement est-il tout rouge (v. אָדֹם)? לְכֹל לְרֹאשׁ I Chr. 29. 11, pour רֹאשׁ de tous les chefs; לַמֶּלֶךְ II Rois 7. 2, le roi; לַזָּהָב I Chr. 28. 14, pour הַזָּהָב l'or, et souvent après עַד, מֵעַל, etc.

ל sous entendu, ex.: בֶּן־שָׁאוּל II Sam. 4. 2, pour לְבֶן; יְרוּשָׁלַםִ II Chr. 20. 28, pour לִירוּשָׁלַםִ.

ל préfixe devant les *infinitifs* signifie: 1° Pour: לִפְתֹּחַ Cant. 5. 5, (je me levai) pour ouvrir; לָנוּס Gen. 19. 20, pour (pouvoir y) fuir. — 2° De, à: וַיַּחְדְּלוּ לִבְנֹת Gen. 11. 8, ils cessèrent de bâtir; הַחִלּוֹתָ לְהַרְאוֹת Deut. 3. 24, tu as commencé à montrer; עֵת לָלֶדֶת וְעֵת לָמוּת Eccl. 3. 2, un temps de naître et un temps de mourir; מַה לַעֲשׂוֹת II Rois 4. 13, qu'y a-t-il à faire (que peut-on faire)? יְיָ לְהוֹשִׁיעֵנִי Is. 38. 20, Dieu de me sauver (Dieu me sauvera). — 3° Après : לְצֵאתָם Nomb. 1. 1, (la 2° année) après qu'ils furent sortis (v. plus haut 5°).—4° Pour que, afin que : לִהְיוֹת אַלְמָנוֹת שְׁלָלָם Is. 10. 2, afin que les veuves soient comme leur proie; לָשׂוּם אֶת־מַשָּׂא Nomb. 11. 11, pour que tu (me) charges du poids. —5° Quand, lorsque : לִפְנוֹת הַבֹּקֶר Jug. 19. 26, lorsque le matin commençait à poindre; לִפְנוֹת עָרֶב Gen. 24. 63, vers le soir. — 6° Comme si, comme pour : לְשַׁלַּח־לִי לְמַטָּרָה I Sam. 20. 20, comme pour tirer, comme si je tirais à un but.

ל chald. Même signif. que ל héb. 1° *Prép.*: דָּנִיֵּאל לְבַיְתֵהּ אֲזַל Dan. 2. 17, Daniel entra dans sa maison; וְשָׁלְטָנָךְ לְסוֹף אַרְעָא 4. 19, et ta puissance s'est étendue jusqu'aux extrémités de la terre; וְאָמַר לְכַשְׂדָּיֵא 2. 5, (le roi) dit aux Chaldéens; לְחַכִּימִין 2. 21, (qui donne la sagesse) aux sages; souvent aussi signe d'*acc.* après les verbes transitifs: לְהוֹבָדָה לְחַכִּימֵי בָבֶל 2. 24, de faire mourir les sages de Babylone; וְשַׁבַּחוּ לֵאלָהֵי דַּהֲבָא 5. 4, et ils louaient, glorifiaient, les dieux d'or; remplaçant le *gén.*: וּמֶלֶךְ לְיִשְׂרָאֵל רַב Esdr. 5. 11, un grand roi d'Israel; בִּשְׁנַת חֲדָה לְכוֹרֶשׁ 6. 3, la première année du règne de Cyrus. — 2° *Conj.* devant les *inf.*: לְמֵאמַר קֳדָמַי Dan. 2. 9, de dire devant moi; וַאֲמַר לְהוֹבָדָה 2. 12, il commanda de faire mourir; avec le *fut.*: לֶהֱוֵא — מְבָרַךְ 2. 20, que (le nom de Dieu) soit béni; לֶהֱוֵא מְדֹרָךְ 4. 22, que ta demeure soit; מָה דִּי לֶהֱוֵא 2. 29, ce qui sera, arrivera.

לֹא *adv de négat.* Non, ne pas. 1° *Absolu.* Il répond négativement à une question, ou exprime un refus: לֹא כִּי צָחָקְתְּ Gen. 18. 15, non (ce n'est pas ainsi), car tu as ri; וַיֹּאמְרוּ לֹּא 19. 2, ils répondirent: Non (nous n'entrerons pas chez toi). — 2° Avec presque tous les temps des verbes : לֹא הִמְטִיר Gen. 2. 5, (Dieu) n'avait pas fait pleuvoir; לֹא שָׁעָה 4. 5, il ne s'est pas tourné vers, il n'a pas regardé; devant le *futur*, il exprime souvent une défense : לֹא תִּגְנֹב Exod. 20. 13, tu ne déroberas point; לֹא תַעֲשׂוּ לָכֶם Lév. 19. 4, ne vous faites point (de dieux jetés en fonte); quelquefois il indique aussi le but : לֹא יִקָּרֵעַ Exod. 28. 32, pour qu'il ne se déchire; לֹא יִמּוֹט Is. 41. 7, afin que (l'ouvrage) ne fût point ébranlé — 3° *Interrogatif* pour הֲלֹא : לֹא יַשְׁאִירוּ עוֹלֵלוֹת Jér. 49. 9, ne vous laisseraient-ils pas quelques raisins à récolter? מִפִּי עֶלְיוֹן לֹא תֵצֵא Lament. 3. 37, (les maux et les biens) ne sortent-ils pas de la bouche du Très-Haut?— 4° Pour בְּלֹא sans : לֹא בָנִים I Chr. 2. 30, (Seled mourut) sans enfants; בֹּקֶר לֹא עָבוֹת II Sam. 23. 4, un matin sans nuages. — 5° Pas encore : לֹא יָצָא חָצֵר II Rois 20. 4, (Isaïe) ne fut pas encore sorti de la cour; וְלֹא אֶחָד בָּהֶם Ps. 139. 16, et aucun d'eux n'existait encore.—6° Devant un *adj.* et un *subst.*, pour en exprimer la négation ou l'opposé : מִגּוֹי לֹא־חָסִיד Ps. 43. 1, contre une nation qui n'est pas bonne; עַם לֹא־עָז Prov. 30. 25 (les fourmis) ce petit peuple impuissant; בְלֹא־אֵל — בְּלֹא־עָם Deut. 32. 21, par un non-dieu, une idole, — par un non-peuple, un peuple barbare ou misérable.

Avec des préfixes. 1° בְּלֹא varie selon les diverses significations de בְּ. Du temps, non dans, c.-à-d. hors : בְּלֹא עֶת־ Lév. 15. 25, hors du temps; בְּלֹא־יוֹמוֹ Job 15. 32, avant son temps; non pour, non avec, c.-à-d. sans : בְּלוֹא־כֶסֶף Is. 55. 1, sans argent; בְּלֹא־לֵב וָלֵב I Chr. 12. 33, sans aucune duplicité de cœur, avec sincérité; בְּלֹא בִצָּה Job 8. 11, sans marais; non par : בְּלֹא חַמָּה Job 30. 28, et non par l'effet du soleil, ou sans soleil, sans la lumière du soleil; בְּלֹא כַכָּתוּב II Chr. 30. 18, non selon ce qui est écrit, selon la manière prescrite; בְּלֹא יוּכְלוּ Lam. 4. 14, ainsi, de sorte qu'on ne pouvait pas. — 2° הֲלֹא *interrogatif*, quand on attend une réponse affirmative : n'est-ce pas? n'est-il pas ainsi? הֲלֹא הוּא אָמַר־לִי Gen. 20. 5, ne m'a-t-il pas dit lui-même? הֲלֹא שָׁמַעַתְּ I Rois 1.

11, n'as-tu pas appris? Souvent simplement affirmatif, comme הִנֵּה, הֵן: הֲלוֹא הַחֵצִי מִמְּךָ וָהָלְאָה I Sam. 20. 37, voilà la flèche qui est au delà de toi; הֲלוֹא צִוִּיתִי Ruth 2. 9, certes, j'ai donné ordre; הֲלוֹא־הֵם כְּתוּבִים II Rois 15. 36, certes, c'est écrit (*exact*. ces choses sont écrites. — 3° לְלֹא sans: — וּלְלֹא כֹהֵן וּלְלֹא תוֹרָה II Chr. 15. 3, et sans prêtre et sans loi; pour לַאֲשֶׁר לֹא: — לְלוֹא שָׁאָלוּ לְלֹא בִקְשֻׁנִי Is. 65. 1, (au secours) de ceux qui ne m'ont pas demandé, qui n'ont pas voulu me connaître, de ceux qui ne m'ont pas recherché; מֶה־עָזַרְתָּ לְלֹא־כֹחַ Job 26. 2, en quoi as-tu assisté celui qui est impuissant? (La Massorah compte trente-cinq fois לוֹא, quinze fois לֹא pour לוֹ *pron*., rarement לוֹ pour לֹא.)

לָא (une fois לָה *cheth.*) chald. Même signif. que לֹא héb.: הֵן לָא תְהוֹדְעוּנַּנִי Dan. 2. 5, si vous ne me faites pas connaître (mon songe); לָא־אִיתַי אֱנָשׁ 2. 20, il n'y a point d'homme (qui, etc.); הֲלָא גֻבְרִין תְּלָתָה 3. 24, n'(avons-nous) pas (jeté) trois hommes? כְּלָה חֲשִׁיבִין 4. 32, (tous les habitants de la terre) sont regardés comme rien (un néant).

לֹא דְבָר (sans pâturage) *n. pr.* Lodabar, ville dans le pays de Galaad, II Sam. 17. 27; לוֹ דְבָר 9. 5.

לֹא עַמִּי (non mon peuple) *n. pr.* Loami, nom symbolique du fils du prophète Osée, Osée 1. 9.

לֹא רֻחָמָה (qui n'est pas aimée, pas reçue en grâce) *n. pr.* Loruhama, nom symbolique de la fille d'Osée, Osée 1. 6.

לָאָה (v. לָהָה) Être las, fatigué; se fatiguer, faiblir: כִּי עַתָּה תָּבוֹא אֵלֶיךָ וַתֵּלֶא Job 4. 5, et maintenant que (la même chose) t'arrive à toi, tu faiblis, tu perds courage; הֲנִסָּה דָבָר אֵלֶיךָ תִּלְאֶה 4. 2, si nous élevons la parole vers toi, ou: si nous essayons à te parler, est-ce que tu seras contrarié? le trouveras-tu mauvais? וַיִּלְאוּ לִמְצֹא הַפָּתַח Gen. 19. 11, ils se fatiguaient en vain à trouver la porte.

Niph. (même signif. que *Kal*): הַעֲוֵה נִלְאוּ Jér. 9. 4, ils s'efforcent, s'étudient, à faire des injustices, à commettre des crimes; וְנִלְאֵיתִי כַּלְכֵל 20. 9, je m'efforçais en vain de le supporter; נַחֲלָתְךָ וְנִלְאָה אַתָּה כוֹנַנְתָּהּ Ps. 68. 10, tu as fortifié ton héritage languissant, le pays ou le peuple que tu aimes, et qui était tombé en langueur, affaibli; נִלְאֵיתִי נְשֹׂא Is. 1. 14, je suis las de (les) souffrir; נִלְאֵיתִי הִנָּחֵם Jér. 15. 6, je suis las d'apaiser ma colère (de pardonner); וְנִלְאוּ מִצְרַיִם Exod. 7. 18, les Égyptiens se dégoûteront (de boire de l'eau du fleuve).

Hiph. trans. Fatiguer, accabler: אַךְ־עַתָּה הֶלְאָנִי Job 16. 7, mais maintenant il (Eliphaz) m'a fatigué, ou: elle (ma douleur) m'accable; תְּאֻנִים הֶלְאָת Ez. 24. 12, elle (la chaudière) a fatigué (par) les efforts (qu'on a faits pour la nettoyer); selon d'autres: elle (la ville) a accablé les autres par les iniquités, par sa malice, ou: elle s'est efforcée à faire des injustices (v. *Niph*. 1er ex. et תְּאֻנִים); הַלְאוֹת אֲנָשִׁים כִּי תַלְאוּ גַּם אֶת־אֱלֹהָי Is. 7. 13, (ne vous suffit-il pas) de lasser la patience des hommes, pour que vous lassiez encore la patience de mon Dieu? וּמָה הֶלְאֵתִיךָ Mich. 6. 3, et avec quoi t'ai-je accablé, tourmenté?

לֵאָה *n. pr.* Leah (Lia), fille de Laban, femme de Jacob, Gen. 29. 16.

לָאַט 1° Couvrir, envelopper (v. לוּט): וְהַמֶּלֶךְ לָאַט אֶת־פָּנָיו II Sam. 19. 5, le roi s'était couvert le visage. — 2° Parler avec douceur: וְדָבָר לָאַט עִמָּךְ Job 15. 11, et la parole qu'il t'a dite avec douceur, avec bonté; selon d'autres, le *verbe* sous-entendu et לָאַט *adv*. (v. à אַט); d'autres traduisent: et la parole qu'il t'a dite (était-elle) en secret, trop basse?

לְאַט *adv*. Lentement: הַהֹלְכִים לְאַט Is. 8. 6, (les eaux) qui coulent lentement, paisiblement (v. אַט).

לָאט (rac. לוּט) Silence, secret: וַתָּבוֹא אֵלָיו בַּלָּאט Jug. 4. 21, elle alla vers lui tout doucement, sans bruit.

לָאֵל (à Dieu) *n. pr.* Eliasaph, fils de Lael, Nomb. 3. 24.

לְאֹם *m.* (avec suff. לְאֻמִּי, *pl.* לְאֻמִּים). Peuple, nation : וּלְאֹם מִלְאֹם יֶאֱמָץ Gen. 25. 23, et un peuple (de ces deux) sera plus puissant que l'autre peuple (surmontera l'autre); וּלְאוּמִּי אֵלַי הַאֲזִינוּ Is. 51. 4, écoutez-moi, vous qui êtes ma nation.

לֵב Devant *makkeph* לֶב, avec suff. לִבִּי, לִבְּךָ, *plur.* לִבּוֹת et

לֵבָב *m.* (const. לְבַב, avec suff. לְבָבִי, לְבַבְכֶם, *plur.* לְבָבוֹת). 1° Le cœur : בְּלֵב אַבְשָׁלוֹם II Sam. 18. 14 (il les enfonça) dans le cœur d'Absalon ; comme siége de la vie, il signifie souvent la vie, comme נֶפֶשׁ : יְחִי לְבַבְכֶם לָעַד Ps. 22. 27, vos cœurs vivront dans l'éternité ; וְכָל־לֵבָב דַּוָּי Is. 1. 5, et tout cœur est souffrant, malade ; וְסַעֲדוּ לִבְּכֶם Gen. 18. 5, et réconfortez votre cœur, reprenez vos forces en mangeant.

2° לֵב Cœur comme siége des sens et des passions : de l'amour : וְלִבְּךָ אֵין אִתִּי Jug. 16. 15, puisque ton cœur n'est pas avec moi (que tu ne m'aimes pas) ; בְּכָל־לְבָבְךָ Deut. 6. 5, (aime Dieu) de tout ton cœur ; de la confiance : בָּטַח בָּהּ לֵב בַּעְלָהּ Prov. 31. 11, le cœur de son mari a confiance en elle ; du mépris : נָאַץ לִבִּי 5. 12, (comment) mon cœur a-t-il méprisé, dédaigné (les remontrances) ? de la joie : לָכֵן שָׂמַח לִבִּי Ps. 16. 9, c'est pour cela que mon cœur s'est réjoui ; de la tristesse : וְנִכְאֵה לֵבָב 109. 16, et un homme dont le cœur est brisé ; כִּי יִתְחַמֵּץ לְבָבִי 73. 21, car mon cœur (fermentait) était rempli d'amertume ; לְיַאֵשׁ אֶת־לִבִּי Eccl. 2. 20, de détourner mon cœur (de toutes les peines) ; לֹא־יִירָא לִבִּי Ps. 27. 3, mon cœur ne craint point ; נָכוֹן לִבִּי 57. 8, mon cœur est ferme, rassuré ; וְלִבִּי עֲזָבָנִי 40. 13, mon cœur (mon courage) m'a abandonné ; וְכָל־לְבַב אֱנוֹשׁ יִמָּס Is. 13. 7, et tous les cœurs des hommes se fondront (de peur) ; לֵב הָאֶבֶן Ez. 11. 19, le cœur de pierre (dur), *opposé à* לֵב בָּשָׂר (même verset) cœur de chair ; לְבָבָם הֶעָרֵל Lévit. 26. 41, leur cœur incirconcis (immortifié) ; chez les prophètes on trouve attribuée au cœur l'action de crier : וְלֹא־זָעֲקוּ אֵלַי בְּלִבָּם Osée 7. 14, ils n'ont point crié vers moi du fond de leur cœur ; de soupirer : מִנַּהֲמַת לִבִּי Ps. 38. 9, par les soupirs de mon cœur.

3° Comme siége des sentiments moraux : לֵב טָהוֹר Ps. 51. 12, un cœur pur ; וּבְיִשְׁרַת לֵבָב I Rois 3. 6, et dans la droiture du cœur ; אֶת־לְבָבוֹ נֶאֱמָן Néh. 9. 8, (tu as trouvé) son cœur fidèle ; בְּתָם־לֵבָב I Rois 9. 4, dans la simplicité du cœur ; לֵבָב עִקֵּשׁ Ps. 101. 4, cœur corrompu, pervers ; וְלֵב עָמֹק Ps. 64. 7, et le cœur profond, impénétrable ; חַנְפֵי־לֵב Job 36. 13, les hypocrites ; וּרְחַב־לֵב Prov. 21. 4, וּבְגֹדֶל לֵבָב Is. 9. 9, (le cœur vaste, grand) l'orgueil, la fierté ; בְּלֵב וָלֵב יְדַבֵּרוּ Ps. 12. 3, ils parlent avec un cœur double.

4° Siége de la volonté et du jugement : עֲשֵׂה כָּל־אֲשֶׁר בִּלְבָבֶךָ I Sam. 14. 7, fais tout ce que tu as dans ton cœur (ce que tu as décidé, ce que tu veux) ; יוֹם נָקָם בְּלִבִּי Is. 63. 4, le jour de la vengeance est dans mon cœur (est décrété) ; אַתָּה בֹּחֵן לֵבָב I Chr. 29. 17, tu sondes les cœurs ; וַיַּגֶּד־לָהּ אֶת־כָּל־לִבּוֹ Jug. 16. 17, il lui dit tout son cœur, tout ce qu'il savait ; חֲכַם לֵבָב Job 9. 4, (Dieu) est sage d'esprit ; חֲסַר־לֵב Prov. 7. 7, qui est dépourvu de sens, insensé ; קֹנֶה־לֵּב אֹהֵב נַפְשׁוֹ Prov. 19. 8, qui acquiert l'intelligence, la science, aime son âme ; גַּם־לִי לֵבָב כְּמוֹכֶם Job 12. 3, j'ai du sens, de l'intelligence, aussi bien que vous.

5° Le centre, le milieu : בְּלֶב־יָם Exod. 15. 8, au milieu de la mer ; עַד־לֵב הַשָּׁמַיִם Deut. 4. 11, jusqu'au milieu du ciel ; בְּלֵב הָאֵלָה II Sam. 18. 14, au milieu du chêne.

לֵב chald. *m.* Cœur : וּמִלְּתָא בְּלִבִּי נִטְרֵת Dan. 7. 28, et je conservai ces paroles dans mon cœur.

לְבָאוֹת (*pl.* de לָבִיא lion) *n. pr.* Lebaoth, ville de la tribu de Siméon, Jos. 15. 32 ; בֵּית לְבָאוֹת 19. 6.

לָבַב *Kal* inusité. *Niph.* (de לֵבָב). Acquérir du cœur, de l'intelligence :

וְאִישׁ נָבוּב יִלָּבֵב Job 11. 12, mais l'homme (même) vain, insensé, acquiert de l'intelligence, des sentiments, des connaissances (v. la suite : né comme une bête ou un âne sauvage, il devient, il se forme, en homme civilisé, ou : quoique l'homme soit né comme une bête sauvage); d'autres traduisent en sens opposé : l'homme insensé est sans cœur, privé d'intelligence, ou rempli d'orgueil (et il est né comme le petit d'un âne sauvage).

Pi. 1° De לֵב cœur, captiver ou blesser le cœur : לִבַּבְתִּנִי אֲחֹתִי כַלָּה Cant. 4. 9, tu as captivé, enlevé, ou blessé, mon cœur, ô ma sœur, mon épouse ! — 2° De לְבִבָה gâteau, pétrir des gâteaux : וּתְלַבֵּב לְעֵינַי שְׁתֵּי לְבִבוֹת II Sam. 13. 6, qu'elle fasse, pétrisse, devant mes yeux, deux gâteaux.

לֵבָב Cœur (v. לֵב).

לְבַב chald. *m.* Cœur : וְרַעְיוֹנֵי לִבְבָךְ Dan. 2. 30, et les pensées de ton cœur; וְלִבְבֵהּ 5, 21, et son cœur.

לְבַד Seul, seulement (v. I בַּד).

לַבָּה *f.* (de לֶהָבָה). Flamme : בְּלַבַּת־אֵשׁ Exod. 3. 2, dans une flamme de feu, ou au milieu du feu (v. לֵב 5°).

לִבָּה *f.* Cœur : מָה אֲמֻלָה לִבָּתֵךְ Ez. 16. 30, combien ton cœur est languissant, ou corrompu (le *plur.* לִבּוֹת les cœurs, v. à לֵב).

לְבוֹנָה (v. לְבֹנָה).

לְבוּשׁ, לְבֻשׁ *m.* 1° Habit, vêtement : מִבְּלִי לְבוּשׁ Jos. 24. 7, sans vêtement; לְבוּשׁ מַלְכוּת Esth. 6. 8, un habit royal; בִּלְבוּשׁ שָׂק 4. 2, revêtu d'un sac (en forme d'habit); וְיִתְיַצְּבוּ כְּמוֹ לְבוּשׁ Job 38. 14, (tout est sur la terre) comme un vêtement (splendide), ou : comme un vêtement (qu'on met et qu'on ôte, c.-à-d. tout change sur sa face); מִי־גִלָּה פְּנֵי לְבוּשׁוֹ 41. 5, qui découvrira la face, superficie, de son vêtement (de la peau qui couvre le Leviathan). — 2° *Au fig.*, femme, épouse : וְכִסָּה חָמָס עַל־לְבוּשׁוֹ Mal. 2. 16, (Dieu hait celui) qui couvre, cache, la violence (qu'il exerce) contre sa femme (qu'il hait, et dont il ne veut cependant pas se séparer, qu'il retient comme son vêtement), ou : sa violence (couvre) s'exerce contre sa femme.

לְבוּשׁ chald. Vêtement : וּלְבוּשֵׁיהוֹן Dan. 3. 21, et leurs vêtements.

לָבַט *Kal* inusité. *Niph.* Se précipiter, trébucher : וֶאֱוִיל שְׂפָתַיִם יִלָּבֵט Prov. 10. 8, 10, le sot de lèvres, le bavard insensé, se précipite, trébuche; selon d'autres : se fatigue en vain, ou : est puni; וְעָם לֹא־יָבִין יִלָּבֵט Osée 4. 14, et le peuple sans intelligence trébuche, se perd, ou sera puni.

לָבִיא *m.* Lion, lionne : וָאֹכְלֵם שָׁם כְּלָבִיא Osée 13. 8, et là je les dévorerai comme un lion; כָּרַע שָׁכַב כַּאֲרִי וּכְלָבִיא Nomb. 24. 9, il s'est mis sur les genoux, il s'est couché comme un lion et comme une lionne; *pl. m.* : נַפְשִׁי בְּתוֹךְ לְבָאִם Ps. 57. 5, mon âme est au milieu des lions (pour לְבִיאִים); *pl. fém.* : וּמְחַנֵּק לְלִבְאֹתָיו Nah. 2. 13, il étrangle (les bêtes) pour en nourrir ses lionnes.

לְבִיָּא *f.* Lionne : מָה אִמְּךָ לְבִיָּא Ez. 19. 2, quelle (femme était) ta mère (puissante) comme une lionne !

לְבִיבָה *f.* Gâteau; seulement *plur.* : וַתְּבַשֵּׁל אֶת־הַלְּבִבוֹת II Sam. 13. 8, et elle fit cuire les gâteaux, ou les plats (v. לָבַב *Pi.* 2°), (peut-être de לֵב, propre à conforter le cœur, cordial ?).

לָבַן 1° Être blanc (v. לָבָן). — 2° De לְבֵנָה faire des briques : הָבָה נִלְבְּנָה לְבֵנִים Gen. 11. 3, allons, faisons des briques; *absol.* : לִלְבֹּן Exod. 5. 14, (pourquoi n'avez-vous pas achevé votre tâche qui consiste) à faire des briques ?

Hiph. 1° *Intrans.* Devenir ou être blanc : וּמִשֶּׁלֶג אַלְבִּין Ps. 51. 9, et je deviendrai plus blanc que la neige; הִלְבִּינוּ שָׂרִיגֶיהָ Joel 1. 7, les branches (de la vigne) sont blanches (sèches, mortes). — 2° *Trans.* Rendre blanc : וּלְבָרֵר וְלַלְבֵּן Dan. 11. 35, (pour וּלְהַלְבֵּן) et pour (les) purifier, les rendre blancs; הַלְבָּנַת פָּנִים Aboth, blanchir la figure de (quelqu'un), c.-à-d. l'offenser.

Hithp.: וְיִתְלַבְּנוּ Dan. 12. 10, et ils se rendront blancs, se purifieront.

לָבָן *adj.* (*fém.* לְבָנָה). Blanc : כֹּל אֲשֶׁר־לָבָן בּוֹ Gen. 30. 35, tous (les animaux) auxquels il y avait du blanc (qui avaient des taches blanches) ; יִהְיוּ בְגָדֶיךָ לְבָנִים Eccl. 9. 8, (qu'en tout temps) tes vêtements soient blancs; וְאִם־בַּהֶרֶת לְבָנָה הִוא Lév. 13. 4, si c'est une tache blanche; *plur.*: בֶּהָרֹת לְבָנֹת 13. 38, des taches blanches.

לָבָן *n. pr.* Laban, fils de Bethuel, beau-père de Jacob, Gen. 24. 29.

לְבֶן (const. *m.*) Blancheur, ou *adj.* blanc : וּלְבֶן־שִׁנַּיִם מֵחָלָב Gen. 49. 12, et la blancheur des dents par le lait (par la quantité de lait qu'il boira); selon d'autres: ses dents seront plus blanches que le lait; לַבֵּן *n. pr.* selon quelques-uns (v. עַלְמוּת).

לְבָנָה *f.* La lune : יָפָה כַלְּבָנָה Cant. 6. 10, elle est belle comme la lune; אוֹר־הַלְּבָנָה Is. 30. 26, la lumière de la lune (v. לְבָנָה *fém.* de לָבָן blanc).

לְבָנָה *n. pr. m.* Esdr. 2. 45; לְבָנָא Néh. 7. 48.

לְבֵנָה *f.* Brique : נִלְבְּנָה לְבֵנִים Gen. 11. 3, faisons des briques (ou parce qu'elles étaient faites d'une argile blanche, ou parce que le feu les blanchit); קַח־לְךָ לְבֵנָה Ez. 4. 1, prends une brique; לֹא־תִגְרְעוּ מִלִּבְנֵיכֶם Exod 5. 19, vous ne diminuerez rien de vos briques (de la quantité des briques que vous avez à faire).

לִבְנֶה *m.* Nom d'un arbre, le peuplier blanc(?) : מַקַּל לִבְנֶה Gen. 30. 37, des branches de peuplier blanc; תַּחַת אַלּוֹן וְלִבְנֶה Osée 4. 13, sous les chênes et les peupliers; selon d'autres : l'arbre de qui découle le storax.

לִבְנָה *f.* Clarté, transparence : מַעֲשֵׂה לִבְנַת הַסַּפִּיר Exod. 24. 10, comme un ouvrage de saphir brillant et transparent; selon d'autres, const. de לְבֵנָה pierre : ouvrage fait de la pierre de saphir, ou de carreaux de saphir.

לִבְנָה *n. pr.* 1° Lebnah, ville de la tribu de Juda, Jos. 15. 2; plus tard donnée aux prêtres et ville de refuge, 21. 13. — 2° Station dans le désert, Nomb. 33. 20.

לְבֹנָה et לְבוֹנָה *f.* Encens (de לָבָן, le blanc est le plus estimé): לְבֹנָה זַכָּה Lév. 24. 7, de l'encens pur; עֲצֵי לְבוֹנָה Cant. 4. 14, les arbres qui portent l'encens; גִּבְעַת הַלְּבוֹנָה 4. 6, la colline de l'encens.

לְבוֹנָה *n. pr.* Lebonah, une ville près de Silo, Jug. 21. 19.

לְבָנוֹן (souvent avec l'*art.* הַלְּבָנוֹן) *n. pr.* d'une montagne entre la Syrie et la Palestine, le Liban, dont une partie est couverte de neige, de לָבָן montagne blanche : שֶׁלֶג לְבָנוֹן Jér. 18. 14, la neige du Liban; בִּקְעַת הַלְּבָנוֹן Jos. 11. 17, la plaine du Liban, la vallée entre les différentes hauteurs de cette montagne, au-dessous du mont Hermon (entre le Liban et l'Anti-Liban).

לִבְנִי (le blanc) *n. pr.* Lebni, fils de Gerson, Exod. 6. 17; *n. patr.* également לִבְנִי Nomb. 3. 18.

לִבְנַת (v. שִׁיחוֹר לִבְנָת).

לָבַשׁ et לָבֵשׁ (*fut.* יִלְבַּשׁ) Mettre un habit, se revêtir, couvrir, envelopper comme un habit : וְלָבַשׁ בְּגָדִים אֲחֵרִים Lév. 6. 4, il prendra d'autres vêtements; *une fois* avec בּ : אֲשֶׁר לָבַשׁ־בּוֹ הַמֶּלֶךְ Esth. 6. 8, (l'habit) dont le roi s'est revêtu; *absol.*: לָבוֹשׁ וְאֵין־לְחֹם לוֹ Agg. 1. 6, se vêtir, se couvrir d'habits, sans être échauffé; *part. pass.*: לָבוּשׁ בַּדִּים Ez. 9. 2, (et l'un d'eux) était revêtu d'une robe de lin; הָאִישׁ לְבוּשׁ הַבַּדִּים 9. 11, l'homme vêtu d'une robe de lin; *figurément* : הוֹד וְהָדָר לָבָשְׁתָּ Ps. 104. 1, tu as revêtu la majesté et la gloire; לָבֵשׁ יְיָ עֹז הִתְאַזָּר 93. 1, l'Éternel s'est revêtu de force, il s'en est ceint, armé (עֹז régime des deux verbes); לָבַשׁ בְּשָׂרִי רִמָּה Job 7. 5, ma chair est revêtue, couverte, de vers; לָבְשׁוּ כָרִים הַצֹּאן Ps. 65. 14, les pâturages se couvrent de troupeaux, ou : les béliers couvrent les brebis (v. כַּר 2°); לָבֻשׁ הֲרֻגִים Is. 14. 19, (tu as été) enveloppé dans la foule de ceux qui ont été tués; selon d'autres, לְבֻשׁ *subst.* (v. לְבוּשׁ): (tu as été jeté) comme un vêtement (souillé de sang) de ceux qui ont été tués; שֹׂנְאֶיךָ יִלְבְּשׁוּ־בֹשֶׁת Job 8. 22, ceux qui te haïssent seront couverts de honte; צֶדֶק לָבַשְׁתִּי וַיִּלְבָּשֵׁנִי Job 29. 14, je me suis revêtu de la justice, et elle m'a couvert (comme un manteau); וְרוּחַ יְיָ לָבְשָׁה Jug. 6. 34, et l'esprit de l'Éternel remplit (Gédéon).

Pou. part.: הַכֹּהֲנִים מְלֻבָּשִׁים Esdr. 3. 10, les prêtres revêtus de leurs ornements; מְלֻבָּשִׁים בְּגָדִים I Rois 22. 10, revêtus de leurs habits royaux.

Hiph. trans. Habiller, donner des habits à quelqu'un: וַיַּלְבִּשׁוּם וַיַּנְעִלוּם II Chr. 28. 15, ils les habillèrent, les chaussèrent (leur donnèrent des habits et des souliers); avec un double *acc.*: וַיַּלְבֵּשׁ אֹתוֹ בִּגְדֵי־שֵׁשׁ Gen. 41. 42, (Pharaon) fit revêtir Joseph de vêtements de fin lin, ou de byssus; avec עַל: הִלְבִּישָׁה עַל־יָדָיו Gen. 27. 16, elle mit sur ses mains (et sur son cou la peau des chevreaux), elle en couvrit les mains et le cou (de son fils); *au fig.*: וְכֹהֲנֶיהָ אַלְבִּישׁ יֶשַׁע Ps. 132. 16, je revêtirai ses prêtres de salut; אוֹיְבָיו אַלְבִּישׁ בֹּשֶׁת 132. 18, je couvrirai de honte ses ennemis; אַלְבִּישׁ שָׁמַיִם קַדְרוּת Is. 50. 3, j'envelopperai les cieux de ténèbres.

לְבַשׁ chald. (*fut.* יִלְבַּשׁ). Même signif. que לָבַשׁ héb.: אַרְגְּוָנָא יִלְבַּשׁ Dan. 5. 7, il se vêtira, ou il sera revêtu, de pourpre.

Aph.: וְהַלְבִּשׁוּ לְדָנִיֵּאל אַרְגְּוָנָא 5. 29, et on revêtit Daniel de pourpre.

לְבֻשׁ (v. לְבוּשׁ).

לֹג *m.* Nom d'une mesure pour les liquides: וְלֹג אֶחָד שָׁמֶן Lév. 14. 10, et un log d'huile (un log contient six œufs, il est la douzième partie d'un hin).

• לִגְיוֹן Légion: נִתְבַּלְּעָהּ לִגְיוֹנוֹת Rituel, les légions (ennemies) ont occupé Jérusalem.

לֹד *n. pr.* d'un grand village dans la tribu de Benjamin, Lod, Néh. 7. 37, 11. 35.

לֵדָה *f.* Naissance (v. יָלַד *inf.*): מִלֵּדָה וּמִבֶּטֶן Osée 9. 11, (les enfants mourront) dès la naissance, ou dans le sein de leurs mères.

לָה chald. (pour לָא). Rien, (v. לָא).

לֹה (pour לֹא): הֲלֹה הִוא Deut. 3. 11, n'est-il pas? (certes, il est).

לַהַב *m.* (*plur.* לְהָבִים, const. לַהֲבֵי). 1° Flamme: לַהַב אֵשׁ Joel 2. 5, la flamme du feu; וְלַהַב מִפִּיו יֵצֵא Job 41. 13, et la flamme sort de sa gueule; פְּנֵי לְהָבִים פְּנֵיהֶם Is. 13. 8, leurs visages seront rouges comme des flammes, comme s'ils avaient été brûlés par le feu, *littér.* leurs visages seront des visages de flammes. — 2° וְלַהַב חֶרֶב Nah. 3. 3, la flamme de l'épée, c.-à-d. l'épée flamboyante, ou la lame; לַהַב חֲנִית Job 39. 23, le fer de la lance; וַיִּסְגֹּר הַחֵלֶב בְּעַד הַלַּהַב Jug. 3. 22, et la graisse se ferma autour de la lame (l'épée resta serrée entre la graisse).

לֶהָבָה et לַהֶבֶת *f.* (*pl.* לְהָבוֹת, const. לַהֲבוֹת). Flamme: לֶהָבָה תְּלַהֵט רְשָׁעִים Ps. 106. 18, la flamme consuma les méchants; וְנֹגַהּ אֵשׁ לֶהָבָה Is. 4. 5, et l'éclat (d'un feu de flamme) d'une flamme ardente; לֹא־תִכְבֶּה לַהֶבֶת שַׁלְהֶבֶת Ez. 21. 3, la flamme (de cet embrasement) ne s'éteindra pas; לַהֲבוֹת אֵשׁ Ps. 29. 7, des flammes de feu ou des éclairs (v. à חָצַב); וְלֶהָבֶת חֲנִיתוֹ I Sam. 17, 7, et le fer de sa lance.

לְהָבִים *n. pr. pl.* Les Lehabim, un peuple descendant de Mesraïm (sorti d'Égypte), Gen. 10. 13.

לַהַג *m.*: וְלַהַג הַרְבֵּה Eccl. 12. 12, et une méditation continuelle, beaucoup étudier; selon d'autres: beaucoup prêcher.

לַהַד *n. pr. m.* I Chr. 4. 3.

לָהַהּ (v. לָאָה) Languir: וַתֵּלַהּ אֶרֶץ מִצְרַיִם Gen. 47. 13, le pays d'Égypte languissait, était épuisé, réduit à la dernière extrémité (par la famine); d'autres traduisent: était éperdu, désespéré.

Hiph.: כְּמִתְלַהְלֵהַּ הַיֹּרֶה זִקִּים Prov. 26. 18, comme un homme qui se fatigue à lancer des brandons, ou : comme un homme qui fait l'insensé et qui lance des brandons.

להט Brûler, flamboyer : אֵשׁ לֹהֵט Ps. 104. 4, le feu brûlant, ardent (l'éclair) ; אֶשְׁכְּבָה לֹהֲטִים Ps. 57. 5, je suis couché au milieu de ceux qui lancent des flammes (pour בְּתוֹךְ לֹהֲטִים), qui me poursuivent, me calomnient.

Pi. trans. : וְלֶהָבָה לִהֲטָה כָּל־עֲצֵי הַשָּׂדֶה Joel 1. 19, et la flamme a brûlé tous les arbres de la campagne ; וְלִהַט אֹתָם הַיּוֹם הַבָּא Mal. 3. 19, et le jour qui doit venir les embrasera ; נַפְשׁוֹ גֶּחָלִים תְּלַהֵט Job 41. 13, son haleine allume des charbons.

לַהַט *m.* Lame d'une épée : לַהַט הַחֶרֶב הַמִּתְהַפֶּכֶת Gen. 3. 24, la lame de l'épée qui s'agite, ou : à deux tranchants (v. הָפַךְ *Hithp.*).

לְהָטִים *m. plur.* (v. לוּט) : בְּלַהֲטֵיהֶם Exod. 7. 11, (les magiciens firent la même chose) par leurs enchantements secrets ; d'autres traduisent : par leurs fascinations, de la racine לָהַט.

להם *Kal* inusité. *Hithp. part.* : דִּבְרֵי נִרְגָּן כְּמִתְלַהֲמִים Prov. 18. 8, 26. 22, les paroles du calomniateur ou du médisant sont comme des friandises (qu'on avale avec avidité, v. לָחַם), ou : se glissent, elles sont douces, flatteuses, ou : elles blessent comme des coups (*transposé de* הָלַם frapper, briser).

לָהֵן *pron. pers. f. pl.* A elles, v. I הֵן, pour לָהֶם : הֲלָהֵן תְּשַׂבֵּרְנָה Ruth 1. 13, voudriez-vous attendre après eux, à cause d'eux, (attendre qu'ils fussent grands) ?

לָהֵן chald. Donc, c'est pourquoi, mais, si ce n'est : לָהֵן חֶלְמָא וּפִשְׁרֵהּ הַחֲוֺנִי Dan. 2. 6, c'est pourquoi dites-moi le songe et son interprétation ; לָהֵן מַלְכָּא 4. 24, c'est pourquoi, ô roi ! (que mon conseil te plaise) : לָהֵן מִן־דִּי הַרְגִּזוּ אֲבָהֳתַנָא Esdr. 5. 12, cependant depuis que nos pères avaient irrité (Dieu) ; לָהֵן עַל־דִּבְרַת Dan. 2. 30, mais afin que ; לָהֵן אֱלָהִין 2. 11, si ce n'est, excepté les dieux.

לַהֲקָה *f.* Troupe : לַהֲקַת הַנְּבִיאִים I Sam. 19. 20, une troupe de prophètes (*transposé de* קְהִלָּה).

לוֹ pour לֹא Non, v. לֹא.

לוֹ דְבָר *n. pr.*, v. לֹא דְבָר.

לוּ et לוּא *conj. condit.* Si, quand même ; ou il exprime un souhait : oh si ! un doute : peut-être. Avec le *prét.* : לוּ חָכְמוּ יַשְׂכִּילוּ זֹאת Deut. 32. 29, s'ils avaient de la sagesse, s'ils comprenaient cela, ou : ils comprendraient ceci ; לוּ חָפֵץ יְיָ לַהֲמִיתֵנוּ Jug. 13. 23, s'il avait plu à Dieu de nous faire mourir (il n'aurait pas reçu, etc.) ; avec le *fut.* : לוּ־חַיָּה רָעָה אַעֲבִיר בָּאָרֶץ Ez. 14. 15, si je fais venir dans ce pays des bêtes farouches (—alors ces trois hommes seuls seront délivrés) ; avec le *part.* : וְלֹא אָנֹכִי שֹׁקֵל עַל־כַּפַּי II Sam. 18. 13, et quand même je pèserais dans ma main, c.-à-d. quand tu me donnerais (mille pièces d'argent) ; לוּ עַמִּי שֹׁמֵעַ לִי Ps. 81. 14, oh si mon peuple m'écoutait ! Dans tous ces endroits, la condition ou le souhait qu'exprime le mot לוּ ne s'accomplit pas, ou du moins l'accomplissement est incertain. לוּ יִשְׂטְמֵנוּ יוֹסֵף Gen. 50. 15, peut-être Joseph nous haïra-t-il, nous traitera-t-il en ennemis ; לוּ יִשְׁמָעֵאל יִחְיֶה לְפָנֶיךָ Gen. 17. 18, s'il arrivait que ! c.-à-d. je souhaite, ou : fais-moi la grâce qu'Ismael vive devant toi ; אִם־אַתָּה לוּ שְׁמָעֵנִי 23. 12, si tu voulais m'écouter ! ou : écoute-moi, je te prie ; לוּ־מַתְנוּ בְּאֶרֶץ מִצְרַיִם Nomb. 14. 2, que ne sommes-nous pas morts (plût à Dieu que nous fussions morts) dans l'Égypte ! לוּא־קָרַעְתָּ שָׁמַיִם Is. 63. 19, ô si tu voulais fendre, ouvrir, les cieux ! selon d'autres : est-ce que tu as fendu les cieux (pour ceux qui ne portent pas ton nom) ? *affirmatif* : לוּ יְהִי כִדְבָרֶךָ Gen. 30. 34, bien, qu'il soit fait selon tes paroles, ou puisse-t-il arriver selon, etc.

לוּבִים *n. pr. pl.* d'un peuple, les Lybiens, II Chr. 12. 3 (ne se trouve mentionné qu'à côté des Égyptiens ou des Éthiopiens), Dan. 11. 43, לֻבִים (v. לְהָבִים).

לוּד *n. pr.* Lud, fils de Sem, Gen.

10. 22, souche d'un peuple en Asie (v. לוּדִים).

לוּדִים *n. pr.* Ludim, fils de Misraïm, Gen. 10. 13, souche d'un peuple en Afrique : וְלוּדִים תֹּפְשֵׂי דֹּרְכֵי קָשֶׁת Jér. 46. 9, et les Ludim qui prennent et bandent leurs arcs. (Dans d'autres endroits, on trouve aussi le *sing.* לוּד nom de peuple à côté d'autres peuples de l'Afrique, Ez. 27. 10, Is. 66. 19.)

לָוָה 1° S'attacher, rester auprès de quelqu'un, l'accompagner : וְהוּא יִלְוֶנּוּ בַעֲמָלוֹ Eccl. 8. 15, ceci restera avec lui, (ces jouissances) l'accompagneront dans son travail, ses peines. — 2° (Être attaché, obligé, par des prêts), emprunter : וְאַתָּה לֹא תִלְוֶה Deut. 28. 12, mais tu n'emprunteras pas (des autres); לָוִינוּ כֶסֶף Néh. 5. 4, nous avons emprunté de l'argent; *part.*: לֹוֶה רָשָׁע וְלֹא יְשַׁלֵּם Ps. 37. 21, le méchant emprunte et ne paye pas.

Niph., comme *Kal* 1°: וְיִלָּווּ עָלֶיךָ Nomb. 18. 2, וְנִלְווּ עָלֶיךָ 18. 4, qu'ils s'attachent, se joignent, à toi (qu'ils t'assistent); avec אֶל : יִלָּוֶה אִישִׁי אֵלַי Gen. 29. 34, mon mari s'attachera à moi; הַנִּלְוָה אֶל־יְיָ Is. 56. 3, (l'étranger) qui se sera attaché à l'Éternel, qui aura embrassé sa foi; avec עִם : גַּם־אַשּׁוּר נִלְוָה עִמָּם Ps. 83. 9, l'Assyrie est aussi liée avec eux.

Hiph. Prêter : וְהִלְוִיתָ גּוֹיִם רַבִּים Deut. 28. 12, tu prêteras à plusieurs peuples; avec un double *acc.*: אִם־כֶּסֶף תַּלְוֶה אֶת־עַמִּי Exod. 22. 24, si tu prêtes de l'argent à mon peuple (aux pauvres d'entre mon peuple); *part.*: כַּמַּלְוֶה כַּלֹּוֶה Is. 24. 2, comme celui qui prête sera celui qui emprunte.

* *Pi.* Accompagner : אֵין מְלַוִּין לוֹ לָאָדָם Aboth, (ni l'or, ni l'argent) n'accompagnent l'homme (à sa tombe).

לוּז *Kal.* S'éloigner : אַל־יָלֻזוּ מֵעֵינֶיךָ Prov. 3. 21, que (ces choses, ou ces conseils, que je vais te donner) ne s'éloignent pas de devant tes yeux (tâche de les avoir toujours devant les yeux).

Niph. S'écarter, s'égarer, se pervertir; *part.*: כִּי תוֹעֲבַת יְיָ נָלוֹז Prov. 3. 32, car Dieu a en abomination celui qui s'égare, le pervers; וַתִּבְטְחוּ בְּעֹשֶׁק וְנָלוֹז Is. 30. 12, (parce que) vous avez mis votre confiance dans la violence et dans ce qui est pervers, ou, *subst.*: dans la perversité; וּנְלוֹז דְּרָכָיו Prov. 14. 2, mais celui qui marche dans des voies tortueuses, perverses.

Hiph. : אַל־יַלִּזוּ מֵעֵינֶיךָ Prov. 4. 21, (*Degesch* p. יָלִיזוּ) que (mes paroles) ne s'éloignent pas de devant tes yeux.

לוּז *m.* Nom d'un arbre : וְלוּז Gen. 30. 37, et (des branches) d'amandier (ou de noisetier).

לוּז *n. pr.* 1° Luz, ville de la tribu de Benjamin, Jug. 1. 23, appelée aussi Bethel; לוּזָה Jos. 18. 13. — 2° D'une ville dans le pays de Hettim, bâtie par un homme venu de la première ville de ce nom, Jug. 1. 26.

לוּחַ *m.* (*pl.* לוּחוֹת et לֻחֹת). 1° Table sur laquelle on écrit, ou grave : לוּחֹת הָאֲבָנִים לוּחֹת הַבְּרִית Deut. 9. 9, les tables de pierre, les tables de l'alliance; aussi שְׁנֵי לֻחֹת הָעֵדֻת Exod. 31. 18, les deux tables du témoignage. — 2° Planche : אֵת כָּל־לֻחֹתָיִם Ez. 27. 5, (*f. duel*) toutes les planches des vaisseaux (parce qu'elles étaient doubles, ou des deux côtés, ou des deux étages des vaisseaux); וַיְפַתַּח עַל־הַלֻּחֹת I Rois 7. 36, (Hiram) grava sur les tables (les entre-deux?) du socle; לוּחַ אָרֶז Cant. 8. 9, une planche, un ais de bois de cèdre; *au fig.*: כָּתְבֵם עַל־לוּחַ לִבֶּךָ Prov. 3. 3, écris-les sur la table de ton cœur.

לוּחִית *n. pr.* Luhith, ville dans Moab, Is. 15. 5.

לוֹחֵשׁ (l'enchanteur) *n. pr.* avec l'*art.* הַלּוֹחֵשׁ, Néh. 3. 12.

לוּט (v. לָאַט) Couvrir, envelopper. *Part. act.* : פְּנֵי־הַלּוֹט הַלּוֹט עַל־כָּל־הָעַמִּים Is. 25. 7, (le 1er, *subst.*; le 2e, *part.*) (il fera disparaître) le voile qui couvrait, enveloppait, tous les peuples; une autre forme du *part.* ou *adj.* est לָט ce qui est secret; de là l'*adv.* בַּלָּט secrètement, doucement, sans bruit : וַתָּבֹא בַלָּט Ruth 3. 7, elle vint tout doucement; לָאַט — וַיִּכְרֹת I Sam. 24. 5, (David) coupa secrètement (le bord de la casaque de Saül); *part. pass.*: הִנֵּה־הִיא לוּטָה בַשִּׂמְלָה אַחֲרֵי הָאֵפוֹד I Sam. 21. 10, (l'épée de Goliath) est enveloppée dans un drap derrière l'éphod, ou: (le grand prêtre le dit) après avoir consulté l'éphod; puis, agir, opérer, secrètement; de là לְטִים *pl.*, les arts secrets, la magie: וַיַּעֲשׂוּ־כֵן הַחַרְטֻמִּים בְּלָטֵיהֶם Exod. 8. 3, les devins, ou les magiciens, firent la même chose par leurs enchantements secrets (v. לְהָטִים).

Hiph.: וַיָּלֶט פָּנָיו בְּאַדַּרְתּוֹ I Rois 19. 13, il enveloppa son visage, se couvrit le visage, de son manteau.

לוֹט *m.* Le voile, Is. 25. 7 (v. לוּט).

לוֹט *n. pr.* Lot, fils de Haran, neveu d'Abraham, Gen. 11. 27; לִבְנֵי־לוֹט Deut. 2. 9, aux fils de Lot, aux Moabites.

לוֹטָן (qui enveloppe) *n. pr.* Lotan, fils de Seïr, Gen. 36. 20.

לֵוִי (attachement, v. לָוָה) *n. pr.* Lévi, troisième fils de Jacob, Gen. 29. 34, chef de la tribu de ce nom, destinée aux services du culte, et dont une partie, les descendants d'Aaron (בְּנֵי אַהֲרֹן), était les prêtres; *n. patron.*: לֵוִי Lévite, *plur.* לְוִיִּם.

לֵוִי chald. (*plur.* לֵוָיֵא). Lévite: כָּהֲנַיָּא וְלֵוָיֵא Esdr. 6. 16, les prêtres et les lévites.

לִוְיָה *f.*: לִוְיַת חֵן Prov. 1. 9, 4. 9, un accompagnement, ou un accroissement, de grâce (v. לָוָה); d'autres traduisent: une couronne de grâce, un ornement gracieux.

• לְוָיָה et הַלְוָיָה *f.* Accompagnement: הַלְוָיַת הַמֵּת l'accompagnement fait à un mort qu'on porte à la sépulture; aussi: le convoi même.

לִוְיָתָן *m.* Un monstre marin qui se plie comme un serpent, léviathan: תִּמְשֹׁךְ לִוְיָתָן בְּחַכָּה Job 40. 25, pourras-tu enlever le léviathan avec l'hameçon? עַל לִוְיָתָן נָחָשׁ בָּרִחַ וְעַל לִוְיָתָן נָחָשׁ עֲקַלָּתוֹן Is. 27. 1, (Dieu se vengera) du léviathan, le serpent immense, ou: alerte, agile; et du léviathan, le serpent à longs replis (symbole des rois et des peuples puissants et hostiles); הָעֲתִידִים עֹרֵר לִוְיָתָן Job 3. 8, ceux qui sont disposés, ou destinés, à susciter Léviathan (à évoquer le mal); selon d'autres: לִוְיָתָן, dans ce passage, serait le *subst.* לִוְיָה et ן *pron.* pour ם: à éveiller leur deuil.

לוּל *m.* Escalier en limaçon; seulement *plur.*: וּבְלוּלִּים יַעֲלוּ עַל־הַתִּיכֹנָה I Rois 6. 8, et on montait à l'étage du milieu par un escalier qui allait en tournant.

• לוּלָב Le nom que l'on donne à la branche de palmier qui figure dans la solennité de la fête des tabernacles, voir Lév. 23.

לוּלֵי et לוּלֵא *conj. condit.* (composée de לוּ si, et de לֹא non). Si non, si (la chose) n'(était) pas: לוּלֵי אֱלֹהֵי אָבִי...הָיָה לִי Gen. 31. 42, si le Dieu de mon père — n'était pas avec moi (ne m'était favorable); לוּלֵי כַּעַס אוֹיֵב אָגוּר Deut. 32. 27, si je ne craignais pas la fureur des ennemis, c.-à-d. j'arrête ma vengeance pour ne pas satisfaire la colère des ennemis, qui diraient, etc.; לוּלֵא חֲרַשְׁתֶּם בְּעֶגְלָתִי Jug. 14. 18, si vous n'eussiez pas labouré avec ma génisse; לוּלֵא דִּבַּרְתָּ II Sam. 2. 27, si tu n'avais pas dit: (Que les jeunes gens s'élèvent, etc., v. vers. 14); d'autres traduisent au contraire: (si tu avais dit) que n'eusses-tu dit plus tôt: (les paroles du verset 26) Est-ce que l'épée sévira toujours, etc.?

לוּן et לִין (v. לַיְלָה, לֵיל, nuit) Passer la nuit; puis en général: rester, demeurer; *prét.*: וְהוּא לָן בַּלַּיְלָה־הַהוּא Gen. 32. 22, il passa cette nuit (dans son camp); *fém.*: וְלָנָה בְּתוֹךְ בֵּיתוֹ Zach. 5. 4, (pour וְלָנָה) (la malédiction) demeurera dans sa maison; *plur.*: וְלַנּוּ בַגִּבְעָה Jug. 19. 13, (pour וְלַנּוּ) nous passerons la nuit à Gabaa; *inf.* avec ל: לָלוּן, *une fois* לָלִין Gen. 24. 23, ou forme *Hiph.* pour לְהָלִין; *impér.*: לִין, לִינִי, לִינוּ; *part.* ou *adj.*: מַדּוּעַ אַתֶּם לֵנִים Néh. 13. 21, pourquoi passez-vous la nuit (près des murailles)? *fut.*: יָלִין, יָלִין, תָּלִין, אָלִין, תָּלֶן II Sam.

17. 16, תָּלַן Jug. 19. 20, avec ו conv.: וַיָּלֶן (Kimchi classe tous les *futurs* sous le *Hiph.*); aussi des choses inanimées: וְלֹא־יָלִין חֵלֶב־חַגִּי עַד־בֹּקֶר Exod. 23. 18, et la graisse de l'animal sacrifié le jour de ma fête ne restera point jusqu'au lendemain (sans être brûlée); וְטַל יָלִין בִּקְצִירִי Job 29. 19, et la rosée s'arrêtera la nuit sur mes branches; בָּעֶרֶב יָלִין בֶּכִי Ps. 30. 6, le soir, les pleurs arrivent, pour durer toute la nuit (mais le matin vient le chant de la joie); נַפְשׁוֹ בְּטוֹב תָּלִין Ps. 25. 13, son âme demeurera dans le bien, la béatitude; וְאָדָם בִּיקָר בַּל־יָלִין 49. 13, l'homme ne restera point dans l'éclat, ou : avec les biens (les honneurs et les biens de l'homme ne sont pas stables); וּבְהַמְּרוֹתָם תָּלַן עֵינִי Job 17. 2, mon œil voit comment ils m'irritent, ou : mon œil doit passer la nuit tout éveillé, sans pouvoir dormir à cause de leurs insultes.

Niph. Demeurer assidûment auprès de quelqu'un, l'obséder avec des plaintes, murmurer contre lui : וַיִּלֹּנוּ הָעָם עַל־מֹשֶׁה Exod. 15. 24, le peuple murmura contre Moïse.

Hiph. 1° *Trans.* du *Kal.* Faire demeurer, garder : עַד־מָתַי תָּלִין בְּקִרְבֵּךְ Jér. 4. 14, jusqu'à quand garderas-tu dans ton cœur (tes pensées iniques, perverses)? לֹא־תָלִין פְּעֻלַּת שָׂכִיר אִתְּךָ Lév. 19. 13, tu ne garderas, tu ne retiendras pas, le salaire du mercenaire, de l'ouvrier, chez toi (jusqu'au matin). — 2° Même signif. que *Niph.*: אֲשֶׁר הֲלִינֹתֶם עָלָי Nomb. 14. 29, vous qui avez murmuré contre moi; *part. pl.*: מַלִּינִם 17. 20, et מַלִּינִים 14. 27; *fut.*: une fois וַיָּלֶן הָעָם Exod. 17. 3, le peuple murmura; mais aux autres endroits : יַלִּינוּ et תַּלִּינוּ (*cheth.* תִּלּוֹנוּ, יִלּוֹנוּ, v. *Niph.*); וַיַּלִּינוּ עָלָיו אֶת־כָּל־הָעֵדָה Nomb. 14. 36, ils avaient fait murmurer tout le peuple contre lui.

Hithp.: בְּצֵל שַׁדַּי יִתְלוֹנָן Ps. 91. 1, il demeurera, se reposera, à l'ombre du Tout-Puissant; סֶלַע יִשְׁכֹּן וְיִתְלֹנָן Job 39. 28, (l'aigle) demeure et séjourne, ou se repose, sur le rocher.

לוּעַ Boire, avaler : וְשָׁתוּ וְלָעוּ Abad. 1. 16, ils boiront, ils en avaleront (jusqu'à la lie); selon d'autres : et chancelleront; עַל־כֵּן דְּבָרַי לָעוּ Job 6. 3, c'est pourquoi mes paroles sont entrecoupées, étouffées (par la douleur).

Hiph.: מוֹקֵשׁ אָדָם יָלַע קֹדֶשׁ Prov. 20. 25, c'est un piége pour l'homme de dévorer ce qui est consacré à Dieu, ou de profaner ce qui est saint (v. une autre explication de cet exemple à יָלַע).

Pi. avec transposition des lettres : וְאֶפְרֹחָו יְעַלְעוּ־דָם Job 39. 30, même ses petits (les aiglons) avalent, sucent, le sang.

לוּץ Railler, se moquer : וְלַצְתָּ לְבַדְּךָ תִשָּׂא Prov. 9. 12, mais, si tu railles, si tu tournes tout en dérision, tu en porteras la peine toi seul; *part.* ou *adj.* לֵץ un moqueur, libertin, un homme qui méprise la religion et la morale : זֵד יָהִיר לֵץ שְׁמוֹ Prov. 21. 24, l'orgueilleux, le présomptueux, moqueur est son nom; לֵץ הַיַּיִן 20. 1, le vin (pour le buveur) est un moqueur (le vin rend insolent, frivole); וּבְמוֹשַׁב לֵצִים Ps. 1. 1, et dans un cercle, une société, de libertins, de moqueurs.

Hiph. 1° Même signif. que *Kal* : זֵדִים הֱלִיצֻנִי עַד־מְאֹד Ps. 119. 51 les superbes m'ont raillé excessivement; אִם־לַלֵּצִים הוּא־יָלִיץ Prov. 3. 34, s'il, ou de même qu'il se moque des moqueurs, qu'il les fait devenir un objet de rire, de mépris. — 2° Interpréter, être interprète, parler en faveur de quelqu'un : כִּי הַמֵּלִיץ בֵּינֹתָם Gen. 42. 23, car un truchement était entre eux (ils se parlaient par un interprète); מַלְאָךְ מֵלִיץ Job 33. 23, un ange qui parle en faveur de l'homme; וּמְלִיצֶיךָ פָּשְׁעוּ בִי Is. 43. 27, même ceux qui parlaient en ta faveur (les meilleurs d'entre toi, à cause desquels je t'avais fait tant de grâce), ou : ceux qui vous interprétaient ma loi, qui vous instruisaient, ont péché contre moi, m'ont désobéi; אֱוִלִים יָלִיץ אָשָׁם Prov. 14. 9, le péché est l'interprète entre les insensés; selon d'autres, dans le sens 1° : les insensés (chacun d'eux) se jouent du péché.

Hithp.: וְעַתָּה אַל־תִּתְלוֹצָצוּ Is. 28. 22, ne vous conduisez donc pas comme des gens frivoles, des moqueurs (v. verset 14).

לוּשׁ Pétrir : לוּשִׁי וַעֲשִׂי עֻגוֹת Gen. 18. 6, pétris et fais des gâteaux; וַתִּקַּח־קֶמַח וַתָּלָשׁ I Sam. 28. 24, elle prit de la farine et la pétrit; *inf.* לוּשׁ Osée 7. 4.

לוּשׁ *n. pr. m.* II Sam. 3. 15. (*keri* לַיִשׁ).

לְוָת chald. *prépos.* (rac. לְוָה). Chez: דִּי סְלִקוּ מִן־לְוָתָךְ Esdr. 4. 12, qui sont partis de chez toi.

לָז, לָזֶה, לָזוּ Celui (v. הַלָּז).

לָזוּת *f.* (rac. לָזָה). Perversité: וּלְזוּת שְׂפָתַיִם Prov 4. 24, et la perversité des lèvres, la médisance (v. לוּז *Niph.*).

לַח *adj.* Frais, vert : כָּל־עֵץ־לַח וְכָל־עֵץ יָבֵשׁ Ez. 21. 3, tout arbre vert et tout arbre sec; וַעֲנָבִים לַחִים Nomb. 6. 3, et des raisins frais (nouvellement cueillis); יְתָרִים לַחִים Jug. 16. 8, des cordes encore humides (fraîches, neuves).

לֵחַ *m.* Sève, force : וְלֹא־נָס לֵחֹה Deut. 34. 7, et sa sève n'était pas partie, sa force n'avait pas diminué.

לְחוּם *m.* (rac. לָחַם). Chair, corps : וְיַמְטֵר עָלֵימוֹ בִּלְחוּמוֹ Job 20. 23, (Dieu) fera pleuvoir sur eux (les impies, ses traits, ses foudres, qui entreront) dans leur chair, leur corps; ou : בִּלְחוּמוֹ au milieu du repas (de l'impie); ou : dans sa guerre, la guerre que Dieu déclare aux impies; d'autres enfin l'expliquent comme de לֶחֶם nourriture : les foudres qui seront la nourriture des impies (dont leur corps sera rempli); וּלְחֻמָם כַּגְּלָלִים Soph. 1. 17, et leur corps (sera jeté) comme la boue.

לְחִי *f.* (avec une pause לֶחִי, avec suff. לְחָיוֹ, *duel* לְחָיַיִם, const. לְחָיֵי, avec suff. לְחָיֶיךָ et לְחָיֵהֶם). Joue, mâchoire : וְדִמְעָתָהּ עַל לֶחֱיָהּ Lam. 1. 2, ses larmes (restent) sur ses joues; כִּי־הִכִּיתָ אֶת־כָּל־אֹיְבַי לֶחִי Ps. 3. 8, car tu as frappé tous mes ennemis sur la joue (tu les as humiliés), ou tu leur as brisé la mâchoire; בְּחֶרְפָּה הִכּוּ לְחָיָי Job 16. 10, avec insulte, en m'insultant, ils m'ont frappé sur les joues; לְחִי־הַחֲמוֹר Jug. 15. 15, la mâchoire d'un âne; הַזְּרֹעַ וְהַלְּחָיַיִם Deut. 18. 3, l'épaule et les mâchoires (d'une victime).

לֶחִי *n. pr.* d'un endroit dans le pays des Philistins, Léchi, Jug. 15. 9, et רָמַת לֶחִי 15. 17, Ramath Léchi, l'endroit où (Samson) avait jeté la mâchoire de l'âne.

לְחִישָׁה *f.* Dard : וּלְחִישָׁתָן לְחִישַׁת שָׂרָף Aboth, et leur dard est le dard d'un serpent (v. לָחַשׁ).

לָחַךְ Brouter. *Kal* : כִּלְחֹךְ הַשּׁוֹר אֵת יֶרֶק הַשָּׂדֶה Nomb. 22. 4, comme le bœuf consume, broute (jusqu'à la racine), l'herbe du champ.

Pi. (v. לָקַק). Lécher : וְאֶת הַמַּיִם — לִחֵכָה I Rois 18. 38, (le feu) lécha, dévora même l'eau; עַתָּה יְלַחֲכוּ הַקָּהָל Nomb. 22. 4, maintenant ce peuple dévorera (tout ce qui nous entoure); יְלַחֲכוּ עָפָר כַּנָּחָשׁ Mich. 7. 17, ils mangeront la poussière comme le serpent (ils seront rampants, humiliés).

לָחַם (*fut.* יִלְחַם) 1° Manger : כִּי־תֵשֵׁב לִלְחוֹם אֶת־מוֹשֵׁל Prov. 23. 1, lorsque tu seras assis pour manger avec un prince; suivi de l'*acc.* : אַל־תִּלְחַם אֶת־לֶחֶם רַע עָיִן Prov. 23. 6, ne mange point le pain (à la table) de l'avare, de l'envieux; avec ב : לְכוּ לַחֲמוּ בְלַחְמִי 9. 5, venez, mangez de mon pain; *au fig.* : וּלְחֻמֵי רֶשֶׁף Deut. 32. 24, et (ils seront) dévorés par la fièvre, la peste; selon d'autres : déchirés par des oiseaux de proie. — 2° Lutter, combattre : לְחַם אֶת־לֹחֲמָי Ps. 35. 1, combats ceux qui me combattent; avec ל : רַבִּים לֹחֲמִים לִי 56. 3, beaucoup me combattent, me font la guerre.

Niph. (v. *Kal* 2°). Se faire la guerre : וְנִלָּחֲמָה יָחַד I Sam. 17. 10, nous allons nous battre ensemble, c.-à-d. en duel; avec l'*acc.* : אֲשֶׁר אַתֶּם נִלְחָמִים אוֹתָם Jos. 10. 25, (ceux) contre qui vous faites la guerre; aussi la chose à l'*acc.* : וּלְהִלָּחֵם מִלְחֲמֹתֵינוּ II Chr. 32. 8, et pour conduire nos guerres (combattre pour nous); avec ב: וְנִלְחַם־בָּנוּ Exod. 1. 10, il nous fera la guerre; avec עִם: נִלְחֲמוּ עִם סִיסְרָא Jug. 5. 20, (les étoiles) ont combattu contre Sisarah; avec אֶל: וְנִלְחֲמוּ אֵלֶיךָ Jér. 1. 19, ils combattront contre toi; mais avec עַל, combattre pour: וְהִלָּחֲמוּ עַל־אֲחֵיכֶם Néh. 4. 8, et combattez pour vos frères; de même avec ל: יְיָ יִלָּחֵם לָכֶם Exod. 14. 14, l'Éternel combattra pour vous. — נִלְחַם בָּעִיר Jug. 9. 45, il attaqua la ville; וְלֹא יָכֹל לְהִלָּחֵם עָלֶיהָ Is. 7. 1, ils ne purent la prendre (la ville de Jérusalem); aussi וַיִּלָּחֶם עִם־לִבְנָה Jos. 10. 29, il attaqua Lebna; on trouve une fois l'*inf.* נִלְחֹם Jug. 11. 25.

לָחֶם *m.* Action de combattre: אָז לָחֶם שְׁעָרִים Jug. 5. 8, alors le combat, le siége, était devant les portes; ou *verbe* au *Kal* pour לָחַם: (Dieu) a attaqué, renversé, les portes de leurs villes.

לֶחֶם *m.* (aussi *fém.*, Gen. 49. 20). 1° Nourriture: קִרְאֶן לוֹ וְיֹאכַל לָחֶם Exod. 2. 20, appelez-le, pour qu'il mange, prenne de la nourriture (chez nous); לַחְמוֹ בְּמֵעָיו נֶהְפָּךְ Job 20. 14, sa nourriture se change (en fiel) dans ses entrailles. — 2° Pain: בְּזֵעַת אַפֶּיךָ תֹּאכַל לֶחֶם Gen. 3. 19, à la sueur de ton visage, tu mangeras du pain; נַשְׁחִיתָה עֵץ בְּלַחְמוֹ Jér. 11. 19, détruisons l'arbre avec son pain, c.-à-d. avec ses fruits; d'autres traduisent: jetons du bois (empoisonné, du poison) dans sa nourriture; לֶחֶם הַפֶּחָה Néh. 5. 18, (l'argent pour) la nourriture, la table, qui était due, et que prenaient les gouverneurs; לַחְמְךָ Obad. 7, (pour אַנְשֵׁי לַחְמְךָ) les gens qui mangent ton pain, ceux que tu nourris; לֶחֶם אִשֶּׁה לַיְיָ Lév. 3. 11, une nourriture, un aliment du feu, c.-à-d. un sacrifice consumé par le feu en l'honneur de l'Éternel; בְּהַקְרִיבְכֶם אֶת־לַחְמִי Ez. 44. 7, tandis que vous m'offriez ma nourriture (la graisse et le sang qui m'étaient consacrés); לֶחֶם הַפָּנִים Exod. 35. 13, les pains de proposition, les douze pains qu'on exposait au temple, et qui y restaient d'un sabbat à l'autre (v. Lév. 24. 5-9); ils sont appelés aussi לֶחֶם הַמַּעֲרֶכֶת I Chr. 9. 32, les pains de l'exposition, *exact.* exposés en deux piles; לֶחֶם יוּדָק Is. 28. 28, le blé (dont on fait le pain) est brisé, écrasé (par le fer); לִשְׂחוֹק עֹשִׂים לֶחֶם Eccl. 10. 19, pour se réjouir ils préparent le festin.

לְחֶם chald. *m.* Festin: עֲבַד לְחֶם רַב Dan. 5. 1, (Baltassar) fit un grand festin.

לַחְמִי *Nom patron.*, comme בֵּית הַלַּחְמִי un homme de Bethléhem; אֶת־לַחְמִי I Chr. 20. 5, (Elchanan, fils de Jaïr) de Bethléhem, ou (avec l'aide de David qui était de) Bethléhem tua le frère de Goliath; d'autres prétendent que לַחְמִי est le nom du frère de Goliath; mais II Sam. 21. 19, on lit bien בֵּית הַלַּחְמִי (Elchanan, etc.) de Bethléhem.

לַחְמָס *n. pr.* Lahamas, ville appartenant à la tribu de Juda, Jos. 15. 40.

לְחֵנָה chald. *f.* Concubine: וּלְחֵנָתֵהּ Dan. 5. 2, 3, et ses concubines; וּלְחֵנָתָךְ 5. 23, et tes concubines.

לָחַץ (*fut.* יִלְחַץ) 1° Presser, repousser: וַתִּלְחַץ אֶת־רֶגֶל בִּלְעָם Nomb. 22. 25, (l'ânesse) pressa le pied de Balaam (contre le mur); וּלְחַצְתֶּם אֹתוֹ בַּדֶּלֶת II Rois 6. 32, et pressez, repoussez-le avec la porte (ne le laissez pas entrer). — 2° Opprimer: וְגֵר לֹא תִלְחָץ Exod. 23. 9, tu n'opprimeras pas l'étranger; כָּל־הַמַּמְלָכוֹת הַלֹּחֲצִים אֶתְכֶם I Sam. 10. 18, tous les royaumes qui vous opprimaient.

Niph. Se serrer: וַתִּלָּחֵץ אֶל־הַקִּיר Nomb. 22. 25, (l'ânesse) se serra contre le mur.

לַחַץ *m.* Oppression: רָאִיתִי אֶת־הַלַּחַץ Exod. 3. 9, j'ai vu l'oppression; וְאֶת־עֲמָלֵנוּ וְאֶת־לַחֲצֵנוּ Deut. 26. 7, et nos peines et notre oppression; וְיִגֶל בַּלַּחַץ אָזְנָם Job 36. 15, Dieu ouvre l'oreille (du pauvre), l'éclaire par l'affliction, la misère; לֶחֶם לַחַץ וּמַיִם לַחַץ I Rois 22. 27, le pain et l'eau de misère, d'affliction, ou: peu de pain et peu d'eau.

לָחַשׁ (v. נָחַשׁ). *Kal* inusité (si ce n'est

dans le nom propre הַלּוֹחֵשׁ Néh. 3. 12, l'enchanteur (v. לוֹחֵשׁ).

Pi. Enchanter, conjurer : לְקוֹל מְלַחֲשִׁים Ps. 58. 6, (un serpent qui n'entend pas) la voix des enchanteurs (qui veulent le conjurer).

Hithp. Parler tout bas l'un à l'autre : כִּי עֲבָדָיו מִתְלַחֲשִׁים II Sam. 12. 19, (David voyant) que ses serviteurs parlaient tout bas entre eux ; יַחַד עָלַי יִתְלַחֲשׁוּ כָּל־שֹׂנְאָי Ps. 41. 8, ils parlent entre eux en secret contre moi, tous mes ennemis.

לַחַשׁ *m.* 1° Enchantement, exorcisme : וּנְבוֹן לָחַשׁ Is. 3. 3, l'homme qui comprend (qui est initié à) l'art de conjurer, d'exorciser, ou : la science mystique, ou : qui est expérimenté dans les conseils ; אֲשֶׁר אֵין־לָהֶם לָחַשׁ Jér. 8. 17, (des serpents) contre lesquels il n'y aura point d'enchantement (les enchanteurs ne pourront rien) ; אִם־יִשֹּׁךְ הַנָּחָשׁ בְּלוֹא־לָחַשׁ Eccl. 10. 11, si le serpent mord faute d'enchanteur (qui le conjure). — 2° Prière à voix basse : צָקוּן לַחַשׁ Is. 26. 16, *littér.* ils ont épanché la prière, ils t'ont adressé leur prière basse, c.-à-d. humble. — 3° *Plur.* : וְהַלְּחָשִׁים Is. 3. 20, et les amulettes (d'or ou d'argent) ; d'autres traduisent : les pendants d'oreilles.

לָט (v. לוּט).

לֹט *m.* Espèce de gomme odorante, la myrrhe ; selon d'autres : le fruit du micocoulier ou du châtaignier, Gen. 37. 25, 43. 11.

לְטָאָה *f.* Une espèce de lézard, le stellion ? Lév. 11. 30.

לְטוּשִׁים *n. pr.* Les Latusim, peuple descendant de Dedan, Gen. 25. 3.

לָטַשׁ (*fut.* יִלְטֹשׁ) Aiguiser, marteler : חַרְבּוֹ יִלְטוֹשׁ Ps. 7. 13, il aiguisera son épée ; לֹטֵשׁ כָּל־חֹרֵשׁ נְחֹשֶׁת וּבַרְזֶל Gen. 4. 22, aiguisant ou martelant tout ce qui forge le cuivre et le fer, c.-à-d. fabriquant les outils (selon d'autres : chef, premier de tous ceux qui forgent, etc.) ; צָרִי יִלְטוֹשׁ עֵינָיו לִי Job 16. 9, (mon ennemi) aiguise ses yeux contre moi (me regarde avec colère).

Pou. part. : כְּתַעַר מְלֻטָּשׁ Ps. 52. 4, comme un rasoir affilé.

לֹיָה *f.* (rac. לָוָה, v. לִוְיָה). Terme d'architecture, *plur.* לֹיוֹת I Rois 7. 29, 30, 36, des ornements d'airain qui se liaient (et qui pendaient en festons).

לַיִל et לַיְלָה *m.* (ה parag., const. לֵיל, *pl.* לֵילוֹת). Nuit : שִׁיתִי כַלַּיִל צִלֵּךְ Is. 16. 3, prépare ton ombre (noire, épaisse) comme la nuit, ou comme celle de la nuit ; לֵיל שִׁמֻּרִים הוּא Exod. 12. 42, c'était une nuit de protection, ou : cette nuit (de Pâque) sera une nuit de célébration, elle doit être célébrée, consacrée en l'honneur de Dieu ; וְלַחֹשֶׁךְ קָרָא לָיְלָה Gen. 1. 5, il appela les ténèbres la nuit ; *adverbialement* nuitamment, pendant la nuit : וְעַמּוּד הָאֵשׁ לָיְלָה Exod. 13. 22, et la colonne de feu (ne manque jamais) pendant la nuit ; לַיְלָה וָיוֹם Is. 27. 3, et לַיְלָה וְיוֹמָם 34. 10, pendant la nuit et le jour (nuit et jour) ; *au fig.*, malheur, calamité : שֹׁמֵר מַה־מִּלַּיְלָה Is. 21. 11, sentinelle, quoi de cette nuit ? c.-à-d. que vois-tu arriver dans cette nuit, ou quand finira cette nuit, ce temps de malheur ? וְלֵילוֹת עָמָל מִנּוּ־לִי Job 7. 3, et des nuits de douleurs me sont comptées, je suis accablé de malheurs, de souffrances.

לֵילְיָא chald. *m.* Nuit : בְּחֶזְוֵי לֵילְיָא Dan. 7. 7, dans des visions de nuit ; בֵּהּ בְּלֵילְיָא Dan. 5. 30, cette même nuit.

לִילִית *f.* (de לַיִל nuit) : אַךְ־שָׁם הִרְגִּיעָה לִּילִית Is. 34. 14, là se retire l'oiseau de nuit ; selon d'autres : le monstre, le fantôme de nuit (sirène ?).

לִין (v. לוּן).

לַיִשׁ *m.* Lion : לָבִיא וָלַיִשׁ מֵהֶם Is. 30. 6, la lionne et le lion (sortent) de là (de cette terre).

לַיִשׁ *n. pr.* 1° Lajis, ville en Palestine, appelée plus tard Dan, Jug. 18. 29 ; לַיְשָׁה Is. 10. 30. — 2° D'un homme, Palti, fils de Lajis, gendre de Saül, I Sam. 25. 44.

לָכַד (*fut.* יִלְכֹּד) Prendre, attraper, faire prisonnier, saisir : וְלָכוֹד לֹא יִלְכּוֹד Amos 3. 5, sans que (le piége) ait attrapé quelque chose ; וְרִשְׁתּוֹ אֲשֶׁר־טָמַן תִּלְכְּדוֹ Ps. 35. 8, et que le filet qu'il a tendu en secret le prenne (qu'il y soit pris lui-même) ; כִּי־כָרוּ שׁוּחָה לְלָכְדֵנִי Jér. 18. 22, car ils ont creusé une fosse pour me prendre, pour m'y faire tomber ; וְאֶת־כָּל־מַלְכֵיהֶם לָכַד Jos. 11. 12, il fit prisonniers tous leurs rois ; כִּי־לָכַד הָאֹרֵב אֶת־הָעִיר Jos. 8. 21, que l'embuscade avait pris la ville ; עֲוֺנוֹתָיו יִלְכְּדֻנוֹ אֶת־הָרָשָׁע Prov. 5. 22 (p. יִלְכְּדוּהוּ), ses propres méfaits le prennent, le méchant (il se trouve pris dans sa propre astuce) ; וְלִכְדוּ לָהֶם אֶת־הַמַּיִם Jug. 7. 24, interceptez les eaux, saisissez-vous des bords des eaux (que les Madianites occupent) ; הַשֵּׁבֶט אֲשֶׁר־יִלְכְּדֶנּוּ יְיָ Jos. 7. 14, et la tribu que Dieu désignera par le sort.

Niph. passif du Kal : נִלְכְּדָה רַגְלָם Ps. 9. 16, leur pied a été pris (dans le piége) ; וְנִלְכְּדוּ גִּבּוֹרֶיהָ Jér. 51. 56, ses vaillants, ses braves, sont faits prisonniers ; כִּי־נִלְכְּדָה הָעִיר I Rois 16. 18, que la ville a été prise ; וַיִּלָּכֵד שֵׁבֶט בִּנְיָמִן I Sam. 10. 20, et la tribu de Benjamin fut saisie (par le sort, le sort tomba sur elle).

Hithp. : יִתְלַכְּדוּ וְלֹא יִתְפָּרָדוּ Job 41. 9, (les écailles du léviathan) se saisissent les unes les autres, s'attachent ensemble et ne peuvent pas être séparées ; וּפְנֵי תְהוֹם יִתְלַכָּדוּ Job 38. 30, et les faces (la surface) de l'abîme se lient, les eaux s'attachent ensemble, deviennent solides par le froid.

לֶכֶד *m.* (v. לָכַד). Piége ou la prise, action de prendre : וְשָׁמַר רַגְלְךָ מִלָּכֶד Prov. 3. 26, (Dieu) gardera ton pied du piége, ou : afin qu'il ne soit pris (dans le piége).

לְכָה *impératif de* הָלַךְ (v. aussi הָלַךְ). Va, aussi *particule* servant à exciter, à encourager : וְעַתָּה לְכָה נִכְרְתָה בְרִית Gen. 31. 44, viens donc, et faisons une alliance ; *fém.* pour לְכִי Gen. 19. 32 ; *plur.* : וְעַתָּה לְכוּ וְנַהַרְגֵהוּ Gen. 37. 20, et maintenant allons, tuons-le.

לְכָה *pron. pers.* (pour לְךָ) : וּלְכָה אֵפוֹא מָה אֶעֱשֶׂה בְּנִי Gen. 27. 37, et pour toi maintenant que puis-je faire, mon fils ?

לֵכָה *n. pr.* d'un homme ou d'une ville. Er, père de Lecha, ou : fondateur de la ville de Lecha, I Chr. 4. 21.

לָכִישׁ *n. pr.* Lachis, ville de la tribu de Juda, Jos. 15. 39.

לָכֵן (v. כֵּן).

לֻלָאֹת *f. plur.* Nœuds : חֲמִשִּׁים לֻלָאֹת Exod. 26. 10, cinquante nœuds (pour y passer les boucles attachées aux rideaux du tabernacle) ; const. לֻלְאֹת תְּכֵלֶת 26. 4, des nœuds de fils bleus (selon d'autres : des cordons qu'on a fait passer par les boucles).

לָמַד Apprendre, s'instruire, s'exercer : וְלֹא־לָמַדְתִּי חָכְמָה Prov. 30. 3, et je n'ai point appris la sagesse ; אִם־לָמֹד יִלְמְדוּ אֶת־דַּרְכֵי עַמִּי Jér. 12. 16, s'ils s'instruisent des voies de mon peuple ; avec l'*inf.* : לֹא־תִלְמַד לַעֲשׂוֹת Deut. 18. 9, n'apprends pas à faire, prends garde à ne pas faire ; avec אֶל : אֶל־דֶּרֶךְ הַגּוֹיִם אַל־תִּלְמָדוּ Jér. 10. 2, ne vous habituez pas à la voie des nations (n'apprenez pas leurs manières) ; *part. pass.* : וּלְמוּדֵי מִלְחָמָה I Chr. 5. 18, et exercés, expérimentés, au métier de la guerre.

Pi. Enseigner, instruire : וַיְלַמְּדוּ בִּיהוּדָה II Chr. 17. 9, et ils instruisaient (le peuple) de Juda ; avec l'*accus.* : אֱלֹהִים לִמַּדְתַּנִי Ps. 71. 17, Dieu, tu m'as instruit ; avec un double *accus.* : לִמַּד־דַּעַת אֶת־הָעָם Eccl. 12. 9, il a enseigné la connaissance, la science, au peuple ; לִמַּדְתִּי אֶתְכֶם חֻקִּים Deut. 4. 5, je vous ai enseigné les lois ; גַּם אֶת־הָרָעוֹת לִמַּדְתְּ אֶת־דְּרָכָיִךְ Jér. 2. 33, même aux plus mauvaises tu as appris tes voies (les plus corrompues ont encore appris de toi à faire le mal) ; avec l'*accusat.* et la chose enseignée au *datif* : מְלַמֵּד יָדַי לַמִּלְחָמָה Ps. 18. 35, il exerce mes mains au combat ; avec ב : וַיְלַמְּדֵהוּ בְּאֹרַח מִשְׁפָּט Is. 40. 14, (qui) lui a appris le sentier de la justice? avec מִן : וּמִתּוֹרָתְךָ תְלַמְּדֶנּוּ Ps. 94. 12, et celui que tu instruis par ta loi; avec le *datif* de la *pers.*: הַלְאֵל יְלַמֶּד־דָּעַת Job 21. 22, (voudrait-on) apprendre à Dieu la sagesse?

Pou. Être dressé, être exercé, appris: כְּעֵגֶל לֹא לֻמָּד Jér. 31. 18, comme un jeune taureau qui n'est pas dressé (qui est indompté); *part.*: מְלֻמְּדֵי־שִׁיר I Chr. 25. 7, des hommes exercés dans l'art de chanter; מְלֻמְּדֵי מִלְחָמָה Cant. 3. 8, des hommes expérimentés dans la guerre; מִצְוַת אֲנָשִׁים מְלֻמָּדָה Is. 29. 13, une loi humaine (faite par les hommes), étudiée, apprise (non pas une loi divine, pratiquée spontanément).

לָמָּה, לָמָּה, לָמָּה (v. מָה).

לָמוֹ (v. מוֹ).

לְמוּאֵל et לְמוֹאֵל (dévoué à Dieu, ou élu de Dieu) *n. pr.*, le roi Lamuel, Prov. 31. 1, 4; le roi Salomon (?).

לִמּוּד et לִמֻּד *adj.* (v. לָמַד): פֶּרֶה לִמֻּד מִדְבָּר Jér. 2. 24, un âne sauvage accoutumé au désert; לִמְּדֵי הָרֵעַ Jér. 13. 23, vous qui avez appris, ou qui êtes accoutumés, à faire le mal; וְכָל־בָּנַיִךְ לִמּוּדֵי יְיָ Is. 54. 13, et tous tes enfants seront instruits (les disciples) de l'Éternel (seront des prophètes); לְשׁוֹן לִמּוּדִים Is. 50. 4, une langue des instruits, une langue éloquente, savante.

לֶמֶךְ *n. pr.* 1° Lamech, fils de Methusael, Gen. 4. 18. — 2° Lamech, fils de Methusalah et père de Noé, Gen. 5. 25.

לְמַן (v. מַן).

לְמַעַן A cause, parce que (v. מַעַן).

לֹעַ *m.* (de לוּעַ avaler). Gorge, gosier: וְשַׂמְתָּ שַׂכִּין בְּלֹעֶךָ Prov. 23. 2, tu mets un couteau à ta gorge.

לָעַב Se moquer. *Hiph. part.*: וַיִּהְיוּ מַלְעִבִים בְּמַלְאֲכֵי הָאֱלֹהִים II Chr. 36. 16, mais ils se moquaient de ceux que Dieu leur envoyait.

לָעַג Railler, rire de quelqu'un: לָעֲגָה לָךְ בְּתוּלַת בַּת־צִיּוֹן Is. 37. 22, la vierge fille de Sion s'est raillée de toi; אֶלְעַג בְּבֹא פַחְדְּכֶם Prov. 1. 26, je rirai lorsque viendra votre angoisse (malheur); לֹעֵג לָרָשׁ חֵרֵף עֹשֵׂהוּ Prov. 17. 5, qui raille, méprise, le pauvre, offense son créateur.

Niph.: נִלְעַג לָשׁוֹן אֵין בִּינָה Is. 33. 19, qui balbutie seulement votre langue (v. עִלֵּג), ou dont le langage est barbare et inintelligible.

Hiph. (le même que *Kal*): וְאַחַר דַּבְּרִי תַלְעִיג Job 21. 3, et après que j'aurai parlé, tu te moqueras (si tu veux); כָּל־רֹאַי יַלְעִגוּ לִי Ps. 22. 8, tous ceux qui me voient se moquent de moi; avec בְּ : וּמַלְעִגִים בָּם II Chr. 30. 10, et ils les raillaient, les insultaient.

לַעַג *m.* Raillerie, opprobre: לַעַג וָקֶלֶס לִסְבִיבוֹתֵינוּ Ps. 79. 4, (nous sommes devenus) un sujet de raillerie et de mépris pour ceux qui nous entourent; הַלַּעַג הַשַּׁאֲנַנִּים 123. 4, la raillerie des superbes, ou de ceux qui sont dans la prospérité; זוֹ לַעְגָּם בְּאֶרֶץ מִצְרָיִם Osée 7. 16, cela est la cause de leur opprobre dans l'Égypte; יִשְׁתֶּה־לַּעַג כַּמָּיִם Job 34. 7, (qui comme lui, Job) boit la raillerie comme de l'eau (qui dit aussi facilement des blasphèmes).

לָעֵג *adj.* 1° Qui bégaye, parle mal: בְּלַעֲגֵי שָׂפָה Is. 28. 11, (il parlera à ce peuple) par ceux qui bégayent de la lèvre, qui parlent mal, un langage barbare, c.-à-d. par des peuples barbares; ou: Dieu parlera par des prophètes que le peuple ne comprendra pas, ou ne voudra pas comprendre, comme s'ils parlaient mal, et une langue barbare. — 2° Railleur, moqueur: לַעֲגֵי מָעוֹג Ps. 35. 16, ceux qui raillent pour un gâteau ou pour de la nourriture, les parasites qui cherchent à plaire par leur raillerie en se moquant des ennemis de leur hôte; d'autres expliquent: pour qui la raillerie est une nourriture, une chose dont ils se repaissent (v. מָעוֹג).

לַעְדָּה *n. pr. m.* I Chr. 4. 21.

לַעְדָּן *n. pr. m.* 1° I Chr. 7. 26, — 2° 23. 7.

לְעוּת (v. עוּת).

לֹעֵז *adj.* ou *part.* : מֵעַם לֹעֵז Ps. 114. 2, du milieu d'un peuple qui parle une langue étrangère, ou d'un peuple barbare (de l'Égypte).

לעט Manger avec avidité. *Kal* inusité. *Hiph.* : הַלְעִיטֵנִי נָא Gen. 25. 30, donne-moi à manger, je te prie (de ce mets).

לַעֲנָה *f.* Nom d'une plante amère ou vénéneuse, absinthe : שֹׁרֶשׁ פֹּרֶה רֹאשׁ וְלַעֲנָה Deut. 29. 17, une racine qui porte, produit, du poison et de l'absinthe (des pécheurs qui entraînent et séduisent les autres au péché); הִרְוַנִי לַעֲנָה Lam. 3. 15, il m'a enivré d'absinthe; וְאַחֲרִיתָהּ מָרָה כַלַּעֲנָה Prov. 5. 4, mais la fin en est amère comme l'absinthe.

• לְפוּם Selon : לְפוּם צַעֲרָא אַגְרָא Aboth, la récompense sera (selon) en proportion de la peine, du travail.

לְפִי (v. פֶּה).

לַפִּיד *m.* Flambeau, torche, flamme : וְלַפִּדִים בְּתוֹךְ הַכַּדִּים Jug. 7. 16, et des torches dans les cruches; וִישׁוּעָתָהּ כְּלַפִּיד יִבְעָר Is. 62. 1, (jusqu'à ce que) son salut brûle (ou brille) comme une torche; לַפִּיד בּוּז Job 12. 5, un flambeau méprisé (qu'on rejette parce qu'il n'éclaire plus, l'image d'un homme déchu de sa grandeur); selon d'autres, ל *préposition* : au malheur (convient, on donne) le mépris (v. פִּיד); וְלַפִּיד אֵשׁ Gen. 15. 17, et des flammes; אֶת־הַקּוֹלֹת וְאֶת־הַלַּפִּידִם Exod. 20. 18, les tonnerres et les flammes, les éclairs.

לַפִּידוֹת *n. pr.* Lapidoth, mari de la prophétesse Debora, Jug. 4. 4 (selon une tradition Barak, en effet les deux noms signifient flamme, éclair).

• לְפִיכָךְ Pour cela, c'est pourquoi.

לִפְנֵי *Prép.* Devant, etc. (v. פָּנִים). De là לִפְנַי, *adj.* Antérieur : הוּא הַהֵיכָל לִפְנָי I Rois 6.17, c'était le temple antérieur, c.-à-d. la partie antérieure (opposé à l'intérieur, le sanctuaire).

לפת Incliner, faire pencher : וַיִּלְפֹּת שִׁמְשׁוֹן אֶת־שְׁנֵי עַמּוּדֵי Jug. 16. 29, Samson fit pencher les deux colonnes, ou les saisit pour les faire pencher, les faire tomber.

Niph. Se courber, se détourner : יִלָּפְתוּ אָרְחוֹת דַּרְכָּם Job 6. 18, ils (les torrents) se courbent, serpentent, dans les sentiers de leur cours; selon d'autres : les voyageurs détournent leurs pas du chemin, ils prennent des détours; וַיֶּחֱרַד הָאִישׁ וַיִּלָּפֵת Ruth 3. 8, l'homme (Boaz) fut effrayé, et se retourna (pour voir).

לָצוֹן *m.* (rac. לוּץ). Moquerie : וְלֵצִים לָצוֹן חָמְדוּ לָהֶם Prov. 1. 22, (jusqu'à quand) les moqueurs se plairont-ils, trouveront-ils du plaisir, à la raillerie, à la moquerie? אַנְשֵׁי לָצוֹן 29. 8, Is. 28. 14, le même que לֵצִים les moqueurs, les hommes frivoles, impies.

לֹצֵץ *adj.* Moqueur : מָשַׁךְ יָדוֹ אֶת־לֹצְצִים Osée 7. 5, (le roi) a offert la main aux moqueurs, il a pris part à leur libertinage.

לַקּוּם *n. pr.* Lakkum, ville de la tribu de Nephthali, Jos. 19. 33.

לקח (קַח Ez. 17. 5, *fut.* יִקַּח, *impér.* לְקַח, plus fréquem. קַח, une fois קְחָה, *inf.* לָקַחַת, const. קַחַת) Saisir, prendre, aller chercher, ôter, enlever, emporter, conquérir, gagner, conduire, offrir, recevoir, apprendre, agréer, écouter, se révolter : וְלָקַח גַּם מֵעֵץ הַחַיִּים Gen. 3. 22, et qu'il (ne) prenne aussi (des fruits) de l'arbre de vie; יִשְׁלַח מִמָּרוֹם יִקָּחֵנִי Ps. 18. 17, il envoie (son secours) ou il tend (sa main) du haut du ciel, il me saisit; וַיִּקָּחֵנִי בְּצִיצִת רֹאשִׁי Ez. 8. 3, il me saisit par les boucles, les cheveux, de ma tête; avec le *pronom pers. du datif* : וַיִּקַּח־לוֹ אֶת־כָּל־אֵלֶּה Gen. 15. 10, il prit (pour lui-même), il alla se chercher, tous ces animaux, ou : il les apporta, les offrit à Dieu; וַיִּקַּח־לוֹ חֶרֶשׂ Job 2. 8, Job prit un tesson; וַיִּקְחוּ לָהֶם נָשִׁים Gen. 6. 2, ils prirent des femmes; קַח־אוֹתָהּ לִי לְאִשָּׁה Jug. 14. 2, prenez-la (donnez-la) moi pour femme;

ויקחו את־כל־רכש Gen. 14. 11, ils prirent, enlevèrent, toutes les richesses de l'ennemi; יי נתן ויי לקח Job 1. 21, Dieu a donné et Dieu a ôté; את־בכרתי לקח והנה עתה לקח ברכתי Gen. 27. 36, il avait enlevé mon droit d'aînesse, et voici qu'il vient de me dérober ma bénédiction (celle qui m'était destinée); לקחת נפשי זממו Ps. 31. 14, ils méditent, ils tâchent, de m'ôter la vie; ויקח ישראל את כל־הערים האלה Nomb. 21. 25, Israel conquit toutes ces villes; יקחהו אפל Job 3. 6, que des ténèbres occupent (couvrent) cette nuit; מה־יקחך לבך 15. 12, pourquoi ton cœur t'emporte-t-il, te laisses-tu entraîner par ton esprit? ולקח נפשות חכם Prov. 11. 30, le sage gagne les âmes; ולך קח־לי Gen. 27. 13, va me (le) chercher; כי תקחנו אל־גבולו Job 38. 20, afin que tu le conduises en son lieu propre; ויקחו־לי תרומה Exod. 25. 2, qu'ils m'offrent des dons; הנה ברך לקחתי Nomb. 23. 20, vois, j'ai reçu l'ordre, ou je me suis chargé, de bénir; כי יקחני Ps. 49. 16, car (Dieu) me recevra (sous sa protection); ותקח אזני Job 4. 12, mon oreille a saisi, a entendu; יי תפלתי יקח Ps. 6. 10, Dieu agréera ma prière; בני אם־תקח אמרי Prov. 2. 1, mon fils, si tu reçois, écoute mes paroles; ויקח קרח Nomb. 16. 1, Korah s'est séparé (des autres), s'est révolté, ou : il fut entraîné, emporté, par son ambition (v. plus haut); selon d'autres, ellipse : ויקח אנשים il a cherché des hommes, des partisans.

Niph. pass. : וארון אלהים נלקח I Sam. 4. 11, l'arche de Dieu fut prise; ותלקח אסתר Esth. 2. 16, Esther fut conduite (chez le roi); הוא בעונו נלקח Ez. 33. 6, celui-ci a été enlevé, tué, à cause de ses péchés.

Pou. : כי מאיש לקחה־זאת Gen. 2. 23, car elle a été prise de l'homme; כי־לקחו בניך בשבי Jér. 48. 46, car tes fils ont été emmenés en captivité.

Hoph. : ברזל מעפר יקח Job 28. 2, le fer est tiré de la terre.

Hithph. : ואש מתלקחת Exod. 9. 24, et un feu qui se répandait, ou qui se mêlait (avec la grêle, v. Ez. 1. 4).

לקח *m.* 1° Manières agréables, agrément : הטתו ברב לקחה Prov. 7. 21, elle le gagne par la force de ses manières séduisantes, de son agrément. — 2° Ce que l'on reçoit, apprend; conseil, leçon, science : ישמע חכם ויוסף לקח Prov. 1. 5, le sage écoutera, et il augmentera en science ou sagesse; לקח טוב נתתי לכם 4. 2, je vous ai donné une bonne instruction; יערף כמטר לקחי Deut. 32. 2, que mon enseignement (que ma parole) coule comme la pluie; זך לקחי Job 11. 4, ma sagesse est pure.

לקחי (le savant ou l'agréable) *n. pr. m.* I Chr. 7. 19.

לקט Cueillir, recueillir, ramasser : וללקט שושנים Cant. 6. 2, et pour cueillir des roses; וילקטו אתו Exod. 16. 21, ils recueillaient (la manne); לקטו אבנים Gen. 31. 46, ramassez des pierres.

Pi. Même signif. : איפה לקטת היום Ruth 2. 19, où as-tu recueilli (glané) aujourd'hui? היו מלקטים תחת שלחני Jug. 1. 7, ils ramassaient sous ma table (les restes du repas); כמלקט שבלים Is. 17. 5, comme un homme qui glane, qui cherche des épis.

Pou. : ואתם תלקטו לאחד אחד Is. 27. 12, et vous serez rassemblés un à un.

Hithph. : ויתלקטו אל־יפתח Jug. 11. 3, et (des gens vils) s'assemblèrent autour de Jephté.

לקט *m.* Glanure : ולקט קצירך Lév. 19. 9, 23. 22, la glanure de la récolte (les épis qui restent à glaner).

לקק Lécher : במקום אשר לקקו הכלבים את־דם נבות ילקו I Rois 21. 19, au même lieu où les chiens ont léché le sang de Naboth, ils lécheront (aussi ton sang).

Pi. : המלקקים בידם אל־פיהם Jug. 7. 6, ceux qui (léchèrent) burent l'eau, la prenant avec la main et la portant à la bouche.

לקראת *prép.* Au-devant, etc. (v. II קרא).

לקש *Pi.* Ex. unique : וכרם רשע ילקשו

Job 24. 6, ils récoltent tardivement la vigne par peur du méchant, ou : la vigne du méchant; selon d'autres רָשָׁע est collect. et sujet : les méchants vendangent la vigne des autres, ou aussi : la vigne de violence, dont ils se sont emparés par violence (v. לָקַשׁ).

לֶקֶשׁ *m.* Regain, seconde herbe : בִּתְחִלַּת עֲלוֹת הַלָּקֶשׁ וְהִנֵּה־לֶקֶשׁ אַחַר גִּזֵּי הַמֶּלֶךְ Amos. 7. 1, au commencement de la végétation du regain, car le regain poussait après que l'herbe avait été coupée pour le roi.

לְשַׁד *m.* 1° Sève : נֶהְפַּךְ לְשַׁדִּי Ps. 32. 4, ma sève, la force de mon corps, est changée, s'en va; selon d'autres, ל est *prép.*, et שַׁדִּי de שֹׁד : tout a changé, tourné à mon affliction, à ma désolation. — 2° : לְשַׁד הַשָּׁמֶן Nomb. 11. 8, un gâteau d'huile, pétri avec de l'huile, arrosé d'huile.

לָשׁוֹן *des deux genres* (const. לְשׁוֹן, *pl.* לְשֹׁנוֹת). Langue, idiome : תִּדְבַּק לְשׁוֹנִי לְחִכִּי Ps. 137. 6, que ma langue reste attachée à mon palais; לֹא יֶחֱרַץ־כֶּלֶב לְשֹׁנוֹ Exod. 11. 7, aucun chien ne remuera sa langue (n'aboiera); langue, parole : כָּל־הַגּוֹיִם וְהַלְּשֹׁנוֹת Is. 66. 18, tous les peuples et toutes les langues, les peuples de tout pays et de toute langue; וּלְשׁוֹן כַּשְׂדִּים Dan. 1. 4, et la langue des Chaldéens; אִישׁ לָשׁוֹן Ps. 140. 12, un calomniateur; לְבַעַל הַלָּשׁוֹן Eccl. 10. 11, le calomniateur; selon d'autres : le conjurateur, magicien; לְכוּ וְנַכֵּהוּ בַלָּשׁוֹן Jér. 18. 18, venez, frappons-le (avec les traits) de notre langue, déposons contre lui un faux témoignage; בְּשׁוֹט לָשׁוֹן תֵּחָבֵא Job 5. 21, tu seras couvert, protégé, contre le fléau de la langue, contre le mal que peut faire la mauvaise langue. — Des choses inanimées : וּלְשׁוֹן זָהָב Jos. 7. 21, et une barre, un lingot d'or, ou : sceptre d'or; לְשׁוֹן אֵשׁ Is. 5. 24, la langue du feu, la flamme; מִלְּשׁוֹן הַיָּם Jos. 15. 5, de la langue de mer, et seul מִן־הַלָּשׁוֹן 15. 2, de la langue de mer; selon d'autres : du rocher.

לִשְׁכָּה *f.* (v. נִשְׁכָּה, *pl.* לְשָׁכוֹת, const. לִשְׁכוֹת). Chambre, salle : וַיְבִיאֵם לִשְׁכָּתָה I Sam. 9. 22, il les mena dans la salle; לִשְׁכַּת הַסֹּפֵר Jér. 36. 12, la chambre du secrétaire (dans le château du roi); très souvent des chambres qui étaient bâties autour du temple; לִשְׁכוֹת בֵּית־אֱלֹהֵינוּ Néh. 10. 38, les chambres de la maison de notre Dieu; וְהָיוּ עַל־הַלְּשָׁכוֹת I Chr. 9. 26, et ils étaient (chargés du soin) des chambres (et du trésor du temple).

לֶשֶׁם *m.* Une des pierres du pectoral du grand prêtre (opale? ligure?), Exod. 28. 19.

לֶשֶׁם *n. pr.* d'une ville de la tribu de Dan, appelée plus tard Dan, Jos. 19. 47.

לָשַׁן (dérivant de לָשׁוֹן langue). *Pi.* ou *Po.* Calomnier : מְלָשְׁנִי בַסֵּתֶר רֵעֵהוּ (pour מְלַשֵּׁן ou מְלוֹשֵׁן) Ps. 101. 5, celui qui emploie sa langue en secret contre son prochain, qui le calomnie, qui en médit.

Hiph. : אַל־תַּלְשֵׁן עֶבֶד אֶל־אֲדֹנָו Prov. 30. 10, ne calomnie, ou n'accuse pas, l'esclave auprès de son maître.

לִשָּׁן chald. Langue : כָּל־עַם אֻמָּה וְלִשָּׁן Dan. 3. 29, (que tout homme) de quelque peuple, quelque nation ou de quelque langue qu'il puisse être; *plur.* : וְלִשָּׁנַיָּא 5. 19, et les langues, idiomes.

לֶשַׁע *n. pr.* Lesa, une ville aux limites de Chanaan, Gen. 10. 19.

לֶתֶךְ *m.* Nom d'une mesure : וְלֵתֶךְ שְׂעֹרִים Osée 3. 2, une mesure d'orge (la moitié d'un חֹמֶר).

לָתַע *Kal* inusité. Briser. *Niph.* : וְשִׁנֵּי כְפִירִים נִתָּעוּ Job 4. 10, et les dents des jeunes lions ont été brisées (ou de la rac. נָתַע).

מ

מ Mem, מֵם ou מֵים, treizième lettre de l'alphabet, signifie comme chiffre : 40 ; son nom vient probablement de מַיִם eau, onde, que l'ancienne forme de cette lettre représentait. Son labial, il se permute avec ב. Exemples : בְּרִיא et מְרִיא gras ; חִרְמוֹן et חִרְבוֹן *n. pr.*; avec פ : פָּלַט et מָלַט délivrer, sauver ; avec ו : תְּמַהּ et תְּוַהּ chald., être étonné ; aussi avec les liquides, surtout avec נ, exemple : תַּנִּים et תַּנִּין serpent, dragon ; נֹחַם et נֹחַם *n. pr.*

מַ Préfixe pour מַה ou מָה (v. מָה).

מִ Préfixe pour מִן, *prép.* de (v. מִן).

מָא chald. *pron.* Que ? quoi ? לְמָא דִי־ תַעַבְדוּן Esdr. 6. 8, touchant ce que vous devez faire.

מַאֲבוּס *m.* Ex. unique : פִּתְחוּ מַאֲבֻסֶיהָ Jér. 50. 26, ouvrez ses granges ou ses étables (v. אָבַס) ; selon d'autres : ses portes.

מְאֹד 1° *Subst. m.* Force : וּבְכָל־מְאֹדֶךָ Deut. 6. 5, (tu aimeras Dieu de tout ton cœur) et de toutes tes forces ; וּבְכָל־מְאֹדוֹ II Rois 23. 25, (le roi Josias est retourné à Dieu) de toute sa force ; וְלֹא־ יָדַע בַּפַּשׁ מְאֹד Job 35. 15, (Dieu) ne connaît pas, c.-à-d. ne punit pas avec force, avec sévérité, le grand nombre (des paroles criminelles), ou בַּפַּשׁ les crimes (v. פַּשׁ) ; בְּעָצְמַת חֲבָרַיִךְ מְאֹד Is. 47. 9, à cause, ou malgré la force excessive de tes enchantements, ou : le grand nombre de tes enchantements. Dans ces deux exemples, מְאֹד paraît donc être *subst.*; selon d'autres, il serait *adv.*— 2° *Adv.* Très, fort, excessivement : טוֹב מְאֹד Gen. 1. 31, très bon ; יָפָה הִוא מְאֹד 12. 14, elle était très belle ; הַרְבֵּה מְאֹד 15. 1, (ta récompense sera) très grande ; מְאֹד מְאֹד 7. 19, (les eaux grossirent) prodigieusement ; נִמְצָא מְאֹד Ps. 46. 2, (Dieu) est (un secours) très prêt, toujours prêt, ou : toujours prêt (à nous secourir) ; תֵּרֵד מְאֹד I Sam. 20. 19, tu descendras beaucoup, ou promptement ; בִּמְאֹד מְאֹד Gen. 17. 2, prodigieusement, jusqu'à l'infini ; עַד־מְאֹד 27. 33, excessivement ; אַל־תַּעַזְבֵנִי עַד־מְאֹד Ps. 119. 8, ne m'abandonne pas entièrement, toujours ; אַל־תִּקְצֹף יְיָ עַד־מְאֹד Is. 64. 8, ô Éternel ! n'entre pas trop en colère ; עַד־לִמְאֹד II Chr. 16. 14, prodigieusement.

מֵאָה *f.* (const. מְאַת, *duel* מָאתַיִם, *plur.* מֵאוֹת). Cent ; avant le *subst.* : מְאַת־שָׁנָה Gen. 17. 17, et מְאַת שָׁנָה 25. 7, cent ans ; rarement après le *subst.* : רִמּוֹנִים מֵאָה II Chr. 3. 16, cent grenades ; שֵׁשׁ־ מֵאוֹת Exod. 14. 6, six cents ; שָׂרֵי הַמֵּאוֹת (*cheth.* הַמֵּאיוֹת) II Rois 11. 9, 10. 15, les chefs sur cent, les centeniers ; מֵהַכּוֹת כְּסִיל מֵאָה Prov. 17. 10, que frapper l'insensé de cent (*sous-entendu*) coups ; עֹשֶׂה רָע מְאַת Eccl. 8. 12, (le pécheur) qui fait le mal cent fois, ou pendant cent ans ; וּמְאַת הַכֶּסֶף Néh. 5. 11, et le cent, c.-à-d. la quantité d'argent ; selon d'autres : le centième de l'argent prêté (intérêt qu'on payait par mois).

מְאָה chald. Cent : מְאָה וְעֶשְׂרִין Dan. 6. 2, cent vingt ; דִּכְרִין מָאתַיִן Esdr. 6. 17, deux cents béliers.

מַאֲוַיִּים *m. pl.* (rac. אָוָה). Désirs : מַאֲוַיֵּי רָשָׁע Ps. 140. 9, les désirs, les vues, de l'impie.

מְאוּם et מאום *m.* (v. מוּם). Défaut, crime : אֵין בָּהֶם כָּל־מאום Dan. 1. 4, en qui il n'y eût aucun défaut ; וּבְכַפַּי דָּבַק מְאוּם Job 31. 7, et (si) une souillure s'est attachée à mes mains, si j'ai commis quelque crime.

מְאוּמָה Quelque chose, quoi que ce soit : הֲיָכֹל אוּכַל דַּבֵּר מְאוּמָה Nomb. 22. 38, pourrai-je dire quoi que ce soit ? מַשַּׁאת מְאוּמָה Deut. 24. 10, un prêt quelconque ; avec une négation : אֵין מְאוּמָה I Rois 18. 43, il n'y a rien ; אֵין—אֶת־כָּל־מְאוּמָה

Gen. 39. 23, (le gouverneur de la prison) ne (veillait) à rien, à quoi que ce fût ; *adv.*: אִישׁ אַל־יֵדַע מְאוּמָה I Sam. 21, 3, que personne ne sache en aucune manière.

מָאוֹר *m.* (*pl.* מְאֹרֹת, une fois const. מְאוֹרֵי Ez. 32. 8, rac. אוֹר). 1° Lumière: לִמְאוֹר פָּנֶיךָ Ps. 90. 8, à la lumière de ton visage; הַמָּאוֹר הַגָּדֹל — הַמָּאוֹר הַקָּטֹן Gen. 1. 16, le grand luminaire, le soleil, — le petit luminaire, la lune ; מְנֹרַת הַמָּאוֹר Exod. 35. 14, le chandelier pour éclairer perpétuellement, qui répand la lumière, ou qui porte les lampes ; שֶׁמֶן לַמָּאוֹר 25. 6, de l'huile (pour être mise dans les lampes) du chandelier, ou : pour l'éclairage ; *au fig.*: מְאוֹר־עֵינַיִם Prov. 15. 30, la lumière des yeux, la vue des choses qui leur plaisent, ou le regard clair, doux, des yeux.

מְאוּרָה *f.* Ex. unique : מְאוּרַת צִפְעוֹנִי Is. 11. 8, l'œil, la prunelle, du basilic ; ou : l'ouverture de sa caverne, par où entre la lumière ; ou : la caverne même, comme מְעָרָה.

מֹאזְנַיִם *m. duel* (rac. אָזַן). Balance, forme *duel* des deux plateaux : בְּמֹאזְנַיִם לַעֲלוֹת Ps. 62. 10, ils montent, ils ne pèsent rien, dans la balance ; מֹאזְנֵי צֶדֶק Lév. 19. 36, une balance juste ; מֹאזְנֵי מִרְמָה Prov. 11. 1, une balance trompeuse, fausse.

מֹאזְנַיָּא chald. Balance : תְּקִילְתָּה בְמֹאזַנְיָא Dan. 5. 27, thecel (signifie) tu as été pesé dans la balance.

מְאוּמָה (v. מְאוּם).

מַאֲכָל *m.* (rac. אָכַל). Nourriture, vivres : מִכָּל־מַאֲכָל אֲשֶׁר יֵאָכֵל Gen. 6. 21, de toute nourriture, qui se peut manger ; וְאֹצְרוֹת מַאֲכָל II Chr. 11. 11, et des magasins de vivres ; עֵץ מַאֲכָל Lév. 19. 23, arbre fruitier ; כְּצֹאן מַאֲכָל Ps. 44. 12, comme des brebis qu'on mène à la boucherie, *exact.* qui servent de nourriture.

מַאֲכֹלֶת *f.* (rac. אָכַל). Pâture : מַאֲכֹלֶת אֵשׁ Is. 9. 4, 18, la pâture, la proie, du feu.

מַאֲכֶלֶת *f.* (rac. אָכַל). Couteau : וַיִּקַּח אֶת־הַמַּאֲכֶלֶת Gen. 22. 10, il prit le couteau ; וּמַאֲכְלוֹת מְתַלְּעֹתָיו Prov. 30. 14, et ses dents sont des couteaux.

מַאֲמַצִּים *m. pl.* (rac. אָמַץ). Forces, moyens ; וְכֹל מַאֲמַצֵּי־כֹחַ Job 36. 19, ni toutes les ressources, tous les moyens, de la force.

מַאֲמָר *m.* (rac. אָמַר). Parole, ordre, commandement : מַאֲמַר הַמֶּלֶךְ Esth. 1. 15, l'ordre du roi ; * בַּעֲשָׂרָה מַאֲמָרוֹת נִבְרָא הָעוֹלָם Aboth, le monde a été créé par dix paroles, ou par dix ordres.

מֵאמַר chald. Parole, ordre : וּמֵאמַר קַדִּישִׁין Dan. 4. 14, et d'après l'ordre des saints.

מָאן *m.* chald. Vase, seulem. *plur.*: מָאנַיָּא דִּי־בֵית־אֱלָהָא Esdr. 5. 14, les vases du temple ; לְמָאנֵי דַּהֲבָא וְכַסְפָּא Dan. 5. 2, les vases d'or et d'argent.

מָאֵן *Kal* inusité. *Pi.* (מֵאֵן, מֵאֲנָה. *inf.* מָאֵן, *fut.* יְמָאֵן). Ne pas vouloir, refuser : מֵאֵן בִּלְעָם הֲלֹךְ עִמָּנוּ Nomb. 22. 14, Balaam n'a pas voulu venir avec nous ; מֵאֲנוּ לַעֲשׂוֹת מִשְׁפָּט Prov. 21. 7, ils n'ont pas voulu agir selon la justice ; וַיְמָאֵן וַיֹּאמֶר Gen. 39. 8, (Joseph) refusa et dit.

מָאֵן *adj.* (v. מֵאֵן *verbe*). Refusant : וְאִם־מָאֵן אַתָּה לְשַׁלֵּחַ Exod. 7. 27, si tu refuses de (les) laisser partir.

מֵאֵן *adj.* Résistant opiniâtrément, refusant : הַמֵּאֲנִים לִשְׁמוֹעַ אֶת־דְּבָרַי Jér. 13. 10, qui refusent d'écouter mes paroles.

מָאַס Mépriser, rejeter, dédaigner : וַאֲנִי מְאַסְתִּיו I Sam. 16. 1, puisque je l'ai rejeté ; אֶבֶן מָאֲסוּ הַבּוֹנִים Ps. 118. 22, la pierre que ceux qui bâtissaient avaient rejetée ; avec ב : מָאוֹס בָּרָע Is. 7. 16, rejeter le mal ; יַעַן מָאַסְתָּ אֶת־דְּבַר יְיָ I Sam. 15. 23, parce que tu as méprisé la parole de l'Éternel ; עַל־מָאֳסָם אֶת־תּוֹרַת יְיָ Amos 2. 4, parce qu'ils rejettent la loi de l'Éternel ; מוֹאֵס נַפְשׁוֹ Prov. 15. 32, (qui rejette la correction) méprise son âme ; אֲשֶׁר־מָאַסְתִּי אֲבוֹתָם Job 30. 1, dont j'aurais dédaigné les pères (de les mettre, etc.) ; שֵׁבֶט מוֹאֶסֶת לֹא יִהְיֶה Ez. 21,

18, (si) le fléau qui méprise (frappe) tout ne sert à rien, ou : si la tribu (de Benjamin ou de Juda) qui méprise tout cessera d'exister ; avec מ : וְאֶמְאָסְאךָ מִכַּהֵן לִי (le dernier א en plus) Osée 4. 6, ainsi je te rejette, je ne souffre pas que tu exerces mon sacerdoce.

Niph. pass. : כִּי תִמָּאֵס Is. 54. 6, (une femme) qui est repoussée, répudiée ; נִבְזֶה בְּעֵינָיו נִמְאָס Ps. 15. 4, l'homme indigne est méprisé (méprisable) à ses yeux ; יִמָּאֲסוּ כְמוֹ־מַיִם Ps. 58. 8 (p. יִמָּסְסוּ, v. מָסַס), ils fondront, seront réduits à rien, comme une eau (qui passe) ; ou, signification ordinaire : ils se mépriseront eux-mêmes et (passeront) comme l'eau ; עוֹרִי רָגַע וַיִּמָּאֵס Job 7. 5, ma peau est sèche ou gercée et elle s'en va, est toute retirée ; ou aussi dans le premier sens : elle est devenue laide, vilaine.

מַאֲפֶה *m.* (rac. אָפָה cuire) : מַאֲפֵה תַנּוּר Lév. 2. 4, ce qui est cuit au four.

מַאֲפֵל *m.* (rac. אָפַל) : וַיָּשֶׂם מַאֲפֵל Jos. 24. 7, il mit des ténèbres (entre vous et les Égyptiens).

מַאְפֵּלְיָה *f.* (rac. אָפַל) : אֶרֶץ מַאְפֵּלְיָה Jér. 2. 31, un pays de ténèbres de Dieu ; מַאְפֵּל־יָהּ de ténèbres épaisses (comme הַרְרֵי אֵל de hautes montagnes) ; selon d'autres : une terre tardive dont les fruits ne mûrissent pas (v. אֲפִילֹת).

מָאַר *Kal* inusité. *Hiph.* : סִלּוֹן מַמְאִיר Ez. 28. 24, une épine qui blesse, qui pique ; צָרַעַת מַמְאֶרֶת Lév. 13. 51, une lèpre douloureuse, ou une lèpre qui ronge ; d'autres traduisent : une lèpre invétérée.

מַאֲרָב *m.* (rac. אָרַב). Embuscade : וַיֵּלְכוּ אֶל־הַמַּאֲרָב Jos. 8. 9, ils allèrent au lieu où ils devaient se mettre en embuscade ; הֵסֵב אֶת־הַמַּאֲרָב II Chr. 13. 13, (Jarobeam) ordonna à l'embuscade de tourner.

מְאֵרָה *f.* (rac. אָרַר). Malédiction : מְאֵרַת יְיָ בְּבֵית רָשָׁע Prov. 3. 33, la malédiction de Dieu est dans la maison de l'impie ; *pl.* : רַב־מְאֵרוֹת Prov. 28. 27, beaucoup de malédictions.

מֵאֵת (v. מִן à la fin).

מֻבְדָּלוֹת *adj. f. pl.* (rac. בָּדַל). Séparées : וְהֶעָרִים הַמִּבְדָּלוֹת Jos. 16. 9, et les villes séparées (du milieu de l'héritage de Manassé et données à Ephraïm).

מָבוֹא *m.* (rac. בּוֹא). L'endroit par où l'on entre, entrée, porte : מְבוֹא הָעִיר Jug. 1. 24, l'entrée de la ville ; *plur.* : כִּמְבוֹאֵי עִיר Ez. 26. 10, comme (par) la brèche d'une ville (prise) ; מָבוֹא הַשְּׁלִישִׁי Jér. 38. 14, la troisième porte (du temple) ; מְבוֹא פְתָחִים Prov. 8. 3, à l'entrée, près des portes ; מְבוֹאֹת יָם (*pl. f.*) Ez. 27. 3, ports de mer ; אֶת־מוֹצָאֲךָ וְאֶת־מוֹבָאֲךָ II Sam. 3. 25 (*cheth.* מבואך), ta sortie et ton entrée (toutes tes démarches) ; מְבוֹא הַשֶּׁמֶשׁ Deut. 11. 30, le coucher du soleil, l'occident.

מְבוּכָה *f.* (rac. בּוּךְ). Trouble, consternation : עַתָּה תִהְיֶה מְבוּכָתָם Mich. 7. 4, alors aura lieu leur consternation ; וּמְבוּכָה Is. 22. 5, (un jour de confusion) et de consternation.

מַבּוּל *m.* (rac. יָבַל ou נָבַל). Inondation, déluge : שְׁנָתַיִם אַחַר הַמַּבּוּל Gen. 11. 10, deux ans après le déluge ; יְיָ לַמַּבּוּל יָשָׁב Ps. 29. 10, l'Éternel a présidé au déluge (pour punir les coupables et sauver les innocents).

מְבוֹנִים *m. pl.* (rac. בִּין) : לַלְוִיִּם הַמְּבוֹנִים (*keri* הַמְּבִינִים) II Chr. 35. 3, aux Lévites qui éclairaient, instruisaient (tout Israel).

מְבוּסָה *f.* (rac. בּוּס). L'action de fouler aux pieds, destruction : יוֹם מְהוּמָה וּמְבוּסָה Is. 22. 5, un jour de confusion et de destruction, *exact.* où tout est foulé aux pieds ; גּוֹי קַו־קָו וּמְבוּסָה 18. 2, un peuple lié comme par des cordes, ou puni d'après une mesure exacte, comme il l'a mérité, et foulé aux pieds du vainqueur ; selon d'autres, sens opposé : un peuple fort, qui foule aux pieds les autres peuples (v. קַו 3°).

מַבּוּעַ *m.* (rac. נָבַע). Source : מַבּוּעֵי מָיִם Is. 35. 7, 49. 10, des fontaines, des sources d'eau ; וְתִשָּׁבֶר כַּד עַל־הַמַּבּוּעַ Eccl. 12. 6, et (avant que) la cruche se brise sur la fontaine (*paraboliquement*, avant que la bile soit corrompue à sa source, le foie).

מְבוּקָה *f.* (rac. בוק ou בָּקַק). Solitude, désert : בּוּקָה וּמְבוּקָה Nah. 2. 10, (Ninive est) un endroit vide, une solitude, un désert (ou elle est pillée, dévastée).

מִבְחוֹר *m.* (rac. בָּחַר). Ce qui est choisi, élu, le meilleur : וְכָל־עִיר מִבְחוֹר II Rois 3. 19, les villes les meilleures, les plus importantes ; מִבְחוֹר בְּרֹשָׁיו 19. 23, les plus beaux, les plus grands, de ses sapins ou cyprès.

מִבְחָר *m.* Même signif. : בְּמִבְחַר קְבָרֵינוּ Gen. 23. 6, dans (le plus choisi), le plus beau, de nos sépulcres ; מִבְחַר־עֲמָקַיִךְ Is. 22. 7, tes plus belles vallées ; après un autre *subst.* : וְעַם מִבְחָרָיו Dan. 11. 15, les plus vaillants d'entre ses troupes.

מִבְחָר (l'élu) *n. pr. m.* I Chr. 11. 38.

מַבָּט *m.* (rac. נָבַט). Espérance : מִכּוּשׁ מַבָּטָם Is. 20. 5, (ils rougiront d'avoir fait) de l'Éthiopie leur espérance (l'objet de leur espérance) ; הִנֵּה־כֹה מַבָּטֵנוּ 20. 6, vois ainsi (il arrive) à l'objet de notre espérance.

מֶבָּט *m.* Espérance : כִּי־הוֹבִישׁ מֶבָּטָהּ Zach. 9. 5, car toute son espérance a été trompée.

מִבְטָא *m.* (rac. בָּטָא) : מִבְטָא שְׂפָתֶיהָ Nomb. 30. 7, 9, la parole, promesse, prononcée par ses lèvres.

מִבְטָח *m.* (rac. בָּטַח, avec suff. מִבְטַחוֹ, *pl.* מִבְטַחִים). Espérance, confiance, sécurité : לִהְיוֹת בַּיי מִבְטַחֶךָ Prov. 22. 19, de mettre ta confiance dans l'Éternel ; מִבְטָח כָּל־קַצְוֵי־אֶרֶץ Ps. 65. 6, (Dieu) l'espérance (des habitants) de toutes les extrémités de la terre ; יִנָּתֵק מֵאָהֳלוֹ מִבְטַחוֹ Job 18. 14, l'appui sera arraché de sa tente (il n'y aura plus de sécurité dans sa maison, ou : toutes les choses dans lesquelles il mettait sa confiance seront arrachées) ; וּבְמִשְׁכְּנוֹת מִבְטַחִים Is. 32. 18, et dans des demeures de sécurité.

מִבְטָחָה *m.* Confiance (v. Prov. 21. 21) : מִבְטָחָם Jér. 48. 13, objet de leur confiance.

מַבְלִיגִית *f.* (rac. בָּלַג). Ex. unique : מַבְלִיגִיתִי עֲלֵי יָגוֹן Jér. 8. 18, (je cherche) un soulagement, une consolation dans ma douleur ; selon d'autres, *part. irrég.* (de בָּלַג *Hiph.*) : on veut me consoler dans ma douleur (mais, etc.).

מִבְנֶה *m.* (rac. בָּנָה). Construction : כְּמִבְנֵה־עִיר Ez. 40. 2, comme la construction d'une ville, ou comme une ville déjà bâtie.

מְבֻנַּי *n. pr. m.* II Sam. 23. 27.

מִבְצָר *m.* (rac. בָּצַר, *pl.* מִבְצָרִים, une fois מִבְצָרוֹת). Fortification, forteresse : וּמִבְצַר מִשְׂגַּב חוֹמֹתֶיךָ Is. 25. 12, (la fortification, l'élévation, de tes murs) tes murs forts et hauts ; וְנִשְׁבַּת מִבְצָר מֵאֶפְרַיִם 17. 3, la forteresse d'Éphraïm sera ôtée, détruite ; עָרֵי מִבְצָר Nomb. 32. 36, des villes fortes ; au *plur.* : עָרֵי מִבְצָרֶיךָ Jér. 5. 17, tes villes fortes, et עִיר מִבְצָרוֹת Dan. 11. 15 (le second seulement au *pluriel*), les villes les plus fortes. — *Au fig.* : בָּחוֹן נְתַתִּיךָ בְעַמִּי מִבְצָר Jér. 6. 27, je t'ai établi pour être explorateur dans mon peuple et comme une forteresse, c.-à-d. tu n'auras à craindre personne ; ou בָּחוֹן synonyme de מִבְצָר : je t'ai placé comme une tour, une forteresse ; d'autres traduisent בָּחוֹן : un élu.

מִבְצָר *n. pr.* Mebsar, un des princes des Iduméens, Gen. 36. 42.

מִבְרָח *m.* (rac. בָּרַח). Ex. unique : וְאֵת כָּל־מִבְרָחָיו Ez. 17. 21, et tous ses fugitifs ou fuyards.

מִבְשָׂם (parfum) *n. pr.* 1° Mebsam, fils d'Ismael, Gen. 25. 13. — 2° Mebsam, fils de Salum, I Chr. 4. 25.

מְבֻשִׁים *m. pl.* (rac. בּוֹשׁ être honteux) : וְהֶחֱזִיקָה בִּמְבֻשָׁיו Deut. 25. 11, et si elle le prend par les parties honteuses.

מְבַשְּׁלוֹת *f. pl.* (rac. בָּשַׁל). Foyers : וּמְבַשְּׁלוֹת עָשׂוּי Ez. 46. 23, et des foyers étaient bâtis (pour faire cuire les sacrifices).

מָג *m.* : רַב־מָג Jér. 39. 3, chef des

mages ou des magiciens à Babylone; selon d'autres, *nom propre*, Rab-mag.

מַגְבִּישׁ *n. pr.* d'un homme ou d'un endroit, Esdr. 2. 30.

מִגְבָּלוֹת *f. pl.* (rac. גָּבַל). Cordons: מִגְבָּלֹת תַּעֲשֶׂה אֹתָם Exod. 28. 14, tu feras (les chaînes de l'éphod enlacées) comme des cordons; selon d'autres: terminant l'éphod, c.-à-d. attachées à ses bouts.

מִגְבָּעָה *f.* (rac. גָּבַע). Tiare (de sa forme ronde et haute): וּמִגְבָּעוֹת תַּעֲשֶׂה לָהֶם Exod. 28. 40, tu feras (pour l'usage des prêtres) des tiares.

מֶגֶד *m.* Ce qui est précieux, noble, le meilleur: מִמֶּגֶד שָׁמַיִם מִטָּל Deut. 33. 13, (la terre de Joseph sera bénie) de la meilleure chose qui tombe du ciel, la rosée; וּמִמֶּגֶד תְּבוּאֹת שָׁמֶשׁ 33. 14, et de meilleurs fruits mûris par le soleil; פְּרִי מְגָדִים Cant. 4. 13, les fruits les plus excellents, les plus doux; seul: כָּל־מְגָדִים 7. 14, tous les meilleurs, les plus doux fruits.

מְגִדּוֹ et מְגִדּוֹן *n. pr.* Megiddo (mageddo), ville de la tribu de Manassé, Jos. 17. 11; מֵי מְגִדּוֹ Jug. 5. 19, les eaux de Megiddo (le torrent de Cison); בְּבִקְעַת מְגִדּוֹן Zach. 12. 11, dans la vallée de Megiddon.

מִגְדּוֹל et מִגְדֹּל *n. pr.* Megdol, ville en Égypte, Jér. 44. 1, 46. 14; Ez. 29. 10; Exod. 14. 2.

מִגְדּוֹל *m.*: מִגְדּוֹל יְשׁוּעוֹת מַלְכּוֹ (*keri adj.* מַגְדִּיל, *part. cheth.*) II Sam. 22. 51, (Dieu) grand, qui signale sa grandeur par le secours qu'il accorde à son roi (au roi qu'il a élu, David).

מַגְדִּיאֵל (don de Dieu) *n. pr.* Magdiel, un des princes des Iduméens, Gen. 36. 43.

מִגְדָּל *m.* (rac. גָּדַל, *pl.* מִגְדָּלִים et מִגְדָּלוֹת). Tour: נִבְנֶה־לָּנוּ עִיר וּמִגְדָּל Gen. 11. 4, bâtissons-nous une ville et une tour; בַּעֲלֵי מִגְדַּל שְׁכֶם Jug. 9. 46, ceux qui étaient dans la tour de Sechem; וּבַמִּגְדָּלוֹת I Chr. 27. 25, et ce qui était dans les tours (les châteaux forts); מִגְדַּל־עֹז שֵׁם יְיָ Prov. 18. 10, le nom de l'Éternel est une forte tour (une citadelle); מִמִּגְדַּל נוֹצְרִים II Rois 17. 9, depuis la tour des gardes (donjon); *au fig.*: בִּנְפֹל מִגְדָּלִים Is. 30. 25, quand les grands, les princes, tomberont; מִגְדַּל־עֵץ Néh. 8. 4, une estrade de bois; מִגְדְּלוֹת מֶרְקָחִים Cant. 5. 13, (ses joues sont comme) des tours, ou des parterres de plantes qui répandent le parfum (parce qu'elles sont plus élevées au milieu); d'autres traduisent: comme les fleurs ou les boutons des plantes qui embaument.

On trouve ce mot dans plusieurs noms propres de ville: מִגְדַּל־אֵל (tour de Dieu) ville de la tribu de Nephthali, Jos. 19. 38; מִגְדַּל־גָּד ville de la tribu de Juda, Jos. 15. 37; מִגְדַּל־עֵדֶר (tour du troupeau) endroit près de Bethlehem, Gen. 35. 21; *au fig.*: וְאַתָּה מִגְדַּל־עֵדֶר Mich. 4. 8, et toi, tour de troupeau, Jérusalem, où toute la nation se rassemble; selon d'autres: David et sa race.

מִגְדָּנוֹת *pl. f.* (v. מֶגֶד). Choses précieuses: וּמִגְדָּנֹת נָתַן Gen. 24. 53, il donna des choses précieuses, de riches présents; לְכֶסֶף וּלְזָהָב וּלְמִגְדָּנוֹת II Chr. 21. 3, (leur père leur donna de nombreux présents) en argent, en or et en choses précieuses.

מָגוֹג *n. pr.* 1° Magog, fils de Japheth, Gen. 10. 2. — 2° Nom d'un peuple et d'un pays situé tout au nord (voir les chap. 38 et 39 du prophète Ézéchiel).

מָגוֹר *m.* (de גּוּר craindre). Peur, épouvante: מָגוֹר מִסָּבִיב Jér. 6. 25, l'épouvante est tout autour; הִנְנִי נֹתֶנְךָ לְמָגוֹר 20. 4, je te livrerai à la frayeur, ou: je ferai de toi un sujet d'épouvante; מְגוּרֵי אֶל־חֶרֶב Ez. 21. 17, des terreurs, c.-à-d. ils sont épouvantés devant l'épée (v. מָגַר).

מָגוּר *m.* (de גּוּר demeurer, *pl.* מְגוּרִים). Demeure, séjour: כִּי־רָעוֹת בִּמְגוּרָם Ps. 55. 16, car la méchanceté et dans leur demeure; au *plur.*: אֶרֶץ מְגֻרֶיךָ Gen. 17. 8, le pays de ton séjour (que tu habites maintenant comme étranger); בְּבֵית מְגוּרָי Ps. 119. 54, dans la maison de mon pèlerinage, de mon exil; יְמֵי שְׁנֵי מְגוּרַי Gen. 47. 9, les jours de mes années de pèlerinage (sur cette terre, c.-à-d. les jours de ma vie); מְגוּרַי Lam. 2. 22, ceux qui demeurent autour de moi; selon d'autres: mes terreurs (v. מָגוֹר).

מְגוֹרָה *f.* Crainte, épouvante: מְגוֹרַת רָשָׁע הִיא תְבוֹאֶנּוּ Prov. 10. 24, l'épouvante du méchant, ce qu'il craint, lui arrivera.

מְגוּרָה *f.* 1° Crainte: וּמְגוּרֹתָם אָבִיא לָהֶם Is. 66. 4, et ce qu'ils craignent, je le ferai venir sur eux; וּמִכָּל־מְגוּרוֹתַי הִצִּילָנִי Ps. 34. 5, il m'a délivré de toutes mes craintes. — 2° De אגר assembler, l'endroit où on serre les grains, grenier: הַעוֹד הַזֶּרַע בַּמְּגוּרָה Agg. 2. 19, est-ce qu'il y a encore des grains au grenier?

מְגֵזָרָה *f.* (rac. גָּזַר). Cognée: וּבְמַגְזְרוֹת הַבַּרְזֶל II Sam. 12. 31, et avec des cognées de fer.

מַגָּל *m.* (rac. נָגַל). Faucille: וְתֹפֵשׂ מַגָּל Jér. 50. 16, et celui qui tient la faucille; שִׁלְחוּ מַגָּל Joel 4. 13, mettez la faucille (dans le blé).

מְגִלָּה *f.* (rac. גָּלַל). Rouleau, livre: הַמְּגִלָּה אֲשֶׁר קָרָאתָ בָּהּ Jér. 36. 14, le rouleau, le livre, que tu as lu; מְגִלַּת־סֵפֶר Ez. 2. 9, un livre roulé. On appelle חָמֵשׁ מְגִלּוֹת les cinq livres: Cantique, Ruth, Lamentations, Ecclésiaste et Esther.

מְגַמָּה *f.* Douteux. Ex. unique: מְגַמַּת פְּנֵיהֶם קָדִימָה Hab. 1. 9, l'aspect de leur visage est dur, rude comme le vent de l'est; selon d'autres, foule, quantité: tous leurs visages regardent en avant (pour se précipiter sur l'ennemi).

מָגַן (*Kal* inusité) *Pi.* Donner, livrer: אֲשֶׁר־מִגֵּן צָרֶיךָ בְּיָדֶךָ Gen. 14. 20, qui a livré tes ennemis entre tes mains; עֲטֶרֶת תִּפְאֶרֶת תְּמַגְּנֶךָּ Prov. 4. 9, elle t'ornera d'une couronne éclatante (*exact.* elle te donnera une couronne, etc.); אֲמַגֶּנְךָ יִשְׂרָאֵל Osée 11. 8, (comment) te livrerai-je, ô Israel, (à tes ennemis)?

מָגֵן *des deux genres* (avec suff. מָגִנִּי, *pl.* מָגִנִּים et une fois מָגִנּוֹת, rac. גָּנַן protéger). Bouclier: מָגֵן אִם־יֵרָאֶה Jug. 5. 8, on ne voyait pas de bouclier; כְּאִישׁ מָגֵן Prov. 6. 11, comme un homme armé, un brigand; מָגִנִּי עַל־אֱלֹהִים Ps. 7. 11, mon bouclier (mon secours) est en Dieu; (Dieu dit à Abraham): אָנֹכִי מָגֵן לָךְ Gen. 15. 1, je suis ton bouclier, protecteur; מָגִנֵּי־אֶרֶץ Ps. 47. 10, les boucliers de la terre, les puissants, les princes.

מְגִנָּה *f.* (de גָּנַן ou de מָגֵן). Ce qui couvre: תִּתֵּן לָהֶם מְגִנַּת־לֵב Lament. 3. 65, donne-leur ce qui couvre le cœur, c'est-à-dire le chagrin, la souffrance ou l'obstination (dont le cœur s'arme comme d'un bouclier), livre-les à leur obstination.

מִגְעֶרֶת *f.* (rac. גָּעַר). Malédiction: וְאֶת־הַמִּגְעֶרֶת Deut. 28. 20, la malédiction, la ruine; selon d'autres: l'inquiétude.

מַגֵּפָה *f.* (rac. נָגַף). Plaie, défaite, carnage, peste: וְגַם מַגֵּפָה גְדוֹלָה הָיְתָה I Sam. 4. 17, et il y eut aussi un grand carnage; אֲנִי שֹׁלֵחַ אֶת־כָּל־מַגֵּפֹתַי Exod. 9. 14, je fais fondre toutes mes plaies (sur ton cœur); וְהַמַּגֵּפָה נֶעֱצָרָה Nomb. 17. 15, la peste s'était arrêtée, avait cessé.

מַגְפִּיעָשׁ *n. pr. m.* Néh. 10. 21.

מָגַר Jeter, livrer. *Kal*, seulem. *part. pass.*, selon quelques-uns: מְגוּרֵי אֶל־חֶרֶב Ez. 21. 17, ils sont jetés, livrés à l'épée (v. le même exemple à מָגוֹר). *Pi.*: וְכִסְאוֹ לָאָרֶץ מִגַּרְתָּה Ps. 89. 45, tu as renversé son trône à terre.

מְגַר chald. Renverser: יְמַגַּר כָּל־מֶלֶךְ וְעַם Esdr. 6. 12, il renversera tout roi et tout peuple (qui, etc.).

מְגֵרָה *f.* (rac. גָּרַר). Scie: וַיָּשֶׂם בַּמְּגֵרָה II Sam. 12. 31, il les mit sous la scie (les coupa, tua, avec des scies); I Chr. 20, 3, on lit dans la même phrase: בַּמְּגֵרָה et וּבַמְּגֵרוֹת, le second, au *plur.*, doit donc signifier un autre instrument: haches ou cognées.

מִגְרוֹן *n. pr.* Migron, ville de la tribu de Benjamin, I Sam. 14. 2.

מִגְרָעוֹת *f. pl.* (rac. גָּרַע), *t. d'archit.*: Diminution, retraite : מִגְרָעוֹת נָתַן לַבַּיִת סָבִיב I Rois 6. 6, il a fait des diminutions, des retraites, (dans le mur) tout autour du temple.

מֶגְרָפָה *f.* (rac. גָּרַף). Motte de terre: תַּחַת מֶגְרְפֹתֵיהֶם Joel 1. 17, (les graines pourrissent) sous leurs mottes (sous la terre qui les couvre); selon d'autres: (les tonneaux de vin) sèchent sous leurs bondons; en tout cas, ces mots décrivent une grande sécheresse.

מִגְרָשׁ *m.* (rac. גָּרַשׁ). 1° *Subst.* pour *inf.* Action de chasser : לְמַעַן מִגְרָשָׁהּ לָבַז Ez. 36. 5, pour chasser les habitants du pays, et pour le piller, ravager. — 2° Les champs, pâturages et villages autour d'une ville, banlieue (parce qu'on y envoie le bétail, ou parce que ces endroits sont hors de la ville?); וּשְׂדֵה מִגְרַשׁ עָרֵיהֶם Lév. 25. 34, le champ dans la banlieue, le district de leurs villes; וּמִגְרְשֵׁיהֶם יִהְיוּ לִבְהֶמְתָּם Nomb. 35. 3, et les alentours des villes seront pour leurs troupeaux; חֶבְרוֹן וְאֶת־מִגְרָשֶׁיהָ Jos. 21. 14, Hébron et ses alentours, et ses faubourgs; בְּעָרֵי מִגְרְשֵׁיהֶם I Chr. 13. 2, (les prêtres et lévites qui demeurent) dans les villes et banlieues qui leur ont été assignées; וַחֲמִשִּׁים אַמָּה מִגְרָשׁ לוֹ Ez. 45. 2, et cinquante coudées (tout autour) formeront une place libre autour (de cet édifice); une fois le *plur.* en וֹת־: יִרְעֲשׁוּ מִגְרֹשׁוֹת Ez. 27. 28, tous les alentours de la ville trembleront.

מַד *m.* (avec suff. מַדּוֹ et מִדּוֹ, *plur.* מַדִּים). 1° Habit, vêtement : מִדּוֹ בַד Lév. 6. 3, son vêtement, sa tunique de lin; מִדּוֹ לְבֻשׁוֹ II Sam. 20. 8, son vêtement qui s'étendait sur tout le corps; וּמַדָּיו קְרֻעִים I Sam. 4. 12, et il avait ses habits déchirés; וַיִּלְבַּשׁ קְלָלָה כְּמַדּוֹ Ps. 109. 18, il s'est revêtu de la malédiction comme de son vêtement; עַל־פִּי מִדּוֹתָיו Ps. 133, 2, sur le bord de ses vêtements (*plur. irrég.* ou d'un *sing.* מִדָּה). — 2° Mesure, étendue : אֲרֻכָּה מֵאֶרֶץ מִדָּהּ Job 11. 9, son étendue est plus longue que la terre; מְנָת־מִדַּיִךְ מֵאִתִּי Jér. 13. 25, la part de ta mesure, le partage qui t'est destiné par moi.

מַדְבַּח chald. (rac. דְּבַח). Autel : עַל־מַדְבְּחָה Esdr. 7. 17, (pour les offrir) sur l'autel.

מִדְבָּר *m.* (rac. דָּבַר). 1° Prairie, pâturage : וַיִּנְהַג אֶת־הַצֹּאן אַחַר הַמִּדְבָּר Exod. 3. 1, il mena le troupeau au pâturage, ou au fond du désert (v. 2°); יִרְעֲפוּ נְאוֹת מִדְבָּר Ps. 65. 13, (les pluies) tomberont sur les meilleurs pâturages, ou sur les pâturages du désert, des endroits déserts; וְאֵשׁ אָכְלָה נְאוֹת הַמִּדְבָּר Joel 1. 20, et le feu a dévoré la beauté des prairies (leur verdure), ou נְאוֹת la demeure des troupeaux et des pâtres (v. נָאוָה). — 2° Désert : וְהָיָה מִדְבָּר לַכַּרְמֶל Is. 32. 15, (alors) le désert sera changé en un champ cultivé, plein de fruits et d'arbres; מִדְבַּר שְׁמָמָה Joel 2. 3, un désert d'une grande stérilité, désert affreux; הַמִּדְבָּר seul, le désert de l'Arabie, dont des parties sont : מִדְבַּר סִין, פָּארָן, סִינַי, etc. — *Au fig.* : וְשַׂמְתִּיהָ כַמִּדְבָּר Osée 2. 5, je rendrai (cette femme) pareille à un désert (je lui ôterai tout); הֲמִדְבָּר הָיִיתִי לְיִשְׂרָאֵל Jér. 2. 31, suis-je devenu un désert pour Israel? (suis-je stérile pour eux, ne puis-je plus les secourir?). — 3° Action de parler, le parler (v. דִּבֵּר) : וּמִדְבָּרֵיךְ נָאוֶה Cant. 4. 3, ton parler est agréable, ou (l'organe de la parole) ta bouche est belle.

מָדַד (מָדוֹתִי, מַדֹּתֶם, 3° *pers.* מָדְדוּ, *inf.* מֹד, *fut.* יָמֹד, וַיָּמָד, אָמוֹד) Mesurer : וַיָּמָד אֶת־רֹחַב הַבִּנְיָן Ez. 40. 5, il mesura la largeur de la muraille; לָמֹד אֶת־יְרוּשָׁלִַם Zach. 2. 6, pour mesurer Jérusalem; וַיָּמֹדּוּ בָעֹמֶר Exod. 16. 18, ils mesurèrent (la manne) avec l'omer (le gomor), ou à la mesure de l'omer; וּמַדֹּתִי פְעֻלָּתָם Is. 65. 7, je mesurerai leurs actions (dans leur sein), c.-à-d. je leur donnerai une peine proportionnée à leurs péchés.

Niph. pass. : וְלֹא יִמַּד חוֹל הַיָּם Jér. 33. 22, et (comme) le sable de la mer ne peut être mesuré; אִם־יִמַּדּוּ שָׁמַיִם 31. 37, si on peut mesurer le ciel.

Pi. Mesurer : וַיְמַדְּדֵם בַּחֶבֶל II Sam.

8. 2, il les mesura avec une corde ; וְעֵמֶק סֻכּוֹת אֲמַדֵּד Ps. 60. 8, je mesurerai la vallée de Soccoth (j'en disposerai je la partagerai); וּמִדַּד־עָרֶב Job 7. 4, (sous-entendu : mon esprit) mesure la longueur du soir, de la nuit, ou : le soir s'étend, devient très long (v. *Hithp.*, v. מִדַּד); עָמַד וַיְמֹדֶד אֶרֶץ Hab. 3. 6, forme *Po.*, il (Dieu) s'est arrêté et a mesuré la terre, ou : mesuré, partagé, le pays entre les tribus ; selon d'autres : il s'est levé et a fait trembler la terre.

Hithp. : וַיִּתְמֹדֵד עַל־הַיֶּלֶד I Rois 17. 21, il s'étendit sur l'enfant (se mesurant d'après l'enfant, se plaçant de manière que les diverses parties de son corps touchassent celles de l'enfant).

מְדַד *m.* (rac. נָדַד) : וּמִדַּד־עָרֶב Job 7. 4, (quand sera) la fuite du soir, quand cessera la nuit (selon d'autres, *verbe*, v. מָדַד *Pi.*).

מִדָּה *f.* (rac. מָדַד). 1° Mesure : מִדָּה אַחַת לְכָל־הַיְרִיעֹת Exod. 26. 2, une même mesure pour tous les rideaux ; חֶבֶל מִדָּה Zach. 2. 5, un cordeau pour mesurer; בַּמִּדָּה בַּמִּשְׁקָל Lév. 19. 35, (ne trompez ni) en mesure, ni en poids. — 2° Grande mesure, longueur : אִישׁ מִדָּה I Chr. 11. 23, un homme de haute taille; au *plur.* : אַנְשֵׁי מִדָּה Is. 45. 14, et אַנְשֵׁי מִדּוֹת Nomb. 13. 32, des hommes d'une haute taille ; בֵּית מִדּוֹת Jér. 22. 14, une grande, vaste, maison. — 3° Vêtement (v. מַד 1°). — 4° מִדַּת הַמֶּלֶךְ Néh. 5. 4, pour les tributs du roi (v. מִדָּה chald.) ; *מִדַּת הַדִּין mode, système de justice; מִדַּת הָרַחֲמִים mode, système de miséricorde.

מִדָּה chald. *f.* Tribut (qui est mesuré, fixé, à chaque citoyen, v. מָדַד) : וּמִדָּה בְלוֹ וַהֲלָךְ Esdr. 4. 20, des tributs, des tailles et le droit de péage, const. מִדַּת 6. 8; on lit מִנְדָּה au lieu de מִדָּה Esdr. 4. 13.

מַדְהֵבָה *f.* (v. דְּהַב). Aimant l'or : שָׁבְתָה מַדְהֵבָה Is. 14. 4, (comme) elle reste tranquille, (comme) elle chôme, elle qui aimait tant l'or, Babylone, qui rendait tant de pays tributaires, ou : Babylone si riche d'or ; d'autres lisent מַרְהֵבָה l'oppresseur, la superbe (v. רָהַב).

מַדְוֶה *m.* Habit, seulem. *plur.* : וַיִּכְרֹת אֶת־מַדְוֵיהֶם בַּחֵצִי II Sam. 10. 4, il fit couper leurs habits au milieu.

מַדְוֶה *m.* (rac. דָּוָה). Maladie : אֵת כָּל־מַדְוֵה מִצְרַיִם Deut. 28. 60, toutes les maladies ou toutes les plaies de l'Égypte ; *plur.* : וְכָל־מַדְוֵי מִצְרַיִם הָרָעִים 7. 15, et toutes les maladies malignes de l'Égypte (dont Dieu avait frappé l'Égypte).

מַדּוּחִים *m. pl.* (rac. נָדַח). Séductions : מַשְׂאוֹת שָׁוְא וּמַדּוּחִים Lament. 2. 14, des prophéties pleines de mensonge et de séductions (qui t'éloignaient de moi).

מָדוֹן *m.* (rac. דּוּן, *pl.* מְדָנִים *cheth.*, souvent pour מִדְיָנִים *keri*). Querelle, différend : אִישׁ חֵמָה יְגָרֶה מָדוֹן Prov. 15. 18, l'homme colère excite des querelles ; מִדְיָנִים יַשְׁבִּית הַגּוֹרָל 18. 18, le sort fait cesser, apaise, les différends ; וְאִישׁ מָדוֹן Jér. 15. 10, et un homme de discorde ; מֵאֵשֶׁת מִדְיָנִים Prov. 21. 19, qu'(avec) une femme querelleuse ; un autre *plur.* : שִׂנְאָה תְּעֹרֵר מְדָנִים Prov. 10. 12, la haine excite des querelles ; תְּשִׂימֵנוּ מָדוֹן לִשְׁכֵנֵינוּ Ps. 80. 7, tu fais de nous un objet de dispute pour nos voisins.

מָדוֹן *m.* (rac. מָדַד). Mesure, haute taille : אִישׁ מָדוֹן (*cheth.* מָדִין) II Sam. 21. 20, un homme de très haute taille (v. מִדָּה).

מָדוֹן *n. pr.* d'une ville ou d'une contrée chananéenne, Jos. 11. 1.

מַדּוּעַ (composé de מָה et יָדוּעַ ou דֵּעָה, par quelle raison) *adv. interrog.* Pourquoi ? מַדּוּעַ נָתַתָּה לִּי Jos. 17. 14, pourquoi m'as-tu donné (seulement une part) ? מַדּוּעַ לֹא־יִבְעַר הַסְּנֶה Exod. 3. 3, pourquoi (comment il se fait que) ce buisson ne se consume point ; וְאִם־מַדּוּעַ Job 21. 4, ou pourquoi.

מְדוֹר chald. *m.* (rac. דּוּר). Demeure, séjour : וְעִם־חֵיוַת בָּרָא מְדֹרָךְ Dan. 4. 29, avec les bêtes de la campagne sera ton séjour (tu habiteras avec elles) ; דִּי

מְדָרְהוֹן 2. 11, (les dieux, ou les anges) dont la demeure (n'est pas parmi les hommes).

מְדוּרָה *f.* (rac. דור). Bûcher : מְדֻרָתָהּ אֵשׁ Is. 30. 33, son bûcher a du feu, est allumé ; גַּם־אֲנִי אַגְדִּיל הַמְּדוּרָה Ez. 24. 9, et moi aussi (c.-à-d. à mon tour) je ferai un grand bûcher.

מְדוּשָׁה *f.* (rac. דוש). Action de fouler, de briser ; *concret*, ce qui est foulé : מְדֻשָׁתִי וּבֶן־גָּרְנִי Is. 21. 10, (Dieu dit :) toi mon (peuple) foulé, opprimé, et fils de mon aire (brisé comme de la paille dans l'aire) ; selon d'autres : (le prophète dit :) toi peuple foulé, c.-à-d. corrigé par mes prophéties et fils de mon aire (comme le bon fruit après avoir été foulé).

מִדְחֶה *m.* (rac. דָּחָה). Chute : וּפֶה חָלָק יַעֲשֶׂה מִדְחֶה Prov. 26. 28, la bouche flatteuse prépare la chute, la ruine (de ceux qui l'écoutent).

מַדְחֵפוֹת *f. pl.* (rac. דָּחַף). Précipitation, chute, ruine : יְצוּדֶנּוּ לְמַדְחֵפֹת Ps. 140. 12, (que le mal que fait l'homme violent) le jette dans le précipice, l'entraîne à sa ruine ; selon d'autres, *adv.* : que le mal l'accable avec violence, ou avec promptitude.

מָדַי *f. n. pr.* 1° Madaï, fils de Japhet. — 2° La Médie, II Rois 17. 6 : מִזֶּרַע מָדָי Dan. 9. 1, de la race des Mèdes ; הַמָּדִי Dan. 11. 1, (Darius) le Mède.

מָדַי chald. *n. pr.* Médie : בְּמָדַי מְדִינְתָּא Esdr. 6. 2, dans le pays de Médie ; מָדָיָא (*keri* מָדָאָה) Dan. 6. 1, un Mède.

מַדַּי (composé de מַה et דַּי) Ce qui suffit : לֹא־הִתְקַדְּשׁוּ לְמַדַּי II Chr. 30. 3, (les prêtres) n'étaient pas sanctifiés suffisamment (en nombre suffisant).

מִדֵּי (v. דַּי).

מִדְיָן *m.* Querelle, seulem. au *plur.* מִדְיָנִים (*cheth.* presque toujours מְדָנִים), v. מָדוֹן.

מִדְיָן *n. pr.* 1° Midian, fils d'Abraham, Gen. 25. 2, souche d'un peuple arabe, les Madianites : כְּיוֹם מִדְיָן Is. 9. 3, comme à la journée de Madian, le jour de la défaite des Madianites (v. Jug. chap. 7 et 8) ; מִדְיָנִי un Madianite, *fém.* מִדְיָנִית, *pl.* מִדְיָנִים.

מִדִּין (douteux) : יֹשְׁבֵי עַל־מִדִּין Jug. 5. 10, (vous) qui êtes assis sur les siéges de la justice (de דִּין) ; selon d'autres : les nobles assis sur des tapis (*plur.* de מַד) ; selon d'autres : vous qui demeurez sur la route de Middin (qui avant la victoire était occupée par l'ennemi).

מִדִּין *n. pr.* Middin, ville de la tribu de Juda, Jos. 15. 61.

מְדִינָה *f.* (rac. דִּין). (Siége du gouvernement et de la justice.) Province, district : שָׂרָתִי בַּמְּדִינוֹת Lament. 1. 1, (Jérusalem) la reine des provinces ; עַל־מְדִינוֹת הַמֶּלֶךְ Esth. 1. 22, toutes les provinces du roi ; וּסְגֻלַּת מְלָכִים וְהַמְּדִינוֹת Eccl. 2. 8, les richesses des rois et des pays ; בְּנֵי הַמְּדִינָה Esdr. 2. 1, les habitants des provinces (les Israélites qui, pendant la captivité, avaient demeuré dans les provinces de Babylone).

מְדִינָה et מְדִינְתָּא chald. *f.* Province, pays : בִּמְדִינַת בָּבֶל Dan. 3. 1, dans la province de Babylone ; לִיהוּד מְדִינְתָּא Esdr. 5. 8, dans le pays de Judée ; *plur.* וּמְדִינָן Esdr. 4. 15, et מְדִינָתָא Dan. 3. 2, 3, les provinces.

מְדֹכָה *f.* (rac. דּוּךְ). Mortier : דָּכוּ בַּמְּדֹכָה Nomb. 11. 8, ils pilaient (la manne) dans un mortier.

מַדְמֵן *n. pr.* Madmen, ville dans le pays de Moab, Jér. 48. 2.

מַדְמֵנָה *f.* (rac. דֹּמֶן). Fumier : כְּהִדּוּשׁ מַתְבֵּן בְּמוֹ מַדְמֵנָה Is. 25. 10, comme la paille est foulée sur le fumier (v. דֹּמֶן), ou dans la boue.

מַדְמֵנָה *n. pr.* d'une ville, Madmenah, Is. 10. 31 ; peut-être la même que

מַדְמַנָּה *n. pr.* Madmannah, ville de la tribu de Juda, Jos. 15. 31.

מְדָן *n. pr.* Medan, fils d'Abraham et de Keturah, Gen. 25. 2.

מְדָנִים *pl.* 1° Les querelles (v. מָדוֹן). — 2° Les Madianites, Gen. 37. 36; (מְדָיָנִים 37. 28) v. מְדָן.

מַדָּע et מַדַּע *m.* (rac. יָדַע). Connaissance, intelligence: עַתָּה חָכְמָה וּמַדָּע תֶּן־לִי II Chr. 1. 10, maintenant donne-moi la sagesse et l'intelligence; וּמְבִינֵי מַדָּע Dan. 1. 4, et qui comprennent, qui possèdent, la science, les connaissances; גַּם בְּמַדָּעֲךָ Eccl. 10. 20, même dans ta pensée intime (quand cela ne sera connu que de toi).

מֹדַע Connaissance (v. מוֹדַע).

מַדְקְרוֹת *f. pl.* (rac. דָּקַר). Piqûres, blessures: כְּמַדְקְרוֹת חָרֶב Prov. 12. 18, comme des piqûres, blessures, que fait l'épée.

מְדָר chald. Demeure (v. מְדוֹר).

מַדְרֵגָה *f.* (rac. דָּרַג, v. דָּרַךְ marcher). Escalier, degré: בְּסֵתֶר הַמַּדְרֵגָה Cant. 2. 14, (la colombe qui se cache) dans la solitude d'un sentier ou d'un escalier (dans le rocher); selon d'autres: dans les trous, les enfoncements, du rempart; וְנָפְלוּ הַמַּדְרֵגוֹת Ez. 38. 20, les tours tomberont, ou: les remparts (qu'on élève par degrés, ou au moyen d'escaliers, d'échafaudages).

מִדְרָךְ *m.* (rac. דָּרַךְ). Endroit qu'on foule: מִדְרַךְ כַּף־רָגֶל Deut. 2. 5, (l'endroit) que foule la plante d'un pied (un pied de terre).

מִדְרָשׁ *m.* (rac. דָּרַשׁ). Interprétation, explication, étude, commentaire: מִדְרַשׁ סֵפֶר הַמְּלָכִים II Chr. 24. 27, le livre qui explique en détail l'histoire des rois; בְּמִדְרַשׁ הַנָּבִיא עִדּוֹ 13. 22, dans le livre historique du prophète Iddo; * וְלֹא הַמִּדְרָשׁ הוּא הָעִיקָּר Aboth, l'étude de la loi n'est pas le plus essentiel (mais la pratique); בֵּית הַמִּדְרָשׁ la maison d'étude, l'école; un grand nombre de livres, commentaires sur la Bible ou autres, ont pour titre מִדְרָשׁ.

מְדָתָא *n. pr.* Haman, fils de Medatha, ou le ה n'est pas *art.*, et le nom Hammedatha, Esth. 3. 1.

מָה, מַה, מֶה, מַ, מָ (מה avec une pause, et devant א et ר, rarement devant ח et ע, מֶה devant les lettres non gutturales, souvent suivi de *dagesch*, quelquefois devant ח, מֶה devant ה, ח, ע, rarement devant les autres lettres, et avec des préfixes comme לָמָּה, כַּמָּה, בַּמָּה, מַ et מָ dans des mots composés, comme מַדּוּעַ, מַלָּכֶם, מָתַם, מַזֶּה, etc.) 1° *Pronom interrogatif*, des choses: quoi? que? (comme מִי qui? des personnes): מֶה עָשִׂיתָ Gen. 4. 10, qu'as-tu fait? מָה־אֲדַבֵּר Is. 38. 15, que dirai-je? מַה־יֵּעָשֶׂה לוֹ Exod. 2. 4, (pour savoir) ce qui lui arriverait. Remplaçant le *substantif*: וְחָכְמַת־מֶה לָהֶם Jér. 8. 9, et la sagesse de quelle chose (quelle sagesse) ont-ils? selon d'autres: et leur sagesse qu'est-elle pour eux, à quoi peut-elle leur être utile? וְנַחְנוּ מָה Exod. 16. 7, et nous, (que) qui sommes-nous? Avant le *subst.*: מַה־בֶּצַע Ps. 30. 10, quelle utilité? וּמַה־דְּמוּת Is. 40. 18, et quelle image? Devant un *plur.*: מָה הֶעָרִים הָאֵלֶּה I Rois 9. 13, quelles sont ces villes, sont-ce là les villes (que tu m'as données)? — מַה־לָּךְ Jug. 1. 14, qu'as-tu, que désires-tu? מַה־לְּךָ הַיָּם כִּי תָנוּס Ps. 114. 5, qu'as-tu, ô mer! pour fuir? qu'est-ce qui t'oblige à fuir? מַה־לִּי וָלָךְ Jug. 11. 12, quelle affaire, quelle dispute, y a-t-il entre moi et toi? מַה־לְּךָ וּלְשָׁלוֹם II Rois 9. 18, qu'y a-t-il de commun entre toi et la paix? מַה־לַתֶּבֶן אֶת־הַבָּר Jér. 23. 28, quelle ressemblance, comparaison, y a-t-il entre la paille et le blé (entre le faux et le vrai)?

2° *Adv. inter.*, exprimant l'étonnement, l'admiration: מַה־נּוֹרָא הַמָּקוֹם הַזֶּה Gen. 28. 16, que ce lieu est terrible! מַה־טֹּבוּ אֹהָלֶיךָ יַעֲקֹב Nomb. 24. 5, que tes tentes sont belles, ô Jacob! מָה־רַבּוּ מַעֲשֶׂיךָ יְיָ Ps. 104. 24, que tes œuvres sont grandes, ô Éternel! — ou le mépris, le dédain: מָה־אֱנוֹשׁ כִּי־תִזְכְּרֶנּוּ 8. 5, qu'est-ce que l'homme pour que tu veuilles te souvenir de lui? אֲנִי מֶה־חָלֶד 89. 48, que je suis passager, combien ma vie est courte! וְאַהֲרֹן מַה־הוּא Nomb. 16. 11, car Aaron qui est-il? — Pourquoi? מַה־תִּצְעַק אֵלָי Exod. 14. 15, pourquoi cries-tu vers moi? מַה־תִּשְׁתּוֹחֲחִי נַפְשִׁי Ps. 42. 12, pourquoi, ô mon âme, es-tu abattue, triste?

3° *Pron. indéfini*, quelque chose, quoi qu'il soit : וּבַל־יָדְעָה־מָּה Prov. 9. 13, et qui ne sait rien; וִיהִי מָה אָרוּצָה II Sam. 18. 22, quoi qu'il soit, n'importe, je vais courir; וְיַעֲבֹר עָלַי מָה Job 13. 13, qu'il m'arrive n'importe quoi; selon d'autres : peut-être ma douleur passera-t-elle un peu, serai-je un peu soulagé (par mes paroles, mes plaintes).

4° *Pron. démonst.* suivi du *relatif* שֶׁ pour אֲשֶׁר, ou seul : ce qui, ce que : מַה־שֶּׁהָיָה Eccl. 1. 9, ce qui a été; מַה־שֶּׁיִּהְיֶה 8. 7, ce qui sera; מָה רְאִיתֶם עָשִׂיתִי Jug. 9. 48, ce que vous m'avez vu faire; וּדְבַר מַה־יַּרְאֵנִי Nomb. 23. 3, et tout ce que (Dieu) me montrera, m'apprendra.

5° *Adv. interrog. nég.*: מַה־מִּנִּי יַהֲלֹךְ Job. 16. 6, (et si je ne parle pas) qu'est-ce qui s'en ira d'auprès de moi? c.-à-d. ma douleur ne s'en ira, ne me quittera pas; וְאָדָם מַה־יָּבִין דַּרְכּוֹ Prov. 20. 24, mais l'homme, est-ce qu'il connaît (il ne connaît pas) son chemin? וּמָה אֶתְבּוֹנֵן עַל־בְּתוּלָה Job 31. 1, que je ne regarderai pas (ou : que je ne penserai pas à) une vierge.

Avec des *prépos*. 1° בַּמֶּה, בַּמָּה selon les diverses significations du ב : בַּמֶּה יִשְׁכָּב Exod. 22. 26, sur quoi couchera-t-il? בַּמָּה אֵדַע Gen. 15. 8, par quelle chose saurai-je? בַּמֶּה נֶחְשָׁב הוּא Is. 2. 22, à combien, à quelle valeur, (l'homme) est-il estimé? c.-à-d. il n'a aucune valeur; בַּמֶּה עָשָׂה יי כָּכָה II Chr. 7. 21, par quelle raison, pourquoi, Dieu a-t-il fait ainsi (à cette terre)? וּבַמֶּה נוּכַל לוֹ Jug. 16. 5, et par quel moyen nous pourrions le vaincre. — 2° כַּמֶּה et כַּמָּה Combien : כַּמָּה־רָחְבָּהּ וְכַמָּה אָרְכָּהּ Zach. 2. 6, combien (quelle) est sa largeur et quelle est sa longueur? כַּמָּה יְמֵי שְׁנֵי חַיֶּיךָ Gen. 47. 8, combien sont les années de ta vie (quel âge as-tu)? עַד־כַּמֶּה פְעָמִים I Rois 22. 16, combien de fois encore? יי כַּמָּה תִּרְאֶה Ps. 35. 17, Éternel, jusqu'à quand le verras (souffriras)-tu? זֶה כַּמֶּה שָׁנִים Zach. 7. 3, déjà plusieurs années; כַּמָּה יַמְרוּהוּ בַמִּדְבָּר Ps. 78. 40, combien de fois lui ont-ils désobéi dans le désert? כַּמָּה נֵר־רְשָׁעִים יִדְעָךְ Job 21. 17, combien de temps ça dure-t-il? c.-à-d. en peu de temps, bientôt, la lumière des impies s'éteint. — 3° לָמָּה, לָמֶה, et rarement לְמָה pourquoi? לָמָּה חָרָה לָךְ Gen. 4. 6, pourquoi es-tu en colère? לָמָּה זֶּה שְׁלַחְתָּנִי Exod. 5. 22, pourquoi donc m'as-tu envoyé? לָמָּה זֶּה אָנֹכִי Gen. 25. 22, pourquoi donc (suis)-je (au monde)? ou : pourquoi ai-je (désiré devenir mère)? לָמָּה יִקְצֹף הָאֱלֹהִים Eccl. 5. 5, pourquoi (veux-tu) que Dieu soit irrité, ou : de peur que Dieu ne soit irrité? לָמָּה תִשְׁבַּת הַמְּלָאכָה Néh. 6. 3, de peur que l'ouvrage ne soit négligé, ou : pourquoi sera-t-il négligé? שַׁלָּמָה אֶהְיֶה Cant. 1. 7, car pourquoi serai-je? ou : de peur que je ne sois (comme, etc.); אֲשֶׁר לָמָּה יִרְאֶה Dan. 1. 10, car s'il voit, de peur qu'il ne voie; לְמַבָּרִאשׁוֹנָה I Chr. 15. 13, (de לָמָּה et בָרִאשׁוֹנָה) parce que d'abord, la première fois (vous n'y étiez pas); Kimchi l'explique comme לְמַבָּרִאשׁוֹנָה lors de la première fois. — 4° עַד־מָה Jusqu'à quand : עַד־מָה יי תֶּאֱנַף Ps. 79. 5, jusqu'à quand, ô Éternel! seras-tu en colère? עַד־מָה אַשּׁוּר תִּשְׁבֶּךָּ Nomb. 24. 22, jusqu'à quand, ou jusqu'où, l'Assyrien t'emmènera-t-il en captivité? selon d'autres : car bientôt l'Assyrien, etc. — 5° עַל מָה Sur quoi : עַל־מָה אֲדָנֶיהָ הָטְבָּעוּ Job 38. 6, (savez-vous) sur quoi ses bases ont été affermies? — Pourquoi? עַל־מָה הִכִּיתָ אֶת־אֲתֹנְךָ Nomb. 22. 32, pourquoi as-tu battu ton ânesse? לָדַעַת מַה־זֶּה וְעַל־מַה־זֶּה Esth. 4. 5, pour apprendre ce que c'était, et pourquoi cela, pourquoi il faisait cela.

מַלְּכֶם Is. 3. 15, pour מַה לָּכֶם pourquoi (opprimez)-vous, etc.? ou : quel droit, quelle raison, avez-vous (d'opprimer)? מַזֶּה Exod. 4. 2, pour מַה זֶּה qu'est cela? מַתְּלָאָה Mal. 1. 13, selon quelques-uns, pour מַה תְּלָאָה quelle peine (v. מַתְּלָאָה)? vois aussi מַדּוּעַ pourquoi? מֵהֶם Ez. 8. 6, (*keri* מָה הֵם) ce qu'ils (font).

מָה chald. Même significat.: יָדַע מָה בַחֲשׁוֹכָא Dan. 2. 22, il connait ce qui est dans les ténèbres; מָה עֲבַדְתְּ 4. 32, que fais-tu? מָה דִּי לֶהֱוֵא 2. 28, ce qui arrivera; כְּמָה רַבְרְבִין — כְּמָה תַקִּיפִין 3. 33, que (ses prodiges) sont grands! que (ses merveilles) sont puissantes! לְמָה Pour que... ne, de peur que: לְמָה יִשְׂגֵּא חֲבָלָא Esdr. 4. 22, pour que, ou de peur que, le dommage ne devienne plus fort; דִּי־לְמָא לֶהֱוֵא קְצַף 7. 23, de peur que la colère ne vienne, ne tombe (sur le royaume).

מָהַהּ Seulement *Hithpalpel.* הִתְמַהְמַהּ Hésiter, tarder: וַיִּתְמַהְמָהּ וַיַּחֲזִיקוּ Gen. 19. 16, comme il hésitait, tardait, ils (le) saisirent; הִתְמַהְמְהוּ וּתְמָהוּ Is. 29. 9, arrêtez-vous dans vos pensées, réfléchissez, et vous serez surpris; אִם־יִתְמַהְמָהּ חַכֵּה־לוֹ Hab. 2. 3, si (ce temps, cet événement) tarde, diffère, attends-le (il arrivera).

מְהוּמָה *f.* (rac. הוּם). Trouble, consternation, terreur: יוֹם מְהוּמָה Is. 22. 5, un jour de trouble, de confusion; כִּי מְהוּמֹת רַבּוֹת II Chr. 15. 5, car les troubles, les terreurs, étaient extrêmes; מְהוּמַת־מָוֶת I Sam. 5. 11, la terreur de la mort; וּמְהוּמָה בוֹ Prov. 15. 16, si l'inquiétude, le trouble, accompagne (les richesses).

מְהוּמָן *n. pr.* Mehuman, l'un des eunuques du roi Assuérus, Esth. 1. 10.

מְהֵיטַבְאֵל (Dieu lui fait du bien) *n. pr.* 1° Mahetabel, père de Delaja, Néh. 6. 10. — 2° Mahetabel, fille de Matred, femme de Hadad, Gen. 36. 39.

מָהִיר *adj.* (rac. מָהַר). Prompt, expéditif, habile: אִישׁ מָהִיר בִּמְלַאכְתּוֹ Prov. 22. 29, un homme expéditif, habile dans son travail; סוֹפֵר מָהִיר Ps. 45. 2, un écrivain expéditif; וּמְהִר צֶדֶק Is. 16. 5, (un juge) prompt à rendre justice.

מָהַל Mêler. *Part. pass.*: סָבְאֵךְ מָהוּל בַּמָּיִם Is. 1. 22, (ta boisson) ton vin est mêlé d'eau (v. מול couper).

מַהֲלָךְ *m.* (rac. הָלַךְ). Voyage, chemin: עַד־מָתַי יִהְיֶה מַהֲלָכְךָ Néh. 2. 6, combien durera ton voyage, ou: quand aura lieu ton voyage; מַהֲלַךְ שְׁלֹשֶׁת יָמִים Jon. 3. 3, (Ninive avait) trois jours de chemin; וְנָתַתִּי לְךָ מַהְלְכִים Zach. 3. 7, je te donnerai des pas, c.-à-d. je te ferai marcher (entre les anges); selon d'autres: je te donnerai des guides (parmi les anges), v. הָלַךְ *Hiph.*

מַהֲלָל *m.* (rac. הָלַל). Louange: וְאִישׁ לְפִי מַהֲלָלוֹ Prov. 27. 21, et l'homme (doit éprouver, examiner attentivement) la bouche qui fait sa louange, qui le loue, ou: l'homme (est éprouvé) par la bouche qui le loue.

מַהֲלַלְאֵל (gloire de Dieu) *n. pr.* 1° Mahalalel, fils de Kenan, Gen. 5. 11. — 2° Néh. 11. 4.

מַהֲלֻמּוֹת *f. pl.* (rac. הָלַם). Des coups: וּמַהֲלֻמּוֹת לְגֵו כְּסִילִים Prov. 19. 29, et des coups (attendent) le dos des insensés.

מַהֲמֹרוֹת *f. pl.* (rac. חָמַר). Fosses: בְּמַהֲמֹרוֹת בַּל־יָקוּמוּ Ps. 140. 11, (qu'il les précipite) dans des fosses, d'où ils ne puissent se relever.

מַהְפֵּכָה *f.* (rac. הָפַךְ). Renversement, destruction: כְּמַהְפֵּכַת סְדֹם Deut. 29. 22, comme la destruction de Sodome; aussi כְּמַהְפֵּכַת אֱלֹהִים אֶת־סְדֹם Is. 13. 19, comme la destruction de Sodome faite par Dieu; כְּמַהְפֵּכַת זָרִים 1. 7, comme une destruction, une ruine, faite par des étrangers, des ennemis.

מַהְפֶּכֶת *f.* (rac. הָפַךְ). Selon les uns: instruments de torture, qui tournent, tordent les membres; selon les autres: prison, maison de correction: וַיִּתֵּן אֹתוֹ עַל־הַמַּהְפֶּכֶת Jér. 20. 2, il le fit lier aux bâtons, ou au carcan; ou: il le mit en prison; בֵּית הַמַּהְפֶּכֶת II Chr. 16. 10, la prison.

I מָהַר *Kal* inusité: אַחֵר מָהָרוּ Ps. 16. 4, douteux: (ceux qui) courent après un dieu étranger, une idole; ou plutôt, de II מָהַר, qui sacrifient aux idoles.

Pi. Se hâter, accélérer: יְמַהֵר יָחִישָׁה מַעֲשֵׂהוּ Is. 5. 19, qu'il se hâte, qu'il accomplisse bientôt son œuvre; וַיְמַהֵר אַבְרָהָם Gen. 18. 6, Abraham entra promptement (dans sa tente); מַהֲרִי שְׁלֹשׁ סְאִים קֶמַח 18. 6, apporte vite trois mesures de farine; מַהֲרָה מִיכָיְהוּ I Rois 22. 9, qu'on fasse venir promptement Michée; avec un autre *verbe* : מַהֵר הִמָּלֵט שָׁמָּה Gen. 19. 22, hâte-toi, sauve-toi en ce lieu-là (sauve-toi vite); מַה־זֶּה מִהַרְתָּ לִמְצֹא 27. 20, comment en as-tu trouvé si tôt? L'*inf.* מַהֵר devient souvent *adv.*: סָרוּ מַהֵר Jug. 2. 17, ils abandonnèrent bientôt (la voie); מַהֵר יְקַדְּמוּנוּ רַחֲמֶיךָ Ps. 79. 8, que tes miséricordes nous préviennent promptement; תְּמַהֵר לְדַבֵּר צָחוֹת Is. 32. 4, (la langue des bègues) parlera promptement et distinctement, ou : sera prête à, capable de, parler distinctement.

Niph. Être précipité, agir étourdiment, témérairement : וַעֲצַת נִפְתָּלִים נִמְהָרָה Job 5. 13, et le dessein des hommes rusés, des intrigants, est renversé; וּלְבַב נִמְהָרִים Is. 32. 4, et le cœur des insensés; הַגּוֹי הַמַּר וְהַנִּמְהָר Hab. 1. 6, ce peuple cruel et impétueux; לְנִמְהֲרֵי־לֵב Is. 35. 4, à ceux qui ont le cœur timide, abattu, qui se découragent.

II מָהַר S'attacher, gagner, une femme par des présents : מָהֹר יִמְהָרֶנָּה לּוֹ לְאִשָּׁה Exod. 22. 15, il lui donnera une dot, pour qu'elle soit sa femme (il la dotera, ou il lui assignera un douaire, et l'épousera); אַחֵר מָהָרוּ Ps. 16. 4, qui s'attachent aux idoles, croient gagner leur faveur par des offrandes (v. I מָהַר *Kal*).

מָהֵר *adj.* Prompt, se hâtant : קָרוֹב וּמַהֵר מְאֹד Zoph. 1. 14, (ce jour est) proche et prompt à venir, s'avance vite; מַהֵר *adv.*, vite, promptement (v. I מָהַר *Pi.*).

מֹהַר *m.* (v. II מָהַר). Le cadeau qu'on fait aux parents dont on épouse la fille : הַרְבּוּ עָלַי מְאֹד מֹהַר וּמַתָּן Gen. 34. 12, exigez de moi une forte somme et beaucoup de présents (mais donnez-moi cette jeune fille pour épouse); אֵין־חֵפֶץ לַמֶּלֶךְ בְּמֹהַר I Sam. 18. 25, le roi ne veut pas d'autre cadeau, pour t'accorder sa fille, que, etc.; כְּמֹהַר הַבְּתוּלֹת Exod. 22. 16, autant qu'il faut pour servir de dot à une jeune fille. (Selon Jarchi, le séducteur doit donner au père de la jeune fille la même somme que s'il avait usé de violence envers elle, à savoir : 50 sicles; v. Deut. 22. 28, 29.)

מְהֵרָה *f.* (rac. I מָהַר). Vitesse, promptitude : עַד־מְהֵרָה יָרוּץ דְּבָרוֹ Ps. 147. 15, sa parole, son ordre, court avec une extrême vitesse; presque toujours *adv.* : לֹא בִמְהֵרָה יִנָּתֵק Eccl. 4. 12, (le triple cordon) ne se rompra pas si vite, si tôt; וְהוֹלֵךְ מְהֵרָה Nomb. 17. 11, et porte-le vite (au peuple); מְהֵרָה חוּשָׁה I Sam. 20. 38, vite, hâte-toi.

מַהֲרַי *n. pr.* Maharaï de Netophat, un des chefs de l'armée de David, II Sam. 23. 28.

מַהֲתַלּוֹת *f. pl.* (rac. הָתַל). Illusions, tromperies; חֲזוּ מַהֲתַלּוֹת Is. 30. 10, ayez des visions trompeuses, prophétisez des impostures.

מוֹ Ne se trouve qu'avec les prépositions בְּ, כְּ, לְ, בְּמוֹ dans : בְּמוֹ־אֹפֶל Ps. 11. 2, dans l'obscurité, en embuscade; בְּמוֹ־אֵשׁ Is. 43. 2, dans le feu; בְּמוֹ רֹאשִׁי Job 16. 4, par, ou avec, ma tête; בְּמוֹ־פִי 16. 5, par ma bouche; כְּמוֹ comme (v. כְּמוֹ); לְמוֹ : לְמוֹ־חָרֶב Job. 27. 14, (c'est) pour l'épée; לְמוֹ־אָרֶב 38. 40, en embuscade; לְמוֹ־פִי 40. 4, sur ma bouche.

מוֹאָב *n. pr.* 1° (du père) Moab, fils de Lot, père des Moabites, Gen. 19. 30 à 38. — 2° Le pays de Moab et les Moabites, Jér. chap. 48; עַרְבוֹת מוֹאָב Deut. 34. 1, de la plaine de Moab; מוֹאָבִי un Moabite, *fém.* מוֹאָבִיָּה et מוֹאֲבִית.

מוֹאל pour מוּל ou מוּל. Ex. unique : הַהוֹלֶכֶת לְמוֹאל Néh. 12. 38, (le second chœur) qui marchait en face, à l'opposite (du premier).

מוֹבָא *m.* (rac. בּוֹא, v. מָבוֹא). Action d'aller, d'entrer, l'endroit par où l'on entre : וּמוֹצָאָיו וּמוֹבָאָיו Ez. 43. 11, les sorties et les entrées (du temple); וְלָדַעַת אֶת־מוֹצָאֲךָ וְאֶת־מוֹבָאֶךָ (*cheth.* מבואך) II Sam. 3. 25, et pour connaître tes allées et venues, toutes tes démarches.

מוּג 1° Couler, se fondre; *au fig.*

trembler, périr de peur, de frayeur : הַנּוֹגֵעַ בָּאָרֶץ וַתָּמוֹג Amos 9. 5, (Dieu) touche, frappe, la terre, et elle se fond, tremble ; לְמַעַן לָמוּג לֵב Ez. 21. 20, (*pléonasme* pour לְמַעַן מוּג) afin que les cœurs tremblent, ou se fondent, sèchent. — 2° *Trans.*: וַתְּמוּגֵנוּ בְּיַד־עֲוֺנֵנוּ Is. 64. 6, tu nous as fait fondre, périr, sous le poids de nos péchés ; peut-être aussi לְמַעַן לָמוּג לֵב Ez. 21. 20, pour dissoudre, faire sécher, le cœur.

Niph.: וְהִנֵּה הֶהָמוֹן נָמוֹג I Sam. 14. 16, et vois, la foule se dissipa, se débanda ; *au fig.*: נָמֹגוּ כֹּל יֹשְׁבֵי כְנָעַן Exod. 15. 15, tous les habitants de Chanaan se fondent, périssent de peur ; וְהַהֵיכָל נָמוֹג Nah. 2. 7, le temple tremble, s'écroule.

Pil.: בִּרְבִיבִים תְּמֹגְגֶנָּה Ps. 65. 11, tu amolliras (la terre) par les pluies ; וּתְמֹגְגֵנִי תֻּשִׁיָּה Job 30. 22, tu as fait fondre, tu m'as enlevé, la sagesse ; ou : la sagesse m'a dissout, brisé ; selon d'autres : tu as détruit mon salut, ma consolation.

Hithp.: וְהַגְּבָעוֹת הִתְמֹגָגוּ Nah. 1. 5, les collines se fondent ; נַפְשָׁם בְּרָעָה תִתְמוֹגָג Ps. 107. 26, leur âme s'est fondue à la vue de tant de maux, ils se sont découragés de peur, d'angoisse.

מוֹדַע et מֹדָע *m.* (rac. יָדַע). Connaissance ; *concret*, une connaissance, un ami : וּמֹדָע לַבִּינָה תִקְרָא Prov. 7. 4, et appelle la prudence, l'intelligence, amie ; וּלְנָעֳמִי מוֹדַע לְאִישָׁהּ Ruth 2. 1, Noémi avait un allié, parent de son mari.

מוֹדַעַת *f.* Même signif. : הֲלֹא בֹעַז מֹדַעְתָּנוּ Ruth 3. 2, Booz n'est-il pas notre parent ?

מוּט (*fut.* יָמוּט) Chanceler, trembler, être ébranlé : מָטָה רַגְלִי Ps. 94. 18, mon pied chancelle ; וְהַגְּבָעוֹת תְּמוּטֶינָה Is. 54. 10, et les collines trembleront ; מָטוּ מַמְלָכוֹת Ps. 46. 7, les royaumes ont été ébranlés ; וּבְרִית שְׁלוֹמִי לֹא תָמוּט Is. 54. 10, et mon alliance de paix (avec toi) ne sera pas ébranlée ; צַדִּיק מָט לִפְנֵי רָשָׁע Prov. 25. 26, un juste qui chancelle, qui tombe devant le méchant, qui lui cède ; וּמָטָה יָדוֹ עִמָּךְ Lév. 25. 35, et (si) sa main chancelle auprès de toi, c.-à-d. si sa fortune chancelle, s'il est près de sa ruine.

Niph. Même signif. que *Kal* : בַּל־נָמוֹטּוּ פְעָמָי Ps. 17. 5, afin que mes pas ne soient pas chancelants ; בַּל־אֶמּוֹט Ps. 10. 6, je ne serai pas ébranlé ; צַדִּיק לְעוֹלָם בַּל־יִמּוֹט Prov. 10. 30, le juste ne chancellera jamais.

Hiph. Faire tomber : כִּי־יָמִיטוּ עָלַי אָוֶן Ps. 55. 4, car ils font tomber sur moi des iniquités, ils m'imputent de faux crimes ; יָמִיטוּ עֲלֵיהֶם גֶּחָלִים (*keri* יִמּוֹטוּ *Niph.*) Ps. 140. 10, que des charbons tombent sur eux, ou qu'on fasse tomber, etc.

Hithph.: מוֹט הִתְמוֹטְטָה אֶרֶץ Is. 24. 19, la terre est ébranlée, tremble.

מוֹט *m.* 1° Chancellement, chute : וְלֹא־נָתַן לַמּוֹט רַגְלֵנוּ Ps. 66. 9, et il n'abandonna pas notre pied au chancellement (il n'a pas permis que nos pieds aient chancelé) ; לֹא־יִתֵּן לְעוֹלָם מוֹט לַצַּדִּיק 55. 23, il ne laissera pas le juste dans une agitation, dans un ébranlement éternel (il ne le laisse pas tomber pour toujours). — 2° Perche ou brancard pour porter une charge (nommé ainsi du mouvement chancelant) ; וַיִּשָּׂאֻהוּ בַמּוֹט Nomb. 13. 23, ils le portèrent sur une perche, ou un brancard ; וְנָתְנוּ עַל־הַמּוֹט 4. 10, ils le mettront sur un brancard. — 3° Joug (v. מוֹטָה) : אֶשְׁבֹּר מֹטֵהוּ מֵעָלָיִךְ Nah. 1. 13, je briserai son joug, le joug que l'ennemi avait posé sur ton cou.

מוֹטָה *f.* Bâton, joug : בְּמֹטוֹת עֲלֵיהֶם I Chr. 15. 15, avec des bâtons qu'ils portaient sur eux (sur leurs épaules) ; וָאֶשְׁבֹּר מֹטֹת עֻלְּכֶם Lév. 26. 13, j'ai brisé les liens (les bâtons) de votre joug ; et le joug même : בְּשִׁבְרִי־שָׁם אֶת־מֹטוֹת מִצְרַיִם Ez. 30. 18, quand j'y briserai le joug d'Égypte (qu'elle fait porter aux autres nations) ; selon d'autres, le sceptre, la force d'Égypte ; וְכָל־מוֹטָה תְּנַתֵּקוּ Is. 58. 6, et (pour que) vous brisiez chaque joug (que portent les autres).

מוּךְ (v. מָכַךְ) Descendre, faiblir; *spécialement* être ou devenir pauvre : כִּי־יָמוּךְ אָחִיךָ Lév. 25. 25, si ton frère devient pauvre; וְאִם־מָךְ הוּא מֵעֶרְכֶּךָ 27. 8, s'il est trop pauvre pour payer le prix de cette estimation.

מוּל (v. מָלַל et נָמַל). Couper, *spécial.* couper le prépuce, circoncire : אֹתָם מָל יְהוֹשֻׁעַ Jos. 5. 7, Josué les circoncit; וַיָּמָל אַבְרָהָם אֶת־יִצְחָק בְּנוֹ Gen. 21. 4, Abraham circoncit son fils Isaac; *au fig.*: וּמַלְתֶּם אֵת עָרְלַת לְבַבְכֶם Deut. 10. 16, circoncisez votre cœur, enlevez toute impureté, toute souillure, de votre esprit, ou domptez vos passions déréglées; *part. pass.*: כִּי־מֻלִים הָיוּ Jos. 5. 5, car ils étaient circoncis.

Niph. (*inf.* et *impér.* הִמּוֹל, *fut.* יִמּוֹל). Être circoncis, et se circoncire : בְּהִמֹּלוֹ בְּשַׂר עָרְלָתוֹ Gen. 17. 24, lorsqu'il se circoncit (la chair de son prépuce); *au fig.*: הִמֹּלוּ לַיהוָה Jér. 4. 4, faites-vous circoncire (d'une manière qui plaît) à l'Éternel, corrigez-vous de vos vices, de vos impuretés.

Pi. Couper : לָעֶרֶב יְמוֹלֵל וְיָבֵשׁ Ps. 90. 6, le soir (on) le coupe; ou, *passif*: il est coupé et il sèche.

Hiph. Abattre : כִּי אֲמִילַם Ps. 118. 10, 11, je les abattrai, je les exterminerai.

Hithph.: יִדְרֹךְ חִצָּו כְּמוֹ יִתְמֹלָלוּ Ps. 58. 8, dès qu'il lance ses flèches, ils seront comme coupés, ils s'affaibliront, ils seront brisés. (Voir pour les autres formes מָלַל.)

מוּל (une fois מוֹל Deut. 1. 1, une fois מוּאל, v. plus haut) *Prépos.* 1° Devant : וְקָרַבְתָּ מוּל בְּנֵי עַמּוֹן Deut. 2. 19, lorsque tu approcheras, que tu arriveras, devant les enfants d'Ammon; הֱיֵה אַתָּה לָעָם מוּל הָאֱלֹהִים Exod. 18. 19, sois pour le peuple devant Dieu, sois son interprète devant Dieu. — 2° En face, vis-à-vis : מוּל בֵּית פְּעוֹר Deut. 3. 29, vis-à-vis de Beth-Pegor; מוֹל סוּף 1. 1, vis-à-vis de la mer Rouge; de même אֶל־מוּל : אֶל־מוּל הָהָר הַהוּא Exod. 34. 3, près de ou vis-à-vis de cette montagne; חֶצְיוֹ אֶל־מוּל הַר־גְּרִזִים Jos. 8. 33, la moitié tournée vers le mont de Grisim; אֶל־מוּל אֶחָד I Sam. 17. 30, (il se tourna) vers un autre; souvent אֶל־מוּל פְּנֵי : אֶל־מוּל פְּנֵי הָאֹהֶל Exod. 26. 9, vers le devant du tabernacle; אֶל־מוּל פְּנֵי הַמִּלְחָמָה II Sam. 11. 15, à la tête, en avant du combat, au premier rang; מִמּוּל vers, du côté : מִמּוּל פָּנָיו Exod. 28. 27, vers le (par) devant; מִמּוּל נֶגֶב I Rois 7. 39, vers le (du côté du) midi; וְהוּא יֹשֵׁב מִמֻּלִי Nomb. 22. 5, et (ce peuple) demeure, ou est campé, près de ou vis-à-vis de moi; מִמּוּל שַׂלְמָה Mich. 2. 8, (vous arrachez aux passants le manteau) en même temps que la tunique; selon d'autres : (vous attaquez le pauvre) à cause de son habit (vous lui enviez même son habit, et vous le lui arrachez).

מוֹלָדָה *f.* (naissance), *n. pr.* Moladah, ville de la tribu de Juda, cédée plus tard à la tribu de Siméon, Jos. 15. 26 et 19. 2.

מוֹלֶדֶת *f.* (rac. יָלַד). 1° Naissance, origine : וְאֶת־מוֹלַדְתָּהּ Esth. 2. 10, (Esther ne disait pas) son origine; וּמֹלְדֹתַיִךְ מֵאֶרֶץ הַכְּנַעֲנִי Ez. 16. 3, ta naissance, ta race, (vient) de la terre de Chanaan; בְּאֶרֶץ מוֹלַדְתּוֹ Gen. 11. 28, dans le pays de sa naissance (où il était né); aussi seul, patrie : וְאֶל־מוֹלַדְתִּי תֵּלֵךְ Gen. 24. 4, tu iras (dans mon pays) et dans ma patrie. — 2° *Concret*, ceux qui naissent, les enfants : וּמוֹלַדְתְּךָ אֲשֶׁר־הוֹלַדְתָּ אַחֲרֵיהֶם 48. 6, mais les enfants que tu engendreras (ou que tu as engendrés) après eux; מוֹלֶדֶת בַּיִת Lév. 18. 9, (une femme) née dans la maison, c.-à-d. qui est fille de ton père et d'une autre femme que ta mère; selon d'autres : enfant légitime; l'opposé : מוֹלֶדֶת חוּץ (même verset), née hors de la maison, fille de ta mère, mais pas de ton père, ou enfant illégitime. — 3° Famille, race : וְרָאִיתִי בְּאָבְדַן מוֹלַדְתִּי Esth. 8. 6, (comment) pourrais-je voir la destruction de ma race (de mon peuple)?

מוֹלִיד (le producteur) *n. pr. m.* I Chr. 2. 29.

מוּלֹת *f. pl.* (rac. מוּל). Circoncision : חֲתַן דָּמִים לַמּוּלֹת Exod. 4. 26, un époux de sang, à cause de la circoncision (v. à חָתָן).

מוּם *m.* (v. מְאוּם). Défaut, tache, corruption : כָּל־אִישׁ אֲשֶׁר־בּוֹ מוּם Lév. 21. 18, tout homme qui aura un défaut (corporel); לֹא־הָיָה בוֹ מוּם II Sam. 14. 25, (depuis la plante des pieds jusqu'à la tête) il n'y avait pas en lui de défaut, de tache; וּמוּם אֵין בָּךְ Cant. 4. 7, il n'y a pas de tache en toi; לֹא בָּנָיו מוּמָם Deut. 32. 5, non, c'est la tache, la corruption, de ses enfants; selon d'autres : ils ne sont plus (ou ne se reconnaissent plus pour) ses enfants, à cause de leur corruption; אָז תִּשָּׂא פָנֶיךָ מִמּוּם Job 11. 15, alors tu pourras élever ton visage étant sans tache.

מוּסָב *m.* (rac. סָבַב) : מוּסַב־הַבַּיִת Ez. 41. 7, le circuit de la maison (une galerie, ou une suite de chambres, qui tournait autour du temple); mais שְׁתַּיִם מוּסַבּוֹת דְּלָתוֹת 41. 24, *part. du Hoph.*, deux battants de porte qui tournaient, ou qui se fermaient l'un sur l'autre.

מוּסָד *m.* (rac. יָסַד), seulement au *pl.* מוּסָדוֹת, const. מוּסְדוֹת et מוֹסְדֵי. Fondement, fondation : וְאֶבֶן לְמוֹסָדוֹת Jér. 51. 26, ni une pierre pour le fondement; בְּחוּקוֹ מוֹסְדֵי אָרֶץ Prov. 8. 29, lorsqu'il posa les fondements de la terre; מוֹסְדוֹת הַשָּׁמַיִם יִרְגָּזוּ II Sam. 22. 8, les fondements du ciel sont ébranlés; מוֹסְדֵי דוֹר־וָדוֹר תְּקוֹמֵם Is. 58. 12, tu relèveras les fondements (les ruines) des siècles passés; הֲלוֹא הֲבִינֹתֶם מוֹסְדוֹת הָאָרֶץ Is. 40. 21, n'avez-vous pas fait attention aux fondements de la terre, ou n'avez-vous pas compris sa fondation, la manière dont elle a été fondée?

מוּסָד *m.* Même signif.: פִּנַּת יִקְרַת מוּסָד מוּסָּד Is. 28. 16, une pierre angulaire magnifique, un fondement ferme, solide (le premier *subst.*, le deuxième *part. pass. du Hoph.* de יָסַד); מוּסַד בֵּית־יְיָ II Chr. 8. 16, les fondements du temple; מוֹסְדוֹת הַצְּלָעוֹת Ez. 41. 8 (*cheth.* מיסדות), les fondements, la base, des chambres aux côtés du temple.

מוּסָדָה *f.* Décret, chose décrétée : מַטֵּה מוּסָדָה Is. 30. 32, la verge du décret; ou *part. du Hoph.*: la verge qui est décrétée pour frapper (v. יָסַד *Pi.*).

מוּסָךְ *m.* (rac. סָכַךְ). Allée couverte : וְאֶת־מוּסַךְ הַשַּׁבָּת (*cheth.* מיסך) II Rois 16. 18, et l'allée couverte (où on s'arrêtait) le jour du sabbath.

* מוּסָף (*part. Hoph.* de יָסַף), ajouté pour קָרְבַּן מוּסָף sacrifice supplémentaire, *plur.* מוּסָפִים. On appelle également מוּסָף, ou תְּפִלַּת מוּסָף prière additionnelle, la prière qui en tient lieu, et qu'on récite les samedis, les jours de fête et chaque premier jour du mois.

מוֹסֵר *m.* (rac. אָסַר ou יָסַר, *pl.* מוֹסְרִים et מוֹסְרוֹת). Lien, chaîne : פִּתַּחְתָּ לְמוֹסֵרָי Ps. 116. 16, tu as délié, rompu, mes liens; נִתַּקְתִּי מוֹסְרוֹתַיִךְ Jér. 2. 20, j'ai brisé tes chaînes.

מוֹסֵר *n. pr.* d'un endroit, station dans le désert, Deut. 10. 6; מֹסֵרוֹת Nomb. 33. 30.

מוּסָר *m.* (rac. יָסַר). 1° Châtiment, correction : שֵׁבֶט מוּסָר Prov. 22. 15, la verge de la discipline; אַל־תִּמְנַע מִנַּעַר מוּסָר 23. 13, n'épargne point la correction à l'enfant; מוּסַר מְלָכִים פִּתֵּחַ Job 12. 18, il ouvre, il délie, la chaîne des rois, il brise leur tyrannie (v. מוֹסֵר); וּמוּסַר שַׁדַּי 5. 17, et le châtiment que le Tout-Puissant inflige. — 2° Remontrance, avertissement, instruction, morale : שְׁמַע בְּנִי מוּסַר אָבִיךָ Prov. 1. 8, écoute, mon fils, les instructions de ton père; מוּסָר לֹא לָקָחוּ Jér. 2. 30, ils n'ont point accepté l'avertissement (les châtiments ne les ont pas corrigés); מוּסָר — לַגּוֹיִם Ez. 5. 15, (tu seras) un avertissement, un exemple.... pour les peuples. — 3° Connaissance, doctrine : חָכְמָה וּמוּסָר וּבִינָה Prov. 23. 23, la sagesse, et la doctrine, et l'intelligence.

מוֹעֵד *m.* (rac. יָעַד). 1° Un temps fixé, déterminé : הַמּוֹעֵד אֲשֶׁר יְעָדוֹ II Sam. 20. 5, le temps, le terme, qu'il lui avait marqué; וְעַד־עֵת מוֹעֵד 24. 15, jusqu'au temps fixé, arrêté; לַמּוֹעֵד הַזֶּה Gen. 17. 21, dans ce même temps (à la même époque); יָדְעָה מוֹעֲדֶיהָ Jér. 8. 7, (la cigogne) connaît ses temps, le temps de son passage. — *Spécial.* jour de fête : וַיְדַבֵּר מֹשֶׁה אֶת־מֹעֲדֵי יְיָ Lév. 23.44, Moïse dit, apprit (aux enfants d'Israel), les fêtes de l'Éternel ; חָדְשֵׁיכֶם וּמוֹעֲדֵיכֶם Is. 1. 14, (je hais) vos solennités des premiers jours des mois et vos fêtes ; aussi לְיוֹם מוֹעֵד Osée 9. 5, au jour de fête ; וְהָיוּ לְאֹתֹת וּלְמוֹעֲדִים Gen. 1. 14, (les astres) serviront de signes pour marquer le temps, les saisons, ou les différents temps, les heures de la journée ; לְמוֹעֵד מוֹעֲדִים Dan.12.7, après un temps et plusieurs temps (années ou époques). — 2° Réunion, assemblée (voy. יָעַד *Niph.*) : קְרִאֵי מוֹעֵד Nomb. 16. 2, des hommes qu'on appelait aux assemblées; וּבֵית מוֹעֵד לְכָל־חָי Job 30.23, et la maison de réunion où vont tous les vivants (la tombe); וְאֵשֵׁב בְּהַר־מוֹעֵד Is. 14. 14, je m'asseyerai sur la montagne de la réunion, de l'alliance (Sion où toute la nation se réunit, ou Babylone où viennent les rois pour faire alliance). — אֹהֶל מוֹעֵד Exod. 27. 21, 40. 22, tente de réunion, le tabernacle, parce que c'était le lieu de réunion de toute la nation, ou parce que Dieu y communiquait avec Moïse ; aussi seul : שִׁחֵת מֹעֲדוֹ Lament. 2.6, il a ruiné le lieu de ses révélations, son tabernacle ; שָׂרְפוּ כָל־מוֹעֲדֵי־אֵל Ps.74.8, ils ont brûlé tous les lieux d'assemblée (où la nation s'assemblait) pour adorer Dieu ; וְהַמּוֹעֵד הָיָה לְאִישׁ יִשְׂרָאֵל Jug. 20. 38, et Israel était convenu d'un signal (avec ceux qui formaient l'embuscade); ou, sens 1° : avait fixé ce moment à l'embuscade.

מוֹעָד *m.* (rac. יָעַד). Assemblée, troupe : וְאֵין בּוֹדֵד בְּמוֹעָדָיו Is. 14. 31, et nul ne s'isole, n'est en retard, entre ses troupes (ceux qu'on rassemble), ou nul ne restera à l'écart au temps désigné.

מוּעָדָה *f.* (rac. יָעַד). Réunion, assignation : עָרֵי הַמּוּעָדָה Jos. 20. 9, les villes de réunion, de l'assignation, les villes assignées pour refuge, villes d'asile.

מוֹעֲדוֹת *f. pl.* Fêtes : וְלַמּוֹעֲדוֹת II Chr. 8. 13, et aux jours de fête (v. מוֹעֵד 1°).

מוֹעֶדֶת (v. מָעַד).

מוּעָף *m.* (rac. עוּף). Obscurcissement, ténèbres : כִּי לֹא מוּעָף Is. 8. 23, car il n'y eut pas des ténèbres, des malheurs pareils (lors de la première captivité); selon d'autres, de יָעֵף : car il n'y aura point de fatigue, d'affaiblissement (pour celui qui l'opprimera), il ne se relâchera pas.

מוֹעֵצָה *f.* (rac. יָעַץ). Conseil, inspiration, ne se trouve qu'au *pluriel* : וַיֵּלְכוּ בְּמֹעֵצוֹת — לִבָּם הָרָע Jér. 7. 24, ils ont suivi les inspirations de leur cœur corrompu ; ou *ellipse* : (leurs propres) inspirations (et la dépravation de leur cœur, etc.) ; יִפְּלוּ מִמֹּעֲצוֹתֵיהֶם Ps. 5. 11, qu'ils tombent par leurs conseils, par leurs mauvais desseins, ou de leurs conseils, c.-à-d. que leur règne cesse ; וּמִמֹּעֲצֹתֵיהֶם יִשְׂבָּעוּ Prov. 1. 31, et ils seront rassasiés (des fruits) de leurs conseils.

מוּעָקָה *f.* (rac. עוּק ou עִיק). Ex. unique : שַׂמְתָּ מוּעָקָה בְמָתְנֵינוּ Ps. 66. 11, tu as placé sur nos reins une entrave qui les resserre, ou : un fardeau (des afflictions qui pèsent comme un fardeau).

מוֹפֵת *m.* (rac. יָפָה, *plur.* מוֹפְתִים). Prodige, miracle : תְּנוּ לָכֶם מוֹפֵת Exod. 7. 9, donnez, faites un prodige pour vous, c.-à-d. pour qu'on vous croie ; très souvent des miracles de Dieu ensemble avec אוֹת : וַיִּתֵּן יְיָ אוֹתֹת וּמֹפְתִים Deut. 6. 22, et l'Éternel a fait (des signes), des miracles et des prodiges ; מֹפְתָיו וּמִשְׁפְּטֵי־פִיו Ps. 105. 5, (souvenez-vous) de ses prodiges, des jugements que sa bouche a prononcés ; aussi signe, preuve : וְנָתַן בַּיּוֹם הַהוּא מוֹפֵת I Rois 13. 3, il donna le même jour un signe, une preuve (pour la vérité de sa prophétie) ; וּבָא הָאוֹת וְהַמּוֹפֵת Deut. 13. 2, et si le signe et le prodige (que le faux prophète aurait prédits comme preuve) arrivent, s'accomplissent ; — הִנֵּה אָנֹכִי וְהַיְלָדִים לְאֹתוֹת וּלְמוֹפְתִים Is. 8. 18, voici, moi et les enfants (que Dieu m'a donnés) nous serons comme des signes et des preuves miraculeuses des choses qui arriveront; אַנְשֵׁי מוֹפֵת Zach. 3. 8, des hommes dignes de miracles, en faveur de qui ou par qui les prodiges ont lieu; כְּמוֹפֵת הָיִיתִי לְרַבִּים Ps. 71. 7, j'étais un avertissement ou un exemple pour beaucoup; וְהָיָה יְחֶזְקֵאל לָכֶם לְמוֹפֵת Ez. 24. 24, Ézéchiel vous sera un signe pour l'avenir (vous ferez ce qu'il a fait).

מוץ Presser. *Part.* : כִּי־אָפֵס הַמֵּץ Is. 16. 4, car celui qui les presse, qui leur arrache tout, ou celui qui les opprime, ne sera bientôt plus; selon d'autres, *adj.* de la racine מָצָה ou מִיץ.

מוֹץ et מֹץ *m.* La menue paille (la balle des graminées): יִהְיוּ כְּמוֹץ לִפְנֵי־רוּחַ Ps. 35. 5, qu'ils soient comme la menue paille devant (emportée par) le vent; כְּמוֹץ עָבַר יוֹם Soph. 2. 2, ce jour où l'homme passera comme la menue paille, ou: ce jour qui passera, etc. *Targg.* explique par ellipse: l'homme sera comme la menue paille emportée par le vent, et comme la fumée ou la pluie chassée par le jour, le soleil.

מוֹצָא *m.* (rac. יָצָא, *pl.* const. מוֹצָאֵי). 1° Action de sortir, sortie : וַיִּכְתֹּב מֹשֶׁה אֶת־מוֹצָאֵיהֶם Nomb. 33. 2, Moïse écrivit leurs sorties, marches; מִקְצֵה הַשָּׁמַיִם מוֹצָאוֹ Ps. 19. 7, à l'extrémité du ciel est sa sortie (le lever du soleil); כְּשַׁחַר נָכוֹן מֹצָאוֹ Osée 6. 3, son lever (l'apparition, la révélation de Dieu) est beau comme celui de l'aurore; מִן־מֹצָא דָבָר Dan. 9. 25, depuis la prononciation de l'arrêt. — 2° L'issue, l'endroit par où l'on sort : וּמוֹצָאָיו וּמוֹבָאָיו Ez. 43. 11, les sorties et les entrées du temple; לְמוֹצָאֵי מָיִם Is. 41. 18, (*exact.* en des lieux d'où les eaux sortent) en des sources d'eau; יֵשׁ לַכֶּסֶף מוֹצָא Job 28. 1, l'argent a une source, une mine, d'où on le tire; aussi *absol.* l'endroit d'où sort le soleil, l'orient: כִּי לֹא מִמּוֹצָא וּמִמַּעֲרָב Ps. 75. 7, car (votre secours, ou votre sort ne vient ou ne dépend) ni de l'orient ni de l'occident; puis, par extension, aussi du soir: מוֹצָאֵי בֹקֶר וָעֶרֶב תַּרְנִין Ps. 65. 9, tu fais chanter (tes louanges) depuis l'orient jusqu'à l'occident, ou depuis le matin jusqu'au soir; selon d'autres : on chante tes louanges à cause, à l'occasion, des astres qui apparaissent le matin et le soir. — 3° כָּל־מוֹצָא שְׂפָתֶיהָ Nomb. 30. 13, tout ce qui est sorti de ses lèvres, ses paroles, vœux, promesses; וּמוֹצָא הַסּוּסִים אֲשֶׁר לִשְׁלֹמֹה מִמִּצְרָיִם I Rois 10. 28, et l'origine des chevaux de Salomon était l'Égypte, ou : il les tira de l'Égypte; selon d'autres : l'exportation des chevaux de l'Égypte appartenait à Salomon, il fallut lui payer un droit pour les exporter.

מוֹצָא *n. pr.* 1° I Chr. 8. 36. — 2° 2. 46.

מוֹצָאָה *f.* 1° Origine : וּמוֹצָאֹתָיו מִקֶּדֶם Mich. 5. 1, et dont l'origine est dès le commencement, remonte au temps le plus reculé (v. מוֹצָא). — 2° וַיְשִׂימֻהוּ לְמוֹצָאוֹת II Rois 10. 27 (*keri*), et ils destinèrent cette place à des latrines (v. צֹאָה).

מוּצָק *m.* (rac. יָצַק). Ce qui est fondu, la fonte : וַיַּעַשׂ אֶת־הַיָּם מוּצָק I Rois 7. 23, il fit la mer de fonte; מוּצָק אֶחָד 7. 37, (les dix socles étaient) de la même fonte, c.-à-d. fondus d'une même matière; כִּרְאִי מוּצָק Job 37. 18, comme un miroir de fonte, d'airain; בְּצֶקֶת עָפָר לַמּוּצָק 38. 38, lorsque la poussière (se durcit) comme la fonte, l'airain.

מוּצָק *m.* (rac. I צוק). Étrécissement: וְרֹחַב מַיִם בְּמוּצָק Job 37. 10, et la largeur, l'étendue des eaux (est changée) en étrécissement, les eaux se resserrent; selon d'autres, de יָצַק (v. מוּצָק): les eaux larges se condensent, deviennent solides par le froid, ou : elles se répandent en abondance; *au fig.* : רַחַב לֹא־מוּצָק תַּחְתֶּיהָ 36. 16, (tu seras) au large sans étrécissement, sans gêne, sans danger.

מוּצָקָה ou מֻצֶקֶת *f.* (rac. יָצַק). 1° Fonte: יְצֻקִים בְּמֻצַקְתּוֹ II Chr. 4. 3, (ces bœufs) étaient fondus de la même fonte (en une seule pièce avec la mer). — 2° Canal ou vase : וְשִׁבְעָה מוּצָקוֹת לַנֵּרוֹת Zach.

4. 2, et sept canaux ou vases pour (faire couler ou pour verser l'huile) dans les lampes.

מוק *Hiph.* Railler: יָמִיקוּ וִידַבְּרוּ בְרָע עֹשֶׁק Ps. 73. 8, ils raillent (les autres) et disent avec malice le mal (qu'ils veulent faire, ou qu'ils imputent calomnieusement aux autres); selon d'autres: יָמִיקוּ ils détruisent, anéantissent (v. מָקַק).

מוֹקֵד *m.* (rac. יָקַד). 1° Feu, flamme: מִי־יָגוּר לָנוּ מוֹקְדֵי עוֹלָם Is. 33. 14, qui d'entre nous pourra rester, subsister, auprès des feux, des flammes éternelles? — 2° Matière inflammable: וְעַצְמוֹתַי כְּמוֹקֵד נִחָרוּ Ps. 102. 4, et mes os sont devenus secs comme du bois à brûler, comme une matière qui s'enflamme aisément.

מוֹקְדָה *f.* (rac. יָקַד). L'endroit où se fait le feu: עַל מוֹקְדָה עַל־הַמִּזְבֵּחַ Lév. 6. 2, à l'endroit où l'on brûle les holocaustes, ou sur le feu, sur l'autel.

מוֹקֵשׁ *m.* (rac. יָקַשׁ, *pl.* מוֹקְשִׁים, une fois מֹקְשׁוֹת Ps. 141. 9). Filet, piége: וּמוֹקֵשׁ אֵין לָהּ Amos 3. 5, sans qu'il y ait un filet pour l'oiseau (ou: sans oiseleur qui lui ait tendu le filet); מוֹקְשֵׁי מָוֶת Ps. 18. 6, les filets de la mort; בְּמוֹקְשִׁים יִנְקָב־אָף Job 40. 24, (qui) lui percera les narines avec des anneaux ou des pieux; עַד־מָתַי יִהְיֶה זֶה לָנוּ לְמוֹקֵשׁ Exod. 10. 7, jusqu'à quand cet homme sera-t-il pour nous un piége, une cause de ruine? כִּי־מוֹקֵשׁ הוּא לָךְ Deut. 7. 16, car cela serait un piége pour toi, cela causerait ta ruine.

מוֹר (v. מֹר).

מוּר ou מִיר *Kal* inusité. *Hiph.* (v. יָמַר). Changer: וְלֹא יְמִירֶנּוּ Lév. 27. 33, et il ne doit pas le changer (pour un autre); הֵמִיר כְּבוֹדוֹ בְּלוֹא יוֹעִיל Jér. 2. 11, (cependant mon peuple) a changé sa gloire pour de vaines idoles; *absol.*: וְלֹא יָמִר Ps. 15. 4, (il jure) et ne change pas, il ne viole jamais son serment; בְּהָמִיר אָרֶץ 46. 3, quand la terre changerait, quand elle serait renversée.

Niph.: וְרֵיחוֹ לֹא נָמָר Jér. 48. 11, et son odeur ne s'est point changée.

מוֹרָא *m.* (rac. יָרֵא). Peur, terreur: וּמוֹרַאֲכֶם Gen. 9. 2, et votre peur, c.-à-d. la peur que vous inspirez; אַיֵּה מוֹרָאִי Mal. 1. 6, où est la crainte, la vénération, que vous me devez? — L'objet que l'on craint: וְהוּא מוֹרַאֲכֶם Is. 8. 13, que (Dieu) soit votre crainte; יוֹבִילוּ שַׁי לַמּוֹרָא Ps. 76. 12, qu'ils apportent des présents à Dieu qui est terrible, qu'on doit craindre; aussi: וּבְמוֹרָאִים גְּדֹלִים Deut. 4. 34, et par des faits terribles et grands, par des miracles qui inspirent la terreur; הוֹי מוֹרְאָה Soph. 3. 1, la ville terrible, ou rebelle (v. מָרָה et רָאָה *Hoph.*).

מוֹרַג *m.* Nom d'un instrument qui sert à fouler le blé, chariot armé de faux: וְהַמּוֹרִגִּים לָעֵצִים I Chr. 21. 23, (je donne) des chariots pour servir de bois (aux sacrifices); וְהַמֹּרִגִּים II Sam. 24. 22; הִנֵּה שַׂמְתִּיךְ לְמוֹרַג Is. 41. 15, je te rendrai comme un chariot (tranchant et aux dents de fer).

מוֹרָד *m.* (rac. יָרַד). 1° Terrain qui va en baissant, penchant: וַיַּכּוּם בַּמּוֹרָד Jos. 7. 5, ils les battirent, tuèrent, sur le penchant de la colline; בְּמוֹרַד חוֹרֹנַיִם Jér. 48. 5, dans la descente de Horanaïm. — 2° מַעֲשֵׂה מוֹרָד I Rois 7. 29, en travail pendant, des ornements en festons; selon d'autres, de יָרַד travail uni, ou bien également appliqué.

מוֹרֶה *m.* (*part. Hiph.* de יָרָה). 1° מוֹרֶה וּמַלְקוֹשׁ Joel 2. 23, les premières et les dernières pluies, les pluies de la première et de l'arrière-saison (v. יוֹרֶה et יָרָה *Hiph.* 1°). — 2° Celui qui enseigne, professeur: כֹּהֵן מוֹרֶה II Chr. 15. 3, un prêtre qui enseigne, instruit; מוֹרֶיךָ Is. 30. 20, ceux qui t'enseignent, tes prophètes (v. כָּנָף); מִי כָמֹהוּ מוֹרֶה Job 36. 22, qui peut enseigner, éclairer, comme lui?

מוֹרֶה *n. pr.*: אֵלוֹן מוֹרֶה Gen. 12. 6, et אֵלוֹנֵי מֹרֶה Deut. 11. 30, l'arbre ou la plaine de Moré (près de Sichem), v. אֵלוֹן; גִּבְעַת הַמּוֹרֶה Jug. 7. 1, la colline de Moré; selon d'autres: la colline qui domine (la vallée), ou la colline des guides, de ceux qui montrent le chemin.

I מוֹרָה *m.* (rac. מָרָה). Rasoir : וּמוֹרָה לֹא־יַעֲלֶה עַל־רֹאשׁוֹ Jug. 13. 5, le rasoir ne passera pas sur sa tête.

II מוֹרָה Ex. unique : שִׁיתָה יי מוֹרָה לָהֶם Ps. 9. 21 (rac. יָרֵא pour מוֹרָא), Éternel, frappe-les de terreur, (ou rac. יָרָה comme מוֹרֶה) envoie-leur un avertissement, ou un homme qui les dirige, instruise, un législateur.

מוֹרָט *adj. m.* : גּוֹי מְמֻשָּׁךְ וּמוֹרָט Is. 18. 2, une nation qui avait été divisée, (tiraillée) et meurtrie, méprisée (rac. מָרַט); selon d'autres : une nation étendue, puissante et vive, violente, ou : dangereuse, terrible (de יָרַט).

מוֹרִיָּה (v. מֹרִיָּה).

מוֹרָשׁ *m.* (rac. יָרַשׁ). Possession : אֵת מוֹרָשֵׁיהֶם Obad. 1. 17, leurs possessions; מוֹרָשֵׁי לְבָבִי Job 17. 11, les possessions de mon cœur, mes pensées, mes espérances intimes.

מוֹרָשָׁה *f.* (rac. יָרַשׁ). Possession, héritage : לָכֶם מוֹרָשָׁה Exod. 6. 8, (je la donne) à vous comme possession; לִהְיוֹתְכֶם מוֹרָשָׁה Ez. 36. 3, pour que vous soyez l'héritage (des autres nations).

מוֹרֶשֶׁת גַּת *n. pr.* d'une ville, Mich. 1. 14, Moreseth Gath; selon d'autres : ceux qui possèdent Gath, les princes de Gath.

מוֹרַשְׁתִּי De la ville de Moreseth ou de Moresah (peut-être de מוֹרֶשֶׁת גַּת), Mich. 1. 1, (le prophète Michée) de Moreseth.

I מוּשׁ (*fut.* יָמוּשׁ). Reculer, se retirer, sortir, quitter : לֹא־מָשׁוּ מִקֶּרֶב הַמַּחֲנֶה Nomb. 14. 44, ils ne sortirent point du milieu du camp; אַל־נָא תָמֻשׁ מִזֶּה Jug. 6. 18, ne te retire point d'ici; כִּי הֶהָרִים יָמוּשׁוּ Is. 54. 10, quand les montagnes même reculeraient, ou seraient ébranlées; לֹא־יָמוּשׁ סֵפֶר הַתּוֹרָה הַזֶּה Jos. 1. 8, le livre de cette loi ne quittera pas (ta bouche), c.-à-d. tu le liras continuellement; *transit.* : וּמַשְׁתִּי אֶת־עֲוֹן Zach. 3. 9, et j'écarterai, j'effacerai, le péché.

Hiph. 1° *Transit.* Retirer : אֲשֶׁר לֹא־תָמִישׁוּ מִשָּׁם צַוְּארֹתֵיכֶם Mich. 2. 3, (des maux) dont vous ne retirerez, dégagerez point votre cou. — 2° *Intransit.* Même signif. que *Kal* : לֹא־יָמִישׁ עַמּוּד הֶעָנָן Exod. 13. 22, la colonne de nuée ne se retira jamais (pendant le jour); לֹא־תָמִישׁ רָעָה מִבֵּיתוֹ Prov. 17. 13, (*keri* תָמוּשׁ) le malheur ne sortira jamais de sa maison, ne la quittera pas; וְלֹא יָמִישׁ מֵעֲשׂוֹת פֶּרִי Jér. 17. 8, il ne manquera, ne cessera pas, de porter du fruit.

II מוּשׁ (le même que יָמַשׁ et מָשַׁשׁ) Toucher, palper : אוּלַי יְמֻשֵּׁנִי אָבִי Gen. 27. 12, si mon père venait à me toucher (v. vers. 21 et 22).

Hiph. : יְדֵיהֶם וְלֹא יְמִישׁוּן Ps. 115. 7, (les idoles) ont des mains, et elles ne peuvent pas toucher; הֲמִשֵׁנִי אֶת־הָעַמּוּדִים Jug. 16. 26 (*keri*), laisse-moi toucher les colonnes; selon d'autres, toutes ses formes sont de la racine מָשַׁשׁ.

מוֹשָׁב *m.* (rac. יָשַׁב, *plur.* מוֹשָׁבוֹת, une fois const. מוֹשָׁבֵי Ez. 34. 13). 1° La place ou le siége où on est assis : כִּי יִפָּקֵד מוֹשָׁבֶךָ I Sam. 20. 18, car ta place sera vide; בָּרְחוֹב אָכִין מוֹשָׁבִי Job 29. 7, lorsque j'érigeais mon siége dans la place publique. — 2° Habitation, demeure : מִשְׁמַנֵּי הָאָרֶץ יִהְיֶה מוֹשָׁבֶךָ Gen. 27. 39, la terre la plus grasse, fertile, sera ta demeure; בְּכֹל מוֹשְׁבֹתֵיכֶם Exod. 12. 20, dans tous les lieux où vous demeurerez; בֵּית־מוֹשַׁב Lév. 25. 29, une maison d'habitation, et עִיר מוֹשָׁב Ps. 107. 4, une ville d'habitation, c.-à-d. pour y demeurer : maison, ville, pour y demeurer, ou habitable. — 3° Compagnie, cercle : וּבְמוֹשַׁב לֵצִים Ps. 1. 1, et dans une réunion, un cercle, de moqueurs; וּבְמוֹשַׁב זְקֵנִים 107. 32, et dans l'assemblée des anciens. — 4° Séjour dans un lieu : וּמוֹשַׁב בְּנֵי יִשְׂרָאֵל Exod. 12. 40, le temps que les enfants d'Israel avaient demeuré (dans l'Égypte). — 5° Habitant : וְכֹל מוֹשַׁב בֵּית־צִיבָא II Sam. 9. 12, tous les habitants de la maison de Siba, ou : toute sa famille. —

6° מוֹשַׁב הָעִיר II Rois 2. 19, la situation de la ville.

מוּשִׁי *n. pr.* Musi, fils de Merari, Exod. 6. 19; מֻשִׁי I Chr. 6. 4; *patron.*, également מוּשִׁי Nomb. 3. 33.

מוֹשְׁכוֹת *f. plur.* (rac. מָשַׁךְ). Liens : אוֹ־מוֹשְׁכוֹת כְּסִיל תְּפַתֵּחַ Job 38. 31, ou peux-tu dissoudre, ouvrir, les liens (chaînes) de l'Orion ?

מוֹשָׁעוֹת *f. plur.* (rac. יָשַׁע). Salut : אֵל לְמוֹשָׁעוֹת Ps. 68. 21, un Dieu pour le salut, la délivrance, un Dieu sauveur.

מוּת (*prétérit* מֵת, מֵתָה, מַתָּה, מַתְנוּ, מֵתוּ, *part.* מֵת, מֵתִים, *inf.* לָמוּת, מוּת, מוֹתִי, *fut.* יָמוּת, וַיָּמָת, *imp.* מֻת) Mourir, périr, suivi de ב : רַבִּים אֲשֶׁר־מֵתוּ בְּאַבְנֵי הַבָּרָד Jos. 10. 11, le nombre était plus grand de ceux qui ont péri par cette grêle; אָמוּת בַּצָּמָא Jug. 15. 18, je mourrai de soif; de מִפְּנֵי : וַיָּמָת תַּחְתָּיו מִפְּנֵי הָרָעָב Jér. 38. 9, il serait mort de faim à cette place. — Des arbres : וּבֶעָפָר יָמוּת גִּזְעוֹ Job 14. 8, quand son tronc, sa souche, meurt dans la terre; de la terre : לָמָּה נָמוּת — גַּם־אֲנַחְנוּ גַּם־אַדְמָתֵנוּ Gen. 47. 19, pourquoi mourrons-nous et notre terre, c.-à-d. pourquoi restera-t-elle en friche? Du cœur : וַיָּמָת לִבּוֹ בְּקִרְבּוֹ I Sam. 25. 37, et son cœur était comme mort dans sa poitrine (il était consterné); d'un état : וּמֵת בְּשָׁאוֹן מוֹאָב Amos 2. 2, et Moab périra au milieu du bruit (des armes); *part.* מֵת mourant : הִנֵּה אָנֹכִי מֵת Gen. 48. 21, vous voyez que je vais mourir; et un mort : הַנֹּגֵעַ בְּמֵת Nomb. 19. 11, celui qui touche un mort; וְאֶקְבְּרָה מֵתִי Gen. 23. 4, afin que j'enterre mon mort (ma femme morte); וְזִבְחֵי מֵתִים Ps. 106. 28, les sacrifices offerts à des (dieux) morts, à des idoles.

Pi. (מוֹתֵת, מֹתְתוּ, *part.* מְמוֹתֵת, *fut.* יְמוֹתֵת). Tuer, faire mourir : תְּמוֹתֵת רָשָׁע רָעָה Ps. 34. 22, son injustice tue le méchant; מְמוֹתֵת אַחֲרָיו I Sam. 14. 13, (et son écuyer) qui le suivait tuait (les ennemis).

Hiph. (הֵמִית, הֵמַתָּ, avec suff. הֱמִיתוֹ, *part.* מֵמִית, *plur.* מְמִיתִים, *fut.* יָמִית). Même signif. : וַהֲמִתִּיהָ בַּצָּמָא Osée 2. 5, et je la ferai mourir de soif; לַהֲמִיתֵנוּ בַּמִּדְבָּר Nomb. 16. 13, pour nous faire périr dans ce désert; וְחַיָּתוֹ לַמְמִתִים Job 33. 22, et sa vie, ou son âme, (approche) des anges de la mort (selon d'autres : approche de la mort).

Hoph. Être tué : הֻמְתוּ בִּימֵי קָצִיר, II Sam. 21. 9, ils ont été tués dans les jours de la moisson; מוֹת יוּמַת הָרֹצֵחַ Nomb. 35. 16, le meurtrier sera mis à mort, exécuté.

מָוֶת *m.* (const. מוֹת). 1° La mort : כְּלֵי־מָוֶת Ps. 7. 14, des instruments de mort, des armes meurtrières; פֶּן־אִישַׁן הַמָּוֶת 13. 4, afin que je ne m'endorme point d'un sommeil de mort; בֶּן־מָוֶת I Sam. 20. 31, et אִישׁ מָוֶת I Rois 2. 26, un homme qui mérite la mort; לֹא — מָוֶת יְהַלְלֶךָּ Is. 38. 18, la mort (pour les morts) ne te louera, bénira pas; aussi des maladies mortelles, la peste : וְאַנְשֵׁיהֶם יִהְיוּ הֲרֻגֵי מָוֶת Jér. 18. 21, et que leurs maris meurent (soient enlevés) par la peste. — 2° Le séjour des morts : מִשַּׁעֲרֵי־מָוֶת Ps. 9. 14, des portes de la mort, et חַדְרֵי־מָוֶת Prov. 7. 27, le séjour de la mort, la tombe, ou les profondeurs de l'enfer; *plur.* : מוֹתֵי Ez. 28. 10, et וְאֶת־עָשִׁיר בְּמֹתָיו Is. 53. 9, (il est livré) à la mort par l'ordre des riches, des princes, ou comme des riches (qu'on tue pour avoir leurs biens); le *pluriel* des diverses manières de mort, des supplices : הַמָּוְתָה לַחֲסִידָיו Ps. 116. 15 (ה parag.), la mort de ses adorateurs, des pieux.

מוֹת chald. Mort : הֵן לְמוֹת Esdr. 7. 26, (il sera condamné) soit à la mort.

מוֹתָר *m.* (rac. יָתַר). 1° Abondance : בְּכָל־עֶצֶב יִהְיֶה מוֹתָר Prov. 14. 23, partout où il y a travail, effort, il y a l'abondance; אַךְ־לְמוֹתָר 21. 5, (les pensées de l'homme laborieux mènent) toujours à l'abondance. — 2° Avantage : וּמוֹתַר הָאָדָם מִן־הַבְּהֵמָה Eccl. 3. 19, l'avantage, la supériorité, de l'homme sur la bête.

מִזְבֵּחַ *m.* (rac. זָבַח, const. מִזְבַּח, avec suff. מִזְבְּחִי, מִזְבַּחֲךָ, *pl.* מִזְבְּחוֹת). Autel. Il y avait dans le temple : מִזְבַּח הָעֹלָה

Exod. 30. 28, l'autel des holocaustes; nommé : מִזְבַּח הַנְּחֹשֶׁת Exod. 39. 39, l'autel d'airain qui était placé dans le parvis (v. 40. 29); et מִזְבַּח הַקְּטֹרֶת 30. 27, l'autel des parfums; aussi מִזְבַּח הַזָּהָב 40. 26, l'autel d'or placé dans le temple même; aussi les autels des idoles: וְלֹא יִשְׁעֶה אֶל־הַמִּזְבְּחוֹת Is. 17. 8, il ne portera plus ses regards vers les autels (des idoles).

מֶזֶג *m.* Liqueur mêlée : אַל־יֶחְסַר הַמָּזֶג Cant. 7. 3, où la liqueur mêlée, parfumée, le vin aromatique, ne manque pas (v. מֶסֶךְ).

מְזֶה *adj.* Ex. unique : מְזֵי רָעָב Deut. 32. 24, brûlés, consumés, par la faim.

מִזָּה *n. pr.* Miza, fils de Rahuel, Gen. 36. 13.

מְזָוִים *m.pl.* Greniers : מְזָוֵינוּ מְלֵאִים Ps. 144. 13, nos greniers sont pleins (de fruits), ou : tous les coins de nos maisons, etc. (v. זָוִית).

מְזוּזָה *f.* (rac. זוז). Poteau de la porte : לִשְׁמֹר מְזוּזֹת פְּתָחָי Prov. 8. 34, (l'homme qui) garde les poteaux de mes portes, c.-à-d. qui fréquente ma maison; וְעָמַד עַל־מְזוּזַת הַשַּׁעַר Ez. 46. 2, il s'arrêtera près des poteaux de la porte; d'autres traduisent : sur le seuil de la porte. * מְזוּזָה le parchemin qui contient les versets 4-9 du chap. 6, et les versets 12-20 du chap. 11 du Deutéronome, et qu'on attache aux poteaux des portes, comme il est ordonné par ces versets mêmes.

מָזוֹן *m.* (rac. זון). Nourriture, vivres : וַיִּתֵּן לָהֶם הַמָּזוֹן לָרֹב II Chr. 11. 23, il leur donna des vivres en abondance.

מָזוֹן *m.* chald. Nourriture : וּמָזוֹן לְכֹלָּא־בֵהּ Dan. 4. 9, et de la nourriture pour tous était sur (cet arbre).

מָזוֹר *m.* (rac. I זור). Pansement d'une plaie, guérison, aussi la plaie (qu'on presse, bande) : אֶת־מְזֹרוֹ Osée 5. 13, (Juda a senti) sa plaie, son mal; וְלֹא־יִגְהֶה מִכֶּם מָזוֹר 5. 13, il ne vous guérira pas de votre mal, ou : il ne guérira aucun de vos maux, ou : il ne guérira aucun de vous par des remèdes; אֵין־דָּן דִּינֵךְ לְמָזוֹר Jér. 30. 13, il n'y a personne qui juge (ton cas) ta plaie capable de guérison; יָשִׂימוּ מָזוֹר תַּחְתֶּיךָ Obad. 7, ils te dressent des embûches, ou : ils te préparent des maux en secret.

מֵזַח *m.* Ceinture, *au fig.* force : וּלְמֵזַח תָּמִיד יַחְגְּרֶהָ Ps. 109. 19, et comme une ceinture dont il est toujours ceint; אֵין מֵזַח עוֹד Is. 23. 10, il n'y a plus de ceinture, c.-à-d. plus de force.

מְזִיחַ *m.* Ceinture, force : וּמְזִיחַ אֲפִיקִים רִפָּה Job 12. 21, et il délie la ceinture des puissants, il affaiblit leur force.

* מְזִיד (v. à זוד).

* מַזִּיק (*pl.* הַמַּזִּיקִין) Aboth, les esprits malfaisants (v. נָזַק).

מַזָּל (seulement *pl.* מַזָּלוֹת) *f.* Planète : לַשֶּׁמֶשׁ וְלַיָּרֵחַ וְלַמַּזָּלוֹת II Rois 23. 5, au soleil, à la lune et aux planètes (de נָזַל couler, marcher, v. אָזַל); d'autres traduisent : aux douze signes du zodiaque; * מַזָּל, מַזָּל טוֹב une heureuse planète, pour : bonne chance, du bonheur.

מַזְלֵג *m.* (rac. זָלַג). Fourchette : וְהַמַּזְלֵג שְׁלֹשׁ הַשִּׁנַּיִם I Sam. 2. 13, et la fourchette à trois dents; *pl.* מִזְלָגוֹת Exod. 38. 3.

מְזִמָּה *f.* (rac. זָמַם). Pensée, dessein, réflexion : וְלֹא יִבָּצֵר מִמְּךָ מְזִמָּה Job 42. 2, et qu'aucune pensée ne te manque; לְנַעַר דַּעַת וּמְזִמָּה Prov. 1. 4, (pour donner) au jeune homme la science et la prudence, la réflexion; נְצֹר תֻּשִׁיָּה וּמְזִמָּה 3. 21, conserve la sagesse et la prudence. — En mal, mauvais dessein, malice : יִתָּפְשׂוּ בִּמְזִמּוֹת Ps. 10. 2, ils seront pris dans les desseins (qu'ils avaient formés), dans leur propre malice; מְזִמּוֹת לִבּוֹ Jér. 23. 20, les desseins de son cœur (pour punir); וְאִישׁ מְזִמּוֹת Prov. 12. 2, et בַּעַל מְזִמּוֹת 24. 8, un artisan de malice; וּמְזִמּוֹת עָלַי תַּחְמֹסוּ Job 21. 27, les jugements injustes dont vous m'accablez (v. le même exemple à חָמַס); אֲשֶׁר יֹמְרוּךָ לִמְזִמָּה Ps. 139. 20, qui prononcent ton nom, t'invoquent, pour des desseins criminels, pour des crimes.

מִזְמוֹר *m.* (rac. II זָמַר). Chant, cantique, se trouve à la tête de beaucoup de psaumes : מִזְמוֹר לְדָוִד Ps. 3. 1, psaume de David.

מַזְמֵרָה *f.* (rac. I זָמַר). Serpette : וְכָרַת הַזַּלְזַלִּים בַּמַּזְמֵרוֹת Is. 18. 5, il coupera les branches de vignes avec des serpettes ; וַחֲנִיתוֹתֵיהֶם לְמַזְמֵרוֹת 2. 4, et de leurs lances (ils forgeront) des serpettes.

מְזַמֶּרֶת *f.* (rac. זָמַר). Ne se trouve qu'au *plur.*: מְזַמְּרוֹת I Rois 7. 50, II Rois 12. 14, Jér. 52. 18, mentionné entre les vases du temple ; selon les uns (de I זָמַר couper : des couteaux ou des mouchettes ; selon les autres (de II זָמַר chanter) : des instruments de musique.

מִזְעָר *m.* (rac. זָעַר, v. זְעֵיר). Petitesse, exiguïté ; du temps : כִּי־עוֹד מְעַט מִזְעָר Is. 10. 25, car encore un peu, encore un moment (dans très peu de temps) ; du nombre : וְנִשְׁאַר אֱנוֹשׁ מִזְעָר 24, 6, il n'y demeurera que très peu d'hommes.

מַזָּרוֹת *f. pl.* (douteux) : הֲתֹצִיא מַזָּרוֹת בְּעִתּוֹ Job 38. 32, est-ce que tu fais sortir, paraître, chacune en son temps, les étoiles, ou les signes du zodiaque (v. מַזָּל)? d'autres traduisent : l'étoile du matin, ou l'étoile polaire.

מְזָרִים *m. pl.*: une fois וּמִמְּזָרִים קָרָה Job 37. 9, et le froid vient du nord ou des vents d'aquilon (qui chassent les nuages, v. זָרָה) ; d'autres traduisent : des étoiles (comme מַזָּרוֹת).

מִזְרֶה *m.* (rac. זָרָה). Van, pelle : וָאֶזְרֵם בְּמִזְרֶה Jér. 15. 7, je les ai vannés avec le van, je les ai dispersés.

מִזְרָח *m.* (rac. זָרַח). Le levant, l'est, l'orient : מִמִּזְרַח־שֶׁמֶשׁ עַד־מְבוֹאוֹ Ps. 113. 3, du lever du soleil jusqu'à son couchant ; מִזְרַח שָׁמֶשׁ Deut. 4. 47, מִזְרָח Néh. 12. 37, מִזְרָחָה Exod. 27. 13, et מִזְרְחָה שָׁמֶשׁ Deut. 4. 41, du côté de l'Orient ; מִזְרַח יְרִיחוֹ Jos. 4. 19, à l'est, du côté de l'orient, de Jéricho.

מִזְרָע *m.* (rac. זָרַע). Semence : וְכֹל מִזְרַע יְאוֹר Is. 19. 7, toute la semence, tous les grains (semés) le long du fleuve.

מִזְרָק *m.* (rac. זָרַק, *pl.* מִזְרָקוֹת, const. מִזְרְקֵי). Vase pour jeter, répandre, le sang sur l'autel ; מִזְרָקוֹת חֲמִשִּׁים Néh. 7. 70, cinquante vases ou bassins ; מִזְרְקֵי כֶסֶף שְׁנֵים עָשָׂר Nomb. 7. 84, douze bassins d'argent ; puis, en général, vase, coupe : בְּמִזְרְקֵי יַיִן Amos 6. 6, (qui boivent le vin) dans de grandes coupes, ou à pleines coupes.

מֵחַ *adj.* Gras, seulement au *plur.*: עֹלוֹת מֵחִים Ps. 66. 15, des victimes grasses ; וְחָרְבוֹת מֵחִים גָּרִים יֹאכֵלוּ Is. 5. 17, et des étrangers (des pauvres) se nourriront dans les lieux abandonnés par les gras, c.-à-d. les riches, les nobles ; selon d'autres : les bêtes grasses paîtront dans ces lieux où elles étaient d'abord étrangères.

מֹחַ *m.* Moelle : וּמֹחַ עַצְמוֹתָיו יְשֻׁקֶּה Job 21. 24, et la moelle de ses os est arrosée, c.-à-d. pleine de sève.

מָחָא Battre : יִמְחֲאוּ־כָף Is. 55. 12, (tous les arbres) battront des mains, applaudiront, Ps. 98. 8.

Pi.: יַעַן מַחְאֲךָ יָד Ez. 25. 6, parce que tu as battu des mains (que tu t'es réjoui).

מְחָא chald. Frapper (v. מָחָא héb.) : וּמְחָת לְצַלְמָא Dan. 2. 34, et (lorsque la pierre) frappa la statue ; דִּי־מְחָת 2. 35, qui avait frappé.

Pa.: דִּי־יְמַחֵא בִידֵהּ Dan. 4. 32, (il n'y a personne) qui puisse repousser sa main, résister à sa main, l'empêcher de faire ce qu'il veut.

Ithph.: וּזְקִיף יִתְמְחֵא עֲלֹהִי Esdr. 6. 11, (ce morceau de bois) sera dressé, que (l'homme) y soit attaché, cloué.

מַחֲבֵא *m.* (rac. חָבָא). Refuge : כְּמַחֲבֵא־רוּחַ Is. 32. 2, comme un refuge pour mettre à couvert du vent.

מַחֲבֹאִים *m. pl.* Même signif.: מִכֹּל הַמַּחֲבֹאִים I Sam. 23. 23, d'entre tous les lieux de refuge où on se cache.

מַחְבֶּרֶת *f.* (rac. חָבַר). Jonction, le point qui joint, lie, une chose à l'au-

-tre : הַיְרִיעָה הַקִּיצֹנָה בַּמַּחְבָּרֶת Exod. 36. 17, du rideau qui était au bout, où une couverture devait être jointe, attachée à l'autre ; ou : au bout de l'assemblage, de la réunion, des rideaux joints ensemble ; לְעֻמַּת מַחְבַּרְתּוֹ 28. 27, près de l'endroit où l'éphod s'attache au rational, ou près de sa couture.

מְחַבְּרוֹת *f. pl.* (rac. חָבַר, *part. Pi.*). Ce qui lie, joint : וְעֵצִים לִמְחַבְּרוֹת II Chr. 34. 11, et du bois pour les poutres qui lient la charpente, ou la charpente entière ; וּבַרְזֶל — וְלַמְחַבְּרוֹת הֵכִין I Chr. 22. 3, il fit provision de fer aussi pour les crampons.

מַחֲבַת *f.* Poêle : מִנְחָה עַל־הַמַּחֲבַת Lév. 2. 5, une oblation de farine cuite dans la poêle ; מַחֲבַת בַּרְזֶל Ez. 4. 3, une poêle ou une plaque de fer.

מַחֲגֹרֶת *f.* (rac. חָגַר). Action de ceindre, ou, *concret*, ceinture : מַחֲגֹרֶת שָׂק Is. 3. 24, (au lieu d'habits riches) on portera, on mettra, des cilices ; ou : une ceinture faite d'une étoffe de crin et rude (v. שַׂק).

מָחָה 1° Enlever, effacer, essuyer, laver, exterminer : וּמָחָה אֲדֹנָי יֱהוִֹה דִּמְעָה Is. 25. 8, Dieu l'Éternel effacera (séchera) les larmes ; וּמָחֲתָה פִיהָ Prov. 30. 20, et elle s'essuie la bouche ; מְחֵנִי נָא מִסִּפְרְךָ Exod. 32. 32, efface-moi de ton livre ; וּמָחָה אֶל־מֵי הַמָּרִים Nomb. 5. 23, et il effacera (ces malédictions écrites) avec les eaux amères ; וְכָל־עֲוֹנֹתַי מְחֵה Ps. 51. 11, efface (oublie) tous mes péchés ; אֶמְחֶה אֶת־הָאָדָם Gen. 6. 7, j'exterminerai l'homme de dessus la terre ; וּמָחִיתִי אֶת־יְרוּשָׁלִַם כַּאֲשֶׁר יִמְחֶה II Rois 21. 13, je renverserai (je détruirai) Jérusalem comme on lave et retourne (un plat), ou : je lui enlèverai ses habitants. — 2° Toucher à, s'étendre jusque : וּמָחָה עַל־כֶּתֶף יָם־כִּנֶּרֶת Nomb. 34. 11, (la limite) touche à, s'étend jusqu'au lac de Cinereth (v. מָחָא).

Niph. (*fut.* יִמָּחֶה et יִמַּח) *passif* : וְלֹא־יִמָּחֶה שְׁמוֹ מִיִּשְׂרָאֵל Deut. 25. 6, afin que son nom ne soit pas effacé dans Israel ; וְנִמְחוּ מַעֲשֵׂיכֶם Ez. 6. 6, vos ouvrages seront détruits ; וַיִּמָּחוּ מִן־הָאָרֶץ Gen. 7. 23, ils furent exterminés de dessus la terre.

Hiph. Effacer, perdre : וְאַל־תֶּמַח חֲסָדַי Néh. 13. 14, et n'efface pas (n'oublie pas) mes bonnes œuvres ; וְחַטָּאתָם מִלְּפָנֶיךָ אַל־תֶּמְחִי Jér. 18. 23, et n'efface pas de devant tes yeux leurs péchés ; וּדְרָכֶיךָ לַמְחוֹת מְלָכִין Prov. 31. 3 (pour לְהַמְחוֹת, ou *Kal* pour לִמְחוֹת), et que ta conduite (ne te mène pas) à faire ce qui perd les rois, aux désordres qui les perdent.

Pou. Être gras, moelleux (v. מֵחַ, מֹחַ). *Part.* : שְׁמָנִים מְמֻחָיִם Is. 25. 6, des mets ou viandes grasses et pleines de moelle, moelleuses.

מְחוּגָה *f.* (rac. חוּג). Compas : וּבַמְּחוּגָה יְתָאֳרֵהוּ Is. 44. 13, et il trace sa forme au compas.

מָחוֹז *m.* (rac. חזז). But, port : וַיַּנְחֵם אֶל־מְחוֹז חֶפְצָם Ps. 107. 30, et il les a conduits au but, ou au port de leur désir (où ils désiraient arriver).

מְחוּיָאֵל et מְחִיָּיאֵל *n. pr.* Mehuïael, fils de Irad, Gen. 4. 17.

מַחֲוִים *n. pr.* : אֱלִיאֵל הַמַּחֲוִים I Chr. 11. 46, Eliel de la race des Mahavim, ou de la ville de Mahavim.

מָחוֹל *m.* (rac. חָלַל). Danse, branle : אָז תִּשְׂמַח בְּתוּלָה בְּמָחוֹל Jér. 31. 13, alors la vierge se réjouira à la danse ; הַלְלוּהוּ בְּתֹף וּמָחוֹל Ps. 150. 4, louez-le avec le tambour et la danse, ou : et dans les chœurs, ou : et sur la flûte ; הָפַכְתָּ מִסְפְּדִי לְמָחוֹל לִי Ps. 30. 12, tu as changé ma plainte triste en chœurs de danse, ou en chant de réjouissance.

מָחוֹל *n. pr.* Haman, Chalchol et Darda, fils de Mahol, I Rois 5. 11.

מְחוֹלָה et מְחֹלָה *f.* Danse (v. מָחוֹל) : כִּמְחֹלַת הַמַּחֲנָיִם Cant. 7. 1, comme une danse en deux rangs ; selon d'autres : comme un chœur de musique dans un camp ; בְּתֻפִּים וּבִמְחֹלֹת Exod. 15. 20, avec des tambours ou des timbales, et en exécutant des danses.

מַחֲזֶה *m.* (rac. חָזָה). Vision : אֲשֶׁר מַחֲזֵה שַׁדַּי יֶחֱזֶה Nomb. 24. 4, qui voit les visions du Tout-Puissant ; מַחֲזֵה־שָׁוְא חֲזִיתֶם Ez. 13. 7, vous avez vu des visions fausses, vaines.

מֶחֱזָה *f.* (rac. חָזָה). Fenêtre, ou face, angle : וּמֶחֱזָה אֶל־מֶחֱזָה I Rois 7. 4, 5, et fenêtre contre (vis-à-vis de) fenêtre ; selon d'autres : et un angle (du toit, ou des planches) était vis-à-vis de l'autre.

מַחֲזִיאוֹת *n. pr. m.* I Chr. 25. 4.

מְחִי *m.* (de מָחָא ou מָחָה frapper). Ce qui frappe : וּמְחִי קָבָלּוֹ יִתֵּן בְּחוֹמוֹתָיִךְ Ez. 26. 9, et il dressera contre tes murs, ce qui frappe contre, c.-à-d. les béliers, les machines de guerre, ou מְחִי les coups, קָבָלּוֹ de ses armes.

מְחִידָא *n. pr. m.* Esdr. 2. 52.

מִחְיָה *f.* (rac. חָיָה). 1° Conservation de la vie : כִּי לְמִחְיָה שְׁלָחַנִי אֱלֹהִים Gen. 45. 5, car Dieu m'a envoyé (avant vous) pour la conservation de votre vie ; וּלְתִתֵּנוּ מִחְיָה מְעַט Esdr. 9. 8, et pour nous donner (une petite conservation) un peu de vie. — 2° Les vivres : וְלֹא־יַשְׁאִירוּ מִחְיָה Jug. 6. 4, et ils ne laissaient pas de vivres (aux Israélites); וּמִחְיָתֶךָ Jug. 17. 10, (et je te donnerai) ta nourriture, tout ce qu'il te faut pour la vie. — 3° Trace, signe : וּמִחְיַת בָּשָׂר חַי בַּשְׂאֵת Lév. 13. 10, et (qu'il y aura) une trace, un signe, une marque de chair vive dans la plaie; ou une guérison de chair, un point, un endroit guéri ; מִחְיַת הַמִּכְוָה 13. 24, la trace de la brûlure, ou l'endroit de la brûlure, qui est guéri.

מְחִילָה *f.* (rac. מָחַל). Le pardon.

מְחִים *pl.* (v. מֵחַ).

מְחִיצָה *f.* Limite, séparation, aussi demeure.

מְחִיר *m.* (rac. מָחַר). Prix, échange, payement, salaire : וְלֹא יִשָּׁקֵל כֶּסֶף מְחִירָהּ Job 28. 15, elle ne s'achète pas au poids de l'argent, *littér.* et l'argent n'est pas pesé pour (être, ou pour payer) son prix ; כִּי־קָנוֹ אֶקְנֶה מֵאוֹתְךָ בִּמְחִיר II Sam. 24. 24, mais je veux (les) acheter de toi pour leur prix, pour de l'argent ; וּבְלוֹא מְחִיר Is. 55. 1, et sans prix, sans échange, c.-à-d. gratis ; לָמָּה־זֶּה מְחִיר בְּיַד־כְּסִיל Prov. 17. 16, à quoi sert l'argent, le bien, dans la main de l'insensé ? וּמְחִיר כֶּלֶב Deut 23. 19, un animal échangé contre un chien (v. כֶּלֶב) ; וְכֹהֲנֶיהָ בִּמְחִיר יוֹרוּ Mich. 3. 11, leurs prêtres enseignent pour un salaire.

מְחִיר *n. pr. m.* I Chr. 4. 11.

מָחַל Pardonner : מֶלֶךְ מוֹחֵל וְסוֹלֵחַ un roi qui pardonne et absout ; וּמוֹחֵל לְשִׁבְטֵי יִשְׂרָאֵל et qui pardonne aux tribus d'Israel.

מַחֲלֶה *m.* (rac. חָלָה). Faiblesse, maladie : רוּחַ אִישׁ יְכַלְכֵּל מַחֲלֵהוּ Prov. 18. 14, l'esprit de l'homme le soutient dans la maladie.

מַחֲלָה *f.* Maladie : וַהֲסִרֹתִי מַחֲלָה מִקִּרְבֶּךָ Exod. 23. 25, j'éloignerai, je bannirai, les maladies du milieu de vous.

מַחְלָה *n. pr.* 1° Mahla, fille de Selophhad, Nomb. 26. 33. — 2° Mahla, enfant de la sœur de Gelad, I Chr. 7. 18.

מְחֹלָה (v. מְחוֹלָה),

מְחִלָּה *f.* (rac. חָלַל). Caverne, antre : וּבִמְחִלּוֹת עָפָר Is. 2. 19, et dans les cavernes, les antres de la terre.

מַחְלוֹן *n. pr.* Mahlon, fils d'Elimelech, Ruth 1. 2.

מַחְלִי *n. pr.* 1° Mahli, fils de Merari, Exod. 6. 19. — 2° Mahli, fils de Musi, I Chr. 23. 23.

מַחֲלֻיִים *m. pl.* (rac. חָלָה). Maladies : בְּמַחֲלוּיִים רַבִּים II Chr. 24. 25, dans des maladies graves, des souffrances extrêmes.

מַחֲלָף *m.* (v. חָלַף 3°). Couteau : מַחֲלָפִים תִּשְׁעָה וְעֶשְׂרִים Esdr. 1. 9, vingt-neuf couteaux (pour tuer ou couper les sacrifices).

מַחְלְפוֹת *f. pl.* (rac. חָלַף) : שֶׁבַע מַחְלְפוֹת רֹאשִׁי Jug. 16. 13, 19, sept tresses, ou touffes, des cheveux de ma tête.

מַחֲלָצוֹת *f. pl.* (rac. חָלַץ) : וְהַלְבֵּשׁ אֹתְךָ מַחֲלָצוֹת Zach. 3. 4, et je te revêts d'un vêtement précieux ou nouveau (v. Is. 3. 22).

מַחֲלֹקֶת *f.* (rac. חָלַק, avec suff. מַחְלְקְתּוֹ, *plur.* מַחְלְקוֹת). 1° Division, classe : כְּמַחְלְקֹתָם לְשִׁבְטֵיהֶם Jos. 11. 23, selon leurs divisions, d'après leurs tribus; d'autres traduisent : selon la part qui était échue à chacun dans sa tribu ; הַמַּחֲלֹקֶת הָרִאשׁוֹנָה I Chr. 27. 2, la première division (troupe); מַחְלְקוֹת הַכֹּהֲנִים וְהַלְוִיִּם 28. 21, la division des prêtres et des Lévites (divisés par bandes). — 2° סֶלַע הַמַּחְלְקוֹת I Sam. 23. 28, selon les uns : le rocher de séparation (parce que les deux armées s'étaient séparées là l'une de l'autre); selon les autres : le rocher de l'indécision (de la part de Saül); * מַחֲלֹקֶת הִלֵּל וְשַׁמַּאי débats, controverse entre Hillel et Schamaï ; מַחֲלֹקֶת קֹרַח וְכָל־עֲדָתוֹ la querelle, la révolte, de Koreh et de toute sa bande, Aboth.

מַחְלְקָה chald. *f.* : וְלֵוָיֵא בְּמַחְלְקָתְהוֹן Esd. 6. 18, et les Lévites (furent établis) d'après leurs divisions.

מָחֲלַת *m.* Se trouve en tête des deux psaumes 53 et 88. Selon les uns, nom d'un instrument : Maheleth, ou l'air sur lequel on chantait ces psaumes ; selon les autres, עַל־מָחֲלַת touchant les souffrances d'Israel lors de la destruction du temple, ou la punition de leurs oppresseurs.

מָחֲלַת *n. pr.* 1° Mahalath, fille d'Ismael, femme d'Esaü, Gen. 28. 9. — 2° Mahalath, fille de Jerimoth, femme de Rehabeam, II Chr. 11. 18.

מְחֹלָתִי De la ville de Meholah, II Sam. 21. 8 (de Abel Meholah? Jug. 7. 22).

מַחְמָאוֹת *f. pl.* (de חֶמְאָה crème). Ce qui est délicat comme de la crème : חָלְקוּ מַחְמָאֹת פִּיו Ps. 55. 22, les paroles délicates, flatteuses, de sa bouche, sont douces ; ou le מ pour מִן : (les paroles) de sa bouche sont plus douces que la crème.

מַחְמָד *m.* (const. מַחְמַד, *pl.* מַחֲמַדִּים, rac. חָמַד). 1° La chose désirée, désirable, précieuse, chère : כָּל־מַחְמַד עֵינֶיךָ I Rois 20. 6, tout ce qui est précieux à tes yeux, ce à quoi tu tiens le plus ; וְכָל־מַחֲמַדֵּינוּ הָיָה לְחָרְבָּה Is. 64. 10, et ce que nous avions de plus précieux (nos palais ou notre temple) est devenu une ruine ; מַחֲמַדֵּי בִטְנָם Osée 9. 16, les enfants chéris de leur sein ; וּמַחֲמַדַּי הַטֹּבִים Joel 4. 5, et les choses les plus précieuses et les plus belles que j'avais ; וְכָל־כְּלֵי מַחֲמַדֶּיהָ II Chr. 36. 19, et tous ses vases précieux. — 2° Grâce, beauté : וְכֻלּוֹ מַחֲמַדִּים Cant. 5. 16, et tout en lui est grâce, beauté. — 3° מַחְמַד לְכַסְפָּם Osée 9. 6, les édifices délicieux qu'ils avaient élevés à tant de frais, ou : qui contenaient leur argent, leurs trésors.

מַחֲמֻדִּים *m. pl.* Les choses précieuses : כֹּל מַחֲמֻדֶיהָ Lament. 1. 7, (Jérusalem se souvient de) tout ce qu'elle avait de précieux, ou de toute sa gloire ; נָתְנוּ מַחֲמוֹדֵיהֶם בְּאֹכֶל (*cheth.*) 1. 11, ils ont donné leurs choses les plus précieuses pour de la nourriture.

מַחְמָל *m.* (rac. חָמַל). Ce qu'on désire, aime : וּמַחְמַל נַפְשְׁכֶם Ez. 24. 21, (le temple) objet de l'amour, des désirs de votre âme.

מַחְמֶצֶת *f.* (*part. Hiph.* de חָמֵץ). Fermenté : כָּל־מַחְמֶצֶת לֹא תֹאכֵלוּ Exod. 12. 20, vous ne mangerez rien de fermenté, avec du levain.

מַחֲנֶה *des deux genres* (rac. חָנָה, *pl.* מַחֲנִים, avec suff. מַחֲנֶיךָ, מַחֲנֵיהֶם, 2° *pl.* מַחֲנוֹת). Camp, armée : בְּמַחֲנֵה פְלִשְׁתִּים I Sam. 14. 19, dans le camp des Philistins ; בִּנְסֹעַ הַמַּחֲנֶה Nomb. 4. 5, quand le camp (la nation entière) se met en marche; כָּל־מַחֲנֵה סִיסְרָא Jug. 4. 16, toute l'armée de Sisara ; וַיְהִי הַמַּחֲנֶה כָּבֵד מְאֹד Gen. 50. 9, et le cortége était très nombreux ; מַחֲנוֹת יְיָ II Chr. 31. 2, les camps de Dieu, les places devant le temple où demeuraient les prêtres ; הַבְּמַחֲנִים אִם בְּמִבְצָרִים Nomb. 13. 19, si (ils demeurent) dans des camps, sous des tentes, ou dans des villes fortifiées; selon d'autres : dans des villes ouvertes, sans murs, ou dans des villes fortifiées ; *duel* כִּמְחֹלַת הַמַּחֲנָיִם Cant. 7. 1, comme une danse sur deux rangs (v. מְחֹלָה).

מַחֲנֵה־דָן (le camp de Dan) *n. pr.* d'une ville de Juda, appelée aussi קִרְיַת יְעָרִים Jug. 18. 12.

מַחֲנַיִם *n. pr.* d'une ville de la tribu de Gad, cédée aux Lévites, Jos. 21. 38, Mahanaïm (deux camps, v. Gen. 32. 3).

מַחֲנָק *m.* (rac. חָנַק). Strangulation : וַתִּבְחַר מַחֲנָק נַפְשִׁי Job 7. 15, mon âme préférerait la strangulation, c.-à-d. une mort violente.

מַחְסֶה et מַחֲסֶה *m.* (rac. חָסָה). Refuge : מַחְסֶה מִזֶּרֶם Is. 25. 4, un refuge contre la pluie d'orage ; סְלָעִים מַחְסֶה לַשְׁפַנִּים Ps. 104. 18, les rochers (servent) de retraite aux lapins ; *au fig.* : אֱלֹהִים לָנוּ מַחֲסֶה Ps. 46. 2, Dieu est notre refuge ; כִּי שַׂמְנוּ כָזָב מַחְסֵנוּ Is. 28. 15, parce que nous avons fait du mensonge notre refuge.

מַחְסוֹם *m.* (rac. חָסַם). Frein : אֶשְׁמְרָה לְפִי מַחְסוֹם Ps. 39. 2, je garderai ma bouche avec un frein, une muselière.

מַחְסוֹר *m.* (rac. חָסֵר). Manque, privation, besoin, pauvreté : וּמַחְסֹרְךָ כְּאִישׁ מָגֵן Prov. 6. 11, et ta pauvreté (viendra) comme un homme armé ; כָּל־מַחְסוֹרְךָ עָלָי Jug. 19. 20, je me charge de tous tes besoins, je te donnerai tout ce qui te sera nécessaire ; נוֹתֵן לָרָשׁ אֵין מַחְסוֹר Prov. 28. 27, celui qui donne au pauvre ne manquera de rien ; אִישׁ מַחְסוֹר 21. 17, un homme pauvre, dans l'indigence.

מַחְסֵיָה (Dieu est son refuge) *n. pr.* Mahasias, père de Neryah, Jér. 32. 12.

מָחַץ Fendre, briser, percer, blesser : יִמְחַץ רֹאשׁ אֹיְבָיו Ps. 68. 22, (Dieu) percera, brisera, la tête de ses ennemis ; מָחַץ בְּיוֹם־אַפּוֹ מְלָכִים 110. 5, il a brisé, ruiné, les rois au jour de sa colère ; מְחַץ מָתְנַיִם קָמָיו Deut. 33. 11, brise les reins (la force) de ses ennemis ; וְחִצָּיו יִמְחָץ Nomb. 24. 8, et avec ses flèches il perce d'outre en outre (pour וּבְחִצָּיו) ; מָחַץ רַהַב Job 26. 12, (et avec sa sagesse) il a brisé, dompté, l'orgueil, l'impétuosité (de la mer), ou : les hommes orgueilleux ; מָחַצְתִּי וַאֲנִי אֶרְפָּא Deut. 32. 39, je frappe, blesse, et je guéris ; לְמַעַן תִּמְחַץ רַגְלְךָ בְּדָם Ps. 68. 24, en sorte que ton pied pénétrera, marchera, dans le sang, ou : ton pied sera teint, sera rouge, de sang (comme חָמַץ 2°).

מַחַץ *m.* (rac. מָחַץ). Blessure : וּמַחַץ מַכָּתוֹ יִרְפָּא Is. 30. 26, quand il guérira la blessure dont il (le peuple) avait été frappé, qu'il avait reçue.

מַחְצֵב *m.* (rac. חָצַב). La taille (des pierres) : וְאַבְנֵי מַחְצֵב II Rois 12. 13, 22. 6, des pierres taillées, des pierres des carrières.

מֶחֱצָה *f.* (rac. חָצָה). Moitié : וַתְּהִי מֶחֱצַת הָעֵדָה Nomb. 31. 43, et la moitié (donnée) au peuple fut.

מַחֲצִית *f.* (rac. חָצָה). 1° Moitié, demi : מַחֲצִיתָהּ בַּבֹּקֶר וּמַחֲצִיתָהּ בָּעָרֶב Lév. 6. 13, la moitié (de l'oblation) le matin, et l'autre moitié le soir ; מַחֲצִית הַשֶּׁקֶל Exod. 30. 13, un demi-sicle. — 2° Milieu : מַחֲצִית הַיּוֹם Néh. 8. 3, le milieu du jour, midi.

מָחַק Enlever, ou fendre. Ex. unique : מָחֲקָה רֹאשׁוֹ Jug. 5. 26, elle lui a enlevé ou fendu la tête (v. מָחַץ) ; *מְחוֹק בְּרַחֲמֶיךָ הָרַבִּים efface dans ta miséricorde (tous les registres de nos péchés).

מֶחְקָר *m.* (rac. חָקַר). Profondeur : אֲשֶׁר בְּיָדוֹ מֶחְקְרֵי־אָרֶץ Ps. 95. 4, qui tient dans sa main les profondeurs (les lieux les plus cachés, les plus profonds) de la terre.

מָחָר *subst.* et *adv.* 1° Le lendemain, demain : מָחָר אֶתְּנֶנּוּ בְיָדֶךָ Jug. 20. 28, demain je les livrerai entre tes mains ; חֹדֶשׁ מָחָר I Sam. 20. 5, c'est demain le premier jour du mois ; אַל־תִּתְהַלֵּל בְּיוֹם מָחָר Prov. 27. 1, ne te glorifie point du, ou pour, le lendemain ; לְמָחָר Nomb. 11. 18, pour demain ; כָּעֵת מָחָר Exod. 9. 18, et מָחָר כָּעֵת הַזֹּאת Jos. 11. 6, demain à cette même heure ; כָּעֵת מָחָר הַשְּׁלִשִׁית I Sam. 20. 12, à cette heure, demain ou après-demain ; selon d'autres, מָחָר הַשְּׁלִשִׁית ensemble : le surlendemain. — 2° Un jour, à l'avenir : כִּי־יִשְׁאָלְךָ בִנְךָ מָחָר Exod. 13. 14, quand ton fils te demandera un jour ; בְּיוֹם מָחָר Gen. 30. 33, à l'avenir, en son temps (v. מָחֳרָת).

מַחֲרָאָה *f.* (rac. חָרָא). Ex. unique : וַיְשִׂימֻהוּ לְמַחֲרָאוֹת II Rois 10. 27, (*cheth.*) ils en firent des latrines (v. מוֹצָאָה).

מַחֲרֵשָׁה et מַחֲרֶשֶׁת *f.* (rac. חָרַשׁ). Deux instruments aratoires : אֶת־מַחֲרַשְׁתּוֹ I Sam. 13. 20, (de מַחֲרֵשָׁה) son soc de charrue ; וְאֶת מַחֲרַשְׁתּוֹ même verset, son coutre, ou sa serfouette, ou sa bêche ; au *plur.* : לַמַּחֲרֵשׁוֹת 13. 21, pour les socs de charrues, ou les coutres.

מָחֳרָת constr. מָחֳרַת. *f.* Même signif. que מָחָר : יוֹם הַמָּחֳרָת Nomb. 11. 32, le lendemain ; לַמָּחֳרָת Jon. 4. 7, et מִמָּחֳרָת Gen. 19. 34, le lendemain ; עַד מִמָּחֳרַת הַשַּׁבָּת הַשְּׁבִיעִת Lév. 23. 16, jusqu'au premier jour après la septième semaine ; aussi לְמָחֳרַת הַיּוֹם הַהוּא I Chr. 29. 21, le lendemain de ce jour ; avec suff. לְמָחֳרָתָם I Sam. 30. 17, (depuis ce soir jusqu'au soir) du lendemain, ou : jusqu'à leur lendemain, jusqu'au matin, après les deux soirs.

מַחְשֹׂף *m.* (rac. חָשַׂף). Action de dépouiller un arbre de l'écorce : מַחְשֹׂף הַלָּבָן Gen. 30. 37, en mettant à nu, en découvrant, le blanc (des branches).

מַחֲשָׁבָה et מַחֲשֶׁבֶת *f.* (rac. חָשַׁב, const. מַחֲשֶׁבֶת, *pl.* מַחֲשָׁבוֹת). Pensée, idée, dessein, conseil : מְאֹד עָמְקוּ מַחְשְׁבֹתֶיךָ Ps. 92. 6, tes pensées sont infiniment profondes ; לַחְשֹׁב מַחֲשָׁבֹת Exod. 31. 4, pour penser des idées ingénieuses (pour avoir une imagination inventive), ou : pour inventer des œuvres ingénieuses ; עָלַי חָשְׁבוּ מַחֲשָׁבוֹת Jér. 11. 19, qu'ils ont médité de mauvais desseins contre moi ; הֵנִיא מַחְשְׁבוֹת עַמִּים Ps. 33. 10, il rend vains les conseils des nations ; מַחֲשַׁבְתּוֹ הָרָעָה Esth. 9. 25, son mauvais dessein.

מַחְשָׁךְ *m.* (rac. חָשַׁךְ). Obscurité, ténèbres : וְהָיָה בְמַחְשָׁךְ מַעֲשֵׂיהֶם Is. 29. 15, et qui font leurs œuvres dans les ténèbres ; מְיֻדָּעַי מַחְשָׁךְ Ps. 88. 19, mes connaissances (amis) sont dans l'obscurité, c.-à-d. ils se cachent, me fuient ; *plur.* : הוֹשִׁיבַנִי בְמַחֲשַׁכִּים Ps. 143. 3, il m'a mis dans les lieux les plus obscurs (ou dans la tombe) ; מָלְאוּ מַחֲשַׁכֵּי־אֶרֶץ 74. 20, les lieux obscurs de la terre sont remplis (de repaires de brigands), ou : les hommes les plus obscurs, les plus méprisables, de la terre, remplissent (les demeures où règne la violence).

מַחַת *n. pr. m.* I Chr. 6. 20.

מַחְתָּה *f.* (rac. חָתָה). Instrument ou vase pour enlever ou porter les charbons : וּמַחְתֹּתָיו Exod. 27. 3, et les pelles ou les brasiers pour l'usage de l'autel ; מְלֹא־הַמַּחְתָּה גַּחֲלֵי־אֵשׁ Lév. 16. 12, une pelle pleine de charbons ; selon d'autres, un encensoir ; וּמַחְתֹּתֶיהָ Exod. 25. 38, et les éteignoirs (vases pour éteindre les cendres des lampes du chandelier).

מְחִתָּה *f.* (rac. חָתַת). Effroi, ruine, crainte : וּמְחִתָּה לְפֹעֲלֵי אָוֶן Prov. 10. 29, mais un effroi pour ceux qui font le mal ; פִּי־כְסִיל מְחִתָּה־לוֹ 18. 7, la bouche de l'insensé est (cause) sa ruine ; אַל תִּהְיֵה־לִי לִמְחִתָּה Jér. 17. 17, ne sois pas pour moi un sujet de crainte, de consternation ; מְחִתַּת דַּלִּים רֵישָׁם Prov. 10. 15, leur indigence donne aux pauvres de la crainte, les rend timides.

מַחְתֶּרֶת *f.* (rac. חָתַר). Fracture, effraction : אִם־בַּמַּחְתֶּרֶת יִמָּצֵא הַגַּנָּב Exod. 22. 1, si le voleur est surpris commettant le vol avec effraction ; לֹא־בַמַּחְתֶּרֶת מְצָאתִים Jér. 2. 34 (2e *pers. fém.*), tu ne les as pas trouvés à l'effraction, c.-à-d. ils n'avaient pas commis de crime ; selon d'autres (1re *pers.*) : je les ai trouvés (assassinés) non en secret, non secrètement.

מְטָא, מְטָה chald. Parvenir, s'élever, venir, s'accomplir : וְלָא־מְטוֹ לְאַרְעִית גֻּבָּא Dan. 6. 25, et avant qu'ils fussent parvenus au fond de la fosse ; וְעַד־עַתִּיק יוֹמַיָּא מְטָה 7. 13, et il s'avançait jusqu'à l'ancien des jours ; וְרוּמֵהּ יִמְטֵא לִשְׁמַיָּא 4. 8, sa cîme allait, s'élevait, jusqu'au ciel ; וּזְמְנָא מְטָה 7. 22, et le temps était venu, accompli ; דִּי מְטָת עַל־מָרִיא מַלְכָּא 4. 21, qui arrivera, s'accomplira, à mon maître le roi.

מַטְאֲטֵא *m.* Balai (v. à מאטא).

מַטְבֵּחַ *m.* (rac. טָבַח). Tuerie, massacre : הָכִינוּ לְבָנָיו מַטְבֵּחַ Is. 14. 21, préparez-vous à massacrer ses fils, *exact.* préparez le massacre à ses fils.

* **מִטְבָּחַיִם** (rac. טָבַח) Action d'abattre : בֵּית הַמִּטְבָּחַיִם Aboth, maison où on tue les bestiaux, abattoir.

מַטֶּה *des deux genres* (*pl.* מַטּוֹת, une fois avec suff. מַטָּיו Hab. 3. 14, rac. נָטָה). Ce qui s'étend. 1° Branche : וַיִּהְיוּ־לָהּ מַטּוֹת עֹז Ez. 19. 11, (cette vigne) avait, ou poussait, des branches solides. — 2° Verge, bâton : וַיְהִי לְמַטֶּה בְּכַפּוֹ Exod. 4. 4, et (le serpent) redevint verge dans sa main ; וּמַטְּךָ אֲשֶׁר בְּיָדֶךָ Gen. 38. 17, et ton bâton que tu tiens à la main ; מַטֵּה־אַהֲרֹן Exod. 7. 12, la verge d'Aaron ; וְשָׁבַרְתִּי לָכֶם מַטֵּה־לָחֶם Ez. 5. 16, je briserai votre bâton, le pain qui vous soutient, qui vous donne de la force ; je vous enverrai la famine. — 3° Sceptre : מַטֵּה עֻזְּךָ יִשְׁלַח יְיָ מִצִּיּוֹן Ps. 110. 2, l'Éternel étendra de Sion le sceptre de ta puissance ; הֶחָמָס קָם לְמַטֵּה־רֶשַׁע Ez. 7. 11, la violence, l'iniquité, s'élève, s'érige en une verge (pour punir) le crime ; et la punition même : שִׁמְעוּ מַטֶּה וּמִי יְעָדָהּ Mich. 6. 9, écoutez la punition (qui vous menace), et qui est celui qui l'a prononcée, arrêtée. — 4° Branche d'une nation, tribu : לְמַטֵּה שִׁמְעוֹן Nomb. 13. 5, de la tribu de Siméon, et וּלְמַטֵּה בְנֵי שִׁמְעוֹן 34. 20, et de la tribu des enfants de Siméon ; רָאשֵׁי הַמַּטּוֹת I Rois 8. 1, les chefs, les princes des tribus.

מַטָּה (de נָטָה se pencher) *adv.* Au-dessous, en bas : לְמַעַן סוּר מִשְּׁאוֹל מָטָּה Prov. 15. 24, pour s'éloigner du scheol (qui est) en bas (dans l'abîme) ; וְאַתָּה תֵרֵד מַטָּה מָּטָּה Deut. 28. 43, mais toi, tu descendras (décherras) toujours plus bas ; וְלֹא תִהְיֶה לְמָטָּה : לְמַטָּה Deut. 28. 13, tu ne seras pas au-dessous des autres ; הַיֹּרֶדֶת הִיא לְמַטָּה לָאָרֶץ Eccl. 3. 21, et si (l'âme des bêtes) descend en bas, dans la terre ; לְמִבֶּן עֶשְׂרִים שָׁנָה וּלְמָטָּה I Chr. 27. 23, de l'âge de vingt ans et au-dessous ; חָשַׂכְתָּ לְמַטָּה מֵעֲוֹנֵנוּ Esdr. 9. 13, tu as ôté (de la punition), tu nous as punis moins que nos péchés (n'ont mérité), ou : tu as effacé une partie de nos péchés ; מִלְּמַטָּה depuis le bas ; וְיִהְיוּ תֹאֲמִם מִלְּמַטָּה Exod. 26. 24, et (ces ais) seront joints depuis le bas ; עַל־שְׁתֵּי כִתְפוֹת הָאֵפוֹד מִלְּמַטָּה 28. 27, (attache-les) aux deux bandes de l'éphod en bas.

מִטָּה *f.* (rac. נָטָה). 1° Lit : עַל־רֹאשׁ הַמִּטָּה Gen. 47. 31, vers le chevet de son lit ; וְעַל־מִטָּתֶךָ Exod. 7. 28, et sur ton lit ; מִטּוֹת זָהָב וָכֶסֶף Esth. 1. 6, des lits d'or et d'argent (sur lesquels on était assis pendant les repas) ; וְיָשַׁבְתְּ עַל־מִטָּה כְבוּדָּה Ez. 23. 41, tu étais assise sur un lit magnifique ; הַשֹּׁכְבִים עַל־מִטּוֹת שֵׁן Amos 6. 4, qui reposent sur des lits, des sofas d'ivoire. — 2° Bière, cercueil : וְהַמֶּלֶךְ דָּוִד הֹלֵךְ אַחֲרֵי הַמִּטָּה II Sam. 3. 31, et le roi David marchait après le cercueil (qui contenait les cendres d'Abner).

מֻטֶּה *m.* (rac. נָטָה, *part.* du *Hoph.*). Déni de justice, violence : וְהָעִיר מָלְאָה מֻטֶּה Ez. 9. 9, et la ville est pleine d'injustice, de violence.

מְטֹהָר (v. טָהַר).

מֻטּוֹת *pl.* Étendue : מֻטּוֹת כְּנָפָיו Is. 8. 8, l'étendue de ses ailes.

מַטְוֶה *m.* (rac. טָוָה). Ce qui est filé : וַיָּבִיאוּ מַטְוֶה Exod. 35. 25, elles offrirent ce qu'elles avaient filé.

מְטִיל *m.* Barre. Ex. unique : גְּרָמָיו כִּמְטִיל בַּרְזֶל Job 40. 18, ses os sont comme des barres de fer.

מַטְמוֹן *m.* (rac. טָמַן). L'endroit où l'on conserve les choses, et les choses mêmes que l'on garde, richesses, trésor : יֶשׁ־לָנוּ מַטְמֹנִים בַּשָּׂדֶה Jér. 41. 8, nous avons des greniers, ou des richesses cachées dans nos champs (en blé, etc.) ; וְכַמַּטְמוֹנִים תַּחְפְּשֶׂנָּה Prov. 2. 4, et si tu la recherches comme (on cherche) des trésors cachés; וּמַטְמֻנֵי מִסְתָּרִים Is. 45. 3, et des richesses secrètes; מַטְמוֹן Gen. 43. 23, un trésor.

מַטָּע *m.* (rac. נָטַע). Action de planter, plantation: לְמַטָּעֵי כָרֶם Mich. 1. 6, en un lieu planté de vignes; נֵצֶר מַטָּעַי Is. 60. 21, un rejeton de ma plantation (planté par moi).

מַטְעַמִּים *m. pl.*, et **מַטְעַמּוֹת** *f. pl.* (rac. טָעַם). Mets délicats, exquis: וַעֲשֵׂה־לִי מַטְעַמִּים Gen. 27. 4, et apprête-moi un mets délicieux, d'un goût délicat; אַל־תִּתְאָו לְמַטְעַמּוֹתָיו Prov. 23. 3, ne désire point de ses mets délicats.

מִטְפַּחַת *f.* (rac. טָפַח). Manteau, robe ample: הַמִּטְפַּחַת אֲשֶׁר־עָלַיִךְ Ruth 3. 15, le manteau que tu as sur toi; וְהַמִּטְפָּחוֹת Is. 3. 22, et les robes amples des femmes (selon d'autres: les tabliers, ou les gants, v. טָפַח).

מָטַר *Kal* inusité. *Hiph.* Faire tomber, faire pleuvoir: כִּי לֹא הִמְטִיר יְיָ Gen. 2. 5, car Dieu n'avait pas (encore) fait pleuvoir; מֵהַמְטִיר עָלָיו מָטָר Is. 5. 6, de faire tomber la pluie sur (la vigne); וַיַּמְטֵר יְיָ בָּרָד Exod. 9. 23, l'Éternel fit pleuvoir la grêle; יַמְטֵר עַל־רְשָׁעִים פַּחִים Ps. 11. 6, il fera pleuvoir sur les méchants, c.-à-d. il leur préparera, des piéges (mieux: des éclairs, v. פַּח); הִנְנִי מַמְטִיר לָכֶם לֶחֶם Exod. 16. 4, je vais vous faire pleuvoir du pain (du ciel, la manne).

Niph. Être arrosé: חֶלְקָה אַחַת תִּמָּטֵר Amos 4. 7, un champ sera arrosé par la pluie.

מָטָר *m.* La pluie: מְטַר זַרְעֲךָ Is. 30. 23, la pluie qui est nécessaire pour tes grains; une fois *plur.*: וְגֶשֶׁם מִטְרוֹת עֻזּוֹ Job 37. 6, (il commande) à la pluie et aux orages (effet) de sa puissance, ou aux orages furieux.

מַטָּרָא (v. מַטָּרָה).

מַטְרֵד *n. pr.* Matred, fille de Mezahab, Gen. 36. 39.

מַטָּרָה et **מַטָּרָא** *f.* (rac. נָטַר). 1° Lieu où l'on garde, la prison: בַּחֲצַר הַמַּטָּרָה Jér. 38. 13, dans la cour, ou le vestibule, de la prison. — 2° Le but auquel on vise, tire: לְשַׁלַּח־לִי לְמַטָּרָה I Sam. 20. 20, comme si je tirais à un but; כַּמַּטָּרָא לַחֵץ Lament. 3. 12, (il m'a placé) comme le but pour ses flèches.

מַטְרִי *n. pr.* La famille de Matri, de la tribu de Benjamin, d'où sortit le roi Saül, I Sam. 10. 21.

מַי *m.*, seulem. au *plur.* מַיִם (const. מֵי, avec suff. מֵימֶיךָ, מֵימַי). Eau. Les *adj.* qui l'accompagnent, toujours au *plur.*: בְּאֵר מַיִם חַיִּים Gen. 26. 19, une source d'eau vive; מֵי הַמָּרִים Nomb. 5. 19, (tu seras épargnée) par ces eaux amères; יַמְשֵׁנִי מִמַּיִם רַבִּים Ps. 18. 17, il m'a tiré du milieu des grandes eaux; mais le *verbe*, tantôt au *sing.*, tantôt au *plur.*: וַיָּשֻׁבוּ הַמַּיִם Gen. 8. 3, les eaux se retirèrent, et יִזַּל־מַיִם מִדָּלְיָו Nomb. 24. 7, l'eau coulera de ses seaux; מֵי נִדָּה לֹא־זֹרַק עָלָיו 19. 13, l'eau de lustration n'a pas été aspergée sur lui. Avec des *n. pr.* מַיִם signifie source, ruisseau, lac, etc.: מֵי מְגִדּוֹ Jug. 5. 19, les eaux de Meguiddo (le torrent Cison); מֵי מֵרוֹם Jos. 11. 5, les eaux de Merom (un lac); מֵימֵי מִצְרַיִם Exod. 7. 19, les eaux d'Égypte (à savoir: les fleuves, ruisseaux, etc.); מֵי־רֹאשׁ Jér. 8. 14, les eaux, le suc du poison, ou mêlées de poison (v. רֹאשׁ); מֵימֵי רַגְלֵיהֶם Is. 36. 12, (*keri*) leur urine; *au fig.*: וּמִמֵּי יְהוּדָה יָצָאוּ Is. 48. 1, et qui sont sortis de la source de Juda, c.-à-d. ses descendants; סַבּוּנִי כַמַּיִם כָּל־הַיּוֹם Ps. 88. 18, ils m'ont environné tout le jour comme les eaux, c.-à-d. de toutes parts; בָאוּ מַיִם עַד־נָפֶשׁ 69. 2, les eaux sont venues jusqu'à ma vie, ma vie est en grand danger; וַיְהִי לְמָיִם Jos. 7. 5, (le cœur du peuple) devint comme de l'eau, ils perdirent tout courage. — Dans les *n. pr.*: מֵי זָהָב Gen. 36. 39, (éclat d'or) Matred, fille de Mezahab; selon d'autres: fille d'un fondeur d'or; מֵי הַיַּרְקוֹן Jos. 19. 46, (les eaux jaunes) *n. pr.* d'une ville de Dan; מֵי נֶפְתּוֹחַ Jos. 15. 9, la fontaine Nephthoha (de l'ouverture) dans le pays de Juda.

מִי *pron. interrog.* Qui? (des personnes; v. מָה quoi? des choses) : מִי־הָאִישׁ הַלָּזֶה Gen. 24. 65, qui est cet homme? *fém.* מִי־אָתְּ Ruth 3. 9, qui es-tu? *plur.* מִי־אֵלֶּה לָּךְ Gen. 33. 5, qui sont ceux-là qui sont avec toi? ou sont-ils à toi? מִי וָמִי הַהֹלְכִים Exod. 10. 8, (qui et qui) qui sont ceux qui doivent partir; מִי לְךָ כָּל־הַמַּחֲנֶה הַזֶּה Gen. 33. 8, qui sont ceux qui forment cette troupe? ou : à qui (envoies-tu) cette troupe? מִי־אֲבִימֶלֶךְ וּמִי־שְׁכֶם Jug. 9. 28, qui est Abimelech, et qui sont les gens de Sichem? מִי־פֶשַׁע יַעֲקֹב — וּמִי בָּמוֹת יְהוּדָה Mich. 1. 5, qui est (l'auteur, l'instigateur) des péchés de Jacob — qui est (l'auteur) des hauts lieux de Juda? une exception est : מִי שְׁמֶךָ (pour מָה) Jug. 13. 17, quel est ton nom? au *génit* : בַּת־מִי אַתְּ Gen. 24. 23, de qui es-tu la fille? אֶת־שׁוֹר מִי לָקַחְתִּי I Sam. 12. 3, de qui ai-je pris le bœuf? *dat.*: לְמִי Gen. 32. 18, à qui; בְּשֶׁלְּמִי Jon. 1. 7, à cause de qui? *acc.*: וְאֶת־מִי עָשַׁקְתִּי I Sam. 12. 3, et qui est-ce que j'ai opprimé, ou : trompé? énergiquement : מִי הוּא זֶה, מִי זֶה, et מִי הוּא זֶה qui est celui qui?

Souvent on emploie מִי qui? pour exprimer une négation : מִי הֶאֱמִין לִשְׁמֻעָתֵנוּ Is. 53. 1, qui a cru à notre nouvelle? (personne n'a cru); מִי־יֹאמַר אֵלָיו Job 9. 12, qui pourra lui dire? מִי־יוֹדֵעַ Ps. 90. 11, qui connaît? (personne ne connaît).—Il exprime un souhait : מִי־יְשִׂמֵנִי שֹׁפֵט בָּאָרֶץ II Sam. 15. 4, qui m'établira juge sur la terre? מִי־יִתֶּן־לִּי אֵבֶר כַּיּוֹנָה Ps. 55. 7, qui me donnera des ailes comme à la colombe? (que n'ai-je des ailes?); de là l'expression מִי יִתֵּן plût à Dieu que (v. נָתַן). *Pron. indéf.* Quiconque : מִי־בַעַל דְּבָרִים Exod. 24. 14, quiconque aura une affaire, un procès; מִי־יָרֵא וְחָרֵד Jug. 7. 3, (que) quiconque craint et manque de cœur; מִי יָקוּם יַעֲקֹב Amos 7. 2, 5, qui pourra rétablir Jacob (pour יָקִים), ou : qui, (étant faible comme) Jacob, pourra subsister? d'autres traduisent : comment Jacob subsistera-t-il? מִי אֲנַחֲמֵךְ Is. 51. 19, (pour בְּמִי) avec qui puis-je te consoler? (qui aurait eu un sort comme le tien?); d'autres traduisent : comment puis-je te consoler?

מֵידְבָא *n. pr.* Medaba, ville de la tribu de Ruben, Jos. 13. 16; appartenant plus tard à Moab, Is. 15. 2.

מֵידָד *n. pr.* Medad, un prophète, Nomb. 11. 26.

מֵיטָב *m.* (rac. יָטַב). La bonne, la meilleure partie d'une chose : מֵיטַב הַצֹּאן וְהַבָּקָר I Sam. 15. 9, ce qu'il y avait de meilleur entre les brebis et les bœufs; מֵיטַב שָׂדֵהוּ וּמֵיטַב כַּרְמוֹ Exod. 22. 4, la meilleure partie de son champ et de sa vigne; בְּמֵיטַב הָאָרֶץ Gen. 47. 6, dans la meilleure, la plus belle, la plus fertile contrée du pays.

מִיכָא (v. מִיכָיָה).

מִיכָאֵל (qui est comme Dieu) *n. pr.* 1° Un des archanges, Michael, Dan. 12. 1. — 2° Michael, père d'Amri, I Chr. 27. 18.—3° Michael, fils du roi Josaphat, II Chr. 21. 2, et de plusieurs autres : Nomb. 13. 13, Chr., Esdr.

מִיכָה *n. pr.* 1° Michée, le prophète, Mich. 1. 1, Jér. 26. 18; מִיכָיָה (*cheth.*). — II Chr. 34. 20, מִיכָיָה II Rois 22. 12.

מִיכָיָה (qui comme Dieu?) *n. pr.* 1° Les mêmes que מִיכָה 1° et 2°. — 2° Michaïa, fils de Sacur, Néh. 12. 35 (מִיכָא 11. 17, 22). — 3° Michaïa, prêtre, Néh. 12. 41.

מִיכָיָהוּ Même signif., *n. pr.* 1° Michaïahu, à la cour du roi Josaphat, II Chr. 17. 7. — 2° Michaïahu, fille d'Uriel, mère du roi Abia, II Chr. 13. 2; la même est appelée Maacha, fille d'Absalom, I Rois 15. 2.

מִיכָיְהוּ Même signif., *n. pr.* 1° Michaïhou, auteur d'une idole, que les enfants de Dan lui enlevèrent (v. Jug., ch. 17 et 18; ch. 17, vers. 5, 9, מִיכָה).— 2° Michaïou, fils de Jemla, prophète, I Rois 22. 8. — 3° Michaïou, fils de Gemaria, Jér. 36. 11.

מִיכָל *m.* (rac. יכל ou כול). Ex. unique :

מִיכַל הַמַּיִם II Sam. 17. 20, le réservoir, la nappe d'eau ; selon d'autres : le ruisseau ou la rivière.

מִיכַל *n. pr.* Michal, fille de Saül, femme de David, I Sam. 19. 11.

מִילָה *f.* (rac. מול). La circoncision : בְּרִית מִילָה alliance de la circoncision, nom qu'on donne à cette cérémonie (v. Gen. chap. 17).

מַיִם Eau (v. מַי).

מִיָּמִן et מִנְיָמִן *n. pr.* 1° Mijamin, chef, prêtre, I Chr. 24. 9. — 2° Esdr. 10. 25, Néh. 12. 17.

מִין *m.* Genre, espèce : עֹשֶׂה פְּרִי לְמִינוֹ Gen. 1. 11, (l'arbre) qui porte des fruits selon son espèce ; לְמִינֵהֶם 1. 21, selon leurs espèces ; לְמִינָה תִּהְיֶה דְגָתָם Ez. 47. 10, il y aura des poissons de toute espèce.

מֵינֶקֶת *f.* Nourrice (v. יָנַק).

מֵיסַךְ Allée couverte (*cheth.*, v. מוּסַךְ).

מֵיפַעַת et מֵפַעַת (beauté) *n. pr.* d'une ville de la tribu de Ruben, cédée aux Lévites, Mephaath, Jos. 13. 18, I Chr. 6. 64.

מִיץ *m.* Action de presser, pression : מִיץ חָלָב Prov. 30. 33, la pression du lait (battre la crème) ; וּמִיץ־אַף, même vers., et la pression du nez ; וּמִיץ אַפַּיִם même vers., et la pression des narines, mouvement de colère, la colère même ; selon d'autres : מִיץ l'excitation, אַפַּיִם à la colère.

מֵישָׁא *n. pr. m.* I Chr. 8. 9.

מִישָׁאֵל (qui est, ce que Dieu est) *n. pr.* 1° Misael, fils d'Uziel, 6. 22. — 2° Misael, un des collègues de Daniel, qui reçut le nom de מֵישַׁךְ, Dan. 1. 6, 7. — 3° Néh. 8. 4.

מִישׁוֹר *m.* (rac. יָשַׁר). 1° Pays uni, plaine : וְהָיָה הֶעָקֹב לְמִישׁוֹר Is. 40. 5, le chemin tortu, inégal, sera une plaine ; תַּנְחֵנִי בְּאֶרֶץ מִישׁוֹר Ps. 143. 10, (ton esprit) me conduira dans une terre unie ; avec l'*art.*, *spéc.* : une plaine près de Medba, appartenant à la tribu de Ruben ; וְכָל־הַמִּישֹׁר מֵידְבָא עַד־דִּיבוֹן Jos. 13. 9, et toute la plaine de Medba jusqu'à Dibon. — 2° Droiture, justice : שֵׁבֶט מִישֹׁר Ps. 45. 7, un sceptre de justice : וְהוֹכִיחַ בְּמִישׁוֹר לְעַנְוֵי־אָרֶץ Is. 11. 4, il prononcera (le jugement) avec justice, équité, en faveur des humbles, des opprimés sur la terre ; כִּי־תִשְׁפֹּט עַמִּים מִישֹׁר Ps. 67. 5, *adv.*, car tu jugeras les peuples équitablement, ou pour בְּמִישֹׁר avec équité, dans l'équité.

מֵישַׁךְ chald. *n. pr.* Mesach, nom donné à Misael, collègue de Daniel, Dan. 1. 6.

מֵישַׁע (salut) *n. pr.* Mesa, roi de Moab, II Rois 3. 4.

מֵישָׁע (salut) *n. pr.* Mesa, fils de Chaleb, I Chr. 2. 42.

מֵישָׁר *m.* Seulem. au *plur.* מֵישָׁרִים, (rac. יָשַׁר). Rectitude, droiture, sincérité, justice : אֹרַח לַצַּדִּיק מֵישָׁרִים Is. 26. 7, le sentier du juste est un chemin droit, ou lui est aplani par Dieu ; יִתְהַלֵּךְ בְּמֵישָׁרִים Prov. 23. 31, (le vin) lorsqu'il entre, glisse, droitement, agréablement ; selon d'autres : le vin entre, tu le bois comme s'il était inoffensif ; הוֹלֵךְ לְדוֹדִי לְמֵישָׁרִים Cant. 7. 10, (ce vin) va, glisse, à mon bien-aimé, droitement, agréablement ; מֵישָׁרִים אֲהֵבוּךָ Cant. 1. 4, (tes caresses sont meilleures que le vin) elles (les jeunes filles) t'aiment plus que le vin qui glisse doucement (le מ de מִיַּיִן se rapporte aussi à מֵשָׁרִים) ; selon d'autres : on t'aime avec sincérité ; d'autres traduisent, comme יְשָׁרִים : les hommes droits, les hommes de cœur, t'aiment ; אַתָּה כּוֹנַנְתָּ מֵישָׁרִים Ps. 99. 4, tu as établi la droiture ; וּמִפְתַּח שְׂפָתַי מֵישָׁרִים Prov. 8. 6, mes lèvres s'ouvrent (pour enseigner) la justice, les choses justes ; יָדִין לְאֻמִּים בְּמֵישָׁרִים Ps. 9. 9, il juge les peuples avec justice ; לַעֲשׂוֹת מֵישָׁרִים Dan. 11. 6, pour faire la paix, l'amitié, ensemble.

מִיתָה *f.* (rac. מות). La mort : מִיתָה בִּידֵי שָׁמַיִם la mort par la main du ciel (de Dieu).

מֵיתָר *m.* (rac. יָתַר, usité seulem. au

plur.). Cordes : מֵיתְרֵיהֶם Nomb. 3. 37, et leurs cordes (pour attacher les colonnes du tabernacle); וְכָל־מֵיתָרַי נִתָּקוּ Jér. 10. 20, tous mes cordages (les cordages qui tenaient ma tente) sont rompus ; de l'arc : בְּמֵיתָרֶיךָ תְּכוֹנֵן עַל־פְּנֵיהֶם Ps. 21. 13, avec les cordes (de ton arc) tu vises à leur face.

מַכְאוֹב et מַכְאֹב *m.* (rac. כָּאַב, *plur.* מַכְאוֹבִים et מַכְאֹבוֹת). Douleur, souffrance, chagrin : וְהוּכַח בְּמַכְאוֹב עַל־מִשְׁכָּבוֹ Job 33. 19, et il est châtié par la douleur (qu'il souffre) dans son lit ; כִּי יָדַעְתִּי אֶת־מַכְאֹבָיו Exod. 3. 7, car je connais ses souffrances ; אִם־יֵשׁ מַכְאוֹב כְּמַכְאֹבִי Lament. 1. 12, s'il y a une douleur (des chagrins) semblable à ma douleur ; אִישׁ מַכְאֹבוֹת Is. 53. 3, un homme de douleurs.

מַכְבִּיר *part. Hiph.* (v. à כָּבַר).

מַכְבֵּנָא *n. pr.* Machbena, fils de Seva, ou Machbena, ville fondée par Seva, I Chr. 2. 49.

מַכְבַּנַּי *n. pr.* Machbannaï, un des commandants de l'armée de David, I Chr. 12. 13.

מִכְבָּר *m.* (rac. כָּבַר). Grille : וְעָשִׂיתָ לּוֹ מִכְבָּר Exod. 27. 4, tu feras autour (de l'autel) une grille ; const. וְאֶת־מִכְבַּר הַנְּחֹשֶׁת 35. 16, et la grille d'airain.

מַכְבֵּר *m.* (rac. כָּבַר). Couverture : וַיִּקַּח הַמַּכְבֵּר II Rois 8. 16, il prit une couverture (v. כְּבִיר).

מַכָּה *f.* (rac. נָכָה, const. מַכַּת, avec suff. מַכָּתִי, *pl.* מַכּוֹת, deux fois מַכִּים). 1° Coup, plaie : פֶּן־יֹסִיף לְהַכֹּתוֹ עַל־אֵלֶּה מַכָּה רַבָּה Deut. 25. 3, qu'il ne le frappe plus que cela, qu'il ne lui donne trop de coups : וְיָסַפְתִּי עֲלֵיכֶם מַכָּה שֶׁבַע Lév. 26. 21, je multiplierai vos plaies sept fois davantage ; מַכּוֹת גְּדֹלֹת וְנֶאֱמָנוֹת Deut. 28. 59, des plaies grandes et opiniâtres ; דַּם־הַמַּכָּה I Rois 22. 35, le sang de la blessure ; וּמַכָּה טְרִיָּה Is. 1. 6, et une plaie saignante, ou récente. — 2° Défaite, carnage : וַיַּכֵּם מַכָּה־גְדוֹלָה Jos. 10. 10, (Israel) en fit un grand carnage ; כִּי־הִכָּה יְיָ בָּעָם מַכָּה גְדוֹלָה I Sam. 6. 19, de ce que Dieu a frappé le peuple d'une si grande plaie (en avait fait mourir un si grand nombre). — חִטִּים מַכּוֹת II Chr. 2. 9, du froment battu, ou pour מַכֹּלֶת, du froment pour nourriture (à tes gens), v. מַכֹּלֶת.

מִכְוָה *f.* (rac. כָּוָה). Brûlure sur une partie de la peau : אוֹ בָשָׂר כִּי־יִהְיֶה בְעֹרוֹ מִכְוַת־אֵשׁ Lév. 13. 24, ou de la chair dont la peau a une brûlure par le feu ; צָרֶבֶת הַמִּכְוָה הִוא 13. 28, c'est la cicatrice de la brûlure.

מָכוֹן *m.* (rac. כּוּן). Lieu, place, base, appui : לְהַעֲמִידוֹ עַל־מְכוֹנוֹ Esdr. 2. 68, pour rebâtir (le temple) à l'endroit, sur la place, qu'il occupait autrefois ; מָכוֹן לְשִׁבְתְּךָ פָּעַלְתָּ יְיָ Exod. 15. 17, le lieu que tu as préparé, Éternel, pour ton siége ; מִמְּכוֹן שִׁבְתּוֹ Ps. 33. 14, du lieu de sa demeure, résidence ; צֶדֶק וּמִשְׁפָּט מְכוֹן כִּסְאֶךָ 89. 15, la justice et l'équité sont l'appui, les bases, de ton trône ; *plur.* : יָסַד־אֶרֶץ עַל־מְכוֹנֶיהָ 104. 5, il a fondé la terre sur ses bases.

מְכוֹנָה et מְכֹנָה *f.* Même signif. que מָכוֹן : וַיָּכִינוּ הַמִּזְבֵּחַ עַל־מְכוֹנֹתָיו Esdr. 3. 3, ils érigèrent l'autel sur la place qu'il occupait autrefois (v. 2. 68), ou : ils le posèrent sur ses bases ; וַיַּעַשׂ אֶת־הַמְּכֹנוֹת עֶשֶׂר I Rois 7. 27, il fit dix bases, socles ; une fois : עַל־מְכֻנָתָהּ Zach. 5. 11, sur sa base.

מְכוּרָה et מְכֹרָה *f.* (rac. כּוּר). Naissance, origine : אֶרֶץ מְכוּרָתָם Ez. 29. 14, la terre de leur origine, ou : qui avait été leur demeure (v. גּוּר) ; מְכֹרֹתַיִךְ וּמֹלְדֹתַיִךְ Ez. 16. 3, ton origine et ta naissance (ta race) ; מְכֻרוֹתַיִךְ 21. 35, de ton origine, où tu as été créé.

מָכִיר *n. pr.* 1° Machir, fils de Manassé, Gen. 50. 23 ; *n. patron.*, מָכִירִי Nomb. 26. 29. — 2° Machir, fils d'Amiel, II Sam. 9. 5.

מָכַךְ (v. מוּךְ) Être humilié ou affaibli : וַיָּמֹכּוּ בַּעֲוֹנָם Ps. 106. 43, ils furent humiliés, ou ils périrent, à cause de leurs péchés.

Niph. S'affaisser : בַּעֲצַלְתַּיִם יִמַּךְ הַמְּקָרֶה

Eccl. 10. 18, par la paresse (ou par des mains paresseuses) la charpente s'affaisse, s'écroule.

Hoph. une fois : וְהֻמְּכוּ Job 24. 24, (pour הוּמְכוּ) ils sont humiliés, ou ils périssent.

I מִכְלָה *f.* et מִכְלָא (rac. כָּלָא). Ce qui renferme, parc, bergerie : גָּזַר מִמִּכְלָה צֹאן Hab. 3. 17, les brebis sont enlevées des bergeries ; *plur.* : וַיִּקָּחֵהוּ מִמִּכְלְאֹת צֹאן Ps. 78. 70, il a tiré (David) des parcs de brebis (qu'il gardait).

II מִכְלָה *f.* (rac. כָּלָה). Totalité ou perfection : הוּא מִכְלוֹת זָהָב (*pl.*) II Chr. 4. 21, cela (était) en totalité (entièrement) d'or, ou : de l'or le plus (parfait) pur.

מִכְלוֹל *m.* (rac. כָּלַל) : לְבֻשֵׁי מִכְלוֹל Ez. 23. 12, 38. 4, qui portaient des habits de toutes couleurs, ou qui étaient vêtus à la perfection, parfaitement bien.

מִכְלָל *m.* (rac. כָּלַל). Perfection : מִצִּיּוֹן מִכְלַל־יֹפִי Ps. 50. 2, de Sion (qui est) la perfection de la beauté.

מַכְלֻלִים *m. pl.* Belles choses, belles marchandises : הֵמָּה רֹכְלַיִךְ בְּמַכְלֻלִים Ez. 27. 24, ils sont tes marchands (qui te vendent) les marchandises les plus belles, les plus élégantes.

מַכֹּלֶת *f.* (rac. אָכַל pour מַאֲכֹלֶת). Nourriture, entretien : מַכֹּלֶת לְבֵיתוֹ I Rois 5. 25, (du froment) pour l'entretien de sa maison (des gens de sa maison) (contracté en מַכּוֹת II Chr. 2. 9, v. מַכָּה).

מִכְמַנִּים *m. pl.* (rac. כָּמַן). Trésors : בְּמִכְמַנֵּי הַזָּהָב וְהַכֶּסֶף Dan. 11. 43, sur des trésors d'or et d'argent.

מִכְמָס (endroit caché) *n. pr.* Machmas, ville appartenant à Benjamin, Esdr. 2. 27 (מִכְמָשׂ I Sam. 13. 2, מִכְמָשׂ Néh. 11. 31).

מִכְמָר *m.* (rac. כָּמַר). Rets : כְּתוֹא מִכְמָר Is. 51. 20, comme un bœuf sauvage (pris dans) des rets.

מַכְמֹר *m.* Rets, filet : יִפְּלוּ בְמַכְמֹרָיו רְשָׁעִים Ps. 141. 10, que les méchants tombent dans leurs propres filets.

מִכְמֹרֶת *f.* Même signif. : וּפֹרְשֵׂי מִכְמֹרֶת Is. 19. 8, et ceux qui étendent le filet (les pêcheurs).

מִכְמֶרֶת *f.* Même sign. : וַיַאַסְפֵהוּ בְּמִכְמַרְתּוֹ Hab. 1. 15, il l'a amassé dans son rets (v. vers. 16).

מִכְמָשׂ *n. pr.* (v. מִכְמָס).

מִכְמְתָת *n. pr.* Mechmethath, ville entre Ephraïm et Manassé, Jos. 16. 6, 17. 7.

מַכְנַדְבַי *n. pr. m.* Esdr. 10. 40.

מְכֹנָה (v. מְכוֹנָה) *n. pr.* Mechonah, ville de Juda, Néh. 11. 28.

מִכְנָסַיִם *m. duel* (rac. כָּנַס). Ce qui enveloppe, cache, culottes que portaient les prêtres : מִכְנְסֵי־בָד Exod. 28. 42, et וּמִכְנְסֵי פִשְׁתִּים Ez. 44. 18, des culottes ou des caleçons de lin.

מֶכֶס *m.* (rac. כָּסַס). Nombre, part, impôt, tribut : וַהֲרֵמֹתָ מֶכֶס לַיהוָה Nomb. 31. 28, tu sépareras, prélèveras, une part, un impôt, pour Dieu (un sur cinq cents); וּמִכְסָם לַיהוָה 31. 39, et l'impôt, la part, qui fut réservée à Dieu.

מִכְסָה *f.* (rac. כָּסַס). 1° Nombre : בְּמִכְסַת נְפָשֹׁת Exod. 12. 4, d'après le nombre des personnes, ou : d'après la part (autant de parts qu'il y a de personnes). — 2° Somme : מִכְסַת הָעֶרְכְּךָ Lév. 27. 23, la somme, le prix, de l'estimation.

מִכְסֶה *m.* (rac. כָּסָה). Couverture, toit : וְעָשִׂיתָ מִכְסֶה לָאֹהֶל Exod. 26. 14, tu feras une couverture pour le tabernacle ; מִכְסֵה עוֹרֹת 39. 34, une couverture de peaux ; מִכְסֵה הַתֵּבָה Gen. 8. 13, le toit de l'arche.

מְכַסֶּה *m.* (*part. Pi.* de כָּסָה). Ce qui couvre, couverture, vêtement : וּמְכַסֶּיךָ תּוֹלֵעָה Is. 14. 11, des vers seront ta couverture ; וְלִמְכַסֶּה עָתִיק 23. 18, et pour un vêtement précieux, magnifique ; וְהַמְכַסֶּה Lév. 9. 19 (comme הַחֵלֶב הַמְכַסֶּה אֶת־הַקֶּרֶב Exod. 29. 22), la graisse qui couvre les entrailles.

מַכְפֵּלָה *n. pr.* d'une place, Machpela, Gen. 23. 17, où était מְעָרַת הַמַּכְפֵּלָה 23.

9, la caverne double (de כָּפַל), ou : tombeau double, parce que les patriarches et leurs femmes y ont été enterrés.

מָכַר (*fut.* יִמְכֹּר) Vendre : וַיִּמְכְּרוּ אֶת־יוֹסֵף Gen. 37. 28, ils vendirent Joseph ; וּמָכֹר לֹא־תִמְכְּרֶנָּה בַּכָּסֶף Deut. 21. 14, tu ne pourras pas la vendre pour de l'argent ; les filles de Laban disent de leur père : כִּי מְכָרָנוּ Gen. 31. 15, il nous a vendues, c.-à-d. il nous a mariées à un homme pour prix de son travail ; אִם־לֹא כִּי־צוּרָם מְכָרָם Deut. 32. 30, à cause que leur roc (Dieu) les a vendus (les a livrés à leur ennemi) ; *part.* : כַּקּוֹנֶה כַּמּוֹכֵר Is. 24. 2, l'acheteur sera comme le vendeur (il arrivera à l'un comme à l'autre).

Niph. Être vendu, se vendre : לְעֶבֶד נִמְכַּר יוֹסֵף Ps. 105. 17, Joseph qui fut vendu pour être esclave ; בַּעֲוֹנֹתֵיכֶם נִמְכַּרְתֶּם Is. 50. 1, à cause de vos péchés vous avez été vendus (livrés à l'ennemi) ; וְנִמְכַּר־לָךְ Lév. 25. 39, et (si ton frère) se vend à toi.

Hithph. comme *Niph.* : וְהִתְמַכַּרְתֶּם שָׁם לְאֹיְבֶיךָ Deut. 28. 68, vous serez vendus (ou : vous vous vendrez) là à vos ennemis ; *au fig.* : יַעַן הִתְמַכֶּרְךָ לַעֲשׂוֹת הָרַע I Rois 21. 20, parce que tu t'es vendu pour faire le mal (que tu t'es livré, adonné, au mal).

מֶכֶר *m.* (rac. מָכַר). 1° Une chose à vendre : וְכָל־מֶכֶר Néh. 13. 16, et toutes sortes de choses à vendre. — 2° Le prix de la vente : וְנָתַתִּי מִכְרָם Nomb. 20. 19, je payerai leur prix ; וְרָחֹק מִפְּנִינִים מִכְרָהּ Prov. 31. 10, et son prix est (plus élevé), est au-dessus des perles.

מַכָּר *m.* (rac. נָכַר). Une connaissance, un ami : אִישׁ מֵאֵת מַכָּרוֹ II Rois 12. 6, chacun de sa connaissance, de son ami ; *pl.* מַכָּרֵיכֶם 12. 8, vos amis.

מִכְרֶה *m.* (rac. כָּרָה). Puits : וּמִכְרֵה־מֶלַח Soph. 2. 9, et un (puits), une mine de sel.

מְכֵרָה *f.* Arme. Ex. unique : כְּלֵי חָמָס מְכֵרֹתֵיהֶם Gen. 49. 5, leurs épées sont les armes de la violence (rac. כּוּר) ; selon d'autres, pour בִּמְכֹרֹתֵיהֶם : leurs armes ont exercé la violence dans leur pays (v. מְכוּרָה origine), ou contre leurs alliés.

מִכְרִי (qui vaut un prix) *n. pr. m.* I Chr. 9. 8.

מְכֵרָתִי Hepher de Mecherath, I Chr. 11. 36.

מִכְשׁוֹל *m.* (rac. כָּשַׁל). Ce qui fait trébucher, tomber ; piége, obstacle, chute, ruine : וְלִפְנֵי עִוֵּר לֹא תִתֵּן מִכְשֹׁל Lév. 19. 14, et devant l'aveugle ne mets point de piége (une chose qui puisse le faire tomber) ; וּלְצוּר מִכְשׁוֹל Is. 8. 14, (il sera) une pierre qui fait obstacle, ou qui fait tomber ; וְאֵין לָמוֹ מִכְשׁוֹל Ps. 119. 165, et il ne leur arrive pas d'obstacle, de chute, ou de malheur : מִכְשׁוֹל עֲוֹנָם Ez. 7. 19, ce qui les a fait tomber dans le péché, l'objet, la cause, de leur péché ; וּלְמִכְשׁוֹל לֵב I Sam. 25. 31, et une souffrance du cœur, c.-à-d. des remords ; *plur.* : וְהַרְבֵּה הַמִּכְשֹׁלִים Ez. 21. 20, et pour augmenter les chutes, les ruines.

מַכְשֵׁלָה *f.* (rac. כָּשַׁל). Chute, ruine : וְהַמַּכְשֵׁלָה הַזֹּאת תַּחַת יָדֶךָ Is. 3. 6, et prends sous ta main, c.-à-d. préserve-nous de cette ruine ; וְהַמַּכְשֵׁלוֹת אֶת־הָרְשָׁעִים Soph. 1. 3, et les objets de scandale, les idoles des impies ; selon d'autres : les malheurs (atteindront) les impies.

מִכְתָּב *m.* (rac. כָּתַב). Écriture, lettre, cantique : וְהַמִּכְתָּב מִכְתַּב אֱלֹהִים הוּא Exod. 32. 16, et l'écriture était l'écriture de Dieu ; וַיָּבֹא אֵלָיו מִכְתָּב II Chr. 21. 12, il reçut une lettre ; מִכְתָּב לְחִזְקִיָּהוּ Is. 38. 9, chant écrit, composé par Ézéchias.

מְכִתָּה *f.* (rac. כָּתַת). Fragment : וְלֹא־יִמָּצֵא בִמְכִתָּתוֹ Is. 30. 14, on ne trouvera pas (un morceau) entre ses fragments, ou : au moment de sa fracture.

מִכְתָּם *m.* Se trouve au commencement de plusieurs psaumes, v. Ps. 16. 56 à 60. Selon les uns, comme מִכְתָּב cantique (v. מִכְתָּב). Selon les autres, de כֶּתֶם un chant d'or, c.-à-d. ode excellente.

מַכְתֵּשׁ *m.* (rac. כָּתַשׁ). Mortier : בַּמַּכְתֵּשׁ Prov. 27. 22, dans un mortier ; וַיִּבְקַע

אֱלֹהִים אֶת־הַמַּכְתֵּשׁ אֲשֶׁר־בַּלֶּחִי Jug. 15. 19, Dieu fendit le rocher en forme de mortier qui était près de Lehi ; selon d'autres : Dieu ouvrit le creux, la cavité (dans laquelle étaient placées les dents) de la mâchoire (de l'âne) ; יֹשְׁבֵי הַמַּכְתֵּשׁ Soph. 1. 11, les habitants du quartier nommé le Mortier, ou d'une vallée profonde (près de Jérusalem).

מָלֵא (une fois avec suff. מְלָאוֹ Esth. 7. 5, מְלֵאתִי, une fois מָלֵתִי Job 32. 18, מָלְאוּ, une fois מָלוּ Ez. 28. 16, *inf.* מְלֹאת et מְלֹאות, *fut.* יִמְלָא, יִמְלְאוּ). 1° *Transit.* Remplir : וּמִלְאוּ אֶת־הַמַּיִם Gen. 1. 22, et remplissez les eaux ; וּכְבוֹד יְיָ מָלֵא אֶת־הַמִּשְׁכָּן Exod. 40. 34, et la gloire de l'Éternel remplissait le tabernacle ; מִלְאוּ הַשְּׁלָטִים Jér. 51. 11, remplissez les boucliers (de vos corps, c.-à-d. armez-vous de vos boucliers), ou : préparez, assemblez, les boucliers ; selon d'autres : remplissez vos carquois ; כִּי־מָלְאוּ אֶת־הָאָרֶץ חָמָס Ez. 8. 17, car ils ont rempli la terre de violence, d'iniquité ; מִלְאוּ יֶדְכֶם — לַיְיָ Exod. 32. 29, remplissez votre main, c.-à-d. consacrez-la au service de Dieu, ou : remplissez-la d'offrandes (car par votre action vous vous êtes rendus dignes d'offrir à Dieu, d'être ses prêtres) ; אֲשֶׁר־מְלָאוֹ לִבּוֹ לַעֲשׂוֹת כֵּן Esth. 7. 5, celui que son cœur a rempli (d'audace), qui a osé faire cela ; וְדִין־רָשָׁע מָלֵאתָ Job 36. 17, si tu as rempli (la mesure) des péchés de l'impie, si tu as péché comme lui, ou : tu as rempli, subi, le châtiment d'un impie.

2° Bien plus souvent *intransitif.* Être, devenir plein, rempli, accompli : מָלְאָה הָאָרֶץ חָמָס Gen. 6. 13, la terre est remplie de violence ; וְהַבַּיִת מָלֵא הָאֲנָשִׁים וְהַנָּשִׁים Jug. 16. 27, et la maison était pleine d'hommes et de femmes ; כִּי מָלְאוּ מִקֶּדֶם Is. 2. 6, parce qu'ils ont été remplis de l'orient, c.-à-d. de ses superstitions, enchantements, ou : remplis (de superstitions) plus que l'orient ; תִּמְלָאֵמוֹ נַפְשִׁי Exod. 15 9, mon âme sera rassasiée d'eux, sera satisfaite de la vengeance que je prendrai d'eux ; וַיִּמְלְאוּ יָמֶיהָ לָלֶדֶת Gen. 25. 24, et lorsque le temps qu'elle devait accoucher fut arrivé ; מָלְאוּ יָמֵינוּ Lament. 4. 18, nos jours se sont accomplis (notre fin est arrivée).

Niph. Être rempli, accompli, passé : וַתִּמָּלֵא הָאָרֶץ חָמָס Gen. 6. 11, la terre a été remplie de violence (v. *Kal*) ; וַתִּמָּלֵא הָאָרֶץ אֹתָם Exod. 1. 7, et le pays était rempli d'eux ; suivi de מִן : וַאֲפִקִים יִמָּלְאוּן מִמֶּךָּ Ez. 32. 6, et les vallées seront remplies de toi (de tes cadavres) ; וְגַם־הַנֶּפֶשׁ לֹא תִמָּלֵא Eccl. 6. 7, cependant son âme (son désir) n'est pas satisfaite ; וַיִּמָּלֵא שִׁבְעַת יָמִים Exod. 7. 25, sept jours étaient passés ; בְּלֹא־יוֹמוֹ תִּמָּלֵא Job 15. 32, avant son temps il sera mûr, se fanera, périra ; selon d'autres : il sera abattu (v. מָלַל) ; יִמָּלֵא בַרְזֶל II Sam. 23. 7, il s'enveloppe, s'arme, de fer.

Pi. (מִלֵּא, une fois מִלָּא Jér. 51. 34, מִלֵּאתִי, מִלְאוּ, *inf.* מַלֵּא et מַלֹּאות, *fut.* יְמַלֵּא, une fois יְמַלֶּה Job 8. 21). Emplir, remplir : וּמִלֵּאתָ אֶת־יָדָם Exod. 28. 41, tu rempliras, consacreras, leur main, c.-à-d. tu les initieras aux fonctions de prêtre (v. *Kal*) ; לְמַלֹּאות יָדוֹ — לַיְיָ I Chr. 29. 5, de remplir sa main pour Dieu, de présenter des offrandes à Dieu ; מַלֵּא שְׁבֻעַ זֹאת Gen. 29. 27, remplis cette semaine, passe-la entièrement, attends sa fin ; לְמַלֹּאות — שִׁבְעִים שָׁנָה Dan. 9. 2, que soixante et dix ans s'accompliront, passeront (sur la désolation de Jérusalem) ; אֶת־מִסְפַּר יָמֶיךָ אֲמַלֵּא Exod. 23. 26, je remplirai le nombre de tes jours ; וַיְמַלְאוּם לַמֶּלֶךְ I Sam. 18. 27, ils les donnèrent complétement, en nombre complet, au roi ; וּמִלֵּאתִי אֶת־דְּבָרָיִךְ I Rois 1. 14, je remplirai, suppléerai, tes paroles, je les appuierai ; לְמַלֵּא נַפְשׁוֹ כִּי יִרְעָב Prov. 6. 30, pour satisfaire son désir, pour manger lorsqu'il est pressé par la faim ; וּבְיָדוֹ מִלֵּא I Rois 8. 15, et (qui) par sa main, sa puissance, a rempli (sa promesse) ; קִרְאוּ מַלְאוּ וְאִמְרוּ Jér. 4. 5, *adverbialement*, criez pleinement, fortement, à haute voix, et dites ; selon d'autres : criez et assemblez (v. *Kal*. Exemple : Jér. 51. 11) ; קֶשֶׁת מִלֵּאתִי אֶפְרַיִם

Zach. 9. 13, j'ai préparé l'arc, je l'ai bandé, Éphraïm (est cet arc), ou : j'ai rempli, armé, Éphraïm de l'arc ; מִלְאוּ אַחֲרֵי יְיָ Nomb. 32. 12 (sous-entendu לָלֶכֶת), ils ont suivi pleinement la voie de Dieu, ils ont fait sa volonté. — Enchâsser : וּמִלֵּאתָ בוֹ מִלֻּאַת אֶבֶן Exod. 28. 17, tu y enchâsseras une garniture de pierres. — Regorger, déborder : וְהוּא מְמַלֵּא עַל־כָּל־גְּדוֹתָיו I Chr. 12. 15, et (le Jourdain) débordait par toutes ses rives. — Avec un double *accusatif* : מִלֵּא אֹתָם חָכְמַת־לֵב Exod. 35. 35, il les a remplis d'un esprit de sagesse, d'art; suivi de בְּ : מִלֵּא יָדוֹ בַקֶּשֶׁת II Rois 9. 24, il remplit sa main de l'arc, c.-à-d. il le saisit vigoureusement.

Pou. part. : מְמֻלָּאִים בַּתַּרְשִׁישׁ Cant. 5. 14, (des anneaux) garnis de pierres précieuses (où il y a des pierres enchâssées, v. תַּרְשִׁישׁ).

Hithph. Ex. unique : יַחַד עָלַי יִתְמַלָּאוּן Job 16. 10, ils s'assemblent tous contre moi, ou : ils sont rassasiés, réjouis, de mes peines, de mes malheurs (v. *Kal.* Exemple : Exod. 15. 9).

מְלָא chald. Remplir : וּמְלָאת כָּל־אַרְעָא Dan. 2. 35, et elle remplit toute la terre.

Ithp. : נְבוּכַדְנֶצַּר הִתְמְלִי חֱמָא 3. 19, Nebucadnesar fut rempli de fureur, de colère.

מָלֵא *m.* מְלֵאָה *f. adj.* 1° *Verbal.* Remplissant : וְשׁוּלָיו מְלֵאִים אֶת־הַהֵיכָל Is. 6. 1, et le bas de ses vêtements remplissait le temple ; אֶת־הַשָּׁמַיִם וְאֶת־הָאָרֶץ אֲנִי מָלֵא Jér. 23. 24, je remplis le ciel et la terre. — 2° Plein : וּבָתִּים מְלֵאִים כָּל־טוּב Deut. 6. 11, et des maisons pleines de toutes sortes de biens; בְּכֶסֶף מָלֵא Gen. 23. 9, pour l'argent plein, c.-à-d. pour le prix que vaut (la caverne); מְלֵא יָמִים Jér. 6 11, plein de jours, l'homme qui est dans la dernière vieillesse ; רוּחַ מָלֵא Jér. 4. 12, un vent plein, fort; וּמֵי מָלֵא Ps. 73, 10 (ajoutez כּוֹס ou פֶּלֶג), l'eau pleine, pour : une coupe, un ruisseau plein d'eau, ou *subst.* : de l'eau en quantité. — *Adverbial.* : קָרְאוּ אַחֲרֶיךָ מָלֵא Jér. 12. 6, ils ont crié après toi fortement, à haute voix ; selon d'autres : ils ont crié rassemblement, ils ont assemblé, ameuté, le peuple contre toi (v. מָלֵא *verbe Pi.* Exemple : Jér. 4. 5) ; כְּקַשׁ יָבֵשׁ מָלֵא Nah. 1. 10, (ils seront consumés) comme la paille sèche (מָלֵא) complètement, eux tous ; selon d'autres : מָלֵא *adj.*, de קַשׁ comme la paille sèche et mûre, c.-à-d. fanée (v. מָלֵא *Niph.* Exemple Job 15. 32); *f.* const. מְלֵאֲתִי מִשְׁפָּט Is. 1. 21, (la ville) pleine d'équité.

מְלֹא et מְלוֹא (une fois מְלוֹ Ez. 41. 8) *m.* 1° Plénitude, quantité : מְלֹא־הַגּוֹיִם Gen. 48. 19, une quantité de nations; מְלֹא רֹעִים Is. 31. 4, une troupe de bergers. — 2° Ce qui remplit : מְלֹא כַף־קֶמַח I Rois 17. 12, autant de farine qu'on peut en tenir dans le creux de la main ; מְלֹא חָפְנַיִם Eccl. 4. 6, que plein les deux mains; מְלוֹא הַסֵּפֶל מָיִם Jug. 6. 38, un vase plein d'eau; עִיר וּמְלֹאָהּ Amos 6. 8, la ville et ceux qui la remplissent, les habitants; מְלֹא כָל־הָאָרֶץ כְּבוֹדוֹ Is. 6. 3, *exact.* ce qui remplit toute la terre est sa gloire, ou : toute la terre est remplie de sa gloire; וַיִּפֹּל מְלֹא־קוֹמָתוֹ אַרְצָה I Sam. 28. 20, il tomba à terre plein sa hauteur, c.-à-d. tout de son long ; וּמְלֹא הַחֶבֶל II Sam. 8. 2, et une corde pleine, c.-à-d. toute la longueur d'une corde.

מְלֵאָה *f.* Plénitude, abondance, le blé ou le vin plein, c.-à-d. mûr : הַמְלֵאָה הַזֶּרַע Deut. 22. 9, le blé mûr (provenant) de la graine (que tu auras semée); וְכַמְלֵאָה מִן־הַיָּקֶב Nomb. 18. 27, et comme le vin plein du pressoir, c.-à-d. les raisins mûrs pour le pressoir, ou le vin sortant des pressoirs ; מְלֵאָתְךָ וְדִמְעֲךָ לֹא תְאַחֵר Exod. 22. 28, tu ne différeras pas (à m'offrir les prémices et les dîmes) de ton blé mûr et de tes liqueurs.

מִלֻּאָה *f.* (v. מִלֵּא *Pi.*, enchâsser). Enchâssure : מִלֻּאַת אֶבֶן Exod. 28. 17, une enchâssure, une garniture de pierres ; *plur.* : בְּמִלּוּאֹתָם 28. 20, aux endroits où les pierres sont enchâssées.

מִלֻּאִים *m. pl.* (de מִלֵּא consacrer, initier). 1° Inauguration, consécration : יְמֵי מִלֻּאֵיכֶם Lév. 8. 33, les jours de votre consécration ; אֵיל מִלֻּאִים הוּא Exod. 29. 22, c'est un bélier de consécration (sacrifié à l'occasion de la consécration des prêtres). — 2° Enchâssure (v. מִלֻּאָה) : וְאַבְנֵי מִלֻּאִים Exod. 25. 7, et des pierres pour être enchâssées.

מַלְאָךְ *m.* (rac. לָאַךְ ou מַלְאַךְ, const. מַלְאַךְ). 1° Messager : וּמַלְאָךְ בָּא אֶל־אִיּוֹב Job 1. 14, et un messager vint chez Job ; וַיִּשְׁלַח שָׁאוּל מַלְאָכִים אֶל־יִשַׁי I Sam. 16. 19, Saül envoya des messagers à Isaïe. — 2° Messager de Dieu, ange : הִנֵּה אָנֹכִי שֹׁלֵחַ מַלְאָךְ לְפָנֶיךָ Exod. 23. 20, je vais envoyer un ange devant toi ; מַלְאָךְ מֵלִיץ Job 33. 23, un ange qui parle en faveur de l'homme ; מַלְאַךְ יְיָ Gen. 16. 7, l'ange de l'Éternel ; aussi prophète : חַגַּי מַלְאַךְ יְיָ Agg. 1. 13, Aggée, l'envoyé, le prophète, de l'Éternel ; וַיִּשְׁלַח מַלְאָךְ וַיֹּצִאֵנוּ מִמִּצְרָיִם Nomb. 20. 16, il a envoyé un ange, ou : un prophète, Moïse, et il nous a fait sortir de l'Égypte ; du prêtre : כִּי מַלְאַךְ יְיָ־צְבָאוֹת הוּא Mal. 2. 7, car (le prêtre) est l'ange de l'Éternel Zebaoth ; וְחֵרֵשׁ כְּמַלְאָכִי אֶשְׁלָח Is. 42. 19, (qui est) sourd, (sinon) mon messager que j'envoie (le prophète, ou tout Israel, l'envoyé de Dieu pour les autres nations).

מְלָאכָה *f.* (const. מְלֶאכֶת, avec suff. מְלַאכְתּוֹ, *pl.* const. מַלְאֲכוֹת). 1° Mission, affaire, travail, ouvrage : לֹא־תַעֲשֶׂה כָל־מְלָאכָה Exod. 20. 10, tu ne feras aucun ouvrage ; מְלֶאכֶת חָרָשׁ וְחֹשֵׁב 35. 35, travail de l'ouvrier (fabricant) et de l'artiste ; מְלֶאכֶת עוֹר Lév. 13. 48, un travail, quelque chose fait de peau ; מְלֶאכֶת בֵּית־יְיָ I Chr. 23. 4, les offices de la maison de Dieu ; אֲשֶׁר עַל־הַמְּלָאכָה I Rois 5. 30, ceux qui surveillaient les travaux ; מַה־מְּלַאכְתְּךָ Jon. 1. 8, quelles sont tes affaires, quelle est ton occupation? וְעֹשֵׂי הַמְּלָאכָה אֲשֶׁר לַמֶּלֶךְ Esth. 9. 3, ceux qui avaient des emplois, qui étaient au service du roi ; לְסַפֵּר כָּל־מַלְאֲכוֹתֶיךָ Ps. 73. 28, pour raconter toutes tes œuvres (les œuvres, ou les manifestations, les missions de Dieu, v. מַלְאָךְ).
2° Chose, bien, possession : בִּמְלֶאכֶת רֵעֵהוּ Exod. 22. 7, 10, à la chose, au bien, de son prochain ; הַמְּלָאכָה אֲשֶׁר־לְפָנַי Gen. 33. 14, (selon la marche) du bien, c.-à-d. du troupeau qui est devant moi ; וְהַמְּלָאכָה הָיְתָה דַיָּם Exod. 36. 6, les choses qu'on avait faites, ou : les dons qu'on avait apportés, étaient suffisants pour eux (v. מְלָכָה).

מַלְאֲכוּת *f.* (v. מַלְאָךְ). Mission : בְּמַלְאֲכוּת יְיָ Agg. 1. 13, (le prophète dit) par mission, sur l'ordre de l'Éternel (v. מְלָאכָה. Ex.: Ps. 73. 28).

מַלְאָכִי (envoyé, prophète) *n. pr.* Le prophète Malachi, Mal. 1. 1.

מִלֵּאת *f.* (rac. מָלֵא). Abondance : יֹשְׁבוֹת עַל־מִלֵּאת Cant. 5. 12, (ses yeux sont comme les colombes qui) se tiennent dans un endroit d'abondance, ou : sur le bord d'un grand courant d'eau ; selon les autres : (ses yeux sont) bien assis dans leurs cavités (v. מִלֻּאָה enchâssure).

מַלְבּוּשׁ *m.* (rac. לָבַשׁ). Habit, vêtement : יָכִין מַלְבּוּשׁ Job 27. 16, (et s'il) prépare, amasse, des vêtements ; וְכָל־מַלְבּוּשַׁי אֶגְאָלְתִּי Is. 63, 3, et j'ai taché tous mes habits.

מַלְבֵּן *m.* (rac. לָבַן, v. לְבֵנָה). Four à brique : בַּמַּלְבֵּן אֲשֶׁר בְּפֶתַח בֵּית Jér. 43.9, dans le four à brique qui est à la porte de la maison (de Pharaon) ; הַחֲזִיקִי מַלְבֵּן Nah. 3. 14, rends fort, solide, le four à brique ; selon d'autres : durcis l'argile, (fais-en) des briques, comme לְבֵנָה.

מִלָּה *f.* (rac. מָלַל, *plur.* מִלִּים et מִלִּין). Parole, mot, discours, chose : כִּי אֵין מִלָּה בִּלְשׁוֹנִי Ps. 139. 4, la parole n'est pas encore sur ma langue (et tu la sais déjà) ; וּבִקְצֵה תֵבֵל מִלֵּיהֶם 19. 5, et leurs paroles (vont, pénètrent) jusqu'à l'extrémité du monde ; וְקוֹל מִלִּין אֶשְׁמָע Job 33. 8, et j'ai entendu prononcer des paroles ; בְּמִלִּין בְּלִי־דָעַת 38. 2, avec des discours sans intelligence ; וַאֲחַוֶּה לָהֶם

לְמִלָּה 30. 9, je suis devenu pour eux une dérision, un objet de railleries; עַד־תַּחְקְרוּן מִלִּין 32. 11, jusqu'à ce que vous eussiez trouvé des paroles sages, raisonnables, ou : que vous eussiez approfondi les choses (v. דָּבָר parole, chose).

מִלָּה chald. *f.* Parole, chose : וּמִלָּה כִדְבָה וּשְׁחִיתָה Dan. 2. 9, et des paroles trompeuses, mensongères ; עוֹד מִלְּתָא בְּפֻם מַלְכָּא 4. 28, la parole était encore dans la bouche du roi (le roi avait à peine achevé de parler); פְּשַׁר־מִלְּתָא 5. 15, l'explication des paroles (écrites sur la muraille); מִלְּתָא הוֹדַע אַרְיוֹךְ לְדָנִיֵּאל 2. 15, Arioch fit connaître, raconta, l'affaire à Daniel.

מִלֹּו et מִלּוֹא (v. מָלֵא).

מִלּוֹא *m. n. pr.* 1° D'une place près de Jérusalem (ou : de מָלֵא remplir, champ plein de pierres, etc., ou de מָלֵא assembler, endroit de réunion): מִן־הַמִּלּוֹא וָבָיְתָה II Sam. 5. 9, (David fit bâtir) depuis Milo et au dedans; בֵּית מִלֹּא II Rois 12. 21, à Beth Millo, ou dans une maison à Mello (sans doute la même place). — 2° D'une ville, ou citadelle, près de Sichem : כָּל־בַּעֲלֵי שְׁכֶם וְכָל־בֵּית מִלּוֹא Jug. 9. 6, tous les hommes de Sichem et toute la maison (tous les habitants) de Millo.

מִלּוּאִים (v. מִלֻּאִים).

מַלּוּחַ *m.* Herbe salée ou sauvage : הַקֹּטְפִים מַלּוּחַ עֲלֵי־שִׂיחַ Job 30. 4, qui arrachent, cueillent, des herbes salées (de מֶלַח) sous les arbrisseaux, ou : des herbes sauvages, mauvaises, qui poussent dans un terrain stérile (v. מְלֵחָה), (des plantes que seulement les pauvres cueillent, mangent); d'autres traduisent par : arroche, ortie, etc.

מַלּוּךְ (conseiller ou roi) *n. pr.* 1° I Chr. 6. 29. — 2° Malluch, prêtre, Néh. 10. 5, (12. 14, מְלוּכִי et *keri* מְלִיכוּ). — 3° Esdr. 10. 29. — 4° Néh. 10. 28.

מְלוּכָה *f.* (une fois מְלֻכָה, I Sam. 10. 25, rac. מָלַךְ). Règne, gouvernement, royaume : וַיִּתֵּן יְיָ אֶת־הַמְּלוּכָה II Sam. 16. 8, et Dieu a donné le royaume, ou le règne (à ton fils); כִּי לַיְיָ הַמְּלוּכָה Ps. 22. 29, car à Dieu (appartient) le règne, la souveraineté ; וּנְחַדֵּשׁ שָׁם הַמְּלוּכָה I Sam. 11. 14, et renouvelons-y le règne, c.-à-d. l'élection du roi ; עַתָּה תַּעֲשֶׂה מְלוּכָה I Rois 21. 7, maintenant tu exerces le gouvernement (*ironiquem.*, c'est ainsi que tu règnes, gouvernes?); עִיר הַמְּלוּכָה II Sam. 12. 26, la ville royale, la résidence ; כִּסֵּא הַמְּלוּכָה I Rois 1. 46, le trône du roi (royal); מִזֶּרַע הַמְּלוּכָה Jér. 41. 1, de la race royale.

מְלוּכִי *n. pr.* (v. מַלּוּךְ 2°).

מָלוֹן *m.* (rac. לוּן). L'endroit où les voyageurs passent la nuit, auberge, hôtellerie : כִּי־בָאנוּ אֶל־הַמָּלוֹן Gen. 43. 21, lorsque nous fûmes arrivés à l'hôtellerie ; וְאָבוֹאָה מְלוֹן קִצּוֹ II Rois 19. 23, je pénétrerai jusqu'à sa demeure, sa limite extrême, jusqu'au point le plus reculé ; גֶּבַע מָלוֹן לָנוּ Is. 10. 29, ils ont passé la nuit à Gaba ; *exact.* : Gaba, l'endroit de campement où ils ont passé la nuit.

מְלוּנָה *f.* Cabane où le gardien passe la nuit (v. מָלוֹן) : כִּמְלוּנָה בְמִקְשָׁה Is. 1. 8, (Sion sera) comme une cabane de gardien dans un champ de concombres (après la récolte, lorsque le gardien n'y est plus); וְהִתְנוֹדְדָה כַּמְּלוּנָה 24. 20, la terre chancellera, sera agitée, comme la cabane d'un gardien de vignes (qui est légèrement bâtie, ou : suspendue aux arbres pour y pouvoir mieux surveiller).

I מָלַח *Kal* inusité. *Niph.* S'évanouir, disparaître : שָׁמַיִם כֶּעָשָׁן נִמְלָחוּ Is. 51. 6, le ciel sera anéanti, disparaîtra, comme la fumée ; de là מְלָחִים (v. מלח chald. et מְלֵחָה).

II מָלַח (de מֶלַח) Saler : בַּמֶּלַח תִּמְלָח Lév. 2. 13, tu saleras, assaisonneras avec le sel (les sacrifices).

Pou. passif : מְמֻלָּח Exod. 30. 35, (l'encens sera) salé, contiendra aussi du sel, ou : bien mêlé, les aromates qui le composent seront mêlés avec soin.

Hoph. : וְהָמְלֵחַ לֹא הֻמְלַחַתְּ Ez. 16. 4, (au

jour de ta naissance) tu n'as pas été frotté avec du sel, ou : baigné dans de l'eau salée.

מֶלַח *m.* Sel : נְצִיב מֶלַח Gen. 19. 26, une statue de sel ; יָם הַמֶּלַח 14. 3, la mer salée (la mer Morte, ou le lac Asphaltite?) ; גֵּיא־מֶלַח II Sam. 8. 13, et גֵּי־הַמֶּלַח II Rois 14. 7, la vallée du sel ou des salines (près la mer Morte) ; בְּרִית מֶלַח Nomb. 18. 19, une alliance, un pacte de sel, c.-à-d. solennel, inviolable (ou de I מָלַח un pacte, coupé, bien arrêté, v. כָּרַת).

מְלַח chald. Saler, ou manger le sel : וִּי־מְלַח הֵיכְלָא מְלַחְנָא Esdr. 4. 14, et parce que nous avons salé avec le sel du palais, ou parce que nous avons mangé le sel du palais, que nous avons été nourris au palais du roi ; selon d'autres : parce que nous avons détruit le temple, ou : nous voulons le détruire, c.-à-d. empêcher qu'il ne soit rebâti (v. I מָלַח héb., anéantir).

מְלַח chald. *m.* Sel : מְלַח חֲמַר Esdr. 6. 9, le sel, le vin (v. מְלַח *verbe*).

מְלָחִים *m. pl.* Vêtements usés : וּבְלוֹיֵ מְלָחִים Jér. 38. 11, et וְהַמְּלָחִים 38. 12, de vieilles étoffes déchirées, usées, des haillons (de I מָלַח).

מַלָּח *m.* Marin, marinier (de מֶלַח sel, eau salée, mer ; selon d'autres : parce qu'il mêle, bat, les eaux avec les rames, de II מָלַח, v. *Pou.*) : כָּל־אֳנִיּוֹת הַיָּם וּמַלָּחֵיהֶם Ez. 27. 9, tous les navires de la mer et leurs marins ; וַיִּירְאוּ הַמַּלָּחִים Jon. 1. 5, la peur saisit les marins.

מְלֵחָה *f.* Une terre salée, c.-à-d. stérile, de מֶלַח sel, ou de I מָלַח terre abandonnée, maudite : אֶרֶץ פְּרִי לִמְלֵחָה Ps. 107. 34, (il change) une terre qui portait des fruits en une terre stérile ; וּמִשְׁכְּנוֹתָיו מְלֵחָה Job 39. 6, (à qui j'ai donné) une terre stérile, le désert pour sa demeure, retraite ; אֶרֶץ מְלֵחָה וְלֹא תֵשֵׁב Jér. 17. 6, une terre stérile, ou déserte, inhabitable.

מִלְחָמָה *f.* (une fois מִלְחָמָה I Sam. 13. 22, avec suff. מִלְחַמְתִּי, *pl.* מִלְחָמוֹת, rac. לָחַם). Combat, bataille, guerre : לַמִּלְחָמָה עָלֶיהָ Is. 7. 1, pour un combat contre la ville, pour l'assiéger ; וּמֵרָחוֹק יָרִיחַ מִלְחָמָה Job 39 25, (le cheval) sent de loin la bataille ; עָשׂוּ מִלְחָמָה אֶת־בֶּרַע Gen. 14. 2, ils firent la guerre contre Bera ; אַנְשֵׁי הַמִּלְחָמָה Nomb. 31. 28, les soldats ; כְּאִישׁ מִלְחָמוֹת Is. 42. 13, comme un guerrier, un héros ; עַם הַמִּלְחָמָה Jos. 8. 1, l'armée ; כְּלֵי מִלְחָמָה Jug. 18. 11, et seul וּמִלְחָמָה Ps. 76. 4, les armes de guerre ; וְלֹא לַגִּבּוֹרִים הַמִּלְחָמָה Eccl. 9. 11, et la guerre, ou la victoire, n'est pas toujours pour les forts, les vaillants.

מלט (v. פָּלַט) *Kal* inusité. *Pi.* מִלֵּט et מַלֵּט. 1° Faire sortir, tirer du danger, sauver, délivrer : וּמַלְּטוּנִי מִיַּד־צָר Job 6. 23, délivrez-moi de la main de l'ennemi ; אֲמַלֵּט עָנִי מְשַׁוֵּעַ 29. 12, j'ai sauvé le pauvre, qui criait ; וּמִלַּטְתְּ אֶת־נַפְשֵׁךְ וְאֶת־נֶפֶשׁ בְּנֵךְ I Rois 1. 12, sauve ta vie et la vie de ton fils. — 2° Pondre des œufs : שָׁמָּה קִנְּנָה קִפּוֹז וַתְּמַלֵּט Is. 34. 15, c'est là que le serpent (javelot), selon d'autres, le merle, fera son nid et pondra ses œufs (v. *Hiph.* 2°).

Hiph. 1° Sauver : פָּסוֹחַ וְהִמְלִיט Is. 31. 5, épargner et sauver. — 2° Enfanter : וְהִמְלִיטָה זָכָר 66. 7, elle a enfanté, mis au monde, un enfant mâle.

Niph. Être sauvé, se sauver, fuir : אֵלֶיךָ זָעֲקוּ וְנִמְלָטוּ Ps. 22. 6, ils ont crié vers toi et ils ont été sauvés, délivrés ; אִמָּלְטָה נָּא שָׁמָּה Gen. 19. 20, que je puisse m'y sauver, je vous prie ; הִמָּלֵט עַל־נַפְשֶׁךָ 19. 17, sauve-toi, pour ta vie ; il y va de ta vie ; מִמַּחֲנֵה יִשְׂרָאֵל נִמְלָטְתִּי II Sam. 1. 3, je me suis sauvé du camp d'Israel ; וַיִּמָּלֵט הַשְּׂעִירָתָה Jug. 3. 26, il (fuit) vint à Séiroth. — S'en aller vite : אִמָּלְטָה נָּא וְאֶרְאֶה אֶת־אֶחָי I Sam. 20. 29, (permets) que je me hâte d'aller voir mes frères.

Hithp. : וָאֶתְמַלְּטָה בְּעוֹר שִׁנָּי Job 19. 20, je me suis sauvé avec la peau de mes dents, c.-à-d. rien n'est plus sain en moi, je n'ai plus que la peau et les os ; כִּידוֹדֵי אֵשׁ יִתְמַלָּטוּ 41. 11, des étincelles de feu jaillissent, partent (de sa gueule).

מֶלֶט *m.* Argile ou mortier : וּטְמַנְתָּם בַּמֶּלֶט Jér. 43. 9, et cache-les dans l'argile, ou dans le mortier.

מְלַטְיָה (Dieu le sauve) *n. pr. m.* Néh. 3. 7.

מַלּוּכִי *n. pr.* (v. מַלּוּךְ 2°).

מְלִילָה *f.* (rac. מָלַל). Épi : וְקָטַפְתָּ מְלִילֹת בְּיָדֶךָ Deut. 23. 26, tu pourras cueillir des épis (mais seulement) avec la main.

מְלִיצָה *f.* (rac. לוּץ). 1° Chanson de raillerie, épigramme : וּמְלִיצָה חִידוֹת לוֹ Hab. 2. 6, (ils feront) des épigrammes, des énigmes (allusions en paraboles), contre lui. — 2° : לְהָבִין מָשָׁל וּמְלִיצָה Prov. 1. 6, pour pénétrer les paraboles et leur interprétation, ou וּמְלִיצָה et des paroles mystiques, énigmatiques, qui ont besoin d'une interprétation.

מָלַךְ (*fut.* יִמְלֹךְ). Régner, être et devenir roi : מָלַךְ בִּירוּשָׁלַם Jér. 52. 1, il régna (onze ans) dans Jérusalem ; אֲשֶׁר יִמְלֹךְ עֲלֵיהֶם I Sam. 8. 10, (le roi) qui régnera sur eux ; כִּי מָלַךְ אֲדֹנִיָּהוּ I Rois 1. 11, (savez-vous) qu'Adonias est devenu roi, s'est fait roi ? מָלַךְ אַבְשָׁלוֹם בְּחֶבְרוֹן II Sam. 15. 10, Absalom est devenu, a été proclamé, roi à Hebron ; הֲתִמְלֹךְ כִּי אַתָּה מְתַחֲרֶה בָאָרֶז Jér. 22. 15, es-tu roi, ou prétends-tu affermir ton règne, parce que tu rivalises avec un cèdre ? (Josias, v. חָרָה).

Hiph. Faire, établir roi : הִמְלִיךְ אֶת־שְׁלֹמֹה I Rois 1. 43, (David) a établi Salomon roi ; וְנַמְלִיךְ מֶלֶךְ בְּתוֹכָהּ Is. 7. 6, et nous y établirons pour roi (le fils de Tabéel) ; avec ל : וַיַּמְלִיכוּ שֵׁנִית לִשְׁלֹמֹה I Chr. 29. 22, ils proclamèrent roi, ils sacrèrent une seconde fois, Salomon.

Hoph. : אֲשֶׁר הָמְלַךְ עַל מַלְכוּת Dan. 9. 1, qui avait été établi roi dans l'empire (des Chaldéens).

Niph. Ex. unique : וַיִּמָּלֵךְ לִבִּי עָלַי Néh. 5. 7, et mon cœur délibérait en moi, je réfléchissais mûrement, (ou : mon cœur se rendit maître de moi, c.-à-d. la colère s'empara de moi).

מֶלֶךְ *m.* (avec suff. מַלְכִּי, *pl.* מְלָכִים, une fois מְלָכִין Prov. 31. 3, et מַלְאָכִים II Sam. 11. 1). Roi : מֶלֶךְ סְדֹם Gen. 14. 2, le roi de Sodome ; וּמַלְכֵי יִשְׂרָאֵל II Rois 17. 8, et les rois d'Israel ; מַלְכֵי יְהוּדָה Is. 1. 1, les rois de Juda. — De Dieu : מֶלֶךְ כָּל־הָאָרֶץ Ps. 47. 8, le roi de toute la terre ; מֶלֶךְ יַעֲקֹב Is. 41. 21, le roi de Jacob, et מֶלֶךְ־יִשְׂרָאֵל 44. 6, roi d'Israel ; מֶלֶךְ מַלְכֵי הַמְּלָכִים le roi des rois. — Des idoles : וְקִלֵּל בְּמַלְכּוֹ וּבֵאלֹהָיו Is. 8. 21, il maudira son roi (idole) et son Dieu (v. מַלְכָּם) ; מֶלֶךְ מְלָכִים Ez. 26. 7, le roi des rois (le roi de Babylone) ; הַמֶּלֶךְ הַגָּדוֹל Is. 36. 4, le grand roi (le roi des Assyriens).

מֶלֶךְ *n. pr.* Melech, fils de Micha, I Chr. 8. 35 ; בֶּן־הַמֶּלֶךְ Jér. 36. 26, et 38. 6, fils de Hamelech ; selon d'autres : fils d'un, ou du roi.

מֶלֶךְ (*emph.* מַלְכָּה, מַלְכָּא, *plur.* מַלְכִין et מַלְכַיָּא) chald. Roi : מֶלֶךְ מַלְכַיָּא Dan. 2. 37, roi des rois, le roi de Babylone ; Esdr. 7. 12, le roi de Perse ; אַרְבְּעָה מַלְכִין Dan. 7. 17, quatre rois (pour quatre royaumes).

מְלַךְ chald. *m.* Conseil : מִלְכִּי יִשְׁפַּר עֲלָךְ Dan. 4. 24, (puisse) mon conseil te plaire, te paraître bon.

מֹלֶךְ *m. n. pr.* d'une idole, Moloch : וּלְמֹלֶךְ שִׁקֻּץ בְּנֵי עַמּוֹן I Rois 11. 7, et à Moloch, l'idole des enfants d'Ammon ; presque toujours הַמֹּלֶךְ ; on lui sacrifiait des enfants, v. Lév. 18. 21, 20. 2.

מַלְכֹּדֶת *f.* (rac. לָכַד). Piége : וּמַלְכֻּדְתּוֹ עֲלֵי נָתִיב Job 18. 10, et son piége, filet (dans lequel il sera pris), est (caché, tendu) sur le chemin.

מַלְכָּה *f.* Reine : אֶסְתֵּר הַמַּלְכָּה Esth. 5. 2, la reine Esther ; מַלְכַּת־שְׁבָא I Rois 10. 4, la reine de Saba ; שִׁשִּׁים הֵמָּה מְלָכוֹת Cant. 6. 8, elles sont soixante princesses, femmes ou filles de rois.

מַלְכָּה *f.* chald. Reine : עֲנָת מַלְכְּתָא וַאֲמֶרֶת Dan. 5. 10, la reine commença et dit.

מִלְכָּה (reine ou conseil) *n. pr.* Milcha,

fille de Haran, femme de Nahor, Gen. 11. 29.

מַלְכָה *f.* Règne (v. מְלוּכָה).

מַלְכוּ *f.* (const. מַלְכוּת et מַלְכוּתָא, *pl.* מַלְכְוָתָא et מַלְכְוָת) chald. Règne, royaume: מַלְכוּ אָחֳרִי Dan. 2. 39, un autre royaume; לְמַלְכוּת דָּרְיָוֶשׁ מַלְכָּא Esdr. 6. 15, du règne du roi Darius; כָּל־אִלֵּין מַלְכְוָתָא Dan. 2. 44, tous ces royaumes; לְבֵית מַלְכוּ 4. 27, pour être la maison, le siége du règne; הֵיכַל מַלְכוּתָא 4. 26, le palais du roi.

מַלְכוּת *f.* (rac. מָלַךְ). Domination, règne, royaume: מַלְכוּת שָׁאוּל I Chr. 12. 23, la domination, (la couronne) de Saül; לְמַלְכוּת נְבֻכַדְנֶצַּר Dan. 2. 1, (la seconde année) du règne de Nebuchadnesar; בֵּית הַמַּלְכוּת Esth. 1. 9, (dans) la maison, le palais du roi; וַתִּלְבַּשׁ אֶסְתֵּר מַלְכוּת 5. 1, Esther se vêtit d'habits royaux (sous-entendu בִּגְדֵי); מַלְכוּת יְהוּדָה II Chr. 11. 17, le royaume de Juda; מַלְכוּת פָּרַס Dan. 10. 13, le royaume de Perse; אַרְבַּע מַלְכֻיוֹת 8. 22, quatre royaumes; וּמַלְכוּתוֹ בַּכֹּל מָשָׁלָה Ps. 103. 19, et son empire, sa domination (règne), s'étend sur tout.

מַלְכִּיאֵל (roi de Dieu, établi de Dieu) *n. pr.* Malchiel, fils de Beria, Gen. 46. 17; *n. patron.* מַלְכִּיאֵלִי Nomb. 26. 45.

מַלְכִּיָּה et **מַלְכִּיָּהוּ** *n. pr.* Même signif. 1° Esdr. 10. 31. — 2° Néh. 10. 3. — 3° Plusieurs autres, II Chr. et Esdr.

מַלְכִּי־צֶדֶק (roi de la justice) *n. pr.* Malchisédek, roi de Salem (Jérusalem) et prêtre, Gen. 14. 18, Ps. 110. 4.

מַלְכִּירָם (roi de la hauteur) *n. pr. m.* I Chr. 3. 18.

מַלְכִּישׁוּעַ (roi du secours) *n. pr.* Malchisua, fils de Saül, I Sam. 14. 49.

מַלְכָּם *n. pr.* 1° D'une idole, adorée chez les Ammonites: כִּי מַלְכָּם בַּגּוֹלָה יֵלֵךְ Jér. 49. 3, car Malchom s'en ira (sera emmené) captif (v. מֹלֶךְ idole et מֹלֶךְ Moloch), v. Soph. 1. 5 et Amos 1. 15.— 2° D'un homme, I Chr. 8. 9.

מִלְכֹּם *n. pr.* d'une idole: מִלְכֹּם שִׁקֻּץ עַמֹּנִים I Rois 11. 5, Milchom, l'idole des Ammonites (v. מֹלֶךְ et מַלְכָּם 1°).

מַלְכֶת Reine (ne se trouve que dans Jér. 7. 18 et 44. 17, 18, 19, 25): לִמְלֶכֶת הַשָּׁמַיִם à la reine du ciel, la lune ou Vénus; selon d'autres: pour מְלֶאכֶת les œuvres du ciel, les étoiles.

מֹלֶכֶת (reine) *n. pr.* Molecheth, fille de Machir, sœur de Gelad, I Chr. 7. 18, (et sa sœur) qui régnait, Kimchi.

I **מָלַל** *Kal.* Seulement *part.*: מוֹלֵל בְּרַגְלָו Prov. 6. 13, il parle avec ses pieds (par le mouvement de ses pieds); selon d'autres: il gratte des pieds, fait des révérences (v. II מָלַל).

Pi. Parler, dire, raconter: עַד־אָן תְּמַלֶּל־אֵלֶּה Job 8. 2, jusqu'à quand dirastu des choses pareilles? מִי מִלֵּל לְאַבְרָהָם Gen. 21. 7, qui aurait dit à Abraham? מִי יְמַלֵּל גְּבוּרוֹת יְיָ Ps. 106. 2, qui peut raconter les œuvres puissantes de l'Éternel?

II **מָלַל** (v. מָהַל, מוּל). Couper, circoncire: וְשׁוּב מֹל אֶת־בְּנֵי־יִשְׂרָאֵל שֵׁנִית Jos. 5. 2, et circoncis une seconde fois les enfants d'Israel, c.-à-d. fais renouveler l'usage de la circoncision (v. tout le chapitre 5), ou de la racine מוּל.

Passif. Être coupé, cueilli: כְּצִיץ יָצָא וַיִּמָּל Job 14. 2, (l'homme) naît, fleurit comme une fleur, (et comme elle) il est coupé, cueilli; וּמִמַּעַל יִמַּל קְצִירוֹ 18. 16, et ses branches (qui montaient) en haut seront coupées; selon quelques commentateurs, aussi de cette racine: בְּלֹא־יוֹמוֹ תִּמָּלֵא pour תִּמַּל Job 15. 32, avant son temps il sera abattu (v. מָלֵא) (selon d'autres, tous ces verbes de la racine נָמַל).

מְלַל chald. Parler, dire, seulement *Pa.*: דָּנִיֵּאל עִם־מַלְכָּא מַלִּל Dan. 6. 22, Daniel dit au roi; דִּי קַרְנָא מְמַלְּלָה 7. 11, (les paroles) que la corne disait, prononçait.

מִלֲלַי (éloquent) *n. pr. m.* Néh. 12. 36.

מַלְמָד *m.* (rac. לָמַד instrument servant à guider, corriger). Bâton ou aiguillon: בְּמַלְמַד הַבָּקָר Jug. 3. 31, avec un bâton ou aiguillon (dont on se sert pour conduire, faire aller) les bœufs.

מָלַץ *Niph.* Être doux : מַה־נִּמְלְצוּ לְחִכִּי אִמְרָתֶךָ Ps. 119. 103, que tes paroles, promesses, sont douces à mon palais (à mon cœur) ! (Peut-être de מֵלִיץ être clair ou favorable, v. לִיץ *Hiph.* et מְלִיצָה.)

מֶלְצַר *m.* Officier à la cour du roi de Babylone, intendant, maître d'hôtel ou surveillant, avec l'*art.* : הַמֶּלְצַר Dan. 1. 11, 16.

מָלַק Tordre, briser avec les ongles, seulement deux fois : וּמָלַק אֶת־רֹאשׁוֹ Lév. 1. 15, 5. 8, (le prêtre) tordra, tournera en arrière, avec ses ongles, la tête de l'oiseau (offert en holocauste ou comme expiation).

מַלְקוֹחַ *m.* (rac. לָקַח). Ce qui est pris, enlevé ; des hommes, les captifs ; des animaux, le butin : אֶת־הַמַּלְקוֹחַ Nomb. 31. 27, וְאֵת כָּל־הַמַּלְקוֹחַ vers. 11, tout ce qui a été pris tant en hommes qu'en bêtes ; הֲיֻקַּח מִגִּבּוֹר מַלְקוֹחַ Is. 49. 24, peut-on enlever, arracher à un héros ceux qu'il a pris, ses prisonniers ; mais אֶת־הַשְּׁבִי וְאֶת־הַמַּלְקוֹחַ Nomb. 31. 12, les prisonniers et le butin, les animaux.

מַלְקוֹחַיִם *m. duel.* Palais, le dedans de la bouche : וּלְשׁוֹנִי מֻדְבָּק מַלְקוֹחָי Ps. 22. 16, ma langue est attachée, est comme collée à mon palais (*exact.* la partie supérieure et inférieure de la bouche, qui prennent, saisissent, les aliments, de לָקַח).

מַלְקוֹשׁ *m.* (rac. לָקַשׁ). La pluie tardive, qui tombe dans l'arrière-saison, avant la récolte : יוֹרֶה וּמַלְקוֹשׁ Deut. 11. 14, la première pluie et la dernière pluie, la pluie de la première et de l'arrière-saison ; בְּעֵת מַלְקוֹשׁ Zach. 10. 1, au temps des dernières pluies ; וּפִיהֶם פָּעֲרוּ לְמַלְקוֹשׁ Job 29. 23, et ils ouvraient leur bouche pour la pluie de l'arrière-saison (ils languissaient après mes discours, qui étaient pour eux ce que cette pluie est à la terre).

• מַלְקוּת *f.* (rac. לָקָה). Flagellation : מַלְקוּת אַרְבָּעִים la flagellation de quarante (trente-neuf) coups de fouet, châtiment qu'on infligeait pour certains crimes ou péchés (v. Deut. 25. 1, 2).

מֶלְקָחַיִם *m. duel* (rac. לָקַח). 1° Pincettes : בְּמֶלְקָחַיִם לָקַח מֵעַל הַמִּזְבֵּחַ Is. 6. 6, (qu')il avait pris avec des pincettes de dessus l'autel. — 2° Pincettes pour les lampes, mouchettes : וְהַנֵּרוֹת וְהַמֶּלְקָחַיִם זָהָב I Rois 7. 49, et les lampes et les pincettes étaient d'or

מַלְקָחַיִם *m. duel.* Pincettes ou mouchettes : וְאֶת־מַלְקָחֶיהָ Nomb. 4. 9, et les pincettes (à l'usage du chandelier).

• מַלְשִׁינוּת *f.*, de לָשׁוֹן calomnie, médisance (v. לָשַׁן).

מֶלְתָּחָה *f.* (rac. לָתַח). Garde-robe : וַיֹּאמֶר לַאֲשֶׁר עַל־הַמֶּלְתָּחָה II Rois 10. 22, il dit à l'homme qui gardait les vêtements, ou : la maison, la chambre qui renfermait les habits (des prêtres de Baal).

מַלּוֹתִי *n. pr. m.* I Chr. 25. 4.

מַלְתָּעוֹת *f. pl.* (rac. לָתַע). (Qui brisent, mordent) les dents : מַלְתְּעוֹת כְּפִירִים Ps. 58. 7, les dents (ou les grosses dents) de jeunes lions (v. מְתַלְּעוֹת *transposé*).

מַמְּגֻרָה *f.* (rac. גּוּר). Grenier : נֶהֶרְסוּ מַמְּגֻרוֹת Joel 1. 17, les greniers, magasins de blé, sont démolis, ruinés (v. מְגוּרָה 2°).

מְמַדִּים *m pl.* (rac. מָדַד). Mesures : מִי־שָׂם מְמַדֶּיהָ Job 38. 5, qui a posé, réglé, les mesures, l'étendue (de la terre).

מְמוּכָן *n. pr.* Mamuchan, grand seigneur à la cour d'Assuérus, Esth. 1. 14.

• מָמוֹן *m.* Argent : יְהִי מְמוֹן חֲבֵרְךָ חָבִיב עָלֶיךָ כְּשֶׁלְּךָ Aboth, que l'argent de ton prochain te soit cher comme le tien, c.-à-d. ménage les intérêts des autres comme les tiens propres.

מְמוֹתִי *m. pl.* (rac. מוּת). 1° La mort (v. מָוֶת) : מְמוֹתֵי תַחֲלֻאִים יָמֻתוּ Jér. 16. 4, ils mourront d'une mort de langueur (des maladies et de la faim) ; מְמוֹתֵי חָלָל Ez. 28. 8, de la mort d'un homme tué (au milieu de la mer). — 2° : בְּנֵי־הַמֶּלֶךְ הַמְּמוֹתְתִים II Rois 11. 2, *chethib* pour

הַמּוּמָתִים *keri*, *part. Hoph.* de מות (du milieu) des enfants du roi, au moment où ils furent tués.

מַמְזֵר *m.* 1° Bâtard (selon les uns, d'une racine מָזַר mêler, ou repousser, mépriser; selon les autres, de II זור, v. זָר étranger, barbare) : לֹא־יָבֹא מַמְזֵר בִּקְהַל יְיָ Deut. 23. 3, un bâtard (c.-à-d. issu d'un adultère ou d'un inceste) n'entrera point en l'assemblée de Dieu (ne pourra pas épouser une femme dans Israel). — 2° Étranger : וְיָשַׁב מַמְזֵר בְּאַשְׁדּוֹד Zach. 9. 6, l'étranger demeurera dans Asdod, ou : les Philistins, à qui cette ville appartient, y seront comme des étrangers, dominés, subjugués.

מִמְכָּר *m.* (rac. מָכַר). 1° La vente : שְׁנַת מִמְכָּרוֹ Lév. 25. 29, l'année de sa vente (l'année dans laquelle la maison a été vendue); כֶּסֶף מִמְכָּרוֹ 25. 50, l'argent de sa vente, la somme pour laquelle il a été vendu. — 2° L'objet vendu : מִמְכַּר אָחִיו Lév. 25. 25, ce que son frère a vendu; כִּי הַמּוֹכֵר אֶל־הַמִּמְכָּר לֹא יָשׁוּב Ez. 7. 13, car le vendeur ne rentrera point en possession de l'objet vendu (dans l'année du jubilé); לְבַד מִמְכָּרָיו עַל־הָאָבוֹת Deut. 18. 8, outre ce qui lui revient de la vente faite, ou : des choses vendues par ses pères ; d'autres traduisent : outre sa possession, ce qu'il possède de la succession de ses pères. — 3° Chose à vendre, marchandise : וּמֹכְרֵי כָל־מִמְכָּר Néh. 13. 20, et ceux qui vendaient toutes sortes de marchandises.

מִמְכֶּרֶת *f.* Action de vendre, vente : מִמְכֶּרֶת עָבֶד Lév. 25. 42, (ils ne seront pas vendus) de la vente d'un esclave, de la manière qu'on vend les autres esclaves.

מַמְלָכָה *f.* (rac. מָלַךְ, const. מַמְלֶכֶת, avec suff. מַמְלַכְתִּי, *pl.* מַמְלָכוֹת). Règne, royauté, royaume : לְךָ יְיָ הַמַּמְלָכָה I Chr. 29. 11, à toi, Éternel, appartient le règne; קָרֹעַ אֶקְרַע אֶת־הַמַּמְלָכָה מֵעָלֶיךָ I Rois 11. 11, je t'arracherai la royauté (tu perdras la couronne); הִרְגִּיז מַמְלָכוֹת Is. 23. 11, il a fait trembler les royaumes; בְּעִרֵי הַמַּמְלָכָה I Sam. 27. 5, dans la ville royale ; וּבֵית מַמְלָכָה הוּא Amos 7. 13, et c'est une résidence royale; לְכֹל מַמְלְכוֹת הָאָרֶץ Deut. 28. 25, à tous les royaumes de la terre ; וַתְּהִי רֵאשִׁית מַמְלַכְתּוֹ בָּבֶל Gen. 10. 10, le commencement (ou : la capitale) de son royaume fut Babylone.

מַמְלָכוּת *f.* Royaume : מַמְלְכוּת אָבִי II Sam. 16. 3, le royaume de mon père.

מִמְסָךְ *m.* (rac. מָסַךְ). Du vin mêlé d'aromes, du vin fort, bon : וְהַמְמַלְאִים לַמְנִי מִמְסָךְ Is. 65. 11, (vous qui remplissez, c.-à-d.) qui offrez du vin mêlé à Mani, ou à la fortune (v. מְנִי); לַבָּאִים לַחְקוֹר מִמְסָךְ Prov. 23. 30, et qui viennent goûter le vin fort, bon; selon d'autres : qui recherchent la maison où l'on verse, où l'on vend le vin.

מִמֶּן (v. מִן).

* **מֵמַר** Parole : וּבְמֵמְרֵיהּ et par sa parole.

מֶמֶר *m.* (rac. מָרַר). Douleur, chagrin : וּמֶמֶר לְיוֹלַדְתּוֹ Prov. 17. 25, (l'enfant insensé est) la douleur, le chagrin, de sa mère (v. יָלַד).

מַמְרֵא *n. pr.* 1° Mamré, un Amorrhéen, Gen. 14. 13. — 2° D'un endroit : בְּאֵלֹנֵי מַמְרֵא 13. 18, près des chênes ou de la vallée de Mamré, près de Hébron, aussi מַמְרֵא seul 23. 17, 19.

מַמְּרוֹרִים *m. pl.* (rac. מָרַר). Amertume : יַשְׂבִּעַנִי מַמְּרֹרִים Job 9. 18, il me rassasie, me remplit, d'amertume.

מִמְשַׁח *m.* (rac. מָשַׁח). Étendue : אַתְּ־כְּרוּב מִמְשַׁח הַסּוֹכֵךְ Ez. 28. 14, tu étais (comme) un chérubin aux ailes étendues, ou (de מָשַׁח oindre) oint, sacré, הַסּוֹכֵךְ qui couvre, qui protége (v. Exod. 25. 20).

מֶמְשָׁל *m.* (rac. מָשַׁל). Domination : וּמָשַׁל מִמְשָׁל רַב Dan. 11. 3, et il règnera avec une grande puissance (*exact.* une domination puissante); *plur.* concret, ceux qui dominent : הַמִּמְשָׁלִים לְבֵית אֲבִיהֶם I Chr. 26. 6, les maîtres, chefs de leurs familles.

מֶמְשָׁלָה *f.* (rac. מָשַׁל), const. מֶמְשֶׁלֶת,

avec suff. מֶמְשַׁלְתּוֹ, *pl.* const. מֶמְשְׁלוֹת et מֶמְשְׁלוֹת). Domination, empire, domaine, royaume : לְמֶמְשֶׁלֶת הַיּוֹם Gen. 1. 16, pour (avoir) la domination pendant le jour ; וּמֶמְשַׁלְתְּךָ בְּכָל־דּוֹר וָדֹר Ps. 145. 13, et ton empire (durera) dans toutes les générations ; בְּבֵיתוֹ וּבְכָל־מֶמְשַׁלְתּוֹ II Rois 20. 13, dans son palais et dans tous ses domaines ; וּמֶמְשַׁלְתְּךָ אֶתֵּן בְּיָדוֹ Is. 22. 21, et je mettrai entre ses mains toute ta puissance ; וְכָל־מֶמְשַׁלְתּוֹ עִמּוֹ II Chr. 32. 9, et toute sa puissance, c.-à-d. toute son armée, ou : tous ses chefs, avec lui.

מִמְשָׁק *m.* Ex. unique : מִמְשַׁק חָרוּל Soph. 2. 9, un lieu occupé par les épines, ou : abandonné aux épines (rac. מָשַׁק) ; selon d'autres : un lieu où l'on n'entendra que le bruit des épines, qui se heurtent les unes contre les autres (rac. שָׁקַק).

מַמְתַּקִּים *m. pl.* (rac. מָתַק). Douceurs : חִכּוֹ מַמְתַּקִּים Cant. 5. 16, son palais est la douceur (sa voix, ou ses paroles, sont pleines de douceur) ; וּשְׁתוּ מַמְתַּקִּים Néh. 8. 10, et buvez du vin doux, des liqueurs douces.

מָן *m.* (rac. מָנָה). Part, don ; ou de מַה־הוּא qu'est-ce que cela ? (V. Exod. 16. 15, et מָן chald.) la manne, la nourriture que Dieu fit tomber du ciel pour nourrir les enfants d'Israel dans le désert : מָן הוּא כִּי לֹא יָדְעוּ מַה־הוּא Exod. 16. 15, (ils se dirent l'un à l'autre) qu'est-ce que cela ? car ils ne savaient ce que c'était, ou : c'est une manne, un don du ciel ; וּמַנְךָ לֹא־מָנַעְתָּ מִפִּיהֶם Néh. 9. 20, tu n'as point refusé ta manne à leur bouche.

מַן devant *makkeph* מַן chald., *pron. interrog.* Qui ? וּמַן־הוּא אֱלָהּ Dan. 3. 15 : et qui est le Dieu ? מַן־שָׂם לְכֹם טְעֵם Esdr. 5. 3, qui vous a donné l'ordre ? מַן־אִנּוּן שְׁמָהָת גֻּבְרַיָּא vers. 4, quels étaient les noms des hommes ? וּמַן־דִּי Dan. 3. 6, 11, 4. 14, et celui qui, quiconque.

מֵן *m.* Part (de מָנָה), ne se trouve que lié à la *prépos.* מִן, מִמֶּנִּי, מִמֶּנּוּ de ma, de sa part, de moi, de lui (v. מִן) ; selon quelques commentateurs : מֵאֹיְבִים מִנֵּהוּ Ps. 68. 24, (que la langue de tes chiens) ait sa part (du sang) des ennemis ; *plur.* מִנִּים, une fois : הַלְלוּהוּ בְּמִנִּים Ps. 150. 4, louez-le avec des instruments à cordes ; selon d'autres, de מִין avec toutes sortes d'instruments ; d'autres traduisent par : luth, viole, etc. ; מִנִּי שִׂמְּחוּךָ Ps. 45. 9, selon les uns : la musique, le concert (qui retentit dans des palais d'ivoire), te réjouit ; selon les autres : מִנִּי *prép.* pour מִן (on tire ces vêtements des palais d'ivoire), מִנִּי de (ces palais qui) te réjouissent, qui font tes délices.

מִן et מִי (suivi du *dagesch*) devant les gutturales מֵ, rarement מִ, *poét.* מִנִּי et מִנֵּי, avec les *pronoms personnels* מִמֶּנִּי (v. מֵן), *poét.* מִנִּי et מֶנִּי de moi, מִמְּךָ, מִמֵּךְ de toi, מִמֵּךְ de toi *f.*, מִמֶּנּוּ de lui, מִמֶּנָּה d'elle (*poét.* מִנֵּהוּ, מֶנְהוּ) ; מִמֶּנּוּ de nous, מִכֶּם de vous, מִכֶּן de vous *f.*, מֵהֶם (*poét.* מִנְּהֶם) d'eux, מֵהֵן d'elles. Cette *préposition* marque 1° le rapport d'une portion ou fraction à la totalité, de, d'entre, après les *noms de nombre* : מִזִּקְנֵי הָעִיר Ruth 4. 2, (dix hommes) des anciens de la ville ; מִבְּנֵי הַנְּבִיאִים II Rois 2. 7, (cinquante) des fils des prophètes ; אֶחָד מֵאַחַי Néh. 1. 2, un de mes frères ; מִכָּל־יִשְׂרָאֵל Exod. 18. 25, (des hommes capables) d'entre tout le peuple d'Israel ; וְאֶל־מִי מִקְּדֹשִׁים Job 5. 1, et à qui d'entre les saints (anges). Ce מִן קְצָתִית *partitif* se trouve après les *verbes* מָלֵא — : וַיְמַלֵּא כַפּוֹ מִמֶּנָּה Lév. 9. 17, il remplit sa main de (la farine de l'oblation) ; נָשָׂא — : יִשָּׂא מִדַּבְּרֹתֶיךָ Deut. 33. 3, il recevra de ta doctrine, s'instruira de tes paroles ; אָכַל — : לֹא־תֹאכְלוּ מִמֶּנּוּ Gen. 3. 3, vous n'en mangerez pas ; שָׂבַע מִן se rassasier de ; הָקֵל מִן־הָעֹל I Rois 12. 9, ôte une partie du joug, adoucis le joug, etc. Souvent avec une *ellipse* : מִזִּקְנֵי יִשְׂרָאֵל Exod. 17. 5, plusieurs des anciens d'Israel ; מִנְּשִׁיקוֹת פִּיהוּ Cant. 1. 2, quelques baisers de sa bouche ; יָצְאוּ מִן־הָעָם Exod. 16. 27, quelques-uns du peuple sortirent ; rarement *sous-entendu*, un ou une, comme : מִבְּנוֹת פּוּטִיאֵל Exod. 6. 25, (Éliazar épousa) une des filles de Putiel; וַיִּקַּח מֵאַבְנֵי הַמָּקוֹם Gen. 28. 11, il prit une des pierres (qui étaient) à cet endroit (v. vers. 18). Avec une *négation*, *sous-entendu* aucun : לֹא־יֶחֱרַף לְבָבִי מִיָּמָי Job 27. 6, mon cœur ne se repent d'aucun de mes jours; אִם־יִפֹּל מִשַּׂעֲרַת רֹאשׁוֹ I Sam. 14. 45, pas un seul cheveu de sa tête ne tombera (sur la terre); וְעָשָׂה מֵאַחַת מֵהֵנָּה Lév. 4. 2, et s'il commet quelqu'un de ces (péchés), quel qu'il soit de ces péchés; מֵאַחַד אַחֶיךָ Deut. 15. 7, quelqu'un de tes frères, un de tes frères quel qu'il soit. — Moins que : מֵאֶפֶס וָתֹהוּ נֶחְשְׁבוּ־לוֹ Is. 40. 17, ils sont regardés auprès de lui, il les estime, moins que le néant et que le vide; הֵן־אַתֶּם מֵאַיִן 41. 24, vous êtes moins, pires, que néant.

2° Le rapport à l'origine, au lieu, et à l'état, d'où quelqu'un ou une chose vient ou sort : יָצָתִי מִבֶּטֶן אִמִּי Job 1. 21, (nu) je suis sorti du ventre de ma mère; כַּאֲשֶׁר יָצָא מִפִּיךָ Jug. 11. 36, (fais de moi) comme il est sorti de ta bouche, comme tu as fait vœu; יָצְאוּ — מֵאֶרֶץ מִצְרַיִם Exod. 12. 41, ils sont sortis de l'Égypte; יַמְשֵׁנִי מִמַּיִם רַבִּים Ps. 18. 17, il m'a tiré des eaux puissantes; מִלֵּט, הִצִּיל — מִיַּד, מִכַּף sauver, tirer, de la main, du pouvoir; וּבָנוּ מִמְּךָ חָרְבוֹת Is. 58. 12, ceux qui sortent de toi, tes enfants, ou: du milieu de toi, tes concitoyens, bâtiront sur des lieux déserts (depuis des siècles); אִישׁ אֶחָד מִצָּרְעָה מִמִּשְׁפַּחַת הַדָּנִי Jug. 13. 2, un homme de Zoraa, de la race de Dan; אֵיךְ נָפַלְתָּ מִשָּׁמַיִם Is. 14. 12, comment es-tu tombé du ciel? מִשָּׁמַיִם הִבִּיט יְיָ Ps. 33. 14, l'Éternel a regardé du haut du ciel; וַיֵּרֶד מֹשֶׁה מִן־הָהָר Exod. 19. 14, Moïse descendit de la montagne; עָלָה מִן־הַגִּלְגָּל Jos. 10. 9, (Josué) monta de Galgala.

3° Le rapport à la matière dont une chose est faite : מֵעֲצֵי הַלְּבָנוֹן Cant. 3. 9, (une litière) faite du bois du Liban; מִן־הָאֲדָמָה Gen. 2. 19, (Dieu a formé) de la terre (tous les animaux); מִכַּסְפָּם Osée 13. 2, (ils ont fait des statues) de leur argent; מִי־יִתֵּן טָהוֹר מִטָּמֵא Job 14. 4, (qui peut rendre) pur celui qui vient (d'une source) impure, ou : d'un sang impur?

4° Le rapport à la cause, à l'auteur d'une chose : מֵרֵיחַ מַיִם Job 14. 9, (l'arbre fleurit) par l'odeur de l'eau, dès qu'il sent l'eau; מֵאֹפֶה Osée 7. 4, (un four chauffé) par le boulanger; מֵאֲבִיהֶן Gen. 19. 36, (elles conçurent) de leur père; מִקֶּשֶׁת אֻסָּרוּ Is. 22. 3, ils ont été enchaînés par l'arc, c.-à-d. à la vue de l'arc (dès que l'ennemi s'est montré, ils ont perdu courage et ont été vaincus, pris); מִן־הַיַּיִן 28. 7, (ils sont absorbés) par le vin.

5° Le rapport à l'instrument, au motif pour lequel une chose arrive, à cause de, par : וּמֵחֶזְיֹנוֹת Job 7. 14, et tu m'effrayes par des visions; מִמֵּי הַמַּבּוּל Gen. 9. 11, (ne périra plus) par les eaux du déluge; מִנִּשְׁמַת אֱלוֹהַּ Job 4. 9, (ils seront renversés) par le souffle de Dieu; מִכָּל־צֹרְרַי Ps. 31. 12, par mes ennemis, grâce à eux; מִפְּשָׁעֵינוּ Is. 53. 5, à cause de nos péchés; מֵאַהֲבַת יְיָ Deut. 7. 8, par l'amour de Dieu (pour vous); מִמֶּנּוּ Esth. 5. 9, (il ne s'était levé) pour lui, par honneur pour lui; de là מִבְּלִי, מִבִּלְתִּי parce que non, parce qu'il n'y a pas (v. בִּלְתִּי, בְּלִי) : וְלֹא יִסָּפֵר מֵרֹב Gen. 16. 10, (ta postérité) ne pourra être comptée par la quantité, à cause du grand nombre; מִקֹּצֶר רוּחַ וּמֵעֲבֹדָה קָשָׁה Exod. 6. 9, à cause de leur découragement, affliction, et à cause de la dureté de leurs travaux; וּשְׂמַח מֵאֵשֶׁת Prov. 5. 18, et réjouis-toi de la femme (que tu as épousée dans ta jeunesse); מַר־לִי מְאֹד מִכֶּם Ruth 1. 13, je suis très affligée à cause de vous (de votre malheur), ou plus affligée que vous.

6° מִן exprime aussi l'idée de l'éloignement *au propre et au figuré;* après les *verbes* : נוּס, בָּרַח fuir; יָרֵא, פָּחַד craindre; עָלַם, סָתַר, כָּחַד cacher, se cacher; שָׁמַר garder; פָּלַט délivrer; שָׁבַת, נוּחַ se reposer; de même : חָפְשִׁי מֵאֲדֹנָיו Job 3. 19, affranchi de (la domination) de son maître; לְצֵל — מֵחֹרֶב Is. 4. 6, une ombre contre la chaleur; שָׁבַת מֵרִיב

Prov. 20. 3, se séparer des contestations, les cesser; שָׁלוֹם מִפָּחַד Job 21. 9, (leurs maisons sont) en paix, loin de la crainte (c.-à-d. sans crainte); עָמְדוּ מִכֹּחַ נָסִים Jér. 48. 45, ceux qui fuyaient se sont arrêtés sans force, épuisés; selon d'autres : ceux qui fuyaient la force, la violence de l'ennemi, se sont, etc.; וְלֹא־רָשַׁעְתִּי מֵאֱלֹהָי Ps. 18. 22, je ne me suis pas éloigné de mon Dieu par mes péchés, mon impiété, c.-à-d. je n'ai pas commis de péchés; וִהְיִיתֶם נְקִיִּם מֵיְיָ וּמִיִּשְׂרָאֵל Nomb. 32. 22, vous serez irréprochables devant l'Éternel et devant Israel; חָלִלָה לְּךָ מֵעֲשֹׂת Gen. 18. 25, qu'il soit loin de toi de faire (une chose pareille); לֹא־דָבָר רֵק הוּא מִכֶּם Deut. 32. 47, ce n'est pas une parole (une loi) vaine pour vous.

7° Selon, conformément à : מִפִּי יְיָ II Chr. 36. 12, selon la bouche, l'ordre, de Dieu; מִדַּרְכָּם אֶעֱשֶׂה Ez. 7. 27, selon leur voie, conduite, j'agirai (envers eux); מִדֵּי selon la quantité, aussi souvent que (v. דַּי).

8° Il indique un rapport local ou avec des *adv.* et des *préposit. de lieu* : מִיָּמִין à droite, מִשְּׂמֹאל à gauche; מִקֶּדֶם vers, du côté de, l'orient; מִיָּם vers l'occident; מִמִּזְרַח שֶׁמֶשׁ du côté de l'orient, מִמַּעֲרָב du côté de l'occident; מִצָּפוֹן du côté du nord, מִדָּרוֹם du côté du midi; מֵאַחֲרֵי de derrière, מֵרָחוֹק de loin; מִזֶּה — מִזֶּה I Sam. 17. 3, de ce côté-ci — de ce côté-là; מִתַּחַת dessous, מִמַּעַל dessus, מִחוּץ dehors, מִבַּיִת dedans (ou au-dessus, au-dessous, en dehors, en dedans; מִבֵּין d'entre, מִלִּפְנֵי de devant.— כְּמַר מִדְּלִי Is. 40. 15, comme une goutte d'eau sur le seau, ou (qui tombe) d'un seau.

9° Comme rapport du temps, מִן indique : *a*) le commencement, depuis, dès : מִנְּעֻרַי I Sam. 12. 2, depuis ma jeunesse; מֵעוֹדִי Gen. 48. 15, depuis mon existence, depuis que j'existe; מִבֶּטֶן אִמִּי Jug. 16. 17, dès le ventre de ma mère; מִשְּׁנַת הַיֹּבֵל Lév. 27. 17, dès le commencement de l'année du jubilé; הֲמִיָּמֶיךָ Job 38. 12, (as-tu) depuis le commencement de tes jours, depuis que tu es au monde, etc.? מִיּוֹם אֲנִי הוּא Is. 43. 13, je suis depuis le jour du monde, depuis le commencement; מִמָּחֳרָת Gen. 19. 34, dès le jour suivant; מֵעוֹלָם Is. 42. 14, depuis longtemps; מֵרֵאשִׁית, וּמִקֶּדֶם Is. 46. 10, dès le commencement, depuis très longtemps; *b*) le point, le moment qui suit immédiatement un fait ou un temps indiqué, après, au bout de : כַּחֲלוֹם מֵהָקִיץ Ps. 73. 20, comme un songe après qu'on s'est éveillé; מִיֹּמָיִם Osée 6. 2, après deux jours; מִקֵּץ à la fin, au bout de (v. קֵץ); מִיָּמִים Jug. 11. 4, quelque temps après; מִיָּמִים רַבִּים Jos. 23. 1, et וּמֵרֹב יָמִים Is. 24. 22, longtemps après; כְּמִשְׁלֹשׁ חֳדָשִׁים Gen. 38. 24, environ trois mois après.

10° מִן marque le comparatif. מֵם הַיִּתְרוֹן (qui exprime une supériorité, prééminence) au-dessus de, plus que : וַיִּגְבַּהּ מִכָּל־הָעָם I Sam. 10. 23, il fut plus grand que tout le peuple (que tous les autres); עָקֹב הַלֵּב מִכֹּל Jér. 17. 9, le cœur est corrompu plus que tout (rien n'est corrompu comme le cœur); מָתוֹק מִדְּבַשׁ Jug. 14. 18, plus doux que le miel; הֲטוֹב טוֹב אַתָּה מִבָּלָק 11. 25, est-ce que tu es meilleur que, supérieur à Balak? חָכָם אַתָּה מִדָּנִאֵל Ez. 28. 3, tu es plus sage que Daniel; וְהִשְׁחִיתוּ מֵאֲבוֹתָם Jug. 2. 19, ils étaient plus dégénérés que leurs pères; avec une idée négative : גָּדוֹל עֲוֹנִי מִנְּשֹׂא Gen. 4. 13, mon crime est trop grand pour être pardonné (il ne peut pas obtenir le pardon), ou ma punition sera trop grande pour que je puisse la supporter; קָטֹן מֵהָכִיל I Rois 8. 64, trop petit pour contenir; וְכִי־יִרְבֶּה מִמְּךָ הַדֶּרֶךְ Deut. 14. 24, mais si le chemin est trop grand pour toi (pour que tu puisses le faire); וְדַעַת אֱלֹהִים מֵעֹלוֹת Osée 6. 6, (je veux) la connaissance de Dieu plus que, c.-à-d. et non pas, les holocaustes; avec *ellipse* : יָשָׁר מִמְּסוּכָה Mich. 7. 4, le plus juste (est pire) qu'une haie d'épines; הֵמָּה מֵהֶבֶל יָחַד Ps. 62. 10, ensemble ils (sont ou pèsent moins) que rien (v. 1°).

11° מִן avant les *infinitifs* signifie : *a*) parce que : וּמִשָּׁמְרוֹ Deut. 7. 8, et parce qu'il garde (le serment); *b*) depuis le temps, après que : מִן־שִׁלְחוֹ אֹתָם I Chr. 8. 8, après les avoir renvoyées; מֵהָחֵל II Chr. 31. 10, depuis qu'on a commencé; *c*) pour ne pas, de ne pas : מֵעֲבֹר אֶל־הָאָרֶץ Nomb. 32. 7, pour qu'ils n'osent pas passer dans le pays; מֵחֲטוֹא Ps. 39. 2, pour ne pas pécher; מִדַּבֵּר Gen. 31. 29, de ne pas parler; surtout après les *verbes* שָׁמַר avoir garde, יָסַר avertir, מָאַס rejeter, סָגַר fermer, שָׁלַח renvoyer, שָׁכַח oublier : שָׁכַחְתִּי מֵאֲכֹל לַחְמִי Ps. 102. 5, j'ai oublié de manger mon pain; mais מֵרַחֵם בֶּן־בִּטְנָהּ Is. 49. 15, (une mère oublie-t-elle son enfant) pour ne pas avoir compassion du fils de ses entrailles. — מֵרְאֹת Gen. 27. 1, pour voir encore, de sorte qu'il ne voyait plus; le *verbe sous-entendu* : וַיִּמְאָסְךָ מִמֶּלֶךְ I Sam. 15. 23, il t'a rejeté pour que tu ne sois plus roi; וְנַכְרִיתֶנָּה מִגּוֹי Jér. 48. 2, exterminons-la, qu'elle ne soit plus une nation.

12° וּמְשַׂנְאָיו מִן־יְקוּמוּן Deut. 33. 11, selon les uns, comme devant l'*infinitif* : et que ceux qui le haïssent ne puissent pas se relever, qu'ils tombent sans pouvoir se relever; selon les autres, *pronom* : (frappe ses ennemis) et ceux qui le haïssent, qui se lèvent contre lui; מֵאָשֵׁר שְׁמֵנָה לַחְמוֹ Gen. 49. 20, d'Aser, de la terre d'Aser, viendra son pain excellent; selon d'autres : d'Aser, quant à Aser, parlant d'Aser, il a dit : Son pain est excellent; וְלֹא נַכְרִית מִן־הַבְּהֵמָה (מֵהַבְּהֵמָה *keri*) I Rois 18. 5, pour ne pas exterminer toutes les bêtes, ou : pour ne pas dépouiller (la ville) de bêtes; מֵרֹעֶה אַחֲרֶיךָ Jér. 17. 16, parce que je te suivais comme mon pasteur, ou (pour מִהְיוֹת רֹעֶה) d'être ton pasteur, de prophétiser ce que tu m'ordonnais.

Opposé à מִן sont אֶל : מִזַּן אֶל־זַן Ps. 144. 13, d'espèce en espèce, de toutes sortes (de produits); וְעַד : מֵרֹאשׁוֹ וְעַד־רַגְלָיו Lév. 13. 12, depuis la tête jusqu'aux pieds; מִגְּדוֹלָם וְעַד־קְטַנָּם Jon. 3. 5, depuis le grand jusqu'au petit d'entre eux, c.-à-d. tous; אִם־מִחוּט וְעַד Gen. 14. 23; ni un fil ni (un cordon de soulier); מִתֵּימָן וּדְדָנָה Ez. 25. 13, depuis Theman jusqu'à Dedan.

לְמִן se met pour מִן : לְמִן־הַיּוֹם הִוָּסְדָה וְעַד־עָתָּה Exod. 9. 18, depuis que (l'Égypte) est fondée jusqu'aujourd'hui; לְמִבֶּן עֶשְׂרִים שָׁנָה I Chr. 27. 23, depuis celui qui était âgé de vingt ans (et au-dessous); לְמִן־עוֹלָם וְעַד־עוֹלָם Jér. 7. 7, de siècle en siècle; לְמֵרָחוֹק Job 36. 3, de loin, ou vers celui qui est dans l'éloignement, vers Dieu; לְמִן־קָטֹן וְעַד־גָּדוֹל לְמֵאִישׁ וְעַד־אִשָּׁה II Chr. 15. 13, grands ou petits, hommes ou femmes, *exact.* depuis le petit jusqu'au grand; avec ל et ב : כִּי לְמַבָּרִאשׁוֹנָה לֹא אַתֶּם I Chr. 15. 13, car lors de la première fois, parce que vous n'(y étiez pas), ou : parce que vous (ne portiez pas l'arche).

מֵאֵת (v. אֵת) D'avec, d'auprès : וַיֵּלְכוּ מֵאִתּוֹ Gen. 26. 31, ils s'en allèrent d'auprès de lui; וַיְשַׁלַּח—מֵאִתּוֹ 8. 8, il envoya d'auprès de lui; קִבֵּל מֵאֵת recevoir de la part de quelqu'un, v. Job 2. 10, etc.; מֵאֵת יְיָ הָיְתָה Jos. 11. 20, c'est arrivé d'après la volonté de l'Éternel; מֵאֵת בְּנֵי יִשְׂרָאֵל Exod. 29. 28, (ceci revient au prêtre) de la part des enfants d'Israel; מֵאִתְּךָ תְּהִלָּתִי Ps. 22. 26, de toi parlent mes louanges, tu en es le sujet; רֹקַע הָאָרֶץ מֵאִתִּי Is. 44. 24, (c'est moi qui) ai étendu la terre par moi seul, *cheth.* מִי־אִתִּי (pour מִי), qui était avec moi? personne ne m'a aidé.

מִן chald. (avec suff. מִנֵּהּ, מִנָּךְ, מִנִּי, מִנְּהוֹן, מִנַּהּ). Mêmes signif. que מִן hébr. 1° Une portion : מִנְּהֵין דִּי פַרְזֶל וּמִנְּהֵין דִּי חֲסַף Dan. 2. 33, une partie d'eux (des pieds) était de fer, et une partie d'eux était d'argile. — 2° Il indique l'origine, le lieu d'où une chose sort : נָחִת מִן־שְׁמַיָּא Dan. 4. 20, (qui) est descendu du ciel; עַד־מִנִּי טַעְמָא יִתְּשָׂם Esdr. 4. 21, jusqu'à ce qu'un ordre soit donné de moi; מִן־קְשֹׁט Dan. 2. 47, selon la vérité, véritablement; מִן־יַצִּיב 2. 8, en effet, certes. — 3° A cause de : וּמִן־רְבוּתָא Dan. 5. 19, et à cause de la puissance (que

Dieu lui avait donnée); מִן־לְוָתָךְ Esdr. 4. 12, d'auprès de toi, de chez toi; מִן קֳדָם Dan. 2. 6, 15, devant, de la part; וּמִן־אֱדַיִן Esdr. 15. 16, et depuis lors, depuis ce temps; לִבְבֵהּ מִן־אֲנָשָׁא יְשַׁנּוֹן Dan. 4. 13, son cœur sera changé (sera tout autre) qu'un cœur d'homme. —4° מִן marque le *comparatif* : דִּי־אִיתַי בִּי מִן־כָּל־חַיַּיָּא Dan. 2. 30, (non par une sagesse) qui serait en moi, que j'aurais plus que tous les hommes.

מְנָא et מְנָה chald. (v. מָנָה hébr.). Compter : מְנָה־אֱלָהָא מַלְכוּתָךְ Dan. 5. 26, Dieu a compté (les jours) de ton règne. Explication de מְנֵא (mané) 5. 25, premier des trois mots écrits sur la muraille lors du festin de Baltassar.

Pa. Donner, confier un emploi, instituer : דִּי מַנִּי מַלְכָּא Dan. 2. 24, (Arioch) que le roi avait chargé, à qui il avait ordonné; וּמַנִּי עַל עֲבִידְתָּא 2. 49, et (le roi) institua sur les affaires, confia l'intendance des affaires; מֶנִּי שָׁפְטִין וְדַיָּנִין Esdr. 7. 25, institue, établis, des juges et des magistrats.

מְנָאוֹת *pl*. (v. מְנָת).

מַנְגִּינָה *f*. (rac. נָגַן). Chanson : אֲנִי מַנְגִּינָתָם Lament. 3. 63, je suis le sujet de leurs chansons (je leur sers de risée).

מִנְדָּה *f*. chald. Tribut (v. מִדָּה).

מַנְדַּע chald. *m*. (rac. יְדַע, v. מַדָּע hébr.). Connaissance, science, intelligence, raison : וּמַנְדְּעָא לְיָדְעֵי בִינָה Dan. 2. 21, (il donne) la science à ceux qui ont l'intelligence; רוּחַ יַתִּירָה וּמַנְדַּע 5. 12, un esprit supérieur et de la connaissance; וּמַנְדְּעִי עֲלַי יְתוּב 4. 31, la raison retourna vers moi, me fut rendue.

מָנָה Séparer, compter : מִי מָנָה עֲפַר יַעֲקֹב Nomb. 23. 10, *littér*. qui a compté la poussière de Jacob, qui pourra compter ses descendants, innombrables comme la poussière; עַל־יְדֵי מוֹנֶה Jér. 33. 13, (les troupeaux passeront) sous la main de celui qui les compte; לִמְנוֹת אֶת־יִשְׂרָאֵל I Chr. 21. 1, à faire le dénombrement d'Israel; וְאַתָּה תִמְנֶה־לְךָ חַיִל I Rois 20. 25, et compte-toi une armée, c.-à-d. rétablis le nombre des soldats en remplaçant ceux qui ont été tués; וּמָנִיתִי אֶתְכֶם לַחֶרֶב Is. 65. 12, je vous compterai à l'épée, c.-à-d. je vous ferai passer tous, l'un après l'autre, au fil de l'épée; d'autres traduisent : je vous livrerai, destinerai, à l'épée (v. *Pi*.).

Niph. passif : גַּם זַרְעֲךָ יִמָּנֶה Gen. 13. 16, (alors) ta postérité aussi sera (pourra être) comptée; וְחֶסְרוֹן לֹא־יוּכַל לְהִמָּנוֹת Eccl. 1. 15, ce qui est défectueux, fautif, ne peut pas être compté (v. חֶסְרוֹן); וְאֶת־פֹּשְׁעִים נִמְנָה Is. 53. 12, et (parce qu')il a été mis au nombre des scélérats (quoique innocent).

Pi. Donner, destiner, fixer, accorder, préparer, établir : וַיְמַן לָהֶם הַמֶּלֶךְ Dan. 1. 5, le roi fixa ce qu'on devait leur donner; וְלֵילוֹת עָמָל מִנּוּ־לִי Job 7. 3, et des nuits de douleur me sont comptées, *exact*. et on ne m'accorde, donne, que des nuits, etc.; וַיְמַן יְיָ דָּג גָּדוֹל Jon. 2. 1, Dieu prépara, c.-à-d. fit venir, un grand poisson (pour engloutir Jonas); v. 4. 6, 7, 8, Dieu fit naître un arbre, envoya un ver, fit lever un vent; חֶסֶד וֶאֱמֶת מַן יִנְצְרֻהוּ Ps. 61. 8, ordonne à ta grâce et à ta vérité, ou accorde-lui ta grâce, etc., pour qu'elles le préservent (*Targg*. l'explique comme מִן la grâce et la vérité de (Dieu) le préserveront); אֲשֶׁר מִנָּה—עַל Dan. 1. 11, (Malasar) que (le chef des eunuques) avait établi, qu'il avait chargé de prendre soin de (Daniel, etc.).

Pou. : וּמֵהֶם מְמֻנִּים עַל־הַכֵּלִים I Chr. 9. 29, et plusieurs d'entre eux étaient chargés de garder les vases (et tout ce qui servait au sanctuaire).

מָנֶה *m*. (rac. מָנָה, *pl*. מָנִים). Nombre, (poids d'un certain nombre de sicles (שֶׁקֶל) la mine : הַמָּנֶה יִהְיֶה לָכֶם Ez. 45. 12, vous devez avoir la mine (composée de vingt, de vingt-cinq et de quinze sicles), donc ensemble de soixante sicles (ou trois mines différentes : une de vingt-cinq, une de vingt, une de quinze sicles); mais en comparant les deux endroits : שְׁלֹשֶׁת מָנִים זָהָב I Rois

10. 17, trois mines d'or (furent employées pour un bouclier), et שְׁלֹשׁ מֵאוֹת זָהָב II Chr. 9. 16, trois cents (pièces) d'or (furent employées pour un bouclier), on voit bien qu'une mine faisait cent sicles, ou : cent autres pièces.

מָנָה *f.* (*pl.* מָנוֹת). Part, portion, don : וְהָיָה לְךָ לְמָנָה Exod. 29. 26, et ça sera ta part ; מָנָה אַחַת אַפָּיִם I Sam. 1. 5, (mais à Hanna il donna) une part pour deux personnes, une part double (v. II אַף) ; וְשִׁלְחוּ מָנוֹת Néh. 8. 10, et envoyez des dons, des mets, pour cadeau ; מְנָת־מִדַּיִךְ מֵאִתִּי Jér. 13. 25, la part qui t'est mesurée, destinée, par moi (le sort que je te destine).

מֹנֶה *m.* Seulem. au *plur.* מֹנִים Fois : עֲשֶׂרֶת מֹנִים Gen. 31. 7, 41, (il a changé) dix fois.

מִנְהָג *m.* (rac. נָהַג). Action de conduire : וְהַמִּנְהָג כְּמִנְהַג יֵהוּא II Rois 9. 20, et la conduite (de la voiture) est la conduite de Jehu, c'est la manière de Jehu de conduire la voiture ; * מִנְהָג signifie plus tard : usage, coutume, surtout en pratiques religieuses, relatives au culte.

מִנְהָרָה *f.* (rac. נָהַר). Caverne, antre : אֶת־הַמִּנְהָרוֹת אֲשֶׁר בֶּהָרִים Jug. 6. 2, des antres dans les montagnes (de נָהָר torrent, parce que les eaux y affluent, ou de נְהָרָה lumière, parce qu'on y pratiquait des ouvertures pour avoir du jour).

מָנוֹד *m.* (rac. נוּד). Action de secouer, secouement : מְנוֹד־רֹאשׁ Ps. 44. 15, le secouement de tête, c.-à-d. le mépris, la moquerie (des nations).

מָנוֹחַ *m.* (rac. נוּחַ). 1° Le repos : לֹא מָצְאָה מָנוֹחַ Lament. 1. 3, elle n'a pas trouvé de repos ; אֲבַקֶּשׁ־לָךְ מָנוֹחַ Ruth 3. 1, je veux chercher pour toi un état de repos (un mariage) ; *plur.* : שׁוּבִי נַפְשִׁי לִמְנוּחָיְכִי Ps. 116. 7, rentre, ô mon âme ! dans ton repos, ta tranquillité. — 2° Lieu de repos : מָנוֹחַ לְכַף־רַגְלֶךָ Deut. 28. 65, (il n'y aura pas) d'endroit où reposer la plante de ton pied ; מִמָּנוֹחַ הָאָרוֹן I Chr. 6. 16, depuis que l'arche eut un lieu de repos, un lieu fixe, à Jérusalem.

מָנוֹחַ *n. pr.* Manoé, père de Samson, Jug. 13. 2.

מְנוּחָה *f.* (rac. נוּחַ, v. מָנוֹחַ). Repos, état de repos, lieu de repos : וּמְנוּחָה לֹא מָצָאתִי Jér. 45. 3, je ne trouve pas de repos ; מֵי מְנֻחוֹת Ps. 23. 2, des eaux paisibles ; אִם־יְבֹאוּן אֶל־מְנוּחָתִי Ps. 95. 11, (j'ai juré) qu'ils n'entreraient point dans le lieu de mon repos (la terre promise) ; לָתוּר לָהֶם מְנוּחָה Nomb. 10. 33, pour chercher un lieu où ils devaient se reposer ; וְהָיְתָה מְנֻחָתוֹ כָּבוֹד Is. 11. 10, et sa demeure, résidence, sera entourée de gloire, ou : son repos, la paix dont il jouira sera glorieuse.

מָנוֹן *m.* Fils, héritier : וְאַחֲרִיתוֹ יִהְיֶה מָנוֹן Prov. 29. 21, (un serviteur que son maître traite avec trop de douceur, qu'il gâte) veut être, à la fin, (traité comme) fils, héritier ; selon d'autres : se croit à la fin un seigneur, un noble (v. נִין).

מָנוֹס *m.* (rac. נוּס). 1° Fuite : וּמָנוֹס נָסוּ Jér. 46. 5, ils prennent la fuite, ils fuient avec précipitation. — 2° Refuge : אָבַד מָנוֹס מִמֶּנִּי Ps. 142. 5, j'ai perdu tout refuge, ou : je n'ai plus le moyen de fuir ; וּמְנוּסִי בְּיוֹם צָרָה Jér. 16. 19, et mon refuge au jour du danger.

מְנוּסָה *f.* Action de fuir, fuite : וְנָסוּ מְנֻסַת־חֶרֶב Lév. 26. 36, ils fuiront comme on fuit les épées ; וּבִמְנוּסָה לֹא תֵלֵכוּן Is. 52. 12, et vous ne partirez pas par une fuite (en fuyant).

מָנוֹר *m.* Toujours lié à אֹרְגִים : כִּמְנוֹר אֹרְגִים I Sam. 17. 7, II Sam. 21. 19, (la hampe de sa lance était) comme le grand bois, ou le pieu, ou l'ensouple, dont se servent les tisserands (v. יָרַד).

מְנוֹרָה *f.* (rac. נוּר). Chandelier : וְכִסֵּא וּמְנוֹרָה II Rois 4. 10, (mettons-y) un siége et un chandelier ; *spécial.* le grand chandelier d'or qui était dans le temple : מְנֹרַת הַמָּאוֹר Exod. 35. 14, le chandelier pour éclairer (perpétuellement) [v. מָאוֹר]; *plur.*: הַמְּנֹרוֹת I Rois 7. 49, les chandeliers.

מִנְּזָרִים *m. pl.* (rac. נָזַר). Princes : מִנְּזָרַיִךְ כָּאַרְבֶּה Nah. 3. 17, tes princes seront comme des sauterelles (v. נָזִיר).

מֻנָּח (v. יָנַח *Hophal*).

מִנְחָה *f.* (rac. מָנַח). 1° Don, présent, offrande : מִנְחָה לְעֵשָׂו אָחִיו Gen. 32. 14, (pour en faire) un présent à son frère Esaü ; וְהוֹרִידוּ לָאִישׁ מִנְחָה 43. 11, et apportez un présent à cet homme (puissant) ; מִנְחָה לַיי 4. 3, (Caïn fit) une offrande à Dieu (des fruits de la terre) ; *spécialem.* oblation de farine et de liqueurs : קָרְבַּן מִנְחָה מַאֲפֵה תַנּוּר Lév. 2. 4, une oblation de farine cuite au four ; זֶבַח וּמִנְחָה Ps. 40. 7, victime et offrande (sacrifice et oblation) ; מִנְחָה se met aussi pour les sacrifices du soir indistinctement : עַד לַעֲלוֹת הַמִּנְחָה I Rois 18. 29, jusqu'à l'heure où l'on offrait les sacrifices du soir ; אֶת־עֹלַת־הַבֹּקֶר וְאֶת־מִנְחַת הָעֶרֶב II Rois 16. 15, l'holocauste du matin et le sacrifice du soir ; וּבְמִנְחַת הָעֶרֶב Esdr. 9. 5, et à l'heure où l'on offrait le sacrifice du soir, ou : à l'heure de la prière du soir, c.-à-d. l'après-midi, avant le coucher du soleil (תְּפִלַּת מִנְחָה). — 2° Tribut : נֹשְׂאֵי מִנְחָה II Sam. 8. 2, 6, (Moab) paya tribut (à David) ; וְלֹא־הֶעֱלָה מִנְחָה II Rois 17. 4, et qu'il n'apporta (ne paya) pas le tribut (comme il avait fait tous les ans).

מִנְחָה chald. *f.* Même signif. *Plur.*: וּמִנְחָתְהוֹן Esdr. 7. 17, et leurs oblations de farine.

מְנַחֵם (consolateur) *n. pr.* Menahem, fils de Gadi, roi d'Israel, II Rois 15. 17.

מָנַחַת (repos) *n. pr.* 1° Manahath, fils de Sobal, Gen. 36. 23. — 2° Manahat, un endroit, I Chr. 8. 6.

מְנִי *m.* Nom d'une idole ou divinité : וְהַמְמַלְאִים לַמְנִי מִמְסָךְ Is. 65. 11, (vous) qui offrez du vin (comme libation) à Mani, idole, ou : au destin, de מָנָה destiner (v. *Pi.*), ou de מָנָה compter, à un certain nombre, à un groupe d'étoiles, aux planètes ; selon d'autres : à Vénus.

מִנִּי *n. pr.* d'une contrée de l'Arménie : Ararat et Menni, Jér. 51. 27.

מִנִּי Jug. 5. 14, et מִנֵּי Is. 30. 11, formes poétiques de la *prépos.* מִן de (v. מִן).

מְנָיוֹת (v. מְנָת).

מִנִּים (v. מֵן).

מִנְיָמִין *n. pr.* (v. מִיָּמִין).

מִנְיָן *m.* chald. Nombre : לְמִנְיָן שִׁבְטֵי יִשְׂרָאֵל Esdr. 6. 17, selon le nombre des tribus d'Israel.

מִנִּית *n. pr.* Mennith, une ville ammonite, Jug. 11. 33 : בְּחִטֵּי מִנִּית Ez. 27. 17, du froment de Mennith ; selon d'autres : le plus pur, le meilleur froment.

* מִנַּיִן Aboth, d'où sait-on ? d'où cela est-il prouvé ?

מִנְלָה *m.* Richesse : וְלֹא־יִטֶּה לָאָרֶץ מִנְלָם Job 15. 29, leur richesse, leur prospérité, ne s'étendra pas sur la terre (v. נָלָה).

מָנַע Arrêter, retenir, empêcher, refuser : וָאֶמְנַע נַהֲרוֹתֶיהָ Ez. 31. 15, j'ai arrêté ses fleuves ; אֲשֶׁר מְנָעַנִי מֵהָרַע אֹתָךְ I Sam. 25. 34, qui m'a empêché de te faire du mal ; מִנְעִי רַגְלֵךְ מִיָּחֵף Jér. 2. 25, empêche que ton pied ne marche tout nu ; אֲשֶׁר מָנַע מִמֵּךְ פְּרִי־בָטֶן Gen. 30. 2, qui t'a refusé les fruits du sein (les enfants) ; וְלֹא מָנַעְתִּי מִמֶּנּוּ I Rois 20. 7, je ne lui ai (rien) refusé — Avec לֹא : לֹא יִמְנַע־טוֹב לַהֹלְכִים בְּתָמִים Ps. 84. 12, il ne refuse aucun bien à ceux qui marchent dans l'innocence ; מְנָעֲךָ יי מִכָּבוֹד Nomb. 24. 11, Dieu t'a privé de l'honneur (qui t'attendait).

Niph. passif. Être retiré, empêché, ôté : נִמְנַע מִבֵּית אֱלֹהֵיכֶם Joel 1. 13, (les oblations) ont été retirées, retranchées, de la maison de votre Dieu ; אַל־נָא תִמָּנַע מֵהֲלֹךְ אֵלָי Nomb. 22. 16, ne te laisse pas empêcher, retenir, de venir chez moi ; וְיִמָּנַע מֵרְשָׁעִים אוֹרָם Job 38. 15, la lumière sera ôtée aux impies.

מַנְעוּל *m.* (rac. נָעַל). Verrou, serrure : כַּפּוֹת הַמַּנְעוּל Cant. 5. 5, les boutons du verrou (v. נָעַל); מַנְעוּלָיו וּבְרִיחָיו Néh. 3. 3, les serrures et les verroux des portes, ou : les verroux et les barres.

מִנְעָל m. Même sign.: בַּרְזֶל וּנְחֹשֶׁת מִנְעָלֶךָ Deut. 33. 25, ton verrou sera de fer et d'airain (tes villes seront fortes, imprenables); selon d'autres, de נַעַל : ta chaussure sera de fer, ou : ta chaussure, c.-à-d. ton pied, marchera sur le fer et l'airain (tes montagnes auront des mines de fer et de cuivre).

מַנְעַמִּים m. pl. (rac. נָעַם). Mets délicieux : וּבַל־אֶלְחַם בְּמַנְעַמֵּיהֶם Ps. 141. 4, et que je ne me nourrisse pas de leurs mets délicieux; *Targg.*: que je ne mange pas au milieu des chants de leur festin.

מְנַעַנְעִים m pl. (rac. נוּעַ). Nom d'un instrument de musique : וּבִמְנַעַנְעִים II Sam. 6. 5, (on jouait de toutes sortes d'instruments) et des sistres, ou : des clochettes.

מְנַקִּיּוֹת f. pl. (rac. נָקָה): וּמְנַקִּיֹּתָיו Exod. 25. 29, selon les uns : et ses tasses (des vases pour les libations, placés sur la table d'or dans le tabernacle); selon les autres : des bâtons ou des tuyaux d'or, fixés à la table pour soutenir les pains de proposition, ou pour donner de l'air.

מֵינֶקֶת f. Nourrice (v. יָנַק *Hiph.*).

מְנַשֶּׁה n. pr. 1° Manassé, fils de Joseph (de נָשָׁה oublier, v. Gen. 41. 51), adopté par Jacob pour former une des douze tribus, v. Gen. 48. 5; *n. patr.*: מְנַשִּׁי Deut. 4. 43. — 2° Manassé, fils d'Ezéchias, roi de Juda, II Rois 21. 1. — 3° Manassé, père de Gerson, Jug. 18. 30. — 4° Esdr. 10. 30. — 5° 10. 33.

מְנָת f. (pl. מְנָאוֹת et מְנָיוֹת, rac. מָנָה, v. מָנָה *subst.*). Part, portion : מְנָת שֻׁעָלִים יִהְיוּ Ps. 63. 11, ils seront la part, la proie, des renards; מְנָת כּוֹסָם 11. 6, la part de leur coupe, de leur sort (v. כּוֹס); מְנָאוֹת הַתּוֹרָה Néh. 12. 44, les parts de la loi (que la loi prescrit de donner aux prêtres); * עַל מְנָת Aboth, pour le cas, à condition, afin de.

מָס m. adj. (rac. מָסַס). Celui qui souffre, qui désespère : לַמָּס מֵרֵעֵהוּ חָסֶד Job 6. 14, (*sous-entendu* j'avais cru) qu'à celui qui est au désespoir, qui périt de souffrances, (viendra) l'amour, la compassion, de son ami; d'autres l'expliquent comme *verbe transitif*: (est-ce qu'on me compare) à celui qui retire son amour, sa compassion, de son ami? ou, lié à ce qui précède: (la sagesse m'aurait-elle abandonné, serait-elle allée) à celui qui est sans pitié pour son ami?

מַס m. (rac. מָסַס, selon d'autres contracté de מָכַס). Tribut. En argent : וַיָּשֶׂם — מַס עַל־הָאָרֶץ Esth. 10. 1, (le roi Assuérus) imposa un tribut au pays; וַיָּשֶׂם אֶת־הַכְּנַעֲנִי לָמַס Jug. 1. 28, il imposa un tribut aux Chananéens (les rendit tributaires); de même נָתַן לָמַס v. Jos. 17. 13. En travaux, servage, corvée : וַיְהִי לְמַס עֹבֵד Gen. 49. 15, *exact.* il est assujetti au servage du travailleur, il a été réduit à travailler pour les autres, ou à leur payer un tribut afin qu'ils protégeassent son territoire; וּבַחוּרָיו לָמַס יִהְיוּ Is. 31. 8, et ses jeunes gens seront tributaires, ou: des serfs; selon d'autres : ses braves seront découragés, au désespoir (v. מָס et מָסַס); וַיְהִי הַמַּס שְׁלֹשִׁים אֶלֶף אִישׁ I Rois 5. 27, et le nombre de la levée (des hommes que Salomon avait levés pour les travaux) était de trente mille; שָׂרֵי מִסִּים Exod. 1. 11, des intendants des travaux de servage, de corvée.

מֵסַב m. (rac. סָבַב). Cercle : עַד־שֶׁהַמֶּלֶךְ בִּמְסִבּוֹ Cant. 1. 12, pendant que le roi était dans son cercle (à table avec ses amis, assis en cercle); d'autres traduisent : le roi en s'appuyant, en reposant; רֹאשׁ מְסִבָּי Ps. 140. 10, la tête de ceux qui forment un cercle autour de moi, qui m'entourent pour m'attaquer, m'accabler; מֵסַב קָלַע I Rois 6. 29, il fit tailler, sculpter en cercle, c.-à-d. tout à l'entour ; *pl. fém.*: מְסִבּוֹת מְתַנְיו

Job 37. 12, (le nuage) tourne en cercles, de toutes part; selon d'autres, pour סִבּוֹת: Dieu tourne, change (selon sa sagesse), les destins, les événements; וּמְסִבֵּי יְרוּשָׁלָםִ II Rois 23. 5, et dans les alentours de Jérusalem, ou *adv.*: et autour de Jérusalem.

מַסְגֵּר *m.* (rac. סָגַר). 1° Serrurier: וְאֶת־הֶחָרָשׁ וְאֶת־הַמַּסְגֵּר Jér. 24. 1, v. 29. 2, II Rois 24. 14, 16, et les charpentiers et les serruriers; selon d'autres: les architectes et les gardiens des portes; d'autres traduisent וְאֶת־הַמַּסְגֵּר et les hommes nobles, distingués (v. à זָהָב סָגוּר — סָגַר or pur). — 2° Ce qui renferme, prison, cachot: וְסֻגְּרוּ עַל־מַסְגֵּר Is. 24. 22, ils seront enfermés dans un cachot; הוֹצִיאָה מִמַּסְגֵּר נַפְשִׁי Ps. 142. 8, tire mon âme de (sa) prison.

מִסְגֶּרֶת *f.* (rac. סָגַר). 1° Maison ou ville fermée, fortifiée: וְיַחְרְגוּ מִמִּסְגְּרוֹתֵיהֶם Ps. 18. 46, ils trembleront de peur dans leurs châteaux (dans les lieux où ils sont cachés, renfermés), v. חָרַג; v. Mich. 7. 17. — 2° Ce qui entoure, bordure, bande: וְעָשִׂיתָ לּוֹ מִסְגֶּרֶת Exod. 25. 25, tu feras à la table une bande, une bordure (tout autour); espèce d'ornement: מִסְגְּרוֹת לָהֶם I Rois 7. 28, (les socles du bassin) avaient des ornements, des bords sculptés, ou des champs (de gravures) carrés, v. 7. 31.

מַסַּד *m.* (rac. יָסַד). Fondement: וּמִמַּסָּד עַד־הַטְּפָחוֹת I Rois 7. 9, depuis les fondements jusqu'au haut des murs, ou: jusqu'aux corbeaux.

מִסְדְּרוֹן *m.* (rac. סָדַר, v. סֵדֶר). Rangée de colonnes, portique: וַיֵּצֵא אֵהוּד הַמִּסְדְּרוֹנָה Jug. 3. 23, et Ehud sortit vers le portique, ou: alla dans la salle de réunion (appelée ainsi des rangs des siéges qui s'y trouvent).

מָסָה (v. מָסַס) *Kal* inusité. *Hiph.* Faire fondre, dissoudre: בְּדִמְעָתִי עַרְשִׂי אַמְסֶה Ps. 6. 7, je fais fondre, j'arrose mon lit de mes larmes; יִשְׁלַח דְּבָרוֹ וְיַמְסֵם 147. 18, il envoie sa parole et les fait fondre; וַתֶּמֶס כָּעָשׁ חֲמוּדוֹ 39. 12, tu consumes ce qu'il aime, ou: sa beauté, comme un ver (qui ronge); הִמְסִיו אֶת־לֵב הָעָם Jos. 14. 8, (pour הִמְסוּ ou הִמְסִיו) (mes frères) ont fait fondre le cœur du peuple, ont jeté l'épouvante dans leur cœur.

מַסָּה *f.* (rac. נָסָה). Épreuve, de Dieu qui éprouve les hommes: הַמַּסֹּת הַגְּדֹלֹת Deut. 7. 19, les grandes épreuves (que Dieu a fait subir à l'Égypte); לְמַסַּת נְקִיִּם יִלְעָג Job 9. 23, il se rit de l'épreuve (des peines) des innocents. — Tentation, des hommes qui tentent Dieu: וַיִּקְרָא שֵׁם הַמָּקוֹם מַסָּה Exod. 17. 7, et il appela ce lieu (Massa) Tentation (parce qu'ils tentèrent là le Seigneur).

מִסָּה *f.* (rac. מָסַס, v. מַס). Mesure: מִסַּת נִדְבַת יָדְךָ Deut. 16. 10, en mesure du don, selon le don volontaire de ta main (une oblation selon ton pouvoir, ta fortune); d'autres traduisent: par l'élévation, la présentation du don, etc. (de la rac. נָסַס, v. נֵס).

מַסְוֶה *m.* Voile: וַיִּתֵּן עַל־פָּנָיו מַסְוֶה Exod. 34. 33, (Moïse) mit un voile sur le visage (enveloppa son visage d'une étoffe, v. סוּת).

מְסוּכָה *f.* (rac. שׂוּךְ, pour מְשׂוּכָה). Une haie d'épines: יָשָׁר מִמְּסוּכָה Mich. 7. 4, le plus juste (est pire) qu'une haie d'épines.

מַסָּח *m.* (rac. נָסַח). Douteux: אֶת־מִשְׁמֶרֶת הַבַּיִת מַסָּח II Rois 11. 6, (et vous ferez) la garde de la maison, une garde d'une surveillance continuelle; ou: vous garderez la maison contre la démolition, qu'on ne la démolisse; ou: une garde qui s'éloigne, qui se relève; ou: qui repousse les attaquants; selon d'autres enfin, *n. pr.*: de la maison de Messah.

מִסְחָר *m.* (rac. סָחַר). Trafic: וּמִסְחַר הָרֹכְלִים I Rois 10. 15, et (sans ce que rapportait) le trafic des marchands; selon d'autres: (sans ce que payaient) les négociants et les marchands de parfums, de choses curieuses (v. רָכַל).

מָסַךְ (v. מָזַג) Mêler: מָסְכָה יֵינָהּ Prov. 9. 2, elle a mêlé, préparé, son vin;

לִמְסֹךְ שֵׁכָר Is. 5. 22, (vaillants) à mêler des boissons enivrantes ; וְשִׁקֻּוַי בִּבְכִי מָסָכְתִּי Ps. 102. 10, et je mêlais ma boisson de (mes) larmes ; יְיָ מָסַךְ בְּקִרְבָּהּ רוּחַ עִוְעִים Is. 19. 14, l'Éternel a mêlé au milieu d'elle (a répandu en elle) un esprit de perversité, de trouble.

מֶסֶךְ *m.* (v. מֶזֶג). Boisson mêlée : מָלֵא מֶסֶךְ Ps. 75. 9, (la coupe) est pleine de vin mêlé, ou de différentes liqueurs mêlées.

מָסָךְ *m.* (rac. סָכַךְ, const. מְסַךְ). Couverture, rideau : וַתִּפְרֹשׂ אֶת־הַמָּסָךְ עַל־פְּנֵי הַבְּאֵר II Sam. 17. 19, et elle étendit une couverture sur la bouche du puits ; וְעָשִׂיתָ מָסָךְ לְפֶתַח הָאֹהֶל Exod. 26. 36, tu feras un rideau devant l'entrée du tabernacle ; aussi פָּרֹכֶת הַמָּסָךְ 35. 12, le voile qui (servira) de couverture, de rideau (devant l'arche) ; וַיְגַל אֵת מָסַךְ יְהוּדָה Is. 22. 8, (l'ennemi) lèvera le voile de Juda, c.-à-d. détruira ses murailles, enlèvera ses défenses ; ou, *impers.*: le voile de Juda sera levé, sa faiblesse sera découverte.

מְסֻכָּה *f.* (rac. סָכַךְ). Ce qui couvre : כָּל־אֶבֶן יְקָרָה מְסֻכָתֶךָ Ez. 28. 13, toutes sortes de pierres précieuses (ornaient) ce qui te couvrait, tes vêtements selon les uns, ton dais selon les autres.

I מַסֵּכָה *f.* (rac. נָסַךְ couvrir, v. סָכַךְ). Couverture, voile : וְהַמַּסֵּכָה הַנְּסוּכָה עַל־כָּל־הַגּוֹיִם Is. 25. 7, et la couverture qui est étendue sur toutes les nations ; וְהַמַּסֵּכָה צָרָה 28. 20, et la couverture (sera) trop étroite, ou trop courte (v. כָּנַס *Hiph.*).

II מַסֵּכָה *f.* (rac. נָסַךְ fondre). 1° Fonte : עֵגֶל מַסֵּכָה Exod. 32. 4, un veau de fonte (jeté en fonte) ; אֱלֹהֵי מַסֵּכָה 34. 17, des dieux (des idoles) jetés en fonte ; aussi seul : פֶּסֶל וּמַסֵּכָה Deut. 27. 15, une image sculptée, ou une image jetée en fonte. — 2° Alliance : וְלִנְסֹךְ מַסֵּכָה וְלֹא רוּחִי Is. 30. 1, et qui forment des alliances avec les princes (v. נְסִיךְ), et non pas par mon esprit (mon inspiration, consentement) ; selon d'autres : qui cherchent des conseils secrets, ou : se couvrent de la protection (d'un autre, de l'Égypte), v. I מַסֵּכָה.

מִסְכֵּן *m.* (rac. סָכַן). Un pauvre : יֶלֶד מִסְכֵּן וְחָכָם Eccl. 4. 13, un enfant pauvre, mais sage ; וְחָכְמַת הַמִּסְכֵּן בְּזוּיָה 9. 16, quoique la sagesse du pauvre soit méprisée.

מִסְכֵּנֻת *f.* (de מִסְכֵּן). Pauvreté, misère : לֹא בְמִסְכֵּנֻת תֹּאכַל־בָּהּ לֶחֶם Deut. 8. 9, (un pays) où tu mangeras ton pain, non pas dans la pauvreté, c.-à-d. où le pain ne te manquera jamais, où tu l'auras en abondance.

מִסְכְּנוֹת *pl. f.* Greniers, magasins : וּמִסְכְּנוֹת לִתְבוּאַת דָּגָן II Chr. 32. 28, et des magasins de blé ; עָרֵי מִסְכְּנוֹת Exod. 1. 11, des villes pour servir de magasins (la racine est סָכַן ou כָּנַס *transposé*).

מַסֶּכֶת *f.* (rac. נָסַךְ). Tissu : מַחְלְפוֹת רֹאשִׁי עִם־הַמַּסָּכֶת Jug. 16. 13, (si tu tresses les sept) boucles de mes cheveux avec le tissu inachevé (qui est encore au métier) ; וְאֶת־הַמַּסָּכֶת vers. 14, (il arracha le pieu) et le tissu.

מְסִלָּה *f.* (rac. סָלַל). 1° Chemin frayé, rehaussé ; chaussée, route : בַּמְסִלּוֹת אֲשֶׁר אַחַת עֹלָה Jug. 20. 31, dans les routes, dont l'une monte (à Bethel) ; בַּמְסִלָּה נַעֲלֶה Nomb. 20. 19, nous monterons par la grande route. *Au fig.*: מְסִלַּת יְשָׁרִים Prov. 16. 17, le sentier (la conduite) des justes ; מְסִלּוֹת בִּלְבָבָם Ps. 84. 6, (heureux ceux) qui n'ont dans leur cœur que des sentiers droits, qui ont une conduite qui plaît à Dieu. — 2° Escalier : מְסִלּוֹת לְבֵית־יְיָ II Chr. 9. 11, les degrés, les escaliers, du temple.

מַסְלוּל *m.* (rac. סָלַל). Chemin, sentier : וְהָיָה־שָׁם מַסְלוּל וָדֶרֶךְ Is. 35. 8, il y aura là un sentier et une voie.

מַסְמֵר *m.* (rac. סָמַר), seulem. *plur.*: בְּמַסְמְרִים Is. 41. 7, מַסְמְרִים I Chr. 22. 3, מִסְמְרוֹת II Chr. 3. 9, מַסְמְרוֹת Jér. 10. 4, des clous. Aussi avec שׂ : וּכְמַשְׂמְרוֹת נְטוּעִים Eccl. 12. 11, et comme des clous enfoncés profondément.

מָסַס (v. מָאַס et מָסָה) *Kal.* Une fois : וְהָיָה כִּמְסֹס נֹסֵס Is. 10. 18, et il sera comme fondu, abattu, ou réduit à un petit nombre et fuyant (le peu qui resteront prendront la fuite); selon d'autres : comme (une troupe) dont celui qui porte le drapeau tombe ou fuit (comme une armée en déroute); selon d'autres : comme un malade qui se meurt.

Niph. נָמֵס, נָמַסּוּ; *inf.* הִמֵּס, *fut.* יִמַּס. 1° Se fondre, fondre : וְחַם הַשֶּׁמֶשׁ וְנָמָס Exod. 16. 21, lorsque la chaleur du soleil était venue, la manne se fondait; כְּהִמֵּס דּוֹנַג מִפְּנֵי־אֵשׁ Ps. 68. 3, comme la cire fond au feu; וְנָמַסּוּ הָרִים מִדָּמָם Is. 34. 3, et les montagnes fondront (dégoutteront) de leur sang; וַיִּמַּסּוּ אֲסוּרָיו Jug. 15. 14, et ses liens fondirent (se brisèrent, tombèrent de ses mains); וְכָל־הַמְּלָאכָה נְמִבְזָה וְנָמֵס I Sam. 15. 9, mais toutes les bêtes viles et faibles, chétives. — 2° Avec לֵב le cœur se fond, perdre courage, être épouvanté : וַיִּמַּס לְבָבֵנוּ Jos. 2. 11, notre cœur a été saisi d'épouvante; וְהוּא גַם־בֶּן־חַיִל — הִמֵּס יִמָּס II Sam. 17. 10, même le brave (qui a un cœur de lion) sera saisi d'effroi; נָמֵס בְּתוֹךְ מֵעָי Ps. 22. 15, (mon cœur) s'est fondu au milieu de mes entrailles (de tristesse, de chagrin).

Hiph. Faire perdre courage, épouvanter : אַחֵינוּ הֵמַסּוּ אֶת־לְבָבֵנוּ Deut. 1. 28, nos frères nous ont jeté l'épouvante dans le cœur.

מַסָּע *m.* (rac. נָסַע). 1° Nom d'une arme : חֲנִית מַסָּע Job 41. 18, la lance, le javelot (ou le dard, ou la fronde); selon d'autres : מַסָּע *adj.* de חֲנִית, une lance portée à la main, ou : pesante, lourde. — 2° Carrière (de pierres) [v. נָסַע *Hiph.*) : אֶבֶן שְׁלֵמָה מַסָּע I Rois 6. 7, (la maison fut bâtie) de pierres toutes taillées, ou : entières (telles qu'elles venaient) de la carrière.

מַסַּע *m.* (rac. נָסַע). Action de voyager, voyage, départ, décampement : וּלְמַסַּע אֶת־הַמַּחֲנוֹת Nomb. 10. 2, et pour le décampement des camps (des armées); לְמַסַּע לִפְנֵי הָעָם Deut. 10. 11, pour voyager, marcher, à la tête du peuple; אֵלֶּה מַסְעֵי בְנֵי־יִשְׂרָאֵל Nomb. 10. 28, (ainsi étaient les voyages) tel était l'ordre de la marche des enfants d'Israel; לְמַסְעֵיהֶם Exod. 17. 1, Nomb. 10. 6, 12, selon les stations (dans leur voyage, marche).

מִסְעָד *m.* (rac. סָעַד). Ex. unique : מִסְעָד לְבֵית־יְיָ I Rois 10. 12, (le roi fit faire) des balustres, ou : les rampes des escaliers, dans le temple.

מִסְפֵּד *m.* (rac. סָפַד, const. מִסְפַּד, avec suff. מִסְפְּדִי). Lamentation, pleurs, deuil : מִסְפֵּד גָּדוֹל וְכָבֵד מְאֹד Gen. 50. 10, un deuil grand et grave (avec de grands cris et des pleurs); מִסְפַּד תַּמְרוּרִים Jér. 6. 26, répands-toi en lamentations amères; הָפַכְתָּ מִסְפְּדִי לְמָחוֹל לִי Ps. 30. 12, tu as changé ma plainte, mes lamentations, en danse, ou : en chant (v. מָחוֹל).

מִסְפּוֹא *m.* (rac. סָפָא). Nourriture des bestiaux, fourrage : וַיִּתֵּן תֶּבֶן וּמִסְפּוֹא לַגְּמַלִּים Gen. 24. 32, il donna de la paille et du fourrage aux chameaux.

מִסְפַּחַת *f.* Dartre, rogne : פָּשְׂתָה הַמִּסְפַּחַת Lév. 13. 8, la dartre s'est étendue, a augmenté.

מִסְפָּחוֹת *f. pl.* (rac. סָפַח). Espèce de bonnet dont on se servait pour faire de la sorcellerie : וְעֹשׂוֹת הַמִּסְפָּחוֹת עַל־רֹאשׁ Ez. 13. 18, (les fausses prophétesses) qui font des couvertures, des vêtements, qui couvrent, enveloppent la tête; selon d'autres : des oreillers pour appuyer la tête (v. vers. 20).

מִסְפָּר *m.* (rac. סָפַר). 1° Nombre : מִסְפַּר בְּנֵי־יִשְׂרָאֵל Osée 2. 1, le nombre des enfants d'Israel; מִסְפַּר נַפְשֹׁתֵיכֶם Exod. 16. 16, selon le nombre de vos âmes (des personnes); מִסְפַּר כֻּלָּם Job 1. 5, conformément au nombre de tous (ses enfants); עֶשְׂרִים וְאַרְבַּע מִסְפָּר II Sam. 21. 20, au nombre de vingt-quatre; אֵין מִסְפָּר Gen. 41. 49, לְאֵין מִסְפָּר I Chr. 22. 4, עַד־אֵין מִסְפָּר Job 5. 9, sans nombre; מְתֵי מִסְפָּר Deut. 4. 27, et אַנְשֵׁי מִסְפָּר Ez. 12. 16, des hommes qui peuvent être comptés, un petit nombre; יָמִים מִסְפָּר

Nomb. 9. 20, peu de jours; וְיָמִים מִסְפָּר Deut. 33. 6, (ajoutez וְאַל de la première moitié du verset) et que ses hommes soient sans nombre, innombrables. — 2° Récit : אֶת־מִסְפַּר הַחֲלוֹם Jug. 7. 15, (lorsque Gédéon entendit) le récit de ce songe.

מִסְפָּר Esdr. 2. 2, et מִסְפֶּרֶת Néh. 7. 7, *n. pr. m.*

מָסַר *Kal.* Ex. unique : לִמְסָר־מַעַל בַּיי Nomb. 31. 16, (le même que לִמְעֹל) de commettre une infidélité, un péché contre Dieu (de violer sa loi).

Niph. Être choisi : וַיִּמָּסְרוּ מֵאַלְפֵי יִשְׂרָאֵל Nomb. 31. 5, et des troupes d'Israel furent détachées, choisies (mille hommes de chaque tribu).

* מָסַר Remettre, aussi enseigner : וּמְסָרָהּ לִיהוֹשֻׁעַ Aboth, (Moïse) enseigna la loi traditionnelle à Josué (de là מְסֹרָה la Massorah, le travail des Massorètes); et en mauvaise part : livrer, trahir.

מָסֹרֶת *f.* (rac. אָסַר pour מַאֲסֹרֶת). Lien : בְּמָסֹרֶת הַבְּרִית Ez. 20. 37, (je vous ferai entrer) dans les liens de mon alliance.

מֹסָר *m.* (v. מוּסָר, rac. יָסַר). Instruction, avertissement, châtiment : וּבְמֹסָרָם יַחְתֹּם Job 33. 16, et il (scelle) arrête leur instruction, ou : leur châtiment.

מִסְתּוֹר *m.* (rac. סָתַר). Refuge, retraite : וּלְמַחְסֶה וּלְמִסְתּוֹר Is. 4. 6, (un tabernacle sera) pour refuge et pour retraite (contre les orages).

מִסְתָּר *m.* (rac. סָתַר). Retraite, lieu où l'on se cache, secret : יֶאֱרֹב בַּמִּסְתָּר Ps. 10. 9, il attend (dresse des embûches) dans un endroit secret; וְכִכְפִיר יֹשֵׁב בְּמִסְתָּרִים 17. 12, et comme un jeune lion qui se tient dans des lieux cachés (en embuscade); בְּמִסְתָּרִים תִּבְכֶּה נַפְשִׁי Jér. 13. 17, mon âme pleurera en secret.

מַעְבָּד *m.* (rac. עָבַד). Action, œuvre : יַכִּיר מַעְבָּדֵיהֶם Job 34. 25, (parce qu'il) connaît leurs actions, leurs œuvres.

מַעְבָּד chald. *m.* Même signif. : דִּי כָל־מַעְבָדוֹהִי קְשׁוֹט Dan. 4. 34, (lui) dont toutes les œuvres sont la vérité (selon la vérité).

מַעֲבֶה *m.* (rac. עָבָה). Densité : בְּמַעֲבֵה הָאֲדָמָה I Rois 7. 46, dans de la terre compacte; selon d'autres : dans une terre grasse, dans une bonne argile.

מַעֲבָר *m.* (rac. עָבַר). 1° L'action de passer : כֹּל מַעֲבַר מַטֵּה Is. 30. 32, chaque passage de la verge, partout où elle passera (frappera). — 2° L'endroit où l'on passe : מַעֲבַר יַבֹּק Gen. 32. 23, (le passage) le gué du (torrent) Jabbok; מַעֲבַר מִכְמָשׂ I Sam. 13. 23, le passage (le défilé) de Machmas.

מַעְבָּרָה *f.* (rac. עָבַר, *pl.* מַעְבָּרוֹת et מַעְבְּרוֹת). Passage, défilé, gué : עָבְרוּ מַעְבָּרָה Is. 10. 29, ils passeront les défilés; selon d'autres : les gués (du Jourdain); עַל הַמַּעְבְּרוֹת Jos. 2. 7, aux gué (du Jourdain); וְהַמַּעְבָּרוֹת נִתְפָּשׂוּ Jér. 51. 32, et les gués du fleuve étaient occupés (par l'ennemi).

I מַעְגָּל *m.* et מַעְגָּלָה *f.* Le camp (qui forme un cercle, v. עָגֹל), ou de עֲגָלָה barricade de chariots : וְשָׁאוּל שֹׁכֵב בַּמַּעְגָּל I Sam. 26. 5, 7, et Saül dormait dans le cercle, au milieu du camp, ou : derrière la barricade de chariots; וַיָּבֹא הַמַּעְגָּלָה I Sam. 17. 20, il arriva dans l'enceinte du camp.

II מַעְגָּל *m.* (*pl.* const. מַעְגְּלֵי et מַעְגְּלוֹת). Chemin, sentier : וּמַעְגָּלֶיךָ יִרְעֲפוּן דָּשֶׁן Ps. 65. 12, les chemins par où tu passes regorgent de graisse, c.-à-d. sont fertiles; selon d'autres : tes sentiers, c.-à-d. le ciel, les nuées, répandent l'abondance; לְיַד־מַעְגָּל 140. 6, près, ou le long de mon chemin; וְאֶל־רְפָאִים מַעְגְּלֹתֶיהָ Prov. 2. 18, et ses sentiers mènent aux morts, aux enfers; *au fig.* : בְמַעְגְּלֵי־צֶדֶק Ps. 23. 3, dans les sentiers de la justice.

מָעַד Chanceler : וְלֹא מָעֲדוּ קַרְסֻלָּי Ps. 18. 37, et les chevilles de mes pieds n'ont pas chancelé; לֹא אֶמְעָד 26. 1, je ne chancellerai pas; *part.* : לְמוֹעֲדֵי רָגֶל Job 12. 5, pour ceux dont le pied chancelle (les faibles); וְרֶגֶל מוּעָדֶת Prov. 25. 19, (*part. fém.* pour מוֹעֶדֶת, ou *adj.*) et un pied qui chancelle.

Hiph. Faire chanceler : וְהַעֲמַדְתָּ לָהֶם כָּל־מָתְנַיִם

הַמְעַד Ps. 69. 24, fais que leurs reins soient toujours chancelants, rompus; selon quelques commentateurs, aussi וְהַעֲמַדְתָּ לָהֶם Ez. 29. 7, *transposé* pour וְהַמְעַדְתָּ tu leur as disloqué, rompu (les reins), v. עָמַד.

מַעֲדַי (ornement) *n. pr. m.* Esdr. 10. 34.

מַעַדְיָה (ornement de Dieu) *n. pr. m.*, Néh. 12. 5; מוֹעַדְיָה 12. 17.

מַעֲדַנִּים *m. pl.* (rac. עָדַן). 1° Joie, délices : וְיִתֵּן מַעֲדַנִּים לְנַפְשֶׁךָ Prov. 29. 17, il donnera (causera) des délices à ton âme. — Mets délicats, exquis ; מַעֲדַנֵּי־מֶלֶךְ Gen. 49. 20, les mets délicats d'un roi ; הָאֹכְלִים לְמַעֲדַנִּים Lament. 4. 5, ceux qui se nourrissaient de mets délicats (v. מַעֲדַנּוֹת).

מַעֲדַנּוֹת *f. pl.* : הַתְקַשֵּׁר מַעֲדַנּוֹת כִּימָה Job 38. 31, as-tu joint les liens des Pléiades? (*transposé* de la rac. עָנַד lier); selon d'autres : as-tu créé leur influence sur les fruits doux? (de עָדַן, v. מַעֲדַנִּים, כִּימָה); וַיֵּלֶךְ אֵלָיו אֲגַג מַעֲדַנֹּת I Sam. 15. 32, et Agag vint à lui avec des chaînes (portant des chaînes) ; selon d'autres : dans la joie, tout joyeux.

מַעְדֵּר *m.* (rac. עָדַר). Sarcloir ou pioche : בַּמַּעְדֵּר יֵעָדֵרוּן Is. 7. 25, (les montagnes qui) sont sarclées avec un sarcloir, ou cultivées avec la pioche.

מֵעֶה ou מֵעִי *m.* Seulem. *plur.* מֵעִים (const. מְעֵי, avec suff. מֵעַי, מֵעֶיךָ, מֵעָיו, מֵעֵיהֶם). Entrailles, ventre, sein, cœur : אֲשֶׁר יֵצֵא מִמֵּעֶיךָ Gen. 15. 4, celui qui sortira de tes entrailles (qui naîtra de toi) ; הַעוֹד־לִי בָנִים בְּמֵעַי Ruth 1. 11, est-ce que je porte encore des fils dans mon ventre (sein)? מִמְּעֵי אִמִּי Is. 49. 1, dès le sein de ma mère ; מִמְּעֵי הַדָּגָה Jon. 2. 2, du ventre du poisson ; une fois de l'extérieur : מֵעָיו עֶשֶׁת שֵׁן Cant. 5. 14, son (ventre) corps est comme de l'ivoire clair (a la pureté de l'ivoire) ; *au fig.* : מֵעַי חֳמַרְמָרוּ Lament. 1. 20, mes entrailles sont agitées, émues ; מֵעַי לְמוֹאָב כַּכִּנּוֹר יֶהֱמוּ Is. 16. 11, mes entrailles retentissent comme une harpe à cause de Moab ; וְתוֹרָתְךָ בְּתוֹךְ מֵעָי Ps. 40. 9, ta loi est au fond de mon cœur.

מְעוֹת *f.* Même signif. : וְצֶאֱצָאֵי מֵעֶיךָ כִּמְעֹתָיו Is. 48. 19, et ceux qui sortent de ton sein (les enfants seront nombreux) comme ce qui sort de son sein, du sein de la mer : les poissons (v. vers. 18) ; selon d'autres : comme les petites pierres, les galets, sur ses bords.

מְעָה ou מְעָא chald. Ventre : מְעוֹהִי וְיַרְכָתֵהּ דִּי נְחָשׁ Dan. 2. 32, son ventre et ses cuisses étaient d'airain.

מָעוֹג *m.* (v. עֻגָה). Gâteau, pain : אִם־יֶשׁ־לִי מָעוֹג I Rois 17. 12, je n'ai rien de cuit (pas de gâteau, ou de pain) ; לַעֲגֵי מָעוֹג Ps. 35. 16, ceux qui raillent pour un gâteau, qui bouffonnent pour un repas, les parasites, ou : pour qui la raillerie est une nourriture, un régal ; selon d'autres : les railleurs qui disent des choses frivoles, fades.

מָעוֹז *m.* (rac. עָזַז, avec suff. מָעֻזִּי et מָעוּזִּי, *pl.* מָעֻזִּים). Endroit fortifié, forteresse, rocher : וְיָבֹא בְּמָעוֹז מֶלֶךְ הַצָּפוֹן Dan. 11. 7, il entrera dans la forteresse du roi de l'aquilon ; עַל רֹאשׁ הַמָּעוֹז הַזֶּה Jug. 6. 26, sur le haut de ce rocher ; עָרֵי מָעֻזּוֹ Is. 17. 9, ses villes les plus fortes ; מָעוֹז הַיָּם 23. 4, la forteresse de la mer, la grande ville maritime, Tyr ; וְלֶאֱלֹהַּ מָעֻזִּים Dan. 11. 38, (il révère) le Dieu des forteresses, ou : le Dieu de la force (une idole adorée en Syrie) ; *au fig.* : מָעוֹז רֹאשִׁי Ps. 60. 9, (Ephraïm est) la force, la défense, de ma tête, mon casque ; מָעוֹז לַתֹּם דֶּרֶךְ יְיָ Prov. 10. 29, la voie de l'Éternel est une forteresse, un rempart, à l'homme simple, juste ; מָעוֹז לַדָּל Is. 25. 4, une force, ou un refuge, pour le pauvre ; מָעוּזָּם בְּעֵת צָרָה Ps. 37. 39, (Dieu est) leur force, leur protecteur (des justes), dans le temps du danger, de l'affliction ; מָעֻזְנֶיהָ Is. 23. 11, (pour מָעֻזֶּיהָ, נ en place du *Dagesh*) ses forteresses.

* מְעוּט ou מִיעוּט Aboth, peu : בְּמִעוּט שֵׁנָה avec peu de sommeil (v. מְעַט).

מָעוֹךְ *n. pr.* Moach, père d'Achis, roi de Gath, I Sam. 27. 2.

מָעוֹן *m.* (rac. עון, *pl.* מְעוֹנִים). 1° Demeure, habitation : מְעוֹן בֵּיתֶךָ Ps. 26. 8, le temple, ta demeure ; מִמְּעוֹן קָדְשְׁךָ Deut. 26. 15, de ta sainte demeure (du ciel); אֲשֶׁר צִוִּיתִי מָעוֹן I Sam. 2. 29, (pour בְּמָעוֹן) que j'ai commandé (qu'on m'offrît) dans le temple ; וְהִבַּטְתָּ צַר מָעוֹן 2. 32, tu verras un ennemi, objet de ta jalousie, dans le temple (un prêtre qui fonctionnera à ta place). — 2° *Au fig.*: מָעוֹן אַתָּה הָיִיתָ לָּנוּ Ps. 90. 1, Dieu, tu as été notre refuge. — 3° Repaire : מְעוֹן אֲרָיוֹת Nah. 2. 12, ce repaire de lions ; מְעוֹן תַּנִּים Jér. 9. 10, une caverne de dragons.

מָעוֹן *n. pr.* 1° Maon, ville de la tribu de Juda, Jos. 15. 55, près du : מִדְבַּר מָעוֹן I Sam. 23. 24, désert de Maon.— 2° Maon, peuple dans l'Arabie, Jug. 10. 2; *plur.*: וְהַמְּעוּנִים II Chr. 26. 7.— 3° Maon, fils de Samaï, I Chr. 2. 45.

מְעוֹן (v. בֵּית בַּעַל מְעוֹן).

מְעוֹנָה et מְעֹנָה *f.* (v. מָעוֹן). 1° Demeure, refuge : מְעֹנָה אֱלֹהֵי קֶדֶם Deut. 33. 27, (le ciel est) la demeure du Dieu de l'éternité, ou : Dieu de l'éternité est un refuge ; וּמִי יָבוֹא בִּמְעוֹנוֹתֵינוּ Jér. 21. 13, et qui entrera dans nos demeures. — 2° Tanière : וְאֶל־מְעוֹנֹתָם יִרְבָּצוּן Ps. 104. 22, (les lions) se couchent dans leurs cavernes, tanières.

מְעוּנִים 1° *Pl.* de מָעוֹן demeure, et de מָעוֹן *n. pr.* 2°. — 2° *N. pr. m.* Esdr. 2. 50.

מְעוֹנֹתַי *n. pr. m.* I Chr. 4. 14.

מְעוּף *m.* (rac. עוף ténèbres, ou rac. יָעַף abattement) : מְעוּף צוּקָה Is. 8. 22, les ténèbres, ou : l'abattement de l'angoisse.

מָעוֹר *m.* (rac. עור). Nudité : לְמַעַן הַבִּיט עַל־מְעוֹרֵיהֶם Hab. 2. 15, pour voir leur nudité (v. עֶרְוָה).

מָעֻז Forteresse (v. מָעוֹז).

מַעַזְיָה et מַעַזְיָהוּ (force de Dieu) *n. pr. m.* Néh. 10. 9, I Chr. 24. 18.

מָעַט Être ou devenir peu, moindre, diminuer (neutre) : וְאִם־יִמְעַט הַבַּיִת Exod. 12. 4, mais s'il y a trop peu de personnes dans la maison ; וַיִּמְעֲטוּ וַיָּשֹׁחוּ Ps. 107. 39, (ajoutez : mais s'ils pèchent) ils sont réduits à un petit nombre et sont courbés, humiliés ; הוֹן מֵהֶבֶל יִמְעָט Prov. 13. 11, le bien amassé par la tromperie (mal acquis) diminuera ; *inf.*: וּלְפִי מְעֹט הַשָּׁנִים Lév. 25. 16, et selon le nombre moindre d'années (lorsqu'il y aura moins d'années jusqu'au jubilé).

Pi.: כִּי מִעֵטוּ Eccl. 12. 3, parce qu'elles (les meunières ou les dents, v. טָחַן) diminueront, ou, *transit.*: lorsqu'elles travailleront moins, qu'elles seront plus oisives.

Hiph. trans. 1° Diminuer, réduire : תַּמְעִיט נַחֲלָתוֹ Nomb. 26. 54, tu diminueras sa partie, tu lui donneras une partie moindre ; פֶּן־תַּמְעִטֵנִי Jér. 10. 24, de peur que tu ne me réduises (à un petit nombre). — 2° Faire une action peu, c.-à-d. à un faible degré, alors un autre *verbe* est sous-entendu : הַמַּמְעִיט אָסַף עֲשָׂרָה Nomb. 11. 32, celui qui amassait le moins en avait dix (mesures); אַל־תַּמְעִיטִי II Rois 4. 3, n'en demande pas peu ; וְהַדַּל לֹא יַמְעִיט Exod. 30. 15, et le pauvre ne donnera pas moins.

* שֶׁנִּתְמַעֵט הַיּוֹם Rituel, (mon sang et ma graisse) qui ont diminué aujourd'hui (forme *Niph.* et *Hithp.*).

מְעַט et מְעָט *m.* (*pl.* מְעַטִּים). Un peu, le peu : מְעַט־מַיִם Gen. 18. 4, un peu d'eau ; מְעַט־אֹכֶל 43. 2, un peu de nourriture (de blé); après un autre *subst.*: בִּמְתֵי מְעָט Deut. 26. 5, avec peu d'hommes ; עֵזֶר מְעָט Dan. 11. 34, peu de (un petit) secours ; גּוֹיִם לֹא מְעָט Is. 10. 7, pas peu (beaucoup) de peuples. — 2° *Adv.* Peu : קָצַפְתִּי מְעָט Zach. 1. 15, j'étais seulement peu en colère.— Du temps : זֶה שִׁבְתָּהּ הַבַּיִת מְעָט Ruth. 2. 7, elle se reposa peu (fort peu de temps) à la maison ; וְעוֹד מְעַט Ps. 37. 10, et encore un moment (et avant peu);

מְעַט מְעַט Exod. 23. 30, peu à peu ; הַמְעַט מִכֶּם Nomb. 16. 9, est-ce peu de chose, ou trop peu pour vous? הַמְעַט מִתַּזְנֻתָיִךְ Ez. 16. 20, était-ce trop peu de ta fornication? crois-tu n'être pas assez prostituée? — 3° *Adj.*: הַמְעַט הוּא אִם־רָב Nomb. 13. 18, si le peuple est peu nombreux, ou en grand nombre ; יִהְיוּ־יָמָיו מְעַטִּים Ps. 109. 8, que ses jours soient peu nombreux (abrégés).

כִּמְעַט 1° Peu s'en faut, presque : כִּמְעַט שָׁכַב אַחַד הָעָם Gen. 26. 10, il s'en est peu fallu que quelqu'un du peuple n'ait abusé (de ta femme) ; כִּמְעַט כִּלּוּנִי בָאָרֶץ Ps. 119. 87, ils m'ont presque anéanti sur la terre. — 2° En peu de temps, vite : כִּי־יִבְעַר כִּמְעַט אַפּוֹ Ps. 2. 12, car sa colère s'allume vite ; כִּמְעַט יִשָּׂאֵנִי עֹשֵׂנִי Job 32. 22, (considérant que) celui qui m'a créé m'ôtera bientôt du monde. — 3° (v. כְּ 5°) Très peu, vil : לֵב רְשָׁעִים כִּמְעָט Prov. 10. 20, le cœur des méchants n'est de nul prix, est très vil ; כִּמְעַט וְגָרִים בָּהּ Ps. 105. 12, (vous étiez) très peu nombreux et étrangers dans (la terre de Chanaan).

מְעֻטָּה *f.* (rac. עָטָה). Ex. unique : מְעֻטָּה לְטָבַח Ez. 21. 20, [*adj.* ou *part. Poual* de עָטָה] (une épée) aiguisée, affilée, pour tuer ; d'autres traduisent : cachée, réservée (jusqu'à ce jour), etc.

מַעֲטֶה *m.* (rac. עָטָה) Vêtement : מַעֲטֵה תְהִלָּה Is. 61. 3, un vêtement de luxe, de gloire.

מַעֲטָפָה *f.* (rac. עָטַף). Ce qui enveloppe, manteau : וְהַמַּעֲטָפוֹת Is. 3. 22, et les manteaux.

מְעִי *m.* (v. עִי). Ruine : מְעִי מַפָּלָה Is. 17. 1, (Damas sera) une ruine, qui tombe, s'écroule (un monceau de ruines).

מָעַי *n. pr. m.* Néh. 12. 36.

מְעִיל *m.* (rac. מָעַל, *pl.* מְעִילִים). Un vêtement qu'on mettait sur les autres habits, espèce de manteau, de surtout ; il était porté par les nobles et les princes : וַיִּקְרַע אֶת־מְעִלוֹ Job 1. 20, (Job) déchira son manteau ; בִּכְנַף־מְעִילוֹ I Sam. 15. 27, (Samuel saisit) le coin du manteau de (Saül), ou Saül saisit le coin du manteau de Samuel ; par les princesses : תִּלְבַּשְׁןָ בְנוֹת־הַמֶּלֶךְ — מְעִילִים II Sam. 13. 18, les filles des rois étaient revêtues de robes longues, traînantes en bas ; מְעִיל הָאֵפוֹד Exod. 28. 31, la tunique du grand prêtre, la robe qu'il portait dessous l'éphod.

מֵעִים Entrailles (v. מֵעֶה).

• מֵעֵין (v. עַיִן) De la source, *prépos.* de.

מַעְיָן *m.* (de עַיִן, const. מַעְיַן et מַעְיְנוֹ, avec suff. מַעְיָנוֹ, *pl.* מַעְיָנִים, const. מַעַיְנֵי, et מַעְיָנוֹת, const. מַעְיְנוֹת). 1° L'endroit, qui contient des sources : מַעְיָן יְשִׁיתוּהוּ Ps. 84. 7, ils changent (la vallée) en un lieu de sources. — 2° Source : מַעְיְנֹת תְּהוֹם Gen. 8. 2, les sources de l'abîme ; מִמַּעַיְנֵי הַיְשׁוּעָה Is. 12. 3, des sources du salut ; כָּל־מַעְיָנַי בָּךְ Ps. 87. 7, toutes mes sources (mes délices) sont en toi ; d'autres traduisent : mes pensées, mes espérances, sont en toi (v. עַיִן).

מְעִינִים (*cheth.* pour מְעוּנִים *keri*, I Chr. 4. 41) Les demeures (v. מָעוֹן).

מָעַךְ Presser, froisser ; *part. pass.*: וּמָעוּךְ Lév. 22. 24, un animal dont les testicules ont été froissés ; וַחֲנִיתוֹ מְעוּכָה־בָאָרֶץ I Sam. 26. 7, et sa lance était pressée, fichée en terre.

Pou.: שָׁמָּה מֹעֲכוּ שְׁדֵיהֶן Ez. 23, 3, c'est là que leurs mamelles ont été pressées, touchées (qu'elles se sont déshonorées).

מַעֲכָה et מַעֲכָת *n. pr.* 1° Maachah, une ville au pied de la montagne d'Hermon, II Sam. 10. 8 : אֲרַם מַעֲכָה I Chr. 19. 6, la Syrie de Maacha ; de là, nom de peuple, מַעֲכָתִי Deut. 3. 14, Jos. 12. 5. — 2° Maachah, père d'Achis, roi de Gath, I Rois 2. 39 (v. מָעוֹךְ). — 3° Maachah, enfant de Nahor, Gen. 22. 24. — 4° Maachah, femme du roi Roboam, II Chr. 11. 20. — 5° Maachah, fille de Talmaï, roi de Gessur, femme de David, II Sam. 3. 3. — 6° Maachah, femme de Caleb, I Chr. 2. 48. —

7° Maachah, femme de Machir, I Chr. 7. 15, 16.

מָעַל (*fut.* יִמְעַל et יִמְעֹל) Agir perfidement, trahir, transgresser, prévariquer : בְּמִשְׁפָּט לֹא יִמְעַל־פִּיו Prov. 16. 10, sa bouche ne trahira pas la justice, ne prononcera pas un jugement inique ; כִּי מָעַלְתָּ II Chr. 26. 18 car tu as prévariqué ; עַל אֲשֶׁר מְעַלְתֶּם בִּי Deut. 32. 51, parce que vous avez péché contre moi ; וּמָעֲלָה מַעַל בַּיי Lév. 5. 21, et qu'elle aura transgressé (la loi) de Dieu ; וַתִּמְעֹל מַעַל בְּאִישָׁהּ Nomb. 5. 27, et si elle a été infidèle à son mari ; מָעַל מַעַל בַּחֵרֶם Jos. 22. 20, il a transgressé, violé, la loi, en prenant ce qui avait été consacré en anathème.

מַעַל *m.* Infidélité, violation (v. à מָעַל) : מָעַל מַעַל commettre une infidélité, une prévarication, un péché, contre Dieu ; וּתְשׁוּבֹתֵיכֶם נִשְׁאַר־מָעַל Job 21, 34, et de vos réponses ne reste que la tromperie, elles sont fausses, pleines d'erreurs.

מַעַל (rac. עָלָה, ce qui est supérieur, sur, dessus, toujours lié avec une *prépos.*) 1° מִמַּעַל D'en haut : שָׁמַיִם מִמַּעַל Is. 45. 8, (envoyez la rosée) cieux, d'en haut ; en haut : אֲשֶׁר בַּשָּׁמַיִם מִמַּעַל Deut. 5. 8, ce qui est en haut, dans le ciel ; וּמִמַּעַל יִמַּל קְצִירוֹ Job 18. 16, et en haut ses branches seront coupées ; suivi de ל : מִמַּעַל לָעֵצִים Gen. 22. 9, sur le bois ; מִמַּעַל לְכוֹכְבֵי־אֵל Is. 14. 13, au-dessus des astres de Dieu ; שְׂרָפִים עֹמְדִים מִמַּעַל לוֹ Is. 6. 2, les séraphins étaient au-dessus, ou : autour de lui. — 2° מַעְלָה Au-dessus : מִשִּׁכְמוֹ וָמַעְלָה I Sam. 9. 2, de son épaule et au-dessus, c.-à-d. de toute la tête ; מִבֶּן עֶשְׂרִים שָׁנָה וָמַעְלָה Nomb. 1. 20, (tous les mâles) depuis vingt ans et au-dessus ; מֵהַיּוֹם הַהוּא וָמָעְלָה I Sam. 16. 13, depuis ce jour, et désormais (sans cesser depuis) ; מַעְלָה מָּעְלָה Deut. 28. 43, (l'étranger s'élèvera au-dessus de toi) de plus en plus. — 3° לְמַעְלָה En haut : הָעֹלָה הִיא לְמָעְלָה Eccl. 3. 21, si elle (l'âme) monte en haut ; לְמַעְלָה לְמַעְלָה Ez. 41. 7, d'étage en étage ; לְמַעְלָה רֹאשׁ Esdr. 9. 6, sur, ou au-dessus de la tête ; מִבֶּן עֶשְׂרִים שָׁנָה וּלְמָעְלָה I Chr. 23. 27, depuis l'âge de vingt ans et au-dessus ; לְמַעְלָה מִכָּל־ 29. 3, outre tout ce (que j'ai préparé) ; עַד־לְמַעְלָה II Chr. 17. 12, très haut, à un très haut point. — 4° מִלְמַעְלָה Au-dessus : עַל־הָאָרֹן מִלְמָעְלָה Exod. 40. 20, au-dessus de l'arche ; d'en haut : הַמַּיִם הַיֹּרְדִים מִלְמַעְלָה Jos. 3. 16, les eaux qui venaient d'en haut.

מַעַל (v. עַל).

מַעַל *inf.* : לְמֶעַל קֳדָמוֹהִי Rituel, de faire monter, venir devant lui.

מֶעָלֵי chald. *m. pl.* : מֶעָלֵי שִׁמְשָׁא Dan. 6. 15, le coucher du soleil.

מֹעַל *m.* (rac. עָלָה). Action de lever : בְּמֹעַל יְדֵיהֶם Néh. 8. 6, en levant les mains en haut.

מַעֲלֶה *m.* (rac. עָלָה, const. מַעֲלֵה, *pl.* avec suff. מַעֲלָיו). 1° L'endroit où l'on monte : בְּמַעֲלֵה לַחוֹמָה Néh. 12. 37, à l'endroit par où l'on monte au mur ; וּשְׁמֹנֶה מַעֲלוֹת מַעֲלָו Ez. 40. 34, et huit degrés pour y monter. — 2° Endroit élevé, colline : מַעֲלֵה הַלְוִיִּם Néh. 9. 4, le degré où se tenaient les lévites ; בְּמַעֲלֵה הָעִיר I Sam. 9. 11, par le coteau qui mène à la ville ; בְּמַעֲלֵה הַזֵּיתִים II Sam. 15. 30, la colline des oliviers ; בְּמַעֲלֵה קִבְרֵי II Chr. 32. 33, dans les lieux les plus élevés des tombeaux, où l'on enterrait les plus grands, les meilleurs rois.

מַעֲלָה *f.* (rac. עָלָה, *pl.* מַעֲלוֹת). Ascension, action de monter : הוּא יְסֻד הַמַּעֲלָה מִבָּבֶל Esdr. 7. 9, (le premier du mois) était le commencement du départ de Babylone (le cortége partit le premier du mois, v. יָסַד) ; *au fig.* : וּמַעֲלוֹת רוּחֲכֶם Ez. 11. 5, et ce qui monte s'agite dans votre esprit, vos pensées. — 2° Degré : שֵׁשׁ מַעֲלוֹת לַכִּסֵּא I Rois 10. 19, le trône avait six degrés ; הָלַךְ הַצֵּל עֶשֶׂר מַעֲלוֹת II Rois 20. 9, l'ombre (du soleil) est avancé de dix degrés (lignes), ou : veux-tu qu'elle avance, etc. ? et le cadran solaire : בְּמַעֲלוֹת אָחָז 20. 11, sur le cadran (l'horloge) d'Achaz, v. Is. 38. 8. — שִׁיר הַמַּעֲלוֹת en tête des psaumes 120 à 134, cantique des degrés, chanté par les lévites placés sur les quinze degrés, ou chant avec gradation, soit en rapport du rhythme ou des sons de la voix; selon d'autres, dans le sens 1°: chant de ceux qui montaient vers Jérusalem, chant du pèlerinage. — 3° Endroit haut, position élevée : הָאָדָם הַמַּעֲלָה I Chr. 17. 17, l'homme d'un haut rang, l'homme considéré; הַבּוֹנֶה בַשָּׁמַיִם מַעֲלוֹתָו Amos 9. 6, qui a établi son trône dans le ciel; ou : ses degrés, les créations de tout ordre; ou, comme עֲלִיּוֹתָיו : ses étages.

• מַעֲלְיָא *adj*. Haut : וּנְהוֹרָא מַעַלְיָא et de hautes lumières, une haute intelligence.

מַעֲלִיל (Zach. 1. 4, *cheth.*) et

מַעֲלָל *m.* (rac. עָלַל, seulem. *plur*. מַעֲלָלִים). Actions, œuvres : מַעַלְלֵי־אֵל Ps. 78. 7, les œuvres de Dieu ; כִּפְרִי מַעֲלָלָיו Jér. 17. 10, (je rends à chacun) selon le fruit de ses actions ; הֵרֵעוּ מַעַלְלֵיהֶם Mich. 3. 4, ils ont fait de mauvaises actions ; וְהֵיטִיבוּ מַעַלְלֵיכֶם Jér. 35. 15, rendez vos actions meilleures, (corrigez) amendez votre conduite.

מַעֲמָד *m.* (rac. עָמַד). Poste, fonction : מַעֲמָדָם לְיַד בְּנֵי־אַהֲרֹן I Chr. 23. 28, leur poste est à côté (sous les ordres) des fils d'Aaron ; וּמַעֲמַד מְשָׁרְתָיו I Rois 10. 5, et les fonctions, le service, de ses serviteurs ; וּמִמַּעֲמָדְךָ יֶהֶרְסֶךָ Is. 22. 19, et il t'arrachera de ton poste (de tes fonctions).

מָעֳמָד *m.* (rac. עָמַד). Fond, endroit où l'on pose le pied : וְאֵין מָעֳמָד Ps. 69. 3, où il n'y a pas de fond, il n'y a pas où poser le pied.

מַעֲמָסָה *f.* (rac. עָמַס). Charge, poids : אֶבֶן מַעֲמָסָה Zach. 12. 3, une pierre d'un poids lourd (très pesante), qui accable celui qui la porte; selon d'autres : par laquelle on essaye et prouve sa force.

מַעֲמַקִּים *m. pl.* (rac. עָמַק). Profondeur : מַעֲמַקֵּי־יָם Is. 51. 10, la profondeur de la mer ; וּמִמַּעֲמַקֵּי־מָיִם Ps. 69. 15, et de la profondeur des eaux ; *au fig.*: מִמַּעֲמַקִּים קְרָאתִיךָ Ps. 130. 1, des profondeurs de l'abîme (dans ma détresse) je t'ai invoqué.

מַעַן (rac. עָנָה) Intention, but (v. מַעֲנֶה), joint avec לְ, לְמַעַן, avec suff. לְמַעֲנִי, לְמַעַנְכֶם, לְמַעַנְךָ. 1° *Prépos.* A cause de, en faveur de : לְמַעַן מִשְׁפָּטֶיךָ Ps. 48. 12, à cause de tes jugements ; לְמַעַן אַחַי וְרֵעָי 122. 8, à cause de mes frères et de mes amis ; וּלְמַעַן דָּוִד עַבְדִּי Is. 37. 35, en faveur de David, mon serviteur, à cause de ce que je lui avais promis ; לְמַעַן חַסְדֶּךָ Ps. 6. 5, à cause de, ou par, ta miséricorde (v. כְּחַסְדְּךָ 25. 7, selon ta miséricorde) ; עֲשֵׂה־אִתִּי לְמַעַן שְׁמֶךָ 109. 21, agis avec moi comme il convient à ton nom, assiste-moi pour la gloire de ton nom ; וַיּוֹשִׁיעֵם לְמַעַן שְׁמוֹ 106. 8, et il les sauva pour la gloire de son nom ; dans un autre sens : לְמַעַן שׁוֹרְרָי 5. 9, à cause de mes ennemis (pour les confondre) ; לְמַעַן אֹיְבַי פְּדֵנִי 69. 19, délivre-moi à cause de mes ennemis (pour les humilier). — 2° *Conj.* Pour, afin que, pour que : לְמַעַן חַלֵּל Amos 2. 7, pour profaner, violer (mon saint nom) ; לְמַעַן תְּבָרֶכְךָ נַפְשִׁי Gen. 27. 25, afin que je te bénisse ; לְמַעַן יִכָּרֵת Osée 8. 4, pour qu'il soit perdu (c.-à-d. c'est ce qui leur fera perdre leur or, leurs richesses), ou : ce qui les perdra (les idolâtres) ; לְמַעַן תִּצְדַּק בְּדָבְרֶךָ Ps. 51. 6, (j'ai péché contre toi seul) pour que tu sois reconnu juste dans tes paroles ; ou, se rapportant au verset 5 : (je reconnais mes péchés) pour que tu sois reconnu juste dans ta promesse (de pardonner). — Suivi de אֲשֶׁר : לְמַעַן אֲשֶׁר יְצַוֶּה Gen. 18. 19, pour qu'il ordonne ; לְמַעַן אֲשֶׁר־תֵּדְעוּ Jos. 3. 4, afin que vous puissiez connaître.

מַעֲנֶה *m.* (rac. עָנָה). 1° Réponse : עַל אֲשֶׁר לֹא־מָצְאוּ מַעֲנֶה Job 32. 3, de ce qu'ils n'avaient pas trouvé de réponse ; מַעֲנֶה־רַךְ Prov. 15. 1, une réponse douce ; וּמֵיְיָ מַעֲנֵה לָשׁוֹן 16. 1, mais de Dieu vient (est inspiré) ce que la langue répond, prononce; selon d'autres: la réponse de Dieu qui exauce la prière. — 2° Intention, but : כֹּל פָּעַל יְיָ לַמַּעֲנֵהוּ Prov. 16. 4, Dieu a tout fait d'après son intention, dans un but.

מַעֲנָה *f.* (rac. עָנָה). Ce qui est labouré, le sillon : כְּבַחֲצִי מַעֲנָה צֶמֶד שָׂדֶה I Sam. 14. 14, dans environ la moitié des sillons, (la moitié d'un champ que peut labourer) une paire de bœufs (dans un jour); הֶאֱרִיכוּ לְמַעֲנִיתָם Ps. 129. 3, *cheth.* לְמַעֲנוֹתָם, ils ont tiré, creusé, de longs sillons (ils m'ont fait souffrir longtemps).

מַעֲנִית *f.* Ps. 129. 3, *keri* (v. מַעֲנָה).

מְעֹנָה *f.* (v. מְעוֹנָה).

מַעַץ *n. pr.* Maas, fils de Ram, I Chr. 2. 27.

מַעֲצֵבָה *f.* (rac. עָצַב). Douleur : לְמַעֲצֵבָה תִּשְׁכָּבוּן Is. 50. 11, vous serez couchés, vous languirez, dans les douleurs, la souffrance.

מַעֲצָד *m.* (rac. עָצַד). Nom d'un outil, hache, cognée : חָרַשׁ בַּרְזֶל מַעֲצָד Is. 44. 12, le forgeron (forge, ou : travaille avec) la hache; מַעֲשֵׂה יְדֵי־חָרָשׁ בַּמַּעֲצָד Jér. 10. 3, l'œuvre faite par la main de l'ouvrier avec la hache; selon d'autres: la doloire.

מַעְצוֹר *m.* (rac. עָצַר). Obstacle, empêchement : כִּי אֵין לַיְיָ מַעְצוֹר I Sam. 14. 6, car il n'y a pas d'obstacle pour Dieu (rien qui puisse l'empêcher, l'arrêter).

מַעְצָר *m.* (rac. עָצַר). Ex. unique : אֵין מַעְצָר לְרוּחוֹ Prov. 25. 28, (l'homme qui) ne met pas d'empêchement, d'opposition, à son esprit, qui ne sait pas dompter, retenir, son esprit.

מַעֲקֶה *m.* (rac. עָקָה). Balustrade : וְעָשִׂיתָ מַעֲקֶה לְגַגֶּךָ Deut. 22. 8, tu feras (un petit mur) une balustrade autour de ton toit (du toit de ta maison).

מַעֲקַשִּׁים *m. pl.* (rac. עָקַשׁ). Chemin tortu : וּמַעֲקַשִּׁים לְמִישׁוֹר Is. 42. 16, (je changerai) les chemins tortus en une voie droite, unie.

מַעַר *m.* (rac. עָרָה, v. מַעֲרָה). 1° Nudité : וְהַרְאֵיתִי גוֹיִם מַעְרֵךְ Nah. 3. 5, je ferai voir ta nudité aux nations. — 2° Espace vide, intervalle : כְּמַעַר־אִישׁ I Rois 7. 36, (ces figures étaient gravées) dans l'intervalle; selon d'autres: à côté de chacun (des bords ou des carrés).

I מַעֲרָב *m.* (rac. עָרַב). Échange, trafic, commerce, le marché et la marchandise : נָתְנוּ מַעֲרָבֵךְ Ez. 27. 13, 17, ils ont apporté à ton marché, ou : tes marchandises; וְעֹרְבֵי מַעֲרָבֵךְ 27. 27, et ceux qui font trafic de tes marchandises, ou : qui conduisent ton commerce.

II מַעֲרָב *m.* (rac. עָרַב). Le coucher du soleil, l'occident : בָּא מִן־הַמַּעֲרָב Dan. 8. 5, il vint de l'occident; מִמִּזְרָח וּמִמַּעֲרָב Ps. 107. 3, du lever du soleil et du couchant.

מַעֲרָבָה *f.* Occident : מִמִּזְרַח־שֶׁמֶשׁ וּמִמַּעֲרָבָה Is. 45. 6, depuis le lever du soleil (l'orient) jusqu'à l'occident.

מַעֲרֶה *m.* (rac. עָרָה). Endroit nu : מִמַּעֲרֵה־גָבַע Jug. 20. 33, de la campagne nue, dépourvue d'arbres, de la plaine de Gaba; selon d'autres : à côté de, près de, Gaba (v. מַעַר 1° et 2°); selon d'autres : campagne couverte d'herbe (v. עָרָה).

מַעֲרוֹת *f. pl.* (*cheth.*) : מִמַּעֲרוֹת פְּלִשְׁתִּים I Sam. 17. 23, de la plaine (v. מַעֲרֶה) (où était le camp) des Philistins, ou (comme le *keri* מִמַּעַרְכוֹת) du camp, des rangs, des Philistins.

מְעָרָה *f.* (const. מְעָרַת, *plur.* מְעָרוֹת). Caverne : וַיֵּשֶׁב בַּמְּעָרָה Gen. 19. 30, il demeura dans une caverne; וְאֶת־הַמְּעָרוֹת Jug. 6. 2, et les cavernes; וּמְעָרָה אֲשֶׁר לַצִּידֹנִים Jos. 13. 4, et la caverne (selon d'autres : *n. pr.* et Maara) qui est aux Sidoniens.

מַעֲרִיץ *m.* (rac. עָרַץ). Celui qui inspire la terreur : וְהוּא מַעֲרִיצְכֶם Is. 8. 13, et qu'il soit votre terreur, celui qui vous inspire une sainte terreur.

מַעֲרָךְ *m.* (rac. עָרַךְ). Disposition, projet : מַעַרְכֵי־לֵב Prov. 16. 1, les dispositions du cœur, c.-à-d. ses conseils, projets.

מַעֲרָכָה *f.* (*pl.* מַעֲרָכוֹת, rac. עָרַךְ). Disposition, préparation, rangée : נֵרוֹת הַמַּעֲרָכָה Exod. 39. 37, les lampes du chandelier rangées, ou préparées, par les prêtres; בַּמַּעֲרָכָה Jug. 6. 26, (construis un autel) dans un endroit bien disposé, convenable, ou : avec ses rangées de bois; שְׁתַּיִם מַעֲרָכוֹת Lév. 24. 6, (les pains de proposition seront placés) en deux rangées, piles; une armée rangée en bataille, camp, bataille : מַעֲרָכָה לִקְרַאת מַעֲרָכָה I Sam. 17. 21, ordre de bataille en face d'ordre de bataille (armée contre armée); אָנֹכִי הַבָּא מִן־הַמַּעֲרָכָה 4. 16, je reviens de la bataille, ou : du champ de bataille; מַעַרְכוֹת יִשְׂרָאֵל 17. 10, toute l'armée d'Israel; מִמַּעַרְכוֹת פְּלִשְׁתִּים 17. 23, (*keri*) du camp des Philistins (v. מַעֲרוֹת).

מַעֲרֶכֶת *f.* Même signif. : וְנָתַתָּ עַל־הַמַּעֲרָכֶת Lév. 24. 7, tu mettras sur chaque rangée, pile (des pains); שֻׁלְחַן הַמַּעֲרֶכֶת II Chr. 29. 18, la table sur laquelle les pains étaient rangés, exposés; et ces pains : לֶחֶם הַמַּעֲרֶכֶת I Chr. 9. 32, les pains de l'exposition.

מַעֲרֻמִּים *m. pl.* (rac. עָרַם). Ceux qui sont nus : וְכָל־מַעֲרֻמֵּיהֶם הִלְבִּישׁוּ II Chr. 28. 15, ils vêtirent tous ceux d'entre eux qui étaient nus.

מַעֲרָצָה *f.* (rac. עָרַץ). Force, violence : מְסָעֵף פֻּארָה בְּמַעֲרָצָה Is. 10. 33, il dépouillera, coupera, cette branche avec une force terrible; selon d'autres : par son bras terrible, ou פֻּארָה nom de l'instrument qui coupe, brise, les branches.

מַעֲרָת (endroit nu, sans arbres) *n. pr.* Maarath, ville de la tribu de Juda, Jos. 15. 59.

מַעֲשֶׂה *m.* (rac. עָשָׂה, const. מַעֲשֵׂה, *pl.* מַעֲשִׂים, const. מַעֲשֵׂי, avec suff. מַעֲשֵׂהוּ, מַעֲשֶׂיךָ, מַעֲשָׂיו, מַעֲשֵׂיהֶם). 1° Ce que l'on fait, occupation, fonction : מַה־מַּעֲשֵׂיכֶם Gen. 47. 3, quelles sont vos occupations? à quoi vous occupez-vous? מִמַּעֲשָׂיו Exod. 5. 4, (pourquoi détournez-vous le peuple) de ses occupations, travaux? וּמַעֲשֵׂה עֲבֹדַת בֵּית הָאֱלֹהִים I Chr. 23. 28, et (dans) les fonctions qui regardent le service du temple; שֵׁשֶׁת יְמֵי הַמַּעֲשֶׂה Ez. 46. 1, les six jours où l'on travaille, les jours ouvriers (*opposé au* sabbat); הַמַּעֲשֶׂה הָרָע אֲשֶׁר נַעֲשָׂה Eccl. 4. 3, les œuvres si mauvaises qui se font (sous le soleil), *exact.* la mauvaise manière d'agir qui a lieu, etc. — 2° Le fait, l'action : הַמַּעֲשֶׂה אֲשֶׁר עָשָׂה לְיִשְׂרָאֵל Jug. 2. 10, les faits (merveilles) que (Dieu) a accomplis pour Israel; מָה־הַמַּעֲשֶׂה הַזֶּה אֲשֶׁר עֲשִׂיתֶם Gen. 44. 15, quelle est cette action que vous avez faite? כְּכָל־הַמַּעֲשִׂים אֲשֶׁר־עָשׂוּ I Sam. 8. 8, comme toutes les actions qu'ils ont faites; בְּיוֹם הַמַּעֲשֶׂה 20. 19, le jour de ce fait (où Saül voulut tuer David); selon d'autres : le jour de travail, jour ouvrier, v. 1°. — 3° La chose faite, œuvre, ouvrage : מַעֲשֵׂה אֶצְבְּעֹתֶיךָ Ps. 8. 4, (les cieux) ouvrage de tes doigts; כָּל־מַעֲשָׂיו 103. 22, (vous) tous ses ouvrages (vous tous que Dieu a créés); מַעֲשֵׂה יְדֵי אָדָם Deut. 4. 28, les ouvrages des mains de l'homme (les idoles); מַעֲשֵׂה חֹשֵׁב Exod. 26. 1, ouvrage d'un artiste; מַעֲשֵׂה רֶשֶׁת 27. 4, ouvrage en forme de rets; אֹמֵר אָנִי מַעֲשַׂי לְמֶלֶךְ Ps. 45. 2, je dis mon œuvre (mon cantique) au roi; וְהָיָה מַעֲשֵׂה הַצְּדָקָה שָׁלוֹם Is. 32. 17, l'ouvrage (le fruit) de la justice sera la paix. — 4° Le fruit du travail, le bien : וּמַעֲשֵׂהוּ בַּכַּרְמֶל I Sam. 25. 2, et son bien, ses possessions, étaient sur le Carmel; בִּכּוּרֵי מַעֲשֶׂיךָ Exod. 23. 16, les prémices de ton bien, de ton blé (fruit de ton travail).

מַעֲשַׂי (œuvre de Dieu) *n. pr. m.* I Chr. 9. 12.

מַעֲשֵׂיָה et מַעֲשֵׂיָהוּ (œuvre de Dieu) *n. pr.* 1° Maasias, prêtre, Jér. 21. 1. — 2° I Chr. 15. 18, et plusieurs autres.

מַעֲשֵׂר *m.* (de עֶשֶׂר dix, const. מַעְשַׂר, *pl.* מַעַשְׂרוֹת). La dîme : מַעֲשֵׂר מִכֹּל Gen. 14. 20, (Abraham lui donna) la dîme de tout (ce qu'il avait pris); מַעְשַׂר מִן־

מַעְשַׂר הַמַּעֲשֵׂר Nomb. 18. 26, et מַעְשַׂר הַמַּעֲשֵׂר Néh. 10. 39, la dixième partie que doivent donner les lévites, de la dîme qu'ils reçoivent ; שְׁנַת הַמַּעֲשֵׂר Deut. 26. 12, l'année de la dîme, chaque fois la troisième année, où la dîme appartient aux pauvres (מַעְשַׂר עָנִי).

מַעֲשַׁקּוֹת *f. pl.* (rac. עָשַׁק). Oppression, extorsion : וְרַב מַעֲשַׁקּוֹת Prov. 28. 16, (un prince) grand oppresseur ; מֹאֵס בְּבֶצַע מַעֲשַׁקּוֹת Is. 33. 15, qui dédaigne le profit, le bien acquis par extorsion.

מֹף *n. pr.* d'une ville en Égypte, Osée 9. 6. Memphis, appelée נֹף, Is. 19. 13, et Jér. 2. 16.

מִפְגָּע *m.* (rac. פָּגַע). Attaque ; *concret*, l'objet que l'on attaque : לְמִפְגָּע לָךְ Job 7. 20, (pourquoi m'as-tu mis) un objet d'attaque pour toi (en butte à tes traits) ?

מַפָּח *m.* (rac. נָפַח). Expiration : מַפַּח־נָפֶשׁ Job 11. 20, l'action de rendre l'âme, la mort ; selon d'autres : le souci de l'âme.

מַפֻּחַ *m.* (rac. נָפַח). Soufflet (de forge) : נָחַר מַפֻּחַ Jér. 6. 29, le soufflet brûle, est tout rouge (à force d'avoir soufflé le feu).

מְפִיבֹשֶׁת et **מְפִבֹשֶׁת** *n. pr.* 1° Mephiboseth, fils de Saül, II Sam. 21. 8. — 2° Mephiboseth, fils de Jonathan, 4. 4.

מֻפִּים *n. pr.* Muppim, fils de Benjamin, Gen. 46, 21.

מֵפִיץ *m.* (rac. פוּץ). Instrument qui brise : מֵפִיץ וְחֶרֶב Prov. 25. 18, un marteau, ou : une massue et une épée.

מַפָּל *m.* (rac. נָפַל). Ce qui tombe : וּמַפַּל בַּר נַשְׁבִּיר Amos 8. 6, et nous vendrons les criblures du blé ; מַפְּלֵי בְשָׂרוֹ Job 41. 15, les parties tombantes, pendantes, de sa chair (du leviathan).

מִפְלָאָה *f.* (rac. פָּלָא). Merveille : מִפְלְאוֹת תְּמִים דֵּעִים Job 37. 16, (connais-tu) les merveilles de celui dont la connaissance est parfaite, infinie ? (V. נִפְלָאוֹת à פָּלָא *Niph.*)

מִפְלַגָּה *f.* (rac. פָּלַג). Classe, division : לְמִפְלַגּוֹת לְבֵית אָבוֹת II Chr. 35. 12, selon les divisions et les familles (v. פְּלֻגָּה).

מַפָּלָה *f.* (rac. נָפַל). Écroulement : מְעִי מַפָּלָה Is. 17. 1, une ruine qui s'écroule, un monceau de ruines.

מַפֵּלָה *f.* Ce qui s'écroule, ruine : שָׂמָהּ לְמַפֵּלָה Is. 23. 13, il les a changés en ruines ; קִרְיָה בְצוּרָה לְמַפֵּלָה 25. 2, cette ville si forte (tu l'as changée) en ruines.

מִפְלָט *m.* (rac. פָּלַט). Refuge : אָחִישָׁה מִפְלָט לִי Ps. 55. 9, je chercherais vite un refuge pour moi (je me sauverais vite).

מִפְלֶצֶת *f.* (rac. פָּלַץ) [horreur, abomination]. Idole : אֲשֶׁר־עָשְׂתָה מִפְלֶצֶת I Rois 15. 13, parce qu'elle avait fait une idole ; מִפְלַצְתָּהּ (même verset) son idole.

מִפְלָשׂ *m.* Ex. unique : מִפְלְשֵׂי־עָב Job 37. 16, selon les uns, comme מִפְרְשֵׂי־עָב 36. 29, la tension, ou : l'étendue des nuées, comment Dieu les a tendues, ou étendues ; selon les autres (de פֶּלֶס balance), le balancement, les mouvements, des nuées.

מַפֶּלֶת *f.* (rac. נָפַל). 1° Chute, ruine וְצַדִּיקִים בְּמַפַּלְתָּם יִרְאוּ Prov. 29. 16, et les justes verront la ruine (des méchants) ; מִקּוֹל מַפַּלְתֵּךְ Ez. 26. 15, au bruit de ta chute (de Tyr). — 2° La chose tombée, renversée : עַל־מַפַּלְתּוֹ יִשְׁכְּנוּ Ez. 31. 13, sur son tronc renversé habiteront (tous les oiseaux). — 3° Cadavre : מַפֶּלֶת הָאַרְיֵה Jug. 14. 8, le corps mort, le cadavre, du lion.

מִפְעָל *m.* (rac. פָּעַל). Œuvre : קֶדֶם מִפְעָלָיו Prov. 8. 22, (j'étais) avant ses œuvres, ou : la première de ses œuvres.

מִפְעָלָה *f.* Œuvre : חֲזוּ מִפְעֲלוֹת יְיָ Ps. 46. 9, voyez les œuvres de l'Éternel.

מַפָּעַת (v. מֵיפַעַת).

מַפָּץ *m.* (rac. נָפַץ). Un instrument qui brise, qui tue : וְאִישׁ כְּלִי מַפָּצוֹ בְּיָדוֹ Ez. 9. 2, chacun avait à la main une arme meurtrière, un instrument de mort.

מַפֵּץ *m.* Marteau : מַפֵּץ־אַתָּה לִי Jér.

31. 20, tu es un marteau pour moi (à mon usage).

מִפְקָד *m.* (rac. פָּקַד). 1° Dénombrement : מִפְקַד־הָעָם II Sam. 24. 9, le dénombrement du peuple. — 2° Ordre : בְּמִפְקַד יְחִזְקִיָּהוּ הַמֶּלֶךְ II Chr. 31. 13, par l'ordre du roi Ezéchias ; בְּמִפְקַד הַבַּיִת Ez. 43. 21, dans un lieu de la maison tout séparé, ordonné (désigné pour cet usage) ; שַׁעַר הַמִּפְקָד Néh. 3. 31, *n. pr.* d'une des portes de Jérusalem.

מִפְרָץ *m.* (rac. פָּרַץ). Ex. unique : וְעַל־מִפְרָצָיו יִשְׁכּוֹן Jug. 5. 17, et il (Aser) réside, reste, dans ses ports, ou : près des baies de la mer ; selon d'autres : il reste dans ses places ouvertes (pour les défendre contre l'ennemi qui pourrait facilement y entrer).

מַפְרֶקֶת *f.* (rac. פָּרַק). Les vertèbres du cou, nuque : וַתִּשָּׁבֵר מַפְרַקְתּוֹ I Sam. 4. 18, et (sa nuque) son cou se rompit.

מִפְרָשׂ *m.* (rac. פָּרַשׂ). 1° Étendue : מִפְרְשֵׂי־עָב Job 36. 29, l'étendue, ou la suspension, des nuées ; selon d'autres : leur division, variété. — 2° La voile : הָיָה מִפְרָשֵׂךְ Ez. 27. 7, ta voile a été faite (de fin lin, etc.).

מִפְשָׂעָה *f.* (rac. פָּשַׂע). Ex. unique : עַד־הַמִּפְשָׂעָה I Chr. 19. 4, jusqu'au haut des cuisses (jusqu'aux parties).

I מַפְתֵּחַ *m.* (rac. פָּתַח, const. מִפְתַּח). L'action d'ouvrir : וְהֵם עַל־הַמַּפְתֵּחַ I Chr. 9. 27, ils étaient chargés (de l'ouverture) d'ouvrir les portes ; וּמִפְתַּח שְׂפָתַי Prov. 8. 6, (et l'ouverture de mes lèvres) mes lèvres ne s'ouvrent (que pour dire des choses justes).

II מַפְתֵּחַ *m.* (rac. פָּתַח). Clef : וַיִּקְחוּ אֶת־הַמַּפְתֵּחַ Jug. 3. 25, ils prirent la clef ; מַפְתֵּחַ בֵּית־דָּוִד Is. 22. 22, la clef de la maison de David.

מִפְתָּן *m.* (rac. פָּתַן). Seuil : כָּל־הַדּוֹלֵג עַל־הַמִּפְתָּן Soph. 1. 9, tous ceux qui sautent par dessus le seuil (des maisons) pour voler ce qui s'y trouve ; selon d'autres, le seuil du temple, imitant la superstition des Philistins, v. I Sam. 5. 5 : עַל־מִפְתַּן דָּגוֹן (les prêtres ne marchent pas) sur le seuil du temple de Dagon ; מִפְתַּן הַשַּׁעַר Ez. 46. 2, le seuil de la porte.

מֵץ (v. מוּץ).

מֵץ (v. מוּץ).

מָצָא (une fois מָצָתִי pour מָצָאתִי, *fut.* יִמְצָא, *inf.* מְצֹא, avec suff. מֹצַאֲכֶם, *part.* מֹצֵא, une fois מֹצָא, *fém.* מֹצֵאת et מֹצֵאָה) 1° Parvenir à une chose, recueillir, gagner, acquérir, recevoir, trouver : אִם עַד־תַּכְלִית שַׁדַּי תִּמְצָא Job 11. 7, prétends-tu parvenir au but, ou à la connaissance parfaite du Tout-Puissant ? וַיִּמְצָא בַּשָּׁנָה הַהִוא מֵאָה שְׁעָרִים Gen. 26. 12, il recueillit cette année le centuple ; פֶּן־מָצָא לוֹ עָרִים בְּצֻרוֹת II Sam. 20. 6, de peur qu'il ne gagne, qu'il ne se rende maître de quelques places fortes ; מָצָא חָכְמָה Prov. 3. 13, (l'homme) qui a acquis la sagesse ; לְמֹצְאֵי דָעַת 8. 9, pour ceux qui ont trouvé, acquis, la science ; מָצָאתִי אוֹן לִי Osée 12. 9, j'ai gagné, amassé, de la fortune ; לֹא־מָצְאוּ חָזוֹן מֵיְיָ Lament. 2. 9, (les prophètes) n'ont pas obtenu, reçu, de visions de l'Éternel ; וּמְצָרֵי שְׁאוֹל מְצָאוּנִי Ps. 116. 3, les angoisses de la tombe (du Schéol) m'avaient atteint, assiégé ; וְאִם־לֹא מָצְאָה יָדוֹ דֵּי Lév. 25. 28, mais si sa main n'a pas trouvé, n'a pas acquis, de quoi (rendre le prix) ; וְכִי־כַבִּיר מָצְאָה יָדִי Job 31. 25, et de ce que ma main a trouvé, amassé, beaucoup de biens ; וּלְכָה אֵין־בְּשׂוֹרָה מֹצֵאת II Sam. 18. 22, tu ne trouveras aucune bonne nouvelle à annoncer, *exact.* aucune bonne nouvelle ne t'arrive, ou : cette nouvelle n'obtient rien (tu n'auras pas de récompense si tu l'annonces) ; וְלֹא מָצָא אֶת־הַתְּרָפִים Gen. 31. 35, mais il ne trouva point les Theraphim ; וְלֹא־מָצָאתִי בוֹ מְאוּמָה I Sam. 29. 3, je n'ai trouvé en lui rien (de coupable, rien à blâmer) ; עֲשֵׂה לְךָ אֲשֶׁר תִּמְצָא יָדֶךָ I Sam. 10. 7, fais ce que ta main trouvera, ce qui se présentera (sous ta main) à faire, ce que tu pourras ou voudras ; כֹּל אֲשֶׁר תִּמְצָא יָדְךָ לַעֲשׂוֹת Eccl. 9. 10, tout ce que ta main trouvera à faire (tout ce que tu pourras faire); לֹא מְצָאתֶם חִידָתִי Jug. 14. 18, vous n'auriez pas trouvé (deviné) mon énigme; לֵךְ מְצָא אֶת־הַחִצִּים I Sam. 20. 21, (trouve) cherche les flèches. — 2° Arriver, atteindre, *rég. direct* : אֲשֶׁר מְצָאָתַם בַּדֶּרֶךְ Exod. 18. 8, (toute la peine) qui leur est arrivée dans leur chemin, voyage; בָּרָע אֲשֶׁר יִמְצָא אֶת־אָבִי Gen. 44. 34, (de peur que je ne voie) le malheur qui arrivera à mon père; אֵת כָּל־הַמֹּצְאוֹת אוֹתָם Jos. 2. 23, tout ce qui leur était arrivé; לֹא תִמְצָאֲךָ יַד־שָׁאוּל אָבִי I Sam. 23. 17, la main de mon père Saül ne t'atteindra pas; avec ל : תִּמְצָא יָדְךָ לְכָל־אֹיְבֶיךָ Ps. 21. 9, ta main atteindra tous tes ennemis. — 3° Suffire à quelque chose ou à quelqu'un : וּמָצָא לָהֶם Nomb. 11. 22, pour que cela leur suffise (égorgera-t-on assez de brebis et de bœufs pour les rassasier?), ou : (si on les égorgeait tous) cela suffirait-il (pour les rassasier)?

Niph. passif : בְּכֹל אֲשֶׁר־יִמָּצֵא לוֹ Deut. 21. 17, dans tout ce qui lui est acquis, tout ce qu'il possède; נִמְצְאוּ דְבָרֶיךָ Jér. 15. 16, quand les paroles me sont parvenues, quand je les ai reçues; וְהַחָכְמָה מֵאַיִן תִּמָּצֵא Job 28. 12, mais la sagesse où est-elle acquise, où la trouvera-t-on? הָאִישׁ אֲשֶׁר נִמְצָא הַגָּבִיעַ בְּיָדוֹ Gen. 44. 17, celui dans la main de qui (chez qui) la coupe a été trouvée; עַמְּךָ הַנִּמְצְאוּ־פֹה I Chr. 29. 17, ton peuple qui se trouve (est réuni) ici; כָּל־הַכֶּסֶף הַנִּמְצָא בְאֶרֶץ מִצְרַיִם Gen. 47. 14, tout l'argent qui se trouvait, qui était, en Égypte; שְׁתֵּי בְנֹתֶיךָ הַנִּמְצָאֹת 19. 15, tes deux filles qui sont ici présentes; אִם־תִּדְרְשֶׁנּוּ יִמָּצֵא לָךְ I Chr. 28. 9, si tu cherches (Dieu), il se fera trouver de toi (tu le trouveras); לֹא־יִמָּצֵא לָנוּ הָהָר Jos. 17. 16, la montagne ne suffit pas pour nous (v. *Kal* 3°); וְלֹא יִמָּצֵא לָהֶם Zach. 10. 10, et (ce pays) ne suffira pas pour eux; נִמְצָא וְאֵין עֵת אֶל־מְצִיאוּתוֹ (Dieu) existe, et il n'y a pas de temps pour son existence (elle est infinie, éternelle).

Hiph. 1° Faire parvenir : וְלֹא הִמְצִיתִךָ בְּיַד־דָּוִד II Sam. 3. 8, et je ne t'ai pas fait parvenir (ne t'ai pas livré) entre les mains de David. — 2° Faire arriver : וּכְאֹרַח אִישׁ יַמְצִאֶנּוּ Job 34. 11, et il (Dieu) fait arriver à l'homme (son sort, sa part) selon sa conduite; אִם־לְחֶסֶד יַמְצִאֵהוּ 37. 13, ou il fait venir (la pluie) par sa grâce, pour répandre la bénédiction. — 3° Apporter : וַיַּמְצִאוּ בְּנֵי אַהֲרֹן אֵלָיו אֶת־הַדָּם Lév. 9. 12, et les fils d'Aaron lui apportèrent, présentèrent, le sang.

מַצָּב *m.* (rac. יָצַב ou נָצַב). 1° L'endroit où l'on est placé, où l'on se tient : מַצַּב רַגְלֵי הַכֹּהֲנִים Jos. 4. 3, 9, l'endroit où les pieds des prêtres se sont arrêtés; la place, le rang, qu'on occupe : וַהֲדַפְתִּיךָ מִמַּצָּבֶךָ Is. 22. 19, je te repousserai, chasserai, de ta place, de ton rang. — 2° Poste militaire, garde : מַצַּב פְּלִשְׁתִּים I Sam. 13. 23, un poste, une garde avancée, des Philistins; הַמַּצָּב וְהַמַּשְׁחִית 14. 15, les soldats en garnison, et ceux qui étaient allés pour dévaster, piller.

מֻצָּב *m.* Fort, machine de guerre : וְצַרְתִּי עָלַיִךְ מֻצָּב Is. 29. 3, j'élèverai des forts, des machines de guerre, pour t'assiéger.

מַצָּבָה *f.* Poste : אַנְשֵׁי הַמַּצָּבָה I Sam. 14. 12, les hommes de la garde avancée (v. מַצָּב 2°).

מִצָּבָה *f.* Même signif. : וְחָנִיתִי לְבֵיתִי מִצָּבָה Zach. 9. 8, je camperai autour de ma maison comme une garde (v. מַצָּב 2°); selon d'autres, pour מִצָּבָא : je camperai (moi-même) autour de ma maison (pour la défendre) contre l'armée ennemie.

מַצֵּבָה et מַצֶּבֶת *f.* (rac. יָצַב ou נָצַב, const. מַצֵּבַת et מַצֶּבֶת, *pl.* מַצֵּבוֹת). 1° Ce qui est dressé, érigé, monument, statue : וַיָּשֶׂם אֹתָהּ מַצֵּבָה Gen. 28. 18, il érigea (la pierre) comme un monument; מַצֶּבֶת אָבֶן 35. 14, un monument de pierres; מַצֵּבַת הַבַּעַל II Rois 3. 2, la statue de Baal; וּמַצֵּבֹתָם תְּשַׁבֵּרוּ Deut. 7. 5, brisez leurs statues; מַצֶּבֶת קְבֻרַת־רָחֵל Gen. 35. 20, le monument sur le sépulcre de Rachel. — 2° מַצֶּבֶת בָּם זֶרַע קֹדֶשׁ מַצַּבְתָּהּ Is. 6. 13, le tronc (de ces arbres) reste, subsiste, (ainsi) leur race (la race des hommes qui subsisteront) sera une semence (race) sainte.

מְצֹבָיָה *n. pr.* d'un endroit, Mesobaia, I Chr. 11. 47.

מַצֶּבֶת (v. מַצֵּבָה).

מְצָד (rac. צוד ou מְצַד, *plur.* מְצָדוֹת). 1° Cime de rochers escarpés, ou lieu fort, inaccessible : וַיֵּשֶׁב דָּוִד בַּמִּדְבָּר בַּמְּצָדוֹת I Sam. 23. 14, David demeurait dans le désert sur de hauts rochers, ou : dans des lieux très forts; מְצָדוֹת סְלָעִים מִשְׂגַּבּוֹ Is. 33. 16, des forts dans les rochers, ou : des rochers fortifiés, seront sa sécurité, son refuge.— 2° Citadelle : וַיֵּשֶׁב דָּוִיד בַּמְּצָד I Chr. 11. 7, David demeurait dans la citadelle ; וְהַמְּצָדוֹת נִתְפָּשָׂה Jér. 48. 41, et les citadelles sont prises.

מָצָה 1° Sucer : שָׁתִית מָצִית Is. 51. 17, tu as bu (le calice), tu l'as sucé, vidé (jusqu'à la lie); שְׁמָרֶיהָ יִמְצוּ Ps. 75. 9, ils suceront sa lie. — 2° Presser un objet pour en faire sortir un suc, un liquide; וַיִּמֶץ טַל מִן־הַגִּזָּה Jug. 6. 38, il exprima la rosée de la toison (il fit sortir la rosée en pressant la toison).

Niph. passif du *Kal.* 1° וּמֵי מָלֵא יִמָּצוּ לָמוֹ Ps. 73. 10, et de l'eau (une coupe) pleine est bue par eux. — 2° וְנִמְצָה דָמוֹ Lév. 1. 15, et le sang en sera exprimé (on le pressera pour en faire sortir le sang), v. מָצַץ.

I מַצָּה *f.* (rac. מָצַץ). *Adj.* et *subst.* Ce qui est sans levain, azyme : חַלַּת מַצָּה אַחַת Lév. 8. 26, un pain sans levain ; *plur.*: וְחַלֹּת מַצֹּת Exod. 29. 2, et seul תֹּאכַל מַצֹּת 13. 6, tu mangeras des pains azymes (pendant sept jours) ; חַג הַמַּצּוֹת 23. 15, la fête des azymes, la Pâque.

II מַצָּה *f.* (rac. נָצָה). Querelle : אֹהֵב מַצָּה Prov. 17. 19, qui aime les querelles.

מֹצָה (source?) *n. pr.* d'une ville de la tribu de Benjamin, Jos. 18. 26.

מִצְהָלָה *f.* (rac. צָהַל). Hennissement : מִקּוֹל מִצְהֲלוֹת אַבִּירָיו Jér. 8. 16, du bruit des hennissements de leurs chevaux fougueux ; *au fig.*: וּמִצְהֲלוֹתַיִךְ 13. 27, et ta lubricité.

מָצוֹד *m.* (*pl.* מְצוֹדִים). 1° Rets, filet (de צוד) : אֲשֶׁר־הִיא מְצוֹדִים Eccl. 7. 26, elle est un filet (comme un piége). — 2° Prise, capture : מְצוֹד רָעִים Prov. 12. 12, la capture des méchants (ce qu'ils prennent de force). — 3° Citadelle (v. מְצָד) : מְצוֹדִים גְּדֹלִים Eccl. 9. 14, de grands forts, des citadelles.

מָצוֹד *m.* (rac. צוד). Filet, rets : וּמְצוּדוֹ עָלַי הִקִּיף Job 19. 6, il m'a environné de son filet (rets).

מְצוֹדָה *f.* (v. מָצוֹד). 1° Rets : בִּמְצוֹדָה רָעָה Eccl. 9. 12, (comme les poissons pris) dans le rets fatal. — 2° Citadelle, fort : יְבִאֻהוּ בַּמְּצֹדוֹת Ez. 19. 9, on le mena (renferma) dans un fort.

מְצוּדָה *f.* Même signif. 1° (rac. צוד) Capture, proie : בְּיֶדְכֶן לִמְצוּדָה Ez. 13. 21, (et ils ne seront plus) une capture, une proie, entre vos mains.—2° Rets : וְנִתְפַּשׂ בִּמְצוּדָתִי Ez. 12. 13, il sera pris dans mon rets (de צוד). — 3° (v. מְצָד) : עַל־שֶׁן־סֶלַע וּמְצוּדָה Job 39. 28, sur la cime du rocher, et dans la montagne inaccessible ; וְדָוִד אָז בַּמְּצוּדָה II Sam. 23. 14, David était alors dans la citadelle ; מְצֻדַת צִיּוֹן 5. 7, la forteresse de Sion ; *au fig.*: יְיָ סַלְעִי וּמְצוּדָתִי Ps. 18. 3, l'Éternel est mon rocher et ma forteresse ; *plur.*: לְבֵית מְצוּדוֹת Ps. 31. 3, (sois pour moi) une citadelle très forte, un asile assuré.

מִצְוָה *f.* (rac. צָוָה, *pl.* מִצְוֹת). Ordre, commandement, précepte ; *princip.* de Dieu : מִצְוַת הַמֶּלֶךְ הִיא II Rois 18. 36, c'était un ordre du roi ; וּזְכַרְתֶּם אֶת־כָּל־מִצְוֹת יְיָ Nomb. 15. 39, vous vous souviendrez de tous les commandements de l'Éternel ; אַחַת מִכָּל־מִצְוֹת יְיָ אֲשֶׁר לֹא־תֵעָשֶׂינָה Lév. 4. 13, (s'ils transgressent) un de tous les préceptes de l'Éternel, concernant des choses qui ne doivent pas être faites ; s'ils commettent des choses qu'il a défendues ; le précepte d'un homme : שְׁמֹר מִצְוֹתַי וֶחְיֵה Prov. 7. 2, observe (suis) mes préceptes, et tu vivras (dit Salomon) ; מִצְוַת הַלְוִיִּם Néh. 13. 5, ce qui est ordonné pour les Lévites, c.-à-d. la part qu'on doit leur donner, qui leur est due d'après la loi; * מִצְוַת עֲשֵׂה les commandements qu'on doit faire, pratiquer (positifs); מִצְוַת לֹא תַעֲשֶׂה les choses défendues, les commandements négatifs.

מְצוֹלָה *f.* (rac. צול, v. צוּלָה). Fond, profondeur: יָרְדוּ בִמְצוֹלֹת Exod. 15. 5, ils sont descendus, tombés, dans les profondeurs (au fond de la mer); בְּמַחֲשַׁכִּים בִּמְצֹלוֹת Ps. 88. 7. (tu m'as mis) dans les ténèbres (les lieux ténébreux) dans les profondeurs (la tombe).

מְצוּלָה *f.* Même signif.: וַתַּשְׁלִיכֵנִי מְצוּלָה Jon. 2. 4, tu m'as jeté dans la profondeur (de la mer); כֹּל מְצוּלוֹת יְאֹר Zach. 10. 11, toutes les profondeurs du fleuve; בִּיוֵן מְצוּלָה Ps. 69. 3, (dans la boue de l'abîme) dans une boue profonde.

מָצוֹק *m.* (rac. צוק). Angoisse, tourment, détresse: צַר־וּמָצוֹק מְצָאוּנִי Ps. 119. 143, l'affliction et l'angoisse (m'ont atteint) m'accablent; כָּל־אִישׁ מָצוֹק I Sam. 22. 2, tous les hommes qui avaient des tourments, qui étaient dans la détresse.

מָצוּק *m.* (rac. צוק, v. יָצַק *Hiph.*). Colonne, pilier: מְצֻקֵי אֶרֶץ I Sam. 2. 8, les piliers (les fondements) de la terre; מָצוּק מִצָּפוֹן 14. 5, (un de ces rochers) était droit comme une colonne, c-à-d. escarpé du côté du nord; selon d'autres, *part.*: était situé du côté du nord.

מְצוּקָה *f.* (v. מָצוֹק). Angoisse, tourment: יוֹם צָרָה וּמְצוּקָה Soph. 1. 15, un jour d'affliction et d'angoisse; מִמְּצוּקוֹתַי הוֹצִיאֵנִי Ps. 25. 17. fais-moi sortir, délivre-moi, de mes tourments, de l'extrémité où je me trouve.

מָצוֹר *m.* (rac. צור). 1° Angoisse, misère: בְּמָצוֹר וּבְמָצוֹק Deut. 28. 53, dans la détresse, ou misère, et dans l'angoisse. — 2° Siége d'une ville: וְנָתַתָּה עָלֶיהָ מָצוֹר Ez. 4. 2, mets le siége autour d'elle; וַתָּבֹא הָעִיר בַּמָּצוֹר II Rois 24. 10, la ville fut assiégée (soutint un siége). — 3° Des machines de siége, circonvallation, camp des assiégeants: וּבָנִיתָ מָצוֹר עַל־הָעִיר Deut. 20. 20, et tu construiras des machines de siége, ou: tu feras des circonvallations autour de la ville. — 4° Forteresse, citadelle: וְאֶתְיַצְּבָה עַל־מָצוֹר Hab. 2, 1, je me placerai sur (les remparts) de la citadelle; עִיר מָצוֹר Ps. 60. 11, une ville fortifiée; עָרֵי מָצוֹר II Chr. 8. 5, des forteresses.

מָצוֹר *n. pr.* (pour מִצְרַיִם): יְאֹרֵי מָצוֹר Is. 19. 6, 37. 25, II Rois 19. 24, les rivières, ruisseaux, de l'Égypte; d'autres traduisent: les rivières resserrées, profondes.

מְצוּרָה *f.* (rac. צור). Rempart, forteresse: וַהֲקִמֹתִי עָלַיִךְ מְצֻרֹת Is. 29. 3, j'élèverai des fortifications, des remparts contre toi, pour t'assiéger. — 2° וַיְחַזֵּק אֶת־הַמְּצוּרוֹת II Chr. 11. 11, il renforça les forteresses, les rendit plus fortes; עָרֵי מְצוּרָה 14. 5, et עָרֵי מְצֻרוֹת 11. 10, des places fortes.

מַצּוּת *f.* (rac. נָצָה). Querelle, guerre (v. II נָצָה): אַנְשֵׁי מַצֻּתֶךָ Is. 41. 12, les hommes qui te faisaient la guerre, tes ennemis.

מֵצַח *m.* (avec suff. מִצְחִי). Front: חִזְקֵי־מֵצַח Ez. 3. 7, (ils sont) durs de front, opiniâtres; וּמִצְחֲךָ נְחוּשָׁה Is. 48. 4, et ton front est d'airain, (tu es endurci, opiniâtre); וּמֵצַח אִשָּׁה זוֹנָה Jér. 3. 3, (tu avais) le front, c.-à-d. l'impudence, d'une femme débauchée; *pl.* const.: מִצְחוֹת Ez. 9. 4.

מִצְחָה *f.* Cuissard: וּמִצְחַת נְחֹשֶׁת I Sam. 17. 6, et des cuissards d'airain.

* מְצִיאוּת *f.* Existence (v. מָצָא *Niph.*).

מְצִלָּה *f.* (rac. צָלַל). Sonnettes, grelots: מְצִלּוֹת הַסּוּס Zach. 14. 20, les sonnettes, grelots, du cheval.

מְצֻלָּה *f.* Ex. unique: בֵּין הַהֲדַסִּים אֲשֶׁר בַּמְּצֻלָה Zach. 1. 8, entre les myrthes qui étaient dans un lieu ombragé (v. צֵל), ou: dans un lieu profond (v. מְצוּלָה), ou: près d'un étang; selon d'autres, *n. pr.* d'un endroit: Babylone?

מְצִלְתַּיִם *f. duel* (rac. צָלַל). Nom d'un

instrument de musique, les cymbales: וְאָסָף בַּמְצִלְתַּיִם מַשְׁמִיעַ I Chr. 16. 5, et Asaph jouant des cymbales.

מִצְנֶפֶת *f.* (rac. צָנַף). La tiare du grand prêtre : מִצְנֶפֶת שֵׁשׁ Exod. 28. 39, une tiare de fin lin ; הָסִיר הַמִּצְנֶפֶת Ez. 21. 31, ôter la tiare (au grand prêtre), ou : ôter le diadème (au roi), *inf.* pour אָסִיר j'ôterai.

מַצָּע *m.* (rac. יָצַע). Couche, lit : כִּי־קָצַר הַמַּצָּע Is. 28. 20, car le lit est (trop) court.

מִצְעָד *m.* (rac. צָעַד). Pas, marche : מֵיְיָ מִצְעֲדֵי־גֶבֶר Ps. 37. 23, les pas de l'homme (sont conduits) par Dieu ; בְּמִצְעָדָיו Dan. 11. 43, (les Libyens et les Éthiopiens) suivront ses pas, seront dans sa suite.

מִצְעִירָה *adj. f.* (rac. צָעַר). Très petite : קֶרֶן־אַחַת מִצְּעִירָה Dan. 8. 9, une corne très petite.

מִצְעָר *m.* (rac. צָעַר). Petitesse, exiguïté : וְהָיָה רֵאשִׁיתְךָ מִצְעָר Job 8. 7, ton commencement, ton premier état, sera très petit, paraîtra comme un rien ; וְהִוא מִצְעָר Gen. 19. 20, et cette ville est d'une petite étendue (elle est petite) ; du nombre : בְּמִצְעַר אֲנָשִׁים II Chr. 24. 24, avec un petit nombre d'hommes ; du temps : לַמִּצְעָר Is. 63. 18, pour peu de temps, seulement pendant un temps fort court ; מֵהַר מִצְעָר Ps. 42. 7, de la petite montagne, Sinaï ; selon d'autres : *n. pr.* du mont Misar.

מִצְפֶּה *m.* (rac. צָפָה). Lieu élevé d'où l'on voit au loin, donjon : עַל־מִצְפֶּה—אָנֹכִי עֹמֵד Is. 21. 8, je me tiens en haut du donjon, j'y fais sentinelle ; עַל־הַמִּצְפֶּה לַמִּדְבָּר II Chr. 20. 24, sur un lieu élevé d'où on découvre le désert.

מִצְפֶּה *n. pr.* de plusieurs villes : 1° Masepha, appartenant à la tribu de Juda, Jos. 15. 38. — 2° Ville dans Moab, I Sam. 22. 3. — 3° Ville appartenant à Benjamin, Jos. 18, 26. — 4° Masepha dans Galaad, Jug. 11. 29. — 5° La vallée Masepha, Jos. 11. 8.

מִצְפָּה *n. pr.* 1° d'une ville dans Galaad, Jug. 10. 17, aussi מִצְפֵּה גִלְעָד 11. 29 (v. l'explication des deux noms, Gen. 31. 50, 51). — 2° D'une ville appartenant à la tribu de Benjamin, Jug. 21. 1, I Rois 15. 22.

מַצְפֻּנִים *m. pl.* (rac. צָפַן). Endroits cachés ou choses cachées, trésors : נִבְעוּ מַצְפֻּנָיו Obad. 6, ses endroits les plus cachés, où ses trésors ont été fouillés, ou : découverts.

מָצַץ Sucer, savourer (v. מָצָה) : לְמַעַן תָּמֹצּוּ Is. 66. 11, afin que vous suciez, savouriez.

מֵצַר *m.* (rac. צָרַר). Affliction, détresse : מִן־הַמֵּצַר קָרָאתִי יָּהּ Ps. 118. 5, dans ma détresse, j'ai invoqué Dieu ; וּמְצָרֵי שְׁאוֹל 116. 3, et les angoisses du Schéol ; בֵּין הַמְּצָרִים Lament. 1. 3, (tous ses persécuteurs l'ont atteinte) au milieu de ses afflictions, de ses angoisses ; selon d'autres : dans des lieux resserrés, dans un détroit, où l'on ne peut pas fuir.

מִצְרַיִם *n. pr.* L'Égypte (la forme *duel* de la haute et de la basse Égypte), aussi אֶרֶץ מִצְרַיִם Gen. 45. 20. — Des habitants : וַיִּשְׁמְעוּ מִצְרַיִם Gen. 45. 2, les Égyptiens l'entendirent ; le *verbe* quelquefois au *sing.* : וַיֹּאמֶר מִצְרַיִם Exod. 14. 25, et les Égyptiens dirent ; אִישׁ מִצְרִי Gen. 39. 1, un Égyptien ; *fém.* מִצְרִית 16. 1 ; *plur.* : מִצְרִים 12. 12 ; *fém.* מִצְרִיֹּת Exod. 1. 19. — La souche : Mizraïm, fils de Cham, Gen. 10. 6.

מַצְרֵף *m.* (rac. צָרַף). Vaisseau qui sert à faire fondre : מַצְרֵף לַכֶּסֶף Prov. 17. 3, le creuset pour (éprouver) l'argent.

מַק *m.* (rac. מָקַק). Corruption, pourriture : תַּחַת בֹּשֶׂם מַק יִהְיֶה Is. 3. 24, et à la place du parfum sera (l'odeur) de la pourriture ; שָׁרְשָׁם כַּמָּק יִהְיֶה 5. 24, leur racine sera comme la pourriture, sera pourrie.

מַקֶּבֶת *f.* (rac. נָקַב). Instrument qui perce, troue, marteau pointu, puis *en génér.* marteau : וּבַמַּקָּבוֹת יִצְּרֵהוּ Is. 44. 12, au moyen des marteaux, il forme (l'idole); וּמַקָּבוֹת וְהַגַּרְזֶן I Rois 6. 7, et les marteaux pointus (pour travailler la pierre) et la cognée.

מַקֶּבֶת *f.* (v. מַקָּבָה). 1° Marteau : וַתָּשֶׂם אֶת־הַמַּקֶּבֶת בְּיָדָהּ Jug. 4. 21, elle prit un marteau. — 2° Le creux : וְאֶל־מַקֶּבֶת בּוֹר Is. 51. 1, (jetez vos regards) sur le creux du puits, la carrière profonde.

מַקֵּדָה *n. pr.* Makkeda, ville de la tribu de Juda, Jos. 15. 41.

מִקְדָּשׁ *m.* (rac. קָדַשׁ, avec suff. מִקְדָּשׁוֹ, une fois מִקְּדָשׁוֹ). 1° La chose sacrée, consacrée; אֶת־מִקְדְּשׁוֹ מִמֶּנּוּ Nomb. 18. 29, (la part) qui en est consacrée à Dieu. — 2° Lieu saint, sanctuaire : וְעָשׂוּ לִי מִקְדָּשׁ Exod. 25. 8, ils me feront un sanctuaire, le tabernacle; וּבְנוּ אֶת־מִקְדַּשׁ יְיָ I Chr. 22. 19, et bâtissez le sanctuaire de Dieu, le temple; aussi מְקוֹם מִקְדָּשִׁי Is. 60. 13, le lieu de mon sanctuaire, et מְכוֹן מִקְדָּשׁוֹ Dan. 8. 11, le lieu de son sanctuaire; *plur.*: מִקְדְּשֵׁי בֵּית יְיָ Jér. 51. 51, et מִקְדְּשֵׁי־אֵל Ps. 73. 17, les sanctuaires, les lieux, les portiques du temple; mais וּמִקְדְּשֵׁי יִשְׂרָאֵל Amos 7. 9, les sanctuaires d'Israel, les lieux prétendus saints, où ils adoraient des idoles. — 3° Lieu inviolable, asile : וָאֱהִי לָהֶם לְמִקְדָּשׁ מְעַט Ez. 11. 16, je serai pour eux un petit sanctuaire, un asile, une protection; וְהָיָה לְמִקְדָּשׁ Is. 8. 14, il deviendra un asile (pour les uns); selon d'autres : une préparation (aux châtiments), v. קָדַשׁ *Pi.*

מִקְדָּשׁ *m.* Lieu saint : וְנִחֲלוּ מְקַדְשֵׁיהֶם, Ez. 7. 24, et leurs sanctuaires seront profanés.

מַקְהֵלִים *m. pl.* (rac. קָהַל). Assemblée : בְּמַקְהֵלִים אֲבָרֵךְ יְיָ Ps. 26. 12, je bénirai Dieu dans les assemblées, en chœur.

מַקְהֵלוֹת *m. pl.* Même signif.: בְּמַקְהֵלוֹת בָּרְכוּ אֱלֹהִים Ps. 68. 27, bénissez Dieu en chœur.

מַקְהֵלֹת *n. pr.* d'endroit, Makheloth, station dans le désert, Nomb. 33. 25.

מִקְוֵא (v. מִקְוֶה 2°).

מִקְוֶה *m.* (rac. קָוָה, const. מִקְוֵה). 1° Espoir, ressource : וְאֵין מִקְוֶה I Chr. 29. 15, et sans ressource (et c'est irrésistible); יֵשׁ־מִקְוֶה לְיִשְׂרָאֵל עַל־זֹאת Esdr. 10. 3, il y a (ou : y a-t-il) encore espoir pour Israel, concernant ce sujet (espoir d'y remédier); מִקְוֵה יִשְׂרָאֵל Jér. 14. 8, espoir d'Israel, Dieu. — 2° Assemblage, amas, réunion, troupe : וּלְמִקְוֵה הַמַּיִם Gen. 1. 10, et l'assemblage des eaux, les eaux rassemblées; כָּל־מִקְוֵה מֵימֵיהֶם Exod. 7. 19, tous leurs réservoirs d'eau, ou leurs lacs; וּמִקְוֵה סֹחֲרֵי הַמֶּלֶךְ יִקְחוּ מִקְוֵה בִּמְחִיר I Rois 10. 28, et une réunion, troupe, de marchands du roi, achetaient (des chevaux) par troupes, pour un certain prix; ou : les marchands réunis achetaient (le droit d'exportation), מִקְוֵה pour tout ensemble, ils payaient une somme fixe au roi pour tous les chevaux qu'ils exportaient; d'autres traduisent par fil de lin (v. תִּקְוָה) : les marchands achetaient du fil de lin, ou : les étoffes de fil de lin de l'Égypte en payant un certain prix, droit. Dans la phrase analogue, II Chr. 1. 16, on lit : וּמִקְוֵא et מִקְוֵא, א pour ה.

מִקְוָה *f.* (rac. קָוָה). Endroit où les eaux affluent : וּמִקְוָה עֲשִׂיתֶם Is. 22. 11, vous avez fait aussi un réservoir d'eau, ou un fossé.

מָקוֹם *des deux genres* (const. מְקוֹם, *plur.* מְקוֹמוֹת, rac. קוּם). Lieu, endroit, place : אֶל־מָקוֹם אֶחָד Gen. 1. 9, (que les eaux se rassemblent) en un seul lieu; גַּם־מָקוֹם לָלוּן 24. 25, (il y a) aussi de la place pour y passer la nuit (coucher); מַה־נּוֹרָא הַמָּקוֹם הַזֶּה 28. 17, que ce lieu est terrible; בְּרַח־לְךָ אֶל־מְקוֹמֶךָ Nomb. 24. 11, retourne vite vers ton endroit, chez toi; וְגַם־גֹּלֶה אַתָּה לִמְקוֹמֶךָ II Sam. 15. 19, et tu t'es exilé ici (retourne) à ton endroit, vers ta demeure; וְאַל־יְהִי מָקוֹם לְזַעֲקָתִי Job 16. 18, et que ma plainte ne soit pas arrêtée par l'espace, qu'elle monte droit au ciel. — Suivi du *pronom relatif*, il a souvent la forme construite : בִּמְקוֹם אֲשֶׁר יִשְׁחַט Lév. 4. 33, au lieu où l'on tue (les holocaustes); מְקוֹם אֲשֶׁר־הִגְלוּ אֹתוֹ Jér. 22. 12, au lieu dans lequel ils l'ont exilé, au lieu de son exil; מְקוֹם לֹא־יָדַע אֵל Job 18. 21, (*sous-entendu* אֲשֶׁר) la demeure (de l'homme, de celui) qui n'a pas connu Dieu; מְקוֹם שֶׁיִּפּוֹל הָעֵץ Eccl. 11. 3, là où l'arbre tombe. — 2° Endroit, ville : וְלֹא־תִשָּׂא לַמָּקוֹם Gen. 18. 24, ne pardonneras-tu pas à la ville? מְקוֹם שְׁכֶם 12. 6, l'endroit de Sichem; * מָקוֹם celui qui remplit l'espace, qui est partout, qui a fait l'espace : Dieu; מִמָּקוֹם אַחֵר Esth. 4. 14, (la délivrance arrivera aux Juifs) d'un autre endroit, par un autre moyen; selon plusieurs commentateurs : de Dieu. (Il est à remarquer qu'on a évité le vrai nom de Dieu dans tout le livre d'Esther.)

מָקוֹר *m.* (rac. קוּר). Source : מְקוֹר חַיִּים Ps. 36. 10, la source de la vie; מְקוֹר דָּמֶיהָ et seul מְקֹרָהּ Lév. 20. 18, la source de son sang (son flux menstruel ou ses parties honteuses); מִמְּקוֹר יִשְׂרָאֵל Ps. 68. 27, (ceux qui sont sortis) de la source d'Israel (la postérité d'Israel).

מִקָּח *m.* (rac. לָקַח). Action de prendre, d'accepter : וּמִקַּח־שֹׁחַד II Chr. 19. 7, on ne le gagne pas par des présents, *littér.* (ni) acceptation de présents.

מַקָּחוֹת *f. pl.* (rac. לָקַח). Choses à vendre, marchandises : הַמְבִיאִים אֶת־הַמַּקָּחוֹת Néh. 10. 32, ceux qui apportent les marchandises.

מִקְטָר *m.* (rac. קָטַר). Action d'encenser, encensement : מִזְבֵּחַ מִקְטַר קְטֹרֶת Exod. 30. 1, un autel pour l'encensement, pour y brûler l'encens.

מִקְטֶרֶת *f.* (rac. קָטַר). Encensoir : וְאִישׁ מִקְטַרְתּוֹ בְּיָדוֹ Ez. 8. 11, et chacun (avait) son encensoir à la main.

מַקֵּל (*m.* const. מַקַּל et מַקֵּל, *pl.* מַקְלוֹת). Branche, bâton : מַקַּל לִבְנֶה Gen. 30. 37, des branches de peuplier blanc; כִּי אַתָּה בָא־אֵלַי בַּמַּקְלוֹת I Sam. 17. 43, pour que tu viennes à moi avec des bâtons; וּבְמַקֵּל יָד Ez. 39. 9, et les piques ou les massues.

מִקְלוֹת *n. pr. m.* 1° I Chr. 27. 4.— 2° 9. 37.

מִקְלָט *m.* (rac. קָלַט). Refuge, asile : וְהָיוּ לָכֶם לְמִקְלָט Jos. 20. 3, et que (ces villes) soient pour vous (vous servent de) refuge, d'asile; עִיר מִקְלַט הָרֹצֵחַ 21. 13, *plur.* עָרֵי מִקְלָט Nomb. 35. 13, עָרֵי הַמִּקְלָט 35. 6, une ville — des villes d'asile, pour ceux qui ont tué quelqu'un par imprudence.

מִקְלַעַת *f.* (rac. קָלַע). Sculpture, ouvrage taillé, sculpté : מִקְלְעוֹת כְּרוּבִים I Rois 6. 32, des figures de chérubins sculptées; וְגַם־עַל־פִּיהָ מִקְלָעוֹת 7. 31, il y avait des sculptures jusque sur le bord, ou jusque dans les angles.

מִקְנֶה *m.* (rac. קָנָה, const. מִקְנֵה, avec suff. מִקְנְךָ, מִקְנֶךָ et מִקְנֵי, מִקְנֵכֶם, מִקְנֵיכֶם et מִקְנֵיהֶם, sans que le י marque le pluriel). 1° La possesion, *spécial.* en bétail, troupeau : וַיְהִי־לוֹ מִקְנֵה־צֹאן וּמִקְנֵה בָקָר Gen. 26. 14, il avait des troupeaux de brebis et des troupeaux de bœufs; וַיָּבִיאוּ אֶת־מִקְנֵיהֶם אֶל־יוֹסֵף 47. 17, ils amenèrent leurs troupeaux à Joseph; אַנְשֵׁי מִקְנֶה 46. 32, des hommes qui s'occupent à nourrir, à élever, des troupeaux; מְקוֹם מִקְנֶה Nomb. 32. 1, et אֶרֶץ מִקְנֶה 32. 4, une terre propre à nourrir le bétail, de bons pâturages.— 2° Achat : מִקְנֵה הַשָּׂדֶה Gen. 49. 32, l'achat du champ (le champ avait été acheté).

מִקְנָה *f.* (rac. קָנָה). 1° Possession, propriété : לְאַבְרָהָם לְמִקְנָה Gen. 23. 18, (le champ devint) une possession, la propriété d'Abraham. — 2° Achat, acquisition; *concret*, ce qui est acheté : וּמִקְנַת־כֶּסֶף 17. 12, et un esclave acheté pour de l'argent (*opposé à* l'esclave né dans la maison); סֵפֶר הַמִּקְנָה Jér. 32. 11, le contrat de l'achat; מִכֶּסֶף מִקְנָתוֹ Lév. 25. 51, et seul מִקְנָתוֹ 25. 16, le prix d'achat, d'acquisition.

מִקְנֵיָהוּ (possession de Dieu) *n. pr. m.* I Chr. 15. 21.

מִקְסָם *m.* (rac. קָסַם). Divination : וּמִקְסַם חָלָק Ez. 12. 24, ni divination trompeuse ; וּמִקְסַם כָּזָב 13, 7, et une divination fausse.

מָקַץ n. pr. d'une ville, Makaz, I Rois 4. 9.

מִקְצָה (v. à קָצָה).

מִקְצוֹעַ m. (rac. קָצַע, pl. מִקְצֹעוֹת, une fois const. מְקֻצְעֵי Ez. 46. 21). Coin, angle : בְּמִקְצֹעַ הֶחָצֵר Ez. 46. 21, au coin du parvis ; לִשְׁנֵי הַמִּקְצֹעֹת יִהְיוּ Exod. 26. 24, ils seront aux deux angles.

מְקֻצְעֹת f. pl. Angles : לִמְקֻצְעֹת הַמִּשְׁכָּן Exod. 26. 23, 36. 28, aux angles du tabernacle.

מַקְצֻעוֹת f. pl. Nom d'un outil tranchant, ou servant à aplanir : יַעֲשֵׂהוּ בַּמַּקְצֻעוֹת Is. 44. 13, il forme l'image avec le rabot, ou : avec le couteau, ou l'équerre, ou la plane.

מִקְצָת Une partie, quelques (v. קָצָה).

מָקַק Kal inusité, v. מוּג, מוּק et מָקַק. *Niph*. Languir, fondre, s'évanouir, pourrir : וְנָמַקּוּ כָּל־צְבָא הַשָּׁמַיִם Is. 34. 4, (toute l'armée du ciel) toutes les étoiles fondront, s'évanouiront ; נָמַקּוּ חַבּוּרֹתָי Ps. 38. 6, mes plaies coulent, ou : pourrissent ; וּלְשׁוֹנוֹ תִּמַּק בְּפִיהֶם Zach. 14. 12, et leur langue languira, séchera, dans la bouche ; יִמַּקּוּ בַּעֲוֹנָם Lév. 26. 39, ils s'évanouiront, périront, au milieu de, ou : pour leurs péchés.

Hiph. : הָמֵק בְּשָׂרוֹ Zach. 14. 12, il fera tomber la chair, le corps (de chacun), par pièces, ou, *intrans.* : le corps tombera, etc.

מִקְרָא m. (rac. קָרָא). 1° Convocation : לְמִקְרָא הָעֵדָה Nomb. 10. 2, pour la convocation de l'assemblée ; מִקְרָאֵי קֹדֶשׁ Lév. 23. 4, des convocations saintes (jours où le peuple s'assemble pour célébrer les fêtes religieuses) ; קְרֹא מִקְרָא Is. 1. 13, (vos nouvelles lunes et vos sabbats) où vous convoquez les assemblées. — 2° Lieu où l'on s'assemble : עַל־מִקְרָאֶהָ Is. 4. 5, (sur Sion) et sur ses lieux d'assemblée. — 3° Lecture, récitation : וַיָּבִינוּ בַּמִּקְרָא Néh. 8. 8, et ils entendirent, comprirent, la lecture (ce qu'on lisait) ; *מִקְרָא מְגִלָּה Rituel, la lecture, récitation, du livre d'Esther.

מִקְרֶה m. (rac. קָרָה). Hasard, sort : מִקְרֶה הוּא הָיָה לָנוּ I Sam. 6. 9, (nous saurons que) cela nous est arrivé par hasard ; וַיִּקֶר מִקְרֶהָ Ruth 2. 3, il lui arriva par hasard, le hasard la conduisit ; שֶׁמִּקְרֶה אֶחָד יִקְרֶה אֶת־כֻּלָּם Eccl. 2. 14, que le même sort les atteint tous.

מְקָרֶה m. (rac. קָרָה). Charpente : יִמַּךְ הַמְּקָרֶה Eccl. 10. 18, la charpente s'affaisse, s'écroule.

מְקֵרָה f. (rac. קָרַר). Fraîcheur : בַּחֲדַר הַמְּקֵרָה Jug. 3. 24, dans la chambre fraîche, la chambre d'été.

מִקְשֶׁה m. (rac. קָשָׁה). Frisure, arrangement des cheveux : מַעֲשֶׂה מִקְשֶׁה Is. 3. 24, les cheveux frisés, bouclés, ou : les cheveux arrondis, bien arrangés, égalisés, *exact.* le travail de frisure, d'arrangement.

I מִקְשָׁה f. (rac. קָשָׁה). Travail fait d'une pièce, ou battu au marteau : מִקְשָׁה תַּעֲשֶׂה אֹתָם Exod. 25. 18, tu feras (les chérubins) d'or battu au marteau, ou : d'or massif, dur ; selon d'autres : tournés, faits au tour, ou : arrondis, égalisés (v. מִקְשֶׁה) ; des trompettes d'argent massif ou d'argent battu au marteau, ou des trompettes bien arrondies, Nomb. 10. 2 ; de même, au sujet du chandelier, Exod. 25. 31, et d'une colonne, Jér. 10. 5.

II מִקְשָׁה f. (v. קִשֻּׁאִים). Champ de concombres : כִּמְלוּנָה בְמִקְשָׁה Is. 1. 8, comme une cabane de gardien dans un champ de concombres.

מַר m. (rac. מָרַר). Goutte d'eau : כְּמַר מִדְּלִי Is. 40. 15, comme une goutte d'eau (qui tombe) d'un seau.

מַר m. מָרָה f. *adj.* (rac. מָרַר). Amer, triste, indigné, furieux, funeste, fatal : שָׂמִים מַר לְמָתוֹק Is. 5. 20, ils font passer pour doux ce qui est amer ; מָרָה כַלַּעֲנָה Prov. 5. 4, (la fin en est) amère comme l'absinthe ; וָאֵלֵךְ מַר Ez. 3. 14, je m'en allai tout triste ; מָרָה נֶפֶשׁ כָּל־הָעָם I Sam.

30. 6, l'âme de tout le peuple était remplie d'amertume, d'indignation, ou *verbe* (v. מרר); והיא מרת נפש 1. 10, elle avait l'âme, le cœur, triste; צעקה גדלה ומרה Gen. 27. 34, des cris hauts et furieux; מספד מר Ez. 27. 31, (avec) des plaintes, des lamentations amères; אנשים מרי נפש Jug. 18. 25, des hommes irrités, emportés de colère, de rage; דבר מר Ps. 64. 4, des paroles amères, méchantes; רע ומר Jér. 2. 19, qu'il est mal et funeste, fatal. — Employé comme *subst.*: במר נפשי Job 7. 11, dans l'amertume de mon âme; מר־המות I Sam. 15. 32, l'amertume de la mort; והיא מר־לה Lament. 1. 4, et elle est dans l'amertume, dans la tristesse, ou *verbe* (v. מרר); *adverbialem.*: מר יבכיון Is. 33. 7, ils pleureront amèrement; ויזעקו מרה Ez. 27. 30, ils crieront amèrement, lamentablement.

מר et מור devant *makk.* מר־, *m.* (rac. מרר). Myrrhe: בשמן המר Esth. 2. 12, avec de l'huile de myrrhe (servant à la toilette des femmes); מור עבר Cant. 5. 5, et מר־דרור Exod. 30. 23, de la myrrhe qui coule librement, d'elle-même (la meilleure), ou עבר dont l'odeur se répand au loin.

מרא *Hiph.* Élever ou s'élever: כעת במרום תמריא Job 39. 18, au moment où elle (l'autruche) élève ses ailes, ou: s'élève, prend son élan dans les airs.

מרא *f.* (pour מרה, v. מר *adj.*): קראן לי מרא Ruth 1. 20, appelez-moi l'amère, l'affligée.

מרא chald. *m.* Maître, seigneur: ומרא מלכין Dan. 2. 47, et le Seigneur des rois, Dieu; מראי מלכא 4. 21, mon seigneur le roi.

מראדך et מרדך *n. pr.* Merodach, une divinité adorée des Babyloniens (Mars?), Jér. 50. 2 (v. אויל מרדך).

מראדך בלאדן Merodach (Mars? est Dieu et maître), *n. pr.* Merodach Baladan, fils de Baladan, roi de Babylone, Is. 39. 1.

מראה *m.* (rac. ראה, const. מראה, avec suff. מראהו, מראיהם, מראיך; *pl.* const. מראי, מראיהם, מראיהן; le *subst.* au *sing.* ou au *plur.*). 1° Aspect, vue, visage: יפות מראה Gen. 41. 2, belles d'aspect, fort belles; ומראיהן רע 41. 21, et leur aspect était laid, elles paraissaient laides; ומראיך נאוה Cant. 2. 14, et ton visage est agréable; לכל־מראה עיני הכהן Lév. 13. 12, autant qu'il peut en paraître aux yeux du prêtre, *exact.* selon toute la vue des yeux du prêtre; ממראה עיניך Deut. 28. 34, par l'aspect qui sera devant tes yeux, par les choses terribles que tu verras. — 2° Apparition, vision: המראה הגדל הזה Exod. 3. 3, cette grande apparition, merveille; המראה אשר ראיתי Ez. 11. 24, la vision que j'ai eue; souvent après les *adj.*: יפת־מראה Gen. 12. 11, טבת מראה 24. 16, d'une belle figure; נחמד למראה 2. 9, agréable à la vue; כמראה אדם Dan. 10. 18, une apparition comme une figure humaine.

מראה *f.* (rac. ראה). 1° Vision: לא־ראו את־המראה Dan. 10. 7, ils ne virent pas la vision; במראת הלילה Gen. 46. 2, dans des visions nocturnes; במראות אלהים Ez. 8. 3, dans des visions de Dieu (que Dieu me fit voir). — 2° Miroir: במראת הצבאת Exod. 38. 8, avec les miroirs des femmes qui se tenaient, s'assemblaient (à la porte du tabernacle).

מראה *f.* Jabot d'un oiseau: והסיר את־מראתו בנצתה Lév. 1. 16, il ôtera (de l'hostie) le jabot et les plumes (qui sont sur la peau et autour du jabot), ou: le jabot et la nourriture qu'il contient (v. נוצה); selon les uns, la racine est מרא être rempli, gras (v. מריא); selon les autres, ראה souiller, salir (v. ראה, *Hoph.* מוראה).

מראשה et מרשה *n. pr.* Maresah, ville fortifiée, appartenant à la tribu de Juda, Jos. 15. 44, II Chr. 14. 8.

מראשתי *f. pl.* (rac. ראש, avec suff. מראשתיו). Ce qui est près, ou dessous la tête, chevet: וישם מראשתיו Gen. 28 11, il fit (de la pierre) son chevet, il la mit sous sa tête; בארץ מראשתו I Sam. 26. 7, (sa lance fichée) en terre était à son chevet ; מְרַאֲשֹׁתֵי שָׁאוּל 26. 12, [a prépos. comme מִמְּרַאֲשֹׁתֵי] (David prit la lance et la cruche) du chevet de Saül (qui étaient à son chevet).

מַרְאָשׁוֹת f. (de רֹאשׁ tête) : כִּי יָרַד מַרְאֲשׁוֹתֵיכֶם Jér. 13. 18, parce que (la couronne de votre gloire) est tombée de votre tête ; selon d'autres : parce que l'ornement de votre tête, votre diadème (et la couronne de votre gloire) sont tombés.

מֵרַב (accroissement) n. pr. Merab, fille aînée de Saül, I Sam. 14. 49.

מַרְבַדִּים m. pl. (rac. רָבַד). Couverture, tapis : מַרְבַדִּים רָבַדְתִּי עַרְשִׂי Prov. 7. 16, j'ai orné mon lit de tapis, de couvertures riches (v. 31. 22).

מַרְבָּה f. (rac. רָבָה). Étendue, ce qui est étendu, vaste : מַרְבָּה לְהָכִיל Ez. 23. 32, (cette coupe) est vaste à pouvoir contenir, elle contient beaucoup (v. une autre explication à כּוּל Hiph.).

מַרְבֶּה m. (rac. רָבָה). Augmentation, étendue, quantité : לְמַרְבֵּה הַמִּשְׂרָה Is. 9. 6, pour que son empire augmente, s'étende, ou : (il n'y aura point de fin) à l'étendue, à la grandeur, de son empire ; עַד־שָׁלָל מַרְבֶּה Is. 33. 23, (on partagera) les dépouilles et le butin (pris) en quantité.

מַרְבִּית f. (rac. רָבָה). 1° Grandeur, multitude : חֲצִי מַרְבִּית חָכְמָתְךָ II Chr. 9. 6, la moitié (de la grandeur de ta sagesse) de ta grande sagesse ; מַרְבִּית הָעָם 30. 18, une grande partie du peuple ; וְכָל־מַרְבִּית בֵּיתְךָ I Sam. 2. 33, et toute la multitude (tous ceux) de ta maison, ou : tout accroissement de ta maison (tes descendants) ; מַרְבִּיתָם I Chr. 12. 29, la plupart d'eux. — 2° L'accroissement du capital, intérêt, usure : וּבְמַרְבִּית לֹא־תִתֵּן אָכְלֶךָ Lév. 25. 37, tu ne (lui) donneras pas tes fruits, tes grains, à usure (pour qu'il t'en rende davantage).

מַרְבֵּץ m. (rac. רָבַץ). Endroit où les bêtes couchent, se retirent : מַרְבֵּץ לַחַיָּה Soph. 2. 15, une retraite de bêtes sauvages ; const. לְמִרְבַּץ־צֹאן Ez. 25. 5, en une retraite des brebis.

מַרְבֵּק m. (rac. רָבַק). Endroit où l'on engraisse les bestiaux, engrais : וַעֲגָלִים מִתּוֹךְ מַרְבֵּק Amos 6. 4, et des veaux qu'on avait mis à l'engrais ; עֵגֶל־מַרְבֵּק I Sam. 28. 24, un veau à l'engrais, un veau gras.

מַרְגּוֹעַ m. (rac. רָגַע). Repos, paix : וּמִצְאוּ מַרְגּוֹעַ לְנַפְשְׁכֶם Jér. 6. 16, et trouvez le repos (la paix) de vos âmes.

מַרְגְּלוֹת f pl. (rac. רָגַל). L'endroit près des pieds, ou ce qui est aux pieds, près des pieds (v. מְרַאֲשֹׁתֵי), les pieds : וְגִלִּית מַרְגְּלֹתָיו Ruth. 3. 5, tu découvriras (la couverture) du côté des pieds, ou qui sera sur ses pieds ; selon d'autres : tu découvriras ses pieds (pour רַגְלָיו) ; וְהִנֵּה אִשָּׁה שֹׁכֶבֶת מַרְגְּלֹתָיו 3. 8, et vois, une femme était couchée à ses pieds ; וּזְרֹעֹתָיו וּמַרְגְּלֹתָיו Dan. 10. 6, et ses bras et ses pieds.

מַרְגָּלִיּוֹת f. pl. Les diamants, Aboth.

מַרְגֵּמָה f. (rac. רָגַם). Tas de pierres : כִּצְרוֹר אֶבֶן בְּמַרְגֵּמָה Prov. 26. 8, comme un bouquet de pierreries sur un tas, monceau, de pierres ; selon d'autres, מַרְגֵּמָה l'instrument avec lequel on lance les pierres : comme un bouquet de pierres dans une fronde, lancé avec la fronde ; selon d'autres, pourpre (v. אַרְגָּמָן) : comme si l'on enveloppait une pierre (commune) dans un drap de pourpre, un drap fin.

מַרְגֵּעָה f. (rac. רָגַע). Repos : וְזֹאת הַמַּרְגֵּעָה Is. 28. 12, et ceci est le repos, ou : le lieu du repos.

מָרַד (fut. יִמְרֹד, תִּמְרֹדוּ et תִּמְרְדוּ) Se révolter, être rebelle : וּשְׁלֹשׁ־עֶשְׂרֵה שָׁנָה מָרָדוּ Gen. 14. 4, et la treizième année ils se révoltèrent ; avec בּ : כִּי מָרַדְתָּ בִּי II Rois 18. 20, pour que tu te sois révolté contre moi ; לִמְרָדְכֶם הַיּוֹם בַּיהוָה Jos. 22. 16, en vous révoltant aujourd'hui contre l'Éternel (en lui refusant le culte) ; avec עַל : הַעַל הַמֶּלֶךְ אַתֶּם מֹרְדִים Néh. 2. 19, est-ce que vous devenez rebelles au roi ? avec l'acc. : וְאוֹתָנוּ אַל־

תִּמְרֹדוּ Jos. 22. 19, et ne nous abandonnez pas, ne vous divisez pas d'avec nous ; בְּמֹרְדֵי־אוֹר Job 24. 13, de ceux qui sont rebelles à la lumière (des ennemis de la lumière), ou : qui sont rebelles à Dieu.

מְרַד chald. Même signif.: וּמְרַד וְאֶשְׁתַּדּוּר מִתְעֲבֶד־בַּהּ Esdr. 4. 19, et (qu'elle) s'est révoltée, et que la rébellion, la sédition, était excitée dans elle ; ou, מְרַד *subst.*: et que la révolte et la sédition étaient excitées dans elle (dans cette ville).

מֶרֶד *m.* Défection, désobéissance : אִם־בְּמֶרֶד וְאִם־בְּמַעַל Jos. 22. 22, si (nous l'avons fait) par défection, désobéissance, ou : si par infidélité.

מֶרֶד *n. pr. m.* I Chr. 4. 17.

מָרָד chald. *adj. f.* Rebelle : קִרְיָא מָרָדָא Esdr. 4. 15, et *emphat.*: קִרְיְתָא מָרָדְתָּא 4. 12, une ville rebelle.

מַרְדּוּת *f.* (rac. מָרַד). Rébellion, désobéissance : בֶּן־נַעֲוַת הַמַּרְדּוּת I Sam. 20. 30, fils d'une (mère) perverse et désobéissante, rebelle ; * מַכַּת מַרְדּוּת Rituel, une flagellation de correction, ou : en punition de la désobéissance, une espèce de châtiment qu'on infligeait pour certaines fautes, transgressions légères de la loi.

מֹרַדְךְ (v. מְרֹאדַךְ).

מָרְדֳּכַי *n. pr.* Mardochée, fils de Jaïr, oncle et père adoptif d'Esther, Esth. 2. 5.

מֻרְדָּף *m.* (rac. רָדַף). Persécution, poursuite : מֻרְדָּף בְּלִי חָשָׂךְ Is. 14. 6, une persécution, poursuite, sans relâche ; ou, מֻרְדָּף *part.* du *Hoph.*: (chacune des nations) est persécutée ; selon d'autres, sens *actif*: le roi de Babylone persécutait, etc.

מָרָה (*inf.* מְרוֹ) 1° Désobéir, être rebelle, irriter (v. מָרַד), offenser : בֵּן סוֹרֵר וּמוֹרֶה Deut. 21. 18, un fils indocile, obstiné et rebelle ; דּוֹר סוֹרֵר וּמֹרֶה Ps. 78. 8, une race désobéissante et rebelle ; avec ב : מָרוּ־בָךְ Ps. 5. 11, parce qu'ils se sont révoltés contre toi ; avec l'*acc.*: כִּי־אֹתִי מָרָתָה Jér. 4. 17, parce qu'elle m'a désobéi ; אֲשֶׁר מָרָה אֶת־פִּי יְיָ I Rois 13. 26, qui a été désobéissant à la parole de l'Éternel ; וְלֹא מָרוּ אֶת־דְּבָרָיו Ps. 105. 28, et ils (Moïse et Aaron, v. vers. 26) n'ont pas désobéi à ses paroles, ou elles (les plaies, les prodiges) n'ont pas désobéi, se sont accomplies ; הוֹי מֹרְאָה Soph. 3. 1 (pour מוֹרָה), malheur à la ville rebelle, qui irrite Dieu (v. מוֹרָא et רָאָה *Hoph.*). — 2° Être amer (v. מָרַר) : אֶת־עֳנִי יִשְׂרָאֵל מֹרֶה מְאֹד II Rois 14. 26, (Dieu vit) l'affliction d'Israel, qui était très forte, amère, qui était à son comble.

Hiph. (*fut.* יַמְרֶה et וַתַּמְרוּ). Même signif. que *Kal* : וַתַּמְרוּ אֶת־פִּי יְיָ Deut. 1. 26, vous avez désobéi à la parole de Dieu ; הִמְרוּ אֶת־רוּחוֹ Ps. 106. 33, ils ont irrité son esprit (de Dieu), ou : aigri l'esprit de Moïse ; לַמְרוֹת עֵנֵי כְבוֹדוֹ Is. 3. 8 (pour לְהַמְרוֹת), pour irriter les yeux de sa majesté (offenser ses yeux, comme s'ils ne voyaient pas les actions des hommes) ; וּבְהַמְּרוֹתָם תָּלַן עֵינִי Job 17. 2, mon œil voit comment ils m'irritent, m'offensent (v. à לוּן) ; וַיַּמְרוּ־בִי Ez. 20. 8, mais ils ont été rebelles contre moi ; מַמְרִים הֱיִיתֶם עִם־יְיָ Deut. 9. 7, vous avez été rebelles contre l'Éternel.

מְרָה *f. duel.* Révolte double, réitérée : הָאָרֶץ מְרָתַיִם Jér. 50. 21, la terre de la révolte réitérée, Babylone (rac. מָרָה).

מָרָה (amer, de מָרַר) *n. pr.* d'un endroit, Marah, nommé ainsi d'après une source qui s'y trouve, et dont les eaux sont amères, Exod. 15. 23.

מָרָה *f.* (rac. מָרַר). Amertume, chagrin : לֵב יוֹדֵעַ מָרַּת נַפְשׁוֹ Prov. 14. 10, le cœur connaît l'amertume de son âme (ses propres chagrins).

מֹרָה *f.* (rac. מָרָה). Irritation, offense; const.: וַתִּהְיֶיןָ מֹרַת רוּחַ Gen. 26. 35, elles étaient une irritation, une offense, pour l'esprit; ou, *part.*: chacune était rebelle à l'esprit (d'Isaac et de Rébecca) ; selon d'autres, de מָרַר un sujet d'amertume, de chagrin (v. מָרָה).

מָרוּד *m.* (rac. מָרַד ou רוּד). Misère : calamité, persécution : יְמֵי עָנְיָהּ וּמְרוּדֶיהָ Lament. 1. 7, (dans) les jours de son malheur, affliction, et de ses calamités, persécutions; עָנְיִי וּמְרוּדִי 3. 19, mon affliction et ma misère, ou : ma persécution; *concret* : וַעֲנִיִּים מְרוּדִים Is. 58. 7, et les pauvres persécutés, fugitifs, sans asile.

מֵרוֹז *n. pr.* Meroz, ville au nord de la Palestine, Jug. 5. 23.

מָרוֹחַ *m. adj.* (rac. מָרַח). Écrasé, broyé : מְרוֹחַ אָשֶׁךְ Lév. 21. 20, un homme qui a les testicules broyés, écrasés (selon d'autres : qui a une descente, hernie).

מָרוֹם *m.* (rac. רוּם). Hauteur, le haut, lieu élevé, celui et ce qui est haut : בְּהַר מְרוֹם יִשְׂרָאֵל Ez. 20. 40, sur la haute montagne d'Israel, Sion; בַּמָּרוֹם Job 39. 18, en haut dans les airs; בַּמָּרוֹם קִנּוֹ Hab. 2. 9, (pour placer) son nid bien haut; צְבָא הַמָּרוֹם Is. 24. 21, les armées du ciel; et *plur.*: וְשָׂהֲדִי בַּמְּרוֹמִים Job 16. 19, et mon témoin est dans les cieux; de Dieu : וְאַתָּה מָרוֹם לְעֹלָם Ps. 92, 9, tu es le Très-Haut dans l'éternité; מְרוֹם עַם Is. 24. 4, les grands, les premiers du peuple; מָרוֹם מִשְׁפָּטֶיךָ מִנֶּגְדּוֹ Ps. 10. 5, tes jugements, châtiments, sont dans le haut, c.-à-d. loin de lui, ne l'atteignent pas; יֹשְׁבֵי מָרוֹם Is. 26. 5, ceux qui demeurent dans l'élévation, dans des endroits inaccessibles; בַּמְּרוֹמִים רַבִּים Eccl. 10. 6, (la folie est placée) dans l'élévation, dans de grands honneurs (on donne les hautes dignités aux fous, aux insensés); כִּי־רַבִּים לֹחֲמִים לִי מָרוֹם Ps. 56. 3, car beaucoup me font la guerre, ô Très-Haut! selon d'autres : dans leur orgueil; d'autres traduisent : mais beaucoup luttent pour moi, les anges dans le ciel.

מֵרוֹם *n. pr.*: מֵי מֵרוֹם Jos. 11. 5, les eaux de Merom, un lac au pied du Liban, situé dans une région élevée.

מֵרוֹץ *m.* (rac. רוּץ). Course : לֹא לַקַּלִּים הַמֵּרוֹץ Eccl. 9. 11, la course n'est pas pour les plus légers (ils ne peuvent, ne doivent, se fier à leur course, ils ne sont pas sûrs d'arriver).

מְרוּצָה *f.* (rac. רוּץ). 1° Course : מְרוּצַת הָרִאשׁוֹן II Sam. 18. 27, la course du premier, sa manière de courir. — 2° Oppression, violence : וְעַל־הַמְּרוּצָה לַעֲשׂוֹת Jér. 22. 17, (tes yeux sont attentifs) à l'oppression, pour l'exercer, l'exécuter (v. רָצַץ).

מְרוּקִים *m. pl.* (rac. מָרַק). Action de purifier, de lisser : יְמֵי מְרוּקֵיהֶן Esth. 2. 12, les jours de leur purification, de leurs onctions (le temps pendant lequel les femmes employaient des onctions et des parfums pour paraître plus belles et plaire au roi).

מָרוֹת (sources amères) *n. pr.* d'une ville : יוֹשֶׁבֶת מָרוֹת Mich. 1. 12, celle (la nation) qui habite Maroth, les habitants de Maroth; selon d'autres : (Jérusalem) qui est plongée dans l'amertume (de מָרַר), ou : qui persiste dans la désobéissance (de מָרָה).

מַרְזֵחַ *m.* (rac. רָזַח). Cri de deuil, lamentation, cri de joie, d'allégresse : בֵּית מַרְזֵחַ Jér. 16. 5, (dans) une maison de deuil, ou : une maison où l'on pousse des cris de deuil, des lamentations; וְסָר מִרְזַח סְרוּחִים Amos 6. 7, les cris de joie, d'allégresse, de ceux qui sont étendus voluptueusement, cesseront (v. vers. 4); selon d'autres : leur deuil arrivera, approchera (v. סוּר s'en aller et approcher).

מָרַח Amollir, résoudre : וְיִמְרְחוּ עַל־הַשְּׁחִין Is. 38. 21, et qu'ils appliquent (les figues) comme cataplasme sur la plaie, le mal (soit des figues qu'on devait amollir, écraser, soit de leur action, consistant à résoudre le mal), v. מָרוֹחַ.

מֶרְחָב *m.* (rac. רָחַב). Espace grand, vaste : הַהוֹלֵךְ לְמֶרְחֲבֵי אֶרֶץ Hab. 1. 6, qui va vers, qui parcourt, les vastes espaces de la terre; כְּכֶבֶשׂ בַּמֶּרְחָב Osée 4. 16, (autrement Dieu les aurait fait paître) comme les agneaux dans une vaste prairie, ou : (Dieu les fera errer) comme un agneau perdu dans une vaste terre, et qui ne peut plus trouver son troupeau ; וַיּוֹצִיאֵנִי לַמֶּרְחָב Ps. 10. 20, il m'a fait sortir (il m'a conduit) au large, il m'a délivré ; עָנָנִי בַמֶּרְחָב יָהּ 118. 5, Dieu m'a exaucé et m'a mis au large (m'a consolé, sauvé).

מֶרְחָק *m.* (rac. רָחַק, *plur.* מֶרְחַקִּים et מַרְחַקִּים). Lointain, lieu éloigné : מִמֶּרְחָק תָּבוֹא Is. 10. 3, (le malheur) qui viendra de loin ; וְנָס מִמֶּרְחָק 17. 13, et il fuira bien loin ; מֵאֶרֶץ מֶרְחָק 13. 5, (ils viennent) d'un pays lointain ; וּבַמֶּרְחַקִּים Zach. 10. 9, אֶרֶץ מַרְחַקִּים Is. 33. 17, et מַרְחַקֵּי־אָרֶץ 8. 9, les pays lointains, les plus reculés.

מַרְחֶשֶׁת *f.* (rac. רָחַשׁ). Pot, vase profond (du mouvement que produit la chose qui bout dedans) : מִנְחַת מַרְחֶשֶׁת Lév. 2. 7, une oblation de farine cuite dans un pot, un vase profond.

מָרַט 1° Frotter, polir, fourbir : חֶרֶב — מְרוּטָה Ez. 21. 14, 33, un glaive poli, tranchant. — 2° Polir la tête, c.-à-d. enlever, arracher, les cheveux ; וָאֶמְרְטָה מִשְּׂעַר רֹאשִׁי וּזְקָנִי Esdr. 9. 3, je m'arrachai les cheveux de la tête et les poils de la barbe ; וָאַכֶּה מֵהֶם אֲנָשִׁים וָאֶמְרְטֵם Néh. 13. 25, je battis quelques hommes d'entre eux, et leur arrachai les cheveux, ou : je leur fis raser les cheveux ; וּלְחָיַי לְמֹרְטִים Is. 50. 6, (et j'ai abandonné) mes joues à ceux qui m'arrachaient le poil de la barbe ; וְכָל־כָּתֵף מְרוּטָה Ez. 29. 18, et chaque épaule est écorchée (à force d'avoir porté des fardeaux).

Niph. Être dépouillé de ses cheveux, devenir chauve : וְאִישׁ כִּי יִמָּרֵט רֹאשׁוֹ Lév. 13. 40, et un homme dont les cheveux tombent de la tête.

Pou. part. : נְחֹשֶׁת מְמֹרָט I Rois 7. 45, d'airain poli, ou très pur ; וְהִיא מֹרָטָה Ez. 21. 16, et elle (l'épée) a été polie, fourbie.

מְרַט chald. (v. מָרַט héb.). Arracher : עַד דִּי־מְּרִיטוּ גַפַּיהּ Dan. 7. 4, jusqu'à ce que ses ailes fussent arrachées.

מְרִי *m.* (avec pause מֶרִי, avec suff. מִרְיְךָ, מִרְיָם, rac. מָרָה). Désobéissance, rébellion, révolte : כִּי בֵּית מְרִי הֵמָּה Ez. 2. 5, parce que c'est une race rebelle ; לִבְנֵי־מֶרִי Nomb. 17. 25, pour les enfants de la rébellion, les rebelles ; כִּי מְרִי הֵמָּה Ez. 2. 7, parce qu'ils sont des rebelles (pour בְּנֵי מְרִי) ; בְּמִרְיָם Néh. 9. 17, dans leur esprit de révolte ; גַּם־הַיּוֹם מְרִי שִׂחִי Job 23. 2, encore aujourd'hui ma parole est ou paraît une révolte, elle résiste à vos consolations, ou : elle est encore pleine d'amertume (v. מָרַר).

מְרִיב בַּעַל et מְרִי־בַעַל (celui qui lutte contre Baal) *n. pr.* Meri-baal ou Merib-baal, fils de Jonathan, I Chr. 9. 40.

מְרִיא *adj.* (rac. מָרָא). Gras, engraissé : מְרִיאֵי בָשָׁן כֻּלָּם Ez. 39. 18, (des bêtes) toutes engraissées à Basan ; puis *subst.* : שׁוֹר וּמְרִיא II Sam. 6. 13, un bœuf et une bête (veau ?) mise à l'engrais ; וְחֵלֶב מְרִיאִים Is. 1. 11, et la graisse des bêtes mises à l'engrais, engraissées.

מְרִיבָה *f.* (rac. רִיב). Dispute, querelle : אַל־נָא תְהִי מְרִיבָה Gen. 13. 8, qu'il n'y ait point de dispute (entre nous) ; וַיִּקְרָא שֵׁם הַמָּקוֹם מַסָּה וּמְרִיבָה Exod. 17. 7, Moïse appela ce lieu (près d'une source dans le désert de Sin) Tentation, et Meriwah : Querelle (v. vers. 1 à 7) ; une autre source dans le désert de Sin, près de Kades, s'appelle מֵי מְרִיבָה l'eau de la dispute, Nomb. 20. 13, et מֵי מְרִיבוֹת קָדֵשׁ l'eau de la dispute à Kades, Ez. 47. 19.

מְרָיָה (résistance) *n. pr. m.* Néh. 12. 12.

מֹרִיָּה et מוֹרִיָּה *n. pr.* Moria, une colline dans Jérusalem, sur laquelle Salomon a bâti le temple, II Chr. 3. 1 (composé de רָאָה et יָהּ Dieu a vu, choisi, v. Gen. 22. 8, 14, ou de יָרָה instruire, d'où venait l'instruction au peuple) ; אֶרֶץ הַמֹּרִיָּה Gen. 22. 2, la terre, la contrée, près de Moria.

מְרָיוֹת (désobéissance) *n. pr. m.* 1° I Chr. 5. 32. — 2° 9. 11. — 3° Néh. 12. 15 (12. 3, מְרֵמוֹת).

מִרְיָם *n. pr.* 1° Miriam, prophétesse, sœur de Moïse, Exod. 15. 20. — 2° Miriam, fils d'Ezra ou de Mered (?), I Chr. 4. 17 (v. Kimchi).

מְרִירוּת *f.* (rac. מָרַר). Amertume, tristesse : וּבִמְרִירוּת תֵּאָנַח Ez. 21. 11, et gémis dans l'amertume, la tristesse (de ton cœur).

מְרִירִים (v. מַמְרוֹרִים).

מְרִירִי *adj.* (rac. מָרַר). Amer : וְקֶטֶב מְרִירִי Deut. 32. 24, et une peste contagieuse, cruelle.

מֹרֶךְ *m.* (rac. רָכַךְ). Mollesse, abattement, peur : וְהֵבֵאתִי מֹרֶךְ בִּלְבָבָם Lév. 26. 36, *exact.* je porterai de la mollesse dans leur cœur, je frapperai leur cœur d'épouvante, de peur.

מֶרְכָּב *m.* (rac. רָכַב). 1° Voiture, char : סוּסִים לְמֶרְכָּבוֹ 1 Rois 5. 6, (quarante mille attelages) de chevaux pour ses voitures ou chars. — 2° La chose sur laquelle on est assis, selle, siége : וְכָל־הַמֶּרְכָּב אֲשֶׁר יִרְכַּב עָלָיו Lév. 15. 9, et toute selle sur laquelle il sera assis ; מֶרְכָּבוֹ אַרְגָּמָן Cant. 3. 10, son siége est de pourpre ; selon d'autres : les tapis qui couvrent les murailles du palais sont de pourpre.

מֶרְכָּבָה *f.* (rac. רָכַב, const. מִרְכֶּבֶת, avec suff. מֶרְכַּבְתּוֹ, *plur.* מַרְכָּבוֹת, const. מַרְכְּבוֹת). Voiture, char, surtout de guerre : בְּמִרְכֶּבֶת הַמִּשְׁנֶה Gen. 41. 43, dans le second char (après celui du roi) ; מַרְכְּבֹת פַּרְעֹה וְחֵילוֹ Exod. 15. 4, les chariots de Pharaon et son armée.

מַרְכֹּלֶת *f.* (rac. רָכַל). Commerce ou marché : וַאֲרָזִים בְּמַרְכֻלְתֵּךְ Ez. 27. 24, et des bois de cèdre, ou : (lié à ce qui précède : des marchandises dans des caisses) faites de bois de cèdre, étaient, faisaient partie de, ton commerce, ou : étaient apportés à ton marché ; selon d'autres : les bois de cèdre, ou : les caisses, étaient de tes marchandises, tu en faisais trafic.

מִרְמָה *f.* (rac. רָמָה *Pi.*). Ruse, fraude, supercherie, tromperie : בָּא אָחִיךָ בְּמִרְמָה Gen. 27. 35, ton frère est venu avec ruse, supercherie : וּמִרְמוֹת כָּל־הַיּוֹם יֶהְגּוּ Ps. 38. 13, et ils méditent des tromperies durant tout le jour ; מֵאִישׁ מִרְמָה 43. 1, de l'homme trompeur ; אַבְנֵי מִרְמָה Mich. 6. 11, de faux poids ; מֹאזְנֵי מִרְמָה Amos 8. 5, une balance fausse ; בָּתֵּיהֶם מְלֵאִים מִרְמָה Jér. 5. 27, leurs maisons sont pleines de tromperie, c.-à-d. du produit, des fruits, de leurs ruses, tromperies.

מִרְמָה *n. pr. m.* I Chr. 8. 10.

מְרֵמוֹת (élévation, arrogance) *n. pr. m.* 1° Esdr. 8. 33 (v. מְרָיוֹת 3°). — 2° Esdr. 10. 36.

מִרְמָס *m.* (rac. רָמַס). Ce qui est foulé aux pieds : וְהָיָה לְמִרְמָס Is. 5. 5, elle (la vigne) sera foulée aux pieds ; וְצֹאנִי מִרְמַס רַגְלֵיכֶם תִּרְעֶינָה Ez. 34. 19, et mes brebis doivent paître ce que vous avez foulé aux pieds.

* **מָרָן** Maître, Seigneur : מָרָן דִּי בִשְׁמַיָּא le Seigneur qui est dans le ciel ; לְמָרָנָן וְרַבָּנָן à nos maîtres et à nos docteurs.

מֶרֶס *n. pr.* Meres, un prince perse, Esth. 1. 14.

מַרְסְנָא *n. pr.* Marsena, un prince perse, Esth. 1. 14.

מֵרַע *m.* (rac. רָעָה, v. רֵעַ, avec suff. מֵרֵעֲךָ, מֵרֵעֵהוּ, *pl.* מֵרֵעִים). Ami, compagnon : וָאֶתְּנֶנָּה לְמֵרֵעֶךָ Jug. 15. 2, c'est pourquoi je l'ai donnée à ton ami, ou : à ton compagnon ; שְׁלֹשִׁים מֵרֵעִים 14. 11, trente compagnons, trente hommes pour tenir compagnie (à Samson), ou : trente Philistins, amis les uns des autres.

מִרְעֶה *m.* (rac. רָעָה, avec suff. מִרְעֵהוּ, מִרְעֵיכֶם). Pâturage : בְּמִרְעֶה־טּוֹב Ez. 34. 14, dans un bon pâturage ; וּמִרְעֶה שָׁמֵן même verset, dans un pâturage gras.

מֵרֹנֹתִי Jadon, Meronothite, Néh. 3. 7.

* **מַרְעִין** Rituel, Maladies.

מַרְעִית *f.* (rac. רָעָה). 1° Pâturage, l'action de faire paître : כְּמַרְעִיתָם וַיִּשְׂבָּעוּ Osée 13. 6, lorsque, ou dès qu'ils sont arrivés dans leur pâturage, ils se sont rassasiés ; בְּצֹאן מַרְעִיתֶךָ Ps. 74. 1, contre le troupeau que tu fais paître, dont tu es le pasteur; עַם מַרְעִיתוֹ 95. 7, (et nous sommes) le peuple qu'il fait paître, dont il est le pasteur. — 2° Troupeau: וְכָל־מַרְעִיתָם נְפוֹצָה Jér. 10. 21, et tout leur troupeau a été dispersé.

מַרְעֲלָה (frémissement) *n. pr.* Marelah, ville de la tribu de Zabulon, Jos. 19. 11.

I מַרְפֵּא *m.* (une fois מַרְפֵּה Jér. 8. 15, rac. רָפָא). Guérison, santé, remède, salut, délivrance: וְאֵין לָנוּ מַרְפֵּא Jér. 14. 19, et il n'y a pas de guérison pour nous; לְאֵין מַרְפֵּא II Chr. 21. 18, (une maladie) sans guérison, incurable; וּלְכָל־בְּשָׂרוֹ מַרְפֵּא Prov. 4. 22, (elles donneront) la santé à tout son corps; וּלְשׁוֹן חֲכָמִים מַרְפֵּא 12. 18, mais la langue des sages (donne) la santé (aux esprits), elles les console, les encourage; אֲרֻכָה וּמַרְפֵּא Jér. 33. 6, la guérison et la santé, ou: et les remèdes; וְאֵין מַרְפֵּא Prov. 6. 15, sans salut, sans ressource; וּמַרְפֵּא בִּכְנָפֶיהָ Mal. 3. 20, et le salut, la délivrance, sera sous ses ailes.

II מַרְפֵּא *m.* (rac. רָפָה). Mansuétude, douceur, calme: מַרְפֵּא לָשׁוֹן Prov. 15. 4, la langue douce, pacifique; לֵב מַרְפֵּא 14. 30, un cœur calme (sans envie); כִּי מַרְפֵּא יַנִּיחַ חֲטָאִים גְּדוֹלִים Eccl. 10. 4, car la douceur fait éviter, ou répare, de grandes fautes; d'autres traduisent partout dans le sens de I מַרְפֵּא: la langue qui guérit, un cœur qui guérit, qui est salutaire; et Eccl. 10. 4: car la santé (celui qui aime sa santé, son salut) évitera les grandes fautes.

מִרְפָּשׂ *m.* (rac. רָפַשׂ). Ce qui est foulé, troublé, eau trouble: וּמִרְפַּשׂ רַגְלֵיכֶם Ez. 34. 19, et l'eau rendue bourbeuse, trouble, par vos pieds.

מָרַץ (v. פָּרַץ) *Kal* inusité. *Niph.* Être fort, violent: מַה־נִּמְרְצוּ אִמְרֵי־יֹשֶׁר Job 6. 25, que les paroles justes sont fortes, persuasives; קְלָלָה נִמְרֶצֶת I Rois 2. 8, une malédiction violente, outrageante; וְחֶבֶל נִמְרָץ Mich. 2. 10, et la douleur sera forte, ou: la ruine sera complète.

Hiph. Rendre violent, irriter: מַה־יַּמְרִיצְךָ Job 16. 3, qu'est-ce qui t'irrite, t'excite (pour que tu répondes encore)?

מַרְצֵעַ *m.* (rac. רָצַע). Poinçon, alène: אֶת־אָזְנוֹ בַּמַּרְצֵעַ Exod. 21. 6, (le maître lui percera) l'oreille avec une alène.

מַרְצֶפֶת *f.* (rac. רָצַף). Endroit pavé: מַרְצֶפֶת אֲבָנִים II Rois 16, 17, (il posa la mer sur) le pavé (du temple) qui était de pierre; selon d'autres: sur une base de pierre.

מָרַק Frotter, polir, nettoyer, laver: נְחֹשֶׁת מָרוּק II Chr. 4. 16, d'airain poli, ou pur (v. מָרַט); מִרְקוּ הָרְמָחִים Jér. 46. 4, polissez, aiguisez, les lances.

Pou. passif: וּמֹרַק וְשֻׁטַּף בַּמָּיִם Lév. 6. 21, (le vaisseau) sera nettoyé (écuré) et lavé avec de l'eau.

מָרָק *m.* (rac. מָרַק). Jus: וְהַמָּרָק שָׂם בַּפָּרוּר Jug. 6. 19, et il mit le jus (de la chair) dans un pot; וּמְרַק פִּגֻּלִים Is. 65. 4 (וּפְרַק *cheth.*), le jus (de la chair) d'animaux abominables, immondes.

מֶרְקָח *m.* (rac. רָקַח). Aromate, plante aromatique: מִגְדְּלוֹת מֶרְקָחִים Cant. 5. 13, des tours, ou des parterres, de plantes qui répandent le parfum (v. מִגְדָּל).

מֶרְקָחָה *f.* (rac. רָקַח). 1° Assaisonnement: וְהַרְקַח הַמֶּרְקָחָה Ez. 24. 10, et assaisonne bien la viande. — 2° Pot plein d'onguent: יָם יָשִׂים כַּמֶּרְקָחָה Job 41. 23, il fait paraître la mer comme un pot, un vaisseau d'onguents (qu'on fait bouillir), ou: il mêle ses eaux (comme on mêle) un onguent, ou: les parfums.

מִרְקַחַת *f.* (rac. רָקַח). Composition, préparation, d'onguents, de parfums: רֹקַח מִרְקַחַת Exod. 30. 25, un onguent (fait selon) la composition des onguents, c.-à-d. bien mêlé, composé; רֹקְחֵי הַמִּרְקַחַת I Chr. 9. 30, ceux qui font le mélange des aromates dont l'onguent est composé, ou, *concret*: ceux qui font l'onguent; בְּמִרְקַחַת מַעֲשֶׂה II Chr. 16. 14, selon l'art de composer les parfums.

מָרַר Être amer; *impers.*: מַר־לִי מְאֹד מִכֶּם Ruth 1. 13, je suis très triste, affligée, à cause de vous, ou : plus que vous; *exact.* il m'est très amer, pénible; וְהִיא מַר־לָהּ Lament. 1. 4, elle est très triste (v. מַר); מָרָה נֶפֶשׁ כָּל־הָעָם I Sam. 30. 6, l'âme de tout le peuple est aigrie, indignée (ou *adj.*, v. מַר); יֵמַר שֵׁכָר לְשֹׁתָיו Is. 24. 9, la liqueur forte deviendra amère à ceux qui la boiront (selon d'autres, יֵמַר est forme *Niph.*, v. יִדַּם à דָּמַם).

Pi. Rendre amer, irriter : וַיְמָרְרוּ אֶת־חַיֵּיהֶם Exod. 1. 14, ils leur rendaient la vie amère (triste, dure); אֲמָרֵר בַּבֶּכִי Is. 22. 4, je répandrai des larmes amères; וַיְמָרֲרֻהוּ Gen. 49. 23, ils l'ont irrité, chagriné.

Hiph.: וְשַׁדַּי הֵמַר נַפְשִׁי Job 27. 2, et par le Tout-Puissant, qui a rempli mon âme d'amertume; הֵמַר שַׁדַּי לִי מְאֹד Ruth, 1. 20, le Tout-Puissant m'a remplie d'amertume (m'a donné des malheurs, des douleurs amères); וְהָמֵר עָלָיו Zach. 12. 10, et ils seront pénétrés de douleurs, ou (*sous-entendu* בְּכִי) : ils pleureront amèrement, à son sujet; *fut.*: אַל־תַּמֵּר בּוֹ Exod. 23. 21, ne l'irrite pas, ou ne lui désobéis pas (v. מָרָה).

Hithp. Le מ répété : וַיִּתְמַרְמַר אֵלָיו Dan. 8. 7, il s'irrita contre lui, l'attaqua avec fureur.

מְרֵרָה *f.* (rac. מָרַר). Bile : יִשְׁפֹּךְ לָאָרֶץ מְרֵרָתִי Job 16. 13, il a répandu ma bile sur la terre.

מְרוֹרָה *f.* (rac. מָרַר). Amertume : אַשְׁכְּלֹת מְרֹרֹת Deut. 32. 32, des grappes d'amertume, c.-à-d. amères; מְרוֹרַת פְּתָנִים Job 20. 14, le fiel des aspics (v. מְרֵרָה); כִּי־תִכְתֹּב עָלַי מְרֹרוֹת Job 13. 26, pour que tu écrives, décrètes, contre moi des arrêts sévères, que tu m'accables de tant de souffrances.

מְרֹרִים *m. pl.* (rac. מָרַר). Des herbes amères : עַל־מְרֹרִים יֹאכְלֻהוּ Exod. 12. 8, ils mangeront (l'agneau pascal) avec des herbes amères (avec des laitues amères, sauvages?); הִשְׂבִּיעַנִי בַמְּרוֹרִים Lament. 3. 15, il m'a rassasié d'herbes amères.

מְרָרִי (l'affligé) *n. pr.* Merari, fils de Lévi, 46. 11; *n. patron.*, le même, Nomb. 26. 57.

מָרֵשָׁה (v. מָרֵאשָׁה).

מִרְשַׁעַת *adj. f.* (rac. רָשַׁע). Méchanceté : עֲתַלְיָהוּ הַמִּרְשַׁעַת II Chr. 24. 7, Athalie l'impie, la méchante.

מַרְתִּים (v. מָרָה *subst.*).

מַשָּׂא *m.* (rac. נָשָׂא). L'action de porter : לַעֲבֹד וּלְמַשָּׂא Nomb. 4. 24, pour servir et pour porter; לְאֵין מַשָּׂא II Chr. 20. 25, tant qu'on ne pouvait pas le porter, qu'on ne pouvait emporter tout; וַעֲבֹדַת מַשָּׂא Nomb. 4. 47, et le service, le travail, de porter (le tabernacle).— 2° Ce qui est porté, charge, fardeau : וְאַל־תִּשְׂאוּ מַשָּׂא Jér. 17. 21, et ne portez point de fardeaux (au jour du sabbat); אֶת־מַשָּׂא כָּל־הָעָם הַזֶּה Nomb. 11. 11, (pour que tu me charges) du poids de tout ce peuple; וְהָיִיתָ עָלַי לְמַשָּׂא II Sam. 15. 33, alors tu me seras à charge. — 3° Avec נֶפֶשׁ, ce vers quoi l'âme se porte, l'objet qu'on estime, qu'on aime : וְאֶת־מַשָּׂא נַפְשָׁם Ez. 24. 25, ce que leur âme estime, aime, le plus (à savoir : leurs enfants). — 4° De נָשָׂא prononcer, ce qui est dit, sentence, leçon : מַשָּׂא אֲשֶׁר־יִסְּרַתּוּ אִמּוֹ Prov. 31. 1, sentences, leçons, par lesquelles sa mère l'a instruit; *spécial.* prophétie, vision : וַיי נָשָׂא עָלָיו אֶת־הַמַּשָּׂא הַזֶּה II Rois 9. 25, et Dieu prononça (par la bouche d'Élie) contre lui cette prophétie; מַשָּׂא בָּבֶל Is. 13. 1, prophétie contre Babylone; מַשָּׂא דְבַר־יְיָ עַל־יִשְׂרָאֵל Zach. 12. 1, récitation de la parole de Dieu, (prophétie) touchant Israel. (Comme les prophéties, en tête desquelles se trouve מַשָּׂא, contiennent souvent des menaces, qu'elles prédisent des malheurs, il y a des auteurs qui traduisent מַשָּׂא dans tous ces endroits par : fardeau.) Mais *ironiq.*: מַה־מַּשָּׂא יְיָ Jér. 23. 33, *équivoque*, quelle est la prophétie? ou : quel est le fardeau de l'Éternel? (v. versets 33 à 37). — 5° : הַשַּׂר הַמַּשָּׂא I Chr. 15. 27, le maître de la musique, du chant (de נָשָׂא élever la voix). — 6° Don, tribut : וְכֶסֶף מַשָּׂא II Chr. 17. 11, (les Philistins apportaient à Josaphat des présents) et un tribut d'argent ; selon d'autres, un poids, une quantité d'argent : מַשָּׂא וּמַתָּן Rit., action de porter et donner, échanger, le trafic, le commerce.

מַשָּׂא *n. pr.* Massa, fils d'Ismael, Gen. 25. 14.

מַשֹּׂא *m.* (rac. נָשָׂא). Acception : וּמַשֹּׂא פָנִים II Chr. 19. 7, (ni) acception de personnes.

מַשָּׂאָה *f.* (rac. נָשָׂא). *Douteux* : וְכֹבֶד מַשָּׂאָה Is. 30. 27, et (la fumée) la flamme (de sa colère) sera forte, violente (v. מַשְׂאֵת); ou, comme מַשָּׂא : le fardeau sera lourd, on ne pourra soutenir le poids de cette colère.

מַשְׂאֵת *f.* (rac. נָשָׂא, const. מַשְׂאַת, *pl.* מַשְׂאֹת). 1° Élévation : מַשְׂאַת כַּפַּי Ps. 141. 2, l'élévation de mes mains (pour prier); וְהַמַּשְׂאֵת Jug. 20. 40, et מַשְׂאַת הֶעָשָׁן vers. 38, une élévation, colonne, de fumée ; שְׂאוּ מַשְׂאֵת Jér. 6. 1, levez l'étendard, ou : faites monter des colonnes de feu, comme signal. — 2° Fardeau : מַשְׂאֵת עָלֶיהָ חֶרְפָּה Soph. 3. 18, la honte à cause d'elle (de Jérusalem) leur était un fardeau. — 3° Prophétie : מַשְׂאוֹת שָׁוְא Lam. 2. 14, des prophéties fausses. — 4° Don, présent : וַיִּתֵּן מַשְׂאֵת Esth. 2. 18, il fit des dons ; וַיִּשָּׂא מַשְׂאֹת Gen. 43. 34, il fit apporter des présents (des vivres, ou autres présents qu'on donnait aux convives) ; מַשְׂאַת מֹשֶׁה II Chr. 24. 6, le tribut (ordonné par) Moïse.

מַשָּׁאוֹת *f. pl.*, pour מַשֻּׁאוֹת, Ps. 74. 3 (v. מַשֻּׁאוֹת).

מִשְׂגָּב *m.* (rac. שָׂגַב). Élévation, lieu élevé, qui protége, qui sert de refuge, forteresse : מִשְׂגַּב חוֹמֹתֶיךָ Is. 25. 12, l'élévation de tes murs, tes hautes murailles ; מִשְׂגָּב לַדָּךְ Ps. 9. 10, (Dieu sera) un refuge pour l'opprimé ; הָיִיתָ מִשְׂגָּב לִי 59. 17, tu as été ma forteresse, mon refuge ; מְצָדוֹת סְלָעִים מִשְׂגַּבּוֹ Is. 33. 16, des rochers fortifiés sont son refuge, sa sécurité ; הֹבִישָׁה הַמִּשְׂגָּב Jér. 48. 1, la forteresse a été couverte de confusion, ou : *n. pr.* d'une ville dans Moab, Misgab.

מְשׂוּכָה et מְשֻׂכָה *f.* (rac. שׂוּךְ). Haie : כִּמְשֻׂכַת חָדֶק Prov. 15. 19, comme une haie d'épines ; הָסֵר מְשׂוּכָּתוֹ Is. 5. 5, (je veux) en arracher la haie (v. מְסוּכָה).

מַשּׂוֹר *m.* (rac. נָשַׂר). Scie : אִם־יִתְגַּדֵּל הַמַּשּׂוֹר Is. 10. 15, la scie se soulève-t-elle (contre celui qui l'emploie)?

מְשׂוּרָה *f.* (rac. שׂוּר ou מָשַׂר). Une mesure de capacité : בַּמִּשְׁקָל וּבַמְּשׂוּרָה Lév. 19. 35, (ni) dans les poids, ni dans les mesures (des aliments secs ou liquides) ; וּמַיִם בִּמְשׂוּרָה תִשְׁתֶּה Ez. 4. 11, et tu boiras de l'eau par mesure, en très petite quantité.

מָשׂוֹשׂ *m.* (rac. שׂוּשׂ). Joie : שָׁבַת מְשׂוֹשׂ כִּנּוֹר Is. 24. 8, la joie, la réjouissance, de la harpe, a cessé ; מְשׂוֹשׂ לִבֵּנוּ Lament. 5. 15, la joie de notre cœur ; מְשׂוֹשׂ כָּל־הָאָרֶץ Ps. 48. 3, la joie de toute la terre (objet de la joie, Sion) ; וְעַמָּהּ מָשׂוֹשׂ Is. 65. 18, et son peuple sera un objet, ou un peuple, de joie ; וּמְשׂוֹשׂ אֶת־רְצִין Is. 8. 6 (*subst.* pour le *verbe*), et parce qu'ils se réjouissent de Rasin (v. רְצִין), qu'ils aiment s'appuyer sur lui.

מִשְׂחָק *m.* (rac שָׂחַק). Raillerie : וְרֹזְנִים מִשְׂחָק לוֹ Hab. 1. 10, les princes seront son jouet, un objet de raillerie pour lui.

* מַשְׂטִין (rac. שָׂטַן). Celui qui accuse, trahit : כָּל־צַר וּמַשְׂטִין tout adversaire et accusateur, traître.

מַשְׂטֵמָה *f.* (rac. שָׂטַם). Haine, aversion : וְרַבָּה מַשְׂטֵמָה Osée 9. 7, et (à cause) de l'aversion excessive (que vous aviez pour la justice, ou : que vous inspiriez par vos crimes) ; מַשְׂטֵמָה בְּבֵית אֱלֹהָיו 9. 8, (le faux prophète a été) la cause de la haine, de l'aversion, dans la maison de son Dieu, il a causé la haine de Dieu pour la nation, en la séduisant ; ou : la haine, la persécution, s'est montrée dans le temple envers les vrais prophètes (Zacharie, Jérémie).

מַשְׂכִּיל (v. שָׂכַל).

מַשְׂכִּית *f.* (rac. שָׂכָה). Image, peinture : אִישׁ בְּחַדְרֵי מַשְׂכִּיתוֹ Ez. 8. 12, (ce que fait) chacun dans ses chambres pleines d'images, de peintures (qu'il adore) ; וְאֶבֶן מַשְׂכִּית Lév. 26. 1, et une pierre ornée d'images d'idolâtrie ; כָּל־מַשְׂכִּיֹּתָם Nomb. 33. 52, toutes leurs images ou peintures, leurs idoles ; בְּמַשְׂכִּיּוֹת כָּסֶף Prov. 25. 11, (des pommes d'or) ornées de figures d'argent ; selon d'autres : dans des coupes d'argent (de שָׂכַךְ couvrir, contenir) ; מַשְׂכִּיּוֹת לֵבָב Ps. 73. 7, (ils surpassent) les imaginations du cœur, ils ont plus que tout ce que le cœur peut imaginer, désirer ; וּכְחוֹמָה נִשְׂגָּבָה בְּמַשְׂכִּיתוֹ Prov. 18. 11, (le riche se trouve) dans sa chambre ornée de peintures comme derrière une muraille très élevée, ou : (sa richesse est) comme une muraille très élevée, בְּמַשְׂכִּיתוֹ selon son imagination, son idée (il se le figure ainsi).

מַשְׂכֹּרֶת *f.* (rac. שָׂכַר). Salaire, récompense : מַה־מַּשְׂכֻּרְתֶּךָ Gen. 29. 15, quel sera ton salaire ? וּתְהִי מַשְׂכֻּרְתֵּךְ שְׁלֵמָה Ruth 2. 12, et puisse ta récompense être parfaite, complète.

מַשְׂמְרוֹת *pl.* Clous ; וּכְמַשְׂמְרוֹת נְטוּעִים Eccl. 12. 11, et comme des clous enfoncés profondément (v. מַסְמֵר).

מִשְׂפָּח *m.* Augmentation, ou effusion : וַיְקַו לְמִשְׁפָּט וְהִנֵּה מִשְׂפָּח Is. 5. 7, il espérait qu'ils pratiquassent la justice, l'équité, et ce n'est qu'augmentation d'iniquité, de crimes ; ou : qu'effusion de sang ; ou : dartre, plaie (il espérait qu'ils fussent justes envers les pauvres, mais ils sont leur plaie, c.-à-d. ils les oppriment ; v. סָפַח dans tous ses sens, et מִסְפַּחַת).

מִשְׂרָה *f.* (rac. שָׂרָה ou שָׂרַר). Domination, empire : וַתְּהִי הַמִּשְׂרָה עַל־שִׁכְמוֹ Is. 9. 5, et l'empire sera sur son épaule (il aura l'empire).

מִשְׂרְפוֹת *f. pl.* (rac. שָׂרַף). Action de faire cuire, action de brûler, combustion : מִשְׂרְפוֹת שִׂיד Is. 33. 12, (les peuples seront) comme de la chaux brûlée, *exact.* comme la cuisson de la chaux ; וּבְמִשְׂרְפוֹת אֲבוֹתֶיךָ Jér. 34. 5, et avec la combustion qu'on a faite pour tes pères, c.-à-d. à ta mort on brûlera en ton honneur des parfums, ou des choses qui t'auront appartenu, comme on a fait pour tes pères (comparez II Chr. 16. 14). — מִשְׂרְפוֹת מַיִם Jos. 11. 8, *n. pr.* d'une contrée ou d'une ville près de Sidon, Masrephoth majim (les eaux brûlées par le soleil, les salines).

מַשְׂרֵקָה (vigne, v. שֹׂרֵק) *n. pr.* Masrekah, une ville dans Edom. Gen. 36. 36.

מַשְׂרֵת La poêle : וַתִּקַּח אֶת־הַמַּשְׂרֵת II Sam. 13. 9, et elle prit la poêle.

מַשׁ *n. pr.* Mas, fils d'Aram, Gen. 10. 23.

מַשָּׁא *m.* (rac. נָשָׁא ou מָשָׁה). 1° Intérêt, usure : מַשָּׁא אִישׁ־בְּאָחִיו Néh. 5. 7, (vous prêtez) à usure les uns aux autres. — 2° Dette : וּמַשָּׁא כָל־יָד Néh. 10. 32, (et nous n'exigerons) la dette d'aucune main (le payement d'aucune dette).

מֵשָׁא *n. pr.* d'une ville, Mesa, Gen. 10. 30.

מַשְׁאָב *m.* (rac. שָׁאַב). Puits, canal : בֵּין מַשְׁאַבִּים Jug. 5. 11, entre les puits, ou les canaux, lieux où l'on puise de l'eau, où l'on abreuve les bestiaux.

מַשָּׁאָה *f.* Prêt, dette (v. מַשָּׁא 2°) : מַשַּׁאת מְאוּמָה Deut. 24. 10, un prêt quelconque ; בַּעֹרְבִים מַשָּׁאוֹת Prov. 22. 26, (ni de) ceux qui répondent des dettes (des autres).

מַשָּׁאוֹן *m.* (rac. נָשָׁא). Dissimulation : תִּכַּסֶּה שִׂנְאָה בְּמַשָּׁאוֹן Prov. 26. 26, qui cache sa haine, ou (pour בְּתַחְבּוּאוֹת) : la haine qui se cache avec dissimulation, sous une apparence feinte ; selon d'autres : pour la ruine, pour nuire (v. מַשּׁוּאוֹת).

מַשּׁוּאוֹת *f. pl.* (rac. נָשָׁא ou שׁוֹא). Ruines, destruction : הִפַּלְתָּם לְמַשּׁוּאוֹת Ps. 73. 18, tu les fais tomber dans la destruction, tu les précipites dans les abîmes ; לְמַשֻּׁאוֹת נֶצַח 74. 3, pour des ruines éternelles, pour ruiner à jamais (ceux qui ont désolé le temple), ou : à cause des ruines, de la destruction (faite par l'ennemi).

מִשְׁאָל *n. pr.* d'une ville de la tribu d'Aser, donnée aux Lévites, Jos. 19. 26, 21. 30; מָשָׁל I Chr. 6. 59.

מִשְׁאָלָה *f.* (rac. שָׁאַל). Demande, désir : מִשְׁאֲלֹת לִבֶּךָ Ps. 37. 4, les demandes, désirs, de ton cœur.

מִשְׁאֶרֶת *f.* (rac. שָׁאַר, v. שְׂאֹר levain). Huche, pétrin : וּבְמִשְׁאֲרוֹתֶיךָ Exod. 7. 28, et dans tes huches; טַנְאֲךָ וּמִשְׁאַרְתֶּךָ Deut. 28. 5, ton panier et ta huche; מִשְׁאֲרֹתָם צְרֻרֹת Exod. 12. 34, leurs pétrins enveloppés, liés (dans des draps); mais mieux : leurs pâtes, pains; d'autres traduisent partout par : restes, provisions (v. שְׁאָר).

מִשְׁבְּצוֹת *f. pl.* (rac. שָׁבַץ). 1° Broderie : מִמִּשְׁבְּצוֹת זָהָב לְבוּשָׁהּ Ps. 45. 14, sa robe est d'une broderie en or, d'un tissu d'or. — 2° Enchâssure des diamants, chaton : מִשְׁבְּצוֹת זָהָב Exod. 28. 11, (tu enchâsseras les pierres dans) des chatons d'or.

מַשְׁבֵּר *m.* (rac. שָׁבַר). L'orifice de la matrice (parce que l'enfant en naissant le force) : בָּאוּ בָנִים עַד־מַשְׁבֵּר Is. 37. 3, II Rois 19. 3, les enfants sont venus jusqu'à l'orifice de la matrice, sont près de sortir du sein de la mère; selon d'autres, מַשְׁבֵּר : le lit sur lequel la femme accouche, le lit de misère; le sens de la phrase est le même : (comme) une femme en travail d'enfant; const. בְּמִשְׁבַּר בָּנִים Osée 13. 13, dans le travail d'enfantement, ou, sens ordinaire de שָׁבַר : quand ses enfants seront brisés, tués.

מִשְׁבָּר *m.* Seulem. au *pl.* (rac. שָׁבַר). Les vagues de la mer qui se brisent (les brisants) : מִשְׁבְּרֵי־יָם Ps. 93. 4, (que) les flots impétueux de la mer; כָּל־מִשְׁבָּרֶיךָ וְגַלֶּיךָ 42. 8, toutes tes vagues impétueuses et tes flots; מִשְׁבְּרֵי־מָוֶת II Sam. 22. 5, les flots de la mort.

מִשְׁבָּת (rac. שָׁבַת) Cessation, désolation : שָׂחֲקוּ עַל־מִשְׁבַּתֶּהָ Lament. 1. 7, (ses ennemis) se sont moqués de sa désolation, de son anéantissement; selon d'autres : de ses jours de repos, de fête.

מִשְׁגֶּה *m.* (rac. שָׁגָה). Erreur : אוּלַי מִשְׁגֶּה הוּא Gen. 43. 12, c'est peut-être une erreur, une méprise.

מָשָׁה (v. מָשַׁךְ) Tirer : מִן־הַמַּיִם מְשִׁיתִהוּ Exod. 2. 10, je l'ai tiré de l'eau; וַיִּזְכֹּר יְמֵי־עוֹלָם מֹשֶׁה עַמּוֹ Is. 63. 11, celui qui sauve, délivre, son peuple (Dieu), s'est souvenu des siècles anciens; ou, comme presque tous les commentateurs expliquent : il s'est souvenu des siècles anciens, de Moïse et de son peuple; ou : son peuple s'est souvenu des siècles anciens et de Moïse.

Hiph. : יַמְשֵׁנִי מִמַּיִם רַבִּים Ps. 18. 17, il m'a tiré du milieu des grandes eaux.

מֹשֶׁה *n. pr.* (Mosé) Moïse, fils d'Amram, de la tribu de Lévi, prophète et législateur, de מָשָׁה tirer, celui qui a été tiré de l'eau, v. Exod. 2. 10 (pour מָשׁוּי); ou le nom (donné par la fille de Pharaon) est d'origine égyptienne, mais de la même signification : תּוֹרַת מֹשֶׁה Esdr. 3. 2, בְּסֵפֶר תּוֹרַת מֹשֶׁה Jos. 23. 6, et בְּסֵפֶר מֹשֶׁה II Chr. 25. 4, dans la loi de Moïse, le Pentateuque.

מַשֶּׁה *m.* (rac. נָשָׁה). Dette active, créance : כָּל־בַּעַל מַשֵּׁה יָדוֹ Deut. 15. 2, chaque homme qui aura une créance, une dette, à réclamer (יָדוֹ se rapporte au verbe שָׁמוֹט qui précède : sa main se relâchera, il ne redemandera pas sa créance).

מְשׁוֹאָה *f.* (rac. שׁוֹא). Ravage, lieu abandonné, désert : יוֹם שֹׁאָה וּמְשׁוֹאָה Soph. 1. 15, un jour de désolation et de ravage; לְהַשְׂבִּיעַ שֹׁאָה וּמְשֹׁאָה Job. 38. 27, pour rassasier, arroser abondamment, des champs affreux et ravagés, déserts.

מַשּׁוּאוֹת (v. מַשָּׁאוֹת).

מְשׁוֹבָב (ramené) *n. pr. m.* I Chr. 4. 34.

מְשׁוּבָה *f.* (rac. שׁוּב). Aversion, éloignement, apostasie : מְשֻׁבָה נִצַּחַת Jér. 8. 5, avec une aversion permanente, opiniâtre ; לִמְשׁוּבָתִי Osée 11. 7, (mon peuple est malheureux) à cause de son éloignement de moi, parce qu'il s'est révolté contre moi ; selon d'autres : il est enclin, disposé, à se révolter contre moi ; d'autres traduisent en sens opposé : il est incertain, ne peut se décider de revenir à moi ; *plur.* : וּמְשֻׁבוֹתַיִךְ תּוֹכִחֻךְ Jér. 2. 19, et ton éloignement fréquent de moi te punira, causera ta punition ; מְשֻׁבָה יִשְׂרָאֵל 3. 6, 8, *adj.* l'infidèle, le rebelle Israel ; מְשׁוּבַת פְּתָיִם תַּהַרְגֵם Prov. 1. 32, l'aversion des insensés (pour la sagesse) les tuera ; selon d'autres : le repos, le bonheur, dont ils jouissent, etc. (v. שׁוּב).

מְשׁוּגָה *f.* (rac. שָׁגַג ou שָׁגָה). Erreur : אִתִּי תָּלִין מְשׁוּגָתִי Job 19. 4, mon erreur reste avec moi, moi seul j'en souffrirai.

מָשׁוֹט et מִשׁוֹט *m.* (rac. שׁוּט). Rame : כֹּל תֹּפְשֵׂי מָשׁוֹט Ez. 27. 29, tous ceux qui tiennent la rame, les rameurs ; מְשׁוֹטָיִךְ 27. 6, tes rames.

מְשׁוּסָה Is. 42. 24, *cheth.* pour מְשִׁסָּה pillage (v. מְשִׁסָּה).

מָשַׁח (*fut.* יִמְשַׁח, *inf.* מְשֹׁחַ, aussi מָשְׁחָה) Enduire, peindre, arroser, graisser, oindre, sacrer : וּמָשׁוֹחַ בַּשָּׁשַׁר Jér. 22. 14, et peindre de rouge, ou *adj.* peint de rouge ; מְשֻׁחִים בַּשָּׁמֶן Exod. 29. 2, (des gâteaux) arrosés d'huile ; מִשְׁחוּ מָגֵן Is. 21. 5, et graissez (ou polissez) votre bouclier ; וּמָשַׁחְתָּ אֹתָם Exod. 28. 41, tu les oindras (pour être prêtres) ; וַיִּמְשָׁחֵם וַיְקַדֵּשׁ אֹתָם Nomb. 7. 1, lorsqu'il eut oint et sanctifié (le tabernacle et les vases) ; הַכֹּהֲנִים הַמְּשֻׁחִים Nomb. 3. 3, les prêtres qui ont reçu l'onction ; תִּמְשַׁח לְנָבִיא I Rois 19. 16, tu oindras, sacreras (Elisée), pour être prophète ; מָשַׁח יְיָ אֹתִי Is. 61. 1, Dieu m'a oint (m'a donné pour mission d'annoncer le salut aux humbles) ; לִמְשָׁחֲךָ לְמֶלֶךְ I Sam. 15. 1, pour t'oindre, te sacrer roi ; וְאַבְשָׁלוֹם אֲשֶׁר מָשַׁחְנוּ עָלֵינוּ II Sam. 19. 11, et Absalon que nous avons sacré, proclamé roi sur nous ; la chose avec laquelle on oint, avec בּ, v. plus haut ; et à l'*acc.* : מְשָׁחֲךָ — שֶׁמֶן שָׂשׂוֹן Ps. 45. 8, (Dieu) t'a oint avec une huile de joie.

Niph. pass. : כִּי־נִמְשַׁח דָּוִיד לְמֶלֶךְ I Chr. 14. 8, que David avait été oint, sacré roi ; בְּיוֹם הִמָּשַׁח אֹתוֹ Lév. 6. 13, le jour où il est oint, où il reçoit l'onction.

מְשַׁח chald. *m.* Huile (dont on se sert pour l'onction) : חֲמַר וּמְשַׁח Esdr. 6. 9, le vin et l'huile.

מִשְׁחָה *f.* (rac. מָשַׁח). Onction : לְשֶׁמֶן הַמִּשְׁחָה Exod. 25. 6, pour l'huile de l'onction ; שֶׁמֶן מִשְׁחַת־קֹדֶשׁ 30. 25, une huile pour servir aux onctions saintes ; זֹאת מִשְׁחַת אַהֲרֹן וּמִשְׁחַת בָּנָיו Lév. 7. 35, c'est là le droit de l'onction d'Aaron et de l'onction de ses fils, c'est la part qui leur est due comme prêtres.

מָשְׁחָה *f.* (rac. מָשַׁח). L'action d'oindre, onction : לְמָשְׁחָה בָהֶם Exod. 29. 29, pour recevoir l'onction dans ces habits (revêtus de ces habits) ; לִהְיֹת לָהֶם מָשְׁחָתָם 40. 15, afin que leur onction leur soit (comme un sacerdoce éternel, qu'elle leur donne à jamais la sacrificature) ; לְךָ נְתַתִּים לְמָשְׁחָה Nomb. 18. 8, je te les donne comme ta part (v. מִשְׁחָה), ou à cause de ton onction, pour tes fonctions sacerdotales.

מַשְׁחִית *f.* (rac. שָׁחַת, *part.* du *Hiph.*). Perdition, ruine, mort, piége, filet : נֶגֶף לְמַשְׁחִית Exod. 12. 13, une plaie de ruine, de mort ; אֲשֶׁר־הָיוּ לְמַשְׁחִית Ez. 5. 16, (les flèches) qui sont pour la ruine, qui donnent la mort ; חָרָשֵׁי מַשְׁחִית 21. 36, les hommes qui forgent, méditent, la ruine ; הִצִּיבוּ מַשְׁחִית Jér. 5. 26, ils tendent des filets ; וְהַמַּשְׁחִית I Sam. 14. 15, et la troupe qui sortait pour dévaster, piller ; לְהַר־הַמַּשְׁחִית II Rois 23. 13, de la montagne de perdition, nom donné à la montagne des oliviers, à cause de l'idolâtrie qu'on y exerçait ; הַר הַמַּשְׁחִית Jér. 51. 25, montagne destructrice, dévastatrice, Babylone.

מִשְׁחָר *m.* (rac. שָׁחַר). L'aurore : מֵרֶחֶם מִשְׁחָר Ps. 110. 3, du sein de l'aurore, ou : depuis le matin du jour où tu es sorti du sein de ta mère.

מַשְׁחֵת Destruction, ruine (v. מַשְׁחִית): וְאִישׁ כְּלִי מַשְׁחֵתוֹ בְּיָדוֹ Ez. 9. 1, et chacun tient en sa main ses armes de destruction, ses instruments de mort.

מִשְׁחַת m. adj. (rac. שָׁחַת). Laid, défiguré : מִשְׁחַת מֵאִישׁ מַרְאֵהוּ Is. 52. 14, son visage est laid, défiguré, plus que celui d'aucun autre homme.

מָשְׁחָת m. (rac. שָׁחַת). Corruption, mutilation : מָשְׁחָתָם בָּהֶם Lév. 22. 25, (parce que ces animaux) ont des membres mutilés, *exact.* leur corruption est en eux.

מִשְׁטוֹחַ m. (rac. שָׁטַח). Endroit où l'on étend : מִשְׁטוֹחַ לַחֲרָמִים Ez. 47. 10, une place pour étendre les rets, filets.

מִשְׁטַח m. Même signif. : מִשְׁטַח חֲרָמִים Ez. 26. 5, un lieu qui sert à étendre, à sécher, les rets.

מִשְׁטָר m. (rac. שָׁטַר). Ex. unique : אִם־תָּשִׂים מִשְׁטָרוֹ בָאָרֶץ Job 38. 33, peux-tu fixer, définir, son empire sur la terre (les influences du ciel, des étoiles, sur la terre)?

מֶשִׁי m. (rac. מָשָׁה fil tiré, délié). Soie : וָאֲכַסֵּךְ מֶשִׁי Ez. 16. 10, et je t'ai couverte, revêtue, (de vêtements) de soie.

מוּשִׁי n. pr. (v. מוּשִׁי).

מְשֵׁיזַבְאֵל (Dieu le délivre) n. pr. m. Néh. 10. 22.

מָשִׁיחַ adj. et subst. (rac. מָשַׁח). Enduit, oint : בְּלִי מָשִׁיחַ בַּשָּׁמֶן II Sam. 1. 21, comme si (le bouclier) n'eût point été enduit d'huile, graissé, ou : comme si (Saül) n'eût point été sacré de l'huile sainte ; הַכֹּהֵן הַמָּשִׁיחַ Lév. 4. 3, le prêtre oint, le grand-prêtre ; מָשִׁיחַ נָגִיד Dan. 9. 25, le prince oint, sacré ; מְשִׁיחַ et מְשִׁיחַ יְיָ souvent pour le roi oint, sacré par la volonté de Dieu ; וְהִתְהַלֵּךְ לִפְנֵי־מְשִׁיחִי I Sam. 2. 35, et il marchera devant mon oint (le roi que je ferai sacrer) ; לִמְשִׁיחוֹ לְכוֹרֶשׁ Is. 45. 1, (Dieu dit) à son oint, à Cyrus ; עַל־יְיָ וְעַל־מְשִׁיחוֹ Ps. 2. 2, contre Dieu et contre celui qu'il a fait sacrer, David ; selon d'autres : l'oint promis de Dieu, le Messie ; אַל־תִּגְּעוּ בִמְשִׁיחָי Ps. 105. 15, ne touchez pas à mes oints (les patriarches) ; יְמוֹת הַמָּשִׁיחַ les jours, l'époque, de l'arrivée du Messie.

מָשַׁךְ (fut. יִמְשֹׁךְ, v. מָשַׁח) 1° Tirer : tendre, épandre, prolonger, fortifier, avancer : אֲשֶׁר לֹא־מָשְׁכָה בְּעֹל Deut. 21. 3, (une génisse) qui n'a pas encore tiré (de charrette) sous le joug ; מֹשְׁכֵי קֶשֶׁת Is. 66. 19, ceux qui bandent l'arc ; et וְאִישׁ מָשַׁךְ בַּקֶּשֶׁת I Rois 22. 34, et un homme ayant tendu son arc ; בְּמֹשֵׁךְ הַזָּרַע Amos 9. 13, à celui qui épand la graine, qui sème la terre ; בִּמְשֹׁךְ הַיֹּבֵל Exod. 19. 13, et בִּמְשֹׁךְ בְּקֶרֶן הַיּוֹבֵל Jos. 6. 5, lorsque le cor, la trompette, sonnera d'une manière continue (d'un son tiré, long) ; מָשַׁךְ יָדוֹ אֶת־לֹצְצִים Osée 7. 5, il (le roi) a tendu, offert, sa main aux moqueurs, il a prit part à leur libertinage ; וַתִּמְשֹׁךְ עֲלֵיהֶם שָׁנִים רַבּוֹת Néh. 9. 30, tu as prolongé (ta miséricorde) envers eux (ou : tu as différé leur punition) pendant bien des années ; מְשֹׁךְ חַסְדְּךָ לְיֹדְעֶיךָ Ps. 36. 11, prolonge, continue, ta grâce à ceux qui te connaissent, qui t'adorent, ou : dirige ta grâce vers, ou étends-la sur ceux qui, etc. ; עַל־כֵּן מְשַׁכְתִּיךְ חָסֶד Jér. 31. 3, c'est pourquoi je t'ai prolongé, conservé, ma grâce ; selon d'autres : je t'ai attirée à moi par la bonté (que j'avais pour toi) ; לִמְשׁוֹךְ בַּיַּיִן אֶת־בְּשָׂרִי Eccl. 2. 3, de fortifier mon corps par le vin, en buvant du vin ; לֵךְ וּמָשַׁכְתָּ בְּהַר תָּבוֹר Jug. 4. 6, va, et attire (avec toi), mène, (l'armée) sur la montagne de Thabor, ou : répands-toi, etc. ; וַיִּמְשֹׁךְ הָאֹרֵב 20. 37, et l'embuscade se déploya, marcha en avant ; selon d'autres, *sous-entendu* בַּשּׁוֹפָר : fit sonner la trompette (v. plus haut). — 2° Prendre, tenir, entraîner : מִשְׁכוּ וּקְחוּ לָכֶם צֹאן Exod. 12. 21, choisissez et prenez un agneau, ou : prenez (dans votre troupeau), ou : achetez un agneau ; מֹשְׁכִים בְּשֵׁבֶט סֹפֵר Jug. 5. 14, ceux qui tiennent, manient, la plume de l'écrivain, les auteurs, les savants ; וּמָשַׁךְ אַבִּירִים בְּכֹחוֹ Job 24. 22, il entraîne, ou abat, les forts par sa puissance ; אַל־תִּמְשְׁכֵנִי עִם־רְשָׁעִים Ps. 28. 3, ne m'entraîne, ne m'enveloppe pas ; avec les impies.

Niph. passif du *Kal* 1° : וְיָמֶיהָ לֹא יִמָּשֵׁכוּ Is. 13. 22, et ses jours (les jours de sa ruine) ne sont pas éloignés, ne seront pas retardés, ils viendront bientôt, ou : ses jours de bonheur ne dureront pas ; לֹא תִמָּשֵׁךְ עוֹד Ez. 12. 25, il ne sera pas différé, il arrivera sans retardement.

Pou.: תּוֹחֶלֶת מְמֻשָּׁכָה Prov. 13. 12, une espérance différée, qui tarde trop à s'accomplir (v. *Niph.*) ; גּוֹי מְמֻשָּׁךְ Is. 18. 2, une nation qui avait été (tiraillée) divisée ; selon d'autres : une nation étendue, puissante.

מֶשֶׁךְ *m. Douteux* : נֹשֵׂא מֶשֶׁךְ־הַזָּרַע Ps. 126. 6, portant le poids de la semence, ou : portant le vase qui contient la graine, ou : la graine à épandre, à semer (v. מֹשֵׁךְ ex., Amos 9. 13) ; d'autres traduisent : la noble semence (?) ; וּמֶשֶׁךְ חָכְמָה Job 28. 18, et l'avantage, le prix, de la sagesse, ou : l'exercice, le culte, de la sagesse.

מֶשֶׁךְ *n. pr.* Mesech, fils de Japhet, Gen. 10. 2, souche d'un peuple dans le voisinage de l'Arménie, presque toujours associé à תּוּבַל, תֻּבַל וָמֶשֶׁךְ Ez. 27. 13, Thubal et Mesech : כִּי־גַרְתִּי מֶשֶׁךְ Ps. 120. 5, (malheur à moi) d'avoir demeuré à Mesech ; d'autres traduisent : d'être en exil si longtemps (v. מֶשֶׁךְ) ; selon d'autres, מֶשֶׁךְ serait la Toscane.

מִשְׁכָּב *m.* (rac. שָׁכַב, const. מִשְׁכַּב, avec suff. מִשְׁכָּבִי, *pl.* const. מִשְׁכְּבֵי, avec suff. מִשְׁכְּבוֹתָם). 1° L'état d'être couché, de dormir, le sommeil : מִשְׁכַּב הַצָּהֳרָיִם II Sam. 4. 5, le sommeil de midi, la sieste ; וּבַחֲדַר מִשְׁכָּבְךָ Exod. 7. 28, et dans la chambre où tu couches ; מִשְׁכְּבֵי אִשָּׁה Lév. 20. 13, (comme) la cohabitation avec une femme ; מִשְׁכַּב זָכָר Nomb. 31. 35, (qui ne connaissent pas) la cohabitation d'un homme (qui sont vierges). — 2° Lit : לָמָּה יִקַּח מִשְׁכָּבְךָ Prov. 22. 27, pourquoi t'exposer à voir prendre ton lit ? וַיַּשְׁכִּיבֻהוּ בַּמִּשְׁכָּב II Chr. 16. 14, et on mit (le roi mort) sur un lit ; יָנוּחוּ עַל־מִשְׁכְּבוֹתָם Is. 57. 2, les justes reposeront, seront en paix, sur leurs lits (dans la tombe).

מִשְׁכַּב chald. *m.* Lit : עַל־מִשְׁכְּבִי Dan. 4. 2, dans mon lit ; עַל־מִשְׁכְּבָךְ 2. 28, dans ton lit.

מִשְׁכָּן *m.* (rac. שָׁכַן, const. מִשְׁכַּן, *pl.* מִשְׁכָּנוֹת, const. מִשְׁכְּנוֹת, une fois מִשְׁכָּנֶיךָ, une fois מִשְׁכְּנֵיהֶם). 1° Habitation, demeure, tente : וּבְמִשְׁכְּנוֹת מִבְטַחִים Is. 32. 18, et dans des demeures de sécurité ; עַל מִשְׁכְּנוֹת הָרֹעִים Cant. 1. 8, près des tentes des pasteurs ; וּמִשְׁכְּנוֹתָיו מְלֵחָה Job 39. 6, (l'âne sauvage à qui j'ai donné) le désert pour sa retraite ; מַה־יְּדִידוֹת מִשְׁכְּנוֹתֶיךָ Ps. 84, 2, que tes demeures, tabernacles, sont aimables ; מִשְׁכָּנוֹת לַאֲבִיר יַעֲקֹב 132. 5, une demeure, un temple, pour le puissant Dieu de Jacob ; une fois pour la tombe : מִשְׁכָּן לוֹ Is. 22. 16, (et qui s'est taillé dans le rocher) un lieu de repos, une tombe. — 2° Et *spéc.* le tabernacle de Dieu, où reposait l'arche d'alliance pendant le séjour des Hébreux dans le désert, jusqu'au temps où le temple fut bâti ; seul : הַמִּשְׁכָּן Exod. 26. 1, מִשְׁכַּן הָעֵדֻת 38. 21, la demeure du témoignage, de la loi ; et מִשְׁכַּן אֹהֶל מוֹעֵד 39. 32, le tabernacle, la tente de réunion (le tabernacle dans toutes ses parties).

I מָשַׁל (*fut.* יִמְשֹׁל et יִמְשָׁל־ avec *makk.*) Régner, dominer, avoir le pouvoir : מֹשֵׁל מֵעֲרוֹעֵר Jos. 12. 2, régnant depuis Aroer (jusqu'au torrent de Jaboc) ; יַד־חָרוּצִים תִּמְשׁוֹל Prov. 12. 24, la main des hommes actifs dominera ; avec בּ : וְהוּא יִמְשָׁל־בָּךְ Gen. 3. 16, et il dominera sur toi, il sera ton maître ; avec עַל : מוֹשֵׁל רָשָׁע עַל עַם־דָּל Prov. 28. 15, un méchant qui règne sur un peuple pauvre, faible ; לֹא־יִמְשֹׁל לְמָכְרָהּ Exod. 21. 8, il n'aura pas le pouvoir de la vendre ; וּזְרֹעוֹ מֹשְׁלָה לוֹ Is. 40. 10, et son bras règne pour lui, il régnera par sa propre force ; avec l'*acc.* : מֹשֵׁל עַמִּים Ps. 105. 20, celui qui régnait sur des peuples ; מֹשְׁלִים Is. 14. 5, des dominateurs, des princes.

Hiph. Faire régner, donner le pouvoir : תַּמְשִׁילֵהוּ בְּמַעֲשֵׂי יָדֶיךָ Ps. 8. 7, tu lui as donné l'empire sur les ouvrages de tes mains ; וְהִמְשִׁילָם בָּרַבִּים Dan. 11. 39, et il les fera régner sur un grand nombre d'hommes ; הַמְשֵׁל וָפַחַד עִמּוֹ Job 25. 2, *inf.* pour le *subst.*, la domination et la crainte sont en lui, c.-à-d. lui seul est puissant et terrible.

II מָשַׁל Comparer ; faire ou dire des paraboles, des proverbes, des fables : וּמְשֹׁל אֶל־בֵּית־הַמֶּרִי מָשָׁל Ez. 24. 3, et parle en parabole à cette race désobéissante ; וְלֹא־יִמְשְׁלוּ אֹתוֹ עוֹד Ez. 12. 23, et on ne dira, emploiera plus, ce proverbe ; לִמְשֹׁל עַמִּים Job 17. 6, à ce que les peuples, les gens, fassent des chansons sur moi ; ou, *subst.* : il m'a rendu comme la fable des peuples ; יֹאמְרוּ הַמֹּשְׁלִים Nomb. 21. 27, (c'est pourquoi) ceux qui parlent en proverbes, les poëtes, disent.

Niph. Être égal, ressembler : אֵלֵינוּ נִמְשָׁלְתָּ Is. 14. 10, tu es devenu semblable à nous ; וְנִמְשַׁלְתִּי עִם־יוֹרְדֵי בוֹר Ps. 28. 1, (de peur) que je ne sois semblable à ceux qui descendent dans l'abîme, la tombe ; נִמְשַׁל כַּבְּהֵמוֹת 49. 13, il ressemble aux bêtes.

Pi. : הֲלֹא מְמַשֵּׁל מְשָׁלִים הוּא Ez. 21. 5, est-ce que celui-ci ne parle pas (toujours) en parabole ?

Hiph. : וְתַמְשִׁלוּנִי Is. 46. 5, (et à qui) me comparerez-vous ?

Hithph. : וָאֶתְמַשֵּׁל כֶּעָפָר וָאֵפֶר Job 30. 19, et je suis devenu semblable à la poussière et à la cendre.

מָשָׁל *m.* (v. II מָשַׁל ; une fois מְשַׁל I Sam. 24. 14). Parabole, proverbe, sentence, discours figuré, prophétique : וּמְשֹׁל מָשָׁל Ez. 17. 2, use de cette parabole ; מִשְׁלֵי שְׁלֹמֹה Prov. 1. 1, les paraboles, sentences, de Salomon ; מָשָׁל וּמְלִיצָה 1. 6, (pour pénétrer) les paraboles et leur interprétation, le sens, la vérité qu'elles renferment ; הָיְתָה לְמָשָׁל I Sam. 10. 12, il a passé en proverbe ; וַיִּשָּׂא מְשָׁלוֹ וַיֹּאמַר Nomb. 23. 7, il commença ses paraboles (à parler, à prophétiser, d'une manière figurée), et dit ; וַיֹּסֶף אִיּוֹב שְׂאֵת מְשָׁלוֹ Job 27. 1, Job continua son discours figuré. — Satire, parole satirique : יִשָּׂא עֲלֵיכֶם מָשָׁל Mich. 2. 4, on fera des satires sur vous ; לְמָשָׁל וְלִשְׁנִינָה Deut. 28. 37, (tu seras) la fable et l'objet de raillerie (de tous les peuples).

מָשָׁל *n. pr.* (v. מִשְׁאָל).

מֹשֶׁל *m.* 1° De I מָשַׁל, empire, puissance : וּמָשְׁלוֹ מִיָּם עַד־יָם Zach. 9. 10, et son empire, sa puissance, ira depuis une mer jusqu'à l'autre mer ; כְּמָשְׁלוֹ אֲשֶׁר מָשָׁל Dan. 11. 4, (ni) comme la puissance avec laquelle il avait régné. — 2° De II מָשַׁל, ressemblance ; *concret*, ce qui ressemble : אֵין־עַל־עָפָר מָשְׁלוֹ Job 41. 25, il n'y a rien sur la terre qui lui ressemble, qu'on puisse lui comparer ; selon d'autres, dans le sens 1° : rien qui puisse le dompter, dominer.

מְשֹׁל Fable, v. II מָשַׁל, exemple Job 17. 6.

מִשְׁלָח *m.* (rac. שָׁלַח). 1° Action d'envoyer, endroit vers lequel on est envoyé : לְמִשְׁלַח שׁוֹר Is. 7. 25, (elles serviront) d'endroit pour y envoyer les bœufs, c.-à-d. de pâturages aux bœufs. — 2° Suivi de יָד, ce à quoi on met la main, ce dont on s'occupe, affaire, entreprise : וּבְכֹל מִשְׁלַח יָדֶךָ Deut. 15. 10, et dans tous les travaux de tes mains, dans toutes tes affaires, entreprises.

מִשְׁלֹחַ et מִשְׁלוֹחַ *m.* (rac. שָׁלַח). 1° Action d'envoyer, envoi : וּמִשְׁלֹחַ מָנוֹת Esth. 9. 19, 22, et l'envoi de dons (ils envoient des mets les uns aux autres). — 2° Action de tendre : מִשְׁלוֹחַ יָדָם Is. 11. 14, (l'Idumée et Moab seront) l'objet à quoi leur main tend, leur proie, conquête.

מִשְׁלַחַת *f.* (rac. שָׁלַח). 1° Envoi : מִשְׁלַחַת מַלְאֲכֵי רָעִים Ps. 78. 49, un envoi de mauvais anges, c.-à-d. une quantité d'anges envoyés pour les affliger par des fléaux, des malheurs. — 2° Renvoi, affranchissement : וְאֵין מִשְׁלַחַת בַּמִּלְחָמָה Eccl. 8. 8, et il n'y a pas d'affranchissement dans cette guerre, on ne peut s'en exempter.

מְשַׁלֵּשׁ (v. שָׁלַשׁ).

מְשֻׁלָּם (ami de Dieu) *n. pr. m.* Esdr. 8. 16, 10. 15, et autres.

מְשֶׁלֶמְיָה *n. pr. m.* I Chr. 26. 1.

מְשִׁלֵּמוֹת *n. pr.* 1° II Chr. 28. 12. — 2° Néh. 11. 13. Le même est nommé מְשִׁלֵּמִית I Chr. 9. 12.

מְשֻׁלֶּמֶת (amie de Dieu) *n. pr.* Mesollemeth, fille de Harus, épouse du roi Manassé, II Rois 21. 19.

מְשַׁמָּה *f.* (rac. שָׁמַם). 1° Étonnement: וּמְשַׁמָּה לַגּוֹיִם Ez. 5. 15, et cela sera un étonnement, un sujet d'horreur, pour les peuples. — 2° Dévastation : וּנְתַתִּיךָ שְׁמָמָה וּמְשַׁמָּה Ez. 35. 3, et je te rendrai toute déserte, je ferai de toi une dévastation, une solitude; *plur.*: מְשַׁמּוֹת יִהְיוּ Is. 15. 6, (les eaux de Nimrim) seront (se changeront en) un désert.

מִשְׁמָן *m.* (rac. שָׁמַן). La graisse : וּמִשְׁמַן בְּשָׂרוֹ Is. 17. 4, la graisse, l'embonpoint, de son corps; *pl.*: 1° וּבְמִשְׁמַנֵּי מְדִינָה Dan. 11. 24, dans les champs gras, fertiles, du pays; וּמִשְׁמַנֵּי הָאָרֶץ Gen. 27. 28, 39, la graisse de la terre, une terre fertile (selon d'autres : מִם *prépos.* pour מִשְׁמַנֵּי de la graisse, comme מִטַּל qui précède); 2° וַיַּהֲרֹג בְּמִשְׁמַנֵּיהֶם Ps. 78. 31, il tua les plus gras, c.-à-d. les plus forts, ou les plus riches, v. Is. 10. 16.

מִשְׁמַנָּה (force) *n. pr. m.* I Chr. 12. 10.

מַשְׁמַנִּים *m. pl.* (rac. שָׁמַן). Des mets gras : אִכְלוּ מַשְׁמַנִּים Néh. 8. 10, mangez des viandes grasses, de bonnes choses.

מִשְׁמָע *m.* (rac. שָׁמַע). Ce qui est ouï : לְמִשְׁמַע אָזְנָיו Is. 11. 3, d'après l'ouïe de ses oreilles, d'après ce qu'il entend, sur le ouï-dire.

מִשְׁמָע *n. pr.* 1° Misma, fils d'Ismael, Gen. 25. 14. — 2° Misma, fils de Mibsam, I Chr. 4. 25.

מִשְׁמַעַת *f.* (rac. שָׁמַע). L'action d'écouter, d'obéir, obéissance, ou : audience, conseil : וַיְשִׂמֵהוּ דָוִיד עַל־מִשְׁמַעְתּוֹ I Chr. 11. 25, II Sam. 23. 23, David l'établit, se l'attacha, pour se faire obéir, pour faire exécuter ses ordres; selon d'autres : David l'admit dans son conseil secret ; וְסָר אֶל־מִשְׁמַעְתֶּךָ I Sam. 22. 14, et qui marche sous ton obéissance, qui exécute tes ordres; ou : qui entre, est admis, dans ton conseil; וּבְנֵי עַמּוֹן מִשְׁמַעְתָּם Is. 11. 14, et les enfants d'Ammon sont sous leur obéissance, leur obéissent.

מִשְׁמָר *m.* (rac. שָׁמַר). 1° Garde, l'endroit où on est gardé, prison : וַיִּתֵּן אֹתָם בְּמִשְׁמַר Gen. 40. 3, il les fit mettre dans la prison. — 2° Lieu où l'on place les gardes, le poste; aussi ceux qui gardent : אִישׁ בְּמִשְׁמָרוֹ Néh. 7. 3, chacun à son poste; הַחֲזִיקוּ הַמִּשְׁמָר Jér. 51. 12, augmentez la garde, le poste ; וַנַּעֲמִיד מִשְׁמָר עֲלֵיהֶם Néh. 4. 3, et nous mîmes des gardes pour s'opposer à eux, à leurs efforts. — 3° La chose gardée : מִכָּל־מִשְׁמָר נְצֹר לִבֶּךָ Prov. 4. 23, garde ton cœur plus que toute autre chose digne d'être gardée, ou : garde ton cœur contre tout ce qui est défendu, qu'on ne doit pas faire; וּבְמִשְׁמְרָיו Néh. 13. 14, à l'égard des choses à garder, ou des cérémonies à observer (dans le temple); וְהָיִיתָ לָהֶם לְמִשְׁמָר Ez. 38. 7, et tu seras une garde pour eux, tu veilleras sur eux; ou : tu seras un objet de garde, ou d'obéissance, pour eux, ils veilleront sur toi; ou : ils exécuteront tes ordres.

מִשְׁמֶרֶת *f.* (rac. שָׁמַר, *plur.* מִשְׁמָרוֹת; les mêmes significations que מִשְׁמָר). 1° Garde : וְשֹׁמְרֵי מִשְׁמֶרֶת II Rois 11. 5, et ceux qui font garde (à la maison du roi); וְעַל־מִשְׁמַרְתִּי אָנֹכִי נִצָּב Is. 21. 8, je suis à mon poste, je fais ma garde; וְהַעֲמֵיד מִשְׁמָרוֹת Néh. 7. 3, et on doit placer des gardes; מִשְׁמֶרֶת אַתָּה עִמָּדִי I Sam. 22. 23, tu es en garde, c.-à-d. en sûreté, chez moi. — 2° Conservation : וְהָיָה לָכֶם לְמִשְׁמֶרֶת Exod. 12. 6, *exact.* il sera chez vous en conservation, vous le conserverez, garderez;

לְמִשְׁמֶרֶת לְדֹרֹתֵיכֶם 16. 32, en conservation pour les races à venir. — 3° Observation, charge, service : וְזֹאת מִשְׁמֶרֶת מַשָּׂאָם Nomb. 4. 31, et ceci est (leur service) ce qu'ils sont chargés de porter ; שֹׁמְרֵי מִשְׁמֶרֶת מִשְׁכָּן 31. 30, qui sont en service, en fonctions, dans le tabernacle ; וַיִּשְׁמֹר מִשְׁמַרְתִּי Gen. 26. 5, et (parce qu')il a gardé mes observances, mes préceptes ; וְאִם אֶת־מִשְׁמַרְתִּי תִשְׁמֹר Zach. 3. 7, si tu observes mes préceptes, mes commandements. — 4° שֹׁמְרִים מִשְׁמֶרֶת בֵּית שָׁאוּל I Chr. 12. 29, ils étaient en service dans la maison de Saül, c.-à-d. lui étaient restés fidèles.

* מִשְׁמֶרֶת *f.* Filtre, Aboth (rac. שָׁמַר, v. שְׁמָרִים).

מִשְׁנֶה *m.* (rac. שָׁנָה, const. מִשְׁנֵה et מִשְׁנֶה, *pl.* מִשְׁנִים). *Subst.* et *adj.* 1° Le second, suivant l'ordre ou le rang : כֹּהֵן הַמִּשְׁנֶה II Rois 25. 18, et כֹּהֵן מִשְׁנֶה Jér. 52. 24, le second prêtre, le premier après le grand-prêtre ; *pl.* : כֹּהֲנֵי הַמִּשְׁנֶה II Rois 23. 4, les prêtres du second ordre ; בְּמִרְכֶּבֶת הַמִּשְׁנֶה Gen. 41. 43, dans le second char (après celui du roi) ; אָחִיהוּ מִשְׁנֶה II Chr. 31. 12, (et Siméi) son second frère, son frère puîné, ou (Siméi) son frère était le second en fonctions ; עַל־הָעִיר מִשְׁנֶה Néh. 11. 9, (Jehuda) avait l'intendance sur la ville, en second (après le premier intendant) ; mais בַּמִּשְׁנֶה II Rois 22. 14, et מִן־הַמִּשְׁנֶה Soph. 1. 10, un second quartier, ou une seconde porte, de la ville (de Jérusalem) ; d'autres traduisent בַּמִּשְׁנָה dans une école (v. * שָׁנָה) ; devant un *subst.* : מִשְׁנֵה הַמֶּלֶךְ II Chr. 28. 7, le second après le roi ; מִשְׁנֵהוּ I Sam. 8. 2, son second fils ; אֲחֵיהֶם הַמִּשְׁנִים I Chr. 15. 18, leurs frères (qui étaient) de second rang ; וְהַמִּשְׁנִים I Sam. 15. 9, (du bétail) d'un second ordre (d'une seconde génération, production) ; selon d'autres, âgé de deux ans ; selon d'autres, *transposé* de שָׁמֵן, comme הַשְּׁמֵנִים du bétail gras. — 2° Le double : לֶחֶם מִשְׁנֶה Exod. 16. 22, le double de la nourriture (ordinaire) ; וְכֶסֶף מִשְׁנֶה Gen. 43. 12, et וּמִשְׁנֶה־כֶּסֶף 15, le double de l'argent ; לְמִשְׁנֶה Job 42. 10, (Dieu rendit à Job tout) au double ; מִשְׁנֵה הַתּוֹרָה Deut. 17. 18, et מִשְׁנֵה תּוֹרַת מֹשֶׁה Jos. 8. 32, une copie, un exemplaire, de la loi de Moïse (Deut. 17. 18, une double copie, selon quelques commentateurs). * מִשְׁנֵה תּוֹרָה Nom qu'on donne au cinquième livre de Moïse : le Deutéronome.

* מִשְׁנָה (rac. שָׁנָה). Étude, *spéc.* la loi traditionnelle, *opposé à* מִקְרָא la loi écrite, l'ancien Testament.

מְשִׁסָּה *f.* (rac. שָׁסַס). Pillage, proie : וְהָיָה חֵילָם לִמְשִׁסָּה Soph. 1. 13, leurs richesses seront une proie, seront pillées ; מִי־נָתַן לִמְשִׁסָּה יַעֲקֹב (*cheth.* לִמְשׁוֹסָה) Is. 42. 24, qui a livré Jacob au pillage ; *plur.* מְשִׁסּוֹת Hab. 2. 7.

מִשְׁעוֹל *m.* (rac. שָׁעַל). Sentier étroit : בְּמִשְׁעוֹל הַכְּרָמִים Nomb. 22. 24, dans un sentier, ou défilé, entre les vignes.

מִשְׁעִי *m.* Propreté : וּבְמַיִם לֹא־רֻחַצְתְּ לְמִשְׁעִי Ez. 16. 4, (au jour de ta naissance) tu ne fus pas lavée dans l'eau pour être propre, ou : pour avoir la peau lisse ou unie (d'une racine מָשַׁע, v. מָשָׁה ou de שָׁעַע) ; selon d'autres : pour le salut, la force, ce qui t'aurait été si salutaire (de la rac. יָשַׁע) ; la forme est pour מִשְׁעִית ou מִשְׁעָה.

מִשְׁעָם *n. pr. m.* I Chr. 8. 12.

מִשְׁעָן *m.* (rac. שָׁעַן). Appui, soutien : מִשְׁעַן־לֶחֶם — מִשְׁעַן־מַיִם Is. 3. 1, appui, c.-à-d. secours, en pain et en eau ; *au fig.* : וַיְהִי־יְיָ לְמִשְׁעָן לִי Ps. 18. 19, l'Éternel a été mon soutien, mon protecteur.

מַשְׁעֵן *m.* Même signif. : מַשְׁעֵן וּמַשְׁעֵנָה Is. 3. 1, l'appui et le soutien, la même chose répétée en forme *masc.* et *fém.* : toute espèce d'appui, de ressource.

מַשְׁעֵנָה *f.* Soutien (v. à מַשְׁעֵן).

מִשְׁעֶנֶת *f.* Appui, bâton, béquille : וַיָּשֶׂם אֶת־הַמִּשְׁעֶנֶת II Rois 4. 31, il posa le bâton (sur le visage de l'enfant) ; מִשְׁעַנְתִּי 4. 29, mon bâton ; עַל־מִשְׁעַנְתּוֹ

Exod. 21. 19, (appuyé) sur son bâton, ou sur sa béquille; מִשְׁעֶנֶת הַקָּנֶה Is. 36. 6, le soutien d'un roseau, ce bâton (faible, qui n'est) qu'un roseau (cassé); *plur.*: בְּמִשְׁעֲנֹתָם Nomb. 21. 19, avec leurs bâtons.

מִשְׁפָּחָה *f.* (const. מִשְׁפַּחַת, avec suff. מִשְׁפַּחְתִּי, *plur.* מִשְׁפָּחוֹת, const. מִשְׁפְּחוֹת, rac. שָׁפַח). 1° Espèce: לְמִשְׁפְּחֹתֵיהֶם Gen. 8. 19, (les animaux) selon leurs espèces; אַרְבַּע מִשְׁפָּחוֹת Jér. 15. 3, quatre espèces de fléaux. — 2° Race, peuple: מִשְׁפְּחוֹת הַכְּנַעֲנִי Gen. 10. 18, les peuples des Chananéens; כֹּל מִשְׁפְּחֹת הָאֲדָמָה 12. 3, tous les peuples de la terre; הַמִּשְׁפָּחָה הָרָעָה הַזֹּאת Jér. 8. 3, cette race méchante; כָּל־מִשְׁפְּחוֹת צָפוֹן 25. 9, tous les peuples du Nord. — 3° Famille, partie d'une tribu (שֵׁבֶט) et composée de plusieurs maisons (בֵּית אָבוֹת): לְמִשְׁפְּחֹתָם לְבֵית אֲבֹתָם Nomb. 1. 20, par familles et maisons, *exact.* d'après leurs familles et d'après les maisons de leurs pères; מִשְׁפַּחַת יְהוּדָה Jos. 7. 17, la famille de Juda, pour: la tribu, ou pour le *plur.*: les familles de Juda.

מִשְׁפָּט (rac. שָׁפַט) *m.* 1° Action de juger, jugement: לֹא־תַעֲשׂוּ עָוֶל בַּמִּשְׁפָּט Lév. 19 15, ne commettez pas d'iniquités dans le jugement; כִּי הַמִּשְׁפָּט לֵאלֹהִים הוּא Deut. 1. 17, car le jugement appartient à Dieu (donc vous exercez une mission divine); לַיּוֹשֵׁב עַל־הַמִּשְׁפָּט Is. 28. 6, pour celui qui sera assis sur le tribunal pour juger; אֲשֶׁר־לוֹ הַמִּשְׁפָּט Ez. 21. 32, celui à qui appartient le jugement, qui a le droit de juger. — Le lieu où l'on juge: מְקוֹם הַמִּשְׁפָּט Eccl. 3. 16, le lieu du jugement; וְאַל־תָּבוֹא בְמִשְׁפָּט אֶת־עַבְדֶּךָ Ps. 143. 2, n'entre point en jugement avec ton serviteur. — 2° La chose à juger, cause, procès: אֶת־מִשְׁפָּטָן Nomb. 27. 5, leur cause; עָרַכְתִּי מִשְׁפָּט Job 13. 18, j'ai exposé, plaidé, la cause; עֹשֶׂה מִשְׁפַּט יָתוֹם Deut. 10. 18, il défend la cause de l'orphelin, il lui fait justice; מִי־בַעַל מִשְׁפָּטִי Is. 50. 8, qui a un procès contre moi, qui est mon adversaire? — 3° Le jugement, la sentence: הַמִּשְׁפָּט אֲשֶׁר שָׁפַט הַמֶּלֶךְ I Rois 3. 28, la sentence que le roi avait prononcée; מִלְּפָנֶיךָ מִשְׁפָּטִי יֵצֵא Ps. 17. 2, que mon arrêt, mon jugement, sorte de toi, soit prononcé par toi-même; מִשְׁפְּטֵי־יְיָ אֱמֶת 19. 10, les sentences de Dieu sont véritables; מִשְׁפַּט־מָוֶת Deut. 21. 22, (un crime qui attire, qui est puni par) un arrêt, une sentence de mort; וַיְדַבֵּר אִתּוֹ מִשְׁפָּטִים Jér. 39. 5, 52. 9, il prononça son arrêt, ses punitions; selon d'autres: il lui fit des reproches; נָגַע אֶל־הַשָּׁמַיִם מִשְׁפָּטָהּ Jér. 51. 9, (la punition qu'elle a méritée), sa faute, ses crimes, sont montés jusqu'au ciel; מִשְׁפַּט דָּמִים Ez. 7. 23, (la terre est pleine de crimes) qui méritent une punition de sang, la mort. — 4° Justice, équité: לֹא־תַטֶּה מִשְׁפָּט Deut. 16. 19, tu ne feras pas pencher la justice partialement d'un côté ni d'un autre; כָּל־דְּרָכָיו מִשְׁפָּט 32. 4, toutes ses voies sont la justice, sont justes; לַמִּשְׁפָּט Jér. 46. 28, selon la justice (avec ménagement); בְּלֹא מִשְׁפָּט Prov. 16. 8, sans justice, d'une manière injuste; וּמֹאזְנֵי מִשְׁפָּט 16. 11, et une balance juste. — 5° Ordonnances de justice, droit, loi: וְאֵלֶּה הַמִּשְׁפָּטִים Exod. 21. 1, voici les droits, lois; אֶת־מִשְׁפָּטַי תַּעֲשׂוּ Lév. 18. 4, exécutez mes ordonnances, mes lois; *collect.*: וּמִשְׁפָּטִי Is. 51. 4, et mon ordonnance, comme תּוֹרָה la loi que j'ai donnée; *seul*: מִשְׁפָּט 42. 1, 3. 4, la loi de Dieu (d'autres traduisent: la justice); מִשְׁפַּט הַגְּאֻלָּה Jér. 32. 7, le droit du rachat; מִשְׁפַּט הַבְּכֹרָה Deut. 21. 17, le droit d'aînesse; מִשְׁפַּט הַמֶּלֶךְ I Sam. 8. 9, le droit, privilége du roi; מִשְׁפַּט הַכֹּהֲנִים Deut. 18. 3, ce qui appartient aux prêtres, ce qu'ils ont droit de prendre. — 6° Coutume, manière: כַּמִּשְׁפָּט II Rois 11. 14, selon la coutume; כַּמִּשְׁפָּטִים הָרִאשֹׁנִים 17. 34, selon leurs anciennes coutumes; מֶה מִשְׁפַּט הָאִישׁ 1. 7, quelle est la manière de cet homme (quelle est sa figure, quels sont ses vêtements)? מַה־יִּהְיֶה מִשְׁפַּט הַנַּעַר Jug. 13. 12, quelle sera la manière de l'enfant, comment doit-il se conduire, quelles choses doit-il observer?

• מַשְׁפֵּךְ m. (rac. שָׁפַךְ). Entonnoir, Aboth.

מִשְׁפְּתַיִם m. duel (rac. שָׁפַת). Selon les uns: bergerie, parc (qui aurait été divisé en deux parties); selon les autres: les limites: רֹבֵץ בֵּין הַמִּשְׁפְּתָיִם Gen. 49. 14, (un âne fort) qui s'étend, couche, entre les limites des chemins, en pleine campagne, ou: entre les parcs; selon d'autres: qui couche sous sa double charge, chargé de deux côtés; לָמָּה יָשַׁבְתָּ בֵּין הַמִּשְׁפְּתַיִם Jug. 5. 16, pourquoi es-tu resté assis entre les parcs, ou entre les limites de deux camps (sans prendre part à la guerre)?

מֶשֶׁק m. (rac. מָשַׁק, v. מִמְשַׁק). Abandon: וּבֶן־מֶשֶׁק בֵּיתִי Gen. 15. 2, et le fils à qui ma maison sera abandonnée, dont elle sera l'héritage, la possession (est Éliézer); selon d'autres: l'intendant de ma maison (de שָׁקַק aller et venir).

מַשָּׁק m. (rac. שָׁקַק). Course, précipitation: כְּמַשַּׁק גֵּבִים Is. 33. 4, comme la course des sauterelles, comme les sauterelles qui accourent, qui se jettent sur un champ; selon d'autres, comme le bruit (des eaux qui se jettent) dans les bassins (v. II גֵּב et III גֵּב).

מַשְׁקֶה m. (rac. שָׁקָה). 1° *Part. Hiph.*: מַשְׁקֵה מֶלֶךְ־מִצְרַיִם Gen. 40. 1, l'échanson du roi d'Égypte. — 2° Boisson: וְכָל־מַשְׁקֶה אֲשֶׁר יִשָּׁתֶה Lév. 11. 34, et toute boisson qui peut se boire; וְכֹל כְּלֵי מַשְׁקֵה I Rois 10. 21, et tous les vases qui servaient à boire; עַל־מַשְׁקֵהוּ Gen. 40. 22, (il rétablit l'échanson) dans sa charge, de soigner et de présenter la boisson. — 3° Un pays arrosé: כֻּלָּהּ מַשְׁקֶה Gen. 13. 10, toute la contrée était arrosée d'eau; מִמַּשְׁקֵה יִשְׂרָאֵל Ez. 45. 15, du pâturage arrosé, gras, d'Israel, ou: (du bétail) nourri, engraissé.

מִשְׁקוֹל m. (rac. שָׁקַל). Poids: בְּמִשְׁקוֹל עֶשְׂרִים שֶׁקֶל לַיּוֹם Ez. 4. 10, au poids, vingt sicles par jour.

מַשְׁקוֹף m. (rac. שָׁקַף). Ce qui est au-dessus de la porte, linteau: וְעַל־הַמַּשְׁקוֹף Exod. 12. 7, et sur le haut, le linteau, des portes; selon d'autres: une fenêtre qui était au-dessus de la porte (v. שָׁקַף voir, regarder).

מִשְׁקָל m. (rac. שָׁקַל). 1° L'action de peser: לֹא־הָיָה מִשְׁקָל לִנְחֹשֶׁת II Rois 25. 16, l'airain n'était pas à peser (il y en avait tant qu'il ne pouvait pas être pesé). — 2° Poids: שְׁלֹשִׁים וּמֵאָה מִשְׁקָלָהּ Nomb. 7. 13, son poids fut de cent trente sicles.

מִשְׁקֶלֶת m. (rac. שָׁקַל). Poids, plomb: וּצְדָקָה לְמִשְׁקָלֶת Is. 28. 17, (j'établirai) l'équité pour poids ou pour plomb (tout sera pesé ou réglé selon elle).

מִשְׁקֹלֶת f. Même signif.: וְאֶת־מִשְׁקֹלֶת בֵּית אַחְאָב II Rois 21. 13, et le poids, ou le plomb, de la maison d'Achab.

מִשְׁקָע m. (rac. שָׁקַע). Profondeur: וּמִשְׁקַע־מַיִם Ez. 34. 18, et la profondeur de l'eau, pour: de l'eau profonde et claire.

מִשְׁרָה f. (rac. שָׁרָה). Infusion, macération: מִשְׁרַת עֲנָבִים Nomb. 6. 3, boisson tirée de raisins infusés, ou: liqueur mêlée du suc des raisins.

מַשְׁרוֹקִיתָא m. chald. (rac. שְׁרַק). Instrument de musique: flûte ou chalumeau, Dan. 3. 5, 7.

מִשְׁרָע n. pr. d'une ville: וְהַמִּשְׁרָעִי I Chr. 2. 53, et les Maséréens (qui habitaient Mesra).

מְשָׁרֵת Serviteur (v. שָׁרַת *Pi. part.*).

מָשַׁשׁ Toucher, palper, tâtonner (v. יָמַשׁ et II מוּשׁ). *Kal* (v. à מוּשׁ).

Pi.: מִשַּׁשְׁתָּ אֶת־כָּל־כֵּלַי Gen. 31. 37, tu as palpé, fouillé, tous mes meubles; וְהָיִיתָ מְמַשֵּׁשׁ בַּצָּהֳרַיִם כַּאֲשֶׁר יְמַשֵּׁשׁ Deut. 28. 29, tu marcheras à tâtons en plein midi comme (l'aveugle) marche à tâtons; יְמַשְׁשׁוּ־חֹשֶׁךְ Job 12. 25, ils iront à tâtons dans les ténèbres.

Hiph.: וְיָמֵשׁ חֹשֶׁךְ Exod. 10. 21, (on) marchera à tâtons dans les ténèbres, ou: les ténèbres seront épaisses, palpables; d'autres l'expliquent de I מוּשׁ

(les ténèbres seront dans toute l'Égypte, même) quand celles de la nuit se seront retirées, quand la nuit sera passée.

מִשְׁתֶּה *m.* (rac. שָׁתָה, avec suff. מִשְׁתֵּהוּ, מִשְׁתֵּיכֶם). 1° Action de boire : בְּמִשְׁתֵּה הַיַּיִן Esth. 7. 2, pendant qu'on buvait le vin ; בֵּית מִשְׁתֵּה הַיַּיִן 7. 8, la maison, la chambre, où on buvait le vin, le lieu du festin ; וּמִיֵּין מִשְׁתָּיו Dan. 1. 5, et du vin dont (le roi) buvait. — 2° La boisson : וְאֶת־מִשְׁתֵּיכֶם 1. 10, et votre boisson, ce que vous devez boire ; וּמַאֲכָל וּמִשְׁתֶּה Esdr. 3. 7, et des mets et des boissons. — 3° Festin : עָשָׂה מִשְׁתֶּה Esth. 1. 3, il fit un festin ; בֵּית מִשְׁתֶּה Eccl. 7. 2, une maison de festin.

מִשְׁתְּיָא *m.* chald. Même signif. : לְבֵית מִשְׁתְּיָא Dan. 5. 10, dans la salle du festin.

מֵת Mort, *part.* (v. מוּת).

מַת *m.* usité seulement au *plur.* מְתִים et מְתִם (const. מְתֵי). Les hommes : מְתִם וְהַנָּשִׁים וְהַטָּף Deut. 2. 34, les hommes, et les femmes, et les petits enfants ; מְתִים יַחֲרִישׁוּ Job 11. 3, les hommes taisent (tes mensonges, v. à חָרַשׁ *Hiph.*) ; מְתֵי מִסְפָּר Gen. 34. 30, (avec) des hommes qu'on peut compter, avec peu de monde ; מְתֵי־שָׁוְא Ps. 26. 4, les hommes faux, les menteurs ; מְתֵי יִשְׂרָאֵל Is. 41. 14, hommes d'Israel (petit nombre d'hommes, v. le commencement du verset) ; מְתֵי רָעָב Is. 5. 13, des hommes qui souffrent la faim ; selon d'autres, de מוּת pour מֵתֵי (et les plus nobles d'entre eux) meurent de faim ; מִמְתִים יָדְךָ יי מִמְתִים מֵחֶלֶד Ps. 17. 14, (sauve-moi) ô Dieu ! des hommes qui sont ta main, ton instrument pour punir, des hommes du temps qui s'attachent à la vie.

מַתְבֵּן *m.* (de תֶּבֶן). Paille : כְּהִדּוּשׁ מַתְבֵּן Is. 25. 10, comme la paille (ou comme un monceau de paille) est brisée, écrasée.

מֶתֶג *m.* Frein ; mors : מֶתֶג לַחֲמוֹר Prov. 26. 3, le mors est pour l'âne ; וּמִתְגִּי בִּשְׂפָתֶיךָ Is. 37. 29, (je mettrai) mon mors à tes lèvres (à ta bouche) ; אֶת־מֶתֶג הָאַמָּה II Sam. 8. 1, (David enleva aux Philistins) le frein (le gouvernement) de leur capitale (Gath) ; selon d'autres, *n. pr.* d'une ville ou contrée, Metheg Haamma.

* **מָתוּן** Circonspect : הֱווּ מְתוּנִים בַּדִּין Aboth, soyez circonspects en justice.

מָתוֹק *adj.* (*fém.* מְתוּקָה, *pl.* מְתוּקִים, rac. מָתַק). Doux, agréable : מַה־מָּתוֹק מִדְּבַשׁ Jug. 14. 18, qu'y a-t-il de plus doux que le miel ? מְתוּקָה שְׁנַת הָעֹבֵד Eccl. 5. 11, le sommeil est doux à celui qui travaille ; כִּדְבַשׁ לְמָתוֹק Ez. 3. 3, comme le miel en douceur, doux comme le miel ; וּמָתוֹק הָאוֹר Eccl. 11. 7, la lumière est douce, agréable.

מְתוּשָׁאֵל (homme de Dieu) *n. pr.* Methusael, fils de Mehijael, Gen. 4. 18.

מְתוּשֶׁלַח (homme de l'arme, guerrier) *n. pr.* Methuselah, fils d'Hénoch, Gen. 5, 21 (il a vécu 969 ans).

מָתַח Étendre : וַיִּמְתָּחֵם כָּאֹהֶל Is. 40. 22, et qui les a étendus (les cieux) comme une tente.

מָתַי *adv.* Quand ? מָתַי אֶעֱשֶׂה Gen. 30. 30, quand travaillerai-je (pour ma propre maison) ? מָתַי אָקִיץ Prov. 23. 35, quand me réveillerai-je ? לְמָתַי Exod. 8. 5, pour quand ? עַד־מָתַי 10. 3, jusqu'à quand ? אַחֲרֵי מָתַי Jér. 13. 27, après quand, après combien de temps ?

* **מְתִיבְתָּא** Étude, école : וּלְרֵישֵׁי מְתִיבְתָּא et aux chefs des études, des écoles.

מְתִים (v. מַת).

מַתְכֹּנֶת *f.* (rac. תָּכַן). Mesure, tâche : אֶל־הַחֹמֶר יִהְיֶה מַתְכֻּנְתּוֹ Ez. 45. 11, leur mesure sera réglée d'après le chomer ; מַתְכֹּנֶת הַלְּבֵנִים Exod. 5. 8, la quantité de briques qu'ils avaient pour tâche de faire ; וּבְמַתְכֻּנְתּוֹ לֹא תַעֲשׂוּ Exod. 30. 32, vous n'en ferez pas d'autre huile dans sa mesure, c.-à-d. composée dans les mêmes proportions, de la même manière ; עַל־מַתְכֻּנְתּוֹ II Chr. 24. 13, (ils rétablirent le temple) dans ses rapports, c.-à-d. dans son ancien état.

מַתְּלָאָה *f.* (rac. לָאָה) : הִנֵּה מַתְּלָאָה Mal. 1. 13, composé de מַה et תְּלָאָה, vois quelle peine (d'avoir apporté cela), v. מַה à la fin et תְּלָאָה ; selon d'autres : c'est un objet fatigué, un animal maigre, chétif.

מְתַלְּעוֹת *f. pl.* Dents (transposé, pour מַלְתָּעוֹת, rac. לָתַע) : מְתַלְּעוֹת עַוָּל Job 29. 17, les dents, les mâchoires, de l'injuste ; וּמְתַלְּעוֹת לָבִיא לוֹ Joel 1. 6, il a des dents dures, fortes, comme un lion.

מְתֹם *m.* (rac. תָּמַם). Ce qui est entier, sain : אֵין־מְתֹם בִּבְשָׂרִי Ps. 38. 4, il n'y a rien de sain dans ma chair ; אֵין בּוֹ מְתֹם Is. 1. 6, il n'y a en lui rien de sain ; mais : מְתֹם עַד־בְּהֵמָה Jug. 20. 48, *adv.* (ils tuèrent tout dans la ville) totalement, complétement, même les bêtes ; selon d'autres, comme מְתִם (v. מַת) : depuis les hommes jusqu'aux bêtes.

מַתָּן *m.* (rac. נָתַן). Don, présent : מַתָּן אָדָם Prov. 18. 16, le présent que fait un homme ; לְאִישׁ מַתָּן 19. 6, à l'homme qui fait des dons, à l'homme libéral.

מַתָּן *n. pr.* 1° Matthan, prêtre de Baal, II Rois 11. 18. — 2° Matthan, père de Sephatia, Jér. 38. 1.

מַתְּנָא *f.* chald. Don, présent (v. מַתָּן hébr.) : וּמַתְּנָן רַבְרְבָן Dan. 2. 48, et de grands présents ; מַתְּנָתָךְ לָךְ לֶהֶוְיָן 5. 17, que tes présents soient à toi, c.-à-d. garde tes présents pour toi.

מַתָּנָה *f.* (rac. נָתַן). Don, présent : נָתַן אַבְרָהָם מַתָּנֹת Gen. 25. 6, Abraham fit des présents ; וְשׂוֹנֵא מַתָּנֹת יִחְיֶה Prov. 15. 27, celui qui hait les présents, la corruption, vivra ; לְכָל־מַתְּנֹת קָדְשֵׁיהֶם Exod. 28. 38, dans tous leurs dons consacrés à Dieu.

מַתָּנָה *n. pr.* Matthana, un endroit près du désert, Nomb. 21. 18.

מַתְּנַי (don de Dieu) *n. pr. m.* 1° Néh. 12. 19. — 2° Esdr. 10. 33. — 3° Verset 37.

מִתְנִי Josaphat de Methni, I Chr. 11. 43.

מַתַּנְיָה et מַתַּנְיָהוּ (don de Dieu) *n. pr.* 1° Matthania, roi de Juda, nommé plus tard Sédécias, II Rois 24. 17. — 2° Matthania, I Chr. 9. 15. — 3° 25. 4. Et autres.

מָתְנַיִם *m. duel* (const. מָתְנֵי, rac. מָתַן). Les reins, les parties inférieures du dos : חֲגֹר מָתְנֶיךָ II Rois 4. 29, ceins tes reins ; שַׂמְתָּ מוּעָקָה בְמָתְנֵינוּ Ps. 66. 11, tu as placé sur nos reins une entrave, ou un fardeau. Siége de la douleur : מָלְאוּ מָתְנַי חַלְחָלָה Is. 21. 3, mes reins sont (remplis) saisis de douleur. Siége de la force : מְחַץ מָתְנַיִם קָמָיו Deut. 33. 11, brise les reins (la force) de ses ennemis ; מִמָּתְנַיִם וְעַד־יְרֵכַיִם Exod. 28. 42, depuis les reins jusqu'(au bas) des cuisses.

מָתַק (*fut.* יִמְתַּק) 1° Manger avec délices : מְתָקוֹ רִמָּה Job 24. 20, que le ver le ronge avec délices, ou : que le ver lui soit doux, soit ses délices. — 2° Être, devenir doux : מַיִם־גְּנוּבִים יִמְתָּקוּ Prov. 9. 17, les eaux dérobées sont (plus) douces ; וַיִּמְתְּקוּ הַמָּיִם Exod. 15. 25, et les eaux devinrent douces ; מָתְקוּ־לוֹ רִגְבֵי נָחַל Job 21. 33, les mottes de la vallée lui sont douces, la terre lui est légère (v. *adj.* מָתוֹק).

Hiph. 1° Être doux : אִם־תַּמְתִּיק בְּפִיו רָעָה Job 20. 12, lorsque le mal (la malice) est doux à sa bouche. — 2° *Trans.* Rendre doux : אֲשֶׁר יַחְדָּו נַמְתִּיק סוֹד Ps. 55. 15, nous qui ensemble rendîmes doux l'entretien secret, qui eûmes ensemble des entretiens, des conversations familières et agréables.

מֶתֶק *m.* Douceur : וּמֶתֶק שְׂפָתַיִם Prov. 16. 21, la douceur des lèvres, des paroles agréables ; וּמֶתֶק רֵעֵהוּ 27. 9, et la douce parole de son ami.

מֹתֶק *m.* Douceur : הֶחֳדַלְתִּי אֶת־מָתְקִי Jug. 9. 11, puis-je abandonner ma douceur, mon doux suc?

מִתְקָה (source douce) *n. pr.* d'une station dans le désert, Methka, Nomb. 33. 28.

מִתְרְדָת *n. pr.* 1° Mithridate, trésorier du roi Cyrus, Esdr. 1. 8. — Mithridate, préfet d'Artaxerxès, 4. 7.

מַתָּת *f.* (rac. נָתַן). Don : וְאֶתְּנָה לְךָ מַתָּת I Rois 13. 7, et je te donnerai un présent ; בְּמַתַּת־שָׁקֶר Prov. 25. 14, d'un don de mensonge, qu'il promet et qu'il ne donne pas ; מַתְּנַת יָדוֹ Ez. 46. 5, 11, un don, une offrande, de sa main, c.-à-d. selon sa fortune.

מַתַּתָּה *n. pr. m.* Esdr. 10. 33.

מַתִּתְיָה et מַתִּתְיָהוּ (don de Dieu) *n. pr. m.* 1° Esdr. 10. 43. — 2° Néh. 8. 4. — 3° I Chr. 9. 31.

נ

נ Noun, נוּן quatorzième lettre de l'alphabet, signifie comme chiffre : 50. — נוּן en chald. et en arabe signifie poisson ; cette lettre paraît avoir eu primitivement la forme d'un poisson, qu'elle conserve encore dans le ן final. נוּן se permute avec ל, מ (voir ces deux lettres), et avec ר. Exemples : שְׁנַיִם chald. תְּרֵין deux ; נְחוּם et רְחוּם *n. pr.* ; avec י, ex. : יָצַב et נָצַב être debout, être placé ; יָקֹשׁ et נָקַשׁ dresser un piége. — נוּן est souvent remplacé par le *daguesch* fort, et remplace quelquefois ce *daguesch* (v. אֵב chald. et מַדָּע).

I נָא *interj.* qui sert à rendre plus pressante une supplication et une demande, une prière. Ah ! de grâce, donc ; formule de civilité ; je te prie. Il se met après l'*impér.* et le *fut.* : אִמְרִי־נָא Gen. 12, 13, dis, je te prie ; יָבוֹא נָא Jér. 17. 15, ah ! puisse-t-elle s'accomplir. La 1re *pers.* du *fut.* suivie de נָא prend fréquemment le ה paragogique : אֵלְכָה נָא Exod. 4. 18, permets-moi d'aller (retrouver mes frères) ; נַעְבְּרָה־נָּא Nomb. 20. 17, permets-nous de passer (par ton pays) ; אָסֻרָה־נָּא וְאֶרְאֶה Exod. 3. 3, je veux aller voir ; דַּבֶּר־נָא בְּאָזְנֵי הָעָם Exod. 11, 2, parle donc aux oreilles de ce peuple. — Avec une *négation*, il se met avant le *verbe* : אַל־נָא תְהִי כַּמֵּת Nomb. 12. 12, qu'elle ne soit pas, je te prie, comme (un enfant) mort-né. Sans verbe : אַל־נָא Gen. 33. 10, n'en use pas ainsi, je te prie. Rarement avec le *prét.* : אִם־נָא מָצָאתִי חֵן בְּעֵינֶיךָ Gen. 18. 3, si j'ai (donc) trouvé grâce à tes yeux ; הִנֵּה־נָא יָדַעְתִּי Gen. 12. 11, voici, je sais bien. Il marque la douleur : אוֹי־נָא לִי Jér. 4. 31, ah ! malheur à moi (v. אָנָּא).

II נָא *adj.* Ce qui est cru à demi, pas bien cuit : אַל־תֹּאכְלוּ מִמֶּנּוּ נָא Exod. 12. 9, vous n'en mangerez pas à demi cru.

נֹא *n. pr.* No, ville égyptienne, Thèbes ou Alexandrie (?), Ez. 30. 14 ; plus complet : נֹא אָמוֹן Nah. 3. 8, No, la grande, la populeuse (ou : No, ville du dieu Amon, v. III אָמוֹן).

נֹאד *m.* (*plur.* נֹאדוֹת). Outre, vase : נֹאד הֶחָלָב Jug. 4. 19, une outre pleine de lait ; וְנֹאדוֹת יַיִן בָּלִים Jos. 9. 4, des outres, pour mettre le vin, qui étaient usées ; כְּנֹאד בְּקִיטוֹר Ps. 119. 83, comme une outre dans la fumée.

נָאָה* Être dû, convenir : לְךָ נָאֶה יְיָ אֱלֹהֵינוּ — שִׁיר וּשְׁבָחָה Rituel, à toi, Éternel notre Dieu, conviennent les cantiques et les louanges (v. אָוָה *Niph.*).

נָאוֶה (*f.* נָאוָה) Beau, agréable, convenable (v. אָוָה *Niph.*).

נָאוֹר (v. à אוֹר *Niph.*).

נְאוֹת *f. pl.* (v. נָוֶה). 1° Demeures de l'homme : כָּל־נְאוֹת יַעֲקֹב Lament. 2. 2, toutes les demeures de Jacob. — 2° Habitations des animaux, pâturages : נְאוֹת מִדְבָּר Ps. 65. 13, les pâturages du désert (v. à מִדְבָּר) ; בִּנְאוֹת דֶּשֶׁא יַרְבִּיצֵנִי Ps. 23. 2, il me fait reposer dans de vertes prairies.

נָאַם Parler, annoncer : נְאֻם יְיָ וַיִּנְאֲמוּ Jér.

23. 31, (les faux prophètes) qui disent: Voici la parole (de Dieu).

נְאֻם *m.* (ou *part. passif* de נָאַם, const.). Parole, ce qui est dit. — *Fréq.*: נְאֻם יְיָ parole de l'Éternel; נְאֻם בִּלְעָם Nomb. 24. 3, parole de Balaam; נְאֻם־פֶּשַׁע Ps. 36. 2, parole du péché, le péché, la passion, dit au méchant. Avec suff.: וּפְדֵה כִנְאֻמֶךָ Rituel, et délivre (Juda et Israël) comme tu l'as annoncé.

I נֶאֱמָן *m.* (rac. נָאַם, avec ן parag.). Celui qui parle bien, qui est éloquent: מֵסִיר שָׂפָה לְנֶאֱמָנִים Job 12. 20, il ôte la parole à ceux qui savent parler (v. le même exemple à אָמַן *Niph.*).

II נֶאֱמָן *adj.* Fidèle (v. אָמַן *Niph.*).

נָאַף (*fut.* יִנְאַף) Commettre un adultère; sans rég.: לֹא תִנְאָף Exod. 20. 14, tu ne commettras pas d'adultère; הַנֹּאֵף וְהַנֹּאָפֶת Lév. 20. 10, l'homme adultère et la femme adultère; avec le rég. dir.: אֲשֶׁר יִנְאַף אֶת־אֵשֶׁת רֵעֵהוּ même vers., qui commet un adultère avec la femme de son prochain. *Métaph.* comme זָנָה être infidèle à Dieu, se prostituer aux idoles, adorer des dieux étrangers: וַתִּנְאַף אֶת־הָאֶבֶן וְאֶת־הָעֵץ Jér. 3. 9, elle s'est corrompue, s'est prostituée, aux idoles de pierre et de bois.

Pi. Même signif.: וַיְנַאֲפוּ אֶת־נְשֵׁי רֵעֵיהֶם Jér. 29. 23, et (parce qu')ils ont commis des adultères avec les femmes de leurs amis; וְאֶת־גִּלּוּלֵיהֶן נִאֵפוּ Ez. 23. 37, et elles se sont prostituées à leurs idoles. *Part.*: זֶרַע מְנָאֵף וַתִּזְנֶה Is. 57. 3, race d'un homme adultère et d'une femme prostituée.

נִאֻפִים *m. pl.* Adultères; נִאֻפַיִךְ Jér. 13, 27, tes adultères.

נַאֲפוּפִים *m. pl.* Même signif.: וְנַאֲפוּפֶיהָ מִבֵּין שָׁדֶיהָ Osée 2. 4, et que ses adultères (ne paraissent plus) au milieu de son sein, c.-à-d. qu'elle cesse d'avoir un air et un maintien indécents, impudiques.

נָאַץ Mépriser, dédaigner, rejeter avec mépris, avec colère, s'irriter. Avec le rég. dir.: נָאֲצוּ כָּל־תּוֹכַחְתִּי Prov. 1. 30, (parce qu')ils ont méprisé toutes mes remontrances; וְאֶת־עַמִּי יִנְאָצוּן מִהְיוֹת עוֹד גּוֹי לִפְנֵיהֶם Jér. 33. 24, ainsi ils méprisent mon peuple et ne le considèrent plus comme formant une nation; וַיִּנְאַץ בְּזַעַם־אַפּוֹ מֶלֶךְ וְכֹהֵן Lament. 2. 6, dans l'indignation de sa colère il a rejeté roi et pontife; וַיַּרְא יְיָ וַיִּנְאָץ Deut. 32. 19, l'Éternel le vit et il s'irrita.

Pi. נִאֵץ, *fut.* יְנָאֵץ. 1° Mépriser, outrager, blasphémer, rejeter, irriter (par des mépris); כָּל־מְנַאֲצָיִךְ Is. 60. 14, tous ceux qui t'ont méprisée, ou décriée; נִאֵץ רָשָׁע אֱלֹהִים Ps. 10. 13, (pourquoi) le méchant outrage-t-il, blasphème-t-il Dieu? וְנִאֲצוּנִי Deut. 31. 20, ils me rejetteront; עַד־אָנָה יְנַאֲצֻנִי הָעָם הַזֶּה Nomb. 14. 11, jusqu'à quand ce peuple m'irritera-t-il? — 2° Faire que les autres blasphèment: אֶפֶס כִּי־נִאֵץ נִאַצְתָּ אֶת־אֹיְבֵי יְיָ II Sam. 12. 14, mais parce que tu as été cause que les ennemis de l'Éternel ont blasphémé contre lui; וְיָנֵאץ הַשָּׁקֵד Eccl. 12. 5, quand l'amande est méprisée, dédaignée (pour יְנֻאַץ, ou *Hiph.* pour יַנְאֵץ); selon d'autres, de נוּץ: quand l'amandier fleurit (allusion aux cheveux blancs du vieillard).

Hithp.: שְׁמִי מִנֹּאָץ Is. 52. 5, mon nom est méprisé, blasphémé (pour מִתְנָאֵץ).

נְאָצָה *f.* Outrage, blasphème: יוֹם־צָרָה וְתוֹכֵחָה וּנְאָצָה Is. 37. 3, un jour d'affliction, de reproche et d'insulte, de blasphème.

נֶאָצָה *f.* (*pl.* נֶאָצוֹת et נְאָצוֹת). Même signif.: וַיַּעֲשׂוּ נֶאָצוֹת גְּדֹלוֹת Néh. 9. 18, qu'ils proférèrent de grands blasphèmes; כָּל־נָאָצוֹתֶיךָ Ez. 35. 12, tous tes blasphèmes.

נָאַק Gémir, soupirer (v. אָנַק): מֵעִיר מְתִים יִנְאָקוּ Job 24. 12, les habitants de la ville gémissent.

נְאָקָה *f.* Gémissement, soupir: וַיִּשְׁמַע אֱלֹהִים אֶת־נַאֲקָתָם Exod. 2. 24, Dieu entendit leurs gémissements; *pl.* const. נַאֲקוֹת Ez. 30. 24.

נָאַר *Kal* inusité. *Pi.* נֵאֵר Rejeter avec

horreur, ou détruire : נֵאֵר מִקְדָּשׁוֹ Lam. 2. 7, il a détruit son sanctuaire, ou il l'a en abomination ; נֵאַרְתָּה בְּרִית עַבְדֶּךָ Ps. 89. 40, tu as détruit, rompu, l'alliance contractée avec ton serviteur (v. נֵאַר *Niph.*).

נֹב *n. pr.* Nob, ville de la tribu de Benjamin, Is. 10. 32 ; appelée aussi נֹבֶה I Sam. 21. 2, ou pour נֹבָה à Nob.

נָבָא *Kal* inusité. *Niph.* נִבָּא Prophétiser ; *absol.*: הִנָּבֵא בֶן־אָדָם Ez. 38. 14, fils de l'homme, prophétise ; בְּהִנָּבְאוֹ Zach. 13. 4, quand il aura prophétisé (ה parag.) ; avec le rég. dir.: נִבָּא אֵת־הַדְּבָרִים הָאֵלֶּה Jér. 20. 1, (Jérémie) qui prophétisait toutes ces choses : avec לְ, אֶל et עַל : וּלְעִתִּים רְחוֹקוֹת הוּא נִבָּא Ez. 12. 27, il prophétise pour des temps éloignés ; וַיִּנָּבֵא עַל־הָעִיר הַזֹּאת Jér. 26. 20, il avait prophétisé contre cette ville ; הִנָּבֵא אֶל־נְבִיאֵי יִשְׂרָאֵל Ez. 13. 2, prophétise contre les prophètes d'Israel ; quelquefois avec אֶל et עַל, sens favorable, v. Ez. 36. 1, 37. 4. — מַדּוּעַ נִבֵּיתָ בְשֵׁם־יְיָ Jér. 26. 9, pourquoi as-tu prophétisé au nom de l'Éternel (נִבֵּיתָ pour נִבֵּאתָ)? נִבְּאוּ בַבַּעַל Jér. 2. 8, ils prophétisent au nom de Baal. — Chanter des hymnes sous l'inspiration divine : עַל יְדֵי־אָסָף הַנִּבָּא I Chr. 25. 2, sous la conduite d'Asaph qui chantait des hymnes ; הַנִּבָּא עַל־הוֹדוֹת וְהַלֵּל לַיְיָ vers. 3, qui chantait des hymnes et des louanges à l'Éternel.

Hithp. הִתְנַבֵּא, souvent הִתְנַבָּא. Prophétiser, parler sous l'influence de l'inspiration : הַמִּתְנַבְּאוֹת מִלִּבְּהֶן Ez. 13. 17, qui prophétisent de leur propre cœur, d'après leur propre inspiration ; לֹא־יִתְנַבֵּא עָלַי טוֹב I Rois 22. 8, il ne me prophétise rien de bon ; וַיִּתְנַבְּאוּ I Rois 18. 29, ils parlèrent comme des inspirés, en invoquant leur dieu Baal ; הִנַּבְּאוּ בַבַּעַל Jér. 23. 13, ils prophétisent au nom de Baal (pour הִתְנַבְּאוּ) ; וְהִתְנַבִּיתָ עִמָּם I Sam. 10. 6, tu prophétiseras avec eux, tu parleras comme un homme inspiré (forme comme לִיְּה) ; de même וַיְכַל מֵהִתְנַבּוֹת vers. 13, lorsqu'il cessa de prophétiser, d'être inspiré. — Être agité, tomber en délire, divaguer : וַיִּתְנַבֵּא בְתוֹךְ־הַבַּיִת I Sam. 18. 10, il divaguait, parlait comme en délire, au milieu de sa maison ; לְכָל־אִישׁ מְשֻׁגָּע וּמִתְנַבֵּא Jér. 29. 26, sur tout homme en délire qui voudra prophétiser.

נְבָא chald. *Ithp.* Prophétiser : וְהִתְנַבִּי חַגַּי Esdr. 5. 1, Aggée prophétisa.

נָבַב Creuser, *part. passif* נָבוּב seul usité : נְבוּב לֻחֹת תַּעֲשֶׂה אֹתוֹ Exod. 27. 8, tu feras (l'autel) de planches et creux au dedans ; *métaph.*: וְאִישׁ נָבוּב יִלָּבֵב Job 11. 12, mais l'homme (même) vain, insensé, acquiert de l'intelligence (v. le même exemple à לָבַב).

נֹבֶה (v. נֹב).

נְבוֹ *n. pr.* 1° Nebo, idole des Chaldéens, Is. 46. 1. Ce mot entre dans la composition de plusieurs noms propres chaldéens. — 2° Nebo, ville et montagne dans le pays des Moabites, Nomb. 34. 1, Deut. 32. 49. — 3° Nebo, ville de la tribu de Juda, Esdr. 2. 29.

נְבוּאָה *f.* Prophétie, recueil, livre de prophéties : וְהַנְּבוּאָה עֹדֵד II Chr. 15. 8, et la prophétie d'Oded ; הַנְּבוּאָה דִּבֶּר עָלַי Néh. 6. 12, la prophétie qu'il a faite à mon sujet ; וְעַל־נְבוּאַת אֲחִיָּה II Chr. 9. 29, dans le livre des prophéties faites par Ahia.

נְבוּאָה chald. Prophétie : בִּנְבוּאַת חַגַּי Esdr. 6. 14, selon la prophétie d'Aggée.

נְבוּזַרְאֲדָן chald. *n. pr.* Nebusaradan, général des armées de Nebuchadnezar, II Rois 25. 6.

נְבוּכַדְרֶאצַּר et **נְבוּכַדְנֶאצַּר** *n. pr.* Nebuchadnezar (Nabuchodonozor), roi de Babylone ; il détruisit Jérusalem et emmena les Juifs en captivité (v. II Rois chap. 24 et 25, Jér. chap. 39).

נָבוֹן (v. בִּין *Niph.*).

נְבוּשַׁזְבָּן (persan) *n. pr.* Chef des eunuques de Nebuchadnezar, Jér. 39. 13.

נָבוֹת *n. pr.* Naboth, I Rois 21. 1.

נְבִזְבָּה chald. (*plur.* נְבִזְבְּיָן). Don, présent, récompense : מַתְּנָן וּנְבִזְבָּה Dan.

2. 6, des dons et des présents, ou des récompenses; נְבִזְבְּיָתָךְ לְאָחֳרָן הַב Dan. 5. 17, donne tes présents, ou tes récompenses, à un autre.

נָבַח Aboyer. Ex. unique: לֹא יוּכְלוּ לִנְבֹּחַ Is. 56. 10, (des chiens) qui ne sauraient aboyer.

נֹבַח *n. pr.* d'un homme, Nobah, qui a donné son nom à la ville de Kenath, Nomb. 32. 42, Jug. 8. 11.

נִבְחַז *n. pr.* d'une idole, adorée des Avéens, II Rois 17. 31; selon quelques-uns, ce nom vient de la figure de chien qu'elle aurait eue (v. נָבַח).

נָבַט *Kal* inusité. *Pi.* ou *Niph.* Regarder: וְנִבַּט לָאָרֶץ Is. 5. 30, et quand on jettera un regard sur la terre.

Hiph. (הִבִּיט voir, regarder, considérer, *absolum.* avec le rég. dir., avec עַל, לְ, אֶל): לֹא־הִבִּיט אָוֶן בְּיַעֲקֹב Nomb. 23. 21, il ne voit point d'iniquité en Jacob; לְמַעַן הַבִּיט עַל־מְעוֹרֵיהֶם Hab. 2. 15, pour voir leur nudité; וְאַבִּיט וְאֵין עֹזֵר Is. 63. 5, j'ai regardé (de toutes parts), et il n'y avait personne pour me secourir; רְאֵה יְיָ וְהַבִּיטָה Lam. 1. 11, vois, ô Éternel! et considère (ה parag.); וְשֶׁלֶם מְרִיאֵיכֶם לֹא אַבִּיט Amos 5. 22, et quand vous me sacrifierez les hosties pacifiques les plus grasses, je ne les regarderai pas; אַל־תַּבֵּט אֶל־מַרְאֵהוּ I Sam. 16. 7, n'aie égard à sa mine; הִבִּיטוּ אֵלָיו וְנָהָרוּ Ps. 34. 6, ils ont tourné leurs regards vers lui, et ils ont été éclairés; הַבֵּט לַבְּרִית Ps. 74. 20, considère ton alliance, songe, aie égard, à ton alliance; בְּהַבִּיטִי אֶל־כָּל־מִצְוֺתֶיךָ Ps. 119. 6, lorsque je considérerai, que j'aurai devant les yeux, tous tes commandements; וְהַבִּיט אֶל־עָמָל לֹא תוּכָל Hab. 1. 13, toi qui ne peux pas voir (sans indignation) l'iniquité; avec בְּ: וַתַּבֵּט עֵינִי בְּשׁוּרָי Ps. 92. 12, mes yeux verront la ruine, la défaite, de mes ennemis; avec אַחֲרֵי: וְהִבִּיטוּ אַחֲרֵי מֹשֶׁה Exod. 33. 8, ils regardèrent derrière Moïse, ils suivirent Moïse des yeux; וַתַּבֵּט אִשְׁתּוֹ מֵאַחֲרָיו Gen. 19. 26, sa femme (qui était) derrière lui regarda (se retourna pour voir).

נְבָט *n. pr.* Nebat, père de Jéroboam, I Rois 11. 26.

נָבִיא *m.* (v. נָבָא). Prophète, interprête de la pensée de Dieu: וְלֹא־קָם נָבִיא עוֹד בְּיִשְׂרָאֵל כְּמֹשֶׁה Deut. 34. 10, il ne s'éleva plus dans Israel de prophète comme Moïse; מִבְּנֵי הַנְּבִיאִים I Rois 20. 35, (un) des disciples des prophètes; וְאַהֲרֹן אָחִיךָ יִהְיֶה נְבִיאֶךָ Exod. 7. 1, et Aaron ton frère sera ton prophète, ton interprète.

נְבִיא *m.* chald. Prophète: חַגַּי נְבִיאָה Esdr. 5. 1, le prophète Aggée; *plur.*: נְבִיאַיָּא même verset, les prophètes.

נְבִיאָה *f.* Prophétesse: מִרְיָם הַנְּבִיאָה Exod. 15. 20, Miriam la prophétesse; וָאֶקְרַב אֶל־הַנְּבִיאָה Is. 8. 3, je m'approchai de la prophétesse, c.-à-d. de la femme du prophète, de ma femme.

נְבָיוֹת *n. pr.* Nebaioth, fils d'Ismael, Gen. 25. 13, souche d'un peuple de l'Arabie Pétrée, Gen. 25. 13, Is. 60. 7.

נֵבֶךְ *m.* Source, fond. *Plur.* seul usité: נִבְכֵי־יָם Job 38. 16, les sources, le fond de la mer; selon d'autres: les vagues de la mer.

נָבֵל (*fut.* יִבּוֹל) Se faner, se flétrir, tomber (des fleurs, des feuilles), tomber en défaillance, en langueur, se consumer, s'épuiser (v. נָבַל, בָּלָה): נָבֵל צִיץ Is. 40. 7, la fleur se fane; כְּאֵלָה נֹבֶלֶת עָלֶהָ Is. 1. 30, comme un chêne ou un térébinthe dont les feuilles tombent, *littér.* flétri quant aux feuilles; הַר־נוֹפֵל יִבּוֹל Job 14. 18, une montagne qui tombe, qui s'écroule, reste détruite, ne peut plus se relever, *littér.* reste abattue, affaissée; וְכָל־צְבָאָם יִבּוֹל כִּנְבֹל עָלֶה מִגֶּפֶן וּכְנֹבֶלֶת מִתְּאֵנָה Is. 34. 4, leurs astres tomberont comme tombent les feuilles de la vigne et le fruit flétri du figuier; אָבְלָה נָבְלָה הָאָרֶץ Is. 24. 4, la terre est désolée, elle se fond, ou elle est languissante; בְּנֵי־נֵכָר יִבֹּלוּ Ps. 18. 46, les étrangers se consumeront; נָבֹל תִּבֹּל Exod. 18. 18, tu t'épuiseras. — Agir sottement, vilement: אִם־נָבַלְתָּ בְהִתְנַשֵּׂא Prov. 30. 32, si tu as agi sottement en t'élevant; selon d'autres : même en tombant de ta grandeur, que cela soit en t'élevant, c.-à-d. que ce soit avec dignité.

Niph. ou *Hiph.* : וַנָּבֶל כֶּעָלֶה כֻּלָּנוּ Is. 64. 5, nous sommes tous tombés ou flétris comme la feuille qui tombe (pour וַנִּנְבֶּל ou וַנִּבַּל).

Pi. נִבֵּל Abaisser, mépriser, outrager, couvrir de honte : וַיְנַבֵּל צוּר יְשֻׁעָתוֹ Deut. 32. 15, il a abaissé, méprisé, le rocher de son salut; אַל־תְּנַבֵּל כִּסֵּא כְבוֹדֶךָ Jér. 14. 21, n'avilis pas, n'abaisse pas, le trône de ta gloire; בֵּן מְנַבֵּל אָב Mich. 7. 6, le fils outrage le père; וְנִבַּלְתִּיךְ Nah. 3. 6, je t'avilirai, je te couvrirai de honte.

נָבָל *adj.* (*f.* נְבָלָה). Sot, vil, méprisable, méchant, impie : וְלֹא יִשְׂמַח אֲבִי נָבָל Prov. 17. 21, le père d'un sot ne connaît point de joie; לֹא־נָאוָה לְנָבָל שְׂפַת יֶתֶר 17. 7, les paroles nobles ne conviennent pas à l'homme vil; בְּנֵי נָבָל Job 30. 8, des hommes vils, méprisables; כְּאַחַד הַנְּבָלִים בְּיִשְׂרָאֵל II Sam. 13. 13, (et tu passeras) pour l'un des insensés ou des impies en Israel; אָמַר נָבָל בְּלִבּוֹ Ps. 14. 1, l'impie dit en son cœur; אַחַת הַנְּבָלוֹת Job 2. 10, une des femmes insensées, ou impies.

נָבָל *n. pr. m.* I Sam. 25. 3.

נֵבֶל et נֶבֶל *m.* (*pl.* נְבָלִים, const. נִבְלֵי). 1° Outre, vase : וְנִבְלֵי שָׁמַיִם Job 38. 37, (et les nuées qui sont comme) les outres du ciel; כְּשֵׁבֶר נֵבֶל יוֹצְרִים Is. 30. 14, comme on brise un vase fait par des potiers; *plur.*: כְּלֵי הַנְּבָלִים Is. 22. 24, des vases en forme d'outre; selon d'autres : des instruments de musique (v. 2°); לְנִבְלֵי־חֶרֶשׂ Lament. 4. 2, comme des vases d'argile. — 2° Nom d'un instrument de musique : lyre, luth ou viole : כִּנּוֹר וָנֶבֶל Is. 5. 12, harpe et lyre; בְּנֵבֶל עָשׂוֹר Ps. 33. 2, sur l'instrument (la lyre) à dix cordes; בִּכְלִי־נֶבֶל Ps. 71. 22, sur la lyre; *plur.*: בִּכְלֵי נְבָלִים I Chr. 16. 5.

נְבָלָה *f.* (v. נָבָל). Sottise, stupidité, action honteuse, infamie : כִּי נָבָל נְבָלָה יְדַבֵּר Is. 32. 6, car le sot dira des extravagances, ou : l'homme vil dira des choses infâmes; נָבָל שְׁמוֹ וּנְבָלָה עִמּוֹ I Sam. 25. 25, Nabal (stupide ou vil) est son nom, et la folie, ou l'infamie, est en lui; בְּנִבְלַת שִׁקּוּצֵיהֶם Jér. 16. 18, par le culte infâme qu'ils rendent à leurs idoles; אַל־תַּעֲשׂוּ אֶת־הַנְּבָלָה הַזֹּאת Jug. 19. 23, ne commettez pas ce crime honteux, infâme; נְבָלָה עָשָׂה Gen. 34. 7, il a été commis une action honteuse (un viol); לְבִלְתִּי עֲשׂוֹת עִמָּכֶם נְבָלָה Job 42. 8, pour ne point agir envers vous selon votre sottise, ou : pour ne point vous couvrir de honte, vous châtier.

נְבֵלָה *f.* (const. נִבְלַת, avec suff. נְבֵלָתִי, נִבְלָתְךָ). Cadavre (des hommes et des animaux) : נִבְלַת אִיזֶבֶל II Rois 9. 37, le cadavre de Izebel (Iezabel); נְבֵלָה וּטְרֵפָה לֹא יֹאכַל Lév. 22. 8, il ne mangera pas de bête morte d'elle-même, ou déchirée par une autre bête; *collect.*: נְבֵלָתִי יְקוּמוּן Is. 26. 19, les corps de ceux qui sont morts au milieu de moi ressusciteront.

נַבְלוּת *f.* Honte, partie honteuse : אֲגַלֶּה אֶת־נַבְלֻתָהּ Osée 2. 12, je découvrirai sa honte.

נְבַלָּט *n. pr.* d'une ville de la tribu de Benjamin, Néh. 11. 34.

נָבַע Jaillir : נַחַל נֹבֵעַ Prov. 18. 4, un torrent qui jaillit, ou qui déborde.

Hiph. הִבִּיעַ Faire jaillir, répandre, faire jaillir des paroles, parler, dire, annoncer, publier : אַבִּיעָה לָכֶם רוּחִי Prov. 1. 23, je veux répandre sur vous mon esprit; וּפִי רְשָׁעִים יַבִּיעַ רָעוֹת Prov. 15. 28, mais la bouche du méchant se répand en mauvaises paroles; et *absol.*: יַבִּיעוּן בְּפִיהֶם Ps. 59. 8, ils parlent du mal avec leur bouche, ils me calomnient; תַּבַּעְנָה שְׂפָתַי תְּהִלָּה Ps. 119. 171, mes lèvres publieront, feront retentir, des louanges; יוֹם לְיוֹם יַבִּיעַ אֹמֶר Ps. 19. 3, le jour annonce cette parole au jour qui lui succède; זֵכֶר רַב־טוּבְךָ יַבִּיעוּ Ps. 145. 7, on proclamera le souvenir de ta grande bonté. — 2° Faire bouillonner, fermenter : יַבְאִישׁ יַבִּיעַ שֶׁמֶן רוֹקֵחַ Eccl. 10. 1, (quelques mouches mortes) gâtent la bonne odeur de l'huile du parfumeur et la font fermenter.

נָכָר Pur (v. בָּרַר *Niph.*).

נֶבְרַשְׁתָּא chald. *f.* Chandelier, lampe : לָקֳבֵל נֶבְרַשְׁתָּא Dan. 5. 5, vis-à-vis du chandelier.

נִבְשָׁן *n. pr.* Ville de la tribu de Juda, Jos. 15. 62.

נֶגֶב *m.* 1° Midi, sud : עָרֵי הַנֶּגֶב סֻגְּרוּ Jér. 13. 19, les villes du midi sont fermées ; פְּאַת־נֶגֶב Nomb. 35. 5, le côté du midi. Seul avec ה parag., נֶגְבָּה vers le sud, du côté du midi ; נֶגְבָּה לְאֶפְרַיִם Jos. 17. 10, ce qui est au sud est à Ephraïm ; בְּאֶרֶץ הַנֶּגֶב Gen. 24. 62, et seul בַּנֶּגֶב Ps. 126, 4, dans le pays du midi, généralement le sud de la Palestine ; *poét.* pour l'Égypte : מַשָּׂא בַּהֲמוֹת נֶגֶב Is. 30. 6, la charge des animaux qui vont au sud, c.-à-d. vers l'Égypte. — 2° Terre aride : אֶרֶץ הַנֶּגֶב נְתַתָּנִי Jos. 15. 19, tu m'as donné un pays aride.

נָגַד *Kal* inusité. *Hiph.* הִגִּיד Dire, parler, raconter, répondre, faire connaître, expliquer, annoncer, publier, reconnaître, avouer : הַגִּידָה־נָּא שְׁמֶךָ Gen. 32. 30, dis-moi, je te prie, ton nom ; אֶת־מִי הִגַּדְתָּ מִלִּין Job 26. 4, à qui dis-tu, adresses-tu, des paroles? pour אֶל־מִי ; הַגִּידוּ וְנַגִּידֶנּוּ Jér. 20. 10, parlez, rapportez, contre lui, et nous le redirons ; וַיַּגֵּד לְאֶחָיו Gen. 37. 5, il raconta (le songe) à ses frères ; וַנַּגֶּד־לוֹ עַל־פִּי הַדְּבָרִים הָאֵלֶּה Gen. 43. 7, nous lui répondîmes conformément à ces questions ; וְהַגֵּד לְעַמִּי פִּשְׁעָם Is. 58. 1, fais connaître à mon peuple ses crimes ; הִגִּיד לְפַרְעֹה Gen. 41. 25, (ce que Dieu veut faire) il le fait connaître à Pharaon ; וְאֵין מַגִּיד לִי 41. 24, et personne ne me l'explique (le songe) ; לְמַגִּידֵי הַחִידָה Jug. 14. 19, à ceux qui avaient deviné l'énigme ; לְהַגִּיד בָּעִיר I Sam. 4. 13, pour l'annoncer dans la ville ; וּמַגִּיד לִקְרַאת מַגִּיד Jér. 51. 31, et un messager rencontrera un autre messager ; מַגִּיד מִשְׁנֶה Zach. 9. 12, un double message, une seconde promesse ; הַגִּידוּ בָעַמִּים עֲלִילוֹתָיו Ps. 9. 12, publiez ses actions parmi les peuples ; וַאֲנִי אַגִּיד לְעֹלָם Ps. 75. 10, je publierai toujours (les louanges de Dieu) ; כִּי־עֲוֹנִי אַגִּיד Ps. 38. 19, car je reconnais mes péchés ; וְחַטָּאתָם כִּסְדֹם הִגִּידוּ Is. 3. 9, ils avouent hautement leurs fautes comme Sodome (ils s'en font gloire) ; הִגַּדְתִּי הַיּוֹם לַיי אֱלֹהֶיךָ Deut. 26. 3, je reconnais aujourd'hui (publiquement) devant l'Éternel ton Dieu.

Hoph. הֻגַּד, *fut.* יֻגַּד. Être dit, être raconté : הֻגֵּד הֻגַּד לַעֲבָדֶיךָ Jos. 9. 24, il a été raconté à tes serviteurs ; וַיֻּגַּד לְאַבְרָהָם Gen. 22. 20, on annonça à Abraham.

נְגַד chald. Couler : נְהַר דִּי־נוּר נָגֵד Dan. 7. 10, un torrent de feu qui coulait, se répandait ; נְגַד שְׁמָא Aboth 1. 13, celui qui veut rendre son nom célèbre, qui cherche la célébrité.

נֶגֶד *prép.* et *adv.* Devant, en présence, en face, vis-à-vis, du côté ; נֶגֶד כָּל־עַמְּךָ Exod. 34. 10, devant tout ton peuple ; נֶגֶד אַחֵינוּ Gen. 31. 32, en présence de nos frères ; נֶגֶד הַשָּׁמֶשׁ Nomb. 25. 4, en face du soleil, c.-à-d. en plein jour ; נֶגֶד הָהָר Exod. 19. 2, vis-à-vis de la montagne ; נֶגֶד יְרוּשְׁלֶם Dan. 6. 11, du côté de Jérusalem. — Avec suff. : וְחֶלְדִּי כְאַיִן נֶגְדֶּךָ Ps. 39. 6, et le temps de ma vie est comme un néant devant toi ; avec les *prép.* — כְּנֶגֶד : אֶעֱשֶׂה־לּוֹ עֵזֶר כְּנֶגְדּוֹ Gen. 2. 18, je veux lui faire un aide qui lui convienne, qui lui ressemble, ou qui soit toujours devant lui, auprès de lui ; לְנֶגֶד devant : לְנֶגְדִּי Hab. 1. 3, devant moi, devant mes yeux ; אִישׁ עֹמֵד לְנֶגְדּוֹ Jos. 5. 13, un homme qui était debout devant lui ; לְנֶגְדְּכֶם Is. 1. 7, devant vous ; לְנֶגֶד הַבּוֹנִים Néh. 3. 37, contre ceux qui bâtissaient, ou : en présence des maçons (v. à כָּעַס *Hiph.*) ; אֲחֵיהֶם לְנֶגְדָּם Néh. 12. 9, leurs frères à côté d'eux, ou comme eux ; לְנֶגֶד מְלֶאכֶת בֵּית־הָאֱלֹהִים Néh. 11. 22, pour, ou concernant, le service du temple ; avec ה parag. : נֶגְדָה־נָּא לְכָל־עַמּוֹ Ps. 116. 18, en présence de tout son peuple.

מִנֶּגֶד De devant, loin de, en face,

contre, du côté : מִנֶּגֶד עֵינָי Is. 1. 16, (ôtez) de devant mes yeux ; לֵךְ מִנֶּגֶד לְאִישׁ כְּסִיל Prov. 14. 7, marche loin du sot, éloigne-toi du sot ; מִנֶּגֶד תִּרְאֶה אֶת־הָאָרֶץ Deut. 32. 52, tu verras le pays de loin ; וַיַּשְׁלֵךְ אֶת־נַפְשׁוֹ מִנֶּגֶד Jug. 9. 17, et qui a jeté sa vie au loin, qui a exposé sa vie ; מִנֶּגֶד פְּנֵי יי I Sam. 26. 20, à la vue de l'Éternel ; selon d'autres : loin de l'Éternel ; וְהָיוּ חַיֶּיךָ תְּלֻאִים לְךָ מִנֶּגֶד Deut. 28. 66, ta vie sera comme en suspens en face de toi, tu la verras toujours en danger ; וְאַתָּה תִּתְיַצֵּב מִנֶּגֶד II Sam. 18. 13, et toi, te serais-tu opposé à lui ? ou : tu te tiendrais loin, tu ne viendrais pas à mon secours ; וַיָּבֹאוּ מִנֶּגֶד לַגִּבְעָה Jug. 20. 34, ils vinrent du côté de Guebaah.

נָגַהּ Briller, luire : אוֹר נָגַהּ עֲלֵיהֶם Is. 9. 1, la lumière luit sur eux (le jour se lève pour eux) ; וְלֹא־יִגַּהּ שְׁבִיב אִשּׁוֹ Job 18. 5, et l'étincelle de son feu ne brillera point.

Hiph. Faire briller, éclairer : וְיָרֵחַ לֹא־יַגִּיהַּ אוֹרוֹ Is. 13. 10, et la lune n'éclairera plus, *littér.* ne laissera pas briller sa lumière ; יי יַגִּיהַּ חָשְׁכִּי II Sam. 22. 29, l'Éternel éclairera mes ténèbres.

נֹגַהּ *f.* Éclat, clarté, lumière : וְנֹגַהּ אֵשׁ לֶהָבָה Is. 4. 5, et l'éclat d'une flamme ardente ; לְנֹגַהּ זַרְחֵךְ Is. 60. 3, à l'éclat de tes rayons ; מִנֹּגַהּ II Sam. 23. 4, par l'éclat du soleil ; כְּאוֹר נֹגַהּ Prov. 4. 18, comme une lumière éclatante, ou : comme la clarté de l'aurore ; עַד־יֵצֵא כַנֹּגַהּ צִדְקָהּ Is. 62. 1, jusqu'à ce que sa justice, ou que son salut, paraisse comme une vive lumière.

נְגַהּ (*emph.* נָגְהָא) chald. *f.* Lumière, aurore : יְקוּם בִּנְגְהָא Dan. 6. 20, (le roi) se leva avec l'aurore, dès la pointe du jour.

נְגֹהוֹת *f. pl.* Éclat, clarté : לִנְגֹהוֹת Is. 59. 9, (nous espérions) la lumière, la clarté.

נָגַח (*fut.* יִגַּח) Pousser, frapper, avec les cornes : וְכִי־יִגַּח שׁוֹר Exod. 21. 28, si un bœuf frappe de ses cornes (un homme ou une femme).

Pi. Frapper avec les cornes ; *au fig.* renverser, vaincre : בָּהֶם עַמִּים יְנַגַּח Deut. 33. 17, par elles (ses cornes) il frappera les nations ; תְּנַגְּחוּ כָּל־הַנַּחְלוֹת Ez. 34. 21, parce que vous avez frappé (de vos cornes) toutes (les brebis) maigres, faibles ; בְּךָ צָרֵינוּ נְנַגֵּחַ Ps. 44. 6, par ton secours nous renverserons, vaincrons, nos ennemis.

Hithp. Lutter, combattre : יִתְנַגַּח עִמּוֹ מֶלֶךְ הַנֶּגֶב Dan. 11. 40, le roi du Sud combattra avec lui.

נַגָּח *adj.* Qui frappe habituellement, furieux : וְאִם שׁוֹר נַגָּח הוּא Exod. 21. 29, si c'est un bœuf qui a coutume de frapper avec ses cornes.

נָגִיד *m.* Prince, chef, intendant : יִבְצֹר רוּחַ נְגִידִים Ps. 76. 13, il retranche la vie des princes (v. à בָּצַר) ; נְגִיד בְּרִית Dan. 11. 22, le prince, le chef de l'alliance ; וְאַתָּה תִּהְיֶה לְנָגִיד עַל־יִשְׂרָאֵל II Sam. 5. 2, tu seras le chef (le roi) d'Israel ; כְּמוֹ נָגִיד אֲקָרְבֶנּוּ Job 31. 37, je m'approcherais de lui comme d'un prince ; נָגִיד בְּבֵית יי Jér. 20. 1, intendant du temple ; נְגִיד הַבָּיִת II Chr. 28. 7, l'intendant du palais. — 2° *Plur.* Des choses grandes, nobles : נְגִידִים אֲדַבֵּר Prov. 8. 6, je veux dire de grandes choses.

נְגִינָה *f.* (rac. נָגַן). 1° Chant, musique, chanson, objet des chansons, de raillerie : אֶזְכְּרָה נְגִינָתִי בַּלָּיְלָה Ps. 77. 7, pendant la nuit je me souviens de mes cantiques ; בַּחוּרִים מִנְּגִינָתָם Lament. 5. 14, les jeunes gens ont cessé leurs chants, leur musique ; וְעַתָּה נְגִינָתָם הָיִיתִי Job 30. 9, maintenant je suis l'objet de leurs chansons ; וּנְגִינוֹת שׁוֹתֵי שֵׁכָר Ps. 69. 13, et les chansons des buveurs ; נְגִינָתָם כָּל־הַיּוֹם Lament. 3. 14, je suis sans cesse l'objet de leur raillerie. — 2° Instrument de musique, instrument à cordes. Au commencement de plusieurs psaumes : לַמְנַצֵּחַ בִּנְגִינוֹת au chef des chantres sur des instruments à cordes, ou sur l'instrument appelé Neginoth.

נָגַן Jouer d'un instrument de musique. *Part.* seul usité : קִדְּמוּ שָׁרִים אַחַר נֹגְנִים Ps. 68. 26, les chantres allaient les premiers, ensuite ceux qui touchaient des instruments.

Pi. Même signif.: וְנִגֵּן בְּיָדוֹ I Sam. 16. 16, il jouera (la harpe) de sa main; הֵיטִיבוּ נַגֵּן בִּתְרוּעָה Ps. 33. 3, jouez bien, faites un concert des instruments et de la voix (*exact.* avec des cris de joie); וּנְגִינוֹתַי נְנַגֵּן Is. 38. 20, nous chanterons mes cantiques, ou : nous jouerons nos mélodies; *part.*: מְנַגֵּן I Sam. 18. 10.

נָגַע (*fut.* יִגַּע, *inf.* נְגֹעַ et גַּעַת, avec suff. נָגְעוֹ) Toucher, approcher, atteindre, parvenir, venir; fréquemment avec בְּ, avec עַד, אֶל, עַל, avec le rég. dir. et sans rég.: גַּע בֶּהָרִים וְיֶעֱשָׁנוּ Ps. 144. 5, touche aux montagnes, et elles se réduiront en fumée, ou elles seront embrasées; וְדָמִים בְּדָמִים נָגָעוּ Osée 4. 2, le sang a touché le sang (on a commis meurtre sur meurtre); אֲשֶׁר־נָגַע אֱלֹהִים בְּלִבָּם I Sam. 10. 26, dont Dieu avait touché le cœur; לֹא־נְתַתִּיךָ לִנְגֹּעַ אֵלֶיהָ Gen. 20. 6, je ne t'ai pas permis de la toucher; לֹא־יִנָּקֶה כָּל־הַנֹּגֵעַ בָּהּ Prov. 6. 29, quiconque la touche, qui cohabite avec elle, ne restera pas impuni; עַד־יַעְזֵר נָגָעוּ Is. 16. 8, elles se sont étendues jusqu'à Jazer; כִּי־נֹגַעַת עֲלֵיהֶם הָרָעָה Jug. 20. 34, que la destruction allait les atteindre; וַיִּגַּע הַדָּבָר אֶל־מֶלֶךְ נִינְוֵה Jon. 3. 6, la nouvelle parvint au roi de Ninive; וַיִּגַּע הַחֹדֶשׁ הַשְּׁבִיעִי Esdr. 3. 1, le septième mois était venu. — 2° Toucher, maltraiter, frapper: הַנֹּגֵעַ בָּאִישׁ הַזֶּה Gen. 26. 11, quiconque touchera, fera du mal, à cet homme; לְבִלְתִּי נָגְעֵךְ Ruth 2. 9, qu'on ne te touche, qu'on ne te fasse aucune peine; יַד־אֱלוֹהַּ נָגְעָה בִּי Job 19. 21, la main de Dieu m'a frappé; *part.*: נָגוּעַ Is. 53. 4, frappé de Dieu, ou : frappé de plaies, de lèpre.

Niph. Être battu : וַיִּנָּגְעוּ יְהוֹשֻׁעַ וְכָל־יִשְׂרָאֵל לִפְנֵיהֶם Jos. 8. 15, Josué et tout Israel furent battus, ou firent semblant d'être battus, par eux.

Pi. comme *Kal* 2° : וַיְנַגַּע יְיָ אֶת־פַּרְעֹה Gen. 12. 17, l'Éternel frappa Pharaon; כִּי נִגְּעוֹ יְיָ II Chr. 26. 20, que Dieu l'avait frappé de cette plaie.

Pou. passif: וְעִם־אָדָם לֹא יְנֻגָּעוּ Ps. 73. 5, ils ne sont pas frappés de plaies, ou de fléaux, comme les autres hommes.

Hiph. הִגִּיעַ 1° Faire toucher : יַגִּיעֶנָּה עַד־עָפָר Is. 26. 5, il lui fera toucher la poussière, il fera descendre la ville jusqu'à la terre, il la détruira; מַגִּיעֵי בַיִת בְּבַיִת Is. 5. 8, qui font toucher, qui joignent, une maison à l'autre; וְהִגַּעְתֶּם אֶל־הַמַּשְׁקוֹף — מִן־הַדָּם Exod. 12. 22, vous aspergerez le linteau du sang, etc. — 2° Les mêmes signif. que *Kal* : וְרֹאשׁוֹ מַגִּיעַ הַשָּׁמָיְמָה Gen. 28. 12, et le haut (de l'échelle) touchait au ciel; עֵת הַזָּמִיר הִגִּיעַ Cant. 2. 12, le temps de tailler les arbres est venu; וַתַּגַּע לְרַגְלָיו Exod. 4. 25, elle le posa à ses pieds; selon d'autres : elle toucha ses pieds; אַשְׁרֵי הַמְחַכֶּה וְיַגִּיעַ Dan. 12. 12, heureux celui qui attend et qui arrive; הִגַּעַתְּ לַמַּלְכוּת Esth. 4. 14, tu es arrivée, tu as été élevée, à la dignité royale; אֲשֶׁר דְּבַר־הַמֶּלֶךְ וְדָתוֹ מַגִּיעַ vers. 3, (partout) où l'ordre du roi et son édit étaient parvenus; וְהִגִּיעוּ שָׁנִים Eccl. 12. 1, avant que les années soient venues. Avec יָד, la main a atteint, acquis; posséder : וְאִם־לֹא תַגִּיעַ יָדוֹ דֵּי שֶׂה Lév. 5. 7, s'il ne possède pas assez pour offrir un agneau.

נֶגַע m. (avec suff. נִגְעוֹ, *plur.* נְגָעִים, const. נִגְעֵי). Coup, plaie, lèpre : וּבֵין נֶגַע לָנֶגַע Deut. 17. 8, et entre un coup et un coup (qu'un homme aura donné à un autre); selon d'autres : entre la lèpre et la lèpre; וּבְנִגְעֵי בְּנֵי אָדָם II Sam. 7. 14, et par les coups, les plaies, dont les hommes sont punis; עוֹד נֶגַע אֶחָד אָבִיא עַל־פַּרְעֹה Exod. 11. 1, je ne frapperai plus Pharaon que d'une seule plaie; נֶגַע־וְקָלוֹן יִמְצָא Prov. 6. 33, il trouvera plaie et ignominie; אֲשֶׁר יֵדְעוּן אִישׁ נֶגַע לְבָבוֹ I Rois 8. 38, quand chacun connaîtra la plaie de son cœur; וְרָאָה הַכֹּהֵן אֶת־הַנֶּגַע Lév. 13. 3, le pontife examinera cette lèpre; plus complet : נֶגַע צָרַעַת vers. 10 la plaie de la lèpre ; quelquefois pour celui qui est atteint de la lèpre : וְהִסְגִּיר הַכֹּהֵן אֶת־הַנֶּגַע vers. 4, le prêtre enfermera le lépreux ; aussi de la lèpre des vêtements, vers. 4.

נָגַף 1° Pousser, heurter, frapper (*principal.* de Dieu, quand il frappe les hommes par des plaies, des maladies, etc.) : וְכִי־יִגֹּף שׁוֹר־אִישׁ אֶת־שׁוֹר רֵעֵהוּ Exod. 21. 35, si le bœuf d'un homme heurte, blesse, celui d'un autre ; וְנָגְפוּ אִשָּׁה הָרָה 21. 22, et qu'ils heurtent une femme enceinte ; וּמְשַׂנְאָיו אֶגּוֹף Ps. 89. 24, je frapperai ses ennemis ; לִנְגֹּף אֶת־מִצְרַיִם Exod. 12. 23, pour frapper de mort les Egyptiens ; וַיִּגֹּף יְיָ אֶת־הָעָם Exod. 32. 35, l'Éternel frappa le peuple (de la peste) ; נְגָפוֹ יְיָ בְּמֵעָיו לָחֳלִי II Chr. 21. 18, Dieu le frappa d'une maladie dans les entrailles ; לָמָּה נְגָפָנוּ יְיָ הַיּוֹם לִפְנֵי פְלִשְׁתִּים I Sam. 4. 3, pourquoi Dieu nous a-t-il frappés aujourd'hui devant les Philistins ? c.-à-d. pourquoi nous a-t-il fait subir une défaite par eux ? — 2° *Intrans.* Heurter, broncher : פֶּן־תִּגֹּף בָּאֶבֶן רַגְלֶךָ Ps. 91. 12, pour que ton pied ne heurte pas contre une pierre ; וְרַגְלְךָ לֹא תִגּוֹף Prov. 3. 23, et ton pied ne bronchera pas.

Niph. Être frappé, être battu, par l'ennemi : וַיִּנָּגֶף יִשְׂרָאֵל I Sam. 4. 10, Israel fut battu ; יִתֶּנְךָ יְיָ נִגָּף לִפְנֵי אֹיְבֶיךָ Deut. 28. 25, l'Éternel te fera battre par tes ennemis.

Hithp. Heurter : וּבְטֶרֶם יִתְנַגְּפוּ רַגְלֵיכֶם עַל־הָרֵי נָשֶׁף Jér. 13. 16, avant que vos pieds se heurtent contre les montagnes couvertes de ténèbres.

נֶגֶף *m.* 1° Plaie, peste : וְלֹא־יִהְיֶה בָכֶם נֶגֶף לְמַשְׁחִית Exod. 12. 13, aucune plaie destructrice (de mort) ne vous frappera ; וְלֹא־יִהְיֶה בָהֶם נֶגֶף Exod. 30. 12, afin qu'ils ne soient point frappés de peste. — 2° Choc : וּלְאֶבֶן נֶגֶף Is. 8. 14, (il sera) une pierre d'achoppement.

נָגַר *Kal* inusité. *Niph.* נִגַּר Être répandu, couler, s'écouler : וְכַמַּיִם הַנִּגָּרִים אַרְצָה II Sam. 14. 14, comme de l'eau répandue à terre ; עֵינִי נִגְּרָה Lament. 3. 49, mon œil fond en larmes ; נִגָּרוֹת בְּיוֹם אַפּוֹ Job 20. 28, (ses biens) s'écouleront (comme de l'eau), disparaîtront, au jour de sa colère ; יָדִי לַיְלָה נִגְּרָה Ps. 77. 3, ma main est tendue (vers toi) pendant la nuit, ou : ma plaie coule, saigne, etc. (v. יָד 2°).

Hiph. הִגִּיר Répandre, faire couler, faire rouler en bas, précipiter : וַיַּגֵּר מִזֶּה Ps. 75. 9, il verse (de ce vin), il en donne à boire ; וְהִגַּרְתִּי לַגַּי אֲבָנֶיהָ Mich. 1. 6, je ferai rouler les pierres dans la vallée ; וְהַגִּרֵם עַל־יְדֵי־חֶרֶב Jér. 18. 21, précipite-les, ou : fais couler leur sang par le glaive, ou : livre-les au glaive.

Hoph. pass. : כְּמַיִם מֻגָּרִים בְּמוֹרָד Mich. 1. 4, comme des eaux précipitées du haut d'une pente.

נָגַשׂ (*fut.* יִגֹּשׂ et יִנְגּוֹשׂ) Presser, exiger le payement d'une dette, faire rentrer les impôts, presser au travail, tyranniser, dominer : לֹא־יִגֹּשׂ אֶת־רֵעֵהוּ Deut. 15. 2, il ne réclamera de son prochain le payement d'une dette ; וְכָל־עַצְּבֵיכֶם תִּנְגֹּשׂוּ Is. 58. 3, (au jour de votre jeûne) vous pressez, forcez, ceux qui vous doivent à vous payer ; ou : vous vous faites payer le fruit de vos peines, de votre travail ; נָגַשׂ אֶת־הַכֶּסֶף וְאֶת־הַזָּהָב אֶת־עַם הָאָרֶץ II Rois 23. 35, il fit rentrer l'impôt d'or et d'argent de tout le peuple ; *part.* : וְהַנֹּגְשִׂים אָצִים Exod. 5. 13, les intendants des travaux devinrent pressants ; אֵיךְ שָׁבַת נֹגֵשׂ Is. 14. 4, comment l'oppresseur, le tyran, reste tranquille ; מִמֶּנּוּ יֵצֵא כָל־נוֹגֵשׂ Zach. 10. 4, c'est de lui que viendront tous les oppresseurs ; וְנֹגְשַׂיִךְ צְדָקָה Is. 60. 17, je te donnerai pour dominateur la justice, ou : tes dominateurs régneront avec justice ; תְּשֻׁאוֹת נוֹגֵשׂ לֹא יִשְׁמָע Job 39. 7, (l'âne sauvage) n'entend pas les cris d'un conducteur.

Niph. Être opprimé, être foulé, maltraité, être pressé (par l'ennemi), être abattu, être accablé : וְנִגַּשׂ הָעָם אִישׁ בְּאִישׁ Is. 3. 5, et chacun dans ce peuple sera opprimé par l'autre ; נִגַּשׂ וְהוּא נַעֲנֶה Is.

53. 7, il est opprimé, il est maltraité; כִּי נִגַּשׂ הָעָם I Sam. 13. 6, que le peuple était pressé (par l'ennemi); וְאִישׁ־יִשְׂרָאֵל נִגַּשׂ בַּיּוֹם הַהוּא I Sam. 14. 24, les Israélites étaient en ce jour accablés de fatigue et de faim.

נָגַשׁ *Kal prét.* inusité (*fut.* יִגַּשׁ, *imp.* גַּשׁ, גְּשָׁה et גֶּשׁ, גְּשִׁי; *pl.* גְּשׁוּ). S'approcher, s'avancer; *absol.*: גְּשָׁה־נָּא Gen. 27. 21, approche, je te prie; avec אֶל: יִגַּשׁ אֵלָי Is. 50. 8, qu'il s'approche de moi; avec בְּ: אַל־תִּגַּשׁ־בִּי Is. 65. 5, n'approche pas de moi; אֶחָד בְּאֶחָד יִגַּשׁוּ Job 41. 8, ils tiennent fortement l'un à l'autre; avec l'*acc.*: וַיִּגַּשׁ שָׁאוּל אֶת־שְׁמוּאֵל I Sam. 9. 18, Saül s'approcha de Samuel, le rencontra; עַד־גִּשְׁתּוֹ עַד־אָחִיו Gen. 33. 3, jusqu'à ce qu'il fût (arrivé) près de son frère; גַּשׁ פְּגַע־בּוֹ II Sam. 1. 15, approche de lui, jette-toi sur lui et tue-le; וְלָגֶשֶׁת עַל־כָּל־קָדָשַׁי Ez. 44. 13, (ils n')approcheront d'aucune des choses saintes, des choses qui me sont consacrées; אַל־תִּגְּשׁוּ אֶל־אִשָּׁה Exod. 19. 15, ne vous approchez point de vos femmes; גֶּשׁ־הָלְאָה Gen. 19. 9, va plus loin, éloigne-toi; גְּשָׁה־לִּי וְאֵשֵׁבָה Is. 49. 20, va à une autre place à cause de moi, (fais-moi place) pour que j'y demeure.

Niph.: יַעַן כִּי נִגַּשׁ הָעָם הַזֶּה Is. 29. 13, puisque ce peuple s'approche de moi; וְנִגַּשׁ חוֹרֵשׁ בַּקֹּצֵר Amos 9. 13, le laboureur et le moissonneur s'entre-suivront.

Hiph. Faire approcher, amener, présenter, offrir: וַיַּגֵּשׁ אֹתָם אֵלָיו Gen. 48. 10, il les fit approcher de lui; וְהִגִּישׁוֹ אֲדֹנָיו אֶל־הָאֱלֹהִים Exod. 21. 6, son maître l'amènera devant les juges; וַיַּגֶּשׁ־לוֹ Gen. 27. 25, il le lui présenta; וַתַּגֵּשׁ לִפְנֵי־שָׁאוּל I Sam. 28. 25, elle en présenta à Saül; הַגִּישׁוּ עֲצֻמוֹתֵיכֶם Is. 41. 21, produisez vos arguments, vos fortes raisons; וּמַגִּישׁ מִנְחָה לַיי Mal. 2. 12, et qui offre des oblations à l'Éternel; וַתַּגִּישׁוּן שֶׁבֶת חָמָס Amos 6. 3, vous faites approcher le règne de la violence, de l'iniquité; לֹא־תַגִּישׁ וְתַקְדִּים בַּעֲדֵינוּ הָרָעָה Amos 9. 10, tu ne nous enverras pas ces maux, et tu ne nous surprendras pas par eux; ou *intrans.*: ces maux n'approcheront pas, et ne nous surprendront pas si vite.

Hoph. Être approché, être amené, être offert: וְרַגְלֶיךָ לֹא־לִנְחֻשְׁתַּיִם הֻגָּשׁוּ II Sam. 3. 34, et tes pieds n'ont pas été mis dans des chaînes d'airain; מֻגָּשׁ לִשְׁמִי Mal. 1. 11, (il est offert) on offre des sacrifices en l'honneur de mon nom.

Hithp. S'approcher: הִתְנַגְּשׁוּ יַחְדָּו Is. 45. 20, approchez-vous tous ensemble.

נֵד *m.* Monceau, mur: נִצְּבוּ כְמוֹ־נֵד נֹזְלִים Exod. 15. 8, les ondes se sont arrêtées comme un mur; כֹּנֵס כַּנֵּד מֵי הַיָּם Ps. 33. 7, il rassemble les eaux de la mer comme un monceau, ou comme un mur.

נָדָא *Hiph.* Éloigner, séparer: וַיַּדֵּא II Rois 17. 21, *cheth.*, il éloigna, sépara (v. נָדָה); *keri* וַיַּדַּח.

נָדַב Exciter, pousser quelqu'un à faire une chose, *spécial.* à donner généreusement, de bonne volonté: כָּל־אִישׁ אֲשֶׁר יִדְּבֶנּוּ לִבּוֹ Exod. 25. 2, de tous ceux que leur cœur porte à donner, qui donnent avec une pleine volonté; וְכֹל אֲשֶׁר נָדְבָה רוּחוֹ אֹתוֹ Exod. 35. 21, tous ceux que leur esprit porta (excita à le faire).

Hithp. 1° S'offrir volontairement, se vouer à un service: הַמִּתְנַדְּבִים לָשֶׁבֶת בִּירוּשָׁלָםִ Néh. 11. 2, qui s'offrirent volontairement à demeurer dans Jérusalem; הַמִּתְנַדְּבִים בָּעָם Jug. 5. 9, ceux parmi le peuple qui se sont offerts pour combattre; הַמִּתְנַדֵּב לַיי II Chr 17. 16, qui s'était consacré à Dieu. — 2° Offrir volontairement: לְבַד עַל־כָּל־הִתְנַדֵּב Esdr. 1. 6, outre tout ce qu'ils offrirent volontairement.

נְדַב chald. *Ithp.* Même signif.: כָּל־מִתְנַדַּב בְּמַלְכוּתִי Esdr. 7. 13, tous ceux qui dans mon royaume s'offrent volontairement (à aller à Jérusalem); וְהִתְנַדָּבוּת עַמָּא וְכָהֲנַיָּא מִתְנַדְּבִין 7. 16, les dons généreux que le peuple et les prêtres consacrent (pour la maison de Dieu.)

נָדָב (généreux) *n. pr.* 1° Nadab, fils d'Aaron, Exod. 6. 23. — 2° Nadab, fils de Jéroboam, roi d'Israel, I Rois 15. 25.

נְדָבָה *f.* 1° Générosité, bonne volonté, empressement : אֹהֲבֵם נְדָבָה Osée 14. 5, je les aimerai avec générosité, par pure bonté ; בִּנְדָבָה אֶזְבְּחָה־לָּךְ Ps. 54. 8, je t'offrirai des sacrifices avec une pleine volonté ; עַמְּךָ נְדָבֹת Ps. 110. 3, ton peuple sera plein d'empressement, s'armera promptement (pour combattre). — 2° Offrande volontaire, don généreux : נְדָבָה אֲשֶׁר דִּבַּרְתָּ בְּפִיךָ Deut. 23. 24, l'offrande volontaire que ta bouche a promise ; נִדְבוֹת פִּי Ps. 119. 108, les vœux, les offrandes, que ma bouche a prononcés ; ou : les sentiments d'amour, d'adoration, que ma bouche a exprimés ; עִם־הַנְּדָבָה לְבֵית הָאֱלֹהִים Esdr. 1. 4, avec les dons pour la maison de Dieu ; גֶּשֶׁם נְדָבוֹת Ps. 68. 10, une pluie généreuse, c.-à-d. abondante, féconde.

נְדִבָה (v. נְדִיבָה).

נְדַבְיָה (voué à Dieu) *n. pr. m.* I Chr. 3. 18.

נִדְבָּךְ chald. *m.* Rangée (de pierres), mur : נִדְבָּכִין דִּי־אֶבֶן Esdr. 6. 4, (trois) rangées de pierres.

נָדַד (נְדוֹד, *inf.* נְדֹד, *fut.* יִדּוֹד) 1° *Trans.* Agiter, remuer : נֹדֵד כָּנָף Is. 10. 14, agitant les ailes. — 2° *Intrans.* Errer, fuir, s'enfuir, s'éloigner, s'envoler : וְיִהְיוּ נֹדְדִים בַּגּוֹיִם Osée 9. 17, ils seront errants parmi les nations ; נֹדֵד הוּא לַלֶּחֶם אַיֵּה Job 15. 23, il erre pour se chercher du pain quelque part ; וַתִּדַּד שְׁנָתִי מֵעֵינָי Gen. 31. 40, le sommeil fuyait de mes yeux ; נָדְדָה שְׁנַת הַמֶּלֶךְ Esth. 6. 1, le roi ne pouvait pas dormir, *littér.* le sommeil du roi avait fui ; מַלְכֵי צְבָאוֹת יִדֹּדוּן יִדֹּדוּן Ps. 68. 13, les rois des armées ont fui, ont pris la fuite ; כָּל־רֹאַיִךְ יִדּוֹד מִמֵּךְ Nah. 3. 7, tous ceux qui te verront s'éloigneront de toi, te fuiront ; וְכָל־עוֹף הַשָּׁמַיִם נָדָדוּ Jér. 4. 25, tous les oiseaux du ciel se sont envolés ; *part.* נֹדֵד le fugitif, l'exilé : נֹדֵד אַל־תְּגַלִּי Is. 16. 3, ne découvre pas, ne trahis pas, le fugitif ; וְאֵין מְקַבֵּץ לַנֹּדֵד Jér. 49. 5, et personne n'accueillera l'exilé.

Poa. נוֹדֵד S'enfuir, s'envoler : שֶׁמֶשׁ זָרְחָה וְנוֹדַד Nah. 3. 17, dès que le soleil est levé, ils (les insectes) s'en vont, ou elles (les sauterelles) s'envolent.

Hiph. Chasser, repousser : וּמִתֵּבֵל יְנִדֻּהוּ Job 18. 18, ils sont repoussés de l'univers, *exact.* ils les repousseront, on les repoussera, etc.

Hoph. הֻנַד Être repoussé, disparaître : כְּקוֹץ מֻנָד כֻּלָּהַם II Sam. 23. 6, ils seront tous comme les épines que l'on rejette, repousse ; וְיֻדַּד כְּחֶזְיוֹן לָיְלָה Job 20. 8, il disparaîtra, s'évanouira, comme une vision nocturne.

Hithp. : יִתְנֹדְדוּ כָּל־רֹאֵה בָם Ps. 64. 9, tous ceux qui les verront s'enfuiront, ou, de נוּד : secoueront la tête.

נְדַד chald. Fuir : וְשִׁנְתֵּהּ נַדַּת עֲלוֹהִי Dan. 6. 19, et il ne put dormir, *littér.* son sommeil fuyait loin de lui.

נְדֻד *m.* Action de fuir, fuite : אַרְחִיק נְדֹד Ps. 55. 8, je fuirais au loin ; *plur.* : נְדֻדִים agitation d'un homme que le sommeil abandonne : וְשָׂבַעְתִּי נְדֻדִים עֲדֵי־נָשֶׁף Job 7. 4, je suis (rassasié) fatigué d'agitations jusqu'au point du jour.

נָדָה *Kal* inusité (v. נוּד et נָדַד). *Pi.* נִדָּה Éloigner, écarter, rejeter : הַמְנַדִּים לְיוֹם רָע Amos 6. 3, vous qui écartez (de vos pensées) le jour du malheur ; מְנַדֵּיכֶם Is. 66. 5, ceux qui vous rejettent.

נֵדֶה *m.* Don, prix de prostitution : לְכָל־זֹנוֹת יִתְּנוּ־נֵדֶה Ez. 16. 33, on donne une récompense à toutes les prostituées.

נִדָּה *f.* (rac. נָדַד). Éloignement, impureté (physique et morale). 1° Impureté du flux menstruel de la femme, abomination, horreur, idole : נִדַּת דְּוֺתָהּ Lév. 12. 2, de l'impureté de sa maladie, de son flux ; וְהַדָּוָה בְּנִדָּתָהּ Lév. 15. 33, celle qui est souffrante de son impureté menstruelle ; וּזְהָבָם לְנִדָּה יִהְיֶה Ez. 7. 19, et leur or leur sera en abomination ; וְהוֹצִיאוּ אֶת־הַנִּדָּה מִן־הַקֹּדֶשׁ II Chr. 29. 5, ôtez toutes les impuretés, ou les idoles, du sanctuaire ; מֵי נִדָּה Nomb. 19. 13, eau de lustration (de נָדָה jeter, asperger) ; selon d'autres, de נָדַד : eau qui ôte l'impureté ; לְחַטַּאת וּלְנִדָּה Zach. 13. 1, (une source) pour les lustrations et pour la purification (v. חַטָּאת). — 2° Objet impur : אִשָּׁה נִדָּה Ez. 18. 6, une femme impure lorsqu'elle a ses mois ; נִדָּה הִוא Lév. 20. 21, elle est impure (pour toi), c.-à-d. ce serait un commerce incestueux.

נָדַח (*fut.* יִדַּח) Pousser, repousser : לִנְדֹּחַ עָלָיו גַּרְזֶן Deut. 20. 19, pour pousser, mettre, la hache à (la forêt) ; לְבִלְתִּי יִדַּח מִמֶּנּוּ נִדָּח II Sam. 14. 14, pour ne point repousser loin de lui celui qui est repoussé, exilé.

Niph. נִדַּח Être poussé, être repoussé, être refoulé : וְנִדְּחָה יָדוֹ בַגַּרְזֶן Deut. 19. 5, et que sa main est poussée par la hache, c.-à-d. que la hache lui échappe de sa main ; ou : et que sa main s'est élancée avec la hache, qu'elle a porté la hache dans le bois ; מִכָּל־הַמְּקֹמוֹת אֲשֶׁר נִדְּחוּ־שָׁם Jér. 40. 12, de tous les lieux où ils furent refoulés, exilés ; *métaph.*: וְתֻשִׁיָּה נִדְּחָה מִמֶּנִּי Job 6. 13, la sagesse est-elle éloignée de moi ? *Part.* נִדָּח Exilé, fugitif : סַתְּרִי נִדָּחִים Is. 16. 3, cache, protége, les exilés ; נִדְּחֵי עֵילָם Jér. 49. 36, les fugitifs d'Elam ; *collect.* : וְהַנִּדָּחָה אֲקַבֵּץ Soph. 3. 19, je réunirai ceux qui avaient été rejetés, les exilés. Avec suff.: אִם־יִהְיֶה נִדַּחֲךָ בִּקְצֵה הַשָּׁמָיִם Deut. 30. 4, quand vous auriez été exilés, dispersés, jusqu'à l'extrémité des cieux (du monde) ; נִדָּחוֹ II Sam. 14. 13, son exilé, c.-à-d. celui qui a été exilé par lui. — *Des animaux.* Errant, égaré : וְאֶת־הַנִּדַּחַת לֹא הֲשֵׁבֹתֶם Ez. 34. 4, vous n'avez point ramené celle (la brebis) qui était égarée. — 2° Se laisser égarer, se laisser séduire : וְנִדַּחְתָּ וְהִשְׁתַּחֲוִיתָ לָהֶם Deut. 4. 19, que tu ne te laisses séduire, ou : que tu ne tombes dans l'erreur, et que tu ne te prosternes devant eux (les astres).

Pou. Être poussé : וַאֲפֵלָה מְנֻדָּח Is. 8. 22, il sera poussé (rejeté) dans l'obscurité.

Hiph. הִדִּיחַ 1° Pousser, renverser, précipiter, chasser, disperser, exiler : מִשְּׂאֵתוֹ יָעֲצוּ לְהַדִּיחַ Ps. 62. 5, ils méditent, conspirent, à le précipiter de sa hauteur ; אֲרָיוֹת הִדִּיחוּ Jér. 50. 17, (une brebis) que les lions ont chassée ; הֲלֹא הִדַּחְתֶּם אֶת־כֹּהֲנֵי יְיָ II Chr. 13. 9, n'avez-vous point chassé les pontifes de l'Éternel ? מִכָּל־הָעַמִּים אֲשֶׁר הִדִּיחֲךָ יְיָ אֱלֹהֶיךָ שָׁמָּה Deut. 30. 1, du milieu de toutes les nations dans lesquelles l'Éternel ton Dieu t'aura dispersé, exilé ; avec עַל : וְהִדִּיחַ עָלֵינוּ אֶת־הָרָעָה II Sam. 15. 14, qu'il n'amène sur nous le malheur, qu'il ne nous accable de maux. — 2° Égarer, séduire : וַיַּדִּיחוּ אֶת־יֹשְׁבֵי עִירָם Deut. 13. 14, et ils ont séduit, perverti, les habitants de leur ville ; בְּחֵלֶק שְׂפָתֶיהָ תַּדִּיחֶנּוּ Prov. 7. 21, elle le séduit par ses paroles flatteuses ; avec מִן, détourner de : לְהַדִּיחֲךָ מִן־הַדֶּרֶךְ Deut. 13. 6, pour te détourner de la voie.

Hoph. : כִּצְבִי מֻדָּח Is. 13. 14, comme un cerf pourchassé, ou errant.

נָדִיב 1° *adj.* Bien disposé, porté au bien, généreux, noble, distingué, remarquable : כֹּל נְדִיב לֵב Exod. 35. 22, tous ceux dont le cœur était bien disposé à donner ; וְרוּחַ נְדִיבָה תִסְמְכֵנִי Ps. 51. 14, affermis-moi en me donnant un esprit prompt à faire le bien, un esprit généreux : וְנָדִיב נְדִיבוֹת יָעָץ Is. 32. 8, l'homme aux sentiments nobles formera de nobles desseins ; לֹא־יִקָּרֵא עוֹד לְנָבָל נָדִיב 32. 5, l'homme méprisable ne sera plus appelé noble ; לְכָל־נָדִיב בַּחָכְמָה I Chr. 28. 21, tous les hommes remarquables par leur adresse, leur talent. — 2° *Subst.* Un grand, puissant, prince : שֹׁפֵךְ בּוּז עַל־נְדִיבִים Ps. 107. 40, il répand le mépris sur les grands ; עִם נְדִיבֵי עַמּוֹ Ps. 113. 8, auprès des puissants de son peuple ; שִׁיתֵמוֹ נְדִיבֵמוֹ כְּעֹרֵב וְכִזְאֵב Ps. 83. 12, rends-les semblables, eux et leurs princes, à Oreb et à Zéeb ; וְיָבֹאוּ פִּתְחֵי נְדִיבִים Is. 13. 2, et qu'ils entrent dans les portes des puissants, des princes.

נְדִיבָה *f.* (*pl.* נְדִיבוֹת). Noblesse, élévation : נְדִיבוֹת יָעָץ וְהוּא עַל־נְדִיבוֹת יָקוּם Is. 32. 8, il forme de nobles desseins, et il se maintient; ou : il sera élevé par sa noblesse; תִּרְדֹּף כָּרוּחַ נְדִבָתִי Job 30. 15, mon élévation (ma situation élevée, prospère) est emportée comme par le vent, ou : mon âme est poursuivie, etc.

I נָדָן *m.* Fourreau : וַיָּשֶׁב חַרְבּוֹ אֶל־נְדָנָהּ I Chr. 21. 27, il remit son glaive dans le fourreau.

II נָדָן *m.* (v. נֵדֶה). Don, récompense : נְדָנַיִךְ Ez. 16. 33, tes dons de prostitution.

נִדְנֶה chald. *m.* (v. I נָדָן). Fourreau. *Métaph.*: בְּגוֹא נִדְנֶה Dan. 7. 15, (mon esprit renfermé) dans (le fourreau) le corps.

נָדַף (*fut.* יִנְדֹּף et יִדֹּף) Chasser, emporter, disperser : תִּנְדֹּף Ps. 68. 3, chasse, disperse-les; אֲשֶׁר־תִּדְּפֶנּוּ רוּחַ Ps. 1. 4, (comme la paille) que le vent emporte; אֵל יִדְּפֶנּוּ Job 32. 13. Dieu le vaincra (non pas un homme).

Niph. נִדַּף Être chassé, emporté : כְּקַשׁ נִדָּף Is. 41. 2, comme la paille emportée (par le vent); קוֹל עָלֶה נִדָּף Lév. 26. 36, le bruit d'une feuille qui vole, emportée par le vent; כְּהִנְדֹּף עָשָׁן Ps. 68. 3, comme la fumée est chassée (par le vent), הִנְדֹּף *inf.* pour הִנָּדֵף, ou *inf. Hiph.*; הֶבֶל נִדָּף Prov. 21. 6, une chose vaine et emportée bien vite, passagère.

נָדַר (*fut.* יִדֹּר et יִדַּר) Vouer, faire un vœu, une promesse : וְכִי תֶחְדַּל לִנְדֹּר Deut. 23. 23, si tu t'abstiens de faire des vœux; וַיִּדַּר יַעֲקֹב נֶדֶר Gen. 28. 20, Jacob fit un vœu.

נֶדֶר et נֵדֶר *m.* (avec suff. נִדְרִי, *plur.* נְדָרִים, נְדָרַי). Vœu, offrande promise par un vœu : נֶדֶר אוֹ נְדָבָה Lév. 7. 16, une offrande après en avoir fait le vœu, ou une offrande volontaire; נְדָרַי אֲשַׁלֵּם Ps. 22. 26, je m'acquitterai de mes vœux; וַיַּעַשׂ לָהּ אֶת־נִדְרוֹ אֲשֶׁר נָדָר Jug. 11. 39, il accomplit à son égard le vœu qu'il avait fait.

נֹהַּ *m.* (rac. נָהָה). Gémissement, plainte : וְלֹא־נֹהַּ בָּהֶם Ez. 7. 11, il n'y aura pas de gémissement parmi eux (pour les morts).

נָהַג (*fut.* יִנְהַג) 1° Conduire, mener, emmener : אוֹתִי נָהַג Lament. 3. 2, il m'a conduit; וַיִּנְהַג אֶת־הַצֹּאן Exod. 3. 1, il conduisit le troupeau; חֲמוֹר יְתוֹמִים יִנְהָגוּ Job 24. 3, ils conduisent, c.-à-d. ils enlèvent, l'âne des orphelins; כִּי בְשִׁגָּעוֹן יִנְהָג II Rois 9. 20, car il mène (son char ou sa troupe) d'une manière insensée; כֵּן יִנְהַג מֶלֶךְ־אַשּׁוּר Is. 20. 4, ainsi le roi d'Assyrie emmènera (les captifs de l'Égypte); נֹהֵג כַּצֹּאן יוֹסֵף Ps. 80. 2, toi qui conduis Joseph comme un troupeau; avec בְּ: נֹהֲגִים בָּעֲגָלָה I Chr. 13. 7, ils conduisaient le char. *Part. pass.*: וּמַלְכֵיהֶם נְהוּגִים Is. 60. 11, et que leurs rois vous soient amenés; נָהֲגוּ לִפְנֵי הַמִּקְנֶה הַהוּא I Sam. 30. 20, ils les firent marcher, ou, *intrans.*: ils marchèrent devant ce troupeau; וְלִבִּי נֹהֵג בַּחָכְמָה Eccl. 2. 3, et mon cœur s'est conduit avec sagesse; * נָהַג כָּבוֹד Rituel, témoigner de l'honneur.

Pi. נִהַג, *fut.* יְנַהֵג. Faire mener, conduire, emmener : וַיְנַהֲגֵהוּ בִּכְבֵדֻת Exod. 14. 25, il fit qu'on les conduisait avec difficulté, il rendit leur marche difficile; אֲשֶׁר־יְנַהֶגְךָ יְיָ שָׁמָּה Deut. 28. 37, où Dieu t'aura conduit; הוּא יְנַהֲגֵנוּ עַל־מוּת Ps. 48. 15, il nous conduira (dirigera) jusqu'à la mort; וַיְיָ נִהַג רוּחַ־קָדִים Exod. 10. 13, l'Éternel amena, fit souffler, un vent d'est; וַתְּנַהֵג אֶת־בְּנֹתַי Gen. 31. 26, tu as emmené, enlevé, mes filles; וְאַמְהֹתֶיהָ מְנַהֲגוֹת כְּקוֹל יוֹנִים Nah. 2. 8, et ses servantes la conduisent (en gémissant) comme des colombes; selon d'autres : ses servantes, מְנַהֲגוֹת, gémissent, etc.

נָהָה Gémir, pousser des plaintes, chanter des chants lugubres : וְנָהָה נְהִי נִהְיָה Mich. 2. 4, on chantera des chants lugubres, lamentables; נְהֵה עַל־הֲמוֹן

מִצְרָיִם Ez. 32. 18, chante un cantique lugubre sur l'Égypte.

Niph. Même signif.: וַיִּנָּהוּ כָּל־בֵּית יִשְׂרָאֵל אַחֲרֵי יי I Sam. 7. 2, toute la maison d'Israel gémit (déplora ses péchés) en revenant à Dieu ; selon d'autres : toute la maison d'Israel s'assembla, c.-à-d. ils revinrent tous à Dieu.

נְהוֹר chald. *m.* Lumière : וּנְהוֹרָא עִמֵּהּ שְׁרֵא Dan. 2. 22, en lui se trouve la lumière (*cheth.* וּנְהִירָא).

נְהִי (avec pause נֶהִי) *m.* Chant lugubre : יוֹדְעֵי נֶהִי Amos 5. 16, ceux qui savent faire, chanter, des chants lugubres.

נִהְיָה *f.* Gémissement, chant lugubre : נְהִי נִהְיָה Mich. 2. 4, des chants lugubres, des cris lamentables ; mais נִהְיָה Prov. 13. 19, v. à הָיָה *Niph.*

נָהִיר (v. נְהוֹר).

נַהִירוּ chald. Lumière, sagesse : נַהִירוּ וְשָׂכְלְתָנוּ Dan. 5. 11, des lumières et de l'intelligence.

נָהַל *Kal* inusité. *Pi.* נִהֵל, *fut.* יְנַהֵל. Conduire, mener, pourvoir, protéger : נֵהַלְתָּ בְעָזְּךָ Exod. 15. 13, tu l'as conduit par ta force ; וְעַל־מַבּוּעֵי מַיִם יְנַהֲלֵם Is. 49. 10, il les mènera près des sources d'eau ; וַיְנַהֲלוּם בַּחֲמֹרִים II Chr. 28. 15, ils conduisirent, ils firent monter, (les faibles) sur des ânes ; וַיְנַהֲלֵם בַּלֶּחֶם Gen. 47. 17, il les pourvut de nourriture ; וַיְנַהֲלֵם מִסָּבִיב II Chr. 32. 22, il les protégea contre ceux qui les entouraient ; *part.* : אֵין־מְנַהֵל לָהּ Is. 51. 18, nul ne la guide, ne la soutient.

Hithp. Marcher, s'avancer : אֶתְנַהֲלָה לְאִטִּי Gen. 33. 14, je m'avancerai, je suivrai doucement, lentement ; ה paragogique.

נַהֲלֹל Ne se trouve qu'au *plur.* : וּבְכֹל הַנַּהֲלֹלִים Is. 7. 19, et dans tous les buissons, ou les pâturages ; selon d'autres, de הָלַל : dans toutes les belles maisons.

נַהֲלֹל *n. pr.* d'une ville de la tribu de Zabulon, Jug. 1. 30 ; נַהֲלָל Jos. 19. 15.

נָהַם Rugir, gémir : אֲרִי־נֹהֵם Prov. 28. 15, un lion rugissant ; וְיִנְהֹם עָלָיו בַּיּוֹם הַהוּא Is. 5. 30, il s'élancera sur (Israel) en ce jour, avec un rugissement, un bruit ; וְנָהַמְתָּ בְאַחֲרִיתֶךָ Prov. 5. 11, tu gémiras à la fin.

נַהַם *m.* Rugissement : נַהַם כַּכְּפִיר זַעַף מֶלֶךְ Prov. 19. 12, la colère du roi est comme le rugissement du lion.

נְהָמָה *f.* Gémissement, mugissement : כְּנַהֲמַת־יָם Is. 5. 30, comme le mugissement de la mer ; מִנַּהֲמַת לִבִּי Ps. 38. 9, par les gémissements, agitations, de mon cœur.

נָהַק Braire, gémir : הֲיִנְהַק פֶּרֶא עֲלֵי־דֶשֶׁא Job 6. 5, l'âne sauvage crie-t-il lorsqu'il a de l'herbe ; *des hommes* : בֵּין־שִׂיחִים יִנְהָקוּ Job 30. 7, ils gémissent entre les arbres.

I נָהַר Affluer, accourir : וְנָהֲרוּ אֵלָיו כָּל־הַגּוֹיִם Is. 2. 2, toutes les nations y afflueront, accourront ; וְנָהֲרוּ אֶל־טוּב יי Jér. 31. 12, ils accourront en foule vers les biens de l'Éternel ; avec עַל : וְנָהֲרוּ עָלָיו עַמִּים Mich. 4. 1, les peuples y afflueront.

II נָהַר Luire, briller de joie : הִבִּיטוּ אֵלָיו וְנָהָרוּ Ps. 34. 6, ils ont tourné leurs regards vers lui et ils ont été resplendissants (de joie), ou : ils ont été éclairés ; אָז תִּרְאִי וְנָהַרְתְּ Is. 60. 5, alors tu verras et tu sera rayonnante. (V. le même exemple à יָרֵא, page 258.)

נָהָר *m.* (*pl.* נְהָרִים et נְהָרוֹת, const. נַהֲרֵי et נַהֲרוֹת). Torrent, fleuve : נַהֲרֵי נַחֲלֵי דְבַשׁ Job 20. 17, des fleuves, des torrents, de miel ; עַל־נַהֲרוֹת בָּבֶל Ps. 137. 1, sur le bord des fleuves de Babylone ; מִנְּהַר מִצְרַיִם Gen. 15. 18, depuis le fleuve de l'Égypte ; הַנָּהָר הַגָּדֹל נְהַר־פְּרָת 15. 18, le grand fleuve, l'Euphrate ; *duel* נַהֲרַיִם les deux fleuves : אֲרַם נַהֲרַיִם Gen. 24. 10, la Syrie entre les deux fleuves, le Tigre et l'Euphrate.

נְהַר chald. *m.* Fleuve : נַהֲרָה Esdr. 4. 10, l'Euphrate.

נְהָרָה *f.* Lumière (du soleil) : וְאַל־תּוֹפַע עָלָיו נְהָרָה Job 3. 4, que la lumière (le soleil) ne l'éclaire pas.

נוא *Kal* inusité. *Hiph.* הֵנִיא. Refuser, empêcher, annuler, anéantir : אַל־יָנִי רֹאשִׁי Ps. 141. 5 (pour יָנִיא), ma tête ne s'opposera pas (ne s'y refusera pas), ou : cela ne nuira pas à ma tête, ne la fera pas souffrir ; וְאִם־הֵנִיא אָבִיהָ אֹתָהּ Nomb. 30. 6, si son père désapprouve le vœu qu'elle a fait, s'il s'y oppose ; הֵנִיא מַחְשְׁבוֹת עַמִּים Ps. 33. 10, il rend vains les conseils des nations, il anéantit leur projets. — הֵנִיא לֵב Détourner le cœur de quelque chose, le décourager : וַיָּנִיאוּ אֶת־לֵב בְּנֵי יִשְׂרָאֵל Nomb. 32. 9, ils découragèrent le cœur des enfants d'Israel, les empêchèrent (d'entrer, etc.).

נוּב Pousser, croître, produire, augmenter, s'accroître : עוֹד יְנוּבוּן בְּשֵׂיבָה Ps. 92. 15, ils pousseront, produiront, des fruits encore dans leur vieillesse ; פִּי־צַדִּיק יָנוּב חָכְמָה Prov. 10. 31, la bouche du juste produit la sagesse ; חַיִל כִּי־יָנוּב Ps. 62. 11, lorsque la fortune s'accroît.

Pilel. : וְתִירוֹשׁ יְנוֹבֵב בְּתֻלוֹת Zach. 9. 17, et le vin animera les vierges, leur donnera la gaieté, ou leur fera produire des chants.

נוֹב (v. à נִיב).

נוּד 1° S'agiter, être errant, errer, fuir : כַּאֲשֶׁר יָנוּד הַקָּנֶה בַּמַּיִם I Rois 14. 15, comme le roseau s'agite dans l'eau ; וְלֹא תָנוּד Jér. 4. 1, tu ne seras plus errant ; נָע וָנָד Gen. 4. 12, fugitif et vagabond ; נָדוּ הָלָכוּ Jér. 50. 3, ils ont fui, ils se sont retirés ; נֻדוּ מִתּוֹךְ בָּבֶל Jér. 50. 8, fuyez du milieu de Babylone ; נוּדִי הַרְכֶם צִפּוֹר Ps. 11. 1, fuis vers ta montagne, comme un oiseau ; נֵד קָצִיר Is. 17. 11, la moisson aura fui, aura disparu ; selon d'autres : on gémira pour la moisson (v. 2°) ; ou *subst.* : le gémissement pour la moisson (retentira). — 2° Agiter la tête en signe de plainte ; plaindre, lamenter, la mort de quelqu'un : מִי יָנוּד לָךְ Is. 51. 19, qui compâtira à ta douleur ? נֻדוּ לוֹ כָּל־סְבִיבָיו Jér. 48. 17, plaignez-le, vous tous qui êtes autour de lui ; וְאַל־תָּנֻדוּ לוֹ Jér. 22. 10, ne lamentez pas sa mort ; וָאֲקַוֶּה לָנוּד Ps. 69. 21, j'espérais que quelqu'un me consolât.

Hiph. 1° Faire errer, faire fuir, chasser : וְלֹא אֹסִיף לְהָנִיד רֶגֶל יִשְׂרָאֵל II Rois 21. 8, je ne ferai plus sortir Israel (de la terre que j'ai donnée à leurs pères, *exact.* je ne ferai plus errer le pied d'Israel hors de la terre, etc. ; וְיַד רְשָׁעִים אַל־תְּנִדֵנִי Ps. 36. 12, que la main des méchants ne m'éloigne pas, ne me chasse pas. — 2° Agiter : יָנִיד בְּרֹאשׁוֹ Jér. 18. 16, il (témoignera sa surprise) en agitant la tête.

Hithp. הִתְנוֹדֵד S'agiter, chanceler : כִּי־מִדֵּי דְבָרֶיךָ בּוֹ תִּתְנוֹדָד Jér. 48. 27, car, depuis que tu parles de lui, tu t'agites, tu agites la tête ; וְהִתְנוֹדְדָה כַּמְּלוּנָה Is. 24. 20, (la terre) chancellera comme la cabane d'un gardien de vigne (v. à מְלוּנָה). — 2° Se plaindre : שָׁמַעְתִּי אֶפְרַיִם מִתְנוֹדֵד Jér. 31. 18, j'ai entendu Ephraïm qui se lamentait.

נוּד chald. Fuir : תְּנֻד חֵיוְתָא Dan. 4. 11, que les bêtes s'enfuient.

נֹד *m.* (rac. נוּד ou נָדַד). Fuite, vie errante : נֹדִי סָפַרְתָּה אָתָּה Ps. 56. 9, tu comptes les endroits que j'ai fuis, ou : (les démarches de) ma vie errante.

נוֹד *n. pr.* Nod, région dans laquelle Caïn s'est refugié, Gen. 4. 16.

נוֹדָב *n. pr. m.* I Chr. 5. 19.

נָוָה Demeurer, rester dans sa demeure : גֶּבֶר יָהִיר וְלֹא יִנְוֶה Hab. 2. 5, l'homme fier ne restera pas dans sa demeure, c.-à-d. il périra, ou : il ne demeure point tranquille, il suscite des guerres, des querelles.

Hiph. Faire demeurer, élever une demeure à quelqu'un. Ex. unique : זֶה אֵלִי וְאַנְוֵהוּ Exod. 15. 2, il est mon Dieu, je lui élèverai une demeure (un temple) ; selon d'autres : je veux le célébrer, l'exalter (v. נָאוָה).

נָוֶה *m.* (const. נְוֵה, avec suff. נָוֵהוּ, נְוֵהֶם ; *pl.* נְוֹת et נְאוֹת). 1° Demeure : נְוֵה קָדְשֶׁךָ Exod. 15. 13, ta demeure sainte, le temple. De même נְוֵה־צֶדֶק Jér. 50. 7, la demeure de la justice ; נְוֵה אֵיתָן Jér. 49. 19, la demeure solide. — 2° Demeure des troupeaux, parc, bercail : לְקַחְתִּיךָ מִן־הַנָּוֶה I Chr. 17. 7, je t'ai pris du bercail, c.-à-d. lorsque tu menais paître les troupeaux; לִנְוֵה־צֹאן Is. 65. 10, (Scharon servira) de parc aux troupeaux; וּפָקַדְתָּ נָוְךָ Job 5. 24, et si tu comptes ton troupeau; selon d'autres: tu auras soin de ta demeure (de ceux qui s'y trouvent); וַהֲשִׁבֹתִי אֶתְהֶן עַל־נְוֵהֶן Jér. 23. 3, je les ramènerai dans leur parc.

נָוָה *adj. f.* (const. נְוַת). Celle qui demeure, qui réside, qui reste paisible: וּנְוַת בַּיִת Ps. 68. 13, celle qui demeure (paisible) dans la maison, la femme timide, modeste; הַנָּוָה Jér. 6. 2, la sédentaire, qui aime à rester chez elle; selon d'autres, comme הַנָּאוָה: la belle.

נָוֶה *f.* Demeure: נְוַת צִדְקֶךָ Job 8. 6, ta demeure innocente; *plur.* נְוֹת Soph. 2. 6 (v. l'exemple à כָּרָה, page 302).

נוּחַ (*fut.* יָנוּחַ, *apoc.* וַיָּנַח) 1° Reposer, se reposer, s'arrêter, camper, résider, durer: וַתָּנַח עֲלֵיהֶם הָרוּחַ Nomb. 11. 26, l'esprit se reposa sur eux; נָחָה רוּחַ אֵלִיָּהוּ עַל־אֱלִישָׁע II Rois 2. 15, l'esprit d'Élie s'est reposé sur Élisée; כִּי־תָנוּחַ יַד־יְיָ בָּהָר הַזֶּה Is. 25. 10, la main de l'Éternel se reposera sur cette montagne (v. à יָד); לָנוּחַ עֲלֵיהֶם II Sam. 21. 10, (elle empêcha les oiseaux) de se reposer sur leurs corps; וּבְנֻחֹה יֹאמַר Nomb. 10. 36, lorsque l'arche s'arrêtait, il disait; וַתָּנַח הַתֵּבָה Gen. 8. 4, l'arche s'arrêta; וַיָּנוּחוּ I Sam. 25. 9, ils s'arrêtèrent, c.-à-d. ils cessèrent de parler; נָחָה אֲרָם עַל־אֶפְרָיִם Is. 7. 2, Aram campe dans Ephraïm, la Syrie s'est confédérée avec Ephraïm; וְנַחְנוּ עָלָיו II Sam. 17. 12, nous camperons autour de lui; בְּלֵב נָבוֹן תָּנוּחַ חָכְמָה Prov. 14. 33, la sagesse réside dans le cœur de l'homme intelligent; לֹא יָנוּחַ שֵׁבֶט הָרֶשַׁע Ps. 125. 3, le sceptre, la domination, de la méchanceté (sur l'héritage du juste), ne se maintiendra pas, ne durera pas. — 2° Reposer, se reposer (du travail, de la fatigue), avoir du repos, jouir de la tranquillité: לְמַעַן יָנוּחַ עַבְדְּךָ Deut. 5. 14, pour que ton serviteur repose; וַיָּנַח בַּיּוֹם הַשְּׁבִיעִי Exod. 20. 11, il se reposa le septième jour; וְלֹא שָׁקַטְתִּי וְלֹא־נָחְתִּי Job 3. 26, je n'ai point eu de tranquillité ni de repos; אָז יָנוּחַ לִי Job 3. 13, alors il y aura du repos pour moi; וּכְנוֹחַ לָהֶם Néh. 9. 28, dès qu'ils jouissaient de repos. Avec מִן: אֲשֶׁר־נָחוּ בָהֶם הַיְּהוּדִים מֵאֹיְבֵיהֶם Esth. 9. 22, (comme les jours) où les Juifs eurent du repos de leurs ennemis. — 3° Comme *Hiph.* Donner du repos: וַיָּנַח יְיָ לָהֶם Jos. 21. 42, l'Éternel leur procura du repos, leur donna la paix.

Hiph. (הִנִּיחַ et הֵנִיחַ, v. יָנַח). 1° Poser, mettre, faire descendre, faire reposer: וְהִנִּיחוֹ לִפְנֵי מִזְבַּח יְיָ Deut. 26. 4, il le posera devant l'autel de l'Éternel; וַיַּנִּחֵהוּ אֶל־הַחֲמוֹר I Rois 13. 29, il le mit sur l'âne; וּצְדָקָה לָאָרֶץ הִנִּיחוּ Amos 5. 7, et qui abandonnent la justice, *exact.* qui précipitent la justice à terre; וַיְנִיחֵנִי בְּתוֹךְ הַבִּקְעָה Ez. 37. 1, il me plaça, ou il me fit descendre, dans une plaine; וְכַאֲשֶׁר יָנִיחַ יָדוֹ Exod. 17. 11, mais lorsqu'il abaissa la main; לְהָנִיחַ בְּרָכָה אֶל־בֵּיתֶךָ Ez. 44. 30, pour faire répandre la bénédiction sur ta maison; וַהֲנִחוֹתִי חֲמָתִי בָּם Ez. 5. 13, je ferai reposer, c.-à-d. je ferai éclater, ma colère sur eux; וַהֲנִחֹתִי חֲמָתִי Ez. 21. 22, je satisferai ma colère; הֵנִיחוּ אֶת־רוּחִי Zach. 6. 8, ils ont satisfait ma colère.

2° Faire reposer; donner, procurer, du repos; laisser en repos, laisser tranquille, laisser: הָנִיחוּ לֶעָיֵף Is. 28. 12, faites reposer celui qui est fatigué; וַהֲנִחֹתִי לָךְ Exod. 33. 14, et je te procurerai le repos; יְיָ אֱלֹהֵיכֶם מֵנִיחַ לָכֶם Jos. 1. 13, l'Éternel votre Dieu vous donne le repos (dans la terre promise); וְהֵנִיחַ לָכֶם מִכָּל־אֹיְבֵיכֶם Deut. 12. 10, lorsqu'il vous aura procuré le repos de tous vos ennemis; וְלַמֶּלֶךְ אֵין־שֹׁוֶה לְהַנִּיחָם Esth. 3. 8, il n'est point dans l'intérêt du roi de les laisser en repos, de les souffrir; יַסֵּר בִּנְךָ וִינִיחֶךָ Prov. 29. 17, corrige ton fils, et il te fera jouir du repos; וְלָעֶרֶב אַל־תַּנַּח יָדֶךָ Eccl. 11. 6, et le soir ne laisse pas reposer ta main; וְגַם־מִזֶּה אַל־תַּנַּח אֶת־יָדֶךָ Eccl. 7. 18, et de cela non plus ne retire point ta main, ne le néglige pas non plus; הַנַּח־לוֹ Osée 4.

17, laisse-le ; avec le *rég. dir.* : הַנִּיחָה אוֹתִי Jug. 16. 26, laisse-moi ; הַנִּחוּ לוֹ וִיקַלֵּל II Sam. 16. 11, laissez-le, qu'il maudisse, laissez-le maudire ; לֹא־הִנִּיחַ אָדָם לְעָשְׁקָם Ps. 105. 14, il n'a permis à personne de les opprimer ; אֲחִיכֶם הָאֶחָד הַנִּיחוּ אִתִּי Gen. 42. 33, laissez un de vos frères auprès de moi ; וַיַּנִּיחוּ אֹתוֹ עַד הַבֹּקֶר Exod. 16. 24, ils en laissèrent jusqu'au matin ; אַל־תַּנִּחֵנוּ Jér. 14. 9, ne nous abandonne pas ; מְקוֹמְךָ אַל־תַּנַּח Eccl. 10. 4, ne laisse pas ta place, ne la quitte pas ; מַרְפֵּא יַנִּיחַ חֲטָאִים גְּדוֹלִים 10. 4, la douceur fait éviter de grandes fautes.

3° Conduire, guider : רוּחַ יְיָ תְּנִיחֶנּוּ Is. 63. 14, l'esprit de Dieu le conduit. *Hoph.* : וְלֹא הוּנַח־לָנוּ Lament. 5. 5, il ne nous est donné aucun repos (v. d'autres exemples du *Hiph.* et du *Hoph.* à יָנַח).

נוֹחַ *m.* 1° Repos : וְנוֹחַ מֵאֹיְבֵיהֶם Esth. 9. 16, et ils eurent du repos du côté de leurs ennemis ; לְנוּחֶךָ II Chr. 6. 41, à ton lieu de repos.—*2° *Adj.* Prompt, facile, accommodant : נוֹחַ לְתִשְׁחֹרֶת Aboth, complaisant pour la jeunesse ; נוֹחַ לִכְעוֹס Aboth, prompt à se mettre en colère.

נוֹחָה *n. pr.* Noha, fils de Benjamin, I Chr. 8. 2.

נוּט Chanceler (v. מוֹט) : תָּנוּט הָאָרֶץ Ps. 99. 1, la terre chancelle.

*נוֹי *m.* Beauté : הַנּוֹי Aboth, la beauté.

נְוָלוּ et נְוָלִי chald. *f.* Tas de fumier : וּבַיְתֵהּ נְוָלוּ יִתְעֲבֵד Esdr. 6. 11, que sa maison devienne un tas de fumier, v. Dan. 2. 5.

נוּם Sommeiller, s'assoupir : נָמוּ רֹעֶיךָ Nah. 3. 18, tes pasteurs sommeillent ; נָמוּ שְׁנָתָם Ps. 76. 6, ils s'endorment, *exact.* ils dorment leur sommeil.

נוּמָה *f.* Assoupissement : וּקְרָעִים תַּלְבִּישׁ נוּמָה Prov. 23. 21, l'assoupissement, la paresse, fait vêtir (le paresseux) de haillons.

נוּן ou נִין *Kal* inusité. *Niph.* Fleurir. Ex. unique : לִפְנֵי־שֶׁמֶשׁ יִנּוֹן שְׁמוֹ Ps. 72. 17, son nom fleurira, ou se perpétuera, autant que dure le soleil.

נוּן *n. pr.* Nun, père de Josué, Exod. 33. 11 ; נוֹן I Chr. 7. 27.

נוּס Fuir, s'enfuir, se réfugier, courir : וְנַסְתֶּם גֵּיא־הָרַי Zach. 14. 5, vous fuirez à la vallée entre les montagnes ; selon d'autres, וְנִסְתַּם (de סָתַם) : la vallée entre les montagnes sera bouchée, fermée ; וְלֹא נָס לֵחֹה Deut. 34. 7, et sa sève n'était pas partie, sa force n'avait point diminué ; וְנָסוּ הַצְּלָלִים Cant. 2. 17, et jusqu'à ce que les ombres (du jour) se dissipent ; avec לִפְנֵי et מִפְּנֵי : וְנַסְנוּ לִפְנֵיהֶם Jos. 8. 5, nous fuirons devant eux ; וְנָס לוֹ מִפְּנֵי־חֶרֶב Is. 31. 8, il fuira devant l'épée ; נָס בְּרַגְלָיו Jug. 4. 17, (Sisara) s'enfuit à pied ; וְנָס שָׁמָּה רֹצֵחַ Nomb. 35. 11, le meurtrier s'y réfugiera ; לָנוּס אֶל־עִיר מִקְלָטוֹ Nomb. 35. 32, (vous ne prendrez point de rançon) de celui qui doit se réfugier, ou (p. לָנָס) : de celui qui s'est réfugié dans une ville de refuge ; וּמִצְרַיִם נָסִים לִקְרָאתוֹ Exod. 14. 27, et les Égyptiens s'enfuyaient du côté de la mer ; עַל־סוּס נָנוּס Is. 30. 16, nous nous enfuirons, ou nous courrons, montés sur des chevaux.

Pil. נוֹסֵס Mettre en fuite : רוּחַ יְיָ נֹסְסָה בוֹ Is. 59. 19, le souffle de l'Éternel mettra (l'ennemi) en fuite ; selon d'autres, de נָסַס : fera des prodiges, fera lever l'étendard contre l'ennemi.

Hiph. 1° Faire fuir, mettre en fuite : וּשְׁנַיִם יָנִיסוּ רְבָבָה Deut. 32. 30, et deux en feront-ils fuir dix mille ?—2° Mettre en sûreté, sauver : הֵנִיס אֶת־עֲבָדָיו Exod. 9. 20, il mettait en sûreté ses esclaves ; לְהָנִיס מִפְּנֵי מִדְיָן Jug. 6. 11, pour sauver (son blé, ou pour se sauver avec son blé) des Madianites.

Hithp. (v. à II נָסַס).

נוּעַ 1° S'agiter, remuer, chanceler, trembler : וַיָּנַע לְבָבוֹ וּלְבַב עַמּוֹ כְּנוֹעַ עֲצֵי־יַעַר Is. 7. 2, son cœur et le cœur de son peuple s'agitèrent, tremblèrent de crainte, comme les arbres des forêts tremblent (lorsque le vent les agite) ; לָנוּעַ עַל־הָעֵצִים Jug. 9. 9, pour planer au-dessus des autres arbres, c.-à-d. pour dominer sur eux ; רַק שְׂפָתֶיהָ נָּעוֹת

I Sam. 1. 13, ses lèvres seulement remuaient; נוֹעַ תָּנוּעַ אֶרֶץ כַּשִּׁכּוֹר Is. 24. 20, la terre chancelle comme un homme ivre; נָעוּ מַעְגְּלֹתֶיהָ Prov. 5. 6, ses sentiers sont mobiles, vont en s'éloignant de la bonne voie; וַיַּרְא הָעָם וַיָּנֻעוּ Exod. 20. 18, le peuple le vit, et il trembla, ou il recula saisi d'épouvante.

2° Errer, aller, courir çà et là: אָהֲבוּ לָנוּעַ Jér. 14. 10, ils aiment à errer; וְנָעוּ שְׁתַּיִם שָׁלֹשׁ עָרִים אֶל־עִיר אֶחָת Amos 4. 8, deux, trois villes, sont allées dans une autre ville; דַּלּוּ מֵאֱנוֹשׁ נָעוּ Job 28. 4, (les mineurs) sont plus malheureux que les autres hommes qui errent (sur la terre), v. à דָּלַל; *part.*: נָע וָנָד Gen. 4. 14, errant, fugitif et vagabond.

Niph. Être secoué, être agité, être remué: אִם־יִנּוֹעוּ Nah. 3. 12, s'ils (les figuiers) sont secoués; כַּאֲשֶׁר יִנּוֹעַ בַּכְּבָרָה Amos 9. 9, comme on remue le blé dans le crible ou le van (*exact.* comme le blé est remué, etc.).

Hiph. 1° Agiter, secouer, remuer, rendre chancelant, faire trembler: יָנִיעַ יָדוֹ Soph. 2. 15, il agitera la main en signe d'étonnement et de raillerie; אַחֲרַיִךְ רֹאשׁ הֵנִיעָה II Rois 19. 21, elle a secoué la tête derrière toi; וְאָנִיעָה עֲלֵיכֶם בְּמוֹ רֹאשִׁי Job 16. 4, et je secouerais la tête à votre sujet; אִישׁ אַל־יָנַע עַצְמֹתָיו II Rois 23. 18, que personne ne remue (ne touche à) ses ossements; וַתְּנִיעֵנִי עַל־בִּרְכַּי Dan. 10. 10, et (elle me fit chanceler sur mes genoux) elle me remit sur mes genoux qui chancelaient; הֵנַע וְעִוָּה Is. 37. 13, il les a fait trembler, il les a détruits; selon d'autres, *n. pr.* de villes: Hena et Ivvah.

2° Errer, rendre errant, disperser: הֵמָּה יְנִיעוּן לֶאֱכֹל Ps. 59. 16, ils errent pour chercher leur nourriture; וְהַיּוֹם אֲנִיעֲךָ עִמָּנוּ II Sam. 15. 20, et aujourd'hui je te ferais errer avec nous; וַיְנִעֵם בַּמִּדְבָּר Nomb. 32. 13, il les fit errer dans le désert; הֲנִיעֵמוֹ בְחֵילְךָ Ps. 59. 12, disperse-les par ta puissance; וַהֲנִעוֹתִי בְכָל־הַגּוֹיִם Amos 9. 9, je les disperserai dans toutes les nations, ou, je ferai qu'ils seront agités, etc.

נוֹעַדְיָה *n. pr.* 1° *m.* Esdr. 8. 33. — 2° La prophétesse Noadiah, Néh. 6. 14.

נוף Agiter çà et là. *Kal* Asperger, répandre en agitant les doigts: נַפְתִּי מִשְׁכָּבִי מֹר Prov. 7. 17, j'ai répandu sur mon lit de la myrrhe; selon d'autres: je l'ai parfumé de myrrhe.

Pilel Agiter: יְנֹפֵף יָדוֹ Is. 10. 32, il agite sa main (en signe de menace).

Hiph. הֵנִיף Agiter, mouvoir, élever en agitant, en tournant de différents côtés: וְהֵנִיף יָדוֹ אֶל־הַמָּקוֹם II Rois 5. 11, qu'il agiterait sa main sur l'endroit (malade), qu'il toucherait ma lèpre pour m'en guérir; לַהֲנָפָה גוֹיִם בְּנָפַת שָׁוְא Is. 30. 28, pour agiter les nations comme dans un van inutile, qui rejette tout; selon d'autres: dans le van du malheur, des calamités; הָנִיפוּ יָד Is. 13. 2, étendez-leur la main; avec עַל: אִם־הֲנִיפוֹתִי עַל־יָתוֹם יָדִי Job 31. 21, si j'ai levé la main contre l'orphelin; אִם־יִתְגַּדֵּל הַמַּשּׂוֹר עַל־מְנִיפוֹ כְּהָנִיף שֵׁבֶט אֶת־מְרִימָיו Is. 10. 15, la scie se soulève-t-elle contre celui qui la meut, comme si la verge faisait mouvoir ceux qui l'élèvent? כִּי חַרְבְּךָ הֵנַפְתָּ עָלֶיהָ Exod. 20. 25, car si tu as passé dessus ton ciseau; וְחֶרְמֵשׁ לֹא תָנִיף Deut. 23. 26, mais tu n'élèveras pas la faucille contre le blé, tu n'en couperas pas avec la faucille. *Fréq.* des sacrifices qu'on agitait, tournait, vers différents côtés avant de les offrir sur l'autel: לְהָנִיף אֹתוֹ תְּנוּפָה לִפְנֵי יְיָ Lévit. 7. 30, pour l'agiter de tous les côtés devant l'Éternel, *littér.* pour lui faire faire un tournoiement; et *en général* offrir à Dieu: וְכָל־אִישׁ אֲשֶׁר הֵנִיף תְּנוּפַת זָהָב לַייָ Exod. 35. 22, et tout homme qui offrit à Dieu une offrande d'or; וְהֵנִיף אַהֲרֹן אֶת־הַלְוִיִּם תְּנוּפָה לִפְנֵי יְיָ Nomb. 8. 11, Aaron offrira les lévites comme un présent devant l'Éternel; ou: les offrira en les conduisant, en les faisant tourner, vers les différents côtés. — 2° Asperger, faire ruisseler: גֶּשֶׁם נְדָבוֹת תָּנִיף אֱלֹהִים Ps. 68. 10, tu fais ruisseler, ô Dieu! une pluie abondante.

Hoph. Être agité : אֲשֶׁר הוּנַף Exod. 29. 27, (la partie du sacrifice) qui a été agitée (portée vers différents côtés).

נוֹף *m*. Situation, contrée : יְפֵה נוֹף Ps. 48. 3, (Sion est) dans une belle contrée ; selon d'autres : une belle élévation, colline.

נוץ *Kal* inusité. *Hiph*. הֵנֵץ Fleurir, pousser : הֵנֵצוּ הָרִמֹּנִים Cant. 6. 11, 7. 13, si les grenades avaient poussé ; וְיָנֵאץ הַשָּׁקֵד Eccl. 12. 5, selon quelques-uns pour וְיָנֵץ, quand l'amandier fleurira (v. נָצַץ et נָאַץ).

נוֹצָה *f*. (rac. נָצָה). Plume, penne : מְלֵא הַנּוֹצָה Ez. 17. 3, (un aigle) plein de plumes (v. נֹצָה).

נוק Ex. unique. *Hiph*. Faire téter : וַתְּנִיקֵהוּ Exod. 2. 9, et elle le nourrit ; ou *Kal*, de la racine נִיק, ou *Hiph*., de יָנַק pour וַתֵּינִקֵהוּ.

נוּר chald. *f*. Feu : נוּרָא יָקִדְתָּא Dan. 3. 6, d'un feu ardent.

נוש Être faible, être malade : חֶרְפָּה שָׁבְרָה לִבִּי וָאָנוּשָׁה Ps. 69. 21, la honte a brisé mon cœur et je suis malade ; ou de la rac. אָנַשׁ pour וָאֶאֱנָשָׁה.

נָזָה (*fut*. יִזֶּה, *apoc*. יִז et יֵז) Rejaillir : וַאֲשֶׁר יִזֶּה מִדָּמָהּ עַל־הַבֶּגֶד Lévit. 6. 20, et s'il rejaillit de ton sang sur le vêtement. Avec אֶל : וַיִּז מִדָּמָהּ אֶל־הַקִּיר II Rois 9. 33, il rejaillit de son sang sur le mur.

Hiph. (הִזָּה, *fut. apoc*. יַז). Faire rejaillir, asperger : הַזֵּה עֲלֵיהֶם מֵי חַטָּאת Nomb. 8. 7, asperge-les de l'eau de l'expiation ; וַיַּז מִמֶּנּוּ עַל־הַמִּזְבֵּחַ Lév. 8. 11, il en fit l'aspersion sur l'autel ; avec אֶל : וְהִזָּה אֶל־הַבַּיִת Lévit. 14. 51, il en aspergera la maison ; — וְהִזָּה מִן־הַשֶּׁמֶן — לִפְנֵי יְיָ Lévit. 14. 16, il fera une aspersion de l'huile — devant l'Éternel. *Part*. : וּמַזֵּה מֵי־הַנִּדָּה Nomb. 19. 21, et celui qui aura fait l'aspersion de l'eau de purification. — 2° Disperser : כֵּן יַזֶּה גּוֹיִם רַבִּים Is. 52. 15, ainsi il dispersera de grandes nations, ou il répandra leur sang ; selon d'autres : il fera parler de lui par de nombreuses nations (v. נָזָה).

* נָזוּף *adj*. Indigne : נִקְרָא נָזוּף Aboth, il est appelé un homme indigne, méprisable.

נָזִיד *m*. (rac. זוּד). Mets : וַיָּזֶד יַעֲקֹב נָזִיד Gen. 25. 29, Jacob fit cuire un mets ; וּנְזִיד עֲדָשִׁים 25. 34, un plat de lentilles.

נָזִיר *m*. (rac. נָזַר). Nazaréen, qui s'est voué à Dieu et qui s'impose certaines abstinences : וְזֹאת תּוֹרַת הַנָּזִיר Nomb. 6. 13, voici la loi qui regarde le nazaréen ; נְזִיר אֱלֹהִים יִהְיֶה Jug. 13. 5, il sera nazaréen, consacré à Dieu. *Métaph*., des vignes de la septième année : עִנְּבֵי נְזִירֶךָ Lévit. 25. 5, les raisins de ta vigne non taillée (dont on s'éloigne, qui est consacrée) ; נְזִיר אֶחָיו Gen. 49. 26, qui a été séparé de ses frères, ou : celui d'entre les frères qui est couronné.

נָזַל (*fut*. יִזַּל, v. זָלַל) Couler, faire couler, se répandre, fondre : יִזַּל־מַיִם מִדָּלְיָו Nomb. 24. 7, l'eau coulera de ses seaux ; וּשְׁחָקִים יִזְּלוּ־צֶדֶק Is. 45. 8, et que les nuages fassent descendre, fassent couler d'en haut, la bénédiction ; יִזְּלוּ בְשָׂמָיו Cant. 4. 16, que ses parfums se répandent ; הָרִים נָזְלוּ מִפְּנֵי יְיָ Jug. 5. 5, les montagnes se sont écoulées, fondues, devant l'Éternel. *Part*. נוֹזְלִים, *poét*. וְנוֹזְלֵיהֶם Ps. 78. 44, et leurs eaux.

Hiph. Faire couler : מַיִם מִצּוּר הִזִּיל לָמוֹ Is. 48. 21, il a fait couler pour eux l'eau du rocher.

נֶזֶם *m*. (avec suff. נִזְמִי, *plur*. נְזָמִים, const. נִזְמֵי). Boucle d'oreille et anneau que l'on portait au nez : הַנְּזָמִים אֲשֶׁר בְּאָזְנֵיהֶם Gen. 35. 4, les anneaux qui pendaient à leurs oreilles ; וָאָשִׂם הַנֶּזֶם עַל־אַפָּהּ Gen. 24. 47, je lui donnai des anneaux pour parer son visage, *exact*. je lui mis l'anneau au nez.

נְזַק chald. Être lésé, souffrir un dommage : וּמַלְכָּא לָא־לֶהֱוֵא נָזִק Dan. 6. 3, et que le roi n'ait point à souffrir de dommage.

Aph. Causer du dommage, porter préjudice : וְאַפְּתֹם מַלְכִים תְּהַנְזִק Esdr. 4. 13, enfin cela portera préjudice aux rois (v. à אַפְּתֹם).

נֵזֶק *m.* Dommage, tort : בְּנֵזֶק הַמֶּלֶךְ Esth. 7. 4, le dommage causé au roi.

נָזַר (v. II נזר) *Kal* inusité. *Niph.* 1° S'éloigner, s'abstenir, s'imposer des abstinences : וְיִנָּזֵר מֵאַחֲרַי Ez. 14. 7, qui se sera éloigné de moi ; וְיִנָּזְרוּ מִקָּדְשֵׁי בְנֵי־יִשְׂרָאֵל Lévit. 22. 2, (qu'ils s'abstiennent) qu'ils ne touchent pas aux oblations sacrées des enfants d'Israel ; הַנָּזֵר כַּאֲשֶׁר עָשִׂיתִי זֶה כַּמֶּה שָׁנִים Zach. 7. 3, en faisant des abstinences, en me privant des jouissances, comme j'ai fait depuis plusieurs années. — 2° Avec לְ : Se vouer, se consacrer : וַיִּנָּזְרוּ לַבֹּשֶׁת Osée 9. 10, ils se consacrent aux idoles.

Hiph. הִזִּיר. 1° Séparer, éloigner, faire abstenir : וְהִזַּרְתֶּם אֶת־בְּנֵי־יִשְׂרָאֵל מִטֻּמְאָתָם Lév. 15. 31, vous séparerez, éloignerez, les enfants d'Israel de leur impureté. — 2° Comme *Niph.* S'abstenir, se vouer, vouer, consacrer : מִיַּיִן וְשֵׁכָר יַזִּיר Nomb. 6. 3, il s'abstiendra de vin et de liqueurs fortes ; לְהַזִּיר לַיהוָה Nomb. 6. 2, pour se vouer à l'Éternel ; וְהִזִּיר לַיהוָה אֶת־יְמֵי נִזְרוֹ Nomb. 6. 12, il consacrera à l'Éternel les jours de son abstinence.

נֵזֶר *m.* 1° Diadème, couronne : וַיִּתֵּן עָלָיו אֶת־הַנֵּזֶר II Rois 11. 12, il mit sur sa tête le diadème ; נֵזֶר הַקֹּדֶשׁ Exod. 29. 6, la couronne sainte, la lame d'or que portait le grand prêtre devant le front (v. צִיץ) ; אַבְנֵי־נֵזֶר Zach. 9. 16, (comme) les pierres d'une couronne. — 2° Abstinence, naziréat, consécration : כֹּל יְמֵי נִזְרוֹ Nomb. 6. 4, tout le temps de son abstinence, tant que durera son naziréat ; נֵזֶר אֱלֹהָיו עַל־רֹאשׁוֹ vers. 7, (il porte) la consécration de son Dieu sur sa tête (la marque de sa consécration) ; שְׂעַר רֹאשׁ נִזְרוֹ vers. 18, sa chevelure consacrée ; נֵזֶר שֶׁמֶן מִשְׁחַת אֱלֹהָיו Lév. 21. 12, la couronne ou la consécration de l'huile d'onction de son Dieu. — 3° Chevelure consacrée (du nazaréen) : אַחַר הִתְגַּלְּחוֹ אֶת־נִזְרוֹ Nomb. 6. 19, après qu'il se sera coupé ses cheveux de nazaréen ; et *en général* chevelure longue : גָּזִּי נִזְרֵךְ Jér. 7. 29, coupe tes cheveux.

נֹחַ *n. pr.* Noé, fils de Lémech, Gen. 5. 29 ; מֵי־נֹחַ Is. 54. 9, les eaux du temps de Noé, c.-à-d. le déluge.

נַחְבִּי *n. pr. m.* Nomb. 13. 14.

נָחָה Conduire, mener, guider (*Kal prét.* et *impér.* seuls usités) : לֵךְ נְחֵה אֶת־הָעָם Exod. 32. 34, va, conduis ce peuple ; וְלֹא־נָחָם אֱלֹהִים Exod. 13. 17, Dieu ne les conduisit pas ; וּנְחֵנִי בְּאֹרַח מִישׁוֹר Ps. 27. 11, conduis-moi dans le chemin de la droiture.

Hiph. (*fut.* יַנְחֶה et l'*inf.* הַנְחֹת seuls usités) : לַנְחֹתָם הַדֶּרֶךְ Exod. 13. 21, pour les diriger dans leur chemin ; וְעַיִשׁ עַל־בָּנֶיהָ תַנְחֵם Job 38. 32, diriges-tu l'étoile de l'Ourse avec ses satellites ? שֹׁטֵחַ לַגּוֹיִם וַיַּנְחֵם Job 12. 23, il disperse les nations et il les ramène (dans leurs pays). *Des troupes*, faire camper : וַיַּנְחֵם בְּעָרֵי הָרֶכֶב I Rois 10. 26, il les fit camper dans des villes destinées à loger les chariots.

נְחוּם *n. pr. m.* Néh. 7. 7 (v. רְחוּם).

נִחוּמִים *m. pl.* 1° Consolation : וַאֲשַׁלֵּם נִחֻמִים לוֹ וְלַאֲבֵלָיו Is. 57. 18, je lui donnerai des consolations, à lui et à ceux qui le pleuraient. — 2° Compassion, tendresse : נִכְמְרוּ נִחוּמָי Osée 11. 8, ma tendresse s'éveille ; ou : mon repentir est cuisant, vif.

נָחוֹר *n. pr.* Nahor, frère d'Abraham, Gen. 11. 26.

נָחוּשׁ *adj.* Ce qui est d'airain : אִם־בְּשָׂרִי נָחוּשׁ Job 6. 12, ma chair est-elle d'airain ?

נְחוּשָׁה *f.* Airain : אֲפִיקֵי נְחוּשָׁה Job 40. 18, des tuyaux d'airain ; וְאֶבֶן יָצוּק נְחוּשָׁה Job 28. 2, la pierre étant fondue se change en airain.

נְחִילָה *f.* Nom d'un instrument de musique ou d'une mélodie : אֶל־הַנְּחִילוֹת Ps. 5. 1, sur Nehiloth, ou sur les flûtes [?] (de la racine חָלַל).

נְחִירַיִם *m. duel.* Narines : מִנְּחִירָיו יֵצֵא עָשָׁן Job 41. 12, une fumée sort de ses narines.

נָחַל 1° Posséder ; avoir une possession, un partage ; recevoir une possession, prendre une possession : כָּבוֹד חֲכָמִים יִנְחָלוּ Prov. 3. 35, les sages posséderont la gloire ; נָחַלְתִּי עֵדְוֹתֶיךָ לְעוֹלָם Ps. 119. 111, j'ai pris à jamais tes témoignages, tes préceptes, comme un héritage ; וְנָחַלְתָּ אֶת־הָאָרֶץ Exod. 23. 30, et que tu auras le pays (de Chanaan) en possession ; כִּי לֹא נִנְחַל אִתָּם Nomb. 32. 19, nous ne demanderons point de part avec eux ; וְנָחַל יְיָ אֶת־יְהוּדָה חֶלְקוֹ Zach. 2. 16, l'Éternel possédera Juda comme son héritage ; וּנְחַלְתָּנוּ Exod. 34. 9, prends-nous pour ta possession. Avec בְּ : בְּאַרְצָם לֹא תִנְחָל Nomb. 18. 20, tu ne posséderas rien dans leur pays ; כִּי־אַתָּה תִנְחַל בְּכָל־הַגּוֹיִם Ps. 82. 8, car tu as tous les peuples en partage. — 2° Hériter : לֹא־תִנְחַל בְּבֵית־אָבִינוּ Jug. 11. 2, tu n'hériteras pas, tu ne seras pas héritier, en la maison de notre père. — 3° Donner en possession, partager un héritage ; אֲשֶׁר־יִנְחֲלוּ לָכֶם אֶת־הָאָרֶץ Nomb. 34. 17, qui partageront le pays entre vous, ou qui en prendront possession pour vous ; וַיְכַלּוּ לִנְחֹל אֶת־הָאָרֶץ Jos. 19. 49, lorsqu'ils eurent achevé de partager le pays.

Pi. comme *Kal* 3°. Partager, mettre en possession : אֲשֶׁר־נִחַל מֹשֶׁה Jos. 13. 32, à qui Moïse avait partagé le pays.

Hiph. הִנְחִיל Mettre, donner, en possesion ; faire acquérir, laisser en héritage, accorder ; avec le double *acc.* : כִּי אַתָּה תַּנְחִיל אֶת־הָעָם הַזֶּה אֶת־הָאָרֶץ Jos. 1. 6, car c'est toi qui mettras ce peuple en possession du pays ; בְּהַנְחֵל עֶלְיוֹן גּוֹיִם Deut. 32. 8, lorsque le Très-Haut divisa les possessions aux peuples ; לְהַנְחִיל אֹהֲבַי יֵשׁ Prov. 8. 21, pour accorder de la richesse à ceux qui m'aiment ; אֲשֶׁר הִנְחַלְתִּי אֶת־אֲבוֹתֵיכֶם Jér. 3. 18, (le pays) que j'ai donné en possession à vos pères ; וְהִנְחַלְתֶּם לִבְנֵיכֶם אַחֲרֵיכֶם I Chr. 28. 8, vous le laisserez en héritage à vos enfants après vous ; בְּיוֹם הַנְחִילוֹ אֶת־בָּנָיו אֵת אֲשֶׁר־יִהְיֶה לוֹ Deut. 21. 16, lorsqu'il partagera son bien à ses fils.

Hoph. : כֵּן הָנְחַלְתִּי לִי יַרְחֵי־שָׁוְא Job 7. 3, ainsi j'ai reçu en partage des mois de déception.

Hithp. Recevoir en possession, posséder : עַד הִתְנַחֵל בְּנֵי יִשְׂרָאֵל אִישׁ נַחֲלָתוֹ Nomb. 32. 18, jusqu'à ce que les enfants d'Israel aient reçu, possèdent, chacun leur partage ; וְהִתְנַחַלְתֶּם אֹתָם לִבְנֵיכֶם אַחֲרֵיכֶם Lévit. 25. 46, vous les posséderez pour vos enfants après vous, c.-à-d. pour les laisser à vos enfants par droit héréditaire.

נחל *m.* (נַחְלָה Ps. 124. 4, *duel* נַחֲלַיִם, *plur.* נְחָלִים, const. נַחֲלֵי). 1° Torrent, fleuve : כְּמוֹ־נָחַל Job 6. 15, comme un torrent ; כָּל־הַנְּחָלִים הֹלְכִים אֶל־הַיָּם Eccl. 1. 7, tous les fleuves (se jettent) vont à la mer ; נַחְלָה מִצְרָיִם Nomb. 34. 5, (ה local, jusqu'au) torrent de l'Égypte, sur les confins de l'Égypte et de la Palestine. — 2° Plaine traversée par un torrent, vallée : וַיַּחְפְּרוּ עַבְדֵי־יִצְחָק בַּנָּחַל Gen. 26. 19, les serviteurs d'Isaac creusèrent (des puits) dans la plaine ; וְהָעִיר אֲשֶׁר בַּנַּחַל Deut. 2. 36, et la ville située dans la vallée.

נַחֲלָה (v. נָחַל 1°).

נַחֲלָה *f.* Possession, propriété, partage, héritage, sort : לֹא יִנְחֲלוּ נַחֲלָה Nomb. 18. 24, ils n'auront point de possession ; בְּיוֹם נַחֲלָה Is. 17. 11, au jour de la possession de la récolte ; selon d'autres : au jour de douleur (de la rac. חָלָה) ; יְיָ הוּא נַחֲלָתוֹ Deut. 18. 2, l'Éternel est son héritage. De même des Israélites : עַמְּךָ וְנַחֲלָתְךָ 9. 26, ton peuple et ton héritage ; נַחֲלַת יְיָ בָּנִים Ps. 127. 3, les enfants sont un don de l'Éternel ; בַּיִת וָהוֹן נַחֲלַת אָבוֹת Prov. 19. 14, la maison et la richesse sont un héritage (qu'on reçoit) de ses pères.

נַחֲלִיאֵל *n. pr.* d'une station dans le désert, Nomb. 21. 19.

נֶחֱלָמִי *n. patron.* Jér. 29. 24.

נַחֲלַת *f.* (v. נַחֲלָה). Héritage : נַחֲלָת שָׁפְרָה עָלָי Ps. 16. 6, mon héritage est excellent, ou me plaît.

נָחַם *Kal* inusité. *Niph.* נִחַם, *inf.*

וְנִחַם. 1° Se repentir, changer de sentiment, se laisser fléchir, avoir pitié, pardonner : כִּי נִחַמְתִּי כִּי עֲשִׂיתִם Gen. 6. 7, je me repens de les avoir créés ; נִלְאֵיתִי הִנָּחֵם Jér. 15. 6, je suis las de pardonner ou de me repentir, de revenir sur ce que j'avais arrêté ; פֶּן־יִנָּחֵם הָעָם Exod. 13. 17, de peur que le peuple ne change d'avis, ne se repente ; avec עַל, אֶל et לְ : וְנִחַמְתִּי עַל־הַטּוֹבָה Jér. 18. 10, je me repentirai du bien ; וַיִּנָּחֶם יְיָ אֶל־הָרָעָה II Sam. 24. 16, Dieu se repentit du mal ; וְהָעָם נִחָם לְבִנְיָמִן Jug. 21. 15, le peuple eut pitié de (la tribu de) Benjamin ; כִּי־יִנָּחֵם יְיָ מִנַּאֲקָתָם Jug. 2. 18, car Dieu se laissait fléchir par leurs gémissements. — 2° Se consoler, être consolé ; sans rég., avec אֶל, עַל et אַחֲרֵי : מֵאֲנָה הִנָּחֵם נַפְשִׁי Ps. 77. 3, mon âme refuse toute consolation, *exact.* d'être consolée ; וַיִּנָּחֶם יְהוּדָה Gen. 38. 12, lorsque Juda fut consolé ; כִּי־נִחַם עַל־אַמְנוֹן כִּי־מֵת II Sam. 13. 39, parce qu'il s'était consolé de la mort d'Amnon ; וַיִּנָּחֵם יִצְחָק אַחֲרֵי אִמּוֹ Gen. 24. 67, Isaac fut consolé de la perte de sa mère, c.-à-d. sa douleur fut tempérée par Rebecca. — 3° Se satisfaire en se vengeant : אֶנָּחֵם מִצָּרַי Is. 1. 24, je me vengerai de mes ennemis.

Pi. נִחַם Consoler, soulager : נִחַם יְיָ צִיּוֹן Is. 51. 3, l'Éternel a consolé Sion ; מָה אַשְׁוֶה־לָּךְ וַאֲנַחֲמֵךְ Lam. 2. 13, qu'égalerai-je à toi pour te consoler? *exact.* pour que je te console ; תְּנַחֲמֵנִי עַרְשִׂי Job 7. 13, mon lit me soulagera ; avec מִן : זֶה יְנַחֲמֵנוּ מִמַּעֲשֵׂנוּ Gen. 5. 29, celui-ci nous consolera de nos travaux ; לְנַחֲמֵנִי עַל־שֹׁד בַּת־עַמִּי Is. 22. 4, de me consoler de la ruine de mon peuple ; *part.* : וְלַמְנַחֲמִים Ps. 69. 21, (j'espérais) en des consolateurs.

Pou. Être consolé : לֹא נֻחָמָה Is. 54. 11, qui n'est point consolée ; וּבִירוּשָׁלַםִ תְּנֻחָמוּ Is. 66. 13, et vous serez consolés dans Jérusalem.

Hithp. Même signif. que *Niph.* 1° Se repentir, avoir pitié : וּבֶן־אָדָם וְיִתְנֶחָם Nomb. 23. 19, (il n'est point) un mortel pour se repentir ; וְעַל־עֲבָדָיו יִתְנֶחָם Deut. 32. 36, il aura pitié de ses serviteurs. — 2° Se consoler, se laisser consoler : וַיְמָאֵן לְהִתְנַחֵם Gen. 37. 35, il ne voulut point recevoir de consolation, *littér.* il refusa de se laisser consoler. — 3° Se venger : וַהֲנִחוֹתִי חֲמָתִי בָּם וְהִנֶּחָמְתִּי Ez. 5. 13, je ferai éclater ma colère contre eux et je me vengerai, je satisferai mon indignation ; מִתְנַחֵם לְךָ לְהָרְגֶךָ Gen. 27. 42, (ton frère) se vengera sur toi en te tuant, ou : il se console par la pensée de te tuer.

נַחַם *n. pr. m.* I Chr. 4. 19.

נֹחַם *m.* Repentir : נֹחַם יִסָּתֵר מֵעֵינָי Osée 13. 14, le repentir sera caché devant mes yeux.

נֶחָמָה *f.* Consolation : זֹאת נֶחָמָתִי בְעָנְיִי Ps. 119. 50, ceci est ma consolation dans ma misère.

נְחֶמְיָה (que Dieu console) *n. pr.* 1° Néhémie, fils de Hachalia, gouverneur de la Judée, auteur du livre de ce nom, Néh. 1. 1. — 2° Néh. 3. 16. — 3° 7. 7.

נַחֲמָנִי *n. pr. m.* Néh. 7. 7.

* **נֶחָמְתָא** chald. Glorification, sanctification, Rituel.

נַחְנוּ (v. אֲנַחְנוּ) *pron. pers. pl.* Nous.

נָחַץ (v. לָחַץ) Presser. *Part. passif* : כִּי־הָיָה דְבַר־הַמֶּלֶךְ נָחוּץ I Sam. 21. 9, car l'ordre du roi était pressant, urgent.

נַחַר *m.* Hennissement : הוֹד נַחְרוֹ Job 39. 20, son hennissement vigoureux (v. à הוֹד).

נַחְרָה *f.* Même sign. : נַחְרַת סוּסָיו Jér. 8. 16, le hennissement de ses chevaux.

נַחֲרַי et **נַחְרַי** *n. pr. m.* II Sam. 23. 37, I Chr. 11. 37.

נָחַשׁ *Kal* inusité (v. לָחַשׁ ; selon quelques-uns, de נָחָשׁ, observer les serpents.

Pi. User d'augures, prédire l'avenir par la divination, augurer, présumer : לֹא תְנַחֲשׁוּ Lév. 19. 26, vous n'userez point d'augures ; נַחֵשׁ יְנַחֵשׁ אִישׁ אֲשֶׁר כָּמֹנִי Gen. 44. 15, un homme comme moi sait deviner, découvrir, ce qui est caché ; וְהוּא נַחֵשׁ יְנַחֵשׁ בּוֹ 5, il se sert de (cette coupe).

pour deviner; נִחַשְׁתִּי וַיְבָרְכֵנִי יְיָ בִּגְלָלֶךָ Gen. 30. 27, j'ai auguré, ou : je sais par expérience, que Dieu m'a béni à cause de toi; וְהָאֲנָשִׁים יְנַחֲשׁוּ I Rois 20. 33, les hommes en tirèrent un bon présage.

נַחַשׁ m. Sortilége, divination, augure : כִּי לֹא־נַחַשׁ בְּיַעֲקֹב Nomb. 23. 23, car il n'y a point de sortilége dans, ou contre, Jacob; לִקְרַאת נְחָשִׁים Nomb. 24. 1, au-devant des augures.

נָחָשׁ m. Serpent : נְחַשׁ נְחֹשֶׁת Nomb. 21. 9, un serpent d'airain; נָחָשׁ בָּרִחַ Job 26. 13, serpent fuyant, alerte; selon quelques-uns, nom d'une constellation (le dragon ?).

נָחָשׁ n. pr. 1° D'une ville, I Chr. 4. 12. — 2° Nahas, roi des Ammonites, I Sam. 11. 1.

נְחָשׁ chald. m. Airain, cuivre : וְיַרְכָתֵהּ דִּי נְחָשׁ Dan. 2. 32, et les cuisses étaient d'airain.

נַחְשׁוֹן (conjurateur) n. pr. Nahson, fils d'Aminadab, Nomb. 1. 7.

נְחֹשֶׁת *des deux genres* (avec suff. נְחֻשְׁתֵּךְ). 1° Cuivre, airain, d'airain: נְחֹשֶׁת וּבַרְזֶל Gen. 4. 22, le cuivre et le fer; יָם הַנְּחֹשֶׁת I Chr. 18. 8, la mer, le bassin d'airain. — 2° Chaînes : הִכְבִּיד נְחָשְׁתִּי Lament. 3. 7, il a appesanti mes chaînes; plus fréq. *duel* : וְרַגְלֶיךָ לֹא־לִנְחֻשְׁתַּיִם הֻגָּשׁוּ II Sam. 3. 34, tes pieds n'ont pas été mis dans des chaînes. — 3° Le bas, le dessous : וְחָרָה נְחֻשְׁתָּהּ Ez. 24. 11, que le bas (du vase) se brûle. *Métaph*. Parties honteuses : יַעַן הִשָּׁפֵךְ נְחֻשְׁתֵּךְ Ez. 16. 36, puisque ta honte est découverte; selon d'autres, argent (de cuivre) : puisque ton argent a été dissipé.

נְחֻשְׁתָּא n. pr. Nehustha, mère du roi Jehoyachin, II Rois 24. 8.

נְחֻשְׁתָּן m. Serpent d'airain. Nom donné au serpent d'airain que Moïse avait fait faire, emblème qu'on adorait plus tard, et qui a été brisé par le roi Ezéchias, II Rois 18. 4.

נָחַת (*fut.* יִנְחַת et יֵחַת) Descendre, pénétrer, faire impression : מִי־יֵחַת עָלֵינוּ Jér. 21. 13, qui descendra contre nous (pour nous combattre); וַתִּנְחַת עָלַי יָדֶךָ Ps. 38. 3, ta main est descendue, s'est appesantie, sur moi; תֵּחַת גְּעָרָה בְמֵבִין Prov. 17. 10, une réprimande fait (plus) d'impression sur l'homme intelligent; וּבְרֶגַע שְׁאוֹל יֵחָתּוּ Job 21. 13, en un instant ils descendent dans le scheol (יֵחָתּוּ pour יֵרֵדוּ se trouvant à la fin du verset).

Niph.: חִצֶּיךָ נִחֲתוּ בִי Ps. 38. 3, tes flèches ont pénétré en moi, m'ont percé.

Pi. Faire descendre, abaisser : וְנִחֲתָה קֶשֶׁת־נְחוּשָׁה זְרוֹעֹתָי Ps. 18. 35, mes bras abaissent l'arc d'airain, c.-à-d. le tendent; ou : l'arc est tendu (*Niph*.) par mes bras; selon d'autres, de חָתַת : l'arc d'airain sera brisé par mes bras; נַחֵת גְּדוּדֶיהָ Ps. 65. 11, abaisses-en les sillons, c.-à-d. égalise-les, ou fais descendre la pluie dans ses sillons.

Hiph. הַנְחַת Renverser, abattre : הַנְחַת יְיָ גִּבּוֹרֶיךָ Joel 4. 11, que l'Eternel renverse, abatte, tes héros; ou : Dieu, fais descendre tes anges.

נְחַת chald. Descendre. *Part*. : מִן־שְׁמַיָּא נָחִת Dan. 4. 10, descendant du ciel.

Aph. (*fut*. יַחֵת, *imp*. אֲחֵת, *part*. מְהַחֲתִין). Faire descendre, apporter (en bas), mettre : אֲחֵת הִמּוֹ בְּהֵיכְלָא Esdr. 5. 15, descends-les dans le temple; מְהַחֲתִין תַּמָּה Esdr. 6. 1, où (les trésors) sont déposés; וְתַחֵת בְּבֵית אֱלָהָא Esd. 6. 5, et qu'on les mette dans le temple de Dieu.

Hoph. הָנְחַת Être renversé, être précipité : הָנְחַת מִן־כָּרְסֵא מַלְכוּתֵהּ Dan. 5. 20, il fut précipité du trône de son royaume.

נַחַת m. 1° Action de descendre, de poser; ce qui est posé, ce qui est placé : וְנַחַת זְרוֹעוֹ יַרְאֶה Is. 30. 30, il fera voir comment son bras s'appesantit, les coups que son bras frappera; וְנַחַת שֻׁלְחָנְךָ Job 36. 16, ce qui est placé sur ta table, les mets. — 2° Repos, tranquillité :

בְּשׁוּבָה וָנַחַת תִּוָּשֵׁעוּן Is. 30. 15, vous serez sauvés par la paix et par le repos; מְלֹא כַף נָחַת Eccl. 4. 6, un peu dans le creux de la main avec du repos; * בְּנַחַת רוּחַ Rituel, avec un esprit calme, ou avec onction.

נְחִתִּים *m. pl. adj.* Descendant, qui descendent, qui campent : כִּי־שָׁם אֲרָם נְחִתִּים II Rois 6. 9, car les Syriens descendent en cet endroit (avec *dagesch* au lieu de נְחִיתִים).

נָטָה (*fut.* יִטֶּה, *apoc.* יֵט, וַיֵּט, וַיֵּט־) 1° *Trans.* Étendre, allonger, tendre, pencher, incliner, tourner, amener : וַיֵּט מֹשֶׁה אֶת־יָדוֹ Exod. 14. 27, Moïse étendit la main. Etendre la main, le bras; menacer, être prêt à combattre : כִּי־נָטָה אֶל־אֵל יָדוֹ Job 15. 25, parce qu'il a étendu sa main contre Dieu; בִּזְרוֹעַ נְטוּיָה Exod. 6. 6, avec le bras étendu; בִּנְטֹתִי אֶת־יָדִי עַל־מִצְרָיִם Exod. 7. 5, lorsque j'étendrai la main sur l'Égypte (pour la punir); en signe d'amitié : נָטִיתִי יָדִי Prov. 1. 24, j'ai tendu la main; כְּצֵל נָטוּי Ps. 102. 12, comme l'ombre allongée, c.-à-d. vers le soir, l'ombre à son déclin (v. 109. 23); נְטוּיוֹת גָּרוֹן Is. 3. 16, allongeant le cou, le cou tendu, la tête haute; נָטָה קָו Is. 44. 13, il a tendu le cordeau (pour mesurer); נוֹטֶה שָׁמַיִם כַּיְרִיעָה Ps. 104. 2, il étend le ciel comme un tapis; נָטוּ עָלֶיךָ רָעָה Ps. 21. 12, ils ont penché le mal contre toi, ils ont tâché à te faire du mal; שָׁלוֹשׁ אֲנִי נֹטֶה עָלֶיךָ I Chr. 21. 10, je te propose, présente, trois choses (je te donne à choisir entre trois maux); וַיֵּט שִׁכְמוֹ לִסְבֹּל Gen. 49. 15, il a penché, baissé, l'épaule pour porter le fardeau; כְּקִיר נָטוּי Ps. 62. 4, comme un mur qui penche; נָטִיתִי לִבִּי לַעֲשׂוֹת חֻקֶּיךָ Ps. 119. 112, j'ai porté mon cœur à exécuter tes ordonnances; הִנְנִי נֹטֶה־אֵלֶיהָ כְּנָהָר שָׁלוֹם Is. 66. 12, j'amènerai, je ferai couler vers elle, la paix comme un fleuve.

2° *Intrans.* S'étendre, se pencher, s'incliner, s'avancer, entrer, se tourner : עֵינֵיהֶם יָשִׁיתוּ לִנְטוֹת בָּאָרֶץ Ps. 17. 11, ils tournent leurs regards à s'étendre dans le pays, ou *trans.* : pour nous abaisser jusqu'à terre; וְלֹא־יִטֶּה לָאָרֶץ מִנְלָם Job 15. 29, leur richesse ne s'étendra pas sur la terre; נָטָיוּ רַגְלָי Ps. 73. 2 (*cheth.* נָטוּי), mes pieds ont penché, m'ont manqué; עַד־נְטוֹת הַיּוֹם Jug. 19. 8, jusqu'à ce que le jour décline, avance; נָקֵל לַצֵּל לִנְטוֹת עֶשֶׂר מַעֲלוֹת II Rois 20. 10, il est aisé, c.-à-d. il est moins étonnant, que l'ombre s'avance de dix degrés (lignes); וּכְאֹרֵחַ נָטָה לָלוּן Jér. 14. 8, et comme un étranger qui entre (dans un gîte) pour y passer la nuit; לֹא נִטֶּה יָמִין וּשְׂמֹאול Nomb. 20. 17, nous ne nous détournerons ni à droite, ni à gauche; וַיֵּט אֵלֶיהָ Gen. 38. 16, il s'approcha d'elle; וַיֵּט אֵלַי Ps. 40. 1, il s'inclina, s'abaissa, vers moi. Avec מִן, מֵעִם, se détourner, s'écarter : אִם תִּטֶּה אַשֻּׁרִי מִנִּי הַדָּרֶךְ Job 31. 7, si mon pas s'est détourné du chemin; כִּי־נָטָה לְבָבוֹ מֵעִם יְיָ I Rois 11. 9, parce que son cœur s'était écarté de Dieu; אוּלַי נָטְתָה מִפָּנַי Nomb. 22. 33, si elle ne s'était point détournée devant moi, c.-à-d. effrayée de ma présence; וַתֵּט לְפָנַי même vers., elle s'est détournée devant moi. — Avec אַחֲרֵי, suivre quelqu'un, être de son parti; s'adonner, se livrer, à quelque chose : לִנְטֹת אַחֲרֵי רַבִּים Exod. 23. 2, pour suivre l'avis, le jugement, du grand nombre; יוֹאָב נָטָה אַחֲרֵי אֲדֹנִיָּה I Rois 2. 28, Joab avait suivi le parti d'Adonyah; וַיִּטּוּ אַחֲרֵי הַבָּצַע I Sam. 8. 3, ils (penchaient) se livraient au gain illicite; נְטֵה לָךְ I Sam. 14. 7, tourne, va, où tu voudras.

Niph. Être tendu, être étendu, s'allonger : וְקָו יִנָּטֶה עַל־יְרוּשָׁלִָם Zach. 1. 16, le cordeau sera étendu sur Jérusalem; כִּנְחָלִים נִטָּיוּ Nomb. 24. 6, comme des torrents qui s'étendent; כִּי־יִנָּטוּ צִלְלֵי־עָרֶב Jér. 6. 4, quand les ombres s'allongent vers le soir.

Hiph. (הִטָּה, *fut.* יַטֶּה, *apoc.* יַט, וַיַּט, וַיֵּט, *impér. apoc.* הַט). 1° Étendre, tendre, dresser, incliner, pencher, tourner, faire retourner, fléchir : וַיְיָ יַטֶּה יָדוֹ Is. 31. 3, l'Éternel étend sa main; וִירִיעוֹת

וַיֵּט מִשְׁכְּנוֹתַיִךְ יַטּוּ Is. 54. 2, que l'on étende (au loin) les rideaux de tes demeures; וַיַּטּוּ לְאַבְשָׁלוֹם הָאֹהֶל II Sam. 16. 22, ils dressèrent à Absalon une tente; הַטִּי־נָא כַדֵּךְ Gen. 24. 14, penche, baisse, je te prie, ta cruche; הַט־שָׁמֶיךָ וְתֵרֵד Ps. 144. 5, abaisse tes cieux et descends; וָאַט אֵלָיו אוֹכִיל Osée 11. 4, je lui présentai de la nourriture (v. à אט); עַל־כָּל־אֲשֶׁר יַחְפֹּץ יַטֶּנּוּ Prov. 21. 1, il l'incline, le fait tourner, vers où il veut; תַּטֶּה לִבְּךָ לַתְּבוּנָה Prov. 2. 2, si tu tournes ton cœur vers l'intelligence; לְהַטֹּתָהּ הַדָּרֶךְ Nomb. 22. 23, pour la ramener dans le chemin; וַיַּט אֶת־לְבַב כָּל־אִישׁ־יְהוּדָה II Sam. 19. 15, il fléchit, gagna, le cœur de tous ceux de Juda; *fréq.* avec אֹזֶן, prêter l'oreille, écouter: אַטֶּה לְמָשָׁל אָזְנִי Ps. 49. 5, je prête l'oreille à la parabole; avec מִשְׁפָּט, faire pencher la justice, la corrompre, violer le droit: לֹא־תַטֶּה מִשְׁפָּט Deut. 16. 19, tu ne feras pas pencher la justice partialement; מַטֶּה מִשְׁפַּט גֵּר Deut. 27. 19, qui viole la justice dans la cause de l'étranger; et sans מִשְׁפָּט: וְאֶבְיוֹנִים בַּשַּׁעַר הִטּוּ Amos 5. 12, ils font violence au droit du pauvre, au tribunal; sans rég.: לְהַטֹּת Exod. 23. 2, pour pencher la justice, violer un droit; וַיַּט־עָלֵינוּ חֶסֶד Esdr. 9. 9, il nous a attiré la grâce, il nous a fait trouver grâce. Détourner, séduire: עֲוֹנוֹתֵיכֶם הִטּוּ־אֵלֶּה Jér. 5. 25, vos iniquités ont détourné ces choses, ces biens; וַיַּטּוּ נָשָׁיו אֶת־לִבּוֹ I Rois 11. 3, les femmes détournèrent son cœur; הִטַּתּוּ Prov. 7. 21, elle le gagne, le séduit; לֵב הוּתַל הִטָּהוּ Is. 44. 20, son cœur trompé l'a égaré; וַיַּטֵּהוּ יוֹאָב אֶל־תּוֹךְ הַשַּׁעַר II Sam. 3. 27, Joab le dirigea, le tira à part, au milieu de la porte; אַל־תַּט בְּאַף עַבְדֶּךָ Ps. 27. 9, ne repousse pas ton serviteur dans ta colère; יַטּוּ אֶבְיוֹנִים מִדָּרֶךְ Job 24. 4, ils repoussent les pauvres de la voie; וְדֶרֶךְ עֲנָוִים יַטּוּ Amos 2. 7, ils détournent, ou ils obstruent, la voie des humbles.

2° S'étendre, se détourner, s'écarter: וְעַל־בְּגָדִים חֲבֻלִים יַטּוּ Amos 2. 8, ils s'étendent sur des vêtements donnés en gage; דַּרְכּוֹ שָׁמַרְתִּי וְלֹא־אָט Job 23. 11, j'ai observé sa voie et je ne m'en suis point détourné; וְהַמַּטִּים עַקַלְקַלּוֹתָם Ps. 125. 5, ceux qui s'écartent dans leurs sentiers tortueux.

נְטִיָּה *f.* Action de tendre: בִּנְטִיַּת גָּרוֹן Rituel, *exact.* (en marchant) le cou tendu, la tête haute, c.-à-d. par la vanité et l'orgueil (v. נָטָה ex. Is. 3. 16).

נְטִיל *m.* Celui qui est chargé: כָּל־נְטִילֵי כָסֶף Soph. 1. 11, tous ceux qui sont chargés d'argent, les riches.

נְטִילָה *f.* Action de laver: עַל נְטִילַת יָדָיִם Rituel, (qui nous a ordonné) de laver nos mains.

נְטִיפוֹת *f. pl.* (rac. נָטַף). Pendants d'oreilles, Jug. 8. 26, Is. 3. 19.

נְטִישׁוֹת *f. pl.* (rac. נָטַשׁ). Branches ou rejetons: וְאֶת־הַנְּטִישׁוֹת הֵסִיר Is. 18. 5, il en ôtera les branches ou les rejetons; הָסִירוּ נְטִישׁוֹתֶיהָ Jér. 5. 10, arrachez-en les branches, ou les rejetons; selon d'autres: détruisez les créneaux de ses murs.

נָטַל (*fut.* יִטּוֹל) Porter, enlever: הֵן אִיִּים כַּדַּק יִטּוֹל Is. 40. 15, il enlève les îles comme un grain de poussière; avec עַל: שָׁלֹשׁ אָנֹכִי נוֹטֵל עָלֶיךָ II Sam. 24. 12, je te propose, *exact.* je t'impose, une des trois choses; כִּי נָטַל עָלָיו Lam. 3. 28, car il lui a imposé (ce joug).

Pi.: וַיְנַטְּלֵם וַיְנַשְּׂאֵם Is. 63. 9, il les éleva, il les porta.

נְטַל chald. Élever, enlever: עַיְנַי לִשְׁמַיָּא נִטְלֵת Dan. 4. 31, j'élevai les yeux au ciel; וּנְטִילַת מִן־אַרְעָא Dan. 7. 4, et qu'elle fut enlevée de la terre.

נֵטֶל *m.* Charge, poids: וְנֵטֶל הַחוֹל Prov. 27. 3, et le poids du sable.

נָטַע (*fut.* יִטַּע, *inf.* נְטוֹעַ et טַעַת) 1° Planter; *au fig.*, *des hommes*, établir dans un pays: עוֹד תִּטְּעִי כְרָמִים Jér. 31. 5, tu planteras encore des vignes; וְעֵת לַעֲקוֹר נָטוּעַ Eccl. 3. 2, et un temps pour arracher ce qui a été planté; avec un double *acc.*: וַיִּטָּעֵהוּ שֹׂרֵק Is. 5. 2, il y planta (la vigne) des ceps excellents; נָטַעְתִּי הַנְּשַׁמָּה Ez. 36. 36, j'ai planté, cultivé, un champ inculte ; וּנְטַעְתִּים עַל־אַדְמָתָם Amos 9. 15, je les planterai, établirai, dans leur pays ; וְתִטָּעֵמוֹ בְּהַר נַחֲלָתְךָ Exod. 15. 17, et tu les établiras sur la montagne de son héritage ; וּנְטַעְתִּיו וְשָׁכַן תַּחְתָּיו II Sam. 7. 10, je l'y établirai et il demeurera à sa place, ferme. — 2° Enfoncer : וּכְמַשְׂמְרוֹת נְטוּעִים Eccl. 12. 11, et comme des clous enfoncés profondément. — 3° Dresser, étendre : וְיִטַּע אָהֳלֵי אַפַּדְנוֹ Dan. 11. 45, il dressera les tentes de son palais ; לִנְטֹעַ שָׁמַיִם Is. 51. 16, pour étendre les cieux.

Niph. Être planté : אַף בַּל־נִטָּעוּ Is. 40. 24, ils sont à peine plantés.

נֶטַע *m.* (const. נְטַע, avec suff. נִטְעֵךְ, *plur.* נְטָעִים, const. נִטְעֵי). 1° Action de planter : בְּיוֹם נִטְעֵךְ Is. 17. 11, le jour où tu as planté. — 2° Plantation, plant, plante : נְטַע שַׁעֲשׁוּעָיו Is. 5. 7, la plantation de ses délices, ou son plant délicieux : וְעָשָׂה קָצִיר כְּמוֹ־נָטַע Job 14. 9, il pousse des branches comme de (jeunes) plantes.

נְטִעִים *m. pl.* Plantes : בָּנֵינוּ כִּנְטִעִים Ps. 144. 12, nos fils seront comme des plantes.

נָטַף (*fut.* יִטֹּף) Couler, dégoutter, distiller : וְעָלֵימוֹ תִּטֹּף מִלָּתִי Job 29. 22, mes paroles coulaient sur eux, leur étaient agréables, comme les gouttes de la pluie ou de la rosée ; וְיָדַי נָטְפוּ־מוֹר Cant. 5. 5, mes mains dégouttaient de myrrhe ; יִטְּפוּ הֶהָרִים עָסִיס Joel 4. 18, le vin coulera des montagnes, *exact.* les montagnes dégoutteront de moût ; נֹפֶת תִּטֹּפְנָה שִׂפְתֵי זָרָה Prov. 5. 3, les lèvres de l'étrangère distillent le miel.

Hiph. : וְהִטִּיפוּ הֶהָרִים עָסִיס Amos 9. 13, les montagnes feront couler, distilleront, le moût. — Dire, prophétiser : אַל־תַּטִּפוּ יַטִּיפוּן Mich. 2. 6, ils disent (aux prophètes) : Ne prophétisez pas, ou (*sous-entendu* ils disent) : Ne prophétisez pas, יַטִּיפוּן à ceux qui prophétisent ; וְהָיָה מַטִּיף הָעָם הַזֶּה 2. 11, il serait le prophète pour ce peuple.

נָטָף *m.* 1° Goutte : נִטְפֵי־מָיִם Job 36. 27, les gouttes d'eau. — 2° נָטָף Exod. 30. 34, espèce d'aromate ou de résine, du stacté (?).

נְטֹפָה *n. pr.* Ville près de Bethléem, en Juda, Esdr. 2. 22 ; *n. patron.* הַנְּטֹפָתִי II Sam. 23. 28.

נָטַר (*fut.* יִטֹּר, יִנְטוֹר Jér. 3. 5.) 1° Garder, veiller sur quelque chose ; avec לְ et אֶת : נֹטֵרָה אֶת־הַכְּרָמִים Cant. 1. 6, une gardienne des vignes ; לְנֹטְרִים 8. 11, aux gardiens. — 2° Garder rancune, conserver le ressentiment d'une injure ; וְלֹא־תִטֹּר אֶת־בְּנֵי עַמֶּךָ Lév. 19. 18, et tu ne garderas pas de ressentiment contre tes concitoyens ; avec לְ : וְנוֹטֵר הוּא לְאֹיְבָיו Nah. 1. 2, il garde sa colère longtemps contre ceux qui le haïssent ; *absol.* : הֲיִנְטֹר לְעוֹלָם Jér. 3. 5, gardera-t-il son ressentiment pour toujours ?

נְטַר chald. Garder, conserver : וּמִלְּתָא בְּלִבִּי נִטְרֵת Dan. 7. 28, et je conservais ces paroles dans mon cœur.

נָטַשׁ (*fut.* יִטּוֹשׁ) 1° Laisser, délaisser, abandonner : נָטַשׁ אָבִיךָ אֶת־דִּבְרֵי הָאֲתֹנוֹת I Sam. 10. 2, ton père a laissé (de côté) l'affaire des ânesses, il n'y pense plus ; וַיִּטֹּשׁ אֱלוֹהַּ עָשָׂהוּ Deut. 32. 15, il a abandonné Dieu, son créateur ; כִּי לֹא־יִטֹּשׁ יְיָ אֶת־עַמּוֹ I Sam. 12. 22, car l'Éternel n'abandonnera pas son peuple ; וְלִפְנֵי הִתְגַּלַּע הָרִיב נְטוֹשׁ Prov. 17. 14, avant que la querelle s'engage, abandonne-(la). Avec עַל, laisser à la garde, confier aux soins de quelqu'un ; וְעַל־מִי נָטַשְׁתָּ מְעַט הַצֹּאן I Sam. 17. 28, aux soins de qui as-tu laissé le peu de brebis ? — 2° Laisser faire, permettre : וְלֹא נְטַשְׁתַּנִי לְנַשֵּׁק לְבָנַי וְלִבְנֹתָי Gen. 31. 28, tu ne m'as pas permis d'embrasser mes fils et mes filles. — 3° Laisser la terre en friche (dans l'année sabbatique), abandonner les créances : וְהַשְּׁבִיעִת תִּשְׁמְטֶנָּה וּנְטַשְׁתָּהּ Exod. 23. 11, mais, la septième année, tu ne la cultiveras pas et tu la laisseras se reposer ; וְנִטֹּשׁ אֶת־הַשָּׁנָה הַשְּׁבִיעִית וּמַשָּׁא כָל־יָד Néh. 10. 32, nous laisserons la terre en friche la septième année, et nous ferons abandon de toute créance. — 4° Jeter, rejeter, repousser : וּנְטַשְׁתִּיךָ הַמִּדְבָּרָה Ez. 29. 5, je te jetterai dans le désert ; וְהֵשִׁיב עָלָיו יִטּוֹשׁ Osée 12. 15, il rejettera sur lui le sang qu'il (Ephraïm) a répandu ; וְנָטַשְׁתִּי אֶתְכֶם—מֵעַל פָּנָי Jér. 23. 39, je vous rejetterai loin de ma face. — 5° Étendre, s'étendre : וְהִנֵּה נְטֻשִׁים עַל־פְּנֵי כָל־הָאָרֶץ I Sam. 30. 16, ils étaient étendus, répandus, dans toute cette campagne ; חֶרֶב נְטוּשָׁה Is. 21. 15, le glaive étendu, c.-à-d. la guerre répandue ; selon d'autres : l'épée aiguisée (v. לָטַשׁ) ; וַתִּטֹּשׁ הַמִּלְחָמָה I Sam. 4. 2, le combat s'engagea, la bataille se donna.

Niph. 1° Être abandonné, relâché ; être jeté, renversé : נִטְּשׁוּ חֲבָלָיִךְ Is. 33. 23, tes cordages se relâcheront ; נִטְּשָׁה עַל־אַדְמָתָהּ Amos 5. 2, elle est abandonnée dans sa terre, ou renversée à terre. — 2° S'étendre, se répandre : שְׁלֻחוֹתֶיהָ נִטְּשׁוּ Is. 16. 8, ses branches se sont étendues ; וַיִּנָּטְשׁוּ בַּלֶּחִי Jug. 15. 9, ils s'étendirent à Léchi.

Pou. Être abandonné : אַרְמוֹן נֻטָּשׁ Is. 32. 14, le palais est abandonné.

נְהִי *m.* (v. נָהִי). Gémissement : וְנָשְׂאוּ אֵלַיִךְ בְּנִיהֶם קִינָה Ez. 27. 32, dans leurs gémissements ils feront sur toi un cantique lugubre (selon quelques autres : בְּנֵיהֶם leurs enfants feront, etc.).

נִיב *m.* (rac. נוּב). Fruit : נִיב שְׂפָתָיִם (*keri* נִיב) Is. 57. 19, le fruit des lèvres, les paroles ; וְנִיבוֹ נִבְזֶה אָכְלוֹ Mal. 1. 12, son fruit, sa nourriture, est méprisable ; selon d'autres : et la parole, c.-à-d. ce qu'on dit de lui, est que sa nourriture est méprisable.

נֵיבָי *n. pr. m.* Néh. 10. 20.

נִיד *m.* (rac. נוּד). Mouvement : וְנִיד שְׂפָתַי Job 16. 5, et le mouvement de mes lèvres ; selon d'autres : la consolation (qui sort) de mes lèvres.

נִידָה *f.* (rac. נָדַד, v. נִדָּה). Objet d'horreur : עַל־כֵּן לְנִידָה הָיָתָה Lament. 1. 8, c'est pourquoi elle est devenue un objet d'horreur, ou (de נוּד) : elle est devenue errante.

נָיוֹת (habitations) *n. pr.* d'un endroit près de Ramah, I Sam. 19. 18.

נִיחֹחַ *m.* (rac. נוּחַ). Agrément, ce qui est agréable, ce qui plaît ; toujours avec רֵיחַ odeur agréable (des sacrifices) : וַיָּרַח יְיָ אֶת־רֵיחַ הַנִּיחֹחַ Gen. 8. 21, l'Éternel en sentit l'odeur agréable, c.-à-d. reçut le sacrifice avec contentement ; בְּרֵיחַ נִיחֹחֲכֶם Lév. 26. 31, l'odeur agréable de vos sacrifices.

נִיחֹחִין chald. *m. pl.* Bonne odeur, parfum, encens : וּמִנְחָה וְנִיחֹחִין אֲמַר לְנַסָּכָה לֵהּ Dan. 2. 46, il ordonna d'offrir (à Daniel) des victimes et des parfums ; נִיחוֹחִין Esdr. 6. 10, des sacrifices d'une odeur agréable, ou de l'encens.

נִין *m.* Enfant, descendant : וּלְנִינִי וּלְנֶכְדִּי Gen. 21. 23, (ni) à mon fils, ni à mon petit-fils, à mes descendants ; נִינָם יָחַד Ps. 74. 8, selon quelques-uns : leurs enfants tous ensemble (v. le même ex. à יָנָה, page 244).

נִינְוֵה *n. pr.* Ninive, capitale de l'empire assyrien, Gen. 10. 11.

נִיסָן *m.* Nissan, nom du premier mois des Hébreux, Néh. 2. 1, Esth. 3. 7 ; dans le Pentateuque il est appelé חֹדֶשׁ הָאָבִיב (v. אָבִיב).

נִיצוֹץ *m.* (rac. נוּץ ou נָצַץ). Étincelle : וּפֹעֲלוֹ לְנִיצוֹץ Is. 1. 31, celui qui l'aura fait, ou son ouvrage, sera comme une étincelle.

נִיק (v. נוּק).

נִיר *m.* Lumière ou lampe (v. נֵר) : כִּי־אַתָּה נֵירִי II Sam. 22. 29, car tu es ma lumière, ou ma lampe.

נִיר Cultiver, rendre labourable, défricher : נִירוּ לָכֶם נִיר Jér. 4. 3, labourez, cultivez, des champs nouveaux, c.-à-d. que vous défricherez.

נִיר *m.* 1° Lumière, lampe (v. נֵר) : לְמַעַן הֱיוֹת־נִיר לְדָוִיד־עַבְדִּי I Rois 11. 36, afin qu'il demeure (toujours) une lampe à David mon serviteur, c.-à-d. un descendant qui brillera, qui régnera, sur une partie de la nation ; selon d'autres : afin qu'il lui demeure (נִיר) une domination, une royauté, v. 15. 4, II Rois 8. 19 ; וַנִּירָם אָבַד חֶשְׁבּוֹן Nomb. 21. 30, leur domination, puissance, est ruinée, depuis Hesbon, etc. (v. le même ex. à יָרָה). — 2° Terre défrichée, nouvellement cultivée, Jér. 4. 3 (v. à נִיר *verbe*); נִיר רָאשִׁים Prov. 13. 23, les champs cultivés, les sillons des pauvres.

* נְיָר Vélin, papier, Aboth.

נָכָא *Kal* inusité. *Niph*. Être chassé : נִכְּאוּ מִן־הָאָרֶץ Job 30. 8, ils seront chassés, repoussés, de la terre (v. à כָּאָה *Niph*.).

נָכֵא *adj*. (*f*. נְכֵאָה). Abattu : רוּחַ נְכֵאָה Prov. 15. 13, un esprit abattu.

נְכָאִים *m. pl*. (v. נָכָה). Les affligés, Is. 16. 7.

נְכֹאת *f*. Nom d'un aromate pulvérisé, ou d'une épice; selon quelques-uns : la cire, Gen. 37. 25.

נֶכֶד *m*. Petit-fils, postérité (v. à נִין): לֹא נִין לוֹ וְלֹא־נֶכֶד בְּעַמּוֹ Job 18. 19, il n'aura point de fils ni de postérité parmi son peuple.

נָכָה *Kal* inusité. *Niph*. Être battu, être frappé : וְנִכָּה וָמֵת II Sam. 11. 15, qu'il soit frappé et qu'il périsse (v. נָכָא).

Pou. Être frappé, broyé : וְהַפִּשְׁתָּה וְהַשְּׂעֹרָה נֻכָּתָה Exod. 9. 31, le lin et l'orge furent frappés, gâtés (par la grêle); לֹא נֻכּוּ 9. 32, (le froment et l'épautre) ne furent pas gâtés.

Hiph. (הִכָּה, *impér*. הַכֵּה et הַךְ, *fut*. יַכֶּה, וַיַּכֶּה et וַיַּךְ). 1° Battre, frapper, donner un coup : וַיַּכּוּ־כָף II Rois 11. 12, ils frappèrent des mains (de joie); וְהַךְ כַּף אֶל־כָּף Ez. 21. 19, frappe tes mains l'une contre l'autre; לָמָּה תַכֶּה רֵעֶךָ Exod. 2. 13, pourquoi frappes-tu ton prochain? — Frapper d'une plaie, d'une maladie : אַכֶּנּוּ בַדֶּבֶר Nomb. 14. 12, je le frapperai de peste; יַכְּכָה יְיָ בְּשִׁגָּעוֹן Deut. 28. 28, l'Éternel te frappera de folie; אַחֲרֵי הַכּוֹת־יְיָ אֶת־הַיְאֹר Exod. 7. 25, après que Dieu eut frappé le Nil, après qu'il eut changé ses eaux en sang; וַיַּךְ לֵב־דָּוִד אֹתוֹ I Sam. 24. 6, le cœur battit à David, c.-à-d. il fut agité, il se repentit; וְהִכָּהוּ לְשִׁבְעָה נְחָלִים Is. 11. 15, il le frappera (le Nil), c.-à-d. le divisera en sept torrents.

2° Battre, défaire, un ennemi; vaincre, prendre, une ville assiégée, la détruire : וַיַּכֵּם וַיִּרְדְּפֵם Gen. 14. 15, il les défit et il les poursuivit; אוּלַי אוּכַל נַכֶּה־בּוֹ Nomb. 22. 6, peut-être pourrai je parvenir à ce que nous (moi et mon peuple) le vainquions; ou נַכֶּה *subst. verb*. ou *inf*. du *Pi*.: pourrai-je le vaincre? וְהִכִּיתֶם כָּל־עִיר מִבְצָר II Rois 3. 19, vous détruirez toutes les villes fortes; וַיַּכּוּ אֶת־צִקְלַג I Sam. 30. 1, ils détruisirent Ziklag.

3° Frapper avec une arme, heurter, atteindre, blesser, incommoder, transpercer : וַיַּךְ אֶת־הַפְּלִשְׁתִּי אֶל־מִצְחוֹ I Sam. 17. 49, il frappa (avec la pierre) le Philistin au front; וַיַּךְ אֶת־הַחֲנִית בַּקִּיר I Sam. 19. 10, il perça le mur avec la lance, *exact*. il jeta la lance contre le mur; וַיַּךְ אֶת־הָאַיִל Dan. 8. 7, il heurta le bélier avec ses cornes; וַיַּכֶּה אֶת־מֶלֶךְ יִשְׂרָאֵל I Rois 22. 34, il atteignit, blessa, le roi d'Israel (avec une flèche); יַךְ וְיַחְבְּשֵׁנוּ Osée 6, 1, il blesse et il pansera nos plaies; מִן־הַמַּכִּים אֲשֶׁר יַכֻּהוּ אֲרַמִּים II Rois 8. 29, (pour se guérir) des blessures que les Syriens lui avaient faites; וְכִי־יַכֶּה אִישׁ אֶת־עֵין עַבְדּוֹ Exod. 21. 26, si un homme blesse l'œil de son esclave; יוֹמָם הַשֶּׁמֶשׁ לֹא־יַכֶּכָּה Ps. 121. 6, le jour, le soleil, ne t'incommodera pas; וַתַּךְ הַשֶּׁמֶשׁ עַל־רֹאשׁ יוֹנָה Jon. 4. 8, les rayons du soleil donnèrent sur la tête de Jonas; אַכֶּה בְדָוִד וּבַקִּיר I Sam. 18. 11, je transpercerai David et la muraille; וַתַּךְ אֶת־הַקִּיקָיוֹן Jon. 4. 7, il (le ver) perça, piqua, le ricin; וַיַּךְ אֶת־הַמִּצְרִי Exod. 2. 12, il tua l'Égyptien; וְהִכִּיתָ אֶת־כָּל־זְכוּרָהּ Deut. 20. 13, tu tueras tous les mâles dans la ville; עַל־כֵּן הִכָּם אַרְיֵה Jér. 5. 6, c'est pourquoi le lion les déchirera; *souvent* הִכָּה נֶפֶשׁ : לֹא נַכֶּנּוּ נָפֶשׁ Gen. 37. 21, ne le tuons pas. — Avec בּ : הִכָּה שָׁאוּל בַּאֲלָפָו I Sam. 18. 7, Saül en a tué des milliers; הַמַּלְאָךְ הַמַּכֶּה בָעָם II Sam. 24. 17, l'ange qui frappait le peuple; וַיַּךְ בְּאַנְשֵׁי בֵית־שֶׁמֶשׁ I Sam. 6. 19, il tua les habitants de Beth Semes;

métaph. : לְכוּ וְנַכֵּהוּ בַלָּשׁוֹן Jér. 18. 18, venez, frappons-le avec (les traits) de notre langue, déposons contre lui un faux témoignage ; כָּל־עֵשֶׂב הַשָּׂדֶה הִכָּה הַבָּרָד Exod. 9. 25, la grêle frappa, gâta, toute l'herbe des champs ; הִכִּיתָ אֶת־כָּל־אֹיְבַי לֶחִי Ps. 3. 8, tu as frappé tous mes ennemis sur la joue (tu les as humiliés); וְהִכֵּיתִי קַשְׁתְּךָ מִיַּד שְׂמֹאלְךָ Ez. 39. 3, j'abattrai l'arc de ta main gauche ; וְהִכָּה בַיָּם חֵילָהּ Zach. 9. 4, il fera tomber ses richesses dans la mer, ou : il renversera son pouvoir qu'elle tire de la mer ; avec שָׁרָשִׁים, pousser des racines : וְיַךְ שָׁרָשָׁיו Osée 14. 6, il poussera des racines.

Hoph. (הֻכָּה, une fois הוּכָּה). Être battu, être frappé : וַיֻּכּוּ שֹׁטְרֵי בְּנֵי יִשְׂרָאֵל Exod. 5. 14, les commissaires des travaux des enfants d'Israel furent battus. — Être ruiné, tué : עַל־מֶה תֻכּוּ עוֹד Is. 1. 5, pourquoi voulez-vous être frappés de nouveau ? מֻכֵּה אֱלֹהִים Is. 53. 4, un homme frappé par Dieu. — Être prise : הֻכְּתָה הָעִיר Ez. 33. 21, la ville a été prise : אֲשֶׁר הֻכָּה אֶת־הַמִּדְיָנִית Nomb. 25. 14, qui fut tué avec la Madianite ; מֻכֵּי־חֶרֶב Jér. 18. 21, (les jeunes hommes) tués par l'épée ; הוּכָּה כָעֵשֶׂב וַיִּבַשׁ לִבִּי Ps. 102. 5, mon cœur est frappé comme l'herbe (par l'ardeur du soleil), il est desséché.

נָכֶה *adj.* Frappé, abattu : נְכֵה רַגְלָיִם II Sam. 4. 4, dont les pieds étaient frappés de paralysie, ou qui était boiteux ; וּנְכֵה־רוּחַ Is. 66. 2, et dont l'esprit est abattu, dont le cœur est brisé.

נֵכֶה *m.*, *pl.* נֵכִים seul usité. Méchants, calomniateurs : נֶאֶסְפוּ עָלַי נֵכִים Ps. 35. 15, des méchants ou des calomniateurs se sont assemblés autour de moi.

נְכוֹ et **נְכֹה** *n. pr.* Pharaon Nécho, roi d'Égypte, II Rois 23. 29, II Chr. 35. 20.

נָכוֹן *n. pr.* : גֹּרֶן נָכוֹן II Sam. 6. 6, l'aire de Nachon, appelé גֹּרֶן כִּידֹן I Chr. 13. 9.

נָכוֹן (v. à כון *Niph.*).

נָכֹחַ *m.* (*f.* נְכֹחָה). *Adj.* Droit, juste ; *subst.*, droiture, équité : הֹלֵךְ נְכֹחוֹ Is. 57. 2, celui qui marche dans son droit chemin, c.-à-d. l'homme probe, intègre ; כֻּלָּם נְכֹחִים לַמֵּבִין Prov. 8. 9, tous (mes discours) sont justes, pleins de droiture, pour l'homme intelligent ; וְלֹא־יָדְעוּ עֲשׂוֹת־נְכֹחָה Amos 3. 10, ils n'ont point su exercer l'équité ; *plur.* : בְּאֶרֶץ נְכֹחוֹת יְעַוֵּל Is. 26. 10, il fait des actions injustes dans le pays de la droiture ; לֹא־תֶחֱזוּ־לָנוּ נְכֹחוֹת Is. 30. 10, ne nous prophétisez pas des choses justes, droites.

נֹכַח *prép.* 1° En face, vis-à-vis : נֹכַח הַשֻּׁלְחָן Exod. 26. 35, en face de la table. — 2° Devant : נֹכַח עֵינֵי יְיָ דַּרְכֵי־אִישׁ Prov. 5. 21, les voies de l'homme sont devant les yeux de l'Éternel, lui sont bien connues ; נֹכַח יְיָ דַּרְכְּכֶם Jug. 18. 6, votre voyage est devant l'Éternel, c.-à-d. il le favorisera ; וּמִכְשׁוֹל עֲוֹנוֹ יָשִׂים נֹכַח פָּנָיו Ez. 14. 7, et qui tiendra devant lui, qui contemplera avec plaisir, l'objet de ses péchés, c.-à-d. ses idoles. Avec d'autres *prépos.* : אֶל־נֹכַח vers : אֶל־נֹכַח פְּנֵי אֹהֶל־מוֹעֵד Nomb. 19. 4, vers la face, l'entrée du tabernacle ; לְנֹכַח droit devant soi, devant, pour : עַפְעַפֶּיךָ יַיְשִׁרוּ לְנֹכַח נֶגְדֶּךָ Prov. 4. 25, que tes yeux regardent droit devant toi ; לְנֹכַח הַצֹּאן Gen. 30. 38, à la vue des brebis ; לְנֹכַח אִשְׁתּוֹ Gen. 25. 21, (Isaac pria Dieu) pour (en faveur de) sa femme, ou en face de sa femme. — 3° עַד נֹכַח Jusqu'en face : עַד־נֹכַח יְבוּס Jug. 19. 10, jusqu'en face de Jebus.

נֹכַח *prép.* (avec suff. נִכְחוֹ). En face : נִכְחוֹ תַחֲנוּ Exod. 14. 2, vous camperez vis-à-vis de (cette ville).

נָכַל Agir avec ruse, tromper : וְאָרוּר נוֹכֵל Mal. 1. 14, maudit soit celui qui agit avec ruse.

Pi. : בְּנִכְלֵיהֶם אֲשֶׁר־נִכְּלוּ לָכֶם Nomb. 25. 18, les artifices par lesquels ils vous ont trompés, séduits.

Hithp. Former un mauvais dessein : וַיִּתְנַכְּלוּ אֹתוֹ לַהֲמִיתוֹ Gen. 37. 18, ils formèrent le mauvais dessein, ils conspirèrent, de le tuer. Avec ב : לְהִתְנַכֵּל בַּעֲבָדָיו Ps. 105. 25, afin qu'ils formassent de mauvais desseins contre ses serviteurs.

נֵכֶל **נכל** *m.* Ruse, artifice ; *plur.* : בְּנִכְלֵיהֶם Nomb. 25. 18, par leurs artifices.

נכסים נְכָסִים *m. pl.* Biens, richesses, trésor : בִּנְכָסִים רַבִּים Jos. 22. 8, avec de grands biens.

נכסין נִכְסִין chald. *m. pl.* Biens, richesses : וּמִנִּכְסֵי מַלְכָּא Esdr. 6. 8, et des biens, du trésor, du roi ; לַעֲנָשׁ נִכְסִין 7. 26, à une amende, ou à une confiscation de ses biens.

נכר נָכַר *Kal* inusité. *Niph.* 1° Être reconnu, être remarqué, distingué, préféré : לֹא נִכְּרוּ בַּחוּצוֹת Lament. 4. 8, ils ne sont plus reconnus (reconnaissables) dans les rues ; וְלֹא נִכַּר־שׁוֹעַ לִפְנֵי־דָל Job 34. 19, le puissant n'est point préféré au pauvre ; selon d'autres, *Pi.* : il ne favorise point le puissant contre le pauvre. — 2° Se rendre méconnaissable, se déguiser, dissimuler : בִּשְׂפָתָיו יִנָּכֵר שׂוֹנֵא Prov. 26. 24, l'ennemi dissimule par ses paroles.

Pi. 1° Ignorer, méconnaître : וְאֹתֹתָם לֹא תְנַכֵּרוּ Job 21. 29, vous ne méconnaîtrez pas leurs signes, vous comprendrez bien leurs indications ; פֶּן־יְנַכְּרוּ צָרֵימוֹ Deut. 32. 27, de peur que leurs persécuteurs ne le méconnaissent, ne s'y méprennent. — 2° Rendre profane : וַיְנַכְּרוּ אֶת־הַמָּקוֹם הַזֶּה Jér. 19. 4, (parcequ')ils ont rendu ce lieu profane (en sacrifiant aux idoles). — 3° Livrer : נִכַּר אֹתוֹ אֱלֹהִים בְּיָדִי I Sam. 23. 7, Dieu l'a livré entre mes mains.

Hiph. הִכִּיר Connaître, reconnaître, distinguer, examiner : וְלֹא־אַכִּיר מַרְאֵהוּ Job 4. 16, je ne connaissais pas son visage ; יַכִּיר מַעְבָּדֵיהֶם Job 34. 25, il connaît leurs œuvres ; וְלֹא הִכִּירוֹ Gen. 27. 23, il ne le reconnut pas ; וְכָל־הָעָם הִכִּירוּ II Sam. 3. 36, tout le peuple le reconnut ; כָּל־רֹאֵיהֶם יַכִּירוּם Is. 61. 9, tous ceux qui les verront les reconnaîtront (pour la race, etc.) ; בְּטֶרֶם יַכִּיר אִישׁ אֶת־רֵעֵהוּ Ruth 3. 14, avant qu'un homme puisse distinguer un autre ; אַכִּיר אֶת־גָּלוּת יְהוּדָה — לְטוֹבָה Jér. 24. 5, je distinguerai en bien, c.-à-d. je traiterai bien les exilés de Juda ; הַכֶּר־לְךָ מָה עִמָּדִי Gen. 31. 32, examine si j'ai avec moi quelque chose qui t'appartienne. — הִכִּיר פָּנִים Faire acception de personnes, être partial : הַכֵּר־פָּנִים לֹא־טוֹב Prov. 28. 21, il n'est pas bien d'être partial. *Plus complet* : לֹא־תַכִּירוּ פָנִים בַּמִּשְׁפָּט Deut. 1. 17, vous ne rendrez pas la justice avec acception de personnes. — S'apercevoir, savoir : וָאַכִּירָה וְהִנֵּה לֹא־אֱלֹהִים שְׁלָחוֹ Néh. 6. 12, je m'aperçus que ce n'était pas Dieu qui l'avait envoyé ; וְאֵינָם מַכִּירִים לְדַבֵּר יְהוּדִית Néh. 13. 24, ils ne savaient parler la langue juive, en hébreu. — S'intéresser à quelqu'un : לְהַכִּירֵנִי Ruth 2. 10, pour que tu t'intéresses à moi, que tu me traites si bien ; יְהִי מַכִּירֵךְ בָּרוּךְ vers. 19, béni soit celui qui t'a fait du bien ; וְאֵין־לִי מַכִּיר Ps. 142. 5, nul ne s'intéresse à moi.

Hithp. 1° Faire semblant d'être un étranger, feindre d'être un autre qu'on est : וַיִּתְנַכֵּר אֲלֵיהֶם Gen. 42. 7, il feignit d'être un étranger pour eux, il leur parla comme à des étrangers ; לָמָּה זֶּה אַתְּ מִתְנַכֵּרָה I Rois 14. 6, pourquoi feins-tu d'être un autre que tu es ? — 2° Se faire connaître : גַּם בְּמַעֲלָלָיו יִתְנַכֶּר־נָעַר Prov. 20. 11, même le jeune homme se fait connaître par ses actions.

נכר נֵכָר *m. adj.* et *subst.* (const. נֵכַר). Étranger, pays étranger : כָּל־בֶּן־נֵכָר לֹא־יֹאכַל בּוֹ Exod. 12. 43, nul étranger n'en mangera ; בְּנֵי נֵכָר Ps. 18. 45, des étrangers, ou des ennemis ; אֱלֹהֵי הַנֵּכָר Gen. 35. 2, les dieux étrangers, les faux dieux ; אֱלֹהֵי נֵכַר־הָאָרֶץ Deut. 31. 16, les dieux des autres peuples du pays ; de même מִזְבְּחוֹת הַנֵּכָר II Chr. 14. 2, les autels des dieux étrangers ; וְטִהַרְתִּים מִכָּל־נֵכָר Néh. 13. 30, je les ai purifiés de tout ce qui était étranger (des idoles ou des femmes étrangères).

נכר נֵכֶר et נֹכֶר *m.* (Fortune étrange, cruelle) Malheur : וְנֵכֶר לְפֹעֲלֵי אָוֶן Job

31. 3, et le malheur n'est-il pas le partage des artisans d'iniquité? בְּיוֹם נָכְרוֹ Obad. 12, au jour de son malheur.

נָכְרִי m. adj. (f. נָכְרִיָּה, plur. נָכְרִים). Étranger; אִישׁ נָכְרִי Deut. 17. 15, un étranger; וְנָכְרִים בָּאוּ שְׁעָרָיו Obad. 11, des étrangers sont entrés dans ses portes; הֲלוֹא נָכְרִיּוֹת נֶחְשַׁבְנוּ לוֹ Gen. 31. 15, ne sommes-nous pas estimées, traitées, par lui comme des étrangères? Fréq. נָכְרִיָּה femme étrangère, concubine, femme de mauvaises mœurs; מִנָּכְרִיָּה אֲמָרֶיהָ הֶחֱלִיקָה Prov. 2. 16, (pour te sauver) de l'étrangère qui flatte; נָכְרִיָּה עֲבֹדָתוֹ Is. 28. 21, son œuvre inaccoutumée, inouïe.

נְכֹת f. pl. Les choses précieuses: בֵּית נְכֹתֹה Is. 39. 2, le lieu qui contenait ses choses précieuses, ou, son trésor.

נָלָה Hiph. Arriver au but, finir, achever. Ex. unique: כְּנַלֹּתְךָ לִבְגֹּד Is. 33. 1 (pour כְּהַנְלֹתְךָ), lorsque tu auras achevé de trahir.

נְמִבְזָה adj. (rac. בָּזָה, comme נִבְזָה). Méprisable, vil. Ex. unique: וְכָל־הַמְּלָאכָה נְמִבְזָה I Sam. 15. 9, mais toutes les bêtes viles, sans valeur.

נְמוּאֵל n. pr. 1° Nemuel, fils de Siméon (v. יְמוּאֵל), Nomb. 26. 12; nom patron., נְמוּאֵלִי. — 2° Nemuel, fils d'Eliab, 26. 9.

* נָמוּךְ adj. Humble: רוּחַ נְמוּכָה Aboth, un esprit humble (v. מוּךְ. מָכַךְ).

נָמַל Couper, circoncire: וּנְמַלְתֶּם אֵת בְּשַׂר עָרְלַתְכֶם Gen. 17. 11, vous circoncirez la chair de votre prépuce (v. les autres formes à מוּל et II מָלַל).

Niph. passif: נִמֹּלוּ אִתּוֹ Gen. 17. 27, ils furent circoncis avec lui.

נְמָלָה f. (pl. נְמָלִים). Fourmi: לֵךְ אֶל־נְמָלָה עָצֵל Prov. 6. 6, va vers la fourmi, paresseux; הַנְּמָלִים עַם לֹא־עָז Prov. 30. 25, les fourmis, ce petit peuple impuissant.

נָמֵר m. Nom d'une bête féroce dont le poil est moucheté: tigre, léopard ou panthère: וְנָמֵר חֲבַרְבֻּרֹתָיו Jér. 13. 23, le tigre ou le léopard (peut-il changer) ses taches? וְקַלּוּ מִנְּמֵרִים סוּסָיו Hab. 1. 8, ses chevaux sont plus légers que les léopards.

נְמַר chald. m. Même signif. Dan. 7. 6.

נִמְרֹד n. pr. Nimrod, fondateur de Babylone, fils de Chus, Gen. 10. 8; אֶרֶץ נִמְרֹד Mich. 5. 5, le pays de Nimrod, la Babylonie.

נִמְרָה et נִמְרִים (v. בֵּית נִמְרָה).

נִמְשִׁי n. pr. m. II Rois 9. 2.

נֵס m. (rac. נָסַס, avec suff. נִסִּי). 1° Voile (des vaisseaux): בַּל־פָּרְשׂוּ נֵס Is. 33. 23, ils ne peuvent pas étendre les voiles. — 2° Étendard, drapeau: יְיָ נִסִּי Exod. 17. 15, l'Éternel est mon étendard; וְכַנֵּס עַל־הַגִּבְעָה Is. 30. 17, et comme un étendard sur une colline. — 3° Perche: וְשִׂים אֹתוֹ עַל־נֵס Nomb. 21. 8, mets-le sur une perche. — 4° Signe, avertissement: וַיִּהְיוּ לְנֵס Nomb. 26. 10, ils devinrent un signe de la justice de Dieu, ils servirent d'avertissement. — 5° * Miracle, merveille; plur.: עַל הַנִּסִּים Rituel, pour les miracles.

נֵס chald. (v. כְּנַס).

נְסִבָּה f. (rac. סָבַב) Sort, événement; ou, part. du Niph., ce qui est causé, amené: כִּי־הָיְתָה נְסִבָּה מֵעִם הָאֱלֹהִים II Chr. 10. 15, car c'était un événement amené par Dieu.

נָסַג 1° Se retirer en arrière, s'éloigner. Inf.: וְנָסוֹג מֵאַחַר אֱלֹהֵינוּ Is. 59. 13, et nous nous sommes éloignés, détournés, de notre Dieu. — 2° Atteindre (v. נָשַׂג), s'attirer, quelque chose: לֹא יִסַּג כְּלִמּוֹת Mich. 2. 6, pour qu'il ne s'attire pas des opprobres (v. à כְּלִמָּה).

Hiph. 1° Reculer: מַסִּיג גְּבוּל רֵעֵהוּ Deut. 27. 17, qui recule la borne (du champ) de son prochain. — 2° Atteindre, tenir: וְתַסֵּג וְלֹא תַפְלִיט Mich. 6. 14, tu atteindras (l'ennemi qui t'enlève tes enfants) et tu ne les sauveras pas (v. le même ex. à פָּלַט Hiph.).

Hoph. הֻסַּג Être reculé, être repoussé, se retirer: וְהֻסַּג אָחוֹר מִשְׁפָּט Is. 59. 14, la justice est repoussée en arrière, ou se retire au loin (v. סוּג).

נָסָה *Kal* inusité. *Pi.* נִסָּה Éprouver, mettre à l'épreuve, tenter, faire une épreuve, essayer; avec le rég. dir., avec l'*inf.* et sans rég.: לְנַסֹּתוֹ בְּחִידוֹת I Rois 10. 1, pour l'éprouver (éprouver sa sagesse) en lui proposant des énigmes; וְהָאֱלֹהִים נִסָּה אֶת־אַבְרָהָם Gen. 22. 1, Dieu mit Abraham à l'épreuve; נַס־נָא אֶת־עֲבָדֶיךָ יָמִים עֲשָׂרָה Dan. 1. 12, mets tes serviteurs à l'épreuve pendant dix jours; אֲנַסְּכָה בְשִׂמְחָה Eccl. 2. 1, je veux te tenter par la joie; selon d'autres, de la rac. נָסַךְ: je veux faire des libations dans la joie: *fréq.* de l'homme qui tente Dieu: וַיְנַסּוּ־אֵל בִּלְבָבָם Ps. 78. 18, ils tentèrent Dieu dans leur cœur; וְעַל נַסֹּתָם אֶת־יְיָ Exod. 17. 7, parce qu'ils tentèrent l'Éternel; אֲנַסֶּה־נָּא רַק־הַפַּעַם בַּגִּזָּה Jug. 6. 39, permets que je fasse encore une épreuve par la toison; כִּי לֹא־נִסָּה I Sam. 17. 39, car il ne l'avait pas encore essayé; אֲשֶׁר לֹא־נִסְּתָה כַף־רַגְלָהּ הַצֵּג Deut. 28. 56, qui n'a pas encore essayé de poser son pied (sur la terre); הֲנִסָּה דָבָר אֵלֶיךָ Job 4. 2, si quelqu'un essayait de t'adresser une parole; ou *plur.*, comme נִשָּׂא: si nous élevons la parole vers toi.

נָסַח (*fut.* יִסַּח) 1° Arracher, renverser: וְיִסָּחֲךָ מֵאֹהֶל Ps. 52. 7, il t'arrachera de la tente; בֵּית גֵּאִים יִסַּח יְיָ Prov. 15. 25, l'Éternel renversera la maison des orgueilleux. — 2° *Intrans.* Être arraché, expulsé: וּבוֹגְדִים יִסְּחוּ מִמֶּנָּה Prov. 2. 22, les perfides en seront expulsés.

Niph. Être arraché, expulsé: וְנִסַּחְתֶּם מֵעַל הָאֲדָמָה Deut. 28. 63, vous serez expulsés du pays.

• נָסוּךְ Libation: מְקוֹם נָסוּךְ Rituel, le lieu des libations.

נְסַח chald. Arracher. *Ithpe.* Être arraché: יִתְנְסַח אָע מִן־בַּיְתֵהּ Esdr. 6. 11, une pièce de bois sera arrachée, tirée, de sa maison.

• נִסָּיוֹן *m.* Épreuve, tentation, Rituel.

נֶסֶךְ *m.* (rac. נָסַךְ). 1° Libation, effusion de vin, d'huile: יִשְׁתּוּ יֵין נְסִיכָם Deut. 32. 38, qui buvaient le vin de leur libation. — 2° Statue jetée en fonte (v. מַסֵּכָה): אֱלֹהֵיהֶם עִם־נְסִכֵיהֶם Dan. 11. 8, leurs dieux et leurs statues de fonte. — 3° Prince couronné, oint, comme מָשִׁיחַ: נְסִיכֵי סִיחוֹן Jos. 13. 21, les princes de Sichon; כָּל־נְסִיכֵמוֹ Ps. 83. 12, tous leurs princes; וּשְׁמֹנָה נְסִיכֵי אָדָם Mich. 5. 4, et huit hommes couronnés, huit princes.

נָסַךְ 1° Verser, répandre, *spéc.* faire des libations en l'honneur de Dieu: כִּי־נָסַךְ עֲלֵיכֶם יְיָ רוּחַ תַּרְדֵּמָה Is. 29. 10, car l'Éternel a répandu sur vous un esprit d'assoupissement; וְנֶסֶךְ לֹא תִסְּכוּ עָלָיו Exod. 30. 9, vous n'y ferez point de libations. — 2° Fondre, jeter en fonte: הַפֶּסֶל נָסַךְ חָרָשׁ Is. 40. 19, l'artisan a jeté la statue en fonte. — 3° Oindre, couronner: וַאֲנִי נָסַכְתִּי מַלְכִּי Ps. 2. 6, moi j'ai oint, établi, mon roi (le roi que j'ai choisi). — 4° Couvrir, protéger: וְהַמַּסֵּכָה הַנְּסוּכָה Is. 25. 7, et la couverture qui est étendue (sur toutes les nations), qui les couvre; וְלִנְסֹךְ מַסֵּכָה Is. 30. 1, qui se couvrent d'une couverture, c.-à-d. de la protection (d'un autre); v. une autre explication à II מַסֵּכָה.

Niph. Être oint, sacré: נִסַּכְתִּי מֵרֹאשׁ Prov. 8. 23, j'ai été sacrée, établie dans ma puissance, dès le commencement.

Pi. Répandre, faire une libation: וַיְנַסֵּךְ אֹתָם לַיְיָ I Chr. 11. 18, il les répandit en l'honneur de l'Éternel.

Hiph. Même signif.: וַיַּסֵּךְ אֹתָם לַיְיָ II Sam. 23. 16, il les répandit en l'honneur de l'Éternel; הַסֵּךְ נֶסֶךְ Nomb. 28. 7, offre une libation; בַּל־אַסִּיךְ נִסְכֵּיהֶם מִדָּם Ps. 16. 4, je ne veux pas prendre part à leurs libations quand ils répandent le sang (des bêtes).

Hoph. passif: אֲשֶׁר יֻסַּךְ בָּהֵן Exod. 25. 29, (les tasses) avec lesquelles se font les libations, ou: (les plaques) par lesquelles les pains sont couverts (v. à קְשׂוֹת).

נְסַךְ chald. *Pa.* Offrir des parfums, des sacrifices: וּמִנְחָה וְנִיחֹחִין אֲמַר לְנַסָּכָה

לֵהּ Dan. 2. 46, il ordonna de lui offrir des victimes et des parfums.

נֶסֶךְ et נֵסֶךְ m. (avec suff. נִסְכִּי, plur. נְסָכֵי, נְסָכִים). 1° (Offrande de liqueurs) Libation : מִנְחָה וָנֶסֶךְ Joel 1. 9, oblation et libation. — 2° Statue de fonte : וּפִסְלִי וְנִסְכִּי Is. 48. 5, mon image sculptée et ma statue de fonte (mes idoles) ; נִסְכֵּיהֶם Is. 41. 29, et leurs statues.

נְסַךְ chald. m. : וְנִסְכֵּיהוֹן Esdr. 7. 17, et leurs libations.

נִסְכָּן (v. סָכַן).

נָסַס Dépérir. Ex. unique : כִּמְסֹס נֹסֵס Is. 10. 18, comme un malade qui dépérit, qui se meurt (v. le même ex. à מָסַס). Pil. (v. נוּס).

Hithpo. S'élever : אַבְנֵי־נֵזֶר מִתְנוֹסְסוֹת עַל־אַדְמָתוֹ Zach. 9. 16, comme des pierres du diadème ils s'élèveront, ou ils brilleront sur la terre ; נֵס לְהִתְנוֹסֵס Ps. 60. 6, une bannière pour leur servir de signal (v. à נוּס).

נָסַע 1° Arracher, démonter : וַיִּסָּעֵם עִם־הַבְּרִיחַ Jug. 16. 3, il les arracha (les poteaux) avec le verrou ; בַּל־יִסַּע יְתֵדֹתָיו Is. 33. 20, (une tente) dont on n'arrachera pas les pieux. — 2° Décamper, partir, marcher, s'avancer : לָאַחֲרֹנָה יִסְעוּ Nomb. 2. 31, ils décamperont, ou ils marcheront, les derniers ; וַיִּסְעוּ מִמָּרָה Nomb. 33. 9, ils partirent de Marah ; וְהִנֵּה מִצְרַיִם נֹסֵעַ אַחֲרֵיהֶם Exod. 14. 10, voici les Égyptiens qui s'avancèrent, marchèrent, derrière eux. — *Des objets inanimés :* בִּנְסֹעַ הָאָרֹן Nomb. 10. 35, au départ de l'arche ; וְרוּחַ נָסַע מֵאֵת יְיָ Nomb. 11. 31, un vent partit, se leva, excité par Dieu ; Dieu fit lever un vent. — Se diriger, errer : אִכָּרִים וְנָסְעוּ בַּעֵדֶר Jér. 31. 24, les laboureurs et ceux qui marchent avec les troupeaux, qui les conduisent : הָלוֹךְ וְנָסוֹעַ הַנֶּגְבָּה Gen. 12. 9, allant, se dirigeant, vers le sud ; עַל־כֵּן נָסְעוּ כְמוֹ־צֹאן Zach. 10. 2, c'est pourquoi ils errent comme un troupeau.

Niph. Se déchirer, être arraché : נִסַּע יִתְרָם בָּם Job 4. 21, leur corde s'est déchirée, leur force s'est brisée (v. une autre explication à יֶתֶר) ; דּוֹרִי נִסַּע Is. 38. 12, ma demeure est arrachée, ou : le temps de ma vie est fini.

Hihp. 1° Arracher, déraciner : וַיַּסַּע כָּעֵץ תִּקְוָתִי Job 19. 10, il m'a arraché, ôté, mon espérance, comme (on arrache) un arbre ; מַסִּיעַ אֲבָנִים Eccl. 10. 9, celui qui extrait des pierres (de la carrière), ou : qui transporte des pierres. — 2° Faire partir, faire lever : וַיַּסַּע מֹשֶׁה אֶת־יִשְׂרָאֵל Exod. 15. 22, Moïse fit partir les Israélites ; יַסַּע קָדִים בַּשָּׁמָיִם Ps. 78. 26, il fit lever dans l'air un vent d'est ; וַיַּסַּע כַּצֹּאן עַמּוֹ Ps. 78. 52, il fit errer, ou il conduisit son peuple comme un troupeau ; וְהַמָּלֵא תַּסִּיעִי II Rois 4. 4, et ce qui sera rempli tu l'enlèveras.

נָסַק Monter. Ex. unique : אִם־אֶסַּק שָׁמַיִם Ps. 139. 8, si je montais au ciel.

נְסַק chald. Monter. *Aph.* Faire monter : וּלְדָנִיֵּאל אֲמַר לְהַנְסָקָה מִן־גֻּבָּא Dan. 6. 24, et il ordonna de faire sortir Daniel de la fosse (des lions) ; דִּי הַסִּקוּ לְשַׁדְרַךְ Dan. 3. 22, (les hommes) qui avaient fait (monter) entrer Sadrach (etc., dans la fournaise).

Hoph. passif : וְהֻסַּק דָּנִיֵּאל מִן־גֻּבָּא Dan. 6. 24, Daniel fut retiré de la fosse.

נִסְרֹךְ n. pr. d'une idole qu'on adorait à Ninive, II Rois 19. 37.

נֵעָה n. pr. d'une ville de la tribu de Zabulon, Jos. 19. 13.

נֹעָה n. pr. Noah, fille de Selophad, Nomb. 26. 33.

נְעוּרִים m. pl. (de נַעַר). Enfance, jeunesse : מִנְּעוּרֵינוּ וְעַד־עַתָּה Gen. 46. 34, depuis notre enfance jusqu'à présent ; מֵאֵשֶׁת נְעוּרֶיךָ Prov. 5. 18, de la femme que tu as épousée dans ta jeunesse ; בְּנֵי הַנְּעוּרִים Ps. 127. 4, les enfants de la jeunesse (nés dans la jeunesse du père) ; בִּנְעֻרֶיהָ Nomb. 30. 17, dans sa jeunesse. De la jeunesse du peuple : אַלּוּף נְעֻרַי אָתָּה Jér. 3. 4, tu es le maître, le guide, de ma jeunesse.

נְעִיאֵל n. pr. d'une ville de la tribu d'Aser, Jos. 19. 27.

נְעִילָה f. Clôture : תְּפִלַּת נְעִילָה Rituel,

prière de la clôture, la dernière des prières du jour d'expiation.

נָעִים *adj.* Agréable, gracieux, bon, doux, bienveillant : וּמַה־נָּעִים Ps. 133. 1, et qu'il est agréable ; הִנְּךָ יָפֶה דוֹדִי אַף נָעִים Cant. 1. 16, tu es beau, mon bien-aimé, et gracieux ; זַמְּרוּ לִשְׁמוֹ כִּי נָעִים Ps. 135. 3, chantez la gloire de son nom, car il est bienveillant. *Plur.* נְעִימִים et נְעִימוֹת choses agréables, délicieuses, joie, bonheur : חֲבָלִים נָפְלוּ־לִי בַּנְּעִמִים Ps. 16. 6, un héritage m'est échu dans une contrée délicieuse ; וּשְׁנֵיהֶם בַּנְּעִימִים Job 36. 11, (ils passeront) leurs années dans la joie ; נְעִמוֹת בִּימִינְךָ נֶצַח Ps. 16. 11, le bonheur est éternellement à ta droite.

נָעַל 1° Fermer au verrou : וּנְעֹל הַדֶּלֶת אַחֲרֶיהָ II Sam. 13. 17, et ferme la porte après elle ; וְנָעָל Jug. 3. 23, et il ferma la porte au verrou ; גַּן נָעוּל Cant. 4. 12, un jardin fermé. — 2° Serrer les pieds dans les sandales, *en génér.* chausser : וָאֶנְעֲלֵךְ תָּחַשׁ Ez. 16. 10, et je t'ai donné une chaussure de peau de Tachas (v. תַּחַשׁ).

Niph. Chausser : וַיַּנְעִלוּם II Chr. 28. 15, ils les chaussèrent, leur donnèrent des souliers.

נַעַל *f.* (*plur.* נְעָלִים, une fois נְעָלוֹת). Sandale, chaussure : עַל־אֱדוֹם אַשְׁלִיךְ נַעֲלִי Ps. 60. 10, je jetterai ma sandale sur Édom, c.-à-d. je l'occuperai, ou je le foulerai aux pieds ; נְעָלֶיךָ Exod. 3. 5, tes souliers ; *duel* : וְאֶבְיוֹן בַּעֲבוּר נַעֲלָיִם Amos 8. 6, (de nous assujettir) les pauvres pour une paire de chaussure, c.-à-d. sans qu'il nous en coûte presque rien ; וּנְעָלוֹת בָּלוֹת Jos. 9. 5, des souliers usés.

נָעֵם (*fut.* יִנְעַם) Être agréable, être aimable, beau ; être doux, être délicieux, être cher : כִּי נָעֵמוּ Ps. 141. 6, car elles (mes paroles) sont agréables ; מַה־יָּפִית וּמַה־נָּעַמְתְּ Cant. 7. 7, que tu es belle, que tu es aimable, pleine de grâces ! מִמִּי נָעָמְתְּ Ez. 32. 19, qui surpasses-tu en beauté ? וְדַעַת לְנַפְשְׁךָ יִנְעָם Prov. 2. 10, (et si) la science (est douce) fait les délices de ton âme ; וְאֶת־הָאָרֶץ כִּי נָעֵמָה Gen. 49. 15, (il vit) combien le pays était délicieux ; נָעַמְתָּ לִּי מְאֹד II Sam. 1. 26, tu m'as été bien cher ; וְלַמּוֹכִיחִים יִנְעָם Prov. 24. 25, et à ceux qui réprimandent il arrivera bonheur.

נַעַם *n. pr. m.* I Chr. 4. 15.

נֹעַם *m.* Beauté, magnificence, grâce, bienveillance : אִמְרֵי־נֹעַם Prov. 15. 26, des paroles agréables ou pures ; דַּרְכֵי־נֹעַם Prov. 3. 17, des voies belles ; לַחֲזוֹת בְּנֹעַם־יי Ps. 27. 4, de contempler la magnificence de l'Éternel, c.-à-d. la beauté de son sanctuaire ; וִיהִי נֹעַם אֲדֹנָי אֱלֹהֵינוּ עָלֵינוּ Ps. 90. 17, que la grâce du Seigneur notre Dieu soit sur nous ; לְאַחַד קָרָאתִי נֹעַם Zach. 11. 7, l'un je l'ai appelé ; la beauté ou la bienveillance.

נַעֲמָה (aimable, douce) *n. pr.* 1° Naamah, fils de Lamech, Gen. 4. 22. — 2° Naamah, mère du roi Rehobeam, I Rois 14. 21, — 3° Naamah, ville de la tribu de Juda, Jos. 15. 41.

נַעֲמִי (pour נַעֲמָנִי) *n. patron.* de נַעֲמָן, Nomb. 26. 40.

נָעֳמִי (gracieuse, douce) *n. pr.* Noémi, femme d'Élimelech, belle-mère de Ruth, Ruth, 1. 2.

נַעֲמָן *m.* Bonté, délices : נִטְעֵי נַעֲמָנִים Is. 17. 10, des plants bons, délicieux.

נַעֲמָן *n. pr.* 1° Naaman, fils de Benjamin, Gen. 46. 21. — 2° Naaman, fils de Bela, Nomb. 26. 40. — 3° Naaman, général de l'armée du roi de Syrie, II Rois 5. 1.

נַעֲמָתִי Sophar de Naamah, Job 2. 11 (v. נַעֲמָה 3°).

נַעֲצוּץ *m.* Épine, buisson d'épines ; תַּחַת הַנַּעֲצוּץ Is. 55. 13, à la place d'épines ou du buisson ; וּבְכֹל הַנַּעֲצוּצִים Is. 7. 19, et dans tous les buissons d'épines.

I נָעַר Crier, rugir : נָעֲרוּ כְּגוֹרֵי אֲרָיוֹת Jér. 51. 38, ils rugissent comme de jeunes lions.

II נָעַר (v. נוּר) Secouer, vider : נֹעֵר כַּפָּיו מִתְּמֹךְ בַּשֹּׁחַד Is. 33. 15, celui qui secoue ses mains pour ne point saisir des dons corrupteurs ; חָצְנִי נָעַרְתִּי Néh. 5. 13, je secouai la poche de mon habit ; נָעוּר וָרֵק 5. 13, (qu'il soit ainsi) secoué et vide, dépouillé ; וְנֹעֵר בָּשָׁן וְכַרְמֶל Is. 33. 9, Basan et Carmel secouent, ou, *intrans.* : se dépouillent de leurs feuilles et de leurs fruits.

Niph. Se secouer, être secoué, être rejeté : אֵצֵא כְּפַעַם בְּפַעַם וְאִנָּעֵר Jug. 16. 20, je sortirai comme auparavant et je me secouerai, j'userai de mes forces, ou je me dégagerai (de mes liens) ; נִנְעַרְתִּי כָּאַרְבֶּה Ps. 109. 23, je suis secoué, poussé de côté et d'autre, comme les sauterelles ; וְיִנָּעֲרוּ רְשָׁעִים מִמֶּנָּה Job 38. 13, pour que les méchants soient secoués, rejetés, loin d'elle.

Pi. Secouer, précipiter : כָּכָה יְנַעֵר הָאֱלֹהִים Néh. 5. 13, ainsi l'Éternel précipitera, rejettera ; וַיְנַעֵר יְיָ אֶת־מִצְרַיִם בְּתוֹךְ הַיָּם Exod. 14. 27, l'Éternel précipita les Égyptiens dans la mer.

Hithp. Se dégager : הִתְנַעֲרִי מֵעָפָר Is. 52. 2, dégage-toi de la poussière, secoue de toi la poussière.

נַעַר *m.* 1° Enfant mâle, garçon ; se dit de l'enfant qui vient de naître comme du jeune homme de vingt ans : עַד־יִגָּמֵל הַנַּעַר I Sam. 1. 22, jusqu'à ce que l'enfant soit sevré ; וְהִנֵּה־נַעַר בֹּכֶה Exod. 2. 6, c'était un petit enfant qui pleurait ; וְהַנַּעַר נָעַר I Sam. 1. 24, l'enfant était encore tout jeune, tout petit ; כִּי־נַעַר אָנֹכִי Jér. 1. 6, car je suis jeune ; אַרְבַּע מֵאוֹת אִישׁ־נַעַר I Sam. 30. 17, quatre cents jeunes hommes. — *Des animaux :* וְהַנַּעַר לֹא־יְבַקֵּשׁ Zach. 11. 16, qui ne cherchera pas l'agneau encore tendre. — 2° Serviteur, jeune guerrier : גֵּיחֲזִי נַעֲרוֹ II Rois 4. 12, Guechasi, son serviteur ; יָקוּמוּ נָא הַנְּעָרִים II Sam. 2. 14, que les jeunes guerriers se lèvent ; נַעֲרֵי שָׂרֵי הַמְּדִינוֹת I Rois 20. 15, les jeunes guerriers des chefs des provinces. נְעָרִים Jeunes gens des deux sexes : וַיִּפֹּל עַל־הַנְּעָרִים Job 1. 19, (la maison) tomba sur les enfants (les fils et les filles de Job) ; עִם־הַנְּעָרִים אֲשֶׁר־לִי Ruth 2. 21, à mes gens, à mes serviteurs.

נֹעַר *m.* Jeunesse : תָּמֹת בַּנֹּעַר נַפְשָׁם Job 36. 14, ils mourront dans la jeunesse, ou d'une mort précipitée (v. II נָעַר) ; וְגֹוֵעַ מִנֹּעַר Ps. 88. 16, et prêt à mourir depuis ma jeunesse ; selon d'autres : et expirant d'agitations, de terreurs.

נַעֲרָה *f.* 1° Jeune fille, quelquefois jeune femme : וְהַנַּעֲרָה יָפָה עַד־מְאֹד I Rois 1. 4, la jeune fille était extrêmement belle ; נַעֲרָה מוֹאֲבִיָּה הִיא Ruth 2. 6, c'est la jeune femme moabite. — 2° Servante : רִבְקָה וְנַעֲרֹתֶיהָ Gen. 24. 61, Rébecca et ses servantes.

נַעֲרָה *n. pr.* 1° D'une ville à la limite de la tribu d'Ephraïm, Jos. 16. 7. — 2° D'une femme, I Chr. 4. 4.

נְעוּרוֹת *f. pl.* Jeunesse : מִנְּעֻרֹתֵיהֶם Jér. 32. 30, dès leur jeunesse.

נַעֲרַי *n. pr. m.* I Chr. 11. 37 (v. פַּעֲרַי).

נְעַרְיָה *n. pr. m.* 1° I Chr. 3. 22. — 2° 4. 42.

נַעֲרָן *n. pr.* d'une ville, I Chr. 7. 28.

נְעֹרֶת *f.* (rac. נָעַר, ce que l'on détache du chanvre). Étoupe : וְהָיָה הֶחָסֹן לִנְעֹרֶת Is. 1. 31, le puissant sera comme de l'étoupe sèche.

נֹף *n. pr.* Memphis, Is. 19. 13 (v. מֹף).

נֶפֶג *n. pr. m.* 1° Exod. 6. 21. — 2° II Sam. 5. 15.

נָפָה *f.* (rac. נוּף). 1° Crible, van : בְּנָפַת שָׁוְא Is. 30. 28, dans le van de la destruction. — 2° Élévation, colline : נָפַת דּוֹר Jos. 12. 13, et *plur.* נָפוֹת דּוֹר Jos. 11. 2, et נָפַת דֹּאר I Rois 4. 11, la contrée de Dor, ou la colline ou forteresse de Dor ; selon d'autres, *n. pr.* : Naphathdor.

נְפוּסִים *n. pr. m.* Esdr. 2. 50.

נָפַח (v. פוּחַ) 1° Souffler : וַיִּפַּח בְּאַפָּיו נִשְׁמַת חַיִּים Gen. 2. 7, il souffla dans ses narines un souffle de vie ; וּפְחִי בַּהֲרוּגִים הָאֵלֶּה וְיִחְיוּ Ez. 37. 9, souffle sur ces morts, et ils se ranimeront ; וְנָפַחְתִּי בוֹ Agg. 1. 9, j'ai soufflé dessus, mon souffle l'a dissipé. Avec בְּאֵשׁ et אֵשׁ, souffler dans le feu, l'allumer : נֹפֵחַ בְּאֵשׁ פֶּחָם

Is. 54. 16, qui souffle les charbons ardents; לְנַפַּחַת־עָלָיו אֵשׁ Ez. 22. 20, pour y allumer le feu, pour l'embraser; סִיר נָפוּחַ Jér. 1. 13, un pot bouillant (sous lequel le feu est allumé), ou qui exhale de la vapeur. — 2° Avec נֶפֶשׁ, rendre l'âme: נָפְחָה נַפְשָׁהּ Jér. 15. 9, elle rend l'âme.

Pou. Être soufflé: אֵשׁ לֹא־נֻפָּח Job 20. 26, un feu qui n'a point été soufflé, allumé (par les hommes).

Hiph. Faire rendre l'âme; *au fig.* attrister, chagriner, faire languir: וְנֶפֶשׁ בְּעָלֶיהָ הִפָּחְתִּי Job 31. 39, si j'ai attristé l'âme de ses possesseurs, ou si j'ai été la cause de leur mort; וְהִפַּחְתֶּם אוֹתוֹ Mal. 1. 13, vous le faites languir (celui à qui vous avez dérobé ce sacrifice); selon d'autres: vous dédaignez (le sacrifice).

נֹפַח *n. pr.* d'une ville dans Moab, Nomb. 21. 30.

נָפִישׁ *n. pr.* Naphis, fils d'Ismael, Gen. 25. 15.

נְפִישְׁסִים *n. pr. m.* Néh. 7. 52.

נֹפֶךְ *m.* Une des pierres du pectoral du grand prêtre, Exod. 28. 18.

נָפַל (*fut.* יִפֹּל, *inf.* נְפֹל, avec suff. נָפְלוֹ et נִפְלוֹ) 1° Tomber: כֹּרֶה שַּׁחַת בָּהּ יִפֹּל Prov. 26. 27, qui creuse une fosse (pour y faire tomber les autres) y tombera; הַר־נוֹפֵל Job 14. 18, une montagne qui s'écroule; selon d'autres: la haute montagne (v. נְפִלִים); כְּתֵפִי מִשִּׁכְמָהּ תִפּוֹל Job 31. 22, que mon épaule tombe, se détache, du dos, de sa jointure. — Tomber, être étendu, gisant (à terre), être couché: נֹפֵל בַּשָּׂדֶה Deut. 21. 1, (un cadavre) étendu dans un champ; וְנָפַל לְמִשְׁכָּב Exod. 21. 18, mais qu'il soit étendu sur son lit, qu'il soit obligé de garder le lit; נֹפֵל וּגְלוּי עֵינָיִם Nomb. 24. 4, (le prophète) tombant en extase, ou couché, dormant et ayant les yeux ouverts, c.-à-d. ayant des visions pendant le sommeil. — Tomber, mourir, périr: כִּי־שַׂר וְגָדוֹל נָפַל הַיּוֹם הַזֶּה II Sam. 3. 38, que c'est un prince et un grand personnage qui est mort en ce jour; וְנָפַל מִמֶּנּוּ רָב Exod. 19. 21, et qu'un grand nombre d'entre eux (ne) périsse; מְתַיִךְ בַּחֶרֶב יִפֹּלוּ Is. 3. 25, tes hommes mourront par le glaive; וּבְיַד־אָדָם אַל־אֶפֹּלָה II Sam. 24. 14, puissé-je ne point tomber dans la main des hommes!

Tomber dans le malheur, être ruiné: כִּי לֹא יִחְיֶה אַחֲרֵי נִפְלוֹ II Sam. 1. 10, qu'il ne voudrait pas survivre à sa ruine; בּוֹטֵחַ בְּעָשְׁרוֹ הוּא יִפֹּל Prov. 11. 28, celui qui se fie en sa richesse tombera. — Tomber, être inférieur, subir un échec, être abaissé, déchoir: לֹא־נֹפֵל אָנֹכִי מִכֶּם Job 12. 3, je ne vous suis point inférieur; אֲשֶׁר הַחִלּוֹתָ לִנְפֹּל לְפָנָיו Esth. 6. 13, devant lequel tu as commencé à tomber, à subir un échec; וַיִּפְּלוּ מְאֹד בְּעֵינֵיהֶם Néh. 6. 16, il furent extrêmement abaissés à leurs propres yeux; עַמִּים תַּחְתֶּיךָ יִפְּלוּ Ps. 45. 6, les peuples tomberont sous toi (te seront assujettis). — Tomber, défaillir, maigrir (du corps): וְנָפְלָה יְרֵכָהּ Nomb. 5. 27, sa cuisse tombera (de pourriture), ou maigrira. *Métaph.*: אַל־יִפֹּל לֵב־אָדָם עָלָיו I Sam. 17. 32, que le cœur ne manque à personne à cause de lui (que personne ne s'effraye des insultes de Goliath). Avec פָּנִים, avoir le visage défait, abattu; וַיִּפְּלוּ פָּנָיו Gen. 4. 5, et son visage fut abattu. Avec אַרְצָה, tomber à terre, rester inaccompli: כִּי לֹא יִפֹּל מִדְּבַר יְיָ אַרְצָה II Rois 10. 10, aucune des paroles de l'Éternel ne tombe à terre, ne reste inaccomplie; et sans אַרְצָה: לֹא־נָפַל מִמֶּנּוּ דָּבָר אֶחָד Jos. 23. 14, aucune parole n'en est restée inaccomplie; וְהַיָּמִים הָרִאשֹׁנִים יִפְּלוּ Nomb. 6. 12, les jours qui auront précédé, seront perdus, seront comptés pour rien. — *Sens opposé.* S'accomplir, se réaliser: וְנָפַל בְּיִשְׂרָאֵל Is. 9. 7, et (la parole) s'est accomplie en Israel; selon d'autres: s'est révélée; אֵיךְ יִפֹּל דָּבָר Ruth 3. 18, comment la chose se terminera, ce qu'il en adviendra; וַיִּפֹּל הַגּוֹרָל עַל־יוֹנָה Jon. 1. 7, le sort tomba sur Jonas. Sans גּוֹרָל, échoir (en héritage, en partage): זֹאת הָאָרֶץ אֲשֶׁר תִּפֹּל לָכֶם בְּנַחֲלָה Nomb. 34. 2, c'est ce pays qui vous sera échu en héritage. Avec עַל : חֲשֵׁכָה גְדֹלָה נֹפֶלֶת עָלָיו Gen. 15. 12, une grande obscurité se répandit sur lui.

2° (Tomber avec intention.) Se jeter, descendre rapidement, se précipiter, fondre sur quelqu'un, camper, habiter : וַיִּפֹּל עַל־צַוָּארָו Gen. 33. 4, il se jeta à son cou ; וַיִּפֹּל אַבְרָם עַל־פָּנָיו Gen. 17. 3, Abram se jeta sur sa face, la face contre terre ; וַיִּפֹּל גַּם־הוּא עַל־חַרְבּוֹ I Sam. 31. 5, il se jeta lui-même sur son épée ; וַיִּפֹּל מֵעַל הַמֶּרְכָּבָה II Rois 5. 21, il sauta, descendit vite, de son char ; וַתִּפֹּל מֵעַל הַגָּמָל Gen. 24. 64, elle descendit rapidement de son chameau ; וַיִּפְּלוּ בָּהֶם Jos. 11. 7, ils se précipitèrent au milieu d'eux ; שֹׁדֵד נָפָל Jér. 48. 32, le dévastateur s'est précipité (sur la récolte, etc.); וַתִּפֹּל שְׁבָא Job 1. 15, les Sabéens sont venus fondre (sur eux) ; נֹפְלִים בָּעֵמֶק Jug. 7. 12, (les Madianites, etc.) étaient campés dans la vallée ; עַל־פְּנֵי כָל־אֶחָיו נָפָל Gen. 25. 18, il demeurait, ou son partage était en face, ou au milieu, de tous ses frères. — Se rendre, se soumettre à quelqu'un : וְנָפַל עַל־הַכַּשְׂדִּים Jér. 21. 9, celui qui se rendra aux Chaldéens ; מִי־גָר אִתָּךְ עָלַיִךְ יִפּוֹל Is. 54. 15, celui qui complote contre toi se soumettra à toi ; אֶל־הַכַּשְׂדִּים אַתָּה נֹפֵל Jér. 37. 13, tu fuis pour te rendre aux Chaldéens ; תִּפָּל־נָא תְחִנָּתִי לְפָנֶיךָ Jér. 37. 20, puisse ma prière être reçue favorablement, trouver grâce devant toi !

Pil. : וְנִפְלַל חָלָל בְּתוֹכָהּ Ez. 28. 23, ils tomberont blessés, ou tués, au milieu de la ville (v. à פָּלַל).

Hiph. הִפִּיל Faire tomber, jeter, renverser, abattre, disperser, faire mourir : עַצְלָה תַּפִּיל תַּרְדֵּמָה Prov. 19. 15, la paresse fait tomber l'assoupissement (sur le paresseux); וְהִפִּילוֹ הַשֹּׁפֵט Deut. 25. 2, le juge ordonnera qu'il soit couché, étendu, devant lui ; וָאָרֶץ רְפָאִים תַּפִּיל Is. 26. 19, tu jettes à terre les géants ; לְהַפִּיל הַחוֹמָה II Sam. 20. 15, pour renverser la muraille ; וְכָל־עֵץ טוֹב תַּפִּילוּ II Rois 3. 19, vous abattrez tous les arbres fruitiers ; וּלְהַפִּיל זַרְעָם בַּגּוֹיִם Ps. 106. 27, de disperser leur postérité au milieu des nations ; לְהַפִּיל אוֹתָם בַּמִּדְבָּר Ps. 106. 26, de les faire mourir dans le désert ; וְהִפִּיל רִבֹּאוֹת Dan. 11. 12, il fera périr des milliers. — Avec אַרְצָה, faire tomber à terre, laisser inaccompli : וְלֹא־הִפִּיל מִכָּל־דְּבָרָיו אָרְצָה I Sam. 3. 19, il ne laissa aucune de ses promesses inaccomplie ; et seul : אַל־תַּפֵּל דָּבָר מִכֹּל אֲשֶׁר דִּבַּרְתָּ Esth. 6. 10, (ne laisse inaccompli) n'oublie rien de tout ce que tu as dit ; לֹא הִפִּילוּ מִמַּעַלְלֵיהֶם Jug. 2. 19, ils ne quittèrent pas leurs actions, ne renoncèrent pas à leurs mauvaises actions ; יַפִּילוּ גוֹרָל Ps. 22. 19, ils jettent le sort ; et sans גּוֹרָל : הַפִּילוּ בֵּינִי וּבֵין יוֹנָתָן בְּנִי I Sam. 14. 42, jetez (le sort) entre moi et Jonathan, mon fils ; וּבְהַפִּילְכֶם אֶת־הָאָרֶץ Ez. 45. 1, quand vous vous partagerez le pays (par le sort). — Attrister : וְאוֹר פָּנַי לֹא יַפִּילוּן Job 29. 24, ils ne troublèrent point la sérénité de mon visage ; לוֹא־אַפִּיל פָּנַי בָּכֶם Jér. 3. 12, je ne ferai point tomber sur vous mon regard de colère, je ne ferai point éclater ma colère contre vous ; אֲנַחְנוּ מַפִּילִים תַּחֲנוּנֵינוּ לְפָנֶיךָ Dan. 9. 18, (que) nous t'adressons nos humbles prières.

Hithp. Se jeter, se prosterner, se précipiter : וָאֶתְנַפַּל לִפְנֵי יְיָ Deut. 9. 18, je me prosternais devant l'Éternel ; וּלְהִתְנַפֵּל עָלֵינוּ Gen. 43. 18, et pour se précipiter sur nous.

נְפַל chald. (*fut.* יִפֵּל). 1° Tomber, se prosterner, être jeté : קָל מִן שְׁמַיָּא נְפַל Dan. 4. 28, une voix tombée du ciel se fit entendre ; וּמַן דִּי־לָא יִפֵּל Dan. 3. 6, celui qui ne se prosternera pas ; נְפַלוּ לְגוֹא־אַתּוּן Dan. 3. 23, ils tombèrent, ou ils furent jetés, dans la fournaise. — 2° Arriver, survenir : דִּי־יִפֶּל־לָךְ לְמִנְתַּן Esdr. 7. 20, (toute autre dépense) à laquelle il t'arrivera de pourvoir.

נֵפֶל *m.* Avorton : נֵפֶל אֵשֶׁת Ps. 58. 9, (comme) l'avorton d'une femme (v. à אִשָּׁה).

נְפִלִים *m. pl.* (rac. נָפַל). Les géants, Gen. 6. 4.

נָפַץ (v. פּוּץ) 1° Briser : וְנָפוֹץ הַכַּדִּים

אֲשֶׁר בְּיָדָם Jug. 7. 19, et à briser les cruches qu'ils tenaient à la main. — 2° Disperser, disséminer : וּנְפֻצוֹת יְהוּדָה יְקַבֵּץ Is. 11. 12, il rassemblera les dispersés de Juda ; נְפֹצִים אֶל־הֶהָרִים כַּצֹּאן I Rois 22. 17, (tout Israel) dispersé dans les montagnes comme des brebis (sans pasteur). — 2° Se disperser, se répandre, s'étendre : נָפַץ הָעָם מֵעָלַי I Sam. 23. 11, le peuple se dispersa d'autour de moi ; וּמֵאֵלֶּה נָפְצָה כָל־הָאָרֶץ Gen. 9. 19, de ceux-ci sont sortis tous les hommes qui se sont répandus sur la terre ; וַתְּהִי־שָׁם הַמִּלְחָמָה נְפוֹצֶת II Sam. 18. 8, là le combat s'étendit au loin (pour נְפוֹצָה).

Pi. 1° Briser, écraser : כִּכְלִי יוֹצֵר תְּנַפְּצֵם Ps. 2. 9, tu les briseras comme le vase fait par le potier ; וְנִפֵּץ אֶת־עֹלָלַיִךְ אֶל־הַסָּלַע Ps. 137. 9, et qui écrasera les jeunes enfants contre le rocher. — 2° Disperser, disséminer : וְנִפַּצְתִּים אִישׁ אֶל־אָחִיו Jér. 13. 14, je les disperserai (séparant) l'un de l'autre, ou je les briserai l'un contre l'autre ; וְנִפַּצְתִּים שָׁם I Rois 5. 23, et là je les séparerai, je détacherai (les planches les unes des autres). *Inf.* : וּכְכַלּוֹת נַפֵּץ Dan. 12. 7, lorsque la dispersion sera achevée.

Pou. passif : כְּאַבְנֵי־גִר מְנֻפָּצוֹת Is. 27. 9, comme des pierres de chaux dispersées, ou brisées.

נֶפֶץ *m.* Inondation : נֶפֶץ וָזֶרֶם Is. 30. 30, inondation et tempête.

נְפַק chald. Sortir : פֻּקוּ וֶאֱתוֹ Dan. 3. 26, sortez et venez ; וְדָתָא נָפְקַת Dan. 2. 13, et l'arrêt fut prononcé.

Aph. הַנְפֵּק Faire sortir, emporter : דִּי הַנְפֵּקוּ מִן־הֵיכְלָא Dan. 5. 3, (les vases) qu'on avait emportés du temple.

נִפְקָא chald. *f.* (*emphat.* נִפְקְתָא). Dépense, frais : וְנִפְקְתָא מִן־בֵּית מַלְכָּא תִּתְיְהִב Esdr. 6. 4, et que l'argent de cette dépense fût fourni de la maison du roi.

נָפַשׁ *Kal* inusité. *Niph.* Reprendre haleine, respirer (après le travail), se reposer : וְיִנָּפֵשׁ בֶּן־אֲמָתְךָ Exod. 23. 12, pour que ton esclave reprenne haleine, qu'il ait quelque relâche ; שָׁבַת וַיִּנָּפַשׁ Exod. 31. 17, il cessa de créer et il se reposa.

נְפַשׁ chald. Augmenter, prolonger : יַפְרִישׁ חַיֵּיהוֹן Rit., qu'il prolonge leur vie.

נֶפֶשׁ *des deux genres* (avec suff. נַפְשִׁי, *pl.* נְפָשׁוֹת, une fois נְפָשִׁים Ez. 13. 20). 1° Souffle, haleine ; *par extens.* odeur, parfum : אֲשֶׁר־בּוֹ נֶפֶשׁ חַיָּה Gen. 1, 30, qui est vivant, animé, *exact.* en qui est un souffle de vie ; נַפְשׁוֹ גֶּחָלִים תְּלַהֵט Job 41. 13, son haleine allume des charbons ; וּבָתֵּי הַנֶּפֶשׁ Is. 3. 20, et des boîtes de parfums.

2° Vie, principe de vie, âme : כִּי הַדָּם הוּא הַנָּפֶשׁ Deut. 12. 23, car le sang c'est la vie ; נֶפֶשׁ תַּחַת נָפֶשׁ Exod. 21. 23, vie pour vie ; בְּהִשְׁתַּפֵּךְ נַפְשָׁם אֶל־חֵיק אִמֹּתָם Lament. 2. 12, lorsqu'ils rendaient l'âme dans le sein de leurs mères ; כַּאֲשֶׁר קִוּוּ נַפְשִׁי Ps. 56. 7, comme s'ils attendaient, épiaient, à m'ôter la vie. Dans ce sens, signifiant la vie purement animale, נֶפֶשׁ se joint aux *verbes* qui expriment les diverses sensations qu'éprouve le corps. Exemples : וְרֵקָה נַפְשׁוֹ Is. 29. 8, son âme est vide de nourriture, c.-à-d. il a faim ; וְנַפְשׁוֹ שׁוֹקֵקָה 29. 8, son âme est altérée ; לְמַלֵּא נַפְשׁוֹ כִּי יִרְעָב Prov. 6. 30, pour satisfaire son désir, pour manger, lorsqu'il est pressé par la faim ; נַפְשֵׁנוּ יְבֵשָׁה Nomb. 11. 6, notre âme est dans la langueur ; וַתִּקְצַר נֶפֶשׁ הָעָם Nomb. 21. 4, l'âme du peuple s'impatienta ; וַנִּירָא מְאֹד לְנַפְשֹׁתֵינוּ Jos 9. 24, nous avons craint pour notre vie ; אִם־תָּשִׂים אָשָׁם נַפְשׁוֹ Is. 53. 10, s'il a offert sa vie en sacrifice. Avec des *prépos.* : אֶל־נַפְשָׁם II Rois 7. 7, pour sauver leur vie ; בְּנַפְשֵׁנוּ נָבִיא לַחְמֵנוּ Lament. 5. 9, au péril de notre vie, nous cherchons notre pain ; הַהֹלְכִים בְּנַפְשׁוֹתָם II Sam. 23. 17, qui sont allés, au risque de perdre la vie ; בְנַפְשׁוֹ דִּבֶּר אֲדֹנִיָּהוּ אֶת־הַדָּבָר הַזֶּה I Rois 2. 23, c'est au péril de ses jours qu'Adonya a proféré ces paroles ; אַל־נָא נֹאבְדָה בְּנֶפֶשׁ הָאִישׁ הַזֶּה Jon. 1. 14, que la mort de cet homme ne soit pas cause de notre perte ; וְנִשְׁמַרְתֶּם מְאֹד לְנַפְשֹׁתֵיכֶם Deut. 4.

15, gardez-vous bien, pour votre vie, pour votre salut; אֲשֶׁר עָשָׂה לְנַפְשִׁי Ps. 66. 16, ce qu'il a fait pour le salut de mon âme.

3° Ame (siége du sentiment, des affections, de la pensée), cœur, sentiment, désir, volonté, pensée (v. לֵב): בְּצֵאת נַפְשָׁהּ Gen. 35. 18, près de rendre l'âme; וְאַתֶּם יְדַעְתֶּם אֶת־נֶפֶשׁ הַגֵּר Exod. 23. 9, vous connaissez les sentiments de l'étranger, vous savez ce qu'il éprouve; אַל־תִּתְּנֵנִי בְּנֶפֶשׁ צָרָי Ps. 27. 12, ne me livre pas au ressentiment de mes ennemis; אֵין נַפְשִׁי אֶל־הָעָם הַזֶּה Jér. 15. 1, mon cœur ne se tournerait pas vers ce peuple; עָגְמָה נַפְשִׁי לָאֶבְיוֹן Job 30. 25, mon âme n'était-elle pas affligée pour le pauvre? אִם־יֵשׁ אֶת־נַפְשְׁכֶם Gen. 23. 8, si c'est selon votre désir, si vous voulez bien; לֶאְסֹר שָׂרָיו בְּנַפְשׁוֹ Ps. 105. 22, d'emprisonner ses princes, selon son bon plaisir; אֵלֶיךָ יְיָ נַפְשִׁי אֶשָּׂא Ps. 25. 1, c'est vers toi, ô Éternel, que j'élève mon âme, ma pensée; דָּלְפָה נַפְשִׁי Ps. 119. 28, mon âme répand des larmes, se fond; וְנֶפֶשׁ־חֲלָלִים תְּשַׁוֵּעַ Job 24. 12, l'âme des blessés, ou des mourants, crie (vengeance); בַּעֲבוּר תְּבָרֶכְךָ נַפְשִׁי Gen. 27. 4, pour que mon âme te bénisse. On trouve encore נֶפֶשׁ dans les locutions suivantes: בַּעַל נֶפֶשׁ Prov. 23. 2, un homme avide; מֵהֲלָךְ־נָפֶשׁ Eccl. 6. 9, que les désirs vagues de l'âme; לְמֵשִׁיב נֶפֶשׁ Ruth 4. 15, à fortifier, consoler, ton âme; עַזֵּי־נֶפֶשׁ Is. 56. 11, qui ont des désirs insatiables, ou qui sont effrontés.

4° Être animé, personne, individu, corps vivant ou ayant vécu, cadavre: נֶפֶשׁ חַיָּה Gen. 1. 24, des êtres animés; אֶת־כָּל־הַנֶּפֶשׁ אֲשֶׁר־בָּהּ Jos. 11. 11, tous les habitants de la ville; נֶפֶשׁ אָכָלוּ Ez. 22. 25, ils dévorent des hommes; שִׁבְעִים נֶפֶשׁ Exod. 1. 5, soixante et dix personnes; *collect.*: וְאֶת־הַנֶּפֶשׁ אֲשֶׁר־עָשׂוּ בְחָרָן Gen. 12. 5, et les personnes (esclaves) qu'ils avaient acquises à Haran; נֶפֶשׁ כִּי־תֶחֱטָא Lév. 4. 2, une personne qui aura péché, quiconque pèchera; בַּרְזֶל בָּאָה נַפְשׁוֹ Ps. 105. 18, son corps fut chargé de chaînes; עַל־נֶפֶשׁ מֵת לֹא יָבֹא Nomb. 6. 6, il ne s'approchera pas du corps d'un mort; וְכֹל טָמֵא לָנָפֶשׁ Nomb. 5. 2, et tous ceux qui se seront rendus impurs (pour avoir touché) un mort.

5° Avec les suffixes נַפְשִׁי, נַפְשְׁךָ, etc., souvent moi-même, toi-même, ou simplement moi, toi: נִשְׁבַּע יְיָ צְבָאוֹת בְּנַפְשׁוֹ Jér. 51. 14, l'Éternel Zébaoth a juré par lui-même; עַל־צַדְּקוֹ נַפְשׁוֹ מֵאֱלֹהִים Job 32. 2, parce qu'il s'est cru lui-même plus juste que Dieu; אַל־תְּדַמִּי בְנַפְשֵׁךְ Esth. 4. 13, ne t'imagine pas toi-même; וְשִׁלַּחְתָּהּ לְנַפְשָׁהּ Deut. 21. 14, tu la renverras pour qu'elle s'appartienne à elle-même, pour qu'elle soit libre; לַחְמָם לְנַפְשָׁם Osée 9. 4, leur pain n'est bon que pour eux-mêmes; selon d'autres: le pain offert pour la purification de leur âme. *Pléon.*: נַפְשִׁי אִוִּיתִךָ בַּלַּיְלָה Is. 26. 9, mon âme t'a désiré pendant la nuit.

נֶפֶת *f.* Contrée, province. Ex. unique: שְׁלֹשֶׁת הַנָּפֶת Jos. 17. 11, trois contrées, ou provinces.

נֹפֶת *f.* (rac. נוּף). Miel (ce qui coule, ce qui fond): וְנֹפֶת צוּפִים Ps. 19. 11, et (que) le rayon de miel; *seul*: וְנֹפֶת מָתוֹק עַל־חִכֶּךָ Prov. 24. 13, et le rayon de miel qui est doux à ta bouche.

נַפְתּוּלִים *pl. m.* Luttes (v. פָּתַל): נַפְתּוּלֵי אֱלֹהִים נִפְתַּלְתִּי Gen. 30. 8, j'ai soutenu de grandes luttes, ou des luttes en l'honneur de Dieu.

נַפְתֻּחִים *n. pr.* Naphthuhim, fils de Misraïm, souche d'un peuple égyptien, Gen. 10. 13.

נַפְתָּלִי (ma lutte) *n. pr.* Nephthali, fils de Jacob et de Balhah, souche de la tribu de ce nom, Gen. 30. 8.

I **נֵץ** *m.* Fleur: עָלְתָה נִצָּהּ Gen. 40. 10, elle poussait des fleurs.

II **נֵץ** *m.* Épervier, Lév. 11. 16, Job 39. 26.

נָצָא S'envoler (v. נָצָה): כִּי נָצֹא תֵּצֵא Jér. 48. 9, afin qu'il s'envole promptement; les deux *verbes* de la même racine, ou נָצָא de יָצָא qu'il s'en aille en volant, c.-à-d. promptement.

נָצַב *Kal* inusité. *Niph.* 1° Être placé; נִצַּב עַל être préposé sur : הַנִּצָּב עַל־הַקּוֹצְרִים Ruth 2. 6, (le jeune homme) qui veillait sur les moissonneurs; וּשְׁמוּאֵל עֹמֵד נִצָּב עֲלֵיהֶם I Sam. 19. 20, et Samuel était à leur tête, présidait parmi eux. — נִצָּב employé *subst.* Préposé, intendant, chef : שְׁנֵים־עָשָׂר נִצָּבִים I Rois 4. 7, douze intendants; נִצָּב מֶלֶךְ 22. 48, un chef, gouverneur, était roi, c.-à-d. les gouvernait. — 2° Se tenir debout, se placer, demeurer, s'affermir, se soutenir: קָמָה אֲלֻמָּתִי וְגַם־נִצָּבָה Gen. 37. 6, ma gerbe se leva et se tint debout; הַנִּצָּבָה Zach. 11. 16, (la brebis) qui se tient debout, qui est saine; selon d'autres, au contraire : la brebis qui s'arrête, qui ne peut plus marcher; וְנִצַּבְתָּ לִי שָׁם Exod. 34. 2, tu demeureras là auprès de moi; הָאִשָּׁה הַנִּצֶּבֶת עִמְּכָה בָּזֶה I Sam. 1. 26, la femme qui se tenait auprès de toi en cet endroit; לְכֹל הַנִּצָּבִים עָלָיו Gen. 45. 1. devant tous ceux qui se tenaient autour de lui; נִצָּב יְמִינוֹ Lam. 2. 4, sa droite s'affermit; לְעוֹלָם יְיָ דְּבָרְךָ נִצָּב בַּשָּׁמָיִם Ps. 119. 89, ta parole, ô Éternel! est établie, subsiste à jamais, dans les cieux; כָּל־הֶבֶל כָּל־אָדָם נִצָּב Ps. 39. 6, tout homme, même le mieux établi, n'est que vanité; ou : tous les hommes demeurent, c.-à-d. ne sont jamais que vanité.

Hiph. הִצִּיב Faire tenir debout, placer, mettre, élever, ériger, poser, fixer, affermir : וַיַּצֶּב־מַיִם כְּמוֹ־נֵד Ps. 78. 13, il fit les eaux (se tenir debout) s'arrêter comme un mur; וַיַּצִּיבֵנִי כַּמַּטָּרָא לַחֵץ Lament. 3. 12, il m'a placé comme le but pour ses flèches; אֲשֶׁר הִצַּבְתָּ לְבַדָּנָה Gen. 21. 29, (les brebis) que tu as mises à part; הִצִּיבוּ מַשְׁחִית Jér. 5. 26, ils tendent des filets; הַצִּיבִי לָךְ צִיֻּנִים Jér. 31. 21, place-toi, élève-toi, des signes; מַצִּיב לוֹ יָד I Sam. 15. 12, il s'érige un monument; וּבִצְעִירוֹ יַצִּיב דְּלָתֶיהָ Jos. 6. 26, et que son enfant le plus jeune meure lorsqu'il posera les portes (de la ville); יַצֵּב גְּבֻלֹת עַמִּים Deut. 32. 8, il fixa la limite des peuples; וְיַצֵּב גְּבוּל אַלְמָנָה Prov. 15. 25, il affermit la borne (l'héritage) de la veuve; וּלְהַצִּיב הַדָּרְבָן I Sam. 13. 21, pour fixer l'aiguillon, ou pour l'aiguiser

Hoph. 1° Être placé : מֻצָּב אַרְצָה Gen. 28. 12, (une échelle) placée, appuyée, sur la terre. — 2° Être planté : עִם־אֵלוֹן מֻצָּב אֲשֶׁר בִּשְׁכֶם Jug. 9. 6, près du chêne planté dans Sichem, ou de la plaine du monument, près de Sichem (v. מֻצָּב *n. pr.*).

נִצְבָּה chald. *f.* (*emphat.* נִצְבְּתָא). Dureté : נִצְבְּתָא דִי־פַרְזְלָא Dan. 2. 41, la force ou la dureté du fer.

נִצָּב *m.* Garde d'une épée, poignée : וַיָּבֹא גַם־הַנִּצָּב אַחַר הַלַּהַב Jug. 3. 22, la poignée y entra après le fer (v. *part. Niph.* de נָצַב).

נִצָּב (v. יָצַב).

נָצָה 1° S'envoler, s'enfuir (v. נָצָא) : נָצוּ גַּם־נָעוּ Lament. 4. 15, ils se sont enfuis, ils sont devenus errants. — 2° Être dévasté : עָרַיִךְ תִּצֶּינָה Jér. 4. 7, tes villes seront dévastées.

Niph. 1° Se quereller, disputer : וְכִי־יִנָּצוּ אֲנָשִׁים Exod. 21. 22, si des hommes se querellent : שְׁנֵי־אֲנָשִׁים עִבְרִים נִצִּים Exod. 2. 13, deux Hébreux qui se querellaient. — 2° Être détruit, dévasté : גַּלִּים נִצִּים Is. 37. 26, des monceaux de ruines.

Hiph. Disputer, se soulever, se révolter, combattre : אֲשֶׁר הִצּוּ עַל־מֹשֶׁה Nomb. 26. 9, qui se soulevèrent contre Moïse; בְּהַצּוֹתוֹ אֶת אֲרַם נַהֲרַיִם Ps. 60. 2, lorsqu'il faisait la guerre contre Aram Naharaïm.

נִצָּה *f.* Fleur : וּבֹסֶר גֹּמֵל יִהְיֶה נִצָּה Is. 18. 5, la fleur se changera (en fruit, etc.); נִצָּתוֹ Job 15. 33, la fleur (de l'olivier).

נֹצָה *f.* Plume, plumage : אֶת־מֻרְאָתוֹ בְּנֹצָתָהּ Lév. 1. 16, le jabot (de l'hostie) et les plumes; selon d'autres : le jabot et la nourriture qu'il contient (rac. יָצָא ou נָצָה).

נָצַח *Kal* inusité. *Niph.* Être persévérant, opiniâtre : מְשֻׁבָה נִצַּחַת Jér. 8. 5, avec une aversion permanente, opiniâtre.

Pi. נִצַּח Exceller, veiller à, avoir l'inspection, la surveillance ; avec עַל et לְ : לְנַצֵּחַ עַל־מְלֶאכֶת בֵּית־יְיָ Esdr. 3. 8, (pour veiller à) pour presser l'ouvrage de la maison de l'Éternel ; מְנַצְּחִים לְהַעֲבִיד אֶת־הָעָם II Chr. 2. 17, (et trois mille six cents) inspecteurs pour faire travailler le peuple ; *spécial.* exceller en musique, présider au chant, diriger la musique : בְּכִנֹּרוֹת עַל־הַשְּׁמִינִית לְנַצֵּחַ I Chr. 15. 21, pour chanter sur les guitares à huit cordes ; *fréq.* en tête des psaumes : לַמְנַצֵּחַ au chef des chanteurs, des musiciens.

נְצַח chald. *Ithp.* Surpasser, l'emporter sur : הֲוָה מִתְנַצַּח Dan. 6. 4, (Daniel) l'emportait sur (les princes, etc.), les surpassait.

I נֵצַח et נֶצַח *m.* (avec suff. נִצְחִי). 1° Gloire, victoire, force : וְהַנֵּצַח I Chr. 29. 11, et la victoire ou la gloire ; נֵצַח יִשְׂרָאֵל I Sam. 15. 29, la gloire, ou la force, d'Israel (Dieu) ; וְלֹא־יֵצֵא לָנֶצַח מִשְׁפָּט Hab. 1. 4, et la justice n'apparaît point triomphante, ou dans sa force ; on ne rend pas la justice selon la vérité, la sincérité ; וְאִישׁ שׁוֹמֵעַ לָנֶצַח יְדַבֵּר Prov. 21. 28, celui qui a bien entendu (ce dont il témoigne), le témoin fidèle, parle pour triompher, convainc par ses paroles ; אָבַד נִצְחִי Lament. 3. 18, ma force est perdue. — 2° Durée, perpétuité, éternité : לְמַשֻּׁאוֹת נֶצַח Ps. 74. 3, pour les ruines éternelles (v. à מַשֻּׁאוֹת) ; לָמָּה הָיָה כְאֵבִי נֶצַח Jér. 15. 18, pourquoi ma douleur est-elle devenue continuelle? עַד־נֶצַח Ps. 49. 20, jusqu'à l'éternité ; לָנֶצַח, נֶצַח Ps. 49. 10, לְנֵצַח נְצָחִים Is. 34. 10, à jamais, pour jamais.

II נֵצַח *m.* Jus (du raisin), sang : וְיֵז נִצְחָם עַל־בְּגָדַי Is. 63. 3, leur jus, ou leur sang, a rejailli sur mes vêtements ; וְאוֹרִיד לָאָרֶץ נִצְחָם 63. 6, et j'ai fait couler leur sang à terre, ou : j'ai renversé leur force par terre.

נְצִיב *m.* (rac. נָצַב). 1° Intendant : וּנְצִיב אֶחָד I Rois 4. 19, et un intendant. — 2° Poste militaire, garnison : נְצִיב פְּלִשְׁתִּים I Sam. 13. 3, le poste des Philistins ; וַיָּשֶׂם בֶּאֱדוֹם נְצִבִים II Sam. 8. 14, il mit des garnisons dans Édom. — 3° Colonne, statue : נְצִיב מֶלַח Gen. 19. 26, une statue de sel.

נְצִיב *n. pr.* d'une ville de la tribu de Juda, Jos. 15. 43.

נְצִיחַ *n. pr. m.* Esdr. 2. 54.

נצל *Kal* inusité. *Niph.* נִצַּל Être sauvé, délivré ; se sauver, se délivrer : וַאֲמַרְתֶּם נִצַּלְנוּ Jér. 7. 10, et vous dites : Nous sommes sauvés ; לְהִנָּצֵל מִפְּנֵי מֶלֶךְ אַשּׁוּר Is. 20. 6, pour nous délivrer du roi des Assyriens ; הִנָּצֵל כִּצְבִי Prov. 6. 5, sauve-toi comme le cerf (se sauve de la main du chasseur). Avec אֶל, se réfugier vers quelqu'un : אֲשֶׁר־יִנָּצֵל אֵלֶיךָ Deut. 23. 16, (l'esclave) qui se sera réfugié vers toi.

Pi. 1° Arracher avec violence, piller, dépouiller : וַיְנַצְּלוּ לָהֶם לְאֵין מַשָּׂא II Chr. 20. 25, ils en pillèrent tant qu'on ne pouvait emporter tout ; וַיְנַצְּלוּ אֶת־מִצְרָיִם Exod. 12. 36, ils dépouillèrent les Égyptiens. — 2° Arracher d'un danger, sauver : יְנַצְּלוּ נַפְשָׁם Ez. 14. 14, ils sauveront leur âme.

Hiph. הִצִּיל 1° Arracher, ôter, enlever, dérober, piller : וְהִצַּלְתִּי מִפִּיו I Sam. 17. 35, et j'arrachais (l'agneau) de sa bouche ; כָל־הָעֹשֶׁר אֲשֶׁר הִצִּיל אֱלֹהִים מֵאָבִינוּ Gen. 31. 16, toute la richesse que Dieu a ôtée à notre père ; וְהִצַּלְתִּי צַמְרִי וּפִשְׁתִּי Osée 2. 11, j'enlèverai ma laine et mon lin ; וְהִצִּיל עֵינֵנוּ II Sam. 20. 6, et qu'il (ne) se dérobe à notre vue, qu'il ne nous échappe ; מֵהַשָּׁלָל אֲשֶׁר הִצַּלְנוּ I Sam. 30. 22, du butin que nous avons pris ; avec בֵּין, séparer entre : וְאֵין מַצִּיל בֵּינֵיהֶם II Sam. 14. 6, où il n'y avait personne qui pût les séparer. — 2° Délivrer, protéger, sauver : וּצְדָקָה תַּצִּיל מִמָּוֶת Prov. 10. 2, la justice, ou la charité, délivrera de la mort ; וְאֶת־בָּתֵּינוּ הִצִּיל Exod. 12. 27, il a protégé nos maisons ; וָאַצִּל

אֶת־נַפְשְׁךָ הִצַּלְתָּ Ez. 3. 19, toi, tu auras sauvé ton âme ; לְהַצִּיל לוֹ מֵרָעָתוֹ Jon. 4. 6, pour le garantir (de la chaleur) qui l'incommodait.

Hoph. passif : אוּד מֻצָּל מֵאֵשׁ Zach. 3. 2, un tison sauvé, tiré du feu

Hithp. Se dépouiller, ôter ce qu'on a sur soi : וַיִּתְנַצְּלוּ בְנֵי־יִשְׂרָאֵל אֶת־עֶדְיָם Exod. 33. 6, les enfants d'Israel se dépouillèrent de leurs ornements.

נְצַל chald. *Aph.* הַצֵּל Délivrer, sauver : לְהַצָּלוּתֵהּ Dan. 6. 15, de le sauver ; *part.*: וּמַצִּל 3. 28, et qui sauve, délivre.

נִצָּנִים *m. pl.* Fleurs : הַנִּצָּנִים נִרְאוּ בָאָרֶץ Cant. 2. 12, les fleurs paraissent sur la terre (rac. נוץ ou נָצַץ).

נָצַע (v. יָצַע).

נָצַץ (v. נוץ) Briller, étinceler. *Part.* נֹצֵץ, ex. unique : וְנֹצְצִים Ez. 1. 7, et ils étincelaient.

נָצַק (v. יָצַק).

נָצַר (*fut.* יִצֹּר et יִנְצֹר, *impér.* נְצֹר) 1° Garder, veiller avec soin, protéger, préserver (v. נָטַר) : נֹצֵר תְּאֵנָה יֹאכַל פִּרְיָהּ Prov. 27. 18, celui qui garde, soigne, le figuier, mangera de son fruit ; מִמִּגְדַּל נוֹצְרִים II Rois 17. 9, depuis la tour des gardes ; תִּצֹּר שָׁלוֹם Is. 26. 3, tu (le) préserveras en lui donnant la paix ; צְדָקָה תִּצֹּר תָּם־דָּרֶךְ Prov. 13. 6, la justice protége celui dont la voie est simple ; מִצַּר תִּצְּרֵנִי Ps. 32, 7, tu me préserveras de la détresse ; avec עַל : נִצְּרָה עַל־דַּל שְׂפָתָי Ps. 141. 3, veille à la porte de mes lèvres (v. I דַּל). *Souvent de Dieu :* נֹצֵר הָאָדָם Job 7. 20, toi qui veilles sur les hommes ; וְנֹצֵר נַפְשְׁךָ Prov. 24. 12, et celui qui veille sur ton âme ; וּנְצֻרַת לֵב Prov. 7. 10, et dont le cœur est bien gardé, qui est insensible ; ou : dont le cœur se cache, est plein d'artifices ; וּנְצֻרוֹת וְלֹא יְדַעְתָּם Is. 48. 6, des choses bien gardées ; c.-à-d. cachées, que tu n'avais pas connues.

2° Garder, observer avec fidélité, conserver : וּבְרִיתְךָ יִנְצֹרוּ Deut. 33. 9, ils resteront fidèles à ton alliance ; אֶצֹּר פִּקּוּדֶיךָ Ps. 119. 69, j'observerai tes commandements ; נֹצֵר חֶסֶד לָאֲלָפִים Exod. 34. 7, il conserve sa grâce, sa miséricorde, jusqu'à mille générations ; וּנְצוּרֵי יִשְׂרָאֵל לְהָשִׁיב Is. 49. 6, de ramener ceux d'Israel qui ont été conservés ; selon d'autres : de restaurer les ruines d'Israel.

3° Assiéger (observer une ville) : מִנְּצוֹר מְצוּרָה Néh. 2. 2, assiéger la forteresse ; כְּעִיר נְצוּרָה Is. 1. 8, comme une ville assiégée ; וְהַנִּשְׁאָר וְהַנָּצוּר Ez. 6. 12, et celui qui sera resté et qui sera assiégé, ou : et qui sera conservé ; וּבַנְּצוּרִים יָלִינוּ Is. 65. 4, ils passent les nuits dans des ruines, ou dans des cavernes.

נֵצֶר *m.* Branche, rejeton : כְּנֵצֶר נִתְעָב Is. 14. 19, comme une branche inutile, vile ; נֵצֶר מַטָּעַי Is. 60. 21, un rejeton de ma plantation ; וְנֵצֶר מִשָּׁרָשָׁיו יִפְרֶה Is. 11. 1, et une branche poussera de ses racines.

נָצַת (v. יָצַת).

נְקֵא chald. Pur : כַּעֲמַר נְקֵא Dan. 7. 9, comme de la laine pure.

נָקַב (*fut.* יִקֹּב et יִנְקֹב) 1° Faire un trou, percer : וַיִּקֹּב חֹר II Rois 12. 10, il perça un trou ; וּבָא בְכַפּוֹ וּנְקָבָהּ Is. 36. 6, et qui entre dans sa main et la transperce. — 2° Marquer, nommer, fixer, désigner : נָקְבָה שְׂכָרְךָ עָלַי Gen. 30. 28, fixe toi-même le salaire que tu veux de moi ; אֲשֶׁר פִּי יְיָ יִקֳּבֶנּוּ Is. 62. 2, que la bouche de l'Éternel prononcera, nommera ; נְקֻבֵי רֵאשִׁית הַגּוֹיִם Amos 6. 1, qui sont désignées, nommées, la première des nations ; ou נְקֻבֵי : ceux qui sont nommés les nobles, les chefs, de la première des nations. — 3° Maudire, blasphémer (v. קָבַב) : מָה אֶקֹּב Nomb. 23. 8, comment maudirai-je ? וְנֹקֵב שֵׁם־יְיָ Lév. 24. 16, celui qui blasphème le nom de l'Éternel.

Niph. passif de Kal 2°. Être désigné, nommé : אֲשֶׁר נִקְּבוּ בְּשֵׁמוֹת Nomb. 1. 17, (les hommes) qui avaient été désignés par leurs noms.

נֶקֶב *m.* 1° Flûte : תֻּפֶּיךָ וּנְקָבֶיךָ Ez. 28.

13, tes tambours et tes flûtes. — * 2° Trou : נְקָבִים Rituel, des trous, ouvertures.

נֶקֶב (avec l'*art.*) *n. pr.* d'une ville de la tribu de Nephthali, Jos. 19. 33.

נְקֵבָה *f.* Femme, femelle, *opposé à* זָכָר homme, mâle ; *des hommes* : זָכָר וּנְקֵבָה Gen. 1. 27 ; *des animaux*, Gen. 6. 19, Lév. 3. 1.

נָקֹד *adj.* (Un animal) marqué de petites taches : כָּל־שֶׂה נָקֹד Gen. 30. 32, les agneaux qui ont de petites taches; *plur.* נְקֻדִּים 31. 8, *fém.* נְקֻדּוֹת 30. 35. De là

נֹקֵד *m.* Berger, propriétaire de bestiaux : אֲשֶׁר־הָיָה בַנֹּקְדִים Amos 1. 1, qui était un des bergers; הָיָה נֹקֵד II Rois 3. 4, (le roi de Moab) possédait, nourrissait, de grands troupeaux.

נְקֻדָּה *f.* Paillette : עִם נְקֻדּוֹת הַכָּסֶף Cant. 1. 11, (des ornements) avec des paillettes d'argent.

נִקֻּדִים *m. pl.* 1° Miettes de pain, ou pains moisis : וְהָיָה נִקֻּדִים Jos. 9. 12, et ils sont moisis, ou : ils se rompent en miettes, en morceaux. — 2° Espèce de gâteau : וְנִקֻּדִים I Rois 14. 3, et des tourteaux ou des gâteaux.

נָקָה Être pur, être innocent, impuni. *Kal* seulement *inf.*: וְאַתָּה הִנָּקֵה תִנָּקֶה Jér. 49. 12, et toi demeureras-tu impuni?

Niph. נִקָּה Être innocent, exempt de faute, de péché : וְאָץ לְהַעֲשִׁיר לֹא יִנָּקֶה Prov. 28. 20, mais celui qui a hâte de s'enrichir ne saurait être innocent; וְנִקָּה הָאִישׁ מֵעָוֹן Nomb. 5. 31, le mari sera exempt de faute; נִקֵּיתִי הַפַּעַם מִפְּלִשְׁתִּים Jug. 15. 3, cette fois-ci je serai exempt de reproche de la part des Philistins, ils ne pourront pas se plaindre de moi. — 2° Être absous, rester impuni : וְנִקָּה הַמַּכֶּה Exod. 21. 19, celui qui aura frappé sera absous; הִנָּקִי מִמֵּי הַמָּרִים Nomb. 5. 19, tu ne seras pas punie par ses eaux amères, elles ne te nuiront point; לֹא יִנָּקֶה כָּל־הַנֹּגֵעַ בָּהּ Prov. 6. 29, quiconque la touche ne restera pas impuni. — 3° Être dégagé (d'une promesse) : וְנִקִּיתָ מִשְּׁבֻעָתִי זֹאת Gen. 24. 8, tu seras dégagé de ce serment que tu me feras. — 4° Être vidé, dévasté, être détruit : וְנִקָּתָה Is. 3. 26, elle (la ville) sera vide, sans habitants; כָּל־הַגֹּנֵב מִזֶּה כָּמוֹהָ נִקָּה Zach. 5. 3, tout voleur sera jugé, ou détruit, ainsi qu'il est écrit ici.

Pi. נִקָּה Absoudre, déclarer innocent, laisser impuni, pardonner : יָדַעְתִּי כִּי־לֹא תְנַקֵּנִי Job 9. 28, je sais que tu ne me trouveras pas innocent; מִנִּסְתָּרוֹת נַקֵּנִי Ps. 19. 13, absous-moi des péchés qui me sont cachés, inconnus; אַל־תְּנַקֵּהוּ I Rois 2. 9, ne le laisse pas impuni; וְנִקֵּיתִי דָּמָם לֹא־נִקֵּיתִי Joel 4. 21, si je pardonne (d'autres crimes), je ne laisserai pas impuni leur sang (versé). — Sans *rég.*: וְנַקֵּה לֹא יְנַקֶּה Exod. 34. 7, mais qui ne laisse pas toujours impuni.

נְקוֹדָא *n. pr. m.* Esdr. 2. 48.

נָקַח (v. לָקַח).

נָקַט (v. קוּט).

נָקִי *adj.* (*pl.* נְקִיִּים). 1° Pur, innocent : וְנָקִי וְצַדִּיק Exod. 23. 7, l'innocent et le juste; דָּם נָקִי Deut. 19. 10, le sang innocent; נְקִי כַפַּיִם Ps. 24. 4, celui qui a les mains pures; avec מִן : — נָקִי אָנֹכִי מִדְּמֵי אַבְנֵר II Sam. 3. 28, je suis innocent du sang d'Abner. — 2° Dégagé, exempt (de reproche), exempté, dispensé (d'une peine, d'un travail). Avec מִן : וְהָיִיתָ נָקִי מֵאָלָתִי Gen. 24. 41, tu seras dégagé du serment que tu m'as fait; וִהְיִיתֶם נְקִיִּם מֵיְיָ וּמִיִּשְׂרָאֵל Nomb. 32. 22, vous serez exempts de reproche devant l'Éternel et devant Israel; נָקִי יִהְיֶה Deut. 24. 5, il sera libre (exempt des services de la guerre); אֵין נָקִי I Rois 15. 22, nul ne fut exempté (de corvée).

נָקִיא Innocent : דָּם־נָקִיא Joel 4. 19, Jon. 1. 14 (*cheth.*), le sang innocent.

נִקָּיוֹן *m.* Pureté, innocence : לֹא יוּכְלוּ נִקָּיֹן Osée 8. 5, (jusqu'à quand) ne pourront-ils (se décider) à l'innocence, devenir innocents, purs? אֶרְחַץ בְּנִקָּיוֹן כַּפָּי

Ps. 26. 6, je purifie mes mains et je serai pur, innocent ; וּבְנִקְיֹן כַּפַּי עָשִׂיתִי זֹאת Gen. 20. 5, j'ai fait cela (dans la simplicité de mon cœur) et avec la pureté de mes mains ; נִקְיוֹן שִׁנַּיִם Amos 4. 6, la pureté, la propreté, des dents, ce qui signifie ici la famine ; selon d'autres : l'agacement des dents (v. קְהָה).

נָקִיק ou נָקִק *m.* (état const. seul usité). Fente, creux (de rocher), caverne : וּבִנְקִיקֵי הַסְּלָעִים Is. 7. 19, et dans les creux des rochers.

נָקַם (*inf.* נְקוֹם, *fut.* יִקּוֹם) Se venger, venger : לֹא־תִקֹּם Lév. 19. 18, tu ne te vengeras pas ; וְנֹקֵם עַל־עֲלִילוֹתָם Ps. 99. 8, tout en les punissant de leurs fautes ; דַּם־עֲבָדָיו יִקּוֹם Deut. 32. 43, il vengera le sang de ses serviteurs. — L'objet sur lequel la vengeance est exercée, à l'*acc.*, plus souvent avec מִן, מֵאֵת, לְ : עַד־יִקֹּם גּוֹי אֹיְבָיו Jos. 10. 13, jusqu'à ce que le peuple se fût vengé de ses ennemis ; וּנְקָמַנִי יְיָ מִמֶּךָּ I Sam. 24. 13, que l'Éternel me venge de toi ; נְקֹם נִקְמַת בְּנֵי יִשְׂרָאֵל מֵאֵת הַמִּדְיָנִים Nomb. 31. 2, venge les enfants d'Israel des Madianites ; נֹקֵם יְיָ לְצָרָיו Nah. 1. 2, l'Éternel se venge de ses ennemis.

Niph. Se venger, être vengé. Avec מִן : וְנִקַּמְתִּי מֵאֹיְבַי I Sam. 14. 24, (jusqu'à ce) que je me sois vengé de mes ennemis ; avec בְּ : לְהִנָּקֵם בְּאֹיְבֵי הַמֶּלֶךְ I Sam. 18. 25, pour être vengé des ennemis du roi ; וַיִּנָּקְמוּ נָקָם Ez. 25. 15, et qu'ils se sont vengés.

Pi. : וְנִקַּמְתִּי אֶת־נִקְמָתֵךְ Jér. 51. 36, j'exercerai ta vengeance ; וְנִקַּמְתִּי דְּמֵי עֲבָדַי — מִיַּד אִיזָבֶל II Rois 9. 7, je vengerai le sang de mes serviteurs — répandu par la main d'Izebel ; avec בְּ : וְנִקְּמוּ בָהֶם Ez. 25. 12, et (parce qu')ils se sont vengés d'eux.

Hoph. Être vengé, être puni : שִׁבְעָתַיִם יֻקַּם־קָיִן Gen. 4. 24, (la mort de) Caïn sera vengée sept fois ; יֻקָּם 4. 15, (celui qui tuera Caïn) sera puni, etc.

Hithp. Se venger, être vindicatif. לֹא תִתְנַקֵּם נַפְשִׁי Jér. 5. 9, ne me vengerai-je point ? אוֹיֵב וּמִתְנַקֵּם Ps. 44. 17, l'ennemi et l'homme avide de vengeance.

נָקָם *m.* et נְקָמָה *f.* (avec suff. נִקְמָתִי, *pl.* נְקָמוֹת). Vengeance : לִי נָקָם וְשִׁלֵּם Deut. 32. 35, à moi appartient la vengeance et la rémunération ; נֹקֶמֶת נְקַם־בְּרִית Lév. 26. 25, qui prend la vengeance de l'alliance, qui vengera l'alliance rompue par eux ; נִקְמַת הֵיכָלוֹ Jér. 50. 28, la vengeance faite à cause de son temple. הֵשִׁיב, נָתַן, לָקַח, עָשָׂה נָקָם נְקָמָה Exercer la vengeance (tirer vengeance) : וְנָקָם יָשִׁיב לְצָרָיו Deut. 32. 43, il tirera vengeance de ses ennemis ; לָתֵת נִקְמַת־יְיָ בְּמִדְיָן Nomb. 31. 3, pour exercer la vengeance de l'Éternel sur Madian ; וְנִקְחָה נִקְמָתֵנוּ מִמֶּנּוּ Jér. 20. 10, nous nous vengerons sur lui ; לַעֲשׂוֹת נְקָמָה בַּגּוֹיִם Ps. 149. 7, pour exercer la vengeance sur les peuples ; avec לְ *quelquefois* venger quelqu'un : הָאֵל הַנּוֹתֵן נְקָמוֹת לִי Ps. 18. 48, le Dieu qui me venge ; אַחֲרֵי אֲשֶׁר עָשָׂה לְךָ יְיָ נְקָמוֹת Jug. 11. 36, (après) que Dieu t'a fait prendre vengeance (de tes ennemis).

נָקַע (v. יָקַע) Se retirer, s'éloigner : נָקְעָה נַפְשֵׁךְ מֵהֶם Ez. 23. 22, 28, (ceux) de qui ton cœur s'est éloigné, retiré.

נָקַף Faire le tour, passer tour à tour : חַגִּים יִנְקֹפוּ Is. 29. 1, les fêtes passent tour à tour ; selon d'autres : les fêtes, ou les sacrifices, cesseront.

Pi. Couper, abattre : וְנִקַּף סִבְכֵי הַיַּעַר Is. 10. 34, il abat les broussailles de la forêt ; וְאַחַר עוֹרִי נִקְּפוּ־זֹאת Job 19. 26, et après ma peau ils (les vers) briseront, rongeront, ceci (c.-à-d. ma chair, mon corps).

Hiph. הִקִּיף 1° Faire le tour : הַקֵּיף אֶת־הָעִיר Jos. 6. 3, faire le tour de la ville ; כִּי הִקִּיפוּ יְמֵי הַמִּשְׁתֶּה Job 1. 5, lorsque les jours de festin avaient fait le tour, lorsqu'ils étaient passés ; avec *ellipse* : לֹא תַקִּפוּ פְּאַת רֹאשְׁכֶם Lév. 19. 27, vous ne couperez pas en rond les coins de vos cheveux (v. פֵּאָה) ; *וְהַחֶנְוָנִי מַקִּיף Aboth, et le marchand fait crédit (il laisse faire le tour au temps, il attend que le temps, ou le tour, du payement, arrive). — 2° Entourer, environner, avec le *rég. dir.* et avec עַל : מַקִּפִים אֹתוֹ סָבִיב I Rois 7. 24, environnant le bassin ; וְהִקַּפְתֶּם עַל־הַמֶּלֶךְ סָבִיב II Rois 11, 8, vous entourerez le roi de tous côtés, vous vous tiendrez autour de lui ; וּמְצוּדוֹ עָלַי הִקִּיף Job 19. 6, il m'a environné de son rets.

נֹקֶף *m.* Action de secouer : כְּנֹקֶף זַיִת Is. 17. 6, 24. 13, comme lorsqu'on secoue l'olivier.

נִקְפָּה *f.* Meurtrissure, plaie : וְתַחַת חֲגוֹרָה נִקְפָּה Is. 3. 24, à la place de la ceinture, ou sous la ceinture, elles auront des plaies (v. le même exemple à חֲגוֹרָה).

נָקַר (*fut.* יִקֹּר, *inf.* נְקֹר) Percer, crever, arracher (les yeux) : יִקְּרוּהָ עֹרְבֵי־נַחַל Prov. 30. 17, que les corbeaux du torrent percent, arrachent (cet œil).

Pi. Même signif. : וַיְנַקְּרוּ אֶת־עֵינָיו Jug. 16. 21, ils lui crevèrent les yeux ; הַעֵינֵי הָאֲנָשִׁים הָהֵם תְּנַקֵּר Nomb. 16. 14, arracheras-tu les yeux à ces hommes ? ou, *au fig.* : penses-tu les empêcher de voir, de reconnaître la vérité ? לַיְלָה עֲצָמַי נִקַּר מֵעָלָי Job 30. 17, pendant la nuit (la douleur) transperce les os de mon corps.

Pou. Être creusé, être tiré en creusant : מַקֶּבֶת בּוֹר נֻקַּרְתֶּם Is. 51. 1, le creux du puits d'où vous avez été creusés, d'où vous tirez votre origine.

נְקָרָה *f.* Fente, creux : בְּנִקְרַת הַצּוּר Exod. 33. 22, dans le creux d'un rocher ; *plur.* נְקָרוֹת Is. 2. 21.

נָקַשׁ (v. יָקַשׁ et קוּשׁ) Dresser un piége : בְּפֹעַל כַּפָּיו נוֹקֵשׁ רָשָׁע Ps. 9. 17, par l'œuvre de ses mains le méchant tend des piéges (à lui-même).

Niph. Être pris dans un piége, être séduit : פֶּן־תִּנָּקֵשׁ אַחֲרֵיהֶם Deut. 12. 30, que tu ne sois (pris) séduit en les imitant.

Pi. Dresser des piéges : יְנַקֵּשׁ נוֹשֶׁה לְכָל־אֲשֶׁר־לוֹ Ps. 109. 11, que le créancier, ou l'usurier, dresse des piéges à tout ce qui lui appartient, c.-à-d. qu'il lui enlève tout.

Hithp. Même signif. : וְלָמָה אַתָּה מִתְנַקֵּשׁ בְּנַפְשִׁי I Sam. 28. 9, et pourquoi donc tends-tu des piéges à mon âme (à ma vie) ?

נְקַשׁ chald. Frapper, heurter : דָּא לְדָא נָקְשָׁן Dan. 5. 6, (et ses genoux) s'entre-choquèrent.

נֵר *m.* (*pl.* נֵרוֹת). Lumière, lampe : נֵר יְיָ נִשְׁמַת אָדָם Prov. 20. 27, l'âme de l'homme est une lumière, ou une lampe divine ; וְנֵר רְשָׁעִים יִדְעָךְ Prov. 13. 9, mais la lumière des méchants s'éteindra ; וְשִׁבְעָה נֵרֹתֶיהָ עָלֶיהָ Zach. 4. 2, et les sept lampes étaient sur le chandelier ; *au fig.* : נֵר יִשְׂרָאֵל II Sam. 21. 17, la lumière d'Israel, David.

נֵר *n. pr. m.* I Sam. 14. 50.

נִר *m.* Sillon (v. נִיר) : נִר רְשָׁעִים חַטָּאת Prov. 21. 4, le sillon du méchant, c'est le péché ; le méchant ne cultive, ne médite, que le mal, le péché ; selon d'autres, נִר comme נֵר : la lumière, l'éclat, des méchants, n'est que péché.

נֵרְגַל *n. pr.* d'une idole adorée chez les Cuthéens, II Rois 17. 30.

נֵרְגַל שַׂרְאֶצֶר *n. pr.* Nergal Sarezer, général, et Nergal Sarezer, mage du roi de Babylone, Jér. 39. 13.

נִרְגָּן *m.* (rac. רָגַן). Calomniateur, rapporteur : וּבְאֵין נִרְגָּן יִשְׁתֹּק מָדוֹן Prov. 26. 20, là où il n'y a pas de semeurs de rapports, les querelles s'apaisent ; דִּבְרֵי נִרְגָּן 18. 8, les paroles du calomniateur.

נֵרְדְּ *m.* (avec suff. נִרְדִּי, *plur.* נְרָדִים) Nard : נֵרְדְּ וְכַרְכֹּם Cant. 4. 14, le nard et le safran.

נֵרִיָּה (lumière de Dieu) *n. pr. m.* Jér. 32. 12.

נָשָׂא (*fut.* יִשָּׂא, *inf.* שְׂאֵת, נְשׂוֹא et שׂוֹא, avec suff. שְׂאֵתִי et נָשְׂאִי, *impér.* נְשָׂא et שָׂא, *part. passif* נָשׂוּא, une fois נְשׂוּי Ps. 32. 1) 1° Lever, élever, s'élever : וַיִּשָּׂא יַעֲקֹב רַגְלָיו Gen. 29. 1, Jacob leva ses pieds, c.-à-d. se mit en route ; וְנָשָׂא־נֵס Is. 5. 26, il élèvera son étendard ;

בְּשׂוֹא גַלָּיו Ps. 89. 10, lorsque ses flots s'élèvent ; avec עַל mettre sur, charger : וַיַּשְׂאוּם אֶת־שִׁבְרָם עַל־חֲמֹרֵיהֶם Gen. 42. 26, ils chargèrent leur blé sur leurs ânes ; וְחֶרְפָּה לֹא־נָשָׂא עַל־קְרֹבוֹ Ps. 15. 3, qui ne fait point de honte à son prochain, ne lui attribue rien de honteux ; ou : qui n'écoute point les calomnies contre lui. De même avec בְּ : בְּמֹאזְנַיִם יִשְׂאוּ־יָחַד Job 6. 2, si on pouvait les mettre l'un et l'autre dans une balance ; וְנָשָׂא־בוֹ אָלָה I Rois 8. 31, et que l'on lui impose un serment ; ou, וְנָשָׂא pour וְהִשִּׂיא : que l'on exige de lui un serment. Élever la voix : וַיִּשָּׂא קֹלוֹ וַיִּקְרָא Jug. 9. 7, il éleva la voix et il appela, il cria à haute voix ; וַיִּשָּׂא עֵשָׂו קֹלוֹ וַיֵּבְךְּ Gen. 27. 38, Esaü éleva la voix et il pleura ; יִשְׂאוּ קוֹלָם יָרֹנּוּ Is. 24. 14, ils élèveront la voix et entonneront des chants d'allégresse ; de même sans קוֹל : יִשְׂאוּ מִדְבָּר Is. 42. 11, le désert et ses villes élèveront la voix ; יִשְׂאוּ כְתֹף וְכִנּוֹר Job 21. 12, ils élèvent la voix, ils chantent, au son du tambourin et de la harpe ; יִשָּׂא בַיּוֹם הַהוּא Is. 3. 7, il élèvera la voix en ce jour, il répondra. — Souvent avec un rég. dir. Proférer, prononcer, entonner : יִשָּׂא מְשָׁלוֹ Nomb. 23. 7, il commença ses paraboles ; לֹא תִשָּׂא שֵׁמַע שָׁוְא Exod. 23. 1, ne profère, ne répands point, une nouvelle de mensonge ; selon d'autres : n'accueille point, etc. ; לֹא תִשָּׂא אֶת־שֵׁם־יְיָ אֱלֹהֶיךָ לַשָּׁוְא Exod. 20. 7, tu ne proféreras pas en vain le nom de l'Éternel ton Dieu ; שְׂאוּ־זִמְרָה Ps. 81. 3, entonnez le chant. נָשָׂא רֹאשׁ Élever la tête avec joie, avec orgueil : וְצִדַּקְתִּי לֹא־אֶשָּׂא רֹאשִׁי Job 10. 15, si je suis juste, innocent, je n'ose point lever la tête ; וּמְשַׂנְאֶיךָ נָשְׂאוּ רֹאשׁ Ps. 83. 3, et tes ennemis relèvent la tête, deviennent fiers ; — נָשָׂא אֱוִיל מְרֹדַךְ אֶת־רֹאשׁ יְהוֹיָכִין II Rois 25. 27, Jér. 52. 31, Evil Merodach releva la tête de Jehoyachin, c.-à-d. le tira de l'abaissement, lui rendit la liberté. De même : יִשָּׂא פַרְעֹה אֶת־רֹאשֶׁךָ Gen. 40. 13, Pharaon te donnera la liberté ; selon d'autres : se souviendra de toi.

נָשָׂא אֶת־רֹאשׁ signifie aussi : compter les têtes, faire le dénombrement : כִּי תִשָּׂא אֶת־רֹאשׁ בְּנֵי יִשְׂרָאֵל Exod. 30. 12, lorsque tu feras le dénombrement des Israélites ; sans רֹאשׁ : שְׂאוּ אֵת מִסְפַּר שְׁמֹתָם Nomb. 3. 40, compte-les d'après leurs noms, exact. compte le nombre de leurs noms. — נָשָׂא פָּנִים Élever le visage ; se dit d'un homme qui est content, satisfait de lui-même, parce qu'il se sait innocent : אָז תִּשָּׂא פָנֶיךָ מִמּוּם Job 11. 15, alors tu pourras élever ton visage étant sans tache, innocent ; sans פָּנִים : אִם־תֵּיטִיב שְׂאֵת Gen. 4. 7, si tu agis bien, tu peux élever le visage (v. שְׂאֵת). Avec אֶל Élever la face vers quelqu'un avec confiance : וְתִשָּׂא אֶל־אֱלוֹהַּ פָּנֶיךָ Job 22. 26, tu élèveras ta face vers Dieu. — Regarder avec faveur : יִשָּׂא יְיָ פָּנָיו אֵלֶיךָ Nomb. 6. 26, que l'Éternel tourne ses regards vers toi ; אֵיךְ אֶשָּׂא פָנַי אֶל Sam. 2. 22, comment oserais-je lever la face vers Joab, ton frère ? comment paraître devant lui ? נָשָׂא עֵינָיו Lever les yeux pour voir : וַיִּשָּׂא־לוֹט אֶת־עֵינָיו וַיַּרְא Gen. 13. 10, Lot levant les yeux vit ; avec אֶל lever les yeux vers quelqu'un, le regarder avec amour, avec passion, avec adoration ; וַתִּשָּׂא אֵשֶׁת־אֲדֹנָיו אֶת־עֵינֶיהָ אֶל־יוֹסֵף Gen. 39. 7, la femme de son maître jeta les yeux sur Joseph ; וְעֵינָיו לֹא נָשָׂא אֶל־גִּלּוּלֵי Ez. 18. 6, et s'il n'a pas levé les yeux vers les idoles (de la maison d'Israel) pour les adorer.

נָשָׂא יָד Élever la main, montrer sa force : אֵל נְשָׂא יָדֶךָ Ps. 10. 12, Dieu, élève ta main, fais éclater ta puissance ; רֹם יָדֵיהוּ נָשָׂא Hab. 3. 10, lorsqu'il (Dieu) éleva haut la main, lorsqu'il fit éclater sa toute-puissance ; selon d'autres : il (l'abime) éleva haut ses mains, c.-à-d. ses vagues. Avec בְּ Se soulever contre quelqu'un : נָשָׂא יָדוֹ בַּמֶּלֶךְ II Sam. 20. 21, il s'est révolté contre le roi. — נָשָׂא יָד signifie aussi : faire signe, appeler avec la main, supplier, jurer : אֶשָּׂא אֶל־עַמִּים יָדִי Is. 49. 22, j'élèverai ma main vers les peuples (pour les appeler) ; בְּנָשְׂאִי יָדִי אֶל־דְּבִיר קָדְשֶׁךָ Ps. 28. 2, lorsque j'élève mes mains vers ton sanctuaire; אֲשֶׁר נָשָׂאתִי אֶת־יָדִי לָתֵת Exod. 6. 8, (la terre) que j'ai juré de donner, etc.; וָאֶשָּׂא יָדִי לְזֶרַע בֵּית יַעֲקֹב Ez. 20. 5, et que j'ai juré à la postérité de la maison de Jacob. נָשָׂא נֶפֶשׁ אֶל Élever l'âme vers quelqu'un ou quelque chose, soupirer après, désirer, אֵלֶיךָ יְיָ נַפְשִׁי אֶשָּׂא Ps. 25. 1, c'est vers toi, ô Éternel! que j'élève mon âme; וְאֵלָיו הוּא נֹשֵׂא אֶת־נַפְשׁוֹ Deut. 24. 15, et il soupire après son salaire, l'attend avec impatience; וְאֶל־הֲמִיתוֹ אַל־תִּשָּׂא נַפְשֶׁךָ Prov. 19. 18, pour que tu n'aies point à désirer sa mort; selon d'autres, הֲמִיתוֹ de la rac. הָמָה: ne l'épargne pas en ayant égard à ses cris, à ses pleurs; avec ל: אֲשֶׁר לֹא־נָשָׂא לַשָּׁוְא נַפְשׁוֹ Ps. 24. 4, qui ne met point son attente dans les choses vaines, *keri* נַפְשִׁי qui ne jure pas en vain par mon âme, par moi; וְאֶל־עֲוֹנָם יִשְׂאוּ נַפְשׁוֹ Osée 4. 8, ils soupirent après les fautes du peuple (pour qu'on leur amène des sacrifices); וְלֹא־יִשָּׂא אֱלֹהִים נֶפֶשׁ II Sam. 14. 14, le juge ne formera-t-il point de désir (et ne trouvera-t-il moyen pour ne point repousser l'exilé)? Selon d'autres: Dieu n'épargne personne (de la mort, mais le roi trouvera moyen, etc.). — נָשָׂא לֵב Le cœur excite, porte, à faire une chose: כָּל־אִישׁ אֲשֶׁר־נְשָׂאוֹ לִבּוֹ Exod. 35. 21, tous ceux que leur cœur portait (à donner). Aussi: le cœur enorgueillit: וּנְשָׂאֲךָ לִבֶּךָ II Rois 14. 10, ton cœur t'élève, tu t'élèves d'orgueil.

2° Porter, amener, emporter, supporter, souffrir: יִשָּׂאֵהוּ עַל־אֶבְרָתוֹ Deut. 32. 11, il le porte sur ses ailes; וְנָשְׂאוּ אִתְּךָ בְּמַשָּׂא הָעָם Nomb. 11. 17, ils t'aideront à porter le fardeau du peuple; נֹשֵׂא סַבָּל I Rois 5. 15, des hommes qui portaient des fardeaux; וּפֶרְיְכֶם תִּשְׂאוּ לְעַמִּי Ez. 36. 8, portez, produisez, votre fruit pour mon peuple; וְרוּחַ הַקָּדִים נָשָׂא אֶת־הָאַרְבֶּה Exod. 10. 13, et le vent d'est amena des sauterelles; וּנְשָׂאתֶם אֶת־אֲבִיכֶם Gen. 45. 19, vous amènerez votre père; וּסְעָרָה כַּקַּשׁ תִּשָּׂאֵם Is. 40. 24, et une tempête les emporte comme la paille; נִלְאֵיתִי נְשֹׂא Is. 1. 14, je suis las de les souffrir; כִּי לֹא־אוֹיֵב יְחָרְפֵנִי וְאֶשָּׂא Ps. 55. 13, car ce n'est point un ennemi qui m'injurie, je l'aurais supporté; יִשָּׂא בְשִׂיחִי מִשְׁכָּבִי Job 7. 13, ma couche m'aidera à supporter mon chagrin, ma douleur; חֳלָיֵנוּ הוּא נָשָׂא Is. 53. 4, il souffre de nos maux; נָשָׂא עָוֹן porter une faute, être chargé d'un crime, supporter le châtiment; וְנָשָׂא עֲוֹנוֹ Lév. 5. 17, et il porte encore sa faute, il ne l'a pas expiée; וְלֹא־תִשָּׂא עָלָיו חֵטְא Lév. 19. 17, de peur que tu ne sois chargé de péché à cause de lui; בֵּן לֹא־יִשָּׂא בַּעֲוֹן הָאָב Ez. 18. 20, le fils ne portera point le péché du père, ne sera point coupable de la faute de son père; וְאֹכְלָיו עֲוֹנוֹ יִשָּׂא Lév. 19. 8, celui qui en mangera portera la peine de sa faute, sera puni; וְנָשְׂאוּ אֶת־זְנוּתֵיכֶם Nomb. 14. 33, ils porteront la peine de vos infidélités; וְלַצְתָּ לְבַדְּךָ תִשָּׂא Prov. 9. 12, mais, si tu tournes tout en dérision, tu en porteras la peine toi seul.

3° Prendre, ôter, enlever, ravir: שָׂא־נָא כֵלֶיךָ Gen. 27. 3, prends, je te prie, tes armes; וַיִּשְׂאוּ לָהֶם נָשִׁים מֹאֲבִיּוֹת Ruth 1. 4, ils prirent pour femmes des Moabites; וַיִּשָּׂאוּם בְּנֵי־קִישׁ אֲחֵיהֶם I Chr. 23. 22, les fils de Kis, leurs parents, les épousèrent; נֹשֵׂא אֶת־פַּתְבָּגָם Dan. 1. 16, (l'intendant) enleva leurs mets, ou portions; יִשָּׂא פַרְעֹה אֶת־רֹאשְׁךָ מֵעָלֶיךָ Gen. 40. 19, Pharaon te fera couper la tête; כִּמְעַט יִשָּׂאֵנִי עֹשֵׂנִי Job 32. 22, mon créateur m'ôtera bientôt du monde; וּבָתִּים וְנָשָׂאוּ Mich. 2. 2, (ils ont convoité) des maisons et les ont ravies. — נָשָׂא עָוֹן Prendre, ôter, la faute de quelqu'un, pardonner: נֹשֵׂא עָוֹן Exod. 34. 7, il pardonne l'iniquité; aussi avec ל: שָׂא נָא לְפֶשַׁע Gen. 50. 17, pardonne le crime (des serviteurs, etc.); de même נָשָׂא seul: וְנָשָׂאתִי לְכָל־הַמָּקוֹם Gen. 18. 26, je pardonnerai à toute la ville; אֵל נֹשֵׂא הָיִיתָ לָהֶם Ps. 99. 8, tu étais pour eux un Dieu qui pardonne. — *Part. passif*: נְשֻׂא עָוֹן Is. 33. 24, (un peuple) déchargé, absous, de ses fautes; נְשׂוּי־פֶשַׁע Ps. 32. 1 (pour נָשׂוּא). — Prendre, recevoir, obtenir: יִשָּׂא בְרָכָה מֵאֵת יְיָ Ps.

24. 5, il reçoit la bénédiction de l'Éternel; וַתִּשָּׂא חֵן וָחֶסֶד לְפָנָיו Esth. 2. 17, elle obtint, trouva, grâce et faveur devant lui. נָשָׂא פָנִים Accueillir la face de quelqu'un, l'accueillir favorablement : אוּלַי יִשָּׂא פָנָי Gen. 32. 21, peut-être qu'il m'accueillera favorablement; אוֹ הֲיִשָּׂא פָנֶיךָ Mal. 1. 8, ou s'il te recevra favorablement. Avoir des égards, de la considération, respecter la personne de quelqu'un : לוּלֵי פְּנֵי־יְהוֹשָׁפָט — אֲנִי נֹשֵׂא II Rois 3. 14, si je n'avais point d'égard pour Josaphat (roi de Juda); פְּנֵי כֹהֲנִים לֹא נָשָׂאוּ Lament. 4. 16, ils n'ont point eu d'égard, de respect, pour les pontifes; לֹא־יִשָּׂא פְּנֵי כָל־כֹּפֶר Prov. 6. 35, il n'a d'égard pour, il n'acceptera, aucune rançon; וּנְשׂוּא פָנִים Is. 3. 3, et un homme considéré, vénéré. — Faire acception de personnes (en rendant la justice) : לֹא־תִשָּׂא פְנֵי־דָל Lév. 19. 15, tu n'auras pas d'égard, de préférence, pour le pauvre (contre la justice); וְנֹשְׂאִים פָּנִים בַּתּוֹרָה Mal. 2. 9, et parce que vous faites acception de personnes, que vous agissez avec partialité, en appliquant ma loi.

Selon quelques commentateurs, נָשָׂא signifie 4° brûler et être brûlé : וַיִּשָּׂאֵם דָּוִד II Sam. 5. 21, David brûla (les idoles), au lieu de : David les emporta; וַתִּשָּׂא הָאָרֶץ Nah. 1. 5, la terre est brûlée, est en feu; au lieu de : la terre se soulève, tremble.

Niph. נִשָּׂא 1° Se lever, s'élever, être élevé : הִנָּשֵׂא בְּעַבְרוֹת צוֹרְרָי Ps. 7. 7, lève-toi à cause de la fureur de mes ennemis; וּבְהִנָּשְׂאָם מֵעַל הָאָרֶץ יִנָּשְׂאוּ הָאוֹפַנִּים Ez. 1. 21, et lorsqu'ils s'élevaient au-dessus de la terre, les roues s'élevaient aussi; כָּל־גֶּיא יִנָּשֵׂא Is. 40. 4, toute plaine sera élevée; עַתָּה אֶנָּשֵׂא Is. 33. 10, maintenant je me lèverai, je ferai éclater ma puissance. — 2° Être porté, être emporté : וּבְנֹתַיִךְ עַל־כָּתֵף תִּנָּשֶׂאנָה Is. 49. 22, et tes filles seront portées, amenées, sur les épaules; נָשׂוֹא יִנָּשׂוּא Jér. 10. 5, il faut les porter (pour יִנָּשְׂאוּ); וְנִשָּׂא כָל־אֲשֶׁר בְּבֵיתֶךָ — בָּבֶלָה II Rois 20. 17, tout ce qui est dans ta maison sera transporté à Babylone.

Pi. נִשֵּׂא et נַשֵּׂא 1° Élever, honorer : וְכִי נִשֵּׂא מַמְלַכְתּוֹ II Sam. 5. 12, qu'il avait élevé son règne; מְנַשְּׂאִים אֶת־הַיְּהוּדִים Esth. 9. 3, ils honoraient les Juifs; וּרְעֵם וְנַשְּׂאֵם Ps. 28. 9, sois leur pasteur et élève-les en gloire; ou : porte, soutiens-les. Avec נֶפֶשׁ Désirer ardemment : הֵם מְנַשְּׂאִים אֶת־נַפְשָׁם לָשׁוּב Jér. 22. 27, (la terre vers laquelle) ils désirent, leur âme soupire, de revenir. — 2° Soutenir, assister, par des présents; faire des présents : יְנַשְּׂאוּהוּ אַנְשֵׁי מְקֹמוֹ בְּכֶסֶף Esdr. 1. 4, que les gens de la ville l'assistent en argent, lui donnent de l'argent, etc.; נִשָּׂא אֶת־שְׁלֹמֹה בַּעֲצֵי אֲרָזִים I Rois 9. 11, (Hiram) assista Salomon, le pourvut de bois de cèdre; אִם־נִשֵּׂאת נִשָּׂא לָנוּ II Sam. 19. 43, nous a-t-il fait des présents? — 3° Porter, emporter : וַיְנַטְּלֵם וַיְנַשְּׂאֵם Is. 63. 9, il les éleva, il les porta; וְנִשָּׂא אֶתְכֶם בְּצִנּוֹת Amos 4. 2, l'on vous enlèvera avec des crocs.

Hiph. הִשִּׂיא 1° Faire porter : וְהִשִּׂיאוּ אוֹתָם עֲוֹן אַשְׁמָה Lév. 22. 16, pour qu'ils ne leur fassent porter la peine de leur péché; * וְהַשִּׂיאֵנוּ יְיָ אֱלֹהֵינוּ אֶת־בִּרְכַּת מוֹעֲדֶיךָ Rituel, accorde-nous, Éternel notre Dieu, la bénédiction de tes fêtes. — 2° Avec אֶל Mettre à, dans, quelque chose : וְהִשִּׂיאוּ כָל־יִשְׂרָאֵל אֶל־הָעִיר הַהִיא חֲבָלִים II Sam. 17. 13, tout Israel mettra à cette ville des cordes, environnera ses murailles de cordes?

Hithp. הִתְנַשֵּׂא et הִנַּשֵּׂא Se lever, s'élever : וְכַאֲרִי יִתְנַשָּׂא Nomb. 23. 24, il s'élèvera comme le lion; וְתִנַּשֵּׂא מַלְכֻתוֹ Nomb. 24. 7, son royaume s'élèvera; וּמַדּוּעַ תִּתְנַשְּׂאוּ עַל־קְהַל יְיָ Nomb. 16. 3, et pourquoi vous élevez-vous au-dessus de l'assemblée de l'Éternel.

נְשָׂא chald. Prendre, enlever, emporter : אֵלֶּה מָאנַיָּא שֵׂא Esdr. 5. 15, prends ces vases; וּנְשָׂא הִמּוֹן רוּחָא Dan. 2. 35, et le vent les emporta.

Ithp. S'élever, se révolter : עַל־מַלְכִין מִתְנַשְּׂאָה Esdr. 4. 19, (que cette ville) s'est révoltée contre les rois.

נִשֵּׂאת *f.* (*part.* du *Niph.*). Présent :

אִם־נִשֵּׂאת נִשָּׂא לָנוּ II Sam. 19. 43, nous a-t-il fait des présents ?

נָשַׂג *Kal* inusité. *Hiph.* הִשִּׂיג 1° Atteindre quelqu'un ou quelque chose : כָּל־רֹדְפֶיהָ הִשִּׂיגוּהָ Lament. 1. 3, tous ses persécuteurs l'ont poursuivie, l'ont atteinte ; לֹא־תַשִּׂיגֵם בַּגִּבְעָה מִלְחָמָה Osée 10. 9, (ils pensent) que la guerre ne les atteindra pas (comme lorsqu'ils combattirent) à Gabaa (contre les hommes iniques) ; אַךְ דְּבָרַי וְחֻקַּי — הֲלוֹא הִשִּׂיגוּ אֲבֹתֵיכֶם Zach. 1. 6, mes paroles et mes décrets n'ont-ils pas atteint vos pères (ne se sont-ils pas accomplis sur eux)? וְלֹא תַשִּׂיגֵנוּ צְדָקָה Is. 59. 9, la justice ne nous atteint pas, ne vient pas jusqu'à nous ; שָׂשׂוֹן וְשִׂמְחָה יַשִּׂיגוּ Is. 35. 10, la joie et l'allégresse les atteindront, c.-à-d. seront leur partage ; ou : ils atteindront, obtiendront, la joie, etc. ; וּבָאוּ עָלֶיךָ כָּל־הַבְּרָכוֹת הָאֵלֶּה וְהִשִּׂיגֻךָ Deut. 28. 2, toutes ces bénédictions se répandront sur toi et t'atteindront, tu en seras comblé ; de la terreur : תַּשִּׂיגֵהוּ כַמַּיִם בַּלָּהוֹת Job 27. 20, les terreurs l'atteindront, le surprendront, comme des flots. *Part.* : וְאֵין־מַשִּׂיג יָדוֹ אֶל־פִּיו I Sam. 14. 26, nul ne porta la main à la bouche ; מַשִּׂיגֵהוּ חֶרֶב Job 41. 18, si on le frappe, l'attaque, avec l'épée ; וְחֶרֶב אוֹיִבְךָ לְמַשֶּׂגֶת I Chr. 21. 12, et que le glaive de l'ennemi t'atteigne.

Avec יָד la main, c.-à-d. le pouvoir, la fortune atteint : avoir le moyen, être à même : אוֹ־הִשִּׂיגָה יָדוֹ וְנִגְאָל Lév. 25. 49, ou, s'il en a les moyens, il se rachètera lui-même ; וְאִם־לֹא תַשִּׂיג יָדוֹ לִשְׁתֵּי תֹרִים Lév. 5. 11, s'il n'a pas le moyen d'offrir deux tourterelles ; וְכִי תַשִּׂיג יַד גֵּר Lév. 25. 47, lorsqu'un étranger aura acquis de la fortune. — 2° Comme נָסַג Reculer : גְּבֻלוֹת יַשִּׂיגוּ Job 24. 2, ils reculent les limites (des champs).

נְשׂוּאָה *f.* (rac. נָשָׂא). Charge, fardeau : נְשֻׂאֹתֵיכֶם עֲמוּסוֹת Is. 46. 1, (les idoles) que vous portiez sont chargées sur des bêtes.

נָשִׂיא *m.* (rac. נָשָׂא). 1° Celui qui est élevé, chef d'un peuple, prince, roi, chef d'une tribu, d'une famille : נָשִׂיא אֲשִׁתֶנּוּ כֹּל יְמֵי חַיָּיו I Rois 11. 34, je le maintiendrai prince (roi) tant qu'il vivra ; נָשִׂיא אֶחָד לַיּוֹם Nomb. 7. 11, chaque jour un chef de tribu ; וּנְשִׂיאֵי הָעֵדָה Nomb. 4. 34, et les princes de l'assemblée, les douze chefs de tribus ; וּנְשִׂיא בֵית־אָב Nomb. 3. 24, et le chef de la famille ; וּנְשִׂיא נְשִׂיאֵי הַלֵּוִי Nomb. 3. 32, le chef des princes de Lévi, c.-à-d. le chef de toute la tribu de Lévi. — 2° נְשִׂיאִים (vapeurs qui se lèvent) Nuages, nuées : וַיַּעַל נְשִׂאִים מִקְצֵה־אָרֶץ Jér. 51. 16, il fait monter les nuées des extrémités de la terre ; נְשִׂיאִים וְרוּחַ וְגֶשֶׁם אָיִן Prov. 25. 14, des nuées et du vent, et point de pluie.

נָשַׂק *Kal* inusité. *Niph.* נִשַּׂק S'allumer : וְאֵשׁ נִשְּׂקָה בְיַעֲקֹב Ps. 78. 21, un feu s'allume contre Jacob.

Hiph. Allumer : אַף־יַשִּׂיק וְאָפָה לָחֶם Is. 44. 15, il allume (le bois), et il fait cuire son pain.

I נָשָׁא *Kal* inusité, excepté *inf.* נָשֹׁא Jér. 23. 39, pour נָשֹׁה. Oublier, abandonner.

Niph. Être trompé, égaré, être séduit : נִשְּׁאוּ שָׂרֵי נֹף Is. 19. 13, les princes de Memphis sont trompés, se sont égarés.

Hiph. Tromper, abuser, égarer, séduire ; avec le *rég. dir.* et לְ : הִשִּׁיאוּךָ Obad. 1. 7, ils t'ont trompé ; אַל־יַשִּׁיא לָכֶם חִזְקִיָּהוּ II Rois 18. 29, qu'Ézéchias ne vous abuse pas ; אַל־תַּשִּׁאוּ נַפְשֹׁתֵיכֶם Jér. 37. 9, ne vous abusez pas vous-mêmes ; תִּפְלַצְתְּךָ הִשִּׁיא אֹתָךְ Jér. 49. 16, ton insolence, ou ta folie, t'a égaré ; הַנָּחָשׁ הִשִּׁיאַנִי Gen. 3. 13, le serpent m'a séduite. (לְהַשְׁאוֹת II Rois 19. 25, v. à שָׁאָה.)

II נָשָׁא (v. II נָשָׁה) Prêter (à usure) : מַשָּׁא אִישׁ־בְּאָחִיו אַתֶּם נֹשִׁאִים Néh. 5. 7, vous prêtez à usure les uns aux autres. *Part.* נֹשֶׁא I Sam. 22. 2, un créancier ; כַּנֹּשֶׁה כַּאֲשֶׁר נֹשֶׁא בוֹ Is. 24. 2, celui qui prête, comme celui à qui l'on prête ; וְנָשָׁא בוֹ אָלָה I Rois 8. 31, s'il exige de lui un serment ; mais notre version est וְנָשָׂא.

Hiph. Exiger une créance, tourmenter : לֹא־יַשִּׁא אוֹיֵב בּוֹ Ps. 89. 23, l'ennemi ne le tourmentera pas, *exact.* ne le poursuivra pas comme un créancier ; יַשִּׁי מָוֶת עָלֵימוֹ (*keri* pour יַשִּׁיא) Ps. 55. 16, que la mort les accable, ou les surprenne.

נָשַׁב (v. נָשַׁף) Souffler : כִּי רוּחַ יְיָ נָשְׁבָה בּוֹ Is. 40. 7, car l'Éternel l'a frappé de son souffle, *littér.* le vent de l'Éternel a soufflé dessus.

Hiph. הִשִּׁיב 1° Faire souffler : יַשֵּׁב רוּחוֹ Ps. 147. 18, il fait souffler son vent. — 2° Faire voler, chasser : וַיַּשֵּׁב אֹתָם אַבְרָם Gen. 15. 11, Abram en chassa (les oiseaux).

I נָשָׁה Oublier, négliger, abandonner : נָשִׁיתִי טוֹבָה Lament. 3. 17, j'ai oublié le bonheur, j'en ai perdu le souvenir ; צוּר יְלָדְךָ תֶּשִׁי (pour תִּשֶּׁה ou תִּנְשֶׁה) Deut. 32. 18, tu oublies le (roc) Dieu qui t'a créé ; וְנָשִׁיתִי אֶתְכֶם נָשֹׁא Jér. 23. 39, je vous abandonnerai entièrement (v. I נָשָׁא).

Niph. Être oublié : יִשְׂרָאֵל לֹא תִנָּשֵׁנִי (pour תִנָּשֶׁה מִמֶּנִּי) Is. 44. 21, Israel, tu ne seras pas oublié de moi.

Pi. Faire oublier : נַשַּׁנִי אֱלֹהִים אֶת־כָּל־עֲמָלִי Gen. 41. 51, Dieu m'a fait oublier toute ma peine.

Hiph.: כִּי־הִשָּׁהּ אֱלוֹהַּ חָכְמָה Job 39. 17, car Dieu l'a privée de sagesse, la lui a laissé ignorer ; כִּי־יַשֶּׁה לְךָ אֱלוֹהַּ מֵעֲוֺנֶךָ Job 11. 6, car Dieu oublie en ta faveur, te pardonne, (beaucoup) de tes fautes ; selon d'autres : il exige de toi moins que ton iniquité (ne mérite).

II נָשָׁה (v. II נָשָׁא) Prêter ; avec בְּ prêter à quelqu'un : לֹא־נָשִׁיתִי וְלֹא־נָשׁוּ־בִי Jér. 15. 10, je n'ai rien prêté à personne et on ne m'a rien prêté ; selon d'autres , לֹא־נָשִׁיתִי : je n'ai rien emprunté ; וְהָאִישׁ אֲשֶׁר אַתָּה נֹשֶׁה בוֹ Deut. 24. 11, l'homme à qui tu auras prêté. *Part.* נֹשֶׁה Créancier, exacteur, usurier : כַּנֹּשֶׁה Is. 24. 2, aussi bien celui qui prête ; וְהַנֹּשֶׁה בָּא II Rois 4. 1, le créancier est venu ; אוֹ מִי מִנּוֹשַׁי Is. 50. 1, ou qui est celui de mes créanciers ; לֹא־תִהְיֶה לוֹ כְּנֹשֶׁה Exod. 22. 24, ne sois pas envers lui comme un exacteur.

Hiph. Prêter : כִּי־תַשֶּׁה בְרֵעֲךָ מַשַּׁאת מְאוּמָה Deut. 24. 10, si tu fais à ton prochain un prêt quelconque.

נָשֶׁה *m.* Seulement avec גִּיד : גִּיד הַנָּשֶׁה Gen. 32. 32, nerf, ou muscle, qui se retire (?), qui est sur la concavité (de la hanche des animaux).

נְשִׁי *m.* Dette : וְשַׁלְּמִי אֶת־נִשְׁיֵךְ II Rois 4. 7, et paye ta dette.

נְשִׁיָּה *f.* (rac. I נָשָׁה). Oubli : בְּאֶרֶץ נְשִׁיָּה Ps. 88. 13, dans la terre de l'oubli, la tombe.

נָשִׁים *f. pl.* Femmes (v. à אִשָּׁה).

נְשִׁיקָה *f.* Baiser : נְשִׁיקוֹת שׂוֹנֵא Prov. 27. 6, les baisers d'un ennemi ; מִנְּשִׁיקוֹת פִּיהוּ Cant. 1. 2, des baisers de sa bouche.

נָשַׁךְ (*fut.* יִשֹּׁךְ et יִשַּׁךְ) 1° Mordre : אִם־יִשֹּׁךְ הַנָּחָשׁ Eccl. 10. 11, si le serpent mord ; הַנֹּשְׁכִים בְּשִׁנֵּיהֶם Mich. 3. 5, (les prophètes) qui mordent, déchirent, avec leurs dents. *Part. passif* : כָּל־הַנָּשׁוּךְ Nomb. 21. 8, quiconque était mordu. *Au fig.*, tourmenter : נֹשְׁכֶיךָ Hab. 2. 7, ceux qui te morderont, te tourmenteront. — 2° Être l'objet de l'usure : כָּל־דָּבָר אֲשֶׁר יִשָּׁךְ Deut. 23. 20, toute chose qui est prêtée (qu'on prête) à usure.

Pi. Mordre : וְנִשְּׁכוּ אֶתְכֶם Jér. 8. 17, ils vous mordront.

Hiph. הִשִּׁיךְ Prêter à intérêt : לֹא תַשִּׁיךְ Deut. 23. 21, tu ne prêteras pas à intérêt ou à usure ; selon d'autres : tu n'emprunteras pas à usure.

נֶשֶׁךְ *m.* Intérêt, usure : נֶשֶׁךְ כֶּסֶף Deut. 23. 20, un intérêt en argent ; לֹא־תְשִׂימוּן עָלָיו נֶשֶׁךְ Exod. 22. 24, n'exigez pas d'intérêt de lui ; אַל־תִּקַּח מֵאִתּוֹ נֶשֶׁךְ Lév. 25. 36, ne prends point d'intérêt de lui ; כַּסְפּוֹ לֹא־נָתַן בְּנֶשֶׁךְ Ps. 15. 5, il ne donne point son argent à intérêt usuraire.

נִשְׁכָּה *f.* (v. לִשְׁכָּה). Chambre, cellule : נִשְׁכָּתוֹ Néh. 3. 30, sa chambre ; *pl.* נְשָׁכוֹת 12. 44.

נָשַׁל (*fut.* יִשַּׁל) 1° *Intrans.* Échapper, tomber : וְנָשַׁל הַבַּרְזֶל מִן־הָעֵץ Deut. 19. 5, et que le fer (de la cognée) s'est échappé, est sorti, du manche; כִּי יִשַּׁל זֵיתֶךָ Deut. 28. 40, car tes olives tomberont (de l'arbre), couleront. — 2° *Trans.* Oter, retirer, chasser (v. שָׁלַל, שָׁלַח): שַׁל־נְעָלֶיךָ Exod. 3. 5, ôte tes souliers; כִּי יֵשֶׁל אֱלוֹהַּ נַפְשׁוֹ (pour יַשֵּׁל) Job 27. 8, lorsque Dieu lui retirera son âme; selon d'autres, de la rac. שָׁלָה: וְנָשַׁל גּוֹיִם־רַבִּים מִפָּנֶיךָ Deut. 7. 1, et qu'il repoussera, chassera, devant toi plusieurs peuples.

Pi. Repousser, chasser: וַיְנַשֵּׁל אֶת־הַיְּהוּדִים מֵאֵילוֹת II Rois 16. 6, il chassa les Juifs de Éloth.

נָשַׁם Souffler, respirer (v. נְשָׁמָה). Ex. unique, et seulement selon quelques-uns: אֶשֹּׁם Is. 42. 14, je soufflerai avec force, je haléterai; mais, selon presque tous les commentateurs, c'est *Niph.* de שָׁמַם je détruirai.

נְשָׁמָה *f.* 1° Souffle, haleine, respiration: מִנִּשְׁמַת־אֵל יִתֶּן־קָרַח Job 37. 10, Dieu par son souffle forme la glace; עַד אֲשֶׁר לֹא־נוֹתְרָה־בּוֹ נְשָׁמָה I Rois 17. 17, (il devint si malade) qu'il ne lui resta plus de souffle (qu'il ne pouvait plus respirer); נִשְׁמַת יְיָ כְּנַחַל גָּפְרִית Is. 30. 33, le souffle de l'Éternel, c.-à-d. sa colère, est comme un torrent de soufre; מִנִּשְׁמַת אֱלוֹהַּ יֹאבֵדוּ Job 4. 9, ils périssent par le souffle de Dieu. — 2° Souffle de vie, âme, esprit, être animé: וַיִּפַּח בְּאַפָּיו נִשְׁמַת חַיִּים Gen. 2. 7, il souffla dans ses narines un souffle de vie; וְנִשְׁמַת־מִי יָצְאָה מִמֶּךָּ Job 26. 4, l'âme de qui sort de toi, c.-à-d. parle par ta bouche? וְנִשְׁמַת שַׁדַּי תְּחַיֵּנִי Job 33. 4, et le souffle du Tout-Puissant me ranime; וְאֵת כָּל־הַנְּשָׁמָה Jos. 10. 40, tout ce qui respirait, qui avait vie; כֹּל הַנְּשָׁמָה תְּהַלֵּל יָהּ Ps. 150. 6, que tout ce qui respire loue Dieu.

נִשְׁמָא chald. *f.* Ame, vie: דִּי נִשְׁמְתָךְ בִּידֵהּ Dan. 5. 23, Dieu qui tient ton âme, ta vie, entre ses mains.

נָשַׁף (v. נָשַׁב) Souffler: וְגַם נָשַׁף בָּהֶם וַיִּבָשׁוּ Is. 40. 24, il souffle sur eux et ils dessèchent; נָשַׁפְתָּ בְרוּחֲךָ Exod. 15. 10, tu as fait souffler ton vent.

נֶשֶׁף *m.* (avec suff. נִשְׁפּוֹ). Crépuscule (du matin et du soir), soir: מֵהַנֶּשֶׁף וְעַד־הָעֶרֶב I Sam. 30. 17, depuis le crépuscule du matin jusqu'au soir; ou: depuis ce soir jusqu'au soir (du lendemain) [v. le même exemple à מָחֳרָת]; קִדַּמְתִּי בַנֶּשֶׁף Ps. 119. 147, je devance l'aurore, je me lève avant le crépuscule; וְעֵין נֹאֵף שָׁמְרָה נֶשֶׁף Job 24. 15, l'œil du débauché épie le crépuscule, le soir; יֶחְשְׁכוּ כּוֹכְבֵי נִשְׁפּוֹ Job 3. 9, que les étoiles qui ont paru à son crépuscule soient obscurcies; אֵת נֶשֶׁף חִשְׁקִי Is. 21. 4, la nuit de mes délices; הָרֵי נָשֶׁף Jér. 13. 16, les montagnes couvertes de ténèbres.

נָשַׁק (*fut.* יִשַּׁק et יִשֹּׁק) 1° Donner un baiser, embrasser, s'embrasser, avec le *rég. dir.*: שְׂפָתַיִם יִשָּׁק Prov. 24. 26, il faut baiser les levres de celui (qui répond); ou: celui donne un baiser à la bouche (qui, etc.); צֶדֶק וְשָׁלוֹם נָשָׁקוּ Ps. 85. 11, la justice et la paix s'embrassent, c.-à-d. sont inséparables; avec ל: וּשְׁקָה־לִּי בְּנִי Gen. 27. 26, et embrasse-moi, mon fils; וְכָל־הַפֶּה אֲשֶׁר לֹא־נָשַׁק לוֹ I Rois 19. 18, toute bouche qui n'a point adoré Baal en embrassant ses statues ou ses images; וַתִּשַּׁק יָדִי לְפִי Job 31. 27, si j'ai porté la main à ma bouche, si j'ai baisé ma main, en l'honneur des astres. — 2° S'armer: נוֹשְׁקֵי רוֹמֵי־קֶשֶׁת Ps. 78. 9, des archers armés; נֹשְׁקֵי־קֶשֶׁת II Chr. 17. 17, des hommes armés d'arcs. — 3° Être pourvu, soigné ou dirigé: וְעַל־פִּיךָ יִשַּׁק כָּל־עַמִּי Gen. 41. 40, d'après ton ordre, tout mon peuple sera pourvu, ou dirigé; selon d'autres: tout mon peuple t'embrassera sur la bouche, c.-à-d. te rendra hommage, t'obéira.

Pi. Embrasser: וַיְנַשֵּׁק לְכָל־אֶחָיו Gen. 45. 15, il embrassa tous ses frères; נַשְּׁקוּ־בַר Ps. 2. 12, embrassez le fils (de Dieu), rendez hommage au roi (v. à בַּר).

Hiph.: מַשִּׁיקוֹת אִשָּׁה אֶל־אֲחוֹתָהּ Ez. 3. 13, (les ailes) qui touchaient l'une à l'autre.

נֶשֶׁק et **נֵשֶׁק** *m.* 1° Arme, armure : יִבְרַח מִנֵּשֶׁק בַּרְזֶל Job 20. 24, s'il fuit une arme de fer ; כִּי בַנֶּשֶׁק יְבַעֲרוּ־אֵשׁ Ez. 39. 10, parce qu'ils feront du feu de ces armes ; בְּיוֹם נָשֶׁק Ps. 140. 8, au jour des armes, c.-à-d. du combat. — 2° Lieu où l'on garde les armes, arsenal : נֶשֶׁק בֵּית הַיָּעַר Is. 22. 8, l'arsenal du palais de la forêt ; מִנֶּגֶד עֲלֹת הַנֶּשֶׁק Néh. 3. 19, en face de l'endroit où l'on monte à l'arsenal.

נֶשֶׁר *m.* Aigle : הַנֶּשֶׁר הַגָּדוֹל Ez. 17. 3, un aigle grand, puissant ; *plur.* : כַּנְּשָׁרִים Is. 40. 31, comme des aigles.

נְשַׁר chald. (*pl.* נִשְׁרִין). Aigle : וְגַפִּין דִּי־נְשַׁר לַהּ Dan. 7. 4, et elle avait des ailes d'aigle.

נָשַׁת Dessécher, tarir : לְשׁוֹנָם בַּצָּמָא נָשָׁתָּה Is. 41. 17, leur langue est desséchée, ou brûlée, (par l'ardeur) de la soif (le *dagesch* est *euphonique*) ; נָשְׁתָה גְבוּרָתָם Jér. 51. 30, leur force est épuisée, anéantie.

Niph. Dessécher, tarir : וְנִשְּׁתוּ־מַיִם מֵהַיָּם Is. 19. 5, les eaux de la mer tariront (v. נָתַשׁ).

נִשְׁתְּוָן héb. et chald. *m.* Lettre : וּכְתָב הַנִּשְׁתְּוָן Esdr. 4. 7, et l'écriture de la lettre ; נִשְׁתְּוָנָא 4. 7, la lettre.

נָתַח *Kal* inusité. *Pi.* נִתַּח Couper en morceaux, dépiécer : וְאֶת־הָאַיִל תְּנַתֵּחַ לִנְתָחָיו Exod. 29. 17, tu couperas le bélier par morceaux ; וַיְנַתְּחֶהָ Jug. 19. 29, il coupa, divisa (le corps de sa femme en douze parts).

נֵתַח *m.* (*pl.* נְתָחִים). Morceau, pièce (de viande coupée) : כָּל־נֵתַח טוֹב Ez. 24. 4, tous les meilleurs morceaux ; לִנְתָחֶיהָ לִנְתָחֶיהָ הוֹצִיאָהּ vers. 6, fais-en sortir les pièces de viande les unes après les autres.

נָתִיב *m.* et **נְתִיבָה** *f.* (*plur.* נְתִיבוֹת). Chemin frayé, route, sentier : וְדֶרֶךְ נְתִיבָה Prov. 12. 28, et (dans) le chemin frayé ; וְהֹלְכֵי נְתִיבוֹת Jug. 5. 6, et ceux qui suivent la grande route ; c.-à-d. les voyageurs ; הַדְרִיכֵנִי בִּנְתִיב מִצְוֹתֶיךָ Ps. 119. 35, conduis-moi dans le sentier de tes commandements ; נְתִיבוֹת בֵּיתוֹ Job 38. 20, les sentiers qui conduisent à sa demeure.

נְתִינִים *m. pl.* (rac. נָתַן). Ceux qui sont donnés, voués, au service, *spécial.* du temple : וּמִן־הַנְּתִינִים Esdr. 8. 20, et les serviteurs (que David avait institués pour servir les lévites).

נְתִינַיָּא chald. *m. pl.* Esdr. 7. 24. Même signif. que נְתִינִים héb.

נָתַךְ (v. נָסַךְ) Couler, se répandre : וַיִּתְּכוּ כַמַּיִם שַׁאֲגֹתָי Job 3. 24, mes cris, mes plaintes, échappent, se répandent, comme l'eau qui déborde ; תִּתַּךְ חֲמָתִי עֲלֵיכֶם Jér. 42. 18, ma colère tombera, se déchargera, sur vous ; וַתִּתַּךְ עָלֵינוּ הָאָלָה Dan. 9. 11, et la malédiction tomba, fondit, sur nous.

Niph. 1° Couler, se répandre : עַד נִתַּךְ־מַיִם עֲלֵיהֶם II Sam. 21. 10, jusqu'à ce que l'eau ait coulé sur eux ; חֲמָתוֹ נִתְּכָה כָאֵשׁ Nah. 1. 6, sa colère se répand comme un feu. — 2° Se fondre, être fondu : וְנִתְּכָה בְתוֹכָהּ Ez. 24. 11, et (que tout ce qu'il y a d'impur) se fonde au dedans ; וּנְתַכְתֶּם בְּתוֹכָהּ Ez. 22. 21, vous serez fondus (éprouvés) au milieu de Jérusalem.

Hiph. הִתִּיךְ 1° Épaissir, amasser : כַּגְּבִנָּה תַּקְפִּיאֵנִי Job 10. 10, tu m'as fait comme le lait qui se caille, qui s'épaissit ; הִתִּיכוּ עֲבָדֶיךָ אֶת־הַכֶּסֶף II Rois 22. 9, tes serviteurs ont ramassé l'argent (pour le remettre entre les mains, etc.). — 2° Faire fondre : וְהִתַּכְתִּי אֶתְכֶם Ez. 22. 20, et je vous ferai fondre ; *inf.* : לְהַנְתִּיךְ, même verset, pour faire fondre.

Hoph. Être fondu : כֵּן תֻּתְּכוּ בְּתוֹכָהּ Ez. 22. 22, ainsi vous serez fondus au milieu (de cette ville).

נָתַן (2° *pers.* נָתַתָּה, une fois נָתַתָּה II Sam. 22. 41, 1ʳᵉ *pers. plur.* נָתַנּוּ ; *inf.* נָתוֹן, נְתֹן Nomb. 20. 21, נְתָן Gen. 38. 9, תֵּתֶן I Rois 6. 19 ; plus souvent תֵּת avec suff. תִּתִּי ; *impér.* תֵּן avec *makk.* תֶּן־, תְּנָה ; *fut.* יִתֵּן avec *makk.* יִתֶּן־, 1ʳᵉ *pers. plur.* נִתֵּן, une fois נִתַּן Jug. 16. 5) 1° Donner, *absol.* : יי׳ נָתַן וַיי׳ לָקָח Job 1. 21, l'Éternel a donné et l'Éternel a ôté ; avec le *rég. dir.* et la *pers.* avec לְ et אֶל : רֵאשׁ וָעֹשֶׁר אַל־תִּתֶּן־לִי Prov. 30. 8, ne me donne ni la pauvreté ni la richesse ; וַיִּתְּנָהּ אֶל־בָּרוּךְ Jér. 36. 32, il donna (le livre) à Baruch ; נְתַתָּנִי Jos. 15. 19, pour נָתַתָּ־לִּי, tu m'as donné (une terre aride). Avec בְּ Donner pour, au prix de, en échange de : וַיִּתְּנוּ הַיֶּלֶד בַּזּוֹנָה Joel 4. 3, ils ont donné l'enfant pour prix d'une prostituée ; וְנָתַתָּה בַּכָּסֶף Deut. 14. 25, tu le donneras pour de l'argent, tu le vendras. Avec לְ, לִפְנֵי, בְּכַף, בְּיַד Livrer entre les mains, au pouvoir : נְתַתִּיהָ בְּיַד־מְאַהֲבֶיהָ Ez. 23. 9, je l'ai livrée entre les mains de ceux qui l'aimaient ; וַיִּתְּנֵנוּ בְּכַף מִדְיָן Jug. 6. 13, il nous a livrés au pouvoir des Madianites ; בְּיוֹם תֵּת יְיָ אֶת־הָאֱמֹרִי לִפְנֵי בְּנֵי יִשְׂרָאֵל Jos. 10. 12, le jour auquel Dieu avait livré les Amorrhéens au pouvoir d'Israel ; מִי־נָתַן לִמְשִׁסָּה יַעֲקֹב Is. 42. 24, qui a livré Jacob au pillage. נָתַן יָד Donner, présenter, la main ; demander ou offrir un secours, faire une promesse : מִצְרַיִם נָתַנּוּ יָד Lament. 5. 6, nous avons tendu la main à l'Égypte (v. à יָד) ; וְהִנֵּה נָתַן יָדוֹ Ez. 17. 18, il avait donné la main (s'était engagé par promesse). Autres significations : וַיִּתֶּן־יָד Gen. 38. 28, l'enfant avança, sortit, une main (du sein de sa mère) ; נָתְנוּ יָד תַּחַת שְׁלֹמֹה I Chr. 29. 24, (tous les princes, etc.) vinrent rendre leurs hommages et se soumettre à Salomon ; תְּנוּ־יָד לַיְיָ II Chr. 30. 8, rendez hommage à l'Éternel. — נָתַן קוֹל Élever la voix : וַיִּתְּנוּ אֶת־קוֹלָם וַיִּבְכּוּ Nomb. 14. 1, ils élevèrent la voix et ils pleurèrent ; לַתְּבוּנָה תִּתֵּן קוֹלֶךָ Prov. 2. 3, si tu élèves ta voix pour appeler la prudence ; וַיְיָ נָתַן קֹלֹת וּבָרָד Exod. 9. 23, l'Éternel fit entendre le tonnerre et fit tomber la grêle ; אֲדֹנָי יִתֶּן־אֹמֶר Ps. 68. 12, l'Éternel fait entendre une parole ; הַנֹּתֵן אִמְרֵי־שָׁפֶר Gen. 49. 21, il fait entendre de belles paroles (ou : un chêne qui pousse de belles branches, v. אָמִיר et אַיָּלָה) ; וּתְנוּ־תֹף Ps. 81. 3, faites entendre le son du tambourin ; הָאֵל הַנֹּתֵן נְקָמֹת לִי II Sam. 22. 48, le Dieu qui me venge.

נָתַן avec un autre *inf.* Permettre de faire une action : לֹא־נְתַתִּיךָ לִנְגֹּעַ אֵלֶיהָ Gen. 20. 6, je ne t'ai pas permis de la toucher ; וְלֹא־נָתַן סִיחֹן אֶת־יִשְׂרָאֵל עֲבֹר בִּגְבֻלוֹ Nomb. 21. 23, Sichon ne voulut pas permettre qu'Israel traversât son pays ; לֹא יִתְּנוּ מַעַלְלֵיהֶם לָשׁוּב אֶל־אֱלֹהֵיהֶם Osée 5. 4, leurs mauvaises actions ne leur permettent pas de revenir vers leur Dieu.

נָתַן exprime encore : attribuer, accorder, rendre : נָתְנוּ לְדָוִד רְבָבוֹת I Sam. 18. 8, ils ont donné, attribué, à David des myriades ; תְּנוּ עֹז לֵאלֹהִים Ps. 68. 35, rendez gloire à Dieu ; וְלֹא־נָתַן תִּפְלָה לֵאלֹהִים Job 1. 22, et il n'attribua rien d'injuste à Dieu, ou : il ne proféra rien d'insensé, point de blasphème, contre Dieu. — Produire, causer, accomplir : וְנָתְנָה הָאָרֶץ יְבוּלָהּ Lév. 26. 4, la terre donnera, produira, ses fruits ; וְאִישׁ כִּי־יִתֵּן מוּם בַּעֲמִיתוֹ Lév. 24. 19, un homme qui aura blessé son prochain, *exact.* qui lui aura causé un défaut corporel ; אַל־תִּתֵּן יְיָ מַאֲוַיֵּי רָשָׁע Ps. 140. 9, n'accomplis pas, Éternel, les désirs de l'impie. — Répandre : נָתַן אֶת־פַּחְדּוֹ I Chr. 14. 17, (Dieu) répandit la terreur (de David) sur tous les peuples ; נִרְדִּי נָתַן רֵיחוֹ Cant. 1. 12, mon nard répand son odeur. *Impers.* : יִתֵּן מַצָּה Prov. 13. 10, il y a des querelles. — מִי יִתֵּן Qui donnera (expression qui marque qu'on souhaite quelque chose), plût à Dieu : מִי־יִתֵּן מוּתֵנוּ Exod. 16. 3, plût au ciel que nous fussions morts, etc. ; מִי־יִתֵּן וְהָיָה לְבָבָם זֶה לָהֶם Deut. 5. 26, puissent-ils avoir toujours de tels sentiments ; de même יִתֵּן יְיָ לָכֶם וּמְצֶאןָ מְנוּחָה Ruth 1. 9, que l'Éternel vous accorde la grâce, qu'il vous fasse trouver le repos.

2° Mettre, placer, établir : לָתֵת שָׁם אֶת־אֲרוֹן בְּרִית I Rois 6. 19, pour y mettre l'arche d'alliance ; אֶת־קַשְׁתִּי נָתַתִּי בֶּעָנָן Gen. 9. 13, je mets mon arc dans les nuées ; וְלָקַחְתִּי אָנִי מִצַּמֶּרֶת — וְנָתָתִּי Ez. 17. 22, moi je prendrai une branche de la cime (du plus grand cèdre), et je la placerai, je la planterai ; וְאֶתְּנָה בְרִיתִי Gen. 17. 2, j'établirai mon alliance, je contracterai une alliance ; נִתְּנָה רֹאשׁ

Nomb. 14. 4, établissons (nommons) un chef; וּנְתַתִּים Ez. 37. 26, je les établirai (dans le pays); selon d'autres: je les bénirai; אָנֹכִי נֹתֵן לִפְנֵיכֶם הַיּוֹם Deut. 11. 26, je vous mets aujourd'hui devant les yeux (la bénédiction et la malédiction); חֻקֹּתַי אֲשֶׁר נָתַתִּי לִפְנֵיכֶם I Rois 9. 6, mes lois que j'ai exposées devant vous, que je vous ai prescrites; נָתַתִּי אֹתְךָ עַל כָּל־אֶרֶץ מִצְרָיִם Gen. 41. 41, je t'établis pour commander à toute l'Égypte; הָעֹל אֲשֶׁר־נָתַן אָבִיךָ עָלֵינוּ II Chr. 10. 9, le joug que ton père a fait peser sur nous; וַיִּתֶּן־עֹנֶשׁ עַל־הָאָרֶץ II Rois 23. 33, il frappa le pays d'une amende, d'une contribution; וְאַל־תִּתֵּן עָלֵינוּ דָּם נָקִיא Jon. 1. 14, ne fais point retomber sur nous le sang innocent; וְנָתַתִּי עָלַיִךְ אֵת כָּל־תּוֹעֲבֹתָיִךְ Ez. 7. 3, je ferai retomber sur toi toutes tes abominations; וָאֶתְּנָה אֶת־פָּנַי אֶל־אֲדֹנָי Dan. 9. 3, j'élevai ma face vers Dieu (pour prier); mais וְנָתַתִּי פָנַי בָּאִישׁ הַהוּא Ez. 14. 8, je tournerai ma colère contre cet homme. — נָתַן לִבּוֹ לְ Tourner son cœur vers une chose, s'appliquer, être attentif: וָאֶתְּנָה לִבִּי לָדַעַת חָכְמָה Eccl. 1. 17, j'ai appliqué mon esprit à connaître la sagesse; אַל־תִּתֵּן לִבֶּךָ Eccl. 7. 21, ne fais pas attention (à toutes les paroles qui se disent). — נָתַן אֶל־לֵב Mettre dans le cœur, inspirer: מָה אֱלֹהַי נֹתֵן אֶל־לִבִּי לַעֲשׂוֹת Néh. 2. 12, ce que mon Dieu m'avait inspiré de faire. — Prendre à cœur, méditer: וְהַחַי יִתֵּן אֶל־לִבּוֹ Eccl. 7. 2, et que celui qui est vivant prenne cela à cœur; אֶת־כָּל־זֶה נָתַתִּי אֶל־לִבִּי Eccl. 9. 1, j'ai médité toutes ces choses.

3° Faire, faire devenir, rendre: תְּנוּ לָכֶם מוֹפֵת Exod. 7. 9, faites donc des miracles, des prodiges: וּנְתַתִּיךָ לְאוֹר גּוֹיִם Is. 49, 6, je ferai de toi la lumière des nations; וְלֹא־אֶתֵּן אֶתְכֶם עוֹד חֶרְפָּה בַּגּוֹיִם Joel 2. 19, je ne vous ferai plus devenir un objet de honte parmi les nations; נְתָנַנִי שֹׁמֵמָה Lament. 1. 13, il m'a rendue toute désolée; וְנָתַתִּי אֶת־שְׁמֵיכֶם כַּבַּרְזֶל Lév. 26. 19, je ferai que le ciel sera pour vous comme du fer; וַיִּתֵּן אֹתָנוּ כִּמְרַגְּלִים Gen. 42. 30, il nous a regardés, nous a pris pour des espions. Avec לִפְנֵי: אַל־תִּתֵּן אֶת־אֲמָתְךָ לִפְנֵי בַּת־בְּלִיָּעַל I Sam. 1. 16, ne prends pas ta servante pour une femme pervertie.

Niph. 1° Être donné, livré: בֵּן נִתַּן־לָנוּ Is. 9. 5, un fils nous a été donné; בְּיֶדְכֶם נִתָּנוּ Gen. 9. 2, ils sont livrés entre vos mains; לְהִנָּתֵן דָּת Esth. 3. 14, qu'un édit soit publié. — 2° Être mis, placé: נִתַּן הַסֶּכֶל בַּמְּרוֹמִים רַבִּים Eccl. 10. 6, la folie est placée dans de grands honneurs (v. à מָרוֹם); וְצָבָא תִּנָּתֵן עַל־הַתָּמִיד בְּפָשַׁע Dan. 8. 12, et une armée, une puissance, lui fut donnée contre le sacrifice perpétuel du péché; selon d'autres: un temps est fixé pour (faire cesser) le sacrifice perpétuel à cause de leurs péchés. — 3° Être fait: כֵּן יִנָּתֶן בּוֹ Lév. 24. 20, ainsi il lui sera fait; וּמִבֶּן־אָדָם חָצִיר יִנָּתֵן Is. 51. 12, et d'un mortel qui deviendra semblable à l'herbe.

Hoph. 1° Être donné: יֻתַּן נַחֲלָתוֹ Nomb. 26. 54, son héritage sera donné; וְכִי יֻתַּן־מַיִם עַל־זֶרַע Lév. 11. 38, mais si de l'eau a été répandue sur la semence. — 2° Être placé: וַיֻּתַּן בֵּין הַשָּׁמַיִם וּבֵין הָאָרֶץ II Sam. 18. 9, il se trouva placé, suspendu, entre le ciel et la terre.

נְתַן chald. Donner, accorder; *fut.*: דִּי זְמָן יִנְתֶּן־לֵהּ Dan. 2. 16, que (le roi) lui accordât quelque temps; יִתְּנִנַּהּ 4. 14, et il le donne, l'accorde; *inf.* לְמִנְתַּן Esdr. 7. 20.

נָתָן *n. pr. m.* 1° Nathan, contemporain de David, II Sam. 7. 2. — 2° Nathan, fils de David, II Sam. 5. 14. — 3° Plusieurs autres, Sam., Rois, Chr., Esdr.

נְתַן־מֶלֶךְ (don du roi) *n. pr. m.* II Rois 23. 11.

נְתַנְאֵל (don de Dieu, ou Dieu l'a donné) *n. pr.* 1° Nathanael, chef de la tribu d'Issachar, Nomb. 1. 8. — 2° Plusieurs autres, Chr., Esdr., Néh.

נְתַנְיָה et נְתַנְיָהוּ *n. pr. m.* 1° II Rois 25. 23. — 2° I Chr. 25. 12. — 3° Jér. 40. 8.

נָתַס Rompre, détruire: נָתְסוּ נְתִיבָתִי

Job 30. 13, ils ont rompu, détruit, mon sentier (v. נָתַץ, נָתַשׁ).

נָתַע Briser. *Niph.*: נִתָּעוּ Job 4. 10, (les dents des jeunes lions) ont été brisées (v. נָתַץ).

נָתַץ (*fut.* יִתֹּץ) Démolir, renverser, abattre, arracher : אֶת־מִזְבְּחֹתָם תִּתֹּצוּן Exod. 34. 13, vous renverserez leurs autels; וַתִּתְצוּ הַבָּתִּים Is. 22. 10, vous avez démoli des maisons; אֵל יִתָּצְךָ Ps. 52. 7, Dieu t'abattra, te détruira; יִתְּצֵנִי סָבִיב Job 19. 10, il m'a détruit de tous côtés; מַלְתְּעוֹת כְּפִירִים נְתֹץ Ps. 58. 7, arrache, ou brise, les dents des lions.

Niph. Être renversé : וְהַצֻּרִים נִתְּצוּ מִמֶּנּוּ Nah. 1. 6, les rochers sont renversés devant lui.

Pi. Renverser : וְנִתְּצוּ רָמֹתַיִךְ Ez. 16. 39, ils détruiront tes hauts lieux, ou : renverseront tes autels.

Pou.: וְהִנֵּה נֻתַּץ מִזְבַּח הַבַּעַל Jug. 6. 28, et l'autel de Baal était renversé.

Hoph.: תַּנּוּר וְכִירַיִם יֻתָּץ Lév. 11. 35, que ce soient des fourneaux ou des foyers, ils seront brisés.

נָתַק Arracher, couper : מִשָּׁם אֶתְּקֶנְךָּ Jér. 22. 24, de là même je t'arracherais; וּנְתַקְנֻהוּ מִן־הָעִיר Jug. 20. 32, nous les éloignerons de la ville (*dagesch euphon.*). *Part. passif*: וְנָתוּק Lév. 22. 24, un animal dont les testicules ont été arrachés, ou brisés.

Niph. נִתַּק Être arraché, être rompu, se rompre, être détaché, écarté : יִנָּתֵק מֵאָהֳלוֹ מִבְטַחוֹ Job 18. 14, l'appui sera arraché de sa tente (v. le même ex. à מִבְטָח); לֹא בִמְהֵרָה יִנָּתֵק Eccl. 4. 12, (le triple cordon) ne se rompra pas si vite; נִתְּקוּ כַּפּוֹת רַגְלֵי הַכֹּהֲנִים אֶל הֶחָרָבָה Jos. 4. 18, lorsque les prêtres mirent le pied sur la terre sèche, *exact.* lorsque la plante des pieds des prêtres se détacha (du lit du fleuve, pour marcher) sur la terre sèche; וְרָעִים לֹא נִתָּקוּ Jér. 6. 29, les mauvaises parties (du métal) n'en sont point détachées; וַיִּנָּתְקוּ מִן־הָעִיר Jos. 8. 16, ils furent éloignés de la ville; זִמֹּתַי נִתְּקוּ Job 17. 11, mes pensées sont renversées.

Pi. נִתֵּק Arracher, rompre, déchirer : אֶת־שָׁרָשֶׁיהָ יְנַתֵּק Ez. 17. 9, il en arrachera les racines; וְכָל־מוֹטָה תְּנַתֵּקוּ Is. 58. 6, et pour que vous brisiez tout joug (que portent les autres); וְשָׁדַיִךְ תְּנַתֵּקִי Ez. 23. 34, tu te déchireras le sein.

Hiph. Éloigner, enlever : עַד הַתִּיקֵנוּ אוֹתָם מִן־הָעִיר Jos. 8. 6, jusqu'à ce que nous les ayons attirés hors de la ville; הַתִּקֵם כְּצֹאן לְטִבְחָה Jér. 12. 3, enlève-les comme les brebis qu'on mène à la boucherie.

Hoph. Être éloigné : הָנְתְּקוּ מִן־הָעִיר Jug. 20. 31, ils furent éloignés, ils se laissèrent attirer, hors de la ville.

נֶתֶק *m.* Espèce de maladie de peau, qui se manifeste au cuir chevelu; celui qui est atteint de cette maladie : נֶתֶק הוּא Lév. 13. 30, c'est la teigne; וְהִסְגִּיר הַכֹּהֵן אֶת־הַנֶּתֶק vers. 33, le prêtre fera enfermer celui qui a la teigne.

נָתַר (*fut.* יִתַּר) Sauter : וְיִתַּר מִמְּקוֹמוֹ Job 37. 1, (mon cœur) tressaille, *exact.* saute hors de sa place, est hors de lui-même.

Pi. Sauter : לְנַתֵּר בָּהֵן עַל־הָאָרֶץ Lév. 11. 21, pour sauter, par le moyen de ses pieds, sur la terre.

Hiph. 1° Faire fuir, ou disperser : וַיַּתֵּר גּוֹיִם Hab. 3. 6, il mit les peuples en fuite, ou il les dispersa. — 2° Lâcher, délier, délivrer : הַתֵּר אֲגֻדּוֹת מוֹטָה Is. 58. 6, délier les liens du joug; יַתֵּר יָדוֹ Job 6. 9, qu'il étende sa main; יְיָ מַתִּיר אֲסוּרִים Ps. 146. 7, l'Éternel délie, délivre, ceux qui sont enchaînés; וַיַּתֵּר תָּמִים דַּרְכִּי II Sam. 22. 33, il rendit ma voie libre et parfaite, c.-à-d. il enleva tout obstacle.

נְתַר chald. *Kal* inusité. *Aph.* Abattre, faire tomber : אַתַּרוּ עָפְיֵהּ Dan. 4. 11, faites-en tomber les feuilles.

נֶתֶר *m.* Nitre : אִם־תְּכַבְּסִי בַּנֶּתֶר Jér. 2. 22, quand tu te laverais avec du nitre.

נָתַשׁ (*fut.* יִתּשׁ) Arracher, détruire,

exterminer : וְאֵת אֲשֶׁר־נָטַעְתִּי אֲנִי נֹתֵשׁ Jér. 45. 4. et j'arracherai ce que j'ai planté ; וְנָתַשְׁתִּי אֲשֵׁירֶיךָ Mich. 5. 13, j'arracherai tes bois sacrés ; וַיִּתְּשֵׁם יְיָ מֵעַל אַדְמָתָם Deut. 29. 27, l'Éternel les arracha, ou les chassa, de leur pays ; וְעָרִים נָתַשְׁתָּ Ps. 9. 7, et les villes que tu as détruites ; וְאֶת־בֵּית יְהוּדָה אֶתּוֹשׁ מִתּוֹכָם Jér. 12. 14, j'arracherai la maison de Juda du milieu d'eux ; וְנָתַשְׁתִּי אֶת־הַגּוֹי הַהוּא Jér. 12. 17, j'exterminerai cette nation.

Niph. 1° Être arraché, être détruit : וְלֹא יִנָּתְשׁוּ עוֹד מֵעַל אַדְמָתָם Amos 9. 15, ils ne seront plus arrachés de leur pays ; תִּנָּתֵשׁ מַלְכוּתוֹ Dan. 11. 4, son royaume sera détruit. — 2° *De l'eau*. Tarir : אִם־יִנָּתְשׁוּ מַיִם זָרִים Jér. 18. 14, fera-t-on tarir des eaux étrangères (c.-à-d. qui viennent de loin)? Selon d'autres, pour יִנָּטְשׁוּ : abandonnerait-on, etc.?

Hoph. Être arraché : וַתֻּתַּשׁ בְּחֵמָה Ez. 19. 12, elle a été arrachée avec colère.

ס

ס Samech, סָמֶךְ quinzième lettre de l'alphabet ; signifie comme chiffre : 60. ס se permute avec toutes les lettres sifflantes. Exemples : נָתַץ et נָתַס renverser ; סָפַן et צָפַן couvrir, cacher ; עָלַז, עָלַס et עָלַץ triompher, se réjouir ; בּוּס *Pil.* בּוֹסֵס et בָּשַׁס fouler aux pieds ; מְסוּכָה et מְשׂוּכָה haie ; רָמַס fouler aux pieds, et רָמַשׂ ramper. Malgré l'analogie entre ס et שׂ, ces deux lettres ne se permutent que rarement ; certains mots ont un sens tout à fait différent, selon que ס ou שׂ est une de leurs lettres radicales. Exemples : סָכַר boucher, et שָׂכַר acheter, payer ; סָכַל agir sottement, et שָׂכַל réussir, et *Hiph*., considérer, etc.

סְאָה *f*. Séah, une mesure de capacité, le tiers de l'épha : סְאָה סֹלֶת II Rois 7. 16, une mesure de pure farine ; *duel* : סָאתַיִם II Rois 7. 18, deux mesures ; *plur*. : שְׁלֹשׁ סְאִים Gen. 18. 7, trois mesures.

סְאוֹן *m*. Combat. Ex. unique : כָּל־סְאוֹן סֹאֵן בְּרַעַשׁ Is. 9. 4, tout combat se livre avec bruit, tumulte ; selon d'autres, par analogie avec le chaldéen, soulier, chaussure guerrière : toute chaussure, סֹאֵן (de l'homme qui en est chaussé) du guerrier (marche, ou touche la terre), avec bruit.

סָאַן Combattre, ou être chaussé. Ex. unique : סֹאֵן Is. 9. 4 (v. à סְאוֹן).

סַאסְּאָה *f*. Mesure, de סְאָה les deux premières lettres redoublées : בְּסַאסְּאָה Is. 27. 8, avec mesure, avec modération, modérément.

סָבָא Boire avec excès, se remplir de boisson : וְנִסְבְּאָה שֵׁכָר Is. 56. 12, abreuvons-nous de liqueurs fortes (ה parag.) ; *part*. : זוֹלֵל וְסֹבֵא Deut. 21. 20, (il est) gourmand et ivrogne ; *part. passif* סָבוּא : וּכְסָבְאָם סְבוּאִים Nah. 1. 10, et lorsqu'ils se seront enivrés de leur vin, ou, כְּסָבְאָם *inf*. : de la manière dont ils boivent.

סָבָא *adj*. Ivre : סָבָאִים *keri*, סוֹבָאִים *cheth*., Ez. 23. 42, des hommes ivres ; selon d'autres, nom de peuple : des hommes de Seba (v. סְבָא).

סֹבֶא *m*. Vin : סָבְאֵךְ מָהוּל בַּמָּיִם Is. 1. 22, ton vin est mêlé d'eau ; סָר סָבְאָם Osée 4. 18, leur vin tourne, s'altère, dans leur bouche (parce qu'ils en boivent trop) ; selon d'autres : leurs festins ont cessé.

סְבָא *n. pr*. 1° Seba, fils de Chus, Gen. 10. 7, souche d'une peuplade de l'Ethiopie. — 2° Province et ville de l'Ethiopie, probablement Méroé, Is. 43. 3 ; de là וּסְבָאִים Is. 45. 14, et les hommes de Seba (hommes d'une haute taille).

סָבַב (1re *pers*. סַבֹּתִי, סָבַבוּ ; *inf*. סֹב, סְבֹב, לָסֹב ; *fut*. יָסֹב, יָסֹבּוּ) 1° Tourner, tourner autour, faire le tour (d'une ville, d'un pays), parcourir, aller, venir, retourner : סֹבֵב סֹבֵב הוֹלֵךְ הָרוּחַ Eccl. 1. 6, le vent va constamment en cercle, en tournoyant; סַבּוֹתִי אֲנִי וְלִבִּי לָדַעַת Eccl. 7. 25, je me suis tourné de tous côtés et j'ai appliqué mon cœur à connaître; וְסַבּוֹתִי אֲנִי לְיַאֵשׁ אֶת־לִבִּי Eccl. 2. 20, et j'ai tourné, c.-à-d. j'ai décidé de détourner, mon cœur (de toutes les peines, etc.); רַב־לָכֶם סֹב אֶת־הָהָר הַזֶּה Deut. 2. 3, vous avez assez tourné autour de cette montagne; תָּסֹבּוּ אֶת־הָעִיר שֶׁבַע פְּעָמִים Jos. 6. 4, vous ferez sept fois le tour de la ville; וַיָּסָב אֶת־אֶרֶץ אֱדוֹם Jug. 11. 18, il tournait, côtoyait, le pays d'Édom; הַשֹּׁמְרִים הַסֹּבְבִים בָּעִיר Cant. 3. 3, les gardiens qui parcourent la ville en tous sens; וַיָּסֹבּוּ בִּיהוּדָה II Chr. 23. 2, ils parcouraient la Judée; סֹבִּי עִיר Is. 23. 16, parcours la ville; סֹב אֶל־אַחֲרָי II Rois 9. 18, tourne, va, derrière moi, mets-toi à ma suite; סֹב אַתָּה וּפְגַע בַּכֹּהֲנִים I Sam. 22. 18, vas-y toi, et frappe les prêtres : וַיָּסֹבּוּ דֶּרֶךְ שִׁבְעַת יָמִים II Rois 3. 9, ils tournoyèrent, s'avancèrent (dans le pays), l'espace de sept journées de chemin; סֹב הִתְיַצֵּב כֹּה II Sam. 18. 30, tourne de ce côté, place-toi ici; סֹב Cant. 2. 17, retourne; וַיָּסֹבּוּ כָּל־הָעָם Jér. 41. 14, tout le peuple retourna, fit volte-face.

2° Entourer, environner, assiéger, investir une ville : סֹבּוּ צִיּוֹן Ps. 48. 13, environnez Sion; וְהִנֵּה תְסֻבֶּינָה אֲלֻמֹּתֵיכֶם Gen. 37. 7, voici vos gerbes qui entouraient (la mienne); סְבָבוּם מַעַלְלֵיהֶם Osée 7. 2, leurs mauvaises actions les entourent, les assiégent, accablent; וְסָבַב אֹתָהּ Eccl. 9. 14, il investit la ville; וַיָּסֹבּוּ הַקַּלָּעִים II Rois 3. 25, les frondeurs l'investirent. Avec עַל et אֶל : יָסֹבּוּ עָלַי רַבָּיו Job 16. 13, ses archers m'environnent; וַיַּךְ אֶת־אֱדוֹם הַסֹּבֵב אֵלָיו II Rois 8. 21, il battit, frappa, les Édomites qui l'avaient environné. — סָבַב *absol.* signifie aussi : s'asseoir autour d'une table pour prendre un repas : לֹא נָסֹב עַד־בֹּאוֹ פֹה I Sam. 16. 11, nous ne nous mettrons point à table qu'il ne soit venu ici.

3° Amener une chose, en être cause, occasionner : אָנֹכִי סַבֹּתִי בְּכָל־נֶפֶשׁ בֵּית אָבִיךָ I Sam. 22. 22, je suis cause de la mort de toutes les personnes de ta famille.

Niph. נָסַב (*fut.* יִסֹּב, *pl.* יִסַּבּוּ). 1° Tourner, se retourner, se diriger : הַדֶּלֶת תִּסּוֹב עַל־צִירָהּ Prov. 26. 14, (comme) la porte tourne sur ses gonds; וְרָחֲבָה וְנָסְבָה לְמַעְלָה Ez. 41. 7, pour וְנָסַבָּה, (l'espace des chambres) devenait plus large, et allait en tournant à mesure qu'on montait; ou : on y montait par un escalier qui allait en tournant; הַיַּרְדֵּן יִסֹּב לְאָחוֹר Ps. 114. 3, le Jourdain retourne en arrière, remonte vers sa source; תִּסּוֹב עָלֶיךָ כּוֹס יְמִין יְיָ Hab. 2. 16, le calice que l'Éternel tient en sa main droite se tournera vers toi, tu le boiras à ton tour; וַיִּסֹּב שְׁמוּאֵל לָלֶכֶת I Sam. 15. 27, Samuel se retourna pour s'en aller; לֹא־יִסַּבּוּ בְּלֶכְתָּן Ez. 1. 9, ils ne se retournaient pas en marchant; וְתִסֹּב תְּנַחֲמֵנִי Ps. 71. 21, tu te tourneras de nouveau vers moi et tu me consoleras; וְנָסַב לָכֶם הַגְּבוּל מִנֶּגֶב Nomb. 34. 4, votre frontière se dirigera en faisant un circuit du côté du midi; avec מֵעַל, מִן, se détourner, se retirer : וַיִּסֹּב מֵאֶצְלוֹ I Sam. 17. 30, il se détourna de lui; וַיִּסֹּב מֵעֲלֵיהֶם Gen. 42. 24, il s'éloigna d'eux. — 2° Être tourné, être transféré, passer à un autre : וַתִּסֹּב הַמְּלוּכָה I Rois 2. 15, la royauté s'est détournée de moi, a été transférée (à mon frère); וְלֹא־תִסֹּב נַחֲלָה Nomb. 36. 7, pour qu'un héritage ne passe (d'une tribu à une autre); וְנָסַבּוּ בָתֵּיהֶם לַאֲחֵרִים Jér. 6. 12, leurs maisons passent à des étrangers; נָסַבָּה אֵלָי Ez. 26. 2, elle, c.-à-d. (son commerce) ses richesses, passent, viennent, à moi. — Être mené : גַּת יִסֹּב אֲרוֹן אֱלֹהֵי יִשְׂרָאֵל I Sam. 5. 8, que l'arche du Dieu d'Israel soit menée à Gath. — Être changé : יִסּוֹב כָּל־הָאָרֶץ כָּעֲרָבָה Zach. 14. 10, tout le pays sera changé, sera semblable à une plaine. — 3° Comme *Kal.* Entourer, environner : נָסַבּוּ אֶת־הַבַּיִת Jug. 19. 22, (des gens de la ville) entourèrent la maison; avec עַל entourer dans une intention hostile : וְנָסַבּוּ עָלֵינוּ Jos. 7. 9, ils nous envelopperont (pour nous exterminer).

Pi.: לְבַעֲבוּר סַבֵּב אֶת־פְּנֵי הַדָּבָר II Sam. 14. 20, pour tourner, changer ainsi, la face des choses, pour lui donner cette forme ou cette tournure.

Po. סוֹבֵב, *fut.* יְסוֹבֵב. Même signif. que *Kal.* 1° Tourner autour, parcourir, traverser : וַאֲסֹבְבָה אֶת־מִזְבַּחֲךָ Ps. 26. 6, je me tiendrai près de ton autel ; וַאֲסוֹבְבָה בָעִיר Cant. 3. 2, je ferai le tour de la ville. — 2° Entourer, environner, protéger : וַעֲדַת לְאֻמִּים תְּסוֹבְבֶךָּ Ps. 7. 8, l'assemblée des peuples t'environnera ; avec double *rég. dir.*: רָנֵּי פַלֵּט תְּסוֹבְבֵנִי Ps. 32. 7, tu m'entoures de chants, de cris de délivrance (v. à פַּלֵּט) ; יְסֹבְבֶנְהוּ Deut. 32. 10, il l'entoura, le protégea ; נְקֵבָה תְּסוֹבֵב גָּבֶר Jér. 31. 22, la femme entourera l'homme, le cherchera ; selon d'autres : le protégera.

Hiph. הֵסֵב, *fut.* יָסֵב. 1° *Intransit.* Tourner : הָסֵב אֶל־אַחֲרֵיהֶם II Sam 5. 23, tourne derrière eux, derrière leur camp. — 2° *Trans.* Tourner, retourner, détourner : וַיַּסֵּב אֶת־פָּנָיו אֶל־הַקִּיר II Rois 20. 2, il tourna sa face vers le mur ; *part.*: הִנְנִי מֵסֵב אֶת־כְּלֵי הַמִּלְחָמָה Jér. 21. 4, je retournerai (contre vous-mêmes) vos armes de guerre ; לְהָסֵב אֵלֶיךָ אֶת־כָּל־יִשְׂרָאֵל II Sam. 3. 12, pour tourner, attirer, vers toi tout Israel ; וַיַּסֵּב אֲרוֹן־יְיָ אֶת־הָעִיר Jos. 6. 11, l'arche de l'Éternel fit le tour de la ville ; הָסֵבִּי עֵינַיִךְ מִנֶּגְדִּי Cant. 6. 5, détourne tes yeux de moi. — 3° Faire tourner, faire faire un détour, un circuit ; changer, transférer : הֵסֵב אֶת־הַמַּאֲרָב II Chr. 13. 13, (Jarobeam) ordonna à l'embuscade de tourner ; וַיַּסֵּב אֱלֹהִים אֶת־הָעָם Exod. 13. 18, Dieu fit faire au peuple un détour, circuit (par le chemin du désert) ; וַיְסִבֵּנִי דֶּרֶךְ חוּץ Ez. 47. 2, il me fit tourner par le chemin de dehors ; וַיַּסֵּבּוּ אֶת־אֲרוֹן I Sam. 5. 8, ils firent tourner, ou ils portèrent, l'arche (à Gath) ; וְאֶת־מְבוֹא הַמֶּלֶךְ הַחִיצוֹנָה הֵסֵב בֵּית יְיָ II Rois 16. 18, et il changea l'entrée du dehors, par où le roi passait, et la fit à l'intérieur du temple ; וַיַּסֵּב אֶת־עֲמָשָׂא מִן־הַמְסִלָּה הַשָּׂדֶה II Sam. 20. 12, il tira Amasa hors du chemin dans le champ ; וַיַּסֵּב אֶת־הַמְּלוּכָה לְדָוִיד I Chr. 10. 14, il transféra, donna, le royaume à David ; וְהֵסֵב לֵב מֶלֶךְ־אַשּׁוּר עֲלֵיהֶם Esdr. 6. 22, il avait tourné en leur faveur le cœur du roi d'Assyrie ; וְאַתָּה הֲסִבֹּתָ אֶת־לִבָּם אֲחֹרַנִּית I Rois 18. 37, tu as changé leurs sentiments (v. אֲחֹרַנִּית) ; וַיַּסֵּב אֶת־שְׁמוֹ יְהוֹיָקִים II Rois 23. 34, il changea son nom en celui de Jehoyakim. — 4° Entourer : וְנָסֵב חוֹמָה II Chr. 14. 6, entourons-les de murailles.

Hoph. הוּסַב. 1° Tourner, être tourné : שְׁתַּיִם מוּסַבּוֹת דְּלָתוֹת Ez. 41. 24, deux portes qui tournaient ; וְאוֹפַן עֲגָלָה עַל־כַּמֹּן יוּסָּב Is. 28. 27, et on (ne) fait (pas) passer la roue du chariot sur le cumin. — 2° Être entouré, enchâssé : מֻסַבֹּת מִשְׁבְּצוֹת זָהָב Exod. 28. 11, enchâssées dans des chatons d'or. — 3° Être changé : מוּסַבּוֹת שֵׁם Nomb. 32. 38, (villes) dont les noms ont été changés.

סִבָּה *f.* (rac. סָבַב). Ce qui est amené, dirigé, par Dieu, par la Providence ; événement, sort : כִּי־הָיְתָה סִבָּה מֵעִם יְיָ I Rois 12. 15, car ceci avait été amené par l'Éternel.

סָבִיב *m.* (const. סְבִיב). Ce qui est autour, alentour : מִן־הַמִּלּוֹא וְעַד־הַסָּבִיב I Chr. 11. 8, depuis Millo jusqu'aux alentours (de la forteresse). — 2° Celui qui est autour : צַר וּסְבִיב הָאָרֶץ Amos 3. 11, l'ennemi (viendra), et il sera campé autour du pays. — 3° *Adv.* Autour, tout autour : שְׂאִי־סָבִיב עֵינַיִךְ Is. 49. 18, lève les yeux autour de toi ; בְּכָל־גְּבֻלוֹ סָבִיב Gen. 23. 17, dans toute l'étendue du champ, tout autour ; répété : וְהֶעֱבִירַנִי עֲלֵיהֶם סָבִיב סָבִיב Ez. 37. 2, il me fit passer tout autour de ces os ; סָבִיב לְ *prépos.*: סָבִיב לְשֻׁלְחָנֶךָ Ps. 128. 3, autour de ta table ; מִסָּבִיב *adv.*, d'autour, de toutes parts : הֵאָסְפוּ מִסָּבִיב Ez. 39. 17, rassemblez-vous de tous côtés ; מָגוֹר מִסָּבִיב Jér. 20. 3, l'épouvante est tout autour, ou : vient de toutes parts ; הֵעָלוּ מִסָּבִיב לְמִשְׁכַּן־קֹרַח Nomb. 16. 24, éloignez-vous d'autour de la tente de Koreh.

Plur. m. סְבִיבִים. 1° Les alentours,

les environs : וּבִסְבִיבֵי יְרוּשָׁלִַם Jér. 33. 13, et dans les alentours de Jérusalem ; וְאָכְלָה כָּל־סְבִיבֶיהָ Jér. 21. 14, elle dévorera tous ses alentours. — 2° Ceux qui sont autour, les voisins : נֻדוּ לוֹ כָּל־סְבִיבָיו Jér. 48.17, plaignez-le, vous tous qui êtes autour de lui. — 3° Comme le *sing.*, *prépos.* Tout autour : וּסְבִיבָיו נִשְׂעֲרָה מְאֹד Ps. 50. 3, et autour de lui s'élève une violente tempête.

Plur. f. סְבִיבוֹת. 1° Pays voisins, les alentours : יְלַחֲכוּ הַקָּהָל אֶת־כָּל־סְבִיבֹתֵינוּ Nomb. 22. 4, le peuple dévorera tout ce qui nous entoure. *Fréq.* Ceux qui habitent le pays d'alentour, les voisins : לַעַג וָקֶלֶס לִסְבִיבוֹתֵינוּ Ps. 44. 14, un sujet de raillerie et de mépris pour ceux qui nous entourent ; וְכָל־סְבִיבֹתֵיהֶם חִזְּקוּ בִידֵיהֶם Esdr. 1. 6, tous ceux qui demeuraient aux environs les assistèrent. — 2° Cours circulaire (du vent), circonvolution : וְעַל־סְבִיבֹתָיו שָׁב הָרוּחַ Eccl. 1. 6, (le vent va en tournoyant) et il revient sur lui-même dans son mouvement circulaire. — 3° *Prép.* Autour : סְבִיבֹת הָאֹהֶל Nomb. 11. 24, autour de la tente ; avec suff. : סְבִיבוֹתֶיךָ Job 22. 10, autour de toi ; סְבִיבֹתָיו I Sam. 26. 7, autour de lui.

סָבַךְ Entrelacer, embarrasser (des branches d'arbre). *Part. passif* : כִּי עַד־סִירִים סְבֻכִים Nah. 1. 10, (ils sont) comme, ou (ils seront consumés) comme, des épines entrelacées.

Pou. Même signif. : שָׁרָשָׁיו יְסֻבָּכוּ Job 8. 17, ses racines s'entrelacent.

סְבַךְ *m.* Branche entrelacée, buisson : נֶאֱחַז בַּסְּבַךְ Gen. 22. 13, (un bélier) était pris dans un buisson ; בִּסְבָךְ־עֵץ Ps. 74. 5, dans un bois touffu, ou dans une futaie ; סִבְכֵי הַיַּעַר Is. 10. 34, les buissons de la forêt, ou le bois le plus épais.

סֹבֶךְ *m.* Buisson, futaie : עָלָה אַרְיֵה מִסֻּבְּכוֹ Jér. 4. 7, le lion monte, s'élance, hors de son buisson, ou de sa futaie.

סַבְּכָא chald. *f.* Nom d'un instrument de musique, sambuque, espèce de harpe, Dan. 3. 5 (v. 7. 10, שַׂבְּכָא).

סִבְּכַי *n. pr. m.* II Sam. 21. 18.

סָבַל (*fut.* יִסְבֹּל) Porter, se charger d'un fardeau, supporter (la douleur, le châtiment, d'une faute) : לִסְבֹּל Gen. 49. 15, pour porter le fardeau ; יִסְבְּלֻהוּ Is. 46. 7, ils s'en chargent ; וּמַכְאֹבֵינוּ סְבָלָם Is. 53. 4, il s'est chargé de nos douleurs ; עֲוֹנֹתֵיהֶם סָבָלְנוּ Lament. 5. 7, nous portons la peine de leur iniquité.

Pou. passif : אַלּוּפֵינוּ מְסֻבָּלִים Ps. 144. 14, nos taureaux sont chargés de graisse, sont gras, ou peuvent être chargés, c.-à-d. ils peuvent porter, traîner, de fortes charges.

Hithp. Devenir lourd : וְיִסְתַּבֵּל הֶחָגָב Eccl. 12. 5, et quand la sauterelle même devient pesante, quand la chose la plus légère devient à charge.

סְבַל chald. Porter. *Po.* : וְאֻשּׁוֹהִי מְסוֹבְלִין Esdr. 6. 3, et que ses fondements puissent porter (un édifice, etc.) ; ou : que ses fondements soient solides, durables.

סַבָּל *m.* 1° Fardeau : נֹשֵׂא סַבָּל I Rois 5. 15, (soixante-dix mille hommes) qui portaient les fardeaux. — 2° L'homme qui porte le fardeau, portefaix : שִׁבְעִים אֶלֶף סַבָּל II Chr. 2. 17, soixante-dix mille portefaix ; הַסַּבָּלִים 34. 13, ceux qui portaient les fardeaux.

סֵבֶל *m.* Fardeau : הֲסִירוֹתִי מִסֵּבֶל שִׁכְמוֹ Ps. 81. 7, j'ai déchargé son épaule du fardeau ; וַיַּפְקֵד אֹתוֹ לְכָל־סֵבֶל בֵּית יוֹסֵף I Rois 11. 28, il le préposa à toute la charge de la tribu de Joseph, pour recevoir l'impôt, ou pour surveiller les corvées de cette tribu.

סֹבֶל *m.* Charge, fardeau : סֻבֳּלוֹ Is. 10. 27, son fardeau ; עֹל סֻבֳּלוֹ Is. 9. 3, le joug de son fardeau, le joug qu'il portait, qui l'accablait.

סִבְלוֹת *f. pl.* Charges, travaux pénibles, corvée : סִבְלֹת מִצְרַיִם Exod. 6. 6, les durs travaux dont les Égyptiens vous chargent ; בְּסִבְלֹתָם 1. 11, par leurs travaux pénibles.

סִבֹּלֶת *f.* Épi. Les Éphraïmites prononçaient סִבֹּלֶת au lieu de שִׁבֹּלֶת épi (v. Jug. 12. 6).

סְבַר chald. (v. שָׂבַר *Pi.*). Espérer, penser : וְיִסְבַּר לְהַשְׁנָיָה Dan. 7. 25, il espère, ou il s'imagine, pouvoir changer (les fêtes, etc.).

* סֵבֶר 1° Mine, geste : בְּסֵבֶר פָּנִים יָפוֹת Aboth, avec une figure souriante, affable.

* סְבָרֵי Rituel, avec la permission.

סִבְרַיִם (double espérance) *n.. pr.* Sibraïm, ville en Syrie entre Damas et Hamath, Ez. 47. 16.

סַבְתָּה *n. pr.* Sabtha, fils de Chus, Gen. 10. 7, souche d'un peuple סַבְתָּא I Chr. 1. 9.

סַבְתְּכָא *n. pr.* Sabthecha, fils de Chus, Gen. 10. 7, souche d'un peuple éthiopien.

* סְגָא chald. Multiplier, augmenter : וְיַסְגֵּא יוֹמֵיהוֹן Rituel, qu'il augmente leurs jours.

סָגַד (*fut.* יִסְגֹּד) Se prosterner en adorant les idoles : לְבוּל עֵץ אֶסְגּוֹד Is. 44. 19, je me prosternerai devant un morceau de bois; יִסְגָּד־לוֹ vers. 17, il se prosterne devant (son idole); וְתִסְגְּדוּן 3. 6, et que vous adoriez.

סְגִד chald. (*fut.* יִסְגֻּד). Se prosterner, adorer : וּלְדָנִיֵּאל סְגִד Dan. 2. 46, et il se prosterna devant Daniel.

סְגוֹר *m.* (rac. סָגַר). 1° Ce qui renferme. Ex. unique : וְאֶקְרַע סְגוֹר לִבָּם Osée 13. 8, je déchirerai ce qui renferme leur cœur, c.-à-d. leur poitrine; ou, *au fig.*: ce qui le couvre, le rend insensible, obtus. — 2° Or pur : לֹא־יֻתַּן סְגוֹר תַּחְתֶּיהָ Job 28. 15, elle ne se donne, ne s'acquiert point, pour de l'or (comme זָהָב סָגוּר, v. à סָגַר). — 3° Selon quelques-uns : lance, javelot : וְהָרֵק חֲנִית וּסְגֹר לִקְרַאת רֹדְפָי Ps. 35. 3, lève la lance et le javelot devant mes ennemis ; selon d'autres, *impér.* de סָגַר : et ferme le passage à ceux qui me poursuivent.

סִגִים *pl.* (v. סִיג).

סְגֻלָּה *f.* Possession, bien précieux, trésor : וִהְיִיתֶם לִי סְגֻלָּה מִכָּל־הָעַמִּים Exod. 19. 5, vous serez pour moi de tous les peuples une propriété, comme mon bien propre ; וּסְגֻלַּת מְלָכִים Eccl. 2. 8, et le trésor des rois.

סֶגֶן *m.* Ne se trouve qu'au *pl.* סְגָנִים. Préposés, chefs, gouverneurs, princes : וְהַסְּגָנִים לֹא יָדְעוּ Néh. 2. 16, les chefs (du peuple), ou les magistrats, ne savaient pas ; פַּחוֹת וּסְגָנִים Jér. 51. 23, les pachas et les gouverneurs ; וְיָבֹא סְגָנִים כְּמוֹ־חֹמֶר Is. 41. 25, (il marchera sur) il foulera les princes comme on foule la boue; * סְגַן הַכֹּהֵן Aboth, vice-grand pontife, le suppléant du grand prêtre.

סְגַן chald. *m.* Gouverneur : סִגְנַיָּא Dan. 3. 2, les gouverneurs ; וְרַב סִגְנִין Dan. 2. 48, et le chef des hauts dignitaires.

סָגַר (*fut.* יִסְגֹּר, v. סָכַר) Fermer, boucher : וְסָגַר וְאֵין פֹּתֵחַ Is. 22. 22, il fermera et personne n'ouvrira (ne pourra ouvrir) ; סָגוּר חוֹתָם צָר Job 41. 7, étroitement serré, fermé comme par un sceau ; וַיִּסְגֹּר בָּשָׂר תַּחְתֶּנָּה Gen. 2. 21, il referma la chair, ou : il mit de la chair à sa place ; סָגַר אֶת־פֶּרֶץ עִיר דָּוִד I Rois 11. 27, il a fermé, réparé, les brèches de la ville de David ; חֶלְבָּמוֹ סָּגְרוּ Ps. 17. 10, ils ferment leurs entrailles, leur cœur ; וּסְגֹר לִקְרַאת רֹדְפָי Ps. 35. 3, et ferme le passage à ceux qui me poursuivent (v. סְגוֹר) ; avec בְּעַד : וַיִּסְגְּרוּ בַּעֲדָם Jug. 9. 51, ils avaient fermé la porte derrière eux ; סָגַר יְיָ בְּעַד רַחְמָהּ I Sam. 1. 6, l'Éternel avait fermé son sein, l'avait rendue stérile ; וַיִּסְגֹּר הַחֵלֶב בְּעַד הַלַּהַב Jug. 3. 22, et la graisse se referma autour de la lame ; avec עַל : יִסְגֹּר עַל־אִישׁ Job 12. 14, s'il ferme sur quelqu'un, s'il tient un homme enfermé ; סָגַר עֲלֵיהֶם הַמִּדְבָּר Exod. 14. 3, le désert s'est fermé sur eux, ils sont renfermés dans le désert. *Part. passif* סָגוּר Ce qui est enfermé, ce qui est précieux : זָהָב סָגוּר I Rois 6. 20, de l'or très pur.

Niph. Être fermé, être enfermé, s'enfermer : וּשְׁעָרִים לֹא יִסָּגֵרוּ Is. 45. 1, les portes ne seront point fermées ; תִּסָּגֵר שִׁבְעַת יָמִים Nomb. 12. 14, qu'elle soit enfermée pendant sept jours ; הִסָּגֵר בְּתוֹךְ בֵּיתֶךָ Ez. 3. 24, enferme-toi dans ta maison ; כִּי נִסְגַּר לָבוֹא בְּעִיר I Sam. 23. 7, puisqu'il s'enferme en se rendant dans une ville (qui a des portes et des verrous) ; ou : puisqu'il s'est livré lui-même en se rendant, etc.

Pi. Livrer : יְסַגֶּרְךָ יְיָ בְּיָדִי I Sam. 17. 46, l'Éternel te livrera entre mes mains; et sans בְּיַד : אֲשֶׁר סִגַּר אֶת־הָאֲנָשִׁים II Sam. 18. 28, qui a livré (entre tes mains) ces hommes.

Pou. Être fermé : סֻגַּר כָּל־בַּיִת מִבּוֹא Is. 24. 10, toutes les maisons sont fermées, de sorte que personne n'y entre plus ; וִירִיחוֹ סֹגֶרֶת וּמְסֻגֶּרֶת Jos. 6. 1, Jéricho était fermée et verrouillée (devant les Israélites), סֹגֶרֶת *part.* du *Kal;* ou : Jéricho avait fermé ses portes et était barricadée.

Hiph. 1° Fermer, enfermer : וְהִסְגִּיר אֶת־הַבַּיִת Lév. 14. 38, il fermera la maison ; וְהִסְגִּירוֹ הַכֹּהֵן Lév. 13. 5, le prêtre l'enfermera. — 2° Livrer (à l'ennemi), abandonner, sacrifier, mettre à la merci de : וְאַל־תַּסְגֵּר שְׂרִידָיו בְּיוֹם צָרָה Obad. 14, tu ne livreras, ne trahiras pas le reste de ses habitants au jour du malheur ; avec אֶל, בְּיַד, לְ : לֹא־תַסְגִּיר עֶבֶד אֶל־אֲדֹנָיו Deut. 23. 16, tu ne livreras pas, l'esclave à son maître ; וְלָנוּ הַסְגִּירוֹ בְּיַד הַמֶּלֶךְ I Sam. 23. 20, ce sera à nous à le livrer entre les mains du roi ; וַיְיָ הִסְגִּירָם Deut. 32. 30, et (parce que) l'Éternel les a livrés, abandonnés ; וְחַיָּתָם לַדֶּבֶר הִסְגִּיר Ps. 78. 50, et il les fit périr par la peste, *exact.* il livra leur vie à la peste ; selon d'autres : et leurs bestiaux ; וּבְעִירָם אִם־יַחֲלֹף וְיַסְגִּיר Job 11. 10, qu'il renverse, détruise, ou qu'il livre (le coupable).

סְגַר chald. Fermer : וּסְגַר פֻּם אַרְיָוָתָא Dan. 6. 23, et il a fermé la gueule des lions.

סַגְרִיר *m.* (rac. סָגַר). Pluie : בְּיוֹם סַגְרִיר Prov. 27. 15, dans un jour de pluie.

סַד *m.* Ceps, une espèce de chaîne : וְתָשֵׂם בַּסַּד רַגְלַי Job 23, 27, tu as mis mes pieds dans les (ceps) chaînes.

* סִדּוּר *m.* Ordre : סִדּוּרֵי נְסָכֶיהָ Rituel, l'ordre de ses libations.

סָדִין *m.* Espèce de vêtement fait de lin : סָדִין עָשְׂתָה Prov. 31. 24, elle fait des toiles de lin ; שְׁלשִׁים סְדִינִים Jug. 14. 12, trente chemises.

סְדֹם *n. pr.* Sodome, une des quatre villes dans la vallée de Siddim, près de la mer Morte, qui furent détruites par le feu du ciel, Gen. chap. 18.

סֵדֶר *m.* Arrangement, ordre. *Plur.*: וְלֹא־סְדָרִים Job 10. 22, où il ne règne pas d'ordre, où tout est sans ordre (v. שְׂדֵרָה).

* סִדֵּר *Pi.* Ranger avec ordre : וּמְסַדֵּר אֶת־הַכּוֹכָבִים Rituel, et qui range avec ordre les étoiles.

סַהַר *m.* Rondeur : אַגַּן הַסַּהַר Cant. 7. 3, coupe de la rondeur, une coupe ronde.

סֹהַר Une tour (de sa forme ronde); de là בֵּית הַסֹּהַר Gen. 39. 20, la prison.

סוֹא *n. pr.* So, roi d'Égypte, II Rois 17. 4.

I סוּג (v. סָגַג) S'éloigner, se détourner (du bon chemin, de Dieu), s'égarer : וְלֹא־נָסוֹג מִמֶּךָּ Ps. 80. 19, nous ne nous éloignerons plus de toi ; כֻּלּוֹ סָג Ps. 53. 4, tous ils se sont détournés (de la bonne voie) ; סוּג לֵב Prov. 14. 14, celui dont le cœur s'égare, ou s'éloigne de Dieu.

Niph. Même signif. ; וַיִּסֹּגוּ וַיִּבְגְּדוּ כַּאֲבוֹתָם Ps. 78. 57, ils se détournèrent (de Dieu) et devinrent infidèles comme leurs pères ; souvent avec אָחוֹר et מֵאַחֲרֵי : יִסֹּגוּ אָחוֹר Ps. 35. 4, qu'ils retournent en arrière ; וְאֶת־הַנְּסוֹגִים מֵאַחֲרֵי יְיָ Soph. 1. 6, et ceux qui se détournent de l'Éternel ; une fois avec ט : לֹא נָשׂוֹג אָחוֹר II Sam. 1. 22, (l'épée) n'est pas retournée en arrière.

II סוּג Entourer, environner (v. שׂוּךְ) : סוּגָה בַּשּׁוֹשַׁנִּים Cant. 7. 3, environné de lis.

סוּגַר *m.* (rac. סָגַר). Cage : וַיִּתְּנֻהוּ בַסּוּגַר Ez. 19. 9, ils mirent (le lion) dans une cage.

סוּד (de סוֹד conseil) *Hoph.* Être conseillé, être instruit : וְאֵלֶּה הוּסַד שְׁלֹמֹה II Chr. 3. 3, et voici les choses que Salomon avait été conseillé, instruit (de bâtir); ou de la racine יָסַד.

סוֹד *m.* 1° Société, assemblée (pour s'entretenir ou pour délibérer) : סוֹד בַּחוּרִים Jér. 6. 11, l'assemblée des jeunes gens; בְּסוֹד יְשָׁרִים Ps. 111. 1, dans la société des hommes probes ; בְסוֹד־מְשַׂחֲקִים Jér. 15. 17, dans l'assemblée de ceux qui se divertissaient, ou des railleurs ; בְּסוֹד עַמִּי לֹא־יִהְיוּ Ez. 13. 9, ils ne seront point dans l'assemblée de mon peuple. — 2° Délibération, conseil, dessein : בְּאֵין סוֹד Prov. 15. 22, sans délibération, sans réflexion ; עַל־עַמְּךָ יַעֲרִימוּ סוֹד Ps. 83. 4, ils forment des desseins pleins d'artifice contre ton peuple. — 3° Confidence, entretien, intimité, secret : אֲשֶׁר יַחְדָּו נַמְתִּיק סוֹד Ps. 55. 15, nous qui eûmes ensemble des conversations familières et agréables; כָּל־מְתֵי סוֹדִי Job 19. 19, tous ceux avec qui j'étais intime ; בְּסוֹד אֱלוֹהַּ Job 29. 4, lorsque la faveur ou la protection secrète de Dieu (veillait sur ma tente); סוֹד יְיָ לִירֵאָיו Ps. 25. 14, la faveur de Dieu est pour ceux qui le craignent; ou : il leur découvre ses secrets ; וְסוֹד אַחֵר Prov. 25. 9, le secret d'autrui.

סוֹדִי *n. pr. m.* Nomb. 13. 10.

סוּחַ *n. pr. m.* I Chr. 7. 36.

סוּחָה *f.* Ordure (v. סְחִי) : וַתְּהִי נִבְלָתָם כַּסּוּחָה Is. 5. 25, leurs corps gisaient comme de l'ordure (au milieu des rues) (v. une autre explication à כַּסּוּחָה).

סוֹטַי *n. pr. m.* Esdr. 2. 54, Néh. 7. 57.

סוּךְ (v. נָסַךְ) Répandre de l'huile sur un corps, frotter, se frotter (d'huile au sortir du bain), oindre : וָאָסֻכֵךְ בַּשָּׁמֶן Ez. 16. 9, j'ai répandu sur toi de l'huile; וְסוֹךְ לֹא־סָכְתִּי Dan. 10. 3, je ne me suis point oint d'huile ; וְשֶׁמֶן לֹא תָסוּךְ Deut. 28. 40, et (tu n'auras pas) d'huile pour te frotter ; ou, pour וּבַשֶּׁמֶן : tu ne frotteras pas avec de l'huile.

Hiph. Même signification : וַיִּרְחַץ וַיָּסֶךְ II Sam. 12. 20, il se lava et se frotta le corps d'huile.

סוּמְפֹּנְיָה et סִיפֹּנְיָא chald. *f.* Nom d'un instrument de musique, cornemuse, tympanon (?), Dan. 3. 5, 10.

סְוֵנֵה *n. pr.* Sweneh (Syene), ville à la frontière méridionale de l'Égypte, Ez. 29. 10.

סוּס *m.* 1° Cheval, coursier : סוּס פַּרְעֹה Exod. 15. 19, le cheval de Pharaon; סוּסֶיךָ Hab. 3. 15, tes coursiers. — 2° Espèce d'oiseaux : כְּסוּס עָגוּר Is. 38. 14, comme l'hirondelle et la grue ; selon d'autres : סוּס grue, et עָגוּר hirondelle, Jér. 8. 7, *cheth.*

סוּסָה *f.* (de סוּס). Jument, cavale : לְסֻסָתִי בְּרִכְבֵי פַרְעֹה Cant. 1. 9, (je te compare) à la cavale attachée au char de Pharaon.

סוּסִי *n. pr. m.* Nomb. 13. 11.

סוּף *intrans.* Finir, cesser d'être, périr : וְזִכְרָם לֹא־יָסוּף מִזַּרְעָם Esth. 9. 28, et leur souvenir ne cessera point, ne sera point effacé, chez leurs enfants ; סָפוּ תַמּוּ Ps. 73. 19, ils ne sont plus, ils ont péri ; יַחְדָּו יָסֻפוּ Is. 66. 17, ils périront tous ensemble.

Hiph. Faire cesser, en finir, perdre, faire disparaître : אָסֹף אֲסִיפֵם Jér. 8. 13, j'en finirai avec eux, ou : je les perdrai, exterminerai ; אָסֹף אָסֵף כֹּל Soph. 1. 2, je ferai tout disparaître ; אָסֹף, dans les deux exemples, *inf.* de אָסַף.

סוּף chald. Avoir une fin, s'accomplir : מִלְּתָא סָפַת עַל־נְבוּכַדְנֶצַּר Dan. 4. 30, la parole s'accomplit dans la personne de Nabuchodonozor.

Aph. Mettre une fin, détruire : וְתָסֵיף כָּל־אִלֵּין מַלְכְוָתָא Dan. 2. 44, il détruira tous ces royaumes.

סוּף *m.* Jonc, roseau, algue : וַתָּשֶׂם בַּסּוּף Exod. 2. 3, elle l'exposa au milieu des roseaux ; סוּף חָבוּשׁ Jon. 2. 6, l'algue est tournée (autour de) ma tête ; בְּיַם־סוּף Ps. 106. 7, dans la mer des roseaux, la mer Rouge.

סוּף *n. pr.* d'une ville, Deut. 1. 1.

סוֹף *m.* Fin, extrémité : סוֹף כָּל־הָאָדָם Eccl. 7. 2, la fin de tout homme ; סוֹף דָּבָר Eccl. 12. 13, la fin de ce discours, de toutes ces paroles ; וְסֹפוֹ Joel 2. 20, l'extrémité de son armée, l'arrière-garde.

סוֹף chald. *m.* Fin, extrémité : לְסוֹף כָּל־אַרְעָא Dan. 4. 8, jusqu'à l'extrémité de toute la terre ; סוֹפָא דִי־מִלְּתָא Dan. 7. 28, la fin du discours.

סוּפָה *f.* Tourbillon, tempête : וּכְמֹץ גְּנָבַתּוּ סוּפָה Job 21. 18, comme la menue paille que le tourbillon emporte ; כְּסוּפוֹת בַּנֶּגֶב לַחֲלֹף Is. 21. 1, comme des tempêtes qui traversent le midi ; avec ה parag. : וְסוּפָתָה יִקְצֹרוּ Osée 8. 7, Ils moissonneront la tempête.

סוּר (*fut.* יָסוּר, וַיָּסַר) 1° S'écarter, se retirer, s'éloigner, écarter, ôter, être ôté, disparaître, cesser. Avec מִן, מֵעַל, מֵאַחֲרֵי : סָרוּ מַהֵר מִן־הַדֶּרֶךְ Exod. 32. 8, ils se sont promptement retirés de la voie (que, etc.) ; וֵאלֹהִים סָר מֵעָלַי I Sam. 28. 15, Dieu s'est retiré de moi, m'a abandonné ; לְמִיּוֹם סוּר־אֶפְרַיִם מֵעַל יְהוּדָה Is. 7. 17, depuis le jour de la séparation d'Ephraïm d'avec Juda ; אַל־תָּסוּרוּ מֵאַחֲרֵי יְיָ I Sam. 12. 20, ne vous éloignez pas de Dieu ; *absol.* : וְסַרְתֶּם וַעֲבַדְתֶּם אֱלֹהִים אֲחֵרִים Deut. 11. 16, (prenez garde) que vous ne vous détourniez et adoriez des dieux étrangers ; הַכֹּל סָר Ps. 14. 3, ils se sont tous écartés de la bonne voie, ou : ils sont devenus infidèles ; לֹא־תָסוּר מֵעָלָיו אִוַּלְתּוֹ Prov. 27. 22, sa folie ne le quittera pas ; ou, 2° *pers.* : tu ne lui ôtera pas sa folie ; לֹא יָסֻרוּ מִמֶּנּוּ Exod. 25. 15, (les bâtons) n'en sortiront pas, on ne les en tirera jamais ; וְסָרַת טָעַם Prov. 11. 22, (une femme) dépourvue d'esprit, insensée ; וְהַבָּמוֹת לֹא־סָרוּ I Rois 15. 14, mais les hauts lieux ne furent point ôtés, *exact.* ne disparurent point ; וְסָר עֲוֺנֶךָ Is. 6. 7, ton péché a disparu, est effacé ; וְיָסוּר בְּרוּחַ פִּיו Job 15. 30, il disparaîtra par le souffle de sa bouche ; סָר סָבְאָם Osée 4. 18, leurs festins ont cessé (v. סֹבֶא) ; une fois avec בְּ : יָסוּרוּ בִי Osée 7. 14, ils s'écartent de moi, ou, de סָרַר : ils se révoltent contre moi.

2° Quitter un endroit pour s'approcher d'un autre, s'approcher, se tourner vers, venir, entrer : אָסֻרָה־נָּא וְאֶרְאֶה Exod. 3. 3, je veux m'approcher et voir ; מִי־פֶתִי יָסֻר הֵנָּה Prov. 9. 4, qui est simple qu'il entre ici ; וְהִנֵּה־אִישׁ סָר I Rois 20. 39, un homme s'est approché ; סָר מַר־הַמָּוֶת I Sam. 15. 32, l'amertume de la mort approche ; וְסָר מִרְזַח סְרוּחִים Amos 6. 7, et le deuil de ceux qui sont étendus voluptueusement approchera (v. à מַרְזֵחַ) ; avec עַל : וַיָּסֹרוּ עָלָיו לְהִלָּחֵם I Rois 22. 32, ils s'avancèrent vers lui pour combattre ; avec אֶל : וְנָסוּרָה אֶל־עִיר Jug. 19. 11, entrons dans la ville ; סוּרָה אֵלַי Jug. 4. 18, entre chez moi ; וְסָר אֶל־מִשְׁמַעְתֶּךָ I Sam. 22. 14, et qui (comme lui) entre dans ton conseil (v. מִשְׁמַעַת) ; וּמִי יָסוּר לִשְׁאֹל לְשָׁלֹם לָךְ Jér. 15. 5, qui viendra s'informer de ton salut, de ton état ? — יָסֹר בַּמַּשָּׂא I Chr. 15. 22, il était maître, c.-à-d. il excellait, en musique (v. שׂוּר) ; ou, de יָסַר : il instruisait les autres en musique.

Pil. : דְּרָכַי סוֹרֵר Lament. 3. 11, il détourne mes sentiers, les rend tortueux ; selon d'autres : il les couvre d'épines (v. סִירִים).

Hiph. הֵסִיר, *fut.* יָסִיר, *apoc.* וַיָּסַר. 1° Détourner, faire écarter, ôter, éloigner, rejeter, omettre, repousser, destituer, faire disparaître, renverser : כִּי־יָסִיר אֶת־בִּנְךָ מֵאַחֲרַי Deut. 7. 4, car il détournera ton fils de moi, il fera que ton fils m'abandonnera ; לְהָסִיר אָדָם מַעֲשֶׂה Job 33. 17, pour détourner l'homme de toute mauvaise action ; וַתָּסַר בִּגְדֵי אַלְמְנוּתָהּ Gen. 38. 14, elle ôta, quitta, ses vêtements de veuve ; לְהָסִיר אֶת־רֹאשִׁי II Rois 6. 32, pour me couper la tête ; וְהֵסִיר יְיָ מִמְּךָ כָּל־חֹלִי Deut. 7. 15, l'Éternel éloignera de toi toute maladie ; אֲשֶׁר לֹא־הֵסִיר תְּפִלָּתִי וְחַסְדּוֹ מֵאִתִּי Ps. 66. 20, qui n'a pas rejeté ma prière, ni détourné sa miséricorde d'auprès de moi ; חַי־אֵל הֵסִיר מִשְׁפָּטִי Job 27. 2, par Dieu l'Éternel qui me refuse justice, ou qui m'ôte les moyens de me justifier; ואת־דבריו לא הסיר Is. 31. 2, il n'a pas retiré une seule de ses paroles, il n'en a laissé aucune inaccomplie; לא־הסיר דבר מכל Jos. 11. 15, il n'a rien omis de tout ce (que Dieu avait ordonné à Moïse); כי אם־הסירך העורים והפסחים II Sam. 5. 6, à moins que tu n'aies écarté, repoussé, les aveugles et les boiteux; הסר המלכים איש ממקמו I Rois 20. 24, éloigne, ou destitue, les rois chacun de leur place, ou de leur poste; הסירה מגבירה II Chr. 15. 16, il lui ôta son autorité de reine, *exact.* il l'écarta pour qu'elle ne fût plus reine; ושאול הסיר את־האבות I Sam. 28. 3, et Saül avait fait disparaître les devins (du pays); הסירו את־אלהי הנכר Gen. 35. 2, jetez loin de vous les dieux étrangers; ויסירו אביר Job 34. 20, ils renversent le tyran; מסיר אזנו Prov. 28. 9, celui qui détourne l'oreille (pour ne pas écouter). — 2° Avec אל Faire approcher, laisser entrer: ולא־אבה דוד להסיר אליו את־ארון יי II Sam. 6. 10, David ne voulut pas que l'on amenât l'arche de l'Éternel (chez lui).

Hoph. Être ôté, être aboli, cesser: כאשר הוסר חלב Lév. 4. 31, comme on ôte la graisse, *exact.* comme la graisse est ôtée; דמשק מוסר מעיר Is. 17. 1, Damas va cesser d'être une ville, *exact.* Damas sera retranchée du nombre des villes; ומעת הוסר התמיד Dan. 12. 11, depuis le temps que le sacrifice perpétuel aura cessé, aura été aboli.

סור *adj. f.* סורה (*part. pass.* de סור). Éloigné, repoussé, exilé: גלה וסורה Is. 49. 21, exilée et repoussée, chassée ou errante; וסורי (*keri*) Jér. 17. 13, ceux qui s'éloignent, se retirent, de moi (v. à יסור).

סור *m.* Rejeton bâtard, branche dégénérée: סורי הגפן נכריה Jér. 2. 21, des branches dégénérées, une vigne étrangère.

סור *n. pr.* d'une des portes du temple, II Rois 11. 6.

סוּת ou סית *Kal* inusité. *Hiph.* (הסית, une fois הסית, Jér. 38. 22; *fut.* יסית, יסית Jér. 36. 18; *part.* מסית). 1° Exciter, persuader, exciter à faire le mal, séduire, tromper: ותסיתהו לשאול מאת־אביה שדה Jos. 15. 18, elle l'excita, lui conseilla de demander un champ à son père; כי יסיתך אחיך Deut. 13. 7, si ton frère veut te persuader, t'exciter (au mal); אשר־הסתה אתו איזבל אשתו I Rois 21. 25, que sa femme Izebel avait séduit, ou: (le mal) qu'Izebel l'avait excité à faire; פן־יסית אתכם חזקיהו Is. 36. 18, qu'Ézéchias ne vous persuade, trompe, point; הסיתוך ויכלו לך Jér. 38. 22, ils t'ont séduit et ils ont prévalu, ils ont eu du pouvoir sur toi. Avec ב Exciter contre quelqu'un, irriter: אם־יי הסיתך בי I Sam. 26. 19, si l'Éternel t'a excité contre moi. — 2° Repousser, écarter, retirer; avec מן: ויסיתם אלהים ממנו II Chr. 18. 31, et Dieu les repoussa, écarta, de lui (de Josaphat); הסיתך מפי־צר Job 36. 16, il t'a retiré de la bouche de l'ennemi, ou d'un abîme étroit, d'une prison; פן־יסיתך בספק Job 36. 18, que (Dieu) ne te rejette par un châtiment fort; selon d'autres: qu'on ne te tente par l'abondance, la richesse.

סות *m.* (v. כסות). Vêtement. Ex. unique: ובדם־ענבים סותה Gen. 49. 11, (il lavera) son vêtement dans le sang du raisin.

סחב Traîner, déchirer: וסחבנו אתו עד־הנחל II Sam. 17. 13, nous abattrons, raserons, le mur en traînant (les pierres) jusqu'au fleuve; סחוב והשלך Jér. 22. 19, en traînant et jetant (le cadavre); ואת־הכלבים לסחב Jér. 15. 3, et les chiens pour déchirer; de là

סחבות *f. pl.* Des choses qui ont traîné, qui sont déchirées: בלואי הסחבות Jér. 38. 12, des morceaux d'étoffes usés et déchirés.

סחה *Kal* inusité. *Pi.* Enlever, balayer, râcler: וסחיתי עפרה ממנה Ez. 26. 4, j'en enlèverai, ou j'en râclerai, jusqu'à la poussière (j'en ferai un rocher tout nu); de là

סְחִי *m.* Balayures, ordures. *Au fig.*: סְחִי וּמָאוֹס תְּשִׂימֵנוּ Lament. 3. 45, tu nous as mis (au milieu des peuples) comme des balayures, comme un objet de dégoût et de mépris.

סָחִישׁ *m.* Ce qui germe de soi-même, ou ce qui pousse la troisième année de la semence, tandis que סָפִיחַ signifie ce qui provient de grains tombés à terre l'année précédente : וּבַשָּׁנָה הַשֵּׁנִית סָחִישׁ II Rois 19. 29, la seconde année, vous mangerez ce qui croîtra, poussera, de soi-même (v. שָׁחִיס).

סָחַף Entraîner, ravager : מָטָר סֹחֵף Prov. 28. 3, une pluie violente qui entraîne, ravage, tout.

Niph. Être renversé, abattu : מַדּוּעַ נִסְחַף אַבִּירֶיךָ Jér. 46. 15, pourquoi tes vaillants hommes ont-ils été renversés, abattus ? ou : pourquoi ont-ils été entraînés, emportés ?

סָחַר (*fut.* יִסְחַר) Aller autour, parcourir (un pays), voyager, *spéc.* pour négocier : סָחֲרוּ אֶל־אֶרֶץ וְלֹא יָדָעוּ Jér. 14. 18, ils vont en exil vers un pays qu'ils ne connaissent pas ; ou : ils tournent autour, ils cherchent de tous côté un pays (pour s'y réfugier), et ils n'en connaissent pas ; וְאֶת־הָאָרֶץ תִּסְחָרוּ Gen. 42. 34, parcourez le pays, ou trafiquez dans le pays. *Part.* סֹחֵר, *fém.* סֹחֶרֶת. Marchand, acheteur, fournisseur : עֹבֵר לַסֹּחֵר Gen. 23. 16, (de l'argent) qui est reçu, qui a cours auprès du marchand ; סֹחֲרֵי הַמֶּלֶךְ I Rois 10. 28, les marchands du roi (v. l'explication de la phrase à מִקְוֵה); סֹחֲרַיִךְ Is. 47. 15, les marchands qui avaient trafiqué avec toi ; הֵמָּה סֹחֲרֵי יָדֵךְ בְּכָרִים Ez. 27. 21, ils sont engagés dans ton commerce, ils te fournissent des agneaux, etc.; דַּמֶּשֶׂק סֹחַרְתֵּךְ Ez. 27. 18, Damas faisant le trafic avec toi.

Pil. Circuler vite ; *du cœur*, battre fortement, palpiter : לִבִּי סְחַרְחַר Ps. 38. 4, mon cœur est agité, palpite.

סַחַר ou סְחַר *m.* 1° Entrepôt de marchandises, place de commerce : וַתְּהִי סְחַר גּוֹיִם Is. 23. 3, elle était devenue la ville de commerce, le marché des nations. — 2° Lucre, gain tiré du commerce : וּסְחַר־כּוּשׁ Is. 45. 14, et le gain que l'Éthiopie tire de son commerce.

סַחַר *m.* Gain de commerce : סַחְרָהּ וְאֶתְנַנָּהּ Is. 23. 18, le gain qu'elle tire de son commerce et le prix de ses prostitutions ; *en général* gain, acquisition : טוֹב סַחְרָהּ מִסְּחַר־כָּסֶף Prov. 3. 14, il vaut mieux acquérir la sagesse que gagner de l'argent, *exact.* son acquisition est meilleure que celle de l'argent.

סְחֹרָה *f.* Commerce ; *concr.* ceux qui font le commerce : סְחֹרַת יָדֵךְ Ez. 27. 15, (les habitants des grandes îles étaient) des commerçants de ta main, c.-à-d. à ta disposition ; selon d'autres : ils achetaient les marchandises de ta main, de toi.

סֹחֵרָה *f.* Bouclier rond. Ex. unique : צִנָּה וְסֹחֵרָה אֲמִתּוֹ Ps. 91. 4, sa vérité est une cuirasse, ou targe, et un bouclier.

סֹחֶרֶת *f.* Marbre noir ou espèce de pierre fine, Esth. 1. 6.

סֵטִים *m. pl.* (v. שׂוּט). Ceux qui se détournent (du droit chemin), les pécheurs : עֲשׂה־סֵטִים שָׂנֵאתִי Ps. 101. 3, je hais les œuvres de ceux qui se détournent du droit chemin.

* סִיב Vieillir : וְסִיב Aboth, et vieillis (sur cette étude).

סִיג *m.*, *pl.* סִיגִים et סוּגִים. Scorie, écume des métaux, alliage, vil métal : הָגוֹ סִיגִים מִכָּסֶף Prov. 25. 4, ôtez les scories, ou l'alliage, de l'argent ; כֶּסֶף סִיגִים Prov. 26. 23, écume d'argent, argent impur ; כַּסְפֵּךְ הָיָה לְסִגִים Is. 1. 22, ton argent est devenu comme de l'écume, de l'argent non purifié ; הָיוּ־לִי בֵית־יִשְׂרָאֵל לְסִיג (*cheth.* לְסוּג) Ez. 22. 18, la maison d'Israel est devenue pour moi comme de l'écume, ou comme un métal vil.

* סְיָג Haie : עֲשׂוּ סְיָג לַתּוֹרָה Aboth, faites une haie autour de la loi.

סִיוָן *m.* Nom du troisième mois de l'année lunaire, mai-juin, Esth. 8. 9.

סִיחוֹן *n. pr.* Sihon, roi des Amorrhéens, Nomb. 21. 21.

• סִימָן *m.* Signe : סִימָן טוֹב Rituel, un bon signe.

סִין *n. pr.* 1° Sin, ville de la frontière orientale de l'Égypte, Péluse (?), Ez. 30. 15. — 2° Désert de Sin, près du mont Sinaï, Exod. 16. 1.

סִינַי *n. pr.* Sinaï, montagne célèbre par la révélation divine et la promulgation de la loi, Exod. 16. 1 : הַר סִינַי Exod. 19. 11, montagne de Sinaï ; מִדְבַּר סִינַי 19. 2, désert de Sinaï.

סִינִי *n. pr.* Les Sinéens, peuple dans le voisinage du Liban, Gen. 10. 17.

סִינִים *n. pr.* Sinim, pays très éloigné de la Palestine (peut-être la Chine ?), Is. 49. 12.

סִים (*keri*) Jér. 8. 7 (v. סוּס), hirondelle.

סִיסְרָא *n. pr.* 1° Sisara, général de Jabin, roi chananéen, Jug. 4. 2. — 2° Esdr. 2. 53.

• סַיַּע Aider, protéger. *Pi.* : שֶׁזְּכוּת אֲבוֹתָם מְסַיַּעְתָּם car le mérite de leurs ancêtres les protége, Aboth.

סִיעָא *n. pr. m.* Néh. 7. 47.

• סִיַּעְתָּא Aide, protection : סִיַּעְתָּא דִשְׁמַיָּא Rituel, protection du ciel.

סִיפְנְיָא (v. סוּמְפֹּנְיָה).

סִיר *des deux genres.* 1° Pot, chaudron : עַל־סִיר הַבָּשָׂר Exod. 16. 3, près des marmites pleines de viande ; סִיר רַחְצִי Ps. 60. 10, le pot, le vase, dans lequel je me lave ; *plur.* : אֶת־הַסִּירוֹת Exod. 38. 3, les pots (pour l'usage de l'autel). — 2° Épines, toujours au *plur.* : כְּקוֹל הַסִּירִים תַּחַת הַסִּיר Eccl. 7. 6, comme le bruit des épines qui brûlent sous le pot ; סִירִים סְבֻכִים Nah. 1. 10, des épines entrelacées ; בְּסִירוֹת Amos 4. 2, avec des hameçons.

סָךְ *m.* (rac. סָכַךְ). Foule, multitude : אֶעֱבֹר בַּסָּךְ Ps. 42. 5, lorsque je passai au milieu de la foule, accompagné d'une grande troupe. (סָךְ en chald. signifie quantité, nombre.)

סֹךְ *m.* (rac. סָכַךְ, avec suff. סֻכּוֹ). Tente, cabane, tabernacle, demeure, retraite, tannière (des bêtes) : יִצְפְּנֵנִי בְּסֻכֹּה Ps. 27. 5, il me cachera, m'abritera, sous sa tente (le temple) ; וַיְהִי בְשָׁלֵם סֻכּוֹ Ps. 76. 3, son tabernacle est à Salem (Jérusalem) ; עָזַב כַּכְּפִיר סֻכּוֹ Jér. 25. 38, il a abandonné sa retraite comme un jeune lion.

סֻכָּה *f.* Même signif. que סֹךְ : בַּסֻּכֹּת תֵּשְׁבוּ שִׁבְעַת יָמִים Lév. 23. 42, vous demeurerez sous des tentes, sous des feuillées, pendant sept jours ; חַג הַסֻּכּוֹת vers. 34, la fête des tabernacles ; וּכְסֻכָּה עָשָׂה נֹצֵר Job 27. 18, comme une cabane que se fait un gardien ; וּלְמִקְנֵהוּ עָשָׂה סֻכֹּת Gen. 33. 17, et il fit des cabanes, des abris, pour son bétail ; סֻכַּת דָּוִיד הַנֹּפֶלֶת Amos 9. 11, le tabernacle, la demeure de David tombée en ruines (le temple).

סֻכּוֹת *n. pr.* 1° Ville de la tribu de Gad, Jos. 13. 27. — 2° Premier lieu de campement des Israélites en sortant de l'Egypte, Exod. 12. 37. — 3° סֻכּוֹת בְּנוֹת II Rois 17. 30, (cabane des jeunes filles) nom d'une idole babylonienne.

סִכּוּת *f.* Tabernacle : וּנְשָׂאתֶם אֵת סִכּוּת מַלְכְּכֶם Amos 5. 26, vous y avez porté le tabernacle de votre roi (Divinité), ou de votre Moloch ; selon d'autres, סִכּוּת est le nom d'une idole ; ou, de סָכָה obéissance : vous avez prêté obéissance, rendu le culte, à votre Divinité.

סֻכִּיִּים *n. pr.* d'un peuple de l'Afrique, les Suchiyim, Troglodytes (?), II Chr. 12. 3.

סָכַךְ (v. שׂוּךְ et שָׂכַךְ) Faire un abri, une tente ; couvrir, protéger : תְּסֻכֵּנִי בְּבֶטֶן אִמִּי Ps. 139. 13, tu m'as abrité dans le sein de ma mère ; יְסֻכֻּהוּ צֶאֱלִים צִלְלוֹ Job 40. 22, les lotos le couvrent (et forment) son ombre ; avec עַל : סֹכְכִים בְּכַנְפֵיהֶם עַל־הַכַּפֹּרֶת Exod. 25. 20, couvrant de leurs ailes le propitiatoire ; avec לְ : סַכֹּתָה לְרֹאשִׁי Ps. 140. 8, tu mets ma tête à couvert. *Part.* סֹכֵךְ Ce qui couvre, machine qui sert d'abri : וְהֻכַן הַסֹּכֵךְ Nah. 2. 6, l'abri est préparé. *Intrans.* Se couvrir, s'envelopper : סַכֹּתָה בָאַף Lament. 3. 43, tu t'es enveloppé, caché, dans la fureur; סַכֹּתָה בֶעָנָן לָךְ 3. 44, tu t'es enveloppé de nuées.

Pilp. סִכְסֵךְ Armer pour le combat, exciter au combat : וְאֶת־אֹיְבָיו יְסַכְסֵךְ Is. 9. 10, et il excitera contre lui ses ennemis; וְסִכְסַכְתִּי מִצְרַיִם בְּמִצְרַיִם Is. 19. 2, j'armerai les Égyptiens contre les Égyptiens. Selon d'autres, סִכְסֵךְ entrelacer, mêler; ils traduisent, Is. 9. 10, il mêlera ses ennemis, il les armera de tous côtés; et 19. 12, je mêlerai, je troublerai, soulèverai, les Égyptiens les uns contre les autres.

Hiph. הֵסֵךְ Couvrir, protéger; avec ל et עַל : בְּאֶבְרָתוֹ יָסֶךְ לָךְ Ps. 91. 4, il te couvrira de son aile; וְתָסֵךְ עָלֵימוֹ Ps. 5. 12, tu les protégeras. Avec בְּעַד Couvrir tout autour, enfermer : וַיָּסֶךְ בִּדְלָתַיִם יָם Job 38. 8, il a enfermé (la mer) par des portes, des digues; וַיָּסֶךְ אֱלוֹהַּ בַּעֲדוֹ Job 3. 23, que Dieu a enfermé de toutes parts; *part.*: מֵסִיךְ הוּא אֶת־רַגְלָיו Jug. 3. 24, il couvre ses pieds, expression décente pour : il satisfait ses besoins.

Hoph. יֻסַךְ (v. *Hoph.* de נָסַךְ).

סְכָכָה *n. pr.* d'une ville dans le désert de Juda, Jos. 15. 61.

סָכַל *Kal* inusité. Être sot, fou (v. כָּסַל).

Niph. Agir follement, être impie : נִסְכַּלְתָּ עַל־זֹאת II Chr. 16. 9, en cela tu as agi follement; נִסְכַּלְתִּי מְאֹד II Sam. 24. 10, j'ai commis une grande impiété.

Pi. Faire paraître insensé, rendre vain, déjouer : וְדַעְתָּם יְסַכֵּל Is. 44. 25, et (c'est moi) qui fais paraître folle, qui convaincs de folie, toute leur science; סַכֶּל־נָא אֶת־עֲצַת אֲחִיתֹפֶל II Sam. 15. 31, renverse, déjoue, les conseils d'Ahitophel.

Hiph. Agir follement : הִסְכַּלְתָּ עֲשׂוֹ Gen. 31. 28, tu as agi sottement, peu sagement; הִסְכַּלְתִּי I Sam. 26. 21, j'ai agi comme un insensé.

סָכָל *adj.* Fou, insensé : עַם־סָכָל Jér. 5. 21, peuple insensé; בָּנִים סְכָלִים Jér. 4. 22, des enfants insensés.

סֶכֶל *m.* Folie : נִתַּן הַסֶּכֶל בַּמְּרוֹמִים רַבִּים Eccl. 10. 6, la folie est placée dans de grands honneurs, on donne de hautes dignités aux fous, aux insensés.

סִכְלוּת *f.* Folie : וְלֶאֱחֹז בְּסִכְלוּת Eccl. 2. 3, et de s'attacher à des folies, à des choses frivoles.

סָכַן (*fut.* יִסְכֹּן) 1° Profiter, être utile : הַלְאֵל יִסְכָּן־גָּבֶר כִּי־יִסְכֹּן עָלֵימוֹ מַשְׂכִּיל Job. 22. 2, l'homme sera-t-il utile à Dieu? certes c'est à lui-même que le sage est utile; *absol.*: הוֹכֵחַ בְּדָבָר לֹא יִסְכּוֹן Job 15. 3, discute-t-il, ou se justifie-t-il, par des discours inutiles, qui ne servent à rien? — 2° Avoir soin, remplir une fonction; *part.*: הַסֹּכֵן הַזֶּה Is. 22. 15, cet intendant, ou ce trésorier; וּתְהִי־לוֹ סֹכֶנֶת I Rois 1. 2, qu'elle l'entoure de ses soins, qu'elle soit son amie.

Niph. Être en danger : בּוֹקֵעַ עֵצִים יִסָּכֶן בָּם Eccl. 10. 9, qui fend le bois est en danger (de se blesser). Dans le Talmud, *fréq.* סַכָּנָה danger.

Pou. part. מְסֻכָּן Le pauvre : הַמְסֻכָּן תְּרוּמָה Is. 40. 20, celui qui est trop pauvre pour donner une offrande (en or ou en argent choisit du bois); selon d'autres : l'ouvrier habile qui s'occupe des offrandes.

Hiph. הִסְכִּין Être accoutumé, être familiarisé avec une chose, la connaître : הַהַסְכֵּן הִסְכַּנְתִּי לַעֲשׂוֹת לְךָ כֹּה Nomb. 22. 30, suis-je accoutumée à te faire une chose semblable? וְכָל־דְּרָכַי הִסְכַּנְתָּה Ps. 139. 3, tu connais toutes mes voies; selon d'autres : tu as fait réussir mes voies, mes démarches; הַסְכֶּן־נָא עִמּוֹ וּשְׁלֹם Job 22. 21, accoutume-toi, attache-toi, à lui, vis toujours avec Dieu, et tu goûteras la paix.

I **סָכַר** *Kal* inusité (v. סָגַר fermer).

Niph. Être fermé, être bouché : וַיִּסָּכְרוּ מַעְיְנֹת תְּהוֹם Gen. 8. 2, les sources de l'abîme furent fermées; יִסָּכֵר פִּי דוֹבְרֵי־שָׁקֶר Ps. 63. 12, la bouche de ceux qui publient des mensonges sera fermée.

Pi. (v. סָגַר *Pi.* et *Hiph.*). Livrer, trahir : וְסִכַּרְתִּי אֶת־מִצְרַיִם בְּיַד אֲדֹנִים קָשֶׁה Is. 19. 4, je livrerai l'Égypte au pouvoir d'un maître cruel.

II סָכַר comme שָׂכַר Gagner quelqu'un, le corrompre par argent : וְסֹכְרִים עֲלֵיהֶם יוֹעֲצִים Esdr. 4. 5, et ils gagnèrent par argent contre eux des conseillers (du roi).

סָכַת *Kal* inusité. *Hiph*. Être attentif. Ex. unique : הַסְכֵּת וּשְׁמַע יִשְׂרָאֵל Deut. 27. 9, sois attentif et écoute, ô Israel !

סַל *m*. Panier, corbeille : וּבַסַּל הָעֶלְיוֹן Gen. 40. 17, et dans le panier qui était au dessus des autres ; סַלֵּי חֹרִי verset 16, des paniers à claire-voie (v. חֹרִי).

סִלָּא *n. pr*. d'un endroit près de Jérusalem, II Rois 12. 21.

סָלָא (v. סָלָה) *Pou*. Équivaloir, être de même prix : הַמְסֻלָּאִים בַּפָּז Lament. 4. 2, qui équivalent, qui sont comparables, à l'or le plus pur.

סָלַד *Kal* inusité. *Pi*. Se réjouir, triompher : וַאֲסַלְּדָה בְחִילָה לֹא יַחְמוֹל Job 6. 10, je pourrais triompher quelque forte que soit ma douleur, qu'il ne m'épargne point ; selon d'autres : quoique je brûle, quoique je sois consumé par la douleur, etc. (סָלַד dans le Talmud signifie brûler).

סֶלֶד *n. pr. m*. I Chr. 2. 30.

סָלָה Fouler aux pieds, abattre : סָלִיתָ כָּל־שׁוֹגִים מֵחֻקֶּיךָ Ps. 119. 118, tu foules aux pieds tous ceux qui s'écartent de tes lois ; d'autres traduisent : tu méprises, etc.

Pi. : סִלָּה כָל־אַבִּירַי Lament. 1. 15, il a foulé aux pieds, il a abattu, tous mes vaillants hommes.

Pou. Être du même prix, avoir un équivalent : לֹא תְסֻלֶּה בְּכֶתֶם אוֹפִיר Job 28. 16, l'or d'Ophir ne lui équivaut pas, on ne pourrait l'acheter pour de l'or d'Ophir.

סֶלָה Selah ! 1° Note de musique indiquant une pause. Ce mot ne se trouve que dans les Psaumes et dans Habacuc. Selon les uns, de סָלַל : élévation de la voix ; selon les autres, d'une racine סָלָה reposer, se taire : silence, pause. — * 2° Éternellement, perpétuellement, Rituel.

סַלּוּ *n. pr. m*. Néh. 12. 7, סַלַּי verset 20.

סַלּוּא *n. pr. m*. I Chr. 9. 7, סַלָּא Néh. 11. 7.

סָלוּא *n. pr. m*. Nomb. 25. 14.

סַלַּי *n. pr. m*. Néh. 11. 8.

סִלּוֹן et סַלּוֹן *m*. (rac. סָלַל). Ronce, épine : סִלּוֹן מַמְאִיר Ez. 28. 24, une épine qui blesse, qui pique ; כִּי סָרָבִים וְסַלּוֹנִים אוֹתָךְ Ez. 2. 6, quoique des épines et des ronces soient auprès de toi, c.-à-d. des hommes rebelles et désobéissants.

סָלַח (*fut*. יִסְלַח) Pardonner, avec לְ et sans rég. : סְלַח־נָא לַעֲוֹן הָעָם הַזֶּה Nomb. 14. 19, pardonne, je te supplie, le péché de ce peuple ; סָלַחְתִּי כִּדְבָרֶךָ vers. 20, j'ai pardonné, ayant égard à ta demande ; הַסֹּלֵחַ לְכָל־עֲוֹנֵכִי Ps. 103. 3, qui pardonne toutes tes iniquités.

Niph. Être pardonné : וְנִסְלַח לָהֶם Lév. 4. 20, il leur sera pardonné.

סַלָּח *adj*. Celui qui pardonne : טוֹב וְסַלָּח Ps. 86. 5, bon et qui pardonne.

* סַלְחָן *adj*. Même signif. : סַלְחָן לְיִשְׂרָאֵל Rituel, qui pardonne à Israel.

סְלִיחָה *f*. Pardon : כִּי־עִמְּךָ הַסְּלִיחָה Ps. 130. 4, auprès de toi est le pardon ; *plur*. : אֱלוֹהַּ סְלִיחוֹת Néh. 9. 17, Dieu du pardon, toujours prêt à pardonner ; * סְלִיחוֹת Rituel, prières d'indulgences.

סַלְכָה *n. pr*. Salchah, ville dans Basan, Deut. 3. 10.

סָלַל (*fut*. יָסֹל) 1° Élever, exhausser (un chemin avec des pierres, de la terre) ; aplanir, frayer, une route : סֹלּוּ סֹלּוּ הַמְסִלָּה Is. 62. 10, exhaussez, exhaussez la chaussée, ou : aplanissez le chemin ; סָלּוּהָ כְמוֹ־עֲרֵמִים Jér. 50. 26, entassez (le butin) comme des gerbes ; selon d'autres : foulez (la ville) aux pieds comme on foule des gerbes ; דֶּרֶךְ לֹא סְלוּלָה Jér. 18. 15, un chemin non frayé ; וַיָּסֹלּוּ עָלַי אָרְחוֹת אֵידָם Job 30. 12, ils dirigent vers moi leurs voies funestes. — 2° Élever, exalter, glorifier :

סֹלּוּ לָרֹכֵב בָּעֲרָבוֹת Ps. 68. 5, exaltez celui qui est monté sur les nuées (les cieux).

Pilp. Exalter : סַלְסְלֶהָ וּתְרוֹמְמֶךָּ Prov. 4. 8, exalte (la sagesse), et elle t'élèvera.

Hithpo. הִסְתּוֹלֵל S'élever, s'enorgueillir : עוֹדְךָ מִסְתּוֹלֵל בְּעַמִּי Exod. 9. 17, tu traites encore orgueilleusement mon peuple, ou : tu le foules aux pieds, tu le tyrannises encore (en le retenant de force).

סֹלְלָה *f.* Levée de terre, terrasse, rempart, retranchement (de l'assiégeant) : וְשִׁפְכוּ עַל־יְרוּשָׁלַםִ סֹלְלָה Jér. 6. 6, élevez des remparts, faites des contrevallations, autour de Jérusalem ; הַסֹּלְלוֹת בָּאוּ הָעִיר Jér. 32. 24, les retranchements, les travaux des assiégeants, touchent à la ville.

סֻלָּם *m.* (rac. סָלַל ou סָלַם). Échelle : סֻלָּם מֻצָּב אַרְצָה Gen. 28. 12, une échelle appuyée sur la terre.

סַלְסִלּוֹת *f. pl.* (v. סַל). Paniers : כְּבוֹצֵר עַל־סַלְסִלּוֹת Jér. 6. 9, comme un vendangeur auprès de ses paniers (qu'il remplit à diverses fois).

סֶלַע *m.* (*pl.* סְלָעִים). 1° Rocher : סֶלַע יִשְׁכֹּן Job 39. 28, (l'aigle) demeure dans les rochers. *Métaph.* : יְיָ סַלְעִי Ps. 18. 3, l'Éternel est mon rocher ; וְסַלְעוֹ מִמָּגוֹר יַעֲבוֹר Is. 31. 9, son rocher (son roi) dans sa frayeur s'en ira ou disparaîtra, ou : dans sa frayeur il (Assour) fuira vers son rocher, se renfermera dans ses forteresses. — *2° Nom d'une monnaie de la valeur d'un demi-sicle, Rituel.

סֶלַע *n. pr.* Sela, ville capitale des Edomites (Petza), Is. 16. 1 ; avec l'*art.* הַסֶּלַע II Rois 14. 7.

סָלְעָם *m.* Une espèce de sauterelle, Lév. 11. 22.

סלף *Kal* inusité. *Pi.* Rendre oblique, tortueux ; conduire dans un chemin tortueux, corrompre, pervertir, renverser, perdre : אִוֶּלֶת אָדָם תְּסַלֵּף דַּרְכּוֹ Prov. 19. 3, la sottise de l'homme lui fait prendre une fausse route, *exact.* rend sa voie oblique ; וְרִשְׁעָה תְּסַלֵּף חַטָּאת Prov. 13. 6, la méchanceté pervertit le pécheur de plus en plus, ou l'égare, le perd ; וִיסַלֵּף דִּבְרֵי צַדִּיקִים Exod. 23. 8, (le don corrupteur) fait perdre les causes justes, ou : pervertit, corrompt, les paroles, sentences, même (des juges) justes ; מְסַלֵּף רְשָׁעִים לָרָע Prov. 21. 12, Dieu précipite les méchants dans le malheur, ou : (le juste, voulant convertir les méchants,) les voit, malgré ses efforts, entrer dans les chemins tortueux et faire le mal ; וְאֵתָנִים יְסַלֵּף Job 12. 19, il renverse les puissants.

סֶלֶף *m.* Perversité, détour, mensonge : וְסֶלֶף בּוֹגְדִים יְשָׁדֵּם Prov. 11. 3, la perversité des perfides les détruira ; וְסֶלֶף בָּהּ Prov. 15. 4, mais si la perversité, ou le mensonge, est sur (la langue) une langue perverse, ou qui ment.

סלק chald. Monter, s'élever, sortir de : סָלְקָן מִן־יַמָּא Dan. 7. 3, (quatre grands animaux) sortirent de la mer ; רַעְיוֹנָךְ עַל־מִשְׁכְּבָךְ סְלִקוּ Dan. 2. 29, étant dans ton lit, les pensées s'élevèrent en toi ; דִּי סְלִקוּ מִן לְוָתָךְ Esdr. 4. 12, qui sont partis de chez toi.

* *Hithp.* : וְהִסְתַּלֵּק מִן הַסָּפֵק Aboth, écarte-toi du doute, évite le doute.

סֹלֶת *des deux genres.* Fleur de farine : סֹלֶת חִטִּים Exod. 29. 2, la plus pure farine de froment.

סַם *m.* Aromate, parfum odoriférant : קְטֹרֶת סַמִּים Exod. 30. 7, encens composé d'aromates, de parfums odoriférants.

סַמְגַּר־נְבוֹ *n. pr.* d'un général babylonien, Jér. 39. 3.

סְמָדַר *m.* (les quatre lettres radicales). Fleur de la vigne : וְהַגְּפָנִים סְמָדַר Cant. 2. 13, les vignes (qui sont) en fleur ; פִּתַּח הַסְּמָדַר Cant. 7. 13, (si) les fleurs s'ouvrent ; selon d'autres, סְמָדַר : les raisins qui commencent à pousser, à se former, le fruit après la floraison de la vigne.

סָמַךְ 1° Appuyer ; avec עַל, mettre sur,

imposer (les mains); *intrans.* s'appuyer : וְסָמַךְ יָדוֹ עַל־הַקִּיר Amos 5. 19, il s'appuie de sa main contre la muraille; וְסָמַךְ יָדוֹ עַל רֹאשׁ הָעֹלָה Lévit. 1. 4, il mettra sa main sur la tête de l'holocauste; כִּי־סָמַךְ מֹשֶׁה אֶת־יָדָיו עָלָיו Deut. 34. 9, parce que Moïse lui avait imposé les mains; עָלַי סָמְכָה חֲמָתֶךָ Ps. 88. 8, ta colère s'est appesantie sur moi. — 2° Soutenir, protéger, fortifier, affermir : וְצִדְקָתוֹ הִיא סְמָכָתְהוּ Is. 59. 16, sa justice l'a soutenu. Avec לְ : סוֹמֵךְ יְיָ לְכָל־הַנֹּפְלִים Ps. 145. 14, l'Éternel soutient tous ceux qui sont près de tomber; וְאֵין סוֹמֵךְ Is. 63. 5, nul ne (me) soutenait; סֹמְכֵי מִצְרַיִם Ez. 30. 6, les soutiens de l'Égypte, c.-à-d. ses alliés. Avec un double *accus.*: וְדָגָן וְתִירֹשׁ סְמַכְתִּיו Gen. 27. 37, je l'ai pourvu de blé et de vin; וְרוּחַ נְדִיבָה תִסְמְכֵנִי Ps. 51. 14, affermis-moi en me donnant un esprit généreux. *Part. pass.*: סָמוּךְ לִבּוֹ לֹא יִירָא Ps. 112. 8, son cœur est affermi, inébranlable, il ne craindrait point; יֵצֶר סָמוּךְ Is. 26. 3, l'esprit ferme (qui a confiance en Dieu); סְמוּכִים לָעַד Ps. 111, 8, ils sont affermis, immuables, à jamais. — 3° S'approcher : סָמַךְ מֶלֶךְ־בָּבֶל אֶל־יְרוּשָׁלַםִ Ez. 24. 2, le roi de Babylone s'approche de Jérusalem.

Niph. S'appuyer : וַיִּסָּמֵךְ עֲלֵיהֶם Jug. 16. 29, il s'appuya sur elles; *métaph.*: עָלֶיךָ נִסְמַכְתִּי מִבֶּטֶן Ps. 71. 6, je me suis appuyé sur toi dès le sein (de ma mère); וַיִּסָּמְכוּ הָעָם עַל־דִּבְרֵי יְחִזְקִיָּהוּ II Chr. 32. 8, le peuple se fia aux paroles d'Ézéchias.

Pi. Soutenir, fortifier, restaurer : סַמְּכוּנִי בָּאֲשִׁישׁוֹת Cant. 2. 5, fortifiez, confortez-moi, par des gâteaux de raisin.

סְמַכְיָהוּ (que Dieu soutient) *n. pr. m.* I Chr. 26. 7.

סֶמֶל et סֵמֶל *m.* (v. צֶלֶם). Image, figure, idole : סֵמֶל הַקִּנְאָה Ez. 8. 3, l'image de la jalousie; תְּמוּנַת כָּל־סָמֶל Deut. 4. 16, l'image de quelque figure ou de quelque idole; פֶּסֶל הַסֶּמֶל II Chr. 33. 7, l'image de l'idole.

סָמַן *Kal* inusité. *Niph.* Être marqué, désigné. *Part.*: וּשְׂעֹרָה נִסְמָן Is. 28. 25, (il plante) l'orge à l'endroit désigné.

סָמַר Être saisi de peur, frémir : סָמַר מִפַּחְדְּךָ בְשָׂרִי Ps. 119. 120, ma chair frémit par la frayeur que j'ai de toi.

Pi. Se hérisser : תְּסַמֵּר שַׂעֲרַת בְּשָׂרִי Job 4. 15, les cheveux me dressèrent à la tête, *exact.* les poils de ma chair se hérissèrent.

סָמָר *adj.* Hérissé : כְּיֶלֶק סָמָר Jér. 51. 27, comme des sauterelles ou des hannetons hérissés.

סְנָאָה *n. pr.* Senaah, ville de la tribu de Juda, Esdr. 2. 35.

סַנְבַלַּט *n. pr.* Sanballat, satrape du roi de Perse, Néh. 2. 10.

• סַנְדְּלָר Cordonnier, Aboth.

סְנֶה *m.* Buisson : מִתּוֹךְ הַסְּנֶה Exod. 3. 2, du milieu du buisson.

סֶנֶּה *n. pr.* d'un rocher près de Michmas, I Sam. 14, 4.

סְנוּאָה *n pr. m.* Néh. 11. 9, avec l'article הַ.

סַנְוֵרִים *m. pl.* Aveuglement, cécité : הִכּוּ בַּסַּנְוֵרִים Gen. 19. 11, ils les frappèrent de cécité.

סַנְחֵרִיב *n. pr.* Sanhérib (Sennachérib), roi d'Assyrie, II Rois 18. 13.

סַנְסַנָּה *n. pr.* Sansannah, ville de la tribu de Juda, Jos. 15. 31.

סַנְסִנִּים *m. pl.* Branches : אֹחֲזָה בְּסַנְסִנָּיו Cant. 7. 9, je veux saisir les branches (du palmier).

סְנַפִּיר *m.* Nageoire : כֹּל אֲשֶׁר־לוֹ סְנַפִּיר Lév. 11. 9, tout ce qui a des nageoires.

סָס *m.* Nom d'un ver, d'un artison : וְכַצֶּמֶר יֹאכְלֵם סָס Is. 51. 8, comme la laine que le ver, la teigne, ronge; *exact.* le ver les dévorera comme (il ronge) la laine.

סִסְמָי *n. pr. m.* I Chr. 2. 40.

סָעַד (*fut.* יִסְעַד) Soutenir, affermir, protéger : וִימִינְךָ תִסְעָדֵנִי Ps. 18. 36, et ta droite me soutient; וּלְסַעֲדָהּ בְּמִשְׁפָּט וּבִצְדָקָה Is. 9. 6, pour l'affermir dans la justice et dans l'équité; וְסָעַד בַּחֶסֶד כִּסְאוֹ Prov. 20. 28, il affermit son trône par la clémence; וּמִצִּיּוֹן יִסְעָדֶךָּ Ps. 20. 3, et du haut de Sion il te protégera.—Avec לֵב Soutenir le cœur, réconforter, restaurer, prendre de la nourriture : וְסַעֲדוּ לִבְּכֶם Gen. 18. 5. et réconfortez votre cœur, reprenez vos forces en mangeant; וְלֶחֶם לְבַב־אֱנוֹשׁ יִסְעָד Ps. 104. 15, et le pain qui fortifie, soutient, le cœur de l'homme; une fois sans לֵב : בֹּאָה־אִתִּי הַבַּיְתָה וּסְעָדָה I Rois 13. 7, viens avec moi à la maison et réconforte-toi, et mange.

סְעַד chald. Soutenir, assister : מְסַעֲדִין לְהוֹן Esdr. 5. 2, et les soutenaient, assistaient.

סָעָה 1° Être impétueux. Ex. unique : מֵרוּחַ סֹעָה Ps. 55. 9, du vent impétueux. —* 2° Partir, s'en aller : סָעוּ הֵמָּה לִמְנוּחוֹת Rituel, ils sont partis pour le repos.

* סְעוּדָה *f.* Repas, festin : הַכֹּל מְתֻקָּן לִסְעוּדָה Aboth, tout est préparé pour le festin.

סְעִיף *m.* 1° Fente, creux, de rocher : בִּסְעִיף סֶלַע Jug. 15. 8, dans le creux, la caverne, du rocher; *pl.*: וּבִסְעִפֵי הַסְּלָעִים Is. 2. 21, et dans les creux des rochers. — 2° Branche : בִּסְעִפֶיהָ פֹּרִיָּה Is. 17. 6, aux branches de l'arbre riche en fruits.

סָעַף *Kal* inusité. *Pi.* Dépouiller, couper; *part.* : מְסָעֵף פֻּארָה Is. 10. 33, il dépouillera, coupera, cette branche.

סֵעֵף *adj.* (v. סְעִפִּים). Ex. unique. *Plur.* : סֵעֲפִים שָׂנֵאתִי Ps. 119. 113, je hais les hommes aux pensées équivoques (en matière religieuse), ou : les esprits volages, ou, *subst.*: les pensées mauvaises, frivoles.

סְעַפּוֹת *f. plur.* Branches : בִּסְעַפֹּתָיו קִנְנוּ כָּל־עוֹף הַשָּׁמַיִם Ez. 31. 6, sur ses branches tous les oiseaux du ciel ont fait leur nid.

סְעִפִּים *f. pl.* Opinions, pensées, opposées : אַתֶּם פֹּסְחִים עַל־שְׁתֵּי הַסְּעִפִּים I Rois 18. 21, (jusqu'à quand) sauterez-vous des deux côtés, *pour* : flotterez-vous entre deux opinions, entre le culte de Baal et le culte de Dieu? selon d'autres : sauterez-vous sur deux branches? (v. סְעִיף).

סָעַר (v. שָׂעַר) Être violemment agité par la tempête, mugir; se dit de la mer et des hommes : הַיָּם הוֹלֵךְ וְסֹעֵר Jonas 1. 11, la mer est de plus en plus agitée; עֲנִיָּה סֹעֲרָה Is. 54. 11, pauvre, désolée, agitée, battue de la tempête; יִסְעֲרוּ לַהֲפִיצֵנִי Hab. 3. 14, ils arrivent comme la tempête, comme le tourbillon, pour me disperser.

Niph. Être agité : וַיִּסָּעֵר לֵב מֶלֶךְ־אֲרָם II Rois 6. 11, le cœur du roi d'Assyrie fut agité, inquiet.

Pi. Chasser, disperser (comme par la tempête) : וְאֵסָעֲרֵם עַל כָּל־הַגּוֹיִם Zach. 7. 14, je les disperserai parmi toutes les nations

Pou. passif : כְּמֹץ יְסֹעֵר מִגֹּרֶן Osée 13. 3, comme la menue paille emportée par le vent hors de l'aire.

סַעַר *m.* Tempête, tourbillon : הַסַּעַר הַגָּדוֹל הַזֶּה Jonas 1. 12, cette grande tempête; תִּרְדְּפֵם בְּסַעֲרֶךָ Ps. 83. 16, poursuis-les par ta tempête.

סְעָרָה *f.* Tempête, tourbillon : וַיַּעַל אֵלִיָּהוּ בַּסְעָרָה הַשָּׁמָיִם II Rois 2. 11, Elie monta au ciel porté par un tourbillon; רוּחַ סְעָרָה Ps. 107. 25, la tempête; *pl.*: וְהָלַךְ בְּסַעֲרוֹת תֵּימָן Zach. 9. 14, il s'avancera au milieu des tourbillons du midi.

סַף *m.* (rac. סָפַף, avec suff. סִפִּי, *pl.* סִפּוֹת, סִפּוֹת et סִפִּים). 1° Bassin, coupe : מִן־הַדָּם אֲשֶׁר בַּסַּף Exod. 12. 22, du sang qui est dans le bassin; סַף־רַעַל Zach. 12. 2, une coupe qui donne des vertiges. — 2° Seuil, quelquefois poteau : בְּסַף הַבַּיִת I Rois 14. 17, sur le seuil de la maison; *plur.* : וְיִרְעֲשׁוּ הַסִּפִּים Amos 9. 1, que les poteaux soient ébranlés.

* סָפַג Absorber : סוֹפֵג אֶת־הַכֹּל Aboth, qui absorbe tout.

סָפַד Se frapper la poitrine (en signe de deuil), faire deuil, pleurer un mort, pousser des gémissements : עַל־שָׁדַיִם סֹפְדִים Is. 32. 12, (les femmes) se frapperont le sein; וְסָפְדָה הָאָרֶץ Zach. 12.

12, le pays sera en deuil, dans des larmes; וְסָפְדוּ־לוֹ כָל־יִשְׂרָאֵל I Rois 14. 13, tout Israel le pleurera; וַתִּסְפֹּד עַל־בַּעְלָהּ II Sam. 11. 26, elle fut en deuil de son mari, elle le pleura; וְסִפְדוּ לִפְנֵי אַבְנֵר II Sam. 3. 31, pleurez au sujet d'Abner, ou devant son corps, à ses funérailles; וְהוֹי אָדוֹן יִסְפְּדוּ־לָךְ Jér. 34. 5, ils te pleureront en disant: Hélas! le Seigneur, le Prince!

Niph. Être pleuré: לֹא יִסָּפֵדוּ Jér. 16. 4, ils ne seront point pleurés, on ne les pleurera pas.

ספה סָפָה 1° (v. אָסַף) Enlever, ôter, perdre, détruire: מְבַקְשֵׁי נַפְשִׁי לִסְפּוֹתָהּ Ps. 40. 15, qui cherchent à m'ôter la vie; וְגַם אֶת־הַזָּקָן תִּסְפֶּה Is. 7. 20, et (le rasoir) enlèvera aussi la barbe; הַאַף תִּסְפֶּה צַדִּיק עִם־רָשָׁע Gen. 18. 23, perdras, détruiras-tu le juste avec le méchant? — 2° *Intrans.* Être détruit, périr (v. סוּף): סָפְתָה בְהֵמוֹת וָעוֹף Jér. 12. 4, bêtes et oiseaux sont détruits; וְסָפוּ בָּתִּים רַבִּים Amos 3. 15, de grandes maisons auront une fin, seront détruites. — 3° (v. יָסַף) Ajouter, augmenter: סְפוּ שָׁנָה עַל־שָׁנָה Is. 29. 1, ajoutez années sur années, c.-à-d. encore quelques années; לִסְפּוֹת עוֹד עַל חֲרוֹן אַף־יְיָ Nomb. 32. 14, pour augmenter encore la colère de l'Éternel; לְמַעַן סְפוֹת הָרָוָה אֶת־הַצְּמֵאָה Deut. 29. 18, pour ajouter (les péchés produits) par la satiété à ceux de la soif, ou: pour perdre l'âme altérée, le juste, avec l'âme enivrée, l'homme dépravé (v. le même exemple à רָוָה).

Niph. 1° Se retirer: וְכָל־הַנִּסְפֶּה יִפּוֹל בֶּחָרֶב Is. 13. 15, et tous ceux qui se retirent (dans les maisons), qui se cachent, périront par le glaive; selon d'autres: tous ceux qui se joignent aux gens de la ville pour la défendre périront, etc. — 2° Être détruit, périr: אֶסָּפֶה יוֹם־אֶחָד בְּיַד־שָׁאוּל I Sam. 27. 1, je serai détruit un de ces jours par la main de Saül; וְיֵשׁ נִסְפֶּה בְּלֹא מִשְׁפָּט Prov. 13. 23, il y en a qui périssent parce qu'ils sont injustes; פֶּן־תִּסָּפֶה בַּעֲוֺן הָעִיר Gen. 19. 15, pour que tu ne périsses dans le châtiment, la ruine, de cette ville.

Hiph.: אַסְפֶּה עָלֵימוֹ רָעוֹת Deut. 32. 23, je les accablerai de malheurs, *exact.* j'accumulerai ou j'épuiserai sur eux les malheurs.

* סְפוֹג *m.* Éponge, Aboth.

ספח סָפַח Associer, attacher: סְפָחֵנִי נָא אֶל־אַחַת הַכְּהֻנּוֹת I Sam. 2. 36, attache-moi à une des divisions des prêtres, ou donne-moi une part à quelque fonction sacerdotale.

Niph. S'associer, s'attacher: וְנִסְפְּחוּ עַל־בֵּית יַעֲקֹב Is. 14. 1, ils s'attacheront à la maison de Jacob.

Pi.: מְסַפֵּחַ חֲמָתְךָ Hab. 2. 15, toi qui lui présentes, verses, ton outre pour l'enivrer (v. à חֵמָה).

Pou. S'assembler: תַּחַת חָרוּל יְסֻפָּחוּ Job 30. 7, ils sont assemblés sous les ronces.

Hithp. S'attacher: מֵהִסְתַּפֵּחַ בְּנַחֲלַת יְיָ I Sam. 26. 19, (qui m'empêchent) de m'attacher à l'héritage de l'Éternel, d'y demeurer.

ספחת *f.* Une maladie de peau, dartre, rogne, ou des pustules, Lév. 13. 2.

ספי *n. pr. m.* I Chr. 20. 4.

ספיח *m.* Fruit produit par les grains tombés à terre l'année précédente, ce qui croît de soi-même: אֵת סְפִיחַ קְצִירְךָ Lévit. 25. 5, ce qui naîtra des grains qui seront tombés au moment de la moisson; תִּשְׁטֹף־סְפִיחֶיהָ עֲפַר־אֶרֶץ Job 14. 19, elle inonde les moissons, ou tout ce qui pousse de la poussière de la terre; selon d'autres, סְפִיחֶיהָ: ses flots inondent, emportent de la poussière, etc. (v. סָחַף).

ספינה סְפִינָה *m.* Vaisseau, navire: יַרְכְּתֵי הַסְּפִינָה Jon. 1. 5, le fond du navire.

ספיר סַפִּיר *m.* Saphir. *Plur.* סַפִּירִים Cant. 5. 14, (entouré) de saphirs.

ספל סֵפֶל *m.* Coupe, vase: מְלוֹא הַסֵּפֶל מָיִם Juge. 6. 38, un vase plein d'eau.

ספן סָפַן (*fut.* יִסְפֹּן) 1° Couvrir, revêtir, de lambris; lambrisser: לָשֶׁבֶת בְּבָתֵּיכֶם סְפוּנִים Agg. 1. 4, de demeurer dans vos maisons lambrissées; וַיִּסְפֹּן אֶת־הַבַּיִת גֵּבִים I Rois 6. 9, il recouvrit le temple de planches. — 2° Réserver : חֶלְקַת מְחֹקֵק סָפוּן Deut. 33. 21, la part qui lui est réservée par le législateur (v. à I חֶלְקָה).

סִפֻּן *m.* Couverture, plafond : עַד־קִירוֹת הַסִּפֻּן I Rois 6. 15, jusqu'au haut des murailles qui touchent au plafond.

סָפַף *Kal* inusité. *Hithp.* (v. סַף). Demeurer sur le seuil d'une porte : הִסְתּוֹפֵף בְּבֵית אֱלֹהַי Ps. 84. 11, être, me tenir, sur le seuil de la maison de mon Dieu.

סָפַק (v. שָׂפַק, *fut.* יִסְפֹּק) 1° Frapper : תַּחַת־רְשָׁעִים סְפָקָם Job 34. 26, il les frappe comme les impies, les méchants, ou : il frappe les méchants à leur place, dans leur demeure. *Fréq.* avec כַּפַּיִם Frapper des mains, signe d'impatience, d'étonnement, de mépris : וַיִּסְפֹּק אֶת־כַּפָּיו Nomb. 24. 10, il frappa des mains (de colère); סָפְקוּ עָלַיִךְ כַּפַּיִם Lament. 2. 15, ils frappent des mains au sujet de toi (d'étonnement). Une fois sans כַּפַּיִם : בֵּינֵינוּ יִשְׂפּוֹק Job 34. 37, au milieu de nous il frappe (des mains pour s'applaudir); סָפַקְתִּי עַל־יָרֵךְ Jér. 31. 19, j'ai frappé ma cuisse (de douleur, de désespoir); de même : סְפֹק אֶל־יָרֵךְ Ez. 21. 17, frappe-toi la cuisse (dans ta douleur). — 2° Se rouler, se renverser : וְסָפַק מוֹאָב בְּקִיאוֹ Jér. 48. 26, Moab se roulera dans ce qu'il aura vomi (comme le fait un homme ivre), ou : il sera abondant en rejetant son vin, il vomira abondamment (v. סָפֵק).

**Pi.* Donner abondamment, pourvoir : סִפֵּק צְרָכֵינוּ Rituel, il a pourvu à nos besoins.

**Hiph.* Suffire : אֵין אָנוּ מַסְפִּיקִים Rituel, nous ne suffirions pas.

* **סָפֵק** *m.* Doute, Aboth.

סֵפֶק *m.* Suffisance, biens : בִּמְלֹאות שִׂפְקוֹ Job 20. 22, malgré l'abondance de tout ce qui lui est nécessaire, de ses biens.

סָפַר (*fut.* יִסְפֹּר) 1° Écrire, inscrire : יְיָ יִסְפֹּר בִּכְתוֹב עַמִּים Ps. 87. 6, l'Éternel inscrivant les peuples sur la liste écrira (tel y est né). *Part.* סֹפֵר Écrivain : וְקֶסֶת הַסֹּפֵר Ez. 9. 2, et l'encrier de l'écrivain; סֹפֵר II Sam. 8. 17, secrétaire (du roi); סוֹפֵר מָהִיר Esdr. 7. 6, un écrivain expéditif; עֶזְרָא הַסֹּפֵר Néh. 8. 1, Esra, docteur de la loi (v. סָפַר). — 2° Compter : שִׁבְעָה שָׁבֻעֹת תִּסְפָּר־לָךְ Deut. 16. 9, tu compteras sept semaines; אַיֵּה סֹפֵר אֶת־הַמִּגְדָּלִים Is. 33. 18, où est-il celui qui comptait les tours? נֹדִי סָפַרְתָּה Ps. 56. 9, tu comptes les démarches de ma vie errante; וּסְפֹר הַכּוֹכָבִים Gen. 15. 5, et compte les étoiles.

Niph. Être compté : וְלֹא יִסָּפֵר מֵרֹב Gen. 16. 10, (sa postérité) ne pourra pas être comptée, tant elle sera nombreuse.

Pi. 1° Compter : אֲסַפֵּר כָּל־עַצְמוֹתָי Ps. 22. 18, je puis compter tous mes os; מִי־יְסַפֵּר שְׁחָקִים בְּחָכְמָה Job 38. 37, qui peut compter les nuées dans sa sagesse? selon d'autres : qui a rendu par sa sagesse les nuées brillantes, pures comme le saphir (v. סַפִּיר)? — 2° Raconter, annoncer, publier, faire connaître : אֲבוֹתֵינוּ סִפְּרוּ־לָנוּ Ps. 44. 2, nos pères nous ont raconté; וַיְסַפֵּר פַּרְעֹה לָהֶם אֶת־חֲלֹמוֹ Gen. 41. 8, Pharaon leur raconta son songe; פִּי יְסַפֵּר צִדְקָתֶךָ Ps. 71. 15, ma bouche annoncera ta justice; הַשָּׁמַיִם מְסַפְּרִים כְּבוֹד־אֵל Ps. 19. 2, les cieux racontent, annoncent, la gloire de Dieu; אֲסַפְּרָה שִׁמְךָ לְאֶחָי Ps. 22. 23, j'annoncerai, je ferai connaître, ton nom à mes frères; אָז רָאָהּ וַיְסַפְּרָהּ Job 28. 27, alors il vit (la sagesse) et il l'a fait connaître, ou : il l'a écrite comme règle, loi. — 3° Dire, parler : סַפֵּר אַתָּה לְמַעַן תִּצְדָּק Is. 43. 26, parle pour te justifier; אֲסַפְּרָה כְמוֹ Ps. 73. 15, je veux parler ainsi (comme les impies); יְסַפְּרוּ לִטְמוֹן מוֹקְשִׁים Ps. 64. 6, ils confèrent ensemble, se concertent, pour dresser des piéges; מַה־לְּךָ לְסַפֵּר חֻקָּי Ps. 50. 16, pourquoi te mêles-tu de parler de mes lois, de mes préceptes, ou de les annoncer?

Pou. Être raconté, être publié : הַיְסֻפַּר־לוֹ כִּי אֲדַבֵּר Job 37. 20, lui sera-t-il rapporté ce que je dirai, ou: le lui rapportera-t-on pour que je parle? אֲשֶׁר לֹא־סֻפַּר לָהֶם Is. 52. 15, ce qui ne leur avait jamais été raconté; הַיְסֻפַּר בַּקֶּבֶר חַסְדֶּךָ Ps. 88. 12, ta miséricorde est-elle annoncée, célébrée, dans la tombe?

סֹפֵר *m.* (v. סָפַר *part.*). Écrivain, secrétaire : סֹפְרֵי הַמֶּלֶךְ Esth. 3. 12, les secrétaires du roi; וְהַסֹּפֵר שַׂר הַצָּבָא II Rois 25. 19, Jér. 52. 25, le secrétaire chef intendant de l'armée, chargé du recrutement et de l'instruction des soldats; selon d'autres : le secrétaire du chef de l'armée; לְעֶזְרָא הַכֹּהֵן הַסֹּפֵר סֹפֵר דִּבְרֵי מִצְוֹת־יְיָ Esdr. 7. 11, à Esra, pontife et docteur, qui enseigne les commandements de Dieu.

סָפַר *m.* chald. 1° Écrivain, secrétaire : וְשִׁמְשַׁי סָפְרָא Esdr. 4. 8, et Simsaï le secrétaire. — 2° Scribe, docteur de la loi : סָפַר דָּתָא דִּי־אֱלָהּ שְׁמַיָּא Esdr. 7. 12, (à Esra) docteur très savant de la loi, du Dieu suprême.

סֵפֶר *m.* (avec suff. סִפְרִי, *pl.* סְפָרִים, const. סִפְרֵי). 1° Écriture (lettres de l'alphabet) : וּלְלַמְּדָם סֵפֶר וּלְשׁוֹן כַּשְׂדִּים Dan. 1. 4, de leur apprendre l'écriture et la langue des Chaldéens; יֹדֵעַ סֵפֶר Is. 29. 11, 12, connaître l'écriture, savoir lire. — 2° Ce qui est écrit, acte, contrat, registre, lettre : וְסֵפֶר כָּתַב אִישׁ רִיבִי Job 31. 35, et que mon adversaire rédige son écrit, écrive sa requête; סֵפֶר כְּרִיתֻת Deut. 24. 1, écrit, lettre, de divorce; סֵפֶר הַמִּקְנָה Jér. 32. 11, le contrat de l'achat; סֵפֶר הַגָּלוּי הַזֶּה Jér. 32. 14, ce contrat ouvert, non scellé; סֵפֶר הַיַּחַשׂ Néh. 7. 5, un registre généalogique; סֵפֶר דִּבְרֵי הַיָּמִים I Rois 14. 19, le livre des événements des jours, la chronique, l'histoire; וַיִּכְתֹּב דָּוִד סֵפֶר אֶל־יוֹאָב II Sam. 11. 14, David écrivit une lettre à Joab. — 3° Livre : עֲשׂוֹת סְפָרִים הַרְבֵּה Eccl. 12. 12, faire beaucoup de livres; בְּסֵפֶר הַתּוֹרָה הַזֹּאת Deut. 28. 61, dans le livre de cette loi; מְגִלַּת־סֵפֶר Ez. 2. 9, un livre roulé; סֵפֶר Is. 29. 18, le livre, pour : la sainte Écriture; de même בַּסְּפָרִים Dan. 9. 2, dans les livres saints; מִסֵּפֶר חַיִּים Ps. 69. 29, du livre des vivants (ouvert devant Dieu); מְחֵנִי נָא מִסִּפְרְךָ אֲשֶׁר כָּתָבְתָּ Exod. 32. 32, efface-moi de ton livre que tu as écrit (du livre de vie).

סְפַר *m.* chald. Livre : וְסִפְרִין פְּתִיחוּ Dan. 7. 10, et les livres sont ouverts; בְּבֵית סִפְרַיָּא Esdr. 6. 1, dans les archives.

סְפָר *m.* Dénombrement : אַחֲרֵי הַסְּפָר II Chr. 2. 16, depuis le dénombrement.

סְפָר *n. pr.* Sephar, ville dans l'Arabie, Gen. 10. 30.

סְפָרַד *n. pr.* Sepharad, province inconnue où furent exilés des habitants de Jérusalem, Obad. 20. En hébreu moderne סְפָרַד signifie l'Espagne.

סִפְרָה *f.* Livre : הֲלֹא בְּסִפְרָתֶךָ Ps. 56. 9, tout cela n'est-ce pas écrit dans ton livre?

סְפֹרָה *f.* (usité seul. au *pl.*). Nombre : כִּי לֹא יָדַעְתִּי סְפֹרוֹת Ps. 71. 15, car je n'en sais pas le nombre, je ne puis les compter.

סְפַרְוַיִם *n. pr.* d'une ville assyrienne d'où des colons sont venus en Samarie, II Rois 18. 34, סְפַרְוִים II Rois 17. 31, les Sépharvéens.

סֹפֶרֶת *n. pr. m.* Néh. 7. 57, Esdr. 2. 55.

• סִקּוּר ou שִׂקּוּר (v. סָקַר) Action de cligner : בְּסִקּוּר עַיִן Rituel, par le clignement des yeux, c.-à-d. par des regards impudiques.

• סְקִילָה *f.* Le supplice de la lapidation, Rituel.

סָקַל Lapider : עוֹד מְעַט וּסְקָלֻנִי Exod. 17. 4, il s'en faut de peu qu'ils ne me lapident. Suivi de בָּאֲבָנִים Deut. 13. 11, *et fréquemment*

Niph. passif. Être lapidé : סָקוֹל יִסָּקֵל הַשּׁוֹר Exod. 21. 28, le bœuf sera (lapidé) tué à coups de pierres.

Pi. 1° Attaquer à coups de pierres : וַיְסַקֵּל בָּאֲבָנִים אֶת־דָּוִד II Sam. 16. 6, il jeta des pierres à David. — 2° *Sens opposé.* Oter les pierres : וַיְסַקְּלֵהוּ Is. 5.

2, il ôta les pierres (de la vigne); סַקְּלוּ מֵאֶבֶן 62. 10, ôtez-en les pierres.
Pou. Être lapidé: סֻקַּל נָבוֹת I Rois 21. 15, Naboth a été lapidé.

סַר *adj.* (*f.* סָרָה, rac. סור ou סָרַר). Triste, chagriné, de mauvaise humeur: סַר וְזָעֵף I Rois 21. 4, triste et irrité, indigné; מַה־זֶּה רוּחֲךָ סָרָה vers. 5, d'où te vient (cet esprit triste) cette tristesse?

סָרָב *m.* Ronce: סָרָבִים Ez. 2. 6, des ronces, ou des rebelles.

סַרְבָּלִין *m. pl.* chald. Nom d'un vêtement: בְּסַרְבָּלֵיהוֹן Dan. 3. 21, dans de larges culottes, ou dans leurs manteaux.

סַרְגוֹן *n. pr.* Sargon, roi d'Assyrie, Is. 20. 1.

סֶרֶד *n. pr.* Sered, fils de Zabulon, *n. patron.* סַרְדִּי Nomb. 26. 26.

סָרָה *f.* (rac. סור ou סָרַר). 1° Défection, révolte, violation (de la loi): דִּבֶּר־סָרָה עַל־יְיָ Deut. 13. 6, il a parlé pour vous détourner de l'Éternel, *exact.* il a prêché la révolte, la désobéissance à l'Éternel; שׁוּבוּ לַאֲשֶׁר הֶעְמִיקוּ סָרָה Is. 31. 6, revenez vers celui dont (les enfants d'Israel) se sont complétement détournés, ou se sont détournés par une profonde malice; תּוֹסִיפוּ סָרָה Is. 1. 5, vous qui vous révoltez, qui vous détournez de Dieu, de plus en plus; לַעֲנוֹת בּוֹ סָרָה Deut. 19. 16, pour témoigner contre lui d'une violation, d'avoir violé la loi; ou: סָרָה un témoignage qui s'écarte de la vérité, un faux témoignage. — 2° Action de cesser, de finir: מַכַּת בִּלְתִּי סָרָה Is. 14. 6, une plaie ou des coups sans fin.

סִרָה *n. pr.* d'une citerne ou d'un puits, II Sam. 3. 26.

סָרַח S'étendre nonchalamment: וּסְרֻחִים עַל־עַרְשׂוֹתָם Amos 6. 4, qui sont étendus mollement sur leurs lits; וַיְהִי לְגֶפֶן סֹרַחַת Ez. 17. 6, et devint une vigne très étendue. — S'étendre outre mesure, pendre avec ampleur, couvrir amplement: תִּסְרַח עַל אֲחֹרֵי הַמִּשְׁכָּן Exod. 26. 12, (la moitié de la couverture qui est de trop) pendra sur le derrière du tabernacle; סְרוּחֵי טְבוּלִים Ez. 23. 15, des turbans de différentes couleurs et pendants. — * Puer, se corrompre: טִפָּה סְרוּחָה Aboth, 3. 1, une goutte corrompue (v. *Niph.*).

Niph. Être corrompu, gâté; *au fig.*: נִסְרְחָה חָכְמָתָם Jér. 49. 7, leur sagesse s'est gâtée, s'est perdue.

סֶרַח *m.* Ce qui pend, ce qui dépasse: וְסֶרַח הָעֹדֵף Exod. 26. 12, la partie des tapis qui dépasse, qui est superflue.

סִרְיוֹן (comme שִׁרְיוֹן) Cuirasse: לִבְשׁוּ הַסִּרְיֹנֹת Jér. 46. 4, revêtez-vous de vos cuirasses.

סָרִיס *m.* (const. סְרִיס, *plur.* סָרִיסִים, const. סָרִיסֵי et סָרִסֵי). 1° Eunuque: וְאַל־יֹאמַר הַסָּרִיס Is. 56. 3, que l'eunuque ne dise pas; שִׁבְעַת הַסָּרִיסִים Esth. 1. 10, les sept eunuques. — 2° Officier de la cour: וְהָיוּ סָרִיסִים בְּהֵיכַל מֶלֶךְ בָּבֶל Is. 39. 7, ils seront officiers, dignitaires, de la cour du roi de Babylone; לְפוֹטִיפַר סְרִיס פַּרְעֹה Gen. 37. 36, Potiphar, officier de Pharaon. Comme les eunuques occupaient de hautes dignités, il est à plusieurs endroits douteux si סָרִיס signifie eunuque ou dignitaire de la cour.

סָרְכִין *m. pl.* Ministres ou princes à la cour des rois de Perse: סָרְכִין תְּלָתָה Dan. 6. 3, trois ministres ou princes.

סְרָנִים *m. pl.* (const. סַרְנֵי). 1° Essieux: וְסַרְנֵי נְחֹשֶׁת I Rois 7. 30, des essieux d'airain; selon d'autres: des plaques d'airain (סַרְנִין chald. signifie planches). — 2° Princes, *spécial.* des princes philistins: חֲמֵשֶׁת סַרְנֵי פְלִשְׁתִּים Jos. 13. 3, ces cinq princes des Philistins.

סַרְעַפָּה *f.* (v. סְעַפָּה). Branche: וַתִּרְבֶּינָה סַרְעַפֹּתָיו Ez. 31. 5, ses branches s'étaient multipliées, avaient poussé fortement.

סָרַף (v. שָׂרַף) Ex. unique. *Pi.* Brûler: וּנְשָׂאוֹ דּוֹדוֹ וּמְסָרְפוֹ Amos 6. 10, son proche parent l'emportera et le brûlera, ou: et l'arrachera, le sauvera, du feu, de l'incendie; selon quelques-uns: דּוֹדוֹ son oncle paternel, מְסָרְפוֹ ou son oncle maternel.

סַרְפַּד *m.* Nom d'une plante sauvage:

תַּחַת הַנַּעֲצוּץ Is. 55. 13, à la place de l'ortie.

סָרַר Être indocile, obstiné; être opiniâtre, indomptable: בֵּן סוֹרֵר וּמוֹרֶה Deut. 21. 18, un fils indocile, obstiné et rebelle; כְּפָרָה סֹרֵרָה סָרַר יִשְׂרָאֵל Osée 4. 16, Israel s'opiniâtre comme une vache indomptable, ou qui ne souffre pas le joug; הֹמִיָּה הִיא וְסֹרָרֶת Prov. 7. 11, elle est bruyante et coureuse, ou sans frein, sans pudeur; כֻּלָּם סָרֵי סוֹרְרִים Jér. 6. 28, tous sont extrêmement rebelles; selon d'autres, סָרֵי comme שָׂרֵי: tous, même les princes, sont des rebelles; כָּתֵף סֹרָרֶת Zach. 7. 11, une épaule rebelle, qui ne veut pas porter le joug.

סְתָיו *m.* Hiver: הַסְּתָיו עָבָר Cant. 2. 11, l'hiver est passé (*cheth.* הַסְּתָו).

סְתוּר *n. pr.* Sethur, fils de Michael, Nomb. 13. 13.

סָתַם 1° Boucher, fermer: וְכָל־מַעַיְנֵי־מַיִם תִּסְתֹּמוּ II Rois 3. 19, vous boucherez toutes les sources d'eau. — 2° Tenir secret, cacher: סְתֹם הֶחָזוֹן Dan. 8. 26, scelle cette vision, tiens-la secrète; כָּל־סָתוּם לֹא עֲמָמוּךָ Ez. 28. 3, aucun secret n'est obscur pour toi.

Niph. Être bouché, fermé: כִּי־הֵחֵלּוּ הַפְּרֻצִים לְהִסָּתֵם Néh. 4. 1, que les brèches commençaient à être fermées, réparées.

Pi. Boucher: סִתְּמוּם פְּלִשְׁתִּים Gen. 26. 15, les Philistins les bouchèrent.

סָתַר *Kal* inusité, *excepté* וְיִסְתָּר Prov. 22. 3, *cheth.*, il se cache, se met à couvert. *Keri* וְנִסְתָּר *Niph. prét.*

Niph. Être caché, être à couvert, se cacher, se mettre à couvert, *absol.*: לְגֶבֶר אֲשֶׁר־דַּרְכּוֹ נִסְתָּרָה Job 3. 23, à un homme dont la destinée est mystérieuse, inconnue; אוּלַי תִּסָּתְרוּ בְּיוֹם אַף יְיָ Soph. 2. 3, peut-être serez-vous à couvert, serez-vous épargnés, au jour de la colère de l'Éternel. Avec מִן: נֹחַם יִסָּתֵר מֵעֵינָי Osée 13. 14, le repentir sera caché devant mes yeux; כִּי נִסָּתֵר אִישׁ מֵרֵעֵהוּ Gen. 31. 49, lorsque nous serons hors de vue l'un de l'autre; וְהַנִּסְתָּרִים מִפָּנֶיךָ Deut. 7. 20, qui se cachent devant toi; לֹא נִסְתְּרוּ מִלְּפָנָי Jér. 16. 17, (leurs voies) ne sont pas cachées devant moi. *Part.*: הַנִּסְתָּרֹת לַיְיָ אֱלֹהֵינוּ Deut. 29. 29, (la connaissance) des choses cachées, ou le châtiment des péchés secrets, appartient à l'Éternel notre Dieu; מִנִּסְתָּרוֹת נַקֵּנִי Ps. 19. 13, absous-moi des fautes cachées; וְנִסְתַּרְתִּי בַּשָּׂדֶה I Sam. 20. 5, je me cacherai dans un champ; וְנִסְתְּרָה וְהִיא נִטְמָאָה Nomb. 5. 13, et qu'il demeure caché, qu'il demeure un secret, qu'elle s'est souillée, ou: qu'elle se soit cachée pour commettre l'adultère; וּבַשֶּׁקֶר נִסְתָּרְנוּ Is. 28. 15, et nous nous sommes réfugiés dans le mensonge, le mensonge nous a protégés; עָרוּם רָאָה רָעָה וְנִסְתָּר Prov. 22. 3, l'homme avisé voit le mal et se met à couvert (v. *Kal*); וְאִם־יִסָּתְרוּ מִנֶּגֶד עֵינַי Amos 9. 3, s'ils se dérobent à mes yeux; וְאַנְחָתִי מִמְּךָ לֹא־נִסְתָּרָה Ps. 38. 10, mes gémissements ne te sont pas inconnus.

Pi. Cacher: סַתְּרִי נִדָּחִים Is. 16. 3, cache, protége, les exilés.

Pou. passif: מֵאַהֲבָה מְסֻתָּרֶת Prov. 27. 5, qu'une amitié cachée, secrète.

Hiph. 1° Cacher, couvrir, tenir secret: הַסְתֵּר דָּבָר Prov. 25. 2, de cacher les choses; לַסְתִּר עֵצָה Is. 29. 15 (pour לְהַסְתִּיר), pour cacher (leurs) desseins; וַיַּסְתֵּר מֹשֶׁה פָּנָיו Exod. 3. 6, Moïse se couvrit la face; וּמַדּוּעַ יַסְתִּיר אָבִי מִמֶּנִּי אֶת־הַדָּבָר הַזֶּה I Sam. 20. 2, pourquoi mon père me cacherait-il cette chose? Avec פָּנִים Détourner la face: וּכְמַסְתֵּר פָּנִים מִמֶּנּוּ Is. 53. 3, comme quelqu'un dont on détourne la face, qu'on n'ose pas regarder; פָּנַי לֹא הִסְתַּרְתִּי Is. 50. 6, je n'ai pas dérobé ma face (aux insultes). — De Dieu: הִסְתִּיר פָּנָיו בַּל־רָאָה לָנֶצַח Ps. 10. 11, Dieu a détourné son visage, il ne verra jamais rien; הַסְתֵּר פָּנֶיךָ מֵחֲטָאָי Ps. 51. 11, détourne ton visage de mes péchés, ne les regarde pas, pardonne-les; אַל־תַּסְתֵּר פָּנֶיךָ מִמֶּנִּי Ps. 27. 9, ne détourne pas ta face de moi, ne sois pas irrité contre moi; וְחַטֹּאותֵיכֶם הִסְתִּירוּ פָנִים מִכֶּם Is. 59. 2, vos péchés lui ont fait détourner le visage de vous;

de même : הַסְתֵּר וְאֶקְצֹף Is. 57. 17, je me détournais de lui et j'étais irrité.

2° Abriter, protéger : בְּצֵל כְּנָפֶיךָ תַּסְתִּירֵנִי Ps. 17. 8, couvre-moi sous l'ombre de tes ailes ; תַּסְתִּירֵנִי מִסּוֹד מְרֵעִים Ps. 64. 3, protége-moi contre le conciliabule, ou contre les desseins, des méchants.

Hithp. Se cacher : דָּוִד מִסְתַּתֵּר עִמָּנוּ I Sam. 23. 19, David se tient caché parmi nous ; אָכֵן אַתָּה אֵל מִסְתַּתֵּר Is. 45, 15, tu es un Dieu qui se cache ; וּבִינַת נְבֹנָיו תִּסְתַּתָּר Is. 29. 14, et l'esprit, le jugement, de ses hommes intelligents, sera caché, sera obscurci.

סְתַר chald. *Pa.* 1° Cacher. *Part. pass.* : וּמְסַתְּרָתָא Dan. 2. 22, et les choses cachées. — 2° Détruire : וּבַיְתָה דְנָה סַתְרֵהּ Esdr. 5. 12, il détruisit ce temple.

סֵתֶר *m.* (avec suff. סִתְרִי). 1° Ce qui est caché, secret : דְּבַר־סֵתֶר לִי Jug. 3. 19, j'ai un mot en secret ; וְלֶחֶם סְתָרִים Prov. 9. 17, et le pain (pris ou mangé) en secret ; בְּסֵתֶר הָהָר I Sam. 25. 20, dans la partie cachée, éloignée de la montagne, ou dans ce qui est caché par les montagnes, c.-à-d. dans la plaine (entre les montagnes) ; וְשָׂם בַּסָּתֶר Deut. 27. 15, qui met (l'idole) dans un lieu secret ; מְלָשְׁנִי בַסֵּתֶר רֵעֵהוּ Ps. 101. 5, celui qui calomnie son prochain en secret. — 2° Enveloppe, couverture, voile : עָבִים סֵתֶר־לוֹ Job 22. 14, les nuages sont une enveloppe pour lui, l'empêchent de voir ; וְסֵתֶר פָּנִים יָשִׂים Job 24. 15, il se couvre, cache, le visage, ou : il fait (de la nuit) un voile pour son visage, ou : il met un voile sur son visage ; אֶעֶנְךָ בְּסֵתֶר רַעַם Ps. 81. 8, je t'ai exaucé du milieu de la tempête, des nuées qui m'enveloppaient. — 3° Protection, retraite, asile : אַתָּה סֵתֶר לִי Ps. 32. 7, tu es ma retraite ; יֹשֵׁב בְּסֵתֶר עֶלְיוֹן Ps. 91. 1, celui qui est placé sous la protection du Très-Haut ; הֱוִי־סֵתֶר לָמוֹ Is. 16. 4, sois pour eux une retraite ; וְסֵתֶר מַיִם יִשְׁטֹפוּ Is. 28. 17, les flots emporteront l'abri, ce qui servait d'asile.

סִתְרָה *f.* Protection : יְהִי עֲלֵיכֶם סִתְרָה Deut. 32. 38, qu'il soit pour vous une protection.

סִתְרִי *n. pr. m.* Sithri, fils de Ouziel, Exod. 6. 22.

ע

ע Ayin, עַיִן seizième lettre de l'alphabet. Le nom œil vient de sa forme ovale dans l'alphabet phénicien. Comme chiffre, ע signifie 70. — La prononciation de cette lettre paraît avoir été tantôt douce comme *a* ou *o*, exemple : עֲמָלֵק Amalek, הוֹשֵׁעַ Osée ; tantôt dure approchant du *g*, exemple : עֲמֹרָה Gomorre, עַזָּה Gaza. — ע se permute avec א et ח (v. ces lettres) ; avec כ, exemple : עִטֵּר et כִּתֵּר couronner, entourer ; avec ק, exemple : עִיר ville, קִיר muraille, citadelle ; אַרְעָא et אַרְקָא chald., terre.

I עָב *m.* (rac. עָבַב). *Terme d'architect.* : וְעַמֻּדִים וְעָב I Rois 7. 6, et les colonnes et les grosses poutres ; selon d'autres : et les architraves ou les corniches, v. Ez. 41. 25 ; *plur.* : וְהָעֻבִּים 41. 26, et les poutres ou les corniches ; ce dernier peut être d'un *sing.* עֹב.

II עָב *des deux genres* (const. עַב et עָב, *pl.* עָבִים et עָבוֹת, const. עָבֵי, rac. עוּב). 1° Densité, obscurité (des nuages) : בְּעַב הֶעָנָן Exod. 19. 9, à travers l'obscurité d'une nuée. — 2° Nuage, nuée : מִנֹּגַהּ נֶגְדּוֹ עָבָיו עָבְרוּ Ps. 18. 13, par l'éclat qui brille devant lui, les nuées se dissipent ; וְרֹאֶה בֶעָבִים לֹא יִקְצוֹר Eccl. 11. 4, celui qui considère, regarde, les nuages (avant de couper, craignant la pluie), ne moissonnera jamais ; כְּעַב טַל Is. 18. 4, comme un nuage de rosée. — 3° Épaisses broussailles, fourré : בָּאוּ בֶּעָבִים Jér. 4. 29, ils entrent dans les fourrés du bois (v. עֲבָה).

עָבַד (*fut.* יַעֲבֹד, v. plus bas *Hoph.*)

1° Travailler : שֵׁשֶׁת יָמִים תַּעֲבֹד Exod. 20. 9, tu travailleras pendant six jours ; הָעֹבֵד Eccl. 5. 11, celui qui travaille ; avec le *rég. dir.*: עֹבְדֵי פִשְׁתִּים Is. 19. 9, ceux qui travaillent en lin ; לְעֹבְדֵי הָעִיר Ez. 48. 18, ceux qui travaillent pour la ville, qui aident à sa reconstruction. Souvent cultiver, labourer : עֹבֵד אַדְמָתוֹ Prov. 12. 11, celui qui cultive, laboure, sa terre ; וַיַּנִּחֵהוּ בְגַן־עֵדֶן לְעָבְדָהּ Gen. 2. 15, il le plaça dans le jardin d'Éden pour qu'il le cultivât ; כְּרָמִים תִּטַּע וְעָבָדְתָּ Deut. 28. 39, tu planteras des vignes et tu les cultiveras. — עָבַד ב Travailler avec : לֹא תַעֲבֹד בִּבְכֹר שׁוֹרֶךָ Deut. 15. 19, tu ne laboureras pas avec le premier né de ton bœuf. — Faire travailler quelqu'un, lui imposer un travail, l'assujettir : לֹא־תַעֲבֹד בּוֹ עֲבֹדַת עָבֶד Lév. 25. 39, tu ne le contraindras pas à faire le travail, tu ne lui imposeras pas le travail d'un esclave ; בְּרֵעֵהוּ יַעֲבֹד חִנָּם Jér. 22. 13, qui fait travailler le prochain gratuitement ; לְעֹלָם בָּהֶם תַּעֲבֹדוּ Lév. 25. 46, vous pourrez les faire travailler, les garder comme esclaves à perpétuité ; de même avec le *rég. dir.*: וַעֲבָדוּם Gen. 15. 13, ils les accableront de travaux, ils les réduiront à l'esclavage, ou : ils (tes enfants) serviront les Égyptiens.

2° Servir (travailler pour un autre) : אֲשֶׁר עָבַדְתִּי אֹתְךָ בָּהֵן Gen. 30. 26, pour lesquelles je t'ai servi ; avec ל, לִפְנֵי, עִם : לְמִי אֲנִי אֶעֱבֹד II Sam. 16. 19, qui est celui que je viens servir ; כַּאֲשֶׁר עָבַדְתִּי לִפְנֵי אָבִיךָ même verset, comme j'ai servi ton père ; עַד־שְׁנַת הַיֹּבֵל יַעֲבֹד עִמָּךְ Lév. 25. 40, il te servira jusqu'à l'année du jubilé ; avec double *rég. dir.*: אַתָּה יָדַעְתָּ אֵת אֲשֶׁר עֲבַדְתִּיךָ Gen. 30. 29, tu sais de quelle manière je t'ai servi, *exact.* ce que, c.-à-d. les services que, je t'ai rendus ; avec ב : וְעָבְדוּ בוֹ גּוֹיִם רַבִּים Jér. 27. 7, (jusqu'alors) de nombreux peuples le serviront, ou : (alors quand son temps sera venu) de nombreux peuples le soumettront, l'assujettiront ; כָּל־הָעֹבֵד בְּאֹהֶל מוֹעֵד Nomb. 4. 37, tous ceux qui servaient dans la tente d'assignation, ou par rapport à la tente, etc. — Servir un peuple, un roi ; lui être assujetti : עָבְדוּ אֶת־כְּדָרְלָעֹמֶר Gen. 14. 4, ils furent assujettis à Chodorlaomer ; וְעָבְדוּ מִצְרַיִם אֶת־אַשּׁוּר Is. 19. 23, l'Égypte sera assujettie à l'Assyrie ; וַיְהִי לְמַס עֹבֵד Gen. 49. 15, il s'est assujetti à payer un tribut (v. à מַס). — Servir Dieu, une divinité ; l'adorer, lui rendre un culte : עִבְדוּ אֶת־יְיָ בְּיִרְאָה Ps. 2. 11, servez l'Éternel avec crainte ; וַיַּעַבְדוּ אֶת־הַבְּעָלִים Jug. 2. 11, ils adorèrent les idoles de Baal ; avec לְ : לַעֲבֹד לֵאלֹהִים אֲחֵרִים Jér. 44. 3, de servir des dieux étrangers. *Absol.* : אִם־יִשְׁמְעוּ וְיַעֲבֹדוּ Job 36. 11, s'ils écoutent et servent (Dieu). — Honorer Dieu par des offrandes : וַאֲנַחְנוּ לֹא־נֵדַע מַה־נַּעֲבֹד אֶת־יְיָ Exod. 10. 26, nous ne savons ce que nous devons offrir à l'Éternel. De même : וְעָבְדוּ זֶבַח וּמִנְחָה Is. 19. 21, ils offriront des sacrifices et des oblations.

Niph. Être travaillé, être labouré : אֲשֶׁר לֹא־יֵעָבֵד בּוֹ Deut. 21. 4, (une vallée) qui n'aura jamais été labourée ; וְנֶעֱבַדְתֶּם Ez. 36. 9, (montagnes) vous serez labourées ; מֶלֶךְ לְשָׂדֶה נֶעֱבָד Eccl. 5. 8, le roi même est assujetti aux champs (parce qu'il en tire son entretien), ou : il est honoré et respecté (de ses sujets) à cause des champs (qui lui fournissent de quoi nourrir les autres).

Pou. 1° Être travaillé, être labouré : אֲשֶׁר לֹא־עֻבַּד בָּהּ Deut. 21. 3, (une génisse) avec laquelle il n'aura pas encore été travaillé, qui n'aura point encore travaillé, porté le joug. — 2° Être imposé du travail : וּמִן־הָעֲבֹדָה הַקָּשָׁה אֲשֶׁר עֻבַּד־בָּךְ Is. 14. 3, et de la dure servitude qui t'avait été imposée, *exact.* et du rude travail qu'on t'avait fait faire, exécuter.

Hiph. Forcer à travailler, accabler de travail, fatiguer : וַיַּעֲבִדוּ מִצְרַיִם אֶת־בְּנֵי יִשְׂרָאֵל Exod. 1. 13, les Égyptiens forçaient les enfants d'Israel à travailler ; לֹא הֶעֱבַדְתִּיךָ בְּמִנְחָה Is. 43. 23, je ne t'ai pas contraint de me servir, de m'offrir des oblations, ou : je ne t'ai pas surchargé, fatigué, en te demandant des oblations ; אַךְ הֶעֱבַדְתַּנִי בְּחַטֹּאותֶיךָ vers. 24, mais tu m'as fatigué par tes péchés ; וְהַעֲבַדְתִּיךָ אֶת־אֹיְבֶיךָ Jér. 17. 4, je ferai que tu serviras tes ennemis, je te rendrai leur esclave. — Forcer, obliger à : וַיַּעֲבֵד אֵת כָּל־הַנִּמְצָא II Chr. 34. 33, il obligea tous ceux qui se trouvaient en Israel (à servir Dieu).

Hoph. Même signif. que *Kal*. Servir, rendre un culte : וְלֹא תָעָבְדֵם Exod. 20. 5, Deut. 5. 9, tu ne les serviras, ne les adoreras pas ; וְנָעָבְדֵם Deut. 13. 3, et servons, adorons-les. Ou plutôt ces exemples ne sont qu'une seconde forme du *fut.* du *Kal*.

עֲבַד, chald. Faire agir, comme עָשָׂה en héb. : אֱלָהַיָּא דִּי־שְׁמַיָּא וְאַרְקָא לָא עֲבַדוּ Jér. 10. 11, des dieux qui n'ont point fait le ciel et la terre ; עָבְדָא קְרָב Dan. 7. 21, elle faisait la guerre ; avec בְּ et עִם : וּכְמִצְבְּיֵהּ עָבֵד בְּחֵיל שְׁמַיָּא Dan. 4. 32, il en agit selon son bon plaisir avec les armées célestes : לְמָא דִּי־תַעַבְדוּן עִם־שָׂבֵי יְהוּדָיֵא Esdr. 6. 8, de quelle manière vous en userez envers les anciens de Judée.

Ithp. Être fait, être excité: וַעֲבִידְתָּא דָךְ אָסְפַּרְנָא מִתְעַבְדָא Esdr. 5. 8, et ce travail est fait avec soin ; וְאֶשְׁתַּדּוּר מִתְעֲבֶד־בַּהּ Esdr. 4. 19, et que la rébellion était excitée dans elle ; הַדָּמִין יִתְעֲבֵד Dan. 3. 29, il sera mis en pièces. — * Être assujetti : לְהִשְׁתַּעְבֵּד לָךְ Rituel, à t'être assujetti.

עֶבֶד *m.* (*pl.* עֲבָדִים, עַבְדֵי). Serviteur, esclave, serf : עֶבֶד עִבְרִי Exod. 21. 2, un esclave hébreu ; עֶבֶד עֲבָדִים Gen. 9. 25, l'esclave des esclaves ; מִבֵּית עֲבָדִים Exod. 13. 3, de la maison des esclaves, de l'esclavage. עֶבֶד Serviteur d'un roi ; se dit de tous ceux qui sont attachés à sa personne, hommes de cour, ambassadeurs, généraux, soldats : וַיַּעַשׂ מִשְׁתֶּה לְכָל־עֲבָדָיו Gen. 40. 20, Pharaon fit un festin à tous ses serviteurs ; עַבְדֵי דָוִד II Sam. 10. 2, les serviteurs de David (ses ambassadeurs) ; אַחַד עַבְדֵי אֲדֹנִי הַקְּטַנִּים Is. 36. 9, un des moindres serviteurs, officiers, généraux, de mon maître ; וַיִּפָּקְדוּ מֵעַבְדֵי דָוִד II Sam. 2. 30, des serviteurs de David (de ses guerriers) manquèrent (dix-neuf hommes). עֶבֶד Serviteur, en termes de civilité : עַבְדְּךָ עָרַב אֶת־הַנַּעַר Gen. 44. 32, ton serviteur a répondu de cet enfant, pour : j'ai répondu, etc. — Serviteur de Dieu, homme pieux, vertueux : עַבְדִּי אִיּוֹב Job 1. 8, mon serviteur Job ; פֹּדֶה יְיָ נֶפֶשׁ עֲבָדָיו Ps. 34. 23, l'Éternel rachète l'âme de ses adorateurs. — Ceux à qui Dieu donne une mission, qui sont ses instruments, principalement les prophètes : יְיָ יֹצְרִי מִבֶּטֶן לְעֶבֶד לוֹ Is. 49. 5, l'Éternel qui m'a créé dès le sein (de ma mère) pour être son serviteur ; נְבוּכַדְרֶאצַּר מֶלֶךְ־בָּבֶל עַבְדִּי Jér. 25. 9, Nabuchodonozor, roi de Babylone, mon serviteur ; אֶל־עֲבָדָיו הַנְּבִיאִים Amos 3. 7, (s'il n'a révélé son secret) à ses serviteurs les prophètes ; מֹשֶׁה עֶבֶד־יְיָ Deut. 34. 5, Moïse, le serviteur de l'Éternel.

עֶבֶד *n. pr. m.* Jug. 9. 26.

עֶבֶד־מֶלֶךְ Esclave du roi, Jér. 38. 7 ; selon quelques-uns, *n. pr.* (v. l'exemple à כּוּשִׁי).

עֲבֵד, *m.* chald. Serviteur : עֲבֵד אֱלָהָא חַיָּא Dan. 6. 21, (Daniel) serviteur du Dieu vivant ; עַבְדוֹהִי דִּי־אֱלָהָא 3. 26, serviteurs, adorateurs, de Dieu.

עֲבָד, *m.* Action, œuvre. Ex. unique : וְהַחֲכָמִים וַעֲבָדֵיהֶם Eccl. 9. 1, les sages et leurs œuvres.

עֲבֵד נְגוֹ, *n. pr.* Abed Nego, nom chald. donné à Azariah, collègue de Daniel, Dan. 1. 7 ; עֲבֵד נְגוֹא 3. 29.

עֹבֵד־אֱדֹם (serviteur d'Édom) *n. pr. m.* II Sam. 6. 10.

עַבְדָּא (serviteur) *n. pr. m.* 1° I Rois 4. 6. — 2° Néh. 11. 17, עֹבַדְיָה I Chr. 9. 16.

עַבְדְּאֵל (serviteur de Dieu) *n. pr. m.* Jér. 36. 26.

עֲבֹדָה, *f.* 1° Travail, ouvrage, culture, œuvre : וּבְכָל־עֲבֹדָה בַּשָּׂדֶה Exod. 1. 14, et à toute sorte de travail dans les champs ; עֲבֹדַת עָבֶד Lév. 25. 39, le travail d'un esclave ; הַעֲבִיד אֶת־הַנִּילוֹ עֲבֹדָה

הגלה אל־צר Ez. 29. 18, il a fait faire à son armée un grand ouvrage, ou un service bien rude, autour de Tyr; כל־מלאכת עבדה Lév. 23. 7, (vous ne ferez) aucune œuvre servile, aucun travail manuel; ערי עבדתנו Néh. 10. 38, les villes qui renferment les fruits de notre culture, labourage; ועבדת הצדקה השקט Is. 32. 17, et l'œuvre de la justice (aura pour résultat) le repos, ou: עבדת l'effet, le résultat, de la justice, est le repos. — 2° Service, ministère, service divin, culte; servitude: ולעבדת המלך I Chr. 26. 30, et pour le service du roi; ועשב לעבדת האדם Ps. 104. 14, et des herbes pour le service de l'homme, c.-à-d. pour son usage, ou par le travail de l'homme; לעבד עבדת עבדה ועבדת משא Nomb. 4. 47, pour faire l'office du service (dans le tabernacle) et l'office de le porter; חלף עבדתכם באהל מועד Nomb. 18. 31, pour votre service dans la tente d'assignation; והשב את־העבודה Rituel, rétablis le culte, le service sacré (dans le temple); והצלתי אתכם מעבדתם Exod. 6. 6, je vous délivrerai de la servitude à laquelle ils vous ont réduits; מעני ומרב עבדה Lament. 1. 3, à cause de l'oppression et de la servitude insupportable. — 3° Les choses qui servent, outils, ustensiles, meubles: וכל־כליו וכל עבדתו Nomb. 3. 36, tous les vases et tout ce qui sert, qui est employé, à son usage.

עבדה f. *collect.* Domesticité: ועבדה רבה Gen. 26. 14, et de nombreux serviteurs et servantes.

עבדון (qui sert) *n. pr.* Abdon, ville lévitique dans la tribu d'Aser, Jos. 21. 30.

עבדות f. Esclavage, servitude: ובעבדתנו לא עזבנו אלהינו Esdr. 9. 9, et notre Dieu ne nous a pas abandonnés dans notre servitude.

עבדי (mon serviteur) *n. pr. m.* 1° I Chr. 6. 29. — 2° II Chr. 29. 12. — 3° Esdr. 10. 26.

עבדיאל (serviteur de Dieu) *n. pr. m.* I Chr. 5. 15.

עבדיה et עבדיהו (serviteur de Dieu) *n. pr.* Obadiah (Abdias) le prophète, Obad. 1. 1, I Rois 18. 3. — 2° Plusieurs autres, I et II Chr., Esdr., Néh.

עבה Être gros: עבית Deut. 32. 15, tu étais devenu gros, c.-à-d. fort, vigoureux; קטני עבה ממתני אבי I Rois 12. 10, mon petit doigt est plus gros que n'étaient les reins (le dos) de mon père.

עבוט, *m.* (rac. עבט). Gage, nantissement: יוציא אליך את־העבוט Deut. 24. 11, il t'apportera lui-même le gage.

עבור *m.* (rac. עבר). Fruit, blé, de l'année précédente: מעבור הארץ Jos. 5. 11, 12, (ils mangèrent) des fruits, du blé, de l'année précédente.

עבור, toujours avec la *prép.* ב: בעבור. 1° *Prépos.* Pour, à cause, pour le prix de: בעבור הילד חי צמת II Sam. 12. 21, tu jeûnais pour l'enfant lorsqu'il vivait encore; selon d'autres: בעבור tant que l'enfant vivait, tu jeûnais; בעבור זאת העמדתיך Exod. 9. 16, à cause de cela je t'ai encore laissé debout, je t'ai conservé; בעבור יי II Sam. 12. 25, à cause de Dieu, parce que Dieu l'aimait; בעבור נעלים Amos 2. 6, pour une paire de chaussures (v. à נעל). Avec suffixe: בעבורי I Sam. 23. 10, à cause de moi; בעבורך Gen. 12. 13, à cause de toi (Sara); בעבורה 12. 16, à cause d'elle. — 2° *Conj.* Pour, parce que, afin que: בעבור טמאה Mich. 2. 10, parce qu'elle a été corrompue, ou: pour son impureté (v. à טמאה); בעבור חקר II Sam. 10. 3, pour reconnaître la ville; בעבור ישמרו חקיו Ps. 105. 45, afin qu'ils observent ses lois; בעבור אשר יברכך Gen. 27. 10, afin qu'il te bénisse; לבעבור נסות אתכם Exod. 20. 20, pour vous éprouver.

עבט (*fut.* יעבט) Donner ou recevoir un gage pour sûreté d'une dette, *en génér.* emprunter: ואתה לא תעבט Deut. 15. 6, tu n'emprunteras pas (tu n'auras pas besoin d'emprunter); לעבט עבטו Deut. 24. 10, pour prendre son gage, c.-à-d. pour te saisir de quelque objet comme gage.

Pi. Changer : וְלֹא יְעַבְּטוּן אֹרְחוֹתָם Joel 2. 7, ils ne changeront pas leur route, ils ne s'en détourneront pas ; selon d'autres : ils ne s'arrêteront pas dans leur route.

Hiph. Prêter sur gage, *en général* prêter : וְהַעֲבַטְתָּ גּוֹיִם רַבִּים Deut. 15. 6, tu prêteras à beaucoup de peuples ; וְהַעֲבֵט תַּעֲבִיטֶנּוּ Deut. 15. 8, tu lui prêteras.

עַבְטִיט *m.* (comp. de טִיט et עָבַט). Boue épaisse : וּמַכְבִּיד עָלָיו עַבְטִיט Hab. 2. 6, et qui se charge lui-même d'un monceau de boue (allusion à son argent ou à ses péchés) ; selon d'autres, de עֲבֹט : qui se charge d'une quantité de gages, c.-à-d. de dettes.

עֲבִי, *m.* (rac. עָבָה). Épaisseur : בַּעֲבִי גַּבֵּי מָגִנָּיו Job 15. 26, avec le dos épais de ses boucliers ; בַּעֲבִי הָאֲדָמָה II Chr. 4. 17, dans une terre épaisse, grasse, c.-à-d. dans une bonne argile.

עֳבִי, *m.* Épaisseur : וְעָבְיוֹ טֶפַח I Rois 7. 26, et son épaisseur était d'une palme.

עֲבִידָא et עֲבִידְתָּא, chald. *f.* 1° Travail, ouvrage : עֲבִידַת בֵּית־אֱלָהָא Esdr. 4. 24, le travail, la construction, de la maison de Dieu ; וַעֲבִידְתָּא דָךְ 5. 8, et ce travail. — 2° Les affaires d'un État, le gouvernement : וּמַנִּי עַל עֲבִידְתָּא Dan. 2. 49, il institua sur les affaires, il confia le gouvernement (de la province de Babylone).

עָבִים *pl.* (v. I עָב).

עָבַר (*fut.* יַעֲבֹר) 1° Passer, aller au travers, traverser (une rivière, un pays), parcourir ; avec le *rég. dir.*, avec בְּ et בֵּין : וַיַּעֲבֹר אֵת מַעֲבַר יַבֹּק Gen. 32. 23, il passa le gué du torrent de Jabbok ; אֲשֶׁר עָבַר בֵּין הַגְּזָרִים הָאֵלֶּה Gen. 15. 17, qui passait entre ces morceaux ; כִּי־תַעֲבֹר בַּמַּיִם Is. 43. 2, lorsque tu traverseras les eaux ; לֹא תַעֲבֹר בִּי Nomb. 20. 18, tu ne passeras pas par mon pays ; לֹא נַעֲבֹר בְּשָׂדֶה וּבְכֶרֶם Nomb. 20. 17, nous n'irons point au travers des champs ni des vignes ; אֶעֱבֹר בְּכָל־צֹאנְךָ Gen. 30. 32, je passerai au milieu de tes troupeaux, je les visiterai. — *Absol.* : וַיַּעַבְרוּ Jos. 2. 23, ils repassèrent (le Jourdain) ; לֹא תַעֲבֹר Nomb. 20. 20, tu ne passeras point ; כֶּסֶף עֹבֵר לַסֹּחֵר Gen. 23. 16, de l'argent ayant cours chez les marchands ; כֶּסֶף עוֹבֵר II Rois 12. 5, l'argent qui a cours, ou l'argent que donnent tous ceux qui passent, qui sont comptés dans le dénombrement (v. Exod. 30. 11-13). Quelquefois l'endroit que l'on traverse est sous-entendu, et le but indiqué par אֶל ou עַל : לְכָה וְנַעְבְּרָה אֶל־מַצַּב פְּלִשְׁתִּים I Sam. 14. 1, viens et passons jusqu'au poste des Philistins (vers. 4, avec עַל) ; ou à l'*acc.* : עִבְרוּ אִיֵּי כִתִּיִּים Jér. 2. 10, passez aux îles des Cethim.

עָבַר se dit du vent : רוּחַ עָבְרָה־בּוֹ Ps. 103. 16, le vent a passé sur lui ; de l'eau : מֵעֲבֹר מֵי־נֹחַ עוֹד עַל־הָאָרֶץ Is. 54. 9, que les eaux du temps de Noé, que le déluge ne se répandra plus sur la terre ; וּבְשֶׁטֶף עֹבֵר Nah. 1. 8, et par une inondation qui passera, se répandra, sur la ville ; d'un combat : וְהַמִּלְחָמָה עָבְרָה אֶת־בֵּית אָוֶן I Sam. 14. 23, le combat s'étendit au delà de Beth-Aven ; d'une armée : וְשָׁטַף וְעָבָר Dan. 11. 10, 40, (une armée) viendra, inondera et traversera le pays ; du vin : וּכְגֶבֶר עֲבָרוֹ יָיִן Jér. 23. 9, et comme un homme que le vin a accablé, abattu.

2° Violer, transgresser (une loi, un ordre, une alliance) : עָבְרוּ תוֹרֹת Is. 24. 5, ils ont transgressé les lois ; מַדּוּעַ אַתָּה עוֹבֵר אֵת מִצְוַת הַמֶּלֶךְ Esth. 3. 3, pourquoi transgresses-tu l'ordre du roi ? לָמָּה זֶּה אַתֶּם עֹבְרִים אֶת־פִּי יְיָ Nomb. 14. 41, pourquoi transgressez-vous l'ordre de l'Éternel ; לַעֲבֹר בְּרִיתוֹ Deut. 17. 2, de violer (rompre) son alliance ; חָק־נָתַן וְלֹא יַעֲבוֹר Ps. 148. 6, il leur a donné une loi qu'(aucun d'eux) ne transgressera, ou qu'il ne changera pas ; ou, *intrans.* : et cette loi ne passera pas, elle est immuable ; וְלֹא יַעֲבוֹר Esth. 1. 19, que nul ne transgresse (cet ordre).

3° Aller au delà, franchir, dépasser,

surpasser : גְּבוּל־שַׂמְתָּ בַּל־יַעֲבֹרוּן Ps. 104. 9, tu as posé une limite, elles ne la dépasseront pas ; אָרְחִי גָדַר וְלֹא אֶעֱבוֹר Job 19. 8, il a entouré mon chemin d'une haie et je ne puis plus passer ; עָבְרוּ מַשְׂכִּיּוֹת לֵבָב Ps. 73. 7, ils surpassent les imaginations du cœur (v. à מַשְׂכִּית) ; גַּם עָבְרוּ דִבְרֵי־רָע Jér. 5. 28, ils dépassent les actions des (autres) méchants ; selon d'autres, *par ellipse* : ils transgressent (la loi) par leur conduite criminelle. — Passer un endroit, passer outre, passer devant quelqu'un, le devancer : וַיַּעַבְרוּ אֲנָשִׁים מִדְיָנִים Gen. 37. 28, des Madianites passèrent ; וּפְתָיִים עָבְרוּ Prov. 22. 3, les sots passent outre ; כַּאֲשֶׁר עָבַר אֶת־פְּנוּאֵל Gen. 32. 32, lorsqu'il eut passé (le lieu nommé) Penuel ; וַיַּעֲבֹר אֶת־הַכּוּשִׁי II Sam. 18. 23, il dépassa Chusi ; עַל־שְׂדֵה אִישׁ־עָצֵל עָבַרְתִּי Prov. 24. 30, j'ai passé près du champ, ou par le champ, d'un paresseux ; וַיַּעֲבֹר יְיָ עַל־פָּנָיו Exod. 34. 6, l'Éternel passa devant lui. *Part.* : לְעֹבְרֵי־דָרֶךְ Prov. 9. 15, les passants.

עָבַר עַל פֶּשַׁע Passer une faute, la pardonner : וְתִפְאַרְתּוֹ עֲבֹר עַל־פָּשַׁע Prov. 19. 11, sa gloire est de pardonner une faute, un tort ; et sans פֶּשַׁע : לֹא־אוֹסִיף עוֹד עֲבוֹר לוֹ Amos 7. 8, je ne lui pardonnerai plus. — Passer, s'écouler, cesser, finir : כַּעֲבֹר הַצָּהֳרַיִם I Rois 18. 29, midi étant passé ; הַסְּתָו עָבָר Cant. 2. 11, l'hiver est passé ; כְּצֵל עוֹבֵר Ps. 144. 4, comme l'ombre qui passe ; וּכְעָב עָבְרָה יְשֻׁעָתִי Job 30. 15, mon bonheur a passé comme un nuage ; כְּקַשׁ עוֹבֵר Jér. 13. 24, comme la paille qui disparaît, qui est emportée (par le vent) ; בְּשֶׁלַח יַעֲבֹרוּ Job 36. 12, ils périront par l'épée ou par des traits mortels ; וָאֶתֵּן לָהֶם יַעַבְרוּם Jér. 8. 13, tout ce que je leur avais donné disparaîtra pour eux, leur échappera ; selon d'autres : ils transgressent toutes les lois que je leur ai données.

4° S'avancer, marcher, aller, s'en aller, partir : כִּי אֶעֱבֹר בַּסָּךְ Ps. 42. 5, lorsque je m'avancerai au milieu de la foule ; עֲבֹר לִפְנֵי הָעָם Exod. 17. 5, marche devant le peuple ; עֹבְרִים לְמֵאוֹת וְלַאֲלָפִים I Sam. 29. 2, marchant à la tête de leurs troupes distribuées par cent et par mille ; עִבְרוּ וְסֹבּוּ אֶת־הָעִיר Jos. 6. 7, allez et faites le tour de la ville ; עֹבֵר וָשָׁב Ez. 35. 7, allants, venants, ceux qui passent et repassent ; וַהַפֶּרֶד אֲשֶׁר־תַּחְתָּיו עָבָר II Sam. 18. 9, le mulet s'échappa d'entre ses jambes ; אַחַר תַּעֲבֹרוּ Gen. 18. 5, ensuite vous continuez votre chemin. Avec בְּ : עִבְרוּ בָעִיר Ez. 9. 5, passez au travers de la ville ; לְעָבְרְךָ בִּבְרִית יְיָ Deut. 29. 11, afin que tu entres dans l'alliance de l'Éternel. Avec מִן : לֹא־תַעֲבוּרִי מִזֶּה Ruth 2. 8, tu ne t'en vas pas d'ici ; כִּמְעַט שֶׁעָבַרְתִּי מֵהֶם Cant. 3. 4, je m'étais un peu éloigné d'eux ; אַל־נָא תַעֲבֹר מֵעַל עַבְדֶּךָ Gen. 18. 3, ne t'éloigne pas d'auprès de ton serviteur, c.-à-d. ne passe pas sans t'arrêter auprès de lui ; *métaph.* : וּמֵאֱלֹהַי מִשְׁפָּטִי יַעֲבוֹר Is. 40. 27, mon droit passe loin de mon Dieu, il ne l'aperçoit pas, ne s'en occupe pas ; לֹא יַעַבְרוּ מִתּוֹךְ הַיְּהוּדִים Esth. 9. 28, que ces jours ne cesseront pas du milieu des Juifs, qu'ils ne cesseront d'être fêtés par eux.

עָבַר עַל Passer sur, arriver, atteindre : וְעָבַר עָלָיו רוּחַ־קִנְאָה Nomb. 5. 14, si l'esprit de jalousie a passé sur lui, c.-à-d. s'est emparé de lui ; עַל־מִי לֹא־עָבְרָה רָעָתְךָ Nah. 3. 19, qui est-ce que ta méchanceté n'a pas atteint ? וְיַעֲבֹר עָלַי מָה Job 13. 13, qu'il m'arrive n'importe quoi (v. à מָה 3°) ; וְלֹא־יַעֲבֹר עָלָיו לְכָל־דָּבָר Deut. 24. 5, on ne lui imposera aucune charge (de guerre).

Niph. passif. Être traversé : נַחַל אֲשֶׁר לֹא־יֵעָבֵר Ez. 47. 5, un torrent qui ne pouvait pas être traversé, qu'on ne pouvait pas passer à gué.

Pi. 1° (Faire passer le verrou dans le crampon,) verrouiller : וַיְעַבֵּר בְּרַתּוּקוֹת זָהָב I Rois 6. 21, il ferma (comme avec un verrou) moyennant des chaînes d'or. — 2° Féconder, couvrir : שׁוֹרוֹ עִבַּר Job 21. 10, son taureau couvre (la vache). (V. le même exemple à גָּעַל *Hiph.*)

Hiph. 1° הֶעֱבִיר Faire passer, faire traverser, faire venir ; *rég. dir.* : בָּקַע יָם וַיַּעֲבִירֵם Ps. 78. 13, il fendit la mer et les fit passer ; avec un double *acc.*: הֶעֱבַרְתָּ הַעֲבִיר אֶת־הָעָם הַזֶּה אֶת־הַיַּרְדֵּן Jos. 7. 7, (pourquoi) as-tu fait passer à ce peuple le Jourdain? avec un *rég. dir.* et ב : לוּ־חַיָּה רָעָה אַעֲבִיר בָּאָרֶץ Ez. 14. 15, si je fais venir dans ce pays des bêtes farouches ; וְהֶעֱבִירוּ תַעַר עַל־כָּל־בְּשָׂרָם Nomb. 8. 7, après qu'ils auront fait passer un rasoir sur leur chair, après qu'ils auront rasé tout le poil de leur corps ; וְאֶת־הָעָם הֶעֱבִיר אֹתוֹ לֶעָרִים Gen. 47. 21, il fit passer, il transporta, le peuple dans les villes, c.-à-d. les habitants de chaque ville dans une autre ; וְהַעֲבַרְתֶּם אֶת־נַחֲלָתוֹ לְבִתּוֹ Nomb. 27. 8, vous ferez passer son héritage à sa fille; וַיַּעֲבִירוּ קוֹל בַּמַּחֲנֶה Exod. 36. 6, ils firent publier dans le camp ; avec שׁוֹפָר faire retentir la trompette : תַּעֲבִירוּ שׁוֹפָר Lév. 25. 9, vous ferez sonner la trompette ; מַעֲבִרִים עַם־יְיָ I Sam. 2. 24, (des bruits que) le peuple de Dieu répand contre vous ; selon d'autres : vous éloignez le peuple de Dieu (du temple), ou vous lui faites transgresser (la loi). — Laisser passer : וְלֹא אָבָה סִיחֹן — הַעֲבִרֵנוּ בּוֹ Deut. 2. 30, Sihon (roi de Hesbon) ne voulut pas nous y laisser passer. — Laisser passer une faute, la pardonner : גַּם־יְיָ הֶעֱבִיר חַטָּאתְךָ II Sam. 12. 13, Dieu t'a pardonné ton péché ; הַעֲבֶר־נָא אֶת־עֲוֹן עַבְדְּךָ II Sam. 24. 10, pardonne le crime de ton serviteur.

2° Placer devant quelqu'un, présenter, amener, conduire : וַיַּעֲבִרֵהוּ לִפְנֵי שְׁמוּאֵל I Sam. 16. 8, il le présenta à Samuel ; וְהוּא־יָרָה הַחֵצִי לְהַעֲבִרוֹ I Sam. 20. 36, il tira la flèche en la faisant passer au delà de l'enfant, ou du but; וְהַעֲבַרְתִּי אֶת־אֹיְבֶיךָ בְּאֶרֶץ לֹא יָדָעְתָּ Jér. 15. 14, je te ferai passer, je te conduirai, vers tes ennemis dans un pays que tu ne connais pas.

3° Apporter, offrir, vouer : וְהַעֲבַרְתָּ כָל־פֶּטֶר־רֶחֶם לַיְיָ Exod. 13. 12, tu sépareras, consacreras, tout premier-né à l'Éternel ; אֶת־בְּנֵיהֶן — הֶעֱבִירוּ לָהֶם Ez. 23. 37, elles ont offert leurs enfants à leurs idoles ; לְהַעֲבִיר לַמֹּלֶךְ Lévit. 18. 21, pour les sacrifier à Moloch.

4° Oter, éloigner, faire disparaître, exterminer : וַיַּעֲבֵר אַדַּרְתּוֹ מֵעָלָיו Jon. 3. 6, il ôta, quitta, le manteau (royal) ; הַעֲבֵר חֶרְפָּתִי Ps. 119. 39, éloigne de moi l'opprobre ; לְהַעֲבִיר אֶת־רָעַת הָמָן Esth. 8. 3, d'éloigner ou de faire disparaître la malice de Haman ; וַיַּעֲבֵר הַשִּׁקּוּצִים II Chr. 15. 8, il extermina les idoles ; וַיַּעֲבִירֻהוּ עֲבָדָיו מִן־הַמֶּרְכָּבָה II Chr. 35. 24, ses serviteurs le firent descendre du char.

Hithp. 1° S'irriter : שָׁמַע יְיָ וַיִּתְעַבָּר Ps. 78. 21, l'Éternel l'entendit, et il fut irrité. Avec עַל , עִם , בְּ : וּבְנַחֲלָתוֹ הִתְעַבָּר 78. 62, il était irrité contre son héritage ; הִתְעַבַּרְתָּ עִם־מְשִׁיחֶךָ 89. 39, tu t'es mis en colère contre ton oint ; מִתְעַבֵּר עַל־רִיב Prov. 26. 17, qui se met en colère pour une querelle. — 2° *Trans.* Irriter : מִתְעַבְּרוֹ Prov. 20. 2, celui qui l'irrite ; וּכְסִיל מִתְעַבֵּר Prov. 14. 16, mais le sot s'irrite ou est arrogant, ou : le sot (malgré le danger) passe outre.

עֵבֶר *m.* (avec suff. עֶבְרוֹ, *pl.* עֲבָרִים, const. עֶבְרֵי). Côté, côté opposé à celui où l'on se trouve, contrée au delà d'une mer, d'un fleuve, etc.: הָאִי אֲשֶׁר בְּעֵבֶר הַיָּם Jér. 25. 22, des îles qui sont au delà de la mer ; עֵבֶר הַיַּרְדֵּן Is. 8. 23, et *fréq.* בְּעֵבֶר הַיַּרְדֵּן, au delà du Jourdain, selon le côté où se trouve celui qui parle ou écrit, tantôt le côté oriental du Jourdain, tantôt le côté occidental ; de même : עֵבֶר הַנָּהָר I Rois 5. 4, l'autre côté de l'Euphrate. *Plur.*: בְּעֶבְרֵי נָהָר Is. 7. 20, dans les provinces au delà de l'Euphrate ; וַיַּעֲבֹר דָּוִד הָעֵבֶר I Sam. 26. 13, David passa de l'autre côté. — Côté en général : מִשְּׁנֵי עֶבְרֵיהֶם Exod. 32. 15, de leurs deux côtés ; וּמִכָּל־עֲבָרָיו Jér. 49. 32, de tous les côtés ; בְּעֶבְרֵי פִי־פָחַת Jér. 48. 28, aux côtés de l'ouverture d'un fossé. Avec des *prépos.* : אֶל־עֵבֶר הַיָּם Deut. 30. 13, vers le pays au delà de la mer ; אֶל־עֵבֶר בְּנֵי יִשְׂרָאֵל Jos. 22. 11, du côté ou en face des Israélites ; אִישׁ אֶל־עֵבֶר פָּנָיו יֵלֵכוּ Ez. 1. 9, chacun marchait droit devant lui, *exact.* vers le côté opposé à sa face ; לְעֵבֶר אֶחָד — לְעֵבֶר אֶחָד

I Sam. 14. 40, (mettez-vous) d'un côté (et nous serons) de l'autre côté; אִישׁ לְעֶבְרוֹ תָּעוּ Is. 47. 15, chacun errant de son côté; מֵעֵבֶר הַנָּהָר : מֵעֵבֶר — וָאֶקַּח אֶת־אֲבִיכֶם Jos. 24. 3, j'ai pris votre père (Abraham) d'une province au delà du fleuve, de l'Euphrate; וְלֹא־מֵעֵבֶר לַיָּם הִוא Deut. 30. 13, elle n'est point au delà de la mer.

עֵבֶר *n. pr.* Eber (Héber), fils de Selah, patriarche des Hébreux, Gen. 10. 24; בְּנֵי־עֵבֶר Gen. 10. 21, les fils d'Héber, les Hébreux. *Poét.* : עֵבֶר Nomb. 24. 24, les Hébreux (v. עִבְרִי).

עֲבַר, chald. La contrée d'au delà: עֲבַר נַהֲרָא Esdr. 4. 10, la contrée d'au delà de l'Euphrate, la rive occidentale.

עֲבָרָה *f.* Petit bateau pour traverser un fleuve: וְעָבְרָה הָעֲבָרָה II Sam. 19. 19, le bateau passa; בְּעַבְרוֹת הַמִּדְבָּר II Sam. 15. 28 (*cheth.* pour בְּעַרְבוֹת *keri*), dans les campagnes du désert.

עֶבְרָה *f.* (rac. עָבַר, v. *Hithp.*). Grande colère, fureur: בְּעַבְרוֹת צוֹרְרָי Ps. 7. 7, à cause de la fureur, ou contre la fureur, de mes ennemis; *spécial.* de la colère, de l'indignation de Dieu, des châtiments qu'il inflige: הָפֵץ עֶבְרוֹת אַפֶּךָ Job 40. 11, répands les fureurs de ta colère, ou les flots de ta colère; וּכְיִרְאָתְךָ עֶבְרָתֶךָ Ps. 90. 11, et (qui connaît) ta grande colère (autant qu'il faudrait) pour te craindre, qui te craint autant que tu es redoutable? בְּיוֹם עֶבְרָה Prov. 11. 4, au jour de la colère, de l'indignation; לְיוֹם עֲבָרוֹת Job 21. 30, pour le jour des fureurs, où tu infliges des châtiments; עַם עֶבְרָתִי Is. 10. 6, le peuple voué à ma fureur; וְעֶבְרָתוֹ Is. 16. 6, et sa fureur, ou: et son arrogance; אֲנִי יָדַעְתִּי — עֶבְרָתוֹ Jér. 48. 30, j'ai connu sa présomption, ou sa fureur.

• **עֲבֵרָה** *f.* Transgression, péché, Rituel.

עַבְרוֹן *n. pr.* (v. עַבְדּוֹן).

עַבְרֹנָה *n. pr.* d'une station, Nomb. 33. 34.

עִבְרִי *adj.* (*pl.* עִבְרִים et עִבְרִיִּים; *fém.* עִבְרִיָּה, *pl.* עִבְרִיּוֹת), de עֵבֶר. Descendant de Héber, Hébreu: הָעֶבֶד הָעִבְרִי Gen. 39. 17, l'esclave hébreu; לֹא כַנָּשִׁים הַמִּצְרִיֹּת הָעִבְרִיֹּת Exod. 1. 19, les femmes des Hébreux ne sont pas comme les femmes égyptiennes.

עֲבָרִים (province de l'autre côté) *n. pr.* d'une région montagneuse au delà du Jourdain: הַר הָעֲבָרִים Deut. 32. 49, et *pl.* הָרֵי הָעֲבָרִים, montagne d'Abarim; וְצַעֲקִי מֵעֲבָרִים Jér. 22. 20, et crie du haut du mont Abarim; selon d'autres: de tous côtés, ou par les passages (v. à עִי).

עָבַשׁ Pourrir: עָבְשׁוּ פְרֻדוֹת Joel 1. 17, les graines pourrissent (v. à פְּרֻדוֹת).

עָבַת *Kal* inusité. *Pi.* Tresser, tordre: וַיְעַבְּתוּהָ Mich. 7. 3, (à eux trois par leurs passions) ils rendent l'iniquité, la corruption, plus forte; *exact.* ils la tordent, ils en font une corde.

עָבֹת, *m. adj.* (*fém.* עֲבֻתָּה). Touffu, branchu: וַעֲנַף עֵץ־עָבֹת Lév. 23. 40, et des rameaux de l'arbre très branchu; כָּל־אֵלָה עֲבֻתָּה Ez. 6. 13, tout chêne branchu.

עֲבֹת (*plur.* עֲבֹתִים et עֲבֹתוֹת) *des deux genres.* 1° Objet entrelacé, tresse, cordon, corde, chaîne, lien: מַעֲשֵׂה עֲבֹת Exod. 28. 14, ouvrage en façon de cordon; שַׁרְשְׁרֹת הָעֲבֹתֹת même verset, les chaînettes tressées, faites à cordon; שְׁתֵּי עֲבֹתֹת הַזָּהָב vers. 24, les deux chaînettes d'or; וְכַעֲבוֹת הָעֲגָלָה Is. 5. 18, et comme la corde d'un chariot; עֲבוֹת רְשָׁעִים Ps. 129. 4, la corde des méchants (dont ils se servent pour attacher les autres à leur joug); בַּעֲבֹתִים חֲדָשִׁים Jug. 15. 13, avec (deux) cordes neuves; וְנַשְׁלִיכָה מִמֶּנּוּ עֲבֹתֵימוֹ Ps. 2. 3, jetons loin de nous leurs cordes, leurs chaînes; בַּעֲבֹתוֹת אַהֲבָה Osée 11. 4, avec des liens d'amour. — 2° Branche touffue d'un arbre: עַל־בֵּין עֲבֹתִים Ez. 19. 11, entre ses branches entrelacées, touffues.

עָגַב Convoiter, aimer, *spécial.* d'un amour illicite, impudique: וּבְכֹל אֲשֶׁר־עָגְבָה Ez. 23. 7, et avec tous ceux dont elle était amoureuse; וַתַּעְגַּב עַל־מְאַהֲבֶיהָ vers. 5, elle a aimé follement ses amants.

Avec אֶל (v. vers. 12). *Part.*: מְאַסּוּ־בָךְ עֹגְבִים Jér. 4. 30, les amants, ceux qui convoitent les femmes, te méprisent.

עֲגָבִים, *m. pl.* Amabilité, agrément: כְּשִׁיר עֲגָבִים Ez. 33. 32, comme une chanson agréable; עֲגָבִים בְּפִיהֶם הֵמָּה עֹשִׂים Ez. 33. 31, avec la bouche ils disent des choses agréables, qui plaisent à Dieu; (mais leur esprit, etc.,) ou leur bouche, ne profère que des discours ou des chants frivoles.

עֲגָבָה, *f.* Amour illicite, impudique: וַתַּשְׁחֵת עַגְבָתָהּ מִמֶּנָּה Ez. 23. 11, elle a été plus corrompue, plus déréglée, dans sa passion effrénée, que (sa sœur).

עֻגָה *f.* (rac. עוג). Gâteau: עֻגֹת מַצּוֹת Exod. 12. 39, des gâteaux sans levain; עֻגַת רְצָפִים I Rois 19. 6, un gâteau cuit sur des charbons ardents.

עָגוּר *m.* Nom d'un oiseau: כְּסוּס עָגוּר Is. 38. 14, comme l'hirondelle et la grue.

עָגִיל *m.* Anneau, pendant d'oreille: וַעֲגִילִים Ez. 16. 12, et des pendants (à tes oreilles).

עָגֹל (*f.* עֲגֻלָּה) *adj.* Rond, arrondi: עָגֹל סָבִיב I Rois 7. 23, (il fit la mer) ronde tout autour; מְרֻבָּעוֹת לֹא־עֲגֻלּוֹת I Rois 7. 31, (les bords ou les champs) étaient carrés, et non pas ronds.

עֵגֶל *m.* (avec suff. עֶגְלִי, *plur.* עֲגָלִים, const. עֶגְלֵי). Veau: עֵגֶל בֶּן־בָּקָר Lévit. 9. 2, un veau, un jeune taureau; עֲגָלִים יִשָּׁקוּן Osée 13. 2, qu'ils baisent, qu'ils adorent, les veaux; בְּעֶגְלֵי עַמִּים Ps. 68. 31, avec les veaux des peuples, c.-à-d. les chefs, princes.

עֶגְלָה *f.* Jeune vache, génisse: עֶגְלָה מְלֻמָּדָה Osée 10. 11, une génisse bien dressée; עֶגְלָה מְשֻׁלֶּשֶׁת Gen. 15. 9, et עֶגְלַת שְׁלִשִׁיָּה Is. 15. 5, une génisse de trois ans (qui n'a pas encore porté); selon d'autres: une génisse, troisième fruit de sa mère.

עֶגְלָה *n. pr.* Eglah, une des femmes de David, II Sam. 3. 5.

* **עַגְלָא**, Promptitude: בַּעֲגָלָא Rituel, avec promptitude, promptement.

עֲגָלָה, *f.* (avec suff. עֶגְלָתוֹ). Voiture, chariot, char: עֲגָלָה חֲדָשָׁה Sam. 6. 7, un chariot tout neuf; וַיִּתֵּן לָהֶם יוֹסֵף עֲגָלוֹת Gen. 45. 21, Joseph leur donna des voitures; עֲגָלוֹת יִשְׂרֹף בָּאֵשׁ Ps. 46. 10, il brûle les chars (de guerre) au feu.

עֶגְלוֹן *n. pr.* 1° Eglon, roi des Moabites, Jug. 3. 12. — 2° Eglon, ville de la tribu de Juda, Jos. 15. 39.

עגם Être triste, être chagriné: עָגְמָה נַפְשִׁי לָאֶבְיוֹן Job 30. 25, mon âme (n')était-elle (pas) triste, affligée, à cause du pauvre?

עגן Ex. unique. *Niph.* S'enfermer, d'une femme qui demeure dans le célibat: הֲלָהֵן תֵּעָגֵנָה Ruth 1. 13, vous enfermeriez-vous à cause d'eux, ou différeriez-vous pour eux (de vous remarier)? (pour תֵּעָגַנָּה au régulier, de la rac. עָגַן).

עַד *m.* 1° Éternité, perpétuité: שֹׁכֵן עַד Is. 57. 15, celui qui habite dans l'éternité; עֲדֵי־עַד Is. 26. 4, jusque dans l'éternité; מִנִּי־עַד Job 20. 4, depuis l'éternité, de tout temps. — לָעַד Toujours, éternellement: וְאַל־לָעַד תִּזְכֹּר עָוֹן Is. 64. 8, ne te souviens pas toujours de notre iniquité; עַד־עוֹלְמֵי עַד Is. 45. 17, jusque dans l'éternité; de même avec ו *conj.*: לְעוֹלָם וָעֶד Ps. 9. 6, עוֹלָם וָעֶד Ps. 10. 16, à jamais, *exact.* pour toujours et à perpétuité; אֲבִי־עַד Is. 9. 5, père protecteur éternel; הַרְרֵי־עַד Hab. 3. 6, les montagnes éternelles. — 2° Butin, proie: בַּבֹּקֶר יֹאכַל עַד Gen. 49. 27, au matin il dévorera la proie; אָז חֻלַּק עַד־שָׁלָל מַרְבֶּה Is. 33. 23, alors le butin et les riches dépouilles seront partagés, pour לְיוֹם קוּמִי לְעַד; עַד וְשָׁלָל Soph. 3. 8, le jour où je me lèverai pour le butin.

עַד *préposition et conj.* (*poét.* עֲדֵי, avec suff. עָדַי, עָדֶיךָ, עָדָיו, עֲדֵיכֶם; une fois עַד־הֵם II Rois 9. 18, pour עֲדֵיהֶם). 1° Pendant, durant, tant que dure, etc.: עַד־זְנוּנֵי אִיזֶבֶל II Rois 9. 22, tant que dureront les prostitutions (l'idolâtrie) de Jezabel; עֲדֵי־רָגַע Job 20. 5, seulement pendant un instant; עַד־כֹּה וְעַד־כֹּה I Rois 18. 45, pendant ce temps. Avec un *inf.*: עַד הִתְמַהְמְהָם Jug. 3. 26, pendant qu'ils hésitaient; עַד־הֱיוֹתִי עַל־אַדְמָתִי Jon. 4. 2, quand j'étais encore dans mon pays.

2° Jusque. De l'espace, du lieu : עַד־הַנָּהָר הַגָּדֹל Deut. 1. 7, jusqu'au grand fleuve (l'Euphrate); עַד־דִּיבֹן Nomb. 21. 30, jusqu'à Dibon; קְרַב עַד־הֵנָּה II Sam. 20. 16, approche (jusqu')ici; וְעַד־גַּת וְעַד־עֶקְרוֹן I Sam. 17. 52, jusqu'à Gath et jusqu'à Ekron; עַד־לְמֵרָחוֹק Esdr. 3. 13, עַד־מֵרָחוֹק Is. 57. 9, jusqu'au loin; עַד לְהָשִׁיב חֲרוֹן אַף־אֱלֹהֵינוּ מִמֶּנּוּ עַד לַדָּבָר הַזֶּה Esdr. 10. 14, jusqu'à ce que la colère de notre Dieu se sera détournée de nous (que nous avons excitée) au sujet de cela, par ce péché; עַד־הֵם II Rois 9. 18, עַד־עֲלֵיהֶם vers. 20, jusqu'à eux; וַיִּגַּשׁ עַד־פֶּתַח הַמִּגְדָּל Jug. 9. 52, il s'approcha jusqu'à la porte de la tour; תִּגַּע עָדֶיךָ Job 4. 5, (le malheur) t'a touché. Quelquefois עַד est synonyme de אֶל et indique la direction : וְנֵלְכָה עַד־הָרֹאֶה I Sam. 9. 9, allons vers, chez, le voyant (le prophète); אָזִין עַד־תְּבוּנוֹתֵיכֶם Job 32. 11, j'ai prêté l'oreille, j'ai été attentif, à vos raisonnements; הַאֲזִינָה עָדַי Nomb. 23. 18, écoute-moi (prête l'oreille à mes paroles); וְעָדֵיכֶם אֶתְבּוֹנָן Job 32. 12, je vous considère, examine, avec attention (*exact.* je dirige mon attention, mon examen, sur vous).

Du temps : עַד הַיּוֹם הַזֶּה Gen. 26. 33, jusqu'à ce jour; עַד־הָעָרֶב Lév. 15. 5, jusqu'au soir; *poét.*: עֲדֵי־עָרֶב Ps. 104. 23, jusqu'au soir; עַד לְמִנְחַת הָעָרֶב Esdr. 9. 4, jusqu'à l'heure de l'oblation du soir; עַד־אָנָה Nomb. 14. 11, עַד־אָן Job 8. 2, עַד־מָתַי Exod. 10. 3, jusqu'à quand? עַד־עָתָּה Gen. 32. 5, עַד־כֹּה Exod. 7. 16, jusqu'à présent; עַד־בִּלְתִּי שָׁמַיִם Job 14. 12, jusqu'à ce qu'il n'y ait plus de ciel; עַד־בְּלִי יָרֵחַ Ps. 72. 7, jusqu'à ce qu'il n'y ait plus de lune.

Du degré, de l'intensité : עַד־מְאֹד Gen. 27. 33, excessivement; יָפָה עַד־מְאֹד I Rois 1. 4, extrêmement belle; עַד־מְהֵרָה Ps. 147. 15, avec une extrême vitesse; עַד־בְּלִי־דָי Mal. 3. 10, en trop grande abondance (v. à דַּי); עַד־אֵין מִסְפָּר Ps. 40. 13, sans nombre; עַד־כַּמֶּה פְעָמִים I Rois 22. 16, combien de fois encore? וְאַחֲרִיתוֹ עֲדֵי אֹבֵד Nomb. 24. 20, et sa fin (ira) vers, à la destruction, ou : sera une destruction pour toujours; לֹא נִשְׁאַר עַד־אֶחָד Jug. 4. 16, il n'en demeura pas un seul; וְעַד־הַגֶּפֶן וְהַתְּאֵנָה Agg. 2. 19, jusqu'à la vigne et le figuier, même la vigne, etc. — Jusqu'au point, autant que : לֹא הִרְבּוּ עַד־בְּנֵי יְהוּדָה I Chr. 4. 27, (leurs familles) ne s'étaient pas multipliées autant que celles de Juda. — מִן־עַד, עַד־עַד, עַד־וְעַד Depuis jusqu'à, l'un aussi bien que l'autre, tant l'un que l'autre, מִקָּטֹן וְעַד־גָּדוֹל Gen. 19. 11, depuis le plus petit jusqu'au plus grand; מִטּוֹב עַד־רָע Gen. 31. 24, (ne lui dis rien) ni en bien ni en mal; מִגָּדִישׁ וְעַד־קָמָה וְעַד־כֶּרֶם זָיִת Jug. 15. 5, (il brûla) tant le blé qui était en gerbes que celui qui était sur pied, et même les plants d'oliviers (v. à כֶּרֶם); עַד־יְרֵכָהּ עַד־פִּרְחָהּ Nomb. 8. 4, le pied (du chandelier) aussi bien que ses fleurs (ses ornements); וְעַד־חַרְבּוֹ וְעַד־קַשְׁתּוֹ וְעַד־חֲגֹרוֹ I Sam. 18. 4, jusqu'à son glaive, son arc et sa ceinture.

3° *Conj.* Jusqu'à ce que, avec le *prétérit* ou avec le *futur* : עַד־שָׁבוּ הָרֹדְפִים Jos. 2. 22, jusqu'à ce que ceux qui les poursuivaient fussent de retour; עַד־יִגְדַּל שֵׁלָה Gen. 38. 11, jusqu'à ce que Selah soit grand; *plus compl.*: עַד אֲשֶׁר Nomb. 11. 20, עַד כִּי Gen. 26. 13, עַד אִם Gen. 24. 19, עַד אֲשֶׁר אִם Gen. 28. 15, jusqu'à ce que; עַד שֶׁיָּפוּחַ הַיּוֹם Cant. 4. 6, jusqu'à ce que le jour se rafraîchisse (v. à פּוּחַ). — De l'intensité : עַד לֹא־שַׂמְתְּ אֵלֶּה עַל־לִבֵּךְ Is. 47. 7, tellement, au point, que tu n'as point pris ceci à cœur; עַד־דָּוִד הִגְדִּיל I Sam. 20. 41, jusqu'à ce que David pleura plus fort; עַד אֲשֶׁר־עַד־כֹּה בֵּרְכַנִי יְיָ Jos. 17. 14, Dieu m'a béni à ce point, si fort. — Pendant que, avec le *prétérit* et le *futur* : וַיְהִי עַד דִּבֶּר שָׁאוּל I Sam. 14. 19, pendant que Saül parlait; עַד־יְמַלֵּה שְׂחוֹק פִּיךָ Job 8. 21, pendant qu'il remplit, ou il remplira encore, la bouche de joie ; עוֹד זֶה מְדַבֵּר Job 1. 18, pendant que l'un parlait, cet homme parlait encore ; עַד אֲשֶׁר לֹא־יָבֹאוּ יְמֵי הָרָעָה Eccl. 12. 1, avant que les jours de malheur viennent ; עַד־לֹא עָשָׂה אֶרֶץ Prov. 8. 26, lorsqu'il n'avait pas encore fait la terre.

עַד chald. 1° *Prépos.* Durant, jusqu'à : עַד־יוֹמִין תְּלָתִין Dan. 6. 8, pendant, ou dans l'espace de, trente jours ; וּמִן־אֱדַיִן וְעַד־כְּעַן Esdr. 5. 16, depuis cette époque jusqu'à présent. — 2° *Conj.* Pendant que, jusqu'à ce que : עַד דִּי־ שְׁלִטוּ בְהוֹן אַרְיָוָתָא Dan. 6. 25, (pendant que) déjà les lions s'emparèrent d'eux ; עַד דִּי־אֲתָה Dan. 7. 22, jusqu'à ce que vienne ; עַד־דִּבְרַת דִּי־יִנְדְּעוּן חַיַּיָּא Dan. 4. 14, afin que tous les vivants apprennent.

עֵד *m.* (rac. עוד). 1° Témoin : עֵדֵי־שֶׁקֶר Ps. 27. 12, de faux témoins ; תְּחַדֵּשׁ עֵדֶיךָ נֶגְדִּי Job 10. 17, tu renouvelles tes témoins contre moi ; וְאָנֹכִי הַיּוֹדֵעַ וָעֵד Jér. 29. 23, et c'est moi qui le sais, et j'en suis le témoin. — Des objets inanimés : עֵד הַגַּל הַזֶּה Gen. 31. 52, ce monceau (de pierres) est témoin. — 2° Témoignage, preuve : עֵד שָׁקֶר Exod. 20. 13, un faux témoignage ; יְבִאֵהוּ עֵד Exod. 22. 12, il en produira des preuves. — 3° Chef : הֵן עֵד לְאוּמִּים נְתַתִּיו Is. 55. 4, je l'ai institué pour être le chef des nations, ou pour les avertir, diriger.

עֹד (v. עוֹד).

עָדַד (v. עוּד *Pil.* et *Hithp.*).

עָדָה 1° (v. עֲדָה chald.) Passer, traverser. Ex. unique : לֹא־עָדָה עָלָיו שָׁחַל Job 28. 8, le léopard, ou le lion, n'a pas passé par là. — 2° Se revêtir d'ornements, se parer : כִּי־תַעְדִּי עֲדִי־זָהָב Jér. 4. 30, que tu te pares d'ornements d'or ; וְכַכַּלָּה תַּעְדֶּה כֵלֶיהָ Is. 61. 10, comme une épouse qui se pare de ses vêtements ; עוֹד תַּעְדִּי תֻפַּיִךְ Jér. 31. 4, tu paraîtras encore ornée avec tes tambourins (c.-à-d. les tambourins seront pour elle comme un ornement) ; עֲדֵה־נָא גָאוֹן Job 40. 10, revêts-toi de magnificence.

Hiph. 1° Faire passer, éloigner, ôter : מַעֲדֶה־בֶּגֶד בְּיוֹם קָרָה Prov. 25. 20, (comme) celui qui ôte son habit dans un jour, un temps, froid. — 2° Revêtir, parer : וָאַעְדֵּךְ עֶדִי Ez. 16. 11, je te pare d'ornements.

עֲדָה chald. (*fut.* יֶעְדֵּא, יֶעְדֵּה). 1° Aller, venir ; avec בְּ : וְרֵיחַ נוּר לָא עֲדָה בְּהוֹן Dan. 3. 27, l'odeur du feu n'avait pas passé sur eux. Avec מִן S'en aller, se retirer : מַלְכוּתָא עֲדָת מִנָּךְ Dan. 4. 28, le règne se retire de toi, ou : le règne t'est ôté. — 2° Passer, cesser, être abrogé : שָׁלְטָן עָלַם דִּי־לָא יֶעְדֵּה Dan. 7. 14, une domination éternelle qui ne passera, ne cessera point ; כְּדָת־מָדַי וּפָרַס דִּי־לָא תֶעְדֵּא Dan. 6. 9, selon la loi des Mèdes et des Perses, qui ne peut être abrogée, qui est irrévocable.

Aph. Enlever, ôter, renverser : וִיקָרֵהּ הֶעְדִּיו מִנֵּהּ Dan. 5. 20, et on lui ôta (on le dépouilla de) la gloire ; מְהַעְדֵּה מַלְכִין Dan. 2. 21, il détrône les rois.

עָדָה (ornement) *n. pr.* Adah, femme de Lémech, Gen. 4. 19.

עֵדָה *f.* (const. עֲדַת, rac. יָעַד). 1° Assemblée, communauté, *spécial.* du peuple d'Israel : עֲדַת יִשְׂרָאֵל Exod. 12. 3, עֲדַת בְּנֵי־יִשְׂרָאֵל Exod. 16. 1, l'assemblée des Israélites ; de même : עֲדַת יְיָ Nomb. 27. 17, l'assemblée de l'Éternel ; et seul : הָעֵדָה Lév. 4. 15, l'assemblée ; בְּסוֹד יְשָׁרִים וְעֵדָה Ps. 111. 1, dans le conseil, la société, des hommes droits, et dans leur assemblée ; וַעֲדָתוֹ לְפָנַי תִּכּוֹן Jér. 30. 20, son assemblée demeurera affermie devant moi. — 2° Bande, troupe, compagnie, famille : קֹרַח וְכָל־עֲדָתוֹ Nomb. 16. 6, Coré et toute sa bande ; עֲדַת מְרֵעִים Ps. 22. 17, une multitude de gens méchants, malins ; הֲשִׁמּוֹתָ כָּל־עֲדָתִי Job 16. 7, tu as désolé toute ma compagnie, tous ceux qui m'environnaient ; עֲדַת חָנֵף Job 15. 34, la famille de l'hypocrite ; עֲדַת דְּבֹרִים Jug. 14. 8, un essaim d'abeilles.

עֵדָה *f.* (de עֵד, rac. עוד). 1° Témoin, témoignage : וְעֵדָה הַמַּצֵּבָה Gen. 31. 52, cette colonne est témoin ; בַּעֲבוּר תִּהְיֶה־לִּי לְעֵדָה Gen. 21. 30 afin que cela me serve de témoignage.—2° *Pl.* עֵדוֹת Les témoignages de Dieu, ses ordonnances, préceptes : עֵדֹתֶיךָ Ps. 119. 22, 24, 59, tes témoignages, tes préceptes, ou *pl.* de עֵדוּת.

עִדּוֹא et **עִדּוֹ** *n. pr.* 1° Iddo, prophète, II Chr. 12. 15. — 2° Iddo, grand-père du prophète Zacharie, Zach. 1. 1.

עֵדוּת *f.* (rac. עוד, *plur.* עֵדוֹת et עֵדְוֹת). 1° Témoignage, loi, ordonnance : וְאֵת עֵדְוֹתָיו אֲשֶׁר הֵעִיד בָּם II Rois 17. 15, et les témoignages par lesquels il les avertit ; שְׁנֵי לֻחֹת הָעֵדֻת Exod. 31. 18, les deux tables du témoignage, de la loi ; אֲרֹן הָעֵדוּת Exod. 25. 22, l'arche du témoignage, l'arche dans laquelle étaient renfermées les deux tables de la loi ; אֹהֶל הָעֵדֻת Nomb. 18. 2, la tente du témoignage, et מִשְׁכַּן הָעֵדֻת Exod. 38. 21, la demeure du témoignage, le tabernacle ; וַיָּקֶם עֵדוּת בְּיַעֲקֹב Ps. 78. 5, il a établi son témoignage, sa loi, dans Jacob ; וַיִּתֵּן עָלָיו אֶת־הַנֵּזֶר וְאֶת־הָעֵדוּת II Rois 11. 12, il mit sur sa tête le diadème et (il lui donna) le livre de la loi ; selon d'autres : le diadème et les ornements royaux (v. עֲדִי). — Synon. de תּוֹרָה : אֵלֶּה הָעֵדֹת וְהַחֻקִּים Deut. 4. 45, ce sont les préceptes et les statuts ; כִּי עֵדְוֹתֶיךָ שִׂיחָה לִּי Ps. 119. 99, tes préceptes, ordonnances, sont l'objet de mon entretien. — 2° Nom d'un instrument de musique ou d'un genre de cantique : שׁוּשַׁן עֵדוּת Ps. 60. 1, שֹׁשַׁנִּים עֵדוּת 80. 1, sur Susan—Sosanim Eduth ; selon d'autres, עֵדוּת : ornement, instrument précieux.

עֲדִי, *m.* (avec pause עֶדִי, avec suff. עֶדְיִי ; *pl.* עֲדָיִים). 1° Age, vieillesse, *opposé à* נְעוּרִים (v. עַד n° 1). Ex. unique : הַמַּשְׂבִּיעַ בַּטּוֹב עֶדְיֵךְ Ps. 103. 5, qui rassasie ta vieillesse, selon d'autres ta bouche, de biens. — 2° Ornement, parure : עֲדִי־זָהָב Jér. 4. 30, d'ornement d'or ; אֶת־עֶדְיָם Exod. 33. 6, (ils se dépouillèrent) de leurs ornements ; בַּעֲדִי עֲדָיִים Ez. 16. 7, avec le plus bel ornement, ou : dans une beauté parfaite ; עֶדְיוֹ לִבְלוֹם Ps. 32. 9, sa parure (du cheval) sert à le brider, museler ; ou : il faut lui serrer la bouche (avec le mors).

עֲדִי, (v. עַד).

עֲדִיאֵל, (ornement de Dieu) *n. pr. m.* 1° I Chr. 4. 36. — 2° 9. 12. — 3° 27. 25.

עֲדָיָה, (Dieu l'orne) *n. pr.* 1° Edayah, grand-père du roi Josias, II Rois 22. 1. — 2° Plusieurs autres : Esdr., Néh., Chr. ; עֲדָיָהוּ II Chr. 23. 1.

עִדִּים *m. pl.* (*sing.* עֵד, employé dans le Talmud). Souillure. Ex. unique : וּכְבֶגֶד עִדִּים Is. 64. 5, comme un linge, un vêtement, souillé (vêtements des femmes aux époques des menstrues, ou vêtements des lépreux ; rac. עָדַד ou עוד).

עָדִין *adj.* Voluptueux, délicat, plongé dans les délices : שִׁמְעִי־זֹאת עֲדִינָה Is. 47. 8, écoute ceci, toi voluptueuse qui vis dans les délices.

עֲדִינָא, *n. pr.* Adinah, général de l'armée de David, I Chr. 11. 42.

עֲדִינוֹ, *n. pr.* : הוּא עֲדִינוֹ הָעֶצְנִי II Sam. 23, 8, le même est appelé Adino Hæsni, ou l'Esnite ; selon d'autres : il brandit sa lance (v. I Chr. 11. 11).

עֲדִיתַיִם, *n. pr.* d'une ville de la tribu de Juda, Jos. 15. 36.

עַדְלַי *n. pr. m.* I Chr. 27. 29.

עֲדֻלָּם, *n. pr.* d'une ville de la tribu de Juda, Jos. 15. 35 ; עֲדֻלָּמִי Gen. 38. 1, (un homme) d'Adullam ; la caverne d'Adullam, I Sam. 22. 1.

עדן *Kal* inusité. *Hithp.* Vivre dans les délices, se délecter : וַיִּתְעַדְּנוּ בְּטוּבְךָ הַגָּדוֹל Néh. 9. 25, ils se sont délectés de tes grands biens, ou : ils ont vécu dans les délices par ta grande bonté.

עֵדֶן *m.* 1° Volupté, délices : וְנַחַל עֲדָנֶיךָ תַשְׁקֵם Ps. 36. 9, tu les feras boire au fleuve de tes délices ; מִלָּא כְרֵשׂוֹ מֵעֲדָנָי Jér. 51. 34, il a rempli son ventre de ce que j'avais de plus délicieux ; הַמַּלְבִּשְׁכֶם שָׁנִי עִם־עֲדָנִים II Sam. 1. 24, qui vous revêtait de pourpre et de vêtements, ou d'ornements, délicieux; ou, *ellipse :* et qui vous faisait vivre dans les délices. — 2° Une province en Asie : גַּן בְּעֵדֶן Gen. 2. 8, (Dieu planta) un jardin en Eden ; בְגַן־עֵדֶן 2. 15, (Dieu plaça Adam) dans le jardin d'Eden, le paradis terrestre ; וְנָהָר יֹצֵא מֵעֵדֶן 2. 10, un fleuve sortit d'Éden.

עֶדֶן *n. pr. m.* II Chr. 29. 12, 31. 15.

עֶדֶן *n. pr.* Eden, province de la Mésopotamie ou de l'Assyrie, II Rois 19. 12, Is. 37. 12 (v. בֵּית עֶדֶן nom d'une ville).

עֲדֶן, עֲדֶנָּה (contracté de עַד הֵנָּה) Jusqu'à présent, maintenant encore : אֲשֶׁר הֵמָּה חַיִּים עֲדֶנָה Eccl. 4. 2, qui sont encore en vie ; אֲשֶׁר־עֲדֶן לֹא הָיָה vers. 13, qui n'a pas encore été, existé.

עַדְנָא (volupté) *n. pr. m.* Esdr. 10. 30.

עַדְנָה (volupté) *n. pr. m.* 1° I Chr. 12. 20. — 2° II Chr. 17. 14.

עֶדְנָה *f.* Volupté, plaisir, désir : הָיְתָה־לִּי עֶדְנָה Gen. 18. 12, aurais-je encore les désirs, ou le plaisir (d'une jeune femme) ?

עִדָּן chald. *m.* 1° Temps, année : דִּי עִדָּנָא אַנְתּוּן זָבְנִין Dan. 2. 8, que vous voulez gagner du temps ; עַד־זְמַן וְעִדָּן 7. 12, jusqu'au temps et à l'heure, c.-à-d. jusqu'à un certain temps ; שִׁבְעָה עִדָּנִין, Dan. 4. 13, et sept temps, ou sept années ; עַד־עִדָּן וְעִדָּנִין וּפְלַג עִדָּן Dan. 7. 25, jusqu'à un temps, des temps et la moitié d'un temps, ou une année, deux années et la moitié d'une année.

עַדְעָדָה *n. pr.* Adadah, ville de la tribu de Juda, Jos. 15. 22.

עָדַף Être surabondant, être de reste, de plus, en plus grand nombre : הַיְרִיעָה הָעֹדֶפֶת Exod. 26. 12, la couverture qui sera de reste ; וְאֵת כָּל־הָעֹדֵף Exod. 16. 23, et tout ce qui sera de surplus ; וְהֵשִׁיב אֶת־הָעֹדֵף Lév. 25. 27, il rendra le surplus (de l'argent) ; הָעֹדְפִים עַל־הַלְוִיִּם Nomb. 3. 46, qui sont de plus que les lévites, qui excèdent leur nombre.

Hiph. Avoir de reste, davantage : וְלֹא הֶעְדִּיף הַמַּרְבֶּה Exod. 16. 18, celui qui (en) avait pris beaucoup n'en avait pas davantage, de trop.

I עָדַר *Kal* inusité. *Niph.* Manquer, être omis, faire défaut, rester à l'écart : וְלֹא נֶעְדַּר־לָהֶם מִן־הַקָּטֹן וְעַד־הַגָּדוֹל I Sam. 30. 19, il ne leur manqua rien ou pas un seul, depuis le plus petit jusqu'au plus grand ; וַתְּהִי הָאֱמֶת נֶעְדֶּרֶת Is. 59. 15, la vérité manque, elle est laissée de côté, bannie ; מִשְׁפָּטוֹ יִתֵּן לָאוֹר לֹא נֶעְדָּר Soph. 3. 5, il produit son jugement à la lumière, il n'y manque pas ; עַד־אַחַד לֹא־נֶעְדַּר אֲשֶׁר לֹא־עָבַר II Sam. 17. 22, pas un seul ne resta à l'écart, il n'y en eut pas un qui ne passât (le Jourdain).

Pi. Laisser manquer : לֹא יְעַדְּרוּ דָּבָר I Rois 2. 47, ils ne laissaient manquer de rien.

II עָדַר Disposer, mettre en ordre, en rang : עֹדְרֵי מַעֲרָכָה I Chr. 12. 38, disposant l'ordre de la bataille, c.-à-d. rangés en bataille ; וְלַעֲדֹר vers. 33, et de garder le rang, c.-à-d. tous disposés, prêts à combattre.

Niph. Être sarclé : וְלֹא יֵעָדֵר Is. 5. 6, (la vigne) ne sera pas sarclée, ou cultivée, fossoyée (v. מַעְדֵּר).

עֵדֶר *m.* (avec suff. עֶדְרוֹ). Troupeau : וּשְׁמָרוֹ כְּרֹעֶה עֶדְרוֹ Jér. 31. 10, il le gardera comme le berger garde son troupeau ; עֵדֶר עֵדֶר לְבַדּוֹ Gen. 32. 17, chaque troupeau à part ; וַעֲדָרִים לָאֲוֵרוֹת II Chr. 32. 28, et des étables pour les troupeaux, *exact.* et les troupeaux étaient dans les étables ; עֵדֶר יְיָ Jér. 13. 17, le troupeau de l'Éternel, le peuple d'Israel (v. II עָדַר).

עֵדֶר *n. pr.* 1° Eder, ville de la tribu de Juda, Jos. 15. 21. — 2° Eder, fils de Musi, I Chr. 23. 23.

עֶדֶר (troupeau) *n. pr. m.* I Chr. 8. 15.

עַדְרִיאֵל (troupeau de Dieu) *n. pr.* Adriel, gendre du roi Saül, I Sam. 18. 19.

עֲדָשִׁים, *m. pl.* Lentilles : וַעֲדָשִׁים Ez. 4. 9, et des lentilles.

עַוָּא *n. pr.* (v. עִוָּה)

עוּב ou עִיב Kal inusité. *Hiph.* Obscurcir, couvrir de ténèbres : אֵיכָה יָעִיב בְּאַפּוֹ Lament. 2. 1, comment (le Seigneur) a-t-il couvert de sa colère la fille de Sion comme d'une nuée? ou : comment a-t-il, dans sa colère, couvert de ténèbres, etc.?

עוֹבֵד *n. pr.* (v. עֹבֵד).

עוֹבָל *n. pr.* Obal, fils de Joktan, Gen. 10. 28, souche d'un peuple arabe.

עוּג Cuire, faire cuire (v. עֻגָה) : תְּעֻגֶנָּה לְעֵינֵיהֶם Ez. 4. 12, tu feras cuire (le gâteau) devant eux.

עוֹג *n. pr.* Og, roi de Basan, Nomb. 21. 33.

עוּגָב *m.* (une fois עֻגָב Ps. 150. 4). Nom d'un instrument de musique, flûte, Gen. 4. 21 ; וְעֻגָבִי Job 31. 30, et ma flûte.

עוּד *Kal* inusité. *Pi.* עִוֵּד Environner, ou piller. Ex. unique : חֶבְלֵי רְשָׁעִים עִוְּדֻנִי Ps. 119. 61, les bandes des méchants m'environnent, ou : m'ont pillé, dépouillé (v. עַד 1°).

Hiph. הֵעִיד 1° Prendre à témoin, appeler en témoignage, être témoin, déposer en témoignage (contre quelqu'un, ou en sa faveur); avec le *rég. dir.* et avec בְּ : וָאָעֵד עֵדִים Jér. 32. 10, je pris des témoins ; הַעִידֹתִי בָכֶם הַיּוֹם אֶת־הַשָּׁמַיִם וְאֶת־הָאָרֶץ Deut. 4. 26, je prends, j'appelle, à témoin contre vous aujourd'hui le ciel et la terre ; מָה־אֲעִידֵךְ Lament. 2. 13, que puis-je appeler en témoignage, c.-à-d. comme objet de comparaison avec ton état (*cheth.* אֲעוּדֵךְ, forme *Kal*)? יְיָ הֵעִיד בֵּינְךָ וּבֵין אֵשֶׁת נְעוּרֶיךָ Mal. 2. 14, (parce que) l'Éternel est témoin entre toi et la femme de ta jeunesse ; וַיְעִדֻהוּ אַנְשֵׁי הַבְּלִיַּעַל אֶת־נָבוֹת I Rois 21. 13, et ces hommes pervers, méchants, témoignaient contre lui, Naboth ; וְעַיִן רָאֲתָה וַתְּעִידֵנִי Job 29. 11, l'œil qui me voyait rendait témoignage (en ma faveur). — 2° Déclarer formellement, expressément; protester, conjurer, avertir, faire avertir, faire des remontrances : הָעֵד הֵעִד בָּנוּ הָאִישׁ Gen. 43. 3, cet homme nous a expressément déclaré, ou : il nous a avertis ; אֲשֶׁר אָנֹכִי מֵעִיד בָּכֶם הַיּוֹם Deut. 32. 46, (les paroles) que je vous engage, que je vous conjure aujourd'hui (de recommander à vos enfants) ; וַיָּעַד מַלְאַךְ יְיָ בִּיהוֹשֻׁעַ Zach. 3. 6, l'ange de l'Éternel fit cette déclaration à Josué ; שְׁמַע עַמִּי וְאָעִידָה בָּךְ Ps. 81. 9, écoute, ô mon peuple ! je vais t'avertir, ou te déclarer ma volonté ; רֵד הָעֵד בָּעָם Exod. 19. 21, descends et avertis le peuple ; הַשְׁכֵּם וְהָעֵד Jér. 11. 7, (les) avertissant (tous les matins, c.-à-d.) sans cesse ; וַיָּעַד יְיָ בְּיִשְׂרָאֵל II Rois 17. 13, l'Éternel fit avertir Israel (par les prophètes) ; וָאָעִיד בְּיוֹם מִכְרָם צַיִד Néh. 13. 15, je leur fis des remontrances au sujet du jour qu'ils vendaient des comestibles ; avec עַל : עַל־מִי אֲדַבְּרָה וְאָעִידָה Jér. 6. 10, à qui adresserai-je la parole, et qui avertirai-je, ou conjurerai-je (de m'écouter)? — 3° Prescrire, ordonner : אֲשֶׁר הַעִידֹתָ בָּהֶם Néh. 9. 34, (ils n'ont point écouté les commandements et les prescriptions) que tu leur as donnés.

Hoph. Être averti : וְהוּעַד בִּבְעָלָיו Exod. 21. 29, et qu'il ait été déclaré à ses maîtres, et que les maîtres en aient été avertis.

Pol. עוֹדֵד Relever, soutenir, protéger : יָתוֹם וְאַלְמָנָה יְעוֹדֵד Ps. 146. 9, il relève, protége, l'orphelin et la veuve ; *part.* מְעוֹדֵד 147. 6, protégeant.

Hithp. Se redresser : וַאֲנַחְנוּ קַּמְנוּ וַנִּתְעוֹדָד Ps. 20. 9, nous nous sommes relevés et nous restons debout, fermes.

עוֹד (*rarement* עֹד) *adv.* Encore, encore une fois, de nouveau, encore plus, beaucoup, continuellement : עוֹד הַיּוֹם גָּדוֹל Gen. 29. 7, le jour est encore long ; וַיֹּאמֶר יְיָ לוֹ עוֹד Exod. 4. 6, Dieu lui dit encore ; יָמִים עוֹד שִׁבְעָה Gen. 7. 4, encore sept jours, c.-à-d. au bout de sept jours ; וַתָּרָץ עוֹד אֶל־הַבְּאֵר Gen. 24. 20, elle courut encore une fois vers le puits ; וַתַּהַר עוֹד Gen. 29. 33, elle conçut de nouveau ; תֵּן לָהֶם וְיָחֹם

יוסף עוד Prov. 9. 9, donne (de l'instruction) au sage, et il en deviendra encore plus sage ; עוד מְעַט Exod. 17. 4, encore un peu, il s'en faut peu ; וַיֵּבְךְּ עַל־צַוָּארָיו עוד Gen. 46. 29, il pleura longtemps à son cou (entre ses bras) ; עוד יְהַלְלוּךָ Ps. 84. 5, ils te loueront sans cesse, éternellement ; עֹד כָּל־יְמֵי הָאָרֶץ Gen. 8. 22, dorénavant, tant que la terre durera. — כָּל עוד Tout le temps que, tant que : כָּל־עוֹד נִשְׁמָתִי בִי Job 27. 3, tant que j'aurai un souffle de vie ; כִּי־כָל־עוֹד נַפְשִׁי בִּי II Sam. 1. 9, car tant qu'il y aura un souffle en moi (je pourrai tomber entre les mains de mes ennemis) ; selon d'autres : car je suis encore plein de vie. — Avec une négation, ne — plus : לֹא אֹסִף לְקַלֵּל עוֹד אֶת־הָאֲדָמָה Gen. 8. 21, je ne maudirai plus la terre ; לֹא־אוּכַל עוֹד לָצֵאת וְלָבוֹא Deut. 31. 2, je ne puis plus marcher à votre tête, vous conduire ; כִּי לֹא עַל־אִישׁ יָשִׂים עוֹד Job 34. 23, il n'impose pas trop à l'homme, ne l'accable pas trop ; וְאֵין עוֹד Joel 2. 27, il n'y en a point d'autre.

Avec suff. : וְלֹא אִם־עוֹדֶנִּי חָי I Sam. 20. 14, et non pas (je ne te demande pas cette faveur) pour le temps que je serai encore en vie ; כִּי עוֹדְךָ חָי Gen. 46. 30, que tu vis encore ; הַעוֹדֶנּוּ חָי Gen. 43. 27, vit-il encore ? עוֹדָם מְדַבְּרִים עִמּוֹ Esth. 6. 14, pendant qu'ils lui parlaient encore.

Avec des *préposit.* : בְּעוֹד Lorsqu'encore, pendant, au bout de : בְּעֹד יוֹמָם Jér. 15. 9, lorsqu'il était encore jour, en plein jour ; בְּעוֹד הַיֶּלֶד חַי II Sam. 12. 22, lorsque l'enfant vivait encore ; בְּעוֹד שְׁלֹשֶׁת יָמִים Gen. 40. 13, au bout de, dans trois jours ; בְּעוֹדִי Ps. 104. 33, tant que j'existerai ; בְּעוֹדֶנִּי חַי Deut. 31. 27, pendant que j'ai vécu (au milieu de vous) ; בְּעוֹדָהּ בְּכַפּוֹ Is. 28. 4, pendant qu'elle est encore dans sa main ; מֵעוֹדִי Gen. 48. 15, depuis que j'existe ; מֵעוֹדְךָ Nomb. 22. 30, depuis que tu existes, ou depuis ta jeunesse.

עוֹדֵד *n. pr.* 1° Oded, père du prophète Azariahu, II Chr. 15. 1 ; ou lui-même prophète, v. 15. 8. — 2° Oded, prophète, 28. 9.

עִוָּא (v. עַוָּה).

עָוָה Pécher, faillir, agir contre le devoir : חָטָאנוּ וְעָוִינוּ Dan. 9. 5, nous avons péché et nous avons failli, commis l'iniquité ; לֹא עַל־הַמֶּלֶךְ לְבַדּוֹ עָוְתָה וַשְׁתִּי Esth. 1. 16, ce n'est pas envers le roi seul que (la reine) Wasthi a mal agi, ce n'est pas le roi seul qu'elle a offensé (ou de la rac. עָוַת).

Niph. 1° Être courbé, être ployé : נַעֲוֵיתִי שַׁחֹתִי עַד־מְאֹד Ps. 38. 7, je suis tout courbé (par les souffrances) et extrêmement abattu ; נַעֲוֵיתִי מִשְּׁמֹעַ Is. 21. 3, je suis trop courbé (par la douleur, j'éprouve de trop violentes convulsions) pour entendre ; ou : ce que j'entends me cause des convulsions. — 2° Être perverti : וְנַעֲוֵה־לֵב Prov. 12. 8, celui qui a le cœur perverti ; בֶּן־נַעֲוַת הַמַּרְדּוּת I Sam. 20. 30, fils d'une (mère) perverse et rebelle.

Pi. Renverser, bouleverser : נְתִיבֹתַי עִוָּה Lament. 3. 9, il a bouleversé mes sentiers (il les a rendus impraticables) ; וְעִוָּה פָנֶיהָ Is. 24. 1, il changera, bouleversera, la surface (de la terre).

Hiph. Renverser, bouleverser, pervertir, faillir, faire mal, commettre des crimes : הֶעֱווּ אֶת־דַּרְכָּם Jér. 3. 21, ils ont perverti leur voie, l'ont rendue mauvaise, criminelle ; וְיָשָׁר הֶעֱוֵיתִי Job 33. 27, j'ai fait violence à la justice, ou : j'ai été pervers (v. à יָשָׁר) ; הֶעֱוִינוּ הִרְשָׁעְנוּ Ps. 106. 6, nous avons failli, commis l'iniquité, nous avons été coupables ; וְאַל־תִּזְכֹּר אֵת אֲשֶׁר הֶעֱוָה עַבְדְּךָ II Sam. 19. 20, ne te souviens pas (du mal) de l'offense que ton serviteur a faite ; הַעֲוֵה נִלְאוּ Jér. 9. 4, ils s'efforcent à commettre des crimes ; בְּהַעֲוֺתוֹ וְהֹכַחְתִּיו II Sam. 7. 14, s'il fait mal, s'il commet quelque crime, je le corrigerai.

עַוָּה et עִוָּא *n. pr.* d'une ville assyrienne, II Rois 18. 34, 17. 24 ; וְהָעַוִּים 17. 31, les habitants de Awah.

עַוָּה *f.* Dévastation, ruine : עַוָּה עַוָּה אֲשִׂימֶנָּה

Ez. 21. 32, j'en ferai une dévastation, une ruine.

עָוֹן (v. עָוֹן).

* עִוּוּת f. Fausseté, iniquité : עִוּוּת הַדִּין Aboth, fausseté, iniquité, des jugements.

עוֹן (v. עֹן).

עוּז Fuir, se réfugier : לָעוֹז בְּמָעוֹז פַּרְעֹה Is. 30. 2, se réfugier sous la protection de Pharaon ; ou de la racine עָזַז.

Hiph. Se réfugier, s'assembler, fuir pour se mettre en sûreté : הָעִיזוּ בְּנֵי בִנְיָמִן מִקֶּרֶב יְרוּשָׁלִַם Jér. 6. 1, fils de Benjamin, fuyez du milieu de Jérusalem, ou assemblez-vous pour sortir, etc. ; הֵעִיזוּ Is. 10. 31, ils se sont assemblés pour se réfugier (dans un endroit fort) ; שְׁלַח הָעֵז אֶת־מִקְנְךָ Exod. 9. 19, envoie et fais mettre en sûreté ton bétail.

עַוִּי (*pl.* עַוִּים) Nom d'un peuple chananéen, les Avéens, Deut. 2. 23.

עֲוָיָא ou עִוְיָא chald. *f.* Perversité. *Plur.* : וַעֲוָיָתָךְ Dan. 4. 24, (rachète) tes iniquités.

I עֲוִיל, *adj.* Impie, injuste (v. עַוָּל) : יַסְגִּירֵנִי אֵל אֶל עֲוִיל Job 16. 11, Dieu m'a livré au pouvoir de l'homme injuste.

II עֲוִיל, *m.* (v. עוּל). Nourrisson, jeune enfant : יְשַׁלְּחוּ כַצֹּאן עֲוִילֵיהֶם Job 21. 11, ils envoient au dehors leurs enfants comme des troupeaux de brebis ; גַּם־עֲוִילִים מָאֲסוּ בִי Job 19. 18, même de jeunes enfants, ou même des hommes pervers (v. I עֲוִיל), me méprisent.

עַוִּים 1° *N. pr.* d'une ville de la tribu de Benjamin, avec l'*art.*, Jos. 18. 23. — 2° *Plur.* de עַוָּה et de עַוִּי.

עֲוִית, (ruines) *n. pr.* Ville dans Edom, Gen. 36. 35.

עָוַל *Kal* inusité. *Pi.* עִוֵּל Agir injustement, avec impiété : יְעַוֵּל Is. 26. 10, il fait des actions injustes ; *part.* : מִכַּף מְעַוֵּל וְחוֹמֵץ Ps. 71. 4, des mains de l'homme injuste et violent.

עַוָּל *adj.* Pervers, impie, injuste : וְלֹא־יוֹדֵעַ עַוָּל בֹּשֶׁת Soph. 3. 5, mais l'injuste, l'impie, ne connaît point de honte ; כְּעַוָּל Job 27. 7, comme un homme injuste.

עָוֶל *m.* (const. עֶוֶל, avec suff. עַוְלוֹ). Iniquité, injustice, déloyauté : לֹא־תַעֲשׂוּ עָוֶל בַּמִּשְׁפָּט Lév. 19. 15, vous ne ferez pas d'injustice dans vos jugements ; וְהִתְעִיבוּ עָוֶל Ps. 53. 2, ils ont commis des iniquités, des crimes abominables ; אִישׁ עָוֶל Prov. 29. 27, l'homme inique ; בְּעֶוֶל רְכֻלָּתְךָ Ez. 28. 18, par l'iniquité, la déloyauté, de ton commerce.

עוּל (*part.* עָלוֹת seul usité) Allaiter. Des femelles des animaux : וְהַצֹּאן וְהַבָּקָר עָלוֹת עָלָי Gen. 33. 13, et que j'ai avec moi des brebis et des vaches qui allaitent ; מֵאַחַר עָלוֹת הֱבִיאוֹ Ps. 78. 71, il l'a pris lorsqu'il suivait, c.-à-d. paissait, les bêtes qui allaitaient.

עוּל *m.* Nourrisson, enfant : הֲתִשְׁכַּח אִשָּׁה עוּלָהּ Is. 49. 15, la femme oublie-t-elle son enfant qu'elle allaite ? עוּל יָמִים וְזָקֵן Is. 65. 20, (ni) jeune enfant ni vieillard (v. עוֹלֵל).

עַוְלָה *f.* (v. עָוֶל). Iniquité, crime, méchanceté : בְּנֵי־עַוְלָה II Sam. 7. 10, les enfants d'iniquité, les hommes iniques ; וְכָל־עַוְלָה קָפְצָה פִּיהָ Ps. 107. 42, et toute iniquité fermera la bouche ; avec ה parag. : וְלֹא־עַוְלָתָה בּוֹ Ps. 92. 16, il n'y a point en lui d'injustice ; *contracté* : וְעֹלָתָה Job 5. 16, et l'iniquité ; *plur.* : אַף־בְּלֵב עוֹלֹת תִּפְעָלוּן Ps. 58. 3, même dans votre cœur vous formez des desseins iniques ; יַחְפְּשׂוּ־עוֹלֹת Ps. 64. 7, ils cherchent, méditent, des crimes (v. עַלְוָה).

עוֹלָה (v. עֹלָה).

עוֹלֵל et עוֹלָל (*pl.* עוֹלָלִים et עֹלָלִים, avec suff. עֹלָלֶיהָ, עֹלְלֵיכֶם) Enfant, jeune enfant : עוֹלָלֶיהָ הָלְכוּ שְׁבִי Lament. 1. 5, ses jeunes enfants s'en vont captifs ; עוֹלֵל וְיוֹנֵק 2. 11, les petits enfants et ceux qui étaient encore au sein de leur mère. Une fois de l'enfant avant sa naissance : כְּעֹלְלִים לֹא־רָאוּ אוֹר Job 3. 16, comme des enfants conçus qui n'ont pas encore vu le jour.

עוֹלְלוֹת (v. עֹלֵלוֹת).

עוֹלָם et **עֹלָם** *m.* (*pl.* עוֹלָמִים, rac. עָלַם). Temps caché, inconnu. 1° Éternité, qui n'a ni commencement ni fin : אֵל עוֹלָם Gen. 21. 33, Dieu de l'éternité, Dieu éternel ; בְּחֵי הָעוֹלָם Dan. 12. 7, par celui qui vit éternellement ; וּמֵעוֹלָם עַד־עוֹלָם אַתָּה אֵל Ps. 90. 2, d'éternité en éternité, de siècle en siècle, tu es Dieu ; מֹשֵׁל בִּגְבוּרָתוֹ עוֹלָם Ps. 66. 7, il règne dans tous les siècles par sa puissance ; הֲלִיכוֹת עוֹלָם לוֹ Hab. 3. 6, la direction, la marche, des siècles ou du monde, vient de lui (v. le même exemple à הֲלִיכָה) ; וּמִתַּחַת זְרֹעֹת עוֹלָם Deut. 33. 27, et au-dessous (sur la terre) les bras éternels (te soutiendront) ; יְיָ מֶלֶךְ עוֹלָם וָעֶד Ps. 10. 16, l'Éternel est roi éternellement ; גַּם אֶת־הָעֹלָם נָתַן בְּלִבָּם Eccl. 3. 11, bien qu'il leur ait mis dans le cœur l'idée de l'éternité (ou l'étude, ou le désir, des choses de ce monde) ; וְהָאָרֶץ לְעוֹלָם עֹמָדֶת Eccl. 1. 4, mais la terre demeure toujours ; וְיָשְׁנוּ שְׁנַת־עוֹלָם Jér. 51. 39, afin qu'ils dorment d'un sommeil éternel (du sommeil de la mort) ; בֵּית עוֹלָמוֹ Eccl. 12. 5, sa maison éternelle, la tombe ; אֵלֶּה לְחַיֵּי עוֹלָם Dan. 12. 2, ceux-ci (se réveilleront) pour la vie éternelle.

2° Siècles passés, reculés, temps anciens : יְמוֹת עוֹלָם Deut. 32. 7, (pense) aux siècles anciens, aux temps passés ; חָרְבוֹת עוֹלָם Is. 58. 12, des lieux déserts depuis des siècles ; כְּמֵתֵי עוֹלָם Ps. 143. 3, comme ceux qui sont morts depuis très longtemps ; אֶל־עַם עוֹלָם Ez. 26. 20, auprès du peuple du temps passé, de ceux qui sont morts depuis longtemps ; לִנְתִבוֹת עוֹלָם Jér. 6. 16, les anciens sentiers ; מֵעוֹלָם אַנְשֵׁי הַשֵּׁם Gen. 6. 4, des hommes renommés déjà dans l'antiquité ; זִכְרוּ רִאשֹׁנוֹת מֵעוֹלָם Is. 46. 9, rappelez-vous les choses passées depuis longtemps ; מֵעוֹלָם שָׁבַרְתִּי עֻלֵּךְ Jér. 2. 20, j'ai brisé ton joug depuis longtemps, depuis le commencement.

3° Temps à venir (plus ou moins limité), un temps fort long, toute la durée de la vie d'un homme : לְעוֹלָם לֹא־אֶשְׁכַּח פִּקּוּדֶיךָ Ps. 119. 93, jamais (tant que je vivrai) je n'oublierai tes commandements ; עֶבֶד עוֹלָם Deut. 15. 17, un esclave pour toujours, c.-à-d. jusqu'au jubilé ; וְשַׁלְוֵי עוֹלָם Ps. 73. 12, et qui jouissent d'une paix, d'une prospérité, constante, ou les heureux du monde ; וְצַדִּיק יְסוֹד עוֹלָם Prov. 10. 25, mais le juste est comme un fondement durable ; וְשִׂמְחַת עוֹלָם Is. 35. 10, et une joie durable, éternelle ; עוֹלָם חֶסֶד יִבָּנֶה Ps. 89. 3, que ta grâce demeurera stable à jamais ; גְּאֻלַּת עוֹלָם תִּהְיֶה לַלְוִיִּם Lév. 25. 32, les lévites ont un droit de rachat perpétuel, ils seront toujours en droit de racheter (leurs maisons).

עַד־עוֹלָם A jamais, la vie durant, longtemps : עַד־עוֹלָם אָכִין זַרְעֶךָ Ps. 89. 5, j'affermirai pour jamais ta race ; וְיָשַׁב שָׁם עַד־עוֹלָם I Sam. 1. 22, et qu'il y demeure toujours, sa vie durant ; *plur.* : שְׁנוֹת עוֹלָמִים Ps. 77. 6, les années des temps passés ; מַלְכוּת כָּל־עֹלָמִים Ps. 145. 13, le règne de toute l'éternité, de tous les siècles ; כְּבָר הָיָה לְעֹלָמִים Eccl. 1. 10, cela a déjà été dans les temps, les siècles (qui se sont passés avant nous) ; עַד־עוֹלְמֵי עַד Is. 45. 17, dans tous les siècles, éternellement ; צוּר עוֹלָמִים Is. 26. 4, le rocher éternel.

4° Univers, monde (v. plus haut les exemples, Hab. 3. 6, Eccl. 3. 11, Ps. 73. 12, et souvent dans le Talmud et en chald.) : מֶלֶךְ הָעוֹלָם Rituel, roi de l'univers ; עוֹלָם הַבָּא Rituel, le monde à venir.

עון (v. עִין).

עָוֹן *m.* (*rarement* עָווֹן, const. עֲוֹן, עֲוֹן, *pl.* עֲוֹנוֹת, avec suff. עֲוֹנֹתַי et עֲוֹנֵינוּ, rac. עָוָה). 1° Péché, faute, crime, iniquité : וְסָלַחְתָּ לַעֲוֹנֵנוּ Exod. 34. 9, pardonne nos iniquités ; וַעֲוֹנֹתֵינוּ יְדַעֲנוּם Is. 59. 12, nous reconnaissons nos iniquités, nos fautes ; עָוֹן פְּלִילִי Job 31. 28, un crime que les juges devraient punir ; עֲוֹנוֹת חָרֶב Job 19. 29, des crimes qui seront châtiés par le glaive ; כִּי לֹא־שָׁלֵם עֲוֹן הָאֱמֹרִי Gen. 15. 16, l'iniquité des Amorrhéens n'est pas (encore) au comble ; בְּאָסְרָם לִשְׁתֵּי עֹונֹתָם Osée 10. 10, lorsque je les punirai pour leur double péché (les deux idoles) ; *cheth.* עוֹנָתָם (v. מַעֲנֶה

sillon) lorsqu'ils s'attacheront eux-mêmes pour tracer deux sillons, allusion aux deux royaumes de Juda et d'Ephraïm.

2° Peine, châtiment d'une faute : עֲוֹן אַשְׁמָה Lév. 22. 16, la peine de leur péché ; וּמְצָאָנוּ עָוֺן II Rois 7. 9, un châtiment nous atteindrait, nous serions punis ; פֶּן־תִּסָּפֶה בַּעֲוֺן הָעִיר Gen. 19. 15, pour que tu ne périsses dans le châtiment, la ruine, de la ville ; כָּשַׁל בַּעֲוֹנִי כֹחִי Ps. 31. 11, ma force est affaiblie par le châtiment (de mes fautes) ; גָּדוֹל עֲוֹנִי מִנְּשׂוֹא Gen. 4. 13, mon châtiment est trop grand pour pouvoir être supporté.

עוֹנָה *f.* Cohabitation, devoir conjugal : שְׁאֵרָהּ כְּסוּתָהּ וְעֹנָתָהּ Exod. 21. 10, (il ne diminuera pas pour la première) ni la nourriture, ni les vêtements, ni le devoir conjugal qu'il lui doit.

עִוְעִים *m. pl.* (rac. עָוָה). Perversité, égarement, vertige. Ex. unique : רוּחַ עִוְעִים Is. 19. 14, esprit de vertige.

עוּף 1° Voler, s'envoler, disparaître : כְּצִפֳּרִים עָפוֹת Is. 31. 5, comme des oiseaux qui volent (sur leurs petits), couvrent (leurs petits) de leurs ailes ; מֵחֵץ יָעוּף יוֹמָם Ps. 91. 5, de la flèche qui vole durant le jour ; d'une armée : וְעָפוּ בְכָתֵף פְּלִשְׁתִּים Is. 11. 14, ils voleront sur les épaules des Philistins (v. à כָּתֵף) ; יַגְבִּיהוּ עוּף Job 5. 7, ils volent haut ; כַּחֲלוֹם יָעוּף Job 20. 8, il s'envolera, s'évanouira, comme un songe ; וַנָּעֻפָה Ps. 90. 10, et nous nous envolons, nous disparaissons. — 2° Être obscurci, couvert de ténèbres. Ex. unique : תָּעֻפָה כַּבֹּקֶר תִּהְיֶה Job 11. 17, bien que tu sois couvert de ténèbres, c.-à-d. accablé de maux, (bientôt) tu deviendras semblable à l'aurore ; ou, *subst.* : l'obscurité deviendra semblable à l'aurore (v. עֵיפָה). — 3° (v. עָיֵף) Être épuisé, fatigué, abattu, tomber en défaillance ; וַיָּעַף הָעָם מְאֹד I Sam. 14. 31, le peuple fut extrêmement fatigué, abattu ; וַיָּעַף וַיָּמֹת Jug. 4. 21, il tomba en défaillance et il mourut ; ou : (elle le frappa pendant qu'il dormait) ayant été très fatigué, et ainsi il mourut. (וַיָּעַף, pour le distinguer de וַיָּעָף il s'envola.)

Pi. 1° Voler : וְעוֹף יְעוֹפֵף עַל־הָאָרֶץ Gen. 1. 20, que les oiseaux volent sur la terre ; *part.* : וְשָׂרָף מְעוֹפֵף Is. 30. 6, et un dragon volant. — 2° Agiter, faire étinceler. Ex. unique : בְּעוֹפְפִי חַרְבִּי עַל־פְּנֵיהֶם Ez. 32. 10, quand j'agiterai, quand je brandirai, mon glaive devant leur face.

Hiph. : הֲתָעִיף עֵינֶיךָ בּוֹ Prov. 23. 5, jetterais-tu les yeux, lèverais-tu les yeux, sur ce (qui bientôt ne sera plus) ?

Hithp. S'envoler : כָּעוֹף יִתְעוֹפֵף כְּבוֹדָם Osée 9. 11, leur gloire s'envolera aussi vite qu'un oiseau.

עוֹף *m.* Oiseau : כָּל־עוֹף טָהוֹר Deut. 14. 20, tout oiseau qui est pur ; *collect.* : עוֹף הַשָּׁמַיִם Gen. 30. 1, les oiseaux sous le ciel.

עוֹף chald. *m.* Oiseau, Dan. 2. 38.

עוּץ Conseiller (v. à יָעַץ).

עוּץ *n. pr.* 1° Us, fils d'Aram, Gen. 10. 23. — 2° Le pays d'Us, Job 1. 1, Jér. 25. 20.

עוּק ou **עִיק** *Kal* inusité.

Hoph. Peser, presser. Ex. unique : אָנֹכִי מֵעִיק תַּחְתֵּיכֶם כַּאֲשֶׁר תָּעִיק הָעֲגָלָה Amos 2. 13, je vous presserai, foulerai, comme le chariot (plein de gerbes) pèse (sur le lieu où il passe).

עָוַר *Kal* inusité. *Pi.* עִוֵּר Rendre aveugle, aveugler : וְאֶת־עֵינֵי צִדְקִיָּהוּ עִוֵּר II Rois 25. 7, on creva les yeux à Sédécias ; *au fig.* : הַשֹּׁחַד יְעַוֵּר פִּקְחִים Exod. 23. 8, les dons corrupteurs aveuglent même les plus éclairés.

עִוֵּר *adj.* (*pl.* עִוְרִים). Aveugle : וְלִפְנֵי עִוֵּר Lév. 19. 14, et devant l'aveugle (tu ne mettras point, etc.) ; מִי עִוֵּר כִּי אִם־עַבְדִּי Is. 42. 19, qui est aveugle, sinon mon serviteur ? צֹפָיו עִוְרִים כֻּלָּם Is. 56. 10, toutes ses sentinelles sont aveugles ; *f. pl.* : עֵינַיִם עִוְרוֹת Is. 42. 7, les yeux aveugles (pour : les yeux des aveugles).

I **עוּר** (*fut.* יָעוּר, *part.* עֵר) 1° *Intrans.* Être éveillé, veiller, se réveiller, se lever, sortir de l'assoupissement, prendre courage : אֲנִי יְשֵׁנָה וְלִבִּי עֵר Cant. 5. 2, je dormais, mais mon cœur veillait ; עֵר וְעֹנֶה Mal. 2. 12, qui veille et qui répond, c.-à-d. toute âme qui s'agite, qui vit ; d'autres traduisent : fils et petit-fils, ou : maître et disciple ; עוּרָה Ps. 44. 24, réveille-toi ; עוּרָה לִקְרָאתִי וּרְאֵה Ps. 59. 5, réveille-toi pour venir au-devant de moi, et considère (mon état) ; עוּרִי צָפוֹן Cant. 4. 16, lève-toi, ô aquilon ! עוּרִי עוּרִי דְּבוֹרָה Jug. 5. 12, réveille-toi, ranime-toi, Deborah ; חֶרֶב עוּרִי עַל־רֹעִי Zach. 13. 7, ô épée, réveille-toi contre mon pasteur ! וְעוּרָה אֵלַי מִשְׁפָּט צִוִּיתָ Ps. 7. 7, réveille-toi en ma faveur, (pour exercer) la justice que tu as ordonnée. — 2° *Trans.* Éveiller, réveiller : לֹא־אַכְזָר כִּי יְעוּרֶנּוּ Job 41. 2, il n'est pas si intrépide qu'il le réveille.

Niph. נֵעוֹר (*fut.* יֵעוֹר) Être réveillé, se réveiller, s'élever : וְלֹא יֵעֹרוּ מִשְּׁנָתָם Job 14. 12, ils ne seront pas réveillés de leur sommeil ; וְסַעַר גָּדוֹל יֵעוֹר מִיַּרְכְּתֵי־אָרֶץ Jér. 25. 32, et un grand tourbillon s'élèvera des extrémités de la terre ; יֵעוֹרוּ וְיַעֲלוּ הַגּוֹיִם Joel 4. 12, que les peuples se réveillent et qu'ils montent (à la vallée, etc.) ; כִּי נֵעוֹר מִמְּעוֹן קָדְשׁוֹ Zach. 2. 17, car il s'est réveillé (il s'est avancé) de sa sainte demeure.

Pil. עוֹרֵר 1° Réveiller, ranimer, exciter : וְאִם־תְּעוֹרְרוּ אֶת־הָאַהֲבָה Cant. 2. 7, que vous ne réveilliez point celle que j'aime ; עוֹרְרָה אֶת־גְּבוּרָתֶךָ Ps. 80. 3, réveille ta puissance ; עוֹרֵר לְךָ רְפָאִים Is. 14. 9, il a réveillé, ranimé, les morts devant toi, ou à cause de toi ; הָעֲתִידִים עֹרֵר לִוְיָתָן Job 3. 8, ceux qui sont disposés à susciter Léviathan (à évoquer le mal, v. à לִוְיָתָן) ; וְעוֹרַרְתִּי בָנַיִךְ צִיּוֹן עַל־בָּנַיִךְ יָוָן Zach. 9. 13, j'exciterai tes fils, ô Sion ! contre tes fils, ô Javan ! — 2° Agiter, secouer : וְהוּא עוֹרֵר אֶת־חֲנִיתוֹ II Sam. 23. 18, il agita, brandit, sa lance (contre trois cents hommes) ; וְעוֹרֵר עָלָיו יְיָ צְבָאוֹת שׁוֹט Is. 10. 26, l'Éternel Zebaoth agitera contre lui un fouet.

Hiph. 1° *Intrans.* Se réveiller, se ranimer : אָעִירָה שָּׁחַר Ps. 57. 9, je me réveillerai à l'aube du jour ; הָעִירָה וְהָקִיצָה לְמִשְׁפָּטִי Ps. 35. 23, ranime-toi et lève-toi pour me faire justice : avec עַל veiller sur : כִּי־עַתָּה יָעִיר עָלֶיךָ Job 8. 6, certes à l'instant il veillera sur toi. — 2° *Trans.* Réveiller, exciter, ranimer, susciter : כְּנֶשֶׁר יָעִיר קִנּוֹ Deut. 32. 11, comme l'aigle excite son nid, c.-à-d. ses petits (à voler) ; וַיְעִירֵנִי Zach. 4. 1, il me réveilla ; יָעִיר לִי אֹזֶן Is. 50. 4, il me (réveille) touche l'oreille (afin que j'écoute) ; בָּעִיר צַלְמָם תִּבְזֶה Ps. 73. 20, en les réveillant, ou en te réveillant (pour בְּהָעִיר), tu confondras leur vaine image, leur éclat apparent ; selon d'autres : tu rendras méprisable leur image dans la ville ; הִנְנִי מְעִירָם מִן־הַמָּקוֹם Joel 4. 7, je les réveillerai, je les ferai revenir, du lieu (de leur exil) ; יִשְׁבּוֹת מֵעִיר Osée 7. 4, celui qui attise le feu se repose (depuis, etc.) ; ou : le boulanger cesse d'éveiller, d'exciter (à apporter du pain), pour מֵהָעִיר ; selon d'autres : la passion qui les excite se repose (depuis, etc., c.-à-d. fort peu de temps) ; יָעִיר קִנְאָה Is. 42. 13, il excitera, réveillera, sa jalousie, sa colère ; הָעִירוּ הַגִּבּוֹרִים Joel 4. 9, excitez, animez, les vaillants (au combat) ; הִנְנִי מֵעִיר עֲלֵיהֶם אֶת־מָדָי Is. 13. 17, je susciterai contre eux les Mèdes ; הַעִירוֹתִי מִצָּפוֹן וַיַּאת Is. 41. 25, je l'ai suscité du nord et il est arrivé ; avec רוּחַ : הֵעִיר יְיָ אֶת־רוּחַ כֹּרֶשׁ Esdr. 1. 1, Dieu réveilla l'esprit, toucha le cœur, de Cyrus ; הִנְנִי מֵעִיר עַל־בָּבֶל — רוּחַ מַשְׁחִית Jér. 51. 1, je susciterai contre Babylone — un esprit de destruction.

Hithp. 1° Se réveiller, s'élever : מִתְעוֹרֵר לְהַחֲזִיק בָּךְ Is. 64. 6, (personne) qui se réveille pour s'attacher fermement à toi ; וְנָקִי עַל־חָנֵף יִתְעֹרָר Job 17. 8, que l'innocent s'élève contre l'hypocrite. — 2° Sauter de joie : וְהִתְעֹרַרְתִּי כִּי־מְצָאוֹ רָע Job 31. 29, si j'ai sauté de joie lorsqu'il lui est arrivé un malheur.

II עוּר *Kal* inusité (v. עָרָה). *Niph.* Être nu, se dépouiller : עֶרְיָה תֵעוֹר קַשְׁתֶּךָ Hab. 3. 9, ton arc est tout à fait à nu, c.-à-d. tu signales ta force (עֶרְיָה *subst.*, nudité).

עוּר chald. *m.* Menue paille. Ex. unique : כְּעוּר Dan. 2. 35, comme la menue paille.

עוֹר et **עֹר** *m.* (*pl.* עֹרוֹת). Peau (de l'homme et du bétail), cuir : הִוא שִׂמְלָתוֹ לְעֹרוֹ Exod. 22. 26, c'est son vêtement pour couvrir sa peau ; עוֹר פָּנָיו 34. 29, la peau de son visage ; בְּעוֹר שִׁנָּי Job 19. 20, avec la peau de mes dents, c.-à-d. mes gencives (v. l'exemple à מלט *Hithp.*) ; כָּתְנוֹת עוֹר Gen. 3. 21, des habits de peau ; וְאֶת־מִכְסֵה עוֹרֹת הָאֵילִם Exod. 39. 34, et la couverture de peaux de béliers ; כְלִי־עוֹר Lév. 13. 49, une chose faite de peau ou de cuir ; מְלֶאכֶת עוֹר vers. 48, un travail fait de peau ; *poét.* : עוֹר בְּעַד־עוֹר Job 2. 4, (l'homme donnera) peau pour peau, c.-à-d. la vie pour la vie ; בַּדֵּי עוֹרוֹ Job 18. 13, les membres de sa peau, c.-à-d. de son corps.

עִוָּרוֹן *m.* Aveuglement, cécité : וּבְעִוָּרוֹן Deut. 28. 28, (Dieu te frappera de frénésie) et d'aveuglement ; אַכֶּה בַּעִוָּרוֹן Zach. 12. 4, je frapperai d'aveuglement.

עַוֶּרֶת *subst. f.* Cécité. Ou *adj. f.* Aveugle : עַוֶּרֶת Lév. 22. 22, une bête frappée de cécité, ou qui a un œil aveugle.

עֲוָרִים, *m. pl.*, *cheth.* pour עֲיָרִים des ânes, Is. 30. 6.

עוּשׁ S'assembler. Ex. unique : עוּשׁוּ וָבֹאוּ כָל־הַגּוֹיִם Joel 4. 11, assemblez-vous et venez tous les peuples ; ou, synonyme de חוּשׁ : hâtez-vous.

עות *Kal* inusité. *Pi.* עִוֵּת Courber, rendre oblique, faire pencher : מִי יוּכַל לְתַקֵּן אֵת אֲשֶׁר עִוְּתוֹ Eccl. 7. 13, qui peut redresser ce qu'il a courbé, renversé ; וְדֶרֶךְ רְשָׁעִים יְעַוֵּת Ps. 146. 9, il rend oblique, renverse, la voie des méchants (il les égare) ; וּלְעַוֵּת מֹאזְנֵי מִרְמָה Amos 8. 5, et en penchant la balance pour la rendre fausse. Souvent faire pencher, violer le droit, la justice : וְשַׁדַּי לֹא־יְעַוֵּת מִשְׁפָּט Job 34. 12, et le Tout-Puissant ne renverse point le droit ; לְעַוֵּת אָדָם בְּרִיבוֹ Lament. 3. 36, lorsqu'on fait tort à un homme dans sa cause ; כִּי־שֶׁקֶר עִוְּתוּנִי Ps. 119. 78, car ils m'ont maltraité, ou : ils ont violé mon droit sans sujet, sans cause.

Pou. Être courbé : מְעֻוָּת לֹא־יוּכַל לִתְקֹן Eccl. 1. 15, ce qui est courbé, tortu, ne peut se redresser.

Hithp. Se courber : וְהִתְעַוְּתוּ אַנְשֵׁי הֶחָיִל Eccl. 12. 3, lorsque les hommes vaillants, forts, se courberont.

עוּת Soutenir. Ex. unique : לָעוּת אֶת־יָעֵף דָּבָר Is. 50. 4, pour fortifier par la parole celui qui est abattu ; selon d'autres, de עֵת temps : par une parole dite en temps juste, bien à propos.

עַוָּתָה *f.* Injustice, tort : רָאִיתָה יְיָ עַוָּתָתִי Lament. 3. 59, tu as vu, ô Éternel ! le tort qu'on me fait.

עוּתַי *n. pr. m.* 1° I Chr. 9. 4. — 2° Esdr. 8. 14.

עַז *m.* (*fém.* עַזָּה, *pl.* עַזִּים, rac. עָזַז). 1° *Adj.* Fort, puissant, violent, véhément, dur, cruel : וּמַה עַז מֵאֲרִי Jug. 14. 18, qu'y a-t-il de plus fort que le lion ? וּבְמַיִם עַזִּים Is. 43. 16, et au travers des eaux impétueuses ; בְּרוּחַ קָדִים עַזָּה Exod. 14. 21, par un vent d'est impétueux ; כִּי עַז גְּבוּל בְּנֵי עַמּוֹן Nomb. 21. 24, car la frontière des Ammonites était forte (bien défendue) ; עַם־עָז Is. 25. 3, un peuple puissant ; חֵמָה עַזָּה Prov. 21. 14, une colère véhémente ; וּמֶלֶךְ עַז Is. 19. 4, et un roi cruel ; עַז פָּנִים Deut. 28. 50, qui a le visage dur, qui est fier, insolent ; עַזֵּי־נֶפֶשׁ Is. 56. 11, qui sont effrontés ; *plur.* : יָגוּרוּ עָלַי עַזִּים Ps. 59. 4, les forts s'assemblent contre moi ; גְּאוֹן עַזִּים Ez. 7. 24, l'orgueil des puissants ; *fém. plur.* : וְעָשִׁיר יַעֲנֶה עַזּוֹת Prov. 18. 23, le riche répond par des paroles rudes. — 2° *Subst.* Force, puissance : וְיֶתֶר עָז Gen. 49. 3, et la préférence en puissance (v. à יֶתֶר).

עֵז *f.* (*pl.* עִזִּים). 1° Chèvre : עֵז בַּת־שְׁנָתָהּ Nomb. 15. 27, une chèvre de l'année, dans sa première année ; גְּדִי־עִזִּים Gen. 38. 17, un chevreau ; וְשֵׂה עִזִּים Deut. 14.

4, et ce qui naît des chèvres; שְׂעִיר עִזִּים Gen. 37. 31, un bouc. — 2° Seulement au *plur*. Poils de chèvre : טָווּ אֶת־הָעִזִּים Exod. 35. 26, elles filaient des poils de chèvre; יְרִיעֹת עִזִּים Exod. 26. 7, des rideaux de poils de chèvre.

עֵז chald. Chèvre; *pl.* עִזִּין Esdr. 6. 17.

עֹז *m.* (rarement עוֹז, avec *makk.* עָז־, avec suff. עֻזִּי et עָזִּי, עֻזְּךָ et עֻזֶּךָ). 1° Force, puissance, forteresse, appui, solidité : הוֹדַעְתָּ בָעַמִּים עֻזֶּךָ Ps. 77. 15, tu as fait connaître ta force parmi les peuples; וְשָׁבַרְתִּי אֶת־גְּאוֹן עֻזְּכֶם Lév. 26. 19, je briserai l'orgueil de votre puissance; וְהוֹרִיד מִמֵּךְ עֻזֵּךְ Amos 3. 11, il ôtera ta force; עֻזּוֹ אֵלֶיךָ אֶשְׁמֹרָה Ps. 59. 10, malgré la force, ou l'audace (de l'ennemi), j'espère en toi; תִּדְרְכִי נַפְשִׁי עֹז Jug. 5. 21, ô mon âme! marche avec force, en triomphe; מַטֵּה־עֹז Jér. 48. 17, le sceptre de la puissance; וּמִגְדַּל־עֹז Jug. 9. 51, et une forte tour; קוֹל עֹז Ps. 68. 34, une voix puissante; מִקִּרְיַת עֹז Prov. 18. 19, plus qu'une ville forte. Avec פָּנִים La fierté, l'audace : וְעֹז פָּנָיו יְשֻׁנֶּא Eccl. 8. 1, son visage, son regard fier, en est changé; וַיֹּרֶד עֹז מִבְטֶחָה Prov. 21. 22, il renverse la forteresse, ou : il abat la force où elle mettait sa confiance; הֶעֱמַדְתָּה לְהַרְרִי עֹז Ps. 30. 8, tu as donné à ma montagne, c.-à-d. à ma grandeur, de la force, de la solidité; יְיָ עֻזִּי Jér. 16. 19, Éternel qui es ma force; אַשְׁרֵי אָדָם עוֹז־לוֹ בָךְ Ps. 84. 6, heureux l'homme dont l'appui est en toi; צוּר־עֻזִּי Ps. 62. 8, le rocher de ma force. — 2° Éclat, gloire, majesté : עֹז וְתִפְאֶרֶת Ps. 96. 6, l'éclat et la beauté; וַאֲרוֹן עֻזֶּךָ Ps. 132. 8, et l'arche de ta majesté, l'arche d'alliance; וַיִּתֵּן לַשְּׁבִי עֻזּוֹ Ps. 78. 61, il livra à la captivité sa gloire, sa majesté (l'arche et les tables de la loi); וְעֻזּוֹ בַּשְּׁחָקִים Ps. 68. 35, et sa majesté est dans les nues; תְּנוּ עֹז לֵאלֹהִים Ps. 68. 35, rendez gloire à Dieu; בִּכְלֵי עֹז II Chr. 30. 21, avec des instruments faits pour célébrer Dieu, ou : des instruments qui résonnaient fortement.

עֻזָּא *n. pr. m.* 1° II Sam. 6. 3, verset 5, עֻזָּה. — 2° I Chr. 8. 7. — 3° Esdr. 2. 49.

עֲזָאזֵל *n. pr.* Asasel, endroit dans le désert où l'on envoya le bouc émissaire; composé de עֵז chèvre, bouc, et de אָזַל s'en aller : le bouc qui s'en va, qu'on chasse (dans le désert); selon d'autres, le nom d'une haute montagne coupée en pic, de עַז fort, et de אֵל comme הַרְרֵי אֵל. (v. Lév. 16. 8.)

עָזַב (*fut.* יַעֲזֹב) 1° Relâcher (des liens), délier, décharger : וְחָדַלְתָּ מֵעֲזֹב לוֹ עָזֹב תַּעֲזֹב עִמּוֹ Exod. 23. 5, garde-toi de l'abandonner, tu délieras (l'âne) avec lui, c.-à-d. tu aideras le maître à décharger son âne. — 2° Abandonner, délaisser, quitter, laisser : וְאִם־תַּעַזְבֻהוּ יַעֲזֹב אֶתְכֶם II Chr. 15. 2, mais, si vous l'abandonnez, il vous abandonnera; אִם־יַעַזְבוּ בָנָיו תּוֹרָתִי Ps. 89. 31, si ses enfants abandonnent ma loi; הֲיַעֲזֹב מִצּוּר שָׂדַי שֶׁלֶג לְבָנוֹן Jér. 18. 14, abandonne-t-on, c.-à-d. refuse-t-on, de boire l'eau qui coule du rocher des champs, et qui vient de la neige du Liban? selon d'autres : la neige du Liban cesse-t-elle d'envoyer ses eaux sur les rochers des champs qui sont à ses pieds? חַסְדָּם יַעֲזֹבוּ Jon. 2. 9, ils abandonnent leur bonté, leurs bons desseins, ou leur grâce, miséricorde, c.-à-d. Dieu; כְּאִשָּׁה עֲזוּבָה Is. 54. 6, comme une femme délaissée; עֲזֻבוֹת עָרֵי עֲרֹעֵר Is. 17. 2, les villes d'Aroer sont abandonnées; עַל־כֵּן יַעֲזָב־אִישׁ אֶת־אָבִיו וְאֶת־אִמּוֹ Gen. 2. 24, c'est pourquoi l'homme quittera son père et sa mère; יַעֲזֹב רָשָׁע דַּרְכּוֹ Is. 55. 7, que le méchant délaisse sa voie; וּמוֹדֶה וְעֹזֵב Prov. 28. 13, mais qui confesse et abandonne (ses péchés); וַיַּעֲזֹב בִּגְדוֹ בְּיָדָהּ Gen. 39. 12, il lui laissa sa robe entre ses mains; וְאָנָה תַעַזְבוּ כְבוֹדְכֶם Is. 10. 3, où laisserez-vous votre gloire? וַיַּעֲזֹב אֶת־עֲצַת הַזְּקֵנִים I Rois 12. 8, il laissa (ne suivit pas) le conseil des vieillards; וַיַּעֲזֹב כָּל־אֲשֶׁר־לוֹ בְּיַד יוֹסֵף Gen. 39. 6, il remit, confia, à Joseph tout ce qu'il possédait; עָזַבְתִּי אֶתְכֶם בְּיַד־שִׁישָׁק II Chr. 12. 5, je vous ai abandonnés au pouvoir de Sesak. — Avec אֶל et לְ Laisser, transmettre, livrer : וְעָזְבוּ לַאֲחֵרִים חֵילָם Ps. 49. 11, ils laisseront leurs biens à d'autres ; לֹא־תַעֲזֹב נַפְשִׁי לִשְׁאוֹל Ps. 16. 10, tu ne livreras pas mon âme au scheol ; הֲיַעַזְבוּ לָהֶם הֲיִזְבָּחוּ Néh. 3. 34, les laissera-t-on faire, sacrifieront-ils ? selon d'autres : vont-ils se fortifier ? (v. 3°). — *Intrans.* S'abandonner : עָלֶיךָ יַעֲזֹב חֵלְכָה Ps. 10. 14, c'est à toi que le malheureux s'abandonne ; אֶת־יְיָ עָזְבוּ לִשְׁמֹר Osée 4. 10, ils ont abandonné l'Éternel pour ne pas observer (sa loi); ou, לִשְׁמוֹר lié au verset suivant : pour s'adonner (aux plaisirs etc.); אֲשֶׁר לֹא־עָזַב חַסְדּוֹ Gen. 24. 27, qui n'a point cessé d'exercer sa grâce, etc.; אֶעֶזְבָה עָלַי שִׂיחִי Job 10. 1, je m'abandonnerai à ma plainte, je donnerai un libre cours à ma plainte. *Part.* : וְאֶפֶס עָצוּר וְעָזוּב Deut. 32. 36, il n'y a plus rien des biens qu'on conserve, enferme, chez soi, ni de ceux que l'on abandonne (dans les champs), les troupeaux ; selon d'autres : ni un homme enfermé, un esclave, ni un homme libre ; ou, *subst.* : il n'y a plus de retraite ni forteresse (v. 3°). — 3° Restaurer, fortifier : וַיַּעַזְבוּ יְרוּשָׁלַםִ Néh. 3. 8, ils fortifièrent Jérusalem.

Niph. Être abandonné : וְלֹא רָאִיתִי צַדִּיק נֶעֱזָב Ps. 37. 25, je n'ai point vu le juste abandonné ; מַדּוּעַ נֶעֱזַב בֵּית־הָאֱלֹהִים Néh. 13. 11, pourquoi la maison de Dieu est-elle abandonnée ? וְהָאָרֶץ תֵּעָזֵב מֵהֶם Lév. 26. 43, la terre sera abandonnée par eux. Avec לְ : יֵעָזְבוּ יַחְדָּו לְעֵיט הָרִים Is. 18. 6, ils seront tous ensemble abandonnés aux oiseaux de proie des montagnes.

Pou. Être abandonné, être épargné : הֲמוֹן עִיר עֻזָּב Is. 32. 14, la ville tumultueuse deviendra une solitude, ou : la multitude de la ville sera abandonnée, c.-à-d. exilée ; אֵיךְ לֹא־עֻזְּבָה עִיר תְּהִלָּה Jér. 49. 25, comment n'a-t-elle pas été épargnée cette ville si célèbre ? ou : comment n'a-t-elle pas été fortifiée ? (V. *Kal* 3°.)

עִזְבוֹנִים *m. pl.* Marchés et marchandises : נָתְנוּ עִזְבוֹנָיִךְ Ez. 27. 14, ils ont amené à tes marchés ; הוֹנֵךְ וְעִזְבוֹנַיִךְ vers. 27, tes richesses et tes marchandises.

עַזְבּוּק *n. pr. m.* Néh. 3. 16.

עַזְגָּד *n. pr. m.* Esdr. 2. 12.

עַזָּה (la forte) *n. pr.* Azza (Gaza), ville importante à la frontière méridionale de la Palestine, Jos. 11. 20, 15. 47 ; עַזָּתָה Jug. 16. 1, à Gaza ; *n. patron.* עַזָּתִים 16. 2, les habitants de Gaza.

עֻזָּה (v. עֻזָּא).

עָזוּב Forteresse (v. עָזַב), ex. Deut. 32. 36.

עֲזוּבָה *f.* (*part.* de עָזַב). Lieux abandonnés, ruines : וְרַבָּה הָעֲזוּבָה בְּקֶרֶב הָאָרֶץ Is. 6. 12, les lieux abandonnés, les solitudes seront nombreuses au milieu du pays ; כַּעֲזוּבַת הַחֹרֶשׁ Is. 17. 9, comme les branches (d'un arbre) abandonné.

עֲזוּבָה (l'abandonnée) *n. pr.* 1° Azouba, mère du roi Josaphat, I Rois 22. 42. — 2° Azouba, femme de Caleb, I Chr. 2. 18.

עִזּוּז 1° *Adj.* Fort : יְיָ עִזּוּז וְגִבּוֹר Ps. 24. 8, l'Éternel est fort et puissant. — 2° *Subst. collect.* Les forts : חַיִל וְעִזּוּז Is. 43. 17, l'armée et les vaillants soldats.

עֱזוּז *m.* (rac. עָזַז). Force, puissance, violence : וֶעֱזוּז נוֹרְאוֹתֶיךָ יֹאמֵרוּ Ps. 145. 6, (tout) parle de la puissance de tes prodiges terribles ; וֶעֱזוּז מִלְחָמָה Is. 42. 25, la violence de la guerre.

עָזוּר (v. עַזֻּר).

עָזַז (*fut.* יָעֹז, *inf.* עֲזוֹז et עֹז) 1° *Trans.* Fortifier, rendre fort : הַחָכְמָה תָּעֹז לֶחָכָם Eccl. 7. 19, la sagesse donne plus de force au sage (que, etc.) ; עוּזָּה אֱלֹהִים זוּ פָּעַלְתָּ לָּנוּ Ps. 68. 29, affermis, rends stable, ô Dieu ! ce que tu as fait pour nous ; ou : signale ta force en notre faveur, comme tu l'as fait (souvent) pour nous. — 2° Être fort, puissant ; se montrer fort, triompher : תָּעֹז יָדְךָ Ps.

89. 14, ta main est puissante ; תָּעֹז יָדְךָ Ps. 52. 9, il se fortifia dans sa malice ; יָעֹז בְּהַוָּתוֹ בַּעֲזוֹז עִינוֹת תְּהוֹם Prov. 8. 28, quand les sources de l'abîme devenaient fortes, s'élevaient avec force ; וַתָּעָז יַד־מִדְיָן עַל־יִשְׂרָאֵל Jug. 6. 2, la main de Midian devenait puissante contre Israel ; אַל־יָעֹז אֱנוֹשׁ Ps. 9. 20, que l'homme ne prévale, ne triomphe pas ; וְלֹא יָעוֹז Dan. 11. 12, il n'en profitera pas, il n'en sera pas plus fort.

Hiph. הֵעֵז. Avec פָּנִים Rendre le visage dur, avoir un air effronté, impudent : הֵעֵזָה פָנֶיהָ Prov. 7. 13, elle prend un air effronté. Avec בְּ : הֵעֵז אִישׁ רָשָׁע בְּפָנָיו Prov. 21. 29, le méchant fait paraître l'effronterie sur son visage.

עַזָּז *n. pr. m.* I Chr. 5. 8.

עֲזַזְיָהוּ (Dieu l'a rendu fort) *n. pr. m.* 1° I Chr. 27. 20. — 2° 15. 21. — 3° II Chr. 31. 13.

עֻזִּי *n. pr. m.* 1° I Chr. 5. 31. — 2° Plusieurs autres, Chr., Néh.

עֲזִיאֵל (v. יַעֲזִיאֵל).

עֻזִּיאֵל (la force de Dieu) *n. pr.* 1° Uzziel, fils de Kehath, Exod. 6. 18 ; *n. patron.* עָזִּיאֵלִי, Nomb. 3. 27. — 2° Plusieurs autres, I et II Chr., Néh.

עֻזִּיָּה et עֻזִּיָּהוּ *n. pr.* 1° Uzzia, roi de Juda, II Rois 15. 13; il est appelé aussi עֲזַרְיָה et עֲזַרְיָהוּ II Rois 15. 1, 6.— 2° Plusieurs autres, Chr., Esd., Néh.

עֲזִיזָא *n. pr. m.* Esdr. 10. 27.

עַזְמָוֶת (courageux jusqu'à la mort) *n. pr.* 1° Azmaweth, un des héros sous David, II Sam. 23. 31. — 2° I Chr. 27. 25 (v. בֵּית עַזְמָוֶת).

עָזְנִיָּה *f.* Nom d'un oiseau immonde de l'espèce de l'aigle, aigle noir ou aigle de mer, Lév. 11. 13.

עזק *Kal* inusité. *Pi.* Creuser, fouir : וַיְעַזְּקֵהוּ Is. 5. 2, il en avait foui la terre ; selon d'autres : il entoura (la vigne) d'une haie.

עִזְקָא chald. *f.* Anneau à cacheter : וְחַתְמַהּ מַלְכָּא בְּעִזְקְתֵהּ Dan. 6. 18, le roi la scella de son anneau.

עָזַר (*fut.* יַעֲזֹר, *pl.* יַעַזְרוּ) Secourir, aider, assister, soutenir ; avec *rég. dir.*, לְ et עִם ou בְּ : עַד־הֵנָּה עֲזָרָנוּ יְיָ I Sam. 7. 12, l'Éternel nous a secourus jusqu'ici ; עֹזְרֵי הַמִּלְחָמָה I Chr. 12. 1, assistant dans la guerre, auxiliaires de guerre, alliés ; וַאדֹנָי יְיָ יַעֲזָר־לִי Is. 50. 7, l'Éternel mon Dieu m'a aidé ; וְהֵמָּה עָזְרוּ לְרָעָה Zach. 1. 15, ils ont augmenté le mal ; וְהֵמָּה עָזְרוּ עִם־דָּוִיד I Chr. 12. 21, ils assistèrent David (contre l'ennemi) ; עָזְרוּ אִישׁ בְּרֵעֵהוּ II Chr. 20. 23, ils s'aidèrent l'un l'autre. Avec אַחֲרֵי Soutenir le parti de quelqu'un : וַיַּעְזְרוּ אַחֲרֵי אֲדֹנִיָּה I Rois 1. 7, ils furent du parti d'Adoniah. *Part.* : וְכָשַׁל עוֹזֵר וְנָפַל עָזֻר Is. 31. 3, le protecteur trébuchera, et celui à qui le secours est donné tombera.

Niph. Être secouru, assisté ; recevoir du secours, s'aider : בּוֹ בָטַח לִבִּי וְנֶעֱזָרְתִּי Ps. 28. 7, mon cœur a mis sa confiance en lui et j'ai été secouru ; הִפְלִיא לְהֵעָזֵר II Chr. 26. 15, il sut s'aider, ou : il fut secouru merveilleusement ; וַיֵּעָזְרוּ עֲלֵיהֶם I Chr. 5. 20, ils reçurent du secours contre eux.

Hiph. part. pl. : הֵם מַעְזְרִים אוֹתָם II Chr. 28. 23, ils leur sont en aide (pour מְעַזְּרִים).

עֵזֶר *m.* (avec suff. עֶזְרִי). Secours, aide, salut, appui : וְעֵזֶר מִצָּרָיו תִּהְיֶה Deut. 33. 7, et que tu lui sois en aide contre ses ennemis ; שִׁוִּיתִי עֵזֶר עַל־גִּבּוֹר Ps. 89. 20, je prête mon secours au héros ; מָגֵן עֶזְרֶךָ Deut. 33. 29, le bouclier de ton salut ; אֶעֱשֶׂה־לּוֹ עֵזֶר Gen. 2. 18, je veux lui faire un aide, une compagne.

עֵזֶר *n. pr. m.* 1° I Chr. 4. 4 ; verset 17, עֶזְרָה. — 2° 12. 9. — 3° Néh. 3. 19.

עֶזֶר *n. pr. m.* 1° Néh. 12. 42. — 2° I Chr. 7. 31.

עַזֻּר et עַזּוּר (sauveur) *n. pr. m.* 1° Jér. 28. 1. — 2° Ez. 11. 1. — 3° Néh. 10. 18.

עֶזְרָא (secours) *n. pr.* 1° Esra (Esdras), pontife et scribe, qui ramena une colonie juive de Babylone en Judée, Esdr. chap. 7. — 2° Néh. 12. 1.

עֲזַרְאֵל, (Dieu l'aide) *n. pr. m.* 1° II Chr. 12. 6. — 2° 25. 18. — 3° Plusieurs autres.

עֶזְרָה et **עֶזְרַת** *f.* Secours, aide : עֶזְרָה בְצָרוֹת Ps. 46. 2, un secours dans les détresses ; עֶזְרָת מִצָּר Ps. 60. 13, un secours contre l'oppresseur. Avec ה paragogique : קוּמָה עֶזְרָתָה לָּנוּ Ps. 44. 27, lève-toi à notre aide ; כִּי־אֶרְאֶה בַשַּׁעַר עֶזְרָתִי Job 31. 21, en me voyant protégé par les juges assemblés aux portes de la ville.

עֶזְרָה *n. pr.* (v. עֵזֶר).

עֲזָרָה, *f.* Parvis du temple, terrasse devant l'autel : וְהָעֲזָרָה הַגְּדוֹלָה II Chr. 4. 9, et le grand parvis ; וּמֵהָעֲזָרָה הַקְּטַנָּה Ez. 43. 14, et de la saillie plus petite que formait l'autel, ou la terrasse devant l'autel.

עֶזְרִי *n. pr. m.* I Chr. 27. 26.

עַזְרִיאֵל (secours de Dieu) *n. pr. m.* 1° Jér. 36. 26. — 2° I Chr. 5. 24. — 3° 27. 19.

עֲזַרְיָה, et **עֲזַרְיָהוּ**, *n. pr.* (v. עֶזְרָה).

עַזְרִיקָם *n. pr. m.* 1° I Chr. 3. 23.— 2° Plusieurs autres.

עַזָּתִי (v. עַזָּה).

עֵט *m.* (rac. עוּט). Burin, plume : בְּעֵט בַּרְזֶל Jér. 17. 1, (écrit) avec un burin de fer ; עֵט סוֹפֵר מָהִיר Ps. 45. 2, la plume d'un écrivain expéditif.

עֵטָא chald. Conseil, prudence : הֲתִיב עֵטָא Dan. 2. 14, (Daniel) répondit avec prudence.

עָטָה 1° Se couvrir, s'envelopper, se revêtir : וְעַל־שָׂפָם יַעְטֶה Lév. 13. 45, il se couvrira le visage jusqu'au-dessus des lèvres ; וְהוּא עֹטֶה מְעִיל I Sam. 28. 14, et il était couvert d'un manteau ; וְיַעֲטוּ כַמְעִיל בָּשְׁתָּם Ps. 109. 29, ils seront couverts de leur honte comme d'un manteau ; וְעֹטְךָ עָטֹה Is. 22. 17, il t'enveloppera entièrement, ou : il te couvrira (de honte) ; וְעָטָה אֶת־אֶרֶץ מִצְרַיִם Jér. 43. 12, il se vêtira (des dépouilles) du pays d'Égypte (comme un pasteur s'enveloppe de son manteau).

2° (v. עִיט) Se précipiter, fondre sur quelque chose : וַתַּעַט אֶל־הַשָּׁלָל I Sam. 15. 19, (et pourquoi) t'es-tu précipité sur le butin ? שַׁלָּמָה אֶהְיֶה כְּעֹטְיָה Cant. 1. 7, pourquoi serais-je comme une femme errante ou languissante ? selon d'autres, sens 1° : comme une femme voilée, en deuil.

Pou. part. מְעֻטָּה Ez. 21. 20, (une épée) cachée, réservée (jusqu'à ce jour).

Hiph. Couvrir, envelopper : בְּרָכוֹת יַעְטֶה מוֹרֶה Ps. 84. 7, leur guide, législateur, ou la pluie (v. מוֹרֶה), les couvre, comble, de bénédictions ; הֶעֱטִיתָ עָלָיו בּוּשָׁה Ps. 89. 46, tu l'as couvert de honte.

עֲטִינִים, *m. pl. douteux.* Ex. unique : עֲטִינָיו מָלְאוּ חָלָב Job 21. 24, ses lieux de pâturage sont remplis de lait ; selon d'autres : ses vases, ou ses réservoirs ; d'autres traduisent : ses veines, ou ses entrailles, sont pleines de sève, etc.

עֲטִישׁוֹת, *m. pl.* Éternument. Ex. unique : עֲטִישֹׁתָיו תָּהֶל אוֹר Job 41. 10, son éternument fait briller la lumière, jette du feu.

עֲטַלֵּף, *m.* Chauve-souris, Lév. 11. 19 ; *plur.* : וְלָעֲטַלֵּפִים Is. 2. 20, et aux chauves-souris.

עָטַף (*fut.* יַעֲטֹף) 1° Se couvrir, se revêtir, se cacher : וַעֲמָקִים יַעַטְפוּ־בָר Ps. 65. 14, les plaines se revêtent d'épis ; יַעֲטָף־שִׁית חָמָס לָמוֹ Ps. 73. 6, ils se couvrent de violence comme d'un vêtement, *exact.* un vêtement de violence les couvre ; יַעְטֹף יָמִין Job 23. 9, s'il se cache à droite ou dans le sud. — 2° Être faible, languissant, accablé : בַּעֲטֹף לִבִּי Ps. 61. 3, lorsque mon cœur est défaillant, accablé ; כִּי־רוּחַ מִלְּפָנַי יַעֲטוֹף Is. 57. 16, lorsque l'esprit est abattu, humilié, devant moi ; selon d'autres : car un esprit émanant de moi les revêtira, c.-à-d. les ranimera. *Part. passif :* הָעֲטוּפִים בְּרָעָב Lament. 2. 19, qui languissent, qui meurent, de faim ; des animaux : הָעֲטֻפִים Gen. 30. 42, les bêtes faibles ou tardives (v. *Hiph.*).

Niph. : בֵּעָטֵף עוֹלֵל Lament. 2. 11,

quand les jeunes enfants défaillent, meurent d'inanition.

Hiph. Être faible : וּבְהַעֲטִיף הַצֹּאן Gen. 30. 42, mais quand les brebis étaient faibles; selon d'autres: tardives, c.-à-d. qu'elles ne devaient concevoir qu'en automne.

Hithp. : בְּהִתְעַטְּפָם כֶּחָלָל Lament. 2. 12, lorsqu'ils défaillaient comme celui qui est blessé à mort; בְּהִתְעַטֵּף עָלַי רוּחִי Ps. 142. 4, lorsque mon esprit languit en moi, s'enveloppe, s'obscurcit; נַפְשָׁם בָּהֶם תִּתְעַטָּף Ps. 107. 5, leur âme était languissante, défaillait.

עָטַר Entourer, environner, avec double *accus.* : רָצוֹן תַּעְטְרֶנּוּ Ps. 5. 13, tu l'environneras de ta grâce; avec אֶל, *en mauvaise part* : עֹטְרִים אֶל־דָּוִד I Sam. 23. 26, (Saül et ses gens) environnèrent David (pour s'emparer de sa personne).

Pi. Couronner, environner : עִטַּרְתָּ שְׁנַת טוֹבָתֶךָ Ps. 65. 12, tu couronnes l'année de tes biens; בָּעֲטָרָה שֶׁעִטְּרָה־לּוֹ אִמּוֹ Cant. 3. 11, avec la couronne dont sa mère l'a couronné; הַמְעַטְּרֵכִי חֶסֶד וְרַחֲמִים Ps. 103. 4, qui t'environne de grâce et de miséricorde.

Hiph. Donner des couronnes : צֹר הַמַּעֲטִירָה Is. 23. 8, Tyr qui distribue des couronnes.

עֲטָרָה *f.* (const. עֲטֶרֶת, *plur.* עֲטָרוֹת). Couronne, diadème : אֶת־עֲטֶרֶת־מַלְכָּם II Sam. 12. 30, la couronne de leur roi; וְעָשִׂיתָ עֲטָרוֹת Zach. 6. 11, et en fais des couronnes; אֵשֶׁת חַיִל עֲטֶרֶת בַּעְלָהּ Prov. 12. 4, une femme vertueuse est la couronne de son mari.

עֲטָרָה *n. pr.* Atarah, mère d'Onam, I Chr. 2. 26.

עֲטָרוֹת (les couronnes) *n. pr.* 1° Ataroth, ville de la tribu de Gad, Nomb. 32. 3, 34. — 2° Ataroth, ville de la tribu d'Ephraïm, Jos. 16. 7; appelée aussi עַטְרוֹת אַדָּר Job 16. 5. — 3° עַטְרוֹת בֵּית יוֹאָב I Chr. 2. 54, (la couronne de la maison de Joab) nom d'une ville ou d'une famille. — 4° עַטְרֹת שׁוֹפָן Nomb. 32. 35, ville de la tribu de Gad.

עַי (ruine) *n. pr.* Aï, ville importante des Chananéens, Gen. 12. 8.

עִי *m.* (rac. עָוָה ou עָוָה, *plur.* עִיִּים). Ruine, monceau de pierres : וְשַׂמְתִּי שֹׁמְרוֹן לְעִי הַשָּׂדֶה Mich. 1. 6, je ferai de Samarie comme un monceau de pierres qu'on ramasse dans un champ; וִירוּשָׁלַםִ עִיִּין תִּהְיֶה Mich. 3. 12, et Jérusalem deviendra un monceau de pierres, עִיִּין pour עִיִּים (v. מְעִי et כְּעִי).

עַיָּא *n. pr.* d'une ville, Néh. 11. 31.

עִיב (v. עוּב).

עֵיבָל *n. pr.* Le mont Ebal, en face du mont Garizim, Deut. 11. 29.

עִיּוֹן (ruines) *n. pr.* Iyon, ville forte de la tribu de Nephthali, I Rois 15. 20.

עִיט (v. עָטָה 2°) Fondre sur : וַיָּעַט בָּהֶם I Sam. 25. 14, il les a rebutés par des paroles rudes, il a invectivé contre eux.

עַיִט *m.* (const. עֵיט). Oiseau de proie : נָתִיב לֹא־יְדָעוֹ עָיִט Job 28. 7, un sentier que l'oiseau de proie ne connaît pas; הַעַיִט צָבוּעַ נַחֲלָתִי לִי Jér. 12. 9, mon héritage est-il devenu pour moi comme un oiseau de proie teint de sang? *Collect.* : וַיֵּרֶד הָעַיִט עַל־הַפְּגָרִים Gen. 15. 11, les oiseaux de proie vinrent fondre sur les bêtes mortes. *Au fig.* : קֹרֵא מִמִּזְרָח עַיִט Is. 46. 11, j'appelle de l'orient un oiseau de proie, c.-à-d. un conquérant.

עֵיטָם *n. pr. m.* 1° D'une ville de la tribu de Juda, I Chr. 4. 3, Jug. 15. 8, II Chr. 11. 6. — 2° D'un rocher, près de cette ville, Jug. 15. 8, 11.

עִיִּים et **עִיֵּי הָעֲבָרִים** (collines des monts Abarim) *n. pr.* 1° D'une partie de la montagne Abarim, Nomb. 33. 44, 45. — 2° Iyim, ville de la tribu de Juda, Jos. 15. 29.

* **עֵילָא** chald. Haut : לְעֵילָא מִן Rituel, au delà de, au-dessus de.

עֵילוֹם *m.* (v. עוֹלָם). Éternité, perpétuité : לְעֵילוֹם II Chr. 33. 7, à perpétuité, pour toujours.

עִילַי *n. pr. m.* I Chr. 11. 29.

עֵילָם *n. pr.* Elam, fils de Sem, Gen. 10. 22; souche d'un peuple perse, Gen. 4. 1; la capitale Susan (Suse) qui est dans la provinçe d'Elam, Dan. 8. 2.

עִיָּם Force, puissance : בַּעְיָם רוּחוֹ Is. 11. 15, par la force de son vent.

עין ou **עָיַן** Regarder d'un mauvais œil. Ex. unique : וַיְהִי שָׁאוּל עוֹיֵן אֶת־דָּוִד I Sam. 18. 9 (*keri*), Saül voyait David de mauvais œil.

עַיִן *f.* (const. עֵין, avec suff. עֵינִי, *duel* et *pl.* עֵינַיִם, const. עֵינֵי, une fois עֵנֵי Is. 3. 8, *pl.* עֲיָנוֹת, const. עֵינוֹת seulement sens 3° les sources). 1° Œil, regard : לֹא־תִשְׂבַּע עַיִן לִרְאוֹת Eccl. 1. 8, l'œil ne se rassasie pas de voir; לִבַּבְתִּנִי בְּאַחַד מֵעֵינַיִךְ (*keri* בְּאַחַת) Cant. 4. 9, tu m'as ravi le cœur par l'un de tes regards; עֵינַיִם הָיִיתִי לַעִוֵּר Job 29. 15, je servais d'yeux à l'aveugle; וְהָיִיתָ לָּנוּ לְעֵינָיִם Nomb. 10. 31, tu nous serviras d'yeux, c.-à-d. de guide; אוּלַי יִרְאֶה יְיָ בְּעֵינִי II Sam. 16. 12, peut-être Dieu verra-t-il les larmes de mes yeux; *cheth.*: בְּעוֹנִי verra-t-il mon affliction. On dit *métaph.*: רוּם עֵינַיִם Prov. 21. 4, גְּבַהּ־עֵינַיִם Ps. 101. 5, la hauteur du regard; וְעֵינַיִם רָמוֹת Ps. 18. 28, des yeux hautains; pour : orgueil, l'orgueilleux; וְשַׁח עֵינַיִם Job 22. 29, celui qui baisse les yeux, qui est humble; טוֹב־עַיִן Pr. 22. 9, bon, charitable; רַע עָיִן Prov. 23. 6, de l'avare, de l'homme envieux; de même : וְרָעָה עֵינְךָ בְּאָחִיךָ הָאֶבְיוֹן Deut. 15. 9, ton œil regardera sans pitié ton frère qui est pauvre; טְהוֹר עֵינַיִם Habac. 1. 13, toi dont les yeux sont purs; בְּפֶתַח עֵינַיִם Gen. 38. 14, בָּעֵינַיִם vers. 21, dans le carrefour; selon d'autres : près de la double source, ou à la porte de la ville d'Enayim. — Souvent un *verbe* sous-entendu : בִּלְתִּי אֶל־הַמָּן עֵינֵינוּ Nomb. 11. 6, nos yeux ne voient que la manne, ne se tournent que vers la manne; עֵינַי תָּמִיד אֶל־יְיָ Ps. 25. 15, j'élève sans cesse mes regards vers Dieu; עָלֶיךָ עֵינֵינוּ II Chr. 20. 12, nos yeux, nos regards, sont tournés vers toi; לַיְיָ עֵין אָדָם Zach. 9. 1, l'Éternel a l'œil sur l'homme; תָּמִיד עֵינֵי יְיָ אֱלֹהֶיךָ בָּהּ Deut. 11. 12, l'Éternel ton Dieu a continuellement les yeux sur ce pays; עֵינַי בְּנֶאֶמְנֵי־אֶרֶץ Ps. 101. 6, mes yeux veillent sur les fidèles de la terre; *sens opposé :* הִנֵּה עֵינֵי אֲדֹנָי יְיָ בַּמַּמְלָכָה Amos 9. 8, voici, les regards de l'Éternel sont tournés contre ce royaume (pécheur); avec עַל : עֵינָיו עַל־דַּרְכֵי־אִישׁ Job 34. 21, ses yeux sont ouverts sur les voies de l'homme; הִנֵּה עֵין יְיָ אֶל־יְרֵאָיו Ps. 33. 18, voici, l'œil de l'Éternel est sur ceux qui le craignent; *sens défavorable :* עֵינֶיךָ בִּי וְאֵינֶנִּי Job 7. 8, tes yeux seront sur moi, et je ne serai plus; avec אַחֲרֵי : וְאַחֲרֵי גִּלּוּלֵי אֲבוֹתָם הָיוּ עֵינֵיהֶם Ez. 20. 24, et parce que leurs yeux étaient après les idoles de leurs pères. — לְעֵינַיִם Sous les yeux, à la vue, en présence de, en face de : לֹא יִרְדֶּנּוּ בְּפֶרֶךְ לְעֵינֶיךָ Lévit. 25. 53, qu'il n'exerce pas sur lui une domination rigoureuse sous tes yeux; לְעֵינֵי בְנֵי־חֵת Gen. 23. 8, en présence des Héthiens. — בְּעֵינַיִם Aux yeux de, dans la pensée, le jugement de : הוֹי חֲכָמִים בְּעֵינֵיהֶם Is. 5. 21, malheur à ceux qui sont sages à leurs propres yeux, dans leur propre opinion; וַיְהִי כִמְצַחֵק בְּעֵינֵי חֲתָנָיו Gen. 19. 14, mais il parut aux yeux de ses gendres qu'il le disait en se moquant; בַּטּוֹב בְּעֵינֶיךָ שֵׁב Gen. 20. 15, établis-toi où il te plaira; אִם־רָעָה בְּעֵינֵי אֲדֹנֶיהָ Exod. 21. 8, si elle déplait à son maître; וְנֶעֶלְמָה מֵעֵינֵי כָל־חָי Job 28. 21, elle est cachée aux yeux de tous vivants; אִם מֵעֵינֵי הָעֵדָה נֶעֶשְׂתָה Nomb. 15. 24, si la faute a été faite hors des yeux, c.-à-d. à l'insu, de l'assemblée; בֵּין עֵינֶיךָ Exod. 13. 9, entre tes yeux, sur ton front.

2° Face, visage, apparence, couleur, éclat; face d'un pays, surface : עַיִן בְּעַיִן Nomb. 14. 14, face à face, d'une manière visible; יְפֵה עֵינַיִם I Sam. 16. 12, d'un beau visage, ou : ayant de beaux yeux; וְעֵינוֹ כְּעֵין הַבְּדֹלַח Nomb. 11. 7, elle avait la couleur du bdellium; הַנֶּגַע עָמַד בְּעֵינָיו Lévit. 13. 5, la plaie a gardé la même apparence, la même couleur; כִּי יִתֵּן בַּכּוֹס עֵינוֹ Prov. 23. 31, quand (le vin) fait briller sa couleur dans la coupe; כְּעֵין הַחַשְׁמַל Ez. 4. 1. comme l'éclat d'un métal brillant; וְכִסָּה אֶת־עֵין הָאָרֶץ Exod. 10. 5, ils couvriront la surface de la terre.

3° *Plur.* עֲיָנוֹת, const. עַיְנוֹת (v. מַעְיָן). Source : עֵין הַמַּיִם Gen. 16. 7, une source d'eau; עִינוֹת תְּהוֹם Prov. 8. 28, les sources de l'abîme. — Plusieurs sources portent des noms particuliers : עֵין רֹגֵל Jos. 15.7, la source du Foulon, aux confins des tribus de Benjamin et de Juda; עֵין הַתַּנִּין Néh. 2.13, la source du Dragon, près de Jérusalem; עֵין תַּפּוּחַ Jos. 17.7, la source près de la ville de Thapouah.

עַיִן *n. pr.* 1° Ville de la tribu de Siméon, Jos. 19. 7. — 2° Ville dans le nord de la Palestine, Nomb. 34. 11. Plusieurs autres villes tirent leurs noms des sources voisines :

עֵין גֶּדִי (source du chevreau) Ville dans le désert de Juda, Jos. 15. 62.

עֵין גַּנִּים (source des jardins) 1° Ville dans la plaine de Juda, Jos. 15. 34.— 2° Ville de la tribu d'Issachar, Jos. 19. 21.

עֵין־דֹּאר et עֵין־דֹּר (source de la demeure) Ville de la tribu de Manassé, Ps. 83. 11, Jos. 17. 11.

עֵין חַדָּה (source vive) Ville de la tribu d'Issachar, Jos. 19. 21.

עֵין חָצוֹר (source de l'herbe) Ville de la tribu de Nephthali, Jos. 19. 37.

עֵין מִשְׁפָּט (source du jugement) Ville appelée aussi Kades, Gen. 14. 7.

עֵין עֶגְלַיִם (source des veaux) Ville près de la mer Morte, Ez. 47. 10.

עֵין־שֶׁמֶשׁ (source du soleil) Ville aux confins de Juda et de Benjamin, Jos. 15. 7.

עַיִן (v. עֵין).

עֵינַיִם *n. pr.* d'une ville, selon quelques-uns, Gen. 38. 21 (v. l'exemple à עַיִן 1°).

עֵינָם (deux sources) *n. pr.* d'une ville de la tribu de Juda, Jos. 15. 34.

עֵינָן *n. pr. m.* Nomb. 1. 15.

עִיף (v. יָעֵף) Être fatigué, épuisé : עָיְפָה נַפְשִׁי לְהֹרְגִים Jér. 4. 31, mon âme est épuisée, défaillie, à cause des meurtriers.

עָיֵף *adj* (*fém.* עֲיֵפָה). Las, fatigué, épuisé (de fatigue, de soif), altéré : כִּי עָיֵף אָנֹכִי Gen. 25. 30, car je suis fort las; מַשָּׂא לַעֲיֵפָה Is. 46. 1, une charge à une bête fatiguée; וְהֵקִיץ וְהִנֵּה עָיֵף Is. 29. 8, lorsqu'il se réveille, il est encore las; נֶפֶשׁ עֲיֵפָה Jér. 31. 25, une âme languissante; בְּאֶרֶץ עֲיֵפָה Is. 32. 2, dans un pays aride.

עֵיפָה *f.* (rac. עוּף). Obscurité : לְשַׁחַר עֵיפָה Amos 4. 13, il fait l'aube et l'obscurité; avec ה parag. : עֵפָתָה Job 10. 22.

עֵיפָה *n. pr.* 1° Ephah, fils de Midian, Gen. 25. 4, souche d'un peuple; la contrée Ephah, Is. 60. 2. — 2° Ephah, fils de Jahdaï, I Chr. 2. 47. — 3° Ephah, concubine de Caleb, I Chr. 2. 46.

עֵיפַי (épuisé) *n. pr. m.* Jér. 40. 8.

עיק (v. עוּק).

עַיִר *m.* Anon, jeune âne : וְעַיִר פֶּרֶא אָדָם יִוָּלֵד Job 11. 12, l'homme qui est né comme un ânon sauvage (v. l'explication du verset à לָבַב, page 315); עִירֹה Gen. 49. 11, son ânon; *plur.* : וְהָאֲלָפִים וְהָעֲיָרִים Is. 30. 24, les taureaux et les ânes.

עִיר *verbe* (v. עוּר).

I **עִיר** *f.* (*plur.* עָרִים, v. עָר, une fois עֲיָרִים Jug. 10. 4). Ville : וְאַנְשֵׁי הָעִיר Gen. 19. 4, et les gens de la ville; וַיִּתֶּן־אֹכֶל בֶּעָרִים Gen. 41. 48, il mit les vivres en réserve dans les villes; וּמָלְאוּ פְנֵי־תֵבֵל עָרִים Is. 14. 21, et qu'ils ne remplissent pas de villes la face de la terre, ou : qu'ils ne remplissent la terre d'ennemis, de perturbateurs (v. II עִיר et עָר); selon d'autres : (alors, quand cette race ne sera plus) on remplira de villes, etc.; עִיר־אֱלֹהִים Ps. 46. 5, ville de Dieu; עִיר הַקֹּדֶשׁ Is. 52. 1, Dan. 9. 24, ville sainte; עִיר יְהוּדָה II Chr. 25.

28, ville (capitale) de Juda: noms divers donnés à Jérusalem; עִיר נָחוֹר Gen. 24. 10, la ville que Nahor habitait; חֶשְׁבּוֹן וְכָל־עָרֶיהָ Jos. 13. 17, Hesbon et les villes et villages qui étaient dans le voisinage; quelquefois pour partie de la ville, quartier: עַד־עִיר בֵּית־הַבָּעַל II Rois 10. 25, jusqu'au quartier où était le temple de Baal; עִיר הַמַּיִם II Sam. 12. 27, la ville des eaux, partie de la ville de Rabba, siége du gouvernement. Ce mot entre dans la composition d'un grand nombre de noms de villes. עִיר הַהֶרֶס (v. הֶרֶס).

עִיר־הַמֶּלַח (ville de sel) Jos. 15. 62, dans le désert de Juda.

עִיר־נָחָשׁ (ville de serpent) I Chr. 4. 12.

עִיר שֶׁמֶשׁ (ville du soleil) Jos. 19. 41, appartenant à la tribu de Dan.

עִיר הַתְּמָרִים (ville des dattes) Deut. 34. 3, II Chr. 28. 15, nom donné à Jéricho.

עִיר *n. pr.* d'un homme, I Chr. 7. 12.

II עִיר (rac. עור) haine, colère, vengeance; *concr.* ennemi: וְלֹא אָבוֹא בְּעִיר Osée 11. 9, je ne viendrai point avec haine, colère; selon d'autres: je ne viendrai, résiderai pas, dans une autre ville (que Jérusalem); הִפַּלְתִּי עָלֶיהָ פִּתְאֹם עִיר וּבֶהָלוֹת Jér. 15. 8, je ferai tomber sur elle soudainement la vengeance, ou l'ennemi, et la terreur (v. עָר).

עִיר chald. *m.* (rac. עור, *pl.* עִירִין). Celui qui veille, nom donné aux anges: עִיר וְקַדִּישׁ Dan. 4. 10, un être veillant et saint; בִּגְזֵרַת עִירִין Dan. 4. 14, par le décret de ceux qui veillent, des anges.

עִירָא (qui veille) *n. pr.* 1° Ira, prêtre, II Sam. 20. 26. — 2° De deux généraux de David, II Sam. 23. 26, 37.

עִירָד *n. pr.* Irad, fils de Henoch, petit-fils de Caïn, Gen. 4. 18.

עִירוּ (sa ville) *n. pr. m.* I Chr. 4. 15.

עִירִי (ma ville) *n. pr. m.* I Chr. 7. 7.

עִירָם (leur ville) *n. pr.* Iram, un des princes des Iduméens, Gen. 36. 43.

עֵירֹם et עֵרֹם (v. עָרוֹם) 1° *adj.* Nu: כִּי עֵירֹם אָתָּה Gen. 3. 11, (qui t'a dit) que tu étais nu? *Plur.*: וַיֵּדְעוּ כִּי עֵירֻמִּם הֵם 3. 7, ils connurent qu'ils étaient nus. — 2° *Subst.* Nudité: וּבְעֵירֹם וּבְחֹסֶר כֹּל Deut. 28. 48, dans la nudité et dans le besoin de toutes choses.

עַיִשׁ *f.* (v. II עָשׁ) Constellation, la grande Ourse: וְעַיִשׁ עַל־בָּנֶיהָ Job 38. 32, l'étoile de l'Ourse avec ses satellites.

עַיָּת *n. pr.* d'une ville, Is. 10. 28.

עַכְבּוֹר (v. עַכְבָּר) *n. pr. m.* 1° Gen. 36. 38. — 2° II Rois 22. 12.

עַכָּבִישׁ *m.* Araignée: וְקוּרֵי עַכָּבִישׁ Is. 59. 5, et des toiles d'araignées.

עַכְבָּר *m.* Souris, rat des champs: וְהָעַכְבָּר Lévit. 11. 29, et la souris; וְצַלְמֵי עַכְבְּרֵיכֶם I Sam. 6. 5, et des figures de vos rats.

עַכּוֹ *n. pr.* Acco, port de mer dans le pays d'Aser, habité par les Chananéens, Jug. 1. 31 (Ptolémaïde, Saint-Jean d'Acre).

עָכוֹר (attristé) *n. pr.* d'une plaine près de Jéricho, Jos. 15. 7.

עָכָן *n. pr.* Achan, fils de Charmi, Jos. 7. 1 (עָכָר I Chr. 2. 7).

עָכַס *Kal* inusité. *Pi.* Faire retentir des clochettes: וּבְרַגְלֵיהֶם תְּעַכַּסְנָה Is. 3. 16, et faisant du bruit avec leurs pieds, elles font retentir les chaînettes, ou clochettes, qu'elles portent aux jambes.

עֶכֶס *m.* 1° Chaînette, espèce d'ornement que les femmes portaient aux pieds: תִּפְאֶרֶת הָעֲכָסִים Is. 3. 18, l'ornement des sonnettes, des chaînettes. — 2° Chaîne, corde: וּכְעֶכֶס אֶל־מוּסַר אֱוִיל Prov. 7. 22, et comme un fou avec la chaîne, la corde, par laquelle on le traîne pour être châtié.

עַכְסָה *n. pr.* Achsah, fille de Caleb, Jug. 1. 12.

עָכַר Troubler, affliger, rendre malheureux: עָכַר אָבִי אֶת־הָאָרֶץ I Sam. 14. 29, mon père a troublé le pays (le peuple); עֹכֵר יִשְׂרָאֵל I Rois 18. 17, celui qui trouble Israel; עֲכַרְתֶּם אֹתִי Gen. 34.

30, vous m'avez troublé, affligé; וְאַתְּ הָיִית בְּעֹכְרָי Jug. 11. 35, tu es du nombre de ceux qui m'affligent; וְעֹכֵר שְׁאֵרוֹ אַכְזָרִי Prov. 11. 17, l'homme cruel fait souffrir sa propre chair, c.-à-d. se rend malheureux lui-même; עֹכֵר בֵּיתוֹ בּוֹצֵעַ בָּצַע Prov. 15. 27, celui qui recherche le gain déshonnête trouble sa maison.

Niph. Être troublé, être agité, excité: וּכְאֵבִי נֶעְכָּר Ps. 39. 3, ma douleur était vive, déchirante. *Part.* employé *subst.* Trouble: וּבִתְבוּאַת רָשָׁע נֶעְכָּרֶת Prov. 15. 6, mais dans le revenu du méchant il y a du trouble, du désordre.

עָכָר *n. pr.* (v. עָכָן).

עָכְרָן (affligé) *n. pr. m.* Nomb. 1. 13.

עַכְשׁוּב *m.* Vipère, aspic: חֲמַת עַכְשׁוּב Ps. 140. 4, le venin d'aspic.

* עַכְשָׁיו *adv.* Maintenant, à présent, Rituel, Aboth.

עַל et עָל 1° *m.* Élévation; *concr.* celui qui est élevé, Très-Haut: וְאֶל־עַל יִקְרָאֻהוּ Osée 11. 7, (les prophètes) rappellent le peuple au Très-Haut; יָשׁוּבוּ לֹא עָל Osée 7. 16, ils retournent, mais non pas au Très-Haut; ou: ils retournent aux idoles. — 2° *Adv.* Haut, hautement: הֻקַם עָל II Sam. 23. 1, l'homme qui a été élevé bien haut, ou: qui a été établi pour être le chef, le prince. — מֵעָל D'en haut: בִּרְכֹת שָׁמַיִם מֵעָל Gen. 49. 25, les bénédictions du ciel, d'en haut; יִקְרָא אֶל־הַשָּׁמַיִם מֵעָל Ps. 50. 4, il appellera le ciel d'en haut.

עַל *prép.* (*pl.* const. עֲלֵי, *poét.*; avec suff. עָלַי, עָלֶיךָ, עָלָיו, עֲלֵיכֶם, עֲלֵיהֶם, *poét.* עָלֵימוֹ). 1° Marquant la position: sur, dans presque toutes les acceptions de cette préposition; dans: וְהוּא־שֹׁכֵב עַל־מִטָּתוֹ II Sam. 4. 7, il était couché sur son lit; עַל אַדְמַת יְיָ Is. 14. 2, sur la terre de l'Éternel; עַל־אֲדָמָה טְמֵאָה תָּמוּת Amos 7. 17, tu mourras dans une terre souillée; עַל־בֵּית יְיָ Is. 38. 20, dans la maison de l'Éternel; עַל־כָּל־בָּתֵּי מָשׂוֹשׂ Is. 32. 13, (des ronces croîtront) sur (les ruines) de toutes les maisons de plaisir; לֹא יִשָּׁמַע עַל־פִּיךָ Exod. 23. 13, qu'il ne soit pas entendu sortir de ta bouche, *exact.* sur ta bouche, sur tes lèvres; לֹא־רָגַל עַל־לְשֹׁנוֹ Ps. 15. 3, il ne calomnie pas par sa langue. — Des vêtements qu'on porte, qu'on a sur soi: כְּתֹנֶת הַפַּסִּים אֲשֶׁר עָלָיו Gen. 37. 23, la robe bigarrée qu'il portait; וְהָיָה עַל־אַהֲרֹן לְשָׁרֵת Exod. 28. 35, et Aaron en sera revêtu quand il fera le service; כֶּסֶף וְזָהָב עֲלֵיהֶם Deut. 7. 25, l'or et l'argent qui seront sur elles; וְעַל עָנִי Job 24. 9, ce qui est sur le pauvre, les habits qu'il porte. — Quand il s'agit d'une charge, d'un fardeau, d'une obligation morale: הָיוּ עָלַי לָטֹרַח Is. 1. 14, elles me sont devenues à charge; הַרְבּוּ עָלַי מְאֹד מֹהַר Gen. 34. 12, imposez-moi, exigez de moi, une forte somme; עָלַי אֱלֹהִים נְדָרֶיךָ Ps. 56. 13, je m'acquitterai, ô Dieu! des vœux que je t'ai faits; *exact.* il m'appartient, il est de mon devoir, de m'acquitter, etc.; וְעָלַי לָתֶת לְךָ II Sam. 18. 11, et c'eût été à moi de te donner; וַעֲלֵיהֶם לַחֲלֹק לַאֲחֵיהֶם Néh. 13. 13, et leur charge était de distribuer (ce qu'il fallait) à leurs frères.

וְכָתַבְתִּי עַל־הַלֻּחֹת Exod. 34. 1, j'écrirai sur les tables; לְהַמְטִיר עַל־אֶרֶץ Job. 38. 26, pour faire pleuvoir sur une terre (où, etc.); עַל הַר־גָּבֹהַּ עֲלִי־לָךְ Is. 40. 9, monte sur une haute montagne; וַיִּתְלוּ אֶת־הָמָן עַל־הָעֵץ Esth. 7. 10, ils pendirent Aman à la potence. A ce sens se rattachent les exemples suivants: עַל־יוֹנַת אֵלֶם Ps. 56. 1, sur l'air de la colombe muette; עָלַי תִּשְׁתַּפֵּךְ נַפְשִׁי Job 30. 16, mon âme se répand sur moi, c.-à-d. répand des larmes sur moi, ou: mon âme se fond en moi; עָלַי קִלְלָתְךָ בְּנִי Gen. 27. 13, que la malédiction que tu crains, mon fils, tombe sur moi; עָלַי הָיוּ כֻלָּנָה Gen. 42. 36, tous ces maux retombent sur moi; וְלֹא יַעֲלֶה עַל־לֵב Jér. 3. 16, elle (l'arche) ne leur viendra pas dans l'esprit; לֹא־תֹסֵף עָלָיו Deut. 13. 1, tu n'y ajouteras rien; גַּם־בְּאֵרוֹת תֵּחָשֵׁב עַל־בִּנְיָמִן II Sam. 4. 2, Béeroth aussi était réputée de Benjamin; שֶׁבֶר עַל־שֶׁבֶר Jér. 4. 20, ruine sur ruine, malheur sur malheur; יָמִים עַל־שָׁנָה Is. 32. 10, après une année et des jours, *exact.* des jours ajoutés à une année; עַל־נָשָׁיו Gen. 28. 9, outre les femmes qu'il avait déjà; עַל־סַל אֶחָד Exod. 29.3, dans un panier.

2° Sur, au-dessus (sans contact entre les deux objets): עַל־הַמָּיִם Ps. 29.3, (la voix de l'Éternel) retentit sur les eaux; הַשֶּׁמֶשׁ יָצָא עַל־הָאָרֶץ Gen. 19. 23, le soleil se levait sur la terre; מָשַׁל־מָלַךְ עַל régner sur; הִפְקִיד עַל établir sur; et sans *verbe:* אֲשֶׁר עַל־הַבָּיִת Is. 22. 15, (qui est établi sur la maison) le chef de la maison, l'intendant; עָטָה־סָכַךְ־כָּסָה־גָּנַן עַל couvrir, être un abri sur, protéger, envelopper.

3° Au-dessus, au delà, plus que (v. מִן): עַל רֹאשׁ שִׂמְחָתִי Ps. 137. 6, au-dessus de ma principale joie; וְנוֹרָא עַל־כָּל־סְבִיבָיו Ps. 89. 8, il est plus redoutable que tous ceux qui l'environnent; עַל־נִדָּתָהּ Lévit. 15. 25, au delà du temps de son impureté.

4° עַל marque le but, le motif. Pour, à cause de, en faveur de: יִתְפַּלֵּל עֲלֵיכֶם Job 42. 8, (Job) priera pour vous; אֲשֶׁר־נִלְחַם אָבִי עֲלֵיכֶם Jug. 9. 17, car mon père a combattu pour vous; כִּי־עָלֶיךָ הֹרַגְנוּ Ps. 44. 23, c'est à cause de toi que nous sommes égorgés; הָעֹמֵד עַל־בְּנֵי עַמֶּךָ Dan. 12. 1, qui tient ferme pour les enfants de ton peuple, c.-à-d. qui les défend, protége; הִנְּךָ מֵת עַל־הָאִשָּׁה Gen. 20. 3, tu vas mourir à cause de la femme (que tu as prise). De là עַל זֶה, עַל זֹאת à cause de cela; עַל־כֵּן c'est pourquoi; עַל מָה pourquoi? avec l'*inf.*: עַל־צַדְּקוֹ נַפְשׁוֹ מֵאֱלֹהִים Job 32. 2, parce qu'il s'est cru lui-même plus juste que Dieu; וְעַל הִשָּׁנוֹת הַחֲלוֹם Gen. 41. 32, et quant à ce que le songe a été réitéré. Dans ce sens עַל se met après les verbes שָׂמַח, עָנַג, se réjouir; סָפַד, בָּכָה, pleurer, se lamenter, etc. Après beaucoup de verbes qui expriment une affection, עַל indique le rapport à l'objet qui produit cette affection. On dit encore דִּבֶּר עַל parler au sujet de, נִבָּא עַל prophétiser, חָזָה עַל avoir des visions au sujet de.

5° עַל exprime un rapport de proximité, de voisinage. Devant, autour, auprès de, près de, à côté de: אֲשֶׁר עַל־הָעֵדֻת Exod. 27. 21, (le voile) qui est devant l'arche de témoignage; חוֹמָה הָיוּ עָלֵינוּ I Sam. 25. 16, ils ont été une muraille autour de nous; עַל־הָעַיִן Gen. 16.7, près de la source; עֲלֵי נָהָר Nomb. 24. 6, près d'un fleuve; עַל־הַיָּיִן Prov. 23. 30, (ceux qui s'attardent) auprès du vin; לֹא־תִקַּח הָאֵם עַל־הַבָּנִים Deut. 22.6, tu ne prendras pas la mère quand elle est auprès de, ou sur, ses petits; selon d'autres: tu ne prendras pas la mère avec les petits; עַל־צַוְּארָיו Gen. 45. 14, à son cou (attaché à son cou en l'embrassant); וְעַל־פֶּתַח רֵעִי Job 31. 9, (si j'ai dressé mes embûches) à la porte de mon prochain; עַל־יְמִינוֹ Zach. 3. 1, à sa droite; שְׁלֹשָׁה אֲנָשִׁים נִצָּבִים עָלָיו Gen. 18. 2, trois hommes se tinrent, parurent, près de lui; וַיַּעֲמֹד הָעָם עַל־מֹשֶׁה Exod. 18. 13, le peuple se tenait autour de Moïse; כֹּרְתֵי בְרִיתִי עֲלֵי־זָבַח Ps. 50. 5, qui font alliance avec moi près des sacrifices, c.-à-d. en m'offrant des sacrifices; מָגִנִּי עַל־אֱלֹהִים Ps. 7. 11, mon bouclier est en Dieu; *pléon.*: עַל־אַחֲרֶיהָ Ez. 41. 15, au derrière du temple; עַל־לִפְנֵי Ez. 40. 15, devant. Fréq. avec יָד (v. à יָד 3°, 5°, 6°).

6° Sens divers. *A*) comme אֶל et לְ Vers, à: וְהִיא עָלְתָה עֲלֵיהֶם Jos. 2. 8, elle monta vers eux; לֵב הַמֶּלֶךְ עַל־אַבְשָׁלוֹם II Sam. 14. 1, le cœur du roi penchait vers Absalon; וְעָלַי תְּשׁוּקָתוֹ Cant. 7. 11, son désir tend à moi; וְאֶפְנֶה עַל־יָמִין Gen. 24 49, je me tournerai à droite; כִּי־יִסְכֹּן עָלֵימוֹ Job 22. 2, certes c'est à lui-même que (le sage) est utile; הֲשַׂמְתָּ לִבְּךָ עַל־עַבְדִּי אִיּוֹב Job 1. 8, as-tu tourné ton esprit, ton attention, vers mon serviteur Job? אִם־עַל־הַמֶּלֶךְ טוֹב Esth. 3. 9, s'il plaît au roi; וְעָשִׂיתָ חֶסֶד עַל־עַבְדֶּךָ I Sam. 20. 8, tu feras cette grâce à ton serviteur; יֶעֱרַב עָלָיו שִׂיחִי Ps. 104. 34, puissent mes paroles lui être agréables! רֶשֶׁת פּוֹרֵשׂ עַל־פְּעָמָיו Prov. 29. 5, (l'homme qui flatte son prochain) tend un piége à, ou devant, ses pieds. *B*) comme עַד Jusque: עַל־כַּנְפוֹת הָאָרֶץ

Job 37. 3, jusqu'aux extrémités de la terre; עַל־מוּת Ps. 48. 15, jusqu'à la mort. *C*) Comme בּ et עִם Avec: עַל־שְׁמוֹת בְּנֵי יִשְׂרָאֵל Exod. 28. 11, avec les noms, ou selon les noms, des fils d'Israel; הָאֲנָשִׁים עַל־הַנָּשִׁים Exod. 35. 22, les hommes avec les femmes; וְעַיִשׁ עַל־בָּנֶיהָ Job 38. 32, la grande Ourse avec ses satellites. *D*) De manière: עַל־כָּכָה Esth. 9. 26, de cette manière, ou au sujet de ces événements; עַל־שָׁקֶר Lév. 5. 22, (et qu'il jure) d'une manière fausse, c.-à-d. faussement; עַל־נְקַלָּה Jér. 6. 14, légèrement; עַל־יֶתֶר Ps. 31. 24, abondamment. *E*) Contre: עָלַי חָשְׁבוּ מַחֲשָׁבוֹת Jér. 11. 19, ils ont médité de mauvais desseins contre moi; פְּלִשְׁתִּים עָלֶיךָ Jug. 16. 12, les Philistins viennent sur, ou contre, toi; הִנְנִי עָלַיִךְ Ez. 5. 8, voici, je viens contre toi; קוּם עַל se lever contre quelqu'un (v. à חָנָה et à צוּר). — עַל־פְּנֵי Devant, en face de, avant, etc. (v. פָּנִים 7°; עַל־פִּי, v. פֶּה): וְעַל־חַרְבְּךָ תִחְיֶה Gen. 27. 40, tu vivras par ton épée; עֲלֵיהֶם יִחְיוּ Is. 38. 16, c'est par cela qu'on vit, *exact.* par elles, par les années primitivement fixées; עַל־שֵׁם הַפּוּר Esth. 9. 26, du nom de Pour.

7° עַל et עַל אֲשֶׁר, עַל כִּי Parce que: עַל לֹא־חָמָס עָשָׂה Is. 53. 9, parce qu'il n'a point commis d'iniquité, ou: quoiqu'il n'ait, etc.; עַל לֹא־שָׁמְרוּ תוֹרָתֶךָ Ps. 119. 136, parce qu'ils n'ont point observé ta loi; עַל אֲשֶׁר עָזְבוּ אֶת־בְּרִית יְיָ Deut. 29. 24, parce qu'ils ont abandonné l'alliance de l'Éternel; עַל כִּי־אֵין אֱלֹהַי בְּקִרְבִּי Deut. 31. 17, parce que Dieu n'est pas au milieu de moi.

Avec d'autres *prépositions*. כְּעַל Selon: כְּעַל גְּמֻלוֹת כְּעַל יְשַׁלֵּם Is. 59. 18, il récompensera selon les mérites. מֵעַל De dessus, au-dessus, d'auprès de: וַתִּפֹּל מֵעַל הַגָּמָל Gen. 24. 64, elle se jeta en bas de dessus le chameau; יִשָּׂא פַרְעֹה אֶת־רֹאשְׁךָ מֵעָלֶיךָ Gen. 40. 19, Pharaon te fera couper la tête, *exact.* fera enlever ta tête de dessus toi; מֵעַל כָּל־הַשָּׂרִים Esth. 3. 1, (il mit son trône) au-dessus de celui de tous les princes; כִּי־גָדוֹל מֵעַל שָׁמַיִם חַסְדֶּךָ Ps. 108. 5, car ta miséricorde est grande, elle atteint jusqu'au-dessus des cieux; גָבֹהַּ מֵעַל גָּבֹהַּ Eccl. 5. 7, quelqu'un qui est élevé par-dessus ceux qui sont élevés; וָאַשְׁלִכֵם מֵעַל שְׁתֵּי יָדַי Deut. 9. 17, je les jetai (hors) de mes deux mains; כִּי יְיָ סָר מֵעָלָיו Jug. 16. 20, que l'Éternel s'était retiré de lui; עוֹרִי שָׁחַר מֵעָלָי Job 30. 30, ma peau est devenue noire sur moi, ou: se détache de moi; דִּרְשׁוּ מֵעַל־סֵפֶר יְיָ Is. 34. 16, recherchez dans le livre de l'Éternel; סוּרוּ נָא מֵעַל אָהֳלֵי הָאֲנָשִׁים Nomb. 16. 26, retirez-vous des tentes de (ces) hommes; וַיִּסֹּב מֵעֲלֵיהֶם Gen. 42. 24, il s'éloigna d'eux; הָעֹמְדִים מֵעַל הַמֶּלֶךְ Jér. 36. 21, (tous les princes) qui étaient placés auprès, ou autour, du roi. — מֵעַל לְ Au-dessus de, sur, auprès: מֵעַל לְבֵית דָּוִיד Néh. 12. 37, au-dessus de la maison de David; מֵעַל לָרָקִיעַ Gen. 1. 7, au-dessus du firmament; מֵעַל לַחוֹמָה Néh. 12. 31, sur la muraille; מֵעַל לְמִזְבַּח הַקְּטֹרֶת II Chr. 26. 19, auprès de l'autel de l'encens.

עַל chald. (avec suff. עֲלוֹהִי, עֲלַיְנָא, עֲלֵיהוֹן). *Prépos.* Sur, au-dessus, dans: עַל־מִשְׁכְּבָךְ Dan. 2. 28, dans ton lit; עַל־אַנְפּוֹהִי 2. 46, sur sa face; (pour אֶל et לְ) דָּנִיֵּאל עַל עַל־אַרְיוֹךְ Dan. 2. 24, Daniel alla vers Arioch; עֲלוֹהִי Dan. 6. 19, loin de lui (v. l'exemple à נְדַד); עַל־מַלְכָּא טָב Esdr. 5. 17, s'il semble bon au roi; יִשְׁפַּר עֲלָךְ Dan. 2. 24, (puisse mon conseil) te plaire.

עֹל et עוֹל *m.* (avec suff. עֻלּוֹ). Joug: אֲשֶׁר לֹא־עָלָה עָלֶיהָ עֹל Nomb. 19. 2, (une vache) qui n'ait point encore porté de joug; עֹל כָּבֵד I Rois 12. 11, d'un pesant joug, pour: d'un esclavage dur; טוֹב לַגֶּבֶר כִּי־יִשָּׂא עֹל בִּנְעוּרָיו Lament. 3. 27, il est bon pour l'homme de porter le joug dans sa jeunesse, c.-à-d. de connaître les malheurs, les épreuves, de la vie.

עֵלָּא chald. *prépos.* Au dessus: וְעֵלָּא מִנְּהוֹן Dan. 6. 3, et au-dessus d'eux.

עֻלָּא (joug) *n. pr. m.* I Chr. 7. 39.

עִלֵּג *adj.* Bègue, qui bégaye: וּלְשׁוֹן

עִלְּגִים Is. 32. 4, la langue de ceux qui bégayent.

* עֶלְבּוֹן *m.* Rituel, mépris, injure.

עָלָה (*fut.* יַעֲלֶה) 1° Monter : עֲלִי בְאֵר Nomb.21.17, monte, ô puits! וְאֵד יַעֲלֶה מִן־הָאָרֶץ Gen. 2. 6, une vapeur montait de la terre. Avec אֶל et עַל : וּמֹשֶׁה עָלָה אֶל־הָאֱלֹהִים Exod. 19. 3, Moïse monta vers Dieu ; אֶעֱלֶה עַל־בָּמֳתֵי עָב Is. 14. 14, je monterai aux hauteurs des nuées. Avec ל et ב : עָלִיתָ לַמָּרוֹם Ps.68.19, tu es monté vers les hauteurs ; מִי־יַעֲלֶה בְהַר־יְיָ Ps. 24. 3, qui montera à la montagne de l'Éternel. Avec un *régime direct :* כִּי עָלִיתָ מִשְׁכְּבֵי אָבִיךָ Gen. 49. 4, car tu es monté sur la couche de ton père. Souvent, aller d'un pays vers un autre situé plus haut, comme, par exemple, aller de l'Égypte, de l'Assyrie, de Babylone, à la Palestine, du royaume d'Israel vers la Judée : וַיַּעַל אַבְרָם מִמִּצְרַיִם Gen. 13.1, Abram s'en alla de l'Égypte montant (vers le sud) ; וְעָלָה מִן־הָאָרֶץ Exod. 1. 10, (de peur) qu'il ne sorte du pays (de l'Égypte) ; הָעֹלִים מִשְּׁבִי הַגּוֹלָה Esdr. 2. 1, les exilés qui remontèrent de la captivité ; נַעֲלֶה בִיהוּדָה Is. 7. 6, allons en Judée.

On emploie souvent עָלָה quand il s'agit d'aller au temple, à un lieu sacré ; d'aller devant un juge, un supérieur, etc. : וְנַעֲלֶה בֵּית־אֵל Gen. 35. 3, montons à Beth-El ; מִדֵּי עֲלֹתָהּ בְּבֵית יְיָ I Sam. 1.7, chaque fois qu'elle montait à la maison de Dieu ; וַיַּעֲלוּ אֵלֶיהָ בְּנֵי יִשְׂרָאֵל לַמִּשְׁפָּט Jug. 4. 5, les Israélites montaient vers elle pour être jugés ; לֹא נַעֲלֶה Nomb. 16. 12, nous n'irons pas (auprès de Moïse) ; וּבֹעַז עָלָה הַשַּׁעַר Ruth 4. 1, Booz monta à la porte (de la ville où siégeaient les juges). — D'une route, contrée : בַּמְסִלּוֹת אֲשֶׁר אַחַת עֹלָה בֵית־אֵל Jug. 20. 31, dans les routes dont l'une monte, conduit, à Beth-El ; וְעָלָה הַגְּבוּל דְּבִרָה Jos. 15. 7, cette frontière monta vers Debir ; הַמִּדְבָּר עֹלֶה מִירִיחוֹ בָּהָר בֵּית־אֵל Jos.16.1, le désert montant de Jéricho par la montagne jusqu'à Beth-El.

On dit עָלָה monter, s'élever. De la fumée : עָלָה קִיטֹר הָאָרֶץ Gen. 19. 28, une fumée montait de la terre. — De la colère : וְגַם־אַף עָלָה בְיִשְׂרָאֵל Ps. 78. 21, et sa colère s'éleva contre Israel ; אִם־רוּחַ הַמּוֹשֵׁל תַּעֲלֶה עָלֶיךָ Eccl. 10. 4, si l'esprit de celui qui domine s'élève contre toi. — De l'aube du jour : וּכְמוֹ הַשַּׁחַר עָלָה Gen. 19. 15, et lorsque le jour se leva. — Des plantes. Pousser, croître, produire : עָלְתָה נִצָּהּ Gen. 40. 10, (la vigne) poussait des fleurs ; וְעָלָה שָׁמִיר וָשַׁיִת Is. 5. 6, elle produira des ronces et des épines, ou : des ronces et des épines y monteront ; וְהִנֵּה עָלָה כֻלּוֹ קִמְּשֹׂנִים Prov. 24. 31, voici, tout produisait des orties, ou : tout était changé en orties ; וְעָלְתָה כָאֹר כֻּלָּהּ Amos 8. 8, (la terre) sera toute inondée comme d'un fleuve ; וּבָשָׂר עָלָה Ez. 37. 8, et il y crût de la chair. — עָלָה עִיר Emporter une ville par escalade, s'en emparer : עִיר גִּבֹּרִים עָלָה חָכָם Prov. 21. 22, le sage s'empare de la ville des forts ; שֻׁדַּד מוֹאָב וְעָרֶיהָ עָלָה Jér. 48. 15, Moab est dévastée, et (l'ennemi) s'est emparé de ses villes ; selon d'autres : ses villes ont été brûlées ou détruites. — Du sort : אֲשֶׁר עָלָה עָלָיו הַגּוֹרָל לַיְיָ Lévit. 16. 9, (le bouc) sur lequel le sort sera tombé, que le sort aura désigné (pour être consacré) à l'Éternel. — D'un vêtement : וּבֶגֶד כִּלְאַיִם שַׁעַטְנֵז לֹא יַעֲלֶה עָלֶיךָ Lévit. 19. 19, tu ne mettras pas sur toi un vêtement tissu de diverses sortes de fil de laine et de lin ; *exact.* un des vêtements, etc., ne viendra pas sur toi, ne te couvrira ; יַעֲלוּ אֵבֶר כַּנְּשָׁרִים Is. 40. 31, ils pousseront des ailes comme les aigles ; de même : וְעָלְתָה יָדוֹ עַל־יַד רֵעֵהוּ Zach. 14. 13, et sa main s'élèvera contre la main de son prochain. — D'un bandage qu'on applique sur une plaie : מַדּוּעַ לֹא עָלְתָה אֲרֻכַת בַּת־עַמִּי Jér. 8. 22, pourquoi la guérison de mon peuple n'avance-t-elle pas ? — D'un rasoir : מוֹרָה לֹא־עָלָה עַל־רֹאשִׁי Jug. 16. 17, le rasoir n'a jamais passé sur ma tête. — Des sacrifices : כַּעֲלוֹת הַמִּנְחָה II Rois 3. 20, à l'heure où l'on offrait l'oblation ; וְאֶל־הַמִּזְבֵּחַ לֹא־יַעֲלוּ Lévit. 2. 12, mais ils ne seront pas mis, offerts, sur l'autel.

2° Monter, s'élever dans les airs, se dissiper, disparaître, être enlevé : וַתַּעַל שִׁכְבַת הַטָּל Exod. 16. 14, et quand cette couche de rosée s'était dissipée, était évanouie ; כַּעֲלוֹת גָּדִישׁ בְּעִתּוֹ Job 5. 26, comme un monceau de gerbes est enlevé, apporté, à la grange en sa saison ; וּפִרְחָם כָּאָבָק יַעֲלֶה Is. 5. 24, et leur fleur disparaîtra comme la poussière.

3° S'élever, s'agrandir, augmenter, surpasser : עָלָה אֱלֹהִים בִּתְרוּעָה Ps. 47. 6, Dieu s'est élevé au milieu de cris d'allégresse ; וַתַּעַל הַמִּלְחָמָה I Rois 22. 35, le combat devint de plus en plus rude ; יַעֲלֶה עָלֶיךָ Deut. 28. 43, (l'étranger) s'élèvera au-dessus de toi ; וְאַתְּ עָלִית עַל־כֻּלָּנָה Prov. 31. 29, tu les surpasses toutes.

4° Être rapporté, être mis : וְלֹא עָלָה הַמִּסְפָּר I Chr. 27. 24, ce dénombrement ne fut point mis, rapporté, parmi ceux enregistrés dans les chroniques. — עָלָה עַל־לֵב, עַל־רוּחַ Venir dans le cœur, se présenter à l'esprit : וִירוּשָׁלַםִ תַּעֲלֶה עַל־לְבַבְכֶם Jér. 51. 50, que Jérusalem revienne dans votre cœur, que son souvenir se présente à votre esprit ; וְהָעֹלָה עַל־רוּחֲכֶם Ez. 20. 32, ce que vous méditez ; קָרְבָּן עוֹלֶה וְיוֹרֵד (v. à יָרַד, page 259).

Niph. 1° Être monté, être ramené : וַתֵּעָלוּ עַל־שְׂפַת לָשׁוֹן Ez. 36. 3 (pour וַתַּעֲלוּ), et parce que vous avez été portés sur les lèvres, que vous êtes devenus la fable ; עִם הֵעָלוֹת הַגּוֹלָה Esdr. 1. 11, quand on fit remonter (de Babylone à Jérusalem) ceux qui en avaient été transportés. — 2° Se lever : נַעֲלָה הֶעָנָן מֵעַל מִשְׁכַּן Nomb. 10. 11, la nuée se leva, se retira, de dessus le tabernacle. — 3° Être élevé, être majestueux. De Dieu : מְאֹד נַעֲלֵיתָ עַל־כָּל־אֱלֹהִים Ps. 97. 9, tu es infiniment élevé au-dessus de tous les dieux.

* *Pi.* : לְעַלֵּה Rituel, d'exalter, de louer (Dieu).

Hiph. 1° Faire monter : וְהִיא הֶעֱלָתַם הַגָּגָה Jos. 2. 6, elle les avait fait monter sur le toit ; לְהַעֲלוֹתָם מַשְׂאַת הֶעָשָׁן Jug. 20. 38, qu'ils fissent monter une colonne de fumée de la ville ; אֲשֶׁר הֶעֱלָנוּ מֵאֶרֶץ מִצְרַיִם Exod. 32. 1, qui nous a fait sortir du pays d'Égypte ; וַאֲנָשָׁיו אֲשֶׁר־עִמּוֹ הֶעֱלָה דָוִד II Sam. 2. 3, David fit remonter aussi les gens qui étaient avec lui. — De la colère : יַעֲלֶה־אָף Prov. 15. 1, (une parole dure) excite la colère. — Faire croître : וְהַעֲלֵתִי עֲלֵיכֶם בָּשָׂר Ez. 37. 6, je ferai croître la chair sur vous ; וַתַּעַל אֶחָד מִגֻּרֶיהָ Ez. 19. 3, elle a fait croître, c.-à-d. elle a élevé, un de ses lionceaux ; הִנְנִי מַעֲלֶה־לָּהּ אֲרֻכָה Jér. 33. 6, je lui apporterai une guérison, je lui rendrai la santé ; וְהַעֲלֵיתִי עַל־כָּל־מָתְנַיִם שָׂק Amos 8. 10, je mettrai un sac sur tous les reins ; הַמַּעֲלֶה עֲדִי זָהָב עַל לְבוּשְׁכֶן II Sam. 1. 24, qui mettait des ornements d'or sur vos habits ; יַעֲלֶה עַל־הַמָּגֵן הָאֶחָת I Rois 10. 17, il employa (trois mines d'or) pour chaque bouclier. — Des offrandes, des sacrifices : וְהַעֲלֵהוּ שָׁם לְעֹלָה Gen. 22. 2, offre-le là en holocauste ; וְלֹא־הֶעֱלָה מִנְחָה לְמֶלֶךְ אַשּׁוּר II Rois 17. 4, et parce qu'il n'envoyait, ne payait plus, le tribut au roi d'Assyrie ; וַיַּעֲלֵם שְׁלֹמֹה לְמַס־עֹבֵד I Rois 9. 21, Salomon les rendit tributaires, ou : les assujettit au servage ; בְּהַעֲלֹתְךָ אֶת־הַנֵּרֹת Nomb. 8. 2, quand tu allumeras les lampes. — 2° Enlever : אַל־תַּעֲלֵנִי בַּחֲצִי יָמָי Ps. 102. 25, ne m'enlève pas au milieu de mes jours ; * מַעֲלֶה אֲנִי עֲלֵיכֶם שָׂכָר Aboth, je vous compte, je vous accorde, une récompense.

Hoph. passif : הֹעֲלָתָה Nah. 2. 8, elle sera enlevée ; הֹעֲלָה עַל־הַמִּזְבֵּחַ Jug. 6. 28, (le second taureau) était offert en holocauste sur l'autel ; אֲשֶׁר הֹעֲלָה עַל־סֵפֶר מַלְכֵי יִשְׂרָאֵל II Chr. 20. 34, qui a été relaté dans le livre des rois d'Israel.

Hithp. S'élever, se gonfler : וְאֶל־יִתְעַל בְּסִרְיֹנוֹ Jér. 51. 3, et contre celui qui s'élève, c.-à-d. qui est fier, dans sa cuirasse ; * בַּיּוֹם הַשְּׁבִיעִי הִתְעַלָּה Rituel, le septième jour il s'est élevé.

עָלֶה *m.* (rac. עָלָה croître, const. עֲלֵה, avec suff. עָלֵהוּ, *pl.* const. עֲלֵי). Feuille : עֲלֵה־זַיִת Gen. 8. 11, une feuille d'olivier ; עֲלֵה תְאֵנָה Gen. 3. 7, des feuilles de figuier.

עִלָּה *f.* chald. Prétexte, fausse accusation : עִלָּה לְהַשְׁכָּחָה Dan. 6. 5, de trouver une cause, un prétexte, pour accuser.

עֹלָה et **עוֹלָה** *f.* (*plur.* עוֹלוֹת). 1° Holocauste : עֹלַת הַבֹּקֶר Lévit. 9. 17, l'holocauste du matin ; עוֹלֹתֵיכֶם סְפוּ עַל־זִבְחֵיכֶם Jér. 7. 21, ajoutez vos holocaustes à vos victimes ; שֹׂנֵא גָזֵל בְּעוֹלָה Is. 61. 8, moi qui déteste la rapine même dans l'holocauste ; l'holocauste provenant de vols ; selon d'autres, comme בְּעַוְלָה : la rapine que fait la violence, l'injustice. — 2° Degré : שֶׁבַע עֹלוֹתָיו Ez. 40. 26, ses sept degrés ; selon quelques-uns aussi : וְעֹלָתוֹ אֲשֶׁר יַעֲלֶה בֵּית יְיָ I Rois 10. 5, l'escalier qu'il montait pour aller au temple, ou : l'holocauste qu'il offrait, etc.

עֲלָה, *f.* chald. Holocauste : לַעֲלָוָן Esdr. 6. 9, pour les holocaustes.

* **עֲלוּבָה**, *f.* Défaillance : וְלַעֲלוּבַת נֶפֶשׁ Rituel, l'âme défaillante, brisée (v. עָלַף).

עַלְוָה *f.* (pour עַוְלָה). Iniquité : בְּנֵי עַלְוָה Osée 10. 9, les enfants de l'iniquité, les hommes injustes.

עַלְוָה *n. pr.* Alvah, un des princes des Iduméens, Gen. 36. 40.

עֲלוּמִים, *m. pl.* (rac. עָלַם). Jeunesse, vigueur de la jeunesse : יְמֵי עֲלוּמָיו Ps. 89. 46, les jours de sa jeunesse ; עַצְמוֹתָיו מָלְאוּ עֲלוּמָיו Job 20. 11, ses os qui étaient remplis de vigueur de la jeunesse ; ou, ellipse : ses os sont pleins des suites des péchés de sa jeunesse.

עַלְוָן (injuste) *n. pr.* Alvan, fils de Sobal, Iduméen, Gen. 36. 23 ; עַלְיָן I Chr. 1. 40.

עֲלוּקָה, *f.* Sangsue, ou monstre imaginaire qui suce le sang des hommes. Exemple unique, Prov. 30. 15, symbole de la cupidité, de l'insatiabilité.

עֲלוֹת, (v. עֲלִי).

עָלַז, (v. עָלַס et עָלַץ) Se réjouir, tressaillir de joie : וְעִלְזוּ לְפָנָיו Ps. 68. 5, réjouissez-vous devant lui. Avec בְּ : וַאֲנִי בַּייָ אֶעְלוֹזָה Hab. 3. 18, et moi je me réjouirai en l'Éternel ; יַעְלְזוּ חֲסִידִים בְּכָבוֹד Ps. 149. 5, les saints se réjouiront dans la gloire, ou : triompheront avec gloire ; יַעֲלֹז שָׂדַי וְכָל־אֲשֶׁר־בּוֹ Ps. 96. 12, que les champs et tout ce qui est en eux soient dans la joie, ou : témoignent leur joie. En mauvaise part : עַד־מָתַי רְשָׁעִים יַעֲלֹזוּ Ps. 94. 3, jusqu'à quand les méchants triompheront-ils, se glorifieront-ils, dans leur orgueil ?

עָלֵז, *adj.* Joyeux : וְעָלֵז בָּהּ Is. 5. 14, et quiconque il y a en elle de joyeux (descendra dans le Scheol), ou : l'ennemi triomphera en elle, ou : le Scheol se réjouira d'elle comme d'une proie.

עֲלָטָה, *f.* Profonde obscurité, ténèbres : וַעֲלָטָה הָיָה Gen. 15. 17, il y eut une profonde obscurité.

עֵלִי *n. pr.* Eli, grand prêtre, I Sam. 1. 3.

עֱלִי, *m.* Pilon : בַּעֱלִי Prov. 27. 22, avec un pilon ; *plur.* : וְהָעֲלוֹת II Chr. 24. 14, et les mortiers, ou : et les coupes ; selon d'autres, *inf. Hiph.* de עָלָה, ou pour וְהַעֲלוֹת : (des vases) pour offrir, ou pour les holocaustes.

עֲלֵי, *prép.* Sur (v. עַל).

עִלָּיא (*cheth.*) **עִלָּאָה** (*keri*) chald. *adj.* Élevé, souverain : אֱלָהָא עִלָּאָה Dan. 3. 26, et עִלָּאָה seul, Dan. 4. 14, le Dieu suprême, souverain.

עֲלִיָּה, *f.* (*plur.* עֲלִיּוֹת). 1° Salle haute, étage supérieur, grenier : דַּלְתוֹת הָעֲלִיָּה Jug. 3. 23, les portes de la chambre (haute) ; עֲלִיַּת־קִיר קְטַנָּה II Rois 4. 10, une petite chambre haute pratiquée dans le mur ; וַעֲלִיּוֹת מְרֻוָּחִים Jér. 22. 14, avec des chambres spacieuses. *Au fig.*, du ciel : מַשְׁקֶה הָרִים מֵעֲלִיּוֹתָיו Ps. 104. 13, il arrose les montagnes de ses chambres hautes, du haut des nuées. — 2° Degré : וַעֲלִיָּתוֹ אֲשֶׁר יַעֲלֶה בֵּית יְיָ II Chr. 9. 4, et les degrés par lesquels il montait dans le temple, ou : la montée par laquelle, etc.

עֶלְיוֹן *m.*, עֶלְיוֹנָה *f.*, *adj.* Haut, supérieur, le plus élevé, suprême : הַבְּרֵכָה הָעֶלְיוֹנָה II Rois 18. 17, la haute piscine ; וְהַלְּשָׁכוֹת הָעֶלְיוֹנֹת Ez. 42. 5, les chambres supérieures, de dessus; וּלְתִתְּךָ עֶלְיוֹן עַל כָּל־הַגּוֹיִם Deut. 26. 19, pour qu'il te rende supérieur à toutes les nations; וְהַבַּיִת הַזֶּה יִהְיֶה עֶלְיוֹן I Rois 9. 8, et cette maison qui a été haut élevée; selon d'autres : cette maison sera démolie, détruite (v. עָלָה *Hiph.* 2°); d'autres traduisent : cette maison sera haute, c.-à-d. un monument servant d'exemple des châtiments de Dieu; אֵל עֶלְיוֹן Gen. 14. 20, Dieu suprême. Seul : לְעֶלְיוֹן Ps. 50. 14, וּבְנֵי עֶלְיוֹן Ps. 82. 6, (vous êtes tous) les enfants du Très-Haut.

עֶלְיוֹן *m.* chald. *emph. pl.* : עֶלְיוֹנִין Dan. 7. 22, 25, du Dieu suprême, du Très-Haut.

עַלִּיז *adj.* Joyeux : שְׁאוֹן עַלִּיזִים Is. 24. 8, le bruit des hommes joyeux. Sens défavorable : קִרְיָה עַלִּיזָה Is. 22. 2, ville qui ne connaissait que la joie, qui ne demandait qu'à se réjouir; עַלִּיזֵי גַּאֲוָתֵךְ Soph. 3. 11, ceux d'entre toi qui se réjouissaient avec tant d'orgueil, d'insolence.

עֲלִיל *m.* Creuset. Ex. unique : בַּעֲלִיל לָאָרֶץ Ps. 12. 7, au creuset de terre; selon d'autres, בַּעֲלִיל, de בַּעַל : par le maître de la terre.

עֲלִילָה *f.* (*plur.* עֲלִילוֹת, rac. עָלַל). 1° Action, exploits, conduite. De Dieu : עֲלִילוֹתָיו Ps. 9. 12, ses exploits, ses œuvres; נוֹרָא עֲלִילָה עַל־בְּנֵי אָדָם Ps. 66. 5, il est terrible dans sa conduite sur les enfants de l'homme. Des hommes, *spéc.* leurs actions criminelles : הִשְׁחִיתוּ כֹּל עֲלִילוֹתָם Soph. 3. 7, toutes leurs actions sont corrompues, *exact.* ils étaient corrompus dans toute leur conduite. — 2° Cause, prétexte (v. עִלָּה) : עֲלִילֹת דְּבָרִים Deut. 22. 14, un prétexte pour parler contre elle, c.-à-d. une fausse accusation.

עֲלִילִיָּה *f.* Action : וְרַב הָעֲלִילִיָּה Jér. 32. 19, et puissant en actions, en exploits.

עַלְיָן (v. עַלְוָן).

עֲלִיצוּת *f.* Joie, transport : עֲלִיצֻתָם Habac. 3. 14, c'était une joie pour eux, ils se réjouissaient.

עִלִּית *adj. fém.* Supérieure : גֻּלַּת עִלִּית Jug. 1. 15, גֻּלֹּת עִלִּיּוֹת Jos. 15. 19, les sources de dessus, c.-à-d. dans le haut pays.

עִלִּית *f.* chald. Salle haute : בְּעִלִּיתֵהּ Dan. 6. 11, dans sa chambre (v. עֲלִיָּה).

עָלַל *Kal* inusité. *Po.* עוֹלֵל. 1° Agir, agir légèrement, faire du mal, affecter, faire souffrir : וְעֹלַלְתִּי בֶעָפָר קַרְנִי Job 16. 15, j'ai couvert ma tête de poussière, *exact.* j'ai mis, ou roulé, ma tête dans la poussière; לְמִי עוֹלַלְתָּ כֹּה Lament. 2. 20, envers qui tu as agi ainsi; עֵינִי עוֹלְלָה לְנַפְשִׁי Lament. 3. 51, mon œil affecte mon âme, c.-à-d. je suis comme anéanti à force de pleurer; נֹגְשָׂיו מְעוֹלֵל Is. 3. 12, ses dominateurs (chacun d'eux) est, ou agit, comme un enfant (v. עוֹלֵל). — 2° Grappiller, cueillir ce qui reste dans une vigne après qu'elle a été vendangée : וְכַרְמְךָ לֹא תְעוֹלֵל Lévit. 19. 10, tu ne cueilleras pas les grappes qui seront restées dans ta vigne; *au fig.* : עוֹלֵל יְעוֹלְלוּ כַגֶּפֶן שְׁאֵרִית יִשְׂרָאֵל Jér. 6. 9, on cueillera, c.-à-d. exterminera, les restes d'Israel, comme on grappille une vigne; וַיְעֹלְלֻהוּ בַּמְסִלּוֹת חֲמֵשֶׁת אֲלָפִים אִישׁ Jug. 20. 45, on en tua par les chemins cinq mille hommes, les uns après les autres. — *Passif* : אֲשֶׁר עוֹלַל לִי Lament. 1. 12, (comme la douleur) qui m'a été faite, qui m'est arrivée.

Hithp. הִתְעַלֵּל 1° Se signaler par ses exploits, agir, accomplir, *spécial.* en maltraitant, châtiant, quelqu'un : אֵת אֲשֶׁר הִתְעַלַּלְתִּי בְּמִצְרַיִם Exod. 10. 2, ce que j'aurai fait, accompli, en Égypte; כַּאֲשֶׁר הִתְעַלֵּל בָּהֶם I Sam. 6. 6, après qu'il les eut châtiés d'une manière merveilleuse; וַיִּתְעַלְּלוּ־בָהּ Jug. 19. 25, ils l'outragèrent, ils abusèrent d'elle; כִּי הִתְעַלַּלְתְּ בִּי Nomb. 22. 29, parce que tu te moques de moi, ou : que tu m'as pressé, blessé, le pied.

Hithpo. Accomplir, exécuter : לְהִתְעוֹלֵל עֲלִלוֹת בְּרֶשַׁע Ps. 141. 4, pour commettre de méchantes actions par malice.

עֲלַל, chald. Entrer, aller (*prét.* עַל, *fém.* עַלַּת, *part. plur.* עָלִּין) : דָּנִיֵּאל עַל עַל־

אַרְיוֹךְ Dan. 2. 24, Daniel alla vers Arioch; בֵּאדַיִן עָלִּין (*cheth.* עָלְלִין) Dan. 4. 4, (les magiciens) alors vinrent; וְעַד מֶעָלֵי שִׁמְשָׁא Dan. 6. 15, jusqu'au coucher du soleil (v. מבוא hébr).

Aph. Faire entrer, amener : הַנְעֵל לְדָנִיֵּאל Dan. 2. 25, il fit entrer Daniel. *Impér.* : הַעֵלְנִי קֳדָם מַלְכָּא vers. 24, amène-moi près du roi; *inf.* : לְהַעָלָה 5. 7, et לְהַנְעָלָה 4. 3, de faire entrer.

Hoph. הֻעַל *passif:* הֻעַל קֳדָם מַלְכָּא Dan. 5. 13, Daniel fut amené près du roi.

עֹלֵלוֹת et עוֹלֵלוֹת *pl. f.* (const. עֹלְלוֹת, rac. עָלַל). Grappes qui restent dans la vigne après la vendange; וְנִשְׁאַר־בּוֹ עוֹלֵלוֹת Is. 17. 6, il y restera des grappes, de quoi grappiller (v. Jér. 49. 9).

עָלַם Cacher. *Kal part. passif*, seul usité : עֲלֻמֵנוּ Ps. 90. 8, nos fautes cachées.

Niph. נֶעְלַם Être caché, être ignoré : וְנֶעְלַם מִמֶּנּוּ Lévit. 5. 2, et il ne s'en est pas aperçu; לֹא־הָיָה דָּבָר נֶעְלָם מִן־הַמֶּלֶךְ I Rois 10. 3, il n'y eut rien que le roi ignorât, qu'il n'entendît; וְנֶעְלַם דָּבָר מֵעֵינֵי הַקָּהָל Lév. 4. 13, et si la chose a été ignorée de l'assemblée. *Part.*: תְּהִי נַעֲלָמָה Nah. 3. 11, tu seras absorbée, dominée, par le vin, ou : tu te cacheras de honte; נַעֲלָמִים Ps. 26. 4, les hommes dissimulés, les hypocrites.

Hiph. Cacher : וַיְיָ הֶעְלִים מִמֶּנִּי II Rois 4. 27, l'Éternel me l'a caché. Avec עֵינַיִם Détourner les yeux : וְאִם הַעְלֵם יַעְלִימוּ עַם הָאָרֶץ אֶת־עֵינֵיהֶם Lévit. 20. 4, si le peuple du pays détourne les yeux (de cet homme, ferme les yeux à son crime); וּמַעְלִים עֵינָיו Prov. 28. 27, mais celui qui détourne ses yeux (du pauvre); תַּעְלִים לְעִתּוֹת בַּצָּרָה Ps. 10. 1, (pourquoi) te caches-tu, te détournes-tu, de nous dans le temps de l'angoisse? אַל־תַּעְלֵם אָזְנְךָ Lament. 3. 56, ne détourne point ton oreille (de mes cris); וְאַעְלִים עֵינַי בּוֹ I Sam. 12. 3, pour fermer les yeux sur lui, pour ne pas le juger avec impartialité; מִי זֶה מַעְלִים עֵצָה בְּלִי־דָעַת Job 42. 2, qui est celui qui assez dépourvu d'intelligence ose cacher tes desseins, c.-à-d. ose les présenter sous un faux jour, les blâmer?

Hithp. Se cacher : עָלֵימוֹ יִתְעַלֶּם־שָׁלֶג Job 6. 16, dans lesquels la neige se cache, se jette; וְהִתְעַלַּמְתָּ מֵהֶם Deut. 22. 1, (ne) te détourne (point) d'eux; וּמִבְּשָׂרְךָ לֹא תִתְעַלָּם Is. 58. 7, ne te dérobe pas à ton frère (v. le même exemple à בָּשָׂר, page 85).

עָלַם et עָלְמָא chald. *m.* (v. עוֹלָם). Éternité : מַלְכוּת עָלַם Dan. 3. 33, un règne éternel; מִן־יוֹמָת עָלְמָא Esdr. 4. 15, depuis les temps passés, depuis des siècles; מִן־עָלְמָא וְעַד־עָלְמָא Dan. 2. 20, depuis l'éternité jusqu'à l'éternité.

עֶלֶם *m.* Enfant, jeune homme : לָעָלֶם I Sam. 20. 22, à l'enfant; בֶּן־מִי־זֶה הָעָלֶם I Sam. 17. 56, de qui ce jeune homme est-il le fils?

עַלְמָה *f.* 1° Jeune fille, jeune femme; הָעַלְמָה הַיֹּצֵאת לִשְׁאֹב Gen. 24. 43, la jeune fille qui sortira pour puiser de l'eau; הִנֵּה הָעַלְמָה הָרָה Is. 7. 14, la jeune femme concevra; *pl.* עֲלָמוֹת Cant. 1. 3, Ps. 68. 26, les jeunes filles. — 2° עֲלָמוֹת Nom d'un instrument : עַל־עֲלָמוֹת שִׁיר Ps. 46. 1, cantique sur Alamoth (v. I Chr. 15. 20).

עַלְמוֹן *n. pr.* 1° Ville de la tribu de Benjamin, Jos. 21. 18; עָלֶמֶת I Chr. 6. 45. — 2° עַלְמֹן דִּבְלָתָיְמָה Nomb. 33. 46, station dans le désert.

עֲלָמוֹת, (v. עַלְמָה).

עַל־מוּת 1° Nom d'un instrument de musique : עַל־מוּת לַבֵּן Ps. 9. 1, sur l'instrument almouth labbin; ou, עַל *prép.*: sur l'instrument mouth labbin. — 2° Éternité (v. עוֹלָם). *Adv.* Éternellement : הוּא יְנַהֲגֵנוּ עַל־מוּת Ps. 48. 15, il nous dirigera éternellement, ou jusqu'à la mort.

עֵלְמִי chald. Un Élamite. *Plur.* עֵלְמָיֵא Esdr. 4. 9, les Élamites (v. עֵילָם).

עֲלֻמִים, Les choses cachées (v. עָלַם *Kal*).

עָלֶמֶת *n. pr. m.* 1° I Chr. 7. 8. — 2° 8. 36.

עַלְמַת *n. pr.* (v. עַלְמוֹן).

עָלַם (v. עָלַז et עָלַץ) Se réjouir : וְלֹא יַעֲלֹס Job 20. 18, il n'en jouira pas.

Niph. : כְּנַף־רְנָנִים נֶעֱלָסָה Job 39. 13, (as-tu donné) les ailes à l'autruche dont elle se glorifie.

Hithp. : נִתְעַלְּסָה בָּאֳהָבִים Prov. 7. 18, délectons-nous de voluptés.

עָלַע Sucer, avaler : יְעַלְעוּ Job 39. 30 (v. à לוּעַ *Pi.*).

עֲלַע chald. *f.* (v. hébr. צֵלָע). Côte : וּתְלָת עִלְעִין בְּפֻמַּהּ Dan. 7. 5, et elle tenait dans sa gueule trois côtes; selon d'autres : elle avait dans sa gueule trois défenses.

עָלַף *Kal* inusité. *Pou.* 1° Être couvert, enveloppé. *Part.* : מְעֻלֶּפֶת סַפִּירִים Cant. 5. 14, (de l'ivoire) couvert de saphirs. — 2° Languir, tomber en défaillance : בָּנַיִךְ עֻלְּפוּ Is. 51. 20, tes enfants sont tombés en défaillance.

Hithp. 1° Se couvrir, s'envelopper : וַתִּתְעַלָּף Gen. 38. 14, elle s'enveloppa (de son voile). — 2° Languir : תִּתְעַלַּפְנָה הַבְּתוּלֹת Amos 8.13, les jeunes filles, etc., languiront, mourront (de soif).

עֻלְפֶּה *adj. verbal.* Être languissant, tremblant : וְכָל־עֲצֵי הַשָּׂדֶה עָלָיו עֻלְפֶּה Ez. 31. 15, et chacun des arbres des champs sera languissant, tremblant, à son sujet.

עָלַץ (*fut.* יַעֲלֹץ, v. עָלַז et עָלַס) Se réjouir, triompher : בַּעֲלֹץ צַדִּיקִים Prov. 28. 12, quand les justes se réjouissent, sont dans la joie; עָלַץ לִבִּי בַּיי I Sam. 2. 1, mon cœur tressaillit de joie dans l'Éternel; אַל־יַעַלְצוּ אֹיְבַי לִי Ps. 25. 2, mes ennemis ne triompheront pas de moi. De la nature inanimée : יַעֲלֹץ הַשָּׂדֶה I Chr. 16. 32, que le champ se réjouisse.

עַלְתָה *f.* Iniquité (v. à עַוְלָה).

עַם et עָם *des deux genres* (avec suff. עַמִּי, *plur.* עַמִּים, quelquefois עֲמָמִים, const. עַמֵּי et עַמְמֵי, avec suff. עַמֶּיךָ et עֲמָמֶיךָ). Peuple : וְאֶל־עַם וָעָם Esth. 1. 22, et à chaque peuple. Fréquemment du peuple d'Israel : עַמְּךָ יי Exod. 15, 13, ton peuple, ô Éternel! עַם קָדוֹשׁ Deut. 7. 6, un peuple saint; עַמִּי Is. 53. 8, mon peuple; בְנֵי־עַמִּי Gen. 23. 11, les fils de mon peuple; בַּת־עַמִּי Lament. 2. 11, la fille de mon peuple, le peuple auquel j'appartiens, au milieu duquel je demeure, mes concitoyens; עַם הָאָרֶץ Lévit. 20. 2, le peuple, les habitants du pays; וַיִּשְׁתַּחוּ לְעַם־הָאָרֶץ Gen. 23. 7, il se prosterna devant les gens du pays; עַם־הָאָרֶץ II Chr. 33. 25, la multitude, le bas peuple; *עַם הָאָרֶץ Aboth, un ignorant, homme commun, vulgaire; עַם־עָנִי Ps. 18. 28, le peuple affligé, c.-à-d. les pauvres, les humbles; עַם הַצָּבָא Nomb. 31. 32, עַם הַמִּלְחָמָה Jos. 8. 3, les gens de guerre. עַם se dit aussi d'une tribu : זְבֻלוּן עַם Jug. 5. 18, Zabulon est un peuple; יַצֵּב גְּבֻלֹת עַמִּים Deut. 32. 8, il a établi les limites des tribus; וְלוֹ יִקְּהַת עַמִּים Gen. 49. 10, et lui (aura) l'obéissance des (autres) tribus; אֲנִי נֶאֱסָף אֶל־עַמִּי Gen. 49. 29, je vais être réuni à mon peuple, auprès de ma famille, des miens, c.-à-d. je vais mourir; אֶת־הָעָם אֲשֶׁר־אִתּוֹ Gen. 32. 7, le peuple qui était avec lui, ses gens. Avec ה *art.*, il signifie aussi le genre humain, l'homme : אָכֵן חָצִיר הָעָם Is. 40. 7, en vérité l'homme n'est que de l'herbe; נֹתֵן נְשָׁמָה לָעָם עָלֶיהָ Is. 42. 5, qui donne la respiration aux hommes qui sont sur la terre; אָמְנָם כִּי אַתֶּם־עָם Job 12. 2, en vérité vous êtes tout un peuple, ou le genre humain tout entier. — Des animaux : הַנְּמָלִים עַם לֹא־עָז Prov. 30. 25, les fourmis, ce petit peuple impuissant.

עַם chald. *m.* Peuple; *pl.* : כָּל־עַמְמַיָּא Dan. 3. 7. tous les peuples.

עִם *prép.* (avec suff. עִמִּי [v. עִמָּדִי], עִמָּךְ, עִמְּךָ, עִמּוֹ, עִמָּנוּ, עִמָּכֶם, עִמָּם et עִמָּהֶם). 1° Avec, indiquant tout rapport de communauté, d'association, de réunion : הֲתֵלְכִי עִם־הָאִישׁ הַזֶּה Gen. 24. 58, veux-tu aller avec cet homme? וְהָעָם אֲשֶׁר עִמּוֹ I Sam. 14. 2, et le peuple qui était avec lui, qui l'accompagnait; וַיֹּאכַל שָׁאוּל עִם שְׁמוּאֵל I Sam. 9. 24, Saül mangea avec Samuel; דַּבֵּר־אַתָּה עִמָּנוּ Exod. 20. 19, parle avec nous toi-même ; וְדָבָר לָאַט עִמָּךְ Job 15. 11, et la parole qu'il t'a dite avec douceur (v. à לָאַט) ; חוֹלֵק עִם־גַּנָּב Prov. 29. 24, celui qui partage avec le voleur. Il exprime l'idée d'assistance, d'appui : וַיְיָ עִמּוֹ I Sam. 18. 14, l'Éternel était avec lui ; אֱלֹהִים עִמְּךָ בְּכֹל אֲשֶׁר אַתָּה עֹשֶׂה Gen. 21. 22, Dieu est avec toi dans tout ce que tu entreprends ; הָקֵם תָּקִים עִמּוֹ Deut. 22. 4, tu l'aideras à relever (l'animal tombé). Avec, équivalent de contre : וְאֹתִי תָבִיא בְמִשְׁפָּט עִמָּךְ Job 14. 3, tu me fais entrer en jugement, en cause, contre toi ; וַיֵּאָבֵק אִישׁ עִמּוֹ Gen. 32. 25, quelqu'un lutta avec lui ; מִי־יָקוּם לִי עִם־מְרֵעִים Ps. 94. 16, qui viendra à mon secours, m'assistera, contre les méchants ; אֶבְחֲרָה דְבָרַי עִמּוֹ Job 9. 14, choisirai-je des paroles contre lui? — En faveur de, à l'égard de, envers : כִּי־עָשִׂיתִי עִמָּכֶם חָסֶד Jos. 2. 12, puisque j'ai exercé la bonté à votre égard ; וְלִבָּם לֹא־נָכוֹן עִמּוֹ Ps. 78. 37, et leur cœur n'était pas droit, sincère, envers lui. — De la part de : זֶה חֵלֶק־אָדָם רָשָׁע עִם־אֵל Job 27. 13, c'est la part de l'homme méchant, impie, que Dieu lui réserve.

2° Avec, en même temps, de même, comme : לְהָמִית צַדִּיק עִם־רָשָׁע Gen. 18. 25, de faire mourir le juste avec le méchant ; וְעִם־אָדָם לֹא יְנֻגָּעוּ Ps. 73. 5, ils ne sont point frappés de plaies comme les autres hommes ; חָלְפוּ עִם־אֳנִיּוֹת אֵבֶה Job 9. 26, ils passent comme (avec la même vitesse que) des barques légères de roseaux ; הִנֵּה־נָא בְהֵמוֹת אֲשֶׁר־עָשִׂיתִי עִמָּךְ Job 40. 15, voici le Behémoth que j'ai créé avec toi, en même temps que je t'ai créé. — Aussi longtemps que : יִירָאוּךָ עִם־שָׁמֶשׁ Ps. 72. 5, ils te craindront tant que le soleil durera ; וְעִם־זֶה Néh. 5. 18, avec tout cela, malgré cela.

3° Chez, auprès, près de, dans, entre : עִם־לָבָן גַּרְתִּי Gen. 32. 5, j'ai demeuré chez Laban ; הָאֵלָה אֲשֶׁר עִם־שְׁכֶם Gen. 35. 4, le chêne qui était auprès de Sichem ; וַיִּגְדַּל הַנַּעַר שְׁמוּאֵל עִם־יְיָ I Sam. 2. 21, le jeune Samuel grandit près de, ou devant, l'Éternel (c.-à-d. dans le temple) ; רַב עִמָּנוּ Gen. 24. 25, il y a chez nous beaucoup (de paille et de fourrage) ; הֵמָּה עִם־בֵּית מִיכָה Jug. 18. 3, quand ils furent auprès de la maison de Micha ; עֵקֶב הָיְתָה רוּחַ אַחֶרֶת עִמּוֹ Nomb. 14. 24, parce qu'un autre esprit était en lui ; עִם־יוֹשְׁבֵי חָדֶל Is. 38. 11, avec ou parmi les habitants du monde (v. חֶדֶל) ; שָׁכַנְתִּי עִם־אָהֳלֵי קֵדָר Ps. 120. 5, que j'ai demeuré dans les tentes de Kedar. Souvent עִם־לֵב Dans le cœur, dans la pensée : דִּבַּרְתִּי אֲנִי עִם־לִבִּי Eccl. 1. 16, j'ai parlé en mon cœur ; וְיָדַעְתָּ עִם־לְבָבֶךָ Deut. 8. 5, tu reconnaîtras dans ton cœur ; הָיָה עִם־לְבָבִי I Chr. 22. 7, il était dans ma pensée, j'avais le dessein ; כַּאֲשֶׁר עִם־לְבָבִי Jos. 14. 7, comme c'était dans mon cœur, comme je le savais. De même sans לֵב : יָדַעְתִּי כִּי־זֹאת עִמָּךְ Job 10. 13, je sais que cela est dans ta pensée ; וְכָהֵנָּה רַבּוֹת עִמּוֹ Job 23. 14, et beaucoup de choses semblables sont dans sa pensée ; אֲשֶׁר עִם־שַׁדַּי Job 27. 11, ce qui est dans la pensée du Tout-Puissant.

4° Comme וְ Et : וְאַדְמֹנִי עִם־יְפֵה מַרְאֶה I Sam. 17. 42, son teint était rosé (et il était) beau de visage ; תְּאֵנִים עִם־בִּכּוּרִים Nah. 3. 12, des figues et des fruits précoces ; עִם אֲרוֹן הָאֱלֹהִים II Sam 6. 4, (ils emmenèrent le chariot) avec l'arche de Dieu, ou : allant à côté de l'arche, etc.

מֵעִם D'auprès, d'entre, de la part de : מֵעִם פַּרְעֹה Exod. 8. 8, (Moïse et Aaron se retirèrent) d'auprès de Pharaon ; מֵעִם מִזְבְּחִי תִּקָּחֶנּוּ Exod. 21. 14, tu l'arracheras même de mon autel ; מֵעִם בִּרְכָּיו Gen. 48. 12, d'entre ses genoux ; הָיְתָה נְסִבָּה מֵעִם הָאֱלֹהִים II Chr. 10. 15, c'était un événement amené par Dieu ; עֶזְרִי מֵעִם יְיָ Ps. 121. 2, mon secours me vient de Dieu ; וְכִי־יִשְׁאַל אִישׁ מֵעִם רֵעֵהוּ Exod. 22. 13, si quelqu'un emprunte de son prochain ; נָכוֹן הַדָּבָר מֵעִם הָאֱלֹהִים Gen. 41. 32, la chose est décidée de Dieu ; הֲמֵעִמְּךָ יְשַׁלְּמֶנָּה Job 34. 33, est-ce d'après toi, d'après ton avis, que Dieu récompense et punit?

עִם chald. Les mêmes significations

que עִם hébr. : עִם־מַלְכָּא Dan. 6. 22, avec le roi; עִם־עֲנָנֵי שְׁמַיָּא Dan. 7. 13, sur ou dans les nuages du ciel; עִם־דָּר וְדָר Dan. 3. 33, dans toutes les générations; עִם־לֵילְיָא Dan. 7. 2, pendant la nuit.

עָמַד (*fut.* יַעֲמֹד) 1° Être debout, se tenir debout, se placer : וְהִנֵּה עֹמֵד עַל־הַגְּמַלִּים Gen. 24. 30, et voici, il se tenait, il était, près de ses chameaux; וַתַּעֲמוֹד מֵאָז הַבֹּקֶר וְעַד־עַתָּה Ruth 2.7, elle est restée debout, ou : elle est demeurée ici depuis le matin jusqu'à présent. — עָמַד לִפְנֵי — אֶת פְּנֵי Se placer, se présenter, devant quelqu'un; le servir : בְּעָמְדוֹ לִפְנֵי פַּרְעֹה Gen. 41. 46, quand il se présenta devant Pharaon; אֲשֶׁר־עָמַד שָׁם אֶת־פְּנֵי יְיָ Gen. 19. 27, où il s'était tenu, présenté, devant l'Éternel; יְהוֹשֻׁעַ בִּן־נוּן הָעֹמֵד לְפָנֶיךָ Deut. 1. 38, Josué, fils de Nun, qui te sert; חַי יְיָ צְבָאוֹת אֲשֶׁר עָמַדְתִּי לְפָנָיו I Rois 18. 15, par l'Éternel Zebaoth dont je suis le serviteur, le prophète; לַעֲמֹד לִפְנֵי יְיָ Deut.10.8, pour se tenir devant l'Éternel, pour être consacré à son service; לַעֲמֹד בְּהֵיכַל הַמֶּלֶךְ Dan. 1. 4, pour servir dans le palais du roi. — עָמַד עַל Être préposé à, assister, défendre, avoir confiance en : הֵם הָעֹמְדִים עַל־הַפְּקֻדִים Nomb. 7. 2, qui étaient à la tête de ceux dont on avait fait le dénombrement, ou : qui avaient assisté à faire les dénombrements; הָעֹמֵד עַל־בְּנֵי עַמֶּךָ Dan. 12. 1, qui se présente pour les enfants de ton peuple, qui les assiste, protége; וְלַעֲמֹד עַל־נַפְשָׁם Esth. 8. 11, et de défendre leur vie; עֲמַדְתֶּם עַל־חַרְבְּכֶם Ez. 33. 26, vous vous confiez en votre épée.

2° Rester debout, demeurer ferme, se soutenir, subsister, persévérer, persister : הֵמָּה יֹאבֵדוּ וְאַתָּה תַעֲמֹד Ps.102.27, ils périront, mais toi tu subsisteras toujours; עֲצַת יְיָ לְעוֹלָם תַּעֲמֹד Ps.33.11, le conseil de l'Éternel demeure ferme, stable, à jamais; לַעֲמֹד בַּמִּלְחָמָה Ez. 13. 5, pour demeurer ferme dans le combat; הֲיַעַמְדוּ דִּבְרֵי מָרְדֳּכַי Esth. 3. 4, si la résolution de Mardochée se maintiendrait; אַל־תַּעֲמֹד בְּדָבָר רָע Eccl. 8. 3, ne persévère point dans une mauvaise entreprise; אֲדֹנָי מִי יַעֲמֹד Ps. 130. 3, Seigneur, qui pourrait se soutenir, subsister? וְיָכָלְתָּ עֲמֹד Exod. 18. 23, tu pourras subsister, y suffire; וְהָאָרֶץ לְעוֹלָם עֹמָדֶת Eccl. 1. 4, mais la terre demeure ferme pour toujours; כִּי אֵין לַעֲמוֹד לְפָנֶיךָ עַל־זֹאת Esdr. 9. 15, car on ne peut subsister devant toi à cause de cela (des péchés); לִפְנֵי זַעְמוֹ מִי יַעֲמוֹד Nah. 1. 6, qui pourra subsister devant sa colère? וְלֹא־עָמַד אִישׁ בִּפְנֵיהֶם Jos. 21. 44, aucun (de leurs ennemis) ne subsista devant eux, ou : n'osa leur résister; הַשְּׁנַיִם יַעַמְדוּ נֶגְדּוֹ Eccl. 4. 12, les deux lui résisteront; וְהוּא שָׁנִים יַעֲמֹד מִמֶּלֶךְ הַצָּפוֹן Dan. 11. 8, et pendant quelques années il résistera au roi du Nord; de même sans *rég.*: וְאֵין כֹּחַ לַעֲמֹד Dan. 11. 15, sans force pour résister. Avec בְּ Entrer dans, se maintenir dans, assister à, s'attacher fortement à : וַיַּעֲמֹד כָּל־הָעָם בַּבְּרִית II Rois 23. 3, tout le peuple entra dans, adhéra à, cette alliance; מִי עָמַד בְּסוֹד יְיָ Jér. 23. 18, qui a assisté au conseil de l'Éternel?

3° Rester (dans le même état), durer, se conserver, s'arrêter : לְמַעַן יַעַמְדוּ יָמִים רַבִּים Jér. 32. 14, afin qu'ils se conservent longtemps; הַנֶּגַע עָמַד בְּעֵינָיו Lévit. 13. 5, la plaie s'est arrêtée dans son aspect, a conservé la même forme; אִם־יוֹם אוֹ יוֹמַיִם יַעֲמֹד Exod. 21. 21, s'il reste vivant, s'il survit un jour ou deux; לֹא־יַעֲמָד־בִּי כֹחַ Dan. 10. 17, il ne reste plus en moi de force; וְיָרֵחַ עָמָד Jos. 10. 13, et la lune s'arrêta; חוּשָׁה אַל־תַּעֲמֹד I Sam. 20. 38, hâte-toi, ne t'arrête pas; וַיַּעַמְדוּ הַמַּיִם הַיֹּרְדִים מִלְמַעְלָה Jos. 3. 16, les eaux qui descendaient d'en haut s'arrêtèrent; וַיַּךְ שָׁלֹשׁ־פְּעָמִים וַיַּעֲמֹד II Rois 13. 18, il frappa trois fois, puis il s'arrêta; וַתַּעֲמֹד מִלֶּדֶת Gen. 29. 35, elle cessa d'avoir des enfants.

4° S'élever, se lever : אֲשֶׁר יַעֲמֹד תַּחְתָּיו Eccl. 4. 15, qui s'élèvera à sa place, qui le remplacera; יַעֲמֹד מִיכָאֵל Dan.12. 1, Michael s'élèvera; *fréq.* de l'avénement d'un nouveau roi : יַעֲמֹד מֶלֶךְ עַז־פָּנִים

Dan. 8. 23, un roi fier, impudent, s'élèvera; de la guerre : וַתַּעֲמֹד מִלְחָמָה I Chr. 20. 4, une guerre s'éleva, s'alluma; עִמְדִי־נָא בַחֲבָרַיִךְ Is. 47. 12, lève-toi, viens donc avec tes enchanteurs; רַבִּים יַעַמְדוּ עַל־מֶלֶךְ הַנֶּגֶב Dan. 11. 14, beaucoup s'élèveront contre le roi du Midi; לֹא תַעֲמֹד עַל־דַּם רֵעֶךָ Lévit. 19. 16, tu ne t'élèveras pas contre le sang, la vie, de ton prochain; selon d'autres : ne t'arrête pas, ne reste pas inactif, auprès du meurtre de ton prochain, c.-à-d. ne néglige rien pour sauver sa vie; לִשְׁמֹר אֶת־בְּרִיתוֹ לְעָמְדָהּ Ez. 17. 14, mais qu'il observât son alliance et qu'il y persistât, ou : pour qu'il subsistât; יַעַמְדוּ־נָא שָׂרֵינוּ Esdr. 10. 14, que nos princes se présentent, ou : que nos princes soient établis, placés, à la tête, etc.

Hiph. 1° Faire tenir debout, placer, faire mettre, ériger, établir, instituer : וְהֶעֱמִיד — אֵת הָאִישׁ הַמִּטַּהֵר Lévit. 14. 11, (le prêtre) présentera l'homme qui se purifie devant l'Éternel; וְעַל־בָּמֹתַי יַעֲמִידֵנִי II Sam. 22. 34, il m'a placé sur mes lieux élevés; דְּלָתוֹת לֹא־הֶעֱמַדְתִּי בַשְּׁעָרִים Néh. 6. 1, je n'avais pas encore mis les battants aux portes; וּלְהַעֲמִיד אֶת־חָרְבֹתָיו Esdr. 9. 9, et de relever, de rebâtir, ses lieux déserts; וְהַעֲמִיד מִשְׁמְרוֹת Néh. 7. 3, et qu'on pose des gardes, des postes; וְהֶעֱמִיד בְּבֵית אֵל אֶת־כֹּהֲנֵי הַבָּמוֹת I Rois 12. 32, il établit à Beth-El les sacrificateurs des hauts lieux; וְהֶעֱמַדְנוּ עָלֵינוּ מִצְוֹת Néh. 10. 33, nous nous imposâmes des ordonnances, des lois.

2° Faire subsister, rendre stable, affermir, conserver, décider : וּלְהַעֲמִיד אֶת־יְרוּשָׁלִָם I Rois 15. 4, pour faire subsister Jérusalem; מֶלֶךְ בְּמִשְׁפָּט יַעֲמִיד אָרֶץ Prov. 29. 4, c'est par la justice qu'un roi affermit le pays; וַיַּעֲמִידֶהָ לְיַעֲקֹב לְחֹק Ps. 105. 10, il l'a confirmée à Jacob pour loi; וַיַּעֲמֵד אֶת־פָּנָיו II Rois 8. 11, il composa son visage, voulant cacher son émotion; בַּעֲבוּר זֹאת הֶעֱמַדְתִּיךָ Exod. 9. 16, c'est pour cela que je t'ai conservé; וַיַּעֲמִידוּ דָבָר II Chr. 30. 5, ils décidèrent, donnèrent l'ordre; לְהַעֲמִיד חָזוֹן Dan. 11. 14, pour établir, ou pour accomplir, la vision; אֲשֶׁר הֶעֱמַדְתִּי לַאֲבֹתֵיכֶם II Chr. 33. 8, (la terre) que j'ai destinée, assignée, à vos pères.

3° Faire lever, soulever, susciter : וַיַּעֲמֵד רוּחַ סְעָרָה Ps. 107. 25, il fit lever un vent de tempête; וְהֶעֱמִיד הָמוֹן רָב Dan. 11. 11, il soulèvera, assemblera, une grande multitude (de gens); וְגַם־נְבִיאִים הֶעֱמַדְתְּ Néh. 6. 7, tu as aussi suscité des prophètes.

4° *Intrans.* Être debout : וּמֶלֶךְ יִשְׂרָאֵל הָיָה מַעֲמִיד בַּמֶּרְכָּבָה II Chr. 18. 34, le roi d'Israel était debout dans son char; וְהַעֲמַדְתָּ לָהֶם כָּל־מָתְנָיִם Ez. 29. 7, tu as rendu leurs reins immobiles (v. une autre explication à מָעַד).

Hoph. Être placé : יָעֳמַד־חַי Lévit. 16. 10, il sera placé, présenté, vivant (devant l'Éternel); הָיָה מָעֳמָד בַּמֶּרְכָּבָה I Rois 22. 35, (le roi) fut retenu, ou : resta debout dans son char.

עֹמֶד *m.* Lieu où l'on se tient, place, poste : וַיָּבֹא אֵצֶל עָמְדִי Dan. 8. 17, il vint près du lieu où je me tenais; וַיַּעֲמִידֵנִי עַל־עָמְדִי vers. 18, il me fit tenir debout dans le lieu où j'étais, ou : comme j'avais été debout; וַיַּעֲמֹד הַמֶּלֶךְ עַל־עָמְדוֹ II Chr. 34. 31, le roi se tint debout en sa place, ou sur son estrade.

עֶמְדָּה *f.* Place, état : יִקַּח מִכֶּם עֶמְדָּתוֹ Mich. 1. 11, il prendra chez vous sa place, il s'établira chez vous; selon d'autres : il apprendra de vous de s'arrêter, de ne pas venir vous plaindre.

עִמָּדִי même signif. que עִמִּי Avec moi : הָיָה עִמָּדִי Gen. 31. 5, (le Dieu de mon père) a été avec moi; שְׁבָה עִמָּדִי 29. 19, demeure avec moi; כִּי־בְרַבִּים הָיוּ עִמָּדִי Ps. 55. 19, car ils étaient en grand nombre avec moi; selon d'autres : quoique beaucoup eussent été contre moi; חִצֵּי שַׁדַּי עִמָּדִי Job 6. 4, les flèches du Tout-Puissant sont en moi.

עֻמָּה toujours à l'état construit et avec לְ; לְעֻמַּת, une fois לְעֻמּוֹת Ez. 45. 7, une fois seul עֻמַּת Eccl. 5. 15. *Prépos.* Près de, vis-à-vis, contre : לְעֻמַּת הַמִּסְגֶּרֶת

Exod. 25. 27, près de la bordure; לְעֻמַּת הֶעָצֶה Lévit. 3. 9, ce qui est près de l'échine; וְקוֹל הָאוֹפַנִּים לְעֻמָּתָם Ez. 3. 13, le bruit des roues vis-à-vis d'eux; מִשְׁמָר לְעֻמַּת מִשְׁמָר I Chr. 26. 16, une garde près ou vis-à-vis de l'autre; וַיְסַקֵּל בָּאֲבָנִים לְעֻמָּתוֹ II Sam. 16. 13, il jeta des pierres contre lui; גַּם אֶת־זֶה לְעֻמַּת־זֶה Eccl. 7. 14, (Dieu a fait) l'un à l'opposite de l'autre, ou: l'un comme l'autre; כָּל־עֻמַּת שֶׁבָּא Eccl. 5. 15, comme il est venu. — מִלְּעֻמַּת Auprès: מִלְּעֻמַּת הַבֶּטֶן I Rois 7. 20, auprès de la partie saillante de la colonne.

עֻמָּה *n. pr.* d'une ville de la tribu d'Aser, Jos. 19. 30.

עַמּוּד *m.* 1° Colonne: עַמּוּד הֶעָנָן Exod. 33. 9, la colonne de la nuée; בֵּין הָעַמּוּדִים Jug. 16. 25, entre les colonnes; עַמּוּדֵי שָׁמַיִם Job. 26. 11, les colonnes du ciel. — 2° Estrade, tribune: הַמֶּלֶךְ עֹמֵד עַל־הָעַמּוּד II Rois 11. 14, le roi se tenait sur l'estrade, ou près de la colonne.

עַמּוֹן *n. pr.* d'un peuple, les Ammonites, I Sam. 11. 11, descendants de בֶּן־עַמִּי Gen. 19. 38, fils de Loth. Plus souvent בְּנֵי עַמּוֹן Nomb. 21. 24; עַמּוֹנִי un Ammonite; *fém.* עַמּוֹנִית, *pl.* עַמֹּנִיּוֹת, I Rois 11. 1, des femmes ammonites.

עָמוֹס *n. pr.* Amos le prophète, Amos 1. 1.

עָמוֹק (profond) *n. pr. m.* Néh. 12. 7, 20.

עַמִּיאֵל *n. pr. m.* 1° Nomb. 13. 12. — 2° Plusieurs autres, II Sam., I Chr.

עַמִּיהוּד *n. pr. m.* Nomb. 1. 10.

עַמִּיזָבָד *n. pr. m.* I Chr. 27. 6.

עַמִּינָדָב *n. pr. m.* Exod. 6. 23.

עַמִּיק, chald. *adj.* Profond, impénétrable: עַמִּיקָתָא Dan. 2. 22, les choses profondes.

עָמִיר *m.* Gerbe: הָעֲגָלָה הַמְלֵאָה לָהּ עָמִיר Amos 2. 13, un chariot plein de gerbes.

עַמִּישַׁדָּי *n. pr. m.* Nomb. 1. 12.

עָמִית *f.* 1° Société, compagnie: גֶּבֶר עֲמִיתִי Zach. 13. 7, l'homme de ma compagnie, mon compagnon. — 2° *Concr.* *m.* Prochain, ami: בְּצֶדֶק תִּשְׁפֹּט עֲמִיתֶךָ Lévit. 19. 15, tu jugeras ton prochain selon la justice.

עָמַל (*fut.* יַעֲמֹל) Travailler, se fatiguer, se donner de la peine: נֶפֶשׁ עָמֵל עָמְלָה לּוֹ Prov. 16. 26, l'âme de celui qui travaille travaille pour lui, c.-à-d. pour son besoin; אֲשֶׁר לֹא־עָמַלְתָּ בּוֹ Jon. 4. 10, pour lequel tu n'as pas travaillé, qui ne t'a pas coûté de peine; בְּכָל־עֲמָלוֹ שֶׁיַּעֲמֹל Eccl. 1. 3, de toute la peine qu'il se donne.

עָמָל *des deux genres.* 1° Travail, peine: וְזֶה־הָיָה חֶלְקִי מִכָּל־עֲמָלִי Eccl. 2. 10, et c'était là mon partage de tout mon travail; אָדָם לְעָמָל יוּלָּד Job 5. 7, l'homme naît pour le travail; עָמָל הוּא בְעֵינָי Ps. 73. 16, cela m'a semblé une peine inutile, une chose trop difficile; וַעֲמַל לְאֻמִּים יִירָשׁוּ Ps. 105. 44, et ils possèdent (le fruit) du travail des nations. — 2° Peine, tourment, souffrance: רְאֵה עָנְיִי וַעֲמָלִי Ps. 25. 18, regarde mon affliction et ma peine, mes souffrances; וַיַּסְתֵּר עָמָל מֵעֵינָי Job 3. 10, (que n')a-t-il caché la peine, le tourment, à mes yeux? מְנַחֲמֵי עָמָל Job 16. 2, des consolateurs fâcheux, importuns. — 3° Synonyme de אָוֶן Iniquité: תַּחַת לְשׁוֹנוֹ עָמָל וָאָוֶן Ps. 10. 7, l'iniquité et l'injustice sont sous sa langue; וּמְכַתְּבִים עָמָל כִּתֵּבוּ Is. 10. 1, (malheur) à ceux qui font écrire des jugements, ou des ordonnances, injustes!

עָמָל *n. pr. m.* I Chr. 7. 35.

עָמֵל *adj.* 1° Celui qui se fatigue, qui travaille; *m.* ouvrier: וּבַעֲמָלְךָ אֲשֶׁר־אַתָּה עָמֵל Eccl. 9. 9, et dans les fatigues que tu te donnes; וּלְמִי אֲנִי עָמֵל 4. 8, et pour qui est-ce que je travaille? לְהַלְמוּת עֲמֵלִים Jug. 5. 26, vers le marteau des ouvriers. — 2° Misérable, malheureux: לָמָּה יִתֵּן לְעָמֵל אוֹר Job 3. 20, pourquoi donne-t-il la lumière au misérable, à celui qui souffre?

עֲמָלֵק, *n. pr.* 1° Amalek, fils d'Eliphaz, petit-fils d'Esaü, Gen. 36. 12, souche d'une tribu arabe, vers. 16. — 2° Les Amalécites, peuple très ancien qui habitait la partie sud-ouest de la Palestine, au midi de l'Idumée, Gen. 14. 7, Nomb. 24. 10; עֲמָלֵקִי et avec l'*art.* הָעֲמָלֵקִי Gen. 14. 7, Amalécite.

עָמַם Obscurcir : אֲרָזִים לֹא־עֲמָמֻהוּ בְּגַן־אֱלֹהִים Ez. 31. 8, les cèdres du jardin de Dieu ne l'obscurcissaient point, n'étaient pas plus hauts que lui. *Intrans.* Être obscur, caché : כָּל־סָתוּם לֹא עֲמָמוּךָ Ez. 28. 3, aucun secret n'est obscur, caché, pour toi.

Hoph. Être obscurci : אֵיכָה יוּעַם זָהָב Lam. 4. 1, comment l'or est-il devenu obscur, a-t-il perdu son éclat?

עֲמָמִים, et chald. עַמְמַיָּא Peuples (v. עַם).

עִמָּנוּאֵל (Dieu est avec nous) Nom symbolique et prophétique d'un fils du prophète Isaïe; selon d'autres, d'un fils du roi Achaz, Is. 7. 14.

עָמַס une fois עָמַשׂ, v. les exemples (*fut.* יַעֲמֹס). 1° Lever, porter : כָּל־עֹמְסֶיהָ Zach. 12. 3, tous ceux qui lèveront (cette pierre); הָעֲמֻסִים מִנִּי־בֶטֶן Is. 46. 3, vous qui êtes portés par moi, dont je me suis chargé dès votre conception. — 2° Charger, mettre un fardeau sur une bête : וַיַּעֲמֹס אִישׁ עַל־חֲמֹרוֹ Gen. 44. 13, et chacun rechargea son âne; וְהַנֹּשְׂאִים בַּסֶּבֶל עֹמְשִׂים Néh. 4. 11, et les portefaix, et qui chargeaient les fardeaux; יַעֲמָס־לָנוּ Ps. 68. 20, (Dieu qui) nous charge, c.-à-d. qui nous comble de ses dons; ou : (Dieu nous délivre) si l'on nous charge, nous accable.

Hiph. Charger d'un fardeau : אָבִי הֶעְמִיס עֲלֵיכֶם עֹל כָּבֵד I Rois 12. 11, mon père vous a chargés d'un joug pesant.

עֲמַסְיָה (Dieu le porte) *n. pr. m.* II Chr. 17. 16.

עַמְעָד *n. pr.* Amad, ville de la tribu d'Aser, Jos. 19. 26.

עָמַק Être profond, être impénétrable : מְאֹד עָמְקוּ מַחְשְׁבֹתֶיךָ Ps. 92. 6, tes pensées sont extrêmement profondes.

Hiph. Rendre profond : הֶעְמִיק הִרְחִב Is. 30. 33, il l'a faite profonde et large; הֶעְמִיקוּ לָשֶׁבֶת Jér. 49. 8, ils ont fait leur demeure dans les profondeurs, les creux, de la terre; הֶעְמִיקוּ סָרָה Is. 31. 6, ils ont commis une profonde révolte (v. le même exemple à סָרָה); *adverbialement :* הֶעְמִיקוּ שִׁחֵתוּ Osée 9. 9, ils se pervertissent profondément, extrêmement; הַעְמֵק שְׁאָלָה Is. 7. 11, demande-le, qu'il vienne d'un lieu profond; שֵׂטִים הֶעְמִיקוּ Osée 5. 2, les apostats se tiennent dans des lieux profonds, cachés (pour égorger les fidèles); הוֹי הַמַּעֲמִיקִים מֵיהוָה לַסְתִּר עֵצָה Is. 29. 15, malheur à ceux qui se tiennent dans les profondeurs pour cacher leurs desseins devant Dieu, ou : qui veulent cacher profondément leurs desseins, etc.

עָמֵק *adj.* Profond, impénétrable; le *plur.* seul usité : עִמְקֵי שָׂפָה Is. 33. 19, (le peuple) d'un langage inintelligible.

עָמֹק *adj.* (*fém.* עֲמֻקָּה). 1° Profond : מַיִם עֲמֻקִּים Prov. 20. 5, des eaux profondes; וּמַרְאֵה הַנֶּגַע עָמֹק מֵעוֹר בְּשָׂרוֹ Lév. 13. 3, et si la plaie paraît plus enfoncée que la peau de sa chair. — 2° Impénétrable : וְלֵב עָמֹק Ps. 64. 7, et le cœur impénétrable, le plus profond du cœur; מְגַלֶּה עֲמֻקוֹת מִנִּי־חֹשֶׁךְ Job 12. 22, il découvre, met en évidence, les choses qui étaient cachées dans les ténèbres.

עֵמֶק *m.* Vallée : וְלֹא־אֱלֹהֵי עֲמָקִים הוּא I Rois 20. 28, mais il n'est pas le Dieu des vallées; עִמְקָם Jér. 47. 5, de leur vallée. Une fois pour les habitants des vallées : וַיַּבְרִיחוּ אֶת־כָּל־הָעֲמָקִים I Chr. 12. 15, ils mirent en fuite tous les habitants des vallées.

עֵמֶק הָאֵלָה La vallée du chêne, I Sam. 17. 2, dans le voisinage de Bethleem.

עֵמֶק הַבָּכָא La vallée des pleurs, Ps. 84. 7 (v. à בָּכָא).

עֵמֶק בְּרָכָה La vallée de bénédiction, II Chr. 20. 26, près d'Engedi.

עֵמֶק הַמֶּלֶךְ La vallée du roi, Gen. 14. 17, près de la mer Morte.

עֵמֶק יְהוֹשָׁפָט La vallée de Josaphat, Joel 4. 2, entre Jérusalem et la montagne des Oliviers.

עֵמֶק־רְפָאִים La vallée des géants, Jos. 15. 8, entre Jérusalem et le pays des Philistins (v. aussi à שִׂדִּים et יִזְרְעֶאל).

עֵמֶק קְצִיץ *n. pr.* d'une ville de la tribu de Benjamin, Jos. 18. 21.

עֹמֶק *m.* Profondeur : וָאָרֶץ לָעֹמֶק Prov. 25. 3, on ne peut sonder la terre dans, ou à cause de, sa profondeur.

עָמַר *Kal* inusité. *Pi.* Ex. unique. *Part.* : מְעַמֵּר Ps. 129. 7, celui qui lie des gerbes.

Hithp. Se servir d'un homme comme d'un esclave : וְהִתְעַמֶּר־בּוֹ Deut. 24. 7, et qui s'en sert comme d'un esclave ; לֹא־תִתְעַמֵּר בָּהּ Deut. 21. 14, tu ne pourras pas la traiter, la garder, comme esclave ; d'autres traduisent aux deux endroits : en faire le trafic, vendre pour esclave.

עֹמֶר *m.* 1° Gerbe : וְשָׁכַחְתָּ עֹמֶר בַּשָּׂדֶה Deut. 24. 19, et que tu auras oublié une gerbe dans le champ ; וְאָסַפְתִּי בָעֳמָרִים Ruth 2. 7, que j'amasse ce qui tombe d'entre les gerbes. — 2° Omer, mesure de capacité : וְהָעֹמֶר עֲשִׂרִית הָאֵיפָה הוּא Exod. 16. 36, un omer est la dixième partie de l'epha.

עֲמַר, chald. Laine (hébr. צֶמֶר) : כַּעֲמַר נְקֵא Dan. 7. 9, comme de la laine pure.

עֲמֹרָה, *n. pr.* Gomorrhe, une des quatre villes près de la mer Morte qui furent détruites par le feu du ciel, Gen. chap. 19.

עָמְרִי *n. pr.* 1° Omri, roi d'Israel, fondateur de Samarie, I Rois 16. 16, 24. — 2° Plusieurs autres, Chr.

עַמְרָם *n. pr.* 1° Amram, fils de Kehath et père de Moïse, Exod. 6. 20 ; *n. patron.* עַמְרָמִי Nomb. 3. 27. — 2° Esdr. 10. 34.

עמשׂ (v. עָמַס).

עֲמָשָׂא, *n. pr. m.* 1° II Sam. 17. 25. — 2° II Chr. 28. 12.

עֲמָשַׂי, *n. pr.* 1° I Chr. 6. 10. — 2° 15. 24. — 3° II Chr. 29. 12.

עֲמַשְׁסַי, *n. pr. m.* Néh. 11. 13.

עֲנָב, *n. pr.* Anab, ville dans la montagne de Juda, Jos. 11. 21, 15. 50.

עֵנָב *m.* (*pl.* עֲנָבִים, const. עִנְּבֵי *dagesch euph.*). Raisin : וְדַם־עֵנָב Deut. 32. 14, et le sang du raisin, le vin rouge ; כַּעֲנָבִים בַּמִּדְבָּר Osée 9. 10, comme des raisins dans le désert ; עִנְּבֵי נְזִירֶךָ Lév. 25. 5, les raisins de ta vigne non taillée.

עָנַג *Kal* inusité. *Pou. part.* : וְהַמְּעֻנָּגָה Jér. 6. 2, et une femme délicate, accoutumée à une vie molle.

Hithp. : 1° מֵהִתְעַנֵּג Deut. 28. 56, pour s'être habituée à la mollesse. — 2° Se réjouir, mettre sa joie dans : וְתִתְעַנַּג בַּדֶּשֶׁן נַפְשְׁכֶם Is. 55. 2, et votre âme jouira de ce qu'il y a de meilleur ; וְהִתְעַנַּג עַל־יְיָ Ps. 37. 4, mets ta joie dans l'Éternel ; וְהִתְעַנְּגוּ עַל־רֹב שָׁלוֹם vers. 11, ils se réjouiront dans une abondance de paix, ou : d'une grande prospérité ; עַל־מִי תִּתְעַנָּגוּ Is. 57. 4, sur qui faites-vous éclater votre joie, qui est l'objet de votre moquerie ?

עָנֹג *adj.* (*f.* עֲנֻגָּה). Habitué à la mollesse, à une vie de délices : הָאִישׁ הָרַךְ בְּךָ וְהֶעָנֹג מְאֹד Deut. 28. 54, l'homme d'entre vous le plus délicat et fort habitué à la mollesse, aux délices de la vie ; de même au *fém.* : וְהָעֲנֻגָּה vers. 56, la femme habituée à une vie de mollesse.

עֹנֶג *m.* Délices, plaisir : וְקָרָאתָ לַשַּׁבָּת עֹנֶג Is. 58. 13, et si tu appelles le sabbat (tes) délices ; בְּהֵיכְלֵי עֹנֶג 13. 22, dans les palais de plaisance.

עָנַד Attacher : עָנְדֵם עַל־גַּרְגְּרֹתֶךָ Prov. 6. 21, attache-les à ton cou ; אֶעֶנְדֶנּוּ עֲטָרוֹת לִי Job 31. 36, je me l'attacherais comme une couronne.

I **עָנָה** (*fut.* וַיַּעַן, יַעֲנֶה) 1° Répondre ; la personne à laquelle on répond à l'*acc.*, aussi bien que la chose que l'on répond : וַיַּעַן עֶפְרוֹן אֶת־אַבְרָהָם Gen. 23. 14, Ephron répondit à Abraham ; וְעָשִׁיר יַעֲנֶה עַזּוֹת Prov. 18. 23, le riche répond par des paroles rudes ; כָּל־דְּבָרָיו לֹא יַעֲנֶה Job 33. 13, il ne répond pas, c.-à-d. il ne rend aucun compte, de tout ce qu'il fait ; וְהַכֶּסֶף יַעֲנֶה אֶת־הַכֹּל Eccl. 10. 19, l'argent répond à tout, c.-à-d. tient lieu de tout, peut tout satisfaire ; עֵר וְעֹנֶה Mal. 2. 12, qui veille et qui répond, c.-à-d. toute âme qui vit (v. à I עוּר, page 517). Avec double *rég. dir.*: מֶה־עָנָךְ יְיָ Jér. 23. 37, que t'a répondu l'Éternel? — Répondre à une observation, contredire: כִּי־לֹא־אִישׁ כָּמֹנִי אֶעֱנֶנּוּ Job 9. 32, il n'est pas un homme comme moi pour que je puisse lui répondre, contredire; עוֹנֶה אֲמָרָיו מִכֶּם Job 32. 12, (il n'y a pas un) d'entre vous qui ait répondu à ses paroles, qui les ait réfutées; וְרוּחַ מִבִּינָתִי יַעֲנֵנִי Job 20. 3, du vent, c.-à-d. des paroles vaines doivent-elles réfuter ce que me dit mon intelligence (v. *Hiph.*). — Répondre à une prière, à un vœu; exaucer: בְּקָרְאִי עֲנֵנִי Ps. 4. 2, lorsque je t'invoque, exauce-moi; וּמִקַּרְנֵי רֵמִים עֲנִיתָנִי Ps. 22. 22, exauce-moi qui suis entre les cornes des licornes; עֲנֵנִי בֶּאֱמֶת יִשְׁעֶךָ Ps. 69. 14, réponds, exauce-moi, par ton secours fidèle, efficace; וְהָאֱלֹהִים אֲשֶׁר־יַעֲנֶה בָאֵשׁ I Rois 18. 24, le Dieu qui répondra par le feu (en envoyant le feu sur l'autel).

2° Prendre la parole, prononcer: וַיַּעַן אִיּוֹב וַיֹּאמַר Job. 3. 2, Job prit la parole et il dit. Des juges: וְלֹא־תַעֲנֶה עַל־רִב Exod. 23. 2, tu ne prononceras pas dans une cause (en suivant l'avis, etc.). — Annoncer, faire savoir: וַיְיָ עָנָהוּ I Sam. 9. 17, l'Éternel lui dit, lui annonça; אֱלֹהִים יַעֲנֶה אֶת־שְׁלוֹם פַּרְעֹה Gen. 41. 16, Dieu annoncera, fera savoir, ce qui concerne le salut, la prospérité, de Pharaon. — Témoigner, porter témoignage, pour ou contre quelqu'un: וְעָנְתָה־בִּי צִדְקָתִי Gen. 30. 33, ma droiture témoignera en ma faveur; שֶׁקֶר עָנָה בְאָחִיו Deut. 19. 18, s'il a déposé un faux témoignage contre son frère; וּשְׂפָתֶיךָ יַעֲנוּ־בָךְ Job 15. 6, tes propres lèvres témoignent contre toi; הַכָּרַת פְּנֵיהֶם עָנְתָה בָּם Is. 3. 9, l'expression de leur visage témoigne contre eux. Plus complet avec עֵד Déposer un témoignage: לֹא־תַעֲנֶה בְרֵעֲךָ עֵד שָׁקֶר Exod. 20. 13, tu ne déposeras pas contre ton prochain un faux témoignage.

3° Chanter en se répondant l'un à l'autre; *en général* chanter, pousser des cris (de joie ou de guerre): עֱנוּ־לָהּ Nomb. 21. 17, chantez un cantique à son sujet; עֱנוּ לַיְיָ בְּתוֹדָה Ps. 147. 7, chantez à l'Éternel avec des actions de grâces; וְעָנְתָה שָׁמָּה כִּימֵי נְעוּרֶיהָ Osée 2. 17, et elle y chantera comme au temps de sa jeunesse; הֲלוֹא לָזֶה יַעֲנוּ I Sam. 21. 12, n'est-ce pas de lui qu'on a chanté? אֵין קוֹל עֲנוֹת גְּבוּרָה Exod. 32. 18, ce n'est point le bruit de cris de victoire; וְעָנוּ עָלַיִךְ הֵידָד Jér. 51. 14, ils pousseront contre toi des cris de joie. Des animaux: וְעָנָה אִיִּים בְּאַלְמְנוֹתָיו Is. 13. 22, les hiboux hurleront dans ses palais.

Niph. 1° Être répondu, être contredit: הֲרֹב דְּבָרִים לֹא יֵעָנֶה Job 11. 2, ne sera-t-il rien répondu, ne répondra-t-on pas, à tant de paroles? — 2° Être exaucé: גַּם־הוּא יִקְרָא וְלֹא יֵעָנֶה Prov. 21. 13, il criera, invoquera, aussi lui-même, et il ne sera pas exaucé. — 3° Répondre: אֲנִי יְיָ נַעֲנֶה־לּוֹ בִּי Ez. 14. 7, moi l'Éternel je lui répondrai par moi-même (v. verset 4).

Pi. Chanter: כֶּרֶם חֶמֶר עַנּוּ־לָהּ Is. 27. 2, chantez en l'honneur de la vigne qui porte du bon vin; עַל־מָחֲלַת לְעַנּוֹת Ps. 88. 1, pour le chanter sur l'air de Mahaleth; קוֹל עַנּוֹת אָנֹכִי שֹׁמֵעַ Exod. 32. 18, j'entends la voix des personnes qui chantent en chœur.

Hiph. Répondre: הָאֱלֹהִים מַעֲנֶה בְּשִׂמְחַת לִבּוֹ Eccl. 5. 19, Dieu lui répond pour la joie de son cœur, Dieu en l'exauçant remplit son cœur de joie. — Faire répondre: וְרוּחַ מִבִּינָתִי יַעֲנֵנִי Job 20. 3, et l'esprit (éclairé) par mon intelligence me fera répondre, me dictera la réponse.

II עָנָה S'occuper d'une chose, se tourmenter, être tourmenté, s'humilier, être humilié, affligé: לַעֲנוֹת בּוֹ Eccl. 1. 13, 3. 10, pour qu'ils s'occupent, ou: qu'ils se tourmentent (de cette méditation); אֲנִי עָנִיתִי מְאֹד Ps. 116. 10, j'étais très affligé; selon d'autres, de I עָנָה: j'ai beaucoup discouru; וְעָנָה גְאוֹן־יִשְׂרָאֵל בְּפָנָיו Osée 5. 5, l'orgueil d'Israel sera humilié en sa présence; טֶרֶם אֶעֱנֶה אֲנִי שֹׁגֵג Ps. 119. 67, j'étais dans l'erreur avant que je fusse tourmenté, affligé; יָסְעוּ כְּמוֹ־צֹאן יַעֲנוּ כִּי־אֵין רֹעֶה Zach. 10. 2, ils ont été abattus parce qu'il n'y avait point de pasteur; selon d'autres, de I עָנָה : ils disaient (qu'ils erraient) parce qu'il, etc.; וּמֵהֲמוֹנָם לֹא יַעֲנֶה Is. 31. 4, il ne s'épouvante, ne se décourage pas, devant leur multitude.

Niph. Être humilié, être tourmenté, s'humilier : נַעֲנֵיתִי עַד־מְאֹד Ps. 119. 107, je suis extrêmement humilié, ou affligé; וְנֶפֶשׁ נַעֲנָה תַּשְׂבִּיעַ Is. 58. 10, et si tu rassasies l'âme tourmentée par la faim, ou : si tu consoles l'âme affligée ; עַד־מָתַי מֵאַנְתָּ לֵעָנֹת מִפָּנָי Exod. 10. 3 (p. לְהֵעָנוֹת), jusqu'à quand refuseras-tu de t'humilier devant moi ?

Pi. Opprimer, tourmenter, humilier, maltraiter : וְעִנּוּ אֹתָם אַרְבַּע מֵאוֹת שָׁנָה Gen. 15. 13, ils les opprimeront pendant quatre cents ans; וַתְּעַנֶּהָ שָׂרַי Gen. 16. 6, Sara la tourmenta, maltraita; עִנָּה בַדֶּרֶךְ כֹּחִי Ps. 102. 24, il a affaibli, abattu, ma force dans le chemin; וַאְעַנֶּה אֶת־זֶרַע דָּוִד I Rois 11. 39, j'humilierai la postérité de David; וְכָל־מִשְׁבָּרֶיךָ עִנִּיתָ Ps. 88. 8, tu m'as accablé de tous tes flots.—Faire violence (à une femme): וַיְעַנֶּהָ Gen. 34. 2, il lui fit violence; עִנָּה אֶת־אֵשֶׁת רֵעֵהוּ Deut. 22. 24, (parce qu'il) a violé la femme de son prochain. — עִנָּה נַפְשׁוֹ Se macérer par les jeûnes : וְעִנִּיתֶם אֶת־נַפְשֹׁתֵיכֶם Lévit. 16. 31, vous jeûnerez; עִנֵּיתִי בַצּוֹם נַפְשִׁי Ps. 35. 13, je me suis macéré par le jeûne.

Pou. passif de *Pi.* : טוֹב־לִי כִי־עֻנֵּיתִי Ps. 119. 71, il est bon pour moi d'avoir été humilié, affligé. *Part.* : וּמְעֻנֶּה Is. 53. 4, et affligé; *inf.* : אֵת כָּל־עֻנּוֹתוֹ Ps. 132. 1, de tous ses tourments, de toutes ses peines; כָּל־הַנֶּפֶשׁ אֲשֶׁר לֹא־תְעֻנֶּה Lévit. 23. 29, toute personne qui n'aura pas jeûné, *exact.* qui ne se sera pas imposé le jeûne.

Hiph. Humilier : כִּי תַעֲנֵם I Rois 8. 35, II Chr. 6. 26, parce que tu les auras affligés, humiliés; ou, de I עָנָה : et tu les exauceras.

Hithp. 1° S'humilier : וְהִתְעַנִּי תַּחַת יָדֶיהָ Gen. 16. 9, humilie-toi sous elle. — 2° Se tourmenter, s'affliger : הִתְעַנִּיתָ בְּכֹל אֲשֶׁר־הִתְעַנָּה אָבִי I Rois 2. 26, parce que tu t'es affligé de tout ce que mon père a souffert, de toutes les afflictions de mon père.

עֹנָה (v. עוֹנָה).

I **עֲנָה**, chald. Répondre : עֲנוֹ תִנְיָנוּת וְאָמְרִין Dan. 2. 7, ils répondirent pour la seconde fois, et ils dirent. — Prendre la parole : עָנֵה דָנִיֵּאל וְאָמַר Dan. 2. 20, Daniel prit la parole, et il dit.

II **עֲנָה**, chald. Être affligé. *Part. plur.* עָנַיִן Dan. 4. 24, les pauvres.

עֲנָה, *n. pr.* 1° Anah, fils de Seïr, Gen. 36. 20.—2° Anah, fils de Zibon, 36. 24.

עָנָו *adj.* (*pl.* עֲנָוִים, עֲנָיִים). Malheureux, affligé, humble, débonnaire, doux : לֹא שָׁכַח צַעֲקַת עֲנָוִים Ps. 9. 13, il n'oublie pas les cris des malheureux, des affligés; וִילַמֵּד עֲנָוִים דַּרְכּוֹ Ps. 25. 9, il enseigne sa voie aux humbles; עַנְוֵי־אֶרֶץ Ps. 76. 10, les humbles de la terre; וְהָאִישׁ מֹשֶׁה עָנָו מְאֹד Nomb. 12. 3, Moïse était extrêmement doux.

עָנוּב *n. pr. m.* I Chr. 4. 8.

עֲנָוָה, *f.* Humilité, douceur : וְלִפְנֵי כָבוֹד עֲנָוָה Prov. 15. 33, l'humilité précède l'honneur; de Dieu : וְעַנְוַתְךָ תַרְבֵּנִי Ps. 18. 36, ta bonté me fait devenir grand, puissant.

עַנְוָה *f.* Douceur, bonté : וְעַנְוָה־צֶדֶק Ps. 45. 5, et (pour la cause) de la bonté et de la justice.

* **עִנּוּי** Violence : עִנּוּי הַדִּין Aboth, déni de justice.

עֲנוֹק, (v. עֲנָק).

עֱנוּת, *f.* (rac. I עָנָה ou II עָנָה). Cri ou souffrance. Ex. unique : עֱנוּת עָנִי Ps. 22. 25, les souffrances ou les cris du malheureux.

עָנִי *adj.* (*fém.* עֲנִיָּה, *plur.* עֲנִיִּים, עֲנִיֵּי). Pauvre, malheureux, humble, doux : עָנִי וְאֶבְיוֹן Deut. 24. 14, qui est pauvre et indigent; וַאֲנִי עָנִי וְאֶבְיוֹן Ps. 40. 18, je suis malheureux et affligé; עַם־עָנִי תוֹשִׁיעַ Ps. 18. 28, tu sauves le peuple malheureux; עָנִי וְרֹכֵב עַל־חֲמוֹר Zach. 9. 9, humble et monté sur un âne.

עֳנִי *m.* (avec pause עֹנִי, avec suff. עָנְיִי). Misère, souffrance, affliction : כִּי־שָׁמַע יְיָ אֶל־עָנְיֵךְ Gen. 16. 11, car l'Éternel a entendu (ta voix) dans ton affliction ; ou, de I עָנָה : il a entendu tes cris, exaucé ta prière ; לֶחֶם עֹנִי Deut. 16. 3, pain de misère ; בְּנֵי־עֹנִי Prov. 31. 5, les malheureux, les affligés.

עֻנִּי *n. pr. m.* I Chr. 15. 18.

עֲנָיָה *n. pr. m.* Néh. 8. 4.

עָנִים *n. pr.* Anim, ville de la tribu de Juda, Jos. 15. 50.

עִנְיָן *m.* (rac. עָנָה). Travail, occupation, soin, chose, sort, événement : עִנְיַן רָע Eccl. 1. 13, une occupation fâcheuse, sans profit ; וְלַחוֹטֶא נָתַן עִנְיָן לֶאֱסֹף Eccl. 2. 26, au pécheur il a donné l'occupation, le soin, d'amasser ; וָכַעַס עִנְיָנוֹ Eccl. 2. 23, son occupation, ou son partage, n'est que chagrin ; אֶת־הָעִנְיָן אֲשֶׁר נַעֲשָׂה עַל־הָאָרֶץ Eccl. 8. 16, les choses qui sont faites sur la terre ; בְּעִנְיַן רָע Eccl. 5. 13, par un événement malheureux.

עָנֵם *n. pr.* Anem, ville de la tribu d'Issachar, I Chr. 6. 58.

עֲנָמִים Peuplade d'origine égyptienne, Gen. 10. 13.

עֲנַמֶּלֶךְ *n. pr.* d'une idole adorée des Sépharvéens, II Rois 17. 31.

ענן *Kal* inusité. *Pi.* Rassembler des nuages : בְּעַנְנִי עָנָן עַל־הָאָרֶץ Gen. 9. 14, quand j'aurai rassemblé des nuages au-dessus de la terre.

Po. עוֹנֵן (*fut.* יְעוֹנֵן, *part.* מְעוֹנֵן, *fém.* une fois עֹנְנָה Is. 57. 3). Faire des enchantements, tirer des augures en observant la marche des nuages ; selon quelques-uns, de עַיִן, jeter un sort par les yeux, le regard ; selon d'autres, pronostiquer selon les temps et les heures : וְעוֹנֵן וְנִחֵשׁ II Rois 21. 6, et il fit des enchantements, et il usa d'augures ; וְלֹא תְעוֹנֵנוּ Lévit. 19. 26, vous n'observerez point les nuages pour deviner ; מְעֹנְנִים Deut. 18. 14, les augures ou enchanteurs ; וְעֹנְנִים כַּפְּלִשְׁתִּים Is. 2. 6, ils ont des enchanteurs comme les Philistins.

עָנָן *m.* (const. עֲנַן). Nuage, nuée : וְהָיְתָה הַקֶּשֶׁת בֶּעָנָן Gen. 9. 16, l'arc sera dans la nuée ; כַּעֲנָנִים יַעֲלֶה Jér. 4. 13, il montera comme des nuées.

עָנָן *n. pr. m.* Néh. 10. 27.

עֲנָן, chald. Nuages : עִם־עֲנָנֵי שְׁמַיָּא Dan. 7. 13, les nuées des cieux.

עֲנָנָה *f. collect.* Des nuages : תִּשְׁכָּן־עָלָיו עֲנָנָה Job 3. 5, que des nuages épais, obscurs, s'arrêtent sur lui.

עֲנָנִי *n. pr. m.* I Chr. 3. 24.

עֲנַנְיָה (que Dieu couvre) *n. pr.* 1° D'un homme, Néh. 3. 23. — 2° D'une ville de la tribu de Benjamin, Néh. 11. 32.

עָנָף *m.* (const. עֲנַף). Branche : שֹׁרֶשׁ וְעָנָף Mal. 3. 19, (ni) racine (ni) branche ; וַעֲנָפֶיהָ אַרְזֵי־אֵל Ps. 80. 11, et ses branches (sont comme) des hauts cèdres ; עַנְפְּכֶם תִּתֵּנוּ Ez. 36. 8 (du *sing.* עָנָף), vous pousserez vos branches.

עֲנַף, chald. *m.* Branche : וּבְעַנְפוֹהִי Dan. 4. 18, et sur ses branches.

עָנֵף *adj. f.* Branchue : פֹּרִיָּה וַעֲנֵפָה Ez. 19. 10, (une vigne) pleine de fruit et de branches.

ענק Mettre un collier autour du cou, se parer d'un collier : עֲנָקַתְמוֹ גַאֲוָה Ps. 73. 6, l'orgueil les environne comme un collier.

Hiph. Mettre sur le cou, charger quelqu'un (de présents) : הַעֲנֵיק תַּעֲנִיק לוֹ Deut. 15. 14, tu le chargeras de présents, tu lui donneras (de ton troupeau, etc.).

עֲנָק *m.* Collier, ornement que l'on met au cou : בְּאַחַד עֲנָק מִצַּוְּרֹנָיִךְ Cant. 4. 9, par l'un des colliers, des ornements, de ton cou. *Plur.* : וַעֲנָקִים לְגַרְגְּרֹתֶךָ Prov. 1. 9, et une parure, un riche collier, pour ton cou ; הָעֲנָקוֹת אֲשֶׁר בְּצַוְּארֵי גְמַלֵּיהֶם Jug. 8. 26, les colliers qui étaient aux cous de leurs chameaux.

עֲנָק *n. pr.* d'un géant, souche d'une race chananéenne : בְּנֵי עֲנָק Nomb. 13. 33, יְלִידֵי הָעֲנָק Nomb. 13. 22, les descendants d'Anak; הָעֲנָקִים Jos. 11. 21, הָעֲנוֹק Jos. 21. 11, Anok.

עָנֵר *n. pr.* 1° Aner, Chananéen, allié d'Abraham, Gen. 14. 13. — 2° Ville lévitique sur le territoire de Manassé, I Chr. 6. 55.

עָנַשׁ (*fut.* יַעֲנֹשׁ) Punir, imposer une amende, imposer une contribution : וְעָנְשׁוּ אֹתוֹ מֵאָה כֶסֶף Deut. 22. 19, ils le condamneront à une amende de cent pièces d'argent ; וַיַּעֲנֹשׁ אֶת־הָאָרֶץ II Chr. 36. 3, il leva sur le pays une contribution (de cent talents d'argent, etc.) ; בַּעֲנָשׁ־לֵץ Prov. 21. 11, quand on punit le moqueur ; וְיֵין עֲנוּשִׁים יִשְׁתּוּ Amos 2. 8, ils boivent du vin acheté de l'argent de ceux qu'ils ont condamnés à une amende, ou : le vin qu'on a été forcé de leur fournir. Avec לְ : עֲנוֹשׁ לַצַּדִּיק לֹא־טוֹב Prov. 17. 26, il n'est pas bon de condamner le juste.

Niph. passif : עָנוֹשׁ יֵעָנֵשׁ Exod. 21. 22, il sera puni, condamné, à payer (ce que le mari demandera) ; וּפְתָיִים עָבְרוּ וְנֶעֱנָשׁוּ Prov. 22. 3, les sots passent outre, et ils en portent la peine, ou : les sots transgressent la loi, et ils sont punis.

עֹנֶשׁ *m.* Punition, amende, contribution : נֹשֵׂא עֹנֶשׁ Prov. 19. 19, (qui se laisse emporter par la colère) en porte la peine ; וַיִּתֶּן־עֹנֶשׁ עַל־הָאָרֶץ II Rois 23. 33, il imposa au pays une amende, il leva une contribution.

עֲנָשׁ, *m.* chald. Punition : לַעֲנָשׁ נִכְסִין Esdr. 7. 26, à une amende, ou : à une confiscation de ses biens.

עֲנָת, *n. pr. m.* Jug. 3. 31.

עֲנָתוֹת, *n. pr.* 1° Anathoth, ville lévitique sur le territoire de Benjamin, lieu de naissance du prophète Jérémie, Jos. 21. 18, Jér. 1. 1. — 2° Anathoth, fils de Bécher, I Chr. 7. 8.

עַנְתֹתִיָּה *n. pr. m.* I Chr. 8. 24.

עָסִיס *m.* (rac. עָסַס). Jus exprimé, moût : עַל־עָסִיס Joel 1. 5, à cause du moût ; מֵעֲסִיס רִמֹּנִי Cant. 8. 2, du suc nouveau de mes grenades.

עָסַס Presser, fouler : וְעַסּוֹתֶם רְשָׁעִים Mal. 3. 21, vous foulerez les méchants.

* עָסַק S'occuper : לַעֲסוֹק בְּדִבְרֵי תוֹרָה Rituel, de s'occuper de l'étude de la loi.

עָעַר Faire retentir : זַעֲקַת־שֶׁבֶר יְעֹעֵרוּ Is. 15. 5, on fera retentir le cri de l'affliction ; ou, forme irrégulière de עוּר : ils exciteront des cris, etc.

עֳפָאִים, *m. pl.* Branches ou feuilles : מִבֵּין עֳפָאיִם Ps. 104. 12, du milieu des branches, ou des feuilles.

עֹפָה (v. עֵיפָה).

עָפַל *Kal* inusité. S'élever. *Pou.* Être gonflé, être orgueilleux, arrogant : הִנֵּה עֻפְּלָה לֹא־יָשְׁרָה נַפְשׁוֹ בּוֹ Hab. 2. 4, son âme orgueilleuse n'est pas droite, ou : n'est pas tranquille en lui.

Hiph. Agir avec orgueil, avec témérité, s'obstiner : וַיַּעְפִּלוּ לַעֲלוֹת אֶל־רֹאשׁ הָהָר Nomb. 14. 44, ils eurent la témérité, ils s'obstinèrent, de monter sur le sommet de la montagne.

עֹפֶל *m.* 1° Hauteur, colline, tour : עֹפֶל וָבַחַן Is. 32. 14, tour et forteresse ; הָעֹפֶל II Chr. 27. 3, la tour fortifiée sur la montagne de Sion. — 2° *Plur.* עֳפָלִים ou עְפֹלִים (*keri* טְחוֹרִים) Deut. 28. 27, I Sam. 5. 9, des tumeurs à l'anus.

עָפְנִי *n. pr.* d'une ville de la tribu de Benjamin, Jos. 18. 24.

עַפְעַפַּיִם *m. plur.* usité seulement à l'état const. עַפְעַפֵּי. Paupières : וְעַל עַפְעַפַּי צַלְמָוֶת Job 16. 16, l'ombre de la mort est sur mes paupières ; בְּעַפְעַפֵּי־שָׁחַר Job 3. 9, les paupières, c.-à-d. les rayons, de l'aurore.

עָפַר *Kal* inusité. *Pi.* : וְעִפַּר בֶּעָפָר II Sam. 16. 13, il élevait de la poussière, la faisait voler (contre David).

עָפָר *m.* (const. עֲפַר, avec suff. עֲפָרָם ; *plur.* עֲפָרוֹת, const. עַפְרוֹת). Poussière, terre pulvérisée, poudre : עָפָר מִן־הָאֲדָמָה Gen. 2. 7, la poussière de la terre ; וַיְמַלְאוּם עָפָר Gen. 26. 15, ils les remplirent de terre ; כָּל־עֲפַר הַבָּיִת Lév. 14. 45, tout le mortier de la maison ; הָדֵק לְעָפָר

II Rois 23. 15, il les réduisit en poussière; וַיִּצְבֹּר עָפָר Hab. 1. 10, il entasse de la terre, il élève des remparts; כָּל־יוֹרְדֵי עָפָר Ps. 22. 30, tous ceux qui descendront dans la terre, dans la tombe; וְאֶל־עָפָר תָּשׁוּב Gen. 3. 19, tu retourneras à la poussière, à la terre; הֲיוֹדְךָ עָפָר Ps. 30. 10, la poussière te célébrera-t-elle, c.-à-d. l'homme après la mort? מִי מָנָה עֲפַר יַעֲקֹב Nomb. 23. 10, qui peut compter la poussière de Jacob, c.-à-d. sa nombreuse postérité. Quelquefois comme אֵפֶר : מֵעֲפַר שְׂרֵפַת הַחַטָּאת Nomb. 19. 17, de la cendre du sacrifice d'expiation brûlé. *Plur.* : וְרֹאשׁ עַפְרוֹת תֵּבֵל Prov. 8. 26, et le commencement de la poussière du monde, c.-à-d. la première chose créée; וְעַפְרֹת זָהָב לוֹ Job 28. 6, la poudre d'or y est.

עֵפֶר *n. pr.* 1° Epher, fils de Midian, Gen. 25. 4. — 2° I Chr. 4. 17. — 3° 5. 24.

עֹפֶר *m.* Chevreuil, gazelle, faon : לְעֹפֶר הָאַיָּלִים Cant. 2. 9, au faon des biches; כִּשְׁנֵי עֳפָרִים Cant. 4. 5, comme deux faons.

עָפְרָה *n. pr.* 1° Ophrah, ville de la tribu de Benjamin, Jos. 18. 23; בְּבֵית לְעַפְרָה Mich. 1. 10. — 2° Ophrah, ville de la tribu de Manassé, Jug. 6. 11. — 3° Ophrah, fils de Meonothai, I Chr. 4. 14.

עֶפְרוֹן *n. pr.* 1° Ephron, ville aux confins de Benjamin, II Chr. 13. 19 (*keri* עֶפְרַיִן). — 2° La montagne d'Ephron, à la limite de Juda et de Benjamin, Jos. 15. 9. — 3° Ephron, fils de Sohar, Héthéen, Gen. 23. 8, 10.

עֶפְרַיִן (v. עֶפְרוֹן).

עֹפֶרֶת *f.* Plomb : בְּעֶט־בַּרְזֶל וְעֹפָרֶת Job 19. 24, avec un burin de fer et avec ou sur du plomb; אֶבֶן הָעֹפָרֶת Zach. 5. 8, poids de plomb.

עֵץ *m.* (*pl.* עֵצִים, const. עֲצֵי). 1° Arbre : וְעֵץ הַחַיִּים Gen. 2. 9, et l'arbre de vie; *collect.* : עֵץ פְּרִי Gen. 1. 11, des arbres fruitiers; כָּל־עֵצְךָ Deut. 28. 42, tous tes arbres. — 2° Bois, objet de bois : וַיְבַקַּע עֲצֵי עֹלָה Gen. 22. 3, il fendit le bois pour l'holocauste; עֲצֵי שִׁטִּים Exod. 25. 10, du bois d'acacias; אֹמְרִים לָעֵץ אָבִי אַתָּה Jér. 2. 27, ils disent à (une idole faite) d'un morceau de bois : Tu es mon père; וְתָלָה אוֹתְךָ עַל־עֵץ Gen. 40. 19, il te fera pendre à un bois, gibet; וּבָעֵצִים וּבָאֲבָנִים Exod. 7. 19, dans des vases de bois et dans des vases de pierre.

עָצַב Chagriner, affliger : וְלֹא־עֲצָבוֹ אָבִיו I Rois 1. 6, son père ne le chagrinait pas (ne lui faisait pas de reproches). *Intrans.* : וְעָשִׂיתָ מֵּרָעָה לְבִלְתִּי עָצְבִּי I Chr. 4. 10, si tu agissais contre le mal, si tu l'empêchais tellement que je fusse sans chagrin, sans douleur; וַעֲצוּבַת רוּחַ Is. 54. 6, une femme affligée en son esprit.

Niph. 1° Se chagriner, s'affliger, être affligé : אַל־תֵּעָצְבוּ Gen. 45. 5, ne vous chagrinez pas; פֶּן־יֵעָצֵב I Sam. 20. 3, (que Jonathan ne sache rien de ceci) de peur qu'il ne s'en afflige; כִּי נֶעְצַב אֶל־דָּוִד I Sam. 20. 34, il était affligé à cause de David; נֶעֱצַב הַמֶּלֶךְ עַל־בְּנוֹ II Sam. 19. 3, le roi est affligé à cause de son fils. — 2° Être blessé, meurtri : מַסִּיעַ אֲבָנִים יֵעָצֵב בָּהֶם Eccl. 10. 9, celui qui extrait des pierres (de la carrière) en sera meurtri, blessé.

Pi. 1° Chagriner, affliger : וְעִצְּבוּ אֶת־רוּחַ קָדְשׁוֹ Is. 63. 10, ils ont affligé, contristé, son esprit saint; כָּל־הַיּוֹם דְּבָרַי יְעַצֵּבוּ Ps. 56. 6, ils m'affligent sans cesse à cause de mes paroles, ou : ils tordent sans cesse mes paroles, ou : ils les empoisonnent. — 2° Travailler, façonner : יָדֶיךָ עִצְּבוּנִי Job 10. 8, tes mains m'ont façonné.

Hiph. 1° Chagriner, irriter : יַעֲצִיבוּהוּ בִּישִׁימוֹן Ps. 78. 40, (combien de fois) l'ont-ils chagriné, irrité, dans cette solitude (quand ils étaient dans le désert). — 2° Servir, rendre un culte : עָשִׂינוּ לָהּ כַּוָּנִים לְהַעֲצִבָהּ Jér. 44. 19, nous avons fait en son honneur des gâteaux pour lui rendre un culte; selon d'autres : pour présenter sa forme, en y gravant son image.

Hithp. S'affliger, s'irriter : וַיִּתְעַצֵּב אֶל־לִבּוֹ Gen. 6. 6, il s'en affligea en son cœur; וַיִּתְעַצְּבוּ הָאֲנָשִׁים Gen. 34. 7, ces hommes en furent irrités.

עצב chald. Être affligé, triste; *part. pass.* : בְּקָל עֲצִיב Dan. 6. 21, d'une voix triste.

עֹצֶב *m.* 1° Image ou idole : הַעֶצֶב נִבְזֶה נָפוּץ הָאִישׁ הַזֶּה Jér. 22. 28, cet homme est-il comme une image, une statue, méprisable et brisée, ou : comme une idole, etc.? — 2° Travail, travail pénible, bien acquis par le travail : וְלֹא יוֹסִף עֶצֶב עִמָּהּ Prov. 10. 22, et il n'y joint aucun travail; וַעֲצָבֶיךָ בְּבֵית נָכְרִי Prov. 5. 10, (de peur) que tes biens acquis par le travail ne passent dans une maison étrangère; לֶחֶם הָעֲצָבִים Ps. 127. 2, du pain péniblement acquis, ou : le pain de douleur (v. 3°); וְכָל־עַצְּבֵיכֶם תִּנְגֹּשׂוּ Is. 58. 3 (avec *dagesch emph.*), vous pressez impitoyablement (à ce qu'on vous paye) vos biens, c.-à-d. l'argent qui vous est dû. — 3° Douleur, peine : בְּעֶצֶב תֵּלְדִי בָנִים Gen. 3. 16, tu n'enfanteras qu'avec douleur; וּדְבַר־עֶצֶב Prov. 15. 1, une parole (dite) avec dureté, une parole qui blesse.

עֹצֶב *m.* 1° Idole : עָצְבִּי עָשָׂם Is. 48. 5, mon idole a fait ces choses. — 2° Douleur, chagrin : דֶּרֶךְ עֹצֶב Ps. 139. 24, une conduite qui irrite Dieu, ou : qui nuit aux autres (v. d'autres explications à דֶּרֶךְ, page 131); יָלַדְתִּי בְּעֹצֶב I Chr. 4. 9, je l'ai enfanté dans la douleur; בְּיוֹם הָנִיחַ יְיָ לְךָ מֵעָצְבְּךָ Is. 14. 3, au jour où l'Éternel te fera reposer de tes peines.

עִצָּבוֹן *m.* (const. עִצְּבוֹן). Douleur, peine, travail : עִצְּבוֹנֵךְ Gen. 3. 16, (j'augmenterai) ta douleur; וּמֵעִצְּבוֹן יָדֵינוּ Gen. 5. 29, et du travail pénible de nos mains.

עֲצַבִּים *m. pl.* Idoles : עֲצַבֵּי הַגּוֹיִם Ps. 135. 15, les idoles des nations; בֵּית עֲצַבֵּיהֶם I Sam. 31. 9, le temple de leurs idoles.

עַצֶּבֶת *f.* (const. עַצֶּבֶת, *plur.* const. עַצְּבוֹת). Douleur, chagrin : יָגֹרְתִּי כָל־עַצְּבֹתָי Job 9. 28, je tremble de toutes les douleurs qui m'attendent; וּמְחַבֵּשׁ לְעַצְּבוֹתָם Ps. 147. 3, il panse leurs plaies, c.-à-d. il les console dans leur douleur; וּבְעַצְּבַת־לֵב Prov. 15. 13, mais par le chagrin du cœur; יִרְבּוּ עַצְּבוֹתָם Ps. 16. 4, que leurs douleurs augmentent.

עצה Fermer : עֹצֶה עֵינָיו Prov. 16. 30, celui qui ferme les yeux (pour mieux méditer).

עָצֶה *m.* Échine, épine dorsale. Ex. unique : לְעֻמַּת הֶעָצֶה Lévit. 3. 9, ce qui est près de l'échine (de la brebis).

I **עֵצָה** *f.* (v. עֵץ). Bois, arbre : כִּרְתוּ עֵצָה Jér. 6. 6, coupez des arbres.

II **עֵצָה** *f.* (rac. יָעַץ, const. עֲצַת). Conseil, avis, projet, dessein : וְשֹׁמֵעַ לְעֵצָה חָכָם Prov. 12. 15, le sage écoute les conseils; אַנְשֵׁי עֲצָתִי Ps. 119. 24, les gens de mon conseil, mes conseillers; וַעֲצַת מַלְאָכָיו יַשְׁלִים Is. 44. 26, il accomplit l'avis de ses envoyés, c.-à-d. leurs prophéties; וַעֲצַת שָׁלוֹם תִּהְיֶה בֵּין שְׁנֵיהֶם Zach. 6. 13, il y aura entre les deux un conseil de paix, c.-à-d. une parfaite concorde; עֲצַת־עָנִי תָבִישׁוּ Ps. 14. 6, vous faites honte à l'affligé à cause de son dessein; לַעֲשׂוֹת עֵצָה וְלֹא מִנִּי Is. 30. 1, de former des desseins que je n'ai point inspirés, ou : de prendre conseil, et non pas de moi; וְכָל־עֲצָתְךָ יְמַלֵּא Ps. 20. 5, il remplira tous tes desseins; וַעֲצַת יְיָ הִיא תָקוּם Prov. 19. 21, le dessein de l'Éternel seul subsiste; אִישׁ עֲצָתִי Is. 46. 11, l'homme qui doit accomplir mon dessein; כִּי בְעֵצָה שִׁלְּחֻהוּ I Chr. 12. 19, ils l'avaient renvoyé après réflexion; גְּדֹל הָעֵצָה Jér. 32. 19, grand en conseil. *Plur.* : כִּי־גוֹי אֹבַד עֵצוֹת הֵמָּה Deut. 32. 28, ils sont un peuple privé de conseil, c.-à-d. de sens, de sagesse, ou : qui n'écoute pas le conseil; עַד־אָנָה אָשִׁית עֵצוֹת בְּנַפְשִׁי Ps. 13. 3, jusqu'à quand agiterai-je ces pensées, ces craintes, en moi-même?

עָצוּם *adj.* Fort, puissant : רַב וְעָצוּם מִמֶּנּוּ Exod. 1. 9, plus nombreux et plus fort que nous; מְלָכִים עֲצוּמִים Ps. 135. 10, des rois puissants; וּבֵין עֲצוּמִים יַפְרִיד Prov.

18. 18, il fait le partage entre les puissants; וְאֶת־עֲצוּמִים יְחַלֵּק שָׁלָל Is. 53. 12,
il distribuera le butin qu'il aura pris
des puissants. *Poét.*, pour : membres
puissants, griffes : וְכָל גְּבָעוֹתָיו חַלְּבָּאִים
Ps. 10. 10, les malheureux tombent
entre ses griffes; selon d'autres : en sa
puissance; וַעֲצֻמִים כָּל־הֲרֻגֶיהָ Prov.7.26,
ils sont nombreux ceux dont elle a
causé la mort, ou : elle a tué des plus
forts; וַעֲצוּמִים חַטֹּאתֵיכֶם Amos 5. 12, vos
péchés sont nombreux.

עֶצְיוֹן גֶּבֶר *n. pr.* d'une ville dans
Edom, sur le rivage de la mer Rouge,
Nomb. 33. 35, I Rois 9. 26.

עָצֵל *Kal* inusité. *Niph.* Être paresseux : אַל־תֵּעָצְלוּ לָלֶכֶת Jug. 18. 9, ne
soyez point paresseux à partir.

עָצֵל *m.* Paresseux : עַד־מָתַי עָצֵל תִּשְׁכָּב
Prov. 6. 9, paresseux, jusqu'à quand
seras-tu couché ?

עַצְלָה et עַצְלוּת *f.* Paresse: עַצְלָה תַּפִּיל
תַּרְדֵּמָה Prov. 19. 15, la paresse produit
l'assoupissement; וְלֶחֶם עַצְלוּת Prov. 31.
27, le pain de paresse, pour : d'une
paresseuse; *duel :* בַּעֲצַלְתַּיִם יִמַּךְ הַמְּקָרֶה
Eccl. 10. 18, à cause d'une forte pa-
resse, ou des mains paresseuses, la
charpente s'écroule.

עָצַם 1° *Trans.* Fermer (v. צָמַם):
וְעֹצֵם עֵינָיו Is. 33. 15, celui qui ferme
les yeux (pour ne point voir le mal).—
2° *Intrans.* Être fort, puissant, devenir puissant : כִּי־עָצַמְתָּ מִמֶּנּוּ מְאֹד Gen.
26. 16, tu es devenu bien plus puis-
sant que nous; מָה עָצְמוּ רָאשֵׁיהֶם Ps. 139.
17, que le nombre en est grand;
וַיַּעַצְמוּ בִּמְאֹד מְאֹד Exod. 1. 7, ils devinrent extrêmement puissants; וְעָצַם כֹּחוֹ
Dan. 8. 24, et sa puissance s'accrottra;
וְאֹיְבַי חַיִּים עָצֵמוּ Ps.38.20, mes ennemis
sont en vie et sont puissants. — Être
considérable, nombreux : עָצְמוּ מִסַּפֵּר
Ps. 40. 6, ils sont trop nombreux pour
que je puisse les raconter; עָצְמוּ מְשׁוּבוֹתֵיכֶם
Jér. 5. 6, leurs rébellions, apostasies,
sont augmentées.

Pi. 1° Fermer : וַיְעַצֵּם אֶת־עֵינֵיכֶם Is.
29. 10, il a fermé vos yeux. — 2° (de

(צָמַם) Ronger ou briser les os: וְגֵרֵם עַצְמֹתָיו
יְכַרְסֵם Jér. 50. 17, et ce dernier lui a
brisé ou rongé les os.

Hiph. Rendre puissant : וַיַּעַצְמוּהוּ מִצָּרָיו
Ps. 105. 24, il l'a rendu plus puissant
que ses oppresseurs.

עֶצֶם *des deux genres* (*plur.* עֲצָמִים,
plus fréq.: עֲצָמוֹת). 1° Os, ossements :
עֶצֶם מֵעֲצָמַי Gen. 2. 23, l'os de mes os;
עֶצֶם אֶל עַצְמוֹ Ez.37.7, un os (s'approcha)
de l'autre; וְרָאָה עֶצֶם אָדָם Ez. 39. 15,
s'il voit les ossements d'un homme;
עַצְמוֹת יוֹסֵף Exod. 13. 19, les ossements
de Joseph; כָּעֲצָמִים בְּבֶטֶן הַמְּלֵאָה Eccl.11.
5, de même que (tu ne sais pas comment
se forment) les os dans le sein d'une
femme enceinte. — 2° Corps, visage,
teint : וּמַרְפֵּא לָעָצֶם Prov. 16. 24, et salutaire pour le corps; אֹדֶם עָצֶם מִפְּנִינִים
Lament. 4. 7, ils avaient le teint plus
vermeil que le corail. — 3° Il remplace
le *pronom* même : בְּעֶצֶם הַיּוֹם הַזֶּה Gen.
7. 13, en ce jour même; וּכְעֶצֶם הַשָּׁמַיִם
Exod. 24. 10, et comme le ciel même,
ou : comme la face du ciel; כְּעֶצֶם תֻּמּוֹ
Job 21. 23, dans toute sa vigueur;
עַצְמִי * Rituel, moi-même.

עֶצֶם *n. pr.* d'une ville de la tribu
de Siméon, Jos. 19. 3.

עֹצֶם *m.* 1° Force : כֹּחִי וְעֹצֶם יָדִי Deut.
8. 17, ma puissance et la force de ma
main. — 2° Corps, substance, essence :
לֹא־נִכְחַד עָצְמִי מִמֶּךָ Ps. 139. 15, ma substance, mon corps, ne t'était pas inconnu.

עָצְמָה *f.* 1° Force, puissance : וּלְאֵין
אוֹנִים עָצְמָה יַרְבֶּה Is. 40. 29, à ceux qui
sont sans vigueur il donne une grande
force; כּוּשׁ עָצְמָה Nah. 3. 9, l'Éthiopie
était ta force. — 2° Multitude: בְּעָצְמָה
חֲבָרַיִךְ מְאֹד Is. 47. 9, à cause du grand
nombre de tes enchanteurs.

עַצְמוֹן *n. pr.* d'une ville sur la frontière méridionale de la Palestine, Nomb.
34. 4.

עֲצֻמוֹת *f. pl.* Fortes raisons, arguments: הַגִּישׁוּ עֲצֻמוֹתֵיכֶם Is. 41. 21, produisez vos arguments.

עֶצֶן *n. pr.* d'une ville inconnue ; עֲדִינוֹ הָעֶצְנִי II Sam. 23. 8, Adino l'Esnite (v. עֲדִינוֹ).

עָצַר (*fut.* יַעְצֹר et יַעֲצֹר) 1° Fermer, renfermer, emprisonner : וְעָצַר אֶת־הַשָּׁמַיִם Deut. 11. 17, il fermera les cieux ; עָצֹר עָצַר יְיָ בְּעַד כָּל־רֶחֶם Gen. 20. 18, l'Éternel avait fermé tout sein, c.-à-d. avait rendu stérile (toute la maison d'Abimélech) ; אִם־אֲנִי הַמּוֹלִיד וְעָצַרְתִּי Is. 66. 9, moi qui fais naître, fermerais-je (le sein), empêcherais-je d'enfanter? כִּי אִם־אִשָּׁה עֲצֻרָה־לָנוּ I Sam. 21. 6, les femmes ont été éloignées de nous, nous ne nous sommes pas approchés d'elles ; עָצֻר בְּעַצְמֹתָי Jér. 20. 9, (un feu) renfermé dans mes os ; וְהוּא עָצוּר Néh. 6. 10, il y était renfermé ; וַיַּעַצְרֵהוּ מֶלֶךְ אַשּׁוּר II Rois 17. 4, le roi d'Assyrie l'enferma ; עוֹד עָצוּר מִפְּנֵי שָׁאוּל I Chr. 12. 1, encore enfermé, caché, de peur de Saül, ou : évitant la face de Saül ; עָצוּר Deut. 32. 36, des biens qu'on conserve chez soi (v. l'exemple à עָזַב, page 520).

2° Retenir, empêcher : נַעְצְרָה־נָּא אוֹתָךְ Jug. 13. 15, je te prie que nous te retenions ; וְלֹא יַעַצָרְכָה הַגָּשֶׁם I Rois 18. 44, que la pluie ne te surprenne, *exact.* ne t'empêche (de sortir) ; אַל־תַּעֲצָר־לִי לִרְכֹּב II Rois 4. 24, n'arrête pas (l'ânesse) pendant que je la monterai. Avec בְּ : וְעָצֹר בְּמִלִּין מִי יוּכָל Job 4. 2, qui pourrait retenir ses paroles ; יַעְצֹר בַּמַּיִם Job 12. 15, il retient les eaux. — עָצַר כֹּחַ Garder, conserver, la force ; avoir le pouvoir : וְלֹא עָצַרְתִּי כֹּחַ Dan. 10. 8, je ne conservai aucune force ; וְלֹא־עָצַר כֹּחַ יָרָבְעָם עוֹד II Chr. 13. 20, Jarobeam n'eut plus de force, de pouvoir ; וּמִי יַעֲצָר־כֹּחַ לִבְנוֹת־לוֹ בַיִת II Chr. 2. 5, qui aura le pouvoir de lui bâtir une maison. De même sans כֹּחַ : וְלֹא עָצְרוּ לָלֶכֶת אֶל־תַּרְשִׁישׁ II Chr. 20. 37, ils ne purent pas aller à Tharsis.

3° Commander, régner : אַל־יַעְצֹר עִמְּךָ אֱנוֹשׁ II Chr. 14. 10, nul homme ne peut régner à côté de toi, ou : ne peut prévaloir contre toi ; זֶה יַעְצֹר בְּעַמִּי I Sam. 9. 17, celui-ci régnera sur mon peuple.

Niph. 1° Être fermé : בְּהֵעָצֵר שָׁמַיִם I Rois 8. 35, quand le ciel sera fermé. — 2° Être retenu, être empêché, être arrêté : וַתֵּעָצַר הַמַּגֵּפָה Nomb. 17. 13, la peste fut arrêtée ; נֶעְצָר לִפְנֵי יְיָ I Sam. 21. 8, il était arrêté devant Dieu, il était resté dans le tabernacle.

עֶצֶר *m.* Domination, pouvoir : יוֹרֵשׁ עֶצֶר Jug. 18, 7, (nul n')héritait le pouvoir, le pouvoir n'était pas héréditaire, ou : personne ne possédait le commandement, ils étaient libres.

עֹצֶר 1° État d'être fermé : וְעֹצֶר רָחַם Prov. 30. 16, le sein fermé, stérile. — 2° Oppression : מֵעֹצֶר וּמִמִּשְׁפָּט לֻקָּח Is. 53. 8, il est enlevé, retiré, de l'oppression et des châtiments ; מֵעֹצֶר רָעָה Ps. 107. 39, par l'oppression, par le malheur.

עֲצָרָה et **עֲצֶרֶת** *f.* Réunion, assemblée, assemblée solennelle, fête : עֲצֶרֶת בֹּגְדִים Jér. 9. 1, une troupe de perfides ; קִרְאוּ עֲצָרָה Joel 1. 14, convoquez une assemblée solennelle ; וְלֹא אָרִיחַ בְּעַצְּרֹתֵיכֶם Amos 5. 21, je ne recevrai pas avec contentement (ce que vous m'offrirez) dans vos fêtes solennelles (v. à רוּחַ *verbe*). — Spécialement le huitième jour de סֻכּוֹת la fête des Tabernacles : בַּיּוֹם הַשְּׁמִינִי עֲצֶרֶת תִּהְיֶה לָכֶם Nomb. 29. 35, le huitième jour (de סֻכּוֹת) sera pour vous une fête solennelle. — Aussi du septième jour de Pâque, Deut. 16. 8.

* **עַקָא** chald. (v. עָקָה). Oppression, mal : מִן כָּל־עָקָא Rituel, de toute oppression, ou : de tout mal.

עָקַב (*fut.* יַעְקֹב) 1° Saisir par le talon : בַּבֶּטֶן עָקַב אֶת־אָחִיו Osée 12. 4, dans le sein de sa mère il saisit son frère par le talon. — 2° Supplanter, tromper : וַיַּעְקְבֵנִי זֶה פַעֲמַיִם Gen. 27. 36, il m'a supplanté déjà deux fois ; כָּל־אָח עָקוֹב יַעְקֹב Jér. 9. 3, tout frère ne songe qu'à tromper.

Pi. Retenir, retarder : וְלֹא יְעַקְּבֵם Job 37. 4, il n'arrête pas (les nuages).

עָקֵב *m.* (const. עֲקֵב, avec suff. עֲקֵבוֹ, *plur.* const. עִקְּבֵי, עִקְבֵי avec *dagesch euph.*, et עִקְּבוֹת). 1° Talon, pas, démarche, trace : וְאַתָּה תְּשׁוּפֶנּוּ עָקֵב Gen. 3. 15, toi, tu lui blesseras, mordras, le talon ; נֶחְמְסוּ עֲקֵבָיִךְ Jér. 13. 22, tes talons, tes pieds, ont été violemment dépouillés, découverts ; עִקְּבֵי־סוּס Gen. 49. 17, les pieds, *exact.* les paturons du cheval ; עֲוֹן עֲקֵבַי יְסֻבֵּנִי Ps. 49. 6, l'iniquité de mes talons (c.-à-d. de mes démarches, de mes actions) m'entoure, m'enveloppe; selon d'autres : l'iniquité de ceux qui me poursuivent, etc. ; אֲשֶׁר חֵרְפוּ עִקְּבוֹת מְשִׁיחֶךָ Ps. 89. 52, par lequel ils ont outragé les démarches de ton oint ; צְאִי־לָךְ בְּעִקְבֵי הַצֹּאן Cant. 1. 8, suis les traces des brebis ; וְעִקְּבוֹתֶיךָ לֹא נֹדָעוּ Ps. 77. 20, tes traces n'ont point été connues. — 2° Arrière-garde : וְאֶת־עֲקֵבוֹ Jos. 8. 13, et ceux qui tenaient le dernier rang, l'arrière-garde.

עָקֹב *m.* 1° Chemin tortu, escarpé : וְהָיָה הֶעָקֹב לְמִישׁוֹר Is. 40. 4, le chemin tortu sera une plaine.—2° *Adj.* Trompeur, pervers : עָקֹב הַלֵּב מִכֹּל Jér. 17. 9, le cœur est trompeur, ou corrompu plus que toutes choses ; rien n'est corrompu ou trompeur comme le cœur. — 3° *Adj.* (de עָקֵב Trace). Ex. unique : עֲקֻבָּה מִדָּם Osée 6. 8, (une ville) pleine de traces de sang, ou souillée de sang.

עֵקֶב *m.* 1° Fin, suite d'une chose, récompense d'une action : בְּשָׁמְרָם עֵקֶב רָב Ps. 19. 12, quand on les observe, il y a une grande récompense; *adverbialement*, jusqu'à la fin, toujours : וְאֶצְּרֶנָּה עֵקֶב Ps. 119. 33, je garderai (cette voie) jusqu'à la fin de ma vie, ou (v. עָקֵב) : en suivant ses traces; selon d'autres : je la garderai (ayant en vue) la récompense (qui m'attendrait) ; לְעוֹלָם עֵקֶב Ps. 119. 112, toujours, jusqu'à la fin, ou : la récompense durera toujours. — 2° *Prép.* A cause de, pour : עַל־עֵקֶב בָּשְׁתָּם Ps. 40. 16, à cause de leur honte, ou : qu'ils aient la honte pour récompense ; עֵקֶב שֹׁחַד Is. 5. 23, pour des présents. — 3° *Conj.* En récompense de, parce que : עֵקֶב תִּשְׁמְעוּן Deut. 7. 12, en récompense, si vous écoutez ; עֵקֶב אֲשֶׁר־שָׁמַע Gen. 26. 5, parce que (Abraham) a obéi ; עֵקֶב כִּי Amos 4. 12, puisque (je ferai, etc.).

עָקְבָה *f.* Tromperie, ruse : עָשָׂה בְעָקְבָּה II Rois 10. 19, (Jéhu) faisait cela avec ruse, finesse.

עָקַד Lier : וַיַּעֲקֹד אֶת־יִצְחָק בְּנוֹ Gen. 22. 9, il lia Isaac, son fils.

* *Niph.* שֶׁנֶּעֱקַד עַל גַּבֵּי הַמִּזְבֵּחַ Rituel, qui a été lié (pour être offert) sur l'autel.

עָקֹד *adj.* Marqueté, rayé ; selon d'autres : marqueté aux pieds, aux endroits du corps, par où on les attache (v. עָקַד) : וַיִּתֵּן פְּנֵי הַצֹּאן אֶל־עָקֹד Gen. 30. 40, il fit que le troupeau avait en vue les brebis marquetées, rayées; הָעֲקֻדִּים (vers. 35), (les boucs) marquetés.

עֵקֶד Action de lier : בֵּית־עֵקֶד הָרֹעִים II Rois 10. 12, nom d'un endroit, *littér.* la maison où les bergers attachent, lient, les brebis (pour les tondre), ou : lieu de réunion des pasteurs.

עָקָה *f.* Oppression : מִפְּנֵי עָקַת רָשָׁע Ps. 55. 4, à cause de l'oppression du méchant.

עַקּוּב *n. pr. m.* 1° Esdr. 2. 42. — 2° 2. 45. — 3° I Chr. 3. 24.

* עֲקֵידָה *f.* Action de lier, sacrifice : עֲקֵידַת יָחִיד Rituel, le sacrifice du fils unique (d'Isaac).

* עֲקִיצָה *f.* Piqûre : עֲקִיצַת עַקְרָב Aboth, la piqûre d'un scorpion.

עָקַל *Kal.* inusité. *Pou.* Être courbé, tortueux : מִשְׁפָּט מְעֻקָּל Hab. 1. 4, des jugements corrompus, pervers ; de là

עֲקַלְקַל *adj.* (*plur.* seul usité). Tortueux, oblique : אֳרָחוֹת עֲקַלְקַלּוֹת Jug. 5. 6, par des chemins tortueux, détournés; de même : עֲקַלְקַלּוֹתָם Ps. 125. 5, leurs sentiers obliques.

עֲקַלָּתוֹן *adj.* Tortueux : נָחָשׁ עֲקַלָּתוֹן Is. 27. 1, le serpent tortueux.

עֲקָן *n. pr.* Akan, fils d'Eser, Gen. 36. 27.

עָקַר (v. עֲקַר) Déraciner, arracher : לַעֲקוֹר נָטוּעַ Eccl. 3. 2, d'arracher ce qui est planté.

Niph. Être arraché, être renversé : וְעֶקְרוֹן תֵּעָקֵר Soph. 2. 4, Ekron sera renversée.

Pi. Couper les jarrets (à un animal), paralyser, abattre : אֶת־סוּסֵיהֶם תְּעַקֵּר Jos. 11. 6, tu couperas les jarrets à leurs chevaux ; וּבִרְצֹנָם עִקְּרוּ־שׁוֹר Gen. 49. 6, et dans leur emportement ils ont abattu un bœuf; selon d'autres : ils ont renversé les murs (d'une ville). — * Détruire : תְּעַקֵּר Rituel, tu détruiras (les superbes).

עֲקַר, chald. *Kal*. inusité. *Ithp. pass*. Être arraché : אֶתְעֲקַרָה Dan. 7. 8, (trois cornes) furent arrachées.

עָקָר *adj*. (*fém*. עֲקָרָה, עֲקֶרֶת). Stérile : לֹא־יִהְיֶה בְךָ עָקָר וַעֲקָרָה Deut. 7. 14, il n'y aura parmi toi de stérile ni de l'un ni de l'autre sexe ; מוֹשִׁיבִי עֲקֶרֶת הַבַּיִת Ps. 113. 9, il fait habiter celle qui était stérile dans une famille, c.-à-d. il lui donne des enfants.

עֵקֶר *m*. Racine. *Au fig*., qui a pris racine dans un pays, qui s'y est établi : לְעֵקֶר מִשְׁפַּחַת גֵּר Lévit. 25. 47, à un habitant du pays, mais dont la famille y est étrangère.

עֵקֶר *n. pr. m*. I Chr. 2. 27.

עִקַּר *m*. chald. (const. עִקַּר). Racine, tronc : עִקַּר שָׁרְשׁוֹהִי Dan. 4. 12, le tronc de ses racines. * *Au fig*. : הָעִיקָּר Aboth, le plus essentiel ; שְׁלשׁ עֶשְׂרֵה עִקָּרִים Rituel, les treize principaux articles de foi.

עַקְרָב *m*. (*plur*. עַקְרַבִּים). 1° Scorpion : נָחָשׁ שָׂרָף וְעַקְרָב Deut. 8. 15, des serpents brûlants et des scorpions ; וְאֶל עַקְרַבִּים אַתָּה יוֹשֵׁב Ez. 2. 6, et quoique tu habites au milieu des scorpions. — 2° Espèce de verge ou de fouet garni de pointes : אֲיַסֵּר אֶתְכֶם בָּעַקְרַבִּים I Rois 12. 11, moi je vous châtierai avec des fouets, ou des verges de fer, qu'on nomme scorpions ; selon d'autres : avec des églantiers.

עֶקְרוֹן *n. pr*. Ekron, une des cinq villes principales des Philistins, Jos. 13. 3, appartenant plus tard à la tribu de Dan, Jos. 19. 43 ; וְהָעֶקְרוֹנִי Jos. 13. 3, et (le prince) d'Ekron.

עָקַשׁ Présenter comme pervers : תָּם־אָנִי וַיַּעְקְשֵׁנִי Job 9. 20, si je suis innocent, il (Dieu) ou elle (ma bouche) me convaincra d'être perverti, d'être coupable.

Niph. וְנֶעְקַשׁ דְּרָכַיִם Prov. 28. 18, mais celui qui est pervers dans ses voies, dans sa conduite.

Pi. Détourner, rendre tordu, corrompre : נְתִיבוֹתֵיהֶם עִקְּשׁוּ לָהֶם Is. 59. 8, ils pervertissent, corrompent, leur conduite, *exact*. ils rendent leurs sentiers tortus. *Part*. : וּמְעַקֵּשׁ דְּרָכָיו Prov. 10.9, celui qui pervertit ses voies.

עִקֵּשׁ *adj*. Pervers : דּוֹר עִקֵּשׁ Deut. 32. 5, une race perverse ; אֲשֶׁר אָרְחֹתֵיהֶם עִקְּשִׁים Prov. 2.15, desquels les voies sont tortueuses ; עִקְּשֵׁי־לֵב Prov. 11.20, ceux dont le cœur est corrompu ; לֵבָב עִקֵּשׁ Ps. 101. 4, le cœur pervers ; מֵעִקֵּשׁ שְׂפָתָיו Prov. 19.1, que celui dont les lèvres sont perverses, dont les paroles sont équivoques, doubles.

עִקְּשׁוּת *f*. Perversité : עִקְּשׁוּת פֶּה Prov. 4. 24, 6. 12, la perversité de la bouche, le mensonge, la médisance.

עָר *m*. (*plur*. עָרִים). Ennemi : וַיְהִי עָרֶךָ I Sam. 28. 16, il est devenu ton ennemi ; נָשֻׂא לַשָּׁוְא עָרֶיךָ Ps. 139. 20, tes ennemis profèrent ton nom en vain ; selon quelques-uns aussi : וּמָלְאוּ פְנֵי־תֵבֵל עָרִים Is. 14. 21, pour qu'ils ne remplissent pas la terre d'ennemis, de perturbateurs (v. à I עִיר).

עָר *n. pr*. Ar, ville principale des Moabites, Nomb. 21. 15, Deut. 2. 9 : עָר מוֹאָב Nomb. 21. 28, Ar, des Moabites.

עָר chald. Ennemi : וּפִשְׁרֵהּ לְעָרָךְ Dan. 4. 16, et que son interprétation (s'accomplisse) sur tes ennemis.

עָר *part*. (v. I עוּר).

עֵר (qui est éveillé) *n. pr.* Er, fils de Juda, Gen. 38.3.

I עָרַב Mêler (v. *Hithp.*). 1° Échanger les marchandises, trafiquer : לַעֲרֹב מַעֲרָבֵךְ Ez. 27. 9, pour échanger ta marchandise, ou : pour faire ton commerce (v. verset 27, et à I מַעֲרָב).— 2° Se mettre à la place d'un autre pour cautionner, être garant, répondre soit de la vie, soit des dettes, d'un autre : כִּי עַבְדְּךָ עָרַב אֶת־הַנַּעַר Gen. 44.32, car ton serviteur a répondu de l'enfant, c.-à-d. de sa vie ; שִׂימָה נָּא עָרְבֵנִי עִמָּךְ Job. 17.3, donne-moi quelqu'un qui soit garant pour moi auprès de toi; עָרְבֵנִי Is. 38.14, sois garant pour moi, c.-à-d. protége-moi ; כִּי־עָרַב זָר Prov. 11. 15, s'il a répondu pour un étranger; אִם־עָרַבְתָּ לְרֵעֶךָ Prov. 6. 1, si tu as cautionné ton ami, ou : si tu as cautionné quelqu'un envers ton ami ; עֹרֵב עֲרֻבָּה לִפְנֵי רֵעֵהוּ Prov. 17. 18, qui répond, se rend caution, pour son ami, ou envers son ami. — 3° Engager, donner en gage : אֲנַחְנוּ עֹרְבִים Néh. 5. 3, nous engageons (nos champs, etc.). Avec לֵב Engager son cœur, se risquer, se hasarder: מִי הוּא־זֶה עָרַב אֶת־לִבּוֹ Jér. 30. 21, qui est celui qui engage son courage, c.-à-d. qui se hasarde(de venir vers moi). — 4° Être doux, être agréable : וּשְׁנָתִי עָרְבָה לִּי Jér. 31. 26, et mon sommeil m'a été doux; וְעָרְבָה לַיי מִנְחַת יְהוּדָה Mal. 3. 4, l'offrande de Juda sera agréable à l'Éternel; יֶעֱרַב עָלָיו שִׂיחִי Ps. 104. 34, puisse ma prière lui être agréable! אֲשֶׁר עָרַבְתְּ עֲלֵיהֶם Ez. 16. 37, (tous ceux) auxquels tu avais plu.

* *Hiph.* Rendre agréable : וְהַעֲרֶב נָא Rituel, fais (que les paroles de ta loi) soient agréables.

Hithp. 1° Se mêler : וַיִּתְעָרְבוּ בַגּוֹיִם Ps. 106. 35, ils se sont mêlés parmi ces nations; וּבְשִׂמְחָתוֹ לֹא־יִתְעָרַב זָר Prov. 14. 10, aucun étranger ne peut se mêler, avoir part, à sa joie. Avec לְ : וּלְפֹתֶה שְׂפָתָיו לֹא תִתְעָרָב Prov. 20. 19, ne te mêle pas avec le bavard, ou le flatteur. Avec עִם : עִם־שׁוֹנִים אַל־תִּתְעָרָב Prov. 24. 21, ne te mêle point avec ceux qui recherchent le changement, avec des gens remuants. — 2° Donner une garantie, un gage : הִתְעָרֶב נָא אֶת־אֲדֹנִי הַמֶּלֶךְ Is. 36. 8, donne une garantie à mon maître, le roi, ou : engage-toi envers lui.

II עָרַב (de עֶרֶב) Faire soir, faire sombre : רָפָה הַיּוֹם לַעֲרֹב Jug. 19. 9, le jour baisse et le soir approche; עָרְבָה כָּל־שִׂמְחָה Is. 24. 11, toute joie est troublée, ou s'est évanouie.

Hiph. 1° Faire quelque chose le soir : הַשְׁכֵּם וְהַעֲרֵב I Sam. 17. 16, (le Philistin s'approchait) le matin et le soir. — * 2° Faire venir le soir : הַמַּעֲרִיב עֲרָבִים Rituel, qui fait paraître le soir.

עֲרַב chald. Mêler. *Pa.* : פַּרְזְלָא מְעָרַב בַּחֲסַף טִינָא Dan. 2. 41, le fer mêlé avec de l'argile et la terre glaiseuse.

Ithp. : מִתְעָרְבִין לֶהֱוֺן vers. 43, ils seront mêlés.

עָרֵב *adj.* Doux, agréable : כִּי־קוֹלֵךְ עָרֵב Cant. 2. 14, car ta voix est douce.

עָרֹב *m.* Mélange d'insectes malfaisants, ou de bêtes sauvages ; la quatrième plaie d'Égypte ; selon d'autres : une espèce particulière d'insectes ou de mouches, Exod. 8. 21, 27, Ps. 78. 45.

עֲרָב, et עֲרַב, *n. pr.* L'Arabie, Is. 21. 13, Ez. 27. 21 ; עֲרָבִי Is. 13. 20, et עַרְבִי Néh. 2. 19, un Arabe. *Plur.* : הָעַרְבִים II Chr. 21. 16, et הָעַרְבִיאִים II Chr. 17. 11, les Arabes.

עֵרֶב *m.* 1° Trame d'un tissu : בִשְׁתִי אוֹ בְעֵרֶב Lévit. 13. 48, dans la chaîne, ou dans la trame. — 2° *Collect.* Mélange de gens de toutes sortes, surtout d'étrangers : וְגַם־עֵרֶב רַב עָלָה אִתָּם Exod. 12. 38, il s'en alla aussi avec eux une multitude de toutes sortes de gens; וַיַּבְדִּילוּ כָל־עֵרֶב מִיִּשְׂרָאֵל Néh. 13. 3, ils séparèrent tout mélange, tous les étrangers, d'avec les Israélites.

עֶרֶב *des deux genres.* 1° Soir : מִן־בֹּקֶר עַד־עָרֶב Exod. 18. 14, depuis le matin jusqu'au soir; בָּעֶרֶב Gen. 19. 1, לְעֵת עֶרֶב 8. 11, לָעֶרֶב Ps. 59. 7, et seul עֶרֶב Exod. 16. 6, sur le soir, vers le soir. *Plur.*: זְאֵב עֲרָבוֹת Jér. 5. 6, le loup du soir, qui sort le soir pour surprendre la proie, ou : loup du désert (v. עֲרָבָה). *Duel*: בֵּין הָעַרְבַּיִם Exod. 16. 12, entre les deux soirs, entre le jour qui finit et le soir qui commence, temps de la journée pendant lequel on offrait l'holocauste du soir, et qui dure depuis le moment où le soleil commence à décliner jusqu'à la nuit; * עֶרֶב שַׁבָּת Aboth, veille du sabbat. — 2° Mélange, association, alliance : מַלְכֵי הָעֶרֶב I Rois 10. 15, les rois alliés, ou : les rois de l'Arabie ou de l'Occident; וְאֵת כָּל־הָעֶרֶב Jér. 25. 20, et tous les alliés.

עֹרֵב *m.* (*pl.* עֹרְבִים). Corbeau : וַיְשַׁלַּח אֶת־הָעֹרֵב Gen. 8. 7, il lâcha un corbeau; לִבְנֵי עֹרֵב Ps. 147. 9, aux jeunes corbeaux.

עֹרֵב *n. pr.* 1° Oreb, prince madianite. — 2° Nom d'un rocher sur la rive du Jourdain, où le prince Oreb a été tué, Jug. 7. 25.

עֲרָבָה *f.* 1° Lieu aride, désert : אֶרֶץ צִיָּה וַעֲרָבָה Jér. 51. 43, une terre aride et un pays sauvage, désert; אֲשֶׁר שַׂמְתִּי עֲרָבָה בֵיתוֹ Job. 39. 6, à qui j'ai donné le désert pour maison. Avec *l'art.*: הָעֲרָבָה Deut. 1. 1, 2. 8, Jos. 12. 8, la plaine, la contrée, qui s'étend des deux côtés du Jourdain et de la mer Morte. Un de ces côtés est appelé : עַרְבוֹת יְרִיחוֹ Jos. 5. 10, la campagne de Jéricho, et l'autre : עַרְבוֹת מוֹאָב Deut. 34. 1, de la plaine de Moab; יָם הָעֲרָבָה Deut. 4. 49, la mer du désert, et נַחַל הָעֲרָבָה Amos 6. 14, le torrent du désert, un torrent entre Moab et Edom; selon d'autres : le premier la mer Morte, et l'autre le Kidron. — 2° *Plur.* עֲרָבוֹת les cieux (lieux de délices, v. עָרַב 4°) : לָרֹכֵב בָּעֲרָבוֹת Ps. 68. 5, à celui qui est monté sur les cieux.

עֲרָבָה *n. pr.* Arabah, ville de la tribu de Benjamin, Jos. 18. 18.

עֲרֻבָּה *f.* Caution, garantie, gage : עֹרֵב עֲרֻבָּה Prov. 17. 18, qui se rend caution; וְאֶת־עֲרֻבָּתָם תִּקָּח I Sam. 17. 18, tu emporteras leur gage, c.-à-d. tu le retireras, s'ils ont emprunté sur un gage.

עֵרָבוֹן *m.* Gage : מָה הָעֵרָבוֹן אֲשֶׁר אֶתֶּן־לָךְ Gen. 38. 18, quel gage te donnerai-je?

עֲרָבִי, עַרְבִי Arabe (v. à עֲרָב).

עֲרָבִים *m. pl.* (const. עַרְבֵי). Saules : עַרְבֵי־נָחַל Job. 40. 22, les saules du torrent; עַל־עֲרָבִים בְּתוֹכָהּ Ps. 137. 2, (nous avons suspendu nos harpes) aux saules au milieu d'elle; נַחַל הָעֲרָבִים Is. 15. 7, le torrent des saules, dans le pays de Moab.

עַרְבָתִי De la ville d'Araba, II Sam. 23. 31.

עָרַג Crier, soupirer après, désirer ardemment : כְּאַיָּל תַּעֲרֹג עַל־אֲפִיקֵי־מָיִם כֵּן נַפְשִׁי תַעֲרֹג אֵלֶיךָ Ps. 42. 2, comme le cerf brame, soupire, après les torrents, ainsi mon âme soupire après toi.

עֲרָד *n. pr.* 1° Arad, ville chananéenne, Nomb. 21. 1, Jug. 1. 16. — 2° Arad, fils de Beriah, I Chr. 8. 15.

עֲרָד *m.* chald. (v. עָרוֹד). Ane sauvage, onagre : וְעִם־עֲרָדַיָּא מְדוֹרֵהּ Dan. 5. 21, sa demeure sera avec les onagres.

עָרָה *Kal* inusité. *Niph.* Être répandu : עַד־יֵעָרֶה עָלֵינוּ רוּחַ מִמָּרוֹם Is. 32. 15, jusqu'à ce que l'esprit soit répandu d'en haut sur nous.

Pi. עֵרָה (*fut.* יְעָרֶה, *apoc.* תְּעַר). 1° Répandre, vider : וַתְּעַר כַּדָּהּ Gen. 24. 20, elle vida sa cruche; וַיְעָרוּ אֶת־הָאָרוֹן II Chr. 24. 11, ils vidaient le coffre; אַל־תְּעַר נַפְשִׁי Ps. 141. 8, ne répands pas ma vie, c.-à-d. mon sang, ou : ne rejette pas ma vie, ne me laisse pas périr. — 2° Découvrir, mettre à nu, dépouiller : פָּתְהֵן יְעָרֶה Is. 3. 17, il découvrira leur nudité (v. פֹּת); וְקִיר עֵרָה מָגֵן Is. 22. 6, et Kir découvre, ou détache, son bouclier (se prépare au combat); כִּי אַרְזָה עֵרָה Soph. 2. 14, car il a dépouillé, arraché, la boiserie de cèdre; עָרוּ עָרוּ עַד הַיְסוֹד בָּהּ Ps. 137. 7, découvrez, détruisez, jusqu'à ses fondements; *inf.*: עָרוֹת יְסוֹד Hab. 3. 13, en découvrant les fondements.

Hiph. 1° Répandre, livrer: הֶעֱרָה לַמָּוֶת נַפְשׁוֹ Is. 53. 12, (parce qu'il) aura livré son âme à la mort. — 2° Mettre à nu, découvrir: אֶת־מְקֹרָהּ הֶעֱרָה Lévit. 20. 18, il a découvert sa source (son flux).

Hithp. 1° S'étendre: וּמִתְעָרֶה כְּאֶזְרָח רַעֲנָן Ps. 37. 35, et qui s'étendait, ou: qui fleurissait, comme un arbre verdoyant.— 2° Être nu, être découvert: תִּשְׁכְּרִי וְתִתְעָרִי Lament. 4. 21, tu en seras enivrée, et tu seras découverte.

עֲרוּגָה *f.* Parterre (d'un jardin): כַּעֲרוּגַת הַבֹּשֶׂם Cant. 5. 13, comme un parterre de plantes aromatiques; עֲרֻגוֹת מַטָּעָהּ Ez. 17. 7, des parterres où elle était plantée.

עָרוֹד *m.* Onagre, âne sauvage: וּמֹסְרוֹת עָרוֹד Job. 39. 5, et les liens de l'onagre.

עֶרְוָה *f.* (rac. עָרָה). Nudité, partie honteuse, honte: לְכַסּוֹת אֶת־עֶרְוָתָהּ Osée 2. 11, (servant) à couvrir sa nudité; עֶרְוַת אָבִיו Gen. 9. 22, la nudité de son père; mais עֶרְוַת אָבִיו גִּלָּה Lévit. 20. 11, il a découvert la nudité de son père, il l'a déshonoré en souillant sa couche; עֶרְוַת הָאָרֶץ Gen. 42. 9, la nudité du pays, la partie faible, non défendue; עֶרְוַת מִצְרָיִם Is. 20. 4, (ce qui est) la honte, l'opprobre, de l'Égypte; עֶרְוַת דָּבָר Deut. 23. 15, quelque chose d'impur; Deut. 24. 1, une chose honteuse, infâme. *Plur.*: * גִּלּוּי עֲרָיוֹת Rituel, découvrir la nudité (des parents), l'inceste.

עַרְוָה chald. Déshonneur: וְעַרְוַת מַלְכָּא Esdr. 4. 14, le déshonneur du roi, que l'on méprise le roi, ou: le dommage du roi.

עָרוֹם et עָרֹם (*pl.* עֲרוּמִּים, *f.* עֲרֻמָּה) *adj.* Nu: וַיִּהְיוּ שְׁנֵיהֶם עֲרוּמִּים Gen. 2. 25, ils étaient tous deux nus; עָרוֹם se dit aussi de celui qui est mal vêtu, ou qui n'a qu'une partie de ses vêtements: וּבִגְדֵי עֲרוּמִּים תַּפְשִׁיט Job. 22. 6, tu as ôté les vêtements à ceux qui étaient presque nus; עָרוֹם וְיָחֵף Is. 20. 2, nu (c.-à-d. sans manteau ou en habits déchirés, usés) et nu-pieds.

עָרוּם *adj.* 1° Rusé, subtil: וְהַנָּחָשׁ הָיָה עָרוּם Gen. 3. 1, le serpent était (le plus) rusé de tous les animaux; מֵפֵר מַחְשְׁבוֹת עֲרוּמִים Job 5. 12, il dissipe les desseins des hommes rusés. — 2° Sage, prudent: כָּל־עָרוּם יַעֲשֶׂה בְדָעַת Prov. 13. 16, tout homme prudent, bien avisé, agira avec connaissance; חָכְמַת עָרוּם הָבִין דַּרְכּוֹ Prov. 14. 8, la sagesse de l'homme avisé, prudent, consiste à bien connaître (les règles) de sa conduite.

עָרוֹם (v. עָרֹם).

עֲרוֹעֵר (v. עַרְעָר) *m.* Arbre abandonné, isolé: וְתִהְיֶינָה כַּעֲרוֹעֵר בַּמִּדְבָּר Jér. 48. 6, vous serez comme un arbre isolé dans un désert; selon d'autres: comme des bruyères, etc.

עֲרוֹעֵר et עֲרֹעֵר *n. pr.* 1° Aroer, ville sur le torrent d'Arnon, dans le pays de Moab, Deut. 2. 36, Jér. 48. 19, appelée עַרְעוֹר Jug. 11. 26: עָרֵי עֲרֹעֵר Is. 17. 2, les villes autour d'Aroer.— 2° Aroer, ville vis-à-vis de Rabba, appartenant à la tribu de Gad, Jos. 13. 25, Nomb. 32. 34. — 3° Ville de la tribu de Juda, I Sam. 30. 28; הָעֲרֹעֵרִי I Chr. 11. 44.

עָרוּץ *m.* Horreur, terreur: בַּעֲרוּץ נְחָלִים Job. 30. 6, dans des plaines terribles; selon d'autres: dans les creux, les cavernes, des plaines.

עָרוֹת douteux: עָרוֹת עַל־יְאוֹר Is. 19. 7, les prairies ou la verdure près du fleuve (v. עָרָה *Hithp.*); selon d'autres, *inf.* de עָרָה: tout ce qui est près du fleuve sera à nu, la campagne sera dépouillée.

עֶרְיָה *f.* Nudité: וְאַתְּ עֵרֹם וְעֶרְיָה Ez. 16. 7, tu n'étais couverte d'aucun vêtement, tu étais tout à fait nue, עֶרְיָה *subst.*, (dans) la nudité, ou *adj. fém.*, nue; עֶרְיָה תֵעוֹר קַשְׁתֶּךָ Hab. 3. 9, ton arc est tout à fait à nu (v. II עוּר).

עֵרִי *n. pr.* Eri, fils de Gad, Gen. 46. 16.

* **עֲרִיכָה** Disposition, préparation : וַעֲרִיכַת נֵר Rituel, et que la lumière soit bien disposée, qu'elle brille d'un grand éclat (v. à עָרַךְ).

עֲרִיסָה, *f.* (*plur.* עֲרִיסוֹת seul usité). Pâte : רֵאשִׁית עֲרִסֹתֵכֶם Nomb. 15. 20, עֲרִיסוֹתֵיכֶם Ez. 44. 30, les prémices de votre pâte.

עֲרִיפִים *m. plur.* Cieux, nuages : וְאוֹר חָשַׁךְ בַּעֲרִיפֶיהָ Is. 5. 30, la lumière s'obscurcit, ou : le soleil est obscurci par les nuages (qui couvrent ce pays).

עָרִיץ *adj.* et *subst.* Fort, puissant, violent, méchant : וַיי אוֹתִי כְּגִבּוֹר עָרִיץ Jér. 20. 11, l'Éternel est avec moi comme un héros puissant, invincible ; וְעָרִיצִים יִתְמְכוּ־עֹשֶׁר Prov. 11. 16, les forts acquerront les richesses ; וְעָרִיצִים בִּקְשׁוּ נַפְשִׁי Ps. 54. 5, les hommes violents attentent à ma vie ; עָרִיצֵי גוֹיִם Ez. 28. 7, les plus violents d'entre les peuples ; אָפֵס עָרִיץ Is. 29. 20, l'homme terrible, le tyran, ne sera plus.

עֲרִירִי, *adj.* (rac. עָרַר, *plur.* עֲרִירִים). Isolé, abandonné, un homme privé d'enfants : וְאָנֹכִי הוֹלֵךְ עֲרִירִי Gen. 15. 2, j'erre sans enfants, ou : je m'en irai de ce monde sans laisser des enfants ; עֲרִירִים יָמֻתוּ Lévit. 20. 20, ils mourront sans enfants.

עָרַךְ (*fut.* יַעֲרֹךְ) 1° Ranger, mettre en ordre, disposer : וַיַּעֲרֹךְ אֶת־הָעֵצִים Gen. 22. 9, il disposa le bois (sur l'autel) ; וְעָרַךְ עָלֶיהָ הָעֹלָה Lévit. 6. 5, il y mettra, disposera, l'holocauste ; הָעֲרֻכוֹת לָהּ עַל־הַגָּג Jos. 2. 6, qui avaient été arrangées par elle sur le toit ; וַיַּעֲרֹךְ עָלָיו עֵרֶךְ לֶחֶם Exod. 40. 23, il mit sur (la table) par rangées les pains (de proposition) ; יַעֲרֹךְ אֶת־הַנֵּרוֹת Lévit. 24. 4, il arrangera, préparera, les lampes ; עָרַכְתִּי נֵר לִמְשִׁיחִי Ps. 132. 17, je préparerai une lampe à mon oint ; עָרְכָה שֻׁלְחָנָהּ Prov. 9. 2, elle a dressé sa table ; וְשֻׁלְחָן עָרוּךְ לְפָנֶיהָ Ez. 23. 41, et une table était dressée devant (le lit) ; עֲרוּכָה בַכֹּל II Sam. 23. 5, (une alliance) bien ordonnée en toutes choses ; עִרְכוּ מָגֵן וְצִנָּה Jér. 46. 3, préparez le bouclier et la targe.

עָרַךְ מִלְחָמָה Se mettre en ordre de bataille, se préparer, s'armer pour le combat : וַיַּעַרְכוּ מִלְחָמָה לִקְרַאת פְּלִשְׁתִּים I Sam. 17. 2, ils se rangèrent en ordre de bataille en face des Philistins ; וַיַּעַרְכוּ אִתָּם מִלְחָמָה Gen. 14. 8, ils se rangèrent en bataille, engagèrent un combat contre eux. *Part. pass.* : עָרוּךְ כְּאִישׁ לַמִּלְחָמָה Jér. 6. 23, armé comme le sont des hommes qui veulent livrer combat ; עֱרוֹךְ מִלְחָמָה Joel 2. 5, un peuple rangé en bataille ; et *part. actif* : עֹרְכֵי מִלְחָמָה I Chr. 12. 33, préparés à combattre ; de même עָרַךְ seul : וַיַּעַרְכוּ אֶל־הַגִּבְעָה Jug. 20. 30, ils se rangèrent en bataille en face de Guébaah ; עִרְכוּ עַל־בָּבֶל Jér. 50. 14, rangez-vous en bataille autour de Babylone ; וְעָרְכוּ לָהּ Jér. 50. 9, ils se rangeront en bataille contre elle ; בִּעוּתֵי אֱלוֹהַּ יַעַרְכוּנִי Job. 6. 4, les terreurs divines se dressent, sont dirigées, contre moi. — עָרַךְ מִלִּים Disposer des paroles (pour attaquer, ou pour défendre) : וְלֹא־עָרַךְ אֵלַי מִלִּין Job 32. 14, ce n'est pas à moi qu'il a adressé ses paroles ; בֹּקֶר אֶעֱרָךְ־לְךָ Ps. 5. 4, le matin, je t'adresse (sous-entendu תְּפִלָּתִי ma prière) ; לֹא נַעֲרֹךְ מִפְּנֵי־חֹשֶׁךְ Job. 37. 19, nous ne saurons rien dire à cause de nos ténèbres, de notre ignorance ; וְיַעְרְכֶהָ לִי Is. 44. 7, qu'il l'expose pour, ou devant, moi. — עָרַךְ מִשְׁפָּט Exposer un droit, plaider une cause : הִנֵּה־נָא עָרַכְתִּי מִשְׁפָּט Job 13. 18, j'ai exposé, plaidé, ma cause ; de même עָרַךְ seul : עֶרְכָה לְפָנַי Job. 33. 5, expose tes raisons ; אוֹכִיחֲךָ וְאֶעֶרְכָה לְעֵינֶיךָ Ps. 50. 21, je te reprendrai et j'exposerai tout devant tes yeux ; * עוֹרְכֵי הַדַּיָּנִין Aboth 1. 8, ceux qui exposent la cause devant les juges, les avocats.

2° Comparer, égaler, ressembler : וּמַה־דְּמוּת תַּעַרְכוּ־לוֹ Is. 40. 18, et quelle image lui comparerez-vous? (ou *Hiph.* pour תַּעֲרִיכוּ) ; מִי בַשַּׁחַק יַעֲרֹךְ לַיי Ps. 89. 7, qui, dans le ciel, est comparable à l'Éternel? אֵין עֲרֹךְ אֵלֶיךָ Ps. 40. 6, rien ne peut être comparé à toi, ou : on ne peut pas les exposer devant toi ; לֹא־יַעַרְכֶנָּה זָהָב Job 28. 17, l'or ne l'égale point.

3° Estimer, faire cas d'une chose : הֲיַעֲרֹךְ שׁוּעֲךָ Job 36. 19, ferait-il cas de tes richesses ?

Hiph. Estimer, taxer : וְהֶעֱרִיךְ הַכֹּהֵן אֹתָהּ Lévit. 27. 12, le prêtre en fera l'estimation ; יַעֲרִיכֶנּוּ הַכֹּהֵן Lévit. 27. 8, le prêtre le taxera.

עֵרֶךְ *m.* (avec suff. עֶרְכִּי). 1° Arrangement, rangée, proportion : עֵרֶךְ לָחֶם Exod. 40. 23, l'arrangement des pains, les pains mis par rangées ; וְעֵרֶךְ בְּגָדִים Jug. 17. 10, un équipement en fait de vêtements, un habillement complet ; selon d'autres : des vêtements doubles, c.-à-d. pour l'été et pour l'hiver ; וְחִין עֶרְכּוֹ Job 41. 4, et la beauté de ses proportions, de sa structure (v. à חִין). — 2° Estimation, prix : כְּעֶרְכְּךָ הַכֹּהֵן Lév. 27. 12, comme ton estimation, ô prêtre ! comme l'estimation que tu en auras faite ; בְּעֶרְכְּךָ Lévit. 5. 15, selon l'estimation que tu en feras ; d'autres considèrent le ךָ dans ces exemples comme paragogique : selon l'estimation ; וְאַתָּה אֱנוֹשׁ כְּעֶרְכִּי Ps. 55. 14, mais toi, un homme que j'estimais autant que mon égal, comme un autre moi-même ; לֹא־יָדַע אֱנוֹשׁ עֶרְכָּהּ Job 28. 13, l'homme n'en connaît pas le prix.

עָרַל Regarder comme incirconcis, comme impur, rejeter : וַעֲרַלְתֶּם עָרְלָתוֹ אֶת־פִּרְיוֹ Lévit. 19. 23, vous regarderez ses fruits (les fruits des trois premières années) comme impurs, vous n'en jouirez point ; *exact.* vous ôterez, ou vous rejetterez, son prépuce, son fruit, etc.

Niph. : שְׁתֵה גַם־אַתָּה וְהֵעָרֵל Hab. 2. 16, bois toi aussi, et découvre-toi, *exact.* montre ton état d'incirconcision.

עָרֵל *subst. et adj. m.* (const. עֲרַל et עֶרֶל, *f.* עֲרֵלָה). Incirconcis, impur : וְכָל־עָרֵל לֹא־יֹאכַל בּוֹ Exod. 12. 48, nul incirconcis n'en mangera ; souvent pour désigner les peuples étrangers : רְדָה וְהָשְׁכְּבָה אֶת־עֲרֵלִים Ez. 32. 19, descends et sois étendue avec les incirconcis ; מַצַּב הָעֲרֵלִים הָאֵלֶּה I Sam. 14. 6 (au) poste de ces incirconcis, les Philistins. *Au fig.* : עֲרַל שְׂפָתָיִם Exod. 6. 12, incirconcis de lèvres, parlant avec difficulté ; עֲרֵלָה אָזְנָם Jér. 6. 10, leur oreille est incirconcise (et ils ne peuvent pas entendre) ; עַרְלֵי לֵב וְעַרְלֵי בָשָׂר Ez. 44. 9, incirconcis de cœur et incirconcis de chair. *Plur.* : עַרְלֵי־לֵב Jér. 9. 25, incirconcis de cœur, endurcis, insensibles ; יִהְיֶה לָכֶם עֲרֵלִים Lév. 19. 23, (les fruits de l'arbre) seront incirconcis pour vous, c.-à-d. impurs (vous n'en mangerez pas).

עָרְלָה *f.* Prépuce : לְאִישׁ אֲשֶׁר־לוֹ עָרְלָה Gen. 34. 14, à un homme incirconcis ; בְּמֵאָה עָרְלוֹת פְּלִשְׁתִּים I Sam. 18. 25, cent prépuces de Philistins ; בְּשַׂר עָרְלַתְכֶם Gen. 17. 11, la chair de votre prépuce. *Au fig.* : עָרְלַת לְבַבְכֶם Deut. 10. 16, le prépuce de votre cœur (vos passions déréglées).

עֲרָלוֹת *n. pr.* (v. à גִּבְעָה).

עָרַם Être rusé, être fin : עָרוֹם יַעְרִם הוּא I Sam. 23. 22, qu'il est fort rusé ; le premier *infinit.* du *Kal*, le deuxième *fut.* du *Hiph.*

Hiph. 1° Rendre rusé : יַעֲרִימוּ סוֹד Ps. 83. 4, ils forment des desseins pleins d'artifice. — 2° Être rusé, fin (v. l'exemple au *Kal*) ; en bonne part, être prudent, sage : וּפֶתִי יַעְרִם Prov. 19. 25, le simple deviendra avisé, sage.

Niph. (v. עֲרֵמָה). Être amoncelé : נֶעֶרְמוּ־מַיִם Exod. 15. 8, les eaux ont été amoncelées.

עֵרֹם Nu (v. עָרוֹם).

עֹרֶם *m.* Ruse : לֹכֵד חֲכָמִים בְּעָרְמָם Job 5. 13, il surprend les habiles dans leur propre ruse ; selon d'autres, pour בְּעָרְמָתָם, de עָרְמָה.

עָרְמָה *f.* 1° Ruse, ruse préméditée : לְהָרְגוֹ בְעָרְמָה Exod. 21. 14, pour le tuer par ruse, de dessein prémédité. — 2° Sagacité, discernement, sagesse : לָתֵת לִפְתָאיִם עָרְמָה Prov. 1. 4, pour donner de la prudence, du discernement, aux simples.

עֲרֵמָה f. (pl. עֲרֵמוֹת et עֲרֵמִים). Tas, monceau : עֲרֵמַת חִטִּים Cant. 7. 3, (comme) un monceau de froment; בִּקְצֵה הָעֲרֵמָה Ruth 3. 7, à l'extrémité d'un tas de gerbes; מֵעֲרֵמוֹת הֶעָפָר Néh. 3.34, des monceaux de poussière; וַיִּתְּנוּ עֲרֵמוֹת עֲרֵמוֹת II Chr. 31. 6, ils en donnèrent, ou ils en mirent, par monceaux; כְּמוֹ־עֲרֵמִים Jér. 50. 26, comme des gerbes.

עַרְמוֹן m. Espèce d'arbre : וְעַרְמוֹן Gen. 30. 37, et (des branches) de platane, ou : de châtaignier. Pl.: וְעַרְמֹנִים Ez. 31. 8, et les platanes, ou : les châtaigniers.

עֵרָן n. pr. m. Éran, fils de Southalah, nom patron. עֵרָנִי, Nomb. 26. 36.

ערסה (v. עֲרִיסָה).

עֲרֹעֵר (v. עֲרוֹעֵר n. pr.).

עַרְעָר adj. Abandonné, isolé : תְּפִלַּת הָעַרְעָר Ps. 102. 18, la prière du malheureux, ou de l'exilé; כְּעַרְעָר בָּעֲרָבָה Jér. 17. 6, comme un arbre solitaire, isolé; selon d'autres : comme la bruyère dans une lande.

עֲרֹעֵר et עֲרֹעֵרִי (v. עֲרוֹעֵר n. pr.).

I עָרַף (v. רָעַף) Distiller, couler : אַף־שָׁמָיו יַעַרְפוּ־טָל Deut. 33. 28, ses cieux mêmes distilleront la rosée; יַעֲרֹף כַּמָּטָר לִקְחִי Deut. 32. 2, que mon enseignement coule comme la pluie.

II עָרַף (de עֹרֶף) Briser la nuque (des animaux), renverser, abattre : וַעֲרַפְתּוֹ Exod. 13. 13, tu lui briseras la nuque; הָעֶגְלָה הָעֲרוּפָה Deut. 21. 6, la jeune vache à laquelle on aura brisé le cou; יַעֲרֹף מִזְבְּחוֹתָם Osée 10. 2, il renversera, abattra, leurs autels.

עֹרֶף m. Nuque, dos : יָדְךָ בְּעֹרֶף אֹיְבֶיךָ Gen. 49. 8, ta main sera sur la nuque de tes ennemis; עָרְפּוֹ Lév. 5. 8, la nuque, le cou (de l'oiseau); עַם־קְשֵׁה־עֹרֶף Exod. 34. 9, un peuple qui a la nuque dure, qui est opiniâtre. — נָתַן־פָּנָה־הָפַךְ־עֹרֶף Tourner le dos, s'éloigner, fuir : וַיִּתְּנוּ עֹרֶף II Chr. 29. 6, ils lui ont tourné le dos; וְאֹיְבַי נָתַתָּה לִּי עֹרֶף Ps. 18. 41, tu as fait que mes ennemis ont tourné le dos, ont fui, devant moi; כִּי־פָנוּ אֵלַי עֹרֶף וְלֹא פָנִים Jér. 2. 27, ils m'ont tourné le dos, et non le visage; עֹרֶף יִפְנוּ לִפְנֵי אֹיְבֵיהֶם Jos. 7. 12, ils tourneront le dos, ils fuiront, devant leurs ennemis; הָפַךְ יִשְׂרָאֵל עֹרֶף vers. 8, Israel a tourné le dos (devant ses ennemis).

עָרְפָּה n. pr. f. Orpah, belle-sœur de Ruth, Ruth, 1. 4.

עֲרָפֶל m. Brouillard, obscurité : אֶל־הָעֲרָפֶל Exod. 20. 18, vers l'obscurité.

עָרַץ (fut. יַעֲרֹץ) 1° Effrayer, frapper : בְּקוּמוֹ לַעֲרֹץ הָאָרֶץ Is. 2. 19, quand il se lèvera pour effrayer, frapper, la terre; אוּלַי תַּעֲרוֹצִי Is. 47. 12, peut-être que tu pourras effrayer, terrifier (l'ennemi); הֶעָלֶה נִדָּף תַּעֲרוֹץ Job 13. 25, veux-tu frapper, briser, une feuille emportée par le vent? — 2° Intrans. Être effrayé, appréhender : אַל־תַּעֲרֹץ Jos. 1. 9, ne sois pas effrayé; וְאַל־תַּעַרְצוּ מִפְּנֵיהֶם Deut. 31. 6, ne soyez point effrayés à cause d'eux; כִּי אֶעֱרוֹץ הָמוֹן רַבָּה Job 31. 34, pour que je m'effraye d'une grande foule, pour que j'aie à la craindre.

Niph. Être redoutable : אֵל נַעֲרָץ Ps. 89. 8, Dieu est redoutable, terrible.

Hiph. 1° Effrayer : וְהוּא מַעֲרִיצְכֶם Is. 8. 13, que lui seul vous inspire de la terreur; selon d'autres : il vous rendra terribles, forts. — 2° Craindre, vénérer : וְלֹא תַעֲרִיצוּ Is. 8. 12, ne craignez pas; וְאֶת־אֱלֹהֵי יִשְׂרָאֵל יַעֲרִיצוּ Is. 29. 23, ils redouteront, vénéreront, le Dieu d'Israel.

ערק Fuir : הָעֹרְקִים צִיָּה Job 30. 3, qui fuient dans des lieux arides.

עַרְקִי Les Arkiens, habitants de la ville d'Arka en Syrie, Gen. 10. 16.

עֹרְקִים m. plur. Nerfs, artères : וְעֹרְקַי לֹא יִשְׁכָּבוּן Job. 30. 17, mes nerfs, ou mes artères, n'ont pas de repos, sont toujours agités; selon d'autres : ceux qui me poursuivent ne se couchent pas (v. עָרַק).

עָרַר (v. II עוּר et עָרָה) Se dépouiller, se mettre à nu : פְּשֹׁטָה וְעֹרָה Is. 32. 11

(*impér.* ou *infinit.*), ôtez vos habits et mettez-vous à nu.

Po. Renverser : עֹרְרוּ אַרְמְנוֹתֶיהָ Is. 23. 13, ils ont renversé ses palais.

Pil. עַרְעֵר et *Hithp.* Être renversé, détruit : עַרְעֵר תִּתְעַרְעָר Jér. 51. 58, (les murs de Babylone) seront renversés, détruits. Toutes ces formes peuvent aussi être de la racine עור.

עֶרֶשׂ *f.* (avec suff. עַרְשׂוֹ, *pl.* עַרְשׂוֹת). Lit : עַרְשׂוֹ עֶרֶשׂ בַּרְזֶל Deut. 3. 11, son lit qui est un lit de fer ; עֶרֶשׂ דְּוָי Ps. 41. 4, lit de douleur.

עֵשֶׂב *m.* (avec suff. עֶשְׂבָּם, *pl.* עִשְּׂבוֹת). Herbe : וְנָתַתִּי עֵשֶׂב בְּשָׂדְךָ Deut. 11. 15, je ferai croître l'herbe dans ton champ ; עִשְּׂבוֹת הָרִים Prov. 27. 25, les herbes des montagnes.

עֲשַׂב, עִשְׂבָּא chald. Herbe : וְעִשְׂבָּא כְתוֹרִין יֵאכֻל Dan. 4. 30, il mangea l'herbe comme les bœufs.

עָשָׂה (*fut.* יַעֲשֶׂה, *apoc.* וַיַּעַשׂ) 1° Faire, agir, travailler : לַעֲשׂוֹת טוֹבָה אוֹ רָעָה Nomb. 24. 13, pour faire du bien ou du mal ; בֶאֱמֻנָה הֵם עֹשִׂים II Rois 12. 16, ils agissaient fidèlement ; לְעֹשֵׂי הַמְּלָאכָה même verset, aux ouvriers ; וְעָשִׂיתָ־נָּא עִמָּדִי חָסֶד Gen. 40. 14, et rends-moi un bon office ; אֵת אֲשֶׁר־עָשְׂתָה עִמּוֹ Ruth 2. 19, celui chez lequel elle avait travaillé. Avec לְ Faire pour ou contre quelqu'un : מָתַי אֶעֱשֶׂה גַם־אָנֹכִי לְבֵיתִי Gen. 30. 30, quand ferai-je aussi quelque chose pour ma maison ? מַה־זֹּאת עָשִׂיתָ לָּנוּ Exod. 14. 11, que nous as-tu fait ? Formule d'imprécation : כֹּה יַעֲשֶׂה־לְּךָ אֱלֹהִים וְכֹה יוֹסִיף I Sam. 3. 17, que Dieu agisse ainsi envers toi, et qu'il y ajoute ainsi, c.-à-d. qu'il te traite avec la dernière rigueur.

Faire, fabriquer, former, créer, produire : וְאֶעֶשְׂךָ לְגוֹי גָּדוֹל Gen. 12. 2, je te ferai devenir une grande nation ; וְלַעֲשׂוֹת כְּלֵי־מִלְחַמְתּוֹ I Sam. 8. 12, pour fabriquer ses instruments de guerre ; כָּל־כֵּלָיו עָשָׂה נְחֹשֶׁת Exod. 38. 3, il fit tous ses ustensiles d'airain ; mais : לְכָל־כֵּלָיו תַּעֲשֶׂה נְחֹשֶׁת Exod. 27. 3, pour tous tes ustensiles tu emploieras l'airain ; עָשָׂה יְיָ אֶת־הַשָּׁמַיִם וְאֶת־הָאָרֶץ Exod. 20. 11, (en six jours) l'Éternel a fait le ciel et la terre ; הוּא עָשְׂךָ Deut. 32. 6, il t'a créé ; אַיֵּה אֱלוֹהַּ עֹשָׂי Job 35. 10, où est Dieu mon créateur ? אֲשֶׁר־בָּרָא אֱלֹהִים לַעֲשׂוֹת Gen. 2. 3, (l'œuvre) que Dieu a créée pour être faite, ou : pour se reproduire elle-même, pour que chaque espèce se reproduise ; וְעֵץ עֹשֶׂה־פְּרִי Gen. 1. 12, et des arbres portant des fruits ; וְזֶרַע חֹמֶר יַעֲשֶׂה אֵיפָה Is. 5. 10, un chomer de semence ne produira qu'un épha (de blé) ; מֵרֹב עֲשׂוֹת חָלָב Is. 7. 22, par l'abondance du lait (qu'elles) donneront.

Apprêter, préparer, arranger, soigner : וּבֶן־הַבָּקָר אֲשֶׁר עָשָׂה Gen. 18. 8, le veau qu'il avait apprêté ; וְחָמֵשׁ צֹאן עֲשׂוּיוֹת I Sam. 25. 18, et cinq brebis tout apprêtées ; וְעָשְׂתָה אֶת־צִפָּרְנֶיהָ Deut. 21. 12, elle arrangera, coupera, ses ongles ; selon d'autres (sens opposé) : elle laissera pousser ses ongles ; וְגַם־צֵדָה לֹא־עָשׂוּ לָהֶם Exod. 12. 39, ils ne s'étaient apprêté aucune provision ; וְלֹא־עָשָׂה רַגְלָיו וְלֹא־עָשָׂה שְׂפָמוֹ II Sam. 19. 25, il n'avait point soigné, ou lavé, ses pieds, ni fait sa barbe. D'un sacrifice : Offrir, consacrer : וּפַר חַטָּאת תַּעֲשֶׂה לַיּוֹם Exod. 29. 36, tu offriras tous les jours un taureau d'expiation ; תַּעֲשֶׂה עוֹלָה Ez. 46. 13, tu l'offriras en holocauste ; וְזָהָב עָשׂוּ לַבָּעַל Osée 2. 10, et l'or qu'ils ont offert à Baal ; וְעָשִׂינוּ לַייָ אֱלֹהֵינוּ Exod. 10. 25, et nous (les) offrirons à l'Éternel notre Dieu ; וַיִּהְיוּ עֹשִׂים לָהֶם II Rois 17. 32, ils offraient des sacrifices pour eux.

Acquérir, s'acquérir, procurer, amasser : עָשָׂה אֵת כָּל־הַכָּבֹד הַזֶּה Gen. 31. 1, il a acquis toutes ces richesses ; עָשָׂה לִי אֶת־הַחַיִל הַזֶּה Deut. 8. 17, (ma force et ma puissance) m'ont acquis, procuré, toutes ces richesses ; וְאֶת־הַנֶּפֶשׁ אֲשֶׁר־עָשׂוּ Gen. 12. 5, les personnes qu'ils avaient acquises ; עָשִׂיתִי לִי שָׁרִים וְשָׁרוֹת Eccl. 2. 8, je me suis acquis des chanteurs et des chanteuses ; וַתַּעַשׂ זָהָב וָכֶסֶף בְּאוֹצְרוֹתֶיךָ Ez. 28. 4, tu as amassé de l'or et de l'argent dans tes trésors.

Établir, instituer : וַיַּעַשׂ כֹּהֲנִים I Rois

12. 31, il établit des prêtres ; אֲשֶׁר עָשָׂה
וְאֶת־מֹשֶׁה וְאֶת־אַהֲרֹן I Sam. 12. 6, (Dieu)
qui a institué Moïse et Aaron ; כִּי־אוֹתוֹ
עָשׂוּ לְבֵית הַכֶּלֶא Jér. 37. 15, car c'est lui
qu'ils avaient établi chef de la prison ;
ou, se rapportant à בֵּית : ils avaient fait
de sa maison une prison.

Accomplir, exécuter, pratiquer, observer : עָשׂה אֶת־נְדָרֵימוּ Jér. 44. 25,
nous accomplirons nos vœux ; עֹשֶׂה דְבָרוֹ
Ps. 148. 8, qui exécute sa parole, son
ordre ; וְהִצְלִיחַ וְעָשָׂה Dan. 8. 24, il prospérera et il exécutera (ses projets) ;
וַעֲשִׂיתֶם אֶת־חֻקֹּתַי Lévit. 25. 18, vous observerez mes lois ; וְחָדַל לַעֲשׂוֹת הַפֶּסַח
Nomb. 9. 13, s'il s'abstient de faire la
Pâque ; לֹא יַעֲשֶׂה מִשְׁפָּט Gen. 18. 25,
(celui qui juge toute la terre) ne fera-t-il
pas justice ? מִי־יַעֲשֶׂה דִּין עָנִי Ps. 140.
13, que l'Éternel défend le droit, la
cause de l'affligé.

וְיָמָיו כְּצֵל Eccl. 6. 12, (ses jours)
qu'il emploie, qu'il laisse passer comme
l'ombre ; וְלַעֲשׂוֹת טוֹב בְּחַיָּיו Eccl. 3. 12,
de goûter le bonheur, ou de faire le
bien, pendant sa vie ; מַה־זֹּה עֹשָׂה Eccl.
2. 2, de quoi sert-elle ? אֵינָם יוֹדְעִים לַעֲשׂוֹת
רָע Eccl. 4. 17, ils ne savent point réparer le mal ; selon d'autres : ils ne
connaissent pas le mal qu'ils font, ou :
ils ne savent faire que le mal.

*מִצְוֹת עָשֵׂה Rituel, les commande-
ments positifs.

2° Presser : בַּעֲשׂוֹת מִמִּצְרַיִם דַּדַּיִךְ Ez.
23. 21, lorsqu'on pressait tes mamelles
dès (ton séjour) en Égypte ; הִנְנִי עֹשֶׂה
אֶת־כָּל־מְעַנַּיִךְ Soph. 3. 19, je réprime-
rai, ou détruirai, tous ceux qui t'auront affligée, ou : j'agirai contre tous
ceux, etc.

Niph. נַעֲשָׂה Être fait, être exécuté ;
se faire, arriver, s'accomplir : נֶעֶשְׂתָה
וְהַמְּלָאכָה וַתֵּ Néh. 6. 16, que cet ouvrage
avait été fait ; מִי לֹא־נֶעֶשְׂתָה עֵצָה II Sam.
17. 23, que son conseil n'avait pas été
exécuté ; לֹא־יֵעָשֶׂה כֵן בִּמְקוֹמֵנוּ Gen. 29.
26, cela ne se fait pas ainsi, ce n'est
pas d'usage dans notre endroit ; מַעֲשִׂים
אֲשֶׁר לֹא־יֵעָשׂוּ Gen. 20. 9, des actions
qui ne doivent pas se faire ; לִרְאוֹת

וַמֶּה־יֶּעָשֶׂה לוֹ Exod. 2. 4, pour savoir ce
qui lui arriverait ; יֵעָשֶׂה בְּכָל־מְקוֹמֹת־אָרֶץ
Is. 26. 18, (la promesse) du salut ne
s'est pas encore accomplie sur la terre
(v. une autre explication à יְשׁוּעָה,
page 266) ; וַאֲשֶׁר הָיָה נַעֲשֶׂה לְיוֹם אֶחָד
Néh. 5. 18, et ce qui fut apprêté pour
un jour.

Pi. (v. *Kal* 2°) Presser, fouler : וְשָׁם
עִשּׂוּ דַּדֵּי בְתוּלֵיהֶן Ez. 23. 3, là ils ont
pressé leur sein virginal.

Pou. Être formé : אֲשֶׁר־עֻשֵּׂיתִי בַסֵּתֶר Ps.
139. 15, lorsque j'ai été formé dans
un lieu secret.

עֲשָׂהאֵל (que Dieu a créé) *n. pr. m.*
1° II Sam. 2. 18. — 2° II Chr. 17. 8.

עֵשָׂו (homme fait ou velu) *n. pr. m.*
Esaü, fils d'Isaac, frère de Jacob, Gen.
25. 25 ; בְּנֵי־עֵשָׂו Deut. 2. 4, צֵיד עֵשָׂו
Obad. 18, et עֵשָׂו seul, Jér. 49. 8, la
famille, les descendants, d'Esaü (v. אֱדוֹם).

עָשׂוֹר *m.* (v. עֶשֶׂר). 1° Un temps de
dix mois : יָמִים אוֹ עָשׂוֹר Gen. 24. 55,
un an ou dix mois. — 2° Le dernier
jour d'une décade : בֶּעָשׂוֹר לַחֹדֶשׁ Exod.
12. 3, au dixième jour de ce mois.—
3° Un instrument de musique à dix
cordes : עֲלֵי־עָשׂוֹר Ps. 92. 4, sur l'instrument à dix cordes ; plus complét. :
בְּנֵבֶל עָשׂוֹר Ps. 33. 2, sur la lyre à dix
cordes.

עֲשִׂיאֵל (Dieu l'a créé) *n. pr. m.*
I Chr. 4. 35.

עֲשָׂיָה (même signification) *n. pr. m.*
1° II Rois 22. 12.—2° Plusieurs autres,
I Chr.

עֲשִׂירִי *m.* Nombre ordinal, le dixième : הָעֲשִׂירִי יִהְיֶה־קֹּדֶשׁ Lévit. 27. 32, le
dixième sera consacré (à Dieu) ; בֶּעָשׂוֹר
בְּחֹמֶשׁ לַחֹדֶשׁ Ez. 33. 21, au cinquième
jour du dixième mois.

עֲשִׂירִית *f.* 1° Nombre ordinal, la
dixième : בַּשָּׁנָה הָעֲשִׂירִית Ez. 29. 1, la
dixième année.—2° Une dixième part :
עֲשִׂירִת הָאֵיפָה Exod. 16. 36, la dixième
partie d'un épha.

עֲשִׂירִיָּה *f.* La dixième partie : וְעֹד בָּהּ
עֲשִׂירִיָּה Is. 6. 13, il en restera encore

une dixième partie; selon d'autres: encore dix (rois) y viendront.

עָשַׁק *Kal* inusité. *Hithp.* Se disputer, contester: כִּי הִתְעַשְּׂקוּ עִמּוֹ Gen. 26. 20, parce qu'ils s'étaient disputés, qu'ils avaient contesté, avec lui.

עֵשֶׂק (dispute, contestation) *n. pr.* d'un puits près de Guerar, Gen. 26. 20.

עֶשֶׂר *f.* (*m.* עֲשָׂרָה, עֲשֶׂרֶת). Dix: עֶשֶׂר־יָדוֹת II Sam. 19. 44, dix parts; עֲשָׂרָה זָהָב Nomb. 5. 44, (pesant) dix sicles d'or; עֲשֶׂרֶת הַדְּבָרִים Deut. 4. 13, les dix commandements. Il se dit indéterminément pour exprimer plusieurs, beaucoup: עֶשֶׂר נָשִׁים Lév. 26. 26, dix femmes, beaucoup de femmes; זֶה עֶשֶׂר פְּעָמִים Job 19. 3, voilà déjà dix fois, bien des fois. *Plur.* עֲשָׂרוֹת dix hommes: וְשָׂרֵי עֲשָׂרֹת Exod. 18. 21, et les chefs de dix, *exact.* de dizaines.

עָשָׂר *m.* (*f.* עֶשְׂרֵה). Dix, seulement dans les nombres composés depuis 11 jusqu'à 19: אַחַד עָשָׂר *m.*, onze; אַרְבָּעָה עָשָׂר *m.*, quatorze; אַחַת עֶשְׂרֵה *f.*, onze; שֵׁשׁ עֶשְׂרֵה *f.*, seize.

עֲשַׂר chald. *f.* (*m.* עַשְׂרָה). Dix, Dan. 7. 7, 24.

עָשַׂר Lever la dîme, dîmer: צֹאנְכֶם יַעְשֹׂר I Sam. 8. 17, il prendra la dîme de vos troupeaux.

Pi. Donner la dîme: עַשֵּׂר אֲעַשְּׂרֶנּוּ לָךְ Gen. 28. 22, je t'en donnerai la dîme; עַשֵּׂר תְּעַשֵּׂר אֵת כָּל־תְּבוּאַת זַרְעֶךָ Deut. 14. 22, tu donneras la dîme de tous les produits de ce que tu auras semé; וְהֵם הַלְוִיִּם הַמְעַשְּׂרִים Néh. 10. 38, et les lévites donnaient la dîme à leur tour; selon d'autres: car eux (les lévites) recevaient la dîme.

Hiph.: כִּי תְכַלֶּה לַעְשֵׂר Deut. 26. 12, lorsque tu auras achevé de donner la dîme (pour לְהַעְשֵׂר); בַּעְשֵׂר הַלְוִיִּם Néh. 10. 39 (pour בְּהַעְשֵׂר), lorsque les lévites donneront la dîme (de la dîme).

עֲשָׂרָה (v. עֶשֶׂר).

עֶשְׂרֵה (v. עָשָׂר).

עִשָּׂרוֹן *m.* (*plur.* עֶשְׂרֹנִים). Dixième partie d'un épha, mesure de capacité: וְעִשָּׂרוֹן סֹלֶת Lévit. 14. 21, un dixième (d'épha) de fleur de farine.

עֶשְׂרִים 1° Vingt, le *subst.* au *sing.* ou au *plur.*: עֶשְׂרִים שָׁנָה Gen. 31. 38, vingt ans; עֶשְׂרִים שְׁקָלִים Lév. 27. 5, vingt sicles. — 2° (ordinal) Le vingtième: בְּעֶשְׂרִים בַּחֹדֶשׁ Nomb. 10. 11, le vingtième jour du mois.

עֶשְׂרִין chald. Vingt, Dan. 6. 2.

I עָשׁ *m.* Ver, teigne, artison: כְּבֶגֶד אֲכָלוֹ עָשׁ Job 13. 28, comme un vêtement que la teigne a dévoré.

II עָשׁ *m.* Nom d'une constellation, l'Ourse: עֹשֶׂה עָשׁ Job 9. 9, qui a créé l'Ourse.

עָשׁוֹק *m.* (rac. עָשַׁק). Oppresseur: מִיַּד עָשׁוֹק Jér. 22. 3, de la main de l'oppresseur.

עֲשׁוּקִים *m. pl.* Oppressions, violences, injustices: וַעֲשׁוּקִים בְּקִרְבָּהּ Amos 3. 9, et les oppressions (qu'on exerce) dans son sein; כָּל־הָעֲשֻׁקִים אֲשֶׁר נַעֲשִׂים תַּחַת הַשָּׁמֶשׁ Eccl. 4. 1, toutes les oppressions, les injustices, qui se font sous le soleil.

עָשׁוֹת *adj.* (rac. עָשַׁת). Luisant, poli: בַּרְזֶל עָשׁוֹת Ez. 27. 19, du fer poli, ou de l'acier.

עַשְׁוָת *n. pr. m.* I Chr. 7. 33.

עָשִׁיר *m.* Riche, le riche: עָשִׁיר וָרָשׁ Prov. 22. 2, le riche et le pauvre; עֲשִׁירֵי עָם Ps. 45. 13, les plus riches du peuple; וַעֲשִׁירִים בַּשֵּׁפֶל יֵשֵׁבוּ Eccl. 10. 6, et que les riches, c.-à-d. les nobles, les gens dignes de considération, sont assis en bas.

עָשַׁן (*fut.* יֶעְשַׁן) Fumer, être en fumée: וְהַר סִינַי עָשַׁן כֻּלּוֹ Exod. 19. 18, le mont de Sinaï était tout en fumée; וְיֶעֱשָׁנוּ Ps. 144. 5, elles (les montagnes) fumeront, seront embrasées. *Au fig.*, de la colère: יֶעְשַׁן אַף־יְיָ Deut. 29. 19, la colère de l'Éternel s'allumera; עַד־מָתַי עָשַׁנְתָּ בִּתְפִלַּת עַמֶּךָ Ps. 80. 5, jusqu'à quand (ta colère fumera-t-elle), seras-tu irrité, contre la prière de ton peuple?

עָשָׁן *m.* (const. עֲשַׁן et עָשַׁן). Fumée: כְּעֶשֶׁן הַכִּבְשָׁן Exod. 19. 18, comme la fumée d'une fournaise; עֲשַׁן הָעִיר Jos. 8. 20, la fumée de la ville; *au fig.*: עָלָה עָשָׁן בְּאַפּוֹ II Sam. 22. 9, une fumée montait de ses narines, c.-à-d. sa colère s'allumait; מִצָּפוֹן עָשָׁן בָּא Is.14.31, la fumée vient du nord, la flamme, la dévastation, ou: un nuage de poussière soulevée par une armée ennemie.

עֶשֶׁן *n. pr.* d'une ville de la tribu de Juda, Jos. 15. 42.

עָשֵׁן *adj. m.* Fumant: וְאֶת־הָהָר עָשֵׁן Exod. 20. 18, et la montagne fumante; זַנְבוֹת הָאוּדִים הָעֲשֵׁנִים Is. 7. 4, de tisons fumants.

עָשַׁק (*fut.* יַעֲשֹׁק) 1° Opprimer, maltraiter, fouler: עֹשֵׁק דָּל חֵרֵף עֹשֵׂהוּ Prov. 14. 31, celui qui opprime le pauvre blasphème son créateur; לֹא־הִנִּיחַ אָדָם לְעָשְׁקָם Ps. 105. 14, il ne permit à personne de les opprimer; וְאֶת־מִי עָשַׁקְתִּי I Sam. 12. 3, contre qui ai-je usé de violence? ou, sens 2°: à qui ai-je extorqué (de l'argent)? בַּל־תַּנִּיחֵנִי לְעֹשְׁקָי Ps. 119. 121, ne m'abandonne pas à ceux qui veulent m'opprimer. *Part. pass.* ou *adj.*: אָדָם עָשֻׁק בְּדַם־נָפֶשׁ Prov. 28. 17, *sens actif*, un homme qui aurait attenté à la vie de quelqu'un, un meurtrier, ou, עָשֻׁק: poussé par sa passion à commettre un meurtre; דִּמְעַת הָעֲשֻׁקִים Eccl. 4. 1, les larmes des opprimés. — 2° Faire tort, tromper, frustrer, frauder: לֹא־תַעֲשֹׁק אֶת־רֵעֲךָ Lévit. 19. 13, tu ne tromperas pas ton prochain, tu ne lui enlèveras rien par fraude; וּבְעֹשְׁקֵי שְׂכַר־שָׂכִיר Mal. 3. 5, et contre ceux qui retiennent le salaire du mercenaire; וְעָשְׁקוּ גֶבֶר וּבֵיתוֹ Mich. 2. 2, et ils oppriment l'homme et lui prennent sa maison (par fraude); הֵן יַעֲשֹׁק נָהָר Job 40. 23, il absorbera un fleuve (sans se hâter), ou: qu'un fleuve déborde avec violence (il ne se sauvera pas).

Pou. part.: הַמְעֻשָּׁקָה Is. 23. 12, celle à qui il sera fait violence, qui sera opprimée.

עֵשֶׁק *n. pr. m.* I Chr. 8. 39.

עֹשֶׁק *m.* 1° Oppression, violence, action de faire tort: פְּדֵנִי מֵעֹשֶׁק אָדָם Ps. 119. 134, délivre-moi de l'oppression des hommes; עֹשֶׁק רָשׁ Eccl. 5. 7, l'oppression du pauvre, le tort qu'on fait au pauvre; דַּבֶּר־עֹשֶׁק Is. 59. 13, ne parler que de violence (que d'opprimer). — 2° Fraude, biens acquis par violence, par fraude: וַתְּבַצְּעִי רֵעַיִךְ בַּעֹשֶׁק Ez. 22. 12, tu as extorqué le bien de ton prochain par violence, ou par fraude; אַל־תִּבְטְחוּ בְעֹשֶׁק Ps. 62. 11, ne mettez pas votre confiance dans des biens mal acquis, extorqués; רַחֲקִי מֵעֹשֶׁק Is. 54. 14, tu seras loin de l'oppression (tu ne seras pas opprimé).

עָשְׁקָה *f.* Oppression, violence: עָשְׁקָה־לִּי Is. 38. 14, la violence (s'exerce) contre moi, ou: je suis (accablé) de souffrance; selon d'autres, *impératif* de עָשַׁק: ôte-moi (ma maladie, ma souffrance).

עָשַׁר (*fut.* יַעְשַׁר) Être riche, devenir riche: אַךְ עָשַׁרְתִּי Osée 12. 9, je suis devenu riche.

Hiph. 1° *Trans.* Enrichir: בִּרְכַּת יְיָ הִיא תַעֲשִׁיר Prov. 10. 22, la bénédiction de l'Éternel enrichit; רַבַּת תַּעְשְׁרֶנָּה Ps. 65. 10, tu couvres (la terre) de beaucoup de richesses (pour תַּעֲשִׁירֶנָּה). — 2° *Intrans.* S'enrichir, devenir riche: כִּי־יַעֲשִׁר אִישׁ Ps. 49. 17, quand un homme devient riche; עַל־כֵּן גָּדְלוּ וַיַּעֲשִׁירוּ Jér. 5. 27, par ce moyen ils sont devenus grands, et ils se sont enrichis; וַאעְשִׁר Zach. 11. 5, car je suis devenu riche.

Hithp. Faire semblant d'être riche: יֵשׁ מִתְעַשֵּׁר וְאֵין כֹּל Prov. 13. 7, tel se fait riche, veut passer pour riche, qui n'a rien du tout.

עֹשֶׁר *m.* Richesse: עֹשֶׁר גָּדוֹל I Sam. 17. 25, une grande richesse.

עָשֵׁשׁ Être usé: וַעֲצָמַי עָשֵׁשׁוּ Ps. 31. 11, mes os sont consumés, usés; עָשְׁשָׁה מִכַּעַס עֵינִי Ps. 6. 8, mon œil est obscurci, ou fondu de chagrin.

עָשַׁת Être poli, être resplendissant: שָׁמְנוּ עָשְׁתוּ Jér. 5. 28, ils sont devenus gras, ils sont resplendissants.

Hithp. (v. עֲשַׁת chald.). Penser, se souvenir: אוּלַי יִתְעַשֵּׁת הָאֱלֹהִים לָנוּ Jon.

36

1. 6, peut-être que Dieu se souviendra de nous, ou : aura pitié de nous.

עֲשַׁת chald: Penser, songer : וּמַלְכָּא עֲשִׁית Dan. 6. 4, le roi pensait (à l'établir sur tout le royaume).

עֶשֶׁת *f.* Éclat : עֶשֶׁת שֵׁן Cant. 5. 14, comme l'ivoire bien poli; selon d'autres : comme un objet d'ivoire ingénieusement travaillé (v. עָשַׁת *Hithp.*).

עַשְׁתּוּת ou עֶשְׁתּוּת *f.* Pensée : לְעַשְׁתּוּת שַׁאֲנָן Job 12. 5, dans la pensée de l'homme heureux.

עַשְׁתֵּי Nom de nombre. Signifie un ; ne se trouve qu'avec עָשָׂר *m.* et עֶשְׂרֵה *f.*, onze; ou, *ordinal :* onzième : עַשְׁתֵּי־עֶשְׂרֵה יְרִיעֹת Exod. 26.7, onze rideaux; בְּעַשְׁתֵּי־עָשָׂר חֹדֶשׁ Deut. 1. 3, le onzième mois.

עֶשְׁתֹּנוֹת *f. plur.* Pensées : אָבְדוּ עֶשְׁתֹּנֹתָיו Ps. 146. 4, ses pensées, ses desseins, périssent.

עַשְׁתְּרוֹת *f. plur.* Richesses, *spéc.* les portées, l'accroissement, du bétail : וְעַשְׁתְּרֹת צֹאנֶךָ Deut. 7. 13, et les portées de ton menu bétail.

עַשְׁתָּרוֹת *n. pr.* Astharoth, ville dans Basan, Deut. 1. 4, appartenant depuis à la tribu de Manassé, Jos. 13. 31 ; appelée aussi עַשְׁתְּרֹת קַרְנַיִם Gen. 14. 5 ; הָעַשְׁתְּרָתִי I Chr. 11. 44, d'Astharoth.

עַשְׁתֹּרֶת *f.* Asthoreth, Astarté, une divinité des Sidoniens, II Rois 23.13, et des Philistins, I Sam. 31. 10 ; son culte avait beaucoup de ressemblance avec celui qu'on rendait à Baal. *Plur.* עַשְׁתָּרוֹת Statues d'Astarté : וַיַּעַבְדוּ אֶת־הַבְּעָלִים וְאֶת־הָעַשְׁתָּרוֹת Jug. 10. 6, ils adorèrent les statues de Baal et d'Astarté.

עֵת *des deux genres* (avec *makk.* עֶת־, avec suff. עִתִּי, *plur.* עִתִּים et עִתּוֹת). Temps, époque : עֵת הַזָּמִיר הִגִּיעַ Cant. 2.12, le temps du chant des oiseaux est venu (v. זָמִיר); עֵת לִבְכּוֹת וְעֵת לִשְׂחוֹק Eccl. 3. 4, un temps de pleurer et un temps de rire; מֵהַבֹּקֶר וְעַד־עֵת מוֹעֵד II Sam. 24. 15, depuis le matin jusqu'au temps marqué, arrêté ; מֵעֵת אֶל־עֵת I Chr. 9. 25, d'une époque à l'autre (d'une semaine jusqu'à l'autre); מֵעֵת עַד־עֵת Ez. 4. 10, 11, d'un temps à un temps, c.-à-d. d'un jour à l'autre. Avec les *prépos.* בְּ, כְּ, לְ : בָּעֵת הַהִוא Deut. 1. 9, en ce temps-là ; בְּכָל־עֵת Ps. 10. 5, en tout temps ; כְּעֵת מִנְחַת־עָרֶב Dan. 9. 21, au temps, à l'heure, de l'oblation du soir; כָּעֵת חַיָּה, Gen. 18. 10, quand ce temps reviendra, c.-à-d. dans une année (v. à חַי, page 177); כָּעֵת מָחָר Exod. 9. 18, demain, à cette même heure ; כָּעֵת יֵאָמֵר לְיַעֲקֹב Nomb. 23. 23, comme ou dès maintenant, il sera dit à Jacob; ou, לָעֵת : en son temps, en temps convenable ; לְעֵת עֶרֶב Gen. 8. 11, sur le soir.

עֵת Temps propice, temps convenable : וְנָתַתִּי גִשְׁמֵיכֶם בְּעִתָּם Lévit. 26. 4, je ferai tomber vos pluies en leur temps ; וְעֵת וּמִשְׁפָּט יֵדַע לֵב חָכָם Eccl. 8. 5, le cœur du sage connaît le temps et la manière (de faire chaque chose); וְשָׂרַיִךְ בָּעֵת יֹאכֵלוּ Eccl. 10. 17, et dont les princes mangent (seulement) quand il en est temps; וְעֵת לְכָל־חֵפֶץ Eccl. 3. 1, et un temps pour chaque affaire.

עֵת signifie aussi le temps fixé de la vie, destinée, fatalité : לָמָּה תָמוּת בְּלֹא עִתֶּךָ Eccl. 7. 17, pourquoi mourrais-tu avant ton temps? אֲשֶׁר־קֻמְּטוּ וְלֹא־עֵת Job 22. 16, qui ont été retranchés, emportés, avant leur temps ; גַּם לֹא־יֵדַע הָאָדָם אֶת־עִתּוֹ Eccl. 9. 12, l'homme ne connaît même pas son temps, sa destinée ; וְקָרוֹב לָבוֹא עִתָּהּ Is. 13. 22, (son temps) sa fin approche ; עַד בֹּא־עֵת אַרְצוֹ Jér. 27. 7, jusqu'à ce que viendra le temps de son pays ; וִיהִי עִתָּם לְעוֹלָם Ps. 81. 16, leur bonheur eût toujours duré; רַבּוֹת עִתִּים Néh. 9. 28, en divers temps, souvent ; יֹדְעֵי הָעִתִּים Esth. 1. 13, qui connaissent les temps, les événements des temps, l'histoire ; בְּיָדְךָ עִתֹּתָי Ps. 31. 16, mes destinées sont en ta main ; אֱמוּנַת עִתֶּיךָ Is. 33. 6, la fermeté, la stabilité, de ta destinée ; וְהָעִתִּים אֲשֶׁר עָבְרוּ עָלָיו I Ch. 29. 30, et les événements qui ont passé sur lui.

עֵת קָצִין *n. pr.* d'une ville de la tribu de Zabulon, Jos. 19. 13.

עָתַד *Kal* inusité. *Pi.* Préparer, disposer : וְעַתְּדָהּ בַּשָּׂדֶה לָךְ Prov. 24. 27, et dispose, prépare-le (ton ouvrage), dans, ou pour, ton champ, soigne bien ton champ.

Hithp. Être disposé, être destiné : אֲשֶׁר הִתְעַתְּדוּ לְגַלִּים Job. 15. 28, qui sont destinées à devenir des monceaux de pierres.

עֲתָיָה, *n. pr. m.* Néh. 11. 4.

עַתָּה (de עֵת temps) *Adv.* de temps. A présent, maintenant : מֵעַתָּה וְעַד־עוֹלָם Is. 9. 6, dès maintenant et à jamais; עַד־עָתָּה Gen. 32. 5, jusqu'à maintenant; עַתָּה בוֹא כָתְבָהּ Is. 30. 8, va donc maintenant, et écris-le, etc.; וְעַתָּה הֲמִבַּלְעֲדֵי יְיָ עָלִיתִי Is. 36. 10, et maintenant, est-ce donc sans la volonté de Dieu que je suis monté (contre ce pays)? אַתָּה עַתָּה בְּרוּךְ יְיָ Gen. 26. 29, tu es maintenant, ou : certes, tu es, un homme béni de Dieu; עַתָּה אֶסָּפֶה יוֹם־אֶחָד I Sam. 27. 1, certes, je périrai un de ces jours (par la main de Saül). — Souvent וְעַתָּה Et maintenant, les choses étant ainsi, c'est pourquoi : וְעַתָּה אָרוּר אָתָּה Gen. 4. 10, c'est maintenant donc (c'est pourquoi), sois maudit; וְעַתָּה כִּבְשַׂר אַחֵינוּ בְּשָׂרֵנוּ Néh. 5. 5, et pourtant notre chair est comme la chair de nos frères; עַתָּה תָּשׁוּב הַמַּמְלָכָה לְבֵית־דָּוִד I Rois 12. 26, maintenant, ou bientôt, la royauté reviendra à la maison de David; כִּי־עַתָּה לֶעָפָר אֶשְׁכָּב Job 7. 21, bientôt j'irai dormir dans la poussière (dans la terre).

עַתּוּדִים *m. plur.* Boucs : כָּל־הָעַתֻּדִים Gen. 31. 12, tous les boucs; *au fig.* : כָּל־עַתּוּדֵי אָרֶץ Is. 14. 9, les puissants, les princes de la terre.

עַתַּי *n. pr. m.* 1° I Chr. 2. 35. — 2° 12. 11. — 3° II Chr. 11. 20.

עִתִּי *adj.* (de עֵת). Prêt, préparé, à une fonction : אִישׁ עִתִּי Lévit. 16. 21, un homme prêt, préparé, à cette fonction; selon d'autres : qui aura cette fonction chaque année à la même époque.

עָתִיד *adj.* (rac. עָתַד). Prêt, préparé : כְּמֶלֶךְ עָתִיד לַכִּידוֹר Job 15. 24, comme un roi préparé pour la bataille; הָעֲתִידִים עֹרֵר לִוְיָתָן Job 3. 8, ceux qui sont prêts, disposés, à susciter Léviathan; וְלִהְיוֹת הַיְּהוּדִים עֲתִידִים Esth. 8. 13 (עתודים *cheth.*), et que les Juifs fussent prêts. *Pl. fém.* : עֲתִדוֹת 1° Ce qui est réservé, le sort : וְחָשׁ עֲתִדֹת לָמוֹ Deut. 32. 35, l'avenir, le sort, qui les attend, s'avance. — 2° Les biens que l'on se prépare, conserve : וַעֲתִידֹתֵיהֶם שׁוֹשֵׂתִי Is. 10. 13, j'ai pillé leurs richesses, trésors (*keri* וַעֲתוּדֹתֵיהֶם leurs villes principales, v. עַתּוּדִים).

עֲתִיד, chald. Préparé, prêt : הֵן אִיתֵיכוֹן עֲתִידִין Dan. 3. 15, si vous êtes prêts.

עָתִיק *m. adj.* Beau, magnifique : וְלִמְכַסֶּה עָתִיק Is. 23. 18, et pour un vêtement magnifique (ou durable).

עַתִּיק *adj.* 1° Détaché, arraché : עַתִּיקֵי מִשָּׁדָיִם Is. 28. 9, ceux qu'on vient d'arracher de la mamelle (de sevrer). — 2° Vieux, ancien : וְהַדְּבָרִים עַתִּיקִים 1 Chr. 4. 22, et ces choses sont anciennes, connues depuis l'antiquité.

עַתִּיק chald. Vieux, ancien : וְעַתִּיק יוֹמִין Dan. 7. 9, et l'ancien des jours, Dieu.

עֲתָךְ, *n. pr.* d'une ville de la tribu de Juda. I Sam. 30. 30.

עַתְלַי *n. pr. m.* Esdr. 10. 28.

עֲתַלְיָה, *n. pr.* 1° *m.* I Chr. 8. 26. — 2° *m.* Esdr. 8. 7. — 3° *f.* Athaliah, mère d'Ahaziah, reine de Juda, II Rois 11. 1, 3.

עָתַם *Kal* inusité. *Niph.* Être obscurci : נֶעְתַּם אָרֶץ Is. 9. 18, le pays est obscurci; selon d'autres : est embrasé, en feu.

עָתְנִי *n. pr. m.* I Chr. 26. 7.

עָתְנִיאֵל *n. pr.* Athniel, fils de Kenaz, juge d'Israel, Jug. 3. 9.

עָתַק (*fut.* יֶעְתַּק) 1° Être arraché, être transporté : וְצוּר יֶעְתַּק מִמְּקֹמוֹ Job 14. 18, et le rocher est arraché de sa place. — 2° Vieillir : עָתְקָה בְּכָל־צוֹרְרָי Ps. 6. 8, (mon œil) a vieilli à cause de tous mes ennemis; עָתְקוּ Job 21. 7, (pourquoi les impies) vieillissent-ils? selon d'autres : ils s'endurcissent (v. עָתַק).

Hiph. 1° Arracher, transporter : הֶעְתִּיקוּ מֵהֶם מִלִּים Job 32. 15, on leur a fait perdre les paroles, ils ne savaient plus rien répondre; הַמַּעְתִּיק הָרִים Job 9. 5, qui transporte des montagnes. Des nomades qui transportent les tentes d'un endroit à un autre : décamper, partir : וַיַּעְתֵּק מִשָּׁם הָהָרָה Gen. 12. 8, il transporta de là (ses tentes) et passa vers la montagne; וַיַּעְתֵּק מִשָּׁם Gen. 26. 22, il partit de cet endroit. — 2° Transcrire, faire un recueil : אֲשֶׁר הֶעְתִּיקוּ אַנְשֵׁי חִזְקִיָּה Prov. 25. 1, (des proverbes de Salomon) que les gens d'Ezéchias ont transcrits, copiés.

עָתָק *m*. Dureté, arrogance, audace : יֵצֵא עָתָק מִפִּיכֶם I Sam. 2. 3, que des paroles arrogantes, hautaines, (ne) sortent (plus) de votre bouche; הַדֹּבְרוֹת עַל־צַדִּיק עָתָק Ps. 31. 19, qui profèrent des paroles dures, audacieuses, contre le juste.

עָתֵק *adj*. Beau, brillant : הוֹן עָתֵק Prov. 8. 18, une fortune brillante, ou : des richesses durables (v. עָתַק 2°).

I עָתַר Prier, supplier : וַיֶּעְתַּר אֶל־יְיָ Exod. 10. 18, il invoqua Dieu; וַיֶּעְתַּר יִצְחָק לַייָ Gen. 25. 21, Isaac pria instamment l'Éternel; יֶעְתַּר אֶל־אֱלוֹהַּ Job 33. 26, il priera Dieu.

Niph. Se laisser fléchir par des prières, exaucer : וַיֵּעָתֶר לוֹ יְיָ Gen. 25. 21, l'Éternel fut fléchi par ses prières, l'exauça; וְנֶעְתַּר לָהֶם Is. 19. 22, il sera fléchi par leurs prières, il les exaucera; וְנַעְתּוֹר לָהֶם I Chr. 5. 20, il les exauça.

Hiph. Prier, implorer : וְהַעְתַּרְתִּי אֶל־יְיָ Exod. 8. 25, j'invoquerai l'Éternel; לְמָתַי אַעְתִּיר לְךָ Exod. 8. 5, pour quel temps prierai-je pour toi? הַעְתִּירוּ בַּעֲדִי Exod. 8. 24, priez pour moi.

II עָתַר *Kal* inusité. *Niph*. douteux : וְנַעְתָּרוֹת נְשִׁיקוֹת שׂוֹנֵא Prov. 27. 6, les baisers d'un ennemi sont fréquents, ou bruyants; selon d'autres : trompeurs.

Hiph. Multiplier : וְהַעְתַּרְתֶּם עָלַי דִּבְרֵיכֶם Ez. 35. 13, vous avez multiplié vos paroles contre moi, vous avez proféré des paroles insolentes contre moi.

עָתָר *m*. 1° Épaisseur, vapeur épaisse : וַעֲתַר עֲנַן־הַקְּטֹרֶת Ez. 8. 11, et une épaisse nuée de parfum. — 2° Adorateur : עֲתָרַי Soph. 3. 10, mes adorateurs; selon d'autres : Atharai, nom d'une nation.

עֶתֶר *n pr*. Éther, ville de la tribu de Siméon, Jos. 19. 7.

עֲתֶרֶת *f*. (rac. II עָתַר). Abondance : עֲתֶרֶת שָׁלוֹם וֶאֱמֶת Jér. 33. 6, l'abondance de la paix et de la vérité; selon d'autres, de I עָתַר action d'exaucer, d'accorder : la paix et la vérité, la fidélité, que je leur accorderai.

פ

פ Pe, פֵּא dix-septième lettre de l'alphabet; comme chiffre, il signifie quatre-vingt; sa forme et son nom probablement de פֶּה bouche; sa prononciation est double. פּ avec *dages* se prononce *p*, et פ sans *dages* et ף à la fin des mots toujours *ph*, *f*. Il se permute avec les autres labiales; exemples : פָּזַר et בָּזַר disperser, פַּרְזֶל et בַּרְזֶל (chald.) le fer, גַּב et גַּף le dos, פָּלַט et מָלַט sauver, etc.

פֹּא *adv*. Ici : וּפֹא Job 38. 11, et ici (v. פֹּה et פוֹ).

פָּאָה Exemple unique. *Hiph*. : אָמַרְתִּי אַפְאֵיהֶם Deut. 32. 26, j'ai dit : Je veux les disperser, extirper; selon les uns, de פֵּאָה coin, côté : je veux les jeter vers tous les côtés; selon d'autres, de אַף colère : je déchargerai ma colère sur eux; selon d'autres, de אַיֵּה הֵם : où sont-ils?

פֵּאָה *f.* (const. פְּאַת). 1° Côté : פְּאַת־יָם Jos. 18. 14, le côté de la mer, de l'occident; וּפְאַת־נֶגְבָּה 15, et le côté du midi; לִפְאַת צָפוֹן Exod. 26. 20, du côté du nord. — 2° Contrée : פְּאַת מוֹאָב Jér. 48. 45, (la flamme dévore) le côté, la contrée, de Moab; selon d'autres : les forts, les chefs, de Moab; פַּאֲתֵי מוֹאָב Nomb. 24. 17, les contrées, ou les chefs, de Moab. — 3° Angle, coin : פְּאַת שָׂדְךָ Lév. 19. 9, le coin de ton champ; בִּפְאַת מִטָּה Amos 3. 12, dans le coin du lit; פְּאַת רֹאשְׁכֶם Lév. 19. 27, (vous ne devez pas couper en rond) les coins de vos cheveux (au-dessus des oreilles où commencent les favoris); פְּאַת זְקָנֶךָ 27, (tu ne dois pas raser) les coins de ta barbe; de là : קְצוּצֵי פֵאָה Jér. 9. 25, 25. 23, 49. 32, selon quelques-uns : les Arabes qui se coupent les cheveux en rond, ou : qui se rasent entièrement la barbe; selon presque tous les commentateurs : les peuples qui demeurent aux coins extrêmes, les plus reculés.

פָּאַר *Kal* inusité. *Pi.* 1° Orner, glorifier : לְפָאֵר מְקוֹם מִקְדָּשִׁי Is. 60. 13, pour orner mon sanctuaire; וּבֵית תִּפְאַרְתִּי אֲפָאֵר 60. 7, et je glorifierai (ou : je ferai qu'on glorifiera) la maison de ma majesté; כִּי־פֵאֲרָךְ 60. 9, 55. 5, car (Dieu) t'a comblé de gloire; יְפָאֵר עֲנָוִים בִּישׁוּעָה Ps. 149. 4, il glorifie les humbles par la victoire (en les sauvant).— 2° לֹא תְפַאֵר אַחֲרֶיךָ Deut. 24. 20, (quand tu auras secoué ton olivier) tu ne reviendras pas aux branches après (pour prendre les fruits qui y seront restés), de פֹּארָה; selon d'autres : tu ne le dépouilleras pas de son ornement (tu ne prendras pas tout, tu y laisseras quelques fruits).

Hithph. Être glorifié, se glorifier : לְהִתְפָּאֵר Is. 60. 21, 61. 3, pour être glorifié, pour en tirer de la gloire; וּבְיִשְׂרָאֵל יִתְפָּאָר 44. 23, et par Israel (par ce qu'il fait pour Israel) il se glorifie. Avec עַל Se vanter, se glorifie. contre : הֲיִתְפָּאֵר הַגַּרְזֶן עַל הַחֹצֵב בּוֹ Is. 10. 15, la cognée se glorifie-t-elle contre celui qui s'en sert pour couper? פֶּן־יִתְפָּאֵר עָלַי יִשְׂרָאֵל Jug. 7. 2, de peur qu'Israel ne se glorifie, ne se vante, contre moi; הִתְפָּאֵר עָלַי Exod. 8. 5, glorifie-toi contre moi, c.-à-d. du pouvoir que tu as sur moi, en me faisant faire ta volonté; selon d'autres : explique-toi envers moi, en me fixant le temps, quand tu veux que je prie.

פְּאֵר *m.* (*plur.* פְּאֵרִים, const. פַּאֲרֵי). Ornement, *spéc.* de la tête : פְּאֵר תַּחַת אֵפֶר Is. 61. 3, (pour leur donner) un ornement (une couronne) au lieu de la cendre; וּפְאֵרֵכֶם עַל־רָאשֵׁיכֶם Ez. 24. 23, et (vous aurez) vos coiffures sur vos têtes; selon d'autres : vos fronteaux (v. טוֹטָפוֹת); פַּאֲרֵי הַמִּגְבָּעֹת Exod. 39. 28, et פַּאֲרֵי פִשְׁתִּים Ez. 44. 18, les tiares magnifiques, et les tiares de lin (que portaient les prêtres); כֶּחָתָן יְכַהֵן פְּאֵר Is. 61. 10, comme un époux orne sa parure, ou sa couronne (v. כָּהַן), ou : qui se pare de sa couronne; הַפְּאֵרִים Is. 3. 20, les coiffures, bonnets, ou couronnes, que portaient les femmes.

פֹּארָה *f.* (une fois פֻּארָה; *plur.* פֹּארוֹת, deux fois פֹּארֹת, rac. פָּאַר l'ornement de l'arbre, pour פֹּרָה, פֹּארָה; selon d'autres, rac. פָּרָה). Branche : וַתְּשַׁלַּח פֹּארוֹת Ez. 17. 6, et elle poussa, produisit, des branches (ou des rejetons); מְסָעֵף פֻּארָה בְּמַעֲרָצָה Is. 10. 33, il coupera cette branche par une force (ou par son bras) terrible (v. מַעֲרָצָה); לֹא־הָיוּ כְּפֹארֹתָיו Ez. 31. 8, (les platanes) n'égalaient point ses branches, n'avaient pas des branches comme lui.

פָּארוּר *m.* (rac. פָּאַר). Éclat : קִבְּצוּ פָארוּר Joel 2. 6 et Nah. 2. 11, (tous les visages) perdent leur éclat, beauté, c.-à-d. pâlissent de terreur; selon d'autres : ils deviennent ternes, noirs, comme (פָּרוּר) un pot (v. קָבַץ *Pi.* 2°).

פָּארָן *n. pr.* d'une contrée inculte et montagneuse, entre l'Arabie Pétrée, la Palestine et le pays des Iduméens; מֵהַר פָּארָן Hab. 3. 3 et Deut. 33. 2, de la montagne de Paran; בְּמִדְבַּר פָּארָן

Gen. 21. 21, dans le désert de Paran ; אֵיל פָּארָן 14. 6, la plaine de Paran.

פַּג Ex. unique : הַתְּאֵנָה חָנְטָה פַגֶּיהָ Cant. 2. 13, (le figuier) adoucit, remplit d'arome, ses figues pas encore mûres (rac. פוג ou פָּגַג).

פִּגּוּל *m.* Ce qui est gâté, fétide, impur : בְּשַׂר פִּגּוּל Ez. 4. 14, la chair impure, abominable ; פִּגּוּל הוּא Lév. 19. 7, (la chair d'une hostie pacifique devient le troisième jour) impure, abominable ; מְרַק פִּגֻּלִים Is. 65. 4, le jus (de la chair) d'animaux immondes, impurs.

פָּגַע 1° Rencontrer, arriver, venir à : וַיִּפְגְּעוּ־בוֹ מַלְאֲכֵי אֱלֹהִים Gen. 32. 1, des anges de Dieu le rencontrèrent ; בְּפִגְעוֹ־בוֹ Nomb. 35. 19, s'il le rencontre, trouve ; וַיִּפְגַּע בַּמָּקוֹם Gen. 28. 11, il arriva à un certain lieu ; avec l'*accus.* : כִּי־תִפְגַּע שׁוֹר Exod. 23. 4, si tu rencontres le bœuf (de ton ennemi) ; וּפָגַעְתָּ חֶבֶל נְבִאִים I Sam. 10. 5, tu rencontreras une troupe de prophètes. D'une contrée : וּפָגַע בִּירִיחוֹ Jos. 16. 7, (la frontière) vient jusqu'à Jéricho ; וּבְאָשֵׁר יִפְגְּעוּן 17. 10, ils touchent, s'unissent, (à la frontière) d'Aser ; וּפָגַע אֶל־הַנַּחַל 19. 11, (la frontière) venait jusqu'au torrent. — 2° Se jeter sur, frapper, tuer : וּפְגַע בַּכֹּהֲנִים I Sam. 22. 18, et frappe, tue, les prêtres ; וּפְגַע־בָּנוּ Jug. 8. 21, (viens toi-même) et tue-nous ; avec l'*accus.* : פֶּן־יִפְגָּעֵנוּ בַּדֶּבֶר Exod. 5. 3, de peur qu'il ne nous frappe de la peste (ou de l'épée). — 3° Prier, insister dans sa demande auprès de quelqu'un : וְאַל־תִּפְגַּע־בִּי Jér. 7. 16, et n'insiste pas dans tes prières auprès de moi ; יִפְגְּעוּ־נָא בַּיְיָ צְבָאוֹת 27. 18, qu'ils prient le Dieu Zebaoth ; וּפִגְעוּ־לִי בְּעֶפְרוֹן Gen. 23. 8, et priez, intercédez, pour moi, auprès d'Ephron ; פָּגַעְתָּ אֶת־שָׂשׂ וְעֹשֵׂה צֶדֶק Is. 64. 4, tu as rencontré, trouvé, qui se réjouissait, qui mettait sa joie, à pratiquer la justice (v. 1°) ; ou : tu as frappé, tué, etc., c.-à-d. les justes sont morts, ne sont plus (v. 2°) ; ou : tu as exaucé la prière des justes ; selon Gesenius : tu as frappé, c.-à-d. contracté, une alliance avec le juste (v. כָּרַת בְּרִית) ; וְלֹא אֶפְגַּע אָדָם Is. 47. 3, je ne rencontrerai personne (qui m'empêche, m'arrête) (v. 1°) ; ou : je ne te frapperai, punirai pas, (comme) je punis les autres hommes, mais plus sévèrement (v. 2°) ; ou : je n'écouterai pas les prières des hommes (en ta faveur) ; ou : je ne ferai alliance, la paix, avec personne, je n'épargnerai personne.

Hiph. Faire rencontrer, frapper, prier : וַיְיָ הִפְגִּיעַ בּוֹ אֵת עֲוֹן כֻּלָּנוּ Is. 53. 6, et Dieu le fit frapper pour la faute de nous tous, le chargea seul de nos péchés ; selon d'autres : Dieu fut touché par lui, par ses prières, (pour pardonner) nos péchés à nous tous ; וַיְצַו עָלֶיהָ בְמַפְגִּיעַ Job. 36. 32, il lui commande (au soleil) par (la nuée) qui le rencontre, le couvre ; selon d'autres ; il commande à la nuée (de pleuvoir) par celui qui prie (accordant cette grâce aux prières des hommes) ; אִם־לוֹא הִפְגַּעְתִּי בְךָ אֶת־הָאֹיֵב Jér. 15. 11, si je ne fais pas que l'ennemi te rencontre, si je ne jette pas, n'excite pas, l'ennemi contre toi (la nation) ; ou, parlant au prophète : si je ne ferai pas que l'ennemi lui-même te priera, te demandera grâce ; הִפְגִּעוּ בַמֶּלֶךְ Jér. 36. 25, ils ont supplié le roi (v. *Kal* 3°) ; וְלַפֹּשְׁעִים יַפְגִּיעַ Is. 53. 12, et il prie, intercède, pour les violateurs de la loi ; כִּי־אֵין מַפְגִּיעַ 59. 16, que personne n'intercède par ses prières.

פֶּגַע *m.* Ce qui arrive à un homme, occurrence, événement fortuit ; כִּי־עֵת וָפֶגַע יִקְרֶה אֶת־כֻּלָּם Eccl. 9. 11, car le temps et l'occurrence leur arrivent à tous, c.-à-d. tout dépend pour eux du temps et de l'événement, de la chance ; פֶּגַע רָע I Rois 5. 18, une mauvaise rencontre.

פַּגְעִיאֵל (sort de Dieu) *n. pr.* Pagiel, fils d'Ochran, chef de la tribu d'Aser, Nomb. 1. 13.

פָּגַר *Kal* inusité. *Pi.* Être las, être faible : אֲשֶׁר פִּגְּרוּ מֵעֲבֹר I Sam. 30. 10, qui étaient trop las, trop faibles, pour passer (le torrent); אֲשֶׁר פִּגְּרוּ מִלֶּכֶת 30. 21, qui étaient trop faibles pour suivre David ; selon d'autres : qui refusaient, ne voulaient pas passer le torrent, ne voulaient pas suivre David.

פֶּגֶר *m.* (*plur.* פְּגָרִים, const. פִּגְרֵי). Cadavre d'un homme ou d'une bête : כְּפֶגֶר מוּבָס Is. 14. 19, comme un cadavre foulé aux pieds; עַל־הַפְּגָרִים Gen. 15. 11, (les oiseaux de proie venaient fondre) sur ces bêtes mortes ; une fois: פְּגָרִים מֵתִים Is. 37. 36, (c'étaient tous) des cadavres, des morts; פִּגְרֵי גִּלּוּלֵיכֶם Lév. 26. 30, les cadavres, les ruines, de vos idoles.

פָּגַשׁ (*fut.* יִפְגֹּשׁ) 1° Attaquer, tomber sur : אֶפְגְּשֵׁם כְּדֹב Osée 13. 8, je tomberai sur eux comme un ours ; וַיִּפְגְּשֵׁהוּ יְיָ Exod. 4. 24, l'Éternel l'attaqua. — 2° Rencontrer : כִּי יִפְגָּשְׁךָ עֵשָׂו אָחִי Gen. 32. 18, si Ésaü, mon frère, te rencontre; וַיְהִי כִּפְגֹשׁ אֹתָם Jér. 41. 6, et les ayant rencontrés.

Niph. Se rencontrer, aller au-devant l'un de l'autre : חֶסֶד־וֶאֱמֶת נִפְגָּשׁוּ Ps. 85. 11, la miséricorde (de Dieu) et la vérité (de la part des hommes) se sont rencontrées ; עָשִׁיר וָרָשׁ נִפְגָּשׁוּ Prov. 22. 2, le riche et le pauvre se sont rencontrés.

Pi. יוֹמָם יְפַגְּשׁוּ־חֹשֶׁךְ Job 5. 14, le jour (au milieu du jour) ils rencontrent (ils se heurtent dans) les ténèbres (v. פָּגַע et נָגַשׁ).

פָּדָה Racheter, délivrer, sauver : וְכָל־פֶּטֶר חֲמֹר תִּפְדֶּה בְשֶׂה Exod. 13. 13, et chaque premier-né de l'ânesse, tu le rachèteras avec un agneau (c.-à-d. tu donneras un agneau à sa place); כֹּל בְּכוֹר בָּנֶיךָ תִּפְדֶּה 34. 20, tu rachèteras chaque premier-né de tes fils; אַךְ פָּדֹה תִפְדֶּה אֵת בְּכוֹר הָאָדָם Nomb. 18. 15, mais tu feras racheter (tu recevras le prix pour) le premier-né de l'homme (v. vers. 16, 17); וַיִּפְדְּךָ מִבֵּית עֲבָדִים Deut. 7. 8, il t'a délivré de la maison des esclaves (de la servitude); וּפְדִתִיךָ מִכַּף עָרִצִים Jér. 15. 21, et je te délivrerai de la main des hommes puissants, violents; פּוֹדֶה יְיָ נֶפֶשׁ עֲבָדָיו Ps. 34. 23, Dieu sauve l'âme de ses serviteurs; אֲשֶׁר־פָּדָה אֶת־נַפְשִׁי מִכָּל־צָרָה II Sam. 4. 9, qui a délivré mon âme de tous les dangers ; בְּרָעָב פָּדְךָ מִמָּוֶת Job. 5. 20, pendant la famine, il te sauve de la mort.

Niph. passif : וְהָפְדֵּה לֹא נִפְדָּתָה Lév. 19. 20, et qui n'a pas été rachetée (à prix d'argent); לֹא יִפָּדֶה 27. 29, il ne peut pas être racheté ; צִיּוֹן בְּמִשְׁפָּט תִּפָּדֶה Is. 1. 27, Sion sera délivrée par la justice (un juste jugement).

Hiph. : וְהֶפְדָּהּ Exod. 21. 8, il doit accepter son rachat, ou : l'aider à se racheter.

Hoph. infinitif : וְהָפְדֵּה Lév. 19. 20, et être racheté (v. *Niph.*).

פְּדַהְאֵל (Dieu le sauve) *n. pr.* Pedahel, fils d'Amihud, chef de la tribu de Nephthali, Nomb. 34. 28.

פְּדָהצוּר (le rocher, c.-à-d. Dieu, le sauve) *n. pr.* Pedazour, père de Gamliel, Nomb. 1. 10.

פְּדוּיִ *m.* (seulement au *plur.* פְּדוּיִם, const. פְּדוּיֵי). Prix du rachat : כֶּסֶף הַפְּדוּיִם Nomb. 3. 51, l'argent provenant du rachat; פְּדוּיֵי הָעֹדְפִים בָּהֶם 3. 48, rachat des (premiers-nés) qui sont au-dessus du nombre (des lévites); mais וּפְדוּיֵי יְיָ Is. 35. 10 et 51. 11, est *part. pass.* de פָּדָה, ceux qui sont sauvés par Dieu.

פָּדוֹן (délivrance) *n. pr. m.* Esdr. 2. 44.

פְּדוּת *f.* (rac. פָּדָה). 1° וְשַׂמְתִּי פְדֻת Exod. 8. 19, et je ferai une séparation (entre mon peuple et ton peuple). — 2° Délivrance : פְּדוּת שָׁלַח לְעַמּוֹ Ps. 111. 9, il a envoyé la délivrance à son peuple.

פְּדָיָה (Dieu le sauve) *n. pr.* 1° Pedaïa, père de Zebida, mère du roi Jehoyakim, II Rois 23. 36. — 2° I Chr. 3. 18.

פְּדָיָהוּ (même signif.) *n. p. m.* I Chr. 27. 20.

פִּדְיוֹם *m.* (v. פִּדְיוֹן) Rachat : כֶּסֶף הַפִּדְיוֹם Nomb. 3. 49, l'argent, le prix, du rachat.

פִּדְיוֹן *m.* Rachat : פִּדְיוֹן נַפְשׁוֹ Exod. 21. 30, le rachat de sa vie ; וְיֵקַר פִּדְיוֹן נַפְשָׁם Ps. 49. 10, et le rachat de leur âme est trop cher (elle ne peut pas être rachetée).

פַּדָּן *m.* Champ, plaine ; ne se trouve que dans le *nom propre :* פַּדַּן אֲרָם Gen. 25. 20, la plaine, campagne plate, de la Syrie, la Mésopotamie (selon d'autres, פַּדָּן une paire, deux : פַּדַּן אֲרָם les deux Aram ; אֲרַם נַהֲרַיִם et אֲרַם צוֹבָה). Une fois seul פַּדָּן Gen. 48.7 ; פַּדֶּנָה אֲרָם 28. 2, 5. 6, vers Padan-Aram, ou : vers la Mésopotamie.

פָּדַע Délivrer : פְּדָעֵהוּ מֵרֶדֶת שַׁחַת Job 33. 24, délivre-le, afin qu'il ne descende pas dans la tombe, l'abîme (v. פָּדָה).

פֶּדֶר *m.* (avec suff. פִּדְרוֹ). La graisse : אֶת־הָרֹאשׁ וְאֶת־הַפָּדֶר Lév. 1. 8, la tête et la graisse (ou : la tête enveloppée dans la graisse).

פֶּה *m.* (const. פִּי, avec suff. פִּי ma bouche ; פִּיךָ, פִּיו et פִּיהוּ, פִּיהֶם et פִּימוֹ ; *pl.* פִּים et פִּיּוֹת ; v. aussi פִּיפִיּוֹת). 1° Bouche : וְכָל־הַפֶּה אֲשֶׁר לֹא־נָשַׁק לוֹ I Rois 19. 18, et chaque bouche qui n'a pas baisé (Baal) ; פֶּה־לָהֶם Ps. 115. 5, (les idoles) ont une bouche (et ne parlent point) ; בְּפִיהָ Gen. 8. 11, (la colombe avait une feuille d'olivier) dans son bec ; וּפֹצֶה פֶה Is. 10. 14, (un oiseau) qui ouvre le bec. Surtout comme organe de la parole : כְבַד־פֶּה Exod. 4. 10, (j'ai) la bouche, la parole, difficile ; פֶּה אֶל־פֶּה אֲדַבֶּר־בּוֹ Nomb. 12. 8, bouche à bouche je lui parle, c.-à-d. directement, familièrement ; פֶּה אֶחָד Jos. 9. 2, d'une commune voix, unanimement ; וְהוּא יִהְיֶה־לְּךָ לְפֶה Exod. 4. 16, il te sera comme une bouche, c.-à-d. il parlera pour toi, ou : tu parleras par sa bouche ; פִּי־מֶלֶךְ שְׁמֹר Eccl. 8. 2, observe l'ordre du roi ; אֲשֶׁר־יַמְרֶה אֶת־פִּיךָ Jos. 1. 18, (chaque homme) qui désobéira à ta parole, à tes ordres ; הֶן־אֲנִי כְפִיךָ לָאֵל Job 33. 6, vois, je parle comme toi, je suis ta parole, ta discussion, sur Dieu ; ou : je suis comme toi devant Dieu, je suis sa créature comme toi (v. plus bas כְּפִי) ; כִּי־צַיִד בְּפִיו Gen. 25. 28, car la chasse (d'Ésaü) était dans sa bouche, Isaac mangeait la chasse d'Ésaü ; ou : à sa bouche, c.-à-d. à son goût, il aimait à la manger.

2° Des choses inanimées : בְּפִי אַמְתַּחְתּוֹ Gen. 42. 27, à l'ouverture de son sac ; עַל־פִּי הַבְּאֵר 29. 2, sur l'entrée du puits ; לְפִי־קָרֶת Prov. 8. 3, à l'entrée de la ville ; לְפִי שְׁאוֹל Ps. 141. 7, à l'entrée du Scheol.

3° Avec חֶרֶב Le tranchant, le fil, de l'épée : וַיַּכֶּהָ לְפִי־חֶרֶב Jos. 10. 28, et il fit passer tout dans la ville au fil de l'épée ; au *plur.* : הַפְּצִירָה פִּים I Sam. 13. 21, (l'outil) avec un grand nombre de dents, d'entailles, c.-à-d. la lime, ou : הַפְּצִירָה la lime, פִּים avec ses dents (servait à aiguiser le soc, etc.) ; selon d'autres : (il y avait) des brèches, des cassures, aux tranchants des socs, etc. ; כְּחֶרֶב פִּיּוֹת Prov. 5. 4, comme une épée à deux tranchants (v. פִּיּוֹת et פִּיפִיּוֹת).

4° Bord : פִּי מִדּוֹתָיו Ps. 133. 2, le bord de ses vêtements ; פִּיו Prov. 8. 29, le bord (de la mer) ; פֶּה לָפֶה II Rois 10. 21, et מִפֶּה אֶל־פֶּה Esdr. 9. 11, d'un bout à l'autre.

5° Part, portion : לָתֶת לוֹ פִּי שְׁנַיִם Deut. 21. 17, pour lui donner une double portion ; וִיהִי־נָא פִּי־שְׁנַיִם בְּרוּחֲךָ אֵלָי II Rois 2. 9, que j'aie une double portion de ton esprit, deux fois autant d'esprit prophétique que tu as donné aux autres (ou que tu as) ; פִּי־שְׁנַיִם בָּהּ יִכָּרְתוּ Zach. 13. 8, deux parts, parties, y seront exterminées (et seulement une troisième demeurera).

Avec des *prépositions* il devient souvent *particule.* 1° כְּפִי Suivant, selon, conformément à, par la raison que, de manière que : כְּפִי יְיָ I Chr. 12. 23, suivant la parole, l'ordre, de Dieu ; כְּפִי שָׁנָיו Lév. 25. 52, selon le nombre (à proportion) des années ; כְּפִי קִרְיוֹ

Nomb. 6. 21, conformément à son vœu; אִישׁ כְּפִי עֲבֹדָתוֹ Nomb. 7. 5, (à) chacun à proportion de leur service; כְּפִי אֲשֶׁר אֵינְכֶם שֹׁמְרִים Mal. 2. 9, par la raison que, ou de même que, vous n'avez pas gardé (mes voies); כְּפִי־אִישׁ לֹא־נָשָׂא רֹאשׁוֹ Zach. 2. 4, de manière que pas un seul n'osa lever la tête.—2° לְפִי Même signif. : לְפִי אָכְלוֹ Exod. 12. 4, (chacun) en proportion de ce qu'il mange; לְפִי הַטָּף Gen. 47. 12, à proportion des enfants de chacun; קִצְרוּ לְפִי־חֶסֶד Osée 10. 12, moissonnez selon l'amour, ou : dans la miséricorde; וּלְפִי הֵעָלוֹת הֶעָנָן Nomb. 9. 17, et à mesure que, dès que, la nuée s'élevait, se retirait.—3° עַל־פִּי Sur l'ordre : עַל־פִּי פַרְעֹה Gen. 45. 21, sur, selon, l'ordre de Pharaon; עַל־פִּי יְיָ Nomb. 3.16, selon l'ordre de Dieu; עַל־פִּי שְׁנַיִם עֵדִים Deut. 17.6, sur la déposition de deux témoins; עַל־פִּי דַרְכּוֹ Prov. 22. 6, selon sa manière, dans la voie qu'il doit suivre, ou : (forme l'enfant) à l'entrée de sa voie (v. plus haut 2°); עַל־פִּי הַדְּבָרִים הָאֵלֶּה Gen. 43.7, conformément à ces paroles, ou : selon ces choses, comme les choses étaient en vérité.

פֹּה et פּוֹ *adv.* Ici : עֹד מִי־לְךָ פֹה Gen. 19.12, as-tu encore ici quelqu'un (des tiens)? שְׁבוּ לָכֶם פֹּה 22.5, demeurez ici; עַד־בֹּאוֹ פֹה I Sam. 16. 11, jusqu'à ce qu'il soit venu ici; הַמַּעֲלֶה אֹתָנוּ פֹּה Esdr. 4. 2, qui nous a envoyés en ce lieu; מִפּוֹ Ez. 40. 21, d'ici, c.-à-d. d'un côté; מִפֹּה וּמִפּוֹ 40. 10, ici et là, des deux côtés (v. פא).

פּוּאָה *n. pr.* 1° Pouah, fils d'Issachar (Gen. 46. 13, פֻּוָּה). — 2° Pouah, fils de Dodan, Jug. 10. 1 (ou fils de l'oncle d'Abimélech).

פּוּג Être froid, engourdi : וַיָּפָג לִבּוֹ Gen. 45. 26, mais son cœur, son esprit, restait engourdi, abattu; וְלֹא תָפוּג Ps. 77. 3, (ma main est étendue) et elle ne s'engourdit, ne s'abaisse pas; תָּפוּג תּוֹרָה Hab. 1. 4, la loi est impuissante, n'est pas suivie, obéie.

Niph. : נְפוּגוֹתִי Ps. 38. 9, je suis languissant, sans force.

פּוּגָה *f.* (rac. פוג). Relâche : אַל־תִּתְּנִי פוּגַת לָךְ Lament. 2. 18, ne te donne pas de relâche (ne t'arrête pas dans tes larmes).

פֻּוָּה *n. pr.* (v. פוּאָה).

פּוּחַ (v. נָפַח et יָפַח) Souffler : עַד שֶׁיָּפוּחַ הַיּוֹם Cant. 2. 17, 4. 6, jusqu'à ce que (le vent) du jour souffle, jusqu'à l'aube du jour; selon d'autres : que le jour se rafraîchisse, jusqu'au soir.

Hiph. 1° Souffler, allumer : הָפִיחִי גַנִּי Cant. 4. 16, souffle dans (ou à travers) mon jardin. Avec בּ : בְּאֵשׁ עֶבְרָתִי אָפִיחַ Ez. 21. 36, je soufflerai dans le feu, c.-à-d. j'allumerai le feu de ma fureur (contre toi); יָפִיחוּ קִרְיָה Prov. 29. 8, ils allument la ville, l'excitent, la soulèvent; selon d'autres (de פח) : ils l'entourent d'embûches, causent sa ruine (v. 3°).—2° Dire, invectiver : וְיָפִיחַ כְּזָבִים Prov. 19. 5, qui dit des mensonges; יָפִיחַ אֱמוּנָה 12. 17, qui dit la vérité; יָפִיחַ בָּהֶם Ps. 10. 5, (tous ses ennemis) il les dissipe par son souffle, ou : il invective contre eux; יָפִיחַ לוֹ 12. 6, (je viendrai au secours de celui) qu'on invective, qu'on renverse par un souffle; selon d'autres, les deux derniers exemples de פח entourer d'embûches. — 3° הָפֵחַ בַּחוּרִים כֻּלָּם Is. 42. 22 (de פח), ils sont tous entourés de piéges dans des cavernes; ou, בַּחוּרִים : tous les jeunes gens ont été entourés de piéges, ont été pris (v. II חור).

פּוּט *n. pr.* Put, fils de Cham, souche d'un peuple d'Afrique : les Libyens, selon les uns; les Mauritaniens, selon les autres, Gen. 10. 6, Jér. 46. 9.

פּוּטִיאֵל *n. pr.* Putiel, beau-père d'Elasar, Exod. 6. 25.

פּוֹטִי פֶרַע *n. pr.* Potiphéra, prêtre égyptien, beau-père de Joseph, Gen. 41. 45.

פּוֹטִיפַר *n. pr.* Potiphar, Égyptien, chef des gardes de Pharaon, Gen. 39. 1.

פּוּךְ *m.* Couleur, fard : וַתָּשֶׂם בַּפּוּךְ עֵינֶיהָ II Rois 9. 30, elle mit du fard sur ses yeux, c.-à-d. sur ses paupières (une préparation d'antimoine?); קֶרֶן הַפּוּךְ ... בַּפּוּךְ

עֵינַיִךְ Jér. 4. 30, que tu déchires, gâtes, tes yeux avec du fard, c.-à-d. que tu les fardes constamment; אָנֹכִי מַרְבִּיץ בַּפּוּךְ אֲבָנָיִךְ Is. 54. 11, je poserai tes pierres, je bâtirai avec des pierres de couleurs vives; ou, פּוּךְ est une pierre même: je ferai asseoir tes pierres, les pierres de tes murs, sur des escarboucles ou des rubis; de même אַבְנֵי־פוּךְ I Chr. 29. 2, des pierres de couleurs vives, brillantes, ou des escarboucles.

פּוֹל *m.* Fève: וּפוֹל II Sam. 17. 28, Ez. 4. 9, et des fèves.

פּוּל *n. pr.* 1° D'un peuple en Afrique, Pul, Is. 66. 19; selon d'autres, l'Afrique même. — 2° Pul, roi des Assyriens, II Rois 15. 19.

פּוּם et פֻּם chald. *m.* (les mêmes signif. que פֶּה hébr.). Bouche: בְּפֻם מַלְכָּא Dan. 4. 28, dans la bouche du roi; בְּפֻמַּהּ 7. 5, dans sa gueule; פֻּם גֻּבָּא 6. 18, l'entrée de la fosse.

פּוּן Être accablé, ou être dans la peur: נָשָׂאתִי אֵמֶיךָ אָפוּנָה Ps. 88. 16, j'ai porté (le poids) de tes terreurs, et j'en suis accablé, ou: et je suis dans le trouble, la peur (de פּוּן douter, hésiter, craindre).

פּוֹנָה *n. pr.* d'une des portes de Jérusalem: שַׁעַר הַפּוֹנֶה II Chr. 25. 23, la porte qui se tourne, la même qui est appelée שַׁעַר הַפִּנָּה II Rois 14. 13, la porte de l'angle.

פּוּנִי *n. patron.* de פֻּוָּה (v. פּוּאָה), (la famille) des Punites, Nomb. 26. 23.

פּוּנֹן *n. pr.* d'une ville (station). Punon, Nomb. 33. 42.

פּוּעָה *n. pr.* Puah, une des sages-femmes des Hébreux, Exod. 1. 15.

פּוּץ (v. נָפַץ) Disperser, se disperser, se répandre, abonder: בַּת־פּוּצַי Soph. 3. 10, *part. pass.*, la fille, c.-à-d. les enfants, de mes dispersés, du peuple que j'ai dispersé, d'Israel (selon d'autres, *n. pr.* d'un peuple, Puzaï); וַתְּפוּצֶינָה Ez. 34. 5, (les brebis) ont été dispersées; פֶּן־נָפוּץ Gen. 11. 4, de peur que nous ne nous dispersions; וְיָפֻצוּ אֹיְבֶיךָ Nomb. 10. 35, que tes ennemis soient dispersés, dissipés; פֻּצוּ בָעָם I Sam. 14. 34, dispersez-vous (allez) par tout le peuple; יָפוּצוּ מַעְיְנֹתֶיךָ חוּצָה Prov. 5. 16, que tes fontaines se répandent, coulent dehors; תְּפוּצֶנָה עָרַי מִטּוֹב Zach. 1. 17, mes villes abonderont en biens.

Niph.: נָפֹצוּ צֹאנִי Ez. 34. 6, mes brebis ont été dispersées; נָפֹצוּ מִשְׁפְּחוֹת הַכְּנַעֲנִי Gen. 10. 18, les peuples des Chananéens se sont répandus (en divers endroits); וְכָל־חֵילוֹ נָפֹצוּ מֵעָלָיו II Rois 25. 5, et toute son armée fut dissipée d'auprès de lui (fut séparée de lui et dispersée).

Pi.: וּכְפַטִּישׁ יְפֹצֵץ סָלַע Jér. 23. 29, comme un marteau qui brise le rocher (qui fait sauter les morceaux de tous côtés).

Pilp.: וַיְפַצְפְּצֵנִי Job 16. 12, et il m'a brisé.

Hiph. trans.: וְהֵפִיץ קֶצַח Is. 28. 25, il répand, sème, du gith; וַיְפִיצֵם Ps. 18. 15, il les a dissipés; וְהֵפִיץ יְיָ אֶתְכֶם בָּעַמִּים Deut. 4. 27, Dieu vous dispersera dans les peuples; עָלָה מֵפִיץ עַל־פָּנַיִךְ Nah. 2. 2, le destructeur (l'ennemi) vient contre toi; עַד אֲשֶׁר הֲפִיצוֹתֶם אוֹתָנָה Ez. 34. 21, jusqu'à ce que vous les eussiez chassés (dehors); הָפֵץ עֶבְרוֹת אַפֶּךָ Job 40. 11, répands les flots (ou la rage) de ta colère. — Se répandre: יָפֵץ קָדִים Job 38. 24, (comment) le vent de l'est se répand; וַיָּפֶץ הָעָם Exod. 5. 12, le peuple se répandit (dans toute l'Égypte).

Hithph.: וַיִּתְפֹּצְצוּ הַרְרֵי־עַד Hab. 3. 6, et les montagnes (qui semblaient) éternelles ont été brisées, réduites en poudre (וּתְפוֹצוֹתִיכֶם Jér. 25. 34, v. תְּפוֹצָה).

פּוּק *Kal.* Broncher: פָּקוּ פְּלִילִיָּה Is. 28. 7, ils se sont égarés (dans) les jugements.

Hiph. 1° Comme *Kal*: וְלֹא יָפִיק Jér. 10. 4, afin qu'il ne bronche, vacille pas. — 2° (comme נְפַק chald., sortir) Faire sortir, présenter, fournir, obtenir: מְפִיקִים מִזַּן אֶל־זַן Ps. 144. 13, (les greniers) fournissent (regorgent de) toutes sortes (de fruits), ou: les hommes sortent une espèce de fruit pour faire place à une autre (v. זַן); וְתָפֵק לָרָעֵב נַפְשֶׁךָ Is. 58. 10, et si tu présentes ton âme au (pauvre) qui a faim, si tu l'assistes avec effusion de cœur; יָפִיק תְּבוּנָה Prov. 3. 13, (l'homme) qui fait sortir l'intelligence (d'un autre, c.-à-d. qui l'apprend de lui, l'acquiert), ou (de lui-même) qui la répand; יָפֶק רָצוֹן מֵה׳ 12. 2, il reçoit, obtient, la grâce de Dieu; זְמָמוֹ אַל־תָּפֵק Ps. 140. 9, ne fais pas aboutir, c.-à-d. n'accomplis pas, ses pensées, desseins.

פּוּקָה *f.* (rac. פוק). Obstacle, empêchement: וְלֹא־תִהְיֶה זֹאת לְךָ לְפוּקָה I Sam. 25. 31, et cela ne sera pas pour toi un empêchement qui te fasse broncher, c.-à-d. tu n'auras pas cet obstacle qui t'arrête, ce remords.

פּוּר et פָּרַר Briser, dissoudre, *inf.*: פּוֹר הִתְפּוֹרְרָה אֶרֶץ Is. 24. 19, la terre a été brisée, dissoute.

Hiph. (הֵפִיר et הֵפֵר avec pause הֵפַר, *part.* מֵפֵר, *inf.* הָפֵר, avec suff. הֲפֵרְכֶם, *fut.* אָפִיר et אָפֵר). 1° Rompre, dissiper, annuler: הֵפֵר בְּרִית Is. 33. 8, il a rompu l'alliance; הֵפֵרוּ תּוֹרָתֶךָ Ps. 119. 126, ils ont rompu, violé, ta loi; יְיָ הֵפִיר עֲצַת־גּוֹיִם Ps. 33. 10, Dieu dissipe, rend vains, les desseins des nations; הָפֵר מַחֲשָׁבוֹת Prov. 15. 22, les pensées se dissipent, s'évanouissent; וְהֵפֵר אֶת־נִדְרָהּ Nomb. 30. 9, et s'il désavoue, casse, le vœu de sa femme; וְאִישָׁהּ יְפֵרֶנּוּ 30. 14, et son mari peut casser, annuler, le vœu ou la promesse de sa femme.— 2° Détruire, retirer, détourner: אַף אַתָּה תָּפֵר יִרְאָה Job 15. 4, tu détruis même la crainte de Dieu; וְהָפֵר כַּעַסְךָ Ps. 85. 5, et détruis ta colère, fais-la cesser, détourne-la; וְחַסְדִּי לֹא־אָפִיר מֵעִמּוֹ Ps. 89. 34, je ne retirerai pas ma grâce, ma miséricorde, de dessus lui.

Hoph.: עֻצוּ עֵצָה וְתֻפָר Is. 8. 10, formez des desseins, ils seront dissipés; גַּם־בְּרִיתִי תֻפַר Jér. 33. 21, mon alliance aussi sera rompue.

Po.: אַתָּה פוֹרַרְתָּ בְעָזְּךָ יָם Ps. 74. 13, tu as divisé, fendu, la mer par ta puissance.

Pilp.: וַיְפַרְפְּרֵנִי Job 16. 12, il m'a brisé, réduit en poudre.

Hithp.: הִתְפּוֹרְרָה אֶרֶץ Is. 24. 19, la terre a été brisée, dissoute (v. *Kal*).

פּוּר *m.* (persan). Le sort: הִפִּיל פּוּר הוּא הַגּוֹרָל Esth. 3. 7, on jeta le sort, qui est en hébreu Goral; de là *pl.* פּוּרִים les sorts, et יְמֵי הַפּוּרִים les jours des sorts, nom de la fête qu'on célèbre le 14 du mois d'Adar, en commémoration des événements racontés dans le livre d'Esther (v. Esth. chap. 9).

פּוּרָה *f.* (rac. פור briser). Pressoir: פּוּרָה דָּרַכְתִּי לְבַדִּי Is. 63. 3, j'ai été seul à fouler le pressoir (le vin dans le pressoir); חֲמִשִּׁים פּוּרָה Agg. 2. 16, (pour puiser) cinquante (mesures) dans le pressoir; selon d'autres, purah, le nom du vaisseau, de la mesure: cinquante purah, mesures.

* פּוּרְקָן *m.* Délivrance, salut, Rituel.

פּוֹרָתָא *n. pr.* (persan). Poratha, fils de Haman, Esth. 9. 8.

פּוּשׁ Augmenter: וּפָשׁוּ פָּרָשָׁיו Hab. 1. 8, sa cavalerie augmentera, se répandra de toutes parts; וּפִשְׁתֶּם כְּעֶגְלֵי מַרְבֵּק Mal. 3. 20, et vous augmenterez comme des veaux gras; תָפוּשׁוּ כְּעֶגְלָה דָשָׁה Jér. 50. 11, vous vous êtes engraissés comme une génisse nourrie d'herbes; selon d'autres: vous bondissez, tressaillez de joie, comme une génisse, etc.

Niph.: נָפֹשׁוּ עַמְּךָ Nah. 3. 18, ton peuple s'est répandu, ou a été dispersé, dans les montagnes.

פּוּתִי *n. patron.* Les Puthéens, I Chr. 2. 53.

פָּז *adj.* Pur: כֶּתֶם פָּז Cant. 5. 11, de l'or pur (de פָּזַז être fort, dur). Et seul *subst.* Or pur: עֲטֶרֶת פָּז Ps. 21. 4, une couronne d'or pur.

פָּזַז *Kal.* Ex. unique: וַיָּפֹזּוּ זְרֹעֵי יָדָיו Gen. 49. 24, les forces de ses mains augmentèrent, ou: ses bras et ses mains furent agiles (v. *Pi.*); selon d'autres: furent couverts d'or, d'anneaux d'or, signe de commandement (v. פָּז).

Pi. Ex. unique: מְפַזֵּז וּמְכַרְכֵּר II Sam. 6. 16, sautant et dansant.

Hoph. : זָהָב מוּפָז I Rois 10. 18, de l'or purifié, pur; selon quelques-uns, aussi אוּפָז Dan. 10. 5, (de l'or) pur (v. אוּפָז).

פָּזַר *Kal. Part. pass.* : שֶׂה פְזוּרָה Jér. 50. 17, un agneau égaré, effarouché.

Pi. 1° Disperser : פִּזַּרְתָּ אוֹיְבֶיךָ Ps. 89. 11, tu as dispersé tes ennemis; פִּזַּר עַצְמוֹת חֹנָךְ 53. 6, il a dispersé les os de celui qui t'a assiégé, attaqué; וַתְּפַזְּרִי אֶת־דְּרָכַיִךְ Jér. 3. 13, tu as dispersé tes voies, tu as couru dans tous les sens (vers les idoles). — 2° Répandre, donner libéralement : יֵשׁ מְפַזֵּר Prov. 11. 24, tel donne libéralement; פִּזַּר נָתַן לָאֶבְיוֹנִים Ps. 112. 9, il a répandu largement, il a donné aux pauvres.

Niph. : נִפְזְרוּ עֲצָמֵינוּ Ps. 141. 7, nos os ont été dispersés.

Pou. : מְפֻזָּר Esth. 3. 8, (un peuple) dispersé.

פַּח *m.* (rac. פחח ou פָּחַח; *plur.* פַּחִים, const. פַּחֵי). 1° Filet, piége, ruine : יֹאחֵז בְּעָקֵב פָּח Job 18. 9, le piége le saisit par le talon; כְּמַהֵר צִפּוֹר אֶל־פָּח Prov. 7. 23, comme l'oiseau qui court, se jette, dans le filet; נָתְנוּ פַח Ps. 119. 110, טָמְנוּ פַח 140. 6, et יָקְשׁוּ פַח 141. 9, tendre, dresser, un piége; וְהָיוּ לָכֶם לְפַח Jos. 23. 13, ils deviendront pour vous comme un piége; פַּחַד וָפַחַת וָפָח Is. 24. 17, l'effroi, la fosse et le piége (la ruine). — 2° Lame, feuille de métal : פַּחֵי הַזָּהָב Exod. 39. 3, les feuilles d'or; רִקֻּעֵי פַחִים Nomb. 17. 3, des lames étendues, bien plates (de cuivre). — 3° Foudre : יַמְטֵר עַל־רְשָׁעִים פַּחִים Ps. 11. 6, il fera pleuvoir sur les pécheurs des charbons, la foudre; d'autres traduisent : des piéges (?); ou פ est radical, et פַּחִים une autre forme pour פֶּחָם (v. פֶּחָם).

פָּחַד (*fut.* יִפְחַד) Trembler. 1° De peur, craindre, redouter : וּפָחַדְתָּ לַיְלָה וְיוֹמָם Deut. 28. 66, tu trembleras nuit et jour; מִמִּי אֶפְחָד Ps. 27. 1, qui pourrais-je craindre, redouter? יִפְחַד מִפְּנֵי עֲצַת יְיָ Is. 19. 17, il tremblera à la vue du dessein de Dieu; פָּחֲדוּ אִישׁ אֶל־רֵעֵהוּ Jér. 36. 16, effrayés ils se tournèrent les uns vers les autres. — 2° De joie : וּפָחַד וְרָחַב לְבָבֵךְ Is. 60. 5, et ton cœur tremblera et se dilatera de joie; וּפָחֲדוּ וְרָגְזוּ עַל כָּל־הַטּוֹבָה Jér. 33. 9, ils trembleront, frémiront, à la vue de tout le bien; וּפָחֲדוּ אֶל־יְיָ Osée 3. 5, ils retourneront en tremblant (de joie, ou de respect) vers Dieu.

Pi. : וַתְּפַחֵד תָּמִיד Is. 51. 13, et tu trembles sans cesse; מְפַחֵד תָּמִיד Prov. 28. 14, l'homme qui craint toujours (ce qui est à craindre), l'homme prudent, prévoyant.

Hiph. : וְרֹב עַצְמוֹתַי הִפְחִיד Job 4. 14, il a fait trembler tous mes os, la frayeur pénétra mes os.

פַּחַד *m.* (avec suff. פַּחְדּוֹ, *pl.* פְּחָדִים). 1° Terreur, crainte : אֵימָתָה וָפַחַד Exod. 15. 16, l'épouvante et la terreur; וּפַחְדּוֹ יִפֹּל עֲלֵיכֶם Job 13. 11, et sa terreur tombera sur vous, vous accablera; פַּחַד יְיָ Is. 2. 10, פַּחַד אֱלֹהִים Ps. 36. 2, la terreur, la crainte, de Dieu (que Dieu inspire); פַּחַד־הַיְּהוּדִים Esth. 8. 17, la crainte que les Juifs (inspiraient); וּפַחַד יִצְחָק Gen. 31. 42, et (Dieu) l'objet de la crainte, de l'adoration, d'Isaac. *Plur.* : קוֹל־פְּחָדִים Job 15. 21, la voix des terreurs (des bruits terribles). — 2° גִּידֵי פַחֲדָו Job 40. 17, les nerfs de ses testicules.

פַּחְדָּה *f.* Crainte : וְלֹא פַחְדָּתִי אֵלַיִךְ Jér. 2. 19, et que ma crainte n'est pas sur toi, que tu ne me crains plus.

פֶּחָה *m.* (const. פַּחַת, *pl.* פַּחוֹת et פַּחֲוֹת). Gouverneur d'une province, capitaine, officier. Chez les Assyriens : פַּחַת אַחַד II Rois 18. 24, un seul officier; chez les Babyloniens : פַּחוֹת Jér. 51. 23, les chefs, les gouverneurs; chez les Perses : וְהַפַּחוֹת וְשָׂרֵי הַמְּדִינוֹת Esth. 8. 9, les gouverneurs et les chefs (juges?) des provinces; לֶחֶם הַפֶּחָה Néh. 5. 14, (je n'ai pas demandé) la nourriture des gouverneurs (qui était due aux gouverneurs, et que prenaient les autres); וּפַחוֹת הָאָרֶץ I Rois 10. 15, et les gouverneurs des provinces soumises à Salomon; לִהְיוֹת פֶּחָם Néh. 5.14 (pour פֶּחָה), pour être gouverneur, (ou pour פֶּחָתָם) leur gouverneur.

פֶּחָה chald. (const. פַּחַת, *pl.* פַּחֲוָתָא) *m.* Même signif.: דִּי פֶּחָה שָׂמֵהּ Esdr. 5. 14, que le roi avait nommé, établi, gouverneur, chef; וּפַחֲוָתָא Dan. 6. 8, et les gouverneurs, ou les chefs.

פָּחַז Être étourdi, usité seulement au *part.*: אֲנָשִׁים רֵיקִים וּפֹחֲזִים Jug. 9. 4, des gens légers (pauvres, misérables) et étourdis (qui agissent sans réflexion); selon d'autres: méprisables; נְבִיאֶיהָ פֹּחֲזִים Soph. 3. 4, ses prophètes (faux) sont étourdis, extravagants; selon d'autres: des misérables (v. חָפַז).

פַּחַז *m.* Étourderie: פַּחַז כַּמַּיִם Gen. 49. 4, l'étourderie, l'impétuosité (de ta passion était), comme de l'eau (comme celle des flots); selon d'autres, dépendant de אַל־תּוֹתַר qui suit: tu n'auras pas un avantage (sur tes frères), pas même léger comme l'eau, pas le moindre avantage (v. פָּחַז).

פַּחֲזוּת *f.* (rac. פָּחַז). Étourderie: וּבְפַחֲזוּתָם Jér. 23. 32, et par leur étourderie, témérité.

פָּחַח (v. פּוּחַ).

פַּחִים (v. à פַּח).

פֶּחָם *m.* Charbon: פֶּחָם לְגֶחָלִים Prov. 26. 21, (ce qu'est) le charbon à la braise. Aussi charbon ardent: וּפָעַל בַּפֶּחָם Is. 44. 12, il travaille (le fer) dans, moyennant, les charbons ardents (Néh. 5. 14, v. à פֶּחָה).

פֶּחָר chald. *m.* Potier: חֲסַף דִּי־פֶחָר Dan. 2. 41, l'argile dont (se sert) le potier.

פַּחַת Gouverneur (v. פֶּחָה).

פַּחַת *des deux genres.* Fosse: הַפַּחַת הַגָּדוֹל II Sam. 18. 17, la grande fosse; בְּאַחַת הַפְּחָתִים 17. 9, dans une des fosses, cavernes. Souvent פַּחַד וָפַחַת l'effroi et la fosse (image de ruine, malheur).

פַּחַת מוֹאָב (gouverneur moabite) *n. pr. m.* Esdr. 2. 6.

פְּחֶתֶת *f.* Dépression: פְּחֶתֶת הִוא Lév. 13. 55, c'est une dépression, une partie (d'un vêtement) rongée par la lèpre.

פִּטְדָה *f.* Une des douze pierres précieuses qui ornaient le rational du grand prêtre (la topaze?), Exod. 28. 17; פִּטְדַת־כּוּשׁ Job 28. 19, la topaze de l'Éthiopie.

פָּטִיר Exempt: פְּטִירִים *cheth.*, I Chr. 9. 33, pour פְּטוּרִים *keri* (v. פָּטַר).

* פְּטִירָה *f.* (v. פָּטַר). La mort: שֶׁבִּשְׁעַת פְּטִירָתוֹ שֶׁל־אָדָם Aboth, car au moment de la mort d'un homme, quand l'homme quitte ce monde.

פַּטִּישׁ *m.* Marteau: וּכְפַטִּישׁ יְפֹצֵץ סָלַע Jér. 23. 29, comme un marteau qui brise le rocher; *au fig.*: פַּטִּישׁ כָּל־הָאָרֶץ Jér. 50. 23, le marteau de toute la terre, à savoir Babylone, qui dévastait, ruinait, les autres pays.

פַּטִּישׁ chald. *m.*: פַּטִּישֵׁיהוֹן *cheth.*, פַּטְּשֵׁיהוֹן *keri*, Dan. 3. 21, leurs tuniques (ou culottes, ou chemises).

פָּטַר 1° Sortir, se détacher, s'en aller: וּפְטוּרֵי צִצִּים I Rois 6. 18, 29, et des fleurs sorties, épanouies (selon d'autres: des guirlandes de fleurs), ou: des fleurs qui se détachaient du fond (en relief); וַיִּפְטַר מִפְּנֵי שָׁאוּל I Sam. 19. 10, il s'en alla, il sortit, de la présence de Saül. — 2° *Trans.* Faire sortir, ouvrir, affranchir: פּוֹטֵר מַיִם Prov. 17. 14, celui qui donne une ouverture à l'eau, qui en ouvre la digue; כִּי לֹא־פָטַר יְהוֹיָדָע — אֶת־הַמַּחְלְקוֹת II Chr. 23. 8, car Joïada n'avait pas renvoyé les divisions, ne leur avait pas permis de se retirer; פְּטוּרִים (*cheth.* פְּטִירִים) I Chr. 9. 33, (les lévites chantres) étaient exempts (des autres fonctions); * פָּטוּר *opposé à* חַיָּב être exempt, dispensé, d'une chose, d'un devoir.

Hiph.: יַפְטִירוּ בְשָׂפָה Ps. 22. 8, ils ouvrent largement leurs lèvres, la bouche (en se moquant).

* *Niph.* S'en aller: וּכְשֶׁנִּפְטָרִים מִלְּפָנֶיךָ Aboth, et quand ils s'en vont d'auprès de toi; aussi: décéder, mourir.

פֶּטֶר *m.* (v. פָּטַר 2°). Ce qui ouvre: פֶּטֶר כָּל־רֶחֶם Exod. 13. 12, tout ce qui ouvre le sein de sa mère (tous les premiers-nés); et seul: פֶּטֶר שׁוֹר וָשֶׂה 34. 19, les premiers-nés des bœufs ou des brebis.

פִּטְרָה *f.* Ouverture, ce qui ouvre: פִּטְרַת כָּל־רֶחֶם Nomb. 8. 16, tous les premiers-nés (v. à פֶּטֶר).

פִּי (v. פֶּה).

פִּי־בֶסֶת *n. pr.* d'une ville dans la Basse-Égypte, Phibéseth (Bubaste?), Ez. 30. 17.

פִּיד *m.* Malheur, calamité: אִם־בְּפִידוֹ לָהֶן שׁוּעַ Job 30. 24, quand dans son malheur ils (les ennemis) poussent des cris de joie; ou: dans la calamité (que Dieu envoie) il y a une consolation pour eux (les hommes); ou: il leur reste la prière pour la détourner (v. שׁוּעַ); וּפִיד שְׁנֵיהֶם מִי יוֹדֵעַ Prov. 24. 22, et qui sait (quand viendra) la calamité, le châtiment décrété par eux deux (par Dieu et le prince); selon quelques-uns aussi: לְפִיד בּוּז Job 12. 5, au malheur (on donne) le mépris (v. לַפִּיד).

פִּי הַחִירֹת *n.pr.* d'une ville en Égypte, vis-à-vis de Baalsephon, Phihachiroth, Exod. 14. 2.

פִּיּוֹת *f.* Tranchants: וְלָהּ שְׁנֵי פֵיוֹת Jug. 3. 16, (l'épée) avait deux tranchants, pour פִּיּוֹת *pl.* de פֶּה.

פִּיחַ *m.* (rac. פּוּחַ) (ce qui est facile à souffler). Poussière, cendre: פִּיחַ כִּבְשָׁן Exod. 9. 8, la cendre d'une fournaise.

פִּיכֹל *n. pr.* Pichol, chef de l'armée d'Abimélech, Gen. 21. 22.

פִּילֶגֶשׁ (v. פִּלֶגֶשׁ).

פִּימָה *f.* Graisse: וַיַּעַשׂ פִּימָה עֲלֵי־כָסֶל Job 15. 27, et il a fait de la graisse sur la cuisse (il se fait gros et gras).

פִּינְחָס et **פִּנְחָס** *n. pr.* 1° Pinéas, fils d'Éléazar, Exod. 6. 25. — 2° Pinéas, fils d'Élie grand prêtre, I Sam. 1. 3. — 3° Pinéas, père d'Éléazar, Esdr. 8. 33.

פִּינֹן *n. pr.* Pinon, un des princes des Iduméens, Gen. 36. 41.

* **פִּיס** Prier. *Hithp.*: הִתְפַּיֵּס Rituel, se laisser toucher, attendrir, par des prières.

פִּיפִיּוֹת *f. plur.* (de פֶּה). Tranchants, dents: וְחֶרֶב פִּיפִיּוֹת Ps. 149. 6, et une épée à deux tranchants; בַּעַל פִּיפִיּוֹת Is. 41. 15, (un chariot) avec beaucoup de dents de fer.

פִּיק *m.* (rac. פּוּק). Vacillation: וּפִיק בִּרְכַּיִם Nah. 2. 11, et la vacillation, le tremblement, des genoux.

פִּישׁוֹן (abondance d'eau) *n. pr.* d'un fleuve, Pison, qui coule autour du pays de Havilah, Gen. 2. 11 (le Gange ou l'Indus?).

פִּיתוֹן *n. pr. m.* I Chr. 8. 35.

פַּךְ *m.* (rac. פָּכָה). Bouteille, cruche: פַּךְ הַשֶּׁמֶן I Sam. 10. 1, une cruche, ou une fiole, d'huile.

פָּכָה *Pi.* Couler: וְהִנֵּה־מַיִם מְפַכִּים Ez. 47. 2, et l'eau coulait, sortait (du côté droit).

פֹּכֶרֶת הַצְּבָיִם *n. pr.* Les fils de Pochéreth Hazwajim, ou de Pochéreth (qui était) de Zwajim, Esdr. 2. 57.

פָּלָא *Kal* inusité. *Niph.* Être extrême, étonnant, difficile, merveilleux: נִפְלְאַתָה אַהֲבָתְךָ לִי II Sam. 1. 26, ton amour pour moi était extrême, unique; יְדַבֵּר נִפְלָאוֹת Dan. 11. 36, il dira des choses inouïes, impies (contre Dieu); בְּעֵינַי יִפָּלֵא Zach. 8. 6, il sera difficile, ou étonnant, à mes yeux; הֲיִפָּלֵא מֵיְיָ דָּבָר Gen. 18. 14, y a-t-il rien qui soit trop difficile à Dieu? לֹא־נִפְלֵאת הִוא מִמְּךָ Deut. 30. 11, (le commandement) ne t'est pas caché, ou: trop difficile, au-dessus de toi; שְׁלֹשָׁה הֵמָּה נִפְלְאוּ מִמֶּנִּי Prov. 30. 18, trois choses me sont cachées, difficiles à connaître; כִּי יִפָּלֵא מִמְּךָ דָבָר Deut. 17. 8, lorsqu'une affaire te sera trop difficile (à démêler); עַל כִּי נוֹרָאוֹת נִפְלֵיתִי Ps. 139. 14 (pour נִפְלֵאתִי), parce que je suis distingué, une créature admirable, par tes merveilles. — נִפְלָאוֹת Les choses merveilleuses, miraculeuses: אֲסַפְּרָה כָּל־נִפְלְאוֹתֶיךָ Ps. 9. 2, je raconterai toutes tes merveilles; נִפְלְאֹתֶיךָ

נִפְלָאוֹת Exod. 34. 10, je ferai des prodiges. Comme *adv.*: וְנִפְלָאוֹת יַשְׁחִית Dan. 8. 24, il fera un ravage d'une manière prodigieuse, incroyable; ou : il détruira les choses, les monuments, qui sont des merveilles; יַרְעֵם אֵל בְּקוֹלוֹ נִפְלָאוֹת Job 37. 5, Dieu tonne avec sa voix d'une manière merveilleuse.

Pi. Séparer des autres, consacrer par sa parole : לְפַלֵּא־נֶדֶר Lév. 22. 21, Nomb. 15. 3, 8, pour offrir ce qui a été consacré par un vœu, pour accomplir un vœu.

Hiph. 1° Faire prodigieux, admirable, merveilleux : הִפְלִיא חַסְדּוֹ לִי Ps. 31. 22, il a signalé sa grâce à mon égard, il a fait paraître sa grâce, d'une manière distinguée; וְהִפְלָא יְיָ אֶת־מַכֹּתְךָ Deut. 28. 59, Dieu signalera tes plaies, les rendra prodigieuses, extrêmes; הִפְלִיא עֵצָה Is. 28. 29, il rend son conseil admirable; וּמַפְלִא לַעֲשׂוֹת Jug. 13. 19, et il fit des merveilles; *adverbialement :* וְהַפְלֵא II Chr. 2. 8, et לְהַפְלִיא Joel 2. 26, admirablement, merveilleusement. — 2° Comme *Pi.* : כִּי יַפְלִא נֶדֶר Lév. 27. 2, et כִּי יַפְלִא לִנְדֹּר נֶדֶר Nomb. 6. 2, (un homme) qui consacrera une chose en faisant un vœu (qui fait vœu de consacrer une chose, ou de s'en refuser la jouissance).

Hithph. : וְתָשֹׁב תִּתְפַּלָּא בִי Job 10. 16, tu te montreras de nouveau prodigieux contre moi (tu me puniras d'une manière terrible) (v. פָּלָה).

פֶּלֶא *m.* (avec suff. פִּלְאֲךָ, *pl.* פְּלָאִים et פְּלָאוֹת). Prodige, merveille : עֹשֵׂה־פֶלֶא Exod. 15. 11, Dieu qui fait des prodiges; אֶזְכְּרָה מִקֶּדֶם פִּלְאֶךָ Ps. 77. 12, je me souviendrai de tes merveilles depuis le commencement; עַד־מָתַי קֵץ הַפְּלָאוֹת Dan. 12. 6, jusqu'à quand (sera différée) la fin de ces merveilles; פֶּלֶא יוֹעֵץ Is. 9. 5, l'admirable conseiller, ou : l'admirable, le merveilleux, le conseiller (se rapportant à Dieu, selon les uns; à l'enfant, selon les autres); וַתֵּרֶד פְּלָאִים Lament. 1. 9, elle est tombée prodigieusement, d'une manière terrible.

פִּלְאִי *adj.* Caché, difficile : וְהוּא פֶלְאִי Jug. 13. 18, (*keri* פִּלִי, pour פִּלְאִי de פֶּלֶא) il (mon nom) est caché, est un secret, ou : trop prodigieux pour le dire; *fém.* : פְּלִיאָה דַעַת מִמֶּנִּי Ps. 139. 6, (*cheth.* פִּלְאִיָּה) cette connaissance est trop difficile pour moi, est au-dessus de moi (v. פֶּלֶא).

פְּלָאיָה (Dieu le distingue) *n. pr. m.* Néh. 10. 11.

פָּלַג *Kal* inusité. Séparer, diviser. *Niph.*: כִּי בְיָמָיו נִפְלְגָה הָאָרֶץ Gen. 10. 25, parce que de son temps la terre fut divisée (par suite de la confusion des langues, v. chap. 11).

Pi. : מִי־פִלַּג לַשֶּׁטֶף תְּעָלָה Job. 38. 25, qui a divisé, préparé, des canaux à la pluie impétueuse; פַּלַּג לְשׁוֹנָם Ps. 55. 10, divise leurs langues (fais qu'ils ne s'entendent plus entre eux).

Hiph. וְאַל תְּהִי מַפְלִיג לְכָל־דָּבָר Aboth, et ne rejette aucune chose (comme étant impossible).

פְּלַג chald. Diviser : מַלְכוּ פְלִיגָה Dan. 2. 41, un royaume divisé.

פֶּלֶג *m.* Ruisseau : פֶּלֶג אֱלֹהִים Ps. 65. 10, le ruisseau de Dieu (né des pluies que Dieu envoie par sa grâce); פַּלְגֵי־מָיִם Ps. 1. 3, des ruisseaux, des courants d'eau; פַּלְגֵי־מַיִם Lament. 3. 48, (mon œil répand) des ruisseaux de larmes.

פֶּלֶג (division) *n. pr.* Peleg, fils d'Éber, Gen. 10. 25.

פְּלַג *m.* chald. Moitié : וּפְלַג עִדָּן Dan. 7. 25, et la moitié d'un temps.

פְּלַגָּה *f.* (se trouve seulement au *plur.* פְּלַגּוֹת). 1° Ruisseaux (v. פֶּלֶג) : אַל־יֵרֶא בִפְלַגּוֹת Job 20. 17, il ne verra, ne se réjouira pas des ruisseaux. — 2° Divisions : בִּפְלַגּוֹת רְאוּבֵן Jug. 5. 15, et לִפְלַגּוֹת verset 16, à cause des divisions de Ruben (entre lui et les autres tribus), ou en lui-même, ne pouvant pas se décider à combattre pour les uns ou pour les autres (v. פָּלַג).

פְּלֻגָּה *f.* Distribution : לִפְלֻגּוֹת בֵּית הָאָבוֹת

II Chr. 35. 5, selon la distribution (les divisions, classes) des familles.

פִּלֶּגֶשׁ et פִּילֶגֶשׁ *f.* (avec suff. פִּילַגְשׁוֹ, *plur.* פִּילַגְשִׁים et פַּלְגְשִׁים). Concubine : אִשָּׁה פִילֶגֶשׁ Jug. 19. 1, une concubine; וַתַּעְגְּבָה עַל פִּלַגְשֵׁיהֶם Ez. 23. 20, elle (les) a aimés au point d'être avec leurs concubines, comme une d'elles; selon d'autres, פִּלַגְשֵׁיהֶם sont des hommes : elle a aimé avec fureur les hommes impudiques.

פְּלָדָה *f.* Acier : בְּאֵשׁ־פְּלָדוֹת הָרֶכֶב Nah. 2. 4, l'acier des chariots (brille) comme du feu, ou : le chariot (brille) par le feu, les étincelles, que fait jaillir l'acier; selon d'autres, לַפִּיד transposé : comme des flammes.

פִּלְדָּשׁ *n. pr.* Pildas, fils de Nahor, Gen. 22. 22.

פָּלָה *Kal* inusité (v. פָּלָא). *Niph.* Être distingué : וְנִפְלֵינוּ אֲנִי וְעַמְּךָ Exod. 33. 16, afin que moi et ton peuple nous soyons distingués (des autres peuples) (v. à פָּלָא l'exemple, Ps. 139. 14).

Hiph. Séparer, distinguer : וְהִפְלֵיתִי בַיּוֹם הַהוּא Exod. 8. 18, je distinguerai ce jour-là (la terre de Gessen, en l'épargnant); וְהִפְלָה יי׳ בֵּין מִקְנֵה 9. 4, Dieu séparera, fera une distinction entre, les troupeaux (d'Israel et ceux des Égyptiens); הִפְלָה יי׳ חָסִיד לוֹ Ps. 4. 4, Dieu a distingué pour lui un homme pieux, saint (il l'a choisi); הַפְלֵה חֲסָדֶיךָ 17. 7, distingue ta bonté, fais-la paraître d'une manière éclatante.

פַּלּוּא (distingué) *n. pr.* Palu, fils de Ruben, Gen. 46. 9; *patron.* פַּלֻּאִי Nomb. 26. 5.

פָּלַח Couper, *part.*: כְּמוֹ פֹלֵחַ וּבֹקֵעַ בָּאָרֶץ Ps. 141. 7, comme (le laboureur) qui coupe et fend la terre (avec le soc), ou : comme celui qui coupe et fend les arbres, le bois, sur la terre.

Pi. Fendre, couper : יְפַלַּח חֵץ כְּבֵדוֹ Prov. 7. 23, (jusqu'à ce que) la flèche fend, transperce, son foie; וַיְפַלַּח אֶל־סִיר הַנָּזִיד II Rois 4. 39, il coupa (les fruits) par morceaux, et les mit dans le pot pour cuire; תְּפַלַּחְנָה יַלְדֵיהֶן Job 39. 3, elles font que leurs petits percent (leur sein), elles les mettent au jour avec effort.

פְּלַח chald. Servir; *spécial.* servir, adorer Dieu : אֱלָהַנָא דִּי־אֲנַחְנָא פָלְחִין Dan. 3. 17, notre Dieu, celui que nous adorons; avec לְ : לֵהּ יִפְלְחוּן 7. 14, (toutes les nations) le serviront, l'adoreront.

פֶּלַח *m.* Ce qui est coupé d'un entier, morceau, moitié : כְּפֶלַח הָרִמּוֹן Cant. 4. 3, comme la moitié d'une grenade (comme une grenade coupée au milieu); פֶּלַח דְּבֵלָה I Sam. 30. 12, un morceau d'un gâteau de figues; פֶּלַח רֶכֶב Jug. 9. 53, un morceau d'une meule de moulin (la meule de dessus, courante), et la meule même; כְּפֶלַח תַּחְתִּית Job 41. 16, comme la meule de dessous, gisante.

פָּלַט (v. מָלַט) Se sauver, s'enfuir : וּפָלְטוּ פְּלִיטֵיהֶם Ez. 7. 16, quelques fuyards d'entre eux se sauveront (quelques-uns se sauveront, mais par la fuite).

Pi. 1° Se sauver : וַאֲפַלְּטָה לָנֶצַח מִשֹּׁפְטִי Job 23. 7, je me sauverai pour toujours de mon juge, je gagnerai ma cause devant lui. — 2° *Trans.* Sauver, délivrer : וּמְפַלְטִי Ps. 18. 3, (Dieu est) mon libérateur; מְפַלְּטִי מֵאֹיְבָי 18. 49, qui me délivre de mes ennemis; פַּלְּטֵנִי מִיַּד רָשָׁע 71. 4, sauve-moi des mains du méchant; עַל־אָוֶן פַּלֶּט־לָמוֹ 56. 8, à cause de (leur) iniquité sauve (moi) d'eux, ou : les épargneras-tu malgré leur iniquité? leur iniquité demeurera-t-elle impunie? selon d'autres : rejette, repousse-les, comme — 3° Pousser dehors, laisser échapper, enfanter : תְּפַלֵּט פָּרָתוֹ Job 21. 10, sa vache met bas, fait des petits; וַאֲשֶׁר תְּפַלֵּט Mich. 6. 14, et (les enfants) que tu engendreras, ou : qu'elle enfantera; selon d'autres, sens 2° : et ceux que tu sauveras (v. *Hiph.*).

Hiph. : וְיֹאחֵז טֶרֶף וְיַפְלִיט Is. 5. 29, il se jettera sur la proie et l'emportera, la mettra en sûreté; וְתַסֵּג וְלֹא תַפְלִיט Mich. 6. 14, et tu atteindras (l'ennemi qui t'enlève tes enfants) ; ou : tu tiendras entre tes bras (tes enfants), et tu ne les sauveras pas ; selon d'autres : (ta femme) concevra, mais elle n'enfantera pas; ou : tu tiendras (ta femme), mais tu n'engendreras pas (v. la suite de la phrase à la fin du *Pi*).

פָּלֵט *adj.*, seulement *plur.* פְּלֵטִים. Échappés par la fuite : פְּלֵטִים מֵחֶרֶב Jér. 51. 50, vous qui êtes échappés à l'épée ; וּפְלֵטִים מֵאֶרֶץ בָּבֶל 50. 28, et (de) ceux qui fuient la terre de Babylone.

פַּלֵּט *m.* (ou *inf.* du *Pi.* de פָּלַט). Délivrance : רָנֵּי פַלֵּט תְּסוֹבְבֵנִי Ps. 32. 7, tu m'entoures de chants de délivrance, ou : je ferai entendre des chants de délivrance (pour te remercier de la délivrance) quand tu m'entoureras, me protégeras.

פֶּלֶט (délivrance) *n. pr. m.* 1° I Chr. 2. 47. — 2° 12. 3.

פְּלֵטָה (v. פְּלֵיטָה).

פַּלְטִי (délivrance de Dieu) *n. pr.* 1° Palti, fils de Rafu, Nomb. 13. 9.— 2° Palti, fils de Lajis, I Sam. 25. 44 ; le même est appelé פַּלְטִיאֵל II Sam. 3. 15.

פִּלְטָי *n. pr. m.* Néh. 12. 17.

פְּלַטְיָה (Dieu le délivre) *n. pr. m.* 1° I Chr. 3. 21.—2° 4. 42.

פְּלַטְיָהוּ (même signif.) *n. pr.* Pelatiahu, fils de Benaïa, Ez. 11. 13.

פְּלִי Difficile, et *fém.* פְּלִיאָה (*keri*, v. פִּלְאִי *cheth.*).

פְּלָיָה (Dieu le distingue) *n. pr. m.* I Chr. 3. 24.

פָּלִיט *adj.* (v. פָּלֵט, *plur.* פְּלִיטִים et פְּלֵטִים). Fuyard, qui se sauve, échappe par la fuite : וַיָּבֹא הַפָּלִיט Gen. 14. 13, un homme qui s'était sauvé (de la bataille) arriva ; עַד־בִּלְתִּי הִשְׁאִיר־לָהֶם שָׂרִיד וּפָלִיט Jos. 8. 22, tellement qu'il ne resta pas d'eux un seul qui échappât, ou qui se sauvât ; פְּלִיטֵי אֶפְרַיִם Jug. 12.4, des fugitifs d'Éphraïm (à savoir : vous, les gens de Galaad ; selon d'autres : les fugitifs, c.-à-d. les hommes de basse condition d'Éphraïm, dirent, etc.) ; נָתַן בָּנָיו פְּלֵיטִם Nomb. 21. 29, il a laissé ses fils fugitifs, il les a laissés fuir ; selon d'autres : il a livré ses fils qui allaient se sauver.

פְּלֵיטָה et פְּלֵטָה *f.* (rac. פָּלַט). 1° Délivrance, salut, secours : וּבְהַר צִיּוֹן תִּהְיֶה פְלֵיטָה Obad. 17, la délivrance, le salut, sera sur la montagne de Sion ; לִפְלֵיטָה גְּדֹלָה Gen. 45.7, par une grande délivrance, un grand secours. — 2° Ce qui est sauvé, délivré : וְאָכַל אֶת־יֶתֶר הַפְּלֵטָה Exod. 10. 5, (les sauterelles) mangeront le reste qui a été sauvé, épargné par la grêle ; פְּלֵיטַת בֵּית־יְהוּדָה II Rois 19. 30, le reste de la maison de Juda, ceux qui ont été sauvés ; לְהַשְׁאִיר לָנוּ פְּלֵיטָה Esdr. 9. 8, pour nous laisser un reste, pour conserver quelque reste d'entre nous.

פָּלִיל *m.* (rac. פָּלַל). Ne se trouve qu'au *plur.* פְּלִילִים Les juges : וְנָתַן בִּפְלִלִים Exod. 21. 22, ou il donnera, payera, d'après les juges, ce que les juges ordonneront ; וְהִיא עָוֹן פְּלִילִים Job. 31. 11, et c'est un crime que les juges doivent punir, un crime, péché, capital.

פְּלִילָה *f.* (rac. פָּלַל). Justice, discernement : עֲשִׂי פְלִילָה Is. 16. 3, fais (ou עֲשׂוּ *cheth.*, faites) la justice, c.-à-d. agis (ou agissez) avec un juste discernement.

• פְּלִילוּת *f.* Action de juger, jugement, Rituel.

פְּלִילִי *adj.* Ce qui est du ressort du juge : גַּם־הוּא עָוֹן פְּלִילִי Job 31. 28, ce serait là aussi un crime punissable (que les juges devraient punir) (v. à פָּלַל). *Fém. subst.* : פָּקוּ פְּלִילִיָּה Is. 28.7, ils se sont égarés dans la justice, c.-à-d. dans leurs jugements.

פֶּלֶךְ *m.* 1° Cercle, district, quartier : שַׂר חֲצִי פֶּלֶךְ יְרוּשָׁלָםִ Néh. 3. 9, chef, capitaine, de la moitié du district de Jérusalem ; שַׂר פֶּלֶךְ בֵּית־הַכֶּרֶם 3. 14, chef du district ou du quartier de Beth-Hacharem ; לְפִלְכּוֹ 3. 17, pour son district, ou quartier. — 2° Fuseau (de sa forme ronde) : וְכַפֶּיהָ תָּמְכוּ פָלֶךְ Prov. 31. 19, et ses doigts ont pris le fuseau (pour filer). — 3° Bâton : וּמַחֲזִיק בַּפֶּלֶךְ II Sam. 3. 29, et l'homme qui saisit (qui s'appuie sur) le bâton (parce qu'il est faible, malade).

פָּלַל *Kal* inusité. *Pi.* Juger, condamner, blâmer : וּפִלְלוֹ אֱלֹהִים I Sam. 2. 25, (si un homme pèche contre un homme), le juge intervient, décide, juge l'affaire ; וַיַּעֲמֹד פִּינְחָס וַיְפַלֵּל Ps. 106. 30, alors Pinéhas s'éleva et jugea, punit, les coupables ; selon d'autres : il apaisa la colère de Dieu ; אֲשֶׁר פִּלַּלְתְּ לַאֲחוֹתֵךְ Ez. 16. 52, toi qui avais jugé, condamné, blâmé, ta sœur (et qui es maintenant plus coupable qu'elle) ; רְאֹה פָנֶיךָ לֹא פִלָּלְתִּי Gen. 48. 11, je ne me suis pas jugé digne de revoir jamais ton visage ; ou : je n'ai pas cru, pensé, revoir, etc. (v. פְּלִילָה).

Hithp. 1° S'interposer comme juge, arbitre : מִי יִתְפַּלֶּל־לוֹ I Sam. 2. 25, (mais si un homme pèche contre Dieu), qui s'interposera pour lui, pour être juge ? selon d'autres : qui priera pour lui ? (v. 2°). — 2° Intervenir pour quelqu'un par des prières, prier pour lui, et puis *en général :* prier, prier Dieu : וָאֶתְפַּלֵּל גַּם־בְּעַד אַהֲרֹן Deut. 9. 20, et je priais aussi pour Aaron. Avec עַל : וְאִיּוֹב עַבְדִּי יִתְפַּלֵּל עֲלֵיכֶם Job 42. 8, et Job, mon serviteur, priera pour vous. — Celui à qui la prière s'adresse, avec אֶל : כִּי־אֵלֶיךָ אֶתְפַּלָּל Ps. 5. 3, car c'est à Toi que j'adresse ma prière. Avec לְ : וָאֶתְפַּלְלָה לַיי Dan. 9. 4, je priai l'Éternel. Avec לִפְנֵי : וּמִתְפַּלֵּל לִפְנֵי אֱלֹהֵי הַשָּׁמָיִם Néh. 1. 4, et je priai en la présence du Dieu du ciel ; אֵלַיִךְ יִתְפַּלָּלוּ Is. 45. 14, ils te supplieront, ils imploreront ton secours ; אֶל־הַנַּעַר הַזֶּה הִתְפַּלָּלְתִּי I Sam. 1. 27, pour cet enfant j'ai prié, c.-à-d. j'ai prié Dieu de me le donner.

Niph. : וְנִפְלַל חָלָל בְּתוֹכָהּ Ez. 28. 23, et les habitants blessés dans la ville seront jugés ; ou : ceux qui sont dans la ville se jugeront, se regarderont d'avance, comme blessés, comme frappés ; mais il est plus probable que c'est une forme irrégulière de נָפַל : ils tomberont blessés ou tués.

פָּלָל (juge) *n. pr. m.* Néh. 3. 25.

פְּלַלְיָה (Dieu le défend) *n. pr. m.* Néh. 11. 12.

פַּלְמֹנִי (v. פְּלֹנִי).

פְּלֹנִי *adj.* de פָּלָה Un certain ; dont le nom est caché, inconnu ; toujours avec אַלְמֹנִי (veuf de nom, sans nom) : שְׁבָה־פֹּה פְּלֹנִי אַלְמֹנִי Ruth 4. 1, assieds-toi ici, toi un tel (c.-à-d. Booz l'a appelé par son nom, mais celui qui raconte l'ignore ou le cache) ; אֶל־מְקוֹם פְּלֹנִי אַלְמֹנִי I Sam. 21. 3, II Rois 6. 8, à un certain lieu, à tel et tel lieu ; une fois les deux mots sont réunis en un seul : לַפַּלְמוֹנִי הַמְדַבֵּר Dan. 8. 13, à un inconnu qui parlait (dont je ne savais pas le nom).

פְּלוֹנִי *n. pr.* Helez de Phalon, I Chr. 11. 27.

פָּלַס *Kal* inusité. *Pi.* 1° Rendre droit, aplanir : מַעְגַּל צַדִּיק תְּפַלֵּס Is. 26. 7, tu aplanis le sentier du juste ; יְפַלֵּס נָתִיב לְאַפּוֹ Ps. 78. 50, il aplanit une voie à sa colère (que rien ne l'arrête). — 2° Tenir en équilibre, balancer, peser (v. פֶּלֶס) : חֲמַס יְדֵיכֶם תְּפַלֵּסוּן Ps. 58. 3, vos mains pèsent, régularisent, la violence, l'injustice ; ou : vous pesez, mesurez exactement, la violence, le vol, de votre main ; וְכָל־מַעְגְּלֹתָיו מְפַלֵּס Prov. 5. 21, et il pèse, considère, toutes ses voies, tous ses pas.

פֶּלֶס *m.* Balance : פֶּלֶס וּמֹאזְנֵי מִשְׁפָּט לַיי Prov. 16. 11, une balance et des plateaux justes sont selon (la volonté, la prescription) de Dieu ; ou : la justice, les jugements, de Dieu, sont pesés à la balance ; selon d'autres : פֶּלֶס le fléau ou l'arbre de la balance ; וְשָׁקַל בַּפֶּלֶס הָרִים Is. 40. 12, (qui) a pesé les montagnes dans la balance ?

* פִּלְפּוּל Discussion savante, profonde ; controverse : פִּלְפּוּל הַתַּלְמִידִים Aboth, la discussion, controverse, des disciples.

פָּלַץ Ex. unique. *Hithph.* Trembler : וְעַמּוּדֶיהָ יִתְפַלָּצוּן Job 9.6, et les colonnes de la terre tremblent, sont ébranlées.

פַּלָּצוּת *f.* Tremblement, frémissement : וְאָחַז בְּשָׂרִי פַּלָּצוּת Job 21. 6, un frémissement a pris, agité, tout mon corps ; וַתְּכַסֵּנִי פַּלָּצוּת Ps. 55. 6, le frémissement m'a couvert, j'ai été saisi de terreur.

פָּלַשׁ usité seulement au *Hithp.* Se rouler : וְהִתְפַּלְּשִׁי בָאֵפֶר Jér. 6. 26, et roule-toi, couche-toi, sur la cendre ; עָפָר הִתְפַּלָּשְׁתִּי Mich. 1. 10 (*keri* הִתְפַּלָּשִׁי), couche-toi dans la poussière ; une fois seul : וְהִתְפַּלְּשׁוּ Jér. 25. 34, couchez-vous (sur la cendre) ; d'autres traduisent partout : se couvrir de cendre.

פְּלֶשֶׁת *n. pr.* d'une contrée dans la Palestine ; selon d'autres : la Palestine même ; יֹשְׁבֵי פְּלָשֶׁת Exod. 15. 14, les habitants de Peléseth, ou de la Palestine.

פְּלִשְׁתִּי *m.* (*plur.* פְּלִשְׁתִּים et פְּלִשְׁתִּיִּים). Un Philistin ; l'origine des Philistins est de Caphthor (v. כַּפְתּוֹר et Amos 9.7) : מֶלֶךְ־פְּלִשְׁתִּים Gen. 26. 1, (Abimelec) roi des Philistins.

פֶּלֶת *n. pr.* 1° On, fils de Peleth, Nomb. 16. 1. — 2° Peleth, fils de Jonathan, I Chr. 2. 33.

פְּלֵתִי *m.* Toujours avec כְּרֵתִי : וְכָל־הַכְּרֵתִי וְכָל־הַפְּלֵתִי II Sam. 15. 18, collectif d'une espèce de gardes, de satellites, du roi, les archers et les frondeurs ; selon d'autres : deux races en Israel, les Céréthiens et les Phélétiens ; d'autres traduisent : הַפְּלֵתִי les coureurs, comme רָצִים (v. II Rois 11. 4).

פֵּן *m.* (le même que פִּנָּה). Coin : אֵצֶל פִּנָּהּ Prov. 7. 8, près de son coin, c.-à-d. près du coin où la femme se trouve ou demeure ; ou פִּנָּהּ est pour פִּנָּתָהּ, de פִּנָּה ; *pl.* une fois : שַׁעַר הַפִּנִּים Zach. 14. 10, la porte des angles.

פֶּן *conj.* exprimant un doute, une crainte. De peur que, de — ne ; il se place : — ou après l'action qui doit empêcher, détourner, ce que l'on craint, ce qu'on veut éviter : פֶּן־נָפוּץ Gen. 11. 4, (bâtissons-nous une ville, etc.) de peur que nous ne nous dispersions ; פֶּן־תְּמֻתוּן 3. 3, (vous n'en mangerez point) de peur que vous ne mouriez ; après les verbes craindre, se garder, jurer : פֶּן־תִּגְזֹל 31. 31, (j'ai eu peur) que tu ne voulusses ravir ; פֶּן־תָּשִׁיב אֶת־בְּנִי 24. 6, (garde-toi bien) de ramener mon fils (en ce pays-là) ; פֶּן־תִּשְׁכְּחוּ Deut. 4. 23, (prenez garde) de n'oublier ; פֶּן־תִּפְגְּעוּן בִּי Jug. 15. 12, (jurez-moi) que vous ne me tuerez point ; — ou au commencement de la phrase, exprimant seul la défense ou la crainte, la menace : פֶּן־תֹּאמְרוּ Job 32. 13, ne dites point ; פֶּן־יַסִּית אֶתְכֶם חִזְקִיָּהוּ Is. 36. 18, qu'Ezéchias ne vous persuade, trompe point ; וְעַתָּה פֶּן־יִשְׁלַח יָדוֹ Gen. 3. 22, mais maintenant il est à craindre qu'il ne porte sa main (à l'arbre), il portera peut-être, etc. ; פֶּן־בַּחֶרֶב אֵצֵא Nomb. 20. 18, autrement je sortirai avec l'épée ; פֶּן־נְשָׂאוֹ רוּחַ יְיָ II Rois 2. 16, un vent ou un esprit de l'Éternel l'aura peut-être enlevé ; אֹרַח חַיִּים פֶּן־תְּפַלֵּס Prov. 5. 6, elle n'a garde de marcher droit dans le sentier de la vie ; ou, תְּפַלֵּס est la 2° personne : (elle empêchera) que tu ne marches dans le sentier de la vie ; ou : (garde-toi) de balancer le sentier de la vie contre celui où elle veut te conduire, d'hésiter entre les deux (v. פָּלַס).

פַּנַּג *m.* Douteux : בְּחִטֵּי מִנִּית וּפַנַּג Ez. 27. 17, avec le plus pur froment et l'excellente pâtisserie ; selon d'autres : et le baume ; selon d'autres, deux noms d'endroits : du froment de Menith et de Pannag.

פָּנָה (*fut.* יִפְנֶה, avec ו וַיִּפֶן, וָאֵפֶן, וַתֵּפֶן, aussi וַיִּפֶן, תֵּפֶן) Tourner, *trans.* seulement dans la locution פָּנָה עֹרֶף tourner le dos : פָּנוּ אֵלַי עֹרֶף וְלֹא פָנִים Jér. 2. 27, ils m'ont tourné le dos, et non le visage ; עֹרֶף יִפְנוּ לִפְנֵי אֹיְבֵיהֶם Jos. 7. 12, ils tourneront le dos, c.-à-d. ils fuiront devant leurs ennemis. Partout ailleurs *intrans.* Se tourner : וַיִּפֶן פַּרְעֹה Exod. 7. 23, et Pharaon se tourna, se retira (et entra dans sa maison); וַיִּפֶן וַיֵּצֵא מֵעִם פַּרְעֹה 10. 6, il se détourna et sortit de devant Pharaon; יִפְנֶה אֶל־דֶּרֶךְ עָפְרָה I Sam. 13. 17 (une division) se tourna vers le chemin d'Ephra. Avec ל : אִישׁ לְדַרְכּוֹ פָּנִינוּ Is. 53. 6, nous nous sommes tournés chacun vers sa propre voie. Avec l'*accus.* : יִפְנֶה דֶּרֶךְ בֵּית חוֹרֹן I Sam. 13. 18, (une autre division) se tourna vers le chemin de Beth-Horon; וּבְכֹל אֲשֶׁר־יִפְנֶה 14. 47, et de quelque côté qu'il se tournât; פְּנוּ־אֵלַי Is. 45. 22, tournez, convertissez-vous à moi; וְאֶל־מִי מִקְּדֹשִׁים תִּפְנֶה Job 5. 1, et à qui des saints t'adresserais-tu? כִּי פָנָה אֶל־אֱלֹהִים אֲחֵרִים Deut. 31. 18, parce qu'il a suivi des dieux étrangers; בִּפְנוֹתָם אַחֲרֵיהֶם Ez. 29. 16, quand ils se tournent vers eux, qu'ils se lient avec eux (les Égyptiens); אֲשֶׁר לְבָבוֹ פֹנֶה הַיּוֹם מֵעִם יְיָ Deut. 29. 17, dont le cœur se détourne aujourd'hui de Dieu. — Du temps : פָּנָה הַיּוֹם Jér. 6. 4, le jour décline; כָּל־יָמֵינוּ פָּנוּ Ps. 90. 9, tous nos jours se passent, s'évanouissent (par ta colère); לִפְנוֹת בֹּקֶר Exod. 14. 27, quand le matin approcha, à la pointe du jour; לִפְנוֹת עֶרֶב Gen. 24. 63, vers le soir.

Souvent se tourner, se retourner, pour voir, regarder, examiner : וּפָנִיתִי אֲנִי לִרְאוֹת חָכְמָה Eccl. 2. 12, je me suis tourné pour contempler la sagesse, j'ai passé à la contemplation de la sagesse; וַיִּפֶן כֹּה וָכֹה וַיַּרְא Exod. 2. 12, et il se tourna ici et là, il regarda de tous côtés, et vit; וַיִּפְנוּ אֶל־אֹהֶל מוֹעֵד Nomb. 17. 7, ils tournèrent (leurs yeux) vers le tabernacle; וּפָנִיתִי אֲנִי בְּכָל־מַעֲשַׂי Eccl. 2. 11, et j'ai tourné les yeux vers tous mes ouvrages; וַיִּפֶן אַחֲרָיו II Sam. 1. 7, il se retourna pour voir; וּפָנָה לְמָעְלָה Is. 8. 21, il tourne les yeux vers en haut (le ciel); אַל־תֵּפֶן אֶל־קְשִׁי הָעָם הַזֶּה Deut. 9. 27, ne regarde, ne considère pas la dureté, la désobéissance, de ce peuple. — De Dieu qui exauce : פְּנֵה אֵלַי Ps. 69. 17, tourne-toi vers moi, regarde-moi favorablement; וּפָנִיתָ אֶל־תְּפִלַּת עַבְדְּךָ I Rois 8. 28, tourne-toi vers la prière de ton serviteur, reçois-la favorablement. — Aussi d'un roi : כִּי פָנִיתָ אֶל־הַכֶּלֶב II Sam. 9. 8, (qui suis-je) pour que tu regardes, que tu accordes tes faveurs à, un chien (mort tel que je suis)? — Des choses inanimées : שַׁעַר־הַפּוֹנֶה קָדִימָה Ez. 11. 1, la porte qui regarde l'orient; פֹּנֶה אֶל־הַגִּלְגָּל Jos. 15. 7, (la frontière) tourne vers Galgala.

Pi. 1° Écarter : פִּנָּה אֹיְבֵךְ Soph. 3. 15, il a écarté, chassé, ton ennemi. — 2° Enlever d'un endroit ce qui l'obstrue, le débarrasser, vider : פִּנִּיתִי הַבַּיִת Gen. 24. 31, j'ai débarrassé la maison, je l'ai préparée (à te recevoir); וּפִנּוּ אֶת־הַבַּיִת Lév. 14. 36, qu'ils vident la maison, qu'ils enlèvent tout ce qui s'y trouve; פַּנּוּ דֶּרֶךְ יְיָ Is. 40. 3, préparez la voie de l'Éternel; et seul : פִּנִּיתָ לְפָנֶיהָ Ps. 80. 10, tu as débarrassé, préparé (le chemin, le sol), devant elle.

Hiph. Tourner : וַיֶּפֶן זָנָב אֶל־זָנָב Jug. 15. 4, il tourna une queue à l'autre, il lia les renards l'un à l'autre par la queue; כְּהַפְנֹתוֹ שִׁכְמוֹ לָלֶכֶת I Sam. 10. 9, lorsqu'il tourna l'épaule (qu'il se retourna) pour partir; אֵיךְ הִפְנָה־עֹרֶף מוֹאָב Jér. 48. 39, comment Moab a-t-elle tourné le dos, comme elle a fui; et seul : הִפְנוּ נָסוּ יַחְדָּיו 46. 21, ils ont tourné (le dos), ils ont pris la fuite, tous ensemble; וְאֵין מַפְנֶה Nah. 2. 9, mais personne ne retourne; לֹא־הִפְנוּ אָבוֹת אֶל־בָּנִים Jér. 47. 3, les pères ne se sont pas retournés vers les enfants, n'ont pas regardé leurs enfants (v. *Kal*).

Hoph. : נֻסוּ הָפְנוּ Jér. 49. 8, fuyez! ils se sont tournés vers vous, les ennemis approchent déjà; ou : fuyez! et (à l'instant) ils ont tourné le dos, ils ont commencé à fuir; אֲשֶׁר מָפְנֶה צָפוֹנָה Ez. 9. 2, (la porte) qui est tournée, qui regarde, vers le septentrion.

* *Niph.* : לִכְשֶׁאֶפָּנֶה אֶשְׁנֶה שֶׁמָּא לֹא תִפָּנֶה Aboth, quand je serai débarrassé de ma besogne, quand j'aurai le temps, j'étudierai, peut-être que tu n'auras pas le temps.

פִּנָּה *f.* (rac. פָּנָה ou פָּנַן, v. פֵּן). Coin,

angle : וְאֵצֶל כָּל־פִּנָּה Prov. 7. 12, dans chaque coin (de rue); עַל־פִּנַּת־גָּג 21. 9, dans un coin sur le toit; אֶבֶן פִּנָּתָהּ Job 38. 6, sa pierre angulaire; לְרֹאשׁ פִּנָּה Ps. 118. 22, la principale (pierre) de l'angle; וְעַל־הַפִּנּוֹת II Chr. 26. 15, et sur les tours (qui sont construites aux angles des murailles); הַפִּנּוֹת הַגְּבֹהוֹת Soph. 1. 16, les hautes tours; *au fig.*: פִּנַּת שְׁבָטֶיהָ Is. 19. 13, l'angle, c.-à-d. la force, le soutien, de ses tribus; כֹּל פִּנּוֹת הָעָם I Sam. 14. 38, tous les principaux du peuple.

פְּנוּאֵל (la face de Dieu) *n. pr.* 1° D'un endroit, Penuel, où Jacob a lutté contre l'ange, Gen. 32. 32 (פְּנִיאֵל, vers. 31), Jug. 8. 8, les habitants de Penuel. — 2° Penuel, fils de Sasac (*cheth.* פְּנִיאֵל), I Chr. 8. 25. — 3° Penuel, père de Gedor, I Chr. 4. 4.

פְּנִיאֵל *n. pr.* (v. פְּנוּאֵל).

פְּנִיִּים Perles (v. פְּנִינִים).

פָּנִים *pl. m.* (une fois *fém.*, Ez. 21. 21; const. פְּנֵי, rac. פָּנָה). Le côté ou la partie du corps qui se tourne dans tous les sens, ou : vers celui qu'on regarde, à qui l'on parle. 1° Visage : כִּסְּתָה פָּנֶיהָ Gen. 38. 15, elle s'est couvert le visage; עַל־פְּנֵי אָבִיו Gen. 50. 1, (Joseph se jeta) sur le visage de son père; le *verbe* et l'*adj.* souvent au *pl.*: פְּנֵיכֶם זֹעֲפִים Dan. 1. 10, vos visages tristes ou maigres; וּפָנַי לֹא יֵרָאוּ Exod. 33. 23, mais mon visage ne sera pas vu; וּפָנִים נִזְעָמִים Prov. 25. 23, et le visage triste, ou : qui exprime la colère; rarement au *sing.*: פְּנֵי יְיָ חִלְּקָם Lament. 4. 16, la colère de Dieu les a dispersés (v. 2°); פָּנִים אֶל־פָּנִים Gen. 32. 31, face à face; פָּנִים בְּפָנִים Deut. 5. 4, face à face; עַל־פָּנֶיךָ יְבָרְכֶךָּ Job 1. 11, il te dira des blasphèmes en face; מִי־יַגִּיד עַל־פָּנָיו דַּרְכּוֹ 21. 31, qui lui dira en face, ou de son vivant, sa voie? qui le blâmera pour ses mauvaises actions? הַמַּכְעִסִים אוֹתִי עַל־פָּנַי Is. 65. 3, qui m'irritent en face, qui font des choses que j'ai défendues, sous mes yeux; de même אֶל־פָּנָיו Job 13. 15, en face; אֶל־פָּנָיו יְשַׁלֶּם־לוֹ Deut. 7. 10, Dieu rend à (celui qui le hait) ce qu'il mérite sur-le-champ, ou : déjà dans cette vie; בְּפָנַי יַעֲנֶה Job 16. 8, il témoigne (contre moi) en face, en ma présence; שִׂים פָּנֶיךָ אֶל־הָרֵי יִשְׂרָאֵל Ez. 6. 2, tourne ton visage, ton regard, vers les montagnes d'Israel; mais : וַיָּשֶׂם אֶת־פָּנָיו הַר הַגִּלְעָד Gen. 31. 21, il tourna son visage, il avança, vers la montagne de Galaad; אֲשֶׁר־שָׂמוּ אֶת־פְּנֵיהֶם לָבוֹא Jér. 42. 17, (tous ceux) qui ont dirigé leur visage pour aller (en Égypte), qui se proposent d'aller; de même: וָאֶתְּנָה אֶת־פָּנַי אֶל־אֲדֹנָי Dan. 9. 3, je tournai mon visage, regard, vers Dieu; וַיִּתֵּן יְהוֹשָׁפָט אֶת־פָּנָיו II Chr. 20. 3, Josephat tourna son regard, c.-à-d. s'adonna (à la prière); sans *verbe*: וּפָנָיו לַמִּלְחָמָה II Chr. 32. 2, et son regard vers la guerre, c.-à-d. il était résolu à faire la guerre.

2° La colère : פְּנֵי יְיָ בְּעֹשֵׂי רָע Ps. 34. 17, le regard sévère, la colère, de Dieu, (frappe) ceux qui font le mal; וּפָנֶיהָ לֹא־הָיוּ־לָהּ עוֹד I Sam. 1. 18, elle n'avait plus son visage triste, irrité; אֶעֶזְבָה פָנַי Job 9. 27, je veux quitter mon découragement, abattement; וְשַׂמְתִּי אֲנִי אֶת־פָּנַי בָּאִישׁ הַהוּא Lév. 20. 5, j'arrêterai mon regard de colère sur cet homme; כִּי־שַׂמְתִּי פָנַי בָּעִיר הַזֹּאת לְרָעָה וְלֹא לְטוֹבָה Jér. 21. 10, car j'arrête mon regard sur cette ville pour le mal, et non pour le bien; וַאֲנִי אֶתֵּן אֶת־פָּנַי Lév. 20. 3, je tournerai ma colère (contre cet homme); חִלָּה פָנִים prier, saluer, quelqu'un (v. חָלָה); הֵשִׁיב פָּנִים refuser une demande à quelqu'un (v. שׁוּב *Hiph.*).

3° Le visage, pour l'être, la personne même : פָּנַי יֵלֵכוּ Exod. 33. 14, ma personne marchera, moi-même je marcherai (devant toi); וּפָנֶיךָ הֹלְכִים בַּקְרָב II Sam. 17. 11, et tu iras en personne au combat; נָשָׂא פָנִים et הִכִּיר פָּנִים faire acception de personnes (v. נָכַר et נָשָׂא).

4° La face, surface, superficie, des choses : פְּנֵי הָאֲדָמָה Gen. 2. 6, la surface de la terre; וּפְנֵי תְהוֹם Job 38. 30, et la surface de l'abîme, des flots; פְּנֵי לְבוּשׁוֹ 41. 5, la superficie du vêtement (du Léviathan), la peau sur son dos, ou : la mer qui l'enveloppe ; פְּנֵי־הַלּוֹט Is.25.7, la face du voile ; יָדֹעַ תֵּדַע פְּנֵי צֹאנֶךָ Prov. 27. 23, tu dois bien connaître la face, c.-à-d. l'état, de tes brebis ; puis, en général, manière, mode : *הַמְגַלֶּה פָנִים בַּתּוֹרָה Aboth, qui trouve une manière (fausse) d'interpréter la loi.

5° Le devant, le côté antérieur, d'une chose : וּפָנָיו מִפְּנֵי צָפוֹנָה Jér. 1. 13, et la face, le devant (du pot ou de la chaudière), est tourné du côté du nord ; אֶת־פָּנָיו Joel 2. 20, (je ferai périr) l'avant-garde, les troupes qui se trouvent en tête ; אֶל־מוּל פְּנֵי הַמִּלְחָמָה II Sam. 11. 15, en avant du combat, devant le front, là où le combat (sera très rude) ; אָנָה פָּנַיִךְ מֻעָדוֹת Ez. 21. 21, vers où (ta face) ton tranchant est tourné ; au *plur.*, également פָּנִים : וְאַרְבָּעָה פָנִים Ez. 1. 6, et quatre faces ; v. aussi לֶחֶם הַפָּנִים les pains de proposition, et שֻׁלְחַן הַפָּנִים la table sur laquelle ils étaient exposés (au temple).

פָּנִים *adv.* Dedans : פָּנִים וְאָחוֹר Ez. 2. 10, dedans et dehors ; לְאָחוֹר וְלֹא לְפָנִים Jér. 7. 24, (ils se sont tournés) en arrière, et non en avant. — Du temps : לְפָנִים Deut. 2. 10, 12, jadis, autrefois ; וְזֹאת לְפָנִים בְּיִשְׂרָאֵל Ruth 4. 7, et c'était ainsi l'usage autrefois dans Israel ; וּמִלְּפָנִים Is. 41. 26, et depuis les temps anciens ; מִפָּנִים וּמֵאָחוֹר II Sam. 10. 9, de front et par derrière. — Avec des prépositions, פָּנִים en forme const. פְּנֵי devient très souvent particule.

1° אֶל־פְּנֵי Au-devant : וַיֵּצֵא אֶל־פָּנָיו II Chr. 19. 2, (Jehu) vint au-devant de lui. Devant : אֶל־פְּנֵי אֹהֶל מוֹעֵד Lévit. 9. 5, devant le tabernacle ; אֶל־פְּנֵי הָאָדֹן Exod. 23. 17, devant le Seigneur ; אֶל־פְּנֵי הַשָּׂדֶה Lév. 14. 53, sur la surface du champ, en plein champ.

2° אֶת־פְּנֵי En présence, devant : אֶת־פְּנֵי הַמֶּלֶךְ Esth. 1. 10, devant le roi ; אֶת־פְּנֵי יי Gen. 19. 13, devant l'Éternel ; אֶת־פְּנֵי הָעִיר Gen. 33. 18, devant cette ville ; מֵאֵת פְּנֵי יִצְחָק Gen. 27. 30, (Jacob était sorti) d'auprès d'Isaac ; מֵאֵת פְּנֵי הַבַּיִת II Rois 16. 14, (il transféra l'autel) de devant le temple (qui était en face du temple).

3° בִּפְנֵי Devant : בִּפְנֵי הַגִּדְרָה Ez. 42. 12, devant le mur ou l'estrade ; לֹא־יִתְיַצֵּב אִישׁ בְּפָנֶיךָ Deut. 7. 24, nul ne se tiendra devant toi, ne pourra te résister ; עָמַד בִּפְנֵי même sens Jos. 10. 8 ; וְנָקֹטּוּ בִּפְנֵיהֶם Ez. 6. 9, ils se déplairont à eux-mêmes, ils se repentiront, se feront des reproches eux-mêmes (v. פָּנִים 3°).

4° לִפְנֵי (avec suff. לְפָנַי, לְפָנֶיךָ, לְפָנָיו, לִפְנֵיהֶם, לִפְנֵיכֶם). *A*) En présence, sous les yeux, sous la surveillance, devant : לִפְנֵי אַהֲרֹן וְלִפְנֵי בָנָיו Nomb. 8. 22, devant, c.-à-d. sous la surveillance d'Aaron et celle de ses fils ; יֹשְׁבִים לְפָנָיו II Rois 4. 38, (les jeunes prophètes) demeuraient devant (sous la surveillance d')Élisée ; לִפְנֵי־שֶׁמֶשׁ Ps. 72. 17, devant le soleil, c.-à-d. tant que le soleil durera ; וְלִפְנֵי יָרֵחַ 72. 5, et tant que la lune durera ; mais לִפְנֵי־שָׁמֶשׁ Job 8. 16, devant le soleil, quand le soleil luit ; selon d'autres : avant (le lever) du soleil. *B*) Auprès de, chez : לְרַחֲמִים לִפְנֵי שֹׁבֵיהֶם I Rois 8. 50, (qu'ils trouveront) de la compassion auprès de ceux qui les auront emmenés captifs ; גָּדוֹל לִפְנֵי אֲדֹנָיו II Rois 5. 1, (un homme) puissant auprès de son maître ; לִפְנֵי יי Gen. 27. 7, (afin que je te bénisse) en présence de Dieu ; לִפְנֵי יי Exod. 34. 34, (lorsque Moïse se présentait) devant Dieu, dans le sanctuaire ; לַיֹּשְׁבִים לִפְנֵי יי Is. 23. 18, à ceux qui sont assis, qui servent devant Dieu, dans le temple ; אָרוּר הָאִישׁ לִפְנֵי יי Jos. 6. 26, maudit soit devant Dieu l'homme (qui) ; לְרָצוֹן לָהֶם לִפְנֵי יי Exod. 28. 38, pour qu'ils trouvent grâce devant Dieu ; וַיִּתְהַלֵּךְ לִפְנֵי יי vivre selon la volonté de Dieu (v. הָלַךְ) ; קֵץ כָּל־בָּשָׂר בָּא לְפָנַי Gen. 6. 13, la fin de toute chair est venue devant moi, m'a plu, j'ai résolu de faire périr tout ce qui vit ; וּמֶה־חַטָּאתִי לִפְנֵי אָבִיךָ I Sam. 20. 1, quelle est ma faute aux yeux de ton père, ou contre ton père ? מָה אֶתֵּן זֶה לִפְנֵי מֵאָה אִישׁ II Rois 4. 43, qu'est-ce que cela pour que je le place devant, que je le serve à, cent personnes? אָנֹכִי נֹתֵן לִפְנֵיכֶם Deut. 11. 26, je mets devant vous, je vous propose (pour choisir); אֲשֶׁר נָתַתִּי לִפְנֵיכֶם I Rois 9. 6, (mes préceptes) que je vous ai proposés à suivre (ordonnés); אֶת־הַכֹּל נָתַן יי — לְפָנֵינוּ Deut. 2. 36, Dieu a tout donné devant nous, a tout mis en nos mains, en notre pouvoir; et sans *verbe:* הִנֵּה־רִבְקָה לְפָנֶיךָ Gen. 24. 51, Rébecca est devant toi, entre tes mains; וְהָאָרֶץ תִּהְיֶה לִפְנֵיכֶם 34. 10, et la terre est devant vous, à votre disposition. *C*) Avant: לִפְנֵי שַׁחֵת יי Gen. 13. 10, avant que Dieu détruisît (Sodome); לִפְנֵי גְבָעוֹת Prov. 8. 25, (j'étais enfanté) avant les collines; לְפָנַי Gen. 30. 30, avant moi, c.-à-d. avant mon temps, mon arrivée chez toi; וְלִפְנֵי מִזֶּה Néh. 13. 4, et avant cela. *D*) Devant, à la tête: וְיָצָא לְפָנֵינוּ I Sam. 8. 20, il marchera à notre tête; אֲשֶׁר־יֵצֵא לִפְנֵיהֶם וַאֲשֶׁר יָבֹא לִפְנֵיהֶם Nomb. 27. 16, qui puisse sortir et entrer devant eux, à leur tête. *E*) Plus que: לִפְנֵי־דָל Job 34. 19, (favoriser le riche) plus que le pauvre. *F*) Au-devant, contre: הַקְרֵה־נָא לְפָנַי Gen. 24. 12, fais venir au-devant de moi (ce que je désire); וַיָּקֻמוּ לִפְנֵי מֹשֶׁה Nomb. 16. 2, ils s'élevèrent contre Moïse; וַיֵּצֵא לִפְנֵיהֶם I Chr. 14. 8, David marcha au-devant, ou contre les Philistins. *G*) On explique de plusieurs manières: אַל־תִּתֵּן אֶת־אֲמָתְךָ לִפְנֵי בַּת־בְּלִיָּעַל I Sam. 1. 16, ne prends pas ta servante pour, ne la crois pas, une des filles perverties, réprouvées; ou: n'expose pas ta servante, ne la fais pas rougir devant (Penina ma rivale) cette femme méchante; לִפְנֵי־עָשׁ Job 4. 19, (ils sont consumés) et comme rongés des vers, ou par les vers; selon d'autres: devant l'étoile de l'Ourse, tant que l'Ourse durera, toujours (v. עָשׁ, et plus haut לִפְנֵי שָׁמֶשׁ); לִפְנֵי רֵעֵהוּ Prov. 17. 18, (qui rend caution) pour son ami; selon d'autres: envers son ami, le prêteur; וְסִפְדוּ לִפְנֵי אַבְנֵר II Sam. 3. 31, et pleurez pour Abner, ou: allez en pleurant devant les funérailles d'Abner.

5° מִלִּפְנֵי De devant, d'auprès, devant: מִלִּפְנֵי יי Lév. 9. 24, (le feu sortit) de devant l'Éternel; מִלִּפְנֵי פַרְעֹה Gen. 41. 46, (Joseph sortit) d'auprès, de la présence, de Pharaon; נוּס מִלִּפְנֵי fuir devant quelqu'un (v. I Chr. 19. 18); יָרֵא־חוּל־נִבְעַת־מִלִּפְנֵי craindre, trembler, s'effrayer devant, de quelqu'un; וּזְעַקְתֶּם — מִלִּפְנֵי מַלְכְּכֶם I Sam. 8. 18, vous crierez à cause, ou contre votre roi; נִכְנַע אַחְאָב מִלְּפָנָי I Rois 21. 29, Achab s'est humilié devant moi (presque toujours avec l'idée d'éloignement, de crainte, de soumission, d'humiliation). — מִלִּפְנֵי יי I Chr. 16. 33, (les arbres chanteront) en présence de Dieu, ou: à cause de Dieu (qui vient).

6° מִפְּנֵי *A*) Loin, hors de la vue, de la présence: וַיִּסַּע עַמּוּד הֶעָנָן מִפְּנֵיהֶם Exod. 14. 19, la colonne de nuée se retira hors de leur vue, de devant eux (et se mit derrière eux); הָלְכוּ מִפְּנֵיהֶם Osée 11. 2, ils sont allés hors de leur vue, ils se sont éloignés d'eux; מִפְּנֵי מֵי הַמַּבּוּל Gen. 7. 7, (Noé entra dans l'arche) devant les eaux du déluge, c.-à-d. pour se sauver des eaux; בָּרַח מִפְּנֵי fuir (de devant) quelqu'un, הִנָּצֵל מִפְּנֵי se sauver de quelqu'un, צָעַק מִפְּנֵי crier à cause de, contre (l'oppresseur); après יָרֵא craindre, חָרַד trembler (v. חָרַד *Niph.*), נִכְנַע s'humilier, קוּם se lever (devant les vieillards, Lév. 19. 32), צָמַת se cacher, de peur des ténèbres (Job 23. 17); מִפְּנֵי אֲבִימֶלֶךְ אָחִיו Jug. 9. 21, (il demeure là) de peur de (craignant) Abimélech son frère; מִפְּנֵי בְּנֵי יִשְׂרָאֵל Is. 17. 9, (que les Chananéens avaient abandonnées) fuyant devant les enfants d'Israel. *B*) Par, à cause de: מִפְּנֵיהֶם Gen. 6. 13, (la terre est pleine de violence) par eux, exercée d'eux; מִפְּנֵי הֶעָרֹב Exod. 8. 20, (toute la terre fut corrompue) par ces bêtes (ou mouches, v. עָרֹב); מִפְּנֵי יָדְךָ Jér. 15. 17, devant ou par ta puissance (ta prophétie, v. יָד); מִפְּנֵי רֹעַ מַעַלְלֶיךָ Deut. 28. 20, à cause de tes mauvaises actions; מִפְּנֵי־שָׁמֶן Is. 10. 27, (le joug se brisera) par la graisse (du taureau), ou par la douceur de l'huile ; selon d'autres : devant celui qui est oint ; מִפְּנֵי אֲשֶׁר יָרַד Exod. 19. 18, parce que (Dieu) était descendu ; מִפְּנֵי אֲשֶׁר קִטַּרְתֶּם Jér. 44. 23, parce que vous avez brûlé de l'encens (aux idoles) (v. aussi פָּנִים 3°).

7° עַל־פְּנֵי *A*) Devant, en face, en présence, vis-à-vis : עַל־פָּנָיו Gen. 32. 22, (les présents marchèrent) devant lui ; וְעַל־פְּנֵי כָל־הָעָם Lév. 10. 3, et en face de tout le peuple ; עַל־פְּנֵי אַהֲרֹן אֲבִיהֶם Nomb. 3. 4, sous les yeux, en présence, d'Aaron leur père ; וְעַל־פְּנֵיכֶם אִם־אֲכַזֵּב Job 6. 28, il sera sous vos yeux, il sera évident pour vous, si je mens (que je ne mens pas) ; selon d'autres : et si je vous mens en face ; עַל־פְּנֵי הַהֵיכָל II Chr. 3. 17, devant le temple ; עַל־פְּנֵי־רוּחַ Ps. 18. 43, (comme la poussière) devant (emportée par) le vent ; עַל־פְּנֵי רֹחַב הַבָּיִת I Rois 6. 3, devant la largeur du temple, dans toute sa largeur ; עַל־פְּנֵי רְקִיעַ הַשָּׁמָיִם Gen. 1. 20, devant (sous) le firmament du ciel ; עַל־פְּנֵי מַמְרֵא 23. 19, vis-à-vis de Mamré ; עַל־פְּנֵי הַיַּרְדֵּן I Rois 17. 3, vis-à-vis le Jourdain. *B*) Avant : עַל־פְּנֵי תֶּרַח אָבִיו Gen. 11. 28, (Haran mourut) avant (ou du vivant de) son père Thérah ; עַל־פְּנֵי בֶן־הַשְּׂנוּאָה Deut. 21. 16, avant (en lui donnant la préférence sur) le fils de celle qu'il n'aime pas. *C*) Vers : עַל־פְּנֵי סְדֹם Gen. 18. 16, (ils tournèrent les yeux) vers Sodome. *D*) Sur la surface, dessus, sur : מֵעַל פְּנֵי הָאֲדָמָה I Sam. 20. 15, de dessus la terre ; פֶּרֶץ עַל־פְּנֵי־פָרֶץ Job 16. 14, plaie sur plaie ; עַל־פָּנָי Exod. 20. 3, (tu n'auras point de dieux étrangers) à côté de moi, ou outre moi, ou, comme לְפָנַי : devant moi, tant que je durerai, éternellement.

פְּנִימָה *f.* (de פָּנִים ce qui est tourné vers le visage de ceux qui entrent, qui sont dehors). L'intérieur : כָּל־כְּבוּדָּה בַת־מֶלֶךְ פְּנִימָה Ps. 45. 14, toute resplendissante est la fille du roi dans l'intérieur (du palais) ; אֶל־הַבַּיִת פְּנִימָה I Rois 6. 18, dans le temple à l'intérieur (le temple au dedans) ; וַיָּבוֹאוּ פְנִימָה II Chr. 29. 18, ils entrèrent dans l'intérieur, c.-à-d. dans le palais ; לִפְנִימָה I Rois 6. 30, au dedans ; וּבָא לִפְנִימָה Ez. 41. 3, il entra dans l'intérieur ; לִפְנִימָה לַשַּׁעַר 40. 16, au dedans de la porte ; מִפְּנִימָה 6. 21, au dedans, dans l'intérieur ; de là

פְּנִימִי *adj.* (*f.* פְּנִימִית, *plur.* פְּנִימִים, *f.* פְּנִימִיּוֹת). Intérieur : לַשַּׁעַר הַפְּנִימִי Ez. 40. 44, de la porte intérieure ; בַּפְּנִימִי וּבַחִיצוֹן 41. 17, au dedans et au dehors.

פְּנִינִים *m. pl.* (rac. פָּנַן). Perles : יְקָרָה הִיא מִפְּנִינִים (*cheth.* מִפְּנִיִּים) Prov. 3. 15, elle est plus précieuse que les perles ; אָדְמוּ עֶצֶם מִפְּנִינִים Lament. 4. 7, ils étaient plus vermeils de teint que les perles (c.-à-d. le dedans de la nacre des perles) ; selon d'autres : que le corail rouge ; d'autres traduisent partout : des rubis.

פְּנִנָּה (perle ou corail) *n. pr.* Penina, femme d'Elkanah, Sam. 1. 2.

פָּנַק *Pi.* Traiter doucement : מְפַנֵּק מִנֹּעַר עַבְדּוֹ Prov. 29. 21, celui qui traite avec trop de douceur, qui gâte son serviteur dès son enfance.

* פִּנְקָס Un livre de commerce, Aboth.

פַּס *m.* (rac. פָּסַס). Seulement dans כְּתֹנֶת פַּסִּים Gen. 37. 3, II Sam. 13. 18, une robe de plusieurs couleurs ; selon d'autres : une robe traînante qui va jusqu'aux extrémités, jusqu'aux pieds et aux mains (v. פַּס chald.) ; aussi כְּתֹנֶת הַפַּסִּים Gen. 37. 23, II Sam. 13. 19.

פַּס chald. *m.* L'extrémité : פַּס יְדָא Dan. 5. 5, l'extrémité de la main, les doigts, ou : la paume de la main, pour la main ; פַּסָּא דִי־יְדָא 5. 24, les doigts de cette main, ou : cette main.

פַּס דַּמִּים *n. pr.* (v. אֶפֶס דַּמִּים)

פָּסַג douteux. *Pi.* : פַּסְּגוּ אַרְמְנוֹתֶיהָ Ps. 48. 14, considérez ses palais, ou : rehaussez, fortifiez-les (v. פִּסְגָּה) ; selon d'autres : parcourez ses palais.

פִּסְגָּה (hauteur) *n. pr.* : רֹאשׁ הַפִּסְגָּה Nomb. 21. 20, le sommet du Pisgah, hauteur dans Moab.

פִּסָּה *f.* (rac. פָּסַס). Abondance : יְהִי פִסַּת־בַּר בָּאָרֶץ Ps. 72. 16, il sera (comme) une abondance de froment sur la terre, ou : qu'il y ait une abondance, etc.; selon d'autres : une poignée de froment (semé) dans la terre (produira des fruits comme les cèdres du Liban) (v. פַּס chald.).

* פָּסוּל Tache, défaut, Aboth.

* פָּסוּק Petite section d'un chapitre, un verset.

פָּסַח 1° Passer un endroit sans s'y arrêter, passer par-dessus quelqu'un sans le toucher, l'épargner : וּפָסַחְתִּי עֲלֵכֶם Exod. 12.13, et je passerai par-dessus vous, je vous épargnerai ; אֲשֶׁר פָּסַח עַל־בָּתֵּי בְנֵי־יִשְׂרָאֵל 12. 27, qui passa les maisons des enfants d'Israel (ne s'y arrêta pas pour frapper); פָּסֹחַ וְהִמְלִיט Is. 31. 5, épargner et sauver. — 2° Boiter, *au fig.* : עַד־מָתַי אַתֶּם פֹּסְחִים I Rois 18. 21, jusqu'à quand flotterez, hésiterez-vous (entre deux pensées ou entre deux partis)?

Pi. : וַיְפַסְּחוּ עַל־הַמִּזְבֵּחַ I Rois 18. 26, il sautaient sur ou autour de l'autel, ou : ils étaient flottants, indécis, près de l'autel, ne sachant quoi faire.

Niph. : וַיִּפֹּל וַיִּפָּסֵחַ II Sam. 4. 4, il tomba et en fut boiteux.

פָּסֵחַ (boiteux) *n. pr. m.* 1° I Chr. 4. 12. — 2° Néh. 3. 6. — 3° 7. 51.

פֶּסַח *m.* (*pl.* פְּסָחִים). Action de passer, action d'épargner. 1° L'agneau pascal : זֶבַח־פֶּסַח הוּא לַיהוָה אֲשֶׁר־פָּסַח Exod. 12. 27, c'est la victime du passage (de la grâce) de l'Éternel qui passa (les maisons des enfants d'Israel quand il a frappé de mort les Égyptiens); וְשַׁחֲטוּ הַפָּסַח 12.21, et immolez la pâque, l'agneau pascal ; אָכְלוּ אֶת־הַפֶּסַח II Chr. 30. 18, ils mangèrent la pâque; וְעָשָׂה פֶסַח Exod. 12. 48, (et qui veut) faire le sacrifice pascal; שְׁחִיטַת הַפְּסָחִים II Chr. 30. 17, l'immolation des agneaux de pâque. — 2° La fête de Pâque célébrée en mémoire de la sortie d'Égypte : פֶּסַח לַיהוָה Lév. 23. 5, (au premier mois [Nissan], le quatorzième jour du mois) c'est la Pâque de l'Éternel; מִמָּחֳרַת הַפֶּסַח Jos. 5. 11, le lendemain (le deuxième jour) de la Pâque.

פִּסֵּחַ *adj.* (*pl.* פִּסְחִים). Boiteux, paralytique : אִישׁ עִוֵּר אוֹ פִסֵּחַ Lév. 21. 18, un homme aveugle ou paralytique; וְהוּא פִּסֵּחַ שְׁתֵּי רַגְלָיו II Sam. 9. 13, il était paralytique des deux jambes; פִּסְחִים בָּזְזוּ בַז Is. 33. 23, les boiteux même prennent leur part du butin.

פָּסִיל *m.* (rac. פָּסַל, le *plur.* פְּסִילִים seul usité). 1° Les images taillées, sculptées, de bois, métal ou pierre : פְּסִילֵי אֱלֹהֵיהֶם Deut. 7. 25, les images taillées de leurs dieux; et seul : הִכְעִסוּנִי בִּפְסִלֵיהֶם Jér. 8. 19, (pourquoi) m'ont-ils irrité par leurs images (idoles)? פְּסִילֵי כַסְפֶּךָ Is. 30. 22, tes idoles d'argent. — 2° Lieu d'où l'on taille, tire, de la pierre; carrière : וְהוּא שָׁב מִן־הַפְּסִילִים Jug. 3. 19, et il revint des carrières.

פָּסַךְ *n. pr. m.* I Chr. 7. 33.

פָּסַל (*fut.* יִפְסֹל) Tailler, sculpter : וַיִּפְסֹל שְׁנֵי־לֻחֹת אֲבָנִים Exod. 34. 4, il tailla deux tables de pierre; כִּי פְסָלוֹ יֹצְרוֹ Hab. 2. 18, que le maître, l'artiste, l'a sculptée.

פֶּסֶל *m.* (avec suff. פִּסְלִי, v. פְּסִיל). Une image taillée, sculptée : לֹא־תַעֲשֶׂה לְךָ פֶסֶל Exod. 20. 4, tu ne te feras point d'image taillée (pour te servir d'idole); וַיַּעֲשֵׂהוּ פֶּסֶל Jug. 17. 4, il fit (de l'argent) une image sculptée; עֵץ פִּסְלָם Is. 45. 20, leur idole de bois sculpté; aussi une image, statue, fondue (ordinairement מַסֵּכָה) : וּפֶסֶל נָסָךְ Is. 44. 10, et (qui) a jeté en fonte une statue.

פְּסַנְתֵּרִין (Dan. 3. 7) et פְּסַנְטֵרִין (3. 5, 10. 15) chald. *m.* Nom d'un instrument de musique, le psaltérion.

פָּסַס Cesser : כִּי־פַסּוּ אֱמוּנִים Ps. 12. 2, car les vérités, ou les hommes fidèles, loyaux, ont cessé, disparu (de là אֶפֶס extrémité).

* פָּסַק Cesser, interrompre : דִּי לָא יִפְסוּק Rituel, qui ne cessera pas. *Hiph.* : וּמַפְסִיק מִמִּשְׁנָתוֹ Aboth, et qui s'interrompt dans son étude, sa méditation.

פִּסְפָּה *n. pr. m.* I Chr. 7. 38.

פָּעָה Crier : כַּיּוֹלֵדָה אֶפְעֶה Is. 42. 14, je crierai (je me ferai entendre) comme une femme dans les douleurs de l'enfantement.

פָּעוּ *n. pr.* Paou, une ville dans le pays d'Édom, Gen. 36. 39.

פְּעוֹר (rac. פָּעַר ouvrir, découvrir) *n. pr.* 1° D'une montagne en Moab : רֹאשׁ הַפְּעוֹר Nomb. 23. 28, le haut de la montagne de Peor (Phogor). — 2° בַּעַל פְּעוֹר Nomb. 25. 3, 5, et seul פְּעוֹר 31. 16, Baal-Peor, idole des Moabites, en l'honneur duquel les jeunes filles sacrifiaient leur innocence.

פָּעַל (*fut.* יִפְעַל, une fois תִּפְעָל avec *makk.*) Faire, fabriquer, travailler, créer, préparer, pratiquer : מַה־תִּפְעָל Job 11. 8, que peux-tu faire? צַדִּיק מַה־פָּעָל Ps. 11. 3, qu'a fait, ou que peut faire, le juste? וְלֹא יְיָ פָּעַל כָּל־זֹאת Deut. 32. 27, ce n'a point été Dieu qui a fait toutes ces choses; יִפְעַל־אֵל Is. 44. 15, il fait, fabrique, une idole; וּפֹעֵל בַּפֶּחָם 44. 12, il travaille moyennant les charbons; פֹּעֵל יְשׁוּעוֹת Ps. 74. 12, (Dieu) opère le salut; וּלְפֹעֲלִי Job 36. 3, et à mon créateur; מָכוֹן לְשִׁבְתְּךָ פָּעַלְתָּ יְיָ Exod. 15. 17, le lieu que tu as préparé, Éternel, pour ton siége; וּפֹעֲלֵי רָע עַל־מִשְׁכְּבוֹתָם Mich. 2. 1, et ceux qui préparent, méditent, le mal dans leur lit; וּפֹעֵל צֶדֶק Ps. 15. 2, et qui pratique la justice; פֹּעֲלֵי אָוֶן 5. 6, ceux qui font le mal, qui commettent l'iniquité; le *régime indirect* avec לְ : וּמַה־יִּפְעַל שַׁדַּי לָמוֹ Job 22. 17, et que leur fera le Tout-Puissant? Avec בְּ : מַה־תִּפְעָל־בּוֹ 35. 6, que lui feras-tu (quel mal lui feras-tu)?

פֹּעַל *m.* (avec suff. פָּעָלְךָ, פָּעֳלוֹ, rarement פֹּעֲלוֹ; *pl.* פְּעָלִים). 1° Fait, action, œuvre : תֶּן־לָהֶם כְּפָעֳלָם Ps. 28. 4, rends-leur selon leurs œuvres; פֹּעַל אֱלֹהִים 64. 10, l'œuvre de Dieu; רַב־פְּעָלִים II Sam. 23. 20, grand, riche, en actions, qui a fait de grandes actions; mais פָּעֳלָם Job 36. 9, leurs mauvaises actions, méfaits; פֹּעַל יָדַי Is. 45. 11, l'ouvrage de mes mains (Israel); כִּי־פֹעַל פֹּעֵל Hab. 1. 5, car (Dieu) fera une œuvre, ou : une œuvre se fera (un châtiment); mais פָּעָלֶךָ Ps. 90. 16, (que) ton œuvre, ton secours (paraisse). — 2° Le produit du travail, acquisition, salaire : פֹּעַל אֹצָרוֹת Prov. 21. 6, l'acquisition de trésors; וּפָעֳלוֹ לֹא יִתֶּן־לוֹ Jér. 22. 13, et (qui) ne lui donne pas son salaire.

פְּעֻלָּה *f.* 1° Action, œuvre, effort : פְּעֻלַּת צַדִּיק Prov. 10. 16, l'œuvre, l'effort, du juste; יֵשׁ שָׂכָר לִפְעֻלָּתֵךְ Jér. 31. 16, il y aura une récompense pour tes œuvres. *Plur.* : לִפְעֻלּוֹת אָדָם Ps. 17. 4, pour les actions, les efforts, des hommes. — 2° Salaire : פְּעֻלַּת שָׂכִיר Lév. 19. 13, le salaire du mercenaire, de l'ouvrier; זֹאת פְּעֻלַּת שֹׂטְנַי Ps. 109. 20, ce sera le traitement, la punition, de mes adversaires.

פְּעֻלְּתַי (récompense de Dieu) *n. pr. m.* I Chr. 26. 5.

פָּעַם Pousser, battre (v. פַּעַם). *Kal.* Ex. unique : וַתָּחֶל רוּחַ יְיָ לְפַעֲמוֹ Jug. 13. 25, et l'esprit de Dieu commença à le pousser, l'agiter, le faire agir; selon d'autres : à le fortifier.

Niph. : וַתִּפָּעֶם רוּחוֹ Gen. 41. 8, son esprit fut agité, troublé; נִפְעַמְתִּי וְלֹא אֲדַבֵּר Ps. 77. 5, j'ai été tellement troublé, saisi de frayeur, que je ne puis parler.

Hithph. : וַתִּתְפָּעֶם רוּחוֹ Dan. 2. 1, son esprit fut très agité, effrayé.

פַּעַם *des deux genres* (*duel* פַּעֲמַיִם, *pl.* פְּעָמִים et פְּעָמוֹת). 1° L'enclume (sur laquelle on bat) : אֶת־הוֹלֶם פָּעַם Is. 41. 7, celui qui bat l'enclume. — 2° Le pas : בַּל־נָמוֹטּוּ פְעָמָי Ps. 17. 5, afin que mes pas ne chancellent point; פְּעָמַי הָכֵן 119. 133, dirige mes pas; פַּעֲמֵי מַרְכְּבוֹתָיו Jug. 5. 28, les pas, c.-à-d. le passage, de ses chariots; מַה־יָּפוּ פְעָמַיִךְ Cant. 7. 2, que tes démarches sont belles! ou : que tes pieds sont beaux! אַרְבַּע פַּעֲמֹתָיו Exod. 25. 12, aux quatre pieds de l'arche; selon d'autres : aux quatre coins. — 3° Coup, c.-à-d. fois : פַּעַם אֶחָת Jos. 6. 3, une fois; שֶׁבַע פְּעָמִים 6. 15, sept fois; פַּעַם אַחַת Jos. 66. 8, en une seule fois, en même temps; פַּעֲמַיִם Gen. 27. 36, deux fois; עַד־כַּמֶּה פְעָמִים I Rois 22. 16, combien de fois encore; פַּעַם וּשְׁתָּיִם Néh. 13. 20, une fois et une seconde fois; הַפַּעַם Gen. 46. 30, cette fois, maintenant; כְּפַעַם־בְּפַעַם Nomb. 24. 1, comme les autres fois, comme auparavant; פַּעַם — פַּעַם Prov. 7. 12, tantôt — tantôt.

פַּעֲמוֹן *m.* Sonnette (du mouvement du battant) : וּפַעֲמֹנֵי זָהָב Exod. 28. 33, et des sonnettes d'or.

פַּעְנֵחַ (v. צָפְנַת פַּעְנֵחַ).

* פַּעְנֵחַ *Pi.* Découvrir : וְהַמְפַעְנֵחַ נֶעְלָמִים Rituel, et qui découvre les choses cachées.

פָּעַר (toujours avec פֶּה) Ouvrir la bouche largement : פָּעֲרוּ עָלַי בְּפִיהֶם Job 16. 10, ils ont ouvert leur bouche contre moi (comme pour me dévorer); וּפִיהֶם פָּעֲרוּ 29. 23, ils ouvraient leur bouche, ils languissaient (après mes discours) (v. à מַלְקוֹשׁ); וּפָעֲרָה פִיהָ לִבְלִי־חֹק Is. 5. 14, et il (l'enfer) a ouvert sa gueule jusqu'à l'infini.

פַּעֲרַי *n. pr.* Paarai, d'Arbi, chef de troupes, II Sam. 23. 35 (נַעֲרַי I Chr. 11. 37).

פָּצָה (v. פָּצַח et פָּצַע) Fendre, ouvrir largement. 1° Avec פֶּה Ouvrir la bouche : פָּצוּ עָלַי פִּיהֶם Ps. 22. 14, ils ont ouvert leur bouche contre moi (comme pour me dévorer); פָּצוּ עָלֵינוּ פִּיהֶם Lam. 3. 46, (tous nos ennemis) ont ouvert la bouche contre nous (pour se moquer); וְאָנֹכִי פָּצִיתִי פִי אֶל־יְיָ Jug. 11. 35, et j'ai ouvert témérairement ma bouche à l'Éternel (je lui ai fait un vœu imprudemment); פָּצְתָה הָאָרֶץ אֶת־פִּיהָ Deut. 11. 6, la terre a ouvert sa bouche (s'est entr'ouverte pour les engloutir); une fois פָּצוּ שְׂפָתָי Ps. 66. 14, (les vœux que) mes lèvres ont proférés. — 2° Ouvrir les chaînes, délivrer : פְּצֵנִי וְהַצִּילֵנִי Ps. 144. 7, délivre-moi et sauve-moi; הַפּוֹצֶה אֶת־דָּוִד עַבְדּוֹ 144. 10, qui délivre David son serviteur.

פָּצַח Éclater, faire entendre. Avec רִנָּה Pousser des cris de joie : פִּצְחוּ רִנָּה Is. 14. 7, ils poussent des cris d'allégresse; וּפִצְחוּ הָרִים רִנָּה Is. 49. 13, montagnes, faites entendre des chants de joie; פִּצְחוּ וְרַנְּנוּ Ps. 98. 4, élevez la voix et chantez.

Pi. : וְאֶת־עַצְמֹתֵיהֶם פִּצֵּחוּ Mich. 3. 3, ils leur ont brisé les os.

פְּצִירָה *f.* Quantité : וְהָיְתָה הַפְּצִירָה פִים I Sam. 13. 21, et l'outil avec beaucoup de dents, c.-à-d. la lime, servait (à aiguiser le soc); ou : הַפְּצִירָה l'instrument avec des entailles, la lime, פִים avec ses dents, servait à, etc. (v. le même exemple à פֶּה 2°).

פָּצַל *Kal* inusité. *Pi.* Oter l'écorce, peler : וַיְפַצֵּל בָּהֵן פְּצָלוֹת לְבָנוֹת Gen. 30. 37, il pela sur (ces branches), il ôta une partie de leur écorce, et ces endroits pelés parurent blancs; הַמַּקְלוֹת אֲשֶׁר פִּצֵּל 30. 38, les branches qu'il avait pelées.

פְּצָלוֹת *f. plur.* Les endroits pelés, écorcés (v. l'unique exemple à פָּצַל).

פָּצַם Fendre : הִרְעַשְׁתָּה אֶרֶץ פְּצַמְתָּהּ Ps. 60. 4, tu as fait trembler la terre, tu l'as fendue, entr'ouverte.

פָּצַע Blesser, meurtrir : הִכּוּנִי פְצָעוּנִי Cant. 5. 7, ils m'ont frappée, ils m'ont blessée; הַכֵּה וּפָצֹעַ I Rois 20. 37, frapper et blesser (frappant et blessant); פְּצוּעַ־דַּכָּה Deut. 23. 2, un homme meurtri, mutilé par broiement, dont les testicules ont été écrasés, broyés.

פֶּצַע *m.* (*plur.* פְּצָעִים). Blessure : פֶּצַע וְחַבּוּרָה Is. 1. 6, blessure et meurtrissure; אִישׁ הָרַגְתִּי לְפִצְעִי Gen. 4. 23, j'ai tué un homme de ma blessure (de la blessure que je lui ai faite), ou : pour ma blessure (pour mon malheur); selon d'autres : ai-je donc tué ? je n'ai pas tué, etc.

פִּצֵּץ *n. pr. m.* : לְהַפִּצֵּץ I Chr. 24. 15, à Pisès, avec l'*art.*; ou ה fait partie du nom : à Hapisès.

פָּצַר (*fut.* יִפְצַר) Entailler (v. פְּצִירָה). *Au fig.* Presser quelqu'un à force de paroles, de prières, insister auprès de lui : וַיִּפְצַר־בָּם מְאֹד Gen. 19. 3, et il les pressa avec instance ; וַיִּפְצַר־בּוֹ לָקַחַת II Rois 5. 16, il le pressa d'accepter ; mais : וַיִּפְצְרוּ בָאִישׁ בְּלוֹט Gen. 19. 9, ils pressèrent Lot avec violence, se ruèrent sur lui.

Hiph. : וְאָוֶן וּתְרָפִים הַפְצַר I Sam. 15. 23, persister dans la désobéissance, résister à la volonté de Dieu, est un crime égal à l'idolâtrie (v. תְּרָפִים) ; d'autres traduisent : הַפְצַר augmenter, ajouter aux paroles des prophètes.

פָּקַד (*fut.* יִפְקֹד) 1° Chercher, visiter, examiner, se souvenir en bien et en mal, punir, venger : וְאֶת־אַחֶיךָ תִּפְקֹד לְשָׁלוֹם I Sam. 17. 18, va voir tes frères pour leur salut, santé, informe-toi de leur santé ; וַיִּפְקֹד שִׁמְשׁוֹן אֶת־אִשְׁתּוֹ Jug. 15. 1, Samson visita, alla voir, sa femme ; פָּקַדְתָּ לַּיְלָה Ps. 17. 3, tu (m')as visité, ou examiné, pendant la nuit ; וַתִּפְקְדֶנּוּ לִבְקָרִים Job 7. 18, et (pour que) tu le visites, examines, tous les matins ; וְלֹא פְקַדְתֶּם אֹתָם Jér. 23. 2, et vous n'avez pas eu soin de (mes brebis) ; וַיְיָ פָּקַד אֶת־שָׂרָה Gen. 21. 1, Dieu visita Sara (se souvint d'elle pour lui tenir sa promesse) ; וֵאלֹהִים פָּקֹד יִפְקֹד אֶתְכֶם Gen. 50. 24, Dieu se souviendra certainement de vous (pour vous délivrer), vous visitera ; בַּצַּר פְּקָדוּךָ Is. 26. 16, dans la détresse ils se sont souvenus de toi, ils t'ont cherché ; וְכִי יִפְקֹד Job 31. 14, et si (Dieu) se souvient (et s'il me blâme, me demande compte) ; וְעַתָּה כִּי־אַיִן פָּקַד אַפּוֹ Job 35. 15, et maintenant, puisqu'il n'est pas ainsi (que tu n'as pas de confiance), sa colère sévit ; ou : il te visite dans sa colère ; selon d'autres : c'est en vain que (Job dans son ignorance) s'irrite contre Dieu ; suivi de עַל : פֶּן יִפְקֹד עָלֶיהָ Is. 27. 3, pour que (personne) ne se souvienne d'elle, n'attaque, ne gâte, la vigne ; selon d'autres : pour qu'aucune de ses feuilles n'y manque (v. 2°) ; וּפָקַדְתִּי עַל־הַיּוֹשְׁבִים Jér. 44. 13, je visiterai, je punirai, les habitants (d'Égypte) ; וּבְיוֹם פָּקְדִי וּפָקַדְתִּי עֲלֵיהֶם חַטָּאתָם Exod. 32. 34, au jour de la vengeance je les punirai de leur péché ; de אֶל : הִנְנִי פוֹקֵד אֶל־אָמוֹן Jér. 46. 25, je vais punir Amon, ou : la multitude (de No, v. אָמוֹן) ; de ב : הַעַל־אֵלֶּה לֹא־אֶפְקָד־בָּם Jér. 9. 8, ne les punirai-je pas pour cela ? Avec l'*accus.* : לִפְקֹד כָּל־הַגּוֹיִם Ps. 59. 6, pour punir toutes les nations.

2° Chercher quelqu'un ; apercevoir, regretter, son absence ; le demander ; être privé, manquer, d'une chose : אִם־פָּקֹד יִפְקְדֵנִי אָבִיךָ I Sam. 20. 6, si ton père aperçoit mon absence, s'il me demande ; וְלֹא־פָקַדְנוּ מְאוּמָה 25. 15, nous n'avons rien regretté, perdu, rien ne nous a manqué ; אִשָּׁה רְעוּתָהּ לֹא פָקָדוּ Is. 34. 16, aucune ne sera privée de sa compagne, l'une ne manquera pas à l'autre.

3° Compter, faire le dénombrement : אֵלֶּה הַפְּקֻדִים אֲשֶׁר פָּקַד Nomb. 1. 44, ce sont ceux qui furent comptés, que (Moïse et Aaron) ont comptés, dénombrés ; כָּל־פְּקוּדֵי הַלְוִיִּם 3. 39, tous les lévites dont (Moïse et Aaron) firent le dénombrement ; פְּקֻדֵיהֶם לְמַטֵּה רְאוּבֵן 1. 21, ceux qui furent comptés de la tribu de Ruben ; בִּפְקֹד אֹתָם Exod. 30. 12, lorsqu'on les comptera. Aussi des choses : אֵלֶּה פְקוּדֵי הַמִּשְׁכָּן Exod. 38. 21, voici le compte des choses (employées) au tabernacle.

4° Faire visiter, examiner, soigner, par un autre ; préposer, établir, quelqu'un sur les autres ; ordonner : וּפְקַדְתֶּם עֲלֵיהֶם בְּמִשְׁמֶרֶת Nomb. 4. 27, vous les chargerez du soin, vous leur ordonnerez de faire avec soin ; יִפְקֹד יְיָ — אִישׁ עַל־הָעֵדָה 27. 16, que Dieu établisse un homme qui veille sur ce peuple ; פִּקְדוּ עָלֶיהָ טִפְסָר Jér. 51. 27, établissez, nommez, un prince, capitaine, contre elle ; וּפָקַדְתִּי עֲלֵיהֶם אַרְבַּע מִשְׁפָּחוֹת Jér. 15. 3, je préposerai sur eux quatre familles, je les soumettrai à quatre espèces de fléaux ; וְהוּא־פָקַד עָלַי Esdr. 1. 2, et il m'a commandé ; הַפְּקֻדִים Nomb. 31. 48, les préposés, les chefs ; פְּקֻדֵי הַחַיִל II Rois 11. 15, ceux qui commandaient les troupes ; מִי־פָקַד עָלָיו דַּרְכּוֹ Job 36. 23, qui lui commande sa voie, sa conduite ; מִי־פָקַד עָלָיו אַרְצָה Job 34. 13, qui lui a ordonné (de créer ou d'avoir soin de) la terre.

5° Confier une chose aux soins d'un autre, lui confier un dépôt : וַיִּפְקֹד בַּבָּיִת II Rois 5. 24, il les déposa, donna à garder, dans la maison ; ou : il les cacha, serra, etc.

Niph. 1° *Passif* de *Kal* 1°. Être visité, être puni : וּמֵרֹב יָמִים יִפָּקֵדוּ Is. 24. 22, et après beaucoup de jours ils seront visités, ou : ils seront punis (pour les péchés commis) pendant un si long temps ; יִפָּקֵד עֲלֵיהֶם Nomb. 16. 29, (et si le sort de tous les hommes) est prononcé sur eux ; בַּל־יִפָּקֵד רָע Prov. 19. 23, il n'est visité d'aucun mal. — 2° *Passif* de *Kal* 2°. Être demandé, manquer : וְלֹא־נִפְקַד מִמֶּנּוּ אִישׁ Nomb. 31. 49, et pas un seul de nous ne manque ; וְנִפְקַדְתָּ כִּי יִפָּקֵד מוֹשָׁבֶךָ I Sam. 20. 18, tu seras demandé (ton absence sera regrettée), car ta place sera privée de toi, sera vide ; וַיִּפָּקְדוּ מֵעַבְדֵי דָוִד II Sam. 2. 30, des serviteurs de David manquaient (dix-neuf hommes). — 3° *Passif* de *Kal* 4°. Être établi dans un emploi sur les autres : וַיִּפָּקְדוּ בַיּוֹם הַהוּא Néh. 12. 44, ce jour-là (des hommes) furent établis (sur les chambres du trésor) ; וַיִּפָּקְדוּ הַשּׁוֹעֲרִים Néh. 7. 1, les portiers furent établis.

Pi. : יְיָ צְבָאוֹת מְפַקֵּד צְבָא מִלְחָמָה Is. 13. 4, Dieu Zebaoth fait la revue de l'armée de cette guerre.

Pou. : 1° אֲשֶׁר פֻּקַּד עַל־פִּי מֹשֶׁה Exod. 38. 21, ce qui a été compté selon l'ordre de Moïse. — 2° פֻּקַּדְתִּי יֶתֶר שְׁנוֹתָי Is. 38. 10, je suis privé du reste de mes années, ou : je serai cherché en vain, je n'existerai plus, le reste de mes années (v. *Kal* 2°).

Hiph. 1° (même sens que *Kal* 4°). Établir, confier, remettre, recommander : הִפְקִיד אֹתוֹ בְּבֵיתוֹ וְעַל כָּל־אֲשֶׁר יֶשׁ־לוֹ Gen. 39. 5, il l'établit sur sa maison et sur tout ce qu'il possédait, lui confia sa maison, etc. ; וְיַפְקֵד פְּקִדִים עַל־הָאָרֶץ 41. 34, qu'il établisse des officiers dans le pays ; וְאַתָּה הַפְקֵד אֶת־הַלְוִיִּם עַל־מִשְׁכַּן Nomb. 1. 50, établis les lévites pour avoir soin du tabernacle ; וְכִי־הִפְקִיד עֲלֵיהֶם Jér. 40. 11, et qu'il avait établi sur eux, qu'il en avait donné le commandement (à Godolias) ; *au fig.* : וְהִפְקַדְתִּי עֲלֵיכֶם בֶּהָלָה Lév. 26. 16, j'établirai sur vous (je commanderai contre vous) la terreur, etc. ; וְהִפְקִיד עַל־יַד II Chr. 12. 10, et les remit aux mains (des chefs) ; בְּיָדְךָ אַפְקִיד רוּחִי Ps. 31. 6, je remets mon esprit entre tes mains ; suivi de אֵת : וְכִי הִפְקִיד אִתּוֹ אֲנָשִׁים Jér. 40. 7, et qu'il avait mis sous son commandement, qu'il lui avait recommandé, les hommes (les femmes et les enfants). — 2° Déposer, confier à la garde : יַפְקִיד כֵּלָיו Is. 10. 28, il laissera son bagage (à Machmas) ; וְאֶת־הַמְּגִלָּה הִפְקִדוּ Jér. 36. 20, ils laissèrent le rouleau (le livre) en dépôt (dans la chambre d'Élisama) ; וַיַּפְקִדוּ אֶת־יִרְמְיָהוּ 37. 21, qu'on mit Jérémias sous garde, qu'on le gardât, protégeât.

Hoph. 1° Être puni : הִיא הָעִיר הָפְקַד Jér. 6. 6, c'est la ville punie, destinée à être punie. — 2° Être établi, préposé : הַמֻּפְקָדִים בֵּית יְיָ II Rois 12. 12, qui étaient préposés, qui étaient chargés des soins (des travaux) dans le temple ; וַעֲלֵיהֶם מֻפְקָדִים II Chr. 34. 12, et ceux qui étaient établis sur eux, qui surveillaient leurs travaux. — 3° Être déposé : אֲשֶׁר הָפְקַד אִתּוֹ Lév. 5. 23, (le dépôt) qui avait été déposé chez lui, qui lui avait été confié.

Hithph. : וַיִּתְפָּקְדוּ בְּנֵי בִנְיָמִן Jug. 20. 15, les enfants de Benjamin furent comptés, passés en revue ; וַיִּתְפָּקֵד הָעָם 21. 9, le peuple fut passé en revue.

Hothph. : לֹא הָתְפָּקְדוּ בְּתוֹכָם Nomb. 1. 47, (les lévites) ne furent point comptés parmi eux.

פְּקֻדָּה *f.* 1° (de פָּקַד 1°). Punition, châtiment, sort : לְיוֹם פְּקֻדָּה Is. 10. 3, (que ferez-vous) au jour de la punition? קָרְבוּ פְּקֻדּוֹת הָעִיר Ez. 9. 1, les punitions de la ville, ou : ceux qui doivent visiter, châtier, la ville, sont proches ; פְּקֻדַּת כָּל־הָאָדָם Nomb. 16. 29, le sort de tous les hommes. — 2° (de פָּקַד 3°) Compte, dénombrement : לִפְקֻדָּה אֶחָת I Chr. 23. 11, (ils furent compris) dans le même dénombrement, c.-à-d. ne formant qu'une seule famille. — 3° (de פָּקַד 4°) Charge, soin, garde, gardien : וּפְקֻדַּת אֶלְעָזָר Nomb. 4. 16, et la charge d'Eléazar (sont confiés aux soins d'Eléazar); פְּקֻדֹּת בֵּית יְיָ II Chr. 23. 18, les charges, offices, dans le temple; פְּקֻדַּת הַמֶּלֶךְ II Chr. 24. 11, l'office, ou, *concret*, les officiers, du roi; וְשַׂמְתִּי פְקֻדָּתֵךְ שָׁלוֹם Is. 60. 17, je ferai que tes officiers, ceux qui te gouvernent, te donneront la paix, ou : que la paix sera ton chef, règnera sur toi; וּפְקֻדָּתְךָ שָׁמְרָה רוּחִי Job 10. 12, et ton soin, ton secours, a conservé mon âme; וַיָּשֶׂם הַכֹּהֵן פְּקֻדֹּת II Rois 11. 18, le pontife mit des gardes (dans le temple); בֵּית־הַפְּקֻדֹּת Jér. 52. 11, la maison de garde, la prison; וּפְקֻדָּתָם עַל נַחַל Is. 15. 7, et leurs biens (les choses qu'on garde avec soin, ils les porteront) au torrent (des saules); selon d'autres : ce qui était sous leur commandement, le pays près du torrent, qui leur appartenait (leur sera enlevé); פְּקֻדָּתוֹ יִקַּח אַחֵר Ps. 109. 8, et qu'un autre prenne ses biens, ou sa charge, son ministère.

פִּקָּדוֹן *m.* (rac. פָּקַד 5°). 1° Dépôt : וְהָיָה הָאֹכֶל לְפִקָּדוֹן Gen, 41. 36, ces vivres formeront un dépôt (seront réservés); אוֹ אֶת־הַפִּקָּדוֹן Lév. 5. 23, ou le dépôt (qui avait été déposé chez lui). — * 2° Souvenir, Rituel.

פְּקִדֻת *f.* Charge, garde : וְשָׁם בַּעַל פְּקִדֻת Jér. 37. 13, et il se trouvait là un homme chargé de la garde, un capitaine à qui la garde (de la porte) était confiée.

פְּקוֹד *m.* 1° פְּקוֹד וְשׁוֹעַ Ez. 23. 23, les commandants et les nobles ; selon d'autres, noms de pays : les hommes de Pekod et de Soa. — 2° יוֹשְׁבֵי פְקוֹד Jér. 50. 21, les habitants de la ville du châtiment, Babylone; selon d'autres, *n. pr.*: les habitants de Pekod.

פִּקּוּדִים *m.pl.* Ordonnances, préceptes: פִּקּוּדֵי יְיָ יְשָׁרִים Ps. 19. 9, les ordonnances de l'Éternel sont droites; נֶאֱמָנִים כָּל־פִּקּוּדָיו 111. 7, tous ses préceptes sont sûrs, infaillibles.

פָּקַח Ouvrir, presque toujours suivi de עַיִן : אַף־עַל־זֶה פָּקַחְתָּ עֵינֶךָ Job 14. 3, et aussi sur lui tu ouvres les yeux (tu daignes l'observer); אֶפְקַח אֶת־עֵינַי Zach. 12. 4, j'aurai les yeux ouverts (sur la maison de Juda), je l'épargnerai ; פְּקַח עֵינֶיךָ Prov. 20. 13, ouvre tes yeux (sois éveillé, ne dors pas); לִפְקֹחַ עֵינַיִם עִוְרוֹת Is. 42. 7, pour ouvrir les yeux aveugles, pour rendre la vue aux aveugles; וַיִּפְקַח אֱלֹהִים אֶת־עֵינֶיהָ Gen. 21. 19, Dieu lui ouvrit les yeux, c.-à-d. Dieu fit voir à Agar ce qu'elle n'aurait pas découvert sans son secours; une fois : פָּקוֹחַ אָזְנַיִם Is. 42. 20, avoir les oreilles ouvertes, pouvoir entendre ; une fois : יְיָ פֹּקֵחַ עִוְרִים Ps. 146. 8, Dieu éclaire les aveugles (leur ouvre les yeux).

Nip. : וְנִפְקְחוּ עֵינֵיכֶם Gen. 3. 5, vos yeux seront ouverts ; אָז תִּפָּקַחְנָה עֵינֵי עִוְרִים Is. 35. 5, alors les yeux des aveugles s'ouvriront.

פִּקֵּחַ *adj.* Qui a les yeux ouverts, qui voit : פִקֵּחַ אוֹ עִוֵּר Exod. 4. 11, l'homme qui voit, ou l'aveugle; הַשֹּׁחַד יְעַוֵּר פִּקְחִים 23. 8, les présents corrupteurs aveuglent ceux qui sont éclairés, même les sages.

פֶּקַח (qui a les yeux ouverts) *n. pr.* Pékah, fils de Remalia, roi d'Israel, II Rois 15. 25, Is. 7. 1.

פְּקַחְיָה (Dieu lui ouvre les yeux) *n. pr.* Pekahiah, fils de Manahem, roi d'Israel, II Rois 15. 22.

פְּקַח־קוֹחַ Ex. unique : וְלַאֲסוּרִים פְּקַח־קוֹחַ Is. 61. 1 ; un mot de פָּקַח, avec redoublement des deux dernières lettres, comme פְּקַחְקֹחַ : (pour annoncer) l'ouverture (de la prison), la délivrance, à ceux qui sont dans les chaînes ; selon d'autres : פְּקַח ouvrir, et קוֹחַ (de לָקַח) prendre, tirer (de la captivité); ou : קוֹחַ la maison qui tient, qui renferme, la prison; פְּקַח־קוֹחַ l'ouverture, la délivrance, de la prison.

פָּקִיד *m.* (de פָּקַד 4°). Commissaire, inspecteur, chef : וְיַפְקֵד פְּקִדִים Gen. 41. 34, que (le roi) établisse des commissaires (dans tout le pays); וּפָקִיד הַלְוִיִּם Néh. 12. 22, et l'inspecteur, le chef, des lévites; פָּקִיד עַל־אַנְשֵׁי הַמִּלְחָמָה II Rois 25. 19, le chef, celui qui commandait les gens de guerre.

פְּקָעִים *m. plur.* Un ornement d'architecture, en forme d'œufs selon les uns, de coloquintes ou de nœuds selon les autres : וּפְקָעִים מִתַּחַת לִשְׂפָתוֹ I Rois 7. 24, et au-dessous de son bord il y avait des coloquintes (v. 6.18 et פַּקֻּעוֹת).

פַּקֻּעֹת *f. pl.* Coloquintes : פַּקֻּעֹת שָׂדֶה II Rois 4. 39, des coloquintes de champ, c.-à-d. sauvages.

פַּר et **פָּר** *m.* (*pl.* פָּרִים). Taureau : פַּר בֶּן־בָּקָר Lév. 4. 3, un jeune taureau; מִשּׁוֹר פָּר Ps. 69. 32, qu'un jeune taureau; selon d'autres : qu'un bœuf et qu'un taureau; פַּר־הַשּׁוֹר Jug. 6. 25, le jeune taureau; וּפַר הַשֵּׁנִי שֶׁבַע שָׁנִים 6. 25, et l'autre taureau de sept ans, ou : mis à l'engrais pendant sept ans; וּפָרִים עִם־אַבִּירִים Is. 34. 7, et les taureaux jeunes avec les taureaux gras et forts; וּנְשַׁלְּמָה פָרִים שְׂפָתֵינוּ Osée 14. 3, et nous payerons les taureaux par nos lèvres; au lieu de sacrifier des taureaux, nous offrirons le sacrifice de nos lèvres, nos prières, nos actions de grâce.

פָּרָא Ex. unique. *Hiph.* : כִּי הוּא בֵּין אַחִים יַפְרִיא Osée 13. 15, car lui qui porte des fruits, qui est fertile, puissant, entre ses frères; selon d'autres : fertile entre les prairies, comme אָחוּ (v. פָּרָה); d'autres expliquent יַפְרִיא (de פָּרָא) : parce qu'il a mis le désordre entre les frères, qu'il a séparé les uns d'avec les autres.

פֶּרֶא *m.* (une fois פֶּרֶה Jér. 2. 24, *pl.* פְּרָאִים). Ane sauvage : הֲיִנְהַק פֶּרֶא עֲלֵי־דֶשֶׁא Job 6. 5, l'âne sauvage crie-t-il lorsqu'il a de l'herbe? מְשׂוֹשׂ פְּרָאִים Is. 32. 14, une joie des ânes sauvages (endroit où ils se plaisent); *au fig.* : וְהוּא יִהְיֶה פֶּרֶא אָדָם Gen. 16. 12, et il sera entre les hommes comme un âne sauvage, il sera sauvage, toujours en guerre avec les autres.

פִּרְאָם (sauvage) *n. pr.* Piream, roi de Jarmuth, Jos. 10. 3.

פֹּארֹת Les branches (v. פֹּארָה).

פַּרְבָּר *n. pr.* d'une place ou d'une maison : שְׁנַיִם לַפַּרְבָּר I Chr. 26. 18, deux lévites gardaient le Parbar; selon d'autres : le faubourg (v. פַּרְוָרִים).

פָּרַד (v. פָּרַשׂ, פָּרַץ, פָּרַק) *Kal* une fois, *part. pass.* : וּפְנֵיהֶם וְכַנְפֵיהֶם פְּרֻדוֹת Ez. 1. 11, et leurs faces et leurs ailes s'étendaient (en haut), ou : telles étaient leurs faces, et leurs ailes s'étendaient.

Niph. 1° Se séparer : לֹא נִפְרָדוּ II Sam. 1. 23, (même dans leur mort) ils ne se sont pas séparés; נִפְרָד מִקַּיִן Jug. 4. 11, (Héber) s'était séparé de Kajin (des autres Kinéens); avec מֵעַל : הִפָּרֶד נָא מֵעָלָי Gen. 13. 9, sépare-toi, je te prie, d'avec moi; לְתַאֲוָה יְבַקֵּשׁ נִפְרָד Prov. 18. 1, celui qui se sépare (de Dieu, de la bonne voie) cherche (à satisfaire) ses désirs; ou נִפְרָד : qui se sépare des autres, qui vit à part, ne cherche que son plaisir, ce qui est selon sa fantaisie. — 2° Se répandre, être dispersé : מֵאֵלֶּה נִפְרְדוּ Gen. 10. 5, de ceux-ci se répandirent (dans les îles); selon d'autres : les îles furent partagées entre eux; וַאֲנַחְנוּ נִפְרָדִים עַל־הַחוֹמָה Néh. 4. 13, et nous sommes dispersés sur la muraille.

Pi. : עִם הַזֹּנוֹת יְפָרֵדוּ Osée 4. 14, ils se séparent (de leurs femmes) pour aller avec des courtisanes, ou : ils vont à l'écart, ils vivent avec des courtisanes.

Pou. : וּמְפֹרָד בֵּין הָעַמִּים Esth. 3. 8, (un peuple) qui reste séparé entre les nations, ou : des gens séparés les uns des autres, qui se haïssent entre eux-mêmes.

Hiph. Séparer : וְהַכְּשָׂבִים הִפְרִיד יַעֲקֹב Gen. 30. 40, Jacob sépara les agneaux (de ceux de Laban), ou : il divisa les agneaux ; כִּי הַמָּוֶת יַפְרִיד Ruth. 1. 17, seulement la mort fera une séparation (entre toi et moi), nous séparera ; בְּהַפְרִידוֹ בְּנֵי אָדָם Deut. 32. 8, quand il a séparé, divisé, les fils d'Adam.

Hithp.: וְהִתְפָּרְדוּ כָּל־עַצְמוֹתָי Ps. 22. 15, tous mes os se sont séparés, déplacés ; וּבְנֵי לָבִיא יִתְפָּרָדוּ Job 4. 11, et les petits de la lionne ont été dispersés, dissipés.

פֶּרֶד *m.* (avec suff. פִּרְדּוֹ) Mulet (de פָּרַד s'étendre, courir, ou : qui reste séparé, isolé, qui n'engendre point) : רֹכֵב עַל־הַפֶּרֶד II Sam. 18. 9, (Absalon) montait un mulet ; פִּרְדֵיהֶם Esdr. 2. 66, leurs mulets.

פִּרְדָּה *f.* Mule : פִּרְדַּת הַמֶּלֶךְ I Rois 1. 44, la mule du roi.

פְּרֻדוֹת *f. pl.*, douteux : עָבְשׁוּ פְרֻדוֹת Joel 1. 17, les graines pourrissent (sous la terre), de פָּרַד disperser, la semence dispersée, répandue sous terre ; selon d'autres : les tonneaux de vin sèchent.

פַּרְדֵּס *m.* Jardin fruitier et d'agrément : פַּרְדֵּס רִמּוֹנִים Cant. 4. 13, un jardin de délices, rempli de pommes de grenade ; גַּנּוֹת וּפַרְדֵּסִים Eccl. 2. 5, des jardins et des vergers (ou des clos).

פָּרָה Porter, produire, pousser, être fertile, fécond : שֹׁרֶשׁ פֹּרֶה Deut. 29. 17, une racine qui porte, produit (du poison) ; וְנֵצֶר מִשָּׁרָשָׁיו יִפְרֶה Is. 11. 1, et une branche poussera, sortira de ses racines ; כְּגֶפֶן פֹּרִיָּה Ps. 128. 3, comme une vigne fertile ; בֵּן פֹּרָת יוֹסֵף Gen. 49. 22 (pour פֹּרִיָּה *part. fém.*), Joseph est la branche d'(un arbre) fécond ; וְיִפְרוּ־יֶשַׁע Is. 45. 8, et qu'ils produisent le salut ; פְּרוּ וּרְבוּ Gen. 1. 22, croissez et multipliez-vous ; עַד אֲשֶׁר תִּפְרֶה Exod. 23. 30, jusqu'à ce que tu sois fécond, que tu croisses en nombre.

Hiph. Rendre fertile, multiplier : הִפְרַנִי אֱלֹהִים Gen. 41. 52, Dieu m'a rendu fertile, m'a fait croître ; וְהִפְרֵיתִי אֹתוֹ Gen. 17. 20, je le ferai croître, je lui donnerai une nombreuse postérité ; וַיֶּפֶר אֶת־עַמּוֹ מְאֹד Ps. 105. 24, il multiplia extraordinairement son peuple.

פָּרָה *f.* (v. פַּר). Vache : שֶׁבַע פָּרוֹת Gen. 41. 2, sept vaches ; תְּפַלֵּט פָּרָתוֹ Job 21. 10, sa vache met bas ; פָּרוֹת הַבָּשָׁן Amos 4. 1, vaches de Basan, grasses, (femmes nobles luxurieuses de Samarie).

פָּרָה *n. pr.* d'une ville appartenant à la tribu de Benjamin (avec l'*art.* הַפָּרָה), Parah, Jos. 18. 23.

פֶּרֶה (v. פֶּרֶא).

פֻּרָה (branche) *n. pr.* Pourah, serviteur de Gédéon, Jug. 7. 10.

פְּרוּדָא (graine, ou solitaire, ermite) (v. פָּרַד et פְּרֻדוֹת) *n. pr.* Esdr. 2. 54 ; פְּרִידָא Néh. 7. 57.

* פְּרוֹזְדוֹר Parvis ou antichambre : הָעוֹלָם הַזֶּה דּוֹמֶה לִפְרוֹזְדוֹר Aboth, ce monde-ci ressemble, est à comparer, à un parvis, ou à une antichambre (eu égard à l'autre monde).

פְּרוֹזִי (une fois *cheth.* pour *keri*) פְּרָזִים Esth. 9. 19 (v. פְּרָזִי).

פָּרוּחַ (florissant) *n. pr. m.* I Rois 4. 17.

פַּרְוָיִם *n. pr.* d'une contrée : זְהַב פַּרְוָיִם II Chr. 3. 6, l'or de Parvajim ; selon quelques-uns : de l'Orient en général ; selon d'autres, c'est un *adj.* : de l'or très fin, très pur.

פָּרוּר *m.* Pot : וּבִשְּׁלוּ בַּפָּרוּר Nomb. 11. 8, ils faisaient cuire (la manne) dans un pot.

פַּרְוָרִים *m. plur.* Faubourgs : אֲשֶׁר בַּפַּרְוָרִים II Rois 23. 11, qui (était) dans les faubourgs (qui y commandait) (v. פַּרְבָּר).

* פֵּרוּשׁ *m.* צִוִּיתָ פֵרוּשֶׁיהָ Rituel, tu as ordonné les observances, tous les détails de la célébration (du sabbat).

פֵּרוֹת Fruits, dans לַחְפֹּר פֵּרוֹת Is. 2. 20,

un oiseau ou animal qui ronge les fruits (v. חֲפַרְפָּרָה).

פֶּרֶז *m.* Ex. unique : רֹאשׁ פְּרָזָיו Hab. 3. 14, selon les uns : la tête de ses chefs, capitaines; selon les autres : la tête, c.-à-d. les chefs, de ses villages ou villes ouvertes (v. פְּרָזוֹת).

פְּרָזוֹן *m.* Chef ou village : חָדְלוּ פְרָזוֹן Jug. 5. 7, il n'y avait plus de chefs, ou de braves (dans Israel); selon d'autres : il n'y avait plus de villages, de villes, sans murailles (on craignait trop les ennemis pour y demeurer); de même : צִדְקֹת פִּרְזוֹנוֹ 5. 11, les bienfaits de Dieu envers les chefs, ou : des chefs envers la nation; selon d'autres : les bienfaits, la protection, envers les villages, les habitants de la campagne.

פְּרָזוֹת *f. pl.* Villes ou villages sans murailles et dans une plaine : אֶרֶץ פְּרָזוֹת Ez. 38. 11, un pays ouvert, sans muraille, sans défense; פְּרָזוֹת תֵּשֵׁב יְרוּשָׁלִַם Zach. 2. 8, Jérusalem sera une ville ouverte (n'aura plus besoin de murailles).

פְּרָזִי *adj.* מֵעָרֵי הַפְּרָזִי Deut. 3. 5, (sans compter) les villes du campagnard, les bourgs sans murailles; הַיְּהוּדִים הַפְּרָזִים (*keri* הַפְּרוֹזִים) Esth. 9. 19, les Juifs habitant la campagne.

פְּרִזִּי Nom d'un peuple chananéen habitant les montagnes, les Pérézéens, Jos. 11. 3.

פַּרְזֶל chald. *m.* (v. בַּרְזֶל hébr.). Fer : דִּי פַרְזֶל Dan. 2. 33, (ses jambes étaient) de fer; פַּרְזְלָא 35, le fer.

פָּרַח 1° Fleurir, germer, être florissant, faire éruption : הֲפָרְחָה הַגֶּפֶן Cant. 6. 11, si la vigne avait fleuri; תְאֵנָה לֹא־תִפְרָח Hab. 3. 17, le figuier ne fleurira pas; בִּפְרֹחַ רְשָׁעִים כְּמוֹ עֵשֶׂב Ps. 92. 8, lorsque les pécheurs fleurissent, poussent comme l'herbe; יָצִיץ וּפָרַח יִשְׂרָאֵל Is. 27. 6, Israel germera et fleurira; וּפָרַח כָּרֹאשׁ מִשְׁפָּט Osée 10. 4, la justice (les châtiments) germera comme des herbes vénéneuses; וְאִם־פָּרוֹחַ תִּפְרַח הַצָּרַעַת Lév. 13. 12, si la lèpre sort, forme une éruption (sur la peau); וּפָרְחָה בַּבַּיִת 14. 43, (si la plaie) se répand sur la maison (ses murs); לִשְׁחִין פֹּרֵחַ Exod. 9. 9, en des ulcères enflammés (qui se répandent sur la peau). — 2° Étendre les ailes, voler : לְפֹרְחוֹת Ez. 13. 20, (vous surprenez les âmes) pour qu'elles s'envolent (du corps, pour les tuer).

Hiph. 1° Faire fleurir : וְהִפְרַחְתִּי עֵץ יָבֵשׁ Ez. 17. 24, et j'ai fait fleurir, reverdir, l'arbre sec. — 2° *Intrans.* comme *Kal :* בְּחַצְרוֹת אֱלֹהֵינוּ יַפְרִיחוּ Ps. 92. 14, ils fleuriront dans les parvis de notre Dieu; וְאֹהֶל יְשָׁרִים יַפְרִיחַ Prov. 14. 11, mais la tente des justes sera florissante.

פֶּרַח *m.* La fleur qui précède le fruit : וַיֹּצֵא פֶרַח Nomb. 17. 23, il en était sorti des fleurs; וּפִרְחָם כָּאָבָק יַעֲלֶה Is. 5. 24, et leur fleur sera dissipée comme la poussière; וּפֶרַח לְבָנוֹן Nah. 1. 4, et la fleur (des arbres) du Liban, ou : la fleur du Liban, ses arbres; וּפְרָחֶיהָ Exod. 25. 31, et les fleurs d'or qui ornaient le chandelier.

פִּרְחַח *m.* Couvée : עַל־יָמִין פִּרְחַח יָקוּמוּ Job. 30. 12, à ma droite la couvée s'élève, la jeunesse ou la populace s'élève avec insolence contre moi. (v. פָּרַח 2° et אֶפְרֹחַ).

פָּרַט Ex. unique : הַפֹּרְטִים עַל־פִּי הַנָּבֶל Amos 6. 5, qui accordent leur chant, voix, avec le son du nabel (la lyre ou quelque autre instrument) (v. נֵבֶל), ou : qui ouvrent largement (la bouche) (v. פָּרַד, פָּרַס), qui chantent d'une manière désagréable en s'accompagnant avec l'instrument; selon d'autres : qui jouent sur le nabel.

פֶּרֶט *m.* : וּפֶרֶט כַּרְמְךָ Lév. 19. 10, (tu ne dois pas recueillir) les grains tombés de ta vigne, qui tombent de la vigne çà et là pendant la vendange.

פְּרִי *m.* (avec pause פֶּרִי, avec suff. פִּרְיוֹ, פִּרְיוֹ, פִּרְיָם, פֶּרְיָהּ, פִּרְיְכֶם et פְּרִיהֶם, פִּרְיֵךְ, rac. פָּרָה). Fruit : מִפְּרִי הָאֲדָמָה Gen. 4. 3, des fruits de la terre; אֶרֶץ פְּרִי Ps. 107. 34, une terre qui porte du fruit (une terre fertile); עֵץ פְּרִי עֹשֶׂה פְּרִי לְמִינוֹ Gen. 1.11, des arbres fruitiers qui portent des fruits chacun selon son espèce; אִם־תֹּאכַלְנָה נָשִׁים פִּרְיָם Lament. 2.20, les mères doivent-elles manger leurs fruits (enfants)? וּבֵרַךְ פְּרִי־בִטְנְךָ Deut. 7.13, il bénira le fruit de ton ventre (tes enfants); פְּרִי מַעַלְלֵיהֶם יֹאכֵלוּ Is. 3.10, (les justes) recueilleront les fruits de leurs œuvres; פְּרִי מַחְשְׁבֹתָם Jér. 6.19, fruit de leurs pensées (résultat de, châtiment pour, leurs pensées); מִפְּרִי מַעֲשֶׂיךָ Ps. 104.13, (la terre sera rassasiée) des fruits de tes ouvrages, c.-à-d. de la pluie qui tombe du ciel, ou : les habitants de la terre seront rassasiés des fruits des arbres; מִפְּרִי כַפֶּיהָ Prov. 31.16, du fruit de sa main, de son gain; פְּרִי־גֹדֶל לְבַב Is. 10.12, le fruit de l'orgueil (de la jactance, des blasphèmes).

פְּרִידָא *n. pr.* (v. פְּרוּדָא).

פָּרִיץ *adj.* (const. פְּרִיץ, *pl.* פְּרִיצִים). Féroce, violent, voleur : וּפְרִיץ חַיּוֹת Is. 35.9, et la féroce des bêtes (la bête féroce); אָרְחוֹת פָּרִיץ Ps. 17.4, les voies, la conduite, de l'homme violent; בֵּן־פָּרִיץ Ez. 18.10, un fils qui soit violent, voleur; מְעָרַת פָּרִצִים Jér. 7.11, une caverne de voleurs (v. פָּרַץ).

פְּרִיקָה *f.* Action de secouer : מִפְּרִיקַת עֹל Rituel, en (secouant), brisant, le joug (de tes lois).

פְּרִישׁוּת Aboth, abstinence.

פֶּרֶךְ *m.* Dureté, cruauté : בְּפָרֶךְ Exod. 1.13, avec dureté; לֹא־תִרְדֶּה בוֹ בְּפָרֶךְ Lév. 25.43, ne domine pas sur lui avec cruauté, dureté.

פָּרֹכֶת *f.* Voile suspendu dans le temple devant le sanctuaire : פָּרֹכֶת הַמָּסָךְ Exod. 35.12, le voile qui sert de couverture, de rideau (devant l'arche).

פָּרַם Déchirer, découdre; toujours avec בֶּגֶד vêtement : וּבִגְדֵיכֶם לֹא־תִפְרֹמוּ Lév. 10.6, et ne déchirez pas vos vêtements (pour un mort); *part. pass.* : וּפְרֻמִים 13.45, décousus.

פַּרְמַשְׁתָּא *n. pr.* Parmastha, fils de Haman, Esth. 9.9.

פַּרְנַךְ *n. pr.* Parnach, père d'Élisaphan, Nomb. 34.25.

פַּרְנֵס Nourrir. *Pi.* : וּמְפַרְנֵסְתָּא Rituel, qui nous nourrit.

פַּרְנָסָה *f.* (v. פַּרְנֵס). La nourriture, Rituel.

פָּרַס (v. פָּרַשׂ) Briser, partager : פָּרֹס לָרָעֵב לַחְמֶךָ Is. 58.7, briser ton pain à celui qui a faim, lui en donner sa part; וְלֹא־יִפְרְסוּ לָהֶם Jér. 16.7, on ne leur rompra, partagera pas, le pain (quand ils pleureront un mort), ou : on n'étendra pas ses mains pour eux (on ne pleurera pas leurs morts).

Hiph. Fendre : וּמַפְרֶסֶת שֶׁסַע Lév. 11.4, et (des bêtes) dont la corne du pied est fendue; וּפַרְסָה אֵינֶנָּה מַפְרִיס 11.4, et (dont) la corne du pied n'est point fendue; כֹּל מַפְרֶסֶת פַּרְסָה 11.3, (toute bête) pourvue de corne aux pieds (toutes les bêtes à quatre pieds); selon d'autres : tout ce qui fend les cornes (et dont les cornes sont entièrement fendues d'un bout à l'autre); מַקְרִן מַפְרִיס Ps. 69.32, (un bœuf) qui a (pousse) déjà des cornes et des ongles.

פָּרָס *n. pr.* La Perse : מְנֵא מְנֵא תְּקֵל וּפַרְסִין II Chr. 36.22, Cyrus, roi de Perse; de même en chald., Dan. 6.13; de là : הַפַּרְסִי Nêh. 12.22, et chald. פָּרְסָאָה Dan. 6.29, le Perse.

פְּרָס *m.* Salaire, récompense, Aboth.

פְּרַס *chald.* Diviser : פְּרֵס פְּרִיסַת מַלְכוּתָךְ Dan. 5.28, Pharès (signifie) : Ton royaume a été divisé; וּפַרְסִין 5.25, *pl.*, fait allusion à la division du royaume, et à פָּרַס La Perse (v. vers. 28).

פֶּרֶס *m.* Nom d'un oiseau immonde, une espèce d'aigle, griffon ou orfraie, Lév. 11.13.

פַּרְסָה *f.* (v. פָּרַס, *pl.* פְּרָסוֹת, const. פַּרְסוֹת, une fois פַּרְסֵינַה). La corne au pied des animaux, ongle, sabot : לֹא תִשָּׁאֵר פַּרְסָה Exod. 10.26, il ne demeurera pas même un sabot, un ongle, de leurs pieds; שְׁתֵּי פְרָסוֹת Deut. 14.6, deux cornes, c.-à-d. la corne divisée en deux ; פַּרְסוֹת סוּסָיו Is. 5. 28, les sabots de ses chevaux.

פַּרְסִי Un Perse (v. פָּרַס *n. pr.*).

פָּרַע 1° Rejeter, éviter, reculer, dissoudre : וַתִּפְרְעוּ כָל־עֲצָתִי Prov. 1. 25, vous avez rejeté tous mes conseils ; פְּרָעֵהוּ 4. 15, évite, fuis (la voie des méchants) ; פּוֹרֵעַ מוּסָר 13. 18, celui qui évite, qui hait, la discipline, l'instruction ; לֹא־אֶפְרַע וְלֹא־אָחוּס Ez. 24. 14, je ne reculerai, ne reviendrai pas, sur ce que j'ai dit, résolu, et je n'épargnerai pas ; כִּי פָרֻעַ הוּא כִּי־פְרָעֹה אַהֲרֹן Exod. 32. 25, que (le peuple) était effréné, car Aaron l'avait rendu effréné, l'avait désorganisé, dissous ; selon d'autres : qu'il était tout nu, car Aaron l'avait mis à nu, c.-à-d. l'avait montré dans toute sa honte, avec tous ses vices (v. 2°). — 2° Découvrir (en rejetant, enlevant, les habits) : וּפָרַע אֶת־רֹאשׁ הָאִשָּׁה Nomb. 5. 18, il découvrira la tête de la femme (enlèvera ce qui lui enveloppe, cache, les cheveux) ; רָאשֵׁיכֶם אַל־תִּפְרָעוּ Lév. 10. 6, vous ne découvrirez pas votre tête ; וְרֹאשׁוֹ יִהְיֶה פָרוּעַ 13. 45, sa tête sera découverte, nue ; (d'autres traduisent, en sens opposé, פָּרַע רֹאשׁ laisser pousser les cheveux, ne pas les couper : il était défendu aux lépreux et à ceux qui sont en deuil de se raser, de se couper les cheveux ; mais aux prêtres il était défendu de prendre le deuil) (v. Lév. 10. 6, 21. 10). — 3° בִּפְרֹעַ פְּרָעוֹת בְּיִשְׂרָאֵל Jug. 5. 2, lorsque les désordres régnaient en Israel, ou : lorsque des invasions eurent lieu, que les ennemis firent irruption de tous côtés ; selon d'autres : la vengeance fut exercée ; Gesenius : lorsque les princes, les premiers en Israel, marchèrent en avant, se mirent à la tête.

Niph. : יִפָּרַע עָם Prov. 29. 18, (sans prophétie) le peuple s'égarera, se dissipera, sera sans frein ; * הַנִּפְרָע לָנוּ מִצָּרֵינוּ Rituel, qui nous a vengés de nos ennemis (v. *Kal* 3°).

Hiph. 1° Faire interrompre, détourner : תַּפְרִיעוּ אֶת־הָעָם מִמַּעֲשָׂיו Exod. 5. 4, (pourquoi) détournez-vous le peuple de ses ouvrages ? — 2° Rendre dissipé : כִּי הִפְרִיעַ בִּיהוּדָה II Chr. 28. 19, parce qu'il avait rendu Juda dissipé, dissolu, ou : montré dans sa nudité (v. *Kal* 1° et 2°).

פֶּרַע *m.* Action de croître : גַּדֵּל פֶּרַע שְׂעַר רֹאשׁוֹ Nomb. 6. 5, laisser croître librement les cheveux de sa tête (sans les couper) (v. פָּרַע 2°) ; selon d'autres, פֶּרַע שְׂעַר les boucles des cheveux : וּפֶרַע לֹא יְשַׁלֵּחוּ Ez. 44. 20, et ils ne laisseront pas (non plus) croître leurs cheveux (ou boucles) (pour פֶּרַע שְׂעָרָם).

פְּרָעוֹת *f. plur.* : בִּפְרֹעַ פְּרָעוֹת Jug. 5. 2 (v. à פָּרַע 3°), les désordres, ou les invasions, ou la vengeance ; מֵרֹאשׁ פַּרְעוֹת אוֹיֵב Deut. 32. 42, depuis le commencement des invasions de l'ennemi, ou : de la vengeance (exercée sur) l'ennemi ; selon d'autres : de la tête blessée, brisée ; Gesenius : de la tête des chefs, des princes, de l'ennemi (v. פָּרַע 3°).

פַּרְעֹה *n. pr.* Titre donné aux anciens rois d'Égypte : שָׂרֵי פַרְעֹה Gen. 12. 15, les princes (de la cour) de Pharaon ; suivi de מֶלֶךְ מִצְרַיִם roi d'Égypte, II Rois 17. 7 ; quelquefois suivi d'un autre *nom* : פַּרְעֹה נְכֹה II Rois 23. 29, Pharaon Nechao ; פַּרְעֹה חָפְרַע Jér. 44. 30, Pharaon Hophra.

* **פֻּרְעָנוּת** *f.* Punition, châtiment, Aboth (v. פְּרָעוֹת).

פַּרְעֹשׁ *m.* Puce : אַחֲרֵי פַּרְעֹשׁ אֶחָד I Sam. 24. 15, (tu poursuis) une puce (un homme trop faible, trop peu important, pour attirer ta haine).

פַּרְעֹשׁ *n. pr.* Esdr. 2. 3.

פִּרְעָתוֹן *n. pr.* d'une ville de la tribu d'Éphraïm : הַפִּרְעָתוֹנִי Jug. 12. 15, de Pirathon.

פַּרְפַּר *n. pr.* d'un petit fleuve qui coule près de Damas, le Parpar, II Rois 5. 12.

פִּרְפְּרָאוֹת *f. plur.* : פַּרְפְּרָאוֹת לַחָכְמָה Aboth, des sciences préparatoires, ou : des connaissances agréables.

פָּרַץ (*fut.* יִפְרֹץ) 1° Détruire, briser, abattre : פָּרֹץ גְּדֵרוֹ Is. 5. 5, (je vais) détruire son mur ; עָלָה הַפֹּרֵץ לִפְנֵיהֶם Mich. 2. 13, celui qui brise, détruit (les murs, les portes), marche devant eux ; עֵת לִפְרוֹץ Eccl. 3. 3, (il y a) un temps d'abattre ; וַיִּפְרֹץ בְּחוֹמַת יְרוּשָׁלַ‍ִם II Rois 14. 13, il fit une brèche à la muraille de Jérusalem ; עִיר פְּרוּצָה Prov. 25. 28, une ville dont la muraille a été détruite. — 2° Presser, poursuivre, frapper, attaquer : פֶּן־יִפְרֹץ בָּהֶם יְיָ Exod. 19. 22, de peur que Dieu ne les frappe (de mort) ; עַל אֲשֶׁר פָּרַץ יְיָ פֶּרֶץ בְּעֻזָּה II Sam. 6. 8, de ce que Dieu avait frappé Oza d'un malheur, châtiment ; avec l'*accus.*: יִפְרְצֵנִי פֶרֶץ עַל־פְּנֵי־פָרֶץ Job 16. 14, il me déchire, (me fait) plaie sur plaie, ou attaque sur attaque ; פָּרַץ נַחַל 28. 4, il a percé un torrent, il a précipité un torrent (de feu, de métal, sur la terre); selon d'autres : si le torrent déborde ; פָּרָצוּ Osée 4. 2, ils usent de violence (de là פָּרִיץ).— En bonne part, presser, insister par des prières (v. פָּצַר) : וַיִּפְרָץ־בּוֹ II Sam. 13. 25, il lui fit de grandes instances ; וַיִּפְרְצוּ־בוֹ עֲבָדָיו II Sam. 28. 23, mais ses serviteurs insistèrent auprès de lui, le contraignirent (de manger). — 3° Disperser, s'étendre, croître : פָּרַץ יְיָ אֶת־אֹיְבַי לְפָנַי II Sam. 5. 20, Dieu a dispersé mes ennemis de devant moi ; פְּרַצְתָּנוּ Ps. 60. 2, tu nous a dispersés ; ou, le sens 1° : tu nous a abattus, détruits ; וּפָרַצְתָּ Gen. 28. 14, tu t'étendras (à l'occident et à l'orient) ; הִזְנוּ וְלֹא יִפְרֹצוּ Osée 4. 10, ils sont tombés dans la fornication, mais ils n'en croissent pas, n'en ont pas plus d'enfants ; וַיִּפְרֹץ לָרֹב Gen. 30. 30, cela s'est accru de beaucoup ; וַיִּפְרֹץ הָאִישׁ 30. 43, cet homme s'étendit, devint riche ; וְכִפְרֹץ הַדָּבָר II Chr. 31. 5, lorsque la chose fut répandue, que l'ordre du roi fut connu ; יְקָבֶיךָ יִפְרֹצוּ Prov. 3. 10, tes pressoirs déborderont, regorgeront (de vin). .

Niph. : אֵין חָזוֹן נִפְרָץ I Sam. 3. 1, la prophétie n'était pas répandue, était rare ; ou : n'était pas révélée.

Pou. part.: וְחוֹמַת יְרוּשָׁלַ‍ִם מְפֹרָצֶת Néh. 1. 3, et la muraille de Jérusalem est détruite.

Hithph. : עֲבָדִים הַמִּתְפָּרְצִים I Sam. 25. 10, des serviteurs qui s'arrachent de la servitude, qui fuient (leurs maîtres).

פֶּרֶץ *m.* (*pl.* פְּרָצִים et פְּרָצוֹת). 1° Brèche, ouverture : סָגַר אֶת־פֶּרֶץ עִיר I Rois 11. 27, il a fermé l'endroit ouvert de la ville, la brèche ; כְּפֶרֶץ נֹפֵל Is. 30. 13, comme un mur entr'ouvert, qui menace ruine ; וּפְרָצִים תֵּצֶאנָה Amos 4. 3, vous sortirez par les brèches des murailles ; כְּפֶרֶץ רָחָב Job 30. 14, (ils sont arrivés) comme par une large brèche ; עָמַד בַּפֶּרֶץ Ps. 106. 23, (Moïse) s'est présenté sur la brèche (pour détourner le malheur), ou : avec la prière (v. פָּרַץ 2°). — 2° Malheur, défaite : עָשָׂה יְיָ פֶּרֶץ Jug. 21. 15, Dieu a fait une brèche, a fait périr ; אֵין פֶּרֶץ Ps. 144. 14, il n'y a pas de défaite, ou de brèche ; de là *n. pr.*: פֶּרֶץ עֻזָּה II Sam. 6. 8, le malheur, le châtiment, d'Oza ; פֶּרֶץ עַל־פְּנֵי־פָרֶץ Job 16. 14, attaque sur attaque, ou : plaie sur plaie ; כְּפֶרֶץ מָיִם II Sam. 5. 20, comme l'éruption des eaux, comme des flots qui se répandent, dispersent.

פֶּרֶץ (rupture) *n. pr.* Pérès, fils de Juda, Gen. 38. 29 ; *n. patr.* : פַּרְצִי Nomb. 26. 20.

פָּרַק 1° Briser, déchirer : וּפָרַקְתָּ עֻלּוֹ Gen. 27. 40, tu briseras (secoueras) son joug (de dessus ton cou) ; פֹּרֵק וְאֵין מַצִּיל Ps. 7. 3, (un lion) qui brise les os, qui déchire, sans qu'il y ait personne qui sauve. — 2° Briser les liens, tirer du danger, délivrer : וַיִּפְרְקֵנוּ מִצָּרֵינוּ Ps. 136. 24, et (qui) nous a délivrés de nos ennemis ; פֹּרֵק אֵין מִיָּדָם Lament. 5. 8, personne ne nous rachète, délivre, d'entre leurs mains.

Pi. : פָּרְקוּ נִזְמֵי הַזָּהָב Exod. 32. 2, (arrachez), ôtez (à vos femmes), les pendants d'oreilles d'or; וּפַרְסֵיהֶן יְפָרֵק Zach. 11. 16, et il leur rompra la corne des pieds; מְפָרֵק הָרִים I Rois 19. 11, (un vent) qui brise, renverse, les montagnes.

Hithph.: הִתְפָּרְקוּ וְיָבֵשׁוּ Ez. 19. 12, (les branches) ont été brisées, et sont devenues toutes sèches; וַיִּתְפָּרְקוּ כָּל־הָעָם Exod. 32. 3, tout le peuple s'arracha, se dépouilla (des pendants d'oreilles); ° יִתְפָּרְקוּן Rituel, qu'ils soient délivrés (de tout mal).

פְּרַק chald. Racheter : וַחֲטָיָךְ בְּצִדְקָה פְרֻק Dan. 4. 24, rachète tes péchés par des bienfaits, des aumônes (v. פָּרַק 2°).

פָּרָק *m.* Jus : וּפְרַק פִּגֻּלִים Is. 65. 4, (*keri* מְרַק), et le jus (de la chair) d'animaux abominables, immondes (v. מָרַק).

פֶּרֶק *m.* 1° Rapine : פֶּרֶק מְלֵאָה Nah. 3. 1, (une ville) pleine de rapines (de פָּרַק *Pi.*, arracher). — 2° וְאַל־תַּעֲמֹד עַל־הַפֶּרֶק Obad. 14, et tu ne te tiendras pas sur le chemin qui fourche (de פָּרַק briser, se bifurquer). — 3° ° פֶּרֶק Fraction, chapitre d'un livre, époque de l'année, Aboth.

° **פְּרַקְלִיט** *m.* Défenseur, Aboth.

פָּרַר (v. פּוּר).

פָּרַשׂ (*fut.* יִפְרֹשׂ) 1° Briser (v. פָּרַס): וּפָרְשׂוּ כַּאֲשֶׁר בַּסִּיר Mich. 3. 3, et ils les ont brisés, hachés, comme ce que l'on fait cuire dans un pot; פֹּרֵשׂ אֵין לָהֶם Lament. 4. 4, personne ne leur brise du pain, ne leur en donne. — 2° Etendre, élever : וּפָרְשׂוּ בֶגֶד Nomb. 4. 6, ils étendront un drap; בַּל־פָּרְשׂוּ נֵס Is. 33. 23, ils ne peuvent pas étendre les voiles; פֹּרְשֵׂי כְנָפַיִם Exod. 25. 20, tenant les ailes étendues; אֶפְרֹשׂ אֶת־כַּפַּי אֶל־יְיָ Exod. 9. 29, j'étendrai mes mains (je les élèverai) vers l'Éternel; וַנִּפְרֹשׂ כַּפֵּינוּ לְאֵל זָר Ps. 44. 21, si nous avons étendu nos mains vers un dieu étranger; כַּפָּהּ פָּרְשָׂה לֶעָנִי Prov. 31. 20, elle tend sa main au pauvre (pour le secourir); ou, dans le sens 1°: sa main brise, donne, (le pain) au pauvre; יָדוֹ פָּרַשׂ צָר Lament. 1. 10, l'ennemi a porté sa main (à tout ce qu'elle avait de précieux); וּכְסִיל יִפְרֹשׂ אִוֶּלֶת Prov. 13. 16, l'insensé étend (devant les autres) sa folie, la fait voir.

Niph.: לְכָל־רוּחַ יִפָּרֵשׂוּ Ez. 17. 21, ils seront dispersés de tous côtés.

Pi. 1° Même sens que *Kal* 2°: וּבְפָרִשְׂכֶם כַּפֵּיכֶם Is. 1. 15, et lorsque vous étendrez, élèverez, vos mains (pour prier); וּפֵרַשׂ יָדָיו 25. 11, (Dieu) étendra sa main (pour punir Moab); פֵּרְשָׂה צִיּוֹן בְּיָדֶיהָ Lament. 1. 17, Sion a étendu ses mains; selon d'autres : Sion se brise, se donne, le pain de ses propres mains (parce que personne ne vient la consoler, pleurer avec elle, v. פָּרַס). — 2° Disperser (v. *Niph.*) : פֵּרַשְׂתִּי אֶתְכֶם Zach. 2. 10, je vous ai dispersés; בְּפָרֵשׂ שַׁדַּי Ps. 68. 15, lorsque le Tout-Puissant dispersa, ou brisa, extermina (les rois)

פָּרַשׁ *Kal.* Ex. unique : לִפְרֹשׁ לָהֶם עַל־פִּי יְיָ Lév. 24. 12, jusqu'à ce qu'il leur fût indiqué clairement selon l'ordre de Dieu (qu'ils eussent su ce que Dieu en ordonnerait).

Niph.: צֹאנוֹ נִפְרָשׁוֹת Ez. 34. 12, ses brebis dispersées (v. פָּרַשׂ).

Pou.: כִּי לֹא פֹרַשׁ Nomb. 15. 34, car il n'avait pas été dit, indiqué, clairement, il n'avait pas été fixé; וַיִּקְרְאוּ בַסֵּפֶר — מְפֹרָשׁ Néh. 8. 8, ils lurent dans le livre (de la loi de Dieu) distinctement.

Hiph.: וּכְצִפְעֹנִי יַפְרִשׁ Prov. 23. 32, et il pique, blesse, comme un basilic.

פְּרַשׁ chald. Rendre distinct, clair (v. פָּרַשׁ hébr. *Pou.*). *Pa.*: מְפָרַשׁ קֱרִי קָדָמָי Esdr. 4. 18, (la lettre) a été lue distinctement, exactement, devant moi.

פָּרָשׁ *m.* (*pl.* פָּרָשִׁים; v. *Hiph.* de פָּרַשׁ qui pique le cheval). 1° Cavalier : מִקּוֹל פָּרָשׁ Jér. 4. 29, par le bruit de la cavalerie; פָּרָשׁ מַעֲלֶה Nah. 3. 3, des cavaliers qui lèvent (des épées brillantes); עַל־רִכְבּוֹ וְעַל־פָּרָשָׁיו Exod. 14. 26, sur leurs chariots et sur leurs cavaliers; צֶמֶד פָּרָשִׁים Is. 21. 7, (une paire) deux cavaliers. — 2° Cheval de selle : סוּסִים וּפָרָשִׁים Ez. 27. 14, des chevaux (de somme) et des chevaux de selle ; וּשְׁנֵים־עָשָׂר אֶלֶף פָּרָשִׁים I Rois 5. 6, et douze mille chevaux de selle (d'autres traduisent partout : des cavaliers) ; וּבַעֲלֵי הַפָּרָשִׁים II Sam. 1. 6, et les cavaliers ; וּפָרָשָׁיו לֹא יְדֻקֶּנּוּ Is. 28. 28, mais ses chevaux, ou ses cavaliers, ne le brisent, broient pas ; selon d'autres : וּפְרָשָׁיו les pointes, les ongles de fer, du chariot, de la herse (v. vers. 27).

פֶּרֶשׁ *m.* Excrément : וְאֶת־פִּרְשׁוֹ Exod. 29. 14, et ses excréments ; וְזֵרִיתִי פֶרֶשׁ עַל־פְּנֵיכֶם Mal. 2. 3, je vous jetterai sur le visage les ordures, les excréments, de vos sacrifices solennels.

פֶּרֶשׁ *n. pr. m.* I Chr. 7. 16.

פָּרָשָׁה *f.* Indication, exposition, exacte : וְאֵת פָּרָשַׁת הַכֶּסֶף Esth. 4. 7, et l'indication exacte de la somme d'argent ; וּפָרָשַׁת גְּדֻלַּת מָרְדֳּכַי 10. 2, et l'exposition exacte, distincte, de la grandeur de Mardochée, ou : l'extension de sa grandeur, sa haute puissance.

פַּרְשֶׁגֶן et **פַּתְשֶׁגֶן** *m.*, hébr. et chald. Copie : דְּנָה פַּרְשֶׁגֶן אִגַּרְתָּא Esdr. 4. 11, et ceci est la copie de la lettre ; וְזֶה פַּרְשֶׁגֶן הַנִּשְׁתְּוָן 7. 11, voici la copie de la lettre ; פַּתְשֶׁגֶן הַכְּתָב Esth. 3. 14, une copie de l'édit.

פַּרְשְׁדֹן *m.*, douteux : וַיֵּצֵא הַפַּרְשְׁדֹנָה Jug. 3. 22, de sorte que les excréments sortirent, s'écoulèrent, ou : l'épée pénétra jusqu'aux boyaux (qui contiennent les excréments) (v. פֶּרֶשׁ) ; selon d'autres : Ehud sortit, alla à un endroit dans le palais appelé Parsedon.

פַּרְשֵׁז Répandre : פַּרְשֵׁז עָלָיו עֲנָנוֹ Job 26. 9, il répand sur lui (sur son trône) ses nuages, il l'entoure de ses nuages (v. פָּרַשׂ).

פַּרְשַׁנְדָּתָא *n. pr.* Parsandatha, fils de Haman, Esth. 9. 7.

פְּרָת *n. pr.* d'un fleuve, l'Euphrate ; נְהַר־פְּרָת Gen. 15. 18, le fleuve d'Euphrate ; לֵךְ פְּרָתָה Jér. 13. 5, va au bord de l'Euphrate.

פֹּרָת *part. fém.* (v. פָּרָה *verbe*).

פַּרְתְּמִים *m. plur.* Les premiers dans l'État, les nobles, chez les Perses, Esth. 1. 3, 6. 9 ; aussi chez les Juifs : וּמִן־הַפַּרְתְּמִים Dan. 1. 3, et d'entre les nobles.

פָּשָׂה Se répandre ; seulement de la lèpre : לֹא־פָשָׂה הַנֶּגַע בָּעוֹר Lév. 13. 5, (si) la lèpre ne s'est point répandue davantage sur la peau ; וְאִם־פָּשֹׂה תִפְשֶׂה הַמִּסְפַּחַת vers. 7, mais si la dartre s'étend, augmente.

פָּשַׂע Marcher sur, fouler : אֶפְשְׂעָה בָהּ Is. 27. 4, je marcherais sur elle, je la foulerais aux pieds (v. מִפְשָׂעָה le haut des cuisses).

פֶּשַׂע *m.* Un pas : כִּי כְפֶשַׂע בֵּינִי וּבֵין הַמָּוֶת I Sam. 20. 3, qu'il n'y a qu'un pas entre moi et la mort.

פָּשַׂק Ouvrir largement : פֹּשֵׂק שְׂפָתָיו Prov. 13. 3, qui ouvre largement ses lèvres (qui dit des paroles inconsidérées).

Pi. : וַתְּפַשְּׂקִי אֶת־רַגְלַיִךְ Ez. 16. 25, tu as ouvert, écarté, tes jambes (à tous les passants, tu t'es abandonnée à eux).

פַּשׁ douteux : וְלֹא־יָדַע בַּפַּשׁ מְאֹד Job 35. 15, selon les uns, rac. פּוּשׁ quantité : Job ne le reconnaît pas par la quantité de (ses erreurs), ou : Dieu fait comme s'il ignorait la quantité (des péchés ou des paroles inconsidérées de Job) ; selon les autres, פַּשׁ pour פֶּשַׁע : Dieu ne connaît pas, ne punit pas, les péchés, les crimes, מְאֹד sévèrement, avec sévérité.

פָּשַׁח Ex. unique. *Pi.* : וַיְפַשְּׁחֵנִי Lam. 3. 11, il m'a déchiré, brisé.

פַּשְׁחוּר *n. pr.* 1° Pashur, fils d'Immer, prêtre, Jér. 20. 1 (v. la signification vers. 3, composé de פַּשׁ quantité et חוּר libre, une grande liberté ; opposé au nom מָגוֹר מִסָּבִיב la frayeur de toutes parts). — 2° Pashur, fils de Malchiah, Jér. 21. 1. — 3° Esdr. 2. 38.

פָּשַׁט 1° Se répandre, se jeter sur,

faire irruption, invasion : וַיִּפְשְׁטוּ בָּעֵמֶק I Chr. 14. 13, (les Philistins) se répandirent dans la vallée; יֶלֶק פָּשַׁט Nah. 3. 16 (comme) la sauterelle qui ouvre ses ailes, ou : comme les sauterelles ou les hannetons qui se répandent, qui couvrent la terre; וַיִּפְשְׁטוּ עַל־הַגְּמַלִּים Job 1.17, ils se sont jetés sur les chameaux (pour les enlever); וּפָשַׁטְתָּ עַל־הָעִיר Jug. 9. 33, tu te répandras, tu viendras fondre, sur la ville; suivi de אֶל : וַיִּפְשְׁטוּ אֶל־הַגְּשׁוּרִי I Sam. 27. 8, ils firent une invasion dans Gessuri; de ב : וַיִּפְשְׁטוּ בְּעָרֵי יְהוּדָה II Chr. 25. 13, ils firent une invasion dans les villes de Juda; de l'*acc.*: אֲנַחְנוּ פָּשַׁטְנוּ נֶגֶב הַכְּרֵתִי I Sam. 30. 14, nous avons fait une irruption dans la partie méridionale des Céréthiens.— 2° Étendre (un habit), c.-à-d. l'ôter, le quitter; וּפָשַׁט אֶת־בְּגָדָיו Lév. 6. 4, il quittera ses (premiers) vêtements; פָּשַׁטְתִּי אֶת־כֻּתָּנְתִּי Cant. 5. 3, je me suis dépouillée de ma robe; seul : פְּשֹׁטָה Is. 32. 11, ôtez, quittez (vos vêtements).

Pi. : לְפַשֵּׁט אֶת־הַחֲלָלִים I Sam. 31. 8, pour dépouiller ceux qui avaient été tués; אַךְ לְפַשֵּׁט II Sam. 23. 10, seulement pour dépouiller (les morts).

Hiph. 1° Dépouiller, faire ôter : פֶּן־אַפְשִׁיטֶנָּה עֲרֻמָּה Osée 2. 5, de peur que je ne la dépouille, que je ne la déshabille toute nue; וַיַּפְשִׁיטוּ אֶת־כֵּלָיו I Sam. 31. 9, il lui ôtèrent ses armes; avec deux *accus.* : וְהַפְשֵׁט אֶת־אַהֲרֹן אֶת־בְּגָדָיו Nomb. 20. 26, et fais qu'Aaron se dépouille de ses vêtements; כְּבוֹדִי מֵעָלַי הִפְשִׁיט Job. 19. 9, il m'a dépouillé de ma gloire. — 2° Oter la peau (des animaux) : וְהִפְשִׁיט אֶת־הָעֹלָה Lév. 1. 6, on ôtera la peau de l'holocauste; וְהַלְוִיִּם מַפְשִׁיטִים II Chr. 35. 11, et les lévites ôtèrent la peau, écorchèrent les victimes; וְעוֹרָם מֵעֲלֵיהֶם הִפְשִׁיטוּ Mich. 3. 3, ils leur ont arraché la peau.

Hithph. : וַיִּתְפַּשֵּׁט יְהוֹנָתָן אֶת־הַמְּעִיל I Sam. 18. 4, Jonathan se dépouilla du manteau, ôta son manteau.

פָּשַׁע Faire défection, se soulever, violer, transgresser : וַיִּפְשַׁע מוֹאָב בְּיִשְׂרָאֵל II Rois 1. 1, Moab fit défection à Israel, secoua le joug d'Israel; מֶלֶךְ מוֹאָב פָּשַׁע בִּי 3. 7, le roi de Moab s'est soulevé contre moi; וַיִּפְשַׁע אֱדוֹם מִתַּחַת יַד־יְהוּדָה 8. 22, Edom se retira de dessous la puissance de Juda, secoua le joug de Juda; וְהֵם פָּשְׁעוּ בִי Is. 1. 2, mais ils se sont révoltés contre moi; בַּיְיָ אֱלֹהַיִךְ פָּשָׁעַתְּ Jér. 3. 13, tu t'es révoltée contre l'Éternel ton Dieu, tu as violé sa loi; יִפְשַׁע־גָּבֶר Prov. 28. 21, (que pour un morceau de pain) l'homme commette des péchés; וְעַל־תּוֹרָתִי פָּשָׁעוּ Osée 8. 1, ils ont violé ma loi. *Part.* : פֹּשְׁעִים וְחַטָּאִים Is. 1. 28, les transgresseurs de la loi et les pécheurs; כְּהָתֵם הַפֹּשְׁעִים Dan. 8. 23, lorsque le nombre des transgresseurs, des impies, sera complet; selon d'autres, *subst.* comme הַפְּשָׁעִים : lorsque les iniquités, ou les châtiments de leurs iniquités, seront au comble.

Niph. : אָח נִפְשָׁע מִקִּרְיַת־עֹז Prov. 18. 19, un frère offensé (par son frère est plus dur, plus difficile à gagner) qu'une ville forte, ou : des frères qui se sont désunis, brouillés, sont plus durs, etc.

פֶּשַׁע *m.* (avec suff. פִּשְׁעִי, *pl.* פְּשָׁעִים). Défection, crime, transgression, péché : בְּפֶשַׁע אֶרֶץ Prov. 28. 2, lors du soulèvement, de la révolte, d'un pays, ou : à cause des péchés d'un peuple (les chefs, ses maîtres, augmentent); פֶּשַׁע אַחֶיךָ Gen. 50. 17, le crime, le méfait, de tes frères; שְׁלֹשָׁה פִּשְׁעֵי עַזָּה Amos 1. 6, les trois péchés de Gaza; מָחִיתִי כָעָב פְּשָׁעֶיךָ Is. 44. 22, j'ai effacé tes transgressions comme une nuée qui passe; לְכַלֵּא הַפֶּשַׁע Dan. 9. 24, pour faire cesser les transgressions, ou la punition des transgressions; הַאֶתֵּן בְּכוֹרִי פִּשְׁעִי Mich. 6. 7, sacrifierai-je mon fils aîné pour mes péchés, ou : comme sacrifice expiatoire de mes péchés?

פְּשַׁר chald. Expliquer, interpréter (v. hébr. פָּתַר et פֵּשֶׁר): דִּי־תִכּוּל פִּשְׁרִין לְמִפְשַׁר Dan. 5. 16, que tu peux expliquer, (donner) les explications, interprétations. *Pa.* : מְפַשַּׁר חֶלְמִין 5. 12, interprétant les songes.

פְּשַׁר (*emph.* פִּשְׁרָא, *plur.* פִּשְׁרִין) *m.* chald. Explication, interprétation : וּפִשְׁרָא נְחַוֵּא Dan. 2. 4, et nous dirons l'interprétation; חֶלְמָא וּפִשְׁרֵהּ 2. 6, le songe et son interprétation.

פֵּשֶׁר *m.* Explication : וּמִי יוֹדֵעַ פֵּשֶׁר דָּבָר Eccl. 8. 1, et qui connaît l'explication, l'éclaircissement, des choses (ou des paroles des prophètes).

פִּשְׁתָּה *f.* (avec suff. פִּשְׁתִּי, *pl.* פִּשְׁתִּים, const. פִּשְׁתֵּי). 1° Lin, chanvre : וְהַפִּשְׁתָּה וְהַשְּׂעֹרָה נֻכָּתָה Exod. 9. 31, et le lin et l'orge furent frappés (gâtés de la grêle); בְּבֶגֶד פִּשְׁתִּים Lév. 13. 47, à un vêtement de lin; בְּפִשְׁתֵּי הָעֵץ Jos. 2. 6 (comme עֲצֵי הַפִּשְׁתִּים) sous des tiges, ou des bottes de lin, ou de chanvre; selon d'autres : sous le lin de l'arbre, c.-à-d. sous le coton. — 2° La mèche faite de lin ou de coton : וּפִשְׁתָּה כֵהָה Is. 42. 3, et une mèche qui brûle faiblement.

פַּת *f.* (rac. פָּתַת, avec suff. פִּתִּי, *plur.* פִּתִּים). Morceau : פַּת־לֶחֶם Gen. 18. 5, un morceau de pain; וְאֹכַל פִּתִּי לְבַדִּי Job 31. 17, si j'ai mangé seul mon morceau de pain; פַּת חֲרֵבָה Prov. 17. 1, un morceau de pain sec; מַשְׁלִיךְ קַרְחוֹ כְפִתִּים Ps. 147. 17, il fait tomber sa glace comme par morceaux.

פֹּת douteux : וַיהוָה פָּתְהֵן יְעָרֶה Is. 3. 17, l'Éternel découvrira leurs parties honteuses; selon d'autres, pour פַּאְתְהֵן : leurs cheveux (v. פֵּאָה). *Plur.* : וְהַפֹּתוֹת לְדַלְתוֹת הַבַּיִת I Rois 7. 50, et les gonds des portes de la maison; selon d'autres : les clefs (rac. פתח).

פְּתָאִים (v. פְּתִי).

פִּתְאֹם (v. פֶּתַע) *adv.* Soudain, subitement, aussitôt : וַיֹּאמֶר יְיָ פִּתְאֹם Nomb. 12. 4, Dieu parla aussitôt (à Moïse); וַיָּבֹא — יְהוֹשֻׁעַ פִּתְאֹם Jos. 10. 9, Josué arriva subitement; מִפַּחַד פִּתְאֹם Prov. 3. 25, d'une frayeur soudaine. Souvent après פֶּתַע : בְּפֶתַע פִּתְאֹם Nomb. 6. 9, פִּתְאֹם לְפֶתַע Is. 29. 5, et לְפֶתַע פִּתְאֹם 30. 13, tout d'un coup, subitement et à l'imprévu; כִּי בְפִתְאֹם הָיָה הַדָּבָר II Chr. 29. 36, car la chose arriva (la résolution fut prise) subitement, tout d'un coup.

פַּתְבַּג *m.* (v. פַּת et בַּג, ou d'origine perse). Mets délicat, viande délicate : מִפַּתְבַּג הַמֶּלֶךְ Dan. 1. 5, des mets délicats du roi (de la table du roi), ou : des portions des mets du roi; נֹשֵׂא אֶת־פַּתְבָּגָם 1. 16, (l'intendant) enleva leurs mets délicats, ou leurs portions des viandes.

פִּתְגָם *m.* Édit, sentence : פִּתְגָם הַמֶּלֶךְ Esth. 1. 20, l'édit du roi; אֲשֶׁר אֵין־נַעֲשָׂה פִתְגָם Eccl. 8. 11, parce que la sentence n'est pas exécutée.

פִּתְגָם chald. *m.* (*emphat.* פִּתְגָמָא). Édit, parole, lettre : עַל־דְּנָה פִּתְגָם Dan. 3. 16, sur ou à cette parole; פִּתְגָמָא שְׁלַח מַלְכָּא Esdr. 4. 17, le roi envoya une réponse, ou un édit; פִּתְגָמָא שְׁלַחוּ עֲלוֹהִי Esdr. 5. 7, ils lui envoyèrent une lettre.

פָּתָה (v. פָּתַח) 1° Ouvrir : וּלְפֹתֶה שְׂפָתָיו Prov. 20. 19, à l'homme qui ouvre toujours ses lèvres, qui parle toujours, le bavard, ou : qui persuade avec ses lèvres, l'homme insinuant, flatteur. — 2° Être ouvert, recevoir facilement les impressions, se laisser séduire : פֶּן־יִפְתֶּה לְבַבְכֶם Deut. 11. 16, que votre cœur ne se laisse pas séduire; וַיִּפְתְּ בַּסֵּתֶר לִבִּי Job 31. 27, si mon cœur a été séduit en secret; וּפֹתֶה Job 5. 2, *part.*, et le simple, ou : celui dont l'esprit, le désir, est ouvert à toutes les choses, l'envieux; כְּיוֹנָה פוֹתָה Osée 7. 11, comme une colombe simple, facile à prendre, à séduire.

Niph. : פִּתִּיתַנִי יְיָ וָאֶפָּת Jér. 20. 7, tu m'as persuadé, Éternel, et j'ai été séduit, trompé (dans mes espérances); אִם־נִפְתָּה לִבִּי עַל־אִשָּׁה Job 31. 9, si j'ai été séduit par ou pour une femme.

Pi. Persuader, séduire, flatter, tromper : פִּתִּיתַנִי Jér. 20. 7, tu m'as persuadé; מִי יְפַתֶּה אֶת־אַחְאָב I Rois 22. 20, qui veut séduire Achab; פַּתִּי אֶת־אִישֵׁךְ Jug. 14. 15, persuade ton mari, gagne sa confiance; וְכִי־יְפַתֶּה אִישׁ בְּתוּלָה Exod. 22. 15, si quelqu'un séduit une vierge;

וַיְפַתּוּהוּ בְּפִיהֶם Ps.78.36, ils le flattaient de leur bouche (en paroles); וַהֲפִתִּיתָ בִּשְׂפָתֶיךָ Prov. 24. 28 (הֲ *interrogatif*), est-ce que tu tromperais (ne trompe pas) par tes lèvres?

Pou.: יְפֻתֶּה קָצִין Prov. 25. 15, le prince se laisse persuader, fléchir; וְהַנָּבִיא כִּי־יְפֻתֶּה Ez. 14. 9, et le prophète qui se laisse tromper.

Hiph. : יַפְתְּ אֱלֹהִים לְיֶפֶת Gen. 9. 27 (pour יַפְתֶּה), Dieu élargira l'espace, étendra les possessions, de Japhet.

פְּתוּאֵל *n. pr.* Pethuel, père du prophète Joel, Joel 1. 1.

פִּתּוּחַ *m.* (rac. פָּתַח, *plur.* פִּתּוּחִים, const. פִּתּוּחֵי). Gravure, figure gravée: וּלְפַתֵּחַ כָּל־פִּתּוּחַ II Chr. 2. 13, et (il sait) graver toutes sortes de figures; הִנְנִי מְפַתֵּחַ פִּתֻּחָהּ Zach. 3. 9, j'y graverai moi-même l'inscription, *exact.* je graverai sa gravure, je préparerai la pierre entièrement, ou: je lui ouvrirai une issue, je la retirerai de l'endroit où elle est cachée (v. פָּתַח *Pi.*); פִּתּוּחֵי חוֹתָם Exod. 28.11, une gravure de cachets, comme on grave les cachets; וְעַתָּה פִּתּוּחֶיהָ יָּחַד Ps. 74. 6, ainsi (ils brisent) toutes les sculptures; selon d'autres : toutes les portes (du temple) (v. פֶּתַח).

פְּתוֹר *n. pr.* d'un endroit près de l'Euphrate, Phethor, où demeurait Balaam, Deut. 23. 5; פְּתוֹרָה Nomb. 22. 5, à Phethor.

פְּתוֹת *m. pl.* Morceaux: וּבִפְתוֹתֵי לֶחֶם Ez. 13. 19, et pour des morceaux de pain (v. פַּת).

פָּתַח (v. פָּתָה, *fut.* יִפְתַּח) Ouvrir: לִהְיוֹת עֵינֶךָ פְתֻחוֹת I Rois 8. 29, afin que tes yeux soient ouverts; וְאֵינֶנּוּ פֹתֵחַ דַּלְתוֹת Jug. 3. 25, il n'ouvrit pas les portes; וַיִּפְתַּח עֶזְרָא הַסֵּפֶר Néh. 8. 5, Esdras ouvrit le livre; וָאֶפְתַּח אֶת־פִּי Ez. 3. 2, j'ouvris la bouche (pour manger); אֶפְתְּחָה בְמָשָׁל פִּי Ps. 78. 2, j'ouvrirai ma bouche (je parlerai) en paraboles; פָּתַח אִיּוֹב אֶת־פִּיהוּ Job 3. 1, Job ouvrit la bouche, rompit le silence; פִּי רָשָׁע וּפִי־מִרְמָה עָלַי פָּתָחוּ Ps. 109. 2, la bouche du pécheur et la bouche de la tromperie (du trompeur) sont ouvertes (parlent) contre moi; וַיִּפְתַּח יְיָ אֶת־פִּי הָאָתוֹן Nomb. 22. 28, Dieu ouvrit la bouche de l'ânesse (la fit parler); אֶפְתַּח אֶת־פִּיךָ Ez. 3. 27, j'ouvrirai ta bouche (je t'inspirerai la parole); פָּתַח־לִי אֹזֶן Is. 50. 5, (Dieu) m'a ouvert l'oreille, m'a fait entendre sa révélation; פָּתֹחַ תִּפְתַּח אֶת־יָדְךָ לוֹ Deut. 15. 8, tu dois lui ouvrir ta main, le secourir, lui donner du tien; וּפָתְחָה לָךְ 20. 11, et si elle t'ouvre (ses portes); וְנִפְתְּחָה־בָּר Amos 8. 5, afin que nous ouvrions les greniers de blé (afin que nous vendions le blé); חֶרֶב פָּתְחוּ Ps. 37. 14, ils ont tiré l'épée (du fourreau); חֶרֶב פְּתוּחָה Ez. 21. 33, épée tirée du fourreau; אֲסִירָיו לֹא־פָתַח בָּיְתָה Is. 14. 17, il n'a pas ouvert (la prison) à ses captifs (pour les renvoyer) à la maison, chez eux; אֶפְתַּח בְּכִנּוֹר חִידָתִי Ps. 49. 5, j'ouvrirai (je commencerai) mon énigme sur la harpe.

Niph. passif: וַאֲרֻבֹּת הַשָּׁמַיִם נִפְתָּחוּ Gen. 7. 11, et les cataractes du ciel furent ouvertes; אָז תִּפָּקַחְנָה עֵינֵי עִוְרִים Is. 35. 5, alors les yeux des aveugles seront ouverts; וְלֹא נִפְתַּח אֵזוֹר חֲלָצָיו 5. 27, et la ceinture de ses reins ne sera jamais ouverte (déliée); וְלֹא יִפָּתֵחַ Job 12. 14, il ne lui sera pas ouvert (le captif ne sera pas délivré); תִּפָּתַח הָרָעָה Jér. 1. 14, le malheur éclatera, viendra fondre (sur les habitants de la terre).

Pi. 1° Ouvrir, s'ouvrir, relâcher, délier: דַּלְתֵי פָנָיו מִי פִתֵּחַ Job 41. 6, qui peut ouvrir les portes de sa face (sa bouche); פִּתַּח הַסְּמָדַר Cant. 7. 13, (si) les fleurs s'ouvrent; לֹא־פִתְּחָה אָזְנֶךָ Is. 48. 8, ton oreille ne s'est point ouverte (selon d'autres, les deux derniers exemples pour *Pou. passif*, être ouvert); יִתְרִי פִתַּח Job 30. 10, il a fait relâcher la corde de mon arc, ou: il a ôté mon frein par lequel je les avais domptés (v. יֶתֶר); פִּתַּחְתָּ לְמוֹסֵרָי Ps. 116. 16, tu as rompu mes liens; פִּתַּחְתָּ שַׂקִּי 30. 12, tu as délié, tu m'as ôté, le sac dont je m'étais revêtu; כִּמְפַתֵּחַ I Rois 20. 11, comme celui qui délie, ôte, son armure; פִּתַּחְתִּיךָ הַיּוֹם Jér. 40. 4, je te délie aujourd'hui, je t'ôte les chaînes. — 2° Ouvrir la terre, labourer : יְפַתַּח וִישַׂדֵּד אַדְמָתוֹ Is. 28. 24, ouvre-t-il (fend-il toujours les mottes de terre) et est-il toujours à sarcler son sol ? — 3° Graver : וַיְפַתַּח עַל־הַלֻּחֹת I Rois 7. 36, il grava sur les tables ; וּפִתַּחְתָּ עָלָיו Exod. 28. 36, tu graveras sur cette lame d'or (v. פִּתּוּחַ).

Pou. : מְפֻתָּחֹת Exod. 39. 6, (des pierres) gravées.

Hithph. : הִתְפַּתְּחִי מוֹסְרֵי צַוָּארֵךְ Is. 52. 2, délie, délivre-toi des chaînes de ton cou.

פְּתַח chald. Ouvrir : וְכַוִּין פְּתִיחָן לֵהּ Dan. 6. 10, et ses fenêtres étaient ouvertes ; וְסִפְרִין פְּתִיחוּ 7. 10, et les livres sont ouverts.

פֶּתַח *m.* (avec suff. פִּתְחִי, *pl.* פְּתָחִים, const. פִּתְחֵי). Ouverture, porte, entrée : פֶּתַח־הָאֹהֶל Gen. 18. 1, à la porte de la tente ; פֶּתַח הַבַּיִת 19. 11, à la porte de la maison ; פְּתָחֶיהָ Is. 3. 26, ses portes (les portes de la ville, de Sion) ; פֶּתַח שַׁעַר הָעִיר Jos. 20. 4, à l'entrée de la porte de la ville ; בְּפֶתַח עֵינַיִם Gen. 38. 14, à la porte d'Enayim, ou : à l'entrée d'une double source ou d'un carrefour ; לְפֶתַח תִּקְוָה Osée 2. 17, en une entrée à l'espérance ; הַפֶּתְחָה Gen. 19. 6, à la porte (de la maison) ; * פִּתְחֵי נִדָּה Aboth, les purifications des femmes (les lois qui concernent les ordinaires des femmes).

פֵּתַח *m.* Ouverture : פֵּתַח־דְּבָרֶיךָ יָאִיר Ps. 119. 130, l'ouverture, la manifestation, selon d'autres l'entrée, le commencement, de tes paroles, éclaire, répand la lumière.

פִּתְחוֹן *m.* Ouverture, action d'ouvrir : פִּתְחוֹן פֶּה Ez. 16. 63, 29. 21, le pouvoir d'ouvrir la bouche, d'avoir la parole ferme ; aussi : excuse, prétexte.

פְּתַחְיָה (Dieu le délivre) *n. pr. m.* 1° I Chr. 24. 16. — 2° Esdr. 10. 23. — 3° Néh. 11. 23.

פְּתִי *m.* (*plur.* פְּתָיִים, פְּתָאיִם et פְּתָאִים). 1° Simplicité, niaiserie (v. פָּתָה 2°) : תְּאֵהֲבוּ פֶתִי Prov. 1. 22, (jusqu'à quand) aimerez-vous la sottise ? — 2° *Adj.* Simple, niais, sot, imprudent : שֹׁמֵר פְּתָאיִם יְיָ Ps. 116. 6, l'Éternel garde, protége, les simples ; פְּתָאיִם Prov. 27. 12, les imprudents ; פֶּתִי יַאֲמִין לְכָל־דָּבָר 14. 15, le sot, le niais, croit toutes les choses, tout ce qu'on lui dit ; מַחְכִּימַת פֶּתִי Ps. 19. 8, elle donne la sagesse aux simples, aux hommes sans expérience.

פְּתָי chald. *m.* Largeur : פְּתָיֵהּ Dan. 3. 1, la largeur (de l'image) ; פְּתָיֵהּ Esdr. 6. 3, la largeur (du temple).

פְּתִיגִיל *m.* Nom d'un vêtement : וְתַחַת פְּתִיגִיל Is. 3. 24, et au lieu d'un large manteau, ou d'un habit de fête ; selon d'autres : des riches corps de jupes.

פְּתַיּוּת *f.* Simplicité : פְּתַיּוּת וּבַל־יָדְעָה מָּה Prov. 9. 13, une femme simple, imprudente, et qui ne sait rien (v. פֶּתִי).

פְּתִיחוֹת *f. plur.* Épées tirées : וְהֵמָּה פְתִחוֹת Ps. 55. 22, mais elles (les paroles) sont des épées tirées (v. פָּתַח, חֶרֶב פְּתוּחָה) ; וְאֶת־אֶרֶץ נִמְרֹד בִּפְתָחֶיהָ Mich. 5. 5, (ils détruiront) le pays de Nemrod avec ses épées, ses propres armes ; selon d'autres : à ses portes, à ses entrées (v. פֶּתַח).

פָּתִיל *m.* (rac. פָּתַל). Fil, filet : פְּתִיל־הַנְּעֹרֶת Jug. 16. 9, un fil d'étoupe ; פְּתִיל תְּכֵלֶת Exod. 28. 37, un filet, ruban, bleu ; חֹתָמְךָ וּפְתִילֶךָ Gen. 38. 18, ton anneau (cachet) et ton cordon (auquel l'anneau est attaché), ou ton bracelet ; selon d'autres : ton manteau ou ta tiare ; אֵין־צָמִיד פָּתִיל עָלָיו Nomb. 19. 15, (le vaisseau) qui n'aura point de couvercle ni couverture liée dessus ; selon d'autres, צָמִיד פָּתִיל une paire de cordons : qui n'est pas lié par un double cordon.

פָּתַל *Kal* inusité. Filer, tordre ; de là פָּתִיל. *Niph.* Être tordu, être faux, pervers ; être entrelacé ; lutter : אֵין בָּהֶם נִפְתָּל Prov. 8. 8, il n'y a dans (mes paroles) rien de tordu, de faux ; וַעֲצַת נִפְתָּלִים Job 5. 13, et le dessein des hommes rusés, pervers ; נִפְתַּלְתִּי עִם־אֲחֹתִי Gen. 30. 8, j'ai lutté avec ma sœur, ou : je me suis liée avec ma sœur, je me suis fortifiée par elle, en priant Dieu de me donner des enfants comme à elle.

Hithph. : וְעִם־עִקֵּשׁ תִּתְפַּתָּל Ps. 18. 27, et avec l'homme d'une conduite tortueuse, avec l'homme pervers, tu te montres tortueux, tu uses de détours; תִּתַּפָּל II Sam. 22. 27 (pour תִּתְפַּתָּל).

פְּתַלְתֹּל *adj.* (rac. פָּתַל). Rusé : דּוֹר עִקֵּשׁ וּפְתַלְתֹּל Deut. 32. 5, une race pervertie et rusée (corrompue).

פִּתֹם *n. pr.* Pithom, ville dans la Basse-Égypte, Exod. 1. 11.

פֶּתֶן *m.* (*pl.* פְּתָנִים). Aspic : פֶּתֶן חֵרֵשׁ Ps. 58. 5, un aspic sourd (qui n'entend pas la voix des enchanteurs, v. vers. 6); רֹאשׁ־פְּתָנִים יִינָק Job 20. 16, il sucera le venin des aspics.

פֶּתַע *adv.* Soudain, subitement, tout d'un coup (v. פִּתְאֹם) : פֶּתַע יִשָּׁבֵר Prov. 6. 15, il sera brisé tout d'un coup; וְאִם־בְּפֶתַע בְּלֹא־אֵיבָה Nomb. 35. 22, mais si (c'est) par hasard, sans haine (v. d'autres exemples à פִּתְאֹם)

פָּתַר (*fut.* יִפְתֹּר) Expliquer, interpréter, un songe : וּפֹתֵר אֵין אֹתוֹ Gen. 40. 8, et personne ne peut l'expliquer; תִּשְׁמַע חֲלוֹם לִפְתֹּר אֹתוֹ 41. 15, que tu comprends un songe, que tu sais l'interpréter.

פִּתְרוֹן *m.* Interprétation : זֶה פִּתְרֹנוֹ Gen. 40. 12, voici l'interprétation (de votre songe); הֲלוֹא לֵאלֹהִים פִּתְרֹנִים 40. 8, les interprétations ne sont-elles pas à Dieu (n'appartient-il pas à Dieu de donner l'interprétation des songes)?

פַּתְרוֹס *n. pr.* d'une contrée. Pathros, la Haute-Égypte, Ez. 29. 14; la terre de naissance, de l'ancienne demeure, des Égyptiens, Jér. 44. 15 : וְאֶת־פַּתְרֻסִים Gen. 10. 14, (Mesrayim engendra) aussi les Pathrusim.

פַּתְשֶׁגֶן (v. פַּרְשֶׁגֶן) Copie.

פָּתַת Couper par morceaux : פָּתוֹת אֹתָהּ פִּתִּים Lév. 2. 6, *inf.*, (tu dois) le briser, couper, par petits morceaux (v. פַּת).

צ

צ, Zade, צָדִי dix-huitième lettre de l'alphabet; comme chiffre, il signifie quatre-vingt-dix; il se permute avec les linguales, avec ט, comme נָטַר et נָצַר, garder, conserver; טָהַר briller, être pur, et צֹהַר lumière, fenêtre; טָבַע imprimer, et צְבַע, צָבַע chald., teindre; צֶבַע couleur; קַיִץ et קַיִט chald., l'été; עֵצָה hébr. et עֵטָא chald., conseil; très rarement avec les autres; avec les sifflantes : עָלַז et עָלַץ se réjouir, חוּשׁ se hâter, et חָפַץ (v. חָפֵץ 2°); נָתַץ et נָתַס détruire; זָהַב briller, et זָהָב or; זָעַק et צָעַק crier; צָרַב et שָׂרַף brûler.

צֵא Selon quelques-uns, *subst. m.* : צֵא תֹּאמַר לוֹ Is. 30. 22, tu l'appelleras ordure (v. צֹאָה); mais presque tous traduisent : sors d'ici, lui diras-tu (*impératif* de יָצָא).

צֹאָה *f.* (rac. יָצָא). Ordure : בִּשְׂרִיתָ אֶת־צֵאָתֶךָ Deut. 23. 14, tu couvriras l'ordure qui sort de toi; בְּגֶלְלֵי צֵאַת הָאָדָם Ez. 4. 12, par, ou sur, l'excrément (sortant, venant, de l'homme).

צֹאָה et **צֹאִים** (v. צוֹאָה, צוֹאִים).

צֶאֱלִים *m. plur.* : תַּחַת־צֶאֱלִים יִשְׁכָּב Job. 40. 21, il dort sous des feuilles de lotos; selon d'autres, pour צְלָלִים : sous des ombres, des feuillages épais, qui donnent de l'ombre; יְסֻכֻּהוּ צֶאֱלִים צִלֲלוֹ 40. 22, les branches de lotos le couvrent et lui donnent de l'ombre, ou : des arbres touffus lui donnent de l'ombre (ou, *interrogatif:* peut-il dormir sous l'ombre, etc.? rien n'est assez grand pour le couvrir de son ombre).

צֹאן *des deux genres*, *collect.* Bétail, *particul.* menu bétail, chèvres, brebis : רֹעֵה צֹאן Gen. 4. 2, un pasteur de brebis ; מִקְנֵה־צֹאן וּמִקְנֵה בָקָר 26. 14, des troupeaux de brebis et des troupeaux de bœufs; *rarement* pièce de bétail, une brebis : וְאַרְבַּע־צֹאן תַּחַת הַשֶּׂה Exod. 21. 37, et quatre pièces (brebis) pour une brebis ; וּמֵאָה צֹאן I Rois 5. 3, et cent brebis ; וַיֶּחֱמוּ הַצֹּאן Gen. 30. 39, les brebis et les chèvres étaient en chaleur ; *fém.* : וַתֵּלַדְןָ הַצֹּאן 30. 39, les brebis eurent des petits ; une fois, brebis à l'exclusion de chèvres : צֹאן שְׁלֹשֶׁת־אֲלָפִים וְאֶלֶף עִזִּים I Sam. 25. 2, trois mille brebis et mille chèvres ; pour troupeau *en général :* צֹאנְכֶם יַעְשֹׂר I Sam. 8. 17, il prendra la dîme de vos troupeaux (v. צֹנֶה).

צַאֲנָן (place des troupeaux) *n. pr.* Saanan, ville dans Juda, Mich. 1. 11, (peut-être צְנָן? Jos. 15. 37).

צֶאֱצָאִים *m. plur.* (rac. יָצָא). Ce qui sort : 1° de la terre, les plantes : הָאָרֶץ וְצֶאֱצָאֶיהָ Is. 42. 5, la terre et ce qui en sort, toutes ses plantes ; וְצֶאֱצָאַי יְשֹׁרָשׁוּ Job 31. 8, et que mes rejetons soient déracinés. — 2° Ce qui sort du sein de la mère, la postérité, les enfants : וְצֶאֱצָאֵיהֶם בְּתוֹךְ הָעַמִּים Is. 61. 9, et leurs enfants (seront connus, célèbres) parmi les peuples ; וְצֶאֱצָאֵי מֵעֶיךָ 48. 19, et les enfants de ton sein.

צָב *m.*, douteux : שֵׁשׁ־עֶגְלֹת צָב Nomb. 7.3, six chariots avec des couvertures, c.-à-d. six chariots couverts, ou en forme de litières, doux et commodes comme des litières ; selon d'autres : attelés chacun d'un couple de sab, espèce de bœuf, ou quelque autre bête de somme ; וּבַצַּבִּים וּבַפְּרָדִים Is. 66. 20, et sur des litières et sur des mulets.

צָב *m.* Un des animaux impurs, espèce de sauterelle ou de lézard ; selon d'autres : le crocodile ou la tortue, Lév. 11. 29.

צָבָא Se réunir, s'assembler : וַיִּצְבְּאוּ עַל־מִדְיָן Nomb. 31.7, ils s'assemblèrent contre les Madianites (pour les combattre) ; הַצֹּבְאִים עַל־אֲרִיאֵל Is. 29.7, (les peuples) qui s'avancent, s'assemblent, contre Ariel ; לִצְבֹּא עַל־הַר־צִיּוֹן 31. 4, pour combattre sur la montagne de Sion ; כָּל־הַבָּא לִצְבֹא צָבָא Nomb. 4. 23, tous ceux qui se réunissent aux autres, qui entrent en exercice pour servir au temple ; הַצֹּבְאוֹת פֶּתַח אֹהֶל מוֹעֵד I Sam. 2. 22, (les femmes) qui s'assemblaient à la porte du temple (v. צָבָה 1°).

Hiph. : הַמַּצְבִּא אֶת־עַם הָאָרֶץ II Rois 25. 19, qui réunit, pour les services de guerre, les hommes tirés du peuple, qui les recrute.

צָבָא (const. צְבָא ; *plur.* צְבָאוֹת, const. צִבְאוֹת, צִבְאֹתַי ; aussi צְבָאָיו) *m.* (deux fois *fém.*). 1° Armée, exercice : עַל־הַצָּבָא II Sam. 8. 16, (Joab) était à la tête de l'armée ; שַׂר־צְבָאוֹ Gen. 21. 22, (Phicol) le chef de l'armée (d'Abimélech) ; אַנְשֵׁי הַצָּבָא Nomb. 31. 53, les hommes qui composaient l'armée, les soldats ; יֵצֵא בַּצָּבָא Deut. 24. 5, יֹצֵא לַצָּבָא Nomb. 31.27, et (plus souvent) יֹצֵא צָבָא Nomb. 1. 3, sortir vers l'armée, aller à la guerre, servir dans l'armée ; כָּל־הַבָּא לַצָּבָא Nomb. 4. 35, qui entre dans l'armée des lévites, qui sert au ministère du tabernacle ; וְכָל־צְבָא הַשָּׁמַיִם I Rois 22. 19, toute l'armée du ciel, les anges ; כָּל־צְבָאָיו Ps. 103. 21, (vous) ses armées célestes, ses anges tous ; צְבָא הַשָּׁמַיִם Jér. 33. 22, les étoiles ; כֹּל צְבָא הַשָּׁמַיִם Deut. 4. 19 (le soleil, la lune et les astres) toute l'armée du ciel ; צְבָא הַמָּרוֹם Is. 24. 21, les armées d'en haut (opposé aux rois de la terre) ; une fois : הַשָּׁמַיִם וְהָאָרֶץ וְכָל־צְבָאָם Gen. 2. 1, le ciel et la terre et toutes leurs armées (comparez Néh. 9. 6, le ciel et ses armées, la terre et tout ce qu'elle contient) ; יְיָ צְבָאוֹת, אֱלֹהִים צְבָאוֹת et יְיָ אֱלֹהִים צְבָאוֹת L'Éternel Dieu Zebaoth, maître des armées (de la terre et du ciel, de tous les esprits et de toutes les puissances). — 2° Temps de service, guerre, combat, souffrance : הֲלֹא־צָבָא לֶאֱנוֹשׁ Job 7. 1, l'homme a un temps de service (sur la terre), c.-à-d. ses jours sont bien fixés, comptés; כָּל־יְמֵי צְבָאִי אֲיַחֵל 14.14, tous les jours de mon temps de service, de ma vie de combats, de souffrances, j'attendrai; כִּי מָלְאָה צְבָאָהּ Is. 40. 2, car son temps de lutte, de souffrances, est fini; וְצָבָא גָדוֹל Dan. 10. 1, et le temps de souffrances sera long, de grandes et nombreuses calamités arriveront; selon d'autres, *sens* 1° : (Daniel vit dans sa vision) une grande armée.

צְבָאִים et צְבָאוֹת *pl.* de צְבִי (v. צְבִי).

צְבָא (*fut.* יִצְבֵּא) chald. Vouloir, désirer : וּלְמַן־דִּי יִצְבֵּא יִתְּנִנַּהּ Dan. 4. 22, et il les donne à qui il lui plaît; אֱדַיִן צְבִית 7.19, ensuite je désirai (savoir); *infinit.* : וּכְמִצְבְּיֵהּ 4. 32, et à son vouloir, comme il lui plaît.

צְבֹאִים (Osée 11. 8), צְבֹיִם (Gen. 10. 19) et צְבוֹיִים (Deut. 29. 22) *n. pr.* Seboïm, ville dans la vallée de Siddim, détruite en même temps que Sodome et Gomorrhe.

צֹבֵבָה *n. pr. m.* avec l'*art.* I Chr. 4. 8.

צָבָה 1° S'assembler pour combattre : וְכָל־צֹבֶיהָ Is. 29. 7, tous ceux qui combattent contre elle (pour צֹבְאֶיהָ, v. צָבָא).—2° S'enfler : וְצָבְתָה בִטְנָהּ Nomb. 5. 27, son ventre s'enflera.

Hiph. infinit. : לַצְבּוֹת בֶּטֶן (pour לְהַצְבּוֹת) 5.22, pour faire enfler le ventre.

צָבֶה *adj. fém.* Ce qui s'enfle : וְאֶת־בִּטְנֵךְ צָבָה Nomb. 5. 21, et ton ventre s'enflant (qui s'enfle).

צְבוּ *f.* chald. Volonté : דִּי לָא־תִשְׁנֵא צְבוּ Dan. 6. 18, pour que sa volonté, son intention (à l'égard de Daniel), ne soit changée, ou : de peur que l'état de Daniel ne soit changé, qu'on ne fît quelque chose contre lui (v. צְבָא chald.).

צָבוּעַ *adj.* Ce qui est de différentes couleurs, ou teint : הַעַיִט צָבוּעַ Jér. 12. 9, est-ce que (mon héritage est devenu) comme un oiseau de proie de différentes couleurs, ou teint du sang des morts (v. צֶבַע)? selon Gesenius, *subst.* : des oiseaux de proie et des hyènes.

* צִבּוּר *m.* La commune, le public, Rituel (v. צִבֻּרִים).

צָבַט Donner : וַיִּצְבָּט־לָהּ קָלִי Ruth 2. 14, il lui donna, présenta, du grain rôti.

צְבִי *m.* (avec une pause צֶבִי, rac. צָבָה). 1° Ornement, beauté, gloire : לִצְבִי וּלְכָבוֹד Is. 4. 2, (il sera) un ornement et une gloire; צְבִי לַצַּדִּיק 24. 16, la gloire du juste; לַעֲטֶרֶת צְבִי 28. 5, comme une couronne d'honneur, de gloire; בָּבֶל צְבִי מַמְלָכוֹת 13. 19, Babylone, la gloire, l'ornement, des royaumes; בְּאֶרֶץ־הַצְּבִי Dan. 11. 16, 41, et seul הַצֶּבִי 8. 9, le pays de la beauté, de la gloire, la terre sainte; לְהַר־צְבִי־קֹדֶשׁ 11. 45, et entre la montagne de la sainte beauté, Sion; une fois au *plur.* : נַחֲלַת צְבִי צִבְאוֹת גּוֹיִם Jér. 3. 19, héritage qui est l'ornement entre les ornements des nations; mais selon d'autres : excellent héritage (que possèdent) les armées, ou : une multitude des nations (v. צָבָא *subst.*). — 2° Un animal tirant ce nom de la beauté de sa forme : le cerf, la gazelle, ou le chevreuil : כַּצְּבִי וְכָאַיָּל Deut. 15. 22, comme le cerf et le chevreuil (d'autres : le chevreuil et le cerf); *plur.* : כְּאַחַד הַצְּבָיִם II Sam. 2. 18, comme un des cerfs (ou des chevreuils ou gazelles); צְבָאִים I Chr. 12. 8, et צְבָאוֹת *plur. fém.*, Cant. 2. 7.

צִבְיָא (ornement) *n. pr. m.* I Chr. 8. 9.

צְבִיָּה *f.* Nom d'une bête femelle : תְּאוֹמֵי צְבִיָּה Cant. 4. 5, 7. 4, deux chevreuils femelles, ou gazelles femelles, ou deux petits jumeaux d'une chevrette ou d'une gazelle (v. le *masc.* צְבִי 2°).

צִבְיָה (ornement ou gazelle) *n. pr.* Sebiah, mère du roi Joas, II Rois 12. 2.

צְבָיִים (v. צְבֹאִים).

צְבַע chald. Tremper, arroser : וּמִטַּל שְׁמַיָּא לָךְ מְצַבְּעִין Dan. 4. 22, et ils te feront tremper, arroser, par la rosée du ciel. *Ithph.* : יִצְטַבַּע 4. 12, (et de la rosée du ciel) il sera trempé, mouillé ; וְשִׁמַּהּ יִצְטַבַּע 5. 21, son corps fut trempé.

צֶבַע *m.* Couleur, habit de diverses couleurs; *plur.* : שְׁלַל צְבָעִים Jug. 5.30, le butin en vêtements de diverses couleurs.

צִבְעוֹן *n. pr.* Sebéon, fils de Seïr, Gen. 36. 20.

צְבֹעִים *n. pr.* d'une vallée et d'une ville de Benjamin : גֵּי הַצְּבֹעִים I Sam. 13. 18, la vallée de Seboïm (des oiseaux de différentes couleurs, ou des hyènes, v. צָבוּעַ); la ville de Seboïm, Néh. 11. 34.

צָבַר Amasser, entasser : וְיִצְבְּרוּ־בָר Gen. 41. 35, qu'ils amassent le blé; אִם־יִצְבֹּר כֶּעָפָר כָּסֶף Job 27.16, s'il amasse l'argent comme la poussière; וַיִּצְבֹּר עָפָר Hab. 1. 10, il entasse la terre, élève des remparts, contre la forteresse.

צִבֻּרִים *m. pl.* Tas : שְׁנֵי צִבֻּרִים II Rois 10. 8, deux tas.

*צְבָת Aboth, pinces, tenailles.

צְבָתִים *m. plur.* Gerbes ou javelles : מִן־הַצְּבָתִים Ruth 2. 16, (vous laisserez tomber pour elle des épis) des gerbes, ou des javelles.

צַד *m.* (rac. צָדַד, avec suff. צִדּוֹ, *pl.* צִדִּים). 1° Côté : וְחַרְבּוֹ בְּצַד רֵעֵהוּ II Sam. 2. 16, (et il enfonça) son épée dans le côté de son prochain (lui passa l'épée à travers le corps); יִפֹּל מִצִּדְּךָ אֶלֶף Ps. 91.7, mille tomberont à ton côté, (à ta gauche, *opp.* à מִימִינֶךָ à ta droite); מִצַּד אֲרוֹן Deut. 31. 26, à côté de l'arche, ou dans l'arche; מִצַּד בֵּית־אֵל Jos. 12. 9, à côté de Bethel ; עַל־צַד תִּנָּשֵׂאוּ Is. 66. 12, vous serez portés sur le côté, c.-à-d. comme les enfants, sur le bras ou à la mamelle (*compar.* Is. 60. 4); צִדָּה אוֹרֶה I Sam. 20. 20, je tirerai de côté, ou, pour צִדָּה : de son côté, du côté de cette pierre (vers.19). — 2° וְהָיוּ לָכֶם לְצִדִּים Jug. 2.3, ils seront pour vous des ennemis, ou : comme des piéges, des lacs, pour vous prendre (v. צַיִד); selon d'autres, *ellipse*, pour לִצְנִינִם בְּצִדֵּיכֶם : comme des aiguillons aux côtés (v. Nomb. 33. 55).

צַד chald. Côté : מִצַּד מַלְכוּתָא Dan. 6. 5, du côté (c.-à-d. en ce qui regardait l'administration, les affaires) du royaume; לְצַד עִלָּאָה 7. 25, (il parlera) contre le Très-Haut.

צְדָא chald. Ex. unique : הַצְדָא Dan. 3. 14, est-ce un projet, est-ce bien votre intention? (v. צָדָה, צְדִיָּה hébr.), ou : est-ce une raillerie? c'est ainsi que vous raillez, que vous méprisez mes ordres? d'autres traduisent : est-il vrai?

צְדָד ou צְדָדָה (côté de la montagne) *n. pr.* d'une ville aux confins du nord de la Palestine, Sedad ou Sedadah, Nomb. 34. 8, Ez. 47. 15.

צָדָה Dresser des embûches, chercher à tuer quelqu'un : וַאֲשֶׁר לֹא צָדָה Exod. 21. 13, mais celui qui n'a point dressé d'embûches, qui n'avait pas eu l'intention de tuer son prochain; וְאַתָּה צֹדֶה אֶת־נַפְשִׁי I Sam. 24. 12, mais tu as l'intention, tu cherches tous les moyens, de m'ôter la vie.

Niph. Être désolé, ravagé : נִצְדּוּ עָרֵיהֶם Soph. 3. 6, leurs villes sont désolées, ravagées.

צֵדָה (v. צֵידָה).

צָדוֹק (le juste) *n. pr.* 1° Sadok, père de Jérusa, mère du roi Jotham, II Rois 15. 33. — 2° Sadok, fils d'Ahitob, grand-prêtre, II Sam. 8. 17. — 3° I Chr. 5. 38, et plusieurs autres, Néh.

צְדִיָּה *f.* (rac. צָדָה). Intention de tuer : בִּצְדִיָּה Nomb. 35. 20, avec un mauvais dessein, dans l'intention de donner la mort; בְּלֹא צְדִיָּה 35. 22, sans malice, sans intention de nuire.

צִדִּים avec l'*art.* הַצִּדִּים *n. pr.* Siddim, ville appartenant à la tribu de Nephthali, Jos. 19. 35.

צַדִּיק *adj.* (rac. צָדַק). Juste, selon l'équité, la vérité; qui a la bonne cause, pieux, vertueux, charitable, etc. De Dieu : צַדִּיק יְיָ II Chr. 12.6, Dieu est juste (quand il punit); צַדִּיק הוּא יְיָ Lament. 1. 18, Dieu est juste (parce que j'ai désobéi à sa parole); — pour récompenser : חַנּוּן וְרַחוּם וְצַדִּיק Ps. 112. 4, clément et miséricordieux et juste; כִּי צַדִּיק אָתָּה Néh. 9. 8 (tu as accompli tes paroles) car tu es juste; אֵל־צַדִּיק וּמוֹשִׁיעַ Is. 45. 21, Dieu juste et sauveur ; יְיָ הַצַּדִּיק וַאֲנִי וְעַמִּי הָרְשָׁעִים Exod.9.27, Dieu est juste (a la bonne cause, a raison), mais moi et mon peuple nous sommes des impies (nous avons tort); צַדִּיק הָרִאשׁוֹן בְּרִיבוֹ Prov. 18. 17, le premier (qui se présente devant le juge) est ou paraît juste dans sa cause (avoir raison) (v. verset 5); וְנֹאמַר צַדִּיק Is. 41. 26, afin que nous disions : Il est juste, c.-à-d. il dit la vérité; נֹחַ אִישׁ צַדִּיק Gen. 6. 9, Noé (fut) un homme juste, vertueux; souvent *opposé* à רָשָׁע l'homme méchant, impie : וְצַדִּיק חוֹנֵן וְנוֹתֵן Ps.37.21, mais le juste fait le bien et est charitable ; צַדִּיק אֹכֵל לְשֹׂבַע נַפְשׁוֹ Prov. 13. 25, le juste mange seulement pour soutenir sa vie; לֵב צַדִּיק יֶהְגֶּה לַעֲנוֹת 15. 28, le cœur du juste médite pour répondre ; 13. 5, le juste déteste le mensonge ; 9. 9, le juste reçoit l'instruction avec joie; חֻקִּים וּמִשְׁפָּטִים צַדִּיקִם Deut. 4. 8, des lois et des ordonnances pleines de justice; שְׁבִי צַדִּיק Is. 49. 24, selon les uns : la prise, le butin, d'un homme fort, la prise du vainqueur (peut-elle lui être enlevée?); selon d'autres : le butin (fait, pris) du juste, ce qu'on enlève au juste, ou : la prise juste, faite en bonne guerre, selon les lois de la guerre.

צָדַק (*fut.* יִצְדַּק) Être juste, avoir la bonne cause, avoir raison, être innocent, se justifier, paraître juste : לְמַעַן תִּצְדַּק בְּדָבְרֶךָ Ps. 51. 6, pour que tu sois juste (reconnu juste) dans tes paroles (fidèle dans tes promesses); צָדְקוּ יַחְדָּו Ps. 19. 10, (les jugements de Dieu) sont tous justes; צָדְקָה מִמֶּנִּי Gen. 38. 26, elle est plus juste que moi, elle a raison, la bonne cause, contre moi; אֲשֶׁר אִם־צָדַקְתִּי Job 9. 15, si je suis juste, innocent; לֹא־צָדַקְתָּ Job 33. 12, tu n'as pas raison; בַּיְיָ יִצְדְּקוּ Is.45.25, par l'Éternel ils seront justifiés; וְכִי־יִצְדַּק יְלוּד אִשָּׁה Job 15. 14, et qu'est-ce que (l'homme) né d'une femme, pour être trouvé juste? לֹא־יִצְדַּק לְפָנֶיךָ כָל־חָי Ps. 143. 2, nul homme vivant ne sera trouvé juste devant toi; וּמַה־יִּצְדַּק אֱנוֹשׁ עִם־אֵל Job 9. 2, comment l'homme peut-il se justifier devant Dieu, paraître juste devant lui (ou : avoir raison contre lui)? תִּצְדַּקְנָה מִמֵּךְ Ez. 16. 52, elles paraîtront plus justes que toi.

Niph. : וְנִצְדַּק קֹדֶשׁ Dan. 8. 14, le sanctuaire sera justifié, vengé des insultes, purifié.

Pi. : וַתְּצַדְּקִי אֶת־אֲחוֹתַיִךְ Ez. 16. 51, et tu as justifié tes sœurs (tu as fait par tes crimes que tes sœurs paraissent presque innocentes); צִדְּקָה נַפְשָׁהּ Jér. 3. 11, (l'infidèle Israel) s'est justifiée, a paru juste (en comparaison avec Juda); כִּי־חָפַצְתִּי צַדְּקֶךָּ Job 33.32, car je voudrais te justifier, te reconnaître juste; בְּצַדֶּקְתֵּךְ Ez.16.52, *infinit.* avec ה paragogique, en justifiant, pendant que tu justifiais.

Hiph. 1° Rendre juste un autre : וּמַצְדִּיקֵי הָרַבִּים Dan. 12. 3, et ceux qui conduisent beaucoup d'autres vers (dans la voie de) la justice; — יַצְדִּיק לָרַבִּים Is. 53. 11, (mon serviteur qui est juste) conduira un grand nombre vers la justice, les rendra justes. — 2° Comme *Pi.* Justifier : לֹא־אַצְדִּיק רָשָׁע Exod. 23. 7, je ne justifierai, n'absoudrai point, le coupable; וְהִצְדִּיקוּ אֶת־הַצַּדִּיק Deut. 25. 1, ils justifieront celui qui a la justice de son côté, ils lui feront gagner sa cause; וְהִצְדַּקְתִּיו II Sam. 15. 4, et je donnerai raison (à celui qui aurait à se plaindre), ou : je jugerai (chacun) selon la justice; מַצְדִּיקֵי Is.

50. 8, celui qui me justifie, qui défend ma cause; אִם־אַצְדִּיק אֶתְכֶם Job 27. 5, (Dieu me garde) de vous donner raison.

Hithp. : וּמַה־נִּצְטַדָּק Gen. 44. 16, et comment nous justifierons-nous? comment nous défendre des soupçons?

צֶדֶק *m.* (avec suff. צִדְקִי). Droiture, justice, droit, vérité, probité, piété, bénédiction, délivrance, salut : בְמַעְגְּלֵי־צֶדֶק Ps. 23. 3, dans les sentiers de la droiture; וּפֹעֵל צֶדֶק 15. 2, et qui pratique la justice, qui fait ce qui est juste; אָהַבְתָּ צֶדֶק 45. 8, tu as aimé la justice; וּלְפֹעֲלִי אֶתֵּן־צֶדֶק Job 36. 3, et je donnerai, j'attribuerai, la justice à mon créateur, je prouverai qu'il est juste; וּשְׁפַטְתֶּם צֶדֶק Deut. 1. 16, jugez selon la justice; מִשְׁפְּטֵי־צֶדֶק Is. 58. 2, les règles de la justice; מֹאזְנֵי־צֶדֶק — אַבְנֵי־צֶדֶק Lév. 19. 36, une balance juste, des poids justes; זִבְחֵי־צֶדֶק Deut. 33. 19, des sacrifices de justice, c.-à-d. dus, selon les prescriptions; כְּצִדְקִי Ps. 7. 9, selon ma justice, mon droit; souvent: צֶדֶק וּמִשְׁפָּט Ps. 89. 15, la justice et le jugement (ou l'équité); דַּבֵּר צֶדֶק 52. 5, que dire la vérité; צֶדֶק יָלִין בָּהּ Is. 1. 21, la justice, la probité, habitait dans elle; אֲנִי בְּצֶדֶק אֶחֱזֶה פָנֶיךָ Ps. 17. 15, mais moi par ma probité, ma piété, je verrai ton visage; וּשְׁחָקִים יִזְּלוּ־צֶדֶק Is. 45. 8, et que les nuées fassent couler d'en haut le bien, la bénédiction; קָרוֹב צִדְקִי 51. 5, ma délivrance, mon salut (le salut que j'enverrai), est proche; וּלְהָבִיא צֶדֶק עֹלָמִים Dan. 9. 24, et pour porter la justice éternelle, ou le salut éternel; קְרָאתִיךָ בְצֶדֶק Is. 42. 6, je t'ai appelé dans ma justice, ma vérité, ou: pour le salut; אָנֹכִי הַעִירֹתִהוּ בְצֶדֶק Is. 45. 13, je le susciterai (Cyrus) pour faire régner la justice, ou pour qu'il apporte le salut.

צְדָקָה *f.* (v. צֶדֶק). Droiture, droit, justice, vertu, les bonnes œuvres, les bienfaits, piété, mérite, miséricorde, charité, salut : הֹלֵךְ צְדָקוֹת Is. 33. 15, qui marche dans la droiture, dans la justice; וּמַה־יֶּשׁ־לִי עוֹד צְדָקָה II Sam. 19. 29, et quel droit aurais-je encore? quel droit aurais-je d'en demander davantage? וְלָכֶם אֵין־חֵלֶק וּצְדָקָה Néh. 2. 20, mais vous n'avez aucune part, aucun droit; הַמּוֹרֶה לִצְדָקָה Joel 2. 23, (parce qu'il vous a donné) des premières pluies selon le droit, c.-à-d. qui tombent dans le temps et avec la quantité convenables; selon d'autres : pour votre bien, votre salut; ou : il vous a donné un docteur, un prophète, pour vous enseigner la justice, les vertus (v. מוֹרֶה); מַעֲשֵׂה הַצְּדָקָה, עֲבֹדַת הַצְּדָקָה Is. 32. 17. l'ouvrage de la justice, le culte de la justice; נִקְדָּשׁ בִּצְדָקָה 5. 16, (Dieu) signalera sa sainteté par la justice (en punissant les infidèles); וְצִדְקָתְךָ לְיִשְׁרֵי־לֵב Ps. 36. 11, (étends) ta justice sur ceux qui ont le cœur droit (pour les récompenser); *plur.*: צְדָקוֹת אָהֵב Ps. 11. 7, (Dieu) aime les actions justes, bonnes; צִדְקוֹת יְיָ Jug. 5. 11, les bienfaits, la clémence, de Dieu; הָרְחוֹקִים מִצְּדָקָה Is. 46. 12, (vous) qui êtes éloignés de la vertu; צְדָקָה עָשָׂה Is. 58. 2, (qui) a fait les choses bonnes, justes; וַיַּחְשְׁבֶהָ לּוֹ צְדָקָה Gen. 15. 6, il lui compta, imputa, sa foi à piété, à mérite; וּצְדָקָה תִּהְיֶה־לָּנוּ Deut. 6. 25, il nous sera compté pour un mérite, pour piété, ou : il nous attirera la grâce, la miséricorde, de Dieu; כָּל־צִדְקֹתֵינוּ Is. 64. 5, toutes nos œuvres de piété, toutes nos bonnes œuvres; וּצְדָקָה מֵאֱלֹהֵי יִשְׁעוֹ Ps. 24. 5, (il recevra) grâce, miséricorde, du Dieu de son salut; וּצְדָקָה תַּצִּיל מִמָּוֶת Prov. 10. 2, mais la justice, ou la charité, délivrera de la mort; קֵרַבְתִּי צִדְקָתִי Is. 46. 13, j'ai approché (j'enverrai bientôt) ma délivrance; וְצִדְקָתִי לְעוֹלָם תִּהְיֶה 51. 8, mais mon salut sera éternel; וְצִדְקָתִי לְהִגָּלוֹת 56. 1, et mon salut (est proche) à se manifester.

צִדְקָה *f.* chald. Bienfait, charité : וַחֲטָאָךְ בְּצִדְקָה פְרֻק Dan. 4. 24, rachète tes péchés par des bienfaits, par des actes de charité.

צִדְקִיָּהוּ (la justice de Dieu) *n. pr.* 1° Sidkiyahou, Sédécias, roi de Juda, à qui ce nom a été donné par Nebucadnesar à la place de celui de Mathaniah, II Rois **24.17.** – **2°** Sédécias, fils de Chanaana, faux prophète sous Achab, I Rois **22.24** (צִדְקִיָּה **22.11**).— 3° Sédécias, fils de Maasseiah, Jér. **29. 21.** — 4° Sédécias, fils de Josias, I Chr. 3. 16. — 5° Sédécias, fils de Hanania, Jér. 36. 12.

צָהַב Briller. *Hoph. part.*: וּכְלֵי נְחֹשֶׁת מֻצְהָב Esdr. 8. 27, des vases d'un airain brillant (comme de l'or, v. זָהָב); de là

צָהֹב *adj. m.* Jaune : שֵׂעָר צָהֹב Lév. 13. 30, du poil tirant sur le jaune, jaune comme de l'or.

צָהַל Hennir, pousser des cris de joie : אִישׁ אֶל־אֵשֶׁת רֵעֵהוּ יִצְהָלוּ Jér. 5. 8, chacun hennit après la femme de son prochain, c.-à-d. la poursuit avec ardeur et bruyamment; צַהֲלִי וָרֹנִּי יוֹשֶׁבֶת צִיּוֹן Is. 12. 6, pousse des cris de joie et chante des cantiques de louanges, toi qui habites dans Sion; בִּגְאוֹן יְיָ צָהֲלוּ 24. 14, ils poussent des cris de joie à cause de la gloire de l'Éternel; וְהָעִיר שׁוּשָׁן צָהֲלָה Esth. 8. 15, et la ville de Susan (Suse) était dans l'allégresse. *Trans.* : צַהֲלִי קוֹלֵךְ Is. 10. 30, élève ta voix, fais retentir tes cris d'angoisse.

Hiph. : לְהַצְהִיל פָּנִים מִשָּׁמֶן Ps. 104. 15, (le vin sert) à rendre le visage (de l'homme) brillant plus que par l'huile, y répand la gaieté; ou : (Dieu) répand la joie sur le visage de l'homme par l'huile qu'il lui donne.

• צָהֳלָה *f.* Chant, louange, Rituel.

צָהַר Briller, luire. *Kal* inusité; de là יִצְהָר huile.

Hiph., *dénominatif* de יִצְהָר : בֵּין שׁוּרֹתָם יַצְהִירוּ Job 24. 11, entre leurs murs ils pressent les olives, ils font de l'huile. • הִצְהִיר Rituel, rend clair.

צֹהַר *f.* Fenêtre : צֹהַר תַּעֲשֶׂה לַתֵּבָה Gen. 6. 16, tu feras à l'arche du jour, de la lumière, c.-à-d. une fenêtre.

צָהֳרַיִם *duel* (double lumière, la lumière la plus forte, la plus brillante). Midi : עַד־בּוֹא יוֹסֵף בַּצָּהֳרָיִם Gen. 43. 25, attendant que Joseph entrât sur le midi ; וְהָיִיתָ מְמַשֵּׁשׁ בַּצָּהֳרַיִם Deut. 28. 29, tu marcheras à tâtons en plein midi ; *au fig.* : וּמִשְׁפָּטְךָ כַּצָּהֳרָיִם Ps. 37. 6, (il fera éclater) l'équité, la bonté, de ta cause, comme le midi (comme le soleil à son midi) ; וּמִצָּהֳרַיִם יָקוּם חָלֶד Job 11. 17, et plus que le midi se lèvera, brillera, ta vie.

צַו *m.* (rac. צָוָה). Ordre, précepte : הָלַךְ אַחֲרֵי־צָו Osée 5. 11, (Ephraïm) a suivi les ordres (impies de ses rois ou des faux prophètes) ; צַו לָצָו צַו לָצָו Is. 28. 10, 13, (il faut leur donner) un précepte après un précepte, enseignement sur enseignement.

צוֹאָה *f.* (rac. יָצָא, v. צֵאָה). Ordure, excrément : לֶאֱכוֹל אֶת־צוֹאָתָם Is. 36. 12 (*keri*), (réduits) à manger leurs excréments ; קִיא צֹאָה 28.8, (toutes les tables sont pleines) de ce qu'on vomit et d'ordure, de saletés ; וּמִצֹּאָתוֹ לֹא רֻחָץ Prov. 30. 12, (une race) qui n'a point été lavée de son ordure, des taches de ses crimes.

צוֹאִים *adj. m. pl.* Sales : בְּגָדִים צוֹאִים Zach. 3. 3, et הַבְּגָדִים הַצֹּאִים 3. 4, des (et les) vêtements sales.

צַוָּאר *m.* (const. צַוַּאר, avec suff. צַוָּארִי, צַוָּארֶךָ, une fois צַוָּרָם Néh. 3. 5 ; *plur.* constr. צַוְּארֵי, avec suff. צַוְּארֵיכֶם, une fois צַוְּארֹתֵיכֶם Mich. 2. 3 ; v. צַוְּרוֹן, rac. צוּר). Cou, nuque : כְּמִגְדַּל דָּוִיד צַוָּארֵךְ Cant. 4. 4, ton cou est comme la tour de David ; יָרוּץ אֵלָיו בְּצַוָּאר Job 15. 26, il court contre lui le cou raide, c.-à-d. la tête levée, avec orgueil (v. Ps. 75. 6) ; עַל צַוָּארֵנוּ נִרְדָּפְנוּ Lament. 5. 5, nous étions poursuivis de près, ou : le joug, la chaîne, sur le cou ; וְנָתַן עֹל בַּרְזֶל עַל־צַוָּארֶךָ Deut. 28. 48, et il mettra un joug de fer sur ta nuque (sur ta tête). *Plur.* Les cous : עַל־צַוְּארֵי הַמְּלָכִים הָאֵלֶּה Jos. 10. 24, (mettez vos pieds) sur (les cous) le cou de ces rois ; אֲשֶׁר בְּצַוְּארֵי גְמַלֵּיהֶם Jug. 8. 21, qui étaient aux cous de leurs chameaux; pour le *singulier :* וַיִּפֹּל עַל־צַוְּארֵי בִנְיָמִן Gen. 45. 14, (il se jeta) au cou de Benjamin (pour l'embrasser); צַוְּארֵי חַלְלֵי רְשָׁעִים Ez. 21. 34, les cous, les troncs, des impies qui ont été tués (dont on a coupé la tête).

צוֹבָא et צוֹבָה *n. pr.* d'un état dans la Syrie; *complétement :* אֲרַם צוֹבָה Ps. 60. 2, Aram-Sobah, dont le roi fut vaincu par David, II Sam. 8. 3; חֲמַת צוֹבָה II Chr. 8. 3, Hamath-Sobah.

צוּד (*fut.* יָצוּד, v. צֵדָה) 1° Prendre, chasser, du gibier : וְצוּדָה לִּי צַיִד Gen. 27. 3, et chasse, prends-moi, du gibier; הַצָּד־צַיִד 27. 33, (qui est celui) qui a chassé du gibier? הֲתָצוּד לְלָבִיא טָרֶף Job 38. 39, prendras-tu la proie pour la lionne? — 2° Poursuivre, dresser des embûches, épier : צוֹד צָדוּנִי כַּצִּפּוֹר Lament. 3. 52, ils m'ont poursuivi, pris comme un oiseau qu'on prend à la chasse; צָדוּ צְעָדֵינוּ 4. 18, ils ont poursuivi, épié, nos pas; יְצוּדֶנּוּ לְמַדְחֵפֹת Ps. 140. 12, (le mal) le pousse, l'entraîne, à la ruine (v. מַדְחֵפוֹת); נֶפֶשׁ יְקָרָה תָּצוּד Prov. 6. 26, elle dresse des embûches à l'âme si noble, si précieuse.

Pi. Même signif. : לְצוֹדֵד נְפָשׁוֹת Ez. 13. 18, pour captiver, surprendre, les âmes; *fut. fém.*: הַתְּצוֹדֵדְנָה (même vers.) elles surprennent (les âmes); *part. fém.* : מְצֹדְדוֹת 13. 20.

Hithph. Ex. unique : חָם הִצְטַיַּדְנוּ אֹתוֹ Jos. 9. 12, nous l'avons pris tout chaud pour nous servir de nourriture (nous nous sommes approvisionnés de pain tout chaud) (v. צֵידָה).

צָוָה *Kal* inusité. *Pi.* צִוָּה (*fut.* יְצַוֶּה, וַיְצַו, *impér.* צַוֵּה et צַו). Établir, constituer, décréter, commander, ordonner, défendre : וַיְצַוֵּהוּ יְיָ לְנָגִיד I Sam. 13. 14, Dieu l'a établi chef (sur son peuple); לְצַוֹּת אֹתִי נָגִיד II Sam. 6. 21, pour m'établir chef (sur le peuple de Dieu); צִוָּה אֹתִי לִהְיוֹת פֶּחָם Néh. 5. 14, il m'a commandé d'être gouverneur; וְכָל־צְבָאָם צִוֵּיתִי Is. 45. 12, et j'ai constitué, créé, toute leur armée (les astres); יְצַו יְיָ אִתְּךָ אֶת־הַבְּרָכָה Deut. 28. 8, Dieu décrétera la bénédiction auprès de (sur) toi; צִוָּה לְעוֹלָם בְּרִיתוֹ Ps. 111. 9, il a établi, décrété, son alliance pour l'éternité; וַיְצַו אֲבִימֶלֶךְ אֶת־כָּל־הָעָם Gen. 26. 11, Abimélech ordonna (fit cette défense) à tout le peuple; וַיְצַו עָלָיו 28. 6, il lui commanda; וַיְצַוּוּ אֶל־יוֹסֵף 50. 16, ils firent dire à Joseph; וַיְצַו פַּרְעֹה לְכָל־עַמּוֹ Exod. 1. 22, Pharaon commanda à tout son peuple; rarement suivi de אֲשֶׁר : צִוָּה עָלֶיהָ אֲשֶׁר לֹא־תַגִּיד Esth. 2. 10, Mardochée lui avait ordonné de ne pas le dire; avec le double *accusat.* : אֵת כָּל־אֲשֶׁר אֲצַוֶּה אוֹתְךָ Exod. 25. 22, tout ce que je te commanderai. — Sans faire mention du mandat, de la chose ordonnée : וְלֹא צִוִּיתִים Jér. 14. 14, je ne les ai point établis (prophètes, je ne leur ai point donné ordre pour cela); וַיְצַו עָלָיו פַּרְעֹה אֲנָשִׁים Gen. 12. 20, Pharaon donna ordre à (ses) gens de prendre soin de lui (d'Abraham); וַאֲנִי אֲצַוֶּה עָלָיִךְ II Sam. 14. 8, et je donnerai ordre à cause de toi (pour te satisfaire). Avec לְ : מַלְאָכָיו יְצַוֶּה־לָּךְ Ps. 91. 11, il a donné ordre à ses anges en ta faveur. Des choses inanimées : אֲצַוֶּה אֶת־הַחֶרֶב Amos 9. 4, je commanderai à l'épée; יְצַוֶּה יְיָ חַסְדּוֹ Ps. 42. 9, Dieu commande à sa miséricorde (de venir, il l'envoie); וַיְצַו אֶל־בֵּיתוֹ II Sam. 17. 23, il mit ordre aux affaires de sa maison (il fit son testament); צַו לְבֵיתֶךָ Is. 38. 1, fais ton testament.

Pou. Être commandé : כִּי־כֵן צֻוֵּיתִי Lév. 8. 35, car il m'a été ainsi commandé; כַּאֲשֶׁר צֻוֵּיתִי Ez. 12. 7, comme il m'avait été commandé; וַאדֹנִי צֻוָּה בַיְיָ Nomb. 36. 2, et il a été ordonné à mon seigneur par Dieu.

* *Hithp.* : נִצְטַוּוּ עָלֶיהָ Rituel, il a été ordonné de (sanctifier) le sabbat.

צָוַח Jeter des cris : מֵרֹאשׁ הָרִים יִצְוָחוּ Is. 42. 11, qu'ils jettent de grands cris du haut des montagnes; de là

צְוָחָה *f.* Des cris : צְוָחָה עַל־הַיַּיִן Is. 24. 11, les cris (retentissent) pour le vin, parce qu'il n'y a plus de vin; וְצִוְחָת

יְרוּשָׁלִַם Jér. 14. 2, et les cris de Jérusalem (sont montés au ciel), des cris de douleur, de détresse.

צוּלָה *f.* Le fond de la mer : הָאֹמֵר לַצּוּלָה חֳרָבִי Is.44.27, qui dit au fond de la mer, à l'abîme : Sois à sec (v. מְצוּלָה).

צוּם Jeûner : וַיָּצוּמוּ בַיּוֹם־הַהוּא Jug. 20.26, ils jeûnèrent ce jour-là ; *part.* : וָאֱהִי צָם Néh. 1. 4, je jeûnai ; הֲצוֹם צַמְתֻּנִי אָנִי Zach. 7. 5, est-ce pour l'amour de moi, ou suivant mon commandement, que vous avez jeûné ?

צוֹם *m.* (*pl.* צוֹמוֹת). Jeûne : וַיָּצָם דָּוִד צוֹם II Sam. 12.16, David fit un jeûne ; בְּיוֹם צֹמְכֶם Is. 58. 3, le jour de votre jeûne ; קִרְאוּ־צוֹם I Rois 21. 9, publiez un jeûne ; selon d'autres : une assemblée du peuple ; de même Jér. 36. 6.

צוּעָר *n. pr.* Suar, père de Nathanel, prince de la tribu d'Issachar, Nomb. 1. 8.

צוּף Couler : צָפוּ־מַיִם עַל־רֹאשִׁי Lam. 3. 54, les eaux (flots) coulaient, se sont répandues, sur ma tête.

Hiph. : אֲשֶׁר הֵצִיף אֶת־מֵי יַם־סוּף Deut. 11. 4, de quelle sorte il a fait couler les eaux de la mer Rouge (sur eux) ; וַיָּצֶף הַבַּרְזֶל II Rois 6. 6, et le fer nagea sur l'eau, ou : le prophète fit nager le fer (v. צָפָה *adj.*).

צוּף *m.* : צוּף־דְּבַשׁ Prov. 16. 24, un rayon de miel ; וְנֹפֶת צוּפִים Ps. 19. 11, et le rayon de miel le plus excellent.

צוּף *n. pr.* Thohu, fils de Suph, I Sam. 1. 1 (I Chr. 6. 20, צִיף *keri*, et 6. 11, צוֹפַי).

צוֹפַר *n. pr.* Sophar de Naamath, un des trois amis de Job, Job 2. 11.

צוּץ ou צִיץ Fleurir : צָץ הַמַּטֶּה Ez.7. 10, la verge a fleuri.

Hiph. Fleurir, pousser des fleurs, briller, paraître, regarder : וְעָלָיו יָצִיץ נִזְרוֹ Ps. 132. 18, mais sur lui brillera sa couronne ; וַיָּצֵץ צִיץ Nomb. 17. 23, et avait produit, poussé, des fleurs ; בַּבֹּקֶר יָצִיץ Ps.90.6, il fleurit le matin ; וַיָּצִיצוּ כָּל־פֹּעֲלֵי אָוֶן Ps. 92. 8, quand les ouvriers d'iniquités auront fleuri ; מֵצִיץ מִן־הַחֲרַכִּים Cant 2. 9, il (fait briller ses yeux), il regarde, ou : paraît, se montre, du travers des barreaux.

I צוּק *Kal* inusité. *Hiph.* הֵצִיק Presser, resserrer, assiéger, tourmenter, importuner : אֲשֶׁר־יָצִיק לְךָ אֹיִבְךָ Deut. 28. 53, (la détresse) dont ton ennemi te resserrera, où il te réduira ; הֱצִיקַתְנִי רוּחַ בִּטְנִי Job 32. 18, l'esprit qui est en moi me presse, me force, de parler ; וַהֲצִיקוֹתִי לַאֲרִיאֵל Is. 29. 2, je réduirai, j'assiégerai, Ariel ; חֲמַת הַמֵּצִיק 51. 13, la fureur de l'oppresseur, persécuteur ; כִּי הֱצִיקַתְהוּ Jug. 14. 17, car elle l'avait tourmenté de ses prières, l'avait importuné ; וַיְהִי כִּי־הֵצִיקָה לּוֹ בִדְבָרֶיהָ 16. 16, et comme elle l'importunait, tourmentait, de ses paroles (v. d'autres exemples à יָצַק).

II צוּק (v. יָצַק) Verser, fondre : וְצוּר יָצוּק עִמָּדִי Job 29. 6, et (lorsque) le rocher versait, répandait, vers (ou pour) moi (des ruisseaux d'huile) ; וְאֶבֶן יָצוּק נְחוּשָׁה 28. 2, et la pierre est fondue (pour devenir) airain, ou change la pierre en airain en la fondant ; צָקוּן לַחַשׁ Is. 26. 16 (pour צָקוּ), ils ont épanché la prière, ils t'ont adressé leur prière humble.

Hiph. Placer, poser : וַיַּצִּקֻם לִפְנֵי יְיָ Jos. 7. 23, ils les déposèrent devant l'Éternel ; וַיַּצִּקוּ אֶת־אֲרוֹן II Sam.15.24, ils posèrent l'arche (de Dieu) ; de là מָצוּק colonne (d'autres classent tous ces exemples, *Kal* comme *Hiph.*, sous יָצַק).

צוֹק *m.* (I צוּק). Trouble, tourmente : וּבְצוֹק הָעִתִּים Dan. 9. 25, même dans la tourmente, les troubles des temps (dans les temps des troubles, les temps fâcheux, difficiles).

צוּקָה *f.* Détresse, angoisse : בְּבֹא עֲלֵיכֶם צָרָה וְצוּקָה Prov. 1. 27, quand l'affliction et la détresse vous surprendront ; בְּאֶרֶץ צָרָה וְצוּקָה Is. 30. 6, dans un pays d'affliction et de misère, d'angoisse ; מְעוּף צוּקָה 8. 22, les ténèbres de l'angoisse (v. מָעוּף).

צוֹר, צֹר (rocher, v. צוּר) *n. pr.* La ville de Tyr ; מִבְצַר צֹר II Sam. 24. 7, les fortifications, les murailles, de Tyr; עִיר מִבְצַר־צֹר Jos. 19. 29, la ville forte de Tyr: Tyr était bâtie sur une île dans la mer Méditerrané; מִי כְצוֹר כְּדֻמָה בְּתוֹךְ הַיָּם Ez. 27. 32, quelle ville est semblable à Tyr? Elle est comme une ruine, ou comme une tombe muette, au milieu de la mer.

צור (*fut.* יָצוּר, וַיָּצַר, v. צָרַר) 1° Assiéger: וַיָּצַר אֶת־רַבָּה I Chr. 20. 1, il assiégea la ville de Rabbah; וְצַרְתָּ עָלֶיהָ Deut. 20. 12, (alors) tu l'assiégeras; avec אֶל: כִּי־תָצוּר אֶל־עִיר Deut. 20. 19, lorsque tu mettras le siége devant une ville; *absol.*: צוּרִי מָדַי Is. 21. 2, assiége, ô Mède; de même des personnes qui sont dans la place assiégée: וַיָּצֻרוּ עָלָיו בְּאָבֵלָה II Sam. 20. 15, ils l'assiégèrent à Abelah; לָצוּר אֶל־דָּוִד וְאֶל־אֲנָשָׁיו I Sam. 23. 8, et d'assiéger David et ses gens; וְצַרְתִּי עָלַיִךְ מֻצָּב Is. 29. 3, je t'assiégerai avec des forts, des machines de guerre; אָחוֹר וָקֶדֶם צַרְתָּנִי Ps. 139. 5, tu m'as assiégé, serré de près, par derrière et par devant, tu m'as tenu assiégé de toutes parts; selon d'autres: tu m'as formé (v. 4°). — 2° Combattre, poursuivre, affliger, presser: וְצַרְתִּי אֶת־צֹרְרֶיךָ Exod. 23. 22, j'affligerai, je poursuivrai, ceux qui te poursuivent; אַל־תָּצַר אֶת־מוֹאָב Deut. 2. 9, ne combats pas les Moabites; הַצָּרִים אֹתָם Esth. 8. 11, qui les attaquent, poursuivent; כִּי יָצַר־לוֹ אֹיְבוֹ I Rois 8. 37, si son ennemi le presse; צָרִים אֶת־הָעִיר עָלֶיךָ Jug. 9. 31, ils ferment la ville pour toi, ils t'empêchent d'y entrer, ou: ils excitent, soulèvent, la ville contre toi. — 3° Serrer, lier, renfermer: וְצַרְתָּ הַכֶּסֶף בְּיָדְךָ Deut. 14. 25, tu serreras l'argent (que tu apportes) dans ta main; וַיָּצֻרוּ וַיִּמְנוּ אֶת־הַכֶּסֶף II Rois 12. 11, ils lièrent, serrèrent (dans des sacs), l'argent après l'avoir compté; וַיָּצַר כִּכְּרַיִם כֶּסֶף 5. 23, il lia, mit, les deux talents d'argent (dans deux sacs); צוֹר תְּעוּדָה Is. 8. 16, lie, attache bien cet avertissement, cette doctrine, ne la néglige pas, ou tiens-la secrète. — 4° (v. יָצַר) Former, faire: וַיָּצַר אֹתוֹ בַּחֶרֶט Exod. 32. 4, il le forma dans un moule; וַיָּצַר אֶת־שְׁנֵי הָעַמּוּדִים I Rois 7. 15, il fit les deux colonnes (de bronze); בְּטֶרֶם אֱצוּרְךָ Jér. 1. 5 (*chethib*), avant que je t'eusse formé, créé.

Niph.: כְּעִיר נְצוּרָה Is. 1. 8, comme une ville assiégée (selon d'autres, *part. pass.* de נָצַר). V. les exemples du *Hiph.* à צָרַר.

צור *m.* (*plur.* צֻרִים, une fois צוּרוֹת Job 28. 10). 1° Pierre, rocher, roche: וּלְצוּר מִכְשׁוֹל Is. 8. 14, et comme une pierre d'achoppement, ou de scandale; וּבְצוּר נְחָלִים Job 22. 24, et sur les pierres des ruisseaux; וְיֶעְתַּק צוּר מִמְּקֹמוֹ Job 18. 4, le rocher sera-t-il déplacé, transporté de sa place? צוּר יִשְׂרָאֵל Is. 30. 29, le rocher, le fort, d'Israel, Dieu; צוּרִי אֶחֱסֶה־בּוֹ Ps. 18. 3, (Dieu) ma force, mon refuge, en lui j'espère; הַבִּיטוּ אֶל־צוּר חֻצַּבְתֶּם Is. 51. 1, regardez la roche d'où vous avez été taillés (votre souche, Abraham). — 2° La force, c.-à-d. la pointe, le tranchant, d'une arme: צוּר חַרְבּוֹ Ps. 89. 44, la pointe de son épée; חַרְבוֹת צֻרִים Jos. 5. 2, des couteaux tranchants; selon d'autres: des couteaux de pierre (v. 1°); חֶלְקַת הַצֻּרִים II Sam. 2. 16, le champ des épées tranchantes, ou des forts, des vaillants (v. 1°). — 3° Forme (de צור 4°): וְצוּרָם לְבַלּוֹת Ps. 49. 15, et leur forme, figure, beauté, s'évanouira, sera détruite (dans l'enfer).

צוּר *n. pr.* 1° Sur, un des princes des Madianites, Nomb. 25. 15, 31. 8. — 2° I Chr. 8. 36.

צֻוָּר (v. צַוָּאר).

צוּרָה *f.* Forme: צוּרַת הַבַּיִת Ez. 43. 11. la forme, la figure, du temple; *plur.*: וְכָל־צוּרֹתָיו 43. 11, toutes ses formes, tous ses dessins.

צַוְּרֹן *m.* Cou: בְּאַחַד עֲנָק מִצַּוְּרֹנָיִךְ Cant. 4. 9, (un ornement) de ton cou (v. צַוָּאר).

צוּרִיאֵל (Dieu est son rocher) *n. pr.* Suriel, fils d'Abihayil, Nomb. 3. 35.

צוּרִישַׁדָּי (le Tout-Puissant est son rocher) *n. pr.* Surisaddai, père de Salamiel, chef de la tribu de Siméon, Nomb. 1. 6.

צוּת ou צִית (v. יָצַת) *Hiph*. Brûler: אֲצִיתֶנָּה יָּחַד Is. 27. 4, je les brûlerai toutes ensemble.

צַח *adj*. (rac. צָחַח). Blanc, clair: דּוֹדִי צַח וְאָדוֹם Cant. 5. 10, mon bien-aimé est blanc et rouge (vermeil); כְּחֹם צַח עֲלֵי־אוֹר Is. 18. 4, comme une chaleur pure, un air chaud et serein, sur les herbes (ou: après la pluie, v. אוֹר, אוֹרָה); רוּחַ צַח Jér. 4. 11, un vent sec, brûlant; *plur*.: לְדַבֵּר צָחוֹת Is. 32. 4, à dire des paroles claires, à s'exprimer nettement.

צִחָא (clarté) *n. pr. m*. Néh. 7. 46.

צִחֵה *adj*. Brûlant: צִחֵה צָמָא Is. 5. 13, brûlant, languissant, de soif.

צָחַח Être blanc: צַחוּ מֵחָלָב Lament. 4. 7, ils sont plus blancs, plus purs, que le lait (puis: briller, brûler, être aride, etc., v. צַח, צְחִיחָה).

צְחִיחַ *m*. (rac. צָחַח). Sécheresse: צְחִיחַ סֶלַע Ez. 24. 7, 8, 26. 4, 14, la pointe sèche, luisante, d'un rocher.

צְחִיחָה *f*. Contrée aride: אַךְ־סוֹרְרִים שָׁכְנוּ צְחִיחָה Ps. 68. 7, seulement les infidèles, ceux qui se retirent de Dieu, demeurent dans une contrée sèche, aride.

צְחִיחִים *m. pl*. Ex. unique: בַּצְּחִיחִים (*keri* בַּצְּחִיחִים) Néh. 4. 7, sur des hauteurs arides, dans un terrain sec, aride (v. צְחִיחַ).

צַחֲנָה *f*. (rac. צָחַן). Puanteur: וְתַעַל צַחֲנָתוֹ Joel 2. 20, et leur puanteur s'élèvera dans les airs.

צַחְצָחוֹת *f. pl*. (rac. צָחַח). Sécheresse: וְהִשְׂבִּיעַ בְּצַחְצָחוֹת נַפְשֶׁךָ Is. 58. 11, il rassasiera ton âme dans les plus grandes sécheresses (dans la disette).

צָחַק (v. שָׂחַק) Rire: וַתִּצְחַק שָׂרָה Gen. 18. 12, Sara rit (secrètement); כָּל־הַשֹּׁמֵעַ יִצְחַק־לִי 21. 6, quiconque l'apprendra rira, s'en réjouira, avec moi.

Pi. Jouer, plaisanter, se moquer: וַיְהִי כִמְצַחֵק Gen. 19. 14, mais il parut (à ses gendres) qu'il plaisantait, qu'il le disait en se moquant; וַיָּקֻמוּ לְצַחֵק Exod. 32. 6, ils se levèrent pour jouer ou danser; וַיְצַחֵק לִפְנֵיהֶם Jug. 16. 25, afin qu'il jouât, ou chantât, devant eux; יִצְחָק מְצַחֵק Gen. 26. 8, Isaac jouait, plaisantait (avec sa femme); לְצַחֶק בָּנוּ Gen. 39. 14, pour se jouer de nous, pour nous insulter.

צְחֹק *m*. Objet de ris: צְחֹק עָשָׂה לִי אֱלֹהִים Gen. 21. 6, Dieu m'a fait un objet de ris (on rira de moi), ou: Dieu m'a donné un sujet de joie; לִצְחֹק וּלְלַעַג Ez. 23. 32, (tu deviendras) un objet de ris et de raillerie.

צַחַר *adj*. Blanc, brillant: וְצֶמֶר צָחַר Ez. 27. 18, et la laine d'une blancheur éclatante.

צְחֹרוֹת *adj. f. pl*. Blanches: אֲתֹנוֹת צְחֹרוֹת Jug. 5. 10, des ânesses blanches (aux taches blanches), ou éclatantes, très belles.

צֹחַר (blancheur, éclat) *n. pr*. 1° Sohar, fils de Siméon, Gen. 46. 10 (Nomb. 26. 13, il est appelé זֶרַח). — 2° Ephron, fils de Sohar, Gen. 23. 8. — 3° Sohar, fils de Hélah, I Chr. 4. 7.

צִי *m*. (rac. צָוָה ou צָיָה). Vaisseau, navire: וְצִי אַדִּיר Is. 33. 21, et un grand navire; וְצִים מִיַּד כִּתִּים Nomb. 24. 24, et des vaisseaux (viennent) du côté de Cethim; בַּצִּים Ez. 30. 9, sur des vaisseaux; selon quelques-uns aussi: יְסָדָהּ לְצִיִּים Is. 23. 13, (les Assyriens) l'avaient fondé pour leurs vaisseaux, pour y loger leurs flottes (v. צִיִּי); וּבָאוּ בוֹ צִיִּים Dan. 11. 30, ils viendront contre lui sur des vaisseaux.

צִיבָא *n. pr*. Siba, serviteur de Saül, II Sam. 9. 2.

צַיִד *m*. (rac. צוּד, const. צֵיד, avec suff. צֵידוֹ). 1° Chasse: גִּבֹּר צַיִד Gen. 10. 9, un héros de chasse, un fort ou violent chasseur; אִישׁ יֹדֵעַ צַיִד 25. 27, un homme habile à la chasse. — 2° Gibier: הָבִיאָה לִּי צַיִד Gen. 27. 7, apporte-moi du gibier. — 3° Nourriture, comestible: בְּיוֹם מִכְרָם צָיִד Néh. 13. 15, le jour où ils vendaient des comestibles; צֵידָהּ בָּרֵךְ אֲבָרֵךְ Ps. 132. 15, je bénirai sa nourriture; לֶחֶם צֵידָם Jos. 9. 5, le pain qui leur servait de nourriture pendant le voyage, durant le chemin.

צַיָּד *m.* (rac. צוד). Chasseur : לְרַבִּים צַיָּדִים Jér. 16. 16, (j'enverrai) à beaucoup de chasseurs.

צֵידָה et **צֵדָה** *f.* (rac. צוד, v. צַיִד 3°). Nourriture, provisions, vivres de voyage : צֵידָה שָׁלַח לָהֶם Ps. 78. 25, il leur envoya la nourriture (en abondance); צֵדָה לַדָּרֶךְ Gen. 42. 25, des vivres pendant le chemin (de là הִצְטַיֵּד, v. *Hithp.* de צוד).

צִידוֹן *n. pr.* 1° Sidon, fils de Chanaan, Gen. 10. 15, — 2° Sidon, une des plus anciennes villes des Phéniciens, Gen. 10. 19; צִידוֹן רַבָּה Jos. 11. 8, la grande Sidon (la ville riche, célèbre); סֹחֵר צִידוֹן Is. 23. 2, les marchands de Sidon.

צִידֹנִי *m.* (*f.* צִידֹנִיָּה, *pl.* צִידֹנִים et צִידֹנִין, *fém.* צִידֹנִיּוֹת ou צֵדְנִיֹּת). Un Sidonien, une Sidonienne, Deut. 3. 9, I Rois 11. 1. Aussi וְהַצִּידֹנִי Jug. 3. 3, le peuple de Sidon, les Sidoniens.

צִיָּה *f.* (rac. צָיָה). Sécheresse, terre sèche, aride : צִיָּה גַם־חֹם Job 24. 19, la sécheresse et la chaleur; בְּאֶרֶץ־צִיָּה Ps. 63. 2, dans une terre aride, déserte; בַּצִּיָּה Ps. 78. 17, dans un lieu sans eau, le désert; *pl.*: הָלְכוּ בַּצִּיּוֹת נָהָר Ps. 105. 41, (les eaux) se répandirent comme un fleuve dans des lieux arides.

צָיוֹן *m.* (v. צִיָּה). Lieu aride : כְּחֹרֶב בְּצָיוֹן Is. 25 5, comme la chaleur brûlante dans un lieu aride; Is. 32. 2.

צִיּוֹן *n. pr.* d'une colline sur laquelle une partie de Jérusalem et le temple avaient été bâtis; souvent pour Jérusalem même : מֵעִיר דָּוִיד הִיא צִיּוֹן II Chr. 5. 2, de la ville de David, c'est-à-dire Sion; מִצִּיּוֹן תֵּצֵא תוֹרָה Is. 2. 3, la loi sortira de Sion; בְּצִיּוֹן הַר־קָדְשִׁי Joel 4. 17, dans Sion, ma sainte montagne; Is. 49. 14, les habitants de Sion; בַּת־צִיּוֹן Is. 1. 8, la fille de Sion; Zach. 2. 11, 14, même dans l'exil; יוֹשֶׁבֶת צִיּוֹן Is. 12. 6, la nation qui habite Sion; mais בְּנוֹת צִיּוֹן Is. 3. 16, les filles de Sion, les femmes de Jérusalem; צִיּוֹן קְדוֹשׁ יִשְׂרָאֵל Is. 60. 14, Sion (qui appartient au ou qui est protégé par le) saint d'Israel.

צִיּוּן *m.* (rac. צָוָה ou צָיָה). Signe, monument, tombeau : מָה הַצִּיּוּן הַלָּז II Rois 23. 17, quel est ce monument, ce tombeau? וּבָנָה אֶצְלוֹ צִיּוּן Ez. 39. 15, il mettra auprès (du cadavre) un signe, une marque; הַצִּיבִי לָךְ צִיֻּנִים Jér. 31. 21, place-toi des signes pour indiquer les chemins.

צִיִּים *adj. m. pl.* 1° Les hommes qui habitent le désert : לְפָנָיו יִכְרְעוּ צִיִּים Ps. 72. 9, les habitants du désert se prosterneront devant lui; לְעָם לְצִיִּים 74. 14, au peuple qui habite le désert (d'autres traduisent aux deux endroits : les gens des vaisseaux, les navigateurs) (v. צִי). — 2° Les bêtes du désert : וְרָבְצוּ־שָׁם צִיִּים Is. 13. 21, les bêtes sauvages du désert y camperont, séjourneront; יְסָדָהּ לְצִיִּים (les Assyriens) l'avaient fondé, mais ils servira de retraite aux bêtes sauvages (v. à צִי).

צִין (v. צִן).

צִינֹק *m.* Prison ou les fers : וְאֶל־הַצִּינֹק Jér. 29. 26, (tu le feras mettre) dans la prison, ou dans les fers (tu lui mettras des menottes).

צִיעֹר (petitesse, exiguïté) *n. pr.* Sior, ville appartenant à la tribu de Juda, Jos. 15. 54.

צִיף *n. pr. keri* (v. צוּף).

צִיץ Fleurir (v. צוּץ).

צִיץ *m.* (rac. צוּץ ou צִיץ, *pl.* צִצִּים). 1° La lame luisante (d'or) que portait le grand prêtre devant le front : צִיץ זָהָב טָהוֹר Exod. 28. 36, une lame d'or pur (sur laquelle sera gravé : La sainteté est à Dieu). — 2° Fleur (v. צִיצָה) : כְּצִיץ יָצָא Job 14. 2, (l'homme) naît comme une fleur; וְכָל־חַסְדּוֹ כְּצִיץ הַשָּׂדֶה Is. 40. 6, et toute sa force, sa beauté, est comme la fleur des champs; וּפְטוּרֵי צִצִּים I Rois 6. 18, et des fleurs sorties, épanouies (ou : des guirlandes de fleurs, v. פֶּטֶר). — 3° Aile : תְּנוּ־צִיץ לְמוֹאָב Jér. 48. 9, donnez des ailes à Moab (pour s'envoler vite de son pays).

צִיץ *n. pr.* : בְּמַעֲלֵה הַצִּיץ II Chr. 20. 16, sur le coteau qui conduit à Sis, ou : le mont appelé Sis.

צִיצָה *f.* Fleur : צִיצַת נֹבֵל Is. 28. 4, une fleur qui tombe, qui est flétrie (v. צִיץ 2°).

צִיצִת *f.* (rac. צִיץ ou צוץ). 1° בְּצִיצִת רֹאשִׁי Ez. 8. 3, (elle me prit) par les boucles (les cheveux) de ma tête (v. צִיץ 3°, aile). — 2° Frange : וְעָשׂוּ לָהֶם צִיצִת Nomb. 15. 38, qu'ils se fassent des franges (aux coins de leurs vêtements) ; également de צִיץ aile, ce qui se détache, ce qui pend, ou de צוץ *Hiph.*, regarder (v. verset 39) : « en voyant ces franges, vous vous souviendrez de tous les commandements de l'Éternel, et vous les observerez. »

צִיקְלַג, **צִקְלַג** et **צִיקְלָג** *n. pr.* Siklag, ville appartenant à la tribu de Siméon, Jos. 15. 31.

צִיר *Hithph.* Ex. unique : וַיֵּלְכוּ וַיִּצְטַיָּרוּ Jos. 9. 4, ils se mirent en route, et se firent passer pour des messagers (formé de צִיר 3°) ; ou : ils partirent, et se mirent en route ; d'autres traduisent comme וַיִּצְטַיָּדוּ : ils s'approvisionnèrent de vivres, ils prirent des vivres avec eux (v. צוד *Hithph.*).

צִיר *m.* (rac. צִיר et צוּר). 1° Les gonds d'une porte : הַדֶּלֶת תִּסּוֹב עַל־צִירָהּ Prov. 26. 14, (comme) une porte tourne sur ses gonds. — 2° צִירִים Les douleurs (v. צוּר *verbe* 2°) : צִירִים אֲחָזוּנִי כְּצִירֵי יוֹלֵדָה Is. 21. 3, des douleurs me saisissent comme les douleurs d'une femme qui est en travail ; נֶהֶפְכוּ צִירַי עָלַי Dan. 10. 16, mes douleurs m'ont assailli (j'étais saisi de terreur). — 3° Messager : וְצִיר אֱמוּנִים Prov. 13. 17, mais un messager, ambassadeur, fidèle ; וְצִיר בַּגּוֹיִם שֻׁלָּח Obad. 1, un ambassadeur a été envoyé aux nations. — 4° Forme, idole (de צוּר 4° ; selon d'autres, de צִיר 2°, parce qu'elle est la cause de châtiments, de douleurs) : חָרָשֵׁי צִירִים Is. 45. 16, les fabricateurs des idoles ; וְצִירָם Ps. 49. 15 (*chethib*), et leur forme, figure, beauté.

צֵל *m.* (rac. צָלַל, avec suff. צִלִּי ; une fois צִלֲּלוֹ ; *plur.* צְלָלִים, const. צִלְלֵי). Ombre : צֵל הֶהָרִים Jug. 9. 36, les ombres des montagnes ; צִלְלֵי־עָרֶב Jér. 6. 4, les ombres du soir, et כְּצֵל נָטוּי Ps. 102. 12, comme l'ombre étendue (qui s'allonge vers le soir et puis passe, s'évanouit) ; *au fig.* : בְּצֵל כְּנָפֶיךָ Ps. 17. 8, (couvre-moi) sous l'ombre de tes ailes ; שִׁיתִי כַלַּיִל צִלֵּךְ Is. 16. 3, fais ton ombre (en plein midi) comme la nuit même, c.-à-d. donne un refuge sûr, couvre de ta protection ; צֵל מֵחֹרֶב Is. 25. 4, (Dieu) était une ombre, un rafraîchissement, contre la chaleur ; סָר צִלָּם מֵעֲלֵיהֶם Nomb. 14. 9, leur ombre, c.-à-d. leur défense, force, s'est retirée d'eux ; כִּי בְּצֵל הַחָכְמָה בְּצֵל הַכָּסֶף Eccl. 7. 12, car il est sous la protection de la sagesse et sous la protection de l'argent (l'une et l'autre le rendent indépendant) (v. צֶאֱלִים).

צְלָא chald. *Pa.* Prier : וּמְצַלֵּא Dan. 6. 11, et il adorait Dieu ; *part. plur.* : וּמְצַלַּיִן לְחַיֵּי מַלְכָּא Esdr. 6. 10, et (pour qu')ils prient pour la vie du roi.

צָלָה Cuire, rôtir : תְּנָה בָשָׂר לִצְלוֹת I Sam. 2. 15, donne de la chair pour la faire cuire ; אֶצְלֶה בָשָׂר Is. 44. 19, je fais cuire de la chair.

צִלָּה (ombre ou chant) *n. pr.* Sillah, femme de Lamech, Gen. 4. 19.

צְלוֹל (*keri* צְלִיל) *m.*, douteux : צְלִיל לֶחֶם שְׂעֹרִים Jug. 7. 13, un gâteau de pain d'orge, un pain rond (de צָלַל, comme גָּלַל rouler) ; ou : un pain d'orge cuit sous la cendre (de צָלָה) ; selon d'autres : un bruit (produit) par un pain d'orge (de צָלַל 1°).

• **צְלוֹת** *f.* (v. צְלָא chald.). Prière : צְלוֹתְהוֹן Rituel, leur prière.

צָלַח (וַיִּצְלַח צָלֵחָה Jér. 12. 1 ; *fut.* יִצְלַח). 1° Traverser, passer : וְצָלְחוּ הַיַּרְדֵּן II Sam. 19. 18, ils passèrent le Jourdain. — 2° Saisir, éclater, fondre sur quelqu'un: וַתִּצְלַח עָלָיו רוּחַ יְיָ Jug. 14. 19, l'esprit de Dieu saisit (Samson). Avec אֶל : וַתִּצְלַח רוּחַ־יְיָ אֶל־דָּוִד I Sam. 16. 13, l'esprit de l'Éternel se saisit de David; פֶּן־יִצְלַח כָּאֵשׁ בֵּית יוֹסֵף Amos 5. 6, de peur que sa colère n'éclate comme le feu dans la maison de Joseph, ou qu'il ne fende, brise, la maison, etc. — 3° Aller droit, prospérer, réussir: וְחֵפֶץ יְיָ בְּיָדוֹ יִצְלָח Is. 53. 10, et la volonté de Dieu réussira, s'accomplira, parfaitement par lui; צְלַח רְכַב עַל־דְּבַר־אֱמֶת Ps. 45. 5, réussis, monte sur ton char, pour la cause de la vérité; ou, צְלַח sens 1° et 2°: viens fondre, attaquer; גֶּבֶר לֹא־יִצְלַח בְּיָמָיו Jér. 22. 30, un homme qui ne prospérera, à qui rien ne réussira, durant sa vie; וְהִנֵּה שְׁתוּלָה הֲתִצְלָח Ez. 17. 10, la voilà plantée, prospérera, poussera-t-elle? לֹא יִצְלַח לַכֹּל Jér. 13. 7, 10, qui n'est bon, propre, à aucun usage.

Hiph. Faire réussir, et *intransit.* prospérer, réussir: וַיְיָ הִצְלִיחַ דַּרְכִּי Gen. 24. 56, puisque Dieu a fait réussir mon voyage, l'a rendu heureux; וַאֲשֶׁר־הוּא עֹשֶׂה יְיָ מַצְלִיחַ Gen. 39. 23, et tout ce qu'il entreprenait, Dieu le faisait réussir; וְהִצְלִיחַ מִרְמָה בְּיָדוֹ Dan. 8. 25, et comme il est heureux, qu'il prospère, il use d'artifice, ou: il conduit ses artifices avec succès; וְלֹא תַצְלִיחַ אֶת־דְּרָכֶיךָ Deut. 28. 29, et tu ne réussiras point dans tes chemins, tes entreprises; בְּמַצְלִיחַ דַּרְכּוֹ Ps. 37. 7, contre l'homme heureux dans sa voie, à qui tout réussit; הֲתַצְלִיחַ דַּרְכֵּנוּ Jug. 18. 5, si notre voyage serait heureux; לֹא יַצְלִיחַ Prov. 28. 13, (qui cache ses crimes) ne prospérera pas.

צלח chald. Réussir (v. צָלַח hébr.). *Aph.*: מַלְכָּא הַצְלַח Dan. 3. 30, le roi rendit heureux, c.-à-d. éleva, rendit grand (Sidrach, etc.); הַצְלַח בְּמַלְכוּת דָּרְיָוֶשׁ Dan. 6. 29, (Daniel) prospéra, fut toujours en dignités, pendant le règne de Darius; וּמַצְלַח בְּיֶדְהֹם Esdr. 5. 8, et (le travail) réussit, s'avance, entre leurs mains.

צַלַּחַת *f.* Ex. unique: וּבַצֵּלָחוֹת II Chr. 35. 13, et dans des plats, ou dans des poêles.

צְלֹחִית *f.* Ex. unique: צְלֹחִית חֲדָשָׁה II Rois 2. 20, un plat, un vaisseau, neuf.

צַלַּחַת *f.* Plat: כַּאֲשֶׁר־יִמְחֶה אֶת־הַצַּלַּחַת II Rois 21. 13, comme on essuie, lave, un plat; טָמַן עָצֵל יָדוֹ בַּצַּלָּחַת Prov. 19. 24, 26. 15, le paresseux a caché, porté, sa main dans un plat (et il ne la porte pas à sa bouche), ou: le paresseux a caché sa main dans son sein.

צָלִי *m.* (rac. צָלָה). Ce qui est rôti: צְלִי־אֵשׁ Exod. 12. 8, 9, (la chair) rôtie au feu; יִצְלֶה צָלִי Is. 44. 16, il fait rôtir un rôti.

צָלִיל *keri* (v. צְלוּל).

צלל 1° Sonner: לְקוֹל צָלְלוּ שְׂפָתַי Hab. 3. 16, à cette voix mes lèvres ont sonné, tremblé de frayeur. — 2° Être ombragé, couvert d'ombre: כַּאֲשֶׁר צָלְלוּ שַׁעֲרֵי יְרוּשָׁלַם Néh. 13. 19, lorsque les portes de Jérusalem étaient couvertes d'ombre, c.-à-d. vers le soir (v. צֵל). — 3° Tomber, rouler: צָלְלוּ כַּעוֹפֶרֶת Exod. 15. 10, ils ont roulé, sont tombés, comme du plomb.

Niph. (comme *Kal* 1°): תְּצִלֶּנָה שְׁתֵּי אָזְנָיו II Rois 21. 12, les deux oreilles lui tinteront, (en) seront étourdies (v. Jér. 19. 3).

Hiph. 1° תְּצִלֶּינָה שְׁתֵּי אָזְנָיו I Sam. 3. 11, les deux oreilles lui tinteront, seront étourdies, frappées (v. *Niph.*). — 2° וְחֹרֶשׁ מֵצַל Ez. 31. 3, avec un feuillage qui donne de l'ombre, un feuillage touffu (v. *Kal* 2°).

צְלֶלְפּוֹנִי *n. pr.* (avec l'*article*). Selellponi, fille de Étam, I Chr. 4. 3.

צלם *m.* (avec suff. צַלְמִי, *pl.* const. צַלְמֵי). 1° Ombre, ténèbres: אַךְ־בְּצֶלֶם יִתְהַלֶּךְ־אִישׁ Ps. 39. 7, oui, l'homme marche dans les ténèbres, ou: il passe comme une ombre; צַלְמָם תִּבְזֶה 73. 20, tu confondras leur ombre, fantôme, vaine image. — 2° Image, figure, idole: וַיִּבְרָא אֱלֹהִים אֶת־הָאָדָם בְּצַלְמוֹ Gen. 1. 27, Dieu créa l'homme à son image; וַיּוֹלֶד

בְּדְמוּתוֹ כְּצַלְמוֹ 5. 3, il engendra à sa ressemblance et à son image; וְצַלְמֵי עָכְבְּרֵיכֶם I Sam. 6. 5, (vous ferez) des formes, des figures, de vos rats; וְאֶת־צְלָמָיו שִׁבְּרוּ II Rois 11. 18, et ils brisèrent les images (de Baal); וְאֵת כִּיּוּן צַלְמֵיכֶם Amos 5. 26, et Chiyun (Saturne) votre idole, ou l'image de vos idoles (v. כִּיּוּן)

צְלֵם, צֶלֶם et צַלְמָא chald. Image, idole : צְלֵם דִּי־דְהַב Dan. 3. 11, une image d'or; לַחֲנֻכַּת צַלְמָא 3. 2, pour la dédicace de l'idole.

צַלְמוֹן (riche d'ombre) *n. pr.* 1° D'une montagne, Selmon, près de Sichem, Jug. 9. 48, couverte de neige (v. Ps. 68. 15.) — 2° D'un des chefs de l'armée de David, Selmon d'Ahoah, II Sam. 23. 28; appelé עִילַי I Chr. 11. 29.

צַלְמֹנָה *n. pr.* Selmona, station dans le désert, Nomb. 33. 41.

צַלְמָוֶת *f.* (formé de צֵל ombre et de מָוֶת mort). Ténèbres épaisses, obscurité très forte; אֶרֶץ חֹשֶׁךְ וְצַלְמָוֶת Job 10. 21, la terre des ténèbres et de l'obscurité de la mort; שַׁעֲרֵי צַלְמָוֶת 38. 17, les portes des ténèbres (de la mort); גֵּיא צַלְמָוֶת Ps. 23. 4, la vallée des ténèbres, des ombres de la mort.

צַלְמֻנָּע *n. pr.* Salmunna, roi des Madianites, Jug. 8. 5.

צָלַע (*dénom.* de צֵלָע côté) Pencher d'un côté, boiter : וְהוּא צֹלֵעַ עַל־יְרֵכוֹ Gen. 32. 32, il était boiteux de sa hanche (d'une jambe); אֹסְפָה הַצֹּלֵעָה Mich. 4. 6, je rassemblerai celle qui était boiteuse (fatiguée, affaiblie, par le long chemin et les souffrances, Israel); וְהוֹשַׁעְתִּי אֶת־הַצֹּלֵעָה Soph. 3. 19, je sauverai celle qui boitait.

צֵלָע *f.* (const. צֵלַע et צֶלַע, avec suff. צַלְעִי; *plur.* צְלָעִים, const. צַלְעוֹת). 1° La côte de l'homme : וַיִּקַּח אַחַת מִצַּלְעֹתָיו Gen. 2. 21, il prit une des côtes (d'Adam); אֶת־הַצֵּלָע אֲשֶׁר־לָקַח 2. 22, la côte qu'il avait prise, tirée (d'Adam); puis des côtes d'un édifice, c.-à-d. les planches, poutres, ais : בְּצַלְעוֹת אֲרָזִים I Rois 6. 15, (il fit ou lambrissa les murailles) d'ais de cèdre; מֵעַל עַל־הַצְּלָעֹת 7. 3, au-dessus des poutres (qui formaient le plafond). — 2° Côté. De l'homme : וְאֵיד נָכוֹן לְצַלְעוֹ Job 18. 12, la calamité sera prête à son côté; selon d'autres : prête à frapper celle qui est à son côté, sa femme; שֹׁמְרֵי צַלְעִי Jér. 20. 10, qui gardaient mes côtés, auparavant mes amis qui étaient sans cesse à mes côtés; selon d'autres, de צֶלַע : qui attendent ma chute. — Des choses : צֶלַע־הַמִּשְׁכָּן Exod. 26. 26, le côté du tabernacle; צַלְעֹת הָאָרֹן 25. 14, les côtés de l'arche; שְׁתֵּי צַלְעֹת הַמִּזְבֵּחַ 27. 7, les deux côtés de l'autel; עַל־צֶלַע צָפוֹן 26. 35, du côté du septentrion; שְׁנֵי צְלָעִים הַדֶּלֶת הָאֶחָת I Rois 6. 34, les deux côtés, ou les deux battants, d'une des portes. — 3° Chambre latérale : וַיַּעַשׂ צְלָעוֹת סָבִיב I Rois 6. 5, et il fit des chambres tout à l'entour; וְהַצְּלָעוֹת צֵלָע אֶל־צֵלָע Ez. 41. 6, et les chambres latérales (étaient) une chambre auprès de l'autre; et *collect.* : פֶּתַח הַצֵּלָע הַתִּיכֹנָה I Rois 6. 8, l'entrée des chambres latérales (du bas côté) du milieu; בֵּית צְלָעוֹת Ez. 41. 9, l'espace destiné aux chambres latérales, ou : un corridor entre ces chambres et le mur.

צֵלַע *n. pr.* Séla, ville appartenant à la tribu de Benjamin, Jos. 18. 28; Séla, sépulture de Saül, II Sam. 21. 14.

צֶלַע *m.* Trébuchement (v. צָלַע), chute, adversité, calamité : וּבְצַלְעִי שָׂמְחוּ Ps. 35. 15, et ils se sont réjouis de ma chute, de mon adversité; אֲנִי לְצֶלַע נָכוֹן 38. 18, je suis préparé aux malheurs, aux châtiments; et selon quelques-uns aussi : שֹׁמְרֵי צַלְעִי Jér. 20. 10, qui attendent, espèrent, ma chute (v. צֵלָע 2°).

צָלָף *n. pr. m.* Néh. 3. 30.

צְלָפְחָד *n. pr.* Salaphhad, fils de Hépher, Nomb. 27. 1.

צֶלְצַח (ombre contre la clarté, la lumière du soleil) *n. pr.* Selsah, ville appartenant à Benjamin, I Sam. 10. 2.

צְלָצַל *m.* (const. צִלְצַל, rac. צָלַל),

1° Bruit : אֶרֶץ צִלְצַל כְּנָפַיִם Is. 18. 1, la terre (qui fait) du bruit de ses ailes, faisant allusion au bruit des armes que font les ailes de l'armée, ou au bruit des voiles des vaisseaux qui se déploient comme des ailes ; l'Éthiopie, visitée par tant de vaisseaux ; selon d'autres : la terre dont les ailes font beaucoup d'ombre, la terre si vaste (v. צָלַל 1° et 2°).— 2° וּבְצֶלְצְלִים II Sam. 6. 5, et avec des timbales (de צָלַל 1°) ; בְּצִלְצְלֵי־שָׁמַע et בְּצִלְצְלֵי תְרוּעָה Ps. 150. 5, avec des timbales résonnantes, d'un son clair, harmonieux, et des timbales d'un son fort, de jubilation. — 3° וּבְצִלְצַל דָּגִים Job 40. 31, (veux-tu remplir sa tête) de dards qu'on lance aux poissons, de harpons ? selon d'autres : (veux-tu jeter sa tête) dans le réservoir des poissons, ou la nasse ? — 4° יְיָרֵשׁ הַצְּלָצַל Deut. 28. 42, des insectes bruyants, bourdonnants, des grillons, consumeront (les arbres et les fruits) ; d'autres traduisent : la sauterelle ; d'autres : la nielle.

צֶלֶק *n. pr.* Sélek d'Ammoni, un des chefs de l'armée de David, II Sam. 23. 37.

צִלְּתַי (protégé de Dieu) *n. pr. m.* 1° I Chr. 8. 20. — 2° 12. 20.

צָמֵא (*fut.* יִצְמָא) Être altéré, avoir soif : כִּי צָמֵתִי Jug. 4. 19 (א omis), parce que j'ai soif ; וְצָמִת Ruth 2. 9 ; 2° *pers. fém.*, quand tu auras soif ; צָמְאָה נַפְשִׁי לֵאלֹהִים Ps. 42. 3, mon âme brûle de soif pour Dieu.

צָמָא *m.* Soif : בְּאֶרֶץ צִיָּה וְצָמָא Ez. 19. 13, dans une terre de sécheresse et de soif (aride et sans eau) ; יִשְׁבְּרוּ פְרָאִים צְמָאָם Ps. 104. 11, les ânes sauvages s'y désaltèrent, y apaisent leur soif.

צָמֵא *adj.* (*f.* צְמֵאָה). Altéré : כָּל־צָמֵא לְכוּ לַמַּיִם Is. 55. 1, vous tous qui êtes altérés, venez aux eaux ; רְעֵבִים גַּם־צְמֵאִים Ps. 107. 5, ils souffraient la faim et la soif ; אֶצָּק־מַיִם עַל־צָמֵא Is. 44. 3, je répandrai l'eau sur la terre altérée, sèche.

צִמְאָה *f.* Soif : וּגְרוֹנֵךְ מִצִּמְאָה Jér. 2. 25, (épargne) aussi la soif à ta gorge (que tu éprouves à force de courir, d'errer ; ou, *au fig.* : pour la passion, volupté).

צִמָּאוֹן *m.* Une terre altérée, aride : וְצִמָּאוֹן אֲשֶׁר אֵין־מָיִם Deut. 8, 15, et une terre aride où il n'y avait pas d'eau ; וְצִמָּאוֹן לְמַבּוּעֵי מָיִם Is. 35. 7, et la terre desséchée, aride, (se changera) en des sources d'eau.

צָמַד Lier. *Kal* inusité. *Niph.* S'attacher : הַנִּצְמָדִים לְבַעַל פְּעוֹר Nomb. 25. 5, qui se sont attachés à Baalpeor, qui se sont consacrés à son culte ; וַיִּצָּמְדוּ לְבַעַל פְּעוֹר Ps. 106. 28, ils se consacrèrent à Baalpeor.

Pou. : מְצֻמֶּדֶת עַל־מָתְנָיו II Sam. 20. 8, (une épée) attachée à ses reins, pendue au côté.

Hiph. : וּלְשׁוֹנְךָ תַּצְמִיד מִרְמָה Ps. 50. 19, et ta langue lie, combine, trame, la ruse, les tromperies.

צֶמֶד *m.* (avec suff. צִמְדּוֹ, *pl.* צְמָדִים, const. צִמְדֵּי). 1° Une paire, deux. Des bêtes : צֶמֶד בָּקָר I Sam. 11. 7, une paire de bœufs ; צֶמֶד חֲמוֹרִים Jug. 19. 10, deux ânes ; שְׁנֵים־עָשָׂר צְמָדִים I Rois 19. 19, douze paires, attelages, de bœufs. Des hommes : אֲנִי וָאַתָּה רֹכְבִים צְמָדִים II Rois 9. 25, (lorsque nous) chevauchions ensemble (toi et moi), ou que nous étions dans un même chariot ; צֶמֶד פָּרָשִׁים Is. 21. 7, 9, (une paire de) deux cavaliers.— 2° צֶמֶד שָׂדֶה I Sam. 14. 14, un champ que peut labourer une paire de bœufs dans un jour ; עֲשֶׂרֶת צִמְדֵּי־כֶרֶם Is. 5. 10, dix arpents de vigne.

צַמָּה *f.* (rac. צָמַם), douteux : מִבַּעַד לְצַמָּתֵךְ Cant. 4. 1, 6. 7, selon les uns : derrière ton voile ; selon les autres : entre les nattes de tes cheveux ; d'autres traduisent : outre ce qui est caché en toi, ce que l'on doit passer sous silence ; de même : גַּלִּי צַמָּתֵךְ Is. 47. 2, ôte ton voile, ou : découvre tes nattes, tes boucles.

צִמּוּק *m.* (rac. צָמַק). Raisin sec :

וּמֵאָה צִמֻּקִים I Sam. 25. 18, et cent (gâteaux ou grappes) de raisins secs; דְּבֵלִים וְצִמֻּקִים I Chr. 12. 40, des figues et des raisins secs, ou: des paquets de raisins secs.

צָמַח (*fut.* יִצְמַח) Pousser, paraître: וְכָל־עֵשֶׂב הַשָּׂדֶה טֶרֶם יִצְמָח Gen. 2. 5, et toutes les herbes de la campagne avant qu'elles eussent poussé, ou: ne poussaient pas encore; כָּל־הָעֵץ הַצֹּמֵחַ לָכֶם מִן־הַשָּׂדֶה Exod. 10. 5, tous les arbres qui poussent (pour vous) dans les champs; וְשֵׂעָר שָׁחֹר צָמַח־בּוֹ Lév. 13. 37, et si des poils noirs y ont poussé; *transitif:* יַעַר צוֹמֵחַ עֵצִים Eccl. 2. 6, une forêt qui pousse, produit des arbres, c.-à-d. de jeunes arbres, ou: une forêt d'arbres non fruitiers; בְּטֶרֶם תִּצְמַחְנָה Is. 42. 9, avant que (ces événements) paraissent, arrivent; וַאֲרֻכָתְךָ מְהֵרָה תִצְמָח 58. 8, et ta guérison paraîtra, arrivera, vite; אֱמֶת מֵאֶרֶץ תִּצְמָח Ps. 85. 12, la vérité germera, sortira de la terre.

Pi. Même signif.: וּשְׂעָרֵךְ צִמֵּחַ Ez. 16. 7, et tes cheveux avaient poussé; וַיָּחֶל שְׂעַר־רֹאשׁוֹ לְצַמֵּחַ Jug. 16. 22, ses cheveux commençaient de nouveau à pousser, à revenir.

Hiph. 1° *Trans.*: וְקוֹץ וְדַרְדַּר תַּצְמִיחַ לָךְ Gen. 3. 18, la terre te produira des épines et des ronces (chardons); וּצְדָקָה תַצְמִיחַ יַחַד Is. 45. 8, et qu'elle produise la justice en même temps; ou, *intrans.*: que la justice germe, naisse, etc. — 2° Faire pousser, faire germer: וַיַּצְמַח יְיָ — כָּל־עֵץ Gen. 2. 9, Dieu fit sortir (de la terre) toutes sortes d'arbres; הַמַּצְמִיחַ הָרִים חָצִיר Ps. 147. 8, il fait produire aux montagnes leur herbe (il produit l'herbe sur les montagnes); יַצְמִיחַ צְדָקָה Is. 61. 11, (Dieu) fera germer la justice, le salut.

צֶמַח *m.* (avec suff. צִמְחָהּ). Végétation, plante, fruit: וְצֶמַח הָאֲדָמָה Gen. 19. 25, et tout ce qui pousse de la terre, toutes les plantes; כְּצֶמַח הַשָּׂדֶה Ez. 16. 7, comme la végétation, les herbes des champs; צִמְחָהּ Ps. 65. 11, les fruits (de la terre); צֶמַח יְיָ Is. 4. 2, les fruits de Dieu, tout ce que Dieu fait pousser, germer; ou: celui que Dieu fera arriver, le Messie; de même: צֶמַח צְדָקָה Jér. 33. 15, et צֶמַח צַדִּיק 23. 5, un germe de justice, un germe juste, le Messie qui sortira de la maison de David; seul: עַבְדִּי צֶמַח Zach. 3. 8, et אִישׁ צֶמַח שְׁמוֹ 6. 12, mon serviteur, le rejeton, la branche, — un homme qui aura pour nom rejeton, germe, branche (de Dieu); כָּל־טַרְפֵּי צִמְחָהּ Ez. 17. 9, toutes les feuilles de sa végétation.

צָמִיד *m.* (rac. צָמַד). 1° Bracelet (qui est attaché au bras): וּשְׁנֵי צְמִידִים עַל־יָדֶיהָ Gen. 24. 22, et deux bracelets pour mettre à ses bras; אֶצְעָדָה וְצָמִיד Nomb. 31. 50, des jarretières et des bracelets. — 2° Couvercle attaché au vase: אֵין־צָמִיד פָּתִיל עָלָיו Nomb. 19. 15, (le vaisseau) qui n'aura point de couvercle adhérent ni couverture liée dessus; selon d'autres, de צָמַד: une paire de couvertures ou de cordons (v. פָּתִיל).

* **צְמִיחָה** *f.* Action de pousser: וּצְמִיחַת קֶרֶן Rituel, et que la corne pousse, c.-à-d. que la force, le bonheur, (de David) augmente.

צַמִּים *m.* (rac. צָמַם). Ce qui est natté, tressé; le filet, piége; ou celui qui tend le piége, le malfaiteur, le brigand: יַחֲזֵק עָלָיו צַמִּים Job 18. 9, le filet, selon d'autres le brigand, l'arrêtera, prévaudra contre lui; וְשָׁאַף צַמִּים חֵילָם Job 5. 5, et le brigand boit, enlève, leurs richesses; d'autres expliquent צַמִּים comme צְמֵאִים: ceux qui sont altérés (v. צָמֵא).

צְמִיתֻת *f.* (rac. צָמַת extinction). Seulement *adverbialement*: לִצְמִיתֻת Lév. 25. 23, et לַצְּמִיתֻת vers. 30, jusqu'à l'extinction, c.-à-d. à perpétuité, pour toujours.

צָמַק Être sec. *Part.*: וְשָׁדַיִם צֹמְקִים Osée 9. 14, et des mamelles sèches (qui n'ont pas de lait).

צֶמֶר *m.* (avec suff. צַמְרִי). Laine: וְצֶמֶר צָחַר Ez. 27. 18, et la laine d'une blancheur éclatante; בְּבֶגֶד צֶמֶר Lév. 13. 47, dans un vêtement de laine.

צְמָרִי n. pr. Semari, fils de Chanaan, Gen. 10. 18, souche d'un peuple chananéen à qui appartenait la ville de Simyra au pied du Liban.

צְמָרַיִם n. pr. Semarayim, ville appartenant à la tribu de Benjamin, Jos. 18. 22; הַר צְמָרַיִם II Chr. 13. 4, la montagne de Semarayim.

צַמֶּרֶת f. (avec suff. צַמַּרְתּוֹ). La laine de l'arbre (v. צֶמֶר), c.-à-d. son feuillage, sommet, sa cime : צַמֶּרֶת הָאָרֶז Ez. 17. 3, le feuillage, la cime, du cèdre; וּבֵין עֲבֹתִים הָיְתָה צַמַּרְתּוֹ Ez. 31. 3, et son sommet s'élevait (entre) au milieu de ses branches épaisses, ou touffues.

צָמַת Anéantir : צָמְתוּ בַבּוֹר חַיָּי Lam. 3. 53, ils m'ont jeté, renfermé, dans une fosse pour m'ôter la vie (*exact.* ils ont coupé, anéanti, ma vie dans une fosse, ou dans une prison).

Niph. : כִּי־לֹא נִצְמַתִּי מִפְּנֵי־חֹשֶׁךְ Job 23. 17, mais je n'ai pas été anéanti, exténué, je n'ai pas péri au milieu des ténèbres; בְּעֵת יְזֹרְבוּ נִצְמָתוּ Job 6. 17, (les fleuves) quand ils sont réchauffés ils (s'écoulent) tarissent (v. זָרַב), ou : quand ils sont froids, qu'ils gèlent, leurs eaux se resserrent, se condensent.

Pi. : צִמְּתַתְנִי קִנְאָתִי Ps. 119. 139, mon zèle m'a desséché, consumé.

Pilp. : בִּעוּתֶיךָ צִמְּתוּתֻנִי Ps. 88. 17, tes terreurs, tes arrêts terribles, m'ont exténué, anéanti.

Hiph. : עָצְמוּ מַצְמִיתַי Ps. 69. 5, ceux qui veulent me perdre sont puissants; אַצְמִית כָּל־רִשְׁעֵי־אָרֶץ Ps. 101. 8, j'exterminerai, je tuerai, tous les pécheurs de la terre.

צִן et צִין n. pr. d'un désert : מִדְבַּר־צִן le désert de Sin, entre la Palestine et le pays des Iduméens, dans lequel était קָדֵשׁ Nomb. 20. 1, la ville de Cades; צִנָה Nomb. 34. 4, Jos. 15. 3, par Sin.

צֹנֶא m. Brebis : וּגְדֵרֹת לְצֹנַאֲכֶם Nomb. 32. 24, (et faites) des parcs, des étables, pour vos brebis (v. צאֹן).

צֹנֶה m. Brebis : צֹנֶה וַאֲלָפִים Ps. 8. 8, les brebis et les bœufs (v. צאֹן et צֹנֶא).

צִנָּה f. (rac. צָנַן, *plur.* צִנִּים et צִנּוֹת). 1° Épine : צִנִּים פַּחִים בְּדֶרֶךְ עִקֵּשׁ Prov. 22. 5, des épines et des piéges sont dans la voie de l'homme faux; וְאֶל־מִצִּנִּים יִקָּחֵהוּ Job 5. 5, et même d'entre les épines il la prendra (la récolte); selon d'autres : l'homme qui a des armes, l'homme armé, la prendra (v. 2°). — 2° Bouclier, targe : הַחֲזֵק מָגֵן וְצִנָּה Ps. 35. 2, prends ton bouclier et ta targe (ou : tes armes et ton bouclier); וְנֹשֵׂא הַצִּנָּה I Sam. 17. 7, et celui qui portait le bouclier, l'écuyer; וְנִשָּׂא אֶתְכֶם בְּצִנּוֹת Amos 4. 2, (l'ennemi) vous enlèvera avec des crocs, ou des hameçons (v. חוֹחַ). — 3° Froid, fraîcheur : כְּצִנַּת־שֶׁלֶג בְּיוֹם קָצִיר Prov. 25. 13, comme le froid, la fraîcheur, de la neige, au jour de la moisson.

צָנוֹף ou צָנוּף *chethib*, pour צְנִיף Is. 62. 3 (v. צָנִיף).

צִנּוֹר m. Canal, aqueduc : לְקוֹל צִנּוֹרֶיךָ Ps. 42. 8, au bruit de tes canaux (tes cascades, tes flots); וְיִגַּע בַּצִּנּוֹר II Sam. 5. 8, et qui arrivera jusqu'à la gouttière (jusqu'au haut de la forteresse).

צָנַח Descendre, tomber : וַתִּצְנַח מֵעַל הַחֲמוֹר Jos. 15. 18, Jug. 1. 14, elle descendit, ou elle tomba, de dessus l'âne; וַתִּצְנַח בָּאָרֶץ Jug. 4. 21, elle enfonça (le clou), ou (le clou) s'enfonça, jusque dans la terre.

צְנִינִים m. plur. (rac. צָנַן, v. צִנָּה 1°). Épine : וְלִצְנִינִם בְּצִדֵּיכֶם Nomb. 33. 55, (ils seront) comme des aiguillons, des pointes, dans vos côtés; וְלִצְנִנִם בְּעֵינֵיכֶם Jos. 23. 13, et comme des épines dans vos yeux.

צָנִיף m. (rac. צָנַף, const. צְנִיף, *plur.* צְנִיפוֹת). Ornement de tête, tiare : כִּמְעִיל וְצָנִיף Job 29. 14, comme un manteau royal et comme une tiare; וּצְנִיף מְלוּכָה Is. 62. 3 (*cheth.* צנוף), une tiare royale (ou un diadème); des femmes : וְהַצְּנִיפוֹת

Is. 3. 23, et les coiffes (bandeaux); du grand prêtre : צָנִיף טָהוֹר Zach. 3. 5, une tiare pure, éclatante.

צָנַם Être sec, ou être vide; *part. pass.* : שִׁבֳּלִים צְנֻמוֹת Gen. 41. 23, des épis desséchés, secs, ou vides.

צְנָן *n. pr.* Senan, ville de la tribu de Juda, Jos. 15. 37 (v. צַאֲנָן).

צָנַע Se cacher, s'humilier. *Part. pass.* : וְאֶת־צְנוּעִים חָכְמָה Prov. 11. 2, mais auprès de ceux qui se cachent, s'humilient (les humbles, les modestes), est la sagesse.

Hiph. : וְהַצְנֵעַ לֶכֶת Mich. 6. 8, et s'humilier pour marcher, c.-à-d. marcher, agir, avec soumission, humilité.

צָנַף Mettre autour, envelopper : וּבְמִצְנֶפֶת בַּד יִצְנֹף Lév. 16. 4, il s'enveloppera la tête d'une tiare de lin; צָנוֹף יִצְנָפְךָ צְנֵפָה Is. 22.18, il tournera autour de toi une enveloppe, il enveloppera (ta tête) comme d'une tiare, d'une couronne, de maux; ou : il t'entourera d'ennemis comme d'un voile; selon d'autres : il te roulera comme une pelote.

צְנֵפָה *f.* (rac. צָנַף). Enveloppe, voile, ou pelote (v. l'ex. unique, Is. 22.18, à צָנַף).

צִנְצֶנֶת *f.* (rac. צָנַן), douteux : קַח צִנְצֶנֶת אַחַת Exod. 16. 33, prends un vase, ou une bouteille; selon d'autres : une corbeille.

צַנְתָּר *m.* Tuyau, canal. *Pl.* : שְׁנֵי צַנְתְּרוֹת הַזָּהָב Zach. 4. 12, les deux tuyaux ou canaux d'or (par où coule l'huile dans les becs).

צָעַד Marcher d'un pas lent et solennel : כִּי צָעֲדוּ נֹשְׂאֵי אֲרוֹן־יְיָ II Sam. 6. 13, lorsque ceux qui portaient l'arche de Dieu avaient marché; de Dieu : בְּצַעְדְּךָ מִשְּׂדֵה אֱדוֹם Jug. 5. 4, lors de ta marche, de ton approche du pays d'Édom; וְדֶרֶךְ בֵּיתָהּ יִצְעָד Prov. 7. 8, il marche, se promène, dans le chemin qui conduit à la maison (de cette femme); בָּנוֹת צָעֲדָה עֲלֵי־שׁוּר Gen. 49. 22, les filles, c.-à-d. les branches, de ce rejeton, montent, s'élèvent (chacune) au-dessus du mur; selon d'autres : les filles courent pour le voir (Joseph).

Hiph. : וְתַצְעִדֵהוּ לְמֶלֶךְ בַּלָּהוֹת Job 18. 14, et tu le feras marcher, tu le conduiras, vers le roi des terreurs (la plus grande des terreurs); ou : elle (sa confiance) le conduira vers le roi des terreurs, la mort.

צַעַד *m.* (avec suff. צַעֲדִי, *pl.* צְעָדִים). Pas, démarche : שִׁשָּׁה צְעָדִים II Sam. 6. 13, six pas; וְכָל־צְעָדַי יִסְפּוֹר Job 31. 4, et il compte toutes mes démarches.

צְעָדָה *f.* (rac. צָעַד). Action de marcher, marche : קוֹל צְעָדָה II Sam. 5. 24, et קוֹל הַצְּעָדָה I Chr. 14. 15, le bruit d'une marche (de quelqu'un qui marche).

צְעָדוֹת *f. plur.* : וְהַצְּעָדוֹת Is. 3. 20, espèce de petites chaînes que portaient les femmes comme ornement aux jambes (v. אֶצְעָדָה).

צָעָה Incliner, courber, remuer, errer : מִהַר צֹעֶה לְהִפָּתֵחַ Is. 51. 14, celui qui est courbé (sous les chaînes, le captif) sera bientôt délié, ou : celui qui erre (hors de sa patrie, l'exilé) sera bientôt délivré; אַתְּ צֹעָה זֹנָה Jér. 2. 20, tu t'inclines, tu t'étends, ou : tu erres, cours, comme une femme impudique; צֹעֶה בְּרֹב כֹּחוֹ Is. 63. 1, qui marche dans la grandeur, la puissance, de sa force; selon d'autres, *transit.* : qui fait marcher, errer (les peuples de pays en pays); וְשִׁלַּחְתִּי־לוֹ צֹעִים וְצֵעֻהוּ Jér. 48. 12, je lui enverrai des gens qui savent incliner, vider, transvaser, les vases, et ils le renverseront, videront; selon d'autres : des gens qui le feront marcher, qui l'enverront en exil.

Pi. : וְצֵעֻהוּ Jér. 48. 12 (v. le même exemple au *Kal*).

צָעוֹר *cheth.* pour צָעִיר Jér. 14. 3, 48. 4 (v. צָעִיר).

צָעִיף *m.* (rac. צָעַף). Le voile des femmes : וַתִּקַּח הַצָּעִיף Gen. 24. 65, elle prit le voile (et se couvrit); צְעִיפָהּ 38. 19, son voile.

צָעִיר *adj.* (rac. צָעַר, *fém.* צְעִירָה). Petit, jeune, vil, le dernier : וְהַצָּעִיר לְגוֹי עָצוּם Is. 60. 22, et le plus petit deviendra un grand peuple ; צְעִירֵי הַצֹּאן Jér. 49. 20, les petits, les garçons, qui gardent les troupeaux ; les plus petits, les moindres, entre les armées ou les peuples ; אֶל־הַצְּעִירָה Gen. 19. 31, (l'aînée dit) à la cadette ; צָעִיר אֲנִי לְיָמִים Job 32. 7, je suis jeune (en années) ; וְאָנֹכִי הַצָּעִיר בְּבֵית אָבִי Jug. 6. 15, je suis le dernier dans la maison de mon père ; צָעִיר אָנֹכִי וְנִבְזֶה Ps. 119. 141, je suis petit, vil et méprisé.

צָעִיר *n. pr.* d'une ville : צָעִירָה II Rois 8. 21, à Saïr.

צְעִירָה *f.* (v. צָעִיר). Jeune âge, jeunesse : וְהַצָּעִיר כִּצְעִרָתוֹ Gen. 43. 33, et le plus jeune selon son âge, sa jeunesse ; קֶרֶן־אַחַת מִצְּעִירָה Dan. 8. 9, une corne d'une petitesse excessive ; ou c'est plutôt *adj.* : une très petite corne (v. מִצְעִירָה).

צָעַן Être transporté : אֹהֶל בַּל־יִצְעָן Is. 33. 20, une tente qui ne sera jamais transportée ailleurs, qui ne sera jamais levée.

צֹעַן *n. pr.* d'une ville dans la basse Égypte, Soan, Tanis : שָׂרֵי צֹעַן Is. 19. 11, les princes de Tanis ; צֹעַן מִצְרָיִם Nomb. 13. 22, Tanis en Égypte.

צַעֲנַנִּים *n. pr.* d'une ville ou d'une contrée dans le pays de Nephthali : מֵאֵלוֹן בְּצַעֲנַנִּים Jos. 19. 33, d'Ellon en Saananim, ou d'Ellon jusqu'à Saananim ; selon d'autres, ב appartient au mot, et la ville s'appelle Allon-Besaananim.

צַעֲצֻעִים *m. plur.* Ex. unique : מַעֲשֵׂה צַעֲצֻעִים II Chr. 3. 10, (deux chérubins), travail de sculpteurs, statuaires (rac. צוע) ; selon d'autres : en forme d'enfants (comme צֶאֱצָאִים 2°).

צָעַק (*fut.* יִצְעַק, v. זָעַק) Crier : אֲשֶׁר לֹא־צָעֲקָה Deut. 22. 24, parce qu'elle n'a pas crié ; וַיִּצְעַק הָעָם אֶל־פַּרְעֹה Gen. 41. 55, le peuple cria à Pharaon ; אִם־צָעֹק יִצְעַק אֵלַי Exod. 22. 22, s'il crie vers moi. Avec ל : וַיִּצְעֲקוּ לַיי II Chr. 13. 14, ils crièrent à l'Éternel ; הֵן אֶצְעַק חָמָס Job 19. 7, si je crie à cause de la violence qu'on me fait.

Pi. : וְהוּא מְצַעֵק II Rois 2. 12, et il criait.

Hiph. : וַיַּצְעֵק שְׁמוּאֵל אֶת־הָעָם I Sam. 10. 17, Samuel fit assembler (convoqua) le peuple.

Niph. passif du *Hiph.* : וַיִּצָּעֵק אִישׁ־יִשְׂרָאֵל Jug. 7. 23, des hommes d'Israel furent convoqués, ou s'assemblèrent ; וַיִּצָּעֲקוּ הָעָם אַחֲרֵי שָׁאוּל I Sam. 13. 4, et le peuple s'assembla auprès de Saül.

צְעָקָה *f.* Cri, plainte : צַעֲקַת בְּנֵי־יִשְׂרָאֵל Exod. 3. 9, le cri des enfants d'Israel ; צַעֲקַת־דַּל Job 34. 28, les cris, plaintes, du pauvre ; כִּי־גָדְלָה צַעֲקָתָם אֶת־פְּנֵי יי Gen. 19. 13, parce que leur cri, c.-à-d. le cri à cause d'eux, ou le cri de leurs crimes, est devenu grand, fort, devant l'Éternel.

צָעַר Être petit, vil, faible : וְלֹא יִצְעָרוּ Jér. 30. 19, et ils ne deviendront pas vils, ils ne tomberont pas dans l'abaissement ; וְיִצְעֲרוּ Job 14. 21, et s'ils sont vils, méprisés ; עַל־הַצֹּעֲרִים Zach. 13. 7, (j'étendrai ma main) vers ceux qui sont petits, faibles.

צֹעַר et **צוֹעַר** (petitesse) *n. pr.* d'une ville, Soar (Segor), appelée ainsi parce qu'elle était petite, Gen. 19. 20 ; צֹעֲרָה vers. 23, à Soar (appelée aussi בֶּלַע, v. Gen. 14. 8).

* **צַעֲרָא** *f.* Peine, travail : לְפוּם צַעֲרָא אַגְרָא Aboth, la récompense sera selon (en proportion de) la peine.

צָפַד (v. צָמַד). Être attaché : צָפַד עוֹרָם עַל־עַצְמָם Lament. 4. 8, leur peau est attachée, collée, sur leurs os.

צָפָה (*fut.* יִצְפֶּה et יִצֶף) Voir, regarder, surveiller, observer, épier, espérer : צוֹפֶה פְּנֵי דַמָּשֶׂק Cant. 7. 5, (la tour) qui regarde vers Damas ; הַצֹּפִים לְשָׁאוּל I Sam. 14. 16, les sentinelles de Saül ; וַיִּקְרָא הַצֹּפֶה II Sam. 18. 25, le gardien, la sentinelle, jeta un cri ; צֹפֶה נְתַתִּיךָ Ez. 3. 17, je t'ai donné (à Israel) pour sentinelle, prophète (v. רֹאֶה) ; צוֹפֶה

אֶפְרַיִם עִם־אֱלֹהָי Osée 9. 8, la sentinelle d'Éphraïm, le prophète, (devait être) pour mon Dieu; ou : le prophète d'Éphraïm était avec mon Dieu; ou : Éphraïm regarde vers, espère en mon Dieu; צוֹפוֹת רָעִים וְטוֹבִים Prov. 15. 3, (les yeux de Dieu) contemplent, observent, les bons et les méchants; צוֹפִיָּה הֲלִיכוֹת בֵּיתָהּ Prov. 31. 27, elle considère, surveille, les allées, la marche, de sa maison; עֵינָיו בַּגּוֹיִם תִּצְפֶּינָה Ps. 66. 7, ses yeux regardent, observent, les nations; יִצֶף יְיָ בֵּינִי וּבֵינֶךָ Gen. 31. 49, Dieu regardera entre moi et toi, jugera entre nous; צוֹפֶה רָשָׁע לַצַּדִּיק Ps. 37. 32, le méchant observe, c.-à-d. épie, le juste, וְצָפוּ הוּא אֱלֵי־חָרֶב Job 15. 22, il est regardé, épié, menacé, par l'épée; il est destiné à l'épée (pour צָפוּי *part. pass.*).

Pi. 1° comme *Kal.* Regarder, attendre, chercher quelqu'un des yeux, espérer en lui : יַד דֶּרֶךְ מְצַפֶּה I Sam. 4.13, (Éli était assis) à côté du (près du) chemin, regardant, attendant; הַעֲמֵד הַמְצַפֶּה Is. 21. 6, pose le gardien, la sentinelle; מְצַפֶּיךָ Mich. 7. 4, tes prophètes; צִפִּינוּ אֶל־גּוֹי Lam. 4. 17, nous avons espéré en un peuple. Avec ב : וַאֲנִי בַּיְיָ אֲצַפֶּה Mich. 7. 7, mais moi j'espère en Dieu; et seul : וַאֲצַפֶּה Ps. 5. 4, et je lève les yeux, j'espère. — 2° Couvrir quelque chose (d'or, d'argent, etc.) : וְצִפִּיתָ אֹתוֹ זָהָב טָהוֹר Exod. 25. 24, tu couvriras (la table) d'or pur; וַיְצַפֵּהוּ זָהָב I Rois 6. 20, il le couvrit d'or; צִפָּה נְחֹשֶׁת II Chr. 4. 9, il couvrit (les portes) de cuivre.

Pou. : מְצֻפִּים זָהָב Exod. 26. 32, (des colonnes) couvertes d'or; כֶּסֶף סִיגִים מְצֻפֶּה Prov. 26. 23, l'argent qui n'est pas encore purifié, et qui est placé, tendu (sur un vase), qui couvre le vase.

צָפָה *f.* Inondation : אֶרֶץ צָפָתְךָ Ez. 32. 6, le pays de ton inondation, pour : ton pays inondé, l'Égypte; ou : le pays dans lequel tu nages, c.-à-d. le pays entouré de rivières (rac. צוּף); selon d'autres (rac. צָפָה) : le pays vers où ton regard s'élève, même la partie haute du pays.

צְפוֹ *n. pr.* Sepho, fils d'Éliphaz, Gen. 36. 11; צְפִי I Chr. 1. 36.

צִפּוּי *m.* (rac. צָפָה *Pi.* 2°). Couverture de métal : צִפּוּי לַמִּזְבֵּחַ Nomb. 17. 3, 4, (les lames d'airain) formaient une couverture de l'autel, servaient à couvrir, revêtir, l'autel; צִפּוּי פְּסִילֵי כַסְפֶּךָ Is. 30. 22, ce qui couvre tes idoles d'argent.

צָפוֹן *des deux genres* (rac. צָפַן, const. צְפוֹן). Pays caché, obscur; le nord, septentrion : מֵאֶרֶץ צָפוֹן Jér. 16. 15, de la terre du nord (Babylone); עוּרִי צָפוֹן Cant. 4. 16, lève-toi, vent du nord, aquilon; נֹטֶה צָפוֹן עַל־תֹּהוּ Job 26. 7, il étend le ciel du nord (pour : le ciel) sur le vide; מִצְּפוֹן לָעַי Jos. 8. 11, au nord de Aï; צָפֹנָה וָנֶגְבָּה Gen. 13. 14, au septentrion et au midi; מַמְלְכוֹת צָפוֹנָה Jér. 1. 15, les royaumes du Nord; לַצָּפוֹנָה I Chr. 26. 17, vers le nord.

צָפוֹן *n. pr.* Saphon, ville appartenant à la tribu de Gad, Jos. 13. 27.

צְפוֹן (v. צִפְיוֹן) *n. pr.* Sephon, fils de Gad. *Patron.* : צְפוֹנִי Nomb. 26. 15.

צְפוֹנִי *m. adj.* Qui est du nord : אֶת־הַצְּפוֹנִי Joel 2. 20, et le peuple, l'armée, du nord; selon d'autres : une espèce de sauterelles qui viennent du nord.

צְפוּעַ *cheth.* (v. צְפִיעַ).

צִפּוֹר *des deux genres* (rac. צָפַר, *pl.* צִפֳּרִים). Oiseau, *spéc.* petit oiseau (passereau) : כְּמַהֵר צִפּוֹר אֶל־פָּח Prov. 7. 23, comme l'oiseau qui court, qui se jette, dans le filet; גַּם־צִפּוֹר מָצְאָה בַיִת Ps. 84. 4, même le petit oiseau (le passereau) trouve une maison; כָּל־צִפּוֹר טְהֹרָה Deut. 14. 11, tout oiseau qui est pur; *collect.* : כֹּל צִפּוֹר Gen. 7. 14, tous les oiseaux.

צִפּוֹר *n. pr.* Sephor, père de Balak, roi de Moab, Jos. 24. 9.

צֹפַח ou צוֹפַח *n. pr. m.* I Chr. 7. 35.

צַפַּחַת *f.* Cruche, coupe : צַפַּחַת הַמַּיִם I Sam. 26. 11, une cruche à eau, ou une coupe; וְצַפַּחַת הַשֶּׁמֶן I Rois 17. 12, et la cruche, ou le vase, qui contient l'huile (rac. צָפָה).

צְפִי (v. צְפוֹ).

צִפִּיָּה *f.* (rac. צָפָה). Espérance : בְּצִפִּיָּתֵנוּ צִפִּינוּ Lament. 4. 17, dans notre espérance, tant que dura notre espoir, nous espérions (en un peuple), ou : sur notre donjon nos regards étaient attachés (sur un peuple).

צִפְיוֹן (attente, souhait) *n. pr.* Sephion, fils de Gad, Gen. 46. 16 (v. צְפוֹן).

צַפִּיחִית *f.* Gâteau : כְּצַפִּיחִת בִּדְבָשׁ Exod. 16. 31, comme un gâteau pétri avec du miel (rac. צָפָה, peut-être d'après la forme du vase dans lequel on le fait cuire, v. צַפַּחַת).

צְפִין *chethib*, pour צְפוּן *part.* de צָפַן Ps. 17. 14.

צְפִיעַ *m.* (rac. צָפַע). Fiente; *plur.* : אֶת־צְפִיעֵי הַבָּקָר (*cheth.* צְפוּעֵי) Ez. 4. 15, la fiente de bœuf.

צְפִיעָה *f.* Ex. unique (rac. צָפַע), *pl.* : הַצֶּאֱצָאִים וְהַצְּפִעוֹת Is. 22. 24, les rejetons et les nouvelles pousses, c.-à-d. les enfants de l'un et de l'autre sexe (v. צֶאֱצָאִים); selon d'autres : les enfants et leurs enfants.

צָפִיר *m.* (rac. צָפַר). Bouc : צְפִיר־הָעִזִּים Dan. 8. 5, un bouc (de chèvre); וְהַצָּפִיר הַשָּׂעִיר 8. 21, et le bouc velu (ou, *pléon.* : le bouc, v. שָׂעִיר); צְפִירֵי חַטָּאת Esdr. 8. 35, (douze) boucs pour le péché, comme sacrifices expiatoires.

צְפִיר *m.* chald. Même signif. : וּצְפִירֵי עִזִּין Esdr. 6. 17, et des boucs.

צְפִירָה *f.* (rac. צָפַר). 1° Couronne : וְלִצְפִירַת תִּפְאָרָה Is. 28. 5, et comme une couronne, un diadème, de beauté. — 2° Cercle, *au fig.* : בָּאָה הַצְּפִירָה אֵלֶיךָ Ez. 7. 7, (le cercle) la vicissitude des choses, du sort, est venue vers toi; le sort, la ruine, t'atteint; selon d'autres (de צְפַרָא chald., matin) : le matin, le jour fatal, est venu pour toi; d'autres traduisent : ta couronne, c.-à-d. ton règne, cessera (v. בּוֹא); *comp.* Ez. 7. 10.

צָפִית *f.* (rac. צָפָה). Garde : צָפֹה הַצָּפִית Is. 21. 5, que la garde, la sentinelle, garde, veille (v. צָפֹה à צָפָה); ou qu'on garde, veille, dans la guérite (d'autres traduisent : préparez la lampe).

צָפַן (*fut.* יִצְפֹּן) 1° Cacher, protéger, défendre : וַתִּצְפְּנֵהוּ Exod. 2. 2, elle le cacha; וַתִּצְפְּנוֹ Jos. 2. 4, elle le cacha (elle cacha chacun d'eux à part, ou, pour וַתִּצְפְּנֵם : elle les cacha); *part. pass.* : וְחִלְּלוּ אֶת־צְפוּנִי Ez. 7. 22, et ils violeront mon endroit caché, c.-à-d. mon sanctuaire; יִצְפְּנֵנִי בְּסֻכֹּה Ps. 27. 5, il me cache, me protége, dans son tabernacle; צְפוּנֶיךָ 83. 4, ceux que tu protéges. — 2° Se cacher pour tendre des piéges; נִצְפְּנָה לְנָקִי Prov. 1. 11, tendons des piéges en secret à l'innocent; יִצְפְּנוּ לְנַפְשֹׁתָם 1. 18, ils tendent des piéges à leurs âmes; seul : יָגוּרוּ יִצְפּוֹנוּ Ps. 56. 7, ils s'assemblent, ils se cachent. — 3° Conserver, réserver, épargner : אֲשֶׁר־צָפַנְתָּ לִּירֵאֶיךָ Ps. 31. 20, (ta bonté) que tu as réservée pour ceux qui te craignent; וּצְפוּנְךָ תְּמַלֵּא בִטְנָם (*keri*) Ps. 17. 14, et tu remplis leur ventre de ce que tu réserves, c.-à-d. de tes biens, tes trésors; וְאֵלֶּה צָפַנְתָּ בִלְבָבֶךָ Job 10. 13, et tu conserves, tiens caché, tout cela dans ton esprit; תִּצְפֹּן אִתָּךְ Prov. 2. 1, (si) tu conserves, caches, dans toi, dans ton esprit (mes préceptes). — 4° Arrêter, priver de : צֹפְנֶיהָ צָפַן־רוּחַ Prov. 27. 16, celui qui veut l'arrêter (pour qu'elle ne querelle plus) est comme s'il voulait arrêter le vent, ou, sens 1° : qui veut cacher ses paroles (pour qu'on ne les entende) comme s'il voulait cacher le vent; לִבָּם צָפַנְתָּ מִשָּׂכֶל Job 17. 4, tu as privé leur cœur, esprit, d'intelligence.

Niph. : לֹא־נִצְפְּנוּ עִתִּים Job 24. 1, les temps ne sont pas cachés (par le Tout-Puissant), ou : les sorts ne lui sont pas cachés; וְלֹא־נִצְפַּן עֲוֹנָם Jér. 16. 17, leur iniquité n'est pas dérobée (à mes yeux); נִצְפְּנוּ לֶעָרִיץ Job 15. 20, (et les années) qui sont réservées, destinées, au tyran, ou : les années (de sa vie ou de sa tyrannie), lui sont cachées, inconnues.

Hiph. : הַצְּפִינוֹ Exod. 2. 3, (elle ne

pouvait plus) le cacher ; בִּשְׁאוֹל תַּצְפִּנֵנִי Job 14. 13, que tu me mettes à couvert, que tu me conserves, dans le Scheol.

צְפַנְיָה (Dieu le protége) *n. pr.* 1° Le prophète Sephania, fils de Chusi (Sophonie), Soph. 1. 1. — 2° Sephania, fils de Maaséia, prêtre, Jér. 21, 1 (צְפַנְיָהוּ 37. 3). — 3° Zach. 6. 10. — 4° I Chr. 6. 21 (le même est appelé אוּרִיאֵל 6. 9).

צָפְנַת פַּעְנֵחַ *n. pr.* Nom que Pharaon a donné à Joseph, Gen. 41. 45, et qui signifie, selon les uns : qui découvre, connaît, les choses cachées (v. צָפַן et *פַּעְנֵחַ); selon les autres, en langue égyptienne : le sauveur ou le salut du monde.

צֶפַע *m.* Vipère : יֵצֵא צֶפַע Is. 14. 29, (de la race du serpent) il sortira une vipère (un basilic).

צִפְעֹנִי *m.* (formé de צֶפַע, ce qui appartient à la race des vipères). Vipère, basilic : מְאוּרַת צִפְעוֹנִי Is. 11. 8, l'œil ou la caverne du basilic : נְחָשִׁים צִפְעֹנִים Jér. 8. 17, des serpents et des vipères ; ou, *adj.* : des serpents très venimeux.

* צָפַף *part. pass.* : עוֹמְדִים צְפוּפִים Aboth, ils étaient pressés, serrés.

צִפְצֵף *Pi.* (rac. צָפַף), *onomatopée.* Gazouiller, chuchoter : וּמְצַפְצֵף Is. 10. 14, (un oiseau) qui gazouille ; כֵּן אֲצַפְצֵף 38. 14, ainsi je gazouille, je crie ; הַמְצַפְצְפִים 8. 19, (les devins) qui chuchotent, qui parlent tout bas.

צַפְצָפָה *f.*, douteux. Ex. unique : צַפְצָפָה שָׂמוֹ Ez. 17. 5, il l'a placé, planté, en (ou comme) un saule ; selon d'autres : comme rejeton ; d'autres traduisent : dans une terre inondée, c.-à-d. bien arrosée (de צוּף).

צָפַר Ex. unique : יָשֹׁב וְיִצְפֹּר מֵהַר הַגִּלְעָד Jug. 7. 3, qu'il s'en retourne de bonne heure (le lendemain matin) de la montagne de Galaad (de צְפַרָא chald., matin), ou : qu'il fasse le tour pour s'en aller de la montagne, etc. (v. צְפִירָה).

צְפַר chald. *des deux genres* (v. צִפּוֹר hébr.). Oiseau : צִפְּרֵי שְׁמַיָּא Dan. 4. 9, les oiseaux du ciel ; וְצִפְּרַיָּא 4. 11, et les oiseaux ; כְּצִפְּרִין 4. 30, comme les oiseaux.

צְפַרְדֵּעַ *m.* (comme *collect. fém.*). Grenouille : וְסָרוּ הַצְפַרְדְּעִים Exod. 8. 7, les grenouilles se retireront ; *collect.* : וַתַּעַל הַצְפַרְדֵּעַ 8. 2, et les grenouilles sortirent (des eaux).

צִפֹּרָה (petit oiseau) *n. pr.* Sephora, femme de Moïse, Exod. 2. 21.

צִפֹּרֶן *m.* (rac. צָפַר). 1° Ongle : וְעָשְׂתָה אֶת־צִפָּרְנֶיהָ Deut. 21. 12, elle se coupera (arrangera) les ongles ; selon d'autres : elle laissera pousser ses ongles (v. עָשָׂה). — 2° Pointe : בְּצִפֹּרֶן שָׁמִיר Jér. 17. 1, avec une pointe de diamant (ou d'acier).

צֶפֶת *f.* (rac. צָפָה ou צוּף). Chapiteau : וְהַצֶּפֶת אֲשֶׁר־עַל־רֹאשׁוֹ II Chr. 3. 15, et le chapiteau qui était au haut (de chaque colonne).

צְפַת (donjon) *n. pr.* Sephhat, ville chananéenne ; appelée aussi חָרְמָה Jug. 1. 17.

צְפָתָה *n. pr.* La vallée de Sephatha, près de Maresa, dans le pays de Juda, II Chr. 14. 9.

צִיִּים *pl.* (v. צִיר).

צִקְלַג *n. pr.* (v. צִיקְלַג).

צִקָּלֹן *m.* Poche, besace : וְכַרְמֶל בְּצִקְלֹנוֹ II Rois 4. 42, (il apporta aussi) des épis frais, du froment nouveau, dans sa poche (besace).

צָר et צַר (rac. צוּר ou צָרַר, avec suff. צָרִי, *plur.* צָרִים, צָרֵי) *m.* 1° Adversaire, ennemi : הַצַּר הַצֹּרֵר אֶתְכֶם Nomb. 10. 9, l'ennemi qui vous combat, attaque ; צָרִי Job 16. 9, mon ennemi ; צָרֵימוֹ Deut. 32. 27, leurs ennemis, persécuteurs ; *adj.* : אִישׁ צַר וְאוֹיֵב Esth. 7. 6, un homme hostile (notre adversaire), un ennemi. — 2° Détresse, affliction, adversité : בַּצָּר הִרְחַבְתָּ לִּי Ps. 4. 2, (lorsque j'étais) dans la détresse, tu m'as mis au large ; בַּצַּר־לִי 18. 7, dans mon affliction ; וַיַּרְא בַּצַּר לָהֶם 106. 44, il (les) a regardés dans leur affliction ; צַר וּמְצוּקָה Job 15. 24, l'adversité (le trouble et l'angoisse (v. *fém.* צָרָה). — 3° Pierre : כַּצַּר נֶחְשָׁבוּ Is. 5. 28, (la corne du pied de ses chevaux) est pareille à la pierre, est dure comme des cailloux.

צַר *adj*. Étroit : בְּמָקוֹם צָר Nomb. 22. 26, en un lieu étroit ; חוֹתָם צָר Job 41. 7, un sceau étroit, c.-à-d. ferme ; צַר־לִי הַמָּקוֹם Is. 49. 20, le lieu est trop étroit pour moi.

צֵר *n. pr*. Séer, ville appartenant à la tribu de Nephthali, Jos. 19. 35.

צֹר *m*. Pierre, cailloux : כְּשָׁמִיר חָזָק מִצֹּר Ez. 3. 9, comme le diamant plus dur que la pierre, que le caillou (v. צוּר et צַר 3°) ; וַתִּקַּח צִפֹּרָה צֹר Exod. 4. 25, Sephora prit une pierre aiguë (ou un couteau) (v. צוּר *subst*. 2°).

צָרַב *Kal* inusité. *Niph*. Être brûlé : וְנִצְרְבוּ־בָהּ כָּל־פָּנִים Ez. 21. 3, et tous les visages en seront brûlés (ou rougiront de honte) (v. שָׂרַף et זָרַב) ; de là

צָרֶבֶת *f*. 1° *Subst*. : צָרֶבֶת הַשְּׁחִין הִוא Lév. 13. 23, c'est une marque de brûlure, une cicatrice de l'ulcère ; צָרֶבֶת הַמִּכְוָה הִוא 13.28, c'est la cicatrice de la brûlure. — 2° *Adj*. Brûlant : כְּאֵשׁ צָרָבֶת Prov. 16. 27, comme un feu brûlant, dévorant.

צְרֵדָה *n. pr*. Seréda, ville appartenant à la tribu de Manassé, I Rois 11. 26 (צְרֵרָה Jug. 7. 22, et צָרְתָן I Rois 4. 12).

צָרָה *f*. (de צַר). 1° Ennemie : וְכִעֲסַתָּה צָרָתָהּ I Sam. 1. 6, et son ennemie, sa rivale, l'affligeait. — 2° Angoisse, affliction, peine : בַּצָּרָתָה לִּי Ps. 120. 1, lorsque j'étais dans l'affliction ; צָרַת נַפְשׁוֹ Gen. 42. 21, l'angoisse de son âme ; וּמִכָּל־צָרוֹתָם הִצִּילָם Ps. 34. 18, et il les sauve de toutes leurs peines, souffrances.

צְרוּיָה et צְרֻיָה *n. pr*. Seruiah, fille d'Isaïe, mère de Joab, I Sam. 26. 6, I Chr. 2. 16.

צְרוּעָה (lépreuse) *n. p*. Seruah, mère de Joroboam, I Rois 11. 26.

צְרוֹר (v. צְרֹר).

• צָרוּת *f*. Étrécissement : בְּצָרוּת עַיִן Rituel, par un œil étroit, c.-à-d. jaloux, envieux.

צָרַח Pousser de forts cris. *Part*. : מַר צֹרֵחַ Soph. 1. 14, (le héros) poussera des cris forts et amers.

Hiph. : אַף־יַצְרִיחַ Is. 42. 13, et il jettera des cris de guerre.

צֹרִי Tyrien (de צֹר Tyr) : אִישׁ־צֹרִי I Rois 7. 14, un homme de Tyr ; וְלַצֹּרִים Esdr. 3. 7, et aux Tyriens.

צֳרִי *m*. (rac. צָרָה, avec ו צְרִוי, pause צֹרִי). Résine odorante, baume : הַצֳרִי אֵין בְּגִלְעָד Jér. 8. 22, n'y a-t-il plus de baume dans Galaad ?

צְרִי *n. pr. m*. I Chr. 25. 3.

צְרֻיָה (v. צְרוּיָה).

צְרִיחַ *m*. (rac. צָרַח, *pl*. צְרִיחִים). Tour, donjon (d'où la sentinelle crie ; selon d'autres : qui brille au loin) : וַיָּשִׂימוּ עַל־הַצְּרִיחַ Jug. 9. 49, et (les) placèrent autour de la tour ; וּבַצְּרִחִים I Sam. 13. 6, et dans les tours.

• צָרַךְ Avoir besoin. *Hiph*. : וְאַל תַּצְרִיכֵנוּ et ne nous laisse pas avoir besoin.

צֹרֶךְ *m*. Besoin : כְּכָל־צָרְכֶּךָ II Chr. 2. 15, selon tout ton besoin.

צָרַע Être atteint, frappé, de la lèpre ; seulement *part. pass*. du *Kal* : צָרוּעַ Lév. 13. 44, 45, et *part*. du *Pou*. : מְצֹרָע Lév. 14. 2, l'homme infecté de la lèpre, le lépreux ; *fém*. : וְהִנֵּה יָדוֹ מְצֹרַעַת Exod. 4. 6, et sa main était pleine de la lèpre ; *plur*. : הַמְצֹרָעִים הָאֵלֶּה II Rois 7. 8, ces lépreux.

צִרְעָה *f*. Guêpe, frelon (selon quelques-uns : maladie, plaie) ; *collect*. : וְשָׁלַחְתִּי אֶת־הַצִּרְעָה לְפָנֶיךָ Exod. 23. 28, j'enverrai devant toi des frelons (ou : des maladies, des plaies).

צָרְעָה (place des guêpes) *n. pr*. d'une ville de la tribu de Juda, Jos. 15. 33 ; צָרְעִי I Chr. 2. 54, et צָרְעָתִי 2. 53, de Sorea.

צָרַעַת *f*. (rac. צָרַע). La lèpre : des hommes : נֶגַע צָרַעַת כִּי תִהְיֶה בְּאָדָם Lév. 13. 9, si la plaie de la lèpre se trouve à un homme ; des habits : וְהַבֶּגֶד כִּי־יִהְיֶה בוֹ נֶגַע צָרַעַת 13. 47, si un vêtement est infecté de la plaie de la lèpre ; des maisons : וְנָתַתִּי נֶגַע צָרַעַת בְּבֵית אֶרֶץ אֲחֻזַּתְכֶם 14. 34, et que j'aurai frappé de la plaie de la lèpre quelque maison dans la terre que vous posséderez.

צָרַף (*fut.* יִצְרֹף) Éprouver, purifier, par le feu : כֶּסֶף צָרוּף Ps. 12. 7, de l'argent éprouvé au feu ; וְאֶצְרֹף כַּבֹּר סִגָיִךְ Is. 1. 25, je te purifierai de ton écume par la soude, ou le savon ; de là לַצּוֹרֵף Jug. 17. 4, à l'orfévre. *Au fig.* Éprouver, purifier, paraître pur : צְרַפְתַּנִי Ps. 17. 3, tu m'as éprouvé ; אִמְרַת יְיָ צְרָפָתְהוּ 105. 19, (et que) la parole de Dieu (l'oracle que Dieu prononça par lui) l'eut éprouvé, l'eut fait paraître pur ; לִצְרוֹף בָּהֶם Dan. 11. 35, pour les faire passer par le feu, les purifier ; אִמְרַת־יְיָ צְרוּפָה Ps. 18. 31, la parole de Dieu est pure, sincère.

Niph. : וְיִצָּרְפוּ רַבִּים Dan. 12. 10, beaucoup seront éprouvés comme par le feu.

Pi. : כִּי־הוּא כְּאֵשׁ מְצָרֵף Mal. 3. 2, car il est comme le feu qui fond les métaux, ou : le feu de l'orfévre.

צֹרְפִי (orfévre) *n. pr.* Melchiah, fils de Sorephi, Néh. 3. 31 ; selon d'autres : fils de l'orfévre.

צָרְפַת (fonderie) *n. pr.* d'une ville entre Tyr et Sidon ; צָרְפַתָה I Rois 17. 9, 10, (va) à Sarephath (Sarepta) ; עַד־צָרְפַת Obad. 20, jusqu'à Sarepta (d'après une tradition, צָרְפַת signifie aussi la Gaule, la France).

צָרַר (3e *pers.*, *prét.* צָרַר et צַר, *part.* צֹרֵר, *fut.* יָצֹר, *inf.* צְרוֹר, לִצְרוֹר) Les mêmes significations que צוּר. 1° Lier, envelopper, garder : צְרֻרֹת בְּשִׂמְלֹתָם Exod. 12. 34, (leurs pétrins, ou leurs restes), liés dans leurs manteaux, draps ; צֹרֵר־מַיִם בְּעָבָיו Job 26. 8, il lie les eaux dans ses nuées ; וְהָיְתָה נֶפֶשׁ אֲדֹנִי צְרוּרָה I Sam. 25. 29, l'âme (la vie) de mon seigneur sera liée, enveloppée (dans le faisceau des vivants auprès de Dieu), c.-à-d. sera sous la garde de Dieu ; צָרוּר עֲוֹן אֶפְרָיִם Osée 13. 12, les iniquités d'Ephraïm sont liées ensemble, c.-à-d. seront gardées, ne seront pas oubliées ; צָרַר רוּחַ אוֹתָהּ Osée 4. 19, le vent l'a comme liée (sur ses ailes), l'a emportée ; וַתִּהְיֶינָה צְרֻרוֹת II Sam. 20. 3, et elles demeurèrent enfermées. — 2° Opprimer, combattre, être hostile : וְצָרְרוּ אֶתְכֶם Nomb. 33. 55, ils vous combattront ; וְצֹרְרֵי יְהוּדָה Is. 11. 13, et ceux qui opprimaient Juda, ses ennemis, ou : les ennemis (d'Ephraïm) qui étaient de Juda. Avec ל : צֹרְרִים הֵם לָכֶם Nomb. 25. 18, ils se sont montrés hostiles, ennemis, à votre égard ; בְּכָל־צוֹרְרָי Ps. 6. 8, à cause de tous mes ennemis ; לִצְרֹר לְגַלּוֹת עֶרְוָתָהּ Lév. 18. 18, (tu ne prendras pas la sœur de ta femme) pour l'offenser, pour rendre sa sœur sa rivale et pour découvrir sa nudité (v. צָרָה 1°). — 3° Être à l'étroit, être affligé, dans l'angoisse : כִּי צַר־לִי Ps. 31. 10, car je suis dans l'angoisse ; כַּאֲשֶׁר צַר לָכֶם Jug. 11. 7, (maintenant) que vous êtes dans l'angoisse, l'affliction ; צַר־לִי מְאֹד II Sam. 24. 14, je suis dans une grande angoisse, perplexité ; צַר־לִי עָלֶיךָ II Sam. 1. 26, je suis dans la douleur à cause de toi (*fut.* יֵצַר et יֵצֵר, v. à II יָצַר).

Pou. : וּמְצֹרָרִים Jos. 9. 4, (et des vaisseaux pour le vin rompus) et liés, ou recousus.

Hiph. (הֵצַר, *inf.* הָצֵר) : וְהֵצַר לְךָ Deut. 28. 52, il te pressera, t'assiégera (dans toutes tes villes) ; וַיָּצֵרוּ לָהֶם Néh. 9. 27, ils les ont opprimés ; אִשָּׁה מְצֵרָה Jér. 48. 41, une femme dans le travail de l'enfantement.

צְרֹר et צְרוֹר *m.* (rac. צָרַר). 1° Faisceau, bouquet, sac, paquet : בִּצְרוֹר הַחַיִּים I Sam. 25. 29, dans le faisceau des vivants, ou de la vie ; צְרוֹר הַמֹּר Cant. 1. 13, un bouquet de myrrhe ; צְרוֹרוֹת כַּסְפֵּיהֶם Gen. 42. 35, les paquets, sacs, contenant leur argent ; כִּצְרוֹר אֶבֶן Prov. 26. 8, comme un bouquet de pierreries (v. à מַרְגֵּמָה). — 2° Pierre, petite pierre (v. צוּר) : עַד אֲשֶׁר־לֹא־נִמְצָא שָׁם גַּם־צְרוֹר II Sam. 17. 13, jusqu'à ce qu'on n'y trouvera plus une petite pierre ; וְלֹא־יִפּוֹל צְרוֹר אָרֶץ Amos 9. 9, sans qu'il en tombe à terre un seul grain.

צְרֵרָה *n. pr.* (v. צְרֵדָה).

צֶרֶת *n. pr. m.* I Chr. 4. 7.

צֶרֶת הַשַּׁחַר (éclat du matin, aurore) *n. pr.* Séreth Hassahar, ville appartenant à la tribu de Ruben, Jos. 13. 19.

צָרְתָן *n. pr.* (v. צְרֵדָה).

ק

ק Koph. קוֹף dix-neuvième lettre de l'alphabet. Comme chiffre il signfie cent. Son palatal, il se permute avec ג et כ (v. ces deux lettres), et aussi avec ע (v. ע), et avec ה. Exemples: שָׁקָה et שָׁתָה boire, פָּקַח et פָּתַח ouvrir.

קֵא *m.* (rac. קוא). Ce qui est vomi: כְּכֶלֶב שָׁב עַל־קֵאוֹ Prov. 26. 11, comme le chien qui retourne à ce qu'il avait vomi.

קָאָה (v. קוא).

קָאַת (rac. קָאָה ou קוא) Un oiseau aquatique et du désert (le pélican?): וְאֶת־הַקָּאָת Lév. 11. 18, Deut. 14. 17, et le pélican (un des oiseaux immondes); קָאַת Is. 34. 11; *const.*: לִקְאַת מִדְבָּר Ps. 102. 7, (semblable) au pélican du désert.

קַב *m.* (rac. קָבַב). Nom d'une mesure de capacité: וְרֹבַע הַקַּב II Rois 6. 25, et le quart d'un kab (un kab est le sixième d'un סְאָה); *plur.* * קַבִּים.

קָבַב 1° Creuser, voûter (v. נָקַב); de là קַב, קֻבָּה. — 2° Maudire: מָה אֶקֹּב לֹא קַבֹּה אֵל Nomb. 23. 8, comment maudirai-je celui que Dieu n'a point maudit? *inf.*: קֹב vers. 25, לָקֹב 11, pour maudire; *impér.*: וְקָבְנוֹ 13, et maudis-le; (*fut.*: לֹא תִקֳּבֶנּוּ 23. 25, tu ne le mauderas pas, et אֶקֹּב vers. 8, sont de la racine נָקַב).

קֵבָה *f.* (rac. קוּב ou נָקַב). Estomac: וְהַקֵּבָה Deut. 18. 3, et l'estomac (des animaux).

קֳבָה *f.* (rac. קוּב ou נָקַב). Ventre: וְאֶת־הָאִשָּׁה אֶל־קֳבָתָהּ Nomb. 25. 8, (il perça) aussi la femme dans le ventre, (*exact.* dans les parties que la pudeur cache); selon d'autres, comme קֻבָּה: (il perça) la femme dans sa tente, chambre.

קֻבָּה *f.* (rac. קָבַב). Tente, alcôve: אֶל־הַקֻּבָּה Nomb. 25. 8, (il entra après l'Israélite) dans la tente, la chambre, où était le lit (l'alcôve).

קִבּוּץ *m.* (rac. קָבַץ). Foule ou amas: קִבּוּצַיִךְ Is. 57. 13, la foule de ceux que tu as assemblés pour te secourir, ou: l'amas de tes idoles.

קְבוּרָה *f.* (rac. קָבַר). Sépulture, inhumation: קְבוּרַת חֲמוֹר יִקָּבֵר Jér. 22. 19, il sera enterré de la sépulture d'un âne, c.-à-d. comme on enterre un âne. — 2° Sépulcre, tombeau: קְבֻרַת־רָחֵל Gen. 35. 20, le sépulcre de Rachel; בִּקְבֻרָתָם 47. 30, dans leur sépulcre.

קָבַל *Kal* inusité. *Pi.* Prendre, recevoir, accepter, agréer: וַיְקַבְּלֵם דָּוִיד I Chr. 12. 18, David les reçut (bien); וַיְקַבְּלוּ הַכֹּהֲנִים אֶת־הַדָּם II Chr. 29. 22, et les prêtres prirent le sang (des taureaux); גַּם אֶת־הַטּוֹב נְקַבֵּל — וְאֶת־הָרָע לֹא נְקַבֵּל Job 2. 10, puisque nous avons reçu le bien (de la main de Dieu), pourquoi n'en recevrons (accepterons)-nous pas les maux? וְלֹא קִבֵּל Esth. 4. 4, mais il ne (les) accepta pas; קִיְּמוּ וְקִבְּלוּ הַיְּהוּדִים 9. 27, les Juifs confirmèrent et agréèrent (s'obligèrent de fêter); וְקַבֵּל מוּסָר Prov. 19. 20, et reçois, écoute, l'instruction (de là * קַבָּלָה tradition et la cabbale, la science cabbalistique).

Hiph.: מַקְבִּילֹת הַלֻּלָאֹת Exod. 26. 5, 36. 12, les nœuds, ou les cordons, doivent se répondre, c.-à-d. être placés vis-à-vis (l'un de l'autre).

קְבַל chald. Recevoir. *Pa.*: קַבֵּל מַלְכוּתָא

Dan. 6. 1, (Darius) reçut, prit, le règne; וִיקַבְּלוּן מַלְכוּתָא 7. 18, ils recevront le règne, ils entreront en possession du royaume.

קָבֵל et קֳבֵל, chald. Le devant, la face, seulement comme *préposition*. לָקֳבֵל 1° En face, vis-à-vis : לָקֳבֵל נֶבְרַשְׁתָּא Dan. 5. 5, vis-à-vis du chandelier. — 2° Devant : קָאֵם לְקָבְלָךְ 2. 31, (la statue) se tenait debout devant toi; וְלָקֳבֵל אַלְפָא 5. 1, et devant ces mille (seigneurs). — 3° A cause de (v. פָּנִים à מִפְּנֵי) : לָקֳבֵל מִלֵּי מַלְכָּא 5. 10, à cause des paroles du roi; לָקֳבֵל דְּנָה Esdr. 4. 16, à cause de cela. כָּל־קֳבֵל דִּי Tout comme, parce que, c'est pourquoi : כָּל־קֳבֵל דִּי פַרְזְלָא Dan. 2. 40, tout comme le fer (brise tout); כָּל־קֳבֵל דִּי־מְהֵימַן הוּא 6. 5, parce qu'il était très fidèle; כָּל־קֳבֵל דִּי כָּל־מֶלֶךְ רַב 2. 10, c'est pourquoi (aucun) roi, quelque grand qu'il soit; כָּל־קֳבֵל דְּנָה 2. 12, à cause de cela, par cette raison.

קָבָל *prépos.* Devant : קָבָל־עָם II Rois 15. 10, devant le (en présence du) peuple.

קָבָל *m.* L'opposé, ce qui est contre : וּמְחִי קָבָלּוֹ Ez. 26. 9, ce qui frappe, ce qui pousse, contre (les murs), les machines de guerre; ou : מְחִי les coups, קָבָלּוֹ de ses armes.

קָבַע 1° Tromper, frustrer, ravir (v. עָקַב) : הֲיִקְבַּע אָדָם אֱלֹהִים כִּי אַתֶּם קֹבְעִים אֹתִי Mal. 3. 8, est-ce qu'un homme frustre, trompe, Dieu? et certes vous m'avez frustré; וְקָבַע אֶת־קֹבְעֵיהֶם נָפֶשׁ Prov. 22. 23, et il ravira l'âme à leurs ravisseurs (d'autres traduisent partout par outrager, irriter). — * 2° Établir : וְקָבְעוּ שְׁמוֹנַת יְמֵי Rituel, ils établirent, instituèrent, ces huit jours, etc.

קֻבַּעַת *f.* Lie : קֻבַּעַת כּוֹס Is. 51. 17, 22, (toi qui as bu) jusqu'à la lie du calice (de קָבַע se fixer, v. * קֶבַע ce qui se fixe, s'attache au fond); selon d'autres : קֻבַּעַת vase qui sert de כּוֹס coupe, vase, calice à boire (de קָבַע inusité, être rond, voûté; v. כּוֹבַע, מִגְבָּעָה).

* קֶבַע Une chose fixe, permanente : עֲשֵׂה תּוֹרָתְךָ קֶבַע Aboth, fais de l'étude de la loi une chose fixe, permanente.

קָבַץ (*fut.* יִקְבֹּץ) Recueillir, amasser, assembler, rassembler : וַיִּקְבֹּץ אֶת־כָּל־אֹכֶל Gen. 41. 48, il amassa tous les grains; וְאֶת־כָּל־שְׁלָלָהּ תִּקְבֹּץ Deut. 13. 17, et tu amasseras tout le butin, toutes les choses qui se trouveront (dans cette ville); וְקֹבֵץ עַל־יָד Prov. 13. 11, mais celui qui recueille, amasse à la main, peu à peu; וְאֶקְבְּצָה — אֶת־כָּל־יִשְׂרָאֵל II Sam. 3. 21, je vais rassembler tout Israel; קָבַץ אֶת־כָּל־חֵילוֹ I Rois 20. 1, il assembla toute son armée; יִקְבָּץ־אָוֶן לוֹ Ps. 41. 7, il s'amasse de l'iniquité, c.-à-d. il cherche de quoi calomnier, médire.

Niph. pass. : וְלֹא תִקָּבֵץ Ez. 29. 5, tu ne seras pas recueilli (selon d'autres : pas enseveli); כָּל־הַגּוֹיִם נִקְבְּצוּ יַחְדָּו Is. 43. 9, que toutes les nations se rassemblent; הִקָּבְצוּ וְשִׁמְעוּ Gen. 49. 2, assemblez-vous et écoutez.

Pi. Recevoir, accueillir, amasser, rassembler : וּבְרַחֲמִים גְּדוֹלִים אֲקַבְּצֵךְ Is. 54. 7, et par une grande miséricorde je te recevrai (*opposé à* עָזַב); וְהַנִּדָּחָה אֲקַבֵּץ Soph. 3. 19, et j'accueillerai (je ferai revenir) celle qui avait été rejetée; וַתְּקַבְּצוּ אֶת־מֵי Is. 22. 9, et vous avez amassé les eaux; וְקִבֶּצְךָ מִכָּל־הָעַמִּים Deut. 30. 3, il te rassemblera (en te retirant du milieu) de tous les peuples; וַאֲנִי אֲקַבֵּץ אֶת־שְׁאֵרִית צֹאנִי Jér. 23. 3, et je rassemblerai les brebis qui resteront de mon troupeau; קִבְּצוּ פָארוּר Joel 2. 6, (tous les visages) (retirent en eux, c.-à-d.) perdent leur éclat; selon d'autres : amassent la noirceur, c.-à-d. deviennent noirs (comme un pot) (v. פָּארוּר).

Pou. part. : מְקֻבֶּצֶת Ez. 38. 8, qui a été rassemblé, tiré (d'entre plusieurs nations); selon plusieurs commentateurs, aussi : מֵאֶתְנַן זוֹנָה קִבָּצָה Mich. 1. 7 (pour קֻבָּצָה), (tout cela) a été amassé du prix de la prostitution; ou, *Pi.*: elle (la Samarie) a amassé tout, etc.

Hithph. : וַיִּתְקַבְּצוּ יַחְדָּו Jos. 9. 2, ils s'unirent tous ensemble; כִּי הִתְקַבְּצוּ

Jug. 9. 47, qu'ils se sont assemblés.

קַבְצְאֵל n. pr. (v. יְקַבְצְאֵל).

קְבֻצָה f. (rac. קָבַץ). Amas : קְבֻצַת כֶּסֶף וּנְחֹשֶׁת Ez. 22. 20, un amas d'argent et de cuivre.

קִבְצַיִם (deux tas) n. pr. Kibsaïm, ville de la tribu d'Ephraïm, Jos. 21. 22.

קָבַר (fut. יִקְבֹּר) Enterrer : קָבַר אַבְרָהָם אֶת־שָׂרָה Gen. 23. 19, Abraham enterra Sara ; אַחֲרֵי קָבְרוֹ אֶת־אָבִיו 50. 14, après qu'il eut enterré son père ; וּקְבָרוּם בֵּית יִשְׂרָאֵל Ez. 39. 12, la maison d'Israel les enterrera.

Niph. pass. : וְשָׁם אֶקָּבֵר Ruth 1. 17, et là je serai enterrée ; וַיִּקָּבֵר עִם־אֲבֹתָיו II Chr. 21. 1, il fut enterré auprès de ses pères.

Pi., comme *Kal*. Surtout enterrer plusieurs à la fois : וּמִצְרַיִם מְקַבְּרִים Nomb. 33. 4, et les Égyptiens enterrèrent (tous les premiers-nés) ; מֹף תְּקַבְּרֵם Osée 9. 6, Memphis les enterrera (sera leur sépulcre).

Pou. : שָׁמָּה קֻבַּר אַבְרָהָם Gen. 25. 10, c'est là qu'Abraham fut enterré.

קֶבֶר m. (avec suff. קִבְרִי, pl. קְבָרִים, const. קִבְרֵי et קְבָרוֹת, const. קִבְרוֹת). Tombeau, sépulcre : קֶבֶר אַבְנֵר II Sam. 3. 32, le tombeau d'Abner ; קְבָרִים לִי Job 17. 1, les tombeaux (sont prêts) pour moi (il ne me reste plus que le tombeau) ; וְהוּא לִקְבָרוֹת יוּבָל 21. 32, et il sera porté aux tombeaux (au cimetière).

קִבְרוֹת־הַתַּאֲוָה n. pr. d'un endroit dans le désert de Sinaï, « les sépulcres de la concupiscence » (v. le motif du nom, Nomb. 11. 33).

קָדַד (v. קָדְקֹד) ne se trouve qu'au *fut.* יִקֹּד, תִּקֹּד, אֶקֹּד. S'incliner respectueusement devant quelqu'un, ordinairement suivi de שָׁחָה : וַיִּקֹּד הָאִישׁ וַיִּשְׁתַּחוּ לַיָי Gen. 24. 26, cet homme s'inclina profondément et se prosterna devant l'Éternel ; וַיִּקֹּד דָּוִד אַפַּיִם אַרְצָה I Sam. 24. 9, David s'inclina la face jusqu'en terre.

קִדָּה f. (rac. קָדַד). Nom d'une plante, la casse : וְקִדָּה חֲמֵשׁ מֵאוֹת Exod. 30. 24, et cinq cents sicles de casse (pour faire l'huile sainte) ; Ez. 27. 19.

קְדוּמִים m. pl. (rac. קָדַם). Antiquité : נַחַל קְדוּמִים Jug. 5. 21, un torrent antique, c.-à-d. célèbre depuis des siècles, à cause des grands événements dont il a été témoin.

קָדוֹשׁ et קָדֹשׁ *adj.* Ce qui sort du commun, ce qui s'élève au-dessus de l'ordinaire, de tout ce qui est profane ; pur, saint ; se dit de Dieu : כִּי קָדוֹשׁ אָנִי Lév. 11. 43, 44, car je suis saint (j'abhorre tout ce qui est impur) ; וְאַתָּה קָדוֹשׁ Ps. 22. 4, mais tu es le saint (le seul qu'Israel adore) ; כִּי־קָדוֹשׁ יְיָ אֱלֹהֵינוּ 99. 9, parce que l'Éternel notre Dieu est saint ; קָדוֹשׁ יְיָ צְבָאוֹת Is. 6. 3, (saint, saint) saint est le Dieu Zebaoth (la terre est remplie de sa gloire) ; souvent : קְדוֹשׁ יִשְׂרָאֵל Is. 1. 4, le Saint d'Israel ; aussi au *plur.* : אֱלֹהִים קְדֹשִׁים הוּא Jos. 24. 19, il est le Dieu très saint ; וְדַעַת קְדֹשִׁים Prov. 9. 10, 30. 3, la science du saint, la connaissance de Dieu ; וְעִם־קְדוֹשִׁים נֶאֱמָן Osée 12. 1, (mais Juda est resté) fidèle au Saint (à Dieu) ; des prêtres : קְדֹשִׁים יִהְיוּ לֵאלֹהֵיהֶם Lév. 21. 6, qu'ils soient saints (purs) devant leur Dieu ; לְאַהֲרֹן קְדוֹשׁ יְיָ Ps. 106. 16, contre Aaron le saint de l'Éternel ; du Nazaréen : קָדֹשׁ יִהְיֶה Nomb. 6. 5, il sera saint ; des hommes pieux, purs : קָדוֹשׁ יֵאָמֶר לוֹ Is. 4. 3, (celui qui sera resté dans Sion) sera appelé saint ; לִקְדוֹשִׁים אֲשֶׁר־בָּאָרֶץ הֵמָּה Ps. 16. 3, à l'égard des saints qui sont sur la terre ; du peuple d'Israel : וִהְיִיתֶם קְדֹשִׁים Lév. 11. 43, soyez saints (abstenez-vous de toute impureté) ; וְעַם־קְדֹשִׁים Dan. 8. 24, et le peuple des saints ; des anges : וְאֶל־מִי מִקְּדֹשִׁים Job 5. 1, et à qui des saints (t'adresseras-tu) ? בִּקְהַל קְדֹשִׁים Ps. 89. 6, dans l'assemblée des saints ; כָּל־קְדֹשִׁים עִמָּךְ Zach. 14. 5, tous les saints (anges) avec toi ; בְּמָקֹם קָדֹשׁ Exod. 29. 31, à un lieu saint ; קָדוֹשׁ הַיּוֹם לַאֲדֹנֵינוּ Néh. 8. 10, ce jour est saint à notre Seigneur ; קָדֹשׁ מִשְׁכְּנֵי עֶלְיוֹן

Ps. 46. 5, le saint lieu, (la plus sainte) des habitations du Très-Haut.

* קִדּוּשׁ Sanctification, Rituel.

* קִדּוּשִׁין *pl*. Les fiançailles, Rituel.

קָדַח 1° Brûler, s'allumer : אֵשׁ קָדְחָה בְאַפִּי Deut. 32. 22, un feu s'est allumé dans ma fureur (pour : le feu de ma fureur s'est allumé). — 2° *Trans*. Allumer : אֵשׁ קְדַחְתֶּם בְּאַפִּי Jér. 17. 4, vous avez allumé un feu dans ma colère; קֹדְחֵי אֵשׁ Is. 50. 11, ceux qui allument un feu.

קַדַּחַת *f*. (rac. קָדַח). Ardeur, fièvre ardente, Lév. 26. 16, Deut. 28. 22.

קָדִים *m*. (rac. קָדַם). La partie de devant, *spéc*. l'est, l'orient : מְגַמַּת פְּנֵיהֶם קָדִימָה Hab. 1. 9, la foule de leurs visages regarde en avant, ou : l'aspect de leur visage est comme le vent de l'est (brûlant, rude) (v. מְגַמַּת); וּפְאַת קָדִים Ez. 47. 18, et le côté de l'orient; רוּחַ־קָדִים Exod. 10. 13, et seul קָדִים Job 27. 21, le vent de l'est (fort, brûlant, dans ces pays); v. Ez. 27. 26, Gen. 41. 6 (desséchés par un vent de l'est); וְרֹדֵף קָדִים Osée 12. 2, et il (Ephraïm) poursuit le vent de l'orient; parallèle à רוּחַ les choses vaines et pernicieuses : וִימַלֵּא קָדִים בִּטְנוֹ Job 15. 2, (le sage) doit-il remplir son intérieur (cœur) de vent, de choses vaines, frivoles?

קַדִּישׁ chald. *adj*. et *subst*. (v. קָדוֹשׁ hébr.). Saint : אֱלָהִין קַדִּישִׁין Dan. 4. 5, 6, les dieux saints; עִיר וְקַדִּישׁ 4. 10, un être veillant et saint (un ange); קַדִּישִׁין 4. 14, les saints (anges); קַדִּישִׁין 7. 21, les saints, et קַדִּישֵׁי עֶלְיוֹנִין 7. 18. 22, les saints du Très-Haut, le peuple d'Israel; * קַדִּישְׁתָּא Rituel, sainte.

קָדַם *Kal* inusité. *Pi*. Aller devant, prévenir, aller au-devant, se hâter, surprendre, saluer : קִדְּמוּ שָׁרִים Ps. 68. 26, les chanteurs allaient devant, allaient les premiers; יְקַדְּמוּ פָנֶיךָ 89. 15, (la miséricorde et la vérité) marchent devant ta face; קַדְּמָה פָנָיו 17. 13, préviens-le; קִדְּמוּ עֵינַי אַשְׁמֻרוֹת 119. 148, mes yeux ont prévenu, devancé, les veilles de la nuit, c.-à d. j'étais éveillé avant la fin de la nuit; קִדַּמְתִּי לִבְרֹחַ Jon. 4. 2, j'ai prévenu (le danger) en fuyant (vers Tharsis); קִדַּמְתִּי בַנֶּשֶׁף Ps. 119. 147, je me suis hâté, je me suis levé de bonne heure, au lever de l'aurore; יְקַדְּמוּנִי בְיוֹם־אֵידִי 18. 19, ils m'ont surpris, assailli, au jour de ma calamité; אֱלֹהֵי חַסְדִּי יְקַדְּמֵנִי 59. 11, Dieu me préviendra (viendra à mon aide) par sa miséricorde; וְלֹא־יְקַדְּמֶנָּה מָגֵן Is. 37. 33, il ne viendra pas devant (la ville) avec un bouclier (il ne l'attaquera pas); נְקַדְּמָה פָנָיו בְּתוֹדָה Ps. 95. 2, allons au-devant de sa face (saluons-le) avec des actions de grâces; אֲשֶׁר לֹא־קִדְּמוּ אֶתְכֶם Deut. 23. 5, parce qu'ils ne sont pas venus au-devant de vous (avec du pain et de l'eau); avec deux *accus*.: תְּקַדְּמֶנּוּ בִּרְכוֹת טוֹב Ps. 21. 4, tu le préviens des bénédictions du salut (de ta grâce).

Hiph. : מִי הִקְדִּימַנִי וַאֲשַׁלֵּם Job 41. 3, qui m'a le premier rendu un service, qui m'a donné le premier, afin que je le lui rende; ou : qui ose se présenter devant moi, s'opposer à moi, je le récompenserais; וְתַקְדִּים בַּעֲדֵינוּ הָרָעָה Amos 9. 10, ces maux (ne) nous surprendront pas, ne nous atteindront pas si vite.

קֶדֶם *m*. 1° Le côté de devant, *adv*.: אָחוֹר וָקֶדֶם צַרְתָּנִי Ps. 139. 5, tu m'as assiégé, serré, par derrière et par devant (v. צוּר 1° et 4°). — 2° Le même que קָדִים l'est, l'orient : הֵן קֶדֶם אֶהֱלֹךְ Job 23. 8, si je vais en Orient (ou : en avant, v. 1°); מִקֶּדֶם Gen. 2. 8, 12. 8, à l'orient; מִקֶּדֶם לְגַן־עֵדֶן 3. 24, à l'orient du jardin d'Eden; קֵדְמָה Nomb. 10. 5, du côté de l'orient; בְּנֵי־קֶדֶם Job 1. 3, Is. 11. 14, les fils de l'Orient (qui habitent le désert de l'Arabie); אֶרֶץ קֶדֶם Gen. 25. 6, et אַרְצָה בְנֵי־קֶדֶם 29. 1, le pays de l'Orient et le pays des Orientaux; הַר הַקֶּדֶם Gen. 10. 30, la montagne du côté de l'orient; מָלְאוּ מִקֶּדֶם Is. 2. 6, ils ont été remplis de l'orient, c.-à-d. de superstitions, de magie, de l'orient; ou : (de superstitions sous-entendu) plus que l'orient. — 3° Ce qui était avant, le temps ancien, l'antiquité: בִּימֵי קֶדֶם Ps. 44. 2, dans les jours de l'antiquité (anciens); מִקֶּדֶם Ps. 74. 12, depuis des siècles, depuis le commencement; מַלְכֵי־קֶדֶם Is. 19. 11, les anciens rois; אֱלֹהֵי קֶדֶם Deut. 33. 27, le Dieu de l'éternité; וְיֹשֵׁב קֶדֶם Ps. 55. 20, et celui qui est assis sur le trône depuis le commencement, avant tous les siècles; כְּקֶדֶם Jér. 30. 20, comme autrefois; קֶדֶם מִפְעָלָיו Prov. 8. 22, avant ses œuvres, ou: la première de ses œuvres; מִקַּדְמֵי־אָרֶץ 8. 23, avant que la terre fût créée.

קֵדְם. De là קֵדְמָה du côté de l'orient (v. à קֶדֶם).

קֳדָם et קֳדָם chald. (v. קֶדֶם hébr., avec suff. קֳדָמַי, קֳדָמָךְ, קֳדָמוֹהִי, קֳדָמֵיהוֹן). Devant, avant: קֳדָם מַלְכָּא Dan. 2. 11, devant le roi; קֳדָמָךְ 5. 23, devant toi; קֳדָמוֹהִי 4. 5, devant lui; דִּי קֳדָמַיהּ 7. 7, qui (ont été) avant elle (cette bête); מִן־קֳדָמַי 2. 6, de moi, de ma part; מִן־קֳדָם מַלְכָּא 2. 15, (la sentence prononcée) du roi; מִן־קֳדָמַי 6. 27, de moi, de ma part (il est décrété).

קַדְמָה f. (rac. קֶדֶם). Origine, antiquité: מִימֵי־קֶדֶם קַדְמָתָהּ Is. 23. 7 (Tyr qui comptait) son origine, antiquité, depuis tant de siècles; תְּשֻׁבְןָ לְקַדְמָתְןָ Ez. 16. 55, elles retourneront à leur ancien état. Comme *prépos*. Avant que: שֶׁקַּדְמַת שָׁלַף יָבֵשׁ Ps. 129. 6, (l'herbe) qui se sèche avant qu'on l'arrache, ou: avant qu'elle sorte, fleurisse (v. שָׁלַף).

קַדְמָה chald., seulement comme *prépos*. Avant: מִן־קַדְמַת דְּנָה Dan. 6. 11, et מִקַּדְמַת דְּנָה Esdr. 5. 11, avant cela, auparavant.

קֵדְמָה (vers l'orient) *n. pr.* Kedma, fils d'Ismael, Gen. 25. 15.

קִדְמָה *f.* Seulement à l'état const. קִדְמַת Du côté de (vers) l'orient: קִדְמַת אַשּׁוּר Gen. 2. 14, vers l'est des Assyriens.

קַדְמוֹן *adj.* Oriental, *f.*: הַגְּלִילָה הַקַּדְמוֹנָה Ez. 47. 8, le cercle oriental, la contrée orientale; קַדְמוֹן לְכָל־דָּבָר ' (Dieu est) antérieur, avant toutes les choses qui ont été créées.

קַדְמוֹנִי et קַדְמֹנִי *adj.* (rac. קֶדֶם, *fém.* קַדְמוֹנִית; *plur.* קַדְמוֹנִים, *fém.* קַדְמֹנִיּוֹת). 1° Antérieur, oriental: שַׁעַר בֵּית־יְיָ הַקַּדְמוֹנִי Ez. 10. 19, la porte antérieure du temple, ou: la porte du côté de l'orient; הַיָּם הַקַּדְמוֹנִי Ez. 47. 18, la mer orientale, la mer Morte; *opposé à* הַיָּם הָאַחֲרוֹן la mer occidentale, la mer Méditerranée (v. Joel 2. 20). — 2° Ancien, passé: בְּיָמִים קַדְמוֹנִים Ez. 38. 17, dans les siècles passés; וְקַדְמֹנִים Job 18. 20, et ceux qui sont nés avant, les aînés (*opposé à* אַחֲרֹנִים ceux qui viendront après lui); donc: ceux qui sont de son temps; מְשַׁל הַקַּדְמֹנִי I Sam. 24. 14, l'ancien proverbe, ou: le proverbe des anciens; וְקַדְמֹנִיּוֹת Is. 43. 18, et les choses anciennes, ce qui s'est passé autrefois.

קְדֵמוֹת *n. pr.* Kedemoth, ville appartenant à la tribu de Ruben, I Chr. 6. 64; קְדֵמֹת Jos. 13. 18, מִמִּדְבַּר קְדֵמוֹת Deut. 2. 26, du désert de Kedemoth.

• קַדְמוּת *f.* Origine, état primitif: מַבִּיט לְסוֹף דָּבָר בְּקַדְמוּתוֹ Rituel, il prévoit la fin d'une chose dans son commencement, origine.

קַדְמַי chald. *adj.* Premier. *Plur.*: וְהוּא יִשְׁנֵא מִן־קַדְמָיֵא Dan. 7. 24, et il sera différent des premiers, de ceux qui l'auront devancé; *fém.*: קַדְמָיְתָא 7. 4, la première (bête); *plur.*: קַרְנַיָּא קַדְמָיָתָא 7. 8, les premières cornes.

קַדְמִיאֵל (qui est devant Dieu) *n. pr. m.* Esdr. 2. 40.

קַדְמֹנִי *n. pr.* d'un peuple chananéen, les Kedemonéens, Gen. 15. 19.

קָדְקֹד *m.* (rac. קָדַד, avec suff. קָדְקֳדוֹ et קָדְקֹדִי). Le haut de la tête: מִכַּף רַגְלוֹ וְעַד קָדְקֳדוֹ II Sam. 14. 25, depuis la plante des pieds jusqu'au sommet de la tête; קָדְקֹד שֵׂעָר Ps. 68. 22, le haut de la tête où les cheveux se séparent, où est la raie; ou: la tête pleine de cheveux (*au fig.*: la tête orgueilleuse, superbe).

קָדַר Être noir, obscur, sombre,

morne, triste : הַקֹּדְרִים מִנִּי־קָרַח Job 6. 16, (des torrents) qui sont troubles, noirâtres, par la glace ; וְקֹדְרִים שָׂגְבוּ יֶשַׁע Job 5. 11, et (que) ceux qui étaient sombres, tristes, sont relevés par le secours ; קָדְרוּ לָאָרֶץ Jér. 14. 2, (les portes) sont par terre, noires, couvertes de deuil ; קֹדֵר הִלַּכְתִּי Ps. 38.7, je marche tout triste, morne ; וְקָדְרוּ הַשָּׁמַיִם Jér. 4. 28, les cieux seront noirs, sombres ; שֶׁמֶשׁ וְיָרֵחַ קָדָרוּ Joel 2. 10, le soleil et la lune seront obscurcis.

Hiph. Obscurcir, attrister : וְהִקְדַּרְתִּי אֶת־כֹּכְבֵיהֶם Ez. 32.7, j'obscurcirai leurs étoiles ; וָאַקְדִּר עָלָיו לְבָנוֹן Ez. 31. 15, je rendrai le Liban triste à cause de lui, je ferai que le Liban sera attristé.

Hithph. : וְהַשָּׁמַיִם הִתְקַדְּרוּ עָבִים I Rois 18. 45, et le ciel se couvrit, s'obscurcit, de nuées.

קֵדָר (le noir) *n. pr.* Kedar, fils d'Ismael, Gen. 25. 13, souche d'une tribu arabe : כְּאָהֳלֵי קֵדָר Cant. 1. 5, comme les tentes de Kedar ; בְּנֵי־קֵדָר Is. 21.17, les enfants de Kedar ; plus tard, en général : les Arabes.

קִדְרוֹן (le trouble) *n. pr.* d'un torrent et d'une vallée entre Jérusalem et la montagne des Oliviers : בְּנַחַל קִדְרוֹן II Sam. 15. 23, sur le torrent de Kedron ; בְּשַׁדְמוֹת קִדְרוֹן II Rois 23. 4, dans la vallée de Kedron.

קַדְרוּת *f.* Le noir : אַלְבִּישׁ שָׁמַיִם קַדְרוּת Is. 50. 3, je revêtirai le ciel de noir, je l'envelopperai de ténèbres.

קְדֹרַנִּית Tristesse : הָלַכְנוּ קְדֹרַנִּית Mal. 3. 14, nous avons marché dans la tristesse, contrition, d'un visage triste, abattu.

קָדַשׁ (une fois קָדֵשׁוּ avec pause, *fut.* יִקְדַּשׁ) Sortir de l'ordinaire, de ce qui est commun, profane ; être pur, saint : כִּי קְדַשְׁתִּיךָ Is. 65. 5 (pour קָדַשְׁתִּי מִמְּךָ), je suis plus pur, plus saint, que toi ; כָּל־הַנֹּגֵעַ בַּמִּזְבֵּחַ יִקְדָּשׁ Exod. 29. 37, quiconque touchera l'autel doit être saint (selon d'autres : toute chose qui aura touché l'autel, qui aura été offerte à l'autel, sera sacrée, sainte) ; כָּל־הַנֹּגֵעַ בָּהֶם יִקְדָּשׁ 30. 29, celui (ou ce qui) y touchera doit être saint ; de même : כֹּל אֲשֶׁר־יִגַּע בִּבְשָׂרָהּ יִקְדָּשׁ Lév. 6. 20, tout ce qui touchera la chair (de l'hostie pour le péché) sera sanctifié, sera destiné au même usage que cette chair ; ou : quiconque touchera, etc., se sanctifiera ; כִּי קָדֵשׁוּ Nomb. 17. 2, parce qu'ils (les encensoirs) ont été sanctifiés ; הַיּוֹם יִקְדַּשׁ בַּכֶּלִי I Sam. 21. 6 (combien plus) sera-t-il, restera-t-il, sacré, sanctifié, aujourd'hui dans le vase ? הֲיִקְדָּשׁ Agg. 2. 12, (tout ce qui aura touché de la chair sanctifiée) sera-t-il aussi sanctifié, saint ? selon d'autres : ce qui aura touché indirectement au vêtement impur deviendra-t-il par cela impur (*exact.* comme saint, dont la jouissance est défendue) ? פֶּן־תִּקְדַּשׁ הַמְלֵאָה Deut. 22. 9, de peur que (la plante) pleine, le blé mûr, ne soit saint, c.-à-d. comme saint pour toi, que la jouissance ne t'en soit défendue.

Niph. Être sanctifié, glorifié : בִּקְרֹבַי אֶקָּדֵשׁ Lévit. 10. 3, par ceux qui m'approchent je serai sanctifié ; וְנִקְדַּשְׁתִּי בָכֶם Ez. 20. 41, je serai sanctifié en vous (par le bien que je vous ferai) ; וְנִקְדַּשְׁתִּי בָהּ Ez. 28. 22, lorsque j'aurai été sanctifié en elle (en la châtiant) ; וְנִקְדַּשׁ בִּכְבֹדִי Exod. 29. 43, et (le tabernacle) sera sanctifié par (la manifestation) de ma gloire.

Pi. Sanctifier ; rendre, déclarer, saint ; consacrer, préparer, purifier : לֹא־קִדַּשְׁתֶּם אוֹתִי Deut. 32. 51, (parce que) vous ne m'avez pas sanctifié, vous n'avez pas rendu gloire à ma sainteté ; וְקִדַּשְׁתּוֹ Lévit. 21. 8, tu regarderas (le prêtre) comme saint ; לְקַדְּשׁוֹ Exod. 20. 8, pour sanctifier (le jour de sabbat) ; וַיְקַדֵּשׁ אֹתוֹ Gen. 2. 3, (Dieu) le rendit, déclara, saint (le sabbat) ; אֲנִי יְיָ מְקַדִּשְׁכֶם Lévit. 20. 8, je suis l'Éternel qui vous sanctifie ; קַדְּשׁוּ־צוֹם Joel 1. 14, sanctifiez un jeûne, c.-à-d. ordonnez, publiez, un jeûne saint ; וְקִדַּשְׁתָּ אֹתָם Exod. 28. 41, et tu sacreras (les prêtres) ; וְאֶת־אֶלְעָזָר בְּנוֹ קִדְּשׁוּ I Sam. 7. 1, et ils consacrèrent son fils Eléazar ; וְקִדַּשְׁתָּ אֹתוֹ

Exod. 29. 37, tu consacreras (l'autel); וַיְקַדֵּשׁ אֶת־הָעָם 19. 14, (Moïse) prépara, purifia, le peuple; קַדֶּשׁ־לִי כָל־בְּכוֹר Exod. 13. 1, consacre-moi tous les premiers-nés; קַדְּשׁוּ עָלֶיהָ גּוֹיִם Jér. 51. 27, préparez, armez, les nations contre (Babylone); קַדְּשׁוּ מִלְחָמָה Joel 4. 9, préparez (armez-vous pour) la guerre.

Pou. : הַמְקֻדָּשִׁים לְהַקְטִיר II Chr. 26. 18, (les prêtres) consacrés pour offrir de l'encens; הַמְקֻדָּשִׁים לַיהוָה 31. 6, (les dîmes) vouées à Dieu; לַכֹּהֲנִים הַמְקֻדָּשׁ Ez. 48. 11 (pour le *plur.*), aux prêtres qui sont consacrés, ou : cet espace sacré, sanctifié, sera pour les prêtres; לִמְקֻדָּשָׁי Is. 13. 3, (j'ai ordonné) à ceux que j'ai consacrés, armés (pour la guerre).

Hiph. Même signif. que *Pi.*: וְהִקְדִּישׁוּ אֶת־קְדוֹשׁ יַעֲקֹב Is. 29. 23, ils sanctifieront le saint de Jacob; הִקְדַּשְׁתִּי אֶת־הַבַּיִת הַזֶּה I Rois 9. 3, j'ai sanctifié, déclaré saint, ce temple; כִּי־יַקְדִּשׁ אֶת־בֵּיתוֹ Lév. 27. 14, (un homme) qui consacre, voue, sa maison (à Dieu); הַקְדֵּשׁ הִקְדַּשְׁתִּי אֶת־הַכֶּסֶף Jug. 17. 3, j'ai consacré cet argent.

Hithph. Se purifier, se sanctifier, être fêté : וְהִיא מִתְקַדֶּשֶׁת II Sam. 11. 4, elle s'était purifiée (de son impureté); הִתְקַדָּשׁוּ II Chr. 5, (tous les prêtres) se furent purifiés, préparés; וְהִתְקַדִּשְׁתִּי Ez. 38. 23, je me sanctifierai, je signalerai ma sainteté; הִתְקַדֶּשׁ־חָג Is. 30. 29, (comme en la nuit) où une fête est célébrée, (la nuit) d'une fête solennelle.

קָדֵשׁ *m.* קְדֵשָׁה *f.* Un garçon, une femme, qui se voue aux idoles en leur sacrifiant son innocence, qui s'adonne à la fornication : לֹא־תִהְיֶה קְדֵשָׁה Deut. 23. 18, il n'y aura point de prostituée (entre les filles d'Israel); וְלֹא־יִהְיֶה קָדֵשׁ même vers., et il n'y aura point de fornicateur (sodomite) (entre les fils d'Israel); אֶת־בָּתֵּי הַקְּדֵשִׁים II Rois 23.7, les maisons (ou les chambres) des fornicateurs; *f. pl.*: הַקְּדֵשׁוֹת Osée 4. 14.

קָדֵשׁ *n. pr.* d'une ville dans le désert, Kades, Gen. 14. 7; *compl.*: קָדֵשׁ בַּרְנֵעַ Kades Barnea, Nomb. 34. 4; de là le désert de Kades, Ps. 29. 8.

קֶדֶשׁ *n. pr.* 1° Kedes, ville appartenant à Juda, Jos. 15. 23. — 2° Kedes, ville de la tribu de Nephthali, Jos. 19. 37. Avec ה : קֶדְשָׁה Jug. 4. 10, et קֶדְשָׁה 4. 9, vers Kedes. — 3° Kedes, ville de la tribu d'Issachar, I Chr. 6. 57 (appelée קִשְׁיוֹן Jos. 21. 28).

קֹדֶשׁ *m.* (avec suff. קָדְשִׁי; *pl.* קֳדָשִׁים, const. קָדְשֵׁי, avec suff. קָדָשַׁי, קָדְשֵׁיכֶם). 1° Sainteté : אַחַת נִשְׁבַּעְתִּי בְקָדְשִׁי Ps. 89. 36, j'ai juré une chose par ma sainteté; אֱלֹהִים דִּבֶּר בְּקָדְשׁוֹ 60. 8, Dieu a parlé par sa sainteté (ou : dans son sanctuaire); souvent après un autre nom comme *adj.*: שֵׁם קָדְשִׁי Lév. 20. 3, mon nom saint; הַר־קָדְשִׁי Ps. 2. 6, (Sion) ma sainte montagne; בִּגְדֵי־קֹדֶשׁ Exod. 28. 2, les vêtements sacrés (des prêtres). — 2° Personne ou chose sainte, sacrée : בְּכָל־קֹדֶשׁ לֹא־תִגָּע Lév. 12. 4, elle ne touchera à rien qui soit saint; וְהָיוּ קֹדֶשׁ 21. 6, ils (les prêtres) seront saints; קָדְשֵׁי הַקֳּדָשִׁים et הַקֳּדָשִׁים Lév. 21. 22, les aliments, sacrifices, saints, et les plus saints (qui sont offerts à Dieu); וּלְאֹצְרוֹת הַקֳּדָשִׁים I Chr. 26. 20, et sur les trésors des choses consacrées à Dieu. — 3° Le sanctuaire : לְשָׁרֵת בַּקֹּדֶשׁ Exod. 28. 43, pour servir dans le sanctuaire (le tabernacle); מִקֹּדֶשׁ Ps. 20. 3, du sanctuaire (du temple); הַקֹּדֶשׁ I Rois 8. 8, le temple; קֹדֶשׁ הַקֳּדָשִׁים 8. 6, le saint des saints (le lieu du temple où reposait l'arche); קֹדֶשׁ קָדָשִׁים Exod. 29. 37, (l'autel sera) très saint; בֵּית־קֹדֶשׁ הַקֳּדָשִׁים II Chr. 3. 8, 10, la maison du très saint (le saint des saints).

* קְדֻשָּׁה *f.* Sainteté, Rituel.

קְדֵשָׁה (v. קָדֵשׁ).

קָהָה Affaiblir, émousser (v. כָּהָה). Se dit seulement des dents : תִּקְהֶינָה שִׁנָּיו Jér. 31. 30, ses dents seront agacées (v. vers. 29).

Pi.: אִם־קֵהָה הַבַּרְזֶל Eccl. 10. 10, si le fer est émoussé; * עֲנָבִים קֵהוֹת Aboth, des raisins acerbes, pas mûrs.

קָהַל *Kal* inusité (v. קוֹל la voix). *Hiph.* Convoquer, faire assembler : וְהִקְהַלְתָּ אֶת־כָּל־עֲדַת Nomb. 8. 9, tu convoqueras toute l'assemblée (des enfants d'Israel) ; הַקְהֵל אֶת־הָעָם Deut. 31. 12, fais assembler le peuple.

Niph. S'assembler : נִקְהֲלוּ הַיְּהוּדִים Esth. 9. 2, les Juifs s'assemblèrent ; וַיִּקָּהֲלוּ עַל־מֹשֶׁה Nomb. 16. 3, ils s'assemblèrent (se soulevèrent) contre Moïse.

קָהָל *m.* Assemblée, multitude, peuple : וּקְהַל גּוֹיִם Gen. 35.11, et לִקְהַל עַמִּים 28. 3, une multitude de peuples ; קָהָל גָּדוֹל I Rois 8.65, et קָהָל רַב Esdr. 10.1, une assemblée nombreuse, une grande foule ; קְהַל יִשְׂרָאֵל Deut. 31. 30, קְהַל יְיָ Nomb.16.3, et קְהַל הָאֱלֹהִים Néh.13.1, l'assemblée d'Israel, de l'Éternel, de Dieu ; et seul : כָּל־הַקָּהָל הַזֶּה Exod.16 3, tout ce peuple (ce peuple d'Israel).

קְהֵלָתָה (assemblée) *n. pr.* d'une station dans le désert, Kehelatha, Nomb. 33. 22.

קְהִלָּה *f.* Assemblée, peuple, foule : קְהִלַּת יַעֲקֹב Deut. 33. 4, l'assemblée, le peuple, de Jacob ; קְהִלָּה גְדוֹלָה Néh.5.7, une grande foule.

קֹהֶלֶת *n. pr.* de l'auteur du livre de l'Ecclésiaste, le roi Salomon, Kohéleth, fils de David, Eccl. 1. 1 ; de קָהַל qui rassemble, réunit en lui, tant de connaissance et de sagesse ; ou : qui parle, prêche, à l'assemblée, au peuple. Avec l'*art.* : הַקּוֹהֶלֶת 12. 8, le prédicateur, l'ecclésiaste ; une fois *fém.* (du ת final?) : אָמְרָה קֹהֶלֶת 7. 27, a dit Kohéleth ; le livre de l'Ecclésiaste est appelé d'après l'auteur קֹהֶלֶת.

קְהָת (assemblée) *n. pr.* Kehath, fils de Lévi, Gen. 46. 11 ; *patron.* קְהָתִי Nomb. 3. 27.

קַו et קָו *m.* (rac. קָוָה). 1° Cordon, cordeau, règle, loi : וְקַו בְּיָדוֹ Ez. 47.3, et ayant un cordeau à la main ; מִי־נָטָה עָלֶיהָ קָּו Job 38. 5, qui a tendu sur elle le cordeau (pour la mesurer, l'aligner) ; נָטָה קָו Lament. 2. 8, il a tendu le cordeau (pour détruire) ; קַו לָקָו Is. 28.10, une ligne après une ligne, c.-à-d. une règle, loi, après l'autre. — 2° Corde, son : בְּכָל־הָאָרֶץ יָצָא קַוָּם Ps. 19. 5, leur son, voix, s'est répandu dans toute la terre ; גּוֹי קַו־קָו Is. 18. 2, un peuple lié comme par des cordes, ou : puni avec mesure, graduellement ; ou : dans une mesure exacte, comme il l'a mérité ; d'autres traduisent par force, vigueur : ce peuple très vigoureux (et qui foule aux pieds les autres peuples) (v. מְבוּסָה).

קוֹא *Kal* (incertain). Vomir, rejeter : כַּאֲשֶׁר קָאָה Lév.18.28 (rac. קָאָה ou קִיא), comme elle (la terre) aura rejeté ; וְשִׁכְרוּ וּקְיוּ Jér. 25. 27 (rac. קָיָה ou קִיא pour וְקִיאוּ), et enivrez-vous, et rejetez (ce que vous avez bu).

Hiph. Même signif. : תְּקִיאֶנָּה Prov. 23. 8, (le pain que tu as mangé) tu le rejetteras ; וְלֹא־תָקִיא הָאָרֶץ אֶתְכֶם Lév.18. 28, afin que cette terre ne vous rejette ; חַיִל בָּלַע וַיְקִאֶנּוּ Job 20. 15, il avait dévoré des richesses, mais il les rejettera, il sera forcé de les rendre.

קוֹבַע *m.* (rac. קָבַע être voûté, rond ; v. קֻבַּעַת, v. כּוֹבַע). Casque : קוֹבַע נְחֹשֶׁת I Sam. 17. 38, un casque d'airain.

קָוָה Attendre, espérer, seulement *part.* : כָּל־קֹוֶיךָ Ps. 25. 3, tous ceux qui espèrent en toi ; וְקֹוֵי יְיָ 37. 9, qui attendent l'Éternel (son secours) ; לְקֹוָו Lament. 3. 25, (Dieu est bon) à ceux qui espèrent en lui.

Pi. 1° Le même sens que *Kal* : טוֹב קִוִּיתִי Job 30. 26, j'ai attendu le bien, le bonheur. Avec אֶל : קַוֵּה אֶל־יְיָ Ps. 37. 34, espère en Dieu. Avec לְ : קַוֵּה לְשָׁלוֹם Jér. 8. 15, attendre (pour : nous attendions) la paix. — 2° Attendre, épier, pour perdre quelqu'un : לִי קִוּוּ רְשָׁעִים Ps. 119. 95, les méchants m'ont attendu pour me perdre ; קִוּוּ נַפְשִׁי 56.7, (comme s')ils attendaient ma vie, comme s'ils épiaient à m'ôter la vie.

Niph. S'attendre les uns les autres, s'assembler : וְנִקְווּ אֵלֶיהָ כָל־הַגּוֹיִם Jér. 3. 17, toutes les nations s'y assembleront; יִקָּווּ הַמַּיִם Gen. 1. 9, que les eaux se rassemblent (en un seul lieu); de là מִקְוֶה, מִקְוָה.

קָוֶה *chethib* pour קַו I Rois 7. 23, Zach. 1. 16, cordeau (v. קַו).

קוֹם (v. תְּקוֹמֵם).

קוּט (v. קוּץ) 1° Avoir du dégoût : אַרְבָּעִים שָׁנָה אָקוּט בְּדוֹר Ps. 95. 10, pendant quarante ans j'ai eu du dégoût pour cette race ; כִּמְעַט קָט Ez. 16. 47, il n'aurait eu que peu de dégoût (pour toi); selon d'autres, קָט *particule*, le même que מְעַט : comme si (c'était) très peu (pour toi). — 2° Couper : אֲשֶׁר־יָקוֹט כִּסְלוֹ Job 8. 14, dont l'espérance sera coupée, s'évanouira ; ou : est un néant, un rien (v. יָקוֹט).

Niph. Même signif. que *Kal* : וּנְקֹטֹתֶם בִּפְנֵיכֶם Ez. 20. 43, vous vous déplairez à vous-mêmes ; וְנָקֹטּוּ בִּפְנֵיהֶם 6. 9, et ils se déplairont à eux-mêmes ; נָקְטָה נַפְשִׁי בְּחַיָּי Job 10. 1, mon âme est ennuyée de ma vie (mon âme m'est devenue ennuyeuse) ; d'autres traduisent partout : disputer, quereller ; plusieurs grammairiens adoptent pour *Niph*. la racine נָקַט.

Hithph. : וָאֶתְקוֹטָטָה Ps. 119. 158, (j'ai vu les perfides) et j'ai éprouvé du dégoût, ou : je me suis irrité ; וּבִתְקוֹמְמֶיךָ אֶתְקוֹטָט 139. 21, n'ai-je pas éprouvé du dégoût, ou ne me suis-je pas irrité, à cause de ceux qui s'élèvent contre toi ?

קוֹל *m*. (*plur*. קוֹלוֹת et קֹלֹת). Voix, cri, son, bruit, fracas. Des animaux : וְקוֹל שָׁחַל Job 4. 10, et la voix du lion ; des hommes : הַקֹּל קוֹל יַעֲקֹב Gen. 27. 22, cette voix est la voix de Jacob ; קוֹל יְיָ אֱלֹהִים מִתְהַלֵּךְ בַּגָּן Gen. 3. 8, la voix de l'Éternel Dieu qui se promenait dans le jardin (le paradis), c.-à-d. qui se faisait entendre ; קוֹל יְיָ Ps. 29. 5, la voix de l'Éternel, le tonnerre ; בְּקוֹל גָּדוֹל Gen. 39. 14, à haute voix ; קוֹל אֶחָד Exod. 24. 3, (tout) d'une voix ; וַיִּתֵּן אֶת־קֹלוֹ בִּבְכִי Gen. 45. 2, il fit entendre, éleva fortement, sa voix dans des pleurs (et il pleura) ; קוֹל נָתְנוּ שְׁחָקִים Ps. 77. 18, les nuées ont fait retentir leur voix (le tonnerre) ; וַיִּתְּנוּ־קוֹל בִּיהוּדָה II Chr. 24. 9, on fit publier en Judée ; וְהַקֹּל נִשְׁמַע בֵּית פַּרְעֹה Gen. 45. 16, et le bruit se répandit dans la maison de Pharaon ; מִקֹּל זְנוּתָהּ Jér. 3. 9, par le bruit de sa prostitution (selon d'autres : par le débordement de sa prostitution) ; קוֹל הַשֹּׁפָר II Sam. 15. 10, le son de la trompette ; כְּקוֹל מַיִם רַבִּים Ez. 1. 24, comme le bruit des plus grandes eaux ; וּבְרַעַשׁ וְקוֹל גָּדוֹל Is. 29. 6, et avec des tremblements de terre et avec un bruit, fracas, effroyable ; on trouve קוֹל plusieurs fois avec l'ellipse du verbe נִשְׁמַע (une voix, ou un bruit, est attendu) (v. Is. 13. 4, 52. 8; Job 39. 24); בַּת קוֹל une voix céleste.

קוֹלָיָה (voix de Dieu) *n. pr.* 1° Kolaïah, père d'Achab, Jér. 29. 21. — 2° Kolaïah, fils de Maaseïah, Néh. 11. 7.

קוּם (*prét*. קָם, une fois קָאם Osée 10. 14 ; *fut*. יָקוּם, וַיָּקָם ; *part*. קָם, une fois קוֹם II Rois 16. 7) 1° Se lever, s'élever, s'élever contre quelqu'un, naître, venir, devenir puissant : וַיָּקָם לִקְרָאתָם Gen. 19. 1, il se leva (alla) au-devant d'eux ; מִפְּנֵי שֵׂיבָה תָּקוּם Lév. 19. 32, tu te lèveras devant un homme qui a les cheveux blancs ; souvent avec d'autres *verbes* : וַיָּקָם וַיֵּלֶךְ Gen. 22. 3, il se leva et alla (il se mit en chemin pour aller) ; וַיָּקָם אִיּוֹב וַיִּקְרַע Job 1. 20, Job se leva et déchira (son manteau) ; קוּמָה יְיָ וְיָפֻצוּ אֹיְבֶיךָ Nomb. 10. 35, lève-toi, Éternel, que tes ennemis soient dissipés ; קוּמָה יְיָ הוֹשִׁיעֵנִי Ps. 3. 8, lève-toi, Éternel, sauve-moi ; קָמִים עָלָי Ps. 3. 2, ceux qui s'élèvent contre moi, mes ennemis ; וְקָם עַל־בֵּית מְרֵעִים Is. 31. 2, il s'élèvera contre la maison des criminels ; וַיָּקָם קַיִן אֶל־הֶבֶל Gen. 4. 8, Caïn se jeta sur Abel (et le tua) ; קָמוּ־בִי עֵדֵי־שֶׁקֶר Ps. 27. 12, de faux témoins se sont élevés contre moi ; קָמַי Ps. 18. 40, mes adversaires ; קָמָיו Deut. 33. 11, ses adversaires, ennemis ; וְעַל־מִי לֹא־יָקוּם אוֹרֵהוּ Job 25. 3, et sur qui sa lumière ne se lève-t-elle point ? וּמִצָּהֳרַיִם יָקוּם חָלֶד Job 11. 17, et plus que le midi se lèvera, brillera, ta vie; וַיָּקָם מֶלֶךְ־חָדָשׁ Exod. 1. 8, un roi nouveau s'éleva (naquit, monta au trône); וְקָמוּ שֶׁבַע שְׁנֵי רָעָב Gen. 41. 30, et sept années de famine viendront; וּבְקוּם רְשָׁעִים Prov. 28. 12, quand les méchants s'élèvent (deviennent puissants).

2° Se tenir, résister, subsister, durer, rester, persévérer, s'exécuter, s'accomplir, être valable: לֹא תוּכַל לָקוּם לִפְנֵי אֹיְבֶיךָ Jos. 7. 13, tu ne pourras te tenir devant tes ennemis, c.-à-d. leur résister; וְלֹא־יָקוּם חֵילוֹ Job 15. 29, son bien ne subsistera, durera pas; מִי יָקוּם יַעֲקֹב Amos 7. 2, 5, qui (faible comme) Jacob pourra subsister? ou: comment Jacob subsistera-t-il? מַמְלַכְתְּךָ לֹא־תָקוּם I Sam. 13. 14, ton règne ne durera point; וְקָם הַבַּיִת Lév. 25. 30, la maison restera (à celui qui l'aura achetée); וְהוּא עַל־נְדִיבוֹת יָקוּם Is. 32. 8, et il persévère dans des desseins nobles; דַּבְּרוּ דָבָר וְלֹא יָקוּם Is. 8. 10, faites des conventions, elles ne s'exécuteront pas; דְּבַר־מִי יָקוּם Jér. 44. 28, la parole de qui s'accomplira; וְקָמוּ כָּל־נְדָרֶיהָ Nomb. 30. 5, tous ses vœux seront valables; לֹא־יָקוּם עֵד אֶחָד Deut. 19. 15, un seul témoin ne sera pas valable, ne suffira pas; מִי־יָקוּם לִי Ps. 94. 16, qui se présente en ma faveur, qui vient à mon secours; כִּי קָמוּ עֵינָיו I Rois 14. 4, car ses yeux étaient fixes, immobiles, c.-à-d. aveugles.

Pi. Valider, confirmer, s'imposer pour devoir, exécuter, conserver: לְקַיֵּם כָּל־דָּבָר Ruth 4. 7, pour valider une chose, un acte, quelconque; לְקַיֵּם אֶת־יְמֵי הַפֻּרִים Esth. 9. 31, pour confirmer, observer, ces jours des sorts (v. פּוּר); לְקַיֵּם דָּבָר Ez. 13. 6, pour confirmer, assurer, ce qu'ils ont dit; לְקַיֵּם עֲלֵיהֶם Esth. 9. 21, pour se l'imposer comme devoir, pour s'engager à observer; נִשְׁבַּעְתִּי וָאֲקַיֵּמָה Ps. 119. 106, j'ai juré et je le tiendrai, l'exécuterai; קַיְּמֵנִי Ps. 119. 28, conserve-moi.

Pilp. Relever, rebâtir: וְחָרְבוֹתֶיהָ אֲקוֹמֵם Is. 44. 26, et je relèverai ses villes en ruines; עַמִּי לְאוֹיֵב יְקוֹמֵם Mich. 2. 8, mon peuple s'élève comme un ennemi; selon d'autres, *trans.*: mon peuple (m')élève, me regarde, comme un ennemi (v. à אֶתְמוֹל).

Hiph. 1° Relever, dresser, ériger, réparer, rétablir, susciter, perpétuer: הָקֵם תָּקִים עִמּוֹ Deut. 22. 4, tu le relèveras (l'animal tombé) avec lui (son maître), tu l'aideras à le relever; יְקִימוּן מִלֶּיךָ Job 4. 4, tes paroles relèvent, affermissent (celui qui trébuche); וַהֲקֵמֹתָ אֶת־הַמִּשְׁכָּן Exod. 26. 30, tu dresseras le tabernacle; וַיָּקֶם מִזְבֵּחַ I Rois 16. 32, il érigea un autel; הֵקִימוּ בְחוּנָיו Is. 23. 13, ils ont érigé ses tours; לְהָקִים אֶרֶץ Is. 49. 8, pour réparer la terre; לְהָקִים אֶת־שִׁבְטֵי יַעֲקֹב 49. 6, pour rétablir les tribus de Jacob; וַהֲקִמֹתִי אֶת־בְּרִיתִי Gen. 6. 18, j'établirai mon alliance (avec toi); הֵקִים יְיָ לָהֶם שֹׁפְטִים Jug. 2. 18, (et lorsque) Dieu leur avait suscité des juges; הֵקִים לָנוּ יְיָ נְבִאִים Jér. 29. 15, Dieu nous a suscité des prophètes; לְהָקִים לְאָחִיו שֵׁם בְּיִשְׂרָאֵל Deut. 25. 7, pour perpétuer dans Israel le nom de son frère. — 2° Établir, arrêter, ratifier, accomplir: מַלְכְּךָ אֲשֶׁר תָּקִים עָלֶיךָ Deut. 28. 36, ton roi que tu auras établi sur toi; יָקֵם סְעָרָה Ps. 107. 29, il arrête la tempête, la calme; ou: la tempête qu'il avait excitée (est devenue un vent doux); אִישָׁהּ יְקִימֶנּוּ Nomb. 30. 14, son mari peut ratifier (le vœu de la femme); יָקֵם יְיָ אֶת־דְּבָרוֹ I Sam. 1. 23, que Dieu accomplisse sa promesse.

Hoph. pass.: הוּקַם הַמִּשְׁכָּן Exod. 40. 17, le tabernacle fut dressé; הֻקַם עָל II Sam. 23. 1, (l'homme) qui a été élevé bien haut, ou: qui a été établi pour être le chef, le prince; הוּקַם אֶת־דִּבְרֵי יְהוֹנָדָב Jér. 35. 14, la parole de Jehonadab est observée.

Hithph. S'élever contre quelqu'un (v. *Kal* 1°): וְאֶרֶץ מִתְקוֹמָמָה לוֹ Job 20. 27, et la terre s'élève contre lui; מִמִּתְקוֹמְמַי Ps. 59. 2, de ceux qui s'élèvent contre moi, de mes adversaires.

קום chald. Même sens: וְקָם בְּהִתְבְּהָלָה Dan. 3. 24, il se leva avec trouble;

אָחֳרִי מַלְכוּ תְקוּם 2. 39, un autre royaume s'élèvera; וְקָאֲמִין 3. 3, ils se tenaient debout; וְהִיא תְּקוּם לְעָלְמַיָּא 2. 44, mais (ce royaume) subsistera, durera, éternellement.

Pa. : לְקַיָּמָה קְיָם מַלְכָּא Dan. 6. 8, d'établir, de faire, un édit royal.

Aph. (הֲקִים, une fois אֲקִים Dan. 3. 1; *plur.* הֲקִימוּ, *part.* מְהָקִים, *fut.* יְקִים et יְהָקִים) : אֲקִימֵהּ Dan. 3. 1, il érigea (la statue); וַהֲקִימוּ כָהֲנַיָּא Esdr. 6. 18, ils établiront les prêtres (en leurs ordres); וַהֲקִים עַל־מַלְכוּתָא Dan. 6. 2, et il établit sur le royaume (cent vingt satrapes).

Hoph. : כֶּאֱנָשׁ הֳקִימַת Dan. 7. 4, elle fut placée (elle se tint sur ses pieds) comme un homme.

קוֹמָה *f.* (rac. קום). Taille, stature, hauteur : גְּבֹהַּ קוֹמָתוֹ I Sam. 16. 7, la hauteur de la taille (d'un homme); מְלֹא־קוֹמָתוֹ 28. 20, (il tomba) tout de son long; כָּל־קוֹמָה Ez. 13. 18, toute stature, pour : tout homme, chaque homme; קוֹמַת אֲרָזָיו Is. 37. 24, la hauteur de ses cèdres; קוֹמָתָהּ Gen. 6. 15, sa hauteur (de l'arche de Noé).

קוֹמְמִיּוּת *adv.* Ex. unique : וָאוֹלֵךְ אֶתְכֶם קוֹמְמִיּוּת Lév. 26. 13, je vous fis marcher le corps droit, c.-à-d. la tête levée.

קון *Kal* inusité. *Pi.* Déplorer, chanter, faire une complainte : וַיְקֹנֵן דָּוִד אֶת־הַקִּינָה הַזֹּאת II Sam. 1. 17, David fit cette complainte; וְקוֹנְנוּ עָלַיִךְ Ez. 27. 32, ils diront dans leur complainte sur toi; וַיְקֹנֵן הַמֶּלֶךְ אֶל־אַבְנֵר II Sam. 3. 33, et le roi fit une complainte sur Abner; מְקוֹנְנוֹת Jér. 9. 16, les femmes qui pleurent les morts, les pleureuses.

קוֹעַ *m.*, douteux : פְּקוֹד וְשׁוֹעַ וְקוֹעַ Ez. 23. 23, les commandants, les nobles et les princes; selon d'autres, noms de pays : les hommes de Pekod, et de Soa, et de Koa.

קוֹף *m.* Singe, seulement *pl.*: וְקֹפִים I Rois 10. 22, וְקוֹפִים II Chr. 9. 21, et des singes.

I קוּץ (v. קוּם, *fut.* יָקוּץ, יָקֹץ, וַיָּקָץ) Avoir en abomination, avoir du dégoût: וָאָקֻץ בָּם Lév. 20. 23, c'est pourquoi je les ai eues en abomination; וְנַפְשֵׁנוּ קָצָה Nomb. 21. 5, et nous avons du dégoût; קַצְתִּי בְחַיַּי Gen. 27. 46, j'ai un dégoût de la vie. — 2° Haïr, craindre : וַיָּקֻצוּ מִפְּנֵי בְּנֵי יִשְׂרָאֵל Exod. 1. 12, ils haïssaient, ou craignaient, les enfants d'Israel; אֲשֶׁר־אַתָּה קָץ מִפְּנֵי שְׁנֵי מְלָכֶיהָ Is. 7. 16, (le pays) dont tu crains les deux rois.

Hiph. 1° Effrayer : נַעֲלֶה בִיהוּדָה וּנְקִיצֶנָּה Is. 7. 6, allons contre la Judée, et effrayons-la (faisons-lui la guerre). — 2° Le même que יָקַץ s'éveiller, se lever: הֱקִיצוֹתִי Ps. 3. 6, je me suis éveillé; כַּחֲלוֹם מֵהָקִיץ 73. 20, comme un songe (s'évanouit) au moment de s'éveiller (qu'on s'éveille); יָקִיצוּ Dan. 12. 2, ils se réveilleront (du sommeil de la mort); הָעִירָה וְהָקִיצָה Ps. 35. 23, réveille-toi, et lève-toi.

II קוּץ (de קַיִץ été) Passer l'été : וְקָץ עָלָיו הָעַיִט Is. 18. 6, les oiseaux y demeureront pendant tout l'été.

קוֹץ *m.* Épine : וְקוֹץ וְדַרְדַּר Gen. 3. 18, des épines et des ronces; *plur.* : קֹצִים Jér. 4. 3, קוֹצִים Is. 33. 12, les épines.

קוֹץ *n. pr.* 1° Kos, père d'Anob, I Chr. 4. 8. — 2° Avec l'*art.*: הַקּוֹץ les fils de Kos, prêtres, Esdr. 2. 61.

קְוֻצּוֹת *f. pl.* Les boucles de cheveux: קְוֻצּוֹתַי Cant. 5. 2, mes boucles; קְוֻצּוֹתָיו 5. 11, ses boucles (cheveux).

קור Creuser : אֲנִי קַרְתִּי וְשָׁתִיתִי מַיִם Is. 37. 25, II Rois 19. 24, j'ai creusé et j'ai bu de l'eau (v. כּוּר et כָּרָה); ou, de מָקוֹר : je suis allé jusqu'à la source.

Hiph. : כְּהָקִיר בַּיִר מֵימֶיהָ Jér. 6. 7, comme un puits fait jaillir, jette dehors, l'eau; כֵּן הֵקֵרָה רָעָתָהּ (même verset) ainsi sa malice jaillit, ou : elle (cette ville) fait jaillir sa malice.

Pil. : מְקַרְקַר קִר Is. 22. 5, (l'ennemi qui) renverse, brise, la muraille (de la ville, v. קִיר); וְקַרְקַר כָּל־בְּנֵי־שֵׁת Nomb. 24. 17, et il renversera, ruinera, tous les enfants de Seth.

קוֹרֵא *n. pr. m.* 1° I Chr. 9. 19. — 2° II Chr. 31. 14.

קוּרִים *m. pl.* Tissus, toiles : קוּרֵיהֶם

Is. 59. 6, leurs tissus, toiles; וְקוּרֵי עַכָּבִישׁ 59. 5, et des toiles d'araignées.

קוֹרָה *f.* Poutre : אִישׁ קוֹרָה אֶחָת II Rois 6. 2, (nous prendrons) chacun une poutre; קֹרוֹת בָּתֵּינוּ Cant. 1. 17, les poutres, ou les solives, de nos maisons; בְּצֵל קֹרָתִי Gen. 19. 8, sous l'ombre (l'abri) de mon toit, de ma maison.

קוּשׁ Ex. unique : וְלַמּוֹכִיחַ בַּשַּׁעַר יְקֹשׁוּן Is. 29. 21, et à celui qui les réprouve, blâme, dans l'assemblée, ils (lui) tendent des piéges (v. יָקֹשׁ); selon d'autres, de קָשַׁשׁ : ils ramassent, ils recherchent, des reproches, des invectives, contre lui.

קוּשָׁיָהוּ *n. pr. m.* I Chr. 15. 17, le même קִישִׁי 6. 29.

קַט Ez. 16. 47. Peu (v. קוּט).

קֶטֶב *m.* (comparer חָצַב, חָטַב, קָטַף tailler, couper). Destruction, ruine, peste : שַׂעַר קָטֶב Is. 28. 2, l'orage, le tourbillon de destruction, qui ruine, brise, tout; וְקֶטֶב מְרִירִי Deut. 32. 24, et la peste amère, cruelle.

קֹטֶב *m.* Ruine : אֱהִי קָטָבְךָ שְׁאוֹל Osée 13. 14, je serai ta ruine, ô enfer! ou : ta ruine (dans) l'enfer; je te conduirai dans la tombe; selon d'autres : où est ta peste, ô enfer? (v. אֱהִי).

• קַטֵּגוֹר Aboth, accusateur.

קְטוֹרָה *f.* (rac. קָטַר). Encens : יָשִׂימוּ קְטוֹרָה בְּאַפֶּךָ Deut. 33. 10, ils offriront de l'encens devant toi, en ton honneur (v. קְטֹרֶת).

קְטוּרָה *n. pr.* Ketourah, femme d'Abraham, après la mort de Sara, Gen. 25. 1.

קָטַט Être ennuyé, se déplaire (v. les exemples à קוּט *Niph.*).

קָטַל Tuer, assassiner : אִם־תִּקְטֹל אֱלוֹהַּ רָשָׁע Ps. 139. 19, si tu tues, ô Dieu, l'impie; ou : puisses-tu le tuer; יִקְטָל־עָנִי וְאֶבְיוֹן Job 24. 14, il assassine le faible et le pauvre.

קְטַל chald. Tuer. *Part.* : הֲוָה קָטֵל Dan. 5. 19, il faisait mourir; *part. pass.* : קְטִיל בֵּלְשַׁאצַּר 5. 30, Baltassar fut tué.

Pa. : קַטִּל הִמּוֹן 3. 22, (le feu) tua ces hommes.

Ithpe. et *Ithpa. pass.* : מִתְקַטְּלִין 2. 13, ils furent tués; לְהִתְקְטָלָה même verset, pour être tué.

קֶטֶל *m.* Carnage : מֵהַר עֵשָׂו מִקָּטֶל Obad. 9, (pour que) chacun de la montagne d'Esaü (soit exterminé) par le carnage.

• קְטָלָא La mort : קְטָלָא חַיָּב Aboth, il mérite la mort.

קָטֹן Être petit, être peu : וַתִּקְטַן עוֹד זֹאת בְּעֵינֶיךָ II Sam. 7. 19, mais cela a encore paru peu de chose à tes yeux; קָטֹנְתִּי מִכֹּל הַחֲסָדִים Gen. 32. 11, je suis trop peu digne de toutes les miséricordes, de la grâce.

Hiph. : לְהַקְטִין Amos 8. 5, pour rendre petit, diminuer.

קָטָן et קָטֹן *adj.* (const. קְטַן, *f.* קְטַנָּה; *pl.* קְטַנִּים, *f.* קְטַנּוֹת). Petit, plus jeune, cadet, moindre : הַמָּאוֹר הַקָּטֹן Gen. 1. 16, le petit corps lumineux, la lune; עִיר קְטַנָּה Eccl. 9. 14, une petite ville; כֹּל כְּלֵי הַקָּטָן Is. 22. 24, tous les instruments, ou vases, d'une petite dimension, c.-à-d. petits; בְּנוֹ הַקָּטָן Gen. 9. 24, le plus jeune des fils de Cham, à savoir Chanaan; selon d'autres : son second fils (à lui Noé), Cham; יַעֲקֹב בְּנָהּ הַקָּטָן 27. 15, Jacob son fils cadet; עַבְדֵי אֲדֹנִי הַקְּטַנִּים Is. 36. 9, (un des) moindres serviteurs de mon maître; הַדָּבָר הַקָּטֹן Exod. 18. 22, une affaire petite, de peu d'importance.

קָטָן *n. pr. m.* Esdr. 8. 12.

קֹטֶן *m.* Le petit doigt : קָטָנִּי עָבָה מִמָּתְנֵי אָבִי I Rois 12. 10, II Chr. 10. 10, mon petit doigt est plus gros que n'étaient les reins (le dos) de mon père.

קָטַף Cueillir, arracher : וְקָטַפְתָּ מְלִילֹת Deut. 23. 26, tu pourras cueillir des épis; רַךְ אֶקְטֹף Ez. 17. 22, j'arracherai (une branche) tendre.

Niph. : לֹא יִקָּטֵף Job 8. 12, il n'est pas cueilli.

I קָטַר *Kal* inusité. *Pi.* Brûler de l'encens en l'honneur d'une divinité, des idoles ; וַיְקַטְּרוּ לֵאלֹהִים אֲחֵרִים Jér. 1. 16, et (parce qu')ils ont brûlé de l'enceus aux dieux étrangers ; הַמְקַטְּרוֹת II Chr. 30. 14, les autels, ou les vases, qui servaient à offrir de l'encens ; aussi des autres sacrifices : וְקַטֵּר מֵחָמֵץ תּוֹדָה Amos 4. 5, et (vous faites) s'envoler en fumée, vous offrez vos sacrifices d'actions de grâces provenant de violence, ou : de pain fermenté (v. חָמֵץ *subst.*).

Pou. : מְקֻטֶּרֶת מֹר Cant. 3. 6, parfumée de myrrhe.

Hiph. Encenser, envoyer la fumée de l'encens ou des sacrifices : מַקְטִירִים עַל־מִזְבַּח הָעוֹלָה וְעַל־מִזְבַּח הַקְּטֹרֶת I Chr. 6. 34, (Aaron et ses fils) offraient tout ce qui se brûlait sur l'autel des holocaustes et sur l'autel de l'encens ; מַקְטִירוֹת — לֵאלֹהֵיהֶן I Rois 11. 8, (les femmes) qui brûlaient de l'encens à leurs dieux ; וְהִקְטַרְתָּ אֶת־כָּל־הָאַיִל Exod. 29. 18, et tu feras brûler le bélier tout entier (sur l'autel).

Hoph. pass. : כָּלִיל תָּקְטָר Lév. 6. 15, (l'oblation) s'envolera en fumée, brûlera tout entière ; *part.* : מֻקְטָר מֻגָּשׁ לִשְׁמִי Mal. 1. 11, (en tout lieu) il est encensé et offert, c.-à-d. on encense et on sacrifie en l'honneur de mon nom ; ou, מֻקְטָר *subst.*, comme קְטֹרֶת : de l'encens est offert à mon nom.

II קָטַר Ex. unique. *Part. pass.* : חֲצֵרוֹת קְטֻרוֹת Ez. 46. 22, selon les uns : des cours non couvertes, ou des chambres ouvertes sans toit ; selon d'autres : des cours liées entre elles ou au parvis extérieur (v. קְטַר chald.) ; Gesenius : des cours couvertes.

קְטַר *m.* chald. Lien (v. קֶשֶׁר hébr.) : וְקִטְרֵי חַרְצֵהּ Dan. 5. 6, les liens (jointures) de ses reins ; *au fig.* : וּמְשָׁרֵא קִטְרִין 5. 16, et qui résout les questions les plus difficiles, les plus embarrassées, les problèmes.

קִטֵּר *m.* Ex. unique : הַקִּטֵּר אֲשֶׁר קִטַּרְתֶּם Jér. 44. 21, l'encensement que vous avez fait (ou : l'encens que vous avez brûlé).

קִטְרוֹן *n. pr.* d'une ville dans la terre de Zabulon, Ketron, Jug. 1. 30 (Jos. 19. 15, elle est appelée קַטָּת).

קְטֹרֶת *f.* (rac. קָטַר, avec suff. קְטָרְתִּי). 1° Encens, parfums : קְטֹרֶת סַמִּים Exod. 40. 27, l'encens composé d'aromates ; מִזְבַּח הַקְּטֹרֶת Exod. 30. 27, l'autel des parfums. — 2° La partie des sacrifices qu'on brûle : קְטֹרֶת אֵילִים Ps. 66. 15, la fumée des chairs brûlées des béliers.

קַטָּת *n. pr.* (v. קִטְרוֹן).

קִיא *m.* (rac. קוא). Vomissement, la chose que l'on vomit, rejette : מָלְאוּ קִיא צֹאָה Is. 28. 8, (toutes les tables sont pleines) de ce qu'on vomit et d'ordure ; כְּהִתָּעוֹת שִׁכּוֹר בְּקִיאוֹ 19. 14, comme un homme ivre qui va en chancelant en même temps qu'il vomit, qu'il rejette (son vin).

קָיָה (*incertain*, vomir) : וּקְיוּ Jér. 25. 27 (v. à קוא *Kal*).

קַיִט *m.* chald. (v. קַיִץ hébr.). L'été, Dan. 2. 35.

קִיטוֹר *m.* (rac. קָטַר). Fumée, brouillard : עָלָה קִיטֹר הָאָרֶץ כְּקִיטֹר הַכִּבְשָׁן Gen. 19. 28, une fumée, vapeur, s'éleva de la terre semblable à la fumée d'une fournaise ; שֶׁלֶג וְקִיטוֹר Ps. 148. 8, neige et vapeur, ou brouillard.

קִים *m.* (rac. קום), douteux : אִם־לֹא נִכְחַד קִימָנוּ Job 22. 20, certes notre (être) existence n'a pas été détruite (v. יְקוּם) ; selon d'autres : son existence (de cette génération, v. verset 17) n'a-t-elle pas été détruite (pour קִימוֹ) ? d'autres traduisent : nos ennemis n'ont-ils pas été exterminés ? קִים *collectif*, ennemis, comme קָמִים (v. קום 1°).

* קַיֵּם Subsister, durer, rester. *Hithph.* : חָכְמָתוֹ מִתְקַיֶּמֶת Aboth, sa science subsistera, restera (v. קום *Pi.*).

קְיָם *m.* chald. Édit : קְיָם מַלְכָּא Dan. 6. 8, un édit royal ; כָּל־אֱסָר וּקְיָם 6. 16, chaque défense et statut, édit (v. קום chald. *Pa.*).

קַיָּם chald. *adj.* Durant, permanent : וְקַיָּם לְעָלְמִין Dan. 6. 27, (Dieu vivant) et durant dans tous les siècles; מַלְכוּתָךְ לָךְ קַיָּמָא 4. 23, ton royaume te sera permanent, te demeurera.

קִימָה *f.* (rac. קוּם). Action de se lever: שִׁבְתָּם וְקִימָתָם Lament. 3. 63, (*exact.* leur état d'être assis ou de se lever) soit qu'ils se reposent, soit qu'ils se lèvent, qu'ils agissent.

קִימוֹשׁ (v. קִמּוֹשׁ).

קַיִן *m.* Lance : וּמִשְׁקַל קֵינוֹ II Sam. 21. 16, et le poids de sa lance, ou : du fer de sa lance.

קַיִן (de קָנָה acheter ou créer) *n. pr.* 1° Caïn, fils d'Adam, Gen. 4. 1. — 2° D'un peuple, Kayin, Nomb. 24. 22 (v. קֵינִי). — 3° D'une ville appartenant à la tribu de Juda; avec l'*art.*: הַקַּיִן Jos. 15. 57.

קִינָה *f.* (rac. קוּן, *pl.* קִינִים et קִינוֹת). Complainte, plainte, cantique lugubre: וּשְׂאִי — קִינָה Jér. 7. 29, fais, prononce, un cantique lugubre; אֶת־הַקִּינָה הַזֹּאת II Sam. 1. 17, (David fit) cette complainte; וְהִנָּם כְּתוּבִים עַל־הַקִּינוֹת II Chr. 35. 25, ils sont écrits parmi les lamentations.

קִינָה *n. pr.* Kinah, ville appartenant à Juda, Jos. 15. 22.

קֵינִי 1° Nom d'un peuple chananéen qui habitait au milieu des Amalécites: אֶת־הַקֵּינִי Gen. 15. 19, les Kinéens (v. I Sam. 15. 6, הַקֵּנִי I Sam. 27. 10). — 2° וּבְנֵי קֵינִי Jug. 1. 16, les enfants de Keni, beau-père de Moïse (v. Jug. 4. 11). — 3° הַקִּינִים I Chr. 2. 55, les Kenites, nom d'une famille descendant de Keni, beau-père de Moïse; d'autres traduisent: les orfèvres (צֹרְפָה Jug. 17. 4; *Targ.* קֵינָאָה).

קֵינָן *n. pr.* Kenan, fils d'Enos, un des patriarches, Gen. 5. 9.

קַיִץ *m.* (rac. קוּץ, signification de קָצַץ couper). La récolte des fruits, le temps de cette récolte, l'été, les fruits de l'été : עַל־קֵיצֵךְ וְעַל־קְצִירֵךְ Is. 16. 9, sur ta récolte des fruits et sur ta moisson; בְּטֶרֶם קַיִץ 28. 4, avant la récolte des fruits; וְקַיִץ וָחֹרֶף Gen. 8. 22, et l'été et l'hiver; אִסְפוּ יַיִן וְקַיִץ Jér. 40. 10, recueillez le vin (les fruits de la vigne) et les fruits de l'été; וְהַלֶּחֶם וְהַקַּיִץ II Sam. 16. 2, et les pains et les fruits de l'été, les figues (v. 16. 1); de là II קִיץ.

קִיצוֹן *m.* **קִיצוֹנָה** *f.* (rac. קָצַץ, v. קֵץ) *adj.* Extrême, ce qui est au bout: הַיְרִיעָה הַקִּיצוֹנָה Exod. 26. 4, 36. 17, le rideau extrême qui est au bout.

קִיקָיוֹן *m.* Nom d'un arbre ou d'une plante (ricinus), ricin selon les uns, calebasse, citrouille, selon les autres, dont les feuilles couvraient de leur ombre le prophète Jonas, Jon. 4. 6 à 10.

קִיקָלוֹן *m.* Ex. unique : וְקִיקָלוֹן עַל־כְּבוֹדֶךָ Hab. 2. 16 (ou קָלוֹן redoublé, rac. קָלָה, et la honte, l'ignominie; ou composé de קִיא et קָלוֹן), un vomissement honteux (souillera) ta gloire (les choses qui font ta gloire).

קִיר *m.* (une fois קִר Is. 22. 5, *plur.* קִירוֹת). Muraille, mur, paroi : בְּקִירֹת הַבַּיִת Lév. 14. 37, aux murailles de la maison; מִקִּיר הָעִיר Nomb. 35. 4, à partir du mur de la ville; בְּקִיר הַחוֹמָה Jos. 2. 15, *pléon.*, à la paroi du mur de la ville (pour: au mur); כְּזֶרֶם קִיר Is. 25. 4, comme une pluie d'orage (à renverser) les murs; וְחָרָשֵׁי קִיר I Chr. 14. 1, et des maçons; קִיר הַמִּזְבֵּחַ Lév. 1. 15, la paroi, le côté, de l'autel; קִירוֹת לִבִּי Jér. 4. 19, les parois de mon cœur; עֲלִיַּת־קִיר II Rois 4. 10, une chambre (galetas) pratiquée dans le mur, ou : formée de murs, c.-à-d. de pierres, non lambrissée de plâtre; קִיר־מוֹאָב Is. 15. 1, citadelle de Moab, *n. pr.* d'une ville fortifiée, ou de toute une province de Moab; קִיר־חֶרֶשׂ Jér. 48. 31, et קִיר חֲרָשֶׂת II Rois 3. 25, Kir Heres, Haraseth (muraille ou citadelle de briques).

קִיר *n. pr.* d'un peuple et d'une contrée soumis aux Assyriens, Amos 9. 7; קִירָה II Rois 16. 9, à Kir.

קֵירֹס *n. pr. m.*, Néh. 7. 47; קֵרֹס Esdr. 2. 44.

קִישׁ *n. pr.* 1° Kis, fils d'Abiel, père du roi Saül, I Sam. 9. 1. — 2° Kis, fils de Jeïel, I Chr. 9. 36. — 3° Kis, bisaïeul de Mardochée, Esth. 2. 5. — 4° Plusieurs autres, I et II Chr.

קִישׁוֹן *n. pr.* d'un fleuve, Kison (ou Cison), qui tire sa source de la montagne Tabor, Jug. 4. 6, 7.

קִישִׁי *n. pr.* (v. קוּשָׁיָהוּ).

קִיתָרֹס *m.* chald. Dan. 3. 5, 7, 10, *cheth.* קַתְרֹס *keri*, guitare selon les uns, harpe selon les autres.

קַל (*f.* קַלָּה, *pl.* קַלִּים, rac. קָלַל) *adj.* Léger, agile; *adv.*, promptement : עָב קַל Is. 19. 1, un nuage léger; וְקַל בְּרַגְלָיו Amos 2. 15, et qui est léger, agile, sur ses jambes (à la course); et seul : וְעַל־קַל נִרְכָּב Is. 30. 16, et nous monterons sur des coureurs (chevaux) très vites; *adv.* : קַל מְהֵרָה Joel 4. 4, promptement et bientôt; קַל וָחֹמֶר Aboth, du léger au grave, à plus forte raison; הֱוֵי קַל לְרֹאשׁ sois empressé envers le chef.

קָל chald. *m.* (v. קוֹל hébr.). Son : קָל קַרְנָא Dan. 3. 5, le son du cor.

קֹל Voix (v. קוֹל l'exemple Jér. 3. 9).

קלה Ex. unique. *Niph. cheth.* : וַיִּקָּלְהוּ (*keri* וַיִּקָּהֲלוּ) II Sam. 20. 14, et ils s'assemblèrent (v. קָהַל).

I קָלָה Faire brûler, rôtir : אֲשֶׁר־קָלָם מֶלֶךְ־בָּבֶל בָּאֵשׁ Jér. 29. 22, (Sédécias et Achab) que le roi de Babylone fit brûler (par le feu); אָבִיב קָלוּי בָּאֵשׁ Lév. 2. 14, des épis rôtis au feu.

Niph. Selon quelques commentateurs : כְּסָלַי מָלְאוּ נִקְלֶה Ps. 38. 8, mes entrailles sont pleines d'un mal brûlant, de plaies enflammées; selon d'autres, de II קָלָה : de choses viles, d'un mal honteux (v. II כֶּסֶל).

II קָלָה *Kal* inusité (v. קָלַל). *Niph.* Être avili, méprisé : וְנִקְלָה כְּבוֹד מוֹאָב Is. 16. 14, la gloire de Moab sera avilie, méprisée; וְנִקְלָה אָחִיךָ Deut. 25. 3, (de peur que) ton frère ne soit traité d'une manière vile, honteuse; נִקְלֶה Prov. 12. 9, un homme pauvre, méprisé (v. *Niph.* de I קָלָה).

Hiph. : מַקְלֶה אָבִיו וְאִמּוֹ Deut. 27. 16, qui traite avec mépris son père ou sa mère.

קָלוֹן *m.* (rac. II קָלָה). Ignominie, honte, dédain : נֶגַע־וְקָלוֹן יִמְצָא Prov. 6. 33, il ne trouvera que plaie et ignominie; קְלוֹן בֵּית אֲדֹנֶיךָ Is. 22. 18, (toi qui es) la honte de la maison de ton maître; וְעִם־קָלוֹן חֶרְפָּה Prov. 18. 3, et avec le dédain (pour les autres), ou : avec sa conduite honteuse, (vient sa propre) honte; selon d'autres : (avec le méchant arrivent) en même temps l'opprobre et la honte; וְנִרְאָה קְלוֹנֵךְ Jér. 13. 26, et on a vu ta honte, ta nudité.

* קַלּוּת Légèreté : קַלּוּת רֹאשׁ Rituel, légèreté, frivolité.

קַלַּחַת *f.* Pot ou chaudron, I Sam. 2. 14, Mich. 3. 3.

קלט Être retiré, contracté. *Part. pass.* : וְקָלוּט Lév. 22. 23, (un animal) qui a quelque membre plus court qu'il ne faudrait (*exact.* ce qui est retiré, contracté; de là מִקְלָט endroit où on se retire, refuge).

קָלִי *m.* (une fois קָלִיא I Sam. 17. 17, rac. I קָלָה). Du grain rôti, séché au feu : וְלֶחֶם וְקָלִי Lév. 23. 14 (ni) pain, ni grain rôti.

קַלַּי *n. pr. m.* Néh. 12. 20.

קֵלָיָה *n. pr.* Kelajah, lévite, Esdr. 10. 23; le même est aussi appelé

קְלִיטָא *n. pr.* Kelitah, Esdr. 10. 23, Néh. 8. 7.

קָלַל (*fut.* יֵקַל, וַיֵּקַלּוּ) 1° Être léger, vite; diminuer : מִנְּשָׁרִים קַלּוּ II Sam. 1. 23, ils étaient plus vites, prompts, que les aigles; יָמַי קַלּוּ מִנִּי־אָרֶג Job 7. 6, mes jours passent plus vite que la navette du tisserand; קַלּוּ הַמַּיִם Gen. 8. 11, les eaux sont devenues plus légères, c.-à-d. ont diminué, se sont en partie retirées (de dessus la terre). — 2° Être vil, méprisable : הֵן קַלֹּתִי Job 40. 4, certes je suis faible, ou vil; וָאֵקַל בְּעֵינֶיהָ Gen. 16. 5, je suis devenue vile, méprisable, à ses yeux, c.-à-d. elle me méprise (selon d'autres, *Niph.*).

Niph. (נָקַל et נְקַל, *fut.* יִקַּלּוּ). 1° Être léger, facile, peu, vite (v. *Kal*): עַל־נְקַלָּה Jér. 6. 14, par (une parole) légère; *adv.* légèrement, négligemment : נָקֵל לַצֵּל II Rois 20. 10, c'est une chose facile pour l'ombre (l'ombre peut aisément); הֲנְקַלָּה בְעֵינֵיכֶם I Sam. 18. 23, est-ce donc peu de chose à vos yeux (croyez-vous que ce soit peu)? נָקֵל מִהְיוֹתְךָ לִי עֶבֶד Is. 49. 6, c'est peu que tu sois mon serviteur; יִקַּלּוּ רֹדְפֵיכֶם Is. 30 16, ceux qui vous poursuivront courront vite. — 2° Être, paraître, vil; être méprisé : וּנְקַלֹּתִי עוֹד מִזֹּאת II Sam. 6. 22, je vais paraître encore plus vil que je n'ai paru; וּבֹזַי יֵקָלּוּ I Sam. 2. 30, et ceux qui me méprisent seront méprisés (ou *Kal*).

Pi. Maudire : קַלֵּל אֶת־דָּוִד II Sam. 16. 10, maudis David; וּמְקַלֶּלְךָ Gen. 12. 3, et ceux qui te maudissent; וְקִלֵּל בְּמַלְכּוֹ וּבֵאלֹהָיו 8. 21, il maudira son roi et son Dieu; מְקַלְלִים לָהֶם בָּנָיו I Sam. 3. 13, ses fils se font maudire, s'attirent des malédictions; selon d'autres, comme *Kal* 2° : ils se montrent vils, indignes.

Pou. pass. : וְהַחוֹטֶא בֶּן־מֵאָה שָׁנָה יְקֻלָּל Is 65. 20, et le pécheur de cent années sera maudit; וּמְקֻלָּלָיו Ps. 37. 22, et ses maudits, c.-à-d. ceux qu'il a maudits.

Hiph. (הֵקַל, הָקֵל, *inf.* הָקֵל, *fut.* יָקֵל) 1° Rendre léger, soulager, diminuer : וְאַתָּה הָקֵל מֵעָלֵינוּ I Rois 12. 10, mais toi, rends-nous (le joug) plus léger, soulage-nous; אוּלַי יָקֵל אֶת־יָדוֹ מֵעֲלֵיכֶם I Sam. 6. 5, peut-être rendra-t-il sa main plus légère, la retirera-t-il de dessus de vous; וְהָקֵל מֵעָלֶיךָ Exod. 18. 22, rends-toi (ton ouvrage) plus léger, plus facile; הָקֵל מֵעֲבֹדַת אָבִיךָ I Rois 12. 4, soulage, c.-à-d. diminue, quelque chose du service que ton père (nous avait imposé). — 2° Dédaigner, mépriser : וּמַדּוּעַ הֱקִלֹּתַנִי II Sam. 19. 44, et pourquoi nous as-tu dédaignés, nous as-tu fait cette injure? אָב וָאֵם הֵקַלּוּ בָךְ Ez. 22. 7, ils ont méprisé leur père et leur mère au milieu de toi.

Pilp. : קִלְקַל בַּחִצִּים Ez. 21. 26, il a mêlé, secoué, les flèches (pour en tirer un augure); ou : il les rend luisantes, polies; וְהוּא לֹא־פָנִים קִלְקַל Eccl. 10. 10, et s'il n'aiguise pas le tranchant; * וְקִלְקַלְתָּ אֶת־מַחְשְׁבֹתָיו Rituel, tu as détruit ses projets.

Hithpalp. : וְכָל־הַגְּבָעוֹת הִתְקַלְקָלוּ Jér. 4. 24, et toutes les collines étaient ébranlées.

קָלָל *adj.* Luisant : נְחֹשֶׁת קָלָל Ez. 1. 7, Dan. 10. 6, l'airain luisant, poli.

קְלָלָה *f.* (const. קִלְלַת). Malédiction, outrage : קְלָלָה וְלֹא בְרָכָה Gen. 27. 12, malédiction, et non (au lieu de) bénédiction; עָלַי קִלְלָתְךָ 27. 13, que la malédiction (que tu crains) tombe sur moi; קְלָלָה נִמְרֶצֶת I Rois 2. 8, une malédiction (des outrages) violente; כִּי־קִלְלַת אֱלֹהִים תָּלוּי Deut. 21. 23, parce que celui qui est pendu est une malédiction de Dieu, c.-à-d. il l'attire; ou : il est maudit; selon d'autres : il est un outrage à Dieu; *plur.* הַקְּלָלוֹת Deut. 28. 15, les malédictions.

קלס *Kal* inusité. *Pi.* Ex. unique : לְקַלֵּס אֶתְנָן Ez. 16. 31, selon les uns : pour louer son salaire, pour être content du prix, quel qu'il soit, qu'on lui donne pour ses faveurs; selon les autres, au contraire : pour dédaigner ce qu'on lui offre (afin d'en obtenir davantage); * וּלְקַלֵּס Rituel, et de louer, glorifier.

Hithp. Se railler : וַיִּתְקַלְּסוּ־בוֹ II Rois 2. 23, ils se raillaient de lui; וְהוּא בַּמְּלָכִים יִתְקַלָּס Hab. 1. 10, et il se raillera des rois.

קֶלֶס *m.* raillerie : לְחֶרְפָּה וּלְקֶלֶס Jér. 20. 8, un sujet d'opprobre et de raillerie.

קַלָּסָה *f.* Objet de raillerie : וְקַלָּסָה לְכָל־הָאֲרָצוֹת Ez. 22. 4, (je t'ai rendue) un objet de raillerie pour tous les pays.

קלע 1° Jeter, lancer : כָּל־זֶה קֹלֵעַ בָּאֶבֶן Jug. 20. 16, chacun de ces hommes était adroit à jeter des pierres avec la fronde; הִנְנִי קוֹלֵעַ אֶת־יוֹשְׁבֵי הָאָרֶץ Jér. 10. 18, je jetterai (loin, hors du pays) les habitants de cette terre.—2°Tailler, sculpter : מֵסַב קָלַע I Rois 6. 29, il fit tailler, sculpter, tout à l'entour; וְקָלַע כְּרוּבִים 6.35, il fit tailler des chérubins.

Pi., comme *Kal* 1° : וַיְקַלַּע I Sam. 17, 49, (il prit une pierre) et la lança avec sa fronde; וְאֵת נֶפֶשׁ אֹיְבֶיךָ יְקַלְּעֶנָּה 25. 29, mais l'âme de tes ennemis il la jettera au loin.

קֶלַע *m.* 1° Fronde : וְקַלְעוֹ בְיָדוֹ I Sam. 17. 40, tenant sa fronde à la main (v. קָלַע 1°). — 2° Rideau : קְלָעִים לֶחָצֵר Exod. 27. 9, des rideaux pour le parvis (const. קַלְעֵי 35. 17). — 3° Battant d'une porte : וּשְׁנֵי קְלָעִים הַדֶּלֶת הַשֵּׁנִית I Rois 6. 34, et les deux côtés, ou les deux battants, de la seconde porte (le même que צְלָעִים dans le même verset, v. צֵלָע 2°).

קַלָּע *m.* Frondeurs : הַקַּלָּעִים II Rois 3. 25, ceux qui étaient armés de frondes, les frondeurs.

קְלֹקֵל *adj.* (rac. קָלַל). Chétif, mauvais : בַּלֶּחֶם הַקְּלֹקֵל Nomb. 21. 5, de la nourriture chétive, mauvaise.

* קַלְקָלָה *f.* : בְּשַׁעַת קַלְקָלָתוֹ Aboth, au moment de son malheur, humiliation (v. à קָלַל *Pilp.*).

קִלְּשׁוֹן *m.* Pointe, dent : וְלִשְׁלֹשׁ קִלְּשׁוֹן I Sam. 13. 21, et en une fourche à trois dents, ou pointes.

קָמָה *f.* (rac. קוּם). Le blé qui est encore sur pied : מֵהָחֵל חֶרְמֵשׁ בַּקָּמָה Deut. 16. 9, quand commence (quand on met) la faucille dans le blé.

קְמוּאֵל *n. pr.* 1° Kemuel, fils de Nahor, Gen. 22. 21. — 2° Kemuel, fils de Sephtan, Nomb. 34. 24. — 3° I Chr. 27. 17.

קָמוֹן *n. pr.* Kamon, ville dans Galaad, Jug. 10. 5.

קִמּוֹשׂ *m.* Ortie : קִמּוֹשׂ וָחוֹחַ Is. 34. 13, des orties et des épines; קִימוֹשׂ Osée 9. 6; קִמְּשֹׂנִים Prov. 24. 31, *plur.*, les orties, d'un *sing.* קִמָּשׁוֹן.

קֶמַח *m.* Farine : קֶמַח שְׂעֹרִים Nomb. 5. 15, de farine d'orge; וְטַחֲנִי קָמַח Is. 47. 2, et fait moudre la farine (le blé pour qu'il devienne farine).

קָמַט Rider : וַתִּקְמְטֵנִי לְעֵד הָיָה Job 16. 8, tu m'as ridé la peau, ce qui devient un témoin contre moi (ces rides témoignent de l'extrémité où je suis); selon d'autres : tu m'as saisi fortement, accablé (v. קָמַץ).

Pou. : אֲשֶׁר־קֻמְּטוּ וְלֹא־עֵת Job 22. 16, (ces hommes) qui ont été retranchés, emportés, avant leur temps.

קָמַל Se faner : קָנֶה וָסוּף קָמֵלוּ Is. 19. 6, les roseaux et les joncs se fanent; לְבָנוֹן קָמַל 33. 9, (les arbres) du Liban sont fanés, ou coupés.

קָמַץ Presser, fermer la main, saisir, prendre : וְקָמַץ מִשָּׁם מְלֹא קֻמְצוֹ Lév. 2. 2, il prendra de (l'oblation) une poignée; et seul : וְקָמַץ הַכֹּהֵן מִן־הַמִּנְחָה Nomb. 5. 26, le prêtre prendra une poignée de cette oblation.

קֹמֶץ *m.* Une poignée : מְלֹא קֻמְצוֹ Lév. 2. 2, 5. 12, et seul בְּקֻמְצוֹ 6. 8, sa main pleine, une poignée.

קְמָצִים *m. plur.* Poignées : וַתַּעַשׂ — הָאָרֶץ לִקְמָצִים Gen. 41. 47, la terre produisit par poignées, par tas, c.-à-d. très abondamment (du *sing.* קֹמֶץ ou קָמֶץ).

קִמְּשֹׂנִים (v. קִמּוֹשׂ).

קֵן *m.* (rac. קָנַן, const. קַן, avec suff. קִנּוֹ). 1° Nid : קַן־צִפּוֹר Deut. 22. 6, le nid d'un oiseau; כְּנֶשֶׁר יָעִיר קִנּוֹ 32. 11, comme un aigle excite son nid, c.-à-d. ses petits, à voler. — 2° Demeure, chambre : וְשִׂים בַּסֶּלַע קִנֶּךָ Nomb. 24. 21, et tu as mis, établi, ton nid, ta demeure, sur le rocher; עִם־קִנִּי אֶגְוָע Job 29. 18, je mourrai dans ma demeure; *pl.* : קִנִּים תַּעֲשֶׂה אֶת־הַתֵּבָה Gen. 6. 14, tu feras dans l'arche de petites chambres, des cellules. * קִנִּין les nids, couples d'oiseaux, Aboth.

קָנָא *Kal* inusité. *Pi.* 1° Être jaloux, porter envie, envier : וְקִנֵּא אֶת־אִשְׁתּוֹ Nomb. 5. 14, qu'il soit jaloux de sa femme; וַתְּקַנֵּא רָחֵל בַּאֲחֹתָהּ Gen. 30. 1,

Rachel porta envie à sa sœur; אַל־תְּקַנֵּא בְּעֹשֵׂי עַוְלָה Ps. 37. 1, n'envie pas ceux qui commettent l'iniquité; avec ל : וַיְקַנְאוּ לְמֹשֶׁה Ps. 106. 16, ils envièrent Moïse; avec l'*accus.*: לֹא־יְקַנֵּא אֶת־יְהוּדָה Is. 11. 13, (Ephraïm) ne sera (plus) envieux de Juda. — 2° Être zélé pour quelqu'un, avoir du zèle pour: תַּחַת אֲשֶׁר קִנֵּא לֵאלֹהָיו Nomb. 25. 13, parce qu'il a été zélé pour son Dieu; קִנֵּאתִי לְצִיּוֹן קִנְאָה גְדוֹלָה Zach. 8. 2, j'ai eu pour Sion un zèle, un amour, ardent. — 3° Exciter la jalousie, la colère: הֵם קִנְאוּנִי בְלֹא־אֵל Deut. 32. 21, ils ont excité ma jalousie, ils m'ont irrité en adorant ce qui n'est pas Dieu (les idoles); וַיְקַנְאוּ אֹתוֹ I Rois 14. 22, et ils l'irritèrent.

Hiph. Le même que *Pi.* 3°: וַאֲנִי אַקְנִיאֵם בְּלֹא־עָם Deut. 32. 21, et je les irriterai par un peuple qui n'est pas un peuple (c.-à-d. par un peuple barbare); סֵמֶל הַקִּנְאָה הַמַּקְנֶה Ez. 8. 3 (pour מַקְנִיא), l'image de la jalousie qui irrite (excite la jalousie, la colère).

קְנָא chald. (v. קָנָה hébr.). Acheter: תִּקְנֵא בְּכַסְפָּא דְנָה Esdr. 7. 17, tu achèteras de cet argent (des taureaux, etc.).

קַנָּא *m. adj.* Jaloux, seulement de Dieu: יְיָ קַנָּא שְׁמוֹ אֵל קַנָּא הוּא Exod. 34. 14, l'Éternel, jaloux est son nom; il est le Dieu jaloux, il veut être aimé, adoré, uniquement, lui seul.

קִנְאָה *f.* (rac. קָנָא). Jalousie, envie, zèle, ardeur, colère: כִּי־קִנְאָה חֲמַת־גָּבֶר Prov. 6. 34, car la jalousie est la fureur de l'homme (du mari); סֵמֶל הַקִּנְאָה Ez. 8. 3, l'image de la jalousie; *plur.*: מִנְחַת קְנָאֹת Nomb. 5. 15, un sacrifice de jalousie; וּפֹתֶה תָּמִית קִנְאָה Job 5. 2, et le simple, le petit esprit, l'envie, le tue; קִנְאַת־אִישׁ מֵרֵעֵהוּ Eccl. 4. 4, l'envie qu'un homme éprouve de la part d'un autre, qu'il excite en lui; וּרְאֵה בְּקִנְאָתִי לַיְיָ II Rois 10. 16, et tu verras mon zèle pour Dieu; קִנְאַת יְיָ צְבָאוֹת Is. 9. 6, le zèle de l'Éternel Zebaoth (pour le peuple); קִנְאַת־עָם 26. 11, le zèle de Dieu pour son peuple; קָשָׁה כִשְׁאוֹל קִנְאָה Cant. 8. 6, le zèle de l'amour, l'amour ardent, est inflexible comme la tombe; אַף־יְיָ וְקִנְאָתוֹ Deut. 29. 19, la fureur de Dieu et sa colère; תִּבְעַר כְּמוֹ־אֵשׁ קִנְאָתֶךָ Ps. 79. 5, (jusqu'à quand) ta colère s'allumera-t-elle comme un feu?

קָנָה (*fut.* יִקְנֶה, וַיִּקֶן) Créer, former, posséder, acquérir, acheter, racheter: קֹנֵה שָׁמַיִם וָאָרֶץ Gen. 14. 19, (Dieu) qui a créé, qui possède, le ciel et la terre (v. כּוּן); הֲלוֹא־הוּא אָבִיךָ קָּנֶךָ Deut. 32. 6, n'est-ce pas lui qui est ton père, qui t'a créé, ou qui t'a possédé? כִּי־אַתָּה קָנִיתָ כִלְיֹתָי Ps. 139. 13, car tu as formé mes reins, ou: tu les possèdes, tu en es le maître; קְנֵה חָכְמָה Prov. 4. 7, tâche d'acquérir la sagesse; קָנִיתִי לִי לְאִשָּׁה Ruth 4. 10, (et Ruth) je l'ai acquise pour être ma femme, je la prends pour femme; קָנִיתִי אִישׁ אֶת־יְיָ Gen. 4. 1, j'ai acquis, obtenu, un homme de l'Éternel; הַשָּׂדֶה אֲשֶׁר־קָנָה אַבְרָהָם Gen. 25. 10, le champ qu'Abraham avait acheté; רַע רַע יֹאמַר הַקּוֹנֶה Prov. 20. 14, mal, mal (cela ne vaut rien), dit celui qui achète; לִקְנוֹת אֶת־שְׁאָר עַמּוֹ Is. 11. 11, pour racheter, délivrer, les restes de son peuple.

Niph. pass.: עוֹד יִקָּנוּ בָתִּים Jér. 32. 15, des maisons seront encore achetées (on achètera encore).

Hiph.: כִּי־אָדָם הִקְנַנִי מִנְּעוּרָי Zach. 13. 5, car quelqu'un m'avait acheté dès ma jeunesse (pour travailler pour lui); selon d'autres: m'a fait acheter (des champs, ou des bestiaux) (מַקְנֶה Ez. 8. 3, v. קָנָא *Hiph.*).

קָנֶה *m.* (const. קְנֵה, *pl.* קָנִים et קְנוֹת). 1° Roseau, canne; קָנֶה רָצוּץ Is. 42. 3, un roseau cassé; חַיַּת קָנֶה Ps. 68. 31, la bête qui habite dans les roseaux (le crocodile?); selon d'autres: le peuple, l'armée, qui porte des lances (v. חַיָּה 4°); קָנֶה Is. 43. 24, וּקְנֵה־בֹשֶׂם Exod. 30. 23, et וְקָנֶה הַטּוֹב Jér. 6. 20, la canne aromatique, odorante. — 2° Tige d'épis: עֹלֹת בְּקָנֶה אֶחָד Gen. 41. 22, (sept épis) qui sortaient d'une même tige. — 3° וּקְנֵה הַמִּדָּה Ez. 40. 3, 5, une canne pour mesurer; מְלֹא הַקָּנֶה שֵׁשׁ אַמּוֹת Ez.

41. 8, *exactement* la mesure d'une canne, à savoir de six coudées. — 4° Le fléau de la balance, la balance même : וְכֶסֶף בַּקָּנֶה יִשְׁקֹלוּ Is. 46. 6, et ils pèsent l'argent dans la balance. — 5° La tige du chandelier dans le temple : יְרֵכָהּ וְקָנָהּ Exod. 25. 31, son pied et sa tige (du chandelier); mais *plur.*: וְשִׁשָּׁה קָנִים Exod. 25. 32, et six bras, branches; de même : וּקְנֹתָם 25. 36, et les branches (du chandelier). — 6° וְאֶזְרֹעִי מִקָּנָה תִשָּׁבֵר Job 31. 22, et que mon bras soit brisé, séparé de l'os supérieur.

קָנָה *n. pr.* 1° נַחַל קָנָה La rivière des roseaux, à la frontière d'Ephraïm, Jos. 16. 8. — 2° Kanah, ville appartenant à la tribu d'Aser, Jos. 19. 28.

קַנּוֹא *adj.* (rac. קָנָא, v. קַנָּא). Jaloux: אֵל־קַנּוֹא הוּא Jos. 24. 19, c'est un Dieu jaloux; Nah. 1. 2.

קְנַז *n. pr.* 1° Kenaz, fils d'Eliphaz, Gen. 36. 11, le prince Kenaz, 36. 42.— 2° Kenaz, père d'Othniel, frère de Caleb, Jos. 15. 13. — 3° Kenaz, ou Uknaz (וּקְנַז), fils d'Ela, I Chr. 4. 15.

קְנִזִּי *n. pr.* 1° D'un peuple chananéen: וְאֶת־הַקְּנִזִּי Gen. 15. 18, et les Kenézéens. — 2° *Nom patron.* de קְנַז 2°, Nomb. 32. 12.

קִנְיָן *m.* (rac. קָנָה). Créature, acquisition, possession, bien : מָלְאָה הָאָרֶץ קִנְיָנֶךָ Ps. 104. 24, la terre est remplie de tes créatures, ou : de tes biens; קִנְיַן כַּסְפּוֹ Lév. 22. 11, l'achat, l'acquisition faite avec son argent; מִקְנֵהֶם וְקִנְיָנָם Gen. 34. 23, leurs troupeaux et leurs possessions, richesses; וּמֹשֵׁל בְּכָל־קִנְיָנוֹ Ps. 105. 21, (il l'établit) le maître, gouverneur, de toute sa richesse.

* קִנִּין (v. קֵן).

קִנָּמוֹן *m.* Cinnamone, Prov. 7. 17, Cant. 4. 14, const. וְקִנְּמָן־בֶּשֶׂם Exod. 30. 23, et du cinnamone odorant.

קָנַן *Kal* inusité. *Pi.* Nicher, faire son nid (v. קֵן) : אֲשֶׁר־שָׁם צִפֳּרִים יְקַנֵּנוּ Ps. 104. 17, les petits oiseaux y font leurs nids; שָׁמָּה קִנְּנָה קִפּוֹז Is. 34. 15, c'est là que le hibou fait son nid, ou que le serpent (javelot), ou le hérisson, fait son nid, son trou (v. קִפּוֹז).

Pou. : מְקֻנַּנְתְּ בָּאֲרָזִים Jér. 22. 23, toi qui niches, qui fais ton nid, dans les cèdres.

קִנְצֵי Job 18. 2 (v. à קֵץ).

* קַנְקַן Aboth, vase, cruche.

קְנָת *n. pr.* Kenath, ville en Palestine, Nomb. 32. 42, I Chr. 2. 23 (v. נֹבַח).

קָסַם (*fut.* יִקְסֹם) Prédire l'avenir, deviner, faire la divination : קֹסֵם קְסָמִים Deut. 18. 10, qui pratique la divination, qui prédit l'avenir; קֹסְמִים 18. 14, les devins; בְּכֶסֶף יִקְסֹמוּ Mich. 3. 11, (et ses prophètes) devinent pour de l'argent; *impératif :* קָסֳמִי־נָא לִי בָּאוֹב I Sam. 28. 8 (*cheth.* קְסוֹמִי), découvre-moi l'avenir par l'esprit de la magie, ou par l'esprit de Python; וְקֹסְמִים לָהֶם כָּזָב Ez. 22. 28, et ils leur prophétisent le mensonge.

קֶסֶם *m.* Divination, prophétie, oracle : וְקֶסֶם כָּזָב Ez. 13. 6, et une divination de mensonge; וּקְסָמִים בְּיָדָם Nomb. 22. 7, et ils avaient dans leur main, portaient avec eux, le prix de la divination, de quoi payer le devin; ou : les instruments, les choses nécessaires, pour deviner; en bonne part : קֶסֶם עַל־שִׂפְתֵי־מֶלֶךְ Prov. 16. 10, un oracle est sur les lèvres du roi, sa parole est comme une prophétie, un oracle.

קָסַס (v. קָצַץ) Couper : וְאֶת־פִּרְיָהּ יְקוֹסֵס Ez. 17. 9, et il en coupera, abattra, le fruit.

קֶסֶת *f.* Petit vase : קֶסֶת הַסֹּפֵר Ez. 9. 2, 3, le petit vase à l'usage d'écrivain, c.-à-d. l'encrier, l'écritoire. Seul : הַקֶּסֶת 9. 11.

קְעִילָה (bourg, château) *n. pr.* Keïla, ville appartenant à la tribu de Juda, Jos. 15. 44.

קָעַע Se luxer, s'éloigner (voir les exemples à יָקַע et נָקַע).

קַעֲקַע *m.* Piqûre, gravure : וּכְתֹבֶת

קַעֲקַע Lév. 19. 28, et une écriture de piqûre, gravure, c.-à-d. des figures, ou caractères, imprimées, gravées, sur le corps.

קְעָרָה *f.* (*pl.* קְעָרוֹת, const. קַעֲרוֹת). Plat : קַעֲרַת־כֶּסֶף Nomb. 7. 13, un plat d'argent; קְעָרֹתָיו Exod. 25. 29, les plats (de la table dans le tabernacle).

קָפָא Se ramasser, se blottir, se coaguler : הַקֹּפְאִים עַל־שִׁמְרֵיהֶם Soph. 1. 12, (les hommes) qui se blottissent sur leur lie, c.-à-d. se reposent sur leurs biens, comme le vin sur la lie; קָפְאוּ תְהֹמֹת Exod. 15. 8, les abîmes se sont coagulés (congelés).

Hiph. : וְכַגְּבִנָּה תַּקְפִּיאֵנִי Job 10. 10, et tu m'as fait cailler, coaguler, comme du lait qui se durcit (le fromage).

קִפָּאוֹן *m.* (rac. קָפָא). Nuage, obscurité : יְקָרוֹת וְקִפָּאוֹן Zach. 14. 6, (il n'y aura pas une lumière) de clarté ni de nuage, il ne fera ni très clair ni très sombre; selon d'autres : (une lumière) mêlée de clarté et d'obscurité; d'autres traduisent : mais il n'y aura que froid et gelée.

קָפַד Couper. Ex. unique. *Pi.* : קִפַּדְתִּי כָאֹרֵג חַיַּי Is. 38. 12, j'ai coupé (par mes péchés) ma vie comme le tisserand (coupe le fil de la toile, ou coupe la toile du métier).

קְפָדָה *m.* Destruction : קְפָדָה בָא Ez. 7. 25, la destruction, l'anéantissement, arrive (rac. קָפַד, ה paragogique).

* **קַפְדָן** *m.* Aboth, un homme irascible, qui se met facilement en colère.

קִפּוֹד et **קִפֹּד** *m.* Hérisson : לְמוֹרַשׁ קִפֹּד Is. 14. 23, (j'en ferai) la possession, la demeure, des hérissons (selon d'autres: de la tortue); ou: un oiseau, butor ou chouette, v. Is. 34. 11, Soph. 2. 14.

קִפּוֹז *m.* Nom d'un animal ou d'un oiseau : שָׁמָּה קִנְּנָה קִפּוֹז Is. 34. 15, selon les uns, le même que קִפּוֹד : c'est là que le hérisson fait son trou; selon d'autres : que le hibou ou le merle fait son nid; d'autres traduisent : serpent (javelot).

קָפַץ (*fut.* יִקְפֹּץ) Fermer, resserrer, refuser : וְכָל־עַוְלָה קָפְצָה פִּיהָ Ps. 107. 42, et toute injustice, iniquité, fermera sa bouche (les méchants seront réduits au silence); וְלֹא תִקְפֹּץ אֶת־יָדְךָ Deut. 15. 7, et tu ne resserreras point ta main (devant le pauvre, c.-à-d. ne sois pas impitoyable); אִם־קָפַץ בְּאַף רַחֲמָיו Ps. 77. 10, (Dieu) a-t-il fermé, refusé, sa miséricorde dans sa colère?

Niph. : כַּכֹּל יִקָּפְצוּן Job 24. 24, ils seront exterminés comme toutes choses, ou : ils passeront subitement sans laisser une trace de leur existence.

Pi. Sauter : מְקַפֵּץ עַל־הַגְּבָעוֹת Cant. 2. 8, sautant sur les collines.

קֵץ *m.* (rac. קָצַץ, avec suff. קִצִּי). Fin, extrémité, calamité, ruine : מְרוֹם קִצּוֹ Is. 37. 24, la hauteur de son extrémité, la pointe de son sommet (du Liban); בֹּאוּ־לָהּ מִקֵּץ Jér. 50. 26, marchez contre elle des extrémités du monde; קֵץ כָּל־בָּשָׂר Gen. 6. 13, la fin de toute chair, l'extermination de tous les hommes; souvent מִקֵּץ à la fin, au bout de, après : מִקֵּץ אַרְבָּעִים יוֹם Gen. 8. 6, au bout de quarante jours; מִקֵּץ שְׁנָתַיִם יָמִים Gen. 41. 1, deux ans après; מִקֵּץ שֶׁבַע־שָׁנִים תַּעֲשֶׂה שְׁמִטָּה Deut. 15. 1, à la fin de sept ans, c.-à-d. chaque dernière année des sept, tu feras l'année de la remise; de même מִקֵּץ שֶׁבַע שָׁנִים Jér. 34. 14, à la fin de sept ans, c.-à-d. au commencement, à l'entrée, de la septième année; aussi לְקֵץ : לְקֵץ שָׁנִים II Chr. 18. 2, quelques années après; אֵין קֵץ Eccl. 12. 12, il n'y a point de fin, sans fin; בָּא הַקֵּץ אֶל־עַמִּי Amos 8. 2, (la fin), le temps de la ruine est venu pour mon peuple; בְּעֵת עֲוֺן קֵץ Ez. 21. 30, au temps où le péché aura une fin, ou amènera la fin, la ruine; לְעֶת־קֵץ Dan. 8. 17, לְמוֹעֵד קֵץ 8. 19, et לְקֵץ הַיָּמִין 12. 13, au temps de la fin, à la fin des jours, aux derniers jours, avant l'arrivée du Messie. Une fois *plur.* : עַד־אָנָה תְּשִׂימוּן קִנְצֵי לְמִלִּין Job 18. 2 (pour קִצֵּי), (quand) mettrez-vous une fin, un terme, aux paroles?

קָצַב (v. חָטַב, חָצַב) Couper, tailler : וַיִּקְצָב־עֵץ II Rois 8. 6, il coupa un morceau de bois ; שִׁנַּיִךְ כְּעֵדֶר הַקְּצוּבוֹת Cant. 4. 2, tes dents sont comme un troupeau de brebis tondues, ou : bien taillées, toutes de la même taille, hauteur.

קֶצֶב *m.* 1° Forme : וְקֶצֶב אֶחָד I Rois 6. 25, 7. 37, la même forme, taille.— 2° Extrémité. *Plur.* : לְקִצְבֵי הָרִים Jonas 2. 7, jusque dans les extrémités, les racines, des montagnes (qui sont au fond de la mer.).

קָצָה (v. קָצַץ et קָצַב) Ruiner : קְצוֹת־עַמִּים רַבִּים Hab. 2. 10, ruiner (en ruinant) plusieurs peuples.

Pi. Couper : מְקַצֶּה רַגְלַיִם Prov. 26. 6, celui (qui envoie un insensé comme messager) coupe, brise, les pieds, c.-à-d. c'est comme s'il avait les pieds coupés, de ne pas pouvoir aller lui-même ; לְקַצּוֹת בְּיִשְׂרָאֵל II Rois 10. 32, (Dieu commença) à couper en Israel, à les faire périr les uns après les autres ; d'autres traduisent : à se lasser d'Israel (comme קוּץ).

Hiph. Gratter, râcler : הֶעָפָר אֲשֶׁר הִקְצוּ Lév. 14. 41, la poussière qu'ils auront grattée du mur, qu'ils auront fait tomber en râclant ; וְאַחֲרֵי הִקְצוֹת אֶת־הַבַּיִת vers. 43, et après qu'on aura râclé (les murailles) de la maison (v. קָצַע).

קָצָה *des deux genres* (*pl.* קְצוֹת, rac. קָצָה). Fin, extrémité, côté, coin : מִקָּצָה מִזֶּה — מִקָּצָה מִזֶּה Exod. 25. 19, (tu placeras un chérubin) à une extrémité (et l'autre) à l'autre extrémité ; עַל־שְׁנֵי קְצוֹתָיו même verset, aux deux extrémités (du propitiatoire) ; שְׁנֵי קְצוֹת הַחֹשֶׁן 28. 23, les deux côtés, bouts, du rational ; קְצוֹת הָאָרֶץ Is. 40. 28, 41. 5, les extrémités du monde, les nations les plus éloignées ; מֵאַרְבַּע קְצוֹת הַשָּׁמַיִם Jér. 49. 36, des quatre coins du ciel (des points cardinaux) ; מִקָּצָה Exod. 26. 4, à l'extrémité, au bord ; קְצוֹת דְּרָכָו Job 26. 14, (ce ne sont que) les extrémités de ses voies, c.-à-d. une petite partie de ses œuvres ; מִקְצוֹת הָעָם I Rois 12. 31, 13. 33, une partie, un certain nombre, d'entre le peuple ; selon d'autres : des extrémités du peuple, c.-à-d les derniers du peuple ; מִקְצוֹתָם Jug. 18. 2, de leur milieu, d'entre eux, de leur rang.

קָצֶה *m.* (const. קְצֵה, avec suff. קָצֵהוּ, v. קָצָה et קֵץ). Fin, extrémité, bout, partie : בִּקְצֵה הַמִּדְבָּר Exod. 13. 20, à l'extrémité du désert ; בִּקְצֵה הַמַּחֲנֶה Nomb. 11. 1, à l'extrémité du camp ; מִן־הַקָּצֶה אֶל־הַקָּצֶה Exod. 26. 28, depuis un bout jusqu'à l'autre (bout) ; כָּל־הָעָם מִקָּצֶה Gen. 19. 4, tout le peuple d'un bout de la ville à l'autre, ou : de tous côtés. מִקְצֵה comme מִקֵּץ A la fin, au bout, après (v. à קֵץ) : מִקְצֵה שְׁלֹשֶׁת יָמִים Jos. 3. 2, au bout de trois jours ; מִקְצֵה שָׁלֹשׁ שָׁנִים Deut. 14. 28, à la fin de trois ans ; וּמִקְצֵה אֶחָיו Gen. 47. 2, et du nombre (d'entre) ses frères ; אִישׁ אֶחָד מִקְצֵיהֶם Ez. 33. 2, un homme d'entre eux ; קְצֵה הָעָם Nomb. 22. 41, une partie du peuple.

קֵצֶה *m.* (v. קֵץ et קָצָה). Fin : וְאֵין קֵצֶה לְאֹצְרֹתָיו Is. 2. 7, et ses trésors sont sans fin (infinis) ; וּמִצְרַיִם וְאֵין קֵצֶה Nah. 3. 9, et l'Égypte (dont le peuple ou la puissance) est sans fin, immense.

קַצְוֵי *m. plur.* const. Extrémités : קַצְוֵי־אֶרֶץ Ps. 48. 11, 65. 6 ; Is. 26. 15, les extrémités de la terre, les nations les plus reculées.

קְצוֹת *f. pl.* (rac. קָצָה). Coins, extrémités : בְּאַרְבַּע הַקְּצוֹת Exod. 38. 5, aux quatre coins (de la grille) ; יֹשְׁבֵי קְצוֹת Ps. 65. 9, ceux qui habitent les extrémités de la terre (Exod. 37. 8, et 39. 4, קְצוֹתָו cheth. pour קְצוֹתָיו *keri*).

קֶצַח *m.* Nom d'une plante ; וְהֵפִיץ קֶצַח Is. 28. 25, il sème du gith, ou de l'aneth, ou de la vesce, ou de la nielle (Is. 28. 28).

קָצִין *m.* Seigneur, juge, capitaine, prince : קְצִינֵי סְדֹם Is. 1. 10, seigneurs, juges, de Sodome ; קְצִין עָם 3. 7, prince, chef du peuple ; קְצִינֵי אַנְשֵׁי הַמִּלְחָמָה Jos. 10. 24, les principaux officiers de l'armée ; וְהִשְׁבִּית קָצִין Dan. 11. 18, un capitaine fera cesser (l'opprobre) ; יְפֻתֶּה קָצִין Prov. 25. 15, un prince se laisse persuader, fléchir.

קְצִיעָה *f.* (rac. קָצַע). Ex. unique, *plur.* : קְצִיעוֹת Ps. 45. 9, la casse (le même que קִדָּה) ; selon d'autres : l'ambre gris.

קְצִיעָה *n. pr.* Késiah, fille de Job, Job 42. 14.

קָצִיר *m.* (rac. קָצַר). 1° Moisson, récolte : זֶרַע וְקָצִיר Gen. 8. 22, les semailles et la moisson ; קְצִיר־חִטִּים 30. 14, la récolte du froment. — Les blés qu'on récolte : רֵאשִׁית קְצִירְכֶם Lév. 23. 10, les premiers fruits de votre moisson ; כֶּאֱסֹף קָצִיר קָמָה Is. 17. 5, comme la moisson, ou (pour קוֹצֵר) comme le moissonneur, coupe, enlève, les blés. — 2° Branche : וְעָשָׂה קָצִיר Job 14. 9, il pousse des branches ; וְטַל יָלִין בִּקְצִירִי Job 29. 19, et la rosée s'arrêtera sur mes branches ; תְּשַׁלַּח קְצִירֶהָ עַד־יָם Ps. 80. 12, (la vigne) a étendu ses pampres jusqu'à la mer.

קָצַע *Kal* inusité. *Hiph.* Faire racler : וְאֶת־הַבַּיִת יַקְצִעַ Lév. 14. 41, il fera racler (les murailles) de la maison.

Hoph. part. : מְהֻקְצָעוֹת Ez. 46. 22, les endroits angulaires, pour : les angles, coins (du parvis), v. מִקְצוֹעַ.

קָצַף (*fut.* יִקְצֹף) Être, se mettre, en colère ; être dans l'indignation : הֵן־אַתָּה קָצַפְתָּ Is. 64. 4, certes, tu étais en colère ; אַל־תִּקְצֹף יְיָ עַד־מְאֹד 64. 8, n'entre pas trop en colère, n'allume pas toute ta colère, ô Éternel ! פַּרְעֹה קָצַף עַל־עֲבָדָיו Gen. 41. 10, Pharaon était en colère contre ses serviteurs. Avec אֶל : אֶל־כָּל־עֲדַת יִשְׂרָאֵל יִקְצֹף Jos. 22. 18, (et demain) il sera en colère contre tout le peuple d'Israel ; וְקֶצֶף גָּדוֹל אֲנִי קֹצֵף Zach. 1. 15, j'ai conçu une grande indignation.

Hiph. Irriter, exciter, la colère : אֵת אֲשֶׁר־הִקְצַפְתָּ אֶת־יְיָ Deut. 9. 7, de quelle manière tu as excité la colère de l'Éternel.

Hithph. : וְהָיָה כִּי־יִרְעַב וְהִתְקַצַּף Is. 8. 21, et quand il souffrira la faim, il se mettra en colère.

קְצַף chald. Être en colère : וּקְצַף שַׂגִּיא Dan. 2. 12, et il était fortement en colère.

קֶצֶף *m.* (avec suff. קִצְפִּי). 1° Colère : וְלֹא־יִהְיֶה עָלֵינוּ קֶצֶף Jos. 9. 20, de peur que la colère (de Dieu) ne s'élève contre nous ; בְּשֶׁצֶף קֶצֶף Is. 54. 8, dans (l'effusion), l'ardeur, de la colère ; selon d'autres : dans une petite colère ; וּכְדַי בִּזָּיוֹן וָקָצֶף Esth. 1. 18, et il y aura assez d'insolence et de dispute ; יָצָא הַקֶּצֶף מִלִּפְנֵי יְיָ Nomb. 17. 11, la colère est sortie devant l'Éternel, c.-à-d. sa colère a éclaté. — 2° Écume : כְּקֶצֶף עַל־פְּנֵי־מָיִם Osée 10. 7, comme une écume sur la surface de l'eau.

קְצָפָה *f.* Action de briser, de détruire : וּתְאֵנָתִי לִקְצָפָה Joel 1. 7, (il a réduit) mon figuier en une brisure, destruction, c.-à-d. il a brisé, ou détruit, mon figuier ; selon d'autres : il en a arraché l'écorce.

קָצַץ (v. קָצַב et קָצָה) Couper : וְקַצֹּתָה אֶת־כַּפָּהּ Deut. 25. 12, tu lui couperas la main ; כָּל־קְצוּצֵי פֵאָה Jér. 9. 25, tous ceux dont les coins de leurs cheveux sont coupés, qui se coupent les cheveux en rond ; selon d'autres : qui sont, habitent, dans les coins extrêmes, aux extrémités du désert.

Pi. (קִצֵּץ et קִצֵּץ). Couper, briser, détacher : קִצֵּץ עֲבוֹת רְשָׁעִים Ps. 129. 4, il a coupé les cordes des méchants ; וַיְקַצְּצוּ אֶת־יְדֵיהֶם II Sam. 4. 12, ils leur coupèrent les mains ; וְקִצֵּץ פְּתִילִם Exod. 39. 3, il coupa (réduisit les lames d'or) en fils ; קִצַּץ חִזְקִיָּה אֶת־דַּלְתוֹת II Rois 18. 16, Ézéchias détacha (les lames d'or) des portes ; וַיְקַצֵּץ אֶת־כָּל־כְּלֵי הַזָּהָב II Rois 24. 13, il brisa tous les vases d'or.

Pou. pass. : בְּהֹנוֹת יְדֵיהֶם וְרַגְלֵיהֶם מְקֻצָּצִים Jug. 1. 7, (qui avaient) les pouces et les gros orteils coupés.

קְצַץ chald. Couper. *Pa.* : וְקַצִּצוּ עַנְפוֹהִי Dan. 4. 11, et coupez-en les branches.

I קָצַר (*fut.* יִקְצֹר) Couper, moissonner,

récolter : וְקֹצִים קָצָרוּ Jér. 12. 13, ils ont moissonné des épines ; וּבְקֻצְרְכֶם אֶת־קְצִיר אַרְצְכֶם Lév. 19. 9, lorsque vous couperez la récolte dans votre pays ; הַקּוֹצְרִים Ruth 2. 3, les moissonneurs ; *au fig.* : יִקְצָר־אָוֶן Prov. 22. 8, (qui sème l'injustice) récoltera les maux, tourments ; עַוְלָתָה קְצַרְתֶּם Osée 10. 13, vous avez moissonné l'injustice ; בְּלִילוֹ יִקְצִירוּ Job 24. 6 (*cheth. Hiph.*, יִקְצוֹרוּ *keri Kal*), ils moissonnent son blé (sa pâture), ou : ce qui n'est pas à eux (v. בְּלִיל).

II קָצַר (*fut.* יִקְצַר) Être court, être raccourci, abrégé : כִּי־קָצַר הַמַּצָּע Is. 28. 20, car le lit est (trop) court ; הֲיַד יְיָ תִּקְצָר Nomb. 11. 23, la main de Dieu est-elle trop courte, c.-à-d. impuissante ? לֹא־קָצְרָה יַד־יְיָ מֵהוֹשִׁיעַ Is. 59. 1, la main de Dieu n'est point trop courte, ou raccourcie, pour ne pouvoir sauver ; וַתִּקְצַר נֶפֶשׁ־הָעָם Nomb. 21. 4, et l'âme du peuple était courte, c.-à-d. le peuple s'impatienta, perdit courage ; וַתִּקְצַר נַפְשׁוֹ לָמוּת Jug. 16. 16, et il était découragé jusqu'à désirer la mort ; מַדּוּעַ לֹא־תִקְצַר רוּחִי Job 21. 4, pourquoi mon esprit ne serait-il pas troublé, affligé ? תִּקְצֹרְנָה Prov. 10. 27, (les années des méchants) seront abrégées.

Pi. : קִצַּר יָמָי Ps. 102. 24, il a abrégé mes jours.

Hiph. : הִקְצַרְתָּ יְמֵי עֲלוּמָיו Ps. 89. 46, tu as abrégé les jours de sa jeunesse.

קָצֵר *adj.* Court : קִצְרֵי־יָד Is. 37. 27, ceux qui ont la main courte, qui sont faibles, impuissants ; וּקְצַר־רוּחַ Prov. 14. 29, et קְצַר־אַפַּיִם 14. 17, l'impatient qui se fâche, s'irrite, promptement (v. II קָצַר) ; קְצַר יָמִים Job 14. 1, l'homme qui ne vit que peu de temps.

קֹצֶר *m.* État d'être court ; *au fig.* (de l'esprit) : d'être troublé, découragé : מִקֹּצֶר רוּחַ Exod. 6. 9, à cause de (leur) impatience, découragement, affliction.

קְצֻרוֹת *f. pl.* Petites, étroites ; וְהַלְּשָׁכוֹת הָעֶלְיוֹנֹת קְצֻרוֹת Ez. 42. 5, les chambres d'en haut étaient plus petites, plus étroites ; *adj.* ou *part. pass.* de II קָצַר.

קְצָת *f.* (rac. קָצָה) seulement dans מִקְצָת (composé de מִן et קְצָת). 1° A la fin, au bout de, après (v. מִקְצֵה à קָצָה) : וּמִקְצָת יָמִים עֲשָׂרָה Dan. 1. 15, et après ces dix jours ; וּלְמִקְצָת הַיָּמִים 1. 18, et au bout des jours, le temps étant passé (où, etc.). — 2° Du nombre, de la somme, c.-à-d. une partie, quelques-uns : וּמִקְצָת כְּלֵי Dan. 1. 2, et une partie des vases ; וּמִקְצָת רָאשֵׁי הָאָבוֹת Néh. 7. 70, quelques-uns des chefs des familles ; (d'autres traitent מִקְצָת comme *subst.*, forme מִקְצָה).

קְצָת chald. (const. קְצָת). Même signif. : וְלִקְצָת יוֹמַיָּא Dan. 4. 31, et après ce temps ; מִן־קְצָת מַלְכוּתָא 2. 42, une partie du royaume.

קַר *adj.* (rac. קָרַר). Froid : מַיִם קָרִים Prov. 25. 25, de l'eau froide, fraîche ; וְקַר־רוּחַ 17. 27 (*cheth.*, יְקַר *keri*, v. יָקָר), et (l'homme) d'un esprit froid, c.-à-d. calme, réservé.

קֹר *m.* le froid : וְקֹר וָחֹם Gen. 8. 22, et le froid et le chaud.

קִר (v. קִיר).

I קָרָא (*fut.* יִקְרָא) 1° Crier, invoquer, implorer, proclamer, publier, annoncer : וָאֶקְרָא בְּקוֹל גָּדוֹל Gen. 39. 14, je criai à haute voix ; וַיִּקְרְאוּ לְפָנָיו 41. 43, et on cria devant lui ; וַתִּקְרָא קֶשֶׁר II Rois 11. 14, et elle cria : Trahison ; souvent suivi de אָמַר : לֵאמֹר — וַיִּקְרָא בְאָזְנַי Ez. 9. 1, il cria à mes oreilles, et dit ; וַיִּקְרָא אֲחִימַעַץ וַיֹּאמֶר II Sam. 18. 28, Achimaas cria et dit. Avec אֶל : וַיִּקְרְאוּ אֶל־בְּנֵי־דָן Jug. 18. 23, et ils crièrent après (vers) les enfants de Dan ; מִי אַתָּה קָרָאתָ אֶל־הַמֶּלֶךְ I Sam. 26. 14, qui es-tu qui cries ainsi au roi ? Avec עַל : עַל־רֵעֵהוּ יִקְרָא Is. 34. 14, (et un satyre, monstre) jettera des cris à l'autre. Avec אַחֲרֵי : וַיִּקְרָא יְהוֹנָתָן אַחֲרֵי הַנַּעַר I Sam. 20. 37, Jonathan cria derrière l'enfant, c.-à-d. à l'enfant qui s'en allait ; וַיִּקְרָא אַחֲרֵי־שָׁאוּל 24. 9, il cria après Saül. Invoquer, implorer, le secours, surtout de Dieu : בְּקָרְאִי עֲנֵנִי Ps. 4. 2, lorsque je t'invoque, exauce-moi ; אֵלֶיךָ יְיָ אֶקְרָא 28. 1, je crie vers toi, Éternel ; וְקָרָא עָלֶיךָ אֶל־יְיָ

Deut. 15. 9, il criera à cause de toi (contre toi) à l'Éternel. Se faire entendre, déclamer, proclamer : הלא־חכמה תקרא Prov. 8. 1, la sagesse ne crie-t-elle pas? קול אמר קרא ואמר מה אקרא Is. 40. 6, une voix dit : Crie, annonce, et il dit : Qu'annoncerai-je? וקרא עליה Jon. 1. 2, et annonce, proclame, sur ou contre (cette ville); קראו־זאת בגוים Joel 4. 9, annoncez, publiez, ceci parmi les peuples; לקרא להם דרור Jér. 34. 8, pour annoncer, proclamer, la liberté entre eux; קראו צום 36. 9, ils publièrent un jeûne.

2° Appeler, s'attirer, convoquer, convier, élire, glorifier : ויקרא את־עשו Gen. 27. 1, il appela Esaü; avec ל : קרא משה לאהרן ולבניו Lév. 9. 1, Moïse appela Aaron et ses fils; avec אל : ויקרא יי אלהים אל־האדם Gen. 3. 9, l'Éternel Dieu appela Adam; ופיו למהלמות יקרא Prov. 18. 6, et sa bouche appelle, c.-à-d. s'attire, des coups; וקרא־שם בבית לחם Ruth 4. 11, et cherche, attire-toi, un nom, deviens célèbre à Beth-Léhem; ויקרא יעקב אל־בניו Gen. 49. 1, Jacob appela, convoqua, ses enfants; קראו עצרה Joel 1. 14, convoquez une assemblée solennelle; אלה קריאי העדה Nomb. 1. 16, c'étaient les convoqués du peuple, c.-à-d. les hommes qu'on convoqua à l'assemblée, aux conseils; ויקרא את־כל־אחיו I Rois 1. 9, il convia tous ses frères (à un festin); הקרואים I Sam. 9. 22, les invités, conviés; וקראת אליה לשלום Deut. 20. 10, tu l'inviteras à la paix, tu offriras la paix à la ville; אין־קרא בצדק Is. 59. 4, personne n'appelle, ne cite, l'autre (devant les juges) avec justice, ou : ne reprend, ne blâme, l'autre, etc.; קראתי גבורי Is. 13. 3, j'ai fait venir mes guerriers; יי מבטן קראני Is. 49. 1, Dieu m'a appelé, c.-à-d. choisi, dès le sein de ma mère; וקראתי לעבדי 22. 20, je choisirai mon serviteur; קראתי בשם Exod. 31. 2, j'ai appelé nommément (Besallel), je l'ai choisi; אני יי הקורא בשמך Is. 45. 3, je suis l'Éternel qui t'ai appelé par ton nom, qui t'ai élu; ויקרא בשם יי Gen. 12. 8, il invoqua, glorifia, le nom de Dieu; יקרא איש חסדו Prov. 20. 6, chacun vante, glorifie, sa propre bonté; וזה יקרא בשם־יעקב Is. 44. 5, et celui-ci se glorifiera du nom de Jacob.

3° Nommer, donner un nom : ויקרא להן שמות Gen. 26. 18, et il leur donna des noms; ויקרא אלהים לאור יום 1. 5, Dieu nomma la lumière jour; avec un double *accus.* : וקראת ישועה חומתיך Is. 60. 18, tu appelleras tes murailles le salut; ותקרא את־שמו שת Gen. 4. 25, (elle nomma son nom) elle l'appela Seth.

4° Réciter, lire : ויקרא באזני העם Exod. 24. 7, et il lut devant le peuple; ויקראו בספר Néh. 8. 8, et ils lurent dans le livre (de la loi).

Niph. Être appelé, s'appeler, être lu : ויקראו ספרי המלך Esth. 3. 12, les secrétaires du roi furent appelés; ויקרא שמו בישראל Ruth 4. 14, et que son nom soit conservé, ou célèbre, dans Israel; לזאת יקרא אשה Gen. 2. 23, celle-ci sera appelée femme (d'un nom qui dérive de איש homme); ונקראה ירושלם עיר האמת Zach. 8. 3, et Jérusalem sera appelée la ville de la vérité; ולא־יקרא עוד את־שמך אברם Gen. 17. 5, ton nom ne sera plus appelé, tu ne t'appelleras plus, Abram; כל הנקרא בשמי Is. 43. 7, tous ceux qui s'appellent de mon nom, qui portent mon nom; על שם אחיהם יקראו Gen. 48. 6, ils porteront le nom de leurs frères; רק יקרא שמך עלינו Is. 4. 1, seulement que ton nom soit appelé sur nous, c.-à-d. que nous portions ton nom; כי־שמך נקרא על־הבית הזה I Rois 8. 43, que cette maison porte ton nom (qu'elle s'appelle la maison de Dieu); ויהיו נקראים לפני המלך Esth. 6. 1, et (les annales) furent lues devant le roi.

Pou., comme *Niph.* : לא־קרא בשמי Is. 65. 1, (une nation) qui n'est pas appelée de mon nom, qui ne porte pas mon nom; וקרא לך שם חדש 62. 2, et on t'appellera d'un nom nouveau; וישראל מקראי Is. 48. 12, et Israel appelé par moi, mon élu (v. *Kal* 2°).

II קָרָא (v. קָרָה) Rencontrer, venir vers, arriver : יִקְרָאֻהוּ אָסוֹן Gen. 42. 38, s'il lui arrive quelque malheur; פַּחַד קְרָאַנִי Job 4. 14, la crainte est venue à moi, m'a saisi; אֵת אֲשֶׁר־יִקְרָא אֶתְכֶם Gen. 49. 1, ce qui doit vous arriver.—L'*infinitif* avec ל לִקְרַאת (avec suff. לִקְרָאתִי, לִקְרַאתְכֶם) *prépos.* Au-devant, vis-à-vis: לֵךְ לִקְרַאת מֹשֶׁה Exod. 4. 27, va au-devant de Moïse; לִקְרַאת הַמִּלְחָמָה Jos. 11. 20, (pour aller) au-devant de la bataille, pour qu'ils combattissent; אִישׁ־בִּתְרוֹ לִקְרַאת רֵעֵהוּ Gen. 15. 10, (il mit) les morceaux vis-à-vis les uns des autres; לִקְרַאת יִשְׂרָאֵל I Sam. 4. 2, vis-à-vis du camp d'Israel.

Niph.: אֱלֹהֵי הָעִבְרִים נִקְרָא עָלֵינוּ Exod. 5. 3, le Dieu des Hébreux s'est rencontré, s'est fait connaître, à nous; וַיִּקָּרֵא אַבְשָׁלוֹם לִפְנֵי עַבְדֵי דָוִד II Sam. 18. 9, et Absalom fut rencontré par les gens de David; כִּי יִקָּרֵא קַן־צִפּוֹר Deut. 22. 6, si le nid d'un oiseau se trouve (devant toi), si tu trouves, etc.; וְשָׁם נִקְרָא אִישׁ II Sam. 20. 1, là se trouva, se rencontra, un homme; *infinitif* נִקְרֹא 1. 6, être rencontré.

Hiph. : וַתַּקְרֵא אֹתָם אֵת כָּל־הָרָעָה הַזֹּאת Jér. 32. 23, c'est pourquoi tu leur as fait trouver (leur as envoyé) tous ces maux.

קְרָא chald. (*fut.* אֶקְרֵא, יִקְרֵה, v. I קָרָא hébr.). 1° Crier : קָרֵא בְחַיִל Dan. 4. 11, il cria avec force. — 2° Lire : קֱרִי קָדָמָי Esdr. 4. 18, (la lettre) a été lue devant moi; וְלָא־כָהֲלִין כְּתָבָא לְמִקְרֵא Dan. 5. 8, mais ils ne purent lire cette écriture.

Ithph.: כְּעַן דָּנִיֵּאל יִתְקְרֵי Dan. 5. 12, que Daniel soit donc maintenant appelé.

קֹרֵא *m.* Perdrix (de I קָרָא qui crie): כַּאֲשֶׁר יִרְדֹּף הַקֹּרֵא בֶּהָרִים I Sam. 26. 20, comme (le chasseur) court dans les montagnes après la perdrix; קֹרֵא דָגַר Jér. 17 11, (comme) la perdrix couve des œufs.

קָרֵב et קָרַב (*fut.* יִקְרַב, *inf.* קְרֹב et קָרְבָה) Être près, approcher, s'approcher, s'avancer vers et contre, se présenter : קִרְבוּ שִׂימוּ אֶת־רַגְלֵיכֶם Jos. 10. 24, approchez, mettez, le pied (sur le cou de ces rois); וַתִּקְרְבוּ עֲצָמוֹת Ez. 37. 7, les os s'approchèrent (les uns des autres); וַיִּקְרְבוּ יְמֵי־יִשְׂרָאֵל לָמוּת Gen. 47. 29, les jours d'Israel approchèrent de mourir, c.-à-d. le jour de sa mort approchait; וְלֹא־קָרַב זֶה אֶל־זֶה Exod. 14. 20, une (armée) ne s'approcha de l'autre; avec ב : לֹא־יִקְרַב בְּאָהֳלֶךָ Ps. 91. 10, (aucun fléau) n'approchera de ta tente; קָרְבָה אֶל־נַפְשִׁי Ps. 69. 19, sois près de mon âme (soutiens, console-la); כִּי־כֵן קָרְבוּ אֵלַי I Rois 2. 7, parce qu'ils sont venus vers moi, à mon secours; בְּקָרְבָתָם לִפְנֵי־יְיָ Lév. 16. 1, lorsqu'ils se présentèrent devant Dieu (avec des offrandes); הַקְּרֵבִים — אֶל־יְיָ Ez. 40. 46, *part.*, (des lévites) qui se présentent devant Dieu; וָאֶקְרַב אֶל־הַנְּבִיאָה Is. 8. 3, et je m'approchai de la prophétesse (je cohabitai avec elle); אַתֶּם קְרֵבִים הַיּוֹם לַמִּלְחָמָה Deut. 20. 3, vous marchez aujourd'hui au combat; בִּקְרֹב עָלַי מְרֵעִים Ps. 27. 2, lorsque les méchants s'avancent contre moi, fondent sur moi; קְרַב אֵלֶיךָ Is. 65. 5, marche vers toi-même, c.-à-d. retire-toi, n'approche pas.

Niph. Même signif. : וְנִקְרַב בַּעַל־הַבַּיִת Exod. 22. 7, le maître de la maison se présentera (devant le juge); וְנִקְרַבְתֶּם בַּבֹּקֶר Jos. 7. 14, vous vous présenterez (demain) au matin.

Pi. 1° *Trans.* Faire approcher, présenter : קֵרַבְתִּי צִדְקָתִי Is. 46. 13, je fais approcher, j'enverrai bientôt, ma justice; קָרְבוּ רִיבְכֶם 41. 21, présentez, plaidez, votre cause; אַשְׁרֵי תִּבְחַר וּתְקָרֵב Ps. 65. 5, heureux celui que Tu choisiras et que Tu feras approcher (de toi). — 2° *Intrans.*: כִּי קֵרְבוּ לָבוֹא Ez. 36. 8, car ils sont proches pour venir, ils viendront bientôt.

Hiph. 1° Faire approcher, avancer, présenter, offrir, sacrifier : הַקְרֵב אֵלֶיךָ Exod. 28. 1, fais approcher de toi (Aaron et ses enfants); וַתַּקְרִיבִי יָמַיִךְ Ez. 22. 4, tu as avancé, hâté, tes jours (de malheur); וְהִקְרַבְתִּיו Jér. 30. 21, je le ferai approcher; הִקְרִיבָה חַטָּאת

Jug. 5. 25, elle (lui) présenta de la crème; אָדָם כִּי־יַקְרִיב מִכֶּם קָרְבָּן Lév. 1. 2, lorsque quelqu'un d'entre vous offrira un sacrifice (à Dieu); מַקְרִיבֵי הַקְּטֹרֶת Nomb. 16. 35, ceux qui avaient offert l'encens; וְהִקְרִיב הַכֹּהֵן אֶת־הַכֹּל Lév. 1. 13, et le prêtre sacrifiera tout cela; שָׂדֶה בְשָׂדֶה יַקְרִיבוּ Is. 5. 8, ils ajoutent champ à champ. — קָרֵב מִן Éloigner: וַיַּקְרֵב מֵאֵת פְּנֵי הַבַּיִת II Rois 16. 14, il éloigna, transféra, (cet autel) de devant la face du temple. — 2° *Intrans.*: וּפַרְעֹה הִקְרִיב Exod. 14. 10, et Pharaon approcha (ou, *ellipse:* fit approcher son armée); תַּקְרִיב לָלֶדֶת Is. 26. 17, (une femme qui) est près d'enfanter.

קָרֵב *adj.* (v. à קָרַב le *part.*). Approchant, avançant: וְאֵת כָּל־הַקָּרֵב אֶל־שֻׁלְחַן I Rois 5. 7, et tous ceux qui approchent de la table du roi, qui mangent à sa table; כֹּל הַקָּרֵב הַקָּרֵב אֶל־מִשְׁכַּן Nomb. 17. 28, tous ceux qui approchent du tabernacle.

קְרֵב chald. Même signif. que קָרֵב hébreu: בֵּאדַיִן קְרִבוּ Dan. 6. 13, alors ils s'approchèrent.

Pa.: וּתְקָרֵב הִמּוֹ Esdr. 7. 17, et offre-les (sur l'autel).

Aph.: וּקְדָמוֹהִי הַקְרְבוּהִי Dan. 7. 13, et ils le firent approcher de lui, l'amenèrent devant lui; וְהַקְרִבוּ לַחֲנֻכַּת בֵּית־אֱלָהָא Esdr. 6. 17, et ils offrirent pour la dédicace du temple.

קְרָב *m.* (de קָרַב s'avancer contre quelqu'un). Combat, guerre: הַמְלַמֵּד יָדַי לַקְרָב Ps. 144. 1, qui instruit mes mains au combat; מִקְּרָב־לִי 55. 19, (il me délivre) de la guerre qu'on me fait; *plur.*: קְרָבוֹת יֶחְפָּצוּ Ps. 68. 31, qui aiment les guerres.

קְרָב chald. *m.* Guerre, combat: עָבְדָא קְרָב Dan. 7. 21, elle fit, soutint, un combat.

קֶרֶב *m.* (avec suff. קִרְבִּי, *plur.* קְרָבִים, קְרָבַי). 1° L'intérieur du corps, ventre, entrailles, sein: וַתָּבֹאנָה אֶל־קִרְבֶּנָה Gen. 41. 21, et elles entrèrent dans leur ventre, leurs entrailles; וַיִּתְרֹצְצוּ הַבָּנִים בְּקִרְבָּהּ Gen. 25. 22, et les enfants (dont elle était grosse) s'entre-choquaient dans son sein; וַיִּרְחַץ אֶת־הַקֶּרֶב Lév. 9. 14, il lava dans l'eau les entrailles, intestins (de l'holocauste). — 2° L'intérieur, le cœur, la pensée: קִרְבָּם הַוּוֹת Ps. 5. 10, leur cœur n'est que malice, méchanceté; קִרְבָּם בָּתֵּימוֹ לְעוֹלָם Ps. 49. 12, leur pensée est que leurs maisons dureront toujours (selon d'autres, transposé de קִבְרָם: leurs sépulcres seront leurs maisons pour l'éternité); וְקֶרֶב אִישׁ Ps. 64. 7, et l'intérieur, la pensée intime, de l'homme. — 3° L'intérieur, le milieu d'une chose; de là la *préposition* בְּקֶרֶב au milieu, dans: בְּקֶרֶב הָאָרֶץ Gen. 45. 6, au milieu du (dans le) pays; בְּקֶרֶב חוּצוֹת Is. 5. 25, au milieu des rues; בְּקֶרֶב שָׁנִים Hab. 3. 2, au milieu des années, des temps; עַל כִּי־אֵין אֱלֹהַי בְּקִרְבִּי Deut. 31. 17, à cause que mon Dieu n'est point en moi, avec moi. מִקֶּרֶב Du milieu, d'entre: מִקֶּרֶב אַחֶיךָ Deut. 17. 15, d'entre tes frères; וַהֲסִרֹתִי מַחֲלָה מִקִּרְבֶּךָ Exod. 23. 25, et je bannirai les maladies du milieu de toi.

קִרְבָה *f.* Rapprochement, attachement: קִרְבַת אֱלֹהִים (ou קִרְבַת) Ps. 73. 28, Is. 58. 2, le rapprochement vers Dieu, l'attachement à Dieu.

קָרְבָּן *m.* (const. קָרְבַּן, avec suff. קָרְבָּנִי, *pl.* avec suff. קָרְבְּנֵיהֶם, v. קָרַב *Hiph.*). Sacrifice, hostie, oblation, don: לְהַקְרִיב קָרְבָּן לַיָי Lév. 17. 4, pour (l')offrir en sacrifice à Dieu; קָרְבַּן הָעָם 9. 7, l'hostie du (pour le) peuple; וַיַּקְרִיבוּ הַנְּשִׂיאִם אֶת־קָרְבָּנָם Nomb. 7. 10, les princes offrirent leurs dons, oblations (une fois הַקָּרְבָן Ez. 40. 43, lisez: hakkareban).

קֻרְבָּן *m.* Offrande: קֻרְבַּן הָעֵצִים Néh. 10. 35, 13. 31, l'offrande des bois.

קַרְדֹּם *m.* (*plur.* קַרְדֻּמִּים et קַרְדֻּמּוֹת). Hache, cognée: בִּסְבָךְ־עֵץ קַרְדֻּמּוֹת Ps. 74. 5, (un homme qui lève) les cognées pour (abattre) la futaie, le bois touffu.

קָרָה *f.* (rac. קָרַר). Le froid: בְּיוֹם קָרָה Prov. 25. 20, dans un jour du froid (dans un temps froid); לִפְנֵי קָרָתוֹ Ps.

147. 17, (qui pourrait subsister) devant la rigueur de son froid?

קָרָה (*fut.* יִקְרֶה, une fois יִקְרָה Dan. 10. 14; וַיִּקֶר, v. II קָרָא) Venir, marcher à quelqu'un, l'attaquer, arriver, s'accomplir : אֲשֶׁר קָרְךָ בַּדֶּרֶךְ Deut. 25. 18, qui a marché à toi sur la route, qui t'a attaqué en route ; אֵת אֲשֶׁר תִּקְרֶינָה Is. 41. 22, les choses qui doivent arriver ; וְקָרָהוּ אָסוֹן Gen. 44. 29, et s'il lui arrive quelque malheur ; וַיִּקֶר מִקְרֶהָ חֶלְקַת הַשָּׂדֶה לְבֹעַז Ruth 2. 3, et lui arriva par hasard, le hasard la conduisit dans une partie du champ qui appartenait à Booz ; הֲיִקְרְךָ דְבָרִי Nomb. 11. 23, si ma parole s'accomplira pour toi.

Niph. Venir au-devant, se présenter, se rencontrer : וַיִּקָּר יְיָ אֶל־בִּלְעָם Nomb. 23. 15, Dieu se présenta devant Balaam ; נִקְרָה עָלֵינוּ Exod. 3. 18, (Dieu) s'est présenté à nous ; אוּלַי יִקָּרֶה יְיָ לִקְרָאתִי Nomb. 23. 3, peut-être Dieu viendra-t-il au-devant de moi ; נִקְרֹא נִקְרֵיתִי II Sam. 1. 6, je me suis rencontré par hasard (sur la montagne de Gelboa).

Pi. (v. קוֹרָה). Joindre les poutres, bâtir : וּלְקָרוֹת אֶת־הַבָּתִּים II Chr. 34. 11, et pour faire les planchers des maisons ; הֵמָּה קֵרוּהוּ Néh. 3. 3, 6, ils mirent les poutres dessus, la couvrirent ; הַמְקָרֶה בַמַּיִם עֲלִיּוֹתָיו Ps. 104. 3, qui bâtit ses chambres élevées avec de l'eau, ou : dans l'eau.

Hiph. Faire rencontrer, préparer : כִּי הִקְרָה יְיָ אֱלֹהֶיךָ לְפָנָי Gen. 27. 20, parce que l'Éternel ton Dieu me l'a fait rencontrer, a fait que cela s'est présenté de suite a moi ; הַקְרֵה־נָא לְפָנַי הַיּוֹם 24. 12, fais, je te prie, que je rencontre aujourd'hui (ce que je désire) ; וְהִקְרִיתֶם לָכֶם עָרִים Nomb. 35. 11, choisissez, préparez-vous, des villes ; selon d'autres : construisez-vous des villes (v. *Pi.*).

קָרֶה *m.* Accident : מִקְּרֵה־לָיְלָה Deut. 23. 11, (une impureté provenant) d'un accident de la nuit, d'un songe impur ; * וְלֹא אֵירַע קֶרִי לְכֹהֵן גָּדוֹל Aboth, il n'est jamais arrivé un accident, une pollution, au grand prêtre (le jour de l'expiation).

קָרוֹב *adj.* (rac. קָרַב, *fém.* קְרוֹבָה). Proche, près, parent, allié, ami : הָעִיר הַזֹּאת קְרֹבָה Gen. 19. 20, cette ville est proche ; וְהָיִיתָ קָרוֹב אֵלַי Gen. 45. 10, tu seras près de moi ; בִּקְרֹבַי Lév. 10. 3, dans ceux qui m'approchent (les prêtres et les lévites) ; du temps : כִּי קָרוֹב יוֹם אֵידָם Deut. 32. 35, car le jour de leur perte est proche ; אוֹר קָרוֹב מִפְּנֵי־חֹשֶׁךְ Job 17. 12, la lumière qui était proche (qui allait paraître) cède aux ténèbres, ou : est près de céder, cédera bientôt, aux ténèbres ; הַקָּרֹב אֵלָיו Nomb. 27. 11, qui lui est le plus proche (parent) ; קָרוֹב לָנוּ הָאִישׁ Ruth 2. 20, cet homme est notre parent ; חָדְלוּ קְרוֹבָי Job 19. 14, mes alliés, amis, m'ont abandonné ; וְקָרוֹב שְׁמֶךָ Ps. 75. 2, ton nom nous est proche, c.-à-d. familier, nous l'invoquons souvent (v. Jér. 12. 2). — מִקָּרוֹב *adv.* 1° מִקָּרֹב בָּאוּ Deut. 32. 17, (des dieux) arrivés depuis peu de temps, nouveaux venus. — 2° רִנְנַת רְשָׁעִים מִקָּרוֹב Job 20. 5, le triomphe des impies est de peu de durée, est court. — 3° עַתָּה מִקָּרוֹב Ez. 7. 8, maintenant (je veux) en peu de temps, c.-à-d. bientôt ; * בְּקָרוֹב bientôt, Rituel.

קָרַח Raser, rendre chauve : לֹא־יִקְרְחָה קָרְחָה בְּרֹאשָׁם Lév. 21. 5, ils ne raseront pas leurs têtes, *exact.* ils ne feront pas d'endroits chauves (tonsures) sur leurs têtes ; seul : קָרְחִי וָגֹזִּי Mich. 1. 16, rends-toi chauve et rase-toi entièrement les cheveux.

Niph. : וְלֹא יִקָּרֵחַ לָהֶם Jér. 16. 6, et on ne se rendra pas chauve à cause d'eux, à cause de leur mort.

Hiph. : וְהִקְרִיחוּ אֵלַיִךְ קָרְחָה Ez. 27. 31, ils raseront leurs cheveux à cause de toi (v. *Kal*).

Hoph. : כָּל־רֹאשׁ מֻקְרָח Ez. 29. 18, toutes les têtes sont devenues chauves.

קָרֵחַ (le chauve) *n. pr.* Johanan, fils de Kareha, II Rois 25. 23.

קֵרֵחַ *adj.* Chauve : קֵרֵחַ הוּא Lév. 13. 40, il est chauve (au haut de la tête ou par derrière, *opposé à* גִּבֵּחַ chauve par devant); עֲלֵה קֵרֵחַ II Rois 2. 23, monte, chauve!

קֶרַח *m.* 1° la glace, le froid : יִתֶּן־קָרַח Job 37. 10, (Dieu par son souffle) forme la glace; וְקֶרַח בַּלָּיְלָה Gen. 31. 40, et le froid pendant la nuit. — 2° Cristal : כְּעֵין הַקֶּרַח הַנּוֹרָא Ez. 1. 22, brillant comme le cristal terrible à voir (éblouissant par sa clarté); מַשְׁלִיךְ קַרְחוֹ כְפִתִּים Ps. 147. 17, il fait tomber sa glace comme par morceaux (en grêle); d'autres lisent : קָרְחוֹ, de קָרַח ou de קֹרַח.

קֹרַח *n. pr.* 1° Korah, fils d'Ésaü, Gen. 36. 5 (vers. 16, le prince Korah, le même, ou fils d'Éliphaz, petit-fils d'Ésaü). — 2° Korah, fils de Jeshar, Exod. 6. 21, qui s'est révolté contre Moïse, Nombres, chap. 16; בְּנֵי קֹרַח les fils de Korah, ses descendants, lévites et chantres, auxquels dix psaumes sont attribués. — Korah, fils de Hebron, I Chr. 2. 43.

קָרְחָה *f.* (rac. קָרַח, une fois קָרְחָא Ez. 27. 31). Chauveté, endroit chauve sur la tête : קָרַח קָרְחָה se raser une partie de la tête, surtout le derrière de la tête, en signe de deuil (v. קָרַח); הַרְחִבִי קָרְחָתֵךְ Mich. 1. 16, élargis ta chauveté, reste sans cheveux, sur le devant de la tête; וְלֹא־תָשִׂימוּ קָרְחָה בֵּין עֵינֵיכֶם Deut. 14. 1, et ne vous rasez point entre vos yeux (pour un mort).

קָרְחִי *patron.* de קֹרַח 2°, Nomb. 26. 58.

קָרַחַת *f.* Endroit chauve : בְקָרַחַת Lév. 13. 42, sur le haut et le derrière de la tête chauve, sans cheveux; בְּקָרַחְתּוֹ אוֹ בְגַבַּחְתּוֹ 13. 55, (une étoffe) rongée en son envers ou en l'endroit.

קְרִי *m.* (rac. קָרָה). Choc, rencontre hostile, toujours avec הָלַךְ : וְאִם־תֵּלְכוּ עִמִּי קֶרִי Lév. 26. 21, et וַהֲלַכְתֶּם עִמִּי בְּקֶרִי 26. 27, mais si vous marchez contre moi avec désobéissance, si vous vous opposez à moi, si vous me résistez; וְהָלַכְתִּי עִמָּכֶם בַּחֲמַת־קֶרִי 26. 28, alors je marcherai contre vous avec un choc furieux, j'opposerai ma fureur à votre désobéissance (d'autres expliquent קֶרִי comme מִקְרֶה hasard : si vous traitez tous vos maux comme hasard, comme s'ils ne venaient pas de moi); * קֶרִי accident (v. à קָרָה).

קָרִיא *adj.* (rac. I קָרָא). Appelé, convoqué (v. *part.* קָרוּא I קָרָא 2°) : קְרִיאֵי הָעֵדָה Nomb. 1. 16 (*cheth.*), les convoqués du peuple; קְרִאֵי מוֹעֵד 16. 2, ceux qui sont appelés, convoqués, aux assemblées.

קְרִיאָה *f.* (rac. I קָרָא). Action de crier, proclamer : וּקְרָא אֵלֶיהָ אֶת־הַקְּרִיאָה Jon. 3. 2, et annonce sur (cette ville) la proclamation.

קִרְיָה *f.* (rac. קָרָה, v. *Pi.*). Ville, cité : קִרְיָה נֶאֱמָנָה Is. 1. 21, la cité fidèle; קִרְיַת חָנָה דָוִד 29. 1 (pour קִרְיָה), ville où David a campé, habité; dans les noms propres suivants : קִרְיַת אַרְבַּע Gen. 23. 2, et קִרְיַת הָאַרְבַּע Néh. 11. 25, la ville d'Arbé (un grand entre les Anakim), l'ancien nom de Hebron, Jos. 14, 15; קִרְיַת־בַּעַל Jos. 15. 60, la ville de Baal, la même que קִרְיַת יְעָרִים Jos. 9. 17, la ville des forêts; קִרְיַת הַיְּעָרִים Jér. 26. 20, קִרְיַת עָרִים Esdr. 2. 25, et בַּעֲלָה Jos. 15. 9, I Chr. 13. 6, ville aux confins de Juda et de Benjamin; קִרְיַת חֻצוֹת Nomb. 22. 39, la ville des rues, une ville dans Moab; קִרְיַת־סַנָּה Jos. 15. 49, la ville des palmes (v. סַנְסִנִּים), la même que קִרְיַת סֵפֶר 15. 15, la ville du livre, et que דְּבִיר Jug. 1. 11, דְּבִר Jos. 15. 15, ville appartenant à la tribu de Juda; קִרְיָתַיִם la double ville Kiriathayim : 1° ville appartenant à la tribu de Ruben, Nomb. 32. 37, plus tard à Moab, Jér. 48. 1, Ez. 25. 9. — 2° Ville appartenant à Nephthali, I Chr. 6. 61 (קַרְתָּן Jos. 21. 32).

קִרְיָה et קִרְיָא chald. *f.* Ville : בְּקִרְיָה דִּי שָׁמְרָיִן Esdr. 4. 10, dans les villes de Samarie.

קְרִיּוֹת *n. pr.* 1° Kerioth, ville appartenant à la tribu de Juda, Jos. 15.

25. — Ville dans Moab, Jér. 48. 24 (Jér. 48. 41, et Amos 2. 2, la même ville; selon d'autres, *pl.* de קִרְיָה : les villes).

קְרִיַּת et קִרְיָתַיִם (v. à קִרְיָה).

קָרַם *trans.* Étendre : וְקָרַמְתִּי עֲלֵיכֶם עוֹר Ez. 37. 6, je couvrirai, j'étendrai, la peau sur vous. *Intrans.* S'étendre : וַיִּקְרַם עֲלֵיהֶם עוֹר 37. 8, et la peau s'étendit sur (ces os).

קֶרֶן *f.* (une fois *m.*, Dan. 8. 9, const. קֶרֶן ; *duel* קַרְנַיִם et קְרָנַיִם, const. קַרְנֵי ; *plur.* קְרָנוֹת, const. קַרְנוֹת). 1° Corne : בְּקַרְנָיו Gen. 22. 13, (un bélier qui s'était embarrassé) avec ses cornes (dans un buisson); וְהַקֶּרֶן הַגְּדוֹלָה Dan. 8. 21, et la grande corne (du bouc); — corne qui sert de vase : מַלֵּא קַרְנְךָ שֶׁמֶן I Sam. 16. 1, emplis d'huile la corne que tu as; קֶרֶן־הַשֶּׁמֶן 16. 13, la corne pleine d'huile; בְּקֶרֶן הַיּוֹבֵל Jos. 6. 5, avec la corne du bélier (qui sert de trompette, v. יוֹבֵל); *au fig.*, comme symbole de la force et de la puissance : נִגְדְּעָה קֶרֶן מוֹאָב Jér. 48. 25, la corne (la force) de Moab a été rompue; תְּרוֹמַמְנָה קַרְנוֹת צַדִּיק Ps. 75. 11, les cornes du juste seront élevées, sa puissance s'affermira; וַתָּרֶם כִּרְאֵים קַרְנִי 92. 11, tu as élevé ma corne (ma force) comme celle du Reem (v. רְאֵם); לָקַחְנוּ לָנוּ קַרְנָיִם Amos 6. 13, nous nous sommes (pris) fait des cornes, nous nous sommes rendus puissants, redoutables; אַל־תָּרִימוּ קַרְנְכֶם Ps. 75. 5, n'élevez pas la corne, ne soyez pas orgueilleux; וְעֹלַלְתִּי בֶעָפָר קַרְנִי Job 16. 15, j'ai souillé ou couvert ma corne (c.-à-d. ma tête, mon visage, rayonnant) de poussière; וְקֶרֶן יִשְׁעִי Ps. 18. 3, et corne de mon salut (Dieu, la force qui me sauve); קַרְנוֹת שֵׁן Ez. 27. 15, des cornes, c.-à-d. des dents, d'ivoire; selon d'autres, pour וְשֵׁן : des cornes (de chèvre) et des dents (d'éléphant). — 2° Cime d'une montagne : בְּקֶרֶן בֶּן־שָׁמֶן Is. 5. 1, sur la cime d'une montagne grasse, fertile. — 3° קַרְנוֹת הַמִּזְבֵּחַ Exod. 29. 12, Lév. 16. 18, les cornes de l'autel, des pointes en forme de corne aux quatre coins de l'autel (v. Exod. 27. 2 : « tu feras ses cornes à ses quatre coins »). — 4° Rayons : קַרְנַיִם מִיָּדוֹ לוֹ Hab. 3. 4, et des rayons partaient de ses côtés (soit les rayons du soleil, ou les éclairs; selon d'autres : allusion aux rayons du visage de Moïse, v. Exod. 34. 29-35).

קָרַן (de קֶרֶן 4°) Rayonner : כִּי קָרַן עוֹר פָּנָיו Exod. 34. 29, 30, 35, que la peau de son visage (de Moïse) jetait des rayons.

Hiph. : מַקְרִן Ps. 69. 32, (un bœuf) qui a (pousse) déjà des cornes (de קֶרֶן 1°).

קֶרֶן et קַרְנָא *f.* chald. Corne (*duel* קַרְנַיִן et קַרְנַיָּא), aussi au *pl.* : קַרְנַיָּא עֲשַׂר Deut. 7. 20, les dix cornes.

קֶרֶן הַפּוּךְ (la corne du fard) *n. pr.* Kéren Hapuch, fille de Job, Job 42. 14.

קָרַס Se courber, tomber, être renversé : קֹרֵס נְבוֹ Is. 46. 1, Nebo est renversé; קָרְסוּ כָּרְעוּ יַחְדָּו 46. 2, ils ont été renversés, ils sont tombés tous ensemble; de là

קֶרֶס seulement *plur.* קְרָסִים, const. קַרְסֵי, *m.* Crochets, agrafes, boucles : חֲמִשִּׁים קַרְסֵי זָהָב Exod. 26. 6, cinquante agrafes, boucles, d'or (pour y passer les cordons et joindre ensemble les rideaux du tabernacle).

קֵרֹס *n. pr.* (v. קֵירֹס).

קַרְסֹל *m.* Cheville; seulement *duel* : וְלֹא מָעֲדוּ קַרְסֻלָּי II Sam. 22. 37, Ps. 18. 37, et les chevilles de mes pieds, pour : mes pieds, n'ont point chancelé (dimininutif de קֶרֶס articulation, nœud).

קָרַע (*fut.* יִקְרַע) Déchirer, fendre, ouvrir, arracher, couper, calomnier : וַיִּקְרַע אֶת־בְּגָדָיו Gen. 37. 29, il déchira ses vêtements; קְרֻעֵי בְגָדִים II Sam. 13. 31, (et tous ses serviteurs) étaient déchirés de vêtements, c.-à-d. avaient בְּגָדִים קְרֻעִים leurs vêtements déchirés, avaient déchiré leurs vêtements; וְאֶקְרַע סְגוֹר לִבָּם Osée 13. 8, je déchirerai ce qui couvre leur cœur, c.-à-d. leur poitrine, ou leur cœur fermé, endurci; לוּא־קָרַעְתָּ שָׁמַיִם Is. 63. 19, si tu voulais fendre, ouvrir, les cieux; קָרַעְתָּ שָׁמַיִם; בַּפּוּךְ עֵינַיִךְ Jér. 4. 30, que tu déchires, gâtes, tes yeux avec du fard, que tu les fardes constamment; קָרַע יְיָ — מֵעָלֶיךָ I Sam. 15. 28, Dieu a déchiré (le royaume d'Israel) de dessus toi, c.-à-d. il te l'a arraché; יִקְרָעֶהָ בְּתַעַר Jér. 36. 23, il déchira, coupa (le livre), avec le couteau; וְקָרַע לוֹ חַלּוֹנָי Jér. 22. 14, et il s'ouvre, il fait percer dans le mur, des fenêtres; קָרְעוּ וְלֹא־דָמּוּ Ps. 35. 15, ils (me) déchiraient par leurs paroles, me calomniaient, et ne cessaient point.

Niph. pass.: לֹא יִקָּרֵעַ Exod. 28. 32, pour que (l'habit) ne se déchire; וְהַמִּזְבֵּחַ נִקְרָע I Rois 13. 5, et l'autel se rompit.

קֶרַע *m.* Seulement *plur.* קְרָעִים. Les parties, pièces, morceaux, d'un habit déchiré, haillons; וַיִּקְרָעֶהָ שְׁנֵים עָשָׂר קְרָעִים I Rois 11. 30, et il déchira l'habit en douze morceaux, parts; וּקְרָעִים תַּלְבִּישׁ נוּמָה Prov. 23. 21, et l'assoupissement, la paresse, fait vêtir (l'homme) de haillons.

קָרַץ Pincer, mordre: קֹרֵץ שְׂפָתָיו Prov. 16. 30, se mordant les lèvres (geste d'un homme qui a des desseins malicieux); de même קֹרֵץ עַיִן 10. 10, qui cligne les yeux, fait des signes des yeux; et קֹרֵץ בְּעֵינָו 6. 13, (le méchant) fait des signes des yeux.

Pou.: מֵחֹמֶר קֹרַצְתִּי גַם־אָנִי Job 33. 6, moi aussi j'ai été arraché (c.-à-d. formé) de l'argile, ou de la boue.

קֶרֶץ *m.* Destruction ou destructeur: קֶרֶץ מִצָּפוֹן בָּא Jér. 46. 20, la ruine, la destruction, ou le destructeur, viendra du pays du Nord.

קְרַץ chald. *m.* Morceau arraché: וַאֲכַלוּ קַרְצֵיהוֹן דִּי יְהוּדָיֵא Dan. 3. 8, ils mangèrent les morceaux (arrachés de la chair) des Juifs, c.-à-d. ils les calomnièrent, accusèrent; דִּי־אֲכַלוּ קַרְצוֹהִי דִּי דָנִיֵּאל 6. 25, qui avaient calomnié, accusé, Daniel.

קַרְקַע *m.* Fond, sol, terrain: בְּקַרְקַע הַמִּשְׁכָּן Nomb. 5. 17, sur le sol, pavé, du tabernacle; מִקַּרְקַע עַד־הַקַּרְקַע I Rois 7. 7, d'un bout du sol jusqu'à l'autre bout, c.-à-d. sur tout le sol, plancher; selon d'autres : depuis le plancher jusqu'au plafond (qui est en même temps le plancher de l'étage supérieur); בְּקַרְקַע הַיָּם Amos 9. 3, au fond de la mer.

קַרְקַע *n. pr.* Karka, ville appartenant à la tribu de Juda, Jos. 15. 3.

קַרְקֹר *n. pr.* d'une ville, Karkor, Jug. 8. 10.

קַרְקַר *Pi.* (v. קוּר *Pilp.*).

קֶרֶשׁ *m.* (avec suff. קַרְשָׁהּ, *pl.* קְרָשִׁים, const. קַרְשֵׁי). Ais, planche: וְעָשִׂיתָ אֶת־הַקְּרָשִׁים לַמִּשְׁכָּן Exod. 26. 15, tu feras les ais pour le tabernacle; קַרְשֵׁךְ עָשׂוּ־שֵׁן Ez. 27. 6, *collect.* ils ont fait tes ais (les ais de tes navires) d'ivoire; selon d'autres : ton gouvernail.

* קֹרַת (v. קַר): קֹרַת רוּחַ Aboth, le repos, la récréation, de l'esprit.

קֶרֶת *f.* (rac. קָרָה, v. קִרְיָה). Ville, cité : לְפִי־קָרֶת Prov. 8. 3, à l'entrée de la ville ; מְרֹמֵי קָרֶת 9. 3, les lieux élevés de la ville.

קַרְתָּה (ville) *n. pr.* Kartha, ville appartenant à la tribu de Zabulon, Jos. 21. 34.

קַרְתָּן *n. pr.* Karthan, ville de la tribu de Nephthali, Jos. 21. 32 (la même que קִרְיָתַיִם 2°, v. à קִרְיָה).

קְשׂוֹת (seulement const. קְשׂוֹת) et קְשָׂווֹת *f. pl.* (rac. קָשָׂה). Plaques ou coupes : וְאֵת קְשׂוֹת הַנָּסֶךְ Nomb. 4. 7, selon les uns : et les plaques (qui servent) de couverture (des feuilles d'or qui couvraient les pains de proposition); selon d'autres : et les coupes pour les libations (placées sur la table d'or) (v. à מְנַקִּית); וּקְשׂוֹתָיו Exod. 25. 29, et ses plaques, ou : et ses coupes; הַקְּשׂוֹת Exod. 37. 16, I Chr. 28. 17.

קְשִׂיטָה *f.* Nom d'une monnaie, d'une pièce d'or ou d'argent : בְּמֵאָה קְשִׂיטָה Gen. 33. 19, pour cent kesita (en comparant ce passage avec celui chap. 23. 16, on pourrait peut-être admettre qu'une kesita était de quatre sicles) ;

קְשִׂיטָה אַחַת Job 42. 11, une kesita; d'autres traduisent, Gen.: cent brebis ou agneaux, et Job: une brebis ou un agneau.

קַשְׂקֶשֶׂת *f.* Écaille: כֹּל אֲשֶׁר־לוֹ סְנַפִּיר וְקַשְׂקֶשֶׂת Lév. 11. 9, tout ce qui a des nageoires et des écailles; *pl.*: בְּקַשְׂקְשֹׂתֶיךָ Ez. 29. 4, à tes écailles; וְשִׁרְיוֹן קַשְׂקַשִּׂים I Sam. 17. 5, et une cuirasse à écailles.

קַשׁ *m.* (v. קָשַׁשׁ). Chaume, brin de paille, paille: לְקֹשֵׁשׁ קַשׁ לַתֶּבֶן Exod. 5. 12, afin d'amasser du chaume au lieu de paille; כְּקַשׁ נִדָּף Is. 41. 2, comme la menue paille emportée par le vent; וּבֵית עֵשָׂו לְקַשׁ Obad. 18, et la maison d'Esaü sera une paille.

קִשֻּׁאִים *m. pl.* Ex. unique: אֵת הַקִּשֻּׁאִים Nomb. 11. 5, les concombres (v. II מִקְשָׁה).

קָשַׁב Écouter attentivement: וְאָזְנֵי שֹׁמְעִים תִּקְשַׁבְנָה Is. 32. 3, et les oreilles de ceux qui entendent écouteront avec attention.

Hiph. Écouter avec attention, prêter l'oreille, obéir: לְהַקְשִׁיב לַחָכְמָה אָזְנֶךָ Prov. 2. 2, que ton oreille écoute attentivement la sagesse; הַקְשִׁיבָה אֶל־רִנָּתִי Ps. 142. 7, prête l'oreille à ma prière; avec לְ: לוּא הִקְשַׁבְתָּ לְמִצְוֺתָי Is. 48. 18, oh! si tu avais écouté mes préceptes, si tu leur avais obéi! avec עַל: מַקְשִׁיב עַל־דְּבַר־שָׁקֶר Prov. 29. 12, (un prince) qui écoute attentivement, favorablement, les faux rapports; avec בְּ: הִקְשִׁיב בְּקוֹל תְּפִלָּתִי Ps. 66. 19, il a écouté la voix de ma prière; avec l'*accus.*: וְרִבוֹת שְׂפָתַי הַקְשִׁיבוּ Job 13. 6, prêtez l'oreille à ce que mes lèvres vont plaider.

קַשָּׁב *adj.* Attentif; *fém.*: תְּהִי נָא אָזְנְךָ קַשֶּׁבֶת Néh. 1. 11, que ton oreille soit attentive (à la prière de ton serviteur).

קַשֻּׁב *adj.* Attentif; seulement *pl. f.*: תִּהְיֶינָה אָזְנֶיךָ קַשֻּׁבוֹת Ps. 130. 2, que tes oreilles soient attentives; II Chr. 6. 40, 7. 15.

קֶשֶׁב *m.* Attention: וְאֵין־עֹנֶה וְאֵין קָשֶׁב I Rois 18. 29, et personne ne répondit, et aucune attention (à leur invocation); וְהִקְשִׁיב קֶשֶׁב רַב־קָשֶׁב Is. 21. 7, et il écoutera, ou considérera, attentivement (ce qu'il verra), avec une grande attention.

קָשָׁה (*fut.* יִקְשֶׁה) Être dur, lourd, cruel, difficile: וַיִּקֶשׁ דְּבַר־אִישׁ יְהוּדָה II Sam. 19. 44, et la réponse des hommes de Juda était dure; קָשְׁתָה יָדוֹ עָלֵינוּ I Sam. 5. 7, sa main est dure, lourde, sur nous, nous frappe cruellement; כִּי קָשָׁתָה Gen. 49. 7, (leur colère) qui est dure, cruelle; וְהַדָּבָר אֲשֶׁר יִקְשֶׁה מִכֶּם Deut. 1. 17, et la chose qui sera trop difficile pour vous.

Niph.: וְעָבַר בָּהּ נִקְשֶׁה Is. 8. 21, il errera sur (cette terre) accablé d'un sort dur, cruel.

Pi.: וַתְּקַשׁ בְּלִדְתָּהּ Gen. 35. 16, il lui était difficile, pénible, dans son enfantement (elle accoucha avec un travail pénible).

Hiph. Rendre dur, difficile; endurcir, s'endurcir: וְעָרְפְּכֶם לֹא תַקְשׁוּ עוֹד Deut. 10. 16, ne rendez plus votre cou dur, inflexible, c.-à-d. ne vous endurcissez pas plus longtemps; מִי־הִקְשָׁה אֵלָיו Job 9. 4, qui s'est endurci contre lui, qui lui a désobéi? וַאֲנִי אַקְשֶׁה אֶת־לֵב פַּרְעֹה Exod. 7. 3, mais j'endurcirai le cœur de Pharaon (je l'abandonnerai à son égarement); אָבִיךָ הִקְשָׁה אֶת־עֻלֵּנוּ I Rois 12. 4, ton père avait rendu notre joug dur, lourd; הִקְשִׁיתָ לִשְׁאוֹל II Rois 2. 10, tu me demandes une chose bien difficile; בְּהַקְשֹׁתָהּ בְּלִדְתָּהּ Gen. 35. 17, lorsqu'elle eut un travail pénible, une grande peine à accoucher (v. *Pi.*).

קָשֶׁה *adj.* (const. קְשֵׁה; *plur.* קָשִׁים, const. קְשֵׁי; *fém.* קָשָׁה, const. קְשַׁת, *pl.* קָשׁוֹת). Dur, rude, pénible, inflexible, impétueux, puissant, difficile: בַּעֲבֹדָה קָשָׁה Exod. 1. 14, par un travail dur, pénible; וַיְדַבֵּר אִתָּם קָשׁוֹת Gen. 42. 7, il leur dit (des paroles) dures, rudes; לִקְשֵׁה יוֹם Job 30. 25, pour celui dont le jour, le sort, est dur; le malheureux, l'affligé; קָשָׁה כִשְׁאוֹל קִנְאָה Cant. 8. 6, le zèle de l'amour est inflexible, ferme, comme la tombe; קְשֵׁה־עֹרֶף Exod. 32. 9, qui a la nuque, la tête, dure, inflexible, qui est opiniâtre, entêté; קְשֵׁי פָנִים Ez. 2. 4, qui ont le visage, le front, dur, qui sont impudents; וּקְשֵׁי־לֵב 3.7, et ils ont le cœur endurci; בְּרוּחוֹ הַקָּשָׁה Is. 27. 8, avec son vent impétueux; וַתְּהִי הַמִּלְחָמָה קָשָׁה II Sam. 2. 17, le combat était rude; קָשִׁים מִמֶּנִּי 3. 39, (ils sont) plus puissants que moi; אִשָּׁה קְשַׁת־רוּחַ אָנֹכִי I Sam. 1. 15, je suis une femme d'un esprit troublé, très affligé; הַדָּבָר הַקָּשֶׁה Exod. 18. 26, une chose, affaire, difficile.

קְשׁוֹט chald. *m.* (v. קֹשֶׁט hébr.). Vérité : דִּי כָל־מַעֲבָדוֹהִי קְשׁוֹט Dan. 4. 34, dont toutes les œuvres sont (selon) la vérité; מִן־קְשֹׁט 2.47, en vérité, vraiment.

קשח *Kal* inusité. *Hiph.* Rendre dur, être dur : תַּקְשִׁיחַ לִבֵּנוּ Is. 63. 17, tu as laissé notre cœur s'endurcir (pour ne plus te craindre) (v. קָשָׁה); הִקְשִׁיחַ בָּנֶיהָ לְלֹא־לָהּ Job 39. 16, elle se conduit durement, elle est insensible à ses petits, comme s'ils n'étaient point à elle.

קֹשֶׁט *m.* Vérité : מִפְּנֵי קֹשֶׁט Ps. 60. 6, pour l'amour de la vérité (v. קְשׁוֹט chald.).

קֹשְׁטְ *m.* Certitude : קֹשְׁטְ אִמְרֵי אֱמֶת Prov. 22. 21, (pour te faire connaître) la certitude, l'infaillibilité, des paroles de la vérité.

קְשִׁי *m.* (rac. קָשָׁה). Opiniâtreté : קְשִׁי הָעָם הַזֶּה Deut. 9. 27, la dureté, l'opiniâtreté, de ce peuple.

קִשְׁיוֹן (dureté) *n. pr.* Kision, ville appartenant à la tribu d'Issachar, Jos. 19. 20 (קֶדֶשׁ I Chr. 6. 57).

* קְשִׁיוּת *f.* Dureté : בְּקַשְׁיוּת עֹרֶף Rituel, par l'opiniâtreté (v. à קָשָׁה).

קשר (*fut.* יִקְשֹׁר) 1° Lier, attacher : וַתִּקְשֹׁר עַל־יָדוֹ שָׁנִי Gen. 38. 28, elle lia à sa main un ruban d'écarlate; קָשְׁרֵם עַל־לִבְּךָ Prov. 6. 21, tiens-les liés à ton cœur; avec ב : תִּקְשְׁרִי בַּחַלּוֹן Jos. 2. 18, tu attacheras (ce cordon) à la fenêtre; וְנַפְשׁוֹ קְשׁוּרָה בְנַפְשׁוֹ Gen. 44. 30, et sa vie est attachée à la vie de celui-là, la vie de mon père dépend de celle de son fils; אִוֶּלֶת קְשׁוּרָה בְלֶב־נָעַר Prov. 22. 15, la folie est liée au cœur de l'enfant. — 2° Se liguer, conjurer, conspirer : קְשַׁרְתֶּם כֻּלְּכֶם עָלַי I Sam. 22. 8, vous avez tous conspiré contre moi; אֲחִיתֹפֶל בַּקֹּשְׁרִים II Sam. 15. 31, Achitophel est un des conspirateurs; וַיִּקְשְׁרוּ עָלָיו קֶשֶׁר II Rois 14. 19, on fit une conjuration contre lui. — 3° Être serré, fort, robuste : וְהַקְּשֻׁרִים לְיַעֲקֹב Gen. 30. 42, les (brebis) fortes (celles qui étaient conçues au printemps) furent pour Jacob.

Niph. : Se lier, être lié : נִקְשְׁרָה בְּנֶפֶשׁ דָּוִד I Sam. 18. 1, (l'âme de Jonathan) s'attacha, se lia étroitement, à l'âme de David; וַתִּקָּשֵׁר כָּל־הַחוֹמָה Néh. 3. 38, et toute la muraille fut liée, c.-à-d. close, achevée.

Pi. : הַתְקַשֵּׁר מַעֲדַנּוֹת כִּימָה Job 38. 31, as-tu joint les liens des Pléiades? ou : as-tu créé l'influence des Pléiades sur les fruits doux (qui les font mûrir, se nouer)? וּתְקַשְּׁרִים כַּכַּלָּה Is. 49. 18, et tu te les attacheras comme une épouse (s'attache la ceinture).

Pou. : הַצֹּאן הַמְקֻשָּׁרוֹת Gen. 30. 41, les brebis les plus fortes (v. *Kal* 3°).

Hithph. Conspirer : הִתְקַשְּׁרוּ עָלָיו עֲבָדָיו II Chr. 24. 25, ses serviteurs conspirèrent contre lui.

קֶשֶׁר *m.* (v. קָשַׁר). Conjuration, trahison : וַתִּקְרָא קֶשֶׁר קָשֶׁר II Rois 11. 14, et elle s'écria : Conjuration, trahison! וַיִּקְשְׁרוּ־קֶשֶׁר 12. 21, ils firent une conjuration, conspiration; וַיְהִי הַקֶּשֶׁר אַמִּץ II Sam. 15. 12, et la conspiration devint puissante.

קִשֻּׁרִים *m. pl.* Nom d'un vêtement : וְהַקִּשֻּׁרִים Is. 3. 20, les ceintures, les écharpes (que portent les femmes); selon d'autres : les chaînes qu'elles portent au cou, ou : les cordons, les rubans, dont elles attachent leurs cheveux; כַּלָּה קִשֻּׁרֶיהָ Jér. 2. 32, une épouse (oublie-t-elle) sa ceinture, ou sa chaîne, ou ses rubans?

קשש *Kal.* Assembler : הִתְקוֹשְׁשׁוּ וָקוֹשׁוּ Soph. 2. 1 (le premier *Hithph.*, le second *Kal*), assemblez-vous et assemblez (les autres), ou, *au fig.* : recueillez-vous, rentrez en vous-mêmes, et faites que les autres se recueillent.

Po. Amasser, chercher: וְקֹשְׁשׁוּ לָהֶם תֶּבֶן Exod. 5. 7, et qu'ils amassent, qu'ils aillent chercher eux-mêmes, la paille; אִישׁ מְקֹשֵׁשׁ עֵצִים Nomb. 15. 32, un homme qui ramassait du bois.

Hithph. Soph. 2. 1, v. *Kal.*

קֶשֶׁת *des deux genres* (avec suff. קַשְׁתִּי; *pl.* קְשָׁתוֹת, avec suff. קַשְׁתוֹתֵיהֶם). 1° Arc: דֹּרְכֵי קֶשֶׁת Jér. 46. 9, qui bandent l'arc; בֶּן־קָשֶׁת Job 41. 20, le fils de l'arc, la flèche; מִקֶּשֶׁת אֻסָּרוּ Is. 22. 3, ils ont été enchaînés par l'arc, épouvantés à la vue des arcs, des archers, qui les poursuivaient; וְשָׁבַרְתִּי אֶת־קֶשֶׁת יִשְׂרָאֵל Osée 1. 5, je briserai l'arc d'Israel, c.-à-d. sa puissance; וְקַשְׁתִּי בְּיָדִי תַחֲלִיף Job 29. 20, et mon arc se fortifiera dans ma main, mes forces augmenteront. — 2° L'arc-en-ciel: אֶת־קַשְׁתִּי נָתַתִּי בֶּעָנָן Gen. 9. 13, je mets mon arc dans les nuées; כְּמַרְאֵה הַקֶּשֶׁת Ez. 1. 28, comme l'apparence de l'arc (qui paraît au ciel).

קַשָּׁת *m.* Arc ou archer: וַיְהִי רֹבֶה קַשָּׁת Gen. 21. 20, et il devint un tireur d'arc, adroit à tirer l'arc (v. קֶשֶׁת); selon d'autres, רֹבֶה jeune homme: il devint קַשָּׁת tireur d'arc, archer (v. רָבָה 3°).

קַתְרוֹס chald. *keri*. Guitare ou harpe (v. קִיתָרֹס).

ר

ר Resch רֵישׁ vingtième lettre de l'alphabet; comme chiffre il signifie deux cents; lettre liquide, ר se permute avec ל et נ (v. ces deux lettres); comme son guttural, avec ע, exemples: בָּקַע fendre et בָּקַר séparer, distinguer; בָּצַע et בָּצַר briser, couper; ר remplace quelquefois un *dages* fort, comme כִּסֵּא hébr. et כָּרְסֵא chald., le trône; דַּמֶּשֶׂק et דַּרְמֶשֶׂק Damas.

רָאָה (*fut.* יִרְאֶה, יֵרֶא, וַיַּרְא; *inf.* רָאֹה, רְאוֹ; const. רְאוֹת, רְאֹת; une fois רַאֲֽוָה Ez. 28. 17) 1° Voir, avoir des visions: וְלֹא יִרְאוּ Ps. 115. 5, (les idoles ont des yeux) mais elles ne voient pas; אֹתְךָ רָאִיתִי צַדִּיק Gen. 7. 1, je t'ai vu un juste (j'ai vu que tu étais juste); souvent suivi de כִּי: וַיַּרְא יְיָ כִּי־שְׂנוּאָה לֵאָה Gen. 29. 31, l'Éternel vit que Lia était méprisée; כִּי רָאֲתָה כִּי־גָדַל שֵׁלָה 38. 14, parce qu'elle voyait que Selah était devenu grand; ou de הִנֵּה: וָאֵרֶא וְהִנֵּה־אִישׁ Zach. 2. 5, et je voyais un homme devant moi; וָאֵרֶא וְהִנֵּה מָלֵא Ez. 44. 4, et je vis que (la gloire de l'Éternel) avait rempli (le temple); avec omission du *régime*: וְלֹא־יָכֹלְתִּי לִרְאוֹת Ps. 40. 13, je n'ai pas pu voir (mes iniquités, parce qu'elles étaient trop nombreuses), ou: je n'ai pu en soutenir la vue; יִרְאוּ רַבִּים 40. 4, beaucoup d'hommes (le) verront; רֹאֵי פְּנֵי הַמֶּלֶךְ Esth. 1. 14, ceux qui voient le visage du roi, qui sont ses intimes; וַיִּרְאוּ אֵת אֱלֹהֵי יִשְׂרָאֵל Exod. 24. 10, ils virent le Dieu d'Israel (sa gloire, sa majesté, v. 32. 20; Dieu dit à Moïse: « Tu ne peux pas voir mon visage, parce que l'homme ne me verra sans mourir, l'homme ne peut me connaître parfaitement »); רָאִיתִי אֱלֹהִים פָּנִים אֶל־פָּנִים Gen. 32. 30, j'ai vu Dieu face à face; אֲשֶׁר אָמְרוּ לָרֹאִים לֹא תִרְאוּ Is. 30. 10, qui disent à ceux qui voient, aux prophètes: Ne voyez point, n'ayez pas, ou ne dites pas, vos visions (v. רֹאֶה et חֹזֶה); לְרֹאֵי הַשָּׁמֶשׁ Eccl. 7. 11, pour ceux qui voient le soleil, les vivants; הֲגַם הֲלֹם רָאִיתִי אַחֲרֵי רֹאִי Gen. 16. 13, ai-je rien vu après ma vision? (la vision a disparu sans laisser une trace, sans que je l'aie vue s'en aller, preuve que c'était une vision divine); selon d'autres: j'ai vu maintenant (un ange) après que Dieu m'a vu (puisque Dieu me voit et m'exauce).

2° Voir, considérer, examiner, regarder, avoir soin, choisir, visiter, envisager : וְרָאָהוּ הַכֹּהֵן Lév. 13. 5, le prêtre le considérera ; לִרְאוֹת בִּבְנוֹת הָאָרֶץ Gen. 34. 1, pour voir, examiner, les femmes de ce pays-là ; רָאָה בַּכָּבֵד Ez. 21. 26, il a examiné (consulté) le foie ; וְרֹאֶה בֶעָבִים Eccl. 11. 4, et celui qui considère les nuées. — Regarder avec plaisir, satisfaction : אַל־תֵּרֶא יַיִן Prov. 23. 31, ne regarde point le vin (lorsqu'il est vermeil) ; אַל־יֵרֶא בִפְלַגּוֹת Job 20. 17, il ne verra, ne se réjouira pas, des ruisseaux ; וּבְאֹיְבַי רָאֲתָה עֵינִי Ps. 54. 9, mon œil a vu, s'est réjoui, de mes ennemis (de leur ruine) ; וַאֲנִי אֶרְאֶה בְשֹׂנְאָי 118.7, et je verrai (ce que je souhaite arriver) à mes ennemis (leur ruine, punition) ; au contraire, voir avec douleur, être témoin de quelque chose de malheureux qui arrive à ceux qu'on aime : אַל־אֶרְאֶה בְּמוֹת הַיָּלֶד Gen. 21. 16, je ne verrai point, je ne serai point témoin de la mort de l'enfant ; פֶּן אֶרְאֶה בָרָע 44. 34, de peur que je ne sois témoin du malheur (de mon père) ; regarder avec dédain, mépris : אֵת כָּל־גָּבֹהַּ יִרְאֶה Job 41. 26, il regarde avec mépris tout ce qui est élevé ; אַל־תִּרְאוּנִי שֶׁאֲנִי שְׁחַרְחֹרֶת Cant. 1. 6, ne me regardez pas dédaigneusement parce que je suis brune ; regarder avec compassion : וְכִי רָאָה אֶת־עָנְיָם Exod. 4. 31, et que (Dieu) avait regardé leur affliction (qu'il la fera cesser) ; רָאָה יְיָ בְּעָנְיִי Gen. 29. 32, Dieu a regardé mon affliction (l'a fait cesser). — Pourvoir, veiller, avoir soin : רְאֵה בֵיתְךָ דָּוִד I Rois 12. 16, pourvois à ta maison, David ; אֵין שַׂר בֵּית־הַסֹּהַר רֹאֶה Gen. 39. 23, le gouverneur de la prison ne veillait (à rien, ne prenait connaissance de rien) ; וּרְאֵה יָשָׁר Ps. 37. 37, et considère le juste, ou : prends soin de la justice, de l'équité ; avec לוֹ se pourvoir, se procurer, choisir : אֱלֹהִים יִרְאֶה־לּוֹ הַשֶּׂה Gen. 22. 8, Dieu choisira, fournira lui-même, l'agneau ; וַיַּרְא רֵאשִׁית לוֹ Deut. 33. 21, et il a choisi la première part (de la possession) ; et sans לוֹ : יֵרֶא פַרְעֹה אִישׁ נָבוֹן Gen. 41. 33, que Pharaon choisisse un homme intelligent. — Visiter : וּבָא אָבִיךָ לִרְאוֹתֶךָ II Sam. 13. 5, et lorsque ton père viendra te visiter ; רְאֵה אֶת־שְׁלוֹם אַחֶיךָ Gen. 37. 14, vois la paix, c.-à-d. la santé, de tes frères, vois s'ils se portent bien ; וְעֵינָיו אֶל־קְדוֹשׁ יִשְׂרָאֵל תִּרְאֶינָה Is. 17. 7, et ses yeux regarderont le Saint d'Israel (il espérera en lui) ; יֵרֶא יְיָ עֲלֵיכֶם Exod. 5. 21, que Dieu jette les yeux sur vous (qu'il examine votre conduite) ; מָה רָאִיתָ כִּי עָשִׂיתָ אֶת־הַדָּבָר הַזֶּה Gen. 20. 10, qu'as-tu envisagé, quelle était ton intention en agissant ainsi? *Part. pass.* : הָרְאֻיוֹת לָתֶת־לָהּ Esth. 2. 9, (et sept jeunes filles) qui étaient choisies, ou qui étaient dignes, convenables, à lui être données (pour la servir).

3° Apercevoir, reconnaître par les sens ou par l'intelligence, éprouver, jouir ou souffrir : לִרְאוֹת מַה־יִּקְרָא־לוֹ Gen. 2. 19, pour voir comment il les appellerait ; וְכָל־הָעָם רֹאִים אֶת־הַקּוֹלֹת Exod. 20. 18, et tout le peuple apercevait, entendait, les tonnerres ; רָאִיתִי אוּר Is. 44. 16, j'ai senti le feu, la chaleur ; רְאֵה חַיִּים Eccl. 9. 9, jouis de la vie ; לִרְאוֹת שָׁחַת Ps. 16. 10, pour voir la tombe, éprouver la corruption ; לִרְאוֹת טוֹב Ps. 34. 13, Eccl. 3. 13, 6. 6, et רְאֵה בְטוֹב Jér. 29. 32, Eccl. 2. 1, voir le bien ou les biens, c.-à-d. jouir des biens de la vie ; רָאָה רָעָה Jér. 44. 17, voir, souffrir, le mal ; וְלִבִּי רָאָה הַרְבֵּה חָכְמָה Eccl. 1. 16, et mon cœur a vu, connu, beaucoup de sagesse ; רְאוּ דְבַר־יְיָ Jér. 20. 31, écoutez, reconnaissez, la parole de Dieu ; וּרְאִיתֶם בֵּין צַדִּיק לְרָשָׁע Mal. 3. 18, vous verrez (la différence, vous distinguerez) entre le juste et le méchant.

Niph. Être vu, visité ; paraître, apparaître, se présenter : מָגֵן אִם־יֵרָאֶה Jug. 5. 8, est-ce qu'un bouclier a été vu? אֵין אֶבֶן נִרְאָה I Rois 6. 18, aucune pierre ne fut vue ; וְתֵרָאֶה הַיַּבָּשָׁה Gen. 1. 9, et que le sec, la terre, paraisse ; אַחֲרֵי הֵרָאֹתוֹ אֶל־הַכֹּהֵן Lév. 13. 7, après qu'il aura été vu, visité, par le prêtre ; הֵרָאֵה אֶל־אַחְאָב I Rois 18. 1, présente-toi devant Achab; וְנִרְאָה אֶת־פְּנֵי יְיָ I Sam. 1. 22, pour qu'il se présente devant l'Éternel; וַיֹּסֶף יְיָ לְהֵרָאֹה 3. 21, Dieu continua à paraître; וַיֵּרָא יְיָ אֶל־אַבְרָם Gen. 12. 7, Dieu apparut à Abram; יְיָ נִרְאָה לִי Jér. 31. 3, Dieu m'a apparu; בְּהַר יְיָ יֵרָאֶה Gen. 22. 14, sur la montagne de Dieu il sera pourvu (v. *Kal* 2°, exemple Gen. 22. 8), les hommes seront vus et protégés de Dieu; ou: sur cette montagne on se présentera devant Dieu.

Pou.: לֹא רֻאּוּ Job 33. 21 (*dages* dans ר), (les os) qui n'avaient pas été vus (qui étaient couverts).

Hiph. (הֶרְאָה et הַרְאֵה, *fut.* יַרְאֶה, וַיַּרְא, comme *Kal*). 1° Faire qu'un autre voie, faire voir, montrer: לַרְאֹתְכֶם בַּדֶּרֶךְ Deut. 1. 33, pour vous faire voir (pour que vous puissiez voir) dans le chemin; וַיַּרְא אֹתָם אֶת־בֶּן־הַמֶּלֶךְ II Rois 11. 4, et il leur montra le fils du roi; וְהַרְאֵיתִי גוֹיִם מַעְרֵךְ Nah. 3. 5, je ferai voir ta nudité aux nations; כֹּה הִרְאַנִי אֲדֹנָי Amos 7. 1, ainsi m'a fait voir le Seigneur (dans une vision); אֱלֹהִים יַרְאֵנִי בְשֹׁרְרָי Ps. 59. 11, Dieu me fera voir (ce que je souhaite) à mes ennemis (leur punition, v. *Kal* 2°). — 2° Faire éprouver, faire jouir (v. *Kal* 3°): הִרְאִיתָ עַמְּךָ קָשָׁה Ps. 60. 5, tu as fait éprouver à ton peuple des choses dures; וְהֶרְאָה אֶת־נַפְשׁוֹ טוֹב Eccl. 2. 24, et qu'il fasse jouir son âme du bien; וְאַרְאֵהוּ בִּישׁוּעָתִי Ps. 91. 16, je lui ferai voir mon salut; je le ferai jouir du salut qui vient de moi.

Hoph. 1° *Pass.* du *Hiph.*: אֲשֶׁר־אַתָּה מָרְאֶה בָּהָר Exod. 25. 40, (selon le modèle que tu as été fait voir, c.-à-d.) qu'on t'a montré, sur la montagne; אַתָּה הָרְאֵתָ לָדַעַת Deut. 4. 35, (cela) t'a été montré pour que tu reconnaisses; וְהָרְאָה אֶת־הַכֹּהֵן Lév. 13. 49, et elle sera montrée au prêtre. — 2° מֹרְאָה Soph. 3. 1, la ville souillée, impure (v. מֹרָא); de là מַרְאָה et רְאִי 3°.

Hithph.: לָמָּה תִּתְרָאוּ Gen. 42. 1, pourquoi vous regardez-vous les uns les autres, c.-à-d. pourquoi restez-vous oisifs, hésitez-vous à prendre une résolution? נִתְרָאֶה פָנִים II Rois 14. 8, voyons-nous l'un l'autre, mettons-nous en face, en présence, c.-à-d. combattons entre nous; וַיִּתְרָאוּ פָנִים 14. 11, ils étaient en présence, ils combattaient l'un contre l'autre.

רָאֶה *adj.* Voyant: וּרְאֵה עָנְיִי Job 10. 15, (moi) voyant ma misère, c.-à-d. qui en suis accablé, qui la vois toujours près de moi.

רָאָה *f.* Ex. unique. Nom d'un oiseau de proie (de רָאָה qui a la vue perçante), Deut. 14. 13, le milan? le vautour? mais Lév. 11. 14, on lit הַדָּאָה.

רֹאֶה *part. act.* (de רָאָה). 1° Le voyant, qui a des visions, le prophète: כִּי לַנָּבִיא הַיּוֹם יִקָּרֵא לְפָנִים הָרֹאֶה I Sam. 9. 9, car celui que l'on appelle aujourd'hui prophète, on l'appelait alors le voyant; אֲשֶׁר אָמְרוּ לָרֹאִים Is. 30. 10, qui disent aux prophètes (v. חֹזֶה). — 2° *Subst.* Vision (v. רְאִי): שָׁגוּ בָּרֹאֶה Is. 28. 7, ils vacillent, chancellent, dans (leur) vision; ou: ils s'égarent, leur vision, prophétie, est fausse; selon d'autres: ils s'égarent, ils sont séduits de ce qui frappe leur vue, de ce qui flatte leurs sens (les mets délicats, v. רָאָה 3°).

רְאוּבֵן *n. pr.* Ruben, fils aîné de Jacob et souche de la tribu du même nom; l'étymologie: voyez un fils, ou composé de רָאָה et בְּעָנְיִי (Dieu) a regardé mon affliction, Gen. 29. 32 (v. רָאָה 2°).

רְאָוָה Action de voir: לְרַאֲוָה בָךְ Ez. 28. 17 (*inf. irrég.* de רָאָה), pour jeter les yeux sur toi, pour voir ta honte (v. רָאָה 2°).

רְאוּמָה (l'élevé) *n. pr.* Réumah, concubine de Nahor, Gen. 22. 24.

רְאוּת *f.* Action de voir, vue: רְאוּת עֵינָיו (*keri* רְאִית *cheth.*) Eccl. 5. 10, la vue de ses yeux, le plaisir de voir (son bien).

רְאִי *m.* Miroir: כִּרְאִי מוּצָק Job 37. 18, comme un miroir de fonte, d'airain (v. מַרְאָה 2°).

רְאִי et רֹאִי *m.* 1° Vision, contemplation : אַתָּה אֵל רֳאִי Gen.16.13, toi, Dieu de la vision, qu'on peut voir, contempler; ou : qui voit, pénètre tout; selon d'autres, *verbe :* tu es le Dieu qui m'as vue (אַחֲרֵי רֹאִי même verset, v. à רָאָה 1°). — 2° Aspect, figure : וְטוֹב רֹאִי I Sam. 16. 12, et beau d'aspect, d'une belle figure (v. מַרְאֶה); מֵרֹאִי Job 33. 21, (sa chair se consume) de la vue, c.-à-d. qu'on ne la voit, qu'elle ne paraît plus. — 3° וְשַׂמְתִּיךְ כְּרֹאִי Nah. 3. 6, je ferai de toi un exemple (pour servir d'avertissement); selon d'autres : je te rendrai comme de l'ordure, tu seras un objet de mépris, de dégoût (v. רָאָה *Hoph.* 2°).

רְאָיָה (Dieu le regarde) *n. pr. m.* 1° I Chr.4.2 (הָרֹאֶה 2.52). — 2° 5.5. — 3° Esdr. 2. 47.

• רְאָיוֹן *m.* Apparition : וְהָרְאָיוֹן Rituel, et l'apparition (des fidèles au temple).

רְאֵים (v. רְאֵם).

רְאִישׁוֹן (v. ראשׁון).

רְאִית (*chethib*) Eccl. 5. 10 (v. ראוּת).

רָאַם (pour רוּם) Être élevé. Ex. unique : וְרָאֲמָה Zach. 14. 10, elle sera élevée (v. רוּם).

רְאֵם *m.* (רְאֵים Ps. 92. 11, רֵים Job 39. 9, 10; *plur.* רְאֵמִים et רֵמִים Ps. 22. 22). Nom d'une bête des forêts, très forte et féroce, qui renverse tout par sa corne ou ses cornes; בֶן־רְאֵמִים Ps. 29. 6, un jeune réem; selon les uns, רְאֵם est une espèce de buffle ou d'antilope; selon les autres, le rhinocéros; selon d'autres, la licorne.

רָאמוֹת *f. pl.* (rac. רוּם pour רָמוֹת). Choses précieuses, des perles ou du corail rouge, Job 28. 18, Ez. 27. 6 : רָאמוֹת לֶאֱוִיל חָכְמוֹת Prov. 24.7, la sagesse est une chose trop haute, trop relevée, pour l'insensée; ou : comme des perles ou du corail rouge, comme une chose trop difficile à obtenir.

רָאמוֹת *n. pr.* 1° Ramoth, ville en Galaad, Deut. 4. 43, Jos. 20. 8 (Jos. 21. 36 רָמוֹת, et Jos. 13. 26 רָמַת הַמִּצְפֶּה). — 2° Ramoth, ville appartenant à la tribu d'Issachar, I Chr. 6. 58.

רָאשׁ Pauvre (v. רוּשׁ).

רֵאשׁ *m.* (rac. רוּשׁ, v. רֵישׁ). Pauvreté : רֵאשׁ וָעֹשֶׁר Prov. 30. 8, (ni) pauvreté, ni richesse; רֵאשֶׁךָ 6. 11, ta pauvreté.

רֵאשׁ chald. *m.* (*pl.* רֵאשִׁין, avec suff. רָאשֵׁיהוֹם, ראשׁ hébr.). Tête : רֵאשֵׁהּ דִּי דַהֲבָא Dan. 2. 38, la tête d'or; וְחֶזְוֵי רֵאשִׁי 4. 2, et les visions de ma tête, de mon esprit, imagination; רֵאשׁ מִלִּין Dan.7.1, la somme des choses, c.-à-d. les points principaux; גֻּבְרַיָּא דִּי בְרָאשֵׁיהֹם Esdr. 5. 10, les hommes qui sont à leur tête, les premiers entre eux.

רֹאשׁ *m.* (*plur.* רָאשִׁים, une fois רָאשִׁיו Is. 15. 2). 1° Tête (des hommes et des animaux), personne, homme : ראשׁ אֶפְרַיִם Gen. 48. 14, la tête d'Ephraïm; ראשׁ הַפָּר Lév. 4. 4, la tête du jeune taureau; דַּרְכָּם בְּרֹאשָׁם נָתַתִּי Ez. 9. 10, je mets leur conduite sur leur tête, c.-à-d. je les punis pour leurs crimes; וּנְתַתִּיו בְּרֹאשׁוֹ 17. 19, et je ferai tomber sur sa tête (le violement du serment, etc.); יָשׁוּב עֲמָלוֹ בְרֹאשׁוֹ Ps. 7. 17, le mal (qu'il méditait) retournera sur sa propre tête, l'atteindra lui-même; בְּרָאשֵׁינוּ יִפּוֹל אֶל־אֲדֹנָיו I Chr. 12. 19, il fera la paix avec son maître avec nos têtes, c.-à-d. en lui vendant notre vie, en nous sacrifiant à lui; tête, pour : personne, homme : מִסְפְּרֵי רָאשֵׁי הֶחָלוּץ I Chr. 12. 23, le nombre des hommes armés; לְרֹאשׁ גֶּבֶר Jug. 5. 30, pour la tête d'un homme, c.-à-d. pour chaque homme. — 2° Chef, sommet, pointe, la chose principale, capitale : ראשׁ שִׁבְטֵי יִשְׂרָאֵל אָתָּה I Sam. 15. 17, tu es le chef des tribus d'Israel; ראשׁ אֲרָם דַּמֶּשֶׂק Is. 7. 8, Damas est la capitale de Syrie; רָאשֵׁי אָבוֹת בֵּית־אָבוֹת Exod.6.14, et רָאשֵׁי 6. 25, les chefs des familles; כֹּהֵן הָרֹאשׁ II Chr. 19. 11, et seul הָרֹאשׁ 24. 6. le grand prêtre; וְאֵשֵׁב רֹאשׁ Job 29. 25, j'occupais la première place; הָיוּ צָרֶיהָ לְרֹאשׁ Lament. 1. 5, ses ennemis sont à la tête, c.-à-d. la dominent, ou triomphent; רָאשֵׁי הֶהָרִים Gen. 8. 5, les sommets des montagnes; וְרֹאשׁוֹ 11. 4, et le sommet (de la tour); רֹאשׁ הָעַמּוּדִים I Rois 7. 19, le haut des colonnes; וּכְרֹאשׁ שִׁבֹּלֶת Job 24. 24, et comme la pointe des épis; לְרֹאשׁ פִּנָּה Ps. 118. 21, la principale (pierre) de l'angle; רֹאשׁ שִׂמְחָתִי 137. 6, ma principale, ma plus grande joie; רָאשֵׁי בְשָׂמִים Cant. 4. 14. les parfums les plus excellents. — 3° Somme, nombre, troupe : וְשִׁלַּם אֹתוֹ בְּרֹאשׁוֹ Lév. 5. 24, il le restituera en son entier, tout le capital; נָשֹׂא אֶת־רֹאשׁ Nomb. 4. 22, fais le dénombrement; שְׁלֹשָׁה רָאשִׁים Jug. 7. 16, trois bandes, troupes (de soldats); וַיָּשֶׂם שָׁאוּל אֶת־הָעָם שְׁלֹשָׁה רָאשִׁים I Sam. 11. 11, Saül divisa son armée en trois corps. — 4° Commencement, le premier : כָּל־רֹאשׁ דֶּרֶךְ Ez. 16. 25, tout commencement d'un chemin, toute entrée d'une rue; בְּרֹאשׁ גֹּלִים Amos 6. 7, entre les premiers, en tête des captifs; רֹאשׁ חֳדָשִׁים Exod. 12. 2, le commencement, le premier des mois; מֵרֹאשׁ Is. 40. 21, dès le commencement (du monde); וְרֹאשׁ עַפְרוֹת תֵּבֵל Prov. 8. 26, et le commencement de la poussière du monde, c.-à-d. la première chose créée; ou comme מֵ־רֹאשׁ : avant le commencement, la création, de la poussière. — 5° Une plante vénéneuse (pavot, tête de pavot; selon d'autres : ciguë ou ivraie); puis *en général :* poison, venin, fiel : שֹׁרֶשׁ פֹּרֶה רֹאשׁ Deut. 29. 17, une racine qui porte, produit, du poison (des pécheurs qui séduisent les autres au péché); וּפָרַח כָּרֹאשׁ מִשְׁפָּט Osée 10. 4, la justice (les châtiments) germera, fleurira, comme les herbes vénéneuses (ou : comme la ciguë); לַעֲנָה וָרֹאשׁ Lament. 3. 19, de l'absinthe et du poison (du fiel); וְרֹאשׁ פְּתָנִים Deut. 32. 33, et le venin d'aspics; une fois עִנְּבֵי רוֹשׁ Deut. 32. 32, des raisins vénéneux.

רֹאשׁ *n. pr.* d'un peuple : נְשִׂיא רֹאשׁ מֶשֶׁךְ וְתֻבָל Ez. 38. 2, 3, 39. 1, prince de Ros, de Mesech et de Thubal (probablement en Tauride); d'autres traduisent : prince et chef de Mesech et de Thubal (v. רֹאשׁ 2°).

רֵאשֹׁת *f. pl.* Commencement : וְהֵטִבֹתִי מֵרִאשֹׁתֵיכֶם Ez. 36. 11, et je vous ferai plus de bien que dans votre commencement (que vous n'avez reçu au commencement) (v. רֹאשׁ 4° et רֵאשִׁית).

רֹאשָׁה *f. adj.* : הָאֶבֶן הָרֹאשָׁה Zach. 4. 7, la pierre principale (v. רֹאשׁ 2°), ou la première pierre, la pierre angulaire (v. רֹאשׁ 4°).

רִאשׁוֹן (רִאישׁוֹן Job 15. 7, רִישׁוֹן Job 8. 8; *plur.* רִאשֹׁנִים; *fém.* רִאשֹׁנָה, une fois רִאשֹׁנִית Jér. 25. 1, *plur.* רִאשֹׁנוֹת; rac. רֹאשׁ). Le premier : אֲנִי יְיָ רִאשׁוֹן Is. 41. 4, moi, l'Éternel, je suis le premier; בָּרִאשׁוֹן בְּאֶחָד לַחֹדֶשׁ Gen. 8. 13, le premier (mois) et le premier jour du mois (au premier jour du premier mois); le premier dans l'ordre : וַיְצַו אֶת־הָרִאשׁוֹן Gen. 32. 18, il ordonna à celui qui marchait le premier; le premier en dignité : הָרִאשֹׁנִים לְיַד הַמֶּלֶךְ I Chr. 18. 17, les premiers auprès du roi; אַךְ בַּיּוֹם הָרִאשׁוֹן Exod. 12. 15, le jour avant (Pâque, la veille de Pâque, vous enlèverez le levain), ou : le premier jour (de Pâque, vous aurez enlevé, il n'y aura plus de levain); הֲרִאישׁוֹן אָדָם תִּוָּלֵד Job 15. 7, es-tu le premier homme qui soit né, qui ait été créé? selon d'autres : es-tu né avant Adam? לְיָמִים רִאשֹׁנִים Deut. 4. 32, les jours, les siècles, passés; הַנְּבִיאִים הָרִאשֹׁנִים Zach. 1. 4, les prophètes qui ont précédé; רִאשֹׁנוֹת Is. 43. 18, 46. 9, les choses passées, le passé; aussi הָרִאשֹׁנוֹת Is. 42. 9, les premières prédictions. רִאשֹׁנָה *adv.* A la tête, en avant, le premier, premièrement : וַיָּשֶׂם אֶת־הַשְּׁפָחוֹת — רִאשֹׁנָה Gen. 33. 2, il mit à la tête les servantes; זֶה יָצָא רִאשֹׁנָה 38. 28, celui-ci est sorti le premier; רִאשֹׁנָה יִסָּעוּ Nomb. 2. 9, ils partiront en avant, les premiers; וְשִׁלַּמְתִּי רִאשׁוֹנָה Jér. 16. 18, je rendrai premièrement (au double ce qu'ils méritent); כָּרִאשֹׁנָה Deut. 9. 18, Dan. 11. 29, comme auparavant, comme la première fois; וַיִּסְעוּ בָּרִאשֹׁנָה Nomb. 10. 13, ils partirent les premiers; בָּרִאשֹׁנָה Gen. 13. 4, (l'autel qu'il avait bâti) avant, auparavant; בָּרִאשֹׁנָה Is. 52. 4, (mon peuple descendit en Égypte) autrefois; כְּבָרִאשֹׁנָה 1.26, comme autrefois; לָרִאשֹׁנָה Jug. 18. 29, auparavant; לְמִבָּרִאשׁוֹנָה I Chr. 15.12, lors de la première fois.

רָאשׁוֹת (v. מְרַאֲשֹׁתַי).

רֵאשִׁית *f.* (rac. ראשׁ, une fois רֵשִׁית Deut. 11. 12). 1° Commencement, premier état, le premier, les prémices: בְּרֵאשִׁית בָּרָא אֱלֹהִים Gen. 1. 1, au commencement Dieu créa; רֵאשִׁית מַמְלַכְתּוֹ 10. 10, (Babylone fut) le commencement (ou la capitale) de son royaume; בְּרֵאשִׁית מַמְלֶכֶת Jér. 28. 1, au commencement du règne (de Sédécias); מֵרֵאשִׁתוֹ Job 42. 12, (Dieu bénit Job dans son dernier état) plus que dans le premier; מֵרֵאשִׁיתוֹ Eccl. 7. 8, (il vaut mieux penser à la fin d'une chose, avoir en vue le succès d'une entreprise) que son commencement; וְרֵאשִׁית אוֹנִי Gen. 49. 3, et premier (fruit), prémices, de ma force, c.-à-d. mon premier-né; רֵאשִׁית דַּרְכּוֹ Prov. 8. 22, (je suis) la première pensée, le premier but, de sa voie (de sa création); רֵאשִׁית קְצִירְכֶם Lév. 23. 10, les prémices de votre moisson; רֵאשִׁית פְּרִי הָאֲדָמָה Deut. 26. 10, les prémices des fruits de la terre. — 2° Le plus excellent, le plus précieux: רֵאשִׁית הַגּוֹיִם Amos 6. 1, la première, la plus excellente, des nations; וְרֵאשִׁית שְׁמָנִים 6. 6, et les huiles de senteur les plus précieuses.

רִאשֹׁנִית Jér. 25. 1, la première (v. à רִאשׁוֹן).

רַב *adj.* (avec une pause רָב, *plur.* רַבִּים; *fém.* רַבָּה, *plur.* רַבּוֹת; rac. רָבַב). 1° *De la quantité*. Beaucoup de, nombreux: זָהָב רַב I Rois 10. 2, beaucoup d'or; מִסְפּוֹא רַב Gen. 24. 25, beaucoup de fourrage; עַם רָב Jos. 17. 14, un peuple nombreux; וּמִקְנֶה רַב Nomb. 32. 1, un grand nombre de troupeaux; יָמִים רַבִּים Gen. 21. 34, beaucoup de jours, longtemps; suivi d'un *subst.*: רַב־תְּבוּנָה Prov. 14. 29, (un homme) de beaucoup d'intelligence, ou d'une grande prudence (v. 2°); וְרַבַּת בָּנִים I Sam. 2. 5, et une femme riche en enfants, qui a beaucoup d'enfants; רַבָּתִי עָם Lament. 1. 1, י *parag.*, (une ville) pleine de peuple; sans *subst.*: וְנָפַל מִמֶּנּוּ רָב Exod. 19. 21, (de peur que) beaucoup, un grand nombre, d'entre eux, (ne) périssent; יֶשׁ־לִי רָב Gen. 33. 9, j'ai beaucoup de bien. — *Adverbialement*: וְרַב שֶׁיִּהְיוּ יְמֵי־שָׁנָיו Eccl. 6. 3, quelque nombreux que soient les jours de ses années. Souvent: Assez, c'est assez: רַב עוֹד־יוֹסֵף בְּנִי חָי Gen. 45. 28, c'est assez (pour moi, je n'ai plus rien à souhaiter) puisque mon fils Joseph vit encore; רַב־לָךְ Deut. 3. 26, et רַב־לָכֶם Ez. 45. 9, Nomb. 16. 3, c'est assez pour toi, pour vous (cesse, cessez); רַב־לָכֶם שֶׁבֶת Deut. 1. 6, vous avez assez demeuré (auprès de cette montagne); aussi le *fém.* s'emploie *adverbialement*: רַבַּת שָׂבְעָה־לָּהּ נַפְשֵׁנוּ Ps. 123. 4, mon âme est toute rassasiée, ou: rassasiée depuis longtemps; לֹא־אֶמּוֹט רַבָּה Ps. 62. 3, je ne serai pas fortement ébranlé.

2° *De la qualité*. Grand, puissant, âgé, aîné: תְּהוֹם רַבָּה Gen. 7. 11, le grand abîme; כִּי רַבָּה הִיא Esth. 1. 20, (l'empire) qui est grand; רַב מִמְּךָ הַדָּרֶךְ I Rois 19. 7, le chemin est encore grand pour toi, il te reste encore un grand chemin à faire; מַכָּה רַבָּה Nomb. 11. 33, une grande plaie; מָה רַב טוּבְךָ Ps. 31. 20, combien grande est ta bonté; רַב לְהוֹשִׁיעַ Is. 63. 1, (je suis) puissant pour sauver; מִזְּרוֹעַ רַבִּים Job 35. 9, à cause du bras des grands, des puissants; וְרַב יַעֲבֹד צָעִיר Gen. 25. 23, et l'aîné sera assujetti au plus jeune; לֹא־רַבִּים יֶחְכָּמוּ Job 32. 9, ce ne sont pas toujours les hommes âgés qui ont la sagesse. — *Subst.*: רַב־טַבָּחִים II Rois 25. 8, le chef des gardes; רַב סָרִיסָיו Dan. 1. 3, le chef de ses eunuques; רַב מְחוֹלֵל־כֹּל Prov. 26. 10, le puissant fait trembler tout le monde (de חָלַל); selon d'autres: le Grand (Dieu) forme, crée, tout; ou: un grand maître, un homme habile, sait tout faire (de חול).

3° Tireur d'arc, archer (de רָבַב 2°) : הַשְׁמִיעוּ אֶל־בָּבֶל רַבִּים Jér.50.29, rassemblez-vous contre Babylone, archers! יָסֹבּוּ עָלַי רַבָּיו Job 16. 13, ses archers, ou : les pointes de ses lances, m'environnent.

רַב chald. *adj.* (רַבָּא, *fém.* רַבְּתָא ; *pl.* רַבְרְבִין, *fém.* רַבְרְבָן). Grand : מֶלֶךְ רַב Dan. 2. 10, un grand roi ; לְטוּר רַב 2. 35, une grande montagne ; אֱלָהּ רַב 2. 45, le grand Dieu ; בָּבֶל רַבְּתָא 4. 27, la grande Babylone ; *subst.* : וְרַב סִגְנִין 2. 48, et le chef des gouverneurs, dignitaires ; כְּמָה רַבְרְבִין 3. 33, que (ses prodiges) sont grands ; חֵיוָן רַבְרְבָן 7. 3, et חֵיוָתָא רַבְרְבָתָא 7. 17, de grandes bêtes ; וּפֻם מְמַלִּל רַבְרְבָן 7. 8, 20, une bouche qui proférait de grands mots, des paroles insolentes, orgueilleuses.

רָב (v. רִיב).

רֹב *m.* (rac. רָבַב, aussi רוּב, avec *makkeph* רָב ; *plur.* רֻבֵּי). 1° Multitude, quantité : לְפִי רֹב הַשָּׁנִים Lév. 25. 16, selon le grand nombre d'années (s'il reste beaucoup d'années jusqu'au jubilé) ; רֹב־זִבְחֵיכֶם Is. 1. 11, la multitude de vos victimes ; רֻבֵּי תּוֹרָתִי Osée 8. 12, une quantité (d'ordonnances) de ma loi, ou : les ordonnances principales de ma loi ; וְרֹב עַצְמֹתַי Job 4.14, et tous mes os ; de là לָרֹב *adv.*, en quantité, fort, beaucoup : וַיִּפְרֹץ לָרֹב Gen. 30. 30, cela s'est accru de beaucoup ; כְּכוֹכְבֵי הַשָּׁמַיִם לָרֹב Deut. 1. 10, comme les étoiles du ciel en nombre ; צֹאן וּבָקָר לָרֹב II Chr. 18. 2, des brebis et des bœufs en quantité ; לֹא מֵרֻבְּכֶם מִכָּל־הָעַמִּים Deut.7.7, ce n'est pas à cause de votre plus grand nombre, c.-à-d. ce n'est pas que vous soyez plus nombreux que toutes les nations. — 2° Grandeur : בְּרָב־כֹּחַ Ps. 33. 16, par la grandeur de la force ; כְּרֹב רַחֲמֶיךָ 51. 3, selon la grandeur de ta miséricorde ; מֵרֹב הַדֶּרֶךְ Jos. 9. 13, par la longueur du chemin (par le long voyage).

רָבַב (v. רָבָה) 1° Se multiplier, être nombreux, grand : כִּי־הֵחֵל הָאָדָם לָרֹב Gen. 6. 1, lorsque les hommes commencèrent à se multiplier ; מָה־רַבּוּ צָרָי Ps. 3. 2, que le nombre de mes ennemis est grand ; מָה־רַבּוּ מַעֲשֶׂיךָ יְיָ Ps.104. 24, que tes œuvres sont nombreuses, ou grandes, Éternel! (Tous les autres temps se forment de רָבָה.) — 2° Tirer des flèches (v. רַב 3°) : וָרֹבּוּ Gen. 49. 23, et ils ont lancé les flèches contre lui (selon d'autres, de רִיב : ils l'ont querellé) ; וּבְרָקִים רָב Ps. 18. 15, il a lancé les éclairs (selon d'autres : il a multiplié les éclairs ; ou, רַב *adj.* : il a envoyé beaucoup d'éclairs).

Pou. : מְרֻבָּבוֹת Ps.144.13, (des brebis) qui se multiplient par myriades (formé de רְבָבָה).

רְבָבָה *f.* (rac. רָבַב ; *pl.* רְבָבוֹת, const. רִבְבוֹת). Dix mille, myriade : אֶלֶף לִרְבָבָה, Jug. 20. 10, et mille (hommes) de dix mille ; וְדָוִד בְּרִבְבֹתָיו I Sam. 18. 7, et David (a tué) ses dix mille ; מֵרִבְבֹת קֹדֶשׁ Deut. 33. 2, (entouré) des myriades de saints.

רָבַד Couvrir ou orner : מַרְבַדִּים רָבַדְתִּי עַרְשִׂי Prov.7.16, j'ai couvert, ou orné, mon lit, de tapis, de couvertures riches (v. רָבִיד).

רָבָה (*fut.* יִרְבֶּה, *apoc.* יִרֶב et תֵּרֶב, v. רָבַב) 1° Se multiplier, s'accroître, augmenter, être nombreux : פְּרוּ וּרְבוּ Gen.1.22, croissez et multipliez-vous ; לְמַעַן יִרְבּוּ יְמֵיכֶם Deut. 11. 21, afin que vos jours se multiplient ; וַיִּרְבּוּ הַמַּיִם Gen.7.17, les eaux s'accrurent ; מֵחוֹל יִרְבּוּן Ps. 139. 18, ils seront plus nombreux que les grains de sable ; une fois יִרְבְּיֻן Deut. 8. 13, (tes troupeaux) augmenteront. — 2° Être grand, plus grand, devenir puissant, être long : לֹא־רָבְתָה מַכָּה I Sam. 14. 30, la défaite n'aurait-elle pas été grande, ou plus grande? וַתֵּרֶב חָכְמַת שְׁלֹמֹה I Rois 5. 10, et la sagesse de Salomon était (plus) grande (que celle de tous les Orientaux) ; כִּי־יִרְבֶּה אֱלוֹהַּ מֵאֱנוֹשׁ Job 33. 12, que Dieu est bien plus grand que l'homme, bien au-dessus de l'homme ; בִּרְבוֹת צַדִּיקִים Prov. 29. 2, quand les justes deviennent grands, puissants ;

כִּי־יִרְבֶּה הַדֶּרֶךְ Deut. 19. 6, si le chemin est long; וַיְהִי רֹבֶה קַשָּׁת Gen. 21. 20, il devint un tireur d'arc, habile à tirer l'arc (v. רָבַב 2°); selon d'autres, רֹבֶה: grand, jeune homme, il devint archer (v. קַשָּׁת).

Pi.: רַבֵּה צְבָאֲךָ Jug. 9. 29, augmente ton armée; וְלֹא־רִבִּיתָ בִּמְחִירֵיהֶם Ps. 44. 13, et tu n'augmentes pas (ta richesse), tu ne gagnes pas, par leur échange, par le prix de leur achat (tu les vends à vil prix); רִבְּתָה גוּרֶיהָ Ez. 19. 2, elle a élevé, nourri, ses petits; אֲשֶׁר־טִפַּחְתִּי וְרִבִּיתִי Lament. 2. 22, (ceux) que j'ai soignés, que j'ai élevés.

* *Pou. part.*: מְרֻבָּה Rituel, (une bénédiction) abondante.

Hiph. (הִרְבָּה, *fut.* יַרְבֶּה, *apoc.* יֶרֶב, *imper.* הַרְבֵּה et הֶרֶב, *inf.* הַרְבֵּה, הַרְבָּה et הַרְבּוֹת). 1° Multiplier, augmenter, enrichir, avoir beaucoup: הַרְבָּה אַרְבֶּה Gen. 3. 16, je multiplierai, j'augmenterai; הַרְבִּי־שִׁיר Is. 23. 16, augmente le chant (chante beaucoup d'airs); וְהִרְבֵּיתִי אֶתְכֶם Lév. 26. 9, je vous augmenterai; לְהַרְבּוֹת לוֹ Prov. 22.16, pour s'enrichir; וְכֶסֶף הִרְבֵּיתִי לָהּ Osée 2. 10, et l'argent que je lui ai donné en abondance; כָּל־מַרְבֵּה רַגְלַיִם Lév. 11. 42, tout ce qui a plusieurs (plus de quatre) pieds; הִרְבּוּ נָשִׁים וּבָנִים I Chr. 7. 4, ils avaient beaucoup de femmes et d'enfants; souvent avec d'autres *verbes*: הִרְבְּתָה לְהִתְפַּלֵּל I Sam. 1. 12, elle priait beaucoup, longtemps; מַרְבִּים הָעָם לְהָבִיא Exod. 36. 5, le peuple apporte trop, plus qu'il ne faut; וְהִרְבָּה לְהָשִׁיב אַפּוֹ Ps. 78.38, il détournait souvent sa colère; לֹא־יַרְבֶּה Exod. 30. 15 (sous-entendu לָתֵת), (le riche) ne donnera pas plus; *l'infinitif* הַרְבֵּה, rarement הַרְבּוֹת, *adv.*, beaucoup, bien, très: אִם־מְעַט וְאִם־הַרְבֵּה Eccl. 5. 11, peu ou beaucoup; שְׂכָרְךָ הַרְבֵּה מְאֹד Gen. 15. 1, ta récompense sera très grande; וָאִירָא הַרְבֵּה מְאֹד Néh. 2. 2, j'avais bien peur; וַיִּכְעַס הַרְבֵּה 3. 33, il était très en colère. — 2° Rendre grand, puissant: וְעַנְוָתְךָ תַרְבֵּנִי Ps. 18. 36, et ta bonté me rend grand, puissant; וְהִרְבִּיתָ אֶת־גְּבוּלִי I Chr. 4. 10, si tu grandis mes terres (si tu étends mes limites); וְיֶרֶב אֲמָרָיו לָאֵל Job 34. 37, il profère beaucoup de paroles, ou des paroles impies, contre Dieu (v. רַב chald.).

רְבָה chald. Devenir grand: רְבָה אִילָנָא Dan. 4. 8, l'arbre devint grand, crût; דִּי רְבַיְתְ 4. 19, (c'est toi) qui es devenu grand.

Pa.: מַלְכָּא לְדָנִיֵּאל רַבִּי Dan. 2. 48, le roi éleva Daniel, le rendit grand.

רַבָּה (la grande) *n. pr.* 1° Rabbah, capitale des Ammonites, II Sam. 11. 1; בְּרַבַּת בְּנֵי עַמּוֹן Deut. 3. 11, dans Rabbath (ville) des enfants d'Ammon. — 2° הָרַבָּה La ville de Rabbah, appartenant à la tribu de Juda, Jos. 15. 60.

רִבּוֹ *f.* (aussi רִבּוֹא, *duel* רִבּוֹתַיִם; *plur.* רִבֹּאוֹת et רִבּוֹת). Le même que רְבָבָה dix mille, myriade: שְׁתֵּי רִבּוֹא Néh. 7. 72, et רִבֹּתַיִם Ps. 68. 18, vingt mille.

רִבּוֹ chald. Myriade: וְרִבּוֹ רִבְבָן (*keri* רִבְבָן) Dan. 7. 10, une myriade de myriades, cent millions.

רְבוּ et רְבוּתָא chald. *f.* Grandeur: וּרְבוּ יַתִּירָה Dan. 4. 33, et une grandeur extraordinaire; וּרְבוּתָךְ 4. 19, et ta grandeur.

רִבּוֹת (v. רִבּוֹ) Myriades.

* רִבּוֹן Maître: רִבּוֹנוֹ שֶׁל־עוֹלָם Rituel, maître du monde (Dieu).

רְבִיבִים *m. pl.* (rac. רָבַב). Les nombreuses gouttes, ou qui sont lancées, qui tombent du ciel (v. רָבַב 1° et 2°), la pluie: וְכִרְבִיבִים עֲלֵי־עֵשֶׂב Deut. 32. 2, comme les gouttes du ciel (qui tombent) sur l'herbe.

רָבִיד *m.* (rac. רָבַד). Collier: וְרָבִיד עַל־גְּרוֹנֵךְ Ez. 16. 11, et un collier autour de ton cou; רְבִד הַזָּהָב Gen. 41. 42, une chaîne (un collier) d'or.

רְבִיעִי (rac. רָבַע, v. אַרְבַּע, *f.* רְבִיעִית) *nombre ordinal.* Le, la quatrième: בָּרְבִיעִי Ez. 1. 1, le quatrième mois; וּבַשָּׁנָה הָרְבִיעִת Lév. 19. 23, et la quatrième année; בְּנֵי רְבִעִים II Rois 10. 30, 15. 12, les enfants de la quatrième génération, les arrière-petits-fils;

רְבִיעִית *subst.*, le quart: רְבִיעִת הַהִין Exod. 29. 40, le quart de la mesure appelée hin; רְבִיעִית הַיּוֹם Néh.9.3, la quatrième part du jour; selon d'autres: quatre fois par jour; רְבִיעִית תָּרִימוּ Ez. 48. 20, vous séparerez un carré (de 25 mille); מֵאֵת רְבִעִית I Rois 6. 33, (des poteaux) taillés à quatre faces, ou carrés.

רְבִיעַי chald. Quatrième: וּמַלְכוּ רְבִיעָיָא Dan. 2. 40, et le quatrième royaume ou règne; *fém.*: חֵיוְתָא רְבִיעָיְתָא 7. 19, 23, la quatrième bête.

רַבִּית (multitude ou capitale) *n. pr.* Rabbith, ville appartenant à la tribu d'Issachar, Jos. 19. 20.

רָבַךְ Mêler ou tremper, seulement *Hoph. part.*: וְסֹלֶת מֻרְבֶּכֶת Lév.7.12, et de la plus pure farine échaudée, trempée dans de l'eau bouillante; ou: bien mêlée avec de l'huile; selon d'autres: cuite (dans la poêle); seul: מֻרְבֶּכֶת 6.14, וְלַמֻּרְבֶּכֶת I Chr. 23. 29, (une oblation) échaudée, ou bien mêlée d'huile, ou cuite (ou rôtie sur le feu).

רִבְלָה *n. pr.* Reblah, ville dans le pays de Hamath, Nomb.34.11, II Rois 23. 33.

* רַבָּן *m. pl.* Rabbin, maître, titre donné aux docteurs qui présidaient au Sanhédrin, Rituel.

* רַבָּנוּת *f.* Domination, les dignités, honneurs, Aboth (de רַבָּה ou רָבַב).

I רָבַע Coucher: לְרִבְעָה Lév.18.23, et לְרִבְעָה אֹתָהּ 20. 16, (une femme qui s'approche d'une bête) pour se prostituer.

Hiph.: בְּהֶמְתְּךָ לֹא־תַרְבִּיעַ כִּלְאַיִם Lév. 19. 19, tu n'accoupleras pas ton bétail par deux espèces différentes (tu ne feras pas couvrir une bête de celle d'une autre espèce).

II רָבַע (v. אַרְבַּע, רְבִיעִי) Être carré, *part. pass.*: רָבוּעַ יִהְיֶה הַמִּזְבֵּחַ Exod. 27. 1, l'autel sera carré; רָבוּעַ אֶל אַרְבַּעַת רְבָעָיו Ez. 43. 16, (l'autel était) carré, ayant ses quatre côtés égaux, formant un carré parfait; *fém.* רְבֻעָה Ez. 41. 21; *m. pl.* רְבֻעִים I Rois 7. 5.

Pou.: מְרֻבָּע סָבִיב Ez. 45. 2, (un endroit) carré (de cinq cents cannes) de chaque côté; *fém.*: מְרֻבַּעַת 40. 47, (une cour) carrée; מְרֻבָּעוֹת *f. pl.* I Rois 7. 31 (v. רְבִיעִי à la fin).

I רֶבַע (v. I רָבַע) État d'être couché: אָרְחִי וְרִבְעִי זֵרִיתָ Ps. 139. 3, tu connais, ou tu protéges, mon aller et mon coucher (soit que je marche ou que je repose) (v. à זָרָה *Pi.*).

II רֶבַע (v. אַרְבַּע, II רָבַע) 1° Le quart: רֶבַע הַהִין Exod. 29. 40, le quart d'un hin (mesure); רֶבַע שֶׁקֶל I Sam. 9. 8, le quart d'un sicle.—2° Chacun des quatre côtés d'un corps: עַל אַרְבַּעַת רִבְעֵיהֶם Ez. 1. 8, à leurs quatre côtés; רְבָעָיו 43. 16, les quatre côtés (de l'autel).

רֶבַע *n. pr.* Reba, un des rois des Madianites, Nomb. 31. 8, Jos. 13. 21.

רֹבַע *m.* (v. II רֶבַע 1° et רְבִיעִית *subst.* à רְבִיעִי). Quart: וְרֹבַע הַקַּב II Rois 6. 25, et le quart d'un cabe (mesure); וּמִסְפָּר אֶת־רֹבַע יִשְׂרָאֵל Nomb. 23. 10, (et qui connaît) le nombre de la quatrième partie d'Israel (d'un de ses quatre camps, v. Nombres, chap. 2); selon d'autres, de I רָבַע: de la postérité des enfants d'Israel.

רִבֵּעַ *m.*, ne se trouve qu'au *plur.*: וְעַל־רִבֵּעִים Exod. 20. 5, 34. 7, Deut. 5. 9, et sur les enfants de la quatrième génération, les arrière-petits-fils (v. רְבִיעִי à בְּנֵי רִבֵּעִים).

רָבַץ (*fut.* יִרְבַּץ) Être couché, se coucher, succomber, s'abattre, se reposer, être en sûreté. Des quadrupèdes: רֹבְצִים עָלֶיהָ Gen. 29. 2, (trois troupeaux de brebis) couchés auprès du (puits); רָבַץ כְּאַרְיֵה 49. 9, il est couché comme un lion; וַתִּרְבַּץ תַּחַת בִּלְעָם Nomb. 22. 27, (l'ânesse) tomba, s'abattit, sous Balaam; הָרֹבֵץ בְּתוֹךְ יְאֹרָיו Ez. 29. 3, (Pharaon, comme un dragon ou crocodile) qui se couche au milieu de ses fleuves; une fois d'un oiseau: וְהָאֵם רֹבֶצֶת עַל־הָאֶפְרֹחִים Deut. 22. 6, et la mère est couchée sur ses petits; רֹבֵץ תַּחַת מַשָּׂאוֹ Exod. 23. 5, (un âne) qui succombe sous sa charge ; des hommes : וְרָבַצְתָּ וְאֵין מַחֲרִיד Job 11. 19, tu te coucheras, tu seras en repos, sans que personne t'effraye ; לָבֶטַח יִרְבָּצוּ Is. 14. 30, (et les pauvres) se reposeront en sûreté ; תְּהוֹם רֹבֶצֶת תָּחַת Gen. 49. 25, l'abîme, les eaux, qui reposent en bas, dans la profondeur ; וְרָבְצָה בּוֹ כָּל־הָאָלָה Deut. 29. 19, toutes les malédictions pèseront sur lui ; לַפֶּתַח חַטָּאת רֹבֵץ Gen. 4. 7, le péché est couché à ta porte (ou : à la porte, l'entrée, de ta tombe), il t'attend comme une bête féroce, pour te dévorer.

Hiph. Faire reposer : אֵיכָה תַּרְבִּיץ בַּצָּהֳרָיִם Cant. 1. 7, où tu fais reposer (ton troupeau) à midi ; וַאֲנִי אַרְבִּיצֵם Ez. 34. 15, et je les ferai reposer (mes brebis, Israel) ; אָנֹכִי מַרְבִּיץ בַּפּוּךְ אֲבָנַיִךְ Is. 54. 11, je poserai tes pierres, je bâtirai avec des pierres de couleurs vives ; ou : je ferai asseoir les pierres de tes murs sur des rubis (v. פּוּךְ).

רֵבֶץ *m*. Lieu de repos, de retraite : לְרֵבֶץ בָּקָר Is. 65. 10, en une retraite pour les bœufs ; אַל־תְּשַׁדֵּד רִבְצוֹ Prov. 24. 15, ne trouble point le lieu de son repos (du juste).

רִבְקָה (celle qui attache?) *n. pr*. Rebecca, fille de Bethuel, femme d'Isaac, Gen. 22. 23.

רַבְרְבָן chald., seulement *plur*. Les grands, princes (v. רַב chald.) : לְרַבְרְבָנוֹהִי Dan. 5. 1, pour ses grands, les grands de sa cour.

רַבְשָׁקֵה (chef des échansons) *n. pr*. Rabsakeh, général assyrien, II Rois 18. 17.

רֶגֶב *m*. Motte de terre : רִגְבֵי נָחַל Job 21. 33, les mottes de la vallée (lui sont douces, la terre lui est légère) ; וּרְגָבִים יְדֻבָּקוּ 38. 38, (et lorsque) les mottes de la terre s'attachaient entre elles.

רָגַז (*fut*. יִרְגַּז, v. רָגַשׁ, רָעַשׁ) Être agité, troublé, ému ; se fâcher, trembler, frémir : וְלֹא יִרְגַּז עוֹד II Sam. 7. 10, et il ne sera plus agité de trouble ; שְׁאוֹל מִתַּחַת רָגְזָה לְךָ Is. 14. 9, le scheol (en bas) est agité, ému, à cause de toi ; — de colère : וְרָגַז וְשָׂחַק Prov. 29. 9, soit qu'il se fâche ou qu'il rie ; וַתִּרְגְּזִי־לִי Ez. 16. 43, *trans*., et que tu m'as irrité ; וַיִּרְגַּז הַמֶּלֶךְ II Sam. 18. 33 (19. 1), le roi était saisi de douleur ; — de crainte, de frayeur : רִגְזָה בֹּטְחוֹת Is. 32. 10, tremblez, vous qui êtes dans la sécurité ; וְרָגְזוּ וְחָלוּ מִפָּנֶיךָ Deut. 2. 25, ils trembleront, ils seront saisis de douleur, de frayeur, devant toi (v. חוּל) ; לְפָנָיו רָגְזָה אֶרֶץ Joel 2. 10, la terre tremble devant lui ; — de joie : וְרָגְזוּ עַל כָּל־הַטּוֹבָה Jér. 33. 9, ils frémiront à la vue de tout le bien.

Hiph. Troubler, faire trembler, irriter : לָמָּה הִרְגַּזְתַּנִי I Sam. 28. 15, pourquoi as-tu troublé mon repos? וְהִרְגִּיז לְיֹשְׁבֵי בָבֶל Jér. 50. 34 (*inf*. pour הַרְגִּיז), et pour faire trembler les habitants de Babylone ; לְמַרְגִּיזֵי אֵל Job 12. 6, à ceux qui irritent, offensent, Dieu.

Hithph. : הִתְרַגֶּזְךָ אֵלָי Is. 37. 28, 29, II Rois 19. 28, 29, ton irritation, ta rage, contre moi.

רְגַז chald. *aph*. Irriter : מִן־דִּי הַרְגִּזוּ אֲבָהֳתַנָא Esdr. 5. 12, lorsque nos pères eurent irrité (Dieu).

רְגַז chald. *m*. Colère : בִּרְגַז וַחֲמָא Dan. 3. 13, avec colère et fureur.

רַגָּז *adj*. Agité : לֵב רַגָּז Deut. 28. 65, un cœur toujours tremblant, agité de crainte.

רֹגֶז *m*. Agitation, douleur, chagrin, frémissement, colère : חָדְלוּ רֹגֶז Job 3. 17, (c'est là que les impies) cessent l'agitation, le trouble ; וּמֵרָגְזֶךָ Is. 14. 3, et de ton chagrin, de tes douleurs ; וּשְׂבַע־רֹגֶז Job 14. 1, (l'homme) rempli de douleur, de misère ; בְּרַעַשׁ וְרֹגֶז Job 39. 24, (le cheval enfonce la terre) avec rage (ou bruit) et avec frémissement ; בְּרֹגֶז רַחֵם תִּזְכּוֹר Hab. 3. 2, dans (ta) colère souviens-toi de la miséricorde.

רָגְזָה *f*. Tremblement : בְּרָגְזָה Ez. 12. 18, (bois ton eau) avec un tremblement, dans l'inquiétude.

רָגַל (de רֶגֶל pied) 1° Aller çà et là, porter des nouvelles, médire, calomnier (v. רָכַל): לֹא־רָגַל עַל־לְשֹׁנוֹ Ps. 15. 3, il n'a pas médit, calomnié, avec sa langue. — 2° Fouler, de là רֹגֵל foulon dans les *n. pr.* עֵין רֹגֵל et רֹגְלִים.

Pi. 1° Même signif. que *Kal* 1° : וַיְרַגֵּל בְּעַבְדְּךָ II Sam. 19. 28, il a calomnié ton serviteur. — 2° Aller pour explorer, reconnaître, espionner : לְרַגֵּל אֶת־הָאָרֶץ Jos. 14. 7, pour (aller) reconnaître le pays; הַנְּעָרִים הַמְרַגְּלִים Jos. 6. 23, les jeunes gens envoyés pour reconnaître le pays (les émissaires); מְרַגְּלִים אַתֶּם Gen. 42. 9, vous êtes des espions.

Hiph.: וְאָנֹכִי תִרְגַּלְתִּי לְאֶפְרַיִם Osée 11. 3 (pour הִרְגַּלְתִּי), j'ai fait marcher Ephraïm, je lui ai appris à marcher, comme à un enfant, je l'ai conduit doucement, je l'ai élevé. * Guider, accoutumer : וְתַרְגִּילֵנִי לִדְבַר מִצְוָה Rituel, et guide, accoutume-moi, aux bonnes œuvres, aux œuvres de piété.

רֶגֶל *f.*, rarement *m.* (avec suff. רַגְלִי, *duel* et *pl.* רַגְלַיִם, const. רַגְלֵי; le *plur.* רְגָלִים seulement dans le sens 2°). 1° Pied: רֶגֶל תַּחַת רָגֶל Exod. 21. 24, pied pour pied; רֶגֶל אָדָם וְרֶגֶל בְּהֵמָה Ez. 29. 11, (ni) le pied d'un homme, (ni) le pied d'une bête; רַק אֶעְבְּרָה בְרַגְלָי Deut. 2. 28, je veux seulement passer à pied (ou toujours sur mes pieds, passer sans m'arrêter); אַתָּה וְכָל־הָעָם אֲשֶׁר־בְּרַגְלֶיךָ Exod. 11. 8, toi et tout le peuple qui est à tes pieds, qui te suit, à qui tu commandes; וַיַּעַל בְּרַגְלָיו עֲשֶׂרֶת אַלְפֵי אִישׁ Jug. 4. 10, et il amena dix mille hommes sous son commandement; שֻׁלַּח בְּרַגְלָיו 5. 15, il a été envoyé sous la conduite de (Barak), ou : Barak s'est précipité à pied; לָעָם אֲשֶׁר בְּרַגְלָי Jug. 8. 5, aux gens qui me suivent, qui sont avec moi; וַיְבָרֶךְ יְיָ אֹתְךָ לְרַגְלִי Gen. 30. 30, Dieu t'a béni aussitôt que j'ai mis le pied dans ta maison; לְרַגְלָיו Hab. 3. 5, derrière lui, à sa suite; הַהֹלְכֹת לְרַגְלָהּ I Sam. 25. 42, qui la suivaient; וְהִשְׁקִיתָ בְרַגְלְךָ Deut. 11. 10, (un pays que) tu as arrosé avec ton pied, c.-à-d. en allant chercher de l'eau; ou : moyennant des machines qu'on mettait en mouvement par la force des pieds (en Égypte); מֵימֵי רַגְלֵיהֶם Is. 36. 12 (*keri*), leur urine; וְשַׂעַר הָרַגְלָיִם 7. 20, et le poil des pieds (des parties honteuses); לְהָסֵךְ אֶת־רַגְלָיו I Sam. 24. 4, pour couvrir ses pieds, c.-à-d. pour satisfaire un besoin naturel (v. סָכַךְ); — לְרֶגֶל הַמְּלָאכָה וּלְרֶגֶל הַיְלָדִים Gen. 33. 14, selon la marche du troupeau et selon la marche des enfants (qui cheminent lentement); selon d'autres, en rapport des affaires, de la besogne : et selon la marche des enfants (מְלָאכָה 2°).

2° Fois : זֶה שָׁלֹשׁ רְגָלִים Nomb. 22. 28, déjà trois fois; שָׁלֹשׁ רְגָלִים תָּחֹג לִי בַּשָּׁנָה Exod. 23. 14, trois fois tu célébreras des fêtes en mon honneur chaque année; plus tard * שָׁלֹשׁ רְגָלִים Rituel, les trois fêtes, et רֶגֶל fête.

רְגַל ou רֶגֶל chald. *f.* Pied; *duel* רַגְלַיִן Dan. 7. 4; *plur.* רַגְלַיָּא 2. 41, les pieds; רַגְלוֹהִי 2. 33, ses pieds.

רַגְלִי *adj.* (de רֶגֶל pied). Soldat qui sert à pied, fantassin : כְּשֵׁשׁ־מֵאוֹת אֶלֶף רַגְלִי Exod. 12. 37, près de six cent mille hommes à pied, fantassins; *plur.* : כִּי אֶת־רַגְלִים רַצְתָּה Jér. 12. 5, car (si) tu as couru avec des gens qui étaient à pied.

רֹגְלִים (endroit des foulons) *n. pr.* Roglim, ville dans Galaad, II Sam. 17. 27, 19. 32.

רָגַם Jeter, lancer, des pierres; lapider; avec ou sans le mot אֶבֶן : וְרָגְמוּ עֲלֵיהֶן אֶבֶן Ez. 23. 47, que (la foule) jette des pierres sur elles, les lapide; avec ב : וַיִּרְגְּמוּ כָל־יִשְׂרָאֵל בּוֹ אֶבֶן I Rois 12. 18, tout Israel le lapida : רָגוֹם יִרְגְּמוּ־בוֹ כָּל־הָעֵדָה Lév. 24. 16, tout le peuple le lapidera; avec l'*accus.* et אֶבֶן ou בָּאֶבֶן : בָּאֶבֶן יִרְגְּמוּ אֹתָם Lév. 20. 27, on les lapidera; לִרְגּוֹם אֹתָם בָּאֲבָנִים Nomb. 14. 10, de les lapider.

רֶגֶם *n. pr. m.* I Chr. 2. 47.

רֶגֶם מֶלֶךְ *n. pr. m.* Zach. 7. 2.

רִגְמָה *f.* Troupe : שָׂרֵי יְהוּדָה רִגְמָתָם Ps. 68. 28, les princes de Juda (et) leur troupe; selon d'autres : les princes de Juda, leurs chefs.

רָגַן Murmurer, désobéir : וְרוֹגְנִים יִלְמְדוּ־לֶקַח Is. 29. 24, les indociles apprendront la loi de Dieu.

Niph. : וַתֵּרָגְנוּ בְאָהֳלֵיכֶם Deut. 1. 27, vous murmurâtes dans vos tentes, vous vous plaignîtes sourdement, Ps. 106. 25.

רָגַע Agiter, troubler, gronder, fendre, briser, dompter (v. גָּעַר et רָגַשׁ) : רֹגַע הַיָּם Is. 51. 15, (Dieu) qui agite, trouble, la mer, ou qui la fend; בְּכֹחוֹ רָגַע הַיָּם Job 26. 12, avec sa force il a agité, fendu, la mer; selon d'autres : il l'a grondée, l'a domptée, en la menaçant; *intrans.* : עוֹרִי רָגַע Job 7. 5, ma peau est fendue, brisée; selon d'autres : ma peau est ridée, toute sèche.

Niph. : הֵרָגְעִי וָדֹמִּי Jér. 47. 6, dompte, c.-à-d. repose-toi, arrête-toi, et sois calme (ne frappe plus).

Hiph. 1° Procurer, donner, le repos (v. *Niph.*) : הָלוֹךְ לְהַרְגִּיעוֹ יִשְׂרָאֵל Jér. 31. 2, (Dieu) marche pour lui donner son repos, à Israel (ou : Israel marche à son repos); לְמַעַן הִרְגִּיעַ אֶת־הָאָרֶץ Jér. 50. 34 (pour הַרְגִּיעַ), pour donner le repos à la terre (en châtiant Babylone); selon d'autres : pour agiter, épouvanter, la terre (par le châtiment de Babylone); וּמִשְׁפָּטִי לְאוֹר עַמִּים אַרְגִּיעַ Is. 51. 4, et j'établirai ma justice pour éclairer les peuples; selon d'autres : j'exercerai ma justice à tout moment (de רֶגַע) pour etc. — 2° *Intrans.* Avoir du repos : לֹא תַרְגִּיעַ Deut. 28. 65, tu n'auras aucun repos; שָׁם הִרְגִּיעָה לִּילִית Is. 34. 14, là repose, se retire, l'oiseau ou le fantôme de nuit (v. לִילִית). — 3° (de רֶגַע) Faire un clin d'œil : כִּי־אַרְגִּיעָה אֲרִיצֶנּוּ מֵעָלֶיהָ Jér. 49. 19, car je fais un clin d'œil, et je le fais courir loin d'elle, ou fondre sur elle; c.-à-d. : en un moment je ferai sortir Israel de l'Idumée (où ils sont en captivité); ou : je ferai fondre l'ennemi sur l'Idumée; (selon d'autres, dans le sens 1° : car, quand je donnerai le repos à Israel, je chasserai les Iduméens de leur pays); 50. 44, וְעַד־אַרְגִּיעָה Prov. 12. 19, pendant que je fais un clin d'œil, c.-à-d. seulement un moment, *opposé à* לָעַד (toujours); selon d'autres : (mais la langue de mensonge) jusqu'à ce que je la brise, que je la calme, que je la fasse taire.

רָגֵעַ *adj.* Ex. unique ; *pl.* : רִגְעֵי־אֶרֶץ Ps. 35. 20, (et contre) les hommes tranquilles, paisibles, humbles, de la terre (v. רָגַע *Niph.*); selon d'autres : et dans les endroits fendus, les creux de la terre, dans les cavernes, c.-à-d. en secret.

רֶגַע *m.* (*plur.* רְגָעִים). Un clin d'œil (v. רָגַע *Hiph.* 3°), fort peu de temps, un moment : רֶגַע אֶחָד Exod. 33. 5, un moment; בְּרֶגַע קָטֹן Is. 54. 7, un petit moment, fort peu de temps (selon d'autres, de רָגַע agiter : dans une légère agitation, colère); וּבְרֶגַע שְׁאוֹל יֵחָתּוּ Job 21. 13, et en un moment ils descendent dans le scheol; selon d'autres (de רָגַע *Niph.* et *Hiph.* 1° et 2°) : en repos, en paix, sans souffrances et sans regrets; כְרָגַע Ps. 73. 19, et רֶגַע Job 34. 19, en un moment, tout d'un coup; לִרְגָעִים Job 7. 18, Is. 27. 3, à tout moment; וְחָרְדוּ לִרְגָעִים Ez. 26. 16, ils trembleront à tout moment, ou : soudainement, selon d'autres : de terreur, ou : à cause des troubles, de la catastrophe.

רָגַשׁ (v. רָעַשׁ, רָגַז) Être agité, ému : לָמָּה רָגְשׁוּ גוֹיִם Ps. 2. 1, pourquoi les nations sont-elles émues, se soulèvent-elles avec bruit?

* *Hithph.* : הַמִּתְרַגְּשׁוֹת qui s'élèvent, qui surgissent.

רְגַשׁ chald. Même signif. *Aph.* : הַרְגִּשׁוּ עַל־מַלְכָּא Dan. 6. 7, 16, ils entrèrent tumultueusement chez le roi.

רֶגֶשׁ *m.* Agitation, bruit, foule bruyante : נְהַלֵּךְ בְּרָגֶשׁ Ps. 55. 15, nous marchons (vers la maison de Dieu) avec une foule bruyante, au milieu d'une foule de peuple.

רִגְשָׁה *f.* Agitation : מֵרִגְשַׁת פֹּעֲלֵי אָוֶן Ps. 64. 3, de l'agitation, ou de l'assemblée tumultueuse, des ouvriers d'iniquité.

רָדַד (v. רָדָה) Soumettre, assujettir : הָרוֹדֵד עַמִּי תַחְתָּי Ps. 144. 2, qui assujettit mon peuple sous moi ; לְרַד־לְפָנָיו גּוֹיִם Is. 45. 1 (*inf.* pour לְרֹד), pour lui assujettir des nations.

Hiph. : וַיָּרֶד עַל־הַכְּרוּבִים — אֶת־הַזָּהָב I Rois 6. 32, il aplatit, étendit, l'or sur les chérubins, c.-à-d. il les couvrit de plaques d'or minces.

רָדָה (*fut.* יִרְדֶּה, וַיֵּרְדְּ, v. רָדַד, יָרַד) 1° Fouler : בֹּאוּ רְדוּ Joel 4. 13, venez et foulez (car le pressoir est plein), ou, de יָרַד : venez et descendez ; וַיִּרְדּוּ בָם יְשָׁרִים Ps. 49. 15, et les justes les fouleront, marcheront sur leurs cadavres ; ou, sens 2° : domineront sur eux. — 2° Dominer, assujettir, tyranniser, régner, réduire : וּרְדוּ בִּדְגַת הַיָּם Gen. 1. 28, et dominez sur les poissons de la mer ; וְרָדוּ בָכֶם שֹׂנְאֵיכֶם Lév. 26. 17, vos ennemis vous assujettiront ; avec l'*accus.* : בִּנְיָמִן צָעִיר רֹדֵם Ps. 68. 28, Benjamin, le plus jeune ou le plus petit (la tribu la moins nombreuse), règne sur eux, est leur maître ; רֹדֶה בְאַף גּוֹיִם Is. 14. 6, qui tyrannisait les peuples dans sa fureur ; וְיֵרְדְּ מִיַּעֲקֹב Nomb. 24. 19, de Jacob (sortira) celui qui régnera, qui aura l'empire ; וַיִּרְדֶּנָּה Lament. 1. 13, (il a envoyé d'en haut un feu dans mes os) et le feu y a régné, les a dévorés ; selon d'autres : et Dieu les a réduits, brisés ; וְהַכֹּהֲנִים יִרְדּוּ עַל־יְדֵיהֶם Jér. 5. 31, et les prêtres régnaient par eux (selon les ordres ou avec l'aide de faux prophètes). — 3° S'emparer, prendre : רָדָה הַדְּבַשׁ Jug. 14. 9, il avait pris le miel ; וַיִּרְדֵּהוּ אֶל־כַּפָּיו 14. 9, et il le prit entre ses mains.

Pi. : אָז יְרַד שָׂרִיד Jug. 5. 13, alors les restes (d'Israel) ont réduit, vaincu (les princes du peuple) ; יְיָ יְרַד־לִי même verset, Dieu a réduit, vaincu, pour moi, en ma faveur (les héros).

Hiph. Faire dominer : וּמְלָכִים יַרְדְּ Is. 41. 2, et il le fait dominer sur les rois, il les lui soumet.

רַדַּי (vainqueur) *n. pr. m.* I Chr. 2. 14.

רְדִיד *m.* (rac. רָדַד). Voile ou manteau : נָשְׂאוּ אֶת־רְדִידִי מֵעָלַי Cant. 5. 7, ils m'ont ôté mon voile, ou mon manteau ; *plur.* : וְהָרְדִידִים Is. 3. 23, et les voiles, ou les manteaux.

רָדַם *Kal* inusité. *Niph.* Dormir profondément, être étourdi : נִרְדָּם בַּקָּצִיר Prov. 10. 5, celui qui dort pendant l'été ; וַיֵּרָדַם Jon. 1. 5, il dormait d'un profond sommeil ; נִרְדַּמְתִּי עַל־פָּנַי אָרְצָה Dan. 8. 18, je tombai tout effrayé, sans connaissance, le visage contre terre ; נִרְדָּם וְרֶכֶב וָסוּס Ps. 76. 7, ceux qui sont montés sur des chariots, ou des chevaux, sont frappés d'étourdissement.

רֹדָנִים *n. pr.* Rodanim, fils de Jawan, I Chr. 1. 7 (Gen. 10. 4, דֹּדָנִים), souche d'un peuple (les Rhodiens ?).

רָדַף (*fut.* יִרְדֹּף) 1° Suivre, tendre à, exercer, poursuivre : טוֹב וָחֶסֶד יִרְדְּפוּנִי Ps. 23. 6, le bien et la miséricorde (de Dieu) me suivront, m'accompagneront ; רִדְפוּ אַחֲרַי Jug. 3. 28, suivez-moi promptement ; רֹדֵף צְדָקָה Prov. 21. 21. celui qui tend à (qui suit) la justice, c.-à-d. qui l'exerce ; וְרָדְפֵהוּ Ps. 34. 15, et poursuis (la paix) avec ardeur, tâche de l'obtenir ; רֹדְפֵי זִמָּה 119. 150, qui se portent vers, qui commettent, le crime ; וְרֹדֵף קָדִים Osée 12. 2, et qui court après, qui suit, le vent de l'est. — 2° Poursuivre hostilement : וַיִּרְדְּפֵם Gen. 14. 15, il les poursuivit (les ennemis) ; וְלֹא רָדְפוּ אַחֲרֵי בְּנֵי יַעֲקֹב 35. 5, ils ne poursuivaient pas les fils de Jacob ; וַיִּרְדְּפוּ אֶל־מִדְיָן Jug. 7. 25, ils poursuivirent les Madianites ; מַה־נִּרְדָּף־לוֹ Job 19. 28, pourquoi le persécutons-nous ? וְרָדַף אֹתָם קוֹל עָלֶה Lév. 26. 36, le bruit d'une feuille les fera fuir.

Niph. pass. : עַל צַוָּארֵנוּ נִרְדָּפְנוּ Lamentations 5. 5, nous étions poursuivis de près ; ou : le joug, la chaîne, sur le cou; יְבַקֵּשׁ אֶת־נִרְדָּף Eccl. 3. 15, (Dieu) rappelle ce qui a fui, le temps qui est passé, ou les choses passées; selon d'autres : Dieu cherche, protége, celui qui est poursuivi, persécuté.

Pi. Même signif. que *Kal.* 1° Suivre, poursuivre : וּמְרַדֵּף רֵיקִים Prov. 12. 11, celui qui poursuit des choses vaines, ou qui suit les hommes frivoles; וּמְרַדֵּף צְדָקָה 15. 9, qui suit, exerce, la justice; מְרַדֵּף אֲמָרִים 19. 7, (le pauvre) court après quelques paroles (de ses amis qui le quittent), ou : il les suit avec des paroles suppliantes. — 2° Poursuivre, persécuter : חַטָּאִים תְּרַדֵּף רָעָה Prov. 13. 21, le mal poursuit les pécheurs; וְאֹיְבָיו יְרַדֶּף־חֹשֶׁךְ Nah. 1. 8, et il poursuivra ses ennemis jusque dans les ténèbres, ou: il les fera poursuivre par les ténèbres; יִרַדֹּף אוֹיֵב נַפְשִׁי Ps.7.6 (forme moitié *Kal*, moitié *Pi.*), que l'ennemi poursuive mon âme.

Pou. : וְרֻדַּף כְּמֹץ הָרִים Is. 17. 13, il sera chassé, dissipé, comme la paille de la montagne (devant le vent).

Hiph. : הִרְדִּיפֻהוּ Jug. 20. 43, ils l'ont poursuivi.

Hoph. : מֻרְדָּף Is. 14. 6, elle est persécutée, ou *subst.* (v. מִרְדָּף).

רָהַב Se soulever : יִרְהֲבוּ הַנַּעַר בַּזָּקֵן Is. 3. 5, ils se soulèveront (à savoir) l'enfant contre le vieillard (et l'homme vil contre le noble), ou : ils seront fiers, arrogants; וּרְהַב רֵעֶיךָ Prov.6.3, *trans.*, et presse, réveille, ton ami pour qui tu as répondu; ou : rassure-le (celui envers qui tu es engagé); וְרָהַב לְבָבֵךְ Is. 60. 5, et ton cœur tressaillira de joie; mais la leçon ordinaire est וְרָחַב ton cœur se dilatera.

Hiph. : תַּרְהִבֵנִי בְנַפְשִׁי עֹז Ps. 138. 3, tu m'as encouragé, tu as augmenté la force dans mon âme; שֶׁהֵם הִרְהִיבֻנִי Cant. 6.5, car ils m'ont vaincu, ou : ils m'ont assailli le cœur.

רָהָב *m.* Homme arrogant : וְלֹא־פָנָה אֶל־רְהָבִים Ps. 40. 5, et qui ne tourne point sa vue vers les hommes arrogants, les superbes.

רַהַב *m.* Fierté, orgueil, force, impétuosité : עֹזְרֵי רָהַב Job 9.13, les aides orgueilleux ou puissants; מָחַץ רָהַב 26. 12, il a brisé, dompté, l'orgueil, l'impétuosité (de la mer); רַהַב le superbe, plusieurs fois pour l'Égypte, Is. 51. 9, Ps. 87. 4, 89. 11 : רַהַב הֵם שָׁבֶת Is. 30. 7, (j'ai crié à l'Égypte) Rahab, orgueil ou orgueilleux, demeurez en repos; selon d'autres : (j'ai crié à Jérusalem) ta force est de rester chez toi (de ne pas chercher du secours en Égypte).

רֹהַב *m.* Force : וְרָהְבָּם עָמָל וָאָוֶן Ps. 90. 10, et leur force ou orgueil (les plus beaux de nos jours) ne sont que peine et misère.

רָהְגָּה *n. pr. m.* I Chr. 7. 34.

רָהָה S'épouvanter : אַל־תִּפְחֲדוּ וְאַל־תִּרְהוּ Is. 44. 8, ne craignez point et ne vous épouvantez point (v. יָרֵא), ou rac. יָרָה.

רְהָטִים *m. pl.* (rac. רָהַט courir, couler). 1° Les canaux faits, creusés, pour abreuver les animaux; auges : וַתְּמַלֶּאנָה אֶת־הָרְהָטִים Exod. 2. 16, et elles remplirent les canaux, ou : les auges, Gen. 30. 38, 41. — 2° מֶלֶךְ אָסוּר בָּרְהָטִים Cant. 7. 6, un roi lié par des boucles (ta tête entre tes boucles, entre tes cheveux qui tombent en boucles, ressemble à un roi ceint du diadème; ou : un roi est lié à toi, est amoureux de toi, par la beauté de tes boucles); selon d'autres : le roi est enchaîné dans la galerie, le corridor (où tu résides), v. רָהִיט.

רָהִיט *m.* *Terme d'architecture* : רַהִיטֵנוּ בְּרוֹתִים Cant. 1. 17 (*cheth.* רְחִיטֵנוּ), nos soliveaux cannelés, ou nos lambris, ou notre plafond, sont (est) de cyprès (ou de sapins); selon d'autres : notre corridor.

רֵו chald. (pour רְוֵא, de רָאָה hébr.). Aspect : וְרֵוֵהּ דִּי רְבִיעָאָה Dan. 3. 25, et l'aspect, la figure, du quatrième (v. 2. 31).

רוּב et רִיב (*prét.* רָב, רַבְתָּ, *inf.* רֹב, *part.* רָב) Contester, disputer, défendre : הֲרוֹב רָב עִם־יִשְׂרָאֵל Jug. 11. 25, a-t-il contesté avec Israel? וְלֹא רָבוּ עָלֶיהָ

Gen. 26. 22, et ils ne disputèrent point pour (ce puits); אֲשֶׁר־רָבוּ בְנֵי־יִשְׂרָאֵל אֶת־יְיָ Nomb. 20. 13, où les enfants d'Israel se sont élevés contre l'Éternel, ont murmuré contre lui; הוֹי רָב אֶת־יֹצְרוֹ Is. 45. 9, malheur à celui qui dispute contre son créateur; רַבְתָּ אֲדֹנָי רִיבֵי נַפְשִׁי Lament. 3. 58, Seigneur, tu as défendu la cause de mon âme (tu as plaidé ma cause); יָדָיו רָב לוֹ Deut. 33. 7, ses mains combattent pour lui, ou lui suffisent (v. רַב).

Hiph. (*part.* מֵרִיב, *fut.* יָרִיב, *apoc.* יָרֶב, *inf.* רִיב, לָרִיב, *impér.* רִיב, רִיבָה). Même signif. que *Kal*. Disputer, quereller, combattre, défendre, protéger: מַדּוּעַ אֵלָיו רִיבוֹתָ Job 33. 13 (pour הֲרִיבוֹתָ), pourquoi disputes-tu contre lui? לָרִיב עִמּוֹ Job 9. 3 (pour לְהָרִיב), pour disputer contre lui; וַיְרִיבוּן אִתּוֹ Jug. 8. 1, ils le querellèrent; וַיָּרֶב בְּלָבָן Gen. 31. 36, et il querella Laban; עַל־מַה־תְּרִיבֵנִי Job 10. 2, pourquoi tu me querelles, tu me juges si sévèrement; אֲשֶׁר יָרִיב לוֹ Jug. 6. 31, qui combattra pour lui (Baal), qui le vengera; רִיבוּ אַלְמָנָה Is. 1. 17, défendez la veuve; וְיָרֵב אֶת־רִיבִי I Sam. 24. 16, qu'il défende ma cause; וְרִיבָה רִיבִי מִגּוֹי לֹא־חָסִיד Ps. 43. 1, et défends ma cause (en me protégeant) contre un peuple qui n'est pas bon; מְרִיבָו I Sam. 2. 10, ses adversaires (v. יָרֵב et יָרִיב); d'autres admettent seulement la racine רִיב, classent tout au *Kal*, excepté le *part.* מֵרִיב au *Hiph.*

רוד douteux: וִיהוּדָה עֹד רָד עִם־אֵל Osée 12. 2, mais Juda marche encore avec Dieu, se conduit, se gouverne, selon (la volonté) de Dieu; selon d'autres, sens opposé: Juda aussi lutte contre Dieu (v. רָדָה), ou: est effréné contre Dieu, sa désobéissance n'a pas de frein; רַדְנוּ לוֹא־נָבוֹא עוֹד אֵלֶיךָ Jér. 2. 31, nous sommes sans frein, libres; ou: nous régnons, nous sommes maîtres, nous ne viendrons plus à toi; selon d'autres, רָדְנוּ: nous nous retirons (de toi).

Hiph.: וְהָיָה כַּאֲשֶׁר תָּרִיד Gen. 27. 40, mais le temps viendra que tu régneras, ou que tu t'étendras; selon d'autres: lorsque tu crieras, gémiras (dans ton esclavage); אָרִיד בְּשִׂיחִי Ps. 55. 3, je crie, je pleure, dans mes plaintes; ou: j'erre çà et là dans mon chagrin.

רָוָה Boire jusqu'à satiété, s'enivrer (comme שָׂבַע manger jusqu'à satiété): יִרְוְיֻן מִדֶּשֶׁן בֵּיתֶךָ Ps. 36. 9, ils se rassasieront de la graisse, c.-à-d. ils seront enivrés de l'abondance qui est dans ta maison; וְרָוְתָה מִדָּמָם Jér. 46. 10, (l'épée) s'enivrera de leur sang; נִרְוֶה דֹדִים Prov. 7. 18, enivrons-nous de délices, d'amour.

Pi. 1° Même signif. que *Kal:* וְרִוְּתָה אַרְצָם מִדָּם Is. 34. 7, leur terre s'abreuvera, s'enivrera de sang; רִוְּתָה — חַרְבִּי 34. 5, mon épée s'est enivrée (de sang). 2° *Trans.* Arroser, inonder, rassasier, enivrer: תְּלָמֶיהָ רַוֵּה Ps. 65. 11, arrose, inonde, ses sillons; אֲרַיָּוֶךְ דִּמְעָתִי Is. 16. 9, (pour אֲרַוֶּיךְ ou י pour ו et ו pour ה), je t'inonderai de mes larmes, ou: je fondrai en larmes sur toi; וְרִוֵּיתִי — דָּשֶׁן Jer. 31. 14, je rassasierai (les prêtres) de graisse (ou: d'abondance); דַּדֶּיהָ יְרַוֻּךָ Prov. 5. 19, que son sein, ses charmes, t'enivrent, te suffisent.

Hiph. Même signif. que *Pi.* 2°: הִרְוֵיתִי נֶפֶשׁ עֲיֵפָה Jér. 31. 25, j'ai enivré, désaltéré, l'âme qui était languissante de soif; הִרְוָה אֶת־הָאָרֶץ Is. 55. 10; (la pluie) a abreuvé la terre; וּמַרְוֶה גַּם־הוּא יוֹרֶא Prov. 11. 25, et qui arrose (qui donne aux autres) sera lui-même arrosé, ou: il est comme יוֹרֶה la première pluie (v. יוֹרֶה et יָרָה); לֹא הִרְוִיתָנִי Is. 43. 24, tu ne m'as pas rassasié (de la graisse de tes victimes).

רָוֶה *adj.* Arrosé: כְּגַן רָוֶה Is. 58. 11, Jér. 31. 12, comme un jardin toujours arrosé.

רָוָה *f. adj.* Enivrée: לְמַעַן סְפוֹת הָרָוָה Deut. 29. 18, pour ajouter (l'âme altérée, l'innocent) à l'âme enivrée; c.-à-d. l'âme enivrée, l'homme dépravé, voudrait perdre avec lui des justes, ou sa propre âme raisonnable;

ou *subst.*, ivresse: pour ajouter (les péchés produits par) l'ivresse, la satiété (à ceux de la soif).

רָוַח (v. רוּחַ) Être aéré, vaste, spacieux: אֲדַבְּרָה וְיִרְוַח־לִי Job. 32. 20, je veux parler pour que l'air, la respiration, me vienne, c.-à-d. pour respirer, me soulager; וְרָוַח לְשָׁאוּל I Sam. 16. 23, et Saül était soulagé, était à son aise.

Pou.: וַעֲלִיּוֹת מְרֻוָּחִים Jér. 22. 14, et des chambres spacieuses, bien aérées.

* *Hiph.*: הִרְוִיחַ Rituel, mettre au large, délivrer.

רֶוַח *m.* 1° Espace: וְרֶוַח תָּשִׂימוּ Gen. 32. 16, et mettez (laissez) de l'espace (entre un troupeau et l'autre).—2° Soulagement: רֶוַח וְהַצָּלָה Esth. 4. 14, le soulagement, le secours et la délivrance.

רוּחַ ou רִיחַ Aspirer, respirer (v. רָוַח et רוּחַ *subst.*). *Kal* inusité. *Hiph.* Sentir par l'odorat, flairer: אַף לָהֶם וְלֹא יְרִיחוּן Ps. 115. 6, (les idoles) ont un nez, mais elles ne sentent pas, n'ont point d'odorat; וַיָּרַח יְיָ אֶת־רֵיחַ הַנִּיחֹחַ Gen. 8. 21, Dieu sentit l'odeur agréable, c.-à-d. reçut le sacrifice avec contentement comme on reçoit une odeur agréable; בַּהֲרִיחוֹ אֵשׁ Jug. 16. 9, lorsqu'il (le fil d'étoupe) sent le feu; וּמֵרָחוֹק יָרִיחַ מִלְחָמָה Job. 39. 25, (le cheval) flaire de loin la bataille, il la pressent, ou: il sent les troupes de loin; וְלֹא אָרִיחַ בְּעַצְּרֹתֵיכֶם Amos 5. 21, je ne sentirai pas, je ne recevrai pas, (les sacrifices) de vos assemblées solennelles, de vos fêtes; ou: je ne puis souffrir vos fêtes, vos sacrifices; ou: vos fêtes me déplaisent; וַהֲרִיחוֹ בְּיִרְאַת יְיָ Is. 11. 3, et son odorat sera, c.-à-d. il se plaira, dans la crainte de Dieu; ou: il discernera, jugera (inspiré), par, etc. (ou de רוּחַ esprit: il sera rempli de l'esprit de la crainte de Dieu).

רוּחַ *f.*, rarement *m.* (*pl.* רוּחוֹת, v. רָוַח et רוּחַ). 1° Souffle, haleine, respiration, colère, air, vent, côté: וּבְרוּחַ פִּיו Ps. 33. 6, et par le souffle de sa bouche (la parole de Dieu); וּבְרוּחַ שְׂפָתָיו Is. 11. 4, et par le souffle de ses lèvres (par sa parole); רוּחַ חַיָּי Job. 7. 7, ma vie n'est qu'un souffle; רוּחִי זָרָה לְאִשְׁתִּי Job. 19. 17, mon haleine répugne à ma femme; אֵין־יֶשׁ־רוּחַ בְּפִיהֶם Ps. 135. 17, il n'y a pas de respiration dans leur bouche; רוּחַ חַיִּים Gen. 6. 17, souffle de vie, respiration; הָשֵׁב רוּחִי Job. 9. 18, que je reprenne haleine, que je respire; וּמֵרוּחַ אַפּוֹ Job. 4. 9, et par le souffle de sa colère; רָפְתָה רוּחָם Jug. 8. 3, leur colère s'apaisa; וּמֹשֵׁל בְּרוּחוֹ Prov. 16. 32, et celui qui est maître de sa colère (ou de son esprit); שָׁאֲפָה רוּחַ Jér. 2. 24, 14. 6, puiser, attirer, l'air; לְרוּחַ הַיּוֹם Gen. 3. 8, dans l'air frais du jour, vers le soir, lorsqu'il s'élève un vent frais; רוּחַ עַל־הָאָרֶץ 8. 1, (Dieu fit souffler) un vent sur la terre; רוּחַ־גְּדוֹלָה Jon. 1. 4, un vent impétueux; רוּחַ יְיָ I Rois 18. 12, II Rois 2. 16, Is. 40. 7, le souffle de Dieu, le vent; כַּנְפֵי־רוּחַ Ps. 18. 11, les ailes du vent; מֵאַרְבַּע רוּחוֹת Ez. 37. 9, I Chr. 9. 24, des quatre vents (des quatre points cardinaux); רוּחַ הַקָּדִים Ez. 42. 16, le côté de l'orient; רוּחַ הַצָּפוֹן 42. 17, le côté du septentrion; *au fig.*: יָלַדְנוּ רוּחַ Is. 26. 18, nous n'avons enfanté que du vent; הֹלֵךְ רוּחַ Mich. 2. 11, (un homme) qui poursuit le vent, qui court après des choses vaines et fausses; לְדִבְרֵי־רוּחַ Job 16. 3, aux discours en l'air; דַעַת־רוּחַ 15. 2, une science vide, vaine.

2° Le principe de la vie, l'âme, la vie, passion, courage, volonté; le *plus souvent*, esprit: רוּחַ בְּנֵי הָאָדָם Eccl. 3. 21, l'âme des enfants des hommes; וְרוּחַ הַבְּהֵמָה 3. 21, et l'âme des bêtes; וַתְּחִי רוּחַ יַעֲקֹב Gen. 45. 27, l'âme de Jacob se ranima, il reprit ses esprits; וַתָּשָׁב רוּחוֹ אֵלָיו I Sam. 30. 12, son esprit, la vie, lui revint, il reprit ses esprits; וְלֹא־הָיָה בָהּ עוֹד רוּחַ I Rois 10. 5, il n'y avait plus d'esprit en elle, elle était hors d'elle-même d'admiration; וְרוּחַ אֱלוֹהַּ Job 27. 3, et le souffle de Dieu, c.-à-d. l'âme de l'homme, à lui insufflée, inspirée, par Dieu (v. Gen. 2. 7); אֱלֹהֵי הָרוּחֹת לְכָל־בָּשָׂר Nomb. 16. 22, Dieu (qui donne) les âmes à toute chair; אִישׁ אֲשֶׁר אֵין מַעְצָר לְרוּחוֹ Prov. 25. 28, un homme dont l'esprit n'a pas d'empêchement, qui ne sait pas dompter son esprit, ses passions; וַתִּפָּעֶם רוּחוֹ Gen. 41. 8, son esprit fut agité; טוֹב אֶרֶךְ־רוּחַ מִגְּבַהּ רוּחַ Eccl. 7. 8, l'homme patient (qui a de la longanimité) vaut mieux qu'un présomptueux; וּקְצַר־רוּחַ Prov. 14. 29, et l'impatient; וְלֹא־קָמָה עוֹד רוּחַ בְּאִישׁ Jos. 2. 11, personne n'avait plus de force d'esprit, de courage; וּמִשֵּׁבֶר רוּחַ Is. 65. 14, et par déchirement de l'esprit, par affliction; וְרוּחַ נָכוֹן Ps. 51. 12, et un esprit ferme, droit; וְנֶאֱמַן־רוּחַ Prov. 11. 13, mais un esprit, un cœur, fidèle; רוּחַ זְנוּנִים Osée 4. 12, l'esprit de fornication; רוּחַ תַּרְדֵּמָה Is. 29. 10, (un esprit), une propension à l'assoupissement; וּלְרוּחַ מִשְׁפָּט Is. 28. 6, et en un esprit de justice; הֵעִיר יְיָ אֶת־רוּחַ כּוֹרֶשׁ II Chr. 36. 22, Dieu excita l'esprit de Cyrus, lui inspira la volonté, la résolution; הִנְנִי נֹתֵן בּוֹ רוּחַ II Rois 19. 7, je lui inspirerai un certain esprit, une résolution; אֲשֶׁר נָדְבָה רוּחוֹ אֹתוֹ Exod. 35. 21, que son esprit, sa pleine volonté, (y) porte; וְהָעֹלָה עַל־רוּחֲכֶם Ez. 20. 32, ce qui occupe votre esprit, ce que vous méditez.

רוּחַ קָדְשְׁךָ, רוּחַ יְיָ, רוּחַ אֱלֹהִים, רוּחַ־אֵל (ou רוּחַ קָדְשׁוֹ) Job 33. 4, Ps. 104. 30, 33. 6, l'esprit de Dieu, de l'Eternel, ton (ou son) esprit saint, Dieu créateur; Ps. 51. 13, 143. 10, l'esprit de Dieu qui dirige les hommes à la vertu, à la sagesse; Exod. 31. 3, 35. 31, qui inspire les artistes; Nomb. 24. 2, I Sam. 10. 6, Is. 42. 1, qui inspire les prophètes (אִישׁ הָרוּחַ Osée 9. 7, un prophète, et הָרוּחַ I Rois 22. 21, un esprit prophétique); Jug. 6. 34, qui inspire les capitaines (des armées); Joel 3. 1, Is. 59. 21, qui inspirera un jour tous les hommes; וְרוּחַ אֱלֹהִים Gen. 1. 2, selon les uns: un vent (envoyé de Dieu); selon les autres: l'esprit de Dieu; —*opposé à* בָּשָׂר: בָּשָׂר וְלֹא־רוּחַ Is. 31. 3, (ils sont) chair, et non pas esprit (ou anges).

רוּחַ et רוּחָא chald. *f.* Vent, esprit: אַרְבַּע רוּחֵי שְׁמַיָּא Dan. 7. 2, les quatre vents du ciel; וְרוּחֵהּ תִּקְפַת 5. 20, et (que) son esprit se fut affermi; דִּי רוּחַ־אֱלָהִין קַדִּישִׁין בֵּהּ 4. 5, et en qui est, réside, l'esprit des dieux saints.

רְוָחָה *f.* (rac. רָוַח). Soulagement: כִּי הָיְתָה הָרְוָחָה Exod. 8. 11, qu'il y avait un soulagement, (qu'il avait un relâche, qu'il respirait de nouveau); לְרַוְחָתִי Lament. 3. 56, pour mon soulagement (pour que je respire).

רְוָיָה *f.* (rac. רָוָה). Abondance: כּוֹסִי רְוָיָה Ps. 23. 5, ma coupe d'abondance, ou *adj.*: ma coupe est abondante, toute pleine; וַתּוֹצִיאֵנוּ לָרְוָיָה 66. 12, tu nous a conduits (vers l'abondance), dans un endroit d'abondance, ou: de raffraîchissement.

* רָוִיחַ *adj.* Vaste, abondant; *pl.* רְוִיחֵי Rituel.

רוּם (*fut.* יָרוּם, *apoc.* יָרֹם, וַיָּרָם) Être haut, élevé; s'élever, s'enorgueillir; être rehaussé, exalté: וַתָּרָם מֵעַל הָאָרֶץ Gen. 7. 17, (l'arche) fut élevée au-dessus de la terre; רוּמָה יְיָ Ps. 21. 14, élève-toi, Éternel; כְּרֻם זֻלּוּת Ps. 12. 9, lorsque la bassesse s'élève (v. זֻלּוּת); יָדֵנוּ רָמָה Deut. 32. 27, notre main a été élevée, c.-à-d. puissante; וְרָם לְבָבֶךָ Deut. 8. 14, ton cœur s'élèvera, s'enorgueillira; מָה־רָמוּ עֵינָיו Prov. 30. 13, que ses yeux sont superbes, altiers; יָרוּם אֹיְבִי עָלָי Ps. 13. 3, (jusqu'à quand) mon ennemi s'élèvera-t-il au-dessus de moi; וּמְסִלֹּתַי יְרֻמוּן Is. 49. 11, mes (routes) sentiers seront rehaussés; וְיָרֹם מֵאֲגַג מַלְכּוֹ Nomb. 24. 7, et son roi sera plus puissant qu'Agag; וְיָרוּם אֱלוֹהֵי יִשְׁעִי Ps. 18. 47, que le Dieu de mon salut soit glorifié, exalté; וְלָכֵן יָרוּם לְרַחֶמְכֶם Is. 30. 18, et c'est pourquoi Dieu sera exalté quand il vous fera miséricorde, ou: il est trop élevé, c.-à-d. trop loin de vous, il n'est pas encore disposé à vous faire miséricorde. *Part.* et *adj.* רָם, רָמָה *fém.* Haut, élevé, audacieux, de haute taille, grand, puissant, superbe : בְּיָד רָמָה Exod. 14. 8, avec la main élevée, c.-à-d. ouvertement, audacieusement; כִּסֵּא רָם Is. 6. 1, un haut trône; עַל־גִּבְעָה רָמָה Ez. 20. 28, toutes les collines élevées; וָרָם כָּעֲנָקִים Deut. 2. 10, (un peuple) d'une haute taille comme les enfants d'Enak; כְּמוֹ־רָמִים Ps. 78. 69, comme (les cieux, ou les palais) élevés; קוֹל רָם Deut. 27. 14, à haute voix; רָמִים Job. 21. 22, les grands, les puissants; וְעֵינַיִם רָמוֹת Ps. 18. 28, et les yeux superbes (les superbes).

Pi. Élever, bâtir, mettre en honneur, en sûreté, exalter: לְרוֹמֵם אֶת־בֵּית אֱלֹהֵינוּ Esdr. 9. 9, pour élever (bâtir) la maison de notre Dieu; תְּהוֹם רֹמְמָתְהוּ Ez. 31. 4, une quantité d'eau avait fait pousser en haut (l'arbre); רוֹמַמְתִּי בְתוּלוֹת Is. 23. 4, je (n')ai (point) élevé de jeunes filles; בְּצוּר יְרוֹמְמֵנִי Ps. 27. 5, il m'élèvera sur un rocher (il me mettra en sûreté comme sur un rocher); מַשְׁפִּיל אַף־מְרוֹמֵם I Sam. 2. 7, il abaisse et élève (met en honneur); עַל־כֵּן לֹא תְרוֹמֵם Job 17. 4, c'est pourquoi tu ne (les) élèveras point, ou: tu n'élèveras point (ta gloire par eux); אֲרוֹמִמְךָ יְיָ Ps. 30. 2, je t'élèverai, Éternel, (par mes louanges), je t'exalterai; וּנְרוֹמְמָה שְׁמוֹ 34. 4, et nous célébrerons, exalterons, son nom. — *Intrans.* : תְּרוֹמַמְנָה קַרְנוֹת צַדִּיק Ps. 75. 11, les cornes du juste seront élevées, sa puissance s'affermira; וּמְרוֹמַם עַל־כָּל־בְּרָכָה Néh. 9. 5, et il est élevé au-dessus de toutes les bénédictions.

Hiph. 1° Élever, ériger, lever, prélever, enlever, ôter: וּמֵרִים רֹאשִׁי Ps. 3. 4, et (tu) élèves ma tête; הֲרִימוֹתָ יְמִין צָרָיו 89. 43, tu as élevé la main droite (la puissance) de ses adversaires; וַיָּרֶם קֶרֶן לְעַמּוֹ 148. 14, et il élève la corne (la force) de son peuple; וַיְרִימֶהָ מַצֵּבָה Gen. 31. 45, il dressa, érigea, (la pierre) pour être un monument; הָרִימָה פְעָמֶיךָ Ps. 74. 3, élève tes pas, viens à grands pas; וַיָּרֶם יָד בַּמֶּלֶךְ I Rois 11. 26, il leva la main (il se souleva) contre le roi; וַיָּרֶם בַּמַּטֶּה Exod. 7. 20, il éleva la verge; כַּהֲרִימִי קוֹלִי Gen. 39. 18, lorsque j'ai élevé ma voix; לְהָרִים־בְּקוֹל I. Chr. 15. 16, pour élever la voix (pour faire entendre bien haut le bruit de la joie); וּכְהָרִים קוֹל בַּחֲצֹצְרוֹת II Chr. 5. 13, et lorsqu'ils firent retentir leurs voix mêlées aux sons des trompettes, ou: lorsqu'ils sonnèrent des trompettes; הֲרִמֹתִי יָדִי אֶל־יְיָ Gen. 14. 22, j'ai levé ma main vers Dieu, c.-à-d. je jure; וַהֲרֵמֹתָ מֶכֶס Nomb. 31. 28, tu prélèveras un impôt; וְהָרֵים הָעֲטָרָה Ez. 21. 31, enlève, ôte-(lui) la couronne; הָרִימוּ מִכְשׁוֹל Is. 57. 14, ôtez l'obstacle (de la voie); וְהֵרִים אֶת־הַדֶּשֶׁן Lév. 6. 3, il ôtera, prendra (une partie des cendres); וְלֹא מִמִּדְבַּר הָרִים Ps. 75. 7, l'élévation, la grandeur (ne vient à l'homme ni de l'orient, ni de l'occident), ni du désert, c.-à-d. du midi; selon d'autres, le sujet est omis: (le secours ne viendra ni, etc.) ni des déserts des montagnes (v. הַר). — 2° Des sacrifices. Séparer, ôter et élever en l'air, la partie qu'on fait après brûler sur l'autel: יָרִים מִמֶּנּוּ Lév. 4. 8. il séparera (du veau toute la graisse); et *en général* offrir, donner: תָּרִימוּ תְרוּמָה Nomb. 15. 19, vous séparerez, mettrez à part, vous offrirez une oblation; אֲשֶׁר הֵרִימוּ לַיְיָ 31. 52, (l'or) qu'ils consacrèrent, offrirent, à Dieu; הֵרִים לַקָּהָל I Chr. 30. 24, (le roi) offrit, donna, à l'assemblée.

Hoph. pass. du *Hiph.* 2°: וַאֲשֶׁר הוּרָם Exod. 29. 27, et ce qui a été séparé (du bélier) et élevé vers le ciel; Lév. 4. 10. — Enlever, abolir: וּמִמֶּנּוּ הוּרַם הַתָּמִיד Dan. 8. 11, et par lui fut enlevé, c.-à-d. aboli, le sacrifice perpétuel.

Hithph.: וְיִתְרוֹמֵם וְיִתְגַּדֵּל עַל־כָּל־אֵל Dan. 11. 36, il s'élèvera et se glorifiera, montrera son orgueil contre tout dieu; עַתָּה אֵרוֹמָם Is. 33. 10 (pour אֶתְרוֹמָם), maintenant je m'élèverai, je signalerai ma puissance.

רוּם chald. S'élever: וּכְדִי רִם לִבְבֵהּ Dan. 5. 20, mais après que son cœur se fut élevé.

Pal.: וּמְרוֹמֵם — אֲנָה Dan. 4. 34, et je célèbre, j'exalte (le roi du ciel).

Ithph.: הִתְרוֹמַמְתָּ 5. 23, (contre le maître du ciel) tu t'es élevé.

Aph.: הֲוָה מָרִים Dan. 5. 19, il élevait (ceux qu'il voulait).

רוּם *m.* Hauteur: שָׁמַיִם לָרוּם Prov. 25. 3, le ciel pour (ou dans) sa hauteur; רוּם עֵינַיִם 21. 4, רוּם לִבּוֹ Jér. 48. 29, et seul: רוּם אֲנָשִׁים Is. 2. 11, 17, hauteur des yeux, du cœur, hauteur des hommes, c.-à-d. leur orgueil, arrogance.

רוּם chald. *m.* Hauteur: רוּמֵהּ Dan. 3. 1, 4. 17, sa hauteur.

רוֹם *m.* Le haut, le ciel: רוֹם יָדֵיהוּ נָשָׂא Hab. 3. 10, il a élevé ses mains (vers) le haut, le ciel; ou: la hauteur, le ciel, a élevé ses mains (v. à נָשָׂא).

רוּמָה *n. pr.* d'une ville. Rumah, II Rois 23. 36.

רוֹמָה *f.* Hauteur: וְלֹא תֵלְכוּ רוֹמָה Mich. 2. 3, vous ne marcherez point (avec) hauteur, la tête haute, fièrement.

רוֹמָם *m.* Célébration: וְרוֹמַם תַּחַת לְשׁוֹנִי Ps. 66. 17, et la célébration était prête sous ma langue, ma langue le glorifiait toujours.

רוֹמְמוֹת *f. pl.* Louanges: רוֹמְמוֹת אֵל בִּגְרוֹנָם Ps. 149. 6, les louanges de Dieu sont dans leur gosier (bouche).

רוֹמֵמוּת *f.* Élévation: מֵרוֹמְמֻתֶךָ נָפְצוּ גּוֹיִם Is. 33. 3, par ton élévation, à l'éclat de ta puissance, les nations se sont dispersées.

רון (v. רָנַן *Hithph.*).

רוע *Kal* inusité. *Hiph.* הֵרִיעַ, *fut.* יָרִיעַ (mais הָרֵעַ, הָרֵעַ, *fut.* יָרֵעַ, יָרִיעַ, de רָעַע, ainsi que le *Kal* et *Niph.*). Faire du bruit, crier, pousser des cris de guerre, de joie, de plainte; triompher, sonner de la trompette fortement: יָרִיעוּ עָלֵימוֹ Job 30. 5, on criait, vociférait, contre (ou derrière) eux; וְהֵרֵעוּ בַּמִּלְחָמָה I Sam. 17. 20, et (qui) poussaient des cris pour signal du combat; וּפְלִשְׁתִּים הֵרִיעוּ לִקְרָאתוֹ Jug. 15. 14, et les Philistins vinrent à sa rencontre en poussant de grands cris; כִּי לֹא־יָרִיעַ אֹיְבִי עָלָי Ps. 41. 12, en ce que mon ennemi ne triomphe point de moi; בִּזְמִרוֹת נָרִיעַ לוֹ Ps. 95. 2, faisons retentir en son honneur des cantiques avec des transports de joie; לָמָּה תָרִיעִי רֵעַ Mich. 4. 9, pourquoi jettes-tu des cris lamentables? selon d'autres, de רָעָה: pourquoi t'attaches-tu, t'associes-tu, à de nouveaux amis? pourquoi cherches-tu de nouvelles alliances parmi les nations? וַהֲרֵעֹתֶם בַּחֲצֹצְרוֹת Nomb. 10. 9, vous sonnerez des trompettes en sons entrecoupés et forts (*opposé à* תָּקַע); תִּתְקְעוּ וְלֹא תָרִיעוּ 10. 7, (pour assembler le peuple) vous sonnerez (des trompettes) d'un son uni, simple; vous ne sonnerez pas d'un son entrecoupé et éclatant; וַיָּרִיעוּ הָעָם תְּרוּעָה גְדוֹלָה Jos. 6. 20, le peuple poussait de grands cris.

Pol.: לֹא־יְרֻנָּן לֹא יְרֹעָע Is. 16. 10, il ne sera (plus) chanté ni poussé des cris de joie (on ne chantera plus, on ne poussera, etc.).

Hithph.: יִתְרוֹעֲעוּ אַף־יָשִׁירוּ Ps. 65. 14, ils jetteront des cris d'allégresse, ils chanteront; עֲלֵי פְלֶשֶׁת אֶתְרוֹעָע Ps. 108. 10 (v. 60. 10), je vais triompher de Peléseth ou de la Palestine (v. *Hithph.* de רָעַע).

רוף Frotter, briser, v. תְּרוּפָה, רִיפוֹת. *Kal* inusité. *Pol.* Être ébranlé: עַמּוּדֵי שָׁמַיִם יְרוֹפָפוּ Job 26. 11, les colonnes du ciel sont ébranlées, tremblent.

רוץ (*fut.* יָרוּץ, יָרֻץ, וַיָּרָץ) Courir, s'empresser: וְאֶל־הַבָּקָר רָץ אַבְרָהָם Gen. 18. 7, Abraham courut (au troupeau); וַתָּרָץ וַתַּגֵּד לְאָבִיהָ 29. 12, elle courut le dire à son père; וְהֵם רָצוּ Jér. 23. 21, et ils couraient d'eux-mêmes, ils se hâtaient, s'empressaient; דֶּרֶךְ־מִצְוֹתֶיךָ אָרוּץ Ps. 119. 32, je cours dans la voie de tes commandements, je les observe fidèlement; יָרוּץ קוֹרֵא בוֹ Hab. 2. 2, (afin que) le lecteur puisse le lire couramment; יָרוּץ דְּבָרוֹ Ps. 147. 15, sa parole court, arrive vite. — Dans un sens d'hostilité: יָרוּץ אֵלָיו Job 15. 26, il court contre lui; יָרֻץ עָלַי 16. 14, il vient fondre sur moi; בּוֹ־יָרוּץ צַדִּיק Prov. 18. 10, le juste y court, s'y réfugie. *Part.* רָץ, רָצִים,

une fois רָצִין (II Rois 11.13). Courrier, satellite : רָץ לִקְרַאת־רָץ יָרוּץ Jér. 51.31, un courrier rencontrera un autre (courrier); הָרָצִים Esth. 3. 13, les courriers (qui portaient les dépêches du roi de Perse); לָרָצִים I Sam. 22. 17, II Rois 10. 25, à la garde, aux satellites (des rois des Juifs).

Pil. : כַּבְּרָקִים יְרוֹצֵצוּ Nah. 2. 5, (les chariots, ou ceux qui s'y trouvent) courent comme les éclairs.

Hiph. Faire courir, chercher ou apporter vite, hâter : אֲרִיצֶנּוּ מֵעָלֶיהָ Jér. 49. 19, je le fais courir loin d'elle (v. le même exemple à רָגַע *Hiph.* 3°); וַיְרִיצֻהוּ מִן־הַבּוֹר Gen. 41. 14, on le fit sortir en hâte de la prison; וְהָרֵץ הַמַּחֲנֶה I Sam. 17. 17, et apporte-leur vite (tout cela) au camp; כּוּשׁ תָּרִיץ יָדָיו Ps. 68. 32, l'Ethiopie s'empressera à tendre ses mains (vers Dieu pour l'adorer, ou lui faire des offrandes) (v. רָצַץ).

רוק ou **ריק** *Kal* inusité. *Hiph.* 1° Vider, se vider, répandre, laisser vide : עַל־הָאָרֶץ יָרִיקוּ Eccl. 11. 3, (les nuées) se vident, c.-à-d. répandent la pluie sur la terre; הַמְרִיקִים מֵעֲלֵיהֶם Zach. 4. 12, qui font couler d'elles (l'huile); הֵם מְרִיקִים שַׂקֵּיהֶם Gen. 42. 35, ils vidaient leurs sacs; לְהָרִיק נֶפֶשׁ רָעֵב Is. 32. 6, pour vider, ou laisser vide, l'âme de celui qui souffre la faim, le laisser languir.—2° Tirer (du fourreau), faire tirer les armes, c.-à-d. armer : אָרִיק חַרְבִּי Exod. 15, 9, je tirerai mon épée; וַהֲרִיקֹתִי אַחֲרֵיהֶם חֶרֶב Ez. 5. 2, et je tirerai l'épée derrière eux (en les poursuivant); וְהָרֵק חֲנִית Ps. 35. 3, (tire) lève la lance; וַיָּרֶק אֶת־חֲנִיכָיו Gen. 14. 14, il fit tirer les armes, c.-à-d. il arma ses gens les plus braves (v. חָנִיךְ); כְּטִיט חוּצוֹת אֲרִיקֵם Ps. 18. 43, je les verserai, je les ferai disparaître, comme la boue des rues (v. רָקַק).

Hoph. pass. : וְלֹא־הוּרַק מִכְּלִי אֶל־כֶּלִי Jér. 48. 11, il n'a pas été vidé (on ne l'a pas fait passer) d'un vaisseau dans un autre; שֶׁמֶן תּוּרַק שְׁמֶךָ Cant. 1. 3, ton nom est (agréable, doux) comme une huile, un parfum qu'on répand (selon d'autres, un *n. pr.* d'endroit : comme l'huile de Thurak) (v. יָרַק).

רור ou **ריר** Suppurer : רָר בְּשָׂרוֹ אֶת־זוֹבוֹ Lév. 15. 3, (si) sa chair (suppure) jette l'écoulement, le flux.

רוש (v. ראש 5°).

רוש Être pauvre, être dans le besoin : כְּפִירִים רָשׁוּ וְרָעֵבוּ Ps. 34. 11, les jeunes lions (ceux qui dévorent comme de jeunes lions, ou : les grands, les riches) ont été dans le besoin et ont eu faim.—*Part.* רָשׁ pauvre, indigent; רָאשׁ Prov. 10. 4; *pl.* רָשִׁים Prov. 22. 7; נִיר רָאשִׁים Prov. 13. 23, le champ (les sillons) des pauvres.

Hithph. : מִתְרוֹשֵׁשׁ — יֵשׁ Prov. 13. 7, tel feint d'être pauvre (se fait pauvre) (v. רָשַׁשׁ).

רות *n. pr.* Ruth, Moabite, femme de Booz, bisaïeul de David (v. livre Ruth).

רָז chald. *m.* (רָזָה, רָזָא; *pl.* רָזִין, רָזַיָּא). Secret : רָזָא גְלִי Dan. 2. 19, le secret, mystère, fut découvert (à Daniel); רָזֵי עוֹלָם Rituel, les secrets du monde.

רָזָה Anéantir : כִּי רָזָה אֵת כָּל־אֱלֹהֵי הָאָרֶץ Soph. 2. 11, car il fait disparaître, il anéantit, tous les dieux (idoles) de la terre.

Niph. : וּמִשְׁמַן בְּשָׂרוֹ יֵרָזֶה Is. 17. 4, et la graisse, l'embonpoint, de son corps, s'évanouira (il deviendra tout maigre).

רָזֶה *adj. fém.* Maigre : שֶׂה רָזָה Ez. 34. 20, un agneau maigre; אִם־רָזָה Nomb. 13. 20, si (la terre est) maigre, mauvaise, stérile.

I **רָזוֹן** *m.* (rac. רָזָה). Maigreur, consomption : בְּמִשְׁמַנָּיו רָזוֹן Is. 10. 16, (Dieu enverra) la maigreur, la consomption, aux forts; וַיְשַׁלַּח רָזוֹן בְּנַפְשָׁם Ps. 106. 15, il envoya la consomption contre leur vie (la mort); וְאֵיפַת רָזוֹן Mich. 6. 10, l'épha, la mesure maigre, c.-à-d. fausse.

II **רָזוֹן** *m.* (rac. רָזַן, v. רזן). Prince : מְחִתַּת רָזוֹן Prov. 14. 28, la ruine (ou la honte) du prince.

רְזוֹן (prince) *n. pr.* Rezon, fils d'Éliada, roi de Damas, I Rois 11. 23, 24.

רָזִי *m.* (rac. רָזָה). Maigreur, *au fig.*: רָזִי־לִי רָזִי־לִי Is. 24. 16, maigreur, consomption, à moi; comme אוֹי לִי qui suit: malheur à moi; selon d'autres, comme רָז chald.: le secret est pour moi, j'ai vu dans des visions ce qui doit arriver.

רָזַם Faire signe : וּמַה־יִּרְזְמוּן עֵינֶיךָ Job 15. 12, et pourquoi tes yeux font-ils des signes, regardent-ils avec tant de fierté? (Souvent en hébreu moderne רָמַז montrer, indiquer.)

רוֹזֵן *m.* (ne se trouve qu'au *pl.* רוֹזְנִים et רֹזְנִים). Princes, rois : הַנּוֹתֵן רוֹזְנִים לְאָיִן Is. 40. 23, qui réduit à rien les princes (v. II רָזוֹן).

רָחַב Être ou devenir large, spacieux : וְרָחֲבָה Ez. 41. 7, (l'espace des chambres) devenait plus large (à mesure qu'on montait); רָחַב פִּי עַל־אוֹיְבַי I Sam. 2. 1, ma bouche s'est élargie, est ouverte, contre mes ennemis; וְרָחַב לְבָבֵךְ Is. 60. 5, et ton cœur se dilatera de joie.

Niph. part.: כַּר נִרְחָב Is. 30. 23, de vastes, grands, pâturages.

Hiph. Rendre large, élargir, agrandir, étendre, mettre au large : הִרְחַבְתְּ מִשְׁכָּבֵךְ Is. 57. 8, tu as élargi, agrandi, ton lit; וְהִרְחַבְתִּי אֶת־גְּבֻלֶךָ Exod. 34. 24, et j'étendrai les limites de ton pays; מַרְחִיב גָּד Deut. 33. 20, (béni soit celui qui) étend les limites de Gad; יַרְחִיב לוֹ Prov. 18. 16, lui ouvre une large voie; בַּצָּר הִרְחַבְתָּ לִּי Ps. 4. 2, (lorsque j'étais) dans la détresse, tu m'as mis au large, tu m'as sauvé; וַיַּרְחִיבוּ עָלַי פִּיהֶם 35. 21, ils ont ouvert contre moi leur bouche (pour me railler); צָרוֹת לְבָבִי הִרְחִיבוּ 25. 17, les angoisses, les peines, ont élargi mon cœur, c.-à-d. mon cœur a dû s'étendre pour les soutenir toutes; ou, *intrans.*: les angoisses de mon cœur se sont étendues, multipliées.

רָחָב *adj.* (const. רְחַב; *f.* רְחָבָה, const. רַחֲבַת). Large, spacieux, vaste, étendu : כְּפֶרֶץ רָחָב Job 30. 14, comme une large brèche; הַחוֹמָה הָרְחָבָה Néh. 3. 8, la large muraille; אֶרֶץ טוֹבָה וּרְחָבָה Exod. 3. 8. une terre bonne et spacieuse; וְהָאָרֶץ הִנֵּה רַחֲבַת־יָדַיִם Gen. 34. 21, et ce pays est vaste de tous côtés, bien étendu (v. יָד 5°); רְחָבָה מִצְוָתְךָ מְאֹד Ps. 119. 96, ta loi est très large, c.-à-d. s'étend à l'infini; וּרְחַב לֵבָב 101. 5, et רְחַב־נֶפֶשׁ Prov. 28. 25, celui dont le cœur, l'âme, s'élargit, s'enfle, l'orgueilleux, le vaniteux; mais וּרְחַב־לֵב Prov. 21. 4, *subst.*, l'orgueil du cœur; וְאֶתְהַלְּכָה בָרְחָבָה Ps. 119. 45, *subst.*, je marche dans une voie large, en liberté.

רָחָב *n. pr.* Rahab, femme à Jéricho, qui a caché les émissaires de Josué, Jos. chap. 2.

רַחַב *m.* Espace, étendue : רַחֲבֵי־אָרֶץ Job 38. 18, les espaces, toute l'étendue de la terre; רַחַב 36. 16, (tu seras) dans une place vaste, ou large.

רֹחַב *m.* (avec suff. רָחְבּוֹ). Largeur, étendue : לְאָרְכָּהּ וּלְרָחְבָּהּ Gen. 13. 17, dans sa longueur et dans sa largeur; מְלֹא־רֹחַב אַרְצְךָ Is. 8. 8, toute l'étendue de ton pays; וְרֹחַב לֵב I Rois 5. 9, et une étendue d'esprit, un esprit qui embrassait (autant de choses qu'il y a de grains de sable sur le rivage de la mer).

רְחֹב plus souvent רְחוֹב *des deux genres* (*pl.* רְחֹבוֹת). Rue, grande place : בָרְחוֹב נָלִין Gen. 19. 2, nous passerons la nuit dans la rue; רְחוֹב שַׁעַר הָעִיר II Chr. 32. 6, la place devant la porte de la ville; בִּרְחוֹב בֵּית הָאֱלֹהִים Esdr. 10. 9, sur la place qui était devant le temple où le peuple s'assemblait (v. בֵּית רְחוֹב).

רְחָבָה *adj. f.* Large, et *subst.* (v. רָחָב).

רְחֹבוֹת *n. pr.* 1° D'un puits : Rehoboth (Dieu nous a mis au large), Gen. 26. 22. — 2° D'une ville en Assyrie : רְחֹבֹת עִיר Gen. 10. 11. — 3° רְחֹבוֹת הַנָּהָר Gen. 36. 37, Rehoboth, ville sur le fleuve (l'Euphrate).

רְחַבְיָה et רְחַבְיָהוּ (que Dieu met au large, qu'il sauve) *n. pr.* I Chr. 24. 21, 23. 17.

רְחַבְעָם (qui élargit, agrandit, le peuple) *n. pr.* (Rehabam) Roboam, fils et successeur de Salomon, I Rois 11. 43.

רַחוּם *adj.* (rac. רָחַם) Miséricordieux, seulement de Dieu, et presque toujours avec חַנּוּן : אֵל רַחוּם וְחַנּוּן Exod. 34. 6, Dieu miséricordieux et clément.

רְחוּם *n. pr.* 1° Rehum, conseiller du roi de Perse, Esdr. 4. 8. — 2° Rehum, fils de Bani, lévite, Néh. 3. 17. — 3° Esdr. 2. 2 (le même נְחוּם Néh. 7. 7). — 4° Rehum, prêtre, Néh. 12. 3 (חָרִם 12. 15).

רָחוֹק *adj.* (rac. רָחַק, *fém.* רְחוֹקָה). 1° Lointain, loin : גּוֹי רָחוֹק Joel 4. 8, un peuple lointain; בְדֶרֶךְ רְחֹקָה Nomb. 9. 10, à un voyage lointain, bien loin; *subst.* : אַךְ רָחוֹק יִהְיֶה Jos. 3. 4, mais il y aura une distance; בְּרָחוֹק Ps. 10. 1, dans l'éloignement, loin de nous; מֵרָחֹק Gen. 22. 4, לְמֵרָחוֹק Job 39. 29, de loin; לְמֵרָחוֹק Job 36. 3, de loin, ou : vers celui qui est dans l'éloignement, vers Dieu. — 2° Du temps : מֵרָחוֹק Is. 22. 11, 25. 1, et לְמֵרָחוֹק 37. 26, depuis les temps les plus reculés. — 3° וְרָחֹק מִפְּנִינִים Prov. 31. 10, et (son prix est) plus élevé que les perles, est au-dessus des perles.

רָחִיט רָחִיטֵנוּ Cant. 1. 17, *cheth.* (v. רָהִיטֵנוּ *keri*).

רֵחַיִם *m. duel.* Les meules de moulin); meule, moulin à bras : רֵחַיִם וָרָכֶב Deut. 24. 6, la meule de dessous (gisante) et celle de dessus (courante); selon d'autres : les meules, et רָכֶב la machine qui les fait tourner; קְחִי רֵחַיִם Is. 47. 2, prends le moulin (à bras), ou : saisis, tourne, la meule.

רַחִיק chald. *adj.* Loin, éloigné : רַחִיקִין הֲווֹ Esdr. 6. 6, soyez, restez éloignés (loin de là) (v. רָחוֹק).

רָחֵל *f.* (*pl.* רְחֵלִים). Mère-brebis, brebis: רְחֵלֶיךָ Gen. 31. 38, tes (mères) brebis.

רָחֵל *n. pr.* Rachel, fille de Laban, femme de Jacob, Gen. 29. 6.

רָחַם Aimer : אֶרְחָמְךָ יְיָ חִזְקִי Ps. 18. 2, je t'aimerai, Éternel, (toi qui es) ma force.

Pi. Avoir pitié, faire miséricorde : וְרִחַמְתִּי אֶת־אֲשֶׁר אֲרַחֵם Exod. 33. 19, je ferai miséricorde à qui je voudrai faire miséricorde; וְרִחַמְךָ Deut. 13. 18, afin qu'il ait pitié de toi. Avec עַל : כְּרַחֵם אָב עַל־בָּנִים Ps. 103. 13, comme un père a de la tendresse (une compassion pleine de tendresse) pour ses enfants; מֵרַחֵם בֶּן־בִּטְנָהּ Is. 49. 15, pour n'avoir point compassion (tendresse) du fils de ses entrailles; *part.* : וֵאלֹהֵינוּ מְרַחֵם Ps. 116. 5, et notre Dieu est plein de miséricorde.

Pou. Trouver, obtenir, pitié, miséricorde : וּמוֹדֶה וְעֹזֵב יְרֻחָם Prov. 28. 13, mais qui confesse (ses péchés) et les abandonne obtiendra miséricorde; בְּךָ יְרֻחַם יָתוֹם Osée 14. 4, en (ou par) toi l'orphelin trouve de la compassion, de la tendresse; לֹא רֻחָמָה Osée 1. 6, celle dont on n'a pas pitié, qui n'est pas aimée.

רָחָם *m.* הָרָחָם Lév. 11. 18, et הָרָחָמָה Deut. 14. 17 (ה parag.), un des oiseaux immondes (vautour, aigle-vautour, porphyrion ?) : tire son nom de son amour pour ses petits.

רַחַם *m.* (avec pause רָחַם). 1° Matrice, sein, entrailles (v. רֶחֶם) : בִּרְכֹת שָׁדַיִם וָרָחַם Gen. 49. 25, les bénédictions des mamelles et du sein (de la fécondité); וְעֹצֶר רָחַם Prov. 30. 16, et la matrice stérile. — 2° Jeune fille : רַחַם רַחֲמָתַיִם Jug. 5. 30 (le second, *duel* de רַחֲמָה), (on donnera à chaque homme) une fille, ou deux jeunes filles.

רַחַם *n. pr. m.* I Chr. 2. 44.

רֶחֶם *m.* (une fois *fém.*, Jér. 20. 17, v. à הָרָה). Matrice, sein, entrailles (v. רַחַם 1°) : לָמָּה זֶּה מֵרֶחֶם יָצָאתִי Jér. 20. 18, pourquoi suis-je sorti du sein (de ma mère)? פֶּטֶר כָּל־רֶחֶם Exod. 13. 2, tout ce qui ouvre le sein de la mère (tous les premiers-nés, tant des hommes que des bêtes); מֵרֶחֶם Ps. 22. 11, depuis le sein, c.-à-d. au sortir du sein de ma mère; *au fig.* : מֵרֶחֶם יֵצֵא Job 38. 8, lorsque la mer sortit du sein, lorsqu'elle a été créée (מֵרֶחֶם Ps. 110. 3, v. à מִשְׁחָר).

רַחֲמָה *f. duel* : רַחֲמָתַיִם Jug. 15. 30, deux jeunes filles (v. רַחַם 2°).

רַחְמָה (v. רָחָם).

רַחֲמִים *pl. m.* (rac. רָחַם). 1° Les entrailles, le cœur : וְרַחֲמֵי רְשָׁעִים אַכְזָרִי Prov. 12. 10, mais les entrailles des méch nts sont cruelles. — 2° L'amour pour les siens, grâce, miséricorde : נִכְמְרוּ רַחֲמָיו Gen. 43. 30, son amour s'enflamma, fut ému (pour son frère); לֹא־שַׂמְתְּ לָהֶם רַחֲמִים Is. 47. 6, tu n'as point usé de miséricorde envers eux; וְנָתַן־לְךָ רַחֲמִים Deut. 13. 18, il te (donnera) fera miséricorde; וְאֵל שַׁדַּי יִתֵּן לָכֶם רַחֲמִים לִפְנֵי הָאִישׁ Gen. 43. 14, et Dieu le Tout-Puissant vous fera trouver grâce devant cet homme (vous le rendra favorable); souvent avec l'*adj.* רַבִּים la grande miséricorde.

רַחֲמִין chald. Miséricorde : וְרַחֲמִין לְמִבְעֵא Dan. 2. 18, et pour implorer la miséricorde.

* רַחֲמָן et רַחֲמָנָא *adj.* (v. רַחוּם). Le miséricordieux (Dieu), Rituel.

רַחֲמָנִי *adj.* Compatissant; *fém. pl.* : נָשִׁים רַחֲמָנִיּוֹת Lament. 4. 10, les femmes compatissantes, tendres.

רָחַף Trembler : רָחֲפוּ כָּל־עַצְמוֹתַי Jér. 23. 9, tous mes os ont tremblé, ont été ébranlés (de terreur).

Pi. : עַל־גּוֹזָלָיו יְרַחֵף Deut. 32. 11, (l'aigle) plane, c.-à-d. voltige doucement, au-dessus (ou sur) ses petits; וְרוּחַ אֱלֹהִים מְרַחֶפֶת Gen. 1. 2, l'esprit de Dieu planait (était porté) (sur la surface des eaux), ou : se mouvait (au-dessus des eaux).

רָחַץ (*fut.* יִרְחַץ, *inf.* רְחֹץ et רָחְצָה) Se laver le corps, se baigner, laver une partie du corps (jamais comme כִּבֵּס laver ses habits) : לִרְחֹץ עַל־הַיְאֹר Exod. 2. 5, (elle vint) au fleuve pour se baigner; וְרַחֲצוּ רַגְלֵיכֶם Gen. 18. 4, pour que vous laviez vos pieds; יִרְחֲצוּ־מַיִם Exod. 30. 20, ils se laveront de cette eau (les mains et les pieds, v. vers. 19); וְקִרְבּוֹ וּכְרָעָיו יִרְחַץ בַּמָּיִם Lév. 1. 9, il lavera dans l'eau les intestins et les pieds (de l'holocauste); אִם רָחַץ יְיָ אֵת צֹאַת Is. 4. 4, après que Dieu aura purifié les souillures (des filles de Sion); אֶרְחַץ בְּנִקָּיוֹן כַּפָּי Ps. 26. 6, je lave mes mains dans la pureté, je purifie mes mains, je serai pur, innocent.

Pou. : לֹא רֻחָץ Prov. 30. 12, qui n'a pas été lavé; וּבְמַיִם לֹא־רֻחַצְתְּ Ez. 16. 4, tu ne fus pas lavée dans l'eau.

Hithph. : אִם־הִתְרָחַצְתִּי Job 9. 30, quand je me serais lavé ou baigné.

רַחַץ *m.* Action de laver : מוֹאָב סִיר רַחְצִי Ps. 60. 10, 108. 10, Moab est le pot de mon lavage, c.-à-d. comme un vase dans lequel je me lave, ou : dans lequel je me lave les pieds, *terme de mépris.*

רַחְצָה *f.* Lavoir, abreuvoir : שֶׁעָלוּ מִן־הָרַחְצָה Cant. 4. 2, 6. 6, (des brebis) qui montent du lavoir, du gué, de l'abreuvoir.

רְחַץ chald. Avoir confiance. *Ithph.* : דִּי הִתְרְחִצוּ עֲלוֹהִי Dan. 3. 28, qui ont eu confiance en lui.

רָחַק (*fut.* יִרְחַק, *inf.* רָחוֹק et רָחְקָה) Être, rester, loin; s'éloigner, s'abstenir, se garder de : לִרְחֹק מֵחַבֵּק Eccl. 3. 5, de rester loin, de s'abstenir, d'embrasser; רָחֲקוּ מֶנִּי Job 30. 10, ils s'éloignent de moi; כִּי רָחֲקוּ מֵעָלַי Jér. 2. 5, pour qu'ils se soient éloignés de moi; אַל־תִּרְחַק מִמֶּנִּי Ps. 22. 12, ne t'éloigne pas de moi, ne me retire pas ta protection; מִדְּבַר־שֶׁקֶר תִּרְחָק Exod. 23. 7, éloigne-toi, garde-toi, d'un faux jugement, de prononcer une sentence fausse, injuste; יִרְחֲקוּ בָנָיו מִיֶּשַׁע Job 5. 4, ses enfants sont, restent, loin du salut.

Niph. Ex. unique: עַד אֲשֶׁר לֹא־יֵרָחֵק חֶבֶל Eccl. 12. 6, (*chethib*) avant que la chaîne (d'argent) soit retirée, enlevée (*keri* יֵרָתֵק soit rompue).

Pi. Éloigner : וְרִחַק יְיָ אֶת־הָאָדָם Is. 6. 12, et (que) l'Éternel ait éloigné, chassé, les hommes (de leur pays); וְלִבּוֹ רִחַק מִמֶּנִּי 29. 13, mais qu'il a éloigné son cœur de moi.

Hiph. 1° *Trans.* Éloigner : כַּפְּךָ מֵעָלַי הַרְחַק Job 13. 21, éloigne, retire, ta main de dessus moi; הִרְחִיק מִמֶּנּוּ אֶת־פְּשָׁעֵינוּ Ps. 103. 12, il a éloigné de nous nos péchés (il nous les a pardonnés); avec un *inf.* : הִנֵּה אַרְחִיק נְדֹד Ps. 55. 8, je fuirais bien loin; הַרְחֵק לֹא־תַרְחִיקוּ לָלֶכֶת Exod. 8. 25, n'allez pas trop ou plus loin; הַרְחֵק *adv.*, Gen. 21. 16, au loin; הַרְחֵק מְאֹד Jos. 3. 16, bien loin. — 2° *Intrans.* comme *Kal*: לֹא הִרְחִיקוּ Gen. 44. 4, ils n'étaient pas encore loin; אַל־תַּרְחִיקוּ מִן־הָעִיר מְאֹד Jos. 8. 4, ne vous éloignez pas beaucoup de la ville. * *Hithp.*: וְנִתְרַחַקְנוּ Rituel, nous avons été éloignés (de notre sol).

רָחֵק **רָחֵק** *adj.* Qui est loin; *plur.*: רְחֵקֶיךָ Ps. 73. 27, ceux qui sont loin, qui s'éloignent de Toi (de Dieu).

רָחַשׁ Agiter, pousser au dehors: רָחַשׁ לִבִּי דָּבָר טוֹב Ps. 45. 2, mon cœur (agite) produit une parole, un chant agréable (v. רָגַשׁ, רָעַשׁ et מַרְחֶשֶׁת).

רַחַת *f.* (rac. רוּחַ, comme נַחַת de נוּחַ). Pelle (parce qu'elle jette au vent?): אֲשֶׁר־זֹרֶה בָרַחַת Is. 30. 24, qui a été vanné (remué) par la pelle.

רָטַב Être trempé, mouillé: מִזֶּרֶם הָרִים יִרְטָבוּ Job 24. 8, ils sont trempés, percés, par les pluies des montagnes.

רָטֹב *adj.* Frais, vert: רָטֹב הוּא לִפְנֵי־שָׁמֶשׁ Job 8. 16, il est plein de sève, frais, vert, avant que le soleil se lève.

רָטָה Jeter, rac. de יִרְטֵנִי, Job 16. 11 (v. à יָרַט).

רֶטֶט *m.* Tremblement: וְרֶטֶט הֶחֱזִיקָה Jér. 49. 24, et un tremblement, une terreur (la saisit), s'empara de Damas.

רֻטֲפַשׁ Ex. unique: רֻטֲפַשׁ בְּשָׂרוֹ מִנֹּעַר Job 33. 25, sa chair redevient fraîche, grasse, saine, plus que dans son enfance (formé de רָטַב être humide, et de טָפַשׁ être gras, ou de פּוּשׁ augmenter).

רָטַשׁ *Kal* inusité. *Pi.* Briser: וְעֹלְלֵיהֶם תְּרַטֵּשׁ II Rois 8. 12, tu briseras, écraseras (contre terre), leurs petits enfants; וּקְשָׁתוֹת נְעָרִים תְּרַטַּשְׁנָה Is. 13. 18, les arcs (les flèches) perceront, abattront, les jeunes hommes.

Pou. passif: עֹלְלֵיהֶם יְרֻטָּשׁוּ Osée 14. 1, leurs petits enfants seront brisés, écrasés; אֵם עַל־בָּנִים רֻטָּשָׁה Osée 10. 14, la mère a été écrasée, tuée, sur (après) ses enfants.

רִי *m.* (rac. רָוָה). Pluie: אַף־בְּרִי Job 37. 11, (il charge le nuage) aussi de pluie, de fécondité (v. רְוָיָה); selon d'autres, בְּרִי de בָּרָה: même (dans) la pureté de l'air (v. בָּרָה).

רִיב Contester, disputer, etc. (v. רוּב).

רִיב rarement רִב *m.* (rac. רוּב ou רִיב; *plur.* רִיבוֹת, et const. רִיבֵי). Querelle, dispute, cause, procès: וַיְהִי־רִיב Gen. 13. 7, il s'éleva une querelle; כִּי־יִהְיֶה רִיב בֵּין אֲנָשִׁים Deut. 25. 1, s'il s'excite une dispute, querelle, entre (deux) hommes; אִישׁ רִיבִי Job 31. 35, mon adversaire; selon d'autres, au contraire: celui qui défend ma cause; אַנְשֵׁי רִיבֶךָ Is. 41. 11, tes adversaires; בְּרִיבוֹ Exod. 23. 3, dans sa cause, son procès; אִישׁ רִיב הָיִיתִי Jug. 12. 2, j'avais une cause, un différend.

רִיבַי *n. pr. m.* II Sam. 23. 29.

רִיחַ *verbe* (v. רוּחַ).

רֵיחַ *m.* (rac. רוּחַ ou רִיחַ). Odeur: נָתְנוּ רֵיחַ Cant. 2. 13, ils ont répandu (leur) odeur; רֵיחַ בְּנִי כְּרֵיחַ שָׂדֶה Gen. 27. 27, l'odeur de mon fils est semblable à l'odeur d'un champ; très souvent רֵיחַ נִיחֹחַ odeur agréable des sacrifices (v. נִיחֹחַ); מֵרֵיחַ מַיִם Job 14. 9, par l'odeur des eaux (dès qu'il aura senti l'eau); הִבְאַשְׁתֶּם אֶת־רֵיחֵנוּ Exod. 5. 21, vous nous avez mis en mauvaise odeur.

רֵיחַ chald. *m.* Odeur: וְרֵיחַ נוּר Dan. 3. 27, et l'odeur du feu.

רֵים (v. רְאֵם).

רֵיעַ *m.* Ami: רֵיעֲכֶם Job 6. 27, votre ami (v. II רֵעַ).

רִיפוֹת *f. plur.* (rac. רוּף). Des grains pilés: וַתִּשְׁטַח עָלָיו הָרִפוֹת II Sam. 17. 19, et elle répandit dessus des grains pilés, ou: de l'orge mondé; בְּתוֹךְ הָרִיפוֹת Prov. 27. 22, au milieu des grains qu'on bat, monde.

רִיפַת *n. pr.* Riphath, fils de Gomer, Gen. 10. 3, souche d'un peuple de même nom.

* רִיצָה *f.* Action de courir, Rituel.

רִיק Vider, etc. (v. ריק).

רִיק *m.* (rac. ריק ou ריק). Une chose vide, vaine : יֶהְגּוּ־רִיק Ps. 2. 1, (les nations) méditent, forment, de vains desseins ; תֶּאֱהָבוּן רִיק 4. 3, (jusqu'à quand) aimerez-vous ce qui est vain, la vanité? *adj.* : כְּלִי רִיק Jér. 51. 34, un vaisseau vide, et *adv.* : רִיק Ps. 73. 13, לָרִיק Lév. 26. 16, לָרִיק Job 39. 16, et בְּדֵי־רִיק Jér. 51. 58, inutilement, en vain, pour rien.

רֵיק et **רֵק** *m.* (*fém.* רֵקָה ; *plur.* רֵיקִים, *fém.* רֵיקוֹת). *Adj.* Vide, vain, frivole : וְכַדִּים רֵקִים Jug. 7. 16, et des cruches vides ; וְהַבּוֹר רֵק Gen. 37. 24, et la citerne était vide (sans eau) ; וְרֵקָה נַפְשׁוֹ Is. 29. 8, et son âme est vide (de nourriture), c.-à-d. il a faim ; לֹא־דָבָר רֵק הוּא מִכֶּם Deut. 32. 47, ce n'est pas une parole (ou chose) vaine, sans importance pour vous ; וָרֵק Néh. 5. 13, et vide, c.-à-d. pauvre ; אֲנָשִׁים רֵיקִים Jug. 9. 4, des gens légers, misérables ; אַחַד הָרֵקִים II Sam. 6. 20, un des hommes frivoles, vils (un des bouffons) ; וּמְרַדֵּף רֵיקִים Prov. 12. 11, et celui qui poursuit, court après, les choses vaines (ou : qui suit les hommes légers, frivoles).

רֵיקָם *adv.* Les mains vides, en vain, sans motif, gratuitement : אַל־תָּבוֹאִי רֵיקָם Ruth 3. 17, tu ne retourneras pas (vers ta belle-mère) les mains vides ; כִּי עַתָּה רֵיקָם שִׁלַּחְתָּנִי Gen. 31. 42, tu m'aurais renvoyé (à présent) sans rien, sans salaire ; וְלֹא יֵרָאֶה אֶת־פְּנֵי יְיָ רֵיקָם Deut. 16. 16, on ne paraîtra point devant l'Éternel les mains vides (sans offrandes) ; לֹא תָשׁוּב רֵיקָם II Sam. 1. 22, (l'épée de Saül) ne revient pas (de la bataille) vide, sans être couverte de sang ; ou : en vain, sans succès ; צוֹרְרִי רֵיקָם Ps. 7. 5, celui qui me poursuit sans cause, gratuitement.

רִיר *m.* (rac. רור ou ריר). Salive : וַיּוֹרֶד רִירוֹ אֶל־זְקָנוֹ I Sam. 21. 14, et laissa couler sa salive sur sa barbe ; בְּרִיר חַלָּמוּת Job 6. 6 (v. à חַלָּמוּת).

רֵישׁ *m.* (rac. רוש). Pauvreté : רֵישֶׁךָ Prov. 24. 34, ta pauvreté ; רֵישָׁם 10. 15, leur pauvreté (v. רָאשׁ).

* **רֵישׁ** Chef, Rituel ; *pl.* const. רֵישֵׁי.

רִישׁ *m.* Pauvreté : יִשְׂבַּע־רִישׁ Prov. 28. 19, il sera rassasié, c.-à-d. accablé de pauvreté ; רִישׁוֹ 31. 7, sa pauvreté.

רִישׁוֹן Job 8. 8, le premier (v. רִאשׁוֹן).

רַךְ *adj.* (rac. רָכַךְ, *f.* רַכָּה ; *pl.* רַכִּים, *f.* רַכּוֹת). Délicat, tendre, faible, mou, doux : הַיְלָדִים רַכִּים Gen. 33. 13, (que) les enfants sont délicats, ou : fort petits ; רַךְ וָטוֹב 18. 7, (un veau) tendre et excellent ; וְאָנֹכִי הַיּוֹם רַךְ II Sam. 3. 39, je suis aujourd'hui faible, encore peu affermi sur mon trône ; וְעֵינֵי לֵאָה רַכּוֹת Gen. 29. 17, Léa (Lia) avait les yeux, la vue faible, courte (ou : les yeux chassieux) ; הָרַכָּה בְךָ Deut. 28. 56, la femme délicate entre vous, c.-à-d. qui a vécu dans la mollesse ; מַעֲנֶה־רַּךְ Prov. 15. 1, une réponse douce ; אִם־יְדַבֵּר אֵלֶיךָ רַכּוֹת Job 40. 27, te dira-t-il des paroles douces, humbles? וְרַךְ הַלֵּבָב Deut. 20. 8, (un homme) mou de cœur, c.-à-d. timide, lâche.

רֹךְ *m.* Délicatesse, mollesse : וּמֵרֹךְ Deut. 28. 56, et par délicatesse, mollesse.

רָכַב (*fut.* יִרְכַּב). Être assis, être porté ; aller à cheval, monter un cheval ou une autre bête, monter sur un chariot : וְסוּס אֲשֶׁר רָכַב עָלָיו הַמֶּלֶךְ Esth. 6. 8, et le cheval que le roi a coutume de monter ; וַתִּרְכַּבְנָה עַל־הַגְּמַלִּים Gen. 24. 61, elles montèrent sur des chameaux ; אֲשֶׁר־רָכַבְתָּ עָלַי Nomb. 22. 30, (ne suis-je pas ton ânesse) que tu as coutume de monter? avec ב : אֲשֶׁר אֲנִי רֹכֵב בָּהּ Néh. 2. 12, (la bête) sur laquelle j'étais monté ; רֹכֵב הַסּוּס II Rois 9. 18, Amos 2. 15, celui qui est monté à cheval, le cavalier ; סוּס וְרֹכְבוֹ Exod. 15. 2, le cheval et (son) le cavalier ; רֹכְבִים בָּרֶכֶב וּבַסּוּסִים Jér. 17. 25, qui montent sur des chariots et sur des chevaux ; *au fig.* : הִנֵּה יְיָ רֹכֵב עַל־עָב קַל Is. 19. 1, vois, l'Éternel sera porté sur un nuage léger; וַיִּרְכַּב עַל־כְּרוּב Ps. 18. 11, il est monté, porté, sur un chérubin; רֹכֵב שָׁמַיִם Deut. 33. 26, il est porté sur les cieux, il est au-dessus des cieux.

Hiph.: Faire monter sur une bête, un char; faire porter, monter sur: וְהִרְכִּיבֻהוּ עַל־הַסּוּס Esth. 6. 9, et qu'il le fasse monter sur ce cheval (du roi); וַיַּרְכִּבוּ אֶת־שְׁלֹמֹה עַל־פִּרְדַּת I Rois 1. 38, et ils firent monter Salomon sur la mule (du roi David); וַיַּרְכֵּב אֹתוֹ בְּמִרְכֶּבֶת Gen. 41. 43, il le fit monter sur, le fit conduire dans, (son second) char; אֶל־רוּחַ תַּרְכִּיבֵנִי Job 30. 22, tu me fis porter par les vents, tu me lanças dans les airs; יַרְכִּבֵהוּ עַל־בָּמֳתֵי אָרֶץ Deut. 32. 13, il l'a fait monter sur les hauteurs de la terre, l'a établi dans une terre élevée; ou: l'a rendu grand, puissant; הִרְכַּבְתָּ אֱנוֹשׁ לְרֹאשֵׁנוּ Ps. 66. 12, tu as fait monter des hommes sur notre tête (tu nous as donné des maîtres qui nous accablaient).—Des choses inanimées: וַיַּרְכִּבוּ אֶת־אֲרוֹן הָאֱלֹהִים II Sam. 6. 3, ils montèrent, mirent l'arche de Dieu (sur un chariot); הַרְכֵּב יָדְךָ עַל־הַקֶּשֶׁת II Rois 13. 16, mets ta main sur l'arc.— אַרְכִּיב אֶפְרַיִם Osée 10. 11, je monterai sur Ephraïm, ou: j'attellerai Ephraïm (à la charrue).

רֶכֶב *m.* (avec suff. רִכְבִּי; *pl.* const. רִכְבֵי). 1° Cavalier: רֶכֶב חֲמוֹר רֶכֶב גָּמָל Is. 21. 7, un cavalier monté sur un âne et un cavalier monté sur un chameau; רֶכֶב אִישׁ 21. 9, les chevaux avec les hommes (qui les montaient), ou: le chariot (conduit par) les hommes (v. 2°). — 2° Chariot, char, très souvent *collect.*: כָּל־סוּס רֶכֶב פַּרְעֹה Exod. 14. 9, tous les chevaux et les chariots de Pharaon; רִכְבּוֹ Jug. 5. 28, son char; רֶכֶב בַּרְזֶל Jos. 17. 18, des chariots de fer armés de faux; בְּעָרֵי הָרֶכֶב II Chr. 1. 14, dans les villes destinées à loger les chariots, les équipages; רֶכֶב souvent pour les chevaux qui traînent les chariots, ou pour les soldats qui s'y trouvent, II Sam. 8. 4; שְׁבַע מֵאוֹת רֶכֶב 10. 18, (David tua) sept cents chariots (les troupes qu'ils contenaient); שְׁנֵי רֶכֶב סוּסִים II Rois 7. 14, deux chariots attelés de chevaux, ou: deux hommes montés sur des chevaux, deux cavaliers. — 3° La meule de dessus, courante: פֶּלַח רֶכֶב II Sam. 11. 21, le morceau d'une meule (v. à הָרֵחַיִם).

רַכָּב *m.* Cavalier: קַח רַכָּב II Rois 9. 17, prends un cavalier, ou écuyer; וַיֹּאמֶר לְרַכָּבוֹ I Rois 22. 34, il dit à celui qui dirigeait son char (à son cocher).

רֵכָב *n. pr.* 1° Rechab, souche d'une tribu nomade, II Rois 10. 15; בֵּית הָרֵכָבִים Jér. 35. 2-11, la maison des Rechabites.—2° Rechab, fils de Remmon, II Sam. 4. 2. — 3° Rechab, père de Malchia, Néh. 3. 14.

רִכְבָּה *f.* Action de monter à cheval: בְּבִגְדֵי־חֹפֶשׁ לְרִכְבָּה Ez. 27. 20, avec des étoffes, ou des vêtements, magnifiques, pour monter à cheval; ou: pour des chars, voitures.

רֵכָה *n. pr.* d'un endroit, Recha, I Chr. 4. 12.

רְכוּב *m.* (rac. רָכַב). Char: הַשָּׂם עָבִים רְכוּבוֹ Ps. 104. 3, il fait des nuées son char.

רְכוּשׁ et רְכֻשׁ *m.* (rac. רָכַשׁ). Les choses acquises, les biens, richesses: וּרְכֻשׁוֹ Gen. 14. 16, et ses biens, tout ce qui était à lui; בִּרְכוּשׁ וּבִבְהֵמָה Esdr. 1. 6, avec (leurs) biens et (leurs) bêtes; מֵרְכוּשׁ הַמֶּלֶךְ II Chr. 35. 7, du bien propre du roi; שָׂרֵי הָרְכוּשׁ I Chr. 27. 31, les intendants des biens (du roi); בִּרְכֻשׁ גָּדוֹל Gen. 15. 14, avec de grandes richesses.

רָכִיל *m.* (rac. רָכַל). Calomnie, presque toujours avec הָלַךְ: לֹא־תֵלֵךְ רָכִיל Lév. 19. 16, ne va pas de côté et d'autre pour la calomnie, la médisance, ne calomnie pas; הוֹלֵךְ רָכִיל Prov. 11. 13, le calomniateur; אַנְשֵׁי רָכִיל Ez. 22. 9, des calomniateurs, ou: des traîtres.

רָכַךְ Être doux, tendre, faible (v. רַךְ): יַעַן רַךְ־לְבָבְךָ II Rois 22. 19, parce que ton cœur a été tendre, attendri ; רַכּוּ דְבָרָיו מִשֶּׁמֶן Ps. 55. 22, ses paroles sont plus douces que l'huile.

Niph. Être troublé, épouvanté : אַל־יֵרַךְ לְבַבְכֶם Deut. 20. 3, que votre cœur ne soit point troublé, épouvanté, qu'il ne s'affaiblisse point.

Pou. : וְלֹא רֻכְּכָה בַּשָּׁמֶן Is. 1. 6, et (la plaie) n'a pas été amollie, adoucie, avec l'huile.

Hiph. : וְאֵל הֵרַךְ לִבִּי Job 23.16, Dieu a amolli mon cœur, a brisé mon courage.

רכל רָכַל (v. רָגַל) Aller çà et là, de côté et d'autre. 1° Pour commercer, trafiquer (v. סָחַר); seulement *part.* רֹכֵל marchand, commerçant : הֵמָּה רֹכְלָיִךְ Ez. 27. 13, ce sont tes commerçants (qui trafiquent avec toi); רֹכֶלֶת הָעַמִּים 27. 3, (Tyr) la ville commerçante (qui trafique) avec les nations; *spécial.* מִכֹּל אַבְקַת רוֹכֵל Cant. 3. 6, de toutes les poudres du marchand (de parfums) (de là רְכֻלָּה, מַרְכֹּלֶת).—2° Pour médire, calomnier (v. רָכִיל).

רָכָל (ville de commerce) *n. pr.* Rachal, ville appartenant à la tribu de Juda, I Sam. 30. 29.

רְכֻלָּה *f.* (rac. רָכַל 1°). 1° Commerce : בְּרֹב רְכֻלָּתְךָ Ez. 28. 16, dans la multiplication de ton commerce (v. vers. 5, 18). — 2° Marchandise : וּבָזְזוּ רְכֻלָּתֵךְ Ez. 26. 12, ils pilleront tes marchandises.

רכס רָכַס Attacher : וְיִרְכְּסוּ אֶת־הַחֹשֶׁן Exod. 28. 28, 39. 21, on attachera le rational (à l'éphod), ou : on le tirera en haut (vers l'éphod).

רֶכֶס *m.* Ex. unique : וְהָרְכָסִים לְבִקְעָה Is. 40. 4, et une suite de collines (tellement près les unes des autres qu'il n'y a pas de passage entre), ou : les chemins raboteux, d'un accès difficile, seront changés en une plaine, vallée; selon d'autres : les montagnes élevées seront changées, etc.

רֹכֶס *m.* Ex. unique; *pl.* : מֵרֻכְסֵי אִישׁ Ps. 31. 21, (tu les protégeras) contre les conjurations des hommes (comme קֶשֶׁר), ou : contre leurs voies tortueuses, ou : contre leur hauteur, c.-à-d. leur orgueil (v. רָכַס et רֶכֶס).

רכשׁ רָכַשׁ Acquérir, posséder : וְאֶת־כָּל־רְכוּשָׁם אֲשֶׁר רָכָשׁוּ Gen. 12. 5, et tous les biens qu'ils avaient acquis.

רֶכֶשׁ *m.* Selon les uns : beau et jeune cheval; selon les autres : une bête d'une autre race, mulet (ou dromadaire) : לַסּוּסִים וְלָרָכֶשׁ I Rois 5. 8, pour les chevaux et les jeunes coursiers, ou : et pour les autres bêtes; רֹכְבֵי הָרֶכֶשׁ Esth. 8. 10, 14, (des courriers) montés sur de jeunes coursiers, ou sur des mulets.

רם רָם *part. m.* (*fém.* רָמָה). Haut, élevé (v. רוּם).

רָם *n. pr.* 1° La famille de Ram, Job 32. 2 (selon quelques-uns, des descendants d'Abraham). — Ram, fils de Hesron, Ruth 4. 19. — 3° Ram, fils de Jerachmeel, I Chr. 2. 25.

רֵם (*pl.* רֵמִים, v. רְאֵם).

רמה רָמָה Jeter, précipiter, lancer : סוּס וְרֹכְבוֹ רָמָה בַיָּם Exod. 15. 1, il a précipité dans la mer le cheval et le cavalier; וְרֹמֵה קֶשֶׁת Jér. 4. 29, et *plur.* רוֹמֵי־קֶשֶׁת Ps. 78. 9, qui lancent (des flèches) de l'arc, les archers.

Pi. Tromper (jeter, faire tomber dans un piége ?) : אִישׁ רִמָּה אֶת־רֵעֵהוּ Prov. 26. 19, un homme qui a trompé son prochain; וְלָמָּה רִמִּיתָנִי Gen. 29. 25, pourquoi m'as-tu trompé ? וְאִם־לְרַמּוֹתַנִי לְצָרַי I Chr. 12. 17, mais si (c'est) pour me tromper au profit de mes ennemis, ou : pour me trahir, vendre à mes ennemis.

רָמָה *f.* (rac. רוּם). Hauteur, *spécial.* des hauts-lieux, des endroits élevés, où l'on sacrifiait aux idoles : וַתַּעֲשִׂי־לָךְ רָמָה Ez. 16. 24, et tu t'es fait, préparé, des autels élevés (dans toutes les places publiques); וְנִתְּצוּ רָמֹתַיִךְ Ez. 16. 39, ils renverseront tes autels; בָּרָמָה I Sam. 22. 6, sur une hauteur; selon d'autres : à Rama (v. רָמָה *n. pr.*).

רָמָה *n. pr.* 1° Rama, ville appartenant à Benjamin, Jug. 19. 13; avec l'*art.* הָרָמָה Jos. 18. 25, Jug. 4. 5. — 2° Rama ou Ramath, ville dans la montagne d'Ephraïm; toujours הָרָמָתָה I Sam. 1. 19, 2. 11, 7. 17, à ou vers Rama ou Ramath; pleinement: הָרָמָתַיִם צוֹפִים 1. 1, Haramathajim-Sophim (lieu de naissance et de demeure de Samuel). — 3° Rama ou Harama, ville de la tribu de Nephthali, Jos. 19. 36. — 4° רָמַת הַמִּצְפֶּה Jos. 13. 26, Ramath-Hamispé, ville dans Galaad; aussi רָמֹת Jos. 21. 36, et רָאמוֹת 20. 8. — 5° רָמַת לֶחִי (v. לֶחִי *n. pr.*); הָרָמָתִי I Chr. 27. 27, (Simei) de Rama.

רְמָה chald. 1° Jeter: וּרְמוֹ לְגֻבָּא Dan. 6. 17, et ils (le) jetèrent dans la fosse (des lions); הֲלָא — רְמֵינָא לְגוֹא־נוּרָא 3. 24, n'avons-nous pas jeté (trois hommes) au milieu du feu? *inf.*: לְמִרְמֵא 3. 20, de jeter; וּרְמִיו לְגוֹא־אַתּוּן 3. 21, ils les jetèrent dans la fournaise. — 2° Placer: עַד דִּי כָרְסָוָן רְמִיו Dan. 7. 9, jusqu'à ce que l'on plaça des trônes (ou: que des trônes furent placés). — 3° לְמִרְמֵא עֲלֵיהֹם Esdr. 7. 24, (que personne n'a le pouvoir) de leur imposer (un tribut).

רִמָּה *f.* (rac. II רָמַם). Ver, *collect.* les vers: אַף כִּי־אֱנוֹשׁ רִמָּה Job 25. 6, combien moins l'homme qui n'est qu'un ver; וְרִמָּה לֹא־הָיְתָה בּוֹ Exod. 16. 24, et il n'y avait aucun ver; וְרִמָּה תְּכַסֶּה עֲלֵיהֶם Job 21. 26, et les vers les couvriront.

רִמּוֹן *m.* (*pl.* רִמּוֹנִים). Grenade (fruit), grenadier (arbre): וּמִן־הָרִמֹּנִים Nomb. 13. 23, (ils prirent) aussi des grenades; רִמּוֹן גַּם־תָּמָר Joel 1. 12, le grenadier et le palmier; רִמֹּנֵי תְכֵלֶת Exod. 28. 33, des grenades faites de laine (de couleurs bleue et pourpre) pour orner la tunique que portait le grand-prêtre; וְרִמֹּנִים II Rois 25. 17, et les grenades (aux chapiteaux des colonnes); מֵעֲסִיס רִמֹּנִי Cant. 8. 2, du suc nouveau de mes pommes de grenade, ou רִמֹּנִי *adj.*: du suc de grenades.

רִמּוֹן *n. pr.* 1° Remmon, ville appartenant à Siméon, au midi de Jérusalem, Jos. 15. 32, 19. 7, Zach. 14. 10. — 2° Remmon, ville de la tribu de Zabulon, Jos. 19. 13 (רִמּוֹנוֹ I Chr. 6. 62). — 3° סֶלַע הָרִמּוֹן le rocher appelé Remmon, près de Gebea, Jug. 20. 45. — 4° רִמֹּן פֶּרֶץ Remmon Pares, station dans le désert, Nomb. 33. 19. — 5° Remmon, idole des Syriens: בֵּית רִמֹּן II Rois 5. 18, le temple de Remmon (peut-être de la rac. רוּם ou רָמַם ce qui est élevé). — 6° *n. pr.* d'un homme: Remmon de Beeroth, II Sam. 4. 2.

רָמוֹת *n. pr.* Ramoth, ville dans Galaad, Jos. 21. 38 (v. רָאמוֹת et רָמָה *n. pr.* 4°).

רָמוֹת־נֶגֶב (hauteur du midi) *n. pr.* d'une ville de la tribu de Siméon, I Sam. 30. 27 (רָמַת־נֶגֶב Jos. 19. 8).

רָמוּת *f.* douteux: וּמִלֵּאתִי הַגֵּאָיוֹת רָמוּתֶךָ Ez. 32. 5, et je remplirai les vallées de ta hauteur, c.-à-d. du tas de (tes cadavres); de רוּם, v. רָמָה; ou: de ceux qui faisaient ton orgueil (v. רוּם); selon d'autres: des vers (de tes cadavres), comme רִמָּה.

רֹמַח *m.* (*plur.* רְמָחִים, avec suff. רָמְחֵיהֶם). Lance (ou javelot): וַיִּקַּח רֹמַח בְּיָדוֹ Nomb. 25. 7, il saisit une lance; מִרְקוּ הָרְמָחִים Jér. 46. 4, aiguisez vos lances (les fers de vos lances).

רַמִּי seulement *plur.* הָרַמִּים II Chr. 22. 5; comme הָאֲרַמִּים II Rois 8. 28, les Syriens.

רַמְיָה *n. pr. m.* Esdr. 10. 25.

רְמִיָּה *f.* (rac. רָמָה *Kal* et *Pi.*). *Subst.* et *adj.* 1° Relâchement, paresse, paresseux: וּרְמִיָּה תִּהְיֶה לָמַס Prov. 12. 24, mais (la main) relâchée, paresseuse, sera tributaire; כַּף־רְמִיָּה 10. 4, la main paresseuse; רְמִיָּה Jér. 48. 10 (ou pour בִּרְמִיָּה), avec négligence, nonchalance, ou *adv.* nonchalamment. — 2° Tromperie, fausseté (Job 13. 7): לָשׁוֹן רְמִיָּה Ps. 120. 3, langue trompeuse; קֶשֶׁת רְמִיָּה 78. 57, comme un arc trompeur (qui tire de travers).

רַמָּכִים *m. plur.*: בְּנֵי הָרַמָּכִים Esth. 8. 10, les petits des juments, les poulains, ou de jeunes juments, ou des mulets engendrés des juments (et d'ânes).

רְמַלְיָהוּ *n. pr.* Remaliahu, père de Pekah (Phacée), roi d'Israel, II Rois 15. 25. Ce dernier est appelé simplement fils de Remaliahu, Is. 7. 4, 5; 8. 6.

I רָמַם (v. רום) Être élevé, s'élever : כִּי־רָמּוּ (ou רָמּוּ) Job 22. 12, (les astres) qui sont si élevés; רוֹמּוּ מְעַט Job 24. 24, ils s'élèvent un peu, pour un moment; ou *impér.* : levez-vous un peu; *part.* ou *adj.* : יְמִין יְיָ רוֹמֵמָה Ps. 118. 16, la droite de l'Éternel est élevée ou exaltée.

Niph. : הֵרֹמּוּ מִתּוֹךְ הָעֵדָה הַזּאת Nomb. 17. 10, levez-vous, c.-à-d. séparez-vous de cette assemblée; וַיֵּרֹמּוּ הַכְּרוּבִים Ez. 10. 15, 17, 19, et les chérubins s'élevèrent en haut (v. toutes les autres formes à רום).

II רָמַם Ramper : וַיָּרֻם תּוֹלָעִים Exod. 16. 20, et des vers y rampaient, ou : cela fourmillait de vers (v. רִמָּה).

רֹמַמְתִּי עֶזֶר (j'ai élevé son secours) *n. pr. m.* I Chr. 25. 4.

רָמַס (*fut.* יִרְמֹס, v. רָפַס) Fouler, fouler aux pieds, écraser, opprimer : וּכְמוֹ יוֹצֵר יִרְמָס־טִיט Is. 41. 25, et comme le potier foule l'argile; וְרִמְסִי בַחֹמֶר Nah. 3. 14, et foule le ciment; תִּרְמֹס כְּפִיר וְתַנִּין Ps. 91. 13, tu fouleras aux pieds le jeune lion et le dragon; וַיִּרְמְסֻהוּ הָעָם II Rois 7. 17, et le peuple le foula aux pieds, l'écrasa en marchant sur son corps; רְמֹס חֲצֵרָי Is. 1. 12, de fouler mes parvis, de les profaner en y entrant; תַּמּוּ רֹמֵס מִן־הָאָרֶץ Is. 16. 4, ceux qui foulaient le peuple aux pieds, les oppresseurs, ont disparu du pays, sont exterminés.

Niph.: בְּרַגְלַיִם תֵּרָמַסְנָה Is. 28. 3, elles seront foulées aux pieds.

רָמַשׂ Ramper, marcher, se mouvoir : וּבְכָל־הָרֶמֶשׂ הָרֹמֵשׂ עַל־הָאָרֶץ Gen. 1. 26, et sur tous les vers qui rampent sur la terre; בְּכָל־הַשֶּׁרֶץ הָרֹמֵשׂ עַל־הָאָרֶץ Lév. 11. 44, à tous les reptiles qui rampent, se remuent, sur la terre; בְּכֹל אֲשֶׁר תִּרְמֹשׂ הָאֲדָמָה Gen. 9. 2, sur tout ce qui rampe (sur) la terre, ou : dont la terre fourmille (les reptiles); וְאֵת כָּל־נֶפֶשׁ הַחַיָּה הָרֹמֶשֶׂת Gen. 1. 21, et tous les animaux qui ont la vie, qui se meuvent, fourmillent, nagent (dans les eaux) (v. Lév. 11. 46); יַמִּים וְכָל־רֹמֵשׂ בָּם Ps. 69. 35, les mers et tout ce qui s'y meut; כָּל־בָּשָׂר הָרֹמֵשׂ עַל־הָאָרֶץ Gen. 7. 21, toute chair qui se meut sur la terre (les oiseaux, animaux, bêtes); בּוֹ־תִרְמֹשׂ כָּל־חַיְתוֹ־יָעַר Ps. 104. 20, (dans la nuit) toutes les bêtes de la forêt marchent, sortent de leur retraite (v. רָמַס); de là

רֶמֶשׂ *m.* Ce qui rampe, les reptiles, les vers : כָּל־רֶמֶשׂ הָאֲדָמָה Gen. 1. 25, tout ce qui rampe sur la terre; עַד־בְּהֵמָה עַד־רֶמֶשׂ 7. 23, jusqu'aux bêtes, jusqu'aux reptiles; une fois des poissons : שָׁם־רֶמֶשׂ וְאֵין מִסְפָּר Ps. 104. 25, là (dans la mer) sont des poissons sans nombre; de tous les animaux : כָּל־רֶמֶשׂ אֲשֶׁר הוּא־חַי Gen. 9. 3, tout ce qui a mouvement, qui a vie (tous les animaux).

רֶמֶת (hauteur) *n. pr.* Rémeth, ville appartenant à Issachar, Jos. 19. 21.

רָמַת נֶגֶב *n. pr.* d'une ville, Jos. 19. 8 (v. רָמוֹת־נֶגֶב).

רֹן *m.* (rac. רָנַן). Chant; *pl.* : רָנֵּי פַלֵּט Ps. 32. 7, des chants de délivrance (v. פַּלֵּט)

רָנָה Retentir : עָלָיו תִּרְנֶה אַשְׁפָּה Job 39. 23, près de lui, ou contre lui, le carquois retentit (du cliquetis que font les flèches qui s'y trouvent et qui s'entrechoquent, ou du sifflement que font les flèches quand on les tire), (les flèches sifflent autour lui) (v. רָנַן).

רִנָּה *f.* (rac. רָנַן). Des cris de joie, d'allégresse; cri, proclamation, supplication : וְלַבֹּקֶר רִנָּה Ps. 30. 6, et le matin (viendront) les cris de joie; בְּקוֹל־רִנָּה 42. 5, avec la voix (les chants) d'allégresse; וַיַּעֲבֹר הָרִנָּה בַּמַּחֲנֶה I Rois 22. 36 (pour קוֹל הָרִנָּה), la voix d'un cri, une proclamation, passa (fut répandue), dans le camp; הַקְשִׁיבָה רִנָּתִי

Ps. 17. 1, écoute attentivement mes cris, supplications.

רִנָּה *n. pr. m.* I Chr. 4. 20.

רָנַן (*fut.* יָרֹן, une fois יָרוֹן Prov. 29. 6, comme de רון, *inf.* רֹן, *impér.* רָנִּי et רֹנִּי). Chanter des louanges, pousser des cris de joie; *en général* chanter, se réjouir; aussi crier, gémir : וַיַּרְא כָּל־הָעָם וַיָּרֹנּוּ Lév. 9. 24, tout le peuple le voyant, ils louèrent Dieu avec des cris de joie; בְּרָן־יַחַד כּוֹכְבֵי בֹקֶר Job 38. 7, lorsque les astres du matin (les planètes?) me louaient tous ensemble; וְתָרֹן לְשׁוֹן אִלֵּם Is. 35. 6, et la langue du muet chantera des cantiques; רָנִּי עֲקָרָה Is. 54. 1, chante, réjouis-toi, femme stérile. — Des choses inanimées : רָנּוּ שָׁמַיִם Is. 44. 23, cieux, chantez, soyez dans l'allégresse; חָכְמוֹת בַּחוּץ תָּרֹנָּה Prov. 1. 20, la sagesse crie (son enseignement) dans les rues; קוּמִי רֹנִּי בַלַּיְלָה Lament. 2. 19, lève-toi, crie, gémis, pendant la nuit.

Pi. Même signif. que *Kal:* וַחֲסִידֶיהָ רַנֵּן יְרַנֵּנוּ Ps. 132. 16, et ses saints crieront (seront ravis) de joie; suivi de בְּ: רַנְּנוּ צַדִּיקִים בַּיְיָ Ps. 33. 1, justes, chantez les louanges de Dieu avec joie; בְּמַעֲשֵׂי יָדֶיךָ אֲרַנֵּן 92. 5, je chanterai avec allégresse les œuvres de tes mains; de עַל: וְרִנְּנוּ עַל־בָּבֶל Jér. 51. 48, ils chanteront de joie, triompheront de Babylone (de sa ruine); avec l'*accus.*: תְּרַנֵּן לְשׁוֹנִי צִדְקָתֶךָ Ps. 51. 16, ma langue chantera avec joie ta justice; avec אֶל: יְרַנְּנוּ אֶל־אֵל חָי Ps. 84. 3, ils célébreront avec joie le Dieu vivant; avec לְ: לְכוּ נְרַנְּנָה לַיְיָ Ps. 95. 1, venez, chantons les louanges à l'Éternel, en son honneur.

Pou. pass.: וּבַכְּרָמִים לֹא־יְרֻנָּן Is. 16. 10, et dans les vignes, il ne sera plus chanté (on ne chantera plus).

Hiph. 1° Faire chanter, remplir de joie : וְלֵב אַלְמָנָה אַרְנִן Job 29. 13, je faisais chanter, je remplissais de joie, le cœur de la veuve; מוֹצָאֵי בֹקֶר וָעֶרֶב תַּרְנִין Ps. 65. 9, tu fais chanter (ou fais que l'on chante) tes louanges avec joie, depuis l'orient jusqu'à l'occident (v. מוֹצָא 2°). — 2° Comme *Kal:* הַרְנִינוּ גוֹיִם עַמּוֹ Deut. 32. 43, nations, chantez les louanges de son peuple, ou : réjouissez-vous à cause de son peuple; הַרְנִינוּ לֵאלֹהִים Ps. 81. 2, poussez des cris de joie en l'honneur de Dieu.

Hithp.: כְּגִבּוֹר מִתְרוֹנֵן מִיָּיִן Ps. 78. 65, comme un homme fort qui jette des cris (en sortant) de son vin (en s'éveillant de son ivresse), ou : par son vin, dans son ivresse; selon d'autres, d'une rac. רוּן ou II רָנַן vaincre (vaincu par le vin) : un homme fort en état d'ivresse.

רְנָנָה *f.* (rac. רָנַן, v. רִנָּה). Allégresse, chant d'allégresse : רִנְנַת רְשָׁעִים Job 20. 5, l'allégresse des méchants; וְשִׂפְתֵי רְנָנוֹת יְהַלֶּל־פִּי Ps. 63. 6, et ma bouche (te) louera avec les lèvres de l'allégresse, ou avec des paroles d'allégresse, de joie (v. שָׂפָה); בִּרְנָנָה Ps. 100. 2, avec des chants d'allégresse.

רְנָנִים *m. pl.* Nom d'un oiseau : כְּנַף־רְנָנִים Job 39. 13, les ailes de l'autruche (rac. רָנָה, du bruit qu'elle fait de ses ailes, ou, de רָנַן: de ses cris); selon d'autres : le paon (de רָנַן parce qu'il est glorieux de la beauté de ses plumes), ou : le rossignol.

רִסָּה *n. pr.* d'une station dans le désert, Rissah, Nomb. 33. 21.

רְסִיסִים *m. pl.* 1° Gouttes : רְסִיסֵי לָיְלָה Cant. 5. 2, les gouttes (de pluie ou de rosée qui tombent pendant) la nuit (v. רָסַס). — 2° Brèches : וְהִכָּה הַבַּיִת הַגָּדוֹל רְסִיסִים Amos 6. 11, il frappera la grande maison par de grandes brèches, il la fera tomber en ruines (de רָסַס briser).

רֶסֶן *m.* Frein, mors : וְרֶסֶן מַתְעֶה Is. 30. 28, et un frein qui les trompe, qui les fait errer çà et là; וְרֶסֶן מִפָּנַי שִׁלֵּחוּ Job 30. 11, ils ont rejeté, secoué, le frein devant moi; ils ne me craignaient plus, ne connaissaient plus de frein devant moi; בְּכֶפֶל רִסְנוֹ Job 41. 5, dans sa gueule pourvue d'une double rangée de dents (v. כֶּפֶל).

רֶסֶן *n. pr.* Resen, une grande ville en Assyrie, Gen. 10. 12.

רָסַס 1° Humecter : לָרֹס אֶת־הַסֹּלֶת Ez. 46. 14, pour (le) faire dégoutter sur (pour humecter) la fleur de farine (de là רְסִיסִים 1°). — 2° Comme רָצַץ briser (v. רְסִיסִים 2°).

רַע (rac. רָעַע, avec pause רָע, *plur.* רָעִים ; *fém.* רָעָה, *plur.* רָעוֹת). 1° *Adj.* Mauvais, méchant, dépravé, déplaisant, désagréable, sauvage, pernicieux, laid, malheureux, triste, abattu : טוֹב בְּרָע אוֹ־רַע בְּטוֹב Lév. 27. 10, une bonne (bête) pour une mauvaise, ou une mauvaise pour une meilleure ; וְהַמַּיִם רָעִים II Rois 2.19, mais l'eau est mauvaise ; רַק רַע כָּל־הַיּוֹם Gen. 6. 5, (tous les desseins de leurs pensées) sont en tout temps mauvais, ou *subst.* : ne sont que méchanceté ; וְרַע מַעֲלָלִים I Sam. 25. 3, méchant dans ses actions, dans sa manière d'agir ; לִבָּם הָרָע Jér. 3. 17, leur cœur endurci, dépravé ; שֵׁם רָע Deut. 22. 14, un mauvais nom, c.-à-d. une mauvaise réputation ; וַיְהִי עֵר — רַע בְּעֵינֵי יְיָ Gen. 38. 7, Er (fils de Juda) était un méchant homme aux yeux de Dieu, c.-à-d. lui déplaisait ; הָרַע בְּעֵינֵי יְיָ I Rois 11. 6, (et fréquemment) ce qui est mal aux yeux de Dieu, ce qui lui déplaît ; רַע עָלַי הַמַּעֲשֶׂה Eccl. 2. 17, (car) tout ce qui se fait (sous le soleil) m'a déplu, m'est désagréable ; וְלֹא־הָיִיתִי רַע לְפָנָיו Néh. 2. 1, et je ne lui étais pas désagréable, je ne lui déplaisais pas ; selon d'autres : je n'avais pas eu (auparavant) devant lui l'air triste (v. plus bas) ; חַיָּה רָעָה Gen. 37. 33, une bête sauvage ; דָּבָר רָע II Rois 4. 41, une chose, matière nuisible, malsaine ; וָחֳלָיִם רָעִים Deut. 28. 59, et des maladies malignes ; רַע עָיִן Prov. 23. 6, un homme d'un mauvais œil, c.-à-d. jaloux, envieux ; רָעוֹת מַרְאֶה Gen. 41. 3, laides de vue, difformes ; אוֹי לְרָשָׁע רָע Is. 3. 11, malheur à l'impie méchant (aussi envers les hommes), ou : malheur à l'impie, (il sera) misérable, accablé de maux ; לְרַע לָכֶם Jér. 7. 6, pour que vous (ne soyez) malheureux, qu'il ne vous arrive malheur ; לֵב־רָע Prov. 25. 20, un cœur triste, affligé ; מַדּוּעַ פְּנֵיכֶם רָעִים Gen. 40. 7, pourquoi avez-vous le visage si abattu, si triste ?

2° *Subst.* Le mal, les maux, malheur (méchanceté, v. plus haut) : טוֹב וָרָע Gen. 2. 9, le bien et le mal ; וּבִעַרְתָּ הָרָע Deut. 22. 22, et tu ôteras, extirperas, le mal ; עֲצַת־רָע Ez. 11. 2, un conseil pour le mal, un dessein pernicieux ; אַנְשֵׁי־רָע Prov. 28. 5, les hommes du mal, les méchants ; מִכָּל־רָע Gen. 48. 16 (qui m'a délivré) de tous maux ; בִּימֵי רָע Ps. 49. 6, dans les jours de malheur (v. רָעָה *subst.*, et טוֹב l'opposé de toutes ces significations).

I רֵעַ *m.* (rac. רוּעַ). Cris, tumulte, tonnerre : אֶת־קוֹל הָעָם בְּרֵעֹה Exod. 32. 17 (*keri* בְּרֵעוֹ), la voix du peuple dans son tumulte, ses cris de joie ; יַגִּיד עָלָיו רֵעוֹ Job 36. 33, son bruit, c.-à-d. le tonnerre, annonce (la pluie) ; רֵעַ Mich. 4. 9, des cris lamentables (v. le même exemple à רוּעַ).

II רֵעַ *m.* (rac. רָעָה pour רָעָה, avec suff. רֵעִי, רֵעֲךָ, רֵעוֹ, plus souvent רֵעֵהוּ ; *pl.* רֵעִים, const. רֵעֵי, רֵעֶיךָ, רֵעֵיהֶם). 1° Ami, prochain, amant, l'autre : שְׁלֹשֶׁת רֵעֵי אִיּוֹב Job 2. 11, trois amis de Job ; מִבֵּית רֵעֶךָ Prov. 25. 17, de la maison de ton ami, ou : de ton prochain ; וְאַתְּ זָנִית רֵעִים רַבִּים Jér. 3. 1, et tu t'es corrompue avec beaucoup d'amants ; אֲהֻבַת רֵעַ Osée 3. 1, (une femme) aimée d'un amant (d'un autre que son mari) ; וְכֹל אֲשֶׁר לְרֵעֶךָ Exod. 20. 17, et tout ce qui appartient à ton prochain ; וַיֹּאמְרוּ אִישׁ אֶל־רֵעֵהוּ Jug. 6. 29, ils se dirent les uns aux autres ; même des choses : לִקְרַאת רֵעֵהוּ Gen. 15. 10, (les morceaux) vis-à-vis (les uns) des autres (v. אָח). — 2° Pensée, volonté (v. רְעוּת et רַעְיוֹן) : בַּנְתָּה לְרֵעִי Ps. 139. 2, tu as compris, découvert, ma pensée ; וְלִי מַה־יָּקְרוּ רֵעֶיךָ 139. 17, que tes pensées sont pour moi impénétrables, ou : que ta volonté est précieuse pour moi ; selon d'autres : que tes amis me sont chers, v. 1° (v. יָקַר).

רֹעַ *m.* (rac. רָעַע). 1° Mauvais état :

אֲשֶׁר לֹא־תֵאָכַלְנָה מֵרֹעַ Jér. 24. 2, 3, (des figues) qui ne pouvaient pas être mangées, à cause de leur mauvais état (tant elles étaient mauvaises); לֹא־רָאִיתִי כָהֵנָּה — לָרֹעַ Gen. 41. 19, je n'en ai jamais vu comme elles (ces vaches) en mauvais état, aussi laides, difformes. — 2° Méchanceté, malignité, presque toujours suivi de מִפְּנֵי : מַעֲלָל רֹעַ מַעַלְלֵיכֶם Jér. 4. 4, à cause de la malignité de vos actions; רֹעַ לְבָבֶךָ I Sam. 17. 28, la méchanceté de ton cœur.— 3° Tristesse, chagrin; בְּרֹעַ פָּנִים Eccl. 7. 3, avec la tristesse du visage; רֹעַ לֵב Néh. 2. 2, le chagrin du cœur (v. רַע).

רָעֵב (*fut.* יִרְעַב) Avoir faim, languir de faim : כְּפִירִים רָשׁוּ וְרָעֵבוּ Ps. 34. 11, les jeunes lions, ou les riches, ont été dans le besoin et ont eu faim (v. רוּשׁ); וַתִּרְעַב כָּל־אֶרֶץ מִצְרַיִם Gen. 41. 55, tout le pays d'Egypte éprouvait la famine; וְלַלֶּחֶם לֹא־נִרְעָב Jér. 42. 14, nous ne languirons pas de faim (faute) de pain. *Hiph.* : וַיַּרְעִבֶךָ Deut. 8. 3, il t'a fait souffrir (t'a affligé de) la faim; לֹא־יַרְעִיב יְיָ Prov. 10. 3, Dieu ne fera pas souffrir la faim, n'affligera pas par la faim (l'âme du juste).

רָעָב *m.* Faim, famine : זַלְעֲפוֹת רָעָב Lament. 5. 10, l'ardeur, l'extrémité, de la faim; וַיְהִי רָעָב בָּאָרֶץ Gen. 12. 10, la famine était survenue dans le pays; לִרְעָבָם Néh. 9. 15, pour leur faim, c.-à-d. pour apaiser leur faim.

רָעֵב *m.* (רְעֵבָה *f.*) *adj.* Qui a faim, qui souffre la faim, meurt de faim, qui est languissant : לַחְמוֹ לְרָעֵב יִתֵּן Ez. 18. 7, il donne de son pain à celui qui a faim; וְנֶפֶשׁ רְעֵבָה Ps. 107. 9, l'âme qui souffre la faim, l'âme languissante; יְהִי־רָעֵב אֹנוֹ Job 18. 12, sa force (son fils) périra de faim; *plur.*: לָרְעֵבִים Ps. 146. 7, à ceux qui ont faim.

רַעֲבוֹן *m.* Même signif. que רָעָב: וּבִימֵי רְעָבוֹן Ps. 37. 19, et dans les jours de famine; שֶׁבֶר רַעֲבוֹן בָּתֵּיכֶם Gen. 42. 19, et seul וְאֶת־רַעֲבוֹן בָּתֵּיכֶם 42. 33, de la nourriture, du blé, pour la faim, le besoin de vos maisons.

רָעַד Trembler : הַמַּבִּיט לָאָרֶץ וַתִּרְעָד Ps. 104. 32, il regarde la terre, et elle tremble. *Hiph.* : עָמַדְתִּי מַרְעִיד Dan. 10. 11, je me tins debout étant tout tremblant; מַרְעִידִים עַל־הַדָּבָר Esdr. 10. 9, (ils étaient tous) tremblants pour cette raison (à cause de leur péché).

רַעַד *m.* Tremblement, épouvante : יֹאחֲזֵמוֹ רָעַד Exod. 15. 15, un tremblement, l'épouvante, les saisit, s'empara d'eux.

רְעָדָה *f.* Tremblement : פַּחַד קְרָאַנִי וּרְעָדָה Job 4. 14, la crainte m'a saisi et le tremblement (je fus saisis de crainte et de tremblement); וְגִילוּ בִּרְעָדָה Ps. 2. 11, et réjouissez-vous (en Dieu) avec tremblement.

רָעָה (*fut.* יִרְעֶה) 1° Paître, mener paître, faire paître, conduire, repaître : הֲלוֹא אַחֶיךָ רֹעִים בִּשְׁכֶם Gen. 37. 13, tes frères ne font-ils pas paître (les troupeaux) dans le pays de Sichem? אֵיכָה תִרְעֶה Cant. 1. 7, où tu mènes paître (ton troupeau); אֶרְעֶה צֹאנְךָ Gen. 30. 31, je paîtrai tes brebis; avec בְּ : וְהִנֵּה רֹעֶה בַּצֹּאן I Sam. 16. 11, et il paît, garde, les brebis. *Part.* רֹעֶה et רֹעֶה, *pl.* רֹעִים, const. רֹעֵי Pasteur, berger : רֹעֵה צֹאן Gen. 4. 2, pasteur de brebis; רֹעֵי מִקְנֵה־אַבְרָם 13. 7, les pasteurs des troupeaux d'Abram; רֹעֵי יִצְחָק 26. 20, les pasteurs d'Isaac; *fém.* : כִּי רֹעָה הִוא 29. 9, car elle était bergère. *Au fig.* : אַתָּה תִרְעֶה אֶת־עַמִּי II Sam. 5. 2, tu paîtras, conduiras, mon peuple; הָרֹעִים הָרֹעִים אֶת־עַמִּי Jér. 23. 2, les pasteurs qui conduisent mon peuple; de Dieu : יְיָ רֹעִי Ps. 23. 1, l'Éternel est mon pasteur (rien ne me manquera); רֹעֵה יִשְׂרָאֵל 80. 2, pasteur d'Israel (Dieu); יִרְעוּ רַבִּים Prov. 10. 21, (les lèvres du juste) paissent, c.-à-d. dirigent, instruisent, beaucoup d'hommes; רֹעִים Jér. 2. 8, 3. 15, des pasteurs, des princes, rois; מֵרֹעֶה אֶחָד Eccl. 12. 11, par un pasteur, maître, professeur; גֹּרֶן וָיֶקֶב לֹא יִרְעֵם Osée 9. 2, la grange et le pressoir ne les repaîtront, nourriront pas (ils n'y trouveront pas de quoi se nourrir. — 2° Paître, brouter, détruire, maltraiter: וְרָעוּ כְבָשִׂים Is. 5. 17, les agneaux paîtront; זְאֵב וְטָלֶה יִרְעוּ כְאֶחָד 65. 25, le loup et l'agneau iront paître ensemble; וְרָעָה הַכַּרְמֶל וְהַבָּשָׁן Jér. 50. 19, il paîtra sur le Carmel et le Basan; ou avec ב: לִרְעוֹת בַּגַּנִּים Cant. 6. 2, pour se repaître, se nourrir, dans les jardins; ou, dans le sens 1°: pour faire paître (son troupeau) dans les jardins; *au fig.*: וְרָעוּ אֶת־אֶרֶץ אַשּׁוּר בַּחֶרֶב Mich. 5. 5, ils paîtront, détruiront, avec l'épée, le pays d'Assur; יֵרַע שָׂרִיד בְּאָהֳלוֹ Job 20. 26 (forme *apoc.*), (le feu) détruira ce qui sera laissé, resté, dans sa tente (v. à רָעַע); יִרְעוּךְ קָדְקֹד Jér. 2. 16, ils brouteront le haut de ta tête, ils te briseront la tête (v. רָעַע); רֹעֶה עֲקָרָה Job 24. 21, il offense, maltraite, la femme stérile (selon d'autres: il la nourrit bien, la préfère, parce qu'elle n'a pas d'enfants et qu'elle conserve mieux sa beauté). — 3° Se repaître, suivre, aimer, fréquenter: יִרְעֶה אִוֶּלֶת Prov. 15. 14, (la bouche des sots) se repaît de folie; וּרְעֵה אֱמוּנָה Ps. 37. 3, et repais-toi de vérité, reste-lui fidèle; רֹעֶה רוּחַ Osée 12. 2, (Ephraïm) se repaît de vent, suit, aime, les choses vaines; וְרֹעֶה כְסִילִים Prov. 13. 20, et qui aime, fréquente, les sots; וְרֹעֶה זוֹנוֹת 29. 3, qui poursuit, fréquente, les prostituées; de là II רֵעַ.

Pi.: אֲשֶׁר רֵעָה לוֹ Jug. 14. 20, (un ami) qu'il s'était associé, avec lequel il était lié (v. *Kal* 3°).

Hiph.: וַיִּרְעֵם כְּתֹם לְבָבוֹ Ps. 78. 72, il les a conduits, gouvernés, (dans) selon l'innocence de son cœur (v. *Kal* 1°).

Hithp.: אַל־תִּתְרַע אֶת־בַּעַל אָף Prov. 22. 24, ne t'associe pas, ne contracte pas amitié, avec un homme colère, emporté.

רָעָה (rac. רָעַע) 1° *adj. f.* Mauvaise, méchante (v. רַע). — 2° *Subst. fém.* Même signif. que רַע *subst.* Mal, malheur, méchanceté, malice, crime: עַל־הָרָעָה Jon. 3. 10, (il se repentit) du mal, (il ne leur envoya pas) le mal; פֶּן־תִּדְבָּקַנִי הָרָעָה Gen. 19. 19, de peur que le malheur ne m'atteigne, ne me surprenne; רָעָה תַּחַת טוֹבָה 44. 4, (pourquoi avez-vous rendu) le mal pour le bien? אִם־תַּעֲשֵׂה עִמָּנוּ רָעָה Gen. 26. 14, afin que tu ne nous fasses aucun mal, tort; וְדֹרְשֵׁי רָעָתִי Ps. 38. 13, et ceux qui désirent mon malheur; כִּי רַבָּה רָעַת הָאָדָם Gen. 6. 5, que la méchanceté, la malice des hommes, était extrême; מִפְּנֵי רָעַת רָעַתְכֶם Osée 10. 15, à cause de la plus malicieuse de vos méchancetés, du plus affreux de vos crimes.

רֵעֶה *m.* (rac. רָעָה 3°, v. II רֵעַ 1°). Ami: רֵעֶה דָוִד II Sam. 15. 37, (Husaï), ami de David (רֵעַ דָּוִד 16. 16); רֵעֶה הַמֶּלֶךְ I Rois 4. 5, ami, favori, du roi.

רֵעָה *f.* Amie, compagne: רֵעוֹתֶיהָ Ps. 45. 15, ses compagnes; אָנֹכִי וְרֵעוֹתָי Jug. 11. 37, moi et mes compagnes.

רֹעָה *inf.* de רָעַע, avec ה parag. Briser, casser: רֹעָה הִתְרֹעֲעָה הָאָרֶץ Is. 24. 19, la terre a été brisée, déchirée (*exact.* briser: elle a été brisée); שֵׁן רֹעָה Prov. 25. 19, une dent de pourriture qui se casse, une dent pourrie.

רְעוּ (ami) *n. pr.* Réû, fils de Peleg, Gen. 11. 18.

רְעוּאֵל (ami de Dieu) *n. pr.* 1° Réûel, fils d'Ésaû, Gen. 36. 4, 10. — 2° Réûel, père de Jethro, Exod. 2. 18, Nomb. 10. 29. — 3° Réûel, fils de Jebniyah, I Chr. 9. 8. — 4° Réûel, père d'Éliasaph, Nomb. 2. 14 (דְּעוּאֵל 1. 14, 7. 42).

רְעוּת *f.* (rac. רָעָה 3°). 1° Amie, compagne, une autre: לִרְעוּתָהּ Esth. 1. 19, à sa compagne, ou: à une autre qu'elle; וְאִשָּׁה מֵאֵת רְעוּתָהּ Exod. 11. 2, et que chaque femme (emprunte de) son amie, sa voisine; אִשָּׁה רְעוּתָהּ Is. 34. 15, (les vautours, ou les milans, s'y joignent) l'un à l'autre; וְאִשָּׁה רְעוּתָהּ קִינָה Jér. 9. 19, et (enseignez-vous) les unes aux autres à faire des complaintes, à jeter des cris de douleur. — 2° רְעוּת רוּחַ Eccl. 1. 14 (et souvent dans le même livre), un désir, une tendance, aux choses vaines, de vains efforts (v. רָעָה 3°

et II רֵעַ 2°) ; selon d'autres : une affliction d'esprit (une déception) (de רָעָה 2° ou de רָעַע).

רְעוּת *f.* chald. Volonté, ordre : וּרְעוּת מַלְכָּא Esdr. 5. 17, et la volonté, le désir, du roi ; כִּרְעוּת אֱלָהֲכֹם 7.18, selon la volonté, l'ordre, de votre Dieu.

רְעִי *m.* (rac רָעָה). Pâturage : וְעֶשְׂרִים בָּקָר רְעִי I Rois 5. 3, et vingt bœufs du pâturage (*opposé à* ceux engraissés à la maison, à l'étable).

רֵעִי (ami) *n. pr.* Réï, un chef sous David, I Rois 1. 8.

רֹעִי *adj.* (rac. רָעָה). Pastoral : כְּאֹהֶל רֹעִי Is.38.12, comme une tente pastorale, la tente d'un berger ; רֹעִי הָאֱלִיל Zach.11. 17, *subst.*, pasteur indolent, inutile.

רַעְיָה *f.* (rac. רָעָה). Amie, bien-aimée : רַעְיָתִי Cant. 1. 9 (et souvent dans le même livre), ma bien-aimée ; אָנֹכִי וְרֵעוֹתַי Jug.11.37 (*cheth.*), moi et mes amies, compagnes (v. רֵעָה).

רַעְיוֹן *m.* (rac. רָעָה 3°, v. II רֵעַ 2° et רְעוּת 2°). Pensée : וּבְרַעְיוֹן לִבּוֹ Eccl. 2. 22, et avec la pensée, l'application, de son cœur, son esprit ; רַעְיוֹן רוּחַ 1. 17, 4. 16, une tendance aux choses vaines, de vains efforts ; d'autres traduisent partout comme רְעוּת : une affliction d'esprit.

רַעְיוֹן chald. *m.* Pensée : וְרַעְיֹנֹהִי יְבַהֲלֻנֵּהּ Dan. 4. 16, et ses pensées lui troublaient l'esprit, l'épouvantaient ; רַעְיוֹנָךְ 2.29, et וְרַעְיוֹנֵי לִבְבָךְ 2. 30, tes pensées, et les pensées de ton cœur, tes songes, tes visions pendant le sommeil.

רָעַל Ex. unique. *Hoph.* : וְהַבְּרוֹשִׁים הָרְעָלוּ Nah. 2. 4, et les lances sont brandies, agitées ; ou : (ceux qui s'élevaient comme) des sapins seront dans le tremblement, épouvantés (v. רַעַל) ; selon d'autres : les lances ont été empoisonnées, c.-à-d. elles blessent mortellement (v. רַעַל).

רַעַל *m.* Tremblement ou poison : סַף־רַעַל Zach.12.2, une coupe de tremblement, qui donne des vertiges, ou : une coupe de poison.

רְעָלוֹת *f. pl.* Espèce de vêtement de femme : וְהָרְעָלוֹת Is. 3. 19, les voiles des femmes (ou des mentonnières) (de רָעַל trembler, flotter).

רְעֵלָיָה (qui tremble devant Dieu, qui le craint) *n. pr. m.* Esdr.2.2 (le même רַעַמְיָה Néh.7.7).

רָעַם 1° Retentir, faire du bruit : יִרְעַם הַיָּם וּמְלֹאוֹ Ps. 96. 11, 98.7, I Chr. 16. 32, que la mer et ce qu'elle renferme fasse entendre un grand bruit, fasse retentir son allégresse. — 2° Être bouleversé : רָעֲמוּ פָּנִים Ez. 27. 35, ils ont le visage bouleversé, ils ont changé de visage.

Hiph. 1° Tonner : אֵל־הַכָּבוֹד הִרְעִים Ps. 29. 3, le Dieu de gloire a tonné ; יַרְעֵם אֵל בְּקוֹלוֹ נִפְלָאוֹת Job 37. 5, Dieu tonne avec sa voix d'une manière merveilleuse. — 2° Exciter la colère : בַּעֲבוּר הַרְּעִמָהּ I Sam. 1. 6, pour exciter sa colère, pour l'irriter, l'aigrir (v. *Kal* 2°).

רַעַם *m.* Bruit, cris, tonnerre : רַעַם שָׂרִים Job 39. 25, les cris, la voix tonnante, des capitaines ; קוֹל רַעַמְךָ Ps.77, 19, la voix de ton tonnerre ; וְרַעַם גְּבוּרֹתָו Job 26. 14, (qui peut comprendre) le tonnerre de sa puissance, c.-à-d. de ses décrets puissants, éternels, et en même temps impénétrables.

רַעְמָה *f.* Frémissement : הֲתַלְבִּישׁ צַוָּארוֹ רַעְמָה Job 39. 19, est-ce toi qui revêts son cou du frémissement, c.-à-d. qui donnes au cheval la force de pousser ses hennissements ? selon d'autres : la crinière (du bruit qui se produit quand le cheval la secoue).

רַעְמָה *n. pr.* 1° Raema, fils de Chus, Gen. 10.7. — 2° D'une ville, Raema, Ez. 27. 22 (Regma, sur le golfe persique ?).

רַעְמְסֵס et רַעַמְסֵס *n. pr.* d'une ville en Égypte, Raamsès, bâtie ou fortifiée par les Israélites, Exod. 1. 11 ; et de la contrée : la contrée de Raamsès, dans le pays de Gosen, Gen.47.11, 27.

רָעַן *Kal* inusité. *Pil.* Verdir : וְכִפָּתוֹ לֹא רַעֲנָנָה Job 15. 32, et sa branche ne verdira pas; אַף־עַרְשֵׂנוּ רַעֲנָנָה Cant. 1. 16, notre lit aussi verdit, est couvert de fleurs, ou: est frais, beau (ou *adjectifs*, surtout le dernier, qui est milra).

רַעֲנָן *m. adj.* Vert, florissant, frais: וְהָיָה עָלֵהוּ רַעֲנָן Jér. 17. 8, sa feuille sera toujours verte; עֵץ רַעֲנָן Deut. 12. 2, un arbre vert, couvert de feuilles; דְּשֵׁנִים וְרַעֲנַנִּים יִהְיוּ Ps. 92. 15, ils seront gras, c.-à-d. pleins de sève et verts (florissants); בְּשֶׁמֶן רַעֲנָן Ps. 92. 11, avec de l'huile verte, c.-à-d. fraîche.

רַעֲנַן chald. *adj.* Florissant: וְרַעְנַן בְּהֵיכְלִי Dan. 4. 1, (j'étais) florissant, heureux, plein de gloire, dans mon palais.

רָעַע 1° Être mal, dangereux, envieux, déplaire (v. יֵרַע et רַע): וּבְעֵינֵי מֹשֶׁה רָע Nomb. 11. 10, et cela parut mal aux yeux de Moïse, lui déplut; וְרַע בְּעֵינָיו Prov. 24. 18, et que cela (ne) lui déplaise; וְרָעָה לְךָ זֹאת מִכָּל II Sam. 19. 8, cela sera plus dangereux, funeste, pour toi que (tout le mal, etc.); וְרָעָה עֵינְךָ בְּאָחִיךָ Deut. 15. 9, ton œil sera mauvais, regardera avec haine, sans pitié, ton frère (qui est pauvre, tu refuseras de lui donner) (v. le *futur* יֵרַע à יָרַע).— 2° Comme רָצַץ Briser, ruiner, exterminer: רֹעוּ עַמִּים Is. 8. 9, brisez, ruinez, ô peuple! selon d'autres (de רָעָה 3°): assemblez-vous, peuples; תְּרֹעֵם בְּשֵׁבֶט בַּרְזֶל Ps. 2. 9, tu les briseras avec un sceptre ou une verge de fer; יָרֹעַ כַּבִּירִים Job 34. 24, il brisera, exterminera, les puissants (v. רָעָה 2°).

Niph. pass.: וְרֹעֶה כְסִילִים יֵרוֹעַ Prov. 13. 20, mais qui fréquente les sots, les insensés, sera brisé, ruiné; selon d'autres: deviendra méchant, pervers (v. *Kal* 1°); רַע יֵרוֹעַ Prov. 11. 15, (qui répond pour un étranger) sera ruiné, tombera dans le malheur (רַע *subst.* ou *inf. Kal* de רָעַע 2°).

Hiph. (הֵרַע et הֵרֵעַ, *inf.* הָרֵעַ, *fut.* יָרֵעַ et יָרַע, *part.* מֵרַע, *pl.* מְרֵעִים). Mal faire, mal agir, faire du mal, faire le mal, faire tort, affliger: הֵרֵעוּ מַעַלְלֵיהֶם Mich. 3. 4, (comme) ils ont mal fait dans leurs actions (ils ont fait de mauvaises actions); הֲרֵעֹתֶם אֲשֶׁר עֲשִׂיתֶם Gen. 44. 5, vous avez mal agi (dans) ce que vous avez fait (vous avez agi très mal); וַתָּרַע לַעֲשׂוֹת I Rois 14. 9, tu as mal fait, fait le mal; חִדְלוּ הָרֵעַ Is. 1. 16, cessez de faire le mal; מֵרַע Prov. 17. 4, celui qui fait le mal, le méchant; עֲדַת מְרֵעִים Ps. 22. 17, une assemblée, une foule, de méchants, de scélérats; לָמָה הֲרֵעֹתָה לָעָם הַזֶּה Exod. 5. 22, pourquoi as-tu fait du mal à ce peuple (l'as-tu affligé)? avec l'*accus.*: וְלֹא הֲרֵעֹתִי אֶת־אַחַד מֵהֶם Nomb. 16. 15, je n'ai fait de mal (tort) à aucun d'eux; לְהָרַע עִמָּדִי Gen. 31. 7, de me faire tort; avec בְּ: וּבִנְבִיאַי אַל־תָּרֵעוּ I Chr. 16. 22, et ne faites point de mal à mes prophètes; avec עַל: I Rois 17. 20; לְהָרַע אוֹ לְהֵיטִיב Lév. 5. 14, (un homme qui jure) de se faire de mal ou de bien, c.-à-d. de se priver de jouissances ou de se les donner.

Hithp.: הִתְרֹעֲעָה הָאָרֶץ Is. 24. 19, la terre a été brisée (v. רֹעָה); אִישׁ רֵעִים לְהִתְרֹעֵעַ Prov. 18. 24, un homme qui a beaucoup d'amis se fait du tort, qui fréquente trop ses camarades et croit trop en leur amitié se ruinera; selon d'autres, dans le sens de רָעָה 3°: celui qui a des amis doit s'associer à eux, se montrer leur ami, les cultiver.

רְעַע chald. Briser: וְתֵרֹעַ Dan. 2. 40, il brisera (tout).

Pa.: וּכְפַרְזְלָא דִּי־מְרָעַע Dan. 2. 40, et comme le fer qui brise.

רָעַף (*fut.* יִרְעֲפוּ) Distiller, dégoutter, couler: וּשְׁחָקִים יִרְעֲפוּ־טָל Prov. 3. 20, et (que) tes nuées distillent, laissent dégoutter, la rosée; יִרְעֲפוּ נְאוֹת מִדְבָּר Ps. 65. 13, les pâturages du désert dégoutteront, c.-à-d. seront fertiles; ou: (les pluies) dégoutteront, tomberont, sur les pâturages; יִרְעֲפוּן דָּשֶׁן 65. 12, elles dégouttent de graisse, elles sont fertiles (v. II מַעְגָּל).

Hiph.: הַרְעִיפוּ שָׁמַיִם מִמַּעַל Is. 45. 8, laissez dégoutter, envoyez (la rosée, la bénédiction), cieux d'en haut (v. עָרַף).

רָעַץ (v. רָעַע 2° et רָצַץ) Briser, affliger : תִּרְעַץ אוֹיֵב Exod. 15. 6, (ta droite) brise l'ennemi; וַיִּרְעֲצוּ וַיְרֹצְצוּ אֶת־בְּנֵי יִשְׂרָאֵל Jug. 10. 8, ils affligeaient, accablaient et opprimaient les enfants d'Israel.

רָעַשׁ Trembler, être ébranlé, faire du bruit : אֶרֶץ רָעָשָׁה Jug. 5. 4, la terre a tremblé ; וְתִרְעַשׁ הָאָרֶץ מִמְּקוֹמָהּ Is. 13. 13, la terre tremblera hors de sa place, c.-à-d. sortira de sa place, de ses fondements ; רָעֲשׁוּ שָׁמַיִם Joel 2. 10, les cieux tremblent, sont ébranlés ; יִרְעַשׁ כַּלְּבָנוֹן פִּרְיוֹ Ps. 72. 16, son fruit fera un bruit, murmurera, comme (les arbres) du Liban (tant le blé sera haut).

Niph. : נִרְעֲשָׁה הָאָרֶץ Jér. 50. 46, la terre a été ébranlée, épouvantée.

Hiph. Ébranler, faire trembler, faire bondir : הִרְעַשְׁתָּה אֶרֶץ Ps. 60. 4, tu as fait trembler la terre ; וְהִרְעַשְׁתִּי אֶת־כָּל־הַגּוֹיִם Agg. 2. 7, j'ébranlerai tous les peuples, je les épouvanterai ; הֲתַרְעִישֶׁנּוּ כָּאַרְבֶּה Job 39. 20, est-ce toi qui lui fais faire du bruit comme (une nuée) de sauterelles, ou : qui le fais bondir comme les sauterelles ?

רַעַשׁ *m.* Bruit, tumulte, tremblement, tremblement de terre : וְקוֹל רַעַשׁ אוֹפָן Nah. 3. 2, et le bruit du roulement des roues ; מֵרַעַשׁ לְרִכְבּוֹ Jér. 47. 3, par le bruit, l'agitation, de ses chariots ; וְרַעַשׁ גָּדוֹל Jér. 10. 22, et un tumulte effroyable (de guerre) ; וְאַחַר הָרוּחַ רַעַשׁ I Rois 19. 11, et après le vent un tremblement de terre ; לַחְמְךָ בְּרַעַשׁ תֹּאכֵל Ez. 12. 18, mange ton pain avec tremblement, dans l'épouvante ; לְרַעַשׁ כִּידוֹן Job 41. 21, au tremblement, sifflement, du dard.

רָפָא Guérir, rétablir, assister, pardonner, consoler (v. I רָפָה) : מָחַצְתִּי וַאֲנִי אֶרְפָּא Deut. 32. 39, je blesse et je guéris ; וַיִּרְפָּא אֱלֹהִים אֶת־אֲבִימֶלֶךְ Gen. 20. 17, et Dieu guérit Abimélech ; avec le *datif* : רְפָא נָא לָהּ Nomb. 12. 13, guéris-la, je te prie ; הִנְנִי רֹפֵא לָךְ II Rois 20. 5, je vais te guérir ; הָרֹפְאִים Gen. 50. 2, les médecins ; *impers.* : וְרָפָא לוֹ Is. 6. 10, et il sera guéri (il guérira) ; *au fig.* : וְאֶרְפָּא אֶת־אַרְצָם II Chr. 7. 14, je guérirai leur pays, je lui rendrai son ancien éclat, sa prospérité ; כְּרָפְאִי לְיִשְׂרָאֵל Osée 7. 1, lorsque je (voulais) guérir Israel ; רְפָאֵנִי יְיָ Jér. 17. 14, ô Éternel, guéris-moi, assiste-moi ! אֶרְפָּא מְשׁוּבָתָם Osée 14. 5, je guérirai, pardonnerai, leur défection ; רְפָאָה נַפְשִׁי Ps. 41. 5, guéris mon âme, pardonne-moi (car j'ai péché contre toi) ; רֹפְאֵי אֱלִל Job 13. 4, des médecins sans valeur, de mauvais consolateurs ; הָרוֹפֵא לִשְׁבוּרֵי לֵב Ps. 147. 3, il guérit, console, ceux qui ont le cœur brisé.

Niph. pass. : Être guéri ; *neutre*, guérir, être pardonné : נִרְפָּא הַנֶּתֶק Lév. 13. 37, la teigne est guérie ; נִרְפָּא הַנָּגַע 14. 48, la plaie s'est guérie ; אֲשֶׁר לֹא־תוּכַל לְהֵרָפֵא Deut. 28. 27, (des maladies) dont tu ne pourras pas guérir ; וְנִרְפְּאוּ הַמָּיִם Ez. 47. 8, les eaux seront guéries, c.-à-d. redeviendront douces, salutaires ; נִרְפָּא־לָנוּ Is. 53. 5, nous avons été guéris (*exact.* le mal a été guéri pour nous), Dieu nous a pardonné.

Pi. 1° Rétablir, panser, guérir, rendre sain : וַיְרַפֵּא אֶת־מִזְבַּח יְיָ I Rois 18. 30, il rétablit, répara, l'autel de l'Éternel ; וַיְרַפְּאוּ אֶת־שֶׁבֶר Jér. 6. 14, il pansaient les plaies (de mon peuple) ; וְאֶת־הַחוֹלָה לֹא־רִפֵּאתֶם Ez. 34. 4, et vous n'avez pas guéri la (brebis) malade ; רִפִּאתִי לַמַּיִם הָאֵלֶּה II Rois 2. 21, j'ai rendu ces eaux saines. — 2° Faire guérir : וְרַפֹּא יְרַפֵּא Exod. 21. 19, et il doit le faire guérir, c.-à-d. payer tout ce que coûtera la guérison.

Hithph. : לְהִתְרַפֵּא II Rois 8. 29, pour se faire guérir. (Cette racine change aussi avec II רָפָה, v. רָפָא *subst.*, II מַרְפֵּא et II רָפָה *Pi.*)

רָפָא *m.* (rac. רָפָא, mais dans le sens de II רָפָה), usité seulement au *plur.* רְפָאִים Les ombres, les morts : אִם־רְפָאִים יָקוּמוּ יוֹדוּךָ Ps. 88. 11, les morts vont-ils ressusciter et te louer ? בִּקְהַל רְפָאִים יָנוּחַ Prov. 21. 16, il demeurera dans l'assemblée des morts (dans l'enfer) ; הָרְפָאִים יְחוֹלָלוּ Job 26. 5, les choses mortes (la semence qui paraît morte sous la terre) sont engendrées, se forment; selon d'autres : des géants (des formations gigantesques) se forment, sont engendrés (v. רְפָאִים et חִיל); ou : des géants sont dans l'angoisse, gémissent (v. חָלַל).

רָפָא et **רָפָה** *n. pr.* 1° Le chef d'une race de géants : לְהָרָפָא I Chr. 20. 8, (ceux-ci furent nés) à Rapba, ou : au géant; מִילִדֵי הָרְפָאִים 20. 4. et בִּילִדֵי הָרָפָה II Sam. 21. 18, les descendants de Rapha ou de la race des géants (v. רְפָאִים). — 2° Rapha, fils de Benjamin, I Chr. 8. 2. — 3° Beth-Rapha, fils d'Esthon, 4. 12.

רְפֻאָה *f.* (rac. רָפָא), seulement *plur.* Les remèdes : לַשָּׁוְא הִרְבֵּיתִי רְפֻאוֹת *keri* Jér. 46. 11, en vain tu multiplieras les remèdes.

* **רְפוּאָה** *f.* Guérison : רְפוּאָה שְׁלֵמָה une guérison parfaite, Rituel.

רִפְאוּת *f.* Santé, force : רִפְאוּת תְּהִי לְשָׁרֶּךָ Prov. 3. 8, cela sera la santé pour ton nombril, cela augmentera la force de tes nerfs.

רְפָאִים *m. pl.* (v. רָפָא *n. pr.* 1°). Les Raphaïm ou Raphaïtes, une race de géants dans le pays de Chanaan, Gen. 14. 5, « les Raphaïtes dans Asteroth-Karnajim »; Deut. 3. 11, « Og, roi des Basan, était resté de la race des géants » (de ce pays); 2. 11, « les Emims aussi sont regardés comme des Raphaïm (des géants), de même que les enfants d'Enak ».

רְפָאֵל (Dieu le guérit) *n. pr.* Raphael, fils de Semayoh, I Chr. 26.7; * l'ange Raphael.

רָפַד Coucher : יִרְפַּד חָרוּץ עֲלֵי־טִיט Job 41. 22, il couche, répand, tout ce qui est aigu, piquant, sur le limon; ou : il est couché, il repose dessus comme sur la vase; d'autres traduisent : il se repose sur l'or (v. חָרוּץ).

Pi. Préparer le lit : רִפַּדְתִּי יְצוּעָי Job 17. 13, j'ai fait, préparé, mon lit (dans les ténèbres); רַפְּדוּנִי בַּתַּפּוּחִים Cant. 2. 5, couchez-moi, préparez mon lit près des pommes ou des pommiers; selon d'autres : fortifiez-moi avec des pommes ou par leur odeur.

I **רָפָה** (v. רָפָא) Guérir : רְפָה שְׁבָרֶיהָ Ps. 60. 4, guéris ses brisures; וְיָדָיו תִּרְפֶּינָה Job 5. 18, et ses mains guérissent (la plaie qu'elles ont faite).

Niph. : וְלֹא נִרְפָּתָה Jér. 51. 9, mais elle (Babylone) n'a point été guérie; לֹא־יוּכַל לְהֵרָפֵה עוֹד 19. 11, qui ne peut plus être guéri, rétabli; וַיֵּרָפוּ הַמַּיִם II Rois 2. 22, les eaux redevinrent saines, douces.

Pi. : וַיְרַפּוּ אֶת־שֶׁבֶר בַּת־עַמִּי Jér. 8. 11, ils pansaient les plaies de la fille de mon peuple.

II **רָפָה** (*fut.* יִרְפֶּה, וַיִּרֶף) Décliner, se désister, s'affaiblir, être sans force, perdre courage : הִנֵּה־נָא רָפָה הַיּוֹם Jug. 19. 9, considérez que le jour décline; וַיִּרֶף מִמֶּנּוּ Exod. 4. 26, il se désista de lui, c.-à-d. le laissa, cessa de le poursuivre; יִרְפּוּ יְדֵיהֶם מִן־הַמְּלָאכָה Néh. 6. 9, leurs mains se désisteront du travail (le cesseront); וְאַל־יִרְפּוּ יְדֵיכֶם II Chr. 15.7, et ne laissez pas vos mains s'affaiblir, se relâcher (dans le travail); עַל־כֵּן כָּל־יָדַיִם תִּרְפֶּינָה Is. 13. 7, c'est pourquoi toutes les mains seront sans force, languissantes, c.-à-d. on perdra tout courage; וְרָפוּ יָדָיו Jér. 50. 43, et ses mains sont demeurées sans force (il a perdu courage, il a été épouvanté); רָפְתָה דַמֶּשֶׂק Jér. 49. 24, Damas a perdu courage; וַחֲשַׁשׁ לֶהָבָה יִרְפֶּה Is. 5. 24, et (comme) le chaume décline, c.-à-d. est dévoré par la flamme; ou *trans.* : comme la flamme dévore le chaume.

Niph. part. : נִרְפִּים הֵם Exod. 5. 8, ils sont relâchés dans le travail, paresseux (v. vers. 17).

Pi. Baisser, relâcher, affaiblir, décourager : תְּרַפֶּינָה כַנְפֵיהֶן Ez. 1. 24, 25, ils laissaient tomber, baissaient, leurs ailes; וּמְזִיחַ אֲפִיקִים רִפָּה Job 12. 21, il relâche la ceinture des puissants, c.-à-d. il affaiblit leur force; הוּא מְרַפֵּא אֶת־יְדֵי Jér. 38. 4 (pour מְרַפֶּה), il affaiblit les mains (des guerriers), il les décourage.

Hiph. (*fut.* יַרְפֶּה et יֶרֶף) Retenir, retirer, abandonner, laisser, interrompre, quitter : הֶרֶף יָדֶךָ II Sam. 24. 16, retiens ta main, c.-à-d. cesse de ravager ; אַל־תֶּרֶף יָדֶיךָ מֵעֲבָדֶיךָ Jos. 10. 6, ne retire pas tes mains de tes serviteurs, ne les abandonne pas ; הַרְפֵּה מִמֶּנִּי Jug. 11. 37, désiste-toi de moi, relâche-moi, laisse-moi aller (pendant deux mois) ; כַּאֲשֶׁר אַרְפֶּהָ Néh. 6. 3, pendant que je laisse (le travail), que je l'interromps ; לֹא יַרְפְּךָ Deut. 4. 31, (Dieu) ne t'abandonnera pas ; הַרְפּוּ וּדְעוּ Ps. 46. 11, arrêtez-vous, restez en repos, et considérez ; הֶרֶף וְאַגִּידָה לְךָ I Sam. 15. 16, arrête (ce que tu veux faire), c.-à-d. attends, et je veux te dire ; אֲחַזְתִּיו וְלֹא אַרְפֶּנּוּ Cant. 3. 4, je l'ai saisi, arrêté, et je ne le laisserai point aller, je ne le quitterai pas.

Hithp. : עַד־אָנָה אַתֶּם מִתְרַפִּים Jos. 18. 3, jusqu'à quand vous montrerez-vous paresseux, lâches, hésiterez-vous? מִתְרַפֶּה בִמְלַאכְתּוֹ Prov. 18. 9, celui qui est mou, lâche, dans son ouvrage ; הִתְרַפִּיתָ בְּיוֹם צָרָה 24. 10, si tu t'abats, te décourages, au jour de l'adversité, de l'affliction.

רָפָה *n. pr.* 1° Rapha, ou géant (v. רָפָא *n. pr.* 1°). — 2° Raphah, fils de Benah, I Chr. 8. 37 (le même est appelé רְפָיָה 9. 43).

רָפֶה *adj.* (rac. II רָפָה). Las, découragé, faible : וּרְפֵה יָדַיִם II Sam. 17. 2, et (qu'il est) las, faible, des mains, c.-à-d. sans force ; יָדַיִם רָפוֹת Is. 35. 3, Job 4. 3, les mains faibles, lasses (la faiblesse, le découragement) ; הֶחָזָק הוּא הֲרָפֶה Nomb. 13. 18, s'il (le peuple) est fort ou faible.

רָפוּא (le guéri) *n. pr.* Raphou, père de Palti, Nomb. 13. 9.

רֶפַח *n. pr.* Rephah, fils de Beriah, I Chr. 7. 25.

רְפִידָה *f.* (rac. רָפַד). Lit de repos : רְפִידָתוֹ זָהָב Cant. 3. 10, son lit de repos était d'or ; selon d'autres : le fond, la base, ou le dessus, l'impériale de la litière (v. vers. 9).

רְפִידִים *n. pr.* d'une station dans le désert, Rephidim, Exod. 19. 2.

רְפָיָה (Dieu le guérit) *n. pr. m.* 1° I Chr. 3. 21. — 2° 4. 42. — 3° 7. 2. — 4° 9. 43 (v. רָפָה *n. pr.* 2°). — 5° Néh. 3. 9.

רִפְיוֹן *m.* (rac. II רָפָה). Affaiblissement : מֵרִפְיוֹן יָדָיִם Jér. 47. 3, par l'affaiblissement des mains, c.-à-d. par découragement, peur (v. רָפָה).

רָפַס et רָפַשׂ (v. רָמַס) Fouler : וַתִּרְפֹּס נַהֲרוֹתָם Ez. 32. 2, et tu foulais leurs fleuves, tu troublais les flots en les foulant ; בְּרַגְלֵיכֶם תִּרְפֹּשׂוּן 34. 18, vous foulez, troublez (le reste), avec vos pieds.

Niph. : מַעְיָן נִרְפָּשׂ Prov. 25. 26, une fontaine troublée (par les pieds).

Hithp. : לֵךְ הִתְרַפֵּס Prov. 6. 3, va, prosterne, humilie-toi ; selon d'autres : hâte-toi, mets-toi en mouvement ; מִתְרַפֵּס בְּרַצֵּי־כָסֶף Ps. 68. 31, qu'il se prosterne avec des fragments, des pièces d'argent, c.-à-d. (jusqu'à ce que chacun d'eux) se soumette et offre un tribut ; selon d'autres : qui foule les autres aux pieds, ou : qui se laisse fouler aux pieds, qui se laisse humilier, pour des pièces d'argent (v. רַץ).

רְפַס chald. Même signif. : וּשְׁאָרָא בְּרַגְלַיהּ רָפְסָה Dan. 7. 7, et elle foulait aux pieds, écrasait de ses pieds, ce qui restait.

רַפְסֹדוֹת *f. plur.* Radeau : וּנְבִיאֵם לְךָ רַפְסֹדוֹת II Chr. 2. 15, et nous ferons conduire (ces arbres) vers toi en radeaux ; formé de רָפַד être étendu*, ou d'origine étrangère (I Rois 5. 23, on lit à la place דֹּבְרוֹת).

רָפַף (v. רוּף).

רָפַק Appuyer. *Hithp.* : מִתְרַפֶּקֶת עַל־דּוֹדָהּ Cant. 8. 5, (celle) qui s'appuie, est appuyée, sur son bien-aimé.

רָפַשׂ (v. רָפַס).

רֶפֶשׁ *m.* La vase : רֶפֶשׁ וָטִיט Is. 57. 20, la vase et la boue (de la mer).

רְפָתִים *m. pl.* Étables : וְאֵין בָּקָר בָּרְפָתִים Hab.3.17, et il n'y aura plus de bœufs dans les étables (*sing.* רֶפֶת).

רַץ *m.* Fragment, pièce; *pl.*: בְּרַצֵּי־כָסֶף Ps.68.31, avec ou pour des fragments, lingots, pièces d'argent (de רָצַץ); selon d'autres : avec ou pour des dons, gratifications d'argent ; de רָצָה *Pi.* (v. le même exemple à רָפַס *Hithp.*).

רָץ *m. part.* Courrier (v. רוּץ).

רָצָא 1° Courir (v. רוּץ) : וְהַחַיּוֹת רָצוֹא וָשׁוֹב Ez. 1. 14, *inf.*, et les animaux de courir et de revenir, couraient et revenaient. — 2° Recevoir favorablement (v. רָצָה) : וְרָצֵאתִי אֶתְכֶם Ez.43.27 (comme וְרָצִיתִי), et je vous recevrai favorablement, je serai réconcilié avec vous.

רָצַד Ex. unique. *Pi.*: לָמָּה תְּרַצְּדוּן הָרִים Ps.68.17, selon les uns, comme תְּרַקְּדוּן : pourquoi, montagnes, sautez-vous, tremblez-vous? selon d'autres : pourquoi regardez-vous (Sion) avec envie, jalousie, malice?

רָצָה (*fut.* יִרְצֶה, וַיִּרֶץ) 1° Se plaire, mettre sa complaisance, trouver plaisir, recevoir favorablement, vouloir, aimer : רוֹצֶה יְיָ בְּעַמּוֹ Ps. 149. 4, Dieu se plaît en, met sa complaisance dans son peuple ; רָצְתָה נַפְשִׁי Is. 42. 1 (sous-entendu בּוֹ), (mon élu) dans lequel mon âme a mis sa complaisance, son affection ; בְּפִיהֶם יִרְצוּ Ps. 49. 14, (leurs enfants) se plaisent à leurs paroles, à suivre les conseils, les ordres, de leurs pères ; avec l'*accus.*: רָצוּ עֲבָדֶיךָ אֶת־אֲבָנֶיהָ Ps. 102. 15, tes serviteurs trouvent, ont plaisir à ses pierres ; וַיְיָ לֹא רָצָם Jér. 14. 10, et Dieu ne les a pas regardés avec complaisance, ils ne lui sont pas agréables ; וַתִּרְצֵנִי Gen. 33. 10, et tu m'as reçu favorablement ; עוֹלָה לֹא תִרְצֶה Ps. 51. 18, tu n'as pas les holocaustes pour agréables ; וְלֹא־יֹסִיף לִרְצוֹת עוֹד Ps. 77. 8, (est-ce qu'il) ne (nous) sera plus jamais favorable? suivi de עִם : בִּרְצֹתוֹ עִם־אֱלֹהִים Job 34. 9, quand il se plaît en Dieu, qu'il s'attache à lui ; selon d'autres : quand il court, marche, avec Dieu (dans sa voie, comme רוּץ) ; וַתִּרֶץ עִמּוֹ Ps. 50. 18, tu consentais à être avec lui, tu te plaisais avec lui ; ou : tu courais avec ou après lui (v. רוּץ) ; רְצֵה יְיָ לְהַצִּילֵנִי Ps. 40. 14, qu'il te plaise, Éternel, de (veuille) me délivrer ; *part. pass.*: יְהִי רְצוּי אֶחָיו Deut. 33. 24, qu'il soit agréable à (aimé de) ses frères ; רָצוּי לְרֹב אֶחָיו Esth. 10. 3, et aimé de la multitude de ses frères.

2° Satisfaire, payer, s'acquitter : אָז תִּרְצֶה הָאָרֶץ אֶת־שַׁבְּתֹתֶיהָ Lév. 26. 34, alors le pays satisfera, payera, ses jours et années de repos, c.-à-d. s'acquittera en les observant ; וְאָז יִרְצוּ אֶת־עֲוֺנָם 26. 41, et alors ils payeront leur iniquité, impiété (en se soumettant volontairement aux châtiments) ; עַד־יִרְצֶה כְּשָׂכִיר יוֹמוֹ Job 14. 6, jusqu'à ce qu'il s'acquitte de sa journée comme le journalier ; selon d'autres (sens 1°) : jusqu'à ce qu'il voie avec plaisir arriver la fin de sa journée, de son travail.

Niph. 1° *Passif* de *Kal* 1°. Être reçu favorablement, agréé : יֵרָצֶה לְקָרְבַּן Lév. 22. 27, il sera reçu favorablement comme sacrifice ; וְנִרְצָה לוֹ 1. 4, elle (l'holocauste) sera reçue, agréée de Dieu pour lui (en faveur de celui qui l'offre) ; וּלְנֵדֶר לֹא יֵרָצֶה 22. 23, mais il ne sera pas reçu favorablement pour (s'acquitter) d'un vœu. — 2° *Passif* de *Kal* 2° : כִּי נִרְצָה עֲוֺנָהּ Is. 40. 2, que le châtiment de son iniquité a été payé, acquitté, qu'elle a expié ses crimes.

Pi.: בָּנָיו יְרַצּוּ דַלִּים Job 20. 10, ses fils chercheront à plaire aux pauvres, apaiseront les pauvres (en leur rendant leurs biens).

Hiph.: וְהִרְצָת אֶת־שַׁבְּתֹתֶיהָ Lév. 26. 34, et (le pays) payera ses temps de repos, s'en acquittera en se reposant (v. *Kal* 2°).

Hithp.: וּבַמֶּה יִתְרַצֶּה זֶה אֶל־אֲדֹנָיו I Sam. 29. 4, et par quel (autre) moyen se rendra-t-il agréable, cherchera-t-il de plaire à son maître? ' מִתְרַצֶּה Rituel, celui qui s'apaise, qui se montre clément, miséricordieux.

רָצוֹן *m.* (rac. רָצָה). 1° Complaisance, contentement, agrément, faveur, joie, plaisir : רְצוֹן־מֶלֶךְ Prov. 14. 35, (un serviteur intelligent obtient) la complaisance, le contentement, du roi ; עֹלוֹתֵיכֶם לֹא לְרָצוֹן Jér. 6. 20, vos holocaustes ne sont pas à mon agrément, ne me sont pas agréables ; לְרָצוֹן לָהֶם לִפְנֵי יְיָ Exod. 28.38, pour leur (attirer) le contentement, la grâce, devant Dieu, pour que Dieu leur soit favorable ; לִרְצֹנְכֶם Lév. 19. 5, pour votre faveur, pour vous attirer la faveur de Dieu ; וּרְצוֹנוֹ תְּמִימֵי דָרֶךְ Prov. 11. 20, et ceux dont la voie, la conduite, est simple, innocente, (sont ou font) sa joie, ses délices ; וְלָקַחַת רָצוֹן מִיֶּדְכֶם Mal. 2.13, et pour recevoir de vos mains un présent agréable, qui me fasse du plaisir. — 2° Volonté, désir, grâce, les effets de la grâce : לַעֲשׂוֹת־רְצוֹנְךָ Ps. 40. 9, de faire ta volonté ; עֹשֵׂי רְצוֹנוֹ 103. 21, qui exécutent sa volonté ; וְעָשָׂה כִרְצֹנוֹ Dan. 8. 4, il fit selon sa volonté, tout ce qu'il voulut ; וּבִרְצֹנָם Gen.49.6, et dans leur volonté criminelle, leur impétuosité ; וּרְצוֹנוֹ Prov. 16. 15, et la grâce, clémence (du roi) ; בְּעֵת רָצוֹן Is. 49. 8, dans un temps de grâce, où ma grâce leur est accordée ; וּמַשְׂבִּיעַ לְכָל־חַי רָצוֹן Ps. 145. 16, et tu rassasies toute créature vivante des effets de ta grâce ; selon d'autres : selon son désir, à sa satisfaction ; שְׂבַע רָצוֹן Deut. 33. 23, (Nephthali) rassasié des effets de la grâce de Dieu, ou : selon ses désirs, jouissant de tout comme il le désire.

רָצַח Tuer, assassiner : לֹא תִרְצָח Exod. 20. 13, tu ne tueras point ; וּרְצָחוֹ נֶפֶשׁ Deut. 22. 26, et il lui ôte la vie, l'assassine ; רֹצֵחַ *part.*, celui qui fait un homicide involontaire, Nombres, chap. 35 ; ou un homicide volontaire, un assassin, Job 24. 14.

Niph. pass. : הָאִשָּׁה הַנִּרְצָחָה Jug. 20. 4, la femme qui a été tuée ; אֵרָצֵחַ Prov. 22. 13, je serai tué, assassiné.

Pi. Commettre beaucoup de meurtres : בֶּן־הַמְרַצֵּחַ הַזֶּה II Rois 6. 32, ce fils de meurtrier ; וִיתוֹמִים יְרַצֵּחוּ Ps. 94. 6, ils tuent, assassinent, les orphelins ; תְּרַצְּחוּ כֻלְּכֶם Ps. 62. 4, (jusqu'à quand) percerez, tuerez-vous? ou, selon Ben-Asser, תְּרֻצְּחוּ *Pou.* : vous allez être tous percés, tués.

רֶצַח *m.* Meurtre : בְּרֶצַח בְּעַצְמוֹתַי Ps. 42. 11, avec un meurtre, c.-à-d. avec des douleurs mortelles, dans mes os ; לִפְתֹּחַ פֶּה בְּרֶצַח Ez. 21. 27, d'ouvrir la bouche avec le meurtre, c.-à-d. de commander le carnage ; selon d'autres : pour pousser de hauts cris (transposé de צָרַח).

רִצְיָא (délice) *n. pr. m.* I Chr. 7. 39.

רְצִין (le fort prince) *n. pr.* 1° Resin, roi de Syrie, Is. 7. 1. — 2° Esdr. 2. 48.

רָצַע Percer : וְרָצַע אֲדֹנָיו אֶת־אָזְנוֹ Exod. 21. 6, son maître lui percera l'oreille (v. רָצַח).

רָצַף Paver. *Part. pass.* : תּוֹכוֹ רָצוּף אַהֲבָה Cant. 3. 10, son milieu, intérieur, était pavé, parqueté, avec amour (orné de tout ce qu'il y a de plus précieux) ; selon d'autres : celui qui était au milieu (qui était dedans) brûlait d'amour.

רֶצֶף *m.* Charbon ardent ; *plur.* : עֻגַת רְצָפִים I Rois 19. 6, un pain cuit sur des charbons ardents.

רֶצֶף *n. pr.* Reseph, ville conquise par les Assyriens, Is. 37. 12.

רִצְפָּה *f.* (v. רָצַף). 1° Charbon de feu : וּבְיָדוֹ רִצְפָּה Is. 6. 6, tenant en sa main un charbon de feu. — 2° Pavé : עַל־הָרִצְפָה II Chr. 7. 3, (la face contre terre) sur le pavé ; וְרִצְפָה עָשׂוּי לֶחָצֵר Ez. 40. 17, (des chambres) et un pavé de pierre, (tout cela) était fait dans le parvis.

רִצְפָּה *n. pr.* Rispah, fille d'Ajah, concubine de Saül, II Sam. 3. 7.

רָצַץ (*fut.* תָּרֹץ, יָרוּץ, pour יָרֹץ, v. רָצַע et רָצַץ) Froisser, casser, briser, écraser, opprimer : קָנֶה רָצוּץ Is. 42. 3, (il ne brisera pas) un roseau déjà cassé, froissé ; אָרֻץ גְּדוּד Ps. 18. 30, je brise, j'enfonce, la troupe (ou, de רוּץ : je cours après, je poursuis) ; אֶת־מִי רַצּוֹתִי I Sam. 12. 3, qui est-ce (y a-t-il quelqu'un) que j'ai opprimé? הָרֹצְצוֹת אֶבְיוֹנִים Amos 4. 1, (vous) qui écrasez, opprimez, les pauvres; רְצוּצִים Is. 58. 6, les opprimés, les esclaves; וְתָרֻץ גֻּלַּת הַזָּהָב Eccl. 12. 6, (avant que) la coupe d'or se casse.

Niph.: וְנָרֹץ הַגַּלְגַּל Eccl. 12. 6, (et avant que) la roue se rompe; תֵּרוֹץ Ez. 29. 7, tu te romps.

Pi., comme *Kal*: אַתָּה רִצַּצְתָּ רָאשֵׁי לִוְיָתָן Ps. 74. 14, tu as brisé, écrasé, les têtes de Léviathan; וַיְרַצֵּץ אָסָא מִן־הָעָם II Chr. 16. 10, Asa opprima (ou tua) plusieurs d'entre le peuple.

Po.: וַיְרֹצְצוּ אֶת־בְּנֵי יִשְׂרָאֵל Jug. 10. 8, et ils opprimaient les enfants d'Israel.

Hiph.: וַתָּרִץ אֶת־גֻּלְגָּלְתּוֹ Jug. 9. 53, et elle lui brisa, enfonça, le crâne.

Hithp.: וַיִּתְרֹצְצוּ הַבָּנִים Gen. 25. 22, les enfants se poussaient, s'entre-choquaient (dans son sein) (v. רוּץ).

רַק *adj.* (rac. רָקַק). Mince, maigre; seulement *plur. fém.*: וְרַקּוֹת בָּשָׂר Gen. 41. 19, et seul הָרַקּוֹת vers. 20, 27, (des vaches) décharnées, maigres.

רַק *adv. de restriction.* Seul, seulement, ne — que, vraiment, sans doute: רַק־עוֹג Deut. 3. 11, Og (roi de Basan, était resté) seul (de la race des géants); רַק אֶתְכֶם יָדַעְתִּי Amos 3. 2, je n'ai connu, choisi, que vous; רַק לָאֲנָשִׁים הָאֵל Gen. 19. 8, seulement (ne faites pas de mal) à ces hommes-là; אֵין בָּאָרוֹן רַק II Chr. 5. 10, il n'y avait dans l'arche que (les deux tables); רַק בְּעַזָּה Jos. 11. 22, seulement, ou excepté, dans la ville d'Aza; רַק הַיָּשָׁר I Rois 14. 8, (de faire) seulement ce qui est juste, de ne faire que ce qui est juste; רַק עַם־חָכָם וְנָבוֹן Deut. 4. 6, un peuple (seulement, c.-à-d.) vraiment sage et intelligent; רַק אֵין־יִרְאַת אֱלֹהִים Gen. 20. 11, sans doute, il n'y a point de crainte de Dieu (en ce pays).

רֵק Vide (v. רֵיק).

רֹק *m.* (rac. רָקַק). Salive, crachat: לֹא־חָשְׂכוּ רֹק Job 30. 10, ils ne retiennent pas le crachat (devant mon visage), ils me crachent au visage; רֻקִּי 7. 19, ma salive.

רָקַב (*fut.* יִרְקַב) Pourrir: עֵץ לֹא־יִרְקַב Is. 40. 20, un bois qui ne pourrisse point; וְשֵׁם רְשָׁעִים יִרְקָב Prov. 10. 7, mais le nom des méchants pourrira (comme eux), il sera vite oublié.

רָקָב *m.* Pourriture: וּרְקַב עֲצָמוֹת קִנְאָה Prov. 14. 30, l'envie est la pourriture des os; יָבוֹא רָקָב בַּעֲצָמַי Hab. 3. 16, la pourriture, c.-à-d. l'exténuation, pénètre dans mes os (par la peur ou la faim, v. vers. 17); וְהוּא כְּרָקָב יִבְלֶה Job 13. 28, et lui (l'homme, le corps de l'homme) est consumé bien vite, comme une chose pourrie, comme un bois pourri.

רִקָּבוֹן *m.* Pourriture: לְעֵץ רִקָּבוֹן Job 41. 19, comme du bois de pourriture, du bois pourri.

רָקַד Danser, sauter: וְעֵת רְקוֹד Eccl. 3. 4, et un temps de danser, de sauter de joie; תִּרְקְדוּ כְאֵילִים Ps. 114. 6, (pourquoi, montagnes) sautez-vous comme des béliers?

Pi. Danser, sauter, courir: וּשְׂעִירִים יְרַקְּדוּ־שָׁם Is. 13. 21, et les satyres, ou les diables, y feront leurs danses; וְיַלְדֵיהֶם יְרַקֵּדוּן Job 21. 11, et leurs enfants sautent (en jouant); וּמֶרְכָּבָה מְרַקֵּדָה Nah. 3. 2, et le chariot qui court, roule très vite.

Hiph.: וַיַּרְקִידֵם כְּמוֹ־עֵגֶל Ps. 29. 6, (il) les fait sauter, bondir, comme des veaux.

רַקָּה *f.* (rac. רָקַק). 1° Tempe: וְהַיָּתֵד בְּרַקָּתוֹ Jug. 4. 22, et le clou était (encore) dans sa tempe. — 2° Joue: רַקָּתֵךְ Cant. 4. 3, 6. 7, ta joue.

רַקּוֹן *n. pr.* d'une ville appartenant à la tribu de Dan, Rakkon, Jos. 19. 46.

רָקַח Composer, préparer un onguent, un parfum: אִישׁ אֲשֶׁר יִרְקַח כָּמֹהוּ Exod. 30. 33, quiconque en composera de semblable (une huile d'onction semblable); מַעֲשֵׂה רוֹקֵחַ Exod. 30. 35, l'ouvrage d'un parfumeur.

Pou. part.: מְרֻקָּחִים II Chr. 16. 14, (des aromes) mêlés, composés (selon l'art des parfumeurs).

Hiph.: וְהַרְקַח הַמֶּרְקָחָה Ez. 24. 10,

inf. ou *impér.*, et assaisonner, ou: assaisonne la viande, apprête, achève bien, la cuisson.

רֶקַח *m.* Parfum: יַיִן הָרֶקַח Cant. 8. 2, du vin mêlé de parfums.

רֹקַח *m.* Onguent, composition de parfums: רֹקַח מִרְקַחַת Exod. 30. 25, un onguent selon la composition des onguents (bien mêlé, composé); רֹקַח מַעֲשֵׂה רוֹקֵחַ 30. 35, une composition de parfums, l'ouvrage (c.-à-d. selon l'art) du parfumeur.

רַקָּח *m.* Parfumeur; *plur.*: בֶּן־הָרַקָּחִים Néh. 3. 8, fils d'un des parfumeurs; *fém. plur.*: לְרַקָּחוֹת I Sam. 8. 13, (il prendra vos filles) pour en faire des parfumeuses; selon d'autres: des servantes; d'autres traduisent aux deux endroits: des pharmaciens.

רִקֻּחִים *m. pl.* Onguents: וַתַּרְבִּי רִקֻּחָיִךְ Is. 57. 9, et tu as augmenté, ou prodigué, tes onguents, tes parfums.

רָקִיעַ *m.* (rac. רָקַע). Étendue, extension, *spécial.* l'étendue du ciel, le firmament: וַיִּקְרָא אֱלֹהִים לָרָקִיעַ שָׁמָיִם Gen. 1. 8, Dieu donna au firmament le nom de ciel; aussi: בִּרְקִיעַ הַשָּׁמַיִם 1. 14, au firmament du ciel; בִּרְקִיעַ עֻזּוֹ Ps. 150. 1, (louez-le) dans le firmament où sa force réside, éclate; selon d'autres: dans l'étendue de sa force.

רָקִיק *m.* (rac. רָקַק). Tourteau, gâteau fort mince: וּרְקִיק אֶחָד Exod. 29. 23, et un tourteau, gâteau; וּרְקִיקֵי מַצּוֹת 29. 2, et des gâteaux fort minces, sans levain.

רָקַם Broder soit au métier, soit à la main, surtout pour faire des dessins de plusieurs couleurs (v. רִקְמָה). *Kal* seulement *part.* רֹקֵם brodeur: וְרֹקֵם בַּתְּכֵלֶת וּבָאַרְגָּמָן Exod. 38. 23, et qui fait de la broderie d'hyacinthe, de pourpre; מַעֲשֵׂה רֹקֵם 26. 36, ouvrage (fait selon l'art) du brodeur.

Pou.: רֻקַּמְתִּי בְּתַחְתִּיּוֹת אָרֶץ Ps. 139. 15, (lorsque) j'ai été tissé, brodé, c.-à-d. formé de matières diverses, (comme) au fond de la terre, c.-à-d. dans le sein de ma mère.

רֶקֶם *n. pr.* 1° Rekem, ville de la tribu de Benjamin, Jos. 18. 27. — 2° Rekem, un des rois des Madianites, Nomb. 31. 8. — 3° Rekem, fils de Hebron, I Chr. 2. 43. — 4° Rekem, fils de Sares, 7. 16.

רִקְמָה *f.* (v. רָקַם). Broderie, tissu de diverses couleurs: וָמֶשִׁי וְרִקְמָה Ez. 16. 13, et de la soie, et de la broderie (des étoffes brodées), de diverses couleurs; בִּגְדֵי רִקְמָתֵךְ 16. 18, tes vêtements brodés ou tissés de diverses couleurs; *plur.*: לִרְקָמוֹת Ps. 45. 15, en habits brodés; *duel*: רִקְמָתַיִם Jug. 5. 31, deux vêtements brodés, ou: un vêtement brodé de deux côtés; des plumes d'un aigle: אֲשֶׁר־לוֹ הָרִקְמָה Ez. 17. 3, qui avaient une variété de couleurs; des pierres: אַבְנֵי־פוּךְ וְרִקְמָה I Chr. 29. 2, des pierres brillantes et de diverses couleurs.

רָקַע 1° Étendre: לְרֹקַע הָאָרֶץ עַל־הַמָּיִם Ps. 136. 6, celui qui a étendu la terre sur les eaux. — 2° Étendre une chose par le pied, l'aplatir, la fouler; אֶרְקָעֵם II Sam. 22. 43, je les foulerai aux pieds, ou: je les étendrai, c.-à-d. disperserai; *absol.* וּרְקַע בְּרַגְלְךָ Ez. 6. 11, frappe (la terre) de ton pied, de colère, d'indignation; וְרַקְעֵךְ בְּרָגֶל 25. 6, et (parce que) tu as frappé du pied, c.-à-d. que tu as sauté de joie.

Pi. Étendre une lame, l'amincir, l'aplatir: וַיְרַקְּעוּ אֶת־פַּחֵי הַזָּהָב Exod. 39. 3, ils rendirent les lames d'or fort minces, ou: ils firent, battirent, les feuilles d'or; בַּזָּהָב יְרַקְּעֶנּוּ Is. 40. 19, (et l'orfévre) couvre (la statue) d'or mince, d'une feuille d'or.

Pou.: כֶּסֶף מְרֻקָּע Jér. 10. 9, de l'argent aminci, réduit en lames.

Hiph. Étendre: תַּרְקִיעַ עִמּוֹ לִשְׁחָקִים Job 37. 18, as-tu étendu avec lui (l'as-tu aidé à étendre) les nues, les cieux? (v. ל 7°).

רִקֻּעִים *m. pl.* Étendues: רִקֻּעֵי פַחִים

Nomb. 17. 3, des lames bien étendues, réduites en feuilles.

רָקַק *Kal* inusité. Rendre mince, plat; de là רַקָּה, רָקִיק et רַק *adj.*, peut-être aussi רַק *adv.*

Hiph. 1° כְּטִיט חוּצוֹת אֲרִיקֵם Ps. 18. 43, je les aplatirai, foulerai aux pieds, comme la boue des rues (v. רָקַע 2°), v. le même exemple à רוק. — 2° Cracher: וְכִי־יָרֹק הַזָּב Lév. 15. 8, et si l'homme qui souffre de la gonorrhée crache, jette de sa salive (sur un autre qui est pur); de là רֹק.

רַקַּת *n. pr.* d'une ville appartenant à Nephthali, Rakkath, Jos. 19. 8 (Tiberias ou Sephoris?)

רָשׁ Pauvre (v. רוש).

* רַשָּׁא Puissant: שֶׁהֵן רַשָּׁאִין Aboth, ils sont puissants, ils (en) ont le pouvoir (v. רָשׁוּת et רִשְׁיוֹן).

* רְשׁוּת et רָשׁוּת Pouvoir, puissance, permission, Aboth.

רִשְׁיוֹן *m.* (rac. רָשָׁה). Pouvoir, autorisation: כְּרִשְׁיוֹן כּוֹרֶשׁ מֶלֶךְ־פָּרַס עֲלֵיהֶם Esdr. 3. 7, selon le pouvoir, l'autorisation, que Cyrus, roi de Perse, leur avait donnée.

רֵשִׁית Commencement (v. רֵאשִׁית).

רָשַׁם Marquer, écrire. *Part. pass.*: אֶת־הָרָשׁוּם בִּכְתָב אֱמֶת Dan. 10. 21, ce qui est marqué, écrit, dans l'écriture de la vérité.

רְשַׁם chald. Écrire, signer: וְהָרְשֻׁם כְּתָבָא Dan. 6. 9, et signe l'écrit, l'édit; וּכְתָבָא דְנָה רְשִׁים 5. 24, et cette écriture fut tracée, ces paroles furent écrites, tracées.

רָשַׁע (*fut.* יִרְשַׁע) 1° Être agité, inquiet (comparez רָגַע, רָעַשׁ, v. רָשָׁע et *Hiph.* 1°): אַל־תִּרְשַׁע הַרְבֵּה Eccl. 7. 17, ne t'inquiète, ne t'agite pas trop; selon d'autres: ne sois pas trop méchant, ne tombe pas dans l'excès de la méchanceté ou de l'impiété. — 2° Être agité par ses passions, être méchant, injuste, inique, criminel, impie: חָטָאנוּ רָשָׁעְנוּ Dan. 9. 15, nous avons péché, nous avons commis l'iniquité; וְלֹא־רָשַׁעְתִּי מֵאֱלֹהָי Ps. 18. 22, je ne me suis pas éloigné de mon Dieu par l'impiété, en faisant ce qu'il a défendu; ou: je n'ai pas commis d'iniquité, d'infidélité, contre mon Dieu; אִם־רָשַׁעְתִּי Job 10. 15, si j'ai été méchant, impie; ou: si je suis coupable.

Hiph. 1° Troubler, agiter: וְהוּא יַשְׁקִט וּמִי יַרְשִׁעַ Job 34. 29, s'il donne la paix, qui agitera, troublera (les hommes)? וּבְכֹל אֲשֶׁר־יִפְנֶה יַרְשִׁיעַ I Sam. 14. 47, et de quel côté qu'il tournât (les armes), il troublait, répandait la terreur; selon d'autres: il châtiait (les ennemis), il les vainquait. — 2° *Intrans.*, comme *Kal* 2°. Commettre l'iniquité: וְהִרְשַׁעְנוּ Dan. 9. 5, nous avons commis l'iniquité; הוּא הִרְשִׁיעַ לַעֲשׂוֹת II Chr. 20. 35, il a fait des actions impies; *trans.*: וּמַרְשִׁיעֵי בְרִית Dan. 11. 32; ceux qui trahissent l'alliance, les prévaricateurs de l'alliance. — 3° Déclarer coupable, criminel, condamner: אֲשֶׁר יַרְשִׁיעֻן אֱלֹהִים Exod. 22. 8, celui que les juges condamneront; וַיַּרְשִׁיעוּ אֶת־אִיּוֹב Job 32. 3, (et de ce) qu'ils avaient (cependant) condamné Job.

רָשָׁע *adj.* (*fém.* רְשָׁעָה). 1° Agité, inquiet, méchant, injuste, inique, impie: וְהָרְשָׁעִים כַּיָּם נִגְרָשׁ Is. 57. 20, mais les méchants sont comme une mer toujours agitée; שָׁם רְשָׁעִים חָדְלוּ רֹגֶז Job 3. 17, c'est là que les agitateurs, les impies, cessent (d'exciter) le trouble; וְהָיָה כַצַּדִּיק כָּרָשָׁע Gen. 18. 25, et que le juste, l'innocent, soit (traité) comme le méchant, l'impie; בַּעֲצַת רְשָׁעִים Ps. 1. 1, dans le conseil des impies; מַטֵּה רְשָׁעִים Is. 14. 5, le bâton des méchants, des peuples qui oppriment Israel; מִדַּרְכּוֹ הָרְשָׁעָה Ez. 3. 18, de sa voie impie. — 2° Celui qui a la mauvaise cause, le coupable, punissable: לֹא־אַצְדִּיק רָשָׁע Exod. 23. 7, je ne justifierai, n'absoudrai pas le coupable; אַל־תָּשֶׁת יָדְךָ עִם־רָשָׁע 23. 1, ne prête pas ta main à celui qui a la mauvaise cause; אֲשֶׁר־הוּא רָשָׁע לָמוּת Nomb. 35. 31, qui est coupable de mort, qui a mérité la mort.

רֶשַׁע *m.* (avec suff. רִשְׁעִי). Iniquité, crime, injustice, mensonge, impiété: וַתִּשְׂנָא רֶשַׁע Ps. 45. 8, et tu hais l'iniquité; מֵרְשָׁעִים יֵצֵא רֶשַׁע I Sam. 24. 14, des méchants vient le mal, le crime, c.-à-d. ils ne peuvent faire que le mal, le crime; אֹצְרוֹת רֶשַׁע Mich. 6. 10, les trésors (obtenus) par l'injustice, la violence; בְּמֹאזְנֵי רֶשַׁע Mich. 6. 11, avec une balance injuste, fausse; רֶשַׁע Prov. 8.7 (*opposé à* אֱמֶת), fausseté, mensonge; *plur.*: תַּחַת־רְשָׁעִים סְפָקָם Job 34. 26, il les frappe à cause de leurs crimes, de leurs actions impies; selon d'autres, *plur.* de רָשָׁע: comme des impies, ou: à la place des impies.

רִשְׁעָה *f.* Méchanceté, iniquité, impiété, injustice, crime: בָּעֲרָה כָאֵשׁ רִשְׁעָה Is. 9. 17, la méchanceté ou l'impiété s'est allumée comme un feu; עֹשֵׂי רִשְׁעָה Mal. 3. 15, ceux qui commettent l'iniquité; כְּדֵי רִשְׁעָתוֹ Deut. 25. 2, selon son crime, son injustice.

רִשְׁעָתַיִם (v. כּוּשַׁן).

רֶשֶׁף *m.* Flamme, charbon ardent, éclair, fièvre, peste, (oiseaux de proie): רְשָׁפֶיהָ רִשְׁפֵּי אֵשׁ Cant. 8.6, ses charbons sont des charbons de feu très ardents, ou: ses flammes sont comme les flammes du feu; וּמִקְנֵיהֶם לָרְשָׁפִים Ps. 78. 48, (il livra) leurs troupeaux aux éclairs, au feu du ciel; רִשְׁפֵי־קָשֶׁת 76. 4, les éclairs de l'arc, c.-à-d. les flèches; וּבְנֵי רֶשֶׁף Job 5.7, selon les uns: et les fils de l'éclair, les oiseaux de proie, qui volent comme l'éclair; selon les autres: les fils du feu ou du charbon, les étincelles, « (comme) les oiseaux ou (comme) les étincelles (s'élèvent en l'air) »; וּלְחֻמֵי רֶשֶׁף Deut. 32. 24, et (ils seront) dévorés par la fièvre, la peste; selon d'autres: déchirés par des oiseaux de proie, de carnage.

רֶשֶׁף *n. pr.* Reseph, fils de Beriah (ou fils de Rephah), 1 Chr. 7. 25.

רָשַׁשׁ *Kal* inusité. *Po.* Détruire ou dépeupler: יְרֹשֵׁשׁ עָרֵי מִבְצָרֶיךָ Jér. 5. 17, (l'épée à la main) il détruira ou dépeuplera tes villes fortes.

Pou.: רֻשַּׁשְׁנוּ Mal. 1. 4, nous avons été détruits, ou (de רושׁ) appauvris, pillés.

רֶשֶׁת *f.* (avec suff. רִשְׁתִּי, rac. יָרַשׁ ou רָשַׁת?) Filet, rets: רֶשֶׁת הֵכִינוּ Ps. 57. 7, ils ont tendu un filet; פָּרַשׂ רֶשֶׁת לְרַגְלַי Lament. 1. 13, il a tendu un rets à mes pieds; וּפָרַשְׂתִּי אֶת־רִשְׁתִּי עָלָיו Ez. 12. 13, j'étendrai, je jetterai, mon rets sur lui; מַעֲשֵׂה רֶשֶׁת Exod. 27. 4, (une grille d'airain), ouvrage en rets, en forme de rets.

רַתּוֹק *m.* (rac. רָתַק). Chaîne: עֲשֵׂה הָרַתּוֹק Ez. 7 23, fais, forge, la chaîne; *plur.*: בְּרַתּוּקוֹת זָהָב I Rois 6. 21, avec des chaînes d'or, et וּרְתֻקוֹת כֶּסֶף Is. 40. 19, et des chaînes d'argent.

רָתַח *Kal* inusité. *Pi.* Faire bouillir: רַתַּח רְתָחֶיהָ Ez. 24. 5, *exact.* fais bouillir ses bouillons, c.-à-d. fais-la bouillir à grands bouillons, bien bouillir.

Pou.: מֵעַי רֻתְּחוּ Job 30. 27, mes entrailles bouillent, un feu brûle dans mes entrailles.

Hiph.: יַרְתִּיחַ כַּסִּיר מְצוּלָה Job 41. 23; il fait bouillir le fond de la mer comme un pot ou une chaudière.

רֶתַח *m.* L'action de bouillir, bouillon, bouillonnement, Ez. 24. 5 (v. à רִתַּח *Pi.*).

רָתַם Attacher, atteler: רְתֹם הַמֶּרְכָּבָה לָרֶכֶשׁ Mich. 1. 13, attache le chariot aux coursiers, attelle les coursiers au chariot (fuis bien vite).

רֹתֶם *m.* (*fém.* I Rois 19. 4, *cheth.*, *plur.* רְתָמִים). Espèce d'arbrisseau, le genièvre ou le genêt: תַּחַת רֹתֶם אֶחָד I Rois 19. 5, sous un genièvre, à l'ombre d'un genièvre; גַּחֲלֵי רְתָמִים Ps. 120. 5, des charbons de genièvre ou de genêt.

רִתְמָה *n. pr.* Rithmah, station dans le désert, Nomb. 33. 19.

רָתַק *Kal* inusité. *Niph.* Être rompu: עַד אֲשֶׁר לֹא־יֵרָתֵק חֶבֶל הַכֶּסֶף Eccl. 12. 6 (*cheth.* יֵרָחֵק), avant que la chaîne d'argent soit rompue.

Pou. Être lié, chargé (de chaînes): רֻתְּקוּ בַזִּקִּים Nah. 3. 10, et tous les grands) ont été liés avec des chaines, chargés de chaines.

רְתֻקוֹת *f. pl.* Chaines (v. רַתּוּק).

רְתֵת *m.* Terreur : כְּדַבֵּר אֶפְרַיִם רְתֵת Osée 13. 1, quand Éphraïm parlait, (il répandait) la terreur ; ou *adv.* : quand Éphraïm parlait d'une manière terrible, imposante (il fut élevé, exalté, dans Israel).

שׂ

שׂ Sin שִׂין ne formait dans l'origine qu'une lettre avec שׁ Schin, à savoir la vingt-et-unième lettre de l'alphabet. Comme chiffre ils signifient l'un comme l'autre trois cents. שׂ se permute avec les sifflantes ; exemples : שֶׂה et זֶה agneau, רָמַשׂ fouler, רָמַשׂ ramper, רָפַס et רָמַס fouler, צָפַן et שָׂפַן cacher, צָחַק et שָׂחַק rire (v. ס et צ), שְׂאֹר levain, et מִשְׁאֶרֶת pétrin, huche.

שְׂאֹר *m.* Levain : שְׂאֹר לֹא יִמָּצֵא Exod. 12.19, il ne se trouvera point de levain (dans vos maisons).

שְׂאֵת *f.* (*inf.* de נָשָׂא, avec suff. שְׂאֵתִי ; une fois שֵׂתוֹ Job 41. 17). 1° Action d'élever : מִשֵּׂתוֹ Job 41. 17, lorsque (le léviathan) s'élève ; הֲלוֹא אִם־תֵּיטִיב שְׂאֵת Gen. 4. 7, n'est-ce pas (ainsi), si tu fais, agis bien, élévation ! c.-à-d. tu peux élever le visage (v. Job 11. 15) ; selon d'autres : (tu trouveras) le pardon (de tes péchés), ou : tu trouveras grâce. — 2° Une élévation dans la peau, une plaie ou tache qui fait paraître la peau qui l'entoure plus haute, plus élevée : וְהִנֵּה שְׂאֵת־לְבָנָה בָּעוֹר Lév. 13. 10, et qu'il y ait sur la peau une enflure ou une tache blanche (v. vers. 3). — 3° Élévation, dignité : יֶתֶר שְׂאֵת Gen. 49.3, la préférence en dignité (v. יֶתֶר 4°) ; הֲלֹא שְׂאֵתוֹ תְּבַעֵת אֶתְכֶם Job 13. 11, sa majesté (selon d'autres : son apparition) certes vous effrayera ; מִמֶּנּוּ מִשְׁפָּטוֹ וּשְׂאֵתוֹ יֵצֵא Hab. 1.7, la justice et la dignité, souveraineté, ou : les décrets, viendront, émaneront de lui (de ce peuple).

שָׂבֵי chald. *m. plur.* Les anciens : שָׂבֵי יְהוּדָיֵא Esdr. 5. 5, les anciens des Juifs ; לְשָׂבַיָּא אִלֵּךְ 5. 9, à ces anciens (v. שׂוּב hébr. et שֵׂיבָה).

שְׂבָךְ *m.* Grille ; *plur.* : שְׂבָכִים מַעֲשֵׂה שְׂבָכָה I Rois 7. 17, des rets, grilles, ouvrage de treillis, de réseaux (v. סָבַךְ).

שְׂבָכָה *f.* (rac. שָׂבַךְ, v. סָבַךְ). Filet, rets, grille : וְעַל־שְׂבָכָה יִתְהַלָּךְ Job 18. 8, et il marche sur ou dans le filet, dans ses mailles ; בְּעַד הַשְּׂבָכָה II Rois 1. 2, à travers la grille (d'une fenêtre), la jalousie ; לִשְׁתֵּי הַשְּׂבָכוֹת I Rois 7. 42, pour les deux grilles, réseaux (aux chapiteaux des colonnes).

שַׂבְּכָא Nom d'un instrument de musique (v. סַבְּכָא).

שְׂבָם et שִׂבְמָה *n. pr.* d'une ville appartenant à la tribu de Ruben, Sebam, Sebmah, Nomb. 32. 3, 38.

שָׂבַע (avec pause שָׂבֵעַ, *fut.* יִשְׂבַּע) Se rassasier, être rassasié, être saturé, dégoûté de quelque chose ; וְאָכַל וְשָׂבַע Deut. 31. 20, il mangera et se rassasiera ; *rarement* apaiser la soif : וְלֹא יִשְׂבָּעוּ Amos 4. 8, sans pouvoir apaiser leur soif ; אֶרֶץ לֹא־שָׂבְעָה מַּיִם Prov. 30. 16, la terre ne se rassasie, ne se soûle point d'eau ; avec l'*accus.* : תִּשְׂבְּעוּ־לָחֶם Exod. 16. 12, vous serez rassasiés de pain ; לֹא־יִשְׂבַּע כֶּסֶף Eccl. 5. 9, (l'avare) ne sera jamais rassasié d'argent ; avec מִן : מִפְּרִי מַעֲשֶׂיךָ תִּשְׂבַּע הָאָרֶץ Ps. 104. 13, la terre sera rassasiée des fruits qui sont tes ouvrages (c.-à-d. elle sera pleine de fruits, d'arbres) ; avec בְּ : כִּי־שָׂבְעָה בְרָעוֹת נַפְשִׁי Ps. 88. 4, mon âme est rassasiée, remplie, accablée, de maux, de douleurs ; suivi de לְ, avec un *inf.* : לֹא־תִשְׂבַּע עַיִן לִרְאוֹת Eccl. 1. 8, l'œil ne se rassasie point de voir ; יִשְׂבַּע בַּחֶרְפָּה

Lament. 3. 30, il se rassasiera d'opprobre; שָׂבַעְתִּי עֹלוֹת אֵילִים Is. 1. 11, je suis rassasié (dégoûté) des holocaustes des béliers (je ne les aime plus); פֶּן־יִשְׂבָּעֲךָ Prov. 25. 17, de peur qu'il ne se dégoûte de toi; וְשָׂבַע יָמִים I Chr. 23. 1, et וַיִּשְׂבַּע יָמִים II Chr. 24. 15, il était rassasié, plein, de jours.

Pi. Rassasier : נַפְשָׁם לֹא יְשַׂבֵּעוּ Ez. 7. 19, ils ne rassasieront pas leurs âmes; שַׂבְּעֵנוּ בַבֹּקֶר חַסְדֶּךָ Ps. 90. 14, rassasie-nous dès le matin de ta miséricorde.

Hiph. Rassasier : אֶבְיוֹנֶיהָ אַשְׂבִּיעַ לָחֶם Ps. 132. 15, je rassasierai de pain ses pauvres; וְהִשְׂבַּעְתִּי מִמְּךָ Ez. 32. 4, je rassasierai (les bêtes de toute la terre) de toi (de ta chair); avec בְּ Ps.103.5; avec לְ pour la personne : וּמַשְׂבִּיעַ לְכָל־חַי רָצוֹן Ps. 145. 16, et (tu) rassasies toute créature vivante des effets de ta grâce, ou : selon son désir (v. רָצוֹן); אֹרֶךְ יָמִים אַשְׂבִּיעֵהוּ Ps. 91. 16, je le rassasierai d'une longue vie, je le comblerai de jours.

שָׂבָע *m.* Satiété, abondance, fertilité : שָׂבָע גָּדוֹל Gen.41.29, une grande abondance; שְׁנֵי הַשָּׂבָע 41. 34, (les sept) années de fertilité; וְיִמָּלְאוּ אֲסָמֶיךָ שָׂבָע Prov. 3. 10, alors tes greniers se rempliront d'abondance (de fruits abondants).

שָׂבֵעַ *adj.* (const. שְׂבַע, *fém.* שְׂבֵעָה). Rassasié, comblé, accablé : נֶפֶשׁ שְׂבֵעָה Prov. 27.7, l'âme (une personne) rassasiée; שְׂבֵעִים I Sam. 2. 5, (ceux qui étaient) rassasiés; שְׂבַע רָצוֹן Deut. 33. 23, (Nephthali) rassasié, comblé, des effets de la grâce de Dieu (v. רָצוֹן); וּשְׂבַע־רֹגֶז Job 14. 1, et rassasié, rempli, de misère; שְׂבַע קָלוֹן 10. 15, accablé d'opprobre, de honte; וּשְׂבַע יָמִים Gen. 35. 29, et seul וְשָׂבֵעַ 25. 8, rassasié de jours, très vieux.

שֹׂבַע *m.* Satiété, abondance : לָשֹׂבַע Exod. 16. 3, jusqu'à la satiété, suffisamment; כְּנַפְשְׁךָ שָׂבְעֶךָ Deut. 23. 25, (tu pourras manger) selon ton désir, à ta satiété, jusqu'à satiété; שֹׂבַע שְׂמָחוֹת Ps. 16. 11, une abondance de joie.

שִׂבְעָה *f.* Abondance : שִׂבְעַת־לֶחֶם Ez. 16. 49, abondance, rassasiement, de pain, de nourriture.

שָׂבְעָה *f.* Satiété : לֹא יָדְעוּ שָׂבְעָה Is. 56.11, ils ne connaissent pas la satiété, c.-à-d. ils sont insatiables; לְשָׂבְעָה Is. 23. 18, jusqu'à satiété; מִבִּלְתִּי שָׂבְעָתֵךְ Ez. 16. 28, parce que tu n'avais pas ta satiété, que tu n'étais pas encore satisfaite (de tes excès, débauches).

שָׂבַר Considérer, réfléchir; seulement *part.* : וָאֱהִי שֹׂבֵר בְּחוֹמֹת יְרוּשָׁלַםִ Néh. 2. 13, 15, je considérais (je faisais mes réflexions sur) les murailles de Jérusalem (une autre version : שֹׁבֵר de שָׁבַר je brisai les murailles, je les enfonçai pour passer).

Pi. Attendre, espérer : הֲלָהֵן תְּשַׂבֵּרְנָה Ruth 1.13, voudriez-vous attendre après eux (attendre qu'ils fussent grands)? אֲשֶׁר שִׂבְּרוּ — לִשְׁלוֹט בָּהֶם Esth. 9. 1, (le jour auquel les ennemis des Juifs) espéraient régner sur eux; כֻּלָּם אֵלֶיךָ יְשַׂבֵּרוּן Ps. 104. 27, toutes (les créatures) espèrent en toi (attendent de toi leur nourriture); שִׂבַּרְתִּי לִישׁוּעָתְךָ 119. 166, j'ai espéré en ton secours.

שֵׂבֶר *m.* Espérance : שִׂבְרוֹ עַל־יְיָ אֱלֹהָיו Ps. 146. 5, son espérance est dans l'Éternel son Dieu; מִשִּׂבְרִי 119. 116, de mon espérance.

שָׂגָא *Kal* inusité. *Hiph.* Rendre grand, trouver grand : מַשְׂגִּיא לַגּוֹיִם Job 12. 23, il rend les nations grandes, puissantes; ou : il les multiplie; כִּי־תַשְׂגִּיא פָעֳלוֹ 36. 24, que tu trouveras ses œuvres grandes, sublimes; ou : que tu les célébreras (v. שָׂגָה).

שְׂגָא chald. Devenir grand, croître : שְׁלָמְכוֹן יִשְׂגֵּא Dan. 3. 31, que votre paix, salut, augmente, grandisse; לְמָה יִשְׂגֵּא חֲבָלָא Esdr.4.22, pour que le dommage ne devienne plus fort, que le mal ne croisse.

שָׂגַב S'élever, être haut : שָׂגְבוּ יֶשַׁע Job 5. 11, ils sont relevés, ou s'élèveront, par le secours (de Dieu); אֲשֶׁר שָׂגְבָה מִמֶּנּוּ Deut. 2. 36, (il n'y eut pas de ville) qui eût été trop haute, inaccessible, ou trop forte pour nous.

Niph. Être haut, élevé, grand, fort, protégé, difficile : וּכְחוֹמָה נִשְׂגָּבָה Prov. 18. 11, et comme une muraille fort élevée ; קִרְיָה נִשְׂגָּבָה Is. 26. 5, la haute ville (avec des murs et des palais bien élevés) ; selon d'autres : la ville forte ou superbe ; נִשְׂגָּב יְיָ Is. 33. 5, l'Éternel est élevé, grand ; נִשְׂגָּב שְׁמוֹ לְבַדּוֹ Ps. 148. 13, il n'y a que lui dont le nom est élevé, grand ; בּוֹ־יָרוּץ צַדִּיק וְנִשְׂגָּב Prov. 18. 10, le juste s'y réfugie, et il est protégé (comme dans une haute forteresse) (v. מִשְׂגָּב) ; נִשְׂגְּבָה לֹא־אוּכַל לָהּ Ps. 139. 6, (cette science) est élevée (trop difficile pour moi), je ne pourrais y atteindre.

Pi. Élever, susciter, fortifier, protéger, sauver : וַיְשַׂגֵּב יְיָ אֶת־צָרֵי רְצִין עָלָיו Is. 9. 10, Dieu rendra fort, ou fera élever, suscitera contre (Israel), les ennemis mêmes de Resin (les Assyriens) ; יְשׁוּעָתְךָ אֱלֹהִים תְּשַׂגְּבֵנִי Ps. 69. 30, ton secours, ô Dieu, me relèvera, ou : me protégera, fortifiera ; מִמִּתְקוֹמְמַי תְּשַׂגְּבֵנִי 59. 2, mets-moi en sûreté, sauve, protége-moi de (ou contre) mes adversaires.

Pou. passif : וּבוֹטֵחַ בַּיְיָ יְשֻׂגָּב Prov. 29. 26, mais qui met sa confiance en Dieu sera élevé, ou : sera sauvé, protégé.

Hiph. : הֶן־אֵל יַשְׂגִּיב בְּכֹחוֹ Job 36. 22, Dieu seul se montre grand, élevé, dans sa puissance ; ou : il élève les hommes, ses créatures, etc.

שָׂגָה (v. שָׂגָא) Grandir, croître, augmenter : וְאַחֲרִיתְךָ יִשְׂגֶּה מְאֹד Job 8. 7, mais ton état postérieur grandira beaucoup, c.-à-d. plus tard ta postérité croîtra, augmentera ; כְּאֶרֶז בַּלְּבָנוֹן יִשְׂגֶּה Ps. 92. 13, il croîtra comme le cèdre du Liban.

Hiph. : הִשְׂגּוּ־חָיִל Ps. 73. 12, ils ont augmenté, multiplié, leur richesse.

שְׂגוּב (l'élevé) *n. pr.* 1° Segub, fils de Hesron, I Chr. 2. 21. — 2° Segub, fils de Hiel, I Rois 16. 34 (שְׂגִיב *cheth.*).

שַׂגִּיא *adj.* Grand : הֶן־אֵל שַׂגִּיא Job 36. 26, certes Dieu est grand ; שַׂגִּיא כֹחַ 37. 23, grand en puissance.

שַׂגִּיא chald. Grand, beaucoup : צְלֵם חַד שַׂגִּיא Dan. 2. 31, une grande statue ; שְׁנִין שַׂגִּיאָן Esdr. 5. 11, beaucoup d'années. *Adv.* Fortement, très : וּקְצַף שַׂגִּיא Dan. 2. 12, il était fortement en colère ; שַׂגִּיא מִתְבָּהַל 5. 9, (le roi) fut très effrayé, troublé.

שִׂגְשֵׂג Ex. unique : בְּיוֹם נִטְעֵךְ תְּשַׂגְשֵׂגִי Is. 17. 11 ; selon les uns de שָׂגָה : le jour que tu as planté, tu as fait pousser (la plante) ; ou *intrans.* : elle (la plante) a poussé ; selon les autres, de שׂוּג ou נָשַׂג : tu t'en occupais, tu la cultivais, soignais ; ou de סוּג : tu l'as environnée d'une haie.

שָׂדַד *Kal* inusité. *Pi.* Rompre les mottes, herser, aplanir un terrain : וִישַׂדֵּד אַדְמָתוֹ Is. 28. 24, et herse-t-il, aplanit-il son terrain, son champ (toute la journée) ? אִם־יְשַׂדֵּד עֲמָקִים אַחֲרֶיךָ Job 39. 10, ou hersera-t-il, aplanira-t-il, les vallons derrière toi (en te suivant).

שָׂדֶה *m.* (const. שְׂדֵה, avec suff. שָׂדִי, שָׂדֵהוּ ; *plur.* שָׂדוֹת, const. שְׂדֵי, une fois שְׂדוֹת Néh. 12. 29, avec suff. שְׂדֹתֵינוּ, שְׂדוֹתָם). 1° Champ, terre labourable : לְזֶרַע הַשָּׂדֶה Gen. 47. 24, comme semence du champ (pour semer les terres) ; שָׂדֶה אוֹ־כֶרֶם Exod. 22. 4, un champ ou une vigne. — 2° *Collect.* Les champs, la campagne, territoire : אִישׁ שָׂדֶה Gen. 25. 27, un homme qui est souvent, qui vit, dans les champs ; חַיַּת הַשָּׂדֶה Gen. 2. 20, les bêtes des champs, les animaux terrestres ; שְׂדֵה־הָעִיר Gen. 41. 48, Jos. 21. 12, les champs, la campagne, près, autour, d'une ville, son territoire ; שְׂדֵה אֲרָם Osée 12. 13, le territoire, la contrée, de Syrie ; בִּשְׂדֵה מוֹאָב Gen. 36. 35, le territoire, le pays, de Moab.

שָׂדַי *m.* (v. שָׂדֶה). Champ, campagne, mais seulement en style poétique : תְּנוּבֹת שָׂדָי Deut. 32. 13, les fruits de la campagne ; כָּל־חַיְתוֹ שָׂדָי Ps. 104. 11, toutes les bêtes des champs.

שְׂדִּים *n. pr.* d'une vallée : עֵמֶק הַשִּׂדִּים Gen. 14. 3, la vallée Siddim (des champs, de שָׂדֶה et שָׂדַד ; selon d'autres, de שִׂיד, la vallée de chaux) « qui est maintenant la mer Salée », la mer Morte.

שְׂדֵרָה *f.* (v. סָדַר). Ordre, rang, poste : וְהַבָּא אֶל־הַשְּׂדֵרוֹת II Rois 11. 8, celui qui entrera dans les rangs, les postes des soldats, qui gardent le temple (donc : qui entrera au temple) (v. 11. 15, et II Chr. 23. 7, 14) ; וּשְׂדֵרֹת בָּאֲרָזִים I Rois 6. 9, (et il plaça) des rangées de poutres (ou de lambris) de cèdre.

שֶׂה (cont. שֵׂה, avec suff. שֵׂיוֹ et שֵׂיהוּ) *des deux genres*. Le petit d'une brebis ou d'une chèvre, agneau, chevreau : וְאַיֵּה הַשֶּׂה לְעֹלָה Gen. 22. 7, mais où est l'agneau pour servir d'holocauste ? שֵׂה כְבָשִׂים וְשֵׂה עִזִּים Deut. 14. 4, le menu bétail en fait de brebis et de chèvres ; שֶׂה פְזוּרָה יִשְׂרָאֵל Jér. 50. 17, Israel est un agneau égaré, effarouché.

שָׂהֵד *m.* Témoin : וְשָׂהֲדִי בַּמְּרוֹמִים Job 16. 19, et mon témoin (celui qui connaît le fond de mon cœur) est dans les cieux.

שָׂהֲדוּתָא *f.* Témoignage : יְגַר שָׂהֲדוּתָא Gen. 31. 47, le monceau (de pierres) du témoignage.

שַׂהֲרֹנִים *m. pl.* Ornement en forme de lune ou de croissant que portaient au cou les femmes, Is. 3. 18, et les montures des rois : הַשַּׂהֲרֹנִים אֲשֶׁר בְּצַוְּארֵי גְמַלֵּיהֶם Jug. 8. 21, et les ornements en forme de lune (les bossettes) qui étaient au cou de leurs chameaux.

שׂוּב ou **שִׂיב** Être blanc, avoir les cheveux blancs, être très vieux : וַאֲנִי זָקַנְתִּי וָשַׂבְתִּי I Sam. 12. 2, et moi je suis vieux, je suis tout blanc ; *part.* : גַּם־שָׂב Job 15. 10, *collect.*, aussi des hommes aux cheveux blancs.

שׂוֹבֶךְ *m.* Branches entrelacées : שׂוֹבֶךְ הָאֵלָה II Sam. 18. 9, les branches entrelacées, touffues, d'un chêne ou d'un térébinthe (v. סְבַךְ).

שׂוּג (v. סוּג) *Niph.* Reculer : לֹא נָשׂוֹג אָחוֹר II Sam. 1. 22, (l'arc de Jonathan) n'a pas reculé, ou : sa flèche n'est jamais retournée en arrière.

שׂוּד Enduire : וְשַׂדְתָּ אֹתָם בַּשִּׂיד Deut. 27. 2, 4, et tu enduiras (les pierres) de chaux (v. שִׂיד).

שׂוּחַ *Kal.* Ex. unique : לָשׂוּחַ בַּשָּׂדֶה Gen. 24. 63, (Isaac était sorti) dans le champ pour méditer, ou pour prier ; selon d'autres : pour se promener entre les herbes, les plantes (v. שִׂיחַ), ou : pour causer avec ceux qui étaient dans les champs.

Pil. : בְּמַעֲשֵׂה יָדֶיךָ אֲשׂוֹחֵחַ Ps. 143. 5, je médite sur les (ou : je parle, je raconte des) ouvrages de tes mains ; וְאֶת־דּוֹרוֹ מִי יְשׂוֹחֵחַ Is. 53. 8, qui racontera son âge, ses années ; ou : l'histoire, les souffrances de sa vie ; selon d'autres : qui racontera la grandeur de sa génération, de ceux qui vivaient de son temps (v. les autres exemples à שִׂיחַ).

שׂוּט Se détourner (v. שָׂטָה) : וְשָׂטֵי כָזָב Ps. 40. 5, et ceux qui se détournent (de la vérité, et penchent vers, courent) après le mensonge.

שׂוּךְ Clore, environner de haies (v. סוּג) : הֲלֹא־אַתָּה שַׂכְתָּ בַעֲדוֹ Job 1. 10, n'as-tu pas fait une haie (un rempart) autour de lui (et de sa maison) ? ne l'as-tu pas gardé, protégé ? En mal : הִנְנִי־שָׂךְ אֶת־דַּרְכֵּךְ בַּסִּירִים Osée 2. 8, je ferme ton chemin avec une haie d'épines, je t'arrêterai au milieu du chemin, je t'empêcherai de le suivre.

Pil. : וּבַעֲצָמוֹת וְגִידִים תְּשֹׂכְכֵנִי Job 10. 11, et tu m'as tissé, entrelacé (ou affermi) d'os et de nerfs.

שׂוֹךְ *m.* Branche : אִישׁ שׂוֹכֹה Jug. 9. 49, chacun (coupa) sa branche, une branche pour lui.

שׂוֹכָה *f.* Branche : שׂוֹכַת עֵצִים Jug. 9. 48, une branche d'arbre.

שׂוֹכֹה *n. pr.* Sochoh, ville de la tribu de Juda, Jos. 15. 35.

שׂוּכָתִים nom d'une famille, les Suchathim, I Chr. 2. 55 ; de שׂוֹכָה nom de leur chef, ou d'une ville.

שׂוּם et שִׂים (*Kal*, *prét.* שָׂם, שַׂמְתָּ ; *inf.* שׂוּם, const. שׂוּם, לָשׂוּם ; *part.* שָׂם, שָׂמִים ; *fut.* יָשׂוּם, une fois (Exod. 4. 11) ; *Hiph. part.* מֵשִׂים Job 4. 20 ; *impér.* הָשִׂימִי Ez. 21 21. *L'impératif* שִׂים, שִׂימוּ ; *l'infinitif* שִׂים Job 20. 4, et le *futur* יָשִׂים, יָשֵׂם, וַיָּשֶׂם, ou *Kal* de שִׂים, ou *Hiph.* de שׂוּם). (Les significations du *Kal* et *Hiph.* étant d'ailleurs les mêmes, nous pouvons sans inconvénient mêler les exemples.)

1° Mettre, placer, planter, établir, dresser, se ranger, fonder, créer, rendre, marquer : וַיָּשֶׂם שָׁם אֶת־הָאָדָם Gen. 2. 8, et il y mit (plaça) l'homme ; שָׂמוּ אֹתִי בַּבּוֹר 40. 15, ils m'ont mis (enfermé) dans cette prison ; וְשָׂם חִטָּה Is. 28. 25, il met, plante, du froment ; וַיָּשִׂימוּ בָּנִים Esdr. 10. 44, (ils mirent des enfants au monde), ils eurent des enfants ; וְשִׂים בַּסֶּלַע קִנֶּךָ Nomb. 24. 21, et tu as mis, établi, ton nid, ta demeure, sur le rocher ; שִׂים־לְךָ אֹרֵב Jos. 8. 2, et mets, dresse, une embuscade ; שָׂמוּ שְׁלֹשָׁה רָאשִׁים Job 1. 17, (les Chaldéens) se sont rangés, divisés, en trois troupes, bandes ; שִׂימוּ וַיָּשִׂימוּ עַל־הָעִיר I Rois 20. 12, rangez-vous (en bataille), allez investir la ville, et ils l'investirent ; ou : dressez (vos machines de guerre) contre la ville, et ils les dressèrent ; הָשִׂימִי הַשְׂמִילִי Ez. 21. 21, tourne, dresse-toi à gauche ; אֲשֶׁר־שָׂם לוֹ בַּדֶּרֶךְ I Sam. 15. 2, qui s'est mis en embuscade, ou : s'est opposé à lui dans son chemin, lui a barré le chemin ; שׂוֹם תָּשִׂים עָלֶיךָ מֶלֶךְ Deut. 17. 15, tu établiras, choisiras, un roi sur toi (pour te commander) ; וַיָּשֶׂם אֶת־בָּנָיו שֹׁפְטִים I Sam. 8. 1, il établit ses fils pour juges (sur Israel) ; avec ל : שָׂמַנִי אֱלֹהִים לְאָדוֹן Gen. 45. 9, Dieu m'a établi, rendu, le maître (de toute l'Égypte) ; וּמִי שָׂם תֵּבֵל כֻּלָּהּ Job 34. 13, et quel (autre que lui) a fondé, créé, tout le monde (l'univers) ; מִשּׂוּמִי עַם־עוֹלָם Is. 44. 7, depuis que j'ai fondé, établi, le (premier) peuple du monde, c.-à-d. le plus ancien peuple ; עַד־יָשִׂים בָּאָרֶץ מִשְׁפָּט 42. 4, jusqu'à ce qu'il place, établisse, la justice sur la terre ; לָשׂוּם אֶת־שְׁמוֹ שָׁם Deut. 12. 5, (le lieu que Dieu choisira) pour y établir son nom, c.-à-d. pour y résider ; וַיָּשֶׂם אֹתָהּ יוֹסֵף לְחֹק Gen. 47. 26, Joseph l'établit pour loi, le fit passer en loi ; וְשַׂמְתִּי לְךָ מָקוֹם Exod. 21. 13, je te destinerai, marquerai, un lieu.

2° Mettre, coucher, imposer, imputer, exposer, tourner vers, considérer ; וְשִׂים כֶּסֶף־אִישׁ Gen. 44. 1, et mets l'argent de chacun (à l'entrée du sac) ; וְשַׂמְתָּם בָּאָרוֹן Deut. 10. 2, et tu mettras (les tables) dans l'arche ; וַיָּשֶׂם עַל־יִצְחָק בְּנוֹ Gen. 22. 6, il mit (le bois) sur son fils Isaac ; וְשִׂימוּ יָד עַל־פֶּה Job 21. 5, et mettez la main sur la bouche (silence !) ; וַתָּשֶׂם אֶל־הַמִּטָּה I Sam. 19. 13, elle coucha (l'image) sur le lit ; וְאֵשׁ לֹא תָשִׂימוּ I Rois 18. 25, mais n'y mettez pas, n'approchez pas, le feu ; וְשַׂמְתְּ שִׂמְלֹתַיִךְ עָלַיִךְ Ruth 3. 3, et mets tes habits (sur toi), habille-toi ; תָּשִׂימוּ עֲלֵיהֶם Exod. 5. 8, vous leur imposerez (la tâche) ; לֹא־תְשִׂימוּן עָלָיו נֶשֶׁךְ Exod. 22. 24, ne lui imposez pas, n'exigez pas de lui, de l'usure, des intérêts ; לֹא יְשִׂימָם בָּךְ Deut. 7. 15, il ne mettra pas (les plaies) au milieu de toi, il ne t'en frappera pas ; וְדָמָם לָשׂוּם עַל־אֲבִימֶלֶךְ Jug. 9. 24, et pour mettre leur sang sur Abimélech, c.-à-d. pour lui imputer leur meurtre, l'accuser d'avoir versé leur sang ; אַל־יָשֵׂם הַמֶּלֶךְ בְּעַבְדּוֹ דָבָר I Sam. 22. 15, que le roi ne m'impute aucune faute, qu'il ne m'accuse de rien ; וַיָּשֶׂם לָהֶם — שֵׁמוֹת Dan. 1. 7, et il leur imposa des noms, leur donna d'autres noms ; וְשַׂמְתָּ שְּׁמוֹ אַבְרָהָם Néh. 9. 7, et tu lui avais donné le nom d'Abraham ; לֹא שָׂמוּ אֱלֹהִים לְנֶגְדָּם Ps. 54. 5, ils ne se sont pas proposé Dieu devant les yeux, Dieu ne leur était pas présent devant les yeux ; וְאֶל־אֱלֹהִים אָשִׂים דִּבְרָתִי Job 5. 8, et j'exposerai ma cause devant Dieu ; וְשִׂים בְּאָזְנֵי יְהוֹשֻׁעַ Exod. 17. 14, mets-le aux oreilles de Josué, fais-lui savoir, signifie-le-lui ; יָשִׂימוּ אָף Job 36. 13, (les impies) conservent en eux leur rage, ne s'en corrigent pas ; selon d'autres : se chargent de, s'attirent, la colère (de

Dieu); וְאֵין אִישׁ שָׂם עַל־לֵב Is. 57. 1, et personne ne le prend à cœur, n'y fait réflexion en lui-même; וַיָּשֶׂם דָּוִד — בִּלְבָבוֹ I Sam. 21. 13, David prit (ses paroles) à cœur, en fut frappé; וְשָׂם דֶּרֶךְ Ps. 50. 23, et celui qui est attentif à son chemin, qui marche dans la bonne voie; וְעֵינֶיךָ שִׂים עָלָיו Jér. 39. 12, dirige tes yeux sur lui, prends bien soin de lui. שׂוּם פָּנִים Tourner le visage (v. פָּנִים 1°): וְנָשִׂימָה לִבֵּנוּ Is. 41. 22, nous y tournerons notre esprit, nous l'écouterons avec attention, et *absol.* וְיָשִׂימוּ וְיַשְׂכִּילוּ יַחְדָּו 41. 20, afin qu'ils considèrent et qu'ils comprennent tous ensemble; הֲשַׂמְתָּ לִבְּךָ עַל־עַבְדִּי אִיּוֹב Job 1. 8, as-tu tourné ton esprit vers mon serviteur Job, l'as-tu considéré? avec אֶל Exod. 9. 21; avec לְ Deut. 32. 46. — לֹא אַךְ־הוּא יָשִׂם בִּי Job 23. 6, non certes, mais il me considérera; selon d'autres : il ne mettra pas tant sur moi, ne m'accablera pas.

3° Faire, former, donner, accorder: מִי־יָשׂוּם אִלֵּם Exod. 4. 11, qui fait le muet, qui rend muet; אֲשֶׁר־שָׂם יְיָ מִבְטַחוֹ Ps. 40. 5, qui fait de Dieu son espérance, qui met son espérance en Dieu; אִם־שַׂמְתִּי זָהָב כִּסְלִי Job 31. 24, si j'avais fait de l'or mon espérance; לְגוֹי אֲשִׂימֶנּוּ Gen. 21. 13, je ferai de lui un peuple, il sera le chef, la souche d'un peuple; שַׂמְתָּ מֵעִיר לַגָּל Is. 25. 2, tu as fait d'une ville un monceau de pierres, des ruines; אֲשֶׁר־שָׂם בְּמִצְרַיִם אֹתוֹתָיו Ps. 78. 43, qui avait fait ses miracles dans l'Égypte; וְיָשֵׂם לְךָ שָׁלוֹם Nomb. 6. 26, et qu'il te (prépare), donne, la paix; שִׂים־נָא כָבוֹד לַיְיָ Jos. 7. 19, donne, rends gloire à l'Éternel; לֹא־שַׂמְתְּ לָהֶם רַחֲמִים Is. 47. 6, tu ne leur as pas accordé de miséricorde, tu n'en as pas usé envers eux.

Hoph.: וַיּוּשַׂם לְפָנָיו לֶאֱכֹל Gen. 24. 33, (*keri*) il fut placé, mis devant lui, de quoi manger, on lui servit à manger; mais le *cheth.* וַיִּישֶׂם et Gen. 50. 26, *Kal* de יָשַׂם: on plaça, mit (v. יָשַׂם).

שׂוּם chald. Établir, donner, diriger: דִּי פֶחָה שָׂמֵהּ Esdr. 5. 14, que (le roi) avait fait, établi, gouverneur; שָׂמְתָּ טְעֵם Dan. 3. 10, tu as donné, publié, un ordre, un édit; שֻׂם־שְׁמֵהּ בֵּלְטְשַׁאצַּר 5. 12, (à qui le roi) avait donné le nom de Baltsasar; וְעַל דָּנִיֵּאל שָׂם בָּל 6. 15, et il dirigea sa pensée, son esprit, vers Daniel, il prit une résolution touchant Daniel; לָא־שָׂמוּ עֲלָיךְ מַלְכָּא טְעֵם 3. 12, ils n'ont point tourné l'esprit vers toi, ô roi! ils ne t'obéissent pas.

Ithp. : וְאָע מִתְּשָׂם Esdr. 5. 8, et la charpenterie se pose (sur les murailles); נְוָלִי יִתְּשָׂמוּן Dan. 2. 5, (et vos maisons) seront faites, changées, en fumier, ou : en ruines; עַד־מִנִּי טַעְמָא יִתְּשָׂם Esdr. 4. 21, jusqu'à ce qu'un ordre soit donné, publié, de ma part.

שׂוּר (v. שָׂרָה et שָׂרַר) 1° Lutter, vaincre, se rendre maître : וַיָּשַׂר אֶל־מַלְאָךְ Osée 12. 5, et il lutta contre l'ange; וַיָּשַׂר אֲבִימֶלֶךְ עַל־יִשְׂרָאֵל Jug. 9. 22, Abimélech s'était rendu maître d'Israel, avait régné sur Israel. — 2° Se retirer : בְּשׂוּרִי מֵהֶם Osée 9. 12, quand je me retirerai d'eux, quand je les abandonnerai (v. סוּר). — 3° Scier : וַיָּשַׂר בַּמְּגֵרָה I Chr. 20. 3, il les scia, coupa, tua, avec des scies (selon d'autres, pour וַיָּשַׂר d'une racine נָשַׂר).

Hiph. : הֵשִׂירוּ Osée 8. 4, ils ont fait régner, ils ont établi, choisi, des princes.

שׂוֹרָה *f.*, douteux : וְשָׂם חִטָּה שׂוֹרָה Is. 28. 25, et il plante du froment par rangs, rangées; selon d'autres : du froment beau, choisi (v. שָׂרָה, שַׂר); ou : dans l'endroit principal, le meilleur du terrain.

שׂוֹרֵק (v. שֹׂרֵק). *n. pr.* Sorak, une vallée près de Gaza, Jug. 16. 4 (la vallée des bonnes vignes).

שׂוּשׂ *Kal* שַׂשְׂתִּי, *inf.* שׂוֹשׂ et שׂוּשׂ, *fut.* יָשׂוּשׂ, une fois Is. 35. 1. *Hiph. impér.* שִׂישׂ, *fut.* יָשִׂישׂ (ou également *Kal*, rac. שִׂישׂ). Se réjouir, mettre sa joie: כַּאֲשֶׁר־שָׂשׂ יְיָ עֲלֵיכֶם Deut. 28. 63, comme Dieu s'est réjoui à cause de vous; לָשׂוּשׂ עָלֶיךָ לְטוֹב 30. 9, pour se réjouir sur toi pour le bien, c.-à-d. pour y mettre sa joie à te combler de biens; תָּשִׂישׂ בִּישׁוּעָתוֹ Ps. 35. 9, (mon âme) se réjouira de son secours (du secours que Dieu lui enverra); שׂוֹשׂ אָשִׂישׂ בַּיי Is. 61. 10, je me réjouirai avec une effusion de joie dans l'Éternel; יְשֻׂשׂוּם מִדְבָּר Is. 35. 1, le désert (et la terre aride) s'en réjouiront (pour יְשֻׂשׂוּ ou ם en place du ן parag.).

שֵׂחַ *m.* (rac. שִׂיחַ ou שׂוּחַ). Dessein, méditation : וּמַגִּיד לְאָדָם מַה־שֵּׂחוֹ Amos 4. 13, et qui annonce à l'homme quel est son dessein, ce qu'il (l'homme) médite (selon d'autres : ce que lui (Dieu) médite, ce qu'il veut faire).

שָׂחָה Nager : כַּאֲשֶׁר יְפָרֵשׂ הַשֹּׂחֶה לִשְׂחוֹת Is. 25. 11, comme le nageur étend (ses mains) pour nager.

Hiph.: אַשְׂחֶה בְכָל־לַיְלָה מִטָּתִי Ps. 6.7, je fais nager, j'inonde toutes les nuits mon lit (de mes pleurs); de là

שָׂחוּ *f.* Action de nager : מֵי שָׂחוּ Ez. 47. 5, des eaux de nage, qu'on ne pouvait passer qu'à la nage.

שְׂחוֹק (v. שְׂחֹק).

שָׂחַט Presser : וָאֶשְׂחַט אֹתָם אֶל־כּוֹס פַּרְעֹה Gen. 40. 11, et j'ai pressé (les raisins, j'en ai exprimé le jus) dans la coupe de Pharaon (סְחַט chald).

שָׂחִיף (v. שָׁחִיף).

שָׂחַק (v. צָחַק). 1° Rire, sourire, se rire, se moquer, dédaigner : וְעֵת לִשְׂחוֹק Eccl. 3. 4, et (il y a) temps de rire; אֶשְׂחַק אֲלֵהֶם Job 29. 24, si je riais avec eux, si je leur souriais; וְעָלָיו יִשְׂחָקוּ Ps. 52. 8, ils se riront, se moqueront, de lui; יִשְׂחַק לְפַחַד Job 39. 22, il se rit de la peur; תִּשְׂחַק לַסּוּס וּלְרֹכְבוֹ 39. 18, elle se moque du cheval et de celui qui le monte, elle les dédaigne.—2° Jouer, danser : הָרֹאִים בִּשְׂחוֹק שִׁמְשׁוֹן Jug. 16. 27, qui regardaient Samson jouer, danser (devant eux) (v. *Pi.*).

Pi. Être gai, se divertir, divertir, jouer, chanter et danser : בְסוֹד־מְשַׂחֲקִים Jér. 15. 17, dans une assemblée de gens gais, qui se divertissent; מְשַׂחֲקִים בִּרְחֹבֹתֶיהָ Zach. 8. 5, (des enfants) qui jouent dans ses places publiques; יְשַׂחֲקוּ־שָׁם Job 40. 20, (toutes les bêtes des champs) s'y jouent, (se plaisent avec lui); וִישַׂחֲקוּ לְפָנֵינוּ II Sam. 2. 14, (que les jeunes gens) jouent devant nous, qu'ils s'exercent aux armes, qu'ils se battent pour nous amuser; וִישַׂחֶק־לָנוּ Jug. 16. 25, qu'il joue devant nous, qu'il nous divertisse (en chantant et en dansant); הַנָּשִׁים הַמְשַׂחֲקוֹת I Sam. 18. 7, les femmes qui chantaient et dansaient (v. vers. 6); בִּמְחוֹל מְשַׂחֲקִים Jér. 31. 4, au milieu de la danse de ceux qui jouent les instruments, ou qui divertissent.

Hiph. : וַיִּהְיוּ מַשְׂחִיקִים עֲלֵיהֶם II Chr. 30. 10, mais ils se moquaient d'eux.

שְׂחֹק et **שְׂחוֹק** *m.* Le ris, rire, cris de joie, moquerie : שְׂחוֹק הַכְּסִיל Eccl. 7. 6, le ris de l'insensé; הָיִיתִי לִשְׂחוֹק Jér. 20. 7, je suis devenu un objet de moquerie; אָז יִמָּלֵא שְׂחוֹק פִּינוּ Ps. 126. 2, alors notre bouche sera remplie de rire, c.-à-d. de cris, de chants de joie.

שֵׂט (rac. שָׂטָה). Ex. unique : שֵׂטִים הֶעְמִיקוּ Osée 5. 2, ceux qui se détournent de la bonne voie, les pécheurs, apostats, se sont cachés dans les profondeurs (pour tuer les fidèles); ou : ils sont allés bien loin dans leurs péchés (v. סֵטִים).

שָׂטָה (*fut.* יִשְׂטֶה et יֵשְׂטְ) Se détourner, se débaucher, devenir infidèle : שְׂטֵה מֵעָלָיו Prov. 4. 15, détourne-toi de (cette voie); אַל־יֵשְׂטְ אֶל־דְּרָכֶיהָ לִבֶּךָ 7. 25, que ton cœur ne se détourne pas pour suivre les voies (de cette femme); כִּי־תִשְׂטֶה אִשְׁתּוֹ Nomb. 5. 12, (un homme) dont la femme se détourne, se débauche, lui devient infidèle; וְאִם־לֹא שָׂטִית טֻמְאָה תַּחַת אִישֵׁךְ 5. 19, et si tu ne t'es pas débauchée dans l'impureté, la souillure (en te donnant) à un autre qu'à ton mari, ou étant sous la puissance de ton mari.

שָׂטַם (*fut.* יִשְׂטֹם) Haïr, traiter en ennemi : וַיִּשְׂטֹם עֵשָׂו אֶת־יַעֲקֹב Gen. 27. 41, Ésaü conçut de la haine pour Jacob, לוּ יִשְׂטְמֵנוּ יוֹסֵף 50. 15, peut-être Joseph nous haïra-t-il, nous traitera-t-il, en ennemi; בְּעֹצֶם יָדְךָ תִשְׂטְמֵנִי Job 30. 21, tu me montres ta haine, tu me combats avec la force de ta main (v. שָׂטַן).

שָׂטַן Haïr, accuser : יִשְׂטְנוּנִי Ps. 38. 21, ils me haïssent, se déclarent contre moi ; שֹׂטְנֵי נַפְשִׁי 71. 13, les ennemis de mon âme, qui en veulent à ma vie ; וְהַשָּׂטָן עֹמֵד עַל־יְמִינוֹ לְשִׂטְנוֹ Zach. 3. 1, et l'ennemi, ou l'accusateur, se tenait à sa droite pour l'accuser (ou : pour s'opposer à lui).

Hiph. Part. : מַשְׂטִין Adversaire, ennemi, traître, Rituel.

שָׂטָן *m.* 1° Ennemi, adversaire, accusateur : וַיָּקֶם יְיָ שָׂטָן לִשְׁלֹמֹה I Rois 11. 14, Dieu suscita un ennemi à Salomon ; וַיְהִי שָׂטָן לְיִשְׂרָאֵל 11. 25, il était un adversaire pour Israel ; וְשָׂטָן יַעֲמֹד עַל־יְמִינוֹ Ps. 109. 6, et que l'accusateur soit à sa droite ; כִּי־תִהְיוּ־לִי הַיּוֹם לְשָׂטָן II Sam. 19. 23, que vous soyez aujourd'hui des adversaires pour moi, (que vous vous opposiez à ma volonté) ; לְשָׂטָן לוֹ Nomb. 22. 22, comme résistance à lui, pour lui résister. — 2° L'esprit accusateur et tentateur, Satan, toujours avec l'*article :* הַשָּׂטָן Job 1. 7, 2. 2, *excepté* שָׂטָן I Chr. 21. 1.

שִׂטְנָה *f.* Accusation : כָּתְבוּ שִׂטְנָה Esdr. 4. 6, ils présentèrent par écrit une accusation.

שִׂטְנָה *n. pr.* d'un puits, Sitnah, nommé ainsi de la querelle entre Isaac et les Philistins, Gen. 26. 21.

שִׂיא *m.* (rac. נָשָׂא). Élévation : אִם־יַעֲלֶה לַשָּׁמַיִם שִׂיאוֹ Job 20. 6, quand son élévation irait, monterait même jusqu'au ciel.

שִׂיאֹן (élévation) *n. pr.* Le mont Sion qui est le mont Hermon, Deut. 4. 48.

שִׂיב (v. שׂוּב).

שֵׂיב *m.* (rac. שׂוּב ou שִׂיב). Vieillesse : קָמוּ עֵינָיו מִשֵּׂיבוֹ I Rois 14. 4, ses yeux étaient immobiles, aveugles, à cause de son grand âge.

שֵׂיבָה *f.* Les cheveux gris, la tête grise, la vieillesse : וְהוֹרַדְתֶּם אֶת־שֵׂיבָתִי בְּיָגוֹן שְׁאוֹלָה Gen. 42. 38, vous ferez descendre mes cheveux gris, ou ma tête grise, avec chagrin, dans le scheol ; אִישׁ שֵׂיבָה Deut. 32. 25, et seul שֵׂיבָה Lév. 19. 32, un homme aux cheveux blancs, un vieillard ; בְּשֵׂיבָה טוֹבָה Gen. 15. 15, dans une heureuse vieillesse ; שֵׂיבָתֵךְ Ruth 4. 15, ta vieillesse.

שִׂיג *m.* (rac. נָשַׂג). Poursuite : וְכִי־שִׂיג לוֹ I Rois 18. 27, ou il a une poursuite à faire, c.-à-d. il poursuit un ennemi, ou une affaire ; selon d'autres, de שׂוּג, סוּג : un départ, une absence.

שִׂיד *m.* (rac. שׂוּד). Chaux : כְּמִשְׂרְפוֹת שִׂיד Is. 33. 12, la chaux brûlée ; עַל־שָׂרְפוֹ עַצְמוֹת מֶלֶךְ־אֱדוֹם לַשִּׂיד Amos 2. 1, parce qu'il a brûlé les os du roi d'Idumée, comme on cuit la chaux, c.-à-d. jusqu'à les réduire en cendres ; selon d'autres : pour s'en servir comme de la chaux, ce qui était une profanation de plus.

שִׂיָה (v. שׂוּה).

שִׂיחַ Parler, s'entretenir, prier, se plaindre, méditer : אוֹ שִׂיחַ לָאָרֶץ Job 12. 8, ou parle à la terre ; הִיא תְשִׂיחֶךָ Prov. 6. 22, elle te parlera, s'entretiendra avec toi ; avec בְּ : יָשִׂיחוּ בִי Ps. 69. 13, ils parleront (mal) de moi, ils parleront contre moi ; וְדִבְרֵי נִפְלְאוֹתֶיךָ אָשִׂיחָה Ps. 145. 5, et je raconterai tes merveilles ; אָשִׂיחָה וְאֶהֱמֶה 55. 18, je médite (ou je me plains, ou je prie), et je soupire ; עִם־לְבָבִי אָשִׂיחָה 77. 7, je m'entretiens avec mon propre cœur, je médite ; בְּפִקֻּדֶיךָ אָשִׂיחָה 119. 15, je médite sur tes préceptes. Selon d'autres, tous ces verbes *Hiph.* de שׂוּחַ.

I שִׂיחַ *m.* (v. שִׂיחַ *verbe* et שׂוּחַ). Parole, plainte, chagrin, prière, méditation : אֶת־הָאִישׁ וְאֶת־שִׂיחוֹ II Rois 9. 11, (vous connaissez) l'homme et ses paroles, sa manière de parler (ou : ses manières, son caractère) ; אֶשְׁכְּחָה שִׂיחִי Job 9. 27, je veux oublier mes plaintes (mon chagrin) ; הֶאָנֹכִי לְאָדָם שִׂיחִי 21. 4, est-ce à un homme que s'adresse ma plainte (ou mon discours) ? אֶשְׁפֹּךְ לְפָנָיו שִׂיחִי Ps. 142. 3, je répands, j'épanche, ma plainte, ma prière, devant lui ; מֵרֹב שִׂיחִי I Sam. 1. 16, par l'excès de mon chagrin ; כִּי־שִׂיחַ — לוֹ I Rois 18. 27, il (Baal) a peut-être un entretien (avec quelqu'un), ou : il est dans la méditation, il médite (v. שָׂחָה).

II שִׂיחַ *m.* (*pl.* שִׂיחִים). Plante, arbrisseau, arbre : וְכֹל שִׂיחַ הַשָּׂדֶה Gen. 2. 5, toutes les plantes, ou tous les arbres, des champs ; עֲלֵי־שִׂיחַ Job 30. 4, sous les arbrisseaux ; תַּחַת אַחַד הַשִּׂיחִם Gen. 21. 15, sous un des arbres.

שִׂיחָה *f.* Entretien, méditation, ferveur (v. I שִׂיחַ) : כָּל־הַיּוֹם הִיא שִׂיחָתִי Ps. 119. 97, elle (la loi de Dieu) est (le sujet) de mon entretien, ou de ma méditation durant tout le jour (v. 119. 99) ; וְתִגְרַע שִׂיחָה לִפְנֵי־אֵל Job 15. 4, tu empêches, arrêtes, la prière, ferveur, devant Dieu ; * שִׂיחָה Aboth, conversation, discussion.

שִׂים Poser, mettre (v. שׂוּם).

שִׂישׂ Racine incertaine (v. à שׂוּשׂ).

שֵׂךְ *m.* (rac. שׂוּךְ ou סָכַךְ). Épine ou clou : לְשִׂכִּים בְּעֵינֵיכֶם Nomb. 33. 55, (ils deviendront) comme des épines, ou des clous dans vos yeux.

שֹׂךְ *m.* (v. סֻכָּה). Tente : וַיַּחְמֹס כַּגַּן שֻׂכּוֹ Lament. 2. 6, il a détruit, renversé, sa tente, comme un jardin, comme on arrache les plantes d'un jardin ; ou : comme une cabane dans un jardin (v. à חָמַס).

שֻׂכָּה *f.* (rac. שׂוּךְ ou סָכַךְ, v. שֵׂךְ). Épine : הַתְמַלֵּא בְשֻׂכּוֹת עוֹרוֹ Job 40. 31, rempliras-tu sa peau d'épines, c.-à-d. de flèches pointues.

שֶׂכוּ *n. pr.* Sechu, contrée près de Rama, I Sam. 19. 22.

שֶׂכְוִי *m.* (rac. שָׂכָה) douteux : מִי־נָתַן לַשֶּׂכְוִי בִינָה Job 38. 36, qui a donné de l'intelligence au cœur (siége des pensées, de l'imagination, v. מַשְׂכִּית) ; selon d'autres : au coq (pour discerner les heures de la nuit).

שְׂכִיָּה *f.* (rac. שָׂכָה). Image ou palais : כָּל־שְׂכִיּוֹת הַחֶמְדָּה Is. 2. 16, toutes les images, figures de délice, les belles images qui plaisent à la vue ; selon d'autre : les palais délicieux.

שַׂכִּין *m.* Couteau : וְשַׂמְתָּ שַׂכִּין בְּלֹעֶךָ Prov. 23. 2, tu mets un couteau à ta gorge (chald. סַכִּין couteau).

שָׂכִיר *m.* (rac. שָׂכַר, const. שְׂכִיר, avec suff. שְׂכִירֶךָ). Mercenaire, journalier, qui travaille à la journée ou à un temps fixe, ouvrier : פְּעֻלַּת שָׂכִיר Lév. 19. 13, le salaire du journalier, de l'ouvrier ; כִּשְׁנֵי שָׂכִיר Is. 16. 14, comme les années d'un ouvrier, c.-à-d. des années exactes, précises, qui ne comptent pas une heure de plus ; כִּשְׂכִיר שָׁנָה בְּשָׁנָה Lév. 25. 53, comme un ouvrier serviteur, qui se loue d'année en année ; שְׂכִירֶיהָ Jér. 46. 21, ses soldats mercenaires ; selon d'autres : ses grands, princes.

שְׂכִירָה *f.* Action de louer, location : בְּתַעַר הַשְּׂכִירָה Is. 7. 20, avec un rasoir loué (exprès pour qu'il coupe bien, c.-à-d. avec des peuples étrangers) ; selon d'autres : avec un grand rasoir, ou un bon rasoir, qui coupe bien.

שָׂכַךְ (v. סָכַךְ) Couvrir : וְשַׂכֹּתִי כַפִּי עָלֶיךָ Exod. 33. 22, je couvrirai ma main sur toi, je te couvrirai de ma main.

שָׂכַל *Kal.* Ex. unique : שָׂכַל דָּוִד מִכֹּל עַבְדֵי שָׁאוּל I Sam. 18. 30, David réussissait mieux, avait plus de succès (dans la guerre) que tous les serviteurs, officiers, de Saül ; ou : David montrait plus d'intelligence, se conduisait plus sagement, etc. (v. *Hiph.*).

Pi. : שִׂכֵּל אֶת־יָדָיו Gen. 48. 14, (Jacob) rendit ses mains intelligentes, c.-à-d. posa ses mains ainsi après réflexion, avec une intelligence prophétique ; selon d'autres : changea ses mains de place en les croisant.

Hiph. 1° Considérer, regarder attentivement, comprendre : וְנֶחְמָד הָעֵץ לְהַשְׂכִּיל Gen. 3. 6, et (que) l'arbre était agréable à considérer, agréable à la vue, ou : désirable, pour rendre intelligent (l'homme qui mangera de ses fruits) ; יַשְׂכִּילוּ זֹאת Deut. 32. 29, ils comprendraient ceci ; וּמַעֲשֵׂהוּ הִשְׂכִּילוּ Ps. 64. 10, et ils considèrent avec intelligence ce qu'il fait ; מַשְׂכִּיל עַל־דָּבָר Prov. 16. 20, qui fait bien attention à une chose, qui réfléchit bien à ce qu'il fait ; avec אֶל :

וּלְהַשְׂכִּיל אֶל־דִּבְרֵי הַתּוֹרָה Néh. 8. 13, et pour bien comprendre les paroles de la loi, pour bien y prêter attention; מַשְׂכִּיל אֶל־דָּל Ps. 41. 2, qui est attentif au pauvre, qui s'intéresse à lui, le soutient; avec בְּ Dan. 9. 13. — 2° Être, devenir, intelligent, sage; agir prudemment, sagement: וְעַתָּה מְלָכִים הַשְׂכִּילוּ Ps. 2. 10, et maintenant, ô rois! devenez sages; מָתַי תַּשְׂכִּילוּ 94. 8, quand deviendrez-vous sages, quand aurez-vous de l'intelligence? וּמַשְׂכִּלִים בְּכָל־חָכְמָה Dan. 1. 4, et (qui fussent) intelligents dans toutes les sciences; כִּי־לֹא הִשְׂכִּילוּ Jér. 20. 11, car ils n'ont pas agi prudemment (selon d'autres: ils ne réussiront point); *part.*: בֵּן מַשְׂכִּיל Prov. 10. 5, un fils sage, prudent; הֲיֵשׁ מַשְׂכִּיל Ps. 14. 2, s'il y a un homme intelligent (pieux); וְהַשְׂכֵּיל Jér. 3.15, et הַשְׂכֵּל Prov. 1. 3, 21. 16, *inf.* comme *subst.*, intelligence, prudence. — 3° Réussir, faire réussir: לְמַעַן תַּשְׂכִּיל Jos. 1.7, afin que tu réussisses (partout où tu iras); בְּכֹל אֲשֶׁר־יֵצֵא יַשְׂכִּיל II Rois 18.7, partout où il alla, dans tout ce qu'il entreprit, il réussissait; לְמַעַן תַּשְׂכִּיל אֵת כָּל־אֲשֶׁר תַּעֲשֶׂה I Rois 2. 3, pour que tu fasses réussir tout ce que tu entreprendras, ou, pour בְּכֹל: pour que tu réussisses dans tout, etc. (d'autres cependant traduisent dans tous ces endroits: agir sagement, avec intelligence). — 4° Rendre intelligent, sage, instruire: אַשְׂכִּילְךָ Ps. 32. 8, je te rendrai sage, je t'instruirai; לְהַשְׂכִּילְךָ בִינָה Dan. 9. 22, pour t'enseigner l'intelligence (ou pour t'instruire et te donner l'intelligence); avec לְ: וּבְהַשְׂכִּיל לְחָכָם Prov. 21. 11, mais quand on instruit le sage; מַשְׂכִּיל *subst.* qui se trouve en tête de plusieurs psaumes (32, 42, 44, etc.), est traduit par: chant instructif, ou: chant pour l'intelligence, chant accompagné d'une instruction, explication.

* *Hithp.*: הִשְׁתַּכֵּל בִּשְׁלֹשָׁה דְבָרִים Aboth, observe bien (pénètre-toi de) trois choses (v. שְׂכַל chald.).

שְׂכַל chald. *Ithp.* Considérer: מִשְׂתַּכַּל הֲוֵית בְּקַרְנַיָּא Dan. 7. 8, je considérais ces cornes.

שֶׂכֶל et **שֵׂכֶל** *m.* (avec suff. שִׂכְלוֹ). Intelligence, raison, prudence: אַךְ יִתֶּן־לְךָ יְיָ שֵׂכֶל וּבִינָה I Chr. 22. 12, que Dieu te donne aussi la raison (sagesse) et l'intelligence; יוֹעֵץ בְּשֶׂכֶל 26. 14, un homme qui conseille avec intelligence, un sage conseiller; שֵׂכֶל־טוֹב Prov. 13. 15, Ps. 111. 10, II Chr. 30. 22, une bonne intelligence, une raison saine (le bon sens); וְשׂוֹם שֶׂכֶל Néh. 8. 8, et en y mettant, appliquant, leur intelligence (pour comprendre), ou: en donnant l'intelligence de ce qu'ils lisaient, en le rendant très intelligible; וְהָאִשָּׁה טוֹבַת־שֶׂכֶל I Sam. 25. 3, et cette femme était d'une bonne intelligence, très prudente; selon d'autres: d'une belle apparence, belle, agréable à la vue; וּמְצָא־חֵן וְשֵׂכֶל טוֹב Prov. 3. 4, et tu trouveras grâce et une bonne intelligence, c.-à-d. de l'amitié, de la faveur; שִׂכְלוֹ Dan. 8. 25, son astuce, sa ruse.

שִׂכְלוּת *f.* Prudence: וְדַעַת הוֹלֵלוֹת וְשִׂכְלוּת Eccl. 1. 17, et pour connaître la folie et la prudence; selon d'autres, sens opposé (pour סִכְלוּת): pour connaître la folie et la sottise, l'imprudence.

שָׂכְלְתָנוּ chald. *f.* Raison, intelligence: נַהִירוּ וְשָׂכְלְתָנוּ Dan. 5. 11, 14, des lumières et de l'intelligence, de la raison.

שָׂכַר (*fut.* יִשְׂכֹּר) Acheter, payer, corrompre par argent: כִּי שָׂכֹר שְׂכַרְתִּיךָ Gen. 30. 16, car je t'ai acheté (j'ai acheté le droit d'être avec toi); וַיִּשְׂכְּרוּ אֶת־אֲרָם II Sam. 10. 6, ils payèrent les Syriens, les enrôlèrent, levèrent à leurs dépens; וַיִּשְׂכֹּר עָלָיו אֶת־בִּלְעָם Néh. 13. 2, et (parce qu')il avait payé Balaam contre Israel, qu'il l'avait corrompu par argent; וְשֹׂכֵר כְּסִיל וְשֹׂכֵר עֹבְרִים Prov. 26. 10, (le puissant) paye, achète, les fous, achète les vagabonds; ou: (Dieu) paye l'insensé, paye les transgresseurs, donne à chacun ce qu'il mérite.

Niph.: שְׂבֵעִים בַּלֶּחֶם נִשְׂכָּרוּ I Sam. 2. 5,

ceux qui auparavant étaient rassasiés se sont loués pour avoir du pain.

Hithp. : וְהַמִּשְׂתַּכֵּר Agg. 1. 6, et celui qui se loue pour gages, ou : qui gagne, amasse de l'argent.

שָׂכָר *m.* (const. שְׂכַר). Salaire, gages, récompense, prix : נָקְבָה שְׂכָרְךָ עָלַי Gen. 30. 28, marque, fixe toi-même, les gages, le salaire, que tu veux de moi ; וַיִּתֵּן שְׂכָרָהּ Jon. 1. 3, il paya son prix, le prix du passage pour lui, ou le prix du vaisseau, il loua tout le vaisseau ; שְׂכָרְךָ הַרְבֵּה מְאֹד Gen. 15. 1, ta récompense sera infiniment grande.

שָׂכָר *n. pr. m.* 1° I Chr. 26. 4. — 2° 11. 35 (le même : שָׁרָר II Sam. 23. 33).

שֶׂכֶר *m.* Récompense : שֶׂכֶר אֱמֶת Prov. 11.18, une récompense sûre; כָּל־עֹשֵׂי שֶׂכֶר Is.19.10, tous ceux qui travaillent pour un salaire; mais, selon presque tous les commentaires, pour שֶׂכֶר : ceux qui font des écluses, ou des fosses, pour prendre des poissons (v. סָכַר *Niph.*).

שְׂלָו *f.* Caille : וַתַּעַל הַשְּׂלָו Exod. 16. 13, *collect.*, les cailles arrivèrent, se répandirent (sur le camp); *pl.* : שַׂלְוִים Nombr. 11. 31, des cailles.

שַׂלְמָא *n. pr. m.* I Chr. 2. 51.

שַׂלְמָה *f.* (le même que שִׂמְלָה, const. שַׂלְמַת, avec suff. שַׂלְמָתוֹ ; *plur.* שַׂלְמוֹת, avec suff. שַׂלְמֹתֵיכֶם). Habit, vêtement : בְּשַׂלְמָה חֲדָשָׁה I Rois 11. 29, d'un habit, ou manteau, tout neuf; וּשְׂלָמוֹת בָּלוֹת Jos. 9. 5, et des habits vieux, usés; וְשָׁכַב בְּשַׂלְמָתוֹ Deut. 24. 13, afin qu'il dorme dans son vêtement, ou : sous sa couverture.

שַׂלְמָה *n. pr.* Salma, fils de Nahson, père de Booz, Ruth 4. 20 (שַׂלְמוֹן 4. 21).

שַׂלְמוֹן *n. pr.* (v. שַׂלְמָה).

שַׂלְמַי *n. pr. m.* Néh. 7. 48 (שַׂמְלַי ou שַׁלְמַי Esd. 2. 46).

שְׂמֹאל *Kal* inusité (v. שְׂמֹאל). *Hiph.* Se tourner à gauche, se servir de la main gauche : וְאַשְׂמְאִילָה Gen. 13. 9, j'irai, je me tournerai, à la gauche; לְהֵמִין וּלְהַשְׂמִיל II Sam. 14. 19, (on ne peut) se détourner ni à droite ni à gauche (de ce que vous dites, tant ce que vous dites est exact, véritable); הַשְׂמִילִי Ez. 21. 21, tourne-toi à gauche; מַיְמִינִים וּמַשְׂמְאִלִים I Chr. 12. 2, ils se servaient de la main droite et de la main gauche (pour lancer des pierres ou des flèches), ils les lançaient également des deux mains.

שְׂמֹאל et שְׂמֹאול *m.* Le côté gauche, la gauche, la main gauche : מִשְּׂמֹאל יִשְׂרָאֵל Gen. 48. 13, à la gauche d'Israel; מִימִינוֹ וּמִשְּׂמֹאלוֹ I Rois 22.19, à la droite et à la gauche (du Seigneur); אִם־הַשְּׂמֹאל Gen. 13. 9, si (tu vas) à gauche; לָלֶכֶת עַל־הַיָּמִין וְעַל־הַשְּׂמֹאל II Sam. 2. 19, pour aller (s'écarter) à droite ou à gauche; יַד שְׂמֹאלוֹ Jug. 3. 21, sa main gauche; et seul : בִּשְׂמֹאלוֹ Gen. 48. 13, par sa main gauche, (Cant. 2. 6, 8. 3); מִשְּׂמֹאל לְדַמָּשֶׂק Gen. 14. 15, à la gauche (au nord) de Damas.

שְׂמָאלִי *m.* שְׂמָאלִית *f. adj.* Gauche, ce qui est à gauche : הָעַמּוּד הַשְּׂמָאלִי I Rois 7. 21, la colonne gauche (qui était du côté gauche); כַּפּוֹ הַשְּׂמָאלִית Lév. 14. 26, sa main gauche.

שָׂמַח et שָׂמֵחַ (*fut.* יִשְׂמַח) Être gai, se réjouir, vivre dans la joie, triompher : אֹכְלִים וְשֹׁתִים וּשְׂמֵחִים I Rois 4. 20, mangeant et buvant, et étant gais, contents (ils vivaient dans l'abondance et la joie); שָׂמַחְתִּי בִּישׁוּעָתֶךָ I Sam. 2. 1, je me suis réjouie de ton secours, du salut, qui me vient de toi; וַיִּשְׂמַח עֲלֵיהֶם חִזְקִיָּהוּ Is. 39. 2, Ézéchias se réjouit d'eux, reçut les ambassadeurs avec une grande joie; avec מִן : וּשְׂמַח מֵאֵשֶׁת נְעוּרֶךָ Prov. 5. 18, réjouis-toi de (vis dans la joie avec) la femme que tu as épousée dans ta jeunesse; mais avec ל : וְאַל־יִשְׂמְחוּ־לִי Ps. 35. 24, qu'ils ne se réjouissent, qu'ils ne triomphent pas de moi; אַל־תִּשְׂמְחִי אֹיַבְתִּי לִי Mich. 7. 8, ô mon ennemie, ne triomphe pas de moi! — שִׂמְחוּ בַיְיָ Ps. 32. 11, réjouissez-vous dans l'Éternel (du secours, du salut qui vous viendra de lui); וּשְׂמַחְתֶּם לִפְנֵי יְיָ Lév. 23. 40, vous vous réjouirez devant Dieu (vous célébrerez la fête devant ou dans son temple); אוֹר־צַדִּיקִים יִשְׂמָח Prov. 13. 9, la lumière des justes réjouit, ou : brûle doucement, d'une clarté douce, bienfaisante.

Pi. Réjouir, donner de la joie, faire triompher : וְשִׂמַּח אֶת־אִשְׁתּוֹ Deut. 24. 5, il doit réjouir sa femme ; וְשַׂמַּח לִבִּי Prov. 27. 11, et réjouis mon cœur ; וְלֹא־שִׂמַּחְתָּ אֹיְבַי לִי Ps. 30. 2, et (parce que) tu n'as pas réjoui mes ennemis de moi, que tu ne leur as pas donné lieu à triompher de moi ; וַיְשַׂמַּח עָלַיִךְ אוֹיֵב Lament. 2. 17, il a fait ton ennemi triompher de toi, il t'a rendue un sujet de joie pour l'ennemi ; כִּי־שִׂמְּחָם יְיָ מֵאוֹיְבֵיהֶם II Chr. 20. 27, car Dieu les a fait triompher de leurs ennemis.

Hiph. : הִשְׂמַחְתָּ כָּל־אוֹיְבָיו Ps. 89. 43, tu as rempli de joie tous ses ennemis.

שָׂמֵחַ *m.* (*f.* שְׂמֵחָה, *pl.* שְׂמֵחִים, const. שְׂמֵחֵי et שִׂמְחֵי) *adj.* Réjoui, content, gai : וְהָיִיתָ אַךְ שָׂמֵחַ Deut. 16. 15, et tu seras tout réjoui (dans la joie) ; לִבִּי שָׂמֵחַ מִכָּל־עֲמָלִי Eccl. 2. 10, mon cœur était réjoui, content, de tous mes travaux ; הַשְּׂמֵחִים לַעֲשׂוֹת רָע Prov. 2. 14, qui sont contents, enchantés, à faire le mal ; כָּל־שִׂמְחֵי־לֵב Is. 24. 7, tous ceux qui (avaient) la joie, la gaîté, dans le cœur.

שִׂמְחָה *f.* (const. שִׂמְחַת ; *pl.* שְׂמָחוֹת). Joie, cris de joie, plaisir, festin, fête : נָתַתָּה שִׂמְחָה בְלִבִּי Ps. 4. 8, tu as (mis), donné la joie (dans) à mon cœur ; וּשְׂמֵחִים שִׂמְחָה גְדוֹלָה I Rois 1. 40, ils étaient transportés d'une grande joie ; בְּשִׂמְחָה וּבְשִׁרִים Gen. 31. 27, avec des marques, des cris, de joie, et avec des chants ; וַתִּשָּׁמַע שִׂמְחַת יְרוּשָׁלִַם Néh. 12. 43, et les cris de joie de Jérusalem furent entendus (fort loin) ; אֹהֵב שִׂמְחָה Prov. 21. 17, qui aime les plaisirs, les festins ; וְלַעֲשׂוֹת שִׂמְחָה גְדוֹלָה Néh. 8. 12, et pour faire une grande fête, de grandes réjouissances.

שְׂמִיכָה *f.* (rac. שָׂמַךְ, v. סָמַךְ). Manteau : וַתְּכַסֵּהוּ בַּשְּׂמִיכָה Jug. 4. 18, et elle le couvrit d'un manteau ; selon d'autres : d'une couverture de lit.

שׂמל *Hiph.* הִשְׂמִיל (v. שְׂמֹאל).

שִׂמְלָה *f.* (le même que שַׂלְמָה, const. שִׂמְלַת ; *plur.* שְׂמָלוֹת, שִׂמְלֹתֵיכֶם). Habit, vêtement : שִׂמְלַת אִשָּׁה Deut. 22. 5, un habit de femme ; לֶחֶם וְשִׂמְלָה 10. 18, de la nourriture et des vêtements ; וּפָרְשׂוּ הַשִּׂמְלָה 22. 17, ils étendront la couverture, ou le drap, ou les vêtements de l'épouse.

שַׂמְלָה *n. pr.* Samlah de Masrekah, roi des Iduméens, Gen. 36. 36.

שְׂמָמִית *f.* Nom d'une bête : שְׂמָמִית בְּיָדַיִם תְּתַפֵּשׂ Prov. 30. 28, selon les uns : le lézard qui se soutient sur ses mains ; selon les autres : l'araignée qui s'attache ou qui file avec ses pattes ; selon d'autres : le singe qui saisit tout avec ses pattes.

שָׂנֵא (*fut.* יִשְׂנָא, *inf.* שְׂנֹא, שְׂנוֹא et שִׂנְאָה). Haïr, prendre en aversion : שָׂנֵאתָ כָּל־פֹּעֲלֵי אָוֶן Ps. 5. 6, tu hais tous ceux qui commettent l'iniquité ; וַיִּשְׂנְאוּ אֹתוֹ Gen. 37. 4, ils le haïssaient ; וּשְׂנֵאָהּ Deut. 22. 13, et qu'il la prend en aversion. *Part.* שֹׂנֵא Celui qui hait, l'ennemi : וְהוּא לֹא־שֹׂנֵא לוֹ Deut. 19. 4, et il n'est pas son ennemi ; לְשֹׂנְאָיו 7. 10, à ceux qui le haïssent ; בְּשֹׂנְאֵיהֶם Esth. 9. 1, sur leurs ennemis ; שֹׂנְאֹתַיִךְ Ez. 16. 27, de celles qui te haïssent ; *part. pass.* : וְהָאַחַת שְׂנוּאָה Deut. 21. 15, (deux femmes dont l'une est aimée par son mari) et l'autre pas aimée, ou moins aimée ; כִּי־שְׂנוּאָה לֵאָה Gen. 29. 31, que Lia n'était pas aimée, qu'elle était moins aimée que Rachel ; יִשְׂנְאוּ־דָעַת Prov. 1. 22, (jusqu'à quand les insensés) haïront-ils la connaissance, la science ?

Niph. passif : וְאִישׁ מְזִמּוֹת יִשָּׂנֵא Prov. 14. 17, et l'homme malicieux est haï, détesté.

Pi. Seulement *part.* מְשַׂנֵּא Celui qui hait, l'ennemi : וּמְשַׂנְאַי Ps. 18. 41, et ceux qui me haïssent ; וּמְשַׂנְאֵינוּ 44. 8, et nos ennemis.

שְׂנָא chald. Haïr : חֶלְמָא לְשָׂנְאָךְ Dan. 4. 16, puisse le songe (atteindre, concerner) ceux qui te haïssent.

שִׂנְאָה *f.* 1° L'action de haïr : בְּשִׂנְאַת יְיָ אֹתָנוּ Deut. 1. 27, parce que Dieu nous hait. — 2° La haine : גַּם־אַהֲבָה גַּם־שִׂנְאָה Eccl. 9. 1, l'amour aussi bien que la haine; שִׂנְאָה גְדוֹלָה מְאֹד II Sam. 13. 15, une très grande aversion.

שְׂנִיאָה *f.* détestée : לַשְּׂנִיאָה Deut. 21. 15, à la femme détestée, c.-à-d. moins aimée que sa rivale (v. שָׂנֵא, *part. pass.* שְׂנוּאָה).

שְׂנִיר *n. pr.* « Les Amorrhéens appellent la montagne d'Hermon Senir », Deut. 3. 9, et une partie seulement de cette montagne, Cant. 4. 8, I Chr. 5. 23, « Senir et Hermon »; il signifie cuirasse, comme שִׂרְיוֹן, autre nom de l'Hermon, Deut. 3. 9, ou « la neige ». On lit aussi שְׁנִיר avec *schin*.

שָׂעִיר *m.* 1° Bouc (v. שֵׂעָר et שָׂעִר *adj.*) : רֹאשׁ הַשָּׂעִיר Lév. 4. 24, la tête du bouc; שְׂעִיר עִזִּים Gen. 37. 31, (et souvent) un bouc (d'entre les chèvres); שְׁנֵי־שְׂעִירֵי עִזִּים Lév. 16. 5, deux boucs. — 2° Des démons, ou satyres en forme de bouc, habitant les bois, et à qui les Égyptiens, et, à leur exemple, les Juifs en Égypte, rendaient un culte : לַשְּׂעִירִם Lév. 17. 7, (et ils n'immoleront plus leurs hosties) aux démons; וּשְׂעִירִים יְרַקְּדוּ־שָׁם Is. 13. 21, et les satyres ou les diables y feront leurs danses. — 3° כִּשְׂעִירִם עֲלֵי־דֶשֶׁא Deut. 32. 2, comme des ondées, des giboulées, sur la verdure, l'herbe verte (v. שָׂעַר 2°); ou : comme des vents d'orage (v. סְעָרָה).

שֵׂעִיר (velu, v. שֵׂעָר) *n. pr.* 1° Seïr, chef, souche des Horréens, Gen. 36. 20. — 2° Une région montagneuse, habitée d'abord par les Horréens, et plus tard par les enfants d'Ésaü, Deut. 2. 12 (dont la partie septentrionale aujourd'hui Dschebâl, et la partie méridionale El-Schera). — 3° Le mont Seïr, dans la terre de Juda, Jos. 15. 10.

שְׂעִירָה *f.* (v. שָׂעִיר) : שְׂעִירַת עִזִּים Lév. 4. 28, 5. 6, une chèvre.

שְׂעִירָה *n. pr. f.* Contrée ou endroit dans la montagne d'Éphraïm : הַשְּׂעִירָתָה Jug. 3. 26, (il vint) à Seïrah.

שְׂעִפִּים *m. pl.* Les pensées (qui se ramifient, qui se divisent ou divisent l'esprit, v. סְעִף et סָעִיף) : בִּשְׂעִפִּים מֵחֶזְיֹנוֹת לָיְלָה Job 4. 13, dans les pensées des visions nocturnes (dans les visions, rêves, qui m'agitaient); שְׂעִפַּי יְשִׁיבוּנִי 20. 2, mes pensées m'inspirent de quoi répondre.

שָׂעַר 1° Être effrayé, frémir d'épouvante, craindre : וּמַלְכֵיהֶם שָׂעֲרוּ שַׂעַר Ez. 27. 35, et leurs rois frémissaient d'épouvante, étaient saisis d'horreur; וְשַׂעֲרוּ Jér. 2. 12, et soyez épouvantés; וּמַלְכֵיהֶם יִשְׂעֲרוּ עָלֶיךָ שַׂעַר Ez. 32. 10, (leurs rois) seront saisis, pénétrés, d'épouvante à cause de toi. *Trans.* : לֹא שְׂעָרוּם אֲבֹתֵיכֶם Deut. 32. 17, (des Dieux) que vos pères n'ont pas craints, révérés. — 2° כְּמוֹ־חָרוֹן יִשְׂעָרֶנּוּ Ps. 58. 10, comme le feu, ou comme la fureur, il l'engloutira; *exact.* il l'emportera avec la force du tourbillon, de la tempête (v. סַעַר 2°).

Niph. : וּסְבִיבָיו נִשְׂעֲרָה מְאֹד Ps. 50. 3, et autour de lui s'élève un grand orage, une violente tempête.

Pi. : וִישָׂעֲרֵהוּ מִמְּקֹמוֹ Job 27. 21, il l'enlèvera de sa place comme un tourbillon.

Hithp. : וְיִשְׂתָּעֵר עָלָיו מֶלֶךְ הַצָּפוֹן Dan. 11. 40, et le roi de l'Aquilon passera sur lui, marchera contre lui comme une tempête.

שָׂעִר *adj. m.* (v. שֵׂעָר). Velu : אִישׁ שָׂעִר Gen. 27. 11, un homme velu; *plur. fém.* : שְׂעִרֹת 27. 23, (des mains) velues.

שַׂעַר *m.* 1° Terreur, épouvante : אָחֲזוּ שָׂעַר Job 18. 20, ils sont saisis d'épouvante (v. שָׂעַר 1° et les exemples). — 2° Orage : שַׂעַר קָטֶב Is. 28. 2, l'orage, le tourbillon, qui brise tout (v. const. de סַעַר).

שֵׂעָר *m.* (const. שְׂעַר, une fois שַׂעַר Is. 7. 20, avec suff. שְׂעָרוֹ). *Collect.* Les cheveux, le poil : שְׂעַר־רֹאשׁוֹ Jug. 16. 22, les cheveux de sa tête, ses cheveux ; וְשַׂעַר הָרַגְלָיִם Is. 7. 20, et le poil des pieds ; אִישׁ בַּעַל שֵׂעָר II Rois 1. 8, un homme velu, ou : couvert d'un vêtement de poils.

שְׂעַר chald. *m.* Même signif. : וּשְׂעַר רֵאשְׁהוֹן Dan. 3. 27, et les cheveux de leur tête.

שְׂעָרָה *f.* (v. סְעָרָה et שַׂעַר 2°). Tempête : אֲשֶׁר־בִּשְׂעָרָה יְשׁוּפֵנִי Job 9. 17, qui me brise avec la vitesse d'une tempête, d'un coup de foudre ; בְּסוּפָה וּבִשְׂעָרָה דַּרְכּוֹ Nah. 1. 3, son chemin est, il marche, dans les tourbillons et les tempêtes.

שַׂעֲרָה *f.* (le même que שֵׂעָר, mais pas toujours *collect.*). Un cheveu, poil : אִם־יִפֹּל מִשַּׂעֲרַת רֹאשׁוֹ אַרְצָה I Sam. 14. 45, il ne tombera pas sur la terre un seul cheveu de sa tête ; אֶל־הַשַּׂעֲרָה Jug. 20. 16, (adroit à jeter des pierres avec la fronde) même pour atteindre, frapper, un cheveu, ou un but de l'épaisseur d'un cheveu ; *plur.* : מִשַּׂעֲרוֹת רֹאשִׁי Ps. 40. 13, des cheveux de ma tête ; שַׂעֲרַת בְּשָׂרִי Job 4. 15, *collect.* les cheveux de tout mon corps.

שְׂעֹרָה *f.* (*plur.* שְׂעֹרִים). Orge : אֶרֶץ חִטָּה וּשְׂעֹרָה Deut. 8. 8, une terre qui produit du froment et de l'orge ; חֹמֶר שְׂעֹרִים Lév. 27. 16, un homer (mesure) d'orge ; שֵׁשׁ־שְׂעֹרִים Ruth 3. 15, six (mesures) d'orge.

שְׂעֹרִים *n. pr. m.* I Chr. 24. 8.

שָׂפָה *des deux genres* (*duel* שְׂפָתַיִם, const. שִׂפְתֵי, avec suff. שְׂפָתָיו ; *plur.* שִׂפְתוֹת, avec suff. שִׂפְתוֹתֶיהָ). 1° Lèvre, bouche, parole, langue : יַפְטִירוּ בְשָׂפָה Ps. 22. 8, ils ouvrent largement les lèvres (pour se moquer) ; וְיִפְתַּח שְׂפָתָיו Job 11. 5, qu'il ouvrît ses lèvres, qu'il commence à parler ; וְחוֹשֵׂךְ שְׂפָתָיו Prov. 10. 19, qui retient ses lèvres, qui est retenu dans ses discours ; אִישׁ שְׂפָתַיִם Job 11. 2, un grand parleur ; דְּבַר שְׂפָתַיִם II Rois 18. 20, Prov. 14. 23, des paroles des lèvres, des paroles vaines, sottes ; שְׂפָתַיִם יִשָּׁק Prov. 24. 26, (celui) donne un baiser à la bouche ; שִׂפְתֵי־שָׁקֶר Prov. 10. 18, des lèvres menteuses, des paroles fausses ; שְׂפָתַיִם דֹּלְקִים Prov. 26. 23, des lèvres brûlantes, qui expriment une amitié chaude ; וְשִׂפְתֵי רְנָנוֹת Ps. 63. 6, et des paroles d'allégresse ; שְׂפַת לֹא־יָדַעְתִּי אֶשְׁמָע 81. 6, j'ai entendu des paroles que je ne connaissais, n'entendais pas, ou : la langue (d'un peuple) que je ne connaissais pas ; שָׂפָה אֶחָת Gen. 11. 1, une seule langue ; שְׂפַת כְּנַעַן Is. 19. 18, la langue de Chanaan ; עַם עִמְקֵי שָׂפָה Is. 33. 19, ce peuple d'une langue profonde, c.-à-d. obscure, barbare, que tu n'entends pas. — 2° Bord, rivage, limite : שְׂפַת־כּוֹס I Rois 7. 26, le bord d'une coupe ; שָׂפָה יִהְיֶה לְפִיו Exod. 28. 32, il y aura un bord (tissu) à l'ouverture de la tunique ; שְׂפַת הַיָּם Gen. 22. 17, le rivage de la mer ; שְׂפַת הַיְאֹר Gen. 41. 3, le bord du fleuve ; שְׂפַת־אָבֵל מְחוֹלָה Jug. 7. 22, le bord, la limite, d'Abel Mehola.

שִׂפַּח *Pi.* Ex. unique : וְשִׂפַּח אֲדֹנָי קָדְקֹד בְּנוֹת צִיּוֹן Is. 3. 17, Dieu couvrira de pustules, ou frappera de gale, de teigne, la tête des filles de Sion ; selon d'autres : il rendra chauve leur tête (v. סַפַּחַת).

שָׂפָם *m.* La barbe, surtout qui couvre le menton et la lèvre supérieure : וְעַל־שָׂפָם יַעְטֶה Lév. 13. 45, et il se couvrira la barbe, c.-à-d. le visage jusqu'au-dessus des lèvres ; וְלֹא־עָשָׂה שְׂפָמוֹ II Sam. 19. 25, et il n'avait pas fait sa barbe.

שָׂפַן Enfouir. *Part. pass.* : וּשְׂפֻנֵי טְמוּנֵי חוֹל Deut. 33. 19, et les choses enfouies, c.-à-d. les trésors cachés dans le sable (v. סָפַן).

שָׂפַק 1° Frapper (v. סָפַק) : יִשְׂפֹּק עָלֵימוֹ כַפֵּימוֹ Job 27. 23, (chacun) frappera des mains sur lui (à cause de sa chute). — 2° Suffire : אִם־יִשְׂפֹּק עֲפַר שֹׁמְרוֹן I Rois 20. 10, si toute la poussière de Samarie suffit (pour, etc., v. סָפַק).

Hiph. : וּבְיַלְדֵי נָכְרִים יַשְׂפִּיקוּ Is. 2. 6 ; selon les uns (comme *Kal* 1°) : ils frappent des mains, c.-à-d. ils font alliance avec les enfants étrangers, ils s'attachent à eux; selon les autres (comme *Kal* 2°) : ils ont beaucoup d'enfants (des femmes) étrangères, ou : les enfants, c.-à-d. les doctrines, les mœurs étrangères, leur suffisent, les contentent.

שֶׂפֶק *m.* Ex. unique : פֶּן־יְסִיתְךָ בְשָׂפֶק Job 36. 18, pour qu'on ne te tente pas par l'abondance, la richesse (v. שֶׂפֶק 2°), ou : que (Dieu) ne te rejette par un coup, un châtiment fort.

שַׂק *m.* (rac. שָׂקַק, avec suff. שַׂקִּי; *plur.* שַׂקִּים, avec suff. שַׂקֵּיהֶם). Étoffe et vêtement d'un tissu de poil ou de crin rude et piquant, cilice, haire, sac : מַחֲגֹרֶת שָׂק Is. 3. 24, une ceinture faite d'une étoffe de crin, et rude (v. מַחֲגֹרֶת); וַיָּשֶׂם שַׂק בְּמָתְנָיו Gen. 37. 34, il mit un sac, cilice, sur ses reins (signe de deuil); פִּתַּחְתָּ שַׂקִּי Ps. 30. 12, tu as délié, tu m'as ôté, le sac que je portais, mon habit d'affliction; הֵם מְרִיקִים שַׂקֵּיהֶם Gen. 42. 35, (lorsqu')ils vidaient leurs sacs (de blé).

שָׂקַד Attacher ou marquer. *Niph.* : נִשְׂקַד עֹל פְּשָׁעַי בְּיָדוֹ Lament. 1. 14, le joug (que m'ont attiré) mes péchés, crimes, est attaché (sur moi) par sa main; selon d'autres : la quantité de mes crimes est marquée, pointée, par sa main.

שָׂקַר Ex. unique. *Pi. part.* : וּמְשַׂקְּרוֹת עֵינָיִם Is. 3. 16, (les femmes) qui promènent les yeux, qui en font des signes (aux hommes); selon d'autres : qui se fardent les yeux (v. כָּחַל).

שַׂר *m.* (rac. שׂוּר ou שָׂרַר; *pl.* שָׂרִים, const. שָׂרֵי). Maître, chef, capitaine, gouverneur, intendant, grand, prince : שַׂר־צְבָא Gen. 21. 22, I Sam. 12. 9, le chef, général, d'une armée; שָׂרִים Job 39. 25, des capitaines; שַׂר הַטַּבָּחִים Gen. 37. 36, chef des gardes; שַׂר־הַמַּשְׁקִים 40. 9, le chef des échansons, le grand échanson; שַׂר־הָעִיר I Rois 22. 26, chef, gouverneur, de la ville; שָׂרֵי מִקְנֶה Gen. 47. 6, les inspecteurs, intendants, des troupeaux; מְלָכֵינוּ וְשָׂרֵינוּ Jér. 44. 17, nos rois et nos princes; שָׂרֵי מוֹאָב Nomb. 22. 14, les princes de Moab; שָׂרֵי פַרְעֹה Gen. 12. 15, les princes, grands, à la cour de Pharaon; שָׂרֵי קֹדֶשׁ Is. 43. 28, les princes du sanctuaire, les prêtres; שַׂר־שָׂרִים Dan. 8. 25, le prince des princes (Dieu), ou : l'archange Michel. Les anges qui parlent en faveur de tel ou tel peuple sont appelés : le prince des Perses, le prince des Grecs, etc., Dan. 10. 13, 20. 21.

שָׂרַג Tresser, entrelacer. *Kal* inusité. *Pou.* : גִּידֵי פַחֲדָו יְשֹׂרָגוּ Job 40. 17, les nerfs de ses testicules sont entrelacés.

Hithp. : יִשְׂתָּרְגוּ Lament. 1. 14, ils se sont entrelacés, ils forment comme des chaînes (autour de mon cou).

שָׂרַד Se sauver, échapper : וְהַשְּׂרִידִים שָׂרְדוּ מֵהֶם Jos. 10. 20, et les restants (qui) purent leur échapper se sauvèrent; de là שָׂרִיד.

שְׂרָד *m.*, douteux : בִּגְדֵי־שְׂרָד Exod. 39. 1, et בִּגְדֵי הַשְּׂרָד 31. 10, 35. 19, 39. 41, des draps, tapis, couvertures, tissés en forme de mailles, filet, rets (pour couvrir et envelopper les autels, la table, le chandelier, etc., du tabernacle); selon d'autres : les vêtements des prêtres quand ils sont de service (comme בִּגְדֵי שָׂרֵת); selon d'autres : des tapis ou des habits faits des restes des différentes laines (v. שָׂרִיד).

שֶׂרֶד *m.* Craie rouge ou crayon : יְתָאֲרֵהוּ בַשֶּׂרֶד Is. 44. 13, (le sculpteur) dessine, marque, le bois avec du rouge, de la craie rouge, ou avec le crayon, ou le poinçon.

שָׂרָה (v. שׂוּר) Lutter : שָׂרָה אֶת־אֱלֹהִים Osée 12. 4, il a lutté, il a prévalu en luttant, contre un être divin, un ange; כִּי־שָׂרִיתָ עִם־אֱלֹהִים Gen. 32. 29, car tu as lutté, tu as été fort, contre un ange.

שָׂרָה *f.* (de שַׂר *m.*). Seulement *plur.* Femmes nobles, princesses : חַכְמוֹת שָׂרוֹתֶיהָ Jug. 5. 29, les plus sages des dames nobles (qui l'entouraient); שָׂרוֹת פָּרַס־וּמָדַי Esth. 1. 18, les princesses, les femmes de grands seigneurs des Perses et des Mèdes; נָשִׁים שָׂרוֹת I Rois

11. 3, des femmes princesses, filles de princes; une fois : שָׂרָתִי בַּמְּדִינוֹת Lam. 1. 1, la reine, princesse, des provinces (Jérusalem).

שָׂרָה (la princesse) *n. pr.* Sara, femme d'Abraham, Gen. 17. 15. (v. שָׂרַי).

שְׂרוּג (provin) *n. pr.* Serug, fils de Réu, Gen. 11. 20.

שְׂרוֹךְ *m.* (rac. שָׂרַךְ). Cordon : שְׂרוֹךְ נְעָלָיו Is. 5. 27, le cordon de ses souliers (qui l'attache, ou qui s'entortille autour); וְעַד שְׂרוֹךְ־נַעַל Gen. 14. 23, (que je ne prendrai) pas même un cordon de soulier (la chose la plus vile).

.**שְׂרוּקִים** *m. pl.* (v. שׂרק). Branches, sarments : הָלְמוּ שְׂרוּקֶּיהָ Is. 16. 8, ils ont brisé les branches de la vigne (les sarments); selon d'autres : les ceps les meilleurs.

שֶׂרַח *n. pr.* Serah, fille d'Aser, Gen. 46. 17.

שָׂרַט Inciser : וּבִבְשָׂרָם לֹא יִשְׂרְטוּ שָׂרָטֶת Lév. 21. 5, et ils ne feront point d'incision dans leurs corps (comme signe de deuil).

Niph.: שָׂרוֹט יִשָּׂרֵטוּ Zach. 12. 3, (tous ceux qui lèveront cette pierre) se feront des incisions, c.-à-d. en seront déchirés, meurtris (le premier, *infinitif* de *Kal*); de là

שֶׂרֶט *m.* Incision : וְשֶׂרֶט לָנֶפֶשׁ Lév. 19. 28, (vous ne ferez point dans votre chair) d'incision pour un mort.

שָׂרֶטֶת *f.* Incision, Lév. 21. 5 (v. l'exemple à שָׂרַט).

שָׂרַי (ma princesse) *n. pr.* Sarai, femme d'Abraham, Gen. 16. 1, changé plus tard par Dieu en celui de שָׂרָה Sara, 17. 15.

שָׂרִיגִים *m. pl.* (rac. שָׂרַג). Les branches de la vigne, pampres, sarments : וּבַגֶּפֶן שְׁלֹשָׁה שָׂרִיגִם Gen. 40. 10, et il y avait à la vigne trois branches, sarments; הַשָּׂרִגִים 40. 12, שָׂרִיגֶיהָ Joel 1. 7, ses branches (de la vigne).

שָׂרִיד *m.* (rac. שָׂרַד; *pl.* שְׂרִידִים, const. שְׂרִידֵי). Celui qui se sauve, échappe d'une défaite, d'un carnage : עַד־בִּלְתִּי הִשְׁאִיר־לוֹ שָׂרִיד Nomb. 21. 35, sans qu'il en restât un seul qui se sauvât; *collect.* שָׂרִיד Jug. 5. 13, les restes du peuple. — Des choses : אֵין־שָׂרִיד לְאָכְלוֹ Job 20. 21, rien ne reste de ses mets (il mange tout), ou rien n'échappe à son appétit.

שְׂרָיָה et **שְׂרָיָהוּ** *n. pr.* 1° Seraiah, secrétaire de David, II Sam. 8. 17 (שְׁיָא 20. 25, שַׁוְשָׁא I Chr. 18. 16). — 2° Seraiah, père d'Esra (Esdras), Esdr. 7. 1. — 3° Seraiah, grand prêtre, II Rois 25. 18. — 4° Plusieurs autres, Rois, Jér., I Chr., Esdr., Néh.

שְׂרִיקוֹת *f. pl. adj.* (Du lin) peigné : פִּשְׁתִּים שְׂרִיקוֹת Is. 19. 9, du lin peigné, ou : du lin le plus fin (v. שְׂרוּקִים).

שָׂרַךְ Ex. unique. *Pi.* : מְשָׂרֶכֶת דְּרָכֶיהָ Jér. 2. 23, (un chameau femelle) qui entortille, brouille, ses chemins, qui court dans tous les sens, çà et là; selon d'autres : qui s'attache à ses voies, à ses habitudes (v. שְׂרוֹךְ).

שַׂרְסְכִים *n. pr.* Sarsechim (chef des eunuques de Nebucadnesar), Jér. 39. 3; selon d'autres, רַב־סָרִיס est aussi un *nom propre* : Sarsechim, Rab-Saris, deux princes.

שָׂרַע ne se trouve qu'au *part. pass.* : שָׂרוּעַ Lév. 21. 18, (un homme) étendu, tiré, c.-à-d. qui a un de ses membres démesurément long, un pied, un bras, une oreille, plus long que l'autre; 22. 23, la même chose, en parlant d'une bête.

Hithp. : מֵהִשְׂתָּרֵעַ Is. 28. 20, pour pouvoir s'allonger, s'étendre (dans le lit), ou : (le lit est trop court) et ne peut pas s'allonger, être étendu.

שַׂרְעַפִּים *m. pl.* (v. סְעִפִּים). Les pensées : וְדַע שַׂרְעַפָּי Ps. 139. 23, et connais, cherche à connaître, mes pensées; בְּרֹב שַׂרְעַפַּי בְּקִרְבִּי 94. 19, avec la multitude des pensées qui (s'agitent) dans mon cœur.

שָׂרַף (*fut.* יִשְׂרֹף) Brûler, mettre le

feu, cuire : וְשָׂרַף אֹתוֹ Lév. 4. 21, et il le brûlera (le taureau); souvent avec בָּאֵשׁ : וְאֶת־מַרְכְּבֹתֵיהֶם שָׂרַף בָּאֵשׁ Jos. 11. 9, il brûla leurs chariots (par le feu), il y mit le feu ; וְאֶת־הָעִיר שָׂרְפוּ בָאֵשׁ Jug. 18. 27, ils mirent le feu à la ville, la brûlèrent ; הַשְּׂרֵפָה אֲשֶׁר שָׂרַף יְיָ Lév. 10. 6, l'embrasement que Dieu a allumé, qui est venu de Dieu ; כֵּן יִשְׂרְפוּ־לָךְ Jér. 34. 5, de la même manière on brûlera pour toi, c.-à-d. à ta mort on brûlera des parfums en ton honneur ; וְנִשְׂרְפָה לִשְׂרֵפָה Gen. 11. 3, et nous allons cuire (les briques) au feu.

Niph. : יִשָּׂרֵף Lév. 4. 12, il sera brûlé ; וּבְגָדָיו לֹא תִשָּׂרַפְנָה Prov. 6. 27, sans que ses vêtements soient brûlés, consumés.

Pou. : וְהִנֵּה שֹׂרָף Lév. 10. 16, et il trouva que (le bouc) avait été brûlé.

שָׂרָף *m.* 1° Espèce de serpent venimeux : הַנְּחָשִׁים הַשְּׂרָפִים Nomb. 21. 6, des serpents brûlants (qui tuent avec leur venin); et seul: שָׂרָף 21. 8, (l'image) d'un serpent venimeux : שָׂרָף מְעוֹפֵף Is. 14. 29, un serpent qui saute ; selon d'autres : basilic ou dragon volant.— 2° Une catégorie d'anges, les Séraphins: שְׂרָפִים עֹמְדִים מִמַּעַל לוֹ Is. 6. 2, les Séraphins se tenaient devant ou autour de lui (esprits de feu, brûlants ?).

שָׂרָף *n. pr. m.*, I Chr. 4. 22.

שְׂרֵפָה *f.* Embrasement, incendie, feu, flammes : מֻצָּל מִשְּׂרֵפָה Amos 4. 11, (un tison) tiré, arraché, d'un incendie, embrasement ; כִּשְׂרֵפַת אֲבֹתָיו שְׂרֵפָה II Chr. 21. 19, (on ne faisait pas à son cadavre) un brûlement, un embrasement, comme celui qu'on avait fait en honneur de ses ancêtres; on ne lui brûla pas des parfums, ni les choses dont il s'était servi ; לְהַר שְׂרֵפָה Jér. 51. 25, en une montagne dévorée, consumée, par le feu, les flammes ; וְהָיְתָה לִשְׂרֵפָה Is. 9. 4, et cela deviendra un feu, cela sera brûlé.

שְׂרֻקִּים *m. plur.* De couleur fauve : סוּסִים — שְׂרֻקִּים Zach. 1. 8, des chevaux de couleur fauve (alezans), ou : des chevaux marquetés.

שֹׂרֵק *m.* (v. שְׂרוּקִים). Vigne, cep d'une qualité supérieure : וַיִּטָּעֵהוּ שֹׂרֵק Is. 5. 2, et il planta (la vigne) d'une plante rare, des ceps excellents ; שׂוֹרֵק Jér. 2. 21, une vigne excellente, choisie.

שֹׂרֵקָה *f.* Même signif. : וְלַשֹּׂרֵקָה Gen. 49. 11, (il liera) au cep excellent, à la bonne vigne.

שָׂרַר (v. שׂוּר et שָׂרָה) Être le maître, régner : לִהְיוֹת כָּל־אִישׁ שֹׂרֵר בְּבֵיתוֹ Esth. 1. 22, que chaque mari soit le maître, ait le pouvoir, l'autorité, dans sa maison ; בִּי שָׂרִים יָשֹׂרוּ Prov. 8. 16, les princes règnent, commandent, par moi.

Hithp. : כִּי־תִשְׂתָּרֵר עָלֵינוּ גַּם־הִשְׂתָּרֵר Nomb. 16. 13, pour te rendre encore maître sur nous, pour nous dominer encore avec tout le pouvoir d'un maître.

שָׂרַי Princesse (v. שָׂרָה *subst.*).

שָׂשׂוֹן *m.* (rac. שׂוּשׂ, const. שְׂשׂוֹן). Joie, allégresse ; presque toujours à côté de שִׂמְחָה : שָׂשׂוֹן וְשִׂמְחָה יַשִּׂיגוּ Is. 35. 10, ils obtiendront l'allégresse et la joie ; תַּשְׁמִיעֵנִי שָׂשׂוֹן וְשִׂמְחָה Ps. 51. 10. tu me feras entendre de la joie et de l'allégresse (une parole de joie, de consolation) ; שֶׁמֶן שָׂשׂוֹן Ps. 45. 8, l'huile de joie (dont on se servait pour oindre les convives dans les festins (v. Is. 61. 3).

שֵׂת (v. שְׂאֵת).

שָׂתַם Fermer : שָׂתַם תְּפִלָּתִי Lament. 3. 9, il a fermé (le ciel ou ses oreilles) à ma prière, ou : il a arrêté ma prière, l'a rejetée (v. סָתַם).

שָׂתַר Faire éruption. *Niph.* : וַיִּשָּׂתְרוּ לָהֶם עֳפָלִים I Sam. 5. 9, et des tumeurs se formaient à leurs intestins (à l'anus) (v. טְחוֹרִים *keri*) ; selon d'autres, שָׂתַר, le même que סָתַר *Niph.* : venir en cachette, ou dans un endroit caché (à l'anus), et עֳפָלִים seulement : tumeur. Le sens de la phrase est le même.

ש

ש Schin שִׁין forme avec שׂ la vingt-et-unième lettre de l'alphabet (v. שׂ). Le nom שִׁין, de שֵׁן dent, répond à sa forme.

שֶׁ rarement שַׁ et שָׁ, abréviation de אֲשֶׁר. 1° *Pron. relat.* Qui, que : אֵת שֶׁאָהֲבָה נַפְשִׁי Cant. 3. 1, celui que mon âme aime ; לָאַחֲרֹנִים שֶׁיִּהְיוּ Eccl. 1. 11, les choses qui seront après ; uni au לְ. שֶׁל, il indique le *génitif* : כַּרְמִי שֶׁלִּי Cant. 1. 6, ma vigne ; מִטָּתוֹ שֶׁלִּשְׁלֹמֹה Cant. 3. 7, le lit de Salomon. — 2° *Conj.* Que : שֶׁיֵּשׁ יִתְרוֹן לַחָכְמָה Eccl. 2. 13, (j'ai vu) que la sagesse a l'avantage (sur la folie) ; לְמַעַן תֵּדְעוּן שַׁדּוּן Job 19. 29, afin que vous sachiez qu'il y a un jugement ; עַד שַׁקַּמְתִּי Jug. 5. 7, jusqu'à ce que je me suis levée. — Afin que, parce que, car : וְהָאֱלֹהִים עָשָׂה שֶׁיִּרְאוּ מִלְּפָנָיו Eccl. 2. 14, Dieu l'a fait afin qu'on le craigne ; שֶׁאֲנִי שְׁחַרְחֹרֶת Cant. 1. 6, parce que je suis brune ; שַׁלָּמָה Cant. 1. 7, car pourquoi ? שֶׁשָּׁם עָלוּ שְׁבָטִים Ps. 122. 4, (Jérusalem) vers laquelle allaient les tribus ; בְּשֶׁכְּבָר הַיָּמִים הַבָּאִים Eccl. 2. 16, puisque dans les temps à venir (v. à כְּבָר) ; כְּשֶׁבָּא Eccl. 5. 14, comme il est venu ; כְּשֶׁתִּפּוֹל עֲלֵיהֶם פִּתְאֹם Eccl. 9. 12, lorsque (l'adversité) tombe sur eux soudainement ; וְגַם־בַּדֶּרֶךְ כְּשֶׁהַסָּכָל הֹלֵךְ Eccl. 10. 3, l'insensé même quand il marche dans son chemin.

שָׁאַב (*fut.* אֶשְׁאַב) Puiser : וּשְׁאַבְתֶּם־מַיִם בְּשָׂשׂוֹן Is. 12. 3, vous puiserez de l'eau avec joie ; מֵאֲשֶׁר יִשְׁאֲבוּן הַנְּעָרִים Ruth 2. 9, (bois) de ce que les serviteurs auront puisé ; *part. fém. plur.* : הַשֹּׁאֲבֹת Gen. 24. 11, celles qui allaient puiser de l'eau.

שָׁאַג (*fut.* יִשְׁאַג) Rugir, crier : אַרְיֵה שָׁאָג Amos 3. 8, le lion a rugi. Du tonnerre : אַחֲרָיו יִשְׁאַג־קוֹל Job 37. 4, après lui le tonnerre retentit ; de Dieu : יְיָ מִמָּרוֹם יִשְׁאָג Jér. 25. 30, l'Éternel rugira du haut du ciel ; de l'homme : שָׁאֲגוּ צֹרְרֶיךָ Ps. 74. 4, tes ennemis rugissent ; שָׁאַגְתִּי מִנַּהֲמַת לִבִּי Ps. 38. 9, je crie par les agitations de mon cœur.

שְׁאָגָה *f.* Rugissement, cri, plainte : שְׁאָגָה לוֹ כַּלָּבִיא Is. 5. 29, son rugissement est comme celui du lion ; שַׁאֲגַת אַרְיֵה Job 4. 10, le rugissement du lion ; וַיִּתְּכוּ כַמַּיִם שַׁאֲגֹתָי Job 3. 24, mes cris se répandent comme l'eau qui déborde ; דִּבְרֵי שַׁאֲגָתִי Ps. 22. 2, des paroles de mes plaintes.

שָׁאָה Être dévasté : עַד אֲשֶׁר אִם־שָׁאוּ עָרִים Is. 6. 11, jusqu'à ce que les villes soient désolées (sans habitants).

Niph. 1° Être dévasté : וְהָאֲדָמָה תִּשָּׁאֶה שְׁמָמָה Is. 6. 11, et que la terre soit entièrement désolée, *exact.* désolée (et devenue) dévastation, désert. — 2° Frémir, mugir : כִּשְׁאוֹן מַיִם כַּבִּירִים יִשָּׁאוּן Is. 17. 12, 13, (des nations) qui frémissent, font du bruit, comme le mugissement des eaux impétueuses.

Hiph. Dévaster : לְהַשְׁאוֹת גַּלִּים נִצִּים Is. 37. 26, pour dévaster (des villes fortes) en les réduisant en monceaux de ruines ; לַהְשׁוֹת (*keri* לְהַשְׁאוֹת) II Rois 19. 25, même sens.

Hithp. : S'étonner : וְהָאִישׁ מִשְׁתָּאֵה לָהּ Gen. 24. 21, et cet homme était étonné d'elle, il la considérait avec étonnement.

שֹׁאָה (v. שׁוֹאָה).

שְׁאוֹל et שְׁאֹל *des deux genres* (rac. שָׁאַל). Scheol, lieu habité par les morts, enfer, orcus : בְּעִמְקֵי שְׁאוֹל Prov. 9. 18, dans les profondeurs du scheol ; בְּשַׁעֲרֵי שְׁאוֹל Is. 38. 10, aux portes du scheol.

שָׁאוּל (demandé) *n. pr.* 1° Le roi Saül, I Sam. 9. 2. — 2° Saül, roi iduméen, Gen. 36. 37. — 3° Saül, fils de Siméon, 46. 10 ; *patron.* שָׁאוּלִי Nomb. 26. 13. — 4° I Chr. 6. 9.

שָׁאוֹן *m.* (rac. שָׁאָה). Mugissement, bruit, tumulte : כִּשְׁאוֹן מַיִם Is. 17. 12, comme le mugissement des eaux; נָתַן שְׁאוֹן קוֹלָם Jér. 51. 55, le bruit de leurs voix retentira; קוֹל שְׁאוֹן מַמְלְכוֹת גּוֹיִם נֶאֱסָפִים Is. 13. 4, le bruit tumultueux des royaumes des peuples assemblés; בָּא שָׁאוֹן עַד־קְצֵה הָאָרֶץ Jér. 25. 31, le bruit s'en est répandu jusqu'à l'extrémité de la terre; וְקָאם שָׁאוֹן בְּעַמֶּךָ Osée 10. 14, un tumulte s'élève parmi tes peuples; וּמֵת בְּשָׁאוֹן מוֹאָב Amos 2. 2, Moab meurt au milieu du tumulte de la guerre; שְׁאוֹן קָמֶיךָ Ps. 74. 23, le bruit, les cris, de tes adversaires; שְׁאוֹן זָרִים תַּכְנִיעַ Is. 25. 5, tu humilieras la tempête, l'insolence tumultueuse, des étrangers; שָׁאוֹן הֶעֱבִיר הַמּוֹעֵד Jér. 46. 17, ce n'était qu'un bruit, il a laissé échapper l'époque; בְּנֵי שָׁאוֹן Jér. 48. 45, les gens tumultueux, qui font du bruit; מִבּוֹר שָׁאוֹן Ps. 40. 3, du puits d'un grand bruit, ou d'un puits, d'un précipice affreux.

שָׁאט Mépriser : הַשָּׁאטוֹת אוֹתָךְ Ez. 16. 57, qui te méprisent; *inf.* : בְּכָל־שָׁאטְךָ בְּנֶפֶשׁ Ez. 25. 6, en méprisant de toute ton âme.

שְׁאָט *m.* Mépris : בִּשְׁאָט בְּנֶפֶשׁ Ez. 25. 15, avec un mépris dans l'âme, avec un mépris profond.

שְׁאִיָּה *f.* Destruction, ruine : וּשְׁאִיָּה יֻכַּת־שָׁעַר Is. 24. 12, et la porte de la ville est frappée d'une destruction, ou tombe en ruines.

שָׁאַל et **שָׁאֵל** (*fut.* יִשְׁאַל) 1° Demander, exprimer le désir d'obtenir : שְׁאַל מָה אֶעֱשֶׂה־לָּךְ II Rois 2. 9, demande ce que tu veux que je fasse pour toi; שְׁאַל מִמֶּנִּי Ps. 2. 8, demande-moi (et je te donnerai, etc.); הַשֹּׁאֲלִים מֵאִתּוֹ מֶלֶךְ I Sam. 8. 10, qui lui avaient demandé un roi; וּבְכֹל אֲשֶׁר תִּשְׁאָלְךָ נַפְשֶׁךָ Deut. 14. 26, en tout ce que tu désireras, *littér.* que ton âme te demandera; וַיִּשְׁאַל אֶת־נַפְשׁוֹ לָמוּת I Rois 19. 4, il souhaita la mort (pour lui-même); לִשְׁאֹל בְּאָלָה נַפְשׁוֹ Job 31. 30, pour demander sa mort par des imprécations.

2° Demander, prier, mendier, emprunter : כְּכֹל אֲשֶׁר־שָׁאַלְתָּ מֵעִם יְיָ אֱלֹהֶיךָ Deut. 18. 16, suivant tout ce que tu demandas à l'Éternel ton Dieu; שַׁאֲלוּ מֵיְיָ מָטָר Zach. 10. 1, demandez de la pluie à l'Éternel; אַחַת שָׁאַלְתִּי מֵאֵת־יְיָ Ps. 27. 4, j'ai demandé une chose à l'Éternel; וְשָׁאַל בַּקָּצִיר וָאָיִן Prov. 20. 4, il demandera (aux autres), il mendiera, durant la moisson, et il n'aura rien; וַיִּשְׁאֲלוּ מִמִּצְרַיִם Exod. 12. 35, ils empruntèrent des Égyptiens (des vaisseaux d'argent, etc.). *Part. pass.* : הוּא שָׁאוּל לַיְיָ I Sam. 1. 28, il sera prêté à l'Éternel; וְהוּא שָׁאוּל II Rois 6. 5, et il est emprunté.

3° Demander, faire une question, interroger, s'enquérir, consulter; avec le *rég. dir.*, avec לְ, עַל et בְּ : כִּי־יִשְׁאָלְךָ בִנְךָ מָחָר Exod. 13. 14, quand ton fils te demandera, t'interrogera, un jour; הֲלֹא שְׁאֶלְתֶּם עוֹבְרֵי דֶרֶךְ Job 21. 29, n'avez-vous point interrogé les voyageurs? שָׁאוֹל שָׁאַל־הָאִישׁ לָנוּ Gen. 43. 7, cet homme s'est enquis de nous (et de notre famille); כִּי לֹא מֵחָכְמָה שָׁאַלְתָּ עַל־זֶה Eccl. 7. 10, car ce n'est pas de la sagesse, ce n'est pas sage de ta part, de t'enquérir de cela, de faire une pareille question; וְאֶת־פִּי יְיָ לֹא שָׁאָלוּ Jos. 9. 14, ils ne consultèrent pas la bouche de l'Éternel; וְנִשְׁאֲלָה אֶת־פִּיהָ Gen. 24. 57, consultons-la elle-même; שְׁאַל־נָא בֵאלֹהִים Jug. 18. 5, consulte Dieu; שָׁאַל בַּתְּרָפִים Ez. 21. 26, il a consulté les teraphim. שָׁאַל לְשָׁלוֹם S'informer de l'état de santé, saluer : וַיִּשְׁאַל לָהֶם לְשָׁלוֹם Gen. 43. 27, il s'informa de l'état de leur santé.

Niph. Obtenir par ses prières : נִשְׁאַל נִשְׁאַל מִמֶּנִּי דָוִד I Sam. 20. 6, David m'a demandé instamment; וּלְקֵץ יָמִים נִשְׁאַלְתִּי מִן־הַמֶּלֶךְ Néh. 13. 6, à la fin j'obtins par ma prière l'autorisation du roi.

Pi. 1° Mendier : וְנוֹעַ יָנוּעוּ בָנָיו וְשִׁאֵלוּ Ps. 109. 10, ses enfants seront errants et ils mendieront. — 2° Demander, consulter : שָׁאוֹל יְשַׁאֲלוּ בְּאָבֵל II Sam. 20. 18, on demande conseil à Abel.

Hiph. Prêter : וַיַּשְׁאִלוּם Exod. 12. 36, ils leur prêtèrent; הִשְׁאִלְתִּהוּ לַיְיָ I Sam. 1. 28, je l'ai prêté à l'Éternel.

שְׁאָל *n. pr. m.* Esdr. 10. 29.

שְׁאֵל chald. 1° Demander, désirer : וּמִלְּתָא דִי־מַלְכָּא שָׁאֵל Dan. 2. 11, et ce que le roi demande ; כָּל־דִּי יִשְׁאֲלֶנְכוֹן עֶזְרָא Esdr. 7. 21, tout ce qu'Esdras vous demandera. — 2° Demander, interroger : אֱדַיִן שְׁאֵלְנָא לְשָׂבַיָּא Esdr. 5. 9, alors nous avons interrogé les vieillards.

שְׁאֵלָה *f.* (avec suff. שְׁאֵלָתִי et שֶׁאֱלָתָם Ps. 106. 15, const. שֵׁלָתֵךְ I Sam. 1. 17). 1° Demande, désir, vœu : תִּנָּתֶן לִי נַפְשִׁי בִּשְׁאֵלָתִי Esth. 7. 3, que ma vie me soit accordée à ma demande ; אֶשְׁאֲלָה מִכֶּם שְׁאֵלָה Jug. 8. 24, je vous ferai une demande ; לָתֵת אֶת־שְׁאֵלָתִי Esth. 5. 8, (s'il plaît au roi) de m'accorder ma demande ; מִי־יִתֵּן תָּבוֹא שְׁאֵלָתִי Job 6. 8, plût à Dieu que mon désir s'accomplît. — 2° Ce qui est prêté : תַּחַת הַשְּׁאֵלָה אֲשֶׁר שָׁאַל לַיְיָ I Sam. 2. 20, pour le prêt qu'il a fait à l'Éternel, pour l'enfant qu'il lui a consacré.

שְׁאֵלְתָא chald. *f.* Désir, résolution : וּמֵאמַר קַדִּישִׁין שְׁאֵלְתָא Dan. 4. 14, cette chose, cette sentence, (est arrêtée) d'après l'ordre des saints (v. חֵפֶץ hébr.).

שְׁאַלְתִּיאֵל (celui que j'ai demandé à Dieu) *n. pr. m.* I Chr. 3. 17.

שָׁאַן *Kal* inusité. *Pil.* שַׁאֲנַן Être, vivre paisible : יַחַד אֲסִירִים שַׁאֲנָנוּ Job 3. 18, ceux qui avaient été enchaînés jouissent ensemble du repos ; וְשָׁאֲנַן וְאֵין מַחֲרִיד Jér. 30. 10, il vivra paisible, et il n'y aura personne qui l'inquiète.

שַׁאֲנָן *adj.* (*plur.* שַׁאֲנַנִּים). 1° Paisible, tranquille, sans inquiétude, rassuré : יְרוּשָׁלַםִ נָוֶה שַׁאֲנָן Is. 33. 20, Jérusalem, une habitation tranquille ; נָשִׁים שַׁאֲנַנּוֹת Is. 32. 9, femmes qui êtes à votre aise ; וְשַׁאֲנַן מִפַּחַד רָעָה Prov. 1. 33, et il sera tranquille, sans la crainte d'aucun mal. — 2° Orgueilleux, superbe : הַלַּעַג הַשַּׁאֲנַנִּים Ps. 123. 4, la raillerie des superbes, ou de ceux qui sont dans la prospérité ; עַל־הַגּוֹיִם הַשַּׁאֲנַנִּים Zach. 1. 15, (je suis indigné) contre les nations orgueilleuses (ou qui sont dans la prospérité). — 3° *m.* Orgueil, fierté : וְשַׁאֲנַנְךָ עָלָה בְאָזְנָי Is. 37. 29, (le bruit de) ton orgueil, de ton insolence, est monté jusqu'à mes oreilles.

שְׁאָם (v. à שְׁמָה).

שָׁאַף 1° Aspirer, humer, soupirer après une chose, aspirer à quelque chose, désirer vivement quelque chose : שָׁאֲפָה רוּחַ Jér. 2. 24, elle hume l'air ; פִּי פָעַרְתִּי וָאֶשְׁאָפָה Ps. 119. 131, j'ai ouvert ma bouche et j'ai soupiré, j'ai désiré connaître (tes commandements) ; כְּעֶבֶד יִשְׁאַף־צֵל Job 7. 2, comme l'esclave qui soupire après l'ombre ; אַל־תִּשְׁאַף הַלָּיְלָה Job 36. 20, ne soupire pas après cette nuit (où les peuples, etc.) ; avec עַל : הַשֹּׁאֲפִים עַל־עֲפַר־אֶרֶץ בְּרֹאשׁ דַּלִּים Amos 2. 7, qui aspirent à mettre la poussière de la terre sur la tête des pauvres, ou : qui sur la poussière de la terre foulent la tête des pauvres ; *métaph.* : וְאֶל־מְקוֹמוֹ שׁוֹאֵף Eccl. 1. 5, il aspire vers le lieu (où il luira de nouveau). — 2° Absorber, dévorer, engloutir : וְשָׁאַף צַמִּים חֵילָם Job 5. 5, le brigand absorbe, engloutit, leurs biens (v. à צַמִּים) ; שְׁאָפַנִי אֱנוֹשׁ Ps. 56. 2, l'homme veut me dévorer ; חֵרֵף שֹׁאֲפִי Ps. 57. 4, il couvre d'opprobre celui qui veut me dévorer, ou : (il me sauvera) de celui qui m'insulte et qui veut me dévorer ; אֶשֹּׁם וְאֶשְׁאַף יָחַד Is. 42. 14, je détruirai, j'engloutirai, tout en même temps ; שַׁמּוֹת וְשָׁאֹף אֶתְכֶם Ez. 36. 3, (parce qu') on a tâché de vous détruire et de vous engloutir.

שָׁאַר Rester, être de reste : עוֹד שָׁאַר הַקָּטָן I Sam. 16. 11, il en reste encore le plus jeune.

Niph. 1° Être de reste : וְהוּא לְבַדּוֹ נִשְׁאָר Gen. 42. 38, et celui est resté seul (seul vivant des enfants de sa mère) ; וְהַנִּשְׁאָר Ez. 6. 12, et celui survivra encore. — 2° Rester, demeurer : וַיִּשָּׁאֲרוּ שְׁנֵי־אֲנָשִׁים בַּמַּחֲנֶה Nomb. 11. 26, il en était demeuré deux hommes dans le camp ; רַק בַּיְאֹר תִּשָּׁאַרְנָה Exod. 8. 5, 7, il n'en demeurera que dans le fleuve.

Hiph. Avoir de reste, laisser de reste, laisser : תַּשְׁאִיר עֲשָׂרָה Amos 5. 3, (la ville d'où sortent cent hommes) n'en aura de reste que dix ; כָּל־אֲשֶׁר

הִשְׁאִיר הַבָּרָד Exod. 10.12, tout ce que la grêle a laissé de reste; וְהִשְׁאִיר אַחֲרָיו בְּרָכָה Joel 2. 14, il laissera après lui une bénédiction; עַד־בִּלְתִּי הִשְׁאִיר־לוֹ שָׂרִיד Nomb. 21. 35, tellement qu'il ne lui en resta pas un seul.

שְׁאָר *m.* Ce qui est de reste, le reste, le restant : שְׁאָר יַעֲקֹב Is. 10. 21, le reste de Jacob; וְהִכְרַתִּי לְבָבֶל שֵׁם וּשְׁאָר Is. 14. 22, je détruirai le nom de Babylone et ce qui y reste; וְלֹא־אֶחָד עָשָׂה וּשְׁאָר רוּחַ לוֹ Mal. 2. 15, nul ne le fait qui a encore un reste de sens; selon d'autres : l'unique (Abraham) ne l'a pas fait, lui qui avait un grand esprit, un esprit supérieur; ou : n'est-ce pas le même Dieu qui l'a créé, et tous les autres esprits (les autres âmes) viennent de lui.

שְׁאָר *m.* chald. Le reste, les autres : וּשְׁאָר כְּנָוָתְהוֹן Esdr. 4. 9, et le reste, les autres qui étaient du même conseil; וּשְׁאָרָא Dan.7.7, 19, et les restants, les autres; une fois état const.: בִּשְׁאָר Esdr. 7.18, du reste (de l'argent et de l'or).

שְׁאָר יָשׁוּב (le reste se convertira) Nom symbolique du fils du prophète Isaïe, Is.7. 3 (comparez 10. 21).

שְׁאֵר 1° Chair : וַאֲשֶׁר אָכְלוּ שְׁאֵר עַמִּי Mich. 3. 3, et quand ils ont mangé la chair de mon peuple; חֲמָסִי וּשְׁאֵרִי עַל־בָּבֶל Jér. 51. 35, que la violence que je souffre et ma chair (qui a été dévorée, c.-à-d. que mon sang qui a été répandu) retombent sur Babylone. — 2° Consanguin, parent : שְׁאֵר אָבִיךָ הִיא Lévit. 18. 12, elle est la parente de ton père; plus complétement : שְׁאֵר בְּשָׂרוֹ verset 6.— 3° Nourriture : שְׁאֵרָהּ Exod. 21. 10, sa nourriture.

שַׁאֲרָה *f.* Parenté, *concr*. des parentes: שַׁאֲרָה הֵנָּה Lév. 18. 17, elles sont proches parentes.

שֶׁאֱרָה *n. pr. f.* I Chr. 7. 24.

שְׁאֵרִית *f.* (contracté שֵׁרִית). Le reste : שְׁאֵרִית הָעָם הַזֶּה Zach. 8. 12, ceux qui seront restés de ce peuple; מִירוּשָׁלַםִ תֵּצֵא שְׁאֵרִית II Rois 19. 31, il sortira quelque reste de Jérusalem; selon quelques-uns : אִם־לֹא שֵׁרִיתִךָ לְטוֹב Jér. 15. 11, je jure que ceux qui resteront de toi seront heureux, ou : ta fin sera heureuse (v. שָׁרָה); שְׁאֵרִית חֵמֹת תַּחְגֹּר Ps. 76. 11, tu te ceins du reste de la colère, c.-à-d. d'une colère excessive (v. le même exemple à חָגַר, page 167).

שֵׁאת *f.* (rac. שָׁאָה). Désolation : הַשֵּׁאת וְהַשָּׁבֶר Lament. 3. 47, la désolation et la destruction, et le malheur.

שְׁבָא *n. pr.* 1° Seba, fils de Rahma, Gen. 10.7. — 2° Seba, fils de Joktan, 10. 28. — 3° Seba, fils de Joksan, 25. 3. Souches de plusieurs peuples arabes. La reine de Seba (Saba), I Rois 10. 15; *collect.* les gens de Seba, Job 1. 15.

שָׁבָב (v. שׁוּב).

שְׁבָבִים *m. pl.* Morceaux, fragments : כִּי־שְׁבָבִים יִהְיֶה עֵגֶל שֹׁמְרוֹן Osée 8. 6, c'est pourquoi le veau de Samarie sera mis en pièces.

שָׁבָה (*fut. apoc.* וַיִּשְׁבְּ) Faire prisonnier, emmener captif : הַאֲשֶׁר שָׁבִיתָ בְּחַרְבְּךָ וּבְקַשְׁתְּךָ אַתָּה מַכֶּה II Rois 6. 22, frapperais-tu ceux que tu aurais faits prisonniers par ton épée et ton arc? כִּשְׁבֻיוֹת חָרֶב Gen. 31. 26, comme des prisonnières de guerre; וְהָיוּ שֹׁבִים לְשֹׁבֵיהֶם Is. 14. 2, ils mèneront en captivité ceux qui les avaient tenus captifs; עַד־מָה אַשּׁוּר תִּשְׁבֶּךָּ Nomb. 24. 22, jusqu'à quand l'Assyrien t'emmènera-t-il en captivité (v. à מָה, page 340). — D'animaux et d'autres biens qu'on emporte, piller : וַיִּשְׁבּוּ מִקְנֵיהֶם I Chr. 5. 21, ils pillèrent leurs troupeaux; וַיִּשְׁבּוּ אֵת כָּל־הָרְכוּשׁ II Chr. 21. 17, ils pillèrent toutes les richesses (qui furent trouvées, etc.).

Niph. pass. : כִּי נִשְׁבָּה אָחִיו Gen. 14. 14, que son frère avait été fait prisonnier; אוֹ־נִשְׁבָּה Exod. 22. 9, ou que (la bête) a été emmenée.

שְׁבוֹ *m.* Une des pierres du pectoral du grand-prêtre (agate?), Exod. 28. 19.

שְׁבוּאֵל *n. pr.* 1° I Chr. 23. 16; 24.20.—2° 25.4; שׁוּבָאֵל vers.20.

שָׁבוּעַ *m.* (const. שְׁבֻעַ et שְׁבוּעַ, *duel* שְׁבֻעַיִם; *pl.* שָׁבֻעִים et שָׁבוּעוֹת, const. שָׁבֻעוֹת, avec suff. שָׁבוּעֹתֵיכֶם). 1° Sept jours, une semaine : מַלֵּא שְׁבֻעַ זֹאת Gen. 29. 27, passe cette semaine entièrement, ou : passe la semaine avec celle-ci (Léa); שְׁלֹשָׁה שָׁבֻעִים יָמִים Dan. 10. 2, trois semaines entières ; חַג שָׁבֻעֹת Deut. 16. 10, la fête des Semaines, ainsi appelée parce qu'elle se célèbre sept semaines après le premier jour de Pâque ; חַג שְׁבֻעוֹת יָמִים Ez. 45. 21, la fête qui dure sept jours, la fête de Pâque ; שְׁבֻעֹת חֻקּוֹת קָצִיר יִשְׁמָר־לָנוּ Jér. 5. 24, qui nous conserve les semaines fixées pour la moisson, pour pouvoir moissonner les mêmes jours chaque année. — 2° Une semaine d'années, sept ans : שָׁבֻעִים שִׁבְעִים Dan. 9. 24, soixante-et-dix semaines d'années, soixante-et-dix fois sept années.

שְׁבוּעָה et **שְׁבֻעָה** *f.* (rac. שָׁבַע). Serment, imprécation : וּשְׁבֻעַת שֶׁקֶר אַל־תֶּאֱהָבוּ Zach. 8. 17, et n'aimez pas les faux serments ; וּשְׁבוּעָתוֹ לְיִשְׂחָק Ps. 105. 9, et le serment qu'il a fait à Isaac ; וְנִקִּיתָ מִשְּׁבֻעָתִי זֹאת Gen. 24. 8, tu seras dégagé de ce serment que je te fais faire ; שְׁבֻעוֹת מַטּוֹת Hab. 3. 9, selon les serments que tu avais faits aux tribus ; שְׁבֻעַת יְיָ Exod. 22. 10, un serment solennel, en prenant Dieu à témoin ; בַּעֲלֵי שְׁבוּעָה לוֹ Néh. 6. 18, (plusieurs en Judée) s'étaient liés à lui par serment, étaient ses alliés ; לְאָלָה וְלִשְׁבֻעָה Nomb. 5. 21, (que Dieu te rende) un exemple de malédiction et d'exécration ; וְהִנַּחְתֶּם שִׁמְכֶם לִשְׁבוּעָה לִבְחִירַי Is. 65. 15, vous laisserez votre nom à mes élus (pour s'en servir) d'imprécation.

שְׁבוּת et **שְׁבִית** *f.* (rac. שָׁבָה). Captivité, les captifs : וּבְנֹתָיו בַּשְּׁבִית Nomb. 21. 29, (il a livré) ses filles pour être captives (*exact.* à la captivité) ; וְשָׁב יְיָ אֱלֹהֶיךָ אֶת־שְׁבוּתְךָ Deut. 30. 3, l'Éternel ton Dieu ramènera tes captifs ; הִנְנִי־שָׁב שְׁבוּת אָהֳלֵי יַעֲקוֹב Jér. 30. 18, voici je ramènerai les captifs des tentes de Jacob ; וַיְיָ שָׁב אֶת־שְׁבוּת אִיּוֹב Job 42. 10, l'Éternel rendit à Job ce qu'il avait perdu, le rétablit dans son premier état ; selon d'autres : il tira Job de sa captivité (du pouvoir que Satan avait sur lui).

שָׁבַח *Kal* inusité. *Pi.* 1° Apaiser : בְּשׂוֹא גַלָּיו אַתָּה תְשַׁבְּחֵם Ps. 89. 10, quand les flots s'élèvent tu les apaises ; וְחָכָם בְּאָחוֹר יְשַׁבְּחֶנָּה Prov. 29. 11, mais le sage le calme dans son cœur, ou : le refoule en arrière. — 2° Louer : שְׂפָתַי יְשַׁבְּחוּנְךָ Ps. 63. 4, mes lèvres te loueront. — 3° Estimer heureux ; וְשַׁבֵּחַ אֲנִי אֶת־הַמֵּתִים Eccl. 4. 2, j'estime heureux les morts (pour מְשַׁבֵּחַ).

Hiph. Apaiser : מַשְׁבִּיחַ שְׁאוֹן יַמִּים Ps. 65. 8, il apaise le tumulte, le bruit, de la mer.

Hithp. 1° Avec בְּ Mettre sa gloire à : לְהִשְׁתַּבֵּחַ בִּתְהִלָּתֶךָ Ps. 106. 47, de mettre notre gloire à te louer, ou : pour célébrer tes louanges. — * 2° Être loué : יִשְׁתַּבַּח שִׁמְךָ לָעַד Rituel, que ton nom soit loué éternellement.

שְׁבַח chald. Louer, glorifier. *Pa.* : וּמְשַׁבַּח אֲנָה Dan. 2. 23, et je (te) rends gloire.

* **שֶׁבַח** *m.* Louange, Rituel.

* **שְׁבָחָה** *f.* Louange, glorification, Rit.

שֵׁבֶט et **שֶׁבֶט** *m.* (*fém.*, Ez. 21. 15, avec suff. שִׁבְטִי ; *plur.* שְׁבָטִים, const. שִׁבְטֵי). 1° Bâton, verge : וְכַמֹּן בַּשָּׁבֶט Is. 28. 27, et le cumin (est battu) avec un bâton ; כֹּל אֲשֶׁר־יַעֲבֹר תַּחַת הַשָּׁבֶט Lév. 27. 32, tout ce qui passe sous le bâton (du berger), sous la houlette ; וְשֵׁבֶט לְגֵו כְּסִילִים Prov. 26. 3, et la verge pour le dos des sots ; תְּרֹעֵם בְּשֵׁבֶט בַּרְזֶל Ps. 2. 9, tu les briseras avec une verge de fer ; שֵׁבֶט מוּסָר Prov. 22. 15, la verge de la discipline ; וְהִכָּה־אֶרֶץ בְּשֵׁבֶט פִּיו Is. 11. 4, il frappera la terre de la verge de sa bouche, c.-à-d. de ses sentences sévères ; אִם־לְשֵׁבֶט אִם־לְאַרְצוֹ Job 37. 13, soit (pour s'en servir) de verge, soit pour le bien de la terre. — 2° Sceptre : שֵׁבֶט מֹשְׁלִים Is. 14. 5, le sceptre des dominateurs ; לֹא־יָסוּר שֵׁבֶט מִיהוּדָה Gen. 49. 10, le sceptre ne sera point ôté de

Juda. — 3° Pointe, plume : בְּשֵׁבֶט סֹפֵר Jug. 5. 14, (ceux qui manient) la plume de l'écrivain. — 4° Dard : וַיִּקַּח שְׁלֹשָׁה שְׁבָטִים בְּכַפּוֹ II Sam. 18. 14, il prit trois dards dans sa main. — 5° Tribu (v. מַטֶּה) : שִׁבְטֵי יִשְׂרָאֵל I Sam. 9. 21, les tribus d'Israel ; לִשְׁבָטָיו Nomb. 24. 2, selon ses tribus ; aussi famille, comme מִשְׁפָּחָה : בְּכָל־שִׁבְטֵי בִנְיָמִן Jug. 20. 12, vers toutes les familles de Benjamin.

שְׁבַט chald. Tribu : לְמִנְיָן שִׁבְטֵי יִשְׂרָאֵל Esdr. 6. 17, selon le nombre des tribus d'Israel.

שְׁבָט *m.* Nom du onzième mois de l'année, correspondant à janvier-février, Zach. 1. 7.

שְׁבִי *m.* (avec pause שֶׁבִי, avec suff. שִׁבְיוֹ, שֶׁבְיָהּ). Captivité, captif, prisonnier : בַּשְּׁבִי יֵלֵכוּ Jér. 22. 22, ils iront en captivité ; שָׁבִיתָ שֶּׁבִי Ps. 68. 19, tu as mené captifs les prisonniers ; בְּכוֹר הַשְּׁבִי Exod. 12. 29, les premiers-nés des captifs ; *fém.* : שְׁבִיָּה בַּת־צִיּוֹן Is. 52. 2, fille de Sion (qui étais) captive. Des animaux : עִם שְׁבִי סוּסֵיכֶם Amos 4. 10, avec vos chevaux qui avaient été pris.

שֹׁבִי (captif) *n. pr. m.* Esdr. 2. 42.

שֹׁבִי *n. pr. m.* II Sam. 17. 27.

שָׁבִיב *m.* Flamme, étincelle : שְׁבִיב אִשּׁוֹ Job 18. 5, l'étincelle de son feu.

שְׁבִיבָא chald. Flamme : שְׁבִיבָא דִּי נוּרָא Dan. 3. 22, la flamme du feu ; *plur.* : שְׁבִיבִין דִּי נוּר 7. 9, les flammes.

שִׁבְיָה *f.* (rac. שָׁבָה). Captivité, captive : בְּאֶרֶץ שִׁבְיָה Néh. 3. 36, dans un pays de captivité ; וְרָאִיתָ בַּשִּׁבְיָה Deut. 21. 11, si tu vois entre les captives.

שְׁבִיל *m.* Sentier : שְׁבִילֵי עוֹלָם Jér. 18. 15, les sentiers anciens ; וּשְׁבִילֶיךָ בְּמַיִם רַבִּים Ps. 77. 20, et tes sentiers à travers les grandes eaux.

שְׁבִיסִים *m. pl.* Selon les uns : coiffes à réseaux ; selon d'autres : un ornement en forme de soleil que les femmes portaient au cou, Is. 3. 18.

שְׁבִיעִי *m.* (*fém.* שְׁבִיעִית), *nombre ordinal.* Le, la septième : וּבַיּוֹם הַשְּׁבִיעִי Exod. 12. 16, le septième jour ; וּבַשְּׁבִעִת Exod. 21. 2, à la septième année.

שְׁבִית (v. שְׁבוּת).

שֹׁבֶל *m.*, douteux : חֶשְׂפִּי־שֹׁבֶל Is. 47. 2, découvre ta jambe ; selon d'autres : relève la queue de ta robe.

שַׁבְּלוּל *m.* Limaçon. Ex. unique : כְּמוֹ שַׁבְּלוּל תֶּמֶס Ps. 58. 9, comme un limaçon qui se fond.

שִׁבֹּלֶת *f.* (*plur.* שִׁבֳּלִים, const. שִׁבֲּלֵי). 1° Épi : וּכְרֹאשׁ שִׁבֹּלֶת יִמָּלוּ Job 24. 24, ils seront coupés comme le haut des épis ; הַשִּׁבֳּלִים הַדַּקּוֹת Gen. 41. 7, les épis tenus ; שְׁתֵּי שִׁבֲּלֵי הַזֵּיתִים Zach. 4. 12, deux branches d'olivier. — 2° Torrent : וְשִׁבֹּלֶת שְׁטָפָתְנִי Ps. 69. 3, le torrent m'a submergé.

שֶׁבְנָא et שֶׁבְנָה *n. pr.* Sebna, intendant ou secrétaire du roi Ézéchias, Is. 22. 15, 36. 3.

שְׁבַנְיָה *n. pr. m.* 1° Néh. 9. 4. — 2° 10. 11. — 3° 10. 5 ; שְׁבַנְיָה 12. 3, et שְׁבַנְיָהוּ I Chr. 24. 11.

שְׁבַנְיָהוּ *n. pr. m.* I Chr. 15. 24.

שָׁבַע Jurer ; *part. pass.* : שְׁבֻעֵי שְׁבֻעוֹת Ez. 21. 28, qui ont fait des serments.

Niph. נִשְׁבַּע Jurer : נִשְׁבַּע יְיָ וְלֹא יִנָּחֵם Ps. 110. 4, l'Éternel a juré et il ne se rétracte pas ; avec עַל et לְ : וְנִשְׁבַּע עַל־שָׁקֶר Lévit. 5. 22, et qu'il jure faussement ; וְהִשָּׁבֵעַ לַשֶּׁקֶר Jér. 7. 9, et jurer faussement ; avec בְּ jurer par quelqu'un : הַנִּשְׁבָּעִים בְּשֵׁם יְיָ Is. 48. 1, qui jurent par le nom de l'Éternel ; בִּי נִשְׁבַּעְתִּי Gen. 22. 16, j'ai juré par moi-même ; מְהוֹלָלַי בִּי נִשְׁבָּעוּ Ps. 102. 9, ceux qui me raillent, mes ennemis, jurent par moi, par mes malheurs ; avec לְ jurer à quelqu'un, promettre par serment, jurer fidélité, s'engager par serment : הָאָרֶץ אֲשֶׁר נִשְׁבַּע לְאַבְרָהָם Gen. 50. 24, le pays qu'il a juré de donner à Abraham ; וַיִּשָּׁבְעוּ אִישׁ לְאָחִיו Gen. 26. 31, ils s'engagèrent l'un à l'autre par serment ; וַיִּשָּׁבְעוּ לַיְיָ בְּקוֹל גָּדוֹל II Chr. 15. 14, ils jurèrent (fidélité) à l'Éternel à haute voix ; aussi jurer par : הַנִּשְׁבָּעִים לַיְיָ Zoph.

1. 5, qui jurent par (le nom de) l'Éternel. — שָׁבַע suivi de מִן Jurer de ne : נִשְׁבַּעְתִּי מֵעֲבֹר מֵי־נֹחַ Is. 54. 9, j'ai juré que le déluge ne se répandra plus, etc.

Hiph. 1° Faire jurer, faire promettre par serment : וְהִשְׁבִּיעַ אֹתָהּ הַכֹּהֵן Nomb. 5. 19, le pontife la fera jurer ; אָבִי הִשְׁבִּיעַנִי Gen. 50. 5, mon père m'a fait jurer, m'a fait promettre par serment. — 2° Adjurer, supplier : שֶׁכָּכָה הִשְׁבַּעְתָּנוּ Cant. 5. 9, pour que tu nous aies ainsi adjurées.

שֶׁבַע *f.* (const. שְׁבַע ; שִׁבְעָה et שִׁבְעַת *m.*). Sept : שִׁבְעָה שִׁבְעָה Gen. 7. 2, sept (de chaque espèce) ; שִׁבְעַת יָמִים Lévit. 23. 36, sept jours ; שֶׁבַע פָּרוֹת Gen. 41. 2, sept vaches ; après les *subst.* : וְאֵילִם שִׁבְעָה II Chr. 13. 9, et sept béliers ; avec suff. : וַיִּפְּלוּ שִׁבְעָתַיִם יָחַד II Sam. 21. 9, ils périrent tous les sept ensemble. — שִׁבְעָה עָשָׂר *m.* et שְׁבַע עֶשְׂרֵה *f.* Dix-sept. — שֶׁבַע exprime souvent un nombre indéterminé, beaucoup : שֶׁבַע תּוֹעֵבוֹת בְּלִבּוֹ Prov. 26. 25, il y a dans son cœur sept abominations ; *adv.* : שֶׁבַע יִפּוֹל צַדִּיק וָקָם Prov. 24. 16, le juste s'il tombe sept fois il se relève. *Duel* : שִׁבְעָתַיִם Septuple : שִׁבְעָתַיִם יֻקַּם־קָיִן Gen. 4. 24, Caïn sera vengé au septuple, sept fois. *Plur.* שִׁבְעִים Soixante-dix : שִׁבְעִים וְשִׁבְעָה Gen. 4. 24, soixante-dix-sept.

שֶׁבַע *n. pr.* 1° Seba, ville de la tribu de Siméon, Jos. 19. 2. — 2° Seba, fils de Bichri, II Sam. 20. 1. — 3° I Chr. 5. 13.

שִׁבְעָה (serment) *n. pr.* d'un puits, Gen. 26. 33.

שִׁבְעָנָה *m.* (v. שִׁבְעָה). Sept. Ex. unique : שִׁבְעָנָה בָנִים Job 42. 13, sept fils.

שָׁבַץ *Kal* inusité. *Pi.* Façonner, broder en forme de rets : וְשִׁבַּצְתָּ הַכְּתֹנֶת שֵׁשׁ Exod. 28. 39, tu broderas une tunique de lin.

Pou. Être enchâssé : מְשֻׁבָּצִים זָהָב Exod. 28. 20, (ils seront) enchâssés dans de l'or.

שָׁבָץ *m.* Étourdissement, vertige : אֲחָזַנִי הַשָּׁבָץ II Sam. 1. 9, le vertige ou l'angoisse s'empare de moi, ou : ceux qui me poursuivent de tous côtés sont près de m'atteindre.

שְׁבַק chald. Laisser : בְּאַרְעָא שְׁבֻקוּ Dan. 4. 12, laissez dans la terre (le tronc de ses racines).

Ithp. Être livré : וּמַלְכוּתָה לְעַם אָחֳרָן לָא תִשְׁתְּבִק Dan. 2. 44, et son royaume ne sera pas livré, ne passera pas, à un autre peuple.

שָׁבַר (*fut.* יִשְׁבֹּר) 1° Rompre, briser, déchirer, détruire : וְשָׁבַרְתָּ הַבַּקְבֻּק Jér. 19. 10, tu briseras la cruche ; חֶרְפָּה שָׁבְרָה לִבִּי Ps. 69. 21, l'opprobre m'a rompu le cœur ; אֶשְׁבּוֹר מִן־הָאָרֶץ Osée 2. 20, je briserai et j'ôterai du pays (les arcs, les glaives, etc.) ; וְלֹא שָׁבַר אֶת־הַחֲמוֹר I Rois 13. 28, il n'avait point déchiré l'âne ; לִשְׁבֹּר בַּחוּרָי Lam. 1. 15, pour mettre en pièces mes jeunes hommes ; *au fig.* : יִשְׁבְּרוּ פְרָאִים צְמָאָם Ps. 104. 11, les ânes sauvages en étanchent leur soif ; *part. pass.* : שָׁבוּר Lévit. 22. 22, une bête qui a un membre brisé. — 2° Avec חֹק. Poser une limite (v. גָּזַר). Ex. unique : וָאֶשְׁבֹּר עָלָיו חֻקִּי Job 38. 10, quand j'arrêtai, j'établis, sur elle ma loi, que je lui posai une limite.

3° (de שֶׁבֶר blé) Acheter ou vendre du blé, des vivres : לִשְׁבֹּר בָּר Gen. 42. 3, pour acheter du blé ; לִשְׁבָּר־אֹכֶל Gen. 42. 7, pour acheter des vivres. Seul : לִשְׁבֹּר Gen. 42. 5, pour acheter du blé ; וַיִּשְׁבֹּר לְמִצְרַיִם Gen. 41. 56, il vendait du blé aux Égyptiens.

Niph. Se briser, être brisé, cassé, détruit : נִשְׁבְּרוּ אֳנִיּוֹת I Rois 22. 49, les navires furent brisés ; עֵת נִשְׁבֶּרֶת מִיַּמִּים Ez. 27. 34, lorsque tu as été brisée par les flots ; רוּחַ נִשְׁבָּרָה לֵב־נִשְׁבָּר Ps. 51. 19, un esprit brisé, triste, un cœur contrit ; פֶּתַע יִשָּׁבֵר Prov. 6. 15, soudainement il sera brisé, renversé ; כִּי־נִשְׁבְּרוּ לִפְנֵי־יְיָ II Chr. 14. 12, ils furent défaits, détruits, devant l'Éternel ; וְנָפְלוּ וְנִשְׁבָּרוּ Is. 8. 15, ils tomberont et ils périront ; כִּי שֶׁבֶר גָּדוֹל נִשְׁבְּרָה בְּתוּלַת בַּת־עַמִּי Jér. 14. 17, car la vierge, fille de mon peuple, a été frappée d'une grande catastrophe. Des animaux : אוֹ־נִשְׁבַּר Exod. 22. 9, ou qu'elle se soit cassé quelque membre ; וְהַנִּשְׁבֶּרֶת Zach. 11. 16, et la brebis qui est blessée, qui a une fracture.

Pi. Briser, rompre entièrement : וְשַׁבֵּר תְּשַׁבֵּר מַצֵּבֹתֵיהֶם Exod. 23. 24, tu briseras entièrement leurs statues ; שִׁנֵּי רְשָׁעִים שִׁבַּרְתָּ Ps. 3. 8, tu as rompu les dents des méchants.

Hiph. 1° Faire rompre le sein de la mère par l'enfant qui naît : הַאֲנִי אַשְׁבִּיר Is. 66. 9, irai-je ouvrir le sein de la mère (sans l'accoucher)? (v. à יָלַד *Hiph.*, page 241). — 2° Vendre du blé : הַמַּשְׁבִּיר Gen. 42. 6, qui vendit du blé ; וְנַשְׁבִּירָה שָׁבֶר Amos 8. 5, pour que nous vendions du blé.

Hoph. Être brisé, être frappé, blessé : עַל־שֶׁבֶר בַּת־עַמִּי הָשְׁבַּרְתִּי Jér. 8. 21, je suis brisé, affligé, de la plaie, de la souffrance, de mon peuple.

שֶׁבֶר et שֵׁבֶר *m.* (avec suff. שִׁבְרִי). 1° Action de se briser (d'un mur, d'un vase), fracture (d'un membre), blessure, douleur, destruction, ruine, malheur : כְּשֵׁבֶר נֵבֶל יוֹצְרִים Is. 30. 14, comme on brise un vase fait par des potiers ; שֶׁבֶר תַּחַת שֶׁבֶר Lévit. 24. 20, fracture pour fracture ; אֵין־כֵּהָה לְשִׁבְרֵךְ Nah. 3. 19, il n'y a point de soulagement, remède, à ta blessure ; רְפָה שְׁבָרֶיהָ Ps. 60. 4, guéris ses blessures, c.-à-d. ses brèches ; וּמִשֵּׁבֶר רוּחַ Is. 65. 14, à cause du déchirement, de l'amertume, de votre esprit ; שֶׁבֶר בַּת־עַמִּי Lam. 2. 11, la ruine, la destruction, de mon peuple ; עַד־הַשְּׁבָרִים Jos. 7. 5, jusqu'à leur destruction ; selon d'autres, un *n. pr.* d'endroit : jusqu'à Sebarim. — 2° Solution d'un songe, interprétation : מִסְפַּר הַחֲלוֹם וְאֶת־שִׁבְרוֹ Jug. 7. 15, le récit de ce songe et son interprétation. — 3° Blé, vivres : כִּי יֶשׁ־שֶׁבֶר בְּמִצְרָיִם Gen. 42. 1, qu'il y avait du blé à vendre en Égypte. — 4° Flots (v. מִשְׁבָּר) : מִשְּׁבָרִים Job 41. 17, par les flots (qu'il soulève) ; selon d'autres : par la terreur qu'ils éprouvent (v. le même exemple à חָטָא *Hithp.*, page 175).

שִׁבָּרוֹן *m.* Fracture, déchirure, destruction : בְּשִׁבְּרוֹן מָתְנַיִם Ez. 21. 11, avec les reins brisés, c.-à-d. dans une douleur violente ; וּמִשְׁנֶה שִׁבָּרוֹן שָׁבְרֵם Jér. 17. 18, brise-les par une double plaie, destruction.

שְׁבַשׁ chald. *Kal* inusité. *Ithp.* Avoir l'esprit troublé, être éperdu : וְרַבְרְבָנוֹהִי מִשְׁתַּבְּשִׁין Dan. 5. 9, et les grands furent éperdus.

שָׁבַת (*fut.* יִשְׁבֹּת et יִשְׁבַּת) Chômer, se reposer, cesser de faire quelque chose, cesser d'être, d'avoir lieu : שֵׁשֶׁת יָמִים תַּעֲבֹד וּבַיּוֹם הַשְּׁבִיעִי תִּשְׁבֹּת Exod. 34. 21, tu travailleras six jours, mais au septième jour tu te reposeras ; שָׁבַת מִכָּל־מְלַאכְתּוֹ Gen. 2. 3, il s'est reposé de tout son ouvrage ; אָז תִּשְׁבַּת הָאָרֶץ Lévit. 26. 34, alors la terre se reposera ; שָׁבַת עֹבֵר אֹרַח Is. 33. 8, le voyageur chôme, ne passe plus par là ; זְקֵנִים מִשַּׁעַר שָׁבָתוּ Lament. 5. 14, les anciens ont cessé de se trouver aux portes, au tribunal ; וַיִּשְׁבְּתוּ — מֵעֲנוֹת אֶת־אִיּוֹב Job 32. 1, (ces trois hommes) cessèrent de répondre à Job ; אֵיךְ שָׁבַת נֹגֵשׂ Is. 14. 5, comment l'oppresseur reste-t-il tranquille, ou a-t-il cessé d'exister? לֹא יִשְׁבֹּתוּ Gen. 8. 22, (les semailles, les moissons, etc.), ne cesseront point. שָׁבַת שַׁבָּת Fêter, célébrer le sabbat : מֵעֶרֶב עַד־עֶרֶב תִּשְׁבְּתוּ שַׁבַּתְּכֶם Lévit. 23. 32, depuis un soir jusqu'à l'autre soir vous célébrerez votre sabbat.

Niph. : וְנִשְׁבַּת גְּאוֹן עֻזָּהּ Ez. 33. 28, l'orgueil de sa force cessera, sera aboli ; וְנִשְׁבַּת מִבְצָר מֵאֶפְרָיִם Is. 17. 3, la forteresse sera ôtée à Ephraïm, Ephraïm n'aura plus de forteresse.

Hiph. 1° Faire chômer, faire reposer ; וְהִשְׁבַּתֶּם אֹתָם מִסִּבְלֹתָם Exod. 5. 5, vous les dérangez, vous les faites chômer, de leurs travaux ; וַיַּשְׁבֵּת אֶת־מְלַאכְתּוֹ II Chr. 16. 5, il laissa reposer, il cessa, son travail ; לְהַשְׁבִּית אוֹיֵב Ps. 8. 3, pour faire taire l'ennemi, pour que l'ennemi se tienne en repos. — 2° Faire cesser, empêcher, ôter, détruire : יַשְׁבִּית זֶבַח וּמִנְחָה Dan. 9. 27, il fera cesser les sacrifices et les oblations; מַשְׁבִּית מִלְחָמוֹת Ps. 46. 10, il fait cesser les guerres; וְהִשְׁבַּתִּים מֵרְעוֹת צֹאן Ez. 34. 10, je les ferai cesser, je les empêcherai, de paître des troupeaux; וְהִשְׁבִּיתוּ בְנֵיכֶם אֶת־בָּנֵינוּ Jos. 22. 25, vos fils feraient que nos fils cesseraient (de craindre Dieu); תַּשְׁבִּיתוּ שְּׂאֹר מִבָּתֵּיכֶם Exod. 12. 15, vous ôterez le levain de vos maisons; הַשְׁבִּיתוּ מִפָּנֵינוּ אֶת־קְדוֹשׁ יִשְׂרָאֵל Is. 30. 11, faites disparaître de devant nous le saint d'Israel; אַשְׁבִּיתָה מֵאֱנוֹשׁ זִכְרָם Deut. 32. 26, je ferai disparaître leur mémoire d'entre les hommes; וְהִשְׁבַּתִּי חַיָּה רָעָה Lévit. 26. 6, je détruirai les bêtes féroces; וְהִשְׁבִּית אֶת־הַכְּמָרִים II Rois 23. 5, il destitua, ou il abolit, les prêtres des idoles; וְלַשְׁבִּית עֲנִיֵּי־אָרֶץ Amos 8. 4, pour faire périr les pauvres de la terre; avec לְ : אֲשֶׁר לֹא הִשְׁבִּית לָךְ גֹּאֵל Ruth 4. 14, qui ne t'a point laissé manquer de parent (ayant droit de te racheter).

I שֶׁבֶת *m.* (rac. שָׁבַת). Action de cesser, de s'abstenir, de chômer : רַהַב הֵם שָׁבֶת Is. 30. 7, leur force est de rester en repos, de ne chercher du secours en Égypte; כָּבוֹד לָאִישׁ שֶׁבֶת מֵרִיב Prov. 20. 3, c'est une gloire à l'homme de s'abstenir des disputes; שִׁבְתּוֹ יִתֵּן Exod. 21. 19, il le dédommagera pour ce qu'il a chômé, du temps qu'il n'a pas pu travailler.

II שֶׁבֶת *inf.* de יָשַׁב.

שַׁבָּת *des deux genres* (rac. שָׁבַת, const. שַׁבַּת, avec suff. שַׁבַּתּוֹ; *pl.* שַׁבָּתוֹת, const. שַׁבְּתוֹת). 1° Sabbat, le septième jour de la semaine : שֹׁמֵר שַׁבָּת Is. 56. 2, qui observe le sabbat; שַׁבָּת הִוא לַיהוָה Lévit. 23. 3, c'est le sabbat en l'honneur de l'Éternel; לְהָכִין שַׁבַּת שַׁבָּת I Chr. 9.32, pour le préparer chaque sabbat; שַׁבַּת הָאָרֶץ Lévit. 25. 6, (le produit de la terre pendant) l'année sabbatique. — 2° Semaine : שֶׁבַע שַׁבָּתוֹת Lévit. 23. 15, sept semaines.

שַׁבָּתוֹן *m.* Jour de repos, de fête : בַּיּוֹם הָרִאשׁוֹן שַׁבָּתוֹן Lévit. 23. 39, le premier jour sera une fête solennelle; שַׁבַּת שַׁבָּתוֹן Exod. 31. 15, sabbat du repos.

שַׁבְּתַי *n. pr. m.* Esdr. 10. 15.

שָׁגֵא *n. pr. m.* I Chr. 11. 34.

שָׁגַג (v. שָׁגָה) Commettre une faute, un péché, par erreur : הַנֶּפֶשׁ הַשֹּׁגֶגֶת Nomb. 15. 28, la personne qui aura péché par erreur; שֹׁגֵג וּמַשְׁגֶּה Job 12. 16, celui qui s'égare et celui qui fait égarer les autres; בְּשַׁגָּם הוּא בָשָׂר Gen. 6. 3, à cause de leur égarement, de leurs fautes, n'étant que chair; selon d'autres, comme בְּשֶׁגַּם : parce qu'aussi il n'est que chair.

שְׁגָגָה *f.* Erreur, péché commis par ignorance : שִׁגְגָתוֹ אֲשֶׁר־שָׁגָג Lévit. 5. 18, la faute involontaire qu'il aura commise; כִּשְׁגָגָה שֶׁיֹּצָא מִלִּפְנֵי הַשַּׁלִּיט Eccl. 10. 5, comme une erreur qui procède du prince.

שָׁגָה 1° Errer, s'égarer : יִשְׁגּוּ צֹאנִי בְּכָל־הֶהָרִים Ez. 34. 6, mes brebis errent par toutes les montagnes; avec מִן se détourner, s'écarter : הַשֹּׁגִים מִמִּצְוֹתֶיךָ Ps. 119. 21, qui s'écartent de tes commandements; לִשְׁגּוֹת מֵאִמְרֵי־דָעַת Prov. 19. 27, de se détourner des paroles de la sagesse; avec בְּ chanceler, s'étourdir, s'enivrer : בַּיַּיִן שָׁגוּ Is. 28. 7, ils chancellent par le vin, étant pris de vin; וְכָל־שֹׁגֶה בּוֹ לֹא יֶחְכָּם Prov. 20. 1, et quiconque s'étourdit par le vin, qui y fait excès, n'est pas sage; בְּאַהֲבָתָהּ תִּשְׁגֶּה תָמִיד Prov. 5. 19, enivre-toi toujours de son amour. — 2° Commettre un péché (involontaire), se tromper : וְאִם כָּל־עֲדַת יִשְׂרָאֵל יִשְׁגּוּ Lévit. 4. 13, si toute l'assemblée d'Israel a commis une faute involontaire, a péché par erreur; מֵאִישׁ שֹׁגֶה Ez. 45. 20, pour les hommes qui pèchent par ignorance; וָאֶשְׁגֶּה הַרְבֵּה מְאֹד I Sam. 26. 21, j'ai commis une grande faute; וּמַה־שָּׁגִיתִי הָבִינוּ לִי Job. 6. 24, faites-moi comprendre en quoi je me suis trompé, en quoi j'ai failli.

Hiph.: מַשְׁגֶּה עִוֵּר בַּדָּרֶךְ Deut. 27. 18,

celui qui fait égarer l'aveugle dans le chemin ; אַל־תַּשְׁגֵּנִי מִמִּצְוֹתֶיךָ Ps. 119. 10, ne me laisse point égarer de tes commandements.

שָׁגַח *Kal* inusité. *Hiph.* Regarder, considérer attentivement : הִשְׁגִּיחַ אֶל־כָּל־יֹשְׁבֵי הָאָרֶץ Ps. 33. 14, il considère tous les habitants de la terre, il prend garde à eux ; רֹאֶיךָ אֵלֶיךָ יַשְׁגִּיחוּ Is. 14. 16, ceux qui te verront te regarderont avec attention ; מַשְׁגִּיחַ מִן הַחֲלֹּנוֹת Cant. 2. 9, il regarde par les fenêtres (de là * הַשְׁגָּחָה providence).

שְׁגִיאָה *f.* Faute, erreur. Ex. unique : שְׁגִיאוֹת מִי־יָבִין Ps. 19. 13, qui connaît (ses) fautes commises par erreur.

שִׁגָּיוֹן *m.* Nom d'un instrument ou d'un air, Ps. 7. 1 ; *plur.* שִׁגְיֹנוֹת Hab. 3. 1.

שָׁגַל Cohabiter : יִשְׁגָּלֶנָּה Deut. 28. 30, (et un autre) cohabitera avec elle.

Niph. : תִּשָּׁגַלְנָה Is. 13. 16, et leurs femmes seront violées.

Pou. : אֵיפֹה לֹא שֻׁגַּלְתְּ Jér. 3. 2, (un endroit) où tu ne te sois pas prostituée. Le *keri* est partout de la racine שָׁכַב.

שֵׁגָל *f.* Épouse (d'un roi) : וְהַשֵּׁגָל יוֹשֶׁבֶת אֶצְלוֹ Néh. 2. 6, et sa femme, la reine, était assise auprès de lui.

שֵׁגַל chald. *f.* Femme (d'un roi) : שֵׁגְלָתֵהּ Dan. 5. 2, ses femmes.

שָׁגַע *Kal* inusité. *Pou. part.* מְשֻׁגָּע. Être en délire, être fou : לְכָל־אִישׁ מְשֻׁגָּע וּמִתְנַבֵּא Jér. 29. 26, sur tout homme en délire qui fait l'inspiré et qui voudra prophétiser ; חֲסַר מְשֻׁגָּעִים אָנִי I Sam. 21. 16, ai-je besoin de fous ?

Hithp. : לְהִשְׁתַּגֵּעַ עָלָי I Sam. 21. 16, pour se livrer à des actes de folie, pour faire l'insensé devant moi.

שִׁגָּעוֹן *m.* Folie, frénésie : בְּשִׁגָּעוֹן Deut. 28. 28, (l'Éternel te frappera) de frénésie ; בְשִׁגָּעוֹן יִנְהָג II Rois 9. 20, il mène (sa troupe) d'une manière insensée.

שֶׁגֶר et **שְׁגַר** *m.* (ce qui est rejeté) Les petits des animaux, la portée : שְׁגַר אֲלָפֶיךָ Deut. 7. 13, la portée de ton bétail ; וְכָל־פֶּטֶר שֶׁגֶר בְּהֵמָה Exod. 13. 12, tous les petits, premiers-nés, des bêtes.

שַׁד *m.* (*duel* שָׁדַיִם, const. שְׁדֵי). Mamelle : שְׁנֵי שָׁדַיִךְ Cant. 4. 5, tes deux mamelles ; בִּרְכֹת שָׁדַיִם Gen. 49. 25, bénédiction du lait des mamelles, ou des enfants qui sont au sein de la mère.

שֵׁד *m.*, usité seulement au *pl.* שֵׁדִים. Idoles, démons : יִזְבְּחוּ לַשֵּׁדִים Deut. 32. 17, ils offrent des sacrifices à des démons.

I **שֹׁד** *m.* (rac. שָׁדָה ou שָׁדַד). Mamelle : יִגְזְלוּ מִשֹּׁד יָתוֹם Job 24. 9, ils arrachent avec violence l'orphelin de la mamelle ; מִשֹּׁד תַּנְחֻמֶיהָ Is. 66. 11, (afin que vous suciez) à la mamelle (le lait) de ses consolations.

II **שֹׁד** *m.* (שׁוֹד Job 5. 21, rac. שָׁדַד). Ravage, destruction, violence, oppression : שֹׁד יֶהְגֶּה לִבָּם Pr. 24. 2, leur cœur médite la violence ou le ravage ; חָמָס וָשֹׁד Amos 3. 10, (des trésors) de violence et de rapine ; מִשֹּׁד עֲנִיִּים Ps. 12. 6, à cause de l'oppression ou de la misère des pauvres ; שֹׁד וָשֶׁבֶר Is. 59. 7, désolation et malheur ; וְשֹׁד בְּהֵמוֹת Hab. 2. 17, les ravages des bêtes ; שֹׁד לָהֶם Osée 7. 13, la destruction, le malheur, sur eux (v. לְשֹׁד, page 329).

שָׁדַד (3ᵉ *pers. plur.* שַׁדּוּ et שָׁדְדוּ, *inf.* שָׁדוֹד, לִשְׁדוֹד, *fut.* יָשֹׁד pour יָשׁוֹד, avec suff. יְשָׁדֵּם et יְשָׁדְדֵם). Exercer de la violence, désoler, saccager, détruire, dévaster : מִפְּנֵי רְשָׁעִים זוּ שַׁדּוּנִי Ps. 17. 9, devant ces méchants qui me désolent, ou me persécutent ; וְהַשּׁוֹדֵד שׁוֹדֵד Is. 21. 2, le pillard saccage ; שׁוֹדְדֵי לַיְלָה Obad. 5, des voleurs de nuit ; וְסֶלֶף בּוֹגְדִים יְשָׁדֵּם Prov. 11. 3, la perversité des perfides les détruira ; וְשָׁדְדוּ אֶת־בְּנֵי־קֶדֶם Jér. 49. 28, et détruisez les enfants d'Orient ; וְשָׁדְדוּ אֶת־גְּאוֹן מִצְרַיִם Ez. 32. 12, ils détruiront l'orgueil de l'Égypte ; כִּי־שֹׁדֵד יְיָ אֶת־מַרְעִיתָם Jér. 25. 36, l'Éternel va détruire leur pâturage ; מִקֶּטֶב יָשׁוּד צָהֳרָיִם Ps. 91. 6, de la peste, ou de la destruction, qui frappe en plein midi ; *part. pass.* שָׁדוּד : שָׁדוּד Jug. 5. 27, vaincu, tué.

Niph. passif: שָׁדוֹד נְשַׁדֻּנוּ Mich. 2. 4, nous sommes entièrement détruits.

Pi. Ruiner, désoler : מְשַׁדֶּד־אָב Prov. 19. 26, qui désole, ou qui ruine, son père ; אַל־תְּשַׁדֵּד רִבְצוֹ Prov. 24. 15, ne désole, ne trouble point, le lieu de son repos.

Pou. שֻׁדַּד et שֻׁדַּד. *Passif:* שֻׁדַּד מִבַּיִת Is. 23. 1, elle est détruite tellement qu'il n'y a plus de maison ; שֻׁדַּד שָׂדֶה Joel 1. 10, les champs sont ravagés ; שָׁדְּדָה נִינְוֵה Nah. 3. 7, Ninive a été détruite.

Po. : יְשֹׁדֵד מַצֵּבוֹתָם Osée 10. 2. il détruira leurs statues.

Hoph. Être pillé, détruit : כַּהֲתִמְךָ שׁוֹדֵד תּוּשַּׁד Is. 33. 1, sitôt que tu auras achevé de piller tu seras pillé ; וְכָל־מִבְצָרַיִךְ יוּשַּׁד Osée 10. 14, toutes tes forteresses seront détruites.

שִׁדָּה *f.*, douteux : שִׁדָּה וְשִׁדּוֹת Eccl. 2. 8, selon les uns : des femmes qu'on enlève de force (de שָׁדַד) ; selon d'autres : de belles femmes, ou des princesses ; selon d'autres : des instruments de musique.

שַׁדַּי *m.* (rac. שָׁדַד). Le Tout-Puissant, Dieu : אֵל שַׁדַּי Gen. 17. 1, le Dieu tout-puissant ; וְאֵת שַׁדַּי וִיבָרְכֶךָּ Gen. 49. 25, et du Tout-Puissant qui te bénira ; כְּקוֹל־שַׁדַּי Ez. 1. 24, la voix du Tout-Puissant, ou *adj.* : comme une voix puissante ; וְהָיָה שַׁדַּי בְּצָרֶיךָ Job 22. 25, le Tout-Puissant sera ton or, ou *adj.*: ton or sera puissant, considérable.

שְׁדֵיאוּר *n. pr. m.* Nomb. 1. 5.

שַׁדִּין *keri* שַׁדּוּן Job 19. 29 (v. à שֶׁ, שַׁ).

* שָׁדַל *Hithp.* הִשְׁתַּדֵּל S'efforcer, tâcher, Aboth (v. שְׁדַר).

שְׁדֵמָה *f.* 1° (comme שְׁדֵפָה). Ce qui est brûlé, desséché, par l'action du soleil ou du vent : וּשְׁדֵמָה לִפְנֵי קָמָה Is. 37. 27, (de l'herbe) desséchée avant qu'elle soit montée en tuyau. — 2° *Plur.* seul usité. Champs (de blé ou de vignes) : וּשְׁדֵמוֹת לֹא־עָשָׂה אֹכֶל Hab. 3. 17, les champs ne produiront rien à manger ; וּמִשַּׁדְמֹת עֲמֹרָה Deut. 32. 32, et des vignes d'Amora.

שָׁדַף Dessécher, brûler : שְׁדוּפוֹת קָדִים Gen. 41. 23, (des épis) desséchés par le vent d'est.

שְׁדֵפָה *f.* Ce qui est desséché, brûlé, par la chaleur : וּשְׁדֵפָה לִפְנֵי קָמָה II Rois 19. 26, (de l'herbe) brûlée avant qu'elle soit montée en tuyau.

שִׁדָּפוֹן *m.* Brûlure, dessèchement (des végétaux), Deut. 28. 22, I Rois 8. 37.

שְׁדַר chald. *Ithp.* S'efforcer : הֲוָא מִשְׁתַּדַּר לְהַצָּלוּתֵהּ Dan. 6. 15, il s'efforçait de le sauver.

שַׁדְרַךְ chald. *n. pr.* Sadrach, nom donné à Hananiah, collègue de Daniel, Dan. 1. 7.

שֹׁהַם *m.* Espèce de pierre précieuse, onyx (?), Gen. 2. 12.

שֹׁהַם *n. pr. m.* I Chr. 24. 27.

שָׁו Job 15. 31 (v. שָׁוְא).

שׁוֹא ou שׁוֹאָה *m.* Désolation, destruction : הָשִׁיבָה נַפְשִׁי מִשֹּׁאֵיהֶם Ps. 35. 17, délivre mon âme des désolations, de la destruction, qu'ils me préparent.

שָׁוְא *m.* 1° La fausseté, le mensonge, ce qui est faux, mensonger : אִם־הָלַכְתִּי עִם־שָׁוְא Job 31. 5, si j'ai marché dans le mensonge ; שָׁוְא יְדַבֵּר Ps. 41. 7, il dit le mensonge, il parle faussement ; מְתֵי־שָׁוְא Job 11. 11, les hommes faux ; שֵׁמַע שָׁוְא Exod. 23. 1, un faux bruit ; עֵד שָׁוְא Deut. 5. 17, un faux témoignage. — 2° Ce qui est vain, inutile, et *adv.* en vain, inutilement : לַשָּׁוְא Exod. 20. 7, (tu ne proféreras pas) en vain (le nom de l'Éternel ton Dieu) ; מִנְחַת־שָׁוְא Is. 1. 13, une oblation mensongère, ou qui est vaine, qui ne peut pas vous faire trouver grâce devant Dieu ; עַל־מַה־שָּׁוְא בָּרָאתָ כָל־בְּנֵי־אָדָם Ps. 89. 48, pourquoi as-tu créé en vain tous les hommes? אֲמַרְתֶּם שָׁוְא עֲבֹד אֱלֹהִים Mal. 3. 14, vous avez dit : C'est en vain qu'on sert l'Éternel ; הַבְלֵי־שָׁוְא Ps. 31. 7, les vanités trompeuses, les idoles ; אִם־גִּלְעָד אָוֶן אַךְ־שָׁוְא הָיוּ Osée 12. 12, si à Galaad il y a de l'iniquité, s'ils ne sont que vanité, ou s'ils n'adorent que des dieux vains, des idoles; אך־שוא לא־ישמע אל Job 35. 13, mais c'est en vain, Dieu ne l'écoute point; souvent לשוא: לשוא הכיתי את־בניכם Jér. 2. 30, c'est en vain que j'ai frappé vos enfants. — 3° Malheur, destruction; ירחי־שוא Job 7.3, des mois de malheur; בנפת שוא Is. 30. 28, dans le van de la destruction.

שוא *n. pr.* (v. שריה).

שואה *f.* 1° Orage, tempête: בבא כשואה פחדכם Prov. 1. 27, quand votre effroi, ce que vous redoutez, viendra comme un orage. — 2° Désolation, dévastation, lieu désert, dévasté: שאה ומשואה Job 38. 27, des champs affreux et déserts; יום שאה Zoph. 1. 15, jour de désolation. — 3° Destruction, ruine, malheur soudain; לשואה יבקשו נפשי Ps. 63. 10, ils attentent à mes jours, ils veulent me détruire; ומשאת רשעים כי תבא Prov. 3. 25, (ne redoute point) la ruine des méchants quand elle arrivera; שאה לא תדעי Is. 47. 11, un malheur que tu ne connaissais pas.

שוב (*inf.* שוב, *fut.* ישוב, *apoc.* ישב, וישב) 1° Retourner, revenir, se tourner, se diriger, sans *régime*, avec *rég. dir.*: אל־ישב דך נכלם Ps. 74. 21, que l'affligé ne s'en retourne point confus; וארח לא־אשוב אהלך Job 16. 22, je parcours un sentier d'où je ne reviendrai plus; שובה יי רבבות אלפי ישראל Nomb. 10. 36, retourne, ô Éternel, auprès des myriades des familles d'Israel; בשוב יי ציון Is. 52. 8, lorsque l'Éternel reviendra à Sion; ישובו לא על Osée 7. 16, ils se tournent, mais non pas au Très-Haut (v. על, page 527); לכן ישוב עמו הלם Ps. 73. 10, c'est pourquoi son peuple se dirige vers ces lieux; suivi de אל, על, עד, ou de ב: שובי אל־גברתך Gen. 16. 9, retourne auprès de ta maîtresse; שובו לכם לאהליכם Deut. 5. 27, retournez dans vos tentes; ושבתי בבית־יי Ps. 23. 6, je retournerai, ou j'habiterai (comme ישב), dans la maison de l'Éternel; שבו על־עונת אבותם Jér. 11. 10, ils sont retournés aux iniquités de leurs pères; ישובו על־עקב בשתם Ps. 70. 4, qu'ils retournent (en arrière) à cause de leur honte; ואדם על־עפר ישוב Job 34. 15, et l'homme retournerait à la poussière; עד־צדק ישוב משפט Ps. 94, 15, les jugements retourneront à la justice, ils seront équitables; השבה משדי מואב Ruth 1. 22, qui est revenue des champs de Moab; שובי אחרי יבמתך Ruth 1. 15, retourne-t'en après ta belle-sœur; עבר ושב Ez. 35. 7, les allants et venants; ויצא יצוא ושוב Gen. 8. 7, (le corbeau) sortait et revenait.

Fréq. Revenir à Dieu, au bien, se convertir; avec אל, על, עד, ב: ישבו אלי בכל־לבם Jér. 24. 7, ils reviendront à moi de tout leur cœur; אם־תשוב עד־שדי Job 22. 23, si tu reviens au Tout-Puissant; בשובכם על־יי II Chr. 30. 9, si vous retournez à l'Éternel; באלהיך תשוב Osée 12. 7, tu reviendras à ton Dieu; et *absol.*: שאר ישוב Is. 10. 21, le reste se convertira; מאנו לשוב Jér. 5. 3, ils refusent de se convertir; אחרי שובי נחמתי Jér. 31. 18, après ma conversion je me repens; ושביה Is. 1. 27, ses convertis, ou ceux qui retourneront (à Sion); ולשבי פשע Is. 59. 20, et vers ceux qui se convertissent de leur péché; אם־ישוב ולא ישוב Jér. 8. 4, si l'on se détourne, ne retournera-t-on pas (au vrai chemin)? ושב ורפא לו Is. 6. 10, qu'il (ne) se convertisse (pas) et qu'il (ne) guérisse.

שוב מן־מאחרי־מעל Se détourner, s'écarter, reculer, de quelque chose: וישבו המים מעל הארץ Gen. 8. 3, les eaux se retirèrent de dessus la terre; לשוב מאחריך Ruth 1. 16, pour que je m'éloigne de toi; כי־שב מאחרי I Sam. 15. 11, car il s'est détourné de moi; ולא־ישוב מפני־כל Prov. 30. 30, et qui ne recule point pour qui que ce soit; ולא־אשוב ממנה Jér. 4. 28, je ne m'en rétracterai pas; ישוב מצבא העבדה Nomb. 8. 25, il sortira du service; שוב מחרון אפך Exod. 32. 12, reviens de ta colère, apaise ta colère; et *absol.*: כי אם־שוב תשובו Jos. 23. 12, si vous vous éloignez (de Dieu).

Retourner, rentrer, en possession d'un bien : וְשַׁבְתֶּם אִישׁ אֶל־אֲחֻזָּתוֹ Lévit. 25. 10, vous retournerez chacun en sa possession ; אֶל־הַמִּמְכָּר לֹא יָשׁוּב Ez. 7. 13, le vendeur ne rentrera point en possession de l'objet vendu. — Des objets inanimés : וְשָׁבַת לַנָּשִׂיא Ez. 46. 17, cela retournera au prince ; יָשׁוּב הַשָּׂדֶה Lév. 27. 24, le champ retournera (à celui duquel il l'avait acheté) ; וַתָּשֹׁבְנָה הֶעָרִים — לְיִשְׂרָאֵל I Sam. 7. 14, les villes furent rendues aux Israélites ; עַתָּה תָּשׁוּב הַמַּמְלָכָה לְבֵית־דָּוִד I Rois 12. 26, maintenant la royauté pourrait retourner à la maison de David. — Être rétabli : וְעָרַיִךְ לֹא תָשֹׁבְנָה Ez. 35. 9, tes villes ne seront pas rebâties (*chethib :* ne seront plus habitées) ; תְּשֹׁבְןָ לְקַדְמָתָן Ez. 16. 55, (les villes de Sodome, etc.) retourneront à leur ancien état ; וְהִנֵּה־ שָׁבָה כִּבְשָׂרוֹ Exod. 4. 7, (sa main) était redevenue (saine) comme son autre chair ; וְתָשֹׁב יָדִי אֵלָי I Rois 13. 6, que ma main revienne à moi, que je puisse la retirer à moi, ou : que ma main soit rétablie ; וַתָּשָׁב רוּחוֹ Jug. 15. 19, la force lui revint.

2° Être révoqué, rester vain, rester inaccompli : דָּבָר וְלֹא יָשׁוּב Is. 45. 23, une parole qui ne sera point révoquée ; כִּי־חָזוֹן אֶל־כָּל־הֲמוֹנָהּ לֹא יָשׁוּב Ez. 7. 13, car la vision au sujet de toute cette multitude ne sera pas révoquée, ne restera pas inaccomplie ; selon d'autres : selon la vision, etc., aucun d'eux ne se convertira ; וְדִבָּתְךָ לֹא תָשׁוּב Prov. 25. 10, et ta calomnie restera, tu ne peux plus la rétracter (v. à דִּבָּה, page 113). De la colère : s'apaiser : עַד אֲשֶׁר־ תָּשׁוּב חֲמַת אָחִיךָ Gen. 27. 44, jusqu'à ce que la fureur de ton frère s'apaise.

3° שׁוּב devant un autre *verbe* signifie faire de nouveau l'action exprimée par le second *verbe :* אָשׁוּבָה אֶרְעֶה Gen. 30. 31, je paîtrai de nouveau (tes troupeaux) ; וַיָּשָׁב וַיִּשְׁלַח II Rois 1. 11, il envoya de nouveau ; יָשׁוּב יְיָ לָשׂוּשׂ Deut. 30. 9, (l'Éternel) trouvera de nouveau de la joie.

4° *Trans.* Faire revenir, ramener, restaurer, rétablir : שׁוּבֵנוּ אֱלֹהֵי יִשְׁעֵנוּ Ps. 85. 5, fais-nous revenir (de la captivité), ô Dieu de notre salut ; selon d'autres : reviens vers nous ; וְשָׁב יְיָ אֱלֹהֶיךָ אֶת־שְׁבוּתְךָ Deut. 30. 3, l'Éternel ramènera tes captifs ; שָׁב יְיָ אֶת־גְּאוֹן יַעֲקֹב Nah. 2. 3, l'Éternel relèvera la gloire, la majesté, de Jacob.

Pil. שׁוֹבֵב 1° Faire tourner, faire errer : וְשֹׁבַבְתִּיךָ Ez. 38. 4, 39. 2, je te ferai tourner en tous sens ; selon d'autres : je te briserai ; הָרִים שׁוֹבְבוּם Jér. 50. 6, ils les font errer par les montagnes. — 2° Faire revenir, ramener : בְּשׁוֹבְבִי אוֹתָם מִן־הָעַמִּים Ez. 39. 27, quand je les ramènerai d'entre les peuples ; וְשֹׁבַבְתִּי אֶת־יִשְׂרָאֵל אֶל־נָוֵהוּ Jér. 50. 19, je ramènerai Israel dans sa demeure ; לְשׁוֹבֵב יַעֲקֹב אֵלָיו Is. 49. 5, pour ramener Jacob à lui. — 3° Restaurer, rétablir, ranimer, rendre des forces : מְשֹׁבֵב נְתִיבוֹת Is. 58. 12, celui qui rétablit les sentiers ; נַפְשִׁי יְשׁוֹבֵב Ps. 23. 3, il restaure mon âme ; תְּשׁוֹבֵב לָנוּ Ps. 60. 3, rends-nous des forces, ou : reviens à nous. — 4° Rendre, restituer : לְשׁוֹבֵב שָׂדֵינוּ יְחַלֵּק Mich. 2. 4, pour nous rendre nos champs que l'on se partage ; selon d'autres : il a partagé nos champs au rebelle, à l'ennemi. — 5° Détourner, séduire : חָכְמָתֵךְ וְדַעְתֵּךְ הִיא שׁוֹבְבָתֶךְ Is. 47. 10, ta sagesse et ta science, c'est ce qui t'a séduite.

Poul. : אֶרֶץ מְשׁוֹבֶבֶת מֵחֶרֶב Ez. 38. 8, un pays sauvé de l'épée (des ennemis).

Hiph. הֵשִׁיב (*fut.* יָשִׁיב, יָשֵׁב, וַיָּשֶׁב) 1° Faire tourner, faire retourner, ramener, rapporter : וַיָּשֶׁב עֲלֵיהֶם אוֹפָן Prov. 20. 26, il fait passer la roue sur eux ; אָשִׁיב אֶת־שְׁבוּת יַעֲקֹב Ez. 39. 25, je ramènerai les captifs de Jacob ; וַהֲשִׁבוֹתִים עַל־אַדְמָתָם Jér. 16. 15, je les ramènerai dans leur pays ; הֱשִׁיבֹנוּ אֵלֶיךָ Gen. 44. 8, nous te l'avons rapporté ; וַיָּשֶׁב אֵת כָּל־הָרְכֻשׁ Gen. 14. 16, il ramena toutes les richesses ; לָמָּה תָשִׁיב יָדְךָ וִימִינֶךָ Ps. 74. 11, pourquoi retires-tu ta main et ta droite ? מֵעָוֶל יָשִׁיב יָדוֹ Ez. 18. 8, qui retire sa main de l'iniquité ; וַיְהִי כְּמֵשִׁיב יָדוֹ Gen. 38. 29, à peine eut-il retiré sa main; *sens opposé :* וְעַל־צָרֵיהֶם אָשִׁיב יָדִי Ps. 81. 15, je tournerai ma main contre leurs ennemis (v. 7°); לְהָשִׁיב נַפְשׁוֹ Lament. 1. 11, afin de se faire revenir le cœur; *métaph.*: וְהָיָה לָךְ לְמֵשִׁיב נֶפֶשׁ Ruth 4. 15, et qu'il soit le soutien de ta vie, qu'il console ton âme; מְשִׁיבַת נָפֶשׁ Ps. 19. 8, (la loi de l'Éternel) restaure l'âme; de même : הָשֵׁב רוּחִי Job 9. 18, (il ne me permet point) de reprendre haleine, de respirer.

2° Faire retourner, repousser, empêcher, détourner; avec *rég. dir.*, avec מִן, מֵעַל : וְאֵיךְ תָּשִׁיב אֵת פְּנֵי פַחַת אַחַד Is. 36. 9, comment ferais-tu tourner visage, comment repousserais-tu un gouverneur? אֶפְעַל וּמִי יְשִׁיבֶנָּה Is. 43. 13, j'agis, et qui pourrait le détourner, m'en empêcher? תַּאֲנָתָהּ מִי יְשִׁיבֶנָּה Jér. 2. 24, qui pourrait l'empêcher de satisfaire son désir? וְהוּא בְאֶחָד וּמִי יְשִׁיבֶנּוּ Job 23. 13, il est immuable, et qui pourrait s'opposer à lui? וְרַבִּים הֵשִׁיב מֵעָוֺן Mal. 2. 6, il a détourné plusieurs de l'iniquité; וְהָשִׁיבוּ מֵעַל גִּלּוּלֵיכֶם Ez. 14. 6, détournez (votre esprit, ou vos enfants) de vos idoles; sans *rég.* : וְהָשִׁיבוּ וִחְיוּ Ez. 18. 32, détournez-vous (du mal) et vivez. — הֵשִׁיב פָּנִים Détourner le visage, refuser à quelqu'un ce qu'il demande : אַל־תָּשִׁבִי אֶת־פָּנָי I Rois 2. 16, ne me refuse pas (v. plus haut l'exemple, Is. 36. 9); וְהִרְבָּה לְהָשִׁיב אַפּוֹ Ps. 78. 38, il détourne, apaise, souvent sa colère; הֵשִׁיב אֶת־חֲמָתִי מֵעַל בְּנֵי־יִשְׂרָאֵל Nomb. 25. 11, il a détourné ma colère de dessus les enfants d'Israel.

3° Rendre, restituer, rémunérer : עַד־בֹּא הַשֶּׁמֶשׁ תְּשִׁיבֶנּוּ לוֹ Exod. 22. 25, tu le lui rendras avant que le soleil soit couché; חֲבֹלָתוֹ חוֹב יָשִׁיב Ez. 18. 7, il rend le gage qu'on lui a donné pour une dette; אֲשֶׁר לֹא־גָזַלְתִּי אָז אָשִׁיב Ps. 69. 5, je suis obligé de restituer ce que je n'ai point ravi; וַיָּשֶׁב־יְיָ לִי כְצִדְקִי Ps. 18. 25, l'Éternel m'a rendu selon ma justice; וּמַעֲלָלָיו אָשִׁיב לוֹ Osée 4. 9, et je lui rendrai selon ses actions; וַיָּשֶׁב עֲלֵיהֶם אֶת־אוֹנָם Ps. 94. 23, il fera retomber sur eux leur iniquité; וַיָּשֶׁב־לִי רָעָה תַּחַת טוֹבָה I Sam. 25. 21, il m'a rendu le mal pour le bien; וְהֵשִׁיב יְיָ אֶת־דָּמוֹ עַל־רֹאשׁוֹ I Rois 2. 32, l'Éternel fera retomber sur sa tête le sang qu'il a répandu. — הֵשִׁיב דָּבָר־מִלָּה־אֹמֶר Répondre, faire réponse, faire un rapport : לְהָשִׁיב אֲמָרִים אֱמֶת Prov. 22. 21, pour répondre des paroles de vérité; וַהֲשִׁבֵנִי דָּבָר Gen. 37. 14, et tu me rapporteras des nouvelles; וַיָּשִׁיבוּ אֹתָם דָּבָר וְאֶת־כָּל־הָעֵדָה Nomb. 13. 26, ils leur firent leur rapport ainsi qu'à toute l'assemblée; אֲנִי אֲשִׁיבְךָ מִלִּין Job 35. 4, je saurai te répondre; אֲדַבֵּר וַהֲשִׁיבֵנִי Job 13. 22, je parlerai et tu me répondras; שְׂעִפַּי יְשִׁיבוּנִי Job 20. 2, mes pensées m'inspirent de quoi répondre.

4° Rétablir : לְהָשִׁיב וְלִבְנוֹת יְרוּשָׁלַםִ Dan. 9. 25, de rétablir et de rebâtir Jérusalem; וְאָשִׁיבָה שֹׁפְטַיִךְ Is. 1. 26, je rétablirai tes juges; וַהֲשִׁיבְךָ עַל־כַּנֶּךָ Gen. 40. 13, il te rétablira dans ta charge.

5° Revenir sur une décision, révoquer un arrêt : אֵין לְהָשִׁיב Esth. 8. 8, il n'y a plus à y revenir (l'édit est irrévocable); וּבֵרֵךְ וְלֹא אֲשִׁיבֶנָּה Nomb. 23. 20, il a béni et je ne le révoquerai point; וְעַל־אַרְבָּעָה לֹא אֲשִׁיבֶנּוּ Amos 1. 3, et à cause du quatrième péché je ne révoquerai pas (mon arrêt); selon d'autres : ne le lui rendrai-je, ne le châtierai-je pas?

6° Rapporter, offrir, payer tribut : אֲשֶׁר יָשִׁיבוּ לִי Nomb. 18. 9, tous les sacrifices qu'ils m'offriront; מָה הָאָשָׁם אֲשֶׁר נָשִׁיב לוֹ I Sam. 6. 4, quelle offrande lui ferons-nous? *exact.* quel sacrifice lui payerons-nous pour le péché? מִנְחָה יָשִׁיבוּ Ps. 72. 10, ils offrent des présents; וְהֵשִׁיב לְמֶלֶךְ־יִשְׂרָאֵל מֵאָה־אֶלֶף כָּרִים II Rois 3. 4, il payait au roi d'Israel un tribut de cent mille agneaux; זֹאת הֵשִׁיבוּ לוֹ בְּנֵי עַמּוֹן II Chr. 27. 5, les Ammonites lui donnèrent ces choses-là.

7° Tourner vers : וְיָשֵׁב פָּנָיו לְמָעוּזֵּי אַרְצוֹ Dan. 11. 19, il tournera sa face vers les forteresses de son pays; וְאָשִׁיבָה יָדִי עָלַיִךְ Is. 1. 25, je tournerai ma main vers toi (pour te secourir); לְהָשִׁיב יָדוֹ II Sam. 8. 3, pour rétablir, ou pour étendre, sa domination. — הֵשִׁיב אֶל־לֵב Prendre à cœur, rentrer en soi-même: הֲשֵׁבֹתָ אֶל־לְבָבֶךָ Deut. 4. 39, grave cela dans ton cœur; הָשִׁיבוּ פוֹשְׁעִים עַל־לֵב Is. 46. 8, pécheurs, rentrez en vous-mêmes.

Hoph. הוּשַׁב Être ramené, rapporté, rendu: וַיּוּשַׁב אֶת־מֹשֶׁה וְאֶת־אַהֲרֹן אֶל־פַּרְעֹה Exod. 10. 8, on ramena Moïse et Aaron devant Pharaon; הוּשַׁב כַּסְפִּי Gen. 42. 28, mon argent m'a été rendu.

שׁוּבָאֵל *n. pr.* (v. שְׁבוּאֵל).

שׁוֹבָב *adj.* Rebelle: וַיֵּלֶךְ שׁוֹבָב בְּדֶרֶךְ לִבּוֹ Is. 57. 17, il suit comme un rebelle les égarements de son cœur; בָּנִים שׁוֹבָבִים Jér. 3. 14, enfants rebelles.

שׁוֹבָב *n. pr.* 1° Sobab, fis de David, II Sam. 5. 14. — 2° Sobab, fils de Chaleb, I Chr. 2. 18.

שׁוֹבֵב *adj.* Rebelle: הַבַּת הַשּׁוֹבֵבָה Jér. 31. 22, fille rebelle.

שׁוּבָה *f.* État de tranquillité, de paix: בְּשׁוּבָה וָנַחַת Is. 30. 15, par la paix et par le repos.

שׁוֹבָךְ *n. pr. m.* II Sam. 10. 16.

שׁוֹבָל *n. pr.* 1° Sobal, fils de Seïr, Gen. 36. 20. — 2° Sobal, fils de Chaleb, I Chr. 2. 18.

שׁוֹבֵק *n. pr. m.* Néh. 10. 25.

שׁוּד (v. II שׁד).

שׁוּד (v. שָׁדַד).

שָׁוָה Être pareil, semblable à: וְאֶל־מִי תְדַמְּיוּנִי וְאֶשְׁוֶה Is. 40. 25, à qui me comparerez-vous, à qui serai-je égal, à qui ressemblerai-je? פֶּן־תִּשְׁוֶה־לּוֹ גַם־אָתָּה Prov. 26. 4, de peur que tu ne sois aussi semblable à lui. — Égaler en valeur, valoir autant, suffire, être suffisant: וְכָל־חֲפָצֶיךָ לֹא יִשְׁווּ־בָהּ Prov. 3. 15, et tout ce que tu as de précieux ne peut pas lui être comparé, ne l'égale pas en valeur; אֵין הַצָּר שֹׁוֶה בְּנֵזֶק הַמֶּלֶךְ Esth. 7. 4, l'ennemi ne saurait réparer le dommage qu'il veut causer au roi; וְלֹא־שָׁוָה לִי Job 33. 27, et rien ne m'a satisfait, ou cela ne m'a point profité; selon d'autres: et (Dieu) ne m'a point puni selon mes péchés. — Être utile, dans l'intérêt de quelqu'un: וְלַמֶּלֶךְ אֵין־שֹׁוֶה Esth. 3. 8, il n'est point dans l'intérêt du roi; וְכָל־זֶה אֵינֶנּוּ שֹׁוֶה לִי Esth. 5. 13, tout cela est sans valeur pour moi, ne me sert de rien.

Pi. 1° Rendre égal, rendre semblable: מְשַׁוֶּה רַגְלַי כָּאַיָּלוֹת Ps. 18. 34, il rend mes pieds semblables à ceux des biches; שִׁוִּיתִי עַד־בֹּקֶר כָּאֲרִי Is. 38. 13, je me suis rendu semblable jusqu'au matin à un lion, c.-à-d. j'ai lutté contre ma souffrace, ou j'ai rugi comme un lion. — Égaler, aplanir, égaliser: אִם־שִׁוָּה פָנֶיהָ Is. 28. 25, quand il en aura aplani la surface. — 2° Calmer: אִם־לֹא שִׁוִּיתִי וְדוֹמַמְתִּי נַפְשִׁי Ps. 131. 2, si je n'ai pas calmé et apaisé mon âme, si je n'ai pas fait taire mes désirs. — 3° Placer, mettre, proposer: שִׁוִּיתִי יי לְנֶגְדִּי תָמִיד Ps. 16. 8, je me suis toujours proposé, représenté, l'Éternel devant moi; שִׁוִּיתִי עֵזֶר עַל־גִּבּוֹר Ps. 89. 20, je prête mon secours au héros; מִשְׁפָּטֶיךָ שִׁוִּיתִי Ps. 119. 30, j'ai placé devant moi, je me suis proposé, tes ordonnances; פְּרִי יְשַׁוֶּה־לּוֹ Osée 10. 1, (une vigne) qui poussait des fruits, ou: à qui Dieu donne, fait pousser, des fruits.

Hiph. Égaler, comparer: מָה אַשְׁוֶה־לָּךְ Lament. 2. 13, qu'égalerai-je à toi?

Nithpa. Se ressembler: וְאֵשֶׁת מִדְיָנִים נִשְׁתָּוָה Prov. 27. 15, (une gouttière qui coule toujours) et une femme querelleuse se ressemblent (c'est tout un).

שְׁוָה ou שְׁוָא chald. *Pa.* Rendre semblable: וְלִבְבֵהּ עִם־חֵיוְתָא שַׁוִּי Dan. 5. 21, et son cœur fut rendu semblable à celui des bêtes.

Ithp.: וּבַיְתֵהּ נְוָלִי יִשְׁתַּוֵּה Dan. 3. 29, et que sa maison soit réduite en un tas de fumier.

שָׁוֵה (plaine) *n. pr.* La vallée de Saveh, Gen. 14. 17; mais בְּשָׁוֵה קִרְיָתָיִם 14. 5, dans la plaine près de Kiriathayim.

שׁוּחַ (v. שָׁחַח et שָׁחָה) Pencher, être incliné: שָׁחָה אֶל־מָוֶת בֵּיתָהּ Prov. 2. 18, sa maison penche vers la mort, ou: elle (la femme) penche vers la mort, la tombe, la maison, qui l'attend; שָׁחָה לֶעָפָר נַפְשֵׁנוּ Ps. 44. 26, notre âme est courbée vers la poussière (elle est humiliée); וְתָשׂוּחַ עָלַי נַפְשִׁי Lam. 3. 20, mon âme est abattue, humiliée, en moi.

שׁוּחַ *n. pr.* Suah, fils d'Abraham, Gen. 25. 2; הַשּׁוּחִי Job 2. 11, de la race et du pays de Suah.

שׁוּחָה Fosse, abîme : שׁוּחָה עֲמֻקָּה Prov. 22. 14, une fosse profonde; בְּאֶרֶץ עֲרָבָה וְשׁוּחָה Jér. 2. 6, par un pays aride et rempli de fosses, ou : désert inhabitable.

שׁוּחָה *n. pr. m.* I Chr. 4. 11.

שׁוּחָם *n. pr.* Suham, fils de Dan, Nomb. 26. 42; חֻשִׁים Gen. 46. 23.

שׁוּט (*fut.* יָשׁוּט) 1° (Agiter en tous sens), ramer : הָיוּ שָׁטִים לָךְ Ez. 27. 8, ils étaient tes rameurs, tes matelots. — 2° Courir en tous sens, se disperser : שָׁטוּ הָעָם Nomb. 11. 8, le peuple se dispersait (autour du camp); מִשּׁוּט בָּאָרֶץ Job 1. 7, de parcourir la terre.

Pil. שׁוֹטֵט Parcourir, se promener : שׁוֹטְטוּ בְּחוּצוֹת יְרוּשָׁלַםִ Jér. 5. 1, promenez-vous par les rues de Jérusalem; *part.* : עֵינֵי יְיָ הֵמָּה מְשׁוֹטְטִים בְּכָל־הָאָרֶץ Zach. 4. 10, les yeux de l'Éternel qui vont par toute la terre; יְשֹׁטְטוּ רַבִּים Dan. 12. 4, beaucoup parcourront (le livre).

Hithp. : וְהִתְשׁוֹטַטְנָה בַּגְּדֵרוֹת Jér. 49. 3, répandez-vous le long des murailles.

שׁוֹט *m.* Fouet, fléau : שׁוֹט לַסּוּס Prov. 26. 3, le fouet est pour le cheval; בְּשׁוֹט לָשׁוֹן Job 5. 21, contre le fléau de la langue, contre la calomnie; וְעוֹרֵר עָלָיו יְיָ צְבָאוֹת שׁוֹט Is. 10. 26, l'Éternel Zébaoth agitera contre lui un fouet; שׁוֹט שׁוֹטֵף Is. 28. 15, le fléau qui ravage.

שׁוּל usité seulement au *plur.* Les bords, les pans, d'un vêtement : שׁוּלֵי הַמְּעִיל Exod. 28. 34, les bords de la robe; וְשׁוּלָיו מְלֵאִים אֶת־הַהֵיכָל Is. 6. 1, le bas, les pans, (de sa robe) remplissaient le temple; וְגִלֵּיתִי שׁוּלַיִךְ עַל־פָּנָיִךְ Nah. 3. 5, je retrousserai le bas de tes habits sur ton visage; טֻמְאָתָהּ בְּשׁוּלֶיהָ Lament. 1. 9, sa souillure était dans les pans de sa robe.

שׁוֹלָל *m.* (v. שָׁלַל). Dépouillé (de vêtements ou de raison) : שׁוֹלָל וְעָרוֹם Mich. 1. 8, dépouillé de vêtements ou de raison, et nu; מוֹלִיךְ יוֹעֲצִים שׁוֹלָל Job 12. 17, il emmène privés de raison les conseillers.

שׁוּלַמִּית *n. pr.* Sulamith, jeune fille célébrée dans Cant. chap. 7.

שׁוֹמֵר *n. pr. m.* I Chr. 7. 32.

שׁוּמִים *m. pl.* Ail : des aulx, Nomb. 11. 5.

שׁוּנִי *n. pr.* Suni, fils de Gad, Gen. 46. 16.

שׁוּנֵם *n. pr.* Sunem, ville de la tribu d'Issachar, Jos. 19. 18; הַשּׁוּנַמִּית *f.*, la Sunamite, I Rois 1. 3.

שָׁוַע et **שׁוּעַ** Être puissant, riche, heureux (v. יָשַׁע). *Kal* inusité. *Pi.* שִׁוַּע Implorer le secours, supplier, pousser des cris, des plaintes : וְנֶפֶשׁ־חֲלָלִים תְּשַׁוֵּעַ Job 24. 12, l'âme de ceux qui sont blessés à mort crie; קַמְתִּי בַקָּהָל אֲשַׁוֵּעַ Job 30. 28, je me lève, je pousse des cris, des plaintes, en pleine assemblée; עָנִי מְשַׁוֵּעַ Job 29. 12, le pauvre qui implorait le secours; avec אֶל : בְּשַׁוְּעִי אֵלֶיךָ Ps. 28. 2, lorsque je t'invoque.

שֶׁוַע *m.* Cri, supplication : לְקוֹל שַׁוְעִי Ps. 5. 3, la voix de mes cris.

שׁוֹעַ *m.* 1° Homme riche, généreux, noble : וּלְכִילַי לֹא יֵאָמֵר שׁוֹעַ Is. 32. 5, l'avare ne sera plus appelé le généreux (v. à כִּילַי, page 285); וְלֹא נִכַּר־שׁוֹעַ Job 34. 19, il ne favorise pas le puissant, le riche (contre le pauvre). — 2° Cri : וְשׁוֹעַ אֶל־הָהָר Is. 22. 5, les cris iront jusqu'à la montagne (וְשׁוֹעַ Ez. 23. 23, v. page 590 à פְּקוֹד).

שׁוּעַ *m.* 1° Bonheur, richesse : הֲיַעֲרֹךְ שׁוּעֲךָ Job 36. 19, ferait-il cas de tes richesses? — 2° Action de crier, d'implorer : לָהֶן שׁוּעַ Job 30. 24, il leur reste la prière (v. l'exemple, page 574, à פִּיד).

שׁוּעַ *n. pr.* Suah, Chananéen, Gen. 38. 2.

שׁוּעָא *n. pr.* Suaa, fille de Heber, I Chr. 7. 32.

שַׁוְעָה *f.* Cri, plainte : וְשַׁוְעָתִי הַאֲזִינָה Ps. 39. 13, prête l'oreille à mon cri ; וַתַּעַל שַׁוְעָתָם אֶל־הָאֱלֹהִים Exod. 2. 23, et leurs cris, leurs plaintes, montèrent jusqu'à Dieu ; שַׁוְעַת הָעִיר I Sam. 5. 12, les cris de la ville.

שׁוּעָל *m.* Renard ; *plur.* שֻׁעָלִים Cant. 2. 15, et שׁוּעָלִים Lament. 5. 18, des renards.

שׁוּעָל *n. pr.* 1° אֶרֶץ שׁוּעָל Le pays de Sual, appartenant à la tribu de Benjamin, I Sam. 13. 17. — 2° Sual, fils de Sophah, I Chr. 7. 36.

שׁוֹעֵר *m.* Portier : שֹׁעֵר הָעִיר II Rois 7. 10, le portier de la ville.

שׁוּף 1° Blesser, mordre, écraser : הוּא יְשׁוּפְךָ רֹאשׁ וְאַתָּה תְּשׁוּפֶנּוּ עָקֵב Gen. 3. 15, il t'écrasera la tête, et toi tu lui mordras le talon ; אֲשֶׁר־בִּשְׂעָרָה יְשׁוּפֵנִי Job 9. 17, qui m'a écrasé avec la vitesse d'une tempête. — 2° Envelopper, couvrir : אַךְ־חֹשֶׁךְ יְשׁוּפֵנִי Ps. 139. 11, les ténèbres me couvriront.

שׁוֹפָךְ *n. pr. m.* I Chr. 19. 16.

שׁוּפָמִי (v. שְׁפוּפָם).

שׁוֹפָר *m.* Trompette, cor : וְקוֹל שׁוֹפָר Ps. 98. 7, et avec le son du cor ; שׁוֹפְרֹתֵיהֶם Jug. 7. 8, leurs trompettes.

שׁוּק *Kal* inusité. *Pil.* שׁוֹקֵק Faire regorger : וַתְּשֹׁקְקֶהָ Ps. 65. 10, et tu la fais regorger (v. *Hiph.*), ou : parce que tu l'aimes ; selon d'autres : tu l'as arrosée (v. שָׁקָה).

Hiph. Regorger : וְהֵשִׁיקוּ הַיְקָבִים תִּירוֹשׁ Joel 2. 24, les pressoirs regorgeront de vin.

שׁוֹק *f.* Cuisse, jambe, épaule (du bétail) : שׁוֹק הַיָּמִין Exod. 29. 22, l'épaule droite (du bélier) ; שׁוֹקָיו עַמּוּדֵי שֵׁשׁ Cant. 5. 15, ses jambes sont comme des colonnes de marbre ; *duel* : הַשֹּׁקָיִם Deut. 28. 35, les cuisses ; *poét.* : לֹא בְשׁוֹקֵי הָאִישׁ יִרְצֶה Ps. 147. 10, il ne fait point cas des jambes (légères), c.-à-d. de l'agilité de l'homme ; וַיַּךְ אוֹתָם שׁוֹק עַל־יָרֵךְ Jug. 15. 8, il les battit jambe sur cuisse (dos et ventre).

שׁוּק *m.* Rue, place : וְסָבְבוּ בַשּׁוּק Eccl. 12. 5, ils feront le tour par la place ; *plur.* : בַּשְּׁוָקִים וּבָרְחֹבוֹת Cant. 3. 2, par les places et les rues.

שׁוֹר *m.* (*pl.* שְׁוָרִים). Bœuf, taureau : שְׁוָרִים Osée 12. 12, des bœufs ; *collect.* שׁוֹר Gen. 32. 6, des bœufs ; une fois pour vache : שׁוֹרוֹ עִבַּר Job 21. 10, son bétail conçoit (v. le même exemple à עָבַר *Hiph.*, page 108).

I **שׁוּר** Chanter : אֲשֶׁר־שָׁר לַיְיָ Ps. 7. 1, qu'il chanta en l'honneur de l'Éternel ; *part.* : שָׁרִים וְשָׁרוֹת Eccl. 2. 8, des chanteurs et des chanteuses ; וְשָׁר בַּשִּׁרִים עַל לֶב־רָע Prov. 25. 20, celui qui chante des chansons à un cœur affligé.

Pil. שׁוֹרֵר Crier, chanter, célébrer : קוֹל יְשׁוֹרֵר בַּחַלּוֹן Soph. 2. 14, des voix qui chanteront, crieront, aux fenêtres ; אֲשֶׁר שֹׁרְרוּ אֲנָשִׁים Job 36. 24, que les hommes ont célébré ; selon d'autres : que les hommes contemplent (v. II שׁוּר) ; *part.* : מְשׁוֹרֵר II Chr. 29. 28, (le cantique) se chantait ; הַמְשֹׁרְרִים I Chr. 9. 33, les chanteurs.

Hiph. (*fut.* יָשִׁיר, *apoc.* וַתָּשַׁר Jug. 5. 1, *imp.* שִׁירוּ pour הָשִׁירוּ). Chanter, célébrer : אֵיךְ נָשִׁיר אֶת־שִׁיר־יְיָ Ps. 137. 4, comment chanterions-nous le cantique de l'Éternel (dans une terre étrangère) ? שִׁירוּ לַיְיָ Exod. 15. 21, chantez à l'Éternel ; וְיָשִׁירוּ בְּדַרְכֵי יְיָ Ps. 138. 5, ils célébreront les voies de l'Éternel.

Hoph. pass. יוּשַׁר הַשִּׁיר־הַזֶּה Is. 26. 1, ce cantique sera chanté.

II **שׁוּר** (*fut.* יָשׁוּר, une fois יָשֹׁר Job 33. 27, v. תּוּר) 1° Aller de côté et d'autre, se diriger : וַתָּשֻׁרִי לַמֶּלֶךְ בַּשֶּׁמֶן Is. 57. 9, tu es allée vers le roi parfumée d'huile ; selon d'autres : tu lui as apporté de l'huile en présent ; יָשֹׁר עַל־אֲנָשִׁים Job 33. 27, il se dirige vers les hommes ; selon d'autres : il regarde les hommes (v. 2°, ou de la racine שָׁרַר) ; *part.* : אֳנִיּוֹת תַּרְשִׁישׁ שָׁרוֹתַיִךְ מַעֲרָבֵךְ Ez. 27. 25, les navires de Tharsis sont venus chez toi, ont été les caravanes pour faire le commerce avec toi.

2° Voir, considérer, regarder avec soin, avec attention, avec bienveillance; regarder avec haine, épier : וְיַסְתֵּר פָּנִים וּמִי יְשׁוּרֶנּוּ Job 34. 29, lorsqu'il cache sa face, qui le regardera? תָּשׁוּרִי מֵרֹאשׁ אֲמָנָה Cant. 4. 8, regarde du haut d'Amana; אֲשׁוּרֶנּוּ Nomb. 24. 17, je le regarde; וְשׁוּר שְׁחָקִים Job 35. 5, contemple les nuées; לֹא יְשׁוּרֶנָּה Job 33.14, à celui qui n'y prend pas garde; וַאֲשׁוּרֶנּוּ Osée 14. 9, et je le regarderai (d'un œil favorable); וְשַׁדַּי לֹא יְשׁוּרֶנָּה Job 35. 13, le Tout-Puissant n'y a point d'égard; כְּנָמֵר עַל־דֶּרֶךְ אָשׁוּר Osée 13. 7, je les épierai sur le chemin comme un léopard; יָשׁוּר כְּשַׁךְ יְקוּשִׁים Jér. 5. 26, épiant comme les oiseleurs qui dressent des piéges.

I שׁוּר *m.* Ennemi : וַתַּבֵּט עֵינִי בְּשׁוּרָי Ps. 92. 12, mes yeux verront la ruine de mes ennemis.

II שׁוּר *m.* Muraille : עֲלֵי שׁוּר Gen. 49. 22, par-dessus la muraille; *plur.* : בֵּין שׁוּרֹתָם Job 24. 11, entre leurs murs; une autre forme du *plur.* : עֲלוּ בְשָׁרוֹתֶיהָ Jér. 5. 10, montez sur ses murailles (ou d'un *sing.* שָׁרָה).

שׁוּר chald. Muraille : וְשׁוּרַיָּא יְשַׁתַּכְלְלוּן Esdr. 4. 13, et que si les murailles en sont achevées.

שׁוּר *n. pr.* Sur, ville entre l'Égypte et la Palestine, Gen. 16. 7 : מִדְבַּר־שׁוּר Exod. 15. 22, le désert de Sur.

שׁוּשַׁן *m.* 1° Lys : מַעֲשֵׂה שׁוּשָׁן I Rois 7. 19, ouvrage fait en façon de fleurs de lys. — 2° שׁוּשַׁן עֵדוּת Ps. 60. 1, nom d'un instrument de musique.

שׁוּשַׁן *n. pr.* Susan (Suse), résidence des rois de Perse, Esth. 1. 2.

שׁוֹשָׁן *m.* (*pl.* שׁוֹשַׁנִּים). 1° Lys (fleur blanche) : הָרֹעֶה בַּשּׁוֹשַׁנִּים Cant. 2. 16, qui paît son troupeau parmi les lys; מַעֲשֵׂה שׁוֹשָׁן I Rois 7. 22, ouvrage fait en façon de lys. — 2° Instrument de musique : עַל־שֹׁשַׁנִּים Ps. 45. 1, sur Sosannim.

שׁוֹשַׁנָּה *f.* Lys : יִפְרַח כַּשּׁוֹשַׁנָּה Osée 14. 6, il fleurira comme le lys.

שׁוּשַׁנְכָיֵא chald. *plur.* Citoyens de Susan (Suse), Esdr. 4. 9.

שׁוּת (*prét.* שָׁת, שַׁתָּה, שַׁתּוּ; *inf.* שִׁית) Mettre, placer, poser, établir : כֹּל שַׁתָּה תַחַת־רַגְלָיו Ps. 8. 7, tu lui as mis toutes les choses sous les pieds; וְלֹא־שָׁתוּ אִישׁ עֶדְיוֹ עָלָיו Exod. 33. 4, nul ne mit ses ornements sur soi; מֹקְשִׁים שָׁתוּ־לִי Ps. 140. 6, ils m'ont mis des piéges; וְלֹא שָׁתָם עַל־צֹאן לָבָן Gen. 30. 40, il ne les mit pas auprès des troupeaux de Laban; שַׁתָּ עֲוֹנֹתֵינוּ לְנֶגְדֶּךָ Ps. 90. 8, tu as placé nos iniquités devant toi; אֲשֶׁר־שָׁתָה אֶפְרֹחֶיהָ Ps. 84. 4, où elle a posé ses petits; וְשַׁתִּי אֶת־גְּבֻלְךָ Exod. 23. 31, j'établirai tes limites; אֲשֶׁר סָבִיב שָׁתוּ עָלָי Ps. 3. 7, qui sont rangés contre moi, qui m'assiégent de toutes parts; שֹׁת שָׁתוּ הַשָּׁעְרָה Is. 22. 7, ils se sont rangés en bataille contre la porte. — שִׁית לֵב Appliquer son cœur à une chose, en être touché : וְלֹא־שָׁת לִבּוֹ גַּם־לָזֹאת Exod. 7. 23, il ne fut pas non plus touché de cela; וְלֹא־שָׁתָה לִבָּהּ I Sam. 4. 20, elle n'y fit point attention; שָׁת־לִי אֱלֹהִים זֶרַע אַחֵר Gen. 4. 25, Dieu m'a donné un autre enfant; שַׁתַּנִי תוֹעֵבוֹת לָמוֹ Ps. 88. 9, tu m'as rendu un objet d'abomination pour eux; גַּם־יְהוּדָה שָׁת קָצִיר לָךְ Osée 6. 11, Juda, il a préparé une moisson aussi pour toi.

Hiph. (*fut.* אָשִׁית, *apoc.* יָשֶׁת, *inf.* et *imp.* שִׁית pour הָשִׁית) 1° Mettre, placer, établir, faire : וְשִׁית־עַל־עָפָר בֶּצֶר Job 22. 24, jette l'or sur la poussière (v. à בָּצַר); וַתְּשִׁתֵהוּ בְחֵיקָהּ Ruth 4. 16, elle le mit dans son sein; תָּשִׁית לְרֹאשׁוֹ עֲטֶרֶת פָּז Ps. 21. 4, tu as mis sur sa tête une couronne d'or pur; וְאֵיבָה אָשִׁית Gen. 3. 15, j'établirai une haine (entre toi et entre la femme); כִּי־תְשִׁיתֵהוּ בְרָכוֹת לָעַד Ps. 21. 7, car tu fais de lui un objet de bénédiction à jamais; תָּשִׁית לִי חֹק Job 14. 13, que tu me donnasses un terme; נָשִׂיא אֲשִׁתֶנּוּ I Rois 11. 34, car je le maintiendrai prince; לְמַעַן שִׁתִי אֹתֹתַי אֵלֶּה Exod. 10. 1, afin que je fusse éclater mes miracles; avec בְּ : וַתָּשֶׁת אֶת־עַבְדְּךָ

וָאַשִׁית בְּאֹכְלֵי שֻׁלְחָנֶךָ II Sam. 19. 29, tu as mis ton serviteur entre ceux qui mangent à ta table ; אֵיךְ אֲשִׁיתֵךְ בַּבָּנִים Jér. 3.19, comment, c.-à-d. dans quelle terre choisie, te mettrai-je entre mes enfants? אָשִׁית בְּיֵשַׁע Ps. 12. 6, je mettrai en sécurité ; וּבְקִרְבּוֹ יָשִׁית מִרְמָה Prov. 26. 24, il cache la tromperie dans son cœur ; אָשִׁית אֶת־מִשְׁתֵּיהֶם Jér. 51. 39, je préparerai leur festin ; avec עַל : וִישִׁיתֵהוּ עַל־אֶרֶץ מִצְרָיִם Gen. 41. 33, et qu'il l'établisse sur le pays d'Égypte ; אַל־נָא תָשֵׁת עָלֵינוּ חַטָּאת Nomb. 12. 11, ne mets point sur nous, ne nous compte pas, ce péché ; כַּאֲשֶׁר יָשִׁית עָלָיו בַּעַל הָאִשָּׁה Exod. 21. 22, (l'amende) que le mari de la femme lui imposera.

וְשִׁית מִמֶּנִּי Job 10. 20, détourne-toi de moi (cesse de me frapper); שִׁתִי לִבֵּךְ לַמְסִלָּה Jér. 31. 21, applique ton cœur à reconnaître le chemin ; וְכִי־תָשִׁית אֵלָיו לִבֶּךָ Job 7. 17, pour que tu tournes ton esprit vers lui, pour que tu penses à lui ; וַיָּשֶׁת אֶל־הַמִּדְבָּר פָּנָיו Nomb. 24. 1, il tourna son visage vers le désert ; עֵינֵיהֶם יָשִׁיתוּ Ps. 17. 11, ils tournent leurs regards ; יָשֵׁת יָדוֹ עַל־שְׁנֵינוּ Job 9. 33, qui puisse mettre sa main, c.-à-d. interposer son autorité, entre nous deux ; אַל־תָּשֶׁת יָדְךָ עִם־רָשָׁע Exod. 23. 1, ne prête pas ta main au méchant, ne t'associe pas à son crime.

2° Rendre, changer en, faire devenir, réduire en : שִׁיתָה יְיָ מוֹרָה לָהֶם Ps. 9. 21, ô Éternel, frappe-les de terreur (v. II מוֹרָה); מַעְיָן יְשִׁיתוּהוּ Ps. 84. 7, ils changent (la vallée) en un lieu de sources ; וַאֲשִׁיתֵהוּ בָתָה Is. 5. 6, j'en ferai un lieu inculte ; וַיָּשִׁיתוּ אַרְצוֹ לְשַׁמָּה Jér. 2. 15, ils réduisent son pays en un lieu dévasté ; וְשִׁית לַעֲרָפֶל Jér. 13. 16, il réduira (la lumière) en obscurité ; תְּשִׁיתֵמוֹ כְּתַנּוּר אֵשׁ Ps. 21. 10, tu les rendras comme un four embrasé ; *ellipse :* וּפֹא־יָשִׁית בִּגְאוֹן גַּלֶּיךָ Job 38. 11, (là il mettra un terme à) là il arrêtera l'orgueil de tes flots.

Hoph. pass. : אִם־כֹּפֶר יוּשַׁת עָלָיו Exod. 21. 30, si un prix de rachat lui est imposé.

שׁוּתֶלַח *n. pr.* Suthelah, fils d'Ephraïm ; *nom patr.* שֻׁתַלְחִי Nomb. 26. 35.

שֵׁזִב chald. *Pael* שֵׁיזִב, שֵׁיזִיב (*fut.* יְשֵׁיזִיב, *inf.* שֵׁיזָבָה). Délivrer : דִּי־יְשֵׁיזְבִנְכוֹן מִן־יְדָי Dan. 3. 15, qui vous délivrera de mes mains.

שָׁזַף Voir, regarder, considérer : עַיִן שְׁזָפַתּוּ Job 20. 9, l'œil qui l'aura vu ; שֶׁשְּׁזָפַתְנִי הַשָּׁמֶשׁ Cant. 1. 6, parce que le soleil m'a regardée, a dardé ses rayons sur moi, m'a brûlée.

שָׁזַר *Kal* inusité. Retordre. *Hoph. pass. Part.* : שֵׁשׁ מָשְׁזָר Exod. 26. 1, du fin lin retordu.

שַׁח *adj.* Courbé : וְשַׁח עֵינַיִם Job 22. 29, celui qui tient les yeux baissés, l'homme abattu, humble.

שָׁחַד Gagner quelqu'un par des présents, corrompre un juge : וּמִכֹּחֲכֶם שִׁחֲדוּ בַעֲדִי Job 6. 22, et de votre bien faites des présents (aux juges) en ma faveur ; וַתִּשְׁחֳדִי אוֹתָם Ez. 16. 33, tu leur as fait des présents.

שֹׁחַד *m.* Présent, don corrupteur fait à un juge : שֹׁחַד כֶּסֶף וְזָהָב I Rois 15. 19, (je t'envoie) un présent en argent et en or ; כִּי תַרְבֶּה־שֹׁחַד Prov. 6. 35, même quand tu lui offrirais beaucoup de présents ; אָרוּר לֹקֵחַ שֹׁחַד Deut. 27. 25, maudit soit celui qui prend un présent (pour mettre à mort l'homme innocent) ; אָהֳלֵי־שֹׁחַד Job 15. 34, les tentes de la corruption, c.-à-d. de ceux qui acceptent des dons corrupteurs.

שָׁחָה S'incliner, se prosterner : שְׁחִי וְנַעֲבֹרָה Is. 51. 23, prosterne-toi et nous passerons.

Hiph. Courber, abattre : דְּאָגָה בְלֶב־אִישׁ יַשְׁחֶנָּה Prov. 12. 25, l'inquiétude, le chagrin, dans le cœur de l'homme, l'abat, l'accable.

Hithp. הִשְׁתַּחֲוָה (*fut.* יִשְׁתַּחֲוֶה, avec pause יִשְׁתָּחוּ ; *plur.* יִשְׁתַּחֲווּ). Incliner, s'incliner, se prosterner, rendre hommage, adorer, prier : וַיִּשְׁתַּחוּ אַפַּיִם אָרְצָה Gen. 19. 1, il se prosterna la face contre terre ; וַיִּשְׁתַּחוּ לְעַם־הָאָרֶץ Gen. 23. 7, il se prosterna devant les gens du pays ;

אֶשְׁתַּחֲוֶה אֶל־הֵיכַל־קָדְשְׁךָ Ps. 5. 8, je me prosterne devant ton sanctuaire; לִפְנֵי הַמִּזְבֵּחַ הַזֶּה תִּשְׁתַּחֲווּ Is. 36.7, prosternez-vous devant cet autel; וְהִשְׁתַּחֲוִי־לוֹ Ps. 45.12, prosterne-toi devant lui, rends-lui hommage; *absol.* הִשְׁתַּחֲוֵיתִי II Sam. 16. 4, je me prosterne, je te rends hommage; וְהִשְׁתַּחֲוָה עַל־מִפְתַּן הַשַּׁעַר Ez. 46.2, il se prosternera, adorera (Dieu), sur le seuil de cette porte; לְהִשְׁתַּחֲוֹת וְלִזְבֹּחַ לַיי I Sam. 1. 3, pour adorer l'Éternel et pour lui offrir des sacrifices; *inf.* forme chald.: בְּהִשְׁתַּחֲוָיָתִי בֵּית רִמֹּן II Rois 5. 18, quand je me prosternerai dans le temple de Rimmon; וְהֵמָּה מִשְׁתַּחֲוִיתֶם Ez. 8. 16, et ils se prosternaient; *part.* avec la terminaison du *prét.*

שְׁחוֹחַ *m.* (rac. שָׁחַח). Action de se courber, humilité: וְהָלְכוּ אֵלַיִךְ שְׁחוֹחַ Is. 60. 14, ils viendront vers toi avec humilité.

שְׁחוֹר (v. שִׁיחוֹר).

שְׁחוֹר (v. שָׁחֹר).

שְׁחוֹר *m.* Le noir, noirceur: חָשַׁךְ מִשְּׁחוֹר תָּאֳרָם Lament. 4. 8, leur visage est plus sombre que la noirceur.

שְׁחוּת *f.* Fosse: בִּשְׁחוּתוֹ הוּא־יִפּוֹל Prov. 28. 10, il tombera dans la fosse qu'il aura faite.

שָׁחַח (v. שׁוּחַ et שָׁחָה, *prét.* שַׁח, שַׁחוֹתִי; *plur.* שַׁחוּ et שָׁחֲחוּ, *fut.* יָשֹׁחַ). Se tapir, s'abaisser, s'incliner; être abaissé, humilié, abattu: כִּי־יָשֹׁחוּ בַמְּעוֹנוֹת Job 38.40, lorsqu'ils se tapissent dans leurs tanières; שַׁחוּ גִּבְעוֹת עוֹלָם Hab. 3. 6, les collines des siècles (antiques) s'abaissent; קֹדֵר שַׁחוֹתִי Ps. 35.14, triste, j'allais courbé, la tête baissée; וְשַׁח גַּבְהוּת הָאָדָם Is. 2. 17, l'orgueil de l'homme sera abaissé; תַּחְתָּיו שָׁחֲחוּ עֹזְרֵי רָהַב Job 9. 13, les aides orgueilleux seront abaissés sous lui; שַׁחוֹתִי עַד־מְאֹד Ps. 38. 7, je suis extrêmement abattu; יִדְכֶּה יָשֹׁחַ Ps. 10. 10, il écrase, il abat (le pauvre), ou: il se courbe, se baisse (v. דָּכָה, page 123).

Niph.: וַיִּשַּׁח אָדָם Is. 2. 9, l'homme s'est abaissé; וּמֵעָפָר תִּשַּׁח אִמְרָתֵךְ Is. 29. 4, et ta parole sera basse comme si elle sortait de la poussière; וְיִשַּׁחוּ כָּל־בְּנוֹת הַשִּׁיר Eccl. 12. 4, et lorsque toutes les filles du chant, les chanteuses, auront la voix basse, éteinte.

Hiph. Abaisser, abattre: הֵשַׁח Is. 25.12, il abat (tes murs forts et hauts).

Hithpo.: מַה־תִּשְׁתּוֹחֲחִי נַפְשִׁי Ps. 42. 12, mon âme, pourquoi t'abats-tu?

שָׁחַט 1° Tuer, égorger: וְשָׁחַטְתָּ אֶת־הָאָיִל Exod. 29. 16, tu égorgeras le bélier; לֹא־תִשְׁחַט עַל־חָמֵץ דַּם־זִבְחִי Exod. 34. 25, tu n'offriras pas le sang de mon sacrifice avec du pain levé; שֹׁחֲטֵי הַיְלָדִים Is. 57. 5, égorgeant les enfants (pour les offrir en sacrifice); וַיִּשְׁחֲטוּ שִׁבְעִים אִישׁ II Rois 10. 7, ils égorgèrent soixante-dix hommes; *inf.*: וְשַׁחֲטָה Osée 5. 2, et pour égorger (les fidèles). — 2° Rendre ductile, affiler: זָהָב שָׁחוּט I Rois 10. 16, d'or facile à battre, à étendre (l'or le meilleur); חֵץ שָׁחוּט Jér. 9. 7, une flèche affilée, ou: une flèche meurtrière, comme *cheth.* שׁוֹחֵט.

Niph.: הֲצֹאן וּבָקָר יִשָּׁחֵט לָהֶם Nomb. 11. 22, égorgera-t-on pour eux assez de brebis et de bœufs?

שְׁחִיטָה *f.* Action d'immoler, immolation: שְׁחִיטַת הַפְּסָחִים II Chr. 30. 17, l'immolation des agneaux de Pâque.

שְׁחִין *m.* Ulcère, lèpre: בִּמְקוֹם הַשְּׁחִין Lév. 13. 19, au lieu où était l'ulcère; בִּשְׁחִין מִצְרַיִם Deut. 28. 27, de l'ulcère d'Égypte (l'éléphantiasis?).

שָׁחִים *m.* Ce qui germe de soi-même: וּבַשָּׁנָה הַשֵּׁנִית שָׁחִיס Is. 37. 30, et la seconde année (vous mangerez) ce qui croîtra de soi-même (v. סָחִישׁ).

שְׁחִיף *m.* Planche mince: שְׂחִיף עֵץ Ez. 41. 16, des planches minces, un lambris de bois; d'autres lisent שְׂחִיף.

שְׁחִיתָה (v. שְׁחַת chald.).

שְׁחִיתוֹת *f. pl.* (rac. שָׁחָה). Fosse: וִימַלֵּט מִשְּׁחִיתוֹתָם Ps. 107. 20, il les délivre de leurs fosses, ou, rac. שָׁחַת: destructions.

שַׁחַל *m.* Lion: עַל־שַׁחַל וָפֶתֶן תִּדְרֹךְ Ps.

91. 13, tu marcheras sur le lion et sur l'aspic.

שְׁחֵלֶת *f.* Espèce d'aromate ; selon d'autres : onyx, ou certaine coquille, qui brûlée répand une odeur agréable, Exod. 30. 34.

שַׁחַף *m.* Nom d'un oiseau immonde (la mouette ou le coucou?), Lév. 11. 16.

שַׁחֶפֶת *f.* Phthisie, consomption, Lév. 26. 16.

שַׁחַץ *m.* Orgueil, fierté : בְּנֵי־שָׁחַץ Job 28. 8, les enfants de l'orgueil, les lions à la marche fière.

שַׁחֲצִים *n. pr.* d'une ville de la tribu d'Issachar, Jos. 19. 22.

שָׁחַק Broyer, briser, miner : וְשָׁחַקְתָּ מִמֶּנָּה הָדֵק Exod. 30. 36, tu en broieras en poudre ; וְאֶשְׁחָקֵם כְּעָפָר Ps. 18. 43, je les brise menu comme la poussière (emportée par le vent) ; אֲבָנִים שָׁחֲקוּ מַיִם Job 14. 19, les eaux minent les pierres.

שַׁחַק *m.* 1° Poussière : וּכְשַׁחַק מֹאזְנַיִם Is. 40. 15, comme la poussière d'une balance.—2° Nuée, ciel : וּשְׁחָקִים יִרְעֲפוּ־טָל Pr. 3. 20, et (que) les nuées distillent la rosée ; מִי בַשַּׁחַק Ps. 89. 7, qui dans le ciel (est comparable à l'Éternel)?

I שָׁחַר Être noir : עוֹרִי שָׁחַר מֵעָלָי Job 30. 30, ma peau est devenue noire et se détache de moi.

II שָׁחַר Chercher, tâcher : שֹׁחֵר טוֹב Prov. 11. 27, qui tâche de bonne heure de faire le bien.

Pi. Chercher (se lever dès le matin, de bonne heure, pour chercher ; v. שַׁחַר), chercher ardemment, désirer ardemment, se tourner vers ; avec *rég dir.*, avec לְ, אֶל : וְשִׁחַרְתַּנִי וְאֵינֶנִּי Job 7. 21, et si tu me cherches, je ne serai plus ; מְשַׁחֲרֵי לַטָּרֶף Job 24. 5, ils cherchent de la proie dès le matin ; וְאֹהֲבוֹ שִׁחֲרוֹ מוּסָר Prov. 13. 24, celui qui aime (son fils) cherche à, se hâte de, le corriger ; אִם־אַתָּה תְּשַׁחֵר אֶל־אֵל Job 8. 5, si tu recherches Dieu, si tu te tournes vers lui ; אֲשַׁחֲרֶךָּ Ps. 63. 2, je te cherche au point du jour, ou avec ardeur.

שַׁחַר *m.* Aurore, matin : כַּעֲלוֹת הַשַּׁחַר Jos. 6. 15, dès le lever de l'aurore ; כַּנְפֵי־שָׁחַר Ps. 139. 9, les ailes de l'aurore ; בֶּן־שָׁחַר Is. 14. 12, fils de l'aurore, l'étoile du matin ; בַּשַּׁחַר נִדְמֹה נִדְמָה Osée 10. 15, (le roi d'Israel) sera exterminé au point du jour (promptement) ; לֹא תֵדְעִי שַׁחְרָהּ Is. 47. 11, tu ne sauras pas son aurore, c.-à-d. son commencement, d'où et quand ce mal arrivera ; ou, sens opposé : sa fin (le bien qui viendra après, comme l'aurore succède à la nuit) ; אֲשֶׁר אֵין־לוֹ שָׁחַר Is. 8. 20, (parole) qui n'a point d'aurore, qui est dépourvue de clarté, de sens ; אָעִירָה שָּׁחַר Ps. 57. 9, je me réveillerai à l'aube du jour.

שָׁחֹר et שָׁחוֹר *adj.* Noir : וְשֵׂעָר שָׁחֹר Lévit. 13. 31, et du poil noir ; סוּסִים שְׁחֹרִים Zach. 6. 2, des chevaux noirs ; שְׁחוֹרָה אֲנִי Cant. 1. 5, je suis noire, brune.

שְׁחֹר (v. שִׁיחוֹר).

שַׁחֲרוּת *f.* Aurore de l'âge, jeunesse, adolescence : הַיַּלְדוּת וְהַשַּׁחֲרוּת Eccl. 11. 10, l'enfance et l'adolescence.

שְׁחַרְחֹר *m.* (*f.* שְׁחַרְחֹרֶת). Noirâtre, brun : שֶׁאֲנִי שְׁחַרְחֹרֶת Cant. 1. 6, que je suis brune.

שְׁחַרְיָה (que Dieu recherche) *n. pr. m.* I Chr. 8. 26.

שַׁחֲרַיִם *n. pr. m.* I Chr. 8. 8.

שָׁחַת *Kal* inusité. *Niph.* נִשְׁחַת Être gâté, être dévasté : תִּשָּׁחֵת הָאָרֶץ Exod. 8. 20, le pays fut dévasté ; הִנֵּה נִשְׁחַת הָאֵזוֹר Jér. 13. 7, et la ceinture était gâtée, pourrie ; en sens moral : וְהִנֵּה נִשְׁחָתָה Gen. 6. 12, et voici (la terre) était corrompue, pervertie.

Pi. Détruire, dévaster, abattre, perdre, tuer, faire périr, etc. : לְשַׁחֵת כָּל־בָּשָׂר Gen. 9. 15, pour détruire toute chair ; שִׁחֵת אַרְצָה Gen. 38. 9, il le détruisit (en le répandant) à terre ; לְשַׁחֵת אֶת־הָאָרֶץ Jos. 22. 33, pour ruiner le pays ; שִׁחֲתוּ כַרְמִי Jér. 12. 10, ils ont gâté ma vigne ; עֲלוּ בְשָׁרוֹתֶיהָ וְשַׁחֵתוּ Jér. 5. 11, montez sur les murailles et renversez-les ; וְשִׁחַתָּ דְּבָרֶיךָ הַנְּעִימִים Prov.

23.8, tu auras perdu tes paroles agréables; שִׁחַתֶּם בְּרִית הַלֵּוִי Mal. 2. 8, vous avez violé l'alliance de Lévi; וְשִׁחֲתָהּ Exod. 21. 26, s'il gâte l'œil; לְשַׁחֵת אֶת־מְשִׁיחַ יְיָ II Sam. 1. 14, pour tuer l'oint de l'Éternel; וְשִׁחַתֶּם לְכָל־הָעָם הַזֶּה Nomb. 32. 15, vous serez pernicieux à tout ce peuple; וְשִׁחֵת רַחֲמָיו Amos 1. 11, et qu'il a violé la compassion qu'il lui devait; שִׁחַתָּ חָכְמָתְךָ עַל־יִפְעָתֶךָ Ez. 28. 17, tu as détruit, corrompu, ta sagesse à cause de ta beauté. — Corrompre ses mœurs, se corrompre, pécher: שִׁחֵת עַמְּךָ Exod. 32. 7, ton peuple s'est corrompu; שִׁחֵת לוֹ Deut. 32. 5, ils se sont corrompus, ils ont péché contre lui (Dieu).

Hiph. Détruire, abattre, tuer: לֹא־אָבָה יְיָ הַשְׁחִיתֶךָ Deut. 10, 10, l'Éternel ne voulut point te détruire; וּמַשְׁחִית גּוֹיִם Jér. 4. 7, et le destructeur des nations; הַמַּשְׁחִית Exod. 12. 23, le destructeur, l'ange destructeur; וְהַשְׁחִיתָהּ Is. 36. 10, et détruis ce pays; לֹא־תַשְׁחִית אֶת־עֵצָהּ Deut. 20. 19, tu n'abattras pas ses arbres; אַל־תַּשְׁחִיתֵהוּ Is. 65. 8, ne gâte pas (la grappe); מַשְׁחִיתִם לְהַפִּיל הַחוֹמָה II Sam. 20. 15, (tout le peuple) sapant la muraille pour la faire tomber; יַשְׁחִת רֵעֵהוּ Prov. 11. 9, il perd, ou il corrompt, son prochain; לְהַשְׁחִית אֶת־הַמֶּלֶךְ I Sam. 26. 15, pour tuer le roi.

Corrompre, pervertir: הִשְׁחִית כָּל־בָּשָׂר אֶת־דַּרְכּוֹ Gen. 6. 12, toute chair avait corrompu sa voie; sans *rég.*: הַשְׁחֵת תַּשְׁחִתוּן Deut. 31. 29, vous vous corromprez; בָּנִים מַשְׁחִיתִים Is. 1. 4, enfants qui se corrompent; אַל־תַּשְׁחֵת en tête des psaumes 57, 58, 59, 75, le commencement d'un cantique sur l'air duquel on chantait ces psaumes.

Hoph. part.: וּמָקוֹר מָשְׁחָת Prov. 25. 26, et une source corrompue.

שְׁחַת chald. Détruire. *Part. pass.* seul usité: וּמִלָּה כִדְבָה וּשְׁחִיתָה Dan. 2. 9, et des paroles trompeuses et perverses; *subst.*: וּשְׁחִיתָה Dan. 6. 5, (ni) une mauvaise action, ou (ni) une faute.

שַׁחַת *f.* (de שׁוּחַ). Fosse (pour prendre les animaux), piége, citerne, prison, tombe: כֹּרֶה שַׁחַת Prov. 26. 27, celui qui creuse une fosse (y tombe); שַׁחַת רִשְׁתָּם Ps. 35. 7, la fosse où étaient tendus leurs rets; בְּשַׁחְתָּם נִתְפָּשׂ Ez. 19. 4, il a été pris dans leur fosse; בַּשַּׁחַת תִּטְבְּלֵנִי Job 9. 31, tu me plongeras dans une fosse bourbeuse; וְלֹא־יָמוּת לַשַּׁחַת Is. 51. 14, il ne mourra pas dans la fosse, la prison; הַגּוֹאֵל מִשַּׁחַת חַיָּיְכִי Ps. 103. 4, qui rachète ta vie de la mort; לֹא יִרְאֶה הַשָּׁחַת Ps. 49. 10, il ne verra jamais la tombe, la mort.

שִׁטָּה *f.* (*pl.* שִׁטִּים). Espèce d'arbre, acacia ou espèce de cèdre: וַעֲצֵי שִׁטִּים Exod. 25. 5, bois d'acacia.

שָׁטַח Étendre: וַיִּשְׁטְחוּ לָהֶם שָׁטוֹחַ Nomb. 11. 32, ils les étendirent pour eux (autour du camp); וּשְׁטָחוּם לַשֶּׁמֶשׁ Jér. 8. 2, et on les étendra devant le soleil; שֹׁטֵחַ לַגּוֹיִם Job 12. 23, il étend les nations, il leur donne de vastes terres; selon d'autres: il disperse les nations.

Pi.: שִׁטַּחְתִּי אֵלֶיךָ כַפָּי Ps. 88. 10, j'étends mes mains vers toi.

שֹׁטֵט *m.* (v. שׁוֹט). Fléau, fouet: וּלְשֹׁטֵט בְּצִדֵּיכֶם Jos. 23. 13, et comme un fouet pour vos côtés.

שִׁטִּים *n. pr.* d'une plaine dans le pays de Moab, Nomb. 25. 1, Joel 4. 18.

שָׁטַף (*fut.* יִשְׁטֹף) 1° Couler avec abondance, se répandre avec impétuosité, inonder, noyer: וּנְחָלִים יִשְׁטֹפוּ Ps. 78. 20, et les torrents coulent avec abondance; וְגֶשֶׁם שֹׁטֵף Ez. 13. 13, et une grosse pluie, une pluie qui inonde; וְחֵילוֹ יִשְׁטוֹף Dan. 11. 26, son armée, l'armée (du roi du nord), se répandra (de toutes parts); ou: il accablera l'armée (du roi du midi); כְּנַחַל שׁוֹטֵף Is. 30. 28, comme un torrent qui déborde; וּנְהָרוֹת לֹא יִשְׁטְפוּהָ Cant. 8. 7, les torrents ne peuvent le noyer, l'éteindre; כִּלָּיוֹן חָרוּץ שׁוֹטֵף צְדָקָה Is. 10. 22, la ruine est décrétée, elle viendra comme une inondation, emportant tout et avec justice, c.-à-d. comme une peine bien méritée. — Se précipiter: כְּסוּס שׁוֹטֵף Jér. 8. 6, comme un cheval qui se jette à bride abattue (dans le combat).—Ravager : שׁוֹט שׁוֹטֵף Is. 28. 18, un fléau qui ravage. — 2° Rincer, laver, nettoyer : וְיָדָיו לֹא־שָׁטַף בַּמָּיִם Lév. 15. 11, sans qu'il ait lavé ses mains dans l'eau ; וַיִּשְׁטֹף אֶת־הָרֶכֶב I Rois 22. 38, on lava le char ; וָאֶשְׁטֹף דָּמַיִךְ מֵעָלָיִךְ Ez. 16. 9, en te plongeant (dans l'eau) j'ôtai ton sang de dessus toi.

Niph. 1° Être inondé : יִשָּׁטְפוּ מִלְּפָנָיו Dan. 11. 22, (les armées) disparaîtront devant lui comme par une inondation.— 2° Être lavé : יִשָּׁטֵף בַּמָּיִם Lév. 15. 12, (tout vaisseau de bois) sera lavé dans de l'eau.

Pou. Être lavé : וּמֹרַק וְשֻׁטַּף בַּמָּיִם Lév. 6. 21, (le vaisseau) sera nettoyé et lavé dans de l'eau.

שֶׁטֶף et שֵׁטֶף *m.* Inondation, flot, pluie impétueuse : מִי־פִלַּג לַשֶּׁטֶף תְּעָלָה Job 38. 25, qui a préparé des canaux à la pluie impétueuse ; לְשֵׁטֶף מַיִם רַבִּים Ps. 32. 6, lors de l'inondation de grandes eaux ; וְקִצּוֹ בַשֶּׁטֶף Dan. 9. 26, sa fin viendra avec débordement, c.-à-d. avec l'invasion d'une armée, ou subitement : וּזְרֹעוֹת הַשֶּׁטֶף Dan. 11. 22, et les armées qui arrivent comme un flot ; וְשֶׁטֶף אָף Prov. 27. 4, et l'impétuosité de la fureur, ou : la fureur est comme une inondation.

שֹׁטֵר *m.* Magistrat (chargé de la surveillance de la police), commissaire, prévôt : שֹׁטְרֵי בְּנֵי יִשְׂרָאֵל Exod. 5. 14, les commissaires des enfants d'Israel (que les Égyptiens avaient établis pour surveiller les travaux de leurs frères) ; שֹׁפְטִים וְשֹׁטְרִים Deut. 16. 18, des juges et des magistrats, des prévôts.

* שְׁטָר *m.* Acte, contrat : שִׁטְרֵי חוֹבוֹתֵינוּ Rituel, les actes, les preuves, de nos fautes.

שִׁטְרַי *n. pr. m.* I Chr. 27. 29 (*keri* שִׁרְטַי).

שַׁי *m.* (pour שְׁוָא). Présent : לְךָ יוֹבִילוּ מְלָכִים שָׁי Ps. 68. 30, les rois t'offriront des présents.

שִׁיאוֹן *n. pr.* d'une ville de la tribu d'Issachar, Jos. 19. 19.

I שִׁיבָה (rac. שׁוּב) *f.* Retour, ceux qui retournent : שִׁיבַת צִיּוֹן Ps. 126. 1, ceux qui reviendront à Sion, ou : qui avaient été emmenés de Sion, les captifs, les exilés de Sion.

II שִׁיבָה (rac. יָשַׁב) Action de séjourner : בְּשִׁיבָתוֹ בְמַחֲנַיִם II Sam. 19. 33, pendant son séjour à Mahanayim.

שִׁיזָא *n. pr. m.* I Chr. 11. 42.

שֵׁיזִב chald. (v. שֵׁזִב).

* שֵׁיזָבָא *f.* Délivrance, Rituel.

שִׁיחָה *f.* (*pl.* שִׁיחוֹת, v. שׁוּחָה). Fosse : כָּרוּ לְפָנַי שִׁיחָה Ps. 57. 7, ils ont creusé une fosse devant moi (pour me faire tomber dedans).

שִׁחוֹר, שִׁחֹר, שִׁיחוֹר (le noir) *n. pr.* d'un fleuve. Sihor, le Nil, Is. 23. 3 ; le torrent sur les confins de l'Égypte et de la Palestine, Jos. 13. 3.

שִׁיחוֹר לִבְנָת *n. pr.* d'un torrent dans le pays d'Aser, Jos. 19. 26.

שַׁיִט *m.* 1° Rame : אֳנִי־שַׁיִט Is. 33. 21, un vaisseau à rames. — 2° Fléau, Is. 28. 15 (v. שׁוֹט).

שִׁלֹה, שִׁילוֹ, שִׁלֹו, שִׁילֹה *n. pr.* Siloh, ville de la tribu d'Ephraïm, où fut établie la tente d'assignation du temps de Josué, Jos. 18. 3 : עַד כִּי־יָבֹא שִׁילֹה Gen. 49. 10, jusqu'à ce qu'arrive (la fin de) Siloh (que le règne de David commence) ; selon d'autres : שִׁילֹה celui à qui sera le pouvoir (pour אֲשֶׁר לוֹ), c.-à-d. le Messie ; ou bien : jusqu'à ce que le repos pour Juda soit venu.

שִׁילֹנִי 1° Habitant de Siloh : הַשִּׁילֹנִי I Rois 11. 29.— 2° *Nom patr.* comme descendant de שֵׁלָה I Chr. 9. 5. הַשִּׁלֹנִי

שִׁימוֹן *n. pr.* m. I Chr. 4. 20.

שֵׁינִים *m. pl.* Urine : וְלִשְׁתּוֹת אֶת שֵׁינֵיהֶם Is. 36. 12, *cheth.*, et de boire leur urine.

שֵׁיצִיא chald. Finir, achever : וְשֵׁיצִיא בַּיְתָה דְנָה Esdr. 6. 15, et on acheva ce temple.

• שְׁיָר Le restant, le dernier : מִשְּׁיָרֵי Aboth, des derniers.

שִׁיר *m.* Chant, action de chanter, cantique (sacré et profane) : וְהַשִּׁיר מְשׁוֹרֵר II Chr. 29. 28, le cantique se chantait; שִׁיר־יְיָ vers. 27, le chant en l'honneur de l'Éternel; וּכְלֵי שִׁיר I Chr. 16. 42, et les instruments (pour chanter) le cantique; וַיְהִי שִׁירוֹ חֲמִשָּׁה וָאָלֶף I Rois 5. 12, il avait composé mille cinq cantiques; שִׁיר הַשִּׁירִים Cant. 1. 1, Cantique des cantiques, cantique par excellence.

שִׁירָה *f.* Chant, cantique : כִּתְבוּ לָכֶם אֶת־הַשִּׁירָה הַזֹּאת Deut. 31. 19, écrivez ce cantique; שִׁירַת דּוֹדִי Is. 5. 1, le chant de mon ami.

שַׁיִשׁ *m.* (v. שֵׁשׁ). Marbre blanc : וְאַבְנֵי־שַׁיִשׁ I Chr. 29. 2, des pierres de marbre.

שִׁישָׁא *n. pr. m.* I Rois 4. 2.

שִׁישַׁק *n. pr.* Sisak, roi d'Égypte, I Rois 11. 40.

שַׁיִת *m.* Épine; *collect.*: שִׁיתוֹ Is. 10. 17, ses épines.

שִׁית *m.* Vêtement : יַעֲטָף־שִׁית חָמָס לָמוֹ Ps. 73. 6, ils se couvrent de violence comme d'un vêtement; שִׁית זוֹנָה Prov. 7. 10, dans le vêtement d'une courtisane.

שַׁךְ (v. שָׂכַךְ).

שָׁכַב (*fut.* יִשְׁכַּב, *inf.* שְׁכַב, avec suff. שָׁכְבָהּ et שָׁכְבָה) Se coucher, être couché, cohabiter, se reposer, reposer, dormir, devenir malade, mourir : שָׁכַב כַּאֲרִי Nomb. 24. 9, il se couche comme un lion; כָּל־הַמִּשְׁכָּב אֲשֶׁר יִשְׁכַּב עָלָיו Lévit. 15. 4, tout lit sur lequel il aura couché; וַיִּשְׁכַּב אֹתָהּ וַיְעַנֶּהָ Gen. 34. 2, il coucha avec elle et lui fit violence; שֹׁכֵב עִם־חֹתַנְתּוֹ Deut. 27. 23, celui qui couche avec la mère de son épouse; אִם־תִּשְׁכְּבוּן בֵּין שְׁפַתָּיִם Ps. 68. 14, quand vous vous reposez entre les parcs (des troupeaux); גַּם־בַּלַּיְלָה לֹא־שָׁכַב לִבּוֹ Eccl. 2. 23, même la nuit son cœur ne repose point; וּשְׁמוּאֵל שֹׁכֵב בְּהֵיכַל יְיָ I Sam. 3. 3, et Samuel était couché dans le tabernacle de l'Éternel; עָשִׁיר יִשְׁכַּב Job 27. 19, riche il se couche (devient malade); וְאִישׁ שָׁכַב וְלֹא־יָקוּם Job 14. 12, l'homme est couché par terre (est mort), il ne se relève plus; שָׁכַבְתִּי וְאֶשְׁקוֹט Job 3. 13, je serais couché (dans la tombe) et je reposerais; וַיִּשְׁכַּב דָּוִד עִם־אֲבֹתָיו I Rois 2. 10, David s'endormit avec ses pères, locution fréquemment employée pour : il mourut; שֹׁכְבֵי קֶבֶר Ps. 88. 6, ceux qui sont couchés dans le sépulcre; שָׁכְבוּ בְכָבוֹד אִישׁ בְּבֵיתוֹ Is. 14. 18, (tous les rois) sont morts avec gloire chacun dans sa maison, ou : ils ont été enterrés avec honneur chacun dans sa tombe; וְתִשְׁכַּב אֶת־חַלְלֵי־חָרֶב Ez. 32. 28, tu seras étendu avec ceux qui sont blessés à mort par l'épée.

Niph. (de la femme). Être violée : וְהַנָּשִׁים תִּשָּׁכַבְנָה *keri*, Zach. 14. 2, et les femmes seront violées.

Pou. Se prostituer : אֵיפֹה לֹא שֻׁכַּבְתְּ *keri* Jér. 3. 2, (un endroit) où tu ne te sois pas prostituée.

Hiph. 1° Faire coucher, coucher, étendre, faire reposer : וַיַּשְׁכִּבֵהוּ עַל־מִטָּתוֹ I Rois 17. 19, il le coucha sur son lit; הַשְׁכֵּב אוֹתָם אַרְצָה II Sam. 8. 2, les étendant à terre; וְהִשְׁכַּבְתִּים לָבֶטַח Osée 2. 20, je les ferai reposer en sûreté. — 2° Répandre. Ex. unique : וְנִבְלֵי שָׁמַיִם מִי יַשְׁכִּיב Job 38. 37, qui vide les outres du ciel, qui fait que les nuées crèvent.

Hoph. Être couché, être étendu : מֻשְׁכָּב עַל־מִטָּתוֹ II Rois 4. 32, couché sur son lit; וְהָשְׁכְּבָה אֶת־עֲרֵלִים Ez. 32. 19, et sois étendue avec les incirconcis.

שְׁכָבָה *f.* État d'être couché, couche : שִׁכְבַת הַטָּל Exod. 16. 13, une couche de rosée; שִׁכְבַת־זֶרַע Lév. 15. 18, cohabitation, commerce charnel.

שְׁכֹבֶת *f.* Cohabitation : לֹא־תִתֵּן שְׁכָבְתְּךָ Lévit. 18. 20, tu ne cohabiteras pas (avec la femme de ton prochain).

שָׁכָה (v. שָׁגָה) Errer, courir çà et là : מַשְׁכִּים הָיוּ Jér. 5. 8, ils courent de toutes parts; selon d'autres, comme מַשְׁכִּימִים :

וְדְהַב דִּי תְהַשְׁכַּח Esdr. 7. 16, tout l'or et l'argent que tu trouveras.

* שִׁכְחָה *f.* Oubli : אֵין לְפָנָיו שִׁכְחָה Rituel, il n'y a point d'oubli devant lui.

שְׁכַיָה *n. pr. m.* I Chr. 8. 10.

* שְׁכִינָה *f.* (rac. שָׁכַן). La résidence, la présence, de Dieu, Aboth.

שָׁכַךְ (*inf.* שַׁךְ) 1° Mettre, dresser: כְּשַׁךְ יְקוּשִׁים Jér. 5. 26, comme les oiseleurs qui dressent des piéges.—2° S'arrêter : וַיָּשֹׁכּוּ הַמָּיִם Gen. 8. 1, les eaux s'arrêtèrent, cessèrent de croître; וַחֲמַת הַמֶּלֶךְ שָׁכָכָה Esth. 7. 10, et la colère du roi s'apaisa.

Hiph. Apaiser, calmer : וַהֲשִׁכֹּתִי מֵעָלַי Nomb. 17. 20, je ferai cesser (les murmures qui s'élèvent) contre moi.

שָׁכֹל (*fut.* יִשְׁכַּל) Être privé d'enfants, perdre ses enfants : לָמָה אֶשְׁכַּל גַּם־שְׁנֵיכֶם Gen. 27. 45, pourquoi serai-je privé de vous deux, pourquoi vous perdrai-je? כַּאֲשֶׁר שָׁכֹלְתִּי שָׁכָלְתִּי 43. 14, s'il faut que je sois privé d'enfants, que j'en sois privé; כֵּן־תִּשְׁכַּל מִנָּשִׁים אִמֶּךָ I Sam. 15. 33, ainsi ta mère entre les femmes sera privée d'un fils; *part. passif:* וַאֲנִי שְׁכוּלָה Is. 49. 21, et j'ai perdu mes enfants.

Pi. 1° Priver d'enfants, détruire, ravager : אֹתִי שִׁכַּלְתֶּם Gen. 42. 36, vous m'avez privé d'enfants; וְשִׁכַּלְתִּים מֵאָדָם Osée 9. 12, je les priverai d'enfants tellement qu'aucun d'entre leurs enfants ne deviendra homme; וְשִׁכְּלָה אֶתְכֶם Lév. 26. 22, (des bêtes) qui vous priveront de vos enfants; וּמְשַׁכֶּלֶת גּוֹיַיִךְ הָיִית Ez. 36. 13, tu as consumé ton propre peuple; מִחוּץ תְּשַׁכֶּל־חֶרֶב Deut. 32. 25, au dehors le glaive ravage; וְהָאָרֶץ מְשַׁכָּלֶת II Rois 2. 19, et le pays est malsain (à cause de ses eaux); רְחֵלֶיךָ וְעִזֶּיךָ לֹא שִׁכֵּלוּ Gen. 31. 38, tes brebis et tes chèvres n'ont point avorté. — 2° Avorter : מְשַׁכֵּלָה Exod. 23. 26, ni femme qui avorte. De la vigne : וְלֹא תְשַׁכֵּל לָכֶם הַגֶּפֶן Mal. 3. 11, et votre vigne ne sera point stérile.

Hiph. 1° Priver d'enfants, les tuer : כְּגִבּוֹר מַשְׁכִּיל Jér. 50. 9, comme un héros

dès le matin ils sont comme, etc. (v. שָׁכַם).

שְׁכוֹל *m.* Privation d'enfants, abandon, délaissement : שְׁכוֹל וְאַלְמֹן Is. 47. 9, privation d'enfants et veuvage; שְׁכוֹל לְנַפְשִׁי Ps. 35. 12, (ce qui est) une privation, un état d'abandon, pour mon âme.

שַׁכּוּל *adj.* Qui a perdu ses enfants : וְשֵׁירָם שַׁכֻּלוֹת Jér. 18. 21, que leurs femmes (soient) privées d'enfants. Des animaux : כְּדֹב שַׁכּוּל II Sam. 17. 8, comme une ourse à qui on a ravi ses petits; וְשַׁכֻּלָה אֵין בָּהֶם Cant. 4. 2, et dont il n'y a point une (brebis) qui soit stérile.

שִׁכּוֹר ,שִׁכֹּר *m.* (*fém.* שִׁכֹּרָה). Ivre : וְהוּא שִׁכֹּר עַד־מְאֹד I Sam. 25. 36, il était tout ivre.

שָׁכַח et שָׁכֵחַ (*fut.* יִשְׁכַּח) Oublier, laisser par oubli : וְלֹא יִשְׁכַּח אֶת־בְּרִית אֲבֹתֶיךָ Deut. 4. 31, il n'oubliera pas l'alliance de tes pères; וְשָׁכַחְתָּ עֹמֶר בַּשָּׂדֶה Deut. 24. 19, et que tu auras oublié (laissé par oubli) une gerbe dans le champ; שֹׁכְחֵי אֱלוֹהַּ Ps. 50. 22, ceux qui oublient Dieu; וַאדֹנָי שְׁכֵחָנִי Is. 49. 14, et le Seigneur m'a oublié.

Niph. Être oublié : נִשְׁכַּח זִכְרָם Eccl. 9. 5, leur souvenir est oublié.

Pi. Faire oublier : שִׁכַּח יְיָ בְּצִיּוֹן מוֹעֵד Lament. 2. 6, l'Éternel a fait oublier dans Sion les fêtes.

Hiph. : לְהַשְׁכִּיחַ אֶת־עַמִּי שְׁמִי Jér. 23. 27, pour faire oublier mon nom à mon peuple.

Hithp. : וְיִשְׁתַּכְּחוּ בָעִיר Eccl. 8. 10, ils furent oubliés dans la même ville.

שָׁכֵחַ *adj.* Oubliant : שְׁכֵחֵי אֱלֹהִים Ps. 9. 18, ceux qui oublient Dieu; הַשְּׁכֵחִים אֶת־הַר קָדְשִׁי Is. 65. 11, qui oublient ma sainte montagne.

שְׁכַח chald. Trouver. *Ithp.* Être trouvé : לָא־הִשְׁתְּכַח לְהוֹן Dan. 2. 35, on ne trouva plus d'eux (nulle trace).

Aph. Trouver : דִּי־הַשְׁכַּחַת גְּבַר Dan. 2. 25, j'ai trouvé un homme; וְכֹל כְּסַף

qui tue les jeunes gens. — 2° Avorter : רֶחֶם מַשְׁכִּיל Osée 9. 14, un sein qui est sujet à avorter.

שִׁכֻּלִים *m. pl.* Privation d'enfants : בְּנֵי שִׁכֻּלָיִךְ Is. 49. 20, tes enfants dont tu seras abandonnée, ou : ceux que tu auras après avoir perdu les autres.

שִׂכְלֵל (v. כָּלַל).

שָׁכַם *Kal* inusité. *Hiph.* הִשְׁכִּים 1° Se lever de bon matin, faire quelque chose de bonne heure : וַיַּשְׁכֵּם אֲבִימֶלֶךְ בַּבֹּקֶר Gen. 20. 8, Abimélech se leva de bon matin ; et seul : וְהִשְׁכַּמְתֶּם וַהֲלַכְתֶּם לְדַרְכְּכֶם Gen. 19. 2, vous vous lèverez de bon matin, et vous poursuivrez votre route ; נַשְׁכִּימָה לַכְּרָמִים Cant. 7. 13, allons de bonne heure aux vignes ; וְכַטַּל מַשְׁכִּים הֹלֵךְ Osée 6.4, comme la rosée du matin qui se dissipe ; *inf.* הַשְׁכֵּם, employé *adverbialement*, de bonne heure : בַּבֹּקֶר הַשְׁכֵּים Prov. 27. 14, de bonne heure le matin ; הַשְׁכֵּם וְהַעֲרֵב I Sam. 17. 16, (le Philistin s'approchait) le matin et le soir. — 2° Se hâter de faire une chose, la faire souvent, avec zèle, avec ardeur ; הַשְׁכֵּם וְשָׁלֹחַ Jér. 25. 4, se hâtant de (les) envoyer ; הַשְׁכֵּם וְהָעֵד Jér. 11. 7, les ayant souvent avertis ; אַשְׁכֵּים וְדַבֵּר Jér. 25. 3 (pour הִשְׁכִּים forme chaldéenne), me levant matin pour vous parler ; הִשְׁכִּימוּ הִשְׁחִיתוּ Soph. 3. 7, ils se sont hâtés de corrompre (leur conduite) ; (מַשְׁכִּים Jér. 5. 8, v. שָׁכָה).

שְׁכֶם *m.* (avec pause שֶׁכֶם, avec suff. שִׁכְמוֹ). 1° Dos, épaule : כְּתֵפִי מִשִּׁכְמָה תִפּוֹל Job 31. 22 (comme מִשִּׁכְמָהּ), que mon épaule se détache du dos, de sa jointure ; וַיָּשִׂימוּ עַל־שְׁכֶם Gen. 9. 23, ils le mirent sur leurs épaules ; וַתְּהִי הַמִּשְׂרָה עַל־שִׁכְמוֹ Is. 9. 5, et l'empire sera sur son épaule, il en aura l'empire ; מַטֵּה שִׁכְמוֹ Is. 9. 3, le bâton dont on lui battait le dos ; תְּשִׁיתֵמוֹ שֶׁכֶם Ps. 21. 13, tu feras qu'ils tourneront le dos, tu les mettras en fuite. — 2° *Part.* : וַאֲנִי נָתַתִּי לְךָ שְׁכֶם אַחַד עַל־אַחֶיךָ Gen. 48. 22, je te donnerai une part de plus qu'à tes frères ; לְעָבְדוֹ שְׁכֶם אֶחָד Soph. 3. 9, pour le servir d'un même esprit, unanimement.

שְׁכֶם *n. pr.* 1° Sichem, ville lévitique dans les montagnes d'Ephraïm, Gen. 12. 6, Jos. 20. 7 : דֶּרֶךְ יְרַצְּחוּ שֶׁכְמָה Osée 6. 9, ils égorgent en route ceux qui se rendent à Sichem ; selon d'autres : d'un même esprit, unanimement. — 2° Sechem, fils de Manassé, Nomb. 26. 31.

שָׁכַן ,שָׁכֵן (*fut.* יִשְׁכֹּן) 1° Demeurer, séjourner, habiter : וְהוּא שֹׁכֵן בְּאֵלֹנֵי מַמְרֵא Gen. 14. 13, il demeurait dans les pleines de Mamré ; שָׁכַנְתִּי עִם־אָהֳלֵי קֵדָר Ps. 120. 5, j'ai séjourné près des tentes de Kédar ; וְעַל־מִפְרָצָיו יִשְׁכּוֹן Jug. 5. 17, il réside près de ses ports (v. à מִפְרָץ, page 394) ; avec le *régime direct* : אֵי־זֶה הַדֶּרֶךְ יִשְׁכָּן־אוֹר Job 38. 19, quelle est la voie où se tient la lumière ? וְאַף סוֹרְרִים לִשְׁכֹּן יָהּ אֱלֹהִים Ps. 68. 19, et même aux rebelles afin que l'Éternel Dieu demeure (au milieu d'eux) ; הֶן־עָם לְבָדָד יִשְׁכֹּן Nomb. 23. 9, voici un peuple qui habitera séparément ; avec אֶרֶץ habiter un pays, y demeurer en paix, le posséder : שְׁכָן־אֶרֶץ Ps. 37. 3, habite (paisiblement) la terre ; יְשָׁרִים יִשְׁכְּנוּ־אָרֶץ Prov. 2. 21, les hommes droits habiteront, posséderont, le pays ; de même בְּנֵי־עֲבָדֶיךָ יִשְׁכּוֹנוּ Ps. 102. 29, les fils de tes serviteurs habiteront paisiblement ; אֲנִי חָכְמָה שָׁכַנְתִּי עָרְמָה Prov. 8. 12, moi, la sagesse, j'habite avec la sagacité, la prudence, c.-à-d. je la possède ; de Dieu : שֹׁכֵן עַד Is. 57. 15, celui qui habite dans l'éternité ; שֹׁכֵן מָרוֹם Is. 33. 5, il habite les cieux. — D'une armée. Être campé : שֹׁכֵן לִשְׁבָטָיו Nomb. 24. 2, étant campé selon ses tribus ; d'une tente : אֲשֶׁר שָׁכַן־שָׁם מִשְׁכַּן יְיָ Jos. 22. 19, où est placé le tabernacle de l'Éternel ; *part. pass.* : הַשְּׁכוּנֵי בָאֳהָלִים Jug. 8. 11, ceux qui habitent dans les tentes.

2° S'arrêter, reposer : וּבִמְקוֹם אֲשֶׁר יִשְׁכָּן־שָׁם הֶעָנָן Nomb. 9. 17, à l'endroit où la nuée s'arrêtait ; תִּשְׁכָּן־עָלָיו עֲנָנָה Job 3. 5, qu'une nuée demeure, s'arrête, sur lui ; בְּבֵיתָהּ לֹא־יִשְׁכְּנוּ רַגְלֶיהָ Prov. 7. 11, ses pieds ne s'arrêtent pas dans

שָׁכֶן (avec suff. שִׁכְנוֹ) *m.* Demeure : לְשִׁכְנוֹ תִדְרְשׁוּ Deut. 12. 5, vous visiterez (l'endroit) où est sa demeure.

שְׁכַנְיָה *n. pr. m.* 1° I Chr. 3. 21. — 2° Plusieurs autres, Esdr., Néh.

שְׁכַנְיָהוּ *n. pr. m.* II Chr. 31. 15.

שָׁכַר (*fut.* יִשְׁכַּר) Boire à satiété, s'enivrer : שְׁתוּ וְשִׁכְרוּ Cant. 5. 1, buvez, buvez jusqu'à devenir très gais ; שָׁתוֹ וְאֵין־לְשָׁכְרָה Agg. 1. 6, boire, mais sans étancher votre soif ; וַיֵּשְׁתְּ מִן־הַיַּיִן וַיִּשְׁכָּר Gen. 9. 21, il but du vin et il fut enivré ; דָּמָם יִשְׁכָּרוּן Is. 49. 26, ils s'enivreront de leur sang ; *part. pass.* : וּשְׁכֻרַת וְלֹא מִיָּיִן Is. 51. 21, toi qui es enivrée non pas de vin.

Pi. Enivrer, rendre ivre, étourdir : וַיְשַׁכְּרֵהוּ II Sam. 11. 13, et il l'enivre ; מְשַׁכֶּרֶת כָּל־הָאָרֶץ Jér. 51. 7, (une coupe) qui enivrait toute la terre.

Hiph. Enivrer : אַשְׁכִּיר חִצַּי מִדָּם Deut. 32. 42, j'enivrerai mes flèches de sang ; וְהִשְׁכַּרְתִּי שָׂרֶיהָ Jér. 51. 57, j'enivrerai ses princes.

Hithp. S'enivrer, se conduire comme un ivre : עַד־מָתַי תִּשְׁתַּכָּרִין I Sam. 1. 14, jusqu'à quand seras-tu ainsi ivre, ou : te conduiras-tu comme une femme ivre ?

שֵׁכָר *m.* Liqueur enivrante, liqueur forte, cervoise : יַיִן וְשֵׁכָר Lév. 10. 9, du vin et des liqueurs fortes.

שִׁכָּרוֹן *m.* Ivresse : שִׁכָּרוֹן וְיָגוֹן תִּמָּלֵאִי Ez. 23. 33, tu seras remplie d'ivresse et de douleur.

שִׁכְּרוֹן *n. pr.* Sichron, ville à la frontière nord de Juda, Jos. 15. 11.

שַׁל (rac. שָׁלָה) *m.* Erreur, faute involontaire : עַל־הַשַּׁל II Sam. 6. 7, à cause de sa faute involontaire.

שֶׁל *particule*, composé de שֶׁ (signification de אֲשֶׁר) et de la *prépos.* לְ. On ne l'emploie qu'avec le préfixe בְּ : בְּשֶׁל à cause de : בְּשֶׁלְּמִי Jon. 1. 7, à cause de qui ? בְּשֶׁלִּי vers. 12, à cause de moi ; בְּשֶׁל אֲשֶׁר יַעֲמֹל Eccl. 8. 17, quelle que soit la peine qu'il se donne ; indiquant

sa maison ; כְּלָבִיא שָׁכֵן Deut. 33. 20, il repose comme une lionne ; וַיִּשְׁכֹּן כְּבוֹד־יְיָ עַל־הַר סִינַי Exod. 24. 16, la gloire de Dieu reposa sur la montagne de Sinaï ; יִשְׁכְּנוּ אַדִּירֶיךָ Nah. 3. 18, tes vaillants hommes reposent (se tiennent) dans leurs tentes ; כִּמְעַט שָׁכְנָה דוּמָה נַפְשִׁי Ps. 94. 17, mon âme reposerait presque dans le silence (de la tombe).

3° Être habité : וִירוּשָׁלַם תִּשְׁכּוֹן לָבֶטַח Jér. 33. 16, et Jérusalem sera habitée en sécurité ; וְלֹא־תִשְׁכֹּן עַד־דּוֹר וָדוֹר Is. 13. 20, elle (Babylone) ne sera jamais habitée.

Pi. Faire habiter : וַאֲשַׁכְּנָה אֶתְכֶם בַּמָּקוֹם הַזֶּה Jér. 7. 3, et je vous ferai habiter en cet endroit ; לְשַׁכֵּן אֶתְכֶם בָּהּ Nomb. 14. 30, de vous y faire habiter ; לְשַׁכֵּן שְׁמוֹ שָׁם Deut. 12. 11, pour y faire résider son nom, c.-à-d. pour y établir la gloire de son nom ; אֹהֶל שִׁכֵּן בָּאָדָם Ps. 78. 60, le tabernacle qu'il a placé parmi les hommes, ou : le tabernacle où il habitait, etc.

Hiph. Faire, laisser demeurer, établir : וְהִשְׁכַּנְתִּי עָלַיִךְ כָּל־עוֹף הַשָּׁמַיִם Ez. 32. 4, je ferai demeurer sur toi tous les oiseaux du ciel ; וּכְבוֹדִי לֶעָפָר יַשְׁכֵּן Ps. 7. 6, qu'il place, qu'il mette, ma gloire dans la poussière ; וַיַּשְׁכֵּן מִקֶּדֶם לְגַן־עֵדֶן Gen. 3. 24, il plaça (les Chérubins) vers l'orient du jardin d'Éden ; וַיַּשְׁכִּינוּ שָׁם אֶת־אֹהֶל מוֹעֵד Jos. 18. 1, ils y placèrent la tente d'assignation.

שְׁכַן chald. Demeurer, se tenir dans un endroit : יִשְׁכְּנָן צִפֲּרֵי שְׁמַיָּא Dan. 4. 18, et les oiseaux du ciel se tenaient (dans ses branches).

Pa. Faire habiter : וֵאלָהָא דִּי־שַׁכִּן שְׁמֵהּ תַּמָּה Esdr. 6. 12, et Dieu qui a fait habiter là son nom.

שָׁכֵן *adj.* 1° Habitant : שְׁכַן שֹׁמְרוֹן Osée 10. 5, les habitants de Samarie ; וּבַל־יֹאמַר שָׁכֵן Is. 33. 24, et celui qui y habitera ne dira point. — 2° Voisin : כָּל־שְׁכֵנָיו Deut. 1. 7, tous ses voisins ; *fém.* שְׁכֵנָה voisine : מִשְּׁכֶנְתָּהּ Exod. 3. 22, de sa voisine ; *plur.* : הַשְּׁכֵנוֹת Ruth 4. 17, les voisines.

le *génitif:* בִּפְטִירָתוֹ שֶׁל־אָדָם Aboth, (au moment) de la mort d'un homme.

שַׁלְאֲנָן *adj.* (v. שַׁאֲנָן). Tranquille, heureux: שַׁלְאֲנָן וְשָׁלֵיו Job 21. 23, tranquille, heureux et en repos.

שָׁלַב *Kal* inusité. *Pou.* Être joint: מְשֻׁלָּבֹת אִשָּׁה אֶל־אֲחֹתָהּ Exod. 26. 17, (des tenons) joints l'un à l'autre, ou en façon d'échelon, répondant l'un à l'autre.

שְׁלַבִּים *m. pl.* *Terme d'archit.*: בֵּין הַשְּׁלַבִּים I Rois 7. 28, entre les jointures, ou les bandelettes, les bandes du coin.

שֶׁלֶג *m.* Neige: הַנֹּתֵן שֶׁלֶג כַּצָּמֶר Ps. 147. 16, qui donne la neige comme de la laine.

שָׁלַג *Kal* inusité. *Hiph.* (v. שֶׁלֶג). Être blanc comme de la neige: תַּשְׁלֵג בְּצַלְמוֹן Ps. 68. 15, (lorsque Dieu dispersa les rois) le pays était blanc comme la neige du mont Salmon, c.-à-d. la terre était couverte des ossements blancs des morts.

I שָׁלָה et שָׁלֵו Être en repos, en paix; jouir d'un paisible bonheur: לֹא שָׁלַוְתִּי Job 3. 26, je n'ai pas eu de paix; שָׁלוּ כָּל־בֹּגְדֵי בָגֶד Jér. 12. 1, (pourquoi) ceux qui commettent des trahisons vivent-ils en paix? יִשְׁלָיוּ אֹהָלִים לְשֹׁדְדִים Job 12. 6, les tentes des dévastateurs, voleurs, sont en paix, prospèrent.

II שָׁלָה *Kal* inusité. *Niph.* Commettre une erreur, une négligence, une faute: אַל־תִּשָּׁלוּ II Chr. 29. 11, ne négligez pas (de suivre mon avis).

Hiph. Tromper: לֹא תַשְׁלֶה אֹתִי II Rois 4. 28, ne me trompe pas.

III שָׁלָה (v. שָׁלַל) Dépouiller, ôter: כִּי יֵשֶׁל אֱלוֹהַּ נַפְשׁוֹ Job 27. 8, lorsque Dieu lui retirera son âme (v. à נָשַׁל).

שְׁלָה chald. Être en paix, être tranquille: שְׁלֵה הֲוֵית בְּבֵיתִי Dan. 4. 1, j'étais tranquille dans ma maison.

שֵׁלָה *f.* (pour שְׁאֵלָה). Demande, prière: אֶת שֵׁלָתֵךְ I Sam. 1. 17, ta demande.

שֵׁלָה *n. pr.* Selah, fils de Juda, Gen. 38. 5; *nom patr.* שֵׁלָנִי Nomb. 26. 20.

שָׁלָה chald. (v. שָׁלוּ).

שִׁלֹה (v. שִׁילֹה).

שַׁלְהֶבֶת *f.* (v. לָהַב). Flamme: יֹנַקְתּוֹ תְּיַבֵּשׁ שַׁלְהָבֶת Job 15. 30, la flamme séchera ses branches; שַׁלְהֶבֶתְיָה Cant. 8. 6, la flamme de Dieu, une flamme véhémente, ou la foudre.

שָׁלוֹ (v. I שָׁלָה).

שָׁלֵו (שָׁלֵיו Job 21. 31, שְׁלֵיו Jér. 49. 31) *m.* (*f. pl.* שְׁלֵוָה, const. שַׁלְוֵי) *adj.* 1° Tranquille, paisible, heureux: וְשֹׁקֶטֶת וּשְׁלֵוָה I Chr. 4. 40, (un pays) paisible et tranquille; וְשַׁלְוֵי עוֹלָם Ps. 73. 12, et qui sont heureux en ce monde, ou: qui jouissent d'un bonheur durable; וְקוֹל הָמוֹן שָׁלֵו Ez. 23. 42, la voix d'une multitude, des gens qui étaient dans la joie. — 2° Repos: כִּי לֹא־יָדַע שָׁלֵו בְּבִטְנוֹ Job 20. 20, parce qu'il n'a pas connu le repos, le contentement en lui-même.

שֶׁלֶו *m.* Repos, prospérité: בְשַׁלְוִי Ps. 30. 7, dans ma prospérité.

שָׁלוּ chald. *f.* Crime, faute,: וְכָל־שָׁלוּ Dan. 6. 5, et aucun crime; שָׁלוּ לְמֶעְבַּד Esdr. 4. 22, de commettre une faute.

שִׁלוֹ (v. שִׁילֹה).

שַׁלְוָה *f.* Tranquillité, paix, sécurité, prospérité: פַּת חֲרֵבָה וְשַׁלְוָה־בָהּ Prov. 17. 1, du pain sec où il y a la paix; וְשַׁלְוַת הַשְׁקֵט הָיָה לָהּ Ez. 16. 49, elle a eu la paix, la sécurité et la tranquillité; וּבְשַׁלְוָה Dan. 8. 25, et au milieu de la paix; בְּשַׁלְוָה וּבְמִשְׁמַנֵּי מְדִינָה יָבוֹא Dan. 11. 24, il entrera dans une province paisible et fertile; וְשַׁלְוַת כְּסִילִים תְּאַבְּדֵם Prov. 1. 32, la prospérité des insensés les perdra; בְּשַׁלְוֹתַיִךְ Jér. 22. 21, dans ta prospérité.

שְׁלֵוָה *f.* chald. Sécurité, bonheur: לִשְׁלֵוְתָךְ Dan. 4. 24, à ton bonheur.

שִׁלּוּחִים *m. pl.* Action de renvoyer. 1° Renvoyer sa femme: אַחַר שִׁלּוּחֶיהָ Exod. 18. 2, après qu'il l'eut renvoyée. — 2° Renvoyer sa fille, c.-à-d. la marier, la doter: וַיִּתְּנָהּ שִׁלֻּחִים לְבִתּוֹ I Rois 9. 16, il la donna pour dot à sa fille;

et *en général* des présents : תִּתְּנִי שִׁלּוּחִים Mich. 1. 14, tu donneras des présents.

שָׁלוֹם (rac. שָׁלַם) 1° *Adj.* Entier, complet, en parfait état de santé, de bien-être, de paix; paisible, tranquille, heureux : הָגְלָת שְׁלוֹמִים Jér. 13. 19, (Juda) est entièrement exilé; אֵין־שָׁלוֹם בַּעֲצָמַי Ps. 38. 4, il n'y a rien d'entier, de sain, dans mes os; ou, *subst.*: il n'y a pas de repos, etc.; הֲשָׁלוֹם אֲבִיכֶם הַזָּקֵן Gen. 43. 27, votre vieux père est-il bien portant? כָּל־הָעָם יִהְיֶה שָׁלוֹם II Sam. 17. 3, tout le peuple sera en paix; כִּי־שָׁלוֹם אָהֳלֶךָ Job 5.24, que ta demeure sera paisible; וְלִשְׁלוֹמִים Ps. 69. 23, à ceux qui vivent en paix, dans la prospérité; שָׁלַח יָדָיו בִּשְׁלֹמָיו Ps. 55. 21, il porte la main contre ceux qui vivaient paisiblement avec lui, ses alliés.

2° *Subst. m.* Bien-être, tranquillité, salut, prospérité : הֶחָפֵץ שְׁלוֹם עַבְדּוֹ Ps. 35. 27, qui veut le bonheur de son serviteur; אֶת־שְׁלוֹם פַּרְעֹה Gen. 41. 16, ce qui concerne le salut, la prospérité, de Pharaon; אֵין שָׁלוֹם אָמַר יְיָ לָרְשָׁעִים Is. 48. 22, pas de paix, dit l'Éternel, pour les méchants; שָׁלוֹם יִהְיֶה־לִּי Deut. 29.18, j'aurai la paix; מוּסַר שְׁלוֹמֵנוּ עָלָיו Is. 53. 5, il supporte le châtiment pour notre salut; שְׁלוֹם רְשָׁעִים אֶרְאֶה Ps. 73. 3, quand je vois la prospérité des méchants; הֲשָׁלוֹם בּוֹאֶךָ I Rois 2. 13, ton arrivée annonce-t-elle quelque chose d'heureux, ou: viens-tu pour la paix, dans une bonne intention? וַיֹּאמֶר אֶל־הַמֶּלֶךְ שָׁלוֹם II Sam. 18. 28, il dit au roi : Salut, tout va bien; שָׁלוֹם לְךָ I Chr. 12. 18, salut à toi; הֲשָׁלוֹם לוֹ Gen. 29. 6, est-il en bon état de santé? — Avec les *verbes* שָׁאַל, רָאָה, פָּקַד. S'informer de l'état de santé de quelqu'un : וַיִּשְׁאֲלוּ אִישׁ־לְרֵעֵהוּ לְשָׁלוֹם Exod. 18. 7, ils s'enquirent l'un de l'autre touchant leur santé; שַׁאֲלוּ שְׁלוֹם יְרוּשָׁלָם Ps. 122. 6, souhaitez la paix à Jérusalem; וַיִּשְׁאַל דָּוִד לִשְׁלוֹם יוֹאָב וְלִשְׁלוֹם הָעָם וְלִשְׁלוֹם הַמִּלְחָמָה II Sam. 11. 7, David s'informa de l'état de Joab, du peuple, et de ce qui se passait à la guerre; רְאֵה אֶת־שְׁלוֹם אַחֶיךָ Gen. 37. 14, vois si tes frères se portent bien; וְאֶת־אַחֶיךָ תִּפְקֹד לְשָׁלוֹם I Sam. 17. 18, informe-toi de la santé de tes frères; וַנֵּרֶד לִשְׁלוֹם בְּנֵי־הַמֶּלֶךְ II Rois 10. 13, nous sommes descendus pour saluer les fils du roi.

3° Paix, concorde, amitié : וּלְשָׁלוֹם אֵין־קֵץ Is. 9. 7, et la paix n'aura point de fin; לֹא־תִדְרֹשׁ שְׁלֹמָם Deut. 23. 7, tu ne chercheras pas leur paix; אַנְשֵׁי שְׁלֹמֶךָ Jér. 38. 22, ceux qui t'annonçaient la paix, tes amis; דֹּבְרֵי שָׁלוֹם Ps. 28. 3, qui parlent de paix, amicalement; לְכִי לְשָׁלוֹם I Sam. 1. 17, va-t'en en paix; paroles d'encouragement, de consolation : שָׁלוֹם לָכֶם אַל־תִּירָאוּ Gen. 43. 23, que la paix soit avec vous, ne craignez rien; וַתֹּאמֶר שָׁלוֹם II Rois 4. 23, elle dit: Paix, c.-à-d. tout va bien; וְקָרָאתָ אֵלֶיהָ לְשָׁלוֹם Deut. 20. 10, tu lui offriras la paix; וַיַּעַשׂ לָהֶם יְהוֹשֻׁעַ שָׁלוֹם Jos. 9. 15, Josué fit la paix avec eux, accorda la paix; עֹשֶׂה שָׁלוֹם בִּמְרוֹמָיו Job 25. 2, il fait régner la paix dans les cieux.

שִׁלּוּם (v. שִׁלֵּם).

שַׁלּוּם (v. שָׁלַם).

שַׁלּוּן *n. pr. m.* Néh. 3. 15.

שָׁלוֹשׁ Trois (v. שָׁלֹשׁ).

שָׁלַח (*fut.* יִשְׁלַח, *inf.* שְׁלֹחַ, const. שְׁלֹחַ, une fois שְׁלֹחַ Is. 58. 9). 1° Envoyer, envoyer en mission, charger (d'un ordre) : וַיִּשְׁלַח יַעֲקֹב מַלְאָכִים Gen. 32. 4, Jacob envoya des messagers; יִשְׁלַח דְּבָרוֹ Ps. 147. 18, il envoie sa parole, il ordonne; וַיִּשְׁלַח חִצִּים II Sam. 22. 15, il tira des flèches; וְשֹׁלֵחַ מַיִם Job 5. 10, qui envoie les eaux (sur les campagnes); אַתָּה שָׁלוּחַ Ez. 3. 6, tu es envoyé. — Suivi de עַל ou de אֶל : שְׁלָחַנִי יְיָ עֲלֵיכֶם Jér. 26. 15, l'Éternel m'a envoyé vers vous; כִּי־שָׁלַח אֵלַי I Rois 20. 7, car il a envoyé vers moi; שְׁלַח־נָא בְּיַד־תִּשְׁלָח Exod. 4. 13, envoie, je te prie, (ton ordre) par celui que tu voudras envoyer; שֹׁלֵחַ דְּבָרִים בְּיַד־כְּסִיל Prov. 26. 6, celui qui envoie des messages par un sot; אֵת כָּל־אֲשֶׁר שְׁלָחוֹ יוֹאָב II Sam. 11. 22, toutes les choses pour lesquelles Joab l'avait envoyé; וְהִצְלִיחַ אֲשֶׁר שְׁלַחְתִּיו

Is. 55. 11, et elle aura fait réussir les choses pour lesquelles je l'aurai envoyé; avec לֵאמֹר envoyer dire : וְהִיא שָׁלְחָה אֶל־חָמִיהָ לֵאמֹר Gen. 38. 25, elle envoya dire à son beau-père; et seul : כֹּל אֲשֶׁר־שָׁלַחְתָּ אֶל־עַבְדְּךָ I Rois 20.9, tout ce que tu envoyas dire à ton serviteur; פִּיךָ שָׁלַחְתָּ בְרָעָה Ps. 50. 19, tu lâches ta bouche au mal, tu lui laisses libre carrière pour dire le mal; עַד־הַמָּקוֹם אֲשֶׁר־תִּשְׁלַח אֵלַי I Rois 5. 23, jusqu'à l'endroit que tu m'auras marqué. — *Ellipses :* אֶשְׁלַח אֶת־הַנַּעַר לֵךְ I Sam. 20. 21, j'enverrai un jeune homme, et je lui dirai : Va, etc.; וַיִּשְׁלַח אַבְשָׁלוֹם אֶת־אֲחִיתֹפֶל — מֵעִירוֹ II Sam. 15. 12, Absalom envoya et fit appeler Ahitophel de sa ville; *part. pass.* : אַיָּלָה שְׁלֻחָה Gen. 49. 21, une biche lancée; דּוֹדִי שָׁלַח יָדוֹ מִן־הַחוֹר Cant. 5. 4, mon bien-aimé a avancé (et retiré) sa main par le trou de la porte.

2° Étendre : וַיִּשְׁלַח אֶת־קְצֵה הַמַּטֶּה אֲשֶׁר בְּיָדוֹ I Sam. 14. 27, il étendit le bout du bâton qu'il avait à la main; שְׁלַח אֶצְבַּע Is. 58. 9, étendre le doigt (pour railler ou menacer); שְׁלַח יָדֶיךָ מִמָּרוֹם Ps. 144. 7, étends tes mains d'en haut (pour délivrer); יִשְׁלַח מִמָּרוֹם Ps. 18. 17, il étendit sa main du haut du ciel.

שָׁלַח יָד בְּ־אֶל *A*) Mettre la main sur quelqu'un, le tuer : וְיָד אַל־תִּשְׁלְחוּ־בוֹ Gen. 37. 21, ne mettez pas la main sur lui; וַיְבַקְשׁוּ לִשְׁלֹחַ יָד בַּמֶּלֶךְ Esth. 2. 21, ils voulaient mettre la main sur le roi, attenter à ses jours; וְאֶל־אֲצִילֵי בְּנֵי יִשְׂרָאֵל לֹא שָׁלַח יָדוֹ Exod. 24. 11, et il ne mit point la main sur (il ne frappa pas) les Israélites nobles.

B) Porter la main sur quelque chose, s'en emparer : אִם־לֹא שָׁלַח יָדוֹ בִּמְלֶאכֶת רֵעֵהוּ Exod. 22. 7, s'il n'a point mis sa main sur le bien de son prochain; לְמַעַן לֹא־יִשְׁלְחוּ הַצַּדִּיקִים בְּעַוְלָתָה יְדֵיהֶם Ps. 125. 3, afin que les justes ne mettent leurs mains à l'iniquité; et seul : וְאַל־תִּשְׁלַחְנָה בְחֵילוֹ Obad. 13, tu n'étendras pas la main pour prendre son bien; וַיִּשְׁלַח עֻזָּה אֶל־אֲרוֹן הָאֱלֹהִים II Sam. 6. 6, Ouzza porta sa main à l'arche de Dieu.

Niph. pass. inf. : וְנִשְׁלוֹחַ סְפָרִים Esth. 3. 13, et des lettres furent envoyées.

Pi. 1° Envoyer, renvoyer, laisser partir, renvoyer libre, accompagner, congédier, répudier, chasser : אֶת־אֵימָתִי אֲשַׁלַּח לְפָנֶיךָ Exod. 23. 27, j'enverrai ma terreur devant toi; לְמַעַנְכֶם שִׁלַּחְתִּי בָבֶלָה Is. 43. 14, pour l'amour de vous j'ai envoyé (Cyrus) à Babylone; וְשִׁלַּח לָכֶם אֶת־אֲחִיכֶם אַחֵר Gen. 43. 14, afin qu'il vous relâche votre autre frère; שַׁלְּחֵנִי Gen. 32. 27, laisse-moi partir; וְשִׁלְּחוֹ בְּדֶרֶךְ טוֹבָה I Sam. 24. 20, et le laisserait-il aller (son ennemi) tranquillement son chemin (sans lui faire du mal); יַעַן שִׁלַּחְתָּ אֶת־אִישׁ־חֶרְמִי מִיָּד I Rois 20. 42, parce que tu as laissé aller d'entre tes mains un homme que j'ai voué à la mort; וְשִׁלַּחְתָּהּ לְנַפְשָׁהּ Deut. 21. 14, tu la renverras pour qu'elle soit libre; וַיְשַׁלְּחוּ אֶת־רִבְקָה אֲחֹתָם Gen. 24. 59, ils laissèrent aller, ou ils accompagnèrent, leur sœur Rebecca; הֹלֵךְ עִמָּם לְשַׁלְּחָם Gen. 18. 16, marchant avec eux pour les accompagner; וַיְשַׁלְּחֵם יִצְחָק Gen. 26. 31, Isaac les renvoya; כִּי שִׁלַּחֲךָ יְיָ I Sam. 20. 22, car l'Éternel te renvoie, veut que tu te retires; לֹא־יוּכַל לְשַׁלְּחָהּ Deut. 22. 19, il ne la pourra pas renvoyer, répudier; וַיְשַׁלְּחֵהוּ יְיָ אֱלֹהִים מִגַּן־עֵדֶן Gen. 3. 23, l'Éternel Dieu le chassa du jardin d'Éden; avec בְּ et בְּיַד abandonner à : וָאֲשַׁלְּחֵהוּ בִּשְׁרִירוּת לִבָּם Ps. 81. 13, je l'ai abandonné à l'endurcissement de leur cœur; וַיְשַׁלְּחֵם בְּיַד־פִּשְׁעָם Job 8. 4, il les a abandonnés à leur péché. Des cheveux, laisser croître : וּפֶרַע לֹא יְשַׁלֵּחוּ Ez. 44. 20, ils ne laisseront pas croître leurs cheveux. — וּמְשַׁלֵּחַ מְדָנִים Prov. 6. 19, et celui qui excite des querelles; וַאֲשַׁלַּח אֶת־כָּל־הָאָדָם אִישׁ בְּרֵעֵהוּ Zach. 8. 10, j'excitais tous les hommes les uns contre les autres.

2° Lancer, jeter, rejeter, pousser : לְשַׁלַּח־לִי לְמַטָּרָה I Sam. 20. 20, comme si je tirais à un but; וְשִׁלַּחְתִּי אֵשׁ בְּבֵית חֲזָאֵל Amos 1. 4, je mettrai le feu à la maison de Hazael; שִׁלְּחוּ בָאֵשׁ מִקְדָּשֶׁךָ Ps. 74. 7, ils mettent en feu ton sanctuaire; בְּשַׁלְּחָהּ Is. 27. 8, en la rejetant; וַיְשַׁלְּחֵם

Ps.44.3, et tu les as chassés; וְרֶסֶן מִפָּנַי שִׁלֵּחוּ Job 30.11, ils ont rejeté, secoué, le frein devant moi; רַגְלַי שִׁלֵּחוּ Job 30. 12, ils poussent mes pieds; וַיְשַׁלְּחוּ אֶת־יִרְמְיָהוּ בַּחֲבָלִים Jér. 38. 6, ils firent descendre Jérémie avec des cordes (dans la fosse).

3° Tendre, étendre: וְיָדֶיהָ שִׁלְּחָה לָאֶבְיוֹן Prov. 31. 20, elle tend ses mains aux nécessiteux; d'un arbre: יְשַׁלַּח שָׁרָשָׁיו Jér. 17. 8, (et qui) étend ses racines.

Pou. Être envoyé, être abandonné, être congédié, être répudié, être chassé; וְצִיר בַּגּוֹיִם שֻׁלָּח Obad. 1, et un ambassadeur a été envoyé aux nations; שֻׁלַּח בְּרַגְלָיו Jug. 5. 15, il a été envoyé sous la conduite, ou à la suite (de Barak); שֻׁלַּח בְּרֶשֶׁת Job 18. 8, il sera pris dans les rets; וְנַעַר מְשֻׁלָּח Prov. 29. 15, un enfant laissé libre, abandonné à lui-même; נָוֶה מְשֻׁלָּח Is. 27. 10, une demeure abandonnée; וְהָאֲנָשִׁים שֻׁלְּחוּ Gen. 44. 3, et les hommes furent renvoyés; שֻׁלְּחָה אִמְּכֶם Is. 50. 1, votre mère a été répudiée; קֵן מְשֻׁלָּח Is.16.2, une nichée chassée de son nid.

Hiph. Envoyer: וְהִשְׁלַחְתִּי רָעָב בָּאָרֶץ Amos 8.11, j'enverrai la famine sur le pays.

שְׁלַח (*fut.* יִשְׁלַח) chald. 1° Envoyer: פִּתְגָמָא שְׁלַחוּ עֲלוֹהִי Esdr. 5.7, ils lui envoyèrent une lettre. — 2° Avec יַד étendre la main: דִּי יִשְׁלַח יְדֵהּ Esdr. 6. 12, qui étendra sa main (pour changer ou défaire ce temple).

שֶׁלַח *m.* (avec suff. שִׁלְחוֹ). 1° Arme, épée: וְאִישׁ שִׁלְחוֹ בְיָדוֹ II Chr. 23. 10, chacun tenant ses armes à la main; בְּשֶׁלַח יַעֲבֹרוּ Job 36. 12, ils périront par l'épée; אִישׁ שִׁלְחוֹ הַמָּיִם Néh. 4. 17, chacun emportait son épée en allant boire ou chercher de l'eau; selon d'autres, *inf.*: aucun ne se dépouillait (de ses vêtements) que près de l'eau (pour les laver). — 2° Rejeton, plant: שְׁלָחַיִךְ פַּרְדֵּס רִמּוֹנִים Cant. 4. 13, tes plants sont un jardin de grenadiers.

שֶׁלַח *n. pr.* 1° Selah, fils d'Arpachsad. — 2° בְּרֵכַת הַשֶּׁלַח Néh. 3. 15, la piscine Selah, près de Jérusalem.

שְׁלֻחוֹת *f. pl.* Branches, rejetons: שְׁלֻחוֹתֶיהָ נִטְּשׁוּ Is. 16. 8, ses branches se sont étendues.

שִׁלְחִי *n. pr. m.* I Rois 22. 42.

שִׁלְחִים *n. pr.* d'une ville de la tribu de Juda, Jos. 15. 32.

שֻׁלְחָן *m.* (*pl.* שֻׁלְחָנוֹת). Table: שֻׁלְחָנִי Ez. 39. 20, ma table; אֹכְלֵי שֻׁלְחַן אִיזָבֶל I Rois 18. 19, qui mangent à la table de Jésabel; *fréq.* הַשֻּׁלְחָן la table dans le temple et le tabernacle sur laquelle étaient placés les pains de proposition; *compl.* שֻׁלְחַן הַפָּנִים Nomb. 4.7, et שֻׁלְחַן הַמַּעֲרֶכֶת II Chr. 29. 18. — שֻׁלְחַן יְיָ Mal. 1. 7, la table de l'Éternel, c.-à-d. l'autel.

שָׁלַט (*fut.* יִשְׁלַט) Être le maître, gouverner, dominer sur: אֲשֶׁר יִשְׁלְטוּ הַיְּהוּדִים הֵמָּה בְּשׂנְאֵיהֶם Esth. 9. 1, que les Juifs furent les maîtres de ceux qui les haïssaient; וְיִשְׁלַט בְּכָל־עֲמָלִי Eccl. 2. 19, il sera le maître de tout mon travail; suivi de עַל: גַּם נַעֲרֵיהֶם שָׁלְטוּ עַל־הָעָם Néh. 5. 15, même leurs serviteurs ont dominé sur le peuple.

Hiph. Laisser dominer, rendre maître: וְאַל־תַּשְׁלֶט־בִּי כָל־אָוֶן Ps. 119. 133, ne laisse aucune iniquité dominer sur moi; וְהִשְׁלִיטוֹ לֶאֱכֹל מִמֶּנּוּ Eccl. 5. 18, et il le fait maître d'en manger.

שְׁלֵט chald. (*fut.* יִשְׁלַט). Dominer, avoir du pouvoir, exercer du pouvoir contre: דִּי תִשְׁלַט בְּכָל־אַרְעָא Dan. 2. 39, qui dominera sur toute la terre; דִּי לָא־שְׁלֵט נוּרָא בְּגֶשְׁמְהוֹן 3. 27, sur le corps desquels le feu n'avait eu aucune puissance; שְׁלִטוּ בְהוֹן אַרְיָוָתָא 6. 25, les lions s'en rendirent maîtres.

Aph. Faire dominer: וְהַשְׁלְטָךְ בְּכָלְּהוֹן Dan. 2. 38, il t'a fait dominer sur eux tous.

שֶׁלֶט *m.*, *pl.* שְׁלָטִים seul usité. Boucliers: שִׁלְטֵי הַגִּבּוֹרִים Cant. 4. 4, les boucliers des héros; שִׁלְטֵי הַזָּהָב I Chr. 18. 7, les boucliers d'or; מִלְאוּ הַשְּׁלָטִים Jér. 51. 11, assemblez les boucliers (v. l'exemple à מָלֵא, page 365).

שִׁלְטוֹן *m.* Pouvoir, puissance : וְאֵין שִׁלְטוֹן בְּיוֹם הַמָּוֶת Eccl. 8. 8, il n'y a point de pouvoir sur le jour de la mort ; בַּאֲשֶׁר דְּבַר־מֶלֶךְ שִׁלְטוֹן vers. 4, où la parole du roi est, là est la puissance.

שִׁלְטוֹן *m.* chald. Dominateur, gouverneur : וְכֹל שִׁלְטֹנֵי מְדִינָתָא Dan. 3. 2, tous les gouverneurs des provinces.

שָׁלְטָן chald. *m.* Domination : וְשָׁלְטָנֵהּ עִם־דָּר וְדָר Dan. 3. 33, et sa domination est dans toutes les générations ; בְּכָל־שָׁלְטָן מַלְכוּתִי Dan. 6. 27, dans toute l'étendue de mon royaume ; *plur.* : וְכֹל שָׁלְטָנַיָּא 7. 27, et tous les empires, ou : et tous les dominateurs, souverains.

שַׁלֶּטֶת (v. שַׁלִּיט).

שְׁלִי (rac. שָׁלָה) Tranquillité, silence. Ex. unique : בַּשֶּׁלִי II Sam. 3. 27, (pour lui parler) en secret, ou à voix basse.

שִׁלְיָה *f.* Arrière-faix : וּבְשִׁלְיָתָהּ הַיּוֹצֵת מִבֵּין רַגְלֶיהָ Deut. 28. 57, et l'arrière-faix qui sortira d'entre ses pieds ; pour : son petit enfant qu'elle mettra au monde.

שְׁלֵיו et **שָׁלֵו** (v. שְׂלָו).

שַׁלִּיט *m.* (שַׁלֶּטֶת *f.*). *adj.* Celui qui gouverne, commande ; le maître : הַשַּׁלִּיט עַל־הָאָרֶץ Gen. 42. 6, (Joseph) commandait dans le pays ; אֵין אָדָם שַׁלִּיט בָּרוּחַ Eccl. 8. 8, l'homme n'est point maître de son âme ; אִשָּׁה־זוֹנָה שַׁלָּטֶת Ez. 16. 30, (d')une maîtresse prostituée.

שַׁלִּיט chald. *adj.* et *subst.* Puissant, dominateur, gouverneur : מֶלֶךְ רַב וְשַׁלִּיט Dan. 2. 10, un roi grand et puissant ; שַׁלִּיט תַּלְתָּא Dan. 5. 29, le troisième chef, la troisième personne dans l'État ; לָא שַׁלִּיט לְמִרְמֵא עֲלֵיהֹם Esdr. 7. 24, qu'on n'aura pas le pouvoir, ne sera pas autorisé, de leur imposer un tribut.

שָׁלִישׁ et **שָׁלִשׁ** 1° Nom d'une mesure de capacité, probablement le tiers d'une grande mesure, p. ex. d'un épha : וְכָל בַּשָּׁלִשׁ Is. 40. 12, (et qui est celui) qui a renfermé dans une mesure ; וַתַּשְׁקֵמוֹ בִּדְמָעוֹת שָׁלִישׁ Ps. 80. 6, tu les abreuves de larmes à pleine mesure. — 2° Chef d'armée, officier, écuyer attaché à la personne du roi, grand seigneur : וּמִבְחַר שָׁלִשָׁיו Exod. 15. 4, l'élite de ses officiers ; בִּדְקַר שָׁלִשׁוֹ II Rois 9. 25, Bidkar, capitaine de la garde ; שָׁלִשִׁים Ez. 23. 23, de grands seigneurs, ou des officiers ; רֹאשׁ הַשָּׁלִישִׁים I Chr. 11. 11, et רֹאשׁ הַשָּׁלִשִׁי II Sam. 23. 8, chef des officiers, c.-à-d. d'un corps composé d'officiers, un des trois principaux capitaines ; מַרְאֵה שָׁלִישִׁים כֻּלָּם Ez. 23. 15, tous avaient l'apparence de grands seigneurs. — Pensées nobles, élevées : הֲלֹא כָתַבְתִּי לְךָ שָׁלִשִׁים Prov. 22. 20, j'ai mis par écrit pour toi des pensées nobles, des choses excellentes ; selon d'autres : à trois reprises différentes. — 3° *Plur.* Nom d'un instrument de musique, probablement en forme de triangle, I Sam. 18. 6.

שְׁלִישִׁי *m.* (*f.* שְׁלִישִׁית, שְׁלִשִׁית, *plur.* שְׁלִשִׁים, de שָׁלֹשׁ). Le, la troisième : דּוֹר שְׁלִישִׁי Deut. 23. 9, la troisième génération ; יִהְיֶה יִשְׂרָאֵל שְׁלִישִׁיָּה לְמִצְרַיִם וּלְאַשּׁוּר Is. 19. 24, Israel sera joint pour troisième partie à l'Égypte et à Assur, c.-à-d. sera aussi puissant que ces pays ; עֶגְלַת שְׁלִשִׁיָּה Is. 15. 5, une génisse de trois ans (v. à עֶגְלָה, page 507) ; וּשְׁלִשִׁים יִסָּעוּ Nomb. 2. 24, ils partiront les troisièmes ; שַׂר־חֲמִשִּׁים שְׁלִשִׁים II Rois 1. 13, le chef d'une troisième cinquantaine. — שְׁלִשִׁית Tiers, la troisième partie d'un tout, la troisième fois, troisième jour, surlendemain : שְׁלִשִׁית הַהִין Nomb. 15. 6, le tiers d'un hin ; הַשְּׁלִשִׁית בְּיַד יוֹאָב II Sam. 18. 2, la troisième partie de ses troupes sous la conduite de Joab ; בַּשְּׁלִישִׁית I Sam. 3. 8, pour la troisième fois ; שְׁלִישִׁתָה Ez. 21. 19, une troisième fois ; עַד הָעֶרֶב הַשְּׁלִשִׁית I Sam. 20. 5, jusqu'au soir du troisième jour ; כָּעֵת מָחָר הַשְּׁלִשִׁית vers. 12, après-demain à la même heure ; שְׁנִיִּם וּשְׁלִשִׁים Gen. 6. 16, un second et un troisième étage.

שָׁלַךְ *Kal* inusité (v. שָׁלַח). *Hiph.* הִשְׁלִיךְ Jeter, rejeter, repousser, renverser : הַשְׁלִיכוּ אֹתוֹ אֶל־הַבּוֹר הַזֶּה Gen. 37. 22, jetez-le dans cette fosse ; וְיַשְׁלֵךְ עָלָיו Job 27. 22, il jettera sur lui (les flèches ou les calamités); אַשְׁלִיךְ לָכֶם גּוֹרָל Jos. 18. 8, je jetterai pour vous le sort (je tirerai vos parts au sort); וּמִשִּׁנָּיו אַשְׁלִיךְ טָרֶף Job 29. 17, et j'arracherai la proie d'entre ses dents; אַל־תַּשְׁלִיכֵנִי לְעֵת זִקְנָה Ps. 71. 9, ne me rejette pas dans le temps de ma vieillesse; וְלֹא־הִשְׁלִיכָם מֵעַל־פָּנָיו II Rois 13. 23, il ne les a pas rejetés de devant sa face; אַל־תַּשְׁלִיכֵנִי מִלְּפָנֶיךָ Ps. 51. 13, ne me repousse pas de devant toi; וְנַשְׁלִיכָה מִמֶּנּוּ עֲבֹתֵימוֹ Ps. 2. 3, jetons loin de nous leurs cordes; וְהִשְׁלַכְתֶּנָה הַהַרְמוֹנָה Amos 4. 3, vous serez jetées dans la citadelle; וְאֹתִי הִשְׁלַכְתָּ אַחֲרֵי גַוֶּךָ I Rois 14. 9, et moi tu m'as jeté derrière ton dos, tu m'as dédaigné; הִשְׁלַכְתָּ אַחֲרֵי גֵוְךָ כָּל־חֲטָאָי Is. 38. 17, tu as jeté tous mes péchés derrière ton dos, tu les as oubliés; וַתַּשְׁלֵךְ דְּבָרַי אַחֲרֶיךָ Ps. 50. 17, tu rejettes mes paroles; וַיַּשְׁלֵךְ אֶת־נַפְשׁוֹ מִנֶּגֶד Jug. 9. 17, et qui a exposé sa vie; הִשְׁלִיכוּ מִשְׁכְּנוֹתֵינוּ Jér. 9. 18, ils ont renversé nos demeures; נְשָׂאתַנִי וַתַּשְׁלִיכֵנִי Ps. 102. 11, tu m'avais élevé, et puis tu m'as renversé; וְתַשְׁלִיכֵהוּ עֲצָתוֹ Job 18. 7, son propre conseil le renversera.

Hoph. הָשְׁלַךְ et הֻשְׁלַךְ *passif* : מֻשְׁלֶכֶת בַּדֶּרֶךְ I Rois 13. 25, (un corps) jeté, étendu, sur la route; עָלֶיךָ הָשְׁלַכְתִּי Ps. 22. 11, je me suis jeté sur toi, j'ai espéré en toi; הָשְׁלַכְתָּ מִקִּבְרְךָ Is. 14. 19, tu as été jeté loin de son sépulcre; וְהֻשְׁלַךְ מְכוֹן מִקְדָּשׁוֹ Dan. 8. 11, et la base de son sanctuaire fut renversée.

שָׁלָךְ *m.* Espèce d'oiseau immonde, plongeon, pélican? Lév. 11. 17.

שַׁלֶּכֶת *f.* Action de jeter : בְּשַׁלֶּכֶת Is. 6. 13, lorsque (ces arbres) jettent, perdent, leurs feuilles ou leurs branches.

שַׁלֶּכֶת *n. pr.* d'une des portes du temple, I Chr. 26. 16.

שָׁלַל (v. נָשַׁל et שָׁלָה) Dépouiller, piller, prendre du butin : אַתָּה שַׁלּוֹתָ גּוֹיִם רַבִּים יְשָׁלּוּךָ כָּל־יֶתֶר עַמִּים Hab. 2. 8, parce que tu as dépouillé plusieurs nations, tout le reste des peuples te dépouillera; כָּל־שֹׁלְלֶיהָ Jér. 50. 10, tous ceux qui la pilleront; לִשְׁלֹל שָׁלָל Is. 10. 6, pour prendre du butin; שֹׁל־תָּשֹׁלּוּ לָהּ Ruth 2. 16, vous laisserez tomber pour elle (des épis).

Hithpo. Être pillé, être mis au pillage: אֶשְׁתּוֹלְלוּ אַבִּירֵי לֵב Ps. 76. 6, les hommes vaillants sont dépouillés (pour הִשְׁתּוֹלְלוּ). *Part.*: וְסָר מֵרָע מִשְׁתּוֹלֵל Is. 59. 15, celui qui s'éloigne du mal est exposé au pillage.

שָׁלָל *m.* Butin, dépouilles : שְׁלַל אֹיְבֶיךָ Deut. 20. 14, (tu mangeras) le butin de tes ennemis; נֶזֶם שְׁלָלוֹ Jug. 8. 24, des bagues qu'il a eues pour butin; וְהָיְתָה־לּוֹ נַפְשׁוֹ לְשָׁלָל Jér. 21. 9, que sa vie soit son butin, qu'il ait la vie sauve; לְצַוְּארֵי שָׁלָל Jug. 5. 30, pour le cou de ceux qui sont chargés de butin (les vainqueurs), comme אִישׁ שָׁלָל ; וְשָׁלָל לֹא יֶחְסָר Prov. 31. 11, il ne manquera point de dépouilles, c.-à-d. de produits, de lucre.

שָׁלֵם (*fut.* יִשְׁלַם) 1° Être achevé, être fini : וַתִּשְׁלַם כָּל־הַמְּלָאכָה I Rois 7. 51, tout l'ouvrage fut achevé; וְשָׁלְמוּ יְמֵי אֶבְלֵךְ Is. 60. 20, les jours de ton deuil seront finis. — 2° Être intact, heureux, en paix : מִי־הִקְשָׁה אֵלָיו וַיִּשְׁלָם Job 9. 4, qui lui a résisté et s'en est bien trouvé, a été heureux; וּשְׁלָם Job 22. 21, et tu seras en paix, heureux; *part.*: אִם־גָּמַלְתִּי שׁוֹלְמִי רָע Ps. 7. 5, si j'ai rendu le mal à celui qui vivait en paix avec moi (comme אִישׁ שְׁלוֹמִי , v. à שָׁלוֹם); *part. pass.*: שְׁלֻמֵי II Sam. 20. 19, les hommes paisibles.

Pi. 1° Achever, terminer : וַיְשַׁלֵּם אֶת־הַבָּיִת I Rois 9. 25, il acheva le temple. — 2° Rendre paisible, heureux : וְשִׁלַּם נְוַת צִדְקֶךָ Job 8. 6, il fera régner la paix, ou le bonheur, dans ta demeure juste, innocente. — 3° Payer, acquitter (une dette, un vœu), rendre la pareille, rémunérer : לֹוֶה רָשָׁע וְלֹא יְשַׁלֵּם Ps. 37. 21, le méchant emprunte et ne rend point; וְשַׁלְּמִי אֶת־נִשְׁיֵךְ II Rois 4. 7, et paye ta dette; וְשַׁלֵּם לְעֶלְיוֹן נְדָרֶיךָ Ps. 50. 14, et acquitte-toi de tes vœux au Très-Haut; וַאֲשַׁלֵּם נִחֻמִים Is. 57. 18, je donnerai des consolations; לָמָּה שִׁלַּמְתֶּם

רָעָה תַּחַת טוֹבָה Gen. 44. 4, pourquoi avez-vous rendu le mal pour le bien? יְשַׁלֵּם יְיָ פָּעֳלֵךְ Ruth 2. 12, que l'Éternel récompense ce que tu as fait; כַּאֲשֶׁר עָשִׂיתִי כֵּן שִׁלַּם־לִי אֱלֹהִים Jug. 1. 7, Dieu m'a rendu comme j'ai fait; וְאֶת־צַדִּיקִים יְשַׁלֶּם־טוֹב Prov. 13. 21, le bonheur récompense les justes.

Pou. Être payé, être acquitté, être rendu, être récompensé : וּלְךָ יְשֻׁלַּם־נֶדֶר Ps. 65. 2, on s'acquittera des vœux qu'on te fait; הַיְשֻׁלַּם תַּחַת־טוֹבָה רָעָה Jér. 18. 20, le mal sera-t-il rendu pour le bien? הֵן צַדִּיק בָּאָרֶץ יְשֻׁלָּם Prov. 11. 31, certes le juste est récompensé même sur cette terre. — *Part.*: כִּמְשֻׁלָּם Is. 42. 19, comme celui qui est pacifique, ou qui est parfait, accompli.

Hiph. 1° Accomplir, achever : וַעֲצַת מַלְאָכָיו יַשְׁלִים Is. 44. 26, il accomplit le conseil de ses envoyés; מִיּוֹם עַד־לַיְלָה תַּשְׁלִימֵנִי Is. 38. 12, du jour à la nuit tu m'achèves, tu mets fin à mon existence. — 2° Être en paix, faire la paix, avec quelqu'un : וְאִם־לֹא תַשְׁלִים עִמָּךְ Deut. 20. 12, si elle ne fait pas la paix avec toi; וְכִי הִשְׁלִימוּ יֹשְׁבֵי גִבְעוֹן אֶת־יִשְׂרָאֵל Jos. 10. 1, et que les habitants de Guebon avaient fait la paix avec Israel (avec אֶל Jos. 11. 19); גַּם־אוֹיְבָיו יַשְׁלִם אִתּוֹ Prov. 16. 7, il fait que ses ennemis même concluent la paix avec lui.

Hoph. Être ami, être en paix : וְחַיַּת הַשָּׂדֶה הָשְׁלְמָה־לָךְ Job 5. 23, et les animaux des champs seront en paix avec toi.

שְׁלַם chald. Achever; *part. pass.* : וְלָא שְׁלִים Esdr. 5. 16, (le temple) n'est pas encore achevé.

Aph. 1° Restituer, remettre : הַשְׁלֵם Esdr. 7. 19, restitue, rends (les vases). — 2° Terminer, mettre fin : וְהַשְׁלְמַהּ Dan. 5. 26, et il a mis fin à (ton règne).

שְׁלָם chald. *m.* Paix, bien-être : שְׁלָמְכוֹן יִשְׂגֵּא Dan. 3. 31, que votre prospérité augmente.

שָׁלֵם *adj.* (*f.* שְׁלֵמָה). 1° Achevé, terminé : שָׁלֵם בֵּית יְיָ II Chr. 8. 16, le temple de l'Éternel (était) achevé. — 2° Entier, complet, intact, absolu, parfait : אֶבֶן שְׁלֵמָה Deut. 25. 15, un poids entier (juste); לֹא־שָׁלֵם עֲוֺן הָאֱמֹרִי Gen. 15. 16, le crime d'Emori n'est pas (encore) à son comble; גָּלוּת שְׁלֵמָה Amos 1. 9, une captivité entière, complète; וּתְהִי מַשְׂכֻּרְתֵּךְ שְׁלֵמָה Ruth 2. 12, puisse ta récompense être complète! אֲבָנִים שְׁלֵמוֹת Deut. 27. 6, des pierres entières; וַיָּבֹא יַעֲקֹב שָׁלֵם עִיר שְׁכֶם Gen. 33. 18, Jacob arriva en bonne santé à la ville de Sichem; אִם־שְׁלֵמִים Nah. 1. 12, quoiqu'ils soient puissants; שָׁלֵם עִם יְיָ I Rois 8. 61, (que votre cœur soit) parfait avec Dieu; וּבְלֵבָב שָׁלֵם II Rois 20. 3, et avec un cœur parfait, intègre. — 3° Paisible : שְׁלֵמִים הֵם אִתָּנוּ Gen. 34. 21, ils sont en paix avec nous, *exact.* paisibles à l'égard de nous.

שָׁלֵם *n. pr.* Salem, Jérusalem, Gen. 14. 18.

שֶׁלֶם *m.* (*pl.* שְׁלָמִים). Reconnaissance, sacrifice de reconnaissance, sacrifice pacifique : זִבְחֵי שְׁלָמִים עָלָי Prov. 7. 14, j'ai à m'acquitter de sacrifices de reconnaissance; זֶבַח תּוֹדַת שְׁלָמָיו Lévit. 7. 13, son sacrifice pacifique qui est pour l'action de grâces; וְשֶׁלֶם מְרִיאֵיכֶם Amos 5. 22, et vos animaux les plus gras offerts en sacrifice pacifique; עֹלוֹת וּשְׁלָמִים Jug. 20. 26, des holocaustes et des sacrifices pacifiques.

שִׁלֵּם *m.* Rémunération : לִי נָקָם וְשִׁלֵּם Deut. 32. 35, à moi (appartient) la vengeance et la rémunération.

שִׁלֵּם *n. pr.* Sillem, fils de Nephthali, Gen. 46. 24, le même שַׁלּוּם I Chr. 7. 13; *nom patron.* שִׁלֵּמִי Nomb. 26. 49.

שִׁלֻּם et שִׁלּוּם *m.* 1° Punition : יְמֵי הַשִּׁלֻּם Osée 9. 7, les jours de la punition; *plur.* : שְׁנַת שִׁלּוּמִים Is. 34. 8, une année de punition, de châtiment. — 2° Action de payer : וְהַשֹּׁפֵט בַּשִּׁלּוּם Mich. 7. 3, (on gagne) le juge en le payant (*exact.* par un payement).

שַׁלֻּם et שַׁלּוּם *n. pr.* 1° Sallum, roi d'Israel, II Rois 15. 10. — 2° Sallum, fils de Josias, roi de Juda, Jér. 22. 11.

— 3° Sallum, époux de la prophétesse Houlda, II Rois 22. 14. — 4° Plusieurs autres, Esdr., Néh., Chr.

שִׁלֻּמָה *f.* Punition : וְשִׁלֻּמַת רְשָׁעִים Ps. 91. 8, la punition des méchants.

שְׁלֹמֹה *n. pr.* Salomon, fils de David, troisième roi des Israélites.

שְׁלֹמִי (paisible) *n. pr. m.* Nomb. 34. 27.

שְׁלֻמִיאֵל (dont Dieu est l'ami) *n. pr. m.* Nomb. 1. 6.

שֶׁלֶמְיָהוּ *n. pr. m.* I Chr. 26. 14.

שְׁלֹמִית (paisible) *n. pr.* 1° Selomith, fille de Dibri, Lév. 24. 11. — 2° Selomith, fille de Sérubabel, I Chr. 3. 19. — 3° Selomith, fils de Josephia, Esdr. 8. 10. — 4° Plusieurs autres, Chr.

שַׁלְמַן et שַׁלְמַנְאֶסֶר *n. pr.* Salmanassar, roi d'Assyrie, Osée 10. 14, II Rois 17. 3.

שַׁלְמֹנִים (rac. שָׁלַם) *m. pl.* Payement, récompense : וְרֹדֵף שַׁלְמֹנִים Is. 1. 23, et ils courent après les récompenses.

שָׁלַף (*fut.* יִשְׁלֹף) Oter, arracher, tirer : שָׁלַף אִישׁ נַעֲלוֹ Ruth 4. 7, l'homme ôtait son soulier ; שֶׁקַּדְמַת שָׁלַף יָבֵשׁ Ps. 129. 6, (l'herbe) qui est sèche avant qu'on l'arrache, ou avant qu'elle monte en tuyau ; שְׁלֹף חַרְבְּךָ I Sam. 31. 4, tire ton épée ; כָּל־אֵלֶּה שֹׁלֵף חָרֶב Jug. 20. 25, qui tiraient tous l'épée, c.-à-d. étaient tous armés.

שֶׁלֶף *n. pr.* Seleph, fils de Joktan, Gen. 10. 26.

שָׁלֹשׁ et שָׁלוֹשׁ (const. שְׁלֹשׁ, avec *makk.* שְׁלָשׁ־ *fém.* ; שְׁלֹשָׁה, const. שְׁלֹשֶׁת *m.*) 1° Trois : שָׁלֹשׁ עָרִים עַל הַשָּׁלֹשׁ הָאֵלֶּה Deut. 19. 9, (tu ajouteras) trois villes outre ces trois-là ; rarement après les *subst.* : עָרִים שָׁלֹשׁ Jos. 21. 32, trois villes ; כְּמִשְׁלֹשׁ חֳדָשִׁים Gen. 38. 24, environ trois mois après ; שְׁלֹשָׁה בָנִים Gen. 6. 10, trois fils ; בִּשְׁנַת שָׁלֹשׁ II Rois 18. 1, dans la troisième année ; שְׁלֹשׁ־עֶשְׂרֵה Jos. 19. 6, treize, *fém.* ; שְׁלֹשָׁה עָשָׂר Nomb. 29. 13, treize, *m.* Avec suff. : שְׁלָשְׁתְּכֶם Nomb. 12. 4, vous trois ; שְׁלָשְׁתָּם même vers., eux trois. — 2° Trois fois : פַּעֲמַיִם שָׁלוֹשׁ Job 33. 29, deux et trois fois ; *plur.* שְׁלֹשִׁים trente : שְׁלֹשִׁים וְשָׁלֹשׁ Gen. 46. 15, trente-trois ; בִּשְׁנַת שְׁלֹשִׁים וְאַחַת שָׁנָה I Rois 16. 23, dans la trente-et-unième année.

שֵׁלֶשׁ *n. pr. m.* I Chr. 7. 35.

שָׁלִשׁ (v. שָׁלִישׁ).

שִׁלֵּשׁ *Pi.* 1° Diviser en trois parties : וְשִׁלַּשְׁתָּ אֶת־גְּבוּל אַרְצְךָ Deut. 19. 3, tu diviseras en trois parties les contrées de ton pays. — 2° Faire une chose pour la troisième fois : שַׁלֵּשׁוּ וַיְשַׁלֵּשׁוּ I Rois 18. 34, faites-le pour la troisième fois, et ils le firent pour la troisième fois. — 3° וְשִׁלַּשְׁתָּ תֵּרֵד I Sam. 20. 19, ayant attendu jusqu'au troisième jour, tu descendras.

Pou. part. 1° Être triple : וְהַחוּט הַמְשֻׁלָּשׁ Eccl. 4. 12, et le triple cordon. — 2° Être âgé de trois ans : עֶגְלָה מְשֻׁלֶּשֶׁת Gen. 15. 9, une génisse de trois ans.

שִׁלֵּשִׁים *m. pl.* Les descendants à la troisième génération : עַל־שִׁלֵּשִׁים Exod. 20. 5, sur les enfants de la troisième génération, les petits-fils ; בְּנֵי שִׁלֵּשִׁים Gen. 50. 23, les enfants des petits-fils, les arrière-petits-fils.

שָׁלִשָׁה *n. pr.* d'une contrée dans le voisinage de la montagne d'Ephraïm, I Sam. 9. 4.

שִׁלְשָׁה *n. pr. m.* I Chr. 7. 37.

שִׁלְשׁוֹם et שִׁלְשֹׁם *adv.* (Il y a trois jours) Avant-hier : תְּמוֹל שִׁלְשֹׁם Exod. 5. 8, hier et avant-hier, c.-à-d. auparavant.

שְׁלַתִּיאֵל *n. pr.* Agg. 1. 12.

שָׁם *adv.* 1° *De lieu.* Là, y, en cet endroit : שָׁם הַבְּדֹלַח Gen. 2. 12, là se trouve le bdellium ; וַיִּבֶן שָׁם מִזְבֵּחַ Gen. 12. 7, il dressa en cet endroit un autel ; avec אֲשֶׁר : אֲשֶׁר אֵין־שָׁם מֵת Exod. 12. 30, où il n'y eût un mort ; אֲשֶׁר־שָׁם הַזָּהָב Gen. 2. 11, où se trouve l'or ; וְעַל כָּל־הַמַּעֲשֶׂה שָׁם Eccl. 3. 17, (on jugera) toutes les actions là-bas, dans l'autre monde ; וְלֹא־יוֹרֶה שָׁם חֵץ II Rois 19. 32, il n'y jettera aucune flèche. Fréq. שָׁמָּה avec

ה parag. : וּבָאתָ שָׁמָּה Deut. 12. 5, tu iras en ce lieu. — 2° *De temps.* Alors : שָׁם פָּחֲדוּ פָחַד Ps. 14. 5, alors ils seront saisis de terreur. — 3° En cela : שָׁם בָּגְדוּ בִי Osée 6. 7, en quoi ils ont été perfides envers moi. — מִשָּׁם De là : וּמִשָּׁם יִפָּרֵד Gen. 2. 10, de là il se divisait. — D'où, de cela, dont : אֲשֶׁר לֻקַּח מִשָּׁם Gen. 3. 23, d'où il a été pris; וּמִשָּׁם לֹא תֹאכֵל II Rois 7. 2, mais tu n'en mangeras pas; עֲשִׂי־לִי מִשָּׁם עֻגָה I Rois 17. 13, fais-m'en un gâteau; אֲשֶׁר יָצְאוּ מִשָּׁם פְּלִשְׁתִּים Gen. 10. 14, desquels sont sortis les Philistins.

שֵׁם *m.* (une fois *fém.*, Cant. 1. 3, v. à ריק; const. שֵׁם, quelquefois avec *makk.* שֶׁם־, avec suff. שְׁמִי, שִׁמְךָ ; *plur.* שֵׁמוֹת, const. שְׁמוֹת). Nom, renom, réputation, gloire, souvenir : שֵׁם הָאֶחָד Gen. 2. 11, le nom de l'une; שְׁמוֹת בְּנֵי יִשְׂרָאֵל Exod. 1. 1, les noms des enfants d'Israel; אַנְשֵׁי־שֵׁם Nomb. 16. 2, des gens de réputation; שֵׁם Eccl. 7. 1, Prov. 22. 1, bonne réputation; שֵׁם רָע Deut. 22. 14, une mauvaise réputation; וְלֹא־שֵׁם לוֹ עַל־פְּנֵי־חוּץ Job 18. 17, on n'entend plus son nom dans les places; בְּנֵי בְלִי־שֵׁם Job 30. 8, des gens sans nom; וְנַעֲשֶׂה־לָּנוּ שֵׁם Gen. 11. 4, acquérons-nous un nom, de la réputation; וַהֲקִמֹתִי לָהֶם מַטָּע לְשֵׁם Ez. 34. 29, je susciterai parmi eux une plante de renom; כִּי־אֶתֵּן אֶתְכֶם לְשֵׁם וְלִתְהִלָּה Soph. 3. 20, car je ferai de vous un objet de gloire et de louange; וְלָשׂוּם לוֹ שֵׁם II Sam. 7. 23, pour lui donner un nom célèbre; שְׁמָם מָחִיתָ Ps. 9. 6, tu as effacé leur nom, leur souvenir. — Fréq. de Dieu : לְמַעַן שְׁמֶךָ Ps. 109. 21, pour l'amour de ton nom, de ta gloire; עֶזְרֵנוּ בְּשֵׁם יְיָ Ps. 124. 8, notre salut est dans le nom de l'Éternel; הִגְדַּלְתָּ עַל־כָּל־שִׁמְךָ אִמְרָתֶךָ Ps. 138. 2, tu as rendu ta promesse plus grande que tous tes noms, c.-à-d. elle est au-dessus de tout ce que tes noms expriment; יִהְיֶה שְׁמִי שָׁם I Rois 8. 29, mon nom sera là (dans ce temple); avec l'*art.* הַשֵּׁם le nom de l'Éternel, Dieu : הַשֵּׁם הַנִּכְבָּד — הַזֶּה Deut. 28. 58, ce nom glorifié; וַיִּקֹּב — אֶת־הַשֵּׁם Lévit. 24. 11, il blasphéma le nom (de l'Éternel).

שֵׁם (nom) *n. pr.* Sem, fils aîné de Noé, Gen. 5. 32, souche des Perses, des Assyriens, des Hébreux, des Arabes, etc.

שֻׁם chald. *m.* Nom : כְּשֻׁם Dan. 4. 5, comme le nom; שְׁמֵהּ même vers., son nom; *plur.* : שְׁמָהָת Esdr. 5. 4, les noms; שְׁמָהָתְהֹם 5. 10, leurs noms.

* **שְׁמָא** Le nom, Aboth.

* **שֶׁמָּא** Peut-être, Aboth.

שָׁמָא *n. pr. m.* I Chr. 7. 37.

שֶׁמְאֵבֶר *n. pr.* Semeber, roi de Zeboïm, Gen. 14. 2.

שִׁמְאָה *n. pr. m.* I Chr. 8. 32.

שַׁמְגַּר *n. pr.* Samgar, fils d'Anath, juge d'Israel, Jug. 3. 31.

שׁמד *Kal* inusité. *Hiph.* Détruire, exterminer : וְהִשְׁמַדְתִּי עָרֶיךָ Mich. 5. 13, je détruirai tes villes; וְאִם־תַּשְׁמִיד אֶת־שְׁמִי I Sam. 24. 22, que tu n'extermineras pas mon nom; וְחַטָּאֶיהָ יַשְׁמִיד מִמֶּנָּה Is. 13. 9, il en exterminera les pécheurs; *inf.* : הַשְׁמֵד Is. 14. 23, destruction, extermination.

Niph. pass. Être abattu, être anéanti, être détruit : וְנִשְׁמְדוּ בָּמוֹת אָוֶן Osée 10. 8, les hauts lieux d'Aven seront abattus; בֵּית רְשָׁעִים יִשָּׁמֵד Prov. 14. 11, la maison des méchants sera détruite; וְנִשְׁמַד הַמִּישֹׁר Jér. 48. 8, le plat pays sera désolé; וּפֹשְׁעִים נִשְׁמְדוּ יַחְדָּו Ps. 37. 38, les pécheurs seront détruits tous ensemble; נִשְׁמְדָה מִבִּנְיָמִן אִשָּׁה Jug. 21. 16, car les femmes d'entre les Benjamites ont été exterminées; וְנִשְׁמַד מוֹאָב מֵעָם Jér. 48. 42, Moab sera exterminé, il cessera d'être un peuple.

שְׁמַד chald. *Aph.* Détruire : לְהַשְׁמָדָה Dan. 7. 26, de détruire.

שָׁמֶּה (v. שָׁם).

שַׁמָּה *f.* (rac. שׁמם). 1° Dévastation, destruction : כּוֹס שַׁמָּה Ez. 23. 33, la coupe de désolation; וַיָּשִׁיתוּ אַרְצוֹ לְשַׁמָּה Jér. 2. 15, ils ont mis son pays en désolation; *plur.* : שַׁמּוֹת Ps. 46. 9, des dévastations. — 2° Étonnement, épouvante : לְאָלָה וּלְשַׁמָּה Jér. 42. 18, un objet d'exécration et d'étonnement; שַׁמָּה הֶחֱזִקָתְנִי Jér. 8. 21, l'épouvante m'a saisi.

שַׁמָּה *n. pr.* 1° Samma, fils de Reüel, Gen. 36. 13. — 2° Samma, frère du roi David, I Sam. 16. 9.

שַׁמְהוּת *n. pr. m.* I Chr. 27. 8.

שְׁמוּאֵל (Dieu a exaucé) *n. pr.* 1° Samuel, juge et prophète, I Sam. 1. 20. — 2° Samuel, fils d'Amihud, Nomb. 34. 20. — 3° Plusieurs autres, Chr.

שַׁמּוּעַ *n. pr.* Sammua, fils de David, II Sam. 5. 14.

שְׁמוּעָה et שְׁמֻעָה *f.* Nouvelle, annonce, ce qui est entendu, ce qui est publié, rumeur, renommée : שְׁמֻעַת שָׁאוּל II Sam. 4. 4, la nouvelle (de la mort de) Saül; שְׁמוּעָה טוֹבָה Prov. 15. 30, une bonne nouvelle; לוֹא־טוֹבָה הַשְּׁמֻעָה I Sam. 2. 24, le bruit (ce qu'on dit de vous) est fâcheux; יָסַפְתָּ עַל־הַשְּׁמוּעָה אֲשֶׁר שָׁמָעְתִּי II Chr. 9. 6, tu surpasses ta renommée; מִי הֶאֱמִין לִשְׁמֻעָתֵנוּ Is. 53. 1, qui croira à notre prédication, doctrine; וְאֶת־מִי יָבִין שְׁמוּעָה Is. 28. 9, à qui fera-t-il comprendre l'enseignement? וְלוֹא הָיְתָה סְדֹם אֲחוֹתֵךְ לִשְׁמוּעָה בְּפִיךְ Ez. 16. 56, Sodome ta sœur n'a pas été dans ta bouche (pour servir) d'enseignement.

* שִׁמּוּשׁ Action de fréquenter : בְּשִׁמּוּשׁ חֲכָמִים Aboth, en fréquentant les sages.

שַׁמּוֹת *n. pr.* I Chr. 11. 27.

שָׁמַט Lâcher prise, se détacher, donner du relâche, abandonner : כִּי שָׁמְטוּ הַבָּקָר II Sam. 6. 6, car les bœufs avaient lâché prise, s'en étaient détachés; selon d'autres, *trans.* : car les bœufs avaient fait pencher (l'arche); וַיֹּאמֶר שִׁמְטוּהָ וַיִּשְׁמְטוּהָ II Rois 9. 33, il dit : Lâchez-la, c.-à-d. jetez-la en bas, et ils la jetèrent; וְהַשְּׁבִיעִת תִּשְׁמְטֶנָּה Exod. 23. 11, mais en la septième année tu lui donneras du relâche, tu ne la cultiveras pas; יָדוֹ — שָׁמוֹט Deut. 15. 2, sa main se relâchera, il ne redemandera pas sa créance (v. à מַשֶּׁה, page 412); וְשָׁמַטְתָּה וּבְךָ מִנַּחֲלָתְךָ Jér. 17. 4, tu te détacheras toi-même (par ta propre faute) de ton héritage.

Niph. : נִשְׁמְטוּ בִידֵי־סֶלַע שֹׁפְטֵיהֶם Ps. 141. 6, leurs juges sont précipités du haut des rochers.

Hiph. : תַּשְׁמֵט יָדֶךָ Deut. 15. 3, ta main le relâchera, y renoncera.

שְׁמִטָּה *f.* Relâche : תַּעֲשֶׂה שְׁמִטָּה Deut. 15. 2, tu observeras le relâche; שְׁנַת הַשְּׁמִטָּה 15. 9, l'année de relâche, l'année sabbatique.

שַׁמַּי *n. pr. m.* 1° I Chr. 2. 28. — 2° 4. 17.

שְׁמִידָע *n. pr. m.*, *nom patron.* שְׁמִידָעִי, Nomb. 26. 32.

שָׁמַיִם *pl.* (const. שְׁמֵי). Ciel, cieux : הַשָּׁמַיִם וּשְׁמֵי הַשָּׁמָיִם Deut. 10. 14, les cieux et les cieux des cieux; כִּי־אֶרְאֶה שָׁמֶיךָ Ps. 8. 4, quand je regarde tes cieux; avec ה parag. : הַשָּׁמַיְמָה Gen. 15. 5, vers le ciel; תַּחַת כָּל־הַשָּׁמַיִם Job 28. 24, sous le ciel tout entier, c.-à-d. sur toute la terre; אֲשֶׁר תְּעוּף בַּשָּׁמַיִם Dan. 4. 17, (d'un oiseau) qui vole sous le ciel, dans l'air.

שְׁמַיִן *pl.* chald. (*emph.* שְׁמַיָּא). Cieux : אֱלָהּ שְׁמַיָּא Dan. 2. 18, Dieu du ciel.

שְׁמִינִי *m.*, *f.* שְׁמִינִית (de שְׁמֹנֶה). Le, la huitième : בַּיּוֹם הַשְּׁמִינִי Exod. 22. 29, le huitième jour; עַל־הַשְּׁמִינִית Ps. 6. 1, note ou instrument de musique.

שָׁמִיר *m.* 1° Épine, ronce : שָׁמִיר וָשַׁיִת Is. 9. 17, les ronces et les épines; מִי־יִתְּנֵנִי שָׁמִיר שַׁיִת Is. 27. 4, qui m'opposera des ronces et des épines, c.-à-d. des ennemis. — 2° Diamant : בְּצִפֹּרֶן שָׁמִיר Jér. 17. 1, avec une pointe de diamant; כְּשָׁמִיר חָזָק מִצֹּר נָתַתִּי מִצְחֶךָ Ez. 3. 9, j'ai rendu ton front semblable à un diamant et plus dur qu'un caillou.

שָׁמִיר *n. pr.* 1° Samir, ville de la tribu de Juda, Jos. 15. 48. — 2° Samir, ville dans la montagne d'Ephraïm, Jug. 10. 1. — 3° Samir, des enfants de Michah, I Chr. 24. 24.

שְׁמִירָמוֹת *n. pr. m.* I Chr. 15. 18.

שָׁמֵם (*impér.* שֹׁם, *fut.* יִשֹּׁם; *pl.* יִשַּׁמּוּ)

שמם

1° Être saisi d'étonnement, être stupéfait, sans *rég*. et avec עַל : יִשֹּׁם Jér. 18. 16, (quiconque passera) en sera étonné; כַּאֲשֶׁר שָׁמְמוּ עָלֶיךָ רַבִּים Is. 52. 14, comme beaucoup ont été saisis d'étonnement au sujet de toi; יָשֹׁמּוּ עַל־עֵקֶב בָּשְׁתָּם Ps. 40. 16, qu'ils soient étonnés, désolés, et qu'ils aient la honte pour récompense; שֹׁמּוּ שָׁמַיִם עַל־זֹאת Jér. 2. 12, cieux, soyez étonnés de ceci. — 2° Être dévasté, désolé, détruit : עַל הַר־צִיּוֹן שֶׁשָּׁמֵם Lament. 5. 18, à cause de la montagne de Sion, qui est désolée; לֵאמֹר שְׁמֵמָה Ez. 35. 12 (*keri* שָׁמֵמוּ), en disant : Elles ont été dévastées; *part.*: כָּל־שְׁעָרֶיהָ שׁוֹמֵמִין Lam. 1. 4, toutes ses portes sont désolées; de l'homme : נְתָנַנִי שֹׁמֵמָה Lam. 1. 13, il m'a rendue désolée; הָיוּ בָנַי שׁוֹמֵמִים vers. 16, mes enfants sont dans la désolation ; וַתֵּשֶׁב תָּמָר וְשֹׁמֵמָה בֵּית אַבְשָׁלוֹם II Sam. 13. 20, Tamar demeura toute désolée, ou isolée, dans la maison d'Absalon; וְלֶחֳרָבוֹת הַשֹּׁמְמוֹת Ez. 36. 4, aux lieux détruits et désolés; שֹׁמְמוֹת רִאשֹׁנִים Is. 61. 4, les ruines depuis les temps anciens; וְשֹׁמְמֹתַיִךְ Is. 49. 19, et tes ruines. — 3° *Trans*. Détruire, dévaster : שַׁמּוֹת וְשָׁאֹף אֶתְכֶם Ez. 36. 3, de vous détruire et de vous engloutir; *part.* : וְהַפֶּשַׁע שֹׁמֵם Dan. 8. 13, et le péché qui cause la désolation; וְלָתֵת שִׁקּוּץ שֹׁמֵם Dan. 12. 11, et depuis qu'on aura établi l'abomination de destruction, de désolation.

Niph. נָשַׁם 1° Comme *Kal* 1° : וְנָשַׁמּוּ הַכֹּהֲנִים Jér. 4. 9, les prêtres seront étonnés; עַל־יוֹמוֹ נָשַׁמּוּ אַחֲרֹנִים Job 18. 20, la postérité sera étonnée, épouvantée, de son sort. — 2° Comme *Kal* 2°: נָשַׁמָּה כָּל־הָאָרֶץ Jér. 12. 11, tout le pays a été dévasté; וְנָשַׁמּוּ בָּמוֹת יִשְׂחָק Amos 7. 9, les hauts lieux d'Isaac seront désolés; תְּהִי־טִירָתָם נְשַׁמָּה Ps. 69. 26, que leur château soit désert; נָשַׁמּוּ מְסִלּוֹת Is. 33. 8, les sentiers sont déserts; וְנָשַׁמּוּ אִישׁ וְאָחִיו Ez. 4. 17, et ils seront désolés ensemble; נָשַׁמּוּ בַּחוּצוֹת Lam. 4. 5, ils demeurent désolés, languissants, par les rues.

Pol. (*part*. מְשׁוֹמֵם). 1° Être désolé, stupéfait : וָאֵשְׁבָה מְשׁוֹמֵם Esdr. 9. 4, je m'assis tout désolé, stupéfait. — 2° Désoler, détruire : הַשִּׁקּוּץ מְשׁוֹמֵם Dan. 11. 31, l'abomination qui causera la désolation, la destruction.

Hiph. הֵשַׁם (*fut*. יַשִּׁים, *inf*. הַשְׁמֵם, *part*. מַשְׁמִים). 1° Être étonné, rendre étonné : וַהֲשִׁמּוֹתִי עָלֶיךָ עַמִּים רַבִּים Ez. 32. 10, je ferai que plusieurs peuples seront étonnés à cause de toi; מַשְׁמִים Ez. 3. 15, (je restais pendant sept jours) frappé d'étonnement. — 2° Désoler, dévaster : וַהֲשִׁמֹּתִי גַפְנָהּ Osée 2. 12, je dévasterai sa vigne; וַנַּשִּׁים עַד־נֹפַח Nomb. 21. 30, nous les avons dévastés jusqu'à Nophaḥ; הֲשִׁמּוֹתָ כָּל־עֲדָתִי Job 16.7, tu as désolé toute ma compagnie; וְאֶת־נָוֵהוּ הֵשַׁמּוּ Ps. 79. 7, ils ont dévasté sa demeure; הַשְׁמֵם עַל־חַטֹּאתֶךָ Mich. 6. 13, pour te désoler à cause de tes péchés; לְמַעַן אֲשִׁמֵּם Ez. 20. 26, afin que je les désole.

Hoph.: פְּנוּ־אֵלַי וְהָשַׁמּוּ Job 21. 5, regardez-moi et soyez stupéfaits; כָּל־יְמֵי הָשַּׁמָּה Lévit. 26. 35, tout le temps qu'elle demeurera désolée.

Hithpo. הִשְׁתּוֹמֵם : וָאֶשְׁתּוֹמֵם עַל־הַמַּרְאֶה Dan. 8. 27, et j'étais tout étonné de cette vision; יִשְׁתּוֹמֵם לִבִּי Ps. 143. 4, mon cœur est saisi de trouble, est épouvanté; לָמָּה תִּשּׁוֹמֵם Eccl. 7. 16, pourquoi te perdre, te détruire, toi-même?

שְׁמַם chald. Être étonné. *Ithp*. : דָּנִיֵּאל — אֶשְׁתּוֹמַם Dan. 4. 16, Daniel demeura tout étonné.

שָׁמֵם *adj*. Désolé, détruit : עַל־מִקְדָּשְׁךָ הַשָּׁמֵם Dan. 9. 17, sur ton sanctuaire (qui a été) détruit.

שְׁמָמָה *f*. 1° Étonnement, trouble : וְנָשִׂיא יִלְבַּשׁ שְׁמָמָה Ez. 7. 27, et le prince se vêtira de désolation, sera accablé de tristesse. — 2° Dévastation, désolation, désert : פֶּן־תִּהְיֶה הָאָרֶץ שְׁמָמָה Exod. 23. 29, pour que le pays ne devienne un désert; לְחָרְבָּה לִשְׁמָמָה Jér. 44. 6, en ruines et en une désolation; כּוֹס שַׁמָּה וּשְׁמָמָה Ez. 23. 33, coupe de désolation et de destruction.

שְׁמָמָה *f.* Ruine, solitude : שִׁמְמוֹת עוֹלָם Ez. 35. 9, ruines éternelles.

שִׁמָּמוֹן *m.* Étonnement, torpeur : וּבְשִׁמָּמוֹן יִשְׁתּוּ Ez. 4. 16, ils en boiront avec épouvante, torpeur.

שָׁמַן ou **שָׁמֵן** (*fut.* יִשְׁמַן) Être gras, devenir gras : שָׁמַנְתָּ Deut. 32. 15, tu es devenu gras ; וַיִּשְׁמַן יְשֻׁרוּן même vers., Yessurun est devenu gras.

Hiph. Devenir gras : וַיַּשְׁמִינוּ Néh. 9. 25, et ils furent engraissés; *trans. au fig.*: הַשְׁמֵן לֵב־הָעָם הַזֶּה Is. 6. 10, couvre le cœur de ce peuple de graisse, endurcis-le, rends-le insensible; ou, *inf.*: le cœur de ce peuple est endurci, insensible.

שָׁמֵן *m.*, שְׁמֵנָה *f.*, *adj.* Gras, fertile : כָּל־שָׁמֵן וְכָל־אִישׁ חָיִל Jug. 3. 29, tous gras (c.-à-d. forts, robustes) et tous vaillants ; וּמִרְעֶה שָׁמֵן Ez. 34. 14, et (dans) un pâturage gras; הַשְׁמֵנָה הִוא Nomb. 13. 20, si le pays est gras, fertile; שְׁמֵנָה לַחְמוֹ Gen. 49. 20, son pain est excellent.

שֶׁמֶן *m.* (avec suff. שַׁמְנִי ; *pl.* שְׁמָנִים). 1° Graisse : וּבְשָׂרִי כָּחַשׁ מִשָּׁמֶן Ps. 109. 24, mon corps a maigri, n'a plus de graisse; וְחֻבַּל עֹל מִפְּנֵי־שָׁמֶן Is. 10. 27, le joug sera brisé par la graisse, tant le cou sera gras (v. une autre explication à II חָבַל *Pou.*); מִשְׁתֵּה שְׁמָנִים Is. 25. 6, un banquet de choses grasses; גֵּיא־שְׁמָנִים Is. 28. 1, une vallée fertile; בְּקֶרֶן בֶּן־שָׁמֶן Is. 5. 1, au sommet d'une montagne fertile. — 2° Huile, huile de parfum : שֶׁמֶן לַמָּאוֹר Exod. 25. 6, de l'huile pour l'éclairage; שֶׁמֶן זַיִת Exod. 27. 20, de l'huile d'olive; וְעֵץ שָׁמֶן Is. 41.19, et l'olivier (sauvage); שֶׁמֶן רוֹקֵחַ Eccl. 10. 1, l'huile du parfumeur; טוֹב שֵׁם מִשֶּׁמֶן טוֹב Eccl. 7. 1, une bonne réputation vaut mieux que le bon parfum; וְרֵיחַ שְׁמָנַיִךְ Cant.4.10, l'odeur de tes huiles parfumées; וְשֶׁמֶן יְמִינוֹ יִקְרָא Prov. 27. 16, (et comme s'il voulait retenir) dans sa droite une huile parfumée qui se fait sentir.

שְׁמַנִּים *m. pl.* Graisse : וּמִשְׁמַנֵּי הָאָרֶץ Gen. 27. 28, et de la graisse de la terre, c.-à-d. une terre fertile (v. מִשְׁמָן).

שְׁמֹנָה *f.* (שְׁמֹנַת, שְׁמֹנֶה *m.*). Huit : בִּשְׁמֹנָה אֲנָשִׁים Jér. 41. 15, avec huit hommes; שְׁמֹנָה עָשָׂר Gen. 14. 14, dix-huit; *plur.* שְׁמֹנִים quatre-vingt.

שָׁמַע et **שָׁמֵעַ** 1° Entendre, apprendre, écouter, exaucer (de Dieu), obéir : אָזְנַיִם לָהֶם וְלֹא יִשְׁמָעוּ Ps. 115. 6, ils ont des oreilles et ils n'entendent point; שָׁמַעְתִּי כִּי יֶשׁ־שֶׁבֶר Gen. 42. 2, j'ai appris qu'il y a des provisions (en Égypte); שְׁמָעוּנִי Gen. 23. 8, écoutez-moi; suivi de אֶל, עַל : וְלֹא־שָׁמַע אֵלֶיהָ Gen. 39.10, il ne l'écouta pas; אַל־תִּשְׁמְעוּ עַל־דִּבְרֵי הַנְּבִאִים Jér. 23. 16, n'écoutez pas les paroles de ces prophètes; וּבְשַׁוְּעוֹ אֵלָיו שָׁמֵעַ Ps. 22. 25, quand il crie à lui, il l'exauce; וּלְיִשְׁמָעֵאל שְׁמַעְתִּיךָ Gen.17.20, je t'ai aussi exaucé touchant Ismael : וְשָׁמְעוּ לְקֹלֶךָ Exod. 3. 18, ils obéiront à ta parole; שְׁמֹעַ מִזֶּבַח טוֹב I Sam.15.22, obéir vaut mieux que sacrifices; וְלֹא שָׁמְעוּ בְּתוֹרָתוֹ Is. 42. 24, ils n'ont pas obéi à sa loi; נַעֲשֶׂה וְנִשְׁמָע Exod. 24.7, nous ferons (tout ce que l'Éternel a ordonné), et nous obéirons. — 2° Entendre, comprendre : תִּשְׁמַע חֲלוֹם לִפְתֹּר אֹתוֹ Gen. 41. 15, que tu comprends un songe, que tu sais l'interpréter; גּוֹי אֲשֶׁר לֹא־תִשְׁמַע לְשֹׁנוֹ Deut. 28. 49, un peuple dont tu n'entendras pas la langue; לֵב שֹׁמֵעַ I Rois 3. 9, un cœur intelligent; וְאִישׁ שׁוֹמֵעַ Prov.21.28, et l'homme qui obéit à ses devoirs; selon d'autres : mais l'homme qui témoigne d'une chose comme il l'a entendue (opposé au faux témoin).

Niph. passif. 1° Être entendu, être exaucé : וְהַקֹּל נִשְׁמַע בֵּית פַּרְעֹה Gen. 45. 16, le bruit se répandit dans la maison de Pharaon; בְּהִשָּׁמַע דְּבַר־הַמֶּלֶךְ Esth. 2. 8, lorsque la parole du roi fut entendue, sue; הַכֹּל נִשְׁמָע Eccl. 12. 13, tout y est entendu, compris; נִשְׁמְעוּ דְבָרֶיךָ Dan. 10. 12, tes paroles ont été exaucées; דִּבְרֵי חֲכָמִים בְּנַחַת נִשְׁמָעִים Eccl. 9. 17, les paroles des sages dites avec douceur sont écoutées. — 2° Se montrer obéissant : יִשָּׁמְעוּ לִי Ps. 18. 45, ils m'obéissent.

Pi. Convoquer, assembler : וַיְשַׁמַּע שָׁאוּל אֶת־הָעָם I Sam. 15. 4, Saül assembla le peuple.

Hiph. 1° Faire entendre, annoncer, faire connaître : וְאַשְׁמִעֵם אֶת־דְּבָרָי Deut. 4. 10, afin que je leur fasse entendre mes paroles ; הִשְׁמִיעֲךָ אֶת־קֹלוֹ Deut. 4. 36, il t'a fait entendre sa voix ; sans קוֹל : וַיַּשְׁמִיעוּ הַמְשֹׁרְרִים Néh. 12. 42, les chantres firent retentir leur voix ; לְמַשְׁמִיעִים I Chr. 16. 42, pour ceux qui faisaient entendre leur voix, ou : les sons des instruments ; מַשְׁמִיעַ יְשׁוּעָה Is. 52. 7, annonçant le salut ; הַבָּאוֹת הַשְׁמִיעוּנוּ Is. 41. 22, faites-nous entendre ce qui est prêt à arriver ; יַשְׁמִיעַ כָּל־תְּהִלָּתוֹ Ps. 106. 2, (qui) pourrait publier toute sa louange ; הַשְׁמִיעֵנִי בַבֹּקֶר חַסְדֶּךָ Ps. 143. 8, fais-moi entendre, connaître, dès le matin, ta bonté. — 2° Appeler, convoquer, assembler : הִשְׁמִיעַ אֶת־כָּל־יְהוּדָה I Rois 15. 22, (le roi Asa) convoqua tout Juda ; הַשְׁמִיעוּ אֶל־בָּבֶל רַבִּים Jér. 50. 29, archers, rassemblez-vous contre Babylone.

שְׁמַע chald. Entendre : וְשִׁמְעֵת עֲלָךְ Dan. 5. 14, j'ai ouï dire de toi.

Ithp. Obéir : וְיִשְׁתַּמְּעוּן Dan. 7. 27, ils (lui) obéiront.

שָׁמָע (obéissant) *n. pr. m.* I Chr. 11. 44.

שֵׁמַע *m.* (avec suff. שִׁמְעִי). 1° Action d'ouïr, audition : לְשֵׁמַע אֹזֶן Ps. 18. 45, aussitôt qu'ils ont ouï parler (de moi), *exact.* à l'audition de l'oreille. — 2° Annonce, nouvelle, réputation : כְּשֵׁמַע לַעֲדָתָם Osée 7. 12, comme les prophètes l'ont fait entendre à leur assemblée ; שֵׁמַע שָׁוְא Exod. 23. 1, un faux bruit ; שֵׁמַע שְׁלֹמֹה I Rois 10. 1, la réputation de Salomon ; כְּשֵׁמַע צֹר Is. 23. 5, comme le bruit concernant Tyr ; שֵׁמַע יַעֲקֹב Gen. 29. 13, la nouvelle (de l'arrivée) de Jacob.

שֶׁמַע Action de résonner : בְּצִלְצְלֵי־שָׁמַע Ps. 150. 5, avec des timbales résonnantes, d'un son harmonieux.

שֶׁמַע (nouvelle) *n. pr. m.* 1° Néh. 8. 4. — 2° I Chr. 2. 43. — 3° 8. 13.

שְׁמַע *n. pr.* d'une ville de Juda, Jos. 15. 26.

שֹׁמַע *m.* Nouvelle, réputation : וַיְהִי שָׁמְעוֹ בְּכָל־הָאָרֶץ Jos. 6. 27, sa réputation était grande par tout le pays ; וְשָׁמְעוֹ הוֹלֵךְ בְּכָל־הַמְּדִינוֹת Esth. 9. 4, et sa réputation se répandit dans toutes les provinces.

שִׁמְעָא et שִׁמְעָה *n. pr.* 1° Simea, fils de David, I Chr. 3. 5. — 2° 6. 15. — 3° Simea, frère de David, II Sam. 13. 3. *Nom patron.* שִׁמְעָתִי I Chr. 2. 55.

שִׁמְעָה *n. pr. m.* I Chr. 12. 3.

שְׁמָעָה (v. שְׁמוּעָה).

שִׁמְעוֹן (être exaucé) *n. pr.* Siméon, deuxième fils de Jacob, Gen. 29. 33 ; *nom patron.* שִׁמְעֹנִי Nomb. 25. 14.

שִׁמְעִי (célèbre) *n. pr.* 1° Simeï, fils de Gerson, Exod. 6. 17. — 2° Simeï, fils de Guera, II Sam. 16. 5. — 3° Plusieurs autres, Rois, Esth. *Nom patron.* שִׁמְעִי Nomb. 3. 21.

שְׁמַעְיָה et שְׁמַעְיָהוּ (Dieu l'exauce) *n. pr.* 1° Semaiah, prophète, I Rois 12. 22. — 2° Semaïah, prophète, Jér. 29. 31.

שִׁמְעָת *n. pr.* Simeath, femme ammonite, II Chr. 24. 26.

שֶׁמֶץ *m.* Faible partie : וַתִּקַּח אָזְנִי שֵׁמֶץ מֶנְהוּ Job 4. 12, mon oreille en a entendu quelque peu, ou un faible son ; וּמַה־שֵּׁמֶץ דָּבָר נִשְׁמַע־בּוֹ Job 26. 14, que ce que nous en connaissons est peu de chose.

שִׁמְצָה *f.* Mauvaise réputation, opprobre : לְשִׁמְצָה בְּקָמֵיהֶם Exod. 32. 25, pour être en opprobre parmi leurs ennemis.

שָׁמַר (*fut.* יִשְׁמֹר) 1° Garder, surveiller, veiller sur, protéger : וּבְאִשָּׁה שָׁמָר Osée 12. 13, pour une femme il gardait (les troupeaux) ; וּשְׁמָרוֹ כְּרֹעֶה עֶדְרוֹ Jér. 31. 9, il le gardera comme le berger garde son troupeau ; לְעָבְדָהּ וּלְשָׁמְרָהּ Gen. 2. 15, pour cultiver et garder (le jardin) ; suivi de אֶל ou de עַל : וְלָמָּה לֹא שָׁמַרְתָּ אֶל־אֲדֹנֶיךָ הַמֶּלֶךְ I Sam. 26. 15, pourquoi n'as-tu pas gardé le roi ton seigneur ? וַיְהִי בִּשְׁמֹר יוֹאָב אֶל־הָעִיר II Sam. 11. 16, lorsque Joab assiégeait la ville, ou : lorsqu'il observa la ville (pour savoir quand il faudra l'attaquer); מְזִמָּה תִּשְׁמֹר עָלֶיךָ Prov. 2. 11, la prudence veillera sur toi; שִׁמְרוּ־מִי בַנַּעַר II Sam. 18. 12, prenez garde qui que vous soyez (chacun) au jeune homme; יְיָ שֹׁמֵר אֶת־גֵּרִים Ps. 146. 9, l'Éternel protége les étrangers; אֵלֶיךָ Ps. 59. 10, j'espère en toi; וּשְׁמֹר נַפְשְׁךָ מְאֹד Deut. 4. 9, et garde avec soin ton âme, garde-toi bien (afin que tu n'oublies, etc.); אַךְ אֶת־ נַפְשׁוֹ שְׁמֹר Job 2. 6, prends seulement garde de toucher à sa vie; part. שֹׁמֵר gardien, sentinelle ; אָמַר שֹׁמֵר Is. 21. 12, la sentinelle a dit; שֹׁמֵר לְרֹאשִׁי אֲשִׂימְךָ I Sam. 28. 2, je te confierai la garde de ma personne; suivi de מִן : יְיָ יִשְׁמָרְךָ מִכָּל־רָע Ps. 121. 7, l'Éternel te gardera de tout mal; שִׁמְרוּ מִן־הַחֵרֶם Jos. 6. 18, gardez-vous bien (de toucher) à l'interdit; וְשִׂפְתֵי חֲכָמִים תִּשְׁמְרֵם Prov. 14. 3, les lèvres des sages les en préservent, ou les conservent.

2° Garder, conserver, retenir, conserver le souvenir : כֶּסֶף אוֹ־כֵלִים לִשְׁמֹר Exod. 22. 6, (si quelqu'un donne à son prochain) de l'argent ou des vaisseaux à garder; עֵת לִשְׁמוֹר Eccl. 3. 6, il est un temps pour garder; שָׁמְרֵם בְּתוֹךְ לְבָבֶךָ Prov. 4. 21, garde, conserve-les, dans ton cœur; לְעוֹלָם אֶשְׁמָר־לוֹ חַסְדִּי Ps. 89. 29, je lui conserverai toujours ma grâce; וְיִשְׁמְרוּ אֶת־כָּל־צוּרָתוֹ Ez. 43. 11, afin qu'ils observent toute sa forme; עֹשֶׁר שָׁמוּר לִבְעָלָיו Eccl. 5. 12, de la richesse qui est conservée par ceux qui la possèdent; וְאָבִיו שָׁמַר אֶת־הַדָּבָר Gen. 37.11, mais son père retenait la chose, en conserva le souvenir; אִם־עֲוֹנֹת תִּשְׁמָר Ps. 130. 3, Éternel, si tu observais, si tu scrutais, les iniquités; וְעֶבְרָתוֹ שְׁמָרָה נֶצַח Amos 1.11, et qu'il conserve sa fureur à toujours; אִם־יִשְׁמֹר לָנֶצַח Jér. 3. 5, gardera-t-il toujours (son ressentiment)?

3° Observer, remarquer : שֹׁמֵר רוּחַ

Eccl. 11. 4, celui qui observe le vent; וְעַל־פִּי שֹׁמֵר אֶת־פִּיהָ I Sam. 1. 12, Éli observa (les mouvements) de sa bouche; רָאוֹת רַבּוֹת וְלֹא תִשְׁמֹר Is. 42. 20, tu vois de grandes choses, et tu ne prends garde à rien; אִם־חָטָאתִי וּשְׁמַרְתָּנִי Job 10.14, si j'ai péché tu m'as remarqué; הַשֹּׁמְרִים הַבְלֵי־שָׁוְא Ps. 31. 7, qui s'attachent à des vanités trompeuses, ou : qui adorent des idoles; וְעֵין נֹאֵף שָׁמְרָה Job 24. 15, l'œil du débauché épie le soir; שֹׁמְרַי צְלָעִי Jér. 20.10, qui espèrent ma chute; וְשֹׁמְרֵי נַפְשִׁי Ps.71. 10, et ceux qui épient mon âme; avec עַל : לֹא־תִשְׁמוֹר עַל־חַטָּאתִי Job 14.16, ne prends pas garde à mon péché, ou : tu ne remarques que mon péché.

4° Garder, observer, tenir : וּשְׁמַרְתֶּם וַעֲשִׂיתֶם Deut. 4. 6, vous garderez, et vous ferez, observerez (mes commandements); אֶת־בְּרִיתִי תִשְׁמֹר Gen.17.9, tu garderas mon alliance; מוֹצָא שְׂפָתֶיךָ תִּשְׁמֹר Deut. 23. 24, tu tiendras la parole sortie de tes lèvres; אֲשֶׁר דִּבַּרְתָּ לוֹ I Rois 8. 24, tu as tenu à ton serviteur (David) ce que tu lui avais promis; suivi d'un inf. avec לְ : אֹתוֹ אֶשְׁמֹר לְדַבֵּר Nomb. 23. 12, j'aurai soin, je prendrai garde, de le dire; לֹא שָׁמַר לָלֶכֶת בְּתוֹרַת־יְיָ II Rois 10. 31, (Jéhu) ne prit point garde à suivre la loi de l'Éternel.

Niph. 1° Être gardé, être protégé : וּבְנָבִיא נִשְׁמָר Osée 12. 14, il fut gardé par un prophète; לְעוֹלָם נִשְׁמָרוּ Ps. 37. 28, ils seront toujours protégés. 2° Garder, prendre garde, se tenir sur ses gardes : הִשָּׁמֶר מֵעֲבֹר בַּמָּקוֹם הַזֶּה II Rois 6. 9, garde-toi de passer en cet endroit; וְנִשְׁמַרְתֶּם בְּרוּחֲכֶם Mal. 2.15, prenez garde à votre esprit, conservez-le pur; וְנִשְׁמַרְתֶּם־שָׁם II Rois 6..10, il y était sur ses gardes; אִישׁ מֵרֵעֵהוּ הִשָּׁמֵרוּ Jér. 9. 3, gardez-vous chacun de son ami; הִשָּׁמֵר וְהַשְׁקֵט Is. 7. 4, tiens-toi sur tes gardes et sois tranquille, paisible, ou : sois sans inquiétude et reste tranquille. Fréq. הִשָּׁמֶר לְךָ פֶּן : הִשָּׁמֶר־לָךְ Gen. 24. 6, garde-toi bien d'y ramener mon fils; וְנִשְׁמַרְתֶּם

מְאֹד לְנַפְשֹׁתֵיכֶם Deut. 4. 15, gardez-vous bien pour votre vie, pour votre salut; הִשָּׁמְרוּ בְּנַפְשׁוֹתֵיכֶם Jér. 17. 21, prenez garde à vos âmes; וְנִשְׁמַרְתָּ מִכֹּל דָּבָר רָע Deut.23.10, garde-toi, abstiens-toi, de toute chose mauvaise; מִכֹּל אֲשֶׁר־אָמַרְתִּי אֶל־הָאִשָּׁה תִּשָּׁמֵר Jug. 13. 13, la femme se gardera, s'abstiendra, de tout ce dont je l'ai avertie.

Pi.: מְשַׁמְּרִים הַבְלֵי־שָׁוְא Jon. 2. 9, qui adorent les idoles.

Hithp. : וְיִשְׁתַּמֵּר חֻקּוֹת עָמְרִי Mich. 6. 16, (on garde) on est fidèle aux ordonnances d'Omri; וָאֶשְׁתַּמֵּר מֵעֲוֹנִי Ps. 18. 24, je me tiens en garde contre mon iniquité.

שֹׁמֵר (gardien) *n. pr.* Somer, mère de Jehosabad, II Rois 12. 22; שִׁמְרִית II Chr. 24. 26.

שֶׁמֶר *n. pr. m.* 1° I Rois 16. 24. — 2° Plusieurs autres, Chr.

שְׁמֻרָה *f.* Paupière (qui garde les yeux): שְׁמֻרוֹת עֵינַי Ps.77. 5, mes paupières.

שָׁמְרָה *f.* Action de garder, garde: שִׁיתָה יְיָ שָׁמְרָה לְפִי Ps. 141. 3, Éternel, garde ma bouche, *exact.* mets une sentinelle à ma bouche.

שִׁמְרוֹן (garde) *n. pr.* Simron, fils d'Issachar, Gen. 46. 13. *Nom patron.* שִׁמְרֹנִי Nomb. 26. 24.

שֹׁמְרוֹן *n. pr.* Somron, une montagne, et Somron (Samarie), ville bâtie par Omri, roi d'Israel, sur cette montagne, ville capitale du royaume d'Israel, I Rois 16. 24; בְּעָרֵי שֹׁמְרוֹן II Rois 17. 26, dans les villes de Samarie, c.-à-d. du royaume dont Samarie était la capitale; שֹׁמְרֹנִי II Rois 17. 29, de Samarie.

שִׁמְרִי *n. pr. m.* 1° I Chr. 4. 37. — 2° 11. 45. — 3° II Chr. 29. 13.

שְׁמַרְיָה (Dieu le protége) *n. pr. m.* 1° II Chr. 11. 19. — 2° Esdr. 10. 32.

שְׁמַרְיָהוּ *n. pr. m.* I Chr. 12. 5.

שְׁמָרִים *m. plur.* Lie: אַךְ־שְׁמָרֶיהָ יִמְצוּ Ps. 75. 9, ils en suceront la lie; שְׁמָרִים מְזֻקָּקִים Is. 25. 6, du vin purifié, sans aucune lie; וְשֹׁקֵט הוּא אֶל־שְׁמָרָיו Jér.48.11, il a reposé sur sa lie; הַקֹּפְאִים עַל־שִׁמְרֵיהֶם Soph. 1.12, qui sont figés sur leur lie.

שִׁמֻּרִים *m. pl.* Protection; לֵיל שִׁמֻּרִים הוּא Exod. 12. 42, c'était une nuit de protection; selon d'autres: la nuit (de Pâque) sera une nuit de célébration, elle doit être consacrée en l'honneur de Dieu.

שָׁמְרָיִן chald. *n. pr.* Samarie, Esdr. 4. 10 (v. שֹׁמְרוֹן hébr.).

שִׁמְרִית *n. pr.* (v. שֹׁמֵר).

שִׁמְרָת *n. pr. m.* I Chr. 8. 21.

שְׁמַשׁ chald. *Pael.* Servir: אֶלֶף אַלְפִים יְשַׁמְּשׁוּנֵּהּ Dan. 7. 10, mille milliers le servaient.

* *Ithp.* אִשְׁתַּמֵּשׁ Se servir, Aboth.

שֶׁמֶשׁ *des deux genres.* 1° Soleil: הַשֶּׁמֶשׁ יָצָא עַל־הָאָרֶץ Gen. 19. 23, le soleil se leva sur la terre; וַיְהִי הַשֶּׁמֶשׁ בָּאָה Gen. 15. 17, lorsque le soleil fut couché; לְעֵינֵי הַשֶּׁמֶשׁ הַזֹּאת II Sam. 12. 11, à la vue de ce soleil; שֶׁמֶשׁ צְדָקָה Mal. 3. 20, le soleil de la justice. — 2° *Plur.* Par où les rayons du soleil passent, les fenêtres: וְשַׂמְתִּי כַּדְכֹד שִׁמְשֹׁתַיִךְ Is.54.12, je ferai tes fenêtres de pierres précieuses.

* בֵּין הַשְּׁמָשׁוֹת A la brune, Aboth.

שִׁמְשׁוֹן *n. pr.* Simson (Samson), juge en Israel, Jug. 13. 24.

שִׁמְשַׁי *n. pr. m.* Esdr. 4. 8.

שַׁמְשְׁרַי *n. pr. m.* I Chr. 8. 26.

שֻׁמָתִי *n. pr. m.* I Chr. 2. 53.

שֵׁן *des deux genres* (avec *makk.* שֶׁן־, avec suff. שִׁנּוֹ, rac. שָׁנַן). 1° Dent: שֵׁן תַּחַת שֵׁן Exod. 21. 24, dent pour dent; שֶׁן־הַסֶּלַע I Sam. 14. 4, une dent, c.-à-d. une pointe, de rocher. — 2° Dent d'éléphant, ivoire: בָּתֵּי הַשֵּׁן Amos 3. 15, les palais d'ivoire, dont les murailles sont couvertes d'ivoire; קַרְנוֹת שֵׁן Ez. 27. 15, des cornes d'ivoire, des morceaux d'ivoire; selon d'autres: de la corne et de l'ivoire. *Duel* שִׁנַּיִם les dents de dessus et les dents de dessous: שִׁנַּיִךְ Cant. 4. 2, tes dents; וְהַמַּזְלֵג שְׁלֹשׁ הַשִּׁנַּיִם I Sam. 2. 13, et la fourchette à trois dents.

שְׁנָא (v. שְׁנָה).

שְׁנָא (*fut.* יִשְׁנֵא) chald. Se changer, être changé : זִיוֹהִי שְׁנוֹהִי Dan. 5. 6, il changea de couleur, *exact.* la couleur de son visage fut changée ; דִּי לָא־תִשְׁנֵא צְבוּ Dan. 6. 18, pour que sa volonté ne soit changée ; שָׁנְיָן דָּא מִן־דָּא Dan. 7. 3, elles différaient les unes des autres.

Pa. Changer : לִבְבֵהּ מִן־אֲנָשָׁא יְשַׁנּוֹן Dan. 4. 13, son cœur sera changé, sera tout autre qu'un cœur d'homme, *exact.* on changera son cœur, etc. ; *part. pass.* : וְהִיא מְשַׁנְּיָה מִן־כָּל־חֵיוָתָא Dan. 7. 7, elle était différente de toutes les bêtes (qui, etc.) ; וּמִלַּת מַלְכָּא שַׁנִּיו Dan. 3. 28, qui ont changé, c.-à-d. violé, l'édit du roi.

Aph. Changer : וְהוּא מְהַשְׁנֵא עִדָּנַיָּא Dan. 2. 21, c'est lui qui change les temps ; דִּי לָא לְהַשְׁנָיָה Dan. 6. 9, afin qu'on ne le change point ; דִּי יְהַשְׁנֵא פִּתְגָמָא דְנָא Esdr. 6. 11, quiconque changerait, c.-à-d. transgresserait, cet ordre.

Hithp. Se changer, être changé : וּצְלֵם אַנְפּוֹהִי אֶשְׁתַּנִּי Dan. 3. 19, et l'air de son visage se changea ; עַד דִּי עִדָּנָא יִשְׁתַּנֵּא Dan. 2. 9, en attendant que le temps change.

שֵׁנָא (comme שֵׁנָה) Sommeil : יִתֵּן לִידִידוֹ שֵׁנָא Ps. 127. 2, (Dieu) donne le sommeil, le repos, à celui qu'il aime ; ou : il procure la nourriture à l'homme qu'il aime, pendant son sommeil.

שִׁנְאָב *n. pr.* Sinab, roi d'Admah, Gen. 14. 2.

שִׁנְאָן *m.* (rac. שָׁנָה pour שִׁנְיָן). Redoublement, répétition : אַלְפֵי שִׁנְאָן Ps. 68. 18, des milliers redoublés, mille sur mille ; selon d'autres : des milliers de Sinan, nom d'une catégorie d'anges.

שֶׁנְאַצַּר *n. pr. m.* I Chr. 3. 18.

שָׁנָה (*fut.* יִשְׁנֶה, une fois יִשְׁנֶא Lam. 4. 1) 1° Faire une seconde fois, répéter, réitérer : וַיֹּאמֶר שְׁנוּ וַיִּשְׁנוּ I Rois 18. 34, il dit : Faites-le pour la deuxième fois, et ils le firent pour la deuxième fois ; אַחֲרֵי דְבָרִי לֹא יִשְׁנוּ Job 29. 22, après ce que je disais, ils ne répliquaient rien ; וְלֹא אֶשְׁנֶה לוֹ I Sam. 26. 8, je n'y retournerai pas une seconde fois, je ne lui donnerai pas un second coup ; כְּסִיל שׁוֹנֶה בְאִוַּלְתּוֹ Prov. 26. 11, l'insensé réitère sa folie ; וְשֹׁנֶה בְדָבָר Prov. 17. 9, mais celui qui aime à redire, à rapporter, les paroles, les fautes (des autres). — 2° Changer, différer : אֲנִי יְיָ לֹא שָׁנִיתִי Mal. 3. 6, moi l'Éternel je n'ai point changé ; שׁוֹנִים Prov. 24. 21, ceux qui recherchent le changement, les gens remuants ; וְדָתֵיהֶם שֹׁנוֹת מִכָּל־עָם Esth. 3. 8, et leurs usages diffèrent de ceux de tous les peuples. — 3° * Étudier, apprendre, enseigner, Aboth.

Niph. Être fait une seconde fois : וְעַל הִשָּׁנוֹת הַחֲלוֹם Gen. 41. 32, quant à ce que le songe a été réitéré.

Pi. שִׁנָּה (une fois שִׁנָּא II Rois 25. 29) : וְשִׁנָּה אֵת בִּגְדֵי כִלְאוֹ Jér. 52. 33, il lui fit changer ses vêtements de prison ; וּמוֹצָא שְׂפָתַי לֹא אֲשַׁנֶּה Ps. 89. 35, je ne changerai point ce qui est sorti de mes lèvres ; וִישַׁנֶּה דִּין Prov. 31. 5, et qu'il (ne) pervertisse le droit ; לְשַׁנּוֹת אֶת־דַּרְכֵּךְ Jér. 2. 36, pour changer ta voie ; וַיְשַׁנֶּהָ Esth. 2. 9, il lui fit changer (d'appartement), ou : il la distingua ; בְּשַׁנּוֹתוֹ אֶת־טַעְמוֹ Ps. 34. 1, lorsqu'il déguisa sa raison, qu'il contrefit l'insensé.

Pou. : וְעֹז פָּנָיו יְשֻׁנֶּא Eccl. 8. 1, et son visage fier en est changé.

Hithp. Se changer, se déguiser : קוּמִי נָא וְהִשְׁתַּנִּית I Rois 14. 2, lève-toi et déguise-toi.

שָׁנָה *f.* (*pl.* שָׁנִים, *poét.* שָׁנוֹת). Année : שָׁנָה תְמִימָה Lévit. 25. 30, une année accomplie ; שָׁנָה שָׁנָה Deut. 14. 22, שָׁנָה בְשָׁנָה Deut. 15. 20, מִדֵּי שָׁנָה בְּשָׁנָה I Sam. 7. 16, chaque année ; בִּשְׁנַת שְׁתַּיִם I Rois 15. 25, dans la seconde année ; וּשְׁנֵיהֶם בַּנְּעִימִים Job 36. 11, (ils passeront) leurs années dans la joie ; וַתָּבוֹא עַד־שְׁנוֹתָיִךְ Ez. 22. 4, tu es arrivé au terme de tes jours. *Duel* שְׁנָתַיִם deux années, le plus souvent avec יָמִים : מִקֵּץ שְׁנָתַיִם יָמִים Gen. 41. 1, au bout de deux ans entiers.

שֵׁנָה *f.* (rac. יָשֵׁן). Sommeil, rêve : שֵׁנָה יִהְיוּ Ps. 90. 5, ils s'évanouissent comme un rêve ; מָתַי תָּקוּם מִשְּׁנָתֶךָ Prov. 6. 9, quand te réveilleras-tu de ton sommeil?

I **שְׁנָה** *f.* chald. Année : שְׁנִין שִׁתִּין וְתַרְתֵּין Dan. 6. 1, soixante-deux ans.

II **שְׁנָה** *f.* Sommeil : וְשִׁנְתֵּהּ נַדַּת עֲלוֹהִי Dan. 6. 19, et son sommeil fuyait loin de lui, il ne put dormir.

שֶׁנְהַבִּים Ivoire, I Rois 10. 22.

שָׁנִי et **שָׁנִים** *m.* Une couleur rouge, cramoisi, écarlate, fil ou étoffe d'écarlate : וַתִּקְשֹׁר עַל־יָדוֹ שָׁנִי Gen. 38. 28, elle lui lia à la main un fil d'écarlate ; וְתוֹלַעַת שָׁנִי Exod. 25. 4, ou וּשְׁנִי תוֹלַעַת Lév. 14. 4, le rouge provenant de l'insecte ; כָּל־בֵּיתָהּ לָבֻשׁ שָׁנִים Prov. 31. 21, toute sa famille est vêtue de vêtements d'écarlate ; אִם־יִהְיוּ חֲטָאֵיכֶם כַּשָּׁנִים Is. 1. 18, quand vos péchés seraient comme l'écarlate ou le cramoisi.

שֵׁנִי *m.* (*f.* שֵׁנִית) *nombre ordinal.* Second, seconde, autre : יוֹם שֵׁנִי Gen. 1. 8, le second jour ; וְלַצֵּלָע הַשֵּׁנִית Exod. 27. 15, et à l'autre côté. — שֵׁנִית *adv.* : וְכֻבַּס שֵׁנִית Lév. 13. 58, lorsqu'il aura été lavé une seconde fois ; *plur.* שְׁנִיִּים les seconds : וּשְׁנִיִּם יִסָּעוּ Nomb. 2. 16, ils décamperont les seconds ; שְׁנִיִּם וּשְׁלִשִׁים Gen. 6. 16, un deuxième et un troisième étage.

שְׁנַיִם *duel m.* (const. שְׁנֵי, avec suff. שְׁנֵיהֶם, שְׁנֵינוּ ; *fém.* שְׁתַּיִם, const. שְׁתֵּי). Deux : שְׁנַיִם עֵדִים Deut. 17. 6, deux témoins ; שְׁנֵי גוֹיִם Gen. 25. 23, deux peuples ; שְׁנַיִם שְׁנַיִם Gen. 7. 9, deux à deux ; שְׁתַּיִם־זוּ שָׁמָעְתִּי Ps. 62. 12, je l'ai entendu deux fois ; פַּעַם וּשְׁתָּיִם Néh. 13. 20, une fois et une seconde fois ; שְׁנֵים et שְׁתֵּים ne se mettent qu'avec le nombre *dix*: שְׁנֵים עָשָׂר *m.*, שְׁתֵּים עֶשְׂרֵה *f.*, douze.

שְׁנִינָה *f.* Moquerie, raillerie : לְמָשָׁל וְלִשְׁנִינָה Deut. 28. 37, (tu seras) la fable et l'objet de raillerie.

שָׁנַן Aiguiser, affiler : אִם־שַׁנּוֹתִי בְּרַק חַרְבִּי Deut. 32. 41, si j'aiguise mon glaive brillant comme l'éclair ; שָׁנְנוּ לְשׁוֹנָם כְּמוֹ־נָחָשׁ Ps. 140. 4, ils affilent leur langue comme un serpent ; *part. pass.* : וְחֵץ שָׁנוּן Prov. 25. 18, et (comme) une flèche aiguë.

Pi. Faire pénétrer dans l'esprit, inculquer : וְשִׁנַּנְתָּם לְבָנֶיךָ Deut. 6. 7, tu les inculqueras à tes enfants.

Hithp. Être percé : וְכִלְיוֹתַי אֶשְׁתּוֹנָן Ps. 73. 21, je m'en sentis percé, blessé, dans mes entrailles.

שָׁנַס *Pi.* Ceindre. Ex. unique : וַיְשַׁנֵּס מָתְנָיו I Rois 18. 46, il se ceignit les reins.

שִׁנְעָר *n. pr.* d'un pays. Sinear, près de Babylone, Gen. 10. 10, Dan. 1. 2.

שְׁנָת *f.* (rac. יָשֵׁן, v. שֵׁנָה). Sommeil : אִם־אֶתֵּן שְׁנָת לְעֵינָי Ps. 132. 4, si je donne le sommeil à mes yeux.

שָׁסָה Piller : הוּא יִשְׁסֶה אוֹצַר Osée 13. 15, il pillera le trésor ; שֹׁסִים אֶת־הַגְּרָנוֹת I Sam. 23. 1, ils pillent les aires ; שֹׁסֵי נַחֲלָתִי Jér. 50. 11, ceux qui ravagent mon héritage ; avec א pour ו : וְהָיוּ שֹׁאסַיִךְ לִמְשִׁסָּה Jér. 30. 16, ceux qui te dépouillent seront livrés au pillage ; *part. pass.* : וְשָׁסוּי Is. 42. 22, (un peuple) dépouillé.

Po. : וַעֲתוּדֹתֵיהֶם שׁוֹשֵׂתִי Is. 10. 13, et j'ai pillé leurs villes principales (ש pour ס) (v. le même exemple à עָתִיד, page 563).

שָׁסַס Piller : וַיָּשֹׁסּוּ אוֹתָם Jug. 2. 14, ils les pillèrent ; שַׁסֻּהוּ Ps. 89. 42, ils l'ont pillé.

Niph. : יִשַּׁסּוּ בָּתֵּיהֶם Is. 13. 16, leurs maisons seront pillées ; וְנָשַׁסּוּ הַבָּתִּים Zach. 14. 2, les maisons seront pillées.

שָׁסַע Fendre, couper en deux : וְשֹׁסַעַת שֶׁסַע פְּרָסֹת Lévit. 11. 3, וְשֹׁסַע שֶׁסַע פַּרְסָה 11. 7, qui a le sabot fendu, qui a le pied fourché.

Pi. Fendre, arracher, déchirer : וְשִׁסַּע אֹתוֹ בִכְנָפָיו Lév. 1. 17, il l'entamera avec ses ailes (sans lui arracher les ailes) ; וַיְשַׁסְּעֵהוּ כְּשַׁסַּע הַגְּדִי Jug. 14. 6, il le déchira comme on déchirerait un chevreau ; *au fig.* : וַיְשַׁסַּע דָּוִד אֶת־

אֲנָשָׁיו בַּדְּבָרִים I Sam. 24. 8, David par ses paroles arrêta ses gens, apaisa leur colère.

שֶׁסַע *m.* État d'être divisé, fendu (v. à שָׁסַע).

שִׁסֵּף Fendre, couper. *Pi.* : וַיְשַׁסֵּף שְׁמוּאֵל אֶת־אֲגָג I Sam. 15. 33, Samuel coupa Agag en morceaux.

I **שָׁעָה** Se tourner, tourner le regard vers, avoir égard à : וַיִּשַׁע יְיָ אֶל־הֶבֶל Gen. 4. 4, Dieu eut égard à Abel (et à son offrande), il l'accueillit favorablement; וְלֹא שָׁעוּ עַל־קְדוֹשׁ יִשְׂרָאֵל Is. 31. 1, ils ne tournent pas leurs regards vers le saint d'Israel; יִשְׁעוּ וְאֵין מוֹשִׁיעַ II Sam. 22. 42, ils tournent leurs regards de tous côtés cherchant du secours, et nul ne les délivre.—Avec מִן, מֵעַל détourner le regard : שְׁעוּ מִנִּי Is. 22. 4, détournez le regard de moi, retirez-vous de moi; שְׁעֵה מֵעָלָיו וְיֶחְדָּל Job 14. 6, retire-toi de lui pour qu'il ait du repos. — Avec בְּ se tourner vers une chose, s'en occuper : וְאֶשְׁעָה בְחֻקֶּיךָ תָמִיד Ps. 119. 117, que je m'occupe sans cesse de tes statuts; וְאַל־יִשְׁעוּ בְּדִבְרֵי שָׁקֶר Exod. 5. 9, qu'ils ne s'occupent pas de choses vaines (qu'ils n'écoutent pas de vaines illusions).

Hiph. Ex. unique; *impér.*: הָשַׁע מִמֶּנִּי Ps. 39. 14, détourne-toi de moi (pour הָשְׁעֵה) (ou de la rac. שָׁעַע).

Hithp. fut. : וְנִשְׁתָּעָה וְנִרְאֶה יַחְדָּו Is. 41. 23, nous regarderons, admirerons, et nous considérerons ensemble; selon d'autres : nous le dirons, publierons; אַל־תִּשְׁתָּע Is. 41. 10, ne tourne pas tes regards (de tous côtés), ne sois pas éperdu.

II **שָׁעָה** Être bouché (v. שָׁעַע), des yeux : וְלֹא תִשְׁעֶינָה עֵינֵי רֹאִים Is. 32. 3, les yeux de ceux qui voient ne seront plus obscurcis, retenus.

שָׁעָה, שַׁעְתָּא chald. *f.* Clin d'œil, instant, heure : כְּשָׁעָה חֲדָה Dan. 4. 16, environ une heure; בַּהּ שַׁעֲתָא Dan. 3. 6, à cette même heure, ou : à l'instant même.

שַׁעֲטָה *f.* Action de frapper des pieds : מִקּוֹל שַׁעֲטַת פַּרְסוֹת אַבִּירָיו Jér. 47. 3, à cause du bruit que les pieds de ses puissants chevaux font en frappant la terre.

שַׁעַטְנֵז Étoffe tissue de diverses sortes de fils : לֹא תִלְבַּשׁ שַׁעַטְנֵז Deut. 22. 11, tu ne t'habilleras pas d'une étoffe tissue de fils de plusieurs sortes (comme de laine et de lin).

שֹׁעַל *m.* Creux de la main : מִי־מָדַד בְּשָׁעֳלוֹ מַיִם Is. 40. 12, quel est celui qui a mesuré les eaux avec le creux de sa main?

שֹׁעַל *m.* Poignée : בְּשַׁעֲלֵי שְׂעֹרִים Ez. 13. 19, pour des poignées d'orge.—Le creux de la main; אִם־יִשְׂפֹּק עֲפַר שֹׁמְרוֹן לִשְׁעָלִים I Rois 20. 10, si la poussière de Samarie suffit pour remplir le creux de la main (du peuple qui me suit).

שַׁעַלְבִים *n. pr.* Ville de la tribu de Dan, Jug. 1. 35, appelée aussi שַׁעֲלַבִּין Jos. 19. 42; הַשַּׁעַלְבֹנִי II Sam. 23. 32, de Saalbon.

שַׁעֲלִים *n. pr.* d'une contrée, I Sam. 9. 4.

שָׁעַן *Kal* inusité. *Niph.* S'appuyer, mettre son appui, se fier. Avec עַל, quelquefois avec אֶל, בְּ, sans *rég.* : נִשְׁעָן עַל־חֲנִיתוֹ II Sam. 1. 6, penché sur sa lance; וְהוּא נִשְׁעָן עַל־יָדִי II Rois 5. 18, et qu'il s'appuiera sur mon bras; וְאֶשָּׁעֵן עֲלֵיהֶם Jug. 16. 26, afin que je m'appuie dessus; וְאֶל־בִּינָתְךָ אַל־תִּשָּׁעֵן Prov. 3. 5, ne t'appuie pas sur ton propre esprit; וְיִשָּׁעֵן בֵּאלֹהָיו Is. 50. 10, et qu'il mette son appui en son Dieu; יִתֶּן־לוֹ לָבֶטַח וְיִשָּׁעֵן Job 24. 23, Dieu lui donne des biens dont il jouit en sécurité, et il s'appuie sur cela; וְנִשְׁעַן לִגְבוּל מוֹאָב Nomb. 21. 15, et qui s'appuie, qui touche aux limites de Moab; וְהִשָּׁעֲנוּ תַּחַת הָעֵץ Gen. 18. 4, reposez-vous sous cet arbre.

שָׁעַע *Kal.* Ex. unique : וָשֹׁעוּ Is. 29. 9, et soyez aveuglés, ou aveuglez les autres; selon d'autres : et ils ont crié (v. שׁוּעַ).

Hiph. Boucher, aveugler. *Impér.*: וְעֵינָיו הָשַׁע Is. 6. 10, et bouche ses yeux.

Pilp. שִׁעֲשַׁע Réjouir, se réjouir : תַּנְחוּמֶיךָ יְשַׁעַשְׁעוּ נַפְשִׁי Ps. 94. 19, tes consolations réjouissent mon âme; אֲנִי תּוֹרָתְךָ שִׁעֲשָׁעְתִּי Ps. 119. 70, moi je fais mes délices de ta loi; וְשִׁעֲשַׁע יוֹנֵק Is. 11. 8, et le jeune nourrisson se livre à ses ébats. *Passif.* Être flatté, être caressé : וְעַל־בִּרְכַּיִם תְּשָׁעֳשָׁעוּ Is. 66. 12, on vous caressera sur les genoux, *exact.* vous serez caressés, etc.

Hithp. 1° Se boucher les yeux, s'aveugler : הִשְׁתַּעַשְׁעוּ Is. 29. 9, aveuglez-vous, bouchez-vous les yeux. — 2° Se réjouir : בְּחֻקֹּתֶיךָ אֶשְׁתַּעֲשָׁע Ps. 119. 16, je trouve mes délices dans tes commandements; selon d'autres : je m'occupe de tes commandements.

שַׁעַף *n. pr. m.* I Chr. 2. 47.

שָׁעַר 1° Garder la porte (v. שַׁעַר). *Part.* seul usité : שֹׁעֵר הָעִיר II Rois 7. 10, le portier de la ville; *plur.*: הַשֹּׁעֲרִים vers. 11, les portiers. — 2° Mesurer, taxer : כְּמוֹ־שָׁעַר בְּנַפְשׁוֹ Prov. 23. 7, comme quelqu'un qui mesure, estime, dans son âme.

שַׁעַר *des deux genres.* 1° Porte : שַׁעַר הַשָּׁמָיִם Gen. 28. 17, la porte du ciel; שַׁעֲרֵי אַרְצֵךְ Nah. 3. 13, les portes de ton pays, l'entrée du pays; *fréq.* בִּשְׁעָרֶיךָ, בְּשַׁעֲרֵיכֶם dans tes, dans vos portes, *pour* dans tes, vos villes : בְּאַחַד שְׁעָרֶיךָ Deut. 17. 2, dans quelqu'une de tes villes. (C'était aux portes des villes que siégeaient les juges et que le peuple se réunissait.) אֶל־זִקְנֵי הָעִיר הַשָּׁעְרָה Deut. 22. 15, devant les anciens de la villes, à la porte, au tribunal; וְאֶבְיוֹנִים בַּשַּׁעַר הִטּוּ Amos 5. 12, ils font violence au droit des pauvres au tribunal en rendant la justice; כָּל־שַׁעַר עַמִּי Ruth 3. 11, toute l'assemblée de mon peuple, ou : tout le peuple de cette ville; יֹשְׁבֵי שָׁעַר Ps. 69. 13, ceux qui sont assis aux portes, les oisifs.

On trouve les *noms propres* suivants des portes de Jérusalem : שַׁעַר הָעַיִן Néh. 2. 14, la porte de la source; שַׁעַר הָאַשְׁפֹּת Néh. 2. 13, et שַׁעַר הַשְּׁפוֹת Néh. 3. 13, la porte du fumier; שַׁעַר־הַגַּיְא Néh. 2. 13, la porte de la plaine; שַׁעַר הַפִּנָּה Jér. 31. 38, et שַׁעַר הַפּוֹנִים Zach. 14. 10, la porte des angles; שַׁעַר אֶפְרַיִם Néh. 8. 16, la porte d'Ephraïm; שַׁעַר הַיְשָׁנָה Néh. 3. 6, la vieille porte; שַׁעַר הָרִאשׁוֹן Zach. 14. 10, la première, l'ancienne, porte; שַׁעַר הַדָּגִים Néh. 3. 3, la porte des poissons; שַׁעַר הַצֹּאן Néh. 3. 1, la porte des troupeaux; שַׁעַר הַמִּפְקָד Néh. 3. 31, la porte du dénombrement; שַׁעַר הַסּוּסִים Néh. 3. 28, la porte des chevaux; שַׁעַר הַמַּיִם Néh. 3. 26, la porte des eaux; שַׁעַר הַחַרְסוּת Jér. 19. 2, la porte d'argile ou de l'orient.

2° Mesure (v. שָׁעַר 2°) : מֵאָה שְׁעָרִים Gen. 26. 12, cent mesures, c.-à-d. le centuple.

שֹׁעָר *adj.* Mauvais, gâté. Ex. unique : כַּתְּאֵנִים הַשֹּׁעָרִים Jér. 29. 17, comme des figues horriblement mauvaises.

שַׁעֲרוּרָה et **שַׁעֲרוּרִיָּה** *f.* Une chose abominable, qui fait horreur, Jér. 5. 30, 23. 14, Osée 6. 10.

שַׁעֲרוּרִית *f.* Chose horrible, énorme : שַׁעֲרֻרִת עָשְׂתָה Jér. 18. 13, elle a fait des choses horribles.

שְׁעַרְיָה *n. pr. m.* I Chr. 8. 38.

שַׁעֲרַיִם (deux portes) *n. pr.* d'une ville de la tribu de Juda, Jos. 15. 36.

שַׁעַשְׁגַז *n. pr.* (persan), Esth. 2. 14.

שַׁעֲשַׁע (v. שָׁעַע *Pilp.*).

שַׁעֲשֻׁעִים *m. plur.* Délices, objet de délices : גַּם־עֵדֹתֶיךָ שַׁעֲשֻׁעָי Ps. 119. 24, aussi tes témoignages sont mes délices : וָאֶהְיֶה שַׁעֲשׁוּעִים יוֹם יוֹם Prov. 8. 30, j'étais ses délices de tous les jours; יֶלֶד שַׁעֲשׁוּעִים Jér. 31. 20, un enfant agréable.

שָׁפָה *Kal* inusité. *Niph.* Être élevé. Ex. unique : הַר־נִשְׁפֶּה Is. 13. 2, une haute montagne; selon d'autres : une montagne nue, dépouillée de forêts.

Pou. Être brisé : וְשֻׁפּוּ עַצְמֹתָיו Job 33. 21, et ses os se sont brisés; selon d'autres : ses os sont nus, sans chair.

שְׁפָה ou **שָׁפָה** Ex. unique : וּשְׁפוֹת בָּקָר

II Sam. 17, 29, et des fromages de vaches.

שְׁפוֹ *n. pr.* Sepho, fils de Sobal, Gen. 36. 23; שְׁפִי I Chr. 1. 40.

שְׁפוֹט (rac. שָׁפַט) *m.* Jugement, peine: חֶרֶב שְׁפוֹט II Chr. 20. 9, l'épée du jugement; *plur.*: וּשְׁפוּטִים עָשׂוּ בָהּ Ez. 23. 10, et on exerça des jugements sur elle.

שְׁפוּפָם *n. pr.* Sepupham, fils de Benjamin. *Nom patron.* שׁוּפָמִי Nomb. 26. 39.

שְׁפוּפָן *n. pr. m.* I Chr. 8. 5.

שִׁפְחָה *f.* Esclave: הִנֵּה אֲמָתְךָ לְשִׁפְחָה I Sam. 25. 41, voici ta servante qui sera ton esclave, qui est prête à te servir comme une esclave.

שָׁפַט (*fut.* יִשְׁפֹּט) Juger, décider, rendre justice, faire droit, condamner, punir: וַיִּשְׁפֹּט שָׁפוֹט Gen. 19. 9, il veut s'ériger en juge; בְּצֶדֶק תִּשְׁפֹּט עֲמִיתֶךָ Lévit. 19. 15, tu jugeras ton prochain selon la justice; שִׁפְטוּ־נָא בֵּינִי וּבֵין כַּרְמִי Is. 5. 3, jugez, je vous prie, entre moi et ma vigne; וְשָׁפַט בֵּין הַגּוֹיִם Is. 2. 4, il décidera entre les nations; שִׁפְטוּ יָתוֹם Is. 1. 17, faites droit à l'orphelin; שֹׁפֵט אֲנִי אֶת־בֵּיתוֹ I Sam. 3. 13, je vais juger, punir, sa maison; כִּי לֹא לְאָדָם תִּשְׁפְּטוּ II Chr. 19. 6, car ce n'est pas de la part d'un homme que vous exercez la justice; לְהוֹשִׁיעַ מִשֹּׁפְטֵי נַפְשׁוֹ Ps. 109. 31, pour le sauver de ceux qui condamnent son âme. Avec מִיַּד: וְיִשְׁפְּטֵנִי מִיָּדֶךָ I Sam. 24. 16, et il me délivrera de ta main; כִּי־שְׁפָטוֹ יְיָ מִיַּד אֹיְבָיו II Sam. 18. 19, que l'Éternel l'a garanti, délivré, du pouvoir de ses ennemis. — Juger, exercer une magistrature, un pouvoir, gouverner: שִׂימָה־לָּנוּ מֶלֶךְ לְשָׁפְטֵנוּ I Sam. 8. 5, établis sur nous un roi pour nous juger; וְהִפִּילוֹ הַשֹּׁפֵט Deut. 25. 2, le juge le fera jeter par terre; מִי־יְשִׂמֵנִי שֹׁפֵט בָּאָרֶץ II Sam. 15. 4, que ne m'établit-on pour juge au pays? שֹׁפְטֵי אָרֶץ Ps. 2. 10, juges de la terre (parall. à מְלָכִים); וַיָּקֶם יְיָ שֹׁפְטִים Jug. 2. 16, l'Éternel suscitait des juges, des magistrats suprêmes, qui gouvernèrent le peuple depuis la mort de Josué jusqu'à la naissance de Samuel; *fém.*: הִיא שֹׁפְטָה Jug. 4. 4, elle jugeait (ou *prét.* du *Po.*).

Niph. 1° Être jugé: בְּהִשָּׁפְטוֹ יֵצֵא רָשָׁע Ps. 109. 7, quand il sera jugé, il sera déclaré méchant, coupable. — 2° Entrer en contestation, juger, exercer la justice, la vengeance: אִישׁ־חָכָם נִשְׁפָּט אֶת־אִישׁ אֱוִיל Prov. 29. 9, un homme sage contestant avec un homme insensé; נִשָּׁפְטָה יָחַד Is. 43. 26, plaidons ensemble; וְנִשְׁפַּטְתִּי עִמָּם שָׁם עַל־עַמִּי Joel 4. 2, et là j'entrerai en jugement avec eux à cause de mon peuple; נִשְׁפָּט הוּא לְכָל־בָּשָׂר Jér. 25. 31, il entrera en jugement contre toute chair; וְנִשְׁפַּטְתִּי אִתּוֹ בְּדֶבֶר Ez. 38. 22, j'entrerai en jugement contre lui par la peste; כְּהִשָּׁפֵט יֵהוּא עִם־בֵּית אַחְאָב II Chr. 22. 8, quand Jéhu exerçait la vengeance contre la maison d'Achab.

Po. part.: לִמְשֹׁפְטִי Job 9. 15, à mon juge.

שָׁפָט (juge) *n. pr.* 1° Saphat, fils de Hori, Nomb. 13. 5. — 2° Plusieurs autres, Rois, Chr.

שֶׁפֶט *m.* (usité seulement au *plur.* שְׁפָטִים). Jugements, châtiments: אֶעֱשֶׂה שְׁפָטִים Exod. 12. 12, j'exercerai des jugements.

שְׁפַטְיָה (Dieu le juge ou le venge) *n. pr.* 1° Sephatiah, fils de David, II Sam. 3. 4. — 2° Plusieurs autres, Jér., Esdr., Néh.

שְׁפַטְיָהוּ *n. pr. m.* 1° II Chr. 21. 2. — 2° I Chr. 12. 5. — 3° 27. 16.

שָׁפְטִין chald. *m. plur.* Des juges, Esdr. 7. 25.

שִׁפְטָן *n. pr. m.* Nomb. 34. 24.

שְׁפִי (*pl.* שְׁפָיִים) Hauteur, lieu élevé: וַיֵּלֶךְ שֶׁפִי Nomb. 23. 3, il alla sur une hauteur; selon d'autres: il alla seul, à l'écart; שְׁפָיִים בַּמִּדְבָּר Jér. 4. 11, des lieux élevés, des collines, dans le désert; עַל־שְׁפָיִם 3. 21, sur les lieux élevés.

שְׁפִי *n. pr.* (v. שְׁפוֹ).

שְׁפִיכוּת L'action de verser : שְׁפִיכוּת דָּמִים Aboth, le sang versé, meurtre.

שֻׁפִּים *n. pr. m.* 1° I Chr. 7. 12. — 2° 26. 16.

שְׁפִיפֹן *m.* Espèce de serpent ou de vipère (écraste?), Gen. 49. 17.

שָׁפִיר *n. pr.* d'une ville, Mich. 1. 11.

שַׁפִּיר chald. *adj.* Beau : עָפְיֵהּ שַׁפִּיר Dan. 4. 9, 18, son branchage était beau.

שָׁפַךְ (*fut.* יִשְׁפֹּךְ) Verser, répandre : שֹׁפֵךְ דַּם הָאָדָם Gen. 9. 6, qui répand le sang de l'homme ; וַיִּשְׁפֹּךְ מֵעָיו אַרְצָה II Sam. 20. 10, et il répandit ses entrailles en terre ; שִׁפְכִי כַמַּיִם לִבֵּךְ Lam. 2. 19, répands ton cœur comme de l'eau (en versant des larmes) ; de même : וָאֶשְׁפְּכָה עָלַי נַפְשִׁי Ps. 42. 5, je répands mon âme en moi, je pleure ; שָׁפַךְ כָּאֵשׁ חֲמָתוֹ Lament. 2. 4, il a répandu sa colère comme le feu. — Verser, entasser, de la terre : וַיִּשְׁפְּכוּ סֹלְלָה אֶל־הָעִיר II Sam. 20. 15, ils élevèrent des remparts contre la ville ; וַתִּשְׁפְּכִי אֶת־תַּזְנוּתַיִךְ Ez. 16. 15, tu as prodigué tes prostitutions.

Niph. Être répandu, être jeté, être dissipé : וַיִּשָּׁפֵךְ הַדֶּשֶׁן I Rois 13. 5, et la cendre fut répandue ; כַּמַּיִם נִשְׁפַּכְתִּי Ps. 22. 15, je suis écoulé comme de l'eau (mes forces m'abandonnent) ; יַעַן הִשָּׁפֵךְ נְחֻשְׁתֵּךְ Ez. 16. 36, puisque ton argent a été dissipé.

Pou. : כְּאַיִן שֻׁפְּכָה אֲשֻׁרָי Ps. 73. 2, il s'en est peu fallu que mes pas n'aient glissé, *exact.* n'aient été renversés.

Hithp. Être répandu, jeté : תִּשְׁתַּפֵּכְנָה אַבְנֵי־קֹדֶשׁ Lament. 4. 1, (comment) les pierres saintes sont-elles jetées, semées, aux coins de toutes les rues ; בְּהִשְׁתַּפֵּךְ נַפְשָׁם Lament. 2. 12, lorsqu'ils rendaient l'âme.

שֶׁפֶךְ *m.* Lieu où l'on répand : אֶל־שֶׁפֶךְ הַדֶּשֶׁן Lévit. 4. 12, dans le lieu où l'on répand, jette, la cendre.

שָׁפְכָה *f.* Urètre : וּכְרוּת שָׁפְכָה Deut. 23. 2, un homme dont l'urètre aura été coupé ; d'autres traduisent : dont l'organe génital, etc.

שָׁפֵל (*fut.* יִשְׁפַּל, *inf.* שְׁפַל) Être abaissé, abattu ; se dit des choses et des hommes : וְכָל־הַר וְגִבְעָה יִשְׁפָּלוּ Is. 40. 4, et toute montagne et toute colline seront abaissées ; וְהַגְּבֹהִים יִשְׁפָּלוּ Is. 10. 33, et les hauts seront abaissés ; וְשָׁפַל רוּם אֲנָשִׁים Is. 2. 17, l'orgueil des hommes sera abattu ; וַיִּשְׁפַּל־אִישׁ Is. 5. 15, l'homme sera abaissé, humilié ; וְשָׁפַלְתְּ מֵאֶרֶץ תְּדַבֵּרִי Is. 29. 4, tu seras humilié, ou : tu parleras à voix basse comme de dessous de la terre ; *inf.* : בִּשְׁפַל קוֹל הַטַּחֲנָה Eccl. 12. 4, quand le bruit du moulin diminue (v. טַחֲנָה) ; שְׁפַל־רוּחַ Prov. 16. 19, être humble d'esprit.

Hiph. Abaisser, abattre ; זֶה יַשְׁפִּיל וְזֶה יָרִים Ps. 75. 8, il abaisse l'un, il élève l'autre ; הִשְׁפַּלְתִּי עֵץ גָּבֹהַּ Ez. 17. 24, que j'aurai abaissé un arbre élevé ; כִּי־הִשְׁפִּילוּ Job 22. 29, car ceux qu'on a humiliés ; *adverbialement :* הַשְׁפִּילוּ שֵׁבוּ Jér. 13. 18, asseyez-vous bien bas par terre, humiliez-vous ; הִשְׁפִּיל Is. 25. 12, il a abattu (les murs).

שְׁפַל chald. *Aph.* Abaisser, abattre : וּתְלָתָה מַלְכִין יְהַשְׁפִּל Dan. 7. 24, il abattra trois rois ; לָא הַשְׁפֵּלְתְּ לִבְבָךְ Dan. 5. 22, tu n'as point humilié ton cœur.

שָׁפָל *m.* (שְׁפָלָה *fém.*) *adj.* Bas, profond, enfoncé : עֵץ שָׁפָל Ez. 17. 24, un arbre bas, c.-à-d. petit ; שָׁפָל מִן־הָעוֹר Lévit. 13. 20, (une tache qui paraît) plus enfoncée que la peau. Des hommes : abaissé, vil, humble : לָשׂוּם שְׁפָלִים לְמָרוֹם Job 5. 11, d'élever ceux qui étaient abaissés ; וְהָיִיתִי שָׁפָל בְּעֵינָי II Sam. 6. 22, je paraîtrais vil à mes propres yeux ; רוּחַ שְׁפָלִים Is. 57. 15, l'esprit des humbles.

שְׁפַל chald. Bas, vil : וּשְׁפַל אֲנָשִׁים Dan. 4. 14, le plus vil des hommes.

שֵׁפֶל *m.* Lieu bas, bassesse : בַּשֵּׁפֶל יֵשֵׁבוּ Eccl. 10. 6, (les riches) sont assis en bas ; שֶׁבְּשִׁפְלֵנוּ זָכַר לָנוּ Ps. 136. 23, qui, lorsque nous étions bien bas, dans la misère, s'est souvenu de nous?

שִׁפְלָה *f.* Endroit bas, terrain bas : וּבַשִּׁפְלָה תִּשְׁפַּל הָעִיר Is. 32. 19, et la ville sera située dans une vallée.

שְׁפֵלָה *f.* Plaine, vallée : הַר יִשְׂרָאֵל וּשְׁפֵלָתוֹ Jos. 11. 16, la montagne d'Israel et sa plaine, et *fréq.* הַשְּׁפֵלָה la vallée qui s'étend de Joppé jusqu'à Gaza le long de la mer.

שִׁפְלוּת *f.* Affaissement : וּבְשִׁפְלוּת יָדַיִם Eccl. 10. 18, et quand les mains s'affaissent, quand elles deviennent lâches par paresse.

שָׁפָם *n. pr. m.* I Chr. 5. 12.

שְׁפָם *n. pr.* Sepham, ville de la tribu de Juda, Nomb. 34. 10; שִׁפְמִי I Chr. 27. 22, de Sepham.

שִׁפְמוֹת *n. pr.* d'une ville, I Sam. 30. 28, probablement la même que שְׁפָם.

שָׁפָן *m.* Lapin : וְאֶת־הַשָּׁפָן Lév. 11. 5, et le lapin; *plur.* : שְׁפַנִּים Prov. 30. 26, les lapins.

שָׁפָן *n. pr. m.* 1° II Rois 22. 3. — 2° Jér. 26. 24.

שֶׁפַע *m.* Abondance : שֶׁפַע יַמִּים יִינָקוּ Deut. 33. 19, ils suceront l'abondance des mers, ils s'enrichiront par la pêche ou la navigation.

שִׁפְעָה *f.* Abondance, grande quantité, foule, troupe : וְשִׁפְעַת־מַיִם Job 22. 11, et l'abondance, le débordement, des eaux; שִׁפְעַת גְּמַלִּים Is. 60. 6, une foule de chameaux; שִׁפְעַת יֵהוּא II Rois 9. 17, la troupe de Jéhu.

שִׁפְעִי *n. pr. m.* I Chr. 4. 37.

שָׁפַר Être beau, avec עַל plaire : שָׁפְרָה עָלָי Ps. 16. 6, (et l'héritage qui m'est échu) me plaît.

Pi. : בְּרוּחוֹ שָׁמַיִם שִׁפְרָה Job 26. 13, par son souffle il a orné le ciel.

שְׁפַר chald. Paraître beau, plaire : מַלְכִּי יִשְׁפַּר עֲלָךְ Dan. 4. 24, (puisse) mon conseil te plaire; שְׁפַר קֳדָם דָּרְיָוֶשׁ Dan. 6. 2, il plut à Darius.

שֶׁפֶר *m.* Beauté. Ex. unique : אִמְרֵי־שָׁפֶר Dan. 49. 21, de belles paroles.

שֶׁפֶר *n. pr.* La montagne de Sépher, Nomb. 33. 23.

שִׁפְרָה *f.* Beauté : בְּרוּחוֹ שָׁמַיִם שִׁפְרָה Job 26. 13, par son esprit (il a donné) au ciel la beauté; ou *verbe*, v. à שָׁפַר.

שִׁפְרָה *n. pr.* Siphra, sage-femme, Exod. 15.

שַׁפְרִיר *m.* Pavillon, tente : וְנָטָה אֶת־שַׁפְרִירוֹ עֲלֵיהֶם Jér. 43. 10, il étendra sa tente sur elles.

שְׁפַרְפָּרָא *m.* chald. Aurore, point du jour : בִּשְׁפַרְפָּרָא יְקוּם Dan. 6. 20, (le roi) se leva au point du jour.

שָׁפַת (*fut.* יִשְׁפֹּת) Mettre, placer, poser : שְׁפֹת הַסִּיר II Rois 4. 38, mets le pot; וְלַעֲפַר־מָוֶת תִּשְׁפְּתֵנִי Ps. 22. 16, tu me mets dans la poussière de la mort. — Préparer, donner : יי תִּשְׁפֹּת שָׁלוֹם לָנוּ Is. 26. 12, Éternel, tu nous donnes la paix.

שְׁפַתַּיִם *m. duel*, douteux : אִם־תִּשְׁכְּבוּן בֵּין שְׁפַתָּיִם Ps. 68. 14, quand vous auriez couché dans les étables, ou près des âtres; וְהַשְׁפַתַּיִם Ez. 40. 43, et les anneaux, ou les crochets (pour y attacher les victimes).

שֶׁצֶף *m.*, douteux. Ex. unique : בְּשֶׁצֶף קֶצֶף Is. 54. 8, dans le transport de ma colère; selon d'autres : dans un moment de colère.

שָׁק chald. *m.* Cuisse, jambe : שָׁקוֹהִי Dan. 2. 33, ses jambes.

שָׁקַד (*fut.* יִשְׁקֹד) Veiller (*au propre et au figuré*) : שָׁקַדְתִּי וָאֶהְיֶה Ps. 102. 8, je veille et je suis (comme un oiseau qui est seul sur un toit); שָׁוְא שָׁקַד שׁוֹמֵר Ps. 127. 1, le gardien veille en vain; לִשְׁקֹד עַל־דַּלְתֹתַי Prov. 8. 34, de veiller à mes portes; שִׁקְדוּ וְשִׁמְרוּ Esdr. 8. 29, veillez et ayez-(en) soin; הִנְנִי שֹׁקֵד עֲלֵיהֶם Jér. 44. 27, je veille contre eux (pour leur faire du mal); שֹׁקֵד אֲנִי עַל־דְּבָרִי לַעֲשֹׂתוֹ Jér. 1. 12, je veille, je me hâte, à exécuter ma parole; כָּל־שֹׁקְדֵי אָוֶן Is. 29. 20, tous ceux qui veillent pour commettre l'iniquité; נָמֵר שֹׁקֵד עַל־עָרֵיהֶם Jér. 5. 6, le léopard est au guet contre leurs villes; * וֶהֱוֵה שָׁקוּד Aboth, et sois zélé (à, etc.).

Pou. Être fait en forme d'amande :

גְּבִעִים מְשֻׁקָּדִים Exod. 25. 33, des coupes en forme de fleur d'amandier (v. שָׁקֵד).

שָׁקֵד *m.* Amandier, amande : מַקֵּל שָׁקֵד Jér. 1. 11, une branche d'amandier, ou : une branche qui fleurit hâtivement; וְיָנֵאץ הַשָּׁקֵד Eccl. 12. 5, quand l'amandier fleurit (v. à נָאַץ *Pi.*); שְׁקֵדִים Nomb. 7. 23, des amandes.

שָׁקָה *Kal* inusité. *Hiph.* Faire boire, donner à boire, abreuver, arroser : וְאִם־צָמֵא הַשְׁקֵהוּ מָיִם Prov. 25. 21, et s'il a soif donne-lui à boire de l'eau; וַיַּשְׁקֵנוּ מֵי־רֹאשׁ Jér. 8. 14, il nous fit boire de l'eau de fiel; יַשְׁקוּ הָעֲדָרִים Gen. 29. 2, on abreuvait les troupeaux; וַתַּשְׁקֵמוֹ בִּדְמָעוֹת שָׁלִישׁ Ps. 80. 6, tu les abreuves de larmes à pleine mesure; לְהַשְׁקוֹת אֶת־הַגָּן Gen. 2. 10, pour arroser le jardin; לִרְגָעִים אַשְׁקֶנָּה Is. 27. 3, je l'arroserai à tout moment; *part.*: מַשְׁקֵה Gen. 40. 1, l'échanson; שַׂר הַמַּשְׁקִים Gen. 40. 2, le chef des échansons; עַל־מַשְׁקֵהוּ Gen. 40. 21, dans son office d'échanson.

Niph. Être submergé; *fém.* וְנִשְׁקְעָה *cheth.*, Amos 8. 8, elle sera submergée.

Pou. : וּמֹחַ עַצְמוֹתָיו יְשֻׁקֶּה Job 21. 24, et la moelle de ses os est pleine de sève.

שִׁקּוּ et **שִׁקּוּי** *m.* 1° Boisson : שַׁמְנִי וְשִׁקּוּיָי Osée 2. 7, mon huile et mes boissons; וְשִׁקֻּוַי בִּבְכִי מָסָכְתִּי Ps. 102. 10, et j'ai mêlé ma boisson de pleurs. — 2° Arrosement : וְשִׁקּוּי לְעַצְמוֹתֶיךָ Prov. 3. 8, et un arrosement, un rafraîchissement, à tes os.

שִׁקּוּץ *m.* Abomination, impureté, chose abominable, impure, idole : וְהִשְׁלַכְתִּי עָלַיִךְ שִׁקֻּצִים Nah. 3. 6, je jetterai sur vous des vêtements impurs; וְשִׁקֻּצָיו מִבֵּין שִׁנָּיו Zach. 9. 7, et (j'ôterai) ses mets abominables d'entre ses dents; שָׂמוּ שִׁקּוּצֵיהֶם Jér. 7. 30, ils ont placé leurs idoles (dans mon temple); לְעַשְׁתֹּרֶת שִׁקֻּץ צִידֹנִים II Rois 23. 13, à Asthoreth, idole des Sidoniens.

שָׁקַט (*fut.* יִשְׁקֹט) Se reposer, être en repos, en paix, jouir du repos, se tenir tranquille, rester inactif : וְשֹׁקֵט הוּא אֶל־שְׁמָרָיו Jér. 48. 11, il a reposé sur sa lie; וְלֹא־שָׁקַטְתִּי Job 3. 26, je n'ai point eu de tranquillité; וַתִּשְׁקֹט הָאָרֶץ Jug. 3. 11, le pays fut en repos, en paix; plus complet : וְהָאָרֶץ שָׁקְטָה מִמִּלְחָמָה Jos. 11. 23, le pays se reposa de la guerre, n'avait plus de guerre; וְאֶשְׁקוֹט Job 3. 13, et je reposerais (dans la tombe); לֹא יִשְׁקֹט הָאִישׁ Ruth 3. 18, cet homme ne se donnera point de repos (qu'il n'ait achevé cette affaire); אֶרֶץ יָרְאָה וְשָׁקָטָה Ps. 76. 9, la terre a été effrayée, et elle s'est tenue en repos; אֵיךְ תִּשְׁקֹטִי Jér. 47. 7, comment te tiendrais-tu tranquille, inactive? וְאַל־תִּשְׁקֹט אֵל Ps. 83. 2, Dieu, ne reste point en repos, sans agir.

Hiph. 1° Faire reposer, apaiser, procurer le repos : וְאֶרֶךְ אַפַּיִם יַשְׁקִיט רִיב Prov. 15. 18, l'homme patient apaise la querelle; וְהוּא יַשְׁקִט וּמִי יַרְשִׁעַ Job 34. 29, s'il donne le repos, la paix, qui la troublera? לְהַשְׁקִיט לוֹ מִימֵי רָע Ps. 94. 13, pour le mettre en repos contre les jours de l'adversité. — 2° *Intrans.* Reposer, rester en repos : הִשָּׁמֵר וְהַשְׁקֵט Is. 7. 4, sois sans inquiétude et reste tranquille (v. à שָׁמַר *Niph.*); הַשְׁקֵט לֹא יוּכָל Jér. 49. 23, (la mer) ne peut rester en repos, s'apaiser; בְּהַשְׁקִט אֶרֶץ מִדָּרוֹם Job 37. 17, lorsque la terre est épargnée des vents du sud (v. le même exemple à דָּרוֹם, page 129).

שֶׁקֶט *m.* Repos : וְשָׁלוֹם וָשֶׁקֶט אֶתֵּן I Chr. 22. 9, et je donnerai (à Israel) la paix et le repos.

שָׁקַל (*fut.* יִשְׁקֹל) Peser : וְשָׁקַל אֶת־שְׂעַר רֹאשׁוֹ II Sam. 14. 26, il pesa les cheveux de sa tête; souvent peser, délivrer, payer : וַיִּשְׁקְלוּ אֶת־שְׂכָרִי Zach. 11. 12, ils pesèrent mon salaire; וַיִּשְׁקֹל אַבְרָהָם לְעֶפְרֹן אֶת־הַכֶּסֶף Gen. 23. 16, Abraham (pesa) paya à Ephron (l'argent, etc.); לִשְׁקוֹל עַל־גִּנְזֵי הַמֶּלֶךְ Esth. 4. 7, de payer au trésor royal; וָאֶשְׁקֲלָה עַל־יָדָם כֶּסֶף Esdr. 8. 26, je leur pesai, délivrai (six cent cinquante talents) d'argent; וְלֹא אָנֹכִי שֹׁקֵל עַל־כַּפַּי אֶלֶף כֶּסֶף

II Sam. 18. 12, et quand même je pèserais dans mes mains, c.-à-d. quand même tu me donnerais, mille pièces d'argent.

Niph. Être pesé : וְנִשְׁקַל הַכֶּסֶף Esdr. 8. 33, l'argent fut pesé ; לוּ שָׁקוֹל יִשָּׁקֵל Job 6. 2, si (mon chagrin et mes souffrances) étaient pesés.

שֶׁקֶל *m.* Poids, sicle, monnaie d'or et d'argent : וּלְהַגְדִּיל שֶׁקֶל Amos 8. 5, pour augmenter le sicle, le poids ; שְׁלֹשִׁים שֶׁקֶל Lév. 27. 4, trente sicles, בְּשֶׁקֶל הַקֹּדֶשׁ Exod. 30. 13, selon le sicle du sanctuaire (qui est de vingt גֵּרָה) ; מָאתַיִם שְׁקָלִים בְּאֶבֶן הַמֶּלֶךְ II Sam. 14. 26, (pesant) deux cents sicles au poids du roi.

שִׁקְמָה *f.*, usité seulement au *plur.* Sycomore : שִׁקְמִים גֻּדָּעוּ Is. 9. 9, les sycomores ont été abattus ; וְשִׁקְמוֹתָם בַּחֲנָמַל Ps. 78. 47, (il détruit) leurs sycomores par la gelée.

שָׁקַע Enfoncer, être plongé, être submergé : כָּכָה תִּשְׁקַע בָּבֶל Jér. 51. 64. Babylone sera ainsi plongée, submergée ; וְשָׁקְעָה כִּיאֹר מִצְרָיִם Amos 9. 5, elle est submergée comme par le fleuve d'Égypte ; du feu : וַתִּשְׁקַע הָאֵשׁ Nomb. 11. 2, le feu s'arrêta, s'éteignit.

Niph. Être submergé : וְנִשְׁקְעָה כִּיאוֹר מִצְרָיִם Amos 8. 8, elle sera submergée comme par le fleuve d'Égypte (*cheth.* וְנִשְׁקָה).

Hiph. Faire baisser, faire enfoncer : וּבְחֶבֶל תַּשְׁקִיעַ לְשֹׁנוֹ Job 40. 25, peux-tu lui baisser sa langue par une corde, ou : peux-tu lui plonger, jeter, une corde sur la langue ? אַשְׁקִיעַ מֵימֵיהֶם Ez. 32. 14, je ferai rasseoir leurs eaux.

שְׁקַעֲרוּרָה *f.*, *pl.* שְׁקַעֲרוּרֹת Lév. 14. 37, de petits creux, des fossettes (aux parois de la maison).

שָׁקַף *Kal* inusité. *Niph.* Regarder en s'avançant, en se montrant, regarder, paraître : נִשְׁקְפָה בְּעַד הַחַלּוֹן II Sam. 6. 16, (Michal) regarda par la fenêtre ; וְצֶדֶק מִשָּׁמַיִם נִשְׁקָף Ps. 85. 12, et la justice regarde du haut du ciel ; מִי־זֹאת הַנִּשְׁקָפָה כְּמוֹ־שָׁחַר Cant. 6. 10, qui est celle-ci qui paraît comme l'aurore ? רָעָה נִשְׁקְפָה מִצָּפוֹן Jér. 6. 1, le mal a paru, s'avance, du côté du nord ; הַנִּשְׁקָף עַל־פְּנֵי הַיְשִׁימֹן Nomb. 23. 28, (la montagne) qui regarde le désert ; d'un chemin : דֶּרֶךְ הַגְּבוּל הַנִּשְׁקָף I Sam. 13. 18, le chemin de la frontière qui regarde (la vallée, etc.).

Hiph. Regarder : וַתַּשְׁקֵף בְּעַד הַחַלּוֹן II Rois 9. 30, elle regarda par la fenêtre ; וַיַּשְׁקֵף יְיָ אֶל־מַחֲנֵה מִצְרַיִם Exod. 14. 24, l'Éternel regarda le camp des Égyptiens ; וַיַּשְׁקִפוּ עַל־פְּנֵי סְדֹם Gen. 18. 16, ils regardèrent vers Sodome

שֶׁקֶף *m.* Couverture, toit : רְבֻעִים שָׁקֶף I Rois 7. 5, les portes et les poteaux étaient carrés et couverts d'un toit, ou : avaient une toiture carrée ; selon d'autres : שֶׁקֶף des fenêtres ; וּשְׁקֻפִים שְׁלֹשָׁה טוּרִים I Rois 7. 4, trois rangées de solives.

שְׁקֻפִים *m. pl. adj.* et *subst.* : חַלּוֹנֵי שְׁקֻפִים אֲטֻמִים I Rois 6. 4, des croisées voûtées et grillées ; וּשְׁקֻפִים 7. 4, et des solives ; selon d'autres : et des fenêtres.

שָׁקַץ *Kal* inusité. *Pi.* 1° Avoir en abomination, en horreur : וְאֶת־אֵלֶּה תְּשַׁקְּצוּ מִן־הָעוֹף Lév. 11. 13, voici ceux d'entre les oiseaux que vous tiendrez pour abominables ; וְלֹא שִׁקַּץ עֱנוּת עָנִי Ps. 22. 25, il n'a pas dédaigné les cris du pauvre. — 2° Rendre impur, abominable : וְלֹא־תְשַׁקְּצוּ אֶת־נַפְשֹׁתֵיכֶם Lév. 20. 25, ne rendez pas abominables, impures, vos personnes.

שֶׁקֶץ *m.* Abomination, impureté (des animaux impurs) : וְשֶׁקֶץ יִהְיוּ לָכֶם Lév. 11. 11, ils vous seront en abomination ; אֹכְלֵי בְּשַׂר הַחֲזִיר וְהַשֶּׁקֶץ Is. 66. 17. ceux qui mangent de la chair de pourceau et des choses abominables, des animaux impurs.

שִׁקּוּץ (v. שִׁקּוּץ).

שָׁקַק (*fut.* יָשֹׁק) 1° Courir, errer çà et là : בָּעִיר יָשֹׁקּוּ Joel 2. 9, ils iront çà et là par la ville ; שֹׁקֵק בּוֹ Is. 33. 4, on courra sur lui. — 2° Être avide : וְדֹב שׁוֹקֵק Prov. 28. 15, et (comme) un ours avide, affamé; וְנַפְשׁוֹ שׁוֹקֵקָה Is. 29. 8, et son âme est avide, altérée.

Hithp. Courir. Ex. unique: יִשְׁתַּקְשְׁקוּן בָּרְחֹבוֹת Nah. 2. 5, (les charriots) courront dans les rues; selon d'autres: ils se heurteront, etc.

שָׁקַר Mentir: אִם־תִּשְׁקֹר לִי Gen. 21. 23, que tu ne mentiras, ne me tromperas pas.

Pi. Mentir, tromper, trahir: לֹא יְשַׁקֵּר I Sam. 15. 29, il ne mentira pas; וְלֹא־תְשַׁקְּרוּ אִישׁ בַּעֲמִיתוֹ Lévit. 19. 11, et aucun de vous ne mentira à son prochain; בָּנִים לֹא יְשַׁקֵּרוּ Is. 63. 8, des enfants qui ne trahiront, ne dégénèreront plus; וְלֹא־שִׁקַּרְנוּ בִּבְרִיתֶךָ Ps. 44. 18, nous n'avons point trahi ton alliance; וְלֹא אֲשַׁקֵּר בֶּאֱמוּנָתִי Ps. 89. 34, je ne fausserai, trahirai pas ma foi (ma promesse).

שֶׁקֶר *m.* 1° Mensonge, fausseté, vanité: מִדְּבַר שֶׁקֶר תִּרְחָק Exod. 23. 7, tu t'éloigneras de toute parole de mensonge; עֵד־שֶׁקֶר Deut. 19. 18, un faux témoignage; וּשְׁבֻעַת שֶׁקֶר Zach. 8. 17, et un faux serment; שֶׁקֶר הַסּוּס לִתְשׁוּעָה Ps. 33. 17, la victoire est vaine que le cavalier attend de son cheval; שָׁקֶר Prov. 17. 4, le mensonge, *pour* le menteur; *plur.*: שְׁקָרִים Ps. 101.7, des mensonges. — 2° *Adv.* En vain, vainement: אַךְ לַשֶּׁקֶר שָׁמַרְתִּי I Sam. 25. 21, c'est bien en vain que j'ai gardé, protégé; שֶׁקֶר רְדָפוּנִי Ps. 119. 86, ils me persécutent sans motif; אֹיְבַי שֶׁקֶר Ps. 35.19, ceux qui sont mes ennemis sans sujet; לַשֶּׁקֶר עָשָׂה עֵט שֶׁקֶר סֹפְרִים Jér. 8. 8, c'est bien en vain que la plume a écrit, en vain que les scribes ou les législateurs (s'en servent).

שֹׁקֶת *f.* Auge, abreuvoir: וַתְּעַר כַּדָּהּ אֶל־הַשֹּׁקֶת Gen. 24. 20, elle vida sa cruche dans l'abreuvoir; *pl.*: בְּשִׁקְתוֹת הַמָּיִם Gen. 30. 38, dans les abreuvoirs.

שֹׁר *m.* (rac. שָׁרַר). Nombril: שָׁרֵּךְ Ez. 16.4, et שָׁרְרֵךְ Cant.7.3, ton nombril; לְשָׁרֶּךָ Prov. 3. 8, pour ton nombril, c.-à-d. pour tes nerfs (v. שְׁרִיר).

שְׁרָא et שְׁרָא chald. 1° Délier: וְקִטְרִין לְמִשְׁרֵא Dan. 5.16, et que tu peux résoudre les problèmes; *part.*: גֻּבְרִין אַרְבְּעָה שְׁרַיִן Dan. 3. 25, quatre hommes sans liens. — 2° Demeurer, rester: וּנְהוֹרָא עִמֵּהּ שְׁרֵא Dan. 2. 22, et la lumière se trouve, demeure, en ou avec lui.

Pa. 1° Délier: וּמְשָׁרֵא קִטְרִין Dan. 5. 12, et qui résout les problèmes. — 2° Commencer: וְשָׁרִיו לְמִבְנֵא Esdr. 5. 2, et ils commencèrent à bâtir.

Ithp. Se relâcher: וְקִטְרֵי חַרְצֵהּ מִשְׁתָּרַיִן Dan. 5. 6, et les jointures de ses reins se relâchèrent.

שַׂרְאֶצֶר *n. pr.* 1° Sareser, fils de Sancherib, Is. 37. 38. — 2° Zach. 7. 2.

שָׁרָב 1° Chaleur: וְלֹא־יַכֵּם שָׁרָב Is. 49. 10, et la chaleur ne les frappera pas. — 2° Lieu desséché: וְהָיָה הַשָּׁרָב לַאֲגַם Is. 35. 7, les lieux qui étaient secs deviendront des étangs; selon d'autres, שָׁרָב le mirage: la plaine de sable à qui le phénomène du mirage donne l'apparence d'une étendue d'eau deviendra en réalité un étang.

שֵׁרֵבְיָה *n. pr. m.* Esdr. 8. 18.

שַׁרְבִיט *m.* Sceptre: שַׁרְבִיט הַזָּהָב Esth. 4. 11, le sceptre d'or (v. שֵׁבֶט).

שָׁרָה (v. שְׁרָא) Délier, délivrer: אִם־לֹא שֵׁרִיתִךָ לְטוֹב Jér. 15. 11, si je ne te délivre pas pour ton bonheur (v. à שְׁאֵרִית); תַּחַת כָּל־הַשָּׁמַיִם יִשְׁרֵהוּ Job 37.3, il envoie le tonnerre sous tous les cieux, il lui laisse un libre cours (v. le même exemple à יָשַׁר *Pi.*). — * Demeurer, résider, *part.* שׁוֹרָה, שׁוֹרִיָּה Aboth.

שָׁרָה Muraille (v. à II שׁוּר *subst.*).

שֵׁרָה *f.* Chaînette; *plur.*: וְהַשֵּׁרוֹת Is. 3. 19, et les chaînettes (ornement que portaient les femmes) (v. שַׁרְשָׁה).

שָׁרוּחֶן *n. pr.* d'une ville de la tribu de Siméon, Jos. 19. 6.

שָׁרוֹן *n. pr.*, toujours avec l'*art.*: הַשָּׁרוֹן Saron, contrée qui s'étend de Joppé à Césarée, extrêmement fertile, Jos. 12. 18, Cant. 2. 1; הַשָּׁרוֹנִי de Saron, I Chr. 27. 29.

שַׁרְטַי *n. pr.* (v. שִׁטְרַי).

שָׁרַי *n. pr. m.* Esdr. 10. 40.

שִׁרְיָה *f.* Cuirasse, Job 41. 18.

שִׁרְיוֹן *m.* Cuirasse: וּמִשְׁקַל הַשִּׁרְיוֹן I Sam. 17. 5, le poids de la cuirasse; *plur.* וְהַשִּׁרְיֹנִים Néh. 4. 10, et וְשִׁרְיֹנוֹת II Chr. 26. 14.

שִׁרְיוֹן *n. pr.* Les Sidoniens appellent la montagne d'Hermon: Siryon, שְׂנִיר Deut. 3. 5.

שִׁרְיָן *m.* Cuirasse (v. שִׁרְיוֹן), I Rois 22. 34, Is. 59. 17.

שְׁרִיקוֹת *f. pl.* Sifflement: שְׁרִקוֹת עֲדָרִים Jug. 5. 16, les cris, le bêlement, des troupeaux, ou: le bruit du sifflet des bergers; שְׁרִיקֹת עוֹלָם Jér. 18. 16, un objet de sifflement, c.-à-d. d'opprobre, perpétuel.

שָׁרִיר *m.* (v. שֹׁר). Nombril: וְאֹנוֹ בִּשְׁרִירֵי בִטְנוֹ Job 40. 16, et sa vigueur est dans le nombril, dans les nerfs de son ventre.

שְׁרִירוּת *f.* (rac. שָׁרַר). Penchant, passion, ou endurcissement: כִּי בִּשְׁרִרוּת לִבִּי אֵלֵךְ Deut. 29. 18, encore que je suive le penchant, ou l'endurcissement, de mon cœur.

שֵׁרִית (v. שְׁאֵרִית).

שָׁרַץ (*fut.* יִשְׁרֹץ) 1° Produire en abondance, fourmiller: יִשְׁרְצוּ הַמַּיִם שֶׁרֶץ Gen. 1. 20, que les eaux produisent en abondance des animaux qui se meuvent; שָׁרַץ אַרְצָם צְפַרְדְּעִים Ps. 105. 30, leur pays fourmilla de grenouilles. — 2° Ramper: הַשֹּׁרֵץ עַל־הָאָרֶץ Gen. 7. 21, des reptiles qui rampent sur la terre. — 3° Se multiplier, se répandre. Des animaux: וְשָׁרְצוּ בָאָרֶץ Gen. 8. 17, qu'ils se répandent sur la terre; des hommes: פָּרוּ וַיִּשְׁרְצוּ Exod. 1. 7, (les enfants d'Israel) augmentèrent et se multiplièrent.

שֶׁרֶץ *m.* Reptile: שֶׁרֶץ טָמֵא Lévit. 5. 2, des reptiles immondes; כֹּל שֶׁרֶץ הָעוֹף Lév. 11. 20, tout reptile volant (comme la chauve-souris, etc.); שֶׁרֶץ הַמַּיִם Lév. 11. 10, des reptiles des eaux.

שָׁרַק (*fut.* יִשְׁרֹק) Siffler, appeler en sifflant, siffler pour railler, pour exprimer l'étonnement: יִשְׁרֹק יְיָ לַזְּבוּב Is. 7. 18, l'Éternel appellera la mouche, etc.; וְשָׁרַק לוֹ מִקְצֵה הָאָרֶץ Is. 5. 26, il lui sifflera, il l'attirera, des extrémités de la terre; יִשֹּׁם וְיִשְׁרֹק עַל־כָּל־מַכֹּתֶהָ Jér. 19. 8, (quiconque passera près de cette ville) en sera étonné, et sifflera à cause de toutes ses plaies; שָׁרְקוּ וַיַּחַרְקוּ שֵׁן Lament. 2. 16, ils ont sifflé, grincé les dents; וְיִשְׁרֹק עָלָיו Job 27. 23, et (chacun) le sifflera, le raillera.

שְׁרֵקָה *f.* Sifflement, raillerie: לְשַׁמָּה וְלִשְׁרֵקָה Jér. 25. 9, (je ferai d'eux) un objet d'étonnement et de sifflement.

שָׁרַר 1° Regarder (v. II שׁוּר). — 2° Haïr; *part.*: לְמַעַן שׁוֹרְרָי Ps. 5. 9, à cause de mes ennemis.

שָׁרָר *n. pr. m.* II Sam. 23. 33.

שֹׁרֶר Nombril (v. שֹׁר).

שָׁרֶשׁ *n. pr. m.* I Chr. 7. 16.

שָׁרַשׁ *Po.* Prendre racine, jeter des racines: אַף בַּל־שֹׁרֵשׁ בָּאָרֶץ גִּזְעָם Is. 40. 24, et même leur tronc n'a point jeté de racines en terre; גַּם־שֹׁרָשׁוּ Jér. 12. 2, et ils ont pris racine.

Pi. שֵׁרֵשׁ *sens opposé.* Déraciner, détruire: וְשֵׁרֶשְׁךָ מֵאֶרֶץ חַיִּים Ps. 52. 7, il te déracinera de la terre des vivants; וּבְכָל־תְּבוּאָתִי תְשָׁרֵשׁ Job 31. 12, et qui aurait déraciné, détruit, tous mes fruits.

Pou. pass.: וְצֶאֱצָאַי יְשֹׁרָשׁוּ Job 31. 8, et que mes rejetons soient déracinés.

Hiph. Jeter racine: וַתַּשְׁרֵשׁ שָׁרָשֶׁיהָ Ps. 80. 10, elle a jeté de profondes racines; יַשְׁרֵשׁ יַעֲקֹב Is. 27. 6, Jacob prendra racine.

שֹׁרֶשׁ *m.* (*pl.* שָׁרָשִׁים). Racine: כִּי־הָיָה שָׁרְשׁוֹ Ez. 31. 7, car sa racine était; הָפַךְ מִשֹּׁרֶשׁ הָרִים Job 28. 9, il renverse les montagnes jusqu'aux fondements, *exact.* depuis leurs racines; שָׁרְשֵׁי רַגְלַי Job 13. 27, la racine, la plante, de mes pieds; וְשָׁרְשֵׁי הַיָּם כִּסָּה Job 36. 30, il a couvert le fond de la mer; וְשֹׁרֶשׁ דָּבָר Job 19. 28, la racine, le fondement, la raison, de (ma) cause; שָׁרְשָׁם

בַּעֲמָלֵק Jug. 5. 14, leurs descendants ont combattu jusqu'en Amalek; שֹׁרֶשׁ יִשַׁי Is. 11. 10, la racine, le rejeton, d'Isaïe.

שֹׁרֶשׁ *m.* chald. Racine : שָׁרְשׁוֹהִי Dan. 4. 12, (de) ses racines.

שַׁרְשׁוֹת *f. pl.* Chaînettes : שַׁרְשֹׁת Exod. 28. 22, des chaînettes pour le pectoral.

שְׁרֹשִׁי chald. *f.* Expulsion, bannissement : הֲן לִשְׁרֹשִׁי Esd. 7. 26, il sera condamné soit au bannissement.

שַׁרְשְׁרָה *f. pl.* Chaînettes : וּשְׁתֵּי שַׁרְשְׁרֹת זָהָב Exod. 28. 14, et deux chaînettes d'or.

שָׁרַת *Kal* inusité. *Pi.* שֵׁרֵת, *inf.* שָׁרֵת. Servir : וְשֵׁרְתוּ אֹתוֹ Nomb. 3. 6, afin qu'ils le servent; וּמַלְכֵיהֶם יְשָׁרְתוּנֶךְ Is. 60. 10, et leurs rois seront employés à ton service; אֲשֶׁר יְשָׁרְתוּ־בָם Nomb. 4. 12, (les vases) dont on se sert; לְשָׁרֵת בְּשֵׁם־יְיָ Deut. 18. 5, pour faire le service divin au nom de l'Éternel; *part.*: מְשָׁרֵת Nomb. 11. 28, serviteur; *fém.*: מְשָׁרַת אֶת־הַמֶּלֶךְ I Rois 1. 15, (la Sunamith) servait le roi.

שִׁשָּׁה (v. שֵׁת).

I **שֵׁשׁ** *f.* (*m.* שִׁשָּׁה, const. שֵׁשֶׁת). Six : וְשֵׁשׁ מֵאוֹת Nomb. 1. 25, et six cents; שִׁשָּׁה בָנִים Gen. 30. 20, six fils; וְשֵׁשֶׁת־אֲלָפִים Nomb. 2. 9, et six mille; שִׁשִּׁים soixante.

II **שֵׁשׁ** 1° Marbre blanc : עַמּוּדֵי שֵׁשׁ Cant. 5. 15, des colonnes de marbre (v. שַׁיִשׁ). — 2° Lin; selon d'autres : byssus : בִּגְדֵי־שֵׁשׁ Gen. 41. 42, d'habits de fin lin (שֶׁשִׁי *cheth.* Ez. 16. 13).

שִׁשֵּׁא *Pi.* Égarer. Ex. unique: וְשִׁשֵּׁאתִיךָ Ez. 39. 2, et je te ferai errer; selon d'autres : je te détruirai, ou je ne laisserai de toi qu'un de six (v. שִׁשָּׁה).

שֵׁשְׁבַּצַּר *n. pr.* persan, Esdr. 1. 8.

שִׁשָּׁה *Pi.* (de I שֵׁשׁ). Donner la sixième part. Ex. unique : וְשִׁשִּׁיתֶם הָאֵיפָה Ez. 48. 13, vous donnerez la sixième partie d'un épha.

שֵׁשַׁי *n. pr. m.* Esdr. 10. 40.

שֵׁשַׁי *n. pr.* Nomb. 13. 22.

שִׁשִּׁי *m.* (*f.* שִׁשִּׁית). Le, la sixième : בֵּן־שִׁשִּׁי Gen. 30. 19, un sixième fils; שִׁשִּׁית signifie aussi la sixième partie d'un tout : שִׁשִּׁית הַהִין Ez. 4. 11, le sixième d'un hin.

שֵׁשַׁךְ *n. pr.* Babylone, Jér. 25. 26, 51. 41.

שֵׁשָׁן *n. pr. m.* I Chr. 2. 31.

שָׁשַׁק *n. pr. m.* I Chr. 8. 14.

שָׁשַׁר *m.* Couleur rouge (cinabre?) : וּמָשׁוֹחַ בַּשָּׁשַׁר Jér. 22. 14, et peint de rouge.

שֵׁת *m.* Le fondement du corps de l'homme, le derrière, l'anus : וַחֲשׂוּפַי שֵׁת Is. 20. 4, ayant le haut des cuisses à découvert; עַד־שְׁתוֹתֵיהֶם II Sam. 10. 4, jusqu'au haut des cuisses.

שֵׁת (équivalent, restitution) *n. pr.* Seth, troisième fils d'Adam, Gen. 4. 25.

שֵׁת et **שִׁת** chald. Six : שְׁנַת־שֵׁת Esdr. 6. 15, la sixième année (du règne de Darius); אַמִּין שִׁת Dan. 3. 1, six coudées; שִׁתִּין même verset, soixante.

שָׁתָה (*fut.* יִשְׁתֶּה, *apoc.* יֵשְׁתְּ) Boire : וּמַיִם אַיִן לִשְׁתּוֹת Nomb. 20. 5, il n'y a point d'eau pour boire; *inf.*: שָׁתוֹ Agg. 1. 6, boire; בַּל־יִשְׁתָּיוּן Ps. 78. 44, ils ne purent boire (les eaux); אֲשֶׁר יִשְׁתֶּה אֲדֹנִי בּוֹ Gen. 44. 5, (la coupe) dans laquelle mon maître boit. — Faire un repas, un festin : לִשְׁתּוֹת עִם־אֶסְתֵּר Esth. 7. 1, pour manger en festin avec Esther; *au fig.* : חֲמָתָם שֹׁתָה רוּחִי Job 6. 4, mon esprit en boit, en suce, le venin; שֹׁתֶה כַמַּיִם עַוְלָה Job 15. 16, qui boit l'iniquité comme l'eau, c.-à-d. qui en est remplie.
Niph. אֲשֶׁר יִשָּׁתֶה Lév. 11. 34, (tout breuvage) qu'on boit.

שְׁתָה et **שְׁתָא** chald. Boire : וְיִשְׁתּוֹן בְּהוֹן Dan. 5. 2, afin qu'ils bussent dans ces vases; וְאִשְׁתִּיו בְּהוֹן Dan. 5. 3, (le roi et ses gentilshommes, etc.) y burent.

שָׁתוֹת *m. pl.* (Colonne,) fondement : הַשָּׁתוֹת יֵהָרֵסוּן Ps. 11. 3, les fondements sont renversés; וְהָיוּ שָׁתֹתֶיהָ מְדֻכָּאִים Is. 19. 10, et ses fondements, c.-à-d. ses citoyens les plus nobles, seront abattus.

I **שְׁתִי** Le boire : בִּגְבוּרָה וְלֹא בַשְּׁתִי Eccl.

10. 17, pour la force, pour se fortifier, et non pas pour le plaisir de boire.

II שְׁתִי *m.* Chaîne d'un tissu : בִּשְׁתִי אוֹ בְעֵרֶב Lév. 13. 48, dans la chaîne ou dans la trame.

שְׁתִיָּה *f.* L'action de boire : וְהַשְּׁתִיָּה כַדָּת Esth. 1. 8, et la manière de boire fut, c.-à-d. on buvait suivant l'ordre, de ne forcer personne à boire.

שְׁתַּיִם *f.* Deux (v. שְׁנַיִם).

שְׁתִיל *m.* Plant : כִּשְׁתִלֵי זֵיתִים Ps. 128. 3, comme des plants d'oliviers.

* שְׁתִיקָה *f.* Silence, Aboth.

שָׁתַל Planter, transplanter : שְׁתוּלִים בְּבֵית יְיָ Ps. 92. 14, étant plantés dans la maison de l'Éternel ; בְּהַר מְרוֹם יִשְׂרָאֵל אֶשְׁתֳּלֶנּוּ Ez. 17. 23, je le planterai sur la haute montagne d'Israel ; שְׁתוּלָה בְנָוֶה Osée 9. 13, plantée (c.-à-d. située) dans un lieu agréable.

שָׁתַם Ouvrir. Ex. unique : שְׁתֻם הָעָיִן Nomb. 24. 3, 15, (l'homme) qui a l'œil ouvert, le prophète.

שָׁתַן Uriner : מַשְׁתִּין בְּקִיר I Rois 6.11, I Sam. 25. 22, 24, qui pisse à la muraille, désignant un chien selon les uns, un petit garçon selon les autres.

שָׁתַק (*fut.* יִשְׁתֹּק) Se taire, se calmer, s'apaiser : וְיִשְׁתֹּק הַיָּם Jon. 1. 11, afin que la mer se calme : וַיִּשְׂמְחוּ כִי־יִשְׁתֹּקוּ Ps. 107. 30, ils se réjouissent de ce que les flots sont calmés ; יִשְׁתֹּק מָדוֹן Prov. 26. 20, la querelle s'apaise.

שֵׁתָר *n. pr.* persan, Esth. 1. 14.

שְׁתַר בּוֹזְנַי *n. pr.* persan, Esdr. 5. 3.

שָׁתַת (v. שׁוּת) Mettre, placer : לִשְׁאוֹל שַׁתּוּ Ps. 49. 15, ils vont, ou on les mène, vers le scheol ; שַׁתּוּ בַשָּׁמַיִם פִּיהֶם Ps. 73. 9, ils portent leur bouche jusqu'au ciel, ils blasphèment.

ת

ת Taw. תָּו signe, signe d'écriture ; vingt-deuxième et dernière lettre de l'alphabet. Comme chiffre ת signifie 400. ת sans *daguesch* se prononçait *ts;* avec *daguesch*, *t*, *th*. ת se permute avec ט (voir cette lettre) et avec שׁ. Exemples : שׁוּב et chald. תּוּב retourner ; שֶׁלֶג et chald. תְּלַג neige.

תָּא *m.* (*plur.* תָּאֵי, תָּאִים, une fois תָּאוֹת Ez. 40. 12, rac. תָּאָה ou תָּוָה) : תָּא I Rois 14. 28, la chambre ; וּבֵין הַתָּאִים Ez. 40. 7, et les entre-deux des chambres.

תָּאַב Désirer ardemment : תָּאַבְתִּי לִישׁוּעָתְךָ Ps. 119. 174, j'ai souhaité ton secours (v. אָוָה, אָבָה).

Pi., *sens opposé*. Avoir en horreur (v. תָּעַב). Ex. unique ; *part.* : מְתָאֵב אָנֹכִי אֶת־גְּאוֹן יַעֲקֹב Amos 6. 8, je déteste l'orgueil de Jacob.

תַּאֲבָה *f.* Désir : גָּרְסָה נַפְשִׁי לְתַאֲבָה Ps. 119. 20, mon âme est languissante par le désir, l'affection (qu'elle a pour tes ordonnances).

תָּאָה *Kal* inusité (v. תָּוָה). *Pi.* Indiquer par des signes, marquer des limites : תְּתָאוּ לָכֶם Nomb. 34. 7, vous tracerez, vous marquerez, pour vos limites (ou *Hithp.* de II אָוָה).

תְּאוֹ et תּוֹא *m.* Bœuf sauvage, Deut. 14. 5, Is. 51. 20.

I תַּאֲוָה *f.* (rac. I אָוָה). 1° Désir, souhait, convoitise, concupiscence : תַּאֲוַת צַדִּיקִים אַךְ־טוֹב Prov. 11. 23, le souhait des justes ne tend qu'à ce qui est bon ; תַּאֲוַת עֲנָוִים שָׁמַעְתָּ יְיָ Ps. 10. 17, tu exauces le souhait des humbles ; תַּאֲוַת רְשָׁעִים Ps. 112. 10, le désir, la concupiscence, des méchants ; קִבְרוֹת הַתַּאֲוָה Nomb. 11. 34, les tombes de la convoitise, c.-à-d. de ceux qui avaient convoité. — 2° Objet du désir, objet désirable, agréable ;

agrément, ornement : וְכִי תַאֲוָה־הוּא לָעֵינַיִם Gen. 3. 6, qu'il était un objet agréable aux yeux ; תַּאֲוַת אָדָם חַסְדּוֹ Prov. 19. 22, la miséricorde, la bonté, de l'homme, est son charme, son ornement.

II תַּאֲוָה (rac. II אָוָה ou תָּאָה) Limite : עַד־תַּאֲוַת גִּבְעֹת עוֹלָם Gen. 49. 26, (en s'élevant) jusqu'à la limite extrême, jusqu'au bout des collines éternelles.

תְּאוֹמִים m. (const. תְּאוֹמֵי). Jumeaux : וְהִנֵּה תְאוֹמִים בְּבִטְנָהּ Gen. 38. 27, et voici deux jumeaux étaient dans son sein ; de même תוֹמִם Gen. 25. 24 ; תְּאוֹמֵי צְבִיָּה Cant. 4. 5, deux petits jumeaux d'une chevrette.

תַּאֲלָה f. (rac. אָלָה). Malédiction : תַּאֲלָתְךָ לָהֶם Lament. 3. 65, (donne)-leur ta malédiction.

תָּאַם Être double, être à deux, être joint ; *part.* seul usité : וְיִהְיוּ תֹאֲמִם מִלְּמַטָּה Exod. 26. 24, ils seront joints par le bas.

Hiph. Enfanter des jumeaux ; *part.* : שֶׁכֻּלָּם מַתְאִימוֹת Cant. 4. 2, qui portent toutes un double fruit, des jumeaux.

תָּאֳמֵי pl. (const. d'un *singulier* תְּאֹם ou תֹּאַם). Deux petits jumeaux, Cant. 7. 4.

תַּאֲנָה f. (rac. אָנָה). Passion, désir charnel. Ex. unique : תַּאֲנָתָהּ מִי יְשִׁיבֶנָּה Jér. 2. 24, qui pourrait l'empêcher de satisfaire son désir lorsqu'elle est en chaleur ?

תְּאֵנָה f. (*pl.* תְּאֵנִים). Figuier, figue : וְאֵין תְּאֵנִים בַּתְּאֵנָה Jér. 8. 13, il n'y a point de figues au figuier.

תֹּאֲנָה f. (rac. אָנָה). Occasion : תֹאֲנָה הוּא־מְבַקֵּשׁ Jug. 14. 4, il cherche une occasion, un prétexte.

תַּאֲנִיָּה f. (rac. אָנָה). Tristesse, gémissement, soupir, Is. 29. 2, Lament. 2. 5.

תְּאֻנִים m. pl. (rac. און). Peines, efforts : תְּאֻנִים הֶלְאָת Ez. 24. 12, (la chaudière) a fatigué par les efforts (qu'on a faits pour la nettoyer (v. d'autres explications à לָאָה, page 313).

תַּאֲנַת שִׁלֹה *n. pr.* d'un endroit à la frontière du pays d'Ephraïm, Jos. 16. 6.

תָּאַר Dessiner, tracer, une frontière ; s'aligner, s'étendre : וְתָאַר הַגְּבוּל Jos. 18. 14, la frontière s'étendait ; וְתָאַר הַגְּבוּל מֵרֹאשׁ הָהָר אֶל־מַעְיַן Jos. 15. 9, cette frontière s'étendait depuis le sommet de la montagne jusqu'à la fontaine, etc.

Pi. Dessiner : יְתָאֲרֵהוּ Is. 44. 13, il le marque, dessine.

Pou. S'étendre : הַמְּתֹאָר הַנֵּעָה Jos. 19. 13, (de là) s'étendant vers Néah ; selon d'autres, *n. pr.* : à, vers Methoar, et vers Néah.

תֹּאַר m. (avec suff. תָּאֳרוֹ, תָּאֳרָם). Forme (du corps), figure, mine, air, beauté : וְתָאֳרוֹ מִבְּנֵי אָדָם Is. 52. 14, et sa forme, son apparence, (était plus défaite, défigurée) que pas un des enfants des hommes ; תָּאֳרָם Lam. 4. 8, leur figure ; מַה־תָּאֳרוֹ I Sam. 28. 14, quelle est son apparence, comment est-il fait ? כְּתֹאַר בְּנֵי הַמֶּלֶךְ Jug. 8. 18, (chacun d'eux avait) l'air des fils d'un roi ; וְאִישׁ תֹּאַר I Sam. 16. 18, et un bel homme ; לֹא־תֹאַר לוֹ וְלֹא הָדָר Is. 53. 2, il n'y a en lui ni forme, ni beauté, ni éclat ; plus compl. יְפַת־תֹּאַר Gen. 39. 6, יְפַת־תֹּאַר 29. 17, beau, belle, de corps, de taille ; des animaux : וְרָעוֹת תֹּאַר Gen. 41. 19, des vaches laides.

תַּאְרֵעַ *n. pr. m.* I Chr. 8. 35 ; תַּחְרֵעַ 9. 41.

תְּאַשּׁוּר m. Espèce d'arbre : וּתְאַשּׁוּר Is. 41. 19, et le buis, ou : une espèce de cèdre.

תֵּבָה f. Boîte, arche : תֵּבַת גֹּמֶא Exod. 2. 3, une caisse, ou une boîte, de jonc ; תֵּבַת עֲצֵי־גֹפֶר Gen. 6. 14, une arche de bois de Gopher.

תְּבוּאָה f. (rac. בּוֹא). Produit (de la terre), fruit, revenu, gain, profit : מִן־הַתְּבוּאָה יָשָׁן Lév. 25. 22, (vous mangerez) des produits, du rapport, du passé ; כִּתְבוּאַת גֹּרֶן וְכִתְבוּאַת יָקֶב Nomb. 18. 30, comme le revenu de l'aire et comme le revenu de la cuve ; וְהָיָה בַּתְּבוּאֹת Gen. 47. 24, et quand le temps de la récolte viendra ; לֹא תְבוּאָה Eccl. 5. 9, (celui qui aime la richesse) n'est pas (rassasié) par les revenus ; תְּבוּאַת רָשָׁע Prov. 10. 16, le fruit, les bénéfices, du méchant ; וּמֵחָרוּץ תְּבוּאָתָהּ Prov. 3. 14, et le fruit, le profit, qu'on tire (de la sagesse), est préférable à l'or.

תְּבוּן *m.* (rac. בּוּן). Intelligence. Ex. unique : כִּתְבוּנָם Osée 13. 2, selon leur intelligence, leur invention.

תְּבוּנָה *f.* (rac. בּוּן, בִּין). Intelligence : וְאֵין בָּהֶם תְּבוּנָה Deut. 32. 28, et il n'y a en eux aucune intelligence ; לוֹ עֵצָה וּתְבוּנָה Job 12. 13, c'est à lui qu'appartiennent le conseil et l'intelligence ; *pl.* : וְדֶרֶךְ תְּבוּנוֹת יוֹדִיעֶנּוּ Is. 40. 14, (qui) lui a montré le chemin de l'intelligence ? אָזִין עַד־תְּבוּנוֹתֵיכֶם Job 32. 11, j'ai prêté l'oreille à vos paroles intelligentes, à vos raisonnements.

תְּבוּסָה *f.* (rac. בּוּס). Action d'être foulé aux pieds, destruction, ruine. Ex. unique : תְּבוּסַת אֲחַזְיָהוּ II Chr. 22. 7, la ruine d'Ahasiahou.

תָּבוֹר *n. pr.* 1° La montagne de Tabor, Jug. 4. 6, Jér. 46. 18. — 2° Tabor, une plaine, ou un bocage de chêne, dans la tribu de Benjamin, I Sam. 10. 3. — 3° Tabor, ville lévitique sur le territoire de Zabulon, I Chr. 6. 62.

תֵּבֵל *f.* Partie habitée et cultivée de la terre ; plus généralement : terre, monde : שָׂם תֵּבֵל כַּמִּדְבָּר Is. 14. 17, il a réduit le monde, ou les terres fertiles, en désert ; בְּתֵבֵל אַרְצוֹ Prov. 8. 31, dans le monde sa terre, dans la partie du monde habitée des hommes ; מֵכִין תֵּבֵל Jér. 10. 12, il crée le monde ; כָּל־יֹשְׁבֵי תֵבֵל Is. 18. 3, tous les habitants du monde.

תֶּבֶל *m.* (rac. בָּלַל). Confusion, union contre nature, union abominable : תֶּבֶל הוּא Lév. 18. 23, c'est une union abominable ; de l'inceste : תֶּבֶל עָשׂוּ 20. 12, ils ont fait un mélange, une union horrible.

תֻּבַל (v. תּוּבַל).

תַּבְלִית *f.* (rac. בָּלָה). Destruction : עַל־תַּבְלִיתָם Is. 10. 25, pour leur destruction.

תְּבַלֻּל *m.* (rac. בָּלַל). Tache : תְּבַלֻּל בְּעֵינוֹ Lév. 21. 20, qui aura quelque tache dans l'œil.

תֶּבֶן *m.* Paille (hachée), Gen. 24. 32, Is. 11. 7.

תִּבְנִי *n. pr. m.* I Rois 16. 21.

תַּבְנִית *f.* (rac. בָּנָה). Forme, modèle pour construire, modèle, image : תַּבְנִית הַמִּשְׁכָּן Exod. 25. 29, le modèle du tabernacle ; כֹּל מַלְאֲכוֹת הַתַּבְנִית I Chr. 28. 19, tous les ouvrages selon le modèle ; תַּבְנִית זָכָר אוֹ נְקֵבָה Deut. 4. 16, quelque image ou figure d'homme ou de femme ; כְּתַבְנִית אִישׁ Is. 44. 13, selon la forme, l'image, d'un homme (une statue) ; וַיִּשְׁלַח תַּבְנִית יָד Ez. 8. 3, il avança une forme de main.

תַּבְעֵרָה (incendie) *n. pr.* d'un endroit désert, Nombr. 11. 3.

תֵּבֵץ *n. pr.* d'un endroit près de Sichem, Jug. 9. 50.

תְּבַר chald. (hébr. שָׁבַר). Briser ; *part.* : וּמִנַּהּ תֶּהֱוֵא תְבִירָה Dan. 2. 42, et en partie il sera fragile.

• תָּגָא Couronne, Aboth.

תִּגְלַת פִּלְאֶסֶר *n. pr.* Tiglath-Piléser, roi d'Assyrie, II Rois 15. 29. Il est appelé aussi תִּגְלַת פְּלֶסֶר II Rois 16. 7, תִּלְּגַת פִּלְנְאֶסֶר I Chr. 5. 6, et תִּלְּגַת פִּלְנֶסֶר I Chr. 5. 26.

תַּגְמוּל *m.* (rac. גָּמַל). Bienfait : כָּל־תַּגְמוּלוֹהִי עָלָי Ps. 116. 12, tous ses bienfaits envers moi.

תִּגְרָה *f.* (rac. גָּרָה). Excitation, attaque : מִתִּגְרַת יָדְךָ Ps. 39. 11, sous l'attaque, les châtiments, de ta main.

תֹּגַרְמָה et תּוֹגַרְמָה *n. pr.* Thogarmah, fils de Gomer, Gen. 10. 3, souche d'un peuple du nord (de l'Arménie ?), Ez. 27. 14.

תִּדְהָר *m.* Espèce d'arbre, orme, sapin, ou une espèce de platane, Is. 41. 19.

תְּדִירָא chald. Permanence, constance : בִּתְדִירָא Dan. 6. 17, 21, avec constance, sans cesse.

תַּדְמֹר n. pr. Thadmor, ville bâtie par Salomon, I Rois 9. 18; *cheth.* תָּמָר ville de dattes, Palmyre.

תִּדְעָל n. pr. Thidal, roi de Goyim, Gen. 14. 1.

תֹּהוּ m. (rac. תָּהָה). 1° Ce qui est sans forme, lieu désert, affreux: תֹהוּ וָבֹהוּ Gen. 1. 12, (la terre était) informe et vide; בְּאֶרֶץ מִדְבָּר וּבְתֹהוּ Deut. 32. 10, dans une terre déserte et dans un lieu affreux; וַיַּתְעֵם בְּתֹהוּ Job 12. 24, il les fait errer dans un désert; קִרְיַת־תֹּהוּ Is. 24. 10, la ville dévastée, ou : la ville de confusion ; קַו־תֹהוּ Is. 34.11, le cordeau de la dévastation. — 2° Vanité, chose vaine, néant : רוּחַ וָתֹהוּ נִסְכֵּיהֶם Is. 41. 29, les statues (de leurs idoles) ne sont que vent, et une chose vaine; יֹצְרֵי־פֶסֶל כֻּלָּם תֹּהוּ Is. 44. 9, ceux qui font les images d'idoles ne sont que le néant; synon. de אַיִן : כַּתֹּהוּ עָשָׂה Is. 40. 23, il (les) réduit à rien, il (les) anéantit. — *Adverbialement :* לְתֹהוּ Is. 49. 4, pour rien, inutilement; תֹּהוּ Is. 45. 19, vainement, en vain.

תְּהוֹם (rac. הָמַם, selon d'autres הוּם; *plur.* תְּהוֹמוֹת) *des deux genres.* Vague, flot, torrent, eaux profondes, abîme, profondeur : תְּהוֹם־אֶל־תְּהוֹם קוֹרֵא Ps. 42. 8, une vague appelle une autre vague; תְּהֹמֹת יְכַסְיֻמוּ Exod. 15. 5, les flots, les gouffres, les ont couverts; עֲיָנֹת וּתְהֹמֹת Deut. 8.7, des sources et des torrents, ou : des lacs; וַיּוֹלִיכֵם בַּתְּהֹמוֹת כַּמִּדְבָּר Ps. 106.9, il les conduisit par les gouffres, les eaux profondes (de la mer), comme par un lieu sec; מֵי תְּהוֹם רַבָּה Is. 51. 10, les eaux du grand abîme, de la mer, des profondeurs de la terre; וּמִתְּהֹמוֹת הָאָרֶץ Ps. 71. 20, des abîmes, des profondeurs de la terre.

תְּהִלָּה f. (rac. הָלַל; *plur.* תְּהִלּוֹת). Louange, éloge, gloire : וּפִי יַגִּיד תְּהִלָּתֶךָ Ps. 51. 17, et ma bouche annoncera ta louange; וּתְהִלֹּת יְיָ יְבַשֵּׂרוּ Is. 60. 6, ils publieront les louanges de l'Éternel; שִׂימוּ כָבוֹד תְּהִלָּתוֹ Ps. 66. 2, rendez sa louange glorieuse; יַצְמִיחַ צְדָקָה וּתְהִלָּה Is. 61. 11, il fera germer le salut et la gloire; אֵין עוֹד תְּהִלַּת מוֹאָב Jér. 48. 2, Moab ne sera plus glorifié. — Objet de louange, qui est loué : וְשַׂמְתִּים לִתְהִלָּה Soph. 3. 19, je ferai d'eux un objet de louange. — Celui dont on se loue, dont on se glorifie : הוּא תְהִלָּתְךָ וְהוּא אֱלֹהֶיךָ Deut. 10. 21, il est ta gloire, il est ton Dieu; תְהִלָּתִי אָתָּה Jér. 17. 14, tu es ma gloire. — 2° Louange, cantique, hymne : תְּהִלָּה לְדָוִד Ps. 145. 1, Psaume de louange composé par David; בְּרִנָּה וּתְהִלָּה II Chr. 20. 22, (et lorsqu'ils commencèrent) le cantique et les louanges, les hymnes; * תְּהִלִּים est le *nom collectif* des Psaumes, le Livre des Psaumes.

תָּהֳלָה f. (rac. הָלַל ou הָהַל). Négligence, défaut : יָשִׂים תָּהֳלָה Job 4. 18, il trouve des défauts, de la négligence (jusque dans ses anges).

תַּהֲלוּכָה f. (de הָלַךְ). Action de marcher, marche : וְתַהֲלֻכֹת לַיָּמִין Néh. 12. 31, et ils marchaient à droite (*exact.* les marches étaient, etc.).

תְּהִלִּים (v. תְּהִלָּה).

תְּהִלַּת f. Gloire : עִיר תְּהִלַּת *keri* Jér. 49. 25, la ville glorieuse, célèbre.

תַּהְפּוּכָה f. (rac. הָפַךְ). Renversement, perversité, artifice; *plur.* seul usité : יָגִילוּ בְּתַהְפֻּכוֹת רָע Prov. 2. 14, ils se réjouissent des renversements (maux) que fait le méchant; דּוֹר תַּהְפֻּכֹת Deut. 32. 20, une race perverse; וּפִי תַהְפֻּכוֹת Prov. 8. 13, la bouche qui parle avec perversité, ou avec fausseté; וּלְשׁוֹן תַּהְפֻּכוֹת Prov. 10. 31, et une langue artificieuse; אִישׁ תַּהְפֻּכוֹת Prov. 16. 28, l'homme pervers ou artificieux.

תָּו (rac. תָּוָה) Signe, marque, signe d'écriture, signature : וְהִתְוִיתָ תָּו Ez. 9. 4, et fais une marque (selon une tradition : la lettre ת); הֵן תָּוִי Job 31. 35, voici ma signature, c.-à-d. mon écrit, ma requête.

תּוֹא (v. תְּאוֹ).

תּוּב (*fut.* יְתוּב) chald. (v. שׁוּב). Retourner : וּמַנְדְּעִי עֲלַי יְתוּב Dan. 4. 31, la raison retourna vers moi, me fut rendue.

Aph. Rendre : יַהֲתִיבוּן Esdr. 6. 5, (qu'ils), qu'on les rende.—Répondre : הֲתִיבוּנָא Esdr. 5. 11, ils nous ont répondu.

תּוּבַל et תֻּבַל *n. pr.* Thubal, fils de Japheth, Gen. 10. 2, souche d'un peuple de l'Asie-Mineure, Ez. 27. 13.

תּוּבַל־קַיִן *n. pr.* Tubal-Kaïn, fils de Lamech, l'inventeur des instruments de fer et d'airain, Gen. 4. 22.

תּוּגָה *f.* (de יָגָה). Peine, affliction : וְאַחֲרִיתָהּ שִׂמְחָה תוּגָה Prov. 14. 13, la joie finit par la tristesse, l'ennui ; וּבֵן כְּסִיל תּוּגַת אִמּוֹ Prov. 10. 1, le fils insensé est l'affliction de sa mère.

תּוֹגַרְמָה (v. תֹּגַרְמָה).

תּוֹדָה (rac. יָדָה, sens du *Hiph.*). 1° Reconnaissance, chant de reconnaissance, action de grâces : תְּנוּ תוֹדָה לַיהֹוָה Esdr. 10. 11, rendez grâces à l'Éternel ; וַאֲגַדְּלֶנּוּ בְתוֹדָה Ps. 69. 31, je l'exalterai par des actions de grâces ; זְבַח לֵאלֹהִים תּוֹדָה Ps. 50. 14, offre à Dieu des louanges, des actions de grâces.— 2° Sacrifice d'actions de grâces : אֲשַׁלֵּם תּוֹדֹת לָךְ Ps. 56. 13, je t'offrirai des sacrifices de reconnaissance ; plus complétement : זֶבַח תּוֹדַת שְׁלָמָיו Lév. 7. 13, son sacrifice pacifique qui est pour actions de grâces, de reconnaissance. — 3° Chœur pour chanter des louanges : שְׁתֵּי תוֹדֹת גְּדוֹלֹת Néh. 12. 31, deux grandes troupes pour chanter des louanges de Dieu.

תְּוַהּ chald. Être étonné, effrayé : מַלְכָּא תְּוַהּ Dan. 3. 24, le roi fut étonné ou effrayé.

תָּוָה *Kal* inusité. *Pi.* Marquer, graver, des signes : וַיְתָו עַל־דַּלְתוֹת הַשַּׁעַר I Sam. 21. 14, il faisait des marques, il crayonnait, sur les battants des portes.

Hiph. : וְהִתְוִיתָ תָּו Ez. 9. 4, et trace, fais une marque ; וּקְדוֹשׁ יִשְׂרָאֵל הִתְווּ Ps. 78. 41, ils donnèrent des marques, des limites, au saint d'Israel, des bornes à son pouvoir ; selon d'autres, d'après le syriaque : ils l'affligèrent.

תּוֹחַ *n. pr. m.* I Chr. 6. 19.

תּוֹחֶלֶת *f.* (rac. יָחַל). Espérance, attente : תּוֹחַלְתִּי לְךָ הִיא Ps. 39. 8, toute mon espérance est en toi.

תָּוֶךְ *m.* (const. תּוֹךְ, avec suff. תּוֹכִי). Milieu : בְּשַׁעַר הַתָּוֶךְ Jér. 39. 3, à la porte du milieu ; בַּתָּוֶךְ Gen. 15. 10, par le milieu ; וְהָעִיר בַּתָּוֶךְ Nomb. 35, 5, et la ville sera au milieu ; אַחַר אַחַד (*keri* אַחַת) בַּתָּוֶךְ Is. 66. 17, derrière l'un des arbres au milieu du jardin ; מָלוּ תוֹכְךָ חָמָס Ez. 28. 16, ton intérieur, l'intérieur de ta ville, a été rempli de violence. Avec des *prépos.* 1° בְּתוֹךְ au milieu, dans, parmi : וְשָׁכַנְתִּי בְתוֹכֵךְ Zach. 2. 15, je demeurerai au milieu de toi ; בְּתוֹכֵכִי יְרוּשָׁלָ‍ִם Ps. 116. 19, au milieu de toi, ô Jérusalem ! וַיָּבֹא מֹשֶׁה בְּתוֹךְ הֶעָנָן Exod. 24. 18, Moïse entra dans la nuée ; הָלְכוּ בַיַּבָּשָׁה בְּתוֹךְ הַיָּם Exod. 14. 29, ils marchèrent à sec au milieu de la mer ; בְּתוֹךְ בְּנֵי־חֵת Gen. 23. 10, parmi les Hétéens. — 2° מִתּוֹךְ du milieu de : הֲרִימֹתִיךָ מִתּוֹךְ הָעָם I Rois 14. 7, je t'ai élevé du milieu du peuple ; לֹא יָמִישׁ מִתּוֹךְ הָאֹהֶל Exod. 33. 11, il ne s'écarta pas du tabernacle. — 3° אֶל־תּוֹךְ dans : אֶל־תּוֹךְ בֵּיתֶךָ Deut. 21. 12, (tu la mèneras) en ta maison ; אֶל־תּוֹךְ הַקָּהָל Nomb. 17. 12, (il courut) au milieu de l'assemblée.

תּוֹךְ Fraude, astuce (v. תֹּךְ).

תּוֹכֵחָה *f.* (rac. יָכַח). Correction, reproche, punition : יוֹם־צָרָה וְתוֹכֵחָה Is. 37. 3, jour d'angoisse et de reproche, ou de punition ; תּוֹכֵחֹת בַּלְאֻמִּים Ps. 149. 7, (et infliger) des châtiments aux peuples.

תּוֹכַחַת *f.* (avec suff. תּוֹכַחְתִּי ; *plur.* תּוֹכָחוֹת ; rac. יָכַח). 1° Exposition, réfutation, preuve, argument : שִׁמְעוּ־נָא

תּוֹכַחְתִּי Job 13. 6, écoutez ma réfutation, ma défense; וּפִי אֲמַלֵּא תוֹכָחוֹת Job 23. 4, je remplirai ma bouche de raisons, de preuves; אִישׁ תּוֹכָחוֹת Prov. 29. 1, un homme à arguments, qui aime à raisonner, à contredire; selon d'autres : l'homme qui est repris, blâmé.—2° Remontrance, réprimande, reproche, morale : תָּשׁוּבוּ לְתוֹכַחְתִּי Prov. 1. 23, convertissez-vous (en écoutant) mes remontrances, mes avis; תּוֹכְחוֹת מוּסָר Prov. 6 23, des réprimandes propres à corriger, à instruire; ou : des remontrances et des corrections; וְתוֹכַחַת נָאַץ לִבִּי Prov. 5. 12, et (comment) mon cœur a-t-il méprisé les réprimandes? וּמָה אָשִׁיב עַל־תּוֹכַחְתִּי Hab. 2. 1, et ce que je répondrai aux reproches, aux plaintes, que l'on me fera.— 3° Correction, punition : בְּתוֹכָחוֹת עַל־עָוֺן Ps. 39. 12, par des châtiments, pour ses péchés; וּבְתוֹכְחוֹת חֵמָה Ez. 5. 15, et par des châtiments pleins de fureur.

תּוּכִּיִּים (v. תֻּכִּיִּים).

תּוֹלָד (origine) *n. pr.* Ville de la tribu de Siméon, I Chr. 4. 29; אֶלְתּוֹלַד Jos. 15. 30.

תּוֹלְדוֹת (rac. יָלַד) *f. plur.* Génération, postérité, origine, histoire : אֵלֶּה תוֹלְדוֹת הַשָּׁמַיִם וְהָאָרֶץ Gen. 2. 4, telles sont les origines du ciel et de la terre; סֵפֶר תּוֹלְדֹת אָדָם Gen. 5. 1, le livre ou le dénombrement de la postérité d'Adam, ou : le livre de l'origine de l'homme; תּוֹלְדֹת נֹחַ Gen. 6. 9, les générations, ou l'histoire de Noé; לְתוֹלְדֹתָם Gen. 10. 32, selon leurs générations, leur postérité.

תּוֹלָל *m.*, douteux : וְתוֹלָלֵינוּ שִׂמְחָה Ps. 137. 3, selon les uns, rac. יָלַל celui qui fait gémir, l'oppresseur : et nos oppresseurs nous demandaient des chants joyeux; ou : au lieu de nos gémissements, ils demandaient des chants joyeux; selon d'autres, rac. תָּלַל signification de תָּלָה pendre : et de leur faire de la joie, de les réjouir, avec nos instruments que nous avions suspendus (v. vers. 2).

תּוֹלָע *m.* תּוֹלֵעָה, תּוֹלַעַת *fém.* (*plur.* תּוֹלָעִים; rac. תָּלַע). Ver, insecte : וַיָּרֻם תּוֹלָעִים Exod. 16. 20, cela fourmilla de vers; וְאָנֹכִי תוֹלַעַת וְלֹא־אִישׁ Ps. 22. 7, mais moi je suis un ver, et non point un homme. *Fréq.* le kermes, le ver qui donne la teinture écarlate : תּוֹלַעַת שָׁנִי Exod. 26. 1 (v. שָׁנִי). Quelquefois étoffe de cette couleur; הָאֱמֻנִים עֲלֵי תוֹלָע Lam. 4. 5, ceux qui étaient élevés sur des étoffes de couleur pourpre ou d'écarlate.

תּוֹלָע *n. pr.* 1° Thola, fils d'Issachar, Gen. 46. 13.—2° Thola, fils de Puah, juge en Israel, Jug. 10. 1; *nom patr.* תּוֹלָעִי Nomb. 26. 23.

תּוֹם (v. תֹּמֶם).

תּוֹמִים (v. à אחים, page 15).

תּוֹמִים (v. תְּאוֹמִים).

תּוֹעֵבָה *f.* (const. תּוֹעֲבַת, rac. תָּעַב). Horreur, abomination, idole : וְתוֹעֵבָה נֶעֶשְׂתָה בְיִשְׂרָאֵל Mal. 2. 11, une abomination a été commise en Israel; תּוֹעֲבַת יְיָ Prov. 11. 1, une abomination devant l'Éternel; לֹא תֹאכַל כָּל־תּוֹעֵבָה Deut. 14. 3, tu ne mangeras d'aucune chose abominable, d'aucune nourriture impure; וְיִתְרוֹ לְתוֹעֵבָה אֶעֱשֶׂה Is. 44. 19, du reste (du bois) je ferai une idole.

תּוֹעָה *f.* (rac. תָּעָה). 1° Erreur, mensonge : וּלְדַבֵּר אֶל־יְיָ תּוֹעָה Is. 32. 6, et de débiter des erreurs, des faussetés, contre Dieu. — 2° Dommage : וְלַעֲשׂוֹת לוֹ תוֹעָה Néh. 4. 2, et de lui causer du dommage.

תּוֹעָפוֹת *pl. f.* (rac. יָעַף). Hauteur ou force : כְּתוֹעֲפֹת רְאֵם לוֹ Nomb. 23. 22, 24. 8, il lui est comme la force, ou comme la hauteur du réem; וְתוֹעֲפוֹת הָרִים Ps. 95. 4, la cîme, la hauteur, des montagnes; וְכֶסֶף תּוֹעָפוֹת Job 22. 25, et l'argent en monceaux, des trésors d'argent.

תּוֹצָאוֹת *f. plur.* (rac. יָצָא). Sorties, issues : תּוֹצְאֹת הָעִיר Ez. 48. 30, les sorties, c.-à-d. les portes, de la ville; *au fig.* : תּוֹצְאוֹת חַיִּים Prov. 4. 23, les sources de la vie; לַמָּוֶת תּוֹצָאוֹת Ps. 68. 21, des issues de la mort, la délivrance de la mort; תּוֹצְאוֹת הַגְּבוּל Jos. 15. 4, les issues de la frontière, l'endroit où elle aboutit.

תּוּר Tourner, aller autour, pour épier; explorer pour trafiquer; *en général* chercher, examiner, rechercher : וַיָּתֻרוּ אֶת־הָאָרֶץ Nomb. 13. 21, il reconnurent, explorèrent, le pays; תַּרְתִּי בְלִבִּי Eccl. 2. 3, j'ai recherché, examiné, en mon cœur; לָתוּר לָכֶם מָקוֹם Deut. 1. 33, pour vous chercher un endroit; לָדַעַת וְלָתוּר Eccl. 7. 25, pour connaître et pour rechercher; *part.*: לְבַד מֵאַנְשֵׁי הַתָּרִים I Rois 10. 15, outre les explorateurs, c.-à-d. les commerçants; תּוּר אַחֲרֵי suivre : וְלֹא־תָתוּרוּ אַחֲרֵי לְבַבְכֶם Nomb. 15. 39, afin que vous ne suiviez point les penchants de votre cœur.

Hiph. Faire explorer : וַיָּתִירוּ בֵית־יוֹסֵף Jug. 1. 23, et ceux de la maison de Joseph firent explorer, épier, Bethel.

I תּוֹר (*des deux genres*) Tourterelle : וְתֹר וְגוֹזָל Gen. 15. 9, et une tourterelle et une jeune colombe; שְׁתֵּי תֹרִים Lév. 5. 7, deux tourterelles; *au fig.* : תּוֹרֶךָ Ps. 74. 19, ta tourterelle, c.-à-d. ton bien-aimé peuple.

II תּוֹר (v. טוּר) *m.* 1° Ordre, rang, tour : וּבְהַגִּיעַ תֹּר נַעֲרָה וְנַעֲרָה Esth. 2. 12, et quand le tour de chaque jeune fille était venu. — 2° Rangée de perles, collier, chaîne : תּוֹרֵי זָהָב Cant. 1. 11, des chaînes d'or. — 3° Manière, genre : כְּתוֹר הָאָדָם הַמַּעֲלָה I Chr. 17. 17, comme du genre d'un homme considéré, comme si j'étais un homme du haut rang.

תּוֹר (v. שׁוֹר) *m.* chald. Bœuf, taureau; *plur.*: כְּתוֹרִין Dan. 4. 22, comme les bœufs.

תּוֹרָה *f.* (rac. יָרָה du *Hiph.*). 1° Enseignement, instruction : תּוֹרַת אִמֶּךָ Prov. 1. 8, l'enseignement que ta mère te donne; וְתוֹרָה יְבַקְשׁוּ מִפִּיהוּ Mal. 2. 7, ils rechercheront l'instruction de sa bouche. — 2° Loi, règle, manière : חֻקּוֹתַי וְתוֹרֹתָי Gen. 26. 5, mes statuts et mes lois; זֹאת תּוֹרַת הַבָּיִת Ez. 43. 12, voici la loi, la règle, qu'on doit observer à l'égard du temple; וְזֹאת תּוֹרַת הָאָדָם II Sam. 7. 19, est-ce là la manière de traiter un homme, de parler ainsi à un mortel? תּוֹרַת הַמִּנְחָה Lév. 6. 7, la loi concernant l'oblation; תּוֹרַת מֹשֶׁה Mal. 3. 22, la loi de Moïse; תּוֹרַת יְיָ Esdr. 7. 10, la loi de l'Éternel; סֵפֶר הַתּוֹרָה הַזֶּה Jos. 1. 8, ce livre de la loi.

תּוֹרֵק *n. pr.* selon quelques-uns (v. ריק *Hoph.*).

תּוֹשָׁב *m.* (rac. יָשַׁב). Habitant, un homme établi dans un pays étranger : תּוֹשַׁב כֹּהֵן Lévit. 22. 10, celui qui demeure chez un prêtre; גֵרִים וְתוֹשָׁבִים Lév. 25. 23, des étrangers et des habitants; לְגֵר תּוֹשָׁב עִמָּךְ 25. 47, à un étranger qui est établi dans ton pays.

תּוּשִׁיָּה *f.* (rac. יָשָׁה). Sagesse, intelligence, le vrai bien, bonheur : לִי־עֵצָה וְתוּשִׁיָּה Prov. 8. 14, à moi appartient le conseil et l'adresse, ou l'exécution; כִּפְלַיִם לְתוּשִׁיָּה Job 11. 6, la sagesse de Dieu est double, c.-à-d. infinie ou impénétrable; וְתֻשִׁיָּה נִדְּחָה מִמֶּנִּי Job 6. 13, et la sagesse est-elle éloignée de moi, ou : tout conseil, toute ressource m'est-elle ôtée? יִצְפֹּן לַיְשָׁרִים תּוּשִׁיָּה Prov. 2. 7, il réserve une haute intelligence, ou de vrais biens, pour ceux qui sont droits.

תּוֹתָח *m.*, *collect.* Les traits ou les machines qui les lancent : כְּקַשׁ נֶחְשְׁבוּ תוֹתָח Job 41. 21, les traits ou les machines à jeter les traits, ou les pierres, sont pour lui comme des brins de chaume.

תָּזַז *Kal* inusité. *Hiph.* Couper : הֵתַז Is. 18. 5, il coupe, il retranche (ou de la rac. תזז).

תַּזְנוּת *f.* (rac. זָנָה). Prostitution *pour* idolâtrie : תַּזְנוּתֵךְ Ez. 16. 29, תַּזְנֻתֵךְ 16. 26, *pl.* תַּזְנוּתַיִךְ 16. 15, וְתַזְנֻתַיִךְ 16. 22, ta prostitution, tes prostitutions, ton idolâtrie.

תַּחְבֻּלוֹת et תַּחְבּוּלוֹת *f. pl.* (rac. חָבַל, v. חָבֵל et חֹבֵל pilote). Action de gouverner, de diriger; *en général* conseil, prudence : בְּאֵין תַּחְבֻּלוֹת יִפָּל־עָם Prov.

11. 14, faute de direction le peuple tombe, va à sa ruine; בְּתַחְבּוּלֹתָו Job 37. 12, selon sa sagesse, ou : sous sa direction; תַּחְבֻּלוֹת Prov. 1. 5, de la prudence; en mauvaise part : תַּחְבֻּלוֹת רְשָׁעִים 12. 5, les conseils, les projets, des méchants.

תֹּחוּ *n. pr.* I Sam. 1. 1.

תְּחוֹת chald. *prépos.* (v. תַּחַת). Sous: תְּחוֹת כָּל־שְׁמַיָּא Dan. 7. 27, sous tous les cieux; avec suffixe et au *plur.*: תְּחוֹתוֹהִי Dan. 4. 9, sous lui.

תְּחִיָּה * *f.* Action de revivre, renaissance: תְּחִיַּת הַמֵּתִים Rituel, résurrection des morts.

תַּחְכְּמֹנִי (rac. חָכַם) Sagesse. Ex. unique : יֹשֵׁב בַּשֶּׁבֶת תַּחְכְּמֹנִי II Sam. 23. 8, celui qui était assis dans le conseil de sagesse (v. l'exemple à יֹשֵׁב בַּשֶּׁבֶת, page 265).

תְּחִלָּה *f.* (rac. חָלַל, v. *Hiph.*). Commencement : תְּחִלַּת חָכְמָה Prov. 9. 10, le commencement de la sagesse; בַּתְּחִלָּה Gen. 13. 3, au commencement, autrefois.

תַּחֲלוּאִים (rac. חָלָא, v. à חָלָה) *m. pl.* Maladies, souffrances : הָרֹפֵא לְכָל־תַּחֲלוּאָיְכִי Ps. 103. 3, qui guérit toutes tes maladies, infirmités; מְמוֹתֵי תַחֲלֻאִים יָמֻתוּ Jér. 16. 4, ils mourront d'une mort de langueur (v. מְמוֹתֵי); תַּחֲלוּאֵי רָעָב Jér. 14. 18, les souffrances de la faim, ou *concr.*: des gens qui meurent de faim.

תַּחְמָס *m.* (rac. חָמַס oiseau de proie). Nom d'un oiseau impur, hibou, autruche mâle, hirondelle? Lév. 11. 16, Deut. 14. 15.

תַּחַן *n. pr. m. Nom patron.* תַּחֲנִי Nomb. 26. 35.

תְּחִנָּה *f.* (rac. חָנַן). 1° Grâce, miséricorde : לְבִלְתִּי הֱיוֹת לָהֶם תְּחִנָּה Jos. 11. 20, sans qu'il leur fît aucune grâce; הָיְתָה תְחִנָּה מֵאֵת יְיָ אֱלֹהֵינוּ Esdr. 9. 8, l'Éternel notre Dieu (nous) a fait grâce. — 2° Prière, supplication : שָׁמַע יְיָ תְּחִנָּתִי Ps. 6. 10, l'Éternel a écouté ma supplication.

תְּחִנָּה *n. pr. m.* I Chr. 4. 12.

תַּחֲנוּנוֹת *f. plur.* Prières, supplications : תַּחֲנוּנוֹתָי Ps. 86. 6, mes supplications.

תַּחֲנוּנִים *m. plur.* Prières, supplications : הַאֲזִינָה אֶל־תַּחֲנוּנָי Ps. 143. 1, prête l'oreille à mes supplications; תַּחֲנוּנִים יְדַבֶּר־רָשׁ Prov. 18. 23, le pauvre prononce des supplications, ne parle qu'en suppliant.

תַּחֲנוֹת (rac. חָנָה pour תַּחֲנוֹת) *m.* Lieu de campement, camp : תַּחֲנֹתִי II Rois 6. 8, mon camp.

תַּחְפַּנְחֵס et תְּחַפְנְחֵס *n. pr.* Tahphanhes, ville égyptienne près de Péluse, Jér. 43. 7, Ez. 30. 18; Taphnes (Daphne?).

תַּחְפְּנֵיס *n. pr.* Thahpenès, reine d'Égypte, I Rois 11. 19.

תַּחְרָא *m.* Cuirasse, haubert : כְּפִי תַחְרָא Exod. 28. 32, comme l'ouverture d'une cuirasse; תַּחְרָא 39. 23.

תַּחְרֵעַ *n. pr. m.* I Chr. 9. 41.

תַּחֲרָה (v. חָרָה *Hiph.*, page 203).

תַּחַשׁ *m.* Tachas, nom d'une espèce d'animal (blaireau, phoque, dauphin?): מִכְסֵה עוֹר תַּחַשׁ Nomb. 4. 6, une couverture de peau du tachas (pour couvrir le tabernacle); *plur.*: וְעֹרֹת תְּחָשִׁים Exod. 25. 5, et sans עוֹר : וּמִכְסֵה הַתַּחַשׁ Nomb. 4. 25, et la couverture (de peau) de tachas; וָאֶנְעֲלֵךְ תָּחַשׁ Ez. 16. 10, et je t'ai donné une chaussure de peau de tachas.

תַּחַת *prép.* et *adv.* (avec suff. תַּחְתַּי et תַּחְתֵּנִי, תַּחְתֶּךָ, תַּחְתָּיו, תַּחְתֶּיהָ, et תַּחְתֶּנָּה, תַּחְתֵּינוּ, תַּחְתֵּיכֶם, תַּחְתָּם, תַּחְתֵּיהֶם). 1° Sous, en bas : תַּחַת הָעֵץ Gen. 18. 4, sous l'arbre; תְּהוֹם רֹבֶצֶת תָּחַת Gen. 49. 25, l'abîme, les eaux qui reposent en bas, dans la profondeur; תַּחַת לְשׁוֹנוֹ Ps. 10. 7, sous sa langue, pour : dans sa bouche; תַּחַת יַד Jug. 3. 30, (Moab fut humilié) sous la main, le pouvoir (d'Israel); וּמוֹרִיד עַמִּים תַּחְתֵּנִי II Sam. 22. 48, et qui m'assujettit les peuples, *exact.* qui abat les peuples sous moi; וְתַחְתַּי אֶרְגָּז Hab. 3. 16, je tremble sous moi, en moi-même, ou dans la partie inférieure de mon corps, c.-à-d. mes genoux, mes jambes, tremblent; תַּחַת אִישֵׁךְ Nomb. 5. 19, étant sous la puissance de ton mari; תַּחַת הָהָר Exod. 24. 4, au pied de la montagne; אָנֹכִי מֵעִיק תַּחְתֵּיכֶם Amos 2.13, je vous écraserai sous vous-même, sous votre propre poids; ou : je vous presserai, foulerai, à la place même que vous occupez. — 2° Ce qui est sous quelqu'un, le lieu, la place, que l'on occupe; à la place de, au lieu de, pour; à cause de, parce que : שְׁבוּ אִישׁ תַּחְתָּיו Exod. 16. 29, que chacun demeure en son lieu; וַיָּמָת תַּחְתָּו II Sam. 2. 23, il tomba là mort sur la place; הֲתַחַת אֱלֹהִים אָנֹכִי Gen. 30. 2, suis-je au lieu de Dieu, comme Dieu? תַּחַת בְּנוֹ Gen. 22. 13, à la place de son fils; וְהִמְלַכְתַּנִי תַּחְתָּיו II Chr. 1. 8, tu m'as fait régner à sa place (lui étant mort); תַּחַת אַהֲבָתִי Ps. 109. 4, au lieu (tandis) que je les aimais; רָעָה תַּחַת טוֹבָה Ps. 109. 5, le mal pour le bien; זֹאת לָהֶם תַּחַת גְּאוֹנָם Soph. 2. 10, ceci leur arrivera en échange de leur orgueil; תַּחַת מָה Jér. 5. 19, pour quel motif, pourquoi? תַּחַת הֱיוֹתֵךְ עֲזוּבָה Is. 60. 15, pour cela, parce que tu as été abandonnée; תַּחַת רְשָׁעִים Job 34. 26, parce qu'ils sont des impies.

Avec d'autres *prépos.*, מִתַּחַת dessous, en bas, de dessous : שְׁאוֹל מִתַּחַת Is. 14. 9, le scheol qui est en bas, dans les profondeurs; מִתַּחַת שָׁרָשָׁיו יִבָשׁוּ Job 18. 16, en bas, ou par-dessous, ses racines sécheront; מִשְׁכָּבְךָ מִתַּחְתֶּיךָ Prov. 22. 27, (pourquoi t'exposer à voir prendre) ton lit de dessous toi? וְלֹא־קָמוּ אִישׁ מִתַּחְתָּיו Exod. 10. 23, nul ne se leva du lieu où il était; וּמִתַּחְתָּיו יִצְמָח Zach. 6. 12, il germera de sa place, ou de lui-même. — מִתַּחַת לְ Au-dessous : מִתַּחַת לָרָקִיעַ Gen. 1. 7, au-dessous du firmament; מִתַּחַת לְבֵית־אֵל Gen. 35. 8, au-dessous de Bethel; de même לְמִתַּחַת לְ : לְמִתַּחַת לַמִּסְגְּרוֹת I Rois 7. 32, au-dessous des bords sculptés; וְאֶל־תַּחַת כָּל־עֵץ רַעֲנָן Jér. 3. 6, (elle s'en est allée) sous tous les arbres couverts de feuilles. — תַּחַת אֲשֶׁר *conj.* Au lieu que, pour que : תַּחַת אֲשֶׁר הֱיִיתֶם Deut. 28. 62, au lieu que, tandis que, vous étiez (aussi nombreux, etc.); תַּחַת אֲשֶׁר עִנִּיתָהּ Deut. 21. 14, parce que tu l'auras humiliée ou violée; de même וְתַחַת כִּי Deut. 4. 37, et parce que.

תחת תַּחַת (lieu, place) *n. pr.* 1° d'une station dans le désert, Nomb. 33. 26. — 2° De plusieurs hommes, I Chr. 6. 9, 7. 20

תחת תְּחֹת chald. Sous : מִן־תְּחֹתוֹהִי Dan. 4. 11, de dessous lui.

תחתון תַּחְתּוֹן *m.* (תַּחְתּוֹנָה *fém.*) *adj.* Ce qui est au-dessous, en bas : לְבֵית־חוֹרוֹן תַּחְתּוֹן Jos. 18. 13, Beth-Horon la basse; הַיָּצִיעַ הַתַּחְתֹּנָה I Rois 6. 6, l'étage d'en bas.

תחתי תַּחְתִּי *m.* Profondeur. *Adj.* Ce qui est au-dessous, en bas; *fém.* : שְׁאוֹל תַּחְתִּית Deut. 32. 22, et מִשְּׁאוֹל תַּחְתִּיָּה Ps. 86. 13, du scheol qui est en bas, dans la profondeur; *plur.* : תַּחְתִּיִּם Gen. 6. 16, des compartiments inférieurs, un étage en bas; *fém.* : מִבּוֹר תַּחְתִּיּוֹת Lam. 3. 55, de la fosse la plus basse, de l'abîme le plus profond; תַּחְתִּיּוֹת אָרֶץ Is. 44. 23, les lieux bas de la terre; de même בְּאֶרֶץ תַּחְתִּיּוֹת Ez. 26. 20, dans les lieux les plus bas de la terre (v. à אֶרֶץ, page 46).

תחתים תַּחְתִּים *n. pr.* d'une ville, II Sam. 24. 6 (v. חָדְשִׁי).

תיכן תִּיכוֹן *m.* (תִּיכֹנָה *fém.*, v. תָּוֶךְ) *adj.* Ce qui est au milieu : וְהַבְּרִיחַ הַתִּיכֹן Exod. 26. 28, et la barre du milieu; וּמֵהַתִּיכֹנוֹת Ez. 42. 6, et des (chambres) du milieu.

תילון תִּילוֹן *n. pr. m.* I Chr. 4. 20.

תימא תֵּימָא et תֵּמָא *n. pr.* Thema, fils d'Ismael, Gen. 25. 15, souche d'un peuple arabe; Jér. 35. 23, le pays que ce peuple occupait; Is. 21. 14, Job 6. 19.

תימן תֵּימָן *des deux genres* (rac. יָמַן, v. יָמִין). 1° Sud, provinces du sud : אֱלוֹהַּ מִתֵּימָן יָבוֹא Hab. 3. 3, Dieu vient du sud; selon d'autres, *n. pr.* de Theman; תֵּימָנָה Nomb. 10. 6, vers le midi. —

2° Vent du sud : וַיְנַהֵג בְּעֻזּוֹ תֵימָן Ps. 78. 26, il amena, dirigea, par sa force, le vent du midi.

תֵּימָן 1° *n. pr.* Theman, fils d'Éliphaz, Gen. 36. 11 ; *nom patr.* תֵּימָנִי 36. 34. — 2° Ville, province et peuple de ce nom dans l'est de l'Idumée, Jér. 49. 7, Obad. 9.

תִּימָרוֹת et תִּמָרוֹת Colonne ; seulement avec עָשָׁן colonne de fumée, Cant. 3. 6, Joel 3. 3.

תִּירוֹשׁ et תִּירשׁ *m.* Vin qui n'a pas encore fermenté, moût : וְתִירֹשְׁךָ Deut. 11. 14, et ton vin excellent.

תִּירְיָא *n. pr. m.* I Chr. 4. 16.

תִּירָס *n. pr.* Thiras, fils de Japheth, Gen. 10. 2, souche d'un peuple, les Traciens ?

תַּיִשׁ *m.* Bouc, Prov. 30. 31; *plur.* : וּתְיָשִׁים עֲשָׂרִים Gen. 32. 15, et vingt boucs.

תֹּךְ et תּוֹךְ *m.* Oppression ou fraude : וּמִרְמוֹת וָתֹךְ Ps. 10 7, et de tromperies et de fraude, ou : et d'oppression ; מִתּוֹךְ 72. 14, de la fraude, ou de l'oppression.

תָּכָה seulement *Pou.* : וְהֵם תֻּכּוּ לְרַגְלֶךָ Deut. 33. 3, ils se sont tenus, ou ils se sont prosternés, à tes pieds.

I תְּכוּנָה *f.* (rac. כּוּן). Lieu où l'on est établi, siége : אָבוֹא עַד־תְּכוּנָתוֹ Job 23. 3, j'irai jusqu'à son trône.

II תְּכוּנָה *f.* (rac. תָּכַן). Disposition d'un bâtiment : צוּרַת הַבַּיִת וּתְכוּנָתוֹ Ez. 43. 11, la forme du temple et sa disposition ; וְאֵין קֵצֶה לַתְּכוּנָה Nah. 2. 10, ce qui a été préparé (l'or ou les œuvres d'art) est infini ; selon d'autres : leurs trésors sont infinis.

תֻּכִּיִּים *m. pl.* Paons : וְתֻכִּיִּים I Rois 10. 22, et וְתוּכִּיִּים II Chr. 9. 21, et des paons.

תְּכָכִים *m. pl.* Violences ou fraudes : רָשׁ וְאִישׁ תְּכָכִים Prov. 29. 13, le pauvre et l'oppresseur, ou l'homme frauduleux (se rencontrent).

תִּכְלָה *f.* (rac. כָּלָה). Achèvement, perfection : לְכָל־תִּכְלָה רָאִיתִי קֵץ Ps. 119. 96, j'ai vu une limite, une fin, à toute perfection, aux choses les plus parfaites.

תַּכְלִית *f.* (rac. כָּלָה). Achèvement, perfection, fin, but, bout : עַד־תַּכְלִית שַׁדַּי Job 11. 7, jusqu'au but, ou à la connaissance parfaite du Très-Haut ; תַּכְלִית שִׂנְאָה Ps. 139. 22, une haine parfaite, implacable ; וְעַד־תַּכְלִית בֵּית אֶלְיָשִׁיב Néh. 3. 21, jusqu'au bout de la maison d'Elyasib ; וּלְכָל־תַּכְלִית הוּא חוֹקֵר Job 28. 3, il pénètre dans toutes les extrémités, profondeurs ; עַד־תַּכְלִית אוֹר עִם־חֹשֶׁךְ Job 26. 10, jusqu'où les ténèbres mettent une fin à la lumière, ou : jusqu'où s'arrêtent, finissent, la lumière et les ténèbres.

תְּכֵלֶת *f.* Espèce de coquillage dont on tirait une teinture bleu-pourpré, couleur bleue, étoffe, fil bleu ; וּתְכֵלֶת Exod. 25. 4, et du bleu, du fil bleu ; וְרֹקֵם בַּתְּכֵלֶת Exod. 35. 35, et brodant des étoffes bleues ; d'autres traduisent par hyacinthe.

תָּכַן Rendre droit, peser : וְתֹכֵן לִבּוֹת יְיָ Prov. 21. 2, l'Éternel pèse les cœurs.

Niph. Être pesé, être réglé, juste : וְלוֹ נִתְכְּנוּ עֲלִלוֹת I Sam. 2. 3, par lui sont pesées toutes les actions ; לֹא יִתָּכֵן דֶּרֶךְ אֲדֹנָי Ez. 18. 25, la voie du Seigneur n'est point réglée, n'est pas juste.

Pi. 1° Peser, mesurer, pénétrer : וּמַיִם תִּכֵּן בְּמִדָּה Job 28. 25, il a pesé et mesuré l'eau ; וְשָׁמַיִם בַּזֶּרֶת תִּכֵּן Is. 40. 12, qui a mesuré le ciel avec l'empan ? מִי־תִכֵּן אֶת־רוּחַ יְיָ Is. 40. 13, qui a pénétré l'esprit de l'Éternel. — 2° Affermir : תִּכַּנְתִּי עַמּוּדֶיהָ Ps. 75. 4, j'ai affermi ses colonnes.

Pou. : הַכֶּסֶף הַמְתֻכָּן II Rois 12. 12, l'argent pesé, bien compté.

תֹּכֶן *m.* Quantité déterminée, mesure : וְתֹכֶן לְבֵנִים Exod. 5. 18, la même quantité de briques ; תֹּכֶן אֶחָד Ez. 45. 11, une même mesure.

תֹּכֶן *n. pr.* d'un endroit de la tribu de Siméon, I Chr. 4. 32.

תָּכְנִית *f.* 1° Disposition, plan : וּמָדְדוּ אֶת־תָּכְנִית Ez. 43. 10, qu'ils en mesurent le plan. — 2° Forme pure, parfaite : אַתָּה חוֹתֵם תָּכְנִית Ez. 28. 12, toi le sceau de la perfection, de la forme la plus pure.

תַּכְרִיךְ *m.* Manteau : וְתַכְרִיךְ בּוּץ Esth. 8. 15, un manteau de lin fin.

תֵּל *m.* (avec suff. תִּלּוֹ, rac. תָּלַל). Monceau de pierre, de ruines; éminence, colline : וְהָיְתָה תֵּל עוֹלָם Deut. 13. 17, et qu'elle soit une ruine à jamais; וְנִבְנְתָה עִיר עַל־תִּלָּהּ Jér. 30. 18, la ville sera rebâtie sur ses ruines, ou sur son lieu élevé; הָעֹמְדוֹת עַל־תִּלָּם Jos. 11. 13, (les villes) qui étaient placées sur des collines; selon d'autres : qui étaient restées dans leur force, c.-à-d. dans leur état, dont les murs n'étaient pas renversés.

תֵּל entre dans la composition de quelques *noms propres* de lieux. 1° תֵּל אָבִיב (tas de gerbes), Ez. 3. 15; Thelabib, ville dans la Mésopotamie. — 2° תֵּל חַרְשָׁא Esdr. 2. 59, ville dans la Babylonie. — 3° תֵּל מֶלַח (colline de sel), Esdr. 2. 59, ville dans la Babylonie.

תָּלָא (comme תָּלָה) Pendre, être en suspens : אֲשֶׁר תְּלָאוּם שָׁם II Sam. 21. 12, *keri*, où (les Philistins) les avaient pendus; וְהָיוּ חַיֶּיךָ תְּלֻאִים לְךָ Deut. 28. 66, ta vie sera comme en suspens; וְעַמִּי תְלוּאִים לִמְשׁוּבָתִי Osée 11. 7, mon peuple est en suspens, est incertain, ne peut se décider de revenir à moi (v. d'autres explications à מְשׁוּבָה, page 413).

תְּלָאָה *f.* (rac. לָאָה). Fatigue, peine, mal, adversité : כָּל־הַתְּלָאָה אֲשֶׁר מְצָאָתְנוּ Nomb. 20. 14, toutes les peines, tous les maux, que nous avons soufferts; וַיַּקַּף רֹאשׁ וּתְלָאָה Lament. 3. 5, il m'a environné de fiel et de maux.

תַּלְאוּבָה *f.* Sécheresse : בְּאֶרֶץ תַּלְאֻבוֹת Osée 13. 5, dans une terre aride.

תְּלַאשָּׂר et תְּלַשָּׂר *n. pr.* d'une province assyrienne, II Rois 19. 12, Is. 37. 12.

תִּלְבֹּשֶׁת *f.* (rac. לָבַשׁ). Vêtement : תִּלְבֹּשֶׁת Is. 59. 17, (comme) d'un vêtement.

תְּלַג *m.* chald. (hébr. שֶׁלֶג). Neige : כִּתְלַג חִוָּר Dan. 7. 9, blanc comme la neige.

תִּלְגַת (v. תִּגְלַת) *n. pr.*

תָּלָה Pendre, suspendre : וְתָלִיתָ אֹתוֹ עַל־עֵץ Deut. 21. 22, et quand tu le pendras à un bois; תָּלוּי Deut. 21. 23, celui qui est pendu; תָּלִינוּ כִּנֹּרוֹתֵינוּ Ps. 137. 2, nous avons supendu nos harpes; וְתָלוּ עָלָיו כֹּל כְּבוֹד בֵּית־אָבִיו Is. 22. 24, toute la gloire de la maison de son père reposera sur lui; * אָשָׁם תָּלוּי Rituel, sacrifice offert pour un péché incertain; תָּלוּי בְדָבָר Aboth, dépendre d'une chose, tenir à une chose.

Niph. Être pendu : שָׂרִים בְּיָדָם נִתְלוּ Lament. 5. 12, des princes ont été pendus par leur main.

Pi. : מָגֵן וְכוֹבַע תִּלּוּ־בָךְ Ez. 27. 10, ils ont suspendu chez toi le bouclier et le casque.

תְּלוּנָּה *f.* (rac. לוּן, v. *Niph.*). Murmure : אֶת־תְּלוּנֹּת בְּנֵי יִשְׂרָאֵל Exod. 16. 12, les murmures des enfants d'Israel.

תֶּלַח *n. pr. m.* I Chr. 7. 25.

תְּלִי *m.* (rac. תָּלָה). Ce qui est suspendu (au côté), carquois; תֶּלְיְךָ Gen. 27. 3, ton carquois; selon d'autres : ton épée.

תְּלִיתַי chald. (rac. תְּלָת). Le troisième : וּמַלְכוּ תְלִיתָאָה Dan. 2. 39, et un troisième règne.

תָּלַל (comme סָלַל) Élever. Ex. unique, *part. pass.* : הַר־גָּבֹהַּ וְתָלוּל Ez. 17. 22, une montagne haute et élevée.

תֶּלֶם *m.* Sillon : תְּלָמֶיהָ רַוֵּה Ps. 65. 11, inonde ses sillons; בְּתֶלֶם Job 39. 10, (pour labourer) au sillon.

* תַּלְמוּד *m.* (rac. לָמַד). Enseignement, étude : תַּלְמוּד תּוֹרָתְךָ Rituel, l'étude de ta loi.

תַּלְמַי *n. pr.* 1° Thalmaï, roi de Gesur, II Sam. 3. 3. — 2° Thalmaï, de la race d'Enok, Nomb. 13. 22.

תַּלְמִיד *m.* (rac. לָמַד). Disciple : מֵבִין עִם־תַּלְמִיד I Chr. 25. 8, le maître et le disciple.

תָּלַע *Kal* inusité. *Pou*. Être vêtu de pourpre (v. תּוֹלָע): אַנְשֵׁי־חַיִל מְתֻלָּעִים Nah. 2. 4, les hommes vaillants couverts de pourpre.

תַּלְפִּיּוֹת signification douteuse : בָּנוּי לְתַלְפִּיּוֹת Cant. 4. 4, (une tour) construite pour être un arsenal, ou : bâtie avec des boulevards, ou à créneaux.

תְּלַשַּׂר (v. תְּלַאשָּׂר).

תְּלָת *f.* תְּלָתָא, תְּלָתָה *m.* chald. (hébr. שָׁלֹשׁ). Trois : יוֹם תְּלָתָה Esdr. 6. 15, au troisième jour (du mois d'Adar); תְּלָתִין Dan. 6. 8, trente.

תַּלְתָּא Troisième : שַׁלִּיט תַּלְתָּא Dan. 5. 29, le troisième chef.

תַּלְתִּי *m.* Troisième : וְתַלְתִּי בְּמַלְכוּתָא יִשְׁלַט Dan. 5.7, il gouvernera au troisième rang dans le royaume.

תַּלְתַּלִּים *m. pl.* Flottants : קְוֻצּוֹתָיו תַּלְתַּלִּים Cant. 5. 11, (ses boucles, cheveux) sont flottants, ou crépus.

תָּם *adj. m.*, תַּמָּה *fém.* (rac. תָּמַם). Intègre, juste, simple : תָּם וְיָשָׁר Job 1. 1, simple, ou intègre, et droit; וְיַעֲקֹב אִישׁ תָּם Gen. 25. 27, Jacob était un homme simple, doux; שְׁמָר־תָּם Ps. 37. 37, observe l'homme intègre; תַּמָּתִי Cant. 6. 9, mon innocente, mon amie parfaite.

תַּמָּ chald. (v. שָׁם). Avec ה parag. תַּמָּה Là, en cet endroit : מִן־תַּמָּה Esdr. 6. 6, de cet endroit.

תֹּם *m.* (avec *makk.* תָּם־, avec suff. תֻּמִּי, rac. תָּמַם). 1° Intégrité, l'état entier, complet : כְּתֻמָּם בָּאוּ עָלַיִךְ Is. 47. 9, elles viendront sur toi dans leur intégrité, dans leur état entier, parfait; בְּעֶצֶם תֻּמּוֹ Job 21. 23, dans toute sa force, sa vigueur. — 2° Intégrité; innocence : בְּתָם־לְבָבִי Gen. 20. 5, dans l'innocence de mon cœur; הוֹלֵךְ בַּתֹּם Prov. 10. 9, celui qui marche en intégrité; מִתְהַלֵּךְ בְּתֻמּוֹ צַדִּיק Prov. 20. 7, le juste marche dans son innocence; וְאִישׁ מָשַׁךְ בַּקֶּשֶׁת לְתֻמּוֹ I Rois 22. 34, et un homme ayant tendu son arc dans son innocence, c.-à-d. tirant au hasard sans vouloir tuer personne; וְהֹלְכִים לְתֻמָּם II Sam. 15. 11, marchant dans leur simplicité, sans rien savoir. — 3° *Plur.* תֻּמִּים (v. à אוּרִים)

תְּמָא (v. תֵּימָא).

תָּמַהּ S'étonner, être stupéfait, être effrayé : הֵמָּה רָאוּ כֵּן תָּמָהוּ Ps. 48. 6, ils l'ont vu et ils ont été étonnés; וַיִּתְמְהוּ הָאֲנָשִׁים אִישׁ אֶל־רֵעֵהוּ Gen. 43. 33, et ces hommes se regardèrent avec étonnement l'un l'autre; אַל־תִּתְמַהּ עַל־הַחֵפֶץ Eccl. 5.7, ne t'étonne point à ce sujet; וְיִתְמְהוּ מִגַּעֲרָתוֹ Job 26. 11, et elles sont effrayées de sa menace.

Hithp. Même signif. : וְהִתַּמְּהוּ תְּמָהוּ Hab. 1. 5, et soyez extrêmement étonnés.

תְּמַהּ chald. *m.* Quelque chose qui excite l'étonnement, merveille : וְתִמְהַיָּא Dan. 3. 32, וְתִמְהִין 6. 28, et des merveilles; וְתִמְהוֹהִי 3. 33, et ses merveilles.

תֻּמָּה *f.* (v. תֹּם). Intégrité, innocence : וְעֹדֶנּוּ מַחֲזִיק בְּתֻמָּתוֹ Job 2. 3, et il persiste encore dans son innocence.

תִּמָּהוֹן *m.* Étonnement, étourdissement : אַכֶּה כָל־סוּס בַּתִּמָּהוֹן Zach. 12. 4, je frapperai d'étourdissement tous les chevaux; וּבְתִמְהוֹן לֵבָב Deut. 28. 28, et d'étonnement, d'inquiétude de cœur.

תַּמּוּז *m. n. pr.* d'une idole des Syriens, Ez. 8. 14. — ' Tammuz, nom du quatrième mois de l'année lunaire, juin-juillet.

תְּמוֹל *adv.* (v. אֶתְמוֹל). Hier : תְּמוֹל אֲנַחְנוּ Job 8. 9, nous ne sommes que d'hier; presque toujours תְּמוֹל שִׁלְשֹׁם Exod. 5. 8, hier et avant-hier, c.-à-d. auparavant.

תְּמוּנָה *f.* (rac. מִין). 1° Figure, image, ressemblance : וּתְמֻנַת יְיָ יַבִּיט Nomb. 12. 8, il voit une représentation de Dieu, c.-à-d. son esprit se fait une idée de la gloire de Dieu; וּתְמוּנָה אֵינְכֶם רֹאִים Deut. 4. 12, vous ne vîtes aucune forme; תְּמוּנָה לְנֶגֶד עֵינָי Job 4. 16, une image, une figure, était devant mes yeux; וְכָל־תְּמוּנָה Exod. 20. 4, (ni) une image, une ressemblance (de ce qui est dans les cieux, etc.).

תְּמוּרָה *f.* (rac. מוּר). Échange, objet

échangé : עַל־הַגְּאֻלָּה וְעַל־הַתְּמוּרָה Ruth 4. 7, (lorsqu'il s'agissait) de rachat et d'échange ; וּתְמוּרָתָהּ כְּלִי־פָז Job 28. 17, et on (ne la) donnera point en échange pour un vase d'or ; הוּא וּתְמוּרָתוֹ Lév. 27. 10, cette bête, ainsi que celle qui aura été substituée, échangée, contre elle, qui aura été mise en sa place. — 2° Compensation, récompense, restitution : כִּי־שָׁוְא תִּהְיֶה תְמוּרָתוֹ Job 15. 31, car la vanité sera sa récompense ; כְּחֵיל תְּמוּרָתוֹ Job 20. 18, sa restitution sera aussi considérable que sa fortune, il rendra autant qu'il avait pris.

תְּמוּתָה *f.* (rac מות). Mort; n'est usité que dans l'expression : בְּנֵי תְמוּתָה Ps. 79. 11, 102. 21, ceux qui sont dévoués à la mort.

תָּמַח *n. pr. m.* Esdr. 2. 53.

תָּמִיד *m.* 1° Durée, perpétuité : וְלֶחֶם הַתָּמִיד Nomb. 4. 7, et le pain continuel, les pains de proposition : עֹלַת הַתָּמִיד Nomb. 28. 15, l'holocauste journalier ; נֵר תָּמִיד Exod. 27. 20, la lampe continuelle ; וְאַנְשֵׁי תָמִיד Ez. 39. 14, des hommes payés pour faire un service permanent ; seul : הַתָּמִיד Dan. 8. 11, le sacrifice continuel. — 2° *Adv.* Perpétuellement, toujours : וְיֹאמְרוּ תָמִיד Ps. 35. 27, ils diront toujours ; תָּמִיד אֲיַחֵל Ps. 71. 14, j'espère toujours.

תַּמִּים *m. pl.* (v. תָּאַם). Joints, Exod. 26. 24, 36. 29.

תָּמִים *m.* (*fém.* תְּמִימָה, *plur.* תְּמִימִים, rac. תָּמַם). 1° *Adj.* Intègre, complet, entier, parfait, c.-à-d. sans défaut : שָׁנָה תְמִימָה Lévit. 25. 30, une année entière ; כְּיוֹם תָּמִים Jos. 10. 13, environ un jour entier ; פָּרָה אֲדֻמָּה תְּמִימָה Nomb. 19. 2, une vache rousse et grande, ou entièrement rousse ; וְאַיִל־אֶחָד תָּמִים Nomb. 6. 14, et un bélier sans défaut ; וּתְמִימִים Prov. 1. 12, (dévorons-les) tout entiers. — 2° *Sens moral.* Intègre, parfait, pur, innocent : תּוֹרַת יְיָ תְּמִימָה Ps. 19. 8, la loi de l'Éternel est parfaite ; אִישׁ צַדִּיק תָּמִים Gen. 6. 9, un homme juste, intègre, parfait ; וּתְמִימִים Prov. 2. 21, les hommes intègres ; תָּמִים תִּהְיֶה עִם יְיָ אֱלֹהֶיךָ Deut. 18. 13, sois parfait, irréprochable, devant l'Éternel ton Dieu ; תְּמִים דֵּעִים Job 37. 16, celui dont la science est parfaite ; תְּמִימֵי־דָרֶךְ Ps. 119. 1, ceux qui sont intègres dans leur voie. — 3° *m.* Intégrité, droiture : בְּתָמִים וּבֶאֱמֶת Jos. 24. 14, avec intégrité et avec vérité ; וְדֹבֵר תָּמִים Amos 5. 10, celui qui parle en intégrité, avec droiture ; הוֹלֵךְ תָּמִים Prov. 28. 18, celui qui marche en intégrité, dans l'innocence ; de même : לַהֹלְכִים בְּתָמִים Ps. 84. 12, à ceux qui marchent dans l'innocence ; הָבָה תָמִים I Sam. 14. 41, fais connaître la vérité, ou : donne un sort qui soit vrai (comme גּוֹרָל תָּמִים).

תָּמַךְ (*fut.* יִתְמֹךְ) 1° Saisir, tenir, soutenir : וַיִּתְמֹךְ יַד־אָבִיו Gen. 48. 17, il saisit la main de son père ; מִתְּמֹךְ בַּשֹּׁחַד Is. 33. 15, pour ne point saisir des dons corrupteurs ; וְתוֹמֵךְ שֵׁבֶט Amos 1. 5, celui qui tient le sceptre ; אַל־יִתְמְכוּ־בוֹ Prov. 28. 17, ne le retenez pas ; תָּמְכוּ בְיָדָיו Exod. 17. 12, (Aaron et Hur) soutenaient ses mains ; תָּמֹךְ אֲשֻׁרַי Ps. 17. 5, soutiens, ou tu soutiens, mes pas ; תָּמַכְתָּ בִּי Ps. 41. 13, tu m'as soutenu ; אַתָּה תּוֹמִיךְ גּוֹרָלִי Ps. 16. 5, tu soutiens ma destinée, pour תּוֹמֵךְ *part.* ; הֵן עַבְדִּי אֶתְמָךְ־בּוֹ Is. 42. 1, voici mon serviteur que je soutiendrai. — 2° Obtenir, acquérir : אֵשֶׁת חֵן תִּתְמֹךְ כָּבוֹד Prov. 11. 16, une femme gracieuse obtient de l'honneur ; וְעָרִיצִים יִתְמְכוּ־עֹשֶׁר même vers., et les forts acquerront les richesses ; דִּין וּמִשְׁפָּט יִתְמֹכוּ Job 36. 17, le jugement et la justice se soutiennent l'un l'autre, ou se soutiendront.

Niph. Être tenu, saisi : וּבְחַבְלֵי חַטָּאתוֹ יִתָּמֵךְ Prov. 5. 22, il sera pris dans les liens de son péché.

תָּמַם (*fut.* יִתֹּם et יֵתֹם, תִּתֹּם Ez. 24. 11 ; *plur.* יִתַּמּוּ, avec pause יִתַּמּוּ). 1° Achever, finir : כַּאֲשֶׁר־תַּם כָּל־הָעָם לַעֲבוֹר Jos. 4. 11, quand tout le peuple eut achevé de passer ; תַּמְנוּ חֵפֶשׂ Ps. 64. 7 (pour תַּמּוּ ou תָּמְמוּ), ils ont terminé, achevé, la méditation (le projet) ; וּשְׁנוֹתֶיךָ לֹא יִתָּמּוּ Ps. 102. 28, tes années n'auront point de fin. — 2° Être fini, être terminé, être écoulé, être épuisé, être détruit : וַתִּתֹּם מְלֶאכֶת הָעַמּוּדִים I Rois 7. 22, et l'ouvrage des colonnes fut achevé ; עַד תֻּמָּם Deut. 31. 24, jusqu'à leur fin, sans qu'il en manquât rien ; וַתִּתֹּם הַשָּׁנָה הַהִוא Gen. 47. 18, lorsque cette année fut écoulée ; וַיִּתְּמוּ יְמֵי בְכִי Deut. 34. 8, lorsque les jours de pleurs furent accomplis ; הֲתַמּוּ הַנְּעָרִים I Sam. 16. 11, les jeunes gens ont-ils tous passé, sont-ce là tous tes enfants ? — תַּם הַכֶּסֶף אֶל־אֲדֹנִי Gen. 47. 18, l'argent (ainsi que le bétail) est épuisé, tout a passé entre les mains de mon seigneur ; de même : הַאִם תַּמְנוּ לִגְוֹעַ Nomb. 17. 28, serons-nous entièrement consumés, allons-nous tous périr ? חַסְדֵי יְיָ כִּי לֹא־תָמְנוּ Lam. 3. 22, les bontés de l'Éternel ne sont point épuisées ; pour תַּמּוּ ou *première pers.* : c'est la grâce de l'Éternel qui fait que nous n'avons pas été consumés ; עַד־תֻּמִּי אֹתָם בְּיָדוֹ Jér. 27. 8, jusqu'à ce que je les aie consumés par sa main ; עַד־תֹּם כָּל־הַדּוֹר Deut. 2. 15, jusqu'à ce que toute cette génération eût été consumée ; עַד־תֻּמָּם Jos. 8. 24, jusqu'à leur complète destruction. — 3° Être intègre, sans tache : אָז אֵיתָם Ps. 19. 14, alors je serai intègre, sans tache, *pour* אֵתַּם ou forme *Niph.*

Niph. Être détruit : בַּמִּדְבָּר הַזֶּה יִתַּמּוּ Nomb. 14. 35, ils seront consumés dans ce désert.

Hiph. הֵתַם (*fut.* יָתֵם, *inf.* הָתֵם). 1° Finir, achever, terminer : כַּהֲתִמְךָ שׁוֹדֵד Is. 33. 1, sitôt que tu auras achevé de piller ; הָתֵם הַבָּשָׂר Ez. 24. 10, achève (de faire cuire), fais bien cuire, la chair ; וְכֵן הֵתַמּוּ II Sam. 20. 18, et ils terminèrent ainsi (leurs affaires), ou arrangèrent l'affaire, en faisant la paix ; כְּהָתֵם הַפֹּשְׁעִים Dan. 8. 23, lorsque les pécheurs auront mis le comble (à leurs crimes) (v. le même exemple à פֶּשַׁע, page 599) ; וַהֲתִמֹּתִי טֻמְאָתֵךְ מִמֵּךְ Ez. 22. 15, je consumerai, je ferai disparaître, ton impureté, de sorte qu'il n'y en aura plus en toi. — 2° Amasser, réunir : וְיַתֵּם אֶת־הַכֶּסֶף II Rois 22. 4, qu'il amasse, qu'il lève, l'argent. — 3° Rendre pur, innocent : כִּי־תַתֵּם דְּרָכֶיךָ Job 22. 3, si tu es innocent, intègre, *exact.* si tu rends ta voie innocente.

Hithp. Agir avec intégrité : עִם־גְּבַר תָּמִים תִּתַּמָּם Ps. 18. 26, avec l'homme pur tu agis avec intégrité.

תִּמְנָה et תִּמְנָתָה *n. pr.* d'une ville de la tribu de Juda, Jos. 15. 10, obéissant plus tard aux Philistins, II Chr. 28. 8 ; הַתִּמְנִי Jug. 15. 6, le Timnien.

תֵּימָנִי (v. תֵּימָן).

תִּמְנִי (v. תִּמְנָה).

תִּמְנָע *n. pr.* Thimnah, concubine d'Eliphas, Gen. 36. 12.

תִּמְנָתָה (v. תִּמְנָה).

תִּמְנַת־חֶרֶס (part du soleil) *n. pr.* d'une ville de la tribu d'Ephraïm, Jug. 2. 9, appelée aussi תִּמְנַת סֶרַח Jos. 19. 50, 24. 30.

תֶּמֶס *m.* (rac. מָסַס). Action de se fondre : כְּמוֹ שַׁבְּלוּל תֶּמֶס Ps. 58. 9, comme un limaçon qui se fond.

תָּמָר *m.* Palmier : תָּמָר וְתַפּוּחַ Joel 1. 12, le palmier et le pommier ; וְשִׁבְעִים תְּמָרִים Exod. 15. 27, et soixante-dix palmiers.

תָּמָר *n. pr.* 1° d'une ville à la frontière méridionale de la Palestine, Ez. 47. 19. — 2° Palmyre (v. à תַּדְמֹר). — 3° Thamar, belle-fille de Juda, Gen. 38. 6. — 4° Thamar, fille de David, II Sam. 13. 1. — 5° Thamar, fille d'Absalom, II Sam. 14. 27.

תֹּמֶר *m.* Palmier : תַּחַת תֹּמֶר Jug. 4. 5, sous un palmier ; כְּתֹמֶר מִקְשָׁה הֵמָּה Jér. 10. 5, ils sont droits comme un palmier, ou : ils sont comme une colonne massive (v. תִּימְרוֹת).

תִּמֹּרָה *f.* (branche de palmier). Ornement d'architecture : כְּרוּבִים וְתִמֹּרִים Ez. 41. 18, et כְּרוּבִים וְתִמֹּרֹת I Rois 6. 29, (sculpté) de chérubins et de palmes.

תַּמְרוּקִים *m. pl.* (rac. מָרַק). Préparation, *spéc.* les purifications, onctions, des femmes : תַּמְרוּקֵיהֶן Esth. 2. 3, tout ce qu'il fallait pour leur toilette, leur onction; וּבְתַמְרוּקֵי הַנָּשִׁים Esth. 2. 12, et avec les préparatifs, les onctions, les parfums, de femmes ; *au fig.* : מַּמְרוּק בְּרָע Prov. 20. 30, un remède pour le mal, ou pour le méchant.

I תַּמְרוּרִים *m. pl.* (rac. מָרַר).Amertume: בְּכִי חַמְרוּרִים Jér. 31. 15, des larmes amères ; וַהִכְצִים תַּמְרוּרִים Osée 12. 15, Ephraïm a irrité par des offenses amères, ou : a provoqué une indignation amère ; selon d'autres : par des statues (v. II תִּמְרוּרִים).

II תַּמְרוּרִים *m. pl.* (rac. תָּמַר). Poteaux. Ex. unique : שִׂמִי לָךְ תַּמְרוּרִים Jér. 31. 21, mets-toi des poteaux, ou des monceaux de pierres.

תָּנָה (v. נָתַן) Donner, faire des dons : גַּם כִּי־יִתְנוּ בַּגּוֹיִם Osée 8. 10, quoiqu'ils aient donné des présents aux nations. *Pi.* Louer, célébrer : שָׁם יְתַנּוּ צִדְקוֹת יְיָ Jug. 5. 11, là ils louent, ils publient, la justice de l'Éternel ; לְתַנּוֹת לְבַת יִפְתָּה 11. 40, pour s'entretenir avec la fille de Jephteh, pour la consoler ; selon d'autres : pour la pleurer.

Hiph. : אֶפְרַיִם הִתְנוּ אֲהָבִים Osée 8. 9, Ephraïm paye d'infâmes amours (v. à אָהַב, page 11).

תָּנָה* (v. שָׁנָה 3°) Enseigner, Aboth.

תְּנוּאָה *f.* (rac. נוּא). Action de se détacher, de s'éloigner, de quelqu'un : וִידַעְתֶּם אֶת־תְּנוּאָתִי Nomb. 14. 34, vous connaîtrez mon éloignement de vous, ou : comment je romprai mes promesses ; *plur.* : תְּנוּאוֹת עֲלֵי יִמְצָא Job 33. 10, il cherche des motifs de haine, des raisons pour s'éloigner de moi, pour me condamner.

תְּנוּבָה *f.* (rac. נוב). Fruit, produit: תְּנוּבָתִי הַטּוֹבָה Jug. 9.11, mon bon fruit; תְּנוּבֹת שָׂדָי Deut. 32. 13, les fruits de la campagne.

תְּנוּךְ *m.* Extrémité ; ne se trouve qu'avec אֹזֶן : תְּנוּךְ אֹזֶן Exod. 29. 20, le bas de l'oreille, le lobe ; selon d'autres : la partie cartilagineuse de l'oreille.

תְּנוּמָה *f.* (rac. נום). Assoupissement, sommeil : וּתְנוּמָה לְעַפְעַפֶּיךָ Prov. 6. 4,

(ni) d'assoupissement à tes paupières ; *plur.* : מְעַט תְּנוּמוֹת Prov. 6. 10, un peu d'assoupissement.

תְּנוּפָה *f.* (rac. נוף). 1° Agitation : תְּנוּפַת יָד Is. 19. 16, l'agitation de la main, la main levée ; וּבְמִלְחֲמוֹת תְּנוּפָה Is. 30. 32, et dans des combats à main levée, dans des combats tumultueux. — 2° Tournoiement, *spécial.* des sacrifices qu'on tournait vers différents côtés avant de les offrir sur l'autel : חֲזֵה הַתְּנוּפָה Exod. 29. 27, la poitrine qu'on agite, qu'on fait tournoyer ; זְהַב הַתְּנוּפָה Ex. 38. 24, l'or qui a été offert, consacré.

תַּנּוּר *m.* Four (*fém.* Osée 7. 4) : כְּתַנּוּר אֶחָד Lévit. 26. 26, dans un même four ; *plur.* : וּבְתַנּוּרֶיךָ Exod. 7. 28, et dans tes fours.

תַּנְחוּמוֹת *f. pl.* Consolations : וּתְהִי־ זֹאת תַּנְחוּמֹתֵיכֶם Job 21. 2, et ceci sera votre consolation, c.-à-d. la seule consolation que je vous demande.

תַּנְחוּמִים *m. pl.* Consolations : כּוֹס תַּנְחוּמִים Jér. 16. 7, la coupe de consolation ; תַּנְחוּמֶיךָ Ps. 94. 19, les consolations qui viennent de toi.

תַּנְחֻמֶת (consolation) *n. pr. m.* II Rois 25. 23.

תַּנִּין et תַּנִּים *m.* (*pl.* תַּנִּינִים et תַּנּוֹת). 1° Espèce d'animal, cétacé, crocodile, baleine : הַתַּנִּים הַגָּדוֹל Ez. 29. 3, le grand crocodile ; אֶת־הַתַּנִּינִם הַגְּדֹלִים Gen. 1. 21, (Dieu créa) les grands poissons ; הַתַּנִּין אֲשֶׁר בַּיָּם Is. 27. 1, la baleine qui est dans la mer. — 2° Serpent, dragon : וַיְהִי לְתַנִּין Exod. 7. 10, (la verge) devint un serpent ; חֲמַת תַּנִּינִם Deut. 32. 33, le venin des serpents ; בִּמְקוֹם תַּנִּים Ps. 44. 20, dans un pays de serpents ; selon d'autres : de chacals ; לִתְנוֹת מִדְבָּר Mal. 1. 3, aux serpents, ou aux chacals, du désert.

תִּנְיָן chald. Le second : חֵיוָה אָחֳרִי תִנְיָנָה Dan. 7. 5, une autre bête, la seconde ; de la

תִּנְיָנוּת *adv.* Pour la seconde fois :

עֲנוֹ תִנְיָנוּת Dan. 2. 7, ils répondirent pour la seconde fois.

תִּנְשֶׁמֶת *f.* 1° Nom d'un oiseau impur (cygne, chauve-souris?), Lév. 11. 18.— 2° Nom d'une bête impure (caméléon, taupe?), Lév. 11. 30.

תָּעַב *Kal* inusité (v. תָּאַב *Pi.*). *Niph.* Être, paraître, abominable, horrible: נִתְעָב וְנֶאֱלָח Job 15. 16, (l'homme) l'être abominable et corrompu; נִתְעַב דְּבַר־הַמֶּלֶךְ אֶת־יוֹאָב I Chr. 21. 6, l'ordre du roi parut abominable à Joab.

Pi. 1° Avoir en horreur, en abomination, avoir horreur: לֹא־תְתַעֵב אֲדֹמִי Deut. 23. 8, tu n'auras pas l'Iduméen en abomination; לִמְתָעֵב גּוֹי Is. 49. 7, à celui que le peuple déteste, qui lui inspire de l'horreur; הַמְתַעֲבִים מִשְׁפָּט Mich. 3. 9, (vous) qui avez la justice en abomination; שֶׁקֶר שָׂנֵאתִי וָאֲתַעֵבָה Ps. 119. 163, je hais le mensonge, et je l'ai en horreur. — 2° Rendre abominable, horrible: וַתְּתַעֲבִי אֶת־יָפְיֵךְ Ez. 16. 25, tu as rendu ta beauté abominable.

Hiph. Rendre abominable: הִתְעִיבוּ עֲלִילָה Ps. 14. 1, ils ont fait des actions abominables; וַיַּתְעֵב מְאֹד I Rois 21. 26, il a agi d'une manière abominable (en adorant les idoles).

תָּעָה (*fut.* יִתְעֶה, *apoc.* יֵתַע) 1° Errer, s'égarer (*au propre* et *au figuré*): תָּעוּ מִדְבָּר Is. 16. 8, ils erraient dans le désert; וְהִנֵּה תֹעֶה בַּשָּׂדֶה Gen. 37. 15, il était errant par les champs; הֲלוֹא יִתְעוּ חֹרְשֵׁי רָע Prov. 14. 22, les artisans du mal ne s'égarent-ils, ne se fourvoient-ils pas? בִּתְעוֹת יִשְׂרָאֵל Ez. 44. 10, lorsque Israel s'était égaré; תָּעוּ מִבֶּטֶן Ps. 58. 4, ils sont dans l'égarement dès le sein de leur mère. Suivi de מִן, מֵעַל, מֵאַחֲרֵי s'écarter, se détourner de: וּמִפִּקּוּדֶיךָ לֹא תָעִיתִי Ps. 119. 110, je ne me suis point écarté de tes préceptes; אֲשֶׁר תָּעוּ מֵעָלַי Ez. 44. 10, qui se sont éloignés de moi; לְמַעַן לֹא־יִתְעוּ עוֹד בֵּית־יִשְׂרָאֵל מֵאַחֲרַי Ez. 14. 11, afin que la maison d'Israel ne se détourne plus de moi; *part.*: תֹּעֵי לֵבָב Ps. 95. 10, תֹעֵי־רוּחַ Is. 29. 24, ceux dont le cœur, dont l'esprit, est égaré. — 2° Chanceler, éprouver des vertiges, être troublé: וּבַשֵּׁכָר תָּעוּ Is. 28. 7, ils chancellent par l'effet des liqueurs fortes; תָּעָה לְבָבִי Is. 21. 4, mon cœur est troublé, éprouve des vertiges.

Niph.: אַל־יַאֲמֵן בַּשָּׁו נִתְעָה Job 15. 31, qu'il n'ait pas confiance dans la vanité qui l'égare, le séduit, ou: que celui qui est dans l'erreur n'ait pas, etc.; כְּהִתָּעוֹת שִׁכּוֹר Is. 19. 14, comme un homme ivre qui va en chancelant (נִתָּעוּ Job 4. 10, v. à נָתַע).

Hiph. 1° Faire errer, faire égarer, séduire: וַיַּתְעֵם בְּתֹהוּ Job 12. 24, il les fait errer dans un désert; רֹעֵיהֶם הִתְעוּם Jér. 50. 6, leurs pasteurs les ont fait égarer; מְאַשְּׁרֶיךָ מַתְעִים Is. 3. 12, ceux qui te dirigent te font égarer; וַיֶּתַע מְנַשֶּׁה אֶת־יְהוּדָה II Chr. 33. 9, Manassé fit que Juda s'égara, le séduisit. — 2° S'égarer, se tromper: וְעֹזֵב תּוֹכַחַת מַתְעֶה Prov. 10. 17, celui qui néglige les réprimandes s'égare; הִתְעֵיתֶם בְּנַפְשׁוֹתֵיכֶם Jér. 42. 20, vous avez trompé, dissimulé, votre volonté; vous avez usé de fraude contre vous-mêmes.

תֹּעוּ *n. pr.* Thoou, roi de Hamath, I Chr. 18. 9; תֹּעִי II Sam. 8. 9.

תְּעוּדָה *f.* (rac. עוּד). Témoignage: לְתוֹרָה וְלִתְעוּדָה Is. 8. 20, (il faut avoir recours) à la loi et au témoignage; וְזֹאת הַתְּעוּדָה בְּיִשְׂרָאֵל Ruth 4. 7, c'était là un témoignage en Israel (quand on cédait un droit).

תְּעָלָה *f.* (const. תְּעָלַת, rac. עָלָה). 1° Fossé, canal, aqueduc: וַיַּעַשׂ תְּעָלָה I Rois 18. 32, il fit une rigole, un canal; מִי־פִלַּג לַשֶּׁטֶף תְּעָלָה Job 38. 25, qui a préparé des canaux à la pluie impétueuse; וְאֶת־הַתְּעָלָה II Rois 20. 20, et le canal, l'aqueduc. — 2° (v. עָלָה *Hiph.*) Remède, guérison: תְּעָלָה אֵין לָךְ Jér. 46. 11, il n'y a point de remède, de guérison, pour toi; רְפֻאוֹת תְּעָלָה Jér. 30. 13, des remèdes qui guérissent.

תַּעֲלוּלִים *m. pl.* (v. עוֹלֵל). 1° Enfants: וְתַעֲלוּלִים יִמְשְׁלוּ־בָם Is. 3. 4, et des enfants domineront sur eux; selon d'autres : des hommes faibles ou des hommes cruels. — 2° Maux, calamités : אֶבְחַר בְּתַעֲלֻלֵיהֶם Is. 66. 4, je choisirai leurs calamités, je prendrai plaisir à leur faire du mal.

תַּעֲלֻמָה f. (rac. עָלַם). Ce qui est caché, secret : וְתַעֲלֻמָה יֹצִא אוֹר Job 28. 11, il met au jour ce qui est caché; תַּעֲלֻמוֹת לֵב Ps. 44. 22, les secrets du cœur.

תַּעֲנוּג m. (rac. עָנַג). Jouissance, plaisir, délices · לֹא־נָאוֶה לִכְסִיל תַּעֲנוּג Prov. 19. 10, les délices, une vie de plaisir, d'aise, ne sied pas au sot; *plur.* : וְתַעֲנֻגוֹת בְּנֵי הָאָדָם Eccl. 2. 8, les délices des hommes, et בְּנֵי תַּעֲנוּגָיִךְ Mich. 1. 16, tes enfants qui étaient tes délices.

תַּעֲנִית f. (rac. II עָנָה). Jeûne : קַמְתִּי מִתַּעֲנִיתִי Esdr. 9. 5, je me relevai de mon jeûne.

תַּעְנַךְ et תַּעֲנָךְ n. pr. d'une ville appartenant à la tribu de Manassé, Jos. 12. 21, Jug. 5. 19.

תָּעַע *Kal* inusité (v. תָּעָה). *Pilp.* Tromper : כִּמְתַעְתֵּעַ Gen. 27. 12, comme quelqu'un qui veut (le) tromper.

Hithp. Se railler : וּמִתַּעְתְּעִים בִּנְבִאָיו II Chr. 36. 16, et ils se raillaient des prophètes.

תַּעֲצֻמוֹת f. pl. (rac. עָצַם). Puissance : עֹז וְתַעֲצֻמוֹת Ps. 68. 36, force et puissance.

תַּעַר m. (avec suff. תַּעְרוֹ). 1° Rasoir, couteau : תַּעַר הַגַּלָּבִים Ez. 5. 1, un rasoir des barbiers; תַּעַר לֹא־יַעֲבֹר עַל־רֹאשׁוֹ Nomb. 6. 5, le rasoir ne passera point sur sa tête; בְּתַעַר הַסֹּפֵר Jér. 36. 23, avec le couteau, le canif, du scribe. — 2° Fourreau : וְהוֹצֵאתִי חַרְבִּי מִתַּעְרָהּ Ez. 21. 8, je tirerai mon glaive de son fourreau; הֵאָסְפִי אֶל־תַּעְרֵךְ Jér. 47. 6, rentre en ton fourreau.

תַּעֲרוּבָה f. (rac. עָרַב). Garantie, gage : בְּנֵי הַתַּעֲרֻבוֹת II Rois 14. 14, les otages.

תַּעְתֻּעִים m. pl. (rac. תָּעַע). Raillerie : מַעֲשֵׂה תַּעְתֻּעִים Jér. 10. 15, œuvre digne de raillerie, ou : œuvre de l'illusion, de l'erreur.

תֹּף m. (*plur.* תֻּפִּים, rac. תָּפַף). Tambourin : בְּתֹף וְכִנּוֹר Ps. 149. 3, au son du tambourin et de la harpe; תֻּפֶּיךָ וּנְקָבֶיךָ Ez. 28. 13, tes tambourins et tes flûtes.

תִּפְאָרָה et תִּפְאֶרֶת f. (avec suff. תִּפְאַרְתּוֹ). Ornement, parure, beauté, magnificence : בִּגְדֵי תִפְאַרְתֵּךְ Is. 52. 1, tes vêtements magnifiques; לְכָבוֹד וּלְתִפְאָרֶת Exod. 28. 2, pour honneur et ornement; תִּפְאֶרֶת בַּחוּרִים כֹּחָם Prov. 20. 29, la force des jeunes gens est leur ornement; כְּתִפְאֶרֶת אָדָם Is. 44. 13, imitant la beauté d'un homme; לְתִפְאָרֶת II Chr. 3. 6, pour servir d'ornement. — Honneur, gloire : שֵׁם תִּפְאָרֶת Is. 63. 14, un nom glorieux; וְתִפְאַרְתּוֹ עֲבֹר עַל־פָּשַׁע Prov. 19. 11, c'est son honneur, sa gloire, de pardonner les fautes. — Orgueil : תִּפְאֶרֶת רוּם עֵינָיו Is. 10. 12, l'orgueil de ses yeux altiers.

תַּפּוּחַ m. Pomme, pommier : תַּפּוּחֵי זָהָב Prov. 25. 11, des pommes d'or; כְּתַפּוּחַ בַּעֲצֵי הַיַּעַר Cant. 2. 3, comme le pommier parmi les arbres de la forêt.

תַּפּוּחַ n. pr. 1° d'une ville de la tribu de Juda, Jos. 15. 34. — 2° D'une ville aux confins d'Ephraïm, Jos. 16. 8. — 3° D'un homme, I Chr. 2. 43.

תְּפוֹצָה f. Dispersion : וּתְפוֹצוֹתִיכֶם Jér. 25. 34, et votre dispersion est proche; d'autres lisent : וּתְפוֹצוֹתִיכֶם *verbe*, et je vous disperserai.

תְּפִילִין (v. תְּפִלִּין).

תֻּפִינִים m. plur. (rac. אָפָה). Ce qui est cuit au four : תֻּפִינֵי מִנְחַת פִּתִּים Lév. 6. 14, une oblation consistant en gâteaux cuits au four et en morceaux.

תָּפֵל m. Objet fade, ce qui est insipide, extravagant : תָּפֵל מִבְּלִי־מֶלַח Job 6. 6, un mets fade, sans sel; *métaph.* : נְבִיאַיִךְ חָזוּ לָךְ שָׁוְא וְתָפֵל Lament. 2. 14, tes prophètes ont eu pour toi des visions fausses et fades, extravagantes; טָחִים אֹתוֹ תָּפֵל Ez. 13. 10, ils ont enduit la muraille d'un crépi léger (v. à טוּחַ).

תֹּפֶל *n. pr.* d'une ville dans le désert, Deut. 1. 1.

תִּפְלָה *f.* (fadeur). Extravagance, folie : וּבִנְבִיאֵי שֹׁמְרוֹן רָאִיתִי תִפְלָה Jér. 23. 13, j'ai vu de l'extravagance, la folie, dans les prophètes de Samarie ; וְלֹא־נָתַן תִּפְלָה לֵאלֹהִים Job 1. 22, il n'attribua rien d'injuste à Dieu, ou : il ne proféra point de blasphème contre Dieu.

תְּפִלָּה *f.* (rac. פָּלַל). Prière, supplication : בֵּיתִי בֵּית־תְּפִלָּה יִקָּרֵא Is. 56. 7, ma maison sera appelée une maison de prière (pour tous les peuples) ; וְנָשָׂאתָ תְפִלָּה Is. 37. 4, tu lui adresseras des supplications ; וַאֲנִי תְפִלָּה Ps. 109. 4, et moi (je n'ai que) la prière, je ne fais que prier.

* תְּפִלִּין et תְּפִילִין (ce qui est porté pendant la prière) Les phylactères qu'on porte attachés au front et au bras gauche en faisant sa prière du matin, et qui contiennent chacun les quatre passages du Pentateuque : Exod. 13. 1 à 10, 13 ; 11 à 16 ; Deut. 6. 4 à 9, 11 ; 13 à 21, écrits sur parchemin (v. à טוֹטָפֹת, page 217).

תִּפְלֶצֶת *f.* (rac. פָּלַץ) : תִּפְלַצְתְּךָ Jér. 49. 16, ton insolence, ta présomption, ou ta folie.

תִּפְסַח (passage) *n. pr.* Tiphsah (Thapsacus), ville au bord de l'Euphrate, I Rois 5. 4.

תָּפַף Battre le tambourin : עֲלָמוֹת תּוֹפֵפוֹת Ps. 68. 26, des jeunes filles qui jouaient du tambourin.

Po. Battre, frapper : מְתֹפְפוֹת עַל־לִבְבֵהֶן Nah. 2. 8, en se frappant la poitrine.

* תַּפְקִיד *m.* (rac. פָּקַד). Destination, fonction : תַּפְקִידָם Rituel, leur destination, ou leurs fonctions.

תָּפַר Coudre : וַיִּתְפְּרוּ עֲלֵה תְאֵנָה Gen. 3. 7, ils cousirent ensemble des feuilles de figuier ; שַׂק תָּפַרְתִּי Job 16. 15, j'ai cousu, attaché, un sac (sur ma peau).

Pi. : הוֹי לִמְתַפְּרוֹת כְּסָתוֹת Ez. 13. 18, malheur à celles qui cousent, préparent, des coussinets (v. à כֶּסֶת, page 297).

תָּפַשׂ (*fut.* יִתְפֹּשׂ) 1° Saisir, tenir de force, prendre ; avec le *rég. dir.* ou avec בְּ : וַתִּתְפְּשֵׂהוּ בְּבִגְדוֹ Gen. 39. 12, elle le saisit par sa robe ; וּתְפָשָׂהּ Deut. 22. 28, et s'il la prend de force, s'il lui fait violence ; וָאֶתְפֹּשׂ בִּשְׁנֵי הַלֻּחֹת Deut. 9. 17, je saisis les deux tables ; תִּפְשׂוּם חַיִּים I Rois 20. 18, prenez-les tout vifs (faites-les prisoniers) ; כְּתָפְשְׂכֶם אֶת־הָעִיר Jos. 8. 8, quand vous aurez pris la ville ; וְתָפַשְׂתִּי שֵׁם אֱלֹהָי Prov. 30. 9, que je (ne) profane le nom de mon Dieu, que je ne le viole par un faux serment ; *part.* : תֹּפֵשׂ כִּנּוֹר Gen. 4. 20, un joueur de harpe ; תֹּפְשֵׂי חֲרָבוֹת Ez. 38. 4, ceux qui manient l'épée, les guerriers ; וְתֹפֵשׂ הַקֶּשֶׁת Amos 2. 15, l'archer ; תֹּפְשֵׂי הַמִּלְחָמָה Nomb. 31. 27, les combattants ; וְתֹפֵשׂ מַגָּל Jér. 50. 16, et celui qui tient la faucille, le moissonneur ; תֹּפְשֵׂי מָשׁוֹט Ez. 27. 29, les rameurs ; וְתֹפְשֵׂי הַתּוֹרָה Jér. 2. 8, les dépositaires de la loi. — 2° Enchâsser : הִנֵּה־הוּא תָּפוּשׂ זָהָב Hab. 2. 19, elle est enchâssée dans de l'or, ou couverte d'or.

Niph. Être saisi, être pris : וְנִתְפַּשׂ בִּמְצוּדָתִי Ez. 12. 13, il sera pris dans mon rets ; וְהִוא לֹא נִתְפָּשָׂה Nomb. 5. 13, et elle n'a pas été prise sur le fait, elle n'a pas été surprise ; בַּכַּף תִּתָּפֵשׂוּ Ez. 21. 29, vous serez pris avec la main, vous serez captifs.

Pi. : שְׂמָמִית בְּיָדַיִם תְּתַפֵּשׂ Prov. 30. 28, l'araignée qui s'attache, ou qui file, avec ses pattes (v. d'autres explications à שְׂמָמִית).

I תֹּפֶת *f.*, douteux : וְתֹפֶת לְפָנִים אֶהְיֶה Job 17. 6, je suis un objet de terreur en face d'eux (v. II תֹּפֶת) ; selon d'autres, de תּוֹף : moi qui étais auparavant un objet de joie, un prodige (pour eux) (v. תּוֹף).

II תֹּפֶת (toujours avec l'*article*) *n. pr.* d'un lieu dans la vallée de Hinnom, près de Jérusalem, où se célébrait le culte de Moloch, II Rois 23. 10, Jér. 7. 31.

תָּפְתֶּה *f.* Bûcher : כִּי־עָרוּךְ מֵאֶתְמוּל תָּפְתֶּה Is. 30. 33, le bûcher est préparé depuis longtemps; selon d'autres: le feu de l'enfer, ou l'enfer même.

תִּפְתָּיֵא chald. *m. plur.* Magistrats, juges, ou prévôts, Dan. 3. 2.

תִּקְוָה *f.* (v. קַו). 1° Corde: תִּקְוַת חוּט הַשָּׁנִי Jos. 2. 25, la corde de fil d'écarlate.— 2° (v. קָוָה) Espérance, attente: וַתְּהִי לַדַּל תִּקְוָה Job 5. 16, le pauvre ne sera pas trompé dans son espérance; תִּקְוָה לִכְסִיל מִמֶּנּוּ Prov. 26. 12, il y a plus à espérer du sot que de lui; אֲסִירֵי הַתִּקְוָה Zach. 9. 12, captifs qui aviez de l'espérance.

תִּקְוָה (espérance) *n. pr. m.* II Rois 22. 14; le même est appelé תָּקְהַת II Chr. 34. 22.

תְּקוּמָה *f.* (rac. קוּם). Action de durer, de subsister: וְלֹא־תִהְיֶה לָכֶם תְּקוּמָה Lév. 26. 37, vous ne saurez plus subsister (devant vos ennemis).

תְּקוֹמֵם *adj.* (rac. קוּם pour מִתְקוֹמֵם). Celui qui s'élève contre, adversaire: וּבִתְקוֹמְמֶיךָ Ps. 139. 21, à cause de ceux qui s'élèvent contre toi.

* תִּקּוּן Arrangement, organisation, rétablissement, Rituel.

תָּקוֹעַ *m.* (rac. תָּקַע). Trompette, Ez. 7. 14.

תְּקוֹעַ *n. pr.* d'un endroit près de Bethléem, Jér. 6. 1, II Sam. 14. 2; le désert de Thekoa, II Chr. 20. 20.

תְּקוּפָה *f.* (rac. קוּף, signif. de נָקַף). Tour, cours, révolution: וּתְקוּפָתוֹ עַל־קְצוֹתָם Ps. 19. 7, et le tour (du soleil) va jusqu'à leurs limites; תְּקוּפַת הַשָּׁנָה Exod. 34. 22, à la révolution de l'année, au bout de l'année; לִתְקֻפוֹת הַיָּמִים I Sam. 1. 20, le temps (de la grossesse) étant révolu; * תְּקוּפוֹת Aboth, le calcul des révolutions célestes, l'astronomie.

תַּקִּיף *adj.* Fort, puissant: עִם שֶׁהַתַּקִּיף מִמֶּנּוּ Eccl. 6. 10, avec celui qui est plus fort que lui.

תַּקִּיף chald. *adj.* Dur, puissant: תַּקִּיפָא כְּפַרְזְלָא Dan. 2. 40, dur comme le fer; וְתִמְהוֹהִי כְּמָה תַקִּיפִין Dan. 3. 33, et que ses merveilles sont puissantes.

תְּקַל chald. Peser (hébr. שָׁקַל). *Part. pass.*: תְּקֵל Dan. 5. 25, pesé, *thekel*, second des trois mots écrits sur la muraille lors du festin de Baltassar, expliqué verset 27: תְּקִילְתָּא בְמֹאזַנְיָא tu as été pesé dans la balance.

תָּקַן Être, devenir, droit: מְעֻוָּת לֹא־יוּכַל לִתְקֹן Eccl. 1. 15, ce qui est tortu ne peut se redresser.

Pi. 1° Rendre droit: מִי יוּכַל לְתַקֵּן Eccl. 7. 14, qui peut redresser ce qu'il a renversé? — 2° Ordonner, composer, former, תִּקֵּן מְשָׁלִים הַרְבֵּה Eccl. 12. 9, il a mis en ordre, ou il a composé, beaucoup de paraboles.

* *Hiph.*: וְהִתְקִין צוּרַת הַלְּבָנָה Rituel, il a formé la figure de la lune.

תְּקַן chald. *Hoph.* Être rétabli: וְעַל־מַלְכוּתִי הָתְקְנַת Dan. 4. 33, je fus rétabli dans mon royaume.

תָּקַע 1° Frapper; avec כַּף frapper la main: כָּל־הָעַמִּים תִּקְעוּ־כָף Ps. 47. 2, peuples, frappez tous des mains (en signe de joie); תָּקְעוּ כַף עָלֶיךָ Nah. 3. 19, ils battront des mains sur toi, à ton sujet; אַל־תְּהִי בְתֹקְעֵי־כָף Prov. 22. 26, ne sois pas de ceux qui frappent dans la main (pour prendre un engagement, se porter garants); תָּקַעְתָּ לַזָּר כַּפֶּיךָ Prov. 6. 1, (si) tu t'es engagé pour un étranger; et sans כַּף: וְשֹׂנֵא תֹקְעִים Prov. 11. 15, celui qui hait ceux qui frappent dans la main, qui n'aime pas se porter garant des autres. — 2° Enfoncer à force de frapper: וַתִּתְקַע אֶת־הַיָּתֵד Jug. 4. 21, elle lui enfonça le clou dans la tempe; וְאֶת־גְּוִיָּתוֹ תָּקְעוּ I Sam. 31. 10, ils clouèrent son corps (au mur de Bethsan); וַיִּתְקָעֶהָ בְּבִטְנוֹ Jug. 3. 21, il lui enfonça (son épée) dans le ventre; תָּקַע אֶת־אָהֳלוֹ Gen. 31. 25, (Jacob) avait dressé sa tente (en la fixant à terre par des pieux); וְלָבָן תָּקַע אֶת־אֶחָיו même vers., Laban dressa sa tente avec ses frères; וַיִּתְקָעֵהוּ יָמָּה סּוּף Exod. 10. 19, (le vent) les enfonça, les jeta, dans la mer Rouge.— 3° Sonner (d'un instrument, la trompette, etc.); avec le *rég. dir.* ou avec בְּ : תָּקַע בַּשּׁוֹפָר I Sam. 13. 3, Saül fit sonner la trompette; תִּקְעוּ שׁוֹפָר Jér. 6. 1, sonnez de la trompette; תָּקְעוּ בַתָּקוֹעַ Ez. 7. 14, ils ont sonné la trompette.

Niph. : מִי־הוּא לְיָדִי יִתָּקֵעַ Job 17. 3, qui est-ce qui s'engagera pour moi en frappant dans ma main? יִתָּקַע בְּשׁוֹפָר גָּדוֹל Is. 27. 13, on sonnera d'une grande trompette.

תֵּקַע *m.* Le son d'un instrument : בְּתֵקַע שׁוֹפָר Ps. 150. 3, au son des trompettes.

תָּקַף Être fort, saisir, attaquer fortement : תִּתְקְפֵהוּ לָנֶצַח Job 14. 20, tu es plus fort que lui, ou : tu le tiens fortement, pour toujours; וְאִם־יִתְקְפוֹ הָאֶחָד Eccl. 4. 12, si quelqu'un vient attaquer un seul; * תָּקַף עַל Aboth, être, paraître, dur, pénible.

תְּקֵף chald. Être, devenir, fort : רְבָה אִילָנָא וּתְקִף Dan. 4. 8, l'arbre était grand et fort; וְרוּחֵהּ תִּקְפַת Dan. 5. 20, et que son esprit s'affermit dans son arrogance.

Pa. Rendre fort : וּלְתַקָּפָה אֱסָר Dan. 6. 8, et de faire une défense sévère.

תֹּקֶף *m.* Force, puissance : מַעֲשֵׂה תָקְפּוֹ Esth. 10. 2, les exploits de sa force; אֶת־כָּל־תֹּקֶף Esth. 9. 29, avec beaucoup de force, avec autorité; ou : toutes les choses fortes, merveilleuses, qui étaient arrivées.

תְּקֹף *m.* chald. Force, grandeur : בִּתְקַף חִסְנִי Dan. 4. 27, dans la grandeur de ma puissance; וְתָקְפָּא Dan. 2. 37, et la force.

תּר (v. I תּוֹר et II תּוֹר).

תַּרְאֲלָה *n. pr.* d'une ville de la tribu de Benjamin, Jos. 18. 27.

תַּרְבּוּת *f.* (rac. רָבָה). Rejeton : תַּרְבּוּת אֲנָשִׁים חַטָּאִים Nomb. 32. 14, rejetons de pécheurs, engeance criminelle

תַּרְבִּית *f.* (rac. רָבָה, v. מַרְבִּית). Profit, usure : נֶשֶׁךְ וְתַרְבִּית Lévit. 25. 36, intérêt et usure.

תִּרְגַּל (v. רָגַל *Hiph.*).

תַּרְגֵּם chald. Traduire, interpréter; *part. pass.* : וּמְתַרְגַּם Esdr. 4. 7, et traduite (en langue syriaque).

תַּרְדֵּמָה *f.* (rac. רָדַם). Assoupissement, profond sommeil : עַצְלָה תַּפִּיל תַּרְדֵּמָה Prov. 19. 15, la paresse produit l'assoupissement.

תִּרְהָקָה *n. pr.* Thirhakah, roi de l'Éthiopie, Is. 37. 9, II Rois 19. 9.

תְּרוּמָה *f.* (rac. רוּם). 1° Don, présent, offrande, oblation : וְאִישׁ תְּרוּמוֹת Prov. 29. 4, un homme qui accepte des présents; וְיִקְחוּ־לִי תְּרוּמָה Exod. 25. 2, qu'on m'apporte une offrande; לִתְרוּמַת הַקֹּדֶשׁ Exod. 36. 6, pour l'offrande du sanctuaire; וּשְׂדֵי תְרוּמֹת II Sam. 1. 21, (ni) des champs de prémices, c.-à-d. produisant des fruits dignes d'être offerts au temple; וּתְרוּמַת יָדֶךָ Deut. 12. 17, (ni) l'oblation de ta main, ce que tu auras volontairement offert. — 2° Spécialement des offrandes qu'on consacrait en les élevant, sacrifice de l'élévation : כִּתְרוּמַת גֹּרֶן Nomb. 15. 20, comme l'offrande élevée de l'aire; שׁוֹק הַתְּרוּמָה Exod. 29. 27, l'épaule de l'offrande élevée.

תְּרוּמִיָּה *f.* Portion prélevée, partage : וְהָיְתָה לָהֶם תְּרוּמִיָּה Ez. 48. 12, ils auront une portion ainsi levée.

תְּרוּעָה *f.* (rac. רוּעַ). Bruit, retentissement, son de trompette, cri de joie, de triomphe, cri de guerre : יוֹם תְּרוּעָה Nomb. 29. 1, jour du son éclatant des trompettes (le premier jour de l'année); בִּתְרוּעָה וּבְקוֹל שׁוֹפָר II Sam. 6. 15, avec des cris de joie et au son de la trompette; זִבְחֵי תְרוּעָה Ps. 27. 6, des sacrifices accompagnés de cris de joie; תְּרוּעָה גְדוֹלָה I Sam. 4. 5, de grands cris de joie; וּתְרוּעַת מֶלֶךְ Nomb. 23. 21, des cris de joie en l'honneur d'un roi; תְּרוּעַת מִלְחָמָה Jér. 4. 19, des cris, du bruit, de guerre.

תְּרוּפָה *f.* (rac. רוּף ou רָפָא). Remède : וְעָלֵהוּ לִתְרוּפָה Ez. 47. 12, et ses feuilles serviront de remède, pour guérir.

תִּרְזָה *f.* Espèce d'arbre, chêne vert? Is. 44. 14.

תֶּרַח *n. pr.* 1° Station dans le désert, Nomb. 33. 27. — 2° Therah, père d'Abraham, Gen. 11. 24.

תִּרְחֲנָה *n. pr. m.* I Chr. 2. 48.

תְּרֵין (const. תְּרֵי, *fém.* תַּרְתֵּין). Deux, deuxième : שְׁנַת תַּרְתֵּין Esdr. 4. 24, la deuxième année (du règne de Darius).

תָּרְמָה *f.* (rac. רָמָה). Ruse : בְּתָרְמָה Jug. 9. 31, par ruse; selon d'autres, *n. pr.* d'un endroit : à Tharmah.

תַּרְמִית *f.* Tromperie, mensonge : לְשׁוֹן תַּרְמִית Soph. 3. 13, une langue trompeuse; שֶׁקֶר תַּרְמִיתָם Ps. 119. 118, leur tromperie est vaine, ou : leur pensée est mensongère; תַּרְמִת לִבָּם Jér. 23. 26, la tromperie de leur cœur.

תֹּרֶן *m.* Mât, perche : לַעֲשׂוֹת תֹּרֶן Ez. 27. 5, pour faire un mât; כַּתֹּרֶן עַל־רֹאשׁ הָהָר Is. 30. 17, comme une perche au sommet d'une montagne.

תְּרַע chald. *m.* Ouverture, porte : לִתְרַע אַתּוּן Dan. 3. 26, à l'ouverture, l'entrée, de la fournaise; וְדָנִיֵּאל בִּתְרַע מַלְכָּא Dan. 2. 49, et Daniel était à la porte, c.-à-d. à la cour, du roi.

תָּרָע chald. Portier; *plur.* : תָּרָעַיָּא Esdr. 7. 24, les gardiens des portes.

תַּרְעֵלָה *f.* (rac. רָעַל). Étourdissement : יֵין תַּרְעֵלָה Ps. 60. 5, un vin d'étourdissement.

תִּרְעָתִי *nom patronymique*, I Chr. 2. 55.

תְּרָפִים *m. pl.* Idoles domestiques, pénates : לָקְחָה אֶת־הַתְּרָפִים Gen. 31. 34, (Rachel) prit les theraphim, les idoles.

תִּרְצָה (agréable) *n. pr.* 1° D'une ville principale du royaume d'Israel, I Rois 14. 17, II Rois 15. 14, Cant. 6. 4. — 2° D'une des filles de Zelaphad, Nomb. 27. 1.

תֶּרֶשׁ *n. pr. m.* Esth. 2. 21.

תַּרְשִׁישׁ *n. pr.* 1° Tharsis, fils de Jawan, Gen. 10. 4. — 2° Nom d'une ville considérable, Ps. 72. 10, Is. 23. 1. — 3° Tarsis, un prince en Perse, Esth. 1. 14. — 4° Une des pierres qui ornaient le pectoral du grand prêtre, béryl, chrysolithe? Exod. 28. 20.

תִּרְשָׁתָא Titre qu'on donnait au gouverneur persan de la Judée, toujours avec l'*art.*, Esdr. 2. 63, Néh. 8. 9.

תַּרְתָּן *n. pr.* Tharthan, général assyrien, II Rois 18. 17, Jos. 20. 1.

תַּרְתָּק *n. pr.* d'une idole adorée des Avéens, II Rois 17. 31.

תְּשׂוּמֶת *f.* (rac. שׂוּם). Objet déposé, confié : בִתְשׂוּמֶת־יָד Lév. 5. 21, pour une chose placée entre ses mains, un dépôt d'argent ou un prêt.

תְּשֻׁאוֹת *f. plur.* (rac. שׁוא ou שָׁאָה). Cris, bruit, tumulte : תְּשֻׁאוֹת חֵן חֵן לָהּ Zach. 4. 7, avec des cris, des acclamations : Grâce, grâce, pour elle! תְּשֻׁאוֹת סֻכָּתוֹ Job 36. 29, le bruit qui retentit autour de son pavillon; תְּשֻׁאוֹת מְלֵאָה Is. 22. 2, (ville) pleine de tumulte, de bruit.

תִּשְׁבִּי *adj.* de Thisbi, le prophète Elie, le Thisbite, I Rois 17. 1.

* תִּשְׁבָּחוֹת *f. pl.* Louanges, Rituel.

תַּשְׁבֵּץ (rac. שָׁבַץ) Étoffe de lin à réseaux : וּכְתֹנֶת תַּשְׁבֵּץ Exod. 28. 4, tunique de lin brodée.

תְּשׁוּבָה *f.* (rac. שׁוּב). 1° Retour : לִתְשׁוּבַת הַשָּׁנָה II Sam. 11. 1, au retour de l'année, un an après. — 2° Réponse : עַל־תְּשֻׁבֹת בְּאַנְשֵׁי־אָוֶן Job 34. 36, pour les réponses (faites ou à faire) aux gens iniques, impies. — 3° * Conversion, repentir : בִּתְשׁוּבָה שְׁלֵמָה Rituel, par une parfaite conversion.

תְּשׁוּעָה *f.* (rac. יָשַׁע ou שׁוּעַ). Secours, salut, victoire : וּתְשׁוּעַת צַדִּיקִים מֵיְיָ Ps. 37. 39, le salut des justes viendra de l'Éternel; כָּלְתָה לִתְשׁוּעָתְךָ נַפְשִׁי Ps. 119. 81, mon âme languit dans l'attente de ton secours; שֶׁקֶר הַסּוּס לִתְשׁוּעָה Ps. 33. 17, la victoire est vaine que le cavalier attend de son cheval; תְּשׁוּעָה גְדוֹלָה I Sam. 19. 5, une grande victoire.

תְּשׁוּקָה *f.* (rac. שׁוּק). Désir, amour : וְאֶל־אִישֵׁךְ תְּשׁוּקָתֵךְ Gen. 3. 16, tes désirs seront (tournés) vers ton mari.

תְּשׁוּרָה *f.* (rac. שׁור). Présent, don : וּתְשׁוּרָה אֵין־לְהָבִיא I Sam. 9. 7, je n'ai point de présent à apporter.

תְּשִׁיעִי *nombre ordinal* (*f.* תְּשִׁיעִית). Le, la neuvième : בַּיּוֹם הַתְּשִׁיעִי Nomb. 7. 60, au neuvième jour.

* תִּשְׁחֹרֶת *f.* La jeunesse, Aboth.

תֵּשַׁע *f.* (const. תְּשַׁע ; *m.* תִּשְׁעָה, const. תְּשַׁעַת). Neuf : בְּתִשְׁעָה לַחֹדֶשׁ Lév. 23.32, le neuvième jour du mois ; תִּשְׁעִים Gen. 5. 9, quatre-vingt-dix.

* תִּשְׁרִי Nom du septième mois de l'année lunaire, septembre-octobre.

* תָּשַׁשׁ Devenir faible, être affaibli, Rituel.

תַּתְּנַי *n. pr. m.* Esdr. 5. 3.

SUPPLÉMENT

CONTENANT

LES NOMS PROPRES MENTIONNÉS DANS LE TRAITÉ D'ABOTH

PAR M. S. ULMANN, GRAND RABBIN DU CONSISTOIRE CENTRAL

א

אַבָּא שָׁאוּל Abba Saül, docteur, dont le nom est souvent cité dans la Mischna; il florissait dans la seconde moitié du premier siècle de l'ère vulgaire.

אַבְטַלְיוֹן Abtalion, célèbre docteur qui florissait vers l'an 50-34 avant l'ère vulgaire. Il avait le titre de Ab-Beth-Din (אַב בֵּית דִּין père ou chef du Synhédrin, vice-président). Son collègue Schemaya avait le titre de Naci (נָשִׂיא prince ou patriarche, président). Ils étaient tous deux d'origine païenne. C'est à leur école que s'est formé le célèbre Hillel.

רַבִּי אֱלִיעֶזֶר בֶּן־הוֹרְקְנוֹס Rabbi Éliézer, fils d'Hyrcan, surnommé le Grand, disciple de Rabban Iohanan ben Zaccaï, qui, pour caractériser le mérite de cet élève, l'appela « une citerne bien cimentée dont pas une goutte ne se perd». Fils d'un riche cultivateur, Éliézer quitta la charrue à l'âge de vingt-deux ans, et se rendit à Jérusalem pour profiter des leçons de Ben Zaccaï. Pour obéir à sa vocation, il eut à vaincre l'opposition de son père et à supporter les plus dures privations. Un jour son père se rendit à Jérusalem dans l'intention de le déshériter; mais, témoin de la gloire du jeune docteur, et ému du succès qu'il venait d'obtenir en parlant dans une assemblée où assistaient les plus hauts personnages de Jérusalem, le vieux Hyrcan, au lieu de déshériter son fils, lui fit donation de tous ses biens, à l'exclusion de ses autres enfants. Mais, désintéressé autant qu'instruit, Éliézer refusa et n'accepta dans l'opulente succession de son père qu'une part égale à celle qui revenait à chacun de ses frères. Il épousa Emma-Salem, fille de Rabban Siméon II, le martyr, et sœur de Rabban Gamaliel II de Jamnia. R. Éliézer appartenait à l'école de Schamaï, et sa grande érudition lui fit donner le nom de *Sinaï*. D'une vie austère et d'un caractère inflexible, il fut, à la suite d'une mémorable discussion, l'objet d'un anathème, et il se retira à Lydda. Il ne cessa néanmoins de jouir de la plus haute considération. Le célèbre R. Akiba fut un de ses disciples. Tombé malade à Césarée, il eut la visite de ses collègues, et il mourut un vendredi soir. A sa dernière heure, il se plaignit de ce qu'on avait négligé de profiter de sa vaste science. Ses collègues et amis, après lui avoir adressé des paroles affectueuses, lui soumirent une question dogmatique concernant les lois de pureté. Il répondit par le mot « *pur* » et rendit l'âme. Il fut transporté de Césarée à Lydda, où il fut enterré. On lui attribue le livre connu sous le nom de *Pirké R. Éliézer* (Chapitres de R. Eliézer).

רַבִּי אֱלִיעֶזֶר בֶּן־יַעֲקֹב Rabbi Éliézer, fils de Jacob, appartient à la classe des docteurs formés à l'école de R. Akiba. Né avant la conquête de Jérusalem par les Romains, il a atteint un âge très avancé. Il s'est particulièrement occupé des questions qui concernent le plan et la description du temple, et les mesures qui y étaient employées pour les cérémonies saintes. Il est l'auteur du traité de *Middoth*. « Les doctrines enseignées par R. Éliézer ben-Jacob, dit le Talmud, sont peu nombreuses, mais pures. » קַב וְנָקִי.

אֱלִישָׁע בֶּן־אֲבוּיָה Elischa, fils d'Abouya, né peu avant la conquête de Jérusalem, fut un des quatre docteurs qui, ayant voulu sonder les mystères de la Création et de la Providence, ont subi de diverses manières l'influence de ces dangereuses recherches. « Quatre, dit le Talmud, sont entrés dans le jardin (פַּרְדֵּס), Ben-Azaï, Ben-Soma, Aher, c'est-à-dire Elischa ben-Abouya, et Akiba; le premier a contemplé et en est mort, le second a contemplé et en a perdu la raison, le troisième a détruit les plantes délicates, le quatrième y est entré et en est sorti sain et sauf. » Ne pouvant s'expliquer l'existence du mal, Elischa admit le dualisme, nia la vie future et refusa de croire aux peines et aux récompenses. Il fut désigné sous le nom de *Aher* אַחֵר (*l'autre*), nom qu'il dut à une circonstance particulière, et par lequel on avait coutume d'ailleurs de désigner une personne ou une chose dont on ne pouvait prononcer sans répugnance le vrai nom. Il a vécu à Tibériade dans le temps où son disciple R. Méir y tenait école.

רַבִּי אֶלְעָזָר אִישׁ בַּרְתּוֹתָא Rabbi Élazar de Barthotha, collègue de R. Akiba, et connu par son austère piété et sa grande charité.

רַבִּי אֶלְעָזָר חִסְמָא Rabbi Élazar Hisma, c'est-à-dire le fort ou le parfait (v. Midrasch Rabba, Lévit., chap. 23, § 4), fut disciple de R. Akiba, et renommé par des connaissances en mathémathiques et en astronomie. Il vécut dans une extrême pauvreté, ainsi que son ami R. Iohanan ben-Godgoda. Un jour le patriarche Gamaliel II, sur une recommandation de R. Josua ben-Hanania, appela ces deux savants à de hautes fonctions lucratives, qu'ils refusèrent d'abord, et qu'ils ne finirent par accepter que lorsque le patriarche, admirant leur désintéressement, leur dit: « Ce n'est pas une dignité que je vous confère, c'est une servitude que je vous impose. »

רַבִּי אֶלְעָזָר הַמּוֹדָעִי Rabbi Élazar Hamodaï, ou de Modin, fut disciple de R. Iohanan ben-Zaccaï et contemporain de R. Gamaliel II. Il fut un des grands *Darschanim* (interprètes des textes sacrés) de son temps. Enfermé dans Bithar pendant le siége de cette ville par l'armée d'Adrien, ce pieux docteur fut tué par Bar-Cocheba sur une dénonciation calomnieuse d'entretenir des relations avec les Romains.

רַבִּי אֶלְעָזָר בֶּן־עֲזַרְיָה Rabbi Élazar, fils d'Asaria, d'une famille sacerdotale dont la généalogie remonte jusqu'à Ezra. Il fut nommé chef de l'académie en remplacement de R. Gamaliel II, déposé par suite d'une offense faite à R. Josua ben-Hanania. R. Élazar était fort riche. Il favorisa les études, et fit prévaloir ce principe: « *Que tout homme cherche à s'instruire dans la loi divine, même si ce n'est pas dans une vue de piété: car, en commençant par faire ce qui est bien, n'importe pour quel motif, on finit tôt ou tard par le pratiquer dans le dessein de plaire à Dieu.* » L'application de ce principe eut pour résultat un accroissement considérable d'auditeurs à l'académie, tandis que R. Gamaliel avait fait interdire l'entrée du Beth-Hamidrasch (école) à toute personne qui ne fût pas d'une piété éprouvée. Après la réintégration de R. Gamaliel, R. Élazar conserva néanmoins sa dignité. Il occupait tour à tour la présidence pendant une semaine, et R. Gamaliel pendant deux semaines. R. Élazar eut coutume de dire qu'un tribunal qui prononce la peine de mort une fois tous les soixante-dix ans mérite le nom de *tribunal meurtrier* חוֹבְלָנִית (Maccoth, ch. 1, § 10). Ses estimables qualités et ses connaissances variées lui firent donner le nom de *Caisse de parfumeur* קֻפַּת הָרוֹכְלִים.

רַבִּי אֶלְעָזָר בֶּן־עֲרָךְ Rabbi Élazar, fils d'Arach, fut un des disciples les plus distingués de R. Iohanan ben-Zaccaï, qui, pour caractériser son mérite, le compare à une source de plus en plus abondante et à un torrent qui va toujours en grossissant. Pendant que ses collègues enseignaient à Jamnia, R. Élazar s'est retiré à Emmaüs pour jouir de l'air pur et des eaux de ce lieu de délices. Sa retraite a été préjudiciable à sa science et à son influence.

רַבִּי אֶלְעָזָר הַקַּפָּר Rabbi Élazar Hakkappar, appelé aussi בַּר הַקַּפָּר, fils de Kappar (Talm. de Jérus., Schebiith, ch. 6, § 1), appartient à la dernière génération des Thanaïm ; il était contemporain de R. Iehuda le Naci, à qui il a survécu.

רַבִּי אֶלְעָזָר בֶּן־שַׁמּוּעַ Rabbi Élazar, fils de Schamua, de la race sacerdotale, surnommé *le meilleur des sages*. Il était collègue de R. Méir, de R. Iehuda ben-Elaï, sous le patriarchat de R. Siméon III, fils de Gamaliel II. Son école a été fréquentée par de nombreux disciples, parmi lesquels se trouva R. Iehuda le Naci, auteur de la Mischna. R. Élazar subit dans un âge très avancé la mort du martyre, et fut, dit-on, la dernière des dix victimes tombées sous le glaive romain.

אַנְטִיגְנוֹס אִישׁ סוֹכוֹ Antigone de Socho, successeur de Siméon le Juste. C'est à son époque que remonte l'origine de la secte des Zaducéens, dont les fondateurs étaient deux disciples d'Antigone, appelés Zadoc et Baïéthus.

ב

בֶּן־בַּג בַּג Ben Bag-Bag; le nom de ce docteur est Iohanan ben Bag-Bag. Il était renommé par son érudition, et florissait vers les dernières années du second temple de Jérusalem.

בֶּן־הֵא הֵא Ben Hé-Hé était contemporain de Hillel, et peut-être un de ses disciples.

בֶּן־זוֹמָא Ben Soma (v. שִׁמְעוֹן בֶּן־זוֹמָא).

בֶּן־עַזַּאי Ben Asaï (v. שִׁמְעוֹן בֶּן־עַזַּאי).

ג

רַבָּן גַּמְלִיאֵל Rabban Gamaliel I l'Ancien, petit-fils de Hillel, succéda dans la dignité de Naci (v. אַבְטַלְיוֹן) à son père Siméon, et fut le premier à prendre le titre de *Rabban*, que portèrent après lui ses descendants et successeurs jusqu'à Gamaliel III, fils de R. Iehuda le Naci. Il eut de fréquents rapports avec les généraux et les membres du gouvernement romain. Le culte et la jurisprudence lui doivent plusieurs règlements. Ce fut sous sa présidence que Samuel, surnommé le Petit ou le Jeune, composa la formule de prière contre les apostats et les traîtres, formule qui fut reçue et conservée dans la liturgie. Selon plusieurs chroniqueurs, R. Gamaliel mourut dix-huit ans avant la destruction de Jérusalem par les Romains. « Avec lui, dit la Mischna, se sont éteintes la gloire de la Thora, la pureté et l'austérité de la vie religieuse. » (Sota, ch. 9, 15.)

רַבָּן גַּמְלִיאֵל Rabban Gamaliel III, fils de R. Iehuda le Naci, remplaça son père dans la dignité patriarcale. Il florissait au commencement du IIIe siècle de l'ère vulgaire, et fut un des derniers Thanaïm (auteurs de la Mischna). Comme son père, il était renommé pour sa vie austère et pieuse, et distingué par son caractère noble et modeste. Outre cette maxime : « Il est beau d'allier le travail à l'étude de la loi », le Talmud rapporte de lui une autre non moins belle et caractéristique : « Celui, dit-il, qui exerce la miséricorde envers les hommes gagne la miséricorde du ciel. »

ד

רַבִּי דוֹסָא בֶּן־הָרְכִּינָס Rabbi Dosa, fils de Horkinas ou d'Hyrcan, était contemporain de R. Gamaliel II de Jamnia, de R. Josua, de R. Akiba, etc. Il jouissait d'une grande autorité parmi les docteurs de son époque. Privé de la vue à cause de son grand âge, il cessa de se rendre à l'académie; mais il reçut de temps en temps dans sa retraite la visite de ses collègues, qui venaient profiter de son expérience et demander son avis sur des questions de doctrine.

רַבִּי דוֹסְתָּאִי בַּר יַנַּאי Rabbi Dostaï, fils de (R.) Ianaï, était disciple de R. Méir, et florissait au IIe siècle de l'ère vulgaire.

ה

הִלֵּל Hillel l'Ancien, né en Babylonie vers l'an 75 avant l'ère vulgaire, était par le côté maternel de la race de David. Il vint à Jérusalem, où il suivit les leçons de Schemaya et d'Abtalion, chefs du Synhédrin. Vivant d'abord dans une extrême pauvreté, il dut ensuite à son mérite et à sa naissance d'être élevé à la dignité de Naci. Modeste, tolérant, d'une patience à toute épreuve, d'une incomparable douceur devenue proverbiale, cet homme supérieur dut à son beau caractère autant qu'à sa vaste science la popularité dont il était entouré et l'illustration attachée à son nom. Recherché des grands et des petits, il savait se mettre à la portée de tout le monde, et plusieurs païens, gagnés par l'aménité de son caractère et l'élévation de ses principes, se convertirent au judaïsme. Il introduisit plusieurs règlements dans le culte et dans la jurisprudence, enseigna la méthode d'interprétation des textes sacrés (connue sous le nom de *Six middoth*, et portée à treize par R. Ismaïl), fonda une école célèbre qui s'est maintenue longtemps après lui, et commença par mettre en ordre la Mischna, qu'il divisa en six sections (ouvrage dont la rédaction définitive a été achevée par un de ses descendants, R. Iehuda le Naci). Hillel fut appelé, comme Ezra, le restaurateur de la loi. Il mourut à l'âge de cent vingt ans.

ח

רַבִּי חֲלַפְתָּא בֶּן־דּוֹסָא אִישׁ כְּפַר חֲנַנְיָה Rabbi Halaphta, fils de Dosa de Caphar-Hanania (en Galilée), fut un des disciples de R. Méir, et vécut au II° siècle de l'ère vulgaire.

רַבִּי חֲנִינָא בֶּן־דּוֹסָא Rabbi Hanina, fils de Dosa, né avant la destruction du second temple, était contemporain et disciple de R. Iohanan ben-Zaccaï. Il vécut dans une grande pauvreté, et fut renommé par sa piété. On cite de lui plusieurs faits miraculeux. Dans les conjonctures difficiles on s'adressait à lui pour obtenir par son intercession la faveur du ciel. Il exerçait aussi la médecine.

רַבִּי חֲנִינָא ou חֲנַנְיָה סְגַן הַכֹּהֲנִים Rabbi Hanina ou Hanania, sous-chef des prêtres, né pendant l'existence du second temple, était collègue de R. Iohanan ben-Zaccaï. Il fut un des dix martyrs ou docteurs condamnés à mort par le gouvernement romain הֲרוּגֵי מַלְכוּת.

רַבִּי חֲנִינָא ou חֲנַנְיָה בֶּן־תְּרַדְיוֹן Rabbi Hanina ou Hanania, fils de Théradion, était contemporain de R. Akiba, et habitait le village de Siccanin (en Galilée). Il florissait sous le règne d'Adrien. Ayant bravé la défense faite par les Romains d'enseigner la loi, il fut arrêté et condamné à être brûlé vif avec un rouleau de la loi. Il fut un des dix martyrs. Sa femme fut condamnée à mort pour n'avoir pas empêché son mari de se livrer aux études sacrées; sa fille fut enfermée dans une maison de prostitution, et délivrée par R. Méir, qui avait épousé la sœur, la savante Berouria.

רַבִּי חֲנִינָא ou חֲנַנְיָא בֶּן־חֲכִינַאי Rabbi Hanina ou Hanania, fils de Hakinaï, florissait au II° siècle de l'ère vulgaire. Marié, il quitta sa femme et une fille en bas âge pour aller entendre les leçons de R. Akiba, qui enseignait à Beni-Berak, et ne revint dans sa famille qu'au bout de treize ans. Il était un des quatre docteurs nommés les sages de Jamnia חַכְמֵי יַבְנֶה (ses collègues étaient Ben-Asaï, Ben-Soma et R. Élazar ben-Mathia), et un des cinq disciples ou jeunes docteurs désignés sous le nom de הַדָּנִין לִפְנֵי חֲכָמִים, et qui, étant trop jeunes pour être promus au grade de Rabbi, soutenaient la controverse devant les maîtres. (Les cinq docteurs furent: Ben-Asaï, Ben-Soma, Siméon le Thimnite, Hanan et Hanina ben-Hakinaï.) (Voy. Synhédrin, fol. 17 *verso*.)

רַבִּי חֲנַנְיָא בֶּן־עֲקַשְׁיָא Rabbi Hanania, fils d'Akaschia. L'époque à laquelle ce docteur a vécu n'est pas connue. Il paraît appartenir à l'école de R. Akiba.

ט

רַבִּי טַרְפוֹן Rabbi Tarphon ou Tryphon, prêtre, a rempli des fonctions sacerdotales au temple de Jérusalem. Après la destruction du temple, il habitait Jamnia et Lydda. Il était collègue de R. Josua, de R. Gamaliel II, de R. Ismaïl, de R. Élazar ben-Asaria, de R. Akiba, qu'il affectionnait particulièrement et dont il était très vénéré. Il se trouva à Jamnia dans la réunion qui déposa R. Gamaliel et nomma à sa place R. Élazar ben-Asaria. Malgré son immense fortune, R. Tarphon mena une vie austère, et se distingua par son respect filial poussé jusqu'à sa dernière limite envers sa mère. Dans des années de disette, il mit ses trésors à la disposition de R. Akiba, qui en profita pour nourrir les pauvres. Ses grandes qualités et ses connaissances variées lui firent donner le nom de *Père et maître de tout Israel.* Partageant les sentiments de R. Akiba, il dit : « Si j'avais fait partie d'un tribunal, jamais la peine de mort n'eût été prononcée » (v. רַבִּי אֶלְעָזָר בֶּן־עֲזַרְיָה).

י

יְהוּדָה בֶּן־טַבַּאי Iehuda, fils de Tabbaï, a succédé à Josua ben-Perachia, et florissait un siècle avant l'ère vulgaire. Il eut pour collègue Siméon, fils de Schatah, et fut, selon les uns, Naci (patriarche, primat), selon les autres, Ab-Beth-Din (vice-président). Il jouissait d'une haute renommée de piété. Ayant une fois condamné par erreur un faux témoin, il renonça pour toute sa vie à prononcer des arrêts judiciaires sans les soumettre d'avance à son collègue Siméon ben-Schatah (v. יְהוֹשֻׁעַ בֶּן־פְּרַחְיָה).

יְהוּדָה בֶּן־תֵּימָא Iehuda, fils de Théma, était contemporain de R. Akiba, et, selon quelques-uns, le dernier des dix martyrs. Selon Abravanel, c'est le même que R Iehuda ben-Dama.

רַבִּי יְהוּדָה Rabbi Iehuda, l'un des Thanaïm dont les noms se trouvent le plus fréquemment mentionnés dans la Mischna. Il était fils de R. Elaï (אֶלְעָאִי), disciple de R. Tarphon, de R. Akiba, de R. José le Galiléen, de R. Élazar ben-Asaria, collègue de R. Méir, de R. José, de R. Siméon, et florissait comme ces derniers au IIe siècle. Son père Elaï était disciple de R. Eliézer le Grand. R. Iehuda fut compris dans la promotion faite par R. Iehuda ben-Baba, à qui cet acte a coûté la vie sous le règne d'Adrien (v. רַבִּי יוֹסֵי). D'une pénétration moins vive et moins prompte que R. Méir, R. Iehuda apporta dans la controverse les lumières d'un esprit calme et réfléchi, ce qui lui valut le titre de *Sage quand il le veut* חָכָם לִכְשֶׁיִּרְצֶה, et l'avantage de voir ses décisions adoptées comme règles de pratique lorsqu'elles se trouvaient en opposition avec celles de R. Méir. Il avait la direction religieuse de la maison du Naci (מוֹרִינָא דְבֵי נְשִׂיאָה). Il forma un grand nombre de disciples, et fut l'un des maîtres de R. Iehuda le Naci, rédacteur de la Mischna. Il est lui-même l'auteur des textes anonymes du *Siphra* (commentaire du Lévitique). Parlant des difficultés d'une bonne traduction et de la nécessité de se tenir à l'interprétation traditionnelle, il dit : « Celui qui traduit un texte biblique littéralement est (souvent) menteur, et celui qui y ajoute commet (souvent) un blasphème. » (Kidouschin, fol. 49 R.) Appréciant favorablement certains actes du gouvernement romain, il en reçut des faveurs et le droit de parler le premier dans les assemblées, ce qui lui fit donner le titre de ראֹשׁ הַמְדַבְּרִים (le premier orateur). Il usa de ce privilége à Ouscha, où il siégea à la tête du Synhédrin. Il vécut pauvre, se contenta de peu, et fit prendre cette même habitude à ses disciples. Sa vie sobre et d'une extrême régularité donna à sa figure un air de santé et de bien-être qui trompa ceux qui ne le connaissaient pas sur sa profession et sur sa manière de vivre. Il eut coutume de dire : « Économisez sur vos dépenses de nourriture et dépensez d'autant plus pour être bien logé. » Recommandant vivement le travail, et voulant à la façon des anciens frapper les esprits par un acte symbolique, il portait lui-même sur son épaule, en se rendant chaque matin à son académie, l'objet qui devait lui servir de siége, en disant: « Le travail est une belle chose, il honore ceux qui l'exercent. » Ce fut lui aussi qui prononça cette parole sévère contre ceux qui négligent l'éducation professionnelle de leurs enfants: « Celui qui, dit-il, n'enseigne pas de profession utile à son fils, est comme s'il l'élevait pour la vie des brigands. » R. Iehuda mourut dans un âge avancé, mais il eut la douleur de survivre à plusieurs de ses fils.

רַבִּי יְהוּדָה הַנָּשִׂיא Rabbi Iehuda Hanaci (prince, patriarche, chef), appelé aussi *Notre maître le saint* רַבֵּנוּ הַקָּדוֹשׁ, ou bien רַבִּי Rabbi sans autre adjonction, était fils de R. Siméon III et descendant à la sixième génération de Hillel. Né vers l'époque de la mort de R. Akiba, Rabbi florissait dans la seconde moitié du II° siècle de l'ère vulgaire. Ses principaux maîtres furent R. Siméon ben-Iochaï, R. Élazar ben-Schamua, R. Méir et R. Iehuda ben-Elaï. Il est renommé tout à la fois par sa piété, par son humilité, par son grand savoir et par son immense fortune. « Depuis Moïse, dit le Talmud, jusqu'à Rabbi, on n'a pas vu réunies à un si haut degré, dans une seule et même personne, la Thora et les grandeurs (le talent et l'autorité). » Très sobre pour sa personne, il tenait une maison princière et une table somptueuse. Intimement lié avec un des empereurs romains de la famille des Antonins, il employa son crédit en faveur de sa nation. Dans une année de disette, il ouvrit ses greniers et en fit distribuer les provisions aux pauvres. Il eut un grand nombre de disciples à l'entretien desquels il pourvut de ses propres deniers. Profitant des avantages de sa naissance et de sa haute position, il encouragea l'étude de la loi, et rédigea, de concert avec les sages de son époque, le code de la Mischna, ouvrage qui fut terminé en 218. Il défendit d'enseigner dans les places publiques. Par une autre ordonnance, il rétablit la promotion dite Semikha סְמִיכָה, règle par laquelle il était défendu de rendre des décisions doctrinales et de prononcer des jugements à quiconque ne tenait pas ce droit du Naci ou de l'autorité religieuse constituée. Son séjour habituel était à Beth-Schearim בֵּית שְׁעָרִים. Tombé malade, il se fit transporter à Sepphoris (צִפּוֹרִי), où il mourut, selon les chroniqueurs, à l'âge de cent ans.

יְהוֹשֻׁעַ בֶּן פְּרַחְיָה Josua, fils de Perachia, succéda dans la dignité de Naci à José ben-Ioëzer. Il paraît avoir vécu vers le milieu du second siècle avant l'ère vulgaire, sous les Asmonéens, peut-être sous Jean Hyrcan. Pour échapper à une proscription ordonnée contre les docteurs pharisiens, Josua se réfugia à Alexandrie, en Égypte; il en fut rappelé plus tard par l'intercession de Siméon ben-Schatah, beau-frère d'Alexandre Jannée. Ce même fait est attribué avec plus de vraisemblance à Iehuda ben-Tabbaï.

רַבִּי יְהוֹשֻׁעַ בֶּן חֲנַנְיָה Rabbi Josua, fils de Hanania, lévite, de la division des chanteurs (choristes), était un des principaux disciples de R. Iohanan ben-Zaccaï et l'un des docteurs qui ont le plus contribué au développement de la science sacrée. Il se trouvait souvent à la cour de l'empereur Trajan, et il avait obtenu de ce prince la permission de reconstruire le temple à Jérusalem. Comme cette permission fut plus tard retirée, R. Josua employa son influence pour calmer le peuple, qui, irrité de ce contre-ordre, fut sur le point de se soulever. A ses grandes connaissances en métaphysique, en science naturelle et en astronomie, il joignit un caractère aimable et un esprit sage, libéral et tolérant. C'est lui qui a transmis le dogme que les justes de toutes les nations ont part au salut éternel. Il eut souvent des controverses à soutenir contre des savants grecs et romains. Il fit deux fois le voyage à Rome avec ses collègues pour obtenir la révocation d'édits sévères rendus contre la religion juive. Le Talmud raconte que, dans une conversation que R. Josua eut avec la fille de l'empereur Trajan, la princesse, frappée de la laideur physique du docteur juif, mais pleine d'admiration pour ses talents, lui dit en plaisantant : « Comment tant de belles connaissances se trouvent-elles dans un corps si disgracieux ? — Ton père, répondit le docteur, ne conserve-t-il pas ses vins les plus exquis dans des barils d'argile ? S'il les mettait dans des tonneaux d'or, ils se gâteraient bien vite. » Il habitait Pekiïn, non loin de Jamnia, et fut nommé vice-président du Synhédrin (אַב בֵּית דִּין). Ce fut sous sa direction et sous celle de son collègue R. Eliézer ben-Hyrcan que le prosélyte Onkelos a publié la traduction chaldaïque du Pentateuque. Sans aucune fortune, il exerça pour vivre la profession de forgeron, ou, selon d'autres, de fabricant d'aiguilles. A la suite de sa célèbre discussion avec le Naci R. Gamaliel II, ce dernier fut déposé, puis rétabli à la demande même de R. Josua (v. רַבִּי אֶלְעָזָר בֶּן־עֲזַרְיָה). Il survécut à R. Gamaliel et mourut avant la guerre de Bithar. Partout dans la Mischna où le nom de R. Josua est rapporté sans autre addition, c'est de R. Josua ben-Hanania qu'il est question.

רַבִּי יְהוֹשֻׁעַ בֶּן־לֵוִי Rabbi Josua, fils de Lévi, un des derniers Thanaïm et l'un des premiers Amoraïm (docteurs qui ont succédé aux Thanaïm et qui ont commenté la Mischna), florissait dans la première moitié du IIIe siècle. Il habitait le midi de la Palestine. On le trouve aussi à Lydda. Il était renommé par sa piété et par sa science, et il était très versé dans l'étude de la *Hagada* (interprétation morale de la Bible). Son père Lévi était un disciple de Rabbi Iehuda le Naci.

רַבִּי יוֹחָנָן הַסַּנְדְּלָר Rabbi Iohanan Hasandalor, né à Alexandrie, en Égypte, était disciple de R. Akiba et collègue de R. Iehuda ben-Elaï, de R. Méir, etc. Le nom de *Sandalor* indique, selon les uns, le métier de faire des sandales ; selon les autres, celui de percer les perles.

רַבִּי יוֹחָנָן בֶּן־בַּג בַּג Rabbi Iohanan, fils de Bag-Bag (v. בֶּן־בַּג בַּג).

רַבִּי יוֹחָנָן בֶּן־בְּרוֹקָא Rabbi Iohanan, fils de Beroka, fut l'ami de R. Élazar Hisma et contemporain de R. Gamaliel II, de R. Josua, etc.

רַבִּי יוֹחָנָן בֶּן־זַכַּאי Rabbi Iohanan, fils de Zaccaï, né, suivant plusieurs chroniqueurs, en 47 avant l'ère vulgaire, de la race pontificale, fut un des plus illustres disciples de Hillel. Partisan de la paix, il se rendit pendant le siége de Jérusalem auprès de Vespasien et obtint de lui la permission d'établir une école à Jamnia, qui devint le siége du Synhédrin. En fondant cette institution, le célèbre docteur assura l'avenir du judaïsme, et sauva du milieu des ruines fumantes de Jérusalem et du temple le trésor le plus précieux de la nation juive, sa doctrine et sa législation, dont l'étude est devenue si florissante à l'école de Jamnia et sous les maîtres illustres qui en sont sortis. R. Iohanan lui-même a eu pendant un certain temps son école à Beror-Haïl, non loin de Jérusalem. Versé dans toutes les connaissances cultivées à son époque, pieux, tolérant, prévenant envers tout le monde, en un mot, marchant dans les traces de son maître Hillel, R. Iohanan ben-Zaccaï acquit une grande autorité, et fit plusieurs règlements concernant le culte. Ami de Vespasien, qui le recommanda à Titus, il put, grâce à cette protection, sauver de la mort R. Gamaliel II, dont le père R. Siméon II périt martyr, et transmettre à ce descendant de Hillel la dignité de Naci, après avoir exercé lui-même pendant quelque temps cette haute fonction. Il soutenait souvent des controverses contre les Zaducéens. Il mourut peu d'années après la prise de Jérusalem, à l'âge de cent vingt ans et en 73 de l'ère vulgaire, suivant les chroniqueurs déjà cités. Depuis sa mort, dit la Mischna, la sagesse a perdu sa splendeur.

רַבִּי יוֹנָתָן Rabbi Ionathan. Ce nom appartient à plusieurs Tanaïm. Celui dont il est question (Aboth, chap. 4, § 9) paraît être R. Ionathan ben-Joseph, disciple de R. Ismael et contemporain de Ben-Asaï.

יוֹסֵי בֶּן־יוֹעֶזֶר אִישׁ צְרֵדָה Iosé, fils de Ioézer de Zeréda, prêtre, était, avec son collègue Iosé ben-Iohanan, continuateur de la tradition après Antigone de Socho. Il fut Naci, et florissait au IIe siècle de l'ère vulgaire. On lui doit plusieurs règlements ou décisions doctrinales. Sa vie pieuse ne trouva point d'imitateurs dans ses fils, qu'il déshérita à cause de leur conduite irréligieuse. Il mourut dans un âge avancé, victime des persécutions des Syriens pendant l'invasion de Bacchide, général de Démétrius Soter, vers l'an 161 avant l'ère vulgaire.

יוֹסֵי בֶּן־יוֹחָנָן אִישׁ יְרוּשָׁלַם Iosé, fils de Iohanan de Jérusalem, collègue de Iosé ben-Ioézer et vice-président du Synhédrin (אַב בֵּית דִּין). Ces deux collègues furent les premiers de cette série de docteurs qui, se succédant deux à deux jusqu'à Hillel et Schamaï, et désignés sous le nom de Sougoth (זוגות duumvirs), formaient la présidence du Synhédrin, l'un avec le titre de Naci (נָשִׂיא) et l'autre avec celui de Père ou chef du tribunal (אַב בֵּית דִּין).

רַבִּי יוֹסֵי הַכֹּהֵן Rabbi Iosé le Cohen (prêtre) fut l'un des principaux disciples de R. Iohanan ben-Zaccaï, qui l'appelait Hacid (חָסִיד homme pieux). Il était versé dans les études mystiques, et faisait des dissertations sur le char céleste (Mercaba).

רַבִּי יוֹסֵי Rabbi Iosé était de Sepphoris et florissait dans la première moitié du second siècle de l'ère vulgaire. Il était disciple de R. Akiba, collègue de R. Iehuda, de R. Méir, de R. Siméon ben-Iochaï, etc., et l'un des cinq docteurs qui reçurent la *Semicha* (סְמִיכָה investiture donnant qualité de prononcer la peine d'une amende) de R. Iehuda ben-Baba, le martyr (v. רַבִּי יְהוּדָה). Il exerçait la profession de tanneur ou de corroyeur. Se trouvant à Ouscha, siége du Synhédrin, il fut relégué à Sepphoris pour avoir gardé le silence dans une réunion où ses deux collègues R. Iehuda et R. Siméon appréciaient différemment les actes du gouvernement romain (v. רַבִּי יְהוּדָה et רַבִּי שִׁמְעוֹן בֶּן־יוֹחָאי). Partout dans la Mischna où l'on nomme R. Iosé sans autre addition, c'est de R. Iosé fils de Halaphtha qu'il est question. Il fit plusieurs règlements pour le culte. Sa décision fait autorité même lorsqu'elle se trouve en opposition avec l'opinion de l'un de ses collègues. Il est l'auteur d'une chronique connue sous le nom de *Séder-Olam* (סֵדֶר עוֹלָם). R. Iosé est mort à Sepphoris (selon le Talmud de Jérusalem, à Laodicée) avant R. Iehuda ben-Elaï et après R. Méir.

רַבִּי יוֹסֵי בֶּן־קִסְמָא Rabbi Iosé, fils de Kisma, était contemporain de R. Akiba et de R. Gamaliel II de Jamnia, et l'un des docteurs les plus vénérés de son époque. Il était aimé et estimé des Romains. Malgré son amour pour l'étude de la loi, il désapprouva R. Hanania ben-Théradiôn, qui se livra publiquement à cette étude, bravant ainsi la défense sévère faite à ce sujet par le gouvernement romain. Il habitait la Palestine, mais on ignore en quel endroit. A sa mort, les hauts personnages de Rome vinrent honorer son convoi de leur présence. A leur retour de la tombe, ils surprirent R. Hanania ben-Théradiôn enseignant dans la place publique, et le livrèrent au supplice (v. ce dernier).

רַבִּי יוֹסֵי בַּר יְהוּדָה אִישׁ כְּפַר הַבַּבְלִי Rabbi José, fils de Iehuda de Kephar-Habbabli. On ne connaît pas l'époque à laquelle appartient ce docteur. Selon quelques-uns, il était collègue de R. Iehuda le Naci et le même que José le Babylonien.

רַבִּי יַנַּאי Rabbi Iannaï l'Ancien, père de R. Dosthaï, était contemporain de R. Akiba et encore de R. Méir. Un autre R. Iannaï fut le disciple de R. Iehuda le Naci et l'un des premiers Amoraïm.

רַבִּי יַעֲקֹב Rabbi Jacob, un des Thanaïm du IIe siècle, était disciple de R. Akiba et l'un des maîtres de R. Iehuda le Naci. Selon quelques-uns, c'était le petit-fils d'Elischa ben-Abouya.

רַבִּי יִשְׁמָעֵאל Rabbi Ismael, prêtre, originaire de la haute Galilée, fut collègue de R. Tarphôn, de R. Élazar ben-Asaria, de R. Akiba, etc., et l'un des docteurs les plus renommés de cette grande époque. Il est l'auteur de la *Beraïtha*, qui fixe à treize le nombre des règles (מִדּוֹת) servant à l'interprétation de la loi (v. הִלֵּל). On lui attribue aussi la *Mechiltha* (commentaire de l'Exode). Il ne faut pas confondre ce docteur avec son homonyme R. Ismael ben-Elischa, grand-prêtre, qui est compté parmi les dix martyrs. Selon quelques-uns, ce serait ce docteur qui jeune enfant se trouva captif à Rome, et fut racheté par R. Josua ben-Hanania. R. Ismael était disciple de R. Nehounia ben-Hakkanah et l'un des maîtres de R. Méir. Il est aussi un des chefs qui ont transféré le siége synhédrinal de Jamnia à Ouscha. Il habitait Kephar-Asis, dans la Judée méridionale, où il posséda des terres qu'il fit cultiver. Il était très charitable, et l'on cite de lui, comme de R. Tarphôn, des actes qui prouvent jusqu'à quel degré il porta la piété filiale, ainsi que son amour et son dévouement pour sa nation. A sa mort, on fit son éloge funèbre en lui appliquant ces paroles imitées du chant funèbre de Saül : « Filles d'Israel, pleurez Ismael, etc. »

רַבִּי יִשְׁמָעֵאל בַּר רַבִּי יוֹסֵי Rabbi Ismael, fils de R. José (ben-Halaphtha), était contemporain et ami de R. Iehuda le Naci. Le gouvernement romain l'avait chargé de l'arrestation des voleurs, charge dont il s'acquittait avec un zèle qui lui attira des blâmes. Pour éviter les difficultés d'une démission, il se retira à Laodicée.

ל

רַבִּי לְוִיטַס אִישׁ יַבְנֶה Rabbi Levitas de Jamnia, docteur dont le nom se trouve rarement mentionné. On ignore l'époque à laquelle il a vécu.

מ

רַבִּי מֵאִיר Rabbi Méir était d'une famille de prosélytes et l'un des plus célèbres docteurs qui florissaient au IIe siècle. Disciple de R. Ismael, de R. Akiba et d'Elischa ben-Abouya, il fut compris dans la promotion faite par le martyr R. Iehuda ben-Baba (v. רַבִּי יוֹסֵי). Esprit transcendant et habile dialecticien, il étonnait ses auditeurs par la profondeur de ses raisonnements et les ressources surprenantes de son esprit. Pour donner une idée de sa merveilleuse pénétration, le Talmud, dans son langage pittoresque, le compare à un géant « qui soulève d'énormes rochers et les broie les uns contre les autres ». Les graves sujets de la Halacha ne formaient pas seuls l'objet de ses études; il excellait aussi dans la poésie, et on avait de lui un grand nombre d'apologues dont il charmait ses auditeurs lorsqu'il parlait en public. Malgré son grand talent, il était plein de déférence pour les opinions de ses collègues, et il a pu dire avec raison : « Jamais (dans la pratique) je ne me suis permis d'agir contrairement à l'avis de mes collègues. » (Sabb., fol. 134.) Il vécut du métier de copiste, et, généreux autant qu'instruit, il consacra chaque semaine la moitié de son modeste salaire à l'entretien de disciples pauvres. Il avait épousé la célèbre Berouria, fille du martyr R. Hanania ben-Theradiôn. On cite de cette docte femme l'interprétation suivante d'un verset des Psaumes (Ps. 104. 35). Dans un moment de mauvaise humeur causée par les tracasseries de quelques voisins appartenant à une secte hérétique, R. Méir était tenté de les maudire, lorsque Berouria lui fit observer, faisant application du texte précité, « que nous devons souhaiter la cessation du péché sur la terre, mais non la perte des pécheurs ». Ce docteur fit plusieurs voyages, et échappa une fois miraculeusement à la mort dans un naufrage. On lui attribue la plupart des textes anonymes de la Mischna (סְתָם מִשְׁנָה). Il s'était rendu dans une ville de l'Asie-Mineure (à Sardes, en Lydie), où il mourut avant ses collègues R. Iehuda ben-Elaï et R. Iosé. Il était, sous le patriarcat de R. Siméon III, fils de Gamaliel II, un des chefs de l'académie d'Ouscha, où il avait le titre de Hakam (חָכָם). Il en fut exclu temporairement par ordre du Naci, à qui il avait voulu faire opposition par suite d'une décision réglant les honneurs à rendre aux chefs de l'assemblée synhédrinale (v. רַבָּן שִׁמְעוֹן בֶּן־גַּמְלִיאֵל).

רַבִּי מַתְיָא בֶּן־חָרָשׁ Rabbi Mathia, fils de Harasch, était disciple de R. Eliézer fils d'Hyrcan, et florissait au IIe siècle. Habitant d'abord la Palestine, il s'établit ensuite à Rome, où il fonda une école. Il y reçut la visite de R. Élazar ben-Asaria, et plus tard celle de R. Siméon ben-Iochaï, que des démarches à faire auprès du gouvernement avaient amenés à Rome.

נ

נִתַּאי הָאַרְבֵּלִי Nithaï d'Arbel (en Palestine, au Nord de Tibérias), collègue de Josua ben-Perachia, était vice-président du Synhédrin (אַב בֵּית דִּין).

רַבִּי נְחוּנְיָא בֶּן־הַקָּנָה Rabbi Nehounia, fils de Hakkanah, selon quelques-uns le même que R. Nehounia le Grand, était disciple de R. Iohanan ben-Zaccaï et l'un des hommes les plus distingués par leur piété et leur savoir. Il passe pour l'auteur de plusieurs livres cabbalistiques.

רַבִּי נְהוֹרַאי Rabbi Nehoraï florissait en Palestine au IIe siècle et était contemporain de R. Siméon III, fils de Gamaliel II, de R. Méir, de R. Iosé, etc. Ce nom est donné aussi à R. Néhémia, docteur qui a vécu à la même époque et qui a appartenu à la même école.

ע

עֲקַבְיָא בֶּן־מַהֲלַלְאֵל, Akabia, fils de Mahlallel, paraît avoir vécu dans le dernier siècle avant l'ère actuelle et fait partie du Synhédrin à Jérusalem. En désaccord avec ses collègues sur certaines questions de pratique religieuse, on lui offrait de le nommer vice-président (אַב בֵּית דִּין) à condition qu'il adopterait l'avis de la majorité touchant les points controversés. Akabia refusa, aimant mieux, disait-il, passer toute sa vie pour un insensé que d'avoir un instant à se reprocher sa conduite devant Dieu. Avant de mourir il recommanda à son fils de se ranger du côté de la majorité; et lorsque ce même fils le pria de le recommander à ses collègues, il lui répondit : « Ce seront tes propres œuvres qui te feront rechercher ou repousser par tes collègues. »

רַבִּי עֲקִיבָא Rabbi Akiba, fils de Joseph, d'une famille de prosélytes, est né, selon les uns, un an avant l'ère vulgaire; selon les autres, l'an 41 de la même ère; et mort, selon les premiers, l'an 120; selon les autres, en 61, âgé de cent vingt ans. Il gardait les troupeaux du riche Calba-Saboua, lorsqu'à la sollicitation de la fille de son maître, avec laquelle il s'était marié secrètement, il prit le parti de se livrer aux études. Il fut le disciple de Nahum de Guimso, dont il adopta et propagea la méthode d'enseignement. Contemporain et collègue de R. Tarphon, de R. Eliézer, de R. Josua, etc., il fut un des puissants propagateurs de la science religieuse, et nul ne contribua plus efficacement au développement et aux progrès des études sacrées. Des milliers de disciples fréquentaient son académie, d'où sortirent les maîtres les plus distingués, tels que les Thanaïm R. Iosé, R. Iehuda, R. Méir, R. Siméon, etc. C'est dans l'esprit de son enseignement et sous l'influence de son école qu'ont été composés ces documents importants où se trouvent conservées les doctrines pratiques et spéculatives du judaïsme, et qui sont connus sous les noms de Mechiltha, Siphra, Sipheri, Thosiphtha, et le plus important de tous *la Mischna*. La vie de ce docteur offre de curieux incidents; sa fortune a subi de nombreuses vicissitudes; mais sa modestie, sa charité, sa foi, son amour pour l'étude et l'enseignement, son patriotisme ardent, ne se sont jamais démentis, et ont fait de lui une des grandes figures de l'histoire juive. Son séjour habituel était à Beni-Berak, village situé au nord-ouest de Japha ou Joppé, non loin de Jamnia, siége du Synhédrin. Il fit plusieurs voyages en Asie, en Afrique et en Europe. Seul des quatre docteurs désignés dans l'allégorie talmudique de l'entrée au Paradis (v. אֱלִישָׁע בֶּן־אֲבוּיָה), il est sorti sain et sauf de cette entreprise périlleuse. Il est aussi un des docteurs qui auraient voulu rendre impossible l'application de la peine de mort. Il embrassa le parti de Bar-Cochéba, et dans la grande révolte des Juifs, sous Adrien, il fut arrêté et condamné à mort. Il subit le martyre à Césarée. Au milieu des plus cruelles tortures, voyant ses disciples consternés, il leur donna l'exemple d'une foi héroïque en se félicitant de pouvoir accomplir, ce qui a été le désir de toute sa vie, ce précepte : « Tu aimeras l'Éternel ton Dieu de tout ton cœur, de toute ton âme, de tout ton pouvoir. » Récitant une dernière fois cette profession de foi : « Écoute, Israel, l'Éternel est notre Dieu, l'Éternel est UN. » Il rendit l'âme en appuyant sur le mot *un* אֶחָד.

צ

רַבִּי צָדוֹק Rabbi Zadok, selon quelques-uns de la race sacerdotale, était contemporain de R. Iohanan ben-Zaccaï, de R. Gamaliel II, etc. Il se distingua par sa profonde piété. Prévoyant la ruine de Jérusalem, il jeûnait pendant quarante ans pour détourner ce malheur de sa patrie. A la prise de Jérusalem, et sur la recommandation de R. Iohanan ben-Zaccaï, Vespasien envoya des médecins pour guérir le pieux docteur, dont la santé était compromise par suite de son long jeûne. R. Zadok appartenait par ses principes à l'école de Schamaï, mais dans la pratique il suivit pendant toute sa vie les décisions de l'école de Hillel.

ש

שַׁמַּאי Schammaï, collègue de Hillel et vice-président du Synhédrin אַב בֵּית דִּין, fut le fondateur d'une célèbre école, émule de celle de Hillel. Les membres de ces deux académies, malgré la divergence de leurs opinions et la vivacité de leurs controverses, vécurent dans une union fraternelle, et leur vie de famille ne fut jamais troublée par suite de leurs discussions théologiques. Quant aux deux fondateurs, Hillel et Schammaï, ils n'étaient personnellement en désaccord que sur trois questions doctrinales.

שְׁמוּאֵל הַקָּטָן Samuel le Petit, ou le Jeune, fut un des disciples de R. Gamaliel Ier l'Ancien (v. רַבָּן גַּמְלִיאֵל). Selon les uns, le titre de קָטָן lui fut donné à cause de sa grande humilité; selon les autres, pour le désigner comme un second Samuel, par allusion à son homonyme le prophète Samuel. Il est mort sans enfants, du vivant de R. Gamaliel l'Ancien, peu de temps avant la destruction du second temple.

שִׁמְעוֹן הַצַּדִּיק Siméon le Juste, grand prêtre, fut un des derniers des hommes de la grande Synagogue, corps de savants docteurs établi par Ezra. Malgré la grande célébrité dont jouit son nom, il est difficile de préciser l'époque à laquelle ce chef a vécu et exercé son autorité. L'opinion généralement admise le place sous Alexandre le Grand, et il serait mort l'an 5 de l'ère des Séleucides (en 308 avant l'ère vulgaire). Il y en a qui voient dans ce personnage Siméon I, fils d'Onias I (en 300 avant l'ère vulgaire); selon d'autres, Siméon le Juste serait Siméon II, fils d'Onias II, et aurait vécu vers 58-90 de l'ère des Séleucides (254-222 avant l'ère vulgaire). L'opinion qui croit voir ce docteur dans Siméon, frère de Judas Maccabée, ne mérite pas qu'on s'y arrête. Il y a enfin des auteurs qui admettent deux personnages du même nom.

שִׁמְעוֹן בֶּן־שֶׁטַח Siméon, fils de Schatah, chef du Synhédrin avec Juda ben-Tabbaï, florissait un siècle avant l'ère vulgaire, sous Alexandre Jannée, dont il était le beau-frère. On sait que ce prince, ayant embrassé le parti des Zaducéens, persécuta cruellement les Pharisiens, dont un grand nombre, Siméon y compris, ne purent échapper au supplice que par la fuite. Rappelé à la cour par l'intermédiaire de la reine sa sœur, Siméon obtint pour tous ses collègues la permission de rentrer dans le pays. Ce fut encore par les soins de ce docteur que le Synhédrin, presque entièrement composé à cette époque de Zaducéens, fut réformé par l'expulsion successive des membres appartenant à la secte hérétique, dont les places furent occupées par les Pharisiens. Cet acte fut consommé le 28 du mois de Thébeth (vers l'an 100 avant l'ère vulgaire), et une fête fut instituée en commémoration de cet important événement. Ce fut aussi par l'influence de Siméon fils de Schatah que les écoles se multiplièrent dans les principales villes de la Palestine. Plusieurs actes de la vie de Siméon témoignent du caractère énergique et inflexible de ce célèbre docteur, qui à une piété rigide joignit une probité sévère et une incorruptible intégrité. On lui doit plusieurs règlements et ordonnances concernant le culte. Il mourut sous le règne d'Aristobule, fils d'Alexandre Jannée.

רַבָּן שִׁמְעוֹן בֶּן־גַּמְלִיאֵל Rabban Siméon II, fils de R. Gamaliel l'Ancien et arrière-petit-fils de Hillel, succéda à son père dans la dignité de Naci, vers l'an 50 de l'ère vulgaire. Il périt par le glaive romain à la prise de Jérusalem, et fut le premier des dix martyrs.

רַבָּן שִׁמְעוֹן בֶּן־גַּמְלִיאֵל Rabban Siméon III, fils de R. Gamaliel II de Jamnia, et père de R. Iehuda le Naci, florissait pendant la première moitié du IIe siècle et habitait Ouscha et Schepiram. Il exerçait la dignité de Naci après la mort de R. Akiba et la prise de Bithar. C'était un des grands docteurs, et son opinion, toutes les fois qu'elle se trouve rapportée dans la Mischna, est adoptée comme règle de pratique à trois exceptions près. Il eut pour collègues R. Nathan, qui fut vice-président (אַב בֵּית דִּין), et R. Méir, ayant le titre de Hacham (חָכָם) et chargé principalement de l'examen des questions concernant les lois cérémonielles. Selon l'usage, toute l'assemblée se levait lorsque le Naci ou l'un de ses deux collègues faisait son entrée journalière dans l'académie. Par un règlement du Naci, cet honneur fut modifié suivant le rang du dignitaire. Blessés de cette mesure, R. Nathan et R. Méir se concertèrent entre eux sur un moyen d'embarrasser le Naci par des questions qui, ne le trouvant pas préparé, mettraient sa science en défaut. A cet effet, ils s'entendirent pour mettre à l'ordre du jour, à l'insu de R. Siméon, la discussion d'une matière peu connue et que le Naci n'avait pas encore approfondie. Mais, averti à temps, R. Siméon put prendre ses mesures pour échapper au piége qui lui était tendu, et les deux docteurs, en punition de leur complot, furent expulsés de l'académie, mais rappelés bientôt à la demande de R. Iosé.

רַבִּי שִׁמְעוֹן בֶּן־נְתַנְאֵל Rabbi Siméon, fils de Nathaniel, fut un des cinq principaux disciples de R. Iohanan ben-Zaccaï et gendre de R. Gamaliel l'Ancien.

שִׁמְעוֹן בֶּן־זוֹמָא Siméon, fils de Soma, appelé aussi Ben-Soma, fut contemporain de R. Ismael, de R. Josua, de R. Akiba, etc. Il était distingué comme *Darschân* (interprète des textes bibliques) et s'occupait de sciences spéculatives (v. אֱלִישָׁע בֶּן־אֲבוּיָה). Il est mort jeune sans avoir été promu au titre de *Rabbi* (v. רַבִּי חֲנִינָא בֶּן־חֲכִינַאי).

שִׁמְעוֹן בֶּן־עַזַּאי Siméon, fils d'Azaï, appelé aussi Ben-Azaï, était contemporain de Ben-Soma. D'abord disciple de R. Akiba, Ben-Azaï est devenu son collègue. Il enseignait à Tibérias, et acquit une grande réputation comme habile dialecticien. Il devait épouser la fille de R. Akiba; mais son grand amour pour l'étude le fit renoncer au mariage et vivre dans le célibat. Il est mort jeune, et, comme Ben-Soma, sans avoir été revêtu du titre de *Rabbi*.

רַבִּי שִׁמְעוֹן בֶּן־יוֹחָאי Rabbi Siméon, fils de Iochaï, était disciple de R. Akiba, collègue de R. Iehuda ben-Elaï, de R. Iosé, de R. Méir, et l'un des maîtres de R. Iehuda le Naci. Il fut de la promotion faite par R. Iehuda ben-Baba (v. רַבִּי יוֹסֵי). Ayant déprécié dans une réunion les actes du gouvernement romain (v. רַבִּי יְהוּדָה et רַבִּי יוֹסֵי), il fut dénoncé et condamné à mort. Pour échapper au supplice, il se tint caché avec son fils R. Élazar pendant douze ans dans une caverne, où il ne cessa de se livrer à l'étude et aux méditations. Il fit plus tard partie d'une députation qui se rendit à Rome pour solliciter la révocation d'un édit qui interdisait aux Juifs les pratiques religieuses, notamment l'observation du Sabbath et de la circoncision. Ce fut à propos d'une question liturgique posée par lui qu'eut lieu à l'académie de Jamnia la célèbre discussion entre R. Gamaliel II et R. Josua, et qui eut pour suite la destitution momentanée de R. Gamaliel. R. Siméon ben-Iochaï est l'auteur des textes anonymes du *Siphri* (commentaire du IVe et du Ve livre du Pentateuque). On lui attribue aussi le fond du livre cabbalistique le *Sohar*. Né en Galilée, il habitait un endroit nommé Thékoa; il s'est trouvé aussi à Ouscha. Ce docteur fit son occupation exclusive de l'étude de la loi, et il enseigna une morale pure et sévère. « Plutôt, dit-il, que de faire rougir son prochain en public, il faut se laisser jeter dans une fournaise ardente.

רַבִּי שִׁמְעוֹן בֶּן־אֶלְעָזָר Rabbi Siméon, fils d'Élazar de la Galilée, était disciple de R. Méir et contemporain de R. Iehuda le Naci. Il est connu par ses rapports avec les Samaritains et par ses discussions avec leurs scribes.

רַבִּי שִׁמְעוֹן בֶּן־יְהוּדָה Rabbi Siméon, fils de Iehuda, était contemporain de de R. Siméon ben-Élazar et disciple de R. Siméon ben-Iochaï. Il était de Kephar-Acco, village près d'Acre.

רַבִּי שִׁמְעוֹן בֶּן־מְנַסְיָא Rabbi Siméon, fils de Menasia, contemporain des deux précédents, et appartenant comme eux à la dernière génération des Thanaïm.

שְׁמַעְיָה Schemaya, collègue d'Abtalion (v. אַבְטַלְיוֹן).

FIN.

8029 — Paris, imprimerie de Ch. Jouaust, rue Saint-Honoré, 338.

Ingram Content Group UK Ltd.
Milton Keynes UK
UKHW050830190323
418579UK00014B/78